1936年创刊

世界知识

年鉴

2010/2011

世界知识出版社

《世界知识年鉴》
编辑委员会

编 辑 说 明

一、《世界知识年鉴》(2010/2011) 主要介绍2009年的世界政治经济大事和各国（地区）基本情况，所收材料一般截至2009年底，书中部分资料收至2010年，光盘中部分资料收至2010年底。

二、本年鉴在保持原有篇幅和体例基本不变的前提下，力求增加反映当年变化的新材料，压缩历年不变的内容，便于使用者在仍能查到基本情况的条件下掌握更多动态资料。同时，力求增加对外交往中的实用材料。为了扩大信息量和更及时反映世界各国最新情况，本卷年鉴继续随书赠送光盘。书中包括各国（地区）概况，国际组织、政府间多边机构和国际会议两部分。光盘中则包括国家、地区（含各国行政区划、长途、区号、时差、国旗图案、重要人物、世界遗产，等等）、国际要闻荟萃、世界大事记及一些统计资料等。

三、本年鉴以2000年颁布的中华人民共和国国家标准《世界各国和地区名称代码》(GB/T2 659—2000）为基础，收录世界200多个国家和地区的基本情况，各国（地区）的顺序仍沿用往年年鉴办法，根据其所处的地理位置，先按亚洲、非洲、欧洲、美洲、大洋洲、南极地区和北极地区顺序分洲排列

(某些小岛屿则视情况散分至各洲部分),洲内再以各国(地区)名称的汉语拼音先后为序。

四、本年鉴所用资料来源不同,在编辑过程中虽尽可能订正和统一,但前后不一之处尚未能完全避免。所用译名尽量采用通用译法。

五、本年鉴在编辑、出版过程中,得到许多单位和个人的帮助和支持,谨在此表示谢意。

六、本年鉴涉及面广,编者水平有限,缺点和错误在所难免,欢迎读者和各界专家指正。对本年鉴的批评和建议请寄“世界知识出版社世界知识年鉴编辑部”;地址:北京市东城区干面胡同51号;邮编:100010;电话:010-65265945,65252333;传真:010-65265945;E-mail:waa1936@yahoo.com.cn。

《世界知识年鉴》创办于1936年,本卷为第38卷。

1936、1937两卷在上海出版,以后各卷出版于北京。

1953、1954、1955、1957四卷以《世界知识手册》为名。

以后各卷为:

1958、1959、1961、1965;

1982、1983、1984、1985~1986、1987、1988、1989/90、1990/91、1991/92、1992/93、1993/94、1994/95、1995/96、1996/97、1997/98、1998/99、1999/2000、2000/2001、2001/2002、2002/2003、2003/2004、2004/2005、2005/2006、2006/2007、2007/2008、2008/2009、2009/2010、2010/2011。

目录

各国（地区）概况

亚洲

非 洲

欧洲

美　洲

大洋洲

南极地区和北极地区

国际组织、政府间多边机制和国际会议

联合国

同联合国建立关系的政府间机构 ……………………（1083）

政　治　类

经　济　类

科学技术文化类

其 他

国际会议

公 约

各国（地区）概况

亚 洲

中 国

国名 中华人民共和国（The People's Republic of China）。

面积 陆地面积960万平方公里。

人口 2009年末全国总人口为133474万人（资料来源：中华人民共和国国家统计局。本文数据均来自该局及相关部委，数据均为初步统计数，各项统计数据均未包括香港特别行政区、澳门特别行政区和台湾省），比上年末增加672万人。全年出生人口1615万人，出生率为12.13‰；死亡人口943万人，死亡率为7.08‰；自然增长率为5.05‰。出生人口性别比为119.45。

有56个民族，据抽样调查结果，截至2005年末，汉族人口占总人口的90.56%，各少数民族为9.44%。55个少数民族是：壮、满、回、苗、维吾尔、彝、土家、蒙古、藏、布依、侗、瑶、朝鲜、白、哈尼、哈萨克、黎、傣、畲、傈僳、仡佬、拉祜、东乡、佤、水、纳西、羌、土、锡伯、仫佬、柯尔克孜、达斡尔、景颇、撒拉、布朗、毛南、塔吉克、普米、阿昌、怒、鄂温克、京、基诺、德昂、乌孜别克、俄罗斯、裕固、保安、门巴、鄂伦春、独龙、塔塔尔、赫哲、高山、珞巴。此外，还有一些尚待识别的民族。通用汉语。

多宗教国家。国家尊重并保障公民宗教信仰自由，依法保障信仰宗教的公民、宗教团体和宗教活动场所的合法权益不受侵犯。主要有佛教、道教、伊斯兰教、基督教和天主教五种。据不完全统计，中国现有各种宗教信徒1亿多人，其中基督教徒超过1000万。宗教活动场所10万多处，宗教团体3000多个，宗教院校70多所。各种宗教教职人员约30万人，其中佛教出家僧尼约20万人、道教乾道和坤道25000余人、伊斯兰伊玛目和阿訇40000余人、天主教教职人员4000人、基督教教牧传道人员18000余人。中国宗教界与世界上70多个国家和地区的宗教组织保持着交往和联系。

首都 北京，常住人口1755万人（2009年底，其中户籍人口1245.8万人），比上年末的1695万人增加60万人，北京市已连续三年每年增加常住人口50万人以上。

国家元首 中华人民共和国主席胡锦涛，2003年3月当选，2008年3月连任。

重要节日 中国法定节日有新年（1月1日）；春节（农历新年）；清明节（农历清明）；国际劳动妇女节（3月8日）；植树节（3月12日）；国际劳动节（5月1日）；中国青年节（5月4日）；端午节（农历端午）；国际护士节（5月12日）；儿童节（6月1日）；中国共产党诞生纪念日（7月1日）；中国人民解放军建军纪念日（8月1日）；教师节（9月10日）；中秋节（农历中秋）；国庆节（10月1日）；记者节（11月8日）。

简 况 中国位于亚洲东部，太平洋西岸，东部和南部大陆海岸线1.8万多公里，内海和边海的水域面积470多万平方公里。海域分布有大小岛屿7600个，其中台湾岛最大，面积35798平方公里。中国在陆地上同14国接壤（陆地边境线长2.2万多公里），同8国海上相邻。中国幅员辽阔，大部处于北温带，气候复杂多样，季风气候显著，也称作大陆性季风气候。2009年全年平均气温为9.8℃，共有9个台风登陆。

世界文明古国之一。约4000年前进入阶级社会。从公元前21世纪夏王朝建立起，历经商、周、秦、汉、三国、晋、南北朝、隋、唐、五代、宋、辽、金、元、明，到清朝前期为古代社会。1840年鸦片战争后逐步沦为半殖民地半封建社会。1911年中国民主革命的先行者孙中山领导辛亥革命终结了统治中国两千多年的君主专制制度，创建了中华民国。1921年中国共产党成立，之后她领导中国人民进行彻底反帝反封建反官僚资本主义的斗争，历经北伐战争、土地革命战争、抗日战争和解放战争，推翻了帝国主义、封建主义和官僚资本主义的统治，取得新民主主义革命的伟大胜利。1949 年 10 月 1 日建立中华人民共和国。

政　治

2009 年是中华人民共和国历史上十分重要的一年。中国各族人民隆重庆祝新中国成立 60 周年，决心在新的起点上把中国特色社会主义事业继续推向前进。面对国际金融危机的严重冲击，中国各族人民坚定信心、迎难而上、万众一心、共克时艰，坚持把保持经济平稳较快发展作为经济工作的首要任务，统筹做好保增长、保民生、保稳定各项工作，实现了经济总体回升向好。中国改革开放和社会主义现代化建设取得新的显著成就，人民生活继续改善，社会保持和谐稳定。中国积极参加应对国际金融危机、气候变化等问题国际合作，扩大同世界各国交流合作，为世界和平与发展作出了新的贡献。

10 月 1 日上午 10 时，首都各界庆祝中华人民共和国成立 60 周年大会在北京天安门广场隆重举行，20 万军民以盛大的阅兵仪式和群众游行欢庆节日。中共中央总书记、国家主席、中央军委主席胡锦涛检阅受阅部队，并发表重要讲话。

2009 年 7 月 5 日 20 时左右，新疆乌鲁木齐市发生打砸抢烧严重暴力犯罪事件，造成 197 人死亡、1700 余人受伤，严重破坏了当地正常秩序和社会稳定，受到全国各族人民的强烈谴责。在党中央、国务院坚强领导下，新疆维吾尔自治区党委和政府果断采取有力措施，依法平息了事态、处置了事件，使当地生产生活逐步恢复正常。

【宪法】现行的《中华人民共和国宪法》是新中国第四部宪法，于 1982 年 12 月第五届全国人大第五次会议上正式通过并颁布。为了适应中国经济和社会的发展变化，全国人大分别于 1988 年、1993 年、1999 年、2004 年对这部宪法逐步进行了修改、完善。现行宪法包括序言和总纲、公民的基本权利和义务、国家机构、国旗国歌国徽首都等 4 章，共 138 条。宪法规定，中华人民共和国是工人阶级领导的、以工农联盟为基础的人民民主专政的社会主义国家。社会主义制度是国家的根本制度。国家的一切权力属于人民。国家的根本任务是沿着建设有中国特色社会主义的道路，集中力量进行社会主义现代化建设。台湾是中国领土不可分割的一部分。

【全国人民代表大会（National People's Congress, NPC）**】**最高国家权力机关，每届任期五年，全体会议每年举行一次。它的常设机关是常务委员会。全国人民代表大会和全国人民代表大会常务委员会（NPC Standing Committee）行使国家立法权。

2008 年 3 月，第 11 届全国人民代表大会第一次全体会议选举和任命了新一届国家机构领导人员。胡锦涛连任中华人民共和国主席和中华人民共和国中央军事委员会主席，习近平当选为国家副主席。吴邦国连任全国人大常委会委员长、王兆国等 13 人当选为副委员长，李建国兼任秘书长。温家宝连任中华人民共和国国务院总理。

第 11 届全国人大设立 9 个专门委员会：民族委员会、法律委员会、内务司法委员会、财政经济委员会、教育科学文化卫生委员会、外事委员会、华侨委员会、环境与资源保护委员会、农业与农村委员会。

2010 年 3 月 5～14 日，11 届全国人大三次会议在北京举行。会议审议并批准了政府工作报告和其他报告，通过了选举法修正案，实行城乡按相同人口比例选举人大代表。

中国人大网：http：//www.npc.gov.cn/npc/xinwen/index.htm。

【政府】称国务院（State Council）。国家权力机关的执行机关和最高国家行政机关。它执行全国人大和全国人大常委会制定的法律和通过的决议，对全国人大及其常委会负责并报告工作。国务院由总理、副总理、国务委员、各部部长、各委员会主任、中国人民银行行长、审计长、秘书长组成。实行总理负责制。各部、各委员会实行部长、主任负责制。每届任期 5 年。总理、副总理、国务委员连续任职不得超过两届。本届国务院于 2008 年 3 月组成，根据国务院机构改革方案，涉及调整变动的机构 15 个，正部级机构减少 4 个。改革后，除国务院办公厅外，国务院组成部门设置 27 个，组成人员如下（截至 2010 年 8 月）：

国务院总理 温家宝

国务院副总理 李克强、回良玉（回族）、张德江、王岐山

国务委员 刘延东（女）、梁光烈、马凯、孟建柱、戴秉国（土家族）

国务院秘书长 马凯（兼）

外交部部长 杨洁篪

国防部部长 梁光烈（兼）

国家发展和改革委员会主任 张平

教育部部长 袁贵仁（2009 年 10 月 31 日任命）

科学技术部部长 万钢

工业和信息化部部长 李毅中

国家民族事务委员会主任 杨晶（蒙古族）

公安部部长 孟建柱（兼）

国家安全部部长 耿惠昌

监察部部长 马馼（女）

民政部部长 李立国（2010 年 6 月 25 日任命）

司法部部长 吴爱英（女）

财政部部长 谢旭人

人力资源和社会保障部部长 尹蔚民

国土资源部部长 徐绍史

环境保护部部长 周生贤

住房和城乡建设部部长 姜伟新

交通运输部部长 李盛霖

铁道部部长 刘志军

水利部部长 陈雷

农业部部长 韩长赋（2009 年 12 月 26 日任命）

商务部部长 陈德铭

文化部部长 蔡武

卫生部部长 陈竺

国家人口和计划生育委员会主任 李斌（女）

中国人民银行行长 周小川

审计署审计长 刘家义

中华人民共和国中央人民政府门户网站：http：//www.gov.cn/。

【人民法院】国家的审判机关。设立最高人民法院、地方各级人民法院和军事法院等专门机构。最高人民法院院长、首席大法官王胜俊，2008 年 3 月当选。

【人民检察院】国家的法律监督机关。它的设置同人民法院相对应。设立最高人民检察院、地方各级人民检察院和军事检察院等专门机构。最高人民检察院检察长、首席大检察官曹建明，2008 年 3 月当选。

【行政区划】全国划分为 23 个省、4 个直辖市、5 个自治区和 2 个特别行政区。

【中国人民政治协商会议（Chinese People's Political Consultative Conference，CPPCC）】中国人民爱国统一战线的组织，是中国共产党领导的多党合作和政治协商的重要机构，是中国政治生活中发扬社会主义民主的重要形式。在中国共产党的领导下由中国共产党、各民主党派、无党派民主人士、人民团体、少数民族和各界的代表，香港、澳门特别行政区同胞、台湾同胞和归国侨胞的代表以及特别邀请的人士组成。设全国委员会（简称全国政协）（National Committee of the Chinese People's Political Consultative Conference）和地方委员会。全国政协设主席、副主席若干人和秘书长，每届任期五年，全体会议每年举行一次。全国政协围绕团结和民主两大主题开展工作，履行政治协商、民主监督、参政议政职能，平时组织委员进行一些专门活动，就国家的大政方针、地方重要事务、统一战线中的重大问题进行政治协商，通过提出意见和建议的形式进行参政议政，对国家机关的工作和国家宪法、法律的执行情况进行民主监督。

2008 年 3 月，中国人民政治协商会议第 11 届全国委员会第一次会议选举出第 11 届全国政协领导人。贾庆林连任全国政协主席，王刚等 25 人当选为副主席。钱运录兼任秘书长。

第 11 届全国政协设立 9 个专门委员会：提案委员会、经济委员会、人口资源环境委员会、教科文卫体委员会、社会和法制委员会、民族和宗教委员会、港澳台侨委员会、外事委员会、文史和学习委员会。

2009 年 12 月 23 日，全国政协副主席阿沛·阿旺晋美（藏族）因病在北京逝世，享年 100 岁。

2010 年 3 月 3 ~ 13 日，全国政协十一届三次会议在北京举行，前澳门特区行政长官何厚铧被增选为政协第十一届全国委员会副主席。

网址：http：//www.cppcc.gov.cn/。

【政党和团体】中国共产党领导的多党合作和政治协商制度是中华人民共和国的一项基本的政治制度：中国共产党是中华人民共和国的唯一执政党，八个民主党派在接受中国共产党领导的前提下，具有参政党的地位，与中共合作，参与执政。政治协商制度是在中国共产党的领导下，各民主党派、各人民团体、各少数民族和社会各界的代表，对国家的大政方针以及政治、经济、文化和社会生活中的重要问题在决策之前举行协商和就决策执行过程中的重要问题进行协商的制度。

中国共产党（Communist Party of China，CPC）：1921 年 7 月底成立（以 7 月 1 日为成立纪念日），是中国工人阶级的先锋队，同时是中国人民和中华民族的先锋队，是中国特色社会主义事业的领导核心，代表中国先进生产力的发展要求，代表中国先进文化的前进方向，代表中国最广大人民的根本利益。党的行动指南是马克思列宁主义、毛泽东思想、邓小平理论和“三个代表”重要思想，最高理想和最终目标是实现共产主义。截至 2009 年底，中国共产党党员总数为 7799.5 万名，比上年净增 206.5 万名

2007 年 10 月，中国共产党第十七次全国代表大会在北京召开。大会批准了胡锦涛同志代表十六届中央委员会所作的报告。报告首次更加全面地阐明了“中国特色社会主义道路”这一概念：“就是在中国共产党领导下，立足基本国情，以经济建设为中心，坚持四项基本原则，坚持改革开放，解放和发展社会生产力，巩固和完善社会主义制度，建设社会主义市场经济、社会主义民主政治、社会主义先进文化、社会主义和谐社会，建设富强民主文明和谐的社会主义现代化国家。”大会批准了中央纪律检查委员会的工作报告，审议通过了《中国共产党章程（修正案）》，将“科学发展观”写入党章。选举产生了新一届中央委员会和中央纪律检查委员会。十七届一中全会选举产生中央领导机构。

中央政治局常务委员会委员：胡锦涛　吴邦国　温家宝　贾庆林　李长春　习近平　李克强　贺国强　周永康

中央委员会总书记：胡锦涛

中央军事委员会主席：胡锦涛

中央纪律检查委员会书记：贺国强

2009 年 9 月 15 ~ 18 日，中共十七届四中全会在

北京举行，审议通过了《中共中央关于加强和改进新形势下党的建设若干重大问题的决定》。决定从六个方面对加强和改进党的建设做出具体部署：建设马克思主义学习型政党，提高全党思想政治水平；坚持和健全民主集中制，积极发展党内民主；深化干部人事制度改革，建设善于推动科学发展、促进社会和谐的高素质干部队伍；做好抓基层打基础工作，夯实党执政的组织基础；弘扬党的优良作风，保持党同人民群众的血肉联系；加快推进惩治和预防腐败体系建设，深入开展反腐败斗争。

中国国民党革命委员会（Revolutionary Committee of the Chinese Kuomintang，RCCK）：简称“民革”。1948年1月1日在香港成立，由原中国国民党民主派及其他爱国民主人士所创建，是具有政治联盟性质的、致力于建设中国特色社会主义和祖国统一事业的政党，是中国共产党领导的多党合作和政治协商制度中的参政党。目前有党员8.2万多人。主席周铁农，2007年12月当选。

中国民主同盟（China Democratic League，CDL）：简称“民盟”。1941年10月在重庆组成，原名中国民主政团同盟。1944年9月改为现名。主要由从事文化教育和科学技术工作的高中级知识分子组成。是具有政治联盟特点的、致力于中国特色社会主义事业的政党。目前有盟员18.44万多人。主席蒋树声，2005年12月当选。

中国民主建国会（China National Democratic Construction Association，CNDCA）：简称“民建”。1945年12月在重庆成立。主要由经济界人士组成。是具有政治联盟特点的、致力于中国特色社会主义事业的政党。目前有成员10.9万人。主席陈昌智，2007年12月当选。

中国民主促进会（China Association for Promoting Democracy，CAPD）：简称“民进”。1945年12月创立。主要由从事教育、文化、出版、科学和其他工作的高中级知识分子组成。是具有政治联盟性质的、致力于中国特色社会主义事业的政党。目前有成员10万多人。主席严隽琪（女），2007年12月当选。

中国农工民主党（Chinese Peasants and Workers Democratic Party，CPWDP）：简称“农工党”。1930年8月在上海创建，当时称中国国民党临时行动委员会。1947年2月改为现名。主要是由医药卫生和科学技术、文化教育界的高中级知识分子组成。是具有政治联盟特点、致力于中国特色社会主义事业的政党。目前有成员10.2万多人。主席桑国卫，2007年12月当选。

中国致公党（China Zhi Gong Dang，CZGD）：简称“致公党”。由华侨社团美洲致公总党发起，于1925年在美国旧金山成立。主要由归国华侨、侨眷和海外有联系的代表性人士、专家学者组成。是具有政治联盟特点的、致力于中国特色社会主义事业的政党。目前有党员3万多人。主席万钢，2007年12月当选。

九三学社（Jiu San Society）：1944年，一批进步学者发扬“五四”运动反帝爱国精神，以民主与科学为宗旨，在重庆组织“民主科学座谈会”。后为纪念1945年9月3日抗日战争和世界反法西斯战争的伟大胜利，改建为“九三学社”。主要由科学技术界高中级知识分子组成。是具有政治联盟特点的、致力于中国特色社会主义事业的政党。目前有成员10万多人。主席韩启德，2002年12月当选。

台湾民主自治同盟（Taiwan Democratic Self-Government League，TSL）：简称“台盟”。在台湾人民“二·二八”起义以后，由一部分从事爱国民主运动的台湾省人士于1947年11月12日在香港成立。是由台湾省人士组成的、社会主义劳动者和拥护社会主义的爱国者的政治同盟，是为社会主义服务的政党。目前有成员2100多人。主席林文漪（女），2005年12月当选。

此外，社会团体是当代中国政治生活的重要组成部分。目前有全国性社会团体近2000个。其中政治地位特殊，社会影响广泛的全国性的人民团体有：

中华全国工商业联合会（All-China Federation of Industry & Commerce，ACFIC）：简称“全国工商联”，又称中国民间商会（All-China General Chamber of Industry & Commerce）。1953年成立。是中国工商界组织的全国性的人民团体。改革开放后，成员主体为非公有制企业和非公有制经济人士。会员分为企业会员、团体会员和个人会员。截至2009年底，全国工商联共有会员257万个，其中企业会员108万个；共有地方组织3128个，基层组织24722个，行业组织12326个，已形成覆盖全国的组织网络。全国工商联同世界上100多个国家和地区的400多个组织、机构、商会、企业等建立了广泛联系。主席黄孟复，2002年11月任职。

中华全国总工会（All-China Federation of Trade Unions）：1925年5月成立。是中国各地方总工会和各产业工会全国组织的领导机关。全国总工会由中共中央书记处领导。2008年10月，中国工会第十五次全国代表大会在北京召开。截至2009年初，中国工会拥有2.12亿会员。中华全国总工会主席王兆国，2002年12月任职。

中国共产主义青年团（Chinese Communist Youth League，CCYL）：1922年5月成立。是先进青年的群众组织，中国共产党的助手。2008年6月10~13日，第十六次全国代表大会召开。截至2008年底，全国共有共青团员7858.8万人。团中央书记处第一书记陆昊，2008年5月任职。

中华全国妇女联合会（All-China Federation of

Women，ACFW）：1949 年 4 月成立。是全国各族女职工、女农民、女知识分子和其他劳动妇女、拥护社会主义的爱国妇女和拥护祖国统一的爱国妇女的群众组织。全国妇联有着健全的组织机构，从中央、省、市、县到城镇街道、乡村均有妇联组织。2008 年 10 月，中国妇女第十次全国代表大会在北京举行。全国妇联主席陈至立，2008 年 10 月当选。

经　济

2009 年是新世纪以来中国经济发展最为困难的一年。2008 年第四季度以后，世界经济形势险象环生，国际金融危机持续扩散蔓延，世界经济严重衰退。受国际金融危机严重冲击，中国经济社会发展遇到严重困难。2009 年，为应对国际金融危机冲击，党中央、国务院果断采取包括 4 万亿投资，钢铁、汽车、船舶、石化、纺织、轻工、有色金属、装备制造、电子信息、物流等十大产业调整振兴规划在内的一揽子计划，保持经济平稳较快发展。全国各族人民在党中央、国务院的领导下，以邓小平理论和“三个代表”重要思想为指导，深入贯彻落实科学发展观，认真贯彻积极的财政政策和适度宽松的货币政策，全面落实应对国际金融危机的一揽子计划和政策措施，国民经济形势总体回升向好，各项社会事业取得新的进展。12 月上旬召开的中央经济工作会议指出，2010 年是实施“十一五”规划的最后一年，要保持宏观经济政策的连续性和稳定性，继续实施积极的财政政策和适度宽松的货币政策，根据新形势新情况着力提高政策的针对性和灵活性，特别是要更加注重提高经济增长质量和效益，更加注重推动经济发展方式转变和经济结构调整，更加注重推进改革开放和自主创新、增强经济增长活力和动力，更加注重改善民生、保持社会和谐稳定，更加注重统筹国内国际两个大局，努力实现经济平稳较快发展。2009 年主要经济数据如下：

初步核算，全年国内生产总值 335353 亿元，比上年增长 8.7%。分产业看，第一产业增加值 35477 亿元，增长 4.2%；第二产业增加值 156958 亿元，增长 9.5%；第三产业增加值 142918 亿元，增长 8.9%。第一产业增加值占国内生产总值的比重为 10.6%，比上年下降 0.1 个百分点；第二产业增加值比重为 46.8%，下降 0.7 个百分点；第三产业增加值比重为 42.6%，上升 0.8 个百分点。

全年居民消费价格比上年下降 0.7%，其中食品价格上涨 0.7%。

年末全国就业人员 77995 万人，比上年末增加 515 万人。其中城镇就业人员 31120 万人，增加 910 万人，新增加 1102 万人。年末城镇登记失业率为 4.3%，比上年末上升 0.1 个百分点。

年末国家外汇储备 23992 亿美元，比上年末增加 4531 亿美元。

货币名称：人民币元。年末人民币汇率为 1 美元兑 6.8282 元人民币，比上年末升值 0.1%。

全年财政收入 68477 亿元，比上年增加 7147 亿元，增长 11.7%；其中税收收入 59515 亿元，增加 5291 亿元，增长 9.8%。

【资源】中国水能资源蕴藏量达 6.8 亿千瓦，居世界第一位。矿产资源丰富，矿产 171 种。已探明储量的有 157 种。其中钨、锑、稀土、钼、钒和钛等的探明储量居世界首位。煤、铁、铅锌、铜、银、汞、锡、镍、磷灰石、石棉等的储量均居世界前列。

2009 年全年水资源总量 23763 亿立方米，比上年减少 13.4%；人均水资源 1784.9 立方米，减少 13.8%。全年平均降水量 583.1 毫米，减少 10.9%。全年总用水量 5933 亿立方米，比上年增加 0.4%。人均用水量 445.7 立方米，下降 0.1%。

国土资源调查及地质勘查新发现大中型矿产地 398 处，其中，能源矿产地 107 处，金属矿产地 177 处，非金属矿产地 109 处，水气矿产地 5 处。有 65 种矿产新增查明资源储量，其中，石油 11.2 亿吨，天然气 7234 亿立方米，原煤 503.6 亿吨。

根据第七次全国森林资源清查结果，截至 2008 年，森林面积 19545 万公顷，森林覆盖率 20.36%，活立木总蓄积量 149.13 亿立方米，森林蓄积量 137.21 亿立方米。2009 年完成造林面积 588 万公顷，其中人工造林 389 万公顷。林业重点工程完成造林面积 447 万公顷，占全部造林面积的 76.0%。全民义务植树 24.8 亿株。截至 2009 年底，自然保护区达到 2529 个，其中国家级自然保护区 319 个。新增综合治理水土流失面积 4.8 万平方公里，新增实施水土流失地区封育保护面积 2.7 万平方公里。

【农业】耕地面积总量 18 亿亩以上，有效灌溉面积约 8.7 亿亩。2009 年，中国在粮食连续 5 年增产的高起点上，成功应对国际金融危机冲击和市场价格波动的挑战，并成功克服冬小麦主产区严重冬春连旱，东北、内蒙古严重高温伏旱等历史罕见灾害的影响，粮食产量在上年 52850 万吨的基础上，再创历史新高，实现近 40 年来首次连续 6 年增产。

2009 年，全国粮食种植面积 10897 万公顷，比上年增加 217 万公顷；棉花种植面积 495 万公顷，减少 80 万公顷；油料种植面积 1360 万公顷，增加 76 万公顷；糖料种植面积 188 万公顷，减少 11 万公顷。

全年粮食产量 53082 万吨，比上年增加 211 万吨，增产 0.4%。其中，夏粮产量 12335 万吨，增产 2.2%；早稻产量 3327 万吨，增产 5.3%；秋粮产量 37420 万吨，减产 0.6%。

全年棉花产量 640 万吨，比上年减产 14.6%。油料产量 3100 万吨，增产 5.0%。糖料产量 12200 万吨，减产 9.1%。烤烟产量 280 万吨，增产 6.7%。茶叶产量 135 万吨，增产 7.1%。

全年肉类总产量 7642 万吨，比上年增长 5.0%。

其中，猪肉产量4889万吨，增长5.8%；牛肉产量636万吨，增长3.6%；羊肉产量389万吨，增长2.4%。生猪年末存栏46985万头，增长1.5%；生猪出栏64507万头，增长5.7%。牛奶产量3518万吨，下降1.1%；禽蛋产量2741万吨，增长1.4%。

全年水产品产量5120万吨，增长4.6%。其中，养殖水产品产量3635万吨，增长6.5%；捕捞水产品产量1485万吨，增长0.1%。

全年木材产量6938万立方米，比上年下降14.4%。

全年新增有效灌溉面积147.1万公顷，新增节水灌溉面积182.6万公顷。

【**工业和建筑业**】2009年全年全部工业增加值134625亿元，比上年增长8.3%。全年全社会建筑业增加值22333亿元，比上年增长18.2%。2009年主要工业产品产量及其增长速度如下：

	产量	比上年增长%
纱（万吨）	2393.5	12.7
布（亿米）	740.0	4.2
化学纤维（万吨）	2730.0	13.0
成品糖（万吨）	1321.2	-8.9
卷烟（亿支）	22901.5	3.2
彩色电视机（万台）	9898.8	9.6
其中：液晶电视机（万台）	6765.3	85.2
家用电冰箱（万台）	5930.5	24.7
房间空气调节器（万台）	8078.2	-1.9
一次能源生产总量（亿吨标准煤）	28.0	5.8
原煤（亿吨）	30.50	8.8
原油（亿吨）	1.89	-3.1
天然气（亿立方米）	851.7	6.1
发电量（亿千瓦小时）	37146.5	6.3
其中：火电（亿千瓦小时）	29827.8	10.2
水电（亿千瓦小时）	6156.4	-3.3
核电（亿千瓦小时）	701.3	2.5
粗钢（万吨）	56803.3	12.9
钢材（万吨）	69626.3	15.2
十种有色金属（万吨）	2650.1	5.2
其中：精炼铜（电解铜）（万吨）	413.5	9.1
原铝（电解铝）（万吨）	1296.5	-1.5
氧化铝（万吨）	2379.3	3.3
水泥（亿吨）	16.5	16.0
硫酸（万吨）	5960.2	16.9
纯碱（万吨）	1938.4	3.0
烧碱（万吨）	1832.4	-1.1
乙烯（万吨）	1066.3	8.0
化肥（折100%）（万吨）	6599.7	9.8
发电机组（发电设备）（万千瓦）	11729.3	-11.9
汽车（万辆）	1379.5	48.2
其中：基本型乘用车（轿车）（万辆）	748.5	48.6
大中型拖拉机（万台）	37.1	30.6
集成电路（亿块）	414.4	-0.7
程控交换机（万线）	4147.4	-9.5
移动通信手持机（万台）	61924.5	10.7
微型计算机设备（万台）	18215.1	33.3

【**固定资产投资**】2009年全年全社会固定资产投资224846亿元，比上年增长30.1%。全年房地产开发投资36232亿元，比上年增长16.1%。2009年固定资产投资新增主要生产能力如下：

指标	绝对数
新增发电机组容量（万千瓦）	8970
22万伏及以上变电设备（万千伏安）	27161
新建铁路投产里程（公里）	5557
增建铁路复线投产里程（公里）	4129
电气化铁路投产里程（公里）	8448
新建公路（公里）	121013
其中：高速公路（公里）	4391
港口万吨级码头泊位新增吞吐能力（万吨）	31318
新增光缆线路长度（万公里）	149
新增数字蜂窝移动电话交换机容量（万户）	27580

【**国内贸易**】2009年社会消费品零售总额125343亿元，比上年增长15.5%。分地域看，城市消费品零售额85133亿元，增长15.5%；县及县以下消费品零售额40210亿元，增长15.7%。分行业看，批发和零售业零售额105413亿元，增长15.6%；住宿和餐饮业零售额17998亿元，增长16.8%；其他行业零售额1932亿元，增长2.5%。

【**对外经济**】2009年是新世纪以来中国对外贸易发展最为困难的一年。面对国际金融危机的严重冲击，中国政府及时出台一系列符合国际惯例的政策措施，完善出口退税政策，改善贸易融资环境，扩大出口信用保险覆盖面，提高贸易便利化水平，千方百计稳定外需。全年货物进出口总额22072亿美元，比上年下降13.9%。其中，货物出口12017亿美元，下降16.0%；货物进口10056亿美元，下降11.2%。进出口差额（出口减进口）1961亿美元，比上年减少1020亿美元。根据世界贸易组织统计，2009年中国出口占全球出口比重由上年的8.9%提高到9.6%，超过德国成为世界第一出口大国。2009年主要商品出口数量、金额及其增长速度如下：

	数量	比上年增长%	金额（亿美元）	比上年增长%
煤（万吨）	2240	-50.7	24	-54.7
钢材（万吨）	2460	-58.5	223	-64.9
纺织纱线、织物及制品	—	—	600	-8.4

服装及衣着附件	—	—	1071	-11.0
鞋类	—	—	280	-5.7
家具及其零件	—	—	253	-6.0
自动数据处理设备及其部件（万台）	131331	-8.5	1224	-9.4
手持或车载无线电话（万台）	58280	9.4	396	2.7
集装箱（万个）	69	-77.2	19	-78.6
集成电路（百万个）	56608	16.8	233	-4.2
液晶显示板（万个）	192414	-5.1	192	-14.1
汽车（包括整套散件）（万辆）	35	-45.2	47	-47.3

2009 年主要商品进口数量、金额及其增长速度如下：

	数量（万吨）	比上年增长%	金额（亿美元）	比上年增长%
谷物及谷物粉	315	104.6	9	22.7
大豆	4255	13.7	188	-13.9
食用植物油	816	8.4	59	-30.1
铁矿砂及其精矿	62778	41.6	501	-17.4
氧化铝	514	12.1	13	-26.6
煤	12583	211.9	106	201.3
原油	20379	13.9	893	-31.0
成品油	3696	-5.4	170	-43.7
初级形状的塑料	2381	34.5	348	2.2
纸浆	1368	43.7	68	2.1
钢材	1763	14.3	195	-16.9
未锻造的铜及铜材	429	62.7	226	18.0

2009 年对主要国家和地区货物进出口额及其增长速度如下：

国家和地区	出口额（亿美元）	比上年增长%	进口额（亿美元）	比上年增长%
欧盟	2363	-19.4	1278	-3.7
美国	2208	-12.5	774	-4.8
中国香港	1662	-12.8	87	-32.6
东盟	1063	-7.0	1067	-8.8
日本	979	-15.7	1309	-13.1
韩国	537	-27.4	1026	-8.5
印度	297	-6.1	137	-32.3
中国台湾	205	-20.8	857	-17.0
俄罗斯	175	-47.1	213	-10.7

全年非金融领域新批外商直接投资企业 23435 家，比上年减少 14.8%。实际使用外商直接投资金额 900 亿美元，下降 2.6%。其中，制造业占 52.0%；房地产业占 18.7%；租赁和商务服务业占 6.8%；批发和零售业占 6.0%；交通运输、仓储和邮政业占 2.8%。

全年非金融类对外直接投资额 433 亿美元，比上年增长 6.5%。

全年对外承包工程业务完成营业额 777 亿美元，比上年增长 37.3%；对外劳务合作完成营业额 89 亿美元，增长 10.6%。

【交通运输、邮电业】 2009 年交通运输、仓储和邮政业增加值 17058 亿元，比上年增长 3.7%。2009 年各种运输方式完成货物运输量及其增长速度如下：

指　标	绝对数	比上年增长%
货物运输总量（亿吨）	278.8	7.5
铁路（亿吨）	33.3	1.9
公路（亿吨）	209.7	9.4
水运（亿吨）	31.4	3.0
民航（万吨）	445.5	9.3
管道（亿吨）	4.4	1.3
货物运输周转量（亿吨公里）	121211.3	9.8
铁路（亿吨公里）	25239.2	0.5
公路（亿吨公里）	36383.5	10.7
水运（亿吨公里）	57439.9	14.0
民航（亿吨公里）	126.3	5.6
管道（亿吨公里）	2022.4	4.1

2009 年各种运输方式完成旅客运输量及其增长速度如下：

指　标	绝对数	比上年增长%
旅客运输总量（亿人）	297.7	3.8
铁路（亿人）	15.2	4.3
公路（亿人）	278.0	3.6
水运（亿人）	2.2	2.9
民航（亿人）	2.3	19.7
旅客运输周转量（亿人公里）	24773.6	6.8
铁路（亿人公里）	7878.9	1.3
公路（亿人公里）	13450.7	7.8
水运（亿人公里）	69.1	5.8
民航（亿人公里）	3374.9	17.1

截至 2009 年年底，全国铁路营业里程达到 8.6 万公里，跃居世界第二，仅次于美国（23 万公里）；路网密度 89.1 公里/万平方公里，比上年增加 6.1 公里/万平方公里；全国铁路复线里程 3.3 万公里，比上年增长 15.0%，复线率 38.8%，比上年提高 2.6 个百分点。电气化里程 3.6 万公里，比上年增长 29.4%。中国是世界上高速铁路发展速度最快、系统技术最全、集成能力最强、运营里程最长（截至 2009 年，按照国际通行的定义，投入运营的高速铁路已经达到 6552 营业公里，时速 200～350 公里的高

速铁路有3676营业公里)、运营速度最高(2009年12月26日开通运营的武汉至广州客运专线,全长1068.6公里,是世界上里程最长的高速铁路,最高时速达350公里)和在建规模最大(到2012年将有36条客运专线投入运营,总里程将达1.3万公里)的国家,在高铁领域稳居六项世界第一。

截至2009年底,全国公路总里程达386.08万公里,比上年末增加13.07万公里。全国公路密度为40.22公里/百平方公里,比上年末提高1.36公里/百平方公里。高速公路的通车总里程达6.5万公里,仅次于美国(约10万公里)居世界第二位。年末全国民用汽车保有量达到7619万辆(包括三轮汽车和低速货车1331万辆),比上年末增长17.8%,其中私人汽车保有量5218万辆,增长25.0%。民用轿车保有量3136万辆,增长28.6%,其中私人轿车2605万辆,增长33.8%。

2009年底,全国内河航道通航里程12.37万公里。全国拥有水上运输船舶17.69万艘,比上年末减少3.9%;净载重量14608.78万吨,比上年末增长17.7%;载客量98.16万客位,比上年末减少2.7%;集装箱箱位119.09万TEU,比上年末增长3.2%;船舶功率4620.91万千瓦,比上年末增长6.1%。全年规模以上港口完成货物吞吐量69.1亿吨,比上年增长8.2%,其中外贸货物吞吐量21.4亿吨,增长8.6%。港口集装箱吞吐量12082万标准箱,下降5.8%。全国沿海港口完成货物吞吐量48.74亿吨,比上年增长8.6%;全国内河港口完成货物吞吐量27.83亿吨,比上年增长9.9%。货物吞吐量超过亿吨的港口由上年的16个增加到20个。其中沿海亿吨港口为16个,前3个为:宁波—舟山港5.77亿吨、上海港4.95亿吨、天津港3.81亿吨。

2009年民航全行业完成固定资产投资总额约600亿元,民用机场航站楼总建筑面积增加66万平方米。2008年底中国民航运输机场为160个。截至2009年底,中国民航运输机场达到166个,新增腾冲驼峰、玉树巴塘、伊春林都、大庆萨尔图、鸡西兴凯湖和佛山沙堤(军民合用)等6个运输机场。

全年完成邮电业务总量27313亿元,比上年增长14.6%。其中,邮政业务总量1632亿元,增长16.4%;电信业务总量25681亿元,增长14.4%。全年局用交换机容量减少1644万门,总容量49219万门;新增移动电话交换机容量27580万户,达到142111万户。固定电话年末用户31369万户。其中,城市电话用户21178万户,农村电话用户10191万户。新增移动电话用户10614万户,年末达到74738万户。年末全国固定及移动电话用户总数达到106107万户,比上年末增加7947万户。电话普及率达到79.9部/百人。互联网上网人数3.8亿人,其中宽带上网人数3.5亿人;互联网普及率达到28.9%。

【旅游业】2009年国内出游人数达19.0亿人次,比上年增长11.1%;国内旅游收入10184亿元,增长16.4%。入境旅游人数12648万人次,下降2.7%。其中,外国人2194万人次,下降9.8%;香港、澳门和台湾同胞10454万人次,下降1.1%。在入境旅游者中,过夜旅游者5088万人次,下降4.1%。国际旅游外汇收入397亿美元,下降2.9%。国内居民出境人数达4766万人次,增长4.0%。其中因私出境4221万人次,增长5.2%,占出境人数的88.6%。

2010年1月4日,国务院发布《国务院关于推进海南国际旅游岛建设发展的若干意见》。至此,海南国际旅游岛建设正式步入正轨。

【金融】2009年末广义货币供应量(M2)余额为60.6万亿元,比上年末增长27.7%;狭义货币供应量(M1)余额为22.0万亿元,增长32.4%;流通中现金(M0)余额为3.8万亿元,增长11.8%。年末全部金融机构本外币各项存款余额61.2万亿元,比年初增加13.2万亿元。其中人民币各项存款余额59.8万亿元,增加13.1万亿元。全部金融机构本外币各项贷款余额42.6万亿元,增加10.5万亿元。其中人民币各项贷款余额40.0万亿元,增加9.6万亿元。

全年上市公司通过境内市场累计筹资3653亿元,比上年增加1255亿元。其中,首次公开发行A股99只,筹资2062亿元,增加995亿元;A股再融资(包括配股、公开增发、非公开增发、认股权证)筹资1591亿元,增加259亿元;上市公司通过发行可转债、可分离债、公司债筹资813亿元,减少185亿元。全年首次公开发行创业板股票36只,筹资204亿元。

全年发行非上市公司企业(公司)债券4252亿元,比上年增加1885亿元。企业发行短期融资券4612亿元,增加281亿元;中期票据6987亿元,增加5250亿元。发行中小企业集合票据12.7亿元。

全年保险公司原保险保费收入11137亿元,比上年增长13.8%,其中寿险业务原保险保费收入7457亿元;健康险和意外伤害险业务原保险保费收入804亿元;财产险业务原保险保费收入2876亿元。支付各类赔款及给付3125亿元,其中寿险业务给付1269亿元;健康险和意外伤害险赔款及给付281亿元;财产险业务赔款1576亿元。

2009年,中国黄金储备增加454吨。截至年末,黄金储备为1054吨,世界排名第五。黄金储备排名前四位的国家是美国、德国、意大利和法国,其中美国黄金储备量达到8133.5吨。

教育和科学技术

【教育】全年研究生教育招生51.1万人,在学研究生140.5万人,毕业生37.1万人。普通高等教育本专科招生639.5万人,在校生2144.7万人,毕业生

531.1万人。各类中等职业教育招生873.6万人，在校生2178.7万人，毕业生619.2万人。全国普通高中招生830.3万人，在校生2434.3万人，毕业生823.7万人。全国初中招生1788.5万人，在校生5440.9万人，毕业生1797.7万人。普通小学招生1637.8万人，在校生10071.5万人，毕业生1805.2万人。特殊教育招生6.4万人，在校生42.8万人。幼儿园在园幼儿2657.8万人。

【科学技术】2009年研究与试验发展（R&D）经费支出5433亿元，比上年增长17.7%，占国内生产总值的1.62%，其中基础研究经费272亿元。全年受理国内外专利申请97.7万件，其中国内申请87.8万件，占89.9%。受理国内外发明专利申请31.5万件，其中国内申请22.9万件，占72.8%。全年授予专利权58.2万件，其中国内授权50.2万件，占86.2%。授予发明专利权12.8万件，其中国内授权6.5万件，占50.9%。截至2009年底，有效专利152.0万件，其中国内有效专利119.3万件，占78.5%；有效发明专利43.8万件，其中国内有效发明专利18.0万件，占41.1%。全年共签订技术合同21.4万项，技术合同成交金额3039亿元，比上年增长14.0%。全年成功发射卫星6次。首台千万亿次超级计算机系统“天河一号”研制成功；2009年3月1日16时13分10秒，嫦娥一号卫星在北京航天飞行控制中心科技人员的精确控制下，准确落于月球东经52.36度、南纬1.50度的预定撞击点，成功实现硬着陆，标志着中国探月一期工程圆满完成。该卫星于2007年10月24日由西昌卫星发射中心升空，飞行长达494天。

年末全国共有产品检测实验室25000个，其中国家检测中心414个。全国现有产品质量、体系认证机构168个。全国共有法定计量技术机构3760个。全年制定、修订国家标准3158项，其中新制定2102项。全年中央气象台和省级气象台共发布气象预警信号2737次，警报3950次。全国共有地震台站1457个，地震遥测台网32个。全国共有海洋观测站66个。测绘部门公开出版地图2060种，测绘图书307种。

2009年1月9日和2010年1月11日，中共中央、国务院先后在北京隆重举行国家科学技术奖励大会，获得2008年度国家最高科学技术奖的是中国工程院院士、北京市神经外科研究所所长、北京天坛医院名誉院长王忠诚和中国科学院院士、北京大学教授徐光宪，获得2009年度国家最高科学技术奖的是中国科学院院士、复旦大学数学研究所名誉所长谷超豪和中国科学院院士、中国航天科技集团公司高级技术顾问孙家栋。

中国科学院成立于1949年11月1日，中国工程院成立于1994年6月3日。2010年6月，中国科学院和中国工程院分别召开第15次院士大会和第10次院士大会，中国科学院院长路甬祥当选连任，中国工程院院士、机械工程专家周济（前教育部长）当选为中国工程院院长。

文化、卫生和体育

【文化】2009年末全国共有艺术表演团体2478个，文化馆3214个，公共图书馆2833个，博物馆1996个。广播电台251座，电视台272座，广播电视台2087座，教育台44个。有线电视用户17398万户，有线数字电视用户6200万户。年末广播节目综合人口覆盖率为96.3%；电视节目综合人口覆盖率为97.2%。全年生产故事影片456部，科教、纪录、动画和特种影片102部。出版各类报纸437亿份，各类期刊31亿册，图书70亿册（张）。年末全国共有档案馆4035个，已开放各类档案7991万卷（件）。

2009年，国家陆续出台一系列政策措施，使新闻出版业改革全面提速。据不完全统计，到2009年年底，全国580家出版社当中，有80%的出版社已经完成了由过去的事业单位转变为企业的改制，或者进入转制程序。众多出版发行单位从事业单位变身现代企业，使新闻出版业成为国民经济的活跃板块，到2009年年底，出版业上市公司达到31家，融资超过2000亿元。在国际金融危机背景下，中国的新闻出版产业逆势而上，2009年的增长速度超过了20%。

2009年全国共有出版社580家（包括副牌社35家），其中中央级出版社221家（包括副牌15家），地方出版社359家（包括副牌20家）；全国共出版图书301719种，其中新版图书168296种；共出版期刊9851种；全国共出版报纸1937种，其中全国性和省级报纸1050种；全国共有音像制品出版单位380家，电子出版物出版单位250家。

【卫生】2009年末全国共有卫生机构28.9万个，其中医院、卫生院6.0万个，社区卫生服务中心（站）2.6万个，妇幼保健院（所、站）3013个，专科疾病防治院（所、站）1315个，疾病预防控制中心（防疫站）3543个，卫生监督所（中心）2706个，诊所及其他19.3万个。卫生技术人员522万人，其中执业医师和执业助理医师216万人，注册护士174万人。医院和卫生院床位396万张。乡镇卫生院3.9万个，床位91万张，卫生技术人员89.8万人。全年甲、乙类法定报告传染病发病人数377.6万例，报告死亡15105人；报告传染病发病率284.34/10万，死亡率1.14/10万。

2009年4月6日和7日，《中共中央国务院关于深化医药卫生体制改革的意见》和《医药卫生体制改革近期重点实施方案（2009—2011年）》相继公布，新一轮医改正式起航。随后，国家出台一系列重要举措。为有效减轻居民就医费用负担，切实缓解“看病难、看病贵”等问题，建立健全覆盖城乡居民的基本医疗卫生制度。未来3年，中国将为此投入8500亿元。

【体育】2009年中国运动健儿在30个项目中共获得142个世界冠军，11人3队22次创22项世界纪录。在第十一届全国运动会上，共有7人9次创超5项世界纪录；12人3队21次创16项亚洲纪录；29人5队52次创39项全国纪录。

人民生活

2009年，在整个应对金融危机过程中，中国始终把改善民生摆在重要位置，包括提高退休职工待遇和保障水平、推进医疗改革等。

2009年农村居民人均纯收入5153元，比上年实际增长8.5%；城镇居民人均可支配收入17175元，实际增长9.8%。农村居民家庭食品消费支出占消费总支出的比重为41.0%，城镇为36.5%。按2009年农村贫困标准1196元测算，年末农村贫困人口为3597万人。

年末全国参加城镇基本养老保险人数23498万人，比上年末增加1607万人。其中参保职工17703万人，参保离退休人员5795万人。参加城镇基本医疗保险的人数40061万人，增加8239万人。其中，参加城镇职工基本医疗保险人数21961万人，参加城镇居民基本医疗保险人数18100万人。参加城镇医疗保险的农民工4335万人，增加69万人。参加失业保险的人数12715万人，增加316万人。参加工伤保险的人数14861万人，增加1074万人。其中参加工伤保险农民工5580万人，增加638万人。参加生育保险的人数10860万人，增加1606万人。2716个县（市、区）开展了新型农村合作医疗工作，新型农村合作医疗参合率94.0%。新型农村合作医疗基金累计支出总额为646亿元，累积受益4.9亿人次。新型农村社会养老保险试点顺利启动。年末全国领取失业保险金人数为235万人。

年末全国共有各类提供住宿的收养性社会服务机构3.9万个，床位275.4万张，收养各类人员208.8万人。其中，农村养老服务机构3.0万个，床位188.5万张，收养各类人员151.1万人。各类不提供住宿的社区服务设施14.0万个，其中，社区服务中心9726个，社区服务站2.5万个。全年2347.7万城市居民得到政府最低生活保障，比上年增加12.9万人；4759.3万农村居民得到政府最低生活保障，增加453.8万人；554.3万农村居民得到政府五保救济，增加5.7万人。全年救助城市医疗困难群众417.2万人次，救助农村医疗困难群众688.4万人次；资助1047.8万城镇困难群众参加城镇医疗保险，资助3689.8万农村困难群众参加新型农村合作医疗。全年销售社会福利彩票756亿元，直接接收社会捐赠款41亿元。

军　事

中华人民共和国武装力量由中国人民解放军现役部队和预备役部队、中国人民武装警察部队、民兵组成。中国的武装力量属于人民，受中国共产党领导。中华人民共和国中央军事委员会（简称中央军委）领导全国武装力量。中央军委由主席，副主席若干人，委员若干人组成，实行主席负责制。主席由全国人大选举产生，对全国人大及其常务委员会负责，每届任期与全国人大每届任期相同，但没有届数限制。2008年3月15日十一届全国人大一次会议第五次全体会议选举产生的中华人民共和国中央军事委员会组成人员如下：

主　席：胡锦涛（2004年3月当选，2008年3月连任）

副主席：郭伯雄、徐才厚

委　员：梁光烈、陈炳德、李继耐、廖锡龙、常万全、靖志远、吴胜利、许其亮

中国人民解放军现役部队是国家的常备军，实行中央军事委员会领导下的总参谋部（总参谋长陈炳德上将）、总政治部（总政治部主任李继耐上将）、总后勤部（总后勤部部长廖锡龙上将）、总装备部（总装备部部长常万全上将）体制。中国人民解放军由陆军（未设独立的领导机关）、海军（司令员吴胜利上将）、空军（司令员许其亮上将）和第二炮兵（司令员靖志远上将）组成，在全国范围内设立7个军区（沈阳、北京、兰州、济南、南京、广州、成都）。中国人民武装警察部队司令员吴双战上将。

中国奉行防御性的国防政策。中国把捍卫国家主权、安全、领土完整，保障国家发展利益和保护人民利益放在高于一切的位置，努力建设与国家安全和发展利益相适应的巩固国防和强大军队，在全面建设小康社会进程中实现富国和强军的统一。新世纪新阶段中国国防政策的基本内容是：维护国家安全统一，保障国家发展利益；实现国防和军队建设全面协调可持续发展；加强以信息化为主要标志的军队质量建设；贯彻积极防御的军事战略方针；坚持自卫防御的核战略；营造有利于国家和平发展的安全环境。

2009年，中国国防预算为4806.86亿元人民币，比上年的预算执行数增加624.82亿元，增长14.9%；国防经费预算占当年财政支出预算的比重为6.3%，与前几年相比所占比重略有下降。截至2009年初，中国已与150多个国家建立军事关系，在109个国家设立武官处，有98个国家在华设立武官处。

2009年，国防和军队现代化建设取得新的成就。人民解放军和武警部队圆满完成国庆首都阅兵、重点地区维稳等重大任务，为维护国家安全和发展利益发挥了重要作用。

1949年4月23日，人民海军在江苏泰州白马庙宣告诞生。2009年4月23日，中国人民解放军海军

在青岛附近海域成功举行了首次国际海上阅兵。来自五大洲29个国家的海军代表团、14国海军21艘舰艇汇聚黄海，共贺新中国海军60华诞。中共中央总书记、国家主席、中央军委主席胡锦涛乘坐新型导弹驱逐舰迎风破浪，检阅海上分列式，向海军官兵致以热烈的祝贺。

2009年11月11日，人民空军迎来60华诞，从11月初开始，空军举行了空军国际论坛、武器装备展和飞行跳伞表演等多项庆祝活动。中国国家主席、中央军委主席胡锦涛在会见各国空军代表团团长时强调，中国将继续秉持和平、发展、合作的理念，坚持和平开发利用空天，积极参与国际空天安全合作。

对外关系

中国外交政策的宗旨是维护世界和平，促进共同发展。

2009年是新中国外交60周年，也是中国外交的丰收之年。面对国际形势的复杂深刻变化，在以胡锦涛同志为总书记的党中央领导下，中国外交以应对金融危机为主线，以多边峰会外交为主要平台，以外交理论和实践创新为重要动力，以统筹协调为根本工作方法，抢抓机遇、化解挑战，加大运筹大国外交，全面发展与周边国家睦邻友好关系，继续深化同发展中国家团结合作，努力推进多边外交，大力加强经济、安全和公共外交等各领域外交工作，坚决维护了国家主权、安全和发展利益，巩固了中国发展的重要战略机遇期，促进了世界和地区的和平、稳定与繁荣。中国国际地位进一步提升，国际作用和影响备受关注。

和平与发展仍是当今时代的主题。维护和平，促进发展，事关各国人民的福祉，是各国人民的共同愿望，也是不可阻挡的历史潮流。世界多极化和经济全球化趋势的发展，给世界的和平与发展带来了机遇和有利条件。新的世界大战在可预见的时期内打不起来。争取较长时期的和平国际环境和良好周边环境是可以实现的。

但是，不公正不合理的国际政治经济旧秩序没有根本改变。影响和平与发展的不确定因素在增加。传统安全威胁和非传统安全威胁的因素相互交织，恐怖主义危害上升。霸权主义和强权政治有新的表现。民族、宗教矛盾和边界、领土争端导致的局部冲突时起时伏。南北差距进一步扩大。世界还很不安宁，人类面临着许多严峻挑战。

不管国际风云如何变幻，中国始终不渝地奉行独立自主的和平外交政策。中国人民愿同各国人民一道，共同推进世界和平与发展的崇高事业。

截至2010年8月，中国同171个国家建立了外交关系。

2009年，中国与外国共达成14个设立领事机构和扩大领事机构领区协议。截至2009年底，中国在外国设立总领事馆75个、领事馆6个、领事办公室3个；外国在中国内地设立总领事馆146个、领事馆5个、领事代理处1个、领事办公室7个、名誉领事10个；外国在中国香港设立总领事馆61个、名誉领事71个；外国在中国澳门设立总领事馆3个、名誉领事13个。

【同亚洲国家的关系】2009年，中国政府坚持“与邻为善、以邻为伴”的周边外交方针，继续加强与亚洲国家的睦邻友好和互利合作，积极推动区域合作，共同营造和平稳定、平等互信、合作共赢的地区环境。

中国与亚洲国家保持密切高层往来和接触，巩固和加强睦邻互信伙伴关系。2009年，中国领导人分别访问马来西亚、新加坡、朝鲜、菲律宾、缅甸、日本、韩国、柬埔寨。柬埔寨、巴基斯坦、朝鲜、马来西亚、泰国、韩国、日本、阿富汗、尼泊尔等国领导人分别访问中国。中国领导人还利用出席联大、G20峰会等场合同亚洲国家领导人举行双边会见，增进互信，促进合作。中国同朝鲜、蒙古隆重庆祝建交60周年，传统友好关系进一步发展。中日关系在日政权更替后实现平稳开局，两国领导人就继续推进中日战略互惠关系达成新的重要共识。中韩关系保持稳定发展势头。中巴战略合作伙伴关系进一步深化。中印关系顺利发展。中尼关系提升为全面合作伙伴关系。中老关系提升为全面战略伙伴关系。中菲签署“关于战略性合作共同行动计划”。中国同东盟国家友好合作关系继续深化。亚洲国家对新中国建国60周年表示热烈祝贺。

中国与亚洲国家互利经贸合作进一步加强。在国际金融危机背景下，中国同亚洲国家加强宏观经济政策对话，同马来西亚、印尼、韩国签订总额为3600亿人民币的双边货币互换协议，同日本、韩国等加强节能环保和循环经济合作，积极参与亚洲国家基础设施建设和大项目合作，为促进亚洲经济企稳复苏发挥了积极作用。2009年，中国同亚洲国家的贸易总额为6602.43亿美元，约占中国对外贸易额的30%。亚洲国家和地区是中国进出口主要来源地，日本是中国在亚洲最大贸易伙伴。随着中国东盟自贸区的建立，中国和东盟国家经济联系日益密切。

【同西亚北非国家的关系】2009年，中国与西亚北非地区国家各领域友好合作进一步发展，合作成果显著。

高层互访频繁，政治互信加深。中国领导人分别访问沙特、埃及、约旦、苏丹、叙利亚、土耳其、突尼斯、摩洛哥、阿尔及利亚、卡塔尔。科威特、土耳其、伊朗、阿联酋、叙利亚、卡塔尔等国领导人分别访问中国。

中国为缓解中东紧张局势、推动解决地区热点问题发挥了建设性作用。在中东问题上，中国积极劝和促谈，杨洁篪外长两次出访中东有关国家，提出缓解中东局势的“五点主张”；中国中东问题特使三度访问地区国家；积极参加加沙重建捐助国会议，向巴方提供无偿援助。在伊朗核问题上，中国积极做有关各方工作，为推动通过外交谈判和平解决伊朗核问题发挥积极作用，以建设性姿态参与国际原子能机构审议伊朗核问题的相关工作和中、美、俄、英、法、德六国机制处理伊朗核问题的进程。中国继续在伊拉克问题上发挥建设性作用，在安理会审理涉伊拉克决议及其他多边领域秉持公正立场，支持并推动国际社会解决伊拉克问题的努力。在苏丹问题上，通过中国政府达尔富尔问题特别代表出访、出席国际会议、接待苏丹总统特使、外交国务部长、美国总统苏丹问题特使、俄总统苏丹问题特别代表、联合国/非盟达问题首席协调员访华等多种形式与有关各方就苏丹问题广泛交换意见。2009 年，中国向苏丹提供了 2000 万元人民币人道主义物资援助，用于改善达区人道状况；向联合国信托基金捐款 50 万美元，用于支持达区政治进程。

2009 年，中国积极推动与西亚北非地区国家经贸合作，受经济危机和油价下跌影响，双边贸易额有所下降。双方在工程项目承包、能源、投资等领域的合作续有进展。

【同撒哈拉以南非洲国家的关系】2009 年，中非新型战略伙伴关系不断深化，各领域友好合作取得丰硕成果。中非合作论坛北京峰会后续行动基本落实。论坛第四届部长级会议在埃及沙姆沙伊赫成功召开，成为中非关系发展新的起点。

中非高层交往和对话密切，政治互信进一步增强。中国领导人分别访问马里、塞内加尔、坦桑尼亚、毛里求斯、南非、肯尼亚等国。塞拉利昂、中非、利比里亚、科特迪瓦、肯尼亚等国领导人分别访问中国或来华出席相关活动。中国分别同非洲联盟委员会、南非和尼日利亚举行了战略对话，加强在重大国际问题上的沟通协调。

中非在重大问题和应对全球性挑战上的相互支持进一步加深。乌鲁木齐“7·5”事件后，非洲国家在涉疆问题上给予中方坚定支持。中非加强在应对金融危机、气候变化等全球性问题上的协调合作。中国领导人多次在国际场合呼吁国际社会重视非洲的关切和利益，认真履行对非援助承诺，增加对非洲的支持和帮助。胡锦涛主席在伦敦和纽约两次会见南非总统。温家宝总理在大连会见津巴布韦副总理穆坦巴拉。温家宝总理分别与埃塞俄比亚总理和南非总统通电话，就中非关系及共同应对气候变化问题交换看法。

中国政府努力克服国际金融危机的不利影响，进一步推进论坛北京峰会成果特别是对非务实合作 8 项政策措施的落实工作。中方大幅增加了对非洲国家的援助，对非免关税举措全部完成，免债工作基本落实；中非发展基金启动并开始运作；中方援建的非盟会议中心已于 2008 年 12 月初正式开工，在有关非洲国家建设经贸合作区工作也在积极推进。截至 2009 年底，中方已为非洲国家培训了 15000 多名各类人员。援建医院、疟疾防治中心、农业技术示范中心和农村学校工作进展顺利。受金融危机影响，2009 年，中非贸易额为 911 亿美元，同比下降 15.1%。中国对非洲投资逆势上扬，非金融类投资额达到 13.6 亿美元，增长 36%。

11 月 8~9 日，中非合作论坛第四届部长级会议在埃及沙姆沙伊赫成功召开。温家宝总理和 18 位非洲国家领导人出席开幕式。会议评估了论坛北京峰会后续行动落实情况，对未来三年的中非合作进行了全面规划。中方在会议上出台了推进对非合作的新 8 项举措，受到非洲国家普遍欢迎。

【同欧亚地区国家的关系】2009 年，中国与欧亚地区国家友好关系进一步深入发展，各领域合作成果丰富。中国在与欧亚地区国家交往中积极扩大友好合作，坚持互利共赢，尊重欧亚地区国家的主权和领土完整，不干涉内政，尊重各国人民选择的发展道路。欧亚地区国家在台湾、“东突”、涉藏等问题上明确支持中国的原则立场。

2009 年，中国与欧亚地区国家高层互访频繁，政治互信不断加深。中国领导人分别访问了俄罗斯、哈萨克斯坦和土库曼斯坦。俄罗斯、哈萨克斯坦、吉尔吉斯斯坦等国领导人分别访问中国。国家主席胡锦涛与俄罗斯总统梅德韦杰夫发表了《中俄元首莫斯科会晤联合声明》，与哈萨克斯坦总统纳扎尔巴耶夫签署了《中国和哈萨克斯坦联合声明》。温家宝总理与俄罗斯总理普京签署《中俄总理第十四次定期会晤联合公报》。

2009 年 6 月，上海合作组织成员国元首理事会第九次会议在俄罗斯叶卡捷琳堡举行，会议决定给予斯里兰卡和白俄罗斯上海合作组织对话伙伴地位，发表了《联合公报》。成员国元首共同签署了《叶卡捷琳堡宣言》、《上海合作组织反恐怖主义公约》等重要文件。

2009 年 10 月 14 日，上海合作组织成员国政府首脑（总理）理事会第八次会议在北京举行。会议发表了《联合公报》、《上海合作组织成员国关于加强多边经济合作、应对全球金融经济危机、保障经济持续发展的共同倡议》等文件。

中国与欧亚地区国家经济合作基本保持稳定，经贸额有所下降。2009 年，中国与欧亚地区国家贸易额为 700 亿美元，同比下降 28.9%。

【同欧洲国家的关系】2009 年，中国与欧洲地区国家关系继续保持平稳发展势头，并取得了新的进展。与欧盟关系克服了 2008 年因涉藏问题出现的困难，重新回到稳定发展的轨道，特别是与法国关系实现转圜。与罗马尼亚、保加利亚、捷克、匈牙利、阿尔巴尼亚等国庆祝建交60周年，与爱尔兰庆祝建交30周年。与塞尔维亚建立战略伙伴关系。

高层交往频繁，政治互信增强。2009年，中国领导人分别访问了英国、法国、德国、意大利、丹麦、芬兰、希腊、捷克、奥地利、斯洛伐克、克罗地亚等26个欧洲国家和欧盟总部。塞尔维亚、拉脱维亚、瑞典、芬兰、阿尔巴尼亚、马其顿、法国及欧盟委员会等多位领导人访华。中国和欧盟在捷克恢复举行第11次中欧领导人会晤，并在中国南京举行第12次中欧领导人会晤。国家主席胡锦涛、国务院总理温家宝在出席伦敦和匹茨堡20国集团峰会、纽约联合国大会系列峰会、意大利八国集团与发展中国家对话会、瑞士达沃斯世界经济论坛2009年年会和联合国哥本哈根气候变化大会期间分别与法国、德国、英国、奥地利、瑞士、丹麦等国领导人会见。中国领导人深入阐述对欧洲政策，强调中国政府一贯高度重视欧洲，始终将发展同欧洲的关系置于中国外交政策的重要位置，表明了中国愿与欧洲携手应对全球性挑战的坚定政治意愿。

经贸合作继续平稳发展。中国与欧盟27个成员国的进出口贸易总额为3640亿美元。举行第二次中欧高层经贸对话、第五届中欧工商峰会、第二次中英经济财金对话，中国与塞尔维亚、波黑、黑山等国成功举行政府间经贸混委会例会。

【同北美洲和大洋洲国家的关系】2009年，中国与美国关系总体保持稳定发展。两国高层和各级别交往密切。4月，国家主席胡锦涛在伦敦与美国总统奥巴马会晤，双方一致同意共同努力建设21世纪积极合作全面的中美关系。9月，胡锦涛主席在纽约与奥巴马总统再次会晤。11月，奥巴马总统对中国进行国事访问，双方发表对新时期中美关系具有重要指导意义的《中美联合声明》，在重申共同努力建设21世纪积极合作全面的中美关系的同时，明确将采取切实行动稳步建立应对共同挑战的伙伴关系。两国元首并就中美关系和共同关心的重大国际地区问题深入交换意见，达成一系列重要共识。两国元首还多次以通话、通信等方式保持沟通。9月，全国人大常委会委员长吴邦国对美国进行正式友好访问。12月，国务院总理温家宝在丹麦哥本哈根会晤奥巴马总统。7月，国务院副总理王岐山、国务委员戴秉国作为胡锦涛主席特别代表在华盛顿同奥巴马总统特别代表国务卿克林顿、财政部长蒂莫西·盖特纳共同举行首轮中美战略与经济对话。10月，王岐山副总理与美国商务部长骆家辉、贸易代表罗恩·柯克在杭州共同主持第20届中美商贸联委会。第13届中美科技联委会在华盛顿举行。双方举行了贯穿全年的中美建交30周年纪念活动。此外，国务委员刘延东、中共中央政治局委员、中央书记处书记、中共中央组织部部长李源潮、中央军委副主席徐才厚上将、外交部长杨洁篪、科技部长万钢、农业部长孙政才、商务部长陈德铭、国务院台湾事务办公室主任王毅、全国人大外事委主任委员李肇星、国家发展与改革委员会副主任解振华等分别访美。美国会众议长南希·佩洛西、国务卿克林顿、财政部长盖特纳、能源部长朱棣文、商务部长骆家辉、农业部长托巴斯·维尔萨克、联邦调查局局长罗伯特·穆勒、陆军参谋长乔治·凯西上将等先后访华。美国新任驻华大使洪博培到任。

中美有效开展应对国际金融危机的协调合作，为推动国际金融稳定和世界经济复苏发挥了重要作用。两国经贸合作继续深化，能源、环境、人文、农业、卫生、交通、反恐、执法等领域的交流合作取得新进展，两军关系得到改善和发展。双方就朝鲜半岛核、伊朗核、南亚等地区热点问题以及国际金融体系改革、气候变化、核安全等全球性问题保持密切的磋商协调。地方和民间交往热络。

2009年，中国和加拿大关系发展顺利。两国高层及各级别官员交往频繁。9月，国家主席胡锦涛在美国匹兹堡同加拿大总理哈珀简短会见。全国人大常委会委员长吴邦国在出访途中过境温哥华。哈珀总理12月正式访华，双方发表《中加联合声明》，并签署关于气候变化、矿产资源、文化和农业教育等领域的多项合作协议。中加经贸合作不断扩大，在文化、教育、卫生、科技、司法执法等领域交流与合作成果丰硕，在气候变化、金融危机、反恐、军控、阿富汗等国际和地区问题上保持良好沟通与协调。

中国与澳大利亚、新西兰关系继续深入发展。双方高层交往密切。4月，国家主席胡锦涛在伦敦会见澳大利亚总理陆克文；9月，在美国匹兹堡与陆克文总理简短交谈；11月，在新加坡分别与澳大利亚总理陆克文、新西兰总理约翰·基寒暄。10月，国务院总理温家宝在泰国华欣分别会见陆克文总理、约翰·基总理。中共中央政治局常委李长春访问澳大利亚。中共中央政治局常委、国务院副总理李克强、全国人大常委会副委员长陈至立访问澳大利亚和新西兰。澳大利亚参议长约翰·霍格访华。新西兰总理约翰·基访华并出席博鳌亚洲论坛2009年年会。中澳、中新经贸关系一定程度上受国际金融危机的影响，但双方仍互为重要的贸易与投资合作伙伴。中新自由贸易协定实施总体情况良好。中澳、中新在科技、文化、教育、农业、林业、军事等领域的交流合作不断深化。两国坚持一个中国政策，反对“台独”。

2009年，中国与太平洋岛国关系继续保持良好发展势头。双方高层接触和往来频繁。国家副主席习近平在出访拉美途中过境斐济，国务院副总理李克强、中国人民解放军总参谋长陈炳德上将分别对巴布亚新几内亚进行正式访问。巴新总理、密克罗尼西亚联邦副总统正式访华。太平洋岛国议会代表团集体访华。萨摩亚副总理，巴新外交、贸易与移民部长及卫生与艾滋病防控部长、密克罗尼西亚交通、通讯与基础设施部长及资源发展部长、斐济警察总监等政要分别访华或来华出席国际会议。

双方经贸、文化等领域合作富有成果。中国与巴新合作开发的拉姆镍矿项目进展顺利，中国援建的瓦努阿图水产品加工厂、斐济纳务索桥等项目竣工，巴新威瓦克体育场项目、瓦努阿图电子政务项目、密克罗尼西亚波纳佩州政府办公楼项目和科斯雷州中学项目、萨摩亚青年妇女活动中心维修扩建项目等顺利实施。中国为岛国举办高级外交官研修班，并派艺术团体赴斐济和瓦努阿图访问演出。

【同拉丁美洲和加勒比地区国家的关系】2009年，中国继续致力于同拉美和加勒比国家发展平等互利、共同发展的全面合作伙伴关系。中拉各领域合作卓有成效，友好合作关系进一步深化。

双方高层交往频繁。中国领导人分别访问古巴、巴哈马、秘鲁、厄瓜多尔、巴西、墨西哥、牙买加、哥伦比亚、委内瑞拉、智利、阿根廷、巴巴多斯和巴哈马等国。在上述重要访问中，中国同拉美有关国家签署了涉及金融、能源、基础设施等领域的多个合作文件。此外，乌拉圭、委内瑞拉、巴西总统和格林纳达总理、秘鲁第一副总统及古巴、阿根廷、哥伦比亚外长分别访华。中拉领导人还在联合国系列峰会、二十国集团领导人金融峰会、“金砖四国”领导人峰会、亚太经济合作组织第17次领导人非正式会议、哥本哈根气候变化大会等多边场合频繁会晤。中国与智利、玻利维亚等国举行外交部间磋商，与墨西哥举行首轮战略对话，与委内瑞拉举行两国政府间高级别混合委员会第八次会议。双方高层交往和政治对话增进了中国同有关国家的政治互信，促进了中拉各领域合作。

中国同拉美和加勒比国家务实合作深入发展。在金融危机不利环境下，中国继续成为多数拉美国家第二大贸易伙伴，并成为巴西第一大贸易伙伴和智利等国第一大出口对象国。2009年，中拉贸易额达1215.4亿美元，同比下降15.2%。中拉金融、投资、能源等领域合作加强，在基础设施、制造业和高科技领域重大合作项目取得积极进展。中国—拉美第3届企业家高峰会在哥伦比亚成功举行。

【同国际组织和国际会议的关系】2009年，国家主席胡锦涛主席先后出席二十国集团领导人第二次峰会（4月，伦敦），上海合作组织元首理事会第九次会议和“金砖四国”领导人会晤（6月，俄罗斯叶卡捷琳堡），联合国气候变化峰会、第64届联合国大会一般性辩论、联合国安理会核不扩散与核裁军峰会（9月，纽约联合国总部）及二十国集团领导人第三次峰会（9月，华盛顿），亚太经合组织第17次领导人非正式会议（11月，新加坡）。

国务院总理温家宝总理先后出席达沃斯世界经济论坛年会（1月，瑞士），东亚领导人系列会议（4月，泰国曼谷；10月，泰国华欣），博鳌亚洲论坛2009年年会（4月，中国海南），第11次（5月，布拉格）、12次（11月，中国南京）中欧领导人会晤，上海合作组织成员国政府首脑（总理）理事会第八次会议（10月，北京），中非合作论坛第四届部长级会议（11月，埃及沙姆沙伊赫），哥本哈根气候变化会议（12月）。

2009年，中国积极参与联合国维持和平行动和安理会改革政府间谈判，以及联合国各机构的工作，中国顺利完成首次接受联合国国别人权审查工作。2月，第63届联合国大会主席布罗克曼访华。

2009年，台湾海峡两岸关系保持和平发展的良好势头。台湾当局13年来首次未在世界卫生大会搞涉台提案，16年来首次未在联合国大会推动涉台提案。但另一方面，台仍极力拓展“国际空间”，并强调对外活动的“自主性”，声称要以“软实力”寻找参与国际活动的新出路，实现“全球布局”，凸显台“国际存在”和“主权”。中国政府继续全面做国际社会工作，捍卫一个中国原则，促进两岸关系和平发展，明确要求各国继续坚持一个中国原则，更加谨慎地处理涉台问题，得到国际社会积极响应。

2009年，中国政府大力推进安全外交工作，与境外“东突”势力、达赖集团和西方反华势力进行坚决斗争，继续参加国际反恐合作，有力维护了国家主权、安全和发展利益。

2009年4月，甲型H1N1流感疫情爆发后，迅速在全球范围蔓延。在党中央、国务院的坚强领导统一部署下，中国对甲型流感防控反应迅速，策略得当，措施到位，处置有效，赢得了国际社会的普遍肯定。

（石宜　涂依翩）

台湾省

【面积】约36000平方公里，由台湾本岛及周围21个属岛、澎湖列岛64个岛屿组成；其中本岛面积35798平方公里，约占全省总面积的97%以上；南北长394公里，东西最宽处144公里，环岛海岸线1239公里，是中国第一大岛。目前所称的中国台湾地区，还包括台湾当局控制的福建省的金门、马祖等岛屿。

【人口】2313.3万人（截至2010年4月）。人口密度为639人/平方公里，其中台北、高雄两大城市的人口密度为每平方公里近万人。2009年人口出生率为8.3‰。65岁以上人口数为250万人，占总人口10.53%，高于联合国定义人口老龄化社会的门槛。

【简况】位于中国大陆架的东南缘，北临东海，东北接琉球群岛，东濒太平洋，南界巴士海峡与菲律宾相邻，西隔台湾海峡与福建省相望；扼西太平洋航道中心，战略地位重要。台湾岛多山，高山和丘陵面积占全部面积的2/3以上，最高峰为玉山，海拔3997米；沿海有一些狭长的平原。地处温带和热带之间，属热带和亚热带气候，年均气温约22℃，年均降水量多在2000毫米以上。

台湾自古以来就是中国不可分割的一部分。据有关研究，台湾很早以前本与大陆相连，后因海平面上升，相连的陆地部分被淹而成为海峡，台湾遂成海岛。台湾在历史上曾被称为“岱员”、“岛夷”，汉朝时称“东鲲”、三国时称“夷洲”，隋朝时称“流求”，宋、元时称“琉球”。明代叫法最多，除习称“琉球”外，亦称“台员”、“大湾”、“大园”等，明万历年间始称“台湾”，并在官方文书上正式使用。

公元230年（三国孙吴黄龙二年），吴王孙权派遣卫温、诸葛直率兵万人渡海到台，这是大陆军民东渡台湾，垦拓、经营台湾的最早记载。宋、元时期中国政府在台正式设官建制。1624年，荷兰殖民者侵占台湾南部。1626年，西班牙殖民者占领台湾北部。1642年，荷兰殖民者赶走西班牙人，占领全部台湾。1662年，民族英雄郑成功在台民众的协助下收复台湾。1683年，郑成功之孙郑克塽归顺清朝，清政府正式管辖台湾，并于1684年（清康熙二十三年）在台设“分巡台厦兵备道”及“台湾府”，隶属福建省。1727年（清雍正五年），清政府正式定“台湾”为官方统一的名称。

1840年鸦片战争以后，美、英、法、日等帝国主义国家都曾入侵过台湾。1885年，清政府将台湾划为单一行省，成为当时中国第20个行省。1895年，清政府在中日甲午战争中战败，日本迫使清政府签订《马关条约》，割让台湾、澎湖列岛。

第二次世界大战中，中、美、英三国1943年12月1日发表的《开罗宣言》规定：日本所窃取于中国之领土，例如满洲、台湾、澎湖列岛等，归还中国。1945年7月26日，中、美、英三国签署（后苏联参加）的《波茨坦公告》重申，“《开罗宣言》之条件必将实施”。1945年8月15日，日本无条件投降。10月25日，台湾重归中国版图。1949年，蒋介石集团在中国内战中遭到彻底失败。1949年10月1日，中华人民共和国中央人民政府成立。蒋介石集团残余军政人员退踞台湾。

【政治】 国民党统治集团退踞台湾后，蒋介石、蒋经国长期统治台湾。1988年1月蒋经国去世后，李登辉主政台湾。2000年3月18日，台湾地区举行第10任“总统”、“副总统”选举，民进党候选人陈水扁、吕秀莲以39.3%的得票率当选。2004年3月20日，陈、吕二人以50.11%的得票率获得连任。2008年3月22日，国民党候选人马英九、萧万长以58.45%的得票率当选正、副“总统”，并于5月20日“就职”，国民党重新上台。

陈水扁在任期间，顽固坚持“台独”分裂路线，抛出“一边一国论”的分裂主张，不断推动“台独”分裂活动升级，尤其是企图通过推动“宪政改造”和举办“入联公投”谋求“台湾法理独立”，严重破坏两岸关系和平稳定发展，严重威胁中国主权和领土完整。陈水扁背离民意，大肆贪腐，下台后被起诉、羁押。

马英九上台后，对民进党执政时期的政策作出重大调整。两岸政策上，坚持“九二共识”，反对“台独”，主张两岸人民同属中华民族，海峡两岸“不是两个中国”，两岸关系“不是国与国的关系”。在“九二共识”基础上恢复和进行两岸协商。大幅松绑两岸经贸和交流政策，积极推动两岸“三通”，开放大陆居民赴台旅游，放宽台湾企业赴大陆投资上限和类别限制，开放人民币在台兑换和大陆企业赴台投资，放宽县市长、公务人员赴大陆的限制，与大陆商签两岸经济合作框架协议（ECFA）等。同时，宣称奉行“不统、不独、不武”的理念，在“中华民国宪法”架构下，维持台湾海峡的现状，秉持“以台湾为主，对人民有利”的原则。军事上，调整台军战略战术，采取“守势战略”，宣称不主动挑衅或发起攻击、“决不开第一枪”。对外政策上，主张推行“活路外交”，实现两岸在国际社会“和解休兵”，并着力谋求扩大“国际空间”，凸显“国际存在”。

台湾地区的政治架构根据1946年国民党当局制定的“中华民国宪法”设置。“国民大会”为“最高权力机关”。根据“五权分立”精神，分设“立法院”、“行政院”、“司法院”、“考试院”和“监察院”。2005年6月，“国民大会”彻底终止，“立法院”成为台“最高立法机关”。

“立法院”：台湾地区“最高立法机关”，行使“立法权”。设“院长”、“副院长”各1人，由“立法委员”选举产生。“立法院”会议每年举行2次，每次4个月，必要时延长。第七届“立法委员”于2008年1月当选，任期4年。目前，113席“立法委员”中，国民党74席，民进党33席，亲民党1席，无党团结联盟3席，无党籍2席。现任“立法院长”王金平。

“行政院”：台湾地区“最高行政机关”，负责制订施政方针与重要政策，并具体推行。设“院长”、“副院长”各1人，另设“政务委员”5～7名及有关委员会处理特定事务。2008年5月20日，刘兆玄成为马英九任内首位“行政院长”，后因承担“莫拉克”风灾处置不力的政治责任于2009年9月10日辞职。现任“行政院长”吴敦义。“行政院”主要成员如下：“行政院副院长”陈冲、“秘书长”林中森、“内政部长”江宜桦、“外交部长”杨进添、“国防部长”高华柱、“法务部长”曾勇夫、“经济部长”施颜祥、“教育部长”吴清基、“财政部长”李述德、“交通部长”毛治国、“新闻局长”江启臣、“大陆事务委员会主任委员”赖幸媛。

“司法院”：台湾地区“最高司法机关”，负责民事、刑事、行政诉讼审判及公务员惩戒、审理政党“违宪”等事宜，解释“宪法”及统一解释法律和命令。设“大法官”15人，包括“院长”、“副院长”各1人。下设“最高法院”、“高等法院”及其分院、“地方法院”及其分院、“行政法院”及“公务员惩戒委员会”。现任“司法院长”赖英照。

“考试院”：台湾地区“最高考试机关”，负责考试、公务员铨叙、考绩、级俸、升迁、褒奖、抚恤、退休等事宜。设“院长”、“副院长”各1人。现任“考试院长”关中。

“监察院”：台湾地区“最高监察机关”，行使弹劾、纠举及审计权。设“监察委员”29人，包括“院长”、“副院长”各1人，任期6年。“监察院”分设“内政”、“外交”、“国际”、财政等10个委员会，调查“行政院”及其各部门工作是否违法或失职。现任“监察院长”王建煊。

根据台“内政部”记录，台湾地区共有157个政党（截至2009年11月30日），其中影响较大的为中国国民党、民主进步党、亲民党、台湾团结联盟、无党团结联盟、新党等6个政党。台湾政坛分别以国民党、民进党为首，形成“泛蓝”（国民党党旗的颜色）和“泛绿”（民进党党旗的颜色）两大阵营。中国国民党、亲民党、新党属泛蓝阵营，民主进步党、台湾团结联盟属泛绿阵营。

中国国民党（Kuomintang，KMT）：简称“国民党”。成立于1894年11月，由孙中山创建。现为台湾地区执政党和第一大政党。2009年6月，公布党员人数为1127515人。

国民党的组织架构分为中央、县市、乡镇市区级党部三级。“全国代表大会”为该党最高权力机关，由全体党员选举产生。设中央委员会和中央评议委员会，中央委员会下设中央常务委员会。“全国代表大会”每两年召开一次会议，代表任期4年。主要职责为：修改党章，决定政纲、政策，通过党主席提名及“总统”、“副总统”候选人提名等。

国民党在台历任党主席为蒋介石、蒋经国、李登辉、连战、马英九、吴伯雄。现任主席马英九，副主席江丙坤、詹春柏、林丰正、蒋孝严、曾永权、朱立伦、黄敏惠。秘书长金溥聪。

1949年国民党统治集团退踞台湾后，长期在台执政。2000年3月，国民党在“总统”选举中败北，沦为在野党，党主席李登辉下台，由连战代理主席。同年6月，国民党召开第15次“全国代表大会”临时会议，连战当选党主席。在2001年“立法院”选举中，国民党沦为“立法院”第二大党。2004年3月，党主席连战与其搭档亲民党主席宋楚瑜在第11任“总统”选举中落败。2005年7月16日，国民党举行党主席选举。这是该党建党111年来，首次由全体党员直选党主席。“立法院长”王金平、台北市长马英九参选。共有52万多名登记党员参加投票。马英九获37.5万票，以72.4%的得票率当选为党主席。连战任该党荣誉主席。

2005年12月3日，国民党在台湾县市长、县市议员和乡镇长“三合一”选举中获得压倒性胜利。其中在县市长方面，国民党获得全台23席县市长中的14席，总得票率为50.96%。

2006年7月，马英九“市长特别费案”爆发。2007年2月13日，台北地方检察署认为马贪污1117万元新台币，以涉嫌“贪污罪”对其提出起诉。马随即辞去国民党主席职务，同时宣布参加2008年“总统”选举。4月7日，时任国民党副主席的吴伯雄当选国民党主席。

2008年1月，台湾地区举行第七届“立法委员”选举。在“立法院”113个席位中，国民党及其盟友共获得86席。3月，国民党在台湾地区领导人选举中获胜，重新执政。

11月22日，国民党召开“十七全”临时会议，新增蒋孝严、国民党秘书长吴敦义、“立法院”副院长曾永权、桃园县长朱立伦、嘉义市长黄敏惠五位副主席，加上原有的三位副主席江丙坤、林丰正、詹春柏，时有八位副主席。

2009年7月26日，马英九作为唯一参选人，以28.5万票、93.87%的得票率当选国民党主席。10月17日，国民党召开第十八次代表大会，马英九正式就任党主席。连战、吴伯雄任荣誉主席，江丙坤、林丰正、詹春柏、蒋孝严、曾永权、黄敏惠为副主席。“两岸和平发展共同愿景”再度被列入国民党政纲。

12月5日，台湾17个县市举行县市长、县市议员、乡镇长“三合一”选举。国民党赢得12个县市长席位。泛蓝阵营在县市议员及乡镇长选举中赢得多数席位。

2010年5月11日，国民党宣布五个“直辖市”市长候选人名单，分别是郝龙斌（台北市）、朱立伦（新北市）、胡志强（台中市）、郭添财（台南市）、黄昭顺（高雄市）。

民主进步党（Democratic Progressive Party，DPP）：简称“民进党”。成立于1986年9月，2009年公布党员人数为458551人，是台湾地区第二大政党。

民进党组织结构分为中央、县市及乡镇市区党部三级。各级区域组织以党员代表大会为最高议事机关，执行委员会为执行机关，评议委员会为评议机关。“全国党员代表大会”为该党最高权力机关，每年召开一次会议。大会主要职权为修订党章、党纲、选举或罢免党主席等。

民进党历任主席为江鹏坚、姚嘉文、黄信介、许信良（两届）、施明德、林义雄、谢长廷（两届）、陈水扁（两届）、苏贞昌、游锡堃。现任主席蔡英文，秘书长吴乃仁。

民进党的前身是台湾的“党外运动”，吸收了台湾社会各阶层中反国民党的政治势力，其中包括“台独”分子。从上世纪70年代中期开始，“党外”人士利用创办刊物、参加选举同国民党斗争，势力逐渐发展壮大。1986年9月28日，“党外后援会”在台北圆山大饭店集会，谢长廷等人即席发起与会100多人联署组建“民主进步党”，当晚民进党召开记者会，宣布该党成立。民进党成立之初，以“公民自决论”（即所谓“台湾前途，应由台湾全体住民，以自由、民主、普遍、公平而平等的方式共同决定”）作为主要政治主张，采取“体制外抗争”的“街头运动”与“体制内竞争”的“议会斗争”相结合的策略，在“台独”问题上采取了一定程度的克制态度。

1988年李登辉主政后，对“台独”势力采取纵容态度，海外“台独”势力纷纷返台，加入民进党，其实力迅速增强，并开始公然鼓吹“台湾主权独立”等主张。1990年10月，民进党四届二次会议通过了“台湾主权决议案”（即“一零零七决议文”），声称台湾未来“宪政体制及内政、外交政策，应建立在事实领土范围之上”。1991年8月，民进党召开所谓“人民制宪会议”，通过了“台独”势力炮制的“台湾宪法草案”，首次提出要“建立台湾共和国”。同年10月，该党第五次“全国代表大会”将“建立主权独立自主的台湾共和国暨制定新宪法”、“台湾前途应交由台湾人以公民投票方式选择决定”等内容列入党纲。此后，民进党在1991年第二届“国大代表”选举、1992年第二届“立法委员”选举、1993年县市长选举、1994年台北市长选举、1995年第三届“立法委员”选举、1996年第三届“国大代表”选举等选举中，得票率稳步上升。

随着民进党实力的壮大和岛内多党政治的发展，民进党的斗争策略也由体制外抗争为主转变为体制内竞争，力争通过选举走上“执政之路”。在1997年底的县市长选举中，民进党的得票率和所获席次首次超过国民党。1999年5月，民进党八届二次会议通过“台湾前途决议文”，称“台湾，固然依目前宪法称为中华民国，但与中华人民共和国互不隶属，任何有关独立现状变动，都必须经由台湾全体住民以公投方式决定”。

2000年3月，在台湾地区领导人选举中，由于国民党内部分裂，民进党候选人陈水扁当选，民进党成为执政党。2001年底“立法院”改选后，民进党获得87席，首次成为“立法院”第一大党。2002年7月，陈水扁接替谢长廷成为民进党主席。2004年3月，陈水扁、吕秀莲以微弱优势连任“总统”、“副总统”。当年底，陈水扁为民进党定下在第六届“立法委员”选举中获得超过101席的目标，但结果民进党仅获89席，陈被迫辞去党主席职务。

2005年1月27日，苏贞昌接任民进党主席。年底，民进党在台县市“三合一”选举中惨败，苏贞昌辞去党主席职务。2006年1月26日，游锡堃接任党主席。2006年4月，民进党在“立法院”的席位从89席减到86席，沦为第二大党。2007年9月，游锡堃辞去民进党主席一职，陈水扁回任民进党主席。

2008年1月，民进党在第七届“立委”选举中惨败，陈水扁被迫辞去党主席，谢长廷出任党主席。3月22日，谢长廷、苏贞昌在“总统”选举中惨败，民进党竭力推动的“入联公投”亦遭否决。民进党失去政权，接连遭受重大打击，陷入低谷。5月18日，民进党举行新一届党主席选举，前“行政院副院长”蔡英文当选。

民进党下台以来，顽固坚持“台独”分裂立场和目标，宣称捍卫“台湾主权”，拼命阻挠两岸关系发展，攻击马英九当局两岸政策“倾中卖台”、“损害台主权”，反对两岸商签经济合作框架协议（ECFA），竭力推动“ECFA公投”。2009年7月20日，民进党向“中选会”递交“公投”提案。8月27日，台“行政院公投审议委员会”否决了民进党“ECFA公投”提案。

2009年12月5日，台湾17个县市举行“三合一”选举，民进党获得4个县市长席位，比上届（2005年）增加1席。

2010年1月9日和2月27日，台举行两次“立法委员”补选，民进党分别获得全部三席和四席中的三席。

5月23日，民进党举行第13届党主席选举。蔡英文以78192票、90.29%的得票率当选。民进党参加台五个“直辖市”市长选举提名人分别为苏贞昌（台北市）、蔡英文（新北市）、苏嘉全（台中市）、赖清德（台南市）、陈菊（高雄市）。

陈水扁弊案情况。2008年8月，陈水扁、吴淑珍夫妇向海外银行汇款7亿元新台币的丑闻曝光。民进党向民众道歉，对陈家庭涉案党员予以党内停权处分。11月11日，陈水扁被台北地方法院收押禁见。12月12日，陈水扁“国务机要费”、“洗钱”、“龙潭购地”、“南港展览馆”等四项弊案侦结，台“最高检察署”特侦组以侵占、贪污、洗钱、伪造文书及诈财等罪名对陈水扁夫妇等14人提起公诉，并请法院予陈水扁“最严厉之制裁”。2009年5月5日，特侦组以受贿、非主管监督事务图利及非法收受政治献金等罪对陈水扁夫妇追加起诉。此外，陈水扁及其家人、亲信还涉及“二次金改”、“机密外交款”、伪证等案。陈水扁弊案对民进党造成重大打击。

2009年9月11日，台北地方法院对陈水扁夫妇等13人所涉“国务机要费”等罪名及追加起诉部分作出一审判决，认为陈水扁夫妇贪污、收贿、洗钱、伪造文书等罪名成立，判处二人无期徒刑，剥夺公权终身，并各处罚金2亿和3亿元新台币。陈成为台首位被判刑的卸任领导人。陈水扁随即就一审判决结果提起上诉。

2010年6月11日，台高等法院对陈水扁家族弊案作出二审判决，陈水扁夫妇均被判处20年有期徒刑，剥夺公权10年，并各处罚金1.7亿和2亿元新台币。陈已向台“最高法院”上诉。

7月14日，美国司法部和国土安全部发表声明称，将向纽约州和弗吉尼亚州联邦地区法院分别提起民事诉讼，要求没收陈水扁以受贿款项在美购置的房产。

亲民党（People First Party，PFP）：成立于2000年3月31日，成立之初发展较快，成为台湾第三大政党。现任党主席宋楚瑜，副主席张昭雄，秘书长秦金生。

2004年3月，国民党、亲民党联盟在“总统”选举中败北后，两党酝酿合并。国民党中常会于5月19日通过“国亲合并案”。7月，合并任务小组提出在年底“立委”选举前暂缓合并。“立委”选举后，国、亲两党也未实施合并。2005年4~5月，国民党主席连战、亲民党主席宋楚瑜先后访问大陆后，国、亲两党整合问题再次被提到议事日程上。在当月举行的“国大代表”选举中，亲民党获得的席位远低于国民党和民进党，内部出现要求检讨“民亲合”路线的声浪。2006年12月9日，宋楚瑜在台北市长选举中落败。

2007年1月22日，宋楚瑜与国民党主席马英九通过视讯会议的方式签署国亲联盟协议，确定两党在新一届“立委”选举中合作。4月20日，国亲两党就“立委”选举及两党协商合并问题达成6项共识。11月，两党完成“共同提名”，协调参加“立委”选举。在2008年1月“立委”选举中，亲民党获得1席“立委”（林正二），另有5人以国民党名义当选区域“立委”，有3人以国民党名义当选不分区“立委”。

台湾团结联盟（Taiwan Solidarity Union，TSU）：简称“台联党”。成立于2001年8月12日，系李登辉一手推动成立，主要成员多为亲李人物。该党奉李登辉为精神领袖，全面继承李登辉的分裂路线，在党纲中公然将两岸关系定位为“特殊国与国关系”，将推动“公投立法”、“台湾正名”及以台湾作为“国家定位”等也列入其中，声称台前途须由台全体人民“公投决定”，主张在两岸经贸领域继续执行李登辉“戒急用忍”政策，并且在意识形态领域加速灌输“台独认同”，鼓动教育部门扬弃过去中小学史地教材的“大中国”观点，推广乡土语言教学，将闽南话列为“第二官方语言”等。现任党主席黄昆辉，秘书长林志嘉。

2006年5月，台联党公布党版“新宪”草案，内容包括“国名正名为台湾”、“公投决定中央政府体制”、“赋予公民修宪提案权、降低复决门槛”等。2007年1月22日，台联党新任党主席黄昆辉宣称，将走坚定的“台湾主体路线”，走照顾中产阶级与弱势群体的“中间偏左路线”。4月21日，台联党新党纲党章出炉，提出坚持“主权”在民，维护台湾主体，以新时代台湾人的价值团结台湾、确保社会正义下促进公平竞争，以及根除金权勾结、建立廉能政府等五项主张。10月底，台联党大动作展开“清党”，自行提出“立委”参选名单，与民进党长期结盟关系形同破裂。在2008年1月的“立委”选举中，台联党未获席位。

2010年2月23日，台联党宣布发起两岸经济合作框架协议（ECFA）“公投”提案联署，题目为“你是否同意政府与中国签订两岸经济合作架构协议”。4月23日，台联党将提案及联署递交“中选会”。5月4日，“中选会”审查通过上述提案并送台“行政院公投审议委员会”认定。6月3日，台“公审会”予以驳回。6月30日，台联党再向台“中选会”提交新版“ECFA公投案”。7月13日，台“中选会”初步通过，并送“公审会”。

无党团结联盟（Non-Partisan Solidarity Union，NPSU）：简称“无盟”。2004年6月15日成立，由台当局前“内政部长”张博雅（女）担任首届党主席。现任主席是“立委”林炳坤，秘书长陈杰儒。目前党籍“立委”3人（林炳坤、颜清标、高金素梅）。

新党（New Party）：成立于1993年8月，系由部分反“台独”、反李登辉的国民党少壮派“立法委员”脱党组成。现任党主席郁慕明。

【经济】农、林资源较丰富。森林面积约占全岛的1/2，树木品种多达4000余种，尤以出产樟脑和樟油闻名于世。盛产稻米、甘蔗、茶叶、热带及亚热带水果和鱼类。

自1963年起，工业在台经济中的比重超过农业。以台北为中心的北部工业区是台湾省最大的工业区，以纺织、食品、电子、机械工业为主。以高雄为中心的南部工业区，以钢铁、造船、石化业为主。电力以火力发电为主，已建成三座核电厂，第四座在建设中。陆、海、空交通运输便利，有环岛铁路、台北—高雄高速铁路；公路运输发达，有贯穿全岛南北的高速公路；海上和空中航线通往日本、东南亚以及欧、美各地，桃园、高雄为主要航空港。经济属外贸出口型，高度依赖海外市场。

上世纪80年代以来，台经济开始从制造业向高科技产业、金融业、服务业转型。台信息产业借助定牌加工（OEM）、IC设计等形式取得迅速发展，现已成为台第一大出口产业，其芯片、专用芯片、主机板、笔记本电脑、光盘机等产品的国际市场占有率较高，产量和产值均居世界前列。

2009年台湾本地生产总值（GDP）为3790亿美元，增长率为－1.91%。全年本地居民生产总值（GNP）为3916亿美元，人均GNP1.7万美元。居民消费价格指数（CPI）平均下跌0.87%，全年平均失业率为5.85%。

2009年金融危机重创台湾进出口贸易。台湾对外贸易总额3783.6亿美元，同比下降23.7%。其中，出口2037亿美元，同比下跌20.3%；进口1746.6亿美元，同比下跌27.4%；进出口跌幅创历年新高。全年贸易顺差290.4亿美元，同比增长91.3%。

2010年5月20日，台"行政院"主计处公布最新经济预测，将台2010年经济增长率预期由4.72%调升至6.14%。

台现行货币为新台币（New Taiwan Dollar，简称NTD）。2010年6月，1美元约合32.4元新台币。

【教育】台湾现行教育制度自1968年起正式推动实施，分为正规教育和技术职业教育两大体系。正规教育分为"国民"教育、高级中等教育和高等教育三个阶段。"国民"教育（即九年"国民"义务教育）是由台当局财政拨款，对6～14岁的少年儿童开办的教育，包括小学6年、中学（即初级中学）3年。高级中等教育分为高级中学3年和高级职业学校3年两种，或进入五年制专科学校学习。学生在学年龄一般为15～17岁。高等教育分为专科学校、独立学院、大学以及院校研究所。大学院校分文、理、法、医、农、工、商及其他学院。凡设有3个学院以上者称大学，不符合以上条件者称独立学院。大学或独立学院各学系办理完善、成绩优良者，得设研究所。正规高等院校的学制一般为4年，但师范院校、法律、建筑专业为5年，医学专业为6～7年。据统计，2009年台湾当局教育经费预算占总预算的18.7%（约4000万美元）。

台湾现有大专院校近170所，著名高等学府有政治大学、清华大学、台湾大学、交通大学、台湾师范大学、中山大学、中正大学、辅仁大学、东吴大学、淡江大学、东海大学等。台每年赴美留学约1.3万人。

【新闻出版】截至2009年6月，台湾岛内共有无线电视台5家，有线电视台64家、广播公司172家。5家无线电视台分别是，"台湾电视公司"、"中国电视公司"、"中华电视公司"、"民间全民电视公司"、"公共电视台"。有线电视台主要有东森、中天、TVBS、三立等。台有线电视普及率为63.8%。广播电台中较有影响力的有"中广"、"央广"、飞碟、光华、复兴、宝岛客家等。网络媒体发达，台湾网民人数超过1600万，占全台人口的69%。

台湾共有报社2037家，杂志社5949家，通讯社近1300家，出版社10258家。主要报刊有：《中国时报》、《联合报》、《自由时报》、《台湾时报》、《经济日报》、《苹果日报（台湾版）》、《工商时报》、《新新闻》、《新台湾》、《壹周刊》、《远见》、《财讯》、《商业周刊》、《今周刊》等。外国在台媒体76家。

台湾知名通讯社为"中央通讯社"，简称"中央社"，1924年4月1日成立于广州，由国民党创办，隶属国民党中央宣传部。1949年国民党败退台湾，"中央社"随之迁台。1995年，经台"立法院"同意，"中央社"改为台当局官方通讯社。

【台湾与祖国大陆统一问题】中国共产党和中国政府一直把解决台湾问题，实现祖国统一，作为自己神圣的历史使命，并根据国内外形势变化，适时制定、实施和发展对台方针政策，实现了从"解放台湾"到"和平统一、一国两制"的转变。邓小平同志在毛泽东同志、周恩来同志关于争取和平解决台湾问题思想的基础上，作出了和平统一的战略决策，创造性地提出"一个国家、两种制度"的伟大构想，为确立"和平统一、一国两制"的方针作出了历史性的贡献。

1978年12月，中国共产党十一届三中全会公报首次以"台湾回到祖国怀抱，实现统一大业"来代替"解放台湾"的表述。

1979年元旦，全国人大常委会发表《告台湾同胞书》，标志着我们党和政府解决台湾问题的理论和实践进入一个新的历史时期，其要点有：

（一）强调坚持一个中国的立场，反对台湾独立。这是我们与台湾当局"共同的立场，合作的基础"。

（二）强调在解决统一问题时，一定要考虑到台湾的现实情况，"尊重台湾现状和台湾各界人士的意见，采取合情合理的政策和办法，不使台湾人民蒙受损失"。

（三）提出寄希望于台湾人民。

（四）提出通过商谈结束台湾海峡军事对峙状态。

（五）提出"双方尽快实现通航通邮"，"发展贸易、互通有无、进行经济交流"（后被概括为"三通"）。

其后，叶剑英和邓小平先后就解决台湾问题的方针政策提出"叶九条"、"邓六条"。经过《告台湾同胞书》以及党和国家领导人一系列论述，特别是解决香港、澳门问题的实践，和平统一的大政方针和"一国两制"构想的内容大大丰富了。在此基础上，我们党和政府将"和平统一、一国两制"作为对台工作的基本方针。基本内容是：

（一）一个中国。

（二）两制并存。

（三）高度自治。

（四）尽最大努力争取和平统一，但不承诺放弃使用武力。

（五）解决台湾问题，实现祖国的完全统一，寄希望于台湾人民。

（六）积极促谈，争取通过谈判实现统一。

（七）积极促进两岸“三通”和各项交流，增进两岸同胞的相互了解和感情，密切两岸经济、文化关系，为实现和平统一创造条件。

（八）坚决反对任何“台湾独立”的言行。

（九）坚决反对外国势力插手和干涉台湾问题。

（十）集中精力搞好经济建设，是解决国际国内问题的基础，也是实现国家统一的基础。

1995 年 1 月 30 日，江泽民总书记发表题为《为促进祖国统一大业的完成而继续奋斗》的重要讲话，精辟地阐述了“和平统一、一国两制”的精髓，提出了发展两岸关系、推进祖国和平统一进程的八项主张（简称“八项主张”），成为解决台湾问题的纲领性文件。其主要内容是：

（一）坚持一个中国的原则，是实现和平统一的基础和前提。中国的主权和领土决不容许分割；任何制造“台湾独立”的言论和行动，都应坚决反对；主张“分裂分治”、“阶段性两个中国”等等，违背一个中国的原则，也应坚决反对。

（二）对于台湾同外国发展民间性经济文化关系，不持异议。

（三）主张海峡两岸进行和平统一谈判。谈判可以分步骤进行；在谈判过程中，可以吸收两岸各党派、团体有代表性的人士参加。

（四）努力实现和平统一，中国人不打中国人。不承诺放弃使用武力，决不是针对台湾同胞，而是针对外国势力干涉中国统一和搞“台湾独立”的图谋的。

（五）大力发展两岸经济交流与合作，不以政治分歧去影响、干扰两岸经济合作，以利于两岸经济共同繁荣，造福整个中华民族。

（六）中华各族儿女共同创造的五千年灿烂文化，是维系全体中国人的精神纽带，也是实现和平统一的一个重要基础。

（七）2100 万台湾同胞，都是中国人，都是骨肉同胞、手足兄弟。充分尊重台湾同胞的生活方式和当家作主的愿望，保护台湾同胞的一切正当权益。

（八）欢迎台湾当局的领导人以适当身份前来访问，也愿意接受台湾方面的邀请，前往台湾。

进入新世纪以来，中国共产党和中国政府领导全国各族人民，继续发展两岸关系，推进祖国和平统一进程。2000 年 10 月，中国共产党十五届五中全会将“完成祖国统一”列为党在本世纪的三大任务之一。2002 年 11 月，党的十六大提出了今后一个时期对台工作的指导思想和基本要求。以胡锦涛同志为总书记的党中央陆续发表对两岸关系重大问题的主张，赋予对台方针政策新的内涵。

2003 年 3 月 11 日，胡锦涛总书记出席十届全国人大一次会议台湾省代表团会议时，提出对台工作四点意见：始终坚持一个中国原则；大力促进两岸的经济文化交流；深入贯彻寄希望于台湾人民的方针；团结两岸同胞共同推进中华民族的伟大复兴。

2005 年 3 月 4 日，胡锦涛总书记在参加全国政协十届三次会议民革、台盟、台联联组会时发表重要讲话，就发展两岸关系提出四点意见：坚持一个中国原则决不动摇；争取和平统一的努力决不放弃；贯彻寄希望于台湾人民的方针决不改变；反对“台独”分裂活动决不妥协。

2005 年 3 月 14 日，十届全国人大三次会议表决通过《反分裂国家法》。这是中国政府第一次把解决台湾问题的基本方针以及多年来制定的许多政策、提出的重要主张转化为法律条文，充分表明我们争取和平统一的极大诚意和坚决制止“台独”的坚强意志。

2005 年 4 月 29 日，胡锦涛总书记与国民党主席连战举行会谈，就构建和平稳定发展的两岸关系提出四点主张：（一）建立政治上的互信，相互尊重，求同存异。（二）加强经济上的交流合作，互利互惠，共同发展。（三）开展平等协商，加强沟通，扩大共识。（四）鼓励两岸民众加强交往，增进了解，融合亲情。会谈后，双方发表会谈新闻公报，发布“两岸和平发展共同愿景”，内容包括：促进尽速恢复两岸谈判，共谋两岸人民福祉；促进终止敌对状态，达成和平协议；促进两岸经济全面交流，建立两岸经济合作机制；促进协商台湾民众关心的参与国际活动的问题；建立党对党定期沟通平台。

2005 年 5 月 12 日，胡锦涛总书记与率团访问大陆的亲民党主席宋楚瑜举行会谈，并发表会谈公报。

2006 年 4 月 16 日，胡锦涛总书记会见来京参加两岸经贸论坛的中国国民党荣誉主席连战时强调，和平发展理应成为两岸关系发展的主题，成为两岸同胞共同为之奋斗的目标。胡总书记就推动两岸关系和平发展提出四点建议：第一，坚持“九二共识”，是实现两岸关系和平发展的重要基础。第二，为两岸同胞谋福祉，是实现两岸关系和平发展的根本归宿。第三，深化互利双赢的交流合作，是实现两岸关系和平发展的有效途径。第四，开展平等协商，是实现两岸关系和平发展的必由之路。

2007 年 10 月 15 日，胡锦涛总书记在党的十七大报告中指出：解决台湾问题、实现祖国完全统一，是全体中华儿女的共同心愿。我们将遵循“和平统一、一国两制”的方针和现阶段发展两岸关系、推进祖国和平统一进程的八项主张，坚持一个中国原则决不动摇，争取和平统一的努力决不放弃，贯彻寄希望于台湾人民的方针决不改变，反对“台独”分裂活动决不妥协，牢牢把握两岸关系和平发展的主题，真诚为两岸同胞谋福祉、为台海地区谋和平，维护国家主权和领土完整，维护中华民族根本利益。

2008年3月4日，胡锦涛总书记在参加全国政协十一届十次会议民革、台盟、台联联组会时指出，要牢牢把握两岸关系和平发展的主题，真诚为两岸同胞谋福祉，为台海地区谋和平，维护国家主权和领土完整，维护中华民族根本利益。要最广泛地团结台湾同胞，团结的人越多越好。只有实现大团结，才能促进两岸关系大发展。

2008年4月12日，胡锦涛总书记在博鳌论坛会见萧万长时指出，当前，两岸经济交流合作面临着重要的历史机遇，需要双方共同努力，大力推进。在新的形势下，我们将继续推动两岸经济文化等各领域交流合作，继续推动两岸周末包机和大陆居民赴台旅游的磋商，继续关心台湾同胞福祉并切实维护台湾同胞的正当权益，继续促进恢复两岸协商谈判。

2008年4月29日，胡锦涛总书记会见中国国民党荣誉主席连战时指出，当前台海局势发生了积极变化，两岸关系呈现出良好发展势头。两岸双方应共同努力，建立互信、搁置争议、求同存异、共创双赢，切实为两岸同胞谋福祉，为台海地区谋和平，开创两岸关系和平发展新局面。

2008年5月28日，胡锦涛总书记与中国国民党主席吴伯雄举行会谈时指出，在国共两党和两岸同胞共同努力下，台湾局势发生积极变化，两岸关系发展面临难得的历史机遇。这一局面来之不易，值得倍加珍惜。希望国共两党和两岸双方共同努力，建立互信、搁置争议、求同存异、共创双赢，继续遵循并切实落实“两岸和平发展共同愿景”，以富有成效的努力，扎扎实实推动两岸关系不断取得实际进展，增强广大台湾同胞对两岸关系和平发展的信心。其中指出，反对“台独”、坚持“九二共识”是双方建立互信的根本基础。

2008年6月13日，胡锦涛总书记会见台湾海基会董事长江丙坤时指出：海协会和海基会在九二共识的共同政治基础上恢复协商并取得实际成果，标志着新形势下两岸关系改善和发展有了一个良好开端，表明双方有智慧、有能力通过协商谈判解决有关问题，造福两岸同胞。只要双方秉持建立互信、搁置争议、求同存异、共创双赢的精神，就一定能够不断推动两岸协商进程，不断取得更多积极成果。并指出，我们应该把这一精神贯彻于两会协商之中，希望两会今后在协商中做到平等协商、善意沟通、积累共识、务实进取。

12月31日，胡锦涛总书记在纪念全国人大常委会发表《告台湾同胞书》30周年座谈会上发表题为《携手推动两岸关系和平发展　同心实现中华民族伟大复兴》的重要讲话。讲话在党的十七大关于对台工作总体要求和中央对台大政方针的基础上，深刻阐述了中央为继续推进两岸关系和平发展、促进祖国和平统一提出的重大主张和方针政策，体现了我们为两岸同胞谋福祉、为台海地区谋和平、为中华民族谋复兴的决心和诚意，是新形势下指导对台工作的纲领性文件。讲话重点阐述了两岸关系和平发展的重要思想，提出了推动两岸关系和平发展的六点意见。指出解决台湾问题的核心是实现祖国统一，目的是维护和确保国家主权和领土完整，追求包括台湾同胞在内的全体中华儿女的幸福，实现中华民族伟大复兴。以和平方式实现祖国统一最符合包括台湾同胞在内的中华民族根本利益，也符合求和平、谋发展、促合作的时代潮流。我们一定要以最大诚意、尽最大努力争取祖国和平统一。首先要确保两岸关系和平发展。要牢牢把握两岸关系和平发展的主题，把坚持大陆和台湾同属一个中国作为推动两岸关系和平发展的政治基础，把深化交流合作、推进协商谈判作为推动两岸关系和平发展的重要途径，把促进两岸同胞团结奋斗作为推动两岸关系和平发展的强大动力，继续反对“台独”分裂活动是推动两岸关系和平发展的必要条件。推动两岸关系和平发展六点意见的要点是：

一、恪守一个中国，增进政治互信。维护国家主权和领土完整是国家核心利益。两岸在事关维护一个中国框架这一原则问题上形成共同认知和一致立场，就有了构筑政治互信的基石，什么事情都好商量。

二、推进经济合作，促进共同发展。两岸同胞要开展经济大合作。我们期待实现两岸经济关系正常化，推动经济合作制度化。两岸可以为此签订综合性经济合作协议，建立具有两岸特色的经济合作机制，以最大限度实现优势互补、互惠互利。

三、弘扬中华文化，加强精神纽带。两岸同胞要共同继承和弘扬中华文化优秀传统。我们将继续采取积极措施，包括愿意协商两岸文化教育交流协议，推动两岸文化教育交流合作迈上范围更广、层次更高的新台阶。

四、加强人员往来，扩大各界交流。两岸同胞要扩大交流，两岸各界及其代表性人士要扩大交流，加强善意沟通，增进相互了解。

五、维护国家主权，协商涉外事务。两岸在涉外事务中避免不必要的内耗，有利于增进中华民族整体利益。对于台湾参与国际组织活动问题，在不造成“两个中国”、“一中一台”的前提下，可以通过两岸务实协商作出合情合理安排。

六、结束敌对状态，达成和平协议。海峡两岸中国人有责任共同终结两岸敌对的历史。为有利于两岸协商谈判、对彼此往来作出安排，两岸可以就在国家尚未统一的特殊情况下的政治关系展开务实探讨。为有利于稳定台海局势，减轻军事安全顾虑，两岸可以适时就军事问题进行接触交流，探讨建立军事安全互信机制问题。在一个中国原则的基础上，协商正式结束两岸敌对状态，达成和平协议，构建两岸关系和平发展框架。

2009年5月26日，胡锦涛总书记会见国民党主席吴伯雄，就在新的起点上进一步推动两岸关系向前发展发表重要意见，主要内容包括：

（一）关于增进两岸政治互信。去年5月以来，两岸双方在反对“台独”、坚持“九二共识”的基础上建立了互信，从而推动解决了两岸关系中一系列复杂问题。考虑到今后两岸关系的发展前景，包括需要逐步破解一些政治难题，巩固和增进双方的政治互信尤为重要。坚持大陆和台湾同属一个中国是关键所在。

（二）关于两岸经济合作。今后一个时期仍然要把全面加强两岸经济合作作为重点，当前最突出的任务是共同应对国际金融危机冲击。考虑到两岸同胞是一家人，我们采取了一些实际措施同你们共克时艰。今后，如果形势需要，我们还会继续这样做。签订两岸经济合作协议，关键是协议内容要有利于两岸经济共同发展、两岸同胞福祉增进，有利于建立具有两岸特色的经济合作机制。双方应该共同推进商签协议准备工作，争取今年下半年谈起来。

（三）关于加强两岸文化教育交流。要比以往更加努力地开展两岸文化教育交流，共同传承和弘扬中华文化，增强中华文化认同、中华民族认同。

（四）关于涉外事务。中华台北卫生署应邀派出人员作为观察员参加了今年的世界卫生大会。这表明，两岸中国人有能力、有智慧妥善解决台湾参与国际组织活动问题，也表明我们促进两岸关系和平发展的诚意。

（五）关于结束两岸敌对状态、达成和平协议。促进正式结束两岸敌对状态、达成和平协议，是“两岸和平发展共同愿景”提出的目标，已经成为两岸双方的重要主张。我们提出，两岸可以就国家尚未统一的特殊情况下的政治关系问题、建立两岸军事安全互信机制问题进行务实探讨，表明了我们解决问题的积极思考。两岸协商总体上还是要先易后难、先经后政、把握节奏、循序渐进，但双方要为解决这些问题进行准备、创造条件。双方可以先由初级形式开始接触，积累经验，以逐步破解难题。

（六）关于国共两党交流对话。国共两党交流对话特别是高层交往对保持两岸关系发展势头具有不可替代的重要作用。国共论坛是一个成功的论坛，应该继续办下去，而且要越办越好。同时，两岸关系发展需要两岸广大同胞特别是基层民众参与。

2010年4月29日，胡锦涛总书记会见出席上海世博会开幕式的国民党荣誉主席连战、吴伯雄和亲民党主席宋楚瑜等台湾各界人士时，就两岸关系发展提出四点意见：一是要继续增进两岸政治互信，不断增强两岸关系和平发展的推动力；二是要继续扩大两岸各界交流，不断激发两岸关系和平发展的生命力；三是要继续深化经济合作，不断提高两岸经济的竞争力；四是要继续推动两岸关系和平发展，不断增强中华民族的凝聚力。

7月12日，胡锦涛总书记会见中国国民党荣誉主席吴伯雄时强调，两岸经济合作框架协议是一份为民谋利、互利双赢、影响深远的好协议，符合两岸同胞共同利益，符合中华民族整体利益。协议的签署是两岸关系和平发展的重要成果，标志着两岸经济合作进入新的阶段，向两岸同胞展现了我们共同推动两岸关系和平发展的决心。这也再次表明，在反对“台独”、坚持“九二共识”的共同政治基础上，只要双方良性互动、平等协商，就能够推动两岸关系不断向前发展，也能够为逐步解决制约两岸关系发展的难题找到可行办法。推动两岸关系和平发展，不但要厚植共同利益，也要增强休戚与共的民族认同。两岸双方增进在共同政治基础上的互信，对下一步两党和两岸关系发展至为重要。真诚希望两党都从中华民族长远利益出发，通过增进互信，求同存异，为两岸关系和平发展创造更有利的条件。

【两岸往来简况】1979年1月全国人大常委会发表《告台湾同胞书》，标志着两岸关系进入了一个新的发展阶段。在祖国大陆的推动下，在两岸同胞的共同努力下，1987年底两岸同胞隔绝状态被打破，两岸人员往来和各项交流迅速发展起来。

上世纪90年代中期后，随着李登辉实行“戒急用忍”政策和抛出“两国论”分裂主张，两岸交流受到严重干扰和破坏。陈水扁执政八年间，顽固坚持“一边一国论”，拒绝承认“九二共识”，推行一系列“台独”活动，破坏两岸关系和平稳定。但是求和平、求安定、求发展一直是台湾社会的民意，在祖国大陆“和平统一、一国两制”方针政策推动下，经过两岸同胞共同努力，双方人员往来、经贸交流合作都保持了稳步发展势头。

2005年，国民党副主席江丙坤、主席连战，亲民党主席宋楚瑜，新党主席郁慕明相继率团访问大陆。江丙坤与中共中央台湾工作办公室主任陈云林举行会谈，双方就加强两岸经贸等领域的交流与合作取得12项初步成果。胡锦涛总书记先后与连战、宋楚瑜会谈，就反对“台独”、坚持“九二共识”等促进两岸关系改善和发展的重大问题及与国民党、亲民党的交往事宜，广泛深入地交换了意见，达成重要共识。

2006年，两岸经贸论坛、两岸农业合作论坛相继在北京和海南博鳌举行，全国政协主席贾庆林、国民党荣誉主席连战以及两岸工商界代表、农业界人士、专家学者与会。中共中央台湾工作办公室主任陈云林在两岸经贸论坛上宣布了促进两岸交流合作、惠及台湾同胞的15项政策措施，在两岸农业合作论坛上宣布20项政策措施。

2007年4月28～29日，第三届两岸经贸文化论坛在北京成功举办，来自海峡两岸的500多位代表，就两岸同胞关心的问题展开深入探讨。全国政协主席贾庆林、国民党荣誉主席连战与会。论坛达成六项共同建议。教育部、公安部、人事部、交通部、民航总局和国家旅游局负责人宣布了13项进一步促进两岸交流交往与合作的政策措施。

2008年4月，胡锦涛总书记会见了出席博鳌亚洲论坛年会的两岸共同市场基金会董事长萧万长。胡总书记指出，当前两岸经济交流合作面临着重要的历史性机遇，需要双方共同努力，大力推进。在新的形势下，我们将继续推动两岸经济文化等各领域交流合作，继续推动两岸周末包机和大陆居民赴台旅游的磋商，继续关心台湾同胞福祉并维护台湾同胞的正当权益，继续促进两岸恢复协商谈判。

“5·12”四川汶川地震发生后，台湾各界踊跃捐助和救援，其中捐款近19亿元人民币。

12月20～21日，第四届两岸经贸文化论坛在上海举行。全国政协主席贾庆林、国民党主席吴伯雄、荣誉主席连战出席。贾庆林主席在开幕式上发表重要讲话，就全面扩大和深化两岸经济交流合作提出五点建议，并表示如果世界经济形势持续恶化，台湾方面提出缓解经济困难的要求，大陆方面愿意尽最大努力提供协助。论坛就两岸加强合作，共同应对国际金融危机达成九项共同建议，国台办主任王毅在会上宣布大陆方面的十项政策措施。

2009年春节，大陆同胞赠送的大熊猫“团团”、“圆圆”正式与台湾民众见面，反响热烈。

3月20～23日，“海峡两岸客家高峰论坛”在台北举行，原全国人大常委会副委员长许嘉璐以世界汉语教学学会会长身份与会，成为首位赴台访问的离任国家领导人。

3月28日至4月1日，第二届世界佛教论坛在无锡和台北两地召开，成为两岸宗教界首次共同举办的大型国际性宗教多边论坛。

4月18日，国务院总理温家宝在海南省博鳌会见了出席博鳌亚洲论坛2009年年会的台湾两岸共同市场基金会最高顾问钱复一行。

5月15～22日，首届海峡论坛在福建举行。论坛以“扩大民间交流、加强两岸合作、促进共同发展”为主题，是专为两岸普通民众打造的交流平台。首届论坛由两岸54个机构共同主办，台湾25个县市的8000多位各界人士与会。中共中央政治局常委、全国政协主席贾庆林和国民党副主席、桃园县长朱立伦出席有关活动。国台办主任王毅在论坛开幕式上宣布推出协助缓解台湾经济困难的八项落实方案。

7月11～12日，第五届两岸经贸文化论坛在湖南长沙举行，以加强两岸文化教育合作为主题。全国政协主席贾庆林、国民党主席吴伯雄出席论坛并发表演讲，两岸各界人士及专家学者约500余人与会。

8月8日，“莫拉克”台风袭击台湾，造成台中南部地区重大生命财产损失。海协会致函海基会表示慰问。大陆向台累计捐款近8亿元人民币。

11月5～8日，两岸农渔水利合作交流会分两阶段在上海和浙江举行，中共中央政治局常委、全国政协主席贾庆林、亲民党主席宋楚瑜出席会议并致辞。会议就深化两岸农渔水利合作提出12项共同建议。

11月13日，“两岸一甲子”研讨会在台举行，首次在岛内就包括政治议题在内的广泛议题进行了探讨。前中央党校常务副校长郑必坚率团出席，台海基会前秘书长陈长文、前“陆委会”主委陈明通、前“国安局”副局长胡为真等参加。

7月1日起，台湾开放制造业、服务业和公共建设领域的192项大陆赴台投资项目。两岸投资由单向发展为双向。截至2010年4月20日，已获核准的赴台投资案共29件，金额为2086万美元。

据商务部统计，2009年大陆批准台资项目2555项，同比上升8.3%，实际利用台资18.8亿美元，同比减少1%。截至2009年12月底，大陆累计批准台资项目80061个，实际利用台资495.4亿美元。

祖国大陆十分重视保障台商在大陆投资的合法权益，并积极采取和落实各项惠台政策措施。1999年底，《中华人民共和国台湾同胞投资保护法实施细则》颁布并实施。2000年底，外经贸部（现商务部）发布《对台湾地区贸易管理办法》，就对台贸易的指导原则、管理方式、纠纷解决等进行了规范。2005年9月，国台办与国家开发银行签署了《关于支持台湾同胞投资企业发展开发性金融合作协议》，为大陆台资企业安排了开发性专项贷款。2007年，大陆公布了台湾农民在海峡两岸农业合作试验区和台湾农民创业园设立个体工商户的具体办法等一系列惠台政策，帮助扩大台湾农产品在大陆销售、推动两岸信息产业标准化合作以及为台资企业提供融资等。

2009年，受全球金融危机影响，两岸贸易额同比下降17.8%，但仍达1062.3亿美元。其中大陆自台进口857.2亿美元，下降17%，对台出口205.1亿美元，下降20.8%。台贸易顺差652.1亿美元。大陆仍是台第一大贸易伙伴。

两岸人员往来保持上升趋势，2009年，大陆居民赴台93万人次，同比大幅增加263.65%。台湾同胞赴大陆448万人次，同比增加2.66%。

2010年1月16日，两岸金融监管合作备忘录（MOU）正式生效。MOU内容包括两岸银行、证券及期货、保险业等多个层面的监管合作，涉及信息交换、信息保密、共同监管、事后联系与互访以及危机处理等。

2月12日（农历腊月二十九），胡锦涛总书记赴福建省漳州市看望在当地创业的台商，并向广大台湾同胞致以新春祝福。

3月17日，两岸民间文化交流座谈会在北京举行，海协会会长陈云林与“海峡两岸民意代表联谊会”会长饶颖奇共同主持。

3月24～30日，海基会董事长江丙坤率大陆华中台商访问团赴湖南、安徽、江西三省寻访商机并考察台资企业发展情况，在长沙与海协会会长陈云林会见。

4月10日，国家副主席习近平会见了出席博鳌亚洲论坛2010年年会的台湾两岸共同市场基金会最高顾问钱复一行。

4月14日，青海玉树发生地震。海基会致函海协会表示慰问，台红十字会召集20人医疗团队赴青海参加救援行动，台湾有关方面通过海基会捐款100万美元用于灾后重建。

4月28日，2010年海峡两岸企业家紫金山峰会在南京举行，会议以“创新转型、合作共赢——海峡两岸经贸关系的愿景”为主题，中国国民党荣誉主席连战、国台办主任王毅和海协会会长陈云林出席开幕式。两岸政界、商界共600多人与会。

5月初，海峡两岸旅游协会（海旅会）与台湾海峡两岸观光旅游协会（台旅会）互设办事机构分别在台北和北京挂牌运作。海旅会副秘书长范贵山为首任驻台代表，台旅会首任驻北京办事处代表为杨瑞宗。

6月19～25日，第二届海峡论坛在福建举行。中共中央政治局常委、全国政协主席贾庆林出席论坛并会见了台湾嘉宾。黄敏惠、郁慕明、秦金生、林炳坤、许荣淑等台湾知名人士出席论坛。本届论坛由两岸62个机构共同主办，在福建省9个区市举办了25场交流活动，逾万名台湾民众参与。台湾25个县市、30个界别均有代表参加。

7月8～11日，第六届两岸经贸文化论坛在广东省广州市举行，以“加强新兴产业合作，提升两岸竞争力”为主题。中共中央政治局常委、全国政协主席贾庆林和中国国民党荣誉主席吴伯雄出席论坛并致辞。两党有关方面负责人、台湾其他党派代表、两岸经济、科技产业以及文教、体育等各界人士和专家学者400余人出席。两岸有关部门主管人士作为特邀嘉宾和特邀专家出席论坛。

【两岸“三通”】从1979年开始，大陆方面一直努力推动两岸“三通”。随着海峡两岸民间往来与经济交流持续发展，台湾岛内要求与大陆实现直接“三通”的呼声越来越高。1996年8月，交通部、外经贸部（现商务部）分别颁布了《台湾海峡两岸间航运管理办法》和《关于台湾海峡两岸间货物运输代理业管理办法》，提出了“一个中国、双向直航、互惠互利”的原则，表明了祖国大陆对促进两岸直接“三通”的诚意。1997年初，两岸有关团体就两岸海上试点直航进行商谈并达成共识，并于同年4月实现局部试点直航。2001年1月2日，厦门、金门之间实现首次直航。

2002年，钱其琛副总理多次接见台湾“三通”参访团，并先后于1月、7月、9月发表关于“三通”的重要谈话，充分展现祖国大陆积极推动两岸全面直接“三通”的诚意，在台湾各界产生热烈反响。2003年1月26日，两岸断航54年以来，台商春节包机首度经香港，完成台北、上海间的航行。同年12月17日，国务院台湾事务办公室发布《以民为本，为民谋利，积极务实推进两岸“三通”》的政策说明书，提出关于“三通”的具体主张。

2005年1月29日，大陆民航客机56年来首次降落台湾，台湾民航客机也首次飞赴北京和广州。

2006年6月14日，两岸客运包机在春节包机的基础上，增开清明、端午、中秋节包机，同时对有特殊要求的货运包机、紧急医疗包机及特定人道包机做出框架性安排。7月19日，两岸货运包机实现首航，开启两岸专案包机直航的新页。2007年6月15～22日，两岸首次端午节包机顺利成行。

2008年7月4日，根据海协会与台湾海基会达成的协议，两岸周末包机正式启动，大陆居民赴台旅游首发团总计约760人搭乘包机，由北京、上海、南京、厦门、广州五地启程赴台。

7月18日，大陆居民赴台旅游正式启动，当日共有38个团、1000多名游客从北京、上海、广州等地赴台。

11月3～7日，海协会与海基会在台北举行协商，就两岸空运直航、海运直航、直接通邮、食品安全合作等议题达成协议，这是两会协商取得的又一批重要成果，推动两岸关系又向前迈出了重要一步。

12月15日，两岸海运、空运直航与直接通邮全面启动，两岸全面直接双向“三通”迈出历史性步伐，两岸船舶往来不再弯靠香港和日本的石垣岛，周末包机扩大为每周108班次的平日包机，两岸邮件缩短至两天即可送达。

2009年8月31日，两岸定期航班正式开航，每周直航航班从108班增至270班。

2010年5月21～22日，海峡两岸航空运输交流委员会与台北市航空运输商业同业公会在台北举行沟通会议，决定两岸每周增加客运航班100班次，货运航班20班次。截至5月底，两岸客运直航航班每周达370个班次，大陆33个机场和台湾8个机场成为两岸通航航点。两岸空运直航实现以来，两岸航空公司共运送旅客480余万人次。

【两会协商】随着两岸民间往来日益频繁，许多问题需要协商解决。为此，两岸分别成立海峡两岸关系协会与台湾海峡交流基金会。

海峡两岸关系协会（“海协会”）成立于1991年12月，其宗旨是：促进海峡两岸交往，发展两岸关系，实现祖国和平统一。该会致力于加强同赞成其宗旨的社会团体和各界人士的联系与合作；协助有关方面促进海峡两岸各项交往与交流；协助有关方面处理海峡两岸同胞交往中的问题，维护两岸同胞的正当权益；接受有关方面委托，与台湾有关部门和授权团体、人士商谈海峡两岸交往中的有关问题，并可签订协议性文件。2002年2月4日，海协会在澳门设立办事处，为台胞提供服务。目前海协会会长为陈云林、常务副会长郑立中、执行副会长兼秘书长李亚飞、驻会副会长李炳才。

台湾海峡交流基金会（“海基会”）成立于1990年11月，并于1991年3月9日正式运作，为台民间团体，其主要功能是接受台当局委托，与大陆协商解决民间交流等事务性问题。海基会以接受台湾“陆委会”委托及签订契约方式，办理两岸间经贸投资事务，以及涉及两岸人民往来、交流等事务。目前海基会董事长为江丙坤，副董事长兼秘书长为高孔廉。

海协会和海基会成立以来，就两岸间事务性问题进行了接触和协商。1993年4月，时任海协会会长汪道涵和台湾海基会董事长辜振甫在新加坡举行了“汪辜会谈”，并达成四项协议。1998年10月14~19日，应海协会会长汪道涵邀请，台湾海基会董事长辜振甫参访大陆，达成汪道涵在适当时候访问台湾等四项共识。然而，由于李登辉抛出“两国论”分裂主张，破坏了两岸关系及两会协商的政治基础，致使汪道涵会长无法访问台湾，两会接触、协商和对话中断。

陈水扁执政时期，坚持“台独”立场，拒不接受一个中国原则、否认“九二共识”，两会无法重开对话与谈判。

2005年1月3日，海基会董事长辜振甫病逝。2月1日，海协会副会长孙亚夫、秘书长李亚飞作为海协会会长汪道涵的个人代表飞抵台北，参加了2日举行的追思会。同年12月24日，海协会会长汪道涵病逝。马英九、连战、宋楚瑜、郁慕明等分别发唁电表示哀悼。

2008年3月，国民党候选人马英九当选台湾地区领导人后表示，愿在“九二共识”基础上恢复两岸协商。

6月11~14日，应海协会邀请，海基会董事长江丙坤率团来北京进行会谈。两会在“九二共识”基础上恢复了中断9年之久的协商，签署了两岸包机会谈纪要和大陆居民赴台湾旅游协议，并就两会今后的协商议题和步骤进行了规划。

11月3~7日，海协会陈云林会长率团赴台，在台北市与海基会举行第二次会谈，签署两岸空运直航、海运直航、直接通邮、食品安全合作四项协议。

2009年4月26~27日，海基会董事长江丙坤率团来南京与海协会举行第三次会谈，签署了两岸金融合作协议、共同打击犯罪及司法互助协议和空运补充协议，并就大陆资本赴台投资达成原则共识。

12月21~25日，海协会陈云林会长赴台，在台中市与海基会董事长江丙坤举行第四次会谈，签署了两岸渔船船员劳务合作、两岸农产品检疫检验合作和两岸标准计量检验认证合作等三项协议，达成了鼓励双方专业机构在地震、风灾、水灾等自然灾害的预报、预警和检测等方面加强交流与合作的共识，双方还就推动商签两岸经济合作框架协议（ECFA）原则性交换了意见，同意作为第五次会谈重点推动的议题，尽快安排两会框架下的专家级磋商。

2010年1月26日，两岸商签ECFA第一次两会专家工作商谈在北京举行，海协会常务副会长郑立中、海基会副董事长兼秘书长高孔廉分别率有关人士就协议名称、基本结构等进行沟通。

3月31日至4月1日，ECFA第二次两会专家工作商谈在台湾桃园县举行。双方就ECFA货物、服务贸易等早期收获计划和协议文本交换意见。

6月13日，ECFA第三次两会专家工作商谈在北京举行，就协议文本的主要内容、包括货物贸易和服务贸易早期收获计划在内的五个附件交换了意见。

6月24日，海协会与海基会第五次会谈预备性磋商在台北举行，商定了两会第五次会谈时间、地点及主要安排，并为签署《海峡两岸经济合作框架协议》和《海峡两岸知识产权保护合作协议》预作准备。

6月28~29日，海协会和海基会在重庆举行第五次会谈，签署了两岸经济合作框架协议（ECFA）、两岸知识产权保护合作协议两项协议。ECFA的签署推进了两岸经济关系正常化进程，明确了两岸经济往来自由化目标，构建了两岸经济合作机制化平台，是两岸关系和平发展的重要成果，标志着两岸经济进入新的阶段，成为两岸关系史上的又一座里程碑，对未来两岸关系发展将产生重大和深远的影响。

（连淑钰）

香港特别行政区

【地理】香港特别行政区位于祖国大陆东南部，珠江口东侧，毗邻广东省，地处亚洲太平洋地区中心。拥有天然良港，境内多丘陵，地理条件优越。属亚热带季风区，气候温暖湿润，最高气温摄氏36.1度，最低气温摄氏0度；雨量充沛，年均降雨量

2214.3 毫米。

【面积】1104.27 平方公里，其中香港岛 80.48 平方公里，九龙 46.94 平方公里，新界及离岛 976.85 平方公里。

【居住人口】香港人口总数为 702.64 万人（截至 2009 年底），其中常住居民 681.69 万人，流动人口 20.95 万人，人口增长率为 0.5%。

【正式语文】香港特别行政区的行政机关、立法机关和司法机关，除使用中文外，还可使用英文，英文也是正式语文（《中华人民共和国香港特别行政区基本法》第 9 条）。

【主要宗教和节日】香港是多宗教并存地区。主要宗教有佛教、道教、孔教（以儒家思想为基础）、天主教、基督教、伊斯兰教、印度教、锡克教和犹太教。佛教徒和道教徒为数最多，信奉基督教的约有 66 万人，伊斯兰教徒约 9 万人。

中国传统节日春节、清明节、端午节、中秋节、重阳节和主要宗教节日耶稣受难日、复活节、佛诞日和圣诞节均为公众假期。

【简史】香港自古以来就是中国的领土。1840 年鸦片战争后，英国先后强迫清政府签订《南京条约》、《北京条约》和《展拓香港界址专条》，逐步占领香港。新中国成立后，中国政府多次阐明对香港问题的立场，即：香港是中国的领土，中国不承认帝国主义强加给中国的不平等条约；中国政府主张在适当时机通过谈判和平解决香港问题，此前暂时维持现状。1972 年 11 月，第 27 届联合国大会通过决议，批准联合国非殖民化特别委员会关于从殖民地名单中删去香港和澳门的决议。

20 世纪 80 年代初，在“一国两制”方针指导下，中国政府就解决香港问题开始与英国政府进行谈判。1983 年 7 月至 1984 年 9 月，中英两国政府进行了 22 轮会谈。1984 年 12 月 19 日，两国政府首脑在北京签署了《中华人民共和国政府和大不列颠及北爱尔兰联合王国政府关于香港问题的联合声明》。在《联合声明》中，中国政府声明：收回香港地区（包括香港岛、九龙和“新界”）是全中国人民的共同愿望，中国政府决定于 1997 年 7 月 1 日对香港恢复行使主权。英国政府声明：英国政府于 1997 年 7 月 1 日将香港交还给中国。1985 年 5 月 27 日，两国政府在北京互换了《联合声明》的批准书，《联合声明》正式生效。《联合声明》的签署为国家间以和平方式解决历史遗留问题和国际争端树立了典范，对促进世界和平与进步事业具有重要意义。

1997 年 6 月 30 日午夜，中英两国政府在香港举行香港政权交接仪式。中国国家主席江泽民率领中国政府代表团、英国王储查尔斯王子率领英国政府代表团参加了交接仪式。7 月 1 日零时，中华人民共和国国旗和中华人民共和国香港特别行政区区旗在香港庄严升起，宣告中国政府对香港恢复行使主权。中华人民共和国香港特别行政区正式成立。香港在经历百年沧桑后回到伟大祖国的怀抱，进入了新的纪元。

中国政府随即举行了香港特别行政区成立暨特区政府宣誓就职仪式。国家主席江泽民宣布香港特别行政区成立。香港特区第一任行政长官董建华、特区政府主要官员、行政会议成员、临时立法会议员、终审法院和高等法院法官依次宣誓就职。同日，中华人民共和国外交部在香港特别行政区正式设立特派员公署，负责处理与香港特别行政区有关的外交事务；中国人民解放军驻港部队在香港开始执行防务。香港回归祖国，香港特别行政区成立，标志着邓小平提出的“一国两制”伟大构想开始获得成功实施，标志着中国人民为实现祖国完全统一的努力取得重大成果。

【基本法】“一国两制”是中国政府为实现国家完全统一提出的基本国策。按照这一基本国策，中国政府制定了对香港的一系列方针、政策。《中华人民共和国香港特别行政区基本法》就是以宪法为依据，以“一国两制”为指导方针，将国家对香港的各项方针政策用法律的形式规定下来。《基本法》既是一项重要的全国性法律，又是香港特别行政区的根本性法律。《基本法》的起草工作于 1985 年 7 月 1 日开始，在广泛征求香港、内地各界意见的基础上于 1990 年 2 月全部完成。1990 年 4 月 4 日，第七届全国人民代表大会第三次会议审议通过了《基本法》包括附件及其有关文件。同日，国家主席杨尚昆发布《中华人民共和国主席令第二十六号》，《基本法》予以公布，自 1997 年 7 月 1 日起实施。

《基本法》的主要规定有：香港特别行政区是中国不可分离的部分；全国人民代表大会授权香港特别行政区依照《基本法》规定实行高度自治，享有行政管理权、立法权、独立的司法权和终审权；香港特别行政区是中国的一个享有高度自治权的地方行政区域，直辖于中央人民政府；香港特别行政区不实行社会主义制度和政策，保持原有的资本主义制度和生活方式，50 年不变；中央人民政府负责管理与香港特别行政区有关的外交事务和香港特别行政区的防务，中央人民政府授权香港特别行政区依照《基本法》自行处理有关的对外事务；中央人民政府各部门、各省、自治区、直辖市不得干预香港特别行政区根据《基本法》自行管理的事务；香港原有法律，除同《基本法》相抵触或经香港特别行政区立法机关作出修改者外，予以保留；全国性法律除列于《基本法》附件三者外，不在香港特别行政区实施；香港居民在法律面前一律平等，人身自由不受侵犯，享有言论、新闻、出版、结社、集会、游行、示威、通讯、迁徙、宗教信仰和婚姻的自由，组织和参加工会、罢工的权利和自由，等等。

【政治体制】香港特别行政区实行“行政主导”

的政治架构。根据《基本法》的规定，香港特别行政区的政治体制要符合“一国两制”的原则，要从香港的法律地位和实际情况出发，以保障香港的稳定繁荣为目的，必须兼顾社会各阶层的利益，循序渐进地发展适合香港情况的民主制度。

行政长官是香港特别行政区的首长，对中央政府和香港特别行政区负责。行政长官由年满40周岁，在香港通常居住连续满20年并在外国无居留权的香港特别行政区永久性居民中的中国公民担任，在当地通过选举或协商产生，由中央政府任命；任期5年，可连任一次。其产生办法根据香港特别行政区的实际情况和循序渐进的原则而规定，最终达至由一个有广泛代表性的提名委员会按民主程序提名后普选产生的目标。《基本法》附件一对香港特别行政区行政长官的产生办法作了具体规定。2007年12月，第十届全国人民代表大会常务委员会第三十一次会议决定认为，2017年香港特别行政区第五任行政长官的选举可以实行由普选产生的办法。

行政会议是协助行政长官决策的机构，每周举行一次会议，由行政长官主持。行政长官在作出重要决策、向立法会提交法案、制定附属法规和解散立法会前，须征询行政会议的意见。但在人事任免、纪律制裁和紧急情况下采取措施的事宜上，行政长官则无须征询行政会议。行政长官如不采纳行政会议多数成员的意见，应将具体理由记录在案。行政会议成员均以个人身份提出意见，但行政会议所有决议均属集体决议。按照《基本法》第55条的规定，“香港特别行政区行政会议的成员由行政长官从行政机关的主要官员、立法会议员和社会人士中委任。行政会议的成员必须由在外国没有居留权的香港特别行政区永久性居民中的中国公民担任，其任免由行政长官决定。行政会议成员任期应不超过委任他的行政长官的任期”。

行政机关是香港特别行政区政府，首长为行政长官，下设政务司、财政司、律政司和各局、处、署。香港特别行政区政府根据《基本法》第62条规定行使职权，主要包括制定并执行政策；管理各项行政事务；办理中央政府授权的对外事务；编制并提出财政预算、决算；拟定并提出法案、议案、附属法规。《基本法》第64条规定，“香港特别行政区政府必须遵守法律，对香港特别行政区立法会负责：执行立法会通过并已生效的法律；定期向立法会作施政报告；答复立法会议员的质询；征税和公共开支须经立法会批准。”

2002年7月1日，香港特别行政区政府开始实施主要官员问责制。政务司司长、财政司司长和律政司司长和各政策局局长不再由公务员担任，改由行政长官以合约方式聘用，任期不超过聘用其的行政长官的任期。问责制主要官员直接向行政长官负责，各自统领其所辖部门工作，负责制定、解释及推介政策，争取立法会和市民支持。2007年10月10日，行政长官曾荫权在施政报告中提出，为进一步发展政治问责制，将增设副局长和局长助理两层政治委任职位。随后，特区政府发表《进一步发展政治委任制度报告书》。2008年5月，特区政府任命首批8名政治问责制副局长及9名政治助理。

立法机关是香港特别行政区立法会。立法会由在外国无居留权的香港特别行政区永久性居民中的中国公民组成；但非中国籍的香港特别行政区永久性居民和在外国有居留权的香港特别行政区永久性居民也可当选为立法会议员，其所占比例不得超过全体议员的20%。立法会由选举产生，其产生办法根据香港特别行政区的实际情况和循序渐进的原则而规定，最终达至全部议员由普选产生的目标。《基本法》附件二对香港特别行政区立法会的产生办法和表决程序作了具体规定。立法会除第一届任期为两年外，每届任期4年。立法会主席必须由年满40周岁、在香港通常居住连续满20年并在外国无居留权的香港特别行政区永久性居民中的中国公民担任，并由立法会议员互选产生。立法会行使《基本法》第73条规定的职权，主要有：根据《基本法》规定并依照法定程序制定、修改和废除法律；根据政府的提案，审核、通过财政预算案；批准税收和公共开支；听取行政长官的施政报告并进行辩论；对政府的工作提出质询等。

根据《基本法》及其附件二以及第七届全国人民代表大会第三次会议通过的《关于香港特别行政区第一届政府和立法会产生办法的决定》，第一届立法会由功能团体选举议员30名、选举委员会选举议员10名、分区直接选举议员20名，共60名议员组成；第二届立法会由功能团体选举议员30名、选举委员会选举议员6名、分区直接选举议员24名，共60名组成；第三届立法会由功能团体选举议员30名和分区直接选举议员30名，共60名组成。第四届立法会选举于2008年9月7日举行。第四届立法会由功能团体选举议员30名和分区直接选举议员30名，共60名组成。2007年12月29日，第十届全国人民代表大会常务委员会第三十一次会议决定认为，香港特别行政区行政长官由普选产生以后，香港特别行政区立法会的选举可以实行全部议员由普选产生的办法。

司法机关为香港特别行政区各级法院，行使香港特别行政区的审判权。香港特别行政区法院除继续保持香港原有法律制度和原则对法院审判权所作限制外，对香港特别行政区所有的案件均有审判权；香港特别行政区法院对国防、外交等国家行为无管辖权。法院在审理案件中遇有涉及国防、外交等国家行为的事实问题，应取得行政长官就该等问题发出的证明文件，上述文件对法院有约束力；行政长官在发出证明文件前，须取得中央政府的证明书。香港特别行政区的终审权属于香港特别行政区终审法院。终审法院和高等法院的首席法官应由在外国无居留权的香港特别行政区永久性居民中的中国公民担任。终审法院法官和高等法院首席法官的任命或免职还须由行政长官征得立法会同意，并报全国人大常委会备案。

【总的形势】香港回归后，"一国两制"、"港人治港"、高度自治方针和基本法得到全面贯彻落实。香港原有的社会、经济制度没有改变，法律基本不变，港人的生活方式没有改变。香港经济持续增长、民生不断改善、社会更趋和谐，呈现出积极发展的良好势头。中央政府全力支持行政长官和特区政府依法施政，继续通过深化落实《内地与香港关于建立更紧密经贸关系的安排》（CEPA）、进一步开放内地在港投资及香港银行经营人民币业务等措施，支持香港经济的发展。行政长官和特区政府利用"背靠内地，面向世界"的独特优势，致力于发展经济、改善民生、促进社会和谐。香港特区继续保持自由港和国际大都市的特色，继续保持国际金融、贸易和航运中心的地位，继续被公认为全球最自由开放的经济体和最具发展活力、营商环境最好的地区之一。2008 年国际金融危机爆发后，香港经济形势出现困难。在中央政府的大力支持下，特区政府采取了一系列稳定金融市场、促进经济发展的措施。2009 年下半年开始，香港经济逐步复苏，2010 年一季度香港本地生产总值（GDP）大幅增长 8.2%，基本恢复至金融危机爆发前的水平。

【经济】2009 年，香港本地生产总值为 16291 亿港元（以 2008 年环比物量计算），按年增长 -2.8%，人均本地生产总值为 23.3 万港元（以 2008 年环比物量计算），按年增长 -3.1%。全年进口总额为 26924 亿港元，同比下降 11%；出口总额为 24691 亿港元，同比下降 12.6%。访港旅客总数 2959 万人次（其中内地居民 1769 万人次），同比增长 0.3%。全年消费物价指数较 2008 年上升 0.5%，剔除特区政府一次性纾困措施影响，基本通胀率为 1%。2009 年香港失业率约为 4.9%。

在全球经济复苏的推动下，恒生指数 2009 年终收报于 21872 点，较 2008 年末上涨 52%，创十年来最大涨幅。港交所 2009 年首次公开发行股票（IPO）融资金额居全球首位。截至 2010 年 1 月底，香港股市市值全球排名第 7，亚洲排名第 3。

香港是世界第 15 大银行中心（以对外负债和债权计算）。截至 2009 年底，香港共有 145 家持牌银行、26 家有限制牌照银行、28 家接受存款公司，来自 35 个国家的境外银行在港设立了 71 家代表办事处。香港是世界第 6 大外汇市场，发展程度完善，可全天 24 小时与世界各地进行外汇交易。截至 2010 年 5 月底，香港官方外汇储备资产为 2562 亿美元，居世界第 7 位。

香港是亚洲商贸枢纽，截至 2009 年年中，共有 1298 家海外、内地及台湾公司在香港设立地区总部，其中美国以 311 家居首，日本和英国分别有 238 家及 119 家。除地区总部外，2584 家海外、内地及台湾公司在港设立地区办事处。

香港也是国际会议和展览的主要举办地，每年有 300 多项大型会议和展览活动在港举行，吸引约 80 万海外及中国内地旅客到场。在国际会议协会公布的 2007 年度国家和城市举办国际会议数量排名中，香港以全年举办 72 场国际会议在全球城市中排名第 12。2008 年 1 月，香港获选为"亚太区最佳会议、展览、企业会议及奖励旅游（MICE）城市"。2009 年 2 月，香港获选为"亚太区最佳商务城市"。

香港是国际和亚太地区的主要航空中心和航运中心。香港国际机场是全球最繁忙的机场之一，2009 年机场客运量及货运量分别达到 4610 万人次和 335 万公吨。在香港国际机场营运的航空公司约 90 家，航线目的地遍布全球约 150 个航点，其中约 40 个是内地城市。2010 年 5 月，香港国际机场在年客运量逾 4000 万人次的机场类别中，连续四年蝉联"全球最佳机场"称号。在 2009 年的机场服务素质调查中，香港国际机场的得分再创新高，在 5 分满分中获得 4.76 的评分。香港亦是全球最繁忙的集装箱港口之一，截至 2010 年 5 月 20 日，香港船舶注册突破 5000 万总吨，在全球排名前五名。2009 年，香港共处理 2093 万个标准货柜、2.43 亿公吨货物。

香港是全球通讯枢纽，通讯设施十分先进发达。截至 2010 年 2 月，香港住户固定电话线普及率达 101.2%，移动无线电话服务用户总数达 1248 万，普及率达 177.7%。宽频用户数目逾 207 万个，普及率达 81.4%。香港是全球第一个采用全面数码化电话网络和实施可移植性固定网络电话号码的国际大都市。

香港与内地的经贸关系密切。2009 年，香港是内地第五大贸易伙伴和第三大出口市场，两地贸易额为 1749.5 亿美元。截至 2010 年 4 月底，内地累计批准港资项目 312696 个，累计实际使用港资 4116.8 亿美元。截至 2009 年底，在港交所上市的内地企业累计达到 524 家，市值 10.44 万亿港元，占香港股市总值的 58.4%，成交金额占股市成交总金额的 72.5%。香港是迄今内地企业境外投资最大的目的地。截至 2008 年底，内地企业经批准累计在港设立非金融类企业 3822 家，在港直接投资净额达 665.91 亿美元，分别占内地非金融类对外直接投资项目总数的 25% 和投资净额的 54%。

内地与香港自 2003 年年中签署《内地与香港关于建立更紧密经贸关系的安排》（CEPA）以来，迄今共签署了 7 个补充协议，内地已对原产于香港的进口货物全面实施零关税，向香港开放了 44 个服务贸易领域。CEPA的实施对进一步促进香港与内地的经济关系起到了显著作用。截至2009年底，内地累计进口享受零关税待遇香港货物总值27.26亿美元，关税优惠额16.55亿元人民币；在服务贸易领域，截至2009年12月底，香港工贸署共核发香港服务提供者证明书2194份，以便申请投资内地；在金融领域，经中国人民银行允许，香港银行自2004年2月开始全面办理个人人民币存款、兑换、银行卡和汇款业务，截至2010年4月底，香港共有73家银行开办个人人民币业务，在港人民币存款余额共计809.94亿元，首次突破800亿大关；在“个人游”方面，2009年以个人游签注访港的内地旅客达1059万人次，占整体内地游客的59%。截至2009年12月底，内地赴港“个人游”旅客累计达4506万人次。

【教育】 香港特区实行9年免费普及小学及初中教育。从2008/2009学年起，特区政府将免费教育延伸至公立高中。2007/2008年有各类中小学校1158所（其中70所为国际学校），拥有学士或学士以上学位授予权的高等院校12所，分别为香港大学、香港中文大学、香港城市大学、香港科技大学、香港理工大学、香港浸会大学、岭南大学、香港教育学院、香港演艺学院、香港公开大学、香港树仁大学和珠海学院。2009/2010年度，特区政府教育支出达617亿港元，占公共开支总额的22.3%。

2004年7月11日，内地与香港签订《关于相互承认高等教育学位证书的备忘录》，相互承认两地高等学校颁发的学士及以上学位。

【新闻出版】 香港作为国际商业和金融中心，通讯及传媒业高度发达，并吸引了不少海外报社及广播公司、国际通讯社在港设立亚太区总部或办事处。截至2009年4月，香港共有45份日报（其中20份中文日报、13份英文日报、7份中英双语日报及5份日语日报）和699份期刊（当中包括多份电子报章）。主要报纸有《大公报》、《文汇报》、《香港商报》、《明报》、《信报》、《星岛日报》、《东方日报》、《南华早报》等，国际报刊主要有《亚洲华尔街日报》、《金融时报》、《国际先驱论坛报》和《远东经济评论》等。

香港共有21家电视台，提供逾300个电视频道，其中无线电视与亚洲电视为免费电视，提供2个广东话及2个英语频道，每日播映86小时的节目。香港有3家电台，其中香港电台为公营电台，新城电台与商业电台为私营电台，共设有13个中、英文频道，所有频道均每天24小时广播。香港还是全球最先进的网络电视市场之一，其用户已超过50万。

【对外事务】 香港特别行政区的对外事务继续取得进展。

香港特区政府每年派代表以中国代表团成员身份参加以国家为单位参加的国际组织的活动，并以“中国香港”名义单独组团出席其他政府间国际、区域组织或非政府组织会议，或香港特区作为单独会员的国际组织会议。2008年，香港特区政府代表以中国代表团成员身份参加了超过140次以国家为单位的会议，以“中国香港”名义参加了超过1500次不以国家为单位的国际会议。

经中央政府授权，香港特区政府与65个国家签署了民航协定（截至2010年3月3日）；与15个国家签署了促进和保护投资协定（截至2009年7月2日）；与10个国家签署了移交被判刑人协定（截至2009年4月15日）；与18个国家签署了移交逃犯协定（截至2009年4月11日）；与27个国家签署了刑事司法协助协定（截至2009年9月24日）。

有240项国际公约适用于香港特区，其中有75项国际公约目前尚不适用于内地（截至2010年4月12日）。

有140个国家和地区给予香港特区护照持有人免签证或落地签证待遇。

香港特区政府目前共设有11个驻外经济贸易办事处，分别设于日内瓦、布鲁塞尔、伦敦、多伦多、东京、新加坡、悉尼、华盛顿、纽约、旧金山、柏林。除驻日内瓦经济贸易办事处的主要职责是代表香港参与世界贸易组织的事务外，其他经贸办事处的主要职责为促进香港在有关国家或地区的经贸、投资利益及公共关系。

截至2010年4月20日，外国在香港共设立58个总领事馆，59个名誉领事馆及5个官方认可代表机构。（王式全）

澳门特别行政区

【面积】 29.5平方公里，包括澳门半岛、凼仔岛和路环岛。

【人口】 54.22万（截至2009年底），年增长率为-1.3%。

【正式语文】 中文、葡萄牙文。

【主要宗教和节日】 澳门特别行政区为多宗教并存地区。主要宗教有佛教、道教、天主教、新教、伊斯兰教、巴哈伊教。

中国传统节日春节、端午节、清明节、中秋节、重阳节及主要宗教节日耶稣受难日、复活节、佛诞和圣诞节均为公众假期。

【简况】 位于广东省南部，珠江口西岸，北与珠海市拱北接壤，南濒中国南海，西与珠海市湾仔隔河相对，东与香港隔海相望，相距42海里，两地之间有喷射船、水翼船客运服务。澳门半岛、凼仔岛、路环岛之间由友谊大桥、澳凼大桥、西湾大桥和填海公路相接。地处亚热带季风区，气候温暖湿润，雨量充沛。

澳门历来是中国领土，旧属广东省香山县（今中山市）管辖。1535年（明嘉靖十四年），葡萄牙人贿赂广东地方官吏，取得在码头停靠船舶和进行贸易的权利。1553年（明嘉靖三十二年），葡人以曝晒水浸货物为由上岸居住。1557年（明嘉靖三十六年）起在澳门建房定居。鸦片战争后，葡乘机扩大其在澳门侵占的地盘，1851年和1864年先后侵占了凼仔岛和路环岛。1887年葡迫使清政府签订《中葡会议草约》和《北京条约》，塞进了“永驻管理澳门”的条款。此后，葡一直占领澳门并把澳门划为葡领土。1976年，葡宪法始规定澳门是葡萄牙管辖的特殊地区。

中华人民共和国成立后，中国政府曾多次阐明对澳门问题的立场：澳门是中国领土的一部分，澳门问题属历史遗留下来的问题。中国政府主张在条件成熟时，通过谈判解决。中葡两国政府自1986年6月30日起经过历时9个月的四轮谈判，于1987年3月26日草签了《中华人民共和国政府和葡萄牙共和国政府关于澳门问题的联合声明》及《中华人民共和国政府对澳门的基本政策的具体说明》、《关于过渡时期的安排》两个附件。同年4月13日，两国总理分别代表本国政府正式签署联合声明，1988年1月15日两国政府交换批准书，联合声明从该日起生效。中葡联合声明规定，中华人民共和国政府于1999年12月20日对澳门恢复行使主权。中国政府在联合声明中阐述了对解决澳门问题的基本方针政策。联合声明的签署为国家间以和平方式解决历史遗留问题和国际争端树立了典范，对促进世界和平与进步事业具有重要的现实意义。

1999年12月19日午夜，中葡双方在澳门文化中心花园馆成功举行澳门政权交接仪式。由中国国家主席江泽民率领的中国政府代表团和由葡萄牙总统桑帕约率领的葡萄牙政府代表团出席了该仪式。50多个国家和20多个国际组织的嘉宾以及澳门各界人士共2500人应邀出席。20日零点，中国政府对澳门恢复行使主权。随即举行了澳门特别行政区成立暨特区政府宣誓就职仪式。国家主席江泽民宣布澳门特别行政区成立。澳门特别行政区第一任行政长官何厚铧、特区政府主要官员、立法会议员、终审法院院长和检察长宣誓就职。20日中午12时，中国人民解放军驻澳部队进驻澳门。澳门顺利回归祖国、澳门特别行政区成立是继香港回归后中国人民在实现祖国统一伟业进程中的又一历史丰碑。

【基本法】《中华人民共和国澳门特别行政区基本法》以宪法为依据，以“一国两制”为指导方针，将国家对澳门的各项方针、政策用基本法律的形式规定下来。基本法既是一项重要的全国性法律，又是澳门特别行政区的根本性法律。基本法的起草工作于1988年10月开始，在澳门和内地广泛征求意见的基础上，基本法草案及其附件于1993年3月获第八届全国人民代表大会第一次会议通过。《中华人民共和国澳门特别行政区基本法》自1999年12月20日起实施。

基本法的主要规定有：澳门特别行政区是中国不可分离的部分，是一个享有高度自治权的地方行政区域，直辖于中央人民政府；全国人大授权澳门特别行政区依照基本法规定实行高度自治，享有行政管理权、立法权、独立的司法权和终审权；澳门特别行政区不实行社会主义制度和政策，保持原有的资本主义制度和生活方式，50年不变；中央人民政府负责管理与澳门特别行政区有关的外交事务和澳门特别行政区的防务；中央政府各部门、各省、自治区、直辖市不得干预澳门特别行政区根据基本法自行管理的事务；澳门原有法律，除同基本法相抵触或经澳门特别行政区立法机关或其它有关机关依照法定程序作出修改者外，予以保留；全国性法律除列于基本法附件三者外，不在澳门特别行政区实施；澳门居民在法律面前一律平等，享有言论、新闻、出版、结社、集会、游行、示威、通讯、迁徙、宗教信仰和婚姻的自由，组织和参加工会、罢工的权利和自由；人身自由不受侵犯，等等。

【政治体制】行政长官是澳门特别行政区的首长，对中央人民政府和澳门特别行政区负责。行政长官由年满40周岁，在澳门通常居住连续满20年的澳门特别行政区永久性居民中的中国公民担任，在当地通过选举或协商产生，由中央人民政府任命。行政长官任期为5年，可连任一次。1999年5月15日，由澳门居民组成的澳门特别行政区推选委员会根据公平、公正、公开、民主和廉洁的原则，以无记名投票方式，选出何厚铧为澳门特别行政区第一任行政长官人选。5月24日，朱镕基总理代表国务院向何厚铧颁发了任命其为澳门特别行政区第一任行政长官的国务院令。12月20日，何厚铧宣誓就职。2004年8月29日，澳门特区举行第二任行政长官选举，何厚铧获得300名选举委员会委员中的296票，当选澳门特区第二任行政长官候任人。9月1日，国务院任命何厚铧为澳门特区第二任行政长官。12月20日，何厚铧宣誓就职。2009年7月26日，澳门特区举行第三任行政长官选举，崔世安获得300名选举委员会委员中的282票，当选澳门特区第三任行政长官候任人。8月10日，国务院任命崔世安为澳门特区第三任行政长官。12月20日，崔世安宣誓就职。

澳门特别行政区政府是澳门特别行政区的行政机关，政府首长是行政长官。澳门特别行政区政府设司、局、厅、处。行政法务司司长、经济财政司司长、保安司司长、社会文化司司长、运输工务司司长、廉政公署廉政专员、审计署审计长、警察总局局长和海关关长为特区政府主要官员。主要官员由在澳门通常居住连续满15年的澳门特别行政区永久性居民中的中国公民担任。澳门特别行政区政府根据基本法第64条规定行使职权，主要包括制定并执行政策；管理各项行政事务；办理中央政府授权的对外事务；编制并提出财政预算、决算；拟定并提出法案、议案，草拟行政法规，等等。

澳门特别行政区行政会是协助行政长官决策的机构，每月至少举行一次会议，由行政长官主持。行政会委员由澳门特别行政区永久性居民中的中国公民担任，由行政长官从政府主要官员、立法会议员和社会人士中委任。行政会委员的人数为7~11人，目前共有10名委员。基本法规定，行政长官在作出重要决策、向立法会提交法案、制定行政法规和解散立法会前，须征询行政会的意见，但人事任免、纪律制裁和紧急情况下采取的措施除外。

澳门特别行政区立法会是澳门特别行政区的立法机关。立法会除第一届另有规定外，每届任期为4年。立法会行使基本法第71条规定的职权，主要有：根据基本法规定并依照法定程序制定、修改、暂停实施和废除法律；审核、通过政府提出的财政预算案；审议政府提出的预算执行情况报告；根据政府提案决定税收，批准由政府承担的债务；听取行政长官的施政报告并进行辩论；就公共利益问题进行辩论；接受澳门居民申诉并作出处理，等等。特区第一届立法会由23名议员组成，包括直选议员8人、间选议员8人、委任议员7人。立法会设主席、副主席各一人。第一届立法会议员的任期至2001年10月15日。第二届立法会选举于2001年9月23日举行。第二届立法会由27名议员组成，包括直选议员10名、间选议员10名、委任议员7名。第三届立法会选举于2005年9月25日举行。第三届立法会由29名议员组成，包括直选议员12名、间选议员10名、委任议员7名，任期至2009年10月15日。第四届立法会选举于2009年9月20日举行。第四届立法会议员人数及构成与第三届立法会相同，任期至2013年10月15日。

澳门特别行政区的审判权属澳门特别行政区法院。澳门特别行政区设立初级法院、中级法院和终审法院。终审权属于澳门特别行政区终审法院。澳门特别行政区法院除继续保持澳门原有法律制度和原则对法院审判权所作的限制外，对澳门特别行政区所有的案件均有审判权。澳门特别行政区法院对国防、外交等国家行为无管辖权。澳门特别行政区法院在审理案件中遇有涉及国防、外交等国家行为的事实问题，应取得行政长官就该等问题发出的证明文件，上述文件对法院有约束力。行政长官在发出证明文件前，须取得中央人民政府的证明书。澳门特别行政区各级法院的法官，根据当地法官、律师和知名人士组成的独立委员会的推荐，由行政长官任命。各级法院的院长由行政长官从法官中选任。终审法院院长由澳门特别行政区永久性居民中的中国公民担任。终审法院院长、法官的任命和免职须报全国人民代表大会常务委员会备案。

澳门特别行政区检察院独立行使法律赋予的检察职能，不受任何干涉。澳门特别行政区检察长由澳门特别行政区永久性居民中的中国公民担任，由行政长官提名，报中央人民政府任命。检察官经检察长提名，由行政长官任命。检察院的组织、职权和运作由法律规定。目前，检察院司法官共有29人，包括检察长1人，助理检察长11人和检察官17人，主要负责对刑事案件的调查和起诉，在各级法院代表检察院出庭，依法参与刑事、民事和行政诉讼。

【总的形势】2009年，澳门特区总体形势良好，政治、社会稳定，经济增长受金融危机影响明显放缓，对外交流与合作持续扩大。2月，立法会审议通过《维护国家安全法》，标志着基本法第23条立法工作顺利完成。7月，崔世安在第三任行政长官选举中高票当选。9月，第四届立法会选举顺利举行。12月，澳门特区举办隆重的回归十周年庆典活动，国家主席胡锦涛出席。12月20日，以崔世安为首的第三届特区政府主要官员宣誓就职。特区政府继续贯彻“以民为本”的施政理念，加大对社会民生领域的投入，特区民生、教育、文化、基础设施建设等事业取得新进展。

特区政府继续实行“远交近融”的对外政策，致力深化区域交流与合作、打造区域性商贸服务平台和世界旅游休闲中心。2009年，特区与冰岛签署关于接收没有居留许可的人的协定，菲律宾驻澳门总领馆正式开馆。特区积极参与、举办各类国际会议和活动，广泛宣传回归十周年发展成就，国际知名度不断提升。

【经济】澳门是自由港。过去只有鞭炮、火柴、神香等手工业，经济长期以来以博彩业为主。20世纪60年代中期至80年代中期，出口加工业带动澳门经济迅速增长。澳门经济自80年代开始呈现高速增长，逐渐形成四大产业，分别为博彩旅游业、出口加工业、金融保险业和建筑地产业。这四大产业对澳门经济起着举足轻重的作用。进入90年代，澳门经济转入调整期，发展速度放缓。回归以来，澳门经济逐渐走出谷底，连续10年保持持续增长态势。

2009年，受国际金融危机等因素影响，澳门经济增长明显放缓。上半年GDP负增长13.4%，下半年重拾增势，第四季度大幅上升27.4%。全年本地生产总值为1693.42亿元（澳门元，下同），较上年增长1.3%；人均本地生产总值为31.1万元（约合38968美元）。澳门特区公共财政总收入达576.41亿元，总支出为338.25亿元，财政盈余高达238.17亿元。博彩总收入为1203.83亿元，同比增长9.6%；博彩税收为443.09亿元，同比增长5.8%。全年入境旅客及非澳门居民共2852.9万人次，其中旅客2175.28万人次，同比减少5%，旅客人均消费1616元，同比减少16%。出口贸易额为76.7亿元，同比下降52.1%；进口额为369亿元，跌14.2%；贸易逆差为292.3亿元。在全球金融危机背景下，澳门金融保险业发展情况尚好：全年银行业盈利达36.1亿元，同比增长8.3%；银行业资产总额达4269亿元，同比上升18.7%；存款总额达3067.56亿元，同比增长11.6%；贷款总额为1866.31亿元，增23.9%；呆坏账率为0.61%；资本充足比率为15.58%，同比上升0.47%；保险费收入为32.6亿元，同比下降5.4%。截至2009年底，特区外汇储备总额为1465.8亿元（约183.5亿美元），同比增长15.3%；特区政府储备基金达128亿元，同比增长3%。全年新动工楼宇建筑面积为22.9万平方米，大幅下跌57.1%；建成楼宇建筑面积为140.6万平方米，同比大增140.7%。房屋买卖17310套，同比减少19.5%；交易金额为263.0亿元，同比减少24.9%。全年本地居民失业率为3.6%。通货膨胀率为1.2%。

2003年10月17日，《内地与澳门关于建立更紧密经贸关系安排协议》（以下简称《安排》）在澳门签署，并于2004年1月1日起全面实施。《安排》是在一国之内两个单独关税区建立类似自由贸易伙伴关系的协议。此协议符合世贸组织的规定，目的是促进内地与澳门特区的共同繁荣与发展。此后，双方分别于2004年10月29日、2005年10月21日、2006年6月26日、2007年7月2日、2008年7月30日、2009年5月1日及2010年5月28日签署了《安排》补充协议、补充协议二、补充协议三、补充协议四、补充协议五、补充协议六和补充协议七，扩大原有内容，深化相关承诺。《安排》的内容主要包括货物贸易、服务贸易，以及贸易投资便利化三大领域。关于货物贸易，自2006年1月1日起，除内地明令禁止或特殊产品外，内地对所有原产于澳门的货物，经订定原产地标准后，均准以零关税进口。目前共有1209项澳门产品订定了《安排》原产地标准，可享受零关税优惠。截至2010年3月31日，已累计发出1059张原产地证书，其中929张证书已使用，出口货值1.17亿元，免税额约938.06万元，涉及产品类别包括成衣纺织品、覆铜板、邮票、打字机色带油墨、水泥、咖啡、粗甘油及再生产塑料粒等。关于服务贸易，内地已同意放宽对澳门43个服务行业的市场准入条件。截至2010年4月，澳门经济局共核发387张“澳门服务提供者证明书”，主要涉及物流、会展、管理咨询、建筑工程、分销、电信、法律、广告、房地产、视听等行业。截至2009年12月底，透过《安排》机制，澳门公司或居民在内地共成立了700多家公司和个体工商户。在专业资格考试方面，至2009年底止，澳门共有9人通过了国家司法考试，3人通过中国注册会计师统一考试，194人考取国家医师资格证书，1076人次考取烹饪、美容、美发、电工、插花和计算机技术等19项不同等级的国家职业资格证书。关于贸易投资便利化，内地与澳门通过提高透明度、标准一致化和加强信息交流等措施，推动贸易投资便利化。双方在贸易投资促进，通关便利化，商品检验、动植物检验检疫、食品安全、卫生检疫、认证认可及标准化管理，电子商务，法律法规透明度，中小企业合作，产业合作，知识产权保护，品牌合作，教育合作等10个领域开展贸易投资便利化合作。

【教育】特区实行15年免费教育。2009/2010学年，澳门共有各类学前、中小学和特殊教育学校109所，其中公立学校14所，提供免费教育的私立学校80所，不提供免费教育的私立学校15所；共有教师4987人，学生73782人。澳门共有10所高等院校，公立4所，私立6所，分别为澳门大学、澳门理工学院、旅游学院、澳门保安部队高等学校、亚洲（澳门）国际公开大学、圣若瑟大学（原名澳门高等校际学院）、澳门镜湖护理学院、澳门科技大学、澳门管理学院和中西创新学院。2008/2009年度，澳门高等院校共有教职员工3285人，其中教学人员1951人，共有注册学生31246人。面向内地招生的有澳门大学、澳门理工学院、旅游学院、澳门科技大学、亚洲（澳门）国际公开大学及澳门镜湖护理学院共6所高校，招生范围包括内地25个省市。2009/2010学年注册上述6所院校的内地学生人数为1732人。

【新闻传媒】澳门现有9家中文日报：《澳门日报》、《华侨报》、《大众报》、《市民日报》、《星报》、《正报》、《现代澳门日报》、《新华澳报》和《濠江日报》。另有9家中文周报：《讯报》、《澳门脉搏》、《澳门文娱报》、《时事新闻报》、《体育周报》、《澳门观察报》、《澳门早报》、《澳门商报》和《澳门导报》。此外，还有《澳门》、《澳门月刊》等杂志。

葡文日报有《句号报》、《澳门论坛日报》和《澳门今日》3家；葡文周报有《号角报》。英文日报有《澳门邮报》和《澳门每日时报》2家。

澳门主要的电视公司有澳门广播电视有限公司（澳广视）、澳门有线电视公司、澳门宇宙卫星有限公司（澳门卫视）、中华卫星电视股份有限公司以及澳亚卫视有限公司。澳门有两家电台：澳门电台及绿村电台。

【对外事务】澳门回归以来，澳门特别行政区的对外交往取得显著成果。

目前，澳门特区参加的政府间国际组织共25个，其中以“中国澳门”名义单独参加的有13个，包括：世界贸易组织、联合国教育科学及文化组织、国际海事组织、世界旅游组织、世界气象组织、世界卫生组织西太平洋区域委员会、世界海关组织、亚太电信组织、亚太地区发展中心、联合国亚太经济社会委员会、国际纺织及成衣局、台风委员会、亚太反洗钱小组；澳门以中国代表团成员身份参加的有12个，包括：国际刑警组织、国际劳工组织、万国邮政联盟、国际电信联盟、国际民用航空组织、海牙国际私法会议、国际通信卫星组织、国际复兴开发银行、国际货币基金组织、世界知识产权组织、联合国麻醉委员会、亚太邮政联盟。

回归后，经中央政府授权，澳门特别行政区政府先后与10个国家签署了航班或民航协定，使澳门与外国签署的航班或民航协定数达到40个；与16个国家签署了互免签证协定；与欧共体、瑞士、冰岛分别签署了关于接受没有居留许可的人的协定；与葡萄牙、东帝汶签署了法律及司法合作协定；与葡萄牙、荷兰签署了相互鼓励和保护投资协定。

目前适用于澳门的国际公约约237项，涉及外交、国防、民航、海关、禁毒、经济金融、知识产权、邮政电信、资源环保、人权、教科文卫、劳工、海事、国际犯罪、国际私法、道路交通、成立国际组织等各方面。

共有79个国家可在澳门执行领事职务，澳门在外设立3个办事处和18个旅游代表。

截至2010年5月，共有79个国家和地区给予澳门特别行政区护照持有人免签证入境待遇，其中61个属免签证国家，15个属免签证地区，3个属落地签证国家。澳门特区给予66个国家公民免签入境待遇。

（李璞）

阿　富　汗

国名　阿富汗伊斯兰共和国（The Islamic Republic of Afghanistan）。

面积　647500平方公里。

人口　约2850万。普什图族占40%，塔吉克族占25%，还有哈扎拉、乌兹别克、土库曼等20多个少数民族。普什图语和达里语是官方语言，其他语言有乌兹别克、俾路支、土耳其语等。逊尼派穆斯林占80%，什叶派穆斯林占19%，其他占1%。

首都　喀布尔（Kabul），人口约280万。气候温和，四季分明，全年平均气温13℃左右。

国家元首　哈米德·卡尔扎伊（Hamid KARZAI）。2009年11月再次当选总统，11月19日宣誓就职，任期5年。

重要节日　阿富汗新年：3月21日；阿富汗独立纪念日：8月19日；开斋节：每年日期不定，依伊斯兰历而变；古尔邦节：每年日期不定，随伊斯兰历而变。

简　况

亚洲中西部的内陆国家。北邻土库曼斯坦、乌兹别克斯坦、塔吉克斯坦，西界伊朗，南部和东部连巴基斯坦，东北部凸出的狭长地带与中国接壤。属大陆性气候，全年干燥少雨，冬季寒冷，夏季炎热，全国年平均降水量仅240毫米左右。

阿富汗王国建立于1747年，曾一度强盛。19世纪后，国力日衰，成为英国和沙俄的角逐场。1919年摆脱英国殖民统治获得独立，8月19日为独立日。1979年12月，苏联入侵阿富汗。1989年2月，苏军撤出。后因各派抗苏武装争权夺势，阿陷入内战。1994年塔利班兴起，1996年9月攻占喀布尔，建立政权。1997年10月改国名为“阿富汗伊斯兰酋长国”，在阿实行伊斯兰统治。

“9·11”事件后，塔利班政权在美国军事打击下垮台。在联合国主持下，阿启动战后重建“波恩进程”。2001年12月，阿成立临时政府。2002年6月，成立过渡政府。2004年1月，阿颁布新宪法，定国名为“阿富汗伊斯兰共和国”。10月，卡尔扎伊当选阿首任民选总统。2005年9月18日举行了全国及地方议会选举。12月，阿新议会成立。“波恩进程”结束。

政　治

阿政府继续致力于打恐、完善国家架构、加强对地方控制、发展经济、开展禁毒，同时积极开展外交活动，努力寻求国际援助，促进国内重建。2009年阿形势总体趋于稳定，局部地区安全形势依然堪忧。美西方向阿持续增兵，加大反恐力度。塔利班及“基地”组织强力反弹，采取“非对称手段”，制造大量恐怖袭击事件。此外，腐败、毒品泛滥、跨国有组织犯罪等问题仍严重威胁阿安全与发展。

【宪法】 2002年1月至2004年1月，阿富汗沿用前国王查希尔颁布的1964年宪法。2004年1月26日，阿富汗过渡政府总统卡尔扎伊签署颁布新宪法，确立阿国名为“阿富汗伊斯兰共和国”，实行总统制。

【议会】 根据阿宪法，国民议会是国家最高立法机关，由人民院（下院）和长老院（上院）组成。人民院议员不超过250名，根据各地人口数量平均分配，但保证每省至少有2名女议员。长老院议员从各省、区管理委员会成员中间接选举产生。国民议会有权弹劾总统，但须召集大支尔格会议，并获得2/3以上多数通过，才可免除总统职务。阿现议会于2005年9月选举产生，将于2010年9月进行改选。现任议会长老院主席为西卜加图拉·穆贾迪迪（Sibghatullah MUJADDIDI），人民院议长为穆罕默德·尤努斯·卡努尼（Mohammad Yunus QANOONI）。

【大支尔格会议】又称大国民会议。根据阿新宪法，大支尔格会议是阿人民意愿的最高体现，由议会上下两院议员、各省议会议长组成，负责制订和修改宪法，批准国家其它有关法律；有权决定涉及阿国家独立、主权、领土完整和国家利益等问题；审议总统提交的内阁组成名单；内阁部长、最高法院法官和大法官可以列席会议；会议不定期举行。

2002年6月阿召集紧急支尔格大会，选举产生以卡尔扎伊为总统的阿富汗伊斯兰过渡政府。2003年12月召开制宪支尔格大会，制定并通过新宪法。

【政府】现内阁成员包括：总统哈米德·卡尔扎伊（Hamid KARZAI），副总统穆罕默德·卡西姆·法希姆（Mohammad Qasim FAHIM），副总统穆罕默德·卡里姆·哈利利（Mohammad Karim KHALILI），内阁高级部长希达亚特·阿明·阿尔萨拉（Hedayat Amin ARSALA），外交部长扎尔迈·拉苏尔（Zalmay RASOOL），国防部长阿卜杜勒·拉希姆·瓦尔达克将军（Abdul Rahim WARDAK），内政部长穆罕默德·哈尼夫·阿特玛尔（Mohammad Hanif ATMAR），财政部长奥马尔·扎赫瓦尔（Omar ZAKHILWAL），经济部长阿卜杜勒·哈迪·阿尔格汉迪瓦尔（Abdul Hadi ARGHANDIWAL），司法部长哈比卜拉·哈拉布（Habibullah GHALEB），教育部长古拉姆·法鲁克·瓦尔达格（Ghulam Farooq WARDAG），农村发展部长扎努拉·曼苏里（Janullah MANSOURI），商业和工业部长古拉姆·穆罕默德·叶拉奇（Gulam Mohammad YELAQI），矿产部长瓦西杜拉·沙赫拉尼（Waheedullah SHARANI），朝觐及宗教事务部长西迪克·查卡里（Sediq CHAKARI），公共卫生部长赛义德·穆罕默德·阿明·法塔米（Sayed Mohammad Amin FATEMI），农业部长阿西夫·拉黑米（Asef RAHIMI），禁毒事务部长扎拉尔·艾哈迈德·穆科贝尔（Zarar Ahmad MUQBEL），伊斯兰事务部长穆罕默德·尤素福·尼牙孜（Mohammad Yasouf NEYAZI）。高等教育、交通与航空、通讯与信息产业、边境及部落事务、城市发展、难民事务等部部长暂缺。中央银行行长阿卜杜勒·卡迪尔·菲特拉（Abdul Qadeer FITRA）。

【行政区划】全国划分为34个省，省下设县、区、乡、村。

【司法机构】阿富汗司法系统分为三级。最基层为地方法院，全国共有350个左右；中层为上诉法院，分设于阿各省；最高层为最高法院，设在首都喀布尔。

【政党】阿过渡政府于2003年10月颁布《政党法》。现有政党95个。主要政党包括：

（1）阿富汗伊斯兰促进会（Jamiati Islami）：1972年成立。伊斯兰教温和派，成员多为塔吉克族。逊尼派。主要领导人是前总统布尔汉努丁·拉巴尼（Burhanuddin RABBANI）。军事领导人穆罕默德·卡西姆·法希姆（Mohammad Qasim FAHIM）。

（2）阿富汗伊斯兰统一党（Hizbi Wahdat ISLAMI，哈利利派）：原阿富汗伊斯兰革命联盟，1987年成立。1991年改用现名。1995年3月，原领导人马扎里被塔利班杀害，该党分裂。属伊斯兰教什叶派，成员多为哈扎拉族人。党主席是穆罕默德·卡里姆·哈利利，现为阿第二副总统。

（3）阿富汗伊斯兰民族运动（Jonbesh Meli Islami）：主要领导人是阿卜杜尔·拉希德·杜斯塔姆（Abdur Rashid DOSTUM），乌兹别克族。

（4）阿富汗民族解放阵线（Mahas Meli）：1978年成立。民族主义派，普什图族，属伊斯兰教逊尼派。主要领导人是现议会长老院主席西卜加图拉·穆贾迪迪（Sibghatullah MUJADIDI）。

（5）阿富汗伊斯兰党（哈里斯派）：1979年从伊斯兰党中分裂出来。普什图族，信奉伊斯兰教，属逊尼派。主要领导人是尤纳斯·哈里斯（Younus KHALIS）。

（6）阿富汗圣战者伊斯兰联盟（Hizbi Ettehad Islami）：1981年成立。普什图族，属伊斯兰教逊尼派。主要领导人是阿卜杜尔·拉苏尔·萨亚夫（Abdul Rasul SAYAF）。

（7）阿富汗伊斯兰民族阵线（Jebhe Meli Islami）：1979年成立。民族主义派，普什图族，属伊斯兰教逊尼派。主要领导人是赛义德·盖拉尼（Sayed GAILANI）。

（8）阿富汗统一民族阵线（United National Front）：2007年3月成立，主张通过民主原则，消除种族、政党、教派敌对与分歧，积极参与国家政治活动。主席是前总统拉巴尼。

【重要人物】哈米德·卡尔扎伊：总统。1957年生，普什图族。其家族为坎大哈地区波帕尔查伊部族的世袭首领。毕业于喀布尔哈比比亚高等学校，获学士学位，后进入印度喜马偕尔邦立大学攻读政治学硕士学位。1982年起参加抗苏斗争。1992年后曾任阿游击队政府副外长。1994年参加塔利班。后与塔利班极端政策不合而分道扬镳。1997年移居巴基斯坦，开展支持前国王查希尔的政治活动。2001年底返阿，协助美英军队打击塔利班。同年12月，被阿各派代表推举为临时政府主席。2002年6月，任过渡政府总统。2004年10月，当选阿首位民选总统。2009年

11月连选连任。　**穆罕默德·尤努斯·卡努尼**：议会人民院议长。1957年出生，塔吉克族。1980年毕业于喀布尔大学，后加入马苏德领导的潘杰希尔圣战者游击队。1996年任内政部长。2001年波恩会议上被任命为临时政府内政部长。过渡政府中任教育部长。2004年辞职参加总统选举，落选后组建反对派联盟——国家团结阵线。2005年9月当选人民院议长。　**西卜加图拉·穆贾迪迪**：议会长老院主席。1929年出生。毕业于埃及爱资哈尔大学伊斯兰法学院。阿抗苏战争期间著名抵抗运动领导人之一。1992年曾任阿富汗伊斯兰国临时总统，执政两个月；2003年主持召开阿制宪支尔格大会。2005年9月当选长老院主席。　**穆罕默德·卡西姆·法西姆**：副总统。1960年出生于阿富汗潘杰希尔山谷地区，塔吉克族。20世纪70年代末加入抗苏斗争。曾任北方联盟军事领导人。2009年在阿总统大选中被选为第一副总统。　**穆罕默德·卡里姆·哈利利**：副总统，阿富汗伊斯兰统一党主席。1950年出生，哈扎拉族。曾就读于喀布尔宗教学校，积极参与抗苏斗争。1987年，加入什叶派组织“阿富汗伊斯兰联合委员会”并任发言人。1989年，阿什叶派抗苏组织联合成立“阿富汗伊斯兰统一党”，哈成为该组织发言人。1992年任阿圣战者政府财长。1994年，任伊斯兰统一党主席。1996年，领导伊斯兰统一党与拉巴尼的伊斯兰促进会和杜斯塔姆的伊斯兰民族运动共同组建“反塔利班联盟”（又称“北方联盟”），共同对抗塔利班。2002年6月任过渡政府副总统。2004年，被卡尔扎伊提名为第二副总统候选人，并在同年10月的总统选举中当选。2009年11月连选连任。

经　济

落后的农牧业国家，1971年被联合国列为最不发达国家之一。历经三十多年战乱，经济破坏殆尽，交通、通讯系统、工业、教育和农业基础设施遭到的破坏最为严重，生产生活物资短缺，曾有600多万人流亡国外，沦为难民。至今仍有近300万难民滞留在巴基斯坦和伊朗。在国际援助下，2002年以来，阿国民经济呈现“低水平的高增长”，经济逐步恢复发展。

2009年主要经济数据如下：

阿国内生产总值145亿美元。

人均国内生产总值562美元。

货币名称：阿富汗尼（Afghani），简称阿尼。

汇率：1美元＝49.4阿尼。

通货膨胀率：14.5%。

【资源】阿矿产资源较为丰富，据估算，总价值超过1万亿美元，但未得到充分开发和利用。目前已探明的资源主要有天然气、煤、盐、铬、铁、铜、金、钴、铌、云母及绿宝石等。埃纳克铜矿是继智利铜矿带、赞比亚—刚果（金）铜矿带之后的世界第三大铜矿带。阿拥有全球第五大铁矿脉。天然气、石油、煤的储藏量分别约为1852亿立方米、9500万桶和7300万吨。

阿富汗的河流大部分是内陆河，多注入沙漠和湖泊。主要河流有阿姆河、喀布尔河、赫尔曼德河和哈里鲁河等。

【工业】多年战乱使阿工业基础几陷崩溃。工业以轻工业和手工业为主，主要有纺织、化肥、水泥、皮革、地毯、制糖和农产品加工等。近年来由于喀布尔等大城市建筑业的繁荣，带动了制砖、木材加工等建材业相对发展。另外面粉加工、手织地毯业等也有所发展。

【农牧业】农牧业是阿国民经济的主要支柱。农牧业人口占全国总人口的80%。耕地不到全国土地总面积的10%。主要农作物包括小麦、棉花、甜菜、干果及各种水果。主要畜牧产品是肥尾羊、牛、山羊等。

【交通运输】阿是内陆国，无出海口。境内几无铁路。交通运输主要靠公路和航空。北部同乌兹别克斯坦和土库曼斯坦边界上的阿姆河和昆都士河部分河段有通航能力。

公路：阿全境共有公路17.789万公里，其中国家级高速公路4906公里，在建公路5000公里，主要包括喀布尔至马扎里沙里夫、赫拉特至坎大哈、喀布尔环城高速、托克汉姆至喀布尔等公路。

空运：目前有阿利亚纳（ARIANA）和卡姆（KAM）两家航空公司。前者主要经营国际航线。目前已开通至巴基斯坦、伊朗、阿联酋、印度、土耳其、德国、俄罗斯、中国新疆、阿塞拜疆、沙特、科威特和塔吉克等航线，喀布尔至乌鲁木齐航线已正式开通。卡姆航空公司主要经营国内航线。全国有机场46个，喀布尔机场为国际机场。

【财政金融】阿富汗财政年度为每年的3月21日至次年的3月20日。2008/2009财年阿政府直接预算约为20亿美元，国外援助发展预算约10.5亿美元。截至2009年底，阿外汇储备总额约44.5亿美元。

【外国援助】国际社会对阿富汗战后重建提供了大量资金及物资援助。2002年以来，各捐助国共承诺600多亿美元援助，其中美国超过330亿美元，日本60.7亿美元，英国29亿美元，欧盟17.7亿美元，加拿大14.8亿美元，印度13亿美元，德国11.08亿美元，伊朗5.6亿美元，沙特5.33亿美元。同时，国际社会为阿政府在教育、卫生、农业灌溉、交通、电信、政府办公等各方面援助了大量基本设备。

【对外贸易】同60多个国家和地区有贸易往来。主要出口商品有天然气、地毯、干鲜果品、羊毛、棉花等。主要进口商品有各种食品、机动车辆、石油产品和纺织品等。主要出口对象为巴基斯坦、美国、英国、德国、印度等，主要进口国为中国、巴基斯坦、美国、日本、韩国、土库曼斯坦、印度等。近年外贸情况如下（单位：亿美元）：

	2006/2007 财年	2007/2008 财年	2008/2009 财年
出口额	4.16	4.54	5.47
进口额	28.32	30.22	53
差　额	-23.28	-25.68	-47.53

（资料来源：阿财政部、海关资料）

人民生活

20余年内战使阿基本生活设施遭受极大破坏。道路受损，电力奇缺，物价上涨，生活必需品匮乏。阿政府成立以来，在联合国及国际社会帮助下，大力恢复基本的民生设施，安置返阿难民，解决居民用水、用电，加大医务人员培训，恢复各级学校教育。据世界银行报告显示，阿可以享受自来水供应的城市居民不到20%，是世界上最低的国家。基本医疗只能覆盖40%的人口，严重缺少医疗人员，尤其是女性医护人员。由于不愿接受男医生的检查和治疗，阿女性享受基本医疗的比率很低。阿富汗平均寿命约47岁。

军　事

根据《波恩协议》，国际社会大力协助阿建立军警部队。2002年，阿政府在美国帮助下开始筹建阿国民军。2009年3月，美国奥巴马政府出台对阿富汗和巴基斯坦新战略后，加快阿国民军建设步伐，增强阿政府逐步承担起安全责任的能力。截至2009年底，阿国民军人数超过10万人，在喀布尔、赫拉特、加德兹、马扎里沙里夫和坎大哈设立五大军团。德国牵头阿警察部队的组建工作。阿国民警察约9.5万名，部署至阿全国各省，为维护社会治安发挥一定作用。

文化教育

【教育】 实行12年义务教育。阿教育事业受到战争严重破坏。在国际社会的大力援助下，近年阿教育事业取得一定进步。适龄儿童中有600万入学，其中200万是女生。成年人受教育比例占29%。

阿现有十余所高等院校。喀布尔大学是全国最高学府，1946年创建。赫拉特大学是阿西部教育中心。

【新闻出版】 主要报纸有《喀布尔时报》（官方报纸）、《喀布尔周报》、《祖国报》、《阿尼斯报》等。

阿富汗广播电台成立于1925年，对外用9种语言广播。阿富汗电视台于1978年建立，用波斯语、普什图语播音。

巴赫塔通讯社（BAKHTAR）是阿富汗国家通讯社。

对外关系

确保国际社会保持对阿关注和投入是阿外交主要目标。阿积极发展同美、德、日和欧盟等西方国家和组织的关系，与北约保持长期伙伴关系。同时，注重发展与印度、伊朗、土耳其等周边国家关系，积极参与区域合作，以合作求安全、谋发展。

阿重视与联合国的合作，积极参加在联合国框架内由各方召开的援阿国际会议，并在联合国各专门委员会和组织的大力协助下，统筹规划援助资金，加快国内经济重建。

【同中国的关系】 1955年1月20日建交，双边关系总体发展顺利。中国支持并积极参与阿战后重建，正在逐步落实向阿政府提供援款和承建援助项目。中阿是全面合作伙伴关系。

2009年两国高层交流与政治往来不断。6月，阿人民院议长卡努尼访华，全国人大吴邦国委员长会见。同月，阿外长斯潘塔访华。10月，阿副总统哈利利以主席国客人身份来北京出席上合组织第八次总理会议，并与温家宝总理举行双边会谈。

2009年，双边贸易额为2.15亿美元，其中中国出口2.13亿美元，进口0.02亿美元。中国对阿出口产品主要为机电、五金、纺织、轻工类等。自阿进口商品主要是牛羊皮等。

中国驻阿富汗大使：郑清典。馆址：Sardar Shah Mahmoud Ghazi Wat, Kabul, Afghanistan。电话：0093-20-2102548。

阿富汗驻华大使：苏尔坦·艾哈迈德·巴辛（Sultan Ahmad Baheen）。馆址：北京市朝阳区东直门外大街8号。电话：010-65321582。

【同美国的关系】 阿美1934年建交。“9·11”后，在美军事打击下，塔利班政权迅速垮台。美大力扶持卡尔扎伊政权，向阿提供巨额经济援助，并协同北约等向阿地方派遣省级重建队（PRT），帮助当地改善治安，开展经济重建。2005年5月，阿美建立战略伙伴关系。2006年3月，布什总统访阿。2009年3月，奥巴马总统上台之初，便宣布对阿富汗和巴基斯坦新战略，运用包括军事反恐、经济重建和国际协作在内的综合手段，力求在短期内摧毁“基地”组织，取得实质性反恐成效。美向阿持续增兵，截至2009年底，美在阿驻军达9.8万人。2002~2009年，美承诺援阿金额近330亿美元。

【同俄罗斯的关系】 塔利班统治期间，俄支持反塔联盟。阿新政府成立后，俄即恢复与阿关系。俄支持阿和平进程和战后重建，强调联合国应在阿问题上发挥主导作用，关注阿毒品问题，主张在阿周边建立“禁毒安全带”和“金融安全带”。俄已向阿重建提供3000万美元援助，免除阿所欠107亿美元债务。俄主张提高上海合作组织与阿富汗联络组的级别，积极推动上合组织与阿开展合作并召开阿富汗问题国际会议。俄于2009年3月在莫斯科召开阿富汗问题国际会议。

【同伊朗的关系】 伊朗是阿西部重要邻国，两国有着深厚的历史、文化、宗教和民族渊源。阿战乱期间，伊曾接纳200多万阿难民。塔利班垮台以来，伊积极参与阿重建，已承诺提供5.6亿美元无偿援助。双方迄已签署反恐、禁毒、卫生医疗、经贸投资、边境公路建设等合作文件。

【同巴基斯坦的关系】巴是阿重要邻国。“9·11”后，巴参与国际反恐合作，断绝与塔利班政权的外交关系。阿临时政府成立后，巴即予承认，恢复驻阿使馆工作。巴已向阿重建提供3亿美元援助。2007年阿巴因反恐而分歧加深，8月，阿巴首次联合支尔格大会在喀布尔举行，会议发表联合宣言，就增信释疑、合作打恐、加强经济和社会联系等达成一致。2007年12月，卡尔扎伊总统访巴。2009年1月和11月，巴总统扎尔达里两次访阿，双方就发展双边关系、加强合作打恐达成一致。阿巴关系进一步改善和发展。

【同印度的关系】阿新政府成立后，重视发展对印关系，两国高层保持密切往来。印迄已承诺援阿约12亿美元，在阿外援国中位居前列。印还为阿培训各类人员。目前有3000多印度人在阿从事各类经济和商业活动。印政府还向阿派出一支约300人的警察部队。

【对区域合作的态度】阿积极参与区域合作，希利用自身地缘优势，力争成为本地区贸易交通枢纽。阿是南盟（SAARC）、经济合作组织（ECO）、中亚区域经济合作组织（CAREC）成员国。2009年，《阿富汗协议》联合协调与监督委员会（JCMB）第十一、第十二次会议先后在喀布尔召开，主要议题是促进禁毒合作和区域经济发展。阿积极参与上海合作组织与阿富汗联络组工作，欢迎上合组织继续关注、支持并积极参与阿重建进程。（张利军）

阿拉伯联合酋长国

国名　阿拉伯联合酋长国（The United Arab Emirates）。

面积　83600平方公里（包括沿海岛屿）。

人口　508万（2008年）。外籍人占83%，主要来自印度、巴基斯坦、埃及、叙利亚、巴勒斯坦等国。居民大多信奉伊斯兰教，多数属逊尼派。阿拉伯语为官方语言，通用英语。

首都　阿布扎比（Abu Dhabi）。

国家元首　总统哈利法·本·扎耶德·阿勒纳哈扬（Khalifa Bin Zayed Al-Nahyan），2004年11月当选，2009年11月连任。

重要节日　国庆日：12月2日。

简况

位于阿拉伯半岛东部，北濒波斯湾，海岸线长734公里。西北与卡塔尔为邻、西和南与沙特阿拉伯交界、东和东北与阿曼毗连。属热带沙漠气候，夏季炎热潮湿（5~10月），气温40℃~50℃，冬季（11月至翌年4月）气温7℃~20℃，偶有沙暴。平均降水量约100毫米，多集中于1~2月间。

公元7世纪隶属阿拉伯帝国。自16世纪开始，葡萄牙、荷兰、法国等殖民主义者相继侵入。19世纪初，英国人侵波斯湾地区，并于1820年强迫当地七个酋长国与其签订“永久休战条约”，此后各酋长国逐步沦为英国的保护国。1971年3月1日，英国宣布同各酋长国签订的条约于年底终止。同年12月2日，阿拉伯联合酋长国宣告成立。1972年，哈伊马角酋长国加入联邦。

政治

联邦最高委员会由七个酋长国的酋长组成，是最高权力机构。重大内外政策均由该委员会讨论决定，制订国家政策，审核联邦预算，批准法律与条约。总统和副总统从最高委员会成员中选举产生，任期五年。总统兼任武装部队总司令。除外交和国防相对统一外，各酋长国拥有相当的独立性和自主权。联邦经费基本上由阿布扎比和迪拜两个酋长国承担。

2009年，阿联酋政局平稳，社会稳定。虽受到国际金融危机一定冲击，但国民经济仍保持稳定态势。对外交往活跃，注重加强与海湾国家及其他阿拉伯国家关系，注重在地区事务中发挥作用。

【宪法】1971年7月18日，联邦最高委员会通过临时宪法，同年12月3日宣布临时宪法生效，沿用了25年。1996年12月联邦最高委员会通过决议，宣布临时宪法为永久宪法，并确定阿布扎比为阿联酋永久首都。

【议会】联邦国民议会，成立于1972年，是咨询机构，每届任期四年（2008年12月起延长至4年，此前为2年）。负责讨论内阁会议提出的法案，并提出修改建议。议会由40名议员组成，根据2006年8月新出台的选举办法，20名议员由各酋长国设立的选举委员会选出，另20名议员由各酋长国酋长直接任命。议长、副议长由议会选举产生。2006年11月，阿举行国民议会选举。2007年2月，阿卜杜·阿齐兹·格利里当选阿国民议会新一届议长并连任至今。

【政府】2006年2月组成第七届政府，共23人。2009年5月进行部分调整，新内阁共26人，其中女部长4人。现主要成员有：副总统兼总理穆罕默德·

本·拉希德·阿勒马克图姆（Mohammed Bin Rashid Al Maktoum），副总理兼内政部长赛义夫·本·扎耶德·阿勒纳哈扬（Saif Bin Zayed Al Nahyan），副总理兼总统事务部长曼苏尔·本·扎耶德·阿勒纳哈扬（Mansour Bin Zayed Al Nahyan），财政工业部长哈姆丹·本·拉希德·阿勒马克图姆（Hamdan Bin Rashid Al Maktoum），外交部长阿卜杜拉·本·扎耶德·阿勒纳哈扬（Abdullah Bin Zayed Al Nahyan），能源部长穆罕默德·本·扎安·哈米利（Mohammed Bin Dha'en Al Hamili），经济与计划部长鲁卜娜·卡西米（Lubna Al Qasimi，女）。

【行政区划】由七个酋长国组成：阿布扎比、迪拜、沙迦、哈伊马角、阿治曼、富查伊拉、乌姆盖万。

【重要人物】哈利法·本·扎耶德·阿勒纳哈扬：总统。生于1948年，系阿联酋首任总统扎耶德长子。1969年2月1日被立为阿布扎比酋长国王储。1976年5月，任联邦武装部队副总司令。哈还兼任阿布扎比最高石油委员会主席、阿布扎比投资局董事长、阿布扎比发展基金会董事长。2004年11月2日扎耶德总统病逝，哈继任阿布扎比酋长，11月3日，哈被联邦最高委员会推选为新任总统，2009年连任至今。**穆罕默德·本·拉希德·阿勒马克图姆：**副总统兼总理、迪拜酋长。生于1948年，系前副总统兼总理、迪拜酋长马克图姆的二弟。毕业于英国皇家军校。1990年任联邦国防部长，1995年被指定为迪拜王储。2006年1月5日，阿前副总统兼总理、迪拜酋长马克图姆逝世，穆罕默德继任迪拜酋长，并就任阿副总统兼总理。

经　济

以石油生产和石油化工工业为主。政府在发展石化工业的同时，把发展多样化经济、扩大贸易和增加非石油收入在国内生产总值中的比重作为首要任务，努力发展水泥、炼铝、塑料制品、建筑材料、服装、食品加工等工业，重视发展农、牧、渔业；充分利用各种财源，重点发展文教、卫生事业。近年来大力发展以信息技术为核心的"新经济"和"知识经济"。2009年主要经济数据如下（资料来源：《经济季评》）：

国内生产总值（GDP）：2283.35亿美元。

人均GDP：3.3万美元。

GDP增长率：－2.7%。

货币名称：迪拉姆（Dirham）；1迪拉姆＝100菲尔斯（Fils）。

汇率：1美元＝3.67迪拉姆。

对外贸易总额：3192.05亿美元。

【资源】石油和天然气资源丰富。已探明石油储量130亿吨，居世界第5位；天然气储量6万亿立方米，居世界第5位。2009年石油产量约1.1亿吨，天然气产量500亿立方米。

【工业】以石油化工为主，此外还有天然气液化、炼铝、塑料制品、建筑材料、服装和食品加工等工业。工业从业人数中，阿联酋人仅占1%。政府因此着手实施"就业本国化"计划，增加本国人就业比例。

【农牧林渔业】农业不发达。阿联酋农业、畜牧业和林业产值占国内生产总值的2.4%。全国可耕地面积32万公顷，已耕地面积27万公顷。主要农产品有椰枣、玉米、蔬菜、柠檬等。粮食依赖进口。目前，阿联酋有捕鱼船5191只，渔民17264人。渔产品和椰枣可满足国内需求。畜牧业规模很小，主要肉类产品依赖进口。近年来，政府采取鼓励务农的政策，向农民提供免费的种子、化肥和无息贷款，并对农产品全部实行包购包销，以确保农民的收入，阿农业得到一定发展。

【交通运输】境内无铁路，各酋长国之间有现代化高速公路相连。

公路：总长约3171公里，约有34.5万辆汽车。

水运：有15个港口，308个码头（总长45公里）。年货物吞吐量为7亿吨。迪拜拉希德港是中东第二大深水港。

空运：有阿布扎比、迪拜等6个国际机场，10个直升机机场。在全球航空公司的竞争排序中，阿联酋航空公司居阿拉伯世界首位。阿已同包括中国在内的82个国家签订了双边航空协定，世界各国的109个航空公司有定期航班飞往阿各机场。

通讯：阿全国约有139万门电话，移动电话787万部，互联网用户达226万，人造卫星通讯网同118多个国家相连。

【财政金融】阿银行业发达，现有本国银行328家，外国银行109家。外汇入出境不受限制，汇率稳定。联邦政府财政收入来自各酋长国的石油或贸易收入。近几年政府预算收支情况如下（单位：亿美元）：

	2005	2007	2008
总收入	61.9	77.66	81.9
总支出	61.9	77.66	50.1

（资料来源：阿联酋官方统计数字）

截至2009年，外汇储备为406.95亿美元。

【对外贸易】1995年，阿联酋加入世界贸易组织。阿与179个国家和地区有贸易关系。外贸在经济中占有重要位置。阿主要出口石油、天然气、石油化工产品、铝锭和少量土特产品；主要进口粮食、机械和消费品。近几年对外贸易持续顺差，情况如下（单位：亿美元）：

	2006	2007	2008	2009
出口额	1404	1742	2045.5	1746.69
进口额	836	1342	1541.5	1445.36

差　额	568	400	504	301.33

（资料来源：《经济季评》）

【对外援助】1971 年 7 月成立阿布扎比阿拉伯经济发展基金会（1993 年 11 月更名为阿布扎比发展基金会），以贷款、赠款和技术援助等方式向阿拉伯国家和亚洲、非洲的发展中国家提供援助。2002 年 1 月，阿联酋宣布将提供 3000 万美元用于阿富汗战后重建。2000 年迄今，阿联酋红新月会对巴勒斯坦的援助资金已达 3600 万美元。2003 年 10 月，阿在西班牙马德里援助伊拉克大会上宣布向伊拉克提供 2.25 亿美元的人道主义援助。

人民生活

2009 年人均 GDP 为 3.3 万美元。人均收入居世界前列，对公民实行免费医疗制度。共有 30 家公立医院，115 个保健中心，4473 个床位，2350 名医生，380 名牙医，6250 名护士，另有 20 家私立医院。

军　事

1976 年 5 月 6 日，联邦最高委员会决定统一各酋长国的军队，设立武装部队总司令部，联邦总统任武装部队总司令。实行志愿兵役制。

总兵力 5.65 万。其中，陆军约 4.5 万，编制为一个王室警卫旅、一个装甲旅、两个机械化步兵旅、四个步兵旅和一个炮兵旅。海军 2500 人，各类作战舰只 21 艘，主要基地在阿布扎比。空军 4000 人（含警察部队的航空联队），编制有四个作战中队，作战飞机 196 架，武装直升机 50 架。皇家警卫队、特种部队等约 5000 人。另有警察 5.4 万名。武器装备主要来源于法国、美国，是海湾国家中唯一以法式装备为主的国家。武装部队的兵源 30% 来自本国，其余主要为阿曼、巴基斯坦等国人，教官多为英国和巴基斯坦人。

文化教育

【教育】国家重视发展教育事业和培养本国的科技人才，实行免费教育制。国家致力于扫盲工作，已建成 147 个扫盲中心。现有公立学校 761 所，各类私立学校 547 所，在校学生 57.5 万人，教师 2.4 万余人。在校大学生 34213 人，其中阿联酋大学 17000 人，扎耶德大学 2124 人，高等技术学院 15089 人。

【新闻出版】主要报刊有：《联合报》（阿拉伯文），阿布扎比半官方日报，发行 5 万份；《宣言报》（阿拉伯文），迪拜半官方日报，发行 5 万份；《海湾报》（阿拉伯文），沙迦私人出版，发行 5.8 万份；《海湾时报》（英文），迪拜私人出版，发行 5 万份。此外还有《海湾新闻》、《今日海湾》杂志等。

阿联酋通讯社是国家通讯社，直属新闻文化部。1976 年 11 月成立。在国内各主要城市以及伦敦、巴黎、华盛顿、纽约、莫斯科、东京、开罗、突尼斯、贝鲁特等派有常驻记者。用阿拉伯文和英文发稿。

阿联酋有阿布扎比、迪拜、乌姆盖万、哈伊马角 4 家电台，阿布扎比、迪拜、沙迦和阿拉比亚等 4 家电视台，阿布扎比电台每天用阿、英、法和乌尔都语播送节目。阿拉比亚电视台新闻节目用阿语连续 24 小时播送。

对外关系

奉行中立、睦邻友好和不结盟外交政策。主张通过和平协商解决争端，维护世界和平。在加强同美国等西方国家关系的同时，重视发展与阿拉伯、伊斯兰、不结盟等第三世界国家关系。主张加强海湾合作委员会国家的团结与合作。阿至今已同 147 个国家建立了外交关系。

【对重大问题的立场】海湾地区安全：致力于海湾地区的安全与稳定，主张加强海湾合作委员会六国的团结与协调，积极推动六国经济一体化进程。主张海湾地区各国在平等互利、互不干涉内政的基础上，通过对话和平解决彼此间的分歧，共同维护海湾地区的安全与稳定。

中东问题：承认巴勒斯坦国，支持中东和平进程，支持巴勒斯坦人民为恢复合法民族权利和建立独立巴勒斯坦国所做的斗争。呼吁国际社会敦促以色列按照“土地换和平”原则、联合国有关决议和阿拉伯和平倡议，实现中东地区永久、公正和全面的和平。

伊拉克问题：主张维护伊拉克的主权、独立和领土完整，不干涉伊拉克内政，维护伊拉克的阿拉伯和伊斯兰属性。主张尽快结束外国对伊拉克的占领，恢复伊拉克稳定。呼吁伊拉克各派以国家利益为重，维护国家统一。认为联合国应在恢复伊拉克安全和重建过程中发挥主要作用。

反恐问题：谴责一切形式的恐怖主义。反对在反恐问题上搞双重标准。反对将恐怖主义与伊斯兰教挂钩，反对歧视和伤害阿拉伯人和穆斯林。强调应将恐怖主义与各国人民反对占领的斗争区分开来。2004 年阿颁布《反恐法》。

联合国改革：支持联合国进行包括安理会改革在内的全方位改革。主张在安理会中增加伊斯兰国家（含阿拉伯国家）代表。强调改革方案应由各成员国充分协商，取得共识，不同意为改革设定时限和强行推动表决。

【同中国的关系】1984 年 11 月 1 日中阿建交。建交以来，中阿关系发展良好。政治上，两国高层和各级别人员互访不断。2007 年 1 月，国家主席胡锦涛在出访非洲途中经停阿联酋迪拜，会见了阿副总统兼总理、迪拜酋长穆罕默德。4 月，阿联酋外长阿卜杜拉访华，双方签署了《中华人民共和国外交部和阿拉伯联合酋长国外交部关于成立加强双边关系工作组的谅解备忘录》和《关于中国旅游团队赴阿联酋旅游实施方案的谅解备忘录》。9 月，阿副总统兼总理、迪拜酋长穆罕默德出席大连“夏季达沃斯论坛”会议并会见温家宝总理。2008年2月，阿总统哈利法就中国南方部分地区遭受雨雪冰冻灾害向胡锦涛主席致慰问电。3月，阿副总统兼总理、迪拜酋长穆罕默德访华，分别与胡锦涛主席、习近平副主席和温家宝总理举行会见、会谈，中阿双方签署了教育、卫生、司法等领域合作协议。5月，阿总统哈利法、副总统兼总理、迪拜酋长穆罕默德分别就四川汶川地震灾害向胡锦涛主席致慰问电。阿联邦政府向中国政府提供5000万美元捐款，用于地震灾区重建工作。2009年8月，阿联酋阿布扎比王储穆罕默德访华，胡锦涛主席会见。中阿双方签署政治、能源、文化等领域合作协议。2010年4月，阿联酋总统哈利法、副总统兼总理穆罕默德分别就青海玉树地震致电胡锦涛主席表示慰问；5月，阿联酋外长阿卜杜拉来华参加“中阿合作论坛”第四届部长级会议，胡锦涛主席集体会见，杨洁篪外长予以会见；6月，阿联酋外交事务国务部长卡尔卡什来华出席中国—海合会首轮战略对话。

中阿自20世纪50年代就有民间贸易往来。2009年双边贸易额达212.3亿美元，其中中国出口186.3亿美元，进口26亿美元，同比分别下降24.9%、21.2%和43.7%。2005～2009年，阿联酋已连续五年成为中国西亚北非地区最大出口市场和在阿拉伯世界第二大贸易伙伴。中国主要出口商品包括机电产品、纺织服装、金属制品、车辆零配件、塑料陶瓷玻璃制品等。中国主要进口商品包括原油、液化天然气、硫磺、聚乙烯、铝合金等。

中国驻阿联酋大使：高育生。馆址：ABU DHABI ZONE 2 STREET 11 NO. 207（AL SUDAN STREET NO. 207）。电话：009712－4434276。传真：4435440。商务处电话：4765525。传真：4764402。驻迪拜总领馆电话：009714－3984357。传真：3983078。

阿联酋驻华大使：欧麦尔·艾哈迈德·白伊塔尔（Omar Ahmed Albitar）。馆址：北京市朝阳区东方东路22号亮马桥外交公寓LA10－04。电话：010－65327650、65327651。传真：65327652。

【同海湾合作委员会的关系】 重视发展与海湾地区国家关系，主张加强海湾合作委员会六国的团结与协调，积极推动六国经济一体化进程。2009年5月，阿联酋申请成为海湾央行总部所在地失败，遂于当月宣布退出海湾货币同盟协议。

【同美国的关系】 两国关系较密切。1994年7月，阿美签署两国联合军事合作协议。美是阿主要贸易伙伴之一。2008年，美总统布什、国务卿赖斯先后访阿。6月，阿布扎比王储穆罕默德访美。2009年9月，阿布扎比王储穆罕默德访美。

【同法国的关系】 阿法关系较好。1991年与法签署军事训练协议。2006年，阿布扎比王储穆罕默德访法。2008年1月，法国总统萨科奇访阿。2009年5月，法在阿建立其在海湾地区首个军事基地，法国总统萨科奇再次访阿，并出席军事基地剪彩仪式。

【同伊朗的关系】 在同伊朗关于阿布穆萨岛和大、小通布岛三个岛屿领土争端问题上，阿联酋坚持对“三岛”的主权要求，主张通过和平谈判或国际法庭仲裁政治解决。2007年5月，伊朗总统艾哈迈迪·内贾德访阿。2009年4月，伊朗外长穆塔基访阿。

（王颖）

阿曼

国名 阿曼苏丹国（The Sultanate of Oman）。

面积 30.95万平方公里。

人口 287万（2008年）。其中阿曼人197万，外籍人90万。阿拉伯民族。伊斯兰教为国教。90%属逊尼派伊巴德教派。官方语言为阿拉伯语，通用英语。

首都 马斯喀特（Muscat），人口83.4万。

国家元首 苏丹兼首相卡布斯·本·赛义德（Qaboos Bin Said），1970年7月23日即位。

重要节日 国庆日：11月18日（苏丹诞辰）。

简况

位于阿拉伯半岛东南部。与阿联酋、沙特、也门等国接壤，濒临阿曼湾和阿拉伯海。海岸线长1700公里。除东北部山地外，均属热带沙漠气候。全年分两季，5～10月为热季，气温高达40℃以上；11月至翌年4月为凉季，平均温度约为24℃。

阿曼是阿拉伯半岛最古老的国家之一。公元前2000年已广泛进行海上和陆路贸易活动，并成为阿拉伯半岛的造船中心。公元7世纪成为阿拉伯帝国的一部分。1624年，建立亚里巴王朝，其势力曾扩张到东非部分海岸和桑给巴尔岛。18世纪中叶，建立赛义德王朝，定国名为“马斯喀特苏丹国”。1507年起，先后遭葡萄牙、波斯和英国的入侵与占领。1920年，阿曼被分为“马斯喀特苏丹国”和“阿曼伊斯兰教长国”。1967年，统一为“马斯喀特和阿曼苏丹国”。1970年7月23日，卡布斯发动宫廷政变，废父登基，宣布改国名为“阿曼苏丹国”并沿用至今。1973年，英国军队撤出阿曼。

政　治

君主制国家，禁止一切政党活动。由苏丹颁布法律、法令和批准缔结国际条约、协定。1996年12月，成立以卡布斯苏丹为首的9人国防委员会，委员会负责审议有关保卫国家安全的事宜；要求王室委员会召开会议，确定国家统治者。如王室委员会在法定时间内未能就挑选苏丹（国王）达成一致，则由国防委员会根据苏丹致王室委员会的信件指定人选，确定苏丹，并就此采取必要措施。

2009年，阿曼政局平稳、社会稳定，政府继续推进具有本国特色的民主进程；受金融危机和油价回落的双重影响，经济增长放缓；作为海合会轮值主席国，在地区和国际事务中趋于活跃。

【宪法】1996年11月6日，卡布斯苏丹颁布诏书，公布了《国家基本法》（相当于宪法）。该法对国家体制、政治指导原则、国家元首、政府首脑、内阁及其成员的职责、公民权利与义务等方面做出了规定。

【议会】由国家委员会和协商会议组成。国家委员会成立于1997年12月，负责审查有关法律、社会、经济等问题。协商会议成立于1991年11月，其前身是1981年成立的国家咨询委员会，主要功能是咨询和监督。国家委员会和协商会议成员任期分别为4年和3年，可连任，但不得相互兼任。两会一起组成阿曼委员会（1997年正式成立），主要任务是召集两会联席会议，讨论苏丹提出的问题。2004年3月，叶海亚·本·马哈福兹·蒙泽里（Yahya Bin Mahfoudh Al Manthri）被任命为国家委员会主席，2007年11月连任。2007年9月9日，艾哈迈德·本·穆罕默德·埃赛伊（Ahmed Bin Mohammed Al Isa'ee）被任命为新一届协商会议主席。

【政府】内阁是苏丹授权的国家最高执行机构，成员由苏丹任命。现内阁成员共26名，主要成员有：首相兼国防、外交、财政大臣由卡布斯苏丹本人担任，内阁事务副首相法赫德·本·马哈茂德·阿勒赛义德（Fahd Bin Mahmoud Al-Said），遗产和文化大臣海塞姆·本·塔列克·泰米尔·阿勒赛义德（Haitham Bin Tariq Taimmour Al-Said），石油和天然气大臣穆罕默德·本·哈马德·本·赛义夫·鲁姆希（Mohammed Bin Hamad Bin Saif Al-Rumhi），外交事务主管大臣尤素福·本·阿拉维·本·阿卜杜拉（Yousuf Bin Alawi Bin Abdullah），工业和商业大臣马格布勒·本·阿里·本·苏尔坦（Maqbool Bin Ali Bin Sultan），国防事务主管大臣巴德尔·本·沙乌德·本·哈里卜·布赛义迪（Badr Bin Saoud Bin Hareb Al-Busaidi），内政大臣沙乌德·本·伊卜拉欣·本·沙乌德·布赛义迪（Saud Bin Ibrahim Bin Saud Al-Busaidi）。

【行政区划】按行政区域划分为4个省（马斯喀特省、佐法尔省、穆桑达姆省、布莱米省）和5个地区（巴推奈地区、达希莱地区、内地地区、东部地区、中部地区），省区之下设有60个州。

【司法机构】政府设司法、宗教基金和伊斯兰事务部，主管司法及宗教事务。全国设有47所法庭，在首都和一些州设上诉法院。1999年11月颁布司法法，成立独立的司法机构和司法最高委员会，卡布斯任主席，司法大臣为副主席。2003年2月，设立国家安全法院，希拉勒·本·哈马德·布赛义迪任院长。

【重要人物】 **卡布斯·本·赛义德：**阿曼苏丹兼首相和国防、外交、财政大臣。1941年11月18日生于南部地区的萨拉拉，是赛义德王朝第十三位君主。1960年毕业于英国桑赫斯特军事学院，后在英步兵团任中尉，1964年返回阿曼。回国后学习伊斯兰教义和阿曼历史等。因不满其父统治，于1970年7月23日废父登基。　**法赫德·本·马哈茂德·阿勒赛义德：**阿曼内阁事务副首相。1940年出生，系卡布斯苏丹的远房堂叔。1965年毕业于埃及开罗大学经济学专业，后赴法国学习政治学。1970年卡布斯执政后，任首任外交大臣，后历任文化、旅游和新闻等大臣。1979年5月任负责法律事务的副首相。1994年1月起任内阁事务副首相。经常代表卡布斯苏丹接见外宾和出国访问，并曾代表卡布斯出席阿拉伯首脑会议。曾于2005年9月应国家副主席曾庆红邀请访华。

经　济

卡布斯执政后，利用石油收入大力发展国民经济，实行自由和开放的经济政策，以繁荣民族文化和改善人民生活为目标。为逐步改变国民经济对石油的依赖，实现财政收入来源多样化和经济可持续发展，政府大力推动产业多元化、就业阿曼化和经济私有化，重点投资以液化天然气为龙头的相关产业，增加对基础设施建设的投入，扩大私营资本的参与程度。2000年11月9日，阿曼正式加入世界贸易组织，成为其第139名成员。2009年主要经济数据如下：

国内生产总值：569亿美元。

人均国内生产总值：24912美元。

国内生产总值增长率：3.5%。

货币名称：里亚尔，1里亚尔=1000比索。

汇率：1美元=0.385阿曼里亚尔。

外汇储备：122亿美元。

进出口总额：461亿美元。

【资源】20世纪60年代始开采石油，现已探明石油储量8亿吨，天然气储量0.83万亿立方米。煤储量约3600万吨，金矿储量约1182万吨，铜储量约2000万吨，铬100万吨。还有银及优质石灰石等，水产资源丰富。

【工业】工业以石油开采为主，近年来大力开发天然气项目，油、气是阿曼的支柱产业。其他工业起步较晚，基础薄弱。工业项目主要为石油化工、炼铁、化肥等。除少数较大型企业如炼油厂、水泥厂、面粉厂等由政府参与投资经营外，其他均属私营中小企业，主要从事非金属矿产、木材加工、食品、纺织等生产。

【农业】农、牧、渔业在国民经济非石油产业中举足轻重，能满足国内47.6%的粮食和69%的动物饲料需求。但总体上农业不发达，2006年产值仅占国内生产总值的2%，全国可耕地101350公顷，已耕地61500公顷，主要种植椰枣、柠檬、香蕉等水果和蔬菜。粮食作物以小麦、大麦、高粱为主，不能自给。渔业资源丰富，是传统产业，除满足国内需要外，还可出口，是非石油产品出口收入的主要来源之一。

【交通运输】无铁路，运输主要依靠公路。

公路：共建有7407公里现代化沥青公路，24000公里石子路，13573公里土路。

水运：主要港口有海港卡布斯港、集装箱港塞拉莱港和赖苏特港及石油运输专用港法赫尔港。

空运：1981年5月成立的“阿曼航空公司”系公私合营企业，主要担负国内客货运输。民用机场有首都西卜国际机场和萨拉拉机场，西卜机场主跑道长3585米。

输油管道：由内地油田至法赫尔港铺设有输油管道，总长279公里，不加压流量为72.5万桶/天。

【财政金融】近几年政府财政预算情况如下（单位：亿里亚尔）：

	2007	2008	2009
收入	44.9	54	56
支出	48.9	58	64
差额	-4	-4	-8

（资料来源：《经济季评》）

目前，阿曼共有银行32家，其中本国银行19家，外国银行10家，专业银行3家。

【对外贸易】主要出口石油和天然气，约占国家财政总收入的75%，非石油类出口有铜、化工产品、鱼类、椰枣及水果、蔬菜等。主要出口到中国、韩国、日本、泰国等国。进口机械、运输工具、食品及工业制成品等，主要来自阿联酋（转口）、日本、美国、德国等。近年外贸情况如下（单位：亿美元）：

	2007	2008	2009
出口额	247	377	276
进口额	160	166	185
顺差	87	211	91

（资料来源：《经济季评》）

【外国资本】外资主要投向石油开采和金融业。英国和海湾国家是主要投资国。

人民生活

国家实行免费医疗。居民平均寿命74.3岁（2006）。截至2006年底，阿曼共有医院59家，卫生所127个，床位5000张；全国固定和移动电话交换量分别为27万线和270万台（2006~2007）。因特网用户64000户（2006）。全国私人住房拥有率已达世界较高水平。

军　事

实行义务兵役制。卡布斯苏丹任武装力量最高统帅并兼任国防大臣，巴德尔·本·哈穆德·阿里·布赛义迪为国防事务主管大臣。哈米斯·本·哈米德·卡勒巴尼中将任总参谋长。阿曼是海湾合作委员会成员国，在军事防御方面与该组织其它成员国相互协调。总兵力4.2万人。其中陆军2.5万人，海军4200人，空军5000人，皇家卫队6400人，准军事人员4400人，外籍军事人员2000人。

文化教育

【教育】实行免费教育制。在全国开展扫盲和成人教育，有扫盲中心254个，成人教育中心192个，各类小、中学校1053所，在校学生56万人。卡布斯大学于1986年9月建成开学，是阿曼最高学府，设有7个学院，有学生8000余人。2003年阿曼政府批准的第一所私立大学苏哈尔大学建立，目前该校注册在校生1150名，教师62名。成人文盲率为18%。

【新闻出版】全国现有报刊30余种，主要有：《阿曼报》，发行量约2万份；《观察家报》，发行量约1万份；《祖国报》，私营，阿拉伯文日报；《阿曼时报》，私营，英文周刊。

阿曼通讯社，1986年5月成立，总社在马斯喀特，是官方新闻机构。

阿曼广播电台，1970年始建于马斯喀特。1974年萨拉拉电台建成，现两台通过人造卫星并联广播。每天用阿拉伯语播音19.5小时，用英语播音15小时。1982年开始调频广播，日播12小时。1979年建成人造卫星地面接收站。

马斯喀特和萨拉拉两座电视台分别建于1974年和1975年，两台统一节目，每天播放17小时。

对外关系

奉行睦邻、不干涉内政、相互尊重、和平共处、平衡温和、全方位友好及以对话解决争端等颇有特色的外交政策。积极参与地区和国际事务，致力于维护海湾地区的安全与稳定，主张通过对话与和平方式解决国家之间的分歧。阿曼迄今已同138个国家建立了外交关系。2009年，阿曼担任海湾合作委员会轮值主席国。

【对重大问题的立场】伊拉克问题：支持伊拉克为实现国家稳定和民族团结所作的努力。主张通过对话和政治途径促成伊内部和解，阻止流血冲突。认为联合国应在伊问题上发挥更大作用。

中东和平进程：支持巴勒斯坦争取民族权利的斗争，反对以色列对巴领土的占领。谴责针对以色列、巴勒斯坦平民的暴力行径，主张在联合国有关决议和“土地换和平”原则基础上实现中东持久和平。

反恐问题：谴责恐怖主义行为。呼吁国际社会团结一致打击恐怖主义，主张召开国际反恐会议。

【同中国的关系】 1978 年 5 月 25 日，中国和阿曼建交。建交后，两国关系发展顺利。双方各层次交往不断，各领域合作开展良好。

2009 年，全国人大常委会副委员长王兆国、外交部长杨洁篪过境阿曼。国务院法制办副主任张穹、水利部副部长胡泗一访问阿曼。中国海军护航编队军舰抵阿曼萨拉拉港进行补给。阿曼手工业大臣阿依莎和国民经济大臣马基访华。阿曼外交部秘书长巴德尔来华出席两国外交部间第四轮战略磋商。2010 年 5 月，阿曼外交部秘书长巴德尔来华出席"中阿合作论坛"第四届部长级会议。

受金融危机影响，2009 年，中阿双边贸易额 61.6 亿美元，同比下降 50.4%，其中中方出口 7.5 亿美元，同比下降 5.9%，主要为机电产品、钢铁及其制品、高新技术产品、纺织品等；进口 54.1 亿美元，同比下降 53.5%，主要为原油。

中国驻阿曼大使：潘伟芳。馆址：House No. 1368, WayNo. 3017, Shati Al-Qurum Muscat, Sultanate Of Oman。电话：00968 - 24696698。传真：24699208。

商务处地址：No. 216, Hatat Houscat, Sultanate Of Oman。电话：00968 - 24697804。传真：24697482。

阿曼驻中国大使：阿卜杜拉·本·萨利赫·本·希拉勒·萨阿迪（Abdullah Saleh Al Saadi）。馆址：北京市朝阳区亮马河南路 6 号。电话：010 - 65323692, 65323322。传真：65325030。

【同阿拉伯国家的关系】 2009 年，阿曼同阿拉伯国家继续保持密切交往，积极协调地区争端。内阁事务副首相法赫德出席在卡塔尔举行的阿盟首脑会议和阿拉伯—南美首脑会议。外交主管大臣阿拉维出访叙利亚、埃及、沙特等国。黎巴嫩、埃及、卡塔尔等国元首访问阿曼。

【同美国的关系】 两国关系较密切。2009 年，双方在人权问题上的矛盾有所缓和，阿曼颁布了《反贩卖人口法》，美国务院人权报告对阿曼改善人权状况作出了积极评价。

【同伊朗的关系】 由于地理和历史原因，阿曼同伊朗交往较多。2009 年，苏丹卡布斯在伊朗总统内贾德连任后访问伊朗，力促伊朗与国际社会合作。

（陈然然）

阿塞拜疆

国名　阿塞拜疆共和国（The Republic of Azerbaijan, Азербайджанская Республика）。

面积　8.66 万平方公里。

人口　900 万（2010 年 1 月）。共有 43 个民族，其中阿塞拜疆族占 90.6%，列兹根族占 2.2%，俄罗斯族占 1.8%，亚美尼亚族占 1.5%，塔雷什族占 1.0%。官方语言为阿塞拜疆语，属突厥语系。居民多通晓俄语。主要信奉伊斯兰教。

首都　巴库（Baku, Баку），人口 203 万（2009 年 7 月）。1 月平均气温为 5.1℃，7 月平均气温为 24.8℃。

国家元首　总统伊利哈姆·盖达尔·奥格雷·阿利耶夫（Ilham Heydar ogly AlIYEV, Ильхам Гейдар оглы АЛИЕВ），2003 年 10 月 28 日当选。2008 年 10 月 22 日再次当选，10 月 24 日宣誓就职，任期 5 年。

重要节日　新年：1 月 1～2 日。国际妇女节：3 月 8 日。开春节（即诺鲁孜节，民族节日）：3 月 20～21 日。胜利日（纪念反法西斯战争胜利）：5 月 9 日。共和国日（纪念 1918 年阿塞拜疆民主共和国成立）：5 月 28 日。民族救亡日（纪念前总统盖达尔·阿利耶夫 1993 年复出执政）：6 月 15 日。武装力量日（纪念 1918 年建军）：6 月 26 日。国家独立日（纪念 1991 年阿独立）：10 月 18 日。宪法日（纪念 1995 年通过的宪法）：11 月 12 日。民族复兴日：11 月 17 日。世界阿塞拜疆人团结日：12 月 31 日。

简　况　位于外高加索东南部。北靠俄罗斯，西部和西北部与亚美尼亚、格鲁吉亚相邻，南接伊朗，东濒里海。海岸线长 456 公里。纳希切万自治共和国是阿的飞地，被亚美尼亚、伊朗和土耳其环绕。气候呈多样化特征，平原、低地为亚热带气候，7 月平均气温为 27℃～29℃，1 月平均气温为 1℃～3℃。山地为高原冻土带气候，平均气温分别为 5℃和 -30℃。

阿塞拜疆部族形成于公元 11～13 世纪。13～16 世纪屡遭外族入侵和瓜分。16～18 世纪受伊朗萨法维王朝统治。18 世纪中期分裂为十几个封建小国。19 世纪 30 年代，北阿塞拜疆（现阿塞拜疆共和国）并入沙俄。1917 年 11 月建立苏维埃政权——巴库公社。1918 年 5 月 28 日，阿资产阶级宣告成立"阿塞拜疆民主共和国"。1920 年 4 月 28 日被"阿塞拜疆苏维埃社会主义共和国"取代。1922 年 3 月 12 日加入外高加索苏维埃社会主义联邦共和国（同年 12 月 30 日该联邦共和国加入苏联）。1936 年 12 月 5 日改为直属苏联的加盟共和国。1991 年 2 月 6 日改国名为“阿塞拜疆共和国”，10月18日正式独立。

政 治

2009年阿社会政治局势保持稳定。现任总统伊·阿利耶夫继续通过一系列内政外交措施保持社会稳定，推动经济发展。举行全民公决，通过了取消总统任期限制的宪法修改案。修改《非政府组织法》和《宗教信仰自由法》，要求所有社团和民间组织必须在年底前重新登记注册。隆重庆祝已故总统老阿利耶夫诞辰86周年、盖达尔·阿利耶夫基金会成立5周年和“世纪合同”签署15周年，提高国民凝聚力。继续实施积极社会政策，增加就业。加大对教育和医疗卫生事业的投入，提高居民最低工资水平和福利支出。继续实施社会援助计划，关注贫困群体、战争遇难者家属与伤残人士以及纳卡难民和被迫迁移者，增加补贴，提供住房，使其生活状况得到改善。

【宪法】 现行宪法于1995年11月12日经全民公决通过。宪法规定建立民主、法制、文明的世俗国家；实行总统制，总统为国家元首、最高行政首脑和武装力量总司令，由全民直接选举产生，任期5年；立法、行政、司法三权分立。2002年8月24日，经全民公决对宪法部分条款做出修改，包括将总统当选的得票数由2/3改为过半数，一旦总统不能履行职权，由议长改为总理代行总统职务，议会选举由过去的多数制和比例制结合改为单一的多数制，取消政党名单等。2009年3月18日，经全民公决对宪法部分条款进行补充和修改，取消总统连任不得超过两届的限制。

【议会】 最高立法机关，称国民议会。实行一院制，由125名议员组成，任期5年。主要职能是制定、批准、废除法律条约，决定行政区划，批准国家预算并监督其执行，根据宪法法院提请依照弹劾程序罢免总统，确定全民公决等。本届国民议会于2005年11月选举产生，现有议员125名。共有10个政党进入本届议会，其中新阿塞拜疆党占62席，“穆萨瓦特”党占5席，“公民团结”党3席，“祖国母亲”党2席，阿塞拜疆人民阵线党、民族统一党、统一阿塞拜疆人民阵线党、伟大创造党、阿塞拜疆民主改革党、“希望”党和“公正”党各占1席，无党派人士占43席，另有3席为不明政治倾向者。现任主席奥克泰·萨比尔奥格雷·阿萨多夫（Ogtay Sabir ogly ASADOV，Октай Сабир оглы АСАДОВ），2005年12月2日当选。

【政府】 本届政府于2008年10月组成。主要成员有：总理阿尔图尔·泰尔·奥格雷·拉西扎德（Artur Tahir ogly RASIZADE，Артур Таир оглы РАСИЗАДЕ），第一副总理亚古布·埃尤博夫（Ягуб ЭЮБОВ），副总理埃利钦·埃芬季耶夫（Эльчин ЭФЕНДИЕВ），副总理兼国家难民和被迫迁移者工作委员会主席阿里·哈桑诺夫（Али ГАСАНОВ），副总理阿比德·沙里福夫（Абид ШАРИФОВ），外交部长埃利马尔·马梅德亚罗夫（Elmar MAMMADYAROV；Эльмар МАМЕДЪЯРОВ），国防部长萨法尔·阿比耶夫（Сафар АБИЕВ），经济发展部长沙欣·穆斯塔法耶夫（Шахин МУСТАФАЕВ），财政部长萨米尔·沙里福夫（Самир ШАРИФОВ）。

【行政区划】 全国划分为1个自治共和国，66个区，70个城市，13个市级区，239个城镇，1691个乡级区，4272个村。

【司法机构】 阿司法权由法院依照法律独立行使。法院体系包括宪法法院、最高法院、经济法院及各级普通和专门法院。宪法法院由9名法官组成，均由议会根据总统提名任命，现任宪法法院院长为法尔哈德·阿卜杜拉耶夫（Фархад АБДУЛЛАЕВ），2003年6月就任。最高法院是阿最高审判机关，由23名法官组成，均由议会根据总统提名任命，现任最高法院院长为拉米兹·勒扎耶夫（Рамиз РЗАЕВ），2005年4月就任。检察院依法独立行使检察权，最高检察机关为共和国总检察院，总检察长经议会同意由总统任免。现任总检察长扎基尔·加拉洛夫（Закир ГАРАЛОВ），2000年4月就任，2005年4月连任。

【政党】 现在司法部注册的合法政党有41个。主要为：

（1）新阿塞拜疆党（Партия “Новый Азербайджан”）：1992年11月21日成立。下设81个区级组织和近6622个基层组织。截至2009年1月，共有党员47.06万，系阿第一大政党。对内主张建立民主、法治、世俗国家，发展市场经济；对外主张推行务实、均衡的外交政策。2005年议会换届选举中再次获得多数，保持了执政党地位。阿现任总统、议长、总理及多数内阁成员和地方官员均为该党党员。1999年12月和2001年11月分别召开了第一、二次全国代表大会。2005年3月召开第三次全国代表大会，现任总统伊利哈姆·阿利耶夫当选党主席。2008年8月召开第四次全国代表大会，提名党主席伊·阿利耶夫再次竞选总统。同年10月，伊·阿利耶夫再次当选总统。

（2）阿塞拜疆人民阵线党（Партия “Народный фронт Азербайджана”）：1989年3月成立，现有成员4万多人。1992年5月至1993年6月曾为执政党，现为阿最大反对党之一。基本政治取向是自由、人权、民主、私有制、市场经济、法治国家。对外主张以欧洲为发展方向，支持加入欧盟。在本届议会中拥有1个席位。党主席为阿里·克里姆利（Али КЕРИМЛИ）。

（3）穆萨瓦特党（Партия “Мусават”）：1911年成立，阿塞拜疆苏维埃社会主义共和国时期被禁止活动，1992年12月正式恢复活动。现有成员4万多人。阿最大反对党之一。主张全民平等，依法治国，三权分立，实行市场经济，以民主方式解决各种社会问题。在本届议会中拥有5个席位。2006年5月召开第七次代表大会，伊萨·甘巴尔（Иса ГАМБАР）再次当选党主席。

（4）阿塞拜疆民族独立党（Партия национальной независимости Азербайджана）：1991年成立，现有成员1.9万人。原持亲政府立场，1998年总统大选后加入到反对党行列。倡导建立民主、法治国家及文明的市场，要求加快市场经济改革，主张以西方发达国家为外交重点。2004年底，埃季巴尔·马梅多夫（Эхтибар МАМЕДОВ）辞去主席职务。现任主席为阿亚兹·鲁斯塔莫夫（Аяз РУСТАМОВ）。

此外，还有公民团结党、阿塞拜疆共产党、祖国母亲党、社会幸福党、尤尔达什党等。

【重要人物】伊利哈姆·盖达尔·奥格雷·阿利耶夫：总统。1961年12月24日生于阿塞拜疆巴库市。阿塞拜疆族。1985年毕业于莫斯科国际关系学院研究生院，历史学副博士。1985～1990年在莫斯科国际关系学院任教。1991～1994年任莫斯科"东方"公司总经理。1994～1996年先后任阿国家石油公司副总裁、第一副总裁。1995年和2000年两次当选阿国民议会议员。1997年7月当选阿国家奥林匹克委员会主席。1999年12月当选"新阿塞拜疆党"副主席，2001年11月当选该党第一副主席，2005年3月当选该党主席。2001年任阿国民议会常驻欧委会议会代表团团长。2003年1月当选欧委会议会副议长，8月被任命为阿总理，同年10月28日当选总统。2008年10月22日再次当选总统，24日宣誓就职。懂俄语、土耳其语、英语和法语。已婚，夫人梅赫里班·阿利耶娃，现任盖达尔·阿利耶夫基金会主席，有两女一子。　**奥克泰·萨比尔奥格雷·阿萨多夫：**国民议会主席。1955年1月3日生于阿塞拜疆西部加法区。1976年毕业于阿石油化工学院。1979～1981年任阿专业设计和建设总局总工程师。1981～1983年任阿卫生技术装置托拉斯总工艺师。1983～1989年任阿卫生技术装置托拉斯第一局局长。1989～1996年任阿卫生技术装置托拉斯生产联合会主任。1996～2004年任阿普歇伦地区自来水股份公司总裁。2000年当选国民议会议员。2004年任阿自来水股份公司总裁。2005年12月2日当选第三届国民议会主席。已婚，有两个孩子。　**阿尔图尔·泰尔·奥格雷·拉西扎德：**总理。1935年2月26日生于阿塞拜疆占贾市一教师家庭。阿塞拜疆族。1957年毕业于阿塞拜疆工学院。同年起在阿塞拜疆石油机械制造研究所工作，任工程师、副所长。1973～1977年任全苏石油机械制造生产联合体总工程师。1977～1978年任阿石油机械制造研究所所长。1978～1981年任阿国家计划委员会副主席。1981～1986年任阿共中央部长。1986～1992年任阿第一副总理。1992～1996年任阿经济改革基金会顾问。1996年2月任总统助理，5月任第一副总统，7月任代总理，11月26日出任总理。1998年10月24日连任总理。2003年8月被解除总理职务，任第一副总理。11月4日再次就任总理。2008年10月再次被任命为总理。已婚，有一女。

经　济

2009年，尽管国际金融危机席卷全球，但阿经济仍继续保持增长态势。石油产业仍为阿经济支柱产业，同时非石油产业所占份额迅速上升。4月中旬，阿总统阿利耶夫签署命令，批准2009～2013年阿地区社会经济发展国家计划，对未来一阶段发展目标做出了详细规划。继续推行以大规模基础设施建设拉动经济的政策，促进各地区均衡发展。2009年主要经济数据如下：

国内生产总值：430.6亿美元。

人均国内生产总值：3844美元。

国内生产总值增长率：9.3%。

货币名称：马纳特（манат）。

汇率（2009年12月31日）：1美元＝0.8012马纳特。

通货膨胀率：1.5%。

【资源】石油和天然气资源丰富，主要分布在阿普歇伦半岛和里海。石油探明储量35亿～40亿吨。

【工业】主要工业部门有石油加工、石油化工、机械制造、有色冶金、轻工、食品等。2009年工业总产值为199亿马纳特，同比增长8.6%。近年主要工业产品产量如下：

	2007	2008	2009
石油（万吨）	4165.83	4450	5000
天然气（亿立方米）	114.11	163	236
发电量（亿千瓦小时）	214	202	222

【农业】2009年农业总产值为24亿马纳特，占国内生产总值的7%，同比增长3.5%。

【财政金融】近年财政收支情况如下（单位：亿马纳特）：

	2007	2008	2009
收入	55.661	107.63	103
支出	48.414	106.80	106
盈余	7.247	0.83	－3

截至2010年1月1日，阿外汇储备为200亿美元，同比增长11%。

共有44家银行，包括2家国家银行和42家私人银行，21家银行有外国资本参与，其中6家银行外国资本额超过50%。主要银行：阿塞拜疆国家银行，成立于1992年，负责货币发行、黄金外汇储备管控及对所有其他银行工作实行监督。阿塞拜疆国际银行为国有商业银行。

【对外贸易】2009 年阿外贸总额为 185 亿美元，同比下降 60%，其中进口额为 55 亿美元，同比下降 23%，出口额为 125 亿美元，同比下降 73%。近年进出口情况如下（单位：亿美元）：

	2007	2008	2009
总　额	117.67	549.20	180
进口额	57.09	71.64	55
出口额	60.58	477.56	125
差　额	3.49	405.92	70

主要出口产品有：石油和石油产品、天然气、食品、烟草、机械产品等。主要进口产品有：机械和金属制品、轻工产品、石油开采设备和备件、汽车、水泥、小麦、食品、木材等。主要贸易伙伴为意大利（35.34 亿美元，占阿外贸总额的 19.1%）、美国（18.13 亿美元，占阿外贸总额的 9.8%）、俄罗斯（16.47 亿美元，占阿外贸总额的 8.9%）和法国（12.03 亿美元，占阿外贸总额的 6.5%）。

【外国资本】截至 2009 年底，外国对阿投资累计达 380 亿美元。主要投资国为英国、美国、日本等。

【著名公司】阿塞拜疆国家石油公司，成立于 1992 年，从事石油、天然气勘探、开采、加工和销售，现任总裁罗夫纳格·阿卜杜拉耶夫（Ровнаг АБДУЛЛАЕВ）。通讯地址：пр. Нефтяников，73 AZ1004，Баку。电子信箱：socar1@socar.gov.az。

人民生活

2009 年，阿人均国内生产总值为 3845 美元，同比下降 29%，但国家依靠出口石油积累的外汇加大国内投资，扩大内需，确保了职工月工资较上年增长 8.6%，达到 298 马纳特，同比增长 8.6%。全国最低贫困线标准 84 马纳特；贫困人口占全国人口比例的 11%。每千人拥有病床 8.28 张、医生 3.9 名、医护人员 7.6 名。每千人拥有小汽车 65 辆、电话 139 部、移动电话 391 部。

军　事

1991 年 10 月 9 日宣布成立武装力量，分陆、海、空三军。同年 11 月 25 日，阿最高苏维埃通过了共和国武装力量法，并成立国防部。共和国武装力量总司令由总统担任。现任国防部长萨法尔·阿比耶夫上将。实行义务兵役制，主要征召 18～35 岁公民，服役期为 18 个月。阿军现有兵力 6 万余人。2009 年国防开支 16 亿马纳特（约合 20 亿美元），同比增长 19%。

文化教育

目前，阿共有 4023 家公共图书馆、31 家专业剧院（包括 1 家歌剧与芭蕾舞剧院、22 家戏剧、喜剧和音乐剧院、8 家儿童和青少年剧院）、168 个博物馆和 2759 家俱乐部。

【教育】教育体制分为学前教育、普通中小学教育、职业技术教育、中等专业教育和高等教育。现有全日制普通学校 4538 所，学生 153.73 万人；中等专业学校 60 所，学生 5.69 万人；国立高等院校 28 所，学生 10.69 万人；私立高等院校 14 所，学生 2.23 万人。

著名高校：国立巴库拉苏尔扎德大学，创建于 1919 年，现有 17 个系、2 个研究所、4 个博物馆和 3 个图书馆。在校学生约 13000 人，教师 2300 人。阿塞拜疆国家石油学院，创建于 1920 年，现有 24 个专业、7 个基本系、63 个教研室和 18 个科学实验室。在校学生约 6000 人，教师 825 人。

【新闻出版】有各类报刊 400 多种。主要报刊有：总统办公厅机关报《巴库工人报》，1906 年创刊，用俄文出版，发行量约 5000 份；总统办公厅机关报《人民报》，1919 年创刊，用阿文出版，发行量约 9000 份；国民议会机关报《阿塞拜疆报》，1918 年创刊，用阿文出版，发行量约 7500 份；穆萨瓦特党报纸《穆萨瓦特报》，发行量约 7500 份。

主要通讯社有：阿塞拜疆通讯社（官方通讯社，1920 年成立）及图兰、世界知识、趋势等独立通讯社。

主要广播电台有：阿塞拜疆中央电台（1926 年建台），用阿、俄、英、法、德、阿拉伯、波斯等 13 种语言播音。

主要电视台有：阿塞拜疆国家电视台（1956 年建台）、阿塞拜疆公共电视台（2005 年建台）及 ANS（1992 年建台）、SPACE（1997 年建台）、ATV（1999 年建台）、LIDER（2000 年建台）等私营电视台，绝大部分节目用阿塞拜疆语播出。

对外关系

继续奉行独立自主、多元平衡的外交政策。继续积极开展能源外交，努力谋求油气外运渠道多样化。支持欧盟“纳布科”天然气管线和“奥德萨—布罗德—普沃茨克—格但斯克”输油管道项目，积极参与欧洲能源安全和黑海、里海地区合作。继续保持同美俄的平衡关系。

截至 2010 年 1 月 1 日，已同 160 个国家建交。2009 年未有新建交的国家。

【同中国的关系】1992 年 4 月 2 日建交。2009 年，中阿关系继续稳定发展，各领域合作不断扩大。

双边各领域交往活跃。3 月，应阿塞拜疆盖达尔·阿利耶夫基金会邀请，新疆自治区文化厅组织新疆木卡姆艺术团一行 6 人赴阿首都巴库参加“木卡姆世界”国际音乐节活动。同月，应阿塞拜疆青年与体育部邀请，全国青联副秘书长万学军率中国青年代表团访阿。6 月，中央统战部副部长、全国工商联党组书记兼第一副主席全哲洙率全国工商联代表团访问阿塞拜疆。8 月，以阿塞拜疆总统办公厅外事局高级顾问哈比卜巴伊利为首的阿政府经贸代表团赴新疆乌鲁木齐参加第18届乌鲁木齐对外经济贸易洽谈会和“2009中西南亚区域经济合作高层论坛”。9月，应外交学会邀请，阿塞拜疆前副议长、阿中议员友好小组成员、阿国家科学院东方学研究所所长巴赫沙莉耶娃女士访华。11月，中国武装警察部队代表团访问阿塞拜疆。12月，中阿外交部司局级磋商在阿举行。

两国经贸合作保持积极势头。据中国海关总署统计，2009年中阿双边贸易额为6.81亿美元，同比下降14.9%，其中中方出口额为5.53亿美元，同比下降19.4%，进口额为1.28亿美元，同比增长11.7%。截至2009年底，经商务部批准和备案的对阿投资额为153万美元；阿在华投资项目21个，合同外资金额545万美元，实际对外使用金额516万美元。

中国驻阿塞拜疆大使：张延年。馆址：阿塞拜疆共和国巴库市哈加尼街67号（str. Khagani 67，Baku，AZ1010，The Republic of Azerbaijan；Азербайджанская Республика，AZ1010，г. Баку，ул. Хагани，д. 67）。电话：（0099412）4986257，4936587；传真：4980010。领事部电话：4936129。商务处电话：4656214，4656215；传真：4652854。

阿塞拜疆驻华大使：亚沙尔·阿利耶夫（Yashar ALIYEV，Яшар АЛИЕВ）。馆址：北京市齐家园外交公寓B－3。电话：010－65324614；传真：65324615。

【同俄罗斯的关系】 1992年4月4日建交。2009年，两国友好与战略伙伴关系继续向前发展。1月，阿国防部长阿比耶夫对俄罗斯进行工作访问，与俄国防部长谢尔久科夫举行会谈。2月，俄罗斯总统梅德韦杰夫与阿总统阿利耶夫通电话，通报了在莫斯科举行的集体安全条约组织和欧亚经济体会议的情况。同月，阿总统阿利耶夫会见到访的俄罗斯总统办公厅主任纳雷什金。3月，俄罗斯外长拉夫罗夫对阿进行正式访问。4月，阿总统阿利耶夫对俄罗斯进行为期两天的工作访问。5月，阿总统阿利耶夫会见来阿出席独联体电能委员会会议的俄罗斯能源部长、独联体电能委员会主席什马季科。6月，阿总统阿利耶夫对俄罗斯进行工作访问，出席第13届圣彼得堡国际经济论坛。7月，应俄罗斯总统梅德韦杰夫邀请，阿总统阿利耶夫对俄罗斯进行工作访问，并出席“2009年俄罗斯总统杯”赛马节。8月，阿总统阿利耶夫会见到访的俄罗斯国防部长谢尔久科夫。9月，阿国防部长阿比耶夫对俄罗斯进行访问，主要就军事和地区合作等问题交换意见。

【同美国的关系】 1992年2月28日建交。2009年，两国战略伙伴关系继续发展。4月，美国总统奥巴马与阿总统阿利耶夫通电话。5月，阿外长马梅德亚罗夫对美国进行为期两天的工作访问。6月，阿总统阿利耶夫会见来阿出席第16届国际里海油气展的美国总统欧亚能源问题特别代表摩尔宁格斯塔尔。7月，阿总统阿利耶夫会见到访的美国第一副国务卿斯坦柏格。8月，阿总统阿利耶夫会见到访的美国国务卿南高加索和中亚地区事务顾问、欧安组织明斯克小组美方主席布莱扎。10月，阿总统阿利耶夫先后会见到访的美国能源部副部长珀恩曼、美国负责欧洲与欧亚问题的国务卿顾问卡伊丹女士。11月，美国负责政治与军事事务的助理国务卿夏皮罗与阿副外长阿济莫夫在华盛顿举行第11次阿美安全问题磋商。

【同土耳其的关系】 1992年1月14日建交。阿视土耳其为重要战略伙伴。2009年两国高层继续保持频繁交往。2月，阿总统阿利耶夫会见到访的土耳其外长巴巴詹。3月，阿总统阿利耶夫会见到访的土耳其宪兵部队司令伊希克大将。4月，土耳其总统居尔与阿总统阿利耶夫通电话。5月，土耳其总理埃尔多安对阿进行正式访问。5月，阿总统阿利耶夫会见到访的土耳其新任外长达武特奥卢。8月，阿总统阿利耶夫会见到访的土耳其第一副外长西尼尔利奥格鲁。9月，阿总统阿利耶夫会见到访的土耳其大国民议会新当选主席沙欣。10月，访土的阿国民议会代表团会见了土总理埃尔多安。11月，阿总统阿利耶夫先后会见到访的土耳其国务部长亚济吉、陆军司令科沙涅尔。12月，阿外长马梅德亚罗夫对土进行正式访问。

【同伊朗的关系】 1992年3月12日建交。2009年阿伊两国关系发展顺利。2月，阿总统阿利耶夫会见到访的伊朗外长、伊阿政府间委员会伊方主席穆塔基。3月，阿总统阿利耶夫对伊朗进行正式访问，并出席经济合作组织第十次峰会。10月，阿总统阿利耶夫会见到访的伊朗总统办公厅主任马沙伊。12月，阿外长埃利马尔·马梅德亚罗夫访问伊朗。

【同亚美尼亚的关系】 阿亚因纳卡冲突敌对，仍处于僵持状态。2009年，两国总统、外长就解决纳卡问题多次举行会晤，但未取得实质进展。1月，在欧安组织明斯克小组调解下，阿外长马梅德亚罗夫与亚美尼亚外长纳尔班江在瑞士苏黎世举行会晤，就纳卡问题进行讨论，为两国总统会晤做准备。同月，阿总统阿利耶夫与亚美尼亚总统萨尔基相在瑞士苏黎世就纳卡问题举行会晤。6月，阿总统阿利耶夫分别参加了俄罗斯、阿塞拜疆、亚美尼亚总统三方会晤和阿亚两国总统双边会晤。7月，阿亚两国外长在巴黎就纳卡问题举行会晤。10月，独联体国家元首摩尔多瓦基什讷乌峰会期间，阿总统阿利耶夫会与亚美尼亚总统萨尔基相在美国驻摩使馆举行会晤，就纳卡冲突调解现状和谈判前景等问题交换意见。（王莹莹）

巴基斯坦

国名 巴基斯坦伊斯兰共和国（The Islamic Republic of Pakistan）。

面积 796095 平方公里（不包括巴控克什米尔地区）。

人口 1.7 亿。巴是多民族国家，其中旁遮普族占63%，信德族占 18%，帕坦族占 11%，俾路支族占 4%。乌尔都语为国语，英语为官方语言，主要民族语言有旁遮普语、信德语、普什图语和俾路支语等。95% 以上的居民信奉伊斯兰教（国教），少数信奉基督教、印度教和锡克教等。

首都 伊斯兰堡（Islamabad），人口 150 万（2008 年数字）。地处内陆，海拔 503～610 米，属亚热带季风气候，旱季和雨季界限分明，年均降水量 1143 毫米，最高气温 47℃，最低气温 0℃。

国家元首 总统阿西夫·阿里·扎尔达里（Asif Ali Zardari），2008 年 9 月 9 日就职。

重要节日 国庆日：3 月 23 日；独立日：8 月 14 日。

简 况

位于南亚次大陆西北部。东接印度，东北与中国毗邻，西北与阿富汗交界，西邻伊朗，南濒阿拉伯海。海岸线长 980 公里。除南部属热带气候外，其余属亚热带气候。南部湿热，受季风影响，雨季较长；北部地区干燥寒冷，有的地方终年积雪。年平均气温 27℃。

巴原为英属印度的一部分。1858 年随印度沦为英国殖民地。1940 年 3 月，全印穆斯林联盟通过了关于建立巴基斯坦的决议。1947 年 6 月，英国公布“蒙巴顿方案”，实行印巴分治。同年 8 月 14 日，巴基斯坦宣告独立，成为英联邦的一个自治领，包括巴基斯坦东、西两部分。1956 年 3 月 23 日，巴基斯坦伊斯兰共和国成立，仍为英联邦成员国，1972 年退出，1989 年重新加入。1971 年 3 月，东部宣布成立孟加拉人民共和国，同年 12 月孟正式独立。

政 治

2008 年 2 月 18 日，巴基斯坦举行议会选举。人民党成为议会第一大党，同巴基斯坦穆斯林联盟（谢里夫派）等联合组阁。3 月 24 日，人民党副主席优素福·拉扎·吉拉尼（Yousuf Raza Gilani）当选为总理。3 月 31 日，巴新内阁就职。8 月 18 日，穆沙拉夫辞去总统职务。25 日，穆盟（谢派）领袖谢里夫退出执政联盟。9 月 6 日，人民党共同主席扎尔达里当选总统。

【宪法】巴建国后于 1956 年、1962 年和 1973 年颁布三部宪法。1977 年，齐亚·哈克实行军法管制，部分暂停实行宪法。1985 年通过了宪法第 8 修正案，授予总统解散国民议会和联邦内阁、任免军队首脑和法官的权力。1991 年 7 月通过的宪法第 12 修正案规定联邦政府有权设立特别法庭和上诉法庭，以打击犯罪，整治社会治安。1997 年 4 月，谢里夫政府在议会通过宪法第 13 修正案，取消总统解散国民议会和联邦内阁的权力，并将解散省议会和省内阁、任免省督、三军参谋长和参联会主席以及最高法院法官的权力归还总理行使。随后，巴议会通过旨在严禁议员叛党的宪法第 14 修正案“反跳槽法”。

1999 年穆沙拉夫执政后颁布临时宪法 1 号令，宣布暂停实施宪法。2002 年 8 月，穆颁布“法律框架令（LFO）”，宣布恢复 1973 年宪法和哈克时代宪法第 8 修正案，规定总统有权解散国民议会、任命参联会主席和三军参谋长。2003 年 12 月 29 日，巴议会通过宪法第 17 修正案，规定总统经最高法院批准后有权解散议会，与总理协商后有权任免三军领导人。

2010 年 4 月 8 日和 15 日，国民议会和参议院分别通过宪法第 18 修正案，将总统部分权力移交给总理，并在涉及中央与地方分权等重大敏感问题上作出调整。19 日，该修正案经扎尔达里总统签字后生效。

【议会】联邦立法机构。1947 年建国后长期为一院制，1973 年宪法颁布后实行两院制，由国民议会（下院）和参议院（上院）组成。国民议会经普选产生，参议院按每省议席均等的原则，由省议会和国民议会遴选产生。

国民议会共有 342 个议席，其中 272 席为普选议席。60 席为妇女保留席位，10 席为非穆斯林保留席位，由各政党按普选得票比例分配。国民议会设议长和副议长各 1 人，议员任期 5 年。参议院设 100 个议席，议员任期 6 年，每 3 年改选半数。设主席和副主席各 1 人，任期 3 年。

2008 年 2 月 18 日，巴基斯坦举行国民议会选举。人民党获得 121 席，成为议会第一大党。穆盟（谢派）赢得 91 席，穆盟（领袖派）获 54 席，统一民族运动党获 25 席，人民民族党获 13 席，其余席位为其他小党和独立人士获得。3 月 17 日，巴基斯坦新一届国民议会召开首次会议，来自人民党的法赫米达·米尔扎（Dr. Fahmida Mirza）当选为巴基斯坦历史上首位女议长。

2009 年 3 月，巴举行参议院改选，人民党获 27 席，穆盟（领袖派）获 21 席，伊斯兰神学会获 10

席，穆盟（谢派）获7席，统一民族运动党获6席，人民民族党获6席，其余席位为其他小党或独立人士获得。人民党议员、司法部长法鲁克·哈米德·奈克（Farooq H. Naek）当选参议院主席。

【政府】 2008年3月，巴新一届政府宣誓就职。11月，巴政府宣布扩大内阁。

目前内阁成员包括：外交部长沙阿·迈赫穆德·库雷希（Shah Mehmood Qureshi），内政部长拉赫曼·马立克（A. Rehman Malik），国防部长乔杜里·阿赫迈德·穆赫塔尔（Chaudhry Ahmed Mukhtar），商务部长马赫杜姆·阿明·法希姆（Makhdoom Amin Fahim），财政部长阿布杜·哈菲兹·谢赫（Dr. Abdul Hafeez Shaikh），工业生产部长米尔·哈扎·汗·比扎拉尼（Mir Hazar Khan Bijarani），国防生产部长阿卜杜·加尤姆·汗·贾杜伊（Abdul Qayyum Khan Jatoi），宗教事务部长哈米德·赛义德·卡兹米（Hamid Saeed Kazmi），司法和议会事务部长扎希鲁丁·巴巴尔·阿旺（Zaheeruddin Babar Awan），人口福利部长费尔都斯·阿什克·阿旺（Firdous Ashiq Awan），纺织部长拉那·穆罕默德·法鲁克·赛义德·汗（Rana Muhammad Farooq Saeed Khan），社会福利与特殊教育部长萨米娜·哈立德·古尔基（Samina Khalid Ghurji，女），少数民族事务部长夏巴兹·巴蒂（Shahbaz Bhatti），卫生和计划与发展部长马赫杜姆·夏赫布丁（Makhdoom Shahabuddin），人权部长赛义德·穆姆塔兹·阿拉姆·吉拉尼（Syed Mumtaz Alam Gilani），体育部长米尔·艾贾兹·侯赛因·贾克拉尼（Mir Aijaz Hussain Jakhrani），教育部长萨达尔·阿希夫·艾哈迈德·阿里（Sardar Asif Ahmed Ali），青年事务部长沙希德·侯赛因·布托（Shahid Hussain Bhutto），通信部长阿尔巴布·阿拉姆吉尔·汗（Arbab Alamgir Khan），特别事务部长拉尔·穆罕默德·汗（Lal Muhammad Khan），邮电部长米尔·伊斯拉鲁拉·塞赫里（Mir Israrullah Zehri），克什米尔和吉尔吉特—巴尔蒂斯坦地区事务部长米安·曼祖尔·艾哈迈德·瓦图（Mian Manzoor Ahmed Wattoo），天课和什一税部长努鲁尔·哈克·卡德里（Noorul Haq Qadri），私有化部长瓦卡尔·艾哈迈德·汗（Waqar Ahmed Khan），劳动和人力资源部长赛义德·库希德·艾哈迈德·沙阿（Syed Khursheed Ahmed Shah），铁道部长古拉姆·阿赫迈德·比罗尔（Ghulam Ahmed Bilour），水电部长拉贾·佩尔韦兹·阿什拉夫（Raja Pervaiz Ashraf），禁毒部长阿巴布·穆哈麦德·扎希尔（Arbab Muhammad Zahir），粮食与农业部长纳扎尔·穆罕默德·贡达尔（Nazar Muhammad Gondal），畜牧业部长胡马云·阿齐兹·库尔德（Humayun Aziz Kurd），边境地区事务部长纳吉姆丁·汗（Najmuddin Khan），文化部长皮尔·阿夫塔布·沙阿·吉拉尼（Pir Aftab Shah Jilani），旅游部长穆拉那·阿图尔·拉赫曼（Mulana Attur Rehman），侨务部长法鲁克·萨塔尔（Dr. Farooq Sattar），港口航运部长巴巴尔·胡瑞（Babar Ghuri），科技部长阿扎穆·汗·斯瓦提（Azam Khan Swati），石油和自然资源部长赛义德·纳威德·卡马尔（Syed Naveed Qamar），地方政府和农村发展部长阿布杜·拉扎克·塔西姆（Abdul Razzaq A. Thahim），新闻部长卡马尔·扎曼·凯拉（Qamar Zaman Kaira）。

另有17名国务部长。

【行政区划】 全国共有旁遮普、开伯尔—普什图、俾路支和信德四个省，七个联邦直辖部落地区和联邦首都伊斯兰堡。各省下设专区、县、乡、村联会。

【司法机构】 最高法院为最高司法机关，各省和伊斯兰堡设高等法院，各由一名首席大法官和若干法官组成。现任最高法院首席大法官为伊夫蒂哈尔·穆哈默德·乔杜里（Iftikhar Muhammad Chaudhry）。全国设总检察长，各省设省检察长。现任总检察长拉蒂夫·霍萨（Latif Khosa）。

【政党】 巴实行多党制。现有政党200个左右，派系众多。目前全国性大党主要有：

（1）巴基斯坦人民党（Pakistan People's Party）：简称人民党（PPP），成立于1967年12月，主要势力在信德省和旁遮普省。主张议会民主、自由平等、经济私有化。现任党主席为贝·布托之子比拉瓦尔·布托（Bilawal Bhutto），贝·布托丈夫扎尔达里为共同主席。该党在1997年和2002年大选中均为议会最大的反对力量。在2008年大选中，该党在国民议会获得121席，成为议会第一大党。目前，扎尔达里总统、吉拉尼总理、国民议会议长米尔扎、参议院主席奈克均来自该党。

（2）巴基斯坦穆斯林联盟（谢里夫派）（Pakistan Muslim League-Nawaz Sharif）：简称穆盟—谢派（PML-N）。成立于1906年，当时称作全印穆斯林联盟，1947年巴立国后改称巴基斯坦穆斯林联盟。党章规定要在巴实现政治、社会和经济改革。现任领袖为前总理纳瓦兹·谢里夫（Nawaz Sharif），其弟夏巴兹·谢里夫（Shahbaz Sharif）为主席。1999年10月，陆军参谋长穆沙拉夫接管政权，谢里夫总理被捕并被判刑，后流亡海外。2007年谢里夫结束流亡回国，并领导该党参加2008年大选。该党在大选中获得91席，成为第二大党，与人民党等联合组阁。8月，该党退出巴联合政府，成为反对党。

主要党派还有：巴基斯坦穆斯林联盟（领袖派）[Pakistan Muslim League（QA）]、统一民族运动党（Muttahidah Qaumi Movement）、人民民族党（Awami National Party）等。

【重要人物】 **阿西夫·阿里·扎尔达里**：总统。生于1956年，是巴基斯坦已故前总理贝·布托的丈夫。曾担任巴国民议会议员、投资部长、环境部长、参议员等职。2008 年 1 月，出任人民党共同主席。2008 年 9 月当选总统。**优素福·拉扎·吉拉尼：** 总理。1952 年生于卡拉奇，获旁遮普大学学士学位，出身政治、宗教望族。曾担任穆盟中央执委会委员，后加入人民党。1993～1997 年（贝·布托执政）任国民议会议长，2008 年 3 月 25 日就任巴政府总理。

经 济

巴经济以农业为主，农业产值占国内生产总值 24%。受国内政局不稳、国际金融危机冲击、国际大宗商品价格上扬等因素影响，2008 年巴经济形势持续恶化。2008/2009 财年国内生产总值约 1575 亿美元，同比增长 2%。2009/2010 财年（巴财年始于 7 月 1 日，截至翌年 6 月 30 日。），国内生产总值增长 4.1%，外汇储备 160 亿美元，通货膨胀率 13%。

货币名称：巴基斯坦卢比。

汇率（2009 年 5 月）：1 美元约合 80.42 卢比。

【资源】 主要矿藏储备有：天然气 4920 亿立方米、石油 1.84 亿桶、煤 1850 亿吨、铁 4.3 亿吨、铝土 7400 万吨，还有大量的铬矿、大理石和宝石。森林覆盖率 4.8%。

【工业】 最大的工业部门是棉纺织业，其他还有毛纺织、制糖、造纸、烟草、制革、机器制造、化肥、水泥、电力、天然气、石油等。近几年主要工业品产量如下（单位：万吨）：

	2006/2007	2007/2008	2008 年 7 月/2009 年 3 月
棉纱	272.76	280.94	221.89
糖	352.7	473.3	320.6
氮肥	33.08	34.37	24.57
磷肥	14.89	15.76	14.32
水泥	2273.9	2675.1	2027.7
自行车（万辆）	48.63	53.55	28.53

（资料来源：巴基斯坦财政部年度经济报告 2009/2010）

【农业】 2008/2009 财年巴农业增长率为 4.7%，超过 3.5% 的预期。主要农产品有小麦、大米、棉花、甘蔗等。全国可耕地面积 5768 万公顷，其中实际耕作面积 2168 万公顷。农业人口约占全国人口的 66.5%。主要农作物产量如下（单位：万吨）：

	2006/2007	2007/2008	2008 年 7 月/2009 年 3 月
小麦	2329.5	2095.9	2342.1
大米	543.8	556.3	695.2
玉米	308.8	360.5	403.6
甘蔗	5474.2	6392	5004.5
棉花（万包）	1285.6	1165.6	1181.9

（资料来源：同上）

【旅游业】 发展较慢，旅游者多为定居在欧美的巴基斯坦人和海湾国家的游客。主要旅游点有卡拉奇、拉合尔、白沙瓦、拉瓦尔品第、伊斯兰堡、奎塔、费萨拉巴德和北部地区等。2003 年巴正式成为中国公民自费出国旅游目的地国。

【交通运输】 国内客货运输以公路为主。近年来，公路和空运网的增加远远快于铁路。

公路：全长 258350 万公里，有各种机动车辆约 941.38 万辆。巴基斯坦公路客运占客运总量的 90%，公路货运占货运总量的 96%。

铁路：全长 7791 公里。2007/2008 财年客运量为 7999 万人次，货运量为 723 万吨；2008 年 7 月至 2009 年 3 月客运量为 6300 万人次，货运量为 536 万吨。

水运：卡拉奇和卡西姆是两个国际港口，承担巴基斯坦国际货运量的 95%。2008 年 7 月至 2009 年 3 月，卡拉奇港总吞吐量为 2138.6 万吨，卡西姆港总吞吐量 1801.6 万吨。

空运：巴基斯坦国际航空公司有民航飞机 44 架，飞往 38 个国际机场和 24 个国内机场。航线总长 34.59 万公里。四个国际机场分别在伊斯兰堡、卡拉奇、拉合尔和白沙瓦。

【财政金融】 近几年财政收支情况如下（单位：亿美元）：

	2006/2007	2007/2008	2008/2009
收 入	161	192	239
支 出	208	277	304
赤 字	-47	-85	-65

（资料来源：同上）

【对外贸易】 近年来，巴政府一直努力加速工业化，扩大出口，缩小外贸逆差。与 90 多个国家和地区有贸易关系。近几年的外贸情况如下（单位：亿美元）：

	2006/2007	2007/2008	2008/2009
出口额	170	191	177
进口额	305	400	348
差 额	-135	-209	-171

（资料来源：同上）

主要进口石油及石油制品、机械和交通设备、钢铁产品、化肥和电器产品等。主要出口大米、棉花、纺织品、皮革制品和地毯等。

【外国投资】 近年来，巴政府推行广泛的结构改革，改善投资环境，大力吸引外资。受国际金融危机和国内安全形势恶化的影响，2008 年 7 月至 2009 年 4 月，巴吸引外资约 22 亿美元，同比下降 42.7%。

人民生活

政府努力解决社会问题，改善人民生活条件，特别是就业和医疗卫生问题。全国有一些社会和宗教福利组织从事福利活动。政府还大力发展信息技术产业，让更多的普通百姓使用高科技信息设备。

军　事

巴基斯坦宪法规定，总统是武装部队最高统帅。实行募兵制，陆军服役期限为7年，海、空军为7~8年。武装力量由现役部队、预备役部队和地方军组成。总兵力为56.9万人。

2009/2010年度国防预算总额约为42.86亿美元，同比增长9.2%。

文化教育

【教育】实行中小学免费教育。政府大力提高识字率，改善大中专学校的教育设施和条件，同时决定增加教育经费。10岁（包括10岁）以上识字率（2008年最新统计）为56%；2008/2009财年教育经费约为34.44亿美元，占国民生产总值约2.1%。全国共有小学15.5万所，初中2.87万所，高中1.61万所，大学51所。著名高等学府有旁遮普大学、卡拉奇大学、伊斯兰堡真纳大学和白沙瓦大学等。

【新闻出版】英文报纸有《新闻报》、《黎明报》、《国民报》等；乌尔都文报纸有《战斗报》、《时代之声》和《东方报》等。主要报纸发行量在5万~30万份之间。

主要通讯社：巴基斯坦联合通讯社（APP，国营），巴基斯坦国际通讯社（PPI，私营）。

广播电台：巴基斯坦广播公司，有27个电台，对外用7种语言广播。

电视台：巴基斯坦电视公司（PTV），主要城市均有电视台。人口覆盖率达87.8%。

对外关系

奉行独立和不结盟外交政策，注重发展同伊斯兰国家和中国的关系。致力于维护南亚地区和平与稳定，在加强同发展中国家团结合作的同时，发展同西方国家的关系。支持中东和平进程。主张销毁大规模杀伤性武器。呼吁建立公正合理的国际政治经济新秩序。重视经济外交。要求发达国家采取切实措施，缩小南北差距。到2005年，已同世界上120多个国家建立了外交和领事关系。

【同中国的关系】1950年1月5日，巴基斯坦承认中华人民共和国，1951年5月21日两国正式建交。建交59年来，中巴两国建立了全天候友谊，开展了全方位合作。

2005年4月，温家宝总理访巴，两国宣布建立更加紧密的战略合作伙伴关系。2006年，胡锦涛主席同穆沙拉夫总统实现互访。2007年4月，阿齐兹总理访华并出席博鳌亚洲论坛年会。

2008年，中巴战略合作伙伴关系继续向前发展。4月，穆沙拉夫总统对中国进行国事访问并出席博鳌亚洲论坛年会，双方发表《中巴联合声明》。同月，杨洁篪外长访问巴基斯坦。8月和10月，吉拉尼总理分别来华出席北京奥运会开幕式和亚欧首脑会议。10月，扎尔达里总统对中国进行国事访问，双方发表《中巴联合声明》。

2009年，两国高层互访频繁。2月，扎尔达里总统访问湖北、上海。4月，扎尔达里总统来华出席博鳌亚洲论坛年会。6月，胡锦涛主席与扎尔达里总统在上海合作组织叶卡捷琳堡峰会期间会晤。8月，扎尔达里总统访问浙江、广东。10月，吉拉尼总理来华出席上海合作组织第八次总理会议并访华。

据统计，2009年中巴双边贸易额67.75亿美元，同比下降2.9%。其中，中方出口额55.15亿美元，同比下降7.7%，进口额12.6亿美元，同比上升25.3%。中国成为巴第二大贸易伙伴。

中国驻巴基斯坦大使：刘健。馆址：Diplomatic Enclave, Ramna 4, Islamabad. 电话：（0092－51）8355059，8355055（办公室）；2253315（经商处）；8355016（领事部）。传真：2872660。E-mail：chinaemb_pk@mfa.gov.cn。

巴基斯坦驻华大使：马苏德·汗（Masood Khan）。馆址：北京市朝阳区东直门外大街1号。电话：010－65322504（值班），65322695（政务处），65322581（商务处）。

【同美国的关系】冷战期间，巴美关系密切。此后，巴基斯坦因核试验和政变招致美国制裁。“9·11”事件后，巴基斯坦政府放弃对塔利班的支持，助美打恐，并采取措施打击国内极端主义势力。巴美关系迅速升温。

美国奥巴马政府上台后，调整对南亚政策，出台对阿富汗、巴基斯坦新战略。2009年10月，美国出台5年内向巴提供75亿美元援助的“克里—卢格法案”。2010年3月和7月，巴美两国分别举行外长级战略对话。

【同印度的关系】巴印于1947年、1965年和1971年三次爆发战争。1971年巴印断交，1976年复交。2004年以来，巴印启动全面对话进程，双边关系持续缓和。

2008年7月，两国启动第五轮全面对话，并首次开通跨克什米尔控制线贸易。11月，印度孟买发生重大恐怖袭击事件，印指责巴境内组织有染，印巴关系骤然紧张。在国际社会斡旋下，两国间紧张形势有所缓和。

2009年，印度总理辛格分别同巴基斯坦总统扎尔达里和总理吉拉尼在上海合作组织峰会与不结盟首脑会议期间举行会晤。2010年2月，巴基斯坦外秘巴希尔同印度外秘拉奥琪在新德里举行外秘级对话。4月，两国总理在南盟峰会期间会晤。7月，印度外长克里希纳同巴基斯坦外长库雷希在伊斯兰堡举行会谈。

【同阿富汗的关系】巴基斯坦与阿富汗在地理、历史、文化、宗教、种族关系上密切。“9·11”事件后，巴参与国际反恐，打击塔利班和基地组织，努力发展与卡尔扎伊政府的关系，积极援助阿重建。

2008 年 6 月，卡尔扎伊总统公开表示阿富汗有权派军队进入巴基斯坦，打击巴境内武装分子，引起巴方强烈反应。10 月，阿富汗外长斯潘塔访问巴基斯坦，两国关系有所好转；两国联合支尔格会议在伊斯兰堡召开，会后发表《联合宣言》。

2009 年 11 月，巴基斯坦总统扎尔达里出席卡尔扎伊总统就职典礼。

2010 年 3 月，卡尔扎伊总统访巴，两国签署《关于阿巴全面合作未来步骤的联合宣言》。（徐斌）

巴勒斯坦

国名 巴勒斯坦国（the State of Palestine）。

面积 根据 1947 年 11 月联合国关于巴勒斯坦分治的 181 号决议，在巴勒斯坦地区建立的阿拉伯国，面积为 1.15 万平方公里。但由于当时阿拉伯国家反对该决议，阿拉伯国未能在决议规定的地区建立。1948 年 5 月，第一次中东战争爆发，以色列占领了 181 号决议规定的大部分阿拉伯国领土，1967 年第三次中东战争中以色列占领了该决议规定的全部阿国领土。1988 年 11 月，巴勒斯坦全国委员会第 19 次特别会议宣告成立巴勒斯坦国，但未确定其疆界。自马德里和会至今，巴方通过与以色列和谈，陆续收回了约 2500 平方公里的土地。

人口 1125 万人（2009 年 6 月），其中加沙地带和约旦河西岸人口为 390 万，其余为在外的难民和侨民。通用阿拉伯语，主要信仰伊斯兰教。

首都 耶路撒冷（Jerusalem），1947 年 11 月联大第 181 号决议规定耶路撒冷国际化，由联合国管理。以色列通过 1948 年和 1967 年两次战争先后占领整个耶路撒冷地区，并于 1980 年 7 月宣布耶路撒冷为其永久、不可分割的首都。1988 年 11 月，巴勒斯坦全国委员会第 19 次特别会议通过《独立宣言》，宣布耶路撒冷为新成立的巴勒斯坦国首都。目前巴政府机构设在拉马拉（Ramallah）。

国家元首 马哈茂德·阿巴斯（Mahmoud Abbas），2005 年 1 月 9 日当选巴民族权力机构主席。2008 年 11 月 23 日，巴勒斯坦解放组织中央委员会选举阿巴斯为巴勒斯坦国总统。

重要节日 宣布建国日：11 月 15 日。

简　况

位于亚洲西部，地处亚、非、欧三洲交通要冲，战略地位重要。约旦河西岸东邻约旦，面积为 5884 平方公里，加沙地带西濒地中海，面积 365 平方公里。巴勒斯坦地区属亚热带地中海型气候。夏季炎热干燥，最热月份为 7~8 月，气温最高达 38℃左右。冬季微冷湿润多雨，平均气温为 4℃~11℃，最冷月份为 1 月。雨季为 12 月至次年 3 月。

巴勒斯坦古称迦南，包括现在的以色列、约旦、加沙和约旦河西岸。历史上，犹太人和阿拉伯人都曾在此居住过。公元前 1020 年至公元前 923 年，犹太人在此建立了希伯来王国。罗马帝国征服巴勒斯坦后，多次镇压犹太人并将大部分幸存者赶出巴勒斯坦，流落世界各地。公元 622 年，阿拉伯人战胜罗马帝国，接管巴勒斯坦。16 世纪起巴勒斯坦成为奥斯曼帝国的一部分，第一次世界大战后沦为英国的委任统治地。英国占领巴勒斯坦后，将其分为两部分：约旦河以东称外约旦，即现今的约旦哈希姆王国；约旦河以西，称巴勒斯坦（即现在所称的巴勒斯坦），包括现今的以色列、加沙和约旦河西岸。

1947 年 11 月 29 日，联大通过第 181 号决议，规定在巴勒斯坦建立阿拉伯国和犹太国。犹太人同意该决议，并于 1948 年 5 月 14 日宣布建立“以色列国”。阿拉伯国家反对和拒绝该决议，于以建国的次日即 5 月 15 日向以宣战，结果战败，以占领了上述决议规定的阿国地区大部分土地；另外，约旦占领了约旦河西岸 4800 平方公里土地；加沙地带的 258 平方公里则为埃及占领。1967 年 6 月 5 日，第三次中东战争爆发，以色列在这次战争中占领了约旦河西岸和加沙地带，即整个巴勒斯坦。许多巴人被迫流落到周围阿拉伯国家和世界各地，沦为难民。

1988 年 11 月 15 日在阿尔及尔举行的巴勒斯坦全国委员会第 19 次特别会议通过《独立宣言》，宣布接受联合国第 181 号决议，建立以耶路撒冷为首都的巴勒斯坦国。1994 年 5 月，根据巴以达成的协议，巴方在加沙、杰里科实行有限自治。1995 年以来，根据巴以签署的各项协议，巴自治区逐渐扩大，目前巴方控制着包括加沙和约旦河西岸的约 2500 平方公里的土地。

政　治

1994 年 5 月 12 日，巴勒斯坦民族权力机构成立，阿拉法特当选为主席。2004 年 11 月，阿拉法特病逝。阿巴斯接任巴解执委会主席。2005 年 1 月 9 日，阿巴斯当选新一任民族权力机构主席。

2006 年 1 月，巴举行第二届立法委员会选举，巴勒斯坦伊斯兰抵抗运动（哈马斯）获胜。阿巴斯任命哈马斯领导人哈尼亚为总理，组成了以哈马斯为主的新政府。

2007年3月17日，哈马斯和巴勒斯坦民族解放运动（法塔赫）等组成民族联合政府，哈尼亚继续担任总理。6月，哈马斯和法塔赫爆发严重冲突，哈马斯实际控制了加沙。阿巴斯宣布解散民族联合政府、实施紧急状态、成立紧急政府。7月14日，阿巴斯任命紧急政府成员组成过渡政府，法耶兹为总理。

2009年2月开始，巴勒斯坦各政治派别在埃及开罗举行和解对话会议。5月19日，阿巴斯再次任命法耶兹组建新一届过渡政府。10月，哈马斯拒绝签署埃及提出的民族和解协议，阿巴斯宣布将于2010年1月举行立法委员会和民族权力机构主席选举，但遭到哈马斯等派别反对。12月，巴解组织中央委员会决定延长阿巴斯的任期，并将大选推迟至2010年6月。

【巴解组织架构】（1）巴勒斯坦解放组织（Palestine Liberation Organization）：简称巴解（PLO）。1964年5月在耶路撒冷成立。1974年10月在第7次阿拉伯首脑会议上被确认为巴人民的唯一合法代表。同年11月，被邀请以观察员身份参加联合国会议。1976年8月被接纳为不结盟运动正式成员，同年9月，被接纳为阿拉伯联盟正式成员。巴解曾以黎巴嫩、约旦为基地在被占领土开展武装斗争。

（2）巴勒斯坦全国委员会（Palestine National Council）：巴全委会是巴勒斯坦解放组织的最高权力机构，代表巴境内、外的全体巴勒斯坦人。有委员570人，分别为巴勒斯坦各抵抗组织及其他群众组织代表，现任主席萨利姆·扎农（Saleem Al—Zanoon）。

（3）巴勒斯坦解放组织执行委员会（The Executive Committee of PLO）：巴解组织的常设领导机构。本届执行委员会是于1996年4月经巴勒斯坦全国委员会第21次会议选举产生。1969年以来，执行委员会主席一直由阿拉法特担任。2004年11月阿拉法特去世后，阿巴斯继任主席。

（4）巴勒斯坦解放组织中央委员会（The Central Committee of PLO）：巴解中央委员会是巴全委会与巴执委会之间的一个监督机构，负责监督执委会执行巴全委会的决议和巴解的方针政策。由全国委员会选举产生，共有100多名成员，在全委会闭会期间，由中央委员会指导巴解工作。1970年起，阿拉法特一直担任中委会主席。2004年11月阿拉法特去世后，阿巴斯继任主席。

【巴勒斯坦立法委员会（The Palestinian Legislative Council）】：巴立法委员会是根据奥斯陆协议于1996年1月20日选举产生的。立法委员会下设法律、耶路撒冷、预算与财政事务、经济、自然资源、领土与定居、难民、内政与安全、教育、政治、监督11个委员会，每年举行两次年会。按规定，每届立法委员会任期4年。但由于2000年起巴以冲突不断，改选一直未能进行。2006年1月，巴举行第二届立法委员会选举。哈马斯获74席，成为立法会第一大党派。现任主席为阿齐兹·杜维克（Aziz Dweik，哈马斯）。

【政府】即巴勒斯坦民族权力机构（Palestine National Authority）。1994年5月根据巴解组织决议成立，是一个阶段性、过渡性的权力机构。2007年6月哈马斯和法塔赫爆发冲突后，巴民族权力机构主席阿巴斯任命前财政部长萨拉姆·法耶兹（Salam Fayyad）组建过渡政府。2009年5月19日，新一届过渡政府在拉马拉宣誓就职，主要成员有总理兼财政部长法耶兹、外交事务部长利雅德·马立基（Reyad el-Malki）、内政部长赛义德·阿布·阿里（Said Abu Ali）等。

【行政区划】巴勒斯坦分为约旦河西岸和加沙地带两部分。根据巴计划与国际合作部1997年10月绘制的地图，约旦河西岸分为8个省，加沙地带分为5个省。

【司法机构】巴勒斯坦司法机构主体是各级法院，目前在巴境内设有最高法院一个，调解法院18个，初级法院8个，上诉法院1个，刑事法院1个，中央法院2个。

巴检察机构的主体是各级检察院。检察院的职责是决定和进行各种起诉，代表执行机关面对司法机关、监管司法纪律和监狱。巴设最高检察院1个，由总检察长、数名副检察长和检察官组成，下设5个检察分院和10个总起诉厅。巴现有专职及兼职律师1000多名。

【主要政治派别】（1）巴勒斯坦民族解放运动（Palestinian National Liberation Movement）：简称"法塔赫"（Fateh）。20世纪50年代末期，由巴勒斯坦爱国青年逐步组建，1969年以后成为巴解的主流派，在巴解中势力最强、影响最大。其武装力量占巴勒斯坦武装力量的95%，得到阿拉伯国家的广泛承认与支持。"法塔赫"的常设领导机构是中央委员会，下设革命委员会，均由"法塔赫"代表大会选举产生。"法塔赫"有70万成员。阿拉法特去世后，卡杜米（Farouk al-Kaddoumi）继任中央委员会主席。2006年11月，法塔赫革委会推选阿巴斯为该派别最高领导人。2009年8月法塔赫举行第六次代表大会，选举产生了新一届中央委员会和革命委员会，阿巴斯当选中央委员会主席。

（2）伊斯兰抵抗运动（Islamic Resistance Movement）：简称"哈马斯"（Hamas），由"伊斯兰"、"抵抗"和"运动"三个阿拉伯词语缩写组成。由亚辛教长于1987年创建，其前身为"伊斯兰联合会"。成员约2万人，在伊朗、叙利亚、黎巴嫩等国设有分支。哈马斯宣称《古兰经》是宪法，强调"圣战"是实现其目标的唯一手段；强烈反对中东和平进程，主张消灭以色列，解放巴全部被占领土。近年来，哈马斯立场有所调整。其政治局主席哈立德·迈沙阿勒(Khaled Mashal)在叙利亚定居。

(3)解放巴勒斯坦人民阵线(Popular Front for the Liberation of Palestine)：简称"人阵"(Popular Front)。1967年12月由巴勒斯坦解放阵线、复仇青年和归国英雄等组织合并而成，是巴解中第二大组织。主要成员来自于工人、小资产阶级知识分子和青年学生。政治观点偏左，反对巴以"奥斯陆协议"。该组织有数百人的武装力量。"人阵"领导机构为中央委员会，有165名中央委员。现任总书记为艾哈迈德·萨阿达特(Ahmed Sadat)。

(4)解放巴勒斯坦民主阵线(Democratic Front for the Liberation of Palestine)：简称"民阵"(Democratic Front)。1969年从"人阵"中分裂出来，有6万成员。以现任总书记纳耶夫·哈瓦特迈赫(Nayef Hawatmeh)为首的民阵为反对奥斯陆协议而退出了巴解执委会，并与人阵和哈马斯等十个组织组成了"巴勒斯坦力量联盟"，1997年初宣布退出该联盟。

(5)巴勒斯坦解放阵线(Palestine Liberation Front)：简称"巴解阵"。1976年由"人阵(总部)"分出，1977年4月正式成立。1983年又分为两派。2003年，该党总书记穆罕默德·阿巴斯(Mohammed Abbas)在伊拉克战争中被美军俘虏。2004年初，阿死于美战俘营。现任总书记是瓦希尔·阿布·尤素福(Wasel Abu-Yousef)。

(6)巴勒斯坦人民斗争阵线(Palestinian Popular Struggle Front)：简称"人斗阵"。1967年由"人阵"分裂出来，1971年参加巴解。总书记萨米尔·古希(Samer Ghoushi)。

(7)解放巴勒斯坦人民阵线(总指挥部)(Popular Front for the Liberation of Palestine-General Command)：简称"人阵(总部)"[Popular Front (General Command)]。1968年初自"人阵"中分出，以大马士革为基地。总书记艾哈迈德·贾布里勒(Ahmed Jabriel)。

(8)巴勒斯坦民主联盟(Palestinian Democratic Union)：简称"菲达"(Fida)。成立于1990年3月3日。总书记拉法特(Saleh Rafat)。

(9)解放巴勒斯坦阿拉伯阵线(Arab Liberation Front)：简称"阿解阵"。1969年4月成立。现领导人为马哈茂德·伊斯梅尔(Mahmud Ismail)。

(10)伊斯兰圣战组织(Islamic Jihad)：简称"杰哈德"(Jihad)。20世纪80年代后期由穆斯林兄弟会中的激进派发展起来，其宗旨是通过圣战反对以色列对巴勒斯坦领土的占领，解放巴勒斯坦，建立独立的巴勒斯坦伊斯兰共和国。该组织曾组织过针对以色列的武装袭击，打击以色列的目标。总书记拉马丹·阿卜杜拉·沙拉赫(Ramadan Abdullah Shalah)。

(11)"阿拉法特旅"(Brigades of Shahid Yasser Arafat)：1994年巴实现部分自治后，在1987年巴大起义中被以监禁的部分"法塔赫"成员获释并成立了"阿克萨烈士旅"。该组织现有成员仅数百人，主张武力袭以，拒绝服从"法塔赫"及巴民族权力机构领导。阿拉法特逝世后，更名为"阿拉法特旅"。

(12)巴勒斯坦人民解放战争先锋队(Vanguard for the Popular Liberation War)：该组织及其武装部队通称"闪电"(Al-Saiqa)。1968年10月创建，受叙利亚复兴党"巴勒斯坦统一组织地区领导"的领导。"闪电"的最高权力机构是总司令部，下设政治部、组织部、军事部等机构。总书记伊萨姆·卡迪(Issam al-Khadi)，机关刊物为《先锋》周刊。

(13)巴勒斯坦妇女联合会(General Union of Palestinian Women, GUPW)：1965年成立于耶路撒冷，1967年6月战争后移至约旦，1970年从约旦移至黎巴嫩，1982年移至突尼斯，1994年随巴民族权力机构返回巴自治区。巴妇联隶属于巴勒斯坦解放组织，在加沙地带有7个分支机构，在约旦河西岸有10个分支机构，在许多阿拉伯国家也有分支机构。主席为因提萨尔·瓦齐尔(Intissar al-Wazir)。

【重要人物】马哈茂德·阿巴斯：总统、民族权力机构主席。1935年生于巴勒斯坦北部萨法德，又名阿布·马成，曾获莫斯科大学历史学博士学位。1959年起协助巴勒斯坦已故领导人阿拉法特筹建巴解主流派"法塔赫"。20世纪90年代初，曾作为巴方首席谈判代表出席马德里中东和会，主持巴以奥斯陆谈判并代表巴方签署了"奥斯陆协议"。1995年当选巴解组织执委会总书记。2003年4月至9月出任巴勒斯坦自治政府首任总理。2004年11月阿拉法特逝世后，继任巴解组织执委会主席。2005年1月，当选巴勒斯坦民族权力机构主席。2006年11月，法塔赫革委会推选阿巴斯为该派别最高领导人。2008年11月，巴解组织中央委员会选举阿巴斯为巴勒斯坦国总统。2009年8月当选法塔赫中央委员会主席。已婚，有三个子女。曾多次访华，其中2005年4月以巴民族权力机构主席身份对华进行国事访问，2010年4月底至5月初以巴总统、民族权力机构主席身份对华进行国事访问并出席上海世博会开幕式。 **萨拉姆·法耶兹**：巴勒斯坦过渡政府总理。1951年出生于图尔凯勒姆省。曾获贝鲁特美国大学工程学学士、美国德克萨斯大学会计学硕士、经济学博士学位。1987～1995年，在华盛顿世界银行总部工作。1995～2001年任国际货币基金组织驻巴勒斯坦(耶路撒冷)代表。2002年6月，任财政部长。2006年1月，当选巴第二届立法委员会委员。2007年3月，任民族联合政府财政部长。6月被授权组建紧急政府。7月被任命为过渡政府总理。2009年5月19日，担任新一届过渡政府总理。

经　济

以农业为主，其他有建筑、加工、手工业、商业和服务业等。由于巴以暴力冲突持续不断，巴经济遭受巨大损失，陷于困境。据巴方统计，2000～2006年，巴直接和间接经济损失160亿美元。2008年底至2009年初的加沙冲突造成1400多名巴勒斯坦人丧生，5500余人受伤，2万多所房屋损毁，约5万人无家可归，直接和间接经济损失达40亿美元。2009年主要经济数据如下（资料来源：巴勒斯坦中央统计局、《Country Report》）：

国内生产总值（GDP）：44.96亿美元。

国内生产总值增长率（以1997年价格为基准）：-3.1%。

人均国内生产总值：1214.4美元。

通货膨胀率：4.1%。

进出口总额：31.36亿美元。

其中进口额：27.1亿美元。

出口额：4.26亿美元。

【工业】巴工业水平很低，规模较小。目前，巴共有各种工业企业4000家。巴工业主要是加工业，如制革、塑料、橡胶、化工、食品、石材、大理石和人造石板、制药、造纸、印刷、建筑、纺织、制衣和家具等。

【农业】巴四季分明，农产品丰富，农业是巴经济支柱。水果、蔬菜和橄榄（油）是外贸出口的重要部分，占出口产品的25%。可耕地面积为16.6万公顷。从事农业的劳动力占劳动力总数的20%左右。2007年农业总产值占GDP的8.2%。

【旅游】巴气候宜人，有大量的历史文化古迹，旅游资源丰富，主要旅游城市有：耶路撒冷、拉马拉、比拉、伯利恒、杰里科、纳布卢斯、希伯伦、加沙。2000年后，由于巴以形势趋紧，游客锐减。现有各类旅馆82家，客房4094间，床位8901个。

【交通运输】公路：有各类公路5146.9公里。2000年以后，由于爆发巴以冲突，巴交通建设陷入停滞。

航空：巴于1996年组建民航机构，1998年10月加沙国际机场投入使用，并开通至埃及和约旦的航线。2000年巴以爆发冲突后，加沙机场跑道被以军摧毁。

【通讯】目前，私营的巴勒斯坦通信公司（Paltel）垄断了加沙地带和西岸的固定电话服务，有固定电话线路32.2万条。巴境内唯一的移动通信公司——巴勒斯坦无线通讯公司，亦由巴勒斯坦通信公司控股。

【财政金融】巴勒斯坦货币管理局（Palestine Monetary Authority，PMA）于1994年底成立。现任局长杰哈德·沃兹尔（Jihad al-Wazir）。该机构作为日后巴中央银行，在确定金融政策、调控和监督各银行活动方面起着主导作用。目前在巴民族权力机构控制区的银行共有23家。巴勒斯坦银行10家，阿拉伯国家银行11家，国际银行2家。巴勒斯坦至今没有自己的货币，使用以色列货币（新以色列谢克尔，NIS）和约旦货币（第纳尔，Dinar）。1美元≈3.8新谢克尔（2010年3月），1美元≈0.709第纳尔（2010年3月）。

【国际社会对巴经济援助】根据巴计划部公布的数据，1980年1月至2005年5月，国际社会共向巴提供60.5亿美元，实际支付44亿美元。其中美国是最大援助方，累计提供11.5亿美元，欧盟累计提供11.4亿美元。2006年哈马斯执政期间，美国宣布中断对巴勒斯坦政府的直接援助。2007年12月，巴黎援助巴勒斯坦国际会议共募得74亿美元用以支持巴勒斯坦2008～2010年经济改革与发展计划。2009年3月，在埃及召开的加沙重建捐助国会议上，70多个国家和10多个国际和地区组织为巴经济发展和加沙重建作出52亿美元捐助承诺，其中美国9亿美元，沙特10亿美元，欧盟4.36亿欧元。

军　事

根据奥斯陆协议，巴自治政府可建立警察部队以保证约旦河西岸和加沙地带巴人的公共秩序和内部安全。目前警察部队约有6万人。

文化教育

【教育】受巴以冲突影响，巴教育状况总体落后，巴目前文盲率为9.1%。教育体制是：小学6年、中学3年、高中3年、大学4～5年。2007/2008学年巴共有初等教育学校2429所，在校学生约109.7万人，教师约4.35万人。巴共有8所正规大学，2006/2007年度大学在校学生共有16.9万人，各大学共有教员近4000人。

【新闻出版】巴内地有报刊13种，杂志33种，大部分是月刊和季刊。《耶路撒冷报》（Al-Quds）发行量5万份，《日子报》（Al-Ayyam）发行量2万份，《新生活报》（Al-Hayat Al-Jadida）发行量15000份。

巴勒斯坦通讯社（Palestine News Agency），简称“Wafa”，由巴解组织于1971年在贝鲁特创建。

巴有11座广播电台，“巴勒斯坦之声”是官方广播电台，创办于1964年，其余10家为商业广播电台。

“巴勒斯坦电视台”，创办于1995年9月，是巴官方唯一的电视台，目前只有两个频道，其一是卫星频道，每天播放12小时。

对外关系

巴解组织成立后，得到阿拉伯国家和世界许多国家的广泛支持。1974年10月在拉巴特举行的第七届阿盟首脑会议决议承认巴解为巴人民的唯一合法代表。同年11月巴解以观察员身份参加联大会议和工作。1976年8月第五届不结盟国家会议接纳巴解为正式成员，同年9月阿盟接纳其为正式成员。1988年11月15日巴勒斯坦国宣告成立，现已得到137个国家的正式承认。巴解组织原在90多个国家派驻办事处，现多已改为巴勒斯坦国大使馆。1988年12月15日，巴勒斯坦正式成为联合国观察员。

【同中国的关系】1965年5月，巴解组织在北京设立享有外交机构待遇的办事处。1988年11月20日，中国宣布承认巴勒斯坦国，两国建交。同年12月31日，巴解驻京办事处改为巴勒斯坦国驻华大使馆，其主任改任巴勒斯坦国驻华大使。1990年7月5日起，中国驻突尼斯大使兼任驻巴勒斯坦国特命全权大使。巴实行自治后，1995年12月，中国在加沙设立驻巴民族权力机构办事处，2004年5月迁至拉马拉。2008年6月后，中国驻突尼斯大使不再兼任驻巴大使，由中国驻巴办主任（大使衔）全权负责同巴勒斯坦交往事宜。

2008年，中国与巴勒斯坦友好合作关系继续平稳发展。11月，中国国家主席胡锦涛和巴民族权力机构主席阿巴斯互致贺电，庆祝中巴建交20周年。12月，中共中央政治局委员、书记处书记、中宣部部长刘云山访巴。两国经贸合作进展顺利，中方继续向巴方提供力所能及的援助。5月，中国中东问题特使孙必干出席在伯利恒召开的巴勒斯坦投资大会。7月，孙必干特使出席在印尼雅加达举行的巴勒斯坦能力建设会议。10月，中巴双方在拉马拉签署《中国政府援建巴勒斯坦外交部大楼项目的委托实施协议》等文件并举行项目奠基仪式。

2008年年底加沙冲突爆发后，中国政府向巴方提供100万美元紧急人道主义现汇援助，孙必干特使出访包括巴勒斯坦在内的中东地区。在埃及召开的加沙重建捐助国会议上，中方宣布向巴方提供1500万元人民币无偿援助。

2009年4月，杨洁篪外长访巴。2009年11月，法塔赫中央委员、对外关系部长扎奇访华。2010年3月、4月，国务院副总理回良玉和全国政协副主席、中央统战部部长杜青林先后访巴。4月底至5月初，巴总统、民族权力机构主席阿巴斯对华进行国事访问并出席上海世博会开幕式。5月，巴外长马立基来华出席“中阿合作论坛”第四届部长级会议。

中国驻巴勒斯坦民族权力机构办事处主任：王强（大使衔）。馆址：Tira Street，Ramallah，Palestine。办公室电话：00972－2－2951222。传真：2951221。

巴勒斯坦驻华大使：迪亚布·奈米尔·穆罕默德·鲁赫（Diab Nemer Mohammed Allouh）。馆址：北京市三里屯东三街2号。电话：010－65323327。传真：65323241。

【同美国的关系】美国曾长期拒不承认巴勒斯坦解放组织。1988年12月，在巴解宣布接受安理会242和338号决议并公开谴责恐怖主义之后，美、巴开始对话。1993年9月，巴以签署华盛顿宣言，美随后宣布承认巴解为巴勒斯坦人民的代表。1994年6月24日，美将巴驻美办事处升格为官方使团，并利用美驻耶路撒冷总领馆与巴进行联系。布什当选总统后拒绝与阿拉法特接触。2002年12月，美主导中东问题“四方机制”拟定了中东和平“路线图”计划，并积极推动实施。2005年阿巴斯执政后，美巴关系改善。

2006年哈马斯胜选并组阁后，美反应强烈，重申哈马斯是“恐怖组织”，表示不会与巴政府进行接触，要求国际社会孤立哈马斯，直至其改变立场、接受“三项条件”（承认以色列、放弃暴力、遵守巴以双方已达成的协议），并停止了对巴直接援助。2007年6月阿巴斯解散联合政府后，美解除对约旦河西岸经济封锁，推动巴以对话，并于11月26日召开中东问题国际会议（即安纳波利斯会议），提出巴以“两个国家”和平共处的设想。2008年1月，布什首次以总统身份访巴，宣布启动安纳波利斯会议确定的三方委员会机制，由美方监督巴以履行“路线图”计划情况。美国务卿赖斯多次访问巴以，推动和谈。12月，在美等各方推动下，安理会通过1850号决议。加沙冲突爆发后，美坚持以军事行动属于“自卫”，对安理会1860号决议投弃权票。2009年，美新一届政府表示支持巴以和谈和“两国方案”，美中东特使米切尔、国务卿克林顿等先后访巴。5月，阿巴斯访美。9月，美总统奥巴马促成美、巴、以三方首脑于联大期间在纽约会晤。2010年，美副总统拜登、中东特使米切尔等频繁访巴，最终促成巴于5月接受在美主持下与以恢复间接和谈。

【同阿拉伯国家的关系】与埃及的关系：埃及是最早支持巴解组织的阿拉伯国家之一，曾是巴解组织开展政治活动的主要基地。埃、以签订戴维营协议后，巴解中断同埃的关系。1987年11月，埃宣布重新开放巴解组织驻开罗办事处。海湾战争后，由于双方立场不同，关系冷淡。随着中东和平进程的推进，双方关系实现正常化。2004年，埃提出巴以止暴复谈倡议，愿意为巴培训安全人员，受到巴方欢迎。阿拉法特主席去世后，埃在开罗为其举行隆重葬礼。阿巴斯当选民族权力机构主席以来，多次访埃。2006年哈马斯执政后，埃及呼吁哈马斯承认巴以间达成的协议。2007年，埃及在巴以停火、换俘以及巴内部矛盾等问题上积极斡旋。2009年1月，以色列与哈马斯在埃及调解下实现停火，并通过埃及就长期停火、换俘等问题谈判。2009年2月以来，巴各派在埃及斡旋下召开民族和解对话会议，但迄未取得实质性进展。

与叙利亚的关系：叙曾是巴游击队的重要基地和后方。巴一些组织的总部均设在大马士革。哈马斯领导人迈沙阿勒也在叙定居。1983年以后，因对解决中东问题的政治主张存在分歧，双方关系恶化。1988年以来，巴叙关系有所缓和。1999年，在叙的鼓励与支持下，在叙境内的巴反对派组织开始与巴民族权力机构进行对话。2004年12月，阿巴斯继任巴解执委会主席后访叙。2006年哈马斯执政后，叙表示支持巴勒斯坦人民自主选择的政府，反对对巴封锁，鼓励巴各政治派别通过对话解决分歧。2007年11月，叙代表出席安纳波利斯中东和会。2008年7月和10月，阿巴斯访叙。

与约旦的关系：巴、约之间在历史、地理、血缘等方面有着特殊关系。约旦是阿拉伯世界唯一给予巴勒斯坦人国籍的国家，现巴人占约旦总人口的60%。约曾是巴解组织总部所在地。1970年，约巴关系恶化，巴武装被迫全部从约撤出。1985年2月，巴约达成谋求公正和平解决中东问题的联合行动协议，其中包括建立巴约联邦。中东和平进程开始后，巴约曾组成联合代表团出席中东和会。2003年6月，约旦国王阿卜杜拉二世主持了由美、以、巴三方首脑参加的亚喀巴峰会，宣布正式启动中东和平“路线图”计划。2004年，约积极推动实施“路线图”计划，多次重申反对难民就地安置的设想。阿巴斯当选民族权力机构主席以来，多次访约。阿巴斯解散联合政府后，约旦强调巴应维护内部团结、重建秩序。阿卜杜拉二世国王多次呼吁国际社会推动和平进程，支持巴以和谈，敦促美在中东问题上发挥重要作用。

与沙特等海湾阿拉伯国家的关系：沙特、科威特等海湾阿拉伯国家曾是巴解的主要财政援助国。1990年，沙特等海湾国家对巴解在海湾战争中的立场不满，同巴解关系恶化。原在海湾国家的50万巴勒斯坦人大部分离去。1991年3月31日，海湾合作委员会宣布中断对巴解的财政援助。但在巴解决定出席马德里中东和会后，沙特等海湾国家与巴解关系开始缓和，官方往来逐渐恢复，沙特还部分恢复了对巴援助。从1993年起，巴解同海湾国家关系不断改善。2002年4月25日，沙特王储阿卜杜拉访问美国期间向布什总统提出了解决中东问题的8点建议。2004年12月，巴解执委会主席阿巴斯访问沙特和科威特，对巴在海湾战争中的错误立场表示道歉。巴与海湾国家关系明显改善。2007年2月，在沙特斡旋下，哈马斯与法塔赫达成“麦加协议”。3月，在沙特等国推动下，第19次阿盟首脑会议重申“阿拉伯和平倡议”，并确定相关工作机制。阿巴斯多次访问沙特、阿联酋、巴林等国，海湾国家向巴方提供大量援助。

【同以色列的关系】巴、以于1993～1995年，先后签署《临时自治安排原则宣言》（即“奥斯陆协议”）、《加沙和杰里科先行自治协议》和《扩大巴勒斯坦在约旦河西岸自治范围的协议》。1997年1月，巴以签署了关于以军在希伯伦重新部署的协议，规定以从希伯伦80%的地区撤出。1998年10月，巴以签署了以色列第二阶段从约旦河西岸撤军协议，即“怀伊协议”。1999年11月8日，巴以正式启动最终地位谈判。2000年7月，美、以、巴首脑戴维营峰会无果而终。

2000年9月，由于以利库德集团领导人沙龙强行进入阿克萨清真寺，引发长达4年多的以巴冲突。2003年6月，以巴宣布接受中东和平“路线图”计划，局势逐渐好转。8月，以巴重陷“以暴易暴”，“路线图”搁浅。12月，沙龙提出单方面与巴实施脱离的“单边行动”计划。

2005年阿巴斯出任巴最高领导人后，巴以关系明显改善。2月，以、巴、埃、约领导人在埃及沙姆沙伊赫举行峰会。9月，在埃及等方面的推动以及巴方的积极配合下，以完成从加沙和约旦河西岸部分地区撤离犹太人定居点和军队的“脱离计划”。11月，在美国斡旋下，巴以达成《加沙地区通行进出协议》。

2006年哈马斯执政后，以要求其接受“三项条件”，并对巴进行政治孤立和经济封锁。2007年3月，巴民族联合政府成立，以维持对巴封锁。6月阿巴斯解散联合政府后，以恢复同阿巴斯对话，并成立谈判工作组。11月26日，巴、以参加美主持召开的中东问题国际会议，在会上发表“共同谅解文件”，开始就最终地位问题进行谈判，争取在2008年底前达成全面的和平协议。2008年，巴以双方持续谈判，但未达成和平协议。12月，联合国安理会通过第1850号决议，表示支持巴以继续和谈。12月27日，以方针对哈马斯等武装派别对加沙地带发动大规模军事行动，巴以中止和谈。2009年1月8日，安理会通过第1860号决议，呼吁立即停火。1月18日，以色列与哈马斯分别宣布停火。

2009年3月以新一届政府成立后，表示愿根据“路线图”计划同巴方谈判。但以方坚持扩建定居点的行动引起巴方的强烈不满和国际社会的普遍批评。巴方坚持将全面冻结定居点建设作为恢复巴以和谈的前提。11月，以宣布暂停在约旦河西岸（不包括东耶路撒冷）的定居点建设10个月。2010年5月，巴以在美国主持下开始进行间接谈判。

【同欧盟国家的关系】巴解组织重视发展与欧盟国家的关系，在10多个欧盟国家派驻代表。欧盟国家认为巴未确定边界，且无政府，故在法律上未承认巴国。但不少国家一直与巴解保持着各种形式的联系，并不断向被占区巴人提供物质援助。海湾危机发生后，欧盟国家指责巴解在海湾危机中支持伊拉克。1991年2月6日，欧共体12国外长宣布冻结与巴解和阿拉法特的接触。海湾战争结束后，欧盟国家与巴解关系逐渐恢复。巴、以签署巴自治协议后，欧盟国家开始在巴自治区设代表处或通过驻耶路撒冷总领馆与巴自治政府进行联系，并向巴自治政府提供了大量援助。2005年10月，欧盟委员会向欧洲议会和欧盟部长理事会提出了支持巴勒斯坦的全面中期战略，主要内容包括：支持巴勒斯坦选举、司法制度和法制建设；支持巴民族权力机构改革；改善巴贸易和投资条件；重建约旦河西岸和加沙地带的基础设施等。

欧盟要求哈马斯接受“三项条件”。2007年6月阿巴斯解散联合政府后，欧盟表示支持阿巴斯。11月，法国承办援助巴勒斯坦国际会议。2008年，法国总统萨科齐、英国首相布朗、欧盟负责外交和安全政策的高级代表索拉纳以及法国、德国、英国、西班牙等国外长分别访巴。加沙冲突爆发后，欧盟部长代表团、萨科齐总统分别赴中东地区斡旋。2010年2月，阿巴斯访问法国，寻求欧盟支持巴勒斯坦独立建国。

【同俄罗斯等独联体国家的关系】巴解组织与前苏联关系密切。阿拉法特曾多次访苏。苏联解体后，巴解重视与独联体国家发展关系，宣布承认前苏联15个共和国独立。2003年中东和平计划启动后，俄罗斯积极推动。俄主张同哈马斯接触，引导其向温和、务实方向转变。哈马斯领导人迈沙阿勒于2006年3月和2007年2月访俄。阿巴斯解散联合政府后，俄表示支持阿巴斯合法地位，同时呼吁巴各派通过对话解决分歧。2008年3月，俄外长拉夫罗夫访巴。2008年4月、12月，2010年1月，阿巴斯访俄。俄倡议在莫斯科召开中东问题国际会议，以全面推动中东和平进程。 （吕扬）

巴　林

国名　巴林王国（The Kingdom of Bahrain）。

面积　711.85平方公里（由40个岛屿组成）。

人口　104.7万（2007年）。巴林籍人占51%，其他为印度、巴基斯坦、孟加拉、伊朗、菲律宾和阿曼人。阿拉伯民族。官方语言为阿拉伯语，通用英语。85%的居民信奉伊斯兰教，其中什叶派占70%，逊尼派占30%。其余信奉基督教、犹太教。

首都　麦纳麦（Manama），人口20.9万。

国家元首　国王哈马德·本·伊萨·阿勒哈利法（Hamad Bin Isa Al-Khalifa），1999年3月6日即位埃米尔，2002年2月14日，埃米尔殿下改称国王。

重要节日　国庆日：12月16日。

简　况

位于波斯湾西南部的岛国。界于卡塔尔和沙特阿拉伯之间，属热带沙漠气候，夏季炎热、潮湿，7～9月平均气温为35℃。凉季温和宜人，11月至次年4月气温在15℃～24℃之间。年平均降水量77毫米。

公元前3000年即建有城市。公元前1000年腓尼基人到此。公元7世纪成为阿拉伯帝国的一部分，隶属巴士拉省。1507～1602年被葡萄牙人占领。1602～1782年处于波斯帝国统治之下。1783年宣告独立。1880年沦为英国保护国。1971年8月15日宣布独立。

政　治

君主立宪制王国，禁止政党活动。国家元首由哈利法家族世袭，掌握政治、经济和军事大权。

1999年3月6日，哈马德继任埃米尔。2002年2月14日，巴林国更名为巴林王国。2009年，巴林政局保持稳定，政治改革循序推进，经济发展平稳。

【宪法】独立后第一部宪法于1973年6月2日颁布，同年12月开始生效。2001年2月，巴林举行全国投票，以98.4%的支持率通过了《民族宪章》。2002年2月14日，颁布新宪法，规定改国名为巴林王国；埃米尔改称国王；成立两院制议会，司法独立，实行三权分立等。

【议会】1973年成立国民议会，1975年被解散。哈马德国王继位后，决定恢复议会民主。2002年10月，巴林成立由众议院和协商会议组成的两院制国民议会。众议院由40名直选议员组成，议长由议员选出；协商会议由国王任命的40名议员组成，议长由国王任命。两院议员任期均为4年，期满可连任。本届众议院和协商会议组成于2006年12月，众议长哈立德·本·艾哈迈德·阿勒道赫拉尼（Khalid Bin Ahmed Al-Dhahrani），协商会议主席阿里·本·萨利赫·阿勒萨利赫（Ali bin Saleh Al-Saleh）。

【政府】本届政府于1975年8月25日组成，后虽多次调整，但国防、财政、贸易、石油等要害部门大臣基本未动。主要成员是：首相哈利法·本·萨勒曼·阿勒哈利法（Khalifa Bin Salman Al-Khalifa），副首相穆罕默德·本·穆巴拉克·阿勒哈利法（Mohammed Bin Mubarak Al-Khalifa），副首相阿里·本·哈利法·阿勒哈利法（Ali Bin Khalifa Al-Khalifa），副首相加沃德·阿拉耶德（Jawad Al Arrayed），外交大臣哈立德·本·艾哈迈德·本·穆罕默德·阿勒哈利法（Khalid Bin Ahmed Bin Mohammed Al-Khalifa），内政大臣拉希德·本·阿卜杜拉·阿勒哈利法（Rashid Bin Abdullah Al-Khalifa），国防大臣哈利法·本·艾哈迈德·阿勒哈利法（Khlifa Bin Ahmed Al-Khalifa），财政大臣艾哈迈德·本·穆罕默德·阿勒哈利法（Ahmed bin Mohammed Al-Khalifa）。

【行政区划】全国分为5个省，分别是首都省、穆哈拉克省、北方省、中部省和南方省。

【重要人物】哈马德·本·伊萨·阿勒哈利法：国王。1950年1月28日生于麦纳麦。曾在英、美军事学院读书，创建了巴林国防军。1964 年被封为王储，其后兼任武装部队总司令。1971 年巴林独立后任国防大臣。1999 年 3 月 6 日继位，成为巴林第十一任埃米尔，2002 年 2 月 14 日改称国王。 **哈利法·本·萨勒曼·阿勒哈利法**：首相。1936 年出生，国王哈马德之叔。1957 年任教育委员会主席。1959 年任政府秘书长。1960 年任财政大臣。1966～1970 年主持国家行政委员会工作。1970 年任国务委员会主席。1973 年被任命为首相。曾于 2002 年 5 月访华、2008 年 11 月出席南京第四届“世界城市论坛”。 **萨勒曼·本·哈马德·阿勒哈利法**（Salman Bin Hamad Al-Khalifa）：王储。哈马德国王长子。1969 年 10 月 21 日出生。1992 年获美国华盛顿大学政治学学士学位。1994 年获英国剑桥大学历史哲学硕士学位。1995 年被任命为副国防大臣。1999 年 3 月 9 日被立为王储，同年 3 月 22 日被任命为巴林武装部队副总司令。在国王哈马德或首相哈利法出国期间任代国王或代首相，并主持内阁工作。

经　济

海湾地区最早开采石油的国家，奉行自由经济政策，是海湾地区银行和金融中心。1995 年加入世界贸易组织。巴林奉行自由经济政策，注重经济多元化发展，建立了炼油、石化、铝制品工业，大力发展金融业、银行业、城市建设、房地产开发和旅游业，已成为海湾地区银行和金融中心。2009 年主要经济数据如下（数据来源：经济季评）：

国内生产总值（GDP）：206 亿美元。

人均 GDP：19430 美元。

GDP 增长率：－5.97％。

货币名称：巴林第纳尔（Bahraini Dinar）。

汇率：1 美元＝0.376 巴林第纳尔。

外汇储备：39 亿美元。

【资源】已探明石油储量 2200 万吨，天然气储量 1182 亿立方米。

【工业】主要有石油和天然气开采、炼油和炼铝业、船舶维修等。2008 年石油产量约 912 万吨，炼油量约 131 万吨，天然气产量约 152 亿立方米，铝产量约 87 万吨。

【农业】预计可耕地面积 1.1 万公顷，约占全国总面积的 15.5％，目前实际种植面积约 4766 公顷。农业人口约占劳动力总人口的 1.5％。农业对国内生产总值的贡献率为 0.73％，粮食主要靠进口，本地农产品的供给量仅占巴林食品需求总量的 6％。主要农产品有水果、蔬菜、家禽、海产品等。

【交通运输】境内无铁路。首都和主要城镇有公路相连，各级公路总长 3200 多公里。巴林和沙特之间由长达 25 公里的法赫德国王大桥相连。萨勒曼深水港有 14 个泊位、2 个集装箱轮泊位和一个滚装轮泊位，可停泊 6 万吨级轮船。

巴林是连接东西方的空中交通枢纽，有 5 个机场。2008 年巴林国际机场客运量为 875.81 万人次，货物和邮件运量为 36.8 吨，飞机起落 10.12 万次。

【通讯】1969 年巴林开通中东地区第一个卫星地面站。目前，巴林拥有 4 个卫星地面站，与国际卫星组织及阿拉伯卫星组织的卫星相连。1981 年巴林政府从英国人经营的电信公司中取得 60％ 的股权，并把公司改组为巴林电信公司。此外，还有巴林有线无线通讯公司等电信公司。

【财政金融】金融业发达，享有中东地区金融服务中心的美誉。目前，有 400 多家地区及国际金融服务机构在巴林设立办事处，各国银行在巴林总资产达 855 多亿美元。2008 年巴林股市共有上市公司 51 家，市值 201 亿美元，成交额约 21 亿美元。

【对外贸易】主要进口原油、机械、化工产品；主要出口石油产品、天然气和铝锭。主要进口来源国：沙特、美国、日本、英国、德国；主要出口目的国：美国、印度、沙特、韩国、日本。2008 年外贸总额 316 亿美元，进口额 170 亿美元，出口额 146 亿美元。

人民生活

2009 年人均国内生产总值为 19430 美元。全国实行免费医疗，居民卫生服务普及率达 100％，人均寿命 73 岁。有公立医院 8 所，私立医院 9 所，医疗中心 41 所，医护人员 2000 余人，另有一所军事医院。

军　事

执行海湾合作委员会统一的防御政策。哈马德国王任国防军最高统帅及武装部队总司令，萨勒曼王储任武装部队副总司令。实行志愿兵役制。武装部队总兵力 11800 人，其中陆军 8500 人，海军 1000 人，空军 1500 人，国民卫队等其他人员 800 人。另有半军事化部队约 9250 人，其中警察 9000 人，海岸警卫队 250 人。警察有 5 架直升机。巴林是美国第五舰队司令部所在地。

文化教育

【教育】实行免费教育和普及 9 年一贯制的中等教育制度。教育宗旨是普及和完善教育种类，提高教学水平。巴林大学和阿拉伯海湾大学（由海湾合作委员会资助）分别于 1978 年和 1987 年建成开学。此外还有一所成人教育中心。巴林文盲率为 4.9％，15 岁至 25 岁青年受教育率达 99％，为中东海湾地区受教育程度较高的国家。

【新闻出版】全国共有报纸 13 种，主要报纸有：《海湾日报》（英、阿文），《光明日报》（阿文），《巴林湾日报》（阿文），《海湾每周镜报》（英文），《天天报》（阿文），《海湾消息报》（英文）等。

巴林广播电台 1955 年开始播音，用阿拉伯语和英语广播。有 4 个波段。

巴林电视台共有 3 个频道，其中两个阿拉伯语频道，一个英语频道。

对外关系 奉行中立不结盟政策，主张加强海湾国家之间的团结与合作。巴林系联合国、阿拉伯国家联盟和海湾合作委员会的成员国。目前已同156个国家建立了外交关系。

【对当前重大国际问题的态度】伊朗核问题：认为伊朗有和平利用和发展核能的权利，但一切核活动应置于国际原子能机构的有效监管下，并确保限于民用。对伊核问题升级表示担忧，强调该问题应通过联合国安理会及国际原子能机构的调解得到最终和平解决。主张中东海湾地区无核化。

伊拉克问题：认为一个统一、稳定、拥有主权的伊拉克是中东地区实现和平的基础。主张联合国在伊问题上发挥主导作用。支持伊政府为实现民族和解采取的措施。

中东问题：支持中东和平进程，主张全面、公正、持久地解决阿以争端。要求以色列全面执行联合国有关决议，归还阿拉伯国家被占领土。主张建立巴勒斯坦国。

反恐问题：认为恐怖主义是对国际和平与安全的最大威胁，谴责任何形式的恐怖主义。支持国际社会反恐行动，但认为打击恐怖主义特别是采取军事行动不应伤及无辜，同时必须解决产生恐怖主义的根源。支持沙特关于建立国际反恐中心的倡议，愿意将有关机构设在巴林。

联合国安理会改革问题：支持联合国改革，认为安理会扩大应切实考虑广大中、小发展中国家利益，照顾阿拉伯和伊斯兰国家代表权，希通过改革提高安理会工作效率，增加透明度。认为改革方案应遵循协商共识原则，不赞成仓促行事或强行表决。

【同中国的关系】1989年4月18日中国和巴林建交。建交后，双边关系发展顺利，各领域友好合作逐步展开。

2009年，中巴友好关系进一步发展，双方在政治、经贸、军事、文化、新闻等领域合作成果显著。2009年4月18日是中巴建交20周年纪念日，国家主席胡锦涛、外交部长杨洁篪分别与巴林国王哈马德、外交大臣哈立德互致贺电，两国使馆分别举办了庆祝招待会。巴林国防国务大臣穆罕默德、巴林国家安全局局长哈利法分别访华。

受国际金融危机影响，2009年中巴贸易额为6.87亿美元，同比下降12.7%，其中中国出口4.75亿美元，同比下降27.4%，主要出口产品是机电产品、纺织品、服装、食品等；中国进口2.1亿美元，同比增长60.9%，主要进口产品是未锻造的铝及铝材、液化石油气、棉纱线等。截至2009年底，巴林在华投资11个项目，实际使用额1427万美元。中国在巴林投资额为87万美元。中国公司在巴林累计签订工程承包和劳务合作合同额2.3亿美元，完成营业额1.5亿美元。中国在巴林有309名外派人员。

中国驻巴林王国大使：杨伟国。馆址：58，Road 4156（JUFAIR AVENUE），BLOCK 341 MANAMA，BAHRAIN。电话：00973－17723800，17723900。传真：17727034。

巴林驻华大使：贝碧·赛义德·沙拉夫·阿拉维（BIBI SAYED SHARAF AL-ALAWI）。馆址：北京市朝阳区亮马桥外交公寓10－06。电话：010－65326483，65326485。传真：65326393。

【同美国的关系】巴林、美国关系密切，巴林系美国非北约盟国。美国是巴林重要贸易伙伴。1999年2月，巴美签署两国投资保护协定，巴林成为与美国签署类似协定的第一个海湾国家。2004年9月，巴林美国正式签署自由贸易协定，2006年8月1日起实施。2009年，巴林王储萨勒曼、外交大臣哈立德分别访美，美国助理国务卿、中东问题特使、巴基斯坦及阿富汗问题特使等多次访问巴林。

【同阿拉伯国家的关系】2009年，巴林同阿拉伯国家的关系续有发展。大力巩固同地区国家关系，积极推动海湾合作委员会一体化进程。参与调解巴以等地区问题，提出解决巴以问题的新倡议，呼吁阿拉伯国家重视与以色列的沟通，宣传阿拉伯国家和平意愿。

【同发展中国家的关系】2009年，巴林外交东向趋势明显，着力发展与东亚国家的关系。巴林首相哈利法访问泰国、菲律宾。马来西亚总理、菲律宾总统、泰国国民大会主席等相继访巴林。6月，巴林主办海湾合作委员会与东盟外长会议，呼吁海湾合作委员会与东盟建立伙伴关系。（陈然然）

不　丹

国名　不丹王国（The Kingdom of Bhutan）。

面积　3.8万平方公里。

人口　671083人（2008年）。人口增长率约为1.24%。不丹族约占总人口的50%，尼泊尔族约占35%，其余15%为少数民族或移民。不丹语“宗卡”为官方语言。藏传佛教噶举派（白教）为国教，尼泊尔族居民信奉印度教。

首都　廷布（Thimphu），人口42465（2005年）。

国家元首　国王吉格梅·凯萨尔·纳姆耶尔·旺楚克（Jigme Khesar Namgyel Wangchuck），2006年12月9日登基，2008年11月6日加冕。

重要节日　国庆日（12月17日，第一任国王乌金·旺楚克登基日）、国王诞辰（2月21日）、加冕日（11月6日）。

简　况

位于喜马拉雅山脉东段南坡，其东、北、西三面与中国接壤，南部与印度交界，为内陆国。北部山区气候寒冷，中部河谷气候较温和，南部丘陵平原属湿润的亚热带气候。

公元7世纪起为吐蕃王朝属地，9世纪成为独立部落。12世纪后，藏传佛教竺巴噶举派逐渐成为执掌世俗权力的教派。18世纪后期起遭英国入侵。1907年建立不丹王国。1910年1月，同英国签订《普那卡条约》。1949年8月，同印度签订《永久和平与友好条约》。1961年以来，不丹国王多次公开表示要保持国家的主权和独立。1971年加入联合国，1973年成为不结盟运动成员，1985年成为南亚区域合作联盟成员。2007年2月，同印度签署经修订的《不印友好条约》。

政　治

1998年，第四世国王吉格梅·辛格·旺楚克不再兼任政府首脑，将政府管理权移交给大臣委员会。2001年，成立宪法起草委员会，启动制宪工作。2006年，第四世国王吉格梅·辛格·旺楚克让位于其子吉格梅·凯萨尔·纳姆耶尔·旺楚克。2007年12月，举行首次国家委员会（上院）选举。2008年3月，举行首次国民议会（下院）选举，标志着不丹开始向君主立宪制转变。2008年7月，不丹颁布首部宪法。

【议会】实行两院制，由国王、国家委员会（上院）、国民议会（下院）组成，拥有立法权。上院由25名议员组成，均为非党派人士，其中20名由各宗选举产生，其余5名由国王任命知名人士担任。下院由47名议员组成，由选民直接选举产生。两院议员任期5年。2007年12月，产生首届国家委员会（上院）。2008年3月，产生首届国民议会（下院），组成为：繁荣进步党（Druk Phuensum Tshogpa）45席，人民民主党（People's Democratic Party）2席。现任国民议会议长吉格梅·楚提姆（Jigme Tshultim）。根据不丹宪法，经三分之二议员同意，议会有权对国王提出退位动议。如动议获议会四分之三投票通过，则应举行全民公投以简单多数决定国王是否退位。国王在位年限不得超过65岁。

【政府】根据不丹宪法，在国民议会选举中获多数议席的政党领导人将由国王任命担任首相，负责组阁。首相任期不得超过两届，各政府部门大臣人选通过首相推荐由国王任命。经1/3以上议员同意，国民议会可对政府提出不信任动议，如动议获国民议会2/3以上投票通过，则国王有权解散政府。2008年3月，繁荣进步党在首次大选中赢得压倒性胜利。4月9日，该党主席吉格梅·廷里（Jigmi Thinley）就任首届民选政府首相。11日，新政府10位大臣就职，包括：工程与人员安置大臣益西·金巴（Yeshey Zimba）、经济大臣坎杜·旺楚克（Khandu Wangchuk）、财政大臣旺迪·诺布（Wangdi Norbu）、外交大臣乌金·策林（Ugyen Tshering）、卫生大臣藏莱·杜克帕（Zangley Dukpa）、内政与文化大臣明朱尔·多尔吉（Minjur Dorji）、教育大臣塔库尔·鲍德耶尔（Thakur S Powdyel）、农业大臣佩玛·嘉措（Pema Gyamtsho）、信息与通讯大臣南达拉尔·拉伊（Nandalal Rai）及劳动与人力资源大臣多尔吉·旺迪（Dorji Wandi）。

政府还设有11个直属机构：皇家文官委员会、国家计划委员会、国家环境委员会、国家劳动局、皇家货币局、国家技术培训局、皇家管理学院、法律事务局、不丹研究中心、地方发展委员会、国家文化事务委员会。

【行政区划】全国划分为4个行政区、20个宗（县）。

【高等法院】为最高司法机构，但国王拥有最高司法权力，包括受理最高上诉案件。高等法院于1968年在廷布设立，包括首席法官在内共有8名法官，其中2名由国民议会选出，任期5年；其余由国王指派，任期由国王决定。各宗设有地方法院，由国王任命的宗长和地方法官负责处理地方诉讼案件。现任首席大法官为索南·多杰（Sonam Tobgye）。

【寺院团】是宗教事务的唯一仲裁机构，由中央寺院团和地方寺院团组成。全国约有5000名僧人，享受政府提供的财政资助。坎布为最高宗教领袖，由寺院选举并经国王批准的一名高僧担任，享有穿着与国王同样颜色披肩的特殊权力。坎布下有4名大僧人辅助。

【政党】现有繁荣进步党（Druk Phuensum Tshogpa）和人民民主党（People's Democratic Party）两个政党。繁荣进步党2007年成立，主席为现任首相吉格梅·廷里，现为执政党，占国民议会（下院）47席中的45席。人民民主党2007年成立，主席为策林·托杰（Tshering Tobgay），现为在野党，占国民议会（下院）47席中的2席。

【重要人物】吉格梅·凯萨尔·纳姆耶尔·旺楚克：国王。1980年2月21日生，曾留学英国、印度。2004年10月任通萨宗宗长。2006年12月继位，成为旺楚克王朝第五世国王。2008年11月加冕。**吉格梅·廷里：**首相。1952年生。曾留学美国、印度。1998～2003年任外交大臣，1998～1999年轮任首相。2003～2007年任内政和文化大臣，2003～2004年再次轮任首相。2007 年 7 月，加入繁荣进步党。2008 年 4 月 9 日就任首相。

经　济

农业是不丹的支柱产业。20 世纪 50 年代实行土地改革后，98% 以上的农民拥有自己的土地、住房，平均每户拥有土地 1 公顷多。粮食基本自给。2008 年，农业约占 GDP 的 18.7%，同比增长 2.5%。农业人口占总就业人口的 66.6%。

第二、三产业近年来发展较快，2008 年分别占 GDP 的 41.6% 和 39.7%，同比增长 2% 和 9.5%。水电资源丰富并向印度出口，水电及相关建筑业已成为拉动经济增长的主要因素。

2004～2008 年，GDP 年均增长 9.2%，其中第三产业发展最快，其次分别为制造业、电力和建筑业。通货膨胀率控制在 6% 左右。2002 年开始，制造业和服务业率先对外资开放，外资控投最高可达 70%。

不丹 1961 年起开始实行经济发展的“五年计划”，并从印度、瑞士、联合国开发计划署等国家和国际组织获得经济援助。十五计划（2008～2013 年）预计总投资约 1480 亿努扎姆，同比增长 111.4%，主要目标是进一步贯彻“国民幸福总值”（Gross National Happiness，GNH）理念，保持 9% 左右的经济增长率，到 2013 年使贫困率由 2007 年的 23.3% 降至 15%，实现经济和环境、社会、文化均衡可持续发展。

不丹为最不发达国家之一。2009 年，在联合国开发署发表的全球人类发展报告中，不丹排名第 132 位。2008 年主要经济数据如下：

国内生产总值（GDP）：379.6 亿努（约合 9.17 亿美元）。

人均 GDP：56571 努（约合 1366 美元）。

增长率：5%。

货币名称：努扎姆（Ngultrum），简称努（NU.），与印度卢比等值。

汇率（平均值）：1 美元≈41.4 努。

通货膨胀率：5.15%。

失业率（2007 年）：3.7%。

【资源】有白云石、石灰石、大理石、石墨、石膏、煤、铅、铜、锌等矿藏。水力资源丰富。水电资源蕴藏量约为 3 万兆瓦，目前仅约 1.5% 得到开发利用。森林覆盖率约为 72.5%，其中 26% 为自然保护区。物种丰富，每万平方公里上有植物 3281 种。

【工业】2008 年，工业（包括采矿、电力、建筑业和制造业）总产值 163.86 亿努，增长 52.8%，占 GDP 的 43.3%。建筑业产值 44.9 亿努，增长 5.7%，占 GDP 的 13.5%。制造业产值 22.1 亿努，增长 5.8%，占 GDP 的 6.4%。近年来，对印电力出口带动不丹水电站建设，电力行业逐渐成为经济支柱之一。2008 年水电产值 96.86 亿努，增长 120.8%，占 GDP 的 23.4%。

【农牧林业】可耕地面积占国土总面积的 16%，主要农作物有玉米、稻子、小麦、大麦、荞麦、马铃薯和小豆蔻。畜牧养殖较普遍。主要树种有婆罗双树、橡树、松树、冷杉、云杉、桦树等，以丰富的名木花草闻名遐迩。盛产水果。苹果、柑橘等大量向印度和孟加拉国出口。

【旅游业】不丹外汇的重要来源之一。1974 年开始对外开放旅游业，但控制较严，一般只接受团体旅游。出于环保考虑，对境外游客每人每天收取 165 至 200 美元的最低消费费用。1987 年 7 月起，寺院、宗教圣地不对外开放。每年 3～6 月、9～12 月是旅游旺季，游客主要来自美国、日本、德国和法国等地。2008 年，入境游客 27636 人次，旅游收入 3883 万美元。

【交通运输】截至 2008 年，公路总里程 5363.1 公里，拥有机动车辆 40659 辆。山区仍以马、牛、骡为主要运输工具。河流众多但湍急，无法航行。

帕罗机场是不丹唯一机场，距首都廷布 65 公里。航空公司有不丹航空公司（Druk Air Corporation），成立于 1983 年 2 月，航线包括从帕罗至新德里、加尔各答、加德满都、达卡、曼谷和仰光，无国内航线。2008 年载客量 11.9165 万人次。2006 年，不丹与印度、泰国和孟加拉国分别签署关于加强航空联系的谅解备忘录。

【通讯邮政】不丹电信公司 1999 年 1 月成立。1999 年，不丹建成全国计算机互联网，拥有自己的域名后缀 .bt，并成立因特网服务商 Druknet。截至 2008 年，共有固定电话 27937 部，手机 178346 部。

【财政金融】每年 7 月 1 日至次年 6 月 30 日为一个财政年度。2007/2008 财年，不丹国家总收入 204.81 亿努，同比增长 27.3%，其中外来援助 83.325 亿努，同比增长 38.9%。总支出 222.227 亿努，同比增长 40.7%。财政赤字 17.417 亿努。外汇储备 6.45 亿美元。2007/2008 财年外债 7.799 亿美元（其中 55% 为印度卢比债务），同比增长 7.6%。2008/2009 财年预算支出 249.611 亿努。

主要金融机构有皇家货币局（Royal Monetary Authority）、不丹银行（Bank of Bhutan）等。皇家货币局成立于 1982 年，是不丹的中央银行，负责制定和执行政府的货币政策，代表政府办理外币存款业务。不丹银行成立于 1968 年，属国家商业银行，一度与印度国家银行合办。2002 年，印度国家银行将管理权移交给不丹，持股份额也由 40% 降至 20%。

作为不丹私有化进程的里程碑，1996 年不丹政府允许金融部门公开发行股票，并与亚洲开发银行和花旗银行签署协定，允许它们购买不丹国家银行（Bhutan National Bank）不超过40%的股份。

【对外贸易】对外贸易主要在南盟成员间进行。印度是最大贸易伙伴，与不丹签有自由贸易协定。2008年，不丹进口额234.951亿努，出口额225.906亿努。不丹对印进、出口额分别占总进、出口额的79%和95%。其他主要贸易伙伴有香港、印尼、新加坡、孟加拉国、泰国等。其中，不丹与孟加拉国之间签有优惠贸易协定。

主要出口产品为电力、化学制品、木材、加工食品、矿产品等。主要进口产品为燃料、谷物、汽车、机械、金属、塑料等。

不丹于1998年成为WTO的观察员，现申请成为正式成员。

【外国援助】不丹经济建设严重依赖外国和国际组织援助。2007/2008财年，不丹接受外援59.319亿努，同比增长17.4%。其中，印度是最大援助方，2007/2008财年援助额为46.711亿努，其次为丹麦（4.625亿努）、联合国开发计划署（6380万努）。此外，不丹还接受来自奥地利、荷兰、瑞士、亚洲开发银行、世界银行等方面的援助。

人民生活

截至2008年1月，全国共有贫困人口（月收入低于1096努）14.61万人，占总人口23.2%，其中农村人口贫困率为30.9%，城市人口贫困率1.7%。实行免费医疗，享受基础医疗的人口超过90%，人均寿命66.1岁。有各类医疗机构657家，其中医院29家，从业人员1258人。婴儿死亡率为每千人40人。不丹人口中，14岁以下的占33.1%，15～64岁的占62.3%，65岁以上占4.6%。1998年，不丹在日内瓦建立世界首个健康信托基金，保证提供基础医疗用的疫苗和基本药物。不丹传统医学来源于藏医药学，至今仍广泛使用。2004年底起，全国范围内实行禁烟。

军　事

武装力量主要由皇家陆军（包括皇家卫队）和皇家警察组成，实行义务兵役制，国王是武装力量最高统帅。皇家陆军于1963年由民兵武装组织改编组建，兵力约9000人（2007年）。现任首席作战指挥官是巴图·泽林中将。皇家卫队正式组建于1961年，主要负责皇室成员的安全保卫工作。皇家警察正式成立于1965年，隶属不丹内政与文化部，主要职能是维护社会治安并担负边界警卫和消防任务。不丹的全部军费、大部分装备和给养由印度提供。

文化教育

【教育】2009年，全国有各类学校1651所，教员8418名，在校学生197832名，适龄儿童入学率为92%。国民识字率约为53%（2005年）。2003年6月建立第一所大学不丹皇家大学。1961年起学校实行双语制，不丹语“宗卡”为必修课。强调职业技术教育，以适应社会需要。射箭和摔跤为不丹传统民族体育项目。

【新闻出版】不丹政府设有不丹新闻与广播机构，负责全国广播、电视事务。1973年，成立不丹广播公司，用不丹语、英语、尼泊尔语等广播。1999年，不丹广播公司开通电视服务。《昆色尔》为不丹国家报纸，并在互联网上更新。2006年，两份私人报纸《不丹时报》和《不丹观察家报》开始发行。另有《德鲁克·洛塞尔》季刊，用宗卡、英语和尼泊尔语出版。

对外关系

以维护独立和主权、实现经济自力更生为对外政策的两大主要目标。主张大小国家一律平等，奉行不结盟政策，在和平共处基础上同所有国家发展友谊和合作，特别是同邻国友好相处。已同印度等24个国家及欧盟建立外交关系，在纽约和日内瓦设有常驻联合国代表处，在印度、孟加拉国、科威特和泰国设有使馆，在14个国家设有15位名誉领事。印度和孟加拉国在不丹设有使馆。

1971年加入联合国，目前是约75个国际组织的成员国。

【同中国的关系】中国与不丹迄未建交，但两国关系一直友好，边境地区总体保持和平与安宁。1984年至今，两国共举行19轮边界会谈。1998年，双方签署首个政府间协定《关于在中不边境地区保持和平与安宁的协定》。2009年10月，不丹第五世国王分别给胡锦涛主席、吴邦国委员长、温家宝总理发来亲笔贺信，对新中国建国六十周年表示祝贺。2010年1月，外交部部长助理胡正跃赴不丹举行中不第十九轮边界会谈。4月，外交部副部长王光亚赴不丹出席第十六届南盟峰会。

中不2009年双边贸易额为420万美元，同比下降50.8%。

【同印度的关系】不丹与印度关系密切。不丹与印度实行开放边界，自由通商。印度是不丹最大的贸易伙伴、援助国和债权国。1949年8月8日，不印签订《永久和平与友好条约》。1968年，不印正式建交。2007年2月，不丹第五世国王吉格梅·凯萨尔·纳姆耶尔·旺楚克访印，双方签署经过修订的《不印友好条约》，删除“不丹在外交关系上接受印度指导”的条款，确定不印之间相互尊重独立、主权和领土完整。2009年6月，不丹首相吉格梅·廷里访印，印度外长克里希纳访问不丹。12月，不丹第五世国王访印。

【同南亚其他国家的关系】不丹同南亚所有国家建立了外交关系，来往日益增多。不丹是南亚区域合作联盟（南盟）成员，积极主张加强南亚区域合作。2004年，不丹加入“环孟加拉湾多领域经济技术合作倡议”（BIMSTEC）。2010年4月，不丹主办第十六届南盟峰会。

【同南亚以外国家的关系】1985年，不丹开始发展跨地区外交，已同荷兰、丹麦、瑞典、瑞士、挪威、日本、芬兰、韩国、奥地利、泰国、巴林、澳大利亚、新加坡、加拿大等24国和欧盟建交。

（庄乐坤）

朝 鲜

国名 朝鲜民主主义人民共和国（Democratic People's Republic of Korea）。

面积 12.3万平方公里。

人口 2405万（2008年）。单一民族，通用朝鲜语。

首都 平壤（Pyongyang），人口约300万，面积2629.4平方公里，下设19个区，4个郡。年均气温9.7℃。

国家元首 最高领导人金正日（Kim Jong Il），朝鲜劳动党总书记、国防委员会委员长、朝鲜人民军最高司令官。

重要节日 朝鲜最高领导人金正日诞辰日：2月16日；太阳节（前国家主席金日成诞辰日）：4月15日；建军节：4月25日；国庆节：9月9日；朝鲜劳动党建党纪念日：10月10日。

简 况

位于亚洲大陆东北部朝鲜半岛北半部，北部与中国有1334公里的边界线，东北与俄罗斯略有接壤。属温带季风气候，年均气温8℃～12℃，年均降水量1000～1200毫米。

1910～1945年，朝鲜半岛沦为日本殖民地。1945年8月日本投降，苏美军队分别进驻半岛北南部。1948年9月9日，半岛北半部建立朝鲜民主主义人民共和国，金日成长期担任最高领导人。1994年金日成逝世后，其子金正日接班。

政 治

以“主体思想”、“先军思想”作为国家活动的指导方针，实行中央集权制。最高领导人为朝鲜劳动党总书记、国防委员会委员长、朝鲜人民军最高司令官金正日。2009年元旦，朝鲜《劳动新闻》、《朝鲜人民军》和《青年前卫》发表联合社论，号召全体军民以“千里马运动”精神，在国家建设的各条战线上掀起新的历史性飞跃的革命大高潮，为2012年打开强盛大国之门奠定基础。3月8日，朝鲜举行第12届最高人民会议代议员选举。4月9日，朝鲜举行最高人民会议第12届1次会议，再次推举金正日为国防委员会委员长。2010年4月，朝鲜举行最高人民会议第12届2次会议，审议并通过《2009年内阁工作总结和2010年工作任务》、《2009年国家财政预决算及2010年财政预算》和《关于修改朝鲜社会主义宪法部分条文》的法令。6月，朝鲜举行最高人民会议第12届3次会议，选举崔永林为内阁总理，张成泽为国防委员会副委员长，将副总理由5名增至8名。

【宪法】1972年，颁布《朝鲜民主主义人民共和国社会主义宪法》，1992年和1998年两次修订。2009年4月，最高人民会议十二届一次会议通过新的宪法修正案。新宪法首次写入“先军思想”和“先军革命路线”，将“先军思想”与“主体思想”一并定为国家活动指导方针。新增“国防委员会委员长”一节，规定国防委员会委员长为国家最高领导人。国防委员会委员长任期5年，指挥统率国家一切武装力量，主要任务和职责包括：全面领导国家各项事业；直接指导国防委员会工作；任免国防部门重要干部；批准或废除与其他国家间的重要条约；行使特赦权；宣布国家非常状态和战时状态及动员令等。

【议会】称最高人民会议，是国家最高主权机关。议员由选举产生，每届任期5年。常设机构为最高人民会议常任委员会。常任委员会委员长代表国家，与外国元首互致贺电、贺信，接受外国使节递交的国书。2009年3月，朝选举产生第12届最高人民会议代议员687名，4月举行最高人民会议第12届1次会议。委员长金永南、副委员长杨亨燮、金英大，名誉副委员长金英柱，议长崔泰福、副议长金完洙、洪善玉。2010年4月、6月，朝鲜举行最高人民会议第12届2次、3次会议。

【国防委员会】国防委员会是国家最高国防领导机关，由最高人民会议选举产生，向最高人民会议负责，每届任期5年。国防委员会委员长是国家最高领导人，指挥统率国家一切武装力量，全面领导国家各项事业，任期5年。现任委员长金正日，第一副委员长赵明禄，副委员长金永春、李永茂、吴克烈、张成泽。国防委员会委员全炳浩、金镒哲、白世峰、朱霜成、俞东侧、朱奎昌、金正阁。

【政府】称内阁，国家最高主权的行政执行机关，每届任期5年，设有37个省、委、部、局。现任内阁主要成员有：总理崔永林，副总理卢斗哲

（兼国家计划委员会委员长）、朴秀吉（兼财政相）、康能洙、金乐姬、李泰南、全河哲、赵炳柱（兼机械工业相）、韩光复（兼电子工业相）。外务相朴义春、国家计划委员会委员长卢斗哲、电力工业相许泽、煤炭工业相金衡植、采掘工业相姜闵哲、原油工业相金熙英、金属工业相金泰峰、机械工业相赵炳柱、电子工业相韩光复、建设建材工业相董正浩、铁道相全吉洙、陆海运相罗东熙、农业相金昌植、化学工业相李茂英、轻工业相安贞秀、食品日用工业相赵英哲、贸易相李龙男、林业相金光容、水产相朴泰元、城市经营相黄鹤元、国土环境保护相金昌龙、国家建设监督相裴达俊、商业相金奉哲、收购粮政相文映朝、教育相金勇镇、递信相柳永燮、文化相安东春、财政相朴秀吉、劳动相郑永洙、保健相崔昌植、国家监察相金义淳、国家科学院长张哲、体育相朴明哲、中央银行总裁李光昆、中央统计局长金昌洙、内阁事务局长金永浩、首都建设部长金应官。

【行政区划】全国划分为9个道、1个直辖市、1个特别市，分别为平安南道、平安北道、慈江道、两江道、咸镜南道、咸镜北道、江原道、黄海南道、黄海北道、平壤直辖市、罗先特别市。

【司法机构】审判机关有中央裁判所、道（直辖市）裁判所、人民裁判所（基层法院）和特别裁判所。中央裁判所是国家最高审判机关，所长由最高人民会议选举产生，任期5年。现任所长金炳律，2009年4月任职。

检察机关有最高检察所，道（直辖市）、市（区）郡检察所和特别检察所。最高检察所是国家最高检察机关，所长由最高人民会议任命，任期5年。现任所长张炳奎，2010年4月任职。

【政党和团体】朝主要政党有：

（1）朝鲜劳动党：执政党。前身为北朝鲜共产党，成立于1945年10月10日，1946年8月28日与朝鲜新民党合并为朝鲜劳动党，1949年6月29日与南朝鲜劳动党合并。现有党员400多万。该党目标是实现“全社会主体思想化，建设共产主义社会”。总书记金正日。

（2）朝鲜社会民主党：原名朝鲜民主党，成立于1945年11月3日，由反对日本殖民统治的中小企业家、商人、手工业者、农民和基督徒组成。1981年改称现名，党员3万多人。委员长金英大，1998年8月当选。

（3）天道教青友党：成立于1946年2月8日，主要由信奉天道教的农民组成。委员长刘美英，1993年7月当选。

此外，朝鲜还有祖国统一民主主义战线、祖国和平统一委员会等社会团体、组织。

【重要人物】**金正日：**朝鲜最高领导人，朝鲜劳动党总书记、国防委员会委员长、朝鲜人民军最高司令官。1942年2月生。1960～1964年在金日成综合大学学习。1964年起在朝鲜劳动党中央委员会工作。1973年9月当选党中央书记，翌年2月当选党中央政治委员会委员。1980年10月在朝鲜劳动党六大上当选党中央政治局常委、书记局书记和党中央军事委员会委员。1990年5月任国防委员会第一副委员长。1991年12月任朝鲜人民军最高司令官。1992年4月获朝鲜民主主义人民共和国元帅称号。1993年4月任国防委员会委员长。1997年10月出任朝鲜劳动党总书记。1998年9月、2003年9月和2009年4月连续被推举为国防委员会委员长。　**金永南：**朝鲜最高人民会议常任委员会委员长。1928年生。1961年任朝鲜劳动党中央国际部副部长。1963年9月任外务省副相。1970年当选劳动党中央委员。1972年任党中央国际部部长。1974年当选党中央政治委员会候补委员，1978年升任委员，1980年当选党中央政治局委员、书记局书记。1983年12月任副总理兼外交部长。1998年9月、2003年9月和2009年4月三次当选最高人民会议常任委员会委员长。

经　济

实行计划经济。2009年，朝鲜更加重视发展经济，号召推进国民经济的主体化和现代化，最大限度地挖掘生产潜力，继续在冶金、电力、煤炭、铁路运输“四大先行部门”掀起生产大高潮。同时，号召加强机械、化工、建材、林业等部门生产建设，平壤市启动修建10万套住宅项目等。4月至年底，朝鲜先后大力开展以经济建设为主要任务的“150天战斗”和“100天战斗”运动。2009年国家财政预算收入完成计划的101.7%，支出完成99.8%。2009年底，朝鲜实施货币改革，停用原有货币，更换新货币，旧货币与新货币兑换比率为100:1。

货币名称：元。

官方汇率：1美元＝100朝鲜元。

【资源】已探明矿产300多种，其中有用矿200多种。石墨、菱镁矿储量居世界前列。铁矿及铝、锌、铜、银等有色金属和煤炭、石灰石、云母、石棉等非金属矿物储量丰富。水力和森林资源也较丰富。

【工业】优先发展国防工业。2009年，朝鲜政府重点对电力、煤炭、金属、铁路“四大先行部门”予以财政支持，支出较上年增加49.8%，轻工业支出增加5.6%，建成“主体铁”生产体系，2.8维尼纶厂恢复生产，开发出数控机床等。

【农业】继续贯彻“人民生活第一主义”，把解决吃饭问题作为最优先课题。2009年，朝鲜政府要求全国上下坚决完成粮食生产指标，推广种植高产作物，努力保障农业设备物资供给，重点抓农作物品种改良和土豆、大豆生产，推广二茬种植，加强畜牧、养鱼和水果生产，农业支出较上年增加5.5%。据估计，2009年粮食产量约500万吨。

【交通运输】以铁路运输以主。铁路总长度为8800多公里，电气化铁路总长度为2000多公里，1993年基本实现干线铁路电气化。电力机车牵引比重达90%以上。2009年，继续加大对铁路运输部门物资、技术投入。

公路总长度77500多公里。已建成平壤—南浦、平壤—元山、平壤—开城和平壤—妙香山高速公路。

海港有清津、南浦、元山、兴南、罗津等。

空运：平壤顺安机场为国际机场。无定期国内航线。定期国际航线有平壤—北京、平壤—沈阳等。

【对外贸易】2009年朝鲜对外贸易总额34.1亿美元，同比减少10.6%，进口额23.5亿美元，同比减少12.5%，出口额10.6亿美元，同比减少6%。主要贸易伙伴为中国、韩国、俄罗斯等。

【外国资本】从20世纪80年代起，朝鲜开始引进外资，创办合资合营企业，1992年朝鲜颁布合资合营企业法。1991年12月，朝鲜在靠近中朝、朝俄边境的罗津、先锋地区设立自由经济贸易区，2010年1月升格为特别市。2002年，朝鲜宣布建立开城工业区和金刚山旅游区，由朝韩双方合作开发。

2008年，朝俄"哈桑—罗津"铁路和罗津港改造项目启动。朝与埃及大型水泥厂项目合作及与埃及欧瑞斯克姆电信公司合作开通第三代移动通信业务进展顺利。

【外国援助】近十多年来，朝鲜由于连续遭受自然灾害等原因，粮食一直短缺。国际社会通过双边渠道和世界粮食计划署等国际组织，向朝提供了大量人道主义援助。

军事

坚持全民、全国防卫体系，奉行以"军队干部化、军队现代化、全民武装化、全国要塞化"为主要内容的自卫国防政策，实行普遍义务兵役制。2009年国防费用占国家财政支出的15.8%，2010年国防预算占财政预算的15.8%。

文化教育

【教育】实行11年义务教育制。大专院校300多所，中专570多所。著名高等学府有金日成综合大学、金策综合工业大学、金亨稷师范大学和人民经济大学等。2009年教育支出较前年增加4.2%。

【新闻出版】主要报刊：《劳动新闻》，朝鲜劳动党中央委员会机关报，发行量约150万份；《民主朝鲜》，最高人民会议常任委员会和内阁机关报；《勤劳者》杂志，月刊，朝鲜劳动党中央委员会机关刊物，发行量约30万份。另外还有《朝鲜人民军》、《青年前卫》、《平壤新闻》等报。朝鲜外文综合出版社用多种外文出版杂志《今日朝鲜》和画报《朝鲜》。此外，还发行英文和法文周报《平壤时报》。

朝鲜中央通讯社：简称朝中社，为国家通讯社，1946年12月5日成立。发行日刊《朝鲜中央通讯》等。

朝鲜中央广播电台：为国家广播电台，1945年10月14日成立。除用朝鲜语广播外，还用多种外语对外广播。

朝鲜中央电视台和开城电视台20世纪60年代开始播放节目；万寿台电视台1983年底开播。

朝韩关系

朝鲜战争停战后，半岛长期处于政治对立、军事对峙、经济隔绝的冷战状态。韩国金大中、卢武铉政府奉行对朝和解合作政策。2000年6月和2007年10月，金大中、卢武铉先后访朝，同金正日举行首脑会晤，分别发表《南北共同宣言》和《南北关系发展与和平繁荣宣言》。期间朝韩举行多次官方会谈和一系列民间交流活动，签署多项合作协议，朝韩关系取得较大进展。

2008年2月李明博政府上台后，调整对朝政策，提出"无核、开放、3000"政策，即在朝鲜弃核和开放前提下，帮助朝10年内将人均国民收入提高至3000美元。朝方强硬回应，南北关系趋向紧张。

2009年1月，朝军方宣布与韩进入"全面对抗状态"，朝鲜祖国和平统一委员会发表声明，宣布废除朝韩间旨在消除政治、军事对抗的所有协议。

3月韩美举行"关键决断"联合军演。朝军方发表声明予以谴责，宣布韩美军演期间中断南北军事通信。3月底，朝鲜以"诽谤朝鲜体制"和"煽动朝鲜女工叛逃"为由，扣押韩国现代峨山一名员工。

5月25日，朝鲜再次进行核试验。26日，韩国宣布全面加入"防扩散安全倡议"。27日，朝鲜人民军驻板门店代表部发表声明称，韩国正式加入"防扩散安全倡议"把朝鲜半岛局势"拖入了战争状态"。

8月，朝韩关系出现缓和迹象。13日，朝最高领导人金正日会见现代集团会长玄贞恩，双方就重启金刚山和开城旅游，中秋节举行离散家属团聚活动等达成一致。朝方释放了3月扣押的现代集团员工，取消了2008年11月以来对南北通行及滞留所采取的限制措施。15日，韩总统李明博发表光复节讲话，表示愿随时与朝举行对话和协商。朝党中央书记金已男受金正日委派赴首尔吊唁韩前总统金大中，在会见李明博时转达了金正日口信。

9月初，朝在临津江上游拉闸泄洪，导致下游韩6人死亡。韩要求朝方做出解释，并强烈敦促朝方避免再次发生类似事件。

11月初，朝韩军队在黄海海域"北方分界线"附近发生短暂交火。

据韩国统一部统计，2009年朝韩贸易额16.8亿美元，减少7.8%，南北人员往来12.9万人次，减少31.9%。

对外关系

朝鲜奉行“自主、和平、友好”的外交政策，主张按照完全平等、自主、相互尊重、互不干涉内政和互利的原则发展对外关系。朝于1975年5月成为“七十七国集团”正式成员国，同年8月正式加入不结盟运动，1991年9月加入联合国，2000年7月加入东盟地区论坛（ARF）。目前，朝鲜共与164个国家（含欧盟）建立了外交关系。

【同中国的关系】中朝于1949年10月6日建交，朝鲜是最早同新中国建交的国家之一。2009年是中朝建交60周年和“中朝友好年”，两国传统友好合作关系继续得到良好发展。

1月1日，中共中央总书记、国家主席、中央军委主席胡锦涛与朝鲜劳动党总书记、国防委员会委员长金正日互致贺电，共同宣布中朝友好年正式开始。3月，应国务院总理温家宝邀请，朝鲜内阁总理金英日对中国进行正式友好访问。国家主席胡锦涛、全国人大常委会委员长吴邦国和国务院总理温家宝分别会见、会谈，双方就中朝关系等共同关心的问题交换意见。温家宝总理还同金英日总理共同出席了中朝友好年开幕式并分别致辞。4月，应朝鲜祖国统一民主主义战线邀请，中国全国政协副主席李金华对朝鲜进行友好访问。9月，戴秉国国务委员作为胡锦涛主席特使访问朝鲜，会见了朝鲜劳动党总书记、国防委员会委员长金正日，转交了胡锦涛主席的信函。10月，应朝鲜劳动党中央委员会和朝鲜政府邀请，中共中央政治局常委、国务院总理温家宝对朝鲜进行正式友好访问。温家宝总理分别同朝鲜劳动党总书记、国防委员会委员长金正日、最高人民会议常任委员会委员长金永南、内阁总理金英日会见、会谈，就中朝关系和共同关心的国际和地区形势深入坦诚交换意见，达成一系列重要共识。访问期间，双方签署了中朝政府经济技术合作协定等双边合作文件，就新建鸭绿江界河公路大桥达成一致，决定正式启动大桥建设相关工作。温家宝总理还出席了“中朝友好年”闭幕式等活动。10月5日，中共中央总书记、国家主席、中央军委主席胡锦涛，全国人大常委会委员长吴邦国，国务院总理温家宝与朝鲜劳动党总书记、国防委员会委员长金正日，最高人民会议常任委员会委员长金永南，内阁总理金英日互致贺电，热烈庆祝两国建交60周年。10月，朝鲜劳动党中央政治局候补委员、中央书记崔泰福率朝鲜劳动党代表团访华。11月，应朝鲜人民武装力量部邀请，中央军委委员、国务委员兼国防部长梁光烈上将对朝鲜进行正式友好访问。11月，应朝鲜最高人民会议常任委员会邀请，中国全国人大常委会副委员长陈至立对朝鲜进行友好访问。

2009年朝鲜访华的主要团组还有：2月，以朝鲜对外文化联络委员会委员长文在哲为团长的朝鲜政府文化代表团访华，出席《中朝文化合作协定》签订50周年纪念活动；5月，以高相福所长为团长的朝鲜中央气象研究所代表团访华；7月，以教育省副相金英仁为团长的朝鲜大学校长代表团访华；8月，以文化省副相韩铁为团长的朝鲜文化代表团来华参加亚洲文化部长论坛；9月，以国家文献局副局长柳哲焕为团长的朝鲜国家文献代表团、以保健相兼朝中友协委员长崔昌植为团长的朝鲜保健省代表团、以朴在京副部长为团长的朝鲜人民武装力量部代表团访华；10月，以体育指导委员会委员长朴学善为团长的朝鲜政府体育代表团访华；11月，朝鲜国防委员会委员、人民军总政治局第一副局长金正阁访华；12月，以书记局局长金完洙为团长的朝鲜祖国战线代表团、以人民保安相朱霜成大将为团长的朝鲜人民保安省代表团访华。

2009年中国访朝的主要团组还有：1月，以王家瑞部长为团长的中共中央对外联络部代表团、以胡正跃部长助理为团长的外交部代表团访朝；5月，以科技部副部长曹健林为团长的中国政府科技代表团、以中朝友好协会会长武东和为团长的中朝友协代表团和中国地方政府代表团访朝；8月，以中共中央宣传部常务副部长雒树刚为团长的中共友好代表团、以全国妇联副主席、书记处书记甄砚为团长的中国妇女代表团、外交部副部长武大伟访朝；10月，以共青团中央第一书记陆昊为团长的中国青年代表团访朝；11月，以周明伟局长为团长的中国外文局代表团、以中华全国总工会副主席乔传秀为团长中国工会代表团、以中共中央纪委常委、监察部副部长王伟为团长的中共干部代表团访朝；12月，以北京市副市长黄卫为团长北京市代表团访朝。

为纪念中朝建交60周年和“中朝友好年”，双方多个艺术团体成功互访，共同举办《中朝友好合作互助条约》签订48周年、《中朝文化合作协定》签订50周年纪念活动，签署《2009～2011年文化交流执行计划》，举办中朝建交60周年朝鲜图书展、图片展、美术展、书法绘画展、中朝友好科技图书展、中国电影周、友城大会等一系列丰富多彩的纪念活动，出版《中朝建交60周年画册》和《朝中友谊世代相传》纪念画册等。

据海关总署统计，2009年中朝贸易额26.8亿美元，同比减少4%。其中中国出口18.9亿美元，同比减少7.1%，进口7.9亿美元，同比增加4.3%。

中国驻朝鲜大使：刘洪才。馆址：平壤市牡丹峰区长村洞。电话：008502－3813116。传真：008502－3813425。商务处电话：008502－3813119。网址：http：//kp.china-embassy.org。

朝鲜驻华大使：崔秉官。馆址：北京市建国门外日坛北路。电话：010－65321186。

【同俄罗斯的关系】1948年10月2日，朝鲜与苏联建交。1949年3月，朝鲜内阁首相金日成访问苏联，双方签订《朝苏经济文化合作协定》，为朝苏关系发展奠定基础。1961年7月，金日成访问苏联，双方签订《朝苏友好合作互助条约》。之后朝苏（俄）在经济、文化、科技、军事等领域保持着往来与合作。

2009年4月，俄罗斯外长拉夫罗夫访朝，朝鲜最高人民会议常任委员会委员长金永南和外相朴义春分别会见、会谈。拉夫罗夫在转交了俄罗斯总统梅德韦杰夫致金正日委员长的亲笔信。9月，金正日观看了正在朝鲜访问的俄罗斯21世纪交响乐团、尤尔洛夫合唱团演出并接见代表团团长等俄方有关人员。11月，俄罗斯联邦委员会主席米罗诺夫访朝。

【同美国的关系】朝美尚未建交。2009年1月，在美国新任总统奥巴马就职前一周，朝外务省发言人就朝美关系和六方会谈发表谈话，明确提出美国应该彻底改变对朝敌视政策，消除对朝核威胁，无核化不应是朝鲜无核化，而是朝鲜半岛无核化，应“先改善朝美关系后弃核”，而不是“先弃核后改善朝美关系”。同日，希拉里·克林顿在美国国会参议院外交委员会提名其为国务卿的听证会上表示，她与当选总统奥巴马都支持通过六方会谈使朝弃核，“这也提供了美朝双边接触的机会”。2月，美国前任驻韩大使博斯沃思以专家名义率美国专家代表团访朝。随后，博斯沃思被任命为美国对朝政策特别代表。3月，美韩举行“关键决断”联合军演。朝军方发表声明予以谴责，宣布韩美军演期间中断南北军事通信，对于侵犯朝鲜主权、神圣领土、领海、领空的任何敌对行为都将立即采取无情军事行动。4月，朝鲜宣布成功发射“光明星2号”试验通信卫星。5月，朝鲜再次进行核试验，国际社会对此表示谴责。6月，联合国安理会针对朝再次核试通过1874号对朝制裁决议。朝宣布三大措施对抗制裁：将钚武器化、开始铀浓缩、武力反封锁。8月，美国前总统克林顿访朝，金正日会见、宴请，并特赦两名非法入境的美国女记者，朝美关系出现缓和。10月，朝鲜外务省美国局局长李根赴美出席会议期间与美国六方会谈代表团团长金圣镕会面，双方就重启六方会谈交换意见。11月，朝鲜外务省发言人表示，只有首先进行朝美对话，找到实现朝鲜半岛无核化的途径，朝鲜才会进行包括六方会谈在内的多边会谈。同月，朝鲜《劳动新闻》发表评论，敦促美国与朝鲜将停战协定变为和平协定，尽快建立新的和平机制，以消除朝鲜半岛的对抗和冲突，维护持久和平与稳定。12月，美国对朝政策特别代表博斯沃思访朝，双方就履行“9·19”共同声明的重要性和重启六方会谈的必要性达成一定共识。

【同日本的关系】朝日尚未建交。2002年9月和2004年5月，日本首相小泉纯一郎曾两次访朝。朝鲜和日本自1991年以来，多次举行旨在实现关系正常化的政府间会谈，主要讨论了清算历史、安全保障和绑架问题等。由于双方分歧严重，会谈没有取得进展。2009年9月，日本民主党上台后，共同社社长石川聪应访朝参加朝国庆活动。朝最高人民会议常任委员会委员长金永南会见，石川转达了日本首相鸠山由纪夫致金正日的口信。

【同其他国家和国际组织的关系】2009年5月，朝鲜最高人民会议常任委员会委员长金永南访问新加坡，新加坡总统纳丹会见、宴请。5月，金永南委员长对南非进行正式访问，并出席南非新任总统祖马就职仪式。访问期间，金永南与祖马会谈，并分别会见了出席就职仪式的赞比亚、纳米比亚、坦桑尼亚、赤道几内亚、肯尼亚总统和非洲联盟委员会主席、斯里兰卡总理、加蓬副总统以及古巴国务委员会副主席。7月，金永南委员长赴埃及出席不结盟运动峰会。

朝欧关系近年来有所改善。2009年12月，法国总统特使访朝，金永南委员长、朴义春外长分别会见、会谈，双方商定在朝设立法国文化合作事务所。

（于璨斐）

东 帝 汶

__国名__　东帝汶民主共和国（The Democratic Republic of Timor-Leste）。

__面积__　14874平方公里。

__人口__　110万，其中78%为土著人（巴布亚族与马来族或波利尼西亚族的混血人种），20%为印尼人，2%为华人。德顿（TETUM）语和葡萄牙语为官方语言，印尼语和英语为工作语言，德顿语为通用语和主要民族语言。约91.4%居民信奉天主教，2.6%信奉基督教，1.7%信奉伊斯兰教，0.3%信奉印度教，0.1%信奉佛教。东帝汶天主教现有帝力（DILI）和包考（BAUCAU）两个教区，帝力教区主教里卡多（RICARDO），包考教区主教纳西门托（NASCIMENTO）。（资料来源：2009年东帝汶国家统计局统计）

__首都__　帝力，位于帝汶岛东北海岸，人口21万。全国政治、经济和文化中心，东80%以上的经济活动在此进行。

国家元首　总统拉莫斯·奥尔塔（Ramos-HORTA），2007 年 5 月当选东帝汶第二任总统。

重要节日　恢复独立日（建国日）：5 月 20 日（纪念 2002 年 5 月 20 日联合国向东帝汶移交政权，东帝汶正式独立建国）。独立公投日：8 月 30 日（纪念 1999 年 8 月 30 日在联合国主持下就东独立问题举行全民公投）。独立日：11 月 28 日（纪念 1975 年 11 月 28 日东帝汶单方面宣布独立）。天主教节日（如圣诞节等）。

简　况

位于东南亚努沙登加拉（Nusa Tenggara）群岛最东端，岛国。包括帝汶岛东部和西部北海岸的欧库西地区以及附近的阿陶罗岛和东端的雅库岛。西部与印尼西帝汶相接，南隔帝汶海（Timor Sea）与澳大利亚相望。海岸线长约 735 公里。境内多山，沿海有平原和谷地，大部地区属热带雨林气候。气候炎热，年平均气温 26℃，平均湿度为 70% ~ 80%。平均降水量 1200 ~ 1500 毫米，但地区差异较大：北部沿海地区每年 5 月至 11 月为旱季，12 月至翌年 5 月为雨季，年降水量为 500 ~ 1500 毫米；南部沿海地区 6 月至 12 月为旱季，12 月至翌年 2 月及 5 ~ 6 月为雨季，年降水量为 1500 ~ 2000 毫米；中部山区年降水量为 2500 ~ 3000 毫米。

16 世纪前，帝汶岛曾先后由以苏门答腊为中心的封建王国统治。16 世纪初，葡萄牙和荷兰殖民主义者侵入。18 世纪，英国殖民者曾短暂控制西帝汶。1859 年，葡、荷瓜分帝汶岛。帝汶岛东部及欧库西归葡，西部并入荷属东印度（今印尼）。1942 年日本占领东帝汶。第二次世界大战后澳大利亚曾一度负责管理东帝汶，不久葡恢复对东帝汶殖民统治，1951 年将其改为葡海外省。1960 年，第 15 届联合国大会通过 1542 号决议，宣布东帝汶岛及附属地为“非自治领土”，由葡萄牙管理。

1975 年葡政府允许东帝汶实行民族自决。主张独立的东帝汶独立革命阵线（简称革阵）、主张同葡维持关系的民主联盟（简称民盟）、主张同印尼合并的帝汶人民民主协会（简称民协）三方之间因政见不同引发内战。革阵于 1975 年 11 月 28 日单方面宣布东帝汶独立，成立东帝汶民主共和国。同年 12 月，印尼出兵东帝汶，次年宣布东为印尼第 27 个省。1975 年 12 月联合国大会通过决议，要求印尼撤军，呼吁各国尊重东帝汶的领土完整和人民自决权利。1982 年联大表决通过支持东帝汶人民自决的决议。从 1983 年至 1998 年，在联合国秘书长斡旋下，葡萄牙与印尼政府就东帝汶问题进行了十几轮谈判。

1999 年 1 月，印尼总统哈比比在内外压力下同意东帝汶通过全民公决选择自治或脱离印尼。5 月 5 日，印尼、葡萄牙和联合国三方就东帝汶举行全民公决签署协议。8 月 30 日，东帝汶举行全民公决，75% 的选民赞成独立，哈比比总统当日表示接受投票结果。投票后东亲印尼派与独立派发生流血冲突，东帝汶局势恶化，约 20 多万难民逃至西帝汶。9 月，哈比比总统宣布同意多国部队进驻东帝汶。安理会通过决议授权成立以澳大利亚为首、约 8000 人组成的多国部队，于 9 月 20 日正式进驻东帝汶，与印尼驻军进行权力移交。10 月，印尼人民协商会议通过决议正式批准东帝汶脱离印尼。

1999 年 11 月，东帝汶成立具有准内阁，准立法机构性质的全国协商委员会（NCC），2000 年 7 月成立首届过渡内阁，2001 年 8 月举行制宪议会选举，9 月 15 日成立制宪议会和第二届过渡内阁，2002 年 4 月举行总统选举，东独立运动领袖夏纳纳·古斯芒（Xanana GUSMAO）当选。2002 年 5 月 20 日，东帝汶民主共和国正式成立。

联合国自 1999 年以来在东帝汶派驻机构：联合国驻东帝汶特派团（UNAMET，1999 年 6 月）、联合国东帝汶过渡行政当局（UNTAET，1999 年 10 月至 2002 年 5 月）、联合国东帝汶支助团（UNMISET，2002 年 5 月至 2005 年 5 月）、联合国东帝汶办事处（UNOTIL，2005 年 5 月至 2006 年 5 月）、联合国综合特派团（UNMIT，2006 年 8 月至今）。

政　治

东帝汶独立后，革阵作为第一大党组建以其为主的首届政府，努力推进司法建设、行政管理、民族和解和经济重建，但民生问题长期突出，民众不满情绪上升。2006 年发生东建国以来最大规模骚乱，阿尔卡蒂里（Alkatiri）总理辞职，前国务兼外交与合作部长（外长）奥尔塔接任，并于 2006 年 7 月 14 日组建新政府。2007 年 4 月东举行总统选举，奥尔塔当选。6 月举行议会选举，革阵获 21 席，仍为第一大党；夏纳纳组建的大会党获 18 席，联合其他政党组成议会多数联盟，赢得组阁权。8 月 8 日新政府成立，夏纳纳出任总理；革阵成为在野党，拒绝承认新政府合法性。新政府采取一系列措施发展经济、维护安全，但解决民生问题尚需时日。2008 年 2 月发生总统遭叛军袭击事件，奥尔塔总统受重伤，叛军头目被击毙。目前东帝汶局势总体稳定。

【宪法】 2002 年 3 月 22 日，东帝汶制宪议会通过并颁布《东帝汶民主共和国宪法》，规定东帝汶民主共和国是享有主权、独立、统一的民主法治国家，国民议会、政府和法院是国家权力机构。总统是国家元首和武装部队最高统帅，由全民直接选举产生，任期 5 年，可连任一届。

【国务委员会】 总统的政治咨询机构，由总统主持，成员包括前总统、国民议会议长、总理、议会按比例代表原则选出和总统委任的公民各 5 人。其权限为：就解散国民议会和政府、宣布战争与媾和以及《宪法》规定的其它事务发表意见。国务委员会会议不公开，委员会组成和运作由法律规定。

【国防安全高等委员会】是总统在国防、安全和主权事务方面的咨询机构，由总统主持，成员包括总理、负责国防、安全、内政和外交的部长或国务秘书、3名议会代表、国防军最高指挥官、国民警察总监、国家安全局局长和两名总统指定的公民。委员会主要权限是就国家国防安全、军警系统运作等问题向总统提供建议。国防安全高等委员会会议不公开，委员会组成和运作由法律规定。

【议会】称国民议会，实行一院制。代表全体公民行使制定法律、监督政府和政治决策权，由选民直接选举产生，每届任期5年。

首届国民议会由原制宪议会于2002年5月20日自动过渡而成，共有议员88人。2007年6月30日，东举行议会选举，7个政党分获65个议席。其中革阵21席，重建全国大会党18席，社会民主联盟11席，民主党8席，国家统一党3席，民主联盟2席，团结党2席。民主党主席费尔南多·拉萨马·德·阿劳若（Fernando LASAMA DE ARAUJO）当选议长并于7月1日就任。

【政府】由总理、各部部长和国务秘书组成，向总统和国民议会负责。总理是政府首脑，由议会选举中得票最多的政党或占议会多数的政党联盟提名，总统任命。各部部长和国务秘书由总理提名，总统任命。

本届政府成立于2007年8月8日。设总理1名、副总理2名，部长11名，副部长5名，国务秘书19名。主要有：总理兼国防与安全部长夏纳纳·古斯芒（Xanana GUSMAO），第一副总理若泽·路易斯·古特雷斯（Jose Luis GUTERRES），第二副总理马里奥·维埃加斯·卡拉斯卡朗（Mario Viegas CARRASCALAO），外交部长扎卡利亚斯·阿尔巴诺·达·科斯塔（Zacarias Albano da COSTA），财政部长埃米利亚·佩雷斯（Emilia PIRES），司法部长卢西亚·洛巴托（Lucia LOBATO），卫生部长内尔森·马尔廷斯（Nelson MARTINS），教育部长若昂·坎西奥·弗雷塔斯（Joao Cancio FREITAS），国家管理和领土规划部长阿尔坎热洛·莱特（Arcangelo LEITE），经济和发展部长若昂·贡萨维斯（Joao GONCALVES），社会救济部长玛丽亚·费尔南德斯·阿尔维斯（Maria Fernandes ALVES，女），基础设施部长黎世芳（Pedro LAY），旅游、商业和工业部长吉尔·达·科斯塔·阿尔维斯（Gil da Costa ALVES），农业和渔业部长马里亚诺·阿萨纳米·萨比诺（Mariano Assanami SABINO）。

【行政区划】共设13个地区（Districts），区以下设65个县（Sub-Districts），443个乡（"苏古"，Sucos）和2236个村（Aldeias）。

【司法机构】法院由最高法院和其他司法法院、行政、税务和审计高等法院和初审行政法院、军事法院组成。最高法院院长由总统任命，任期4年。东迄未成立最高法院，上诉法院作为终审法院行使最高法院和宪法法院职能。上诉法院院长克劳迪奥·希门内斯（Claudio XIMENES），2003年5月12日就职。

总检察院是检察院最高机关。总检察长由总统任命，任期4年，对总统负责，每年向国民议会报告工作。现任总检察长安娜·佩索阿（Ana Pessoa，女）。

【政党】1999年至2006年间，东帝汶共有21个政党。2004年东颁布《政党法》，要求所有政党必须在司法部登记注册，以合法参加选举。目前由以下五个政党组成的议会多数联盟联合执政：

（1）东帝汶全国重建大会党（Congresso Nacional de Reconstucao de Timor-Leste/National Congress of Timor Leste Reconstruction，简称CNRT，大会党）：由前总统夏纳纳于2007年3月27日创建。正式注册党员6250人，主要是原革阵革新派成员及夏纳纳追随者。主张对现行政治经济体制进行变革，巩固民主制度，构建宽容和谐文化，提倡政治清明和司法公正。党主席夏纳纳·古斯芒，总书记迪欧尼西奥·巴博·苏亚雷斯（Dionisio Babo SOARES）。2007年议会选举中获18个议席。

（2）民主党（Partido Demoratico/Democratic Party，简称PD）：2001年6月10日成立。党员约8000人，多为青年学生和知识界人士，主张东帝汶在民主原则基础上建立新的国家和公正自由的社会，并推行自由市场经济。党主席费尔南多·拉萨马·德·阿劳若（Fernando LASAMA de ARAUJO），总书记马里阿诺·萨比诺·洛佩斯（Mariano Sabino LOPES）。2007年议会选举中获8个议席。

（3）社会民主党（Partido Social Democrata/Social Democrat Party，简称PSD）：2000年9月20日成立。主张在东帝汶建立自由、平等、团结的民主价值观和东帝汶传统民主价值观为基础的社会；建立多党民主、政教分离的法治国家。社会民主党定位为中间立场的政党，支持将葡语和德顿语并列为官方语言，提倡优先加入东盟和葡语国家共同体。党主席科斯塔为现任外长，副主席若昂·贡萨维斯（Joao GONCALVES）为经济和发展部长，副主席派尚（Maria PAIXAO）为副议长。2007年议会选举中获6个议席。

（4）帝汶社会民主协会（Associacao Social-Democrata Timorense/Timorese Social Democratic Association，简称ASDT）：1974年创建，系革阵前身，后因政见不合于2001年独立成党，将民主、人权、经济发展作为党纲三大支柱，主张将东帝汶建成多党民主、政教分离的法治国家。弗朗西斯科·沙维尔·多·阿马拉尔（Francisco Xavier do AMARAL）为党主席，戈梅斯（Francisco COMES）任总书记。2007年议会选举中获5个议席。

（5）帝汶抵抗运动全国民主联盟（Unidada Nacional Democratica da Reisitencia Timorence，简称 UNDERTIM）：2005 年 8 月 30 日成立，其前身是抵抗运动老战士组织（UNAQMERTIL）。主张支持国家对市场进行选择性干预，推广德顿语，让民族解放老战士在国防军中担任指挥官，成立独立的反腐败机构，建立土地和财产法庭等。党主席科尔内留斯·伽马（Cornelius GAMA），总书记弗朗西斯卡·卢贝尔拉里·古特雷斯（Francisca Rubelari GUTERRES）。2007 年议会选举中获 2 个议席。

在野党有：东帝汶独立革命阵线（Revolutionary Front of Independent East Timor，简称革阵，葡萄牙文简称为 FRETILIN），国家统一党（National Unity Party，简称 PUN），民主联盟（Democratic Alliance KOTA/PTT），共和党（Republican Party，简称 PR），基督教民主党（Christian Democrat Party，简称基民党，PDC），帝汶民族党（Timorese Nationalist Party，简称 PNT），帝汶社会党（The Socialist Party of Timor，简称 PST），帝汶民主联盟（Timorese Democratic Union，简称 UDT），民主千年党（Millennium Democratic Party，简称 PMD）等。

东帝汶独立革命阵线为东帝汶最大的在野党。成立于 1974 年 5 月 20 日，党员人数超过 15 万，由主张东帝汶独立人士构成。原名帝汶社会民主协会（ASDT），1974 年 9 月 11 日改现名。1975 年 11 月 28 日宣布成立东帝汶民主共和国。1975 年 12 月印尼占领东帝汶后，部分革阵成员流亡海外，其余在国内坚持抵抗斗争。1999 年东启动独立进程后，革阵重新整合，提出恢复民主独立、巩固民族团结，建立多党民主法治国家等主张，获得广泛支持，赢得 2001 年 8 月制宪议会选举，党主席卢奥洛（LUOLO）任议长。2002 年组建以该党为主的政府，总书记马里·阿尔卡蒂里（Mari ALKATIRI）任总理。在 2007 年 6 月议会选举中获 21 席，仍为第一大党，但未进入政府，拒绝承认现政府合法性。

【重要人物】 **拉莫斯·奥尔塔**：总统。1949 年 12 月 26 日生于帝力，父亲是葡萄牙人，母亲是东帝汶人。早年就读于天主教教会学校。曾当过记者，积极参与东帝汶独立运动。1970 ~ 1971 年流亡莫桑比克。1975 年东帝汶宣布独立后任外交新闻部长。印尼占领东帝汶后逃亡海外。1975 ~ 1985 年间任东帝汶革命阵线常驻联合国代表。1998 年 4 月当选帝汶抵抗全国委员会副主席，并担任夏纳纳的个人代表。2000 年 10 月起任东帝汶行政过渡内阁外交与合作部长。2002 年 5 月 20 日任外交部长。2006 年 7 月任总理。2007 年 5 月任总统。长期在海外从事东独立运动。1996 年 12 月获诺贝尔和平奖，1998 年获葡萄牙政府最高奖——“自由命令奖”。2000 年随夏纳纳访华，2002 年 12 月、2004 年 12 月两次以外长身份访华。2010 年 7 月来华出席上海世博会东帝汶国家馆日活动。　**夏纳纳·古斯芒**：总理。1946 年 6 月 20 日生于东帝汶马纳图托。早年就读于天主教教会中学。1974 年加入革阵。1981 年 3 月当选革阵主席和东帝汶民族解放军总司令。1992 年 11 月 20 日被印尼逮捕并判终身监禁，后改为 20 年徒刑。1999 年 9 月 7 日获印尼总统特赦返回东帝汶。2000 年 1 月当选东帝汶全国委员会主席，2001 年 3 月辞职。2002 年 4 月当选东帝汶独立后首任总统，5 月 20 日宣誓就职。2007 年 8 月 8 日任总理。独立运动领袖，主张民族和解，被誉为东帝汶的“曼德拉”。2003 年 6 月，联合国教科文组织授予其菲利克斯·乌弗埃—博瓦尼和平奖。2000 年 1 月以东独立运动领导人身份访华。2009 年夏纳纳来华出席第十届西部国际博览会并访问大连。爱好足球和音乐。夫人科斯蒂·古斯芒（Kirsty GUSMAO），有三子。　**费尔南多·拉萨马·德·阿劳若**：国民议会议长。1963 年 2 月 26 日生于东帝汶阿伊纳罗。毕业于印尼巴厘大学，曾在澳大利亚墨尔本大学求学并执教。1988 年在印尼创立“东帝汶全国学生抵抗运动”并担任秘书长。1991 年被印尼政府拘捕，1998 年假释。1999 年负责“东帝汶全国抵抗委员会”的协调及宣传工作。2001 年返东创建民主党并任党主席。2001 年 10 月至 2002 年 5 月任联东过渡当局（UNTAET）副外长。2007 年 7 月当选东帝汶第二届国民议会议长。

经　济

经济处于重建阶段。1999 年脱离印尼以来，主要依靠外国援助。经济结构发展不平衡，油气收益逐年增加，非石油经济发展缓慢。东政府近年将减贫和增加就业作为重点，逐步增加财政预算和公共投资，鼓励外来投资，以拉动非石油经济增长。2009 年主要经济数据如下（资料来源：2009 年东帝汶国家统计局统计）：

国内生产总值（非石油领域）：4.56 亿美元。

人均国内生产总值：414 美元。

经济增长率：5%。

通货膨胀率：1.8 %。

贫困率：42%。

文盲率：41%。

货币名称：通用美元，发行有与美元等值的本国硬币。

【资源】 主要矿藏有金、锰、铬、锡、铜等。帝汶海有储量丰富的石油和天然气资源，迄今共发现 44 个油田，已探明石油储量约 1.87 亿吨（约 50 亿桶），天然气储量约 7000 亿立方米。2005 年 7 月设石油基金，2007 年以来油气月平均收入约 1 亿美元。截至 2009 年底，石油基金滚存达 56 亿美元。

【工业】 2009 年工业产值 5800 万美元，占国内生产总值 12.8%。以印刷、肥皂、手帕、纺织业为主。

【农业】 农业人口占总人口 90%。主要农产品有玉米、稻谷、薯类等。粮食不能自给。经济作物有咖啡、橡胶、椰子等，咖啡是主要出口产品。2009年农业产值1.46亿美元，占国内生产总值32.2%。

【服务业】2009年服务业产值2.51亿美元，占国内生产总值55%。

【旅游业】多山、湖、泉、海滩，具有一定旅游潜力，但旅游资源尚待开发。除帝力外，其他地区几无旅馆，国际航班很少。2009年接待外国旅客44131人次。

【交通运输】基础设施差，交通不便。

公路：总长3800公里，许多道路只能在旱季通车。

水运：帝力港为深水港，另有COM海港、HERA渔港等。

空运：共有3个一级机场、5个二级机场。帝力机场为东唯一国际机场，可起降波音737型客机，共有3条国际航线，分别飞往新加坡、巴厘岛和达尔文。

【财政金融】2009年财政支出6.04亿美元，收入为5.98亿美元。现有葡萄牙国民海外银行（BNU）、澳新银行（ANZ）、印尼曼迪利（Mandiri）银行等外资银行。东2009年外汇储备为6.44亿美元。

【对外贸易】积极发展外贸，努力扩大出口。主要出口产品为咖啡、檀香木、橡胶和椰子等经济作物，其中咖啡约占总出口额的90%。2009年进出口总额3.3亿美元，其中进口额2.95亿美元，出口额3451万美元（不含石油）。咖啡是东帝汶的主要出口产品，主要出口美国、德国、印尼等；主要进口产品是燃油、谷物、车辆、电机设备等。

【外国资本】截至2007年2月，共吸引外资1.63亿美元。2008年吸引外资3800万美元。主要投资方为新加坡、泰国、葡萄牙、澳大利亚、英国、韩国、美国等，投资领域主要集中在基础设施建设、咖啡种植、旅游等行业。

【外国援助】1999年底，世行首次召开东帝汶捐助国会议（2003年6月改名为“东帝汶与发展伙伴会议”），此后会议每半年召开一次，讨论东财政预算和国家发展战略，并设立两个基金，即由联合国经管的统一信托基金（CFET）和世行经管的东帝汶信托基金（TFET），作为对东捐助渠道。1999年以来，共有29个国家、5个多边援助机构和13个联合国机构向东提供援助并开展援助活动。2002～2008年间，澳大利亚、葡萄牙、欧盟、日本、美国为东主要援助国家，联合国开发计划署、世界银行、世界粮食计划署为东主要援助国际组织。

2008年各方承诺援助金额2.36亿美元，实际完成援助金额2.23亿美元。提供援助的前5位国家和国际组织为：澳大利亚5290万美元、日本2130万美元、葡萄牙2040万美元、欧盟1990万美元、美国1830万美元，合计占全年东接受援助67%。2009年主要援助国承诺援东3.09亿美元，实际兑现2.87亿美元。

人民生活

被联合国列为全球最不发达国家之一。全国有4座医院，县一级设有卫生中心，仅能向60%人口提供医疗卫生服务。出生率3.3%，5岁以下儿童死亡率8%。近50%的儿童营养不良，超过41%居民每日生活费不足0.55美元，半数以上人口无饮用水，平均预期寿命55.5岁。全国每年有1.5万～1.6万名青年面临失业，2006年青年失业率为40%，2007年上升至58%，2009年为40%。

军　事

东帝汶国防军2001年2月成立，原为东帝汶民族解放军。总司令塔乌尔·马坦·鲁瓦克准将（Taur Matan RUAK）。实行志愿兵役制，现有兵力约1000人，2005财年东国防预算约600万美元。

东独立过渡期间，由联合国维和部队担负防务工作，总人数最多时达8950人。东建国后，联合国继续在东派驻维和部队，现有1600人。

文化教育

【教育】共有小学700所，初中100所，科技院校10所。东帝汶国立大学于2000年11月重新开办，在校生500人。2007年，15岁以上成年文盲率49%，其中农村文盲率达80%左右，入学率66%。

【新闻出版】主要报纸有：《帝汶邮报》（Timor Post），2002年11月8日创办的葡语报，日发行量约2000份。《东帝汶之声》（Suara Timor Lorosae），德顿语、印尼语和葡语报，日发行量约2000份。尚未成立通讯社，主要葡语新闻来源于葡萄牙卢萨社（LUSA，又名葡通社）。

电台和电视台有：东帝汶国家电台（RNTL），节目覆盖率90%，用葡语和德顿语播出；东帝汶电视台（TVTL），节目覆盖率30%，用葡语和德顿语播出；东帝汶民族解放军电台——希望之声（RADIO FALINTIL-VOZ DA ESPERANCA），用德顿语和葡语广播。

对外关系

奉行务实平衡、睦邻友好的外交政策。重视联合国等国际组织的作用，重视发展与澳大利亚、美国、印尼、葡萄牙以及葡共体国家关系，广泛寻求国际援助。迄已与100多个国家建交，包括中国在内的15个国家在帝力设立了大使馆（或代表处），并派遣了常驻大使或代表。阿根廷等30多个国家向东派驻了非常任大使或代表。东在中国、葡萄牙、马来西亚、印尼、澳大利亚（兼驻新西兰）、美国、比利时和莫桑比克等国建立了大使馆，在纽约设立了常驻联合国代表处（常驻代表兼驻美大使），向布鲁塞尔派出了常驻欧盟代表（兼驻比利时大使），在悉尼设立了总领馆，在印尼巴厘岛和古邦设立了领事馆。

重视同联合国等国际组织关系。截至2005年7月已加入22个国际组织，其中2002年8月加入葡语国家共同体（第8个成员国），9月27日加入联合国（第191个会员国）及联合国儿童基金会、联合国开发计划署、联合国难民事务高级专员公署、联合国人权事务高级专员办事处、联合国妇女发展基金会、联合国人口基金、世界粮食计划署、世界卫生组织，同年还加入了世界银行、国际货币基金组织、亚洲开发银行、国际刑事法院、国际刑事警察组织；有17个国际组织在帝力设立了办事处。

【同中国的关系】2002年5月20日建交，时任外长唐家璇率中国政府代表团出席东帝汶独立庆典，并与奥尔塔外长签署两国建交联合公报。2008年8月，东总统奥尔塔来京出席奥运会开幕式，国家主席胡锦涛会见。2009年5月，东外长科斯塔正式访华。东卫生部长马丁斯访华。10月，东帝汶总理夏纳纳访华并出席第十届西部博览会，温家宝总理会见。2010年3月，东国防国务秘书平托访华。4月东副总理古特雷斯来华出席博鳌亚洲论坛2010年年会并顺访湖北省，习近平副主席会见。7月奥尔塔总统来华出席上海世博会东帝汶国家馆日。2008年两国贸易额900万美元，全部为中方出口。2009年双边贸易额2328万美元，同比增长151.7%，基本为中方出口。2010年1～4月，双边贸易额932万美元，同比增长123.2%，其中中方出口922万美元，进口10万美元。

中国驻东帝汶大使：傅元聪。馆址：东帝汶帝力灯塔区塞尔帕·罗莎总督路（RUA GOVERNADOR SERPA ROSA，FAROL，DILI，TIMOR-LESTE）。电话：00670－3325168（办公室），3325167（领事部：签证、侨务）。传真：3325166。电子邮箱：CHINAEMBASSY2002@YAHOO.COM。

东帝汶驻中国大使：布兰科（Olimpio BRANCO）。馆址：北京市朝阳区霄云路18号京润水上花园别墅雅趣园D区15号。邮政编码：100125。电话：010－64681342。

【同美国的关系】2002年5月20日建交。同年8月，两国签署关于美军免于引渡到国际刑事法院进行审判的豁免协议以及美军在东"军事地位"协议。2008年4月，美助理国务卿希尔访东。8月，总统奥尔塔访美。11月，美国国际开发署向东提供2000万美元援助。2009年2月，东副总理古特雷斯和总统奥尔塔先后访美。4月，美国海军司令斯塔尔德将军访东。9月，奥尔塔总统赴美出席第64届联大。

【同邻国的关系】与澳大利亚2002年5月20日建交。2008年2月，澳总理陆克文访东。4月，澳东签署军事合作协议。6月，总统奥尔塔对澳进行私人访问。8月，总理夏纳纳访澳。11月，澳议会代表团访东。2008年澳对东援助约1亿澳元。2009年3月，澳大利亚国防部长菲茨吉朋访东。8月，东第二副总理卡拉斯卡朗赴澳出席"太平洋岛屿论坛"。10月，澳大利亚国防部长约翰·福克纳访东。2010年4月，澳大利亚驻东大使皮特代表澳政府向东捐赠57万澳元，用于帮助6000户农村家庭利用太阳能照明及向东农民发放小额信贷。

与印尼2002年7月建交，此前印尼总统梅加瓦蒂应邀出席了东帝汶独立庆典。2008年4月，总理夏纳纳访印尼。8月，东与印尼两国总统发表共同声明，接受"真相与友谊委员会"调查报告有关结论和建议。11月，两国农业部签署农业合作协议。同月，国防国务秘书平托、国防军总司令鲁瓦克访印尼。12月，夏纳纳总理出席"巴厘民主论坛"。2009年3月，印尼农业部长安东访东。9月，印尼国民军司令苏延多访东。10月，奥尔塔总统出席苏希洛总统就职仪式。

与东盟其他国家均已建交，希望加入东盟。2008年4月，马来西亚政府同意接收东国防军人赴马培训。5月，总统奥尔塔访问新加坡。7月，国防国务秘书平托出席东盟地区论坛（ARF）第十五次国防对话会，平承诺东将积极支持东盟维护地区安全的努力。8月，总统奥尔塔对菲律宾进行国事访问，菲表示支持东2012年加入东盟。2009年1月，东政府东盟事务秘书处正式启用。2月，东向缅甸提供50万美元，用以帮助缅克服风灾。12月，马来西亚前总理马哈蒂尔访东。

【同其他国家的关系】东帝汶将自身定位为地处亚洲的葡语国家，同葡语国家共同体及其成员国关系是东外交重点之一。与原宗主国葡萄牙关系密切，2002年5月20日建交。2007年2月，东议长卢奥洛访葡。8月，葡外交与合作国务秘书可拉维尼奥访东。9月，葡外交国务秘书戈麦斯与东外长科斯塔在东签署了总值为6000万欧元的合作项目协议。2008年7月，巴西总统卢拉访东。8月，东总统奥尔塔访古巴；同月，葡司法部长阿尔贝托访东。11月，总理夏纳纳访葡；同月，古巴政府代表团访东。2009年2月，葡外长阿玛多访东。5月，东议长拉萨马出席于圣多美和普林西比举行的葡共体大会，东被正式提名举办2012年葡共体大会。

与日本关系密切。2008年3月，日政府表示将向东提供100多万美元捐款，用于"东母子保健计划"项目。6月，日本参议院议长江田访东。8月，东议长拉萨马访日。9月，日东签署协议，日将向东投资9亿美元用于居民住宅建设。2009年2月，东议长拉萨马访问日本。3月，东总理夏纳纳访问日本。

与欧洲国家关系进一步发展。2008年2月，爱尔兰外长德莫特访东。9 月，与西班牙签署经济合作协议。同月，波兰经济部长沃希尼亚克访东。2010 年 2 月，东帝汶驻欧盟代表处正式启用。（徐楚辉）

菲律宾

国名　菲律宾共和国（Republic of the Philippines）。

面积　29.97 万平方公里。

人口　8857 万（2007 年）。马来族占全国人口的 85% 以上，包括他加禄人、伊洛戈人、邦板牙人、维萨亚人和比科尔人等；少数民族及外来后裔有华人（约占总人口的 2%）、阿拉伯人、印度人、西班牙人和美国人；还有为数不多的原住民。有 70 多种语言。国语是以他加禄语为基础的菲律宾语，英语为官方语言。国民约 85% 信奉天主教，4.9% 信奉伊斯兰教，少数人信奉独立教和基督教新教，华人多信奉佛教，原住民多信奉原始宗教。

首都　大马尼拉市（Metro Manila），人口约 1400 万。年均气温 28℃。

国家元首　总统贝尼尼奥·西米恩·阿基诺三世（Benigno Simeon Aquino III），2010 年 6 月就任。

重要节日　独立日（国庆）：6 月 12 日；巴丹日（纪念二战阵亡战士）：4 月 9 日；英雄节（纪念国父黎刹殉难）：12 月 30 日；基督教主要节日（如圣诞节等）。

简况

位于亚洲东南部。北隔巴士海峡与中国台湾省遥遥相对，南和西南隔苏拉威西海、巴拉巴克海峡与印度尼西亚、马来西亚相望，西濒南中国海，东临太平洋。共有大小岛屿 7000 多个，其中吕宋岛、棉兰老岛、萨马岛等 11 个主要岛屿占全国总面积的 96%。海岸线长约 18533 公里。属季风型热带雨林气候，高温多雨，湿度大，台风多。年均气温 27℃，年降水量 2000～3000 毫米。

14 世纪前后，菲律宾出现了由土著部落和马来族移民构成的一些割据王国，其中最著名的是 14 世纪 70 年代兴起的海上强国苏禄王国。1521 年，麦哲伦率领西班牙远征队到达菲律宾群岛。此后，西班牙逐步侵占菲律宾，并统治长达 300 多年。1898 年 6 月 12 日，菲律宾宣告独立，成立菲律宾共和国。同年，美国依据对西班牙战争后签订的《巴黎条约》占领菲律宾。1942 年，菲律宾被日本占领。第二次世界大战结束后，菲律宾再次沦为美国殖民地。1946 年 7 月 4 日，美国被迫同意菲律宾独立。菲独立后，自由党和国民党轮流执政。1965 年马科斯（Ferdinand MARCOS）就任二战后第六任总统，并三次连任。1983 年 8 月，反对党领导人贝尼尼奥·阿基诺（Benigno AQUINO）被谋杀，导致政局动荡。1986 年 2 月 7 日，提前举行总统选举，贝尼尼奥·阿基诺的夫人科拉松·阿基诺（Corazon AQUINO）在民众、天主教会和军队的支持下出任总统。此后，拉莫斯（Fidel RAMOS）和埃斯特拉达（Joseph ESTRADA）先后按宪制当选总统。2001 年 1 月，埃斯特拉达因受贿丑闻被迫下台，副总统阿罗约继任总统。2004 年 6 月，阿罗约成功连任。2010 年 6 月，自由党候选人、前总统阿基诺夫人之子贝尼尼奥·阿基诺三世当选菲第 15 任总统。

政治

实行总统制。总统是国家元首、政府首脑兼武装部队总司令。阿罗约总统执政期间，致力于消除贫困，发展经济，推动国内和平进程，打击恐怖主义、整顿社会治安。2009 年，因大选临近，菲执政联盟和反对派之间以及执政联盟内部的矛盾比较突出，但并未引发政局动荡，菲政局总体保持稳定。2010 年 5 月，菲律宾举行全国大选，阿基诺三世和比奈（Jejomar Binay）分别当选正，副总统。

新任总统阿基诺主张打击腐败，建立公正的司法体系，发展农业，推进土地改革，同南部“摩洛伊斯兰解放阵线”等分离组织进行全面和谈，促进国家团结和民族和解。

【宪法】独立后共颁布过三部宪法。现行宪法于 1987 年 2 月 2 日由全民投票通过，由阿基诺总统于同年 2 月 11 日宣布生效。该宪法规定：实行行政、立法、司法三权分立政体；总统拥有行政权，由选民直接选举产生，任期 6 年，不得连选连任；总统无权实施戒严法，无权解散国会，不得任意拘捕反对派；禁止军人干预政治；保障人权，取缔个人独裁统治；进行土地改革。

【议会】称国会。最高立法机构，由参、众两院组成。参议院由 24 名议员组成，由全国直接选举产生，任期 6 年，每三年改选 1/2，可连任两届。众议院由 250 名议员组成，其中 200 名由各省、市按人口比例分配，从全国各选区选出；25 名由参选获胜政党委派，另外 25 名由总统任命。众议员任期 3 年，可连任三届。本届国会于 2007 年 7 月选举产生。维拉和德贝内西亚当选参、众议长。2008 年 2 月，诺格拉雷斯（Prospero NOGRALES）接替德贝内西亚任众议长；11月，恩里莱（Juan Ponce Enrile）接替维拉任参议长。新一届国会将于2010年7月成立。

【政府】本届政府于2010年7月宣布组成。目前，内阁成员27名：总统贝尼尼奥·阿基诺（Benigno AQUINO）兼任内务与地方政府部长，文官长帕奎托·奥克阿（Paquito OCHOA），外交部长阿尔韦托·罗慕洛（Alberto ROMULO），财政部长塞萨尔·普里斯马（Cesar PURISIMA），司法部长莱拉·德·利马（Leila de LIMA），农业部长普罗塞索·阿尔卡拉（Proceso ALCALA），国防部长伯尔泰勒·加兹明（Voltaire GAZMIN），贸易与工业部长格利高里·多明哥（Gregory DOMINGO），公共工程与公路部长罗赫略·辛松（Rogelio SINGSON），教育部长阿明·路易斯特罗（Armin LUISTRO），劳工与就业部长罗萨琳达·瓦尔多斯（Rosalinda BALDOZ），预算与管理部长弗劳伦西奥·阿巴德（Florencio ABAD），卫生部长恩里克·奥纳（Enrique ONA），土地改革部长比尔吉里奥·德·罗斯·雷耶斯（Virgilio De los REYES），环境与自然资源部长拉蒙·帕亥（Ramon PAJE），交通与通讯部长何塞·德·杰苏斯（Jose de JESUS），社会福利部长科拉松·索里曼（Corazon SOLIMAN），科技部长马里奥·蒙特何（Mario MONTEJO），旅游部长阿尔韦托·利姆（Alberto LIM），能源部长何塞·雷奈·阿尔门德拉斯（Jose Rene ALMENDRAS），经济发展部长卡耶塔诺·帕德朗加（Cayetano PADERANGA），总统府发言人埃德文·拉西尔达（Edwin LACIERDA），总统和平进程顾问特蕾西塔·德莱斯（Teresita DELES），总统府幕僚长茱莉娅·阿巴德（Julia ABAD），总统法律顾问埃德瓦尔多·德·麦萨（Eduardo de MESA，高等教育委员会主席帕特里西娅·利古阿南（Patricia LIGUANAN），国内税收局局长金·哈辛托—埃纳莱斯（Kim Jacinto-HENARES）。

【行政区划】全国划分为吕宋、维萨亚和棉兰老三大部分。全国设有首都地区、科迪勒拉行政区、棉兰老穆斯林自治区等17个地区，下设81个省和117个市。

【司法机构】司法权属最高法院和各级法院。最高法院由1名首席法官和14名陪审法官组成，均由总统任命，拥有最高司法权；下设上诉法院、地方法院和市镇法院。最高法院首席法官雷纳托·克罗纳（Renato CORONA）。检察工作由司法部检察长办公室负责，总检察长克拉罗·阿里拉诺（Claro ARELLANO）。

【政党】有大小政党100余个，大多数为地方性小党。主要政党有：

（1）基督教穆斯林民主力量党（LAKAS-CMD）：系前总统拉莫斯于1991年底创立，由人民力量党、全国基督教民主联盟、菲律宾穆斯林民主联盟、团结党等整合而成。主张实行两党制，通过修宪扩大地方政府权力，改革选举制度，将总统任期六年一届修改为四年一届，可连任两届；主张通过谈判实现民族和解，促进社会稳定。经济上重视农业发展，增加就业，扶助贫困，加快私有化进程；倡导经济外交，奉行开放政策。1992年该党在大选中获胜，成为执政党。1998年大选中败于菲律宾民众奋斗党联盟。2001年阿罗约就任总统后，该党成为执政联盟的核心。2002年10月，该党针对2004年大选，对执政联盟进行再次整合改组。该党主席是前总统阿罗约（Gloria Macapagal ARROYO，女），总裁是弗朗西斯·曼格拉普斯（Francis MANGLAPUS）。

（2）民族主义人民联盟（NPC—Nationalist People's Coalition）：系前总统埃斯特拉达的执政党联盟——民众奋斗党（LAMP）成员之一。2000年10月，埃被弹劾后，该党成为独立党派。现为众议院第二大党。该党支持修改宪法。为防止总统权力过大，主张实行议会制政体及实行两党制，支持加快国有企业私有化。该党总裁是前众议员圣胡安（Frisco F. SAN JUAN）。

（3）自由党（Liberal Party）：由菲第5任总统曼努埃尔·罗哈斯于1946年创立，早期成员主要是从菲国家主义党内分裂出来的自由派人士。20世纪70年代后期，该党在秘书长阿基诺的领导下，反对马科斯独裁统治，是推翻马科斯政权的主要力量之一。2001年阿罗约政府上台后，该党加入执政联盟，后又脱离执政联盟，并推选阿基诺三世参加2010年总统大选。阿最终以42%的得票率当选菲律宾第15任总统。现任党主席是罗哈斯（Manuel Araneta ROXAS II）。

（4）摩洛民族解放阵线（Moro National Liberation Front，简称摩解）：南部穆斯林武装组织。1968年创立，旨在棉兰老地区建立独立的伊斯兰国家。1987年南部各省举行公投，建立由棉兰老岛四省组成的"棉兰老穆斯林自治区"（ARMM），密苏阿里（Nur MISUARI）任主席。1996年，政府与摩解达成和平协议。2001年，密苏阿里与阿罗约政府发生利益冲突，其支持者于11月在霍洛岛发动武装叛乱。政府迅速平叛，宣布密犯有叛乱罪。密潜逃至马来西亚沙巴，被马政府逮捕并于2002年1月引渡回菲。2007年2月，阿罗约总统下令执行与摩解的和平协议条款，希望通过和平、发展、多种信仰对话及国际合作实现与摩解的最终和解，解决菲南部冲突。

（5）摩洛伊斯兰解放阵线（Moro Islamic Liberation Front，简称摩伊解）：菲最大的穆斯林反政府组织。现有武装力量12500人，主要活跃在棉兰老岛。1978年，以哈希姆·萨拉马（Hashim SALAMAT）为首的强硬派从摩解脱离后建立。2003年萨马拉去世后，穆拉特（Al Haj Ebrahim MURAD）任主席。主张建立独立的伊斯兰国家，坚持武装斗争。摩伊解与政府虽多次签署停火协议，但均未能得到有效执行。2000年4月摩伊解与政府冲突升级为"全面战争"，摩伊解的营地被政府军全部攻占，其武装力量溃散后，继续以小股武装袭击政府军和民用设施。自2001年开始，阿罗约政府与摩伊解重开和谈，并曾签署停火协议与和平协议，但双方武装冲突仍时有发生。2003年，南部地区发生多起恐怖爆炸案件，政府认为是摩伊解所为，宣布通缉其主要领导人，威胁要将摩伊解列为恐怖组织。此后，在马来西亚协调下，双方进行多轮谈判。近年来，摩伊解发动的武装袭击活动明显减少。

（6）菲律宾共产党（Communist Party of the Philippines）：成立于1930年，1967年发生分裂。1968年，在何塞·西逊（Jose SISON）主持下进行改组重建，此后发展迅速，20世纪80年代中期党员达到3万多人。主张通过武装斗争和建立统一战线，夺取国家政权。1969年，菲共在中吕宋建立新人民军，开展武装斗争。菲政府自1993年起与菲共领导的全国民主阵线举行和谈。双方时谈时战，迄未达成实质性和平协议。"9·11事件"后，菲政府对新人民军采取了强硬措施，包括军事打击。2002年，菲政府将新人民军宣布为恐怖组织，并促使美国和欧盟也将新人民军列为国际恐怖组织，冻结其海外资产。菲共与政府关系破裂，双方和谈停顿。2004年2月，和谈重启。菲共提出希望菲政府敦促美政府将其从恐怖组织中除名。美方明确拒绝，并要求菲共先承诺停止一切恐怖活动。由于多年来持续遭受打击，目前新人民军实力明显下降，成员以减少至约4500人。

其他政党有民主行动党（Aksyon Demokratiko）、地方发展优先党（Promdi-Probinsiya Muna Development Initiative）、改革党（Reporma）、民主战斗党（LDP-Lanbanng Demokratikong Pilipino）、民族党（Nationalista Party）等。

【重要人物】贝尼尼奥·西米恩·阿基诺三世：总统。1960年2月8日生于马尼拉，父亲贝尼尼奥·阿基诺是菲著名民主斗士，反对党领袖和参议员，因反对马科斯独裁于1983年8月被刺杀，此事引发菲"人民力量革命"，最终推翻马科斯政权。母亲科拉松·阿基诺1986年当选菲律宾第11任总统。就读于菲律宾雅典耀大学，获经济学学士学位。曾任职于多家跨国公司和阿基诺家族企业。1998～2007年连续当选三届众议员，2007年当选参议员。目前任自由党副主席。未婚。**乔杰马·比奈**：副总统。1941年11月生于马尼拉，毕业于菲律宾大学，获政治学和法学双学位，后曾在菲国防学院和指挥参谋学院就读研究生课程。马科斯总统执政期间，曾因帮助政治犯而被捕。1986年，科拉松·阿基诺就任总统后任命比奈为马卡蒂执行市长。1988年，当选马卡蒂市长并连任至1998年。1998～2001年，担任大马尼拉发展署主席。2001年，再次当选马卡蒂市长并连任至今。2008年11月，宣布竞选总统，2009年9月宣布退选总统，10月宣布竞选副总统，并于2010年6月成功当选。已婚，有5个子女。

经　济

出口导向型经济。第三产业在国民经济中地位突出，农业和制造业也占相当比重。20世纪60年代后期采取开放政策，积极吸引外资，经济发展取得显著成效。80年代后，受西方经济衰退和自身政局动荡影响，经济发展明显放缓。90年代初，拉莫斯政府采取一系列振兴经济措施，经济开始全面复苏，并保持较高增长速度。1997年爆发的亚洲金融危机对菲冲击不大，但其经济增速再度放缓。近年来，菲加大对农业和基础设施建设的投入，扩大内需和出口，国际收支得到改善，经济保持平稳增长。2009年，菲经济受国际金融危机影响，经济增速放缓。主要经济数据如下：

国内生产总值（2009年）：1610亿美元。

人均国内生产总值（2009年）：1746美元。

国内生产总值增长率（2009年）：0.9%。

货币名称：比索（Peso）。

汇率（2010年7月）：1美元=46.52比索。

通货膨胀率（2009年）：3.2%。

失业率（2010年4月）：8.0%。

【资源】矿藏主要有铜、金、银、铁、铬、镍等20余种。铜蕴藏量约48亿吨、镍10.9亿吨、金1.36亿吨。地热资源丰富，预计有20.9亿桶原油标准能源。巴拉望岛西北部海域有石油储量约3.5亿桶。

【工业】工业产值占国内生产总值31%。从业人口占总从业人口14.8%。制造业占工业总产值70.1%，建筑业占14.0%，矿产业占4.8%，电力及水气业占11.1%。2009年工业产值约为459亿美元，比上年下降2%。

【农林渔业】农林渔业产值占国内生产总值的14.1%，从业人口占总劳力的36.7%。2009年农林渔业产值约为1.2万亿比索，比上年增长2.18%。主要农作物产量如下（单位：万公吨）：

	2007	2008	2009
稻谷	1624.00	1956.74	1625.88
玉米	673.70	632.60	703.40
甘蔗	2396.10	2632.70	2373.56
香蕉	682.10	791.60	901.30

（资料来源：菲律宾国家统计办公室，菲律宾农业部）

森林面积1579万公顷，覆盖率达53%。有乌木、檀木等名贵木材。

水产资源丰富，鱼类品种达2400多种，金枪鱼资源居世界前列。已开发的海水、淡水渔场面积2080平方公里。

【服务业】2009年服务业产值约为889亿美元，比上年增长5.6%。占国内生产总值的55.2%，从业人口占总劳力的51.0%。

【旅游业】菲外汇收入重要来源之一。菲在海外劳工超过800万人，2009年汇回国内173亿美元。2009年菲接待游客346万人次，比上年增长5.37%。主要旅游点有：百胜滩、蓝色港湾、碧瑶市、马荣火山、伊富高省原始梯田等。

【交通运输】以公路和海运为主。铁路不发达，集中在吕宋岛。航空运输主要由国家航空公司经营，全国各主要岛屿间都有航班。

铁路：总长1200公里。

公路：总长约20万公里。客运量占全国运输总量的90%，货运量占全国运输货运量的65%。

水运：总长3219公里。全国共有大小港口数百个，商船千余艘。主要港口为马尼拉、宿务、怡朗、三宝颜等。

空运：机场163个。国内航线遍及40多个城市，与30多个国家签订了国际航运协定。主要机场有首都马尼拉的尼诺·阿基诺国际机场、宿务市的马克丹国际机场和达沃机场等。

【财政金融】2008年财政赤字有所增长。近几年财政收支情况如下（单位：亿比索）：

	2007	2008	2009
收入	11366	12029	11232
支出	11490	12710	14217
差额	-124	-681	-2985

2009年，外债533亿美元，外汇储备456亿美元。（资料来源：财政部、菲律宾中央银行）

主要银行有：首都银行，资产额155亿美元；菲岛银行，资产额138亿美元。

【对外贸易】与150个国家有贸易关系。近年来，菲政府积极发展对外贸易，促进出口商品多样化和外贸市场多元化，进出口商品结构发生显著变化。非传统出口商品如成衣、电子产品、工艺品、家具、化肥等的出口额，已赶超矿产、原材料等传统商品出口额。近几年贸易额如下（单位：亿美元）：

	2007	2008	2009
总额	991.84	1058.24	813.43
出口额	474.10	490.78	383.35
进口额	517.74	567.46	430.08
差额	-43.64	-76.69	-46.73

（资料来源：菲国家统计办公室、中央银行、亚洲开发银行）

主要出口产品为电子产品、服装及相关产品、电解铜等；主要进口产品为电子产品、矿产、交通及工业设备；主要贸易伙伴有美国、日本和中国等。

【外国资本】据菲中央银行统计，2009年外国对菲直接投资达到18.1亿美元。主要来源地为日本、美国、英国、德国、韩国、马来西亚和香港，主要投资领域为制造业、服务业、房地产、金融中介、矿业、建筑业。

【外国援助】外援主要来自日、美、西欧国家和国际金融组织。每年外国承诺给予菲各项援助约20亿美元。

人民生活

据2006年统计，菲律宾家庭年均收入17.2万比索（约3700美元）。2010年7月失业率为8.0%。近年来，人民生活水平提高较慢，贫困家庭比率为25%。2008年消费品价格指数同比上涨9.3%。人均寿命70岁，人口出生率1.81%，死亡率0.55%。

军　事

1901年建立保安队。1936年以保安队为基础建立陆军。1946年以陆军为基础建立国防军，分海、陆、空和保安军四个军种。1950年4月19日正式改称菲律宾武装部队，并将3月22日（1897年菲反抗西班牙殖民统治成立革命政府的日期）定为建军节。总统是最高统帅。武装部队司令部为三军最高指挥机构，总参谋长是最高军事指挥官。国防部是三军行政管理机构。现任国防部长伯尔泰勒·加兹明（Voltaire GAZMIN），武装部队总参谋长里卡多·大卫（Ricardo DAVID）。实行志愿兵役制，服役期三年以上。

菲武装力量由正规军、预备役和准军事部队组成，其中正规军总兵力10.9万人。现役陆军6.6万人，编成8个步兵师、23个步兵旅、8个炮兵营、1个装甲旅、5个特种作战旅、1个总统卫队。海军2.6万人，编成1个作战舰队司令部、6个海区司令部和4个海军陆战旅。空军1.7万人，编成3个空军师、9个飞行联队、7个勤务保障联队。

国家警察部队于1991年1月正式组建，隶属于内务与地方政府部。总兵力9.55万人，是仅次于菲武装部队的准军事力量，在各地区、省、县、市、镇均设有国警指挥部和警察局。

2010年国防预算578亿比索。1995年2月16日，参议院通过一项推动武装部队现代化的法案。该法案决定在今后10年里增拨500亿比索，用于军队的现代化建设。2007年1月，阿罗约总统批准军方100亿比索采购计划，用于支持菲军队现代化。

文化教育

【教育】宪法规定，中小学实行义务教育。政府重视教育，鼓励私人办学，为私立学校提供长期低息贷款，并免征财产税。2010年教育预算为1356亿比索。政府重视教育，同时鼓励私人办学，为私立学校提供长期低息贷款，并免征财产税。初、中等教育以政府办学为主。截至2006年，全国共有中、小学44302所，小学生入学率达91%，中学生入学率60%。高等教育主要由私人控制。全国共有高等教育机构1599所，在校生约244万人。著名高等院校有菲律宾大学、阿特尼奥大学、东方大学、远东大学、圣托玛斯大学等。

【新闻出版】主要英文日报：《马尼拉公报》、

《菲律宾星报》、《菲律宾每日问询者报》、《自由报》、《马尼拉时报》、《马尼拉纪事报》。菲文日报：《消息报》、《菲律宾快报》。华文日报：《世界日报》、《商报》、《菲华时报》、《联合日报》和《环球日报》。

菲律宾通讯社：官方通讯社，成立于1973年3月1日。与中国、马来西亚、印尼、泰国、巴基斯坦、日本等15个国家和地区的通讯社建有新闻交换关系，与美联社、路透社均有工作联系。

新闻组织有全国新闻记者俱乐部、新闻摄影家协会、出版者协会等。全国有257家出版机构。

全国有629家广播电台，其中商业电台488家，非商业电台51家，32家政府所有，10家宗教台，7家教育台。137家电视台，其中广播局和人民电视台属官方性质，其余均为私人所有。菲广播电台、电视台使用的语言主要是英语、他加禄语和华语。

对外关系

奉行独立的外交政策，迄已同126个国家建交。对外政策目标是：确保国家安全、主权和领土完整；推动社会发展，保持菲律宾在全球的竞争力；保障菲海外公民权益；提升菲律宾国际形象；与各国发展互利关系。

【同中国的关系】 1975年6月9日建交。2009年以来，双方重要访问和会见主要有：4月，菲副总统德卡斯特罗到安徽出席第四届中国中部投资贸易博览会。7月，中共中央政治局委员、北京市委书记刘淇访菲。9月，中共中央政治局委员、天津市委书记张高丽访菲。10月，外交部长杨洁篪对菲进行正式访问并与菲外交部长罗慕洛共同签署《中菲战略性合作共同行动计划》和《中菲领事条约》。11月，全国政协主席贾庆林对菲进行正式友好访问，双方共同签署《中华人民共和国政府和菲律宾共和国政府关于相互承认高等教育学历和学位的协议》、《中国政府向菲律宾政府提供1000万元人民币无偿援助换文》和《中国政府向菲律宾政府提供20万美元现汇的紧急人道主义救灾援助交接证书》。2010年4月，菲副总统德卡斯特罗来华出席上海世博会开幕式，5月到宁波出席上海世博会"信息化与城市发展"主题论坛。6月9日，菲总统阿罗约来华出席上海世博会菲律宾国家馆日活动。6月30日，胡锦涛主席特使、全国人大副委员长严隽琪赴菲出席阿基诺总统就职仪式。

据中国海关总署统计，2009年，双边贸易额205.3亿美元，同比下降28.3%。其中中方出口85.8亿美元，同比下降6.0%，进口119.5亿美元，同比下降38.8%。

中国驻菲律宾共和国大使：刘建超。馆址：4896 PASAY ROAD，DASMARINAS VILLAGE，MAKATI，METRO MANILA PHILIPPINES。电话：（00632）8443148。传真：8452465。电子信箱：chinaemb_ph@mfa.gov.cn。经商处电话：8195991。传真：8184553。签证处电话：8482396。传真：8482460。

中国驻宿务总领事：何时敬。馆址：Cebu Memorial Foundation Compound，Don Julio Llorrente Street，Brgy. Capitol Site，Cebu City 60000，Philippines。办公室电话：（006332）2563422。经商室电话：2563433。

中国驻拉瓦格领事馆长：田其祥。馆址：No. 216 National Highway，Barangay 1，San Nicolas，Ilocos Notre 2901，Phlippines。办公室电话：（006377）7721862。传真：7721862。

菲律宾驻华大使：弗朗西斯科·民尼迪托（Francisco BENEDICTO）。馆址：北京市朝阳区建国门外秀水北街23号。电话：010－65321872，65322518，65322451。

【同美国的关系】 菲曾是美殖民地，两国长期保持密切的盟国关系。两国签有共同防御条约和共同防御援助协议。1991年菲参议院废除了菲美军事基地协定，结束了美在菲长达93年的驻军。1998年，两国签署《访问部队协定》。该协定使得美军重返菲律宾，两国恢复大规模联合军事演习。"9·11"事件使菲美军事合作得到明显加强。菲政府支持美反恐行动及对阿富汗和伊拉克战争，向美开放军事设施，提供后勤服务。美国承诺向菲提供新的军事装备，加大对菲军事经济援助，向菲派遣专家协助反恐训练。

2009年2月，美第七舰队"蓝岭"号两栖登陆舰访菲。4月，菲美2009年度"肩并肩"联合军演在菲举行。6月，美"里根"号航母访菲参与菲中北部风灾救援周年纪念。6月，美国防部长盖茨访菲。7月，美中情局长帕内塔访菲。2010年3月，菲美2010年度"肩并肩"联合军演在菲举行。

美是菲最大贸易伙伴，最大出口市场和第二大进口来源地。2009年，菲美贸易总额为119.00亿美元，占菲外贸的14.63%，其中菲向美出口67.90亿美元，进口51.10亿美元。目前，美是菲第二大官方援助国，年援助额在5000万美元以上，2006年高达7300万。美在菲能源和电力领域累计投资超过20亿美元。美在菲旅游市场占主导地位，年赴菲游客达50万。美也是菲最大的劳务输出国，在美菲籍劳工和侨民达300万。

【同日本的关系】 1956年7月建交。菲积极支持日本在国际事务中发挥与其经济影响相称的政治作用。日本是菲最大援助国、最大进口来源地和主要贸易伙伴。2008年10月，菲参议院审议通过菲日2006年签署的经济伙伴关系协议。2009年菲日贸易总额为116.00亿美元，占菲外贸的14.20%，其中菲向日出口62.00亿美元，进口54.00亿美元。

【同东盟国家的关系】 菲律宾重视发展同东盟其他国家的关系，将其列为菲对外政策的优先考虑。菲积极参与、推动和促进东盟内部的各项合作及经济一体化进程。菲律宾同马来西亚之间存在着沙巴领土争端，双方均表示愿通过友好协商解决。马来西亚积极斡旋菲政府与摩伊解之间的和谈。

2009年2月，阿罗约总统在达沃斯出席世界经济论坛期间与泰国总理阿披实会晤。4月，阿罗约总统会晤缅甸总理登盛中将。8月，罗慕洛外长在庆祝东盟成立42周年大会上发表讲话。同月，泰国总理阿披实访问菲律宾。10月，阿罗约总统出席在泰国举行的东盟峰会。同月，马来西亚国王授予菲军总参谋长伊布拉多荣誉爵士勋章，以感谢伊为菲马防务合作所作贡献。11月，印尼外长马尔迪·纳塔勒加瓦、新加坡外长杨荣文分别对菲进行正式访问。（黄刚）

格鲁吉亚

国名　格鲁吉亚（Georgia）。

面积　6.97万平方公里。

人口　438.54万（2009年1月）。根据格鲁吉亚经济发展部统计局2002年人口普查统计资料，其中格鲁吉亚族占总人口的83.8%，其他主要民族有阿塞拜疆族6.5%、亚美尼亚族5.7%、俄罗斯族1.5%、奥塞梯族、阿布哈兹族、希腊族等。格鲁吉亚语为官方语言，居民多通晓俄语。多数信奉东正教，少数信奉伊斯兰教。

首都　第比利斯（Tbilisi），人口113.66万（2009年），年平均气温12.8℃。

国家元首　总统米哈伊尔·萨卡什维利（Mikheil Saakashvili），2004年1月4日当选。2008年1月当选连任，任期五年。

重要节日　新年：1月1日；圣诞节：1月7日；洗礼节：1月19日；母亲节：3月3日；国难日：4月9日；建军节：4月30日；胜利日（纪念反法西斯战争胜利）：5月9日；独立日（国庆节）：5月26日；圣母节：8月28日；姆茨赫托巴节（姆茨赫塔系格古都，此为奠基纪念日）：10月14日；圣乔治节（圣乔治为格保护神）：11月23日。

简　况

位于南高加索中西部。北接俄罗斯，东南和南部分别与阿塞拜疆和亚美尼亚相邻，西南与土耳其接壤，西邻黑海。海岸线长309公里。部分地区属高山气候，西部属亚热带地中海气候。1月份平均气温3℃～7℃，8月平均气温23℃～26℃。

公元前6世纪，在现格鲁吉亚境内建立了奴隶制的科尔希达王国。公元4～6世纪建立封建国家。公元6～10世纪基本形成格鲁吉亚族，公元8～9世纪初建立卡赫齐亚、爱列京、陶—克拉尔哲季封建公国和阿布哈兹王国。19世纪初，格鲁吉亚被沙皇俄国兼并。1921年2月25日成立格鲁吉亚苏维埃社会主义共和国。同年12月，阿布哈兹苏维埃社会主义共和国加入格鲁吉亚（1931年2月以后改为苏维埃社会主义自治共和国）。1922年3月12日，格鲁吉亚加入外高加索苏维埃社会主义联邦共和国，同年12月作为该联邦成员加入苏联。1936年12月5日，格鲁吉亚苏维埃社会主义共和国正式成为苏联加盟共和国。1990年11月4日发表独立宣言，改国名为“格鲁吉亚共和国”。1991年4月9日正式宣布独立。同年5月26日，“自由格鲁吉亚圆桌会议”领导人加姆萨胡尔季阿当选格首任总统，后于1992年1月被推翻。1992年3月11日，前苏联外长谢瓦尔德纳泽被任命为国务委员会主席，11月被确认为国家元首。1995年8月24日通过新宪法，定国名为“格鲁吉亚”。2003年11月发生“玫瑰革命”，萨卡什维利在随后举行的选举中当选总统。

政　治

2008年1月，格鲁吉亚举行总统大选，萨卡什维利以53.47%的得票率当选连任。5月，举行议会选举，执政党统一民族运动党以59.9%的得票率成为议会第一大党，格联合反对派联盟部分当选议员拒绝参加新一届议会工作。8月8日爆发格俄冲突。8月30日格俄两国断交。2009年，格反对派活动活跃，要求萨卡什维利辞职的呼声走高，对萨执政地位构成强大压力。格“新右翼”、共和党、工党等12个反对派签署联合宣言，举行持续抗议示威活动，要求总统下台并提前举行总统和议会选举；格反对派还在此间签署“十项义务宪章”，要求实现公平选举、建立独立媒体等。

萨卡什维利拒绝辞职，呼吁维护国家稳定，与政府对话，商讨共同应对世界经济危机、解决格就业和司法改革、加强议会职能、修改选举法等问题。格总统萨卡什维利、议长巴克拉泽先后与反对派举行对话，提出修改宪法和选举法、进行民主改革、设立宪法委员会和改善选举环境等建议。格政府为缓解国内政治危机、牢牢把握权力，组建了宪法委员会，通过《集会和游行示威法》修改草案。

【宪法】 格鲁吉亚独立后实行立法、司法、行政三权分立。第一部宪法由议会于1995年8月24日通过。2004年2月17日，格议会通过“关于组建内阁”宪法修正案，规定格为总统制三权分立国家，总统是国家元首兼武装力量最高统帅，有权提名总理、国防、内务、安全等强力部门部长人选，由议会批准。内阁成员由总理向总统建议后，由总统提交议会批准。总统和议会由投票方式直接选举产生。总统有权解散政府，有权依宪解散议会。

【议会】议会是最高权力代表机构和最高立法机构，单院制，由150名议员组成，任期五年。议长为国家二号人物，总统缺位时，议长履行其职能。现任议长大卫·巴克拉泽（David Bakradze），2008年5月21日当选。

【政府】2008年1月格总统选举后，弗拉基米尔·古尔戈尼泽再次被任命为总理并组成新政府。11月，格总统任命姆加洛布利什维利为新总理。2009年初，格政府总理再次易人并组成现政府。现政府主要成员有：总理尼卡·吉拉乌利（Nika Gilauri），第一副总理兼地区发展和基础设施部部长大卫·特克舍拉什维利（David Tkeshelashvili），副总理兼与北约、欧盟一体化事务国务部长格奥尔基·巴拉米泽（Georgi Baramidze），主管侨民事务国务部长米尔扎·达维塔亚（Mirza Davitaia），主管统一事务国务部长铁木尔·亚科巴什维利（Temur Iakobashvili），外交部长格里戈尔·瓦沙泽（Grigol Vashadze），国防部长巴恰纳·阿哈拉亚（Bachana Akhalaia），内务部长伊万·梅拉比什维利（Ivane Merabishvili），财政部长卡哈·巴因杜拉什维利（Kakha Baindurashvili），司法部长祖拉布·阿杰伊什维利（Zurab Adeishvili），经济发展部长维拉·科巴利亚（Vera Kobalia），劳动、卫生和社会保障部长桑德罗·乌鲁沙泽（Sandro Urushadze），文化、体育和文物保护部长尼古拉·鲁鲁阿（Nikoloz Rurua），教育和科技部长德米特里·沙什金（Dimitri Shashkin），农业部长巴库尔·克维泽列利（Bakur Kvezereli），环保和自然资源部长格奥尔基·哈奇泽（Giorgi Khachidze），能源部长亚历山大·赫塔古里（Aleksandre Khetagurii），难民和安置部长科巴·苏别利阿尼（Koba Subeliani），劳教、调查和司法援助部长哈图娜·卡尔玛赫利泽（Khatuna Kalmakhelidze）。

【行政区划】全国由首都第比利斯、九个大区（古利亚、拉恰—列其呼米和下斯瓦涅季亚、萨梅格列罗—上斯瓦涅季亚、伊梅列季、卡赫季、姆茨赫塔—姆季阿涅季、萨姆茨赫—扎瓦赫季、克维莫—卡尔特里、什达—卡尔特里）、两个自治共和国（阿布哈兹、阿扎尔）组成。

【司法机构】司法独立，设宪法法院、最高法院、总检察院、监察院。最高法院是最高审判机关，院长和大法官由总统提名，议会选举产生，任期10年。不允许设立专门和特别法院。战争期间可设军事法院。现任最高法院院长康斯坦丁·库勃拉什维利（Konstantin Kublashvili）。宪法法院法官有9名，总统、议会和最高法院各任命3人，任期10年。总检察院总检察长由总统提名，议会批准，任期不定。现任总检察长马穆卡·格瓦拉米亚（Mamuka Gvaramia）。

【政党】格鲁吉亚目前主要政党有：

（1）统一民族运动党（Unified National Movement）：执政党。成立于2001年，现任主席萨卡什维利，总书记梅利基什维利。在格各地设100多个分部，现为格第一大党。该党主张通过激进方式进行国家改革，全面接受美式民主模式，实行三权分立，缩小议会规模，恢复国家完整，严惩腐败，打击影子经济，鼓励发展中小经济，提高退休金和社会福利水平，为贫困居民提供社会保障，增加国家收入，加入北约，与欧盟保持密切联系等。

（2）工党（Labour Party）：反对党。成立于1995年，主席纳捷拉什维利，总书记沙特别拉什维利。现有成员22万人，在格各大城市和地区都有党的分支机构。工党的主要方针是通过合法选举途径掌握国家政权。代表大会是工党的基本机关，每四年召开一次。代表大会选举产生党的主席、总务委员会、政治委员会，确定党的基本方针、纲领和修订党章。2005年1月工党发生分裂，部分党员宣布成立名为“工党民族委员会”的新政党，放弃与执政党全面对抗的纲领。

（3）工业拯救格鲁吉亚联盟（Industry saves Georgia）：反对党。成立于1999年1月，由格工商企业主联合发起，现任主席格奥尔基·托巴泽。成员多为小工商业主，拥护者主要来自格大中城市。该党主张保护私有财产，彻底进行私有化改革，将发展独立民族工业作为经济振兴基础，完善立法，保障经营独立自主权，由国家扶持和鼓励发展中小经济，改善与邻国，特别是对俄关系，为经济发展创造良好外部环境，改善人民生活条件，提高福利水平，实现社会充分就业等。

（4）新右翼（New Rights）：反对党。成立于2001年6月15日，主席加姆克列利泽，总书记萨加涅利泽。现有分支机构70多个，正式成员1.2万余人。拥护者主要来自中小知识分子阶层和妇女及青少年。资金来源主要依靠中小企业主赞助。该党主张实行西方民主制度，建立共和制中央集权政府，同时限制政府权力，遵循法律至上原则，尊重私有财产，保护传统文化，以和平的政治对话解决阿布哈兹和南奥塞梯问题，但不反对使用武力，通过强化社会治安和完善立法吸引外国投资，提高人民现有生活水平，缩小贫富差距，提高社会保障能力，以建立成能源过境国家为国家发展战略，视格为美国的战略盟友。

（5）共和党（Republic Party）：1987年成立时系未经前苏联政府批准的“非法”组织。当时主要致力于争取恢复格鲁吉亚独立。现为反对党。现任主席大卫·乌苏巴什维利。现有成员约3000人。该党主张政治多元化，维护人权和宪法，建立民主制度、自由传媒和市场经济。

（6）“公正”党（“Justice” party）：反对党。主席伊戈尔·吉奥尔加泽。1995年吉奥尔加泽因涉嫌谋杀前总统谢瓦尔德纳泽而被格当局通缉，先后躲藏在8个国家，现居住在莫斯科。2001年吉奥尔加泽的支持者成立反对党，2003年“公正”党正式注册，党员人数2.1万人，该党还拥有数量众多的支持者。2005年“公正”党在莫斯科设立代表处。2006年5月吉奥尔加泽在莫斯科宣布准备在格发动“荨麻革命”，试图推翻“玫瑰革命”后上台的萨卡什维利政权。2006年9月6日格政府以主谋策划政变为由，逮捕了该党29名成员，使“公正”党遭受沉重打击。

（7）“民主运动—统一的格鲁吉亚”党（Democratic Movement-United Georgia）：反对党。主席尼诺·布尔扎纳泽。成立于2008年11月28日。

（8）阿拉萨尼亚团队（Alasania's team）：反对党。指责政府掉入俄罗斯陷阱，发动8月战争，造成格现有局势，呼吁建立强大透明的民主制度，主张萨卡什维利下台。2009年2月23日与共和党、新右翼党组成联盟“为了格鲁吉亚”（The Alliance for Georgia）。阿拉萨尼亚任主席。2009年6月15日，阿拉萨尼亚宣布组建“我们的格鲁吉亚—自由民主运动”党。

（9）“格鲁吉亚之路”党（Georgia's Way）：反对党。2005年11月成立，主席萨洛梅·祖拉比什维利（前外长）。主张建立现实和有效的民主制度以及重视格鲁吉亚历史的重要性，认为美国是格对外政策的主要伙伴，主张同俄罗斯关系正常化，认为现行政府实行“新布尔什维主义”。

（10）“自由”党（Freedom）：反对党，主席为康斯坦丁·加姆萨胡尔季阿（格第一任总统兹维阿德·加姆萨胡尔季阿长子），成立于2004年，主张自由和亲西方，2005年夏天成员达15000人。

（11）“为了统一的格鲁吉亚运动”党（Movement for United Georgia）：反对党，2007年9月27日由格前国防部长伊拉克利·奥克鲁阿什维利创立，反对格现政府的专制主义。次日奥克鲁阿什维利以贪污罪被捕，引发了示威游行。该党正式成立于当年12月15日，议员吉阿·托尔特拉泽被选为主席，时在德国在押的奥克鲁阿什维利被选为名誉主席，总书记为埃卡·别谢利亚。

【重要人物】米哈伊尔·萨卡什维利：总统。1967年12月21日生于第比利斯一个医生家庭。中学毕业后赴乌克兰基辅大学国际关系攻读国际法，上世纪90年代初又先后在法国斯特拉斯堡和意大利佛罗伦萨学习。1994年获美国国会奖学金赴纽约，先后在哥伦比亚大学法律系和乔治·华盛顿大学学习，获法学学位。1995年返格，当年当选格议会议员、议会法律委员会主席。1997年被评为格年度人物。1998年成为格执政党“公民联盟”议会党团主席。2000年10月任司法部长。2001年组建“民族运动”党，并在2002年的第比利斯市地方议会选举中获胜，当选市议长，后任市长。2003年领导“颜色革命”，在2004年1月4日举行的提前总统选举中以96.27%的得票率当选格总统。懂俄语、英语和法语。已婚，妻子为荷兰籍。有二子。　**大卫·巴克拉泽**：议长。1972年7月1日生于第比利斯，格鲁吉亚技术大学毕业，物理数学副博士。1995～1998年先后就读于格美国家行政学院、瑞士国际关系学院、德国欧洲安全研究中心，并于2001年赴意大利北约国防大学进修。1997年起先后任外交部军控局副局长、局长、军事政治局副局长、国家安全会议安全局局长、对外安全与冲突局局长、政治安全局局长。2004～2007年任议会欧洲一体化委员会主席。2007年7月至2008年1月任主管冲突调解事务国务部长。2008年1月至4月，任外长。5月21日当选议长。执政党统一民族运动党成员。　**尼卡·吉拉乌利**：总理。1975年出生于第比利斯，毕业于第比利斯国立大学国际经济关系系。1998年在英国波恩茅斯大学研修英语课程。1999年获爱尔兰列墨瑞克大学财经专业名誉学位。同年，在都柏林Invesco资产管理集团国际金融中心任经理。1999～2000年在美国费城天普大学学习。2000年分别获得巴黎大学、费城大学、东京大学国际商业管理硕士学位。同年，任美国费城小型商业发展中心节能项目财政顾问。2001年任格鲁吉亚电信财政顾问。2002年任格鲁吉亚能源市场管理项目合作者—西班牙Iberdrola公司财政顾问。2003～2004年，作为格鲁吉亚国家电力系统共同管理者和财务监理，任职于格鲁吉亚国家电力系统管理项目合作者—爱尔兰SBE公司。2004～2007年任格鲁吉亚能源部长。2007年8月30日被任命为格鲁吉亚财政部长。

经　济

受全球金融危机及格反对派持续抗议示威活动等影响，格鲁吉亚经济环境恶化，2009年格外贸总额下降明显，外国直接投资大幅减少，GDP负增长3.9%。

格鲁吉亚政府不断致力于建立自由市场经济，接受国际货币基金组织、世界银行和欧美国家指导和援助，大力推进经济改革，进一步降低各种税率及关税，加快结构调整和私有化步伐，改善基础设施和投资环境，增加吸引外资。格经济基本面情况良好，主要得益于格政府应对危机基本得当，格经济自由度高，经济规模小，经济实体的适应能力强，格经济长期受俄封锁，对外经济多元化水平高。但解决贫富分化、贫困、扩大就业仍是政府面临的艰巨任务。2009年主要数据如下：

国内生产总值：179.486亿拉里（约合107.38亿美元）。

国内生产总值增长率：-3.9%。

人均国内生产总值：4092.8 拉里（约合 2448.6 美元）。

外国直接投资：7.59 亿美元，同比减少 51%。

外汇储备（截至 2009 年 12 月 31 日）：18.9 亿美元。

货币名称：拉里（Lari）。

汇率（2009 年年均）：1 美元 = 1.6715 拉里，1 欧元 =2.1871 拉里。

通货膨胀率：1.7%。

失业率：16.3%。

【资源】 自然资源比较贫乏，主要矿产有煤、铜、多金属矿石、重晶石。锰矿石储量丰富，质地优良。森林面积 300.53 万公顷。水力资源丰富，蕴藏量 1550 万千瓦。

【工业】 2009 年，格鲁吉亚工业总产值为 33.109 亿拉里（约合 19.81 亿美元），同比下降 16.5%。2009 年各产业产值分别为：开采业 2.126 亿拉里（约合 1.272 亿美元），占工业总产值的 6.4%。制造业 23.334 亿拉里（约合 13.96 亿美元），占工业总产值的 70.5%，电力、供气、供水 7.649 亿拉里（约合 4.576 亿美元），占工业总产值的 23.1%。

【农业】 2009 年，格农林渔业产值为 22.74 亿拉里（约合 13.605 亿美元），同比下降 4.3%，占 GDP 的 12.67%。耕地面积约 53.96 万公顷。2009 年春季耕种面积为 20.3 万公顷。农业构成主要为种植业、畜牧业、农产品加工业、林业、渔业等。

【交通运输】 2008 年全年总货运量 4905.82 万吨，总客运量 3.938 亿人次。2008 年产值为 12.557 亿拉里（约合 8.426 亿美元），占 GDP 的 6.58%。

铁路：实际运行长度 1561 公里，均为电气化铁路。2008 年货运量 2118.12 万吨，客运量 340 万人次。

公路：公路总长 2.0329 万公里，2008 年货运量 2786.44 万吨，客运量 3.902 亿人次。

海运：主要海港有巴统和波季。2008 年货运量 1.19 万吨。

空运：2008 年航空货运量 0.07 万吨，客运量 20 万人次。国际机场为第比利斯和巴统机场。

【财政金融】 2009 年国家财政收入 49.17 亿拉里（约合 29.417 亿美元），财政支出 54.94 亿拉里（约合 32.869 亿美元）。

据格央行资料显示，截至 2009 年 12 月 31 日，格外汇储备为 18.9 亿美元，较 2008 年底同比增长 28.8%。

截至 2009 年底格国家外债累计 33.81 亿美元。

2010 年格国家财政预算收入 51.7 亿拉里（约合 30.9 亿美元），同比减少 20%；财政预算支出 54.5 亿拉里（32.6 亿美元），同比减少 21.5%，占 2010 年 GDP 的 28.7%。

中央银行为格鲁吉亚国家银行，主要商业银行有格鲁吉亚银行、人民银行、TBC 银行、格鲁吉亚联合银行、格鲁吉亚投资银行等。

【对外贸易】 2009 年格对外贸易总额为 55.13 亿美元，同比下降 29.3%。其中出口额 11.35 亿美元，同比下降 24%，进口额 43.78 亿美元，同比下降 30.1%，逆差 32.43 亿美元。2009 年格出口葡萄酒 1097 万瓶，同比下降 10%，主要由于对乌克兰出口同比下降 32% 造成，对哈萨克斯坦、白俄罗斯、立陶宛、阿塞拜疆、中国等国家的葡萄酒出口增加。据格鲁吉亚农业部统计，2009 年，中国从格进口葡萄酒 18 万升，是 2008 年的 7.8 倍，在格葡萄酒进口国家排名中，从 2008 年的第 19 位跃居第 10 位。其中首次进口散装葡萄酒 4.8 万升，0.75 升瓶装葡萄酒 13.2 万升（175556 瓶），是 2008 年的 5.45 倍。近年对外贸易情况如下（单位：亿美元）：

	2007	2008	2009
外贸总额	64.56	75.56	55.13
出口额	12.4	14.98	11.35
进口额	52.16	60.58	43.78
逆差	39.76	45.6	32.43

格与前十大贸易伙伴的贸易额为 32.86 亿美元，占总额 66.4%。其中十大贸易伙伴分别是：土耳其 10.14 亿美元（占总额的 18.4%）、阿塞拜疆 5.44 亿美元（9.9%）、乌克兰 5.02 亿美元（9.1%）、德国 3.24 亿美元（5.9%）、俄罗斯 3.10 亿美元（5.6%）、美国 2.64 亿美元（4.8%）、保加利亚 2.35 亿美元（4.3%）、中国 1.8 亿美元（3.3%）、意大利 1.51 亿美元（2.7%）、加拿大 1.31 亿美元（2.4%）。

人民生活

2009 年，格鲁吉亚居民最低生活工资是 109 拉里（约合 65.2 美元）。一成年男子的最低生活工资是 123.1 拉里；家庭平均最低收入为 206.4 拉里（约合 123.5 美元）。2008 年人均月工资为 476.9 拉里（约合 320 美元），格为有劳动能力的男子制定的最低贫困线标准为 103.2 拉里（约 62 美元），四口之家为 173.1 拉里（约 104 美元），1/2 的人口处于贫困线以下。格最低退休金为每月 80 拉里。

军　事

格鲁吉亚武装力量建于 1992 年 4 月 30 日。根据《国防法》规定，国家最高权力机关（议会）确定国家的国防政策和通过国防领域的法律。总统萨卡什维利担任武装力量总司令，国防部负责指挥武装力量。格实行防御性国防政策，基本目标是保卫国家的独立、主权和领土完整。目前，格已基本实现军队职业化。

2006 年格国防部组建陆军司令部，编制 60 人，隶属格武装力量联合司令部。12月，格议会一读通过“预备役法”。据该法案，格27～40岁的男性公民必须进行18天的集训。女性公民自愿参加。议员及参选候选人、神职人员、外交官免训。2007年2月，格总统、防长和议会国防安全委员会主席共同签署新的军官条例，格将从大学和军校毕业生中选拔人才，为武装力量建立优秀的军官队伍。2008年议会通过决议将格军队兵力从3.2万人增加至3.7万人，后因八月战争而未能完成。2009年，格总统签署命令将海军划归内务部边防局海岸警备队管辖，将内务部航空边防划归国防部空军管辖；格军取消上等兵、中士、少尉等苏式军衔，改用北约军衔体制。

格军编成陆军、空军、海军三个军种，主要装备有坦克、飞机、小型舰艇、火炮等。

2010年格国防预算为4.5亿美元。

文化教育

【文化】截至2008年，格鲁吉亚全国共有126所博物馆，其中历史博物馆17所，艺术博物馆21所，纪念馆45所，共组织展出549场；图书馆824所，共藏书1730万册；剧院45座，共举行演出3134场。

【教育】2008/2009学年，格鲁吉亚全国有中小学2448所，大学129所（其中国立20所，私立109所），国立中等职业技术学校30所、私立中等职业技术学校4所。2008/2009年中等职业技术学校在校生2600人，大学在校生9.52万人。主要高等院校有第比利斯国立大学、第比利斯国立工业大学、第比利斯国立医学院、国立美术学院等。

【新闻出版】2008年，格鲁吉亚出版221种报纸及多种杂志期刊。主要报纸有：《格鲁吉亚共和国报》，格鲁吉亚文，独立报纸，反映官方立场；《自由格鲁吉亚报》，俄文，独立报纸，反映官方观点；《格鲁吉亚时报》，格、英文；《24小时报》，格文，英文，独立报纸。

主要通讯社：黑海通讯社（Black Sea Press），私营通讯社，成立于1993年，有半官方背景。高加索通讯社（Кавказ-пресс），独立通讯社，成立于1995年。主流媒体通讯社（Prime News），独立通讯社，成立于1997年。

主要广播电台：格鲁吉亚国家广播电台，用格、俄语广播，并向欧洲国家广播。格鲁吉亚国家电视一台、二台信号覆盖格全境，以格语节目为主。鲁斯塔维—2台为格最大私营电视台，电视信号覆盖格大部分地区和欧洲各国。伊梅基电视台为格新兴私营电视台之一，信号覆盖格主要城市和地区。阿扎尔电视台为主要地方电视台之一，电视信号覆盖格全境和欧洲、中东、北非、北美地区。

对外关系

2008年，萨卡什维利政府继续将恢复国家统一和领土完整、加入北约和欧盟、加强地区合作的同时兼顾发展与东方国家关系作为外交基本政策，对外政策的优先方向是冲突调解问题。格进一步密切与美国、北约、欧盟的合作关系。围绕格境内冲突地区维和等问题争执和摩擦不断，对俄关系局面日趋复杂和紧张，8月爆发格俄冲突，两国断交；重视同阿塞拜疆、亚美尼亚、土耳其、乌克兰等周边国家发展友好合作关系，倡导地区国家以“古阿姆”组织为框架推进各领域合作。1992年3月24日加入欧安会，5月15日被接纳为北大西洋合作委员会成员，7月31日正式加入联合国；1993年12月9日参加独联体；1994年3月23日参加北约“和平伙伴关系计划”。努力发展与欧洲安全合作组织、欧洲联盟的关系。1996年4月与欧洲委员会签订《伙伴关系与合作协定》，6月正式申请加入欧盟。1999年4月加入欧洲委员会；2000年6月加入世界贸易组织。截至2009年12月，已同123个国家建交。

【对当前重大国际问题的看法】拥护建立以欧盟和北约为主要框架的全欧安全体系，认为北约是维护地区稳定的支柱力量，积极谋求加入。2009年，格继续大力推进加盟入约进程，按北约标准对国防、内务、安全等强力部门进行深化改革，按北约标准建军，增强国防实力。认为联合国安理会在维持国际和地区和平与稳定中的作用正在降低，欧安组织在地区和国际事务中的作用日益上升。认为独联体及其集安条约缺乏有效机制，基本丧失活力，并宣布退出独联体。积极推动建立黑海自由贸易区。认为在“古阿姆”框架内加强各国合作是促进地区和平与稳定的有效机制，积极倡导建立“古阿姆”国家自由经济贸易区。

【同中国的关系】1992年6月9日建交。2009年10月，格总统萨卡什维利、议长巴克拉泽、外长瓦沙泽分别向中国领导人致国庆贺电，赞赏新中国成立60周年取得的伟大成就，重申格高度重视发展对华关系。9月，瓦沙泽外长就河南平顶山矿难向杨洁篪外长致慰问信。11月，格外交部发表声明，对中国黑龙江鹤岗市矿难表示慰问。3月，格新任驻华大使西哈鲁利泽向中国国家主席胡锦涛递交国书。12月，中格外交部司局级对口磋商在第比利斯举行。两国文化领域保持良好交流。9月、12月，中方在格分别举办“中国瓷器和青铜器展”、“中国万花筒—现代生活面面观”图片展等，受到热烈欢迎。

据中国海关总署统计，2009年中格双边贸易额为2.09亿美元，同比下降29.2%。其中，中方出口额1.91亿美元，同比下降34.5%；中方进口额1786万美元，同比增长406%。

中国驻格鲁吉亚大使：宫建伟。馆址：第比利斯巴尔诺瓦大街52号［52 BARNOV STR.，0108（邮编），TBILISI，GEORGIA］。信箱：P.O.BOX 224，TBILISI，GEORGIA。电子信箱：yfarm @

access. sanet. ge，chinaemb _ ge @ mfa. gov. cn。电话：0099532－252670。传真：250996。

格鲁吉亚驻华大使：卡罗·西哈鲁利泽（Karlo Sikharulidze）。馆址：北京市朝阳区霄云路18号D区17号，邮编100016（Kings Garden Villa 17，Block D，Xiao Yun Road 18，Chaoyang District，Beijing，100016，China）。电话：010－64681203；传真：64681202。电子邮箱：geobeijing @ gmail. com，consulatebeijing @ gmail. com。

【同俄罗斯的关系】2008年8月，格与南奥塞梯冲突区局势急剧恶化，格军与南奥、俄维和部队在南奥地区发生大规模武装冲突。俄承认阿布哈兹和南奥塞梯独立，随后与两地区分别签署友好合作互助条约。格退出1994年关于调解南奥塞梯冲突的协议，要求俄从格领土撤军。格俄断绝外交关系。

此后，格俄围绕格境内阿布哈兹和南奥塞梯两冲突地区和格入约问题对抗和摩擦不断。俄强调承认阿布哈兹和南奥塞梯独立地位的立场不会改变，不断加强与两地关系。俄与阿布哈兹和南奥塞梯签署系列军事技术合作协议，规定俄在两地设立军事基地，有效期49年；签订边界共同防务协议，俄在两地区部署边防部队执行边防和巡逻任务；俄岸防部门与阿布哈兹边防部门共同保障阿水域过往船只安全，防止格扣押驶向阿货船；俄还与阿布哈兹签署双边互免签证协议，修建并开通北奥塞梯至南奥塞梯的天然气管道。

此外，俄禁止俄国家机构、国有和私营企业、法人及自然人自俄领土或通过俄公民向格提供、出售或转送军用或军民两用产品。要求格按照1999年欧安组织有关加强信任与安全措施问题的维也纳文件之规定同意俄方派团入境对格境内军事设施进行安全评估及核查。俄否决美、英等国提交的关于要求延长联合国驻格观察团任期的安理会决议草案，反对北约在格举行多国联合军演，并在北高加索地区举行大规模军演，以回应北约在格军演。

格、南奥塞梯、俄罗斯及欧盟代表商定设立“热线”，以保证地区安全和稳定，避免发生意外冲突。格俄就开通上拉尔斯边境口岸进行磋商，双方同意于2010年3月重新开通口岸。

【同美国的关系】美国支持格建立西式民主和市场经济，支持格领土和主权完整，不承认阿布哈兹和南奥塞梯独立，支持并积极推动格加入北约，为格改造提供大量经济、军事援助。2008年8月格俄冲突爆发后，向格提供10亿美元援助。“千年挑战计划”也加大对格援助力度。

格一贯奉行亲美政策，借美力量积极推进格改革和加盟入约进程，积极加入美主导的国际反恐联盟，大力发展格美双边关系，格俄冲突后积极寻求美支持。

2009年，两国签署格美战略合作伙伴宪章。为落实并开展在两国战略合作伙伴宪章框架内的各领域合作，格美双方互访频繁。

【同土耳其的关系】格将土耳其作为重要战略伙伴，希借助土影响加快加入北约进程。土、格两国经贸关系密切。2006年格与土实行互免签证制度。2008年7月，巴库—第比利斯—卡尔斯铁路土耳其段开工。2009年，格土双方互有访问，讨论双边关系和自由贸易问题，并举办格—土经济论坛；格国家电力部门与土签署共同铺设黑海高压输电线路协议。

【同其他国家的关系】格积极发展与周边国家的关系，探讨与周边国家在经济、贸易、投资、交通、运输、能源、军事、旅游等各领域合作问题。

格总统萨卡什维利、议长巴克拉泽、外长瓦沙泽分别访问亚美尼亚，讨论双边互利合作及政治经济关系。亚外长纳尔班江和经济部长叶里强分别访格。亚在格冲突问题上保持中立立场，不承认阿、南独立。格亚签署2007～2009年两国战略伙伴关系协议。

格与阿塞拜疆互有访问，两国就双边关系、地区局势及国际合作、能源合作等问题进行了讨论。格总理吉拉乌利还赴阿参加石油与天然气问题国际会议，讨论本地区能源合作问题。

格与乌克兰互有访问，双方讨论了双边和在古阿姆组织框架下的合作以及2009年能源峰会问题，格总统萨卡什维利出席乌格经济论坛，签署两国司法领域合作协议。乌支持格主权独立和领土完整，不承认阿、南独立，支持在格领土完整的前提下，和平解决阿和南奥冲突问题；乌还根据格《被占地区法》禁止本国公民进入阿布哈兹和南奥塞梯地区经商或旅游。

另外，格还将同欧洲国家关系看作重中之重，积极发展与欧洲国家关系，来往频繁，多次出访并接待大量来访，探讨与欧洲国家在各领域合作以及格加盟入约问题。

格总统、议长、总理、外长等国家领导人先后多次出访西班牙、爱沙尼亚、卢森堡、立陶宛、英国、爱尔兰、拉脱维亚、意大利、斯洛伐克、匈牙利、波兰、法国、梵蒂冈、捷克等国，就与各国关系、各领域合作、投资、格局势、能源安全、国际观察员在格必要性和格加盟入约等问题交换意见，并出席国际会议。

欧洲各国领导人以及政府、议会、军事代表团频繁访问格鲁吉亚，其中包括瑞士、希腊、瑞典、捷克、英国、荷兰、意大利、立陶宛、爱沙尼亚、丹麦、波兰等国，商讨双边关系、能源安全、区域安全和军事、国防等各领域合作、格俄冲突以及格加盟入约等问题，

格与立陶宛签署两国合作备忘录、情报交换和政府间相互支持协议；与瑞典签署两国国防部间2010年军事合作计划；与爱沙尼亚签署“加强政治对话和

合作宪章”；与拉脱维亚签署两国外交领域合作协定和在打击有组织犯罪、武器走私、非法移民领域合作文件；与斯洛伐克签署两国文化领域合作备忘录；与法国签署两国政府及警察部队在维护国内安全领域进行合作的协议。

【同国际组织的关系】格积极发展同包括“古阿姆”、欧盟、国际货币基金组织等在内的国际组织的关系。

格鲁吉亚十分重视“古阿姆”，倡导在该组织框架下开展合作。2009 年 9 月“古阿姆”第十次外长理事会讨论了地区安全和保障和平与稳定问题；11 月，“古阿姆”议会大会第四次会议在格召开，会议决定在“古阿姆”议会大会下增设地区安全问题协调委员会，并在联合公报中宣布将推动“古阿姆”组织在能源安全、反恐、打击有组织犯罪、建立共同市场、发展民主等问题上的合作，并最大限度向欧洲国家靠拢。

格积极发展同欧盟的关系，认真完成欧洲邻国政策行动计划，格高官多次出访欧盟，讨论格与欧盟及北约关系、格俄冲突影响、格俄冲突后地区局势、欧格自由贸易、格加入欧盟简化签证制度、欧盟在格冲突地区的作用以及国际观察团在格活动等问题。

欧盟积极调解格俄冲突，向格提供人道和财政援助，派驻欧盟观察员，成立欧盟与格合作委员会，讨论欧盟邻国政策实施和欧盟参与调解格冲突问题，支持格领土完整和主权独立。2009 年多次召开国际会议，讨论格与欧盟双边和多边合作问题，举行欧盟“东方伙伴关系”峰会，正式启动旨在促进双方合作的“东方伙伴关系”计划。欧盟委员会对外关系委员瓦尔德纳多次访格，讨论欧盟与东方伙伴国关系、格俄关系、地区局势、格目前政治危机等问题，与格签署关于欧盟 2008～2010 年向格提供 5 亿欧元财政援助协议。

此外，格国防部与欧盟驻格观察团签署有关相互交换信息备忘录；格财政部与欧盟签署相互谅解和合作备忘录，欧盟将指导格海关和内务部门简化通关程序，加强边境管理。

【同北约的关系】格始终将入约作为发展与西方关系最终目标，视北约为其统一与领土完整、国家安全及民主发展的最好保障，积极谋求加入北约成员国行动计划，认真执行北约“个体伙伴计划”，加入北约空情信息交换系统，积极开展“强化加入阶段”与北约的合作，呼吁北约在吸收新成员问题上采用“路线图”方式。2009 年，格议长、副总理、防长多次参加北约各类会议，讨论年度国别行动计划、加强北约集体安全和与伙伴国加强合作、格与北约关系等问题。积极参加北约在阿富汗维和行动，向阿富汗派遣维和部队。

北约支持格加入，北约成员国首脑发表政治声明，重申有关最终接收格、乌入约承诺，关注格境内冲突及格俄关系问题，支持格主权和领土完整，谴责俄侵占格领土并在格驻军和设立军事基地，呼吁俄收回承认阿、南独立的决定。北约议员大会主席塔涅尔、北约军事专家小组、防卫专家小组、北约秘书长特别代表西蒙斯分别访格，讨论格与北约关系、规划防卫、格向阿富汗派遣维和部队等问题，帮助格根据北约标准制定军事训练计划以及推广、运用与北约相适应的现代军事教育与教学系统，以促进格国家武装力量发展。

2009 年，北约成员国及其伙伴国在格举行“合作长弓 09”多国军演。　　　（王文起　范颖川）

哈萨克斯坦

国名　哈萨克斯坦共和国（The Republic of Kazakhstan, Республика Казахстан）。

面积　272.49 万平方公里。

人口　1581.5 万（2009 年 4 月 14 日）。131 个民族，哈萨克族占 58.6%、俄罗斯族占 26.1%，其他有乌克兰族、乌兹别克族、日耳曼族和鞑靼族等。哈萨克语为国语，俄语是国家机关和地方自治机关使用的官方语言。多数居民信奉伊斯兰教，此外还有东正教、基督教、佛教等。

首都　阿斯塔纳（Astana, Астана），人口 70 万（2008 年 12 月）。年最高气温 35℃～36℃，最低气温 -40℃，历史最低温曾达 -52℃。

国家元首　总统努尔苏丹·阿比舍维奇·纳扎尔巴耶夫（Нурсултан Абишевич Назарбаев），1991 年 12 月 1 日当选哈萨克斯坦共和国独立后首任总统，1995 年 4 月以全民公决方式将其任期延至 2000 年。1999 年 1 月 10 日在提前举行的总统选举中再次当选。2005 年 12 月 4 日在提前举行的总统选举中继续连任。

重要节日　新年：1 月 1 日；纳乌鲁斯节（春节）：3 月 22 日；祖国保卫者日：5 月 7 日；胜利日：5 月 9 日；宪法日：8 月 30 日；共和国日：10 月 25 日；独立日（国庆节）：12 月 16 日。此外还有肉孜节、古尔邦节等伊斯兰传统节日。

简　况　位于亚洲中部。北邻俄罗斯，南与乌兹别克斯坦、土库曼斯坦、吉尔吉斯斯坦接壤，西濒里海，东接中国。属典型大陆性气候，1月平均气温－19℃～－4℃，7月平均气温19℃～26℃。

公元6～8世纪，建立了突厥汗国。9～12世纪曾建奥古兹族国、哈拉汗国。11～13世纪，契丹人和蒙古鞑靼人侵入。15世纪末建立哈萨克汗国，分为大帐、中帐、小帐。16世纪初基本形成哈萨克部族。18世纪30～40年代，小帐和中帐并入俄罗斯帝国。1917年11月建立苏维埃政权，1920年8月26日建立归属俄罗斯联邦的吉尔吉斯苏维埃社会主义自治共和国，1925年4月19日改称哈萨克苏维埃社会主义自治共和国，1936年作为加盟共和国并入苏联。1990年10月25日通过《主权宣言》，1991年12月10日改名为哈萨克斯坦共和国，同年12月16日正式宣布独立，21日加入独联体。

政　治　哈萨克斯坦为总统制共和国，独立以来实行渐进式民主政治改革。2009年，在国际金融危机的背景下，哈萨克斯坦政府继续将确保社会总体稳定和促进经济发展作为施政的最优先方向。修正《政党法》、《媒体法》、《选举法》、《地方自治法》，降低议会选举门槛，致力于实现议会两党制。全面贯彻实施反危机纲要，切实推进哈经济转型和结构调整。同时，积极实施惠民、利民措施，扶持社会弱势群体，加速实施国家就业战略，深入推进反腐斗争。哈国内政治形势保持总体稳定。

【宪法】1995年8月30日经全民公决通过现行宪法，1998年10月7日对其进行修改。宪法规定，哈萨克斯坦为总统制共和国，总统为国家元首，是决定国家对内对外政策基本方针并在国际关系中代表哈萨克斯坦的最高国家官员，是人民和国家政权统一、宪法不可动摇性、公民权利与自由的象征和保证。国家政权以宪法和法律为基础，根据立法、司法、行政三权既分立又相互作用、相互制约、相互平衡的原则实现。2007年6月，哈萨克斯坦议会通过宪法修正案，确定哈萨克斯坦政体由总统制向总统—议会制过渡，首任总统为终身制，2012年哈萨克斯坦现任总统纳扎尔巴耶夫任期结束后，总统任期由七年改为五年；扩大议会权限，提升政党作用，下院议员增至107人，其中98人按党派比例，9人由人民大会提名，上院增加8人，为47人。议会多数党团获得组阁权并推举总理人选；扩大地方自治权限，地方行政长官任命须经地方议会同意，州议会议员任期由四年延至五年；推动司法改革，明确法、检两院职责，简化司法程序，保障司法体系。

【议会】国家最高立法机构。由上下两院组成，上院47个席位，下院107个席位。上院（参议院）任期六年，每三年改选一半议员，下院（马日利斯）任期五年。议会的主要职能是：通过共和国宪法和法律并对其进行修改和补充；批准总统对总理、国家安全委员会主席、总检察长、中央银行行长的任命；批准和废除国际条约；批准国家经济和社会发展计划、国家预算计划及其执行情况的报告等。在议会对政府提出不信任案、两次拒绝总统对总理任命、因议会两院之间或议会与国家政权其他部门之间不可克服的分歧而引发政治危机时，总统有权解散议会。

本届议会是哈萨克斯坦实行两院制以来的第四届议会，2007年8月选举产生。议会共154名议员，上院议员47人，其中由总统任命的上院议员为15人，其他32名议员由哈16个地区每区选出两人。本届议会下院议员107人，其中98人按照政党名单选出，其余9人经哈萨克斯坦人民大会推选。根据2007年8月18日举行的议会下院选举结果，“祖国之光”党获得88.41%的选票，囊括按照政党名单选出的全部98个议席。2008年10月4日，哈萨克斯坦议会上院半数议员进行改选，16名新当选议员全部为哈萨克斯坦“祖国之光”党党员。议会上院议长卡瑟姆若马尔特·克梅列维奇·托卡耶夫（Касым-Жомарт Кемелевич Токаев），2007年2月起就任该职。议会下院议长乌拉尔·拜贡索维奇·穆罕默德扎诺夫（Урал Байгунсович Мухамеджанов），2008年10月就任该职。

【政府】国家最高行政机关，行使哈萨克斯坦共和国的行政权。其活动对共和国总统负责。本届政府于2007年1月组成。总理卡·马西莫夫（К. Масимов）。截至2009年7月，主要政府成员构成是：第一副总理乌·舒克耶夫（У. Шукеев），副总理叶·奥雷巴耶夫（Е. Орынбаев），副总理谢·阿赫梅托夫（С. Ахметов），内务部长谢·拜马甘姆别托夫（С. Баймаганбетов），卫生部长扎·托斯卡利耶夫（Ж. Доскалиев），工业和贸易部长阿·伊谢科舍夫（А. Исекешев），外交部长马·塔仁（М. Тажин），文化和信息部长穆·古尔穆赫梅特（М. Кул-Мухммед），国防部长阿·扎克瑟别科夫（А. Джаксыбеков），教育和科学部长让·图伊梅巴耶夫（Ж. Туймебаев），环保部长努·阿希莫夫（Н. Ашимов），农业部长阿·古里什巴耶夫（А. Куришбаев），交通运输部长阿·库萨伊诺夫（А. Кусаинов），劳动和社会保障部长古·阿布济卡利科娃（Г. Абдыкаликова），旅游和体育部长捷·多斯穆汉别托夫（Т. Досмуханбетов），紧急状况部长弗·博日科（В. Божко），财政部长博·让米舍夫（Б. Жамишев），经济和预算计划部长巴·苏尔丹诺夫（Б. Суртанов），能源和矿产资源部长萨·门巴耶夫（С. Мынбаев），司法部长拉·图苏普别科夫（Р. Тусупбеков）。

【行政区划】全国划分为14个州和两个直辖市。

【司法机构】有共和国最高司法委员会、司法鉴定委员会、宪法委员会、最高法院和各级地方法院。2001年初，哈萨克斯坦通过《司法体系与法官地位法》，规定法官独立司职，只服从宪法和法律。最高司法委员会由总统主持，现任主席为奥·茹马别科夫（О. Жумабеков），2008年2月就任，其成员包括宪法委员会主席、最高法院院长、总检察长、司法部长、上院议员等。宪法委员会主席伊·罗戈夫（И. Рогов），2004年6月就任。最高法院院长穆萨别克·阿利姆别科夫（Мусабек Алимбеков），2009年6月就任。总检察长凯拉特·马米（Кайрат Мами），2009年4月就任。

【政党】哈萨克斯坦独立后实行多党制。2002年7月颁布《政党法》，规定只有党员人数超过5万，在全国14个州和两个直辖市均设有分支机构，且各分支机构成员达到700人以上的政党才可在司法部获准登记。截至2009年7月，哈萨克斯坦司法部共登记有10个政党，其中主要有：

（1）“祖国之光”人民民主党（Народно-демократическая партия “НУР ОТАН”）：2006年12月22日成立并登记，现有党员77万，是哈萨克斯坦最大政党。该党完全支持纳扎尔巴耶夫总统的政策。主张在社会伙伴关系与和谐等原则基础上建立自由开放的社会；主张加强国家社会职能；在经济方面，主张加强国家对经济的宏观调控能力；在对外关系方面，主张巩固和发展同俄罗斯、中亚邻国和中国等国家的睦邻友好关系。该党全力支持纳扎尔巴耶夫总统提出的“哈萨克斯坦道路”发展纲领，致力于研究落实具体改革措施，并主张维护现行宪法，充分发掘其潜力。纳扎尔巴耶夫总统亲自出任该党主席，该党第一副主席为卡列塔耶夫。“祖国之光”党在哈萨克斯坦议会下院拥有按照政党名单选出的全部98个议席，在地方议会拥有绝对多数席位。2008年以来，该党在完善组织结构，及时进行人事更新和调整的同时，积极响应纳扎尔巴耶夫总统的号召，着力推进青年干部培养，积极协助政府开展反腐工作，在国家政治生活中的影响进一步扩大。

（2）社会民主党（Социально-демократическая партия）：2007年1月正式登记的反对派政党，拥有党员14万，主席为前议会下院议长图亚克拜。图提出，该党的首要战略目标是建设社会国家，遵循建立政治现代化和民主化国家的价值观。在2007年8月举行的哈议会下院选举中，该党获得4.62%的选票，未能跨越7%的议会门槛。

（3）“光明道路”民主党（Демократическая партия Казахстана “Ак жол”）：成立于2002年3月，党员17.6万人。该党根据“哈萨克斯坦民主选择”社会运动的几位主要成员倡议成立，自称是温和的民主派政党、“建设性反对派”。主张进一步深化国内民主改革，建立非中央集权化政权，实行经济多元化，改善投资环境，振兴农村经济。该党主席为拜缅诺夫。在2007年8月举行的哈议会下院选举中，该党获得3.27%的选票，未能跨越7%的议会门槛。

此外，通过司法部登记的合法政党还有哈爱国者党（Партия патриотов Казахстана）、哈共产党（Коммунистическая партия Казахстана）、哈“农村”社会民主党（Казахстанская социал-демократическая партия “Ауыл”）、精神复兴党（Партия “Руханият”）、哈共产主义人民党（Коммунистическая народная партия Казахстана）、哈“阿基利特”民主党（“Адилет” Демократическая партия Казахстана）、哈“真正光明道路党”（“Настоящий Ак жол” партия）。

【重要人物】**努尔苏丹·阿比舍维奇·纳扎尔巴耶夫**：总统。1940年生于阿拉木图州卡斯克连区切莫尔干村，哈萨克族。先后毕业于卡拉干达钢铁公司附属工厂大学、苏共中央高级党校函授班。1960年参加工作，当过高炉工、钢铁公司党委书记。1977年任卡拉干达州党委第二书记、第一书记。1979年任哈萨克共产党中央书记。1984～1989年任哈萨克共和国部长会议主席。1989年任哈共中央第一书记。1990年2月兼任哈萨克最高苏维埃主席。同年4月任哈萨克总统。1991年“8·19”事件后宣布辞去哈共中央第一书记职务，并声明不参加任何政党。1991年12月1日以98.76%的选票当选哈萨克斯坦共和国独立后第一任总统，1995年4月以全民公决方式将其任期延至2000年。1999年1月10日在提前举行的总统选举中以79.78%的选票再次当选。2005年12月以91%的选票再度连任总统。其主要著作有：《探索之路》、《哈萨克斯坦主权国家形成和发展战略》、《站在21世纪门坎上》、《欧亚联盟：观念、实践和前景。1994～1997》、《2030——哈萨克斯坦战略》、《在历史的激流中》、《和平的震中》、《关键的十年》等。已婚，有三个女儿。　**卡瑟姆若马尔特·克梅列维奇·托卡耶夫**：上院议长。1953年生于阿拉木图市，哈萨克族。先后毕业于莫斯科国际关系学院、俄罗斯外交部所属外交学院。1975～1985年先后在苏联驻新加坡使馆、苏联外交部工作。1983～1984年在北京语言学院进修。1985～1991年在苏联驻中国大使馆工作。1992～1994年任哈萨克斯坦外交部副部长、第一副部长、部长。1999～2003年先后任副总理兼外长、代总理、总理、国务秘书兼外长。2003年6月至2007年1月任外长。2007年1月当选上院议长。已婚，有一子。　**乌拉尔·拜贡索维奇·穆罕默德扎诺夫**：下院议长。1948年生于库斯塔纳市，毕业于新西伯利亚苏维埃合作贸易学院和阿拉木图高级党校，会计、经济师。1971年起先后任库斯塔纳州消费者协会副总会计师，哈共青团库斯塔纳州指导员、副处长，阿尔卡雷克斯克区委第二书记，图尔盖州党委处长、机关主任、区办公厅主任，哈最高苏维埃经济改革委员会副主席等职。2000 年 9 月起任哈萨克斯坦总统办公厅组织监督和干部政策国家监督员。曾为哈第 13 届最高苏维埃议员。2004 年 11 月当选议会下院议长。2007 年 9 月至 2008 年 10 月任议会下院议员。2008 年 10 月再次当选议会下院议长。已婚，有二女一子。 **卡里姆·卡日姆卡诺维奇·马西莫夫**：总理。生于 1965 年。毕业于莫斯科卢蒙巴民族友谊大学。国际法学家、经济学博士。1988 ~ 1991 年就读于中国北京语言学院和武汉大学。1991 年任苏联驻华使馆商务处法律顾问。1992 ~ 1993 年任哈萨克斯坦外经贸部驻中国新疆乌鲁木齐办事处专家。1994 ~ 1995 年任哈萨克斯坦贸易之家驻香港执行经理。1995 ~ 2000 年历任阿拉木图贸易金融银行、哈萨克斯坦人民储蓄银行总裁。2000 ~ 2001 年任运输通讯部长。2001 年 11 月至 2003 年 6 月任副总理。2003 年 6 月任总统外事、经济问题助理。2006 年 1 月至 2007 年 1 月任副总理。2007 年 1 月，被任命为总理。已婚，有三个子女。

经　济

受金融危机影响，2009 年哈萨克斯坦经济增速减缓，当年 GDP 增长 1.2%。金融和房地产业受到一定冲击，国际评级机构对哈萨克斯坦国家主权评级及主要商业银行的信用评级有所降低。哈萨克斯坦政府、央行及政策性金融机构采取相应措施，给予金融和建筑企业及重要工业项目资金和政策支持。

哈萨克斯坦矿产资源的开采、加工和出口在国民经济中占据主导地位。2009 年哈萨克斯坦矿产资源（包括油气资源）开采业产值占全部工业产值的 61.6%，矿产品的出口占出口总额的 73%。哈萨克斯坦政府高度关注国民经济中产业结构严重失衡的现象，并采取一系列措施，调整产业结构，提高加工工业和高科技产业在国民经济中所占的比重和高附加值产品的出口比重，以提高国家的整体竞争力。2009 年主要经济数据如下：

国内生产总值：158878 亿坚戈（约合 1077 亿美元）。

人均国内生产总值：6649 美元。

国内生产总值增长率：1.2%。

货币名称：坚戈（ТЕНГЕ）。

汇率：1 美元 = 147.50 坚戈。

通货膨胀率：6.2%。

失业率：失业人数为 55.5 万人，失业率为 6.6%。

【**资源**】矿产资源丰富。黑色金属矿藏：目前探明铁矿储量 91 亿吨、铁锰伴生矿 5 亿吨、锰矿 6 亿吨、铬矿 4 亿吨。有色金属：铜矿总储量为 3450 万吨。铅储量为 1170 万吨，锌矿储量 2570 万吨。已探明黄金储量为 1900 吨。钨矿储量为 200 万吨。铀矿已探明储量 150 万吨。石油和天然气：陆上石油探明储量为 48 亿 ~ 59 亿吨，天然气 3.5 万亿立方米；哈属里海地区石油探明储量 80 亿吨，其中最大的卡沙干油田石油可采储量达 10 亿吨，天然气可采储量超过 1 万亿立方米。

【**工业**】2009 年工业总产值 89252 亿坚戈（约合 605 亿美元），同比增长 1.7%。主要工业领域中，采矿工业增长 6.1%，加工工业下降 4.5%。石油和凝析油产量 7640 万吨，同比增长 8.1%。天然气产量为 356 亿立方米，同比增长 8.6%。

【**农牧业**】2009 年农牧业产值 16200 亿坚戈（约合 109.9 亿美元），同比增长 13.8%。其中，畜牧业产值 7001 亿坚戈（约合 47.5 亿美元），同比增长 2.3%；种植业产值 9202 亿坚戈（约合 62.4 亿美元），同比增长 23.1%。全年粮食产量 2083 万吨，同比增长 34%。

【**建筑业**】2009 年建筑业总产值 17900 亿坚戈（约合 121.4 亿美元），同比下降 4.9%。

【**社会零售商品总额**】2009 年社会零售商品总额为 25253 亿坚戈（约合 171.2 亿美元），同比下降 3.9%。

【**交通运输**】哈交通运输网络由铁路、公路、管道、河道、航运组成。2009 年货运量 21 亿吨，同比下降 4%，客运量 118 亿人次，同比增长 4.2%。

铁路：2009 年全年货运量 2.47 亿吨，同比下降 8.9%。

公路：2009 年全年货运量 16.87 亿吨，同比下降 4.3%。

管道：2009 年全年运输量 1.65 亿吨，同比下降 16%。

空运：2009 年全年货运量为 2.13 万吨，同比下降 10.3%。

【**财政金融**】近年财政收支状况如下（单位：亿坚戈）：

	2007	2008	2009
财政收入	25795	40344	35103
财政支出	23653	43738	40030
赤字或盈余	2142	－3322	－4927

2009 年年底哈黄金外汇储备为 476 亿美元，2008 年底为 473 亿美元。

截至 2009 年底，外债余额 1117.3 亿美元，同比增长 3.7%。外债总额中，长期外债额 1019.5 亿美元，同比增长 4.3%，占外债总额的 91.3%；短期外债 97.8 亿美元，同比下降 2.1%。政府外债为 22.2 亿美元，占外债总额的 2%，比年初增长 35.4%。商业银行外债 300.7 亿美元，同比下降 23.3%。银行外债中长期债务额为261.4亿美元，同比下降27.7%，占银行外债总额的86.9%。

主要金融机构：（1）图兰—阿列姆银行（Turan Alem Bank，BTA）：1998年3月完成私有化改造，资产71.9亿美元，其中自有资本6.856亿美元。

金融危机爆发以前，该银行大量举借外债，快速扩张资本，一跃成为独联体国家银行中排名第六、哈萨克斯坦排名第一的大银行。截至2009年9月30日，该银行资产额为2.1万亿坚戈（142亿美元），负债额为3.5万亿坚戈（237亿美元）。

2009年2月，哈萨克斯坦国家注资18亿美元，购买该银行75.1%的股份，成为最大股东。后经哈萨克斯坦政府、银行管理层同外国债权人谈判完成债务重组，哈萨克斯坦“萨姆鲁克—卡森纳”国家基金在该银行股权份额由75.1%提高到81.5%。

（2）哈萨克商业银行（KazKommerzBank）：1991年成立，截至2009年9月30日，该银行资产额为2.79万亿坚戈（约合189亿美元），负债额为2.43万亿坚戈（约合165亿美元），自有资本金为3845亿坚戈（约合26亿美元），2009年前9月利润146亿坚戈（约合9900万美元）。

（3）哈萨克人民银行（Halyk Savings of Bank Kazakhstan）：1994年在前苏联储蓄银行阿拉木图分行的基础上重组为哈萨克人民储蓄银行。1998年7月从国有银行改组为开放式股份银行，2001年11月完成私有化改造，股份由当地一些大型企业持有，2002年更名为哈萨克人民银行。截至2009年12月31日，该银行资产额为2.02万亿坚戈（137亿美元），比上年增长22.5%，负债额为1.742万亿坚戈（118亿美元），自有资本金为2809亿坚戈（19亿美元），2009年利润159亿坚戈（1.08亿美元），同比增长9%。

（4）联合银行（Alliance Bank）：1999年6月由两家当地银行合并成立，2002改名为Alliance Bank，2004年成为哈国上市企业。

2010年初，哈萨克斯坦“萨姆鲁克—卡森纳”国家基金通过注资、购买新股和债券等方式已完成对该银行股权置换工作。经过债务重组和股权置换，联合银行资产估值达5479亿坚戈（37.3亿美元）；银行自有资本金达500亿坚戈（3.4亿美元），已符合银行自有资本率最低要求。目前，国家基金拥有对银行67%的控股权，剩余33%的债权人股份由2000多家小股东持有，其中任何一家的股份均未超过3%的总股本。

（5）招商银行（ATF Bank，Almaty）：1995年6月成立，当时名为“Almaty merchant bank”，2002年6月更名为“ATFBANK”。股份主要由哈国一些大型企业和外资公司持有。截至2009年12月31日，该银行资产额为1.05万亿坚戈（71亿美元），负债额为9900亿坚戈（67亿美元），自有资本金为605亿坚戈（4.1亿美元），2009年亏损548亿坚戈（3.72亿美元）。

（6）哈萨克斯坦开发银行（Development Bank of Kazahstan）：2001年成立，是哈萨克斯坦国有独资企业，主要代国家政府对重大项目行使融资的职能，为生产性基础设施建设和非资源领域项目提供中长期贷款，现为国有“萨姆鲁克—卡森纳”国家基金成员。

截至2009年12月31日，总资产8496.65亿坚戈（57.6亿美元），比上年同期增长125%。负债5806.24亿坚戈（39.36亿美元），同比增长131%。银行自有资本2694.19亿坚戈（18.27亿美元）。注册资本金2559.76亿坚戈（17.35亿美元），同比增长181%。2009年总收入86.68亿坚戈（5877万美元），净亏损394.76亿坚戈（2.68亿美元）。

【著名公司】（1）哈萨克斯坦国家石油天然气公司：业务范围为石油、天然气的勘探、开采、加工、运输。

（2）哈萨克斯坦石油运输公司：业务范围为石油运输。

（3）哈萨克斯坦天然气运输公司：业务范围为天然气运输。

（4）阿特劳石油加工厂：业务范围为石油制品加工。

（5）田吉兹雪弗龙公司：业务范围为石油开采。

（6）中石油阿克纠宾油气股份有限公司：阿克纠宾油气股份公司位于哈萨克斯坦北部阿克纠宾斯克州，成立于1981年3月。业务范围为石油和天然气开采。

（7）中石油“PK”公司：2005年10月26日中石油斥资41.8亿美元收购哈萨克斯坦石油公司（PetroKazakhstan Inc. 以下简称“PK”公司）。PK公司是一家上下游一体化的国际化石油公司，中石油进入之前其股票在多伦多、纽约、法兰克福、伦敦和哈萨克斯坦股票市场挂牌交易。

（8）中石油国际（北布扎奇）公司：北布扎奇油田位于里海东岸布扎奇半岛北端，行政上隶属哈萨克斯坦曼格斯套州，油田总部位于阿克套市。目前，中石油和俄罗斯的LUKOIL各拥有北部扎奇油田50%开发权。

（9）米塔尔哈萨克钢铁公司：钢铁联合企业。业务范围为生产钢、钢材等。

（10）哈萨克铜业公司：业务范围为铜及其他矿产资源开发、选矿。

（11）“萨姆鲁克—卡森纳”国家基金。下辖国内大型国有企业、主要投资机构、金融组织500多家，涵盖哈萨克斯坦国内几乎所有支柱产业和金融服务领域，总资产约占哈国民生产总值的1/4。2009年2月哈萨克斯坦总统签署《国家基金法》，正式以法律形式明确了“萨姆鲁克—卡森纳”国家基金的法律地位、工作制度、目标、任务、职责以及下属机构及组织等。该法规定：国家基金所持股份为国家财产，禁止私有化、进入证券市场或以其他方式出让；当战略资产持有机构或具有重要战略意义的经济组织倒闭时，政府可实施优先购买权，通过基金收购所有者出让的战略资产和竞标股份；基金有权通过银行法中规定的方式收购商业银行股份；对矿产资源开采权出让或矿产企业股份出让，政府（通过基金或国有公司）具有优先购买权等。

（12）“哈萨克原子能工业”公司：哈萨克斯坦铀矿及其化合物、稀有金属、核燃料、专有设备、技术和二级原材料的国家出口企业，主要从事地质勘探、铀矿开采、核燃料生产、反应堆建造、电力生产、稀有金属冶炼和结构金属生产、科学研究、社会保障和专业技术人员培训等业务。

【对外贸易】外贸政策：国家放开绝大部分商品的进出口权，只保留了核材料、核技术、核设备、特种设备、专门非核材料、贵重金属和宝石、武器、弹药、军事技术、麻醉剂和精神病治疗药物、艺术品、古董和其他具有重要艺术、科学、文化和历史价值的作品以及危及国家安全的物品的进出口权。只有国有企业和指定的非国有企业才能经营上述物品的进出口。

2009 年外贸总额为 716 亿美元，同比下降 34.4%；出口额 432 亿美元，同比下降 39.3%；进口额 284 亿美元，同比下降 25%。外贸顺差 148 亿美元，比 2008 年的 333 亿美元下降了 56%。近年对外贸易情况如下（单位：亿美元）：

	2007	2008	2009
总　额	805	1091	716
出口额	478	712	432
进口额	328	379	284
差　额	150	333	148

2009 年，俄罗斯、中国、意大利等是哈萨克斯坦的主要贸易伙伴，贸易额在哈萨克斯坦外贸总额占比都在 10% 以上，俄罗斯占比最高，为 17.4%。2009 年中国对哈萨克斯坦出口和进口占位均列第二。意大利、法国、乌克兰等国位于对哈贸易前列。其中，在哈萨克斯坦的出口中，意大利占 15.5%，中国 13.6%，俄罗斯 8.2%，法国 7.8%，瑞士 6.2%，荷兰 5.1%，加拿大 3.2%，乌克兰 3%，伊朗 3%，英国 2.9%。进口中，俄罗斯占 31.3%，中国 12.6%，乌克兰 7.5%，德国 7.2%，意大利 6.7%，美国 4.9%，英国 2.5%，日本 2.2%，土耳其 2%，法国 1.6%。

从商品结构上看，主要出口商品：矿产品占 74%，贱金属及其制品占 12.7%，化学制品、塑料和橡胶占 5.3%，食品和食品原料占 3.8%，机械、设备、交通工具、仪器和仪表占 0.9%。主要进口商品：机械、设备、交通工具、仪器仪表占 39.5%，贱金属及其制品占 20.1%，化学制品、塑料和橡胶占 12.1%，矿产品占 10.7%，食品和食品原料占 8.7%。

2009 年 11 月 27 日，俄罗斯、白俄罗斯、哈萨克斯坦三国签署《关税同盟海关法典》，标志着“俄白哈”关税同盟正式成立。自 2010 年 1 月 1 日起，三国对外实行统一税率（部分商品有过渡期）。

【固定资产投资】2009 年固定资产投资 308.3 亿美元，同比增长 2.1%。

【外国投资】1993～2009 年年底，外国直接投资累计 1080.5 亿美元，其中 2009 年吸引外资 184.3 亿美元（2008 年全年吸引外资 198.1 亿美元）。

外资投入的主要领域是：石油天然气、矿山冶金工业、金融、不动产、加工工业等。

人民生活

截至 2010 年 1 月 1 日，哈萨克斯坦居民总数为 1604 万人，其中城镇居民人口 861 万人，占 54%，农村居民人口 743 万人，占 46%，总人口比上年增长 26 万人，人口自然增长率为 16.5‰。

2009 年平均名义工资 67639 坚戈（约合 458.6 美元），同比增长 11.4%。

军　事

共和国总统为武装力量最高统帅。和平时期由国防部通过参谋长委员会对武装力量实施领导。国防部负责组织国防建设、制定和实施军队建设和发展规划，为部队提供资金、物资技术和装备保障。参谋长委员会为平时和战时的主要军事指挥机构，负责部队的训练、动员和作战指挥。哈萨克斯坦武装力量组建于 1992 年 5 月 7 日，现设陆军、空中防御力量和海军三个军种和航空机动部队、火箭与炮兵部队两个兵种（归陆军司令部指挥），陆军下设东、南、西和“阿斯塔纳”四个地区司令部，军队总人数为 7.4 万人。另有国家安全委员会、边防总局、内卫部队、共和国近卫军以及紧急情况部所属部队等其他军事力量，总计约 16 万人。哈萨克斯坦于 2003 年初步建立了按各军种设立的军事教育网络，全军最高学府为“国防大学”；国家安全委员会、内务部也分别有下属的军事院校，另外还有近 20 所地方院校负责为哈军培养各方面人才。

2007 年先后出台《国家安全战略》和新一代《军事学说》，新《学说》详细制订了 2010 年前哈萨克斯坦武装力量分阶段发展措施，提出建军目标为符合世界标准、能够快速展开兵力，并确保国家军事安全的职业化军队。《学说》将哈军发展分为三个阶段，第一阶段（2007～2008 年），完善地区性军事集团独立作战能力、加强基础设施建设、更新战备值勤部队的军事及特种装备、加强军官国外培训。第二阶段（2009～2010年），本质上提高军队战备水平、分阶段配发现代化装备。第三阶段（2010年以后），继续新式装备供给、加强与国有军工企业的合作。

哈萨克斯坦实行义务兵役和合同兵役相结合的兵役制度，但从2004年起，哈军在扩充兵员时有计划地增加士兵和士官中的合同兵比例。目前，在哈军中合同制军人所占比例约达80%。根据《哈萨克斯坦共和国防御与武装力量法》和《军人职责与军事勤务法》草案，哈军计划至2010年合同制军人达到85%。

文化教育

近年来，哈萨克斯坦文化领域建设显著发展，文化机构在各地区的网点建设进一步扩大，文化和视觉艺术活动的举办次数稳步提高，文化及休闲场所的基础设施建设发展迅速。截至2009年底，哈萨克斯坦有剧院50家、演出机构24家、博物馆164家、图书馆4036个、电影院58个、放映点458个、动物园4所，马戏院2家，历史文化保护区8处、俱乐部2320个、公园28个。

【教育】哈萨克斯坦教育基础较好，全社会基本无文盲，5～24岁人群受教育率达到85%。近年来，教育改革力度加大，除中小学义务教育外，国立高校采取奖学金制和收费制两种方式。中等教育为11年制，共有中小学7873所，在校学生253.8万人，教职人员26.8万人，中小学哈萨克语学习时间1～11年级达到57学时/周，其中33所中小学使用哈、俄、英三语授课。哈萨克斯坦有职业技术学校882所，在校学生60.9万人，教职人员3.9万人；哈各类高等教育院校145所，其中国家级大学9所，国际院校1所，国立大学32所，国有参股大学16所，私立大学74所。高校在校学生总人数为32万人，教职人员3.8万人。主要大学有：欧亚国家大学、哈萨克斯坦阿里法拉比国家大学、哈萨克斯坦阿拜国家师范大学、哈萨克斯坦国家技术大学、哈萨克斯坦国家农业大学、哈萨克斯坦国家医科大学。

【新闻出版】目前，哈萨克斯坦登记在册的新闻媒体共7092家，其中有2466家媒体真正发行或广播，包括报纸1593份，杂志650份，电视和广播媒体212家，通讯社11家。80%以上为私营媒体，使用14种语言发行广播。境内共有2392家外国媒体活动，其中2309份报刊和83家广电媒体。

主要报刊：《哈萨克斯坦真理报》（俄文日报），发行量8万份；《主权哈萨克斯坦报》（哈文日报），发行量8万份；《快报》（俄文日报），发行量1.8万份；《先行者报》（俄文日报），发行量3.36万份；《埃肯报》（哈文日报），发行量3.93万份；《商队报》（俄文周报），发行量22.5万份；《大都市报》（俄文周报），发行量3.4万份；《全景报》（俄文周报），发行量1.7万份；《实业周报》（俄文周报），发行量1万多份。

主要电视台：（1）“哈巴尔”广播电视公司（国家控股）下属的“哈巴尔”电视台、“叶尔阿尔纳”无线电视频道和“里海网络”卫星频道。其中“哈巴尔”电视台日播出节目14小时，受众1700万人，覆盖率达95.7%，在北京、莫斯科、塔什干和比什凯克设有记者站。“叶尔阿尔纳”无线电视频道达75.5%。“里海网络”卫星频道昼夜滚动播出，可覆盖欧洲、中亚、中东和北非部分地区，潜在受众高达9900万。（2）哈萨克斯坦国家广播电视台公司（国家控股）下属的哈萨克斯坦国家电视台。日播出节目15小时，覆盖率达96.25%。（3）“第一频道—欧亚”电视频道，俄“第一频道”与哈合办，覆盖率达78.6%。（4）商业电视台，系哈私营电视台，日播出节目15小时，覆盖率达81%。

主要广播电台：（1）哈萨克斯坦国家广播电视公司（国家控股）下属的哈萨克电台。（2）“哈巴尔”广播电视公司（国家控股）下属的“哈巴尔热点调频”电台。（3）“俄罗斯—亚洲”电台，俄罗斯电台与哈合办。

主要通讯社：（1）哈萨克斯坦通讯社，是哈唯一的国家通讯社，前身系前塔斯社哈萨克分社，拥有80多年的历史，在北京、纽约、莫斯科、布鲁塞尔、塔什干和比什凯克设有记者站。（2）“今日—哈萨克斯坦”通讯社，成立于2000年，系私营媒体。（3）“国际文传电讯—哈萨克斯坦”通讯社，系俄罗斯国际文传电讯社驻哈分社。

2009年，哈萨克斯坦新出版图书474种，共计111万册，新出品故事片11部，电视连续剧1部，动画片5部。

【科技】哈萨克斯坦目前共有科研、设计机构416家，主要集中在阿斯塔纳、阿拉木图等大城市。全国科技人员总数15790人。2009年科研投入389.9亿坚戈，同比增长0.03%，占国内生产总值的0.24%，其中政府财政投入占42.5%。

对外关系

哈萨克斯坦奉行多元平衡外交，重视发展同俄罗斯、中国、中亚邻国、美国、欧盟和伊斯兰国家的关系，同时扩大同亚太国家的交往。

【同中国的关系】1991年12月27日，中国承认哈萨克斯坦独立。1992年1月3日，中哈正式建交。2005年7月，中哈建立战略伙伴关系。中国是哈对外政策优先方向之一。

2009年3月29～30日，哈萨克斯坦外长塔仁来华进行正式访问。习近平副主席、杨洁篪外长分别同塔举行会见、会谈。4月15～19日，哈总统纳扎尔巴耶夫来华进行国事访问并出席博鳌亚洲论坛2009年年会。胡锦涛主席、吴邦国委员长、温家宝总理分别同纳举行会谈、会见，王岐山副总理同纳共同出席中哈企业家代表午餐会。两国元首签署中哈联合声明，共同出席两国经贸、能源等领域合作文件的签字仪式。5月13～16日，应哈"祖国之光"党邀请，中联部副部长陈凤翔作为中共代表赴哈出席该党十二大并致贺。5月20日，国务委员、公安部部长孟建柱出席在莫斯科举行的上海合作组织第四次安全会议秘书会议期间会见哈安全会议秘书苏莱曼诺夫。5月22～27日，农业部副部长牛盾访哈。5月26～28日，陕西省省长袁纯清率团对哈阿拉木图市、江布尔州进行友好访问。6月9～12日，全国人大法律委员会副主任委员张柏林率团访哈。6月23日，哈"祖国之光"人民民主党第一副主席卡列塔耶夫率团访华。习近平副主席会见了卡一行。7月1～4日，海南省省长罗保铭率团访哈。7月10日，哈总统纳扎尔巴耶夫就乌鲁木齐"7·5"事件致信胡锦涛主席表示慰问，称哈萨克斯坦将同中国团结在一起。8月27～30日，中纪委副书记干以胜率团访哈。9月3日，哈能源和矿业资源部长门巴耶夫访华，王岐山副总理同巴会见。9月8日，杨洁篪外长致电哈国务秘书兼外长萨乌达巴耶夫祝贺其就任哈外长。9月9～12日，全国人大外事委员会副主任委员、中国人民争取和平与裁军协会常务副会长马文普率团访哈。9月16日，哈议会下院议长穆罕默德扎诺夫致信吴邦国委员长祝贺中华人民共和国成立60周年。同日，哈国务秘书兼外长萨乌达巴耶夫致信杨洁篪外长祝贺中华人民共和国成立60周年。杨洁篪外长就哈阿拉木图州塔尔迪库尔干市火灾向哈国务秘书兼外长萨乌达巴耶夫致慰问电。9月18日，哈议会上院议长托卡耶夫致信吴邦国委员长祝贺中华人民共和国成立60周年。9月23日，杨洁篪外长在纽约陪同胡锦涛主席出席第64届联大期间会见哈国务秘书兼外长萨乌达巴耶夫。9月24～25日，应哈"祖国之光"人民民主党邀请，中共中央政治局委员、上海市委书记俞正声访哈并出席在哈首都阿斯塔纳召开的第五届亚洲政党国际会议。10月1日，哈总统纳扎尔巴耶夫致信胡锦涛主席祝贺中华人民共和国成立60周年。同日，哈总理马西莫夫致信温家宝总理祝贺中华人民共和国成立60周年。10月15日，温家宝总理会见来华出席上海合作组织成员国总理第八次会议的哈总理马西莫夫。11月22日，哈总统纳扎尔巴耶夫就黑龙江省煤矿爆炸事故致信胡锦涛主席表示慰问。11月24日，哈国务秘书兼外长萨乌达巴耶夫就黑龙江省煤矿爆炸事故致信杨洁篪外长表示慰问。12月4日，中哈合作委员会第五次会议在北京举行。王岐山副总理同中哈合作委员会哈方主席、哈第一副总理舒克耶夫共同主持会议。同日，吴邦国委员长会见舒克耶夫一行。12月12～13日，胡锦涛主席对哈萨克斯坦进行工作访问。胡锦涛主席同哈总统纳扎尔巴耶夫举行会谈，并共同出席中哈天然气管道竣工通气仪式。12月12日，杨洁篪外长在陪同胡锦涛主席访问哈萨克斯坦期间会见哈国务秘书兼外长萨乌达巴耶夫。

中国驻哈萨克斯坦大使：周力。馆址：阿斯塔纳市卡班贝巴图拉大街37号。电话：(0077172) 793561；传真：793565。领事部电话：793583。商务处电话：241380；传真：241381。

哈萨克斯坦驻华大使：阿德尔别科夫（Ikram Adyrbekov）。馆址：北京市朝阳区三里屯东六街9号。电话010－65326182。传真：65326183。邮政编码：100600。

【同俄罗斯的关系】2009年，两国关系与合作继续深化。5月，俄总理普京访哈。6月，纳扎尔巴耶夫总统出席在莫斯科举行的集安条约组织元首峰会。7月，纳扎尔巴耶夫总统出席在莫斯科举行的俄中央赛马场175周年纪念日并观摩"俄罗斯总统赛马锦标赛"，其间，同俄总统梅德韦杰夫举行会晤。9月，纳扎尔巴耶夫出席在俄罗斯奥伦堡市举行的第六届俄哈地区合作论坛。10月，俄总统梅德韦杰夫赴哈观摩"协作—2009"集安条约组织军事演习。11月，哈国务秘书兼外长萨乌达巴耶夫访俄。

【同独联体国家的关系】2009年2月，白俄罗斯副总理舍马什科访哈。4月，哈外长塔仁会见吉尔吉斯斯坦外长萨尔巴耶夫。同月，塔仁出席在土库曼斯坦举行的独联体外长会议。5月，乌克兰总理季莫申科访哈。同月，独联体总理会议在哈举行。同月，哈国防部长阿赫梅托夫访问塔吉克斯坦。6月，哈总理马西莫夫出席在莫斯科举行的欧亚经济共同体总理会议和俄、白、哈三国关税同盟会议。同月，哈总理马西莫夫和吉总理丘吉诺夫共同主持首届"哈吉政府间理事会"会议。8月，哈总统纳扎尔巴耶夫出席吉总统巴基耶夫的就职典礼以及在吉举行的集安条约组织元首非正式会议。10月，哈总统纳扎尔巴耶夫访问阿塞拜疆并出席突厥语国家元首峰会。同月，哈总理马西莫夫对吉尔吉斯斯坦进行工作访问。同月，哈国务秘书兼外长萨乌特巴耶夫出席在摩尔多瓦举行的独联体外长会议。11月，哈总理马西莫夫赴雅尔塔出席独联体总理会议。同月，哈总统纳扎尔巴耶夫访问白俄罗斯并出席欧亚经共体以及俄白哈三国关税同盟元首会议。12月，哈总统纳扎尔巴耶夫赴土库曼斯坦出席"中国—中亚"天然气管道竣工仪式。同月，独联体非正式峰会在哈阿拉木图市举行。

【同美国的关系】哈美关系在2009年继续稳步发展。1月，美中央军司令彼得雷乌斯访哈。4月，美助理国防部长贝克特访哈。6月，哈总统纳扎尔巴耶夫就美总统奥巴马开罗讲话做出回应，显示哈美在核不扩散等问题上的共性。7月，美副国务卿伯恩斯和参议员法列瓦马耶克相继访哈。10月，美能源部第一副部长波尼曼赴哈推动两国在核能领域合作。12月，哈国务秘书兼外长萨乌达巴耶夫会见到访的美国中亚、南亚事务助理国务卿布莱克。

【同欧洲国家的关系】哈与欧盟及欧洲国家关系在2009年继续发展。1月，哈总统纳扎尔巴耶夫访问德国，以新年的首次出访显示对德国以及欧盟关系的高度重视。2月，时任欧盟轮值主席的捷克总理托波拉内克访哈。同月，哈上院议长托卡耶夫访问奥地利并出席在维也纳举行的欧安组织议会大会。3月，哈总统纳扎尔巴耶夫访问芬兰。同月，哈国务秘书萨乌达巴耶夫访问挪威。4月，哈国务秘书萨乌达巴耶夫出席在罗马举行的“消除核威胁国际会议”。5月，哈外长塔仁出席了在杜尚别举行的“欧盟+中亚”外长会晤。6月，哈外长塔仁出访荷兰。同月，北约欧洲—大西洋伙伴关系理事会第三届安全论坛在哈举行。7月，西班牙外长莫拉蒂诺斯访哈。10月，法国总统萨科齐访哈。11月，哈总统纳扎尔巴耶夫访问意大利，分别同意总统纳波利塔诺和总理贝卢斯科尼举行会晤。同月，第11届“哈萨克斯坦—欧盟”合作理事会在布鲁塞尔举行。

【同伊斯兰国家的关系】2009年3月，哈总理马西莫夫出席在伊朗德黑兰举行的中西亚经济合作组织第十次会议。同月，哈总统纳扎尔巴耶夫访问阿联酋。4月，伊朗总统艾哈迈德内贾德访哈。同月，哈议长托卡耶夫出席在土耳其伊斯坦布尔举行的第二届世界文明联盟论坛。5月，哈总理马西莫夫出席在阿拉木图举行的哈萨克斯坦—沙特阿拉伯经贸论坛。11月，哈总统纳扎尔巴耶夫访问约旦并出席约旦“哈萨克斯坦文化日”的开幕式。

【同亚太及非洲国家的关系】2009年1月，哈总统纳扎尔巴耶夫访问印度。4月，韩国总统李明博访哈。5月，哈同喀麦隆、科特迪瓦、加蓬三个非洲国家建立外交关系。6月，巴西总统卢拉访哈。7月，以色列总统佩雷斯访哈。10月，哈总统纳扎尔巴耶夫访问土耳其并出席在伊斯坦布尔举行的“阿拉木图日”。11月，哈国务秘书兼外长萨乌达巴耶夫访问阿富汗。（李芳）

韩　国

国名　大韩民国（Republic of Korea）。

面积　9.96万平方公里。

人口　4887.5万（2009年）。为单一民族，通用韩国语，50%左右的人口信奉基督教、佛教等宗教。

首都　首尔（Seoul），人口1046.4万（2009年），面积605.5平方公里，年均气温13.8℃。

国家元首　总统李明博（Lee Myung-bak），2007年12月19日当选，2008年2月25日就任。

重要节日　元旦：1月1日；独立运动纪念日：3月1日；佛诞日：阴历四月初八；显忠日：6月6日；制宪节：7月17日；光复节：8月15日，纪念从日本殖民统治下光复（1945年）和大韩民国建国（1948年）；中秋节：阴历八月十五；开天节：10月3日，传说中的古朝鲜建国日；圣诞节：12月25日。

简　况

位于亚洲大陆东北部朝鲜半岛南半部。东、南、西三面环海，海岸线长5259公里。属温带季风气候，年均气温13℃～14℃，年均降水量约1300～1500毫米。

1910～1945年，朝鲜半岛沦为日本殖民地。1945年8月日本投降，美苏军队分别进驻半岛南北部。1948年8月15日半岛南半部建立大韩民国，李承晚出任首届总统。1960年李承晚在全国性学生运动中下台，同年8月尹潽善任总统。1961年朴正熙发动军事政变，此后长期执政。1979年朴正熙遇刺身亡，全斗焕发动政变，并于1980年出任总统。1987年韩国修改宪法，实行总统直选，同年卢泰愚当选第13届总统。此后金泳三、金大中、卢武铉和李明博先后当选第14届至17届总统。

政　治

2007年12月韩国举行总统选举。大国家党候选人李明博以48.6%的得票率胜出，当选韩国第17届总统，2008年2月25日正式就任。李明博就任后调整政府机构，将原有19个部、处精简合并为17个。2009年5月23日，前总统（2003～2008）卢武铉自杀身亡；8月18日，前总统（1998～2003）金大中因病去世。2009年9月，李明博改组内阁，更换了包括国务总理在内的6名内阁重要成员，提名前首尔大学校长、著名经济学者郑云灿接替韩升洙出任总理。

【宪法】1987年10月全民投票通过现宪法，1988年2月25日生效。

【议会】国会，立法机构。主要职能包括：审议各项法案；审议国家预决算；监察政府工作；批准对外条约以及同意宣战或媾和、弹劾总统和主要政府官员、否决总统的紧急命令等。实行一院制，共299个议席，议员任期4年。本届国会是第18届国会，2008年4月选出。现议席分布情况为：大国家党169席，民主党88席，先进创造联盟（由自由先进党与创造韩国党联合组成的国会交涉团体）19席，其他政党和无党派人士23席。议会设议长1名，副议长2名。议长朴熺太（大国家党），2010年6月就任，任期二年。

【政府】内阁设 17 个部、处，总统兼任政府首脑，国务总理辅助总统工作。2009 年 9 月，韩升洙卸任，郑云灿就任总理。现内阁其他主要成员有：企划财政部长官尹增铉、教育科学技术部长官安秉万、外交通商部长官柳明桓、统一部长官玄仁泽、法务部长官李贵男、国防部长官金泰荣、行政安全部长官李达坤、文化体育观光部长官柳仁村、农林水产食品部长官张太平、知识经济部长官崔炅焕、保健福祉部长官全在姬、环境部长官李万仪、劳动部长官任太熙、女性家庭部长官白喜英、国土海洋部长官郑钟焕、法制处处长李石渊、国家报勋处处长金扬。

【主要网址】总统府：http：//www. president. go. kr。外交通商部：http：//www. mofat. go. kr。

【行政区划】全国划分为 1 个特别市：首尔特别市；9 个道：京畿道、江原道、忠清北道、忠清南道、全罗北道、全罗南道、庆尚北道、庆尚南道、济州特别自治道；6 个广域市：釜山、大邱、仁川、光州、大田、蔚山。

【司法机构】审判机关有大法院、高等法院、地方法院和家庭法院。大法院是最高审判机关，院长由总统任命，须经国会同意，任期 6 年，不得连任，现任院长李容勋。另设有宪法法院，现任院长李康国。

检察机关有大检察厅、高等检察厅和地方检察厅，隶属法务部。大检察厅是最高检察机关，大检察厅长称检察总长，由总统任命，无需国会同意，现任检察总长金晙圭。

【政党】大国家党：执政党。前身为 1990 年成立的民主自由党，1995 年改名为新韩国党，1997 年新韩国党和韩国民主党合并，改用现名称。该党曾长期执政，但在 1997 年和 2002 年两次大选中以微弱的票差失利，后在 2007 年大选中获胜，重又成为执政党。现为国会第一大党，党首暂时空缺。

民主党：前身为金大中领导的新政治国民会议。1997 年金大中当选总统后，该党成为执政党。2003 年该党候选人卢武铉当选总统后，该党分裂为支持卢武铉的开放国民党和亲金大中的民主党。2008 年 2 月，上述党派合并为统合民主党，7 月改名“民主党”。现为国会第二大党，党首丁世均。

自由先进党：2008 年 2 月成立，以支持大国家党前党首李会昌的议员为主要成员。现为国会第三大党，党首李会昌。2008 年 8 月，自由先进党同创造韩国党联合组成国会交涉团体，代表由两党隔年轮流出任。

【重要人物】**李明博**：第 17 届总统。1941 年 12 月生于日本大阪，1945 年随父母返回韩国。1965 年毕业于韩国高丽大学工商管理系，同年进入现代集团。先后任该集团旗下现代建设、仁川制铁等 10 个子公司的会长或社长。1992 年、1998 年两次当选国会议员。2002～2006 年任首尔特别市市长。2007 年 12 月作为大国家党候选人当选韩国第 17 届总统，2008 年 2 月就任。信奉基督教，著作有《绝非神话》、《经营未来》等。　**郑云灿**：国务总理。1946 年 2 月生于韩国忠清南道。毕业于韩国首尔大学经济学系，获美国迈阿密大学经济学硕士学位和普林斯顿大学经济学博士学位。曾在美国哥伦比亚大学、韩国首尔大学任教。2000 年起历任韩国财政经济部金融发展审议委员会委员长、首尔大学校长、韩国经济学会会长和韩国社会科学协议会会长等职。2009 年 6 月任总理。著作有《经济学院论》、《货币金融市场》等。

经　济

20 世纪 60 年代，韩国经济开始起步。70 年代以来，持续高速增长，人均国民生产总值从 1962 年的 87 美元增至 1996 年的 10548 美元，创造了著名的“汉江奇迹”。1996 年加入经济合作与发展组织（OECD），同年成为世界贸易组织（WTO）创始国之一。1997 年亚洲金融危机后，韩国经济进入中速增长期。

产业以制造业和服务业为主，造船、汽车、电子、钢铁、纺织等产业产量均进入世界前 10 名。大企业集团在韩国经济中占有十分重要的地位，目前主要大企业集团有三星、现代汽车、SK、LG 和 KT（韩国电信）等。

2008 年 10 月以来，受国际金融危机影响，韩经济明显下滑。据瑞士国际经营开发院调查报告称，2009 年韩国国家竞争力排世界第 27 位。

国内生产总值（2009 年）：8329 亿美元。

人均国民收入（2009 年）：17175 美元。

经济增长率（2009 年）：0. 2%。

货币名称：元。

汇率：实行浮动汇率制。2009 年底，1 美元兑换 1167. 6 元，年均汇率为 1 美元兑换 1342. 9 元。

【资源】矿产资源较少，已发现的矿物有 280 多种，其中有经济价值的 50 多种。有开采利用价值的矿物有铁、无烟煤、铅、锌、钨等，但储量不大。由于自然资源匮乏，主要工业原料均依赖进口。

【工业】2009 年，工矿业产值占 GDP 的 25. 2%，造船业订单额居世界第 2 位，半导体产品市场占有率世界第 3 位，汽车产量居世界第 5 位（408. 6 万辆），粗钢产量居世界第 6 位（5330 万吨）。

【农业】现有耕地面积 173. 7 公顷，主要分布在西部和南部平原、丘陵地区。农业人口 31. 2 万，约占总人口的 6. 4%。2009 年农业产值（含渔业和林业）占 GDP 的 2. 3%。

【旅游业】韩国风景优美，有许多文化和历史遗产，旅游业较发达。2009 年，旅游业创汇 94 亿美元，访韩外国游客 781. 8 万人次，同比增长 13. 4%。

主要旅游服务设施：全国有 40 多家饭店达到国

际标准，其中部分已加入国际饭店预订系列。首尔的新罗饭店、乐天饭店、洲际饭店、朝鲜饭店、凯悦饭店、广场饭店、华克山庄饭店等被列入超豪华类别。主要旅游点：景福宫、德寿宫、昌庆宫、昌德宫、民俗博物馆、江华岛、板门店、庆州、济州岛、雪岳山等。

【交通运输】陆、海、空交通运输均较发达。全国已建成铁路网和高速公路网。

铁路：铁路总长7990.8公里，其中干线5784公里。2004年3月，首尔—釜山高速铁路开通，全长224公里，最高时速300公里。

地铁：总长537公里，年均输送旅客21.8亿人次。其中首尔289.9公里，在世界主要城市中位居前列。

公路：公路总长约10.4万公里，其中高速公路3447公里。登记的小轿车有1733万辆（2009年12月）。

水运：以海运为主。主要港口有：釜山、浦项、仁川、群山、木浦、济州、丽水等。

空运：同81个国家签有航空协定，2009年开通国际航线305条（其中外国航空公司航线130条），可飞往30多个国家、90多个城市。现有8个国际机场：仁川、金浦、济州、金海、清州、大邱、襄阳、光州。另有国内航线机场20个。

【财政金融】近年来韩国财政收支情况如下（单位：万亿韩元）：

	2007	2008	2009
收入	243.6	250.7	255.3
支出	209.8	238.8	272.9
差额	33.8	11.9	－17.6

2010年财政预算292.8万亿韩元，较2009年增长2.9%。截至2009年12月，韩国外汇储备为2700亿美元。

【对外贸易】2009年外贸总额6865.6亿美元，贸易收支顺差409.8亿美元，其中出口3637.7亿美元，下降13.8%，进口3227.9亿美元，下降25.8%。和世界上180多个国家和地区有经贸关系，其中中国、日本、美国是韩国三大主要贸易伙伴国。近三年韩国进出口额如下（单位：亿美元）：

	2007	2008	2009
进口额	3568.5	4352.7	3227.9
出口额	3714.9	4220.1	3637.7
贸易差	146.4	－132.6	409.8

主要进口产品有原油、半导体、天然气、石油制品、半导体零部件、钢板、煤炭、通讯器材、电缆、个人电脑等。主要出口产品有汽车及零部件、半导体、有线无线通讯器材、船舶、石油制品、平板液晶显示器、个人电脑、影视器材等。

【对外援助】韩国向发展中国家提供援助始于20世纪60年代。1997年12月，韩国与国际货币基金组织（IMF）达成接受570亿美元贷款的协议。2001年8月全部还清。2010年1月韩国正式加入经济合作与发展组织（OECD）开发与援助委员会。

【外国资本】20世纪60年代和70年代，外国直接投资仅占资本流入的一小部分，80年代起韩国逐步放宽外商投资限制。1997年金融危机后，韩加大引进外资力度。2009年韩国引进外商直接投资33.8亿美元。

【经济团体】大韩商工会议所：1948年7月正式成立。是韩国最大的民间经济团体，现有正式会员企业5.5万家，在韩国内有71家分支机构。主要职能是：调查了解企业情况，向政府提出政策性意见和建议。作为民间团体，对国内生产、物价等进行统计调查；组织、领导会员企业的技工培训和技术交流活动；负责与国外经济团体的交流与合作；负责发放原产地证明等。1992年8月成立韩中民间经济协议会，在北京设有代表处。会长孙京植。

韩国贸易协会：成立于1946年。有会员企业8.6万家。主要职能是：研究韩国的贸易政策，向政府提出意见和建议；向会员企业提供各种贸易咨询和信息服务，促进与世界各国的贸易合作，代培贸易专业人员。多次协助中方在韩举办贸易展，并组织韩企业赴华考察，组派采购团，在北京设有国际事务支部。会长司空一。

全国经济人联合会：成立于1961年。由制造业、贸易、金融、建设等各行业65个团体及韩国具有代表性的413家大企业组成。主要职能是：代表大企业向政府提出政策性意见和建议；协助会员企业加强与国际经济组织和国外企业的联系；研究交流经营理论和经营方法；调查研究国内外经济动向；加强与社会各界的联系，组织会员企业开展各项公益事业。设有中国委员会，2003年5月成立全经联中国论坛。会长赵锡来。

中小企业中央会：成立于1962年。由中小企业行业协会组成，2006年改用现名，有500多家注册会员企业。主要职能是：维护中小企业利益，代表中小企业向政府提出政策性建议；通过下属行业组织指导中小企业发展，开展中小企业经营研究，向会员企业提供各种信息和咨询；管理来韩外国劳工事务。会长金基文。

人民生活

据统计，2009年，住房普及率111%，移动电话普及率98.4%，宽带网普及率81.2%。各类医院、诊所4.6万家，医护人员36.6万名。平均寿命79.6岁，其中男子76.1岁，女子82.7岁。60岁以上人口比率为11%。物价指数比去年同期上升2.8%（2009年12月）。失业率3.6%。

军事

实行义务兵役制。陆军和海军陆战队服役期为两年半，空军和海军为三年。总统为三军最高统帅。国防部长官金泰荣（2009年9月就任），参谋长联席会议主席李相宜（2009年9月就任）。现有总兵力65.5万，其中陆军52.2万，海军6.5万，空军6.5万。预备役304万。2009年国防预算约290亿美元，占政府财政预算的14.2%。

美国在韩驻军2.85万人。

文化教育

【教育】1953年起实行小学六年制义务教育，从1993年起普及初中三年义务教育。高等教育机构80%为私立。2009年教育预算383亿美元，占政府预算的17.6%。

全国各类学校（公立、私立）1.99万所，学生1088.5万人，教师51.3万多人。著名大学有首尔大学、延世大学、高丽大学、梨花女大等。

	学校（所）	学生（万人）	教师（万人）
幼儿园	8373	53.7	3.5
小学	5829	347.4	17.5
初中	3106	200.7	10.9
高中	2225	196.6	12.5
大专院校	344	290.1	6.9

【新闻出版】新闻出版业发达。共有新闻机构230多家，从业人员4万多人。报社120多家，杂志种类繁多。《朝鲜日报》（1920年3月创刊）、《中央日报》（1965年9月创刊）、《东亚日报》（1920年4月创刊）是3大全国性韩文日报。

通讯社：联合通讯社，1980年由合同通讯社和东洋通讯社合并而成，1999年兼并内外通讯社。该通讯社在北京、华盛顿、纽约、洛杉矶、东京、巴黎、伦敦、曼谷、布宜诺斯艾利斯、布鲁塞尔、开罗、香港、莫斯科设有分社，同40多家外国通讯社签有新闻交换协定或合作协议。

有10家全国性广播公司，另有地方广播公司59家，有线广播公司81家。

韩国广播公司（KBS）：1927年开始试播，自1953年开始对外广播。政府控股广播公司，拥有全国性广播网，目前用韩、英、汉、法、日等11种语言播音。电视台成立于1961年12月。自1996年7月起开通两个频道的卫星电视节目，主要以数字信号播放。

文化广播公司（MBC）：1961年12月开办，拥有全国性广播网。电视台成立于1969年8月，在各大城市有卫星转播站。

首尔广播公司（SBS）：1991年12月开播。

基督教广播公司（CBS）：1954年开办，主要播送新闻、娱乐以及教育和宗教节目。

交通广播公司（TBS）：1990年6月成立。

教育广播公司（EBS）：国有，1990年12月成立。

韩朝关系

朝鲜战争停战后，半岛长期处于政治对立、军事对峙、经济隔绝的冷战状态。金大中、卢武铉政府奉行对朝和解合作政策。2000年6月和2007年10月，金大中、卢武铉先后访朝，同金正日举行首脑会晤，分表发表《南北共同宣言》和《南北关系发展与和平繁荣宣言》。期间韩朝多次举行官方会谈和民间交流活动，签署多项合作协议，韩朝关系取得较大进展。

2008年2月李明博政府上台后，调整对朝政策，提出“无核、开放、3000”政策，即在朝鲜弃核和开放前提下，帮助朝10年内将人均国民收入提高至3000美元。朝方强硬回应，南北关系趋向紧张。

2009年1月，朝军方宣布与韩进入“全面对抗状态”，朝鲜祖国和平统一委员会发表声明，宣布废除朝韩间旨在消除政治、军事对抗的所有协议。

3月韩美举行“关键决断”联合军演。朝军方发表声明予以谴责，宣布韩美军演期间中断南北军事通信。3月底，朝鲜以“诽谤朝鲜体制”和“煽动朝鲜女工叛逃”为由，扣押韩国现代峨山一名员工。

8月，朝韩关系出现缓和迹象。13日，朝最高领导人金正日会见现代集团会长玄贞恩，双方就重启金刚山和开城旅游，中秋节举行离散家属团聚活动等达成一致。朝方释放了3月扣押的现代集团员工，取消了2008年11月以来对南北通行及滞留所采取的限制措施。15日，韩总统李明博发表光复节讲话，表示愿随时与朝举行对话和协商。朝党中央书记金已男受金正日委派赴首尔吊唁韩前总统金大中，在会见李明博时转达了金正日口信。

9月初，朝在临津江上游拉闸泄洪，导致下游韩6人死亡。韩要求朝方做出解释，并强烈敦促朝方避免再次发生类似事件。

11月初，朝韩军队在黄海海域“北方分界线”附近发生短暂交火。

据韩国统一部统计，2009年朝韩贸易额16.8亿美元，减少7.8%，南北人员往来12.9万人次，减少31.9%。

对外关系

二次大战后，韩国长期以对美外交为主。20世纪70年代初开始推行门户开放政策。1988年卢泰愚政府上台后，大力推行“北方外交”，发展与社会主义国家关系。其后历届政府均推行积极外交政策，近年来基本形成了以韩美同盟为基轴、加强美、日、中、俄四大国外交、积极参与地区与国际事务的多层次、全方位外交格局。

韩国与188个国家建立了外交关系，驻外外交机构155个。

【同中国的关系】中韩1992年8月24日建交，

两国各领域关系发展迅速。1998 年金大中总统访华时，双方宣布建立面向 21 世纪的中韩合作伙伴关系。2003 年卢武铉总统访华时，双方宣布建立全面合作伙伴关系。2008 年 5 月李明博总统访华时，双方宣布建立战略合作伙伴关系。

2009 年 4 月，胡锦涛主席在英国伦敦出席二十国集团领导人金融峰会期间会见李明博总统。4 月，中共中央政治局常委李长春对韩国进行正式友好访问。4 月，温家宝总理在泰国帕塔亚出席东亚领导人系列峰会期间会见李明博总统。7 月，韩国会副议长李允盛访华，举行两国议会定期交流机制第四次会议。8 月，韩国前总统金大中逝世后，中国领导人分别向韩领导人及金遗属发去唁电。唐家璇前国务委员作为中国政府特使赴韩出席金大中前总统葬礼。9 月，胡锦涛主席赴纽约出席联合国系列会议期间会见李明博总统。10 月，李明博总统来华出席第二次中日韩领导人会议，胡锦涛主席、温家宝总理分别会见。11 月，韩国国会议长金炯旿访华，胡锦涛主席会见。12 月，习近平副主席对韩国进行正式访问。

据海关总署统计，2009 年中韩双边进出口总额为 1562.3 亿美元，减少 16.0%。其中中方出口 536.8 亿美元，减少 27.4%；进口 1025.5 亿美元，减少 8.5%。中国是韩最大贸易伙伴、最大出口市场和进口来源国，韩是中国第三大贸易伙伴国。

截至 2009 年底，韩对华实际投资累计 446.1 亿美元。中国是韩最大海外投资对象国，韩是中国第四大外商直接投资来源地。中国对韩实际投资累计 8.9 亿美元。

两国在文学、艺术、体育、教育、卫生、广播电影电视、新闻出版等领域交流发展迅速。

2009 年中韩人员往来 460 万人次，韩国是中国第一大入境客源国。2009 年底，韩国在华留学生约 6.7 万人，中国在韩留学生约 5.5 万人，占外国在韩留学生总数的 70% 以上，均居对方国家外国留学生人数之首。

两国主要城市之间有 47 条定期客运航线，每周 830 多个班次；10 条定期货运航线，每周 47 个班次。中国天津、青岛、大连、烟台、威海、连云港与韩国仁川、釜山、平泽等地有定期客货轮航线。

双方共建立 120 对友好省市关系。双方友好团体有中韩友好协会、韩中友好协会、韩中文化协会、21 世纪韩中交流协会、韩中经营人协会、韩中亲善协会等。除互在对方首都设大使馆外，中国在韩国釜山和光州设有总领馆。韩国在中国上海、青岛、广州、沈阳、成都、西安和香港设有总领馆。

中国驻韩国大使：张鑫森。馆址：首尔特别市钟路区孝子洞 54 番地。电话：0082 - 2 - 7381038。传真：7381077。领事部电话：7567300，商务处电话：2537521 ~ 3。网址：HTTP：//kr. china-embassy. org。

韩国驻华大使：柳佑益。馆址：北京市朝阳区东方东路 20 号。电话：010 - 85310700。传真：85310726。网址：http：//www. koreaemb. org. cn。

韩国于 1993 年 12 月在台湾地区设立了韩国驻台北代表处，现任代表具良根。1994 年 1 月，台湾当局在韩国设立了台北驻韩代表处，现任代表陈永绰。据韩方统计，2009 年韩国与台湾地区贸易额 193.5 亿美元，其中韩国对台湾出口额为 95 亿美元，进口额为 98.5 亿美元。

【同美国的关系】 韩美 1949 年 1 月建交。1953 年 10 月韩美签署《韩美共同防御条约》，确立军事同盟关系。目前美国在韩有 2.85 万驻军，掌握韩军战时指挥权，对韩国负有安全防卫义务。美将于 2012 年 4 月将韩军战时指挥权交还给韩方。2008 年 4 月，李明博总统访美，双方宣布建立面向 21 世纪韩美战略同盟关系，提出韩美同盟应以“价值同盟、互信同盟、和平同盟”三项原则为基础，扩大各领域共同利益，8 月美国总统布什访韩。2009 年 6 月，李明博总统访美，双方发表《韩美同盟未来展望》共同文件。11 月，奥巴马总统访韩。

据韩方统计，2009 年韩美贸易额 652 亿美元，韩方顺差 71.8 亿美元。美国是韩国第三大贸易伙伴。

【同日本的关系】 韩日 1965 年建交。两国在各领域有着广泛的交流与合作，但历史等问题仍是干扰两国关系的因素。

2008 年 2 月，日本首相福田康夫出席李明博总统就职仪式，双方表示将重启首脑定期会晤机制。4 月，李明博访日，双方商定开创面向未来的成熟伙伴关系新时代。2009 年 1 月，日本首相麻生太郎访韩，双方商定在正确认识历史的基础上构筑互利合作关系。10 月，李明博总统访日。

据韩方统计，2009 年韩日贸易额 686.5 亿美元，其中韩方逆差 264.5 亿美元。日本是韩国第二大贸易伙伴。

【同俄罗斯的关系】 韩国与前苏联 1990 年 9 月建交。前苏联解体后，韩国与俄罗斯继续保持外交关系。2004 年 9 月双方宣布建立互信全面伙伴关系。2008 年 9 月，李明博访俄，双方宣布建立战略合作伙伴关系。

据韩方统计，2009 年韩俄贸易额 100 亿美元，其中韩方逆差 16 亿美元。

【同其他国家和国际组织的关系】 2009 年 1 月，拉脱维亚总理戈德马尼斯访韩。3 月，李明博总统访问新西兰、澳大利亚和印度尼西亚，提出“新亚洲外交构想”。4 月，李明博总统出席二十国集团领导人伦敦金融峰会。5 月，李明博总统访问乌兹别克斯坦和哈萨克斯坦。6 月，泰国总理阿披实、老挝总理波松、文莱苏丹哈桑纳尔、东盟主席素林等赴韩出席“韩—东盟特别峰会”。7 月，李明博总统访问波兰、瑞典，并赴意大利出席八国集团峰会。乌克兰总理季莫申科、哈萨克斯坦总理马西莫夫访韩。8月，坦桑尼亚总理平达访韩。9月，李明博总统出席联合国系列会议。瑞士联邦副主席兼经济部长洛伊特哈德访韩。10月，李明博总统访问越南、柬埔寨并赴泰国出席东盟与中日韩领导人会议。10月，斯洛文尼亚总统图尔克访韩。11月，加拿大总理哈珀访韩。李明博总统访问新加坡并出席第17届亚太经合组织领导人非正式会议。秘鲁总统阿兰·加西亚、智利总统巴切莱特访韩。12月，李明博总统访问阿联酋。

2009年1月，韩国总理韩升洙出席达沃斯论坛年会。3月，访问土耳其、约旦。4月，访问德国、捷克、斯洛文尼亚。5月访问日本。6月，访问阿联酋、法国。 （杨若依）

吉尔吉斯斯坦

国名 吉尔吉斯共和国（Kyrgyz Republic, Кыргызская Республика），简称吉尔吉斯斯坦（Kyrgyzstan, Кыргызстан）。

面积 19.99万平方公里。

人口 541.83万（截至2010年1月1日）。吉有80多个民族，其中吉尔吉斯族占69.2%，乌兹别克族占14.5%，俄罗斯族占8.7%，东干族占1.2%，维吾尔族占1%，塔吉克族占0.9%，哈萨克族占0.7%，乌克兰族占0.5%，其他为朝鲜、土耳其等民族。国语为吉尔吉斯语，俄语为官方语言。70%以上居民信仰伊斯兰教，多数属逊尼派，其次为东正教和天主教。

首都 比什凯克（Bishkek, Бишкек）。人口约82万。1月平均气温-6℃，7月平均气温27℃。

南都奥什（Osh, Ош），人口25.48万（2008年）。1月平均气温-5℃，7月平均气温28℃。

国家元首 库尔曼别克·萨利耶维奇·巴基耶夫（Курманбек Салиевич Бакиев），2005年7月10日当选总统，2009年7月23日获得连任，任期五年。

重要节日 新年：1月1日；纳乌鲁斯节：3月21日；宪法日：5月5日；建军节：5月29日；独立日：8月31日。主要宗教节日有开斋节、古尔邦节、复活节等。

简况

位于中亚东北部的内陆国，边界线全长约4170公里，北和东北接哈萨克斯坦，南邻塔吉克斯坦，西南毗邻乌兹别克斯坦，东南和东面与中国接壤。境内多山，属大陆性气候，1月平均气温-6℃，7月平均气温27℃。

公元前3世纪已有文字记载。6～13世纪曾建立吉尔吉斯汗国。16世纪被迫自叶尼塞河上游迁居至现居住地。1876年被沙俄吞并。1917年11月至1918年6月建立苏维埃政权。1924年10月14日成立卡拉吉尔吉斯自治州，属俄罗斯联邦。1936年12月5日成立吉尔吉斯苏维埃社会主义共和国，同时加入苏联。1991年8月31日，吉尔吉斯最高苏维埃通过国家独立宣言，正式宣布独立，改国名为吉尔吉斯共和国，同年12月21日加入独联体。

政治

独立以来，吉政治上推行民主改革，促进民族团结，致力于振兴经济、消除贫困、改善人民生活。2009年7月，吉总统选举后，吉政府实行“国家革新方针”，推行国家管理体系改革，调整政府机构。

【宪法】 1993年5月5日，吉议会通过独立后第一部宪法，规定吉是建立在法制、世俗国家基础上的主权、单一制民主共和国，实行立法、司法、行政三权分立，总统为国家元首。此后曾数次修改或颁布新宪法。2007年9月14日，吉宪法法院宣布废止2006年年底通过的两部宪法，10月21日吉举行全民公决通过新宪法。该宪法规定，议会完全按政党比例代表制选举产生，由90名议员组成；在议会选举中获得大多数席位的政党组建政府。

【议会】 根据宪法，议会为履行立法职能的代表机构，任期五年。第一届议会于1990年2月25日通过选举产生，1994年9月提前解散。1995年2月，选举产生了由立法会议和人民代表会议组成的新议会。根据1998年修改后的新宪法，2000年2月吉选举产生的独立以来第三届议会由立法会议和人民代表会议组成，任期5年。立法会议由60名议员组成，由单一选区和政党比例代表制选举产生。人民代表会议由45名议员组成，实行区域代表制度。根据2003年2月全民公决通过的宪法，2005年议会由两院制改为一院制，议员由105人减少到75人。取消政党比例代表制，全部议员由单一选区选举制选举产生。2007年12月16日，吉提前举行议会选举，按政党比例代表制选举新一届议会。新议会由90名议员组成。“光明道路”人民党、社会民主党和共产主义者党进入议会，分别占据71个、11个和8个席位。2009年12月，埃季拜·塔加耶夫（Айтибай Тагаев）辞去议长职务，库尔马诺夫·泽尼金·卡尔别科维奇（Курманов Зайнидин Карпекович）当选吉新议长。

【政府】 国家最高执行权力机关。政府由议会选举中获得多数席位的政党组建，总理由总统征得议会同意后任命，政府成员由总理提名，总统任命。2009年，吉推行国家管理体系改革，丘季诺夫政府集体辞职，乌谢诺夫任政府新总理，吉政府机构和人员都出现重大调整，政府部门按照职能划分为14个部、7个署、6个局和2个基金，原政府机构中的一些部委合并、重组或取消，新设立自然资源部等，先前的外交部和国家安全委员会从政府中分离，职能直接划归总统。吉政府主要成员包括：总理达尼亚尔·乌谢诺夫（Данияр Усенов），第一副总理阿克尔别克·扎帕罗夫（Акылбек Жапаров），副总理塔日卡恩·卡林别托娃（Тажикан Калимбетова，女），副总理兼办公厅主任阿雷·卡拉舍夫（Аалы Карашев），财政部长马拉特·苏尔丹诺夫（Марат Султанов），司法部长库尔曼泰·阿布季耶夫（Курмантай Абдиев），国防部长巴克特别克·卡雷耶夫（Бакыбек Калыев），内务部长莫尔多穆萨·孔甘季耶夫（Молдомуса Конгантиев），紧急状态部长巴克特·托罗巴耶夫（Бакыт Торобаев），能源部长伊里亚斯·达维多夫（Ильяс Давыдов），经济管理部长热尼什别克·拜古季耶夫（Женишбек Байгуттиев），农业部长伊斯坎德尔别克·阿伊达拉利耶夫（Искендербек Айдаралиев），自然资源部长卡帕尔·库马纳利耶夫（Капар Куманалиев），交通通讯部长努尔兰·苏莱曼诺夫（Нурлан Сулайманов），国家资产部长图尔松·图尔杜曼别托夫（Турсун Турдумамбетов），卫生部长马拉特·曼别托夫（Марат Мамбетов），教育科学部长阿卜杜勒达·穆萨耶夫（Абдулда Мусаев），劳动、就业和移民部长艾古利·雷斯库洛娃（Айгуль Рыскулова，女）等。

【行政区划】全国划分为7州2市：楚河州、塔拉斯州、奥什州、贾拉拉巴德州、纳伦州、伊塞克湖州、巴特肯州、首都比什凯克市和南部首都奥什市。

【司法机构】宪法法院院长斯·瑟德科娃（С. Сыдыкова，女），最高法院院长贾内尔·阿利耶娃（Джаныл. Алиева，女），总检察长努·吐尔逊库洛夫（Н. Турсункулов）。

【政党】目前，在吉司法部正式登记注册并开展活动的政党有100余个，其中主要有：

（1）“光明道路”人民党：2007年10月15日成立。该党主张：保障吉快速发展。近5年的目标：巩固国家，保存民族文化，形成民主和市场经济，有稳固的社会保障，有高效的政权，恢复道德和爱国主义。未来15年的主要目标是：保存和巩固吉国家、文化、传统，从而使吉民族得以生存、成长和发展。保证居民正常的生活水平，建设有竞争力的经济，融入世界体系。总统库尔曼别克·萨利耶维奇·巴基耶夫任该党主席。

（2）吉尔吉斯斯坦社会民主党：1994年12月重新注册，现有党员约5万人。旨在建立真正的民主法制社会，主张三权文明分工、积极合作。行为准则是民主社会主义，全面深化政治、经济、社会领域的民主进程，提倡人文、发展和自由。党主席阿·阿塔姆巴耶夫（А. Атамбаев）。

（3）吉尔吉斯斯坦共产主义者党：在原吉共基础上建立，于1992年9月注册，现有党员2.5万。主张创造性地遵循马克思列宁主义，宗旨是保障劳动者的生存权利，在社会主义原则基础上建立民主法制国家，实现社会公正、人道主义、自由平等，建立社会市场经济，强调国家、集体经济成分的主导地位，主张各民族平等，消除贫困。党主席伊·马萨利耶夫（И. Масалиев）。

（4）“阿塔—梅肯”（祖国）党：1999年12月注册，现有党员2000余人。该党宣称在承认差异的基础上代表全民利益，主张妥协和相互接纳。主席奥·杰克巴耶夫（О. Текебаев）。

（5）“尊严”党：1999年8月注册，现有党员1.1万多。主张建立真正的法制、民主国家，保障人民安全和公民的政治、经济、社会权利与自由，恢复人们的自信、自尊，复兴民族文化遗产，反对带有政治色彩的宗教极端主义。要求以议会制取代总统制。现任党主席菲·库洛夫（Ф. Кулов）。

（6）吉尔吉斯斯坦共产党：1999年9月注册，党员1.5万人。主张改变吉经济体制，保持基本日用品价格稳定，对具有战略意义的物资出口实行国家垄断，对商业银行的行为进行国家监督，复兴经济基础和国家科学潜能，为学者创造性的劳动创造良好条件。现任党主席克·阿日别科娃（К. Ажыбекова，女）。

此外还有：“阿萨巴”（旗帜）党、“民主力量联盟”党、“吉尔吉斯斯坦民主运动”党、“自由吉尔吉斯斯坦”进步民主党、阿富汗及其他区域战争老战士党、人民党。

【重要人物】库尔曼别克·萨利耶维奇·巴基耶夫：总统。1949年8月1日生于吉贾拉拉巴德州苏扎克区，吉尔吉斯族。1972年毕业于原苏联古比雪夫工学院。1972～1974年，在古比雪夫鱼类加工厂工作。1974～1976年，在苏联军队服役。1976～1979年，在古比雪夫“马斯列尼科夫”工厂工作。1979～1985年，任贾拉拉巴德州组装工厂主任工程师、副总工程师。1985～1991年，任科克扬加克市“职业”工厂厂长。1991～1994年，任吉共科克扬加克市委第一书记，市苏维埃主席，贾拉拉巴德州人民代表委员会副主席。1994～1995年，任吉国有资产委员会副主席。1995～1996年，任贾拉拉巴德州州长。1996～2000年，任楚河州州长。2000年12月，吉总统大选后被任命为吉总理。2002年6月被免职。2002年10月当选吉议会立法会议议员。2004年11月任吉人民运动主席。2005年3月25日任吉代总统、代总理。2005年3月28日，任吉代总统、总理。

2005年7月10日当选吉总统，8月14日宣誓就职。2009年7月23日，巴基耶夫竞选连任成功，8月2日宣誓就职。**泽尼金·卡尔别科维奇·库尔马诺夫：**议长。1955年6月3日生于伏龙芝市（今吉尔吉斯斯坦首都比什凯克），吉尔吉斯族。历史学博士。1978年毕业于列宁格勒国立大学历史系，1996年毕业于吉国立大学，2001年毕业于德国乔治·马歇尔军事中央学院。1978年开始工作，在卡拉甘特市国立医学院任教。1979～1982年，在吉中央国家档案馆历任档案员、高级文献员、主任。1982～1985年，为苏联科学院苏联史研究所研究生；1985年，吉科学院历史研究所初级研究员。1985～1991年，吉国立医学院苏联共产党史教研室教师、政治史教研室教师。1991～1992年，吉内务部高等学校法律教研室讲师。1992～1994年，吉国立师范学院院长。1994～1996年，吉国立师范大学国家史教研室博士。1996～1997年，吉合资企业"吉尔吉斯投资公司"部门经理。1997～2000年，吉俄斯拉夫大学法律系教授。2000～2005年，吉第二届议会立法会议议员。2005～2007年，吉国立大学国际教育学院国际关系系教授。2007年当选吉第四届议会议员，任宪法与国家体制委员会主席。2009年12月24日，当选吉议会议长。**达尼亚尔·托克托古洛维奇·乌谢诺夫：**总理。1960年3月9日生于伏龙芝市（今吉尔吉斯斯坦首都比什凯克），吉尔吉斯族，高等学历。1982年毕业于伏龙芝工学院。1982～1984年在苏联军队服役。1984～1990年在吉卡拉巴尔塔山矿工厂生产实验室任工程师。1990～1992年在吉卡拉巴尔塔市委任副主席、副市长。1992～1993年任吉楚河州州长助理、吉一英投资公司执行经理。1994～1995年任吉财政工业公司总经理。1995～2000年当选吉议会立法委员会（下院）议员、任财政税收委员会主席。2000年起经商。2005年3月起任吉代理副总理，10月起任吉代理第一副总理。2007年10月起任吉首都比什凯克市代市长，11月任吉首都比什凯克市市长。2008年7月至2009年1月任吉发展基金理事会主席。2009年1月任吉总统办公厅主任。2009年10月任吉总理。已婚，有二子。

经济

农牧业为主，工业基础薄弱，主要生产原材料。独立初期，由于同原苏联各加盟共和国传统经济联系中断，加之实行激进改革，经济一度出现大幅下滑。近年来，吉调整经济方针，稳步渐进地向市场经济转轨，推行以私有化和非国有化改造为中心的经济体制改革，经济保持了低增长态势，工业生产恢复性增长。2009年，受国际金融危机影响，吉经济增速减缓，主要经济数据如下：

国内生产总值：1964.231亿索姆（约合45亿美元）。

人均国内生产总值：3.83万索姆（约合888美元）。

国内生产总值增长率：2.3%。

货币名称：索姆。

汇率（2009年全年平均）：1美元=42.89索姆。

通货膨胀率：6.8%。

失业人口：2009年正式登记失业人数为6.14万人，同比下降8.6%。

【资源】主要有黄金、锑、钨、锡、汞、铀等贵重和稀有金属。其中锑产量居世界第三位、独联体第一位，锡产量和汞产量居独联体第二位，羊毛产量和水电资源在独联体国家中居第三位。

【工业】主要工业有采矿、电力、化工、有色金属、建材、轻工、食品等工业门类。2009年，工业总产值为972.49亿索姆，同比下降6.4%。其中，采矿业产值23.553亿索姆，加工工业产值为791.372亿索姆，能源、天然气和水资源生产服务产值157.566亿索姆。

【农业】2009年，农、林、猎总产值1101.002亿索姆，同比增长7.4%。吉粮食总产量为192.92万吨，同比增长27.7%。其中，小麦产量为105.67万吨，同比增长41.6%。

【交通运输】以公路运输为主。2009年，总货运量为3589.61万吨，同比增长4.5%。总客运量为5.434亿人次，同比增长7.8%。

公路：总长3.4万公里。2009年，完成货运量3458.54万吨，同比增长8.4%，客运量为5.423亿人次，同比增长7.8%。

铁路：总长431公里。2009年，完成货运量104.46万吨，同比下降42.5%，客运量74.99万人次，同比增长16%。

水运：内河航运线长576公里。2009年，完成货运量2.34万吨，同比下降45.1%。

空运：位于首都比什凯克的"玛纳斯"国际机场与莫斯科、新西伯利亚、塔什干、杜尚别等城市有定期航班。与独联体以外的地市，如乌鲁木齐、伊斯坦布尔、迪拜、法兰克福、新德里、卡拉奇等有定期或不定期的航班。2009年航空客运人数35.76万人次，同比下降3.6%，航空货运量为900吨，与2008年持平。

【财政金融】2009年，吉国家财政收入556.344亿索姆，同比增长19.4%；财政支出为585.577亿索姆，同比增长30%。

【对外贸易】2009年，受国际金融危机和国内经济增速放缓影响，吉对外贸易出现大幅度下降。据吉海关部门统计，2009年，吉对外贸易总额为44.759亿美元，同比下降24.5%。进口额为30.369亿美元（2008年为40.724亿美元）。吉主要贸易伙伴有：俄罗斯（28.4%）、中国（14.4%）、哈萨克斯坦

（10.5%）、瑞士（10.3%）、乌兹别克斯坦（6.4%）、法国（4.6%）、美国（3.1%）、土耳其（2.4%）、德国（2.4%）。吉出口产品主要为贵金属、化学物品和农产品等，主要进口石油产品、二手汽车、服装、化工产品、天然气等。

【外国资本】2009 年，对吉外国直接投资为 5.8 亿美元，同比增长 47.5%。其中，哈萨克斯坦对吉投资额为 3.3 亿美元，同比增加 80%。主要投资领域为加工工业、金融、采矿业、贸易等。

人民生活

2009 年前 11 个月，吉平均月工资为 6049 索姆（141.4 美元），同比增长 15.9%，扣除价格因素，实际增长 7.8%。其中，金融行业最高，人均月工资达到 18060 索姆，农业人均月工资仅为 3335 索姆。2009 年，吉居民最低生活标准为 3263.22 索姆。

军　事

1992 年 5 月，吉接管前苏联驻扎在其领土上的军队，并在此基础上组建了由陆军和空军组成的本国军队，国防部兵力约 1 万人。现任国防部部长巴·卡雷耶夫。国家边防总局局长为阿·扎帕罗夫（А. Жапаров）。吉建军节为 5 月 29 日。

文化教育

【教育】全国共有各类学校近 2200 所，在校生共计约 108 万人，教师约 7.2 万人。其中中等专业学校 80 多所，在校生约 4.3 万人。高等院校 49 所，在校生约 25 万人。著名高校有吉尔吉斯斯坦国立大学、吉美中亚大学、比什凯克人文大学、吉俄斯拉夫大学、奥什大学等。

【新闻出版】吉主要报刊有：《比什凯克晚报》、《吉尔吉斯斯坦言论报》、《吉尔吉斯斯坦共青团真理报》、《首都新闻报》等。

主要通讯社是“卡巴尔”国家通讯社，创建于 1937 年，约有 90 多名工作人员，其中专职记者 40 多人。

主要广播电台有吉尔吉斯斯坦国家广播电台，于 1931 年建台，用七种语言（吉、俄、英、东干、德、乌兹别克和维语）广播，每天播音时间为 18 小时。

主要电视台有：吉尔吉斯斯坦国家电视台，于 1958 年建台，节目用吉语、俄语播出，每天播出时间为 18 小时。此外，还有“第 5 频道”等几家私营电视台。

对外关系

奉行平衡、务实的外交政策，以邻国、周边国家为重点。其优先方向是维护和保障国家主权和领土完整；为经济发展创造良好外部条件；保护公民的权利、自由和利益。至 2009 年底，吉与 114 个国家建立了外交关系。此外，还与 70 多个国际组织建立联系。

【同中国的关系】中吉自 1992 年 1 月 5 日建交以来，两国关系发展顺利。两国在联合国、上海合作组织等多边领域互相支持，合作卓有成效。

2009 年 5 月 24 日，中国全国政协副主席张梅颖率政协代表团访吉。6 月 12 日，中国全国人大法律委员会副主任委员张柏林率人大代表团访吉。6 月 15 日，胡锦涛主席在出席上海合作组织叶卡捷琳堡峰会期间与吉总统巴基耶夫举行双边会见。10 月 14 日，吉总理丘季诺夫赴华参加上海合作组织成员国第八次总理会议，并对华进行正式访问。

据中国海关总署统计，2009 年，中吉双边贸易额达 52.8 亿美元，同比下降 43.4%。其中，中方对吉出口额为 52.32 亿美元，同比下降 43.2%；自吉进口额为 0.48 亿美元，同比下降 60.3%。

中国驻吉尔吉斯共和国大使：王开文。馆址：比什凯克市和平大街 299－7 号。电话：（00996－312）597482；传真：597505。领事部电话：597483。经商参处电话：311516；传真：311769。

吉尔吉斯共和国驻华大使：热别克·库鲁巴耶夫（ЖЭЭНЬЕК КУЛУЬАЕВ）。馆址：北京市朝阳区霄云路 18 号京润水上花园别墅 H 区 10/11 号。电话：010－64681295；传真：010－64681291。

【同独联体的关系】2009 年 1 月 14 日，吉总理丘季诺夫对俄进行为期一天的工作访问。2 月 3～4 日，吉总统巴基耶夫访问俄罗斯并出席集体安全条约组织和欧亚经济共同体成员国元首峰会。4 月 20 日，吉总统巴基耶夫会见集体安全条约组织秘书长博尔久扎，讨论吉与集安组织合作问题。6 月 15 日，吉总统巴基耶夫赴莫斯科参加独联体集体安全条约组织元首峰会。7 月 31 日，吉主持召开集体安全条约组织成员国元首非正式会晤。10 月 9 日，吉总统巴基耶夫赴摩尔多瓦参加独联体国家元首峰会。12 月 11 日，吉总理乌谢诺夫赴俄圣彼得堡参加欧亚经济共同体成员国政府首脑会晤。12 月 18 日，吉总统巴基耶夫赴哈萨克斯坦阿拉木图参加独联体成员国非正式首脑会晤。

【同中亚邻国的关系】2009 年 6 月 3 日，吉乌（兹别克斯坦）就重新实现边境正常化达成协议。6 月 14 日，吉总统巴基耶夫和乌总统卡里莫夫在莫斯科会晤，双方一致表示对修建中吉乌铁路抱有极大兴趣。6 月 17 日，吉总理丘季诺夫对哈萨克斯坦正式访问。8 月 2 日，哈总统纳扎尔巴耶夫出席吉总统巴基耶夫的就职典礼。12 月 1 日，吉总理乌谢诺夫率团赴哈举行吉哈两国政府首脑定期会晤。12 月 28 日，吉总理乌谢诺夫访乌，并举行两国政府间合作委员会第七次会议。

【同美国的关系】2009 年 3 月 4 日，吉总统巴基耶夫接受英国 BBC 广播公司采访时表示，吉准备就是否允许美军继续使用玛纳斯空军基地与美国展开新的谈判。6 月 8 日，吉总统办公厅对外政策局局长莫尔多加济耶夫对媒体表示，吉不排除考虑允许在阿富汗行动的国际反恐联盟将来通过其领土运送物资的问题。6月23日，吉议会国防、安全、法制与司法改革委员和国际事务与议会间合作委员会分别审议通过吉美政府合作协议和在吉玛纳斯机场设立物资转运中心协议。7月14日，吉总统巴基耶夫会见美国副国务卿别林斯。双方签署了关于在吉建立向阿富汗提供人道物资转运中心的协议。8月21日，美国中央司令部司令彼得雷乌斯访吉。9月11日，美驻吉玛纳斯物资转运中心举行"9·11"纪念活动。吉总统巴基耶夫出席并发表讲话。

【同欧盟的关系】2009年7月14日，瑞典外交大臣尼别尔克率欧盟代表团访吉，会见吉副议长巴耶科娃。巴祝贺瑞典担任欧盟轮值主席国，希望促进吉与欧盟的关系。尼称，欧盟将依据此前制定的欧盟中亚战略继续在议会、环保、教育、人权等领域与中亚国家合作。欧盟支持就地区安全进行对话，高度重视巩固中亚地区的安全，高度评价吉国领导人所做的关于在玛纳斯机场建立人道物资中转中心的决定。

【同伊斯兰国家的关系】2009年2月20日，土耳其能源、燃料部长谢尔米访吉。3月17日，吉总理丘季诺夫对土耳其进行工作访问。4月14日，土耳其财政部第一副部长哈桑·阿克坦访吉。5月27日，土耳其总统居尔访吉。10月4日，吉总统巴基耶夫赴阿塞拜疆参加突厥语国家首脑第九次峰会，并会见了阿总统阿利耶夫。11月11日，吉总统巴基耶夫首次出席伊斯兰联盟组织经贸合作峰会。12月15日，吉执政党"光明道路"人民党副主席阿拉巴耶夫赴印度尼西亚参加第四届亚洲议会大会例行会议。

（宋瑶）

柬埔寨

国名　柬埔寨王国（Kingdom of Cambodia）。

面积　181035平方公里。

人口　1440万。有20多个民族，高棉族是主体民族，占总人口的80%，少数民族有占族、普农族、老族、泰族、斯丁族等。高棉语为通用语言，与英语、法语同为官方语言。佛教为国教，93%以上的居民信奉佛教，占族信奉伊斯兰教，少数城市居民信奉天主教。华人、华侨约70万。

首都　金边（Phnom Penh），人口约102万。

国家元首　诺罗敦·西哈莫尼国王（His Majesty Norodom Sihamoni, King of Cambodia），2004年10月登基。

重要节日　（1）独立节：11月9日。1953年11月9日，柬埔寨王国摆脱法国殖民统治宣告独立，这天被定为柬埔寨国庆日，也是柬建军日。（2）国王诞辰：5月14日，全国庆祝3天。（3）佛历新年：4月13～15日。（4）御耕节：佛历六月下弦初四，由国王或其代表在毗邻王宫的王家田举行象征性耕种仪式，祈祷来年风调雨顺，五谷丰登。（5）送水节（也称龙舟节）：柬民族传统节日。11月13～15日，时值雨季结束进入旱季，柬人民在王宫前洞里萨河上举行龙舟比赛，表达对洞里萨河、湄公河养育之恩的感谢。（6）太皇西哈努克生日：10月31日，全国庆祝1天。

简　况

位于中南半岛南部。东部和东南部同越南接壤，北部与老挝交界，西部和西北部与泰国毗邻，西南濒临暹罗湾。海岸线长约460公里。属热带季风气候，年均气温为24℃。

政　治

2008年7月，柬埔寨举行了第四届全国大选，人民党再次赢得选举。9月24日，柬埔寨举行新一届国会首次会议。25日，国会以一揽子表决方式通过了国会领导和内阁成员名单，韩桑林连任国会主席，洪森蝉联首相。2009年，柬政局基本稳定。

【宪法】柬埔寨现行宪法1993年9月21日经柬制宪会议通过，由西哈努克国王于同年9月24日签署生效。1999年3月4日，第二届国会通过宪法修正案，新宪法由原来的14章149条增至16章158条。宪法规定，柬埔寨的国体是君主立宪制，实行自由民主制和自由市场经济，立法、行政、司法三权分立。国王是终身制国家元首、武装力量最高统帅、国家统一和永存的象征，有权宣布大赦，在首相建议并征得国会主席同意后有权解散国会。国王因故不能理政或不在国内期间由参议院主席代理国家元首职务。王位不能世袭。国王去世、退休或退位后，由首相、佛教两派僧王、参议院和国会正副主席共9人组成的王位委员会在7日内从安东、诺罗敦和西索瓦三支王族后裔中遴选产生新国王。

【议会】国会是柬埔寨国家最高权力机构和立法机构，每届任期5年。首届国会成立于1993年。第四届国会成立于2008年9月，由123名议员组成，其中人民党90人，森朗西党26人，人权党3人，拉纳烈党和奉辛比克党各2人。韩桑林（Heng Samrin）任国会主席，阮涅为第一副主席，赛冲为第二副主席。

【参议院】首届参议院成立于1999年3月25日，任期6年。柬宪法规定，法案须经国会、参议院、宪法理事会逐级审议通过后，最后呈国王签署生效。参议院主席礼宾顺序排在国王之后、国会主席和政府首相之前，属国家第二号领导人，在国王因故不能视事或不在国内时代理国家元首。

2006年1月22日，柬举行参议院换届选举，选举产生61名参议员，其中人民党45人，奉辛比克党10人，森朗西党2人，2名由国王直接任命，2名由国会委任。3月20日，柬第二届参议院举行首次全体会议，投票选举产生领导班子，人民党主席谢辛（Chea Sim）连任主席，奉辛比克党成员西索瓦·基万莫尼拉当选第一副主席，人民党成员迪翁当选第二副主席。

【政府】 柬第四届政府于2008年9月成立，洪森为首相。设10个副首相，16个国务大臣，26个部和2个国务秘书处。主要成员有：首相洪森（Hun Sen）；副首相韶肯（Sar Kheng）、索安（Sok An）、迪班（Tea Banh）、贺南洪（Hor Namhong）、梅森安（Men Sam An）、宾成（Bin Chhin）、涅本才（Nhek Bunchhay）、吉春（Keat Chhon）、尹才利（Yim Chhay Ly）、盖金延（Ke Kim Yan）；国务大臣尹春林（Im Chhun Lim）、蔡唐（Chhay Than）、占蒲拉西（Cham Prasidh）、莫马烈（Mok Mareth）、宁万达（Nhim Vanda）、陶兴华（Tao Seng Hours）、孔汉（Khun Haing）、李突（Ly Thuch）、高平（Kol Pheng）、孙占托（Sun Chanthol）、翁斯里武（Veng Sereyvuth），努索昆（Nuth Sokom）、翁仁典（Om Yentieng）、殷莫利（Ieng Moly）、华金洪（Var Kimhong）、英诺拉（Yim Nol La）。

内阁办公厅大臣索安，内政部大臣韶肯，国防部大臣迪班，外交与国际合作部大臣贺南洪，财经部大臣吉春，农林渔业部大臣曾仕伦（Chan Sarun），农村发展部大臣谢索帕拉（Chea Sophara），商业部大臣占蒲拉西，工业矿产能源部大臣苏赛（Suy Sem），计划部大臣蔡唐，教育青年与体育部大臣尹赛迪（Im Sethy），社会福利、退伍军人和青年改造部大臣叶绍兴（Ith Sam Heng），国土、城市规划和建设部大臣尹春林，环境部大臣莫马烈，水利气象部大臣林建华（Lim Kean Hour），新闻部大臣乔干那烈（Kiev Kanharith），司法部大臣昂翁瓦塔纳（Ang Vong Vathna），议会与监察部大臣绍金苏（Som Kim Suor），邮电通讯部大臣索昆（So Khun），卫生部大臣莫本兴（Mam Bun Heng），公共工程与运输部大臣陈尤德（Tram Iv Tek），文化艺术部大臣亨柴（Him Chhem），旅游部大臣唐坤（Thong Khon），宗教事务部大臣孟肯（Min Khin），妇女事务部大臣英·甘塔帕薇（Ing Kanthaphavy，女），劳动和职业培训部大臣翁速（Vong Sauth）。

首相府直属国务秘书处：公共职业国务秘书处国务秘书毕本廷（Pich Bunthin），民航国务秘书处国务秘书毛哈万纳（Mao Havanall）。

【行政区划】 全国划分为23个省和1个直辖市。

【司法机构】 法院分初级法院、上诉法院和最高法院三级。最高法官理事会是司法系统的管理部门，负责监督法院工作，拥有遴选、任免法官的职权。最高法官理事会由国王、最高法院院长、总检察长、上诉法院院长和检察长、金边法院院长和检察长以及两位法官共九人组成。2003年2月西哈努克国王辞去主席职务后，该理事会主席空缺。最高法院院长为迪蒙蒂（Dit Munty）。柬无独立检察院，各级法院设检察官，行使检察职能。

【政　党】 1993年大选时柬共有40多个政党参选。1998年大选时有39个政党参选。2003年大选时有23个政党参选。2008年大选有11个政党参选。主要政党有：

（1）柬埔寨人民党（Cambodia People's Party）：该党前身为成立于1951年6月28日的柬埔寨人民革命党。1991年10月改为现名。现任党主席谢辛，副主席洪森，名誉主席韩桑林。现有党员410万。1991年宣布实行自由民主多党制和自由市场经济。1993年大选后，人民党顺应形势，同意恢复君主立宪制，与奉辛比克党联合执政。1998年大选获胜，洪森出任首相。在2002年初举行的地方选举中，人民党获得绝大多数乡（区）长职位。2003年大选人民党获胜，获73个国会议席。2008年大选人民党再次获胜，赢得90个国会议席。洪森蝉联首相。该党主张对内维护政局稳定，致力于经济发展和脱贫，建立民主法制国家。对外奉行独立、和平、中立和不结盟政策，支持建立国际政治经济新秩序，主张加强南南合作、缩小贫富差距及加强区域合作，维护地区和平与繁荣。重视同周边邻国的友好合作以及与中、日、法等大国发展友好关系，积极改善同美及西方的关系。

（2）奉辛比克党（FUNCINPEC Party）：该党前身为“争取柬埔寨独立、中立、和平与合作民族团结阵线”（按法文字母缩写简称为奉辛比克，Front Uni National Pour Un Cambodge Independent ，Neutre ，Pacifique，et Cooperatif），由西哈努克于1981年创建，并任主席。1992年改为现名，盖博拉斯美任主席。现有党员约40万。该党信奉西哈努克主义，对内主张政治民主化、经济私有化，维护君主立宪制。对外奉行独立、和平、中立与不结盟外交政策，主张与世界各国和一切友好政党建立和发展友好合作关系，主张以和平方式解决与邻国的边界领土争端。1993年大选奉党获胜，成为国会第一大党。拉纳烈出任政府第一首相。1997年7月，人民党与奉党爆发军事冲突，拉纳烈被罢免第一首相。1998年大选奉党获得43个国会议席和21个参议院议席，退居第二。2002年初举行的乡级选举中获10个乡（区）长职位。2003年大选获26个国会议席，居第二位。2004年7

月与人民党组成第三届联合政府。2006 年 10 月，奉党召开全国特别代表大会，决定盖博拉斯美取代拉纳烈任奉党主席，卢莱斯棱任第一副主席，西索瓦·西里拉任第二副主席，涅本才任秘书长。2008 年大选该党获 2 个国会议席。

（3）森朗西党（Sam Rainsy Party）：原名高棉民族党，创建于 1995 年 11 月 9 日，1998 年改为现名。森朗西任主席。现有党员 25 万人。推崇西式自由、民主、人权；主张捍卫国家主权、领土完整、收回割让给邻国的土地，解决非法移民问题；铲除贪污、腐败；发展自由经济，提高人民生活水平。在柬知识分子、工人、市民和青年学生中有较大影响。该党原主张共和，反对君主立宪制，但近年来立场有所变化。1998 年大选中该党获得 15 个国会议席和 7 个参议院议席，拒绝参加政府，成为国会反对党。在 2002 年初举行的乡级选举中获得 13 个乡（区）长职位。2003 年大选获得 24 个国会议席。2008 年获 26 个国会议席。

【重要人物】诺罗敦·西哈莫尼：国王，诺罗敦·西哈努克太皇和莫尼列太后的长子。1953 年生于金边。20 世纪 60～70 年代中期，在捷克首都布拉格学习舞蹈、音乐和戏曲。80 年代旅居法国，在巴黎莫扎特音乐学院担任古典舞蹈和艺术教授，并兼任高棉舞蹈学会、芭蕾舞团负责人和艺术指导。1993 年，任柬常驻联合国教科文组织大使。2004 年 10 月登基。2005 年 8 月对华国事访问。无党派人士。未婚。 **谢辛**：柬埔寨参议院主席、人民党主席。1932 年 11 月 15 日生于波罗勉省。1952 年参加抗法斗争。1991 年当选人民党主席。1993 年大选后当选为制宪会议副主席，同年 10 月当选第一届国会主席。1999 年 3 月出任柬第一届参议院主席。2006 年 3 月 20 日出任第二届参议院主席。2008 年 10 月正式访华。有三子二女。 **洪森**：柬埔寨第四届王国政府首相、人民党副主席。1951 年 4 月 4 日生于磅湛省一个农民家庭。1990 年 9 月参加柬全国最高委员会。1991 年 10 月当选人民党副主席。1993 年 7 月出任柬临时民族政府联合主席，9 月出任柬埔寨王国政府第二首相，任高棉王家军联合总司令。1998 年 11 月任柬第二届王国政府首相。2004 年 7 月出任柬第三届王国政府首相。2008 年 9 月蝉联王国政府首相。1994 年与第一首相拉纳烈联合访华。1996 年对华进行工作访问。2004 年以来洪森八次访华，其中 2008 年 10 月出席中国—东盟博览会和第七届亚欧首脑会议。爱读书，喜钻研理论，著有《柬埔寨十年》和《柬埔寨 130 年》等书籍，擅长创作民族歌曲。夫人文拉妮·洪森任柬埔寨红十字会会长，有子女五人。 **韩桑林**：柬埔寨国会主席、人民党名誉主席。1934 年生于柬磅湛省。1991 年任柬人民党名誉主席。1993 年被西哈努克任命为国王高级顾问。1998 年任国会第一副主席。2004 年连任国会第一副主席。2006 年 3 月接任国会主席。2008 年 9 月任第四届国会主席。2007 年 8 月正式访华。有子女四人。 **森朗西**：反对党森朗西党主席。1949 年生于金边。20 世纪 80 年代中期加入奉辛比克阵线。巴黎协定签署后返柬，同拉纳烈一起代表奉党出任柬埔寨全国最高委员会成员，成为奉党骨干。1993 年当选国会议员，出任第一届联合政府国务兼财经大臣。后与拉纳烈政见不和，于 1995 年被开除出奉党，失去议员资格，并被罢免财政大臣职务。之后，宣布成立高棉民族党，自任主席。1998 年改党名为森朗西党。夫人刁龙·索玛拉。

经　济

柬埔寨是传统农业国，工业基础薄弱。属世界上最不发达国家之一，贫困人口占总人口 28%。柬政府实行对外开放的自由市场经济，推行经济私有化和贸易自由化，把发展经济、消除贫困作为首要任务。把农业、加工业、旅游业、基础设施建设及人才培训作为优先发展领域，推进行政、财经、军队和司法等改革，提高政府工作效率，改善投资环境，取得一定成效。

2009 年柬 GDP 总值约 109.4 亿美元，同比增长 2.1%，人均 GDP 达到 769 美元，农业、工业、服务业产值分别占 GDP 的 34.2%、21%、37.8%。国家外汇储备 17.58 亿美元，出口 39 亿美元，进口 54.5 亿美元，财政支出约为 17.14 亿美元，争取到国际援助 5.2 亿美元。通货膨胀率为 –1.2%。美元兑柬币平均汇率为 1：4100。

【资源】矿藏主要有金、磷酸盐、宝石和石油，还有少量铁、煤。林业、渔业、果木资源丰富。盛产贵重的柚木、铁木、紫檀、黑檀、白卯等热带林木，并有多种竹类。森林主要分布在东、北和西部山区。木材储量约 11 亿多立方米。洞里萨湖是东南亚最大的天然淡水渔场，素有“鱼湖”之称。西南沿海也是重要渔场，多产鱼虾。近年来，由于生态环境失衡和过度捕捞，水产资源减少。

【工业】基础薄弱，门类单调。1991 年底实行自由市场经济以来，国营企业普遍被国内外私商租赁经营。服装业是新兴工业，具有一定规模。2009 年柬工业产值约占 GDP 的 21%，其中纺织和制衣业占 GDP 的 9.2%，建筑业占 GDP 的 5.6%，水电供应占 GDP 的 0.5%，矿业加工占 GDP 的 0.4%。严重依赖于纺织和制衣业。

【农业】农业是柬经济第一大支柱产业。农业人口占总人口的 85%，占全国劳动力 78%。可耕地面积 630 万公顷，其中可灌溉面积为 37.4 万公顷，占 18%。主要农产品有稻谷、玉米、豆类、薯类等。湄公河、洞里萨河、巴萨河沿岸为主要产稻区。2009 年柬农业产值约占 GDP 的 34.2%，其中水稻种植占 GDP 的 10.9%，其他种植占 8.2%，畜禽养殖占

4.8%，渔业占7.3%，林木业占2.9%。种植稻谷面积为229.8万公顷，稻谷总产量590.6万吨。淡水鱼产量约为36.5万吨。

【服务业】 服务业仍快速发展。旅游业是带动柬服务业发展的原动力。旅游业的快速发展带动了与其相关产业的发展，2009年柬服务业产值占GDP的37.8%，远高于柬工业产值，其中交通运输占GDP的7.3%，零售和批发占8.8%，酒店餐饮业占3.8%，住宅投资占6.3%，医疗和教育占1.8%，金融保险及不动产占1.4%，其他服务业占8.3%。

【旅游业】 2000年来，柬政府大力推行“开放天空”政策，支持、鼓励外国航空公司开辟直飞金边和吴哥游览区的航线。2002年，柬政府加大对旅游业的资金投入，加紧修复古迹，开发新景点，改善旅游环境。2009年外国到柬游客为216万人次，中国游客达12.8万人次。主要旅游点有世界闻名的吴哥古迹、金边和西哈努克港等。

【交通运输】 以公路和内河运输为主。主要交通线集中于中部平原地区以及洞里萨河流域。北部和南部山区交通闭塞。

公路：全国公路总长约3万公里。最主要的公路有四条：1号公路（金边至越南胡志明市），4号公路（金边至西哈努克港），5号公路（金边经马德望至泰国边境），6号公路（金边经磅同、暹粒至吴哥古迹）。

水运：内河航运以湄公河、洞里萨湖为主，主要河港有金边、磅湛和磅清扬。雨季4000吨轮船可沿湄公河上溯至金边，旱季可通航2000吨货轮。西哈努克港为国际港口。

铁路：全国有两条铁路：金边—波贝，全长385公里，可通曼谷；金边—西哈努克市，全长270公里，是交通运输的大动脉，但铁路年久失修，运输能力较低。

空运：柬主要航空公司有暹粒航空公司、吴哥航空公司。有金边—曼谷、金边—胡志明市、金边—万象、金边—吉隆坡、金边—新加坡五条国际航线。外方航空公司在柬的主要航线有：金边—曼谷、金边—广州、金边—香港、暹粒—曼谷、金边—上海、金边—新加坡、金边—台北、金边—高雄、金边—胡志明市、金边—万象、金边—普吉等航线。有金边国际机场和暹粒机场两个国际机场，西哈努克港、马德望、上丁等机场为国内机场，有定期航班通行，可起降中、小型飞机。

【对外贸易】 2003年9月，柬加入世界贸易组织。据柬埔寨国家银行统计，2009年柬进口54.5亿美元，出口39亿美元，同比分别下降20.5%和20.4%。全年柬出口成衣22.9亿美元，其他商品13.28亿美元，转口出口2.87亿美元；进口成衣原辅料10.82亿美元，燃油料17.61亿美元，其他食品饮料、化工、医药、化妆品和汽车及建材等23.64亿美元，进口转口2.39亿美元。

军　事

1993年6月23日，柬三派武装力量组成柬埔寨武装部队，西哈努克为最高统帅。1993年9月24日改名为高棉王家军，划分为5个军区和1个特别军区，有12个主力步兵师，总兵力约13万人。联合政府成立后，迪班（人民党）和西索瓦·西里拉（奉党）出任联合国防大臣。1999年，洪森首相辞去柬武装力量总司令的职务，由原王家军总参谋长盖金延四星上将接替，波尔沙伦为副总司令兼总参谋长，密索皮为副总司令兼陆军司令，坎沙文和肯索潘为副总司令，翁桑坎为海军司令，森桑南为空军司令。2008年波尔沙伦接替盖金延任王家军总司令。柬开始和平重建后，制定了阶段性裁军计划，2001～2002年度共裁军3万人。第二阶段裁军1.5万人的计划于2003年初完成。柬第二届王国政府执政期间，计划裁军5.5万人，实际裁员4万人，至2009年将武装部队总数精简至6万～7万人。

2006年10月25日，柬国会通过《兵役法》草案，规定18～30岁柬籍男性公民均有义务服兵役。2008年，柬军队总兵力约11万人，军费支出8200万美元。

文化教育

【教育】 20世纪60年代文教事业有较大发展。自70年代后，因长期战乱，文教事业遭受严重破坏。近年来政府重视教育，兴建了一些学校。据柬埔寨教育部统计，目前柬埔寨共有2772所幼儿园，138038名入园儿童。6476所小学，学生人数2326152名。1321所中学，学生人数898594名。63所大学（其中18所公立大学，45所私立大学），学生人数11万余人。

【新闻出版】 发行量较大的报刊有《柬埔寨之光报》（柬文，日报）、《人民报》（人民党党报，柬文）、《和平岛报》（柬文，日报）、《柬埔寨日报》（英文，柬文）、《金边邮报》（英文，双周报）、《柬埔寨时报》（英文，柬文，周报）。柬影响较大的中文报纸有《华商日报》、《柬华日报》和《星洲日报》，较有影响的英文报刊有3家，法文报刊1家。

柬新社（AKP）为官方通迅社，成立于1980年。

柬目前有29家电台，官方电台5家，其中FM96电台属国家所有，每天播音19个小时。电视台7家，国家电视台（建于1966年，以柬语节目为主）；仙女台（人民党党产）；第9频道（私营）；第5频道（军队台）；首都第3频道（官方开办）；巴戎台（私营）；CTN电视台（私营）。有线电视台：柬埔寨有线电视台、金边有线电视台。

对外关系

奉行独立、和平、永久中立和不结盟的外交政策，反对外国侵略和干涉，在和平共处五项原则基础上，同所有国家建立和发展友好关系。主张相互尊重国家主权，通过和平谈判解决与邻国的边界问题及国与国之间的争端。柬新政府成立后，确定了融入国际社会、争取外援发展经济的对外工作方针，加强同周边国家的睦邻友好合作，改善和发展与西方国家和国际机构关系，以争取国际经济援助。

迄今，柬与107个国家建交，其中，62个国家向柬派出大使，常驻金边使馆28家；柬向22个国家派出大使，开设8个领事馆，任命3个名誉领事。1999年4月30日加入东盟。

【同中国的关系】1955年4月周恩来总理和柬埔寨国家元首西哈努克亲王在万隆亚非会议上结识，成为中柬友好关系的新开端。1958年7月19日两国正式建交。20世纪50～60年代，周恩来总理、刘少奇主席访柬，西哈努克亲王六次访华，并两次在华领导柬人民争取国家独立、民族解放的斗争，得到中国政府和人民大力支持。1993年柬新政府成立以来，中柬高层互访频繁。

2006年4月，国务院总理温家宝对柬埔寨进行正式访问。双方发表了《中华人民共和国政府与柬埔寨王国政府联合公报》，宣布建立全面合作伙伴关系。2008年是中柬建交50周年和"中柬友好年"。2009年10月西哈努克太皇出席中国建国60周年国庆招待会和天安门观礼活动。同月，洪森首相来华出席中国西部博览会，温家宝总理会见。12月，习近平副主席访问柬埔寨。2010年3月，回良玉副总理访问柬埔寨。5月，洪森首相出席上海世博开幕式，胡锦涛主席会见。

中国驻柬埔寨王国大使：潘广学（2010年3月15日递交国书）。馆址：金边市毛泽东大道156号（N0. 156 Blvd. Mao Tsetung, Phnom Penh, Kingdom of Cambodia）。电话：00855－12－810928（值班电话），901923（领事部），00855－23－721437（经商处）。传真：00855－23－720922（使馆），720925（领事部），223023（经商处）。

柬埔寨驻华大使：凯·西索达（Khek Sysoda）。馆址：北京市朝阳区东直门外大街9号。电话：010－65321889，传真：65323507。

【同东盟的关系】柬于1999年4月30日加入东盟，成为东盟第10个成员国。入盟后，柬积极参与东盟政治合作机制和经济一体化进程，坚持成员国协商一致和不干涉内政等原则，主张加强合作，缩小新老成员差距。重视国际反恐合作，积极支持建立东亚经济共同体和安全共同体。柬重视加强东盟内部和大湄公河次区域经济合作，积极推动柬越老经济三角区、柬泰老经济三角区和柬泰老缅四国经济合作。2008年2月，柬埔寨国会通过《东盟宪章》。2009年10月，洪森首相出席第15届东盟峰会。

【同泰国的关系】泰国是柬主要邻国之一，1950年两国建交。2009年6月，泰国总理阿披实访柬。7月，泰国国会主席猜·奇触访柬。8月，柬埔寨国会主席韩桑林访泰。

【同越南的关系】2008年6月，西哈莫尼国王访越。11月，柬埔寨参议院主席谢辛访越。2009年6月，盖金延副首相访越。7月，越南副总理张永仲访柬。12月，越共中央总书记农德孟访柬。同月，洪森首相访越。

【同美国的关系】2006年，美驻柬使馆宣布恢复为柬民众办理赴美签证。美参议院宣布撤销对柬军事援助的禁令，承诺向柬提供100万美元援助。2007年向柬提供5580万美元直接援助。2009年7月，贺南洪副首相兼外交国际合作部大臣出席东盟区域论坛等相关会议期间会见美国务卿希拉里。9月，美国总统特使访柬。同月，贺南洪副首相兼外交国际合作大臣访美。

【同日本的关系】日本是柬最大援助国，从1992年起，年均向柬提供1亿美元援助，占外国援柬总额的20%，涉及公路桥梁、水电基础设施及农业、农村发展、医疗保健、教育、人才培训、环保、古迹保护和司法等领域。2009年7月，贺南洪副首相兼外交国际合作大臣与日本代表签署3305万美元援助协议。8月，贺南洪副首相兼外交国际合作大臣与日本代表签署8200万美元援助协议。11月，洪森首相访日。

【同法国的关系】柬曾遭受法国殖民统治长达90年，两国有较深的传统关系。近年来，双方均重视加强双边往来。法对柬援助领域涉及文化教育、法律、宗教、警察宪兵培训、农业、卫生等。2009年7月，洪森首相访法并出席法国国庆阅兵式。10月，索安副首相兼内阁办公厅大臣访法。

（朱斌）

卡 塔 尔

国名 卡塔尔国（The State of Qatar）。

面积 11521平方公里。

人口 167万（2009年）。当地居民约占人口总数的20%，其他为外籍人，主要来自印度、巴基斯坦和东南亚国家。居民大多信奉伊斯兰教，多数属逊尼派中的瓦哈比教派，什叶派占全国人口的16%。阿拉伯语为官方语言，通用英语。

首都　多哈（Doha），人口约100万。

国家元首　埃米尔兼武装部队总司令哈马德·本·哈利法·阿勒萨尼（Hamad Bin Khalifa Al-Thani），1995年6月27日即位。

重要节日：　国庆日：12月18日。

简　况

位于波斯湾西南岸的卡塔尔半岛上，与阿联酋和沙特接壤。海岸线长563公里。属热带沙漠气候，夏季炎热漫长，最高气温可达50℃以上；冬季凉爽干燥，最低气温可达7℃。年平均降水量仅75.2毫米。

公元7世纪卡塔尔是阿拉伯帝国的一部分。1517年葡萄牙入侵。1555年被并入奥斯曼帝国版图。1846年萨尼·本·穆罕默德建立了卡塔尔酋长国。1882年英国入侵，并宣布该地区为英国的“保护地”。1971年9月3日卡宣布独立，艾哈迈德任埃米尔。1972年2月22日艾哈迈德埃米尔被废黜，其堂弟哈利法出任埃米尔，哈利法之子哈马德任王储兼国防大臣。1995年6月27日，哈马德发动宫廷政变，推翻哈利法，出任埃米尔。

政　治

卡塔尔系君主立宪制酋长国。埃米尔为国家元首和武装部队最高司令，掌握国家最高权力，由阿勒萨尼家族世袭。政府适度推进政治改革，保持社会稳定。卡禁止任何政党活动。

【宪法】1970年颁布的第一部临时宪法规定：卡塔尔为独立主权国家；伊斯兰教为国教；埃米尔在内阁和协商会议的协助下行使权力。宪法承认法官的独立性。1972年卡对临时宪法进行修宪。2003年4月，卡全民公投通过《永久宪法草案》，从法律上进一步确立了阿勒萨尼家族的执政地位。2005年6月7日，《永久宪法》正式生效。

【协商会议】成立于1972年，系咨询机构，职能是协助埃米尔行使统治权力，有权审议立法和向内阁提出政策建议。协商会议由45名成员组成（15名由埃米尔任命，30名通过选举产生），任期4年。现任主席穆罕默德·穆巴拉克·胡莱菲（Mohammed Mubarak Al-Khulaifi），1995年3月任职，连任至今。

【政府】现任内阁于2007年4月组成，大部分成员为王室成员。主要成员有：首相兼外交大臣哈马德·本·贾西姆·本·贾布尔·阿勒萨尼（Hamad Bin Jassim Bin Jabr Al-Thani），副首相兼能源和工业大臣阿卜杜拉·本·哈马德·阿提亚（Abdullah Bin Hamad Al-Attiyah），内政大臣阿卜杜拉·本·哈利德·阿勒萨尼（Abdullah Bin Khalid Al-Thani），外交事务国务大臣艾哈迈德·本·阿卜杜拉·马哈茂德（Ahmad Bin Abdullah Al-Mohmoud），经济和财政大臣尤素福·侯赛因·凯马尔（Youssef Hussein Kamal）。

【行政区划】无明确的省级行政区划，以一些主要城市为中心，全国分为9个地区。主要城市有多哈、赖扬、杜罕、豪尔等。

【司法机构】政府设司法部，主管司法、法律事务。2005年8月，埃米尔颁布法令，成立司法研究中心，由司法部次官苏尔坦·本·阿卜杜拉·苏维迪担任董事长。

【重要人物】哈马德·本·哈利法·阿勒萨尼：埃米尔兼武装部队总司令。1952年生于多哈，在卡塔尔接受小学、初中、高中教育。1971年7月，毕业于英国桑赫斯特军事学院，回国后任卡塔尔第一快速部队司令。1972年任武装部队总司令。1977年5月31日，被立为王储兼国防大臣。1989年5月，任卡国家最高计划委员会主席。1995年6月27日，发动宫廷政变，推翻其父哈利法，接管政权，成为卡塔尔第9任埃米尔。曾于1999年4月访华。**塔米姆·本·哈马德·本·哈利法·阿勒萨尼**（Tamim Bin Khalifa Al—Thani）：王储，1980年生。为现任埃米尔第四子。1997年毕业于英国桑赫斯特军事学院。系卡国家奥委会主席，国际奥委会委员。2003年8月5日被指定为王储，同年9月被任命武装部队副总司令。2008年4月和8月，塔米姆王储作为国际奥委会委员两度来华，并出席北京奥运会开幕式。**哈马德·本·贾西姆·本·贾布尔·阿勒萨尼：**首相兼外交大臣，1959年生。1982～1989年任市政大臣办公室主任。1989年任市政农业大臣。1990年任市政农业大臣兼水电代理大臣，期间兼任卡塔尔水电公司董事长、卡最高计划委员会成员。1992年9月任外交大臣。2003年9月任第一副首相兼外交大臣。2007年4月被任命为首相兼外交大臣。曾于1993年、1999年（随埃米尔）、2000年、2007年（私人访问）、2008年、2010年访华。

经　济

石油、天然气产业是卡塔尔经济支柱。近年来卡大力发展石油、天然气产业，制定了开发天然气的中长期发展规划。同时，卡注意实施经济多元化战略，建立卡塔尔金融中心，对外国人开放证券市场，改善投资环境，吸引外国投资和技术。卡于1994年成为关贸总协定第121个成员国，1995年加入世界贸易组织。2009年主要经济数据如下（数据来源：经济季评）：

国内生产总值：866.48亿美元。

人均国内生产总值：6.20万美元。

经济增长率：9.5%。

外汇储备：188.06亿美元。

货币名称：卡塔尔里亚尔（Qatari Rial）。

汇率：1美元=3.64卡塔尔里亚尔。

【资源】主要有石油和天然气。已探明石油储量29亿吨，居世界第十三位；天然气储量25.46万亿立方米，居世界第三位。地下水资源贫乏。

【工业】主要为石油和天然气部门、相关工业及能源密集型工业，其中包括炼油、石化、化肥、钢铁和水泥厂，同时还建立了一些造纸、洗涤剂、颜料、食品和塑料等工厂。

卡石油产量为3485万吨（2008年），天然气产量3080万吨（2008年）。

卡是世界第一大液化天然气（LNG）生产和出口国。2008年，卡液化天然气产量达到3080万吨，出口量2787万吨，居世界第一位。一段时期来，卡先后同日本、韩国、印度、意大利、西班牙、比利时及美国等签订了长期供气合同或框架协议，并与阿联酋、阿曼、科威特等周边国家商定输气计划。

近年来，卡大力发展能源工业，不断推出石油、天然气和石化大型项目。据估计，卡近年在能源领域投入逾600亿美元，今后五年还将投入700亿美元。预计至2010年，卡液化天然气年总产量将达7700万吨，将占世界液化天然气市场的30%。卡拥有世界上最大的液化天然气出口码头，并大力发展石油天然气远洋运输船队，希打造世界最大的液化天然气专业运输船队。卡还兴建世界级大型化工冶炼厂，并与南非、美国融资兴建气转油（GTL）及高附加值化工原料生产厂。

【农牧渔业】卡塔尔农业基础薄弱，发展较慢。从事农业生产的主要是外籍工人。全国可耕地面积为2.8万公顷，已耕地7000公顷。农牧产品不能自给，粮食、蔬菜、水果、肉蛋奶等主要依赖进口，只有鱼、虾类海产品产量可基本满足本国需求。近年来，政府重视引进国际先进的农业生产设备和技术，推广新型灌溉技术，设计和建立灌溉网络。卡中北部地区建有一些绿洲，适合种植椰枣、玉米及少量蔬菜等。

【交通运输】卡塔尔无铁路，各主要城市之间由现代化公路网相连，全国公路总长为900公里。主要海港有多哈港、乌姆赛义德港和拉斯拉凡港，拉斯拉凡港是世界上最新、最大的处理液化天然气的港口。卡塔尔有5个机场，多哈国际机场有连接欧洲和亚洲的20余条航线。

【财政金融】截至2009年底，卡塔尔外汇储备188.06亿美元。

卡塔尔有14家商业银行，其中7家为卡资银行，分别为：卡塔尔国家银行、多哈银行、卡塔尔商业银行、卡塔尔国民银行和卡塔尔伊斯兰银行。卡塔尔国家银行吸收了卡近50%的存款，主要经营政府业务。2005年5月，卡政府设立了卡塔尔金融中心，作为承办商业银行、项目融资和资产管理等业务的在岸金融中心。

【对外贸易】2009年对外贸易总额为580.73亿美元，其中进口208.88亿美元，出口371.85亿美元。主要出口产品石油、液化气、凝析油合成氨、尿素、乙烯等，主要进口产品是机械和运输设备、食品、工业原材料及轻工产品、药品等。主要贸易伙伴有日本、韩国、新加坡、美国及欧盟国家。

人民生活

全国实行免费医疗。全国有主要医院4所，床位1100多个，另有医疗卫生中心近20个。卡人均寿命76岁。

军　事

卡塔尔系海湾阿拉伯国家合作委员会成员国，执行统一的防御政策。埃米尔哈马德为武装部队总司令兼国防大臣。实行志愿兵役制。武装部队总人数为1.18万人，本国人只占30%。其中陆军8500人，空军1500人，海军1800人。卡武器装备主要来自法、美、英等西方国家。1992年、1994年、1996年卡分别与美、法、英签订军事合作协议。卡每年与法国进行联合军事演习，法国负责对卡部队进行培训。2001年，卡美续签防务协定，美在卡建立2个武器弹药储存库，并将沙特苏尔坦空军基地设备移至卡乌代德空军基地，投入资金近14亿美元。2002年9月，美国中央司令部指挥中心由本土迁往卡塔尔。

文化教育

【教育】政府重视发展教育事业，实行免费教育，为成绩优异的学生提供留学深造机会，并发给奖学金。目前全国共有学校197所，另有阿拉伯、外国私人学校48所。有中小学生90498人，中小学教师4000多名。1977年建成的卡塔尔大学是一所配有现代化设备的综合性大学，也是卡唯一的一所高等学府，下设8个学院，在校学生近6500名，教师500多名。此外，每年还有约500多名学生进入专业技术培训学校学习。另通过卡塔尔基金会，引进美国康奈尔、西北、弗吉尼亚、德州、乔治敦、卡耐基—梅隆等6所大学建立多哈分校，英、法、加拿大等也有大学在此办分校。

【新闻出版】主要阿文报刊：《多哈月刊》，1969年创刊，新闻部发行；《阿拉伯人日报》，1972年创刊，新闻部发行；《旗帜报》，1979年创刊；《时代周刊》1974年创刊；《海湾市场》周刊，1980年创刊；《今日海湾》，1985年创刊；《每周消息》周刊，1986年创刊。此外还有《东方报》、《祖国报》等。英文报刊有《海湾时报》，1978年创刊。

卡塔尔通讯社建于1975年，是阿拉伯国家主要通讯社之一。

多哈广播电台用阿拉伯语、英语、法语和乌尔都语广播。有6个中波波段、5个调频波段和1个短波波段。

“半岛电视台”（AL-JAZEERA CHANNEL）的前身是英国广播公司（BBC）阿拉伯语频道。1996年卡塔尔埃米尔哈马德斥资1.37亿美元将BBC阿语频道的全部设备买下并组建了半岛电视台。该台24小时滚动播出阿拉伯语新闻节目，覆盖整个阿拉伯地区，是目前阿拉伯世界收视率最高的卫星频道。“9·11”事件后，该台因不断播出对阿富汗的独家报道而名声大振，被称为“中东的CNN”。2006年11月

15日，半岛电视台国际（英文）频道正式开播，目前在全球共设4个播报中心（多哈、吉隆坡、伦敦、华盛顿），节目覆盖全球英语地区。卡另一家电视台多哈电视台建于1970年8月。

对外关系

奉行中立、不结盟的外交政策。强调伊斯兰国家特别是阿拉伯国家间的团结与合作，重视与美国等西方国家的战略伙伴关系，积极参与地区和国际事务，扩大卡知名度。卡是联合国、伊斯兰会议组织、阿拉伯国家联盟、海湾阿拉伯国家合作委员会成员国，还是2007～2010年度联合国人权理事会成员国和2011年第二十届世界石油大会主办国。近年来，卡外交较为活跃，积极参与地区热点问题，承办各类国际会议，包括2008年第三届“繁荣中东经济未来”国际会议、第八届民主、发展和自由贸易论坛、“保护黎巴嫩及其未来，维护民族团结与统一对话会”、联合国发展筹资问题后续国际会议等。2009年1月，阿拉伯国家加沙问题紧急峰会在多哈召开；2月，苏丹政府代表与苏丹达尔富尔反政府组织“正义与平等运动”代表在多哈举行苏丹达尔富尔问题和平会谈；11月，达尔富尔地区全面和谈启动会议在多哈召开。2010年2月和3月，苏丹政府分别与达尔富尔反政府组织“正义与平等运动”及“解放与正义运动”在多哈签署和平框架协议。卡塔尔迄今已同110多个国家建立外交关系。

【对当前重大国际问题的态度】 伊拉克问题：主张维护伊拉克国家统一和领土完整，欢迎伊拉克举行大选，推进政治和解进程，希望伊拉克早日实现国家安全与稳定。已宣布减免大部分伊拉克所欠债务。

中东和平进程：支持中东和平进程，认为中东问题的核心是巴勒斯坦问题，支持建立以耶路撒冷为首都的独立巴勒斯坦国。主张在安理会有关决议、马德里和会以及“土地换和平”原则基础上政治解决阿、以争端。呼吁国际社会尊重巴勒斯坦人民的自主选择和民族意愿。

黎巴嫩问题：积极参与调解黎巴嫩内部各派矛盾。2008年5月，卡塔尔与阿盟联手斡旋，促成黎巴嫩议会多数派和反对派在卡塔尔首都多哈举行对话并达成《多哈协议》。

反恐问题：反对一切形式的恐怖主义。强调应把恐怖主义同阿拉伯人和伊斯兰教区别开来。认为一切军事行动都应避免伤及无辜，绝不能把巴勒斯坦人民的正义斗争与恐怖主义混为一谈。

【同中国的关系】 1988年7月9日，中、卡正式建交。建交后，两国关系发展顺利。

2008年4月，卡首相兼外交大臣哈马德访华，胡锦涛主席、温家宝总理分别与其会见、会谈，双方签署了能源、文化教育等领域多项合作协议。同月，卡王储塔米姆作为国际奥委会成员访华。第十一届全国人大召开后，卡埃米尔哈马德、王储塔米姆、协商会议主席胡莱菲分别向胡锦涛主席、习近平副主席、吴邦国委员长和贾庆林主席致贺信。5月，外交部部长助理翟隽访卡。6月，习近平副主席访卡，分别会见了卡埃米尔哈马德、首相哈马德、副首相兼能源工业大臣阿提亚，并同卡王储塔米姆举行会谈，双方签署了投资、能源、劳务等领域合作协议。7月，胡锦涛主席、温家宝总理、杨洁篪外长分别向卡埃米尔哈马德和首相兼外交大臣哈马德致贺信，庆祝中卡建交20周年。8月，卡王储塔米姆来华出席北京奥运会开幕式。2009年11月，卡塔尔副首相兼能源和工业大臣阿提亚率团访华，王岐山副总理和国家发改委副主任兼能源局局长张国宝予以会见。2010年4月，卡塔尔首相兼外交大臣哈马德就青海玉树地震致电胡锦涛主席表示慰问；5月，卡塔尔首相兼外交大臣哈马德来华参加“中阿合作论坛”第四届部长级会议，温家宝总理予以会见，并共同出席两国政府间关于能源和融资领域合作的谅解备忘录签署仪式。

2009年中卡贸易额22.5亿美元，其中中方出口8.72亿美元，进口13.8亿美元，增幅分别为－5.8%、－18.8%和4.9%。中国主要出口商品是机电产品、钢铁及其制品、轻纺产品等，主要进口商品是聚乙烯、原油、液化石油气等。

中国驻卡塔尔大使：岳晓勇。馆址：1085 WEST BAY LAGOON STREET，WEST BAY AREA，DOHA，QATAR，17200。电话：00974－4934203，4934204；传真：4934201。

卡塔尔驻华大使：阿卜杜拉·阿卜杜拉赫曼·侯赛因·米夫塔赫（Abdulla A-Rahman Hussain AL-Muftah），馆址：北京市朝阳区亮马桥外交公寓A－7。电话：010－65322231，65322232，65322233。

【同美国的关系】 卡同美国关系密切，保持和发展与美国关系是卡对外关系的重要支柱。伊拉克战争结束后，卡埃米尔即访美与美协调伊战后重建立场。为回报卡对伊战的支持，布什总统于2003年6月作为首位美总统访卡。两国军事合作密切。两国续签1992年防务协定，目前驻卡美军7000人，美中央司令部指挥中心已由本土迁至卡，卡乌代德基地成为美国在海外的最大军事基地之一。美对卡投资已达100亿美元。2009年6月，卡塔尔副首相兼能源和工业大臣阿提亚访问美国；9月，卡塔尔外交国务大臣马哈茂德访美，会见美国国务卿希拉里。

【同法国的关系】 卡、法关系友好。2009年3月，卡塔尔首相兼外交大臣哈马德访问法国，会见法国外长库什内；6月，卡塔尔埃米尔哈马德和夫人穆扎对法国进行为期三天的国事访问；9月，卡塔尔首相兼外交大臣哈马德访问法国并会见法国总统萨科奇；11月，法国总统萨科奇访卡。　（李玮）

科威特

国名　科威特国（The State of Kuwait）。

面积　17818 平方公里。

人口　345 万（2009 年）。科威特公民占 39.2%，外籍侨民占 60.8%。阿拉伯民族。官方语言阿拉伯语，通用英语。伊斯兰教为国教，居民中 95% 信奉伊斯兰教，其中约 70% 属逊尼派，30% 为什叶派。

首都　科威特城（Kuwait City），人口 50 万（2008 年）。

国家元首　埃米尔萨巴赫·艾哈迈德·贾比尔·萨巴赫（Sabah Al-Ahmed Al-Jaber Al-Sabah），2006 年 1 月 29 日即位，为第十五任埃米尔。

重要节日　2 月 25 日（国庆日，系第十一任埃米尔登基日）。

简况

位于亚洲西部波斯湾西北岸。与沙特、伊拉克相邻，东濒波斯湾，同伊朗隔海相望。海岸线长 290 公里。有布比延、法拉卡等 9 个岛屿，水域面积 5625 平方公里。绝大部分土地为沙漠，地势较平坦，境内无山川、河流和湖泊，地下淡水贫乏。属热带沙漠气候，夏长炎热干燥，最高气温可达 51℃，冬短湿润多雨，最低气温可达 -6℃。地下水贫乏，年降水量为 25～177 毫米。

公元 7 世纪是阿拉伯帝国的一部分。1710 年，居住在阿拉伯半岛内志的阿奈扎部落中的萨巴赫家族迁移到科威特，1756 年取得统治权，建立科威特酋长国。1871 年成为奥斯曼帝国巴士拉省的一个县。1939 年沦为英国保护国。1961 年 6 月 19 日宣布独立，同年成为阿拉伯国家联盟和联合国成员国。1990 年 8 月 2 日被伊拉克侵吞，1991 年 2 月 26 日复国。

政治

君主立宪制酋长国。埃米尔是国家元首兼武装部队最高统帅。一切法律以及与外国签订的条约和协定均由埃米尔批准生效。科威特主张维护民族独立、国家主权与领土完整，发展民族经济，实行高福利制度。海湾战争后，科威特迅速开始战后重建工作，加强国防建设，在政府部门和经济机构中逐步推行科威特化，放松对反对派的限制。目前，萨巴赫家族统治地位牢固，政局相对稳定，安全形势良好。

【宪法】1962 年 11 月 12 日正式颁布宪法。宪法规定，科威特是一个主权完整、独立的阿拉伯国家；伊斯兰教为国教，其教义是科威特立法的基础；埃米尔必须由第七任埃米尔穆巴拉克·萨巴赫后裔世袭；立法权由埃米尔和议会行使，埃米尔有权解散议会和推迟议会会期；行政权由埃米尔、首相和内阁大臣行使；司法权由法院在宪法规定范围内以埃米尔名义行使；王储由埃米尔提名，议会通过；埃米尔任免首相，并根据首相提名任免内阁大臣等。

【议会】国民议会于 1963 年 1 月 23 日成立，是立法机构，一院制。主要职能是制定和通过国家的各项法令法规；监督国家财政执行情况；行使各项政治权力。议会通过的法案需经埃米尔批准才能生效，埃米尔有权否决或提请议会复议某项法案，但如议会仍以 2/3 的多数通过或在以后某届议会以简单多数通过，该法案则自动生效。议会有权就政府内外政策及有关事务向首相和大臣提出质询，要求其解释有关情况；组成调查委员会对任何事务进行调查；自由表达其观点和看法；通过对大臣投不信任票罢免其职务。议会由 50 名经全国选举产生的议员和现任大臣组成，每届任期 4 年。第十三届议会于 2009 年 5 月选举产生，议长贾西姆·穆罕默德·胡拉菲（Jassem Mohammad Al-Khourafi），当选的 50 名议员中，有 4 名女性议员首次当选，开创了科威特议会历史上的先例。

【政府】2009 年 5 月 29 日，萨巴赫埃米尔任命纳赛尔·穆罕默德·艾哈迈德·萨巴赫为首相，组成科威特第 27 届政府。主要成员是：首相纳赛尔·穆罕默德·艾哈迈德·萨巴赫（Nasser Muhammed Al-Ahmed Al-Sabah），第一副首相兼国防大臣贾比尔·穆巴拉克·哈马德·萨巴赫（Jaber Mubarak Al-Hamad Al-Sabah），副首相兼外交大臣穆罕默德·萨巴赫·萨利姆·萨巴赫（Mohammad Al-Salem Al-Sabah），法律事务副首相兼司法大臣、宗教基金和伊斯兰事务国务大臣拉希德·阿卜杜·穆赫辛·哈马德（Rashed abdul Mohsen Al-Hammad），内政大臣贾比尔·哈立德·贾比尔·萨巴赫（Jaber Al-Khalid Al-Jaber Al-Sabah）石油大臣兼新闻大臣艾哈迈德·阿卜杜拉·艾哈迈德·萨巴赫（Ahmed Abdullah Al-Ahmed Al-Sabah）。

【行政区划】全国分为 6 个省：首都省、哈瓦里省、艾哈迈迪省、贾哈拉省、法尔瓦尼亚省和大穆巴拉克省。

【司法机构】司法机构隶属于司法部。最高法院院长和总检察长由埃米尔任命，法院以埃米尔名义在宪法范围内行使司法权。

【政党】禁止一切政党活动。但海湾战争后，科威特出现了几个主要政治派别：

（1）伊斯兰宪章运动：1991 年 3 月成立，为穆斯林兄弟会和传统派组织，掌握许多金融和商业公司，财力雄厚。主张以温和手段促使科威特成为更遵循伊斯兰法的国家。

（2）伊斯兰联盟：什叶派组织，主张实施伊斯兰法，采取温和方式推行原教旨主义。

（3）宪章联盟：由商人富豪组成，多为科威特工商会会员。

（4）科威特民主论坛：1991年3月成立，成员多为知识分子，自称是左派民族主义组织。强调人民权力，反对王室成员垄断内阁职位，但不反对埃米尔世袭制。

（5）自由独立派：主张民主、自由和进行民主改革。成员多为知识分子和文教、新闻界人士。

【重要人物】 **萨巴赫·艾哈迈德·贾比尔·萨巴赫**：埃米尔。1929年出生。曾任外交大臣，后兼任新闻、石油和内政大臣。1992年任第一副首相兼外交大臣。2003年任首相兼外交大臣。2006年1月29日继任科威特第十五任埃米尔。对华友好，曾于1977年5月、1988年8月、1990年8月和12月、2004年7月、2009年5月6次访华。 **纳瓦夫·艾哈迈德·贾比尔·萨巴赫**（Nawaf Al-Ahmad Al-Jaber Al-Sabah）：王储。1937年出生。历任哈瓦里省长、内政大臣、国防大臣、社会事务和劳工大臣、国民卫队副司令。2003年7月任第一副首相兼内政大臣。2006年1月被任命为王储。 **纳赛尔·穆罕默德·艾哈迈德·萨巴赫**：首相。1940年出生。历任科威特驻伊朗、阿富汗等国大使、新闻大臣、社会事务和劳工大臣、外交及劳工事务国务大臣、埃米尔宫廷事务大臣。2006年2月被任命为首相。2006年7月、2007年3月、2008年5月、2009年1月、2009年5月5次连任。

经　济

石油、天然气工业为国民经济主要支柱，其产值占国内生产总值的45%，占出口收入的92%。近年来，政府在重点发展石油、石化工业的同时，强调发展多元化经济，减轻对石油依赖，不断扩大对外投资。2008年，国际金融危机对科威特经济造成一定影响，科威特各类投资公司损失严重，国内出现了信贷萎缩、流动资金吃紧、股市下挫等问题。但由于科威特长期积累了大量石油美元，又拥有丰富能源资源，基本能够抵御国际金融危机的冲击。2009年，科威特国内经济逐渐有所好转，主要经济数据如下（资料来源：经济季评）：

国内生产总值：1277亿美元（按官方汇率计算）。

人均国内生产总值：40827美元。

经济增长率：-1.7%。

外汇储备：204亿美元。

货币名称：第纳尔。

汇率：1美元=0.28科威特第纳尔。

【资源】 石油和天然气储量丰富。已探明石油储量140亿吨，居世界第四位。天然气储量1.78万亿立方米，居世界第19位。

【工业】 以石油开采、冶炼和石油化工为主。2009年原油产量1.2亿吨，居世界第十位。科威特石油公司（Kuwait Petroleum Corporation）为世界十大石油公司之一，全面负责科威特国内外的原油和成品油销售。科威特原油公司（Kuwait Oil Corporation）负责国内石油生产，是世界第七大石油公司。

【农渔业】 可耕地面积约14182公顷，无土培植面积约156公顷。近年来，政府重视发展农业，农业产值占国内生产总值的0.5%。以生产蔬菜为主，农牧产品主要依靠进口。农牧业从业人口1.4万，主要为外籍人。渔业资源丰富，盛产大虾、石斑鱼和黄花鱼。年产量在1万吨左右，产值约1300万科威特第纳尔。

【交通运输】 交通运输十分发达。全国公路总长4万公里。汽车拥有量为96.8万辆，其中私家车80万辆。科威特有一座国际民用机场，两座军用机场。机场起降架次3.3万次/年，客流量370万人次/年，运货量14万吨/年。主要港口是舒威赫港和舒艾巴港。

【财政金融】 近年来财政年度（每年的4月1日至次年的3月31日）实际收支情况如下（单位：亿美元）：

	2006/2007	2007/2008	2008/2009
总收入	527	678.6	788
总支出	350.2	346.4	685
盈　余	176.8	332.2	103

（资料来源：《经济季评》）

【对外贸易】 在经济中占有重要地位。出口商品主要有石油和化工产品，石油出口占出口总额的95%。进口商品有机械、运输设备、工业制品、粮食和食品等。主要贸易对象是：美国、日本、英国、韩国、意大利、德国、荷兰、新加坡等。近几年外贸情况如下（单位：亿美元）：

	2007	2008	2009
出口	611.8	954.6	496
进口	182.5	265.4	205
总额	794.3	1220	701

（资料来源：《经济季评》）

【对外投资】 科威特拥有规模庞大的海外投资，主权财富基金持续扩大。截至2008年底，科威特主权财富基金总规模达2600多亿美元，主要投资于欧美国家的股市和房地产，并不断加大在日本、韩国和东南亚国家的投资力度。

【对外援助】 每年用其国内生产总值的3.8%来

援助发展中国家。1961年成立科威特阿拉伯经济发展基金会，现有资金约66亿美元，代表科威特政府向发展中国家提供财政和技术援助，资助发展中国家基础设施项目的开发与建设。

人民生活

实行高福利制度，免缴个人所得税，享受免费教育和医疗，并提供岗位、物价、房租和结婚等补贴。为解决低收入人群住房问题，政府计划在2015年前兴建7万套廉价房。共有公立医院15所，床位4400张，另有卫生中心及私立医院。平均每千人有医生18.3人，护理人员48.5人，床位2.8张。

军 事

实行义务兵役制，义务兵期限2年（大学生1年），预备役期14年。现科威特军总兵力为24754人。埃米尔为武装部队最高统帅。海湾战争结束后，由于购置大量武器加强国防，军费开支超常增加，约占政府财政预算的13%。

文化教育

【教育】实行免费教育，全国小学、初中、高中均为四年制，小学和初中实行义务教育。全国现有各类学校1056所，其中公立学校613所，私立学校336所，其余为成人教育学校和特殊教育学校等。在校学生共46万多，教师为3.7万人。教育经费为政府财政预算的10%左右。政府重视扫盲，1982年颁布义务扫盲法，建立了62个扫盲中心，文盲率已从1957年的54.5%降到2000年的11%。

【新闻出版】科威特新闻制度相对开放、自由，报刊多为私营。全国主要有8家日报，其中阿拉伯文报5家：《舆论报》、《政治报》、《火炬报》、《祖国报》和《消息报》；英文报3家：《科威特时报》、《阿拉伯时报》和《每日星报》。

有3家官方新闻机构：科威特通讯社、科威特广播电台和科威特电视台。科威特通讯社系国家通讯社，建于1956年10月，1980年起用阿拉伯文、英文向国外发稿。

科威特广播电台建于1951年，用阿拉伯语、英语等广播。

科威特电视台建于1962年12月，用四个频道播放阿拉伯语和英语节目。1992年起，租用阿拉伯卫星，对外播放本国节目，还通过卫星接收站转播埃及卫星电视节目。

对外关系

奉行和平中立的外交政策。致力于维护阿拉伯国家团结和海湾合作委员会国家的协调合作，以维护海湾地区安全稳定。1990年海湾战争后，科威特同美国等西方国家关系更加密切，科威特境内一直有美军驻扎。同时，科威特高度重视同其他大国关系。近年来，科威特更加积极地发展同中国等亚洲国家的合作。科威特是联合国、阿拉伯国家联盟、海湾合作委员会等国际和地区组织成员国，迄今已同110个国家建立外交关系。

【对当前重大国际问题的态度】伊拉克问题：支持伊重建，呼吁伊各派保持克制，通过对话实现稳定，实现伊人治伊和民族和解。担心美国撤军后可能爆发伊教派冲突。在伊推动安理会全面重新评估所有涉伊决议问题上，科威特希望保留有关在科威特失踪人员和财产、伊科边界维护、伊拉克战争赔偿等方面的安理会授权。

中东问题：支持中东和平进程，主张在安理会决议、“土地换和平”、阿拉伯和平倡议基础上解决巴以争端。敦促国际社会向以色列施压，呼吁巴勒斯坦内部保持团结。

伊朗核问题：承认伊朗有和平利用核能的权利，但认为伊核活动应接受国际原子能机构的监督。希望伊能恪守承诺，只将核计划用于和平目的。强调中东应成为无大规模杀伤性武器区。担心伊核问题升级威胁自身安全，呼吁伊回应国际社会的调解努力，尽早同美国达成谅解。

关于国际反恐问题：反对一切形式的恐怖主义和暴力行径，支持国际社会为打击和消除恐怖主义所作努力。反对将恐怖主义与特定的国家、民族或宗教挂钩。

【同中国的关系】1971年3月22日中科建交。建交以来，两国关系稳步发展。

2009年以来，中科友好合作关系继续巩固和发展。两国保持各层次友好交往。2009年5月，科埃米尔萨巴赫访华，这是萨继任埃米尔后首次访华。访问期间，两国有关部门签署了涉及能源、教育、交通、体育、财政等领域的6项合作文件。2009年4月，亚奥理事会主席、科威特奥委会主席法赫德访华。2010年6月，科威特副首相兼外交大臣穆罕默德来华出席中国—海合会首轮战略对话。

2009年，中科贸易额达50.4亿美元，其中中方出口15.4亿美元，进口35.0亿美元。

2009年，科威特向中国提供期限20年、总额3500万美元的贷款，用于资助总投资为6.9亿元人民币的中国最大的内陆湖—博斯腾湖的生态环境保护项目。

中国驻科威特大使：黄杰民。馆址：VILLA 82 STREET 1，BLOCK 4，YARMOUK，KUWAIT。邮政信箱：P. O. BOX. 2346 SAFAT，13024 KUWAIT。电话：（00965）5333340，5333342；传真：5333341。电子信箱：chinakwt@hotmail.com. 或 chinaku@quality-net.net。商务处电话：4822817，4822867。

科威特驻华临时代办：萨利姆·尤素福·哈姆丹（Salem Alhamdan）。馆址：北京市朝阳区光华路23号。电话：010－65322216，65322374；传真：65325212。

【同美国的关系】科美关系密切。1961 年 6 月两国建交。1991 年海湾战争中，以美为首的多国部队打败伊拉克，科威特得以复国。1991 年科美签订为期 10 年的安全防御协定，2001 年续签 10 年。2009 年 4 月，美国国务卿希拉里、美国中东问题特使米切尔访问科威特；6 月，美国负责近东事务助理国务卿杰弗里访问科威特；11 月，美国前总统克林顿访科威特。8 月，科威特埃米尔萨巴赫对美国进行正式访问，这是奥巴马政府成立以来萨巴赫埃米尔首次访美。

【同欧洲国家的关系】科威特同英国、法国等欧洲国家保持着良好关系。2009 年 1 月，中东问题有关四方特使布莱尔访问科威特；2 月，法国总统萨科奇访问科威特，这是法总统 20 年来首次访问科威特。此外，荷兰首相、葡萄牙外长等欧洲国家领导人分别访问科威特。10 月，科威特第一副首相兼国防大臣贾比尔访问法国；11 月，科威特首相纳赛尔访问意大利、科威特副首相兼外交大臣穆罕默德访问西班牙。

【同伊拉克的关系】2009 年，科伊关系有所改善。2009 年 1 月，伊总统塔拉巴尼赴科威特出席阿拉伯经济峰会，会见了科威特埃米尔萨巴赫。9 月，伊拉克总统塔拉巴尼在科威特会见科威特首相纳赛尔；6 月，伊拉克议长萨马赖访科。2 月，科威特副首相兼外交大臣穆罕默德访问伊拉克，成为海湾战争后访伊的科威特最高级别官员。

【同阿拉伯国家的关系】2009 年，科威特与阿拉伯国家关系继续巩固和发展。摩洛哥首相夫人、叙利亚副总统、也门外交部长、阿盟秘书长、海合会秘书长、阿曼外交事务主管大臣等访问科威特。科威特埃米尔萨巴赫访问沙特、阿曼；科威特首相纳赛尔访问吉布提；科威特副首相兼外交大臣穆罕默德访问埃及、伊拉克等。（郭填甜）

老　挝

国名　老挝人民民主共和国（The Lao People's Democratic Republic）。

面积　236800 平方公里。

人口　600 万（2007 年）。统称为老挝民族，分为 49 个民族，分属老泰语族系、孟—高棉语族系、苗—瑶语族系、汉—藏语族系。通用老挝语。居民多信奉佛教。华侨华人约 3 万多人。

首都　万象（VIENTIANE），人口 71.2 万（2007 年）。最高平均气温 31.7℃，最低平均气温 22.6℃。

国家元首　国家主席朱马里·赛雅颂（CHOUMMALY SAYASONE），2006 年 6 月当选。

重要节日　老挝人民军成立日：1 月 20 日（1949 年）。老挝人民革命党成立日：3 月 22 日（1955 年）。老挝新年（宋干节，也叫泼水节）：佛历 5 月，一般从每年公历 4 月 13 日开始，前后共 3 天。塔銮节：佛历 12 月，公历 11 月。国庆日：12 月 2 日（1975 年）。

简　况　位于中南半岛北部的内陆国家，北邻中国，南接柬埔寨，东界越南，西北达缅甸，西南毗连泰国。湄公河流经西部 1900 公里。属热带、亚热带季风气候。5 月～10 月为雨季，11 月至次年 4 月为旱季。年平均气温约 26℃，年降水量 1250～3750 毫米。

公元 1353 年建立澜沧王国，为老挝历史鼎盛时期。1893 年沦为法国保护国。1940 年 9 月被日本占领。1945 年 10 月 12 日宣布独立。1946 年法国再次入侵，1954 年 7 月签署恢复印度支那和平的日内瓦协议，法国从老挝撤军，不久美国取而代之。1962 年签订关于老挝问题的日内瓦协议。老挝成立以富马亲王为首相、苏发努冯亲王为副首相的联合政府。1964 年，美国支持亲美势力破坏联合政府，进攻解放区。1973 年 2 月，老挝各方签署了关于在老挝恢复和平与民族和睦的协定。1974 年 4 月成立了以富马为首相的新联合政府和以苏发努冯为主席的政治联合委员会。1975 年 12 月宣布废除君主制，成立老挝人民民主共和国。

政　治　老挝实行社会主义制度。老挝人民革命党是老挝唯一政党。1991 年老挝党“五大”确定“有原则的全面革新路线”，提出坚持党的领导和社会主义方向等六项基本原则，对外实行开放政策。2001 年老挝党“七大”制定了至 2010 年基本消除贫困，至 2020 年摆脱不发达状态的奋斗目标。2006 年老挝党“八大”强调继续坚持党的领导、社会主义方向和革新路线，重申落实“七大”制定的中长期经济社会发展目标。近年来，老挝保持政治稳定和社会安定。

【宪法】1991 年 8 月，老挝最高人民议会第二届六次会议通过了老挝人民民主共和国第一部宪法。宪法明确规定，老挝人民民主共和国是人民民主国家，全部权力归人民，各族人民在老挝人民革命党领导下行使当家作主的权力。

【议会】老挝国会（原称最高人民议会，1992年8月改为现名）是国家最高权力机构和立法机构，负责制定宪法和法律。国会每届任期5年，每年召开两次会议，特别会议由国会常委会决定或由2/3以上的议员提议召开。国会议员由地方直接选举产生。第六届国会于2006年5月选举产生，国会议员115名，主席通邢·塔玛冯（THONGSING THAMMAVONG）。

【政府】国家最高行政机关。本届政府于2006年6月组成。2007年下半年，政府相关机构进行调整，原国家计划与投资委员会更名为计划与投资部，原交通运输邮电建设部更名为公共工程与运输部，新成立总理府水资源与环境管理署及国家邮电署。老挝审计署不再隶属总理府，改为老挝国家审计署，直接向老挝国会负责。现任审计长波西·罗万赛（BOUASY LOVANSAY）。

政府主要成员：政府总理波松·布帕万（BOUASONE BOUPHAVANH），副总理兼国家监察委员会主席阿桑·劳里（ASANG LAOLY），副总理兼外交部长通伦·西苏里（THONGLOUN SISOULITH），副总理兼国防部长隆再·皮吉（DOUANGDCHAY PHICHIT），常务副总理宋沙瓦·凌沙瓦（SOMSAVAT LENGSAVAD），公安部长通班·显阿蓬（THONGBAN SENG A PHOEN），劳动社会福利部长奥占·塔马冯（ONECHANH THAMMAVONG），财政部长占西·普西坎（CHANSY PHOSIKHAM），新闻文化部长蒙高·奥拉本（MOUNKEO OLABOUN），司法部长扎伦·叶宝和（CHALEUAN YAPAOHER），计划与投资部部长辛拉冯·库派吞（SINLAVONG KHUTPHAITUN），卫生部长本梅·达拉洛（PONEMEK DARALOY），教育部长宋果·芒诺梅（SOMKOT MANGNORMEK），工业贸易部长南·维亚吉（NAM VIGNAKET），能源矿产部长苏里冯·达拉冯（SOULIVONG DARAVONG），公共工程与运输部长宋马·奔舍那（SOMMATH PHOLSENA），农业与林业部长西达恒·拉沙蓬（SITAHENG LATSAPHONE），国家银行行长普佩·坎普冯（PHOUPHET KHAMPHOUNVONG）。

主席府部长、办公厅主任苏班·沙立提腊（SOUBANH SARITHIRATH），总理府秘书长征·宋本坎（CHEUANG SOMBOUNKHANH），国家公务员管理署署长本萍·门婆赛（BOUNPHENG MOUNPHOSAY），水资源与环境管理署署长肯萍·奔舍那（KHEMPHENG PHOLSENA），国家邮电署署长坎洛·西拉贡（KHAMLOUAD SITLAKONE），国家土地署署长坎温·布法（KHAM-OUANE BOUPHA），国家科技署署长本滇·披沙迈（BOUNTIEM PHISAMAY），国家中小企业促进委员会主任赛胜利·丁布列智（SATSENGLY TENGBLIACHUE），国家旅游局局长宋蓬·蒙昆维莱（SOMPHONG MONGKHONVILAY）。

【行政区划】全国划分为16个省和1个直辖市。

【司法机构】老挝最高人民法院为最高司法权力机关。最高人民法院院长坎米·赛亚冯（KHAMMY XAYAVONG），2006年6月连任；最高人民检察院院长宋潘·平坎米（SOMPHANH PHENGKHAMMY），2006年6月就任；老党中央党政监察委员会主任阿桑·劳里，2006年5月就任。

【政党】老挝人民革命党（THE LAO PEOPLE'S REVOLUTIONARY PARTY）：老挝唯一政党和执政党。1955年3月22日建立，原称老挝人民党，1972年召开“二大”时改为现名。现有党员约14.8万人。其宗旨是：领导全国人民进行革新事业，建设和发展人民民主制度，建设和平、独立、民主、统一和繁荣的老挝，为逐步走上社会主义创造条件。本届中央委员会于2006年3月产生，由55名中央委员组成。朱马里·赛雅颂为党中央总书记。中央政治局委员共11人：朱马里·赛雅颂、沙曼·维亚吉（SAMAN VINAKET）、通邢·塔马冯、本扬·沃拉吉（BOUNNHANG VORACHIT）、西沙瓦·乔本潘（SISAVAT KEOBOUNPHAN）、阿桑·劳里、波松·布帕万、通伦·西苏里、隆再·皮吉、宋沙瓦·凌沙瓦、巴妮·亚陶都（PANY YATHOTU，女）。

【统战组织】老挝建国阵线（Lao Front of National Constraction）：成立于1956年1月，原名老挝爱国战线，是老挝人民革命党领导下的一个民族统一战线组织。主席西沙瓦·乔本潘。

【重要人物】**朱马里·赛雅颂**：老挝人民革命党中央总书记、国家主席。1936年6月3日生于阿速坡省。1954年参加革命。1975～1982年，历任总参作战局局长、副总参谋长；1982～1991年，历任国防部副部长、第一副部长。1991年8月15日第二届最高人民议会被任命为国防部长。1998年2月任副总理兼国防部长。2001年3月四届国会七次会议当选老挝国家副主席，2002年4月五届国会一次会议连任。2006年3月老党“八大”当选党中央总书记，6月六届国会一次会议当选老挝国家主席。 **通邢·塔玛冯**：老挝国会主席。1944年4月12日生于虎潘省。早年从事教育工作。1976～1979年，任教育部组织局副局长、代局长。1980～1981年，学习政治行政理论。1982～1983年，任老党中央候补委员，新闻委员会主席。1983～1988年，任文化部部长；1989～1991年，任第二届最高人民议会副主席，党总书记。1991～2006年，老党“五大”当选中央政治局委员，历任老党中央组织部部长、万象市委书记、市长。2006年6月六届国会一次会议当选国会主席。 **波松·布帕万**：总理。1954年6月3日生于沙拉湾省。1975～1980年，在占巴塞省办公厅和青年团工作。1981～1986年，在万象市委办公厅工作。1986～1990年，在苏联莫斯科高级党校学习。1990～1994年，在老党中央和部长会议办公厅工作。

1994～1996年，任总理府副部长、总理府办公厅副主任。1996～2003年，老党“六大”当选中央委员，“七大”当选中央政治局委员，任老党中央办公厅主任。2003～2006年，任政府常务副总理。2006年6月六届国会一次会议当选政府总理。

经　济

以农业为主，工业基础薄弱。1988年起推行革新开放，调整经济结构，即农林业、工业和服务业相结合，优先发展农林业；取消高度集中的经济管理体制，转入经营核算制，实行多种所有制形式并存的经济政策，逐步完善市场经济机制，努力把自然和半自然经济转为商品经济；对外实行开放，颁布外资法，改善投资环境；扩大对外经济关系，争取引进更多的资金、先进技术和管理方式。1991～1996年，国民经济年均增长7%。1997年后，老挝经济受亚洲金融危机严重冲击，老挝政府采取加强宏观调控、整顿金融秩序、扩大农业生产等措施，基本保持了社会安定和经济稳定。2005～2009年，老挝经济年均增长7.9%。

国民生产总值（2009年）：约56亿美元，同比增长7.6%。

人均国民生产总值（2009年）：906美元。

货币名称：基普（KIP）。

汇率（2008年）：1美元约合9000基普。

【资源】有锡、铅、钾、铜、铁、金、石膏、煤、盐等矿藏。迄今得到少量开采的有锡、石膏、钾、盐、煤等。水力资源丰富。森林面积约900万公顷，全国森林覆盖率约42%，产柚木、紫檀等名贵木材。

【工业】2006年工业生产总值约为5250亿基普。主要工业企业有发电、锯木、采矿、炼铁、水泥、服装、食品、啤酒、制药等及小型修理厂和编织、竹木加工等作坊。从业人口约10万人，约占总劳动力的4.2%。近几年主要工业品产量如下：

	2005	2006	2007
电力（亿度）	34.91	36.06	34.74
胶合板（万张）	132	76.5	95.2
盐（万吨）	1.9	2.0	2.49
卷烟（百万盒）	104	116	124
啤酒（万升）	9270	10588	12088
布匹（万米）	145	163	178
水泥（万吨）	40	50.8	52.7

（资料来源：当年老挝统计年鉴）

【农业】农业人口约占全国人口的90%。2005年农业生产总值约为6823亿基普。农作物主要有水稻、玉米、薯类、咖啡、烟叶、花生、棉花等。全国耕地面积约74.7万公顷。近几年主要农产品产量如下（单位：万吨）：

	2005	2006	2007
稻谷	256	266	271
玉米	37.2	44.9	69
薯类	18.1	28.4	35.9
蔬菜	74.4	66.2	73.4
花生	2.69	2.76	3.5
烟叶	2.81	2.46	4.15
棉花	0.20	0.23	0.27
咖啡	2.5	2.52	3.32

【服务业】老挝服务业基础薄弱，起步较晚。执行革新开放政策以来，老挝服务业取得很大发展。近年服务业产值及占国民生产总值比例如下（单位：亿基普）：

	2005	2006	2007
产值	3869	4154	53450
占GDP比例	25.2%	25.4%	31%

（资料来源：同上）

【旅游业】老挝琅勃拉邦市、巴色瓦普寺已被列入世界文化遗产名册，著名景点还有万象塔銮、玉佛寺，占巴塞孔埠瀑布、琅勃拉邦光西瀑布等。近年来，老挝与超过500家国外旅游公司签署合作协议，开放15个国际旅游口岸，同时采取加大旅游基础设施投入、减少签证费，放宽边境旅游手续等措施，旅游业持续发展。2008年外国游客来老约162万人次，旅游收入超过2.33亿美元。

【交通运输】无出海口，没有铁路，主要靠公路、水运和航空运输。湄公河可以分段通航载重20～200吨船只。2006年交通运输情况如下：

公路：总长35260公里，客运量3654万人次，货运量270.9万吨。

水运：内河航道总长4600公里，客运量181万人次，货运量59.8万吨。

空运：有八条国际航线：万象—昆明、万象—曼谷、万象—清迈、万象—河内、万象—胡志明市、万象—金边、万象—暹粒、琅勃拉邦—景洪。客运量为41.5万人次，货运量为600吨。万象瓦岱机场、琅勃拉邦机场和巴色机场为国际机场。

【对外贸易】老挝同50多个国家和地区有贸易关系，与19个国家签署了贸易协定，中国、日本、韩国、俄罗斯、澳大利亚、新西兰、欧盟、瑞士、加拿大等35个国家（地区）向老挝提供贸易优惠关税待遇。主要外贸对象为泰国、越南等东盟国家、中国、日本、欧盟、美国和加拿大。近几年贸易进出口数据如下（单位：亿美元）：

	2005	2006	2007
出口额	4.55	8.78	9.25
进口额	6.86	9.31	9.16

差　额	-2.31	-0.5	0.09

（资料来源：当年老挝统计年鉴）

【外国资本】1994年4月21日老挝国会颁布的新修订的外资法规定，政府不干涉外资企业的事务，允许外资企业汇出所获利润；外商可在老挝建独资企业、合资企业，国家将在头五年不向外资企业征税等。2004年，老挝继续补充和完善外商投资法，放宽矿产业投资政策。2009年，老挝批准外资项目208个，协议金额43亿美元，主要投资国家包括中国、泰国、越南、韩国、美国和澳大利亚等。

【外国援助】1991～1996年共获外援约13.4亿美元，年均2.23亿美元。2009年获外援约5.6亿美元。主要援助国及组织有：日本、瑞典、澳大利亚、法国、中国、美国、德国、挪威、泰国及亚洲开发银行、联合国开发计划署、国际货币基金组织、世界银行等。外援主要用于公路、桥梁、码头、水电站、通讯、水利设施等基础建设项目。

人民生活

实行低工资制，职工退休后可领取基本工资的80%。医疗卫生事业逐年发展，国家职工和普通居民均享受免费医疗。老挝人平均寿命约为60岁。截至2006年底，全国有医院151所、卫生站726个；拥有病床总数6736张，医生1.1万人。

军　事

老挝人民军前身为老挝爱国战线领导的“寮国战斗部队”，始建于1949年1月20日，1965年10月改名为老挝人民解放军，1982年7月改称现名。最高领导机构是中央国防和治安委员会，朱马里·赛雅颂任主席，隆再·皮吉任国防部长。实行义务兵役制，服役期最少为18个月。

武装部队总兵力约6万人，其中陆军约5万人，主力部队编为5个步兵师；空军2000多人；内河巡逻部队1000多人；部队机关院校5000人。

文化教育

【教育】学制分为小学五年，初、高中各三年。老挝现有三所大学。位于首都万象的老挝国立大学前身为东都师范学院，1995年6月与其他10所高等院校合并设立国立大学，有8个学院。近两年，老挝南部占巴塞省、北部琅勃拉邦省的国立大学分校相继独立，被正式命名为占巴塞大学和苏发努冯大学。

2008年，老挝全国小学入学率约为89%，人数900817人；初中生人数为255083人；高中生入学率为37.2%，人数154785人。此外，老挝目前有10所师范院校，师范生17481人。

【新闻出版】全国各种报刊约有20种。《人民报》为老挝人民革命党中央机关报，创刊于1950年8月13日，用老挝文出版。其他还有《新万象报》、《人民军报》和《青年报》等。外语报有英文报《VIENTIANE TIMES》和法文报《LE RENOVATEUR》。

巴特寮通讯社：1968年1月成立，国营。出版老挝文《巴特寮》日报（1999年12月2日创刊）及英、法文《每日消息》。

老挝国家广播电台：设在万象，用老挝语广播，对外用越、柬、法、英、泰语广播。此外，还有老挝人民军广播电台和14个省级广播电台。

老挝国家电视台：建于1983年12月。每天播放老挝语节目5小时左右。

对外关系

奉行和平、独立和与各国友好的外交政策，主张在和平共处五项原则基础上同世界各国发展友好关系，重视发展同周边邻国关系，改善和发展同西方国家关系，为国内建设营造良好外部环境。2006年老党“八大”强调继续坚持多方位与多种形式的对外交往，加强同社会主义国家战略合作。保持同越南的特殊关系，加强与中国全面合作，加强与东盟国家睦邻友好，积极争取国际经济和技术援助。

老挝于1997年7月正式加入东盟。截至2009年底，老挝同130个国家建交。

【同中国的关系】1961年4月25日中老建交。

2009年，中老两国建立全面战略合作伙伴关系，双方保持高层互访，各领域交流与合作不断扩大。全国人大副委员长周铁农（1月）、中共中央政治局委员、书记处书记、中组部部长李源潮（6月）和中央书记处书记、中纪委副书记何勇（9月）访问老挝。老挝党总书记、国家主席朱马里（9月）、国会主席通邢·塔玛冯（10月）正式访华；总理波松·布帕万出席第六届中国—东盟博览会。

根据中国海关统计，2009年中老双边贸易额7.44亿美元，同比增长79%，其中中国出口3.77亿美元，进口3.67亿美元。

老挝政府坚定奉行一个中国政策，支持中国和平统一大业。

中国驻老挝大使：布建国（女，2009年3月递交国书）。馆址：老挝万象市西沙达纳县瓦纳村。电话：00856-21-315100，传真：315104。商务处电话：253026，传真：253024。领事部电话：315105，传真：315104。

老挝驻华大使：宋迪·本库（Somdy Bounkhoum，2010年6月递交国书副本）。馆址：北京市朝阳区三里屯东四街11号。电话：010-65321224，传真：65326748。签证处电话、传真同上。商务处：65323601，传真：65326748。

【其他主要对外交结】1997年7月老挝正式加入东盟后，积极参与东盟事务，发展与东盟的友好合作关系，2004年成功主办东盟峰会及东盟与对话国系列领导人会议，在东盟内发挥积极作用。2009年3

月，老总理波松出席在泰国华欣举行的第14次东盟领导人会议。老挝是大湄公河次区域经济合作（GMS）成员，2008年成功举办GMS第三次领导人会议。

1962年老挝与越南建立外交关系。两国保持“特殊关系”。2009年，两国高层互访密切，越总理阮晋勇、国会副主席丛氏放等访老，老国家主席朱马里、国会主席通邢等访越。老与泰国关系不断改善和发展，2009年，泰诗琳通公主、上议院议长巴索素等访老，老国家主席朱马里等访泰。老与缅甸、柬埔寨及其他东盟国家保持睦邻友好和高层交往。

1950年老挝与美国建交。1975年后两国仅维持代办级外交关系，1991年11月升格为大使级外交关系。1992年8月，双方恢复互派大使。2005年，美向老方提供正常贸易关系待遇。近年来双方关系进一步发展，美向老禁毒、未爆炸物排除、民生等领域提供援助。

1952年12月老挝与日本建交。自1991年以来，日本成为老挝最大的援助国，年均援助数额超过1亿美元。2009年以来，老挝国家主席朱马里、总理波松分别访日，日外相中曾根弘文访老。双方投资领域合作发展迅速。

1960年10月老挝同苏联建交。1975年老挝成立人民民主共和国后，苏联一度为老挝最大的援助国。1991年，苏联解体后，原苏联的援助全部终止。1991年12月，老挝政府正式宣布承认俄罗斯联邦，愿在和平共处五项原则的基础上发展同俄罗斯的友好关系。1992年3月，两国互派大使。1994年，两国签署友好关系原则协定。近年来，双方保持各领域友好交流合作。

老挝与法国、德国、卢森堡、瑞典、比利时等欧盟国家保持传统友好关系。其中，德国、瑞典、法国均为老主要援助国，援助集中在基础设施建设、文化、人力资源开发、农业、卫生等领域。

老挝与联合国、世行（WB）、亚行（ADB）、世界粮农组织（FAO）等国际机构保持良好合作。

（项方强）

黎 巴 嫩

国名 黎巴嫩共和国（The Republic of Lebanon）。

面积 10452平方公里。

人口 410万（2008年）。绝大多数为阿拉伯人。阿拉伯语为官方语言，通用法语、英语。居民54%信奉伊斯兰教，主要是什叶派、逊尼派和德鲁兹派；46%信奉基督教，主要有马龙派、希腊东正教、罗马天主教和亚美尼亚东正教等。

首都 贝鲁特（Beirut），人口约200万（2008年），7月平均最高气温32℃，1月平均最低气温11℃。

国家元首 总统米歇尔·苏莱曼（Michel Suleiman），2008年5月当选。

重要节日 烈士节（5月6日）、建军节（8月1日）、独立节（11月22日）。黎教派众多，各教派重要节日均为国家法定节日。

简 况

位于亚洲西南部地中海东岸。东、北部邻叙利亚，南界巴勒斯坦、以色列，西濒地中海。海岸线长220公里。沿海夏季炎热潮湿，冬季温暖。

公元前2000年为腓尼基的一部分。以后相继受埃及、亚述、巴比伦、波斯和罗马统治。7～16世纪初并入阿拉伯帝国。1517年被奥斯曼帝国占领。第一次世界大战后沦为法国委任统治地。

1940年6月，法向纳粹德国投降后，黎被德、意轴心国控制。1941年6月英军在自由法国部队协助下占领黎巴嫩。同年11月自由法国部队宣布结束对黎的委任统治。1943年11月22日黎宣布独立，成立黎巴嫩共和国。1946年12月英、法军全部撤离黎巴嫩。1975年4月，黎巴嫩基督教和伊斯兰教两派因国家权力分配产生的矛盾激化，内战爆发。1989年10月，伊、基两派议员达成《塔伊夫协议》，重新分配政治权力。1990年，黎内战结束。

政 治

黎是议会民主共和国。议会实行一院制，现有128个议席，基督教和伊斯兰教议员各占一半。黎党派林立，但力量分散，目前无一党占绝对优势。2007年11月，拉胡德总统任满离职，议会多数派和反对派在总统选举问题上严重对立，选举被19次推迟，总统职位一直空缺。黎陷入自1990年内战结束以来最严重的政治危机。2008年5月，议会多数派与反对派发生武装冲突。在阿盟和卡塔尔等八国外长组成的阿国调解委员会共同斡旋下，黎各派达成“多哈协议”，选举黎前武装部队总司令米歇尔·苏莱曼为总统，政治危机结束。2009年6月，黎举行新一届国民议会选举，“未来阵线”领衔的多数派胜选，苏莱曼总统授权多数派领袖萨阿德·哈里里组阁。经过近5个月的反复磋商，各派终于达成一致，11月9日以哈里里为总理的新政府成立。

【宪法】1926年5月23日颁布，后经8次修改。1990年9月修改时增加了前言。宪法规定黎巴嫩是一个独立、统一和主权完整的国家，是议会民主共和国，具有阿拉伯属性，实行自由贸易政策。任何有悖各教派共处原则的权力均属非法。总统由议会选举产生，任期6年，不得连选连任。1995年10月19日，议会修改宪法第49条，规定“现任总统在（目前）特殊情况下延任3年，延任只准一次”。修改宪法必须由总统提议后、经政府向议会提出，或10名以上议员提出动议，并获议会2/3多数通过。

【议会】为一院制。主要职能是制定法律、修改宪法、选举总统、批准总理和阁员人选及审议国家财政预算和对外条约及协定。议席按教派间协商后的比例分配，议员由普选产生，任期4年。议会原设99个议席，基督教派和伊斯兰教派按6:5分配席位。“塔伊夫协议”签订后，黎议会成员增加至108名，其中基督教和伊斯兰教各占一半。1992年7月，黎议会通过选举法修正案，议席增至128个，由基督教和伊斯兰教平分。其中基督教马龙派占34席，希腊东正教、希腊天主教、亚美尼亚东正教各占14、8、5席，亚美尼亚天主教、新教和其他基督教派均占1席；逊尼派和什叶派均占穆斯林席位中的27席，德鲁兹派8席，阿拉维派2席。本届议会于2009年6月选举产生，以未来阵线为首的黎议会多数派获胜，赢得全部128个议席中的71席，以真主党为首的议会少数派获得57席。现任议长纳比·贝里（Nabih Barri）于1992年11月当选，1996年10月、2000年10月、2005年6月和2009年6月四次连任。

【政府】黎巴嫩现任内阁于2009年11月组成，共30人，主要成员为：总理萨阿德·哈里里（Saad El-Hariri），副总理兼国防部长埃利亚斯·米歇尔·穆尔（Elias Michel Murr），外交与侨民事务部长阿里·侯赛因·沙米（Ali Hussein Chami），内政与城镇部长兹耶德·巴鲁德（Ziad Baroud），财政部长拉娅·哈法拉（Raya El-Haffar），电信部长沙尔比勒·努哈斯（Charbel Nahas），司法部长易卜拉欣·纳杰尔（Ibrahim Najjar）等。

【行政区划】全国分8个省：贝鲁特省、山区省、北方省、南方省、贝卡省、纳巴蒂亚省、阿卡省、巴尔贝克—赫尔梅勒省。

【司法机构】法院分为初审法院、上诉法院、最高法院、行政法院和治安法院。此外还有处理婚丧、遗产继承等问题的宗教法庭。

【政党】黎党派林立，力量分散。主要政党有：

（1）“未来阵线”（Future Movement）：由黎前总理拉菲克·哈里里创建。2005年2月哈遇刺后，其子萨阿德·哈里里接任“未来阵线”领袖。同年6月，萨领导的竞选联盟在议会选举中赢得近60%议席，“未来阵线”跃升为黎政坛和议会第一大党派。2009年6月黎议会选举，以未来阵线为首的黎议会多数派获胜，赢得全部128个议席中的71席。

（2）黎巴嫩长枪党（The Lebanese Kataeb Party）：1936年11月成立，基督教马龙派政党。2001年10月，卡利姆·巴格尔杜尼（Karim Pakradouni）当选该党主席。前总统阿明·杰马耶勒（Amine Gemayel）为长枪党最高领导人。

（3）自由国民党（The National Liberal Party）：1958年9月成立，其成员大部分是基督教徒。主席杜里·夏蒙（Dory Chamoun）。

（4）“阿迈勒”运动（“Amal” Movement）：1974年成立，前身为“被剥夺者运动”，为伊斯兰教什叶派主要组织。主席纳比·贝里（现议长）。

（5）社会进步党（The Progressive Socialist Party）：1949年5月成立，为穆斯林德鲁兹派政党，有党员约6000人。1980年该党加入社会党国际。主席瓦立德·琼布拉特（Walid Joumblatt）。

（6）黎巴嫩共产党（The Lebanese Communist Party）：1924年成立，1948年被宣布为非法，1970年取得合法地位。有党员3000人。总书记哈利德·哈达德（Khaled Hadadeh）。

（7）黎巴嫩共产主义行动组织（Organization of Communist Action Lebanon）：1970年由黎巴嫩社会主义者运动和社会主义黎巴嫩合并而成。主要领导人穆赫辛·易卜拉欣（Mohsen Ibrahim）。

（8）叙利亚民族社会党（The National Syrian Social Party）：1932年成立。1987年9月该党分裂为两派。

（9）真主党（The Party of God 或 Hezbullah）：1982年以色列入侵黎巴嫩期间成立，黎穆斯林什叶派政党，与伊朗关系密切。该党拥有民兵约5000人，集中在黎南部地区。1992年2月18日，谢赫·阿巴斯·穆萨维总书记被炸身亡，哈桑·纳斯鲁拉（Hassan Nasrallah）当选总书记。2005年，真主党成员首次进入政府，担任能源与水利部长和劳工部长。2008年7月，黎总理西尼乌拉组建新一任内阁，劳工部长由真主党成员出任。2009年11月，黎总理哈里里组成新内阁，农业部长和行政发展国务部长两职由真主党成员担任。

【重要人物】**米歇尔·苏莱曼**：总统。1948年11月21日生于朱拜勒县的阿姆希特镇，基督教马龙派。1967年入军校，1970年毕业，授少尉军衔，后历任连长、营长、司令部参谋和军校教官等职。曾在法国、比利时和美国受训。获政治和管理学学位。1990年至1991年任山区省军区情报处长。1991～1993年任军队司令部参谋部主任。1993～1996年任步兵第11旅旅长。1996年晋升准将。1996～1998年任步兵第6旅旅长。1998年12月被任命为黎军队司令，晋升中将。2008年5月26日，当选黎第12任总统。精通英文和法文。已婚，有3个子女。 **萨阿德·哈里里**：总理。1970年4月生于沙特阿拉伯利雅得，前总理哈里里次子，伊斯兰教逊尼派。黎议会多数派“未来阵线”领导人。1992年毕业于美国华盛顿乔治敦大学，获国际商务学士学位。1994年至今，任其父创办的中东地区最大的建筑公司之一沙特奥吉（Oger）公司总经理，同时任Omnia控股公司主席，奥吉国际、Travaux企业、Internationaux、沙特投资银行、沙特研究与销售集团及黎“未来电视台”董事会成员。2005年2月其父遇刺后，哈里里家族推举萨接掌其父创立的“未来阵线”领导权。2005年5月萨领导“未来阵线”赢得议会大选胜利，共取得34个议席，成为议会第一大党团领袖。2009年6月，哈领导议会多数派再次赢得大选。选后“未来阵线”同部分独立议员组成拥有41席的“黎巴嫩至上”议员团，哈任该党团领袖。11月9日，苏莱曼总统颁布总统令，任命哈为新一届政府总理。已婚，有2个孩子。 **纳比·贝里**：议长。1938年生于塞拉利昂，伊斯兰教什叶派，“阿迈勒”运动主席。毕业于黎巴嫩大学法律系，后在法国进修。1963年任黎全国大学生联合会主席，并担任过世界爱国学生联合会执委会委员。后担任黎伊斯兰什叶派最高委员会委员，1980年当选为“阿迈勒”运动主席。1984年4月30日，担任水、电、司法、南方、重建事务国务部长。1989年11月，担任水、电资源、住房、合作部长。1990年12月至1992年5月，担任国务部长。1992年10月21日当选为议长，1996年10月、2000年10月、2005年6月、2009年6月四次连任。有9个孩子。

经　济

黎实行自由、开放的市场经济，私营经济占主导地位。黎内战前曾享有中近东金融、贸易、交通和旅游中心的盛名，但16年内战加之以色列入侵，造成直接和间接经济损失约1650亿美元。1991年中东和平进程启动后，黎预期经济利好，大兴土木，后由于地区形势持续动荡，其经济复苏计划受挫，背上了沉重的债务包袱。上世纪90年代后期，黎经济形势渐入困境，财政赤字居高不下，债务攀升。2006年长达月余的黎以冲突造成黎大量基础设施被毁，直接经济损失达32亿美元，间接损失超过70亿美元，使黎经济发展陷入停顿，债务负担加重，战后重建任务艰巨。冲突结束后，黎已获得逾100亿美元援助承诺。

2008年底国际金融危机爆发以来，由于黎国内金融体系与国际经济联系较弱，且黎中央银行灵活运用外汇和黄金储备应对得当，黎平稳度过危机，经济逆势增长，2009年首次实现120亿美元的财政盈余。2009年主要经济数据如下：

国内生产总值（GDP）：325亿美元。

人均GDP：8125美元。

国内生产总值增长率：7%。

通货膨胀率：3.4%。

货币名称：黎巴嫩镑。

汇率：1美元=1507.5黎镑。

外债：511亿美元。

【资源】矿产资源少，且开采不多。矿藏主要有铁、铅、铜、褐煤和沥青等。

【工业】黎工业基础相对薄弱，以加工业为主。主要行业有非金属制造、金属制造、家具、服装、木材加工、纺织等。从业人数约20万，占黎劳动力的7%。2008年工业出口额达33亿美元，同比增长23%，是仅次于商业和非金融服务业的第三大产业。

【农业】农业欠发达。2008年农业出口额达1.66亿美元，占出口总额的4.8%。全国可耕地面积248000公顷，其中灌溉面积104009公顷。牧场36万公顷，林地面积79万公顷。农产品以水果和蔬菜为主。水果产值占农业产值的51%。果园面积约6万公顷，主产柑橘、苹果、葡萄和香蕉，年出口水果约26万吨。黎粮食生产落后，主要靠进口。国内粮食耕种面积共8万公顷，其中大麦、小麦种植面积2.5万公顷。其他农产品有玉米、马铃薯等。经济作物有烟草、甜菜、橄榄等。近年来黎葡萄种植业发展很快，年产葡萄酒600万~700万瓶，出口额约1200万美元。贝卡谷地为黎主要农业区，可耕地面积占黎全国的52%。据统计，黎工业原料种植农户的62%、蔬菜种植的57%、谷物种植的57%以及果树栽培的37%均集中在贝卡谷地。

【旅游业】黎原为中东旅游胜地。内战前，每年入境旅客达200万人次，旅游收入占国民收入的20%以上，游客主要来自海湾地区产油国和欧美国家。内战期间，旅游业一蹶不振，战后黎政府曾将振兴旅游业作为重建计划重要组成部分，通过了发展旅游业的投资计划。但近年黎以冲突及安全形势不稳再次影响了黎旅游业的振兴。黎现有各类星级饭店398家，床位约1.1万张。2009年黎入境游客量达185.11万人次，同比增长38.9%。主要旅游点有腓尼基时代兴建的毕卜鲁斯城、古罗马时代兴建的巴尔贝克城和十字军时代兴建的赛达城堡。此外，北部的雪山有很多滑雪场，吸引了大量游客。

【交通运输】黎交通以海、空为主，公路次之。

水运：主要港口有贝鲁特港、的黎波里港、赛达港。贝鲁特港为主要贸易港，现有集装箱及集散货码头14个。2008年货物吞吐量为570万吨，承担着黎八成以上的进出口货物运输量。

空运：贝鲁特国际机场是著名航空港，内战前有70家航空公司飞机经停贝鲁特机场。内战期间，机场经常被迫关闭。1990年黎政府投资4亿美元改造贝鲁特机场，将其吞吐量由每年200万人次提高到600万人次。2005年5月更名为“拉菲克·哈里里国际机场”。2008 年，该机场航班起降架次达 45278 架次，同比增长 15.9%，运送旅客 403.96 万人次，同比增长 21.4%。

公路：贯穿全境，全长约 7300 公里，其中高等级公路高速或快速公路）约 530 公里，一级公路 1650 公里，二级公路 1340 公里，地方级公路 2810 公里。公路在内战期间破坏严重，黎政府制定了修复计划，但因资金无法到位修复工作进展缓慢。黎以冲突期间，黎全国公路系统再次遭到严重破坏。黎车辆总数约为 160 万辆，平均每 2.5 人拥有一辆汽车，人均汽车拥有量居世界前列。

铁路：全长 402 公里，全部为国有，除贝鲁特—谢卡（Chekka）段外，其余因战乱破坏而被废弃。

【财政金融】贝鲁特曾是中东金融中心，外汇和黄金可自由买卖。全国有 72 家银行，其中商业银行 65 家，各类分行和分支机构多达 730 个。黎的第一大银行是黎巴嫩中央银行，由政府控制，负责货币的发行。黎银行多为私人所有，其中较大的有奥狄银行、黎巴嫩—法国银行、毕卜鲁斯银行等。截至 2009 年，黎外汇储备达 257 亿美元。

【对外贸易】外贸在黎国民经济中占有重要地位，政府实行对外开放与保护民族经济相协调的外贸政策，制定配套措施，提供充分保障，开展经济外交，引进资金。出口商品主要有蔬菜、水果、金属制品、纺织品、化工产品、玻璃制品和水泥等。主要贸易对象是美国、中国、法国、意大利、德国等。

人民生活

2009 年平均预期寿命 73.66 岁，出生率千分之 17。截至 2009 年，黎共有医院 161 所，床位约 13516 张，注册医生约 5000 人，医护人员共约 2 万人。

军　事

政府军由陆、海、空三军组成。总统为军队最高统帅。实行义务兵役制与志愿兵役制相结合的兵役体制。义务制服役期限为 18 个月，志愿制至少签 3 年合同。

政府军总兵力约 5.6 万人。主要由法国和美国负责提供武器和训练。陆军约 5.4 万人，编成 11 个步兵旅、1 个共和国卫队旅和 12 个特种兵团。空军约 800 人，编成 1 个战斗机中队、3 个直升机中队和 1 个教练救援机中队。海军约 1100 人。内部治安军约 1.7 万人。2006 年 10 月，1.5 万名黎政府军 40 年来首次部署到黎以边境，恢复对该地区的控制。现黎军总司令为让·卡瓦吉中将。

真主党在黎境内亦拥有民兵武装约 5000 人，拥有各型火箭弹 1 万余枚。

1978 年 3 月，以色列入侵黎巴嫩后，联合国向黎派驻多国维和部队，并执行任务至今，以监督以色列从黎巴嫩境内撤军，恢复国际和平与安全，并协助黎政府有效统治该地区。中国至今已向黎共派出 6 批维和人员，主要进行维护地区和平和扫雷行动，并有一所战地医院。

文化教育

【教育】黎全国有中小学 2704 所，在校学生 76 万余名，教师 6 万余名。各类高等院校共计 41 所，其中综合大学 4 所。黎巴嫩大学是唯一国立综合大学，1953 年创建。贝鲁特阿拉伯大学创办于 1960 年。贝鲁特美国大学由美国教会创建于 1866 年，用英语讲课。圣·约瑟大学 1881 年建立，用法语讲课，设有孔子学院。

【新闻出版】黎以中东新闻中心著称。全国各类报刊有 600 余家，其中 52 家政治性日报。主要日报有《白天报》，发行量约 4 万份；《使节报》发行量约 5 万份；《旗帜报》发行量约 6.2 万份，其中在黎发行 2.95 万份；《家园报》发行量约 1.4 万份；《安瓦尔报》发行量约 5.88 万份。主要刊物有《事件周刊》、《阿拉伯周刊》、《狩猎者》、《杂志周刊》、《黎巴嫩评论》、《星期一早晨》等。

通讯社：黎巴嫩国家通讯社是唯一官方通讯社，成立于 1962 年，属新闻部领导。每日发阿、英、法 3 种文字的新闻稿，只报道官方的黎国内消息。中央通讯社为私人通讯社，创立于 1982 年 9 月。每日用阿文报道黎国内政治、经济、商业等方面消息。“中东报道”是私人通讯社，1977 年创办。除周末外，每日发黎国内、外消息英文通讯稿。周末有综述和新闻分析内容的专刊。在开罗和华盛顿设有分社。

广播电台：黎全国现有 140 多家广播电台，其中大部分是私营娱乐性电台。其中，黎巴嫩广播电台为国家广播电台，属新闻部领导。其前身是“东方电台”，始建于 1938 年。1962 年开始增用阿、法、英、西和葡语对外广播。内战爆发后，由于经济困难，该台被迫停止对外广播。“祖国之声”电台为黎伊斯兰教逊尼派慈善基金会于 1984 年创办。每天广播 20 个小时，除英语新闻节目外，主要用阿语广播。“人民之声”电台为黎巴嫩共产党于 1987 年创办，每天广播 18 小时，每隔半小时有一次新闻节目。在开罗、巴黎、伦敦和莫斯科派有常驻记者。

电视台：黎巴嫩国家电视台，成立于 1978 年。属黎巴嫩电视公司所有，政府占一半资本，公司董事长和董事会成员均由政府任命。每天有两套节目，用阿、法和英语播放新闻节目，教育、卫生、文化娱乐等节目则以阿语为主。未来电视台，创办于 1992 年，由已故前总理哈里里创建，是黎目前第二大电视台。黎巴嫩广播公司电视台成立于 1985 年，该台系私营电视台，有两套节目，其中一套称为“C33”，以法语节目为主，除播放本国编制的新闻节目外，还转播法国“TV5”电视台的法语新闻节目。灯塔电视台，由黎真主党开办，创办于 1991 年，是该党的宣传喉舌，节目的政治性和宗教性很强。

对外关系

黎奉行中立不结盟政策，主张建立公正、合理、平等、均衡的国际政治、经济新秩序。对外强调其阿拉伯国家属性，调整与叙利亚关系，积极发展同埃及、沙特等阿拉伯大国的关系，重视同美国和法国等西方国家的关系。黎为2010～2011年联合国安理会非常任理事国。

【对当前重大国际和地区问题的看法】关于中东问题：支持有关巴勒斯坦问题的国际法原则和联合国决议，支持给予巴勒斯坦人自治权、难民回归权和建立以耶路撒冷为首都的独立国家的权利，支持2002年贝鲁特阿盟峰会以来以"阿拉伯和平倡议"为基础的政治和外交努力。希望国际社会向以色列施压，要求其遵守有关国际决议，最终实现地区全面、公正、持久的和平。

关于伊朗核问题：支持削减核武器和维护国际核不扩散体系的努力，认为各国都拥有和平利用核能的权利。

关于联合国改革问题：认为阿拉伯国家的正义事业，尤其是巴勒斯坦事业久拖未决暴露出联合国机制的不足。希望通过改革来增强联合国的力量。呼吁安理会重新审视其构成及工作机制，实行改革，以适应国际形势的变化，支持更透明、更有力、更具代表性的安理会。

关于气候变化问题：认为"共同但有区别的责任"原则凝聚了国际社会的广泛共识，发达国家在节能减排方面应做出表率，承担更多责任，向发展中国家提供资金援助并转让有关先进技术。呼吁各国加强协调合作，摒弃相互推诿，尽快找出可行的应对方案，采取切实措施，共同应对气候变化。

关于国际金融危机和国际金融体系改革问题：认为当前的金融危机是金融机构过度放贷和盲目制造追求高利润的次贷产品造成的，这与银行业的职责相悖。应通过采取谨慎的经济金融政策、建立强有力的监督体系、加强对金融市场操作的规范和监督，以及政府、央行和各商业银行间的合作来应对金融危机。

【同中国的关系】中、黎1971年11月9日建交，双边关系发展平稳。

2008年5月，中国四川汶川发生特大地震灾害后，黎巴嫩总理福阿德·西尼乌拉、议会议长纳比·贝里等领导人分别致信中国国家领导人表示慰问。外交与侨民事务部长法西·萨鲁赫前往中国驻黎大使馆吊唁。黎巴嫩政府向地震灾区提供7.5万美元援助。6月，中国政府参加在奥运利维也纳举行的黎巴嫩巴里德河难民营及周边地区重建国际援助大会，宣布向黎政府提供价值500万元人民币的物资援助。9月，国务院总理温家宝在纽约出席联合国千年发展目标高级别会议期间会见黎巴嫩总统米歇尔·苏莱曼。11月，中国阿拉伯友好协会会长铁木尔·达瓦买提率中阿友好代表团访问黎巴嫩，会见了黎议长纳比·贝里。

2009年，中黎两国在政治、经贸、文化等领域的友好合作继续平稳发展。双方保持友好的政治往来。11月，温家保总理和杨洁篪处长分别致电萨阿德·哈里里和阿里·沙米，祝贺其就任黎巴嫩总理和处长。7月，中国中东问题特使吴思科访问黎巴嫩。国务院新闻办公室副主任钱小芊、中共广东省委常委朱明国率领的中共友好代表团等团组也先后访黎。中黎两国在共同关心的国际和地区问题上保持着良好的沟通与合作。中方支持黎巴嫩维护国家主权和领土完整、促进民族和解、发展睦邻关系的努力；黎方坚持一个中国原则，在台湾、西藏、新疆等问题上支持中国政府立场。两国在其它领域合作顺利发展。双边贸易未受国际金融危机影响，取得新的增长。中国银联与黎巴嫩信用卡服务公司（CSC）达成协议，开通了银联卡在黎巴嫩等国的取款和支付业务。中国中港公司承建的黎巴嫩的黎波里港口扩建项目恢复施工。2010年5月，黎外交与侨民事务部长沙米来华出席"中阿合作论坛"第四届部长级会议。

中国政府自2006年4月起向联合国黎巴嫩临时维和部队派遣维和人员，截至2009年上半年共五批1552人次，其中维和人员1522人次，军事观察员和参谋军官30人次，主要参与联合国在黎维和及扫雷行动。2009年10月，中国第六批赴黎维和工兵营275人和第五批医疗分队60人抵黎履行任务。自2007年以来，中国赴黎巴嫩维和官兵多次受到联合国嘉奖。

中国驻黎巴嫩大使：刘志明。馆址：P.O. BOX：11－8227 RIAD EL SOLH BEIRUT 11072260 LEBANON。电话：00961－1－856133（办公室），823760（文化处），622493（商务处），850318、853079（武官处）。电传：21344 LE CHINCO。传真：00961－1－822492。

黎巴嫩驻华大使：苏莱曼·沙菲克·拉斯（Suleiman Chafic El-Rassi）。馆址：北京市朝阳区三里屯东六街10号。电话：010－65321560，65322197，65323281。

【同美国的关系】黎、美于1943年建交。黎巴嫩重视发展同美国的关系，力求美在政治、经济、军事上的支持和援助。美支持黎独立、主权和领土完整，支持《塔伊夫协议》；敦促叙利亚军队撤出黎境内；要求黎政府解除真主党武装。1997年美解除了长达12年之久的对美公民赴黎禁令。美在"9·11"事件后宣布黎真主党为恐怖组织，并向黎政府提出了冻结该组织武装行动、资金，双方进行情报合作等一系列要求。黎政府则坚持认为应将民族抵抗运动与恐怖主义区别对待。2005年2月黎前总理哈里里遇害后，美国加大对黎问题的干预力度。4月、10月、12月，美联合法、英推动安理会通过有关哈里里遇害国际独立调查的1595号、1636号、1644号决议。

2008年6月，美国务卿赖斯访黎，会见总统苏莱曼、议长贝里、总理西尼乌拉及黎各主要政治派别的代表。9月，苏莱曼总统在纽约参加第63届联大期间分别会见了美国总统布什、国务卿赖斯、国防部长盖茨。2009年12月，苏莱曼总统访美，会见了美国总统奥巴马、国务卿克林顿、总统国家安全事务助理琼斯和国防部长盖茨等美方高级官员。

【同法国的关系】 黎巴嫩在1943年独立前曾是法国委任统治地，两国有传统的关系。法为谋求在黎的经济和政治优势，大力投入黎重建市场。法支持黎哈里里政府主导的经济重建与改革计划，2002年法在第二次国际援黎会议上承诺向黎提供5亿美元援助。2005年2月，黎前总理哈里里遇害，希拉克总统夫妇亲自赴黎参加哈葬礼，法主张对事件进行国际调查，并支持黎举行议会大选，改组政府。4月、10月、12月，法与美、英共同推动安理会通过有关哈里里遇害国际独立调查的1595号、1636号、1644号决议。2006年黎以冲突期间，法推动安理会通过要求黎以停火的1701号决议。冲突后，法派兵2000人参加联黎部队。

2008年6月、8月，法国总统萨科齐、外长库什内先后访黎，会见总统苏莱曼、议长贝里、总理西尼乌拉及黎各主要政治派别的代表。10月，苏莱曼总统与法国总统萨科奇在加拿大魁北克进行了会晤。2009年1月，法国总统萨科奇访问黎巴嫩。2010年1月，黎巴嫩新任总理哈里里访问法国。

【同叙利亚的关系】 黎叙在法国委任统治时期曾是同一个政治实体。黎独立后，叙未予承认，黎叙仍保持"特殊关系"。1976年5月之后，叙军（最初约2.8万人）一直以"阿拉伯威慑部队"的名义驻扎在黎。1991年5月，黎叙签署"兄弟关系合作与协调条约"和"安全与防务条约"，确定两国将进行最高级和最全面的协调。1996年1月，黎叙签订经济一体化、取消双重税、推进和保证投资、建立联合边界哨所和社会领域合作五项协定。同时，双方决定在与以色列谈判中密切配合，决不单独与以媾和。2004年9月2日，美、法等国推动安理会通过1559号决议，要求叙驻黎部队全部撤离。2005年2月，黎前总理哈里里遇害，美等西方国家和黎反叙派指责叙应对此负责。在空前外部压力下，叙于4月宣布撤回其驻黎全部军队、安全人员和军事装备。

2006年5月，联合国安理会通过第1680号决议，鼓励叙黎两国划定边界、建立正式外交关系并相互派驻外交代表。2008年7月12日和8月13日，黎总统苏莱曼和叙总统巴沙尔在巴黎和大马士革两次会晤，双方宣布决定建立大使级外交关系。10月15日，叙黎外长签署建交公报，两国正式建交。2009年11月，黎巴嫩新任总理哈里里访问叙利亚。随后，黎基督教马龙派大主教索菲尔、国民议会议长贝里等黎政界、宗教界高层人士先后访叙。

【同其他阿拉伯国家的关系】 目前在黎境内共有约36.7万巴勒斯坦难民，其中26%住在大城市，45%住在得到联合国救济的12个难民营，约7万人生活在没有卫生、教育及社会服务等保障的13个居民点。2006年，黎以冲突期间，阿拉伯国家给予黎政治与财力上的支持。2008年5月，由阿盟和卡塔尔等八国外长组成阿国调解委员会，并促成黎各派达成"多哈协议"，黎因总统选举问题发生的危机结束。

【同以色列的关系】 黎巴嫩南部与以色列北部接壤。1982年6月，以色列大规模入侵黎巴嫩。1985年，以色列以保卫北部加利利地区为由在黎南部建立了约850平方公里的"安全区"，在"安全区"驻扎了千余人的部队，并扶植由3000名亲以黎基督徒组成的南黎军。2000年5月，以色列单方面从黎巴嫩南部撤军，但黎仍坚持1923年国际边界线，要求以结束对谢巴农场等地的占领，并撤至1967年6月4日的边界线；谴责以修建"隔离墙"。2005年，真主党武装与以军在黎南部边境地区频繁交火，并造成一定人员伤亡。2006年7月，真主党武装越境袭击以色列并俘获两名以军士兵，以军随即对黎展开大规模军事行动。8月，安理会通过1701号决议后双方停火。冲突造成黎逾1000平民死亡，4000余人受伤，逾100万人流离失所。以色列亦有157人死亡。2007年10月和2008年7月，黎真主党与以色列在联合国和国际红十字会的协助下两次进行"换俘"。（吕扬）

马尔代夫

国名 马尔代夫共和国（The Republic of Maldives）。

面积 总面积9万平方公里（含领海面积），陆地面积298平方公里。

人口 30.5万（2008年）。均为马尔代夫族。民族语言和官方语言为迪维希语（Dhivehi），教育和对外交往中广泛使用英语。伊斯兰教为国教，属逊尼派。

首都　马累（Malé），人口10.4万（2006年）。日平均最高温度31℃，最低温度26℃。

国家元首　总统穆罕默德·纳希德（Mohamed Nasheed），2008年11月11日宣誓就职，任期5年。

重要节日　独立日：7月26日（1965年）。

简　况

印度洋上的群岛国家。距离印度南部约600公里，距离斯里兰卡西南部约750公里。南北长820公里，东西宽130公里。由26组自然环礁、1192个珊瑚岛组成，分布在9万平方公里的海域内，其中200个岛屿有人居住。岛屿平均面积为1～2平方公里，地势低平，平均海拔1.2米。位于赤道附近，具有明显的热带气候特征，无四季之分。年降水量2143毫米，年平均气温28℃。

1116年建立苏丹国。近400年来，先后遭受葡萄牙和荷兰殖民主义者的侵略和统治，1887年沦为英国保护国。1932年改行君主立宪制。1952年成为英联邦内的共和国。1954年恢复君主立宪制。1965年7月26日宣布独立。1968年11月11日建立共和国。

政　治

实行总统制。近年来，马民众要求民主和政治改革的呼声增强。2004年6月，时任总统加尧姆提出宪政改革方案。2005年6月，马人民议会通过实行多党民主制度的议案，宪政改革启动，主要内容包括：确立三权分立制度、大幅削减总统权力、引入政党制等。2006年3月，马内阁批准加尧姆总统的民主改革路线图计划。2007年8月，全民公投决定继续实行总统制。2008年8月，新宪法正式生效。10月，马举行首次政党制下的总统选举，民主党候选人穆罕默德·纳希德在第二轮投票中击败连续执政30年的时任总统加尧姆，当选马宪政改革后首位总统。

【宪法】现行宪法于2008年8月生效。规定马为主权独立和领土完整的伊斯兰教总统内阁制国家。立法、行政、司法权分别归属人民议会、总统和法院。总统为国家元首、政府首脑和武装部队统帅。由全体选民直接选举产生，任期不得超过两届。内阁由副总统、部长和总检察长组成。除副总统以外的内阁成员由总统任命，经议会批准。

【议会】人民议会（People's Majlis）为马立法机构。实行比例代表制，所有议员通过选举产生，各行政区议员人数由当地人口数决定。任期5年。2009年5月9日，马举行首次政党制议会选举。在77个席位中，人民党获28席，民主党26席，独立候选人13席，人民联盟7席，迪维希国家党2席，共和党1席。5月28日，人民议会推选阿卜杜拉·沙希德（Abdulla Shahid）为议长。

【政府】本届内阁成立于2008年11月。内阁部长名单如下：财政部长阿里·哈希姆（Ali Hashim），外交部长艾哈迈德·沙希德（Ahmed Shaheed），卫生和家庭部长阿米纳塔·贾米尔（Aminath Jameel），国防和国家安全部长阿明·费萨尔（Ameen Faisal），教育部长穆斯塔法·卢特夫（Musthafa Luthfee），总检察长法蒂玛塔·迪亚纳·萨伊德（Fathimath Diyana Saeed），经济发展部长穆罕默德·拉希德（Mohamed Rasheed），旅游、艺术和文化部长艾哈迈德·阿里·沙瓦德（Ahmed Ali Sawad），人力资源、青年和体育部长哈桑·拉蒂夫（Hassan Latheef），住房、交通和环境部长穆罕默德·阿斯拉姆（Mohamed Aslam），渔业和农业部长易卜拉欣·迪迪（Ibrahim Didi），民航和通讯部长穆罕默德·贾米尔·艾哈迈德（Mohamed Jameel Ahmed），伊斯兰事务部长阿卜杜勒·马吉德·巴里（Abdul Majeed Bari）。

【司法机构】包括最高法院、高等法院和审判法庭。首席法官阿卜杜拉·萨伊德（Abdulla Saeed）。

【行政区划】全国分21个行政区，包括20个行政环礁和首都马累。

【政党和团体】2005年6月马启动宪政改革后，人民议会通过实行多党民主制度的议案。马内政部陆续接受多个政党的注册，包括民主党（Maldivian Democratic Party）、人民党（Dhivehi Rayyithunge Party）、正义党、伊斯兰民主党、社会民主党、国民大会党、共和党、国家联盟、人民联盟、迪维希国家党、减轻贫困党、社会自由党、国家党等。

【重要人物】 **穆罕默德·纳希德**：总统。1967年生。曾在英国学习，早期当过记者，1999年当选议员。2003年在斯里兰卡组建“流亡民主党”并任党主席。马实行宪政改革后，民主党获合法政党地位，纳于2005年回到马尔代夫。2008年10月当选总统，11月就职。　**艾哈迈德·沙希德**：外长。1946年生。职业外交官。1982年进入政府部门，曾任职于马常驻联合国代表团，后出任外交部常秘、政府首席发言人。2005年7月被任命为外长。2007年8月辞职，退出人民党。后组建国家党。2008年11月被再次任命为外长。

经　济

旅游业、船运业和渔业是三大支柱。强调发展国民经济，实行小规模开放型经济政策。坚持在保护环境的基础上，发挥自身资源优势，积极吸收国外资金与援助，加快经济发展。2004年12月，联合国大会批准马从最不发达国家名单毕业，并从决议生效之日起给予马3年过渡期，期间仍保留最不发达国家地位，以确保经济、社会的平衡运行。后经马要求，推迟至2011年毕业。2008年主要经济数据如下（资料来源：马尔代夫货币总局）：

国内生产总值（GDP）：9.00亿美元。

人均国内生产总值：4066美元。

国内生产总值增长率：5.7%。

货币名称：拉菲亚（Rf, Rufiyaa，又称卢菲亚）。

汇率：1 美元 =12.80 拉菲亚。

通货膨胀率：12.3%。

【资源】拥有丰富的海洋资源，有各种热带鱼类及海龟、玳瑁和珊瑚、贝壳之类的海产品。

【工业】仅有小型船舶修造，及海鱼和水果加工、编织、服装加工等手工业。2008 年工业产值为 18.71 亿拉菲亚，占 GDP 17%。

【农业】可耕地面积 6900 公顷，土地贫瘠，农业十分落后。椰子生产在农业中占重要地位，约有 100 万棵椰子树。其他农作物有小米、玉米、香蕉和木薯。随着旅游业的扩大，蔬菜和家禽养殖业开始发展。2008 年农业产值为 2.07 亿拉菲亚。

【渔业】国民经济重要组成部分。渔业资源丰富，盛产金枪鱼、鲣鱼、鲛鱼、龙虾、海参、石斑鱼、鲨鱼、海龟和玳瑁等。鱼类主要出口中国香港、日本、斯里兰卡、新加坡和中国台湾。2008 年渔业产值为 4.50 亿拉菲亚，占 GDP 4.2%。

【旅游业】近年来，旅游业已成为第一大经济支柱，旅游收入对 GDP 贡献率多年保持在 30% 左右。现有 87 个旅游岛，1.91 万张床位，入住率达 78.0%，人均在马停留时间 8 天。2008 年旅游收入 28.81 亿拉菲亚，占 GDP 27.2%。赴马游客 68.30 万人次，同比增长 10.9%。

【交通运输】主要交通工具为船舶。陆上交通仅限于首都马累，汽车、自行车为主要陆上交通工具。海运业主要经营香港到波斯湾和红海地区及国内诸岛间的运输业务，拥有 250 多艘商船。有 19 条国际航线和 12 条包机航线通往马累，斯里兰卡、印度、新加坡、阿联酋、南非及一些欧洲国家有定期航班飞往马累。2008 年运输通讯业产值约 20.09 亿拉菲亚，占 GDP 19.0%。

【财政金融】2009 年财政收入 59.57 亿拉菲亚，财政支出 108.81 亿拉菲亚，财政赤字 49.23 亿拉菲亚。

2009 年外汇储备 2.61 亿美元，同比增加 8.3%。外债 9.54 亿美元。

【对外贸易】主要出口商品为海产品和成衣，主要进口商品为食品、石油产品、纺织品和生活用品。2008 年主要贸易伙伴有新加坡、阿联酋、印度、马来西亚和泰国。近年外贸情况如下（单位：亿美元）：

	2007	2008	2009
出口额	2.28	3.30	1.63
进口额	9.65	12.21	9.67
差　额	−7.37	−8.91	−8.04

（资料来源：马尔代夫货币总局）

人民生活

大部分居民以鱼、椰子和木薯为主食，近年来粮食食品有所增加。医疗卫生较落后，仅有 6 家医院，最大的医院在马累。1998 年世界卫生组织宣布马为无疟疾国家。2006 年，有医生 418 人，护士 1221 人。婴儿年死亡率为 16‰，人均寿命为 72.2 岁。

军　事

2006 年 4 月前仅有一支千余人的综合武装力量，统称为“国家安全卫队”，由国民卫队、警察卫队和海上巡逻队组成。2006 年 4 月，“国家安全卫队”正式更名为“马尔代夫国防部队”，职责是捍卫国家主权和独立，保护根据宪法选举产生的政府不受威胁和侵犯，快速应对紧急事件及捍卫宪法和法律权威。近年来，马多次与美国等国海军举行联合军事演习，内容包括海上搜救、打击海盗等。

文化教育

【教育】实行免费教育。识字率为 98.94%（2006 年）。2008 年共有在校学生 93432 人，教师 7534 人。有 362 所学校，其中公立学校 215 所，社区学校 64 所，私立学校 83 所。马尔代夫高等教育学院是唯一高等院校。各环礁设有一个教育中心，主要向成年人提供非正规文化教育。

【新闻出版】有两种日报和少量周刊，系迪维希语，主要在首都马累发行。还有一份双周刊英文报纸。“马尔代夫之声”电台建于 1962 年，用英文和迪维希语对全国广播。电视台于 1978 年 3 月建成启用，同年修建了卫星通讯站，可通过卫星转播世界各地节目。

对外关系

奉行和平、独立和不结盟的外交政策，同所有尊重马独立和主权的国家友好，重视发展与印度、中国、日本、斯里兰卡以及阿拉伯国家的关系。大力争取国际组织和其他国家的援助。积极参与不结盟运动和南亚区域合作联盟活动。主张全面裁军，包括禁止核试验和彻底核裁军，提倡维护世界和平，特别是维护小国安全。极为关注全球气候变暖使海平面上升对马造成的威胁。签署《气候变化和生物多样性公约》、《京都环保议定书》、《保护海洋生物议定书》等。积极推动落实 1997 年南亚环保部长会议通过的“环境行动计划”。已同 156 个国家建交。

【同中国的关系】中国与马尔代夫是传统友好国家。1972 年 10 月 14 日中马建交后，两国友好合作关系不断发展。

2009 年 2 月，马国防与国家安全部长阿明·费萨尔访华。国务委员兼国防部长梁光烈上将同其会谈。3 月，商务部副部长钟山率中国政府经贸代表团访马。9 月，中共中央政治局委员、天津市委书记张高丽率中共代表团访马。10 月，马民主党代表团访华，文化部部长蔡武、国家广播电影电视总局局长王太华分别访马。12 月，温家宝总理在出席哥本哈根会议期间集体会见马总统纳希德等发展中国家领导人。中国政府特使、外交部部长助理胡正跃访马，会见马总统纳希德等，并同马外交国务部长纳西姆举行中马第四轮外交磋商。2010年1月，杨洁篪外长顺访马尔代夫，同马总统纳希德、外长沙希德分别举行会见、会谈。4月，全国政协副主席孙家正访问马尔代夫，同马总统纳希德和人民议会议长沙希德分别举行会见、会谈。5月，马总统纳希德对华进行国事访问并为上海世博会马国家馆揭幕，胡锦涛主席同其举行正式会谈。

据中国海关总署统计，2009年双边贸易额4080万美元，其中中方出口4070万美元，进口10万美元，同比分别增长25.4%、30.8%和下降91%。

中国驻马尔代夫大使：由驻斯里兰卡大使杨秀萍兼任（2009年1月到任）。馆址：381/A BAUDDHALOKA MAWATHA, COLOMBO 7, SRI LANKA。电话：94－11－2688610（办公室），2694494（政治处），2682495（经商处），2694493（文化处）。传真：94－11－2693799（办公室），2684579（经商处）。

马尔代夫驻华大使：阿哈迈德·拉帝夫（Ahmed Latheef）。办公处：北京市朝阳区建外秀水街1号建外外交公寓1－5－31。电话：010－85323847，85323454。传真：85323746。

【同其他国家关系】 近年对外交往活跃。2009年1月，纳希德总统访问斯里兰卡。2月，纳希德总统访问卡塔尔，沙希德外长访问卡塔尔和利比亚。3月，马总统特使扎基访问尼泊尔。4月，纳希德总统访问英国。总统特使扎基访问印度和斯里兰卡。6月，纳希德总统访问瑞典。10月，纳希德总统访问印度。12月，纳希德总统出席哥本哈根气候变化会议。2010年4月，纳希德总统出席在不丹举行的第16届南盟峰会。5月，纳希德总统出席在雅加达举行的第6届伊斯兰国家经济论坛。　（王艳瑾）

马来西亚

国名　马来西亚（Malaysia）。

面积　330257平方公里。

人口　2773万（马统计局2008年9月5日）。其中马来人68.7%，华人23.2%，印度人6.9%，其他种族1.2%。马来语为国语，通用英语，华语使用较广泛。伊斯兰教为国教，其他宗教有佛教、印度教和基督教等。

首都　吉隆坡（Kuala Lumpur），人口约137.93万（2000年，联合国开发计划署统计）。

国家元首　最高元首端姑·米赞·扎伊纳尔·阿比丁（TUANKU MIZAN ZAINAL ABIDIN Ibni Almarhum Muhamud Mudtan Billah Shah），2006年12月13日就任第13任最高元首，2007年4月26日登基。

重要节日　全国各地大小节日约有上百个，政府规定的全国性节日有10个，即：国庆（又称独立日，8月31日）、元旦、开斋节、春节、哈芝节、屠妖节、五一节、圣诞节、卫塞节、现任最高元首诞辰。除少数节日日期固定外，其余节日的具体日期由政府在前一年统一公布。

简　况

位于东南亚，国土被南中国海分隔成东、西两部分。西马位于马来半岛南部，北与泰国接壤，南与新加坡隔柔佛海峡相望，东临南中国海，西濒马六甲海峡。东马位于加里曼丹岛北部，与印尼、菲律宾、文莱相邻。全国海岸线总长4192公里。属热带雨林气候。内地山区年均气温22℃～28℃，沿海平原为25℃～30℃。

公元初马来半岛有羯荼、狼牙修等古国。15世纪初以马六甲为中心的满剌加王国统一了马来半岛的大部分。16世纪开始先后被葡萄牙、荷兰、英国占领。20世纪初完全沦为英国殖民地。沙捞越、沙巴历史上属文莱，1888年两地沦为英国保护地。二次大战中，马来亚、沙捞越、沙巴被日本占领。战后英国恢复殖民统治。1957年8月31日马来亚联合邦宣布独立。1963年9月16日，马来亚联合邦同新加坡、沙捞越、沙巴合并组成马来西亚（1965年8月9日新加坡退出）。

政　治

实行君主立宪联邦制。因历史原因，沙捞越州和沙巴州拥有较大自治权。

以巫统为首的执政党联盟国民阵线（简称“国阵”）长期执政，马来人主导政权，政局总体稳定。2003年10月31日，马哈蒂尔辞去党政职务，巴达维接任马来西亚第五位总理及国阵、巫统主席，政权平稳过渡。2004年3月21日，马来西亚举行第11届全国大选，国民阵线赢得下议院90%以上席位，继续执政，巴达维蝉联总理。巴执政以后，努力打造一个廉洁、高效、透明的政府，提升国家对外形象和竞争力。2008年3月8日，马来西亚举行第12届全国大选，国民阵线赢得222个国会议席中的140个，维持执政地位，自上世纪70年代以来国阵议席首次未达2/3。马反对党伊斯兰教党、民主行动党和人民公正党共夺得82个国会议席，获得5个州执政权，较上届有较大突破。巴达维于大选后继续蝉联总理。2009年3月，巴达维辞去党政职务。4月，纳吉布接任国阵、巫统主席，并担任马第六任总理。

【宪法】1957年颁布马来亚宪法，1963年马来西亚成立后继续沿用，改名为马来西亚联邦宪法，后多次修订。宪法规定：最高元首为国家首脑、伊斯兰教领袖兼武装部队统帅，由统治者会议选举产生，任期5年。最高元首拥有立法、司法和行政的最高权力，以及任命总理、拒绝解散国会等权力。1993年3月，马议会通过宪法修正案，取消了各州苏丹的法律豁免权等特权。1994年5月修改宪法，规定最高元首必须接受并根据政府建议执行公务。2005年1月，马议会再次通过修宪法案，决定将各州的水供事务管理权和文化遗产管理权移交中央政府。

【统治者会议】由柔佛、彭亨、雪兰莪、森美兰、霹雳、丁加奴、吉兰丹、吉打、玻璃市9个州的世袭苏丹和马六甲、槟榔屿、沙捞越、沙巴4个州的州元首组成。其职能是在9个世袭苏丹中轮流选举产生最高元首和副最高元首；审议并颁布国家法律、法规；对全国性的伊斯兰教问题有最终裁决权；审议涉及马来族和沙巴、沙捞越土著民族的特权地位等重大问题。未经该会议同意，不得通过有关统治者特权地位的任何法律。内阁总理和各州州务大臣、首席部长协助会议召开。

【议会】也称国会，最高立法机构。由上议院和下议院组成。2003年5月，国会通过重新划分国会和州议会选区的动议，国会下议院议席从194增至219个，除沙捞越以外的12个州议席从422增至505个。议员任期5年。2008年3月，马举行第12届全国大选，共设下议院议席222个。国阵在选举中赢得140席，反对党伊斯兰教党、民主行动党和人民公正党共夺得82席。下议长丹·斯里·达图·班迪卡·阿敏（Tan Sri Datuk PANDIKAR AMIN bin Haji Mulia），2008年4月28日就任。上议院共70席，由全国13个州议会各选举产生2名，其余44名由最高元首根据内阁推荐委任，任期3年，可连任两届。议长和副议长均在上议员中选举产生。现任上议院议长丹·斯里·阿布·扎哈（Tan Sri ABU ZAHAR bin Pawanteh），2010年4月26日就任。

【政府】2009年4月9日，纳吉布接任总理后进行内阁改组，共设25个部门，内阁成员有：总理兼财政部长纳吉布（Dato' Seri Haji Mohd. NAJIB Razak），副总理兼教育部长穆希丁（Tan Sri Dato' Haji MUHYIDDIN），总理府部长许子根（Tan Sri Dr KOH TSU KOON），纳兹里（Dato' Seri Mohamed NAZIR Abdul Aziz），诺尔·穆罕默德（Tan Sri NOR MOHAMED），贾米尔·基尔（Dato' JAMIL KHIR），伊德里斯·加拉（Datuk Seri IDRIS JALA），第二财政部长艾哈迈德·胡斯尼（Dato' Seri Haji AHMAD HUSNI），交通部长江作汉（Dato' Seri KONG CHO HA），种植业及原产品部长柏纳·吉鲁克·东波（Tan Sri BERNARD GILUK DOMPOK），内政部长希沙慕丁（Dato' Seri HISHAMMUDDIN），新闻、通讯与文化部长拉伊斯·亚蒂姆（Dato' Seri Dr RAIS YATIM），能源、绿色科技与水务部长陈华贵（Datuk Peter CHIN FAH KUI），乡村与区域发展部长穆罕默德·沙菲（Dato' Seri MOHD SHAFIE），高等教育部长穆罕默德·卡利德（Dato' Seri MOHAMED KHALED），国际贸易与工业部长慕斯塔法（Dato' MUSTAPA），科技与创新部长麦克西姆斯·乔尼迪·翁基里（Datuk Dr MAXIMUS JOHNITY ONGKILI），自然资源与环境部长道格拉斯·乌加·恩巴斯（Datuk DOUGLAS Uggah Embas），旅游部长黄燕燕（Dato' Sri DR NG YEN YEN，女），农业与农基产业部长诺赫（Dato' Haji NOH），国防部长艾哈迈德·扎希迪（Dato' Seri Dr AHMAD ZAHID），工程部长沙兹曼（Dato' SHAZIMAN Abu Mansor），卫生部长廖中莱（Dato' Sri LIOW TIONG LAI），青年与体育部长艾哈迈德·沙比里·契克（Dato' AHMAD SHABERY Cheek），人力资源部长苏巴马南（Datuk Dr S SUBRAMANIAM），国内贸易与消费者事务部长伊斯梅尔·萨伯利（Dato' Sri ISMAIL SABRI），房屋与地方政府部长曹智雄（Dato' CHOR CHEE HEUNG），妇女、家庭与社会发展部长莎丽扎（Dato' Sri SHARIZAT，女），外交部长阿尼法（Datuk ANIFAH），联邦直辖区部长农齐（Dato' Raja NONG CHIK）。

【行政区划】全国分为13个州和3个联邦直辖区。13个州是西马的柔佛、吉打、吉兰丹、马六甲、森美兰、彭亨、槟榔屿、霹雳、玻璃市、雪兰莪、丁加奴以及东马的沙巴、沙捞越。另有首都吉隆坡、布特拉加亚（2000年12月成立）和纳闽3个联邦直辖区。

【司法机构】最高法院于1985年1月1日成立。1994年6月改名为联邦法院。设有马来亚高级法院（负责西马）和婆罗州高级法院（负责东马），各州设有地方法院和推事庭。另外还有特别军事法庭和伊斯兰教法庭。联邦法院首席大法官丹·斯里·达图·斯里·扎基（Tan Sri Dato'Seri ZAKI），2007年12月11日获任命。总检察长丹·斯里·阿卜杜尔·甘尼·帕泰尔（Tan Sri ABDUL GANI PATAIL），2002年1月1日就任。

【政党】注册政党有40多个。13个政党组成国民阵线联合执政。2001年5月，沙巴人民正义党解散，并入巫统。2002年1月，反对党沙巴团结党重返国民阵线。2008年4月，反对党人民公正党、民主行动党和伊斯兰教党联合组成“人民联盟”。2008年9月，沙巴进步党宣布退出国民阵线，成为独立政党。

国民阵线（National Front/Barisan Nasional）：执

政党联盟。1974年4月在马来亚联盟党的基础上扩大而成，成员党相对独立。大选时各党采用统一的竞选标志和宣言，候选人议席内部协商分配。强调发展经济，协调各政党利益，建立和平、稳定、繁荣、公正的社会。成员党包括马来民族统一机构，又称巫统（United Malays National Organization）、马来西亚华人公会（Malaysian Chinese Association）、马来西亚印度人国大党（Malaysian Indian Congress）、人民运动党（又称民政党，The People's Movement Party）、马来西亚人民进步党（The People's Progressive Party of Malaysia）、沙捞越土著保守统一党（Parti Pesaka Bumiputra Bersatu Sarawak）、沙捞越人民联合党（The Sarawak United People's Party）、沙捞越国民党（The Sarawak National Party）、沙捞越达雅克族党（Parti Bangsa Dayak Sarawak）、沙巴自由民主党（The Liberal Democratic Party of Sabah）、沙巴人民团结党（Parti Bersatu Rakyat Sabah）、沙巴民主党（Parti Demokratik Sabah）、沙巴团结党（Parti Bersatu Sabah）。国民阵线主席通常由巫统主席兼任，现任主席为纳吉布。

主要执政党：(1) 马来民族统一机构（The United Malays National Organization，简称巫统，UMNO）：马来人政党。成立于1946年5月11日。1987年4月因党争而分裂，被法庭判为非法组织。1988年2月马哈蒂尔在原巫统基础上重组"新巫统"（The New United Malays National Organization）。1996年，从巫统分裂出去的"四六"精神党重返新巫统后再次还名为"巫统"。现有党员280万。巫统主席和署理主席代表国阵出任政府正、副总理。现任主席纳吉布，署理主席穆希丁。

(2) 马来西亚华人公会（Malaysian Chinese Association，简称马华公会，MCA）：最大的华人政党。1949年2月27日成立，原名马来亚华人公会，马来西亚成立后改为现名。党员103万。现任总会长蔡细历，署理总会长廖中莱。

(3) 马来西亚印度人国大党（Malaysian Indian Congress，简称印度人国大党，MIC）：1946年8月2日成立。马来西亚印度、巴基斯坦族政党，旨在争取和维护两族利益。党员55万人。主席达图·斯里·萨米·维鲁（Dato'Seri SAMY VELLU）。

主要反对党：

(1) 伊斯兰教党（Parti Islam Malaysia）：原称泛马伊斯兰教党。以马来穆斯林为主的宗教政党，主要势力在北马。1951年8月23日成立，1973至1977年曾加入国民阵线。1959至1978年和1990年至今在吉兰丹州执政，1999至2003年在丁加奴州短期执政。1992年8月决定在吉兰丹州实施伊斯兰刑事法。党员80万。主席哈迪·阿旺（HADI AWANG）。

(2) 民主行动党（The Democratic Action Party）：以华人为主的多民族政党。1966年3月19日成立，前身是新加坡人民行动党在马来半岛的分部。本届国会最大反对党。主席卡巴星（KARPAL SINGH）。

(3) 人民公正党（National Justice Party/Party Keadilan Rakyat）：1999年4月4日成立，前身是1990年注册的伊斯兰教社会联盟。旨在联合各政党和非政府组织力量，抗衡政府，争取公正。2003年7月，国民公正党决定与反对党人民党合并为人民公正党。党主席为原公正党主席、前副总理安瓦尔夫人旺·阿兹莎（Wan Azizah），署理主席为原人民党主席赛义德·侯赛因（Syed Hussin），前副总理安瓦尔任该党顾问。

【重要人物】端姑·米赞·扎伊纳尔·阿比丁：最高元首。1962年出生于丁加奴州瓜拉丁加奴。曾赴澳大利亚墨尔本语言学院深造，1983年毕业于英格兰皇家军事学院，1988年获美国国际欧洲大学国际关系学士学位。1979年被封为丁加奴州摄政王，1990年曾任丁加奴州代理苏丹，1998年5月14日出任丁加奴州第16任苏丹，1999年4月至2006年12月任马来西亚第11任副最高元首。2006年12月13日就任第13任最高元首，2007年4月26日登基。已婚，最高元首后端姑·努尔·扎希拉（Tuanku NUR ZAHIRA），育有2子2女。　**达图·斯里·纳吉布·敦·拉扎克：**总理兼财政部长。马第二任总理拉扎克的长子。1953年7月24日生于彭亨州。获英国诺丁汉大学经济学士学位。1976年当选国会下议员，1978年任能源、电讯和邮电部副部长，是马历史上最年轻的下议员和副部长。此后历任彭亨州州务大臣、文化、青年和体育部长、国防部长、教育部长等职。2004年1月起任现职，2004年3月大选后连任。巫统资深领袖，曾连续多次当选巫统副主席，2004年1月起任巫统署理主席。2008年3月大选后连任副总理和国防部长，同年9月改兼任财政部长。2009年4月就任马第六任总理。夫人达汀·斯里·罗斯玛·曼苏尔（Datin Seri Rosmah Mansor），育有五名子女。　**穆希丁·雅辛：**副总理兼教育部长。1947年5月15日生于柔佛州。曾获马来西亚大学马来文学系及经济学系荣誉学位。1978年首次当选国会议员。1992～1995年任柔佛州州务大臣。1995年起历任青年及体育部长、国内贸易及消费事务部长、农业及农基产业部长，2008年3月全国大选后出任国际贸易及工业部长。2009年3月当选巫统署理主席，4月出任副总理兼教育部长。已婚，育有4名子女。

经　济

上世纪70年代前，经济以农业为主，依赖初级产品出口。70年代以来不断调整产业结构，大力推行出口导向型经济，电子业、制造业、建筑业和服务业发展迅速。同时实施马来民族和原住民优先的"新经济政策"，旨在实现消除贫困、重组社会的目标。

1987年起，经济连续10年保持8%以上的高速增长。1991 年提出"2020 宏愿"的跨世纪发展战略，旨在于 2020 年将马建成发达国家。1998 年受亚洲金融危机的冲击，经济出现负增长。巴达维上任后，在保持经济持续稳定增长的同时，着力控制财政赤字，将重点转向农业等基础产业建设，带动乡村发展。积极推动消费和投资，把私营经济作为国家经济增长的新支柱。鼓励发展旅游、教育事业，实现经济多元化。2006 年 4 月，马政府第九个五年计划（2006 ~ 2010 年）获得国会通过，施政重点是降低财政赤字，加强人力资源开发，加大农业投入，扶持中小企业，推动旅游业发展。2007 年，马政府相继实施北马输油管线、伊斯甘达经济特区、北马经济走廊和东海岸经济区等大型发展计划，以刺激经济发展和实现未来经济转型。2008 年下半年以来，受国际金融危机影响，马国内经济增长放缓，出口下降，为此马政府相继推出 70 亿林吉特和 600 亿林吉特刺激经济措施，经济逐渐复苏。2010 年 6 月，纳吉布政府公布第十个五年发展计划，强调以私人投资为主导，拨出 2300 亿马币用于发展支出。2009 年马主要经济数据如下（资料来源：马统计局）：

国内生产总值：2059.65 亿美元。

国内生产总值增长率：-1.7%。

货币名称：林吉特（Ringgit）。

汇率：1 美元 =3.3 林吉特（浮动汇率）。

通货膨胀率：0.6%。

失业率：3.7%。

【资源】自然资源丰富。橡胶、棕油和胡椒的产量和出口量居世界前列。曾是世界产锡大国，近年来产量逐年减少。截至 2007 年 1 月 1 日，马来西亚原油储量为 201.8 亿桶。此外还有铁、金、钨、煤、铝土、锰等矿产。盛产热带硬木。

【工业】政府鼓励以本国原料为主的加工工业，重点发展电子、汽车、钢铁、石油化工和纺织品等。2007 年 1 ~ 8 月，马制造业销售额为 3378.6 亿林吉特，同比增长 1.5%，就业人数 110.1 万。

【矿业】以锡、石油和天然气开采为主，2005 年矿业总产值估计为 176.32 亿林吉特，增长 0.8%。2006 年马原油总收入为 455.07 亿林吉特。据马能源、供水及通讯部统计，截至 2006 年底，马原油储量为 52.5 亿桶，可供开采 19 年。天然气储量为 24889.85 亿立方米，可供开采 33 年。据马统计局统计，2009 年马来西亚石油产量为 2.4 亿桶，液化天然气产量为 2245.2 万吨。

【农牧渔林业】耕地面积约 626 万公顷。农业以经济作物为主，主要有油棕、橡胶、热带水果等。粮食自给率约为 70%。2006 年农业总产值为 499.3 亿林吉特，占国民生产总值的 9.14%，就业人口 138.7 万。近几年主要农、林产品产量如下（单位：万吨）

	2007	2008	2009
棕油	1277.7（1 ~ 10 月）	1459.3（1 ~ 10 月）	1756.5
橡胶	110.73（1 ~ 11 月）	107.2	85.7
水稻	237.1	235.3	251
原木（千立方米）	4704	4390	3899

（资料来源：马统计局）

盛产热带林木。渔业以近海捕捞为主，近年来深海捕捞和养殖业有所发展。2006 年鱼类捕捞量为 140 万吨。

【服务业】范围广泛，包括水、电、交通、通讯、批发、零售、饭店、餐馆、金融、保险、不动产及政府部门提供的服务等。70 年代以来，马政府不断调整产业结构，使服务业得到了迅速发展，成为国民经济发展的支柱性行业之一。2005 年服务业增长 6.5%，就业人数约 535.36 万，占全国就业人口的 50.76%，是就业人数最多的产业。自 1996 年设立"多媒体超级走廊"以来，创造了超过 4 万个就业机会。截至 2006 年 7 月，多媒体超级走廊内 1552 家注册公司销售收入约 60 亿林吉特。

【旅游业】国家第三大经济支柱，第二大外汇收入来源。1990 年和 1994 年举办两届马来西亚观光年。拥有饭店约 1878 家，饭店入住率 55.3%。主要旅游点有：吉隆坡、云顶、槟城、马六甲、浮罗交怡岛、刁曼岛、热浪岛、邦咯岛等。据马旅游部统计，2006 年赴马游客人数为 1754 万人次，同比增长 6.8%，旅游收入 360.2 亿林吉特，同比增长 13%。2007 年上半年，外国游客在马消费总额为 240.313 亿林吉特，同比增长 45.9%。2008 年赴马旅游人数为 2205 万人次。

【交通运输】全国有良好的公路网，公路和铁路主要干线贯穿马来半岛南北，航空业亦较发达。

公路：2003 年全国公路总长 75893 公里。截至 2005 年底，注册交通工具 1480 万辆。

铁路：2003 年总长 2267 公里，主要贯穿马来半岛。

水运：内河运输不发达，海运 80% 以上依赖外航。共有各类船只 1008 艘，其中 100 吨位以上的注册商船 508 艘，注册总吨位 175.5 万吨；远洋船只 50 艘。共有 19 个港口。近年来大力发展远洋运输和港口建设，主要航运公司为马来西亚国际船务公司，主要港口有巴生、槟城、关丹、新山、古晋和纳闽等。

空运：民航主要由马来西亚航空公司经营，有飞机 110 余架，辟有航线 113 条，其中 80 条为国际航线。1996 年 11 月，第二家航空公司——亚洲航空公司投入运营。全国共有机场 37 个，其中有 5 个国际机场：吉隆坡国际机场、槟城、浮罗交怡、哥打基那巴鲁和古晋。

【财政金融】 2008 年 9 月，马政府向国会提交 2009 年度财政预算案，总支出预计 2079 亿林吉特，预算赤字占国内生产总值的比例为 4.8%。2008 年马银行呆账率为 3.6%。近几年联邦政府财政收支情况如下（单位：亿林吉特）：

	2005	2006	2007	2008
收入	1058.56	1184	1417.89	1121.39
支出	1245.4	1368	1647.43	983.08
差额	-186.84	-184	-229.54	138.31

（资料来源：马统计局）

截至 2007 年底，马外债总额 631 亿美元，占 GDP 的 32.5%，少于 2006 年的 32.8%。截至 2010 年 4 月，马外汇储备为 957 亿美元。

【对外贸易】 现为世界第 18 大贸易国。2007 年主要出口市场为：美国、新加坡、欧盟、日本和中国。主要进口机械运输设备、食品、烟草和燃料等。近年对外贸易情况如下（单位：亿林吉特）：

	2006	2007	2008	2009
总　额	10694.42	11097.7	11850	9882
进口额	4804.93	5045.7	5214.9	4349
出口额	5889.49	6051	6635.1	5533
差　额	1084.56	1005.3	1420.2	1184

（资料来源：同上）

【外国资本】 大力吸引外资。2003 年外国投资总计 156 亿林吉特，增长 35%；2004 年为 131 亿林吉特，下降 16%；2005 年为 179 亿林吉特，增长 37%；2006 年为 202 亿林吉特，主要外资来源地为日本、荷兰、澳大利亚、美国和新加坡。2009 年，马吸引外国直接投资 275.6 亿林吉特。

人民生活

据马统计局统计，2005/2006 财政年度马家庭平均可支配收入为：城市居民中土著、华裔和印度裔居民分别为 2067、2712 和 2286 林吉特。乡村居民中土著、华裔和印度裔分别为 1317、1621 和 1529 林吉特。据马能源、水务及通讯部统计，截至 2006 年 4 月，马电脑用户 420 万人，互联网使用人数占 40%。截至 2007 年 5 月，马移动电话用户为 1950 万户，拥有率为 72.3%。

据马统计局统计，截至 2006 年，全国共有 21937 名医生，128 所医院。1986 年马发现首例艾滋病患者，截至 2006 年 6 月，马共发现艾滋病患者 5830 人。2007 年人均寿命男性为 71.9 岁，女性为 76.4 岁，婴儿死亡率 4.4‰。2007 年马贫困率为 3.2%，马政府拟于 2010 年完全消除贫困。

军　事

陆军的前身是 1935 年英国殖民地政府组建的马来兵团。1958 年从英国人手中接管原英殖民地海军辅助部队，1963 年正式改为马来西亚皇家海军。1958 年 6 月 1 日正式建立马来皇家空军。最高元首是三军最高统帅。国防决策机构为国家安全委员会，总理任主席。武装部队总司令是军队最高指挥官。总司令穆罕默德·安瓦尔上将，2005 年 4 月任职。实行志愿兵役制，服役期为 10 年。

三军总兵力 12.95 万人。陆军 10.5 万人，编成 1 个军团司令部、4 个师、1 个快速反应旅、10 个步兵旅、5 个炮兵团、4 个装甲团，装备坦克 26 辆、装甲车 1100 余辆、火炮 400 门。海军 1.25 万人，编有两个海军司令部，编成 10 个中队，装备 100 余艘舰船，有海军基地 4 处。空军 1.2 万人，编两个管区（下辖 5 个营）、12 个飞行中队和支援部队，有空军基地 3 处。另有预备役部队 4.66 万人，准军事部队 20 余万人。2005 年国防安全支出约 123 亿林吉特，占全年总预算的 12.5%。

文化教育

马、华、印各族都有自己独特的文化。政府努力塑造以马来文化为基础的国家文化，推行“国民教育政策”，重视马来语的普及教育。华文教育比较普遍，有较完整的华文教育体系。

【教育】 实施小学免费教育。2005 年教育经费预算为 231.1 亿林吉特。2006 年小学适龄儿童入学率为 90.1%，中学入学率为 60%。每 16 名小学生一名教师，每 16 名中学生一名教师。全国有马来亚大学、国民大学等九所高等院校，近年来私立高等院校发展很快，有私立学院 662 间。2006 年在校大学生 46.23 万人。全国共有 470 多家公共图书馆，藏书 1130 万册。

【新闻出版】 约有 50 份报纸，用 8 种文字出版，发行量从几万到几十万不等。主要报纸有：马来文的《马来使者报》、《每日新闻》、《祖国报》；英文的《新海峡时报》、《星报》、《马来邮报》；华文的《南洋商报》、《星洲日报》等。

马来西亚国家新闻社：简称马新社，半官方通讯社。成立于 1968 年。在亚太地区设有 33 家分社。

马来西亚广播电台：官办。建于 1946 年。拥有 6 个广播网，用马来语、英语、华语和泰米尔语广播。马来西亚之声：建于 1963 年。用马来语、阿拉伯语、英语、印尼语、缅甸语、菲律宾语和泰语等对外广播。

马来西亚电视台：官办。建于 1963 年。包括第一电视台（TV1）和第二电视台（TV2）。用马来语、英语、华语和泰米尔语播放。私营电视台有第三电视台（TV3）、城市电视（METRO VISION）和国民电视（NTV）三家。近年开办了 ASTRO 卫星有线电视频道。2004 年 1 月开播了 8TV 电视台。

对外关系 奉行独立自主、中立、不结盟的外交政策。视东盟为外交政策基石，优先发展同东盟国家关系。重视发展同大国关系。系英联邦成员，与其他成员国交往较多。已同131个国家建交。

大力开展经济外交，积极推动南南合作，反对西方国家贸易保护主义。主张APEC保持松散的经济论坛性质，反对其发展为地区性集团。重视东亚合作，倡导建立东亚共同体。2005年底主办首次东亚峰会。积极致力于东盟自由贸易区建设和湄公河盆地经济开发合作。

积极发展同伊斯兰国家和不结盟国家关系，关注伊斯兰事务。主张伊拉克战后重建应尊重其主权独立和领土完整，并符合伊人民意愿。在中东问题上，认为巴勒斯坦人民的斗争不是宗教对抗，而是捍卫领土主权，独立的巴勒斯坦国应得到国际社会承认。2006年多次以伊斯兰国家会议组织和不结盟运动主席国身份召集会议，并致信联合国秘书长和各安理会常任理事国，寻求对伊拉克问题和中东问题公正合理的解决。

反对西方强权政治，主张维护联合国作为国际核心组织的地位，关注建立国际政治经济新秩序问题。2004年5月当选2005～2007年联合国人权委员会委员。2006年3月，第60届联大通过决议，决定成立联合国人权理事会，取代原来的人权委员会。马于同年5月当选人权理事会成员，任期3年（2006～2009年）。

支持国际反恐合作，强调反恐应解决恐怖主义产生的根源，否定伊斯兰与恐怖主义的必然联系，推动宗教和文明间对话。

在朝核问题上，认为拥有核武器的朝鲜将危及东北亚乃至全世界的安全，呼吁有关各方保持克制，赞赏六方会谈为解决朝核问题发挥的积极作用。

【同中国的关系】1974年5月31日，两国建立外交关系。1990年马取消对其公民访华限制，两国之间的人员交流不断增多。近年来，中马高层往来频繁，各领域友好合作不断深化。1999年，两国政府签署了关于双边合作发展方向的《联合声明》。2004年，双方隆重庆祝了中马建交30周年暨“中马友好年”。2005年，马最高元首西拉杰丁和副总理兼国防部长纳吉布先后访华，两国国防部签署了《中马防务合作谅解备忘录》；全国人大常委会委员长吴邦国和国务院总理温家宝分别访马，中马两国发表了《联合公报》。2006年3月，全国政协主席贾庆林访马；10月，马来西亚总理巴达维赴南宁出席纪念中国—东盟建立对话伙伴关系15周年峰会，温家宝总理会见。2007年4月，马下议长拉姆利应吴邦国委员长邀请访华。

2008年4月，北京奥运火炬传递在吉隆坡成功举行。6月，马上议院议长阿卜杜尔·哈密德·帕万泰来华出席第五届亚欧议会伙伴会议，吴邦国委员长会见。8月，马最高元首端姑·米赞·扎伊纳尔·阿比丁出席北京奥运会开幕式并访问昆明、西安和上海等城市。9月，马总理夫人珍妮出席北京残奥会开幕式。10月，马总理巴达维来华出席第七届亚欧首脑会议。

2009年是中马建交35周年。3月，全国人大常委会副委员长兼秘书长李建国访马。6月，应温家宝总理邀请，马总理纳吉布正式访华。双方签署中马《战略性合作共同行动计划》等合作文件，并举办一系列建交35周年庆祝活动。11月，胡锦涛主席对马进行国事访问，双方签署了多份合作文件。12月，中共中央政治局委员、北京市委书记刘淇访马。

2010年3月28日至4月1日，中共中央政治局委员、全国人大常委会副委员长王兆国访马。4月3日至6日，马上议长王弗明访华。4月8日至11日，马前总理巴达维出席博鳌亚洲论坛年会，并当选论坛新一届理事。6月13日至16日，马外交部秘书长拉斯丹访华，外交部部长助理胡正跃与其共同主持中马第12次外交磋商。

2009年中马贸易额519.6亿美元，同比下降3%，其中中方出口196.3亿美元，同比下降8.5%，进口323.3亿美元，同比增长0.7%。马来西亚是中国在东盟国家中最大的贸易伙伴。2010年1～5月，中马贸易额为285.09亿美元，同比增长67.5%。其中中方出口94.06亿美元，同比增长37.3%，进口191.03亿美元，同比增长87.9%。截至2009年底，马实际对华投资53.6亿美元，中在马投资3.79亿美元。2009年马来华人数105.9万人次，中国访马60.9万人次。

中国驻马来西亚大使：柴玺。馆址：马来西亚吉隆坡安邦路229号（229, Jalan Ampang, 50450 Kuala Lumpur, Malaysia）。办公室电话：00603－21411729；21447652。领事部电话：21636815，传真：21636809。商务处电话：42513229，传真：42513233。电子信箱：CN@ TM. NET. MY。

中国驻古晋总领事：谢福根。馆址：马来西亚沙捞越州古晋市道刚花园Lot3716－3719。电话：006082－453344；570815。传真：570814。电子信箱：ZHICUN@ TM. NET. MY。

马来西亚驻华大使：达图·伊斯甘达（Datuk Iskandar）。馆址：北京市朝阳区亮马桥北街2号。电话：010－65322531，传真：65325032。商务处电话：84515109，传真：84515110。签证处电话：65326544，传真：65326544。电子信箱：mwbjing@95777.com。

【同东盟国家的关系】马是东盟重要成员，同其他东盟国家政治、经济、文化关系密切，高层互访频繁，并注意在重大国际地区问题上相互协调立场。马是东盟内部贸易的重要一员，2007年与其他东盟国家的贸易额为2788亿林吉特，占其对外贸易总额25.1%（马方统计数据，下同）。重视地区安全合作。2004年7月开始与印尼、新加坡在马六甲海峡进行协同巡逻，共同打击海盗、走私和恐怖活动。

与印尼同为穆斯林人口占多数的国家，相互关系十分密切。2006年马印尼双边贸易额175.11亿林吉特。2002年海牙国际法院裁定马对西巴丹和利吉丹两岛拥有主权，印尼对此表示接受。2008年1月，印尼总统苏希洛赴马进行工作访问。5月，马外长拉伊斯·亚蒂姆对印尼进行工作访问。6月，马副总理纳吉布访问印尼。7月，马与印尼正式成立马印尼名人小组（EPG）。12月，巴达维总理赴雅加达参加第37届马印尼共同边界委员会会议。2009年4月，纳吉布总理访问印尼。2009年6月，马国防部长扎希迪访问印尼。8月，马自然资源与环境部长道格拉斯前往印尼廖内省访问。9月，马外长阿尼法访问印尼。10月，马国防部长艾哈迈德·扎希迪访问印尼苏门答腊地震灾区。马总理纳吉布出席印尼总统苏希洛就职典礼。11月，印尼总统苏希洛访马，与马总理纳吉布举行会谈。马总理纳吉布访问印尼。

与新加坡关系密切。新是马第二大贸易伙伴和第二大外资来源地。两国围绕水供、填海、开放领空、马新大桥、白礁岛主权等问题时有摩擦。巴达维就任总理后，积极通过对话协商解决问题，两国关系得到改善。2005年马新签署协议，解决了柔佛海峡填海争议。2008年6月，马新发表联合声明，重申两国将遵守并执行联合国国际法院对白礁岛争端做出的判决。2009年5月，马总理纳吉布访问新加坡。6月，新内阁资政李光耀访马，会见了马总理纳吉布。11月，马贸工部长慕斯塔法访问新加坡，与新加坡总理府部长兼第二财长陈惠华举行会谈。

与泰国关系良好。2009年3月，马最高元首米赞访泰。8月，马外长阿尼法出席第2届马泰边境地区联合发展战略部长级会议和第11届马泰双边合作高官联委会会议。12月，马总理纳吉布访泰。

与菲律宾关系总体良好，双方在沙巴领土主权问题上存在争议。两国关系曾因马“安瓦尔事件”、菲在马非法移民等问题受到影响。近年来，马为菲政府和摩洛伊斯兰解放阵线和谈积极提供协助。2008年9月，马外长拉伊斯·亚蒂姆会见菲律宾总统特使、菲政府南部和平进程顾问何莫吉尼，双方就菲南部问题进行会谈。

与文莱同文同种同宗教，双方关系十分密切。2009年3月，马总理巴达维访文，双方正式签署解决两国陆海争议的换文。2009年4月，马总理纳吉布访文。8月，马总理纳吉布访文并出席马文第13次年度磋商。

重视发展同印支国家关系。越、老、缅、柬加入东盟后，马与四国往来有所增多，并逐步扩大在印支半岛的投资和贸易。2009年3月，马最高元首米赞夫妇访问越南。

【同英国的关系】马曾是英国殖民地，后加入英联邦，并与英同为“五国联防”成员，双方关系密切。20世纪80年代初马收购英资企业导致两国关系趋于冷淡，后虽有所回升，但仍时有摩擦。1995～1996年间，马哈蒂尔总理三度访英，两国关系有了较大改善。2007年1月马总理巴达维访问英国。6月，马副总理纳吉布赴英国伦敦出席“2007年马来西亚周”活动。

【同日本的关系】两国经贸关系密切。日是马第一大外资来源地和主要贸易伙伴，也是向马提供贷款最多的国家之一。上世纪80年代，马哈蒂尔总理提出向日本学习的“向东看”政策，旨在通过引进日本的资金、技术和管理，加快马来西亚的经济建设。2008年，马日双边贸易额为1367亿林吉特，日是马最大的外来投资国。2008年5月，马总理巴达维对日进行工作访问。2009年12月，马副总理兼教育部长穆希丁访日。

【同美国的关系】美近年来一直是马最大的贸易伙伴和主要外来投资者。两国在“民主”、“人权”等问题上矛盾较深，双边关系曾因“安瓦尔事件”受到一定影响。“9·11”事件后，美出于国际反恐合作的需要，重视马在伊斯兰国家中的特殊作用，两国政治关系有所改善，反恐合作加强。2008年7月，马外长拉伊斯·亚蒂姆赴新加坡出席东盟外长会议期间与美国国务卿赖斯举行双边会谈。2009年5月，马外长阿尼法访美，与美国务卿克林顿举行会晤。9月，美副国务卿斯坦伯格访马。11月，马总理纳吉布访美。

【同其他国家的关系】2009年1月，叙利亚总理奥特里访马。马总理巴达维访问巴林和卡塔尔。马人力资源部长苏巴马南访问印度。马外长拉伊斯访问巴林。3月，马总理巴达维访问科威特。7月，澳大利亚总理陆克文访马。马总理纳吉布访问沙特、阿联酋。8月，马贸工部长慕斯塔法赴澳大利亚，出席第15届马澳贸易部长会议。副总理兼教育部长穆希丁对澳大利亚进行工作访问。9月，马最高元首米赞访问沙特。10月，马总理纳吉布访问法国。马贸工部长穆斯塔法访问沙特、卡塔尔和埃及。11月，马总理纳吉布前往特立尼达和多巴哥出席英联邦国家首脑会议。12月，马总理纳吉布赴丹麦，出席哥本哈根联合国气候变化会议。马外长阿尼法访问沙特。

（方威）

蒙　古

国名　蒙古国（Mongolia）。

面积　156.65 万平方公里。

人口　273.68 万人（2009 年底）。喀尔喀蒙古族约占全国人口的 80%，此外还有哈萨克等少数民族。主要语言为喀尔喀蒙古语。居民主要信奉喇嘛教。

首都　乌兰巴托（Ulaanbaatar）。人口约 109.57 万（2009 年底）。平均气温为 2.2℃。

国家元首　总统查黑亚·额勒贝格道尔吉（Tsahiagiin ELBEGDORJ），2009 年 6 月就任。

重要节日　白月：日期与中国藏历新年相同，是蒙古民间最隆重的节日，以前称为“牧民节”，只在牧区庆祝。1988 年 12 月，蒙古大人民呼拉尔主席团决定，白月为全民节日。国庆节—那达慕：7 月 11 日。1921 年蒙古人民革命党领导的人民革命取得胜利，7 月 10 日，在库伦（今乌兰巴托）成立君主立宪政府，后将次日定为国庆日。1922 年起，蒙古定期在每年 7 月 11 日举行全国性那达慕，成为国庆活动的一个主要组成部分。1997 年 6 月 13 日，蒙古国庆中央委员会第三次会议决定将蒙古国庆易名为“国庆节—那达慕”。那达慕，蒙语意为“游戏”、“娱乐”，原指蒙古民族历史悠久的“男子三竞技”（摔跤、赛马和射箭），现指一种按着古老的传统方式举行的集体娱乐活动，富有浓郁的民族特点。

简　况

位于亚洲中部的内陆国，东、南、西与中国接壤，北与俄罗斯相邻。属典型的大陆性气候，常年平均气温为 1.56℃。冬季最低气温可至 -50℃，夏季戈壁地区最高气温达 40℃以上。

蒙古国原称外蒙古或喀尔喀蒙古。1911 年 12 月蒙古王公在沙俄支持下宣布“自治”。1919 年放弃“自治”。1921 年蒙古人民革命党领导的人民革命胜利，同年 7 月建立君主立宪政府。1924 年 11 月 26 日废除君主立宪，成立蒙古人民共和国。1945 年 2 月，苏、美、英三国首脑签订雅尔塔协定，规定“外蒙古（蒙古人民共和国）的现状须予维持”，并以此作为苏联参加对日作战的条件之一。1946 年 1 月 5 日，当时的中国政府承认外蒙古独立。1992 年 2 月改国名为“蒙古国”。

政　治

2009 年蒙政局基本保持稳定。5 月，蒙举行总统选举，蒙古民主党候选人、前总理额勒贝格道尔吉以 51.24% 的得票率获胜。10 月，蒙古人民革命党主席巴雅尔因健康原因辞去总理职务，该党代表会议提名对外关系与贸易部长巴特包勒德为新总理人选并获议会批准。

【宪法】现行宪法为第四部宪法，于 1992 年 1 月通过，同年 2 月 12 日起生效。宪法规定：蒙古国是独立自主的共和国；视在本国建立人道的公民民主社会为崇高目标；在未颁布法律的情况下，禁止外国军事力量驻扎蒙古国境内和通过蒙古国领土；国家承认公有制和私有制的一切形式；国家尊重宗教，宗教崇尚国家，公民有宗教信仰与不信仰的自由；根据公认的国际法准则和原则，奉行和平外交政策。根据该宪法，改国名为“蒙古国”，建立议会制。

【议会】国家大呼拉尔是国家最高权力机关，行使立法权。国家大呼拉尔可提议讨论内外政策的任何问题，并将以下问题置于自己特别权力之内予以解决：批准、增补和修改法律；确定内外政策基础；宣布总统和国家大呼拉尔及其成员选举日期；决定和更换国家大呼拉尔常设委员会；颁布总统当选并承认其权力的法律；罢免总统；任免总理及政府成员；决定国家安全委员会的组成及权限；决定赦免等。国家大呼拉尔为一院制议会，其成员由蒙古国公民以无记名投票的方式直接选出，任期四年。本届国家大呼拉尔于 2008 年 7 月产生，共 76 个席位，蒙古人民革命党和民主党分别占 46 席和 27 席。下设 7 个常设委员会。主席达木丁·登贝尔勒（Damdingiin Demberel，人民革命党）2008 年 7 月当选。

【政府】国家权力最高执行机关，政府成员由国家大呼拉尔任命。现政府由人民革命党同民主党联合组成。政府成员为：总理苏·巴特包勒德、第一副总理诺·阿勒坦呼雅格、副总理米·恩赫包勒德、对外关系与贸易部长贡·赞登沙特尔、财政部长桑·巴雅尔朝格特、法律内务部长曾·尼亚木道尔吉、自然环境和旅游部长鲁·冈苏赫、国防部长罗·包勒德、教育文化科学部长云·奥特根巴雅尔、交通运输建筑和城市建设部长哈·巴特图勒嘎、社会保障和劳动部长特·甘迪、食品农牧业轻工业部长通·巴达木珠奈、卫生部长桑·兰巴、矿产能源部长达·卓里格特、政府办公厅主任其·呼日勒巴特尔。

【行政区划】全国划分为首都和 21 个省。

【司法机构】法院行使司法权，由最高法院和各级地方法院构成。最高法院现任大法官索·巴特德勒格尔，2005 年 10 月就职。检察机构由总检察署和各级地方检察署构成。现任总检察长蒙·阿勒坦呼亚格，1999 年 6 月就职。

【政党】实行多党制。至 2008 年 4 月，共有 18 个政党。主要有：

（1）蒙古人民革命党（Mongolian People's Revolutionary Party）：1921 年 3 月 1 日成立，原称蒙古人民党，1925 年 3 月改称现名。党员约 16 万名。1997 年 2 月该党召开的二十二大确定党的性质为“民族民主主义性质的中左翼政党”，理论基础为“民主社会主义思想”。现任主席苏·巴特包勒德，总书记乌·呼日勒巴特尔，书记米·恩赫包勒德、曾·尼亚木道尔吉、图·冈迪、罗·阿玛尔萨那、策·苏赫巴特尔、乌·巴尔斯包勒德。

（2）民主党（Democratic Party）：2000 年 12 月 6 日由蒙古民族民主党、社会民主党、民主复兴党、宗教民主党和民主党合并而成。党员逾 16 万。党的宗旨是重视人的发展、人的权力和自由，并视个人能力大小承担相应的社会责任。党的目标是巩固蒙古政治独立；建立合理、强大的经济体制；建立开放的社会；建立良政；将社会发展与国际社会进步密切接轨。党的全国代表大会每四年召开一次会议。全国协商委员会（相当于中央委员会）下设 8 个常设委，负责日常工作。党的监察机关是独立于任何个人的基本章程委员会，对党章负责。党主席诺·阿勒坦呼雅格。

【重要人物】**查黑亚·额勒贝格道尔吉**：总统。1963 年 3 月生。1988 年毕业于乌克兰利沃夫市军事政治学院。曾在美国留学，1980～1991 年任蒙古民主联盟主席。1994～1996 年任民族民主党主席。1996～1998 年任国家大呼拉尔副主席。1998 年任总理。2004～2006 年任总理。2005～2008 年任民主党主席。1992、1996、2008 年三次当选国家大呼拉尔委员。2009 年 5 月当选总统。懂英语、俄语。已婚，有五个子女。　**达木丁·登贝尔勒**：国家大呼拉尔主席。1941 年生。1964 年毕业于蒙古经济学院贸易与经济技术组织专业。1964～1968 年任科布多省商业采购管理局副局长。1968～1970 年任人革党科布多省委政治教育办负责人。1970～1972 年任科布多省革命青年团第一书记。1972 至 1975 年任蒙古革命青年团中央组织部部长。1977～1990 年任人革党中央委员会协调员、组长。1990 至 1992 年任人革党扎布汗省委第一书记。1992 年起连续 5 次当选国家大呼拉尔委员。2000～2004 年任大呼拉尔政权建设常设委主席、2007～2008 年任社会保障和劳动部部长。2008 年 9 月当选国家大呼拉尔主席。懂英语、俄语。已婚，有两子两女。　**苏赫巴特尔·巴特包勒德**：总理。1963 年 1 月生。1986 年毕业于莫斯科国际关系学院国际经济师专业。1991 年毕业于伦敦工商大学经济学专业并获得硕士学位。2002 年毕业于莫斯科外交学院外交专业。1986～1988 年任对外经济联络和供应部专家。1988～1992 年任蒙古进出口公司经理。1992～2000 年任阿勒泰贸易公司总经理。2000～2004 年任外交部副部长。2004～2006 年任工业贸易部部长。2008 年 9 月任外长。2004、2008 年两次当选国家大呼拉尔委员（人民革命党）。2009 年 11 月任总理。懂英语、俄语、法语。已婚，有五个子女。

经　济

以畜牧业和采矿业为主，曾长期实行计划经济。1991 年开始向市场经济过渡。1997 年 7 月，政府通过“1997－2000 年国有资产私有化方案”，目标是使私营经济成分在国家经济中占主导地位。

国内生产总值（2009 年）：41.97 亿美元。

人均国内生产总值（2009 年）：1530 美元。

国内生产总值增长率（2009 年）：－1.6%。

货币名称：图格里克（TUGRUG）。

汇率（2010 年 5 月）：1 美元＝1390 图格里克。

通货膨胀率（2009 年）：4.2%。

注册失业人数（2009 年底）：3.81 万人。

【资源】地下资源丰富。现已探明的有铜、钼、金、银、铀、铅、锌、稀土、铁、萤石、磷、煤、石油等 80 多种矿产。全国森林覆盖率为 8.2%。

【工业】2009 年工业总产值为 11.81 亿美元，同比下降 3.3%。

【农牧业】近年来农产品产量如下（单位：万吨）：

	2007	2008	2009
谷　物	11	21.29	39.17
蔬　菜	7.65	7.89	7.8
马铃薯	11.4	13.48	15.12

畜牧业是传统经济部门，国民经济的基础。2009 年牲畜总数为 4400 万头，同比增加 1.7%。

【旅游业】蒙全国有旅游基地、大小宾馆、饭店约 700 家。从事旅游服务的公司约 500 家，主要宾馆有成吉思汗饭店、乌兰巴托饭店、巴彦高勒饭店、香格里拉饭店等，主要旅游点有哈尔和林古都、库苏古尔湖、特列尔吉旅游点、成吉思汗旅游点、南戈壁、东戈壁和阿尔泰狩猎区等。

【交通运输】以铁路和公路为主。铁路总长 1811 多公里，约担负全国货运量的 62.8%。公路总长 49250 公里。2009 年，蒙各种运输工具货运总量为 2470 万吨，同比增长 3.5%，客运总量为 2.324 亿人次，同比增长 0.3%。

空运：与北京、呼和浩特、海拉尔、莫斯科、伊尔库茨克、首尔、东京、大阪和法兰克福之间有定期航班。国际机场 1 个，为乌兰巴托“成吉思汗”机场。

【财政金融】2009 年蒙古中央财政收入为 13.81 亿美元，总支出为 16.09 亿美元，财政赤字 2.28 亿美元。

截至 2009 年 12 月底，蒙外汇储备 12.7 亿美元，创历史新高。

蒙古银行：1924 年成立，行长普日布道尔吉。

蒙古贸易开发银行：1990 年成立，行长梅德勒。2002 年 5 月实行私有化，其 76% 的国有股被瑞士和美国合资的财团以 1223 万美元收购。

【对外贸易】 同 118 个国家有贸易关系。实行经济开放政策。近年来，积极发展同西方发达国家和亚洲国家的经贸合作，近年主要情况如下（单位：亿美元）：

	2007	2008	2009
总　额	40.06	61.55	40.34
进口额	21.17	36.16	21.31
出口额	18.89	25.39	19.03
差　额	-2.28	-10.77	-2.28

出口主要为矿产品、纺织品和畜产品等；进口主要有矿产品、机器设备、食品等。主要贸易伙伴为中国、俄罗斯、欧盟、加拿大、美国、日本、韩国等。

【对外投资】 上世纪 90 年代以来，蒙古开始对外投资，但投资额很小。1992 年起蒙古开始对华投资。

【外国资本】 截至 2009 年底，有中、俄、日、美、韩等 70 多个国家和地区的企业向蒙直接投资，投资额约 38.14 亿美元，投资项目计 9940 个。主要投资部门为矿山、轻工、畜产品加工、商业、建筑等。

据蒙方统计，至 2009 年底，中国对蒙投资 22.92 亿美元，投资项目 4927 个。

【外国援助】 至 1990 年，前苏联共向蒙提供约 114 亿转账卢布贷款，2003 年底，俄方宣布免除蒙 98% 的债务，蒙方偿还了剩余的 2.5 亿美元，蒙俄债务问题解决。1991 年，日本、世行等发起国际援蒙会议，中国以观察员身份列席。主要援助国和国际组织有日本、美国、德国、俄罗斯、中国及亚行、世行、国际货币基金组织等。

军　事

蒙古人民军于 1921 年 3 月 18 日创建。总统兼任武装力量总司令。1996 年起实行文职国防部长制度。武装力量总参谋部独立于国防部。实行义务兵役制，1998 年起增加了替代、合同兵役和抵偿服役制。1992 年起服役期改为一年。

2009 年总兵力共有 2 万人。1997 年开始对武装力量组织结构进行调整，其编制体制由师—团制转入了旅—营制。

文化教育

【教育】 实行国家义务教育制。2009/2010 学年，蒙全国 814 所幼儿园共有 10.95 万名儿童入园，755 所全日制普通教育学校共有学生 52.21 万名，63 个技术培训与生产实习中心共有学员 4.47 万名，146 所大、专院校共有学生 5.9 万名。国立高校主要有国立大学、科学技术大学、教育大学、农业大学、医科大学、文化艺术大学、人文大学、乌兰巴托大学等。私立高校主要有依和扎斯克大学、奥特根腾格尔大学等。

根据政府间协定，2009 年蒙 690 名大学生在 16 个国家高校学习。其中中国 260 名，俄罗斯 230 名，其他分别在土耳其、印度、韩国、波兰、越南、瑞士等国学习。

【文化】 蒙古国教育文化科学部文化艺术局主管全国文化艺术工作，下属国家民间歌舞团、国家话剧院、国家歌剧舞剧院、国家杂技院、国家音乐馆、国家木偶剧院和博格达汗宫博物馆、乔依金喇嘛庙博物馆、造型艺术博物馆、国家历史博物馆、国家自然历史博物馆、文化遗产中心、国家图书馆、国家艺术画廊等单位。

【新闻出版】 据蒙方统计，全国公开发行的报纸约 200 种、杂志 60 多种、广播 40 多家、电视台 20 余家。主要报刊有《今日报》、《日报》、《世纪新闻报》、《民族邮报》、《真理报》等。《今日报》是蒙古发行量最大的报纸，约 1 万份左右。除《真理报》是蒙古人民革命党机关报外，其余均是自由刊物。此外还有《索音博报》（军报）、《乌兰巴托时报》、《人民权利报》等。

蒙古通讯社（简称蒙通社）：系官方通讯社，创建于 1921 年。该社与新华社、路透社、俄罗斯新闻社、塔斯社等有合作关系，每天接收上述通讯社的电讯稿，有选择地发布。

公共广播电台（原国家广播电台）：系蒙古唯一非私营广播电台。创办于 1931 年，1934 年 9 月 1 日首次播音，使用喀尔喀蒙古语，现广播覆盖全国。对外用“蒙古之声”广播。1964 年 9 月首次用蒙、汉语播音，1965 年开始用英语播音，1997 年 1 月改名为“蒙古之声”。目前该电台每天用蒙、汉、俄、英、法、日、哈萨克语等 7 种语言对外广播。

公众电视台（原蒙古国家电视台）：1967 年 9 月 27 日创建。每天播放约 10 小时的节目。现经常转播中国 CCTV-9、美国世界新闻网、日本 NHK 和法国、德国、俄罗斯等国电视台节目。

TV9、TV5、TV25、乌兰巴托电视台为历史较长的私营电视台。“鹰”、C1、TV8、NTV、教育、USB 等为较有名的新私营电视台。

1995 年起，有线电视台开始播出。目前，蒙古首都设有“桑斯尔”、“黑目”等几家有线电视台。

对外关系

国家大呼拉尔 1994 年通过的《蒙古国对外政策构想》规定，蒙古奉行开放、不结盟、多支点的和平外交政策，强调“同俄罗斯和中国建立友好关系是蒙古对外政策的首要任务”，主张同中俄“均衡交往，发展广泛的睦邻合作”。同时重视发展同美日德等西方发达国家、亚太国家、发展中国家以及国际组织的友好关系与合作。2004年12月，蒙古国家大呼拉尔通过的决议指出，蒙古积极推行符合稳定发展目标的，独立、开放、多支点的对外政策，全面巩固与中、俄的睦邻关系与合作，发展巩固蒙美全面伙伴关系与合作，深化巩固与欧盟成员国间业已发展的双边关系，扩大发展合作领域，发展与东盟地区论坛成员国间的双边关系，积极参加东北亚和中亚政治、经济活动进程和对话，积极参与联合国和其它国际机构的活动。

截至2010年5月，蒙古已同150个国家建交。

【同中国的关系】1949年10月16日中蒙建交。20世纪60年代中后期受中苏关系恶化影响，两国关系经历曲折。1989年两国关系实现正常化以来，两国睦邻友好合作关系发展顺利。2003年两国宣布建立睦邻互信伙伴关系。

2009年4月14～21日，蒙古总理巴雅尔来华出席博鳌亚洲论坛2009年年会，期间国务院总理温家宝、国家副主席习近平分别会见。6月17～19日，中国国家主席特使、全国人大常委会副委员长蒋树声出席蒙古新任总统额勒贝格道尔吉的就职仪式。6月25～27日，中共中央政治局常委、中央纪委书记贺国强访蒙，期间分别同蒙古总统额勒贝格道尔吉、议长登贝尔勒、总理巴雅尔举行会见。10月12～15日，中国全国人大常委会副委员长桑国卫访蒙。10月26～28日，蒙古副议长巴特呼访华，全国人大常委会委员长吴邦国、副委员长蒋树声分别会见。

2009年蒙方访华的还有：4月，蒙古副总理恩赫包勒德来华出席中蒙政府间经贸科技联委会会议；7月，蒙古反贪局局长桑格拉格查访华；9月，蒙古副总理恩赫包勒德出席在吉林省长春市举行的第五届东北亚贸易投资博览会；蒙古矿产能源部长卓里格特出席在大连举行的夏季达沃斯年会；蒙古国防部长包勒德访华；10月，蒙古对外关系与贸易部长巴特包勒德访华；蒙古教科文部副部长库兰达出席在呼和浩特举行的蒙古文化周活动；11月，蒙古气象监测局局长恩赫图布辛访华；12月，蒙古矿能部长卓里格特访华；蒙古海关总署署长策温扎布出席在北京举行的蒙中海关货物同一条件监督试点仪式。中方访问蒙古的主要有：3月，商务部副部长易小准赴蒙参加“大图们倡议”第十次政府间协商委员会会议；6月，中国社会科学院副院长王伟光访蒙；7月，吉林省省长韩长斌访蒙；中国铁道部副部长陆东福访蒙；9月，全国人大外事委员会副主任委员、中国人民争取和平与裁军协会常务副会长马文普访蒙；中国最高法院院长、首席大法官王胜俊访蒙；10月，财政部副部长廖晓军赴蒙参加“中亚区域经济合作”第八次部长会议。

据中方统计，2009年中蒙贸易额23.97亿美元，同比下降1.7%。其中，中方出口10.58亿美元，同比增长16.7%，进口13.39亿美元，同比下降12.6%。

中国驻蒙古大使：余洪耀。馆址：蒙古国乌兰巴托市苏赫巴托区青年大街5号。电话：（0097611）320955、323940、311985；传真：311943。

蒙古驻华大使：苏赫巴特尔。馆址：北京市朝阳区建国门外大街秀水北街2号。电话：010－65321203，65321810；传真：65325045。商务处电话：65321952。

【同俄罗斯的关系】1921年11月5日建交。2009年1月，蒙总理巴雅尔对俄罗斯伊尔库茨克州进行工作访问；蒙外长巴特包勒德访俄；2月，俄罗斯卡尔梅克共和国总统伊柳姆季诺夫访蒙；3月，蒙总长陶高以蒙古国家安全委员会成员身份访俄；蒙俄政府间经贸科技合作联委会第13次例会在莫斯科举行；蒙总理巴雅尔对俄罗斯进行工作访问；4月，蒙道路交通与城市建设部长巴特图勒格访俄；俄罗斯武装力量总参谋部部长、国防部第一副部长马卡罗夫大将访蒙；5月，俄罗斯交通部长列维京访蒙；俄罗斯总理普京对蒙进行工作访问；6月，俄罗斯布利亚特共和国总统波塔波夫、议长盖尔谢维奇访蒙；8月，“达尔汗－2”蒙俄联合军演在蒙举行；俄罗斯总统梅德韦杰夫访蒙；9月，俄罗斯联邦委员会主席米罗诺夫访蒙；11月，蒙人革党领导委员会成员、人革党议会党团主席龙戴姜仓赴圣彼得堡参加统一俄罗斯党第十一次代表大会；12月，蒙议长登贝尔勒访俄；俄罗斯安全会议秘书鲁沙伊格访蒙。

【同美国的关系】1987年1月27日建交。2009年6月，蒙外长巴特包勒德访美；8月，“可汗探索”联合军演在蒙举行；11月，美国防部负责伙伴战略与稳定工作的副秘书长詹姆斯访蒙。

【同欧洲国家的关系】2009年3月，保加利亚食品和农业部长察维塔诺夫访蒙；蒙总长陶高访问波兰；蒙总理巴雅尔访问法国、欧盟；4月，德国国防部国务秘书希米德特访蒙；5月，波兰议员、社会保障与劳动部副部长杜达访蒙；6月，蒙德外交部第四次磋商在乌兰巴托举行；7月，欧洲复兴开发银行商业集团总裁奥列维访蒙；8月，蒙议会办公厅秘书长沙日布道尔吉访问波兰；蒙古－欧盟联委会在布鲁塞尔召开会议；12月，蒙矿能部长卓里格特访问英国。

【同其他国家的关系】2009年3月，蒙副议长恩赫包勒德访日；蒙国防部长包勒德访问印度、韩国；塔吉克斯坦总统拉赫蒙访蒙；4月，蒙外长巴特包勒德访问韩国、日本；5月，蒙总长陶高赴卡塔尔参加eagle resolve－2009多国联合军演期间举行的武装力量高官会；6月，老挝农林部长拉沙蓬访蒙；韩国首尔市长吴世勋访蒙；7月，蒙总理巴雅尔访日；泰国公主诗琳通访蒙；9月，蒙议员龙戴姜仓访问智利；越南国家总审计长王廷惠访蒙；蒙总统额勒贝格道尔吉访问印度；“游牧大象”蒙印联合军演在蒙举行；蒙古—乌兹别克斯坦首次政治磋商在乌兰巴托举行；10月，蒙国防部长巴勒德访问土耳其；12月，蒙对外关系与贸易部长赞登沙特尔访日。

【同国际组织的关系】2009年1月，蒙总统恩赫巴亚尔出席在瑞士举行的达沃斯经济年会；国际货币基金组织亚太地区顾问米拉勒·卡拉苏鲁访蒙；3月，蒙对外关系与贸易部国务秘书朝格特巴特尔参加在莫斯科举行的上海合作组织阿富汗问题特别会议；4月，蒙议长登贝尔勒出席在埃塞俄比亚举行的各国议会联盟第120次会议；国际原子能机构总干事巴拉迪访蒙；5月，蒙卫生部副部长朝勒盟赴日内瓦参加第二届国际化学品管理会议；6月，蒙第一副总理阿勒坦呼雅格赴叶卡捷琳堡参加上海合作组织峰会；蒙第一副总理阿勒坦呼雅格赴瑞士参加欧洲复兴开发银行“转型国家基金”发起国第15次会议；7月，蒙议员巴雅尔赛汗赴韩国参加亚洲议会大会例会；蒙民主党总书记额尔德尼巴特赴伦敦参加国际民主联盟执委会会议；蒙对外关系与贸易部国务秘书朝格特巴特尔赴泰国参加第16届东盟地区论坛外长会；联合国秘书长潘基文访蒙；9月，蒙总统额勒贝格道尔吉赴纽约出席第64届联大和联合国气候变化高级别会议；10月，蒙教文科部部长奥特根巴亚尔赴巴黎参加第35届联合国教科文组织大会；亚洲开发银行行长黑田东彦访蒙；蒙议长登贝尔勒赴瑞士出席国际议会联盟第121次大会；11月，蒙古国大使额尔登楚龙出席联合国教科文组织执委会183次大会；蒙对外关系与贸易部长赞登沙特尔赴瑞士参加世贸组织第7次部长会；12月，蒙总统额勒贝格道尔吉赴丹麦哥本哈根出席联合国气候变化大会。（刘丽）

孟加拉国

国名 孟加拉人民共和国（The People's Republic of Bangladesh）。

面积 147570平方公里。

人口 约1.5亿。孟加拉族占98%，另有20多个少数民族。孟加拉语为国语，英语为官方语言。伊斯兰教为国教，信奉伊斯兰教的人口占88.3%，信奉印度教的占10.5%，信奉佛教的占0.6%，信奉基督教的占0.3%，其他占0.3%。

首都 达卡（Dhaka），人口约1200万。

国家元首 总统齐鲁尔·拉赫曼（Zillur Rahman），2009年2月12日就任。

重要节日 独立日和国庆日：3月26日；国民革命和团结日：11月7日；胜利日：12月16日；烈士日：2月21日；开斋节：据伊斯兰教历推算，每年有变化；古尔邦节（宰牲节）：据伊斯兰教历推算，每年有变化。

简况

位于南亚次大陆东北部的恒河和布拉马普特拉河冲积而成的三角洲上。东、西、北三面与印度毗邻，东南与缅甸接壤，南濒临孟加拉湾。海岸线长550公里。全境85%的地区为平原，东南部和东北部为丘陵地带。大部分地区属亚热带季风型气候，湿热多雨。全年分为冬季（11月翌年2月），夏季（3~6月）和雨季（7~10月）。年平均气温为26.5℃。冬季是一年中最宜人的季节，最低温度为4℃，夏季最高温度达45℃，雨季平均温度30℃。

孟加拉族是南亚次大陆古老民族之一，历史上孟加拉地区曾数次建立过独立国家。近代孟加拉成为英属印度的一部分。1947年印巴分治，孟加拉被分为东、西两部分，西部归印度，东部归巴基斯坦（称东巴）。1971年3月26日东巴宣布独立，1972年1月成立孟加拉人民共和国。

政治

上世纪90年代以来，孟主要由人民联盟（AL）和民族主义党（BNP）轮流执政。2006年10月，孟民族主义党政府结束5年任期。因孟主要政党对选举改革等问题分歧严重，议会解散，成立看守政府。2008年12月29日，孟举行第九届议会选举，人民联盟领导的大联盟以压倒优势获胜。2009年1月6日，人民联盟主席谢赫·哈西娜就任新政府总理，并顺利组阁。1月底，人盟议员阿卜杜尔·哈米德当选为新议长。2月，人盟资深领导人齐鲁尔·拉赫曼当选为新总统。一年多来，哈西娜政府积极采取措施稳定政局、发展经济。目前，孟国内形势总体稳定。

【宪法】1972年11月4日议会通过，12月16日生效。基本原则是“信仰真主、民族主义、民主和社会主义”。1982年3月军管后，宪法中止实行。1986年11月10日恢复执行宪法。至今孟宪法共经过14次修改。第14次宪法修正案主要内容包括将议会中的30名妇女保留席位增加至45名，授权中央选举专员在议长和副议长缺席的情况下代行职责。

【议会】实行一院制，即国民议会（Jatiya Sangsad）。宪法规定议会行使立法权。议会由公民直接选出的300名议员和由议员遴选的45名女议员组成，任期5年。

上届议会于2006年10月期满解散，2008年12

月 30 日，第九届议会选举举行，新一届议会产生。据孟加拉国选举委员会公布的政府公报，人民联盟赢得 230 个议席，民族主义党（BNP）29 席，民族党（艾尔沙德派）27 席，民族社会党 3 席，伊斯兰大会党 2 席，工人党 2 席，自由民主党 1 席，民族党（曼派）1 席，独立候选人 4 席。议会设正副议长，由议员选举产生，现任议长为阿卜杜尔·哈米德（Abdul Hamid）。议会还设秘书处以及专门委员会等部门。

【政府】哈西娜政府组成：

总理谢赫·瓦吉德·哈西娜（Ms. Sheikh Wazed Hasina），兼管电力、能源与矿产部、住房与公共工程部、国防部、宗教事务部、妇女与儿童事务部、武装部队局、内阁事务局；财政部长阿布·马尔·阿布杜尔·穆希特（Mr. Abul Maal Abdul Muhit），农业部长莫蒂娅·乔杜里（Ms. Motia Chowdhury），计划部长 AK·孔达卡尔退役空军上将（Air Vice-marshal（retd.）AK Khandker），黄麻与纺织部长阿布杜尔·拉蒂夫·西迪基（Mr. Abdul Latif Siddiqui），司法与议会事务部长沙非克·艾哈迈德律师（Barrister Shafique Ahmed），内政部长沙哈拉·卡顿律师（Advocate Shahara Khatun），地方政府、乡村发展与合作部长赛义德·阿什拉夫·伊斯拉姆（Mr. Syed Ashraful Islam），土地部长里扎乌尔·卡利姆·希拉（Mr. Rezaul Karim Hira），劳工与就业部长、侨民福利与海外就业部长孔达卡尔·穆沙拉夫·侯赛因（Mr. Khandaker Mosharraf Hossain），信息部长、文化部长阿布·卡拉姆·阿扎德（Mr. Abul Kalam Azad），外交部长迪布·莫尼（Dr. Dipu Moni，女），船运部长阿夫萨鲁尔·阿明（Dr. Afsarul Amin），粮食与灾害管理部长阿布杜尔·拉扎克（Dr. Abdur Razzak），交通部长赛义德·阿布·侯赛因（Mr. Syed Abul Hossain），商业部长法鲁克·汗退役上校（Col（retd.）Farooq Khan），民航与旅游部长 GM·卡德尔（Mr. GM Quader），水力资源部长罗梅什·昌德拉·森（Mr. Romesh Chandra Sen），工业部长迪利普·巴鲁阿（Mr. Dilip Barua），邮电部长拉兹乌丁·拉祖（Mr. Raziuddin Raju），社会福利部长伊纳穆尔·哈克·穆斯塔法·沙希德（Mr. Enamul Haque Mostafa Shahid），教育部长、初级与大众教育部长努鲁尔·伊斯拉姆·纳希德（Mr. Nurul Islam Nahid），渔业与畜牧业部长阿布杜尔·拉蒂夫·比斯瓦斯（Mr. Abdul Latif Biswas），卫生与家庭福利部长AFM·鲁胡尔·哈克（Prof. AFM Ruhul Haque）。

【行政区划】全国划分为达卡、吉大港、库尔纳、拉吉沙希、巴里萨尔、锡莱特、郎故尔（由拉吉沙希的 8 个县组成，正待批准）7 个行政区，下设 64 个县，472 个分县，4490 个乡，59990 个村。

【司法机构】最高法院是最高司法机构，有首席法官一人及法官若干人，均由总统任命。最高法院分为上诉法庭和高等法庭。首席大法官和一部分指定的法官审理上诉法庭的案件，其他法官审理高等法庭的案件。达卡有高等法院和劳工上诉法院。此外还有巡回法院，县法院，民事、刑事法院。现任首席法官为穆罕默德·鲁赫·阿明（Mohammad Ruhul AMIN），2007 年 6 月 1 日就任。现任总检察长为菲达·卡迈勒（Fida KAMAL），2007 年 2 月 6 日就任。

【政党】党派众多，主要有：

（1）孟加拉人民联盟（Bangladesh Awami League）：前身是 1949 年 10 月建立的巴基斯坦人民穆斯林联盟，1952 年改现名。孟独立后至 1975 年为首任执政党。其宗旨是民族主义、民主、社会主义和世俗主义。1992 年 9 月人盟全国理事会修改了党章，放弃公有制原则，实行市场经济，引进自由竞争机制；实行不结盟外交政策，主张同一切国家建立友好关系。主席谢赫·哈西娜。

（2）孟加拉民族主义党（Bangladesh Nationalist Party，BNP）：1978 年 9 月成立。主张维护民族独立、主权和领土完整，信奉真主、民主、民族主义，保证社会和经济上的公正。基本政策是民主多元化、私营化、取消过多的行政干预和建立市场竞争经济。对外政策坚持中立、不结盟，主张同一切国家友好。主席卡莉达·齐亚（Khaleda ZIA，女）。

（3）孟加拉民族党（Bangladesh Jatiya Party）：1986 年 1 月 1 日成立。主张维护独立和主权，建立伊斯兰理想社会，提倡民族主义、民主和社会进步，发展经济。1997 年 6 月底民族党曾发生分裂，前总理卡齐等成立民族党（扎一穆派），后于 1998 年 12 月合并。1999 年 4 月，时任交通部长曼久和原民族党副主席米赞成立民族党米曼派，民族党再次分裂。民族党主流派主席为前总统侯赛因·穆罕默德·艾尔沙德（Hussain Muhammad ERSHAD）。

（4）伊斯兰大会党（Jamaat-e-Islami Party）：1946 年成立。曾因反对孟加拉国独立而遭禁。1979 年重新开展活动。2001 年 10 月，作为民族主义党领导的四党联盟一员参加大选，成为执政党之一。该党称，最终目标是将孟加拉国变成一个伊斯兰国家，主张废除一切非伊斯兰法律，认为外交政策应反映伊斯兰的理想。主席为马蒂乌尔·拉赫曼·尼扎米（Matiur Rahman NIZAMI）。

【重要人物】**齐鲁尔·拉赫曼**：总统。生于 1929 年 3 月 9 日，毕业于达卡大学，获法律学士、硕士学位。长期从事法律工作。早年从政，1972～1973 年、1991 年、1994 年曾三度任人盟总书记，1996～2001 年人盟政府时期任地方政府、乡村发展与合作部长，同时任议会副领袖。先后于 1970 年、1973 年、1986 年、1991 年、1996 年、2001 年和 2008 年当选议员。2007 年 7 月至 2008 年 11 月任人盟代主席。**谢赫·哈西娜**：总理。生于 1947 年 9 月 28 日。孟加拉达卡大学文学学士。系孟加拉开国总统穆吉布·拉赫曼的长女，长期从事政治活动，自上世纪 80 年代起担任人民联盟（人盟）主席。曾于 1994 ~ 2001 年出任总理。2008 年 12 月 30 日，孟举行第九届议会选举，人盟胜出，哈西娜再度执政。

经　济

孟是最不发达国家之一，经济基础薄弱，国民经济主要依靠农业。孟近两届政府均主张实行市场经济，推行私有化政策，改善投资环境，大力吸引外国投资，积极创建出口加工区。几年来孟经济一直保持平稳增长，人民生活水平有所提高。

国内生产总值（2009 财年）：896 亿美元。

人均国内生产总值（2009 财年）：621 美元。

国内生产总值增长率（2009 财年）：5.9%。

货币名称：塔卡（Taka）。

汇 率：（2009 年平均数）：1 美元 = 70 塔卡。

通货膨胀率（2010 年 3 月前的 12 个月）：6.26%。

【资源】 孟矿产资源有限。主要能源天然气已公布的储量为 3113.9 亿立方米，主要分布在东北几小块地区，煤储量 7.5 亿吨。森林面积约 200 万公顷，覆盖率约 13.4%。

【工业】 工业以原材料工业为主，包括水泥、化肥、黄麻及其制品、白糖、棉纱、豆油、纸张等；重工业薄弱，制造业欠发达。主要直接投资国为美国、英国、马来西亚、日本、中国、沙特阿拉伯、新加坡、挪威、德国和韩国等。

【农业】 哈西娜政府高度重视农业，加之孟近两年未发生大的自然灾害，粮食生产继续增加。2009 财年，孟粮食总产量 3216.6 万吨，超过了 2500 万吨的国内需求。

【交通运输】 公路：总里程 21571 公里。其中国家公路 3570 公里，地区公路 4323 公里，支线公路 13678 公里。76% 的货运及 73% 的客运由公路运输承担。

铁路：总里程 2835.04 公里。年旅客周转量约 46 亿人公里，货运量为 7.6 亿吨公里。

水运：孟加拉内河运输公司（BIWTC）拥有船只 195 艘。孟加拉运输公司（BSC）拥有船只 13 艘。

空运：孟航（Biman Bangladesh）现有飞机 11 架，国内航线 3 条，国际航线 18 条。孟现有国际机场 3 个（达卡、吉大港、锡莱特），国内机场 5 个。

【财政金融】 孟加拉国财政年度为 7 月 1 日到 6 月 30 日。至 2010 年 4 月底，孟外汇储备为 106 亿美元。2010 财年前 10 个月（2009 年 7 月至 2010 年 4 月），孟侨汇收入 91.92 亿美元，同比增长 16.72%；出口 129.4 亿美元，同比增长 0.97%。2010 财年前 9 个月政府税收 4164.8 亿塔卡（约合 59.5 亿美元）

【对外贸易】 孟加拉国与 130 多个国家和地区有贸易关系，主要出口市场有美国、德国、英国、法国、荷兰、意大利、比利时、西班牙、加拿大和中国香港。主要出口产品包括：黄麻及其制品、皮革、茶叶、水产、服装等。

主要进口市场有印度、中国、新加坡、日本、中国香港、韩国、美国、英国、澳大利亚和泰国。主要进口商品为生产资料、纺织品、石油及石油相关产品、钢铁等基础金属、食用油、棉花等。近几年对外贸易情况如下（单位：亿美元）：

	2005	2006	2007	2008	2009
出口额	86.55	105.26	121.78	141.11	155.65
进口额	131.47	147.46	171.57	216.29	225.07

【外国援助】 国际援助是孟外汇储备的重要来源，也是孟投资发展项目的主要资金来源。2009/2010 财年前 9 个月，孟接受外援 14.94 亿美元，主要来自日本、美国、加拿大等国和世界银行、亚洲开发银行等国际机构。

人民生活

40.4% 的人口生活在贫困线以下，其中 19.5% 为极度贫困人口。全国共有 1362 家国有医院，44632 名注册医生，38211 个床位。

军　事

孟武装力量由正规军和准军事力量组成。总统是武装部队最高统帅，总理掌握军队实权。陆、海、空三军分立，三军的作战指挥权分别由三军参谋长负责，实行志愿兵役制。三军总兵力约 14 万人。陆军 12 万人，海军 1 万人，空军 1 万人。准军事力量包括步枪队、乡村卫队、海岸警卫队、国家学员团和警察部队等。

文化教育

【教育】 学制为小学五年、中学七年、大学四年。现政府重视教育，规定八年级以下女生享受免费和义务教育。国立大学 29 所，私立大学 51 所，医学院 42 所，普通学院 1578 所，伊斯兰学校 9715 所，职业技术学校 276 所，中学 21179 所，小学 80401 所。主要高校有达卡大学、孟加拉工程技术大学、拉吉沙希大学等。

【新闻出版】 有 1660 多种报刊获准公开发行，主要孟文报纸《团结报》、《革命报》、《人民之声》、《新闻日报》。主要英文报纸有：《孟加拉国观察家报》、《每日星报》、《独立报》和《金融快报》。

通讯社：孟加拉国通讯社（国营）、联合通讯社（私营）和南亚通讯社（私营，1995 年 12 月 27 日成立）。

广播电台：除达卡的国家台外，还有 8 个地方台，对外用 7 种语言向欧洲、中东、巴基斯坦、印度和尼泊尔等国家和地区广播。

电视台：1964 年开办，在达卡和吉大港有 2 个站点，在全国有 11 个转播站。设有 2 个地面卫星转播站。

对外关系

奉行独立自主、不结盟政策，强调经济外交，在平衡同大国关系的同时，注重发展与穆斯林国家的传统关系，努力改善和发展同印度的关系，并加强同西方国家的关系。孟积极参加联合国、不结盟运动、伊斯兰会议组织、英联邦等国际组织的活动，致力于推动南亚区域合作，积极参与次区域和跨区域合作。

孟主张全面、彻底裁军，反对西方国家利用人权问题干涉别国内政，强调建立公正的国际经济新秩序。主张以和平方式解决国际争端，主张裁军和建立新的国际经济秩序。孟在气候变化问题上表现活跃，是“气候变化最易受害国”倡议方之一。实行“东向”外交政策，注重发展与中国、日本及东盟国家的关系。

【同中国的关系】1975 年 10 月 4 日两国建交，此后两国关系发展迅速。中孟两国领导人曾多次互访。李先念主席（1986 年）、李鹏总理（1989 年）、钱其琛副总理兼外长（1994 年）、吴邦国副总理（1997 年）、李鹏委员长（1999 年）、朱镕基总理（2002 年）、全国政协主席贾庆林（2003 年）、温家宝总理（2005 年）、习近平副主席（2010 年）先后访孟。齐亚·拉赫曼总统（1980 年）、艾尔沙德总统（1985 年、1987 年、1988 年、1990 年）、卡莉达·齐亚总理（1991 年、1995 年、2001 年、2002 年、2004 年、2005 年）、看守政府总理法克鲁丁（2008 年）、谢赫·哈西娜总理（1996 年、2010 年）、国民议会议长阿里（1992 年）、西尔卡（2005 年）先后访华。

2009 年，两国全面合作伙伴关系稳步发展。1 月，国家主席胡锦涛、全国人大常委会委员长吴邦国、国务院总理温家宝、外交部长杨洁篪分别向孟加拉国总统拉赫曼、议长哈米德、总理哈西娜和外长莫尼发去就职贺电。2 月，中共中央联络部副部长刘洪才访孟。6 月，杨洁篪外长在出席“世界金融与经济危机对发展影响高级别会议”时与孟外长莫尼会晤。7 月，杨洁篪外长特别代表周刚大使访孟。12 月，哈西娜总理参加国务院总理温家宝在哥本哈根气候会议期间举行的工作午餐。12 月，外交部部长助理胡正跃访孟。11 月，孟人民联盟总书记、地方政府和乡村发展部部长伊斯拉姆率人盟高级代表团访华。

1 月，两国签署《中国孟加拉国文化合作协议 2009—2010 年执行计划》。7 月，第 12 届中孟经贸联委会在北京召开。8 月，孟加拉国工业部长迪利普·巴鲁访华。12 月，商务部部长助理鲁建访孟，签署中孟两国政府经济技术合作协定。

8 月，孟加拉国国家艺术院来华参加第 6 届亚洲艺术节。8 月，孟加拉国南北大学孔子学院新校址落成。4 月，中国人民解放军总政治部副主任贾廷安中将访孟。10 月，中国国防大学副校长王朝田中将访孟。孟加拉国海军、空军参谋长分别来华参加中国人民解放军海、空军成立 60 周年阅兵、庆典活动。

中国援孟工程取得积极进展。两国在国际和地区事务中保持密切合作。孟加拉国支持中国竞选联合国禁止酷刑委员会委员、国际海事组织理事国等近十个国际组织职位。孟加拉国始终坚持一个中国原则，在台湾、涉藏、涉疆、人权等重大问题上继续给予中国坚定支持。

2010 年是中孟建交 35 周年，两国高层交往频繁。3 月，哈西娜总理来华访问，两国宣布建立更加紧密的全面合作伙伴关系。6 月，习近平副主席访孟，会见了拉赫曼总统、哈米德议长和反对党领袖卡·齐亚，同哈西娜总理举行会谈。

中国驻孟加拉国大使：张宪一（2009 年 3 月 22 日递交国书）。馆址：Plot 2/4，Road No. 3，Block-I，Baridhara，Dhaka，Bangladesh。电话：0088－01713－090571。传真：0088－02－8823004，9880188。电子信箱：CHINAEMB @ BDMAIL. NET。经商处电话：0088－02－8825272，0088－02－8823313；传真：0088－02－8823082。

孟加拉国驻华大使：孟什·法兹·艾哈迈德（Munshi Faiz Ahmad）。

馆址：北京市朝阳区光华路 42 号。电话：010－65322521，65323706。传真：65324346。E-mail：embbd@ public. intercom. com. cn。

【同印度的关系】孟重视改善和发展同印度的关系。2010 年 1 月，哈西娜总理访印，在基础设施建设、贸易、电力等领域达成具体成果，印度允诺向孟提供 10 亿美元贷款，孟允许印度使用吉大港和蒙格拉港。双方还在跨境水资源分享、海陆边界划分等敏感问题上达成一定共识。2009 年 2 月，印度外长慕克吉访孟。印度议会人民院议长查特吉访孟。4 月，印度外秘梅农访孟。6 月，印度前总统卡拉姆访孟。8 月，印度联秘穆尔蒂访孟。9 月，孟外长莫尼访印。11 月，孟印签署相互进出口电力备忘录。

【同巴基斯坦的关系】孟积极发展同巴基斯坦的关系。2009 年 2 月，巴基斯坦总统特使齐亚·伊斯巴哈尼访孟。5 月，孟外长莫尼会见巴驻孟高专，督促巴政府就孟独立战争期间的行为道歉。6 月，巴外交部辅秘马苏德表示，如孟审理独立战争战犯，可能影响两国关系。

【同美国的关系】孟政府为摆脱贫困，寻求外援，积极谋求保持并发展同美国的关系。美一直是孟最大的贸易和投资国。2009 年 1 月，孟总统伊阿祖丁、总理哈西娜电贺奥巴马就任美国总统。2 月，美国南亚事务助理国务卿鲍彻访孟。6 月，美国中南亚事务助理国务卿布莱克访孟。9 月，哈西娜总理出席第 64 届联大期间同奥巴马、希拉里等会谈。9 月，美国代理副助理国务卿米查尔访孟。2010 年以来，美国副国务卿、助理国务卿帮办等分别访孟。

（侯方超）

缅 甸

国名 缅甸联邦（The Union of Myanmar）。

面积 676581平方公里。

人口 约5750万。共有135个民族，主要有缅族、克伦族、掸族、克钦族、钦族、克耶族、孟族和若开族等，缅族约占总人口的65%。各少数民族均有自己的语言，其中克钦、克伦、掸和孟等族有文字。华人华侨约250万。全国85%以上的人信奉佛教，约8%的人信奉伊斯兰教。

首都 内比都（Nay Pyi Taw），人口约92万。

国家元首 国家和平与发展委员会（简称“和发委”）主席丹瑞大将（Senior Gen. Than Shwe），1992年4月23日出任国家恢复法律和秩序委员会（简称“恢委会”）主席，1997年11月15日改任现职。

重要节日 独立节：1月4日，建军节：3月27日，泼水节：4月13日。

简 况

位于中南半岛西部。东北与中国毗邻，西北与印度、孟加拉国相接，东南与老挝、泰国交界，西南濒临孟加拉湾和安达曼海。海岸线长3200公里。属热带季风气候，年平均气温27℃。

1044年形成统一的国家后，经历了蒲甘、东吁和贡榜三个封建王朝。19世纪英国发动三次侵略战争后占领了缅甸，1886年将缅甸划为英属印度的一个省。1937年缅甸脱离英属印度，直接受英国总督统治。1942年5月被日本占领。1945年3月全国总起义，缅甸光复。后英国重新控制缅甸。1948年1月4日，缅脱离英联邦宣布独立。以吴努为首的政府实行多党民主议会制。1962年，缅国防军总参谋长奈温将军发动政变，推翻吴努政府，成立革命委员会。1974年1月，颁布新宪法，成立人民议会，组建了“社会主义纲领党”（简称“纲领党”），奈温任“纲领党”主席，定国名为“缅甸联邦社会主义共和国”。1988年7月，因经济恶化，全国爆发游行示威，“纲领党”主席奈温和总统吴山友因此辞职。

政 治

1988年9月18日，以国防部长苏貌将军为首的军队接管政权，成立“恢委会”，宣布废除宪法，解散人民议会和国家权力机构。9月23日将“缅甸联邦社会主义共和国”改名为“缅甸联邦”。1990年5月，举行全国大选，1992年4月，丹瑞大将出任“恢委会”（1997年更名为“和发委”）主席。1993年1月，缅政府召开制宪国民大会，国民大会从1996年4月至2004年5月休会。

2003年8月，缅政府进行重大改组，任命原“和发委”第一秘书长钦纽为政府总理。钦纽随后提出政治和解“七点路线图”计划，表示将恢复召开国民大会、制定宪法草案、进行全民公决、举行全国大选。2004年5月17日，制宪国民大会复会，同年10月19日，缅总理钦纽因健康原因退休，“和发委”第一秘书长梭温中将（2005年6月晋升上将）接任总理。2007年5月，总理梭温病重，“和发委”第一秘书长登盛（Thein Sein）任代总理。10月12日，总理梭温病逝。10月24日，“和发委”任命代总理登盛为总理，“和发委”成员丁昂敏乌中将（Tin Aung Myint Oo，2009年3月晋升上将）任“和发委”第一秘书长。

2007年9月3日，缅制宪国民大会结束，大会确定了15个章节制宪基本原则和细则，“七点路线图”第一步顺利完成。10月18日，成立宪法起草委员会。12月3日，宪法起草委员会在内比都召开首次会议，新宪法起草工作正式启动。2008年2月9日，“和发委”宣布于5月就新宪法进行全民公决，2010年举行全国多党大选。2月19日，新宪法草案起草完成。5月，缅举行新宪法草案全民公决，以92.48%的赞成票通过新宪法草案。2010年3月，“和发委”颁布了《联邦选举委员会法》、《政党注册法》、《人民院选举法》、《民族院选举法》和《省/邦议会选举法》等五部法律，并成立了联邦选举委员会。

【宪法】 1974年缅甸制定了《缅甸社会主义联邦宪法》。1988年军政府接管政权后，宣布废除宪法，并于1993年起召开国民大会制订新宪法，2008年5月，新宪法草案经全民公决通过。

【国家和平与发展委员会】 其前身为成立于1988年9月18日的“国家恢复法律和秩序委员会”，1997年11月15日更名为“国家和平与发展委员会”，系国家最高权力机构。国防军三军总司令丹瑞大将任主席，国防军三军副总司令兼陆军总司令貌埃副大将（Vice Sr. Gen Maung Aye）任副主席，丁昂敏乌上将任第一秘书长。

【政府】 现任总理为登盛。主要成员有：农业与水利部长吴泰乌（U Htay Oo），第一工业部长吴昂当（U Aung Thaung），第二工业部长吴梭登（U Soe Thein），外交部长吴年温（U Nyan Win），国家计划与经济发展部长吴梭达（U Soe Tha），交通部长吴登瑞

(U Thein Swe)，劳工部长吴昂基（U Aung Kyi），合作社部长吴丁突（U Tin Htut），铁道部长吴昂民（U Aung Min），能源部长吴伦迪（U Lun Thi），教育部长千迎博士（Dr. Chan Nyein），卫生部长党敏博士（Dr. Kyaw Myint），商务部长吴丁乃登（U Tin Naing Thein），饭店与旅游部长吴梭乃（U Soe Naing），邮电通讯部长吴登佐（U Thein Zaw），财税部长吴拉吞（U Hla Tun），宗教事务部长杜拉吴敏貌（Thura U Myint Maung），建筑部长兼第二电力部长吴钦貌敏（U Khin Maung Myint），科技部长吴当（U Thaung），文化部长吴钦昂敏（U Khin Aung Myint），宣传部长吴觉山（U Kyaw Hsan），边境与少数民族地区开发部长吴登纽（U Thein Nyunt），第一电力部长吴佐民（U Zaw Min），体育部长杜拉吴埃敏（Thura U Aye Myint），林业部长吴登昂（U Thein Aung），内政部长兼移民与人口部长吴貌乌（U Maung Oo），矿业部长吴翁敏（U Ohn Myint），社会福利与救济安置部长吴貌貌瑞（U Maung Maung Swe），畜牧水产部长吴貌貌登（U Maung Maung Thein）。

【行政区划】全国分7个省和7个邦。省是缅族主要聚居区，邦多为各少数民族聚居地。

【司法机构】缅甸法院和检察院共分4级。设最高法院和最高检察院，下设省邦、县及镇区3级法院和检察院。最高法院为国家最高司法机关，首席法官吴昂都（U Aung Toe）。最高检察院为国家最高检察机关，总检察长吴埃貌（U Aye Maung）。

【政党】1988年9月18日，缅甸军队接管国家政权，宣布废除一党制，实行多党民主制。1990年5月27日举行首次多党制大选，有93个政党参加竞选，后大批政党自行解散或被取缔，仅存10个政党。主要是：

（1）全国民主联盟（National League for Democracy）：成立于1988年9月29日，系缅甸最大政党和最有影响的反对党。在1990年5月大选中获得485个议席中的396个席位。主席吴昂瑞（U Aung Shwe），总书记昂山素季（Aung San Suu Kyi，女）。该党的政治纲领是：主张按联合国宪章的民主程序治理国家，一切权力属于人民，以立宪方式保障人权，坚决反对独裁统治。国家实行立法、行政和司法三权分立制度，依法治国，法律面前人人平等。

（2）民族团结党（National Unity Party）：由原执政的缅甸社会主义纲领党于1988年9月24日改组而成，系缅第二大政党。在1990年5月大选中获10个席位。主席吴达觉（U Tha Kyaw），总书记吴吞意（U Tun Yi）。

（3）掸邦民主联合会（Shan National League for Democracy）：1988年10月成立，为掸邦少数民族政党。在1990年5月大选中获23个席位。主席吴昆吞乌（U Hkun Htun Oo），总书记吴赛艾邦（U Sai Ai Pao）。

其他政党还有：联邦勃欧族联合会（Union Paoh National Organization）、掸邦果敢民主党（Shan State Kokang Democratic Party）、谬族（克密族）团结协会（Mro or Khami National Solidarity Organization）、拉祜族发展党（Lahu National Development Party）、联邦克伦族联盟（Union Karen League）、果敢民主团结党（Kokang Democracy and Unity Party）、佤族发展党（Wa National Development Party）。

根据缅国家和发委2010年3月颁布的有关选举法律规定，上述10个政党必须在2010年5月6日前向联邦选举委员会提交政党重新注册申请，否则将失去合法存在的资格。共有5个原合法政党在截止日期前提交了政党重新注册申请并获得批准，它们是：民族团结党、联邦克伦族联盟、谬族（克密族）团结协会、拉祜族发展党、果敢民主团结党。截至2010年6月23日，缅甸全国共有42个政党向联邦选举委员会提交了组建政党或重新注册申请，其中已有33个政党获得政党注册许可。

主要社会组织有：联邦巩固与发展协会（Union Solidarity and Development Association）（简称“巩协”）。1993年9月15日作为社会团体在内政部注册成立。其宗旨是维护联邦统一，维护民族团结，维护国家主权和民族尊严，发扬爱国主义精神，建设繁荣富强的国家。章程规定任何公民均可申请入会，分青少年会员（10～18岁）和成年会员（18岁以上），会员不得参加任何政党。“巩协”从中央到地方均设有机构，发展迅速，现有会员2400万人。“和发委”主席丹瑞大将担任名誉主席，总书记由农业与水利部长泰乌少将兼任，5名书记和18名中央执委均由正副部长担任。由巩协转变而成的“缅甸联邦巩固与发展党”已于2010年6月获得政党注册许可。

【重要人物】丹瑞大将：“和发委”主席、三军总司令兼国防部长。1933年2月出生于曼德勒省，缅族。1953年军校毕业，先后担任营长、副师长、师长、军区司令、陆军副总参谋长等职。1988年缅军队接管政权后，出任“恢委会”委员。1989年任三军副总司令兼陆军司令。1990年晋升上将，1992年任国防部长，同年出任“恢委会”主席。1993年晋升大将。1997年改任“和发委”主席。1985年曾随议会代表团访华，1989年率军事友好代表团访华，1996年、2003年两次应中国政府邀请对华进行正式友好访问。　**貌埃副大将：**“和发委”副主席、三军副总司令兼陆军司令。1937年生于实阶省，缅族，大学文化程度。1955年6月入伍并考入军事学院。1959年至1986年，历任连长、南部军区一级参谋、副师长、国防部军械局局长、东北军区司令、东部军区司令。1988年缅军队接管政权后，任国家“恢委会”委员、掸邦“恢委会”主席。1990年晋升少将，1993年晋升中将，同年升任三军副总司令兼陆军司令。1994 年晋升上将，出任国家“恢委会”副主席。1997 年“恢委会”更名后改任现职，2002 年晋升副大将。1996 年率军事代表团访华。2000 年应邀访华并出席在北京举行的庆祝中缅建交五十周年纪念活动。2003 年 8 月率高级军事代表团访华。2009 年 6 月应邀率团访华。 **登盛**：政府总理。1945 年 5 月 11 日出生。毕业于缅军事学院。1997 年 4 月任三角军区司令。2001 年 12 月，任国防部军务署长。2003 年 8 月出任“和发委”第二秘书长，2004 年 10 月升任“和发委”第一秘书长。2007 年 5 月 18 日被任命为代总理，同年 10 月 24 日被任命为总理。2007 年 6 月以“和发委”第一秘书长身份访华。2008 年 8 月来华出席北京奥运会开幕式，并于 10 月来华出席第五届中国—东盟博览会。 **丁昂敏乌上将**：“和发委”第一秘书长。1950 年 5 月出生，缅族。1970 年起在军队任职，1989 年被授予“迪哈杜拉”称号。1998 年 11 月晋升少将，任东北军区司令。2001 年出任军需署长，2007 年 10 月 24 日出任“和发委”第一秘书长，2009 年 3 月晋升上将。2009 年 10 月来华出席第六届中国—东盟博览会。

经济

缅甸自然条件优越，资源丰富。多年来经济发展缓慢。1987 年 12 月被联合国列为世界上最不发达国家之一。缅军政府上台后，废除“社会主义计划经济”，实行以建立市场经济为目标的经济体制改革，鼓励发展私人企业，积极引进外资。1992 ~ 1995 年，GDP 年均增长 7.5%。1996 ~ 2001 年，GDP 年均增长 8.5% 左右。2001/2002 ~ 2005/2006 年，GDP 年均增长 12.8%，经济总量增加 1.83 倍。

2009 年缅甸 GDP 约 23 万亿缅币，2008/2009 财年缅国民的人均收入超过 49.8 万缅币（市场价约合 474 美元）。目前外债累计 67 亿美元，外汇储备约 36 亿美元。缅甸经济起点低，资金短缺、技术落后、基础设施差、外资流入有限，加之受西方国家制裁，目前经济十分困难。主要经济数据如下（数据来源：缅甸政府统计）：

国民生产总值增长率（2009/2010 财年）：10.1%。

货币名称：缅币（Kyat）。

官方汇率：1 美元 = 5.5080 缅元。

市场汇率（2010 年 6 月）：1 美元≈990 缅元。

【资源】矿产资源主要有锡、钨、锌、铝、锑、锰、金、银等，宝石和玉石在世界上享有盛誉。石油和天然气在内陆及沿海均有较大蕴藏量。森林资源丰富，全国拥有林地 3412 万公顷。水力资源丰富，伊洛瓦底江、钦敦江、萨尔温江三大水系纵贯南北，但由于缺少水利设施，尚未得到充分利用。

【工业】工业产值约占国民生产总值的 20%。全国有 18 个工业区，工厂 9849 个，从业人数约 174 万。主要工业有石油和天然气开采、小型机械制造、纺织、印染、碾米、木材加工、制糖、造纸、化肥和制药等。2005 年度，原油产量 639 万桶、汽油 8432 万加仑、柴油 11395 万加仑。共有陆上输油管道 70 英里，天然气管道 1401 英里。2006/2007 财年，共生产天然气 130.39 亿立方米，2007/2008 财年上半年（2007 年 4 ~ 9 月），共生产天然气 67.4 亿立方米。目前已开发陆上油田 18 个，海上、陆地天然气田 3 个。全国装机总容量为 170.1 万千瓦，发电总量 60.15 亿度，各种能源发电比例为：天然气 65%、水力 30%，其他 5%。

【农林牧渔业】农业为国民经济基础，占国民生产总值的 40.2%，农业劳动力 1890 万，约占全国总就业人数的 70%。可耕种面积为 8470 万英亩。主要农作物有水稻、小麦、玉米、花生、芝麻、棉花、豆类、甘蔗、油棕、烟草和黄麻等。2008/2009 财年，稻米种植面积 2000 万英亩，产稻谷 15 亿缅箩，2009 年出口大米 100 万吨。豆类种植面积 900 万英亩，产量 270 万吨，2008/2009 财年，缅出口各种豆类达 150 万吨。棉花种植面积 91 万英亩，产量 2.3 万吨。橡胶种植面积 115 万英亩，年产橡胶 9 万吨。油料作物种植面积 800 万英亩，食用油生产能力 20 万吨/年。

畜牧渔业以私人经营为主。缅甸政府允许外国公司在划定的海域内捕鱼，向外国渔船征收费用。1990 年开始同一些外国公司合资开办鱼虾生产和出口加工企业，目前有 144 家水产品出口公司，水产品出口 49 个国家和地区。2009/2010 财年，水产品出口额为 4.96 亿美元。

森林覆盖率 41%。主要林产品有柚木、花梨、丁纹、鸡翅木、黑檀、铁木等各类硬杂木和藤条、竹子等。2006/2007 财年，木材出口额为 300 亿缅元。

【旅游业】风景优美，名胜古迹多。主要景点有世界闻名的仰光大金塔、文化古都曼德勒、万塔之城蒲甘以及额布里海滩等。政府大力发展旅游业，积极吸引外资，建设旅游设施。目前有大小酒店 533 家，拥有客房 15848 间。较著名的饭店有：仰光的西多娜酒店、茵雅湖酒店、商贸酒店，曼德勒的西多娜饭店，蒲甘的丹岱饭店、蒲甘饭店等。据缅甸旅游统计数据表明，2007 年来缅外国旅客为 314224 人，2009 年来缅外国游客人数为 22.74 万人，同比上升 25%。

【交通运输】交通以水运为主，铁路多为窄轨。近年来，政府大力修筑公路和铁路，陆路运输有了较大发展。

铁路：总长 4034 英里。拥有蒸汽机车 43 台，柴油机车 270 台，客车厢 701 节，货车厢 3906 节。

水运：内河航道约为 9219 英里，各种船只 537 艘。可供远洋货轮停靠的港口主要有仰光港、勃生港和毛淡棉港，其中仰光港是缅甸最大的海港。缅甸仅有“缅甸五星轮船公司”经营远洋运输。

公路：公路和主要道路总里程 71820 英里。

空运：主要航空公司有缅甸国际航空公司、仰光航空公司、曼德勒航空公司。全国有大小机场 73 个，主要机场有仰光机场、曼德勒机场、黑河机场、蒲甘机场、丹兑机场等。仰光机场及曼德勒机场为国际机场。目前已与 13 个国家和地区建立了直达航线，主要国际航线有曼谷、北京、新加坡、香港、吉隆坡等。国内航线共 17 条，大城市和主要旅游景点均已通航。

【财政金融】缅甸财政年度为 4 月 1 日至下年 3 月 31 日。缅甸有五家国有银行，分别为：缅甸中央银行（1948 年成立，前身为缅甸联邦银行，1990 年改称中央银行）、缅甸农业银行（1953 年成立）、缅甸经济银行（1967 年成立）、缅甸外贸银行（1967 年成立）和缅甸投资与商业银行（1989 年成立）。从 1992 年起，允许私人开办银行和外国银行在缅设立办事处。

【对外贸易】政府放宽对外贸限制，允许私人经营外贸业务，并开放了同邻国的边境贸易。近年外贸情况如下（单位：亿美元）：

	2004/2005	2005/2006	2006/2007
进口额	19.73	19.84	29.36
出口额	29.27	35.58	52.32

（资料来源：缅甸商务部统计）

2007/2008 财年缅甸对外贸易额为 88.6 亿美元，同比增长 10%。其中出口总额 60.43 亿美元，进口总额 28.18 亿美元。2008 年 4～12 月，外贸总额超过 85 亿美元，其中正常贸易额 75 亿美元，边境贸易额 10 亿美元。

主要出口商品有大米、玉米、各种豆类、橡胶、皮革、矿产品、木材、珍珠、宝石和水产品等，主要进口工业原料、化工产品、机械设备、零配件、五金产品和消费品等。

【外国资本】截至 2009/2010 财年，来自 31 个国家和地区在缅投资 424 个项目，投资总额 160.5 亿美元。主要投资国为：泰国、英国、中国、新加坡和马来西亚，主要投资领域为：能源、工业、旅游、建筑及农业等。

人民生活

全国共有医院 832 所，300 床位以上的大医院 114 个，农村卫生站 1456 个。医生 19766 人，牙医 1710 人，护士 20429 人。

军　事

缅军成立于 1942 年，3 月 27 日为建军节。2002 年 9 月，缅军建制调整为国防军最高司令部、陆军总司令部、三军情报总部、空军司令部和海军司令部。丹瑞大将为三军总司令，貌埃副大将为三军副总司令兼陆军司令，杜拉瑞曼上将为三军总参谋长，妙亨中将为空军司令，年吞中将为海军司令。缅甸实行志愿兵役制，现有总兵力 50 万，其中陆军 46.8 万，海军 1.7 万，空军 1.5 万。另有 6 万多人的警察部队。陆军编成 12 个军区，10 个机动师。全缅设有 7 个海军基地和 9 个空军基地。2004 年 11 月，“三军情报总部”改为“军事安全局”，现任局长为耶敏中将。

文化教育

【教 育】政府重视发展教育和扫盲工作，全民识字率 94.75%。教育分学前教育、基础教育和高等教育。学前教育包括日托幼儿园和学前学校，招收 3～5 岁儿童；基础教育学制为 10 年，1～4 年级为小学，5～8 年级为普通初级中学，9～10 年级为高级中学；高等教育学制 4～6 年不等。

现共有基础教育学校 40553 所，大学 156 所，医学院、牙科医学院等医学类院校 16 所。截至 2006 年，有教师 11252 人，学生 42.8 万人。

【新闻出版】报纸均为官办，全国发行的报纸有 3 种：《缅甸之光》缅文版、《缅甸新光》英文版和 1992 年 9 月复刊的《镜报》。地方性的报纸有仰光出版的《首都报》、曼德勒出版的《曼德勒报》和《雅德那榜报》3 份。此外，全国还有约 140 种杂志和期刊，较著名的有《妙瓦底》、《秀玛瓦》、《威达意》、《视野》和《财富》等。

缅甸通讯社为国家通讯社。

官办的“缅甸之声”是唯一广播电台，建于 1937 年。目前用缅甸语、英语及八种少数民族语言广播。

全国有两个电视台。“缅甸电视台”建于 1980 年，“妙瓦底电视台”创办于 1995 年 3 月 27 日。目前，缅全国共有电视转播站 177 个，全国各省邦大部分地区都能收看电视节目。

对外关系

奉行“积极、独立”的外交政策，不依附于任何大国和大国集团。1988 年军政府上台后，以美国为首的西方国家对缅甸进行经济制裁和贸易禁运，终止对缅甸经济技术援助，禁止对缅甸投资。1997 年加入东盟后，与东盟国家关系发展较快。2007 年 10 月和 2008 年 5 月，联合国安理会两次通过缅甸问题声明，对缅甸问题表达关切。2008 年 5 月和 2009 年 7 月，联合国秘书长潘基文两次访问缅甸。联合国秘书长缅甸问题特别顾问甘巴里、联合国缅甸人权状况特别报告员昆塔纳也多次访缅。2009 年 9 月，缅甸总理登盛在纽约出席第 64 届联合国大会。

截至 2010 年 5 月，已与 101 个国家建立外交关系，在 30 个国家设立大使馆，并在纽约和日内瓦设有代表处。现共有 28 个国家在缅甸设立大使馆。

【同中国的关系】1950 年 6 月 8 日中缅建交。

近年来，中缅睦邻友好合作关系保持良好发展势头，各领域的友好交流与合作日益深入。2009 年，两国高层保持密切交往。3 月，中共中央政治局常委李长春、中国人民解放军总参谋长陈炳德访缅。4月，缅甸总理登盛来华出席博鳌亚洲论坛2009年年会。6月，缅甸“和发委”副主席貌埃访华。10月，缅“和发委”第一秘书长丁昂敏乌来华出席第六届中国—东盟博览会。12月，中国国家副主席习近平访缅。

2010年是中缅建交60周年，两国领导人互致贺电庆祝建交60周年。6月，国务院总理温家宝对缅甸进行正式访问。7月，缅甸“和发委”第一秘书长丁昂敏乌访华。9月，缅甸“和发委”主席丹瑞对华进行国事访问。

中国驻缅甸大使：叶大波，2009年2月3日递交国书。馆址：1 Pyidaungsu Yeiktha Road, Yangon。电话：00951－221280，221281。传真：227019。使馆商务处：电话：222800，222803。传真：220386。

缅甸驻华大使：吴登伦（U Thein Lwin），2003年6月18日递交国书。馆址：北京市朝阳区东直门外大街6号。电话：010－65320359，传真：65320408。

【同美国的关系】1948年两国建交。缅军队接管政权后，美把驻缅使馆降为代办级，停止对缅提供经援和禁毒援助，撤消给缅的贸易普惠制（GSP），对缅实行武器禁运，阻止国际金融机构向缅提供援助，不向缅高官及其家属发放入境签证。1997年5月，克林顿总统签署行政命令，禁止美国商人对缅进行新的投资。2000年12月，克林顿授予昂山素季“美国总统自由勋章”。2003年7月，布什总统签署强化对缅制裁法案，主要措施有：禁止缅“和发委”成员、巩协官员、国企官员入境；禁止从缅进口商品；冻结军政及上述官员在美资产及缅国有银行存款等。2005年1月，美国将缅甸列为“暴政前哨”国家。2006年9月15日，美推动安理会通过表决将缅甸问题列入安理会议程。2007年1月12日，美推动安理会表决缅甸问题决议草案。由于中、俄、南非投反对票，决议未能通过。2007年9月27日，美国总统布什签署行政命令，宣布冻结包括缅“和发委”主席丹瑞在内10名官员在美资产，同时禁止美国公司或个人与上述10名缅官员进行商业往来。10月19日，美对缅实施新的制裁措施：命令商务部严格控制对缅出口；在过去制裁的基础上，对另外11名缅政府官员在美资产实施冻结，同时对其他12个相关个人和实体实施制裁。2008年7月30日，美国总统布什签署法案，扩大对缅政府的制裁，包括冻结缅甸政府与军事领袖的个人资产、禁止缅甸红宝石与玉石出口美国市场、美国财政部宣布对10家与缅甸政府有关的公司进行经济制裁。2009年初奥巴马政府上台后，一改布什政府强硬的外交政策，推行“巧实力外交”，加强与缅甸直接接触和对话。2009年8月，美参议员吉姆·韦布访问缅甸，会见了缅最高领导人丹瑞大将和总理登盛。2009年9月，美向缅总理登盛发放入境许可，使其成为14年来第一位参加在纽约召开的联合国大会的缅军政府高官。2009年11月和2010年5月，美国务院主管亚太事务的助理国务卿坎贝尔两次访问缅甸。

【同东盟的关系】缅甸重视与东盟国家发展友好关系，与东盟各国交往密切。2009年2月，缅甸总理登盛在泰国出席了第14届东盟首脑会议。3月，登盛总理访问印尼和新加坡。4月，登盛总理在泰国出席了第4届东亚峰会等系列会议。5月，越南祖国阵线中央委员会主席黄担访问缅甸。6月，新加坡国务资政吴作栋访问缅甸。7月，吴年温外长在泰国出席第42届东盟部长会议。12月，登盛总理在泰国出席第15届东盟峰会和第12次东盟—中国、东盟—日本、东盟—韩国领导人会议等系列会议。10月，缅“和发委”成员都拉瑞曼上将访问越南。12月，登盛总理在老挝出席了第25届东南亚运动会开幕式，并会见了老挝国家领导人。2010年1月，吴年温外长在越南出席了东盟外长会议。4月，登盛总理在越南出席第16届东盟峰会。4月，越南总理阮晋勇访问缅甸。6月，老挝总理波松访问缅甸。

【同南亚国家的关系】2009年2月，印度副总统安萨里访问缅甸。3月，缅甸外长吴年温在斯里南卡出席了南亚地区部长级会议。5月，孟加拉国外长莫尼访问缅甸。6月，斯里兰卡总统拉贾帕克萨访问缅甸。11月，缅最高领导人、“和发委”主席丹瑞大将访问斯里兰卡。2010年1月，印度内政部长皮莱访问缅甸。2010年2月，吴年温外长访问尼泊尔。2010年4月，吴年温外长出席在不丹举行的第16届南盟首脑峰会。

【同其他国家的关系】2009年3月，缅甸副外长吴貌敏访问韩国。4月，欧盟外长会议发表涉缅声明。5月，欧盟—日本峰会领导人发表联合声明提及缅甸问题。5月，缅甸总理登盛会见韩国总统特使。6月，登盛总理在韩国出席东盟—韩国特别峰会等系列会议。8月，缅“巩协”总书记泰乌访问日本。12月，登盛总理会见了日本经济产业省代表团。

2009年8月27日，缅甸与津巴布韦建立大使级外交关系。11月10日，缅甸与巴林建交大使级外交关系。2010年5月10日，缅甸与斐济建立大使级外交关系。

【同其他地区和国际组织的关系】2009年4月，缅甸外长吴年温在古巴出席“不结盟运动”协调局部长级会议。5月，吴年温外长在河内出席第9届亚欧外长会议。5月，缅甸副外长吴貌敏在金边出席第17届东盟—欧盟部长级会议。7月，吴年温外长在埃及出席“不结盟运动”首脑会议等系列会议。10月，吴年温外长在斯里兰卡出席第8次亚洲合作对话会议。12月，吴年温外长出席了在丹麦哥本哈根举行的联合国气候变化会议领导人会议。2010年1月，

吴年温外长在东京出席第4届东亚—拉美合作论坛外长会议。3月，吴年温外长在菲律宾出席不结盟运动部长级特别会议。（李福生）

尼 泊 尔

国名 尼泊尔联邦民主共和国（The Federal Democratic Republic of Nepal）。

面积 147181平方公里。

人口 2700万。全国有拉伊、林布、苏努瓦尔、达芒、马嘉尔、古隆、夏尔巴、尼瓦尔、塔鲁等30多个民族。尼泊尔语为国语，上层社会通用英语。居民86.2%信奉印度教，7.8%信奉佛教，3.8%信奉伊斯兰教，信奉其他宗教人口占2.2%。

首都 加德满都（Kathmandu），人口约70.19万（2001年）。月平均最高气温29℃（7月），最低气温2℃（1月）。

国家元首 总统拉姆·巴兰·亚达夫（Ram Baran Yadav），2008年7月23日就任。

重要节日 议会宣言颁布日：5月18日。共和国日：5月29日。德赛节（Dashain）：又称大德赛节（Bara Dashain）、十胜节（Vijaya Dashami），是尼民间最大的节日，在公历10月，共15天，全国放假7天。

简　况 内陆山国，位于喜马拉雅山南麓，北邻中国，其余三面与印度接壤，国境线全长2400公里。全国分北部高山、中部温带和南部亚热带三个气候区。北部冷季最低气温为-41℃，南部夏季最高气温为45℃。

公元前6世纪建立王朝。1769年，兴起于中西部地区的沙阿王朝征服加德满都谷地，开始有年代准确、资料翔实的历史。1814年英国入侵后，迫使尼将南部大片领土割让给印度，并在尼享有多种特权。1846年，拉纳家族依靠英国支持夺取军政大权，并获世袭首相地位，使国王成为傀儡。1923年英承认尼独立。1950年，尼人民掀起声势浩大的反对拉纳家族专政的群众运动和武装斗争。特里布文国王和马亨德拉王储在印度支持下，通过谈判恢复王权，结束拉纳家族统治，实行君主立宪制。1960年，马亨德拉国王取缔政党，实行无党派评议会制。1990年全国爆发大规模人民运动，比兰德拉国王被迫实行君主立宪的多党议会制。此后，政局持续动荡，党派斗争激烈，政府更迭频繁。

政　治 1996年，尼共（毛主义）宣布退出议会，开展人民战争。2001年6月，发生王室血案，比兰德拉国王等王室成员遇害，比的胞弟贾南德拉登基。2002年5月，贾南德拉国王应时任首相德乌帕要求解散议会，并在此后近3年里三易首相。2005年2月，贾南德拉国王亲政。2006年4月，尼主要政党组成的“七党联盟”与尼共（毛主义）联合发起反国王街头运动。国王妥协，宣布恢复议会，还政于政党。大会党主席柯伊拉腊出任首相。5月，议会通过宣言，剥夺国王权力，将“尼泊尔国王陛下政府”更名为“尼泊尔政府”。8月，“尼泊尔王国”改称“尼泊尔”。11月，政党政府与尼共（毛主义）签署《全面和平协议》，宣布结束11年的武装冲突。2007年1月，议会颁布临时宪法。组建包含尼共（毛主义）的临时议会，尼共（毛主义）回归政治主流。4月，成立包含尼共（毛主义）的临时政府，柯伊拉腊留任首相。

2008年4月，举行制宪会议选举。尼共（毛）成为第一大党。5月，制宪会议召开首次会议，宣布建立联邦民主共和国，废黜国王。7月，制宪会议选举大会党领导人拉姆·巴兰·亚达夫为尼首任总统。8月，制宪会议选举尼共（毛）主席普拉昌达为总理，组建以尼共（毛）为首的，包括第三大党尼共（联合马列）、马德西人民权利论坛等党的联合政府。第二大党大会党成为最大反对党。

2009年5月3日，尼共（毛）在主要盟党抵制的情况下，在内阁会议上单方面决定解除军队参谋长卡特瓦尔职务。尼共（联合马列）等盟党退出政府。亚达夫总统指责内阁决定违宪并留任被政府解职的军队参谋长。4日，尼共（毛）主席普拉昌达辞去总理职务。23日，尼共（联合马列）领导人马达夫·库马尔·尼帕尔在22党联盟支持下当选总理。25日，尼帕尔宣誓就职。

2010年5月28日，尼共（联）、大会党同联合尼共（毛）达成一揽子协议，同意尼制宪会议通过临时宪法修正案，将制宪会议延期一年，避免了宪政危机。6月30日，尼帕尔总理宣布辞职，进入看守政府状态。

【宪法】 2007年1月15日，尼议会颁布临时宪法，规定现议会解散，组建包含尼共（毛主义）的临时议会；全面剥夺国王行政权力，首相掌握行政大权并代行国家元首之职。这是60年来尼颁布的第六部宪法。3月，尼议会通过临时宪法第一修正案，决定通过制宪会议选举在尼实行联邦民主制。6月，通过第二修正案，规定如国王涉嫌破坏制宪会议选举，临时议会2/3多数可废除君主制。12月，通过第三修正案，宣布尼为联邦民主共和国，将由制宪会议首次会议核准，规定首相代行国家元首之职。2008年5月，通过第四修正案，规定设立总统、副总统，总统为国家元首，总理为政府首脑。7月，通过第五修正案，规定总统、副总统、总理由各党共识推选，如不能达成共识，则由制宪会议简单多数选举产生；制宪会议简单多数可弹劾总理，2/3多数可弹劾总统和副总统。2010年5月，通过修正案，将制宪会议延期一年。

【议会】制宪会议为最高立法机构，主要职责是制定新宪法。共601席，主要政党席位分配如下：联合尼共（毛主义）238席，大会党114席，尼共（联合马列）109席，马德西人民权利论坛（民主派）28席。制宪会议主席苏巴斯·内姆旺（Subas Nemwang）。

【政府】2009年5月23日，马达夫·库马尔·尼帕尔（Madhav Kumar Nepal）当选尼泊尔联邦民主共和国第二任总理。25日，尼帕尔宣誓就职。尼内阁主要成员如下：副总理兼物资计划与工程部长比贾亚·库马尔·加查达尔（Bijaya Kumar Gachhadar），国防部长比德亚·德维·班达里（Bidya Devi Bhandari），内政部长比姆·拉瓦尔（Bhim Rawal），财政部长苏兰德拉·普拉萨德·潘迪（Surendra Prasad Pandey），副总理兼外交部长苏加塔·柯伊拉腊（Sujata Koirala），信息与通讯部长香卡·博卡瑞尔（Shankar Pokharel），总行政部长拉宾德拉·斯雷斯塔（Rabindra Shrestha），和平与重建部长拉卡姆·泽姆琼（Rakam Chemjong），灌溉部长巴尔·克里希纳·坎德（Bal Krishna Khand），能源部长普拉卡什·沙兰·马哈特（Prakash Sharan Mahat），联邦事务、制宪会议、议会及文化部长米南德拉·里贾尔（Minendra Rijal），卫生部长乌玛·坎塔·乔达里（Uma Kanta Chaudhary），地方发展部长普尔纳·库马尔·夏尔马（Purna Kumar Sharma），劳工与运输管理部长穆罕默德·阿夫塔伯·阿拉姆（Mohammad Aftab Alam），旅游与民航部长沙拉特·辛格·班达里（Sharat Singh Bhandari），农业与合作部长莫里根德拉·库马尔·辛格（Mrigendra Kumar Singh），教育部长拉姆·昌德拉·库斯瓦哈（Ram Chandra Kuswaha），工业部长马亨德利·拉雅·亚达夫（Mahendra Raya Yadav），土地改革部长与管理部长达姆巴·巴哈杜尔·斯雷斯塔（Dambar Bahadur Shrestha），森林与土壤保护部长迪帕克·博哈拉（Deepak Bohara）等。

【行政区划】全国共分为5个发展区（Development Region），14个专区（Zone），36个市（Town），75个县（District），3995个村（Village）。

【司法机构】尼法院分为三级：最高法院、上诉法院和县法院，全国设上诉法院16个，县法院75个。现任最高法院首席大法官明·巴哈杜尔·拉雅马吉（Min Bahadur Rayamajhi），2009年5月上任。

【政党】有70多个党派，主要包括：

（1）联合尼泊尔共产党（毛主义）［Unified Communist Party of Nepal（Maoist）］：1994年从尼共（团结中心）分离出来，成立尼共（毛主义）。强调以马列主义、毛泽东思想为指导思想，目标是在尼建立人民共和国。1996年2月，在尼中西部边远山区发动人民战争，走上武装夺权道路。2001年底，被尼、美政府宣布为恐怖组织。2001年和2003年曾同政府两次举行和谈。2005年11月，同"七党联盟"联手反对国王。2006年4月反国王获胜后，同政府举行多次和谈。11月，同政府签署《全面和平协议》，停止武装斗争。2007年1月，加入临时议会，回归政治主流。2008年4月制宪会议选举后，成为尼第一大党。2009年1月，与尼共（团结中心—火炬）合并，改为现名。主席普什帕·卡玛尔·达哈尔·普拉昌达（Puspa Kamal Dahal 'Prachanda'）。

（2）尼泊尔大会党（Nepali Congress）：1947年1月成立。主张巩固多党民主，建立民族团结并保持相互信任与合作，坚持不结盟。1999年7月，组建中央工作委员会，主席吉里贾·普拉萨德·柯伊拉腊（Girija Prasad Koirala）。2002年6月，谢尔·巴哈杜尔·德乌帕（Sher Bahadur Deupa）成立大会党（民主）并自任主席，大会党分裂。2007年9月，大会党与大会党（民主）合并为大会党，柯伊拉腊任主席，德乌帕任副主席。制宪会议选举后，成为尼第二大党。2010年3月，柯伊拉腊主席逝世。其弟苏希尔·柯伊拉腊（Sushil Koirala）任代理主席。

（3）尼泊尔共产党（联合马列）［Communist Party of Nepal（Unified Marxist Leninist）］：由尼共（马）和尼共（马列）于1991年1月合并而成。主张多党民主，建立法制、自由和开放的福利国家。1998年3月分裂为尼共（联合马列）和尼共（马列）。2002年2月，尼共（联合马列）和尼共（马列）两党合并。总书记为贾拉·纳特·卡纳尔（Jhala Nath Khanal）。制宪会议选举后，成为尼第三大党。

【重要人物】拉姆·巴兰·亚达夫：总统。1948年2月4日生于尼泊尔南部特莱地区的达奴沙县。1964年加入大会党附属的尼泊尔学生联盟，此后成为大会党党员，并担任该党达奴沙县委委员。1980~1982年，成为大会党著名领导人毕·普·柯伊拉腊的私人医生。1990年，因参加第一次"人民运动"被捕入狱。1991年和1999年两度当选国会议员。1996年，被任命为大会党中央委员。在大会党执政期间曾任卫生国务大臣，两次出任卫生大臣。2007年9月，大会党和大会党（民主）宣布合并，亚成为三名总书记之一。2008年4月，尼举行制宪会议选举，亚当选为制宪会议议员。7月21日，当选为尼泊尔联邦民主共和国首任总统，23日宣誓就职。 **马达夫·库马尔·尼帕尔：**总理。1953年3月12日生于尼南部特莱地区的劳塔哈特县，毕业于加德满都特里布文大学商业系，获商学士学位。16 岁加入尼泊尔共产党（普什帕·拉尔·施雷斯塔派）。1976 年，因从事左翼政治运动被捕入狱。1978 年获释出狱，尼帕尔当选尼共（马列）中央常委。1990 年，尼共（马列）和尼共（马）等 7 个左翼政党成立左翼联合阵线，尼帕尔任中央委员，与大会党携手开展第一次“人民运动”，迫使国王实行君主立宪的多党议会制。1991 年，尼共（马列）与尼共（马）合并为尼共(联合马列)，尼帕尔当选政治局委员。1993 年当选中央常委，并兼任党外事部主任。同年 5 月，当选尼共(联）总书记，并连任长达 15 年。1994 年，出任副首相兼国防、外交大臣。2009 年 1 月，被提名为制宪会议议员，并当选制宪会议宪法委员会主席。5 月 23 日，当选尼泊尔联邦民主共和国第二任总理，25 日宣誓就职。6 月 30 日宣布辞职，担任看守政府总理。

经　济

农业国，经济落后，世界上最不发达国家之一。上世纪 90 年代初起，开始实行以市场为导向的自由经济政策，但由于政局多变和基础设施薄弱，收效不彰。严重依赖外援，预算支出 1/3 来自外国捐赠和贷款，2008/2009 财年外援为 366 亿卢比，外汇储备 2800 亿卢比(约合 40 亿美元)，外债达 2664 亿卢比。2008/2009 财年主要经济数据如下：

国内生产总值：约 132 亿美元。

人均国内生产总值：489 美元。

国内生产总值增长率：4.7%。

货币名称：尼泊尔卢比（Nepalese Rupee)。

汇率：1 美元 =77 卢比。

通货膨胀率：13.8%。

（注：财政年度起于本年度 7 月 16 日，止于下年度 7 月 15 日。资料来源：2008/2009 财年经济概览）

【资源】有铜、铁、铝、锌、磷、钴、石英、硫磺、褐煤、云母、大理石、石灰石、菱镁矿、木材等，均只得到少量开采。水力资源丰富，水电蕴藏量为 8300 万千瓦，约占世界水电蕴藏量的 2.3%。其中 2700 万千瓦可发展水电。尼政府积极鼓励水力资源开发。

【工业】基础薄弱，规模较小，机械化水平低，发展缓慢。主要有制糖、纺织、皮革制鞋、食品加工、香烟和火柴、黄麻加工、砖瓦生产和塑料制品等。产值占 GDP 的 15.5%。

【农业】2007/2008 财年，农业增长 5.65%，占 GDP 的 32.1%。农业人口占总人口约 80%。耕地面积为 325.1 万公顷。近年主要农产品产量如下（单位：万吨）：

	2005/2006	2006/2007	2007/2008
水稻	420.9	368.1	429.9
玉米	173.4	182	187.9
小麦	139.4	151.5	157.2
大麦	2.8	2.8	2.8
小米	29.1	28.5	29.1
甘蔗	246.3	260	248.5
油料作物	13.9	13.6	13.4
马铃薯	197.5	194.3	205.5
黄麻	1.9	1.677	1.698

（资料来源：2008/2009 财年经济概览）

【旅游业】地处喜马拉雅山南麓，自然风光旖旎，气候宜人，徒步旅游和登山业比较发达。2007 年，接待游客 52.6 万人，增长 33.5%。2007/2008 财年前 8 个月，旅游业创汇约 108.9 亿卢比，同比增长 7.6%。赴尼旅游的主要为亚洲游客，其中以印度游客居多，其次为西欧和北美游客。

【交通运输】以公路和航空为主。截至 2008 年 3 月，公路总长 17982 公里，其中沥青路面 5502 公里。各类机场 45 个，直升机停机坪 120 个。首都有一国际机场，其余为简易机场。全国有一家国营的尼泊尔航空公司、6 家私营航空公司和一家私营直升机公司。国内主要城镇有班机通航。同印度、巴基斯坦、泰国、孟加拉国、文莱、新加坡、中国香港、阿拉伯联合酋长国、中国、德国和英国等国家和地区通航。

【财政金融】尼泊尔财政年度起于 7 月 16 日至于下年 7 月 15 日。2006/2007 财年，财政赤字 300.9 亿卢比。2007/2008 财年前 8 个月，总支出 1018 亿卢比，同比增长 46.2%；总收入 608.9 亿卢比，同比增长 26.8%，其中税收收入 509 亿卢比，非税收收入 99.9 亿卢比，分别增长 25.5% 和 33.4%。

【对外贸易】2008/2009 财年，外贸总额为 1807.78 亿卢比，同比增加 3.2%。主要贸易伙伴有印度、美国、德国等。主要进口商品是煤、石油制品、羊毛、药品、机械、电器、化肥等，主要出口商品是蔬菜油、铜线、羊绒制品、地毯、成衣、皮革、农产品、手工艺品等。近年外贸情况如下（单位：亿卢比）：

	2006/2007	2007/2008	2008/2009
出口额	607.96	389.63	359.19
进口额	1917.09	1418.15	1507.64
差　额	-1309.13	-1028.52	-2084.26

【外国投资】2006/2007 财年，新增 188 个外国直接投资项目，协议项目总额 26.5 亿卢比。2007/2008 财年前 8 个月，新增 127 个，项目金额 128.2 亿卢比。主要投资国为印度、中国、日本。

【外国援助】近年接受外援情况如下（单位：亿卢比）：

	2005/2006	2006/2007	2007/2008*
总　额	209.24	370.2	486.7

无偿援助	182.64	308.6	405.5
贷　款	26.60	61.6	81.2

* 2007/2008 财年为前8个月统计

主要援助国和国际组织是：德国、法国、瑞士、荷兰、美国、加拿大、日本、印度、中国、沙特阿拉伯以及援尼财团（包括美、日、德、英、法等国）、联合国开发计划署、亚洲开发银行和世界银行等。

人民生活

截至2008年3月中旬，全国有医院94所，医生1457人。

军　事

只有陆军，参谋长为查哈特曼·辛格·古隆，2009年上任。实行志愿兵役制，士兵服役期一般为15年。总兵力6.8万人，编成23个旅。有警察4.7万人。2005/2006财年，国防开支约121亿卢比（约合1.6亿美元）。

文化教育

【教育】有5所大学：特里布文大学、马亨德拉梵文大学、加德满都大学、博克拉大学、普尔阪查尔大学。其中特里布文大学下设60所直属分院、5座研究中心和134所私立分院。2007/2008财年，有学校4.5万所，在校学生653.4万人，教师16.5万人。

【新闻出版】截至2007年3月中旬，注册发行报刊有4614份，其中日报340份，周报1661份，双周刊319份，月刊1397份。其中尼文报刊3186份，英文376份，印地语14份。发行量最大的两份日报均为官方报纸：《廓尔喀报》，尼泊尔语，1902年创刊；《新兴的尼泊尔》，英语，1965年创刊。此外还有《加德满都邮报》和《康提普尔》等多种日报。

尼泊尔国家通讯社为唯一通讯社，官办，成立于1962年4月。

尼泊尔广播电台为唯一电台，官办，成立于1951年，用尼泊尔语和英语广播。

尼共有7家电视台，包括5家私营电视台。共有15个电视频道，其中13个为私营。尼泊尔电视台创建于1984年，1985年12月28日在首都开播，目前每天播放18个小时，通过卫星传送。

对外关系

奉行平等、互利、相互尊重和不结盟的外交政策，主张在和平共处五项原则基础上同世界各国发展友好关系。高度重视发展同中、印两大邻国友好关系。重视加强同美、英等西方国家关系，争取经援和投资。积极推动南亚区域合作联盟发展。2003年9月加入世界贸易组织。2004年1月加入环孟加拉湾多领域经济技术合作倡议（BIMSTEC）。已同127个国家建交。

【同中国的关系】1955年8月1日中尼建交后，两国友好合作关系持续发展。两国高层往来不断。1960年周恩来总理访尼，两国签署《中华人民共和国和尼泊尔王国和平友好条约》。邓小平副总理（1978年）、李先念主席（1984年）、乔石副总理（1987年）、李鹏总理（1989年）、李瑞环政协主席（1993年）、钱其琛副总理（1994年）、江泽民主席（1996年）、朱镕基总理（2001年）、贾庆林政协主席（2003年）等中国领导人访尼。尼比兰德拉国王10次访华。贾南德拉国王两次访华。柯伊拉腊首相3次访华。1996年江主席访尼期间，中尼建立世代友好的睦邻伙伴关系。

2009年2月，中联部副部长刘洪才访尼。尼外秘阿查里雅来华举行中尼第八轮外交磋商。中国政府特使、外交部部长助理胡正跃率跨部门代表团访尼。3月，商务部副部长钟山率中国政府经贸代表团访尼。4月，尼外长乌彭德拉·亚达夫正式访华。尼共（联合马列）主席卡纳尔访华。尼共（联合马列）主席卡纳尔访华。7月，第十届中尼民间合作论坛在成都举行。9月，中共中央政治局委员、天津市委书记张高丽访尼。第十二届藏尼经贸洽谈会在日喀则举行。尼外长苏加塔·柯伊拉腊正式访华。10月，联合尼共（毛主义）主席普拉昌达访华。11月，西藏自治区副主席郝鹏访尼。12月，尼总理马达夫·库马尔·尼帕尔正式访华期间，中尼发表《联合声明》，决定在和平共处五项原则基础上，建立和发展世代友好的全面合作伙伴关系。2010年2月，中联部副部长刘结一访尼。尼内政部长拉瓦尔访华。3月，中共中央政治局委员、陕西省委书记赵乐际访尼。尼国防部长比迪娅访华。两国在经贸、文化等领域的交流合作不断扩大，在国际场合保持良好沟通与配合。

2009年，双边贸易额为4.14亿美元，同比增加8.7%。其中中方出口4.09亿美元，同比增加9%，进口0.05亿美元，同比减少11.6%。

中国驻尼大使：邱国洪。馆址：BALUWATAR KATHMANDU NEPAL。电话：（00977－1）4411740（办公室），4416485（政治处），4415383（文化处），4419053（签证处）。电传：2545 COCE NP。传真：4414045。网址：www.chinaembassy.org.np。

经商处地址：TRIPUESWOR，KATHMANDU，NEPAL。信箱：P.O.BOX NO.4234。电话：（00977－1）4418622/4418972。电传：2545 COCE NP。网址：np.mofcom.gov.cn。

尼驻华大使：坦卡·普拉萨德·卡尔基（Tanka Prasad Karki）。馆址：北京市朝阳区三里屯路西六街1号。电话：010－65321795。传真：65323251。电传：210408 NEPBJ CN。网址：www.nepalembassy.org.cn。

【同印度的关系】1947年6月两国正式建交。印是尼最大贸易伙伴和重要援助国，尼印实行开放边界。2009年8月，尼总理尼帕尔访印，双方发表联合声明，草签经修改的《贸易协定》及《合作控制非授权贸易协定》。印允向尼提供总额约5亿美元的经济援助，主要用于公路、铁路、学校等项目。2010年2月，尼总统亚达夫访印。双方签署《航空服务协议》和关于印修建连接两国边境地区铁路、援建尼技校和国际会议厅等谅解备忘录。印方允向尼提供2.5亿美元优惠贷款，决定向尼提供5万吨小麦、2.5万吨大米和1万吨黄豆，以缓解尼国内粮食危机。

【同美国的关系】1947年4月，尼美建交并签订友好和商务条约。2008年4月，美前总统卡特访尼。5月，美负责南亚和中亚事务的助理国务卿帮办方艾文访尼。9月，尼总理普拉昌达赴美出席第63届联大会议，会见美总统布什。2009年2月，美负责南亚和中亚事务的助理国务卿鲍彻访尼。6月，美负责南亚和中亚事务的助理国务卿布雷克访尼。2010年4月，美太平洋舰队司令、海军上将威纳德访尼。

【同联合国的关系】2007年1月，安理会通过关于尼问题的决议，成立驻尼政治特派团（UNMIN），主要职责是对尼共（毛主义）和尼政府军武器和军队进行监管。2008年9月，尼总理普拉昌达赴美出席第63届联大并会见联合国秘书长潘基文。10月，潘基文秘书长访尼。2009年9月，尼总理尼帕尔赴美出席第64届联大。2010年2月，联合国副秘书长帕斯科访尼。应尼政府要求，联尼特派团多次延期。

（江伟）

日　本

国名　日本国（Japan）。

面积　陆地面积377925平方公里，包括北海道、本州、四国、九州4个大岛，以及6848个海岸线在0.1公里以上的小岛屿，海岸线总长35000公里。

人口　12738万（2010年6月）。主要民族为大和族，北海道地区约有2.5万阿伊努族人。通用日语，极少数人会阿伊努语。主要宗教为神道教和佛教，信仰人口分别占宗教人口的49.6％、44.8％。

首都　东京（Tokyo），人口约1303万（2010年6月）。全年平均气温为15.9℃，最高气温为36.2℃，最低气温为－0.8℃。

国家象征　天皇明仁（Akihito），1989年1月即位，年号“平成”。

重要节日　天皇诞辰日：12月23日（相当于国庆节）。建国纪念日：2月11日，系按阳历推算出的公元前7世纪日本第一代天皇神武天皇元年的元旦。

简　况

位于太平洋西岸，是一个由东北向西南延伸的弧形岛国。西隔东海、黄海、朝鲜海峡、日本海与中国、朝鲜、韩国、俄罗斯相望。属温带海洋性季风气候，终年温和湿润，冬无严寒、夏无酷暑。6月多梅雨，夏秋季多台风。1月平均气温北部－6℃，南部16℃；7月北部17℃，南部28℃。

日本在第二次世界大战中战败，1945年8月15日宣布无条件投降。战后初期，美军单独占领日本，1947年实施新宪法，由天皇制国家变为以天皇为国家象征的议会内阁制国家。战后奉行“重经济、轻军备”路线，20世纪60年代末成为西方第二经济大国。80年代中期以来提出成为政治大国的目标，90年代经济陷入长期低迷，2002年起出现缓慢恢复，复苏时间创战后最长纪录。2008年以后，受国际全球金融危机影响，经济连续4个季度负增长。2009年4月以来，日本经济开始出现企稳回升迹象。外交上，日本以日美同盟为基轴，重视亚洲外交，力争在国际事务中发挥重要作用。

政　治

日本实行以立法、司法、行政三权分立为基础的议会内阁制。天皇为国家象征，无权参与国政。国会是最高权力和唯一立法机关，分众、参两院。内阁为最高行政机关，对国会负责，首相（亦称内阁总理大臣）由国会选举产生，天皇任命。

2008年9月，任职不到一年的福田康夫首相辞职，麻生太郎出任首相。2009年以来，日本政局继续震荡。2009年8月30日，日本举行国会众议院选举，执政的自民党仅夺得总共480个议席中的119个席，失去了长期掌握的执政地位。自民党支持率跌破20％。9月，民主党、社民党和国民新党三党组成执政联盟，民主党党首鸠山由纪夫出任首相。然而，由于鸠山上台后未能兑现竞选承诺，在移除冲绳美军基地问题上遇挫，导致大规模示威。2010年5月底，日本社会民主党因不满美国驻日冲绳普天间军事基地搬迁方案，决定退出鸠山领导的联合政府。6月2日，鸠山宣布辞职，他是继安倍（2007年）、福田（2008年）、麻生（2009年）以来日本四年内第四位辞职的首相。6月8日，民主党和国民新党组成联合政府，民主党党首菅直人出任首相。

目前民主党和国民新党联合执政。在众议院480个议席中民主党306席占稳定多数，国民新党7席，最大在野党自民党116席。在参议院242个议席中，民主党106席，为第一大党，自民党84席，在野党共拥有132个席位，超过半数。

【宪法】现行《日本国宪法》于1947年5月3日颁布实施。宪法规定：实行以立法、司法、行政三权分立为基础的议会内阁制；天皇为日本国和日本国民总体的象征，无权参与国政；“永远放弃把利用国家权力发动战争、武力威胁或行使武力作为解决国际争端的手段，为达此目的，日本不保持陆、海、空军及其他战争力量，不承认国家的交战权”（第9条）。

【议会】泛称国会，由众、参两院组成，为最高权力机关和唯一立法机关。众议院定员为480名，任期4年。国会可通过内阁不信任案，首相有权提前解散众议院，举行大选。参议院定员为242名。任期六年。每三年改选半数，不得中途解散。在权力上，众议院优于参议院。每年1～6月召开通常国会，会期150天。其它时间可根据需要召开临时国会和特别国会。现任众议院议长横路孝弘（Yokomichi Takahiro），2009年9月当选。截至2010年7月，各党派在众、参两院所占议席情况如下：

	众议院	参议院
民主党	306	106
自由民主党	116	84
公明党	21	19
日本共产党	9	6
社会民主党	7	4
国民新党	3	3
大家党	5	11
无党派	6	3
其他	5	6
缺员	2	0
合计	480	242

【政府】内阁为最高行政机关，对国会负责。由内阁总理大臣（首相）和分管各省厅（部委）的大臣组成。内阁总理大臣由国会提名，天皇任命，其他内阁成员由内阁总理大臣任免，天皇认证。

2009年9月16日，民主党、社民党、国民新党三党组成联合政府，除首相外的17名内阁成员中有15人来自民主党。内阁成员为：首相（内阁总理大臣）鸠山由纪夫（Yukio Hatoyama），首相兼国家战略担当大臣菅直人（Kan Naoto），外务大臣冈田克也（Okada Katsuya），财务大臣藤井裕久（Hirohisa Fujii），总务大臣原口一博（Haraguchi Kazuhiro），法务大臣千叶景子（Chiba Keiko，女），文部科学大臣川端达夫（Kawabata Tatsuo），厚生劳动大臣长妻昭（Nagatsuma Akira），农林水产大臣赤松广隆（Hirotaka Akamatsu），经济产业大臣直岛正行（Naoshima Masayuki），国土交通大臣前原诚司（Maehara Seiji），环境大臣小泽锐仁（Ozawa Sakihito），防卫大臣北泽俊美（Kitazawa Toshimi），国家公安委员长中井洽（Nakai Hiroshi），行政改革担当大臣仙谷由人（Sengoku Yoshito），消费者事务、食品安全、少子化及男女平等事务担当大臣福岛瑞穗（Fukushima Mizuho，女，社会民主党党首），金融和邮政大臣龟井静香（Kamei Shizuka，国民新党党代表），内阁官房长官平野博文（Hirofumi Hirano）。2010年5月底，联合政府解体。

现内阁于2010年6月8日成立，成员为：首相菅直人、内阁官房长官仙谷由人、外务大臣冈田克也、财务大臣野田佳彦（Noda Yoshihiko）、经济产业大臣直岛正行、总务大臣原口一博、环境大臣小泽锐仁、法务大臣千叶景子、文部科学大臣川端达夫、厚生劳动大臣长妻昭、农林水产大臣山田正彦（Yamada Masahiko）、国家公安委员会委员长中井洽、防卫大臣北泽俊美、金融邮政担当大臣自见庄三郎（Jimi Shozaburo，国民新党干事长）、行政改革担当大臣莲舫（Renho，女）、国家战略担当大臣荒井聪（Arai Satoshi）、国土交通大臣前原诚司、公务员制度改革担当大臣玄叶光一郎（Genba Koichiro）。

【行政区划】分为1都（东京都：Tokyo）、1道（北海道：Hokkaido）、2府（大阪府：Osaka、京都府：Kyoto）和43县（省），下设市、町、村。

【司法机构】司法权属于最高法院及下属各级法院。采用“四级三审制”。最高法院为终审法院，审理违宪和其他重大案件。高等法院负责二审，全国共设四所。各都、道、府、县均设地方法院一所（北海道设四所），负责一审。全国各地还设有简易法院和家庭法院，负责民事及不超过罚款刑罚的刑事诉讼。最高法院长官（院长）由内阁提名，天皇任命，14名判事（法官）由内阁任命，需接受国民投票审查。其他各级法院法官由最高法院提名，内阁任命，任期10年，可连任。各级法官非经正式弹劾，不得罢免。现任最高法院长官竹崎博允（Takesaki Hironobu），是第17任长官，2008年11月25日就任。

检察机构与四级法院相对应，分为最高检察厅、高等检察厅、地方检察厅、区（镇）检察厅。检察官分为检事总长（总检察长）、次长检事、检事长（高等检察厅长）、检事（地方检察厅长称检事正）、副检事等。检事长以上官员由内阁任命。法务大臣对检事总长有指挥权。现任检事总长大林宏（Ohayashi Hiroshi），是第25任检事总长，2010年6月17日就任。

【政党和团体】战后日本实行“政党政治”，代表不同阶级、阶层的各种政党相继恢复或建立。目前主要政党有：执政的民主党、国民新党；在野的自民党、公明党、日本共产党、社民党等。

（1）民主党：执政党，第一大政党。1996年9月成立。有党员约4.4万人，另有党友约22万人。2009年8月众院选举后成为众院第一大党。民主党是代表市民工薪阶层利益的温和保守型政党，其主要支持基础是工会组织。该党主张超越“市场万能主义”和“社会福利至上主义”二者的对立，在“市民、市场、地方”的基础上建立分权社会。主张维持现行宪法的基本精神，同时对宪法中与现实情况不符的问题进行讨论。主张坚持专守防卫，保持为行使个别自卫权所需的最低限度的实力；不行使集体自卫权；遵守无核三原则。现任党代表菅直人（kan naoto），副代表石井一（Ishii Hajime）、山冈贤次（Yamaoka Kenji），干事长枝野幸男（Edano Yukio）。

（2）国民新党：执政党。2005年8月由原自民党议员绵贯民辅、龟井静香等人创立。2009年9月与民主党、社民党组成联合政权。国民新党主要是由反对小泉纯一郎推行的邮政民营化改革的政治力量组成，除反对邮政民营化外党内部并没有一个统一的政治主张，自称为“总保守”政党。现任党代表为龟井静香，干事长自见庄三郎。

（3）自由民主党（简称“自民党”）：在野党，第二大党。1955年11月15日由原自由党和民主党合并而成，此后连续单独执政长达38年。1993年短暂下野，其后数度与别党组成联合政权。2009年8月，在众议院选举中遭到惨败，再度沦为在野党。自民党是历史较长的传统保守政党，在中小城市和农村势力较强。主张立足民主政治理念，维护自由经济体制，修改宪法，坚持日美安保体制，增强自主防卫力量。对外政策方面强调以日美同盟为基轴，积极参与构筑国际新秩序。截至2006年底，有党员约121万人。现任总裁谷垣祯一（Tanigaki Sadakazu），干事长大岛理森（Oshima Tadamori）。

（4）公明党：在野党。1964年11月17日成立，其母体为宗教团体创价学会。1970年6月实行政教分离。曾于1993年8月参加非自民联合政权，并历经分裂组合。2000年4月，公明党与自民党、保守党组成联合政权，2009年8月众院选举后沦为在野党。该党自称为开放的国民政党，提倡在和平主义基础上构筑“世界中的日本”，主张坚持“中道路线”，贯彻深入民间的民主主义，尊重地方自主性，推行地方分权。截至2009年8有党员约40万人。现任党代表山口那津男（Yamaguchi Natsuo），干事长井上义久（Inoue Yoshihisa）。

（5）日本共产党：在野党。1922年7月15日成立，战后获合法地位。20世纪70年代中期出现发展的高峰期。进入90年代再次调整政策主张，注重灵活务实。党章规定党的性质为“工人阶级政党”和“全体日本国民的政党”。主张建设社会主义社会乃至共产主义社会；废除日美安保条约，将日本建成独立、民主、和平的自由国家。该党支持阶层比较稳固，基层组织健全。截至2006年底，有党员约40万人。现任中央委员长志位和夫（Shii kazuo），中央书记处总书记市田忠义（Ichida tadayoshi）。

（6）社会民主党（简称“社民党”）：在野党。前身为社会党，1945年11月成立，1996年4月改为现名。曾参加多党联合政权及与民主党、国民新党的联合政权。该党主张建立尊重人类尊严、公正公平、自由民主的社会，创造性发展宪法所规定的主权在民、永久和平、基本人权、国际协调等理念。约有党员3万多人。现任党首福岛瑞穗（Fukushima mizuho，女），干事长重野安正（Shigeno Yasumasa）。

【重要人物】明仁：天皇。已故裕仁天皇长子，生于1933年12月23日。1952年11月立为皇太子。1956年在日本皇族贵族学校学习院大学经济系毕业。1959年打破皇室不从民间选妃的传统，与现在的皇后，出身商界家族的美智子结婚。1989年1月7日继位，成为日本第125代天皇，年号“平成”。1992年10月对中国进行正式友好访问。有二子一女。
菅直人：首相。1946年10月生。1980年当选众议员，民主党主要创始人之一，曾两度出任党首，担任过厚生大臣、副首相兼财务大臣等职。1984年参加3000名日本青年访华团。2010年6月4日当选首相。爱好围棋、象棋、游泳、网球等。夫人菅伸子，育有二子。 **鸠山由纪夫**：前首相。1947年2月11日出生于日本东京，其祖父是日本前首相鸠山一郎。他于1969年毕业于东京大学工程学系，于1976年在美国斯坦福大学获得工程学博士学位，曾在大学任教。早年加入日本执政党自民党。1986年，首次当选国会众议院议员；至2003年，他第六次出任国会众议员。1993年6月，日本政坛出现严重危机，包括鸠山由纪夫在内的部分自民党参众议员宣布退党。当月，鸠山由纪夫参与组建先驱新党，后于1996年9月加入当时成立不久的日本民主党，并出任党首之一。1998年4月，民主党与其他3个在野政党合并后，鸠山由纪夫出任干事长代理。此后，他于1999年至2002年间曾一度担任民主党代表（即党首）的职务，2005年9月起任民主党干事长。2009年5月16日，再次当选民主党代表。同年8月，民主党在众院选举后成为众院第一大党。9月16日，当选为日本第93任首相。2010年6月被迫辞去首相和民主党代表职务。

经 济

日本是世界第二经济大国。2009年国内生产总值（GDP）约合5.0766万亿美元，截至2010年6月，外汇储备达10502亿美元，为世界第二；2009年底，日拥有2662230亿日元（约合2.9万亿美元）海外资产，是世界最大债权国；2009年对外贸易额约1.133万亿美元。2009年度对外直接投资达746.5亿美元。

上世纪90年代初泡沫经济破灭后，国民经济历经10年低迷。经小泉内阁经济结构改革，自2002年2月起进入战后最长增长周期，保持年均2%的较稳定增速。受国际金融危机影响，2008年后连续四个季度负增长，尤其是2008年第四季度环比下降3.8%，折合年率为－13.1%，创战后最大降幅，全年为－0.6%。预计2009年增长率为－3.3%左右。2009年4月以来，日本经济开始出现企稳回升迹象，连续4个季度正增长。进口、出口和个人消费均实现增长。但2009年全年国民生产总值同比减少5%，创战后年度最大降幅。日央行预测2010年国民生产总值将增长1.8%。主要经济数据如下：

国内生产总值（2009年）：50766亿美元。

人均国内生产总值（2009年）：4万美元。

国内生产总值增长率（2009年）：-5.2%。

货币名称：日元（Yen）。

汇率（2010年6月）：1美元=89日元。

完全失业率（2010年5月）：5.2%。

政府债务总额（2009年）：883万亿日元。

海外总资产（2008年底）：2.9万亿美元。

贸易总额（2009年）：11330亿美元。

外汇储备（2010年6月）：10502亿美元。

对外直接投资（2008年）：746.5亿美元。

【资源】资源贫乏，90%以上依赖进口，其中石油完全依靠进口。日本政府积极开发核能等新能源，截至2008年6月，拥有55所核能发电站，总发电装机容量为4946.7万千瓦，位居世界第三。森林面积约为2512万公顷，占国土总面积的2/3，是世界上森林覆盖率最高的国家之一。而木材自给率仅为20%左右，是世界上进口木材最多的国家。日本山地与河流较多，水力资源丰富，蕴藏量约为每年1353亿千瓦小时。日本的专属经济区面积约相当于国土的10倍，渔业资源丰富。

【工业】日本工业高度发达，在国际上拥有较强的竞争力。其工业生产总值曾长期仅次于美国居世界第二位。而根据联合国工业发展组织统计，2009年中国工业生产总值首度超过日本位居世界第二，美国、中国、日本在世界工业生产总值中份额分别为19%、15.6%和15.4%。2009年工业产值占GDP的21.9%，从业人口占总劳动人口28%（均为估计）。主要产品有汽车、电子设备、机床工具、钢和有色金属、船舶、化工制品、纺织品、食品等。2009年日本粗钢产量为8753万吨，时隔38年年产量跌破9000万吨。与2008年相比，产量下降26.3%；日本国内汽车产量为793万辆，剧跌31.5%，从而将全球汽车生产第一大国的称号让给了中国。近年工业生产指数及2009年增长率如下（2005年平均为100）：

	2007	2008	2009	年增长率（%）
矿业和制造业	107.4	103.8	81.1	-21.9
制造业	107.4	103.8	81.8	-22.0
食品和烟草	99.8	100.5	102.3	1.8
纺织	90.6	82.5	67.1	-18.7
纸浆、纸及其产品	101.0	99.6	85.8	-13.9
化工产品	103.9	100.1	95.3	-4.8
石油和煤产品	97.6	96.0	90.1	-6.1
塑料产品	101.4	97.5	82.1	-15.8
陶瓷、石材和黏土制品	102.0	97.2	76.8	-21.0
钢铁	105.9	103.7	72.5	-30.1
有色金属	104.4	99.0	77.4	-21.8
加工金属	96.8	94.8	77.9	-17.8
通用机械	109.2	100.4	60.3	-39.9
电子产品和设备	131.0	126.3	100.0	-20.8
电力机械	103.2	100.4	78.9	-21.4
信息与传媒电子制品	108.4	103.2	83.4	-19.2
运输设备	111.9	110.5	74.6	-32.5
精密仪器	114.9	117.6	85.0	-27.7
其他制品	106.5	103.0	80.8	-21.6
矿业	106.6	103.1	93.6	-9.2
电力和天然气	103.9	104.7	96.9	-7.4

（资料来源：日本统计手册2010）

【农业】2009年日本农林水产业产值占GDP的1.6%，从业人口占总劳动人口4%（均为估计）。2008年，全国耕地面积约为463万公顷。主要产品有大米、薯类、蔬菜、水果、猪肉、家禽、乳制品、鸡蛋、水产等。近几年来主要农牧渔业产品产量如下（单位：万吨）：

	2006	2007	2008
水稻	854.6	871.4	882.3
小麦	83.65	91.0	88.1
牛肉	49.68	50.4	51.8
猪肉	124.66	125.0	124.8
牛奶	813.39	800.7	798.2
鸡蛋	249.66	259.9	255.3
水产	573.5	569.6	559.2

（资料来源：总务省及日本统计手册2010）

【服务业】日本服务业较发达，2009年服务业产值占GDP的76.5%，从业人口占总劳动人口68%（均为估计）。服务业的主要构成包括：零售、金融、不动产、租赁、信息服务、广告业等。近年日本政府大力发展服务业，提出2015年前进一步扩大服务业国内市场规模，争取增加创造70万亿日元产值，并新增175万人就业的目标。

【旅游业】日本旅游业较发达，每年旅游业直接收入约为20万亿日元，约占GDP5%左右。同时，旅游业带动交通和服务等相关产业的发展，波及效果可达50万亿日元。近年来，日本政府积极鼓励发展旅游业，并提出争取每年吸引1000万国外游客的目标。2008年，旅游消费额：23.6兆日元（生产波及效应：51.4兆日元）；创就业效应：220万人（包括波及效应在内的创就业效应：430万人）。

2008年和2009年，访日的外国游客分别为835.1万人和679万人，主要来自韩国、中国台湾、中国；前往海外旅游的日本人分别为1599万人和

1545万人，主要旅游地为中国、美国和韩国。主要旅游服务设施有各种规模的和式、西式及中式餐馆、温泉旅馆等。主要旅游点有：富士山、东京、迪斯尼乐园、箱根、大阪、京都、奈良、冲绳、北海道等。

【交通运输】客运以公路和铁路为主（2008财年分别占64.9%和24%），货运以公路和海运（62.1%和33.7%）为主。2008财年，国内运输总客运量899.4亿人，总货运量51.44亿吨。2009年，国际总客运量1539万人（比上年下降6.3%）。陆、海、空运输情况如下：

铁路：总长26435公里。正在运营的高速铁路——新干线总长约2000公里。2008财年客运量229.76亿人，货运量4620万吨。

公路：总长1203777公里。其中高速公路9000公里。2008财年机动车保有量为7880.1万辆，其中，轿车5768.2万辆，货运卡车1585.9万辆；客运量667.74亿人，货运量47.18亿吨。

海运：2008财年，国内客运量0.99亿人，货运量3.78亿吨；2008年，国际货运量8.66亿吨（比上年增长4%）。截至2010年4月，港口总数997个，其中重要港口126个。2008年吞吐量1亿吨以上的港口依次顺序是名古屋（2.18亿吨）、千叶（1.65亿吨）、横滨（1.41亿吨）、北九州（1.09亿吨）、水岛（1.03亿吨）、苫小牧（1.02亿吨）。

空运：2009年，日本国际航线客运量和货运量分别为1538万人和116.5万吨。2008财年，国内定期航线客运量和货运量分别为0.91亿人和110万吨。日本国内机场分为四个级别，其中大型国际机场共有5个，分别为成田、羽田、关西、中部国际机场和大阪。大型国内机场共有26个，大部分开通国际航线。

【财政金融】日本的财政年度从每年的4月起至翌年3月止。2009财年，政府财政预算总额达创纪录的88.548万亿日元，比上财年的预算额增加了6.6%，为连续三年增加。而2010财年，政府财政预算总额高达92.2992万亿日元（约合人民币元6.9万亿元），再创历史新高。

日本的外汇储备包括日本持有的外国有价证券、外汇存款和黄金储备以及日本在国际货币基金组织的特别提款权等。2008年2月底，日本外汇储备首次超过1万亿美元，之后一直保持在1万亿美元左右。在2009年12月份之前，由于美国的低利率政策，日本外汇储备连续数月刷新历史最高纪录。2009年11月底，日本外汇储备额达10737.12亿美元。截至2009年12月底，外汇储备为1.049万亿美元。

日本2009年度国际收支快报显示，日本同海外的商品、服务、投资等交易状况的经常项目收支盈余为156，545亿日元，较上年度增长26.9%，时隔2年实现转增。主要原因是贸易收支大幅改善。

日本的国家债务分为国债（内债）、借款（外债）、政府短期证券三大类别，2009财年国家债务增至882.92万亿日元（约合9500亿美元），再次创出历史新高。国家债务余额比上财年增加36.42万亿日元，平均每个日本人的负债额超过了693万日元。

目前全国有6大银行（包括3家超大规模银行控股集团）。根据英国《银行家》杂志2009年的世界1000家大银行排名，日本三大银行控股集团——三菱UFJ金融集团（Mitsubishi UFJ Financial Group，一级资本772.1亿美元）、瑞穗金融集团（Mizuho Financial Group，487.5亿）、三井住友金融集团（Sumitomo Mitsui Financial Group，464.2亿）分别排名第7、16、19位。

【对外贸易】外贸在国民经济中占重要地位。2009年贸易总额约为11330亿美元。其中出口5807.8亿美元，进口5522.5亿美元，顺差285.3亿美元。有贸易关系的国家（地区）数约200个。

主要进口商品有：原油、天然气等一次能源、食品、原材料等；主要出口商品有：汽车、电器、一般机械、化学制品等。主要贸易对象是中国、美国、东盟、韩国、中国台湾、中国香港、德国等。

2009年日本同主要贸易对象国家或地区的进、出口贸易额（单位：亿美元）及分别占日本进、出口总额的百分比：

	出口额	百分比	进口额	百分比
美国	936.5	16.1%	590.4	10.7%
中国	1096.3	18.9%	1225.4	22.2%
韩国	472.5	8.1%	219.96	4.0%
中国台湾	364.3	6.3%	183.4	3.3%
中国香港	318.7	5.5%	10.99	0.2%
泰国	222.5	3.8%	62.2	2.9%
德国	166.6	2.9%	167.8	3.0%
新加坡	206.96	3.6%	61.1	1.1%
英国	118.2	2.0%	56.9	1.0%
澳大利亚	121.8	2.1%	347.8	6.3%
印尼	93.3	1.6%	218.2	4.0%

（资料来源：东洋经济统计月报）

【对外投资】2008年对外直接投资为746.5亿美元。重点投资的国家及地区为美国、欧洲、中国、新加坡等。截至2010年1月，日本对华投资项目累计42516个，实际到位金额698.85亿美元。

【对外援助】日本于1954年开始对外提供政府开发援助（ODA）。2007年度日本ODA总额达6722亿日元，其中无偿援助占81.1%。

【外国资本】日本国内外国直接外资额对经济的影响较小，截至2009年底，外资金额约占日GDP的4%。近年日本政府将外国直接投资视作重振经济的关键，加大吸引外国投资力度，放宽外资进入日本的限制，计划到2010年将外国对日直接投资占GDP的比率提高到5%。

【著名公司】在《财富》2010年世界500强排行榜进入前100名的日本公司有：丰田汽车公司（Toyota Motor），第5位，营业收入（下同）2041.06亿美元；日本邮政控股（Japan Post Holdings），第6位，2021.96亿美元；日本电报电话公司（Nippon Telegraph & Telephone），第31位，1096.56亿美元；日立（Hitachi），第47位，965.93亿美元；本田汽车（Honda Motor），第51位，924亿美元；日产汽车（Nissan Motor），第63位，809.63亿美元；松下（Panasonic），第65位，798.93亿美元；索尼（Sony），第69位，776.96亿美元；日本生命保险公司（Nippon Life Insurance），第75位，720.51亿美元；东芝（Toshiba），第89位，687.31亿美元。

人民生活

20世纪60年代初起，日本逐步建立起以全体国民为对象的综合性社会保障制度，即实行全民皆养老、全民皆保险制度。目前日本国民医疗保险覆盖率为99%，为世界之最。但近年来日本着手推进社会保障制度、医疗保险制度等改革，以建立可持续发展的社会保障制度。

根据日本中央银行——日本银行的统计数据，由于股市回暖，截至2009年底的日本家庭金融资产三年来首次出现增加。数据显示，截至2009年底，日本家庭金融资产总余额为1456.374万亿日元，比2008年底增加了2.5%，连续七年超过1400万亿日元，连续三年刷新历史最高纪录；股票及投资部分增加了16.2%，至96.69333万亿日元；投资信托余额增加了10.8%，至53.0435万亿日元。日本央行表示，2009年底金融市场走出了金融危机最糟糕的时期，股市回暖，这是日本家庭金融资产比上年增加的主要原因。此外，日本国民控制消费、增加存款，也是一个不可忽视的因素。

根据日本厚生省"医疗设施动态调查"统计，截止到2008年3月末为止，日本拥有各类医疗机构176215所，其中医院有8832所（5%），一般诊疗所99455所（56.4%），牙科诊疗所67928所（38.5%）。

根据日本厚生省公布的调查结果显示，2009年日本女性的平均寿命是86.44岁，而男性的平均寿命79.59岁，连续4年刷新最高纪录。根据世界卫生组织发布的《2010年世界卫生统计》显示，2008年日本人平均寿命为83岁，继续位居世界第一；医师27万人（21人/万人），病床139张/万人。

2008年，全国固定电话4757.9万部，移动电话1.103亿部，网络使用人口9091万人。

军　事

日本军队称自卫队，是第二次世界大战后在美国扶植下重建和发展起来的。随着日本经济实力的迅速增强，日本军队建设得到长足发展，在"质重于量"和"海空优先"的建军方针指导下，自卫队已发展成为一支装备精良、训练有素、作战能力较强的武装力量。

日本1945年战败投降后，军队被解散，军事机构被撤消。1950年朝鲜战争爆发后，美国基于其自身需要，指令日本重新发展军事力量。同年，日本组建"警察预备队"，后改称保安队，1952年成立"海上警备队"，1954年新建航空自卫队，7月颁布《防卫厅设置法》和《自卫队法》，将保安队、海上警备队分别改称为陆上自卫队和海上自卫队，将陆、海、空三军正式定名为自卫队，并成立了防卫厅和参谋长联席会议，健全了统帅指挥机构。

自卫队的最高统帅是首相，最高军事决策机构是内阁会议。"安全保障会议"是内阁在军事上的最高审议机构，由首相、外务大臣、财务大臣、内阁官房长官、国家公安委员长、防卫大臣等内阁主要成员组成，负责审议国防方针、建军计划及处理各种突发事件等。防卫省相当于国防部。参谋长联席会议由主席和陆、海、空军参谋长组成，负责拟定和调整三军作战、训练和后勤计划，搜集研究军事情报，在实施两个军种以上的联合作战、演习时，实施统一指挥。

日本防卫的基本政策是：在和平宪法下，实行专守防卫；坚持日美安保体制；确保文官统治；遵守非核三原则；有节制地增强防卫力量；坚持质量建军原则，使之能独立应付有限的小规模战争。

自卫队实行志愿兵役制。陆上自卫队服役期限为2~3年，海、空自卫队为3年。一般根据本人希望，可延长服役1次（2年）。根据2009年版日本《防卫白皮书》，截至2009年3月，日自卫队编制总兵力为24.83万人，实有兵员22.85万人。其中陆上自卫队约14.02万人，包括若干常规师、旅及机动运输部队、地对空导弹部队等，坦克880辆，装甲车960辆，各种火炮7530门，飞机535架。海上自卫队约4.24万人，包括护卫舰队、潜水艇舰队、空中侦察部队等，各种舰艇148艘，总排水量43.4万吨，飞机195架。航空自卫队约有4.37万人，包括航空警戒管制部队、战斗机部队、空中运输部队、地对空导弹部队等，各种飞机446架，其中作战飞机约359架。此外还拥有各式导弹33种。自卫队另有预备役人员47900人，防卫省机关和直属机构约2400人，文职人员2.3万人。

2010年度防卫预算为4.79万亿日元（约合509.61亿美元）。

日本在海湾战争后首次实现海外派兵，于1991年4月派遣自卫队赴海湾参加多国部队的扫雷活动。1992年6月，日国会通过《联合国维持和平活动合作法》，简称"PKO法"，从法律上确定自卫队可出国执行联合国主持的国际维和行动。曾先后向柬埔寨、莫桑比克、中东等地派遣自卫队参与维和活动。2001年11月30日，日国会通过《联合国维和行动合作法修正案》，解除了迄今对自卫队参加联合国维和主体行动的限制。“9·11”事件后，日本国会于2001年10月29日通过《反恐特别措施法》，并相应修改《自卫队法》和《海上保安厅法》。日自卫队舰船于2001年12月初抵达印度洋，对美反恐战争实施后勤支援。2002年3月2日，派出690名陆上自卫队员参加东帝汶维和行动。4月，日本政府正式推出“有事法制”相关法案，并加快其立法进程，旨在从法律上确立国家的应战体制。2003年5月15日，日本众院通过有事法制三法案：《武力攻击事态法案》、《自卫队法修正案》和《安全保障会议设置法修正案》，6月6日，三法案在参院获得通过。这是日本战后制定的第一个“战时立法”，确立了日本的战时国防动员体制。2003年7月，日本国内又通过“伊拉克复兴支援特别措施法”，根据上述法案，日本政府于12月9日通过内阁决议，宣布以支援伊拉克重建为名，于12月15日起1年期限内向伊拉克派驻海陆空自卫队。12月26日，先遣队赴伊，这是日本战后首次向尚处于战争状态的地区派兵；2004年2月以来，1000多名陆海空自卫队员先后赴伊，主要活动区域在局势相对稳定的伊东南部，负责重建医疗、水利、给水、学校等公共设施，运输人道主义援助物资，为驻伊美军等提供后勤支援等。2004年6月18日，日本政府正式决定日本自卫队参与联合国驻伊多国部队。12月，日本政府决定将驻派伊拉克的海陆空自卫队的期限延长一年。同月，日本出台新防卫计划大纲，明确提出将国际贡献与本土防卫并列为自卫队的主体任务。2005年初日本利用印度洋地震海啸灾害，以人道救援为名进行了战后最大规模的陆海空三军海外派兵。2006年7月，日本陆上自卫队从伊拉克撤军，而航空自卫队继续为驻伊多国部队提供空运支援。2007年1月，防卫厅脱离内阁府独立升省。11月反恐对策特别措施法失效，日撤回在印度洋的全部部队。2008年1月，新反恐特别措施法在国会通过，日重新向印度洋派遣舰船；同年12月，国会通过新反恐特别措施法修正案，决定将派遣期限延长至2010年1月。日本民主党上台执政后于2010年1月中止了在印度洋的后勤支援活动。

文化教育

【教育】 日本学校教育分为学前教育、初等教育、中等教育、高等教育四个阶段，学制为小学6年、初中3年、高中3年、大学4年，其中小学到初中为9年义务教育。2010年度教育预算为55860亿日元，占当年预算总额的6.05%。大学有国立大学、公立大学和私立大学。著名的国立综合大学有东京大学、京都大学等，著名的私立大学有早稻田大学、庆应义塾大学等。日本重视社会教育，函授、夜校、广播、电视教育等较普遍。

著名高等学校：东京大学：1877年4月建校。本科生14197人，研究生及以上学历14327人，留学生2508人，教师3958人（2009年）。京都大学：1897年6月建校。本科生13255人，研究生及以上学历9319人，留学生1102人，教师2869人（2009年）。早稻田大学：1882年建校。本科生42850人，研究生及以上学历7256人，留学生3125人，教师2049人（2009年）。庆应义塾大学：1858年建校。本科生28479人，研究生及以上学历4873人，留学生约500人，教师2606人（2008年5月）。

【新闻出版】 新闻事业发达，报刊发行量大，广播电视覆盖面广，在世界各国中位居前列。

全国性报纸有5家，按照目前发行量依次是读卖新闻（早刊1004.8万份）、朝日新闻（早刊811万份）、每日新闻、日本经济新闻、产经新闻，地区性报纸有3家，为中日（东京）新闻（428万份）、北海道新闻、西日本新闻，主要地方报纸121家。较有影响的杂志有：《中央公论》、《东洋经济》、《经济学家》、《文艺春秋》等。

共同通讯社是日本最大的通讯社，简称共同社，创建于1945年11月。目前，国内除东京总社外，还设有6个总分社和46个分社，国外在41个城市设有记者站。时事通讯社是第二大通讯社，简称时事社，创建于1945年。目前，国内设有82个分支机构，国外在29个城市设有记者站。

广播电台有半官方性质的日本广播协会（NHK）和4大系列民营电台（111家），每天连续播音时间平均超过22小时。NHK系半官方性质的“公共广播电视台”，创建于1925年，现有3个面向国内和1个面向海外的广播频道，合计平均每天播音约90小时。

电视台主要有半官方的“公共电视台”NHK和127家民营电视台、5家民营数字电视台。电视平均每天播放20小时以上。主要电视台：NHK于1953年开播电视节目，属半官方性质，每天播放5套电视节目，目前国外设有27个记者站，与国外42个新闻机构有合作关系；日本电视网（NTV），1952年成立，与国内29家地方电视台组成电视广播网络，目前国外设有13个记者站；东京广播公司（TBS），1951年成立，与国内28家地方电视台和34家地方广播电台组成电视广播网络，目前国外设有13个记者站。

对外关系

外交政策的基本取向是以日美同盟为基轴，以亚洲为战略依托，重视发展大国关系，积极参与地区及全球事务，谋求政治大国地位。力争成为联合国安理会常任理事国。截至2010年，日本共与192个国家建立外交关系。

【同中国的关系】 1972年9月29日，中日两国政府发表联合声明，实现邦交正常化。翌年1月互设大使馆。目前，中国在大阪、福冈、札幌、长崎、名古屋、新潟设有总领事馆。日本在上海、广州、沈阳、香港、重庆、青岛设有总领事馆，在大连设有驻沈阳总领馆办事处。1978 年 8 月 12 日，两国签署《中日和平友好条约》，同年 10 月邓小平副总理访日，双方互换《中日和平友好条约》批准书。1998 年 11 月，江泽民主席对日本进行国事访问，双方发表《中日联合宣言》。

中日关系前几年曾面临严重困难。2006 年 9 月，中日双方就克服影响中日关系的政治障碍和促进两国友好合作关系健康发展达成一致。10 月 8 ~ 10 日，安倍首相正式访华，双方同意构筑中日战略互惠关系，被称为“破冰之旅”。

安倍访华后，两国恢复高层接触，中日关系不断改善和发展。2007 年 4 月，温家宝总理访日，被称为“融冰之旅”。12 月，福田首相访华，被称为“迎春之旅”。

2008 年 5 月 6 ~ 10 日，胡锦涛主席对日本进行国事访问，被称为“暖春之旅”。访问取得丰硕成果。双方发表《中日关于全面推进战略互惠关系的联合声明》，这是中日第四个政治文件。文件在继承前三个政治文件基础上，确定了新时期中日关系发展的指导原则和重点合作领域。

2009 年中日间重要活动有：

2 月 28 日至 3 月 1 日，日本外务大臣中曾根弘文首次正式访华。

3 月 29 日至 4 月 4 日，中共中央政治局常委李长春访问日本。

4 月 2 日，胡锦涛主席出席伦敦金融峰会期间与麻生首相会晤。

4 月 11 日，温家宝总理出席东亚领导人系列会议期间与麻生首相会晤。

4 月 18 日，温家宝总理会见前来出席博鳌亚洲论坛的日本前首相福田康夫。

4 月 29 ~ 30 日，日本首相麻生太郎访华。胡锦涛主席会见，温家宝总理与麻生举行会谈。

6 月 7 日，第二次中日经济高层对话在东京举行。国务院副总理王岐山和日本外务大臣中曾根弘文共同主持对话。杨洁篪外长与日本外相中曾根弘文举行会谈。

6 月 24 日，第十次中日战略对话在北京举行。

9 月 21 日，胡锦涛主席在联大期间同鸠山首相举行首次会晤，就继续深化中日战略互惠关系达成重要共识。

9 月 28 日，中日韩外长会在上海举行，杨洁篪外长同冈田克也外相举行首次会晤。

10 月 10 日，中日韩领导人会议在北京举行。胡锦涛主席会见并宴请鸠山首相和李明博总统。温家宝总理同鸠山首相举行首次会晤。戴秉国国务委员和杨洁篪外长分别会见陪同鸠山来访的冈田外相。

11 月 19 ~ 22 日，杨洁篪外长对日本进行正式访问，会见鸠山首相，并同冈田外相举行会谈。

12 月 14 ~ 16 日，国家副主席习近平对日本进行正式访问。

12 月 17 日，温家宝总理在丹麦哥本哈根出席联合国气候变化框架公约第 15 次缔约方大会期间，同鸠山首相举行会晤。

日本是中国主要贸易伙伴。截至 2003 年，日本连续 11 年为中国第一大贸易伙伴，2004 年被欧盟、美国超过，退居第三。2008 年，双边贸易额 2667.9 亿美元、同比增长 13%。其中中方出口额 1161.3 亿美元、同比增长 13.8%，中方进口额 1506.5 亿美元、同比增长 12.5%，中方逆差 345.2 亿美元。据日方统计，2008 年 7 月，中国首次超过美国，成为日本最大出口对象国。日本是中国第二大外资来源地。2009 年，日本对华直接投资实际到位金额 41.17 亿美元，同比增长 12.7%。截至 2010 年 1 月，日本对华投资项目累计 42516 个，实际到位金额 698.85 亿美元。中日双方已商定 2008 年前结束对华日元贷款。2007 年 12 月 1 日，两国外长签署日本对华最后一批日元贷款换文，至此，日本政府累计向中国政府承诺提供日元贷款约 33164.86 亿日元（约合 330 亿美元）。截至 2008 年底，中国实际利用日元贷款约 26490.70 亿日元，用于 255 个项目的建设。

两国在能源、环境、高新技术、金融等重点领域的合作进展顺利。胡锦涛主席访日期间双方签署关于继续加强节能环保领域合作的备忘录。天津与北九州缔结建设循环型城市合作伙伴。第四届中日节能环保论坛成功召开。第 13 届中日科技合作联委会是双方同意将企业引入联委会框架开展创新合作的第一次会议。

双方继续推进议会交流。2009 年 12 月，全国人大与日本众议院定期交流机制第五次会议在东京举行。2010 年 4 月，全国人大与日本参议院定期交流机制第四次会议在北京举行。

防务交流取得重要进展。继 2007 年中国军舰首次访日，日本海上自卫队舰艇于 2008 年 6 月对中国进行回访。至此，两国军舰首次成功实现互访。2009 年 3 月，日本防卫大臣滨田靖一访华。11 月，国务委员兼国防部长梁光烈访问日本。

2009 年中日人员往来达 487 万人次（中国公民赴日 155.25 万人次，日本公民来华 331.75 万人次）。截至 2009 年底，中日间缔结友好城市累计 245 对。

中国驻日本大使：程永华。馆址：东京都港区元麻布 3 - 4 - 33，邮编：106 - 0046。电话：（0081）03 - 34033388；传真：34033345。商务处电话：34402011；传真：34468242。领事部签证处电话：（0081）03 - 34035232；传真：（0081）03 - 34035447。

日本驻华大使：丹羽宇一郎（Niwa uichiro），2010 年 7 月到任。馆址：北京市建国门外日坛路 7

号，邮编：100600。电话：010－65322361（总机）；传真：65324625。经济部电话：65322361转分机；传真：65322009。领事部签证处电话：64106973、64106974；传真：64106977。

【同美国的关系】战后初期日本处于美国直接军事占领之下。1951年美签订片面《对日和平条约》（即《旧金山和约》），结束对日占领。同时日美签订《日美安全保障条约》，结成军事同盟关系。冷战后，双方先后发表《日美安全保障联合宣言》、新防卫合作指针等文件，强化同盟关系。"9·11"事件之后，日本全力支持美反恐，先后通过《反恐特别措施法》和《伊拉克复兴支援特别措施法》。2005年2月至2006年5月，日美举行三次"2＋2"磋商，分别发表"共同战略目标"文件、题为《日美同盟：面向未来的转型与重组》的中间报告和关于驻日美军重组的"路线图"计划。

奥巴马上任伊始，日美双方即展开新一轮互动。2009年2月中旬，美国务卿希拉里将日本作为首访地。麻生首相2月24日访美，成为奥巴马在白宫会见的首位外国首脑。双方确认日美同盟的重要定位，明确了今后在金融、反恐、援非、气候变化等领域加强合作。鸠山内阁执政以后，谋求建立更加对等的日美关系。奥巴马于2009年11月13日访问日本，与鸠山首相举行首脑会谈，双方在核裁军、气候变暖和新能源三个领域的合作分别发表了联合声明或共同文件。迫于美方压力，鸠山内阁不得不在驻冲绳美军基地搬迁问题上做出让步。菅直人当选首相后，于2010年6月6日与奥巴马进行电话会谈，重申日本将继续坚持以日美同盟为基轴的外交政策。6月28日菅直人首相与奥巴马总统在多伦多20国集团峰会期间举行了首次会晤。

据日方统计，2009年日美贸易额1527.3亿美元，其中日出口额937.7亿美元，日进口额589.6亿美元。

【同欧盟的关系】日本重视发展同欧盟的关系。1991年日欧签署《日欧共同宣言》，确立全面发展双边关系的指导原则、共同目标和定期磋商制度。1994年起日欧建立"规则改革对话"机制，每年轮流在东京和布鲁塞尔开会。近年来，伴随欧盟一体化程度提高和国际地位上升，日本不断扩大与欧盟在各个领域的对话与合作。2000年日欧峰会确定从2001年开始的10年是"日欧合作10年"，同意在此10年里，双方在加强经济关系的基础上，努力加强政治、社会、文化等各方面关系。

2008年2月27日，日欧高级别磋商（副部级）在日本举行；3月17日，第11届日欧环境高级事务层会议在日本举行；4月23日，日欧年度峰会举行，福田首相、欧盟轮值主席国斯洛文尼亚总理扬沙和欧盟委员会主席巴罗佐与会，会上发表联合新闻声明。2010年4月28日，日本首相鸠山由纪夫、外相冈田克也和欧洲理事会常任主席范龙佩、欧盟委员会主席巴罗佐在东京举行定期首脑磋商，双方同意进一步加强伙伴关系，并在解决伊朗核问题方面加强合作。

据日方统计，2009年日本与欧盟贸易额为1314.7亿美元，其中日出口额723.8亿美元，日进口额590.9亿美元。

【同俄罗斯的关系】1991年12月苏联解体后，日本立即承认俄罗斯联邦政府。北方领土问题是影响日俄关系发展的主要障碍。日方主张在迄今谈判基础上解决北方领土问题并与俄签署和平条约，实现日俄关系的完全正常化。日俄1993年签署《东京宣言》。2003年1月小泉首相访俄，双方签署《日俄联合声明》及《行动计划》，确认构筑"符合两国战略和地缘利益的创造性伙伴关系"，并达成加强政治对话、开展国际合作等六点共识。2005年普京总统访日，双方一致同意加强合作，开展各层次政府对话。

2008年日俄共举行两轮战略对话。4月，福田首相非正式访俄，分别与普京总统、梅德韦杰夫下任总统举行会谈。7月，梅德韦杰夫总统赴日出席八国首脑峰会期间与福田首相举行会谈。11月，麻生首相与梅德韦杰夫总统在秘鲁出席APEC首脑会议时举行会谈。同月，俄外长拉夫罗夫访日。

2009年2月18日，日本首相麻生太郎在俄罗斯远东萨哈林州南萨哈林斯克与俄总统梅德韦杰夫举行会谈。5月11日，普京总理访问日本并与麻生首相会谈。7月，日本首相麻生太郎赴意大利拉奎拉出席八国首脑峰会期间与俄罗斯总统梅德韦杰夫举行会谈。9月，日本首相鸠山由纪夫赴纽约出席联合国大会期间与俄罗斯总统梅德韦杰夫进行会谈。11月，鸠山首相在新加坡举行的亚太经合组织第十七次领导人非正式会议期间与俄罗斯总统梅德韦杰夫进行会谈。2010年4月13日，日本首相鸠山由纪夫在出席华盛顿核安全峰会期间同俄罗斯总统梅德韦杰夫短暂交谈，双方就在今年6、9、11月举行三次日俄首脑会谈达成了共识。6月26日，日本首相菅直人在出席加拿大20国集团峰会期间同俄罗斯总统梅德韦杰夫举行会谈。

据日方统计，2009年日本与俄罗斯贸易额为121.3亿美元，其中日出口额33亿美元，日进口额88.5亿美元。

【同朝鲜的关系】无外交关系。1991年1月日本政府代表团在朝建国后首次访朝，同朝鲜政府代表团正式开始建交谈判。其后虽经多次谈判均无果而终。2002年小泉首相访朝，发表《日朝平壤宣言》，双方同意清算过去，解决有关悬案，尽早实现关系正常化。朝鲜绑架日本人问题是当前两国关系焦点。

六方会谈框架下日朝关系正常化工作组分别于2007年3月和9月在越南河内和蒙古乌兰巴托召开

会议，就日朝邦交正常化问题进行接触，未能取得成果。2008年6月11～12日、8月11～12日，日朝在北京、沈阳举行工作磋商，就对绑架受害者进行再调查的具体办法等问题进行了探讨。

2009年5月朝鲜第二次核试后，日政府于6月通过内阁决议，决定单独追加对朝制裁措施，包括全面禁止对朝出口、限制日朝间人员往来等。

据日方统计，2009年日朝贸易额为7273万美元，均为日方出口。

【同韩国的关系】日韩两国于1965年12月缔结基本关系条约并建交。日韩关系发展总体较平稳。日韩经济关系和人员往来均十分密切。韩国是与日本人员往来最多的国家之一。日韩关系也受到历史、领土问题影响。2006年10月安倍首相访韩，两国关系得到改善，两国领导人在多边场合保持接触。

2008年2月，福田首相访韩，双方宣布开启“面向未来的日韩关系新时代”。4月，李明博访日，双方商定开创“更加成熟的伙伴关系”新时代。7月，日本政府在新发行的中学教科书指导手册中将独岛（日称竹岛）称为日本领土，韩政府及社会各界反应强烈，对日韩关系再次造成严重冲击。此后，日韩领导人在国际会议及中日韩领导人会议等场合多次举行会谈。

2009年1月11日，麻生太郎首相访韩，双方就共同关心的问题广泛交换了意见。6月，李明博访日，双方再次确认“两国将保持紧密合作关系”。10月，鸠山首相访问韩国，与李明博举行首脑会谈。

据日方统计，2009年日韩贸易额为692.7亿美元，其中日出口额472.8亿日元，日进口额219.9亿美元。

【同东盟国家的关系】日本政府十分重视同东盟国家的关系。双方沟通往来机制较多，有日本东盟领导人会议、外长会议、经济部长会议等。

2008年7月，高村外务大臣在新加坡出席东盟与中日韩外长会。10月，麻生首相在北京出席亚欧峰会期间，与东盟和中韩领导人举行非正式早餐会。2009年10月，鸠山首相在泰国出席东亚峰会。

据日方统计，2009年日本与东盟贸易额为1581.4亿美元，其中日出口额804.7亿美元，日进口额776.7亿美元。

【同印度的关系】1952年日印建交，两国关系发展平稳。2000年双方决定构筑“面向21世纪的日印全球伙伴关系”。2001年双方发表以促进高层对话、加强IT、反恐、防扩散等领域合作为内容的日印共同宣言。2005年小泉首相访印，双方签署“在亚洲新时代的日印伙伴关系：日印全球伙伴关系的战略方向”的共同声明。

2008年10月，印度总理辛格访日，双方发表《关于推进全球战略伙伴关系的联合声明》和《日印安保合作共同宣言》。2009年12月，鸠山首相访问印度，两国就强化军事合作达成协议。

据日方统计，2009年日印贸易总额为100.9亿美元，其中日出口额63.4亿美元，日进口额37.5亿美元。 （马日楚 卜阙）

沙特阿拉伯

国名 沙特阿拉伯王国（Kingdom of Saudi Arabia）。

面积 225万平方公里。

人口 2370万（2006年）。沙特公民约占70%，外籍人约占30%。阿拉伯民族。官方语言为阿拉伯语，通用英语。伊斯兰教为国教，逊尼派约占85%，什叶派约15%。

首都 利雅得（Riyadh），人口584万（2007年）。

国家元首 国王兼首相、国民卫队司令阿卜杜拉·本·阿卜杜勒阿齐兹·阿勒沙特（Abdullah Bin Abdul Aziz Al Saud），2005年8月1日即位，为沙特第六任国王。

重要节日 国庆日：9月23日；开斋节：伊斯兰教历10月第一天，政府机关的假日从伊斯兰教历9月25日至10月5日；宰牲节：伊斯兰教历12月10日，政府机关假日从伊斯兰教历12月5日～15日。

简 况

位于阿拉伯半岛。东濒波斯湾，西临红海，同约旦、伊拉克、科威特、阿联酋、阿曼、也门等国接壤。海岸线长2437公里。地势西高东低。西部高原属地中海式气候，其他地区属亚热带沙特漠气候。夏季沿海地区气温38℃～39℃，内地有时高达54℃；冬季气候温和。年平均降雨不超过200毫米。

公元7世纪，伊斯兰教创始人穆罕默德的一些继承者建立阿拉伯帝国，8世纪为鼎盛时期，版图横跨欧、亚、非三洲。11世纪开始衰落，16世纪为奥斯曼帝国所统治。19世纪英国侵入，当时分汉志和内志两部分。1924年内志酋长阿卜杜勒阿齐兹·沙特兼并汉志，次年自称为国王。经过30年征战，阿卜杜勒阿齐兹·沙特终于统一了阿拉伯半岛，于1932年9月23日宣告建立阿拉伯王国。这一天被定为沙特国庆日。

政　治

政教合一的君主制王国，禁止政党活动。无宪法，《古兰经》和穆罕默德的圣训是国家执法的依据。国王亦称“两圣地（麦加和麦地那）仆人”，并兼任武装部队总司令和内阁首相等职务。国王行使最高行政权和司法权，有权任命、解散或改组内阁，解散协商会议，有权批准和否决内阁会议决议及与外国签订的条约、协议。1992 年 3 月 1 日，法赫德国王颁布《治国基本法》，规定沙特王国由其缔造者阿卜杜勒阿齐兹·拉赫曼·费萨尔·阿勒沙特国王的子孙中的优秀者出任国王。2000 年 6 月，沙特成立王室家族委员会，委员会包括 18 名成员，阿卜杜拉王储和苏尔坦第二副首相分别担任正副主席。委员会处理王室内部事务。

2005 年，法赫德国王病逝，阿卜杜拉王储继承王位，并立第二副首相苏尔坦为王储兼副首相。2006 年 10 月 20 日，阿卜杜拉国王颁布谕令，宣布修改《治国基本法》由国王选定王储的条款，实行效忠委员会制度。2007 年 12 月，效忠委员会成立，米什阿勒亲王被任命为委员会主席。

【议会】 1993 年 12 月 29 日成立协商会议，是国家政治咨询机构，负责向国王提出改革建议。下设 12 个专门委员会。协商会议由主席和 150 名议员组成，由国王任命，任期 4 年，可连任。现任主席阿卜杜拉·本·穆罕默德·阿勒谢赫（Abdullah Bin Mohammed Al Sheikh），2009 年 2 月就任。

【政府】 本届政府于 2007 年 3 月组成，迄今进行 3 次微调，由 29 名成员组成，主要成员是：国王兼首相、国民卫队司令阿卜杜拉·本·阿卜杜勒阿齐兹·阿勒沙特（Abdullah Bin Abdul Aziz Al Saud），王储兼第一副首相、国防和航空大臣、军队总监苏尔坦·本·阿卜杜勒阿齐兹·阿勒沙特（Sultan Bin Abdul Aziz Al Saud），第二副首相兼内政大臣纳伊夫·本·阿卜杜勒阿齐兹·阿勒沙特（Naif Bin Abdul Aziz Al Saud），外交大臣沙特·本·费萨尔·本·阿卜杜勒阿齐兹·阿勒沙特（Saud Bin Faisal Bin Abdul Aziz Al Saud），石油和矿产资源大臣阿里·易卜拉欣·纳伊米（Ali Ibrahim Naimi），财政大臣易卜拉欣·本·阿卜杜勒阿齐兹·阿萨夫（Ibrahim Bin Abdul Aziz Asaf）。

2009 年 2 月，阿卜杜拉国王对内阁进行小幅调整时，任命努拉·法耶兹（Nura Fayez）女士为教育部次大臣，这是沙特第一位女性次大臣。

【行政区划】 全国分为 13 个地区：利雅得地区、麦加地区、麦地那地区、东部地区、卡西姆地区、哈伊勒地区、阿西尔地区、巴哈地区、塔布克地区、北部边疆地区、季赞地区、纳季兰地区、朱夫地区。地区下设一级县和二级县，县下设一级乡和二级乡。

【司法机构】 以《古兰经》和《圣训》为执法依据。由司法部和最高司法委员会负责司法事务的管理。2007 年，阿卜杜拉国王颁布《司法制度及执行办法》和《申诉制度及执行办法》，建立新的司法体系。设立最高法院、上诉法院、普通法院（一级法院）等三级法院，并建立刑事、民事、商业、劳工等法庭。最高法院院长由国王任命。申诉制度规定设立直属于国王的三级行政诉讼机构，即最高行政法庭、行政上诉法庭和行政法庭。

【重要人物】 **阿卜杜拉·本·阿卜杜勒阿齐兹·阿勒沙特，** 国王兼首相、国民卫队司令。生于 1924 年，1964 年任国民卫队司令，1975 年被任命为第二副首相，1982 年被立为王储兼第一副首相、国民卫队司令，2005 年 8 月 1 日继任国王。曾于 1998 年 10 月和 2006 年 1 月访华。　**苏尔坦·本·阿卜杜勒阿齐兹·阿勒沙特，** 王储兼第一副首相、国防和航空大臣、军队总监。1928 年生于利雅得。年轻时任皇家卫队司令，1953 年任利雅得地区埃米尔，同年改任农业大臣，1962 年任国防大臣，1982 年任第二副首相兼国防航空大臣、军队总监，2005 年 8 月 1 日被立为王储兼副首相、国防航空大臣、军队总监。曾于 2000 年 10 月访华。　**纳伊夫·本·阿卜杜勒阿齐兹·阿勒沙特：** 第二副首相兼内政大臣。1934 年生于塔伊夫。自幼在王室学校接受伊斯兰正统教育。1952 年任利雅得地区副埃米尔，1970 年任内政副大臣，1975 年任内政大臣，2009 年 3 月任第二副首相兼内政大臣。

经　济

石油工业是沙特经济的主要支柱，石油储量和产量均居世界第一。近年来，沙特大力推行经济多元化政策，努力扩大非石油生产，发展采矿和轻工业，同时重视发展农业，鼓励自由经济和自由竞争，支持私人及合资企业经营发展项目，保护和促进民族经济的发展，鼓励外商投资。2005 年 12 月，沙特正式加入世界贸易组织。

2009 年，沙特经济继续保持平稳增长。政府不断追加预算支出，加大基础设施建设、卫生、教育等领域投入，一些曾因国际金融危机影响而停滞的大型项目重新上马，拉动了内需、就业和银行信贷。沙特还建成了境内五大石油战略储备库，并筹划建立沙特石油交易所。2009 年主要经济数据如下：

国内生产总值：3680 亿美元。

人均国内生产总值：1.55 万美元。

国内生产总值实际增长率：0.15%。

货币名称：里亚尔（Riyal）。

汇率：1 美元 =3.75 沙特里亚尔。

外汇储备：3890 亿美元。

【资源】 石油剩余可采储量 363 亿吨，占世界储量的 19.8%，均居世界首位。天然气剩余可采储量 7.1 万亿立方米，占世界储量的 4.1%，居世界第四位。此外，还拥有金、铜、铁、锡、铝、锌、磷酸盐等矿藏。水资源以地下水为主。地下水总储量为 36

万亿立方米，按目前用水量计算，地表以下 20 米深的水源可使用 320 年左右。沙特是世界上最大的淡化海水生产国，其海水淡化量占世界总量的 21% 左右。

【工业】 石油和石化工业是沙特的经济命脉。2009 年，沙特原油平均日产量 920 万桶，石油出口收入 1347 亿美元，约占财政收入的 86%。近年来，沙特政府充分利用本国丰富的石油、天然气资源，积极引进国外的先进技术设备，大力发展钢铁、炼铝、水泥、海水淡化、电力工业、农业和服务业等非石油产业，依赖石油的单一经济结构有所改观。近年石油产量及收入情况如下：

	2007	2008	2009
产量（万桶/日）	850	920	920
收入（亿美元）	1910	2640	1347

【农业】 十分重视农业发展。全国有可耕地 400 万公顷，已耕地 117 万公顷。从业人员约为 39 万，农业收入占国民生产总值的 3.3%。2005 年，沙特农业部门产值达 102 亿美元，农产品自给能力大幅提高，小麦、椰枣、鲜奶、鸡蛋自给有余，水果自给率达到 60%。畜牧业主要有绵羊、山羊、骆驼等。政府还利用地方和私营企业力量兴办肉鸡、蛋鸡场，发展养鱼业，鼓励大公司建立各种农场。沙特有自流水井 4 万眼，饮用水井 5.2 万眼，水坝 220 座，蓄水能力达 8 亿立方米。

【服务业】 目前已投入使用的旅馆有 300 余家，拥有客房 2.75 万间。沙特饭店行业现雇佣近 2 万名外籍人。

【旅游业】 沙特公民每年出境旅游约 350 万人次，消费额约 250 亿里亚尔。每年到沙特的外国游客为 300 万人次，其中 200 多万为朝觐旅游。

【交通运输】 公路：公路交通是主要运输方式，总长 19 万公里，其中高速公路 15.1 万公里，国际公路网与约旦、也门、科威特、卡塔尔、阿联酋、巴林等国相通。

铁路：实际使用中的铁路只有利雅得至达曼一条，总长 400 公里，年客运量 110 万人，货运量为 250 万吨。南北铁路正在建设中，北起杰拉米德，经哈伊勒、卡西姆至利雅得，全长 2400 公里。沙特还计划修建利雅得至吉达、利雅得至胡岱塔、吉达至麦加和麦地那等四条铁路。

海运：目前商船近 400 艘；船舶吨位 275 万吨，居阿拉伯国家之首。沙特现有 8 大工商业港口（6 个工业港口，2 个商业港口），总泊位 183 个（商业港口泊位 137 个，工业港口泊位 46 个），年吞吐量能力达 2.5 亿吨。主要港口有：吉达伊斯兰港、达曼港、朱拜勒港、延布港、吉赞港、杜巴港。目前，沙特的港口量及设施的现代化程度在阿拉伯和海湾国家中位列前茅。

空运：沙特航空公司在世界民航公司中名列第 15 位。拥有波音、空中客车等现代化飞机。全国有 27 个机场，其中利雅得、吉达、麦加、达兰为国际机场；有 40 条国际航线；延伸 4 大洲 70 多个国家；有 24 条国内航线。每天平均 260 个航班。沙特航空公司有各类大型客机 116 架，年运载乘客达到了 2700 万人次，运载货物 35.7 万吨。

输油管道：沙特的输油管网非常发达。最主要的大型输油管道有两条。一条是东西管道，全长 925 公里，日输油能力 480 万桶，将原油输运到沙特西部炼厂及红海港口，出口欧洲，目前运输量只占其能力的一半。另一条从东部加瓦尔油田横穿半岛连接西部延布港，全长 1215 公里，设计日输油能力为 185 万桶。

通讯：沙特通讯业发展迅速。截至 2006 年底，沙特固定电话装机容量逾 400 万门，其中家庭电话 300 万门，平均每 100 个家庭拥有 70 部电话，移动电话用户达 1960 万个，普及率超过 80%。互联网用户 480 万个，普及率 19.6%。通讯业年营业额约 400 亿里亚尔，其中通讯业务收入占 75%，网络业务收入占 25%。沙特于 1985 年启用了阿拉伯通讯卫星，曾于 2000 年、2002 年、2004 年、2007 年将总共 12 颗卫星送入太空，全国现有 7 个地面卫星接收站。沙特是阿拉伯卫星通讯组织的最大投资者，该组织总部和阿拉伯卫星一级调度中心均设在利雅得。

【财政金融】 近几年国家财政预算收支状况如下（单位：亿美元）：

	2008	2009	2010
收入	2933	1347	1253
支出	1360	1467	1440
差额	1573	-120	-187

沙特有商业银行 10 家，其中国民银行、利雅得银行和拉吉希金融投资公司三家为本国银行，其余为合资银行。资本总额约 230 亿里亚尔，利润约 70 亿里亚尔。

近年来，沙特股市发展较快，有 7 家证券交易所，上市公司 100 多家，已成为世界第 10 大金融市场和第 2 大新兴市场。2008 年受国际金融危机影响，沙特股市大幅下跌。政府采取积极应对措施后，股市有所回升。

【对外贸易】 实行自由贸易和低关税政策。出口以石油和石油产品为主，约占出口总额的 90%，石化及部分工业产品的出口量也在逐渐增加。进口主要是机械设备、食品、纺织等消费品和化工产品。主要贸易伙伴是美国、日本、英国、德国、意大利、法国、韩国等。由于大量出口石油，沙特对外贸易长期顺差。2009 年沙特进出口总额 2659 亿美元，出口额 1856 亿美元，进口额 803 亿美元，顺差 1053 亿美元。

人民生活

沙特是高福利国家，实行免费医疗。全国共有医院 379 家

（其中卫生部下属公立医院218家，其它政府医院123家，私立医院38家），医疗卫生中心1848个，床位4万多张，医生4万多名，护士7万多名。另外，武装部队、国民卫队及一些机构设有自己的专属医院，各综合大学设有医学院及附属医院，床位9975张。全国共有70万残疾人，49家残疾人护理中心。有慈善机构104个。沙特平均寿命男60岁、女64岁。2010年，沙特政府财政预算中卫生和社会发展领域预算为163亿美元，占预算总支出的11%，同比增长17%。

军　事

沙特奉行防御性的国防政策。武装部队建于1964年，最高国防会议为国防最高决策机关，国王是武装部队最高统帅。武装部队由正规军、国民卫队和准军事部队组成。正规军总兵力11.5万人，其中陆军7.7万人，海军1.35万人，空军2万人，防空军0.4万人。国民卫队5.5万人。准军事部队3.7万人。正规军平时实行志愿兵役制，战时实行义务兵役制，一般兵种服役期3年。

文化教育

【教育】 政府重视教育和人才培养，实行免费教育。中、小学学制各为六年。实行免费教育。全国共有各类学校2.6万所，其中综合性大学11所，学院100多所。沙特各类学校现有教师45.8万人，在校学生约534万，其中大学生60.4万人。每年约有7000名学生公费出国留学。在国内读书的大学生，除免费住宿外，还享受津贴。截至2001年，沙特文盲率为8.8%。2010年，沙特财政预算中教育培训领域预算为367亿美元，占预算总支出的25%，同比增长13%。

【新闻出版】 全国发行12种报纸、上百种杂志。阿拉伯文报纸主要有：《利雅得报》、《中东报》（在伦敦出版）、《生活报》、《国家报》、《欧卡兹报》等，英文报刊主要有：《阿拉伯新闻》、《沙特公报》、《沙特经济概览》等。

沙特通讯社：简称沙通社，1971年1月23日成立，直接受新闻部领导。用阿、英、法文发稿。设有4个国内分社（麦加、麦地那、吉达、达曼）和6个国外分社（波恩、开罗、巴黎、伦敦、突尼斯、华盛顿）。

广播电台：沙特广播电台由22个电台组成，使用中波、短波和调频播出。吉达广播电台、利雅得广播电台和《古兰经》广播电台是最大的三家电台。主要电台均24小时播音，除用阿拉伯语广播外，每天还用英、法、乌尔都、斯瓦希里、波斯和班加利语对外广播。

电视台：1964年建立电视网，1965年开始播放黑白节目，1976年开始彩色播映。现有4个电视台，电视1台以阿语播出综合节目，2台以英语和阿语播出综合节目，3台为新闻节目，4台为体育节目。目前全国各地有107个中转站，电视网已覆盖全国98%的地区。

对外关系

奉行独立自主、温和务实的外交政策。重视发展与阿拉伯、伊斯兰国家的关系，积极参与地区事务，致力于阿拉伯团结和海湾合作委员会一体化建设。大力开展多元化外交，加强同美国、中国、欧盟、俄罗斯、日本等大国关系。沙特能源和伊斯兰大国地位为各方看重。

【对重大国际和地区问题的立场】 伊拉克问题：主张维护伊拉克的独立、主权、领土完整和阿拉伯、伊斯兰属性。支持伊政治重建进程及全国和解政策，希望保证不同信仰和政治派别享有同等的权利和义务，实现社会公正与平等。反对外部势力干涉伊内政。

伊朗核问题：反对伊朗拥有和发展核武器，主张通过六方机制谈判和平解决伊核问题。希望伊遵守《联合国宪章》，与国际社会对话，表明其核活动的和平性质，维护地区安全与稳定。愿与伊在睦邻友好、互利合作和互不干涉内政的原则下进一步发展关系。

中东问题：强调巴勒斯坦问题是中东所有问题的根源，在阿拉伯和平倡议和有关国际决议的基础上通过和谈全面、公正解决巴以冲突是实现地区和平的唯一途径。强调和谈是阿拉伯国家的战略选择，只有在以色列从所有阿拉伯和巴勒斯坦被占领土上撤军、巴建立以耶路撒冷为首都的独立国家、巴难民问题找到合理解决办法后，沙特才会与以实现关系正常化。呼吁巴加强内部团结，呼吁大国和国际社会对巴承担政治和道义责任。

反恐问题：反对一切形式的恐怖主义，认为恐怖主义是一种国际现象，是极端思想的产物，不属于某一文明、宗教或民族。强调反恐需要国际社会的共同努力。倡议成立国际反恐中心。

大规模杀伤性武器：沙特已加入《禁止使用化学武器条约》，支持建立中东无核区和无大规模杀伤性武器区。要求以色列签署核不扩散条约，认为以拥有大规模杀伤性武器是中东地区的不稳定因素，国际社会应对以施压。

联合国改革：认为联合国改革十分必要，但改革事关重大，不应仓促行事。主张安理会改革应体现地域公平分配原则，安理会应限制使用否决权。强调伊斯兰国家应拥有一个安理会常任理事国席位。

【同中国的关系】 1990年7月21日，中国和沙特建交。建交后，两国各领域友好合作发展顺利。

2006年，胡锦涛主席与阿卜杜拉国王实现互访，就建立中沙战略性友好合作关系达成共识，双边关系进入了新的阶段。2008年6月，习近平副主席访问沙特，同沙特领导人就双边关系及共同关心的国际和地区问题交换了意见，双方签署了《中国和沙特关于加强合作和战略性友好关系的联合声明》。2009年2月，胡锦涛主席再次访问沙特，同阿卜杜拉国王举行会谈。两国有关部门签署了能源、检疫、卫生、教育、交通等领域的5项合作文件。2010年1月，外交部长杨洁篪访问沙特，会见了阿卜杜拉国王，同沙特外交大臣费萨尔举行会谈。2010年5月，沙特外交大臣费萨尔来华出席“中阿合作论坛”第四届部长级会议，温家宝总理、中共中央政治局常委李长春分别会见。

受国际金融危机影响，2009年双边贸易额为326亿美元，其中中国进口236.2亿美元，出口89.8亿美元，同比分别下降22.1%、23.9%、17.1%。2010年1~3月，双边贸易额为91.1亿美元，其中中国进口72.3亿美元，出口18.8亿美元，增幅分别为66.5%、90.1%、18.8%。沙特是中国在西亚非洲地区第一大贸易伙伴。中国从沙特进口主要商品为原油、乙二醇、液化石油气等，对沙特出口主要商品为机电产品、轻纺产品、钢铁制品等。

沙特是中国第一大原油供应国。2009年中国从沙特进口原油4185.8万吨（金额约189.2亿美元），同比增长15.1%，约占中国同期进口原油总量的32%。

2008年5月，中国四川汶川特大地震灾害发生后，阿卜杜拉国王即向灾区提供5000万美元现金和1000万美元物资援助，是中国收到的最大一笔海外单项援助。7月，沙方追加捐赠了1460套活动板房，已在甘肃搭建。8月，沙方又向联合国为四川地震灾区重建开展的救援计划紧急项目认捐150万美元。2010年4月，青海玉树地震灾害生后，阿卜杜拉国王、苏尔坦王储分别致电胡锦涛主席表示慰问。

中国驻沙特大使：杨洪林。馆址：Circle No. 5 Diplomatic Quarter, Kingdom of Saudi Arabia。信箱：P. O. BOX 75231 RIYADH 11578。国家地区号：00966-1。电话：2812083。传真：2812070。

商务处电话：4655655；传真：4629617。

中国驻吉达总领事：王勇。信箱：P. O. BOX 51028 JEDDAH 21543。电话：009662-6605113。

沙特驻华大使：叶海亚·本·阿卜杜勒凯里姆·宰德（Yahya Bin Abdul-kareem Al-Zaid）。馆址：北京市三里屯北小街1号。电话：010-65329320，65329321，65329322。传真：65325324。

【同美国的关系】 1943年5月沙特和美国建交。海湾危机发生后，沙美关系进一步加强。美国是沙特第一大贸易伙伴。“9·11事件”一度使沙美关系受到冲击。伊拉克战争后，沙美关系持续改善，双方互访不断。2009年4月，美国总统奥巴马在二十国集团伦敦峰会期间会见阿卜杜拉国王；6月又把沙特作为其中东之行的第一站。美国财政部长盖特纳、国防部长盖茨、国家安全事务助理琼斯、中东问题特使米切尔等在2009年先后访问沙特。

【同阿拉伯国家的关系】 2009年，沙特积极发挥地区大国作用，地区影响力进一步上升。阿卜杜拉国王发出阿拉伯国家和解倡议，力促阿国关系缓和；访问叙利亚，推动解决黎巴嫩组阁问题。

【同西方国家的关系】 沙特十分重视巩固同西方国家的关系。2009年，英、法、加拿大等国外长访问沙特，阿卜杜拉国王多次与英、法领导人通话。

（杨旭）

斯里兰卡

国名 斯里兰卡民主社会主义共和国（The Democratic Socialist Republic of Sri Lanka）。

面积 65610平方公里。

人口 2045万（2009年）。僧伽罗族占74.5%，泰米尔族16.5%，摩尔族8.3%，其他0.7%。僧伽罗语、泰米尔语同为官方语言和全国语言，上层社会通用英语。居民76.7%信奉佛教，7.8%信奉印度教，6.1%信奉天主教，8.5%信奉伊斯兰教。

首都 科伦坡（Colombo），人口242.1万（2006年）。热带季风气候，年均气温28℃。

国家元首 总统马欣达·拉贾帕克萨（Mahinda Rajapaksa），2005年11月就职，2010年1月连任。

重要节日 独立日：2月4日（1948年）。

简　况

南亚次大陆以南印度洋上的岛国，西北隔保克海峡与印度相望。接近赤道，终年如夏，年平均气温28℃。各地年平均降水量1283~3321毫米不等。风景秀丽，素有“印度洋上的珍珠”之称。

斯里兰卡古时称锡兰岛。2500年前，来自北印度的雅利安人移民至此建立了僧伽罗王朝。公元前247年，印度孔雀王朝的阿育王派其子来岛弘扬佛教，受到当地国王的欢迎，从此僧伽罗人摈弃婆罗门教而改信佛教。公元前2世纪前后，南印度的泰米尔人也开始迁徙并定居锡兰岛。此后兰巴坎纳和莫里亚、波隆纳鲁瓦、丹巴德尼亚和冈波拉等多个僧伽罗和泰米尔王朝交替统治。16世纪起先后被葡萄牙和荷兰人统治。18世纪末成为英国殖民地。1948年2月4日获得独立，定国名锡兰。1972年5月22日改称斯里兰卡共和国。1978年8月16日改国名为斯里兰卡民主社会主义共和国。

政　治

总统为国家元首、政府首脑和武装部队总司令，享有任命总理和内阁其他成员的权力。2010年1月，斯里兰卡举行第六届总统选举。执政的自由党候选人马欣达·拉贾帕克萨连任，任期6年。4月21日，拉贾帕克萨总统任命迪萨纳亚克·贾亚拉特纳（Dissanayake Mudiyanselage Jayaratne）为政府总理。贾同日宣誓就职。

【宪法】现行宪法于1978年9月7日生效，为斯历史上第四部宪法，废除沿袭多年的英国式议会制，效仿法国和美国，改行总统制。1982年后曾多次修改宪法，将议会任期由6年改为任满时可通过公民投票决定是否延长。宪法规定，斯所有官员，包括议员在内，必须宣誓反对分裂主义，维护国家统一。

【议会】斯议会为一院制，由225名议员组成，任期6年。本届议会于2010年4月选出。席位分布情况为（截至2010年5月24日）：统一人民自由联盟144席，统一国民阵线60席，泰米尔民族联盟获14席，民主全国联盟获7席。现任议长恰马尔·拉贾帕克萨（Chamal Rajapaksa），自由党党员，于2010年4月22日宣誓就职。

【政府】2010年4月，斯新一届内阁成立，共有41名部长。主要成员有：总理兼佛教和宗教事务部长贾亚拉特纳，公共管理和改革部长拉特纳西里·维克拉马纳亚克（Ratnasiri Wickramanayake），外交部长佩里斯（G. L. Peiris），灌溉和水利资源发展部长尼马尔·西里帕拉·德·席尔瓦（Nimal Siripala de Silva），灾害管理部长法齐（A. H. M. Fowzie），卫生部长迈特里帕拉·西里塞纳（Maithripala Sirisena），石油工业部长苏西尔·普雷马贾彦塔（Susil Premajayantha），给排水部长迪内什·古纳瓦德纳（Dinesh Gunawardena），传统工业和小企业发展部长道格拉斯·德万纳达（Douglas Devananda），地方政府和省理事会事务部长阿图拉（Local Government & Provincial Councils），重建和监狱改革部长古纳塞克拉（Rehabilitation & Prison Reforms），工商业部长里沙德·巴蒂于廷（Rishad Bathiyutheen），建设、工程服务、住房及公共设施部长维马尔·维拉万萨（Wimal Weerawansa），电力能源部长钱皮卡·拉纳瓦卡（Champika Ranawaka），经济发展部长巴西尔·拉贾帕克萨（Basil Rajapaksa），国有资产和企业发展部长达亚拉特纳（P. Dayaratne）。

【行政区划】全国分为9个省和25个县。9个省分别为西方省、中央省、南方省、西北省、北方省、北中央省、东方省、乌瓦省和萨巴拉加穆瓦省。

【司法机构】司法机构由三部分组成：法院，包括最高法院、上诉法院、高级法院和地方法院等；司法部，负责司法行政工作；司法委员会，负责法院人事和纪律检查。最高法院首席法官南达·席尔瓦（S. Nanda Silva），1999年9月16日就任。

【政党】（1）斯里兰卡自由党（Sri Lanka Freedom Party）：1951年9月由所罗门·班达拉奈克创建。现有党员约65万。奉行开放的市场经济政策和不结盟的外交政策。曾于1956年、1961年和1970年三次执政。1981年、1984年和1993年先后三次分裂。1993年起联合其他小党组成人民联盟，在1994和2000年议会选举中获胜。2004年，该党与人民解放阵线组成统一人民自由联盟在议会选举中获得多数席位，再次上台执政。目前，主席为斯现任总统拉贾帕克萨，总书记迈特里帕拉·西里塞纳（Maithripala Sirisena）。

（2）统一国民党（United National Party）：1946年9月6日成立，拥有党员约140万。主张自由竞争、对外开放的经济政策和不结盟的外交政策。领袖拉尼尔·维克拉马辛哈（Ranil Wickremasinghe），主席马立克·萨马拉维克拉马（Malik Samarawickrema），总书记塞纳拉特·卡普科土瓦（Senerath Kapukotuwa）。

（3）人民解放阵线（Janatha Vimukthi Peramuna, People's Liberation Front）：成立于1970年，主要成员来自当时的锡兰共产党。直至上世纪90年代初，该党一直坚持武装斗争。其后调整政策，选择议会斗争道路，主张"建立社会主义政府"、"运用人民赋予的权力为人民谋福利"、"追求经济平等"，外交上主张改善和发展与邻国的关系，反对别国干涉斯内部事务。领袖为索马瓦沙·阿马拉辛哈（Somawansa Amarasinghe），总书记蒂尔文·席尔瓦（Tilvin Silva）。

其他政党和组织还有全国僧伽罗僧侣党、锡兰工人大会党、穆斯林大会党、泰米尔民族联盟、高地人民阵线、伊拉姆人民民主党和斯里兰卡共产党等。

【和平进程与国内局势】斯政府与"泰米尔伊拉姆解放虎"（简称"猛虎"）组织间的冲突持续27年，造成7万多人死亡。2002年2月，在挪威斡旋下，双方签署《永久停火协议》，先后举行6轮和谈。2003年4月，"猛虎"退出和谈，和平进程宣告中断。2006年2月和10月，双方又举行两轮和谈，但未能达成一致。2007年7月，政府军收复东方省并向北部"虎控区"推进。2008年1月，斯政府宣布退出《永久停火协议》。2009年1月，政府军收复"猛虎行政首都"基里诺奇等城镇。5月，斯总统宣布军事行动取得成功，收复所有"猛虎"控制区域，消灭普拉巴卡兰等"猛虎"主要头目。目前，斯政府积极推进战后平民安置和经济社会重建，政治、经济、安全形势总体趋于稳定。

消灭"猛虎"组织后，西方国家不断在流离失所者（IDP）安置和人权等问题上向斯施压。在一些西方国家和非政府组织推动下，联合国秘书长潘基文于2010年2月致函斯方决定成立专家小组。对斯内战期间违反国际人道法和人权法及侵权行为进行调查。斯方对此坚决反对。5月12日，斯政府宣布成立专门委员会，调查2002年以来违反国际人权法原则的行为，并查处责任人。

【重要人物】马欣达·拉贾帕克萨：总统。生于1945年11月18日，僧伽罗族，佛教徒，自由党主席。其父D·A·拉贾帕克萨曾任副议长，为自由党创始人之一。毕业于科伦坡法学院，获律师资格。1970年作为自由党候选人当选议员，成为当时最年轻议员。1989年再次当选议员，并担任议会人权委员会秘书。1994年出任劳工、职业培训部长，后转任渔业和水产资源发展部长。2000年10月任自由党副主席。2002年2月任反对党领袖。2004年4月被库马拉通加总统任命为政府总理。在2005年11月第5届总统选举中获胜，当选斯第6任总统。2007年2月对中国进行国事访问。2008年4月和8月分别来华出席博鳌亚洲论坛年会和北京奥运会开幕式。 **迪萨纳亚克·贾亚拉特纳**：总理。生于1931年6月7日。斯里兰卡自由党创始人之一，人民联盟核心成员之一。1950年步入政坛。1951年加入斯自由党。1970年首度参加全国议会选举并顺利当选甘坡拉地区议员。1977年参加议会选举失利。1989年作为斯自由党康提选区候选人再次参加议会选举并高票当选，成为议会反对党成员。1994年出任人民联盟总书记，并在当年的议会选举中再度高票当选，出任土地、农业和林业部长。2000年，担任农业、食品与合作社部长。2003年，担任邮电部长。2004年，担任邮电和高地发展部长。2001年，曾当选联合国粮农组织亚太区主席。2005年，担任邮电和农村经济发展部长。2007年，担任种植园产业部长。2010年4月21日，出任斯里兰卡第20届总理。 **恰马尔·拉贾帕克萨**：议长。生于1942年10月30日，僧伽罗族，斯总统马欣达·拉贾帕克萨的长兄。曾就读于斯著名的里士满大学。早年在警界工作8年多，之后担任国家贸易公司总经理。1989年，以斯自由党汉班托塔地区议员的身份进入议会，并连任至今。曾先后出任农业和土地部副部长、港口和南方发展部副部长、种植园产业部副部长、农业和土地部长、港口航空部长兼任水利灌溉部长。2010年4月22日，当选斯第14届议会议长。担任斯里兰卡议会斯里兰卡—俄罗斯友好小组主席和斯里兰卡—匈牙利友好小组主席。 **加米尼·拉克什曼·佩里斯**：外长。生于1946年8月13日，牛津大学与科伦坡大学博士，曾任科伦坡大学法律教授。1994年从政，任宪法事务部长和财政部副部长。2000～2002年，任工业发展部长、宪法事务部长和财政部副部长。2002～2004年任政府和平进程首席谈判代表、企业发展、工业政策和促进投资部长和宪法事务部长。2007～2010年，任国际贸易与出口发展部长。2010年4月23日，出任外交部长。

经　济

以种植园经济为主，主要作物有茶叶、橡胶、椰子和稻米。工业基础薄弱，以农产品和服装加工业为主。在南亚国家中率先实行经济自由化政策。1978年，开始实行经济开放政策，大力吸引外资，推进私有化，逐步形成市场经济格局。近年来，斯经济保持中速增长。2005～2008年，斯国民经济增长率连续四年达到或超过6%，为独立以来的首次。2008年，受国际金融危机影响，斯外汇储备大量减少，茶叶、橡胶等主要出口商品收入和外国短期投资下降。2009年主要经济数据如下（资料来源：斯里兰卡中央银行2009年度报告）：

国内生产总值（GDP）：48250亿卢比。

人均国内生产总值：2053美元。

国民经济增长率：3.5%。

货币名称：卢比（Rupee）。

汇率（2009年平均值）：1美元=114.94卢比。

通货膨胀率：4.8%。

失业率：5.8%。

【资源】主要矿藏有石墨、宝石、钛铁、锆石、云母等。石墨、宝石、云母等已开采。渔业、林业和水力资源丰富。

【工业】工业主要有纺织、服装、皮革、食品、饮料、烟草、造纸、木材、化工、石油加工、橡胶、塑料和金属加工及机器装配等工业，大多集中于科伦坡地区。2009年工业产值占GDP的28.6%，增长4.2%，从业人数占总劳力25.1%。

【农业】可耕地面积400万公顷，已利用200万公顷。主要作物为茶叶、橡胶、椰子等。2009年农业产值占GDP的12.0%，增长3.2%，从业人数占总劳力32.6%。

【服务业】2009年服务业产值占GDP的比重为59.3%，增长3.3%，从业人数占总劳力42.3%，进口贸易、邮政和电信、运输和通讯等产业增长较快。

【旅游业】旅游业是斯经济的重要组成部分。游客主要来自欧洲、印度、东南亚等国家和地区。2003～2005年，斯连续三年到访外国游客数量突破50万人。自2005年底，斯政府军与“猛虎”冲突对旅游业造成一定冲击。2008年，斯到访外国游客数43.8万人，旅游业收入370.94亿卢比，同比分别下降11.4%和12.9%。2009年，随着斯局势转好，旅游业有所恢复，全年到访外国游客44.8万人，旅游业收入402.29亿卢比，同比增长2.3%和8.5%。

【交通运输】全国有公路11919公里，铁路1245公里。主要港口有科伦坡、高尔和亭可马里。科伦坡机场为国际机场。斯里兰卡航空公司经营国际航空业务。

【财政金融】2009年财政收入7044.5亿卢比，财政支出8781.5亿卢比，财政赤字1785.3亿卢比。

2009年外汇储备51亿美元，同比上涨70%。外债21471.25亿卢比，是GDP的44.5%。

【对外贸易】实行自由外贸政策，除政府控制石油外，其他商品均可自由进口。近年来，出口贸易结构发生根本变化，由过去的农产品为主转变为以工业产品为主。主要出口商品为纺织品、服装、茶叶、机械设备、橡胶产品、食品、珠宝和石油产品。2009年主要出口对象是美国、英国、意大利、比利时、印度、德国、阿联酋、俄罗斯、法国、日本等，主要进口对象是印度、新加坡、伊朗、中国、中国香港等。近年外贸情况如下（单位：亿美元）：

	2007	2008	2009
出口额	77.40	81.37	70.85
进口额	113.01	140.08	102.07
差　额	-35.60	-58.71	-31.22

【外国资本】政府实行保护和吸引外资的政策。全国已建立4个自由贸易区。外资主要来自日本、澳大利亚、德国、挪威、瑞典和中国台湾。2009年外国直接投资约6.01亿美元。

【外国援助】外援在斯经济生活中作用突出。斯几乎所有大型项目均依靠外援兴建。向斯提供援助的国家和国际组织有30多个，主要有中国、亚洲开发银行、世界银行、韩国、匈牙利、荷兰等。2009年获外援总额22.2亿美元。

人民生活

政府长期以来实行大米补贴、免费教育和全民免费医疗等福利措施。2009年，每千人拥有病床数3.4张，每1500人拥有1名医生，公共卫生开支占GDP的1.7%。预期寿命男性为70.3岁，女性为77.9岁（2007年）。

军　事

斯陆、空军建于1949年，海军建于1950年。总统为武装力量总司令。最高国防决策机构为国家安全委员会，成员有国防部长，陆、海、空三军司令，警察总监等，主席由总统兼任。国防部为最高军事行政机构。武装力量由正规军和警察组成。正规军分陆、海、空三个军种。总统通过国家安全委员会、国防部和陆海空三军内部对全军实施领导和指挥。陆军司令贾亚苏里亚（Lt. General Jayasuriya），海军司令萨马拉辛哈（Vice Admiral Samarasinghe），空军司令古纳提拉克（Air Marshal WDRMJ Goonetileke）。

总兵力约17万人。陆军13.5万，海军2万人，空军1.5万人，另有警察、国民辅助志愿队和家乡卫队约8万人。

文化教育

民族文化历史悠久，深受佛教影响。

【教育】政府一贯重视教育，自1945年起实行幼儿园到大学的免费教育。2008年居民识字率达91.3%。全国有大学30所，中小学10.7万所，在校学生430万多人，教师20万人。2009年政府教育开支占GDP的2.1%。主要大学有佩拉德尼亚大学和科伦坡大学。

【新闻出版】全国有报刊200余种，4个报业系统：（1）锡兰联合报业公司：通称湖滨大厦，1918年创办，1973年7月由政府接管。出版5种日报、3种星期日日报和10多种周刊。主要报刊有《每日新闻》，是斯最大的英文日报；《每日太阳报》，是最大的僧伽罗文日报之一。（2）乌帕里集团报业公司：1981年11月创办。出版日报、星期日日报、周刊各2种。主要报刊《岛报》为英、僧文日报，发行量很大。（3）维贾亚报业公司：1990年创办。主要报刊有僧伽罗文日报《兰卡之光》和英文《星期日时报》。（4）快报报业公司：1930年创办，私营。出版泰米尔文报刊，《雄狮报》为最大的泰米尔文日报。

兰卡通讯社：1978年由几家报业公司联合创办的半官方新闻机构。

斯里兰卡广播公司：原名锡兰电台，1967年改用现名，系官方广播电台。

斯里兰卡电视台：系国家电视台。1982年开播，是斯最大的电视台，每天用英、僧、泰三种语言播出。

对外关系

奉行独立和不结盟的外交政策，支持和平共处五项原则，反对各种形式的帝国主义、殖民主义、种族主义和大国霸权主义，维护斯里兰卡独立、主权和领土完整，不允许外国对斯内政和外交事务进行干涉。关心国际和地区安全，主张全面彻底裁军，包括全球核裁军以及建立国际政治、经济新秩序。坚决反对国际恐怖主义，1998年1月签署了《联合国反恐怖爆炸公约》，成为该公约的第一个签字国。积极推动南亚区域合作。外交重点是在解决国内民族问题上寻求国际社会的理解和支持。在联合国和南盟等组织内呼吁加强国际反恐合作。已同130多个国家建立了外交关系。

【同中国的关系】中国与斯里兰卡是友好国家，两国人民有着深厚的传统友谊。1957年2月7日建交后，两国关系在和平共处五项原则的基础上顺利发展，政治往来不断，经济合作与贸易关系逐步加强。斯政府一贯奉行对华友好政策，长期以来在台湾、涉藏、人权等问题上给予中国支持。两国在许多重大国际和地区问题上拥有共识，合作良好。

2009年4月，斯自由党总书记、政府农业发展与耕地服务部部长西里塞纳率自由党代表团访华。7月，斯里兰卡外长波格拉加马访华，李克强副总理会见，杨洁篪外长与其会谈。9月，中共中央政治局委员、天津市委书记张高丽率中共代表团访斯。10月，斯总理维克拉马纳亚克来华出席第十届中国西部国际博览会并访问吉林省和辽宁省，温家宝总理在成都会见。外交部部长助理胡正跃与斯外秘贾亚辛哈在科伦坡举行中斯第七轮外交磋商。11月，中共中央委员、四川省委书记刘奇葆率中共代表团访斯，出席斯自由党第十九次全国代表大会。2010 年 6 月，张德江副总理访斯，会见斯总统拉贾帕克萨和议长恰马尔·拉贾帕克萨，与斯总理贾亚拉特纳举行会谈。

2009 年双边贸易额 16.40 亿美元，其中中方出口 15.69 亿美元，进口 0.70 亿美元，同比分别下降 2.6%、3.3% 和增长 18.70%。

中国驻斯里兰卡大使：杨秀萍（2009 年 1 月到任）。馆址：381/A BAUDDHALOKA MAWATHA，COLOMBO 7，SRI LANKA。电话：94－11－2688610（办公室），2694494（政治处），2682495（经商处），2694493（文化处）。传真：94－11－2693799（办公室），2684579（经商处）。

斯里兰卡驻华大使：卡鲁纳提拉卡·阿穆努加马（Karunatilaka Amunugama）。馆址：北京市建国门外建华路 3 号。电话：010－65321861，65321862。传真：65325426。

【同美国的关系】 美是斯主要的援助国和最大的贸易伙伴。美对斯政府坚持经济改革、平衡推行民主进程表示满意。美支持斯政府政治解决民族问题的立场。1997 年，美宣布“猛虎”为恐怖组织。2004 年底海啸灾难发生后，美在斯救灾和灾后重建中发挥了积极作用。2009 年 7 月，美难民事务助理国务卿施瓦茨访斯。12 月，美南亚和中亚事务助理国务卿布莱克访斯。2010 年 5 月，斯外长佩里斯访美。

【同印度的关系】 斯里兰卡与印度有着悠久的历史和地缘联系。同印保持友好关系是斯外交政策的重点。双方重视经济合作，希望通过经济合作带动南盟合作的起步。印支持斯和平解决民族冲突。2009 年 1 月，印度外长慕克吉访斯。5 月，印度国家安全顾问纳拉亚南和外秘梅农访斯。11 月，印度财政部长慕克吉访斯。2010 年 1 月，印度外秘拉奥琪访斯。6 月，斯总统拉贾帕克萨访印。

【同南盟的关系】 斯重视南亚区域合作，积极支持和参与南盟的各项活动。1998 年 7 月，南盟第 10 届首脑会议在斯举行。斯积极推动南盟国家发展合作关系，强调经济发展是南盟的首要任务，为此需要一个和平、安定的地区环境。2008 年，斯成功主办第 15 届南盟峰会。2010 年，斯总统拉贾帕克萨出席在不丹举行的第 16 届南盟峰会。（王艳瑾）

塔吉克斯坦

国名 塔吉克斯坦共和国（The Republic of Tajikistan，Республика Таджикистан）。

面积 14.31 万平方公里。

人口 751 万（2009 年 10 月）。塔吉克族占 79.9%，乌兹别克族占 15.3%，俄罗斯族约占 1%。此外，还有鞑靼、吉尔吉斯、土库曼、哈萨克、乌克兰、白俄罗斯、亚美尼亚等民族。塔吉克语（属印欧语系伊朗语族）为国语，俄语为族际交流语言。居民多信奉伊斯兰教，多数属逊尼派，帕米尔一带属什叶派伊斯玛仪支派。

首都 杜尚别（Dushanbe，Душанбе），人口 69.52 万（2009 年 1 月 1 日）。夏季最高气温可达 40℃，冬季最低气温零下 20℃。

国家元首 总统埃莫马利·拉赫蒙（Emomali Rahmon，Эмомали Рахмон），1994 年 11 月 6 日就任总统，1999 年 11 月 6 日和 2006 年 11 月 6 日两次连任，任期至 2013 年 11 月 6 日。

重要节日 战胜德国法西斯纪念日：5 月 9 日；民族统一日：6 月 27 日；独立日：9 月 9 日；宪法日：11 月 6 日。

简况

位于中亚东南部的内陆国家。东与中国接壤，南邻阿富汗，西部和北部与乌兹别克斯坦和吉尔吉斯斯坦相连。境内多山，约占国土面积的 93%，有“高山国”之称。属大陆性气候，夏季干燥炎热，降水多集中在冬、春两季。1 月平均气温 －1℃～3℃，7 月平均气温 27℃～30℃。

公元 9～10 世纪，塔吉克人建立萨马尼德王朝，塔民族文化、风俗习惯基本形成于这一历史时期。13 世纪被蒙古鞑靼人征服。14～15 世纪属帖木尔后裔统治的国家。16 世纪起加入布哈拉汗国。1868 年，北部费尔干纳州和撒马尔罕州各一部分并入俄国。1917 年 11 月至 1918 年 2 月，北部建立苏维埃政权。1918 年底全境建立苏维埃政权。1924 年 10 月 14 日成立塔吉克苏维埃社会主义自治共和国，属乌兹别克苏维埃社会主义共和国。1929 年 10 月 16 日改为塔吉克苏维埃社会主义共和国，成为苏联的一个加盟共和国。1990 年 8 月 24 日，塔吉克最高苏维埃发表主权宣言。1991 年 8 月底更名为塔吉克斯坦共和国，同年 9 月 9 日宣布独立，12 月加入独联体。

政治

塔独立不久即爆发内战，政局持续动荡。1997 年 6 月，在联合国及俄罗斯、伊朗等国斡旋下，拉赫蒙总统和联合反对派首领努里在莫斯科签署《关于在塔实现和平和民族和解总协定》，开始民族和解进程。2004 年 4 月，塔民族和解进程结束。2006 年 11 月 6 日，塔在国际社会监督下举行总统选举，拉赫蒙以 79.3% 的得票率再次胜出，并于当月 18 日宣誓就职。2009 年政局总体保持稳定。政府大力实施“保障能源独立、摆脱交通困境和确保粮食安全”三大发展战略，塔农业产量有所增长，但受全球金融经济危机影响，塔工业产量和对外贸易均有不同程度下降。政府继续坚决打击极端宗教主义、毒品走私和跨国有组织犯罪。

【宪法】 1999 年 9 月 26 日，以全民公决方式通过新宪法，对 1994 年 11 月的宪法做了修改。新宪法规定：在塔建立世俗、民主、法制国家；实行总统制；总统为国家元首、政府首脑和武装部队的统帅，由全民直接选举产生，每届任期七年。根据 2003 年 6 月 22 日全民公决通过的宪法修正案，2006 年 11 月 6 日重新举行总统大选，新任总统每届任期 7 年，可连任一届。

【议会】 称“马吉利西·奥利”（Маджлиси Оли），意为最高会议，为两院制职业议会，是国家最高代表机关和立法机关。上院称“马吉利西·米利”（Маджлиси Милии），意为民族院，下院称“马吉利西·纳莫扬达贡”（Маджлиси Намояндагон），意为代表会议。上院 34 名议员，任期 5 年。其中由索格特州、哈特隆州、戈尔诺—巴达赫尚自治州、中央直属区和杜尚别市地方议会各选 5 人，总统直接任命 8 人，塔首任总统马赫卡莫夫为上院终身议员。上院主要职能是：确定、修改、撤销国家行政区划；根据总统提议选举和罢免宪法法院院长、副院长，最高法院院长、副院长，总检察长、副总检察长等。下院设 63 个议席，其中 41 个按地方选区由选民选出，22 个由党派选举中得票率超过 5% 的党派推选，任期 5 年。下院的主要职能是：组建选举及全民公决委员会；就法律草案提请全民公决；批准国家经济和社会发展计划；批准获取和发放国家贷款；批准总统令等。现议会上、下两院分别于 2010 年 3 月 25 日和 2 月 28 日选举产生。2010 年 3 月，舒库尔忠·祖胡罗夫（Шукурджон Зухуров）当选议会下院议长。4 月，马赫马德萨义德·乌拜杜洛耶夫（Махмадсаид Убайдуллоев）再次当选议会上院议长。

【政府】 现政府主要成员有：总理阿·盖·阿基洛夫（А. Г. Акилов），第一副总理阿·古洛莫夫（А. Гуломов），副总理穆·阿利马尔东（М. Алимардон）和鲁·库尔班诺娃（Р. Курбанова，女），外交部长哈·扎里菲（Х. Зарифи），国防部长舍·海鲁洛耶夫（Ш. Хайруллоев），内务部长阿·卡霍罗夫（А. Каххоров），司法部长巴·胡多亚罗夫（Б. Худояров），经济发展和贸易部长法·哈姆拉利耶夫（Ф. Хамралиев），财政部长萨·纳日穆季诺夫（С. Нажмуддинов），交通和通讯部长奥·博博耶夫（О. Бобоев），能源和工业部长舍·古尔（Ш. Гул），文化部长米·阿斯罗里（М. Асрори），教育部长阿·拉赫莫诺夫（А. Рахмонов），卫生部长努·萨利莫夫（Н. Салимов），农业和自然保护部长卡·卡西莫夫（К. Касымов），劳动和居民社会保障部长马·马赫马达米诺夫（М. Махмадаминов），土壤改良和水利部长拉·博博卡洛诺夫（Р. Бобокалонов），国家安全委员会主席海·阿卜杜拉希莫夫（Х. Абдурахимов），国家投资和国有资产管理委员会主席达·赛义多夫（Д. Саидов），国民银行行长沙·拉希姆佐达（Ш. Рахимзода）

【行政区划】 全国分为三州一区一直辖市：索格特州、哈特隆州、戈尔诺—巴达赫尚自治州、中央直属区和杜尚别市。

【司法机构】 包括宪法法院（院长马·马赫穆多夫，М. Махмудов）、最高法院（院长努·阿卜杜拉耶夫，Н. Абдуллаев）、最高经济法院（院长阿·戈伊布纳扎罗夫，А. Гоибназаров）、军事法院（院长赛·吉约耶夫，С. Гиёев）、总检察院（总检察长舍·萨利姆佐达，Шерхон Салимзода）、军事检察院（军事检察长沙·库尔班诺夫，Ш. Курбанов）及各地方法院和检察院。

【政党】 1999 年 8 月初塔联合反对派解散武装后不久，塔司法部正式解除对反对派政党活动的禁令，9 月 26 日塔以全民公决方式通过的宪法修正案中包括允许建立宗教性质政党内容。目前主要有 8 个政党：

（1）人民民主党（Народная демократическая партия）：原名人民党，1994 年 12 月 10 日成立，1997 年 6 月更名为人民民主党。其纲领是团结社会健康力量积极参与国家管理，发展以多种所有制为基础的国民经济，改善人民生活，保障公民权利和自由，建设主权、民主、法制、世俗和统一的国家。其优先任务为巩固民族和解，发展民主社会，进行深刻的政治、经济、社会改革，致力于法制和政治文化建设，重视民族精神发展，坚决打击犯罪、恐怖主义和非法贩运毒品，反对政治、文化、地域、民族、种族、地区和宗教等任何形式的极端主义，建立友好、平等和互利关系，维护国家利益，与世界各国和国际组织发展经济、政治、文化合作。现有党员约 12.4 万人。在议会下院中占有 43 个议席。拉赫蒙总统 1998 年 4 月任党主席至今。

（2）共产党（Коммунистическая партия）：1924 年成立。其纲领是：在自愿基础上团结以自由平等的社会主义和共产主义为目标的社会各阶层代表，创造性地运用马克思列宁主义等社会进步思想成果，捍卫广大劳动人民利益。进行旨在巩固国有、集体所有和私有等所有制形式的改革，建立面向社会的市场经济，优先发展能源、交通和高新技术产业，提高就业率，缩小贫富差距，改善人民生活，保障人的权利、自由和全面发展。尊重社会公平和多样性，保证劳动者平等享有劳动权利和免费教育、免费医疗等社会福利，消灭人剥削人的现象。维护国家主权和独立，积极与国际社会发展互利合作。现有党员 5.5 万余名，在议会下院占有 2 个议席。主席为绍·沙勃多洛夫（Ш. Шабдолов）。

（3）伊斯兰复兴党（Партия Исламского возрождения）：成立于 1990 年 10 月。基本宗旨是建立政教合一的伊斯兰国家，同时主张遵守含有规定国体为世俗制的现行国家宪法。该党确定的主要目标为：维护国家政治、经济、文化的独立性和领土统一与完整，实现持久和平、民族和解及塔各兄弟民族和睦共处，致力于发展伊斯兰民族和全人类的最高价值观，在此基础上复兴塔人民的文化宗教价值观，促进社会民主发展。该党主要社会基础在农村。塔内战爆发后成为武装联合反对派核心，于 1993 年 6 月被取缔。1999 年 8 月反对派首领赛·努里（С. Нури）宣布放弃武装后，该党活动被解禁。同年 9 月，在该党第二次党代会上，努里当选主席。2006 年 8 月努里因病去世，原第一副主席穆·季·卡比里（Мухиддин Тиллоевич Кабири）当选为该党主席。现有约 4 万名党员，在本届议会下院占有 2 个席位。

此外还有社会主义党、社会民主党、经济改革党、民主党、农业党等。

【重要人物】埃莫马利·拉赫蒙：总统。1952 年 10 月 5 日生于库利亚布州（现哈特隆州）丹加拉镇，塔吉克族。1971 ~ 1974 年在前苏联太平洋舰队服役。1982 年毕业于塔吉克国立大学经济系。1988 ~ 1992 年任丹加拉区列宁农场场长。1990 年当选为塔最高苏维埃人民代表。1992 年任库利亚布州人民代表苏维埃执委会主席，同年 11 月 19 日当选塔最高苏维埃主席。1994 年 11 月 6 日首次当选塔总统。1999 年 11 月 6 日和 2006 年 11 月 6 日两次连任。本届任期 7 年。已婚，有九名子女。 **马赫马德萨义德·乌拜杜洛耶夫**：议会上院议长。1952 年 2 月 1 日生于库利亚布州（现哈特隆州）法尔霍尔区，塔吉克族。1970 年、1974 年先后毕业于塔吉克斯坦工学院和乌克兰哈尔科夫工学院电气工程专业。长期在统计和交通部门工作。1992 ~ 1996 年先后任塔副总理、第一副总理。2000 年、2005 年和 2010 年三次当选塔议会上院议长。乌还兼任杜尚别市市长。已婚，有三名子女。 **舒库尔忠·祖胡罗夫**：议会下院议长。1954 年 9 月 17 日生于库尔干秋别州喷赤区，塔吉克族。1976 年和 1992 年先后毕业于莫斯科土地规划工程学院和俄罗斯管理学院。1976 ~ 1979 年就职于库尔干秋别州农业管理局土地规划处。1979 ~ 1986 年先后任塔共青团中央青年农工处教导员、处长和团中央书记。1986 年任塔共青拉巴德区委主席。1990 年任塔国家干部培训委员会主席。1993 ~ 1998 年任塔劳动和就业部部长。1994 ~ 1997 年兼任塔民族和解委员会委员、民族和解委员会难民问题分委会主席。1998 ~ 2005 年先后任塔哈特隆州喷赤区区长和总统办公厅副主任。2005 年当选塔议会下院议员。2006 ~ 2010 年任塔劳动和居民社会保障部部长。2010 年 3 月当选塔议会下院议长。已婚，有五个子女。 **阿基尔·阿基洛夫**：总理。1944 年 2 月 2 日生于原列宁纳巴德州胡占德市，塔吉克族。1967 年毕业于莫斯科建筑工程学院。此后在建设部门担任各级职务。1976 ~ 1992 年从事党务工作。1993 年任塔建设部长。1994 ~ 1996 年任塔副总理。1996 年 6 月起任列宁纳巴德州第一副州长。1999 年 12 月 20 日出任总理。2006 年 12 月 1 日连任。已婚，有三名子女。

经 济

塔经济基础薄弱，结构单一。苏联解体以及多年内战使塔国民经济遭受严重破坏。1995 年塔开始实施《深化经济改革和加快向市场关系过渡的紧急措施》和《1995 ~ 2000 年经济改革纲要》，确立了以市场经济为导向的国家经济政策，并推行私有化改制。1997 年塔经济恢复增长。2000 年 10 月成功发行国家新币索莫尼，初步建立国家财政和金融系统，开始逐步完善税收、海关政策。2009 年塔经济仍保持增长态势，通胀率和失业率下降，人均收入增加；同时能源短缺和电价上涨问题日益突出，工业生产下降，外贸额大幅下降。2009 年主要经济数据如下：

国内生产总值（GDP）：49.77 亿美元。

人均国民生产总值：657.9 美元。

国内生产总值增长率：3.4%。

货币名称：索莫尼（Сомони）。

汇率：1 美元 =4.14 索莫尼。

通货膨胀率：5%。

失业率：2.2%。

【资源】塔水利资源位居世界第八位，人均拥有量居世界第一位。建有中亚最大的努列克水电站（装机容量为 300 万千瓦）。桑格图德 1、2 号电站（总装机容量 89 万千瓦）等大型电站正在建设中。塔铅、锌、铋、钼、钨等贵重金属储量较丰富，还有油气、石盐、硼、煤等资源。

【工业】2009 年塔工业产值为 62.62 亿索莫尼，约 15.11 亿美元，同比下降 6.3%。塔工业生产中有色冶金和食品工业所占比重最大，二者分别占其工业总产值的 39.9% 和 18.4%，其他工业所占比例为：能源 14.8%，轻工业 12.3%，米面饲料 6.3%，工业建材 5.2%，机械制造和金属加工 2.4%，石油化工 0.5% 等。近三年主要工业品产值如下（单位：万索莫尼）：

	2007	2008	2009
电力	38528.5	62453.9	87093.1

燃料	3190.4	5433.4	5532.5
食品	106026.0	110762.1	114048.7
建材	24463.2	30260.4	34209.3
轻工	39953.3	41291.8	36447.9
有色冶金	75412.4	91443.1	95151.6
化工和石化	8316.6	10318.1	5437.0
机械制造和金属加工	13468.6	16990.9	15715.7

（资料来源：塔吉克斯坦国家统计委员会数据）

【农牧业】2009年塔农牧业总产值比上年增长10.5%，达79.03亿索莫尼，其中种植业产值55.78亿索莫尼，同比增长12.6%，畜牧业产值23.25亿索莫尼，同比增长5.9%。近三年主要农牧产品产量如下（单位：万吨）：

	2007	2008	2009
粮食	92.75	94.28	129.47
籽棉	41.97	35.31	29.61
马铃薯	65.99	67.91	69.09
蔬菜	82.86	90.38	104.72
葡萄	11.66	11.79	13.85
瓜类	25.40	28.56	42.43
其他水果	15.71	26.24	21.37
牛奶	58.36	60.01	62.97
肉类	11.89	12.97	13.43
蚕茧（吨）	2340	2749	1850

（资料来源：同上）

【交通运输】塔交通主要以公路为主，占全国运输总量的85.3%，承担着全国78%的货物运输和98%的旅客运输任务。2009年塔货运总量为6543.05万吨，比上年同期增长11.1%，客运总量为5.82亿人次，同比增长3.3%。

公路：总长1.3747万公里。2009年货运量为5088.2万吨，比上年增长14.8%，客运量5.70亿人次，同比增长3.4%。

铁路：总长918公里。2009年货运量1454.7万吨，基本与上年持平，客运量71.7万人次，同比下降14%。

空运：塔与沙迦（阿联酋）、马什哈德（伊朗）、新德里（印度）、喀布尔（阿富汗）、伊斯坦布尔（土耳其）、慕尼黑（德国）、乌鲁木齐（中国）等城市有国际航班，还有至莫斯科、圣彼得堡、阿拉木图、比什凯克、奥什、叶卡捷琳堡、新西伯利亚等独联体国家的国际航线。国内有杜尚别至胡占德、霍罗格、库利亚布、彭吉肯特等城市的航班等。2009年航空货运量为2200吨，客运量为72.7万人次。主要机场有杜尚别机场、胡占德机场、库利亚布机场。

【财政金融】近三年财政收支情况（单位：亿索莫尼）：

	2007	2008	2009
收入	36.78	53.39	55.42
支出	34.75	50.58	56.43
差额	2.03	2.81	-1.01

（资料来源：同上）

截至2010年1月1日，外债累计16.9亿美元，占GDP的34%。国家主要银行有：中央银行、农业投资银行、东方银行、外经银行、储蓄银行、复兴和开发银行等。

【对外贸易】近三年外贸情况（单位：亿美元）：

	2007	2008	2009
进口额	24.55	32.69	25.7
出口额	14.68	14.06	10.1
差　额	-9.87	-18.63	-15.6

截至2009年底，与塔有贸易关系的国家共101个。2009年塔对外贸易呈下降趋势，总额达35.79亿美元，同比下降23.6%。2009年塔皮棉出口占外贸总额的9.9%，出口8.66万吨，约1亿美元，比上年增加0.31万吨，出口额却减少850万美元。皮棉销售价格下跌144美元，为1150美元/吨。主要出口至俄罗斯（43.0%），伊朗（20.6%），土耳其（9.5%），拉脱维亚（7.4%），乌克兰（4.6%），白俄罗斯（3.8%），乌兹别克斯坦（3.4%），巴基斯坦（3.0%），瑞士（1.4%），摩尔多瓦（0.9%），哈萨克斯坦（0.7%）和保加利亚（0.6%）。

2009年塔电力进出口占外贸总额的3.9%，全年出口42.27亿度电，约6320万美元；进口42.76亿度电，约7610万美元。

进口天然气27.1亿立方米，约5200万美元，比上年减少进口2.92亿立方米，进口额减少30.1%（约2230万美元）。

塔出口商品主要是非贵重金属及其制品，占出口总额的59.8%；进口以交通工具机械设备、矿产品及化工产品为主，分别占进口总额的22.4%、22.3%和18.4%。

塔主要贸易伙伴国是俄罗斯（8.98亿美元，占外贸总额的25.1%）、中国（6.72亿美元，占18.1%）、土耳其（2.11亿美元，占5.9%）和伊朗（1.28亿美元，占3.6%）。

【外国资本】2009年吸引外资额为1.59亿美元，同比下降56.4%。外资主要投入领域是基础设施建设、能源和矿产资源开发、食品加工等。目前塔吸引外资的重点领域是水电站建设、公路修复及隧道建设、通信网改造、矿产资源开采和加工、农业产品加工等。

【外国援助】2009年向塔提供人道主义援助国家有44个，共援助物资83996吨，约8434.7万美元，其中面粉31393吨（1351.9万美元），小麦13411吨

(525.6 万美元)，植物油 1653 吨（245.2 万美元），药品（3341.1 万美元）、服装和鞋（388.6 万美元），此外还有食品、医疗设备、电子仪器、电脑及其配件等。提供物资最多的是美国（占援助总额的 36.5%），其次是俄罗斯（16.1%）、哈萨克斯坦（13.5%）、拉脱维亚（8.7%）、德国（5.8%）、韩国（3.2%）、丹麦（2.8%）、印度（2.4%）、中国（2.2%）等。

【著名公司】塔吉克国家电力控股公司：成立于 1963 年，注册资本 1.5 亿美元。主要经营业务是生产和供应热力及电力；设计和建造电站、输变电线及变电站。公司地址：杜尚别市索莫尼街 64 号。

塔吉克斯坦国家航空公司：塔唯一国有航空公司，成立于 1992 年，2004 年改组。2008 年 10 月塔航重组成 6 家公司，塔航保留，另设 5 个股份制公司。公司地址：杜尚别市迪托瓦大街 32/1 号。

塔吉克铝厂：独联体第三大铝厂，1975 年建成投产，设计能力 51.7 万吨/年，近几年年产量近 40 万吨，其中 60% 为纯铝，40% 为特殊用途铝。工厂占地 10 平方公里，共有 12 个主厂房，其工艺和设备均为法国、意大利等欧洲国家设计制造。产品主要销往荷兰、俄罗斯、土耳其和伊朗。厂址：图尔松扎德市。

塔吉克电信公司：组建于 1996 年，属国家控股公司，资本额 1541.61 万美元。公司地址：杜尚别市鲁达基大街 57A。

人民生活

2009 年月平均工资为 276.06 索莫尼（66.62 美元）。塔工资水平行业差别较大，收入最低的林业仅为 91.79 索莫尼，邮电业为 780.75 索莫尼，政府机构为 427.41 索莫尼，私营企业为 658.19 索莫尼。塔工资收入最高行业为信贷、保险和金融业，其平均工资为 1045.25 索莫尼。

2009 年，塔官方公布全国就业人数 215.62 万，失业人员 4.65 万，失业率为 2.2%。

军 事

塔武装力量于 1993 年 2 月 23 日组建。由陆军、机动部队、空军防空军三个军种组成，总兵力约 1.5 万人。陆军编为 1 个师、4 个旅和若干独立保障分队；空军防空军编为 1 个混编直升机大队，1 个防空导弹团和 1 个防空雷达团；机动部队编为 1 个空降突击旅和多个独立作战与支持保障分队。此外，塔强力部门中的边防总局隶属国家安全委员会，总兵力约 1.7 万人。国民卫队直接隶属总统，总兵力约 5000 人。根据塔俄军事合作协议，俄在塔部署第 201 军事基地，总兵力约 7500 人。

文化教育

【教育】塔实行免费义务教育体系。2009 年，塔实际教育经费为 6.13 亿索莫尼，约占国内生产总值的 3.5%。塔全国现有中小学校 3817 所，在校学生共 169.1 万人，教师 9.61 万人。各类高等学校 33 所（包括分校），教师 8231 人，在校大学生 15.6291 万人。主要高等院校有：塔吉克斯坦国立大学、塔吉克斯坦技术大学、塔吉克斯坦师范大学、斯拉夫大学、胡占德大学、塔吉克斯坦经济学院、塔吉克斯坦农业大学、塔吉克斯坦医科大学、库尔干秋别国立大学、库利亚布国立大学、霍罗格国立大学等。

【新闻出版】2009 年塔全国出版杂志 10 种，发行量为 1000 万份；报纸 57 种，发行量为 1400 万份。主要报纸有："亚洲之声报"（Азиа-плюс），私人媒体；"人民报"，原为塔共中央报，现为塔政府报；"杜尚别晚报"，私人媒体；"人民论坛报"，执政党（人民民主党）党报。

目前正常运转的通讯社有 8 家，塔通社、"亚洲之声（Азиа-плюс）"通讯社、"Вароруд"通讯社和 Авесто 通讯社规模相对较大。塔通社为国家通讯社，1993 年成立，有员工约 60 人，注册记者 17 人。"Азиа-плюс"通讯社是 1996 年 4 月创办的私人通讯社，有员工约 30 人。"Вароруд"通讯社是 2000 年宣布成立的私人通讯社，有员工 10 人，该社由欧安组织资助，主要报道费尔干纳盆地情况，通讯社总部设在胡占德市。Авесто 通讯社，2003 年成立，私人通讯社。目前只有塔通社在俄罗斯、德国等地有 4 名常驻记者。

塔主要的广播电台有 6 家，1 家国有，5 家独立电台。"Ватан 国家广播电台"，1993 年成立，使用塔吉克语广播；"亚洲之声（Азиа-плюс）广播电台"，1996 年成立的私人电台，24 小时用俄语广播；"自由广播电台"，2004 年俄罗斯人投资建立的私人广播电台，24 小时用俄语广播。

目前塔有国有全国性电视台 2 家，独立电视台 4～5 家。"塔国家电视台"规模最大，1993 年建立，每天使用塔吉克语和俄语播放。

对外关系

奉行平衡多元外交政策。塔已加入了联合国、欧安组织、独联体、上海合作组织、经济合作组织、欧亚经济共同体、伊斯兰会议组织等 30 多个国际和地区性组织，2002 年 2 月 20 日正式加入北约"和平伙伴关系"计划。积极参与国际反恐、禁毒工作，在联合国倡导的"生命之水"2005～2015 十年行动计划得到 140 多个国家支持。截至 2009 年底，塔与 118 个国家建立了外交关系，开设驻外使领馆、常驻代表机构 23 个，外国驻塔使领馆及国际组织驻塔代表处 37 家。

【同中国的关系】1992 年 1 月 4 日与中国建交。2009 年，中塔睦邻友好合作关系稳定发展。2 月 23 日，塔总统拉赫蒙就山西屯兰矿难事致电胡锦涛主席表示慰问。3 月 6 日，中央军委委员、国务委员兼国防部长梁光烈上将会见来华进行工作访问的塔国防部长海鲁洛耶夫。3月26日，塔总统拉赫蒙出访蒙古国途中过境经停呼和浩特，内蒙古自治区主席巴特尔会见拉一行。5月15日，上海合作组织成员国外长莫斯科会议期间杨洁篪外长与塔外长扎里菲举行双边会见。5月19日，杨洁篪外长就塔遭受洪涝等自然灾害致电塔外长扎里菲表示慰问。中国政府和红十字会分别向塔政府和红新月会提供援助。6月3~5日，中共中央政治局委员、新疆维吾尔自治区党委书记王乐泉率新疆维吾尔自治区代表团访塔，分别与塔总统拉赫蒙、总理阿基洛夫、能源和工业部长古尔、交通和通讯部长阿舒尔、人民民主党第一副主席达夫拉特佐达会见。6月15日，胡锦涛主席出席上海合作组织叶卡捷琳堡峰会期间与塔总统拉赫蒙举行双边会见。10月15日，温家宝总理在北京与来华出席上海合作组织总理会议的塔总理阿基洛夫举行双边会见。11月15~19日，塔能源和工业部长古尔、青年、体育和旅游事务委员会副主席法伊祖洛耶夫、海关总署署长扎里波夫、国家银行行长拉希姆佐达等组成的塔政府代表团赴华出席第三届西安欧亚经济论坛。

据中国海关总署统计数字，2009年中塔贸易额为14亿美元，同比下降6.5%，其中中方出口额12.2亿美元，同比下降17.7%；进口额1.85亿美元，同比增加7倍。

中国驻塔吉克斯坦大使：左学良。馆址：杜尚别市鲁达基大街143号（г. Душанбе, пр. Рудаки, 143）。电话：992－37－2242188；传真：2244183。经商参处电话：2214826；传真：2510054。

塔吉克斯坦驻华大使：拉希德·阿利莫夫（Rashid Alimov）。馆址：北京市朝阳区塔园外交公寓4－1－3－1。电话：010－65322598；传真：65323039。

【同俄罗斯的关系】2009年2月4日，塔总统拉赫蒙赴俄出席集体安全条约组织和欧亚经济共同体峰会期间与俄总统梅德韦杰夫举行双边会见。2月24~25日，塔总统拉赫蒙对俄进行工作访问。3月5日，俄罗斯副总理谢钦对塔进行工作访问。4月1日，俄联邦委员会副主席梅津采夫访塔，并与塔议会上院议长乌拜杜洛耶夫举行会见。4月7日，塔总统拉赫蒙与俄总统梅德韦杰夫通电话。5月14日，塔议会上院议长乌拜杜洛耶夫赴俄出席独联体议会大会会议，与俄联邦委员会主席米罗诺夫举行会见。同日，俄新任驻塔大使尤里·波波夫向塔总统拉赫蒙递交国书。5月15日，塔外长扎里菲在出席上海合作组织莫斯科外长会议期间与俄外长拉夫罗夫举行双边会见。6月9日，俄向塔提供价值21万卢布的人道主义物资援助。6月15~16日，塔总统拉赫蒙出席上合组织叶卡捷琳堡峰会，与俄总统梅德韦杰夫举行双边会见。7月6日，俄副总理谢钦和国防部长谢尔久科夫访塔。7月28~31日，俄总统梅德韦杰夫对塔进行为期2天的工作访问，并出席塔俄阿（富汗）巴（基斯坦）四国峰会，与塔总统拉赫蒙共同出席“桑格图德1号”水电站启用仪式。9月11日，塔外长扎里菲和国防部长海鲁洛耶夫分别会见来访的俄国防部长谢尔久科夫。10月16日，塔外长扎里菲会见来访的俄副外长卡拉辛。10月20日，塔总统拉赫蒙会见来访的俄能源部长什马特科。10月21~23日，塔总统拉赫蒙对俄进行首次国事访问。

【同中亚国家的关系】2009年1月13日，塔总统拉赫蒙与哈萨克斯坦总统纳扎尔巴耶夫通电话，哈方表示将向塔提供价值1200万美元的人道主义物资援助。2月8日，塔国防部长海鲁洛耶夫在胡占德与来访的吉尔吉斯斯坦国防部长卡利耶夫举行会谈。2月18日，塔副总理阿利马尔东与来访的乌兹别克斯坦第一副总理阿济莫夫在杜尚别举行塔乌政府经贸合作委员会第二次会议。3月3~4日，塔安全会议秘书阿济莫夫和吉安全会议秘书马杜马罗夫在胡占德举行会晤。4月7日，塔吉两国外交部磋商在比什凯克举行。4月28日，塔总统拉赫蒙出席在阿拉木图举行的拯救咸海国际基金会创始国首脑会议，分别会见吉总统巴基耶夫和土库曼斯坦总统别尔德穆哈梅多夫。5月26~27日，哈国防部长阿赫梅托夫对塔进行正式访问。7月25日，塔总统拉赫蒙电话祝贺巴基耶夫再次当选吉总统。8月6~7日，首次塔吉两国外长会议在杜尚别举行。10月9~10日，塔总统拉赫蒙对土库曼斯坦进行工作访问。10月26日，塔总统拉赫蒙与吉总统巴基耶夫通电话。11月12~13日，塔土经贸与科技合作委员会第二次会议在杜尚别召开。12月25日，塔吉政府间委员会第九次会议在吉奥什市举行。

2009年，塔与中亚四国双边贸易总额为5.82亿美元。

【同美国的关系】2009年1月17日，塔总统拉赫蒙会见来访的美军中央军区司令部司令彼得雷乌斯。4月20~21日，美负责南亚和中亚事务的助理国务卿鲍彻访塔。7月6日，美副助理国务卿布莱克访塔。9月20~25日，塔总统拉赫蒙出席纽约第64届联合国大会和联合国气候变化大会期间与美国务卿克林顿举行双边会见。10月2日，美国新任驻塔大使格罗斯向塔总统拉赫蒙递交国书。10月26日，塔总统拉赫蒙会见来访的美军中央军区司令部司令彼得雷乌斯。

【同欧盟国家的关系】2009年2月8~9日，塔总统拉赫蒙对拉脱维亚进行国事访问。2月10日，塔总统拉赫蒙对比利时进行正式访问，并在布鲁塞尔分别会见欧盟委员会主席巴罗佐、欧盟理事会秘书长兼共同外交与安全政策高级代表索拉纳和欧洲议会外委会主席萨利尤兹—沃尔斯基。2月11~13日，塔总统拉赫蒙分别对立陶宛、爱沙尼亚进行访问。4月

6 日，塔议会上院议长乌拜杜洛耶夫会见来塔出席第四次塔议会上院议员和欧洲议员会议的欧洲议会代表团。4 月 6～8 日，欧盟“三驾马车”共同对外安全政策代表、欧盟中亚事务特别代表毛磊访塔。5 月 23～25 日，克罗地亚总统梅西奇对塔进行正式访问。5 月 29～30 日，欧盟“三驾马车”和中亚五国外长会议在杜尚别举行。5 月 31 日，比利时首相范隆普对塔进行工作访问。7 月 1 日，塔芬（兰）两国外交部政治磋商在杜尚别举行。7 月 10 日，塔外长扎里菲会见到访的英国外交部俄罗斯、南高加索和中亚司司长杰文波尔特。7 月 11～13 日，拉脱维亚总统扎特莱尔斯访塔。9 月 4～6 日，塔总统拉赫蒙对克罗地亚进行正式访问。9 月 14 日，塔外长扎里菲出席在布鲁塞尔举行的欧盟和中亚外长会议。10 月 8 日，丹麦外长默勒访塔。11 月 4～5 日，波兰副外长克雷莫尔访塔。11 月 17 日，英国议会代表团访塔。11 月 30 日至 12 月 2 日，塔外长扎里菲出席在雅典举行的欧安组织第 17 次外长会议。

【同伊斯兰国家的关系】 2009 年 1 月 1 日，塔总统拉赫蒙与阿富汗总统卡尔扎伊通电话。1 月 17 日，卡塔尔外交国务部长马哈茂德访塔。1 月 27 日，埃及国际合作部长阿布纳贾访塔。1 月 29 日，塔总统拉赫蒙与伊朗总统艾哈迈迪内贾德通电话。1 月 30 日，塔总统拉赫蒙与阿富汗总统卡尔扎伊通电话。2 月 3～5 日，伊朗贸易部长米尔科季米访塔。2 月 26～27 日，也门总统萨利赫对塔进行首次正式访问。3 月 10～12 日，塔总统拉赫蒙在德黑兰出席塔、伊朗、阿富汗三国元首峰会期间分别与阿富汗总统卡尔扎伊、巴基斯坦总统扎尔达里举行双边会见。3 月 15 日，塔总统拉赫蒙访问土耳其。4 月 11 日，塔外长扎里菲在德黑兰与伊朗外长穆塔基举行双边会见。5 月 17～18 日，伊朗副总统兼国家青年组织主席阿克巴里访塔。5 月 19～21 日，塔外长扎里菲访问沙特阿拉伯。5 月 24 日，塔外长扎里菲出席伊斯兰会议组织大马士革外长会议，与阿富汗、巴基斯坦和吉尔吉斯斯坦三国外长举行四方会晤。5 月 28～29 日，土耳其总统居尔对塔进行正式访问。6 月 15 日，塔总统致电祝贺艾哈迈迪内贾德再次当选伊朗总统。7 月 17 日，塔外长扎里菲在埃及分别会见阿富汗外长斯潘塔和伊朗副外长阿博维。10 月 26 日，塔总统拉赫蒙与巴基斯坦总统扎尔达里通电话。11 月 3 日，塔总统拉赫蒙致电祝贺卡尔扎伊再次当选阿富汗总统。12 月 9～12 日，塔总统拉赫蒙对印度尼西亚进行正式访问。12 月 30 日，塔总统拉赫蒙与土耳其总统居尔通电话。

（冯良昊）

泰　国

国名　泰王国（The Kingdom of Thailand）。

面积　513115 平方公里。

人口　6668 万（2009 年）。全国共有 30 多个民族。泰族为主要民族，占人口总数的 40%，其余为老挝族，华族，马来族，高棉族，以及苗、瑶、桂、汶、克伦、掸、塞芒、沙盖等山地民族。泰语为国语。94% 的居民信仰佛教，马来族信奉伊斯兰教，还有少数信奉基督教、天主教、印度教和锡克教。

首都　曼谷（Bangkok），人口 570 万（2009 年 12 月）。

国家元首　国王普密蓬·阿杜德（BHUMIBOL ADULYADEJ），拉玛九世王。1946 年即位，1950 年 5 月 5 日加冕。

重要节日　宋干节（公历四月十三日至十五日）；水灯节（泰历十二月十五日）；国庆日（国王诞辰日，公历十二月五日）。

简　况

位于中南半岛中南部。与柬埔寨、老挝、缅甸、马来西亚接壤，东南临泰国湾（太平洋），西南濒安达曼海（印度洋）。热带季风气候。全年分为热、雨、凉三季。年均气温 27℃。

公元 1238 年形成较为统一的国家。先后经历素可泰王朝、大城王朝、吞武里王朝和曼谷王朝。原名暹罗。16 世纪，葡萄牙、荷兰、英国、法国等殖民主义者先后入侵。1896 年英法签订条约，规定暹罗为英属缅甸和法属印度支那间的缓冲国。暹罗成为东南亚唯一没有沦为殖民地的国家。19 世纪末，拉玛四世王开始实行对外开放。五世王借鉴西方经验进行社会改革。1932 年 6 月，拉玛七世王时期，民党发动政变，改君主专制为君主立宪。1939 年更名泰国，后经几次更改，1949 年正式定名泰国。

政　治

实行君主立宪制。国王普密蓬·阿杜德是国家元首、武装部队最高统帅。1946 年继位，是当今世界在位最久的君主。

二次大战后，军人集团长期把持政权，政府一度更迭频仍。上世纪 90 年代开始，军人逐渐淡出政坛。2001 年，塔信率领泰爱泰党在全国大选中获胜并担任总理，2005 年连任。2006 年 9 月 19 日爆发军事政变，塔信下台。2007 年举行全国大选，塔信支持的人民力量党获胜，党首沙玛出任总理。2008年9月，沙玛被判违宪下台，人民力量党推选颂猜接任总理。12月，宪法法院判决人民力量党、泰国党和中庸民主党贿选罪名成立，予以解散，颂猜下台。12月15日，民主党党首阿披实当选新总理，新内阁22日宣誓就职。

2009年，反独裁民主阵线（“红衫军”）数次前往国会、总理府前集会示威，要求解散国会，重新大选。4月，“红衫军”在帕塔亚市包围东亚领导人系列会议主会场，泰政府被迫推迟会议。9月，“红衫军”在“9·19”政变3周年之际举行大规模反政府集会，阿披实总理宣布在重点地区实施国家安全法，军警联合维持社会秩序，集会和平结束。

【宪法】现行宪法于2007年8月24日经普密蓬国王御准生效。分为总章、国王、公民权利、自由与义务、基本国策、议会、内阁、法院、权力监督、地方行政等15章309款。

【议会】现行宪法规定，国会是国家最高立法机构，实行上、下两院制。

下议院480个议席，400个议席由选举产生，其余80个议席根据各党的选票比例按区域分配，任期4年。猜·奇初任国会主席兼下议院议长。

上议院150个议席，其中76个议席由全国76府直选产生，其余74个议席由专门委员会遴选产生，任期6年。巴索素·汶德任国会副主席兼上议院议长。

【政府】现政府于2008年12月成立。内阁名单如下：总理阿披实·威差奇瓦（MR. ABIHISIT VEJJAJIVA），副总理素贴·特素班（MR. SUTHEP THAUGSUBAN），副总理戴隆·素旺纳奇里（MR. TRAIRONG SUWANNAKHIRI），副总理沙南·卡宗巴萨（MAJOR. GENERAL. SANAN KAJORNPRASART），国务部长萨提·翁农德（MR. SATIT WONGHNONGTAEY），国务部长威拉猜·威拉美提军（MR. VIRACHAI VIRAMETEEKUL），国防部长巴威·翁素万（GENERAL. PRAWIT WONGSUWAN），财政部长功·扎迪瓦尼（MR. KORN CHATIKAVANIJ），财政部副部长巴迪·帕塔拉巴西（MR. PRADIT PHATARAPRASIT），财政部副部长颇迪猜·丹隆拉（MR. PRUTTICHAI DAMRONGRAT），外交部长格实·披隆（MR. KASIT PIROMYA），旅游与体育部长春蓬·信拉巴阿差（MR. CHUMPOL SILPA-ARCHA），社会发展与人类安全部长威吞·南布（MR. WITOON NAMBURT），农业与合作部长提拉·翁萨木（MR. TEERA WONGSAMUT），农业与合作部副部长素帕猜·颇素（MR. SUPACHAI PHOSU），交通部长索蓬·萨兰（MR. SOPON ZARUM），交通部副部长素察·初猜瓦塔纳功（MR. SUCHART CHOKECHAIWATTANAKORN），交通部副部长格军·丹猜威瓦（MR. KUAKUL DANCHAIWIJIT），自然资源与环境部长素威·坤吉滴（MR. SUWIT KHUNKITTI），信息与通讯技术部长拉依拉·素宛查薇（SECOND LIEUTENANT RANONGRUK SUWUNCHWEE，女），能源部长万纳拉·参努军（MR. WANNARAT CHANNUKUL），商业部长彭提瓦·娜卡赛（MRS. PORNTHIVA NAKASAI，女），商业部副部长阿隆功·蓬布（MR. ALONGKORN PONLABOOT），内政部长差瓦乐·参威拉军（MR. CHAWARAT CHARNVIRAKUL），内政部副部长汶宗·翁戴乐（MR. BOONJONG VONGTRIRAT），内政部副部长塔翁·盛年（MR. THAWORN SENNEAM），司法部长披拉潘·萨里拉塔威帕（MR. PIRAPAN SALIRATHAVIBHAGA），劳工部长派吞·盖通（MR. PHAITOON KAEOTHONG），文化部长提拉·萨拉培（MR. TEERA SLUKPETCH），科技部长坤仁甘拉雅·索蓬帕尼（KHUNYING KALAYA SOPHONPANICH，女），教育部长钦纳翁·汶亚吉（MR. CHINNAWORN BOONYAKIAT），教育部副部长猜武·班纳瓦（MR. CHAIWUTI BANNAWAT），教育部副部长娜丽萨拉·差宛丹披帕（MISS. NARISARA CHAWALTANPIPAT，女），卫生部长朱林·拉萨那威西（MR. JURIN LAKSANAWISIT），卫生部副部长潘诗丽·古拉纳诗丽（MRS. PHANSIRI KULLANARTSIRI，女），工业部长参猜·猜隆棱（MR. CHANCHAI CHAIRUNGRUANG）。

【行政区划】全国分中部、南部、东部、北部和东北部五个地区，共有76个府，府下设县、区、村。曼谷是唯一的府级直辖市。各府府尹为公务员，由内政部任命。曼谷市长由直选产生。

【司法制度】属大陆法系，以成文法作为法院判决的主要依据。司法系统由宪法法院、司法法院、行政法院和军事法院构成。

宪法法院主要职能是对部分议员或总理质疑违宪、但已经国会审议的法案及政治家涉嫌隐瞒资产等案件进行终审裁定，以简单多数裁决。由1名院长及14名法官组成，院长和法官由上议院议长提名呈国王批准，任期9年。

行政法院主要审理涉及国家机关、国有企业及地方政府间或公务员与私企间的诉讼纠纷。行政法院分为最高行政法院和初级行政法院两级，并设有由最高行政法院院长和9名专家组成的行政司法委员会。最高行政法院院长的任命须经行政司法委员会及上议院同意，由总理提名呈国王批准。

军事法院主要审理军事犯罪和法律规定的其他案件。

司法法院主要审理不属于宪法法院、行政法院和军事法院审理的所有案件，分最高法院（大理院）、上诉法院和初审法院三级，并设有专门的从政人员刑事厅。另设有司法委员会，由大理院院长和12名分别来自三级法院的法官代表组成，负责各级法官任免、晋升、加薪和惩戒等事项。司法法院下设秘书处，负责处理日常行政事务。

【政党】截至2010年1月，共有56个政党在选举委员会登记注册。主要政党有：

（1）民主党（DEMOCRAT PARTY）：1946年4月6日成立。党首阿披实·威差奇瓦。秘书长素帖·特素班。执委19人。在全国设有195个党部。党员286万人。

（2）为国党（PUEA PANDIN PARTY）：2007年10月2日成立。党首参猜·猜隆棱，秘书长猜裕·集拉美塔功。执委55人。在全国设有5个党部。党员7621人。

（3）同心发展泰国党（RUM JAJ THAI CHART PATTANA PARTY）：2007年10月3日成立。党首万纳拉·参努军，秘书长巴迪·帕塔拉巴实。执委12人。在全国设有4个党部。党员6487人。

（4）自豪泰党（BHUMJAITHAI PARTY）：2008年11月5日成立。党首差瓦乐·参威拉军，秘书长蓬提瓦·纳卡塞。执委12人。在全国设有5个党部。党员16478人。

（5）泰国发展党（CHART THAI PATTANA PARTY）：2008年4月18日成立。党首春蓬·信拉巴阿差，秘书长比差·占佩。执委9人。在全国设有6个党部。党员13113人。

（6）社会行动党（SOCIAL ACTION PARTY）：1982年8月20日成立。党首通蓬·迪派，秘书长萨勇普·吉萨勇普。在全国设有4个党部。党员27205人。

（7）为泰党（PHEU THAI PARTY）：2007年9月20日成立。党首勇育·威猜滴，秘书长素尼·朗威吉。执委13人。在全国设有5个党部。党员11800人。

（8）皇家人民党（PRACHARAJ PARTY）：2006年1月10日成立。党首沙诺·天通，秘书长塔尼·天通。执委8人。在全国设有5个党部。党员13354人。

【重要人物】**普密蓬·阿杜德**：拉玛王朝第九世王：国王。1927年12月5日生于美国。曾在瑞士攻读政治和法律。1946年6月即位，1950年5月5日加冕。重视农业，经常视察农村，赞助实施了土地改革、水利、优良品种培植等多项农村发展计划。爱好摄影、吹萨克斯管、羽毛球和帆船运动。著有《雨丝》等多首著名乐曲并出版过乐曲专辑。1950年4月与诗丽吉王后结婚，育有子女四人：乌汶叻公主、哇集拉隆功王储、诗琳通公主、朱拉蓬公主。**阿披实·威差奇瓦**：总理。1964年8月3日出生于英国纽卡斯尔，英国牛津大学政治经济学学士、经济学硕士。1992年起从政，先后任下议员、总理府发言人、总理副秘书长、下议院教育委员会主席、国务部长等职，2005年3月当选民主党党首。2008年12月15日当选总理。

经济

实行自由经济政策。属外向型经济，较依赖美、日、欧等外部市场。20世纪80年代，制造业尤其是电子工业发展迅速，经济持续高速增长。1996年被列为中等收入国家。1997年金融危机后陷入衰退。1999年经济开始复苏。2003年7月提前两年还清金融危机期间向国际货币基金组织借贷的172亿美元贷款。阿披实政府上台后，积极实施"坚强泰国"计划，推动经济发展。

1963年起实施国家经济和社会发展五年计划。2007年开始第十个五年计划。

截至2009年底，泰国外债699亿美元；外汇储备1110亿美元。

2009年主要经济数据为：

国内生产总值：约2661亿美元。

国内生产总值增长率：-2.3%。

人均国民生产总值：3973美元。

货币名称：铢。

汇率（全年均价）：1美元≈34.34铢。

通货膨胀率：-0.9%。

失业率：1.5%。

【资源】主要有钾盐、锡、褐煤、油页岩、天然气，还有锌、铅、钨、铁、锑、铬、重晶石、宝石和石油等。其中钾盐储量4367万吨，居世界第一，锡储量约120万吨，占世界总储量的12%。油页岩储量达187万吨，褐煤储量约20亿吨，天然气储量约16.4万亿立方英尺，石油储量1500万吨。森林总面积1440万公顷，覆盖率25%。

【工业】出口导向型工业。主要门类有：采矿、纺织、电子、塑料、食品加工、玩具、汽车装配、建材、石油化工、软件、轮胎、家具等。工业在国内生产总值中的比重不断上升。2008年工业生产指数增长5.3%，商用运输设备生产增长14.8%，电子设备和食品生产也有不同幅度的增长。2009年工业占GDP比重为39.0%。

【农业】农业是泰国传统经济产业，农业人口约1530万人。全国可耕地面积约1.4亿莱（1莱=1600平方米），占国土面积的41%。主要作物有稻米、玉米、木薯、橡胶、甘蔗、绿豆、麻、烟草、咖啡豆、棉花、棕油、椰子等。2009年农业占GDP比重为8.9%。

【渔业】海域辽阔，拥有2705公里海岸线，泰国湾和安达曼湾是得天独厚的天然海洋渔场。此外，还有总面积1100多平方公里的淡水养殖场。曼谷、宋卡、普吉等地是重要的渔业中心和渔产品集散地。泰国是世界市场主要鱼类产品供应国之一，也是位于日本和中国之后的亚洲第三大海洋渔业国。

【服务业】旅游业保持稳定发展势头，是外汇收入重要来源之一。主要旅游点有曼谷、普吉、清迈和帕塔亚，清莱、华欣、苏梅岛等地近年来也越来越受到国内外游客的欢迎。近年来由于政局不稳，旅游业受到较大影响。2009 年服务业占 GDP 比重为 33.8%。

【交通运输】以公路和航空运输为主。主要情况如下：

铁路：主要为窄轨。总长 4451 公里，全国共 47 府通火车。

公路：公路里程共 16 万公里。各府、县都有公路相连，四通八达。2009 年全国注册机动车 2718 万辆。

水运：湄公河和湄南河为泰国两大水路运输干线。全国共有 47 个港口，其中海湾 26 个，国际港口 21 个，曼谷是最重要的港口，承担全国 95% 的出口和几乎全部进口商品的吞吐。重要码头包括廉差邦港、宋卡深水港和普吉深水港等。海运线可达中、日、美、欧和新加坡。

空运：全国共有 37 个机场，其中国际机场 8 个。曼谷素万纳普国际机场投入使用后，逐步取代原先的廊曼国际机场，成为东南亚地区重要的空中交通枢纽。共 53 个国家 80 家航空公司在泰设有固定航线，89 条国际航线可达欧、美、亚及大洋洲 40 多个城市，国内航线遍布全国 21 个大、中城市。

【财政金融】实行赤字预算政策。2009 年财政年度预算支出 1.8 万亿铢，收入 1.4 万亿铢。近年来实际财政收支如下（单位：亿铢）：

	2007	2008	2009
收入	14770	15458	14097
支出	15890	15826	18030
差额	−1120	−367	−3933

（资料来源：泰国国家银行）

【对外贸易】对外贸易在国民经济中具有重要地位。2009 年对外贸易额 2882 亿美元，其中出口 1508 亿美元，进口 1314 亿美元，分别增长 −13.9% 和 −24.9%。日本、美国、中国、东盟等是泰国重要贸易伙伴。

主要出口产品有：汽车及零配件、电脑及零配件、集成电路板、电器、初级塑料、化学制品、石化产品、珠宝首饰、成衣、鞋、橡胶、家具、加工海产品及罐头、大米、木薯等。2009 年电脑及零部件、汽车及零配件、电器、初级金属、塑料、石化产品出口增长分别为 9.3%、7.9%、7.0%、4.9%、4.5% 和 4.4%。

主要进口产品有：机电产品及零配件、工业机械、电子产品零配件、汽车零配件、建筑材料、原油、造纸机械、钢铁、集成电路板、化工产品、电脑设备及零配件、家用电器、珠宝金饰、金属制品、饲料、水果及蔬菜等。2009 年原油、机电产品、工业机械、钢铁、集成电路板、电脑设备及零配件增长分别为 13.5%、9.3%、7.1%、5.1%、3.4%、3.0%。

【对外投资】主要对美国、东盟、中国大陆及台湾投资。

泰国在中国大陆的投资近年有较大发展。据不完全统计，截至 2009 年底，泰来华投资项目 3975 个，实际投入 32.4 亿美元。在华投资的公司主要有：正大集团、暹罗机械集团、盘谷银行等。

【外商投资】自 1961 年起实行开放的市场经济政策，采取一系列优惠政策鼓励外商赴泰投资。1987 至 1990 年为外国对泰投资高峰期。1997 年泰遭受严重金融危机，外国投资大幅下降。此后，泰政府加大投入，不断加强基础设施建设，完善立法，创造良好环境吸引外国投资。据泰国促进投资委员会（BOI）统计，2009 年获批准的外国对泰投资项目共计 614 项，同比下降 26.7%，投资额为 1420 亿泰铢，同比下降 59.5%。按照获批准项目投资额计算，2009 年前 5 位为：日本、美国、新加坡、中国、马来西亚。主要投资领域为金属加工、机械制造、电子及电器产业。

人民生活

上世纪 80～90 年代，经济持续快速增长，人民生活水平相应提高，工人最低工资和公务员薪金多次上调，居民教育、卫生、社会福利状况不断改善。1997 年金融危机后，人均国民收入一度下滑。1999 年经济开始复苏，人民生活水平再度提升。

军　事

19 世纪中叶仿效西方建立陆、海军，1915 年建立空军。宪法规定国王为武装部队最高统帅。国家安全委员会为最高国防决策机构，隶属内阁，总理兼任主席。国防部为最高军事行政机关，负责制定和实施国防政策和计划。国防委员会为最高国防咨询机构，隶属国防部，国防部长兼任主席。最高司令部为军队最高指挥机构，下设陆海空三个军种司令部，直接指挥和协调三军行动。现任武装部队最高司令宋吉滴·乍格巴上将（GEN. SONGKITTI JAKKABATRA, THAI CHIEF OF JOINT STAFF）。陆军司令阿努蓬·颇金达上将（GEN. ANUPONG PAOCHINDA）。海军司令上将甘通·普西兰（ADM KAMTHORN PUMHIRAN）。空军司令依提蓬·素帕翁上将（ACM ITTHIPORN SUPAWONG）。警察总司令帕查拉瓦·翁素万上将（POL. GEN. PHATCHARAWAT WONGSUWAN）。

实行义务兵役制，服役期二年。三军总兵力约 37 万人，预备役 5 万人。其中陆军 24.3 万人，分为四个军区，辖 7 个步兵师、2 个装甲师、2 个特战师、2 个炮兵师等共 18 个师；海军 7.96 万人（包括海军航空兵和海军陆战队），编为1个作战舰队、1个陆战队司令部、5个海军基地，拥有东南亚唯一的直升机航母；空军4.71万人，编为4个航空师、11个飞行大队；预备役部队建制为4个步兵师。此外还有警察18.7万人。

文化教育

【教育】实行12年制义务教育。中小学教育为12年制，即小学6年、初中3年、高中3年。中等专科职业学校为3年制，大学一般为4年制，医科大学为5年制。著名高等院校有：朱拉隆功大学、法政大学、农业大学、清迈大学、孔敬大学、宋卡纳卡琳大学、玛希敦大学、诗纳卡琳威洛大学、易三仓大学和亚洲理工学院等。此外，还有兰甘亨大学和素可泰大学等开放大学。

【新闻出版】媒体以私营为主，按市场规则运作。泰文媒体是主流媒体，英文、华文媒体居辅助地位。

主要泰文报纸有《经理报》、《泰叻报》、《民意报》、《每日新闻》等。主要华文报纸有《新中原报》、《中华日报》、《星暹日报》、《亚洲日报》、《京华中原》和《世界日报》等。主要英文报纸有：《曼谷邮报》、《民族报》等。

广播电台有230多家，其中由政府民众联络厅掌管的有59家。泰国广播电台为国家电台，设有国外部，用泰、英、法、中、马来、越、老、柬、缅、日等语言广播。

无线电视台共6家，都设在曼谷，大部分电视节目通过卫星转播。地方有线电视公司86家。电视网覆盖全国。

对外关系

奉行独立自主的外交政策。重视周边外交，积极发展睦邻友好关系。以东盟为依托，在保持与美国传统盟友关系的同时，注重发展同中国、日本和印度的关系，维持大国平衡。重视区域合作，积极履行东盟轮值主席国职责，推进东盟一体化和中国—东盟自贸区建设，支持东盟与中日韩合作。重视经济外交，推动贸易自由化，积极参与大湄公河次区域经济合作。发起并推动亚洲合作对话（ACD）机制，积极参加亚太经济合作组织（APEC）、亚欧会议（ASEM）、世界贸易组织（WTO）、东盟地区论坛（ARF）和博鳌亚洲论坛（BFA）等国际组织的活动。积极发展与穆斯林国家关系，增进国际社会对泰南穆斯林聚居区有关问题的理解。谋求在国际维和、气候变化、粮食安全、能源安全及禁毒合作等地区和国际事务中发挥积极作用。积极推动公共外交，争取国际社会对泰国内局势的理解。

【同中国的关系】1975年7月1日中泰建交后，两国各领域友好合作关系全面、顺利发展。

两国保持高层密切交往。2009年2月，朱拉蓬公主访华。3月，杨洁篪外长访问泰国，会见泰总理阿披实、枢密院主席炳，与外长格实举行会谈。4月，泰国公主诗琳通访华。温家宝总理赴泰国帕塔亚出席东亚领导人系列会议。6月，泰国外长格实访华，李克强副总理会见格实，杨洁篪外长与格实会谈。同月，泰国总理阿披实对华进行正式访问。胡锦涛主席会见阿，温家宝总理与阿会谈。7月，泰国公主诗琳通来华观看日全食并访问上海、浙江。同月，杨洁篪外长赴泰出席东盟与中日韩外长会、东盟地区论坛外长会。10月，温家宝总理赴泰华欣出席东亚领导人系列会议并会见泰国总理阿披实。12月，中央军委委员、国务委员兼国防部长梁光烈访泰，朱拉蓬公主来华举办第四届“中泰一家亲”音乐会。2010年1月，泰国国会主席兼下议院议长猜·奇初访华。3月，全国人大常委会副委员长严隽琪赴泰出席各国议会联盟第122届大会。4月，泰国公主诗琳通访华。

2009年中泰双边贸易额382亿美元，同比下降7.5%，其中中国出口133.1亿美元，同比下降14.9%，进口249亿美元，同比下降3%。

截至2009年底，泰来华投资项目3975个，实际投入32.4亿美元。中方对泰非金融类直接投资累计5.4亿美元。

两国各领域合作持续发展。

中国驻泰国大使：管木。馆址：泰国曼谷拉差达披色路57号（NO.57，RACHADAPISEK ROAD，BANGKOK 10110，THAILAND）。电话：（662）2450088（总机）转3204（办公室）；2457033，2457036（领事部）；2457038（商务处）；传真：2468247。

中国驻清迈总领事：祝伟敏。馆址：泰国清迈昌罗路111号。（No.111，CHANGLO ROAD，CHIANGMAI 50000，THAILAND）。电话：（6653）282419；传真：274614。

中国驻宋卡总领事：王灿芬。馆址：泰国宋卡沙岛路9号（NO.9 SADAO ROAD，SONGKHLA 90110，THAILAND）。电话：（6674）322034，325045；传真：323772。

泰国驻华大使：密秉尚（Mr. PIAMSAK MILINTACHINDA）。馆址：北京市朝阳区光华路40号。电话：010-65321749；传真：65321748。

【同东盟其他国家的关系】泰国是东盟成员国，重视加强同东盟各国的友好合作。2008年7月至2009年底担任东盟轮值主席国。

2008年1月1日，泰国前外长素林正式就任东盟秘书长。7月，泰国正式接替新加坡担任东盟轮值主席国。同月，泰国副总理萨哈赴新加坡出席第41届东盟部长级会议、10+3及东亚峰会部长级会议、第15届东盟地区论坛，并出席东盟轮值主席国交接仪式。2009年2月，东盟非正式外长会议、第14届东盟峰会以及东盟经济部长会议在泰国差安举行。4月，东亚领导人系列会议在泰国帕塔亚举行，因泰国内原因而推迟。10月，泰国举办第12次中国与东盟领导人会议、第12次东盟与中日韩领导人会议及第4届东亚峰会。

【同新加坡关系】1965年9月20日建交。2009年6月，泰国总理阿披实访问新加坡，拜会新加坡总统纳丹，同总理李显龙举行会谈。10月，泰国外长格实赴新加坡与新加坡外长杨荣文共同主持第九届泰—新公务员交流机制会议，拜会了新加坡总理李显龙。

【同老挝的关系】1950年12月19日建交。2009年1月，阿披实总理访问老挝，拜会老挝国家主席朱马利、总理波松。2月，泰国公主诗琳通主持泰国—老挝友谊大桥通车仪式，并搭乘首列跨桥火车。泰国外长格实赴老挝与老挝副总理兼外长通伦共同主持第15次泰—老双边合作联委会。5月，老挝国家主席朱马利夫妇应泰国国王普密蓬和诗丽吉王后邀请访问泰国。

【同柬埔寨的关系】1950年12月19日建交。2009年4月，泰柬边境联委会召开会议。5月，泰国外长格实赴金边出席第17届东盟—欧盟部长级会议。6月，泰国总理阿披实访问柬埔寨，同柬埔寨首相洪森举行会谈。8月，泰国外长格实与柬埔寨副首相兼外交事务大臣贺南洪在泰国共同主持第六届泰柬双边合作联委会。

【同缅甸的关系】1948年8月24日建交。2009年1月，缅甸副外长吴觉都访问泰国并拜会泰国外长格实。2月，泰国陆军司令阿努蓬上将访问缅甸，拜会缅甸国家和平与发展委员会主席丹瑞大将。3月，泰国外长格实访问缅甸，拜会缅甸总理登盛，并与缅甸外长吴年温举行会谈。

【同菲律宾的关系】1949年9月12日建交。1993年两国成立双边联委会，外长为委员会主席。1999年两国成立贸易联委会机制。2008年5月，泰国总理沙玛正式访问菲律宾，会见了菲总统阿罗约。11月，泰国总理颂猜访问菲律宾，会见了菲总统阿罗约。2009年2月，泰国外长格实访问菲律宾，会见了菲总统阿罗约、外长罗慕洛。

【同越南的关系】1976年8月6日建交。2009年5月，泰国外长格实赴河内出席第9届亚欧外长会。

【同马来西亚的关系】1957年8月31日建交。2009年6月，泰国总理阿披实访问马来西亚，拜会马来西亚最高元首米赞并同纳吉布总理举行会谈。8月，泰国外长格实赴马来西亚出席泰马边境联委会第2次会议及第11届泰马双边合作联委会。12月，马来西亚总理纳吉布访问泰国并出席两国第4次年度磋商。

【同印尼的关系】1950年3月7日建交。2009年2月泰国总理阿披实对印尼进行正式访问，拜会印尼总统苏希洛。10月，泰国外长格实代表总理阿披实赴印尼出席苏希洛总统的就职宣誓仪式。11月，印尼外长纳塔勒加瓦访问泰国，会见了泰国外长格实。

【同东帝汶的关系】2002年5月20日建交。2009年1月，东帝汶总统奥尔塔访问泰国，普密蓬国王和阿披实总理分别予以会见。双方签署了能源合作协议。

【同日本的关系】1887年9月26日建交。2009年1月，日本外相中曾根弘访问泰国，会见泰国总理阿披实。2月，阿披实总理对日本进行正式访问，拜会日本首相麻生太郎并出席旅游推介活动。

【同美国的关系】1833年3月18日建交。2009年4月，泰国外长格实访问美国，会见了美国国务卿希拉里。

【同其他国家的关系】2009年2月，泰国与美国、日本、新加坡及印度五国军队在泰国进行“金色眼镜蛇”军事演习。3月，斯里兰卡外长博戈拉加马访问泰国，会见了泰国外长格实。4月，泰国外长格实访问巴林，会见了巴林首相谢赫·哈利法·本·萨勒曼·阿勒哈利法和外相代表。5月，泰国外长格实访问澳大利亚，与澳外长史蒂芬共同主持泰澳合作联委会第一次会议。6月，泰国外长格实访问孟加拉国，会见了孟加拉总理哈西娜、外长迪布和交通部长侯赛因。7月，泰国外长格实访问卡塔尔，拜会卡塔尔国王埃米尔、首相兼外交大臣哈马德。泰国外长格实访问新西兰，与新西兰外长麦克卡里共同主持第一届泰国—新西兰合作联委会。泰国外长格实代表阿披实总理赴埃及出席第15届不结盟运动首脑会。俄罗斯外长赴泰国出席东盟外长扩大会并顺访泰国，拜会泰国国王普密蓬和总理阿披实，并同格实外长举行双边会谈。8月，泰国和智利第二次外交部次长磋商在曼谷举行。挪威国际发展部国务秘书古尔布兰德森访问泰国，会见了泰国外长格实。9月，泰国总理阿披实赴纽约出席第64届联合国大会、联合国气候变化峰会、联大一般性辩论及安理会核不扩散与核裁军峰会。10月，泰国外长格实赴柬埔寨出席湄公河流域国家和日本外长会。泰国外长格实赴斯里兰卡出席第8届亚洲合作对话外长会。11月，泰国总理阿披实赴新加坡出席亚太经合组织第17次领导人非正式会议及东盟—美国第一次领导人会议。卢森堡副首相兼外交大臣阿瑟伯恩访问泰国，会见了泰国外长格实并出席两国建交50周年庆祝活动。泰国总理阿披实访问卡塔尔，会见了卡塔尔首相兼外交大臣哈马德。

（郑欣）

土　耳　其

国名　土耳其共和国（Republic of Turkey）。

面积　78.36 万平方公里，其中 97% 位于亚洲的小亚细亚半岛，3% 位于欧洲的巴尔干半岛。

人口　7256 万（土耳其国家统计署 2009 年底数据）。土耳其族占 80% 以上，库尔德族约占 15%；城市人口为 4970 多万，占总人口的 70.5%。土耳其语为国语。99% 的居民信奉伊斯兰教，其中 85% 属逊尼派，其余为什叶派（阿拉维派）；少数人信仰基督教和犹太教。

首都　安卡拉（Ankara），人口 447 万，年最高气温 31℃，最低气温 -4℃。

国家元首　总统阿卜杜拉·居尔（Abdullah Gül），2007 年 8 月 28 日由议会选出，当日就任。

重要节日　新年：1 月 1 日；国家主权和儿童日：4 月 23 日；青年和体育节：5 月 19 日；胜利日：8 月 30 日；共和国成立日：10 月 29 日。

简　况

地跨亚、欧两洲，邻格鲁吉亚、亚美尼亚、阿塞拜疆、伊朗、伊拉克、叙利亚、希腊和保加利亚，濒地中海、爱琴海、马尔马拉海和黑海。海岸线长 7200 公里，陆地边境线长 2648 公里。南部沿海地区属亚热带地中海式气候，内陆为大陆型气候。

土耳其人史称突厥，8 世纪起由阿尔泰山一带迁入小亚细亚，13 世纪末建立奥斯曼帝国，16 世纪达到鼎盛期，20 世纪初沦为英、法、德等国的半殖民地。1919 年，凯末尔领导民族解放战争反抗侵略并取得胜利，1923 年 10 月 29 日建立土耳其共和国，凯末尔当选首任总统。

政　治

2002 年 11 月，正义与发展党在土第 22 届议会选举中获胜，实现单独执政，结束了土自 1987 年以来多党联合执政的局面。正义与发展党上台后，积极推进政治、经济改革，统筹社会协调发展，取得明显成效。2007 年 7 月，正发党以 46.6% 的得票率赢得大选，继续单独执政。

2009 年 3 月，土举行地方选举，正发党得票率为 39%，共和人民党 23%，民族行动党 16%，分别位列前三位。5 月，埃尔多安总理对内阁进行改组，原内阁中 10 人留任，7 人改任新职，9 人被撤换。8 月，土大国民议会举行新任议长选举，正发党议员、前司法部长沙辛（Mehmet Aei Sahin）以 338 票当选第 24 任议长。10 月，土大国民议会将允许土军方越境打击伊拉克北部库尔德工人党武装的授权有效期再次延长一年。11 月，政府将“库尔德新政”方案提交议会讨论，但未公布具体实施方案。12 月，土宪法法院宣布取缔民主社会党，并禁止该党主席图尔克、议员图鲁克及其他 35 名成员参政 5 年。

【宪法】土立法体系效仿欧洲模式。现行宪法于 1982 年 11 月 7 日生效，是土第三部宪法。宪法规定：土为民族、民主、政教分离和实行法制的国家。

【议会】全称为土耳其大国民议会，是土最高立法机构。共设 550 个议席，议员根据各省人口比例经选举产生，任期四年。实行普遍直接选举制，18 岁以上公民享有选举权。只有超过全国选票 10% 的政党才可拥有议会席位。本届议会成立于 2007 年 8 月 4 日，是土第 23 届议会。截至 2009 年底，议会议席分布情况是：正义与发展党 336 席，共和人民党 97 席，民族行动党 69 席，和平民主党 20 席，民主左翼党 6 席，无党派 12 席，民主党 1 席，土耳其党 1 席。

【政府】又称部长会议。本届政府是土第 60 届政府，成立于 2007 年 9 月 5 日，系正义与发展党单独执政，法定任期四年。政府成员：总理雷杰普·塔伊普·埃尔多安（Recep Tayyip Erdogan），副总理兼国务部长杰米·奇切克（Cemil Cicek），副总理兼国务部长比伦特·阿伦奇（Bulent Arinc），副总理兼国务部长阿里·巴巴詹（Ali Babacan），国务部长埃格门·巴厄什（Egemen Bagis），国务部长哈亚提·亚泽哲（Hayati Yazici），国务部长迈赫迈特·阿伊登（Mehmet Aydin），国务部长法鲁克·纳菲兹·厄扎克（Faruk Nafiz Ozak），国务部长迈赫迈特·扎费尔·查拉扬（Mehmet Zafer Caglayan），国务部长法鲁克·切利克（Faruk Celik），国务部长杰夫代特·耶尔马兹（Cevdet Yilmaz），国务部长塞尔玛·阿利耶·卡瓦夫（Selma Aliye Kavaf），司法部长萨杜拉赫·埃尔京（Sadullah Ergin），国防部长韦杰迪·戈努尔（Vecdi Gonul），内政部长贝希尔·阿塔拉伊（Besir Atalay），外交部长阿赫迈特·达乌特奥卢（Ahmet Davutoglu），财政部长迈赫迈特·希姆谢克（Mehmet Simsek），教育部长尼迈特·丘布克丘（Nimet Cubukcu），建设和居住部长穆斯塔法·德米尔（Mustafa Demir），卫生部长雷杰普·阿克达（Recep Akdag），交通部长比纳里·耶尔德勒姆（Binali Yildirim），农业和农村事务部长迈赫迈特·迈赫迪·埃克尔（Mehmet Mehdi Eker），劳动和社会保障部长厄梅尔·丁切尔（Omer Dincer），工贸部长尼哈特·埃尔京（Nihat Ergun），能源部长塔内尔·耶尔德兹（Taner Yildiz），文化和旅游部长艾尔图鲁尔·居纳伊（Ertugrul Gunay），环境和林业部长维伊赛尔·艾尔奥卢（Veysel Eroglu）。

【行政区划】土耳其行政区划等级为省、县、乡、村。全国共分为81个省。

【司法机构】中央一级的法院有宪法法院、上诉法院、行政事务法院、司法分歧法院、审计法院等，院长分别为：哈希姆·科勒奇（Hasim Kilic）、哈桑·盖尔切克尔（Hasan Gerceker）、穆斯塔法·比尔丹（Mustafa Birden）、阿赫迈特·阿克亚尔钦（Ahmet Akyalcin）和雷扎伊·阿克耶尔（Recai Akyel）。共和国首席检察官为阿卜杜拉赫曼·耶尔钦卡亚（Abdurrahman Yalcinkaya）。

【政党】土多党制始于1945年。目前主要政党有：

（1）正义与发展党（Justice and Development Party）：执政党。2001年8月14日成立，保守、温和的伊斯兰右翼政党，总部设在安卡拉。该党主张建立法律至上、尊重人权与自由的现代共和政体，建立并完善市场经济体系。主席雷杰普·塔伊普·埃尔多安。

（2）共和人民党（Republic People's Party）：在野党。由共和国缔造者凯末尔·阿塔图尔克于1923年9月9日创建，该党推崇社会民主和民族主义，总部设在安卡拉。主席凯末尔·科勒奇达尔奥卢（Kemal Kilicdaroglu）。

（3）民族行动党（Nationalist Movement Party）：在野党。1958年由共和民族党和土耳其农民党合并而成，属民族主义极右政党，总部设在安卡拉。主席代弗莱特·巴赫切利（Devlet Bahceli）。

（4）和平民主党（Peace and Democracy Party）：在野党。2008年成立，主要代表库尔德族利益。主席塞拉哈廷·德米尔塔什（Selahattin Demirtas）。

其他政党还有：民主左翼党、民主党、自由团结党、大团结党、工人党、青年党及土耳其共产党等。

【重要人物】**阿卜杜拉·居尔**：总统。1950年10月29日生于开塞利。1983年获伊斯坦布尔大学经济学博士学位。1983～1991年，任吉达伊斯兰发展银行经济学家。1991年，当选为繁荣党国会议员。1993年，任繁荣党主管外事的副主席。1995年，再次当选国会议员。1996～1997年，任国务部长和政府发言人。1999年，当选为美德党国会议员。2001年8月，参与创建正义与发展党。2002年11月，正发党赢得大选，居于当年11月至次年3月担任总理。2003年3月～2007年7月，任副总理兼外交部长。2007年8月28日，当选为土第11任总统，当日就职。已婚，有三个孩子。　**迈赫迈特·阿里·沙辛**：议长。1950年生。1979年毕业于伊斯坦布尔大学法学院。1995、1999、2002、2007年先后四次当选大国民议会议员，曾任副总理、国务部长、司法部长。2009年8月当选第24届大国民议会议长。已婚，有四个孩子。　**雷杰普·塔伊普·埃尔多安**：总理。1954年生于伊斯坦布尔，毕业于马尔马拉大学经贸学院。曾任美德党伊斯坦布尔党部主席。1994年3月当选伊斯坦布尔市市长。1998年土国家安全法院以埃发表“煽动宗教仇恨”言论为由剥夺其从政权并判处10个月监禁。2001年8月，埃与美德党主张革新的少壮派共同创建正义与发展党并任主席。2002年11月正义与发展党在土议会选举中获胜后，土最高上诉法院恢复埃从政权。2003年3月9日，埃参加地方议会补选并当选议员，同月11日，塞泽尔总统任命埃为总理并授权组阁。2007年7月，正发党再次赢得大选，埃连任总理。已婚，有二子二女。

经　济

土耳其工、农业均有一定基础，轻纺、食品工业发达，粮、棉、蔬菜、水果、肉类等基本自给自足。自20世纪80年代中期起，土开始推行自由市场经济模式，大力发展私营经济，实行国营企业私有化，实现了由传统国家计划经济向自由市场经济的转变，私人资本不断扩大，金融实现完全自由化。土在实现经济高速增长的同时，也出现了高通货膨胀率、高财政赤字、高失业率以及社会收入分配严重不均等问题。1999年和2001年，土国内两度爆发严重经济危机，数百亿美元外资流出国内市场，各大股市交易指数暴跌，经济濒临崩溃边缘。在美等西方国家倡议下，国际货币基金组织（IMF）分批向土提供了120亿美元的紧急贷款，危机得以缓解，土金融市场逐步回稳。此后，土耳其经济复苏计划逐步显现成效，2001～2007年国民经济平均增长率达7%，进入恢复增长期。

2008年以来，受国际金融危机影响，土经济发展速度明显放缓，出口萎缩，失业率攀升，外国投资下降。土政府采取多项举措应对金融危机，先后出台了四期刺激经济一揽子计划，以减税和提供补贴等方式，扶持制造业等支柱产业，拉动本国消费和稳定就业形势。到2009年底，土外贸出口降幅收窄，经济出现同比增长势头，通胀率和失业率较危机初期大幅下降。2009年主要经济数据如下（资料来源：土耳其国库署统计报告）：

国内生产总值：约6176亿美元。

人均国民生产总值：8590美元。

国内生产总值增长率：-4.7%。

货币名称：土耳其里拉（Turkish Lira）。

汇率：1美元≈1.58新里拉。

通货膨胀率：6.5%（按消费价格指数）。

失业率：14.1%。

【资源】矿产资源丰富，主要有天然石、大理石、硼矿、铬、钍和煤等，总值超过2万亿美元。其中，天然石和大理石储量占世界40%，品种数量均居世界第一。三氧化二硼储量7000万吨，价值3560亿美元；钍储量占全球总储量的22%；铬矿储量1

亿吨，居世界前列。此外，黄金、白银、煤储量分别为450吨、1100吨和85亿吨。石油、天然气资源匮乏，需大量进口。水资源短缺，人均拥水量只有1430立方米。

【工业】工业基础好，主要有食品加工、纺织、汽车、采矿、钢铁、石油、建筑、木材和造纸等产业。2009年，工业总产值1797.4亿新里拉，主要涉及采矿、制造及电力、燃气、水等基础产业。近年基础工业产值情况（单位：亿里拉）：

	2008	2009
采矿业	134.58	142.35
制造业	1537.21	1427.04
电力、燃气及水	206.38	228.01

（资料来源：2009年《土耳其数据局统计公报》）

【农业】农业基础较好，主要农产品有烟草、棉花、稻谷、橄榄、甜菜、柑橘、牲畜等。粮棉果蔬肉等主要农副产品基本实现自给自足。2009年，农业总产值707.41亿里拉。近年来，农业机械化程度提高，机耕面积不断扩大。近年主要农业生产产值情况（单位：亿里拉）：

	2008	2009
农、林、畜牧业	707.41	764.10
渔业	15.33	19.88

（资料来源：2009年《土耳其数据局统计公报》）

【林业】木材加工业发达。森林面积22万平方公里。通过实施新的林业技术并改善基础设施，工业木材产量逐年提高，2005年达到850万立方米，但每年仍需大量进口。

【旅游业】旅游业是土外汇收入重要来源之一。2009年游客总数达3200万人次，旅游收入212.49亿美元，入境游客人均消费达664美元。主要旅游城市有：伊斯坦布尔、伊兹密尔、安塔利亚、布尔萨、安卡拉、科尼亚等。亚洛瓦温泉、特洛伊、埃菲斯等古城遗址和卡帕多西亚、库什湖是主要风景名胜地。

【交通运输】以陆路运输为主，公路网线广布，运力充足。

公路：国家级和省级公路64033公里，乡村级公路28.8万公里。截至2009年底，全国各类注册登记机动车总数1376.54万辆，其中小汽车679.66万辆，大型汽车19.99万辆，小型卡车206.60万辆，大型卡车74.42万辆，摩托车218.14万辆，特殊用途车辆3.51万辆，拖拉机135.86万辆。2009年，新增登记机动车18.34万辆。

铁路：截至2008年，总长8699公里，其中电气化铁路1928公里。

空运：近年来，土航空业发展迅速。截至2008年，共拥有飞机262架。2008年，国内航线运送乘客3355万人次，国际航线运送乘客4084万人次。

海运：海运发达，土72%的出口、95%的进口通过海路运输实现。主要港口位于伊斯坦布尔、伊兹密尔、梅尔辛、伊斯肯德伦、伊兹密特、萨姆松、特拉布松、杰姆利克等地。

【财政金融】截至2009年底，外债总额为2800亿美元，外汇储备707亿美元。近年政府财政收支情况（单位：亿里拉）：

	2008	2009
收入	2095.98	2150.60
支出	2270.31	2672.75
赤字	174.32	522.15

（资料来源：土耳其财政部数据）

【对外贸易】随着国民经济的快速发展，对外贸易总值和数量不断增加。主要出口产品是农产品、食品、纺织品、服装、金属产品、车辆及零配件等。近年来，钢铁、汽车、家电及机械产品等逐步进入国际市场。2009年，受国际金融危机影响，对外贸易总额同比下降27.2%，为2430.55亿美元；其中，进口1409.26亿美元，出口1021.29亿美元，逆差387.97亿美元。主要进口商品为原油、天然气、化工产品、机械设备、钢铁等。主要出口商品为车辆、机械设备、钢铁、纺织品等。近年对外贸易情况（单位：亿美元）：

	2007	2008	2009
出口额	1072.15	1320.27	1021.29
进口额	1700.57	2019.64	1409.26
逆　差	628.42	699.37	387.97

（资料来源：2009年《土耳其数据局统计公报》）

主要贸易对象是欧盟国家。2009年，土对欧盟国家进出口贸易总额1035.79亿美元；其中，进口565.94亿美元，出口469.85亿美元，分别占进出口总额的40%和46%。2009年主要贸易伙伴国及进出口额（单位：亿美元）：

	出口额	进口额
德　国	97.88	141.00
俄罗斯	32.02	197.20
意大利	58.92	76.75
英　国	59.18	34.74
美　国	32.25	85.74
法　国	62.09	70.92
中　国	15.99	126.77
西班牙	28.24	37.78
伊　朗	20.24	66.15

（资料来源：2009年《土耳其数据局统计公报》）

【外国投资】近年来，由于土实行私有化政策，经济状况和投资环境持续改善，外国投资持续增加，土所吸引外资主要来自欧盟国家。2009年，受国际金融危机影响，外国投资出现明显下降，当年土吸引外资75.97亿美元，较上年下降58.4%。

军　事

1921年，凯末尔创建国民军。1952年，土加入北约。土武装部队包括陆军、海军（包括海军航空兵和海军陆战队）、空军、海岸警卫队和宪兵。总统是武装部队最高统帅。最高军事委员会是武装部队内部事务最高决策机构。总参谋部是武装部队的最高作战指挥机构，现任总参谋长是亚沙尔·比于康纳特（Yasar Buyukanit）上将。国家安全委员会是最高国防决策机构。国防部是同总参谋部进行合作的最高行政机构。实行义务兵役制，服役年龄为20岁，服役期限6~15个月。实行军队职业化措施，精减指挥机关人员，技术军人文职化，实行军官和技术军人合同制等。

2007年，土现役军人51.86万。其中陆军39.9万人，编成4个集团军部、9个军部、2个机械化师、1个步兵师、14个装甲旅、17个机械化旅、9个步兵旅、4个突击旅、5个边防团、4个海岸警卫团、1个总统警卫团；装备各型坦克4255辆、各式装甲车5790辆、火炮4670门（包括多管火箭炮和无控火箭）、反坦克炮3875门、反坦克导弹发射架943具。空军6.5万人，编成2个战术空军司令部、1个后勤司令部和1个训练司令部，下辖18个作战中队、1个侦察中队、2个训练中队、5个运输中队、1个加油中队和8个防空中队；各式作战飞机398架，运输机91架，教练与联络机281架，直升机462架。海军5.46万人，编成舰队、北部海区、南部海区和训练等4个司令部；拥有护卫舰25艘、潜艇13艘、导弹快艇24艘、巡逻艇103艘、布/扫雷艇27艘、登陆舰艇50艘、各式辅助舰只132艘、飞机13架、直升机21架。另有准军事部队总兵力24.2万人，其中宪兵24万，海岸警卫队2200人。

北约在土设有东南欧盟军司令部、战术空军司令部。美国在土设有16个军事基地和设施，常驻军事人员5000人。土在塞浦路斯土族地区有3.6万人的驻军。

文化教育

【教育】2005年6月，土参照欧盟标准，对教育体制进行改革。现行学制为小学8年，中学4年，中专2~3年，大学4~6年。小学为义务教育。共有各类学校近6万所，在校学生约1993万人，教师约73万人。1997年土通过新的教育法，规定只有在年满14岁并接受过八年制教育后才能接受宗教教育。

现有大学139所。著名高等学府有安卡拉大学、哈杰泰普大学、中东技术大学、比尔肯特大学、伊斯坦布尔大学、海峡大学、爱琴海大学。

【新闻出版】发行报纸近2500份，其中全国性的117份；杂志约3200种。《自由报》（日发行量60万份）、《国民报》（日发行量60万份）和《晨报》为三大非官方报。《每日新闻》是主要的英文报纸。

主要通讯社：阿纳多卢通讯社，半官方，创建于1920年。安卡拉通讯社，半官方，成立于1971年。经济新闻通讯社，非官方，面向银行界和实业界。

土耳其广播电视组织成立于1946年，半官方，对外用16种语言广播。全国共有电视台71家，各类私营电台454家。1994年4月，议会通过《私营广播电视机构及节目法》。

对外关系

与美国保持传统战略伙伴关系，重视加强与欧洲国家的关系，并将加入欧盟作为既定战略目标。注重经济外交，维护自身利益。主张以和平方式解决国家间争端。在人权、民主、塞浦路斯等问题上与西方国家分歧较大。

重视建立和维护同邻国的友好关系，推行与周边邻国“零问题”政策，强调发展同世界及地区大国的关系。在中东、黑海和巴尔干地区，积极开展多边和双边外交，突出其地区大国的重要性。在中亚，利用与突厥语国家在民族、宗教、历史、文化和地缘方面的联系，密切与地区国家关系。注重发展同阿拉伯和伊斯兰国家的关系，承认阿拉伯、以色列的合法权益，支持中东和平进程。主张维护伊拉克统一和领土完整，希望伊保持和平与稳定，伊的丰富资源应由伊各族人民共同分享。重视发展同中国、日本等亚太国家的关系。

【同中国的关系】1971年8月4日与中国建交。上世纪80年代两国高层互访增多，双边关系发展较快。90年代以来，重要来访有：德米雷尔总统（1995年5月），卡莱姆利议长（1996年8月），埃杰维特副总理（1998年5月），阿克布鲁特议长（1999年8月）、巴赫切利副总理（2002年5月）、正义与发展党主席埃尔多安（2003年1月）、沙辛副总理（2003年9月）、居尔副总理（2005年2月）、托普坦议长（2008年4月）。中方重要出访有：乔石委员长（1996年11月），李鹏委员长（1999年4月），中央军委副主席、国务委员兼国防部长迟浩田（1999年10月），中共中央政治局委员李铁映（1999年11月），江泽民主席（2000年4月），全国政协主席李瑞环（2001年4月）、朱镕基总理（2002年4月）、黄菊副总理（2004年11月）、国务委员周永康（2005年5月）、国务委员陈至立（2005年5月）、中央军委副主席徐才厚（2005年10月）、国务委员华建敏（2006年4月）、中共中央政治局委员张德江（2006年6月）、全国政协主席贾庆林（2008年11月）。

2009年6月24~29日，土耳其总统阿卜杜拉·居尔来华进行国事访问。国家主席胡锦涛同居尔总统就两国关系和共同关心的国际及地区问题深入交换意见。会后两国元首共同出席了双方有关合作文件的签字仪式。居尔总统还分别会见了全国人大常委会委员长吴邦国和国务院总理温家宝，并赴陕西、广东、新疆三地访问。

2009 年 5 月，中央军委副主席郭伯雄、国务委员兼公安部长孟建柱分别访土。12 月，全国政协副主席、中国人民争取和平与裁军协会副会长厉无畏访土。此外，江西省委书记苏荣、全国人大常委会预算工作委员会副主任委员姚胜、全国人大常委会内务司法委员会副主任委员刘振华、上海市政协主席冯国勤、空军司令许其亮上将、武警部队副司令刘红军中将、中国科学技术协会副主席、书记处第一书记邓楠等分别访土。

2009 年 4 月，土大国民议会土中友好小组主席阿尔斯兰访华。9 月，财政部长希姆谢克访华，国务部长恰拉扬来华参加第 16 届中土经贸联委会。此外，土海军司令阿塔奇、空军司令阿克萨伊分别来华出席中国海军、空军成立 60 周年庆典活动。

2009 年，双边贸易受到国际金融危机的冲击，同比下降 19.8%，贸易额为 100.79 亿美元，其中中方出口 83.34 亿美元，进口 17.45 亿美元，降幅分别为 1.1% 和 52.8%。两国经贸合作持续发展，交通、电力、冶金、电信是双方合作的重点。

中国驻土耳其大使：宫小生。馆址：GOLGELI SOKAK No. 34，GAZIOSMANPASA，ANKARA。网址：www. chinaembassy. org. tr。电话：90 - 312 - 4360628。传真：4464248。商务处电话：4377107。

中国驻伊斯坦布尔总领事：张志良。馆址：Tarabya Mahallesi，Ahi Çelebi Cad. Çoban Çeşme Sokak No. 4，Sariyer，Istanbul。网址：http：//istanbul. chineseconsulate. org。电话：90 - 212 - 2992188，2992634。传真：2992633。

土耳其驻华大使：穆拉特·埃森利（MURAT ESENLI）。馆址：北京市朝阳区三里屯东五街 9 号。网址：www. turkey. org. cn。电话：010 - 65322650。传真：65325480。商务处电话：65323846。

土耳其驻上海总领事：穆拉特·乌尔库（MURAT ULKU）。馆址：上海市淮海中路 1375 号，启华大厦 13B，电话：021 - 64746838，传真：021 - 64719896。

【同美国的关系】重视与美关系，视其为对外关系基石。1947 年以来，土美在政治、经济、军事、科技、文化等领域开展了广泛的合作。美在土东南边境的英吉尔利克设有本地区最大的空军基地。1991 年，土美确定建立合作伙伴关系。1999 年，土美两国元首实现互访，双方确立“战略伙伴”关系。2003 年，因在伊拉克战争问题上存在分歧，两国关系受到一定程度影响。2007 年，土美关系曾因美众议院外委会通过有关“亚美尼亚大屠杀”的议案一度出现紧张。

2009 年 3 月，美国国务卿希拉里访土。4 月，美国总统奥巴马访土，与居尔总统、托普坦议长、埃尔多安总理举行会晤，就双边、地区和国际等广泛议题进行磋商。奥称土是美的关键盟友，重申美支持土加入欧盟和打击库工党武装的努力，土美关系进入新阶段。12 月，埃尔多安总理对美进行工作访问，双方就双边、伊朗核、库尔德等问题交换意见，商定建立“热线联络”机制。2009 年土美双边贸易额 117.99 亿美元。

【同欧盟的关系】重视同欧盟及其成员国的关系，加入欧盟是土外交核心。1999 年 12 月，欧盟赫尔辛基会议确定土为入盟候选国。2000 年 7 月，欧盟出台“土入盟合作文件”；11 月，欧盟委员会公布土入盟条件。2004 年 12 月 17 日，欧盟布鲁塞尔会议决定 2005 年 10 月 3 日与土开始入盟谈判。2006 年 1 月，欧洲理事会宣布批准《土耳其入盟伙伴文件》；12 月，土耳其拒绝执行与欧盟签署的《安卡拉协定补充议定书》，向包括塞浦路斯在内的欧盟新成员开放港口和领空，欧盟决定冻结与土在商品自由流通、金融、农业、渔业、运输、关税同盟、服务贸易、外交等 8 个领域的入盟谈判，同时规定在土向塞浦路斯开放港口和领空之前，不能完成其他领域的谈判。

2009 年以来土加大了入盟改革力度，任命负责欧盟事务的国务部长；开始实施第三期国家入盟计划；2009 年 12 月正式启动入盟 35 个领域谈判的第 12 个——环境问题的谈判。但土入盟谈判总体进展缓慢，在谈的 12 个领域中只完成科研领域一项。土认为受到不公正待遇，民众对入盟的支持率不断下降。

2009 年 1 月，埃尔多安总理访问布鲁塞尔，分别与欧盟委员会主席巴罗佐、欧洲议会议长珀特林、负责外交和安全事务高级代表索拉纳、负责扩大事务的委员雷恩举行会晤。5 月，葡萄牙总统席尔瓦访土；英国外长米利班德访土；埃尔多安总理访问波兰。10 月，居尔总统对法国进行国事访问，出席法国“土耳其文化季”展览开幕式。11 月，意大利总统纳波利塔诺访土。2009 年，土与欧盟双边贸易额 1035.79 亿美元。

【同俄罗斯的关系】土俄保持“欧亚大陆合作伙伴关系”，重视加强两国在经贸、能源、共同打击恐怖主义、宗教极端势力和跨国有组织犯罪等领域合作。

2009 年 2 月，居尔总统访问俄罗斯，与俄总统梅德韦杰夫、总理普京进行会晤，双方发表了关于深化友好关系、加强多维领域合作的联合声明。5 月，埃尔多安总理在索契同俄总理普京会晤。7 月，外长达乌特奥卢访俄。8 月，俄总理普京访土，期间双方签署了 20 个能源和经贸合作协议，两国领导人还决定每年定期举行一次会晤，以推动政府间合作协议的实施。2009 年，土俄双边贸易额为 229.22 亿美元。

【同中亚国家的关系】重视同中亚国家的睦邻友好合作关系，认为中亚诸国都是“突厥世界”的一部分，应借助民族、宗教、历史和文化渊源的共通性，大力发展与地区国家在政治、经济、文化等各领域的全方位关系。土认为，中亚各国正处于重要变革过程中，土应帮助各国克服在建立新的政治、经济和社会秩序中面临的困难。土重视在能源领域同中亚国家的合作，主张里海油气资源通过巴库—杰伊汉和土库曼—土耳其—欧洲管线外输至国际市场，并酝酿修建由土耳其卡尔斯至格鲁吉亚第比利斯的铁路线。

2009年5月，居尔总统访问吉尔吉斯斯坦、塔吉克斯塔，与两国领导人举行会晤，并在吉议会发表演讲。这是土总统8年来首次访吉。

【同希腊的关系】1923年土、希在洛桑协议基础上建交。因爱琴海海域诸岛归属和塞浦路斯等问题，两国关系长期紧张、互不信任。1999年，两国关系出现缓和；5月，土提出与希腊签订反恐合作协议，得到希方积极回应；8月，土、希分别发生大地震，双方政府及相关组织相互提供援助；12月，欧盟赫尔辛基会议上希腊不再反对土加入欧盟。自此，两国关系进入新的阶段。定期外长互访、爱琴海问题探索性对话、政治磋商、建立互信谈判等机制相继确立。2000年土、希外长实现了40年来的首次互访，双方签署了共同打击恐怖主义、有组织犯罪和非法移民、旅游、环境保护、促进和保护投资以及在经济、海上贸易、关税、技术交流等方面的合作协议。2001年，两国签署“相互遣返非法移民协定”。2002年，两国举行爱琴海大陆架划界及领土争端谈判，签署“救灾减灾领域合作协议”。2003年，两国签署“扩大在爱琴海地区旅游合作”协定和“避免双重征税”协议。2004年土总理埃尔多安访希，这是土总理时隔16年后首次访希；两国国防部长同意在未来5年内各自削减25%的国防开支。2006年，希腊外长巴科亚妮访土，双方签署关于在爱琴海地区增进互信措施的谅解备忘录。2008年希腊总理卡拉曼利斯访问土耳其，这是近50年来希腊总理首次访土。

2009年11月，埃尔多安总理致函希腊新当选总理帕潘德里欧，表示土重视发展与希关系，愿在所有领域和一切问题上与希保持对话和磋商，共同创造新的双边合作机会。

【同亚美尼亚的关系】土耳其与亚美尼亚因纳卡问题和“亚美尼亚种族大屠杀案”等历史问题而关系不睦。2008年，土亚关系出现缓和。2009年，土亚关系进一步改善，两国领导人在多边场合保持接触。4月，土、亚宣布在瑞士调解下，双方和解会谈取得实质进展，就实现关系正常化达成一项“路线图”。10月，土外长达乌特奥卢与亚美尼亚外长纳尔班江在瑞士苏黎世签署了恢复两国外交关系及开放两国边境的协议，结束了两国长达16年的断交状态。作为对居尔总统2008年赴亚美尼亚观看足球赛的回访，亚总统萨尔基相赴土同居尔总统一起观看了世界杯预选赛土耳其与亚美尼亚的比赛。

【同中东国家的关系】重视发展同伊斯兰和阿拉伯国家的关系。支持中东和平“路线图”，主张用和平方式解决巴以冲突，呼吁巴以人民相互宽容和妥协；反对以色列对巴勒斯坦实施军事打击，支持巴独立建国；强调巴以和谈不应绕开也绕不开哈马斯；2009年初以对加沙采取军事行动，土反应强烈，土以关系趋于紧张。主张维护伊拉克国家统一、主权和领土完整；支持伊新政权及其稳定国内局势、促进民族宗教和解的努力，注重同伊新政权加强在政治、能源和经贸等领域的合作；强调应保障伊境内土库曼人权利，反对将基尔库克划入库尔德族区，推动建立土、美、伊打击土耳其库尔德工人党武装的三方合作机制。土主张维护国际核不扩散体系，但同时承认伊朗拥有和平利用核能的权利；支持解决伊核问题的外交努力。

2009年1月，埃尔多安总理在沙姆沙伊赫会见埃及总统穆巴拉克；叙利亚外长穆阿利姆访土，同土领导人讨论巴以冲突等地区问题；埃及人民议会议长苏鲁尔访土。2月，居尔总统访问沙特；居尔总统赴德黑兰出席经济合作组织第十次峰会，期间会见伊朗最高领袖哈梅内伊，并与艾哈迈迪内贾德总统举行会谈。3月，居尔总统访问伊拉克，这是土近30年来首位访伊的总统。4月，黎巴嫩总统苏莱曼访土，这是54年来黎首位访土的总统。5月，居尔总统访问叙利亚。6月，外长达乌特奥卢访问伊拉克。7月，巴勒斯坦民族权力机构主席阿巴斯访土，埃尔多安总理访问叙利亚。8月，外长达乌特奥卢和国务部长恰拉扬访问伊拉克，双方就建立双边高级战略合作委员会达成一致；卡塔尔埃米尔哈马德访土；约旦外交大臣朱达访土。9月，外长达乌特奥卢访问埃及、伊朗；叙利亚总统阿萨德访土；居尔总统访问沙特。10月，埃尔多安总理访问伊拉克、伊朗。11月，赴土出席伊斯兰会议组织会议的伊朗总统内贾德会见居尔总统、埃尔多安总理。12月，居尔总统访问约旦；埃及总统穆巴拉克访问土耳其；埃尔多安总理访问叙利亚。

【同巴尔干国家的关系】作为巴尔干国家，土同该地区有着深厚的民族、宗教和历史文化联系。土一直致力于发展与巴尔干各国间业已存在的良好合作关系，表示愿与地区国家在双边和多边领域内开展内容广泛的互利友好合作。重视发展同保加利亚、罗马尼亚、马其顿、阿尔巴尼亚的全方位合作。

【同亚太国家的关系】重视发展同亚太地区国家特别是同中国、日本、印度等大国的关系，关注亚太国家政治、经济发展模式，希望学习和借鉴各国成功经验。土支持维护阿富汗国家统一和领土完整，积极参与国际社会对阿问题的讨论和对阿援助计划。同巴基斯坦关系密切，主张国际社会应加快对巴经援力度。

2009年4月，土耳其、阿富汗、巴基斯坦第三次三方峰会在土举行，三国总统及军事、情报部门官员出席，会议决定将有关合作机制化，定于每年举行一次领导人峰会和外长会。6月，新加坡总统纳丹在新土建交40周年之际访土；外长达乌特奥卢访问巴基斯坦，并代表土政府向巴政府捐赠1000万美元。9月，菲律宾总统阿罗约访土，会见居尔总统并参加菲土建交60周年系列活动。

【同非洲国家关系】日益重视发展同非洲国家关系，不断增加对非投入。2009年1月，居尔总统访问肯尼亚、坦桑尼亚，并在坦出席土耳其—坦桑尼亚商贸论坛。

（王飞）

土库曼斯坦

国名　土库曼斯坦（Turkmenistan, Туркменистан）。

面积　49.12万平方公里。

人口　683.6万（2006年7月1日）。主要民族有土库曼族（94.7%）、乌兹别克族（2%）、俄罗斯族（1.8%），此外，还有哈萨克、亚美尼亚、鞑靼、阿塞拜疆等120多个民族。官方语言为土库曼语，俄语为通用语。绝大多数民族信仰伊斯兰教（逊尼派），俄罗斯族和亚美尼亚族信仰东正教。

首都　阿什哈巴德（Ashgabat, Ашхабад），人口90万（2005年11月）。1月平均气温2.1℃，7月平均气温30.7℃。

国家元首　库尔班古力·米亚利克古利耶维奇·别尔德穆哈梅多夫（Гурбангулы Мяликгулиевич Бердымухамедов），2007年2月14日就任土独立以来第二位总统。

重要节日　新年：1月1日；纪念日：1月12日（纪念1881年在格奥克捷佩堡为抗击沙俄军队而牺牲的土库曼人）；国旗日：2月19日。独立日：10月27日；中立日：12月12日。此外，还庆祝开斋节、古尔邦节等伊斯兰传统节日。

简　况

位于中亚西南部，为内陆国家。北部和东北部与哈萨克斯坦、乌兹别克斯坦接壤，西濒里海与阿塞拜疆、俄罗斯相望，南邻伊朗，东南与阿富汗交界。约80%的国土被卡拉库姆大沙漠覆盖。1月平均气温4.4℃，7月平均气温27.6℃；年降水量从东北部地区的80毫米向南部山麓的300毫米递增，科佩特山区可达400毫米。

历史上波斯人、马其顿人、突厥人、阿拉伯人、蒙古鞑靼人曾在此建立过国家。15世纪基本形成土库曼民族。19世纪60年代末和80年代中，部分领土并入俄国（外里海州）。土库曼人民参加了1917年的二月革命和十月社会主义革命，同年12月建立苏维埃政权。1924年10月27日成立土库曼苏维埃社会主义共和国，并加入苏联。1991年10月27日宣布独立，改国名为“土库曼斯坦”。同年12月21日加入独联体。1992年3月2日加入联合国。1995年12月12日，第50届联大通过决议，承认土为永久中立国。

政　治

独立后始终将巩固国家政治经济独立和主权、保持社会稳定作为基本国策，主张走适合本国国情的发展道路。提倡复兴民族精神，重视民族团结与和睦。奉行中立、和平、友好的外交政策，致力于同其他国家发展建设性合作关系。主张宗教信仰自由，禁止宗教干预国家政治生活。2009年土库曼斯坦政局继续保持稳定。土政府提出民族复兴全面计划，加紧制定经济长期发展战略，继续关注民生，提高居民生活水平。

【宪法】1992年5月18日通过第一部宪法。规定土为民主、法制和世俗的国家，实行三权分立的总统共和制。立法、行政和司法相互独立又相互平衡和制约。总统为国家元首和最高行政首脑，由全民直接选举产生。人民委员会为国家最高权力代表机关。立法权和司法权分属国民议会和法院。1995年12月底修改宪法，将永久中立国地位写入宪法。1999年12月底对宪法中有关人民委员会、议会的职能进行了修改和补充，明确规定尼亚佐夫作为首任总统，其任期无时间限制。2003年修改并通过新宪法，规定人民委员会为常设的最高权力代表机构，设立主席一职，同时规定总统当选年龄不得超过70岁。2006年12月26日再次修改宪法，规定总统候选人年龄在40～70岁之间，总统因故不能行使职权时，根据国家安全会议决议，任命副总理临时代理总统职权。2008年9月，土通过新宪法，取消人民委员会，将其权力划归总统和议会。

【议会】称国民会议，是国家立法机构，由各选区差额选举产生的125名议员组成，任期5年。其主要职能是通过和修改宪法与法律并对其进行解释，监督宪法和法律的执行，确定总统、议会的选举，通过内阁活动纲领，批准国家预算等。1994年12月11日进行了首届国民会议选举。2008年12月14日举行第四届议会选举。2009年1月9日，第四届议会举行首次会议，现议长阿克贾·努尔别尔德耶娃（Акджа Нурбердыева，女）（2007年当选）连任。

【政府】称内阁，是国家权力执行机构，由总统直接领导。现任内阁副总理有：拉·梅列多夫（Р. Мередов），兼外交部长，主管外交事务；巴·霍贾穆哈梅多夫（Б. Ходжамухаммедов），兼国家发展油气工业和矿产资源基金会执行主席，主管油气工业及矿产资源利用；希·萨帕尔雷耶夫（Х. Сапарлыев），主管教育、卫生、旅游和体育；玛·雅兹穆哈梅多娃（М. Язмухаммедова，女），主管文化、电视、广播和出版；纳·沙古雷耶夫（Н. Шагулыев），主管交通、通讯；霍·穆哈梅多夫（Х. Мухамедов），主管经济调控；图·贾帕罗夫（Т. Джапаров），主管财政；杰·奥拉佐夫（Д. Оразов），主管建筑；梅·阿克马梅多夫（М. Акмаммедов），主管纺织。其他部长有：国防部长亚·别尔德耶夫（Я. Бердиев），国家安全部长恰·阿曼诺夫（Ч. Аманов），内务部长伊·穆里科夫（И. Муликов），司法部长梅·加尔雷耶夫（М. Гаррыев），油气工业和矿产资源部长亚·奥拉兹古雷耶夫（Я. Оразгулыев），铁道部长罗·谢伊特古雷耶夫（Р. Сейитгулыев），财政部长安·果奇耶夫（А. Гочыев），对外经济贸易部长诺·阿塔古雷耶夫（Н. Атагулыев），纺织工业部长阿·芭芭耶娃（А. Бабаева，女），公路交通部长古·汉古雷耶夫（Г. Хангулыев），农业部长奥·古尔班纳扎罗夫（О. Гурбанназаров），通讯部长奥·朱马古雷耶夫（О. Джумагулыев），建筑材料工业部长雅·霍马多夫（Я. Хоммадов），卫生和医药工业部长古·埃里亚索夫（Г. Элясов），教育部长古·玛梅多娃（Г. Маммедова，女），文化与广播电视部长古·穆拉多夫（Г. Мурадов），水利部长阿·雅兹穆拉多夫（А. Язмурадов），环保部长巴·安纳拜伊拉莫夫（Б. Аннабайрамов），社会保障部长别·沙梅拉多夫（Б. Шамырадов），国家体育和旅游委员会主席阿·萨雷耶夫（А. Сарыев）。

【行政区划】除首都阿什哈巴德市外，全国划分为阿哈尔、巴尔坎、达沙古兹、列巴普和马雷五个州。

【司法机构】设最高法院、最高经济法院、军事法院。法官由总统任命，任期五年。现任最高法院院长为雅·雅兹梅拉多夫（Я. Язмырадов）。检察院对法律和总统令执行情况进行监督，现任总检察长为奥·霍扎梅拉多夫（О. Ходжамырадов）。

【政党】土库曼斯坦民主党（Демократическая партия Туркменистана）。1991年12月16日由原苏联土库曼共产党改组而成，是土唯一政党。1992年3月在司法部正式登记，现约有党员13万余人。其宗旨是巩固国家独立、主权和中立，建设民主、法制、世俗国家和公正社会，提高人民福利，实现社会民主化。主要任务是宣传、解释总统制定的国家内外政策和法令，团结社会各界贯彻执行总统的方针。民主党同工、青、妇等社会组织共同组成“民族复兴运动”，推动国家改革和民族复兴。该党在全国各州、市、区设有委员会，共有3598个基层组织。别尔德穆哈梅多夫总统任党主席。政治委员会（党的中央机关）第一书记为卡·巴巴耶夫（К. Бабаев）。

【重要人物】库尔班古力·米亚利克古利耶维奇·别尔德穆哈梅多夫：总统。1957年生于阿什哈巴德市，土库曼族。毕业于土库曼国立医学院，医学副博士。1997年被任命为土卫生和医药工业部长，1998年6月兼任尼亚佐夫国际医学中心总经理，1999年6月兼任土国立医学院代理院长。2001年4月至2006年12月任副总理兼卫生和医药工业部长，主管教科文卫及新闻。2006年12月尼亚佐夫总统去世后被任命为代总统，并在随后举行的总统大选中获胜。2007年2月14日宣誓就任土库曼斯坦总统，8月4日当选土民主党主席和“复兴运动”主席。

经　济

以石油、天然气工业为支柱产业。农业主要种植棉花和小麦。独立后始终坚持经济稳定、快速发展的模式，加速向市场经济过渡。2003年土出台《2020年以前政治、经济和文化发展战略》，指出要把土变成保证居民生活高标准、社会经济指标达到世界高水平的不断发展的强国。2009年土继续实行经济改革，加快向市场经济过渡。进一步加强国家宏观调控，成立专门委员会，重视宏观调控和战略分析；启动货币改革，实行单一汇率并自由兑换，2009年1月起发行新马纳特；提倡经济和能源多元化发展，鼓励扩大能源出口；扩大招商引资，加强基础设施建设，保障一批关系国计民生的大项目工程实施。加大对“阿瓦扎”工程投资，计划2020年前完成该项目。2009年6月，土国家旅游区“阿瓦扎”举行首批建成项目竣工典礼，7月，“土库曼斯坦湖”（又称“金色世纪”湖）首期工程竣工。土政府及时采取措施，推动能源出口多元化，积极缓解金融危机对单一出口渠道的风险和压力。目前，土经济基本运行良好。

国内生产总值（2009年）：526.59亿新马纳特（约合185亿美元）。

国内生产总值增长率（2009年）：6.1%。

货币名称：马纳特（Манат）。

官方汇率（2009年）：1美元＝2.843新马纳特。

【资源】矿产资源丰富，主要有石油、天然气、芒硝、碘、有色及稀有金属等。据土官方公布资料，土石油和天然气的远景储量为208亿吨和24.6万亿立方米，居世界前列。英国著名国际咨询公司“Gaffney, Cline &Accociates”称，仅土南约洛坦气田的储量就高达4万亿～14万亿立方米，土跃升为世界第四大天然气生产国。2009年，土方报道在土东部南约洛坦—奥斯曼和中央卡拉库姆地区阿哈尔州先后发现新的天然气产地“米纳拉”和“格雅兹里”。

【工业】 主要工业部门为石油和天然气开采、石油加工、电力、纺织、化工、建材、地毯、机械制造和金属加工等。能源工业在土整个工业中占有突出位置。2009年工业总产值增长23.7%。

【农业】 现有可耕地1700万公顷，灌溉耕地面积约200万公顷。主要农产品有棉花、小麦、稻米、瓜果和蔬菜等。2009年农业总产值增长8.6%。

【旅游业】 1994年成立土国家旅游公司，2000年1月与国家体育运动委员会合并为“国家旅游与运动委员会”，制订旅游业发展规划，颁布《旅游法》。在阿联酋、土耳其、巴基斯坦、德国、英国、俄罗斯等国设有代表处。目前，全国注册有旅行社41家，开发了包括50多条境内游在内的150多条旅游线路，每年接待来自世界60多个国家的约1万名游客。尼萨古城被列入100个最重要的世界遗产历史古迹名单，梅尔夫古城和库尼亚乌尔根奇被列为世界文化遗产。

土计划投入10亿美元在里海边元首市设立“阿瓦扎”国家旅游区，发展酒店休闲、度假和疗养等产业，并积极吸引外国公司参与投资开发。目前，“阿瓦扎”首批酒店和基本设施已建成。

【交通运输】 铁路总长约2600公里，公路总长1.4万公里，内河航道654公里。主要港口有里海沿岸的土库曼巴什港和贝克达什港。阿什哈巴德与13个国家的17个城市开通直航，全国主要机场有：首都尼亚佐夫国际机场、土库曼巴什国际机场、巴尔坎纳巴特市机场、马雷市机场、达沙古兹市机场和土库曼纳巴特市机场。天然气管道有中亚—中央管道（土库曼斯坦—乌兹别克斯坦—哈萨克斯坦—俄罗斯—欧洲）、科尔佩杰（土库曼斯坦）至库尔特—库伊（伊朗）管道、土库曼斯坦—伊朗（多夫列塔巴特—萨雷尔·雅普）和中国—中亚（土库曼斯坦—乌兹别克斯坦—哈萨克斯坦—中国）管道等。

【财政金融】 2009年财政收入117.68亿新马纳特，增长2.3%，支出101.24亿新马纳特。累计使用投资220亿新马纳特（约78亿美元），增长了一倍。实现了零通货膨胀（土官方数字）。

主要商业银行有：外经银行、土库曼斯坦银行、投资银行、总统银行、储蓄银行和农业银行。

【对外贸易】 土同世界上96个国家有贸易往来。2009年，对外贸易总额180亿美元，增长3.8%，其中出口额91.5亿美元，进口额88.5亿美元。天然气、原油、石油产品、棉花及棉制品依然是主要出口产品，而机械设备、建材、电器和电子产品则是主要进口产品。主要贸易伙伴有俄罗斯、伊朗、土耳其、中国和阿联酋等。

【外国资本】 重视吸引外资，颁布了一系列保护外资的法规和优惠政策。外国投资主要集中在石油天然气生产、纺织、建筑等领域。土耳其在土经济中投资最多，伊朗、俄罗斯、法国紧随其后。

人民生活

继续实行高福利、高补贴政策，将免费为居民供应水、电、天然气、盐的福利政策延长至2030年。同时，廉价供应燃油、食品等生活必需品，维持交通、通讯等廉价服务，实行医疗、教育优惠制度。社会领域预算支出增长。政府广泛铺开住宅、医院、体育场、学校等民生设施建设。2009年，别尔德穆哈梅多夫总统签署《关于修改社会保障法》，将婴儿出生和抚养及残疾人的补贴提高27%～28%；通过新劳动法典，将基本劳动休假由原来的每年24天增至30天，教育和科学工作者休假为45天；提高工资水平和奖学金、退休金及各项优惠补贴，决定2010年1月1日起退休金、奖学金等提高10%。

军　事

苏联解体后，土库曼斯坦在原驻土苏军基础上组建了本国军队。土武装力量由陆军、空军—防空军和海军组成，总统任武装力量最高统帅。土实行义务兵役制，年满18岁的男性公民须服役两年。2001年，全国总兵力4.7万人。除武装力量外，土还有边防、内务、安全和总统卫队等其他部队。边防军隶属边防总局，兵力约2万人。内务部队约5000人，隶属内务部。安全部队1500人，隶属国家安全委员会。

土军奉行中立性军事学说，2009年1月21日，别尔德穆哈梅多夫总统签署总统令，批准《独立和中立的土库曼斯坦军事学说》，取代1994年旧版土军事学说。新军事学说重申以下原则：纯粹防御性、积极中立和和平调解争端；不参加任何军事集团和同盟，不在本国领土部署外国军事基地；不生产或扩散核化等大规模杀伤性武器；优先致力于通过政治外交和其他和平方式解决问题。根据新形势要求，土新军事学说补充了三项原则，即国家军事力量建设要逐步与国际接轨；提高技术装备、军事军事管理水平和战备能力；加强全军纪律。

文化教育

【教育】 实行十年制义务教育。教育体系由学前教育、中等教育、中等专业技术教育和高等教育组成。据2004年初土官方统计，全国共有中小学1705所，学生101.86万人，教师66000人。目前，土全国有高等院校17所，在校学生13500人；中等专科学校21所，在校学生约4000人。土著名大学有国立马赫图姆库里大学、阿扎季世界语言学院、工学院、俄罗斯古铂金油气学院分院等。

2009年继续深化文化教育改革，整顿国家科研机构，取消科学院和总统下属科技最高委员会，成立土库曼斯坦科学院以及太阳能研究所、地震学研究所、国家地震局、植物学研究所、物理数学研究所和考古民族研究所；将最高学术鉴定委员会划归内阁领导；实施新《教育法》和《科学工作者地位法》，允许设立私人和外国教育机构，用外语教学；允许开设夜校和函授教学。

【新闻出版】 公开发行的报纸有30多种。主要报纸有《土库曼斯坦报》（土文）和《中立的土库曼斯坦报》（俄文），以上两报为土政府机关报。此外有《复兴报》、《祖国报》、《阿什哈巴德报》（均为土文）等。土库曼斯坦国家通讯社，前身为苏联塔斯社土库曼分社，成立于1925年，1992年改为现名。未向国外派常驻记者。国家广播电台建立于1927年。国家电视台于1958年建立。土电视台现有五套节目，主要播放土语节目，其中第四频道同时用包括中文在内的6种语言转播节目。

对外关系

奉行永久中立和对外开放的外交政策，主张在平等互利原则基础上发展与所有国家的友好合作关系。土积极参与国际事务，加入了独联体、联合国、欧安组织、不结盟运动、中西亚经济合作组织、伊斯兰会议组织、国际货币基金组织、世界银行、亚洲开发银行等近40个国际和地区组织。截至2008年，土与127个国家建交，在中国、美国、法国、俄罗斯、英国、德国、土耳其、伊朗、阿富汗、沙特、阿联酋、乌克兰、哈萨克斯坦、乌兹别克斯坦、吉尔吉斯斯坦、塔吉克斯坦、阿塞拜疆、亚美尼亚、格鲁吉亚等20多个国家设有使领馆。30多个国家和国际组织在土设立使领馆和代表机构。

2009年，土进一步推动多元化的外交战略。土总统别尔德穆哈梅多夫年内多次出国访问，并出席经济合作组织峰会、独联体国家领导人非正式会议、“南部走廊—新丝绸之路”布拉格峰会及里海沿岸国家首脑非正式会晤等多边活动，先后160余次会见外国政要、国际和地区组织领导人以及工商界人士，签署了116项合作协议，新加入10项国际公约组织。2009年2月，土召开驻外使节会议，致力于积极参与国际合作，加强同邻国关系，深化与欧洲国家合作，进一步加强与亚太地区国家特别是中国、日本、印度的关系，深入发展与近东、中东、北非和阿拉伯国家的传统关系，密切与北美、南美国家联系，加强与联合国等国际组织的合作。

【同中国的关系】 1992年1月6日建交。2009年，两国各级别交往频繁，政治互信不断深化，在国际和地区事务中合作更加密切。2009年1月13日，吴邦国委员长致信土库曼斯坦国民议会主席努尔别尔德耶娃，祝贺其再次当选。3月27日，胡锦涛主席接受土库曼斯坦新任驻华大使纳扎罗夫递交国书。4月22～24日，国家发改委副主任、国家能源局局长张国宝出席在土举行的“可靠和稳定的能源过境运输及其在保障可持续发展和国际合作方面的作用”高级别会议。其间，张拜会了土总统别尔德穆哈梅多夫和主管油气的副总理塔格耶夫。6月1～3日，应土库曼斯坦议会邀请，全国政协副主席张梅颖率团访土，与土总统别尔德穆哈梅多夫、议长努尔别尔德耶娃、副议长兼土民主党政治委员会第一书记巴巴耶夫等分别举行会见。6月23～25日，国务院副总理李克强正式访土，土总统别尔德穆哈梅多夫同李克强副总理举行会见。双方签署两国在能源、经贸、金融等领域合作文件。6月23～26日，中亚友协会长张德广访土，会见土文化部、外交部等有关部门官员。9月17日，土总统别尔德穆哈梅多夫分别致信胡锦涛主席和温家宝总理，祝贺中华人民共和国成立60周年。9月21日，胡锦涛主席在出席第64届联合国大会期间同土总统别尔德穆哈梅多夫举行会见。10月10日，胡锦涛主席、温家宝总理分别致信土总统别尔德穆哈梅多夫，祝贺土库曼斯坦独立18周年。12月13～14日，胡锦涛主席对土进行工作访问，并出席中国—中亚天然气管道通气仪式。其间，胡锦涛主席同土总统别尔德穆哈梅多夫举行会谈。

2009年，中土经贸合作保持良好发展势头。据中方统计，两国贸易额为9.54亿美元，同比增长14.9%。其中，中方出口额9.16亿美元，同比增长14.3%，进口额0.38亿美元，同比增长35.3%。中方主要向土出口铁路设备、机械、电器、黑色金属、化纤、鞋和服装等，自土进口生丝、棉布、棉纱、皮毛和甘草等。

中国驻土库曼斯坦大使：吴虹滨。馆址：土库曼斯坦阿什哈巴德市别尔津基区阿尔恰比尔大街45号（45, ARCHABIL STR. ASHGABAT, TURKMENISTAN）。邮编：744036，电话：（0099312）488105；传真：481813。商务处电话：210675；传真：510888。

土库曼斯坦驻华大使：穆·纳扎罗夫（M. Назаров）。馆址：北京市朝阳区霄云路18号京润水上花园别墅雅趣园D－26，邮编：100016，电话：010－65326975，传真：65326976。

【同俄罗斯的关系】 2009年3月，土总统别尔德穆哈梅多夫对俄进行国事访问。4月，土俄中亚—中央4号管线发生事故，土输俄天然气中断。9月，俄总统梅德韦杰夫访土，两国恢复了中断5个月之久的天然气供应。11月、12月土俄总统再次实现互访。此外，俄第一副总理祖布科夫、副总理谢钦、鞑靼斯坦共和国总理明尼哈诺夫、内务部长努尔加耶夫、圣彼得堡市市长马特维延科、第一副外长杰尼索夫、天然气工业公司总裁米勒等分别访土。

2009 年，土俄经贸合作迅速发展。两国实业家在土先后举行工商会工作会议、土俄经济论坛和土商品展、土俄实业家委员会会议、土俄政府间经济合作委员会第四次会议。人文领域合作进一步发展，先后举行了“俄语日”、“在土库曼斯坦大地上”画展和土俄在新复兴时代的双边合作联合音乐会等活动。

【同独联体的关系】 2009 年 1 月，哈萨克斯坦、俄罗斯、土库曼斯坦三国天然气公司负责人在哈首都阿斯塔纳举行会晤，讨论落实沿里海天然气管道建设问题。2 月，别尔德穆哈梅多夫总统对乌兹别克斯坦进行正式访问。4 月，别尔德穆哈梅多夫总统参加阿拉木图举行的保护咸海峰会。6 月，白俄罗斯总统卢卡申科访土。9 月，别尔德穆哈梅多夫赴哈萨克斯坦阿克套市出席里海沿岸国（伊朗除外）首脑非正式会晤。俄、哈、土、阿（塞拜疆）四国元首主要就能源合作等问题交换意见。10 月，塔吉克斯坦总统拉赫蒙访土。

【同土耳其的关系】 2009 年 8 月，土库曼斯坦总统别尔德穆哈梅多夫对土耳其进行工作访问，与土耳其总统居尔讨论两国合作的优先方向，包括进一步加强能源、旅游、投资等合作。别尔德穆哈梅多夫还出席了在土安塔利亚省举行的投资论坛。土耳其是土库曼斯坦最大投资国，在纺织、建筑、交通、油气等领域的优势明显。目前，在土库曼斯坦注册土耳其企业 500 多家。在土耳其高校学习的土库曼斯坦学生约 2000 人，在土库曼境内有包括土库曼斯坦—土耳其国际大学在内的十多个两国合办教育机构。

【同伊朗的关系】 2009 年 2 月，土总统别尔德穆哈梅多夫对伊进行正式访问。7 月，伊石油部长顾问、国家天然气出口公司总经理谢伊耶德·列扎·克萨伊扎德对土进行工作访问。8 月，别尔德穆哈梅多夫电话祝贺伊总统艾哈迈迪内贾德再次当选。2009 年，伊朗继续保持土库曼斯坦最大电力和原油进口国地位。

【同美国的关系】 2009 年 1 月，美国贸易发展署欧洲和欧亚国家事务局局长德尼埃尔·斯坦恩访土。1 月和 8 月，美中央司令部司令戴维·彼得雷乌斯两次访土。3 月，美战略和国际关系研究所负责人爱德华·乔访土。4 月，美负责南亚和中亚事务的助理国务卿鲍彻访土。5 月，美国务院欧亚能源事务特别代表理查德·摩尔宁格斯塔尔访土。6 月，美能源部主办的以“油气管道的完整性及其管理”为题的国际研讨会在土举行。美能源部主管俄罗斯和欧亚事务的局长梅里尔·布尔波耶、英美著名能源公司代表及土主要能源主管部门负责人参加。7 月，美主管政治问题的副国务卿乌伊里雅姆·乔治·别尔恩斯访土。10 月，土美首次实业家委员会会议在土举行。11 月，美助理国务卿帮办乔治·克罗尔访土。

【同欧洲国家的关系】 2009 年 1 月，土总统下属油气开发和利用署署长卡卡耶夫参加了在布达佩斯举行的讨论推动修建“纳布科”天然气管道问题高级会议。2 月，土总统别尔德穆哈梅多夫会见来访的欧盟轮值主席国捷克总理托波拉内克。3 月，德国环保部副部长缪列尔率团访土。4 月，欧洲议会通过对土贸易协定。6 月，土总统别尔德穆哈梅多夫访问克罗地亚。7 月，罗马尼亚总统别塞斯库访土。欧盟“三驾马车”代表团对土进行工作访问。8 月，土总统别尔德穆哈梅多夫对保加利亚进行正式访问。9 月，瑞士外长米什琳访土。11 月，土总统别尔德穆哈梅多夫访问意大利，并出席土意实业家论坛。

【同国际组织和地区组织的关系】 2009 年 1 月，土总统别尔德穆哈梅多夫会见联合国秘书处经济社会局负责人季霍米罗夫。5 月，联合国教科文组织总干事博科娃访土，授予土总统别尔德穆哈梅多夫“阿维森纳”金质奖章，表彰其为发扬民族文化、保护历史文化遗产和加强与该组织合作所做的贡献。土副总理塔格耶夫出席“南部走廊—新丝绸之路”布拉格峰会，并会见欧盟委员会主席巴罗佐。

【同其他国家的关系】 阿富汗：2009 年 2 月，阿富汗能源和水资源部长对土进行工作访问。印度：2009 年 7 月，土工商会和印度工商会签署合作协定。9 月，印外长克里希纳访土。阿联酋：2009 年 1 月，阿联酋经济部长曼苏尔访土。约旦：2009 年 6 月，土总统别尔德穆哈梅多夫访问约旦。巴基斯坦：2009 年 8 月，巴基斯坦外交国务部长马利克·阿玛德汗访土，并参加土巴首次政府间委员会会议。日本：2009 年 10 月，土日经济合作委员会日方主席率团访土。12 月，土总统别尔德穆哈梅多夫访日。阿根廷：2009 年 6 月，阿根廷外交、外贸和宗教事务部对外贸易和经济联系代表萨多乌索姆访土。委内瑞拉：2009 年 9 月，委内瑞拉总统查韦斯首次访土。

（张晓庆）

文　莱

国名　文莱达鲁萨兰国（Negara Brunei Darussalam）。

面积　5765 平方公里。

人口　40.6 万（2009 年）。其中马来人占 66.4%，华人占 11%，其他种族占 22.6%。马来语为国语，通用英语，华语使用较广泛。伊斯兰教为国教，其他还有佛教、基督教、道教等。

首都　斯里巴加湾市（Bandar Seri Begawan），位于文莱—穆阿拉区，面积 15.8 平方公里，人口约 6 万。原称文莱市，从 17 世纪起即成为文莱首都，1970 年 10 月 4 日改为现名。

国家元首　苏丹·哈吉·哈桑纳尔·博尔基亚·穆伊扎丁·瓦达乌拉（Sultan Haji HASSANAL BOLKIAH Mu'izzaddin Waddaulah），1967 年 10 月 5 日继位。

重要节日　文莱独立日：1 月 1 日。国庆日：2 月 23 日。现任文莱苏丹哈吉·哈桑纳尔·博尔基亚的生日：7 月 15 日。文莱为伊斯兰教国家，开斋节是其最盛大的节日，每年日期根据伊斯兰教历均有变化。

简　况

位于加里曼丹岛西北部，北濒南中国海，东南西三面与马来西亚的沙捞越州接壤，并被沙捞越州的林梦分隔为不相连的东西两部分。海岸线长约 162 公里，有 33 个岛屿，沿海为平原，内地多山地。属热带雨林气候，终年炎热多雨。年均气温 28℃。

古称渤泥。14 世纪中叶伊斯兰教传入，建立苏丹国。16 世纪初国力处于最强盛时期。16 世纪中期起，葡萄牙、西班牙、荷兰、英国等相继入侵。1888 年沦为英国保护国。1941 年被日本占领。1946 年英国恢复对文莱控制。1971 年与英国签约，获得除外交和国防事务外的内部自治。1984 年 1 月 1 日完全独立。

政　治

苏丹在独立时宣告文莱永远是一个享有主权、民主和独立的马来伊斯兰君主制国家。独立以来，苏丹政府大力推行“马来化、伊斯兰化和君主制”政策，巩固王室统治，重点扶持马来族等土著人的经济，在进行现代化建设的同时严格维护伊斯兰教义。文国内政局稳定，但近年来社会治安问题有所增多。2005 年，文通过内阁改组和重组立法会进一步加强了苏丹权力，巩固和扩大了王室的统治基础。

【宪法】1959 年 9 月 29 日颁布第一部宪法。1971 年和 1984 年曾进行重大修改。宪法规定，苏丹为国家元首和宗教领袖，拥有全部最高行政权力和颁布法律的权力。设宗教委员会、继承与册封委员会、枢密院、立法院和内阁部长会议协助苏丹理政。2004 年 9 月，立法院第一届会议审议并通过宪法修正案，内容涉及司法、宗教、民俗等多个方面，共 13 项内容，包括赋予苏丹无须经立法院同意而自行颁布紧急法令等法令的权利；制定选举法令，让人民参选从政；将立法院扩大到 45 人，由委任议员 30 人和民选议员 15 人组成；伊斯兰教仍为国教，但人民有宗教信仰自由；仍以马来语作为官方语言，英语可作为法庭办案语言等。

【议会】原立法院由 33 人组成，其中 16 人由民选产生。1962 年曾举行选举。1970 年取消选举，议员改由苏丹任命。1984 年 2 月，苏丹宣布终止立法会，立法以苏丹圣训方式颁布。2004 年 7 月，苏丹宣布重开立法会。9 月，立法会恢复运作，议长卡马鲁丁（Dr. KEMALUDIN）和 21 名议员（包括当然议员 6 人、高官议员 5 人和委任议员 10 人）均由苏丹直接任命。2005 年 9 月，苏丹解散立法会，重新任命卡马鲁丁为议长，并任命 30 名新议员。

【政府】本届政府于 1988 年 12 月 1 日由文莱苏丹宣布组成，1989 年 1 月进行改组。2005 年 5 月，苏丹再次改组内阁，新增首相府高级部长、能源部长、第二财政部长、第二外交部长四个职位，将国家大祭司、总检察长两职位由副部级升至正部级，并首次宣布所有内阁部长以及副部长的任期均为 5 年。2008 年 8 月和 2010 年 5 月，苏丹对内阁略作调整。

现内阁成员：首相、国防部长和财政部长由苏丹兼任，首相府高级部长阿尔穆塔迪·比拉王储（Crown Prince Haji Al-MUHTADEE BILLAH），外交和贸易部长穆罕默德·博尔基亚亲王（Prince MOHAMED BOLKIAH），教育部长阿布·巴卡尔（Pehin Dato Haji Awang ABU BAKAR），卫生部长阿德南（Pehin Dato Awang Haji ADANAN），发展部长苏约伊（Pehin Dato Haji SUYOI），交通部长阿卜杜拉（Pehin Dato Awang Haji ABDULLAH），工业和初级资源部长叶海亚（Pehin Dato Awang Haji YAHYA），首相府第二财长阿卜杜拉·拉赫曼（Pehin Dato Haji ABD RAHMAN），第二外交和贸易部长林玉成（Pehin Dato LIM JOCK SENG），首相府能源部长穆罕默德·亚斯敏（Pehin Dato Paduka Haji MOHAMMAD YASMIN），宗教事务部长穆罕默德（Pengiran Dato Seri Setia Dr. Haji MOHAMMAD），内政部长巴达鲁丁（Pehin Dato Paduka Seri Haji Awang BADARUDDIN），文化、青年和体育部长哈扎伊尔（Pehin Dato Haji HAZAIR），总检察长哈亚提（Datin Paduka Hajjah HAYATI），国家大祭司阿卜杜勒·阿齐兹（Pehin Dato Paduka Seri Setia Haji Awang ABDUL AZIZ）。

【行政区划】分区、乡和村三级。全国划分为 4 个区：文莱—穆阿拉（Brunei-Muara）、马来奕（Belait）、都东（Tutong）、淡布隆（Temburong）。区长和乡长由政府任命，村长由村民民主选举产生。

【司法体制】文莱司法体系以英国习惯法为基础。一般刑事案件在推事庭或中级法院审理，较严重的案件由高级法院审理。最高法院由上诉法院和高级法院组成。最高法院首席大法官基弗拉维（Dato Paduka Haji KIFRAWI）。文莱民事案件最终可上诉至英国枢密院。此外还设有伊斯兰教法院审理穆斯林的宗教案件。宗教法院首席法官为佩欣·达图·阿卜杜勒·哈密德（Pehin Dato ABDUL HAMID）。总检察长基弗拉维。

【政党】1985年5月30日，苏丹宣布允许政党注册，随后出现了文莱国家民主党和文莱国家团结党。1988年文政府将国家民主党取缔，现仅存文莱国家团结党。另有国民觉醒党和国民进步党两个小党。

文莱国家团结党（Brunei United National Party）：1986年2月从国家民主党脱离而成，自称是多元民族政党，支持君主制，主张建立一个民主的马来伊斯兰君主国，要求恢复议会选举。现任党主席穆罕默德·哈塔（Awang Haji MOHD HATTA）。该党党员总数不到100人，自成立以来很少活动，影响不大。该党忠于苏丹王室统治，配合政府推行的政策，在必要的时候作为民间力量出来支持政府。

【重要人物】苏丹·哈吉·哈桑纳尔·博尔基亚：苏丹、国家元首、首相兼国防部长、财政部长。1946年7月15日生于斯里巴加湾市。幼年在国内受宫廷教育，1959年就读于吉隆坡维多利亚学院（中学）。1961年被封为王储。1966年在英国皇家圣赫斯特陆军学院受训，获上尉军衔。1967年10月5日在其父退位后继任第29世苏丹，翌年8月1日加冕。1984年独立时任国家元首兼首相、财政部长和内政部长。1986年10月改兼任首相和国防部长。1997年2月杰弗里亲王辞职后重新兼任财政部长。苏丹还担任武装部队总司令，并掌握立法大权。　**阿尔穆塔迪·比拉王储：**系苏丹与苏丹后长子。1974年2月17日出生于斯里巴加湾市。曾在文莱大学和英国牛津大学学习伊斯兰教、文莱历史、政治、经济、文化和外交课程，后到文莱政府部门和企业广泛学习，以了解文莱国情和政府部门运作，培养治国能力。1998年8月被封为王储。2004年3月被封为皇家武装部队四星上将。2004年7月与王室宗亲之女萨拉完婚。2005年5月被任命为文莱皇家警察部队副总督察，同年5月内阁改组时被任命为首相府高级部长。　**穆罕默德·博尔基亚亲王：**外交和贸易部长。1947年8月27日生于斯里巴加湾市，系苏丹大弟。1960年赴吉隆坡维多利亚学院学习，1964年返文莱，就读于赛福鼎学院。1965至1967年在英国皇家圣赫斯特陆军学院受训。1971年在伦敦加入爱尔兰卫队，后到英国国防部工作。1984年担任外交部长至今。现兼任文莱皇室继承与册封委员会和国家经济发展理事会主席。

经　济

文莱是东南亚主要产油国和世界主要液化天然气生产国。石油和天然气的生产和出口是国民经济的支柱，约占国内生产总值的67%和出口总收入的96%。近年来侧重油气产品深度开发和港口扩建等基础设施建设，积极吸引外资，促进经济向多元化方向发展。经过多年努力，文莱非油气产业占GDP的比重逐渐上升，特别是建筑业发展较快，成为仅次于油气工业的重要产业。服装业亦有较大发展，已成为继油气业之后的第二大出口收入来源。文莱经济发展中存在的主要问题是国内市场狭小、基础设施薄弱以及技术和人才短缺等。

1997年发生的亚洲金融危机对文莱经济造成冲击，为振兴经济，文政府设立国家经济发展理事会，一方面增加对基础设施和信息产业等的投入，鼓励中小型企业发展和增加私人投资，另一方面加大招商引资力度，吸引国际社会支持和参与文港口、工业园区建设规划等。非油产业对GDP的贡献在增长。2008年1月，文莱政府宣布启动“文莱2035宏愿”，计划拨出95亿文元，大力发展旅游业，改善交通和通讯基础设施，实现经济持续发展，争取使国民人均收入进入世界前十名。2008年文主要经济数据如下（资料来源：文莱首相府经济计划发展局统计公报）：

国内生产总值：140.3亿美元。

国内生产总值增长率：-1.9%。

人均国内生产总值：3.6万美元。

货币名称：文莱元。

汇率：1美元=1.39文莱元（2010年7月）；与新加坡元实行1:1汇率挂钩。

失业率：3.7%。

【资源】文莱油气资源丰富。截至2008年底，文莱声誉石油探明储量约1亿吨，天然气剩余可储采量3500亿立方米。有11个森林保护区，面积为2277平方公里，占国土面积的39%，86%的森林保护区为原始森林。

【工业】以石油、天然气开采和提炼为主，建筑业是新兴的第二大产业，其他还有食品加工、家具制造、陶瓷、水泥、纺织等。近年石油和天然气日产量如下：

	2005	2006	2007
石油（万桶）	20.1	21.9	19.4
天然气（亿立方英尺）	11.85	12.5	12.15

（资料来源：文莱首相府经济计划发展局统计公报）

【农业】随着20世纪70年代油气和公共服务业的发展，很多人弃农转业，传统农业受到冲击，现仅种植少量水稻、橡胶、胡椒和椰子、木瓜等热带水果，农业在国民生产总值中仅占1%左右。近年来，文莱大力扶持以养鸡业为主的家禽饲养业，鸡肉已能90%自给，鸡蛋实现完全自给。主要作物产量如下：（单位：吨）

	2005	2006	2007
稻米	851	886.2	982.9
蔬菜	10710	95181	9792.7
水果	4793	3766.1	4372.3

（资料来源：同上）

【旅游业】旅游业是文莱近年来除油气业外大力发展的又一产业。文政府采取多项鼓励措施吸引海外游客赴文旅游，主要旅游景点有独具民族特色的水村、王室陈列馆、赛福鼎清真寺、杰鲁东公园等。2007年截至11月底，入境文莱的旅客达到17.6万人次，旅游对GDP的贡献为11%。2000年，文莱成为中国公民自费出国旅游目的地国。据中方统计，2009年中国公民首站赴文1817人，文莱到中国游客7538人。

【交通运输】公路：2007年总长为3773.7公里。截至2004年4月，共有注册汽车224110辆，其中私人轿车192127辆，货车17967辆，摩托车7251辆。2007年新增注册汽车15640辆，其中私人轿车13322辆，货车333辆，摩托车1337辆。

水运：水运是重要的运输渠道。穆阿拉深水港是主要港口，此外还有斯里巴加湾市港、马来弈港等。另有诗里亚港和卢穆港等，主要供出口石油和液化天然气使用。与新加坡、马来西亚、香港、泰国、菲律宾、印尼和中国台湾有定期货运航班。2007年共有各类注册船只262艘。2007年各港口共装卸货物104.05万吨。2008年1~6月份装卸货物48.12万吨。

空运：首都斯里巴加湾市有国际机场。文莱皇家航空公司有10架客机，开辟了26条国际航线。2007年客运量118.41万人次，货运量20843.2吨；空运邮件量306.8吨。2008年1~6月份客运量61.05万人次，货运量10000.2吨；空运邮件量148.6吨。

【财政金融】国家财政收入主要依赖石油和天然气出口。政府近年收支情况如下（单位：亿文莱元）：

	2005/2006	2006/2007	2007/2008
收入	84.4108	91.8765	96.4572
支出	50.9641	52.7299	56.0137
盈余	33.447	39.147	40.444

2009/2010财年财政预算为49.8亿文元（约合32.549亿美元）。

（资料来源：文莱首相府经济计划发展局统计公报）

官方外汇储备约300亿美元，无外债。全国有8家银行。

【对外贸易】主要出口原油、石油产品和液化天然气，进口机器和运输设备、工业品、食物、药品等。主要贸易对象为日本、东盟国家、韩国、澳大利亚、中国等。近几年外贸情况如下（单位：亿文莱元）：

	2005	2006	2007
出口额	103.973	121.171	115.564
进口额	24.81	26.585	31.66
差　额	79.163	94.586	83.904

（资料来源：同上）

【外国资本】2008年，文吸引外国直接投资3.35亿文元。其中来自英国、荷兰的资本占96.6%。矿产行业是外资主要投资领域，占94.2%。近年来，文与东盟国家和香港合资兴建了几家饮料厂和服装厂。

人民生活

国家不征收个人所得税，实行医疗保健和各级教育免费制度。2007年，全国共有5所医院，其他医疗中心和诊所51家，1068张病床。人均寿命男75.2岁，女77.8岁。人口出生率16.2‰，死亡率3‰，自然增长率13.2‰。每100人拥有电话20.4部，互联网用户约19980个。累计手机用户397013户。

军　事

1961年5月31日建立文莱皇家军团，军队指挥权曾长期由英国人控制。1984年完全独立后，改称文莱皇家武装部队，苏丹任最高统帅兼国防部长，拥有对军队的管理和指挥权。武装部队司令阿米努丁少将（Major General Haji AMINUDDIN），2003年3月上任。实行志愿兵役制。

现有总兵力约7000人，其中陆军约4000人，海军700人，空军1300人。另有1000人的廓尔喀预备部队（尼泊尔雇佣军）以及4000人的皇家警察部队。廓尔喀预备部队驻守石油城诗里亚，由英国人指挥，主要任务是保卫王室和诗里亚的安全。

文化教育

【教育】政府实行免费教育，并资助留学费用，但华文学校费用由私人负担。9岁以上人口识字率93.7%。2008年各类学校数目、学生及教师人数统计如下：

	数目	学生	教师
幼儿园、小学	208	57902	4232
普通中学	34	43857	3981
职业技术校	13	2998	508
师范学校	1	435	38
大专学院	1	785	109
大学	2	3797	406

（资料来源：同上）

【新闻出版】文莱新闻社是文唯一官方新闻机构，创建于1959年。主要报纸：《婆罗洲公报》，日报（英、马来文），日发行量7万份；《文莱灯塔报》，周报（马来文），每周三出版，发行4.5万份；马来西亚中文日报《美里日报》、《诗华日报》、《国际时报》和《星洲日报》设有文莱新闻版，在文发行。

文莱广播电视台创建于1957年5月，以马来语、英语、华语和尼泊尔语播音。在马来奕区还设有一个专门为英国廓尔喀部队广播的英国军队广播服务台。电视台从1975年起开设彩色电视频道，播放马来文和英文节目。

对外关系

奉行不结盟和同各国友好的外交政策。主张国家无论大小、强弱，都应相互尊重。1984 年2月24 日加入联合国，重视联合国作用。1984 年 1 月 7 日成为东盟第六个成员国，与东盟各国关系密切。视东盟为外交基石，主张通过东盟实现地区稳定、繁荣与团结。2006 年 7 月至 2009 年 7 月任中国—东盟关系协调国。系亚太经济合作组织（APEC）和亚欧会议成员（ASEM），重视维护地区和平、安全与稳定，对区域性经济合作持积极态度，主张各国实行贸易、投资自由化和开展经济技术合作。认为近年来国际形势的变化对国际关系产生了深刻影响，联合国和地区组织应在维护和平、保持稳定和促进发展中发挥作用。支持联合国改革，希望通过改革加强联合国的地位和作用，提高联合国的效率和活力，认为安理会改革应多倾听中小发展中国家的声音，增加发展中国家的代表性。重视同中国、美国、日本等大国关系。积极发展同伊斯兰国家间的关系，是伊斯兰会议组织成员国。系英联邦和不结盟运动等国际组织成员国。1993 年 12 月 9 日加入关贸总协定，1994 年 4 月 15 日成为世界贸易组织成员国。

近年来，文积极参与地区和国际事务。2000 年，成功主办了第八次亚太经济合作组织领导人非正式会议。2001 年成功主办了第七次东盟领导人会议和第五次东盟与中、日、韩 10 + 3 领导人会议。2002 年成功主办了第九次东盟地区论坛（ARF）外长会。

共与 153 个国家建立外交关系，在 32 个国家设有使领馆或高级专员署（英联邦国家对使馆的称谓）。

【同中国的关系】 中国与文莱于 1991 年 9 月 30 日建交。1993 年10月和12 月，文、中两国先后在对方首都设立使馆，并互派常驻大使。建交以来，两国关系稳步发展。双方高层接触频繁，各领域友好交流与合作不断扩大。

当前，中文关系已进入全面发展的新时期。两国高层交往频繁，在经贸、文化、教育、旅游、军事等领域的合作成效显著，在国际和地区事务中保持良好的协调与配合。

2009 年以来，中文关系继续保持良好发展势头。1 月，中国全国人大常委会副委员长周铁农访文。5 月，文莱工业与初级资源部部长叶海亚访华。8 月、12 月，文莱外交与贸易部第二部长林玉成访华。9 月，中央政治局委员、中共天津市委书记张高丽过境文莱，会见了文外交和贸易部长穆罕默德亲王。9 月，文莱国防部副部长亚斯敏访华。10 月，文莱工业与初级资源部部长叶海亚赴南宁出席第六届中国—东盟博览会和中国—东盟商务与投资峰会。2010 年 1 月，戴秉国国务委员访文。5 月，文莱外交和贸易部长穆罕默德亲王出席上海世博会文莱国家馆日活动。

两国经贸合作进一步拓展。2009 年 5 月，农业部同文莱工业与初级资源部签署两国农业合作谅解备忘录。11 月，广西玉林旺旺大农牧公司与文莱农业科技发展公司签署关于水稻种植项目的合作协议，广东省海洋渔业局与文莱渔业局签署关于渔业养殖项目的谅解备忘录。双方在军事、教育、文化等领域的交流与合作继续扩大。2009 年 2 月，中国人民解放军副总参谋长葛振峰访文。8 月，中国人民解放军海军南海舰队司令员苏支前少将访文，并率“广州”号导弹驱逐舰出席文莱第二届国际防务展。2010 年 3 月，文莱皇家航空公司重开斯里巴加湾至上海航线。

2009 年中文贸易额 4.2 亿美元，增长 93.5%。其中中方出口 1.4 亿美元，增长 8.4%，进口 2.8 亿美元，增长 217.5%。2010 年 1～5 月，中文贸易额 4.6 亿美元，同比增长 574.7%。其中中方出口 0.87 亿美元，增长 66.7%，进口 3.73 亿美元，增长 2226.2%。

中国驻文莱大使：闵永年。馆址：Embassy of the People's Republic of China，No.1，Simpang 462，Kampung Sungai Hanching Baru，Jalan Muara，BC 2115，Negara Brunei Darussalam. 电话：673 - 2 - 341034、336077（商务）。传真：2344703、335163（商务）。

文莱驻华大使：张慈祥（TEO CHEE SIONG Magdalene）。馆址：北京市朝阳区亮马桥北街 1 号，邮编：100600。电话：010 - 65329773，65329776，65324093。传真：65324097。

【同英国的关系】 文莱独立前长期为英国的保护国，至今两国仍保持着密切的政治、军事、经济、司法联系。英国帮助文莱培训高级军官，并供应武器装备。1995 年 1 月，文、英双方签署新的司法安排协议，规定自 1995 年 1 月 31 日起，文上诉法庭将成为刑事案件的终审庭，但仍将允许民事案件上诉到英国枢密院。文莱赴英留学人员逐年上升，2007 年为 1315 名。2009 年 1 月，文莱首相府能源部长穆罕默德、外交与贸易部第二部长林玉成和国防部副部长亚斯敏访英。6 月，文莱苏丹哈桑纳尔访英，英国国际防务与安全大臣泰勒访文。

【同美国的关系】 文莱重视与美国的关系，1984 年独立后即与美建交，并于同年 2 月 9 日派出首任驻美大使。两国关系良好，1994 年开始互免签证。双方军事关系密切。1984 年两国海军开始联合演习。1994 年 11 月，双方签订国防合作谅解备忘录。2009 年 1 月，苏丹哈桑纳尔电贺奥巴马就任美国总统，表示愿与奥一道推动两国关系进一步发展。8 月，文、美海军举行联合军演。

【同日本的关系】 两国于 1984 年 4 月建交，双边关系密切。日本是文莱的最大经贸合作伙伴，是文莱石油和天然气的主要出口市场。2004 年两国贸易额为 21 亿美元。日向文出口汽车与机械产品，文向日出口石油和天然气。日军舰分别于 1999 年、2001 年、2003 年、2005 年和 2007 年访文。2006 年 6 月，文、日两国在东京开始首轮自由贸易谈判。2008 年 7 月，文莱—日本自由贸易区协定正式生效。2009 年 1 月，文莱外交与贸易部长穆罕默德亲王访日，双方签署《避免双重征税协定》。11 月，文莱外交与贸易部长穆罕默德亲王访日。

【同澳大利亚的关系】1984 年建交，两国关系良好。澳系文第三大贸易国，2004 年贸易总额达 6.5 亿美元。澳主要向文出口汽车、电器和建筑材料、食品、牛羊肉、加工肉食品、水果、蔬菜，文莱向澳出口石油、天然气。两国在军事领域的合作不断加强。1985 年，两国签订防务合作协议。1998 年 9 月，签署联合军事演习备忘录。1999 年 5 月，澳武装部队司令访文，与文签署国防合作谅解备忘录。2008 年 5 月，文澳警方签署合作谅解备忘录。

【同韩国的关系】1983 年韩在文设立领事馆，1984 年文独立后设使馆。韩是文第二大贸易国和油气出口国，2004 年贸易额为 7.1 亿美元。2008 年 7 月，文韩签署邮政合作谅解备忘录。2009 年 5 月，文莱苏丹会见来访的韩国总统特使。6 月，文莱苏丹出席在济州岛举行的东盟—韩国纪念峰会并与李明博总统举行双边会晤。

【同俄罗斯的关系】两国于 1991 年建交，关系发展平稳。1998 年 4 月两国签署航空协定，12 月文在莫斯科开设使馆。2005 年 6 月，苏丹访俄，两国元首一致表示要加强在能源、贸易、投资和军事上的合作。2009 年 10 月，文莱苏丹哈桑纳尔访问俄罗斯。

【同东盟各国关系】文莱系东盟成员国，与东盟其他各国均互设大使馆或高专署，关系密切，来往甚多。与新加坡联系最为密切，两国货币等值流通。文为新提供军事训练基地，新帮助文训练军官。与马来西亚和印尼同文同种同宗教，经济、文化往来密切，印尼、马两国还帮助文莱训练行政和军事人员。2009 年 3 月，文莱与马来西亚签署解决两国陆海争议的换文。与菲律宾和泰国保持友好往来，关系良好。与越南、老挝、柬埔寨和缅甸等东盟新成员的来往和交流逐渐增多。

2009 年 1 月，文莱苏丹哈桑纳尔访问菲律宾。文莱王储比拉访问新加坡。2 月，文莱苏丹哈桑纳尔访问马来西亚东马。新加坡内阁资政李光耀访文。3 月，菲律宾农业部长黄严辉、新加坡外长杨荣文、马来西亚总理巴达维和泰国三军总参谋长颂吉迪上将先后访文。3 月，文莱—印尼友好协会成立。4 月，马来西亚总理纳吉布访文。文莱工业与初级资源部部长叶海亚访问菲律宾，双方签署《农业合作谅解备忘录》。印尼农业部长阿里亚托访文。5 月，马来西亚武装部队总司令阿齐兹上将访文。6 月，泰国空军司令伊塔蓬访文。7 月，泰国国会议长、下议院议长荣育·迪亚拜拉访文。8 月，马来西亚总理纳吉布访文，两国举行第十三次年度磋商。10 月，文莱苏丹哈桑纳尔先后出席印尼总统苏希洛就职典礼和马来西亚森美兰州最高统治者穆赫里兹的加冕仪式。11 月，文莱皇家武装部队司令哈尔比少将访问新加坡。印尼外长马尔迪访文。12 月，文莱苏丹出席在马来西亚兰卡威举行的国际海洋与航空展和在印尼举行的巴厘民主论坛开幕式。

【同其他国家关系】2009 年 1 月，文莱内政部长阿德南访问德国。2 月，文莱卫生部与阿曼卫生部签署合作谅解备忘录。3 月，第八届文莱、法国联合防务工作委员会会议在文莱召开。4 月，文莱苏丹哈桑纳尔访问科威特和阿曼。5 月，斯里兰卡劳工部长席尔瓦访文。6 月，阿联酋外长阿卜杜拉访文。阿曼国民经济大臣兼国家财政与能源委员会副主席艾哈迈德访文。7 月，加拿大国际贸易部长斯托克韦尔访文。8 月，约旦国王阿卜杜拉二世访文。9 月，阿曼武装部队参谋长哈希尔中将访文。12 月，塔吉克斯坦外长扎里菲访文。

（花烨）

乌兹别克斯坦

国名　乌兹别克斯坦共和国（The Republic of Uzbekistan，Республика Узбекистан）。

面积　44.74 万平方公里。

人口　2809.6 万（2010 年 4 月 1 日）。共有 130 多个民族。乌兹别克族占 80%，俄罗斯族占 5.5%，塔吉克族占 4%，哈萨克族占 3%，卡拉卡尔帕克族占 2.5%，鞑靼族占 1.5%，吉尔吉斯族占 1%，朝鲜族占 0.7%。此外，还有土库曼、乌克兰、维吾尔、亚美尼亚、土耳其、白俄罗斯族等。乌兹别克语为官方语言，俄语为通用语。主要宗教为伊斯兰教，属逊尼派，其次为东正教。

首都　塔什干（Tashkent，Ташкент）。常住人口

220.6万（2009年1月1日）。1月平均气温0℃，7月平均气温28℃。

国家元首 总统伊斯拉姆·阿卜杜加尼耶维奇·卡里莫夫（Ислам Абдуганиевич Каримов），1991年12月29日在全民选举中当选独立后首任乌兹别克斯坦总统。1995年3月26日全民公决决定将其总统任期自1997年延至1999年底。在2000年1月9日举行的总统大选中，卡以91.9%的得票率再次当选总统。2002年1月27日，乌举行全民公决，决定将乌总统任期由5年延长为7年。2007年12月23日，卡以88.1%的高票再次当选总统。2008年1月16日宣誓就职。

重要节日 新年：1月1日；古尔邦节：2月11日；纳乌鲁斯节（乌兹别克春节）：3月21日；纪念和荣誉日（原胜利日）：5月9日；独立日：9月1日；宪法日：12月8日。

简况

位于中亚腹地的“双内陆国”，其五个邻国均无出海口。南靠阿富汗，北部和东北与哈萨克斯坦接壤，东、东南与吉尔吉斯斯坦和塔吉克斯坦相连，西与土库曼斯坦毗邻。属严重干旱的大陆性气候，7月平均气温25℃～32℃，1月平均气温-6℃～-3℃。

9～11世纪，乌兹别克民族形成。13世纪被蒙古人征服。14世纪中叶，阿米尔·帖木儿建立以撒马尔罕为首都的庞大帝国。16～18世纪，建立布哈拉汗国、希瓦汗国和浩罕国。19世纪60～70年代，部分领土（现撒马尔罕州和费尔干纳州）并入俄罗斯。1917～1918年建立苏维埃政权，1924年10月成立乌兹别克苏维埃社会主义共和国并加入苏联。1991年8月31日宣布独立，定9月1日为独立日。

政治

独立之始，卡里莫夫总统提出按“乌兹别克斯坦发展模式”建设国家的“五项原则”：经济优先，国家调控，法律至上，循序渐进，社会保障。在该“五项原则”指导下，乌致力于复兴民族精神和宗教传统，提高社会宽容度、增进族际互容，对弱势阶层和群体实施社会保障。同时，卡里莫夫总统提出乌面临的七大威胁：地区冲突、宗教极端主义、大国沙文主义、民族矛盾、贪污腐败、地方主义和生态问题，将保障国家安全作为国家主要任务之一。

2009年乌独立第18年，也是乌“发展和治理农村年”。乌政治经济形势总体稳定，政府采取多项措施维护农村居民利益，完善农村基础设施，改善医疗教育条件，提高人民生活水平，取得一定成效。

【宪法】1992年12月8日通过第一部宪法，规定乌是主权、民主国家，实行立法、行政、司法分立；总统为国家元首、内阁主席、武装部队最高统帅，每届任期七年，连任不得超过两届；经济以多种所有制为基础。

【议会】称最高会议，是行使立法权的国家最高代表机关。乌最高会议为两院制议会，由参议院和立法院组成。

参议院为上院，由100名议员组成。其中84名参议员以不记名方式在卡拉卡尔帕克斯坦共和国、12个州和塔什干市（每地6名）选出。其他16名参议员由乌总统在科学、艺术、文学、生产等领域有杰出贡献的乌公民中选任。参议院议员须满25周岁，在乌生活不少于5年。参议院议员为兼职，不能同时担任立法院议员。每届参议院任期为5年。参议院工作的主要组织形式为召开会议，每年不少于3次。

参议院设主席1人、副主席2人（其中1人是卡拉卡尔帕克斯坦共和国的代表），下设办公厅、预算和经济改革委员会、立法和司法问题委员会、国防安全委员会、对外政策委员会、科教文体委员会、农业、水利及生态委员会。

2010年1月22日，卡里莫夫总统签署命令，任命16名参议院议员。1月25～26日，乌举行最高会议参议院选举，产生84名参议院议员。参议院有权选举本院主席及副主席、各委员会主席及副主席，按总统提名选举宪法法院成员、最高法院成员、最高经济法院成员，按总统提名任命或罢免国家环境保护委员会主席，批准总统关于任命和罢免总检察长、副总检察长、国家安全总局局长的命令，按总统提议任命或罢免乌驻外外交及其他代表，按总统提议任命或罢免国家银行行长，按总统提议颁布大赦令，按总检察长提议剥夺参议院成员的豁免权，听取总检察长、国家环境保护委员会主席、国家银行行长的工作报告，通过有关乌政治、经济、内政、外交问题决议。

立法院为下院，由150名议员组成，在多党制基础上由各选区选举产生。每届立法院任期为5年。立法院议员不能从事除科学和教育之外的赢利性职业。立法院主要从事立法工作，有权解决涉及立法院工作有关问题及其他乌内政、外交问题，并按照乌总检察长的建议剥夺立法院议员豁免权。2009年12月27日和2010年1月10日，乌分别举行了新一届最高会议立法院选举的第一轮和第二轮投票，共产生135名立法院议员，其中自由民主党议员团53人、人民民主党议员团32人、“民族复兴”民主党议员团31人、“公正”社会民主党议员团19人。乌生态运动根据选举立法规定，推荐15人直接进入立法院。

立法院设主席1人、副主席4人（分别由4个议员团领导人担任），下设办公厅、预算和经济改革委员会、立法和司法问题委员会、劳动和社会问题委员会、国防安全委员会、国际事务与议会间交往委员会、工业建筑和贸易委员会、农业水利委员会、科教文体委员会、民主体制、非政府组织和公民自治机构委员会、信息与通信技术委员会。

2010年1月，伊尔吉扎尔·马佳库博维奇·萨比罗夫（Илгизар Матякубович САБИРОВ）再次当选为参议院主席。基洛拉姆·塔什穆哈梅多娃（Дилорам ТАШМУХАМЕДОВА，女）再次当选为立法院主席。

【政府】称内阁。内阁由乌兹别克斯坦共和国总理、副总理、各部部长及各国家委员会主席组成。根据乌宪法第98条规定，卡拉卡尔帕克斯坦共和国内阁主席进入乌兹别克斯坦共和国内阁担任相关职务。本届政府于2010年3月4日组成，现设1名总理，1名第一副总理，7名副总理，14个部，9个委员会。内阁成员包括：总理沙夫卡特·米罗莫诺维奇·米尔济约耶夫（Шавкат Миромонович МИРЗИЁЕВ），第一副总理兼财政部长鲁斯塔姆·萨德科维奇·阿济莫夫（Рустам Садыкович АЗИМОВ），副总理埃尔加什·拉赫马图拉耶维奇·沙伊斯玛托夫（Эргаш Рахматуллаевич ШОИСМАТОВ），副总理兼乌汽车工业股份有限公司董事长乌卢格别克·乌拜杜拉耶维奇·罗祖库洛夫（Улугбек Убейдуллаевич РОЗУКУЛОВ），副总理兼建设委员会主席巴特尔·阿萨吉拉耶维奇·霍扎耶夫（Батыр Асадиллаевич ХОДЖАЕВ），副总理阿卜杜拉·尼格马托维奇·阿里波夫（Абудулла Нигматович АРИПОВ），副总理兼对外联系、投资和贸易部长埃廖尔·马吉多维奇·加尼耶夫（Элёр Маджидович ГАНИЕВ），副总理兼妇女委员会主席法丽达·沙拉希莫夫娜·阿克巴罗娃（Фарида Шарахимова АКБАРОВА，女）；经济部长苏那图拉·胡萨诺维奇·别克诺夫（Сунатулла Хусанович БЕКЕНОВ），农业水利部部长扎法尔·沙拉波维奇·鲁济耶夫（Зафар Шаропович РУЗИЕВ），劳动和居民就业保障部代理部长阿克塔姆·阿赫玛托维奇·哈伊托夫（и. о. Актам Ахматович ХАИТОВ），卫生部长阿德哈姆·伊里哈莫维奇·伊克拉莫夫（Адхам Ильхамович ИКРАМОВ），文化和体育部长安瓦尔·朱马尼亚佐维奇·扎巴罗夫（Анвар Джуманиязович ДЖАББАРОВ），国防部长卡布尔·赖依莫维奇·别尔季耶夫（Кобул Раимович БЕРДИЕВ），内务部长巴霍季尔·艾哈迈多维奇·马特柳波夫（Баходыр Ахмедович МАТЛЮБОВ），外交部长弗拉基米尔·伊马莫维奇·诺罗夫（Владимир Имамович НОРОВ），司法部长拉夫山·阿卜杜拉季福维奇·穆希特吉诺夫（Равшан Абдулатифович МУХИТДИНОВ），高等与中等专门教育部长巴霍季尔·尤努索维奇·霍季耶夫（Баходир Юнусович ХОДИЕВ），人民教育部长阿瓦容·拉希莫维奇·马拉希莫夫（Авазжон Рахимович МАРАХИМОВ），紧急状态部部长图尔辛汉·阿伊达罗维奇·胡达伊别尔格诺夫（Турсинхан Айдарович ХУДАЙБЕРГЕНОВ），国家税务委员会主席博吉尔·拉赫马托维奇·帕尔皮耶夫（Ботир Рахмативич ПАРПИЕВ），国家海关委员会主席索吉尔洪·霍尔霍德扎耶维奇·纳西罗夫（Содирхон Холходжаевич НАСЫРОВ），国家土地资源、大地测量、制图和国家地理资料委员会主席赛德库尔·阿米罗维奇·阿拉博夫（Саидкул Амирович АРАБОВ），国家统计委主席博吉尔·埃什博耶维奇·图拉耶夫（Ботир Эшбоевич ТУРАЕВ），国家反垄断和发展竞争委员会代理主席扎洪吉尔·戈夫罗维奇·伊斯马伊洛夫（Жахонгир Гофурович ИСМАИЛОВ），国有资产管理委员会代理主席阿齐兹·阿布拉卡哈罗维奇·阿布杜哈基莫夫（Азиз Абдукаххарович АБДУХАКИМОВ），地质矿产委员会代理主席伊尔霍姆博·别克恰诺维奇·图拉穆拉托夫（и. о. Илхомбой Бекчанович ТУРАМУРАТОВ），环保委员会主席纳里曼·马吉多维奇·乌玛罗夫（Нариман Маджидович УМАРОВ）。

【行政区划】全国共划分为1个自治共和国、12个州和1个直辖市。

【司法机构】由宪法法院、最高法院、最高经济法院、军事法院和检察院组成。宪法法院副院长巴赫季约尔·沙姆斯丁诺维奇·米尔巴巴耶夫（Бахтиер Шамсутдинович МИРБАБАЕВ，院长空缺）；最高法院院长布尔多什·穆斯达法耶夫（Буритош МУСТАФАЕВ）；最高经济法院院长季尔穆拉德·阿赫马杜拉耶维奇·米尔扎卡里莫夫（Дилмурад Ахмадуллаевич МИРЗАКАРИМОВ）；军事法院院长空缺；总检察长拉希特容·哈米多维奇·卡德罗夫（Рашитжон Хамидович КАДЫРОВ）。

【政党】1996年12月颁布《政党法》。现经登记的政党有四个。

（1）人民民主党（Народная Демократическая Партия）：1991年11月1日成立，创始人为卡里莫夫总统。该党在议会立法院中占32个席位。1996年6月卡里莫夫辞去该党主席职务，并退党。该党宗旨：建立公正社会，巩固国家政治体制、经济独立，维护族际间和睦，改善劳动者的物质和文化生活状况，保护人权。现任主席拉吉夫·古里亚莫夫（Латив Екубович ГУЛЯМОВ），《乌兹别克斯坦之声报》为党报。

（2）自由民主党（Либерально-демократическая Партия）：2003年11月15日成立，主要为乌企业家和实业界人士。该党在议会中占53个席位。党的宗旨和任务是：积极参与乌国家、社会体制的改革与发展进程，促进乌政治、经济、社会和精神生活自由民主化，在民主基础上进一步完善国家和社会体制，深化经济改革，切实保护公民、企业家和商人的自由及合法权益。现任党主席为穆哈马尤素夫·穆塔利布扎诺维奇·捷沙巴耶夫（Мухаммадюсуф Муталибжанович ТЕШАБАЕВ），机关报为《二十一世纪》。

（3）“民族复兴”民主党（Демократическая Партия“Миллий Тикланиш”）：由“民族复兴”民主党和“自我牺牲者”民族民主党于2008年6月合并而成。该党在议会中占31个席位。党的宗旨：提高全民民族意识，培养民众特别是青年一代的民族自豪感和爱国主义精神，团结所有爱国人士提高乌国际威望，不惜一切代价捍卫国家独立和价值观，反对任何损害乌利益的企图。现任党主席阿赫塔姆·萨洛莫维奇·图尔苏诺夫（Ахтам Саломович ТУРСУНОВ），《民族复兴报》为党报。

（4）“公正”社会民主党（Социально-Демократическая Партия “Адолат”）：1995年2月18日成立。该党在议会中占19个席位。党的宗旨：建立符合各民族利益的法制国家，巩固社会公正原则，保护人权。现任党主席伊斯马伊尔·赛夫那扎罗夫（Исмаил Саифназаров）。

【重要人物】伊斯拉姆·阿卜杜加尼耶维奇·卡里莫夫：总统。1938年1月生于撒马尔罕市，乌兹别克族。经济学博士。毕业于中亚工业学院和塔什干国民经济学院。长期在工业和计划系统工作。1983年起任共和国财政部长。1986年12月当选为乌共卡什卡达里亚州委第一书记。1989年6月起任乌共中央第一书记，并当选为苏联人民代表。1990年3月24日在乌兹别克苏维埃社会主义共和国最高苏维埃会议上当选为总统。1991年12月29日当选乌独立后首任总统。1995年3月26日全民公决将任期延至1999年底。2000年1月9日，以91.9%的得票率蝉联总统。2002年1月27日，乌举行全民公决，决定将总统任期由5年延长为7年。2007年12月23日，卡以88.1%的高票再次当选总统。2008年1月16日宣誓就职。　**伊尔吉扎尔·马加库博维奇·萨比罗夫**：最高会议参议院主席。1959年2月生。乌兹别克族。1986年毕业于塔什干国立大学法律系。法学副博士。1980年服兵役。1986～1994年先后在塔什干政法学院和乌科学院哲学法律研究所工作，曾任讲师、副院长、研究员等职。1994～2000年，先后在乌最高法院、最高经济法院和花拉子模州司法局工作。2000～2003年当选第二届最高会议议员，先后担任国防和安全委员会副主席、立法和司法委员会主席等职。2005年，再次当选最高会议参议员，并担任参议院国防和安全委员会主席。2006年2月，当选最高会议参议院议长。2010年1月再度当选。　**基洛拉姆·嘉芙德扎诺夫娜·塔什穆哈梅多娃**：最高会议立法院主席。1962年出生，乌兹别克族。1984年毕业于塔什干国立医学院。1993年获得医学副博士学历。2003年毕业于乌兹别克斯坦总统国家社会建筑科学院国际关系和对外经济系，取得国际关系硕士学位。2001～2004年为乌兹别克斯坦共和国最高会议议员。2004年当选为乌最高会议立法院议员。2005年当选为公正社会民主党政治理事会第一书记和议会党团领导人。2007年7月当选为最高会议立法院副议长。2007年12月参加乌总统选举。2010年1月，塔再度当选为最高会议立法院主席。　**沙夫卡特·米罗莫诺维奇·米尔济约耶夫**：总理。1957年7月24日生于吉扎克州，乌兹别克族，乌议会议员，无党派人士。1981年毕业于塔什干农业水利机械工程学院，机械工程师，技术学副博士。1981～1992年在塔什干农业水利机械工程学院工作，历任青年委员会书记、党委书记等职。1992～1996年任塔什干米尔佐—兀鲁伯区区长。1996～2001年任吉扎克州州长。2001年9月起任撒马尔罕州州长。2003年12月10日被任命为乌总理。2005年2月被任命为总理。2010年3月再度被任命为总理。

经　济

自然资源丰富，是世界上重要的棉花、黄金产地之一。国民经济支柱产业是“四金”：黄金、“白金”（棉花）、“乌金”（石油）、“蓝金”（天然气）。但经济结构单一，制造业和加工业落后，原苏时期是工业原料和农牧业产品供应地。

近年来，乌分阶段、稳步推进市场经济改革，实行“进口改造替代”和“出口导向”经济发展战略，同时对国有企业进行私有化和非国有化，积极吸引外资，大力发展中、小企业，逐步实现能源和粮食自给，基本保持了宏观经济和金融形势的稳定，经济实现较快发展。

2009年乌经济稳步增长，国内生产总值增长8.1%，工业增长9%，消费品生产增长13.9%，农业增长5.7%，服务业增长12.9%。2009年国家预算盈余占国内生产总值的0.2%。年平均工资增长40%，居民实际可支配收入增长26.5%。国内投资环境改善，引进外资总额明显提升，外国直接投资增长达68%。2009年主要经济数据如下（资料来源：乌兹别克斯坦国家统计委员会）：

国内生产总值：480970亿苏姆（约307亿美元）。

人均国民生产总值：约1095美元。

国内生产总值增长率：8.1%。

货币名称：苏姆（сум）。

汇率（2010年5月）：1美元＝1566.4苏姆。

通货膨胀率：7.4%。

失业率：3%。

【资源】资源丰富，矿产资源储量总价值约为3.5万亿美元。现探明有近100种矿产品。其中，黄金储量占世界第四位，石油已探明储量为5.84亿吨，凝析油已探明储量为1.9亿吨，天然气已探明储量为2.055万亿立方米，煤储量为20亿吨，铀储量约占世界7～8位，铜、钨等矿藏也较为丰富。森林覆盖率为12%。

【工业】2009年工业总产值为280093亿苏姆，增长9%。主要部门为能源、电力、黑色和有色冶金、化工、机械制造、木材加工、建筑材料、轻纺、食品等。2009年主要工业产品产量如下：

	产值（单位：10亿苏姆）	年增长率（单位：%）
电力	2484.0	1.2
燃料	6008.9	10.3
黑色金属	684.1	8.4
有色金属	3265.2	2.6
化工及石化产品	1326.2	11
机械制造、金属加工	4541.8	17.4
林业、木材加工、造纸业	296.7	19.1
建筑材料	1325.5	8.7
轻工业	3408.4	6
食品工业	3135.8	8.2
粮食类消费品	3631.6	7
非粮食类消费品	5177.4	19.3

【农业】2009年农业总产值为126426亿苏姆，增长5.7%。棉花种植业为支柱产业，畜牧业、桑蚕业、蔬菜水果种植业等也占重要地位。独立后，粮食、棉花产量有较大增长。总耕地面积为360.85万公顷，农业人口1660万。近几年由于工业发展，农业产值在国民生产总值的比重下降。经济结构的调整导致粮食种植面积减少。2009年主要农业产品产量如下：

	产量（单位：万吨）	年增长率（单位：%）
粮食	739.16	9.8
棉花	340.2	0
马铃薯	152.45	9
蔬菜	570.47	9.3
瓜类作物	107.1	9.2
水果	154.29	10
葡萄	89.96	13.7
肉	136.77	6.2
奶	577.9	6.5
羊毛	2.50	5.1

2009年鸡蛋产量27.16亿个，同比增长11.8%；羊皮产量89.79万张，同比增长0.1%；蚕茧产量2.4吨，同比增长2.2%；家畜存栏数851.08万头，同比增长6.1%。

【服务业】2009年零售总额为164889亿苏姆，增长16.6%，服务业总产值为264558亿苏姆，同比增长16.7%。

【旅游业】全国现有4000多处历史、宗教、建筑古迹，主要集中在塔什干、撒马尔罕、布哈拉、希瓦等城市。2009年乌旅游业产值为569亿苏姆，同比增长30.4%。宾馆服务收入为866亿苏姆，同比增长12.3%。

【交通运输】主要运输方式有铁路、公路、航空。2009年客运量56.97亿人次，同比增长8.2%；货运量10.957亿吨，同比增长13.4%。

铁路：总长4300公里（2010年），2009年客运量1400万人次，增长8.2%；货运量6570万吨，同比增长4.5%。

公路：总长181000公里（2008年），2009年客运量55.757亿人次，增长8.2%；货运量9.769亿吨，同比增长18.2%。

航空：2009年客运量154.12万人次，同比增长1%；货运量14800吨，为2008年的2.5倍。

最大航空公司为乌兹别克斯坦国家航空公司。1992年1月28日成立，拥有350多架各型飞机。有70多条航线，其中国际航线45条。与世界上20多个国家和25个独联体城市通航，在国外开设40个代表处。每周定期航班40多个。塔什干—北京航线每周2个航班（周二、三）。主要机场为塔什干机场。

【财政金融】2009年国家预算盈余占国内生产总值的0.2%。全年通胀率为7.4%。自2003年10月15日实施汇率并轨后，保持本币苏姆经常项目下可自由兑换，金融市场较为稳定。

【对外贸易】鼓励对外贸易。目前乌与120多个国家有贸易关系。2009年对外贸易总额为212.096亿美元，同比增长0.1%。其中出口贸易额为117.7亿美元，同比增长2.4%；进口贸易额为94.38亿美元，同比减少2.7%。

乌主要出口能源、皮棉、黑色金属、有色金属、机械，进口机械、化工和塑料制品、粮食等。2009年同独联体国家贸易占乌对外贸易总额的37.7%，最大贸易伙伴是俄罗斯。2009年乌前十位贸易伙伴国为：俄罗斯（21.0%），中国（9.7%），瑞士（7.9%），乌克兰（7.2%），哈萨克斯坦（6.2%），韩国（5.8%），阿富汗（3.3%），土耳其（3.2%），伊朗（2.7%），德国（2.2%）。

【外国资本】外资主要用于经济结构调整和建立生产性合资企业。2009年乌吸引外资总额约合26亿美元，同比增长68%。

【著名企业】对外经济联络部直属国家对外贸易股份公司“工业产品出口公司”和“运输公司”、国家建筑材料公司、石油天然气总公司、塔什干契卡洛夫飞机制造联合体股份公司、制药工业联合体、纳沃依矿业联合体、工贸联合体、农业化学联合体、农业机械公司、机械贸易公司等。

人民生活

乌政府注重居民社会福利，实行强有力的社会保障政策，通过优惠、补贴、津贴等方式对社会弱势阶层进行救助。2009年居民收入总额达308623亿苏姆，同比增长36.4%。居民支出总额达303824亿苏姆，同比增长34.7%。

军事

1992年1月建军。总统为武装力量最高统帅。1992年2月和1995年8月分别颁布《国防法》和《武装力量学说》，2000年5月颁布新的《武装力量学说》。

目前，乌武装力量总人数为6.8万人，主要为俄式装备。实行普遍义务兵役制，军人服役期为12个月。国防军由陆军、空军、防空军、特种部队、工程部队、国民近卫军组成。有4个高等军事院校。

文化教育

【教育】 实行11年义务教育制，教育经费约占国家预算的10%。现有60多所大学，在校生近20万人，大学教师近2万多人；有450多所中等专业学校，在校生近30万人；有1万多所中小学，在校生560万人。全国各类学校教师总数46万人。有来自20多个国家的300多名留学生就读于乌各大高校。著名高校有：世界经济与外交大学、国立塔什干大学、塔什干综合技术大学、塔什干医科大学、东方学院等。

【新闻出版】 全国出版515种报纸、167种杂志。主要有：《人民言论报》，最高会议和内阁机关报；《东方真理报》，内阁机关报。

乌兹别克斯坦通讯社：国家通讯社，始建于1924年，前身为“塔斯社”分社。驻外记者主要分布在独联体国家。

乌兹别克斯坦电视台：国家电视台，始建于1956年。现有4个频道，以乌兹别克语、俄语播出节目。

塔什干广播电台：国家广播电台，建于1921年。1992年1月开始对外广播。

对外关系

对外方针是巩固国家独立、维护国家安全与稳定、发展经贸和交通合作、提高在地区和国际上的地位。

目前，共有130多个国家承认乌独立，114个国家同乌建交，在塔什干有42个外国使馆、1个总领事馆、9个名誉领事馆、3个商务代表机构、10个国际组织代表处、5个国际金融机构代表处、50个非政府人道主义组织代表处。乌在国外设有33个使馆、10个总领事馆，在3个国际组织设有常驻代表。乌是联合国、欧洲安全与合作组织、伊斯兰会议组织、不结盟运动、上海合作组织、中亚合作组织等国际和地区组织成员，已加入国际货币基金组织、世界银行、欧洲复兴开发银行、亚洲开发银行等国际金融组织。

【同中国的关系】 1992年1月2日建交以来，两国关系发展顺利，各领域合作不断深化。2009年中乌关系继续稳定发展。4月14日，乌对外友好协会代表团赴华进行友好访问。4月18日，新疆维吾尔自治区文化厅厅长阿不力兹率团出席乌纪念著名维族学者麻赫穆德·喀什噶里诞辰1000周年学术研讨会。4月22日，国家发展与改革委员会副主任、国家能源局局长张国宝访乌。5月18日，国务委员兼公安部长孟建柱在俄罗斯叶卡捷琳堡会见乌内务部长马特柳波夫。5月20日，国务委员兼公安部长孟建柱在俄罗斯莫斯科会见乌国家安全会议秘书阿塔耶夫。6月15日，胡锦涛主席在出席上海合作组织叶卡捷琳堡元首峰会期间与乌总统卡里莫夫举行双边会见。6月25～29日，中华全国工商联合会党组书记、第一副主席全哲洙访乌。6月27～29日，国务院副总理李克强对乌进行正式访问。与乌总统卡里莫夫、第一副总理阿济莫夫分别举行会见和会谈。7月10～12日，中国国家旅游局副局长祝善忠访乌。8月13日，乌副外长伊斯拉莫夫访华。8月24日至9月1日，上海昆剧团团长史建率团参加第七届撒马尔罕“东方韵律”国际音乐节。9月7日，中乌商务论坛在塔什干国际商务中心举行。9月25日，乌总统卡里莫夫致信中国国家主席胡锦涛，祝贺中华人民共和国成立60周年。10月13～14日，乌总理米尔济约耶夫赴华出席上海合作组织成员国总理理事会第八次会议，与李克强副总理举行双边会见。10月21日，新疆旅游局局长伊那木·乃斯尔丁率团访乌，并出席第15届塔什干国际旅游节活动。10月21～27日，乌国防部长别尔季耶夫访华，中央军委副主席郭伯雄、国务委员兼国防部长梁光烈分别与其举行会见和会谈。12月4日，中乌政府间经贸合作委员会第八次会议在北京举行，中国商务部副部长高虎城与乌副总理兼外经贸部长加尼耶夫共同主持会议。12月13日，胡锦涛主席在土库曼斯坦出席“中国—中亚”天然气管道单线竣工通气仪式期间会见乌总统卡里莫夫。12月16日，中国政府特使、国家发展改革委员会副主任兼国家能源局局长张国宝与乌国家油气股份公司第一副总裁马季托夫分别代表中乌双方出席“中国—中亚”天然气管道暨首站正式运营庆祝仪式。

中国驻乌兹别克斯坦大使：于洪君。馆址：塔什干市，古里亚莫夫大街（原果戈里街）79号[No. 79, Academician Gulomov Street (former Gogol Street), Tashkent, Republic of Uzbekistan]。电话：(00998－71) 2338088，2331396；传真：2334735。领事部电话：2334728。经商参处电话：2678820；传真：1400246。武官处电话：2545791。

乌兹别克斯坦驻华大使：阿利舍尔·萨拉希济诺夫（Salakhitdinov Alisher）。馆址：北京市朝阳区三里屯北小街11号。电话：(010) 65326305。

【同独联体国家的关系】 主张独联体国家应优先发展双边关系，以经贸合作为重点，积极倡导建立独联体自由贸易区。2009年，乌与独联体国家关系稳步推进。1月24日，卡里莫夫总统批准《关于对〈独联体国家劳动移民合作及劳动移民保护协定〉进行修改的议定书》。6月9日，乌专家出席在莫斯科举行的独联体国家防控甲型H1N1流感会议。6月14日，卡里莫夫总统赴莫斯科出席集体安全条约组织元首峰会。10月27日，独联体成员国和波海三国铁路交通理事会第51次会议在塔什干召开。

【同俄罗斯的关系】乌十分重视对俄关系。双方人员来往频繁，各领域合作密切。1月14日，乌第一副总理阿济莫夫访俄，与俄第一副总理伊万诺夫共同举行乌俄政府间委员会第11次会议。1月21日，卡里莫夫总统在乌会见俄"卢克石油"公司总裁阿列克佩罗夫。1月22~23日，俄总统梅德韦杰夫对乌进行国事访问。1月30日，俄总统梅德韦杰夫向卡里莫夫总统致信祝贺卡71岁生日。6月11日，卡里莫夫总统会见俄罗斯与独联体国家关系特别代表穆罕默德申。12月21~22日，俄罗斯外长拉夫罗夫访乌。12月30日，俄罗斯天然气工业公司副总裁梅德韦杰夫访乌，与乌副总理绍伊斯玛托夫、乌国家油气公司总裁纳扎罗夫举行会见。

【同中亚邻国的关系】2009年2月18日，乌第一副总理阿济莫夫与塔吉克斯坦副总理阿利马尔东在杜尚别共同举行乌塔政府间合作委员会第二次会议。2月24~25日，土库曼斯坦总统别尔德穆哈梅多夫访乌。3月21日，卡里莫夫总统倡议签署的《中亚无核武器区条约》生效。3月24日，《乌塔国界协定》正式生效。4月3日，卡里莫夫总统会见来乌参加两国国家协调委员会会议的哈萨克斯坦总理马西莫夫。4月10日，卡里莫夫总统与土库曼斯坦总统别尔德穆哈梅多夫通电话。4月28日，卡里莫夫总统出席在哈萨克斯坦举行的国际拯救咸海基金创始国元首峰会。6月29日，乌内务部长马特柳波夫、总检察长卡德罗夫和国家安全总局局长伊纳雅托夫访问吉尔吉斯斯坦。10月7日，卡里莫夫总统与土库曼斯坦总统别尔德穆哈梅多夫通电话。11月3~5日，中亚工业周国际专业论坛在塔什干举行。11月27日，卡里莫夫总统致信吉尔吉斯斯坦总统巴基耶夫祝贺古尔邦节。12月13~14日，卡里莫夫总统对土库曼斯坦进行正式访问，并出席"中国—中亚"天然气管道单线竣工通气仪式。12月28日，吉尔吉斯斯坦总理乌谢诺夫访乌。

【同美国的关系】重视发展与美关系。2009年2月17日，卡里莫夫总统会见来访的美国中央司令部司令彼得雷乌斯。7月13日，乌总统卡里莫夫和外长诺罗夫分别会见来访的美国负责政治事务的副国务卿伯恩斯。8月18日，卡里莫夫总统会见来访的美国中央司令部司令彼得雷乌斯。8月24日，美国总统奥巴马致信卡里莫夫总统，向卡及乌人民祝贺开斋节。10月11日，美国负责南亚和中亚事务的助理国务卿布莱克访乌。11月18~21日，美国负责中亚事务的助理国务卿帮办乔治·克罗尔访乌。11月26日，美国总统奥巴马致信卡里莫夫总统祝贺古尔邦节。12月17~18日，乌外长诺罗夫访美，双方举行首轮年度双边磋商。

【同欧洲国家的关系】乌将发展与欧洲国家关系视为本国对外关系重点之一。2009年，双方关系保持平稳发展。3月9日，德国国防部长弗兰茨·约瑟夫·容克访乌。3月23~24日，瑞士财政部联邦财政局长西根塔列尔访乌。7月2~3日，西班牙外交大臣莫拉蒂诺斯对乌正式访问。7月13日，乌外经贸部长加尼耶夫访问斯洛伐克。8月4日，卡里莫夫总统会见德国卡车制造商曼集团公司董事长哈坎·萨缪尔森。8月8日，欧安组织民主制度与人权办公室主任列纳尔契奇访乌。8月14日，乌外长诺罗夫赴布鲁塞尔出席"乌兹别克斯坦—欧盟"合作理事会第九次会议以及欧盟与中亚国家外长会议。10月8日，瑞士外长卡尔米·雷伊访乌。11月9~12日，意大利实业家代表团访乌。11月11日，"乌兹别克斯坦—挪威商务论坛"在塔什干举行。11月12日，乌兹别克斯坦—拉脱维亚经济、工业和科技合作委员会在塔什干召开例会。12月2日，乌外交部长诺罗夫出席第17次欧安组织外长会。12月4日，奥地利实业界代表团访乌。

【同东亚、南亚国家的关系】2009年2月10~13日，乌外长诺罗夫对印度尼西亚进行工作访问。5月10~12日，韩国总统李明博对乌进行国事访问。10月23日，印度外长克里希纳访乌。12月1~3日，乌第一副总理兼财政部长阿济莫夫出席在首尔举行的第三届"韩国+中亚"合作论坛。

【同伊斯兰国家的关系】2009年乌与伊斯兰国家关系稳步发展。2月25日，伊朗副外长阿哈尼访乌。3月31日，卡里莫夫总统会见来访的阿曼经济部长兼国家财政和能源资源委员会副主席马吉。5月6日，乌第一副总理阿济莫夫访问埃及并参加乌埃政府经贸混委会会议。6月3~6日，沙特阿拉伯财政大臣易卜拉欣·阿萨夫访乌。6月5日，卡里莫夫总统会见到访的巴林财政大臣。6月10日，阿联酋经济部长曼苏尔访乌。8月7日，乌外经贸部长加尼耶夫访问阿曼。10月4~5日，卡里莫夫总统对阿曼进行国事访问。10月26~28日，巴勒斯坦外长里亚德·马勒基访乌。12月17日，阿富汗通讯与信息技术部副部长哈萨姆访乌。

（张楠）

新 加 坡

国名 新加坡共和国（The Republic of Singapore）。

面积 710平方公里（2008年）。

人口 常住人口498.8万，其中公民和永久居民373.3万（2009年）。华人约占75%，马来人约占13%，印度人约占8%。马来语为国语，英语、华语、马来语、泰米尔语为官方语言，英语为行政用语。主要宗教为佛教、道教、伊斯兰教、基督教和印度教。

首都 新加坡（Singapore）。

国家元首 总统纳丹（S. R. Nathan），1999年9月1日就任，2005年8月17日连任，任期六年。

重要节日 华人新年：同中国春节。开斋节：伊斯兰教历10月新月出现之时。泰米尔新年：4、5月间。卫塞节：5月的月圆日。国庆节：8月9日。圣诞节：12月25日。新加坡法定公共节日共计11天。除上述外，还有元旦、复活节、哈芝节、劳动节等。

简 况

热带城市国家。位于马来半岛南端、马六甲海峡出入口，北隔柔佛海峡与马来西亚相邻，南隔新加坡海峡与印度尼西亚相望。由新加坡岛及附近约60个小岛组成，其中新加坡岛占全国面积的88.5%。地势低平，平均海拔15米，最高海拔163米，海岸线长193公里。属热带海洋性气候，常年高温潮湿多雨。年平均气温24℃~27℃，日平均气温26.8℃，年平均降水量2345毫米，年平均湿度84.3%。

古称淡马锡。8世纪属室利佛逝王朝。18~19世纪是马来柔佛王国的一部分。1819年，英国人史丹福·莱佛士抵达新加坡，与柔佛苏丹订约，开始在新设立贸易站。1824年，新沦为英国殖民地，成为英在远东的转口贸易商埠和在东南亚的主要军事基地。1942年被日本占领。1945年日本投降后，英国恢复殖民统治，次年划为直属殖民地。1959年实现自治，成为自治邦，英保留国防、外交、修改宪法、宣布紧急状态等权力。1963年9月16日与马来亚、沙巴、沙捞越共同组成马来西亚联邦。1965年8月9日脱离马来西亚，成立新加坡共和国；同年9月成为联合国成员国，10月加入英联邦。

政 治

1993年举行独立后首次总统全民选举，原副总理、新加坡职工总会秘书长王鼎昌当选为首位民选总统。现任总统纳丹于1999年当选，2005年连任。独立以来，人民行动党长期执政，政绩突出，地位稳固，历届大选均取得压倒性优势。李光耀自新1965年独立后长期担任总理，1990年交棒给吴作栋。2004年8月，李显龙接替吴作栋出任总理，12月接替吴作栋出任人民行动党中央委员会秘书长。2006年5月，人民行动党再次赢得大选，李显龙连任总理。

【宪法】1963年9月，新加坡并入马来西亚后，颁布了州宪法。1965年12月，州宪法经修改成为新加坡共和国宪法，并规定马来西亚宪法中的一些条文适用于新加坡。

宪法规定：实行议会共和制。总统为国家元首。1992年国会颁布民选总统法案，规定从1993年起总统由议会选举产生改为民选产生，任期从4年改为6年。总统委任议会多数党领袖为总理；总统和议会共同行使立法权。总统有权否决政府财政预算和公共部门职位的任命；可审查政府执行内部安全法令和宗教和谐法令的情况；有权调查贪污案件。总统在行使主要公务员任命等职权时，必须先征求总统顾问理事会的意见。2010年5月，新加坡国会通过宪法修正案和总统选举法修正案，将大选和总统选举前一天定为“冷静日”，禁止开展竞选活动。

【国会】实行一院制，任期五年。国会可提前解散，大选须在国会解散后三个月内举行。年满21岁的新加坡公民都有投票权。国会议员分为民选议员、非选区议员和官委议员。其中民选议员从全国9个单选区和14个集选区中由公民选举产生。集选区候选人以3~6人一组参选，其中至少一人是马来族、印度族或其他少数种族。同组候选人必须同属一个政党，或均为无党派者，并作为一个整体竞选。非选区议员从得票率最高的反对党未当选候选人中任命，最多不超过6名，从而确保国会中有非执政党的代表。官委议员由总统根据国会特别遴选委员会的推荐任命，任期两年半，以反映独立和无党派人士意见。本届国会2006年5月6日选举产生，共有84名民选议员，其中人民行动党82人，工人党和民主联盟各1人。2006年11月召开第十一届国会首次会议，阿都拉连任议长。2010年5月，新加坡国会通过国会选举法修正案，将国会中的非选区议员增至最多9人，并将官委议员制度永久化，无需每一届国会通过动议表决。

【政府】本届内阁于2006年5月30日就职，后稍有调整。主要成员有：总理李显龙（Lee Hsien Loong），国务资政吴作栋（Goh Chok Tong），内阁资政李光耀（Lee Kuan Yew），国务资政兼国家安全统筹部长贾古玛（S. Jayakumar），副总理兼内政部长黄根成（Wong Kan Seng），副总理兼国防部长张志贤（Teo

Chee Hean），外交部长杨荣文（George Yong-Boon Yeo），国家发展部长马宝山（Mah Bow Tan），总理公署部长林文兴（Lim Boon Heng），贸工部长林勋强（Lim Hng Kiang），总理公署部长林瑞生（Lim Swee Say），环境及水资源部长兼回教事务主管部长雅国（Yaacob Ibrahim），卫生部长许文远（Khaw Boon Wan），财政部长尚达曼（Tharman Shanmugaratnam），教育部长兼国防部第二部长黄永宏（Ng Eng Hen），社会发展、青年及体育部长维文（Vivian Balakrisnan），交通部长兼外交部第二部长林双吉（Raymond Lim），律政部长兼内政部第二部长尚穆根（K. Shanmugam），人力部长颜金勇（Gan Kim Yong），总理公署部长、财政部兼交通部第二部长陈惠华（Lim Hwee Hua），新闻、通讯及艺术部长代部长吕德耀（Lui Tuck Yew）。

政府网址：www. gov. sg。

【司法机构】设最高法院和总检察署。最高法院由高庭和上诉庭组成。1994年，废除上诉至英国枢密院的规定，确定最高法院上诉庭为终审法庭。最高法院大法官由总理推荐、总统委任。大法官陈锡强（Chan Sek Keong），2006年4月起任职。总检察长梅达顺（Sundaresh Menon），2010年10月起任职。

【政党】已注册的政党共24个。主要有：

（1）人民行动党（The People's Action Party）：执政党。1954年11月由李光耀等人发起成立。党的纲领是维护种族和谐，树立国民归属感；建立健全的民主制度，确保国会拥有多元种族代表，努力建立一个多元种族、多元文化和多元宗教的社会。人民行动党从1959年至今一直保持执政党地位。李光耀长期任该党秘书长，1991年吴作栋接任。2004年12月，李显龙接替吴作栋出任该党秘书长。

（2）工人党（The Worker's Party）：1957年11月创立。主张和平、非暴力的议会斗争。1971年重建领导机构，提出废除雇佣制，修改国内治安法，恢复言论和结社自由。1981年起，在大选中数次赢得议席。2006年大选获得1席。主席林瑞莲（Lim Swee Lian），秘书长刘程强（Low Thia Khiang）。

（3）新加坡民主联盟（Singapore Democratic Alliance）：2001年7月创立，由新加坡人民党（Singapore People's Party）、国民团结党（National Solidarity Party）、新加坡马来民族机构（Singapore Malay National Organization）及新加坡正义党（Singapore Justice Party）四个政党联合组成。2007年，国民团结党退出民主联盟。民主联盟参照马来西亚国阵概念建立，目的是顺应选民要求，促成一个团结而有效的阵营与执政的人民行动党抗衡。2001年和2006年大选中均获得一个议席。新加坡人民党秘书长詹时中（CHIAM See Tong）任主席。

【重要人物】 **纳丹**：总统。1924年出生，1954年毕业于新加坡马来亚大学，获社会学学士学位。先后担任外交部副常秘、内政部代常秘、国防部常秘、外交部第一常秘、海峡时报集团执行主席、新加坡驻马来西亚最高专员、新加坡驻美国大使。1996年任外交部巡回大使、南洋理工大学国防与战略研究院院长。1999年8月当选总统，2005年8月连任，任期六年。 **李显龙**：总理。1952年生于新加坡。1974年获英国剑桥大学数学一等荣誉学位和计算机优等文凭。1978年在美国堪萨斯州参加陆军指挥和参谋培训。1979年就读于哈佛大学肯尼迪行政学院，获公共行政学硕士学位。曾在新武装部队服役13年，获准将军衔。1984年12月当选国会议员。历任全国经济委员会主席、贸工部代部长、贸工部长和副总理，先后兼任贸工部政务部长、国防部第二部长和金融管理局主席，2001年11月起兼任财政部长至今。2004年8月任总理。2006年5月连任。 **吴作栋**：国务资政。1941年生于新加坡。1964年毕业于新加坡大学经济系。1966年留学美国，获经济学硕士学位。1979年任贸工部长。1982年任国防部长兼第二卫生部长。1985年任第一副总理兼国防部长。1990年11月任总理。2004年8月改任国务资政。 **李光耀**：内阁资政。1923年生于新加坡。1946年赴英国留学，获剑桥大学法学一等荣誉学位。1950年回新加坡当律师，多次代表工会同英殖民政府谈判。1954年与拉贾拉南等人创建人民行动党，任该党秘书长至1992年。1959年新加坡自治邦成立后，出任总理。1965年新独立后，长期担任总理。1990年11月辞去总理职务，改任内阁资政。 **贾古玛**：国务资政兼国家安全统筹部长。1939年生，印度族。1963年获新加坡大学（现新加坡国立大学）法学学士学位（优等）。1966年获耶鲁大学法学硕士学位。1980年当选国会议员，后任劳工部长、内政部长、律政部长和外交部长等职。2004年8月任副总理兼律政部长。2005年9月任副总理兼国家安全统筹部长及律政部长。2009年4月任国务资政兼国家安全统筹部长。

经 济

属外贸驱动型经济，以电子、石油化工、金融、航运、服务业为主，高度依赖美、日、欧和周边市场，外贸总额是GDP的四倍。经济增长期高速增长，1960～1984年间GDP年均增长9%。1997年受到亚洲金融危机冲击，但并不严重。2001年受全球经济放缓影响，经济出现2%的负增长，陷入独立之后最严重衰退。为刺激经济发展，政府提出“打造新的新加坡”，努力向知识经济转型，并成立经济重组委员会，全面检讨经济发展政策，积极与世界主要经济体商签自由贸易协定。2004年，经济出现恢复性高速增长，达8.4%。2005年，受国际油价高企、禽流感和恐怖主义威胁等不利因素影响，经济增长略有下降，为6.4%。2006年，经济再次实现高速发展，增长8.4%。2007年继续保持良好态势，增长7.8%。

2008 年受国际金融危机影响，金融、贸易、制造、旅游等多个产业遭到冲击，海峡时报指数创五年内新低，经济增长为 1.1%。新政府采取积极应对措施，加强金融市场监管，努力维护金融市场稳定，提升投资者信心并降低通胀率。2009 年 1 月推出总值 205 亿新元（约合 145 亿美元）的振兴配套计划，并首次动用国家储备金，力图保障就业形势、提升企业活力、维护社会稳定。2009 年 5 月，政府成立经济战略委员会，为新加坡经济在金融经济危机后实现可持续、包容性发展提供战略规划和指导。2010 年 GDP 预计增长 7% ~9%。

国内生产总值（2009 年）：1840.3 亿美元。

人均国内生产总值（2009 年）：36897 美元。

国内生产总值增长率（2008 年）：－2%。

货币：新加坡元（Singapore Dollar）。

对美元汇率（2009 年平均）：1 美元＝1.4545 新加坡元。

通货膨胀率（2009 年）：0.6%。

失业率（2009 年）：3.0%。

【资源】 缺乏自然资源。

【工业】 主要包括制造业和建筑业。2009 年产值 624.9 亿新元，占国内生产总值的 23.6%。制造业产品主要包括电子产品、化学与化工产品、生物医药、精密机械、交通设备、石油产品、炼油等部门，是世界第三大炼油中心。近年工业发展情况如下（单位：亿新元）：

	2007		2008		2009	
	产值	增长	产值	增长	产值	增长
制造业	610.4	3.6%	524.7	－14.1%	489.1	－6.8%
建筑业	79	21.7%	113.4	43.5%	135.9	19.8%

（资料来源：新加坡统计局）

【农业】 用于农业生产的土地占国土总面积 1% 左右，产值占国民经济不到 0.1%，主要由园艺种植、家禽饲养、水产养殖和蔬菜种植等构成。绝大部分粮食、蔬菜从马来西亚、中国、印度尼西亚和澳大利亚进口。2009 年农业总产值 1.08 亿新元。

【服务业】 包括零售与批发贸易、饭店旅游、交通与电讯、金融服务、商业服务等，系经济增长的龙头。2009 年产值 1736 亿新元，占国内生产总值的 65.5%。

【旅游业】 外汇主要来源之一。游客主要来自东盟国家、中国、澳大利亚、印度和日本。2009 年接待外国游客 968.1 万人次（不含陆地入境的马来公民），下降 4.3%，酒店住房率 76.1%。主要景点有：圣淘沙岛、植物园、夜间动物园等。

【交通运输】 交通发达，设施便利。是世界重要的转口港及联系亚、欧、非、大洋洲的航空中心。

铁路：以地铁为主，设 65 站，全长 109.4 公里。另建有轻轨铁路，全长 28.8 公里，设 31 站，与地铁相连。

公路：总长约 3297 公里，其中高速公路 153 公里，一级公路 613 公里。截至 2009 年底，车辆总数 92.5 万辆，其中私人轿车 56.7 万辆，货车 15.8 万辆。

水运：为世界最繁忙的港口和亚洲主要转口枢纽之一，是世界最大燃油供应港口。有 200 多条航线连接世界 600 多个港口。截至 2009 年底，共有商船 3950 艘，总吨位 4563.2 万吨。2009 年港口处理货运总量 4.72 亿吨，集装箱总吞吐量 2586.7 万箱。

空运：主要有新加坡航空公司及其子公司胜安航空公司。新加坡樟宜机场连续多年被评为世界最佳机场，目前已开通至 60 个国家 188 个城市的航线，各国 81 家航空公司平均每周提供约 4400 班次的定期飞行服务。2009 年航班起降 24 万架次，增长 3.4%；客运量 3720.4 万人次，增长 1.3%；货运量 163.4 万吨，下降 12%。（以上资料来源：新加坡交通部）

【财政金融】 近年财政收支情况如下（单位：亿新元）：

	2007	2008	2009
收入	395.2	413.8	514.5
支出	313.3	374.7	558.1
差额	81.9	39.1	－43.6

（资料来源：新加坡统计局）

截至 2009 年 12 月，外汇储备 1896 亿美元。无外债。

【对外贸易】 为国民经济重要支柱。近年对外贸易情况如下（单位：亿新元）：

	2007	2008	2009
出口额	4506.3	4767.6	3911.2
进口额	3959.8	4508.9	3563
差　额	546.5	258.7	348.2

主要出口电子真空管、加工石油产品、办公及数据处理机零件、数据处理机和电讯设备等，进口电子真空管、原油、加工石油产品、办公及数据处理机零件等。主要贸易伙伴为：马来西亚、中国、美国、印尼和日本。

【对外投资】 推行“区域化经济发展战略”，大力向海外投资。截至 2008 年底，对外直接投资总额达 2981 亿新元，主要集中在金融服务业和制造业。排名前五位的直接投资对象国为英属维尔京群岛、中国、马来西亚、印尼和英国。截至 2010 年 5 月，新加坡累计对华实际投资 436.1 亿美元。两国间重要合作项目有苏州工业园区、天津生态城、无锡工业园和大连港集装箱码头等。

【外国资本】 截至 2008 年底，新加坡共吸引海外直接投资4703亿新元，多集中在金融服务业和制造业。排名前五位的直接投资来源国为美国、英国、荷兰、日本和瑞士。

【著名公司】 淡马锡控股公司（Temasek Holding Pte Ltd.）是世界上最著名的国有控股公司之一。成立于1974年，由财政部全资拥有，直接对财政部长负责。拥有政府关联企业1000余家，总资产近1300亿新元，涉及交通、船舶修理及工程、电力与天然气、通讯、传媒、金融服务、房地产与酒店、房地产管理和咨询、建筑、休闲与娱乐等行业。近年来，淡马锡公司加速实行私营化，下属企业中已有10家大型集团上市。目前，该公司仅对4家下属企业持有100%的股份，而对其他大多数企业控股均在50%以下。公司主席现为丹那巴南，执行董事何晶。

人民生活　2009年人均国内生产总值36897美元。政府统一修建公共组屋，居民住房拥有率达88.8%。人均寿命81.4岁，识字率96.3%（15岁以上），每万人拥有17名医生。

军　事　新加坡武装部队组建于1965年，建军节为7月1日。总统为三军统帅。实行义务兵役制，服役期2~3年。现役部队总兵力为7.25万，其中陆军5万人，编为3个混合师（各辖2个步兵旅、1个机械化旅、1个侦查营、1个炮兵营、1个高炮营、1个工程兵营）、1个快速反应师（辖3个步兵旅）、1个机械化旅。海军9000人、空军1.35万人。装备各种舰只35艘，各型飞机210余架。另有预备役25万人，准军事部队10.8万人。新加坡军队主要在国外训练。1971年与英国、澳大利亚、新西兰和马来西亚组成“五国联防”。重视全民防卫教育。2009年国防预算114.6亿新元。

文化教育　在保留各民族传统文化的同时，鼓励向新加坡统一民族文化演变。

【教育】 新加坡的教育制度强调双语、体育、道德教育、创新和独立思考能力并重。双语政策要求学生除了学习英文，还要兼通母语。政府推行“资讯科技教育”，促使学生掌握电脑知识。学校绝大多数为公立，其中包括170所小学、154所中学、14所初级学院，以及新加坡国立大学、南洋理工大学和管理大学三所大学。

【新闻出版】 英文报有《海峡时报》、《商业时报》、《新报》；华文报有《联合早报》、《联合晚报》、《新明日报》；马来文报有《每日新闻》；泰米尔文报有《泰米尔日报》。

广播电台于1936年开播，1959年1月起以马来语、英语、华语、泰米尔语广播。现有15个波段，每周广播1307小时。新加坡广播电台拥有并经营12个国内电台和3个国际电台。

电视于1963年开播，1974年开始播送彩色节目。1995年有线电视网开通，用户可接收30多个频道、10余个国家的电视节目。1995年开通卫星电视，有387万用户。1999年，经营电视和广播业的数家公司合并而成新传媒集团，共经营6个电视频道，主要有第5波道、第8波道、亚洲新闻台等。播送华语、英语、马来语、泰米尔语节目。另有私营的报业控股集团设立的优频道和电视通频道。

对外关系　立足东盟，致力维护东盟团结与合作、推动东盟在地区事务中发挥更大作用；面向亚洲，注重发展与亚洲国家特别是中、日、韩、印度等重要国家的合作关系；奉行“大国平衡”，主张在亚太建立美、中、日、俄战略平衡格局；突出经济外交，积极推进贸易投资自由化，已与新西兰、日本、欧洲自由贸易协会、澳大利亚、美国、约旦、韩国、印度、秘鲁、巴拿马、中国和哥斯达黎加签署双边自由贸易协定，与新西兰、智利、文莱签署了首个地跨三个大洲的自贸协定。倡议成立了亚欧会议、东亚—拉美论坛、“亚洲—中东合作对话”等跨洲合作机制。积极推动《亚洲地区政府间反海盗合作协定（ReCAAP）》的签署，根据协定设立的信息共享中心于2006年11月正式在新成立。共与175个国家建立了外交关系。

【同中国的关系】 1990年10月3日建交以来，中新高层互访频繁，在各领域的互利合作成果显著。

2000年5月，两国发表面向21世纪的双边合作联合声明。2002年4月胡锦涛副主席访新期间，与吴作栋总理就加强两国在高科技、中国西部开发（后调整为新加坡参与中国地区发展）、中国企业“走出去”和人才培训与交流四个重点领域合作达成共识。2003年11月吴作栋总理访华，两国政府成立副总理级中新双边合作联委会，迄已举行六次会议。2009年11月，胡锦涛主席对新加坡进行国事访问并出席APEC第17次领导人非正式会议。

2010年4月，吴作栋国务资政来华出席博鳌亚洲论坛，中央政治局委员、中组部部长李源潮访问新加坡并与新加坡副总理张志贤共同主持召开第二届“中新领导力论坛”，新加坡副总理兼国防部长张志贤访华。5月，李光耀内阁资政访华。其间，李赴上海浦东干部学院发表演讲，参观了世博园，来京出席《全球汉语辞典》发行仪式，并会见了李克强副总理。6月，黄根成副总理访问河北、浙江、上海、江苏。吴作栋国务资政来华出席中新广州知识城开工仪式，并访问上海。

新加坡是中国第10大贸易伙伴。据新方统计，中国是新第三大贸易伙伴（列欧盟和马来西亚之后）。2009年中新贸易额478.6亿美元，下降8.8%。据新方统计，2010年1~5月，中国超越欧盟，成为新加坡第二大贸易伙伴（仅次于马来西亚）。据中方统计，中新贸易额230亿美元，增长50.6%。其中中方出口135.5亿美元，增长31.5%，进口94.5亿美元，增长56.8%。2008年10月，中新签署自由贸易协定，2009年1月1日正式生效。

中国驻新加坡大使：魏苇。馆址：150 Tanglin Road, Singapore 247969。商务处电话：(0065) 64121923；领事部电话：64180343。

新加坡驻华大使：陈燮荣（CHIN Siat Yoon）。馆址：北京市朝阳区建国门外秀水北街1号。电话：010-65321115。

【同美国的关系】1966年4月4日建交。2009年4月，杨荣文外长访问美国。5月，美国防部长盖茨赴新出席香格里拉安全对话会，会见李显龙总理和张志贤副总理兼国防部长。10月，李光耀内阁资政访美，会见奥巴马总统。11月，奥巴马总统赴新出席APEC第17次领导人非正式会议，会见李显龙总理。2010年3月，张志贤副总理兼国防部长访美。4月，李显龙总理赴美出席核安全峰会。

【同俄罗斯的关系】1968年建交。2008年6月，国务资政吴作栋和内阁资政李光耀访问俄罗斯。2009年3月，杨荣文外长访问俄罗斯。9月，李光耀内阁资政访问俄罗斯。11月，梅德韦杰夫总统访问新加坡并出席APEC第17次领导人非正式会议。

【同马来西亚的关系】1965年9月1日建交。马是新最大的贸易伙伴。双方围绕水供、填海、开放领空、新马大桥、白礁岛主权等问题时有摩擦。近年来，两国领导层积极通过对话协商解决问题，关系得到改善。2005年新马签署协议，解决了柔佛海峡填海争议。2008年5月，新马陆军举行代号为"团结精神"的联合军事演习。6月，新马发表联合声明重申两国将遵守并执行联合国国际法院对白礁岛争端作出的判决。2009年5月，纳吉布总理访问新加坡。6月，杨荣文外长访问马来西亚，李光耀内阁资政访问马来西亚并会见纳吉布总理，纳吉布总理回访新加坡。

【同印度尼西亚的关系】1966年1月1日建交。2008年1月，内阁资政李光耀赴雅加达探望住院的印尼前总统苏哈托，总理李显龙赴印尼吊唁苏哈托。6月，新加坡和印尼发表联合声明宣布两国结束关于新加坡海峡西段海域边界的谈判。7月，新印尼空军举行代号为"飞鹰—印度坡拉"的联合军事演习。10月，新印尼陆军在印尼苏门答腊岛举行联合军事演习。2009年1月，贾古玛国务资政访问印尼。3月，杨荣文外长访问印尼。10月，李显龙赴印尼出席苏希洛总统就职典礼。11月，苏希洛总统访问新加坡并出席APEC第17次领导人非正式会议。

【同其他东盟国家的关系】2009年2月，李光耀内阁资政访问文莱。3月，缅甸总理登盛访问新加坡。4月，李光耀内阁资政访问越南。5月，杨荣文外长访问越南。6月，吴作栋国务资政访问缅甸，泰国总理阿披实访问新加坡。8月，泰国外长甲西访问新加坡。11月，越南主席阮明哲访问新加坡并出席APEC第17次领导人非正式会议，吴作栋国务资政访问柬埔寨和老挝，杨荣文外长访问菲律宾。2010年1月，李显龙总理访问越南。

【同印度的关系】1965年建交。2008年3月，新印海军举行代号为"SIMBEX"的联合军事演习，国务资政吴作栋访问印度。

【同韩国的关系】1975年建交。2008年2月，国务资政吴作栋访韩。7月，韩国外交通商部部长柳明桓访新。9月，国防部长张志贤访问韩国。2009年5月，李显龙总理访问韩国并出席韩国—东盟纪念峰会。11月，李明博总统访问新加坡并出席APEC第17次领导人非正式会议。

【同澳大利亚的关系】1965年建交。2009年3月，贾古玛国务资政访问澳大利亚。4月，陆克文总理访问新加坡。5月，陆克文总理赴新出席香格里拉安全对话会。7月，第6届新澳部长联席会议在新举行，两国外长、贸工部长和防长出席。11月，陆克文总理赴新出席APEC第17次领导人非正式会议。

【同欧洲国家的关系】重视同欧洲关系。2009年1月，荷兰外长访问新加坡。4月，吴作栋国务资政访问意大利。6月，纳丹总统访问土耳其，西班牙国王卡洛斯访问新加坡。9月，李光耀内阁资政访问英国和亚美尼亚。10月，荷兰首相巴尔克南德访问新加坡。11月，丹麦首相拉斯姆森、芬兰首相万哈宁访问新加坡。12月，李显龙总理访问丹麦。

【同中东国家的关系】重视发展同中东国家的关系。2008年12月，总理李显龙访问卡塔尔，签署新加坡与海湾合作理事会自由贸易协定。2009年3月，纳丹总统访问阿曼、卡塔尔和阿联酋。5月，卡塔尔国王哈马德访问新加坡。2010年1月，吴作栋国务资政访问巴林。2月，吴作栋国务资政访问埃及。5月，杨荣文外长访问沙特。

【同非洲国家的关系】积极拓展同非洲的关系。2008年4月，外长杨荣文访问埃及。5月，国务资政吴作栋访问利比亚，卢旺达总统卡加梅访新。12月，国会议长阿都拉访问埃及。（徐航天）

叙　利　亚

国名　阿拉伯叙利亚共和国（The Syrian Arab Republic）。

面积　185180 平方公里（包括仍被以色列占领的戈兰高地约 1200 平方公里）。

人口　2050 万（2009 年）。其中阿拉伯人占 80% 以上，还有库尔德人、亚美尼亚人、土库曼人等。阿拉伯语为国语，通用英语和法语。居民中 85% 信奉伊斯兰教，14% 信奉基督教，其中，伊斯兰教逊尼派占 80%（约占全国人口的 68%），什叶派占 20%，在什叶派中阿拉维派占 75%（约占全国人口的 11.5%）。

首都　大马士革（Damascus），人口 370 万。

国家元首　总统巴沙尔·阿萨德（Bashar Al—Assad），2000 年 7 月就任，2007 年 5 月连任。

重要节日　独立日：4 月 17 日。

简　况

位于亚洲大陆西部，地中海东岸。北靠土耳其，东南邻伊拉克，南连约旦，西南与黎巴嫩、巴勒斯坦地区接壤，西与塞浦路斯隔海相望。海岸线长 183 公里。沿海和北部地区属亚热带地中海气候，南部地区属热带沙漠气候。沙漠地区冬季雨量较少，夏季干燥炎热。最低气温 0℃ 以下，最高气温达 40℃ 左右。年平均降水量沿海地区 1000 毫米以上，南部地区仅 100 毫米。

公元前 3000 年时有原始城邦国家存在。公元前 8 世纪起，先后被亚述、马其顿、罗马、阿拉伯、欧洲十字军、埃及马姆鲁克王朝和奥斯曼帝国等统治。1920 年 4 月，沦为法国委任统治地。1940 年 6 月，法向德投降，叙被纳粹德国控制。1941 年 9 月 27 日，“自由法兰西军”总司令贾德鲁将军以盟国名义宣布叙独立。1943 年 8 月，叙成立自己的政府，舒克里·库阿特利当选叙利亚共和国首任总统。1946 年 4 月 17 日，英、法被迫撤军，叙获得完全独立。1958 年 2 月 1 日，叙利亚和埃及宣布合并，成立阿拉伯联合共和国。1961 年 9 月 28 日，叙宣布脱离“阿联”，成立阿拉伯叙利亚共和国。1963 年 3 月 8 日，阿拉伯复兴社会党组成新政府。1970 年 11 月 13 日，国防部长兼空军司令阿萨德发动“纠正运动”，改组了党和政府，阿自任总理。1971 年 3 月，阿萨德当选总统，任至 2000 年 6 月 10 日去世。阿次子巴沙尔·阿萨德于同年 7 月 10 日继任总统。

政　治

2009 年，巴沙尔总统将稳定国内形势、推进改革发展进程、改善与美等西方国家关系摆在重要位置。通过对叙内阁进行改组等措施，保持了政治、社会稳定，经济发展。

【宪法】1973 年 3 月 12 日经全国公民投票通过。宪法规定叙利亚是人民民主社会主义国家，是阿拉伯祖国的一部分，复兴党是社会和国家的领导核心。实行有计划的社会主义经济。

【议会】又称人民议会，国家立法机构。其职能是：提名共和国总统人选；通过法律；讨论内阁政策；通过国家总预算和发展计划；批准有关国家安全的国际条约和协定；决定大赦；接受和批准议员的辞呈，撤销对内阁成员的信任。人民议会于 1971 年 2 月 21 日成立，议员任期 4 年。本届议会为第九届，于 2007 年 4 月选举产生，共有议员 250 名。议长马哈茂德·艾布拉什（Mahmoud Al Abrash），2003 年 10 月当选，2007 年 5 月连任。

【政府】现政府于 2000 年 3 月 13 日成立，2001 年 12 月 13 日、2003 年 9 月 18 日、2004 年 10 月 4 日、2006 年 2 月 11 日和 2007 年 12 月 8 日五次改组，有 33 名成员。主要成员有：总理穆罕默德·纳吉·奥特里（Mohammed Naji Otri），副总理阿卜杜拉·达尔达里（Abdullah al-Dardari），国防部长哈桑·图尔克马尼（Hassan Turkmani），外交部长瓦立德·穆阿利姆（Walid Al Moualem），内政部长巴萨姆·阿卜杜·马吉德（Bassam Abdel Majeed）少将，财政部长穆罕默德·侯赛因（Mohammed Al-Hussein）博士，工业部长福阿德·伊萨·朱尼（Fuad Issa Jhoni）博士，卫生部长马海尔·哈赛米（Maher Husami）等。

【行政区划】全国划分为 14 个省市：大马士革农村省、霍姆斯省、哈马省、拉塔基亚省、伊德利布省、塔尔图斯省、腊卡省、德尔祖尔省、哈塞克省、德拉省、苏韦达省、库奈特拉省、阿勒颇省和大马士革市。

【司法机构】全国设高等宪法法院，各省、市、县设初级法院和调解法庭。现任高等宪法法院院长马哈茂德·尤尼斯·奥斯曼（Mahmoud Younes Othman），总检察长穆罕默德·阿布·古勒（Mohammad Abou Koura）。

【政党】阿拉伯复兴社会党自 1963 年以来一直为叙执政党。全国进步阵线是复兴党领导下的统战性组织。参加内阁和全国进步阵线的党派共 5 个，全国进步阵线之外的合法在野党共 3 个，主要反对党共 4 个，群众组织共 8 个。

（1）阿拉伯复兴社会党（The Baath Arab Socialist

Party)：简称复兴党。成立于1947年4月，是一个泛阿拉伯的民族主义政党。党纲确定，该党是民族主义和社会主义政党，其任务是复兴阿拉伯民族，建立一个统一的阿拉伯社会主义祖国。对外主张反帝、反殖、反以色列犹太复国主义，遵循不结盟政策。对内实行国有化和土地改革等政策和措施。自1963年以来一直为叙执政党。总书记巴沙尔·阿萨德。

(2) 全国进步阵线（National Progressive Front)：1972年3月成立，是复兴党为团结其他政党而组成的统一战线组织。巴沙尔总统兼任阵线中央领导机构主席。参加该阵线的党派还有：

叙利亚阿拉伯社会主义联盟（Syrian Arab Socialist Union)：1964年成立，原是埃及"阿拉伯社会主义联盟"在叙的一个分支，主张同埃及统一。总书记萨夫旺·古德西（Safwan Kudsi)。

社会主义统一分子运动（Unionist Socialist)：是阿社盟中分裂出来的一个组织。总书记法伊兹·伊斯梅尔（Fayiz Ismail)。

阿拉伯社会党（Arab Socialist Party)：又称阿拉伯社会主义者运动。成立于1950年，1953年与复兴党合并，1961年又从复兴党中分裂出来。总书记阿卜杜拉·加尼·卡努特（Abdel Ghani Kannont)。

叙利亚共产党（Communist Party— Syria)：1924年11月成立。前身是叙利亚和黎巴嫩共产党，1958年1月分别成立黎共和叙共。1954年以后，参加叙国内反帝民族力量组成的民族民主阵线。目前，叙有两个共产党组织，即：叙利亚共产党（费萨尔派）和叙利亚共产党（巴格达什派），上述两派均属参政党，在政府中各有一部长席位。现任叙共（费派）总书记尤素夫·费萨尔（Yousef Feisarr)，叙共（巴派）总书记瓦萨勒·法勒哈·巴格达什（Wesal Farha Bagdash)。

民主社会主义统一分子党（Democratic Socialist Unionist Party)：1974年10月10日成立。是由社会主义统一分子党分裂出来的人士组成的一个纳赛尔主义政党。以纳赛尔和阿萨德的思想为理论基础，对内主张实行政治和经济多元化，发挥全国进步阵线的作用，努力缩小和消灭社会各阶层的差别，对外反帝、反殖、反霸，主张加强同社会主义国家的关系，从而实现国际力量的均衡。1989年2月加入全国进步阵线。总书记艾哈迈德·埃斯阿德（Ahmad Al-Asaad)。

该阵线各党派都参加内阁。

【重要人物】巴沙尔·阿萨德：总统。1965年9月生于大马士革，已故总统哈菲兹·阿萨德之次子。原系眼科医生，曾在伦敦攻读医学硕士学位。其兄巴塞勒死于车祸后，被其父选定为接班人，开始弃医从政。1994年入霍姆斯军事学院学习，1995年晋升少校，1996年1月入参谋指挥学院深造，1998年1月晋升中校，1999年1月晋升上校，并担任叙信息协会主席、共和国卫队副司令兼105装甲旅旅长。2000年6月阿萨德总统逝世后，巴晋升为大将，并任叙武装部队总司令，7月10日巴当选总统，2007年5月连任。已婚，有一子一女。 **法鲁克·沙雷**：副总统。1938年生于德拉省。1962年毕业于大马士革大学。1963～1976年在叙航空公司工作。1977年任叙驻意大利大使。1980年1月任外交事务国务部长。1984年3月任外交部长。2006年2月至今，任叙副总统。曾于1974年、1988年、1997年、2004年四次访华。 **纳贾哈·阿塔尔**：女，第二副总统。1933年生于大马士革省。1954年毕业于大马士革大学，1955年获教育学学士学位。1976～2000年任文化部长。2006年3月至今，任叙第二副总统。曾于1999年5月应文化部邀请访华。已婚，有一子一女。 **穆罕默德·纳吉·奥特里**：总理。1944年生于阿勒颇。1967年毕业于阿勒颇大学，获建筑工程学学士学位。1975～1979年任阿勒颇工程师工会委员会委员，1976～1980年任阿勒颇市政委员会委员。1980～1983年任阿勒颇市长。1981～1993年任阿勒颇工程师工会会长。1993～2000年任霍姆斯省省长。2000～2003年任负责福利事务的副总理，2003年9月10日任总理。已婚，有四个子女。

经　济

近年来，叙经济逐步向社会市场经济转轨。2005～2009年国内生产总值年均增长率达5.4%。2009年是叙政府贯彻实施经济建设和社会发展的"十五计划"（2006～2010年）的第四年。叙经济持续发展，石油、旅游等收入不断增加，吸收外资大幅增长，私营经济进一步发展，农业收成良好。但受多重因素影响，叙经济改革进程仍较缓慢。叙受国际金融危机影响总体有限，主要是制造、化工和纺织等行业出口下降。2009年主要经济数据如下：

国内生产总值：524亿美元。

人均国内生产总值：2556美元。

国内生产总值增长率：1.9%。

货币名称：叙利亚镑（Syrian Pounds)，1镑=100皮阿斯特。

官方汇率：1美元=46叙镑。

【资源】 主要有石油、天然气、磷酸盐、岩盐、沥青等。已探明的石油储量为25亿桶。已实现石油及其产品的自给，并开始出口部分原油和石油产品。已探明的天然气储量为6500亿立方米，磷酸盐储量为6.5亿吨，岩盐储量为5500万吨。

【工业】 工业基础薄弱，现代工业只有几十年历史。叙现有工业分为采掘工业、加工工业和水电工业。开掘工业有石油、天然气、磷酸盐、大理石等。加工工业主要有纺织、食品、皮革、化工、水泥、烟草等。

【农业】 叙为中东地区农业大国，农业在国民经济中占据重要位置，是阿拉伯世界的五个粮食出口国之一。农业耕种面积为473.6万公顷，农业人口440万人。主要作物有小麦、大麦、玉米。经济作物有棉花、豆类、甜菜和烟草，其中棉花是出口创汇第一的农作物，棉花亩产量居世界第二。水果有柑橘、大马士革杏、无花果、橄榄等。叙是中东地区重要畜牧业国家，主要畜禽品种有牛、绵羊、山羊和鸡。叙农业用水量占总用水量的87.8%，水资源缺乏是影响叙农业发展的主要因素。

【旅游业】近年来，叙旅游业发展迅速，赴叙旅游人数达600余万，旅游收入超过22亿美元，成为叙经济收入重要来源。

【交通运输】陆、海、空运输比较发达。国内交通运输以公路为主，连接各城镇，并可通往土耳其、伊拉克、约旦和黎巴嫩。

铁路：总长2798公里。

公路：总长45860公里。

水运：共有五个港口，3313条船。拉塔基亚港和塔尔图斯港是叙利亚主要港口。

空运：除大马士革国际机场外，还有6个省级地方机场。叙已开辟亚、非、欧三大洲40条航线。

叙利亚有一条总长为663公里的输油管道。日输油量25万桶。

【财政金融】2001年2月，叙利亚人民议会通过关于允许设立私人银行的证券交易市场法案。黄金储备32.11亿叙镑。

【对外贸易】在国民经济中占有重要地位，约占国民生产总值的20%以上。叙重视国家对外贸的监督，主要物资的进出口均由国家控制。主要出口产品有石油和石油产品、棉花和棉花制品、磷酸盐、香料、皮革等。主要进口产品有机械、钢材、纺织品、燃料、粮食、罐头、糖、化工原料、文教用品、医药、木材等。进口的主要国家为欧盟国家、日本和美国。出口的主要国家为欧盟国家和独联体、东欧等。

主要进口国：法国、意大利、德国、土耳其、中国（占4.4%）。

主要出口国：德国、意大利、法国、沙特、土耳其。

【外国援助】主要援助国有欧盟、日本、沙特、科威特、阿联酋等。

人民生活

人均国内生产总值2556美元。全国共有各类医疗中心1000余处，医院近80家，病床近2万张。医生近2万人，牙医近1万人，产科医生6000余人，护士近3万人。

军　事

1946年建军。20世纪70年代发展较快，成为中东一支较强的武装力量。武装部队总司令部为最高统帅机关。巴沙尔总统任总司令。总参谋长达乌德中将。实行义务兵役制，服役期30个月。

总兵力40.8万人，武器装备主要来自前苏联。陆军30万人，编为3个军部，辖5个装甲师、4个机械化师、3个独立机械旅；海军8000人。空军与防空军10万人，编为2个空军师，7个战斗机旅，4个直升机旅，2个训练旅和1个运输旅。另有准军事部队40余万人。

文化教育

【教育】普及小学义务教育，学制6年。初、高中学制6年，初中基本实行义务教育制；高中二年级开始分文、理科。男生从大学毕业后要到军队服役2年才能拿到文凭。全国有4所综合性大学：大马士革大学、阿勒颇大学、十月大学和复兴大学。小学10万多所，在校生约270万人；初等学校约2700所，在校生约74万人；高中约970所，在校生约15万人。初中、高中教职员工5万多人。

【新闻出版】全国性阿拉伯文日报有：《复兴报》、《革命报》、《十月报》，发行量均为4万份。地方性阿文日报有《群众报》、《献身报》、《阿拉伯主义报》和《团结报》。另还发行英文日报《叙利亚时报》和阿拉伯文的《农民周报》、《工人周报》等。

阿拉伯叙利亚通讯社是官方通讯社。叙利亚广播电台建立于1936年，在各省、市建立有地方广播电台。电台开办有两套节目，平均每天累计播音34小时，除用阿拉伯语广播外还用英、法、德、俄、土（耳其）、希（伯来）、西（班牙）等7种语言播音。

叙利亚电视台建立于1960年7月23日，开办了三个频道，全天累计播放48小时。除阿语节目外，还播送英、法语节目。

2001年9月，巴沙尔总统颁布第50号总统令，宣布实施新的新闻出版法，以取代1949年颁布的旧法。新法规定，出版业许可证发放须由新闻部长提议，总理批准。

对外关系

2009年，叙积极拓展对外交往，营造良好的周边与国际环境。主要措施有：努力稳定对美关系；逐步恢复叙欧正常关系；维护同伊朗战略盟友关系；重视大国战略依托及与阿拉伯国家和土耳其等国的友好关系；改善与黎巴嫩的关系；坚持和谈选择。

【对重大国际和地区问题的态度】经济全球化：认为经济全球化是一把双刃剑，对发展中国家的经济基础和社会制度将造成严重冲击。对发展中国家在全球化进程中，特别是在进入国际金融和技术市场方面受到苛刻限制、在国际经济决策中日益边缘化感到忧心忡忡。呼吁发展中国家同发达国家、国际金融组织在联合国框架内积极对话，争取互利双赢，避免出现新的经济危机和社会动荡。认为世贸组织是经济全球化的重要载体，已正式申请加入。

反恐问题：主张运用综合手段根除国际恐怖主义，对恐怖主义要有严格的界定，应与反抗外国占领和侵略的合法权利相区别。反对将恐怖主义同某一宗教、地区或民族问题相挂钩。认为反恐应发挥联合国的作用，有关军事行动应在联合国框架内进行。批评在中东反恐问题上采取双重标准。强调中东暴力活动频繁的根源是巴勒斯坦问题得不到公正的解决，只有力促中东早日实现全面、公正、持久的和平，才能标本兼治中东恐怖主义问题。

人权问题：强调人权的普遍性、多样性，反对将人权问题政治化，借人权问题干涉别国内政。主张国际社会全面、公正地对待人权观，摒弃双重标准，充分考虑各国国情及民族、宗教、历史、文化等因素。各国的人权状况应由各国政府根据国情循序渐进地加以改进。

中东和平进程：坚持通过和谈解决阿以争端，认为中东和平进程停滞不前的主要原因是以色列拒不执行联合国有关决议和美坚持袒以政策；呼吁联合国、欧盟、俄罗斯等积极参与和平进程，迫以执行联合国有关决议，无条件归还自1967年以来占领的阿拉伯国家领土。主张在“土地换和平”原则及联合国安理会有关决议基础上全面、公正、持久地解决中东问题。

国际军控和防扩散：主张全面裁军，支持禁止使用核武器或以核武器相威胁。在安理会倡议建立中东无核区和中东无大规模杀伤性武器区，主张上述行动应遵循公正、透明、均衡的原则。认为以拥有核武器对地区国家构成严重威胁。国际社会应首先迫使以遵守联合国有关决议并加入《不扩散核武器条约》，并将其核设施置于国际原子能机构监督之下。支持维护和遵守《反导条约》，呼吁有关缔约国捍卫条约的不可侵犯性和完整性，避免出现新的核军备竞赛。

【同中国的关系】中、叙1956年建交以来，双边关系稳步发展。巴沙尔总统执政后，实现叙总统首次访华，双边关系进一步发展。2009年，国务院副总理回良玉、全国政协副主席李金华、外交部长杨洁篪先后访叙，叙议长艾布拉什访华。

中国驻叙利亚大使：李华新。馆址：83，RUE ATA AYOUBI DAMASCUS，SYRIA；国家区号：0096311；电话：3327968，3339594；传真：3338067；经商处电话：6668782，6663934。

叙利亚驻华大使：哈勒夫·穆罕默德·杰拉德（Khalaf Aljarad）。馆址：北京市三里屯东四街6号；电话：010－65321372；传真：65321575。

【同美国的关系】1946年同美国建交。1967年“六·五”战争爆发的第二天，叙宣布同美国断交。1974年6月两国复交。1986年10月美为支持英国与叙断交，宣布撤回驻叙大使。1987年两国关系恢复正常。2004年5月，美开始实施对叙经济和外交制裁法案。2005年2月，黎巴嫩前总理哈里里遇害，美推动安理会通过一系列决议，要求叙全面配合哈案国际独立调查委员会的调查，叙美关系紧张。美迄今仍将叙列入支持恐怖主义活动国家的黑名单。2010年，美重新向叙派遣大使，两国关系有所改善。

2009年1月，巴沙尔总统电贺美新任总统奥巴马就任。同月，美议会代表团访叙。2月美国会代表团访叙。4月美助理国务卿博兹瓦尔访叙。5月美议会代表团访叙。6月美前总统卡特、中东问题特使米切尔先后访叙。7月巴沙尔总统致电奥巴马，祝贺美国庆。同月，美中东特使米切尔访叙。8月美军事代表团访叙。9月叙常务副外长米格达德访美。12月美参议院代表团访叙。

【同俄罗斯的关系】1944年与前苏联建交。冷战期间，奉行亲苏政策，1980年签署叙苏“友好合作条约”，建立盟友关系。苏联解体后，叙承认苏联各加盟共和国的独立，并表示叙将在互相尊重和共同利益的基础上同这些国家建立外交关系。近年来，叙俄关系日益发展。

2009年1月、7月和10月，俄总统特使、副外长萨尔塔诺夫三次访叙。11月叙俄经贸混委会在叙大马士革召开。

【同欧盟国家关系】1995年11月，欧盟15国与地中海南岸12国外长在巴塞罗那召开“欧洲—地中海会议”后，双方在政治、经济、社会和文化等领域的关系均有不同程度的发展，特别是经济和财政伙伴关系有所增强。目前，欧盟对叙工、农业产品已采取免除关税和不予限量的政策。

2009年1月，法国总统萨科齐、西班牙外交大臣莫拉蒂诺斯先后访叙。2月欧盟对外关系专员瓦尔德纳访叙。3月欧盟议会代表团访叙。4月巴沙尔总统访问奥地利，西班牙外交大臣莫拉蒂诺斯访叙。6月希腊总统帕普利亚斯、荷兰外交大臣费尔哈亨先后访叙。7月德国外长施泰因迈尔、法国外长库什内先后访叙。9月叙外长穆阿利姆访法，西班牙外交大臣莫拉蒂诺斯访叙。10月西班牙首相萨帕特洛访叙。11月巴沙尔总统访法。

【同埃及的关系】自1989年12月埃叙复交和海湾战争后，两国关系持续发展。2009年，巴沙尔总统与埃及总统穆巴拉克保持电话联系，叙外长多次赴开罗参加阿盟外长会。

【同黎巴嫩的关系】叙黎在法国委任统治时期曾是同一个国家。黎独立后，叙未予承认，叙黎仍保持“特殊关系”。1976年5月以来，叙军（最初约2.8万人）一直以“阿拉伯威慑部队”的名义驻扎在黎。1991年5月，叙黎签署“兄弟关系合作与协调条约”和“安全与防务条约”。2004年9月2日，美、法等国推动安理会通过1559号决议，要求叙驻黎部队全部撤离，2005年4月，宣布撤回其驻黎全部军队、安全人员和军事装备。2008年7月和8月，黎总统苏莱曼和叙总统巴沙尔在巴黎和大马士革两次会晤，双方宣布决定建立大使级外交关系。2008年10月15

日，叙黎外长签署建交公报，两国正式建交。

2009年1月，黎国防部长穆尔访叙。5月，叙黎互派大使。同月，叙武装部队总参谋长哈比卜访黎。6月叙黎两国总统通电话。11月巴沙尔总统致电黎总统苏莱曼，祝贺黎新政府成立。同月，苏莱曼总统访叙。12月黎自由国民阵线主席奥恩访叙。同月，黎总统苏莱曼、总理哈里里分别访叙。

【同海湾阿拉伯国家的关系】 1990年海湾战争中，叙应沙特等国的要求向海湾派遣军队。战后，叙积极参与海湾战后安全安排，与海湾国家关系改善。1991年3月，叙利亚、埃及和海湾阿拉伯六国外长在大马士革召开会议，会议发表了《大马士革》宣言。

2009年1月，阿联酋阿布扎比王储穆罕默德访叙。2月，叙外长穆阿利姆访问沙特，也门总统萨利赫、卡塔尔埃米尔哈马德、阿曼外交国务大臣阿拉维、伊拉克运输部长伊斯梅尔先后访叙。3月，巴沙尔总统先后访问沙特、卡塔尔，沙特外交大臣费萨尔访叙。4月，巴沙尔总统先后访问阿曼、巴林、伊拉克。5月和11月，卡塔尔首相兼外交大臣哈马德两次访叙。7月，卡塔尔王储塔米姆访叙。8月，伊拉克总理马利基、财政部长祖贝迪先后访叙。9月，巴沙尔总统访问沙特。10月，沙特国王阿卜杜拉访叙。

（张玉娟）

亚美尼亚

国名　亚美尼亚共和国（The Republic of Armenia，Республика Армения）。

面积　2.98万平方公里。

人口　325.05万（截至2010年1月1日）。其中亚美尼亚族约占96%，其他民族有俄罗斯族、乌克兰族、亚述族、希腊族、格鲁吉亚族、白俄罗斯族、犹太人、库尔德族等。官方语言为亚美尼亚语，居民多通晓俄语。主要信奉基督教（约占人口总数的94%）。

首都　埃里温（Yerevan，Ереван），人口111.72万。1月平均气温-5℃，7月平均气温25℃。

国家元首　总统谢尔日·萨尔基相（Serzh Sargsyan，Серж Саргсян），2008年2月19日当选，4月9日宣誓就职。

重要节日　"种族灭绝"日：4月24日（1915～1923年奥斯曼土耳其帝国对亚族人的"种族大屠杀"）；第一共和国成立日：5月28日（1918年5月28日成立第一共和国）；宪法日：7月5日；亚美尼亚共和国独立日：9月21日（1991年9月21日亚正式宣布独立）；悼念亚1988年地震死难者日：12月7日。

简　况

内陆国，位于外高加索南部。境内超过90%的地区海拔1000米以上。西接土耳其，南靠伊朗，北临格鲁吉亚，东邻阿塞拜疆。亚属亚热带高山气候，1月平均气温-2℃～12℃，7月平均气温24℃～26℃。

公元前9世纪至前6世纪，在亚美尼亚境内建立了奴隶制的乌拉杜国。公元前6世纪至公元3世纪，阿凯米尼德王朝和塞琉古王朝统治亚美尼亚，建立大亚美尼亚国。此后，亚两次被奥斯曼帝国和波斯瓜分。1804～1828年，两次俄伊战争以伊朗失败告终，原伊朗占领的东亚美尼亚并入沙俄。1918年5月28日，达什纳克楚琼党领导建立了亚美尼亚第一共和国。1920年1月29日，成立亚美尼亚苏维埃社会主义共和国，1922年3月，亚加入外高加索苏维埃社会主义联邦共和国，同年12月30日以该联邦成员国身份加入苏联。1936年12月5日，亚美尼亚苏维埃社会主义共和国改为直属苏联，成为其加盟共和国之一。1990年8月23日，亚美尼亚最高苏维埃通过独立宣言，改国名为亚美尼亚共和国。1991年9月21日，亚美尼亚举行全民公决，正式宣布独立。

政　治

2009年，亚国内政局稳定，总统、议会、政府关系顺畅。萨尔基相总统继续保持稳固的执政地位，牢牢掌控核心权力，并在下半年连任执政党——亚共和党主席。亚国内反对派影响力下降，无法对执政当局构成威胁。萨授意成立了社会委员会，致力于弥合因2008年总统选举造成的各党派系之间的对立情绪，舒缓矛盾，维护社会团结与稳定，集中主要精力消除国际金融危机对亚冲击。4月，达什纳克楚琼党因不满当局试图改善亚土（耳其）关系，退出执政联盟。5月，首都埃里温市举行市长和议会选举，亚共和党胜选，11月，总理季·萨尔基相加入执政党，萨的执政地位进一步巩固。

【宪法】 1995年7月5日，亚全民公决通过宪法。宪法规定亚实行总统制；立法、行政、司法三权分立；奉行多党制。宪法分《总则》、《公民和人的基本权利与自由》、《总统》、《国民会议》、《政府》、《司法机构》等9章。2005年11月27日，亚就宪法改革方案举行全民公决并获通过。新宪法规定，总统向议会提出的总理候选人提名须获得议会大多数支持；进一步限制总统权力，提高议会在国家政治和经济生活中的作用；国家司法系统更加独立；首都市长经选举产生并拥有独立预算权；加强对人权的保护，此外，新宪法赋予地方自治机构更大权力。

【议会】 国民会议，国家最高立法机关。根据2000年11月22日选举法修正案，国民会议任期4年，共设131个席位，其中比例制94席、多数制37席。本届议会系亚第四届国民会议，于2007年6月7日选举产生。亚美尼亚共和党、繁荣亚美尼亚党、法律国家党、亚美尼亚革命联合会（达什纳克楚琼党）和遗产党进入议会。席位分配情况如下：亚共和党63席、繁荣亚美尼亚党26席、达什纳克楚琼16席、法律国家党8席、遗产党7席、无党派议员11人。现任议长奥维克·阿布拉米扬（Овик Абрамян），前任议长季格兰·托罗相于2008年9月16日辞职，9月29日阿当选为议长。副议长萨姆威尔·尼科扬（2009年5月18日当选）和阿列维克·彼得罗相（2007年11月12日当选）。

议会网址：www. parliament. am。

【政府】 现任政府于2008年4月21日产生，由18个部和7个部级局（署）组成。主要内阁成员有：总理季格兰·萨尔基相（Тигран Саркисян），副总理兼国土治理部长阿尔缅·格沃尔基扬（Армен Геворкян），政府办公厅主任达维德·萨尔基相（Давид Саркисян），外交部长爱德华·纳尔班江（Эдвард Налбандян），国防部长谢兰·奥加尼扬（Сейран Оганян），经济部长涅尔塞斯·叶里强（Нерсес Ерицян），司法部长格沃尔克·达尼耶良（Геворг Даниелян），财政部长季格兰·达夫强（Тигран Давтян），交通通讯部长马努克·瓦尔丹尼扬（Манук Варданян），能源和自然资源部长阿尔缅·莫夫西相（Армен Мовсисян），教育和科学部长阿尔缅·阿绍江（Армен Ашотян），文化部长阿斯米克·波戈相（Асмик Погосян，女），环境保护部长阿拉姆·阿鲁秋尼扬（Арам Арутюнян），农业部长格拉西姆·阿拉维尔江（Герасим Алавердян），卫生部长阿鲁琼·库什基扬（Арутюн Кушкян），海外侨民部长格拉努什·阿科比扬（Грануш Акопян，女），紧急状态部长阿尔缅·叶里强（Армен Ерицян）；体育和青年事务部长阿尔图尔·彼得罗相（Артур Петросян）；建设部长瓦尔丹·瓦尔丹尼扬（Вардан Варданян）；劳动和社会保障部长阿尔图尔·格里戈良（Артур Григорян）；警察总署署长阿里克·萨尔基相（Алик Саркисян）；国家安全局长科里克·阿科比扬（Горик Акопян）。

政府网址：www. gov. am。

【行政区划】 亚全国划分为10个州和1个州级市（首都埃里温）。

【司法机构】 设上诉法院、宪法法院和总检察院。上诉法院由13人组成，法官为终身制。现任上诉法院院长阿尔曼·姆克尔图米扬（Арман Мкртумян），2008年9月17日任命。宪法法院由9名法官组成，其中4名由总统任命、5名由国民会议任命。现任宪法法院院长加吉克·阿鲁秋尼扬（Гагик Арутюнян）。总检察院下设军事检察院，现任总检察长阿格万·奥夫谢皮扬（Агван Овсепян），2004年3月17日任命。军事检察长阿尔缅·哈恰图良（Армен Хачатурян），2006年1月17日任命。

【政党】 亚美尼亚现有政党73个，主要政党为：

（1）亚美尼亚共和党（Республиканская Партия Армении）：1990年成立，1991年在司法部注册，是亚独立后第一个登记注册的政党，该党现有61个区域性组织和922个基层党组织，党员约65000人，主要是知识分子、企业家。主张在民族和国家利益基础上联合一切政治和社会力量，进行政治体制改革，健全多党制，发展民主；推动国内外亚族人联合；为国有和私有经济实体良好经营创造条件；全面融入国际社会，提高亚的国际地位并与各国发展互利的政治、经济、文化关系。领导人谢尔日·萨尔基相，现任亚总统。

（2）繁荣亚美尼亚党（Партия “Процветающая Армения”）：成立于2004年4月30日，亚议会第二大党。该党对内主张：维护民族价值观，保障纳卡地区亚族人的民族自决权；反对政治极端主义；巩固国内民主；建立公民社会。对外主张：巩固同俄罗斯战略盟友关系，保障亚政治、经济、军事与国土安全；发展同美国、欧盟的互利合作；积极参与集体安全条约组织、北约、黑海经济合作组织等多边框架合作；发展与周边邻国及独联体其他国家友好关系；系统发展与亚海外侨民的关系；不设先决条件争取与土耳其建立外交关系，争取国际社会承认奥斯曼土耳其帝国一战期间对亚的“种族灭绝”。领导人：亚议员、国家奥林匹克委员会主席、著名企业家加吉克·察鲁基扬（Гагик Царукян）。

（3）亚美尼亚革命联合会（Армянская Революционная Федерация）：亦称达什纳克楚琼党，1890年成立于第比利斯，思想基础是俄民粹主义。1919～1920年曾夺取政权，建立亚美尼亚第一共和国。1991年在亚重新登记。1995年7月至1998年2月因涉嫌恐怖主义活动被禁止在亚境内活动。目前亚境内党员数为7000人，主要为青年知识分子。主要政治目标是建立统一、独立和自由的亚美尼亚国家；要求国际社会承认1915年奥斯曼土耳其帝国对亚美尼亚人实施的“种族灭绝”；主张纳卡和西亚美尼亚（在土耳其版图内）同亚合并。该党在海外亚裔中享有较高声望。领导人瓦安·奥瓦尼相（Ваган Ованесян），现任该党议会党团领袖；阿尔缅·鲁斯塔米扬（Армен Рустамян），现任亚议会外委会主席。

（4）法律国家党（Партия Страна Законности）：成立于1998年。主张在国家安全总体规划的基础上制定国家各方面政策；向发达国家学习制定短、中和长期计划的经验；建立行之有效的公务员体制；关注边境地区和塞万湖生态问题，支持通过“边境地区法”和“塞万湖法”；通过少数民族法保障少数民族利益；外交上主张亚在新的世界格局中发挥应有作用。主席阿尔图尔·巴格达萨良（Артур Багдасарян），现任亚国家安全会议秘书。

（5）遗产党（Партия Наследие）：成立于2002年。主张建立先进的民主法制国家，建设自由、强大和繁荣的国度。2007年5月，该党单独参加亚第四届国民会议选举并成功进入议会，但未加入执政联盟。领导人：亚独立后首任外长拉菲·奥瓦尼相（Раффи Ованесян）。

其他有影响力的政治党派：亚国内最大的由多个政党组成的反对派联盟——亚美尼亚国民大会（Армянский Национальный Конгресс-АНК），亚独立后首任总统列翁·捷尔—彼得罗相（Левон Тер Петросян）是该联盟领导人。

【重要人物】谢尔日·萨尔基相：总统。1954年6月30日生于纳卡自治州首府斯捷潘纳科特市。1976年毕业于国立埃里温大学。1975～1979年在埃里温电机厂当工人。1979～1988年先后任斯捷潘纳科特市团委第二书记、第一书记、党委宣传部长、纳卡州党委第一书记助理。1990年，当选亚最高苏维埃代表。1989～1993年担任纳卡自卫军军事委员会主席。1993～1995年任亚国防部长。1995～1996年任亚国家安全部长。1996～1999年任亚内务部长兼国家安全部长。1999年任亚总统办公厅主任和国家安全会议秘书。2000年5月任亚国防部长，2007年4月4日被任命为政府总理。2006年7月加入亚共和党，并担任该党理事会主席，2007年11月，当选亚共和党主席。2008年2月19日，在总统竞选中获胜，4月9日就任亚总统。曾获亚一级“战斗十字”勋章和“金鹰”骑士勋章。已婚，有两个女儿。**奥维克·阿布拉米扬**：国民会议主席。1958年1月24日生于亚美尼亚阿拉拉特州。1977～1979年在苏军服役。1984年和1990年先后毕业于埃里温公路技术学院和埃里温国民经济学院。1991～1995年任阿拉拉特州阿尔塔沙特市白兰地—葡萄酒厂厂长。1995～1999年任亚第一届国民会议议员。1995～1996年任阿拉拉特州阿尔塔沙特市执行委员会主席。1996～1998年任阿拉拉特州阿尔塔沙特市市长。1998～2000年任阿拉拉特州州长。2000～2001年任亚国土管理和城市建设部长。2001～2002年任亚国土管理部长。2002年2月至2008年4月任亚国土管理和基础设施建设部长。2008年4～9月任亚总统办公厅主任。2008年9月29日，当选亚国民会议主席。阿系亚执政的共和党成员，2005年12月当选该党政治理事会成员。已婚，有两女一子。　**季格兰·萨尔基相**：总理。1960年1月29日生于亚美尼亚瓦纳佐尔市。1980年毕业于埃里温国民经济学院，后赴列宁格勒沃兹涅先斯克财经学院继续深造。1987～1990年任亚经济和计划科学研究所高级研究员，负责国际经济关系研究组。1988～1993年任亚学者和青年专家委员会主席。1990～1995年，当选议员，担任议会财经委员会主席。1995～1998年任亚银行协会主席。1995～2008年任亚转型社会研究所所长。1998年3月和2005年3月连任亚中央银行行长。2005～2007年任亚跨国银行理事会主席。2008年4月出任政府总理。已婚，有两子一女。

经　济

20世纪90年代，苏联解体、纳卡战争、国内政局不稳及阿塞拜疆、土耳其的封锁使亚经济状况每况愈下。2001年，亚经济开始回升，至2007年连续保持两位数增长，人均国民收入增长较快，居民生活水平稳步提高。2008年第四季度起受国际金融危机影响，经济开始出现负增长，2009年国内生产总值下降14.4%，侨汇明显减少，矿产品出口下降，就业压力增大，民众生活颇受影响。为应对金融危机，亚政府采取积极措施：扶持中小企业、扩大国内需求、创造就业机会、寻求国际援助等。2009年底亚经济逐步摆脱金融危机影响，开始恢复增长。2009年主要宏观经济数据如下：

国内生产总值：31655.381亿德拉姆。

人均国内生产总值：97.57万德拉姆。

货币名称：德拉姆（драм）。

1～12月平均汇率：1美元兑363.28德拉姆。

通货膨胀率：5.5%。

失业率：6.9%。

【资源】主要有铜矿、铜钼矿和多金属矿。此外，还有硫磺、大理石和彩色凝灰岩等。

【工业】2009年工业总产值6639.211亿德拉姆，按可比价格计算，较2008年下降7.8%。主要工业部门有机器制造、化学生物工程、有机合成、有色金属冶炼等。近年主要工业品产量及2009年同比增长率如下：

	2007	2008	2009	同比增长（%）
发电量（万千瓦小时）	589740	611430	567120	-7.2
金属切削机床（台）	15	21	43	100
大型电机（台）	246	120	175	45.8
交流发电机（台）	10966	7303	2531	-65.3
纯棉布匹（千克）	—	29684	9935	-66.5

纯毛布匹（吨）	—	67.8	24.3	-64.1
白兰地酒（万升）	1413.08	1602.50	986.90	-38.4
葡萄酒（万升）	367.40	334.29	437.21	30.8

【农业】全国耕地面积49.4万公顷，其中水浇地20.28万公顷。2009年农业总产值5557亿德拉姆，按可比价格计算，比上年下降0.1%。近年主要农产品产量（单位：万吨）及2009年同比增长率如下：

	2007	2008	2009	同比增长（%）
谷类	45.25	41.54	37.49	-9.7
马铃薯	58.39	64.85	59.35	-8.5
蔬菜	84.52	82.53	81.98	-0.7
瓜类	20.62	18.21	21.60	18.6
畜禽	12.22	12.59	12.62	0.2
奶	64.20	66.19	65.30	-1.3
蛋（亿个）	4.71	5.21	6.301	9.4

【服务业】20世纪90年代以来，亚服务行业一直比较萧条。近几年，在整体经济恢复的带动下，服务业有所发展。2007年、2008年和2009年服务业总产值（按现行价格计算）分别为5425.91亿德拉姆、7316.57亿德拉姆和7689.10亿德拉姆。2009年服务业总产值同比增长1.3%（按可比价格计算）。主要行业有客运、物业、电信、旅游、体育、卫生保健、法律、教育、医疗等。

【旅游业】近几年，亚旅游业发展较快。2009年赴亚旅游人数达57.52万，较2008年增长3%；亚公民出境游人数为52.61万，同比增长2.1%。亚国内主要旅游景点有首都埃里温、休假胜地察赫卡特佐尔市和捷尔穆克市、塞万湖自然保护区、加尔尼神庙、格加尔德修道院、塔杰夫修道院等。

【交通运输】以铁路、公路和空运为主。2009年总货运量251120万吨公里（包括管道运输），比2008年下降16.7%，总客运量379220万人公里，同比下降4.8%。

铁路：总长830公里。货运量71790万吨公里，同比增长1.8%；客运量3450万人公里，同比增长29.7%。

公路：总长9500公里。货运量18180万吨公里，同比增长1.3%；客运量251500万人公里，同比下降8.3%。

空运：已开通与俄罗斯、乌克兰、白俄罗斯、格鲁吉亚、法国、英国、德国、荷兰、捷克、希腊、土耳其、黎巴嫩、阿联酋、伊朗、印度等国航线。共有民用飞机54架，国际机场一个，名为埃里温兹瓦尔特诺茨国际机场。

【财政金融】2009年亚国家财政收入6764.160亿德拉姆，支出8247.154亿德拉姆，赤字1482.994亿德拉姆。其中关税收入190.335亿德拉姆，同比下降14.6%，其他各类税款总额5033.288亿德拉姆，同比下降15.9%，非税款收入430.229亿德拉姆，同比增长47.2%。

截至2009年底，亚外债24.99亿美元。

截至2009年12月31日，亚正式营业商业银行有21家，主要银行有HSBC（Армения）、ВТБ（Армения）、ACBA-Credit银行、Инэкобанк、Конверсбанк等。

【对外贸易】2009年外贸总额为40.019亿美元，同比下降27%；其中出口额6.978亿美元，下降34%；进口额33.041亿美元，下降25.3%，逆差26.063亿美元。同欧盟国家贸易额占亚对外贸易总额的30.3%，与独联体国家的外贸额占其外贸总额的29.6%。

主要出口产品为宝石及半宝石加工制品、食品、非贵重金属及其制品、矿产品、纺织品、机械设备等。主要进口产品为矿产品、食品、化工产品等。主要贸易伙伴为俄罗斯、中国、乌克兰、德国、美国等。

【外国援助】2009年亚获得8610.7吨（约5100万美元）人道主义援助物资，主要为化学和化工制品、机械设备与器具、纺织品、汽车等。

【著名公司】"Мульти Групп"企业集团；Гранд тобаго烟草公司；Гранд Кенди糖果公司；Грейт Вэли白兰地酒公司；Арарат白兰地酒厂、Ной白兰地酒厂等。

人民生活

亚政府重视提高人民生活水平和福利待遇，社会性开支占财政支出比例较大。城乡居民均享受免费医疗和退休保障等权利。2009年亚职工人均月工资99145德拉姆（约合266美元），同比增长11.5%。2009年，亚共有从业人口118.51万人，失业人口81400人，失业率6.9%。据2009年亚社会经济情况统计年鉴统计，从业人口较多的有：农业44.42万人，批发零售业和日用品修理业12.12万人，工业12.95万人，建筑业10.51万人。

军　事

亚美尼亚国民军组建于1992年，1月28日为亚建军节。根据1997年6月亚国防法，总统为武装力量最高统帅。国防部是领导武装力量的国家机关，国防部长对武装力量实行直接指挥。现任国防部长谢兰·奥加尼扬，2008年4月14日任命。

亚军实行全民义务兵役制和合同制相结合的兵役制度。士兵服役期为两年，每年春秋两季征兵。军官按合同制服役，入伍时签订三年合同，期满可续签，也可退役。服役满二十年以上者可享有领取退休金等福利。

2009年亚国防开支1305.94亿德拉姆，同比增长7.8%，占其GDP的4.1%。

文化教育

【教育】教育体制包括学前教育、普通中小学教育、职业技术教育、中等专业教育和高等教育。普通中小学实行免费教育，大学对国家计划内的学生实行免费教育。2009年，亚国家教育经费支出1057.69亿德拉姆，同比增长5.8%，占GDP的3.3%。教师平均月工资为75705德拉姆。全国共有16所国立和82所非国立高等院校。

主要院校为：埃里温国立大学、埃里温布留索夫国立语言大学、埃里温工学院、埃里温医学院、埃里温师范学院等。最权威的科研机构是创立于1943年的亚国家科学院。

【新闻出版】全国有980家新闻机构，其中报刊596家，杂志148家，电视公司186家，广播公司53家，通讯社25家。

主要报刊：《亚美尼亚共和国》（Республика Армения），官方报纸，1990年创刊，用亚文和俄文出版，发行量3500份；《亚美尼亚之声》（Голос Армении），独立报纸，1991年创刊，用俄文出版，发行量3500份；《叶尔基尔》（Ергир，意为“祖国”），达什纳克楚琼党机关报，1991年创刊，1994年12月被查封，1998年3月恢复出版，用亚文出版；《阿兹格》（Азг，意为“民族”），自由民主党机关报，1991年创刊，用亚文出版。

主要通讯社：亚通社（Арменпресс），1920年成立，国营；亚信息社（Арменфо），2001年成立，私营；诺亚一塔潘（Ноян Тапан），1991年成立，私营。

主要电台：亚公共广播电台，国营，1926年建台，用亚美尼亚、俄、阿拉伯等语言播音，每日广播时间为8：05～22：30。

主要电视台：亚公共电视台，国营，1956年建台，用亚美尼亚语播出，播出时间为每日8：00至次日6：00。

对外关系

亚奉行平衡互补外交政策，努力巩固与俄罗斯战略同盟关系，以加入欧盟作为外交长期取向，积极发展同美国的关系，参加北约“和平伙伴关系”框架内的各项活动，寻求安全多元化。亚与邻国阿塞拜疆和土耳其无外交关系。亚主张在欧安组织明斯克小组框架下通过政治谈判解决纳卡争端，表示愿不设前提条件与土建立外交关系，呼吁土开放两国边境，要求土承认1915～1923年奥斯曼土耳其帝国对亚族人实施的“种族灭绝”。亚还积极加强与格鲁吉亚和伊朗的睦邻友好合作关系，深化与东欧、中东国家的联系，积极参与黑海经济合作组织、独联体等区域组织事务。

【同中国的关系】1992年4月6日建交。2009年两国友好合作关系继续发展。2月，应亚繁荣亚美尼亚党主席察鲁基扬邀请，中联部代表团出席该党第四次党代会。亚埃里温布留索夫国立语言大学孔子学院揭牌成立。4月，亚国家科学院东方研究所所长萨夫拉斯强访华。5月，中国少数民族服饰展在亚国家画廊举行。9月，亚外长纳尔班江访华，分别与习近平副主席、杨洁篪外长举行会见、会谈，双方签署了《中华人民共和国政府和亚美尼亚共和国政府经济技术合作协定》。亚总统萨尔基相专程到中国驻亚使馆祝贺中国国庆60周年，亚总理季·萨尔基相参加中国驻亚使馆举办的国庆60周年招待会。10月，山西大学文艺团赴亚访演。11月，亚国民会议副主席彼得罗相率团出席在西安举办的“2009欧亚经济论坛”。亚国家安全局局长阿科比扬访华。“中国文化日”在亚首都埃里温隆重举行。12月，亚武装力量总参谋长哈洽图罗夫访华，分别与国务委员兼国防部长梁光烈，中央军委委员、总参谋长陈炳德上将举行会见、会谈。中亚外交部司局级磋商在亚举行。

据中国海关总署统计，2009年中亚双边贸易额为11135.4万美元，同比增长30.0%，其中中方出口额8741.5万美元，同比增长26.3%，进口额2393.9万美元，同比增长108.1%。

中国驻亚美尼亚大使：田长春。馆址：巴格拉米扬元帅大街12号（NO. 12 MARSHAL BAGHRAMYAN STR，YEREVAN，ARMENIA）。电话：（0037410）560067；传真：545761。领事部电话：560663。商务处电话：653874；传真：651898。

亚美尼亚驻华大使：阿尔缅·萨尔基相（Армен Саргсян）。馆址：北京市朝阳区塔园9号楼2单元62号。电话：010－65325677；传真：65325654。

【同俄罗斯的关系】1992年4月3日建交。2009年，亚与俄罗斯高层交往频繁，两国战略同盟关系进一步深化。2月，亚总统萨尔基相赴俄出席独联体集体安全条约组织元首峰会和欧亚经济合作组织峰会。亚总理季·萨尔基相率团访俄。4月，亚总统萨尔基相对俄进行工作访问。5月，俄副总理伊万诺夫访亚。6月，亚总统萨尔基相赴圣彼得堡出席第13届世界经济论坛，赴莫斯科出席独联体集体安全条约组织成员国元首会议。亚总理季·萨尔基相赴俄出席欧亚经济共同体成员国政府首脑会议。10月，“2009俄—亚博览会”在亚举行，来自两国各领域的60余家企业参展。12月，亚总理季·萨尔基相赴俄出席欧亚经济合作组织政府首脑会议。

【同欧盟的关系】2009年，亚与欧盟关系继续发展。4月，亚—欧盟议会合作委员会第10次例会在亚举行。5月，亚总统萨尔基相赴布拉格出席欧盟“东方伙伴”峰会。欧盟外高加索事务特别代表赛内比访亚。7月，瑞典外长卡尔·比尔特率欧盟“三驾马车”外长代表团访亚。9月，亚与欧盟经贸合作委员会第10次例会在亚举行。12月，亚总统萨尔基相与欧盟国家驻亚使节共进工作午餐。亚外长纳尔班江赴布鲁塞尔出席欧盟“东方伙伴计划”成员国外长会议。

【同阿塞拜疆的关系】亚阿两国因纳卡冲突尚未建交。2009年，两国就纳卡问题继续保持接触。1月，亚总统萨尔基相与阿总统阿利耶夫在苏黎世举行会晤，责成两国外交部就纳卡问题继续谈判。5月，亚总统萨尔基相出席欧盟“东方伙伴”峰会期间与阿总统阿利耶夫举行会晤。6月，亚总统萨尔基相赴俄出席世界经济论坛期间与阿总统阿利耶夫举行大、小范围会见，并出席亚、阿、俄三国元首早餐会。亚外长纳尔班江与阿外长马梅季亚罗夫在巴黎举行工作会晤。7月，亚总统萨尔基相和阿总统阿利耶夫在莫斯科举行会晤。10月，两国元首在摩尔多瓦首都基希讷乌举行会晤。11月，两国元首在慕尼黑举行会晤。12月，亚外长纳尔班江赴雅典出席欧安组织外长会期间与阿外长马梅季亚罗夫共进工作午餐。

【同土耳其的关系】由于历史问题亚土尚未建立外交关系。2009年，亚土关系正常化进程有所进展。1月，亚总统萨尔基相赴瑞士出席世界经济论坛期间与土总理埃尔多安举行会见。4月，亚外长纳尔班江赴土出席联合国主办的第二届“文明同盟”论坛。5月，亚总统萨尔基相出席欧盟“东方伙伴”峰会期间与土总统居尔举行会见。10月，亚外长纳尔班江与土外长达乌特奥卢在瑞士苏黎世签署《关于建立外交关系的议定书》和《关于发展双边关系的议定书》。亚总统萨尔基相赴土观看2010年世界杯预选赛亚美尼亚队与土耳其队的比赛。12月，亚外长纳尔班江赴雅典出席欧安组织外长会期间与土外长达乌特奥卢举行会晤。

【同格鲁吉亚的关系】1992年7月17日，亚美尼亚与格鲁吉亚建交。2009年，亚格关系继续发展。2月，格议长巴克拉泽、外长瓦沙泽分别访亚，就双边关系和地区形势等问题交换意见。5月，格副外长贾拉加尼访亚。6月，格总统萨卡什维利访亚。9月，格外长瓦沙泽访亚。

【同伊朗的关系】1992年2月9日亚与伊朗建交。2009年，亚伊关系续有发展。4月，亚总统萨尔基相访伊，分别与伊总统艾哈迈迪内贾德、议长拉里贾尼等举行会见。伊交通部长别赫巴哈时访亚。5月，伊议会伊亚议员友好小组访亚。6月，亚总统萨尔基相致信祝贺艾哈迈迪内贾德连任伊总统。

【同美国的关系】1992年1月7日，亚与美国建交。2009年，亚美关系发展顺利。1月，美总统布什致信亚总统萨尔基相，感谢亚参与伊拉克国际维和行动。3月，亚总统萨尔基相与美国务卿希拉里通电话，就“千年挑战”计划项目、纳卡问题和亚土（耳其）关系等问题交换意见。5月，亚外长纳尔班江应邀访美。7月，美第一助理国务卿詹姆斯·施坦博格率团访亚。11月，亚总理季·萨尔基相对美进行工作访问。亚经济部长叶里强赴美出席亚美政府间经贸合作委员会例会。12月，美国防部副助理秘书瓦兰杰尔访亚。

【同北约的关系】1994年10月5日，亚加入北约“和平伙伴关系计划”，1997年加入“欧洲—大西洋伙伴关系委员会”。2009年，亚与北约关系有所加强。5月，亚外长纳尔班江和国防部长奥加尼扬赴布鲁塞尔出席北约28+1会议。9月，北约专门委员会会议在亚举行，来自北约21国的代表与会。11月，亚总统萨尔基相会见北约秘书长南高加索和中亚问题特别代表西蒙斯。

【同西欧国家的关系】2008年，亚与西欧国家关系续有发展。2月，亚总统萨尔基相对德国进行工作访问，与德总理默克尔举行会见。亚外长纳尔班江访问波兰、捷克。3月，亚外长纳尔班江对法国进行工作访问。4月，亚—瑞（典）经贸论坛在亚举行。5月，克罗地亚总统梅西奇访亚。6月，爱沙尼亚外长乌尔马斯·帕耶特访亚。7月，塞浦路斯总统赫里斯托菲亚斯访亚。亚外长纳尔班江访问匈牙利。塞尔维亚总统塔季奇访亚。9月，亚总统萨尔基相应邀访问克罗地亚。11月，亚总统萨尔基相访问匈牙利。亚总理季·萨尔基相赴意大利出席世界粮食安全峰会。立陶宛外长乌沙茨卡斯访亚。亚外长纳尔班江对意大利进行工作访问。波兰国防部长克利赫访亚。12月，拉脱维亚总统扎特列尔斯访亚。亚外长纳尔班江对法国进行工作访问。

（王莹莹）

也　门

国名　也门共和国（The Republic of Yemen）。

面积　55.5万平方公里。

人口　2310万（2008年）。绝大多数是阿拉伯人。官方语言为阿拉伯语。伊斯兰教为国教，什叶派的宰德教派和逊尼派的沙斐仪教派各占50%。

首都　萨那（Sana'a），人口190万（2005年）。

国家元首　总统阿里·阿卜杜拉·萨利赫（Ali Abdullah Saleh）元帅，1978年7月当选北也门总统，1990年北、南也门统一，萨出任总统委员会主席，1994年9月议会通过宪法修正案，取消总统委员会，改为总统制。同年10月，萨当选总统，1999年、2006年两次当选连任。

重要节日　国庆日：5月22日。

简　况　位于阿拉伯半岛西南端。与沙特、阿曼相邻，濒红海、亚丁湾和阿拉伯海，海岸线长1906公里。境内山地和高原地区气候较温和，沙漠地区炎热干燥，年平均最高气温39℃，最低气温-8℃。

也门有3000多年文字记载的历史，是阿拉伯世界古代文明摇篮之一。公元前14世纪建立麦因王朝，16世纪后先后遭葡萄牙、奥斯曼帝国和英国入侵与占领。1918年，建立独立的也门王国。1934年，英国迫使王国承认英对也门南部的占领，也门被正式分割为南、北两方。1962年9月，以阿卜杜拉·萨拉勒为首的“自由军官”组织发动革命，推翻北部的巴德尔王朝，成立阿拉伯也门共和国。1967年，南部也门摆脱英殖民统治获得独立并成立也门民主人民共和国。1990年5月22日，北、南也门宣布统一，成立也门共和国。1994年5月，北、南方领导人在统一等问题上矛盾激化，爆发内战。7月内战结束，也门社会党领导的南方军队失败，该党主要领导人逃亡国外。9月，议会通过宪法修正案，将总统委员会制改为总统制，10月1日萨利赫当选总统。1999年9月，萨在也门统一后的首次全民大选中当选总统。2006年9月，萨再次当选连任。

政　治　也门实行共和民主制，人民是权力的来源和主体，通过选举投票直接行使政治权力。也门的政治体制建立在政治多元化和多党制基础之上，通过大选实现政权的和平交替。1994年内战结束以来，也门政局基本保持稳定，经济日益恢复。2009年，也门政府继续推进政治民主化进程及经济社会领域渐进改革措施，政局总体稳定，经济保持低速增长势头。国内安全形势恶化，政府继续加大打击恐怖和极端势力的力度，但爆炸、枪杀、部落武装叛乱及针对外国人的袭击事件时有发生。

【宪法】1989年11月30日，原北、南方领导人萨利赫和比德在亚丁签署了统一宪法草案。1990年5月21日，双方议会通过了宪法，其中规定，伊斯兰法是也门共和国一切立法之本。2001年再次修改宪法，将总统任期由5年延至7年，并赋予总统解散议会的权力。

【议会和协商会议】议会是国家立法机构，负责制定财政预、决算和经济社会发展大纲等国家大政方针；对政府工作进行指导和监督，议员可以向正副总理、各部正副部长提出质询；经1/3议员署名，议会可对政府提出不信任案，如获多数通过，总理须向总统提出政府辞呈；总统作出的解散议会的决定，须在30日内举行全民公决，多数赞成才能生效。本届议会于2003年4月27日经选举产生，任期6年。现议会共有301个席位，其中全国人民大会225席，伊斯兰改革集团46席，社会主义党7席，复兴党2席，纳赛尔主义党3席，独立人士14席。议长为叶海亚·阿里·拉依（Yahia Ali Al-Ra'ai），2008年2月当选。2009年4月是法定的议会选举期，由于各在野党对执政党企图操纵大选不满，联合抵制，经各派协商达成一致，将大选推迟两年。

协商会议的前身是1979年成立的原北也门协商会议，是总统的最高咨询机构，负责研究和讨论同国家最高利益有关的国内外重大问题，无立法权。也门统一后，萨利赫总统于1997年5月19日颁布总统令，宣布成立也门协商会议，并任命了59名委员，前总理阿卜杜·阿齐兹·阿卜杜·加尼（Abdul Aziz Abdul Ghani）被推选为主席。2001年协商会议扩大为111人。

【政府】本届政府于2007年4月组成，包括总理、3名副总理、33名部长。2008年5月进行了部分改组。主要成员有：总理阿里·穆罕默德·穆贾瓦尔（Ali Mohammed Mujawar），副总理拉沙德·穆罕默德·阿里米（Rashad Mohammed Al-Alimi），副总理兼计划与国际合作部长阿卜杜勒·凯里木·伊斯梅尔·埃尔哈比（Abdulkarim Ismail Al-Arhabi），副总理萨迪克·阿明·艾布·拉斯（Sadiq Amin Abu Ra'as），外交部长艾布·贝克尔·阿卜杜拉·科尔比（Abu Baker Abdullah Al-Qirbi）等。

【行政区划】也门有19个省和1个直辖市：萨那、亚丁、塔兹、拉哈吉、荷台达、阿比洋、伊卜、夏卜瓦、扎马尔、哈达拉毛、哈贾、马哈拉、贝达、萨达、马哈维特、马里卜、焦夫、阿姆兰、达利阿和萨那市。

【司法机构】1991年7月，也门总统委员会宣布成立最高司法委员会，由1名主席和9名委员组成。总统委员会宣布成立最高法院，设最高法院院长、第一副院长和副院长各1名、委员45名。2006年2月，阿萨姆·阿卜杜瓦哈比·穆罕默德·萨马维被任命为最高司法委员会主席兼最高法院院长。

【政党】也门有22个注册政党，主要包括：

（1）全国人民大会（General People's Congress）：执政党。1982年8月成立并召开第一届全国代表大会，通过爱国宪章。下设常务委员会，有成员1000名，其中任命300名，选举产生700名。2005年12月，萨利赫总统在该党七大上连任党主席。大会政治决议强调，该党下阶段的工作重点是，努力改善人权状况，提高人民生活水平，反对腐败，进行财政、金融和司法改革，动员党员积极参加总统、议会和地方选举。

（2）伊斯兰改革集团（Islamic Gathering for Reform）：主要反对党之一。成立于1990年9月，是也门统一后成立的最大反对党。1993年4月也门大选后成为执政党之一。1994年7月也门内战后成为第二大党。成员主要来自部落、商界和宗教界。其基本纲领是“光荣属于真主、真主的使者和信徒”，主张“伊斯兰法为一切法律之本”，“一切事务应通过协商决定”，“在法制、多党、民主框架内建设新也门”。1994年9月召开第一次全国代表大会。1997年4月退出政府，成为在野党。2007年2月，改革集团召开第四次全国代表大会。现任党主席为穆罕默德·阿卜杜拉·亚杜米。

（3）也门社会主义党（the Yemeni Socialist Party）：主要反对党之一，简称“也社党”。其前身为1963年8月9日成立的“被占领的南也门民族解放阵线”，简称“民阵”。1978年10月11日“民阵”召开党代会，宣布成立也门社会主义党。1990年5月，也社党同全人大合作实现了也门统一。1994年5月，两党矛盾激化，爆发内战，也社党败北，成为在野党。1994年9月，也社党选出新的领导机构，阿里·萨利赫·奥贝德当选总书记。1998年11月，奥在该党四大上再次当选。2005年7月，也社党召开五大，亚辛·赛义德·努曼（Yasin Said Numan）当选为总书记。

其他在野政党还有也门人联盟、也门统一集团、自由人宪政党、阿拉伯复兴社会党等。

【重要人物】 **阿里·阿卜杜拉·萨利赫**：总统、武装部队总司令、全人大主席。1942年生于萨那。1960年入武装部队士官学校学习。1962年参加推翻封建王朝的“九·二六”革命。历任装甲兵部队排、连、营、团、旅长等职，后升任曼德海峡军区司令、塔兹军区司令。1978年7月任阿拉伯也门共和国总统兼武装部队总司令。1982年8月当选为全国人民大会总书记。1990年也门统一后当选为总统委员会主席。1994年10月当选总统。1995年6月任全人大主席。1997年12月晋升为元帅。1999年9月在也门统一后首次全民大选中当选总统。2006年9月再次当选连任总统。曾于1987年12月、1998年2月和2006年4月三度访华。 **阿卜杜·拉布·曼苏尔·哈迪**：副总统、全人大副主席。1944年生于阿比扬省瓦道阿地区。先后在埃及、英国、前苏联学习军事，获得埃及纳赛尔高等军事学院硕士学位、前苏联伏龙芝军事学院硕士学位。曾在也门民主人民共和国军队内任装甲部队参谋、战斗学院参谋、作战训练局局长、供应局局长、后勤事务副总参谋长等职。也门统一后任总统委员会顾问。1994年5月任国防部长，9月晋升为少将，同年10月任副总统，1995年6月任全人大副主席，1997年12月晋升为中将。曾于1999年4月访华。 **阿里·穆罕默德·穆贾瓦尔**：总理。1953年生于夏卜瓦省。1981年，获阿尔及利亚大学经济管理学学士。1987～1991年，获法国格勒诺布尔大学经济管理学硕士和生产管理学博士学位。1994～1996年，任亚丁省经济学院教工行政处处长和最高研究委员会委员。1996～2001年，历任亚丁大学石油矿产学院院长、管理学院院长。2001～2003年，任民事服务和保险部次长、巴尔赫水泥厂总经理。2003～2006年，任渔业部长。2006年2月～2007年3月，任电力部长。2007年3月起任总理。2006年曾随萨利赫总统访华。

经济

也门经济落后，是世界上最不发达的国家之一。1991年海湾战争和1994年内战使国民经济严重倒退。1995年，也政府开始经济、财政和行政改革。1996－2000年，GDP年均增长5.5%，财政收入逐年增加。2001年财政首次实现盈余。

2009年，受全球性金融危机以及油价下跌的影响，也门经济困境加剧。政府积极推进经济、财政改革，改善投资环境，加大招商引资力度，对外积极争取外援，经济实现低速增长。也门经济发展主要依赖石油出口。目前已探明的石油可采储量约4亿吨，天然气可采储量约4.9亿立方米。也门未参加任何石油组织，因而不受国际石油组织配额限制，在生产上自主性较强。政府高度重视勘探开采石油、天然气和矿产资源，力图通过上述资源的大量出口，克服经济困难。2009年主要经济数据如下（资料来源：《英国经济季评》、也门中央银行统计）：

国内生产总值：262.4亿美元。

人均国内生产总值：1190美元。

货币名称：里亚尔（Rial）。

汇率：1美元＝225里亚尔。

通货膨胀率：3.69%。

外债：60亿美元。

外汇储备：70亿美元。

【资源】 除石油外，也门还有铜、铁、铝、铬、镍、钴、金、银、煤、盐、大理石、硫磺、石油、天然气、石膏等。

【工业】 也门工业不发达，有纺织、石油、化工、制铝、制革、水泥、建材、卷烟、食品及加工工业。20世纪80年代中期开始开采石油。

【农业】 全国有可耕地360万公顷，已耕地面积约160万公顷。农业人口约占全国人口的75%。农产品主要有棉花、咖啡、高粱、谷子、玉米、大麦、豆类、芝麻、卡特和烟叶等。粮食不能自给，一半依靠进口，棉花和咖啡可供出口。

【交通运输】 无铁路。

公路：总长69263公里，其中柏油路9963公里，非柏油路59300公里。

空运：也门有5个主要空港，分别是萨那、亚丁、里扬、塔兹和荷台达，共有机场49个，其中14个机场拥有柏油跑道。萨那、亚丁和里扬机场为国际机场。1996年5月，原南、北方的两家国营航空公司合并成立“也门航空公司”，也门政府控股51%，沙特政府占股49%，共有民航飞机约20架。

海运：有港口7个。亚丁港是最大港口，有泊位30个，可停靠万吨级货轮。荷台达港年吞吐量150万吨。木哈港年吞吐量35万吨。此外还有穆卡拉港等。

【财政金融】 2009年度也门财政预算总收入约76.9亿美元，总支出约98.2亿美元，预算赤字约21.3亿美元。

【对外贸易】 实行进口许可证制度。运输工具、机械设备等国内建设所需物资以及大量轻工产品均需进口。出口产品主要有石油、棉花、咖啡、烟叶、香料和海产品等。主要贸易伙伴有中国、美国、阿联酋、意大利、沙特等。近年进出口情况如下（单位：亿美元）：

	2006	2007	2008
出口	64.69	71	63.55
进口	50.28	67	72.35
差额	14.41	4	8.8

（资料来源：《英国经济季评》、也门中央统计局）

人民生活

实行免费医疗制度。全国有医院282家，卫生中心1261家，卫生所3309家，药房1420家。全国有出租车92749辆、私家车287948辆，商业运输车422154辆。全国有邮局203所。也门的电话普及率较低。截至2006年底，也门电话线达130万条。截至2007年底，上网人数达19.5万人。

军　事

实行义务兵役制。兵役法规定，年满18岁的男性公民须服役两年。萨利赫总统兼任武装部队总司令，总参谋长艾哈迈德·阿里·阿希瓦勒少将。全国分10个军区。总兵力15万人，其中正规军11万人。陆军9万余人，其中包括共和国卫队约3万人，是也门装备最精良的部队。海军2800人，有2个海军基地，各类舰艇34艘。空军6000人，有各类飞机271架，其中战斗机约60架。此外还有国家内政安全警察约2万人和部落武装2万余人。也门武器装备90%以上为前苏联提供，少数为美国和西方国家提供。

文化教育

【教育】 政府重视教育事业发展，全国中小学实行免费教育，并致力于扩大基础、技术、职业教育。有小学和初中9517所（其中宗教小学、初中623所），高中3003所（其中宗教高中615所），公立大学7所，私立大学8所。萨那大学建于1970年，下设9所学院，1个语言中心，在6个地方设有分院。亚丁大学下设9所学院，是一所综合性大学。2005年3月，作为也“基础教育国家战略”的一部分，也政府启动了“发展基础教育项目”，世界银行、荷兰、英国和也门政府分别出资。

【新闻出版】 也门统一后，报纸杂志出版量迅速增长，已达90余种，其中政府发行17种，各党派组织13种，独立的报刊39种，还有一些专业性报纸或期刊。除《也门时报》以英文出版外，其余均为阿拉伯文版。主要报纸有：《革命报》、《共和国报》、《十月十四日报》、《九月二十六日报》。

也门通讯社（简称萨巴社）为官方通讯社。1990年5月22日也门统一后，由原北也门萨巴通讯社（创建于1968年）和原南也门亚丁通讯社（创建于1970年）合并而成。每日用阿拉伯文和英文对外发稿。

萨那广播电台（国营）建于1948年，用阿拉伯语、英语广播，每天播音19小时。亚丁广播电台（国营）创建于1954年8月，用阿拉伯语广播，每天播音15小时，星期五19小时。

萨那电视台（国营），建于1975年，每日播放15小时。亚丁电视台（国营）于1964年9月建成，每日播放7～8小时。

对外关系

也门统一后，政府重申恪守过去北、南双方分别同各国签署的一切协议和国际条约，遵守联合国宪章和阿拉伯国家联盟宪章；奉行中立、和平、不结盟政策；坚持睦邻友好、和平共处、不干涉内政，主张以和平方式解决国与国之间的争端与分歧。近年来，尤其是“科尔号”和“9·11”事件后，也美关系成为也门外交重点，双边互访增多，美对也门经济、军事援助增加。同时，也门还加强了与英、法、德等欧盟国家的关系。也门进一步恢复和发展与海湾国家关系，加强同埃及、沙特和叙利亚等阿拉伯大国的协调，致力于维护阿拉伯国家团结。积极参与区域性组织，努力增强对地区事务的影响。2002年，萨利赫总统倡议成立了“萨那合作集团”，成员包括也门、苏丹、索马里、埃塞俄比亚4国。也门已同100多个国家建立了外交关系。

【对当前重大国际地区问题的态度】 伊拉克问题：坚决支持维护伊拉克的主权和领土完整，反对任何分裂伊的主张。呼吁国际社会有关各方共同努力，避免伊出现教派冲突，希望外国军队尽快从伊撤军，实现伊人治伊。认为国际社会应帮助伊渡过难关，推动伊各派展开对话，实现伊的安全与稳定，建立统一、民主、自由、稳定的伊拉克。

中东问题：主张有关各方根据联合国有关决议解决巴以冲突，反对在执行联合国决议时采取双重标准。支持巴勒斯坦人民争取民族权利的合法斗争，支持巴勒斯坦结束被占领和分割的状况，实现难民回归，建立以耶路撒冷为首都的独立的巴勒斯坦国。呼吁巴两派结束内部纷争，面对现实，通过协商和对话实现民族团结。敦促国际社会，特别是安理会常任理事国向以色列施压，使其接受“阿拉伯和平倡议”，积极支持召开中东国际和平会议，以早日实现中东地区全面、公正、持久的和平。

反恐问题：反对一切形式的恐怖主义，支持国际社会的反恐努力，对“基地”组织或其他任何恐怖组织在也门的活动进行严厉打击。认为贫穷、社会不公是滋生恐怖主义的土壤，消除贫困、发展经济和实现公正才是消灭恐怖主义的治本之道，呼吁国际社会在“也门之友”小组框架下向也门提供反恐和发展援助。主张反恐、治恐两手抓，在对恐怖势力重拳打击的同时，要加强教育和疏导，防止宗教极端势力利用伊斯兰极端思想毒害大众。反对将恐怖主义与特定国家、民族和宗教挂钩，主张将巴勒斯坦人民反对以色列占领的合法斗争与恐怖主义严格区分开来，反对反恐扩大化。

伊朗核问题：认为伊朗有和平利用核能的权利，希望有关各方以谈判和对话方式解决伊核问题，反对对伊动武。认为紧张局势的升级将会危害地区和整个世界的和平。主张中东地区无核化。

苏丹达尔富尔问题：赞赏苏丹政府为解决达尔富尔问题所作的努力，强调也门站在苏政府和人民一边，支持实现达区和平。呼吁国际社会支持苏政府，不干涉其内政，维护苏国家主权、统一和稳定。

【同中国的关系】1956 年 9 月 24 日中国与也门穆塔瓦基利亚王国建立公使级外交关系。1963 年 2 月 13 日升格为大使级（当时也门已是阿拉伯也门共和国，即北也门）。1968 年 1 月 31 日中国与也门民主人民共和国（南也门）建立大使级外交关系。1990 年也门统一后，两国建交日期定为 1956 年 9 月 24 日。

2009 年，中也友好关系继续得到巩固和发展。双方各层次交往与交流不断，3 月，中联部副部长李进军率团访也。4 月，中国最高人民检察院检察长曹建明率团访也。7 月，也门公共卫生与人口部次长贾马尔率团访华。同月，也社党干部考察团访华。8 月，杨洁篪外长就也门空难事件向科尔比外长致慰问电。10 月，也门全人大干部考察团访华。11 月，也门外交部 40 名外交干部来华培训。12 月南京杂技团赴也门访问演出。2010 年 3 月，中国人民对外友好协会主席陈昊苏访也。5 月，也门外长科尔比就青海玉树地震致杨洁篪外长慰问电。同月，科尔比外长率团出席在华举办的中阿合作论坛第四届部长级会议。

2009 年中也双边贸易额达 24.1 亿美元，其中中国出口 11.7 亿美元，进口 12.4 亿美元。中国主要向也门出口服装鞋帽、汽车轮胎、机械设备等，主要从也门进口石油、食用鱼等。

中国驻也门大使：刘登林。馆址：AL-ZUBEIRI STREE-T，SANA'A，THE REPUBLIC OF YEMEN 。信箱：P. O. BOX 482。国家地区号：009671。电话：275337 275339（经商处）。传真：275341。电子信箱：CHINAEM_ YE@ MFA. GOV. CN 。

也门驻华大使：阿卜杜勒—马利克·苏莱曼·穆罕默德·穆阿里米（Abdulmalek Sulaiman Mohammed Al-Muaalemi）。馆址：北京市三里屯东三街 5 号，电话：010－65321688，65321558。传真：65324305。

【同美国的关系】北也门于 1948 年 4 月与美建交。1967 年“六·五”中东战争时同美断交。1970 年复交。1967 年 12 月美与南也门建交。1969 年两国断交。1990 年复交。美支持也门统一。“9·11”事件后，也门加强了与美在情报等反恐领域的合作，双方签署了《安全合作谅解备忘录》。2005 年，也门总统萨利赫访美，美重申支持也门的民主进程。2008 年，美主管反恐及安全事务及军方代表团多次访也，就反恐和打击索马里海盗问题与也门磋商。9 月，美驻也使馆遭到恐怖袭击。2009 年，美军事、情报专员和议会代表团分别访也，双方加强在安全与反恐领域的合作，美增加对也门反恐和安全援助。

【同俄罗斯的关系】1928 年苏联承认也门独立。1956 年、1967 年苏联分别同北、南也门建交。也门统一后，俄罗斯在萨那、亚丁分设使馆和总领事馆。近年来，也俄关系不断发展。2008 年，也门外长科尔比访俄；俄联邦议会主席米罗诺夫访也。2009 年 2 月，也门总统萨利赫第五次访俄，分别会见俄总统梅德韦杰夫、总理普京，双方成立也俄最高委员会，并签署 10 亿美元的军品合同。

【同沙特阿拉伯的关系】1970 年北也门与沙特建交。也沙关系直接影响也的经济发展、政局和社会稳定，是也门外交的立足点之一。2000 年，也沙长期存在的领土纠纷基本解决。2006 年，萨利赫总统两度访沙；沙特王储访也。2008 年，也沙关系继续发展。3 月，也门总统萨利赫访沙。年内，两国外交、安全、军队等部门领导人互有访问。2009 年 5 月、9 月，萨利赫总统两次访沙，就也沙双边关系和反恐与安全合作与沙磋商。

【同其他海湾国家及海湾合作委员会的关系】1999 年，也门与科威特恢复互派大使，两国关系实现正常化。2009 年 1 月萨利赫总统赴科出席阿拉伯社会经济发展峰会。2 月，科威特副首相兼外交大臣访也，出席也科第一届部长级混委会，双方共同签署旅游、安全、经济与技术合作等 7 个合作议定书。2001 年，海湾合作委员会（GCC）第 22 届首脑会议决定接受也门参加 GCC 下属的卫生、教育、劳动与社会事务等专项委员会的活动。2003 年，也门第一次以正式身份参加了 GCC 上述专项委员会会议。2004 年，也门同阿曼边界问题基本解决。2005 年，GCC 秘书长访也，主动邀也门加入海湾自由贸易区。也门表示愿接受任何可最终完全加入 GCC 的改造计划。2008年，也门与海湾国家各层次往来频繁。4月，也门外长遍访GCC各成员国。12月，GCC第29届首脑会议通过决议，同意也门加入GCC下属组织审计委员会、标准化机构、工业咨询机构和海湾电视、电台协会四个机构，使也门加入GCC外围组织的数量达到八个。2009年6月在沙特召开海湾合作委员会外长和也门外长联席会议，专门商讨也门经济改革进程及劳工问题。　（刘慧昭）

伊　拉　克

国名　伊拉克共和国（The Republic of Iraq）。

面积　44.1839万平方公里，包括924平方公里水域和伊拉克、沙特中立区伊拉克部分3522平方公里（《经济季评》2009年度报告）。

人口　截至2009年，伊全国总人口约为3070万人（《经济季评》2009年度报告估计数字）。其中阿拉伯民族约占78%（什叶派约占60%，逊尼派约占18%），库尔德族约占18%，其余为土库曼族、亚美尼亚族等。官方语言为阿拉伯语和库尔德语，通用英语。居民中95%以上信奉伊斯兰教，少数人信奉基督教等其他宗教。

首都　巴格达（Baghdad），人口630.7万（《经济季评》2009年度报告估计数字）。

简　况

位于亚洲西南部，阿拉伯半岛东北部。北接土耳其，东临伊朗，西毗叙利亚、约旦，南接沙特、科威特，东南濒波斯湾。幼发拉底河和底格里斯河自西北向东南流贯全境。海岸线长60公里。领海宽度为12海里。除东北部山区外，属热带沙漠气候。7月、8月气温最高，日平均气温24～43℃，1月气温最低，日平均气温4℃～16℃，6～9月降雨最少，月平均降雨量1毫米，3月降雨最多，月平均降雨量28毫米。

伊拉克所处的底格里斯河、幼发拉底河两河流域具有悠久的文明。公元前三千年中叶，两河流域最早的居民苏美尔人创造楔形文字、60进制计数法和圆周分割率。公元前1894～前1595年，古巴比伦王国统治伊拉克，其历代君王中最有名的是第六代国王汉谟拉比（公元前1792～前1750年），编纂世界上第一部最完善的法典（282条）。此后，伊拉克经历了亚述帝国和后巴比伦王国的统治，世界七大奇迹之一空中花园即兴建于后巴比伦王国。公元前550年，波斯国王大流士占领两河流域。此后，两河流域又历经塞琉西（中国史称条支）、安息、波斯萨珊王朝统治。公元五世纪，阿拉伯人开始北迁，至七世纪，阿拉伯帝国兴起，并迅速占领两河流域，先后建立倭马亚王朝（中国史称白衣大食）和阿拔斯王朝（中国史称黑衣大食），其中阿拔斯王朝定都巴格达。1258年，成吉思汗之孙旭烈兀攻占巴格达，受封以波斯和小亚细亚为中心建立伊儿汗国，辖区包括今伊拉克。此后，突厥、阿塞拜疆先后入侵两河流域，并建立短暂统治。1534年起，奥斯曼帝国开始统治两河流域，长达三百多年，直到第一次世界大战期间。

1920年，根据国际联盟决议，伊拉克沦为英国的“委任统治地”。1921年，英国人从麦加哈希姆王室中选送费萨尔到巴格达建立费萨尔王朝，费萨尔被立为国王。第二次世界大战后，伊拉克与土耳其于1955年2月23日签订“伊土条约”，随后英国、巴基斯坦和伊朗加入，组成巴格达防御条约组织。1958年，以卡塞姆为首的自由军官集团发动军事政变，推翻费萨尔王朝，宣布成立伊拉克共和国。

政　治

1968年，复兴党政变上台。1979年，萨达姆全面接管政权。1980年，历时8年的两伊战争爆发。1990年8月2日，伊拉克入侵并吞并科威特，由此引发海湾战争。此后，联合国对伊实施了近13年制裁。2003年3月20日，美、英等发动伊拉克战争，萨达姆政权被推翻。

2003年7月，美驻伊当局任命25名伊各派人士组成伊临时管理委员会（简称临管会）。2004年6月，伊临时政府成立。6月8日，联合国安理会一致通过第1546号决议，决定全面恢复伊主权，结束对伊占领。

2005年1月，伊举行过渡国民议会选举，并于4月底组成过渡政府。10月，伊永久宪法草案在全民公决中获得通过。12月，伊选举产生战后首届正式议会。2006年4月，伊议会选举产生总统、副总统和议长。库尔德族人士塔拉巴尼任总统，逊尼派人士迈什哈达尼任议长。5月20日，以什叶派人士马利基为总理的新内阁宣誓就职，标志着伊战后政治过渡进程基本完成。伊政局形成库尔德族人、什叶派、逊尼派三足鼎立局面。2010年3月，伊拉克举行战后第二次全国议会选举。

【伊拉克战争】2003年初，美国称已掌握了伊拉克拥有大规模杀伤性武器的确凿证据，公开表示将以武力推翻萨达姆政权，开始大量陈兵海湾。2003年3月20日，伊拉克战争爆发。在经历战争初期的短暂抵抗后，4月9日，美军攻占巴格达，萨达姆政权被推翻。5月1日，美国总统布什宣布伊拉克主要战事结束。2008 年 12 月，美伊双方签署《美伊友好合作战略框架协议》和《驻伊美军地位协议》，并于 2009 年 1 月起生效。协议规定，建立和发展美伊政治、经济、文化、安全等领域长期友好合作关系；驻伊美军最迟 2011 年底前全部撤离。2009 年 2 月 27 日，美国总统奥巴马宣布，将在 2010 年 8 月底前撤出全部驻伊美军作战部队。2009 年 6 月 30 日，驻伊美军从伊城镇撤离，完成第一阶段撤军。

【宪法】2005 年 8 月底，伊出台永久宪法草案，并在 10 月举行的全民公决中获得通过。该宪法规定，伊拉克实行联邦制，石油资源归全体人民所有，萨达姆集团分子不得参政。但伊各派在伊斯兰教在国家生活中的地位、联邦制、资源分配等问题上尚存在争议。

【议会】伊战后首届正式议会选举于 2005 年 12 月举行，在 275 个议席中，什叶派“伊拉克团结联盟”获 128 席，库尔德联盟获 53 席，参选的两个逊尼派政党共获 55 席。2006 年 3 月 16 日，正式议会召开首次会议。

2008 年 2 月，伊通过《地方选举法》。2009 年 1 月，伊举行省级地方议会选举，现任总理马利基领导的“法治国家联盟”在举行选举的 14 个省中的 9 个获得优势。2009 年 12 月 6 日，伊通过选举法修正案。2010 年 3 月 7 日，伊举行第二次全国议会选举，在 325 个席位中，伊前总理阿拉维领导的“伊拉克名单”获 91 席；现任总理马利基领导的“法治国家联盟”获 89 席；伊斯兰最高委员会领导的“伊拉克全国联盟”获 70 席；“库尔德联盟”获 43 席；“库尔德改革运动”获 8 席；逊尼派“共识名单”获 6 席；“伊拉克统一联盟”获 4 席；“库尔德伊斯兰联盟”获 4 席；“库尔德伊斯兰集团”获 2 席；少数族裔政党获得法定 8 席。

【政府】本届政府是伊战后首届正式政府，于 2006 年 5 月成立。共设 40 个职位，包括总理、2 名副总理、26 名部长和 11 名国务部长。主要成员有：总理努里·马利基（Nuri Al-Maliki），副总理萨拉姆·祖拜伊（Salam Zigum Ali Al-Zoubaie），副总理巴拉哈姆·萨利赫（Barham Salih），外交部长霍希亚尔·兹巴里（Hoshyar Zebari），石油部长侯赛因·沙哈斯坦尼（Hussein Al-Shahristani），财政部长白颜·贾巴尔·索拉厄（Bayan Jabr Solagh），电力部长凯里姆·瓦黑德（Karim Waheed），司法部长哈希姆·阿卜杜勒—拉赫曼·沙比利（Hashim Al-Shebli）等。根据 2010 年 3 月第二次全国议会选举结果，伊拉克将产生新一届政府。

【行政区划】全国共分 18 个省：巴格达、尼尼微、巴士拉、巴比伦、穆萨纳、纳杰夫、安巴尔、瓦西特、迈桑、济加尔、卡迪西亚、卡尔巴拉、迪亚拉、萨拉赫丁、塔米姆、苏莱曼尼亚、埃尔比勒、代胡克。

【政党】（1）库尔德斯坦民主党（The Kurdistan Democratic Party）：简称“库民党”，由穆斯塔法·巴尔扎尼于 1946 年创建，是伊拉克库尔德人中最早、最大的政党。1979 年穆斯塔法去世后，其子马苏德·巴尔扎尼（Masud Barzani）继任主席，改库尔德民主党为库尔德斯坦民主党。

（2）库尔德斯坦爱国联盟（The Patriotic Union of kurdistan）：简称“库爱盟”，1975 年 11 月正式成立，是伊拉克库尔德人第二大政党，其前身为库尔德民主党塔拉巴尼派。该党中央领导机构为政治局，现任总统贾拉勒·塔拉巴尼任该党主席。

（3）伊拉克最高伊斯兰委员会（Islamic Supreme Council of Irag）：1982 年 11 月在伊朗德黑兰成立。前任主席穆罕默德·巴基尔·哈基姆于 2003 年 8 月在纳杰夫阿里清真寺爆炸案中遇难，其弟阿卜杜·阿齐兹·哈基姆继任该党主席。2009 年 8 月 26 日，哈基姆因病在伊朗去世；9 月 1 日，该党理事会批准其子阿马尔·哈基姆（Ammar al-Hakim）任领导人。

（4）达瓦党（Da'wa al-Islamiya Prarty）：意为“号召党”，其前身是 1957 年由穆罕默德·巴基尔·萨德尔创建的法蒂玛党，1974 年改为现名。其成员主要是伊拉克什叶派宗教人士及部分伊朗侨民，前过渡政府总理易卜拉欣·贾法里（Ibrahim al-Jaafari）任主席。现任总理努里·马利基来自该党。

【重要人物】贾拉勒·塔拉巴尼：总统。1933 年生，库尔德族。毕业于巴格达大学法律系。1947 年加入伊拉克库尔德民主党。1975 年创建伊拉克库尔德斯坦爱国联盟并任主席。1988 年倡议成立由库尔德各派组成的伊拉克库尔德斯坦阵线。2003 年 7 月出任伊拉克临时管理委员会成员，并当选为委员会 9 名领导成员之一。2005 年 4 月当选伊拉克过渡政府总统。2006 年 4 月当选伊拉克总统。曾于 1955 年 8 月、2003 年 8 月和 2007 年 6 月访华。已婚，有二子。

努里·马利基：总理。1950 年生，什叶派。巴格达大学文学系硕士。早年加入什叶派政党“达瓦党”。长期流亡国外，2003 年返伊，先后担任“清除复兴党成员委员会”副主席、过渡议会议员、过渡议会国防及安全委员会主席、什叶派政党联盟“团结联盟”发言人等职务。2006 年 5 月 20 日，就任伊战后首届正式政府总理。已婚，有一子三女。

经　济

1990 年 8 月伊拉克入侵科威特后，联合国对伊实行严厉的经济制裁，伊经济遭受重大打击，基本陷于瘫痪状态。1996 年 12 月安理会通过第 986 号决议（即“石油换食品”计划），允许伊出口石油，用以购买食品和药品等人道主义物资，伊经济状况稍有好转。伊拉克战争后，经济重建工作任务繁重。联合国安理会于 2003 年 5 月通过第 1483 号决议，取消对伊除武器禁运以外的所有经济制裁。7月，临时政府出台《鼓励外国投资法》。10月15日，伊拉克货币新第纳尔取代旧第纳尔。伊重建重点是恢复和发展能源、教育、卫生、就业、供电、供水、食品等领域。2008年7月，伊授予35家外国石油公司参与竞标伊未来石油和天然气开采合同的资格。2009年6月和12月举行两轮国际石油招标。2010年4月，伊政府制定了1860亿美元的五年发展规划。但由于安全局势不稳，基础设施严重损毁，伊拉克经济重建进展缓慢。2009年主要经济数据如下（资料来源：《经济季评》2009年度报告估计数字）：

国内生产总值：747亿美元。

国内生产总值实际增长率：4.5%。

人均国内生产总值：2434美元。

货币名称：新伊拉克第纳尔（NID）。

汇率：1美元=1173第纳尔。

通货膨胀率：-2.8%。

外汇储备：443.8亿美元。

【资源】石油、天然气资源丰富。伊探明石油储量达155亿吨，居世界第三位。天然气储量约3.17万亿立方米，占世界总储量的2.4%。磷酸盐储量约100亿吨。

【工业】伊拉克石油生产和出口在国民经济中始终处于主导地位，为伊支柱产业。据国际货币基金组织估计，石油生产和出口约占伊国内生产总值的75%。伊于1973年实现了石油工业的国有化，组建伊拉克国家石油公司（Iraq National Oil Company, INOC）控制国家的石油资源。两伊战争结束到海湾战争之前，伊拉克平均日产原油350万桶，最高时达450万桶。海湾战争结束后由于开采设备被毁和联合国制裁，石油日产量跌至30万桶。1996年12月安理会第986号决议实施后，石油生产开始恢复。2002年，伊拉克平均日产石油约200万桶，主要通过伊土（耳其）石油管道和南部巴士拉港出口。2003年，由于战争及战后破坏原因，伊拉克石油生产急剧下滑，第三季度平均日产仅100万桶，其中日出口原油仅为40万桶。战后，伊拉克石油生产逐渐恢复，但受安全局势影响，恢复速度缓慢。2009年6月和12月，伊举行两轮国际石油招标，加大对石油产业的投入，提高原油产量。2009年，伊拉克平均日产石油约250万桶。

【农业】可耕地面积占国土总面积的27.6%，农业用地严重依赖地表水，主要集中在底格里斯河和幼发拉底河之间的美索不达米亚平原。农业人口占全国总人口的1/3。主要农作物有小麦、大麦和椰枣等，粮食不能自给。

【旅游业】主要旅游点有乌尔城（公元前2060年）遗址、亚述帝国（公元前910年）遗迹和哈特尔城遗址（俗名“太阳城”），位于巴格达西南90公里处的巴比伦是世界著名的古城遗址，“空中花园”被列为古代世界七大奇迹之一。

【交通运输】国内交通运输以公路为主。公路网遍布全国，总长3.97万公里，其中高速公路约2000公里，多数建于1991年之前。海湾战争中伊拉克公路受严重破坏，战后多数得到修复。2003年爆发的伊拉克战争战时不长，没有给伊公路网络造成巨大损毁。但后期反美、反驻伊联军的武装袭击破坏了部分道路，特别是巴格达往西通往约旦边境的高速公路。

铁路：总长约2027公里，主要有以巴格达为中心的三条干线：巴格达—基尔库克—埃尔比勒线，巴格达—摩苏尔—土耳其线，以及前苏联援建的巴格达—乌姆盖斯尔港线。2000年8月，伊叙之间的铁路恢复通车。2001年7月，伊土（耳其）20年来首次开放铁路运输业务。

水运：内河航线总长1015公里，主要有底格里斯河、幼发拉底河和夏台阿拉伯河及人工运河（萨达姆河）等部分水道。主要港口有乌姆盖斯尔港（年吞吐量500多万吨）和贝克尔港，贝克尔港为大型输油港，年输油能力84万吨。2003年伊拉克战争结束后，乌姆盖斯尔港被立即用于接收国际人道主义救援物资。同年6月，该港向商船开放。

空运：巴格达和巴士拉有国际机场，埃尔比勒、基尔库克、摩苏尔有较小的民用机场。海湾战争期间，伊通讯设施破坏严重，加上美英两国在伊南北分别设立“禁飞区”和“安全区”，对伊进行持续军事打击，伊民航业务长期中断。2000年8月，伊重新开放关闭长达10年之久的巴格达国际机场，与约旦、叙利亚、埃及通航。11月，伊恢复巴格达至南部城市巴士拉和北部城市摩苏尔的国内航线。2003年，受伊拉克战争影响，伊拉克航空业再度陷于瘫痪。目前伊拉克航空公司仅有2架自有飞机和少量租用飞机，只开通了巴格达到安曼、开罗、贝鲁特、大马士革、迪拜的国际航线和到苏莱曼尼亚、埃尔比勒和巴士拉的国内航班。为提高运力，伊内阁已批准拨款50亿美元，从美波音公司购买40架新飞机（2015年交货）。

【财政金融】伊入侵科威特后，联合国对其实行经济制裁，冻结了伊在国外的资产，伊财政枯竭，损失巨大，第纳尔不断贬值（官价不变）。2004年底伊外债总额约917亿美元。为减轻伊重建负担，美国决定免除伊全部债务，并游说伊各主要债权国减债。2004年11月，巴黎俱乐部伊债权国决定减免伊欠债务的80%（约311亿美元）。俄罗斯作为巴黎俱乐部成员国，则宣布免除伊90%债务。2008年2月，俄宣布将免除伊欠其129亿美元总债务的93%。2009年底，伊外债总额约为503亿美元。2010年伊拉克财政预算支出724亿美元，比2009年增加23%，预算收入528亿美元，赤字196亿美元。

【对外贸易】联合国制裁期间，伊拉克仅被允许在“石油换食品”计划内对外出口原油。随着2003年安理会第1483号决议取消除武器禁运以外的所有制裁，伊拉克的农产品也可向外出口。由于伊拉克国内工业部门不健全，多数生产资料和生活用品需要进口。伊拉克战争后，伊拉克临时管理委员会颁布了《鼓励外国投资法》，实行开放的外贸政策，并决定对大部分进口商品免征关税。近年外贸进出口情况（单位：亿美元）：

	2006	2007	2008
出口	311.44	361	588
进口	207.59	257	372

2008年主要进出口国别统计表（占总额%）：

出口	所占比例	进口	所占比例
美国	44%	叙利亚	28.8%
意大利	11.1%	土耳其	20.6%
韩国	7.7%	美国	11.2%
加拿大	4.5%	中国	6.2%

（资料来源：《经济季评》2009年度报告）

【外国援助】2003年10月，联合国在西班牙马德里召开伊拉克重建国际捐助国会议，与会各方共向伊拉克重建认捐约330亿美元。2004年5月，在卡塔尔多哈举行的国际援助会议上，捐助国同意再向伊重建基金捐赠10亿美元。2006年，伊拉克新政府与联合国共同发起“伊拉克国际契约”，期待各方通过这一平台向伊拉克战后重建提供帮助。2007年5月，“伊拉克国际契约”成立大会在埃及沙姆沙伊赫召开。2008年5月，“伊拉克国际契约”第一次年度评审会议在瑞典斯德哥尔摩召开。

人民生活

由于上世纪70年代石油收入增长，伊拉克在城乡建立了比较健全的医疗系统，人民生活也有较大幅度提高。海湾战争后，由于遭联合国制裁，伊拉克长期面临消费品奇缺、伊第纳尔贬值、物价飞涨，工厂开工率不足和失业率增加等困扰，百姓因饥饿和缺药而死亡的人数上升，人民生活水平急剧下降。据2000年联合国调查报告显示，伊乡村饮用水合格率为46%，5岁以下儿童16.2%营养不良，其中3.1%为极度营养不良。北部库尔德地区情况稍好，2002年5月5岁以下儿童适度营养不良者占3.1%。据世界卫生组织估计，2000~2005年期间出生者预期寿命男性为66.7岁，女性为71岁。伊拉克战争后，由于经济重建进展较为缓慢，安全局势恶化，人民生活水平提升仍相当缓慢。

军　事

1921年独立后在英国帮助下建立王国军队。30年代先后建立空军、海军。共和国成立后，改组了军队。武器装备主要来自前苏联，并从法国、意大利、西班牙、巴西等国购买了大量先进的武器装备。两伊战争停火后，伊优先发展军火工业，花巨资引进高科技和购买国外尖端技术设备，努力使武器装备国产化。海湾战争期间，伊拉克大部分军事工业和设施被摧毁。战后，联合国通过销毁伊大规模杀伤性武器的决议。在联合国的监督下，伊拉克销毁了一些导弹、生化武器和核设施等。由于联合国制裁，伊军队武器装备供给不足，战斗力严重下滑。2003年3月伊拉克战争爆发，伊拉克军队在战争初期进行了短暂抵抗后，被彻底击溃。战争结束后，伊军被解散。新组建的伊拉克安全部队实行募兵制，包括军队和警察，分别隶属国防部和内政部，至2007年底共有约57万人。目前，伊拉克安全部队已逐步承担安全责任，但在组织、指挥、后勤等方面仍受制于驻伊美军。

文化教育

【教育】1980年以前，教育，尤其是高等教育和职业教育在伊拉克政府发展计划中占有重要地位，并建立了巴格达、巴士拉、摩苏尔等大学。但此后由于两伊战争、海湾战争以及联合国长期制裁，伊拉克教育状况每况愈下。由于伊人民生活困难，伊适龄儿童和青年（6~23岁）的入学率从1980年的67%下降至1998年的50%，成人识字率为54%。2003年伊拉克战争后，经过各方努力，伊拉克中小学校开课率基本接近战前水平。

对外关系

自海湾危机爆发至2003年伊拉克战争爆发前，联合国安理会先后通过63个有关伊拉克问题的决议，对伊实行经济制裁和武器禁运，并在联合国的监督下对伊大规模杀伤性武器进行核查、销毁。这一时期，伊对外关系深受制裁影响，处境孤立。

伊拉克战争爆发后，美迅速推翻萨达姆政权。伊先后成立了临时管理委员会、临时政府、过渡政府和战后首届正式政府。伊政府着力恢复与各国，尤其是大国和周边国家的外交关系，并逐步获得外界的承认和支持。目前，伊拉克已与77个国家恢复或建立了外交关系，并恢复了在阿拉伯国家联盟、伊斯兰会议组织、联合国机构、国际货币基金组织、石油输出国组织等地区和国际组织内的活动。

【同中国的关系】1958年8月25日中伊建交以来，两国关系发展顺利。1990年海湾危机爆发后，中国根据联合国有关决议中止了与伊的经贸、军事往来。海湾战争后，中国根据安理会“石油换食品”（Oil-for-Food）计划与伊拉克进行了一些经贸交往。

2003年，伊拉克战争爆发，中伊双边关系受到影响。战后，中伊双边交往逐渐恢复。2003年8月，伊拉克库尔德斯坦爱国联盟主席、伊拉克临时管理委员会领导机构成员贾拉勒·塔拉巴尼访华。10月，伊拉克临时政府贸易部长阿里·阿拉维访华。10月23～24日，在西班牙马德里举行的伊拉克重建捐助国会议上，中国宣布向伊拉克重建提供2500万美元人道主义援助。

2004年3月，伊拉克临管会轮值主席欧鲁姆访华。7月，中国驻伊使馆复馆。中国新任驻伊拉克大使于11月赴任，伊拉克新任驻华大使也随后上任。11月，伊拉克临时政府电力部长萨玛拉依、石油部长加德班分别访华。12月，外交部长兹巴里访华。2005年10月，伊拉克市政和公共工程部长纳斯琳·布尔瓦里访华。2006年10月，伊拉克石油部长侯赛因·沙哈斯坦尼访华。11月，中共中央对外联络部副部长马文普率中共友好代表团访问伊拉克北部库尔德地区。2007年6月，伊拉克总统塔拉巴尼访华。2008年1月，伊拉克副外长阿巴维访华，开展两国外交部首次政治磋商。

2009年中伊关系稳步发展。8月，伊通讯部长拉赫曼访华。在中华人民共和国国庆60周年之际，伊拉克总统塔拉巴尼、总理马利基和外长兹巴里发来贺电。6月和12月，中石油分别中标伊拉克鲁迈拉、哈法亚油田服务项目。2009年中伊双边贸易额达51.4亿美元，同比增长93.6%；从伊进口原油716.3万吨，同比增长285.1%。2010年4月1日，中方企业债权人委员会与伊方在京正式签署减债协议。4月，伊总统塔拉巴尼就青海玉树地震致电胡锦涛主席表示慰问。中国驻伊拉克大使：常毅（2008年7月）。馆址：AL-MANSOUR MELIA HOTEL SALHIYAH，8FEB，POST OFFICE。信箱：EMBASSY OF CHINA，P. O. BOX 8020，AL-MANSOUR HOTEL，SALEHIA DISTRICT，BAGHDAD，IRAQ。电话：00964－7901912315，7901912305。电子邮箱：chinaemb_ iq@ mfa. gov. cn 。

伊拉克驻华大使：阿卜杜勒·凯里姆·穆斯塔法（Abdul-Karim Mostafa）。馆址：北京市朝阳区建国门外秀水北街25号。电话：010－65323385，65321873。

【同美国的关系】1967年中东战争后伊美断交。两伊战争爆发后，两国于1984年11月复交。1990年8月海湾危机爆发后，美反对伊吞并科威特，组成以美为首的多国部队对伊发动海湾战争，以武力恢复了科的主权和独立。1991年2月伊宣布与美断交。2003年，美以伊拥有大规模杀伤性武器为由发动伊拉克战争，萨达姆政权随即被推翻。战后，伊重视发展同美国关系。2008年1月、8月，美国务卿赖斯访伊。3月，美副总统切尼访伊。9月，美国防部长盖茨访伊。12月，美总统布什突访巴格达，这是其第四次也是卸任前最后一次访伊，双方正式签署《美伊友好合作战略框架协议》和《驻伊美军地位协议》，并于2009年1月起生效。协议规定，建立和发展美伊政治、经济、文化、安全等领域长期友好合作关系；驻伊美军最迟2011年底前全部撤离。2009年4月，美总统奥巴马访伊，会见了伊总统塔拉巴尼和总理马利基。同月，美国务卿希拉里访伊，会见总理马利基和外长兹巴里，希拉里向伊方转达奥巴马总统对2011年底从伊负责任撤军的承诺，并表示美将遵守对伊各项承诺，依据美伊战略合作协议加强与伊方的战略伙伴关系。2009年6月30日，驻伊美军完成第一阶段撤军，将伊城镇防务权转交伊方。2009年7月，伊总理马利基访美，会见美总统奥巴马、国务卿希拉里、议长佩洛西和国防部长盖茨。按计划，2010年8月，驻伊美军将从伊撤出全部作战部队，剩下3.5万～5万人作为伊军顾问和执行其他任务。

【同伊朗关系】1980年，历时8年的两伊战争爆发。战后，两伊处于敌对状态。海湾危机发生后，1990年10月两伊恢复外交关系，两国关系随即改善。伊拉克战争结束后，两伊关系平稳发展。2008年3月，伊朗总统艾哈迈迪内贾德率外交、能源、贸易和财政等多位部长访问伊拉克，双方签署金融、贸易、电力、交通、工业等领域多项合作协议和谅解备忘录，伊朗向伊拉克提供10亿美元贷款，用于伊朗公司在伊拉克开展重建项目。2009年1月，伊拉克总理马利基访问伊朗，会见伊朗总统内贾德和精神领袖哈梅内伊，双方就扩大双边贸易、加强能源和基础建设领域合作进行了会谈。2月，伊拉克总统塔拉巴尼和副总统马赫迪访问伊朗，双方签署了涉及工矿业、电力、经贸、外交官培训、住房等多个领域的合作备忘录和协议。

【同阿拉伯国家的关系】伊拉克战争前，阿拉伯国家普遍要求政治解决伊问题，反对对伊动武。伊拉克战争结束后，阿拉伯国家主张维护伊的独立、主权和领土完整，支持伊经济重建，呼吁伊民族和解。伊寻求同阿拉伯国家开展合作，为国内稳定创造良好的外部环境，并呼吁阿拉伯国家减免其所欠债务。2009年1月，伊总统塔拉巴尼率团访问科威特并出席“阿拉伯经济首脑会议”。伊方在峰会上提出建立伊拉克—科威特经济伙伴关系。塔还会见了科威特埃米尔、沙特国王、埃及、叙利亚总统。3月，伊总理马利基赴卡塔尔出席第21届阿盟首脑会议和第2届阿拉伯—拉丁美洲国家首脑会议。马利基呼吁阿国采取阿拉伯和解战略，正视伊在各方面取得的成就，并帮助伊重建，恢复与伊外交关系。4月，叙利亚总理阿特里率财政、石油、内政、经济等10名部长访伊，双方签署包括油气、贸易、能源等领域合作的6份谅解备忘录及一系列双边文件。8月18日，伊总理马利基访问叙利亚，两国宣布建立总理级高级别合作委员会。8·19巴格达爆炸案发生后，伊指责叙利亚支持的复兴党残余分子策划实施了爆炸案，并召回其驻叙大使。叙随即召回其驻伊大使作为回应。9月，伊叙达成缓和双边关系协议。12月，伊拉克总理马利

基访问埃及，分别会见埃及总统穆巴拉克和阿盟秘书长穆萨，穆巴拉克表示埃及将全力支持伊拉克重建与稳定。（殷立军）

伊　朗

国名 伊朗伊斯兰共和国（The Islamic Republic of Iran）。

面积 164.5万平方公里。

人口 7260万（2010年2月数据），人口增长率为1.4%。人口比较集中的省份有德黑兰、伊斯法罕、法尔斯、霍拉桑和东阿塞拜疆。全国人口中波斯人占66%，阿塞拜疆人占25%，库尔德人占5%，其余为阿拉伯人、土库曼人等少数民族。官方语言为波斯语。伊斯兰教为国教，98.8%的居民信奉伊斯兰教，其中91%为什叶派，7.8%为逊尼派。

首都 德黑兰（Tehran），人口1100万，平均海拔1220米。年气温最高的月份为7月，平均最低和最高气温分别为22℃和37℃；年气温最低的月份为1月，平均最低和最高气温分别为3℃和7℃。

领袖 赛义德·阿里·哈梅内伊（Seyyed Ali Khamenei），1989年6月4日当选。

国家元首 总统马哈茂德·艾哈迈迪内贾德（Mahmoud Ahmadinejad），2005年6月当选，8月3日正式就职。2009年6月成功连任，8月正式就职。

重要节日 伊斯兰革命胜利日：2月11日；伊历新年：3月21日；伊斯兰共和国日：4月1日。

简　况

位于亚洲西南部，同土库曼斯坦、阿塞拜疆、亚美尼亚、土耳其、伊拉克、巴基斯坦和阿富汗相邻，南濒波斯湾和阿曼湾，北隔里海与俄罗斯和哈萨克斯坦相望，素有“欧亚陆桥”和“东西方空中走廊”之称。海岸线长2700公里。境内多高原，东部为盆地和沙漠。属大陆性气候，冬冷夏热，大部分地区干燥少雨。

伊朗是具有四五千年历史的文明古国，史称波斯。公元前6世纪，古波斯帝国盛极一时。公元7世纪以后，阿拉伯人、突厥人、蒙古人、阿富汗人先后侵入并统治伊。18世纪后期，伊朗东北部的土库曼人恺伽部落统一伊，建立恺伽王朝。19世纪以后，伊朗沦为英、俄的半殖民地。1925年，巴列维王朝建立。1978～1979年，霍梅尼领导伊斯兰革命，推翻巴列维王朝。1979年2月11日，霍正式掌权，并于4月1日建立伊斯兰共和国，霍成为伊朗革命领袖。

政　治

1979年霍梅尼执政后，实行政教合一的制度，推行全盘伊斯兰化。1989年6月3日霍病逝，原总统哈梅内伊继任领袖。7月28日，原议长拉夫桑贾尼当选总统。1993年6月11日，拉夫桑贾尼连任总统。1997年5月，伊总统文化事务顾问、前文化和伊斯兰指导部长哈塔米当选总统，并于2001年6月大选中获选连任。2005年6月，原德黑兰市长艾哈迈迪内贾德当选总统。2009年6月，艾成功连任。

2009年3月，伊第四届领袖专家会议召开第五次会议，经投票选举，拉夫桑贾尼连任专家会议主席，沙赫鲁迪任第一副主席。同月，伊议会通过了总额为2791万亿里亚尔（约合2791亿美元）的2009至2010年度财政预算。5月，伊议长拉里贾尼获147名议员支持再次当选议长，任期一年。6月，伊第十届总统选举正式举行。艾哈迈迪内贾德以24，527，516票赢得大选，得票率为62.63%。大选结果公布后，落选的前总理穆萨维指责投票过程存在舞弊，向领袖提出申诉，要求取消选举结果。穆的支持者在德黑兰举行抗议示威，与艾的支持者发生冲突，引发骚乱，造成伤亡。在领袖干预下，形势渐趋平静。8月，伊领袖哈梅内伊正式批准艾哈迈迪内贾德担任伊朗总统。随后艾正式宣誓就职，开始第二个任期。12月，众多伊民众走上街头，参加阿舒拉日悼念活动和游行，德黑兰与其他城市再次爆发大选后最严重的一次反政府骚乱，共300人被捕，至少8人丧生。

【宪法】 伊斯兰革命后于1979年12月颁布第一部宪法，规定伊实行政教合一制度。1989年4月对宪法进行部分修改，突出伊斯兰信仰、体制、教规、共和制及最高领袖的绝对权力不容更改。同年7月，哈梅内伊正式批准经全民投票通过的新宪法。

【议会】 伊斯兰议会是伊最高国家立法机构，实行一院制。议员由选民直接选举产生，任期4年。从2000年6月第6届议会开始，议席由过去的270个增加到290个。议会设有主席团和12个专门委员会。主席团由议长、两名副议长、三名干事、六名秘书共12人组成，主要负责制订会议议程、起草会议文件等工作，任期1年，任满后由议员投票改选，可连选连任。第8届议会于2008年3月经选举成立，议长阿里·拉里贾尼（Ali Larijani）。

【政府】 实行总统内阁制。总统是国家元首，也是政府首脑，可授权第一副总统掌管内阁日常工作，并有权任命数名副总统，协助主管其他专门事务。现任副总统有：伊现任第一副总统为穆罕默德·礼萨·拉希米（Muhammad Reza Rahimi），副总统兼国家计划和管理组织主席易布拉希姆·阿齐兹（Ibrahim Azizi），负责法律事务副总统法提梅·巴达基（Fatemeh Badaghi），负责议会事务副总统萨义德·利萨·米尔塔吉·阿尔蒂尼（Saeed Reza Mirtaj Aldini），副总统兼国家原子能机构主席阿里·阿克巴尔·萨利希（Ali Akbar Salehi），副总统兼环保组织主席穆罕默德·贾瓦德·穆罕默迪扎德（Muhammad Javad Mohammadi），副总统兼体育组织主席阿里·萨义德鲁（Ali Saeedlu），副总统兼文化遗产组织主席哈米德·巴葛伊（Hamid Baghaee），负责人力资源和发展管理事务副总统陆特夫阿拉·伏鲁赞德·德赫卡尔迪（Lutfullah Forouzandeh Dehkordi），负责科技事务副总统纳斯琳·苏尔坦哈赫（Nasrin Sultankhah），副总统兼青年组织主席迈赫尔达德·巴扎尔帕斯（Mehrdad Bazarpas），副总统兼烈士基金会主席马斯乌德·扎瑞巴法恩（Masoud Zaribafan）。本届内阁于2009年9月成立。主要内阁部长有：外交部长马努切赫尔·穆塔基（Manouchehr Mottaki），石油部长马斯乌德·米尔卡扎米（Masoud Mir-Kazemi），内政部长穆斯塔法·穆罕默德·纳贾尔（Mostafa Mohammed Najjar），国防部长艾哈迈德·瓦希迪（Ahmad Vahidi），商业部长迈赫迪·葛赞法（Mehdi Ghazanfari），财经部长赛义德·沙姆斯阿拉丁·侯赛尼（Seyed Shamseddin Hosseini），工业和矿产部长阿里阿克巴尔·姆赫拉比扬（Ali Akbar Mehrabian），农业圣战部长萨达格·哈利利安（Sadegh Khalilian），文化和伊斯兰指导部长穆罕默德·侯赛尼（Mohammad Hosseini），能源部长马基德·纳姆朱（Majid Namjou），劳工和社会事务部长阿卜杜礼萨·谢赫伊斯兰米（Abdulreza Sheikholeslami），电信和通讯部长礼萨·塔基普尔（Reza Taghipour），情报部长哈达尔·穆斯莱赫（Haidar Moslehi），卫生部长马尔扎赫·瓦希德·达斯特杰尔迪（Marzieh Vahid Dastjerdi），司法部长莫尔塔扎·巴赫提亚里（Morteza Bakhtiari），科技部长卡马兰·达奈什朱（Kamran Daneshjoo），住房与城市建设部长阿里·尼克扎德（Ali Nikzad），教育部长哈米德·礼萨·哈吉巴巴伊（Hamid Reza Hajibabai），福利与社会保障部长萨达格·马赫苏里（Sadegh Mahsuli），合作部长穆罕默德·阿巴斯（Mohammad Abbasi），交通部长哈米德·贝赫贝哈尼（Hamid Behbehani）。

【行政区划】全国共有30个省，分为299个地区、749个县、2305个乡。全国共有889个市，68122个村。

【司法机构】司法总监是国家司法最高首脑，由领袖任命，任期五年。最高法院院长和总检察长由司法总监任命，任期五年。司法部长由司法总监推荐，总统任命，议会批准，负责协调行政权与司法权的关系。在司法总监领导下，还设有行政公正法庭和国家监察总局，分别审理民众对政府机关的诉讼和监督国家机关的工作。现任司法总监萨迪格·拉里贾尼（Sadegh Larijani，2009年8月任命），最高法院院长侯赛因·穆菲德（Hossein Mofide），总检察长古尔班阿里·达里·纳杰夫阿巴迪（Ghorban Ali Dali Najef-Abadi）。

【确定国家利益委员会】1988年3月17日成立，1989年7月经宪法确认。主要职责是为领袖制订国家大政方针出谋划策，协助领袖监督、实施各项大政方针，当议会和宪法监护委员会就议案发生分歧时进行仲裁。现任主席为前总统、专家会议主席阿克巴尔·哈什米·拉夫桑贾尼（Akbar Hashemi Rafsanjani）。

【宪法监护委员会】由12人组成，其中6名宗教法学家由领袖直接任命，另6名普通法学家由司法总监在法学家中挑选并向议会推荐，议会投票通过后就任，任期六年。主要负责监督专家会议、总统和伊斯兰议会选举及公民投票，批准议员资格书和解释宪法；审议和确认议会通过的议案，裁定是否与伊斯兰教义和宪法相抵触，如有抵触则退回议会重新审议和修改。如与议会就议案发生争议且无法解决，则提交确定国家利益委员会进行仲裁。现任主席艾哈迈德·杰纳提（Ahmad Jenati）。

【政党】伊政党萌芽于现代立宪运动时期（即1905~1911年）。上世纪60年代初，巴列维国王为缓和国内矛盾、显示民主，开始实行多党制，新伊朗党、国民党等相继成立。1975年，巴列维为加强王室统治，宣布实行一党制，成立伊斯兰民族复兴党，下令取缔国内其他政党。1978年反国王独裁运动兴起，巴列维被迫取消一党制，恢复被取消政党合法地位。1988年12月，伊颁布政党法，宣布准许政党活动，但要遵守3项基本原则，即伊斯兰宪法、宗教最高权威和伊斯兰共和制度。1989~1997年间在伊内政部注册的政党只有39个。截至2008年底，已注册政党约200个。主要政党或组织有：

（1）德黑兰战斗的宗教人士协会（The Society of Combatant Clergymen in Tehran）：1987年从革命初期成立的“德黑兰战斗的宗教界协会”分化出来，成员大多是宗教界和政界的知名人士。对内主张全面伊斯兰化，限制私营企业活动；对外主张对西方采取强硬路线。现任总书记为穆罕默德·阿斯贾尔·穆萨维·霍尼亚（Mohammad Asqar Musavi Khoeniha）。

（2）伊斯兰参与阵线党（Islamic Iran Participation Front）：成立于1998年12月6日，其前身是1997年5月23日（伊历1376年3月2日）哈塔米当选总统前后形成的“三·二运动”。该党的宗旨是“维护独立、自由、伊斯兰共和国、宪法和伊斯兰价值，尊重公民的基本权利和法律面前人人平等，发展政治，繁荣经济，推动新闻和文化自由，使伊朗体现伊斯兰现代文明”。现任总书记为前总统哈塔米胞弟、前伊斯兰议会副议长礼萨·哈塔米（Reza Khatami）。

（3）建设公仆党（Executives of Construction Party）：前身是1996年由6名伊政府高级官员组成的“建设公仆组织”（又称“6人集团”），1998年5月20日正式改为现名。该党的宗旨是“维护伊斯兰尊严、建设和繁荣伊朗，捍卫政权的伊斯兰及共和两大属性；主张专家治国，积极支持伊朗经济建设”。现任总书记为前德黑兰市长古拉姆·侯赛因·卡尔巴斯齐（Golam Hossein Karbasqi），成员多为政界人士。

（4）伊斯兰工党（Islamic Labor Party）：1998年11月20日成立，是伊最大的工人政党。该党的宗旨是使工会活动非官方化。现任总书记为前劳工部长阿卜迦西姆·萨尔哈迪·扎德（Abolqasem Sarhadi Zadeh）。

（5）国家信任党（National Trust Party），2005年1月13日由原议长卡鲁比等改革派人士创建，卡任总书记。

【重要人物】 **赛义德·阿里·哈梅内伊：** 领袖。1939年生于伊东部圣城马什哈德。1958年赴库姆神学院学习。1963年后因参加反国王活动多次被捕并被流放。1979年伊斯兰革命胜利后，历任革命委员会成员、国防部副部长、革命卫队司令、德黑兰市教长、伊斯兰共和党书记、最高国防委员会主席、总统等职，1989年6月霍梅尼逝世后继任领袖，兼武装力量总司令。曾于1989年5月以总统身份访华。已婚，有六个子女。 **马哈茂德·艾哈迈迪内贾德：** 总统。1956年生于伊塞姆南省卡尔姆萨尔的一个铁匠家庭。1975年考入德黑兰工业科技大学工程系攻读学士学位。1986年攻读硕士学位。1997年获交通运输工程博士学位。早年积极参加反对巴列维政权的政治活动。1979年伊朗伊斯兰革命胜利后，参与创建大学生伊斯兰协会。两伊战争期间，曾先后在革命卫队后勤部和特种兵旅服役，并赴前线作战。1993～1997年，任阿尔达比尔省省长。1997～2003年，在德黑兰工业科技大学任教。2003年起任德黑兰市长。2005年6月25日，当选伊朗第9届总统，8月3日正式就职，任期四年。2009年6月13日，艾在第十届总统选举中成功连任，8月5日宣誓就职。 **阿克巴尔·哈什米·拉夫桑贾尼：** 专家会议主席、确定国家利益委员会主席。1934年生于克尔曼省，14岁入库姆神学院学习。20世经60年代起从事反国王活动，多次被捕。1979年伊斯兰革命胜利后，先后担任革命委员会成员、内务部长等职。1980年7月，当选为议长。1981年被任命为霍梅尼驻最高国防委员会的代表。1983年7月当选为负责霍梅尼身后选定继承人的“专家会议”副主席。1988年6月被霍梅尼任命为武装部队代总司令兼德黑兰市临时教长。1989年7月28日当选为总统，1993年6月获选连任。1997年3月17日，哈梅内伊任命拉夫桑尼为确定国家利益委员会主席。2006年12月，当选第4届专家会议委员。2007年2月，继续担任新一届确定国家利益委员会主席；9月，在专家会议大会上当选为主席。曾于1985年6月和1992年9月两次访华。已婚，有三子二女。 **阿里·拉里贾尼：** 议长。1957年出生。德黑兰大学西方哲学博士。历任伊朗国家声像组织主席、文化和伊斯兰指导部部长等职。2005年8月至2008年3月任伊朗最高国家安全委员会秘书、确定国家利益委员会和文化革命最高委员会成员，同时负责伊朗核问题对外谈判。2008年3月当选议长。拉曾于2006年1月和2007年1月两次访华。 **萨迪格·拉里贾尼：** 司法总监。1960年出生。受家庭影响，萨对宗教十分虔诚，在伊宗教圣城库姆上小学和中学。1977年，萨进入库姆神学院学习宗教和教法学，师从多位著名宗教学者，成为伊著名宗教学家，拥有“阿亚图拉”宗教头衔。精通阿拉伯语。伊斯兰革命后，萨曾担任库姆神学院教师、库姆大学学术委员会委员等职。1998年萨步人政坛，当选第三届专家会议成员，后获连任。2001年萨被领袖任命为宪法监护委员会成员，直至其担任司法总监一职。

经　济

近年，伊经济保持快速增长。2009年，伊国内生产总值3612亿美元，同比增长0.5%，人均国内生产总值4869美元。伊朗财政年度从当年3月21日至下年3月20日。当前，国际金融危机对伊朗的冲击主要体现在以下三方面：一是石油出入锐减，政府财政困难；二是股市楼市下跌，海外投资受损；三是经济增长放缓，失业人数上升。2009年主要经济数据如下：

国内生产总值：3612.47亿美元。

国内生产总值增长率：0.5%。

人均国内生产总值：4869美元。

货币名称：里亚尔。

官方汇率：1美元≈9864里亚尔。

通货膨胀率：13.5%。

【资源】 石油、天然气和煤炭蕴藏丰富。截至2009年底，已探明石油储量1384亿桶，天然气储量28.13万亿立方米，分别占世界总储量的12%和18%，均列世界第二位。石油和天然气生产量均列世界第四位，日产原油能力428万桶、天然气5亿立方米。石油是经济命脉和外汇收入主要来源，石油收入占其外汇收入的80%以上。2009年石油出口总额为541亿美元。

其他矿物资源也十分丰富，可采量巨大。目前，已探明矿山3800处，矿藏储量270亿吨；其中，铁矿储量47亿吨；铜矿储量30亿吨（矿石平均品位0.8%），约占世界总储量的5%，居世界第三位；锌矿储量2.3亿吨（平均品位20%），居世界第一位；铬矿储量2000万吨；金矿储量150吨。此外，还有大量的锰、锑、铅、硼、重晶石、大理石等矿产资源。目前，已开采矿种56个，年矿产量1.5亿吨，占总储量的0.55%，占全球矿产品总产量的1.2%。

【工业】以石油开采业为主，另外还有炼油、钢铁、电力、纺织、汽车制造、机械制造、食品加工、建材、地毯、家用电器、化工、冶金、造纸、水泥和制糖等，但基础相对薄弱，大部分工业原材料和零配件依赖进口。2007年实现工业产值386.22亿美元，约占国内生产总值的45.3%，同比增幅9.5%。

2009年原油日产能力428万桶，实际生产390万桶，出口260万桶，日炼油170万桶。伊朗是中东地区第三大石化产品生产国，现有20多个大型石化工厂，2009年度石化产量3000万吨，产值120亿美元。2009年伊朗粗钢产量1090万吨，增幅9.1%；铜产量26万吨，居世界第16位；铝产量约45.7万吨，是地区主要铝锭生产国；水泥产量6400万吨；铁矿石产量2544万吨；煤产量128.5万吨。

2009年伊朗生产各类汽车1051430辆，占世界汽车总产量1.49%，汽车产量排名中东第2位，居世界第16位。伊汽车工业的目标是，争取在2025年汽车产量占世界总产量的3.5%。汽车生产企业规模较大的有Iran Khodro、Saipa和Kerman Motor等三家，其市场份额总和约占总份额的95%。其中Iran Khodro是中东地区最大的汽车生产厂家。

【农林牧副渔业】农业在国民经济中占有重要地位。伊朗农耕资源丰富，截至2007年底，全国可耕地面积超过5200万公顷，占其国土面积的30%以上，已耕面积1800万公顷，其中可灌溉耕地830万公顷，旱田940万公顷。农业人口占总人口的43%，农民人均耕地5.1公顷。农业机械化程度较低，其综合收割机与拖拉机保有量分别仅为1.2万台和30万台。目前粮食不能自给自足，每年需进口大量食品。

农业主产区集中在里海和波斯湾沿岸平原地带。大部分地区干旱缺水，2008年人均拥有淡水资源约为2000平方米。自2003年以来，伊朗政府逐年加大农业扶持力度，重点支持水利灌溉等农田基础设施建设以及农业科研、信贷与自然环境保护，以便改良农耕环境，提高农民生产积极性，力争实现政府第四个五年社会经济发展计划制定的13.5%的行业增长目标。

2009年，伊朗全国各类农作物产量突破1.02亿吨，农业产值占全国GDP总量的20%以上，农耕务工人员约为全国劳动力总量的30%，伊向全世界85个国家出口价值超过37亿美元的农产品，较四年前翻一番，主要出口农产品包括开心果、葡萄干、椰枣和藏红花，占全部农产品出口的70.5%。近年伊朗主要作物产量和种植面积如下：

	2007财年		2008财年	
	种植面积（万公顷）	产量（万吨）	种植面积（万公顷）	产量（万吨）
小　麦	722.23	1588.66	525.02	795.66
大　麦	164.18	310.4	107.01	154.74
稻　米	61.59	266.42	52.69	218.40
玉　米	30.7	236.13	23.97	176.35
棉　花	12.45	31.30	12.39	29.41
甜　菜	15.98	540.72	5.40	182.93
甘　蔗	6.12	531.48	6.16	309.75
油菜籽	32.54	62.85	27.22	51.65
烟　草	0.84	1.16	1.08	1.67
马铃薯	14.90	402.64	17.56	464.02
洋　葱	5.88	201.36	5.00	184.85

（资料来源：伊朗央行2008财年年度报告）

伊朗是中东、海湾地区主要的干鲜果品生产和出口国，水果产量居世界第七位。据伊朗海关统计，2008财年，伊朗出口干鲜水果价值11.98亿美元，同比下降34.4%；出口葡萄和葡萄干总额1.34亿美元，同比下降20.9%；出口椰枣价值0.79亿美元，同比下降21.5%；出口苹果价值1.11亿美元，同比增长6.6%；出口蔬菜作物价值4.02亿美元，同比增加108.9%。伊是世界最大的藏红花生产国，约占世界总产量的80%。2009年，伊藏红花年产量高达300吨，出口额达9000万美元，同比增加77.1%。

畜牧业：优越的自然环境和大片的草原为畜牧业发展提供了极为有利的条件。据统计，伊全国有牧场9000万公顷，占国土总面积的26.9%；其中夏季优质牧场1400万公顷，每公顷平均产草290公斤，冬季牧场6000万公顷，每公顷平均产草92公斤，另外1600万公顷分布在沙漠和半沙漠地带，每公顷平均产草25公斤。从事畜牧业的人口约200万，畜牧业产值约21亿美元，占农产品总产值的44%。目前，畜牧业生产尚不能完全满足国内需求，每年仍需进口一定数量的牛羊肉，有少量牛、羊皮、羊肠衣出口。近年肉蛋奶家禽产量情况如下（单位：万吨）：

	2006财年	2007财年	2008财年
奶	774.1	831.2	877.2
肉	82.9	86.6	87.0
蛋	67.7	70.3	72.7
家禽	136.0	146.8	156.6

（资料来源：伊朗央行2008财年年度报告）

森林：森林总面积为1400万公顷，占国土总面积的13%，主要分布在里海沿岸、西部和扎格洛斯山脉、南部波斯湾和阿曼海地区。过去20年内间，伊北部森林面积减少17%，现仅为205万公顷，森林覆盖率仅为3.5%。荒地面积3400万公顷，占国土面积的35%。

渔业：伊朗渔业资源较为丰富，经济鱼类达600

种，其中150种位于里海地区，350种位于南部海域，另有100种内陆淡水经济鱼类。伊朗拥有2700公里海岸线，其中北部900公里，南部1800公里，为伊朗水产业发展提供了得天独厚的有利条件。伊主要有南部、北部、内陆三大渔区，鱼类品种近400个。伊朗目前共有14万人直接从事渔业生产，拥有渔船12000艘，其中11000艘在南方海域作业，1038艘位于北方里海地区。2008财年，伊水产品产量达60万吨。鱼子酱和鲟鱼是伊最主要的出口水产品，占伊水产品总出口的83%。虾出口占伊水产品出口的10%，其他出口水产品还包括金枪鱼及罐头食品等。

【旅游业】伊拥有数千年文明史，自然地理和古代文明遗产丰富。伊斯兰革命前，每年到伊旅游都有数百万人。两伊战争后，旅游业遭到极大破坏。1979~1994年，到伊旅游人数年均不足10万。从1991年起，政府开始致力发展旅游业，旅游业逐渐复苏，2000年游客人数达170万，旅游收入10亿美元。“9·11”事件对旅游业造成较大冲击，游客锐减。随着地区安全形势转好，赴伊游客人数稳步回升。伊全国有各类旅游组织、旅行社约3000个。2008财年，伊共接待外国游客436344人次，国内游客142577人次。德黑兰、伊斯法罕、设拉子、亚兹德、克尔曼、马什哈德是伊主要旅游地区。

【交通运输】国内运输主要依靠公路、铁路，其中进出口货物80%靠水运。2008财年统计情况：

公路：全国公路总长18万公里；其中乡村公路总里程10万公里，且平均每年新建各类公路1200~1300公里，每1000辆车平均乘295.2人。2008财年，公路运送旅客8.458亿人次，同比增长6.5%，共运送货物5.115亿吨，同比增长5.5%。

铁路：总里程8702公里，大部分系标准规距(1435mm)，仅有94公里宽轨（1520mm），其中246公里、235公里铁路正翻修和升级。伊共拥有火车机车645辆（多数为柴油机车），同比增长1.4%。2008财年铁路运送旅客141亿人公里，同比增长1.3%；运送各类物资205亿吨公里，同比增长1.5%。

水运：7320万吨物资和4080万石油产品经港口运输，同比分别增长5.4%和1.3%。共装卸219.9万TEU集装箱，同比增长12%，共有540人次进出港，同比上升38.5%。伊主要港口有波斯湾地区的霍拉姆沙赫尔、布什尔、阿巴斯、霍梅尼、恰巴哈尔港及里海地区的安萨里和诺沙尔港，主要船运公司有四家，分别是伊朗伊斯兰共和国船运公司、伊朗—印度船运公司、瓦尔法加尔船运公司和里海船运公司。伊朗是中东和波斯湾地区最大的油轮拥有国，有20万吨级以上油轮26艘，油轮总吨位超过450万吨。哈尔克岛是伊朗最大的原油输出港。截至2008财年，伊共有超过1000吨载货量货轮9000艘，低于1000吨载货量货轮5100艘。

空运：截至2008财年年底，伊航空业共运送3290万旅客进出港，分别运送国内、国际货物34000吨和89300吨。伊拥有客机132架，机场83个，使用率为34%；其中14个军用机场、61个综合性机场（只有22个可降落飞机，38个只可降落小型飞机，7个综合性机场可起降国际航班）和8个客运机场。德黑兰、伊斯法汗、设拉子、大不里士、阿巴丹和阿巴斯为六大国际航空港。伊朗航空公司是伊境内最大的航空公司。

【基础设施】近年来，伊朗持续增加建设资金投入，大型水利、电站等基础设施正处于快速建设期。

水利建设：大型水坝建造能力位居世界第三位。1947~2004年间修建水坝171座，其中85座已投入使用。东阿塞拜疆省马兰德的扎努斯水坝竣工，该项目耗资700亿里亚尔，蓄水量600万立方米，可为伊增加20亿立方米水资源。2005年4月，桑省什林达里水坝竣工，新增灌溉能力6300公顷。2006年8月，中国水利水电建设集团公司承建的伊朗塔里干水坝电站工程竣工。目前，伊正在执行的水坝项目达到90个。

电站建设：1997~2004年间，伊新建电站发电能力达1.5万兆瓦，按照发电量比例计算，火力电站占58%，天然气电站占12.5%，混合循环电站占22.5%，水力电站占7%，柴油电站占0.2%，风力电站占0.02%。2004年底，卡伦三期水电站两台250兆瓦机组投付使用，全国水利发电能力提高了36%。2007财年，伊朗能源部下属部门共生产电力1901.86亿千瓦时，其中水力发电178.58亿千瓦时，蒸汽发电911.4亿千瓦时，燃气混合发电809.65亿千瓦时，柴油发电2.23亿千瓦时。目前，伊在建水电站项目装机容量为650万千瓦，2009年末和2010上半年将全部竣工投产并网发电。

荒漠化治理：近年，伊加大治沙力度。在过去几年中，伊成功将3400万公顷沙漠中的2200公顷改造成盐碱地。

【财政金融】2008财年，中央政府财政收入285.10万亿里亚尔，支出413.32万亿里亚尔。外汇储备813亿美元；外债总额190亿美元。近年财政收支情况（单位：万亿里亚尔）：

	2007财年	2008财年
收入	298.2031	285.10
支出	421.3341	413.32
赤字	-123.1310	-128.22

（资料来源：伊朗央行2008财年年度报告）

近年外债情况如下（单位：亿美元）：

	2007	2008	2009
外债总额	286	139	190

（资料来源：2010年5月《经济季评》）

2008财年，伊朗央行总资产1178.933万亿里亚尔，境外资产达778.49万亿里亚尔，主要集中在国际货币基金组织储备的黄金和境外其他股券。现任中央银行行长马哈穆·巴赫曼尼（Mahmoud Bahmani）。

【对外贸易】近年，伊对外贸易发展势头良好，年进出口总额稳步增长。2009年，伊朗进出口贸易总额1273.2亿美元，保持了良好增长态势。其中，出口701.6亿美元，进口571.6亿美元，顺差130亿美元。伊共出口非石油产品（不包括天然气）213.21亿美元，同比增长16%。伊主要出口产品有金属矿石、皮革、地毯、水果、干果及鱼子酱等，主要进口产品有粮油食品、药品、运输工具、机械设备、牲畜、化工原料、饮料及烟草等。主要贸易伙伴是欧盟及东亚国家，包括日本、德国、中国、阿联酋、韩国等。

2008年，伊与欧盟贸易总额为256亿欧元，同比增长6%，其中伊出口142亿欧元，自欧盟进口114亿欧元。伊主要从欧盟进口工业产品、机械设备，向欧盟出口主要是石油。

【外国投资】外国投资很少，1994年1月设立经济特区，至2000年12月，吸引外资现金总额为49.8亿美元。2002年8月，议会通过了"吸引和保护外国投资法"草案总则。据统计，2007年，伊朗吸引外资达102亿美元；2008年达69.54亿美元，2009年达78.54亿美元。

人民生活

伊朗实行国家福利补贴政策，每年给予民众的补贴金约占GDP的30%。2008财年，伊朗有近18%的人口处于贫困线以下。98.35%的城市家庭使用自来水，99.73%使用电；78.62%的农村家庭使用自来水，91.62%使用电。约73%的伊朗工人享受社会保险。全国有医疗机构730个，其中政府拨款医院488所，病床110797张，诊所17063个，从业医生3.7万人，其中外国医生350人。平均每1000人有0.5~1.1名医生、7名护士和17张病床。城市人口平均寿命66岁，农村59.7岁。

军　事

国家武装力量由军队、伊斯兰革命卫队和治安部队组成。领袖是武装力量总司令。最高国家安全委员会是最高军事领导和国防政策的制定机构，由总统、一名领袖代表、司法总监、议长、武装力量指挥委员会主席、国家管理和计划组织主席及外交、内政和情报部长组成。实行义务兵役制，服役期二年。现任军队三军司令菲鲁斯·阿巴迪少将（Firoos Abadi），总参谋部总参谋长阿卜杜阿里·普尔沙斯伯准将（Abdolali Pourshasb），军队联合参谋部参谋长阿卜杜拉希姆·穆萨维准将（Abdolrahim Mousavi），军队陆军司令阿哈迈的·礼萨·波丹斯坦准将（Ahmad Reza Pudansitan），军队海军司令萨贾德·库查基·巴德拉尼少将（Sajjad Kouchaki Badelani），军队情报部长法尔罕·迈马尔·纳哈万迪准将（Farhang Memar Nahavandi）。

目前，武装力量总兵力约90万人，动员部队约110万人。军队由陆军、海军、空军和防空部队组成，总兵力约43万人，其中陆军约36.5万人，编成12个师和13个独立旅。主要装备有坦克1500辆，其中250辆T-72、100辆T-62、500辆T-55、150辆M-47、150辆M-60等。非作战坦克数百辆，主要是T-55型。装甲运兵车1200辆，其中BMP型400辆、BTR型400辆、M-113型250辆等。火炮2300门，其中自行火炮约300门（主要型号为M-107和M-109）。陆军航空兵装备100余架各型直升机和运输机。海军3万人，编成波斯湾阿曼海舰队、2个海防区和3个陆战队营，主要装备有各型舰艇近70艘，其中3艘"基洛"级潜艇、3艘巡洋舰、2艘驱逐舰，直升机和运输机等海航机近70架。空军3.5万人，编成25个中队，拥有各型飞机900余架，其中作战飞机270余架，主要机型包括米格-29、苏-24、F-4、F-5、歼-7等。

革命卫队总兵力约43.7万人，其中陆军约39.9万人，编成42个师和37个独立旅，主要装备有坦克500余辆、装甲运兵车500余辆，火炮1000余门。海军2万人，编成3个海防区，主要装备有各型巡逻艇150余艘、导弹快艇21艘和岸防导弹等。空军1.8万人，编成8个中队、3个地地导弹旅和1个防空导弹旅，装备各型飞机110架、"飞毛腿"B、C等型导弹数百枚。2003年7月，伊成功试射流星-3型中程弹道导弹，并着手成建制装备部队。该型导弹射程1300公里，可携带800公斤弹头。2004年10月，伊成功试射了1枚改进制导性能的流星-3型导弹。2007年，伊朗试射了一枚型号为SSN-4的反舰巡航导弹。2008年8月，伊成功发射"使者"号两级运载火箭，将一颗模拟卫星送入距地面约650公里的轨道。2009年9月和12月，伊朗分别成功试射了"流星-3"型中程弹道导弹和改进型"泥石-2"导弹，标志着伊朗军队遏制力的提升。革命卫队司令穆罕默德·阿萨迪准将（Mohhamod Asadi）。革命卫队陆军司令阿赫马德·卡泽米准将（Ahmad Kazemi）、空军司令阿里礼萨·扎黑迪准将（Alireza Zahedi）。

此外还有治安部队4万人，总司令艾斯马伊·阿赫马迪·莫伽达姆准将（Esmaeil Ahmadi Moghaddam）。

文化教育

【教育】实行中、小学免费教育。重视高等教育，并于1989年制订高等教育5年发展计划，通过提供贷款和给予物质、政策支持等措施鼓励民办高等教育。6岁以上受教育人口占全国人口的82.5%。截至2008财年底，识字率达95.5%。目前全国共有高等院校346所，大学生近340万人。德黑兰大学是伊朗著名的高等学府。2006~2007学年伊朗学生数量（单位：万人）：

学校	2006	2007
幼儿园	55.3	51.1
小学	582.8	572.6
初中	393.9	370.8
高中	292.1	283.2
职业技术学校	34.1	33.0
技能培训中心	43.4	40.8
大学前教育中心	42.1	43.8
教师培训中心	1.4	1.9
其他	48	46.2
总计	1493.1	1443.4

2006~2007学年伊朗公立大学和高等教育院校学生人数（单位：人）：

	2006	2007
师范类	78708	187451
人文艺术类	216788	319613
社会科学、商务、法律	521092	1058191
基础科学、数学、计算机科学	233259	363072
工程和生产类	302437	1027705
农业和兽医学科	62257	149356
健康与福利	86347	217355
服务业	37986	65912
总计	1538874	3391852

（资料来源：伊朗教育部2008年数据）

【新闻出版】目前，伊约有各种报刊1700余种，大部分在德黑兰出版。主要报纸有：《世界报》、《消息报》、《伊斯兰共和国报》、《虔诚者报》、《使命报》、《和平报》和英文版的《德黑兰时报》、《伊朗新闻报》和《伊朗日报》国际版。

伊朗伊斯兰共和国通讯社是唯一的官方通讯社。1979年伊斯兰革命前称波斯通讯社。现任社长阿赫马德·哈德穆勒迈莱赫（Ahmad Khademolmelleh）。

国家广播电视台成立于1966年，1979年改名为伊朗伊斯兰共和国声像组织。现任主席是赛义德·伊扎托拉赫·扎哈米（Ezzatollah Zarghami）。电台用波斯语、阿拉伯语、英语、法语、德语及汉语等25种语言对外广播。电视有7个台播放节目，并有3个卫星台向海外播出。至2003年底，外国新闻社驻伊代表机构有95个，登记外国记者1000多人。2007年7月，伊朗开通伊首家英语电视台PRESS TV。

对外关系

奉行独立、不结盟的对外政策，反对霸权主义、强权政治和单极世界，愿同除以色列以外的所有国家在相互尊重、平等互利的基础上发展关系。赞成联合国改革，主张增选伊斯兰会议组织国家为安理会常任理事国。倡导不同文明进行对话及建立公正、合理的国际政治、经济新秩序。认为国家的主权和领土完整应得到尊重，各国有权根据自己的历史、文化和宗教传统选择社会发展道路，反对西方国家以民主、自由、人权、裁军等为借口干涉别国内政或把自己的价值观强加给他国。认为以色列是中东地区局势紧张的主要根源，支持巴勒斯坦人民为解放被占领土而进行的正义斗争，反对阿以和谈，但表示不采取干扰和阻碍中东和平进程的行动。主张波斯湾地区的和平与安全应由沿岸各国通过谅解与合作来实现，反对外来干涉，反对外国驻军，表示愿成为波斯湾地区的一个稳定因素。迄今为止，伊已与世界上125个国家建立了正式外交关系。

【同中国的关系】中伊交往可追溯至公元前2世纪。张骞的副使甘英曾到过伊朗，并打通了中国经伊通往罗马的交通线，即古丝绸之路。此后，两国间往来连绵不断。1971年8月16日中伊建交。1979年伊斯兰共和国建立后，两国高层互访增多，各领域友好合作关系不断发展。

2009年，中国与伊朗在政治、经贸等领域的友好合作关系保持平稳发展。两国高层保持接触。6月，胡锦涛主席在上海合作组织叶卡捷琳堡峰会期间会见伊总统艾哈迈迪内贾德。4月，温家宝总理在海南三亚会见了出席博鳌亚洲论坛2009年年会的伊朗第一副总统达乌迪。10月，温家宝总理会见来华出席上海合作组织第八次总理会议的伊朗第一副总统拉希米。

双方政治交往频繁。1月，伊朗外交部主管亚太事务的副外长阿匐扎德来华举行两国外交部第七轮政治磋商。6月，伊朗外交部发言人兼外长特别助理加什加维率伊朗新闻团访华。8月，杨洁篪外长特别代表、中国中东问题特使吴思科访伊。10月，中伊两国外交部第四次领事磋商在京举行。11月，外交部副部长翟隽赴伊举行两国第八轮政治磋商。

中伊经贸合作不断深化。5月，商务部副部长陈健率团出席在德黑兰举行的中伊经贸洽谈会。同月，贸促会副会长张伟率团访问伊朗。3月，伊朗合作社部部长阿巴斯访华。

两国教育、体育、文化等领域合作成果丰硕。1月，由中国云南大学和伊朗德黑兰大学共同创办的伊第一所孔子学院正式成立。5月，国际体育总局局长、中国奥委会主席刘鹏率团访伊，出席第二届亚洲体育部长会议。

两国地方和民间交往日益密切。2009年内蒙古自治区党委书记、自治区人大常委会主任储波，中共中央委员、四川省委书记刘奇葆，中共中央候补委员、中共甘肃省委副书记刘伟平，长春市人大主任祝业精等率团访伊。伊朗亚兹德省省长法拉扎德、胡泽斯坦省省长海贾兹先后率团访华。

中伊贸易往来始于1950年。2009年双边贸易额达212.05亿美元，其中中国自伊朗进口额132.87亿美元，向伊朗出口额79.19亿美元，同比分别下降

23.3%、32.2%和1.6%。中国对伊朗出口以机电、纺织、化工、钢铁制品等为主，从伊主要进口原油、矿石、初级塑材、钢材和农副产品等。

中国驻伊朗大使：解晓岩。馆址：No.13，NARENJESTAN 7TH，PASDARAN AVE.，TEHRAN。电话：009821－22291241，传真：22291243。经商处电话：22563148，传真：22561567。

伊朗驻华大使：迈赫迪·萨法里（Mahdi Safari）。馆址：北京市朝阳区三里屯东六街13号。电话：010－65322040。传真：65321403。

【同美国的关系】伊朗伊斯兰革命后与美关系长期紧张。1980年伊美断交。1996年美国制订“达马托法”加大对伊遏制。1997年哈塔米总统执政后，伊美关系出现缓和迹象，但未取得实质性进展。“9·11”事件后，美对伊政策日趋强硬。2002年，美总统布什在国情咨文中指责伊是“邪恶轴心”之一。2003年，美再次将伊列为支持恐怖活动“最积极”的国家，指责伊是大规模杀伤性武器和宗教极端思想扩散的重要源头之一。2004年，美国指责伊秘密研发核武计划。2005年以来，伊美关系因伊核问题的升温持续紧张，美政府多次表示为解决伊核问题“不排除任何选项”。2008年底，奥巴马当选美国总统后，调整对伊朗政策，强调要加强与伊接触和对话。

2009年3月，美总统奥巴马在伊历新年来临之际向伊人民发表新年贺词。同月，美邀请伊参加阿富汗安全问题国际会议。当月，美总统奥巴马将对伊贸易禁运等制裁措施延期一年。9月，美国总统奥巴马批准了波音公司向伊出口价值25亿美元的飞机。对美政策调整，伊方表示美国新政府的政策调整必须是根本性的，而非战术性的。伊朗欢迎实质性的改变，并准备与美进行对话。对话必须在相互尊重、平等的基础上进行。

【同欧洲国家的关系】重视改善和发展同欧洲国家关系。欧盟国家于1992年12月开始与伊进行“批评性对话”，1998年提升到“全面对话”。

2009年4月，伊总统艾哈迈迪内贾德会见瑞士联邦主席。5月，伊副外长萨法里访问保加利亚。6月，伊外长穆塔基访问法国，与法总统萨科齐在爱丽舍宫会晤。同月，伊就欧洲国家在伊选举期间干涉伊内政召见英、法、德、意、荷及欧盟轮值主席国捷克驻伊使节。同月，艾哈迈迪内贾德会晤到访的白俄罗斯大国民议会主席巴图拉。9月，伊外长穆塔基会晤卢森堡外长阿森伯恩。10月，伊议长拉里贾尼与奥地利议会防务委员会主席皮特·菲希滕鲍尔举行会晤。

2009年，伊英关系紧张。2月，英国文化委员会驻德黑兰办事处关闭。6月，伊与英国相互驱逐外交官，伊逮捕英驻伊使馆当地雇员。12月，伊革命卫队在波斯湾逮捕了5名乘舢板非法进入伊水域的英国公民，并在审查后将其释放。

【同俄罗斯的关系】重视发展同俄罗斯的睦邻友好合作关系，军工、军贸、核能合作关系密切。5月，俄总统梅德韦杰夫邀请伊总统艾哈迈迪内贾德出席上海合作组织叶卡捷琳堡峰会。6月，艾哈迈迪内贾德在上合组织叶卡捷琳堡峰会期间简短会晤俄罗斯总统梅德韦杰夫。9月，伊外长穆塔基在纽约与俄外长拉夫罗夫会晤。10月，俄罗斯总统梅德韦杰夫致信伊总统艾哈迈迪内贾德，就伊东南部恐怖袭击事件向艾表示慰问。11月，俄副外长利亚布科夫访伊，与伊国安会秘书贾利利深入交换意见。同月，外长穆塔基与俄能源部长举行了两国第八次经贸科技联委会。

【同中亚国家的关系】愿在相互尊重和睦邻友好的基础上与中亚各国发展关系，特别是经济、文化关系。同土耳其和巴基斯坦一起将中亚六国吸收为“经济合作组织”（ECO）成员，同俄罗斯、阿塞拜疆、哈萨克斯坦和土库曼斯坦组建“里海经济合作区”。2009年3月，伊领袖哈梅内伊会见赴伊出席第十届经济合作组织峰会的阿塞拜疆总统阿利耶夫。4月，亚美尼亚总统沙勒斯扬访伊，与伊领袖哈梅内伊、确委会主席拉夫桑贾尼、总统艾哈迈迪内贾德和外长穆塔基分别会晤。同月，伊总统艾哈迈迪内贾德访问哈萨克斯坦，与哈总统纳扎尔巴耶夫会谈。6月，亚美尼亚议长阿卜拉哈米扬率团访伊。9月，伊总统艾哈迈迪内贾德与阿富汗总统卡尔扎伊通电话，祝贺其连任阿总统。11月，伊第一副总统拉希米访问阿富汗，参加阿总统卡尔扎伊就职仪式。同月，伊总统艾哈迈迪内贾德和议长拉里贾尼分别会见土库曼斯坦议长奴贝德耶娃。

【同亚太国家的关系】积极发展同亚太各国关系。7月，日本众议院议长河野洋平、外相中曾根弘文会见率团访日的伊议会国家安全和外交政策委员会主席布鲁杰迪。9月，伊外长穆塔基在出席纽约联合国大会期间会见日本外相冈田克也，双方就伊核问题交换了意见。同月，日本副外相SASAE会晤伊国安会秘书贾利利。10月，伊外长会晤到访的韩国副外长。11月，伊外长穆塔基会晤到访的新西兰外长皮特·哈米尔顿。同月，伊外长穆塔基出席在马来西亚首都吉隆坡举行的发展中八国集团第12次部长级会议。同月，伊外长访问菲律宾，与菲总统阿罗约、外长鲁摩洛会晤。12月，伊国安会秘书贾利利访问日本，与日本首相、外相等会晤。

【同南亚国家的关系】重视同南亚各国的关系。3月，伊领袖哈梅内伊会见赴伊出席第十届经济合作组织峰会的巴基斯坦总统扎尔达里。5月，伊朗、巴基斯坦、阿富汗三国首脑峰会在德黑兰举行。11月，伊外长穆塔基访问印度，与印总理辛格、外长克里希纳进行了闭门会晤。

【同阿拉伯国家和土耳其的关系】发展与周边及

地区国家关系是伊对外战略的重要任务。2009年，伊同阿拉伯国家和土耳其关系持续改善与发展。1月，伊朗议长拉里贾尼访问叙利亚和黎巴嫩，分别与两国高层官员及真主党领导人就加沙局势举行会晤。同月，伊总统艾哈迈迪内贾德出席在卡塔尔多哈举行的有关加沙问题的阿拉伯联盟首脑特别会议。同月，伊议长拉里贾尼在安卡拉与土总统居尔举行会谈。2月，叙利亚总理奥特里访伊。3月，针对伊对巴林的不当言论，摩洛哥宣布与伊断绝外交关系。同月，伊领袖哈梅内伊、总统在艾哈迈迪内贾德分别会见赴伊出席第十届经济合作组织峰会的土总统居尔。同月，伊外长穆塔基先后访问沙特和巴林，分别与沙外交大臣费萨尔亲王和巴林国王本·伊萨·哈里发会晤。5月，也门外长雷伊会见到访的伊议长拉里贾尼。同月，伊总统艾哈迈迪内贾德访问叙利亚，与叙总统阿萨德、哈马斯政治局主席马沙勒和伊斯兰圣战组织（杰哈德）秘书长阿卜杜拉分别会晤。同月，伊议长拉里贾尼访问阿曼，与阿曼苏丹会晤。6月，伊议长拉里贾尼率团访问卡塔尔，会见卡埃米尔阿尔塔尼。7月，伊总统艾哈迈迪内贾德、伊议长拉里贾尼和伊外长穆塔基分别会见到访的阿曼外交事务主管大臣阿拉维。8月，阿曼苏丹卡布斯访伊，与伊领袖哈梅内伊、总统艾哈迈迪内贾德会晤。同月，叙利亚总统阿萨德访伊，与伊领袖哈梅内伊、总统艾哈迈迪内贾德会晤。9月，伊总统艾哈迈迪内贾德、外长穆塔基分别会晤到访的土外长达乌特奥卢。10月，伊总统艾哈迈迪内贾德在与土总理埃尔多安会晤中赞扬其反以立场。11月，伊总统艾哈迈迪内贾德率团抵土耳其，出席伊斯兰会议组织第25届社会经济委员会会议。期间艾分别会晤土总统居尔、总理埃尔多安。同月，伊领袖哈梅内伊、总统艾哈迈迪内贾德、第一副总统拉希米、议长拉里贾尼分别会见到访的科威特首相阿勒萨巴赫。同月，伊外长会晤到访的叙利亚外长穆阿勒姆。当月，伊对也门政府镇压杀害什叶派穆斯林和沙特出兵干涉事件表达不满。12月，伊国安会秘书贾利利、国防部长瓦希迪先后访叙利亚。同月，伊议长拉里贾尼访问埃及，与穆巴拉克总统会晤。同月，伊外长穆塔基访问黎巴嫩，与黎总统苏莱曼、总理哈里里会面。

【同伊拉克的关系】伊朗强烈反对美国对伊拉克动武。伊朗认为伊拉克的独立、主权和领土完整应得到保护；外国军队应尽早从伊拉克撤军；伊拉克事务应由伊拉克人民自己掌管；联合国应在伊拉克重建和未来政府组建上发挥主导作用。2009年1月，伊拉克总理马利基率团访伊朗，推进两伊经贸、能源合作。2月，伊朗外长穆塔基率团访问伊拉克。同月，伊拉克总统塔拉巴尼访问伊朗。5月，伊拉克外长兹巴里访问伊朗。7月，伊拉克政府释放了2007年美国扣押的5名伊朗外交官。8月，伊外长穆塔基与伊拉克外长兹巴里通电话。当月，伊朗外长穆塔基访问伊拉克，分别与伊拉克总统塔拉巴尼、总理马利基及外长兹巴里会晤。10月，伊朗议长拉里贾尼与到访的伊拉克议长阿勒萨马莱举行会晤。11月，伊朗议长拉里贾尼访问伊拉克，与伊拉克议长阿勒萨马莱会晤。

【同拉美及中、北美洲国家的关系】近年来，伊努力推进外交多元化，拓展同拉美及中、北美洲国家关系。2009年1月，伊总统艾哈迈迪内贾德与委内瑞拉总统查韦斯就加沙局势通电话。4月，伊领袖哈梅内伊会见到访的委内瑞拉总统查韦斯，总统艾哈迈迪内贾德与查会晤并共同出席伊委合资银行成立仪式。8月，阿根廷外交部发表声明，谴责伊政府提名涉嫌卷入1994年阿炸弹袭击事件的瓦希迪担任伊国防部长，并重申阿司法部门将继续在全球范围内通缉瓦希迪。同月，伊外长穆塔基访问厄瓜多尔，出席厄新总统克里的就职典礼，并会晤厄副总统和议长。9月，伊领袖和伊总统分别会晤到访的委内瑞拉查韦斯。11月，伊总统艾哈迈迪内贾德先后访问巴西、玻利维亚和委内瑞拉。12月，艾哈迈迪内贾德总统会见到访的巴西外长塞尔索。

【同非洲国家的关系】重视发展与非洲国家的政治、经济和文化关系，主张在互利互惠的基础上与主要非洲国家建立新型伙伴关系。2003年3月9日伊朗—非洲合作论坛宣告成立，以“挑战与机遇”为主题的首届论坛会议在德黑兰举行。2009年2月，伊外长穆塔基赴埃塞俄比亚出席第12届非盟峰会。同月，伊总统艾哈迈迪内贾德访问吉布提、肯尼亚和科摩罗三国。3月，伊外长穆塔基访问马里，与马里外长乌阿内会晤。5月，伊总统艾哈迈迪内贾德会晤到访的乌干达总统穆萨维尼。同月，伊第一副总统达乌迪访问坦桑尼亚。9月，伊外长穆塔基会晤到访的肯尼亚外长韦拉乌拉。11月，伊总统艾哈迈迪内贾德访问塞内加尔和冈比亚。12月，伊外长穆塔基会见到访的索马里外长艾哈迈德。 （王骏）

以 色 列

国名 以色列国（THE STATE OF ISRAEL）。

面积 根据1947年联合国关于巴勒斯坦分治决

议的规定，以色列国的面积为1.52万平方公里。由于1948～1973年间爆发了四次阿以战争，以色列占领了大片阿拉伯国家领土，80年代以后陆续部分撤出。目前以实际控制面积约为2.5万平方公里。

人口 747万（2009年9月）。其中犹太人约占80%，其余为阿拉伯人、德鲁兹人等。希伯来语和阿拉伯语均为官方语言，通用英语。居民中大部分信奉犹太教，其余信奉伊斯兰教、基督教和其他宗教。

首都 建国时在特拉维夫（TEL AVIV），1950年迁往耶路撒冷（JERUSALEM）。1980年7月30日，以议会通过法案，宣布耶路撒冷是以色列"永恒的与不可分割的首都"。对于耶路撒冷的地位和归属，阿拉伯国家同以色列一直有争议，阿拉伯国家要求以色列撤出1967年以来它所占领的全部阿拉伯领土，包括阿拉伯的耶路撒冷（指东耶路撒冷）。目前，绝大多数同以有外交关系的国家仍把使馆设在特拉维夫。

国家元首 总统西蒙·佩雷斯（SHIMON PERES），2007年7月15日就职，为以色列第九任总统，任期七年。

重要节日 犹太新年（约公历9月）、赎罪日（约公历10月）、住棚节（约公历10月）、逾越节（约公历3、4月）、大屠杀纪念日（约公历4、5月）、独立日（约公历4、5月）。

简　况

位于亚洲西部。东接约旦，东北部与叙利亚为邻，南连亚喀巴湾，西南部与埃及为邻，西濒地中海，北与黎巴嫩接壤，是亚、非、欧三大洲结合处，地理位置十分重要。海岸线长度为198公里。地中海型气候，夏季炎热干燥，最高气温39℃；冬季温和湿润，最低气温4℃左右。

犹太人远祖是古代闪族的支脉希伯来人。起源于约4000年前的美索不达米亚平原，后因躲避自然灾害迁徙至埃及尼罗河三角洲东部。公元前13世纪末开始从埃及迁居巴勒斯坦地区。1917年英国占领巴勒斯坦，1922年7月24日国际联盟通过了英国对巴勒斯坦地区的"委任统治训令"，规定在巴建立"犹太民族之家"。1947年11月29日，联合国大会通过决议，决定在巴勒斯坦地区分别建立阿拉伯国和犹太国。1948年5月14日，以色列国正式成立。

政　治

2005年11月，因工党退出，沙龙领导的联合政府解体。沙龙退出利库德集团，组建前进党。12月，以议会解散，沙龙担任看守内阁总理。2006年1月4日，沙龙突发中风入院，昏迷不醒，原副总理奥尔默特被任命为代总理。在2006年3月举行的大选中，前进党赢得议会第一大党的地位，奥尔默特组阁并出任总理。2008年9月，奥尔默特因涉嫌受贿辞职。2009年2月，以举行新的大选，2009年3月利库德集团主席内塔尼亚胡联合其他5党派组成新一届政府。

【**宪法**】没有正式的成文宪法，仅有《议会法》、《国家土地法》、《总统法》、《政府法》、《国家经济法》、《国防军法》、《耶路撒冷法》、《司法制度法》、《国家审计长法》、《人的尊严与自由法》和《居住法》等基本法。

【**议会**】以色列为议会民主制共和国。议会实行一院制，设有120个席位，是国家最高权力机构，拥有立法权，负责制定和修改国家法律，对重大政治问题表决，批准内阁成员并监督政府工作，选举总统、议长。议员由普选产生，议员候选人以政党为单位参加竞选，选民只需将选票投给各自支持的政党，获得2%以上选票的各政党根据得票多少按比例分配议席。2007年7月，以议会一读通过选举法修正案，将政党在大选中获得进入议会资格的得票率门槛从2%提高到2.5%。

2009年2月，第18届议会经选举产生，由12个政党组成，其中前进党28席，利库德集团27席，"我们的家园以色列"党15席，工党13席，沙斯党11席，圣经犹太教联盟5席，联合阿拉伯名单4席，全国联盟党4席，争取和平与平等民主阵线4席，梅雷茨党3席，犹太家园党3席，巴拉德党3席。议长鲁温·瑞夫林（REUVEN RIVLIN），2009年3月30日就任，属利库德集团。

【**政府**】政府由议会中占多数席位的一个或几个政党联合组成。议会选举结果揭晓后，总统在综合议会各党派意见基础上提名总理人选，授权其组阁。总理由成功完成组阁者担任。本届政府（第32届）于2009年3月31日成立，由利库德集团、"我们的家园以色列"党、工党、沙斯党、圣经犹太教联盟、犹太家园党6党联合组成，包括总理、6位副总理和23位部长，其中利库德集团获总理、财政部长等16职，"我们的家园以色列"党获外交部长、公安部长等4职，工党获国防部长、工贸部长等5职，沙斯党获内政部长等4职，犹太家园党获1职。

主要成员有：总理本雅明·内塔尼亚胡（BENJAMIN NETANYAHU，利库德集团），副总理兼地区开发部长、内盖夫和加利利开发部长西尔万·沙洛姆（SILVAN SHALOM 利库德集团），副总理兼战略事务部长摩西·亚阿隆（MOSHE YA'ALON 利库德集团），副总理兼国防部长埃胡德·巴拉克（EHUD BARAK，工党），副总理兼外交部长阿维格多·利伯曼（AVIGDOR LIBERMAN，"我们的家园以色列"党），副总理兼情报及原子能部长达恩·梅里多尔（DAN MERIDOR 利库德集团），副总理兼内政部长埃利亚胡·伊沙伊（ELIYAHU YISHAI，沙斯党）。

【**行政区划**】全国划分为6个区，30个分区，31个市，115个地方委员会，49个地区委员会。

【**司法机构**】最高法院、地区法院和基层法院三级制组织系统，此外还有专项法庭、宗教法院和劳资法院。最高法院院长多瑞特·本尼西（DORIT BEINISCH）。

【政党和组织】（1）前进党（KADIMA）：2005年11月由沙龙组建，成员大多来自原利库德集团。党主席为齐皮·利夫尼（TZIPORA“TZIPI”LIVNI）。在第18届议会选举中获28席，保持议会第一大党位置，但未获得组阁权，也未加入联合政府，成为反对党。该党主张推进以巴和平进程，划定以巴永久边界，并确保犹太人在以色列的多数地位。该党接受与巴方的和平谈判，但在和谈不果的情况下，准备采取单方面行动从西岸大部分地区撤出、保留在西岸的大型定居点、加快隔离墙建设并以此单方面划定以巴边界。在经济和社会问题上，该党奉行在自由经济政策的基础上兼顾社会公正的中间路线。

（2）利库德集团（LIKUD）：1973年9月由加哈尔集团、自由中心、拉姆党、人民党、国土完整运动等党联合组成。1977年和1981年两次大选获胜执政；1984年和1988年两次同工党组成联合政府。1990年6月与其他一些宗教党组成新政府。1992年大选失利后成为在野党。1996年内塔尼亚胡带领利库德击败工党，当选以历史上最年轻总理。1999年沙龙当选利库德集团主席，并于2001年当选总理。2005年8月，沙龙强力推行“脱离计划”，造成党内分裂，沙龙带领一批支持者于11月退出利库德，另组前进党，利库德集团力量受到严重削弱。同年12月，内塔尼亚胡再次当选利库德集团主席，并于2007年连任。在第18届议会选举中获27席，成为议会第二大党并成功组阁，内塔尼亚胡任总理。利库德集团奉行“以安全换和平”政策，在以巴问题上立场强硬。但由于受到国内外的巨大压力，该党政策也在作适当调整。经济方面，该党主张建立自由市场经济，积极推行私有化经济政策，以期加速经济发展。

（3）“我们的家园以色列”党（ISRAEL BEITEINU）：1999年成立的右翼民族主义政党，主要支持者是来自前苏联的犹太移民，主席为阿维格多·利伯曼。在1999年第15届议会选举中获4席，2001年加入全国联盟并进入联合政府。2003年再次进入联合政府。2005年因反对“脱离计划”退出联合政府。2006年第17届议会选举中获11席，成为议会第五大党。同年加入奥尔默特内阁，利伯曼担任副总理兼战略事务部长。2008年，利伯曼因反对与巴就最终地位问题进行谈判而退出内阁。在第18届议会选举中获15席，成为议会第三大党。该党以在以巴问题上的强硬立场而著称，认为以籍阿拉伯人口上升威胁以作为犹太国家的属性，主张鼓励更多犹太人移居以色列，同时敦促以籍阿拉伯人迁往巴勒斯坦控制区或其他阿拉伯国家。在社会经济领域，主张私有化，打击腐败，重视犹太文化教育。

（4）以色列工党（ISRAEL LABOUR PARTY）：1930年成立。1948～1977年执政，1984年后多次同利库德集团联合执政。2007年6月，埃胡德·巴拉克当选工党主席。在第18届议会选举中成为第四大党。工党在以巴问题上立场温和。在社会领域，工党主张社会公正和平等，实现宗教与世俗、东方犹太人与西方犹太人、以色列犹太人与阿拉伯等少数民族之间的和解与融合。

（5）沙斯党（SHAS）：1984年成立的代表东方犹太人的正教派犹太人政党。主席为埃利亚胡·伊沙伊。在第18届议会选举中获11席，位列议会第五大党。该党主要关心本党及其选民在宗教、社会及经济方面的利益，在以巴冲突等问题上立场较温和、灵活。在宗教上持正统派立场。

【重要人物】西蒙·佩雷斯：总统。1923年生于波兰，后移居以色列。曾在本—西门农业学校学习，是约旦河谷阿卢摩特基布兹的创建者之一。1943年任“工人青年运动”书记。独立战争期间负责采购军需。1952年至1959年任国防部副总司长、总司长。1959年当选议员，并任国防部副部长。1965年成为拉菲党总书记。1968年参与重组工党。1969年任占领区经济发展和难民安置部长。1970～1974年任运输和通讯部长。1974～1977年任国防部长。1977年任工党总书记。1984年任工党主席。1984～1986年在联合政府中任总理。之后在以历届政府中多次担任要职。2005年底退出工党，加入前进党，2006年5月至2007年6月任副总理兼内盖夫和加利利开发部长。2007年6月，当选以色列第9任总统。1994年与拉宾、阿拉法特同获诺贝尔和平奖。　**本雅明·内塔尼亚胡：**总理。1949年生于以色列特拉维夫。美国麻省理工学院建筑和商业管理系毕业，学士、硕士学位。1967～1972年，在以国防军特种部队服役。1976～1988年，在尤纳森反恐怖研究机构执委会任委员、主任。1982～1984年，任以驻美国使团副团长。1984～1988年，任以色列常驻联合国代表。1988年当选议员。1988～1991年，先后在沙米尔政府中担任副外长、政府发言人、国防部副部长等职。1991～1992年，任总理府副部长。1993年，当选利库德集团主席。1996年，在以第一次总理直选中当选总理。1998年兼任外长。1999年1月蝉联利库德集团主席，同年5月参加以总理竞选失败后辞去利库德领导人职务，宣布退出政坛。2002～2005年，先后任看守内阁外长、财政部长，2005年辞去财长职务。2005年12月，第三次当选利库德集团主席，2007年8月再次连任。2009年3月31日，内组阁成功，再度出任总理。　**阿维格多·利伯曼：**副总理兼外交部长。1958年生于前苏联摩尔多瓦，1978年移民以色列。耶路撒冷希伯来大学国际关系和政治学学士学位。曾在以国防军炮兵部队服役。上世纪

80年代，相继担任过信息产业董事局主席、全国总工会耶路撒冷分部秘书长等职。1993年起，任利库德集团秘书长。1996年，任内塔尼亚胡总理办公室主任。1997年，由于反对利库德对巴政策，利离开利库德集团，宣布退出政坛转而从商。1999年，利组建“我们的家园以色列”党，同年当选议员。2000年在第一届沙龙政府中任基础建设部长，2002年辞职。2003年在第二届沙龙政府中任交通部长，2004年因反对“单边撤离”计划辞职。2006年在奥尔默特政府中任战略事务部长，2008年因反对政府与巴勒斯坦就最终地位问题进行谈判辞职。2009年3月在新一届政府中任副总理兼外交部长。

经　济

为混合型经济，工业化程度较高，以知识密集型产业为主。农业、工业、生化、科技及军工等部门技术水平较高。私人企业比重较大，但政府对主要部门控制严格，许多大企业都由国家控制或监管。合作经济主要以农村中的“基布兹”（集体社）和“莫沙夫”（合作社）为主。总体经济实力较强，全球竞争力居世界先列。以色列是除美国外在纳斯达克拥有最多上市公司的国家。2009年主要经济数据如下：

国内生产总值：1945.02亿美元。

国内生产总值增长率：0.5%。

人均国内生产总值：26142美元。

进口总额：469亿美元，同比下降27.3%。

出口总额：418亿美元，同比下降18.5%。

外汇储备（2010年1月）：616.03亿美元。

失业率：7.7%。

货币名称：新谢克尔。

汇率（2010年5月）：1美元≈3.82新谢克尔。

【资源】 矿产资源较贫乏。主要有钾盐、石灰石、铜、铁、磷酸盐、镁、锰、硫磺等。国土森林覆盖率约5.7%，总面积为127万杜纳亩（1杜纳亩约合1.4市亩）。90%以上的原油来自俄罗斯及里海地区。

【工业】 能源及矿产资源贫乏，劳动力成本较高，因此主要发展能耗少、资金和技术密集型产业。工业部门门类主要集中在高新技术产业及宝石加工行业，在电子技术、计算机软件、医疗设备、生物技术、信息和通讯技术、钻石加工等领域达到世界尖端水平，注重对科技研发的投入。

【农业】 自然环境恶劣，但农业发达，享有欧洲“冬季厨房”美誉。农业科技含量高，滴灌设备、新品种开发举世闻名。主要农作物有小麦、棉花、蔬菜、柑橘等，水果蔬菜自给有余并大量出口。农业组织结构以基布兹（集体社）、莫沙夫（合作社）和个体农场为主。基布兹267个，人口约12.3万，莫沙夫442个，人口约23万。农业就业人数约占劳动力总数的2.3%。

【旅游业】 旅游业在经济中占重要地位，是外汇的主要来源之一。以幅员虽小，但有独特的旅游胜地和众多的名胜古迹，每年吸引数以百万计的游客游览观光。90%以上游客来自欧洲和美洲。美“9·11”事件后，以旅游业受到重创，游客较事件前骤降45%。2009年以入境旅游人数232万人次，同比减少9.7%，出境旅游人数400万人次，同比减少5%。

【交通运输】 陆、海、空运输业发达。其中陆地运输的货物占一半，船舶和航空运输各占1/4。国内公路运输发达，公共汽车和载重汽车是主要运输工具。国际运输以海法港和本—古里安国际机场为主。主要铁路干线为海法—特拉维夫—耶路撒冷线。特拉维夫、海法与耶路撒冷之间均有高速公路相连。主要港口有海法、阿什杜德和埃拉特。与北美、欧洲地区主要城市及埃及、约旦、肯尼亚、南非、土耳其、日本和中国等有定期航班。主要机场有本—古里安国际机场、埃拉特机场和杜夫机场。主要航空公司有以色列航空公司（EL–AL）。

【对外贸易】 由于国内市场相对狭小，国内资源缺乏，因此主要以进口来满足本国对大部分产品的需求，而以出口高精尖技术和资本密集型产品推动经济增长，工业生产的半数用来出口。以周边都是阿拉伯国家，长期处于敌对状态，贸易受阻。因此，以集中力量打入远方市场，26%的出口物资运往欧盟各国，38%运往美国，18%运往亚洲。外贸在国民经济中占较大的比重，先后与美国、欧盟、加拿大、斯洛伐克、捷克、土耳其、匈牙利、波兰、斯洛文尼亚签订了《自由贸易协定》，工业产品可以免税进入，农产品享受优惠关税待遇。以享有澳大利亚、美国、奥地利、加拿大、日本、芬兰、新西兰等国提供的普惠制（GSP）待遇。2010年5月，以加入经济合作与发展组织（OECD）。

【外国援助】 1948～1989年美国总共向以提供了466.6亿美元的援助，其中一部分为赠款。1990年10月美国会批准追加7亿美元的紧急援助。1991年1月德国向以提供了7.32亿美元的援助。1991年3月，欧共体宣布向以提供2.1亿美元低息贷款。2002年，美国向以提供27亿美元援助，其中包括21亿美元军事援助；此外，美还向以提供2.28亿美元用于打击恐怖主义。2003年，美向以提供90亿美元的贷款担保和10亿美元的补充军事援助；另外，为补偿伊拉克战争给以造成的损失，美向以提供了10亿美元。2006年，美国向以色列提供2.4亿美元经济援助和22.8亿美元军事援助。2007年，美宣布未来10年内对以300亿美元的一揽子军事援助。

军　事

国防军正式建于1948年5月26日，其前身是二次大战中的“犹太旅”和“犹太突击队”。最高军事决策机构为国防委员会，由总统、总理以及国防、外交、内政、财政、运输、通讯部长和总参谋长组成，总理任主席兼武装部队最高统帅。战时成立以总理为首的战时内阁。国防部是最高军事指挥机构，国防部长行使总司令职权。总参谋长负责训练和作战指挥。实行义务兵役制，年满 18 岁男子服役 3 年，女子 2 年。此外，所有 55 岁以下男公民和 24 岁以下女公民每年必须服役 45～60 天。现役部队 18.7 万人，紧急时可动员 63.1 万人。陆军 14.1 万人，动员后可达 52.1 万人，编成 3 个军区，15 个师（3 个现役重型装甲师，9 个预备役装甲师和 3 个边防守备师）和 18 个现役及预备役独立旅。空军 3.65 万人，动员后可增加到 9.05 万人，编有 11 个空军基地，57 个飞行中队，其中有 29 个作战飞行中队。海军 0.95 万人，动员后可达 1.95 万人，编有 3 个海军基地，7 个舰艇中队。

文化教育

【教育】政府重视教育事业，5～16 岁儿童享受义务教育，免费教育至高中毕业。凡未满 18 岁且未完成初等教育的青少年还必须参加专门的补习班。教育占政府预算的 9%，每一万人中有 135 位科学家和工程师。著名的高等院校有：耶路撒冷希伯来大学、特拉维夫大学、海法大学、以色列工程技术学院、魏茨曼科学研究院、巴伊兰大学、本—古里安大学等。以是世界上人均拥有律师和注册会计师最多的国家。2007 年 7 月，以议会通过法案，将强制义务教育从 10 年延长至 12 年。

【新闻出版】新闻出版业较发达，发行的报纸杂志总数约为 1188 种，其中 36 种日报，17 种为希伯来文，其余为阿文、英文、法文等。主要报刊有：《国土报》（HA'ARETZ），创刊于 1918 年，希伯来文日报，无党派报纸，发行量约 5.5 万份；《晚报》（MZ'ARIV），创刊于 1948 年，希伯来文晚报，基本支持政府立场，发行量 15 万份；《新消息报》（YEDIOTH AHRONOTH），创刊于 1939 年，希伯来文晚报，支持利库德集团，发行量 30 万份；《耶路撒冷邮报》（THE JERUSALEM POST），创刊于 1932 年，英文日报，反映政府观点的半官方报纸，发行量 5 万份；《团结报》（AL-ITTIHAD），阿拉伯文日报，以共产党机关报。

犹太通讯社（JTA）设在耶路撒冷。以色列通讯社（INA），1923 年成立，每天发希伯来文电讯稿，设在耶路撒冷。以色列联合通讯社（ITIM）于 1950 年成立，设在特拉维夫。

以色列广播局，1948 年成立，总部设在耶路撒冷，每天用希伯来、阿拉伯、英、意第绪、俄等 17 种语言对国内、外广播“以色列之声”。以色列国防军之声为军方电台，1951 年设立，用希伯来语广播。

以色列国营电视台：1968 年开播，总台设在耶路撒冷，每天播放希伯来语和阿拉伯语电视节目。以色列电视教育中心：1966 年成立，主要播放电视教学课程，包括学校课程和成人教育课程。1986 年开始建立商业电视网。1994 年，政府批准建立了商业电视网，由三家私人机构主持。90 年代以来逐步推广使用有线电视，有新闻、电影、音乐电视、体育等几十个新闻性、娱乐性频道，并能收看周围阿拉伯国家、法、德、俄、美、英、土耳其、意大利、西班牙等国家的电视节目，共约有 50 个频道。

对外关系

以色列与世界上 157 个国家建立了外交关系，现有 77 个驻外使馆、19 个总领馆及 5 个代表团。以外交政策主要是维护与美战略盟友地位；保持与西方国家传统的友好关系；积极发展与俄罗斯和独联体各国关系；力图实现同阿拉伯国家和解；拓展与非洲、亚洲各国的关系。

【同中国的关系】两国于 1992 年 1 月 24 日正式建立外交关系。1992 年 1 月，以色列副总理兼外长利维访华，两国签署了建交公报。

2008 年 1 月，以色列副总理兼工业、贸易和劳动部长伊沙伊访华。8 月，以总统佩雷斯来华出席第 29 届北京奥运会开幕式；以科技、文化和体育部长马加德勒来华参加北京奥运会相关活动。9 月，以旅游部长巴莉拉来华参加北京残奥会相关活动。10 月，以副议长、工党国际部负责人阿维泰尔访华。11 月，以住房建设部长博伊姆出席在南京举行的“第四届世界城市论坛”；以农业部长辛宏出席在陕西杨凌举行的“2008 中以农业合作周”。2009 年 8 月，以前总理奥尔默特访华。10 月，以议会外交和国防事务委员会主席哈内戈比访华。11 月，以科技部长赫什科夫维奇、外交部总司长盖尔分别访华。

2010 年 2 月，以副总理兼战略事务部长亚阿隆访华。4 月，以社会事务部长赫尔佐格访华。5 月，以财政部长斯坦尼茨访华并出席上海世博会以色列馆日活动。

2008 年 5 月，中国国际交流协会副会长、前全国人大常委会副委员长成思危出席在耶路撒冷召开的“面向明天”总统会议。12 月，中共中央政治局委员、书记处书记、中共中央宣传部部长刘云山访以。2009 年 4 月，外交部长杨洁篪访以。10 月，国务院新闻办公室主任王晨访以并出席第二届“面向明天”总统会议。同月，宁夏回族自治区党委书记陈建国访以。11 月，浙江省委书记赵洪祝访以。2010 年 3 月，国务院副总理回良玉访以。4 月，全国政协副主席、统战部部长杜青林访以。同月，甘肃省委书记、省人大常委会主任陆浩访以。5 月，全国政协副主席、科技部部长万钢访以。

双方已签署“贸易协定”、“文化交流协定”、“民用航空协定”、“劳务输出协议”、“体育合作备忘录”、“教育合作协议”、“旅游合作协定”、“邮电通讯合作协议”、“工业技术研发框架协议”、“技术创新合作协定”、“关于加强经济贸易合作的备忘录”和“中国旅游团队赴以色列旅游实施方案的谅解备忘录”等。

目前，以在上海、香港、广州设有总领馆。

中国驻以色列大使：赵军。地址：以色列国特拉维夫市本耶胡达大街 222 号（222 BEN YEHUDA ST. TEL AVIV）。信箱：P. O. BOX 6067 TELAVIV 61060。电话：00972-3-5467277，传真：5467251。

以色列驻华大使：安泰毅（Amos Nadai）。地址：北京市朝阳区天泽路 17 号。电话：010-85320500，传真：85320555。

【同美国的关系】 1948 年 5 月 14 日与美国建交。两国有着特殊的战略盟友关系，美每年向以提供大约 30 亿美元的军事援助。2002 年 10 月，美总统布什签署美国会外交授权法，承认耶路撒冷为以色列的首都。2007 年 7 月，美国宣布将在未来 10 年内向以色列提供 300 亿美元的军事援助。

【同俄罗斯的关系】 1947 年，前苏联投票赞成联合国大会关于巴勒斯坦分治的决议。以建国后，苏即与以建立外交关系。1967 年“六·五”战争后，苏、以断交。1990 年 9 月 30 日，苏外长谢瓦尔德纳泽和以外长利维在美国会晤后，宣布苏、以两国恢复领事级外交关系。同月，以宣布承认波罗的海三国独立。10 月 18 日，苏外长潘金访以，正式签署两国恢复大使级外交关系的协议。12 月，以宣布承认独联体所有国家，并相继同独联体 15 个共和国全部建立了外交关系。1990 年移居以色列的苏犹太人达 18.5 万，1991 年又有 14.5 万苏犹太人移居以，其中不少人被安置在巴勒斯坦被占领土。

【同欧洲国家的关系】 以与欧洲国家有传统关系。早期犹太复国主义运动的代表人物大多来自欧洲，相似的政体和共同的社会价值观是以同西欧国家发展关系的基础。由于周边大多数阿拉伯国家对以实行经济抵制，欧洲成为以重要贸易伙伴。欧洲各国支持政治解决阿以冲突，积极参加中东和平进程。马德里和会后，欧洲在中东问题上发挥作用的趋势有所加强。1975 年以与欧共体建立自由贸易区，1995 年同欧盟重新签署自由贸易协定。2004 年 12 月，以与欧盟签订“欧洲近邻政策”协定。欧盟是中东问题“四方机制”之一。

【同阿拉伯国家的关系】 以建国后同阿拉伯国家发生了四次大的战争，侵占了阿拉伯国家大片土地。使其实际控制领土面积约达到 1947 年分治决议规定的两倍。

埃及：1979 年 3 月，以同埃及正式签订了和平条约，两国结束了战争状态。1980 年 2 月，双方互派大使。1989 年 3 月，以撤出西奈半岛最后一块埃及领土塔巴地区。2000 年 11 月，为对以色列以武力镇压巴勒斯坦平民表示不满，埃及召回驻以大使。2002 年 2 月，以驻埃大使向埃及总统递交了国书，标志两国关系转暖，但埃宣布降低与以关系，切断除外交关系以外的政府交流，以抗议以军入侵巴勒斯坦。2005 年 3 月，埃驻以大使到任。

巴勒斯坦：1993 年 9 月 13 日，以同巴解相互承认并签署了加沙—杰里科先行自治协议。1994 年 5 月 4 日，以巴在开罗正式签署关于巴勒斯坦在加沙、杰里科先行自治的执行协议。1997 年 1 月 15 日，以巴签署《希伯伦协议》，以撤出希市 80% 地区。1998 年 10 月 23 日，巴以在美签署怀伊协议，规定以从约旦河西岸撤出 13.1% 的土地。12 月 15 日，巴全国委员会通过修宪决议，删除其中的灭以条款。1999 年 9 月，双方就执行怀伊协议签署《沙姆沙伊赫备忘录》。9 月 13 日，启动了最终地位谈判。但因双方在攸关切身利益的重大问题上分歧严重而进展不利。2000 年 9 月起，双方爆发暴力冲突。2001 年 1 月，沙龙政府上台后奉行“安全优先”政策，2002 年 6 月正式决定在西岸地区沿 1949 年停火线修建“隔离墙”。

2007 年 3 月，巴勒斯坦民族联合政府成立，以色列内阁以压倒性多数决定继续实行对巴的抵制政策。以表示不会同不接受“三项条件”的巴联合政府谈判，也不会同该政府中曾是以谈判对象的法塔赫成员联系，呼吁国际社会抵制新政府。2007 年 11 月安纳波利斯中东和平国际会议召开后，巴以开始就巴最终地位问题、落实“路线图”计划等进行谈判。因以继续扩建定居点，双方在耶路撒冷、难民和边界等核心问题上分歧严重，谈判未取得实质性进展。

2008 年 12 月 27 日开始，以色列对哈马斯控制的加沙地带实施代号为“铸铅”的大规模军事行动。2009 年 1 月 8 日，安理会通过 1860 号决议，要求立即停火。经埃及等各方斡旋，以方和哈马斯等武装派别于 1 月 18 日宣布停火。美国奥巴马政府上台后，加大促和力度，并就定居点等问题向以方施压，促成美、以、巴三方首脑会晤。2010 年 5 月，经美国斡旋，巴以启动间接谈判。

约旦：1994 年 7 月 25 日，以色列和约旦在华盛顿签署和平条约，宣告结束两国长达 46 年之久的战争状态。同年 11 月，以、约建交并互派大使，实现两国关系完全正常化。

黎巴嫩：1982 年 6 月，以入侵黎巴嫩，1985 年 6 月撤出时在黎南部保留约 850 平方公里的安全区，扶植约 3000 人的“南黎军”，并经常同黎巴嫩和巴勒斯坦武装发生冲突。1998 年 4 月，以内阁通过决议，提出愿有条件地执行联合国 425 号决议，从黎南部撤军，但要求黎在安全问题上做出承诺，遭黎、叙拒绝。2000 年 5 月，以单方面从黎南部撤军。但黎、叙坚持以应撤出谢巴地区。2006 年 7 月，黎真主党武装人员潜入以北部一以军据点，摧毁一辆以军装甲车，打死3名、绑架2名以军士兵。以对黎发动大规模军事行动。8月11日，联合国安理会一致通过1701号决议，要求黎以停火。8月14日，黎以正式停火。10月1日，以军宣布完全撤出黎。2010年5月，以色列指称叙利亚向黎巴嫩真主党提供“飞毛腿”导弹，引发以黎关系紧张。

叙利亚：1991年11月，以议会通过“捍卫戈兰高地法”。1992年9月，以首次表明以“土地换和平”的原则也适用于戈兰高地，之后，以叙和谈断断续续地进行。1996年，以叙谈判中断。1999年双方恢复了中断近四年的谈判，但未取得突破。2001年2月沙龙当选以总理后，提出无条件恢复谈判的要求，叙予以拒绝。2002年2月，叙总统巴沙尔表示叙愿就戈兰高地问题与以达成和平协议。2003年5月，以总理办公室证实：伊拉克战争前，以与叙在约旦进行了接触，但以方拒绝叙方立即重开谈判的建议。2006年3月，以允许戈兰高地生产的苹果向叙利亚出口。6月，4架以色列战斗机侵入叙利亚领空，飞越阿萨德总统的夏季行宫。9月，三名以色列议员访叙，与阿萨德总统进行了会见。2007年1月，瑞士承认曾为以叙秘密谈判居中斡旋，遭总理奥尔默特否认。2008年5月，以叙双方宣布在土耳其斡旋下展开非直接谈判，谈判进行了四轮，因2008年底的加沙冲突中止。

其他阿拉伯国家：1994年，摩洛哥与以互设利益办事处；海湾六国解除对以间接经济制裁；多数阿拉伯国家和以色列一起参加了第一届中东北非经济首脑会议；以总理拉宾首次应邀访问阿曼。1995年10月，除叙利亚、黎巴嫩、伊拉克、利比亚等国外，大多数阿拉伯国家参加了在安曼召开的第二届中东北非经济首脑会议，以阿双方签订了许多实质性协议和合同。1996年1月，以外长巴拉克首次正式访问摩洛哥；4月，以总理佩雷斯访问卡塔尔、阿曼；4－5月，以色列和突尼斯互设利益办公室。1999年7月，以总统魏茨曼、总理巴拉克、外长利维和地区合作部长佩雷斯率团出席了摩洛哥国王哈桑二世的葬礼。期间巴拉克总理会见了阿尔及利亚总统布特弗利卡。10月，毛里塔尼亚与以色列建交。2000年10月，摩洛哥、突尼斯、阿曼冻结与以色列的关系。2002年2月，沙特王储提出关于中东和平的新建议，即以色列从1967年阿拉伯被占领土上全部撤军，阿拉伯国家同以实现关系正常化，受到国际社会的普遍欢迎。第14次阿拉伯国家首脑会议通过以沙特和平建议为基础的“阿拉伯和平倡议”。2008年4月，以副总理兼外长利夫尼出席在卡塔尔多哈举行的民主、发展和自由贸易论坛。2010年3月，毛里塔尼亚与以色列断交。

【同土耳其的关系】1949年土耳其宣布承认以色列，是最早承认以的国家之一，1950年两国建立公使级外交关系。1991年马德里和会后，两国于12月将外交关系提升至大使级。此后，双方关系发展较快，在较长时间内保持密切、友好关系。1992年两国签订旅游合作协议。1996年签订军事合作协议，是以同伊斯兰国家签订的第一个军事协议。2000年两国签订自由贸易协定。2008年5～7月，在土耳其斡旋下，以色列同叙利亚进行了4轮间接谈判。目前以土贸易额每年约20亿美元。

【同其他亚洲国家的关系】以色列同亚洲许多国家建立了外交关系。随着亚洲各国经济实力的增长，以同亚洲各国在经济、文化，特别是商业领域的联系更趋紧密。日本与以色列经贸关系密切，是以重要贸易伙伴。

【同非洲国家的关系】1967年“六·五”战争和1973年“十月战争”后，非洲29个国家相继与以断交，只有南非、斯威士兰、莱索托、马拉维与以保持外交关系。1974年以色列与南非外交关系升为大使级。近年来，以先后与扎伊尔［现名刚果（金）］、利比里亚、科特迪瓦、喀麦隆、多哥、肯尼亚、中非、埃塞俄比亚、厄立特里亚、加蓬、刚果、尼日利亚、安哥拉、赞比亚、贝宁、冈比亚、布基纳法索、津巴布韦、博茨瓦纳、毛里塔尼亚等国复交或建交。

【同拉美国家的关系】自20世纪60年代起，以就与拉美国家发展关系，政府要员频繁出访拉美。以每年向拉美国家销售军工产品占以军品出口的一半以上。萨尔瓦多等国还聘用以军事顾问。（谭燕）

印　度

国名　印度共和国（The Republic of India）。

面积　约298万平方公里（不包括中印边境印占区和克什米尔印度实际控制区等），印度政府自称328.78万平方公里。居世界第7位。

人口　11.6亿（2009年），居世界第2位。有10个大民族和几十个小民族，其中印度斯坦族46.3%，泰卢固族8.6%，孟加拉族7.7%，马拉地族7.6%，泰米尔族7.4%，古吉拉特族4.6%，坎拿达族3.9%，马拉雅拉姆族3.9%，奥里雅族3.8%，旁遮普族2.3%。官方语言为英语和印地语。约有

80.5%的居民信奉印度教，其他宗教有伊斯兰教（13.4%）、基督教（2.3%）、锡克教（1.9%）、佛教（0.8%）和耆那教（0.4%）等。

首都　新德里（New Delhi），人口1385.1万（2009年）。

国家元首　总统普拉蒂巴·帕蒂尔（Pratibha Patil，女），2007年7月25日就任。

重要节日　共和国日（Republic Day）：1月26日。1950年1月26日，印度议会通过了印度共和国宪法，印度成为共和国。独立日（Independence Day）：8月15日。1947年8月15日，印度人民摆脱英国殖民统治，取得独立。洒红节（Holi）：每年3月、4月间，印度教四大节日之一。该节日正处于印度冬去春来之际，春季收获季节的作物即将开镰收割，因此也被称为春节。灯节（Divali）：在10月、11月间，是印度教徒最大的节日，全国庆祝3天。

简　况

南亚次大陆最大国家。东北部同中国、尼泊尔、不丹接壤，孟加拉国夹在东北部国土之间，东部与缅甸为邻，东南部与斯里兰卡隔海相望，西北部与巴基斯坦交界。东临孟加拉湾，西濒阿拉伯海，海岸线长5560公里。大体属热带季风气候，一年分为凉季（10月至翌年3月）、暑季（4~6月）和雨季（7~9月）三季。降雨量忽多忽少，分配不均。与中国时差-2.5小时。

世界四大文明古国之一。公元前2500年至前1500年之间创造了印度河文明。公元前1500年左右，原居住在中亚的雅利安人中的一支进入南亚次大陆，征服当地土著，建立了一些奴隶制小国，确立了种姓制度，婆罗门教兴起。公元前4世纪崛起的孔雀王朝统一印度，公元前3世纪阿育王统治时期疆域广阔，政权强大，佛教兴盛并开始向外传播。公元前2世纪灭亡，小国分立。公元4世纪笈多王朝建立，统治200多年。中世纪小国林立，印度教兴起。1398年突厥化的蒙古族人由中亚侵入印度。1526年建立莫卧儿帝国，成为当时世界强国之一。1600年英国侵入，建立东印度公司。1757年沦为英殖民地，1849年全境被英占领。1857年爆发反英大起义，次年英国政府直接统治印度。1947年6月，英国通过“蒙巴顿方案”，将印度分为印度和巴基斯坦两个自治领。同年8月15日，印巴分治，印度独立。1950年1月26日，印度共和国成立，为英联邦成员国。

政　治

印度独立后长期由国大党统治，反对党曾在1977~1979年、1989~1991年两次短暂执政。1996年后印度政局不稳，到1999年先后举行3次大选，产生了5届政府。1999~2004年，印度人民党为首的全国民主联盟上台执政，瓦杰帕伊任总理。2004年，国大党领导的团结进步联盟在左派政党外部支持下，组成联合政府，曼莫汉·辛格任总理。

2009年4月16日至5月13日，印度举行第15届人民院选举，国大党领导的团结进步联盟以较大优势胜出，再次组成联合政府，曼莫汉·辛格连任总理。

【宪法】宪法于1950年1月26日生效。规定印度为联邦制国家，是主权的、社会主义的、世俗的民主共和国，采取英国式的议会民主制。公民不分种族、性别、出身、宗教信仰和出生地点，在法律面前一律平等。

【议会】联邦议会由总统和两院组成。总统为国家元首和武装部队的统帅，由议会两院及各邦议会当选议员组成选举团选出，任期5年，依照以总理为首的部长会议的建议行使职权。两院包括联邦院（上院）和人民院（下院）。联邦院共250席，由总统指定12名具有专门学识或实际经验的议员，和不超过238名各邦及中央直辖区的代表组成，任期6年，每两年改选三分之一。联邦院每年召开4次会议。宪法规定副总统为法定的联邦院议长。现任联邦院议长哈米德·安萨里（Hamid Ansari），2007年8月10日当选。人民院为国家主要立法机构，其主要职能为：制定法律和修改宪法；控制和调整联邦政府的收入和支出；对联邦政府提出不信任案，并有权弹劾总统。人民院共545席，其中543席由选民直接选举产生，每5年举行一次大选。2009年选举产生的第15届人民院组成为：国大党及其盟党262席，国大党获206席，为第一大党；印度人民党及其盟党157席，印度人民党116席；左翼政党及盟党80席，其余政党44席。现任人民院议长梅拉·库马尔（Meira Kumar），2009年6月3日当选。

【政府】以总理为首的部长会议是最高行政机关。总理由总统任命人民院多数党的议会党团领袖担任，部长会议还包括内阁部长、国务部长。总理和内阁部长组成的内阁是决策机构。本届政府于2009年5月28日组成，内阁成员有：总理兼人事、公共投诉和养老金、计划、水资源、原子能、航天部长曼莫汉·辛格（Manmohan Singh），财政部长慕克吉（Pranab Mukherjee），农业和消费者事务、食品和公共分配部长帕瓦尔（Sharad Pawar），国防部长安东尼（A. K. Antony），内政部长齐丹巴拉姆（P. Chidambram），铁道部长班纳吉（Mamata Banerjee），外交部长克里希纳（S. M. Krishna），钢铁部长维尔巴德拉·辛格（Virbhadra Singh），重工业和公共企业部长德什穆克（Vilasrao Deshmukh），卫生和家庭福利部长阿萨德（Ghulam Nabi Azad），能源部长辛德（Sushil Kumar Shinde），司法部长毛利（M. Veerappa Moily），新型和可再生能源部长阿卜杜拉（Farooq Abdullah），城市发展部长雷迪（S. Jaipal Reddy），道路运输和公路部长纳特（Kamal Nath），海外印人部长拉维（Vayalar Ravi），纺织部长马兰（Dayanidhi Maran），通讯和信息技术部长拉贾（A. Raja），石油和天然气部长迪奥拉（Murli Deora），信息和广播部长索尼（Ambika Soni），劳动力和就业部长卡尔吉（Mallikarjun Kharge），人力资源发展部长斯巴尔（Kapil Sibal），矿业和东北地区发展部长汗迪克（B. K. Handique），商工部长夏尔马（Anand Sharma），乡村发展和村务管理部长乔什（C. P. Joshi），住房、城市扶贫和旅游部长塞莉娅（Kum. Selja），食品加工业部长萨哈伊（Subodh Kant Sahay），青年事务和体育部长基尔（M. S. Gill），航运部长瓦萨（G. K. Vasan），议会事务部长班萨尔（Pawan K. Bansal），社会公正和授权部长瓦斯尼克（Mukul Wasnik），少数民族事务部长布里亚（Kantilal Bhria），化学和肥料部长阿拉吉里（M. K. Alagiri）。

【司法机构】最高法院是最高司法机关，有权解释宪法、审理中央政府与各邦之间的争议问题等。各邦设有高等法院，县设有县法院。最高法院法官由总统委任。现任首席法官K. G. 巴拉克里希南（K. G. Balakrishnan），2007年1月就任。总检察长由政府任命，其主要职责是就执法事项向政府提供咨询和建议，完成宪法和法律规定的检察权，对宪法和法律的执行情况进行监督等。现任总检察长瓦汗瓦提（G. E. Vahanvati），2009年6月任命。

【政党】（1）印度国民大会党（英迪拉·甘地派）（The Indian National Congress〔Indira Gandhi〕）：简称国大党（英），通常称国大党。据称有初级党员3000万，积极党员150万。国大党成立于1885年12月，领导了反对英国殖民统治和争取印度独立的斗争。印独立后长期执政，1969年和1978年两次分裂。1978年英·甘地组建新党，改用现名。2004年和2009年人民院选举中再次成为议会中第一大党。主席索尼娅·甘地（Sonia Gandhi）。

（2）印度人民党（Bharatiya Janata Party）：1980年4月成立，其前身是1951年成立的印度人民同盟。自称有350万党员。代表北部印度教教徒势力和城镇中小商人利益，具有强烈民族主义和教派主义色彩。1996年首次成为议会第一大党并短暂执政。1998年至2004年两度执政。现为最大在野党。主席尼汀·加德卡里（Nitin Gadkari）。

（3）印度共产党（马克思主义）（Communist Party of India〔Marxist〕）：简称印共（马）。1964年以孙达拉雅和南布迪里巴德为代表的一派从印度共产党分出后成立。党员81.4万（2002年），是印度最大的左翼政党。在西孟加拉邦长期执政。总书记普拉卡什·卡拉特（Prakash Karat）。

（4）印度共产党（Communist Party of India）：于1920年成立。1964年分裂，以党主席什·阿·丹吉为首的一派仍沿用印共名称。1981年4月，丹吉因支持英·甘地与党内发生分歧而被开除出党，该党再次分裂。总书记巴尔丹（A. B. Bardan）。

【重要人物】普拉蒂巴·帕蒂尔：总统。女，1934年12月出生于印度马哈拉施特拉邦，拉吉普特族。曾获法学学士和文学硕士学位。1962年从政，曾五次当选马邦议会议员。历任马邦政府卫生、旅游和议会事务部副部长、社会福利、卫生、文化、城市发展与住房等部部长。1985～1990年任联邦院议员。1986～1988年任联邦院副议长，1991年当选人民院议员。2004年任拉贾斯坦邦邦长。2007年7月21日当选总统，7月25日就任。　**曼莫汉·辛格：**总理。1932年9月26日出生于现巴基斯坦旁遮普省，锡克教徒，国大党成员。曾就读于旁遮普大学和英国剑桥、牛津大学，获牛津大学博士学位。1971年进入政府部门工作，历任财政部首席顾问、储备银行行长、计划委员会主席、总理经济事务顾问等职。曾在国际货币基金组织、亚洲开发银行等国际金融机构任职。1991～1996年任财政部长，推行“新经济政策”，放宽对私营经济活动限制，积极吸收外国直接投资，鼓励出口，被誉为“印度经济改革之父”。1991年、1995年和2001年分别当选联邦院议员。1998年任联邦院反对党领袖。2004年5月出任总理，继续推进经济改革，注重解决贫穷、农业和失业等问题，保证社会稳定和全面发展。对外大力推进印度大国战略，推动印美签署民用核能合作协议。2009年5月连任。

经　济

独立后经济有较大发展。农业由严重缺粮到基本自给，工业形成较为完整的体系，自给能力较强。上世纪90年代以来，服务业发展迅速，占GDP比重逐年上升。印已成为全球软件、金融等服务业重要出口国。

印于1991年7月开始实行全面经济改革，放松对工业、外贸和金融部门的管制。1992～1996年实现经济年均增长6.2%。“九五”计划（1997～2002年）期间经济年均增长5.5%。“十五”计划（2002～2007年）期间，继续深化经济改革，加速国有企业私有化，实行包括农产品在内的部分生活必需品销售自由化，改善投资环境，精简政府机构，削减财政赤字。实现年均经济增长7.8%，是世界上发展最快的国家之一。

印于2006年推出“十一五”计划（2007～2012年），提出保持国民经济10%的高速增长，创造7000万个就业机会，将贫困人口减少10%，大力发展教育、卫生等公共事业，继续加快基础设施建设，加大环保力度。

2008年以来，受国际金融危机影响，经济增长速度放缓。2009年下半年以来有所好转。2009/2010财年主要经济数据如下：

国内生产总值：446408亿卢比（约合9653亿美元）。

国内生产总值增长率：7.4%。

国民总收入：443970亿卢比（约合9600亿美

元）。

国民总收入增长率：7.3%。

人均国民收入：33588 卢比（约合 726 美元）。

人均国民收入增长率：5.6%。

货币名称：印度卢比（Rupee）。

汇率（2010 年 5 月 31 日）：1 美元 = 46.2442 卢比。

通货膨胀率：4.8%（2008/2009 财年）。

失业率：6.8%（2008/2009 财年）。

注：以上数据为印度中央统计局 2010 年 5 月 31 日公布，按 2004/2005 财年固定价格计算。

【资源】资源丰富，有矿藏近 100 种。云母产量世界第一，煤和重晶石产量居世界第三。截至 2008 年，主要资源可采储量估计为：煤 2533.01 亿吨，铁矿石 134.6 亿吨，铝土 24.62 亿吨，铬铁矿 9700 万吨，锰矿石 1.67 亿吨，锌 970 万吨，铜 529.7 万吨，铅 238.1 万吨，石灰石 756.79 亿吨，磷酸盐 1.42 亿吨，黄金 68 吨，石油 7.56 亿吨，天然气 10750 亿立方米。此外，还有石膏、钻石及钛、钍、铀等。森林 67.83 万平方公里，覆盖率为 20.64%。

【工业】主要工业包括纺织、食品加工、化工、制药、钢铁、水泥、采矿、石油和机械等。汽车、电子产品制造、航空和空间等新兴工业近年来发展迅速。“十五”计划期间，工业分别增长 5.7%、7.0%、8.4%、8.2%、11.6%。2008/2009 财年工业同比增长 4.8%。2009/2010 财年采矿业和制造业分别增长了 10.6% 和 10.8%。近年来主要工业产品产量如下（单位：万吨）：

	2006/2007	2007/2008	2008/2009
煤	46198	49110	52510
原油	3400	3410	3350
水泥	15470	16760	18140
钢材	5052	5610	5720
生铁	397	—	—
化肥	1609.5	—	—
发电量（亿度）	6675	7040	7240
汽车（千辆）	2065.6	—	—

注：“—”暂无数据

【农业】拥有世界 1/10 的可耕地，面积约 1.6 亿公顷，人均 0.17 公顷，是世界上最大的粮食生产国之一。农村人口占总人口 72%。由于投资乏力、化肥使用不合理等因素，近年来农业发展缓慢。“十五”期间，农业年均增长率 2.5%。2009/2010 财年增长率为 0.2%。

近年来主要农副产品产量如下（单位：百万吨）：

	2005/2006	2006/2007	2007/2008
粮食总产量	208.3	217.3	230.78
稻米	91.8	92.7	96.69
小麦	69.4	74.9	78.57
玉米	14.7	15	—
牛奶	97.1	100.9	104.8
油料	28.0	24.3	29.8
甘蔗	270.0	345.3	348.2
茶叶	0.93	0.9	—
皮棉（百万包*）	18.5	22.7	25.9
黄麻（百万包**）	10.8	11.3	11.2

* 每包皮棉为 170 公斤。** 每包黄麻为 180 公斤。

【服务业】1993～2006 年，印服务业实现较快发展，增幅在 5.7%～10.5% 之间。2007/2008 财年，服务业增长 10.8%，占 GDP 比重升至 55.6%。其中，交通通讯业和建筑业发展尤其迅速，“十五”期间年均增长分别达 15.3% 和 12.9%。金融服务业“十五”期间年均增长 9.5%。

【旅游业】旅游业是印度政府重点发展产业，也是重要就业部门，提供两千多万个岗位。入境旅游人数近年来逐年递增，旅游收入不断增加。主要旅游点有阿格拉、德里、斋浦尔、昌迪加尔、那烂陀、迈索尔、果阿、海德拉巴、特里凡特琅等。

	2006/2007	2007/2008	2008/2009	2009 年（4～12）月
外国游客（万人次）	467	517	507	372
增长率	13.8%	10.7%	-1.9%	1.1%
创造外汇（亿美元）	91.23	116.66	105.43	86.63
增长率	16.2%	27.9%	-9.6%	10.9%
国内游客（万人次）	46231	52656	56292	暂无

【交通运输】铁路为最大国营部门，拥有世界最大铁路网之一。公路运输发展较快，承担全国 70% 货运量和 85% 客运量，是世界最大公路网之一。海运能力居世界第 18 位。

铁路：截至 2010 年 6 月总长度 6.4 万公里。

公路：总长 334 万公里（2006 年），其中国家级公路 6.6 万公里，占总长 2%，承担运输总量的 40%，邦级公路 13 万公里。机动车辆 8589.6 万辆（2006/2007 财年），其中客车 93.4 万辆，货车 478.2 万辆。公路运输收入中央为 4999.1 亿卢比，各邦为 2168.91 卢比。

水运：主要港口 12 个，包括孟买、加尔各答、钦奈、科钦、果阿等，承担 3/4 货运量。孟买为最大港口。2007/2008 财年，港口货运总量 6.8 亿吨。内河航运截至 2010 年 6 月总长度 1.45 万公里。

空运：经营定期航班的航空公司共 14 家，包括印度航空公司、印度捷特航空公司等，有飞机 334

架。专营非定期航班的空运企业65家，飞机201架。航线通达各大洲主要城市。共有机场345个（2008年），其中国际机场5个，分别位于德里、孟买、加尔各答、钦奈和特里凡特琅。

【财政金融】中央和地方财政分立，预算有联邦和邦两级。每年4月1日至次年3月31日为一个财政年度。多年来推行赤字预算以刺激经济发展，中央和邦级债务累积占GDP的80%。“十五”期间，中央财政收入年均增加16.2%，其中税收收入年均增加20.7%。2009/2010财年，中央财政赤字为4.12万亿卢比（约合889亿美元），约占GDP的6.7%。截至2008年12月底，外债为1638亿美元。截至2010年3月，外汇储备约2770亿美元。

【对外贸易】近年来，进口激增，出口增长缓慢，贸易赤字扩大，成为国际收支失衡的主要原因。近几年外贸情况如下（单位：亿美元）：

	2007/2008	2008/2009	2009/2010
总　额	3914.23	4632.46	4552.55
进口额	2359.11	2875.34	2786.81
出口额	1555.12	1757.29	1765.74
差　额	-803.99	-1118.15	-1021.07

主要出口商品为：制成品68.6%，主要包括纺织品、珠宝、机械产品、化工产品、皮革、手工艺品等；初级产品15.1%，主要包括农产品和矿产品；石油类产品15%，主要包括成品油、原油和石油产品等。主要进口商品为：石油产品30.8%，电子产品8.6%，金银7.9%，机械7.5%，化工产品5.2%。中国是印度第二大贸易伙伴（截至2010年6月）。其他主要贸易伙伴包括美国、德国、阿联酋、沙特、新加坡、英国、瑞士、法国、伊朗、日本、香港等。

【外国资本】1991年起积极引进外资。1991年8月至2009年3月，吸收外国直接投资累计45364.7亿卢比（约合1065.24亿美元）。2008/2009财年，吸引外资12291.9亿卢比（约合273.09亿美元），同比增加25%。毛里求斯是第一大投资来源国。2000年4月至2009年3月，对印累计投资最多的国家分别是：毛里求斯（44%）、新加坡（9%）、美国（8%）、英国（6%）、荷兰（4%），吸引外资较多的行业包括金融服务、计算机软硬件、通讯、建筑、汽车、房地产、能源和化工等。

【外国援助】印度是世界上主要的受援国之一。2006/2007财年，外援总额1941.90亿卢比（45.045亿美元），其中贷款1689.06亿卢比（39.18亿美元），赠款252.84亿卢比（5.865亿美元）。近年来外援情况如下（单位：亿卢比）：

	2004/2005	2005/2006	2006/2007
国际开发协会	462.96	535.56	720.52
国际复兴开发银行	372.51	420.06	685.41
日本	297.13	274.51	941.85
亚洲开发银行	214.86	268.24	693.42
英国	150.69	137.15	—
德国	12.70	19.14	26.87
美国	9.96	5.27	—

（资料来源：印度政府2007/2008年度经济概览）

人民生活

世界银行2008年8月发布的统计数据显示，根据联合国公布的新贫困标准（日生活费用1.25美元以下），印度有4.84亿贫困人口，占全国总人口的41.6%。印人口出生率21.76‰，死亡率6.4‰，妇女人均生育2.72人，新生婴儿死亡率30.15‰，人均寿命为69.89岁（2009年）。医院和诊所共3.2156万家，各类郊区、基础和社区卫生中心17.1567万家，医生66.0801万人，护士148.127万人（2006年）。有固定电话3775万部，移动电话3.62亿部（2009年）。

军　事

印军前身为英国殖民主义者的雇佣军。1947年印巴分治后始建分立的三军。1978年创建独立的海岸警卫队。总统是名义上的武装力量统帅，内阁为最高军事决策机构。国防部负责部队的指挥、管理和协调。各军种司令部负责拟定、实施作战计划，指挥作战行动。现陆军参谋长库马尔·辛格上将（Vijay Kumar Singh），空军参谋长普拉迪普·瓦桑特·纳亚克上将（Pradeep Vasant Naik），海军参谋长尼尔马尔·维尔马上将（Nirmal Verma）。实行募兵制。陆、海、空三军总兵力为127万，居世界第四位。其中陆军103.5万，海军7万，空军17万。另有50多万预备役军人和100多万准军事部队。

2010/2011财年，国防预算约294.6亿美元。

文化教育

【教育】实行12年一贯制中小学教育。高等教育共8年，包括3年学士课程、2年硕士课程和3年博士课程。还包括各类职业技术教育、成人教育等非正规教育。2004/2005财年，有小学767520所，初中274731所，高中152049所，高等院校及研究机构19403所（2005/2006财年），其中综合性大学350所，著名的包括德里大学、尼赫鲁大学、加尔各答大学等。2007年，印人口识字率达到75%，但成人文盲仍达3亿，居世界首位。印正在全国600个行政区中的598个推广扫盲计划，力争在“十一五”结束时识字率达到85%。2008/2009财年，印6～14岁儿童入学率接近100%，但全国平均小学辍学率高达31%。

【新闻出版】印报刊大多属私人和财团所有。截至2007年底，共有96种文字的报刊35595种，总发行量9900万份，居世界第2位。印地文和英文报刊分别占总数的37%和16%。最大的三家日报依次为《印度时报》、《马拉雅拉娱乐报》和《古吉拉特新闻》。主要印地文报纸有《旁遮普之狮报》、《今天日报》、《印度斯坦报》等。主要英文报纸有《印度斯坦时报》、《政治家报》、《印度教徒报》、《印度快报》等。

主要新闻机构和通讯社有：（1）新闻发布署：相当于政府中央通讯社，拥有1100多名国内和180多名国外特派记者，电传网覆盖全国各地，向8000余家新闻单位供稿。设有8个地区总分社和27个分社。（2）印度报业托拉斯：印最大通讯社，半官方性质。成立于1947年8月，后兼并印联合通讯社和路透社印度支社，于1949年元旦开业。现设136个国内分社和11个海外分社，员工1000多名，海外记者30多名。英文日发稿量超过10万字。在北京派驻记者。（3）印度联合新闻社：印第二大通讯社，系报业同仁的合股企业。1959年登记成立。现有分社100多个。目前向四个海湾国家及新加坡、毛里求斯提供新闻服务，在迪拜、华盛顿和新加坡设有分社，向22个国家派驻记者。（4）印度斯坦新闻社：私营，主要编发印地文、马拉地文、古吉拉特文和尼泊尔文的新闻。

全印广播电台隶属政府新闻广播部，广播网覆盖全国人口99.1%。对内使用24种语言和146种方言播音。对外使用27种语言广播。

全印电视台于1959年9月试播，1976年脱离全印广播电台成为独立机构，隶属新闻广播部，是世界最大的电视网络之一。截至2005年3月，全国共有56家电视台，23个卫星频道。电视网覆盖全国陆地面积的77.5%和人口的89.6%。

对外关系

印为不结盟运动创始国之一，历届政府均强调不结盟是其外交政策的基础。印努力与所有国家发展关系，力争在地区和国际事务中发挥重要作用。冷战结束后，印政府调整了过去长期奉行的倾向苏联的大国政策，推行全方位务实外交，营造有利于自身发展的持久和平稳定的地区环境。

印主张在和平共处五项原则及联合国宗旨和原则的基础上建立公正合理、考虑到所有国家利益并能为所有人接受的国际政治新秩序，要求进一步加强南南合作和南北对话，呼吁各国共同创造一个有利于第三世界发展的公正合理的国际经济新秩序。积极参加联合国维和行动。1992年联大期间正式向大会提出成为安理会常任理事国的要求，建议扩大安理会，实现决策民主化，提高工作效率。2005年，印度与日本、巴西和德国组成“四国集团”，提出安理会改革框架决议草案，要求扩大安理会，同时增加常任理事国与非常任理事国，并坚决要求拥有安理会否决权。

在人权问题上，主张推进人权应考虑各国的具体情况，认为最根本的人权是生存的权利；对发展中国家来说，发展问题优于民主和人权，反对将人权问题政治化，反对利用人权干涉他国内政，从而损害别国的主权和统一。

重视全球环境保护问题，认为解决这一问题应与发展中国家的发展要求相联系，环保的主要责任应由发达国家承担，建议发达国家和发展中国家联合从事研究和开发来解决环境问题。在气候变化问题上坚持“共同但有区别的责任”原则，列名支持《哥本哈根协议》。

近年来，印政府继续推行全方位大国外交战略，高度重视印中关系，优先发展与美关系，巩固印俄传统关系，推进与欧、日等主要发达国家的关系。继续推行东向政策。重视能源安全，逐步拓展同海湾、中亚等能源供应国的交往与合作。强调外交为经贸服务，注重发展经贸科技合作，吸收外国资金和技术。

【同中国的关系】1950年4月1日中印建交。20世纪50年代，中印两国领导人共同倡导和平共处五项原则，双方交往密切。1959年西藏叛乱后，中印关系恶化。1962年10月，中印边境发生大规模武装冲突。1976年双方恢复互派大使后，两国关系逐步改善。印度总理拉吉夫·甘地（1988年）、总统文卡塔拉曼（1992年）、总理拉奥（1993年）、副总统纳拉亚南（1994年）、总统纳拉亚南（2000年）先后访华。国务院总理李鹏（1991年）、全国政协主席李瑞环（1993年）、副总理兼外长钱其琛（1994年）、全国人大常委会委员长乔石（1995年）、国家主席江泽民（1996年）、全国人大常委会委员长李鹏（2001年）、国务院总理朱镕基（2002年）分别访问印度。2003年6月，印度总理瓦杰帕伊对中国进行正式访问，双方签署《中印关系原则和全面合作的宣言》。2005年4月，温家宝总理访印，双方签署《联合声明》，宣布建立面向和平与繁荣的战略合作伙伴关系。2006年11月，胡锦涛主席对印度进行国事访问。双方发表《联合宣言》，制定深化两国战略合作伙伴关系的“十项战略”。

2009年5月，国务委员戴秉国在俄罗斯莫斯科出席“金砖四国”安全事务高级代表会议期间会见印度国家安全顾问纳拉亚南。6月，胡锦涛主席在俄罗斯叶卡捷琳堡出席上海合作组织峰会和首次“金砖四国”领导人正式会晤期间会见辛格总理。8月，中印边界问题中方特别代表、国务委员戴秉国赴印度出席中印边界问题特别代表第13次会晤，会见印度国大党主席索尼娅·甘地、总理辛格、同印方边界问题特别代表、印度国家安全顾问纳拉亚南举行会谈。9月，胡锦涛主席在美国匹兹堡出席二十国集团第三次金融峰会期间同印度总理辛格寒暄。10月，温家宝总理在泰国华欣出席东亚领导人系列会议期间会见印度总理辛格。11月，中共中央委员、四川省委书记刘奇葆率中共友好代表团访印。12月，温家宝总理在哥本哈根气候变化会议期间会见印度总理辛格。

2010年是中国印度建交60周年。2010年1月，全国人大常委会副委员长、中国人民争取和平与裁军协会会长韩启德访印，会见印度外长克里希纳。2月，杨洁篪外长在出席第46届慕尼黑安全政策会议期间会见印度国家安全顾问梅农。3月，国务院副总理回良玉访印，会见印度总理辛格，同印度环境与森林国务部长拉梅什举行会谈。4月1日，胡锦涛主席、温家宝总理、杨洁篪外长就中印建交60周年分别与印度总统帕蒂尔、总理辛格、外长克里希纳互致贺电。4月，国家主席胡锦涛在巴西利亚出席“金砖四国”领导人第二次正式会晤期间会见印度总理辛格。全国政协副主席孙家正访印，会见印度联邦院副议长拉赫曼·汉和文化关系委员会主席卡兰·辛格。5月，印度总统帕蒂尔来华进行国事访问，胡锦涛主席、全国人大常委会委员长吴邦国、国务院总理温家宝、全国政协主席贾庆林分别与帕会谈、会见。习近平副主席简短会见帕并与帕共同出席中印建交60周年招待会。7月，印度总理特使、国家安全顾问梅农访华，温家宝总理、戴秉国国务委员、杨洁篪外长分别会见梅，梅向温家宝总理转交了辛格总理的亲笔信函。

两国外交部门保持密切沟通与协调。2009年1月，外交部副部长何亚非作为中国政府特使访问印度。2月，外交部部长助理胡正跃过境印度。5月，印度外交部官员团访华。7月，外交部长杨洁篪在出席东盟地区论坛系列外长会议期间会见印度外长克里希纳。10月，外交部长杨洁篪赴印度班加罗尔出席中印俄三国外长会晤，会见印度外长克里希纳。2010年2月，印度外交部东亚司司长班浩然来华举行中印外交官员磋商，外交部部长助理胡正跃会见，外交部亚洲司司长杨燕怡同其磋商。4月，印度外长克里希纳访华，国务院总理温家宝会见，外交部长杨洁篪同克举行会谈，两国外长签署了《关于建立两国总理直通保密电话通信线路的协议》。6月，印度外交部官员团访华。

中印边界谈判继续向前推进，边境地区总体保持和平与安宁。2009年8月，中印边界问题第13次特别代表会晤在新德里举行。

中印双边贸易增长迅速，经济合作领域不断拓展。2009年中印贸易额433.81亿美元，同比下降16.2%。2010年1～5月，中印贸易额250亿美元，同比增长53%，印对华贸易逆差减少9.3%。中国是印度第二大贸易伙伴，印度是中国第九大贸易伙伴。中国对印度主要出口商品有机电产品、化工产品、纺织品、塑料及橡胶、陶瓷及玻璃制品等。中国自印度主要进口商品有铁矿砂、铬矿石、宝石及贵金属、植物油、纺织品等。

2009年3月，商务部副部长钟山率团访问印度。9月，商务部部长陈德铭率团赴印度出席世界贸易组织小型部长会议。2010年1月，印度商工部长阿南德·夏尔马率团来华出席中印经贸科技联合小组第八次会议，温家宝总理会见，商务部长陈德铭同其举行会谈。双方举行了中印经贸投资合作论坛，签署了《中华人民共和国商务部和印度共和国商工部联合经济工作组关于扩大贸易和经济合作的谅解备忘录》。

两国在军事领域的交流与合作进一步发展。2009年4月，印度海军参谋长梅赫塔率印海军“孟买”号和“兰维尔”号导弹驱逐舰赴青岛参加中国海军建军60周年庆祝活动。8月，中国海军“深圳号”导弹驱逐舰完成亚丁湾护航任务后，在归国途中访问印度科钦港。9月，印度陆军东部军区司令维杰·库马尔·辛格中将率团访华。12月，中国人民解放军副总参谋长葛振峰和西藏军区司令员舒玉泰分别率团访印。2010年1月，印度国防部秘书普拉迪普率团来华出席第三次中印防务与安全磋商，国务委员兼国防部长梁光烈会见，中国人民解放军副总参谋长马晓天同其举行会谈。

2009年4月，中印跨境河流第三次专家会议在北京举行。5月，中国红十字会向印度红十字会提供3万美元紧急援助，用于救助印西孟加拉邦遭受飓风袭击的地区。10月，中国红十字会向印度捐款5万美元，用于救助印南部严重水灾。2010年4月，印度总理辛格和外长克里希纳就青海玉树强烈地震分别向胡锦涛主席、杨洁篪外长致慰问信。中印跨境河流第四次专家会议在新德里举行。5月，温家宝总理、杨洁篪外长就印度卡纳塔克邦严重空难事件分别向印度总理辛格、外长克里希纳致慰问电。

两国人文领域的交流与合作不断扩大。2009年4月，文化部副部长赵少华同印度驻华大使拉奥琪签署《中华人民共和国政府和印度共和国政府关于在2010年举办“中国节”、“印度节”活动的谅解备忘录》。6月，印度青年事务和体育部国务部长亚达夫率领百名青年代表团访华。11月，百名中国青年代表团访问印度。12月，文化部与印度对外关系委员会签署《中华人民共和国和印度共和国就2010年互办“中国节”和“印度节”的实施协议》。2010年4月7日，“印度节”开幕式在北京举行，文化部长蔡武和来访的印度外长克里希纳共同出席。4月20日，“中国节”开幕式在新德里举行，全国政协副主席孙家正，中国驻印度大使张炎，印度住房、城市扶贫和旅游部长赛莉娅出席。

中印在重大国际和地区事务中有着广泛的共识，保持良好的合作。两国在中印俄三方合作、八国集团与发展中国家领导人对话会、“金砖四国”、亚欧会议、多哈回合谈判中保持密切沟通与配合，就国际金融危机、气候变化、能源和粮食安全等重大问题协调立场，共同维护发展中国家合法权益。2009年8月，印度环境与森林国务部长拉梅什访华。10月，国家发改委副主任解振华率团访印，出席德里气候变化技术开发与转让高级别会议，与印方签署《中国政府和印度政府关于应对气候变化合作的协定》，确定中印建立应对气候变化伙伴关系。11 月，印度环境与森林国务部长拉梅什来华出席中国、印度、巴西、南非“基础四国”气候变化部长级协调会，温家宝总理集体会见。12 月，温家宝总理与印度总理辛格通话，就中印关系和气候变化问题交换意见。温家宝总理在出席丹麦哥本哈根气候变化会议期间会见印度总理辛格。2010 年 1 月，国家发改委副主任解振华赴印度出席中国、印度、巴西、南非“基础四国”气候变化部长级磋商，印度总理辛格集体会见。5 月，印度环境与森林国务部长拉梅什来华出席绿色经济与应对气候变化国际合作会议。

中国驻印度大使：张炎。馆址：50D，Shantipath，Chanakyapuri，New Delhi 110021，India。电话：（009111）26222345（值班），26118939（办公室），26111074（经商处），26886258（文化处），26116682（签证处）；传真：26885846。

印度驻华大使：苏杰生（Dr. .S. Jaishankar）。馆址：北京市朝阳区日坛东路 1 号。电话：010－65321856，65321908，65324486（签证处）；传真：65324684。

【同美国的关系】2005 年 7 月，印美宣布建立全球伙伴关系。2006 年 3 月，美总统布什访印。双方就印度核设施分离计划达成协议，制定两国贸易三年内翻番的目标，宣布成立科技委员会，探讨民用航天合作。12 月，美国会通过印美民用核能合作法案。

2009 年 5 月，美副国务卿伯恩斯访问印度。7 月，美国国务卿希拉里访问印度，双方宣布建立外长级战略对话机制。9 月，印度总理辛格在美国匹兹堡出席二十国集团领导人第三次金融峰会。10 月，美国副国务卿伯恩斯访问印度。11 月，印度总理辛格访问美国，与美国总统奥巴马举行会谈。

2010 年 4 月，印度总理辛格出席在美国华盛顿举行的核安全峰会，并会见美国总统奥巴马。美国财长该特纳访问印度，双方建立印美金融经济伙伴关系。6 月，印度外长克里希纳访美，举行首次印美战略对话。印度总理出席加拿大多伦多二十国集团领导人峰会期间同美国总统奥巴马举行双边会谈。

【同俄罗斯的关系】印俄双边关系密切。2000 年，两国宣布建立战略伙伴关系，并建立年度峰会机制。

2009 年 6 月，印度总理辛格赴俄罗斯出席上海合作组织峰会和首次“金砖四国”领导人正式会晤。9 月，印度总统帕蒂尔访问俄罗斯。12 月，印度总理辛格访问俄罗斯，与俄罗斯总统梅德韦杰夫、总理普京会晤，双方发表联合声明，签署包括核合作、军事防务、经济合作、文化交流等 6 个协议。

2010 年 3 月，俄罗斯总理普京访问印度，与印度总统帕蒂尔、总理辛格、国大党主席索尼娅·甘地等会晤，双方签署了总价值上百亿美元的一系列协议。

【同日本的关系】印日关系发展势头良好。2000 年，印日建立全球伙伴关系。2004 年起，印成为日最大海外开发援助对象。2006 年 12 月，印总理辛格访日，双方宣布建立战略性全球伙伴关系，并将 2007 年定为“印日友好年”和“印日旅游交流年”。

2009 年 12 月，日本首相鸠山由纪夫访问印度，双边发表《新时期印日战略和全球伙伴关系》共同声明。

2010 年 6 月，印度总理出席加拿大多伦多二十国集团领导人峰会期间同日本首席营直人举行会谈，双方同意在开发发电技术等民用领域加强合作。6 月底，印度与日本就出口核能发电技术举行第一轮谈判。

【同欧盟及欧盟国家关系】2000 年，印度与欧盟建立首脑会晤机制。2005 年双方正式确立印欧战略伙伴关系。欧盟作为整体是印最大贸易伙伴和重要投资来源地。

2009 年 4 月，印度总理辛格出席了在英国伦敦举行的二十国集团领导人第二次金融峰会。印度总统帕蒂尔访问西班牙。7 月，印度总理辛格出席了在意大利举行的 G8＋5 对话会，访问法国，10 月，印度总统帕蒂尔访问英国、塞浦路斯。12 月，印度总理辛格出席在哥本哈根举行的气候变化会议。

2010 年 4 月，印度总理辛格出席美国华盛顿核安全峰会期间会见法国总统萨科奇。2010 年 6 月，印度总理出席加拿大多伦多二十国集团领导人峰会期间会见英国首相卡梅隆及法国总统萨科奇。

【同东盟及东盟国家的关系】印度同东南亚国家地理位置相近，有悠久的历史关系。印积极推行“东向政策”，加强同东盟的政治经济关系，积极参与东亚合作。

2009 年 2 月，印度副总统安萨里访问缅甸。10 月，印度总理辛格在泰国华欣出席第七次印度—东盟峰会和第四次东亚峰会。12 月，印度外长克里希纳出席在缅甸举行的第十二次孟印缅泰经济合作组织部长级会议。

【同南盟及南盟国家的关系】印度是南盟创始国之一。印于 1986 年、1995 年和 2007 年三次主办南盟首脑会议。作为南盟最大国家，印强调加强南亚各国联系，积极推动在南盟范围内实现物流、人员、技术、知识、资金和文化的自由流动，最终建立南亚经济共同体。2008 年 8 月，印度总理辛格出席在科伦坡举行的第 15 届南盟峰会。2010 年 4 月，印度总理辛格出席在不丹举行的第 16 届南盟峰会。

2004 年以来，印巴保持和平对话进程，双边关系继续缓和。2008 年 11 月，孟买发生连环恐怖袭击事件后，印指责巴境内的恐怖组织“虔诚军”制造了此次事件。印巴关系骤然紧张，和平进程中断。经国际社会斡旋，两国紧张局势有所降温，但尚未根本缓解。2009 年 6 月，印度总理辛格在俄罗斯出席上海合作组织峰会期间会见巴总统扎尔达里。2010 年 4 月，印度总理辛格在不丹第 16 届南盟峰会期间会见巴总统扎尔达里。

2009 年 1 月，阿富汗总统卡尔扎伊访印。6 月，不丹首相晋美廷里访印。2010 年 1 月，孟加拉国总理哈西娜访问印度。2 月，尼泊尔总统亚达夫访问印度。4 月，阿富汗总统卡尔扎伊访问印度。6 月，斯里兰卡总统拉贾帕克萨访问印度。　（朱松波）

印度尼西亚

国名　印度尼西亚共和国（Republic of Indonesia）。

面积　陆地面积 1904443 平方公里，海洋面积 3166163 平方公里（不包括专属经济区）。（资料来源：2005 年经济学家信息部国别报告）

人口　2.31 亿（2009 年印尼统计年鉴），世界第四人口大国。有 100 多个民族，其中爪哇族人口占 45%，巽他族 14%，马都拉族 7.5%，马来族 7.5%，其他 26%。民族语言共有 200 多种，官方语言为印尼语。约 87% 的人口信奉伊斯兰教，是世界上穆斯林人口最多的国家。6.1% 的人口信奉基督教，3.6% 信奉天主教，其余信奉印度教、佛教和原始拜物教等。

首都　雅加达（JAKARTA），人口 914.6 万（2009 年印尼统计年鉴）。

国家元首　总统苏希洛·班邦·尤多约诺（Dr. H. Susilo Bambang Yudhoyono），2004 年 10 月就任，2009 年 10 月连任，任期至 2014 年。

重要节日　伊斯兰教开斋节、宰牲节；5 月 20 日：民族觉醒日（纪念 1908 年印尼民族运动组织“至善社”成立）；8 月 17 日：独立日。

简　况

位于亚洲东南部，地跨赤道。与巴布亚新几内亚、东帝汶、马来西亚接壤；与泰国、新加坡、菲律宾、澳大利亚等国隔海相望。是世界上最大的群岛国家，由太平洋和印度洋之间 17504 个大小岛屿组成，其中约 6000 个有人居住。海岸线长 54716 公里（世界银行数据）。热带雨林气候，年均气温 25℃～27℃。

3～7 世纪建立了一些分散的王朝。13 世纪末 14 世纪初爪哇出现强大的麻喏巴歇（满者伯夷）封建帝国。15 世纪先后遭葡萄牙、西班牙、英国入侵，1602 年荷兰在印尼成立具有政府职能的“东印度公司”，开始长达 300 多年的殖民统治。1942 年日本入侵，1945 年日本投降后爆发争取民族独立的 8 月革命，于 8 月 17 日宣告独立，成立印度尼西亚共和国。

1945～1950 年，先后武装抵抗英国、荷兰的入侵，其间曾被迫改为印度尼西亚联邦共和国并加入荷印联邦。1950 年 8 月重新恢复为印度尼西亚共和国，1954 年 8 月脱离荷印联邦。

政　治

1997 年亚洲金融危机对印尼造成全面冲击，引起局势动荡。1998 年 5 月，执政长达 32 年的苏哈托总统辞职，副总统哈比比接任总统。1999 年 10 月，印尼人民协商会议（简称人协）选举瓦希德为总统，梅加瓦蒂为副总统。2001 年 7 月 23 日，人协特别会议以渎职罪罢免瓦希德总统职务，梅加瓦蒂接任总统，哈姆扎·哈兹任副总统。2004 年 7 月，印尼举行历史上首次总统直选，原政治安全统筹部长苏希洛和人民福利统筹部长尤素夫·卡拉（Muhammad Jusuf Kalla）竞选搭档通过两轮直选胜出，10 月 20 日宣誓就任总统和副总统。2009 年 7 月，印尼举行第二次总统直选，苏希洛和央行行长布迪约诺（Budiono）竞选搭档首轮胜出，10 月 20 日宣誓就任总统和副总统，任期至 2014 年。

苏希洛政府把维护国家安全、发展经济以及反腐倡廉确立为施政重点，致力于解决地方分离主义问题，加强国际反恐合作；实行更为开放的经济政策，大力吸引外资刺激经济复苏；对政府官员财产收入加强监督，努力创建廉洁政府。

2005 年 8 月，印尼政府与“亚齐独立运动”分离组织达成和平协议。2006 年 7 月，印尼国会通过亚齐管理法。12 月，亚齐举行地方选举，前“亚独运动”领导人伊尔万迪·尤素夫（Irwandi Yusuf）和穆罕默德·纳扎尔（Muhammad Nazar）当选省长和副省长。

2006 年 7 月，印尼国会通过新《国籍法》，取消部分带有种族歧视和性别歧视的内容。2008 年 10 月，印尼国会通过《消除种族歧视法》。

2002～2005 年，印尼连续发生巴厘岛爆炸、雅加达万豪酒店爆炸、澳大利亚驻雅加达使馆爆炸、第二次巴厘岛爆炸等重大恐怖袭击事件。2009 年 7 月，雅加达万豪酒店和丽兹·卡尔顿酒店发生恐怖爆炸。

近年来，印尼政府采取坚决措施打击恐怖主义，先后击毙和逮捕了一批恐怖分子。

【宪法】 现行宪法为《“四五”宪法》。该宪法于1945年8月18日颁布实施，曾于1949年12月和1950年8月被《印尼联邦共和国宪法》和《印尼共和国临时宪法》替代，1957年7月5日恢复实行。1999年10月至2002年8月间先后进行过四次修改。宪法规定，印尼为单一的共和制国家，“信仰神道、人道主义、民族主义、民主主义、社会公正”是建国五项基本原则（简称“潘查希拉”）。实行总统制，总统为国家元首、行政首脑和武装部队最高统帅。2004年起，总统和副总统不再由人民协商会议选举产生，改由全民直选；只能连选连任一次，每任任期五年。总统任命内阁，但需征得国会同意。

【人协】 全称人民协商会议。国家立法机构，由人民代表会议（国会）和地方代表理事会共同组成，负责制定、修改和颁布宪法，并对总统进行监督。如总统违宪，有权弹劾罢免总统。每5年换届选举。本届人协于2009年10月成立，共有议员678名，包括560名国会议员和132名地方代表理事会成员。设主席1名，副主席3名。现任主席为陶菲克·基玛斯（Taufik Kiemas）。

【国会】 全称人民代表会议。国家立法机构，行使除修宪之外的一般立法权。国会无权解除总统职务，总统也不能宣布解散国会；但如总统违反宪法，国会有权建议人协追究总统责任。本届国会于2009年10月成立，共有议员560名，兼任人协议员。任期5年。设议长1名，副议长4名。现任议长为马尔祖基·阿里（Marzuki Alie）。本届国会共有9个派系，即民主党派系（26.40%）、专业集团党派系（18.29%）、民主斗争党派系（16.78%）、繁荣公正党派系（10.17%）、国家使命党派系（8.21%）、建设团结党派系（6.78%）、民族觉醒党派系（5.00%）、大印尼行动党派系（4.64%）、民心党派系（3.04%）。

【地方代表理事会】 系2004年10月新成立的立法机构，负责有关地方自治、中央与地方政府关系、地方省市划分以及国家资源管理等方面立法工作。成员分别来自全国33个省级行政区，每区4名代表，共132名，兼任人协议员。设主席1名，副主席2名。现任主席为伊尔曼·古斯曼（Irman Gusman）。

【政府】 本届内阁于2009年10月组建，阁员35人，任期至2014年，包括：政治法律安全统筹部长佐戈·苏延多（Marsekal TNI（Purn）Djoko Suyanto），经济统筹部长哈达·拉加萨（Ir. Hatta Rajasa），人民福利统筹部长阿贡·拉克索诺（Dr. H. R. Agung Laksono），国务秘书部长苏迪·希拉拉西（Let. Jend. TNI（Purn）Sudi Silalahi），内阁秘书部长迪博·阿兰（Dipo Alam，2010年1月7日上任），内政部长加马万·法乌兹（Gamawan Fauzi，SH，MS），外交部长马尔迪·纳塔勒加瓦（Dr. R. M. Marty Natalegawa，M. Phil，B，Sc），国防部长布尔诺默·尤斯吉安多罗（Dr. Ir. Purnomo Yusgiantoro），司法人权部长帕特利里斯·阿克巴（Patrialis Akbar，SH），财政部长阿古斯·马尔托瓦多约（Agus Martowardojo，2010年5月接任辞职的前财政部长斯莉），能源和矿产资源部长达尔文·扎海迪·萨莱（Dr. Darwin Zahedy Saleh），工业部长苏莱曼·希达亚特（Ir. Moh. Suleman Hidayat），贸易部长玛莉·埃尔加·邦埃斯杜（Dr. Marie Elka Pangestu，中文名：冯慧兰），农业部长苏斯沃诺（Ir. H. Suswono，MMA），林业部长祖尔基夫里·哈桑（Zulkifli Hassa，SE，MM），交通部长弗勒迪·努伯利（Laksamana Madya（Purn）Freddy Numberi），海洋渔业部长法德尔·穆罕默德·奥·哈达尔（Dr. Ir. Fadel Muhammad Al-Haddar），劳工与安置部长阿卜杜·穆海敏·伊斯甘达尔（Drs. H. Abdul Muaimin Iskandar，MSi），公共工程部长佐克·吉尔曼托（Ir. Joko Kirmanto，Dipl. HE），卫生部长恩当·拉哈尤·瑟迪亚宁西（Endang Rahayu Setianingsih），国民教育部长穆罕默德·努（Prof. Dr. Ir. Mohammad Nuh），社会部长萨里姆·塞加特·奥·朱里夫（Dr. Salim Segat Al-Jufrie），宗教部长苏利亚达尔马·阿里（Drs. H. Suryadharma Ali，M，Si），文化旅游国务部长杰洛·瓦吉克（Ir. Jero Wacik SE），信息与通讯部长迪法杜尔·森比灵（Tifatul Sembiring），科技国务部长苏哈尔纳·苏拉普拉纳达（Drs. H. Suharna Surapranata，MT），中小企业与合作社国务部长沙里夫·哈桑（Dr. Syarief Hassan），环境国务部长古斯迪·穆罕默德·哈达（Prof. Dr. Ir. Gusti Muhammad Hatta），妇女作用与保护儿童国务部长琳达·阿妈丽亚·莎里·西普（Linda Amalia Sari，Sip），提高国家机构效率国务部长恩奈斯特·埃弗特·芒因达安（Letjen（Purn）Ernet Evert Mangindaan），落后地区发展国务部长阿玛德·赫尔米·法沙尔·载尼（Ir. H. Ahmad Helmy Faishal Zaini），国家发展计划国务部长阿尔米达·萨尔西娅·阿里沙赫巴纳（Prof. Dr. Armida Salsiah Alisjahbana），国营企业国务部长穆斯塔法·阿布巴卡尔（Dr. Ir. Mustafa Abubakar），人民住房国务部长苏哈尔索·莫诺阿尔法（Suharso Monoarfa），青年与体育国务部长安迪·阿尔菲安·马拉朗恩（Dr. Andi Affian Mallarangeng）。其他部长级官员有：总检察长亨达尔曼·苏班齐（Hendarman Supandji），国民军总司令佐科·山多索（Jend. Djoko Santoso），警察总长班邦·亨达尔索·达努利（Bambang Hendarso Danuri），总统府督办室主任昆多罗·孟古苏布洛托（Kuntoro Mangkusubroto），国家情报局局长苏丹多（Jend.（Purn）Sutanto），投资协调署署长吉达·伊拉万·维尔加万（Gita Irawan Wirjawan）。

【行政区划】共有一级行政区（省级）33 个，包括雅加达首都、日惹、亚齐达鲁萨兰 3 个地方特区和 30 个省。二级行政区（县、市级）共 497 个。

【司法机构】实行三权分立，最高法院和最高检察院独立于立法和行政机构。最高法院院长和副院长由国会提名，总统任命。最高检察长由总统任免。现任最高法院院长哈利芬·东巴（Harifin A. Tumpa），最高检察院总检察长亨达尔曼·苏班齐（Hendarman Supandji）。

【政党】1975 年颁布的政党法只允许三个政党存在，即专业集团、印尼民主党、建设团结党。1998 年 5 月解除党禁。1999 年 1 月 28 日颁布的新政党法规定，50 名以上年满 21 岁的公民只要遵循"不宣传共产主义，不接收外国资金援助，不向外国提供有损于本国利益的情报，不从事有损于印尼友好国家的行为"的原则，便可成立政党。2009 年大选中，共有 48 个政党参选，9 个政党获得国会议席，苏希洛创立的民主党成为国会第一大党。主要大党包括：

（1）民主党（Partai Demokrat）：成立于 2003 年 9 月 9 日，以"潘查希拉"为政治纲领，以维护和巩固国家统一为目标，倡导民族主义、宗教信仰自由、多元主义和人道主义。2009 年 4 月国会选举中获 148 个议席，国会第一大党。现任总主席为阿纳斯·乌尔巴宁鲁（Anas Urbaningrum）。

（2）专业集团党（Partai Golongan Karya）：1959 年组成松散的专业集团联合秘书处，1964 年 10 月由 61 个群众组织联合成立专业集团，1970 年 12 月扩大为包括 291 个群众组织的专业组织，1967 年至 1999 年 6 月为事实上的执政党，但一直自称为社会政治组织。1999 年 3 月 7 日正式宣布为政党。以"潘查希拉"为政治纲领，主张在民主和民权基础上进行政治体制改革，保障人权，改善民生。2009 年国会选举中获 106 个议席，国会第二大党。总主席阿布里扎尔·巴克利（Aburizal Bakrie）。

（3）印尼民主斗争党（Partai Demokrasi Indonesia-Perjuangan）：由原印尼民主党分裂出来的人士组成，1998 年 10 月正式成立。系民族主义政党，印尼世俗政治力量代表。以"潘查希拉"为政治纲领，弘扬民族精神，反对宗教和种族歧视。2009 年国会选举中获 94 个议席，国会第三大党。现任总主席为梅加瓦蒂·苏加诺普特丽（Megawati Soekarnoputri）。

（4）繁荣公正党（Partai Keadilan Sejahtera）：成立于 1998 年 7 月 20 日。以伊斯兰教为政治纲领，主张通过参政影响国家发展进程，利用传教便利教化大众，发扬伊斯兰互助精神，扶危济贫。2009 年国会选举中获 57 个议席，国会第四大党。现任总主席为鲁特菲·哈桑·伊萨（Luthfi Hasan Ishaq）。

（5）国家使命党（Partai Amanat Nasional）：成立于 1998 年 8 月 23 日，党员多为印尼第二大穆斯林团体穆哈玛迪亚（Muhammadiyah）成员，具有伊斯兰现代派特征。主张三权分立制衡、人民主权、经济平等、种族宗教和睦等。2009 年国会选举中获 53 个议席，国会第五大党。现任总主席为哈达·拉加萨（Ir. Hatta Rajasa）。

（6）建设团结党（Partai Persatuan Pembangunan）：1973 年 1 月由伊斯兰教士联合会、印尼穆斯林党、印尼伊斯兰教士联盟党和白尔蒂伊斯兰教党合并组成。八十年代后伊斯兰教士联合会退出。原政治纲领为"潘查希拉"，现回归伊斯兰教，并将党徽重新改回麦加天房图案。主张司法独立，实施广泛地方自治和宗教平等，全面提高人口素质。2009 年国会选举中获 38 个议席，国会第六大党。现任总主席为苏尔亚达尔马·阿里（Suryadharma Ali）。

【重要人物】**苏希洛·班邦·尤多约诺**：总统。1949 年 9 月生于东爪哇省巴吉丹。退役上将。毕业于印尼国家军事学院，后在美国、比利时、德国等国军事院校进修。曾任雅加达军区作战助理、第二军区司令、社会政治事务参谋长等职。1999 年 10 月担任矿产能源部长，同年 12 月任政治社会安全统筹部长。2001 年 6 月被解职。2001 年 7 月竞选副总统失败，8 月出任梅加瓦蒂内阁政治安全统筹部长。2004 年 3 月辞职，代表民主党竞选总统，10 月当选。2009 年 10 月连任。2004 年 2 月作为政治安全统筹部长访华。2005 年 7 月对华进行国事访问。2006 年 11 月来华出席中国—东盟纪念峰会并顺访。2008 年 10 月来华出席第七届亚欧首脑会议。夫人克里斯蒂雅妮·赫拉瓦蒂，有 2 子。　**布迪约诺**：副总统。1943 年 2 月 25 日生于东爪哇勿里达。1976 年获澳大利亚莫纳什大学经济学硕士，1979 年获美国宾夕法尼亚大学沃顿商学院博士学位。长期在印尼日惹卡加玛达大学任教，历任印尼国家计划和发展委员会副主席、印尼伊斯兰建设银行和印尼建设发展国际银行行长。1998～1999 年任印尼国家计划和发展委员会主席，2001～2004 年任印尼财政部长，2005～2008 年任印尼经济统筹部长，2008～2009 年任印尼央行行长。2009 年 10 月就任印尼副总统，任期至 2014 年。2009 年 3 月以印尼央行行长身份访华。夫人海拉瓦蒂，有 1 子 1 女。

经　济

印尼是东盟最大的经济体。农业、工业、服务业均在国民经济中发挥重要作用。1950～1965 年 GDP 年均增长仅 2%。60 年代后期调整经济结构，经济开始提速，1970～1996 年间 GDP 年均增长 6%，跻身中等收入国家。1997 年受亚洲金融危机重创，经济严重衰退，货币大幅贬值。1999 年底开始缓慢复苏，GDP 年均增长 3%～4%。2003 年底按计划结束国际货币基金组织（IMF）的经济监管。苏希洛总统 2004 年执政后，积极采取措施吸引外资、发展基础设施建设、整顿金融体系、扶持中小企业发展，取得积极成效，经济增长一直保持在5%以上。2008年以来，面对国际金融危机，印尼政府应对得当，经济仍保持较快增长。2009年印尼主要经济数据如下（资料来源：2009年印尼统计年鉴）：

国内生产总值：5613.4万亿盾（约合5900亿美元），同比增长4.5%。

人均收入：2590美元。

汇率：1美元约兑换9440印尼盾（2009年底）。

【资源】 富含石油、天然气以及煤、锡、铝矾土、镍、铜、金、银等矿产资源。矿业在印尼经济中占有重要地位，产值占GDP的10%左右。据印尼官方统计，印尼石油储量97亿桶（13.1亿吨），天然气储量4.8万亿～5.1万亿立方米，煤炭已探明储量193亿吨，潜在储量可达900亿吨以上。2009年日产原油95.6万桶，油气资源出口额190亿美元。

【工业】 工业发展方向是强化外向型制造业。近几年制造业增长速度均超过经济增长速度，2009年占GDP比重为26.4%。2008年就业人口455万。主要部门有采矿、纺织、轻工等。锡、煤、镍、金、银等矿产产量居世界前列。2008年产锡5.3万吨，煤1.89亿吨，镍657.2万吨，金64吨，银224.2吨；汽车产量60万台，摩托车产量624万台；纺织品出口额60.9亿美元；纸张出口额38亿美元。

【农渔林业】 印尼全国耕地面积约8000万公顷。2009年稻谷产量为6256万吨，玉米产量为1704万吨，大豆产量为92.4万吨。盛产经济作物，2008年棕榈油、橡胶和胡椒产量分别为1809万吨、230万吨和8万吨；咖啡产量为68.3万吨，可可产量为79.3万吨。

渔业资源丰富，政府估计潜在捕捞量超过800万吨/年，2008年实际捕捞量为518万吨。

2007年森林面积1.37亿公顷（上世纪50年代为1.62亿公顷），森林覆盖率超过60%。为保护林业资源，印尼宣布自2002年起禁止出口原木。2008年原木产量为825万立方米。

【旅游业】 印尼非油气行业中的第二大创汇行业，政府长期重视开发旅游景点，兴建饭店，培训人员和简化入境手续。1997年以来受金融危机、政局动荡、恐怖爆炸事件、“非典”等不利影响，旅游业发展缓慢。2006年受日惹地震和禽流感等影响，旅游业呈下降趋势。2007年出现好转，2008年和2009年，到印尼的外国游客人数分别达到623万和632万人。

主要景点有巴厘岛、婆罗浮屠佛塔、“美丽的印度尼西亚”缩影公园、日惹苏丹王宫、多巴湖等。

【交通运输】 公路和水路系重要运输手段，其中公路担负着国内近90%的客运和50%的货运。铁路设施相对落后，仅爪哇和苏门答腊两岛建有铁路。空运近十年发展迅速。

铁路：截至2009年底，印尼全国铁路总里程6458公里，其中窄轨铁路5961公里。2008年完成客运发送量1.79亿人次，货运发送量1782万吨。

公路：截至2009年底，全国公路总里程43.78万公里，其中高速公路约1000公里。2007年底，全国共有轿车886.5万辆，摩托车4193.5万辆，货车4846万辆，公交车210万辆。

水运：印尼全国水运航道21579公里，共有各类港口670个，主要港口25个。河运、海运船只6600艘左右。2007年国内船运公司共完成国际货运量2961.2万吨，国内货运量3461.5万吨。2008年雅加达丹戎不碌国际港、泗水丹戎佩拉和、棉兰勿老湾等5个主要港口卸货量4712万吨，装货量3293万吨，国内客运量179万人次。

空运：截至2008年，全国共有各型号民用飞机702架。民用机场196个，其中29个国际机场，167个国内机场。雅加达苏加诺—哈达国际机场为最大机场。主要航空公司有鹰记、鸽记、狮航、曼达拉、辛巴迪等。2008年，国内航空公司共完成国内客运量3740.5万人次、货运量33.8万吨，国际客运量410.2万人次、货运量4.25万吨。雅加达、泗水、巴厘岛等5个主要空港国内客运量2101万人、货运量21.5万吨，国际客运量662万人、货运量15.6万吨。

【财政金融】 1997年金融危机前一直实行财政预算平衡政策，决算略有盈余。近年来实施赤字预算，政府财政较为困难。财政收支状况如下（单位：万亿盾）：

	2005	2006	2007	2008	2009
总收入	403.8	637.8	708.5	761.4	1022.6
总支出	430.0	670.6	757.2	836.4	1122.2
财政赤字占GDP比	0.8%	1%	1.7%	1.7%	1.9%

2009年外汇储备659亿美元，外债1827亿美元。1997年亚洲金融危机爆发前，全国共有144家国内商业银行，44家外资、合资银行，1527家政府银行。金融危机中，银行业遭受重创，一大批银行纷纷倒闭。金融危机后，印尼政府成立银行重组机构，对银行业进行重组与整合，关闭了60多家银行，并对12家银行实行国有化。之后，印尼商业银行的盈利能力普遍增强，资产质量明显改善。截至2008年底，印尼共有124家商业银行，其中5家国有银行，26家区域性发展银行，68家私营全国银行，25家外资、合资银行。按总资产排名，前三位的本地商业银行分别是曼迪利银行、印尼人民银行、东亚银行。排名前三位的外资银行分别是花旗银行、德意志银行、汇丰银行。

2008年银行业总资产2310.6万亿盾，贷款总额

1307.7万亿盾，不良贷款率（NPL）3.20%。印尼央行与中国、日本和韩国签有双边货币互换协议，分别为40亿、60亿和10亿美元。2009年印尼同中国签署总额为1000亿人民币的双边本币互换协议。2003年9月，印尼央行正式加入国际清算银行。

【对外贸易】外贸在印尼国民经济中占重要地位，政府采取一系列措施鼓励和推动非油气产品出口，简化出口手续，降低关税。1997年外贸总额为951亿美元，1998年和1999年连续下滑，2000年受出口和内需推动锐增32%，2001年和2002年受全球经济放缓影响有所下降，2003年和2004年恢复增长，2005～2007年年均增长率在10%以上。2008年国际金融危机后，外贸总额有所下降。近年外贸状况如下（单位：百万美元）：

	2006	2007	2008	2009
出口额	102728	114101	137046	116490
进口额	79412	74473	129146	96860
差　额	23316	39628	7900	19630

主要出口产品有石油、天然气、纺织品和成衣、木材、藤制品、手工艺品、鞋、铜、煤、纸浆和纸制品、电器、棕榈油、橡胶等。主要进口产品有机械运输设备、化工产品、汽车及零配件、发电设备、钢铁、塑料及塑料制品、棉花等。2009年主要贸易伙伴为日本、新加坡、中国、美国。

【外国资本】外国资本对印尼经济发展有重要促进作用。印尼政府重视改善投资环境，吸引外资。1997年金融危机前每年吸引外资约300亿美元，金融危机后大幅下降。苏希洛政府重视改善投资环境，大力吸引外资。2008年和2009年实际利用外资额分别为148.7亿美元和100亿美元。主要投资来源国为新加坡、日本、英国、韩国。

【外国援助】外援主要由"援助印尼协商集团"（CONSULTATIVE GROUP ON INDONESIA，简称CGI）、国际货币基金组织（IMF）、世界银行以及日本、美国等提供。1997年金融危机后，IMF牵头，世行、亚行及日、美、中等国承诺向印尼提供400亿美元贷款援助，其中一线（IMF出资）100亿美元，二线（双边政府贷款）300亿美元。2000年IMF追加50亿美元一线贷款。2002～2004年，CGI向印尼提供的年度贷款援助分别为37、34、28亿美元。2004年底印度洋地震海啸灾难发生后，CGI承诺提供28亿美元贷款援助印尼灾后重建。2006年10月，印尼政府提前偿还IMF所有债务。2007年1月，印尼政府宣布解散CGI。

人民生活

1997年金融危机以后，人民生活水平下降。政府加大救助力度，研究建立全国社会保障体系，同时采取扩大就业和加强能力建设等中长期措施，努力解决结构性贫困问题。2009年贫困人口3253万，贫困率14.15%，失业人口920万人，失业率8.1%。

2009年，卫生预算开支19.3万亿盾。截至2009年，全国共有医院1156所，妇产医院3426所，公共卫生中心8570个，卫生所23163个，药房5537个。2006年初生婴儿死亡率为2%，人均寿命69.8岁。

军　事

《国防法》规定，总统对全国武装力量拥有最高领导权，在国防与安全委员会及国防部长协助下就国防与安全事务作出重大决策，通过国民军司令和警察总长对全国武装力量实施领导和指挥。国防部负责制定和执行国防政策，国民军司令部负责全军的管理、教育和训练及战时指挥。国家武装力量由正规军和准军事部队组成。实行义务兵与志愿兵相结合的兵役制度，义务兵服役期2年。

正规军印尼国民军（TNI）1945年10月5日成立，由荷兰殖民时期的"荷印殖民军"和日本占领时期的"国民后备军"改编而成。设陆、海、空三个军种，现役总兵力38.8万人。其中陆军29.9万人，主要编成战略预备队、特种部队和12个军区，装备法制AMX13、英制"蝎"90等轻型坦克350余辆，美制V150、法制AMX-VCI、英制风暴等装甲车700余辆，各种中、小口径火炮2300余门。海军6.1万人，主要编成东西两个舰队司令部和海军陆战队、军事海运司令部，装备各型舰艇120余艘，其中潜艇、导弹护卫舰等作战舰艇80多艘。空军2.8万人，主要编成第一（西部）、第二（东部）空军作战司令部和维修与物资司令部、特种部队，装备各型飞机260余架，其中有美制F－16、英制"鹞式"200型、俄制苏－27、苏－30等作战飞机。现任国民军司令佐科·山多索（Djoko Santoso）上将（2007年12月任命）。陆、海、空三军分别设军种参谋长，负责部队日常管理和训练。军队曾长期拥有国防安全和社会政治双重职能，现主要担负国防安全任务。

准军事部队包括警察和民兵。警察部队曾于1964年纳入武装部队总部领导，与国民军合称"印尼武装部队"（ABRI），2000年7月正式独立并直接由总统领导，负责维护国内安全，目前警力近28万人。现任警察总长达努利（Bambang Hendarso Danuri）。

实行积极防御的国防政策，将"全民国防安全体系"作为巩固国防的基础，在国防建设上倡导"军民一体化"的指导方针。

近10年来，国防预算在GDP中低于1%，2009年实际国防开支为35.44亿美元，占GDP不足1%。国民军希望在近年将预算逐步提高到GDP的2%，10～15年内达到GDP的3.68%。

文化教育

【教育】实行九年制义务教育。2009年教育预算开支224万亿盾，占财政总预算的20%。2008年小学入学率为

97.68%，初中入学率为 84.13%，高中入学率为 54.81%，15 岁以上人口文盲率 7.81%。2007/2008 学年各级学校数量及学生、教师人数如下：

	学校（所）	学生（人）	教师（人）
小学	170891	28982708	1567157
初中	36351	10286521	844055
高中	20294	6511288	571418
大学	3441	3663435	205418

（资料来源：2009 年印尼统计年鉴）

著名大学有雅加达的印度尼西亚大学、日惹的加查马达大学、泗水的艾尔朗卡大学、万隆的班查查兰大学等。

【新闻出版】共有各类报刊 3000 多种。主要印尼文报纸有《罗盘报》、《专业之声报》、《印尼媒体报》、《共和国日报等》、《革新之声报》和《印尼商报》，英文报纸有《雅加达邮报》、《雅加达环球报》、《印尼观察家报》等，中文报纸有《国际日报》、《商报》、《千岛日报》、《星洲日报》（原《印度尼西亚日报》）等。

通讯社目前只有安塔拉通讯社，系官方通讯社，1937 年 12 月 13 日创立，在印尼 27 个省设有分社，约有 300 名记者。该社 2007 年 3 月恢复了北京分社，并派驻常驻记者。

广播电视主要有公立的印尼国家电台和印尼国家电视台。印尼国家电台于 1945 年 9 月 11 日成立，设有 53 个分台和对外广播的"印尼之声"台（用 10 种语言广播），现有员工 8500 人。印尼电视台于 1962 年 8 月 17 日正式运营，共有 13 个分台，395 个转播器，覆盖印尼全境。原为政府经营，2000 年后成为公共电视台。现有员工约 7200 人。

私营电视台有鹰记电视台、教育电视台、美都电视台等 11 家全国性电视台以及众多的地方电视台。各地的电台多达 1800 多个。

对外关系

奉行独立自主、不结盟的外交政策。1967 年 8 月参与发起建立东南亚国家联盟，视之为"贯彻对外关系的基石之一"，务实参与地区合作。2003 年 7 月至 2004 年 7 月担任东盟轮值主席国。2006 年 4 月主持召开东盟外长会，讨论 2020 年东盟共同体计划。主张大国平衡，重视与美、中、日、澳以及欧盟的关系。积极参与国际事务，重视不结盟运动和南南合作。1992～1995 年任不结盟运动主席，1998 年担任"77 国集团"主席国。近年来与南非联合发起亚非次区域组织会议，2005 年 4 月与南非共同主持召开 2005 年亚非峰会和万隆会议 50 周年纪念活动。2006 年 4 月举办亚洲及太平洋经济社会委员会第 62 届会议。5 月举办伊斯兰发展中八国集团（D8）首脑峰会，接任 D8 主席国。2006 年 10 月当选 2007～2008 年度联合国安理会非常任理事国。2007 年 12 月在巴厘岛举办联合国气候变化大会，通过"巴厘路线图"。2008 年和 2009 年先后举办两届巴厘民主论坛。2009 年 5 月在万鸦老召开世界海洋大会。

【同中国的关系】1950 年 4 月 13 日建交。1967 年 10 月 30 日中断外交关系。1990 年 8 月 8 日恢复外交关系。

2005 年 4 月，胡锦涛主席访问印尼，与苏希洛总统共同签署关于中印尼建立战略伙伴关系的联合宣言。同年 7 月，苏希洛总统正式访华。2006 年两国副总理级对话机制正式启动。

2009 年 3 月，印尼经济统筹部长兼财政部长斯莉访华。同月，印尼央行行长布迪约诺访华，两国央行签署了金额为 1000 亿人民币的双边货币互换协议。7 月，印尼外长哈桑对华进行正式访问，11 月，胡锦涛主席与苏希洛总统在出席新加坡 APEC 会议期间举行会晤，双方确定 2010 年为"中印尼友好年"。同月，杨洁篪外长在 APEC 会议期间会见了印尼新任外长马尔迪。11 月，中共中央政治局委员、北京市委书记刘淇访问印尼。12 月，印尼人协主席陶菲克访华，吴邦国委员长和贾庆林主席分别会见。2010 年 1 月，国务委员戴秉国对印尼进行正式访问并主持两国副总理级对华机制第二次会议。4 月，印尼经济统筹部长哈达和贸易部长冯慧兰来华出席上海世博会开幕式。5 月，中央军委主席郭伯雄访问印尼。

2009 年双边贸易额 283.8 亿美元，同比下降 9.9%。中国为印尼第 3 大贸易伙伴，印尼为中国第 21 大贸易伙伴。

中国驻印尼大使：章启月。馆址：JALAN MEGA KUNINGAN NO. 2，JAKARTA SELATAN 12950，INDONESIA。国家和地区号：006221。电话：5761021，5761022。传真：5761034。商务处电话：5761049，传真：5761051。领事部电话：5761025，传真：5761024。

中国驻泗水总领事：王华根。馆址：JALAN MAYJEND SUNGKONO KAV. B1/105，SURABAYA，INDONESIA. 国家和地区号：006231。电话：5675057，传真：5674667。

印尼驻华大使易慕龙（Imron Cotan）。馆址：北京市东直门外大街 4 号。电话：010－65325485～88，传真：65325368。

【同美国的关系】1949 年建交。2007 年 2 月，美国参谋长联席会议主席佩斯访问印尼。4 月，印尼国防部长尤沃诺访美。5 月，美负责东亚和太平洋事务的助理国务卿希尔访问印尼。2008 年 2 月和 4 月，美国国防部长盖茨和助理国务卿希尔分别访问印尼。2009 年 1 月，卡拉副总统访美。2 月，美国新任国务卿希拉里访问印尼。

【同日本的关系】1958 年建交。2006 年，两国建立战略伙伴关系。2007 年 5 月，副总统卡拉对日进行工作访问。8 月，日本首相安倍晋三访问印尼，双方签署了《印尼—日本经济伙伴关系联合声明》以及价值 39.8 亿美元的 4 项能源与电力合作协议。2008 年 7 月，两国签署《印尼—日本经济伙伴协议执行协议书》，标志着《印尼—日本经济伙伴关系联合声明》正式生效。2009 年 1 月，卡拉副总统访问日本，日本经济产业大臣直岛正行访问印尼。10 月，日本外相冈田克对印尼进行正式访问。12 月，鸠山由纪夫首相赴巴厘岛出席第二届巴厘民主论坛。

【同韩国的关系】1956 年建交。2007 年 7 月，苏希洛总统对韩国进行国事访问，苏与卢武铉总统举行会谈，并出席了两国能源与贸易论坛。2009 年 3 月，韩国总统李明博访问印尼，与苏希洛总统举行会谈并共同出席两国教育、科技以及林业清洁发展机制合作谅解备忘录以及军事合作意向书的签署仪式。

【同澳大利亚的关系】1950 年建交。2005 年 4 月苏希洛总统访澳，与澳建立全面伙伴关系。2007 年 3 月，印尼与澳联合举办次区域部长级反恐会议。7 月，澳大利亚总理霍华德访问印尼，两国决定从 2007 年 8 月开始对建立自由贸易区进行为期一年的可行性研究。11 月，印尼国会批准印尼与澳大利亚政府签署的防务协议。2008 年 6 月和 12 月，澳大利亚总理陆克文分别对印尼进行正式访问和出席首届“巴厘民主论坛”。2009 年 10 月，陆克文赴雅加达出席苏希洛总统的就职典礼。

【同东盟其他国家的关系】同马来西亚的关系：1957 年同马来亚联邦建交，1963 年 9 月马来西亚成立后断交，1967 年复交。2008 年 1 月，苏希洛总统访问马来西亚。2009 年 3 月，巴达维总理访问印尼。4 月，马新任总理纳吉布对印尼进行正式访问。10 月，纳吉布赴雅加达出席苏希洛总统的就职典礼。11 月，苏希洛总统再次访问马来西亚。

同新加坡的关系：1967 年 9 月建交。2007 年 4 月，新总理李显龙访问印尼，其间两国外长、防长分别签署引渡条约和国防合作协定，后因印尼国会反对而未能生效。11 月，新加坡外长杨荣文访问印尼。2009 年 10 月，李显龙总理赴雅加达出席苏希洛总统的就职典礼。11 月，苏希洛总统对新加坡进行正式访问并出席在新加坡举行的亚太经合组织第十七次领导人非正式会议。

同文莱的关系：1984 年建交。2006 年 2 月，苏希洛总统访文，两国一致同意加强贸易、国防和教育合作。2008 年 12 月和 2009 年 12 月，文莱苏丹博尔基亚两次出席“巴厘民主论坛”。2009 年 10 月，博尔基亚赴雅加达出席苏希洛总统就职典礼。

同泰国的关系：1950 年建交。印尼对 2006 年泰国发生的军事政变表示忧虑，希望各方以和平方式解决政治问题。10 月，泰临时政府总理素拉育访问印尼。2008 年 3 月，泰总理沙玛访问印尼。2009 年 2 月，泰总理阿披实访问印尼。

同菲律宾的关系：1949 年建交。两国在反恐、打击跨国犯罪、划分海域边界、加强经贸投资以及联合国改革等问题上合作顺利。2007 年 7 月，菲外长罗慕洛与印尼外长哈桑举行两国第四次部长级联委会。2008 年 5 月，印尼外长哈桑访问菲律宾。阿罗约总统授予其荣誉勋章。2009 年 11 月，印尼新任外长马尔迪访问菲律宾，并出席庆祝印菲两国建交 60 周年招待会。

同新东盟成员国家的关系：印尼重视与新东盟成员国家的关系。2007 年 1 月，老挝总理波松访问印尼。2 月，印尼与缅甸在雅加达举行双边联合委员会部长级会谈。8 月，越南总理阮晋勇访问印尼。2009 年 3 月，缅甸总理登盛对印尼进行上任以来的首次访问。

【同东帝汶的关系】1999 年 8 月，东帝汶通过全民公决脱离印尼。2002 年 7 月，两国正式建交并成立双边联委会。2006 年两国关系进一步改善。东在印尼东努沙登加拉省古邦和巴厘岛登巴萨设立领馆。2007 年 6 月，东帝汶总统奥尔塔访问印尼。2008 年 4 月，东帝汶总理夏纳纳访问印尼。7 月，东帝汶总统奥尔塔、总理夏纳纳和印尼总统苏希洛共同出席在巴厘岛举行的“真相和友谊委员会”调查报告提交仪式，并发表联合声明，表示接受报告有关结论和建议。2008 年 12 月和 2009 年 12 月，夏纳纳总理两次出席“巴厘民主论坛”。2009 年 10 月，奥尔塔总统赴雅加达出席苏希洛总统的就职典礼。

【同南太国家的关系】印尼近年来重视与南太国家关系。2001 年 8 月成为“太平洋岛国论坛”对话伙伴。2002 年 10 月倡议成立“西南太平洋对话”（由印尼、澳大利亚、新西兰、菲律宾、巴布亚新几内亚和东帝汶组成）并举行首次部长级会议。印尼为斐济、图瓦卢、基里巴斯等国家提供财政支持、技术援助和人员培训项目。

【同其他亚洲国家的关系】2005 年，苏希洛总统访问印度，两国建立战略伙伴关系。2007 年 1 月，印尼副总统卡拉访问印度。巴基斯坦总统穆沙拉夫访问印尼。2 月，伊朗国会议长哈达德访问印尼。2008 年 3 月，苏希洛总统访问伊朗、印度、阿联酋。11 月，苏希洛访问墨西哥、巴西。7 月，巴西总统卢拉访问印尼。11 月，印度总统帕蒂尔访问印尼。2009 年 9 月，印尼贸易部长冯慧兰访问印度。2010 年 4 月，印尼外长马尔迪访问伊朗，出席德黑兰核裁军国际会议。

【同欧洲国家的关系】印尼视欧盟为重要战略伙伴，双方成功举行了印尼—欧盟对话，就民主、人权、地区贡献、多边主义、恐怖主义等议题达成广泛共识。欧盟及西欧各国为印尼亚齐海啸灾难提供大量援助。

2007年1月，印尼外长哈桑、贸易部长冯慧兰、国防部长尤沃诺访问英国。2月，西班牙索非亚王后访问印尼，视察西班牙援助亚齐项目进展情况。3月，哈桑外长出访欧洲，访问德国、波斯尼亚、黑山、奥地利、克罗地亚和挪威。挪威首相斯托尔滕贝格访问印尼。9月，俄罗斯总统普京访问印尼，并出席俄罗斯—印尼贸易发展论坛。法国副外长雅德访问印尼。11月，欧盟委员会主席巴罗佐访问印尼，双方签署《印尼政府和欧盟委员会联合声明》。2009年1月，卡拉副总统对比利时、荷兰进行工作访问。12月，苏希洛总统访问比、法、德三国并出席丹麦哥本哈根气候变化峰会。

【同中东和阿拉伯国家的关系】2007年，印尼与中东和阿拉伯国家关系进一步加强。5月，科威特首相萨巴赫访问印尼，与苏希洛总统举行会谈。10月，巴勒斯坦民族权力机构主席阿巴斯访问印尼。2009年1月，叙利亚总理奥特里访问印尼。

【同非洲国家的关系】印尼一向重视同非洲国家的关系。2005年4月，印尼举办亚非会议和万隆会议五十周年纪念活动。2006年8月，印尼政府特使埃迪访塞内加尔和马里。11月，印尼举行印尼—非洲合作论坛，探讨印尼与非洲经济合作、非洲发展问题、艾滋病防治、加强南南合作等问题。2008年3月，苏希洛总统访问南非。（王世焜）

约　旦

国名　约旦哈希姆王国（The Hashemite Kingdom of Jordan）。

面积　8.9万平方公里。

人口　598万（2009年）。大部分为阿拉伯人，其中60%以上是巴勒斯坦人，还有少数土库曼人、亚美尼亚人和吉尔吉斯人。阿拉伯语为国语，通用英语。92%以上的居民信奉伊斯兰教，属逊尼派；信奉基督教的约占6%，主要属希腊东正教派。

首都　安曼（Amman），人口212.5万（2007年）。

国家元首　国王阿卜杜拉二世·本·侯赛因（ABDULLAH II BIN Al-HUSSEIN），1999年2月7日登基。

重要节日　国庆日：5月25日。

简　况

约旦位于亚洲西部，阿拉伯半岛的西北，西与巴勒斯坦、以色列为邻，北与叙利亚接壤，东北与伊拉克交界，东南和南部与沙特阿拉伯相连。约旦基本上是个内陆国家，亚喀巴湾是唯一出海口。首都安曼和西部山地属亚热带地中海型气候，气候温和。平均气温1月为7℃～14℃，7月为26℃～33℃。

约旦原是巴勒斯坦的一部分。公元7世纪初属阿拉伯帝国版图。公元1517年归属奥斯曼帝国。第一次世界大战后沦为英国委任统治地。1921年英国以约旦河为界，把巴勒斯坦一分为二，西部仍称巴勒斯坦，东部建立外约旦酋长国。1946年3月22日英承认外约旦独立，5月改国名为外约旦哈希姆王国。1948年5月第一次阿以战争中，约占领了约旦河西岸4800平方公里的土地。1950年4月，外约旦同西岸合并，改称约旦哈希姆王国。1967年第三次阿以战争中，以色列占领西岸。1988年7月，侯赛因国王宣布中断同约旦河西岸地区的“法律和行政联系”。1994年10月，约旦同以色列签署了和平条约。1995年2月9日，约收回被以占领的约340平方公里失地。

政　治

约旦是君主立宪制国家，国王是国家元首、三军统帅，权力高度集中。设参众两院，实行多党制。约重视加强社会治安，适时调整内外政策，推进经济改革，改善投资环境，努力发展民族经济。2009年，约继续深化全方位改革，在地区形势持续动荡的大环境下，国内局势总体保持稳定。

【宪法】1952年1月1日颁布生效。宪法规定，约旦是一个世袭的阿拉伯君主立宪制国家，立法权属国王和议会。国王是国家元首，有权审批和颁布法律、任命首相、批准和解散议会，统率军队。1960年1月议会通过关于国王有权延长众议院任期的宪法修正案。1974年1月、1976年2月和1984年1月议会3次通过宪法修正案，授权国王可无限期推迟选举，并在内阁认为有必要修改宪法时，有权召开议会特别会议。

【议会】称国民议会，由众议院和参议院组成。众议院议员110人，由普选产生，凡年满19岁的男女公民均可参加选举，任期4年。议长每年由议员秘密选举产生。2007年11月，约选举产生新一届国民议会众议院。2009年11月，阿卜杜拉二世国王宣布解散众议院，提前举行议会选举，并责成政府修改选举法，为尽快举行选举做准备。参议院议员全部由国王从年龄40岁以上的知名人士中任命，人数不超过众议院议员人数的一半。议长任期2年，议员任期4

年，均可连任。在众议院举行会议时，参议院可同时举行内容相同的会议。众议院被解散，参议院亦停止举行会议。本届参议院于2009年12月成立，有议员55名。参议院议长塔希尔·米斯里（Taher Al Masri），2009年12月17日由国王任命。

【政府】2009年12月9日，阿卜杜拉二世国王任命赛米尔·里法伊（Samir Al Rifai）为首相，组成新一届内阁。主要成员是：首相兼国防大臣赛米尔·里法伊（Samir Al Rifai），副首相兼国务大臣里贾伊·马沙尔（Rajai Muasher），副首相兼内政大臣纳伊夫·卡迪（Naif Al Qadi），外交大臣纳赛尔·朱达（Naser Joudeh）等。

【行政区划】全国共分12个省：安曼省、伊尔比德省、马安省、扎尔卡省、拜勒加省、马夫拉克省、卡拉克省、塔菲拉省、马德巴省、杰拉什省、亚喀巴省、阿吉隆省。

【司法机构】包括法院和检察院两部分。宪法规定法官独立行使司法权。法官任免由国王依法批准，同时接受高级司法委员会的监督。法院分三类，即：民事法院、宗教法院、特别法院。民事法院负责审理有关民事和刑事案件；宗教法院主要负责婚姻、继承、收养等事务。特别法院包括国家安全法院、军事法院、警察法院、重大刑事案法院、海关法院。最高法院院长为塔希尔·黑克迈。特别法院总检察长为苏莱曼·欧哲恩。

【政党】1952年4月9日开始允许建立政党，后均被解散。1991年6月9日侯赛因国王正式宣布解除长达33年的党禁，实行多党制，1992年9月议会通过“政党法”。迄今，内政部正式批准成立的政党共20个，分别是：(1) 伊斯兰行动阵线党（The Islamic Action Front），主要由约旦穆斯林兄弟会组成，少数伊斯兰独立人士参加，为原教旨主义组织。(2) 约旦阿拉伯社会复兴党（Jordanian Ba'ath Arab Socialist Party）。(3) 约旦共产党（The Jordanian Communist Party）。(4) 约旦人民民主党（The Jordanian People's Democratic Party）。(5) 阿拉伯进步复兴党（Arab Ba'ath Progressive Party）。(6) 约旦民主人民统一党（The Jordanian Democratic Popular Unity Party）。(7) 自由人士党（The Freemen Party）。(8) 民族行动党（The National Action Party）。(9) 未来党（The Future Party）。(10) 阿拉伯民主伊斯兰运动党（The Arab Democratic Islamic Movement Party）。(11) 约旦阿拉伯宪章阵线党（The Jordanian Arab Constitutional Front Party）。(12) 约旦民主左翼党（Democratic Party of the Left）。(13) 约旦阿拉伯救援者党（The Jordanian Arab Ansour Party）。(14) 约旦进步党（The Jordanian Progressive Party）。(15) 约旦民族党（The Jordanian Nation Party）。(16) 约旦和平党（The Jordanian Peace Party）。(17) 阿拉伯土地党（The Arab Land Party）。(18) 宪章爱国党（National Constitutional Party），由“誓约党”、“祖国党”、“觉醒党”、“约旦全国联盟党”、“阿拉伯民主统一党”、“进步正义党”、“约旦人民运动党”、“约旦人民统一党”、“约旦阿拉伯群众党”九个政党合并而成。(19) 人民民族民主运动党（National Popular Democratic Movement）(20) 约旦工党（The Labour Party）。

【重要人物】阿卜杜拉二世：国王。系前国王侯赛因长子。1962年1月30日生于安曼。1999年1月25日被立为王储。同年2月7日继位国王，6月9日加冕。先后在英国圣赫斯特军事学院、牛津大学、美国乔治敦大学、英国步兵学校、英国指挥参谋学院学习军事和国际政治。自1981年起一直在约军队中任职。1993年任约特种部队司令，1994晋升为准将。1996年后，任约特别行动部队司令兼特种部队司令。1998年5月晋升为少将。爱好赛车和水上运动，曾获约全国汽车赛冠军。阿曾九次访华（1981年7月、1982年12月、1993年12月、1999年12月、2002年1月、2004年7月、2005年12月、2007年10月、2008年9月，前三次作为王子），已婚，有2子2女。　**赛米尔·里法伊：**首相兼国防大臣。1966年生于约旦首都安曼。祖父和父亲曾任约首相、参议长等职。获美国哈佛大学中东问题研究学士学位、英国剑桥大学国际关系硕士学位。历任约旦宫廷秘书长、阿卜杜拉二世国王新闻与公共关系办公室主任、宫廷大臣、国王顾问等职。2005年10月进入商界，就职首相前任“约旦—迪拜资金公司”等多家企业及金融机构负责人。2009年12月9日被国王任命为首相，12月14日受命组阁。

经　济

约旦系发展中国家，经济基础薄弱，资源较贫乏，可耕地少，依赖进口。国民经济主要支柱为侨汇、外援和旅游。阿卜杜拉二世国王执政后，把发展经济和提高人民生活水平作为其施政重点，不断深化经济改革，约经济状况有所好转。1999年约加入世界贸易组织。近年来，约着力改善投资环境以争取更多外援，积极应对油价上涨和金融危机的冲击，但金融危机对经济的负面影响有所显现，2009年，国际金融危机对约经济的负面影响有所显现。出口、侨汇、旅游同比分别下降19.8%、5.2%和1.2%　。

2009年主要经济数据如下（来源：约旦中央统计局）：

国内生产总值（GDP）：229.7亿美元。

人均国内生产总值：3841美元。

经济增长率：2.7%。

通货膨胀率：0.67%。

外汇储备：109亿美元。

失业率：12.9%。

货币名称：约旦第纳尔，1第纳尔 =100皮阿斯特（Piastre）＝1000 费尔斯（Fils）。

汇率：1 美元≈0.709 约旦第纳尔。

【资源】主要有磷酸盐、钾盐、铜、锰、铀、油页岩和少量天然气。磷酸盐储量约 20 亿吨。铀矿资源量 13 万吨。死海海水可提炼钾盐，储量达 40 亿吨。油页岩储量 700 亿吨，但商业开采价值低。

【工业】多属轻工业和小型加工工业，主要有采矿、炼油、食品加工、玻璃、纺织、塑料制品、卷烟、皮革、制鞋、造纸等。有 5 个规模较大的工业企业（磷酸盐、钾盐、炼油、水泥、化肥）。磷酸盐年产量 450 万吨，年出口 435 万吨。钾盐年产量 183 万吨，大部分供外销。化肥年产量 583 万吨，水泥年产量 195 万吨，炼油年产量 250 万吨，天然气年产量 3000 万立方英尺。

【农业】农业不发达，农业人口占劳动力的 12%。可耕地面积约 90 万公顷，已耕地面积仅 50 万公顷，多集中在约旦河谷。可耕地中 7% 为水浇地，全部私人经营。水资源缺乏和可耕地严重流失是约发展农业的主要障碍。目前建有 10 个主要水坝，总容量 3.27 亿立方米，其中 91% 位于干旱地区。主要农作物有小麦、大麦、玉米、蔬菜、水果、橄榄等。橄榄油年平均产量为 3 万桶，年消费量为 1.8 万桶。全国有 107 家橄榄油压榨厂。约旦农产品不能满足国内需求，粮食和肉类主要依靠进口。

【旅游业】旅游业是约旦的三大经济支柱之一，又是主要外汇来源之一。海湾危机后，约旅游业曾受到沉重打击。约以媾和后，旅游业收入大幅度增长。2009 年旅游收入 20.64 亿美元，赴约外国游客 708.5 万人次，同比下降 2%。游客主要来自海湾、欧洲和美国等。目前有酒店 471 家。主要旅游景点有安曼、死海、杰拉什、佩特拉、杰隆古堡、亚喀巴等。

【交通运输】以公路运输为主。已基本建成沟通全国城乡的公路网，国际公路网与伊拉克、叙利亚、沙特、以色列等国相通。交通运输情况如下：

铁路：全长 730 公里，客运量 3.13 万人次，货运量 378.95 万吨。

公路：总长 8000 公里；有汽车约 32.15 万辆。年运输量达 900 多万吨。

海运：位于约旦南部、红海北部的亚喀巴港是约旦唯一港口和进出口贸易集散中心，拥有集装箱码头和散装码头，22 个深水泊位，有固定航线 29 条，通往除西非海岸及南美西部海岸的 200 多个港口，年货物吞吐量可达 2200 万吨。

空运：约旦皇家航空公司拥有各种飞机 35 架，国际航线 50 条。主要机场有：安曼阿丽娅王后国际机场、安曼民用机场（马尔卡机场）、亚喀巴国际机场。2009 年阿丽娅王后国际机场的客运量达 477 万人次，同比增加 6.5%。飞机起降架次同比增加 12.6%。

【电信信息业】近年来，约大力发展电信和信息产业，自 1999 年国王启动约通讯技术领域发展倡议以来，该行业投资已达 25 亿美元。2009 年互联网普及率达 27%，网络用户 26.4 万，比 2008 年增加 36.7%。全国手机用户达 530 万，普及率达 95%。固话用户 66.34 万。

【财政金融】约旦经济易受地区形势影响。海湾战争中，30 多万长期居住在海湾国家的约旦和巴勒斯坦侨民回国，带回大量外汇，使约黄金、外汇储备增加。但战后侨汇锐减。2009 年，内外债总额 152.98 亿美元，占 GDP 的 66.8%。其中外债 152.98 亿美元，同比增长 2.8%，内债 100.14 亿美元，同比增长 44.3%。侨汇收入 36.1 亿美元，同比减少 5.2%。

【对外贸易】与世界 100 多个国家和地区有贸易往来。主要进口原油、电器、钢铁、纺织品、交通和工业器材；主要出口磷酸盐、钾盐、化肥、水泥、药品、蔬菜、水果。主要贸易伙伴为美国、德国、中国、沙特等。2009 年贸易总额为 204 亿美元，其中进口 141.2 亿美元，出口 63.8 亿美元，逆差 77.4 亿美元。主要进口商品为原油、电器、钢铁等。主要出口商品为成衣、药品、钾肥、水泥、蔬菜、磷酸盐等。

【外国投资】约旦政府致力于改善投资环境，不断制订和完善投资法规，积极吸引外资，尤其鼓励外商在约旦工业区投资办厂。2009 年外国在约投资 10.547 亿美元。

【外国援助】外援是约经济主要来源之一。海湾战争前，约外援主要来自美等西方国家以及海湾阿拉伯国家。在海湾危机中，约采取同情伊拉克的立场，致使主要援助国中断了对约援助，约经济形势恶化。后约逐渐调整对伊政策，改善与美及海湾阿拉伯国家关系，主要援助国恢复了对约援助。约以媾和后，美对约援助大幅增加。2003 年由于美、伊战争，国际社会向约提供了高达 19 亿美元的贷、赠款。2009 年约获外援 4.7 亿美元，主要援助方为阿拉伯国家、日本、美国、欧盟及联合国各机构。

人民生活

约旦卫生事业发展很快，全国目前共有 99 家医院，10279 张病床。其中，卫生部下属医院 30 家。另有 368 所医疗中心和 56 家私人诊所。各类专科医生 2500 名。全国有护士 1.15 万名。全国共有 17 家药厂，药房 1533 家。全国 98% 的儿童都接种白喉、破伤风、麻疹、结核病等多种疫苗。约对政府职工和军人及家属实行免费医疗制度，对企业职工实行医疗保险制度。目前约旦医疗保险覆盖率是 86%，2010 年底所有约旦人都将享有医疗保险。政府工作人员根据职业不同，每月可领取交通、出差、服装、住房、家庭人口、物价等各种补贴。约旦人普遍拥有小汽车等。约人均寿命为71.5岁。

军　事

1906年建军，6月10日为建军节。军队以伊斯兰教义为指导思想，以“笃信真主，忠君报国”为宗旨。国王为武装部队最高统帅。1963年5月，约旦皇家特种部队成立。1976年9月，约旦开始实行义务兵和志愿兵相结合的兵役制。服役期为两年。1982年7月，侯赛因国王宣布成立人民军，凡在高中和高校就读的男女学生，以及16～55岁的男性公民均应参加。约正规军总兵力约9.86万人，其中陆军9万人、空军8000人、海军600人。预备役3.5万人，人民军20余万人，公安部队1.2万人。

文化教育

【教育】国家重视教育事业，公民从小学到高中享受免费教育。高等教育前分为基础教育和高中教育。基础教育为10年一贯制；高中教育是建立在一般文化基础上的非义务性专业学习，学制为两年。有8所公立大学：约旦大学、雅尔穆克大学、约旦科技大学、哈希姆大学、穆塔大学、艾勒·贝塔大学、侯赛因大学、拜勒加应用大学，另有12所私立大学，2009年在校大学生24万名，其中留学生2.8万名。全国有各类学校5600所，教师6.2万人，学生180万人。学龄儿童入学率为95%。全国设有成人扫盲中心473个，有学生6128名。全国文盲率为7.7%，其中男性占4.1%，女性占11.4%。

【新闻出版】主要报刊：《宪章报》，阿文日报，日发行量9万份左右；《言论报》，阿文日报，日发行量9万份；《市场报》，阿文日报；《今日阿拉伯人》，阿文日报；《约旦时报》，英文日报，日发行量7000份；《星报》，英文周报。2006年7月，约内阁通过《媒体和出版法》，不再允许逮捕或监禁犯有与其职业相关罪行的记者。

佩特拉通讯社：官方通讯社，1969年成立。每天用阿、英文发稿，在贝鲁特设有分社，在开罗、大马士革、波恩、巴黎、哥本哈根、纽约有兼职记者。1995年起通过卫星向除南非、南美以外的世界各地发送阿、英文消息。

约旦广播电台与电视台均系官方机构，1985年9月，电台同电视台合并，成立广播电视总局。约旦广播电台，1959年创建。约旦电视台，1968年建立。

对外关系

奉行中立、不结盟和对外开放政策，推行全方位外交。2009年，约继续推行亲美、睦邻、抓热点、重大国的外交政策，强化与美特殊盟友关系，发展与各大国的关系，继续改善与阿拉伯国家的关系，在地区事务中发挥着独特作用。目前约已同123个国家建立外交关系。

【同中国的关系】中约两国于1977年4月7日建交。此后，两国在政治、经济、军事、文化等各方面的关系稳步发展，友好往来不断增加。

2009年，中央政治局常委、中纪委书记贺国强，全国人大常委会副委员长、全国妇联主席陈至立，国务委员、公安部长孟建柱，外交部长杨洁篪等访约。约旦城镇事务大臣哈迪布访华。2010年1月，全国对外友好协会会长陈昊苏访约。4月，约旦新闻与联络事务国务大臣兼政府发言人谢里夫访华。5月，约参议院秘书长哈米萨特访华。同月，约旦外交大臣朱达来华出席“中阿合作论坛”第四届部长级会议。

1979年5月，中约两国签订贸易协定。近年来，双边贸易合作快速增长，中国已成为约旦第二大贸易伙伴和第一大商品进口来源国。2009年中约贸易总额为20.8亿美元，同比增长6.6%。其中中方出口19.7亿美元，增长7.7%，进口1.1亿美元，减少8.9%。

1979年11月，中约签订第一个文化合作协定。此后两国签订了多个年度文化合作协定执行计划。2008年9月，孔子学院总部与约旦格扎拉集团签署了建立安曼孔子学院的相关协议。2009年4月，孔子学院正式挂牌成立。同年9月，正式授课。

2003年1月，中国正式将约旦列为中国公民出国旅游目的地国，并于当年10月与约方签署了“关于组织中国公民赴约旦旅游实施方案备忘录”。2009年中国人赴约旦旅游人数为0.63万，同比下降10.8%。约旦人赴华旅游人数为2.7万，同比增长7.8%。

中国驻约旦大使：郁红阳。馆址：9JAKARTA STREET, RABYAH,

AMMA. JORDA. , P. O. BOX 7365 11118 AMMA. JORDA.。

电话区号：009626。电话：5516136，5515151。5519137（文化处），5518195、5516194（商务处），使馆传真5518713。

约旦驻中国大使：安马尔·阿卜杜勒—哈利姆·纳米尔·哈姆德（Anmar Abdulhalim Namir Harmud）。馆址：北京市三里屯东六街5号。电话：010－65323906。

【同美国的关系】同美国关系密切。约美关系曾因海湾危机而一度降温，美冻结对约军、经援助。海湾战后，约积极参与美发起的中东和平进程，1994年10月，约旦与以色列签订和约后，美免除约7亿美元的债务，并同意每年向约提供约3亿美元的军事和经济援助。2000年10月，约美签署自由贸易协定。目前，美对约援助累计达到50亿美元。2009年2月，美约双方签署美向约提供1亿美元的援助协议，用于支持约多个发展项目。2009年4月，阿卜杜拉二世国王访美，是奥巴马总统在白宫接待的首位阿拉伯国家元首。

【同欧盟国家的关系】积极发展同欧盟，特别是英、法、德等国的关系，希望欧盟在中东地区事务中发挥积极作用，并寻求其经济援助。约与欧盟的贸易额占约对外贸易总额的35%。2009年，阿卜杜拉二世国王分别访问了英国、法国、德国。法国目前在约直接投资13亿欧元。欧盟计划在2007～2010年的4年间共向约提供总额为2.65亿欧元的援助。

【同俄罗斯的关系】约重视前苏联大国地位，侯赛因国王曾先后于1981年、1982年和1987年三次访苏。苏联解体后，约继续发展同俄罗斯关系，希俄在中东问题上发挥更大作用。上个世纪90年代以来，约俄关系续有发展。2009年，约与俄草签一项核能合作协议，双方将在建造核电站、海水淡化、勘探、开采核原料方面展开合作。

【同日本的关系】上个世纪70年代以来，约旦同日本的关系不断发展，高层互访频繁。1976年，日本王储明仁夫妇访问约旦。1989年，侯赛因国王出席了日本裕仁天皇葬礼，哈桑王储于1990年参加了明仁天皇加冕庆典。目前约是中东地区人均获日本援助最多的国家。自1974年以来，日本共对约的水利、卫生、教育、职业培训等领域援助达31亿美元。日本是约最大的债权国，债务总额约18亿美元。2009年4月，阿卜杜拉二世国王访问日本。

【同巴勒斯坦的关系】巴勒斯坦人占约旦总人口60%，约巴之间有着特殊关系。1988年11月巴勒斯坦国宣布成立后，约旦立即予以承认；1989年1月7日，约同意巴解组织驻约办事处升格为大使馆。在中东和谈问题上，巴以谈判所涉及的巴难民、水资源、边界划分及安全安排攸关约切身利益，约十分关注巴以最终地位谈判。

约认为巴勒斯坦问题仍是当前中东问题的核心，有关各方应明确统一立场，即支持巴人民，并确保他们寻求公正合理解决巴勒斯坦问题的权利。阿卜杜拉二世国王多次呼吁巴各派别共同努力，改善日益恶化的巴安全局势，强调巴内部团结统一有助于推动中东和平进程。

【同伊拉克的关系】约主张维护伊主权、安全、统一，呼吁恢复伊的安全与稳定，强烈谴责伊境内针对平民的暴力活动，支持伊各派和解进程。约积极配合伊政治和经济重建进程，两国在经贸等领域的合作不断加强。约每天从伊拉克进口石油1万桶。2009年2月，约政府就伊拉克人入境约做出新规定，将原要求入境的伊拉克人要有15万美元银行存款证明，降为5万美元。约旦亚喀巴港口决定将给伊转口货物减免40%的转口税，以加强约伊贸易往来。2月，约旦首相宰哈比访伊。

【同其他阿拉伯国家的关系】约旦重视发展同阿拉伯各国的关系。海湾危机发生后，由于约旦采取与埃、叙、沙特及科威特等国相悖的立场，同这些国家的关系一度趋冷。海湾战后，约主动改善同这些国家的关系。阿卜杜拉二世国王继位后，约与海湾国家关系逐步恢复并续有发展。2003年美对伊战争后，约还获得了半年的海湾优惠供油，并表示有意加入“海湾合作委员会”。2009年，阿卜杜拉二世国王和首相相继访问了叙利亚，并召开了两国最高混委会会议，签署了一系列合作协议。约为推动中东和平进程，与埃及、沙特等地区国家就巴以问题频繁沟通，协调立场。

【同以色列的关系】1994年7月25日，约以在华盛顿签署《华盛顿宣言》，宣布结束两国敌对状态。10月，约以正式签署和约。11月，两国建立外交关系。1995年2月9日，以从其占领的约领土全部撤军，约收回了340平方公里失地。2001年，由于以巴冲突持续不止，约召回驻以大使，双边高层往来冻结。2004年以来，约以双边交往逐渐恢复。2005年1月，约恢复向以派大使。2008年1月和4月，以总理奥尔默特两度访约。2009年5月，以总理内塔尼亚胡访约。

（何美英）

越　南

国名　越南社会主义共和国（The Socialist Republic of Viet Nam）。

面积　329556平方公里。

人口　人口8579万（2009年），有54个民族，京族占总人口89%，岱依族、傣族、芒族、华人、侬族人口均超过50万。主要语言为越南语（官方语言、通用语言、主要民族语言均为越南语）。主要宗教：佛教、天主教、和好教与高台教。

首都　河内（Ha Noi），2008年8月1日，原河内市与整个河西省、永富省迷灵县、和平省梁山县4个乡合并，新河内市总面积3340平方公里，人口645万人（2009年）。夏季平均气温28.9℃，冬季平均气温18.9℃。

国家元首　国家主席阮明哲（Nguyen Minh Triet），2006年6月27日就职，2007年7月当选连任。

重要节日　越南共产党成立日：2月3日（1930年）。越南国庆日：9月2日（1945年）。越南南方解放日：4月30日（1975年）。胡志明诞辰日：5月19日（1890年）。

简　况　位于中南半岛东部，北与中国接壤，西与老挝、柬埔寨交界，东面和南面临南海。海岸线长3260多公里。地处北回归线以南，属热带季风气候，高温多雨。年平均气温24℃左右。年平均降雨量为1500～2000毫米。北方分春、夏、秋、冬四季。南方雨旱两季分明，大部分地区5～10月为雨季，11月至次年4月为旱季。

公元968年成为独立的封建国家。1884年沦为法国保护国。1945年9月2日宣布独立，成立越南民主共和国。同年9月法国再次入侵越南，越南进行了艰苦的抗法战争。1954年7月，关于恢复印度支那和平的日内瓦协定签署，越南北方获得解放，南方仍由法国（后成立由美国扶植的南越政权）统治。1961年起越南开始进行抗美救国战争，1973年1月越美在巴黎签订关于在越南结束战争、恢复和平的协定，美军开始从南方撤走。1975年5月南方全部解放，1976年4月选出统一的国会，7月宣布全国统一，定国名为越南社会主义共和国。

政　治

2006年4月召开的越共十大总结了革新开放20年的理论和实践。至2009年，越共中央已先后召开12次全会，落实越共十大决议，着力提高党的领导能力和战斗力，将解决农业、农村和农民问题作为党的战略任务，注重工人阶级、青年和知识分子队伍建设，加大反腐力度，注意解决民生问题，全面推动革新事业发展。

【宪法】越南现行宪法是第四部宪法，于1992年4月15日在八届国会11次会议上通过，是1946年、1959年、1980年宪法的继承和发展，体现了越共“七大”提出的社会主义目标与国家全面革新路线。宪法规定：越南社会主义共和国国家政权属于人民，越南共产党以马克思列宁主义和胡志明思想为指导思想。2001年十届国会十次会议对宪法部分条款作出修改，确定越南要发展“社会主义定向”的市场经济。

【议会】称国会，是国家最高权力机关，任期四年，通常每年举行两次例会。现为第12届国会，共有493名国会代表。现任国会主席阮富仲（Nguyen Phu Trong），2006年6月26日当选，2007年7月当选连任。

【政府】国家最高行政机关。本届政府于2007年8月组成。总理阮晋勇（Nguyen Tan Dung），常务副总理阮生雄（Nguyen Sinh Hung），副总理兼外长范家谦（Pham Gia Khiem），副总理张永仲（Truong Vinh Trong），副总理黄忠海（Hoang Trung Hai），副总理阮善仁（Nguyen Thien Nhan），国防部长冯光青（Phung Quang Thanh），公安部长黎鸿英（Le Hong Anh），政府办公厅主任阮春福（Nguyen Xuan Phuc），内务部长陈文俊（Tran Van Tuan），司法部长何雄强（Ha Hung Cuong），计划投资部长武鸿福（Vo Hong Phuc），财政部长武文宁（Vu Van Ninh），工贸部长武辉煌（Vu Huy Hoang），农业与农村发展部长高德发（Cao Duc Phat），交通运输部长胡义勇（Ho Nghia Dung），建设部长阮红军（Nguyen Hong Quan），资源环境部长范魁原（Pham Khoi Nguyen），通讯传媒部长黎尹合（Le Doan Hop），劳动荣军与社会部长阮氏金银（Nguyen Thi Kim Ngan，女），文化体育旅游部长黄俊英（Hoang Tuan Anh），科技部长黄文峰（Hoang Van Phong），卫生部长阮国兆（Nguyen Quoc Trieu），教育培训部长范武论（Pham Vu Luan），民族委员会主任杨小富（Giang Seo Phu），国家银行行长阮文饶（Nguyen Van Giau），监察总署总监察长陈文传（Tran Van Truyen）。

【行政区划】全国划分为58个省和5个直辖市。

【司法机构】由最高人民法院、最高人民检察院及地方法院、地方检察院和军事法院组成。最高人民法院院长张和平（Truong Hoa Binh），2007年7月就任，最高人民检察院检察长陈国旺（Tran Quoc Vuong），2007年7月就任。

【政党】越南共产党（Dang Cong San Viet Nam）是唯一政党，1930年2月3日成立，同年10月改名为印度支那共产党，1951年更名为越南劳动党，1976年改用现名。现有党员约290万人，基层组织48000个，同世界上180多个政党建有党际关系。

越共十届中央总书记为农德孟（Nong Duc Manh）。政治局委员（15人）：农德孟、黎鸿英、阮晋勇、阮明哲、张晋创（Truong Tan Sang）、阮富仲、范家谦、冯光青、张永仲、黎清海（Le Thanh Hai）、阮生雄、阮文芝（Nguyen Van Chi）、胡德越（Ho Duc Viet）、范光毅（Pham Quang Nghi）、苏辉若（To Huy Rua）；中央书记处书记（10人）：农德孟、张晋创、张永仲、阮文芝、胡德越、黎文勇（Le Van Dung）、丛氏放（Tung Thi Phong）、苏辉若（To Huy Rua）、吴文裕（Ngo Van Du）、何氏洁（Ha Thi Khiet）；中央检查委员会委员（16人）：阮文芝（主任）、阮氏缘（Nguyen Thi Duyen）、范氏海传（Pham Thi Hai Chuyen）、陈和（Tran Hoa）、范志和（Pham Chi Hoa）、范氏槐（Pham Thi Hoe）、黎洪廉（Le Hong Liem）、黎文讲（Le Van Giang）、阮文胆（Nguyen Van Dam）、沙如和（Sa Nhu Hoa）、阮明光（Nguyen Minh Quang）、裴文体（Bui Van The）、苏光秋（To Quang Thu）、梅世洋（Mai The Duong）、陈锦绣（Tran Cam Tu）、梅直（Mai Truc）。

越南祖国阵线（Mạt Tran To Quoc Viet Nam）是越南的统一战线组织，成立于1955年9月，南北方统一后于1977年同越南南方民族解放阵线和越南民族、民主及和平力量联盟合并。第七届祖国阵线中央主席团主席黄担（Huynh Dam），2008年1月当选。

【重要人物】农德孟：越共中央总书记。1940年9月11日生于越南北太省纳星县强利乡，岱依族。1963年加入越南共产党。1966～1971年赴原苏联列宁格勒林业学院留学。1974～1976年在阮爱国高级党校学习。1972～1989年历任北太省林业厅监察委员会副主任、林业厅副厅长、厅长、省人委副主席、主席、省委副书记、书记。1986年12月，在越共六大上当选为候补中央委员，1989年3月六届六中全会增补为中央委员。1989年8月任越共民族部部长。同年11月当选第八届国会代表，并担任国会民族委员会副主任。1991年6月在越共七大上当选中央政治局委员。自1992年9月起，连任两届国会主席（至2001年6月）。1996年6月越共八大上再度当选中央政治局委员。1998年1月当选政治局常委。2001年4月越共九大上当选为中央总书记，2006年4月在越共十大上连任。曾于1994年2月、2000年4月率国会代表团访华，任越共中央总书记后先后于2001年12月、2003年4月、2006年8月、2008年5月访华。　**阮明哲**：越共中央政治局委员、越南国家主席。1942年10月8日生于平阳省边吉县富安乡。数学、政治学学士。1960～1973年参加南方革命活动。1974～1987年在胡志明共青团中央工作，曾任团中央书记、青联副主席，并在阮爱国高级党校学习。1988年1月至1996年12月，历任小河省省委委员、副书记、书记，其间1991年6月在越共七大上当选中央委员，1996年6月在越共八大上连任中央委员。1997年1月任胡志明市市委副书记。1997年12月在越共八届四中全会上当选政治局委员。1998～1999年任越共中央民运部部长。2000年1月至2006年6月任胡志明市市委书记，其间在2001年4月越共九大和2006年4月越共十大上均当选政治局委员。2006年6月在十一届九次国会上当选国家主席，2007年7月十二届国会上当选连任。1995年4月率小河省代表团访华，2000年7月率越南共产党代表团访华，任国家主席后于2007年5月访华，2008年8月来华出席北京奥运会开幕式。　**阮晋勇**：越共中央政治局委员、越南政府总理。1949年11月17日生于金瓯省泰平县。1967年入党。法律学士。1961年参军，曾任团政委、坚江省军事指挥部干部部长。1981～1994年历任坚江省委组织部副部长、常务副书记、省人委主席、省委书记，并在阮爱国高级党校学习，期间1991年在越共七大上当选中央委员。1995年1月至1996年5月任内务部副部长。1996年6月在越共八大上当选政治局委员、常委，任中央经济部部长。1997年9月任政府常务副总理。1998年4月起兼任国家银行行长。2001年4月在越共九大上再次当选政治局委员。2002年8月连任政府常务副总理。2006年4月在越共十大上连任政治局委员，同年6月在十一届九次国会上当选政府总理，2007年7月十二届国会上当选连任。2006年10月率团出席中国—东盟建立对话关系15周年纪念峰会暨中国—东盟博览会并顺访广西，2007年10月出席第四届中国—东盟博览会并顺访广西、云南，2008年10月正式访华并出席第七届亚欧首脑会议，2009年4月来华出席博鳌亚洲论坛2009年年会并顺访广东、香港、澳门；10月出席第十届中国西部国际博览会并顺访四川、重庆。2010年4月出席上海世博会并访问江苏、浙江。

经　济

越南系发展中国家。1986年开始实行革新开放。1996年越共八大提出要大力推进国家工业化、现代化。2001年越共九大确定建立社会主义定向的市场经济体制，并确定了三大经济战略重点，即以工业化和现代化为中心，发展多种经济成分、发挥国有经济主导地位，建立市场经济的配套管理体制。2006年越共十大提出发挥全民族力量，全面推进革新事业，使越南早日摆脱欠发达状况，到2010年国内生产总值总量比2000年翻一番多，年均增长7.5%～8%，人均国内生产总值提高到1000美元。

经过20多年的革新，越南经济保持较快增长，经济总量不断扩大，三产结构趋向协调，对外开放水平不断提高，基本形成了以国有经济为主导、多种经济成分共同发展的格局。

2009年越南经济继续受国际金融危机不利影响，经济运行面临许多挑战。越南政府出台一系列政策措施，遏制经济衰退势头。

国内生产总值（2009年）：约898亿美元。

国内生产总值增长率（2009年）：5.32%。

人均国内生产总值（2009年）：1100美元。

货币名称：越南盾（Dong）。

汇率：1美元≈18950越盾（2009年12月）。

消费品价格上涨指数（2009年）：6.88%。

城市失业率（2009年）：4.66%。

外汇储备（2009年）：约150亿美元。

【资源】越南矿产资源丰富，种类多样。主要有煤、铁、钛、锰、铬、铝、锡、磷等，其中煤、铁、铝储量较大。有6845种海洋生物，其中鱼类2000种，蟹300种，贝类300种，虾类75种。森林面积约1000万公顷。

【工业】2009年，越南工业产值增长7.6%。其中，国有企业产值增长3.7%，外资企业产值增长9.9%。主要工业产品：煤炭、原油、天然气、液化气、水产品等。

【农业】越南是传统农业国，农业人口约占总人口的75%。耕地及林地占总面积的60%。粮食作物包括稻米、玉米、马铃薯、番薯和木薯等，经济作物主要有咖啡、橡胶、胡椒、茶叶、花生、甘蔗等。2009年越南农林渔业总产值219.9万亿越盾，比2008年增长3%，其中农、林、渔业产值分别增长2.2%、3.8%、5.4%。

【服务业】近年越南服务业保持较快增长，2009年服务业产值增长11%。

【旅游业】越南旅游资源丰富，五处风景名胜被联合国教科文组织列为世界文化和自然遗产。近年来旅游业增长迅速，经济效益显著。受国际金融危机影响，2009年全年接待国外游客220万人次，比上年减少14.8%。主要客源国（地区）为中国（52.76万）、美国（40.39万）、韩国（36.21万）、日本（35.92万）、中国台湾（27.16万）、澳大利亚（21.85万）、法国（17.45万）。主要旅游景点有：河内市的还剑湖、胡志明陵墓、文庙、巴亭广场；胡志明市的统一宫、芽龙港口、莲潭公园、古芝地道和广宁省的下龙湾等。

【交通运输】近年来，越南交通运输业经过重组，提高服务质量，取得了较好的经济效益。2009年客运量为19.891亿人次，货运量6.4亿吨，均比上年增长8.6%。

【财政金融】2009年越南财政收支基本完成年初计划。

【对外贸易】越南和世界上150多个国家和地区有贸易关系。近年来越南对外贸易保持高速增长，对拉动经济发展起到了重要作用。2009年受国际金融危机的影响，越南外贸额有所下降。货物进出口贸易总额约为1254亿美元，贸易逆差122亿美元，其中出口566亿美元，下降9.7%，进口688亿美元，下降14.7%。服务贸易进出口总额126.03亿美元。

越南主要贸易对象为中国、美国、欧盟、东盟、日本。主要出口商品有：原油、服装纺织品、水海产品、鞋类、大米、木材、电子产品、咖啡。主要出口市场为美国、东盟、欧盟、日本。主要进口商品有：汽车、机械设备及零件、成品油、钢材、纺织原料、电子产品和零件。主要进口市场为东盟、中国、欧盟、中国台湾、日本。

【外国资本】外资的进入对越引进先进生产技术和管理经验，推动经济增长，解决就业起到了重要作用。

受国际金融危机影响，2009年外国在越直接投资（FDI）大幅减少。2009年外国新增在越南投资协议金额214.8亿美元，减少70%，协议项目839个，实际到位100亿美元，减少13%。在越南总投资排名前四位的国家和地区依次是美国、开曼群岛、萨摩亚、韩国。

【外国援助】1993年国际社会恢复对越援助，2009年越南获得的官方发展援助（ODA）约50.5亿美元。

人民生活

2009年，越南居民生活稳定，城市居民的生活水平有所提高。全国贫困户和贫困地区的数量继续减少，贫困人口下降到12.3%。

军　事

越南人民军于1944年12月22日建军。实行主力部队、地方部队和民兵自卫队组成的三结合“全民国防”体制。国家国防与安全委员会主席由国家主席阮明哲兼任，政府总理阮晋勇任副主席。目前总兵力约为50万，其中陆军35万，海军近3万，防空—空军5万。实行义务兵役制，服役年限2～4年不等。年均国防预算约10亿美元。

文化教育

【教育】目前越南已形成包括幼儿教育、初等教育、中等教育、高等教育、师范教育、职业教育及成人教育在内的教育体系。普通教育学制为12年，分为三个阶段：第一阶段为5年小学，第二阶段为4年初中，第三阶段为3年高中。2000年越南宣布已基本实现普及小学义务教育目标。2001年开始普及九年义务教育。2009～2010学年，越南全国在校大、中、小学学生约1749万名，教师81.03万名。全国共有311所高等院校。著名高校有河内国家大学、胡志明市国家大学、顺化大学、太原大学、岘港大学等。

【新闻出版】越南新闻出版法规定报纸由国家控制。中央及地方新闻单位共450家。主要出版社有政治出版社、文化出版社、文学出版社、科技出版社、教育出版社和世界出版社等。各种出版物13515种，年发行量2.18亿册。报社约150家，其余为行业小报。主要报刊有：《人民报》，越共中央机关报，1951年创刊，在国外设有3个分支机构，1998年5月开设电子版；《人民军队报》，越南人民军总政治局机关报；《大团结报》，祖国阵线中央机关报；《西贡解放报》（越文和中文版），越共胡志明市委机关报；《共产主义》月刊，越共中央政治理论刊物，1956年创刊，2001年设电子版；《全民国防》月刊。

越南通讯社：国家通讯社，1945年创立，1976年越南南方解放通讯社与之合并。在全国各省市均设有分社，驻外分社有16个。1998年8月开设互联网（越、英、法、西班牙文）。

“越南之声”广播电台：成立于1954年，有四套对内节目，用越南语及数种少数民族语言播音，每天广播98小时；对外广播用中国普通话、广东话、俄语、英语、法语、西班牙语、日语、泰语、老挝语、柬埔寨语、印尼语、马来语等。每日播音时数为26小时。

越南中央电视台：成立于1971年，可同时播送四套节目，每天播出约21小时。

主要网址：越南通讯社：http://www.vnagency.com.vn/；越南人民报：http://www.nhandan.org.vn/；越南共产党：http://www.cpv.org.vn/；越南国会：http://www.na.gov.vn/；越南外交部：http://www.mofa.gov.vn/。

对外关系

越共十大确定继续奉行独立自主、和平、合作与发展的对外路线，实行开放、全方位、多样化的对外政策，把全力发展同传统友好国家、邻国、周边国家、大国四类国家的互信合作关系作为对外工作重心。2009年越南积极开展对外交往。对美国关系发展迅速，同欧盟合作扩大，同日本、俄罗斯等本地区大国关系良好，同东盟成员国的合作加强，多边外交活跃。担任2008～2009年安理会非常任理事国，2008年7月和2009年10月两度任联合国安理会轮值主席。举办第九届亚欧外长会议。现已与173个国家建交，并同20个国际组织及480多个非政府组织建立合作关系。

【对当前重大国际问题的态度】 国际形势：和平、合作与发展仍是时代的主流。经济全球化为发展中国家提供了机遇，也带来了挑战。越南将继续奉行独立自主、和平、合作与发展的对外路线，实行开放、全方位、多样化的外交政策，积极参与国际地区合作进程，主动和积极融入世界经济，努力为国内经济建设营造和平、有利的国际环境。

反恐问题：谴责和反对一切形式的恐怖活动，愿与国际社会进行反恐合作。反对借反恐干涉别国内政，强调国际社会必须在尊重联合国宪章、国际法、民族独立和国家主权的基础上进行努力，把恐怖主义从人类生活中彻底铲除。同时呼吁美国及其他国家同越南合作，严厉打击反越恐怖阴谋和活动。

联合国改革：认为联合国改革应有助于提高联合国的作用、权威和效率，维护世界和平与安全以及应对新挑战和新威胁的能力，推动各成员国的共同发展，为落实千年发展目标服务。安理会改革应从联合国长远利益出发，根据国际关系民主化原则，在广泛协商的基础上增加发展中国家的代表性，寻求兼顾各方利益的解决办法。

【同中国的关系】 中越两国于1950年1月18日建交。

2009年中越全面战略合作伙伴关系保持良好发展势头，两国领导人确定2010年为中越友好年，各个领域的友好交往与合作进一步深化。两国高层保持频繁接触，外交、公安、国防、安全等部门合作有序开展。中国连续第六年成为越南第一大贸易伙伴。两党理论交流和青少年交往进展良好。

2009年重要交往有：3月，国务委员戴秉国访越并出席中越双边合作指导委员会第三次会议；4月，越南政府总理阮晋勇来华出席博鳌亚洲论坛2009年年会并顺访广东、香港、澳门，越南政府副总理兼教育培训部部长阮善仁访华；5月，外交部长杨洁篪赴越出席第九届亚欧外长会；6月，中共中央政治局委员、中央书记处书记、中组部部长李源潮访越；8月，中共中央书记处书记、中央纪委副书记何勇访越；9月，越南政府副总理黄忠海来华出席夏季达沃斯论坛，全国政协副主席张榕明率团访越并出席越南祖国阵线第七次全国代表大会；10月，越南政府总理阮晋勇来华出席西博会并顺访四川、重庆，越南政府常务副总理阮生雄来华出席南博会；11月，最高人民检察院检察长曹建明赴越出席第六届中国与东盟成员国总检察长会议。

2009年双边贸易额为210.5亿美元，增长8.2%。2009年中国新增对越南投资合同额1.8亿美元，居越南外资排行榜第11位。截至2009年底，中国企业在越南累计签订承包工程、劳务合作和对外设计咨询合同完成营业额78.3亿美元。

中国驻越南大使：孙国祥（2008年12月16日递交国书）。馆址：河内市黄耀街46号（SO NHA 46 PHO HOANG DIEU，HA NOI），电话：0084－4－38453736，传真：38232826；领事部电话：38235569，传真：37341181；商务处电话：38232845，传真：38234286。

越南驻华大使：阮文诗（Nguyen Van Tho，2008年9月19日递交国书）。馆址：北京市建国门外光华路32号。电话：010－65321125，65321155，传真：65326521；签证处电话：65327038，传真：65325414；商务处电话：65327035，传真：65325415。

【同美国的关系】 1995年7月建立外交关系。1997年5月双方首任大使抵任。2006年5月，越美就越加入WTO达成协议，结束双边市场准入谈判；11月，美国不再把越南列入“宗教特别关注国家”；12月，美国给予越南永久正常贸易关系待遇。2007年3月，越南政府副总理兼外长范家谦访美；6月，越南国家主席阮明哲访美。2008年3月，美国国家安全委员会负责国际经济事务的顾问丹·普莱斯访越；6月，越南政府总理阮晋勇访美；10月，越美举行首次副外长级政治、安全和防务战略对话。2009年6月，越美举行第二次政治、安全和防务战略对话；9月，美国副国务卿斯坦伯格访越；10月，越南政府副总理兼外长范家谦访美；12月，越南国防部长冯光青访美。

【同俄罗斯的关系】 越南同前苏联于1950年1月建交。苏联解体后，俄罗斯联邦继承了苏越外交关系。1994年两国签署《友好关系基本原则条约》。2006年，越俄战略伙伴关系进一步深化，俄罗斯总统和总理分别访越。2007年3月，俄罗斯总统外事助理访越；9月越南政府总理阮晋勇访俄。2008年10月，越南国家主席阮明哲访俄。2009年4月，越南国会主席阮富仲访俄；7月，越俄举行第二次战略对话；12月，越南政府总理阮晋勇访俄。

【同东盟的关系】 1995年7月，越南加入东盟。近年来，越南同东盟其他国家关系日益密切。2009年2月，越南政府总理阮晋勇出席在泰国举行的第14届东盟峰会；7月，越南政府副总理兼外长范家谦出席东盟成立42周年大会、第42届东盟外长会和第16届东盟地区论坛外长会；10月，越南政府总理阮晋勇赴泰国出席第15届东盟峰会和第12次东盟与中日韩领导人会议、东盟与中国领导人会议、第四届东亚峰会；12月，东盟秘书长素林访越。

【同老挝的关系】1975年8月12日建交。2009年1月，越南国会主席阮富仲赴老出席亚太议会论坛第17届年会；4月，老挝党总书记、国家主席朱马里访越；12月，越南政府总理阮晋勇赴老出席第25届东南亚运动会开幕式。

【同柬埔寨的关系】1967年6月24日，越南民主共和国与柬埔寨王国建交。2009年1月，柬埔寨国会主席韩桑林访越；7月，越南政府副总理张永仲访柬；11月，柬埔寨政府常务副总理梅森安访越；12月，越共中央总书记农德孟访柬。

【同东盟其他国家的关系】越南与东盟其他国家的关系进一步发展。2009年3月，马来西亚国家元首米赞访越；7月，泰国总理阿披实访越，越南政府副总理黄忠海访问新加坡；8月，印尼众议院议长阿贡·拉克索诺访越；11月，越南国家主席阮明哲访问新加坡并出席第17次亚太经合组织领导人非正式会议。

【同东亚国家的关系】1950年1月越南同朝鲜建交。1973年9月越南同日本建交。1992年12月越南同韩国建交。

对日本关系加强。2006年两国关系提升为“长期稳定的战略伙伴关系”。2007年5月，越南政府副总理兼外长范家谦访日；11月，越南国家主席阮明哲访日。2008年3月，越南国会主席阮富仲访日；7月，日本外相访越；12月，越日签署“经济合作伙伴协议”。2009年2月，日本皇太子德仁访越；4月，越共中央总书记农德孟访日；5月，越南政府总理阮晋勇访日并出席“亚洲未来”研讨会；11月，越南政府总理阮晋勇赴日出席首届日本与湄公河流域各国领导人峰会。

韩国是越南重要贸易伙伴。2007年5月，越南政府常务副总理阮生雄访韩；10月，韩国副总理访越；11月，越共中央总书记农德孟访韩。2008年3月，越南国会主席阮富仲访韩。2009年5月，越南政府总理阮晋勇访韩并出席东盟与韩国建立对话关系20周年纪念峰会；10月，韩国总统李明博访越；11月，韩国国会议长金炯旿访越。

越共中央总书记农德孟于2007年10月访问朝鲜，朝鲜总理金英日同月底访越。

【同南亚国家的关系】2009年9月，越南国家副主席阮氏缘访印。10月，斯里兰卡总统拉贾帕克萨访越。

【同欧盟的关系】越南制定《同欧盟关系总体规划》和具体行动计划；欧盟成为越南第三大外援方和主要出口市场，正式取消越南纺织品出口配额限制。双方举行第五轮全面合作伙伴框架协议谈判，并同意启动自贸区谈判。

【同欧洲国家的关系】2009年1月，保加利亚总统珀尔瓦诺夫访越；2月，越南政府副总理兼教育培训部部长阮善仁访问瑞士、芬兰；4月，越南国会主席阮富仲访问捷克、白俄罗斯；6月，越南政府副总理兼外长范家谦访问希腊、土耳其；10月，越南政府副总理黄忠海访问白俄罗斯、英国、爱尔兰；11月，丹麦女王玛格丽特二世、法国总理菲永、芬兰总理万哈宁先后访越；12月，越南国家主席阮明哲访问意大利、西班牙、斯洛伐克。

【同其他国家和地区的关系】2009年1月，澳大利亚众议长詹金斯访越；2月，越南政府总理阮晋勇访问阿联酋；3月，越南政府总理阮晋勇访问卡塔尔、科威特；4月，新西兰议长洛克伍德·史密斯访越；5月，越南国家副主席阮氏缘访问乌拉圭；7月，越南国家主席阮明哲访问埃及并出席不结盟运动第15次峰会；9月，越共中央总书记农德孟访问澳大利亚、新西兰，越南总理阮晋勇访问哈萨克斯坦、丹麦、匈牙利，越南国家主席阮明哲访问古巴、智利。

（汪洋）

非 洲

阿尔及利亚

国名 阿尔及利亚民主人民共和国（The People's Democratic Republic of Algeria, La République Algérienne Démocratique et Populaire）。

面积 2381741平方公里。

人口 3440万（2008年）。大多数是阿拉伯人，其次是柏柏尔人（约占总人口20%）。少数民族有姆扎布族和图阿雷格族。官方语言为阿拉伯语，通用法语。伊斯兰教为国教。

首都 阿尔及尔（Alger），人口约300万。

国家元首 总统阿卜杜勒阿齐兹·布特弗利卡（Abdelaziz Bouteflika），1999年4月27日就任，2004年和2009年4月两次连任。

重要节日 独立日：7月5日；国庆日：11月1日。

简况 位于非洲西北部。北临地中海，东临突尼斯、利比亚，南与尼日尔、马里和毛里塔尼亚接壤，西与摩洛哥、西撒哈拉交界。海岸线长约1200公里。北部沿海地区属地中海气候，中部为热带草原气候；南部为热带沙漠气候。每年8月最热，最高气温可达55℃，最低气温22℃；1月最冷，最高气温15℃，最低气温可降至0℃以下。

公元前3世纪，在阿北部建立过两个柏柏尔王国。之后罗马、拜占庭、阿拉伯人、西班牙、土耳其和法国相继入侵。1905年沦为法国殖民地。1958年9月19日阿临时政府成立。1962年7月3日正式宣布独立，7月5日定为独立日。1963年9月，本·贝拉当选首任总统。1965年6月，胡阿里·布迈丁发动政变上台，成立革命委员会，自任主席兼总理。1976年12月，布当选总统。1979年2月，沙德利·本·杰迪德上校当选总统。1992年1月，沙德利总统辞职，阿成立以穆罕默德·布迪亚夫为首的最高国务委员会行使总统职权。7月，卡菲继任最高国务委员会主席。1994年1月，最高国务委员会卸任，同时任命拉明·泽鲁阿勒为总统。1995年11月，泽鲁阿勒当选总统。1995～1997年间，阿完成修宪公投，通过政党法并先后举行总统、立法、地方及民族院（参议院）选举，各级政权建设基本完成。1998年9月，泽鲁阿勒总统宣布提前卸任。1999年4月，阿举行总统选举，布特弗利卡当选总统，任期五年。2004年4月和2009年4月，布特弗利卡在两届总统大选中成功连任。

政治 布特弗利卡就任总统后，采取多项措施恢复国内和平与安定。一方面继续清剿、打击恐怖势力，一方面推动全国和解，通过《全民和解法》与《和平与全国和解宪章》，分化、感召残余恐怖势力。当前，虽然针对当地民众和外国侨民的恐怖袭击仍有发生，但阿社会治安状况已大有改善，生产生活基本能正常进行。与此同时，布特弗利卡总统稳步推行政治、经济的有序改革，以期建立民主、法制国家，实现经济、社会的全面发展。2007年6月，布根据议会大选结果任命政府，阿议会第一大党民族解放阵线总书记贝勒卡迪姆为总理。2008年6月，布改组政府，任命民族民主联盟总书记乌叶海亚为总理。2009年4月总统大选后，布两度改组政府，阿总理、外长等大多数内阁成员留任。

【宪法】阿独立以来共颁布三部宪法。现行宪法于1989年2月颁布，于1996年11月经全民公投修订。修订后的宪法主要内容是：确定阿的伊斯兰、阿拉伯、柏柏尔属性；禁止在宗教、语言、种族、性别、社团主义和地方主义的基础上成立政党；议会由国民议会和民族院组成；总统在议会产生前及其休会期间可以法令形式颁布法律；如政府施政纲领两次被国民议会否决，则解散国民议会，重新选举等。2008年11月，阿议会通过宪法修正案，取消对总统任期次数的限制。

【议会】由国民议会（众议院）与民族院（参议院）组成，两院共同行使立法权，国民议会通过的法案须经民族院3/4多数通过后方能生效。本届国民议会共389名议员，系2007年5月选出，任期五年，现任议长为阿卜杜勒阿齐兹·齐阿里（Abdelaziz Ziari）。主要政党所占席位分别为：民族解放阵线136席；民族民主联盟61席；争取和平社会运动52席；独立人士33席；劳工党26席；文化与民主联盟19席。民族院2/3议员通过间接、无记名投票选出，另1/3由总统任命，任期六年，每三年改选其中一半。首届民族院于1997年12月产生，共144名议员，现任议长为阿卜杜勒卡德尔·本萨拉赫（Abdelkader Bensalah），2002年7月当选，2004年1月连任。各党所占席位：民盟82席；民阵20席；和运4席；文盟1席；全国团结与发展党1席；其余为无党派人士。

【政府】2010年5月，阿政府成员调整。主要成员有：总理艾哈迈德·乌叶海亚（Ahmed Ouyahia），副总理亚齐德·努尔丁·泽鲁尼（Noureddine Zerhouni dit Yazid），国务部长兼总统个人代表阿卜杜勒阿齐兹·贝勒卡迪姆（Abdelaziz Belkhadem），国防部部长级代表阿卜杜勒马赖克·盖纳齐亚（Abdelmalek Guenaizia），内政与地方行政部长达奥·乌尔德·卡卜利亚（Daho Ould Kablia），外交部长穆拉德·梅德西（Mourad Medelci），司法、掌玺部长塔耶卜·贝莱兹（Tayeb Belaiz），财政部长卡利姆·朱迪（Karim Djoudi），能源与矿业部长尤瑟夫·尤素菲（Youcef Yousfi），水资源部长阿卜杜勒马立克·塞拉勒（Abdelmalek Sellal），展望与统计部长阿卜杜勒哈米德·特马尔（Abdelhamid Temmar），宗教与募捐事务部长布阿代拉赫·格拉马拉赫（Bouaddellah Ghlamallah），老战士部长穆罕摩德·谢里夫·阿巴斯（Mohamed Cherif Abbas），国土整治与环境部长谢里夫·拉赫马尼（Cherif Rahmani），交通部长阿玛尔·图（Amar Tou），国民教育部长布贝克尔·本布齐德（Boubekeur Benbouzid），农业和乡村发展部长拉希德·本纳伊萨（Rachid Benaissa），公共工程部长阿马尔·古勒（Amar Ghoul），国民互助与家庭部长赛义德·巴尔卡特（Said Barkat），文化部长赫丽达·图米（Khalida Toumi，女），贸易部长穆斯塔法·本巴达（Mustapha Benbada），高教和科研部长拉希德·哈拉乌比亚（Rachid Harraoubia），与议会关系部长马哈茂德·哈德里（Mahmoud Khedri），职业教育和培训部长阿勒哈迪·哈勒迪（El-Hadi Khaldi），住房与城市规划部长努尔丁·穆萨（Noureddine Moussa），劳动、就业和社会保障部长塔耶卜·卢赫（Tayeb Louh），卫生、人口和医疗机构改革部长贾迈勒·乌尔德·阿巴斯（Djamel Ould Abbes），旅游和手工业部长斯迈尔·米穆尼（Smail Mimoune），青年和体育部长哈希米·基阿尔（Hachemi Djiar），工业、中小企业和促进投资部长穆哈迈德·本迈哈迪（Mohamed Benmeradi），邮政和信息、通讯技术部长穆萨·本哈玛迪（Moussa Benhamadi），渔业与水产资源部长阿卜德拉·卡纳夫（Abdallah Khanafou），新闻部长纳塞尔·梅阿勒（Nacel Mehal），外交部负责非洲和马格里布事务部长级代表阿卜杜勒卡德尔·梅萨赫勒（Abedelkader Messahel），国民互助与家庭部长级代表（负责家庭与妇女事务）努瓦拉·萨阿迪亚·加法尔（Nouara Saadia Djaaffar，女），高教科研部负责科研事务部长级代表苏阿德·本贾巴拉赫（Souad Bendjaballah，女）等。

【网址】阿尔及利亚外交部：www. mae. dz。

【行政区划】全国共48个省：阿尔及尔、阿德拉尔、谢里夫、拉格瓦特、乌姆布阿基、巴特纳、贝贾亚、比斯卡拉、贝沙尔、布利达、布依拉、塔曼拉塞特、特贝萨、特累姆森、提亚雷特、蒂齐乌祖、杰勒法、吉杰尔、塞蒂夫、赛伊达、斯基克达、西迪·贝勒·阿贝斯、安纳巴、盖尔马、君士坦丁、梅德阿、莫斯塔加纳姆、姆西拉、马斯卡拉、乌尔格拉、奥兰、贝伊德、伊利齐、布尔吉·布阿雷里吉、布迈德斯、塔里夫、廷杜夫、蒂斯姆西勒特、瓦德、罕西拉、苏克·阿赫拉斯、蒂巴扎、密拉、艾因·德夫拉、纳阿马、艾因·蒂姆沈特、格尔达亚、赫利赞。

【司法机构】设最高司法委员会，主席和副主席分别由总统和司法部长担任。法院分三级：最高法院、省级法院和市镇法庭。不设检察院，在最高法院和省级法院设检察长，均受司法部领导。最高法院院长贝拉贾·卡杜尔（Beradja Kaddour），2006年9月任职。

【政党】根据1996年11月通过的宪法修正案和1997年2月通过的政党法，现有约30个合法政党。主要政党有：

（1）民族解放阵线（Front de Libération Nationale，简称民阵）：前身为"团结与行动委员会"，成立于1954年8月，同年11月1日发动抗法武装起义，改名为"民族解放阵线"，1977年10月又易名为"民族解放阵线党"，1988年11月恢复"民族解放阵线"的名称。民阵积极倡导建立国际经济新秩序，主张恢复阿的国际地位。阿独立后，民阵长期执政。1992年后成为在野党。1997年6月在首届立法选举时成为议会三大执政党之一。2002年在阿第二届立法选举中重新成为阿第一大党。2004年4月，贝勒卡迪姆（Abdelaziz Belkhadem）当选总书记，并于2010年3月再度连任。2005年1月，布特弗利卡总统被推举为名誉主席。

（2）民族民主联盟（Rassemblement National Démocratique，简称民盟）：成立于1997年2月，由老战士组织、老战士子女组织、烈士子女组织、退役军官协会、工会、农会、全国妇女联盟七个有影响的全国性团体组成。1997年6月，在首届立法选举中获40%的议席，一度成为阿第一大政党。在2002年、2006年立法选举中居议会第二大党。民盟主张“多样性、轮流执政”的原则，要求深化经济结构改革，推进私有化进程。2008年6月召开第三次全国代表大会。总书记艾哈迈德·乌叶海亚（兼任总理）。

（3）争取和平社会运动（Mouvement de la Sociéte pour la Paix）：原名哈马斯，成立于1990年，1997年4月13日易名。代表温和伊斯兰势力，既倡导伊斯兰化，也主张民主、共和、轮流执政、提高妇女地位，鼓励推进私有化、努力解决失业和住房等问题。在1995年11月的总统选举中，该党主席马赫富德·纳赫纳赫（Mahfoud Nahanah）曾获两百多万张选票，位居第二。现任党主席布杰尔·苏尔塔尼（Boudjerra Soltani）。

（4）劳工党（Parti des Travailleurs）：1990年3月29日成立，前身是社会主义工人组织。属极端民主派政党，主张一切权力归工人阶级，反对经济私有化，但不反对外国资本进入阿国有经济以外的其他领域。总书记路伊莎·哈努娜（Louisa Haroune）。

（5）文化与民主联盟（Rassemblement pour la Culture et la Démocratie）：1989年2月11日成立，由柏柏尔人组成。主张党政教分离；建立国家与私人相互补充的市场经济；全面改革教育制度。主席萨义德·萨迪（Said Saadi）。

【重要人物】阿卜杜勒阿齐兹·布特弗利卡：总统兼国防部长。1937年3月2日出生，祖籍阿西部的特累姆森。1956年参加民族解放军，投身独立战争。1957～1958年任第五省总督察，后被选入布迈丁上校领导的“西部军事行动指挥部”参谋部任职。1962年任特累姆森省代省长和制宪议会议员，并任青年、体育、旅游部长。1963～1979年任外长。1979年3月任总统部长级顾问。1999年4月15日当选总统，2004年和2009年4月两次连任。曾于1971年、1974年和2000年、2006年四次正式访华。2008年8月来华出席奥运会开幕式。　**艾哈迈德·乌叶海亚：**总理。1952年生于蒂齐乌祖省。毕业于阿尔及利亚国立行政学院，并获阿尔及尔大学政治学高级研究证书。1976～1979年在总统府工作。1979～1992年在阿外交部工作，1993年任外交部负责合作与马格里布事务国务秘书。1994年任泽鲁阿勒总统办公厅主任。1995～1998年任总理。1999年1月当选民族民主联盟总书记，支持布特弗利卡竞选总统。同年12月任国务部长兼司法部长。2002年6月改任国务部长、总统私人代表。曾于2003年5月至2006年5月任总理，2008年6月再度出任总理。

经　济

阿经济规模在非洲位居前列。碳化氢产业（石油与天然气的统称）是阿国民经济的支柱，多年来其产值一直占阿GDP的30%，税收占国家财政收入的60%，出口占国家出口总额的97%以上。粮食与日用品主要依赖进口。阿自1989年开始市场经济改革，1995年通过私有化法案，加快经济结构调整。2005年以来，国际油价走高，阿油气收入大增，经济稳步增长。阿政府对内实施财政扩张政策，全面开展经济重建，在“五年经济社会振兴规划”（2005～2009年）和南部、高原省份发展计划框架下，斥资近2000亿美元用于国企改造和基础设施建设，推动国有企业和金融体系改革，加大对中小企业的扶持；对外扩大经济开放，出台“新碳化氢法”，鼓励外企参与阿油气开发，密切与欧、美的经贸合作，加紧开展“入世”谈判。

2009年爆发的国际金融危机未对阿金融体系造成较大冲击，但随着危机蔓延，阿石油收入锐减。为减弱金融危机影响，阿加强对金融机构的监督和引导，加大对油气领域投资，加快实施能源多元化战略，积极开发核能、太阳能等新能源。2010年5月，阿启动2010～2014年国家投资计划，这是阿独立以来最大的国家投资计划，总投资2860亿美元，主要用于基础设施建设和民生工程，农业、中小企业、工业也是重点投资领域。阿政府希望通过该计划振兴经济、加快发展、改善民生。2009年主要经济数据如下（资料来源：经济季评）：

国内生产总值：1612亿美元。

人均国内生产总值：4686美元。

国内生产总值增长率：2.1%。

货币名称：第纳尔（Dinar）。

汇率：1美元≈80第纳尔。

通货膨胀率：5.7%。

失业率：10.2%。

【资源】石油探明储量约15.4亿吨，占世界总储量的1%，居世界第15位，主要是撒哈拉轻质油，油质较高；天然气储量4.58万亿立方米，占世界总储量的2.5%，居世界第7位。阿油气产品大部分出口。其他矿藏主要有铁、铅锌、铀、铜、金、磷酸盐等。其中铁矿储量为30亿～50亿吨，主要分布在东部的乌昂扎矿和布哈德拉矿。铅锌矿储量估计为1.5亿吨，铀矿2.4万～5万吨，磷酸盐20亿吨，黄金100吨。

【工业】工业以碳化氢产业为主，钢铁、冶金、机械、电力等其他工业部门不发达。2008年阿石油产量7300万吨，油气出口收入760亿美元，碳化氢产业占国内生产总值的45.1%，制造业占5.2%。目前阿工业系统共有员工约43万人，其中国营工业企业职工33万人，私营企业员工约10万人。

【农业】阿现有农业从业人员约117万。农业产值约占国内生产总值的7.5%。主要农产品有粮食（小麦、大麦、燕麦和豆类）、蔬菜、葡萄、柑橘和椰枣等。阿可耕地面积7500万公顷，占国土面积的

17%，已耕地面积约846万公顷，占国土面积的3%，其中粮田306万公顷，果林57.7万公顷，葡萄8.2万公顷，蔬菜种植面积15.8万公顷。阿农业靠天吃饭，产量起伏较大。2009年粮食获得丰收，达到创纪录的612万吨，2008年仅为170万吨。阿是世界粮食、奶、油、糖十大进口国之一，每年进口粮食约490万吨。

森林覆盖率为11%，总面积367万公顷，其中软木林46万公顷，年产木材20万立方米。

全国有草场3200万公顷。2006年牲畜存栏数为：牛162万头，羊1937万只，骆驼37万峰。产奶16亿升、肉类31万吨、禽类25万吨、蛋24亿只。

渔业资源集中在近海，2000年有各种渔船2464条，其中拖网轮305艘、捕沙丁鱼船635条，手工捕鱼船1484条，共有2.64万人从事渔业。

【旅游业】 阿旅游资源丰富，全境有7处自然、文化景点被联合国教科文组织列为世界遗产。目前阿全国有旅游开发区174个，饭店1057家，床位约10万张。2007年阿接待境外游客174万人次，2005年旅游收入1.74亿美元。

【交通运输】 阿陆地运输以公路为主，公路运载量占83%，铁路占17%。

铁路：集中在北部地区，总长4219公里，其中标准轨3138公里，复线345公里，电气化铁路300公里，窄轨1081公里。铁路全线有214个车站，日客运能力约3.2万人次。2008年铁路客运量2400万人次。

公路：总长约10.7万公里，是非洲密度最大的公路网。其中高速公路350公里，国家级公路2.9万公里，省级公路2.4万公里，村镇级公路5.4万公里。

水运：共有45个港口，其中渔港35座，油港4座，其余为休闲港或多功能港。最大的港口是阿尔及尔港，有大小泊位37个。阿30%的货物，70%的集装箱通过阿尔及尔港装载。

空运：全国有53个机场，其中29个投入商业运行，包括阿尔及尔、奥兰、安纳巴、君士坦丁等13个国际机场，每年起降飞机10万架次。现有2家国营航空公司和6家私营航空公司，共有飞机60余架，其中大、中型飞机30余架。目前已开通20个国家的50多条国际航线。

管道运输：国内有9条输气管道，总长4699公里，年输送能力820亿立方米；8条输油管道，总长3604公里，年输送能力6390万吨；3条凝析油管道，总长1330公里，年输送能力2100万吨；2条液化石油气管道，总长1331公里，年输送能力986万吨。另有3条通往欧洲的输气管。其中两条名为"穿越地中海输气管"的管线经突尼斯穿越地中海向意大利和斯洛文尼亚送气，分别于1983年和1987年投入运营，全长2509公里（在阿境内549公里），总输气能力为240亿立方米/年。另一条名为"马格里布—欧洲输气管"的管线，经摩洛哥穿越地中海通往葡萄牙和西班牙，1996年11月投入运营，全长1370公里（在阿境内530公里），输气能力为80亿立方米/年。

【财政金融】 近几年财政预算情况如下（单位：亿第纳尔）：

	2008	2009	2010
总支出	41240	51910	58600
总收入	50500	27860	30810
赤　字	9250	23050	27790

截至2009年底，阿外汇储备达1493亿美元，外债总额为48亿美元。（资料来源：经济季评、阿国家银行、阿财政部）

【对外贸易】 原由国家控制，国营公司垄断经营。1991年3月宣布放开对外贸易。主要出口产品为碳化氢（石油和天然气），2008年油气出口收入达760亿美元。主要进口产品为工农业设备、食品、生产原料、非食品消费品等，主要贸易伙伴是西方工业国。政府鼓励非碳化氢产品出口，主张贸易伙伴多元化。近几年的外贸情况如下（单位：亿美元）：

	2007	2008	2009
进口额	276	392	391
出口额	605	782	437
差　额	229	390	46

2008年主要贸易对象及占阿进、出口总额的比例：

进口	占总额比例	出口	占总额比例
法　国	16.5%	美国	23.8%
意大利	11%	意大利	15.2%
中　国	10.2%	西班牙	11.4%

（资料来源：经济季评、阿海关统计数字）

【外国资本】 2008年阿共吸收国外直接投资52.5亿美元，集中在能源、基础设施和消费品生产等领域，投资金额最多的国家依次为科威特、西班牙、埃及、美国和法国。2008年世界银行报告显示，阿外资吸引力在全球181个国家中列第132位。

人民生活

据阿国家发展与人口统计局数字，2006年阿人口贫困率不到6%。2006年7月，阿政府决定再次增长公职人员（150万人）工资和退休、残疾人员（90万人）补贴，国库将为此支出1120亿第纳尔。同年10月，为交通、纺织、电信等领域员工（400万人）增加了15%～20%的工资。同时，国家最低保障工资由10000第纳尔增加至12000第纳尔。

2007年，人口自然增长率为1.86‰，出生率为

22.98‰。实行免费医疗制度，看病只交少量挂号费，药品自行到药店购买，住院后费用全免。全国有173所医院，1285个卫生中心、516个诊所、59350张病床。各类医务人员13.8万人。药品自给率33%，进口费用为3.37亿美元（1997年数字）。儿童死亡率26.2‰，平均寿命75.7岁（男子74.7岁，女子76.8岁）。

军　事

阿武装力量前身为民族解放军，独立后改称阿尔及利亚国家人民军。实行义务兵役制和志愿兵相结合的兵役制度。义务兵役制规定，男性公民服役期为18个月。国防部是军队最高领导机构。总统任国防部长和三军统帅。最高安全委员会负责就国家安全问题向总统提出建议。人民军参谋长为艾哈迈德·撒拉赫·盖德（Ahmed Salah Gaid）少将。全国划分为6个军区，下设若干军分区。装备主要来自前苏联，其余来自美、英、法、意等国。

人民军正规部队14.05万人。其中陆军12万人，海军7500人，空军1万人，国土防空军3000人。准军事武装（包括宪兵、国家安全部队、共和国卫队、乡镇卫队及合法防卫组织）18.12万人。

文化教育

【教育】实行9年一贯制义务教育。制定了教育民主化、阿尔及利亚化、阿拉伯语化、重视科学和为了国家发展四项原则。教育及培训预算约占政府支出的30%。中、小学生教育免费，大学生享受助学金和伙食补贴。2004/2005年度，共有中、小学校22314所，中小学生774万人，教师34万人；各类高等院校55所，在校大学生72.2万名，教员26072人。主要大学有：阿尔及尔大学、胡阿里·布迈丁科技大学、君士坦丁大学等。阿文盲率为27%，约800万人，其中约有460万名妇女。

【新闻出版】1990年前阿新闻出版由国家垄断，1990年颁布新的新闻法，实行有条件的新闻自由，一些政党创立了党报，也出现了一些独立地方报刊。2005年，共有报社250家，记者上千人，其中日报46份（阿、法文），主要有《圣战者报》、《人民报》、《地平线报》、《晚报》、《祖国报》和《自由报》等；主要刊物有《阿尔及利亚时事周刊》和《非洲革命》等。

阿尔及利亚新闻通迅社：官方通讯社，创建于1961年，有工作人员650名，在国内48个省设有分社，在国外设有15个分社，用阿、法、英三种文字发稿，每年发稿20万条。

阿尔及利亚新闻社：目前唯一的私营通讯社，创建于1999年1月，有记者20余名，重点提供经济信息。阿尔及利亚广播电台：国营电台，创建于1956年，前身为“战斗的阿尔及利亚之声”。有4套节目。

阿尔及利亚电视台：国营电视台，创建于1962年。

对外关系

阿奉行独立、自主和不结盟的外交政策，主张尊重国家主权与领土完整、互不干涉内政、互不使用武力，在相互尊重、互利和对话基础上寻求广泛合作，外交为经济建设服务。反对大国强权政治和借口人权干涉别国内政，主张建立公正合理的国际政治、经济新秩序。反对恐怖主义。致力于马格里布联盟建设及地区和平，积极参与阿拉伯事务，努力促进非洲团结与和平。支持欧盟—地中海合作，谋求发展与西方国家关系。截至2007年底，共与170个国家建立了外交关系，在60多个国家设立大使馆，外国常驻阿使馆80个。

【对当前重大国际问题的态度】关于国际形势：国际关系正处在变化和重组之中，世界和平与安全以及各国的发展仍是当前紧迫的课题。世界形势趋向缓和，全球性冲突虽已避免，但地区冲突依然存在。主张多极化，反对单边主义。主张以国际法和联合国宪章的宗旨和原则为基础，建立民主、公正、平等的新型国际关系和国际秩序。

关于当前金融危机：金融危机爆发原因是经济全球化使各国相互依赖程度日益加深，而国际经济金融体系沿革数十年几无变动，缺乏统筹和监管全球经济的有力机构和有效方法。当前，金融危机已逐步影响到实体经济，如不能有效控制，将对经济体系脆弱的国家特别是非洲国家造成严重冲击。为此，应改革国际金融和货币体系，扩大发展中国家的发言权和代表性，提高新兴经济体和发展中国家的决策和监督水平，重视发展中国家关切，建立能及时反映世界经济走势和有效安全预警功效的新机制、新体系。

关于反恐：阿深受恐怖动乱之害，对恐怖主义有切肤之痛。认为应从全球角度对恐怖主义进行分析，将其与争取解放和民族自决的合法斗争区分开来，避免将其与特定地区、文化和文明相挂钩。支持反恐国际合作，呼吁联合国主持召开国际反恐会议，签署国际反恐公约，统一界定恐怖主义。

关于伊朗核问题：阿承认并支持包括伊朗在内的所有核不扩散条约签约国拥有和平利用核能技术的权利。反对在核问题上实行双重标准。

关于巴以问题：有关巴勒斯坦问题的中东和平倡议是实现本地区公正、全面、持久和平的合适机制。强烈谴责以色列针对巴平民的暴力犯罪和以军队在加沙的暴行。

关于伊拉克问题：伊局势对地区乃至全球的和平稳定造成极大威胁。外国军队应尽快从伊撤出，结束对伊占领，归还伊人民完整主权。支持伊各党派、阶层及宗教团体参加的全民和解努力。联合国应在伊重建等问题上发挥核心作用。

关于马格里布联盟建设：马盟建设符合地区的根本利益，有利于马格里布地区各国的反恐合作及地区的安全稳定和经济发展。马格里布地区实现政治、经济、社会一体化是该地区年青一代的希望，任何人无权草率行事，也不能置之不理或设置障碍。

【同中国的关系】中阿有着深厚的传统友谊。两国自1958年12月20日建交后，友好合作关系不断发展。

2009年，中阿战略合作关系全面深化，各领域交流与合作进一步发展。4月，中国国家主席胡锦涛电贺布特弗利卡连任阿尔及利亚总统。

双边高层互访和政治往来不断。2009年4月，全国人大常委会副委员长、中非友协会长阿不来提·阿不都热西提访阿，分别会见阿国民议会议长齐阿里和民族院议长本萨拉赫。7月，中国外长杨洁篪特别代表、中国中东问题特使吴思科访阿。5月，阿外交部秘书长马吉德·布盖拉来华举行两国外交部政治磋商。11月，阿国务部长、布特弗利卡总统个人代表贝勒卡迪姆率团出席在埃及举行的中非合作论坛第四届部长级会议。

2010年1月，杨洁篪外长访阿，分别会见了布特弗利卡总统和梅德西外长。4月底至5月初，阿民族院议长本萨拉赫代表总统出席上海世博会开幕式。5月，阿外长梅德西来华出席中阿合作论坛第四届部长级会议。

经贸合作深入发展。中阿双边贸易额持续增长，2009年双边贸易额51.3亿美元，同比增长11.4%。其中中方出口41.8亿美元，进口9.5亿美元，同比分别增长11.4%和11.5%。2009年5月，中国商务部副部长钟山率经贸代表团访阿，主持阿第42届国际博览会中国馆开幕式，并出席中阿合作项目推介会。11月，中国国际贸促会会长万季飞访阿，出席中阿企业家论坛。

两国政党、军事、卫生、文化、新闻、人力资源培训、航空等领域的合作与交流继续发展。2009年2月，国家文物局局长单霁翔访阿。7月，人力资源和社会保障部副部长杨士秋访阿。同月，中国地震局副局长刘玉辰访阿，并出席中国援阿地震台网落成仪式。2月，阿尔及利亚航空公司开通北京—阿尔及尔直通航班。新疆木卡姆艺术团和河南武术杂技艺术团先后赴阿演出。迄今中国已派出22批医疗队共2706人次赴阿工作。

中国驻阿尔及利亚大使：刘玉和。馆址：34 Boulevard des Martyrs Alger。电话：（00213－21）692724、692926；传真：693056、693082。

阿尔及利亚驻华大使：贾迈勒·艾丁·格林（Jamel Eddine Grine）。馆址：北京市三里屯路7号。电话：010－65321231；传真：65321648。

【同马格里布国家关系】阿曾于1994年至2003年担任阿拉伯马格里布联盟轮值主席国。近年来，阿与马盟成员国关系稳步发展。

同摩洛哥的关系：1963年阿与摩洛哥曾因边界争端发生武装冲突。1976年阿承认“西撒国”后，摩宣布与阿断交。1988年两国复交。布特弗利卡当选总统后，摩已故国王哈桑二世致电祝贺，两国元首表示愿尽早会晤。哈病逝后，布赴摩参加葬礼，并与新任国王穆罕默德六世建立联系。2003年，两国元首在联大期间举行单独会谈。2004年7月，摩宣布免除阿公民赴摩签证。2005年3月，摩国王赴阿出席阿盟首脑会议并与布特弗利卡总统举行会晤；同月，阿宣布免除摩公民赴阿签证。2007年3月，布特弗利卡总统致电摩国王祝贺国王女儿诞生；11月，摩国王致信布，对阿首都阿尔及尔发生爆炸造成人员伤亡表示慰问。

同利比亚的关系：阿利关系曾因利与摩洛哥结盟而一度冷淡。近年来两国关系不断改善。2009年6月，布特弗利卡总统访利，并与利领导人卡扎菲赴埃与穆巴拉克总统举行三方会谈。2010年1月，利总人委秘书（总理）巴格达迪访阿，会见布特弗利卡总统，并与阿总理乌叶海亚共同主持两国第6届合作委员会会议。2010年2月，阿总理乌叶海亚总理访利，会见利领导人卡扎菲，并与利总人委巴格达迪共同主持两国第十三届混委会会议。

同突尼斯的关系：阿与突尼斯于1983年3月签署“友好和睦条约”。两国关系友好，经济合作发展较快。2005年3月，突总统本·阿里赴阿出席第17届阿盟首脑会议；11月，布特弗利卡总统赴突出席“信息峰会”并会见突总统。2006年2月和2007年7月，阿总理乌叶海亚与突总理格努希互访，共同主持两国第15、16届混委会。

同毛里塔尼亚的关系：两国致力发展睦邻友好关系，签有渔业合作协议。2008年8月毛发生军事政变后，阿谴责以违宪方式更替政权，主张恢复宪法秩序，重建国家政权。2009年8月，阿民族院议长本萨拉赫赴毛出席当选总统阿齐兹就职典礼。

【同法国的关系】阿法有传统关系，法是阿最大债权国和最主要的贸易伙伴之一。阿是法在非洲第一大贸易伙伴、重要的能源供应国和商品出口目的地。阿在法侨民200余万人，公司约200家。2007年7月和12月，法国总统萨科齐两度访阿，着重探讨两国能源合作和“地中海联盟”计划，双方签署加强两国在和平利用核能等领域的合作协定，以及互免外交人员短期签证和在阿共建大学两项协议。2008年，法总理、内政和外交部长等相继访阿。2009年5月，阿国民议会议长齐阿里访法。

【同美国的关系】1962年9月与美国建交，1967年中东“六·五”战争爆发后宣布同美断交，1974年11月两国复交。布特弗利卡总统执政后，美明确支持布的“全国和解”政策和经济改革政策，多次表示愿在反恐、情报交换、人员培训等方面与阿加强合作。近年来阿美高层互访不断。2009年，美中东事务特使、负责国防和中东事务的两位助理国务卿和多个议员团及企业家团访阿。目前美是阿最大的贸易伙伴，在阿油气领域投资逾50亿美元，阿1/3的原油销往美国。阿是美粮食的主要进口国之一。2007年6月，阿美签署和平利用核能议定书。

【同俄罗斯的关系】1962年7月阿独立后与前苏联建交，双边关系十分密切。阿大部分武器装备来自前苏联，但两国贸易处于较低水平。1991年12月，阿承认俄罗斯联邦和独联体。2001年布特弗利卡总统访俄，两国签署战略伙伴关系协定并发表联合声明。2006年3月，俄罗斯总统普京访阿，双方签署免债换军购协议。2008年2月，布特弗利卡总统访俄，双方签署航空合作协议及俄公司承建阿铁路合同。（蒋烽）

埃　及

国名　阿拉伯埃及共和国（The Arab Republic of Egypt）。

面积　100.145万平方公里。

人口　7950万（截至2008年12月）。主要是阿拉伯人。官方语言为阿拉伯语，通用英语和法语。伊斯兰教为国教，信徒主要是逊尼派，占总人口的84%。科普特基督徒和其他信徒约占16%。

首都　开罗（Cairo），人口1830万（2006年），是阿拉伯和非洲国家人口最多的城市。包括开罗、吉萨、盖勒尤比、哈勒旺和十月六日五省，其中开罗省人口789.9万（2006年）。夏季平均气温最高34.2℃，最低20.8℃；冬季最高19.9℃，最低9.7℃。

国家元首　总统穆罕默德·胡斯尼·穆巴拉克（Mohammed Hosni Mubarak），1981年10月13日当选。1987年10月12日、1993年10月5日、1999年9月26日、2005年9月9日四次连任。

重要节日　国庆日：7月23日（1952年）。

简　况

跨亚、非两大洲，大部分位于非洲东北部，只有苏伊士运河以东的西奈半岛位于亚洲西南部。西连利比亚，南接苏丹，东临红海并与巴勒斯坦、以色列接壤，北濒地中海。海岸线长约2900公里。全境干燥少雨。尼罗河三角洲和北部沿海地区属地中海型气候，平均气温1月12℃，7月26℃。其余大部分地区属热带沙漠气候，炎热干燥，沙漠地区气温可达40℃。

埃及是世界四大文明古国之一。公元前3200年，美尼斯统一埃及建立了第一个奴隶制国家。当时国王称法老，主要经历了早王国、古王国、中王国、新王国和后王朝时期，30个王朝。古王国开始大规模建金字塔。中王国经济发展、文艺复兴。新王国生产力显著提高，开始对外扩张，成为军事帝国。后王朝时期，内乱频繁，外患不断，国力日衰。公元前525年，埃成为波斯帝国的一个行省。在此后的1000多年间，埃相继被希腊和罗马征服。公元641年阿拉伯人入侵，埃逐渐阿拉伯化，成为伊斯兰教一个重要中心。1517年被土耳其人征服，成为奥斯曼帝国的行省。1882年英军占领后成为英“保护国”。1922年2月28日英国宣布埃为独立国家，但保留对国防、外交、少数民族等问题的处置权。1952年7月23日，以纳赛尔为首的自由军官组织推翻法鲁克王朝，成立革命指导委员会，掌握国家政权。1953年6月18日宣布成立埃及共和国。1958年2月同叙利亚合并成立阿拉伯联合共和国。1961年叙利亚发生政变，退出“阿联”。1970年纳赛尔总统病逝，萨达特继任总统。1971年9月1日改名为阿拉伯埃及共和国。1981年10月萨达特总统遇刺身亡，副总统穆巴拉克继任。

政　治

穆巴拉克总统1981年执政以来，坚持“和平、稳定、发展”战略，着力稳定国内局势，发展民族经济，缓和与反对党的矛盾，严厉打击伊斯兰极端势力。政绩显著，执政地位较稳固。近年来，埃在加强政权建设、巩固执政党地位的同时，谨慎推进政治、经济改革。2005年9月，埃举行历史上首次有多名候选人参加的总统大选，穆巴拉克以88%的高得票率战胜其他9名候选人，第五次出任总统。此后，穆巴拉克在巩固执政地位和社会稳定前提下，加快执政的民族民主党（NDP）内部调整步伐，加速立法、体制、经济、医疗和福利改革步伐，加大反腐力度，促进民主，改善人民生活，降低社会失业率。

【宪法】永久宪法于1971年9月11日经公民投票通过。宪法规定埃及是“以劳动人民力量联盟为基础的民主和社会主义制度的国家”；总统是国家元首、武装部队最高统帅，由人民议会提名，公民投票选出，任期6年。1980年5月修改宪法，规定政治制度建立在多党制基础上，总统可多次连选连任，并成立协商会议。2005年5月修改宪法，允许有选举权的公民通过公开的无记名直接投票方式在多名候选人中选出总统；用选举代替公决。2007年3月，人民议会通过宪法修正案，对34项宪法条款进行修改，以平衡各种国家权力，增进公民权和公共自由，支持政党活动，明确政教分离原则，增强妇女权益，发展地方政府等。

【人民议会】人民议会是最高立法机关。议员由普选产生，任期五年。议会的主要职能是：提名总统候选人；主持制定和修改宪法；决定国家总政策；批准经济和社会发展计划及国家预算、决算，并对政府工作进行监督。议员共454名，其中444名通过选举产生，10名由总统直接任命。2005年12月，埃举行新一届人民议会选举。选举产生的432席中（其它12席因选举中出现暴力事件无效），执政的民族民主党成员获得311席，占71.9%；独立人士和反对党成员获得112席，其中有穆斯林兄弟会背景的独立人士获88席，占25.9%，是2000年选举中的5倍；华夫脱党赢得6席，集团党获得2席，明天党赢得1席。本届议会75%的议员为新议员。议长艾哈迈德·法塔希·苏鲁尔（Ahmed Fathy Sorour），1990年12月13日当选，1995年12月13日、2000年12月13日和2005年12月13日三次连任。两名副议长分别为扎伊纳卜·拉德旺（女，各阶层代表）和阿卜杜·阿齐兹·穆斯塔法（工人代表）。本届议会下设宪法和立法，计划和预算，经济事务，外交关系，阿拉伯事务，国防、国家安全和国家动员，建议和申诉，劳动力，工业和能源，农业和灌溉，教育和科研，宗教和社会事务，文化、新闻和旅游，卫生和环境事务，交通和运输，住房、公共工程和建设，地方管理和民间组织以及青年等18个委员会，民族民主党包揽全部主席席位。

【协商会议】协商会议是萨达特总统于1979年提出建立并写入宪法的。1980年11月1日，协商会议正式成立。协商会议议员2/3由各阶层、机构和派别选举产生，其中一半应是工人和农民；1/3由总统任命。

根据宪法规定，协商会议是与人民议会并存的立法咨询机构。每届任期6年，3年改选一半委员，可连选连任，亦可再次任命。264名议员中的176名由选举产生，其余88名由总统任命。协商会议设主席、副主席。本届协商会议共有264名议员，其中民族民主党成员占绝大多数，2007年6月，协商会议对88个议席进行改选，民族民主党获84席。主席穆罕默德·萨福瓦特·谢里夫（Muhamed Safwat El-Sherif），2004年6月当选，2007年6月连任。本届协商会议下设宪法和立法，教育、科研和青年，财政和经济，阿拉伯、外交和国家安全事务，工业生产和能源，人力资源管理和地方管理，文化、旅游和新闻，卫生、人口和环境，农业生产、灌溉和农垦等9个委员会。

【政府】本届政府于2005年12月27日由穆巴拉克总统任命组成，2006年8月和2009年3月进行两次小规模改组。总理艾哈迈德·马哈茂德·穆罕默德·纳齐夫博士（Dr. Ahmed Mahmoud Mohamed Nazif）；内阁成员共26名部长和6名国务部长，主要包括：国防和军工生产部长穆罕默德·侯赛因·坦塔维元帅（Mohammed Hussein Tantawi），外交部长艾哈迈德·阿布·盖特（Ahmed Abul Gheit），内政部长哈比卜·易卜拉欣·阿德里（Habib Ibrahim El Adly），财政和保险部长尤素夫·布特罗斯·加利（Youssef Boutros Ghali），外贸与工业部长拉希德·穆罕默德·拉希德·侯赛因（Rashid Mohamed Rashid），国际合作部长法依扎·穆罕默德·阿布·纳佳（Fayza Mohamed Abu Naga，女），新闻部长阿纳斯·艾哈迈德·纳毕赫·菲基（Anas Ahmed Nabih El-Fiky）等。

【行政区划】全国划分为29个省：开罗省、吉萨省、盖勒尤比省、曼努菲亚省、杜姆亚特省、达卡利亚省、卡夫拉·谢赫省、贝尼·苏夫省、法尤姆省、米尼亚省、索哈杰省、基纳省、阿斯旺省、红海省、西部省、艾斯尤特省、新河谷省、亚历山大省、布哈拉省、北西奈省、南西奈省、塞得港省、伊斯梅利亚省、苏伊士省、东部省、马特鲁省、哈勒旺省、十月六日省和卢克索省。

【司法机构】法院包括最高法院、上诉法院、中央法院和初级法院以及行政法院，开罗还设有最高宪法法院。检察机构包括总检察院和地方检察分院。最高法院院长阿迪勒·阿卜杜拉（Adel Abdullah），总检察长阿卜杜勒—马吉德·马哈茂德（AbdelMeged Mahmoud）。

【政党】1952年革命后，曾禁止政党活动。阿拉伯社会主义联盟于1962年10月成立，为埃及唯一合法政党，纳赛尔总统任主席。1977年开始实行多党制。目前共有24个合法政党，其中主要合法政党有11个：

（1）民族民主党（National Democratic Party）：执政党，1978年7月成立，同年10月阿拉伯社会主义党并入。党员约230万（2008年）。2007年11月，民族民主党举行第九次全国代表大会，穆巴拉克总统连任该党主席，协商会议主席穆罕默德·萨福瓦特·谢里夫再次当选为党总书记。会议通过成立民族民主党最高委员会。2009年11月，民族民主党召开第六届年会。

（2）新华夫脱党（New Wafd Party）：主要反对党，1978年2月成立，党员约50万。该党在政治上要求制定新宪法，经济上主张市场经济，外交上赞同阿拉伯团结。主席马哈茂德·阿巴扎（Mahmoud, Abaza，2006年6月当选）。

（3）社会主义工党（Socialist Labour Party）：反对党，1978年12月成立，党员约40万。该党在政治上强调实行民主，经济上主张自力更生。主席易卜拉欣·舒克里（Ibrahim Shukri）。

（4）自由者党（Liberal Party）：右派党，1976年11月成立。其前身是1976年从阿拉伯社会主义联盟分离出来的自由社会主义者论坛。党员约50万人。该党在政治上要求取消紧急状态法，取消对新闻和成立政党自由的限制，经济上主张全面经济改革，国营企业私有化，对外主张阿拉伯统一。

（5）阿拉伯民主纳赛尔主义党（Arab Democratic Nasserist Party）：左派党，1992 年 4 月成立。党员约 20 万。该党的政治纲领是主张阿拉伯团结、民主和纳赛尔主义。2002 年 7 月，该党第三次大会在开罗召开，迪亚·丁·达乌德（Diaed Din Dawoud）蝉联主席。

（6）民族进步统一集团党（National Progressive Unionist Party）：左派党，前身是 1975 年阿拉伯社会主义联盟内的左翼势力——民族进步论坛，1976 年 11 月改为现名。党员约 5 万人。该党在政治上主张促进民主，经济上主张走独立发展经济的道路。2008 年 3 月，民族进步统一集团党举行第六届全国代表大会，里法特·赛义德连任该党主席。

此外，还有乌玛党、青年埃及党、民主联合党、绿党、互相支持党、社会主义阿拉伯埃及党、民主人民党、民主一代党、民族和解党、社会公正党、2000 年埃及党、明天党、自由社会宪法党、民主和平党、保守党、自由共和党、民主阵线党等合法政党，以及目前仍处于非法状态的穆斯林兄弟会等。

【重要人物】 **穆罕默德·胡斯尼·穆巴拉克：** 总统、民族民主党主席。1928 年 5 月 4 日生于曼努菲亚省一农民家庭。1949、1950 年先后毕业于埃及军事学院和空军学院，1959、1961 和 1967 年三次赴前苏联学习。历任空军学院教官和院长、轰炸机旅旅长、空军基地司令、空军参谋长等职。1972 年任国防部副部长兼空军司令，1975 年任副总统。1978 年任民族民主党副主席，1980 年 5 月任该党总书记。1981 年 10 月当选总统，1982 年 1 月当选民族民主党主席。1987 年 10 月 12 日、1993 年 10 月 5 日、1999 年 9 月 26 日和 2005 年 9 月 9 日四次蝉联总统。懂英文和俄文。曾 9 次访华，最近一次是 2006 年 11 月。　**艾哈迈德·马哈茂德·穆罕默德·纳齐夫：** 总理。1952 年出生于开罗。1973 年毕业于开罗大学工程学院，1976 年获开罗大学电子工程学硕士学位，随后赴加拿大求学，并于 1983 年获加拿大马吉尔大学计算机工程博士学位。1989～1998 年间，任内阁信息和决策支持机构执行主任，参与建立政府各部信息中心。期间还担任开罗大学工程学院教授。1999 年 10 月入阁任通讯和信息部长，成为当时最年轻的阁员。2004 年 7 月 9 日，受穆巴拉克总统任命组阁，出任总理。2005 年 12 月 27 日，连任总理。

经　济

属开放型市场经济，拥有相对完整的工业、农业和服务业体系。服务业约占国内生产总值的 50%。工业以纺织、食品加工等轻工业为主。农村人口占总人口的 55%，农业占国内生产总值的 14%。石油天然气、旅游、侨汇和苏伊士运河是四大外汇收入来源。

2008/2009 财政年，埃及经济保持增长。埃及政府加大经济改革步伐，继续推进经济自由化和私有化。政府加强基础设施和旅游配套设施建设，降低税收和关税，保持金融稳定，改善投资环境，吸引外资，扩大出口，努力创造就业机会，提高国民收入，建立和完善社会、医疗、养老保障体系。但埃及经济也受到国际金融危机一定程度影响，四大创汇支柱产业全线下滑。埃及政府采取举措积极应对，自 2008/2009 财年第四季度起，埃及经济出现一些积极迹象，经济指标止跌回升。

国内生产总值（GDP，2008/2009 财年）：1812 亿美元。

人均国内生产总值（2008/2009 财年）：2323 美元。

GDP 增长（2008/2009 财年）：4.7%。

货币名称：埃及镑。

汇率（2010 年 6 月）：1 美元 = 5.65 埃镑。

通货膨胀率（2008/2009 财年）：9.9%。

失业率（2008/2009 财年）：9.4%。

外汇储备（2009 年 11 月）：341 亿美元。

外债（2009 年 7 月）：309 亿美元。

【资源】 主要有石油、天然气、磷酸盐、铁等。已探明的储量为：石油 47 亿桶（2009 年），天然气 77 万亿立方英尺（2009 年），磷酸盐约 70 亿吨，铁矿 6000 万吨。此外还有锰、煤、金、锌、铬、银、钼、铜和滑石等。埃及平均原油产量达 67.5 万桶/天，天然气产量达 64 亿立方英尺/天，国内消耗的天然气数量占埃天然气总产量的 70%，其余 30% 供出口。2008/2009 财年，埃及油气领域投资总额为 90 亿美元，其中外资约 70 亿美元，石油领域净盈利 52 亿美元。埃及电力供应以火电和水电为主，其中 84% 来自火电，全国电网覆盖率达 99.3%，在非洲国家中排名第一，世界排名第四。阿斯旺水坝是世界七大水坝之一，全年发电量超过 100 亿度。2008 年，埃及斥资 16 亿埃镑改进阿斯旺大坝发电机组，并斥资 150 亿埃镑改进全国电网。埃及加快新能源和可再生能源在电力领域的应用，2007 年 10 月，埃正式启动核电站计划，将于 2020 年前达到核能等新能源占能源构成比例 20% 的目标。

【工业】 工业以纺织和食品加工等轻工业为主。工业约占国内生产总值的 17.2%，工业产品出口约占商品出口总额的 60%，工业从业人员 274 万人，占全国劳动力总数的 14%。埃工业企业过去一直以国营为主体，自 20 世纪 90 年代初开始，埃开始积极推行私有化改革，出售企业上百家。目前，私营企业数量已占埃工业企业总数的 80%，产值占国内工业生产总值的 86%。2008/2009 财年，埃及工业领域实际投资达 450 亿埃镑，工业产品出口达 150 亿美元。

【农业】 埃及是农业国，农村人口占全国总人口的55%，农业从业人员约550万人，占全国劳动力总数的27%。埃政府重视扩大耕地面积，鼓励青年务农。全国可耕地面积为860万费丹（1费丹合6.3市亩），约占国土总面积的3.5%。近年来，随着埃及经济的发展，农业产值占国内生产总值比重有所下降，约为13.4%，农业出口额约9亿美元。主要农作物有小麦、大麦、棉花、水稻、蚕豆、苜蓿、玉米、甘蔗、水果、蔬菜等。小麦自给率58%，玉米56.6%，肉类80%，食油61.9%，糖70%。主要出口棉花、土豆和大米。经过近几年的改革，农业生产实现了稳定增长，是经济开放首当其冲和见效最快的部门。但随着人口增长，埃仍需进口粮食，是世界上最大的食品进口国之一，每年需进口小麦900万吨。2008年，为应对世界粮食价格上涨，保证国内市场大米供应，埃及政府宣布自4月起停止大米出口。

【旅游业】埃及历史悠久，名胜古迹很多，具有发展旅游业的良好条件。政府非常重视发展旅游业。旅游业收入居埃四大外汇收入之首。目前，埃有五星级饭店32家，全国饭店和度假村共有客房18.75万间，另有14.32间客房正在修建。主要旅游景点有金字塔、狮身人面像、卢克索神庙、阿斯旺高坝等。2009年赴埃旅游人数达1253万人次。2008/2009财年，埃旅游收入105亿美元。受国际金融危机影响，赴埃旅游人数、饭店房间价格、旅游投资均呈下降趋势。

【交通运输】交通运输便利，近几年海、陆、空运输能力增长较快。

铁路：由28条线路组成，总长近10000公里，年客运量4.85亿人次，目前埃正投资兴建数条新铁路线。开罗目前共有2条地铁线路，总长64.6公里，日客运量约300万人次，2007年4月地铁三号线开始施工，长约34公里。

公路：总长49000公里。

水运：有7条国际海运航线；内河航线总长约3500公里。现有亚历山大、塞得港、杜米亚特、苏伊士等7个港口，年吞吐总量为5200万吨。商业船队共有125艘轮船，总吨位达200万吨。苏伊士运河是沟通亚、非、欧的主要国际航道，每天通过船只50艘左右。近年来，运河进行了大规模扩建，使过运河船只载重量达24万吨，可容纳第四代集装箱船通过。2008/2009财年，运河收入47亿美元。

空运：有民航飞机51架。全国共有机场30个，其中国际机场11个，开罗机场是重要国际航空站。2008年，埃及航空公司正式加入星空联盟。

【电信信息】近年来，埃大力发展电信和信息产业，电信业以平均每年10.7%的速度增长。1981年，全国仅有固定电话线路51万条，目前已发展到固定电话线路1550万条，用户达1350万户，覆盖全国人口15%；截至2009年11月，移动电话用户5368万人；埃拥有个人计算机的人数近300万，占总人口4%；因特网用户从2000年的53.5万人增加到1445万人（2009年11月）。埃电信业实现了17%的增长速度，占国内生产总值的2.4%，已成为埃经济增长的重要推动力量。

【财政金融】埃及财政年度为7月1日至下年6月30日。财政来源除税收外，主要靠旅游、石油、侨汇和苏伊士运河四项收入。

近年来财政收支情况如下（单位：百万埃镑）：

	2006/2007	2007/2008	2008/2009
总支出	251000	276600	343700
总收入	188800	218500	274800
赤　字	62200	58100	68900

埃近年来主要外汇收入情况如下（单位：亿美元）

	2006/2007	2007/2008	2008/2009
侨汇	71	63	82
旅游	80	108	105
苏伊士运河	42	52	47
石油、天然气	101	101	95

【对外贸易】埃及同120多个国家和地区有贸易关系，主要贸易伙伴是美国、法国、德国、意大利、英国、日本、沙特、阿联酋等。由于出口商品少，外贸连年逆差。为扩大对外出口，减少贸易逆差，埃政府专门成立由总理领导的出口事务最高委员会，建立出口保险公司、出口发展银行及技术委员会并采取了以下措施：发展民族工业，争取生产更多的进口替代商品；限制进口，特别是消费性制成品的进口；争取扩大出口，特别是原油、原棉以外的非传统性商品的出口。2008/2009财年，埃及非石油产品出口额为163.66亿美元，同比下降2%。

埃主要进口商品是：机械设备、谷物、电器设备、矿物燃料、塑料及其制品、钢铁及其制品、木及木制品、车辆、动物饲料等。主要出口产品是：矿物燃料（原油及其制品）、棉花、陶瓷、纺织服装、铝及其制品、钢铁、谷物和蔬菜。埃及57.9%的出口商品销往阿拉伯国家。

【外国援助】美国是埃及的主要援助国。向埃及提供援助的国家和国际组织还有德国、法国、日本、英国、意大利等国家及世界银行、国际货币基金组织和阿布扎比发展基金等。

【外国投资】1974年6月，埃政府颁布第一部投资法，1989年颁布新投资法。1997年，埃政府为进一步吸引外资，颁布了“投资鼓励与保障法”及实施条例，并于1998年、2000年对其实施条例进行了修改和补充。2002年颁布了经济特区法和实施细则。2004年，埃通过投资法修正案。自90年代中期以来，埃吸引外国直接投资的速度加快，2007年以来成为阿拉伯世界和非洲吸引外资最多的国家。2008/

2009财年，外国在埃直接投资达81亿美元，主要集中在石油、服务、制造、纺织等行业。

人民生活

为改善人民生活，埃政府长期实行家庭补贴，并对大米、面包、面粉、食油、糖和能源等基本生活物资实行物价补贴。近年来，埃政府采取了一系列改善民生的举措：加大改革和反腐败力度；扩大就业，提高工资；加强社会保障，增加补贴，保证基本物资平价供应，保障低收入群体。2009年，埃及国家公职人员、退休人员以及军人的社会津贴提高10%。2008/2009财年，埃及家庭平均消费额为17330埃镑，同比增长56%，人均年消费额为3700埃镑，同比增长47%，居民生活水平有所提高。

军　事

总统兼任武装部队最高统帅。最高决策机构为国防委员会，主席由总统兼任。武装部队总司令是国防部长穆罕默德·侯赛因·坦塔维元帅。最高统帅和总司令通过总参谋部指挥全军。实行义务兵和志愿兵相结合的兵役制度，义务兵服役期三年。

武装部队总兵力46.85万，预备役部队25.4万，其中陆军34万、海军1.85万、空军3万、防空军8万。另有国民警卫队6万人、边防军1.4万人、公安部队6万人、海岸警卫队7000人。

文化教育

【教育】实行普及小学义务教育制度。全国共有28所大学，包含418个院系，其中公立大学17所，另有6座分校，包含300个院系；爱资哈尔大学包含64个院系；私立大学9所，包含51个院系；开罗美国大学包含3个院系。著名的有开罗大学、亚历山大大学、艾因·夏姆斯大学、爱资哈尔大学等。教师3万名，大学生160万名，基础教育（含学龄前、小学、初中、高中和中等技术教育）学校40868所，学生1700余万名，教师160万名。埃及15至35岁年龄段文盲率由2007年7月的29.7%降至2008年7月的27.4%，10～15岁儿童失学率为4.5%。

【新闻出版】埃及现有报纸数量达530份，各种期刊70多种。主要阿拉伯文报刊及其发行量为：《消息报》，60万份；《金字塔报》，30万～50万份；《共和国报》，30万～44万份；《晚报》，4万份。《金字塔经济学家》，周刊，50万份；《最后一点钟》，周刊，10万份；《图画》，周刊，8万份；《鲁兹·尤素福》，周刊，10万份。主要英文报刊及其发行量：《埃及公报》，1万份。主要法文报刊及其发行量为：《埃及前进报》，1.5万份；《埃及日报》，3万份。

中东通讯社：埃国家通讯社，是目前中东地区和阿拉伯世界最大的通讯社，1956年2月创立。宣传政府政策，用阿拉伯、英、法三种文字发稿。

广播电台：全国现有265家广播台站。国家广播电台，1928年创建。目前每天用80个频率、38种语言向国内、外广播。中东广播电台：建于1964年，主要为商业服务。亚历山大广播电台：建于1960年，用阿拉伯语播音。2000年，埃开始通过“非洲之星”广播卫星和尼罗河卫星等发射广播节目，能覆盖全世界。

电视：在埃传媒中占据突出地位。埃及电视台建于1960年，现有电视台站255座。目前埃电视频道分中央、地方、卫星、专题等四类数十个频道，节目覆盖亚、非、欧、北美等地区。2001年6月，私营卫星电视频道获准开播。

对外关系

埃及在阿拉伯、非洲和国际事务中均发挥着重要作用。开罗现为阿拉伯国家联盟总部所在地，埃前外长穆萨为现任阿盟秘书长。

埃及奉行独立自主、不结盟政策，主张在相互尊重和不干涉内政的基础上建立国际政治和经济新秩序，加强南北对话和南南合作。突出阿拉伯属性，积极开展和平外交，致力于加强阿拉伯国家团结合作，推动中东和平进程。反对国际恐怖主义；倡议在中东和非洲地区建立无核武器和大规模杀伤性武器区。2009年，埃及继续坚持全方位外交。加大对地区热点问题的关注和投入，积极推动解决巴以、黎以、叙黎、伊拉克、伊朗核、达尔富尔等问题。重视大国外交，巩固同美国的特殊战略关系，加强同欧盟、俄罗斯等大国关系。积极加强同发展中国家的关系，在阿盟、非盟、伊斯兰会议组织等国际组织中较为活跃。日益重视经济外交。目前，埃及已与165个国家建立了外交关系。

【对重大国际和地区问题的态度】国际新秩序：主张在和平共处、互利合作原则和国际法的基础上建立国际新秩序，认为国际社会所有成员应共同参与联合国事务，反对少数国家独断专行。各国应在尊重国家主权、无外来干涉的情况下发展民主、尊重人权。发展中国家有必要加强团结合作，应对经济全球化的挑战。阿拉伯国家只有实现团结，尽快解决争端，摆脱宗教极端主义，才能应付挑战，在新的世界格局中发挥作用。

恐怖主义：认为恐怖主义是一种国际现象，是人类的共同威胁，反对将恐怖主义与伊斯兰教挂钩，反对将阿拉伯人民反抗外来侵略的民族解放运动与恐怖活动混为一谈。主张坚决打击任何形式、任何组织策划的恐怖活动。呼吁加强国际反恐合作，倡议联合国在反恐问题上发挥主要作用并主持召开国际反恐大会。认为包括巴勒斯坦问题在内的中东问题久拖不决以及由饥饿、压迫引发的绝望情绪是产生恐怖主义的根源所在。

联合国改革：主张先就政府间谈判框架和模式达成一致，谈判应在安理会改革工作组（OEWG）内进行并寻求总体一致，反对就谈判设定时间表，反对强行表决。埃反对四国提案，坚持非洲共同立场，即要求非洲获得两个享有完全权利的常任理事国席位及五个非常任理事国席位，扩大后的安理会成员总数将达到26个，新增常任国应拥有否决权。认为应全面看待联合国改革问题，改革进程应获得最广泛的共识，谨慎推进，从而达到预期目标，实现有利于全体成员国的结果。

中东和谈：主张在安理会242、338号决议和“土地换和平”原则基础上通过谈判解决阿以争端，在中东地区实现全面、公正、持久的和平。要求按照“阿拉伯和平倡议”、“路线图”计划和安纳波利斯会议成果恢复和谈，反对以政府对巴人采取的军事打击、政治孤立和经济封锁政策，呼吁国际社会加大对巴人道援助。积极推动巴以和谈。主张务实理性地看待哈马斯，争取将其纳入和谈框架，调整激进立场。积极调解法塔赫与哈马斯之间的矛盾，多次召集巴各派参与的对话会议，敦促巴恢复民族团结。呼吁以放松对加沙口岸的控制，缓解加沙人道主义困难。支持恢复叙以和黎以和谈。要求以归还戈兰高地，从谢巴农场全面撤军。

伊拉克问题：强调不干涉伊内政，愿意向伊提供援助，鼓励伊政府与其它阿拉伯国家开展交往。谴责在伊境内发生的恐怖主义行径，呼吁伊各派放弃暴力，秉承和解与对话精神，维护伊统一和阿拉伯属性。认为伊目前最主要的任务是改善经济状况和稳定安全局势，加速重建进程。呼吁伊与土耳其两国通过和平方式妥善解决库尔德工人党问题。

苏丹问题：坚持维护苏丹的和平与安全，反对威胁苏丹稳定和破坏苏丹南北关系的做法，积极参与阿盟和非盟为全面解决达尔富尔问题所做的努力。欢迎和支持达尔富尔和平协议，表示愿向该地区提供人道主义援助并参与重建工作。认为联合国关于达尔富尔问题的决议满足了埃等一些国家的关切，希望决议得到切实执行。主张非盟在解决非洲争端中发挥核心作用。支持非盟—联合国混合部队在达区执行维和任务，强调应事先征得苏丹政府同意。反对国际刑事法庭对苏丹总统巴希尔发出逮捕令，要求援引罗马规约第16条暂停审理此案，希望苏丹政府同国际社会尽快重建互信，寻求解决苏丹问题的最佳途径。认为2011年苏丹南方公投不能被简单地视为实现了一个目标，其过程至关重要，应确保公投后苏丹的和平与稳定。

【同中国的关系】埃及是第一个承认新中国并同中国建交的阿拉伯、非洲国家。1956年5月30日建交后，两国友好合作关系不断发展。1999年，两国建立战略合作关系，双边关系的发展进入了一个新阶段。2006年双方签署两国深化战略合作关系的实施纲要。2009年两国在各领域的交流与合作继续发展，战略合作关系得到进一步深化。

政治关系与重要往来：2009年11月，中共中央政治局常委、国务院总理温家宝对埃及进行正式访问，并出席中非合作论坛第四届部长级会议开幕式，会见埃及总统穆巴拉克，与总理纳齐夫会谈，双方就进一步深化两国战略合作关系，扩大各领域务实合作、加强两国在重大国际和地区问题的积极配合达成广泛共识。访问期间，双方签署了《中华人民共和国政府和阿拉伯埃及共和国政府经济技术合作协定》、《中华人民共和国政府和阿拉伯埃及共和国政府文化合作协定2009年至2012年执行计划》、《中华人民共和国政府和阿拉伯埃及共和国政府关于海关事务的行政互助与合作协定》、《中华人民共和国中非发展基金与埃及苏伊士西北经济特区总局谅解备忘录》。6月，中共中央政治局常委、中央纪委书记贺国强访埃，会见埃及总统穆巴拉克，与民族民主党总书记谢里夫和副总书记贾马勒会谈。10月，全国人大常委会副委员长、全国妇联主席陈至立赴埃及出席“中非合作论坛—妇女论坛2009”，会见埃及总统夫人苏珊·穆巴拉克和人民议会议长苏鲁尔。同月，全国人大常委会副委员长桑国卫访埃，会见埃及民族民主党总书记、协商会议主席谢里夫，与人民议会副议长穆斯塔法会谈。

2009年埃方访华团组主要有：埃及贸工部长拉希德、国防部长坦塔维、文化部长法鲁克、投资部长穆希丁等。

两国就国际和地区问题密切磋商，在人权、安理会改革等重大问题上保持协调，共同维护发展中国家利益。2006年5月，两国外交部建立战略对话机制。2009年4月，外交部长杨洁篪访埃。1月，中国中东问题特使孙必干访埃。6月，中国中东问题特使吴思科访埃。7月，中国政府非洲事务特别代表、杨洁篪外长特别代表刘贵今访埃。11月，中非合作论坛第四届部长级会议在埃及沙姆沙伊赫举行。

2006年6月，中埃两国签订互免持中国外交和公务护照、埃及外交和特别护照人员签证的协定，2007年1月27日该协定正式生效。

经贸合作：受国际金融危机影响，2009年中埃双边贸易额有所下降，全年为58.6亿美元，同比下降7%，其中中国出口额51.1亿美元，同比下降13.1%，进口额为7.5亿美元，同比增长75.4%。中国在埃投资增长较快，据埃方统计，目前在埃各类中资企业已达600多家，投资总额超过6亿美元。

文教、科技、旅游等领域交流与合作及其他往来：中埃文教、新闻、科技等领域互访频繁，合作密切。近年来，双方举办了文化周、电影节、文物展、图片展等丰富多彩的活动，深受两国人民欢迎。

目前埃及有4所大学开设了中文专业。2002年，中国文化中心在开罗设立。2007年，开罗大学与北京大学合作成立北非地区第一家孔子学院。2008年，华北电力大学与苏伊士运河大学合建了埃及第二所孔子学院。

2002年签署"中国公民组团赴埃旅游实施方案的谅解备忘录"后，中国大陆赴埃游客数量增长较快，2009年中国大陆地区（含港、澳）赴埃旅游人数达9万人。

中国驻埃及大使：武春华。馆址：14 BAHGAT ALY ST. ZAMALEK CAIRO EGYPT；电话：（00202）27361219；传真：27359459。商务处地址：22 BAHGAT ALY STREET，ZAMALEK CAIRO 11211 EGYPT；电话：27354316；传真：27358729。

埃及驻中国大使：艾哈迈德·里兹克（Ahmed Rezk Mohamed Rezk）。馆址：北京市建国门外日坛东路2号（No.2，RI TAN DONG LU，BEIJING，100600 CHINA）。电话：010－65321825/65322541。传真：65325365。商务处电话：65329335，传真：65329337。

【同美国的关系】纳赛尔时期，埃美关系比较紧张。1967年"六·五"战争后，埃宣布同美断交。1973年"十月战争"以后，埃美关系明显改善和发展。1974年2月两国复交。穆巴拉克总统执政后两国关系日趋密切，与美有"特殊战略伙伴"关系。美国自1979年起每年向埃提供21亿美元的援助，其中军援13亿美元。1998年，美埃签署协议，商定美在未来10年内每年减少5%对埃政府经援，至2008年减至4.07亿美元。但美采取其他方式弥补，美经援总额并未大幅减少。2004年埃美签订"合格工业园区"协定后，双方经济关系进一步加强。2009年，穆巴拉克总统电贺美国总统奥巴马就任。6月，奥巴马访埃。7月，穆巴拉克总统访问美国。

【同欧盟国家的关系】纳赛尔时期，埃同主要西欧国家关系冷淡。萨达特上台后开始注意改善同西欧国家关系。1973年"十月战争"后，埃同西欧国家关系有较大发展。穆巴拉克总统执政以来，频繁出访欧盟国家，双方保持密切往来。欧盟是埃最大贸易伙伴，埃与欧盟的贸易总额占埃对外贸易总额的40%。2009年，穆巴拉克总统、苏鲁尔议长等分别访问法国、意大利、匈牙利、斯洛文尼亚、保加利亚等欧盟国家，法国总统萨科齐、法国总理菲永、欧盟负责外交与安全政策的高级代表索拉纳、意大利总理贝卢斯科尼、塞浦路斯总统赫里斯托菲亚斯、芬兰总统哈洛宁、西班牙首相萨帕特罗等分别访埃。

【同独联体国家的关系】1943年，埃及与前苏联建立了公使级外交关系，1954年升为大使级关系。纳赛尔时期，埃苏关系密切。萨达特时期，埃苏关系恶化。穆巴拉克总统执政后，两国关系逐步改善，1983年双方签署了贸易、文化、渔业合作协定。1984年埃苏恢复互派大使。1991年苏联解体后，埃承认各国独立，并与大多数独联体国家建立了外交关系。2009年6月，俄罗斯总统梅德韦杰夫访埃。

【同沙特阿拉伯的关系】埃同沙特在经济、人员交往和宗教事务方面有密切的合作关系。1979年埃以和约签订后，沙同埃断交。1987年11月，沙、埃恢复外交关系，沙恢复了对埃的经援。海湾危机爆发后，埃应沙特要求派兵驻沙，沙决定免除埃所欠债务，并向埃提供新的无偿经援15亿美元。2009年，穆巴拉克总统3次访问沙特。11月，沙特协商会议主席阿卜杜拉·本·穆罕默德访埃。

【同叙利亚的关系】叙强烈反对戴维营协议和埃以和约并于1978年9月同埃断交。穆巴拉克总统执政后，主动改善同叙关系。1989年12月27日，埃、叙两国正式复交。2000年7月，叙总统巴沙尔上台后，双方往来进一步密切。2005年，黎巴嫩总理哈里里遇害后，埃力劝叙从黎撤军，但反对对叙实施制裁。2008年10月，埃及对叙利亚和黎巴嫩正式建立外交关系表示欢迎。

【同约旦的关系】约旦政府曾因反对埃以签订戴维营协议，于1979年4月1日与埃断交。1984年9月25日，约宣布与埃复交。近年来，埃、约在中东和谈等问题上保持协调，曾促成巴以签署《沙姆沙伊赫备忘录》，并联合提出埃、约和平倡议等。2009年，穆巴拉克总统访问约旦，约旦国王阿卜杜拉二世3次访埃。

【同巴勒斯坦的关系】埃是最早支持巴事业的阿国之一。巴解组织成立后，埃即给予坚决支持。埃以媾和后，埃巴关系降到最低点，巴解驻开罗办事处被关闭。1987年11月，埃重新开放巴解驻开罗办事处。1988年11月巴宣布建国后，埃即宣布承认，巴解驻开罗办事处也随之升格为大使馆。马德里中东和会后，埃积极推动巴以和谈，促进巴内部和解，并呼吁国际社会向巴人民提供人道主义援助。2008年12月加沙冲突爆发后，埃努力斡旋，推动哈马斯与以色列停火，缓解加沙人道主义危机，为联合国安理会通过第1860号决议发挥重要作用。2009年，埃及主办加沙重建国际会议，并召集巴各派在开罗举行多轮内部和解对话会。巴民族权力机构主席阿巴斯多次访埃。

【同伊拉克的关系】埃及曾是两伊战争中支持伊拉克最积极的阿拉伯国家之一。埃伊关系密切，埃在伊有逾百万劳工。两伊停战后，埃同伊拉克、约旦、也门三国于1989年2月组成阿拉伯合作委员会，并先后在四国首都举行过4次会议。

1990年海湾危机爆发后，埃坚决反对伊入侵科威特，同伊断交，并派4万军队参加美领导的海湾战争。埃近百万劳工大部分返埃。战后，埃积极呼吁解除对伊制裁，协助伊回归阿拉伯阵营。2000年11月，埃、伊恢复外交关系。分别向对方首都派驻代办级外交官，履行大使职责。

2003年美发动对伊拉克战争之前，埃反对美对伊动武。伊战结束后，埃强调应尽快结束外国军队对伊占领，主张联合国应在重建问题上发挥主导作用；强调维护伊主权和国家统一；号召伊各政治派别参与政治进程，呼吁停止暴力活动。2007年5月，埃及主办旨在促进伊拉克和平与重建的“伊拉克国际契约”部长级会议。2009年伊拉克总理马利基、议长萨马赖等分别访埃。

【同苏丹的关系】苏丹是埃在非洲的最大邻国，历史联系密切。埃以和约签订后，苏丹是三个未同埃断交的阿拉伯国家之一。1995年6月，穆巴拉克总统在埃塞俄比亚参加非统首脑会议途中遇刺脱险后，指责苏丹为幕后策划者。1999年12月以来，埃苏关系逐渐缓和。埃为解决苏南北问题和达富尔问题积极斡旋，并参加非洲联盟向达尔富尔派出的维和部队。2009年，苏丹总统巴希尔、议长艾哈迈德等分别多次访埃。

【同利比亚的关系】利比亚1969年“九·一”革命后的最初几年埃利关系较为密切。萨达特执政以后，双边关系冷淡，1977年两国发生边界武装冲突。萨达特访以后，双边关系迅速恶化并导致两国于1979年断交。1989年10月两国元首互访，结束了两国长期交恶史。1991年双方正式达成协议，取消边卡和海关，两国人员凭身份证自由往来。2009年利比亚领导人卡扎菲访埃，埃及—利比亚最高共同委员会第十届会议在利比亚举行，两国总理共同主持会议。

【同其他阿拉伯国家的关系】2009年，穆巴拉克总统分别访问科威特、巴林、阿曼、阿联酋。黎巴嫩总理西尼乌拉、科威特国民议会议长贾西姆等访埃。

【同伊朗的关系】1979年，埃伊关系因埃接纳被废黜的伊朗国王巴列维在埃避难而恶化，并于同年5月中断外交关系。两伊战争期间，埃支持伊拉克，埃伊关系继续紧张。海湾战争后，两国矛盾加剧。近年，埃伊关系出现改善势头，各层次往来与接触增多，两国利益代表处基本恢复断交前的使馆职能。2001年，伊外长哈拉齐两度访埃。2003年12月，伊朗总统哈塔米访埃，实现了两国元首自1979年以来首次会晤。埃关注伊朗核问题进展，表示伊有权和平利用核能，但不接受中东地区出现核武器，主张通过谈判政治解决伊朗核问题。2009年12月，伊朗议长拉里贾尼访埃。

【同土耳其的关系】埃、土两国在中东、海湾等重大地区问题上有共同利益，两国经济、贸易和军事关系比较密切。埃及—土耳其自由贸易协定于2007年1月正式生效。2009年，穆巴拉克总统、苏鲁尔议长等分别访问土耳其，土耳其总理埃尔多安访埃。

【同以色列的关系】1980年2月两国建立大使级外交关系，此后双方虽在交通运输、旅游、环保、农业等方面开展了一些合作，但总体关系受制于地区形势发展，比较冷淡。2000年11月，因以巴爆发大规模冲突，埃召回驻以大使。2002年4月，埃宣布除为争取地区和平而进行的接触外，中断一切与以联系。2005年3月，埃恢复向以派驻大使。近年来，埃积极调解巴以冲突，推进巴以和谈。2009年，以色列总统佩雷斯、总理内塔尼亚胡等分别访埃。

【同非洲国家的关系】非洲国家与埃及历史、文化渊源深厚，而且对埃国家安全特别是水资源安全具有战略意义，非洲国家在埃及对外政策中占据突出位置。穆巴拉克总统执政后更加强调埃的非洲属性，重视同非洲国家的友好合作。埃及积极参与非洲事务，致力于非洲联盟建设。2009年，纳齐夫总理访问埃塞俄比亚，布隆迪总统库伦齐扎、索马里总统艾哈迈德、赤道几内亚总统奥比昂、加纳总理科马拉等分别访埃。

【同其他国家和国际组织的关系】2009年1月，联合国秘书长潘基文访埃。2月，纳齐夫总理出席第21届伊斯兰事务最高委员会会议。3月，埃及人民议会议长苏鲁尔出席第15届阿拉伯议会联盟大会。5月，菲律宾总统阿罗约访埃。7月，穆巴拉克总统出席八国集团与发展中国家领导人对话会。不结盟运动第15次首脑会议在埃及沙姆沙伊赫举行。11月，穆巴拉克总统出席世界粮食安全峰会。12月，联合国教科文组织新任总干事伊琳娜·博科娃访埃。

（纪春鹏 冯春）

埃塞俄比亚

国名 埃塞俄比亚联邦民主共和国（The Federal Democratic Republic of Ethiopia）。

面积 110.36万平方公里。

人口 7740万（2006年）。人口增长率为2.9%。全国约有80多个民族，主要有奥罗莫族（40%）、阿姆哈拉族（20%）、提格雷族（8%）、索马里族（6%）、锡达莫族（4%）等。阿姆哈拉语为联邦工作语言，通用英语，主要民族语言有奥罗莫语、提格雷语等。居民中45%信奉埃塞正教，40%~45%信奉伊斯兰教，5%信奉新教，其余信奉原始宗教。

首都 亚的斯亚贝巴（Addis Ababa），人口逾300万（2006年）。年平均气温16℃，年均降水量

1237 毫米。

国家元首　总统吉尔马·沃尔德·乔治斯（Girma Wolde Giorgis），2001 年 10 月 8 日当选，2007 年 10 月蝉联。2001 年 10 月埃人民代表院通过的“总统法案”规定：总统由无党派人士担任，不得有任何政治组织背景，卸任后亦不得参与政党活动；总统因死亡或疾病不能履行职责时，由议会任命代总统。

重要节日　阿杜瓦大捷纪念日（Victory of Adwa-Day）：3 月 2 日；埃塞俄比亚人民革命民主阵线执政纪念日（Downfall of the Derg）：5 月 28 日；埃历新年（New Year）：9 月 11 日。

简　况

非洲东北部内陆国。东与吉布提、索马里毗邻，西同苏丹交界，南与肯尼亚接壤，北接厄立特里亚。高原占全国面积的 2/3，平均海拔近 3000 米，素有“非洲屋脊”之称。年平均气温 13℃。

具有 3000 年文明史。公元前 8 世纪建立努比亚王国。公元前后建立阿克苏姆王国，10 世纪末被扎格王朝取代。13 世纪，阿比西尼亚王国兴起，19 世纪初分裂成若干公国。1889 年，绍阿国王孟尼利克二世称帝，统一全国，建都亚的斯亚贝巴，奠定现代埃塞俄比亚疆域。1890 年，意大利入侵，强迫埃接受其“保护”。1896 年，孟尼利克二世在阿杜瓦大败意军，意被迫承认埃独立。1928 年海尔·塞拉西登基，1930 年 11 月 2 日加冕称帝。1936 年，意大利再次入侵，占领埃全境，塞拉西流亡英国。1941 年，盟军击败意大利，塞拉西于 5 月 5 日归国复位。1974 年 9 月 12 日，一批少壮军官发动政变推翻塞拉西政权，废黜帝制，成立临时军事行政委员会。1977 年 2 月，门格斯图·海尔·马里亚姆中校发动政变上台，自任国家元首。1979 年成立以军人为主的“埃塞俄比亚劳动人民党组织委员会”，推行一党制。1987 年 9 月，门格斯图宣布结束军事统治，成立埃塞俄比亚人民民主共和国。1988 年 3 月，埃爆发内战。1991 年 5 月 28 日，埃塞俄比亚人民革命民主阵线（埃革阵）推翻门格斯图政权，7 月成立过渡政府，埃革阵主席梅莱斯·泽纳维（Meles Zenawi）任总统。1994 年 12 月制宪会议通过新宪法。1995 年 5 月举行首次多党选举。8 月 22 日，埃塞俄比亚联邦民主共和国成立，梅莱斯以人民代表院多数党主席身份就任总理。在 2000 年、2005 年、2010 年三次大选中，埃革阵均获胜，梅莱斯任总理至今。

政　治

埃革阵执政以来，创建以民族区域自治为基础的联邦政体，以发展经济为重点，注重协调稳定、发展和民族团结三者间关系。2001 年埃革阵“四大”通过新党章、党纲，确立了各民族平等参与国家事务的“革命民主”和“资本主义自由市场经济”的政治经济发展方向。2005 年 5 月，埃举行第三次议会选举。埃革阵虽继续赢得政府组阁权，但议会席位流失近 1/3。反对党以大选存在舞弊为由拒不承认选举结果，在首都等主要城市煽动暴力活动，被政府平息。此后埃革阵努力推动政治与社会和谐，促进内部稳定，积极同反对党开展对话，大赦反对党领导人，巩固和加强农村地区的群众基础，基本实现政党和解；深化各项改革，加强能力和良治建设，并实施第二个五年发展计划，执政地位得到巩固。2008 年 4 月，埃举行联邦议会、地方各州议会及行政机关的补选和选举，埃革阵赢得绝大多数席位。2010 年 5 月，埃举行第四次多党议会选举，埃革阵获胜。目前，埃政局总体稳定。

【宪法】1994 年 12 月 8 日，埃制宪会议通过第四部宪法——《埃塞俄比亚联邦民主共和国宪法》，次年 8 月 22 日生效。新宪法共 11 章 106 条，规定埃为联邦制国家，实行三权分立和议会制。总统为国家元首，任期 6 年。总理和内阁拥有最高执行权，由多数党或政治联盟联合组阁，集体向人民代表院负责。各民族平等自治，享有民族自决和分离权，任何一个民族的立法机构以 2/3 多数通过分离要求后，联邦政府应在 3 年内组织该族进行公决，多数赞成即可脱离联邦。各州可以本族语言为州工作语言。保障私有财产，但国家有权进行有偿征用。城乡土地和自然资源归国家所有，不得买卖或转让。组建多民族的国家军队和警察部队，军队不得干政。保障公民的民主自由和基本权利。

【议会】联邦议会由人民代表院和联邦院组成，系国家最高立法机构。人民代表院系联邦立法和最高权力机构，负责宪法和联邦法律的制定与修订，由全国普选产生，每 5 年改选一次。一般不超过 550 个议席，其中少数民族至少占 20 席。现任议长特肖梅·托加（Teshome Toga），2005 年 10 月就职。联邦院拥有宪法解释权，有权决定民族自决与分离，解决民族之间纠纷。有 117 名议员，任期 5 年，由各州议会推选或人民直选产生，每个民族至少可有 1 名代表，每百万人口可增选一名代表。现任议长德格菲·布拉（Degefi Bula），2005 年 10 月就任。

【政府】本届政府于 2005 年 10 月组成，2008 年 10 月进行改组。除总理梅莱斯外，还有 20 名内阁成员，主要有：副总理阿迪苏·内格萨（Addisu Leggesse）、农业与农村发展部长塔费拉·德里布（Tefera Deribew）、能力建设部长塔费拉·瓦卢瓦（Teferra Waluwa）、教育部长德梅克·梅孔宁（Demeke Mekonnen）、贸工部长吉尔马·比鲁（Girma Biru）、交通和通讯部长迪里巴·库马（Diriba Kuma）、工程和城市发展部长卡苏·伊拉拉（Kassu Yilala）、财政和经济发展部长苏菲安·艾哈迈德（Sofian Ahmed）、联邦事务部长希费劳·特克勒—马里亚姆博士（Dr. Shiferaw Tekle-Mariam）、司法部长贝尔汉·海卢（Berhan Hailu)、国防部长西拉杰·费格萨(Siraje Fegessa)、外交部长塞尤姆·梅斯芬(Seyoum Mesfin)、水资源部长阿斯富·丁加莫(Asfaw Dingamo)、青年和体育部长阿斯特尔·马莫(Aster Mamo)、妇女事务部长穆费里亚特·卡米勒(Muferiat Kamil)、文化和旅游部长穆罕默德·迪里尔(Mohaammed Dirir)、矿产和能源部长阿劳马耶胡·特格努(Alemayehu Tegenu)、劳工和社会事务部长哈桑·阿卜杜拉(Hassen Abdella)、卫生部长特沃德罗斯·阿达诺姆(Tewodros Adhanom)、科技部长朱尼迪·萨多(Juneydi Saddo)。

【行政区划】 全国分为包括首都亚的斯亚贝巴市和商业城市迪雷达瓦在内的2个自治行政区,以及9个民族州。

【司法机构】 联邦最高法院为联邦最高司法机构,院长特格纳·格塔内(Tegena Getaneh),下辖联邦高级法院和初审法院。总检察长由司法部长贝尔汉·海卢兼任。

【政党】 全国现有77个注册政党,其中全国性政党18个,其他均为地方性政党。主要有:

(1)埃塞俄比亚人民革命民主阵线(The Ethiopian People's Revolutionary Democratic Front, EPRDF):简称埃革阵,执政党。于1989年以提格雷人民解放阵线(提人阵)为核心组建,成员党包括阿姆哈拉民族民主运动、奥罗莫人民民主组织和南埃塞俄比亚人民民主阵线,代表24个主要民族。决策机构是由36名成员组成的执行委员会。对内积极推行多党议会制民主和市场经济政策,尊重各民族自决权;对外主张在平等、相互尊重和不干涉内政基础上发展同世界各国的合作,推行地区大国战略。在1995年、2000年、2005年、2010年的多党选举中均获胜。2008年9月,埃革阵召开第七届全国代表大会,梅莱斯蝉联主席。

(2)团结民主联盟党(Coalition for Unity and Democracy Party):最大反对党。由原反对党联盟团结民主联盟的4个成员党于2005年9月合并而成,在本届人民院占109席。反对现行联邦制度,主张土地私有化,反对政府在埃厄边界问题上的立场。

(3)奥罗莫国民大会党(Oromia National Congress):反对党。原为反对党联盟民主力量联盟的最大成员党。2005年9月宣布脱离该联盟,单独加入议会,在本届人民院占43席。

【重要人物】 **吉尔马·沃尔德·乔治斯**:总统,1925年生于亚的斯亚贝巴,奥罗莫族。早年在空军服役并获中尉军衔。海尔·塞拉西皇帝时期历任议员、民航局长、各国议会联盟第52届大会副主席等职。无党派人士、联邦议会人民代表院独立议员。 **梅莱斯·泽纳维**:总理兼国防军总司令。1955年生于阿杜瓦,提格雷族。1971年进入亚的斯亚贝巴大学学医。1974年海尔·塞拉西皇帝下台后投笔从戎,加入提人阵,1979年、1983年先后进入中央委员会和政治局,1987年当选提人阵主席。1989年埃革阵成立后出任主席。1991年推翻门格斯图政权后任过渡政府总统、人民代表院主席兼武装部队总司令。1995年8月起任现职至今。

经济

世界最不发达国家之一。以农牧业为主,工业基础薄弱。门格斯图执政时期因内乱不断、政策失当及天灾频繁,经济几近崩溃。埃革阵执政后,实行以经济建设为中心、以农业和基础设施建设为先导的发展战略,向市场经济过渡,经济恢复较快,1992~1997年经济年均增长7%。1998年埃厄边界冲突爆发后,经济发展受挫。2001年,以埃厄和平进程取得进展为契机,埃政府将工作重心转向经济建设。2002年,政府实施《可持续发展和减贫计划》,先后采取修改投资和移民政策,降低出口税和银行利率、加强能力建设、推广职业技术培训等措施,获国际金融机构肯定。但2002年因旱灾严重,经济增长率放缓,翌年有所恢复。2005年以来,政府实施"以农业为先导的工业化发展战略",加大农业投入,大力发展新兴产业、出口创汇型产业、旅游业和航空业,吸引外资参与埃能源和矿产资源开发,经济保持8%以上高速增长。联合国视埃为实现千年发展目标的典范。但埃经济基础依然薄弱,2008年以来面临粮食安全形势恶化、通货膨胀率高涨、国际收支严重逆差等问题。2009年主要经济数据如下(资料来源:2010年3月经济季评、埃官方报道):

国内生产总值:296亿美元。

经济增长率:8.7%。

人均国内生产总值:382美元。

货币名称:埃塞俄比亚比尔,1比尔=100分。

汇率:1美元=13.57比尔。

通货膨胀率:8.5%。

据《经济学家》杂志预测,埃2010年经济增长率为7%,GDP总量达350亿美元,在世界上经济增长最快的国家中将排名第五位。

【资源】 已探明的矿藏有黄金、铂、镍、铜、铁、煤、钽、硅、钾盐、磷酸盐、大理石、石灰石、石油和天然气。马来西亚、沙特阿拉伯、英国、苏丹、约旦等国公司在埃进行油气开发。水资源丰富,号称"东非水塔"。境内河流湖泊较多,青尼罗河发源于此,但利用率不足5%。截至2008年9月,埃清洁水源覆盖率超过60%。埃政府计划5年内将水力发电能力从目前的783兆瓦增加至4000兆瓦。目前森林覆盖率为9%。

【工业】 工业门类不齐全,结构不合理,零部件、原材料依靠进口,2009年产值占国内生产总值的9.9%。制造业产值占国内生产总值的4.7%,以食品、饮料、纺织、皮革加工为主,集中于首都等

二、三个城市。皮革制造业占整个制造业的7.8%，是第二大出口产品，每年出口收入约5100万美元。

【农业】农业系国民经济和出口创汇的支柱，约占GDP的50%。2009年增长率为9%。农牧民占总人口85%以上，主要从事种植和畜牧业，另有少量渔业和林业。全国农用耕地面积16.5万平方公里。以小农耕作为主，广种薄收，靠天吃饭，常年缺粮。2009/2010财年粮食产量有望达到1.9亿公担（约1900万吨）。台麸、小麦等谷类作物占粮食作物产量的84.15%。近年来，因政府取消农产品销售垄断、放松价格控制、鼓励农业小型贷款、加强农技推广和化肥使用、粮食产量有所上升。经济作物有咖啡、恰特草、鲜花、油料等。其中咖啡产量居非洲前列，年均产量33万吨左右。咖啡出口创汇占埃出口的60%，其产量占世界产量的15%。

畜牧业大国，适牧地占国土一半多。以家庭放牧为主，抗灾力低，产值约占国内生产总值的20%，吸收约30%的农业人口。牲畜存栏总数居非洲之首、世界第十。其中牛3500万头、绵羊2100万只、山羊1680万只、骆驼100万峰。

【旅游业】旅游资源丰富，文物古迹及野生动物公园较多，有7处遗迹被联合国教科文组织列入《世界遗产名录》。政府已采取扩建机场、简化签证手续等措施促进旅游业发展，计划使埃到2020年成为非洲10大旅游国之一。2007年，埃政府通过举办千禧年庆祝活动，吸引大批外国游客到埃旅游。2008年旅游收入约2亿美元。2009年，埃全国各项旅游收入达25亿比尔。

【交通运输与电讯】铁路：亚的斯—吉布提铁路是全国唯一的铁路，全长850公里，其中在埃境内681公里。因设备老化、管理不善、运力不足，目前亏损严重。

公路：公路运输占全国总运量的90%。过去18年，埃政府投入400亿比尔在全国修建了长达2.6万公里的道路。目前，埃政府正实施公路部门发展计划对公路系统扩建改造。全国各地公路覆盖率达53%，全国公路总长4.4万公里，已完成道路发展5年计划的93%，修建道路8392公里。

水运：曾以厄立特里亚的阿萨布、马萨瓦港为主要港口。埃厄发生边界冲突后，进出货物主要通过吉布提港，使用该港90%的吞吐能力。埃船运公司2008/2009财年公司净利润达3.923亿比尔，航线扩展至远东地区。

空运：共有40多个机场，其中亚的斯、迪雷达瓦和巴赫达尔为国际机场。埃塞俄比亚航空公司现有国际航线52条、国内航线30多条，安全系数、管理水平和经济效益均佳。2010年1月，埃航由黎巴嫩首都贝鲁特飞往亚的斯亚贝巴的客机发生空难，造成近90余名乘客和机组人员遇难。首都亚的斯亚贝巴宝利国际机场系非洲年度最佳机场，向15家航空公司提供地勤服务。

电讯：2002年12月，埃电讯公司制订了未来20年的发展规划，计划投资35亿比尔，为全国50个城市提供电讯服务。2006年底，埃全国电力覆盖率为19%，预计到2015年，埃供电覆盖率将达到100%。

【财政金融】政府着力改革税收结构，削减赤字，停止国内借贷，改发国债，国家财政状况好转。外汇储备13亿美元（2009年3月，埃官方报道）。埃属重债穷国减债倡议和多边债务减免倡议受益国，近年来获美国、俄罗斯及世界银行、国际货币基金组织大幅减债。截至2009年底，埃外债共计38.592亿美元。

埃有商业银行、开发银行、商业建设银行等3家国有银行和1家国有保险公司。另有12家私营银行，8家私营保险公司。其中私营银行在全国共设有363家分支机构，总资产达423亿比尔。

【对外贸易】目前埃进口平均税率为50%。近年出口回升较快，但因进口需求增加，逆差较大。近年进出口情况如下（单位：百万美元）：

	2007	2008	2009
出口额	1285	1555	1621
进口额	5156	7206	6892
差　额	－3871	－5651	－5271

（资料来源：2010年3月经济季评）

出口商品主要有咖啡、油籽、恰特草、皮革和黄金，进口机械、汽车、石油产品、化肥、化学品等。主要贸易伙伴是中国、德国、日本、意大利、美国、印度、沙特阿拉伯等。

【外国资本】埃于1992年颁布《投资法》，1996年和1998年两度修订。近年政府采取放宽投资领域、降低投资最低限额等措施、简化投资审批程序、免税等措施加大吸引投资力度，外国直接投资增长较快。目前，外商投资主要分布在房地产、制造业、酒店和旅游业、建筑业、教育和服务业等领域，主要投资来源国为美国、中国、印度和沙特。2008年埃为1628个外国直接投资项目颁发执照，总投资额938亿比尔。在固定资产领域，主要投资来自于中国、印度、以色列。

【外国援助】埃厄边界冲突爆发后，国际货币基金组织和世界银行暂停向其发放新贷款，2000年12月埃厄签署《全面和平协议》后，恢复对其援助。援款主要来自世界银行、国际货币基金组织、非洲开发银行、世界粮食计划署等多边机构及美国、日本、欧盟、意大利和挪威等。埃是世界第七大受援国，2008年接受外援超过19.4亿美元。

人民生活

人均预期寿命42岁，婴儿死亡率96.8‰。44%的人口每天生活费不足 1 美元，50% 人口粮食不足 15 公斤/月，2009 年约 490 万人需粮食救济。用电人口占全国人口的 13%，28.4% 的人口有安全饮水。艾滋病感染者近 300 万，居世界第三位。全国范围内医疗服务覆盖率达 87%。

军事

武装力量由国防军、安全部队和民兵组成。联邦政府总理为武装部队总司令，统帅全国武装力量。国防部为最高军事行政机关，下辖空军司令部和陆军司令部，国防军参谋长萨莫拉·叶努斯（Samora Yenus）上将为最高军事指挥官。国防军由原埃革阵领导的推翻门格斯图政权的军队组成，1991 年革命胜利后成为正规国防军，1996 年正式实行军衔制，共分 12 级，上将是全军最高军衔。埃厄边界冲突结束后，埃大规模裁军，国防开支不断下降。国防军总兵力约 18 万人，其中正规军约 15 万人，安全部队和民兵预备役约 3 万人，空军约 8000 人，有作战飞机 120 架。安全防暴部队负责重点警务、维持社会秩序。民兵组织属地方武装组成部分，配合正规部队防卫作战、维持治安。军队装备以苏制武器为主。

文化教育

【教育】 埃革阵执政后，将发展教育、提高国民文化素质和培养技术人才作为政府工作重点之一。全国实行 10 年义务教育制，包括小学 8 年、初中 2 年。共有小学 2.1 万所，在校生超过 1400 万人，教师约 21.6 万人。政府计划新建 13 所大学。综合性大学数量已从 2 所增至 21 所。适龄儿童入学率达 90%，中学和大学入学率分别为 28% 和 17%。成年男性识字率为 50%，女性为 23%。目前，埃公立大学入学人数已达 79000 人。

【新闻出版】 全国现有 121 家报刊。官方有阿姆哈拉语日报《亚的斯泽门》（Addis Zemen）和季刊《泽门》（Zemen），奥罗莫语周报《贝瑞萨》（Beresa），阿姆哈拉语和英文季刊《今日埃塞俄比亚》（Ethiopia Today），英文日报《埃塞俄比亚先驱报》（The Ethiopian Herald），阿拉伯文周报《世界》（Alem）。

官方埃塞俄比亚通讯社（Ethiopian News Agency）成立于 1942 年，是非洲大陆历史最悠久的通讯社，也是埃最早的新闻机构。在国内设有 38 家分支机构。另有私营的瓦尔塔信息中心（Walta Information Center），1993 年成立，主要报道国内政治、经济和社会要闻，向国内各广播电台、电视台和主要报刊供稿。

埃塞俄比亚广播电台现有近百名记者，对内用阿姆哈拉等 8 种民族语言，对外用英、法和阿拉伯语广播。埃塞俄比亚电视台为国内唯一的电视台，1965 年开播，目前播放阿姆哈拉、奥罗莫和提格雷语节目。为加强广播电视管理，埃政府于 2002 年 1 月通过广播法，并在新闻部辖下成立了广播电视局（ERTA）。

对外关系

奉行全方位外交政策，主张在平等互利、相互尊重、互不干涉内政基础上与各国发展关系。强调外交为经济建设服务。重视加强与周边邻国的友好合作，努力发展与西方和阿拉伯国家关系，争取经济援助。注重学习借鉴中国等亚洲国家的发展经验。努力推动非洲政治、经济转型，重视在非洲特别是东非发挥地区大国作用，积极调解苏丹、索马里等地区热点问题。是非洲联盟、（东非）政府间发展组织、东部和南部非洲共同市场等组织成员，现任（东非）政府间发展组织轮值主席。

【对当前重大国际问题的态度】 国际形势：认为和平与发展是当今时代潮流，国际社会围绕政治、经济和社会等领域的合作趋势有望加强。支持国际关系民主化，呼吁发展中国家通过联合自强积极融入全球化进程。

联合国改革：重视联合国作用，认为世界多极化趋势为联合国发挥更大作用提供了契机。主张促进联合国民主化，希望非洲拥有常任理事国席位，认为在否决权问题上可显示灵活，非盟共同立场可予调整，支持德国、日本、印度入常。

非洲形势：认为政局动荡、地区冲突严重阻碍非洲发展，债务、艾滋病、贫困化等问题加剧非洲的边缘化趋势。主张非洲国家走政治经济一体化道路，支持非洲联盟在地区事务中发挥主导作用，积极推动实施非洲发展新伙伴计划。

国际金融危机：呼吁国际社会关注非洲，创新融资方式，增加融资渠道，加大对非援助力度。主张改革国际金融体系，为非洲国家增加相应政策空间，将非洲国家的发展成果和绩效作为提供援助的标准，增加非洲代表性和发言权。认为非洲国家应认真思考自身发展道路和政策，避免被进一步边缘化。梅莱斯总理分别于 2009 年 4 月和 7 月作为“非洲发展新伙伴计划”代表，出席二十国集团伦敦金融峰会和八国集团同发展中国家领导人对话会。

气候变化：梅莱斯总理担任非洲气候变化问题“十方首脑委员会”协调员、联合国气候变化资金问题高级别小组共同主席。坚持“共同但有区别的责任”；呼吁非洲国家加强团结与合作，建立气候变化问题非洲集体谈判机制；基本认同全球升温不超过 2℃及 2050 年全球排放减半的长期目标，要求发达国家必须率先大幅减排，并向发展中国家提供足够的资金和技术支持；支持《哥本哈根协议》，认为该协议最大限度地维护了非洲利益，对非而言已是最好结果。

【同中国的关系】 1970 年 11 月 24 日两国建交。海尔·塞拉西皇帝、门格斯图总统、梅莱斯总理等曾访华。周恩来总理曾于 1964 年访埃。钱其琛副总理、江泽民主席、温家宝总理、吴邦国委员长等先后访埃。埃革阵政府坚持一个中国立场，重视对华关系，愿学习和借鉴中国改革开放和经济建设的经验。两国签有贸易、经济技术合作、文化合作等协定。

2008年1月，外交部长杨洁篪对埃塞俄比亚进行了正式访问。7月，埃人民代表院议长特肖梅访华。11月，中国全国人大常委会委员长吴邦国应埃人民代表院议长特肖梅和联邦院议长德格非邀请，对埃进行了正式友好访问。2009年11月7日，中国国务院总理温家宝在埃及沙姆沙伊赫出席中非合作论坛第四届部长级会议期间，会见埃总理梅莱斯。

中国驻埃塞俄比亚大使：顾小杰。馆址：Jimma Road，Higher 24，Kebbele 13，Addis Ababa。电话：(0025111) 3711959。传真：3712457。经参处：3728739。

埃塞俄比亚驻华大使：海尔基洛斯·格塞塞（Hailekiros Gesseesse）。馆址：北京市建国门外秀水南街3号。电话：010－65325258。

【同美国的关系】埃美1903年建交。埃重视对美关系，是接受美援助最多的黑非洲国家之一。美视埃为非洲反恐合作伙伴，支持埃出兵索马里。两国保持密切的军事合作。2007年，埃总统吉尔马、外长塞尤姆分别访美。美国务院助理国务卿弗雷泽数次访埃。2008年10月，埃总理梅莱斯赴纽约出席联合国千年发展目标高级别会议时会见美国务卿赖斯。但埃政府对美指责其侵犯人权予以严厉批评。

【同英国的关系】19世纪，英国远征军入侵埃塞俄比亚，遭到当地军民顽强抵抗。1973年，埃英签署经济技术合作协定。门格斯图执政时期，双方因埃与索马里领土争端关系疏远。埃革阵执政后，两国关系逐步改善。英在埃设有文化中心，是埃第二大援助国。2005年5月埃大选后，两国关系因英国指责选举不符合民主标准而受到一定影响。2006年两国关系有所恢复。埃认为英对埃减免债务、加强能力建设、消除贫困、建立社会公共服务体系、建立网络信息平台等方面给予了很大帮助。2008年6月，英国外交国务大臣吉姆·豪威尔访埃。

【同俄罗斯的关系】冷战结束后，埃同俄罗斯交往不多，经贸活动较少。1992年1月，埃宣布承认独立的所有前苏联加盟共和国。2001年，埃总理梅莱斯首次正式访俄。11月，俄埃友好协会成立。2002年9月，俄罗斯总理卡西亚诺夫访埃，与梅莱斯总理举行会谈，双方就修复原苏联经援项目、开发天然气等合作达成一致。2004年两国建立直接贸易关系。

【同邻国及其他非洲国家的关系】同厄立特里亚的关系：埃与厄1952年结成联邦。1962年埃政府宣布将厄并为一个州，引发厄人民武装独立斗争。1993年厄宣布独立，埃予以承认并与之建交。1998年两国因边界冲突爆发战争，2000年签署和平协议。因埃对边委会裁决先接受后拒绝，埃厄和平进程陷入僵局。边委会于2007年11月完成“图上标界”后宣布解散。2008年7月30日，联合国安理会通过决议，终止特派团任期。目前埃厄和平进程仍陷入僵局。

同吉布提的关系：埃和吉布提于1995年建立领事级关系，1996年正式建交。两国铁路和公路相连，合营埃—吉铁路公司，签有友好合作条约。埃厄交恶后吉布提港成为埃第一大出海通道。目前，埃进出口货物的85%通过该港转运，每年向吉支付高达7亿美元的港口使用费。近年来，双边关系良好，两国领导人多次互访，并签署了安全、港口、贸易、投资等多项合作协议。

同肯尼亚的关系：埃和肯尼亚于1961年建交（1954年建立领事级关系），埃革阵执政后，双边关系进一步发展。2005年3月，肯总统齐贝吉访埃。双方同意在投资、贸易、旅游、基础设施建设、地区和平等领域进行合作，并签署两国军事领域合作协议。2007年1月，埃总理梅莱斯对肯尼亚进行工作访问。

同苏丹的关系 ：埃和苏丹1956年建交。20世纪80年代，埃苏因相互支持对方反政府武装交恶。埃革阵执政后，两国关系特别是经贸合作发展较快。开通了公路和微波通讯，埃开始从苏丹大量进口石油，并使用苏丹港。埃支持苏政府在达尔富尔问题上的立场，认为达问题属苏内政。反对国际刑事法院起诉苏总统巴希尔。2008年4月，埃参与联合国/非盟苏丹达尔富尔混合行动的首批警察共15人启程赴苏，目前已在达区部署了1600名步兵和后勤运输及情报信息机构。近年来两国高层互访不断。

同埃及的关系：两埃在尼罗河水使用问题上素有分歧。埃革阵执政后，双边关系逐步改善。两国与苏丹在尼罗河水资源使用问题上保持沟通，成立“东尼罗河流域专家委员会办公室”和“三方论坛”，协调合理开发和利用尼罗河水资源问题。2007年1月，埃外长塞尤姆访问埃及。2009年6月，两国签署《关于共同开发利用尼罗河的谅解备忘录》。

同索马里的关系：1964年和1977年，两国曾因欧加登争端两度交战，并于1977年断交。埃革阵执政后，埃积极参与调解索国内冲突，多次在其境内推动索各派召开和会并发起国际援索会议。2002年1月，（东非）政府间发展组织首脑会议授权肯尼亚、埃塞俄比亚和吉布提等国联合调解索问题，并召开索新一轮和会。在埃等国的推动下，索自2004年以来相继产生过渡联邦议会、总统和政府。10月，索过渡联邦政府总统优素福访埃，会见梅莱斯总理，寻求埃继续支持索和平进程并提供援助。2006年12月，埃出兵索马里协助过渡联邦政府击败反政府武装伊斯兰法院联盟，现已撤军。2010年3月，索过渡政府与重要武装派别逊尼派联盟达成合作协议，埃为此发挥了重要作用。

【同阿拉伯国家的关系】埃积极发展同阿拉伯特别是海湾国家的关系，争取经援和投资。2003年1月，埃塞俄比亚、苏丹、也门外长会议在喀土穆召开，三方就加强经济合作等问题进行了讨论，同意建立地区反恐联盟。2004年2月，梅莱斯在出席非盟特别首脑会议期间与利比亚领导人卡扎菲举行会谈。2005年2月，埃总理梅莱斯总理访问卡塔尔，两国签订了经济技术合作协定。同年3月，沙特议会代表团访埃。2008年4月，埃指责卡塔尔破坏非洲之角稳定，宣布两国断交。（郑旻涓）

安哥拉

国名 安哥拉共和国（The Republic of Angola, Republica de Angola）。

面积 124.67万平方公里。

人口 1740万（2008年）。主要有奥温本杜（约占总人口的38%）、姆本杜（25%）、巴刚果（14%）、隆达等民族。官方语言为葡萄牙语，主要民族语言有温本杜语、金本杜语和基孔戈语等。49%的人信奉罗马天主教，13%的人信奉基督教新教，其余人口大多信奉原始宗教。

首都 罗安达（Luanda），人口约450万。

国家元首 总统若泽·爱德华多·多斯桑托斯（Jose Eduardo dos Santos），1979年9月就任至今。

重要节日 反殖武装斗争纪念日：2月4日；和平和解纪念日：4月4日；国家奠基者和民族英雄纪念日：9月17日；独立日（国庆日）：11月11日。

简况

位于非洲西南部。北邻刚果（布）和刚果（金），东接赞比亚，南连纳米比亚，西濒大西洋，海岸线长1650公里。大部分地区属热带草原气候，年平均气温22℃；南部属亚热带气候。

历史上曾分属刚果、恩东戈、马塔姆巴和隆达四个王国。1482年，葡萄牙殖民者船队首次抵达，1576年建立罗安达城。在1884~1885年柏林会议上，安被划为葡萄牙殖民地。1922年，葡占领安全境。1951年，葡将安改为葡的一个“海外省”，派总督进行统治。从20世纪50年代起，安先后成立了三个民族解放组织：安哥拉人民解放运动（简称安人运）、安哥拉民族解放阵线（简称安解阵）和争取安哥拉彻底独立全国联盟（简称安盟），并于60年代相继开展争取民族独立的武装斗争。1975年1月15日，上述三个组织同葡政府达成关于安哥拉独立的《阿沃尔协议》，并于1月31日同葡当局共同组成过渡政府。不久，安人运、安盟、安解阵之间发生武装冲突，过渡政府解体。同年11月11日，安人运宣布成立安哥拉人民共和国，阿戈斯蒂纽·内图任总统。

安独立后长期处于内战状态。在葡萄牙、美国和前苏联的推动下，1991年5月31日，安政府与以萨文比为首的反对派安盟签署《比塞斯和平协议》。1992年8月，安议会决定改国名为安哥拉共和国。9月，安举行首次多党大选。安人运获议会选举胜利并在总统选举中领先。安盟拒绝接受大选结果，安重陷内战。2002年2月22日，安盟领导人萨文比被政府军击毙。4月4日，安政府与安盟签署停火协议。安结束长达27年的内战，实现全面和平，开始进入战后恢复与重建时期。

政治

结束内战以来，安政局保持稳定。安政府努力推进战后重建事业，采取有力措施巩固国家和平统一局面。2008年9月，安成功举行了自1992年以来的首次多党议会选举，安人运获得80%以上议席。2010年2月，安颁布新宪法。根据该法，安设立副总统职位，取消总理职位，本届政府将完成其任期至2012年，届时将举行修宪后的首次总统和议会选举。

【宪法】1975年11月11日颁布第一部宪法并曾先后四次修改。现行宪法于2010年2月颁布。宪法规定：安的首要目标是建立一个自由、公平、民主、和平的国家。实行多党制；共和国总统经选举产生，任期五年，可连任一届；总统为国家元首、政府首脑和武装部队总司令，有权公布或废除法律，宣布战争或和平状态，任免副总统、政府部长、军队高级将领、省长、总检察长、最高法院法官等。

【议会】安哥拉国民议会是国家最高立法机构。主要职能：修改宪法，批准、修改或取消法律；审批国民议会常务委员会的立法工作；监督宪法和法律的实施；监督国家和政府机关的工作；批准国民经济计划和国家预算并监督执行；批准大赦；宣布戒严和紧急状态法，以及授权总统宣布战争或和平状态。每届任期5年，每年举行两次例会。

本届国民议会于2008年9月组成，在220个议员席位中，安人运占191席，安盟占16席，社会革新党、安解阵和新民主竞选联盟分别占8席、3席和2席。现任议长为安东尼奥·卡索马（Antonio Kassoma）。

【政府】本届政府于2008年10月成立，新宪法颁布后，多斯桑托斯总统大幅调整政府部长名单，设3位国务部长和28个部，主要内阁成员名单如下：国务部长兼民事办公室主任卡洛斯·费若（Carlos

Feijo），国务部长兼军事办公室主任曼努埃尔·迪亚斯·儒尼奥尔（Manuel Dias Junior），国务部长兼经济协调部长曼努埃尔·儒尼奥尔（Manuel Junior）；外交部长阿松桑·多斯安若斯（Assuncao dos Anjos），国防部长坎迪多·范杜嫩（Candido Van-Dunem），内政部长罗伯特·蒙泰罗（Roberto Monteiro），计划部长安娜·洛伦索（Ana Lourenco），财政部长卡洛斯·洛佩斯（Carlos Lopes），石油部长若泽·德瓦斯康塞洛斯（Jose de Vasconcelos）。

1993 年 12 月，根据宪法成立了共和国国务委员会。该委员会为总统的政治性咨询机构，旨在听取并集中全国各阶层人士意见，供政府制定政策时参考。共和国国务委员会由行政、立法、司法领导人，拥有议会席位的各政党主席以及由总统指定的 10 位社会知名人士、宗教界人士和大酋长组成。

【行政区划】全国划分为 18 个省，153 个市。

【司法机构】设有最高法院、军事法庭、上诉法院和共和国总检察院。军事法庭受国防安全委员会直接领导。上诉法院专门受理上诉案件。总检察院为国家法律监督机关，受总统直接领导。最高法院院长克里斯蒂安诺·安德烈（Cristiano Andre）。总检察院总检察长若昂·德索萨（Joao de Sousa），2007 年 12 月就任。

【政党】自 1991 年起实行多党制。全国现有 90 多个合法政党。主要政党有：

（1）安哥拉人民解放运动（Movimento Popular de Libertacao de Angola）：简称安人运（MPLA），1956 年 12 月成立，安独立后一直为执政党。1990 年，安人运“三大”决定放弃马克思列宁主义，将党改为群众党，确定其战略目标是“民主社会主义”，并决定在安实行多党制。2009 年 12 月召开第六次全国代表大会，选举产生新的中央委员会，多斯桑托斯总统再次当选为党主席，罗伯托·德阿尔梅达（Roberto de Almeida）和儒利昂·马特乌斯（Juliao Mateus）分别当选为党的副主席和总书记。

（2）争取安哥拉彻底独立全国联盟（Uniao Nacional Para Independencia Total de Angola）：简称安盟（UNITA），主要反对党。成立于 1966 年 3 月，若纳斯·萨文比（Jonas Savimbi）为创始人。1967 年开始反对葡萄牙殖民统治的武装斗争。1975 年初同安人运、安解阵和葡当局组成过渡政府。安内战爆发后，转移到农村和丛林山区，开展反对安人运政府的游击活动。1991 年与安政府签署《比塞斯和平协议》。1992 年注册成为合法政党并参加当年的大选，后因拒绝接受选举结果而与政府军重开内战。1994 年与政府签署《卢萨卡议定书》。1998 年 9 月，内部分裂，部分高级成员成立安盟革新委员会，公开反对党主席萨文比。2002 年 2 月 22 日，萨文比被政府军击毙。此后，安盟与政府正式签署停火协议、完成非军事化并宣布放弃武装夺权目标。2003 年 6 月，安盟召开第九次全国代表大会，选举产生新的领导人：政治委员会主席伊萨亚斯·萨马库瓦（Isaias Samakuva），总书记阿比利奥·努马（Abilio Numa）。2007 年 7 月，安盟第十届全国代表大会召开，萨马库瓦连任党主席。

较有影响的政党还有安解阵（FNLA）、社会革新党（PRS）、新民主竞选联盟（ND）等。

【重要人物】若泽·爱德华多·多斯桑托斯：总统、安人运主席。1942 年 8 月 28 日生于罗安达市一个工人家庭。从中学时代起积极参加反对殖民统治、争取民族独立的斗争。1961 年加入安人运，1962 年任安人运青年副主席、安人运驻刚果代表。1963～1970 年在苏联学习石化和通信专业，获硕士学位。1975 年任安人运中央对外联络部长、卫生部长并当选安人运中央委员、中央政治局委员。安独立后，历任外交部长、第一副总理、计划部长、计委主任、安人运中央文教体育书记、国家重建部书记、经济发展和计划部书记等职。1979 年 9 月起，任共和国总统兼武装部队总司令、安人运主席。曾于 1988 年、1998 年和 2008 年三次访华，2008 年 8 月来华出席北京奥运会开幕式。

经　济

属最不发达国家。实行市场经济，有一定的工农业基础，但连年战乱使基础设施遭到毁坏，经济发展受到严重影响。2002 年内战结束后，政府将工作重点转向经济恢复和社会发展，调整经济结构，大力投入基础设施建设，优先解决关系国计民生的社会发展项目；同时积极开展同其他国家的经贸互利合作，努力为国家重建吸引外资。安现已成为非洲最大引资国之一。石油工业是国民经济的支柱产业。2006 年 12 月，安加入石油输出国组织。近年来，随着国际市场原油价格的攀升，安石油出口收入大幅增加。受石油产业拉动，安经济连续几年保持两位数增长，位居非洲前列。根据安 2009～2013 年发展规划，安新一届政府仍将国家重建、经济增长和改善民生作为主要任务，提出将新建 100 万套经济适用住房，创造 32 万个就业岗位。受金融危机和国际市场原油价格大幅下跌的影响，安 2009 年经济呈现增速放缓的趋势。2009 年主要经济数据如下（资料来源：2010 年 5 月《经济季评》）：

国内生产总值：814 亿美元。

国内生产总值增长率：-0.5%。

货币名称：宽扎（Kz）。

汇率：1 美元 = 89.4 宽扎。

通货膨胀率：15%。

失业率：26.8%。

外汇储备：136 亿美元。

外债总额：160 亿美元。

【资源】石油、天然气和矿产资源丰富。安已探明石油可采储量超过131亿桶，天然气储量达7万亿立方米。主要矿产有钻石、铁、磷酸盐、铜、锰、铅、锡、锌、钨、黄金、石英、大理石和花岗岩等。钻石总储量约1.8亿克拉，铁矿17亿吨，锰矿近1亿吨，磷酸盐2亿吨。森林面积5300万公顷，出产乌木、非洲白檀木、紫檀木等名贵木材。水力、海洋资源较丰富。

【工矿业】石油和钻石开采是国民经济的支柱产业。2009年石油收入占国内生产总值约57%，全年原油产量6.57亿桶，日产178.6万桶，为非洲第一大产油国。原钻产量为890万克拉，产值75亿美元，居世界第五位。主要工业还有水泥、建材生产、车辆装修、纺织服装、食品和水产加工等。

【农业】土地肥沃，河流密布，发展农业的自然条件良好。耕地总面积670万公顷（安官方公布数据）。农业人口约占全国劳动力人口的63%。北部为经济作物产区，主要种植咖啡、剑麻、甘蔗、棉花、花生等作物。中部高原和西南部地区为产粮区，主要种植玉米、木薯、水稻、小麦、土豆、豆类等作物。粮食不能自给，2008年谷物总产量为45万吨，缺粮70万吨。

【渔业】渔业资源丰富。渔业为安重要产业，从业人员约5万人，2005年捕鱼总量为29.1万吨。渔场自然条件良好，可全年作业。多数中、小渔业公司已私有化。

【交通运输】以公路运输为主。多年内战使交通设施遭到严重破坏。据安哥拉政府估计，修复和重建约需100亿美元。

公路：总里程7.3万公里，其中1.8万公里为柏油路面，其余为沙石土路面，干线总长2.5万公里。

铁路：总里程2800公里，有本格拉、纳米贝和罗安达—马兰热三条主干线。本格拉铁路全长1350公里，与刚果（金）的铁路连接，曾是南部非洲铁路运输干线之一。因多年战乱，目前只有部分路段维持运转。

水运：海运船队总吨位10万多吨，主要港口罗安达、洛比托和纳米贝等均可停靠万吨级货船。2007年，罗安达港货运量达600万吨。

空运：安哥拉航空公司（TAAG）是国际民航组织成员，航空客货运输量居非洲第五位。全国共有32个机场。罗安达国际机场可起降大型客机，有通往中国、葡萄牙、法国、英国、比利时、俄罗斯、巴西、德国、阿联酋以及刚果（布）、刚果（金）、加蓬、佛得角、埃塞俄比亚、津巴布韦、南非、纳米比亚、圣多美和普林西比等国的定期航班。

【电信】电信比较落后。2001年，安宣布放弃国家对电信业的垄断，私有化比例最高可达40%。主要电信公司有：国营安哥拉电信公司（ANGOLA TELECOM）、联合电信公司（UNITEL）和移动电信公司（MOVICEL）。截至2009年，安手机用户约750万，其中UNITEL用户达450万，MOVICEL用户为250万人，固定电话用户约20万人。

【财政金融】2008年度政府财政预算中，完成总收入约402亿美元，完成总支出约336亿美元，分别为预算计划的115%和96%。2010年安政府预算，总支出约347亿美元，总收入约257亿美元。

【对外贸易】2009年外贸总额约563亿美元。近几年对外贸易情况如下（单位：亿美元）：

	2007	2008	2009
出口额	446	639	406
进口额	114	209	157
差　额	332	430	249

（资料来源：2010年5月《经济季评》）

2008年，产品主要出口到中国（占安当年出口总额的32.9%）、美国（28.7%）、法国（6.0%）、南非（4.5%）；进口产品主要来自葡萄牙（占安当年进口总额的17.1%）、中国（15.2%）、美国（11%）、巴西（10.2%）。

【外国资本】主要集中在石油工业、钻石开采、公共工程、建筑、渔业和加工工业等。2000～2004年共吸引外国直接投资100亿美元，在非洲国家中名列前茅。主要投资国有美国、法国、意大利、比利时、英国、葡萄牙、日本、巴西、南非、韩国等。

【外国援助】双边援助主要由美国、日本、荷兰、挪威、瑞典、葡萄牙等提供。多边援助主要来自欧盟、国际开发协会、联合国儿童基金会、联合国难民署、联合国开发计划署等组织。

人民生活

全国实行免费医疗。据安哥拉卫生部2002年统计，全国共有国家级医院8家，省级医院103家，卫生中心277个，医疗站1716个，全国平均每千人拥有医生0.46名，护理人员11.27名，病床0.79张。

据2009年联合国开发计划署公布的全球人类发展情况报告，安2007年人文发展指数为0.564，居全球第143位。安人均预期寿命值为46.5岁，成人识字率为67.4%。据联合国儿童基金会统计数据，2004年安5岁以下儿童死亡率为26%。2005年安贫困率为56%。

军　事

安哥拉武装力量（简称FAA）为国家军队，成立于1991年，现有陆军8.4万人，空军1.1万人，海军5000人。国家元首兼任武装部队总司令。武装力量总参谋长弗朗西斯科·佩雷拉·富尔塔多（Francisco Pereira Furtado）。

文化教育

【教育】教育体系分为基础教育、中等教育和高等教育。基础教育为义务教育，学制8年。儿童从7岁起入学。

阿戈斯蒂纽·内图大学是唯一的国立综合性大学，另有两所私立大学。2005 年文盲率为 33%。2009 年，安注册学生总数为 600 万人，教师 20 万名。公共教育支出占国内生产总值的 2.8%。

【新闻出版】《安哥拉日报》为葡文官方日报，1923 年创刊，发行量 4 万余份。《共和国公报》为官方不定期刊物。《安哥拉北方》、《支部》由安人运主办，《劳动者之声》由工人联合会主办。《对外贸易》、《能源》为专业性杂志、季刊。

安哥拉通讯社：国家通讯社，有记者近百人，驻外有 7 个分社。

安哥拉国家电台：用葡语和多种民族语言广播，对外用葡、西、英、法等语言广播。

安哥拉电视台：国营，每天播放 15 小时。

对外关系

奉行和平共处和不结盟的对外政策；主张在相互尊重主权、互不干涉内政、平等互利的基础上，同世界各国建立和保持外交关系；要求建立国际经济新秩序。是南部非洲发展共同体、中部非洲国家经济共同体、葡语国家共同体成员国。与 100 多个国家有外交关系。2002 年实现和平后，安政府外交工作的主要目标是为巩固和平和战后重建多做工作，发挥经济外交作用，积极寻求更多的外援和投资，进一步参与国际和地区事务，为地区和平与稳定做贡献。2007 年 5 月 18 日，安当选为联合国人权理事会成员国，任期三年。2008 年 11 月，安哥拉担任几内亚湾委员会轮值主席国，任期两年。

2009 年，多斯桑托斯总统先后访问德国（2 月）、葡萄牙（3 月），并出席在意大利拉奎拉举行的八国集团与非洲国家领导人对话会议（7 月）。年内访安的有：几内亚比绍总理儒尼奥尔（1 月）、赞比亚总统班达（1 月）、古巴国务委员会主席兼部长会议主席劳尔·卡斯特罗（2 月）、圣多美和普林西比总理布兰科（2 月）、刚果（金）总统穆齐托（4 月）、东帝汶议长阿劳若（5 月）、东帝汶总理古斯芒（5 月）、美国国务卿克林顿（8 月）、南非总统祖马（8 月）、津巴布韦总理茨万吉拉伊（10 月）。

【同中国的关系】1983 年 1 月 12 日中安建交后，两国友好合作关系顺利发展，各领域交流与合作不断扩大，在国际和地区事务中保持着良好的协调与配合。2006 年 6 月，温家宝总理成功访安，这是两国建交以来中国总理首次访安；11 月，费尔南多总理率团出席中非合作论坛北京峰会。2007 年 6 月，中共中央政治局委员、广东省委书记张德江率团访安。2008 年 7 月，中共中央政治局常委、中央纪律检查委员会书记贺国强率团访安；8 月，多斯桑托斯总统夫妇来华出席北京奥运会开幕式；12 月，多斯桑托斯总统对中国进行国事访问。

据中国商务部统计，2009 年，中国同安哥拉贸易总额为 170.62 亿美元，同比下降 32.6%，其中中方出口 146.76 亿美元，进口 23.86 亿美元。

中国驻安哥拉大使：张伯伦。馆址：RUA PRESIDENTE HOUARI BOUMEDIENNE NO.196 – 200, MIRAMAR-LUANDA, ANGOLA。国家地区号：244 – 222。电话：444658（值班室），441683。传真：444185。经商处地址：RUA FERNAO MENDES PINTO NO.26 – 28 ALVALADE-LUANDA, ANGOLA。电话：320367。传真：324049。

安哥拉驻华大使：若昂·曼努埃尔·贝尔纳多（JOAO MANUEL BERNARDO）。馆址：北京市塔园外交办公楼 1 单元 8 层 1 号。电话：010 – 65326968，65326839。传真：65326969。

【同美国的关系】安哥拉内战期间，美国先后支持安解阵和安盟。随着冷战结束以及安盟领导人萨文比不断破坏安哥拉和平进程，美国于 1993 年停止了对安盟的支持并承认安人运政府。安哥拉和美国 1993 年正式建立外交关系后，多斯桑托斯总统曾三次访问美国，两国在经贸、能源等领域合作不断扩大，关系发展较顺利。安哥拉是美国在非洲重要的石油供应国。根据安哥拉官方统计，2007 年安哥拉和美国双边贸易额 134.7 亿美元，美国进口安哥拉石油 2260 万吨，占安哥拉石油出口的 26.2%。

【同非洲国家的关系】重视发展与非洲国家的关系，与邻国津巴布韦、纳米比亚、刚果（金）等关系密切，并结成共同防务联盟。（万涛）

贝　宁

国名　贝宁共和国（The Republic of Benin, La République du Bénin）。

面积　11.26 万平方公里。

人口　890 万（2009 年）。共 60 多个民族，主要有丰族、阿贾族、约鲁巴族、巴利巴族、奥塔玛里族、颇尔族等。官方语言为法语。全国使用较广的语言有丰语、约鲁巴语和巴利巴语。居民中约 65% 信奉传统宗教，20% 信奉基督教，15% 信奉伊斯兰教。

首都　首都波多诺伏（Porto-Novo），国民议会所在地，人口 25.4 万（2009 年）。科托努（Cotonou）

为政府所在地，人口74.5万（2009年）。最热季节为每年3月，平均气温26℃~28℃，相对凉爽季节为8月，平均气温23℃~25℃。

国家元首　总统博尼·亚伊（Boni YAYI），2006年4月6日就职。

重要节日　独立日：8月1日。

简　况

位于西非中南部，东邻尼日利亚，西北、东北与布基纳法索、尼日尔交界，西接多哥，南濒大西洋几内亚湾。海岸线长125公里。沿海平原为热带雨林气候，常年气温在20℃~34℃之间；中部和北部为热带草原气候，年平均温度26℃~27℃，最高可达42℃。

16世纪前后，贝宁出现许多小王国和酋长国。18世纪阿波美王国鼎盛时期统一了南部和中部。16世纪后期，西方殖民者入侵贝宁掠奴贩奴。1904年，贝宁并入法属西非，1913年沦为法国殖民地。1958年成为法兰西共同体内的"自治共和国"。1960年8月1日独立，成立达荷美共和国。1972年10月克雷库政变上台，宣布"走社会主义发展道路"。1975年11月30日改国名为贝宁人民共和国。1990年3月1日改为贝宁共和国，并开始实行多党制。1991年3月，尼塞福尔·索格洛（Nicéphore SOGLO）在首次多党大选中获胜，当选总统。1996年3月，克雷库在换届选举中获胜，再度出任总统，2001年蝉联。2006年3月，贝举行民主化以来的第四次总统大选，独立候选人、前西非开发银行行长亚伊在大选中获胜，成为贝民主化以来的第三位总统。4月6日，亚宣誓就职。

政　治

亚伊执政后，大力推行政治经济改革，加强执政能力建设，整顿吏治，提出"协同共治"的治国理念，制定经济发展规划，努力振兴特色产业，取得一定成效。2007年3月和2008年4月，总统派政党联盟"贝宁崛起贝壳力量"先后在立法选举和市镇议会选举中获胜。2008年10月和2010年6月，亚改组政府。目前，贝政局总体稳定，2011年将举行总统选举。

【宪法】现行宪法于1990年12月11日经公民投票通过，是贝宁历史上第七部宪法。宪法规定，"建立一个法制和民主多元化的国家"，实行行政、立法和司法分离的原则和总统内阁制。总统为国家元首、政府首脑和武装部队统帅，由直接普选产生，任期五年，可连选连任一次。

【议会】称国民议会，最高立法机构，实行一院制，行使立法权并监督政府工作。议员由直接普选产生，任期4年，可连选连任，但不得兼任其它公职。本届议会于2007年3月31日选举产生，共有83名议员，来自12个政党和政党联盟，共组成8个议会党团。议会领导机构为执行局，由议长、副议长、总务主任、议会书记等7人组成。议会设法律和人权、财贸、生产和计划、教育文化和社会事务以及国防安全和对外合作关系等5个委员会。议长为前高等教育和职业培训部长马蒂兰·纳戈（Mathurin NAGO）。

【政府】本届政府于2006年4月组成，多次改组，最近一次是2010年6月。总统博尼·亚伊兼任政府首脑，共30名成员，包括负责展望、发展、公共政策评估和政府行为协调的国务部长伊雷内·帕斯卡尔·库帕基（Irénée Pascal KOUPAKI），负责国防的国务部长伊西富·科吉·恩杜罗（Issifou Kogui N'DOURO），内政和公共安全部长阿尔曼·津津多惠（Armand ZINZINDOHOUE），掌玺、司法、立法和人权部长格雷瓜尔·阿科福吉（Grégoire AKOFODJI），外交、非洲一体化、法语国家和贝宁侨民事务部长让—马里·埃胡祖（Jean-Marie EHOUZOU），经济和财政部长伊德里斯·达乌达（Idriss DAOUDA），农业、牧业和渔业部长米歇尔·索博西（Michel SOGBOSSI），权力下放、地方管理和领土整治部长阿拉萨内·塞义杜（Alassane SEIDOU），工业部长康迪德·阿赞奈（Candide AZANNAI），商务部长克里斯蒂娜·万萨维（Christine OUINSAVI，女），负责中小企业和促进私营部门部长克莱芒·德博（Clément DEGBO），能源和水利部长萨卡·拉菲亚（Sacca LAFIA），石油和矿产开发部长巴泰勒米·卡萨（Barthélémy KASSA），卫生部长伊西富·塔帕拉（Issifou TAKPARA），幼儿和初等教育部长费利西安·扎沙里耶（Félicien ZACHARIE），中等教育和职业、技术培训部长纳通德·阿克（Natondé AKE），高等教育和科学研究部长弗朗索瓦·阿比奥拉（François ABIOLA），劳动与公职部长兼政府发言人热拉尔·夸西（Gérard KUASSI），青年、体育和娱乐部长莫德斯特·克雷库（Modeste KEREKOU），手工业和旅游部长克劳迪内·普鲁登西奥（Claudine PRUDENCIO），家庭和互助部长玛玛图·玛丽·若埃·梅巴·比奥·乔苏（Mamatou Marie Joe Meba Bio épouse DJOSSOU，女），制度和机构改革部长贝尔纳·索博西·博科（Bernard Sogbossi BOCCO），文化、扫盲和国语促进部长加利乌·索格洛（Galiou SOGLO），环境和自然保护部长朱斯坦·索苏·阿丹马伊（Justin Sossou ADANMAYI），小额贷款和青年妇女就业部长雷基娅·马杜古（Reckia MADOUGOU，女），城市规划、住房、土地改革和防治海岸线侵蚀部长弗朗索瓦·贝努波·努德贝西（François Gbénoulpo NOUDEGBESSI），协调国家机构关系部长扎卡里·巴巴·博迪（Zakari Baba BODY），总统府负责通讯和信息通讯技术的部长级代表德西雷·阿达贾（Goundé Désiré ADADJA），总统府负责陆运交通、空运交通和公共工程的部长级代表尼凯斯·法尼翁（Nicaise Kotchami FAGNON），总统府负责海上经济、海运交通和港口改革的部长级代表伊萨·巴达鲁·苏莱（Issa Badarou SOULE）。

【行政区划】全国分为省、县（市）、镇、村四级行政单位，共12个省，77个县（市）（67个县、10个市）。12个省的名称为滨海、大西洋、韦梅、莫诺、库福、高原、祖、丘陵、东加、博尔古、阿黎博里、阿塔科拉。

【司法机构】设有宪法法院、最高法院、高等法院、上诉法院和初级法院。宪法法院独立于最高法院，是最高司法机关，负责审理法律的合宪性，调解国家机关权限纠纷，并对立法选举和总统选举的合法性进行裁决。最高法院是国家行政、司法裁判和国家审计的最高权力机关，由司法、行政、审计3个法庭和1个检察院组成。中央一级设上诉法院，系终审法院，各省设初级法院，县（市）设治安法院，各级法院均委派有共和国检察官。高等法院有权审理总统和政府成员在履行职务时所犯叛国和违法行为。本届宪法法院于2008年6月成立，院长罗贝尔·多苏（Robert Dessou）。本届最高法院于2006年2月成立，院长阿布杜·萨利乌（Aboudou SALIOU）。本届高等法院于2003年12月成立，院长克洛蒂尔德·梅代冈（Clotilde MEDEGAN，女）。

【政党】2003年，贝政府颁布新政党宪章，规定合法政党应在每个省至少有10名成员，总人数至少达到120人。根据贝内政部公布，目前贝有107个政党符合规定，其中较有影响的有：

（1）贝宁崛起贝壳力量（Forces Cauris pour un Bénin Émergent）：2007年1月成立。2006年4月亚伊以“贝壳”作为竞选标志赢得总统选举，此后一批支持亚伊、自称“贝壳派”的政党和政党联盟相继成立。在2007年立法选举前，经亚伊大力整合成功组成“贝宁崛起贝壳力量”政党联盟。最初由66个政治团体组成，后不断有新党团加入其中。主要领导人包括维桑西娅·博科（Vicencia BOCCO）、内斯托·达科（Nestor DAKO）、萨卡·拉菲亚（Sacca LAFIA）、亚历山大·温通吉（Alexandre HOUNTONDJ）等。在2007年立法选举中，该政党联盟赢得35席，成为议会第一大党派。

（2）贝宁复兴党（Renaissance du Bénin）：1992年4月成立。该党宗旨是复兴贝宁历史文化，并将此作为国家政治生活的催化剂。势力主要集中在科托努市、祖省、滨海省和大西洋省。名誉主席为科托努市长、前总统尼塞福尔·索格洛，主席为索格洛夫人罗西娜·维耶拉·索格洛（Rosine VIEYRA SOGLO）。在2007年立法选举中，该党与社会民主党、非洲民主进步运动等六个政党组成“民主动力联盟”，共获得20个议席。

（3）民主复兴党（Parti du Renouveau Démocratique）：1990年9月成立。该党主张多党民主，加强各派政治力量间对话，维护国家统一，实行市场经济，提倡睦邻友好和地区一体化。势力范围主要集中在高原省、韦梅省和科托努市部分地区。主席为前议长阿德里安·温贝吉（Adrien HOUNGBEDJI）。在2007年立法选举中获得10个议席。

（4）社会民主党（Parti Social-Démocrate）：1990年10月成立。该党的宗旨是民主、对话、团结，争取社会民主，努力实现民族团结，消除国家发展中的不公正现象。势力范围主要集中在莫诺、库福、大西洋、博尔古和阿塔科拉等省。主席为原计划国务部长布律诺·阿穆苏（Bruno AMOUSSOU）。

（5）非洲民主进步运动（Mouvement de l'Afrique pour la Démocratie et le Progrès）：1997年12月成立。该党宗旨是团结民主力量维护民主与法治，反对部族主义和地方主义，主张区域一体化，发展经济，建设繁荣的非洲。主席塞夫·法博宏（Séfou FAGBOHOUM）。

（6）复兴与发展行动阵线（Front d'Action pour le Renouveau et le Développement）：1994年4月成立，是北方第一大党。该党主张建立多党民主、自由、和平、公正、社会进步和法制国家，强调民族团结。势力范围主要集中在东加、博尔古、阿黎波里和阿塔科拉等省。总书记为维丽妮克·贝多·萨博（Vérinique Gbèdo SAGBO）。

其他政党还有：民主与团结联盟（Union pour la Démocratie et la Solidarité）、贝宁社会党（Parti Socialiste du Bénin）等。

【重要人物】**博尼·亚伊**：总统、国家元首、政府首脑兼武装部队统帅。1952年生于贝宁北部的博尔古省。信奉基督教。曾就读于贝宁国立大学，获经济学硕士学位，后赴塞内加尔深造，先后获西非中央银行银行学高等学历和达喀尔金融高等学历。1986年获法国奥尔良大学货币学博士学位，1991年获巴黎大学经济学博士学位。1992～1994年，历任总统府负责银行和货币事务的官员、总统办公厅宏观经济研究室成员、西非国家中央银行副行长。1994年12月至2006年1月任西非开发银行行长。2006年3月当选贝宁总统，4月宣誓就职。

经　济

系最不发达国家和重债穷国。农业和转口贸易是国民经济两大支柱。主要经济作物有棉花、腰果、油棕榈等，其中棉花是主要出口创汇产品。是西非重要转口贸易国，到港货物多转口销往尼日利亚等周边国家。工业基础薄弱，主要为农产品加工及纺织业。资源较贫乏，已探明矿藏有石油、黄金等，但储量有限。亚伊执政后，将农业、招商引资和基础设施建设作为发展经济的重点，大力扶持棉花生产，积极发展转口贸易，鼓励外国企业在贝投资。2007年贝经济出现复苏，2008年增长率达到5%，但2009年受国际金融危机冲击，经济增速放缓。2009年主要经济数据如下（资料来源：IMF国际货币基金组织网站和2010年4月经济季评）：

国内生产总值：66.7 亿美元。

人均国内生产总值：约 749 美元。

国内生产总值增长率：2.7%。

货币名称：非洲金融共同体法郎（FCFA，简称非洲法郎）。

汇率（2010 年 4 月）：1 美元 =472 非洲法郎。

【资源】矿藏主要有石油、天然气、铁矿石、磷酸盐、大理石、黄金等。石油已探明储量 54.5 亿桶，可开采的约 9.2 亿桶，天然气储量 910 亿立方米。2000 年 8 月，贝宁与多哥、加纳、尼日利亚就天然气的输出签订了"西非输气管道议定书"。铁矿石储量约 5.06 亿吨。渔业资源丰富，海洋鱼类约有 257 种。森林面积 313 万公顷，约占国土面积的 27%。

【工业】基础薄弱，设备陈旧，生产能力较低。2006 年，其产值占国内生产总值的比率为 14.5%。主要有食品加工、纺织和建材业。工业人口约占全国劳动人口的 10.6%。实行结构调整以来，已有部分企业实行了私有化，剩下的大型国有企业也将陆续私有化。

【农林牧渔业】2006 年其产值占国内生产总值的 37.1%。有可耕地 705 万公顷，实际耕种面积不足 15%。农村人口占全国人口的 80%。粮食基本自给，部分出口次地区。主要粮食作物有木薯、山药、玉米、小米等；经济作物有棉花、腰果、棕榈、咖啡等，其中棉花出口额约占出口创汇总收入的 70% ~ 80%。约 30 万人直接或间接从事渔业生产，2005 年捕鱼 4 万吨。林木年均采伐量 2990 立方米。

【旅游业】系贝宁新兴产业，是仅次于棉花的第二大创汇产业。近年来政府对旅游业的投入不断加大。主要旅游景点有冈维埃水上村、维达古城、维达历史博物馆、阿波美古都、野生动物园、埃维埃旅游公园、海滩等。现正兴建从科托努至维达捕鱼路旅游开发区，以发展海滨旅游。2004 年拥有各类宾馆、旅店 282 家，其中科托努海滨宾馆为 5 星级宾馆。

【交通运输】年产值约占国内生产总值的 8%。

铁路：总长 685 公里，其中 579 公里为主干线。最主要路段连接科托努和帕拉库，长约 440 公里，属"贝宁—尼日尔铁路运输共同组织"共同经营铁路的一部分。由于年久失修，运力严重下降。2005 年客运量约 11.8 万人次，货运量约 5.2 万吨。

公路：总长 3.1 万多公里。其中国家级公路 6076 公里，省级与市级公路 2.5 万公里左右。2003 年 1 月，科托努至波多诺伏的高速公路开通，全长 27 公里。有各类汽车 10 万辆，用于客运和货运。另有 4.3 万辆出租摩托车。

海运：科托努港为地区性重要转运港口，水深 11 ~ 14 米，可停泊万吨巨轮。该港年营业额约为 3000 亿非洲法郎。2008 年，货物吞吐量达 699.84 万吨。政府正在建设格洛基贝旱港以缓解科特努港饱和压力，并将在维达新建一大型深水港。

空运：科托努国际机场是贝宁唯一的 A1 型国际机场，可起降波音 747 和空中客车等大型飞机。年客运量约 35 万人次，货运量 4600 吨。总投资约为 280 亿西非法郎的帕拉库 Tourou 国际机场项目于 2008 年 12 月 15 日正式动工。现有法航和摩洛哥航空公司等十几家航空公司在贝运营。贝宁首家国际航空公司—贝宁非洲航空公司于 2002 年 6 月成立，主要经营科托努—巴黎航线。此外，贝还有 9 个国内机场，但不具备夜航条件。

【财政金融】国家财政收入主要靠税收，其中关税占 40%。近年贝财政收支状况如下（单位：亿非洲法郎）：

	2007	2008	2009
收入	7452	7788	7882
支出	6524	7831	10526
赤字	－928	43	2644

截至 2009 年底，贝外汇储备为 12.8 亿美元。

【对外贸易】国民经济支柱产业，其产值约占国内生产总值 40%，收入占到国家预算收入 60% ~ 80%。转口贸易十分活跃，到港货物约 70% 转销到尼日利亚以及尼日尔、布基纳法索等内陆国家。主要出口棉花、腰果、棕榈油等初级产品，进口日用消费品、机械设备、燃料等。2008 年主要进口对象是中国、法国、美国和泰国等，主要出口对象是中国、印尼、尼日尔和美国等。近年贝进出口贸易情况如下（单位：亿美元）：

	2007	2008	2009
出口额	10.47	11.27	10.56
进口额	16.02	18.43	15.90
差　额	－5.55	－7.16	－5.34

（资料来源：2010 年 4 月经济季评）

【外国援助】2008 年共获得官方外援约 4.15 亿美元，约占国内生产总值的 5.7%。主要援助国家和国际机构为法国、丹麦、德国、美国、日本、世界银行、欧盟、非洲开发基金、西非开发银行及国际货币基金组织等。

人民生活

根据联合国开发计划署《2009 年世界人类发展报告》，贝在 182 个国家中居 161 位。2008 年，各行业每月最低保障工资为 31625 非洲法郎。全国各类医疗卫生机构 1302 家，其中包括 5 家国家级医院：位于科托努的国家中心医院、肺结核中心医院、精神病中心医院与泻湖妇幼保健院；5 家省级医院：波多诺伏医院、洛科萨医院、阿波美医院、维达医院和纳蒂丹医院。全国共有病床 4053 张，各类医务人员 5833 人。2005 年，贝人口出生率 3.92%，死亡率 0.6%，婴儿死亡率6.56%，人均寿命60岁，其中男子平均寿命57.7岁，女子62.2岁。每百人拥有收音机80台，电视机50台，摩托车3.1辆。2007年，手机用户超过100万人。

军　事

1960年建军，1977年改组为国防军、公安军和民兵。1990年实行军队“非政治化”，国防军改称“武装力量”，保留陆、海、空三军和宪兵建制。实行义务兵役制。

2009年总兵力约15000人，其中陆军9000余人，海军约500人，空军约200人，另有宪兵和警察等准军事部队。武装力量总参谋长夏比·阿穆萨·博尼（Chabi Amoussa BONI）少将；陆军司令多米尼克·阿胡昂吉努（Dominique AHOUQNDJINOU）；空军司令卡米耶·米肖杰温（Camille MICHODJEHOUN）上校；海军司令马克西姆·阿霍约（Maxime AHOYO）中校；宪兵局局长科库·塞梅冈（Cocou SEMEGAN）上校。

文化教育

【教育】2005年，小学入学率为94.8%，辍学率为13.9%。2007年，教育经费占政府预算总额比例从2005年的15%、2006年的20%增加达30%。现有大学2所，分别为阿波美—卡拉维大学（原贝宁国立大学）和帕拉库大学，技术、专科学校约112所，普通中学约246所，小学约3558所。

【新闻出版】国家设有最高视听管理委员会，作为新闻和通讯的监察机构，负责有关新闻、通讯法律的咨询工作，保证新闻、通讯自由。委员会由9名成员组成，由总统、议会和新闻界各推荐3人，任期5年。本届委员会于2004年8月4日成立，现任主席阿里·扎托（Ali ZATO）。

现有报纸28种。其中《民族报》是官方报纸，每周一至五发行，已发行3000多期。私人报纸主要有《早报》、《晨报》和《每日回声报》等。《民族报》和《早报》发行量最大，约5000份。

贝宁通讯社是国家通讯社，1961年成立，主要以电讯稿方式向本国报社、电台、电视台发布消息。自1990年起出版《贝宁新闻》和《经济新闻》两种日刊，每周一至五出版。在国内各省设通讯员。国际新闻多来源于法新社。1997年贝通社与新华社签署了新闻交换合作协议，1998年起可接收新华社消息。

贝宁广播电视局拥有1家国营电视台、4家国营电台和5家地方农业电台。贝宁国家电视台建成于1972年，1978年12月31日正式开播，现日播映时间平均近18小时，本国制作的节目约占45%。贝宁国家电台前身为革命之声电台，建于1953年，用法语、英语和民族语言广播。自1992年起，用调频转播法国国际广播电台的节目。

对外关系

奉行“实用、灵活和不排他”的务实外交政策，努力谋求政治支持和经济援助，服务于国内发展。注重保持同法、美国等西方大国的关系，被西方国家树为非洲“民主样板”，与法国签有《法贝伙伴关系框架文件》，是美国《非洲增长和机遇法案》受惠国；积极发展同中国、印度等发展中大国关系；同邻国关系友好，主张以和平方式解决领土争端。2005年接受海牙国际法庭就贝与尼日尔边界纠纷作出的裁决。2009年与布基纳法索签订协议，将两国边境纠纷提交国际法庭裁决；积极参与地区事务，2008年成功举办萨赫勒—撒哈拉国家共同体第10届峰会并当选为主席国，多次派兵参加地区维和行动。是非盟、西非国家经济共同体、西非经济货币联盟等组织成员国。

【同中国的关系】两国于1964年11月12日建交。1966年1月贝单方面宣布终止两国关系，与台湾“复交”。1972年12月29日，中贝恢复外交关系。

2006年8月，亚伊总统对华进行国事访问，11月出席中非合作论坛北京峰会。2007年1月，李肇星外长访贝；2009年3月，外交部部长助理翟隽访贝。11月，贝外长埃胡祖率团出席了中非合作论坛第四届部长级会议。2010年1月和4月，中联部部长王家瑞和中国人民对外友好协会副会长冯佐库访贝。

双边经贸合作势头良好。2008年双边贸易额为24.1亿美元，同比增长15.8%。2009年受国际金融危机影响，双边贸易额为20.4亿美元，同比下降10.4%。中方主要出口纺织、机电产品等，进口棉花。

中国驻贝宁大使：耿文兵。馆址：科托努机场路使馆区2号（Numéro 2 Zone des Ambassades, Route de l'Aéroport, Cotonou）。电话：(229) 21301292，21300765。传真：21300841，经参处电话：21301097。

贝宁驻中国大使：塞多赞·让—克洛德·阿皮蒂（Sèdozan Jean-Claude APITHY）。馆址：北京市光华路38号。电话：010－65322741、65322302。

【同法国的关系】法国是贝宁的前宗主国，两国一直保持着密切的特殊关系。索格洛执政期间，两国关系陷入低潮。1996年克雷库重新执政后，两国关系得到恢复和发展。法是贝主要的外援出资国和贸易伙伴。2005年11月，应希拉克总统邀请，克雷库对法国进行正式访问，两国签署了“法贝伙伴关系框架文件”。2006年6月，亚伊应希拉克邀请访法，双方签署了两项总额为2600万欧元的援助协议，法还向贝提供了450万欧元财政援助。2007年7月，亚伊应邀访法，法向贝提供30亿非郎的预算援助。2009年1月，法移民、融入、国民身份和共同发展部长奥尔特弗访贝。法国务秘书兼环境生态、可持续发展和整治部长让—路易·博尔洛、人权国务秘书拉玛·雅德也曾分别于2008年8月和2009年2月访贝。2009年12月，亚伊访法，会见了萨科齐总统和希拉克前总统。

【同美国的关系】1961 年同美国建交。1995 年两国成立军事合作混委会。美在贝设有文化中心和《非洲增长和机会法》西非培训中心。2003 年，因贝拒绝签署承认美公民享有国际刑事法庭豁免权的双边协议，美冻结对贝军援。2004 年，美宣布接受贝加入《非洲增长和机会法》和"迎接千年挑战国家组织理事会"，成为全球享受千年挑战援助基金的 16 国之一。2006 年 2 月，克雷库访问美国，贝政府与千年挑战账户公司签署了总额为 3.07 亿美元的援助协议，用于帮助贝改善良政、促进经济增长和实现减贫计划等。2006 年 12 月，亚伊应布什邀请访美。2008 年 2 月，布什总统访贝。同年 7 月，亚伊访美。2009 年 11 月，亚伊再次访美，会见了世界银行行长、国际货币基金组织主席，并与克林顿国务卿、美国会议员等会谈。

【同德国的关系】1961 年贝德建交以来，两国关系发展顺利。贝是德对非援助的重点国家，两国每两年举行一次政府间磋商。2003 年 5 月，克雷库访德，德宣布 2002～2003 年向贝提供援助 3200 万欧元，减免债务 1000 万欧元。2004 年 12 月，德总统霍斯特·克勒访贝，德向贝提供 4600 万欧元用于支持贝政府减贫战略。2006 年 10 月，亚伊总统访德，德决定从 2006 年起向贝提供直接财政援助。2007 年 5 月和 11 月，亚伊两次赴德，分别参加"崛起非洲的未来"论坛和第三届德非伙伴关系论坛。2009 年 1 月，德国经济合作和发展部副部长埃里克·史达特访贝。

【同非洲国家的关系】贝坚持睦邻友好，重视发展与尼日利亚、阿尔及利亚等地区大国的关系。积极参与地区合作，推动区域一体化进程。2004～2005 年担任安理会轮值主席期间，推动解决涉及非洲切身利益的"儿童和武装冲突"等问题。亚伊执政以后，重视同周边国家关系，多次出访尼日利亚、加纳、尼日尔等国，并出席非盟峰会、西非国家经济共同体峰会、法语国家组织峰会等。2007 年初，亚伊与尼日利亚前总统奥巴桑乔共同倡议成立了贝宁、尼日利亚、多哥和加纳四国共荣机制。2008 年 2 月，贝宁通过"非洲互查机制（MAEP）"互查报告，成为首个通过互查的法语国家。2008～2009 年担任萨赫勒—撒哈拉国家共同体轮值主席国。（孙惠圆）

博茨瓦纳

国名　博茨瓦纳共和国（The Republic of Botswana）。

面积　581730 平方公里。

人口　192 万（2008 年国际货币基金组织估计数）。绝大部分为班图语系的茨瓦纳人（占人口的 90%）。主要民族有恩瓦托、昆纳、恩瓦凯策和塔瓦纳等，其中恩瓦托族最大，约占人口的 40%。欧洲人和亚洲人约 1 万人。官方语言为英语，通用语言为茨瓦纳语和英语。多数居民信奉基督教，农村地区部分居民信奉传统宗教。

首都　哈博罗内（Gaborone），人口约 22.5 万（2008 年）。年均最高气温为 28.3℃，年均最低气温为 12.9℃，年均气温 20.7℃。

国家元首　总统伊恩·卡马（Ian Khama），2008 年 4 月 1 日就任。

重要节日　新年：1 月 1 日；劳动节：5 月 1 日；塞莱茨·卡马爵士日：7 月 1 日；总统日：7 月 15 日至 16 日；独立日：9 月 30 日；圣诞节：12 月 25 日。

简况

南部非洲内陆国家。平均海拔 1000 米左右。东接津巴布韦，西连纳米比亚，北邻赞比亚，南界南非。大部分地区属热带草原气候，西部为沙漠、半沙漠气候。年均气温 21℃。年均降水量 400 毫米。

独立前称贝专纳。公元 13～14 世纪，茨瓦纳人由北方迁居此地。1885 年沦为英国殖民地，称"贝专纳保护地"。1966 年 9 月 30 日宣布独立，定名为博茨瓦纳共和国，仍留在英联邦内，实行多党制，由博茨瓦纳民主党执政，卡马任总统。1980 年 7 月，马西雷接任总统职务。1984 年、1989 年和 1994 年，民主党在议会选举中接连获胜，马西雷三次蝉联总统。1998 年，马西雷主动辞去总统职务，莫哈埃接任总统。1999 年和 2004 年，民主党在大选中均以压倒优势胜出，莫哈埃两度蝉联总统。2008 年，莫哈埃总统任期届满，原副总统卡马接任总统。

政治

2009 年 10 月，博举行独立后第十次大选，民主党获得议会 57 个民选议席中的 45 席，卡马蝉联总统并组成新一届内阁。博政局保持稳定，民主党执政地位稳固。卡马政府以民主、发展、尊严、纪律和落实五原则作为治国理政纲领，注重民主党自身建设，强调加强党内纪律和团结，重视提高政府效率和改善人民生活，得到民众广泛支持。

【宪法】1966 年 9 月 30 日生效，后几经修改。宪法规定：博实行多党议会制，立法、司法、行政三权分立；总统为国家元首、政府首脑兼武装部队总司令，由国民议会选举产生，任期五年，最多连任两次；总统死亡或辞职时，副总统自动接任总统职务；

总统和国民议会组成国会，行使立法权；国民议会通过的决议、法案须经总统批准才能生效；总统有权召集和解散议会。

【议会】国民议会由57名民选议员、4名特选议员（由总统提名，议会表决通过）、总检察长（由总统任命，接受议会的法律咨询，参加议会，但无投票权）和议长（由议员选出，主持议会会议，无投票权）组成，每届任期五年。议会的主要职权是：选举总统，制定法律，修改宪法，审议国家发展计划和政府财政预算。一般议案半数表决通过，重要议案需2/3赞成通过。本届国民议会于2009年10月大选产生。目前民主党占45席，反对党民族阵线及大会党分获6席和4席，联盟运动党及独立候选人各获1席。4名特选议员均为民主党成员。议长玛格丽特·纳莎（Margaret Nasha，女，民主党），2009年11月就任。

【酋长院】议会的咨询机构，原由15名成员组成。2005年4月，议会通过对宪法77、78和79条的修正案，规定酋长院成员增至35名，其中8大部族酋长为当然成员，7人由8位当然成员选举产生，称为"选举成员"，另20名由各地区选举产生，称为"特选成员"。酋长院的职责范围和权力仅限于传统的特定事务，如习惯法、非洲法院、领导职务、民族财产、部落首领的任免、宪法修正案等。每年议会开幕前，酋长院先召开例会，向议会提出动议和议案，但不具有任何约束力。酋长院在必要时可要求有关部长到酋长院说明情况，部长也可到酋长院征询意见。2009年11月，酋长院举行全体会议选举新一届领导人，特罗夸族大酋长哈博罗内（Kgosi Puso Gaborone）连任主席，巴罗龙族大酋长罗塔莫仁（Kgosi Lotlamoreng）当选副主席。

【政府】本届内阁于2009年10月产生，由总统、副总统、16名部长、8名副部长、总检察长和总统办公室常秘兼内阁秘书共28人组成，主要成员有：总统伊恩·卡马（Ian Khama），副总统蒙帕蒂·梅拉费（Mompati Merafhe），总统事务与公共管理部长莱塞霍·莫措米（Lesego Motsumi，女），国防、司法与安全部长迪卡卡马措·塞雷茨（Dikgakgamatso Seretse），外交与国际合作部长潘杜·斯凯莱马尼（Phandu Skelemani），财政与发展计划部长肯尼思·马坦博（Kenneth Matambo），基础设施与科技部长约翰尼·斯沃茨（Jonnie Swartz），土地和住房部长诺诺福·莫莱菲（Nonofo Molefi），劳工和内政部长彼得·塞莱（Peter Siele），青年、体育与文化部长肖·卡蒂（Shaw Kgathi），贸易与工业部长多卡斯·马卡托·马雷苏（Dorcus Makgato-Malesu，女），地方政府部长莱博纳曼·莫卡拉克（Lebonamang Mokalake），农业部长克里斯琴·德格拉芙（Christian De Graaff），交通与通讯部长弗兰克·拉姆斯登（Frank Ramsden），矿产、能源与水资源部长波纳采霍·凯迪基卢韦（Ponatshego Kedikilwe），教育与技能发展部长佩洛诺米·文松—莫伊托伊（Pelonomi Venson-Moitoi，女），环境、野生动物与旅游部长基措·翁科卡梅·莫凯拉（Kitso Onkokame Mokaila），卫生部长约翰·西科辛（John Seakgosing）。

【政府网址】www. gov. bw。

【行政区划】全国划分为10个行政区。

【司法机构】由高等法院、上诉法院和传统法院组成。传统法院相当于初级法院，由各民族酋长担任法律执行人。高等法院首席法官马如平·迪波泰罗（Maruping Dibotelo）。总检察长安塔利亚·莫罗科姆（Athalia Molokomme）。

【政党】主要政党情况如下：

（1）博茨瓦纳民主党（Botswana Democratic Party）：1962年1月成立。独立后一直执政，主张经济独立和自力更生，在发展经济的同时保持社会公正；对外实行多方位外交，维护并促进民族利益。总裁伊恩·卡马，党主席丹尼尔·奎拉霍贝（Daniel Kwelagobe），总书记塔托·克维雷佩（Thato Kwerepe）。

（2）博茨瓦纳民族阵线（Botswana National Front）：1967年10月成立。主张在博进行民族民主革命，实现社会主义。总裁奥齐韦莱茨·莫波（Otsweletse Moupo），总书记穆罕默德·坎（Mohammed Khan）。

（3）博茨瓦纳大会党（Botswana Congress Party）：1998年6月成立，由民阵中分裂而来，口号是"为了民族自由"。总裁吉尔森·萨尔斯汉多（Gilson Saleshando）。

【重要人物】**伊恩·卡马**：总统。博首任总统卡马的长子，生于1953年2月。曾在其家乡塞罗韦、津巴布韦、斯威士兰、瑞士、英国和尼日利亚学习和进修。1974年加入警察机动部队。1977年博成立国防军，卡马任副司令，同年被授予准将军衔。1989～1998年任国防军司令。1998年3月退出军界（保留中将军衔），加入民主党；4月，任总统事务和公共管理部长；7月，就任副总统兼总统事务和公共管理部长。1999年10月和2004年11月两度连任副总统。2008年4月接替莫哈埃就任总统。2009年10月连任总统。曾于1976年随父访华。　**蒙帕蒂·梅拉费**：副总统。1936年生。曾在英国、南非学习法律。1977年任国防军司令、少将，1986年晋升中将。1989年当选国会议员，任总统事务和公共管理部长。1994年起任外交部长。2008年4月任副总统。2009年10月连任副总统。

经　济

博是非洲经济发展较快，经济状况较好的国家之一。钻石业是其经济支柱，产值约占国内生产总值的1/3。养牛业是传统产业，制造业落后，近年来旅游业发展较快，成为新兴产业。独立后，博政府建立了自由市场经济体制，采取优惠措施吸引外资和国外先进技术，先后制定了十个国家发展计划，经济实现了快速、持续发展。为了改变经济发展主要依赖钻石的状况，从20世纪80年代后期开始，博政府开始推行经济多元化政策，取得一定成效。

2009年，博政府继续实行积极财政政策和稳健货币政策，加大对基础设施和社会领域的投入，努力扩大内需，创造就业。在继续重视钻石经济和提升附加值的同时，吸引外资开发镍、铜等矿产资源；启动火电站建设，加快电力自给和出口；推动旅游业发展，促进经济多元化。受金融危机影响，钻石产量和出口收入大幅下降。随着世界钻石价格上扬，博经济自2009年第二季度起开始复苏。博经济自由度、国际竞争力、营商环境等多项指标继续位于非洲前列。2009年主要经济数据如下（2010年5月份《经济季评》和博中央统计局）：

国内生产总值：122亿美元。

经济增长率：-5.4%。

人均国内生产总值：7258美元。

通货膨胀率：8.2%。

货币名称：普拉。

汇率：1美元=7.16普拉。

【资源】矿产资源丰富。主要矿藏为钻石，其次为铜镍、煤、苏打灰、铂、金、锰等。钻石储量和产量均居世界前列。已探明的铜镍矿蕴藏量为4600万吨，煤蕴藏量170亿吨。

【工矿业】从20世纪70年代中期起，采矿业取代畜牧业成为博国民经济的主要部门，2008年矿业产值占国民生产总值的33.4%。博是非洲第二大矿产品生产国，世界上主要毛坯钻石生产国之一，钻石出口收入约占出口收入的90%，政府收入的50%和国内生产总值的33%。2008年钻石产量3260万克拉，产值32.7亿美元，位列世界第一。受国际金融危机影响，2009年钻石产量大幅减少，为1773万克拉。近年，博政府积极发展钻石加工业，以提高钻石业利润，已批准4个钻石加工企业营业执照。铜镍是继钻石后重要的出口矿产品，2009年产量为5.4万吨。（数据来源：博中央统计局）

轻工业以畜产品加工为主，其次是饮料、金属加工和纺织业等。

【农牧业】农业较落后，可耕地占全国面积的15%，种植面积为可耕地的5%。博农业产量较低，只能满足国内粮食需求的10%左右。政府鼓励农民多种粮，增加粮食自给。主要农作物为高粱和玉米。2008/2009财政年度博粮食产量为8.3万吨。

畜牧业占农业产值的80%，是国民经济传统支柱产业之一，也是农民的主要收入来源。畜牧业以养牛为主，养羊为辅。博有现代化的大型屠宰厂和肉类加工厂，年屠宰能力为40万~50万头牛。2008/2009财政年度博牛畜存栏量为250万头。2008年牛肉出口额5.3亿普拉，约占出口总额的1.58%。

【旅游业】博是非洲主要旅游国之一。旅游资源丰富，是非洲野生动物种类和数量较多的国家。政府把全国38%的国土划为野生动物保护区，设立了3个国家公园，5个野生动物保护区。乔贝国家公园和奥卡万戈三角洲野生动物保护区为主要旅游点。旅游业现为博第二大外汇收入来源，是经济多元化战略的重点发展产业。20世纪90年代以来，博旅游业持续增长。为加强对旅游业的推销和宣传，2005年博成立了旅游董事会。2006年游客数量为182万人次。2008年，全国拥有宾馆302所，客房5145间，床位9020张。

【交通运输】以公路运输为主，主要城镇之间有公路相连，总长1.94万公里，其中30%为柏油路面。全国各主要城镇之间以及博与南非、赞比亚、津巴布韦和纳米比亚之间已基本由柏油马路连接，其中干线公路等级较高。

铁路长900公里。主要铁路线跨越弗朗西斯敦、哈博罗内和洛巴策，连接南非和津巴布韦。博铁路公司是负责铁路运输的国有企业。2004年铁路发送旅客40.6万人次，发送货物197.4万吨。2003~2007年实施了铁路五年治理计划，主要包括提高运营水平、更新车皮、机车和信号系统。

博航空公司辟有飞往南非的地区航线和国内主要城镇及旅游区之间的航线。现有6个国际机场，首都有卡马国际机场，其余5个机场设在弗朗西斯敦、马翁、卡萨尼、塞莱比-皮奎和杭济。此外有数十个小型机场分散在全国各地。由于油价持续上升，机械故障频发，博航2004财年出现400万普拉亏损。目前博航的私有化改造正在积极进行中。2005年，博成立独立的民用航空管理局。

【财政金融】国家银行于1975年建立，1976年发行本国货币“普拉”。博长期执行审慎的财政政策，财政收支处于盈余状态。前几年由于受矿业收入下降、普拉对美元升值和政府施行积极财政政策的影响，曾一度出现财政赤字。政府采取了严格控制支出等措施，2010/2011财年博政府总收入预计为270.77亿普拉，支出预计为391.94亿普拉，财政赤字预计为121.18亿普拉，预计占GDP的12.2%。2009年底博外汇储备为87亿美元。（数据来源：博茨瓦纳政府2010/2011年度财政预算报告及卡马总统2009年11月国情咨文）

【对外贸易】实行自由贸易政策，自20世纪80年代起多保持贸易顺差。主要出口钻石、铜镍矿产品、苏打灰、牛肉产品、纺织品和汽车配件等；进口汽车及交通设备、机械及电子产品、食品及饮料、金属、化工和橡胶制品、燃料和烟草等。世界经济论坛等组织过去连续5年将博列为非洲经济最自由的国家。主要贸易伙伴有：南部非洲关税同盟（南非、纳米比亚、莱索托、斯威士兰）、欧盟、津巴布韦和韩国等。2009年博进口额为42.4亿美元，出口额为33.82亿美元。（数据来源：2010年5月份《经济季评》）

【外国资本】到2005年，累计吸引外国直接投资净额约11亿美元（59.73亿普拉）。按投向，矿业吸引外资占71.3%，金融业10.2%，批发和零售业9.6%。博外资主要采取购入股权方式，少量为购买债券。资本来源51.4%为欧洲，43.9%为南非。1997年博成立出口发展与投资局（BEDIA），专门负责推动出口和吸引外国投资的工作。2008年度，共吸引资本投资5.39亿普拉，创造2344个就业机会。其中吸引外国直接投资3.39亿普拉，创造1248个就业机会（数据来源：博出口发展与投资促进局2008/2009年度报告）。

【外国援助】主要援助国和国际组织为日本、美国、瑞典、挪威、德国、联合国开发计划署、非洲开发银行等。博成为中等收入国家后，多数西方国家对博提供的官方发展援助和优惠贷款大幅下降。2009年，外债余额为17.16亿美元。（数据来源：2010年5月份《经济季评》）

人民生活

根据世界银行《2007年世界发展指数》，2005年博茨瓦纳人口城市化率为57%，2005～2015年期间年均人口增长率预计为－0.4%。根据世界卫生组织2006年报告，博人均寿命为40岁。目前，全国有医院和初级医院各17所，带床位的诊所106个，不带床位的诊所173个。全国拥有病床4075张。艾滋病感染率较高，2008年博艾滋病平均感染率为17.6%，14.2%的男性和20.4%的女性为艾滋病感染者。15～24岁人口艾滋病感染率由2004年的15%降至2008年的8%。此外，0.5%的人口感染结核病。博电信网络已全部实现数字化。根据官方统计，截至2008年11月底，博移动通信用户数量为170万人。57%的博民众拥有手机。截至2007年底，20.8%的博家庭拥有固定电话。

军　事

1977年建立国防军。现有军人约1.2万名，其中陆军8500人，空军500人。现任国防军司令卡特·马西雷（T. Carter Masire）中将。警察部队约1500人，警察总署署长台贝亚米·齐马科（Thebeyame E. Tsimako）。

文化教育

【教育】博独立后高度重视国民教育事业，成人识字率从1966年的不足10%提高到目前的81.2%。教育体系完备，包括小学、中学和大学的正规教育及职业技术教育、特殊学校教育和业余教育，其学制为小学7年，初中3年，高中2年。小学和初中阶段为义务教育，小学和高等教育免学费，中学教育自2006年起实行学费分担制度，初中生每人年缴费300普拉，高中生600普拉，其余大部分由政府负担。2009年，全国公立小学721所、初中212所，高中23所，综合性大学1所（博茨瓦纳大学）。此外有私立小学61所和私立中学39所。2010/2011财年教育与技能发展预算共计98亿普拉，分别占经常项目支出和发展项目支出预算的31%和12%。

【新闻出版】现有报纸12种，包括官方日报《每日新闻》（Daily News）和私营日报《报道者》（Mmegi）及私营周报《博茨瓦纳卫报》（Botswana Guardian）、《太阳报》（The Mid-week Sun）、《博茨瓦纳公报》（Botswana Gazette）、《回声报》（Echo）等。《每日新闻》是免费报纸，日发行量约6.5万份，用英文和茨瓦纳语出版。《报道者》和周刊《观察家》为博最大的私人出版公司Dikgang公司发行。《报道者》日发行量约2万份。其他报纸发行量在1.5万～2万份之间。

博茨瓦纳通讯社为官方通讯社，1981年创建，主要报道国内消息，是《每日新闻》和博广播电台的主要供稿者。

博茨瓦纳广播电台系官方电台，1965年创建，用英语和茨瓦纳语广播。

哈博罗内电视台为私营电视台，1988年创建，主要播放录像片。

博茨瓦纳国家电视台于2000年7月开播，节目分英语和茨瓦纳语，全部使用数字传输技术，可通过卫星覆盖非洲大部分地区。

对外关系

奉行不结盟的对外政策，积极参与地区政治事务及经济合作。主张国家主权平等和互不干涉内政，通过谈判解决争端。提倡建立公正、平等的国际政治经济新秩序。积极参与非洲和地区事务，促进区域稳定、发展和合作。主张发展中国家尤其是中小国家应加强合作，共同应对全球化挑战。南部非洲发展共同体秘书处设在哈博罗内。博是南部非洲关税同盟成员。

【同中国的关系】中博于1975年1月6日建交，建交以来两国关系平稳、健康发展。

2009年，外交部部长助理翟隽、商务部副部长钟山和国家预防腐败局副局长屈万祥分别率团访博。中共友好代表团，陕西、江西、山东、浙江等省经贸代表团和上海市、重庆市政协代表团，以及中国工商银行代表团等分别访博。哈博罗内市和江苏省南通市友城实现互访。

2009年，中博双边贸易额为2.31亿美元，同比下降34.7%，其中中国出口1.65亿美元，同比下降2.2%，主要为轻工业品、机械设备、纺织品等，进口0.65亿美元，同比下降64.5%，主要为钻石。

中国驻博茨瓦纳大使：刘焕兴。馆址：

NO. 3096, 3097 North Ring Road Gaborone P. O. Box 1031。电话：00267 - 3952209（办公室），3953270（经商处）。传真：00267 - 3900156。

博茨瓦纳驻华大使：娜奥米·埃伦·马金达（Naomi Ellen Majinda，女）。馆址：北京市朝阳区三里屯东三街1号。电话：010 - 65326898。传真：65386410。

【同欧盟国家的关系】 博与欧盟关系密切，欧盟是博最大的国际援助方之一。目前，博80%的出口输往欧盟，9%的进口来自欧盟。2004年欧盟把旨在提高南部非洲国家产品竞争力的"生产力服务中心"设在博，以示对博重视。2006年5月，欧盟同博政府签署援助实施计划，将在4年内为博提供5000万欧元，用于提高中小学素质教育、教育公共支出评估、人力资源发展战略和国家资质认证框架等计划实施。2009年6月，卡马总统访问欧盟委员会，与欧盟签署了临时贸易伙伴协定。

同英国有传统密切关系，英是博传统援助国和主要贸易伙伴之一，大批英国人在博政府、金融和教育部门任职，博国防军和警察主要由英国人训练。两国官员互访频繁。英国有70多家企业在博投资。2005年，莫哈埃总统访问了英国，两国签署避免双重征税协定。

同德国经贸关系发展较快，德是博主要贸易伙伴和援助国之一，多年来共向博提供各种援助近10亿普拉，派出250名专家帮助博从事职业培训、中学教育、社区发展、农林业和中小企业发展项目等。

瑞典和挪威也是博重要的援助国。近年来，因博被列入中等收入国家，瑞、挪两国逐步减少援博数额，改为提供低息贷款或开展政府和企业间的合资、合营和技术合作。

【同美国的关系】 博美关系密切，高层往来不断。2002年，美同意将博列为最不发达国家，以享受美《非洲增长与机会法案》的优惠政策。1966～1996年30年间，美连续向博派遣和平队。1998年，美总统克林顿访博。2003年，布什总统和莫哈埃总统互访。美国恢复向博派遣和平队。2005年，博与美国成立"非洲增长与机遇法案论坛"，以扩大对美出口。同年美国对博防治艾滋病领域的援助达到3500万美元。2007年，美军非洲司令部司令威廉·沃德访博，莫哈埃总统两次访美。2009年11月，卡马总统赴美出席2009年度"保护国际"理事会议，其间会见美国总统奥巴马。

【同亚洲国家的关系】 近年来，日本对博援助逐渐增加。2002年2月，博与日签订减免债务协议。2006年5月莫哈埃总统访日并出席在东京举办的"博茨瓦纳周"活动。2007年，日在博设立使馆。博与印度关系友好。在博印度侨民约有9000人，其中1/3加入博籍。两国签有最惠国待遇贸易协定和避免双重征税协定。博印在人力资源培训领域开展了多项合作。2005年5月，莫哈埃总统赴印度孟买参加国际钻石大会。2006年12月莫哈埃总统率团对印进行国事访问。2007年，印在博设立高专署。2009年，卡马总统率团对新加坡进行正式访问。

【同邻国的关系】 博与邻国保持睦邻友好关系。博与南非、纳米比亚、莱索托和斯威士兰同为南部非洲关税同盟成员国，经济关系密切，与南非在经济、贸易等领域联系尤为紧密。 （刘丹）

布基纳法索

国名 布基纳法索（The Burkina Faso, Le Burkina Faso）。

面积 274200平方公里。

人口 1580万，人口增长率3.9%（2009年估计）。主要有沃尔特和芒戴两大族系。沃尔特族系约占全国人口的70%，主要有莫西族、古隆西族、古尔芒则族、博博族和洛比族。芒戴族系约占全国人口的28%，主要有萨莫族、马尔卡族、布桑塞族、塞努福族和迪乌拉族。在北部地区还有一些从事游牧业的颇尔人和经商的豪萨人。官方语言为法语。主要民族语言有莫西语、迪乌拉语和颇尔语。50%的居民信奉原始宗教，30%信奉伊斯兰教，20%信奉天主教。

首都 瓦加杜古（Ouagadougou），人口141万（2010年估计）。年平均气温26℃～28℃，最高可达42℃以上。

国家元首 总统布莱斯·孔波雷（Blaise COMPAORE），1987年10月政变上台，1991年12月当选总统，1998年和2005年两次连任。

重要节日 独立日：8月5日；国庆日：12月11日。

简 况 系西非内陆国。东北与尼日尔为邻，东南与贝宁相连，南与科特迪瓦、加纳、多哥交界，西、北与马里接壤。属热带草原气候，年平均气温27℃。

公元9世纪建立了以莫西族为主的王国，15世纪莫西人首领建立亚腾加和瓦加杜古王国。1895～1896年期间被法国占领，并成为法属西非的一部分。1957年成为半自治共和国。1958年12月成为法兰西共同体内的自治共和国。1960 年 8 月 5 日宣告独立，定国名为上沃尔特共和国。莫里斯·亚梅奥果当选总统。1966 年，军队接管政权，陆军参谋长拉米扎纳出任总统。1980 年 11 月塞耶·泽博上校发动政变上台，任军事委员会主席兼国家元首。1982 年 11 月，让—巴蒂斯特·韦德拉奥果少校和桑卡拉上尉联合发动政变，韦德拉奥果任“拯救人民临时委员会”主席兼国家元首，桑卡拉任总理。1983 年 8 月，桑卡拉发动政变，任全国革命委员会主席兼国家元首。1984 年 8 月 4 日改国名为布基纳法索。1987 年 10 月，总统府国务部长兼司法部长孔波雷发动政变，解散全国革命委员会，成立人民阵线，自任人民阵线主席、国家元首兼政府首脑。

政　治

孔波雷上台后，对前政权过激的内外政策进行调整，于 1990 年实行多党制。1991 年，通过选举成为合法民选总统，并于 1998 年 11 月连选连任。近年来，孔提出“良政治国、廉洁为政”的执政理念，积极推行民族和解政策，提倡各政治派别进行对话，给予反对党更多参政、议政权利。2005 年 11 月，孔再度以绝对优势在总统选举中获胜蝉联。2006 年 4 月，执政党争取民主和进步大会在地方选举中获得全国 72% 的市镇席位。2007 年 5 月，该党在立法选举中赢得国民议会 111 席中的 73 席。6 月 10 日，以特尔蒂乌斯·宗戈为总理的新政府成立。2008 年 3 月和 9 月，布内阁两次进行调整，继续将发展经济、改善民生作为政府工作重点。目前，布政局总体稳定。2010 年 11 月，布将举行新一届总统大选。

【宪法】 1991 年 6 月 2 日，全民投票通过独立以来第四部宪法。宪法规定：布是一个民主、统一、非宗教的国家。实行三权分立和多党制。共和国总统是国家元首、部长会议主席、最高司法委员会主席、武装力量最高统帅，须从年满 35 岁的布基纳法索公民中直选产生。2000 年 4 月，国民议会大会通过宪法修正案，规定总统任期 5 年，可连任一次。总统临时或最终不能行使职权时，由议长代行。解散国民议会时，总统需与议长协商。

【议会】 2002 年 1 月，布国民议会修改宪法，撤消代表院，将议会两院制改为一院制。国民议会拥有 111 个议席，行使立法权，每年举行两次例会，议员经直接普选产生，任期五年。本届议会于 2007 年 5 月 6 日选举产生，议长罗克·马克·克里斯蒂昂·卡博雷（Roch Marc Christian KABORE），2002 年 6 月 5 日就职，2007 年 6 月 4 日再次当选。

【政府】 本届政府于 2007 年 6 月 10 日组成，共 35 名成员，2008 年 9 月进行部分调整，主要成员有：总理特尔蒂乌斯·宗戈（Tertius ZONGO），国务部长、外交和地区合作部长贝杜马·阿兰·约达（Bédouma Alain YODA），农业、水利和渔业资源部长洛朗·塞德格（Laurent SEDEGO），经济和财政部长吕西安·马里·诺埃尔·本班巴（Lucien Marie Noël BEMBAMBA），司法和掌玺部长扎卡利亚·科特（Zakalia KOTE），国防部长叶罗·博利（Yélo BOLY），卫生部长赛义杜·布达（Seydou BOUDA），运输部长吉尔贝·诺埃尔·韦德拉奥果（Gilbert G. Noël OUEDRAOGO），公职和国家改革部长松加洛·瓦塔拉（Soungalo OUATTARA），领土管理和地方权力部长克莱芒·彭杜文德·萨瓦多戈（Clément Pengdwendé SAWADOGO）等。

【行政区划】 全国分为 13 个行政区、45 个省和 300 个县。首都瓦加杜古位于卡迪奥果省。

【司法机构】 2002 年 7 月，布对司法制度进行了重大改革。国家最高司法委员会为最高司法机构，主席由国家元首兼任，司法部长为副主席。取消最高法院，设立高等法院、行政法院、审计法院和宪法委员会。高等法院为最高司法机构，由民事、商事、社会和犯罪 4 个法庭组成。行政法院主要审理国家行政机关之间的纠纷和公民对行政机关的控告，下设两个法庭。审计法院是对国家财政执行情况进行监督的最高专门机构，审理国家企业、中央和地方行政机关财经违法案件，下设三个法庭。宪法委员会监督和保障宪法的实施，解释宪法。高等法院院长谢克·韦德拉奥果（Cheick OUEDRAOGO），行政法院院长阿里迪亚塔·达库雷（Haridiata DAKOURE，女），审计法院院长布雷马·皮埃尔·内比埃（Boureima Pierre NEBIE），宪法委员会主席代·阿尔贝·米洛戈（Dé Albert MILLOGO）。

【政党】 现有合法政党 48 个，主要有：

（1）争取民主和进步大会（Congrès pour la Démocratie et le Progrès）：执政党，1996 年 2 月 5 日成立。以孔波雷领导的争取人民民主组织—劳动运动为主体，联合其他 10 多个政党组建而成。1999 年 7 月召开全国代表大会，选举产生中央书记处和政治局，分别由 24 人和 201 人组成。2007 年 5 月议会选举后，该党在国民议会中占有的席位由原来的 51 席升至 73 席。主席罗克·马克·克里斯蒂安·卡博雷，现任议长。

（2）争取民主和联合同盟—非洲民主联盟（Alliance pour la Démocratie et la Fédération-Rassemblement Démocratique Africain）：1998 年 5 月由争取民主和联合同盟和非洲民主联盟两党合并而成。2003 年 6 月出现分裂，原主席埃尔曼·亚梅奥果（Hermann YAMEOGO）退出该党，并创立争取民主和发展全国联盟（UNDD）。曾为布最大反对党，但 2005 年加入总统阵营联盟支持孔波雷竞选。目前在国民议会中占 14 个席位，在政府中占 2 席。主席吉尔贝·韦德拉奥果（Gilbert OUEDRAOGO）。

（3）争取复兴同盟/桑卡拉运动（Union pour la Renaissance-Mouvement sankariste, NUIR/MS)：反对党，2000年成立，系从桑卡拉泛非公约党（CPS）分裂而来。目前在国民议会中占4个席位。主席本纳温德·斯塔尼斯拉斯·桑卡拉（Bénéwendé Stanislas SANKARA）。

其他政党有：争取共和国联盟（UPR）、民主力量联盟（CFD）、争取布基纳发展同盟（RDB）、桑卡拉党联盟（UPS）、社会主义民主运动（PDS）、非洲独立党（PAI）等。

【重要人物】布莱斯·孔波雷：总统。1951年2月3日生于瓦加杜古。莫西族人。先后在喀麦隆、法国、摩洛哥等国军校进修。1981年任波城伞兵突击队训练中心司令。1983年8月4日与桑卡拉一起发动“八·四”政变后，任全国革命委员会成员、总统府国务部长兼司法部长。1987年10月15日发动政变推翻桑卡拉政权，任人民阵线主席、国家元首兼政府首脑。1991年12月当选总统，1998年和2005年两次蝉联。曾于1987年和1989年访华。**特尔蒂乌斯·宗戈**：总理。1957年生于桑吉耶省。曾留学法国和塞内加尔，获经济学和企业管理硕士学位。曾任布工商和手工业协会秘书长、全国粮食办公室主任、财政与计划部合作司司长等职。1995年起历任经济与财政部负责预算部长级代表、经济与财政部长。2002～2007年任布驻美国大使。2007年6月起任现职。

经　济

联合国公布的最不发达国家之一。2009年在全球人类发展指数排名中列第177位。工业基础薄弱，资源贫乏。国民经济以农牧业为主。棉花是布主要经济作物和出口创汇产品，2008/2009年度籽棉产量达52万吨，居撒哈拉以南非洲国家首位。2009年主要经济数据如下（资料来源：2010年5月经济季评）：

国内生产总值（估计）：91亿美元。

人均国内生产总值（估计）：576美元。

国内生产总值增长率（估计）：3.2%。

货币名称：非洲金融共同体法郎，简称非洲法郎。

汇率（2010年5月）：1美元=472非洲法郎。

通货膨胀率（估计）：2.6%。

【资源】已探明的矿藏：黄金储量150万吨（含金量22吨），锰1770万吨，磷酸盐2.5亿吨，锌银合成矿1000万吨，石灰石600万吨。

【工业】全国5%的劳动力从事工业生产。2008年工业产值约占国内生产总值的26.5%。主要为农牧产品加工和轻工业，包括纺织、屠宰、制糖、皮革、啤酒、塑料制品及少量电力、机械工业等。2009年黄金产量11642公斤。现有矿业公司24家，其中外资公司11家，合资公司8家，本国独资公司5家。建筑业发展迅速。

【农牧业】全国84%的劳动力从事农牧业生产。2008年农牧业产值约占国内生产总值的34.1%。全国有耕地327万公顷（占可耕地面积的1/3），可灌溉土地16.5万公顷。主要粮食作物有稻米、小米、玉米和木薯，主要经济作物有棉花、花生、芝麻和卡利特果等。2008/2009年度农业获得丰收，粮食总产量420万吨，较上年度增长36.4%。2009/2010年度棉花总产量39.1万吨，较上年度减少13.3%。

畜牧业为国民经济基础部门之一。畜产品在出口产品中占有重要地位。

【旅游业】全国共有旅馆40多家，旅游从业人员1.5万人。年平均收入超过4000万美元。主要旅游点有阿尔利、波城和W区国家公园。

【交通运输】随着经济的发展，交通运输在国民经济中的地位越来越重要。

铁路：全长622公里。全国45%的进出口货物依靠铁路运输。由于管理不善等原因，铁路运营状况不佳。为摆脱困境，1994年布政府同科特迪瓦政府和法国公司决定共同组建非洲铁路运输公司，实行私有化，布和科分别占有15%的股份。1995年8月正式运营。2001年，布与科共同设立铁路投资基金，计划每年投资20亿非郎用于改善铁路基础设施和火车提速。2001年，布铁路货运量达313200吨。2002年9月科特迪瓦危机爆发后，科布边界关闭，铁路停运。2003年9月恢复运行。

公路：总长约1.4万公里，其中沥青路2300公里，国家级公路3299公里、省级公路1446公里、地区级公路1524公里。

空运：瓦加杜古和博博—迪乌拉索各有一个可起降大型飞机的国际机场。布有一家合资航空企业“布基纳航空公司”，现有一架福克28型飞机和一架空客A319。目前，法航每周三班从巴黎飞瓦加杜古。

【财政金融】2008年，国家财政收入6308亿非洲法郎，支出7919亿非洲法郎，赤字1611亿非洲法郎。布被国际货币基金组织和世界银行列入“重债穷国减债倡议”名单。2005年12月，国际货币基金组织决定免除布欠其所有债务。2009年外债总额19亿美元，外汇储备为12.96亿美元。

【对外贸易】2008年进出口总额21.18亿美元，其中出口6.87亿美元，进口14.31亿美元，逆差7.44亿美元。主要出口国家为新加坡（12.4%）、比利时（9.5%）、中国（8.3%）、泰国（6.7%），主要进口国为科特迪瓦（23.7%）、法国（17.7%）、多哥（7.1%）、比利时（4.1%）。主要出口棉花、黄金和乳油木，主要进口生产工业品所需的生产资料、石油制品和食品等。

【外国援助】外援是布建设资金和弥补预算赤字的主要来源。主要援助国和国际组织为法国、德国、丹麦、荷兰、日本以及世界银行、国际货币基金组织、欧盟、非洲发展基金、联合国开发计划署等。

人民生活　目前有公职人员 39000 人，平均月工资约 13 万非洲法郎。法定最低工资为每小时 143 非洲法郎。全国有 8 家医院，地区级医疗中心 11 个，县级 53 个，基层卫生诊所 677 个。平均每 3 万人拥有 1 名医生，每 1823 人拥有 1 张病床。2005 年新生儿死亡率 96‰，平均寿命 51.4 岁。据布官方报道，近年来，布艾滋病感染率呈下降趋势，2001 年为 6.5%，2005 年为 1.8%。贫困人口占全国人口的 46.4%。2007 年，布拥有固定电话 10 万部，移动电话约 100 万部。2006 年因特网用户 6.46 万个。

军　事　1960 年 11 月 1 日建军。全国武装力量由正规军和准军事部队组成。总统为武装部队最高统帅。

2006 年正规军 6600 人，其中陆军 6400 人，空军 200 人，警宪部队 4200 人，民兵 45000 人。有 10 架各种型号的飞机。2006 年军费预算 440 亿非洲法郎（约合 8400 万美元），占政府支出的 5%。

文化教育　**【教育】** 2002/2003 年，国民教育投入占国家预算支出的 14.7%。2005 年小学入学率为 45%，中学入学率为 11%，大学普及率为 1%。有小学 3368 所，在校学生 705927 人；中学 293 所，在校学生 146850 人。高等学府 3 所，即瓦加杜古大学、博博工科综合大学和库杜古高等师范学校，其中瓦加杜古大学为综合性大学，注册学生约 1 万人。除本国学生外，还有非洲 9 个国家的数百名留学生。2005 年成人识字率 23.6%。

此外，还有各种扫盲、培训中心 3978 个，约 11 万人学习。

【新闻出版】 全国共有报刊 40 多种，大多数为私营刊物。主要官方报刊有《希德瓦亚报》（发行量 3500 份）、《非洲十字路口》和《希德瓦亚画报》。主要私营报刊有：日报《帕尔加观察家》（8000 份）、《国家》（5000 份）、《晚报》（2500 份）等；周刊《周四新闻》（1 万份）、《独立报》（5000 份）等。多数报纸都有电子版。

布基纳新闻社：官方通讯社，成立于 1964 年。每周出版两期《每日新闻》。

布基纳国家广播电台：1959 年落成。每天用法语和民族语言播音约 19 个小时。

布基纳国家电视台：建于 1963 年。1978 年起开播彩色电视节目，每天播出 8 小时左右，周末增加播出时间。2006 年底电视节目覆盖全国。布另有 3 家私人电视台。

1995 年 3 月，宗教和布道团联合会创办的电视台和电台开播。

对外关系　奉行和平、发展和全面开放的外交政策，强调务实的经济外交。同西方国家特别是法国保持密切关系；近年来注重加强同美国及亚洲国家交往，以争取更多外援；积极参与地区事务，努力调解多哥、科特迪瓦等国危机。曾向中非派遣维和部队。2006 年举办非洲开发银行第 41 届年会和第 14 届非洲法语国家议会大会。2007 年 1 月，孔波雷总统当选西非国家经济共同体和西非经济货币联盟执行主席，2008 年获得连任。2009 年，布担任联合国安理会非常任理事国、联合国人权理事会成员国、国际原子能机构理事会成员国和非盟和平与安全理事会成员国，举办了全球可持续发展论坛会议、西非经货联盟峰会和非洲首届体面工作研讨会。

【同中国的关系】 1973 年 9 月 15 日两国建交。1994 年 2 月 2 日，布政府和台湾当局在台北"复交"。2 月 4 日，中布中止外交关系。

2009 年中布贸易额约为 1.58 亿美元，同比增长 46.2%，其中中方出口 4268 万美元，进口 1.16 亿美元。主要出口机电产品，进口棉花。

【同法国的关系】 法是布前宗主国、最大的贸易伙伴和援助国，每年向布提供约 500 亿非洲法郎的援助。孔波雷总统曾多次访法，2004 年 11 月，法国总统希拉克访布并出席在布举行的第十届法语国家首脑会议。2006 年 5 月，布总统孔波雷对法进行友好工作访问。2007 年 2 月，孔赴法出席第 24 届法非首脑会议，法负责合作、发展和法语国家共同事务的部长级代表访布。2008 年 1 月，法国外长贝尔纳·库什内访布；3 月，孔波雷赴法进行私人访问。2009 年 1 月，法国移民部长访布。2 月，布法签署协定，法向布提供 120 亿非洲法郎财政援助。

【同美国的关系】 1962 年签署布美合作协定。1992 年，美对布支持利比里亚全国爱国阵线不满，两国关系一度紧张。1993 年布调整了对利比里亚政策，努力修复同美关系，两国互派大使。美每年提供 1800 万美元援助支持布经济发展。2005 年度，美向布提供的粮食援助总额达 1600 万美元。2007 年 3 月，美国"千年挑战公司"负责人访布。11 月，美副国务卿内格罗蓬特访布，重点商讨了调解科特迪瓦危机问题。同月，美非洲司令部两名副司令和美参议院代表团分别访布。美还帮助培训布参与非盟在达尔富尔地区维和行动的 800 名士兵。2008 年 6 月，美国负责非洲事务的助理国务卿帮办访布；7 月，孔波雷访美，会见布什总统。2009 年，美"千年挑战账户"与布签署约 5 亿美元的援款协定；4 月，美众议院代表团访布。

【同欧盟的关系】 布与欧盟保持着良好的合作关系。2002 年 3 月，布与欧盟签署 2001 ~ 2007 年欧盟援布指导计划。欧盟承诺向布提供 2.75 亿欧元（约合 1800 亿非郎）的援助。2003 年 11 月，欧盟委员会主席普罗迪访布，承诺欧盟将为布的发展项目提供资金。2006 年 11 月，孔波雷总统赴布鲁塞尔出席

"首届欧洲发展日"活动。目前，欧盟是布基纳法索的最大合作伙伴。2007年7月，欧盟向布提供134亿非洲法郎援助，用于2007~2009年减贫专款。11月，欧盟与布签署2008~2012年合作计划，将援助65亿非洲法郎用于布棉花生产，并提供26亿非洲法郎补充布预算和行政开支。2008年1月，欧盟与布签署协定，向布提供300亿非洲法郎援款，用于布减贫、教育和基础设施建设。2009年12月，欧盟与布签署协议，向布提供约354亿西非法郎援款，用于解决布饮水净化问题。

【同邻国和其他非洲国家的关系】布重视发展与邻国和其他非洲国家关系，与利比里亚、毛里塔尼亚和科特迪瓦关系趋于改善。孔波雷积极参与调解科特迪瓦、多哥和几内亚危机。2009年，孔波雷先后出访科特迪瓦、几内亚、尼日利亚、利比亚等国，并出席西非国家经济共同体、西非经济货币联盟和非盟等地区组织峰会。联合国副秘书长以及科特迪瓦、多哥、贝宁、加纳总统等访布。年内，布向苏丹达尔富尔地区派遣维和部队。

（董杰）

布 隆 迪

国名 布隆迪共和国（The Republic of Burundi, La République du Burundi）。

面积 26338平方公里。

人口 830万（2009年）。由胡图（85%）、图西（14%）和特瓦（1%）三个民族组成。官方语言为基隆迪语和法语，主要民族语言是基隆迪语、斯瓦希里语。国民中75%信奉天主教，15%信奉基督教新教，2%信奉伊斯兰教，其余信奉原始宗教。

首都 布琼布拉（Bujumbura），人口约80万。年平均气温在22℃~26℃左右。

主要领导人 总统皮埃尔·恩库伦齐扎（Pierre NKURUNZIZA），2005年8月26日就职。第一副总统伊夫·萨欣古武（Yves SAHINGUVU），第二副总统加布里埃尔·恩蒂塞泽拉纳（Gabriel NTISEZERANA）。

重要节日 国庆节（独立日）：7月1日。

简 况

位于非洲中东部赤道南侧，内陆国。北与卢旺达接壤，东、南与坦桑尼亚交界，西与刚果（金）为邻。西部坦噶尼喀湖湖滨地区及东部为热带草原气候；中西部属热带山地气候。年平均气温一般为20℃~24℃，最高可达33℃。3~5月为大雨季，10~12月为小雨季，其他月份为旱季。

17世纪以前建立有封建王国。1890年成为德属东非的一部分。1922年成为比利时委任统治地。1946年联合国将布交比利时"托管"。1962年7月1日宣布独立，成立布隆迪王国。1966年11月28日米孔贝罗发动政变，成立布隆迪共和国。1976年11月1日巴加扎发动政变，成立布隆迪第二共和国。1987年9月3日，皮埃尔·布约亚政变上台，就任总统，成立第三共和国。1992年实行多党制，1993年6月，布举行多党总统和立法选举，胡图族最大政党布隆迪民主阵线（简称民阵）主席梅尔希奥·恩达达耶当选总统，民阵获议会绝对多数。10月，布发生军事政变，恩达达耶总统被害身亡。政变引发大规模民族流血冲突。1994年1月，国民议会选举民阵成员西普里安·恩塔里亚米拉为总统。4月6日，恩遇空难身亡。9月，民阵同原执政党、图西族最大政党争取民族进步统一党（又称乌普罗纳党，简称乌党）等反对党达成权力分配"政府契约"，国民议会选举民阵成员西尔维斯特·恩蒂班通加尼亚为总统。1996年7月25日，由图西族控制的军队发动政变，废黜恩蒂班通加尼亚，推举前总统布约亚为总统。2000年8月28日，布约亚政府与国内主要党派在坦桑尼亚阿鲁沙签署《布隆迪和平与和解阿鲁沙协议》。

政 治

2001年11月1日，布过渡政府成立，布约亚出任过渡期前18个月总统，原民阵总书记、胡图人恩达伊泽耶出任副总统。2003年4月30日，根据阿鲁沙协议顺利实行政权交接，恩达伊泽耶接任总统，图西人卡德盖出任副总统，布过渡期平稳进入第二阶段。11月，布政府和最大的反政府武装保卫民主力量（FDD）签署一揽子和平协议，FDD加入过渡政府，布和平进程取得重大进展。2005年6月至8月，布顺利举行地方、立法和总统选举。FDD在地方、国民议会和参议院选举中分别赢得63%、55%和88%的席位，成为执政党，其领导人恩库伦齐扎当选总统，8月26日就职，随后组成新政府。2006年9月7日，布政府与最后一支反政府武装全国解放阵线（FNL）签署全面停火协议。但有关落实协议的谈判多次陷入僵局。2008年4月，双方发生较大规模交火。5月，在国际社会的积极斡旋下，双方再次签署停火协议。12月，推动布和平进程地区国家首脑会议在布举行，布政府与FNL就FNL转为合法政党及其在布政权体系内职位分配等问题达成一致。2009年4月，全国解放阵线正式宣布放弃军事斗争，3500名士兵被纳入布军队和警察系统。

【宪法】2005年3月18日，布颁布实施《后过渡时期宪法》，这是布独立以来的第六部宪法。宪法规定：布隆迪实行多党制。总统是国家元首、政府首脑和军队统帅，由直接普选产生，任期五年，可连任一次。两位副总统由来自不同民族和不同政党的人士担任，由总统任命。胡图和图西两族在政府和国民议会中所占比例分别不超过60%和40%，在参议院中各占50%。政府成员由总统征询副总统意见后任命，由不同政党代表组成，对总统负责。国防和安全力量服从国家文职机关领导，由专业人员组成，不隶属任何党派，任何一族在国防力量中比例不得超过50%。

【议会】两院制，由国民议会和参议院组成。本届国民议会和参议院于2005年8月成立。国民议会118席，其中胡图族占60%，图西族占40%。议长皮耶·恩塔维奥哈纽马（Pie NTAVYOHANYUMA，2007年3月当选），第一副议长伊雷娜·伊南库约（Irène INANKUYO），第二副议长迪达斯·基加纳赫（Didace KIGANAHE）。参议院共49席，胡图、图西两族各23席，特瓦族3席。参议长热尔韦·鲁菲基里（Gervais RUFYIKIRI），第一副参议长阿纳托勒·马尼拉基扎（Anatole MANIRAKIZA），第二副参议长热内霍兹·毕玛祖布特（Générose BIMAZUBUTE）。

【政府】本届政府成立于2005年8月30日，由20名成员组成，其中胡图族60%，图西族40%，女性占35%。多次小幅改组，现主要成员有：内政与发展部长爱德华·恩杜威马纳（Edouard NDUWIMANA），公安部长纪尧姆·本约尼准将（Général de Brigade Guillaume BUNYONI），对外关系部长奥古斯丁·恩桑泽（Augustin NSANZE），总统府良政、私有化、国家总监察与地方管理部长马丁·尼维亚班迪（Matin NIVYABANDI），司法掌玺部长让·博斯科·恩迪库马纳（Jean Bosco NDIKUMANA），经济、财政与发展合作部长克洛蒂尔德·尼齐加马（Mme Clotilde NIZIGAMA），国防与退伍军人部部长热尔曼·尼约扬卡纳中将（Lieutenant Général Germain NIYOYANKANA），国家教育与科学研究部长萨伊迪·基贝亚（Dr. Ing. Saïdi KIBEYA），公共卫生与艾滋病防治部长埃马纽埃尔·吉科罗（Dr Emmanuel GIKORO），水资源、能源与矿业部长萨米埃尔·恩达伊拉吉杰（Samuel NDAYIRAGIJIE），新闻与议会关系部长兼政府发言人哈夫萨·莫西（Hafsa MOSSI），农业牧业部部长费迪南·恩德拉加库拉（Ing. Ferdinand NDERAGAKURA），商业、工业与旅游业部部长厄弗拉西·比吉里马纳（Mme Euphrasie BIGIRIMANA），环境、国土整治与公共工程部长阿纳托尔·卡尼恩基科（Ing. Anatole KANYENKIKO），交通、邮电与通讯部长菲利普·恩乔尼（M. Philipe NJONI），公职、劳动与社会保障部长阿诺希亚特·桑达兹拉扎（Annociate SENDAZIRASA），青年、体育与文化部长让·雅克·尼耶尼米加博（M. Jean-Jacques NYENIMIGABO），民族团结、遣返回国、国家重建与人权部长伊玛库莱·纳哈约（Mme Immaculée NAHAYO），地区一体化与东非共同体事务部长韦内朗·巴凯维尤穆萨亚（Vénérand BAKEVYUMUSAYA），职业、专业培训教育和扫盲部长罗斯·加里鲁（Dr Rose GAHIRU）。

【行政区划】全国分为16个省，分别是布班扎、布琼布拉、布鲁里、坎库佐、锡比托克、基特加、卡鲁齐、卡扬扎、基隆多、马康巴、穆朗维亚、穆因加、恩戈齐、鲁塔纳、鲁伊吉、姆瓦罗。

【司法机构】司法权独立于立法权和行政权，由各级法院、法庭依法行使。主要司法机构包括最高法院、宪法法院、特别最高法院、上诉法院、审计院、商业法庭、劳动法庭、省级法院，及总检察院、地方检察院等。最高法院和宪法法院成员由总统任命。现任最高法院院长玛丽·安西拉·恩塔卡布里姆沃（Marie Ancilla NTAKABURIMVO，女），宪法法院院长克里斯蒂娜·恩泽伊玛纳（Mme Christine NZEYIMANA，女），总检察长爱丽舍·恩达耶（Elysée NDAYE），总监察长亚历山大·纳库姆良戈（Alexandre NAKUMARYANGO）。

【政党】1992年4月15日颁布《政党法》，实行多党制。截至2005年1月，布共有合法注册的政党28个。

（1）布隆迪保卫民主力量（Forces pour la Défense de la Démocratie au Burundi，FDD）：执政党，以胡图族为主体。曾为布最大反政府武装力量，2003年11月与布过渡政府达成和平协议，加入过渡政府，2004年9月正式转为合法政党，2005年在大选中获胜成为执政党，在国民议会中有64个席位，在参议院中有30个席位。党主席热雷米·恩让达库马纳（Jérémie NGENDAKUMANA），总书记马纳塞·恩佐博尼姆帕（Manassé NZOBONIMPA）。

（2）布隆迪民主阵线（Front pour la démocratie au Burundi-FRODEBU）：简称民阵。1986年成立。1992年7月23日被批准为合法政党。党的目标是建立一个尊重、捍卫、促进人的基本权利和自由的真正的主权国家。2001年11月1日过渡政府成立后，民阵前总书记恩达伊泽耶出任副总统，民阵主席米纳尼任国民议会议长。2005年立法选举失败后，米纳尼被罢免主席职务，原总书记莱昂斯·恩冈达库马纳（Léonce NGENDAKUMANA）当选主席，厄弗拉希·比基尔马纳（Euphrasie BIGIRMANA）当选总书记。2006年，民阵退出政府成为反对党。2007年11月，民阵重新入阁，目前有4位部长和2位副部长在政府内任职。

（3）争取民族进步统一党（Le Parti de l'Unité pour le Progrès National-UPRONA）：简称乌党，1959年1月成立，是图西族最大政党。布独立后长期执

政。1993 年 6 月多党选举失败后，失去执政党地位。1996 年布约亚重新执政后，党内出现分裂。2005 年在议会选举中获得 17 个席位，在政府中有 2 位部长。2006 年 1 月召开全国代表大会，阿洛伊·鲁布卡（Aloys RUBUKA）和安东瓦·西沙哈约（Antoine CISHAHAYO）分别当选党主席和副主席。

（4）保卫民主全国委员会（Conceil National pour la Défense de la Démocratie-CNDD）：于 1994 年 10 月从民主阵线中分裂出来，原主张武装斗争、国际军事干预和改组布军队。1998 年 6 月参加阿鲁沙和谈，后签署了阿鲁沙和平协议并加入过渡政府。2005 年批准为合法政党。党主席莱奥纳尔·尼昂戈马（Léonard Nyangoma）。

其他政党还有：胡图人民解放党（PALIPEHUTU）、人民和解党（PRP）、人民党（PP）、争取民主和经济社会发展集合运动（RADDES）、布隆迪人民联盟（RPB）、争取权利和发展全国联盟（ANADDES）、自由党（PL）、社会民主党（PSD）、劳动者独立党（PIT）、言论自由党（INKINZO）、布非拯救联盟（ABASA）、民族复兴党（PARENA）、远见者同盟（INTWARI）、布隆迪争取民主与和解党（PDR）、布隆迪争取发展自由联盟（ALIDE）、布隆迪争取民主和发展新同盟（NADEBU）、布隆迪争取和平与发展联盟（UPD）、恢复公民权利运动（MRC）等。

【重要人物】皮埃尔·恩库伦齐扎：总统。1963 年 12 月 18 日出生于布琼布拉，胡图族。曾在布隆迪大学任教。1995 年加入反政府武装保卫民主力量，1998 年任副总书记，2001 年被选为主席。2003 年 11 月该组织加入布过渡政府后，恩出任负责良政和国家总检察事务的国务部长。2005 年 7 月，恩被确定为 FDD 总统候选人，辞去党主席职务。8 月 19 日当选总统，26 日宣誓就职。

经　济

农牧业国家，经济以农业为主。上世纪 90 年代以来，布隆迪战争频仍，局势动荡。1996 年 7 月政变后遭受长达 30 个月的经济制裁，西方国家援助基本停滞，加之难民问题和气候因素，经济形势严重恶化，国内生产总值比战前累计下降了 22% ~25%。近年来，随着和平进程取得进展和国际援助逐步恢复，经济状况有一定改善。但在国际金融危机冲击下，布财政收入和投资减少，咖啡等产品出口下降，经济形势不容乐观，国家重建任务艰巨。2008 年主要经济数据如下（资料来源：2009 年伦敦经济季评）：

国内生产总值：11.1 亿美元。

人均国内生产总值：138 美元。

经济增长率：4.3%。

货币：布隆迪法郎（简称布郎）。

汇率：1 美元 =1185.7 布郎。

通货膨胀率：24.5%。

【资源】矿藏主要有镍、泥炭、钒、锡、金、稀土、高岭土等，其中氧化镍储量居世界第六位，镍蕴藏量约 3 亿吨，品位约为 1.5%。泥炭储量约 5 亿吨。磷酸盐储量 3050 万吨，品位 11.1% ~13%。钒储量约 1200 万吨。石灰石储量 200 万吨。高岭土储量约 1900 万吨。森林覆盖率曾占国土面积的 5%，但由于火灾和滥伐等原因每年递减，目前覆盖率仅 3% 左右。

【工业】工业基础薄弱。从业人数占劳动力人口的 2%。工业产值约占国内生产总值的 19%，主要有农产品加工、化工、纺织、烟酒和发电等，均为中小企业。啤酒业是布产量最高、效益最好的工业。近年主要工业品产量如下：

	2005	2006
啤酒（万升）	7700	9500
碳酸饮料（万升）	1400	2600
香烟（箱）	42000	41000
肥皂（吨）	2975	2797
氧气（立方米）	45000	43000

（资料来源：2009 年伦敦经济季评）

【农牧业】约有 90% 的劳动力人口从事农牧业。已耕地面积 8224 平方公里，占国土面积的 31.8%，其中可灌溉面积 100 平方公里。农牧业产值约占国内生产总值的 50%，提供 95% 的粮食和 90% 的外汇收入。粮食种植面积占耕地面积的 90%，主要有玉米、大米、豆类、薯类、芭蕉等。2006 年粮食产量为 370 万吨。经济作物占耕地面积 10%，占农业总产值的 19.9%，主要有咖啡、茶叶、棉花等。畜牧业原较发达，现逐年衰退。天然牧场 7277 平方公里，占全国面积的 28.2%，畜牧业生产总值占国内生产总值的 5%，2004 年共有 32.5 万头奶牛，23 万只绵羊，87 万只山羊。

近年主要经济作物产量如下（单位：吨）：

	2005	2006	2007
咖啡	7571	37135	7000
茶叶	7811	6361	327
籽棉	4564	3269	2850

（资料来源：同上）

【服务业】近年来，服务业发展较快，产值约占国内生产总值的 32%。

【交通运输】无铁路。

公路：各类公路总长 5162 公里。首都布琼布拉为交通枢纽。陆运主要线路由布琼布拉向北经卢旺达、乌干达至肯尼亚的蒙巴萨港，全长 2025 公里。

水运：主要航道为坦噶尼喀湖，航线总长 175 公里。主要线路系由坦噶尼喀湖南下至坦桑尼亚基戈马港，再转铁路抵达累斯萨拉姆港，全长 1428 公里。主要港口为布琼布拉港，有 500 米长码头，可同时停靠 5 艘货轮。近年货运量如下（单位：万吨）：

	2005	2006
出　港	1.65	1.05
进　港	18.85	17.21
货运总量	20.50	18.26

（资料来源：2009 年伦敦经济季评）

空运：布琼布拉国际机场可起降波音 747 客机，由布隆迪国家航空管理局（RSA）管理，2006 年客流量为 13.8 万多人次。比利时航空公司开通了从布琼布拉直飞布鲁塞尔的航班。布国家航空公司还辟有通往卢旺达、乌干达、肯尼亚、埃塞俄比亚和南非的航线。

【通讯设施】世界上电话覆盖率最低的国家之一，平均千人中拥有固定电话的仅 4 人。国家电信局是布唯一的固定电话运营商，全国共有固话用户 30000 个。全国有 U-Com，Onatel，Africell 和 Econet 四家移动电话运营商，用户 160000 个。全国有互联网用户 14000 个，由 U-Com，Onatel，Usan Bu 和 Cbinet 四家网络运营商提供网络支持。

【财政金融】财政收入主要靠各种税收和外国、国际组织的贷款和赠款。近两年由于举行选举和国家重建，国家财政赤字有所增加，情况如下（单位：亿布隆迪法郎）：

	2005	2006	2007
收入	2796.58	2876.42	3194.55
支出	2991.36	3186.11	3598.16
盈余	-1947.8	-3096.9	-4036.1

（资料来源：同上）

2008 年外汇储备 2.66 亿美元。截至 2006 年底，外债总额 13.15 亿美元。

主要银行有：布隆迪共和国银行，1964 年成立，为中央银行，在政府指导下制定官方汇率。最大的三家商业银行是布琼布拉信贷银行、布隆迪商业银行和互助银行。

【对外贸易】出口收入占国家总收入 20% 以上，主要出口产品有咖啡、茶叶等，2006 年咖啡出口额为 3968 万美元，占布出口总额的 68%。主要进口物资为工业制成品和燃料等。2008 年主要出口对象国是日本、德国、巴基斯坦和卢旺达，主要进口来源国是沙特、肯尼亚、比利时和法国。外贸连年逆差。近年进出口贸易情况如下（单位：百万美元）：

	2006	2007	2008
出口	58.7	52.9	56.4
进口	244.7	257.6	342.1
差额	-186	-204.7	-157.1

（资料来源：同上）

【外国援助】1996 年 7 月政变后，邻国对布实行经济制裁，外援大量减少。1999 年制裁解除后，西方外援逐步恢复，主要来自美国、法国、比利时、荷兰、挪威、英国等国和欧盟、国际开发协会、联合国难民署、联合国开发计划署、联合国儿童基金等国际机构。2006 年接受外援总计 3.65 亿美元。

人民生活

在联合国宣布的 177 个国家人类发展指数排名中列第 169 位。采用医疗互助基金和医疗证办法，军人就医全部免费，平民实行部分免费医疗，公职人员每月向互助基金交纳工资的 6%，政府财政补贴 4%。医疗证可全家使用，凭医疗证就医者交纳医药费的 20%。2005 年政府卫生医疗支出占国内生产产值的 3.9%。2006 年，布政府提出实施 5 岁以下儿童医疗免费和妇女分娩免费政策。平均每 25000 人有一个卫生医疗中心，70% 的医生集中在首都。常见病有疟疾、艾滋病、血吸虫病、肝炎、霍乱等。全国艾滋病感染率为 12%。2006 年人口增长率为 3.9%，平均预期寿命 49 岁，儿童死亡率 18‰。70% 的人每天生活费不足 1 美元，贫困人口占人口总数的 60%。

军　事

1967 年 3 月 7 日建军，由陆军、空军、湖军和宪兵组成。总统为武装部队统帅。军队总参谋部下设海军局和空军局分管湖军和空军。总参谋长萨米埃尔·加希罗少将（Samuel GAHIRO）。2005 年结束过渡期后组建新的国防军和警察部队，胡图和图西族官兵各占 50%。

全国设 1 个卫戍区和 5 个军区，20 个兵营。总兵力约 4.6 万人，其中陆军、湖军和空军共 2.8 万人，警察 1.8 万人。陆军有步兵、装甲、机械、炮兵、通讯、工兵、建筑工程和侦察营等。空军在布琼布拉和基特加设有空军基地，另有一伞兵营。士兵服役期为 6 年，军官为职业军人。战乱期间，军费开支比例较高，最高时占财政预算的 46%。近年来，随着布和平进程的推进，军费开支有所下降，2007 年国防预算约占国家总预算的 16.5%。

文化教育

【教育】内战期间许多学校关闭或被毁。2005 年 9 月起实行小学 6 年免费义务教育制，小学入学新生大幅增加，校舍短缺。成人识字率 54%。中学教育分普通中学、中等师范学校和中等技术专业学校 3 种类型。布隆迪大学是全国最高学府，设有 5 院 7 系。此外还有高等农业学院、城市建设规划技术学院、军事干部学院、神学院、国际关系研究中心和高等贸易、新闻、司法警官等大专院校。2004 年小学入学率 81.6%，中学入学率 10%，大学入学率 1%。共有小学 1467 所，学生 668879 人，教师 12246 人。有各类中学 344 所，学生 71522 人，教师 3660 人；大学生 6422 人，教师 380 人。

【新闻出版】主要报刊有：《新生报》，官方法文日报，1978年4月创刊；《团结》周刊，基隆迪文官方刊物，主要面向农村；此外还有几家私营报纸。

布隆迪新闻社为官方通讯社，1976年6月创建。黑非洲通讯社（AGENCE AZANIA）和新闻社（NET PRESSE）为私营通讯社。

布隆迪广播电台是国家电台，分一台和二台，一台用基隆迪语对内广播，二台用法语、英语和斯瓦希里语对内对外广播。此外还有数家民办电台。

布隆迪电视台为国家电视台，1984年12月由法国援建，每天17～23时用基隆迪语、法语播放新闻和专题节目。

对外关系

奉行睦邻友好、不干涉别国内政、不结盟及国际合作的外交政策。重视睦邻友好，希望通过地区合作推动本国内部问题的解决，支持非洲经济一体化计划，重视同西方国家关系，呼吁国际社会关注布局势，支持布国内重建。目前，布已与116个国家建立了外交关系。

【对当前重大国际问题的看法】关于国际政治经济新秩序：主张建立国际政治新秩序。认为多边主义是指导国际关系的基本准则之一。各国应在联合国框架内以对话和协商方式解决争端，反对动辄使用武力。认为现今国际经济秩序不公正且具排他性，发展中国家的利益和要求未受到足够重视，贫富差距日益扩大，发达国家应采取有力措施帮助发展中国家战胜贫困。

关于反恐：认为恐怖主义严重威胁世界和平与安全，应予以坚决铲除。但反恐应选准目标，不能将反恐斗争扩大化。

关于人权：人权首先体现在各国人民有权选择政治制度和发展模式。对发展中国家而言，保证人的生存权和发展权是最重要的人权。不能将人权政治化，不能以人权名义干涉他国内政。

关于非洲地区冲突：主张通过谈判，以公正、和平、持久的办法解决地区冲突，反对诉诸武力。

关于非洲联盟和非洲发展新伙伴计划：支持非盟促进非洲团结与进步，推动非洲和次区域一体化进程，提升非洲的国际地位和影响。认为非洲发展新伙伴计划是非洲国家以团结促发展的一项重大举措，国际社会应用实际行动予以支持。

【同中国的关系】1963年12月21日两国建交。1965年1月29日布单方面宣布中断两国外交关系。1971年10月13日复交。此后，两国友好合作关系发展顺利。

2009年5月，布隆迪执政党“保卫民主力量”主席恩让达库马纳访华，会见了中共中央书记处书记、中纪委副书记何勇，并与中联部副部长李进军举行了工作会谈。11月，布隆迪第二副总统恩蒂塞泽拉纳出席了在埃及沙姆沙伊赫举行的中非合作论坛第四届部长级会议开幕式。

2009年，两国贸易额0.35亿美元，同比增长96.4%，其中中方出口0.34亿美元，进口0.01亿美元。

中国驻布隆迪大使：郁序忠。馆址：Sur La Parcelle 675 A VUGIZO，BUJUMBURA。信箱：B. P. 2550，BUJUMBURA。电话：00257－224307，224082。商务处电话：222558。

布隆迪驻华大使：加布里埃尔·萨布希米克。馆址：北京市光华路25号。电话：010－65322328。

【同比利时的关系】布曾是比殖民地，两国传统关系较深。1996年布发生政变后，比曾一度中断了与布的合作。近年来，比加大了对布援助力度。2005年3月和12月，恩达伊泽耶总统和恩库伦齐扎总统先后访比。2007年4月和7月，比外交大臣和国防大臣分别访布。2008年3月，布外长访比，与比方签署两国政府合作协议。4月，比外交大臣和发展合作大臣访布。10月，布第一副总统萨欣古武访比。2009年2月，比利时发展合作部长访布。10月，恩库伦齐扎总统访比。

【同法国的关系】布法关系长期稳步发展。两国签有经济、技术、军事、文化等合作协定，法在布专家、技术人员共150余人。1996年7月布发生政变后，法一度停止了与布的合作，仅向布提供人道捐助。2000年阿鲁沙和平协议签署后，法逐步恢复了对布援助，并宣布免除布所有债务。2002年以来，法国共向布提供5次预算援助，总计1450万欧元。

【同美国的关系】美在医疗卫生、农业、环保、能源和培训等方面向布提供援助。2005年8月，美负责非洲事务的助理国务卿出席布总统就职仪式。9月，恩库伦齐扎总统赴美参加纪念联合国成立60周年首脑会议。12月，美将布纳入“非洲增长与机遇法案”。2006年3月，布国民议会议长纳哈约访美。2007年11月，美国参议院代表团访布。12月，美宣布将对布年度财政援助由1860万美元上调至2860万美元。2008年2月，恩库伦齐扎总统访美。

【同邻国的关系】重视睦邻友好，强调邻国对布和平的重要作用，积极恢复和发展同周边国家关系。1999年1月22日，第7次布隆迪问题大湖地区国家组织首脑会议决定中止对布经济制裁后，布与邻国关系不断改善。2006年4月，大湖地区三方加会议在布琼布拉召开，布隆迪、卢旺达、刚果（金）外长和乌干达国防部长，以及美国、欧盟、非盟、联合国等国家和组织与会，会议就打击本地区非法武装，加强安全合作等进行讨论，并发表联合公报。2007年7月，布正式加入东部非洲共同体。2009年4月，恩库伦齐扎总统赴坦桑参加东共体峰会。

布隆迪同卢旺达独立前同属比利时托管地，两国在民族、宗教、语言、文化和风俗等方面相同或相似，两国在民族、侨民等问题上时有摩擦。1996年7

月布发生政变后，卢参加了对布制裁。制裁终止后，两国关系迅速改善。布总统布约亚、恩达伊泽耶曾访卢。2005年8月，卢总统卡加梅出席布总统恩库伦齐扎就职仪式。11月，布总统恩库伦齐扎对卢进行工作访问。2007年3月，恩库伦齐扎总统访卢。4月，布隆迪、刚果（金）和卢旺达外长在布琼布拉举行会晤，宣布恢复大湖地区国家经济共同体（CEPGL）活动。10月，恩库伦齐扎总统前往卢旺达出席"连通非洲"峰会。2008年5月，布第一副总统萨欣古武访卢。7月，卢参议长比鲁塔访布。

布与刚果（金）在历史、地理、经济、文化方面有着密切联系。1998年刚果（金）冲突爆发后，布政府军进入刚境内清剿本国反政府武装，两国关系恶化。2001年约瑟夫·卡比拉任刚总统后，两国关系有所改善。刚允诺不再支持布反政府武装，布从刚撤军。2003年2月，布约亚总统与刚果（金）和卢旺达外长签署了旨在推动地区和平进程的《布鲁塞尔约定》。2005年2月，布外长西农古鲁扎访问刚果（金）。2007年1月，刚总统卡比拉特使访布。2月，布参议长赴刚出席大湖地区国家议员会议，讨论大湖地区的和平、安全、民主和发展。4月，"三方加"总参谋长会议在布琼布拉举行。

布重视发展同坦桑尼亚关系。布一半以上进出口物资经坦转运。目前仍有大量布难民流落在坦。1996年7月布发生政变后，坦联合其他布邻国对布实施经济制裁，两国关系严重恶化。1999年制裁终止后，布坦关系开始改善，两国总统多次互访。2008年1月，坦国防部长访布。同月，恩库伦齐扎总统对坦进行工作访问。6月，布第一副总统赴坦参加次地区发展问题首脑峰会。

布同乌干达虽不直接毗邻，但布大量进口物资须途经包括乌在内的北方通道，两国经济关系较密切。1996年7月布发生政变后，乌在对布制裁问题上态度强硬，两国关系趋冷。1998年布启动和平进程后，乌对布制裁终止，两国关系好转。2000~2006年，布总统多次访乌。2007年6月，恩库伦齐扎总统赴乌出席东非共同体首脑会议。11月，布第一副总统萨欣古武赴乌，代表布隆迪作为观察员出席英联邦首脑峰会。2008年11月和2009年5月，恩库伦齐扎总统访乌。（孙小宁）

赤道几内亚

国名　赤道几内亚共和国（The Republic of Equatorial Guinea，República de Guinea Ecuatorial）。

面积　28051平方公里，其中大陆部分26017平方公里，岛屿2034平方公里。

人口　101.5万（2007年）。主要民族为分布在大陆的芳族（约占人口的75%）和居住在比奥科岛的布比族（约占人口的15%）。官方语言为西班牙语，法语为第二官方语言，葡萄牙语为第三官方语言。民族语言主要为芳语和布比语。居民82%信奉天主教，15%信奉伊斯兰教，3%信奉新教。

首都　马拉博（Malabo），位于比奥科岛，人口26.6万（2007年）。年平均气温25℃。

国家元首　总统特奥多罗·奥比昂·恩圭马·姆巴索戈（Teodoro Obiang Nguema Mbasogo），1979年任最高军事委员会主席和国家元首，1982年任总统，1989年、1996年、2002年和2009年四次连任。

重要节日　自由政变日（8月3日）、宪法日（8月15日）、独立日（10月12日）。

简　况

位于非洲中西部，西临大西洋，北邻喀麦隆，东、南与加蓬接壤。海岸线长482公里。属热带雨林气候，年平均气温24℃~26℃。

1471~1778年，葡萄牙先后占领比奥科、科里斯科和安诺本等岛。1778年，葡将包括上述3岛在内的奥戈韦河（今加蓬境内）至尼日尔河沿海地区划归西班牙势力范围。1845年，西班牙在赤几建立殖民统治。1964年1月赤几实行"内部自治"。1968年10月12日正式宣告独立，成立赤道几内亚共和国，马西埃·恩圭马任总统。1979年8月3日，国家革命武装力量部副部长奥比昂中校发动军事政变，推翻马西埃政权，成立以奥为首的最高军事委员会。

政　治

奥比昂执政以来，积极致力于维护国家稳定和发展经济。其领导的民主党先后在1993年、1999年、2004年和2008年四次议会选举中以绝对优势获胜。近年，奥继续奉行民族和解和政治多元化政策，加快基础设施建设，扩大农业、教育和医疗的投入。2009年2月，赤几政府挫败国外匪徒自海上袭击马拉博的行动。11月29日赤几举行总统大选，奥比昂以绝对优势获胜连任总统，并于12月8日宣誓就职，任期七年。目前，赤几政局稳定。

【宪法】 1982年6月通过，1991年11月修订。宪法规定：赤几实行共和制，是一个独立、民主、统一的国家。立法、司法、行政三权分立。共和国总统为国家元首，体现民族团结并代表国家，经全民直接选举产生，任期7年，可连选连任。如总统因病或亡故无法继续履行职责，由临时执政委员会掌管国家权力，人民代表院议长任主席。

【议会】称人民代表院，是国家最高立法机构。本届人民代表院于2008年6月组成。议员任期5年。执政的民主党及其竞选联盟在100个议席中占99席，争取社会民主联盟获1席。现任议长安赫尔·塞拉芬·塞里切·多甘（Angel Serafin-Seriche Dougan）。

【政府】本届政府于2010年1月组成。除正、副总理（3人）外，部长24人。主要成员有：总理伊格纳西奥·米拉姆·唐（Ignacio Milam Tang），第一副总理阿尼塞托·埃比亚卡·莫埃特（Aniceto Ebiaca Moete），第二副总理德梅特内奥·埃洛·恩东·恩塞富穆（Demetrio Elo Ndong Nsefumu），第三副总理萨洛蒙·恩圭马·奥沃诺（Salomon Nguema Owono），总统府使命国务部长亚历杭德罗·埃武纳·奥沃诺·阿桑戈诺（Alejandro Evuna Owono Asangono），内政和地方机构国务部长克莱门特·恩贡加·恩圭马·翁圭内（Clemente Engonga Nguema Onguene），公共工程和基础设施国务部长马塞利诺·奥约诺·恩图图穆（Marcelino Oyono Ntutumu），农业和林业国务部长特奥多罗·恩圭马·奥比昂·曼格（Teodoro Nguema Obiang Mangue），外交、国际合作和法语国家事务部长帕斯托尔·米恰·翁多·比莱（Pastor Micha Ondo Bile），国防部长安东尼奥·姆巴·恩圭马（Antonio Mba Nguema），经济、贸易和企业发展部长佩德罗·翁多·恩圭马（Pedro Ondo Nguema），财政和预算部长梅尔乔·埃索诺·埃德霍（Melchor Esono Edjo），矿业、工业和能源部长马塞利诺·奥沃诺·埃杜（Marcelino Owono Edu）等。

【行政区划】全国划分为7个省，17个县和9个市。

【司法机构】由最高法院、总检察院、上诉法院、初审法庭、市镇法庭以及最高军事法庭组成。最高法院是全国最高审判机关，下辖民事、刑事、行政和习惯法四庭。总检察院为国家法律监督机关和国务委员会的咨询机构。最高法院院长塞尔吉奥·埃索诺·阿贝索·奥托莫（Sergio Esono Abeso Otomo）。国家总检察长何塞·奥洛·奥博诺（Jose Olo Obono）。

【政党】共有13个合法政党。主要有：

（1）赤道几内亚民主党（Partido Democratico de Guinea Ecuatorial）：执政党，成立于1986年12月23日。创始人及主席为奥比昂总统，总书记卢卡斯·恩圭马·埃索诺·姆邦（Lucas Nguema Esono Mbang）。

（2）社会民主人民联盟党（Convergencia Social Democratica Popular）：1992年成立，主张自由民主。主席为塞昆迪诺·奥约诺·阿沃·阿达（Secundino Oyono Awong Ada）。

（3）民主社会联盟（Union Democratica Social）：1991年成立于葡萄牙。总书记为卡梅洛·莫杜·阿库塞·宾当（Carmelo Modu Akuse Bindang）。

此外还有自由党（Partido Liberal）、自由民主大会党（Convencion Liberal Democratica）、赤几社会主义党（Partido Socialista de Guinea Ecuatorial）、赤几人民行动党（Accion Popular de Guinea Ecuatorial）、争取社会民主联盟（Convergencia Para la Democracia Social）及社会民主党（Partido Social Democrata）等。

【重要人物】**特奥多罗·奥比昂·恩圭马·姆巴索戈**：总统、民主党主席、武装部队总司令。1942年6月5日生于大陆地区蒙戈莫县，芳族人。1963年考取国土警卫队士官生，同年9月赴西班牙萨拉戈萨军事学院学习两年。回国后历任比奥科岛驻军司令、国防部供应和计划局长、国家革命武装力量部秘书长和副部长等职。1979年8月3日发动军事政变，任最高军事委员会主席。10月任国家元首和政府首脑。1982年8月就任总统。1986年12月创建民主党并任主席。1989年6月、1996年2月、2002年12月和2009年12月四次连任总统。曾多次访华。2006年11月来华出席中非合作论坛北京峰会。 **伊格纳西奥·米拉姆·唐**：总理。1940年6月20日出生于赤几中南省。1962年毕业于赤几路德金省高等学校公共管理专业。1981年赴西班牙进修。1982年任总理府行政协调司司长，1986～1996年先后任交通和通讯部秘书长、总理府中央服务司司长、全国粮食安全委员会执行主任、总理府金融监管司司长。1996年任司法部长。1998年任青年和体育部长。1999年任人民代表院第二副议长。2001年任第一副总理。2003年任总理府部长级秘书长。2004年当选为议员。2006年任赤几驻西班牙大使。2008年7月起任现职。

经　济

世界最不发达国家之一，经济曾长期困难。1987年开始实施经济结构调整计划。1991年开始开发石油后，经济出现转机。1997年制定《经济中期发展战略》（1997－2001年），采取扩大石油开采，增加信贷投放，提高可可收购价格，降低生产资料零售价格等一系列措施刺激经济发展。1997～2007年年均经济增长率达26%，是近年来经济增长最快的非洲国家之一。2007年11月召开第二届全国经济大会，制订了2008～2020年国家经济发展远景规划，在强化油气产业发展的同时，全面启动交通、通讯、电力和卫生等基础设施建设，优先发展农业、渔产品加工、旅游和金融服务业，推动经济多元化发展。2009年赤几主要经济数据如下（资料来源：2010年5月经济季评）：

国内生产总值：132亿美元。

人均国内生产总值：约1.3万美元。

国内生产总值增长率：5.3%。

货币名称：中非金融合作法郎，简称非洲法郎。

汇率：1美元≈472.19非洲法郎。

通货膨胀率：7.5%。

【资源】矿藏有石油、天然气、磷酸盐、黄金、铝矾土等。估计天然气和原油储量分别为400亿立方米和56亿桶。林、渔业资源丰富，森林覆盖率曾高达80%。20世纪80年代后期90年代前期，木材加工是国家重要创汇来源，后因管理不善、砍伐过度产值不断下降，原木产量从2000年的70.82万立方米下降到2008年的40万立方米，其中约90%用于出口。原木主要出口亚洲。

【工矿业】以石油和天然气为主，近年发展迅速，2007年工业总产值占国内生产总值的90%以上。

为加强对石油勘探、开采等工作的管理，赤几政府1999年决定成立石油开采工作跟踪委员会，2001年成立国家石油公司。2004年9月，召开第一届全国石油工业大会，宣布成立国家石油技术研究院。2005年组建国家天然气公司。2006年12月，颁布《能源和石油天然气法》，重点增加了国家对油气资源的控制、管理及国家权益等条款，于2007年1月1日起实施。近年，赤几石油产量增长较快，2009年原油日产量46.2万桶。石油和天然气产业在国内生产总值中所占比重逐年增加。目前在赤几开采石油的主要是美孚、埃尔夫等美、法石油公司。根据协议，赤几政府以原油偿还上述石油公司的投资；石油公司则向赤几政府支付一定比例的石油收入，作为用地费用和税款。

2002年总投资4.15亿美元的甲醇生产基地在首都马拉博建成投产，年产甲醇达92.5万吨，该企业是非洲最大的甲醇生产厂。目前，全国有十几个中、小型热电厂和水电站（热电80%，水电20%），多为外国援建，最大装机容量为15400千瓦。

【农渔业】随着石油工业的快速发展，农渔业总产值在国内生产总值中所占的比重逐年下降。2007年，政府通过《农业森林法》。目前全国可耕地面积约78.8万公顷，70%的劳动人口从事农业。粮食不能自给。主要粮食作物为木薯、芋头、玉米等。主要经济作物为可可和咖啡。由于近年来国际市场咖啡和可可价格下降，咖啡和可可生产萎缩。

赤几拥有30万平方公里的海上专属捕鱼区，盛产金枪鱼、非洲黄鱼和大虾等，年捕获量可达7万吨以上，但实际捕捞量不高。目前法国、西班牙等欧盟成员国的近40艘渔船在安诺本岛海域捕捞金枪鱼。近年来，赤几政府采取一系列措施支持渔业发展，将其作为实现经济多元化的关键之一。

【建筑业】随着近年石油天然气产业快速发展以及政府不断加大基础设施投资力度，建筑业在国民生产总值中的比重迅速上升到1.2%，成为仅次于石油与农业的第三大产业。近年来，政府投入巨资修建公路，改造机场，扩建港口，启动规模庞大的住房计划。2004~2007年，政府投入50亿美元执行庞大的住房修建计划和马拉博新城项目。

【交通运输】无铁路。公路总长约1500公里，其中除巴塔－涅方、涅方—恩圭和恩圭—蒙戈莫公路为3级柏油路面公路外，其它均为碎石路和土路。另有1356公里森林通道。近年来，随着财政状况的改善，赤几政府加大了基础设施建设力度，修建了一些新公路并对原有公路进行整修。主要为马拉博—机场新公路，马拉博—新城公路，环比奥科岛公路，大陆地区主要城镇至边界间公路。

空运：马拉博和巴塔是主要航空港。全国共有6家航空公司，其中1家为国营公司，包租飞机维系马拉博至巴塔航线飞行。此外，西班牙、法国、喀麦隆、加蓬、尼日利亚、科特迪瓦、摩洛哥等国航空公司有从马拉博飞往马德里、巴黎、利伯维尔、杜阿拉、拉各斯、达喀尔、圣多美等地的定期航班。2004年9月，为满足日益增长的客流需要，成立赤道几内亚航空公司，该公司第一阶段开辟马拉博至贝宁、加纳和尼日利亚的国际航线。2007年，冈比亚航空公司开通至赤几航班。

水运：马拉博和巴塔也是重要海港。2002年，马拉博港的总吞吐量为1183万吨，巴塔港总吞吐量为50.4万吨。2003年4月卢巴新港落成。2007年巴塔港启动改扩建工程。1998年12月巴拿马一家海运公司所属的“里奥·坎波”号客货两用船承担马拉博—巴塔—安诺本—圣多美和普林西比—喀麦隆等国内、国际航线的客货运任务。近年来，赤几海运业有一定的发展。2000年10月，赤几政府购买了一艘“DJIMLOHO”号客货两用船，经营巴塔—马拉博—安诺本岛的客货运业务。

【电信业】起步较晚，整体水平仍比较落后。20世纪90年代与法国电信公司合作成立赤几电信公司，其中赤几持股60%，法方持股40%。1996年，在法国援助下，马拉博和巴塔两市安装了新的数据网。1997年两市又安装了移动通讯系统。近年来，移动电话用户增长迅速，2000~2007年期间，手机用户平均增长率达80%。2004年9月，继蒙戈莫、埃贝比茵之后，安诺本岛开通手机GSM通讯服务。2007年赤几手机用户占总人口50%。2008年，赤几政府向沙特阿拉伯Hist电信公司颁发了第二张电信运营许可证。2005年5月，赤几电讯公司开通宽带因特网（ADSL）。目前因特网用户约为8000户。

【财政金融】自上世纪90年代以来，石油产业成为赤几最重要的财政收入来源，国家收入大幅增长，财政紧张状况有所缓解。2005年，赤几公布法令，中央政府将把每年财政收入的10%拨给地方政府，用于地方建设项目。赤几外汇储备近年来增长较快，截至2009年10月外汇储备达35.97亿美元，外债约为2.46亿美元。

1985年赤几信贷银行倒闭后，赤几一直没有国家银行。2006年4月，菲律宾商业银行和赤几方商定共同组建赤几国家银行。9月，赤几国家银行开业。近年来银行业有较大发展，目前有4家银行经营业务，主要顾客为在赤几的外国公司。保险业发展较慢，全国有3家保险公司和1家再保险公司。

【对外贸易】 2008年进出口总额约为160.98亿美元，其中出口129.43亿美元，进口31.55亿美元，顺差97.88亿美元。生活日用品和生产资料均依赖进口。主要进口国为美国、西班牙、法国、科特迪瓦等。石油和木材为主要出口产品。主要出口国为美国、西班牙、中国和葡萄牙。近年来，随着石油工业的快速发展，石油不仅取代木材成为主要出口创汇产品，而且扭转了外贸长期逆差的局面。

【外国资本】 系撒哈拉以南非洲吸引外国直接投资最多的国家之一。主要投资国为美国、法国和西班牙。投资领域主要集中在石油领域。

【外国援助】 援助主要来自西班牙、法国、欧盟和联合国有关机构等。西班牙于1999年12月恢复了对赤几的官方援助。2002年世界银行重新启动同赤几政府在交通、公路建设、港口整修和人力资源培训等领域的合作。世界卫生组织、联合国开发计划署和联合国儿童基金会分别与赤几签署2002~2003年合作行动协议和2002~2006年合作计划。2005年4月，联合国开发计划署与赤几政府签署协议，联合国将在5年内向赤几提供900万美元用于防治艾滋病。2005年，西班牙、法国分别向赤几提供2390万、420万美元的官方援助。2006年7月，联合国人口基金向赤几政府捐赠15.7万美元的药品。同月，美国阿美拉达—赫斯公司向赤几政府捐赠4000万美元，用于赤几儿童教育和政府官员培训。8月，阿美拉达—赫斯公司和赤几政府签署教育合作协议，提供2000万美元帮助赤几发展基础教育。西班牙政府根据《2006－2008年非洲发展计划》，投资2500万欧元帮助赤几进行教育制度建设和人力资源培训等。

人民生活

赤几为世界上最不发达国家之一。全国有2所地区级医院，4所省级医院，12所县级医院，42个医疗中心和300个卫生站。巴塔有1所卫生学校。全国平均每万人有病床27张，医生3名，护士4.5名。卫生状况较差，疾病易流行。68%的人不能用上自来水，63%的人有病得不到及时治疗。人口出生率38.13‰，死亡率13.4‰，婴儿死亡率93‰。平均每个家庭有子女5.6人。人均预期寿命为59.53岁。近年来，艾滋病在赤几迅速蔓延，艾滋病患者已由2003年的15000人上升到2005年的30450人。2001年成立了由奥比昂总统亲自主持的委员会，并制定了防治艾滋病五年战略。2004年6月，奥比昂总统发布总统令，批准向艾滋病病毒携带者提供药品和免除部分治疗费用的规定。2005年4月，赤几政府批准成立援助艾滋病基金会（AYES）。7月，政府启动社会发展基金，加大力度发展教育和卫生事业。8月，赤几免费为全国14岁以下儿童接种麻疹疫苗。赤几政府分别在马拉博和巴塔建立了两个艾滋病防治中心。2007年10月，赤几成立全国艾滋病预防运动委员会。2007年2月，奥比昂总统签署法令，规定私人行业最低工资为95400非洲法郎。卫生部推出希望计划，从2007年2月起，古巴医疗队在周末为低收入群体提供免费手术。2010年2月4日，赤几启动妇女及老龄人口社会经济状况普查。

军　事

武装部队由海、陆、空三军组成。奥比昂总统为武装部队总司令。实行义务兵役制及军官终身制。总兵力2000余人，其中陆军1800人，海军100人，空军100人。军队装备不足且陈旧落后。2004年9月，赤几海军从以色列购买的巡逻艇交付启用仪式在马拉博老港口举行。2005年8月，赤几向以色列购买两艘高性能海岸巡逻艇。2007年，赤几购买4架俄制米格战斗机。

文化教育

【教育】 教育体系分为初等、中等和高等三级。小学学制5年，实行义务教育。儿童年满6岁入学，其中约1/4在私人或教会学校就读。小学入学率为87%。全国只有1所大学赤几国立大学，与西班牙的大学有合作协议。赤几国立大学由大学本部和设在马拉博和巴塔的师范、卫生、农业和行政管理等六所学院组成。政府不提供奖学金。多数石油公司为赤几留学生提供奖学金。西班牙、法国在马拉博分别设有规模较大的文化中心和语言学校。在政府7500多名公务员中，仅3.2%的人具有大学学历。为适应石油工业高速发展，政府于2005年在马拉博建立“石油技工培训中心”，提供职业教育。2008年赤几成人识字率为87%。

【新闻出版】 全国主要报纸有：由民主党主办的《人民之声报》，由新闻部主办的《黑檀木报》，由民间组织主办的《加塞塔报》。此外还有《山顶回音报》、《武装力量报》、《真理报》等。

全国共有5家广播电台，其中3家为国家广播电台，每天从6时至23时播音17小时。除西班牙语外，每天还用法语播出新闻节目，并用芳语播音1小时，布比语等民族语言各播音半小时。每星期日有3小时宗教节目。此外，法国国际广播电台在马拉博设有转播站。

马拉博和巴塔分别设有国家电视台，每天播出7小时，主要用西班牙语。其中半数以上节目为本国制作，其余节目多为西班牙和法国提供。电视可覆盖比奥科岛和部分大陆地区。2005年3月，联合国教科文组织赠送的广播电台在赤几国立大学开播。2007年，赤几与挪威通讯公司签署合作协议，投入200亿非洲法郎实现电视广播信号覆盖全国。

对外关系　奉行不结盟、睦邻友好和多元化的外交政策。主张在和平共处、平等互利的基础上加强与各国的友好合作关系。反对霸权主义和强权政治，要求建立国际政治经济新秩序。反对外国势力干涉非洲国家内部事务，主张非洲国家制定共同战略，争取正常的发展环境。反对西方借人权问题干涉别国内政。积极参与地区政治交往和经济合作。系非洲联盟、中部非洲国家经济共同体和中部非洲经济与货币共同体成员。

【同中国的关系】 1970 年 10 月 15 日建交以来，两国关系发展顺利。

近年，两国高层交往密切，政治互信增强。2005 年 10 月，赤几总统奥比昂访华。2006 年 11 月，奥比昂总统出席北京中非合作论坛北京峰会。2007 年 1 月，李肇星外长访问赤几。2007 年 12 月、2008 年 6 月赤几外交、国际合作和法语国家事务部长帕斯托尔·米恰访华。2008 年 12 月，商务部副部长高虎城率中国政府经贸代表团访问赤几。2009 年 3 月，外交部部长助理翟隽对赤几进行工作访问。

2009 年，中赤几双边贸易额为 14.13 亿美元，其中中国进口 10.55 亿美元，出口 3.58 亿美元。

中国驻赤道几内亚大使：严小敏。馆址：Carretera de Aeropuerto Malabo 2 C. P. No. 40，Malabo 2 Guinea Ecuatorial。电话：(00240) 333093505，333092239，222214057。传真：333092381。经商处电话：333093440。

赤道几内亚驻华大使：马科斯·姆巴·翁多·安德梅（Marcos Mba Ondo Andeme）。馆址：北京市三里屯东四街 2 号。电话：010－65323679。传真：65323805。

【同西班牙的关系】 西班牙为赤几原宗主国。1977 年两国断交。1979 年 8 月奥比昂执政后两国复交。西每年向赤几提供约 2500 万美元援助，是赤几主要援助国。1993 年两国关系紧张，西中止了两国官方机构的合作。近年来两国关系有明显改善。1999 年 12 月，西决定恢复对赤几的官方援助。2003 年 2 月，西班牙文化中心新址在赤几首都马拉博落成。2004 年 3 月 6 日，赤几发生未遂政变后，政府指责西班牙与政变有染，两国关系一度紧张，后趋于缓和。2006 年 1 月，西宣布撤销对流亡在西的赤几反对党领袖塞韦罗的政治庇护。2 月，赤几外长米恰访西。10 月，西外长莫拉蒂诺斯和司法部长阿吉拉访问赤几。11 月，奥比昂总统对西进行正式访问。期间，奥比昂总统参加了赤几驻西使馆开馆仪式。2007 年 6 月，西班牙议会代表团访问赤几。7 月，赤几米恰外长访西。11 月，西商贸国务秘书莫拉访赤几。2008 年 1 月，西经济部贸易和旅游国务秘书佩德罗访赤几。7 月，赤几总理米拉姆访西。2009 年 7 月，西外长访问赤几。

【同法国的关系】 近年两国关系发展较快。1985 年赤几加入法郎区，1997 年正式宣布法语为第二官方语言。法每年向赤几提供约 2000 万美元的援助，并向总统府、国防部等政府部门派有顾问。两国设有混委会。近年来奥比昂总统多次访法，法国同意向赤几提供新的援助并扩大两国在经贸领域的合作。2005 年 6 月，法国海军一艘登陆舰访问马拉博。2007 年 2 月，里卡多总理出席第 24 届法非首脑会议。3 月，法国参议院代表团访赤几。10 月，奥比昂总统赴法出席第 34 届联合国教科文组织大会，萨科齐总统会见。2008 年 5 月，法国 Le Haneff 护卫舰访问赤几。2008 年 9 月，法移民部部长访问赤几，米拉姆总理会见。2010 年 3 月，奥比昂总统会见法国陆军上将、法国国防及安全合作主任马努艾尔·佩特一行，双方就加强安全领域合作，在巴塔建立海军学校交换了意见。

【同美国的关系】 1976 年两国断交。1979 年奥比昂执政后复交。1993 年，美在民主、人权方面公开批评赤几政府，并撤回和平队。1994 年美国将同赤几的外交关系从大使级降为代办级。1996 年美关闭驻赤几使馆。近年来由于双方在石油领域的合作，两国关系明显改善。2000 年，美在巴塔开设了名誉领事馆。2003 年 6 月，奥比昂总统访美期间，双方签署两国互不向第三国和国际法庭遣送对方公民协议。同年 10 月，美驻赤几使馆在关闭 7 年后重新开馆。2006 年 2 月，美国负责非洲事务的助理国务卿弗雷泽率团访问赤几。4 月，奥比昂总统对美进行工作访问。10 月，奥比昂总统再次访美。2007 年 1 月，美国国防部代表团访问赤几。2008 年 6 月美国军事专业资源股份有限公司第一副主席威廉·柯尔南率团访问赤几，奥比昂总统接见。7 月，美国“达拉斯”号护卫舰访问赤几。2009 年 1 月，美导弹驱逐舰访问赤几。2010 年 4 月，赤几外长米恰访美。

【同邻国的关系】 重视同邻国保持睦邻友好关系。20 世纪 70 年代初曾与加蓬发生领土争端，后经非统组织调解，两国签订《友好睦邻协定》和《划分陆、海边界协定》。近年来，随着赤几近海发现石油，同尼日利亚、加蓬、喀麦隆、圣多美和普林西比四个邻国确定领海疆界日显重要，赤几表示愿以谈判方式解决有关问题。

1985 年，赤几与加蓬就联合开发科里斯科湾自然资源达成原则协议。2003 年 2 月，加蓬国防部长登上与赤几有争议的姆巴涅岛并宣布该岛是加领土。赤几政府迅速发表声明，重申该岛是赤几领土，要求加方立即从该岛撤军。2004 年 7 月，奥比昂总统与加蓬总统邦戈在联合国斡旋下在亚的斯亚贝巴签署共同开发姆巴涅岛资源的谅解备忘录。2006 年 2 月，奥比昂总统和加蓬总统邦戈赴日内瓦接受联合国秘书长安南调解两国领土争端。3 月，联合国秘书长安南访问赤几，继续调解两国领土争端。9 月，奥比昂总统对加蓬进行工作访问，两国元首表示将和平解决两国领土争端。2007 年 3 月，新任几内亚湾委员会执行秘书长表示将把调解两国领土争端作为优先任务之一。2008 年 11 月，加外长保尔访问赤几。2008 年以来，赤几和加蓬就边界岛屿主权归属争议总体已有所缓和。2009 年 6 月，奥比昂总统出席加蓬总统邦戈的葬礼；10 月，奥赴加蓬出席阿里·邦戈的就职典礼；同月，加蓬总统阿里·邦戈访问赤几。

赤几与喀麦隆边界争议与喀、尼边界争端交织在一起，问题错综复杂。1999 年 3 月，赤几根据联合国海洋法公约中间线条款单方面宣布海上边界。尼、喀和加三国对此存有较大争议。2010 年 2 月，喀麦隆外长访问赤几，就两国边界划定问题进行磋商，双方就两国海洋划界问题达成协议并签署联合公报。2000 年 9 月，尼总统奥巴桑乔访问赤几，两国元首签署海域边界协定。2002 年 4 月，奥比昂总统访尼，双方签署共同开发海洋区的协定。2006 年 3 月，奥比昂总统访尼。12 月，两国在尼首都阿布贾签订能源合作协议。2007 年 5 月，奥比昂总统出席尼日利亚新总统亚拉杜瓦就职典礼。2008 年 7 月，奥比昂总统会见到访的尼前总统奥巴桑乔。

1999 年 6 月，赤几同圣普签署两国关于划定海上边界的协定。2005 年 8 月，两国就合作保护海域安全、共同打击非法移民和贩毒签订安全合作条约。2006 年 12 月，圣普总统德梅内塞斯访问赤几。2007 年 7 月，奥比昂总统出席圣普独立庆典。2008 年 2 月，圣普总统德梅内塞斯访问赤几。10 月，圣普总统德梅内塞斯出席赤几独立日庆典。2010 年 3 月，圣普总统访问赤几。

赤几与加纳关系良好。2004 年 5 月，加纳总统库福尔访问赤几。2007 年 3 月，奥比昂总统出席加纳独立五十周年庆典。2009 年 2 月，赤几、加纳签署两国航空合作协议。（王克启）

多 哥

国名 多哥共和国（The Republic of Togo, République Togolaise）。

面积 56785 平方公里。

人口 660 万（2009 年），年增长率 2.8%。全国有 41 个民族：南部以埃维族和米纳族为主，分别占全国人口的 22% 和 6%；中部阿克波索、阿凯布等族占 33%；北部卡布列族占 13%。官方语言为法语。民族语言以埃维语和卡布列语较通用。居民中 70% 信奉拜物教，20% 信奉基督教，10% 信奉伊斯兰教。

首都 洛美（Lomé），人口 80 万，年平均气温约 27℃。

国家元首 总统福雷·埃索齐姆纳·纳辛贝（Faure Essozimna GNASSINGBE），2005 年 4 月 24 日当选，5 月 4 日就职。2010 年 3 月 4 日再次当选，5 月 3 日就职。

重要节日 解放日：1 月 13 日；国庆日：4 月 27 日。

简 况

位于非洲西部，南濒几内亚湾，东邻贝宁，西界加纳，北与布基纳法索接壤。海岸线长 56 公里。南部属热带雨林气候，北部属热带草原气候。年平均气温沿海地区为 27℃，北部为 30℃。

15 世纪起，葡萄牙殖民者侵入多哥沿海地带。1884 年沦为德国殖民地。1920 年，英、法瓜分多哥。二战后，英、法继续“托管”多哥。1957 年加纳独立时，英托管的西部多哥并入加纳。东部多哥于 1956 年 8 月成为法兰西共同体内的“自治共和国”，1960 年 4 月 27 日宣布独立，定名为多哥共和国，奥林匹欧出任第一任总统。1963 年，奥遇刺身亡，格鲁尼茨基出任总统。1967 年 1 月 13 日，埃亚德马出任总统。埃亚德马执政期间，重视民族团结和经济发展，多政局一直较为稳定。1991 年实行多党制后，陷入政局动荡和经济危机。埃于 1993 年、1998 年和 2003 年三次蝉联总统。

政 治

2005 年 2 月，埃亚德马总统突发心脏病去世。其子福雷·纳辛贝在军方支持下接管权力，并通过修宪出任总统，遭到国内反对派和国际社会的普遍反对。福雷被迫辞去总统职务，由第一副议长阿巴斯·邦福出任临时总统。4 月 24 日，多举行总统大选。福雷获胜当选。多激进反对派指责选举舞弊，鼓动支持者上街闹事，一度引发骚乱，旋即被平息。5 月 4 日，福雷正式宣誓就职。6 月，福雷总统组建以温和反对党泛非爱国统一党主席埃德姆·科乔（Edem KODJO）为总理的民族团结政府。福雷总统积极致力于民族和解，在全国范围内开展政治对话。8 月，有关各方共同签署一揽子政治协议，就重组政府、立法选举等重要问题达成一致。9 月，福雷总统重组政府，传统反对党领导人、振兴行动委员会主席亚沃维·马吉·阿博伊博（Yawovi Madji AGBOYIBO）出任总理。2007 年 10 月，多顺利举行立法选举，多哥人民联盟获胜，继续掌控议会主导权。12 月，福雷总统任命联盟党的科姆兰·马利（Komlan MALLY）担任政府总理。2008年9月，福雷总统改组政府，任命经济专家吉尔贝·福松·洪博（Gilbert Fossoun HOUNGBO）担任政府总理。2010年3月4日，多哥顺利举行新一届总统大选，福雷获胜蝉联总统，5月3日宣誓就职。5月7日，福雷总统再次任命洪博为总理，并于28日成立新一届政府。目前，多政局总体稳定。

【宪法】1992年9月27日，全民投票通过第四共和国宪法。2002年12月30日，议会对限制总统连任等条款进行了修改。宪法规定多哥实行半总统制。总统为国家元首和军队最高统帅，由选民直接选举产生，一轮多数胜出，任期五年，可连选连任；总统有权解散议会、颁布议会通过的法律和实行赦免。总理出自议会多数派，由总统任命，对议会负责。议会可对总理提出不信任案，获议会2/3多数通过即可罢免总理。宪法可根据总统和议会的提议进行修改，由议会或全民投票表决通过。

【议会】2002年12月30日修改的宪法规定，多议会实行两院制，由国民议会和参议院组成。国民议会行使立法权并对政府工作进行监督。议员由直选产生，任期5年，可连选连任。本届议会于2007年10月选举产生，共81名议员。议会下设国防和安全、财政和贸易、社会和文化、经济发展和领土整治、对外关系和合作、法律和行政法规以及人权7个委员会。目前议席分配如下：多哥人民联盟50席，变革力量联盟27席，振兴行动委员会4席。议长阿巴斯·邦福（Abass BONFOH）。参议院尚未成立。

【政府】本届政府于2010年5月28日组成，共有包括总理、2名国务部长、28名部长、1名部长级代表在内的32名成员：总理吉尔贝·福松·洪博，公职与行政改革国务部长索利托基·马尼姆·埃索（Solitoki Magnim ESSO），外交与合作国务部长埃利奥特·奥欣（Elliott OHIN），卫生部长科姆兰·马利（Komlan MALLY），水利、整治与农村水利部长扎卡里·南贾将军（Zakari NANDJA），领土管理、权力下放与地方机构部长、政府发言人帕斯卡尔·阿库苏莱卢·博乔纳（Pascal Akousoulélou BODJONA），经济与财政部长阿吉·奥泰特·阿亚索尔（Adji Otéth AYASSOR），旅游部长巴蒂安·帕布雷－西利（Batienne KPABRE-SYLLI），掌玺、司法及与共和国机构关系部长比奥塞伊·科库·托尊（Biossey Kokou TOZOUN），安全与公民保护部长阿查·穆罕默德·蒂蒂皮纳（Atcha Mohamed TITIKPINA），基础发展、手工业、青年及青年就业部长维克图瓦·西德梅奥·托梅加—多贝（Victoire Sidemeho TOMEGAH-DOGBE，女），公共工程部长查姆贾·安乔（Tchamdja ANDJO），高等教育与科研部长弗朗索瓦·阿贝维亚德·加莱（François Agbéviadé GALLEY），社会行动与国家救助部长梅努娜图·易卜拉希马（Mémounatou IBRAHIMA，女），矿业能源部长达米皮·努波库（Damipi NOUPOKOU），农、牧、渔业部长科西·梅桑·埃沃沃尔（Kossi Messan EWOVOR），技术教育与职业培训部长阿马杜·布赖马·迪亚巴克特（Hamadou Brim BOURAÏMA-DIABACTE），总统府负责计划、发展与领土整治的部长德德·阿霍法·埃奎埃（Dédé Ahoefa EKOUE，女），交通部长宁绍·尼奥法姆（Ninsao GNOFAME），环境与森林资源部长科西维·阿伊科埃（Kossivi AYIKOE），妇女事业促进部长亨丽埃特·奥利维娅·阿梅乔贝—库埃维（Henriette Olivia AMEDJOGBE-KOUEVI，女），劳动就业与社会保障部长奥克塔夫·尼库埃·布鲁姆（Octave Nicoué BROOHM），人权、民主巩固与公民教育部长莱奥纳迪娜·丽塔·多丽丝·威尔逊·德苏扎（Léonardina Rita Doris WILSON-de SOUZA，女），商业与私营行业促进部长科库·戈赞（Kokou GOZAN），工业、免税区与科技创新部长巴塔拉瓦·福法纳（Bakalawa FOFANA），体育与娱乐部长帕杜姆海库·查乌（Padumhèkou TCHAOU），邮政电信部长西娜·劳森（Cina LAWSON，女），艺术文化部长雅各布·库马乔·哈马杜（Yacoubou Koumadjo HAMADOU），城市化与住房部长科姆兰·克莱芒·努尼亚布（Komlan Clément NUNYABU），初等、中等教育与扫盲部长贝尔纳黛特·埃索齐姆纳·勒格齐姆·巴卢基（Bernadette Essozimna LEGUEZIM-BALOUKI，女），新闻部长吉蒙·奥雷（Djimon ORE），农、牧、渔业部负责农村地区基础设施的部长级代表古尔迪古·科拉尼（Gourdigou KOLANI）。

【行政区划】全国有30个省和4个专区。省下设县、乡（镇）、自治村和村。

【司法机构】设最高法院、上诉法院和初级法院。最高法院是最高司法机构，下设司法、行政两个法庭，由庭长和法官组成。最高法院院长必须是职业法官，由总统任命。现任最高法院院长泰特·泰科埃（Têtê TEKOE）。检察权由设在各级法院内的检察长行使。

【政党】共有合法政党近70个，主要有：

（1）多哥人民联盟（Le Rassemblement du Peuple Togolais）：执政党。成立于1969年11月30日，埃亚德马总统创立。为适应多党制，该党于1991年5月向内政部重新注册登记。主张国家统一、民族团结和发展经济，反对地方主义和部族歧视。目前，该党是多最大政党，拥有持证党员60万人。2005年2月，福雷当选党主席。2006年12月召开第九次全国代表大会，选举了新的中央委员会和政治局领导人。索利托基·埃索（Solitoki ESSO）当选总书记。2007年该党在议会选举中获得50个议席。

（2）变革力量联盟（L'Union des Forces du Changement）：影响最大的激进反对党，势力主要集中在南部地区。由前总统奥林匹欧之子吉尔克雷斯特·奥林匹欧（Gilchrist OLYMPIO，原译奥林匹奥）创建并长期担任党主席。主张建立以多党制为基础、尊重人权的民主法制国家。奥长期流亡加纳，现定居巴黎，曾在1998年总统选举中获34%的选票。2003年，该党第一副主席埃马纽埃尔·阿蒂塔尼－鲍博（Emmanuel ATITANI-BOB）在总统选举中获得33.68%的选票。2005年4月，鲍博以激进反对党统一候选人身份参加总统大选，获38.26%的选票。2007年该党在议会选举中获27席。2010年，该党总书记法布雷在总统选举中获得33.93%的选票。

（3）振兴行动委员会（Le Comité d'Action pour le Renouveau）：成立于1991年4月30日。主张"法律至上，法官独立，尊重人权"。原系议会最大反对党，1999年3月抵制议会选举。主席为前总理亚沃维·马吉·阿博伊博（Yaovi Madji AGBOYIBO）。在本届议会中拥有4席。

（4）新生力量联盟（La Coordination des Forces Nouvelles）：成立于1993年6月，主张实现全国和解。1998年9月参加政府。主席为科库·约瑟夫·克菲戈（Kokou Joseph KOFFIGOH）。

（5）泛非爱国统一党（Convergence Patriotique Panafricaine）：成立于1999年8月15日，由多哥民主联盟（UTD）、民主行动党（PAD）、民主团结联盟（UDS）和争取团结民主党（PDU）四党合并组成。主张改革现行国家机构，建设民主、自由的法制国家，实现全国和解。主席为前总理埃德姆·科乔（Edem KODJO）。

其他政党还有：非洲人民民主大会（CDPA）、独立自由人士联盟（ULI）、民主振兴党（PDR）等。

【重要人物】福雷·埃索齐姆纳·纳辛贝：总统、国家元首。1966年6月6日生于多南部滨海区的阿法尼昂专区，已故埃亚德马总统之子。曾就读于法国巴黎第九大学和美国乔治·华盛顿大学，获管理学学士学位和工商管理硕士学位。回国后进入公职部门，两次当选议员。2003年7月被任命为装备、矿业、邮政和电信部长。2005年2月埃亚德马总统病逝后接掌政权。4月参加总统大选并获胜，5月4日宣誓就职。2010年3月4日参加总统选举并成功连任，5月3日宣誓就职。2006年2月对中国进行国事访问，11月来华参加中非合作论坛北京峰会。**吉尔贝·福松·洪博：**多哥总理。1961年生于多哥中央区布利塔省（Blitta）的阿邦迪。早年曾就读于洛美大学，获企业管理硕士学位。后赴加拿大深造，系加拿大会计专家学院院士。1996年起进入联合国开发计划署工作，曾任开发计划署署长办公室主任。2005年12月任联合国助理秘书长、联合国开发计划署助理署长及开发计划署非洲局局长。2008年9月7日任总理。2010年5月7日连任总理。

经　济

联合国公布的世界最不发达国家之一。农产品、磷酸盐和转口贸易是多三大经济支柱。实行自由化经济政策，优先发展农业，积极扶持中小企业。上世纪90年代初由于政局动荡和西方国家停止援助，多经济一度陷入严重危机。1994年后，随着政局趋稳，经济走出谷底，进入恢复和发展阶段。1998年以来，因西方国家再次停援，导致发展资金短缺，国家财政拮据。近年来，多政府加快推进私有化进程，振兴港口运输，加大农业投入，经济形势略有好转。2008年，多政府工作重心全面转向经济建设，大力实施经济发展计划。7月多发生特大洪涝灾害，道路、基础设施损害严重，对多经济发展造成较大影响。2009年，多政府重点加大对基础设施、农业、文教卫生等民生项目投入，着力抑制粮价上涨，取得一定实效。但洪灾损毁的基础设施未完全修复、国际金融危机导致国际援助难以及时到位等因素对多经济发展造成一定影响。2009年主要经济数据如下（资料来源：2010年4月经济季评）：

国内生产总值：32亿美元。

人均国内生产总值：484美元。

国内生产总值增长率：2.5%。

货币名称：非洲金融共同体法郎（FCFA，简称非洲法郎）。

汇率（年平均）：1美元=472非洲法郎。

通货膨胀率：2.0%。

【资源】主要矿业资源是磷酸盐，是撒哈拉以南非洲第三大生产国，已探明优质矿储量2.6亿吨，含少量碳酸盐的约10亿吨。其他矿藏有石灰石、大理石、铁和锰等。

【工业】工业基础薄弱，约12%的人口从事工业生产，工业产值占国内生产总值的17.7%。主要工业门类有采矿、农产品加工、纺织、皮革、化工、建材等，75%以上为中小企业。上世纪90年代初的社会动乱曾造成工业生产全面萎缩。1994年以来，工矿业生产逐步恢复，2004年磷酸盐产量150万吨，但因社会动荡，2005年产量下降为100万吨，2006年产量增至117万吨。因投资不足和管理不善，2007年磷酸盐产量降为79万吨。

【农牧渔业】全国67%的劳动人口从事农业。可耕地面积约340万公顷，已开垦土地面积约140万公顷，粮食作物种植面积约85万公顷。2006年农业产值约占国内生产总值的41%。主要作物为玉米、高粱、木薯和稻米，其产值占农业产值的67%；经济作物占大约20%，主要为棉花、咖啡和可可。2007年粮食总产量约216.2万吨，棉花产量为5.5万吨。

畜牧业主要集中在中部和北部地区，产值占农业产值的15%。

年捕鱼量15383吨，自给率为50%。

【旅游业】20世纪80年代以来，多哥旅游业发展较快。现拥有旅馆52家，客房2100间，床位4163张，其中三星级以上客房923间。1989年旅游业达到最高峰，接待游客达12.355万人。多自2002年起对旅馆业进行私有化改造。2003年旅馆入住率为70%。2005年接待游客人数为9.4万人，同比下降3%，但旅游收入达1500万美元，同比增长13%。为振兴旅游经济，多于2006年10月恢复旅游资质评选委员会工作，引进国际标准，提高服务水平。主要旅游点有洛美市、多哥湖、帕利梅风景区和卡拉市。

【交通运输】以公路为主。转口贸易和陆路运输收入占国民总收入的35%左右，其交通运输网在次地区占有重要地位。

公路：总长12040公里，国家级公路2926公里，其中沥青路1650公里，其余为土路。有4条公路干线，连接布基纳法索、加纳和贝宁等国，国际货运量33万吨。

铁路：总长575公里，主要线路为洛美至布里塔276公里，洛美至帕利梅161公里。由于设施陈旧，铁路运输能力较差，仅395公里铁路能投入营运。

水运：主要港口洛美港系西非唯一深水港，年吞吐能力为600万吨，能同时停泊4艘2.5万吨级的货轮。90%以上的进出口货物经洛美港运输。1994年起对港口设施进行现代化改造，并实行部分私有化。2001年吞吐量约为266.2万吨。2002年，科特迪瓦阿比让港口受本国内乱影响关闭后，布基纳法索和马里等西非内陆国将转口贸易移至多哥，洛美港业务量激增46%，达389万吨。2005年，洛美港共接纳货船1000艘次，进出港货物总计508万吨，同比增长14.7%。

空运：全国有2个国际机场，6个小型机场。埃亚德马·纳辛贝国际机场（原洛美道关国际机场，2005年5月改为现名）是主要航空港，可起降大型客机，跑道长3000米。年客运能力70万人次，货运能力1万吨，居西非第三位。但近几年运输量严重不足。2004年客运量23.4万人次，货运量5400吨。2001年非洲航空公司倒闭后，成立多哥航空公司，每周两班飞机自洛美飞巴黎，由于缺乏资金和经验，目前运作较困难。另外，法航、布基纳法索航空公司和科特迪瓦航空公司亦有航班经停多哥。

【财政金融】2007～2009年财政收入支出情况如下（单位：亿非洲法郎）：

	2007	2008	2009
预算收入	2237	1860	2120
预算支出	2465	1950	2360
差　额	－228	－90	－240

（资料来源：2010年4月经济季评）

截至2009年，外债总额17.4亿美元，外汇储备6.7亿美元。

金融部门包括中央银行及6家商业银行和非银行性质的中介金融组织（如保险公司等）。

【对外贸易】实行自由贸易政策，鼓励进出口贸易。进出口总额占国内生产总值的70%左右。2009年，贸易总额20.31亿美元，出口额7.4亿美元，进口额12.91亿美元。主要出口商品是棉花、磷酸盐和咖啡；主要进口日用消费品、石油制品和机械设备等。2008年主要出口对象国为加纳、布基纳法索、德国、贝宁；主要进口国为中国、泰国、美国和荷兰。

【外国援助】双边援助主要来自法国、德国、英国、美国、加拿大、日本、科威特、沙特阿拉伯等国；多边援助主要来自国际货币基金组织、世界银行、欧盟、伊斯兰开发银行、非洲开发银行和西非开发银行等。2003年6月总统大选后，多当局恢复与欧盟对话，就促进民主和保障人权做出22项承诺。2005年多新政府成立后，欧盟强调要求多落实22项承诺，并将复援计划与落实情况挂钩。2006年多成功举行全国政治对话，各方签署一揽子政治协议后，欧盟宣布批准向多提供第6、7期欧洲发展基金余额2080万欧元，着手启动第9期发展基金2080万欧元。2007年多立法选举顺利举行后，欧盟等主要合作伙伴及国际金融组织相继恢复对多援助，并与多签订了中长期合作框架文件。2008年9月，多在布鲁塞尔召开发展援助伙伴会议，获得9亿多欧元援助承诺。世界银行、巴黎俱乐部、非洲开发银行先后免除多5亿多美元债务。2008年11月，国际货币基金组织和世界银行宣布，多达到全球重债穷国决策点。2009年，多共获得非洲开发银行约1.9亿美元和欧盟1.5亿欧元的援助。

人民生活

多哥在联合国开发计划署（UNDP）发布的《2009年人类发展报告》人文发展指数排名中名列第159位。多哥劳动者每周工作40小时，职工最低月工资1.8万非洲法郎，洛美市劳动者平均月工资为2万非洲法郎。家庭补贴为每个子女每月2000非洲法郎。到2004年底，全国共有医疗卫生机构718个，其中3所大学医疗中心、1家专科医院、6所地区医疗中心、26所县级医院、8家综合性诊所、100所社保医疗救治中心、450家门诊和124个医务室。共有病床约7000张，卫生技术人员约7700人，平均约650名居民有一名医生。主要疾病有疟疾、结核病和艾滋病等。平均寿命55岁，新生儿死亡率78‰。63%的居民饮用自来水。全国有电视机19万台。2006年平均每100名居民中有5.07人使用因特网。2007年平均每100名居民中有1.51人使用固定电话，18.08人使用手机。2008年固定电话用户约14万，同比增长41.6%。手机用户154万，同比增长30.2%。

军事

武装部队始建于1961年11月，总统为军队最高统帅，国防部是最高军事决策机构。总参谋长为埃索法·阿耶瓦（Essofa AYEVA）。实行义务兵和志愿兵相结合的兵役制度，义务兵服役期两年。凡年龄在18～25岁的青年均可报名入伍。

总兵力约9300人，其中陆军8100人，海军200人、空军250人、宪兵750人。陆军装备有战车、轻型坦克、装甲车、野战炮等；海军有巡逻艇2艘；空军有战斗机、运输机18架，直升机3架。

文化教育

【教育】 教育制度分一级教育（小学）、二级教育（初中）、三级教育（高中）和四级教育（大学）。全国小学校5019所，在校学生91.5万人，入学率达88%，小学教师2.3万人；初中686所，学生20.4万人，升学率22%，教师5400多人；高中105所，学生3.9万，升学率19%，教师1700多人。2004年据世界银行统计，成人男女文盲率分别为32%和62%。小学入学率为79%。全国共有公立、私立和教会学校3074所。2006年共有126718名学生参加中学入学考试，73310名学生参加初中毕业考试，27411名学生参加大学入学考试。

高等学校有洛美大学，1970年建校，设5个学院、5个系、2个研究所和2个培训中心，现有学生约1.7万人，教师约1000人。1999年初政府决定在埃亚德马总统的家乡卡拉兴建第二所大学，2004年建成，现有学生6000至7000人。

【新闻出版】 《多哥新闻报》：官方日报，1962年创刊，1972年曾改称《新征途报》，1991年10月14日恢复原名，发行量约6000份。自1990年以来出现了20多家私营报刊，主要有：《观察家报》、《鳄鱼》、《非洲回声》、《蝎子》和《人民战斗》等。

多哥通讯社：国家通讯社，成立于1975年，负责采编国内新闻和抄收外国通讯社的国际新闻，每周发行5期《每日新闻》，以国内新闻为主。

洛美广播电台：建于1953年8月，用法、英、德语广播，并用埃维、卡布列等民族语言播送新闻。每天播音18.5个小时。卡拉广播电台：建于1975年，负责对北方地区广播，主要用法语播音，也用埃维语和卡布列语播送新闻、广告，每天播音3次，每次3～7小时不等。

多哥电视台：建于1973年，唯一的官方电视台。主要使用法语播放节目，定时用埃维语和卡布列语播放新闻。卡拉电视台：建于1993年。

对外关系

奉行中立、不结盟和睦邻友好的外交政策，主张在平等互利、互相尊重主权和领土完整的基础上同所有国家建立友好合作关系。着重发展同西方国家的关系，争取外援；同时注意外交多元化，加强同亚洲国家的关系。重视非洲团结，积极参与非洲地区事务，促进地区经济一体化，努力调解几内亚比绍、塞拉利昂和科特迪瓦危机。曾向安哥拉、刚果（布）、塞拉利昂、中非和科特迪瓦派遣维和部队，向刚果（金）、科摩罗和布隆迪派遣军事观察员。已同70多个国家建立外交关系。

【同中国的关系】 中多于1972年9月19日建交，两国关系发展顺利。

2006年2月，应国家主席胡锦涛的邀请，福雷总统来华进行国事访问。胡主席与福雷总统会谈，吴邦国委员长和温家宝总理分别会见。11月，福雷总统来华出席中非合作论坛北京峰会。2007年7月，外交部部长助理翟隽对多进行工作访问。2008年2月，中联部部长王家瑞访问多哥，3月，多哥人民联盟总书记埃索访华。9月，多哥外交和地区一体化国务部长尼宁维、合作、发展与领土整治部长巴瓦拉和贸易、工业、手工业与中小企业部长延查布雷来华参加中国—西非国家经济共同体经贸论坛。2009年3月，多哥宪法法院院长阿苏马访华。12月，多哥新闻与文化部长克耶瓦访华。年内，中国人民对外友好协会会长陈昊苏和多中友协主席阿博进行了互访。

2009年双边贸易总额11.7亿美元，同比下降6.6%。其中中方出口11.3亿美元，进口4000万美元。中国对多主要出口机电产品、纺织品、鞋类、茶叶，进口原棉。

中国驻多哥大使：杨民。馆址：B.P.2690，1381 RUE DE L'ENTENTE，LOME，TOGO。电话：（228）2616350。传真：（228）2616345。经商处电话：（228）2215243。

多哥驻华大使：诺拉纳·塔—阿马（Nolana TA-AMA）。馆址：北京市东直门外大街11号。电话：010－65322202，65322224。

【同法国的关系】 法是多前宗主国，最大的援助国和重要贸易伙伴。两国在各个领域的关系密切，签有外交、财政、文化、军事等合作协定。2006年9月，福雷总统应邀访法，会见希拉克总统。2007年4月，法经济、财政与工业部长布雷东和开发署署长让—米歇尔访多。2008年2月，多与法国、贝宁三国军队在多举行“齐奥2008”（Zio 2008）联合军演。11月，福雷总统应邀访法，会见法国总统萨科齐。2009年3月，多工商会组织的多哥“经济日”活动在巴黎举行。

【同德国的关系】 多曾是德国殖民地，两国传统关系密切。2005年多宪政危机期间，德指责福雷违宪上台，两国关系受到影响，之后有所恢复。2007年10月，德、多签署协议，德援助300万欧元用于多议会选举。2008年2月，德国外长施泰因迈尔访多，福雷总统会见。2009年6月，福雷总统对德国进行15年来首次正式访问。

【同美国的关系】1961年建交。近年来，两国关系发展较快。2003年11月，多议会通过与美国签署的互不将对方公民引渡到国际刑事法庭的协议。2006年8月，美国首次向多派遣24名和平队员进行为期2年的服务。此外，美还在石油开发、洛美港改扩建和纺织等经贸领域与多开展合作。2007年5月，美海军少将斯塔福比恩和海岸警卫队少将彼得曼访多。2008年4月，美宣布将多列入享有“非洲增长与机遇法案”国家。2009年8月，洪博总理访美。

【同周边国家的关系】多哥同尼日利亚各领域联系与合作广泛，经贸关系尤为密切。2005年，在多发生宪政危机后，尼前总统奥巴桑乔以非盟执行主席身份指责福雷修宪出任总统，并推动非盟和西非国家经济共同体对多实施制裁。福雷数次赴尼做解释工作并寻求支持。奥态度发生转变，在福雷当选总统后立即予以承认，并积极调解福雷与多反对派的矛盾。2007年，福雷总统多次访尼。同年5月，尼总统亚拉杜瓦访多。2008年2月，福雷总统访尼，探讨借助西非输气管网解决多哥及周边国家能源紧张问题。2009年5月，福雷总统对尼日利亚进行友好工作访问。

多哥同加纳历史上曾有“西多哥”归属之争。多前总统奥林匹欧之子曾长期流亡加纳，两国关系时有摩擦并曾一度恶化。1994年以来，多加双方均采取一些措施改善两国关系。1995年加纳总统罗林斯访多，实现两国关系正常化。此后双方高层互访频繁。2005年3月，加总统库福尔赴多出席埃亚德马总统葬礼。5月，福雷就任多总统后将加作为首个出访国。2006年和2007年，福雷多次访加。2009年1月，福雷出席加纳总统米尔斯就职典礼。8月，福雷总统对加纳进行友好工作访问，双方就双边关系和两国边界安全合作交换了意见。4月，加纳总统米尔斯访多。

多哥同贝宁关系较密切。两国在莫诺河上合建有南贝托水电站。上世纪90年代初，两国关系曾一度冷淡。1996年3月克雷库当选贝宁总统后，两国友好关系恢复。2005年3月，克雷库总统赴多出席埃亚德马总统葬礼，并积极参与调解多危机。2006年4月，福雷总统赴贝参加贝新任总统亚伊就职典礼。6月，亚伊总统访多。2007年2月，福雷总统赴贝出席贝宁电力公司同尼日利亚电力公司输电网并网仪式。2008年，福雷总统在布出席西非经货联盟第12次首脑会议时会见了亚伊。2009年10月，福雷总统出席在贝宁举行的科托努国际打击假药活动。

多哥同布基纳法索关系较好。两国总统多次互访。2005年3月，布总统孔波雷赴埃亚德马家乡吊唁。8月，福雷总统访布。2006年3月，孔波雷访多。7月，孔波雷被推举成为多全国政治对话斡旋人，成功推动对话各方签署“一揽子政治协议”。2007年10月、11月，福雷总统先后两次访布。2008年，福雷总统在布出席西非经货联盟第12次首脑会议时会见了孔波雷。2009年3月和5月，福雷总统两次访布。2009年7月，孔波雷对多进行友好工作访问。

多哥同地区其他国家保持良好关系。2009年2月，福雷总统对尼日尔进行工作访问。4月，福雷总统对赤道几内亚进行国事访问。

多哥积极参与地区与国际合作。2009年，福雷总统先后出席了西共体特别峰会、西非国家经济共同体会议、非盟首脑会议、贝宁、加纳、尼日利亚、多哥共同繁荣区域联盟组织首脑会议、非洲气候变化峰会等。6月，福雷总统赴意大利参加欧盟、经合组织与非洲伙伴关系论坛，并出席日内瓦国际劳工组织年会，讨论如何应对国际金融危机。9月，福雷总统出席在美国纽约举行的第64届联合国大会。11月，福雷总统在罗马参加联合国粮农组织峰会。（徐贝宁）

厄立特里亚

国名　厄立特里亚国（The State of Eritrea）。

面积　12.4万平方公里（包括达赫拉克群岛近1000平方公里）。

人口　469万（2008年估计），人口增长率约2.0%。有9个民族：提格雷尼亚（约占人口50%）、提格雷（31.4%）、阿法尔（5%）、萨霍（5%）、希达赖伯（2.5%）、比伦（2.1%）、库纳马（2%）、纳拉（1.5%）和拉沙伊达（0.5%）。各族均有独自语言，全国主要用提格雷尼亚语，通用英语、阿拉伯语。国民信仰东正教和伊斯兰教的约各占一半，少数人信奉天主教或传统拜物教。

首都　阿斯马拉（Asmara），人口约50万，海拔2300～2400米；年平均气温16.9℃，降水量525.5毫米。

国家元首　总统伊萨亚斯·阿费沃基（Isaias Afwerki），1993年5月22日当选至今。

重要节日　独立日：5月24日（1993年）；武装斗争纪念日：9月1日（1961年）。

简　况

位于东非及非洲之角最北部，扼红海南段。南邻埃塞俄比亚，西靠苏丹，东南与吉布提接壤，东北隔红海与也门和沙特阿拉伯相望。海岸线（包括达赫拉克群岛等355个岛屿）长1350公里。中央高原占国土1/3，海拔1800~3000米；西部低地丘陵，东部沿海平原。境内最高峰为中部高原的安姆巴—索依拉峰（Amba Soira），海拔3013米，最低点为东部平原的科巴尔低地（Kobar），低于海平面75米，塞迪特河（Setit）为其境内唯一常流河，全长180公里，最大的季节河马雷布河满水期长达440公里。高原地区气候宜人，年平均气温为17℃，降水525毫米。12~2月日平均气温最低，为15℃，5~6月平均气温最高，为25℃；4~5月为小雨季，6~8月为大雨季，其余为旱季。东部和西部低地气候炎热干燥，年平均气温分别为30℃和28℃，年均降水量不到400毫米。红海沿岸多沙漠，3~10月间白天气温可达40℃以上。

公元前8世纪，闪米特人和库希特人迁徙此地。公元3世纪起沿海地带兴起若干部落联盟，先后被阿克苏姆王国、奥斯曼帝国和埃及占领。1869年，意大利殖民者来此拓殖，在阿萨布港建特权区，并不断向厄内陆推进。1889年，意殖民者同绍阿国王签订《乌西阿利条约》，确认意占有阿萨布、马萨瓦、克伦、阿斯马拉等地。1890年，意将占领区合并为统一殖民地，命名为“厄立特里亚”（拉丁语“红海”）。1941年，意军战败，厄成为英国托管地。1950年12月，联合国将厄作为一个自治体同埃塞俄比亚结成联邦。1952年，厄立法会议选举产生地方政府，埃塞俄比亚皇帝派代表驻厄。1962年，埃皇塞拉西废除联邦，设厄为埃第14个省，引发厄立特里亚解放阵线（厄解阵）开展武装斗争。1970年，厄立特里亚人民解放阵线（厄人阵）成立，并主导独立战争。1991年5月，厄人阵同埃塞俄比亚的提格雷人民解放阵线联手推翻门格斯图政权。5月24日，厄人阵解放厄全境，29日成立临时政府，伊萨亚斯·阿费沃基出任临时政府总书记兼武装部队总司令。1993年4月23~25日，厄在联合国监督下举行公决，99.8%的民众选择独立。埃过渡政府接受公决结果，承认厄独立。5月22日，伊萨亚斯出任总统；24日，厄正式宣告独立并举行开国庆典，厄立特里亚国正式成立。

政　　治

独立后，厄政府注重政权建设，加紧经济重建，政局保持基本稳定。1998~2000年，厄与埃塞俄比亚发生边界战争。2000年两国签署和平协议。2001年上半年，厄公布“选举法”和“政党组织法”草案，拟于当年底举行大选，逐步实行多党制。但随后党内发生严重政治分歧，选举无限期推迟。2002年，厄颁布《选举法》，明确提出“多党制不符合厄现状”。近年来，伊萨亚斯总统将巩固政权、维护国家安全作为首要任务，加强地方党政军力量，严控境内外反对派，同时采取利民措施，保持了政局的基本稳定。

【宪法】 1994年成立制宪委员会，1996年7月宪法草案出台。1996年12月，厄成立制宪议会，1997年5月23日，制宪议会通过宪法并正式颁布实施。宪法规定，国民议会是国家最高权力机构和立法机关；实行总统制，总统由国民议会选举产生，任期5年；总统拥有任命政府高官、成立或解散有关政府部门和机构等权力；政教分离，宗教平等；民族语言一律平等，不确定国家官方语言；人民享有平等、自由、选举等基本权利。

【议会】 国民议会设150个议席，包括人阵党中央委员会成员75名、制宪议会成员60名及厄旅外侨胞代表15名，其中22%为女议员。议长由全体议员选举产生，任期5年，现由伊萨亚斯总统兼任。国民议会负责国家立法，批准预算和选举国家元首。1993~2000年国民议会共召开13次大会，此后一直休会。1997年1~3月，厄进行第一次省级议会选举。2004年5月19日，举行第三次省级议会选举。全国登记选民93万人，投票率达92.1%，共选出346名地方议员，30%为女性。

【政府】 首届政府成立于1993年6月7日，由总统和17名政府部长组成。现政府于2009年3月进行改组，内阁成员17人：总统兼政府首脑伊萨亚斯·阿费沃基、外交部长奥斯曼·萨利赫（Osman Saleh）、国防部长塞巴特·埃弗雷姆（Sebhat Ephrem）、劳动与社会福利部长萨勒马·哈桑（Salma Hassan）、司法部长法齐娅·哈希姆（Fawzia Hashim，女）、能源与矿产部长艾哈迈德·哈吉·阿里（Ahmed Haj Ali）、农业部长阿雷费恩·贝尔赫（Arefaine Berhe）、教育部长塞梅雷·鲁索姆（Semere Russom）、卫生部长阿明娜·努尔侯赛因（Amina Nurhussein，女）、财政部长贝尔哈内·阿布雷赫（Berhane Abrehe）、贸易与工业部长沃尔达伊·富图尔（Woldai Futur）、渔业部长萨利赫·梅基（Saleh Meki，因病逝世，现职位空缺）、水土环境部长特斯法伊·加布雷塞拉西（Tesfai Gebreselassie）、交通与通信部长沃尔德米卡埃尔·阿布拉哈（Woldemikael Abraha）、公共工程部长阿布拉哈·阿斯法哈（Abraha Asfaha）、旅游部长阿丝卡露·门克里奥斯（Askalu Menkerios，女）、国家发展部长吉乔治斯·特克莱迈克尔（Giorgis Teklemichael）、新闻部长阿里·阿卜杜（Ali Abdu）。

【行政区划】 厄地方政府分为省、县、乡、村四级。全国共有6个省（Zoba，Region），分别为：南红海省、北红海省、安塞巴省、加什—巴尔卡省、南方省和中央省。

【司法机构】 独立后沿用原埃塞俄比亚民法、刑法，略有修改。厄法院分乡、县、省、高等法院四级。高等法院的判决为终审判决，设法官18名，均由总统任命，现任最高法院院长门克里奥斯·贝拉基

（Menkerios Beraki）。省级法官由高等法院院长提名经司法部长批准。厄检察机构设于司法部，总检察长由总统任命，现任总检察长阿莱姆塞吉德·海尔·塞拉西（Alemseged Haile Selasie）。

【政党】厄立特里亚人民民主和正义阵线（People's Front for Democracy & Justice，PFDJ）：简称人阵党，现为厄唯一合法政党。有党员60万人，占全国人口12.8%，主席伊萨亚斯。该党成立于1970年，原名“厄立特里亚人民解放阵线”（简称“厄人阵”），1994年第三次全国代表大会决定改为现名，并选举75人中央委员会为最高领导机关，现有54名委员；中央执行委员会在中央委员会休会期间行使中央委员会的职权，共19名委员，现为13人。

【重要人物】**伊萨亚斯·阿费沃基**：总统，兼任国民议会议长、政府首脑和武装部队总司令，人阵党主席。1946年出生于厄中部原哈马西恩省一小商贩家庭，信仰东正教。1962年中学毕业后考入埃塞俄比亚海尔·塞拉西大学（今亚的斯亚贝巴大学）工程学系。三年后辍学参加厄解阵。因政见分歧于1969年脱离厄解阵，参与创建厄人阵。1977年当选厄人阵副总书记，1987年任总书记。1991年5月起任厄临时政府总书记，1993年5月22日当选首任总统。精通提格雷尼亚语、阿姆哈拉语、英语和阿拉伯语，懂法语和意大利语。

经　济

以雨育农业为主，80%的人口从事农牧业。生产落后，丰年粮食自给率仅60%～70%。独立后，政府着力经济重建，制定了以私有经济为主导的市场经济发展战略。提倡自力更生，建设基础设施，争取国外贷款和其他援助，特别是鼓励侨汇。政府先后出台了土地法、投资法和贸易、金融、税收等有关规定，积极参与双边和多边经济贸易机制，1997年厄发行本国货币。1993～1997年，经济年均增长率10.9%。

2000年厄埃边界停火后，两国长期“不战不和”，厄政府恢复“战时经济政策”。2005年以来，厄政府采取关闭部分私营企业、限制私营企业进口、取消外汇自由兑换以及统购统销等措施，加强外汇管制。战时体制造成资金和劳动力短缺阻碍了经济发展，2005～2007年，经济年均增长仅1%。2008年第一季度外汇储备不及2周进口所需。2007年厄制定新投资法，但门槛过高不利于归侨和外国中小企业对厄投资。矿产资源开发略有进展，与加拿大合资开发近年发现的世界第五大金、铜、锌、银混成矿，预计2010年可实际开采，有可能改善国际收支。厄政府采取积极措施扶助农村发展，妥善安置复转军人，改善教育和医疗条件，发展基础设施建设，厄经济社会继续保持基本稳定。2008年，因受国际能源危机、粮食价格上涨等因素影响，厄经济发展迟滞，首次对外寻求粮食援助。2009年主要经济数据如下（资料来源：2010年5月经济季评）：

国内生产总值：18.67亿美元。

国内生产总值增长率：3.5%。

货币名称：纳克法 1纳克法=100分。

汇率：1美元=15.4纳克法。

【资源】主要矿产有铜、铁、金、镍、锰，重晶石、长石、高岭土、钾碱、岩盐、石膏、石棉、大理石。地热资源丰富，红海沿岸和西部地区可能有石油和天然气，迄未探明储量。目前有16家外资企业与厄政府进行矿业开发合作，预计首座金矿将于2010年底投产。厄水资源缺乏，境内河川不多，且多为季节性河流，土地面积10.1万平方公里，森林覆盖率15.8%。

【工业】英国、埃塞俄比亚统治时期的大量拆迁及长期战争破坏导致原有百余家工厂只剩下十几家，现有纺织与服装加工（9%）、制革、制鞋、食品加工（50%）、农畜产品加工、金属加工、化工及塑料制品加工（8%）、建材等现代化程度不高的小厂。全国仅马萨瓦一家柴油发电厂，人均年用电量不及70度。除首都和马萨瓦外，其他城市每日仅供电6～7小时，农村普遍无电力供应。2007年工业总产值占当年国内生产总值的19.2%。2008年，世界银行批准向厄提供1750万美元电力项目追加款，用于修复、扩增首都及农村地区供电系统等。

【农林牧渔】2007年农业占国内生产总值的24.3%。可耕地面积565.6万公顷，人均0.14公顷。2005年实耕37万公顷，其中水浇地不足4%，谷物平均产量300公斤/公顷。主要粮食作物有玉米、大麦、高粱、小麦、豆类；经济作物有油菜籽、芝麻、花生、亚麻、剑麻、棉花、蔬菜和水果。1998～2000年，农业受边界战争和干旱影响，耕种面积大幅缩减，粮食年产量约8.5万吨。2006年政府实施粮食安全战略，兴修水利，推广先进农业技术，40%农田实现机械化耕种。2007年，雨水充足，农业增产，粮食自给率破纪录逾70%。

2006年，厄谷物及水果产量为：高粱21.6万吨，珍珠粟3.3万吨，大麦5.2万吨，小麦1.4万吨，苔麸1.9万吨，各种豆类7590吨；芝麻5510吨，花生2310吨，棉花1450吨；香蕉6.6万吨，橙子2.7万吨，木瓜1.2万吨，番石榴1460吨，芒果630吨。

农业人口中35%～40%从事畜牧业，年产肉类2.8万吨，主要放牧绵羊、山羊、牛、驴和骆驼等。

沿海渔业资源待开发，长期可持续年捕捞量8万吨，2001年捕鱼12900吨，创建国后最高纪录。海参最大可持续年开发量1000吨。渔业生产基本限于浅水捕捞，大多生产鱼粉、冻鱼和鱼干出口。埃及是其主要的渔业合作伙伴。2009年上半年厄渔业产量同比增加400%。

【旅游业】旅游业为主要创汇产业。厄历史悠久，境内存有不少古王国遗迹。地貌复杂多样，自然景观丰富。2008 年，厄以其“独特地貌和原始珊瑚礁群”被英国旅游网站评为世界七个最佳旅游目的地之一。阿斯马拉、马萨瓦、阿萨布和达赫拉克群岛为有名的旅游点。厄政府鼓励私营机构投资旅游业，但由于基础设施落后，旅游饭店等配套服务缺乏，旅游市场开发滞后。2007 年入境游客 8 万人次，创收 6000 万美元。2008 年，厄旅游部在马萨瓦、特塞尼、阿迪凯三地开设旅游信息中心，为游客提供旅游资讯服务。

【交通运输】公路：1991～2008 年，厄政府共投资 8 亿美元新建各类公路逾 1.5 万公里。

铁路：从马萨瓦经阿斯马拉到阿科达特的 306 公里窄轨铁路建成于 1928 年，独立战争中遭严重破坏，1995 年开始修复，2003 年马萨瓦至阿斯马拉段通车，仅限旅游观光。

水运：马萨瓦与阿萨布为两大海港。马萨瓦有 6 个泊位，可停靠 1.2 万吨级货轮，并有修船厂。阿萨布港有 9 个泊位，可停靠 3.6 万吨级货轮。厄埃边界战争后，阿萨布沦为“死港”，每年损失 4000 万美元收入。马萨瓦货运量见增。厄政府投资 6.6 亿纳克法扩建马萨瓦港口，2002 年竣工。厄航运公司拥有 4 条货轮，航行苏丹、埃及、吉达、也门、卡塔尔、坦桑尼亚等港口。2007 年运输 2.2 万吨固态和 1.3 万吨液态商品，1.1 万台设备和 265 台车辆，年收入 6000 万纳克法（400 万美元）。马萨瓦港日吞吐能力达 850～1500 吨，可同时存储 1000 个集装箱。

航空：1994 年成为国际民航组织成员国，当时完全依赖外航公司。1991 年修复最大空港阿斯马拉机场，能起降波音 757、767 等大型客机。阿萨布机场只能起降螺旋桨飞机。另有达赫拉克、马萨瓦和纳克法三个小型机场。目前德国汉莎和沙特、埃及、也门等国航空公司以及私营纳赛尔航空公司（Nasair）有定期航班抵离阿斯马拉。2001 年，厄政府成立厄立特里亚航空公司，2003 年首航，目前开通飞往西欧、东非和中东航班。2008 年，厄与沙特阿拉伯两国民航部门就加强航空服务合作签署议定书。

【财政金融】政府日常开支严重依赖侨汇和外援。近年侨汇锐减，从 2005 年占 GDP 的 41% 跌到 2007 年的 23%。厄外债增长不多，几乎全为长期官方债务，2005 年债务率（占国民总收入）57%，还本付息率（占出口收入）213%。2007 年，厄外债相当于 GDP 的 65%。2008 年外债 4000 万美元。

现有厄立特里亚银行（中央银行，成立于 1993 年）、商业银行（1991 年）、住宅和商业银行（人阵党经营）、开发和投资银行（1996 年）及厄立特里亚国家保险公司等。厄独立后一度使用埃塞俄比亚货币比尔，1997 年 11 月发行本国货币纳克法，实行有控制的浮动汇率制度。2001 年 8 月，厄宣布各银行可根据市场自行决定汇率，纳克法随即贬值 92%。2004 年，由于油价高升和侨汇收入锐减，厄外汇短缺，汇率再跌。2005 年 4 月，厄禁止私营外币兑换业务。商业银行同国际大银行有业务联系，但无外国金融机构在厄开展业务。厄立特里亚国家保险公司于 2004 年部分私有化，出售 60% 股份，2008 年总利润达 1.41 亿纳克法。

【对外贸易】政府鼓励出口，进口须有许可证。2000 年以来，出口年均下降 8%，进口下降 4%。2008 年主要贸易伙伴在进出口中所占比重如下：

主要出口国	占总出口%	主要进口国	占总进口%
意大利	35.2	沙特	10.0
中　国	26.7	意大利	6.1
法　国	7.5	中国	5.0

厄主要进口机械产品、电子设备、食品、化工产品等。出口以牲畜、皮革、纺织品和海产品为主。

【外国援助】外援占厄国民总收入近 30%。近两年，除荷兰、挪威、英国等，西方国家大都削减对厄援助，且原先承诺援款大多尚未拨付。2004～2008 年，挪威共援助 10 亿纳克法。2006 年，欧盟援助 4300 万欧元的项目。2007 年，厄接受国际援助约 1 亿美元。其中联合国系统对厄提供 47 个人道主义援助项目，计 2483 万美元。来自利比亚、苏丹、部分中东国家和中国的援助比重有所上升。截至 2008 年 3 月，世界银行援助 5 个基础设施、卫生与教育项目，近 2.1 亿美元。欧盟 2009～2013 年将向厄提供 1.22 亿欧元无偿援助，并另拨 762 万欧元用于向厄提供紧急援助或弥补厄出口收益损失。

侨汇收入逐年减少，从平均每年数亿美元降至 6000 万美元左右。外资年流入量约为国内生产总值 1%。

人民生活

人均预期寿命 55 岁，新生儿死亡率 48‰，5 岁以下儿童夭折率 78‰。全国贫困人口比重 33%，15 年来减少 20 个百分点。战争和灾害造成国内流离失所人口逾 5 万，流亡国外难民 14.5 万。城镇大多数人月工资为 1000～2000 纳克法（65～130 美元），生活相对拮据。14% 的人家有电视机，0.8% 的人有电脑，1.6% 的人用互联网（每月 24 美元）。全国有固定电话近 4 万门，全国手机用户 9 万人。城镇 74% 和乡村 7% 的人口有干净饮水。全国有 19 家医院，61 个医疗中心，164 个医务站。全国 50% 的人口居住地距离最近的卫生所在 5 公里之内，平均每万人拥有 5 名医生，3 名护士，公共开支占公民医疗支出的 39.2%。厄在控制疟疾、性病等传染病方面卓有成效，艾滋病感染率 2.4%，肺结核感染率 0.28%。儿童接种疫苗工作较普及，少见麻疹、脊髓灰质炎等病例。根据 2006 年联合国开发计划署人类发展报告，厄在177个国家中位居第157位。

军　事

厄立特里亚国防军归人阵党直接领导，有陆、海、空三军。总统任武装部队总司令，国防部长为塞巴特·埃弗雷姆上将，总参谋长海尔·塞缪尔少将（Haile Samuel）。独立后开始分阶段裁军，1997年整编保留4万正规军。1994年开始实行国民服务计划，18～40岁的公民均须参加18个月以上军训或后备役服务。1998～2000年厄埃边界战争期间，政府大量扩军，曾达30万人。停火后，政府宣布复员20万军人。目前厄陆军约20万人，海、空军各1000人。空军有4架苏—27战机、2架米格29战机和数架直升机，海军有2艘护卫舰及数艘巡逻艇。年度国防开支相当于国内生产总值20%。厄军士兵目前占全国劳动力11%强，广泛参与农业生产、修路筑桥等经济建设活动。

文化教育

【教育】学制为小学5年，初中3年，高中4年，其中前8年是免费义务教育。阿斯马拉大学曾是唯一的高等学府，2006年厄政府进行高教改革，将阿斯马拉大学拆分为7所学院，目前阿斯马拉大学仅保留研究生院，并与南非、美国一些大学合作办班。7所学院分别为厄科技学院、商业学院、师范学院、人文和社会科学学院、海洋科学学院、奥罗特医学院及哈默马罗农学院，分布于厄6个省。全国中小学校千余所。2007年，厄小学在校生33.2万，初中生13.1万，高中生7.6万，大专以上学生1.1万。2000～2006年适龄儿童净入学率男生51%，女生43%；中学净入学率男生30%，女生20%。

【新闻出版】1996年6月颁布新闻法，规定言论自由，但须合法且合乎厄国家发展目标与现实；出版自由，但投资须来自国内。

厄立特里亚通讯社系官方通讯社，隶属新闻部，成立于1991年9月，设有国内新闻、国际新闻、出稿三个编辑部，在全国各省设记者站。2001年，厄有9家私营报纸和5种私营杂志。同年9月，政府取缔所有私营媒体。

现有两份官方报纸，均为政府新闻部主办。《新厄立特里亚报》为官方日报，有阿拉伯语、提格雷尼亚语和提格雷语三种版本；《形象报》是英语报纸，每周三、六出版。

新闻部主办的“群众之声”电台系全国性广播电台，1979年1月开始播音。1999年起每天使用提格雷尼亚语、阿法尔语、提格雷语、阿拉伯语、阿姆哈拉语等11种语言播音。

厄立特里亚电视台于1993年1月正式开播，亦隶属于新闻部。共有两个频道，通过6个卫星转播非洲、中东、北美和澳洲等地区节目，1频道每周播出70多个小时节目，2频道每周播出45个小时节目。

对外关系

奉行和平、不结盟、睦邻友好的对外政策，主张在和平共处原则基础上发展同其他国家关系，但侧重发展与中东、东亚和西方国家的关系。近年，西方国家多指责厄政府践踏人权，减少对厄经济援助。厄高层领导频繁出访利比亚、苏丹、沙特、卡塔尔等国，寻求政治支持和经济合作。

厄是联合国、非盟、东南非共同市场、萨赫勒—撒哈拉国家联合体成员国和阿拉伯联盟观察员。与近百个国家建有外交关系，其中21国在厄有常驻使馆（埃塞俄比亚、尼日利亚已闭馆），厄在29国和联合国总部派驻大使。

【对当前国际形势和重大国际问题的态度】认为当前的单极格局一定程度上影响了国际政治的稳定，呼吁国际关系民主化、法制化，反对国际和地区霸权主义。

关于非洲问题：反对照搬西方民主，认为非洲国家对实行多党民主应持谨慎态度。非盟在解决地区冲突和促进非洲各国经济合作方面仍有许多工作要做，非盟亟须改革以提高其自身效力。非洲的问题应靠非洲人自行解决，反对外部势力插手非洲事务。

【同中国的关系】中厄自1993年5月24日建交以来，双边关系稳步发展。1993年5月，中国政府特使、外交部副部长杨福昌出席厄独立庆典，与厄签署两国建交公报、《中厄贸易与经济技术合作协定》等文件。伊萨亚斯总统于1994年和2005年正式访华，2006年出席中非合作论坛北京峰会，并与胡锦涛主席会谈。

2008年1月，厄财政部长伯哈尼等访华。2008年11月，新疆维吾尔自治区人民政府主席努尔·白克力访厄，签署新疆与厄加什—巴尔卡省加强合作的备忘录，两地缔结友好省区关系。2009年5月，中联部部长王家瑞访厄。

2009年中厄双边贸易额为0.4亿美元，其中中方出口额0.39亿美元，进口额0.01亿美元。中国主要向厄出口机械和电子设备、日用品及食品等，进口皮革、海产品等。

中国驻厄立特里亚大使：李连生。馆址：NO.178，ABO Street，Zone 3，Administration 02，Asmara，State of Eritrea。电话：00291－1－185271。传真：00291－1－185275。

厄立特里亚驻华大使：泽盖·特斯法齐翁·塞雷克（Tseggai Tesfazion Sereke）。馆址：北京市亮马河南路4号，塔园外交人员办公楼1－4－2。邮编：100600。电话：010－65326534。传真：65326532。

【同美国的关系】厄独立后同美关系一度密切，伊萨亚斯总统先后六次正式访美。厄埃边界战争爆发后，美八次派总统特使赴厄埃穿梭调解。1999年8月，美与卢旺达、阿尔及利亚、联合国等共同推动落实非统解决厄埃冲突框架协议。2002 年 1 月，美接纳厄为《非洲增长和机遇法案》（AGOA）受益国。“9·11”事件后，厄美加强情报交流等军事合作，双方军事团组往来频繁。

2002 年初，双方因美欲在厄设军事基地产生严重分歧。2003 年底，美以厄民主和人权状况未达标为由，中止厄 AGOA 受益国地位。2005 年 8 月，厄政府驱逐美国际开发署（USAID）代表，并于 10 月要求联合国埃厄特派团内美欧籍人员离厄。2006 年，美非洲事务助理国务卿弗雷泽指示美常驻联合国代表要求安理会“重新审议”2002 年埃厄边界委员会裁决，随后提出解决厄埃边界问题“新倡议”，并希携美方制作“新地图”访厄，遭厄方拒绝。2007 年 8 月，美要求厄关闭其驻美奥克兰领馆，并停止美驻厄使馆签证业务。此后，美以厄支持索马里恐怖分子为由，几次威胁将厄列入“支持恐怖主义国家”名单并启动有关制裁法律程序。美前驻厄大使公开号召厄民众推翻现政权，弗雷泽助卿两度公开要厄“更换政权”。2008 年 1 月，美民主党众议员、众院外交委员会非洲分委会主席唐纳德·佩尼访厄，表示支持厄方希“落实边委会裁决”的要求。

2008 年 10 月，美将厄列入禁止军售国家名单。11 月，厄总统伊萨亚斯电贺奥巴马当选美国总统，希美对非洲之角政策在奥巴马上台后能有所改变，以实现本地区的和平与公正。

【同意大利的关系】 厄曾是意大利在非洲的第一块殖民地，在经济、建筑和文化上颇受意影响，独立后保持与意传统关系。意是厄重要贸易伙伴和主要援助国，1993～2005 年提供各类援助和贷款 3.87 亿美元。意在阿斯马拉开办学校，有 100 多意籍教师，在校生 1400 人，90% 为厄当地人。厄总统伊萨亚斯多次访意。厄重视与意发展关系，但反对其干涉厄内政。2001 年 9 月，因厄没收部分意大利人在厄房产，两国各自召回大使。2002 年，两国关系恢复正常，10 月重新互派大使。2005 年 8 月，意向厄提供 300 万欧元用于抚养战争孤儿。2006 年 1 月，意副外长公开指责厄现行政策，双方关系再度转冷。3 月，两国相互驱逐对方外交官 1 名。12 月，伊萨亚斯总统访意。目前意在厄已无新的援助项目。2009 年 9 月，厄外长访意。

【同埃塞俄比亚的关系】 厄独立后，一度与埃保持着特殊友好关系。1993 年两国签订《友好合作协定》。1997 年，厄发行本国货币，停止使用埃货币，两国贸易改用美元结算，双方产生经济纠纷和贸易摩擦。1998 年 5 月，厄、埃在有争议的巴德梅地区爆发大规模边界武装冲突，关系急剧恶化。2000 年签署和平协议。后因埃对边委会裁定先接受后拒绝，和平进程陷入僵局。2008 年 7 月底，特派团任期终止。2009 年 12 月，在埃强力推动下联合国安理会通过对厄制裁决议。

【同苏丹的关系】 独立前与苏关系密切。独立后，因双方相互支持对方反对派，两国关系持续紧张。2005 年以来两国关系明显改善，领导人互访频繁。厄曾主持苏东部问题和谈，促成苏政府和苏东部阵线签署和平协议，并积极参与调解苏达尔富尔问题。

【同吉布提的关系】 厄在独立之初与吉布提关系较好。1996 年两国发生领土纠纷。1998 年厄埃边界战争爆发，厄指责吉偏袒埃塞俄比亚，吉随即宣布与厄断交。2000 年 3 月，两国复交，两国政治和经贸合作不断改善。2006 年 11 月，伊萨亚斯总统赴吉出席东南非共同市场第 11 届峰会，并会晤吉布提总统盖莱。2007 年 7 月，厄国防部长访吉。2008 年 6 月，与吉发生边界纠纷。安理会先后通过第 1862 号、1907 号决议，要求厄从有争议领土撤军。

【同也门的关系】 1995 年起，两国曾因红海大、小哈尼什岛主权争端发生武装冲突。1998 年 10 月，国际法庭裁决大哈尼什岛等主要岛屿归属也门，厄接受裁决并交还诸岛。11 月，两国关系恢复正常。2001 年 4 月，两国签署了贸易、农业、能源、交通、海事及技术合作协议，并就捕鱼权等海上仲裁达成谅解，但双方渔业纠纷依旧。2005 年 1 月，厄外长阿里访也。3 月，两国部长级会议在厄首都阿斯马拉召开。2006 年 7 月和 2007 年 8 月，也门总统两度访厄。双方建有混委会。2009 年 9 月，厄外长访也。

（郑旻涓）

法属南部领地

名称 法属南部领地（French Southern Territories, Terres australes françaises）。

面积和人口 在国际标准化组织（ISO）国家及地区名称的代码（ISO3166）中法属南部领地包括位于南印度洋上的克罗泽群岛（Iles Crozet，115 平方公里）、凯尔盖朗群岛（Iles Kerguelen，7215 平方公里）、圣保罗岛（Ile Saint-Paul，7 平方公里）和阿姆斯特丹岛（Ile Amsterdam，54 平方公里）。

而法国称之为法属南部和南极领地（Territory of the French Southern and Antarctic Lands, Terres Australes et Antarctiques Françaises-TAAF）的范围除上述岛屿外还包括归属有争议的外岛［Iles Eparses，包括5部分：与马达加斯加有争议的印度礁（Bassas da India，80平方公里）、欧罗巴岛（Europa Island，28平方公里）、格洛里厄斯群岛（Glorioso Islands，5平方公里）、新胡安岛（Juan de Nova Island，4.4平方公里）；与毛里求斯有争议的特罗姆兰岛（Tromelin，1平方公里）］和未获得国际社会承认、位于南极洲的阿代利地（Terre Adélie，43.2万平方公里）。

无常住居民，每年约有包括科学考察人员在内的200人定期来此居住。

行政长官　罗隆·穆舍尔—布莱索特（Rollon MOUCHEL-BLAISOT），2008年10月16日任职。

政　治　1924年起为马达加斯加的附属岛屿。1938年，法国宣称对南纬60度以南、136度～142度经线间的岛屿和土地拥有主权（阿代利地）。1955～1968年为法国海外领地。1995年8月6日起成为具有特殊地位的法属海外领地。2007年2月，外岛成为"法属南部和南极领地"（TAAF）的一部分。

行政事务由法国主管海外省和海外领地的国务秘书属下的行政长官（Préfet, Administrateur supérieur des Terres australes et antarctiques françaises）负责。秘书长（Secrétaire Général des TAAF）协助行政长官工作。秘书长塞尔日·古埃（Serge GOUES），2007年10月1日任职。防务由法国负责。该地区行政长官的总部设在留尼汪岛的圣皮埃尔（Saint-Pierre-de-la-Réunion）。

领地网址：http：//www.taaf.fr/spip。

经　济　以捕鱼业为主。近年来旅游业有所发展。征收轮船注册费也是重要收入。拥有239万平方公里经济专属区（资料来源：法国官方资料）。2004～2005年，额定捕鱼量为6050吨，但非法捕鱼量为其2～3倍。通用欧元。2005年预算收入2454.73万欧元，支出2505.35万欧元。主要向法国和留尼汪出口龙虾和造纸及胶水用藻类原料，也发行邮票和集邮纪念品。在欧罗巴岛、格洛里厄斯群岛、新胡安岛和特罗姆兰岛各有一个小机场。

科研机构　法国在阿代利设有极地研究机构；在凯尔盖朗群岛、克罗泽群岛和阿姆斯特丹群岛建有气象站、卫星跟踪站、核试验监测站以及地理研究所，进行大气污染研究、海洋微生物研究和原子能研究。2006年设立的国家自然保护区包括克罗泽群岛、凯尔盖朗群岛、圣保罗岛、阿姆斯特丹岛及上述岛屿周围的水域。（却布）

佛得角

国名　佛得角共和国（The Republic of Cape Verde, República de Cabo Verde）。

面积　4033平方公里。

人口　51.6万（2009年）。绝大部分为黑白混血的克里奥尔人，占人口总数的71%；黑色人种占28%，欧洲人种占1%。官方语言为葡萄牙语，民族语言为克里奥尔语。98%的居民信奉天主教，少数人信奉基督教新教。

首都　普拉亚（Praia）。人口13.2万（2009年）。最高气温27℃，最低20℃。

国家元首　总统佩德罗·维罗纳·罗德里格斯·皮雷斯（Pedro Verona Rodrigues Pires），2001年3月22日就职，2006年3月连任。

重要节日　独立日：7月5日。

简　况　在北大西洋的佛得角群岛上，东距非洲大陆最西点佛得角（塞内加尔境内）500多公里，海岸线长912.5公里。属干燥的热带气候，终年盛行干热的东北信风，年平均温度20℃～27℃。

1495年沦为葡萄牙殖民地。1951年成为葡海外省。自1956年起，在几内亚和佛得角非洲独立党（简称几佛独立党）领导下，佛得角人民与几内亚比绍人民并肩开展争取民族独立的运动。1975年7月5日佛宣布独立，成立佛得角共和国，几佛独立党总书记阿里斯蒂德斯·佩雷拉任首任总统。1981年，佩雷拉同几佛独立党决裂，另立佛得角非洲独立党（简称独立党），结束了佛同几内亚比绍两国一党的局面。1990年9月开始实行多党制。在1991年1月举行的多党议会选举中，争取民主运动（简称民运）获胜，击败独立后长期执政的独立党。在同年2月举行的总统选举中，民运候选人安东尼奥·蒙特罗当选。1995年12月和1996年2月，民运和蒙特罗在议会和总统选举中再次获胜。2001年1月，佛举行议会选举，独立党获胜，并组成以若泽·马里亚·佩雷拉·内韦斯为总理的政府。同年2月，独立党候选人皮雷斯当选总统。2006年1月，独立党在议会选举中再次获胜。2月，皮雷斯在总统选举中获胜蝉联。3月8日，独立党组成新一届政府，内韦斯留任总理。

政　治

独立党重新执政后，倡导良政、民主、廉洁，完善司法、教育等制度的改革。2008 年 5 月，佛举行第五届全国市政选举，独立党在全国 22 个市中的 10 个市胜选，反对党民运赢得其他 12 个市的选举。6 月，独立党改组政府，此后又多次调整。目前，佛各政党正在筹备将于 2010 年底 2011 年初举行的大选。

【宪法】现行宪法为佛第二部宪法，1992 年 8 月经国民议会通过，9 月 25 日起实施，1995 年 11 月和 1999 年 7 月进行了两次修改。宪法规定，佛得角是一个民主法治的主权国家，实行多元民主和议会制。承认并尊重人民的基本权利和自由，强调法律面前人人平等。

【议会】国民议会的主要职能是：修改宪法，制定法律，监督宪法和法律的实施，批准国际条约，决定公民实行复决和大赦，批准政令，审议并通过政府的施政纲领、发展计划和预算。本届议会于 2006 年 1 月 22 日选举产生，任期 5 年。独立党拥有 72 个议席中的 41 席，民运获 29 席，佛得角民主独立联盟——基督教民主党获 2 席。议长阿里斯蒂德斯·雷蒙多·利马（Aristides Raimundo Lima），系独立党人士，2006 年 2 月当选。

【政府】本届政府于 2006 年 3 月 8 日组成，后数次调整。主要成员有：总理若泽·马里亚·佩雷拉·内韦斯（José Maria Pereira Neves），基础设施、交通和电信部长曼努埃尔·伊诺森西奥·索萨（Manuel Inocêncio Sousa），卫生部长巴西利奥·莫索·拉莫斯（Basílio Mosso Ramos），国家改革和国防部长玛丽亚·克里斯蒂娜·丰特斯·利马（Maria Cristina Fontes Lima，女），外交部长若泽·布里托（José Brito），财政部长克里斯蒂娜·杜阿尔特（Cristina Duarte，女），内政部长利维奥·费尔南德斯·洛佩斯（Lívio Fernandes Lopes），司法部长玛丽萨·埃莱娜·莫赖斯（Marisa Helena Morais，女），劳动、家庭和社会救助部长玛丽亚·马达芙娜·布里托·内韦斯（Maria Madatena Brito Neves，女），环境、农村发展和海洋资源部长若泽·马里亚·韦加（José Maria Veiga），权力下放、住宅和土地规划部长莎拉·玛丽亚·杜阿尔特·洛佩斯（Sara Maria Duarte Lopes，女），部长会议和议会事务部长贾妮拉·伊莎贝尔·丰塞卡·霍普费尔·阿尔马达（Janira Isabel Fonseca Hopffer Almada，女），青年部长贾妮拉·伊莎贝尔·丰塞卡·霍普费尔·阿尔马达（兼任），旅游、工业和能源部长法蒂玛·玛丽亚·卡瓦略·菲亚略（Fatima Maria Carvalho Fialho，女），教育和体育部长奥克塔维奥·拉莫斯·塔瓦雷斯（Octávio Ramos Tavares），高等教育、科技和文化部长费尔南达·马克斯（Fernanda Marques，女）。

【行政区划】全国原划分为 16 个县，1997 年 1 月改划为 17 个市，2005 年 5 月增至 22 个市。

【司法机构】法院分最高法院、地区法院和分区法院三级。最高法院院长由总统任免。现任最高法院院长阿尔灵多·梅迪纳（Arlindo Medina），2009 年 2 月就职。检察院分为三级。总检察长由总统任免。现任总检察长儒里奥·塔瓦雷斯（Júlio Tavares），2008 年 9 月就职。

【政党】有两个主要政党：

（1）佛得角非洲独立党（Partido Africano da Independência de Cabo Verde）：执政党。1981 年与几佛非洲独立党分裂后成立。现有党员 1.1 万余人。1975 年佛独立后长期执政，1991 年选举失败成为在野党。2001 年在议会选举中获胜，重新成为执政党。2006 年议会选举中再次获胜。主张推进民主进程，建立社会正义。1992 年加入社会党国际。党主席为总理若泽·马里亚·佩雷拉·内韦斯，总书记阿尔明多·毛里西奥（Armindo Mauricio）。

（2）争取民主运动（Movimento para a Democracia）：最大在野党。1990 年 3 月 14 日成立，1991 ~ 2000 年间执政。宗旨是以民主方式发展国家。主张政治多元化和经济私有化，推行市场经济和贸易自由化，在民主基础上同国际上其他政党建立联系。2003 年 6 月加入中央民主国际。党主席为卡洛斯·韦加（Carlos Veiga），2009 年 10 月当选。

其他政党还有：佛得角民主独立联盟——基督教民主党（União Cabo-verdiana Independente e Democrática-Partido Democrático Cristão，UCID-PDC）、劳动团结党（Partido de Trabalho e da Solidariedade，PTS）、民主革新党（Partido da Renovação Democrática，PRD）、社会民主党（Partido Social Democrático）等。

【重要人物】佩德罗·维罗纳·罗德里格斯·皮雷斯：总统。1934 年 4 月 29 日生于佛得角福戈岛圣菲利佩市。1956 年考入葡萄牙里斯本大学。1961 年加入几内亚和佛得角非洲独立党，1964 年当选为该党中央委员会委员。1981 年当选独立党副总书记，1990 年 2 月当选总书记，1993 年 8 月至 2000 年 6 月任党主席。1975 ~ 1990 年任总理，2001 年 2 月作为独立党候选人当选总统，3 月 22 日宣誓就职，2006 年 3 月蝉联总统。　**若泽·马里亚·佩雷拉·内韦斯：**总理。1960 年 3 月 28 日生于佛得角圣地亚哥岛圣塔卡塔利那市。1986 年毕业于巴西圣保罗企业管理学院，获学士学位。回国后曾担任政府及多家企业和国际组织行政管理顾问，并从教于高等教育学院。1991 ~ 1997 年担任独立党政治局委员，1993 ~ 1995 年任独立党外事书记，2000 年 6 月当选该党主席。2000 年当选圣塔卡塔利那市市长。2001 年 2 月出任总理。

经　济

以服务业为主，产值占国内生产总值 70% 以上。粮食不能自给，工业基础薄弱。20 世纪 90 年代初开始改革经济体制，调整经济结构，推行经济自由化。独立党重新执政后，提出以发展私营经济为核心的国家发展战略，重点发展旅游业、农业、教育、卫生及基础设施建设。2007年12月，佛加入世界贸易组织。2008年1月，佛正式从最不发达国家名单中“毕业”，进入中等收入国家行列。2009年，受国际金融危机和国内自然灾害影响，佛经济下滑。2009年主要经济数据如下（资料来源：2010年4月经济季评）：

国内生产总值（GDP）：19.4亿美元。

人均国内生产总值：3603美元。

国内生产总值增长率：1.8%。

货币名称：佛得角埃斯库多（Escudo）。

汇率：1美元=79佛得角埃斯库多。

通货膨胀率：3.5%。

失业率：26%。

【资源】资源匮乏，主要矿产有石灰石、白榴火山灰、浮石、岩盐等。

【工业】基础薄弱，以建筑业为主。中小建筑公司主要从事商业和民用住宅建筑，几家大公司主要从事基础设施和公共工程建设。制造业不发达，近年来在国内生产总值中的比重不断下降，目前不足1%。有中小工厂150余家，主要从事制衣、制鞋、水产加工、酿酒、饮料装瓶等。2006年工业产值占国内生产总值19%，工人约占劳动总人口的30%。

【农牧渔业】2006年农业和渔业产值约占国内生产总值6.6%，全国25%的人口从事农业和渔业。可耕地3.9万公顷（不含牧场），约占国土总面积的10%。其中水浇地3000公顷，旱田3.6万公顷，大部分集中在圣地亚哥和圣安唐两岛。主要产品有玉米、豆类、薯类、甘蔗、香蕉、咖啡等。由于自然条件较差，经常发生旱灾，粮食不能自给，年产仅占需要量的15%。

佛有73.4万平方公里的专属经济区，渔业资源较丰富，尚未完全开发利用。捕鱼业在国民经济中占重要地位，渔业人口1.4万。目前，每年出口海产品约1万吨，主要为龙虾、金枪鱼和虾类。2005年渔业出口总值约为700万美元，比2004年增长6倍。渔业占外汇收入的40%，成为重要的外汇来源。2005年12月，佛与欧盟签署2006~2011年渔业合作协议，规定自2006年9月至2011年8月，欧盟84艘渔船每年可在佛领海捕捞5000吨鱼，同时欧盟每年向佛支付32.5万欧元补偿金，并提供6万欧元捐赠，用于促进渔业可持续发展。

【服务业】在国民经济中占有相当重要位置，主要包括旅游、运输、商务和公共服务。2006年服务业产值约占国内生产总值的74.4%。45%以上的劳动人口从事服务业。其中旅游业已成为经济增长和就业的主要来源，旅游基础设施发展迅速。2006年，70%的外国直接投资投向旅游业，旅游业总收入约为2.2亿美元，占国内生产总值的18.3%。截至2008年，共有各类旅馆158家，客房6172间，床位1.14万张。2008年游客人数为33.3万人次，主要客源地为英国（23.2%），其次为意大利、葡萄牙、德国等。

【交通运输】岛内港口和公路等运输设施较完备。公路总长2250公里，主要是石块路。现有各种机动车辆7.8万辆。萨尔岛的阿·卡布拉尔国际机场可供起降波音747客机，年客流量30万人次。首都普拉亚国际机场、博阿维斯塔岛市国际机场分别于2005年11月和2007年10月建成并投入使用。佛得角航空公司辟有通往欧洲、非洲、巴西和美国的国际航线，葡萄牙等欧洲国家航空公司和包机公司有飞往佛得角的航班。全年航空旅客130.8万人次。全国共有港口8个，最大港口为明德罗市的大港（Porto Grande）。2005年底，政府开始扩建普拉亚港。2007年佛全国各港口的集装箱吞吐量为50362个标准集装箱，较2006年增长7%。佛有通往葡萄牙、西班牙、北欧、巴西和非洲大陆的班轮。

【财政金融】近年财政收支情况如下（单位：亿佛得角埃斯库多）：

	2004	2005	2006
收　入	280	268	311
支　出	313	324	362
差　额	-33	-56	-51

截至2009年底，外汇储备（不含黄金）为2.93亿美元，外债余额为3.26亿美元。

（资料来源：2010年4月经济季评）

【对外贸易】80%以上的日常生活用品及全部机械设备和建筑材料、燃料等依靠进口。主要出口产品为船用燃料、香蕉、服装、鞋类、金枪鱼罐头、冻鱼、龙虾、食盐、火山灰等。

每年均有巨额贸易逆差。主要贸易伙伴是葡萄牙、西班牙、美国、英国、意大利和比利时等。近年货物贸易情况如下（单位：百万美元）：

	2007	2008	2009
出口额	80.4	115.7	103.4
进口额	767.6	830.7	833.8
差　额	-687.2	-715	-730.4

（资料来源：2010年4月经济季评）

【外国援助】2005年共接受外援1.606亿美元。主要援助方有葡萄牙（4540万美元）、世界银行（2580万美元）、卢森堡（1660万美元）、欧盟（1600万美元）、美国（1220万美元）、荷兰（1110万美元）和非洲开发银行（610万美元）。

【外国资本】2008年外国直接投资2.09亿美元，主要投向旅游业。

人民生活

根据联合国开发计划署公布的《2009年人类发展报告》，佛得角的人类发展指数在182个国家中排名第121位。2005年，全国人口与医生的比例是2040∶1。人均寿命71岁，5岁以下儿童死亡率为35‰。2006年，全国家庭中的8%有电脑，62%有电视，70%有收音机。76.1%的家庭有清洁供水，67%的家庭接入市政电网。2008年，全国固定电话用户约7.2万，移动电话用户27.8万，国际互联网用户约1.5万。

军　事

实行义务兵役制。服役期14个月。2007年佛得角人民革命武装力量总兵力1200人。现任总参谋长安特罗·马托斯（Antero Matos）。2006年国防支出约740万美元，不足国内生产总值的1%。

文化教育

【教育】政府重视发展教育事业，2009年教育经费占预算支出的23%。实行中小学义务教育。95%的学生可以完成小学教育，中学入学率为58%。重视成人教育，设有各类培训中心。2005年，成人受教育比例为81%。2006/2007学年共有注册学生154518人，教师6536名。有私立大学1所，学生410人，教师55人。佛第一所公立大学——佛得角大学于2006年11月成立，2007年10月开学。

【新闻出版】主要有《周报》和《岛屿快报》两份日报。还有《观点》和《自由》等月刊。

新闻通讯社：1998年2月成立，由原《佛得角新报》、佛通讯社和佛出版社合并组成，向社会提供文字新闻。

有一家国营电视台，即佛得角广播电视台，1997年由佛得角国家电台和佛得角国家电视台合并而成。另外，政府还为一个私人电视台和两个有线电视台颁发了许可证，目前尚未营运。全国有12家广播电台播音。

对外关系

奉行和平、中立和不结盟外交政策。主张外交为发展服务。愿在相互尊重主权、互不干涉内政、平等互利的基础上与世界各国发展友好合作关系。现为联合国、世界贸易组织、不结盟运动、葡语国家共同体、法语国家组织、非洲联盟、西非国家经济共同体等组织成员。同110个国家有外交关系。

【同中国的关系】1976年4月25日，中佛建交。建交以来，两国关系始终稳定、健康发展。

2009年8月12日，中国新任驻佛得角大使李春华向佛总统皮雷斯递交了国书。

2009年，中佛贸易额为3541万美元，同比增长136.8%，均为中方出口。主要出口产品为轻工日用小百货。

中国驻佛得角大使：李春华。馆址：B.P. 8 Praia，Achada de Santo António，Praia，Cape Verde。电话：00238－2623027（办公室、签证处），00238－2623029（经商处）；传真：00238－2623047（办公室、签证处），00238－2623007（经商处）。

佛得角驻华大使：儒利奥·塞萨尔·弗莱雷·德莫赖斯（Júlio César Freire de Morais）。馆址：北京市朝阳区塔园外交公寓5－1－71。电话：010－65327547、65320758。传真：65327546。

【同葡萄牙的关系】两国保持着特殊关系。两国高层交往频繁，各领域合作密切。葡是佛最大援助国和主要贸易伙伴之一。2007年，佛总统皮雷斯、总理内韦斯、外长博尔热斯先后访葡。2008年7月，佛总统皮雷斯访葡。11月，佛总理内韦斯、外长布里托先后访葡。同月，葡议长伽马访佛。12月，双方签署预算援助谅解备忘录，葡承诺2009年向佛提供150万欧元预算援助。2009年3月，葡总理苏格拉底访佛。

【同美国的关系】佛美关系良好。佛在美有侨民30万，年均侨汇1000多万美元。2002年9月，美政府批准佛为“非洲增长与机遇法”受惠国，允许佛纺织品和服装以减免关税待遇进入美市场。2003年1月，佛美签署航空运输合作协议。2006年、2007年和2008年，内韦斯总理三次访美。2007年，佛再次成为美国“千年挑战账户”受益国，美承诺五年内在该框架下向佛提供约960万美元，其中700万美元将用于水文、农业和私营企业发展等项目。2009年8月，美国务卿克林顿访佛。9月，内韦斯总理访美。

【同欧洲联盟的关系】双方关系密切，互派有常驻代表。长期以来，欧盟向佛提供了大量援助。2002年，双方签署2002～2007年合作计划，欧盟允向佛提供3200万欧元援款。2005年3月，欧盟决定将2002～2007年对佛援款增至5550万欧元。6月，博尔热斯外长访问欧盟。2006年以来，佛重点通过葡萄牙、西班牙、法国、荷兰、比利时、奥地利等国与欧盟探讨建立特殊伙伴关系，并获得上述国家的支持。2007年10月，欧盟与佛宣布建立特殊伙伴关系，佛成为第一个与欧盟建立上述关系的非洲国家。

【同葡语国家共同体的关系】1996年7月17日加入葡语国家共同体，为创始国之一。强调葡语国家间“共同文化属性”，主张成员国间加强政治、外交、经济和社会方面的合作。2004年7月，佛常驻联合国代表丰塞卡在第五届葡共体首脑会议上当选为葡共体执行秘书。此后，佛多次承办葡语国家和葡共体各类部长级专门会议。2009年，内维斯总理出席了葡语国家组织有关活动，并赴巴西访问。

（陈旻晖）

冈比亚

国名　冈比亚共和国（Republic of The Gambia）。

面积　11295平方公里（2010年经济季评）。

人口　178.3万（2009年）。主要民族有：曼丁哥族（占人口的42%）、富拉族（又称颇尔族，占18%）、沃洛夫族（占16%）、朱拉族（占10%）和塞拉胡里族（占9%）。官方语言为英语，民族语言有曼丁哥语、沃洛夫语以及无文字的富拉语（又称颇尔语）和塞拉胡里语等。居民90%信奉伊斯兰教，其余信奉基督教新教、天主教和拜物教。

首都　班珠尔（Banjul），人口3.46万（2008年）。最高气温32℃，最低气温15℃。

国家元首　总统叶海亚·贾梅（Yahya A. J. J. Jammeh），1994年7月27日就任冈比亚武装力量临时执政委员会主席，1996年9月当选总统。2001年和2006年两次蝉联。

重要节日　独立日：2月18日。

简况

位于非洲西部，为一狭长平原嵌入塞内加尔共和国境内。西濒大西洋，海岸线长48公里。属热带草原气候，内地平均气温约27℃。

15～16世纪，葡萄牙人曾入侵。此后，英国和法国殖民者也相继侵入。1783年，《凡尔赛和约》把冈比亚河两岸划归英国，把塞内加尔划归法国。1889年，英、法达成协议，划定当今冈边界。1965年2月18日，冈正式独立。1970年4月24日成立共和国。独立后人民进步党长期执政，贾瓦拉多次连任总统。1994年7月，叶海亚·贾梅中尉发动兵变，推翻贾瓦拉和人民进步党的统治，成立了以贾梅为主席的武装力量临时执政委员会。1996年9月，贾梅当选总统，并于2001年10月和2006年9月两次蝉联总统。

政治

贾梅执政以来，强调和平与稳定，号召人民勤奋工作，摆脱贫困。2007年1月，贾领导的爱国调整与建设联盟在议会选举中获得绝对多数席位。2008年1月，冈举行地方政府选举，执政党爱国调整与建设联盟在多数市镇获胜。2009年6月和2010年2月，贾梅总统两次改组政府。

【宪法】现行宪法于1996年8月8日经全民公决通过。宪法规定：冈比亚为共和制；总统为国家元首、政府首脑和武装部队总司令；总统由直接普选产生，每届任期5年，连任次数不限；副总统、各部部长由总统任命；政府可视情宣布“国家紧急状态”；对1994年政变上台的军政府成员或官员将来不得追究刑事责任。

【议会】为一院制，称众议院，是全国最高立法机构。由53名议员组成，其中民选议员48名，总统任命议员5名。每届议会任期5年。议长由总统任命，副议长由议员选举产生。本届议会于2007年1月选举产生。议长塞塞伊（Fatoumata Jahumpa-Ceesay，女）。

【政府】本届政府成立于2006年9月，后多次调整。现主要成员有：总统兼国防部长叶海亚·贾梅，副总统兼妇女事务部长伊莎图·恩杰·赛义迪（Isatou Njie-Saidy，女），外交部长奥斯曼·贾梅（Ousman Jammeh），内政宗教事务部长奥斯曼·松科（Ousman Sonko），司法部长爱德华·戈麦斯（Edward Gomez），财政和经济部长莫莫杜·富恩（Momodou Foon），贸易、工业和就业部长阿卜杜·科利（Abdou Kolley），能源部长西拉·瓦利·恩多—恩吉（Sirra Wally Ndow-Njie）。

【行政区划】全国分为2个市（班珠尔市和卡尼芬市）和5个区（西方区、下河区、麦卡锡岛区、上河区和北岸区），区以下分35个县，村为基层单位。

【司法机构】分最高法院和地方法院。以英国司法制度为基础，辅以本国制定的法律、穆斯林法以及传统习惯法。1997年成立司法服务委员会，负责任命司法官员和法庭人员等，主席由大法官担任。最高法院大法官鲍卡尔·卡马拉（Baucarr Camara）。总检察长由司法部长兼任。

【政党】1994年军政权上台后禁止党派活动，2001年宣布解除党禁。目前，冈主要政党为：

（1）爱国调整与建设联盟（The Alliance for Patriotic Reorientation and Construction，APRC）：执政党。1996年8月成立，成员多为朱拉族人。宗旨是团结、自力更生、进步。在本届议会占47席。主席为总统叶海亚·贾梅。

（2）联合民主党（The United Democratic Party，UDP）：主要反对党。1996年8月成立，成员多为曼丁哥族人。宗旨是民主、自由、安全、正义、和平、进步。在本届议会占4席。主席乌赛努·达博（Ousainou Darboe）。

（3）国家争取民主和发展联盟（National Alliance for Democracy and Development，NADD）。系2005年1月由民族和解党、争取独立与社会主义人民民主组织、人民进步党等组成的政党联合体，在本届议会占1席。总书记西迪·贾塔（Sidi Jatta）。

【重要人物】叶海亚·贾梅：总统。1965年5月25日生于冈比亚西方区卡尼莱村。朱拉族。1984年4月加入冈比亚国家宪兵队。1989年8月至1990年1月担任总统卫队队长。1991年曾任宪兵机动队队长、冈比亚国民军武警部队指挥官。1992年任冈比亚国民军武警部队云杜姆兵营指挥官。1993年7月至1994年1月在美国亚拉巴马州麦克莱伦堡接受武警军官基本科目培训，曾被授予亚拉巴马州国民警卫队荣誉中尉衔。1994年7月政变上台，任国家元首、武装力量临时执政委员会主席。1994年11月晋升上尉。1996年9月晋升上校，随即退出军队，同年9月26日当选总统，10月18日正式就职。2001年10月和2006年9月两次蝉联总统。信奉伊斯兰教。已婚，夫人齐娜卜·叶海亚·苏马·贾梅。

经　济

农业国，工业基础薄弱，是联合国公布的最不发达国家之一。20世纪80年代中期开始经济调整，执行自由经济政策。近年来，重点发展农业、旅游业和金融业，加强基础设施建设，提高教育、卫生和社会福利水平，动力改善人民生活。2009年主要经济数据如下（资料来源：2010年4月经济季评）：

国内生产总值：7.32亿美元。

人均国内生产总值：430美元。

国内生产总值增长率：4.6%。

货币名称：达拉西（Dalasi）。

汇率：1美元=26.67达拉西。

【资源】资源贫乏。已探明有钛、锆、金红石混生矿（储量约150万吨）和高岭土（50多万吨）。

【工业】基础薄弱，发展缓慢。主要为农产品加工和建筑业，还有少量轻工业。2007年工业产值9633万美元，约占国内生产总值的14.8%。

【农业】2007年农林渔业产值约1.87亿美元，约占国内生产总值的28.7%。农业人口占全国总劳动力80%。可耕地面积48万公顷，半数种植花生。主要粮食作物有玉米、小米、谷子、高粱、大米等。粮食不能自给。

近10年来，冈政府对渔业投资较多，渔业产值大幅增加。目前，冈有8个渔业加工厂，15艘注册渔轮，3000多名渔民。产量的90%出口欧洲。近年来，由于外国拖捞船的过度捕捞，深海渔业资源已近枯竭。

【旅游业】冈外汇主要来源之一。近年来，旅游业发展较快，提供10万余个就业岗位，已成为提供就业人数第二多的行业。目前，全国旅游宾馆共有30余家，床位6600张。2006/2007年接待外国游客14万人次，创汇4530万美元。游客55%来自英国，其他来自瑞典、德国等。

【交通运输】无铁路。

公路：总长2390公里，其中沥青路510公里，石子路800公里，土路1080公里。

水运：冈比亚河横贯东西全境，是冈内陆地区的主要运输线。班珠尔港是冈主要的国际海运港口，月处理集装箱800标准箱，年吞吐量为25万吨。

空运：首都班珠尔的云杜姆（Yundum）国际机场可起降各类大型客机，年接送旅客能力为100万人次。每周有定期航班飞往美国、比利时、瑞士、西班牙、加纳、尼日利亚和塞内加尔等国。

【财政金融】财政收入主要为税收，少量为援款。2007年财政总收入45.4亿达拉西，总支出40.6亿达拉西，盈余4.8亿达拉西。2009年，外汇储备（不含黄金）为1.78亿美元。

冈比亚中央银行建于1971年，负责制定和贯彻执行国家货币和信贷政策以及调控商业银行业务。截至2007年，共有9家商业银行、1家伊斯兰开发银行、5家外钞兑换所和1家非银行的金融机构。冈比亚渣打银行为最大的商业银行。

【对外贸易】实行自由贸易政策，进口关税较低，向邻国转口贸易活跃。近年进出口情况如下（单位：百万美元）：

	2007	2008	2009
出口额（离岸价）	91.4	87.4	86.1
进口额（离岸价）	262.9	308.7	285.2

主要进口食品、机械运输设备、工业制成品、矿产品和燃料润滑油等；主要出口花生制品、蔬菜水果、棉花制品、鱼及鱼制品。2008年主要出口对象有印度、比利时、中国、英国、西班牙，进口主要来自中国、塞内加尔、科特迪瓦、巴西。

（资料来源：2010年4月经济季评）

【外国援助】2003年，欧盟与冈政府签订第九个欧洲开发基金国家发展计划，向冈提供5100万欧元援助。非洲开发基金向冈提供6800万达拉西贷款。2007年2月，国际货币基金组织批准冈2007~2009年“减贫和增长计划”，批准拨款2150万美元。

人民生活

根据联合国2009年度人类发展报告，冈比亚的人类发展指数在182个国家居第168位。29%的人口营养不良。全国城镇医疗卫生机构50个（其中医院3所），村庄医疗站291个，妇幼保健站136个。平均每10万人有4名医生。疟疾为最大死因，染病率为17.34%，其次是结核和寄生虫病。人均预期寿命约为55岁，人口增长率约为2.5%，婴儿死亡率为6.7%。

军　事

1985年议会通过武装部队法。1996年宪法规定实行义务兵役制。军事力量主要包括国民军、国家卫队和警察部队等，总兵力约1900人。其中，冈国民军创建于1984年2月，2007年度总兵力约800人，包括2个步兵营、1 个总统卫队和 1 支海军。参谋长为马萨内·金德（Massaneh Kinteh）。国家卫队成立于 1997 年 8 月，负责打击贩毒、走私等，现有 110 人。警察部队成立于 1992 年 2 月，包括警察和宪兵，现有 1000 余人。2006 年度军费开支约 160 万美元。

文化教育

【教育】2003 年，文盲约占全国人口的 60%，男性和女性文盲率分别为 47.8% 和 32.8%。全国设有 270 个扫盲中心。小学实行免费教育。2002～2005 年教育经费占 GDP 的 2%，占全部财政支出的 8.9%。2006 年，小学入学率为 92%，中学入学率为 33%。冈比亚大学为冈最高学府，成立于 1999 年，设医学、农业与生物、科技、人文、社科、教育及经济学院，年招生约 300 名。

【新闻出版】《冈比亚日报》是唯一的官方报纸，每周一、三、五出版，遇有公共假日停刊，发行量约 5000 份；《观察家日报》，1992 年创办的私人报纸，每周出版 5 期，发行量约 5000 份。另有《论点》、《冈比亚新闻与报道》和《冈比亚人》等报刊。

冈比亚广播电台：官方电台，1962 年 5 月建立，用英、曼丁哥、沃洛夫、富拉等语言播音。覆盖面为国土的 2/3。1994 年 10 月，该电台改由冈比亚电讯公司经营管理，新闻节目由政府监管。希德广播电台：瑞典人经营的非政治性私人电台，1970 年 5 月起在班珠尔市播音。另有一家私人经营的立体声广播电台，1990 年 12 月试播，全天播放音乐和商业广告。

冈比亚国家电视台于 1995 年 12 月开播。

对外关系

奉行不干涉别国内政、和平共处的外交政策。重视非洲团结、稳定和区域合作，支持非洲经济一体化。现为联合国、世界贸易组织、伊斯兰会议组织、英联邦、非洲联盟和西非国家经济共同体等组织成员。同 60 多个国家建有外交关系。

【同中国的关系】1974 年 12 月 14 日，两国建交。1995 年 7 月 13 日，冈政府和台湾当局决定恢复所谓的“外交关系”，7 月 25 日，中国宣布中止同冈比亚的外交关系。

2009 年，中冈贸易额为 1.7464 亿美元，同比下降 2.6%，其中中方出口额 1.68 亿美元，进口额 664 万美元。

【同英国的关系】冈系英联邦成员国，同英国关系密切。2001 年 8 月，冈将出席冈反对党活动的英国驻冈高专署副专员驱逐出境，英采取报复性措施。2002 年 1 月，英向冈复派高专署副专员。2005 年 2 月，英上院议长阿莫斯访冈。2007 年 11 月，冈副总统赛义迪赴乌干达出席英联邦政府首脑会议。

【同美国的关系】1979 年冈美建交。2002 年 3 月，美宣布解除自 1994 年起对冈实施的双边援助限制。同月，美国务院年度人权报告再次抨击冈政府侵犯人权，要求贾梅政府恢复民主和法制。2003 年，美在冈成立“非洲增长和机会法”信息中心。6 月，贾梅赴美出席第四届美非商业峰会。2006 年 6 月，美以人权问题为由中止“千年挑战账户”向冈拨付援款。2009 年 9 月，美国海军舰队访问冈比亚。

【同邻国的关系】冈独立后与塞内加尔关系友好。1982 年 2 月，两国通过协议正式结成塞冈邦联。1989 年 9 月，邦联解体。1991 年 5 月，冈塞两国正式签署友好合作条约。冈系塞政府与塞南部卡萨芒斯地区武装分裂主义分子—卡萨芒斯民主力量运动和谈的调解人。2002 年 4 月，在冈斡旋下，塞政府与卡萨芒斯民主力量运动在班珠尔重开谈判。2005 年，因边境税收问题，两国关系一度紧张。2006 年 2 月，两国决定重启塞内加尔—冈比亚常设秘书处。6 月，塞总统瓦德访冈。2007 年 4 月，冈副总统赛义迪赴塞出席瓦德总统就职仪式。11 月，两国重启部长级磋商机制。2010 年 1 月，瓦德总统对冈比亚进行工作访问。4 月，冈总统贾梅出席塞独立 50 周年庆典。

冈同尼日利亚关系密切。冈塞邦联解体后，冈尼签署了防务协议。尼曾派大型军训团负责冈国民军的建设和训练，并曾派人出任冈军司令。同时尼与冈在司法、农业、医疗卫生、教育等领域进行广泛合作，向冈派有技术人员。2003 年 8 月，冈国民议会批准了冈比亚—尼日利亚友好合作协定。2005 年 5 月，尼总统访冈。2010 年 1 月，尼外长访冈。（王玉泽）

刚果（布）

国名　刚果共和国（The Republic of Congo, La République du Congo），简称刚果（布）。

面积　342000 平方公里。

人口　380 万（2007 年）。全国有大小民族 56 个，属班图语系。最大的民族是南方的刚果族，包括拉利族、巴刚果族、维利族，约占总人口的 45%；北方的姆博希族占 16%；中部太凯族占 20%；北方原始森林里还生活着少数俾格米人。官方语言为法语。民族语言南方为刚果语、莫努库图巴语，北方为林加拉语。全国居民中一半以上信奉原始宗教，26% 信奉天主教，10% 信奉基督教，3% 信奉伊斯兰教。

首都　布拉柴维尔（Brazzaville），人口 118 万

(2008年估算数)，年平均气温约26℃。

国家元首 共和国总统德尼·萨苏—恩格索(Denis Sassou-N'guesso)，1997年10月就任，2002年3月正式当选，2009年7月胜选连任。

重要节日 独立日：8月15日。

简 况

位于非洲中西部，赤道横贯中部。东、南两面邻刚果（金）、安哥拉，北接中非、喀麦隆，西连加蓬，西南临大西洋，海岸线长150多公里。南部属热带草原气候，中部、北部为热带雨林气候，气温高，湿度大。年平均气温在24℃～28℃之间。

13世纪末至14世纪初，班图人在刚果河下游建立了刚果王国。1880年10月3日，法国人正式占领这片土地，开始殖民统治。1884～1885年，柏林会议上刚果河以西地区被划为法国殖民地，即现刚果(布)。1910年，刚果成为法属赤道非洲四领地之一(另有加蓬、乍得、中非)，称中央刚果，布拉柴维尔是法属赤道非洲的首府。1957年取得"半自治共和国"地位。1958年11月成为"自治共和国"。1960年8月15日宣布独立，但仍留在法兰西共同体内，定名刚果共和国。1961年3月27日，菲勒贝尔·尤卢（Fulbert Youlou）出任总统。1963年爆发"八月革命"，尤卢政权被推翻，阿尔方斯·马桑巴—代巴（Alphose Massamba-Débat）当选总统。1968年7月31日，马里安·恩古瓦比（Marien Ngouabi）等联合发动"七·三一运动"，推翻马桑巴—代巴。12月恩古瓦比出任总统，次年12月改国名为刚果人民共和国。1977年，恩古瓦比遇刺身亡，若阿基姆·雍比—奥庞戈（Joachim Youmby-Opango）出任总统。1979年2月，执政党刚果劳动党（简称刚劳党）中央全会罢免雍比，召开特别大会选举德尼·萨苏－恩格索为总统。1990年刚实行多党制。1991年6月重新恢复刚果共和国国名。1992年举行首次多党总统大选，泛非社会民主联盟主席帕斯卡尔·利苏巴(Pascal Lissouba）击败萨苏，当选总统。1997年6～10月，刚发生内战，萨苏武力击败利苏巴后执政任总统。

政 治

萨苏再度执政后，推行和平、统一、民族和解政策。1998年1月，刚召开"全国和解、团结、民主和重建论坛"，决定在刚继续实行多元化民主，重建民族间信任和团结，确定3年弹性过渡期后举行总统大选。此后，刚政府基本在全国范围内平息了武装骚乱，与主要反政府武装派别达成停火和停战协定，除普尔地区外，国内局势逐步恢复稳定。2001年3、4月间，刚非排他性全国对话在首都布拉柴维尔举行，通过了政府提交的新宪法草案和和平与重建公约。2002年1月20日，刚全民公投通过新宪法。3月10日，刚举行总统选举，萨苏以压倒多数当选。此后，刚在除普尔省以外的其他地区顺利举行了立法、地方和参议院选举。8月14日，萨苏就任总统，并组成新一届政府，刚过渡期宣告结束。2003年3月，刚政府与普尔省的最后一支反政府武装签署和平协定。2005年1月7日，刚改组政府，新增设总理和4名国务部长职位。10月，萨苏总统批准流亡国外多年的前总理科莱拉回国。2006年8月，颁布《政党法》。2007年和2008年，刚举行立法选举和地方选举，总统派获绝大多数席位。2009年7月12日，刚举行内战后第二次总统选举，萨苏以78.61%高票当选连任，8月14日宣誓就职。9月15日改组政府，取消总理职位，设5名国务部长。

【宪法】2002年1月20日全民公投通过的新宪法系刚历史上第八部宪法，规定：国家主权属于人民；共和国总统为国家元首、政府首脑和军队最高统帅，主持部长会议，任免部长，部长只对总统负责；总统由直接普选产生，任期七年，可连选连任一次；议会由国民议会和参议院组成，总统与议员共同拥有立法创议权；总统不得解散议会，议会不得罢免总统。总统职位空缺期间，由参议院议长代行总统之职。

【议会】实行两院制，包括国民议会和参议院，均有立法权。

国民议会议员137名，由直接选举产生，任期5年，可连选连任。本届议会于2007年7月选举产生，执政的刚果劳动党及其盟党获胜，普尔省代表首次进入国民议会。下设经财，司法和行政，外交与合作，防务安全，教育、文化和科技，卫生与社会，计划与领土整治等7个委员会。议长朱斯坦·孔巴（Justin Komba)，刚果劳动党成员。

国民议会中有3个议会党团：总统多数派党团(有113名议员，其中刚果劳动党47名，其他总统派政党28名，独立人士38名)、刚果民主与全面发展运动党团（有11名议员)、反对党党团（有13名议员，其中泛非社会民主联盟11名，民主共和联盟—马灯党1名，小党1名)。

参议院议员72名，经地区选举团间接选举产生，任期六年，每三年通过抽签改选1/2，2005年9月和2008年8月顺利实行改选。下设法律、行政和人权，经财、生产、装备和环境，外交与合作，防务安全，教育、文化和科技，卫生、就业和社会等6个委员会。议长安德烈·奥巴米·伊图（André Obami Itou)，2007年12月由参议院特别会议选举产生，刚果劳动党成员。

参议院中各党派所占席位如下：刚果劳动党19名，联合民主力量25名，泛非社会民主联盟2名，民主与社会进步联盟5名，刚果民主与全面发展运动2名，独立人士10名，小党9名。

【政府】2009年9月15日刚政府改组，现有成员37人：运输、民用航空和海上运输国务部长伊西多尔·姆武巴（Isidore MVOUBA），经济、计划、领土整治和一体化国务部长皮埃尔·穆萨（Pierre MOUSSA），掌玺、司法和人权事务国务部长艾梅·埃马努埃尔·约卡（Aimé Emmanuel Yoka），劳动和社会保障国务部长弗洛朗·齐巴少将（Florent TSIBA），工业发展和私营企业促进国务部长鲁道夫·阿达达（Rodolphe ADADA），财政、预算和国库部长吉尔贝·翁东戈（Gilbert ONDONGO），外交与合作部长巴西勒·伊奎贝（Basile Ikouébé），内政和权力下放部长雷蒙·泽菲兰·姆布卢（Raymond Zéphirin Mboulou），矿藏和地质部长皮埃尔·奥巴（Pierre OBA），可持续发展、林业经济和环境部长亨利·琼博（Henri DJOMBO），公职和国家改革部长居伊·布里斯·帕尔费·科莱拉斯（Guy Brice Parfait Kolélas），装备和公共工程部长埃米尔·乌奥索（Emile Ouosso），建设、城市规划和住房部长克洛德·阿方斯·恩西卢（Claude-Alphonse NSILOU），农业和畜牧业部长里戈贝尔·马本杜（Rigobert Maboundou），总统府负责国防事务部长夏尔·扎沙里耶·博瓦奥（Charles Zacharie Bowao），中小企业和手工业部长阿德拉伊德·穆加尼（Adélaïde MOUGANY，女），商业和供给部长克洛迪娜·穆纳里（Claudine MUNARI，女），技术职业教育、专业资格培训和就业部长安德烈·奥孔比·萨利桑（André Okombi SALISSA），初、中级教育和扫盲部长罗莎莉·卡马·尼亚马约瓦（Rosalie KAMA NIAMAYOUA，女），高教部长昂热·安托万·阿贝纳（Ange Antoine Abena），渔业和水产养殖业部长埃洛·曼普亚·曼聪（Hellot Mampouya Mantson），卫生和人口部长乔治·莫扬（George MOYEN），能源和水利部长布鲁诺·让·里夏尔·伊图瓦（Bruno Jean-Richard ITOUA），石油天然气部长安德烈·拉斐尔·洛恩巴（André Raphaël LOEMBA），科技部长亨利·奥赛比（Henri OSSEBI），文化和艺术部长让－克洛德·加科索（Jean-Claude GAKOSSO），社会事务、人道主义行动与互助部长埃米莉安娜·拉乌尔（Emilienne RAOUL，女），体育和体育教育部长雅克·伊冯·恩多卢（Jacques-Yvon NDOLOU）少将，总统府负责经济特区事务部长阿兰·阿库瓦拉·阿蒂波（Alain AKOUALA Atipault），邮电和通讯新技术部长蒂埃里·蒙加拉（Thierry Moungalla），旅游和娱乐部长马蒂约·马夏尔·卡尼（Mathieu Martial KANI），土地事务和公产管理部长皮埃尔·马比亚拉（Pierre MABIALA），新闻和与议会关系部长比安弗尼·奥基米（Bienvenu OKIEMY），妇女促进和综合发展部长让娜·弗朗索瓦丝·莱孔巴·卢梅托—蓬博（Jeanne Françoise Leckomba Loumeto-Pombo，女），公民教育和青年部长扎沙里耶·金波米（Zacharie KIMPOMI），运输、民用航空和商船国务部长负责商船事务的部长级代表马丁·帕尔费·艾梅·库苏·马翁古（Martin Parfait AIME COUSSOUD-MAVOUNGOU），经济、计划、领土整治和一体化国务部长负责领土整治和一体化的部长级代表若苏埃·罗德里格·恩古奥宁巴（Josué Rodrigue NGOUONIMBA）。

【行政区划】 全国共划分12个省（Département），6个直辖市，97个县。

【司法机构】 新宪法规定：司法权独立于立法权，不得侵犯行政或立法权权限；司法权由最高法院、审计和预算法院、上诉法院和其他国家司法机构行使；共和国总统主持最高司法会议，通过其确保司法独立；最高法院成员和其他各级法院的法官由总统根据最高司法会议的提名任命；设立宪法法院，负责监督各项法律及国际条约和协定的合宪性，监督总统选举和全民公决程序的合法性并公布其结果；设立特别法庭，负责审理总统犯有的叛国罪和议员及政府成员履行职权过程中的犯罪事实。最高法院院长普拉西德·朗加（Placide Lenga）；宪法法院院长热拉尔·比钦杜（Gérard Bitsindou）；总检察长乔治·阿基耶拉（Georges Akiera）。

【政党】 独立后长期由刚果劳动党一党专制20余年。1990年实行多党制，目前政党总数约180多个。由执政党“刚果劳动党”领导的多党执政联盟“总统多数派联盟”在刚政坛占据主导地位。2006年8月21日，萨苏总统签署颁布经刚国民议会和参议院通过的《政党法》。《政党法》规定，各政党及政治团体须体现民族多样性，并在刚各省会设有分部以体现地区代表性；政党的成立由国家监控；财政上，政党可享受国家资助；政党活动受法律保护，但不得利用宗教进行有政治目的的宣传。主要政党情况如下：

（1）刚果劳动党（Parti Congolais du Travail）：简称刚劳党（PCT）。1969年12月31日成立。创始人为已故总统马里安·恩古瓦比。1969至1992年为刚唯一合法政党。1992年在首届多党选举中失利，成为反对党。1997年10月内战结束后，重新成为执政党。1990年12月，召开“特别四大”修改党纲党章，放弃马列主义和科学社会主义作为党的政治指导，改“先锋队”为群众党。2002年7月，放弃原“镰刀、斧头和棕榈叶”的党徽图案，改用“大象”标志。2006年8月，保守派抛开改革派擅自召开“五大”，使党险些陷于分裂境地。12月召开“特别五大”，决定搁置易名改组的争议，党内团结得以维护。现有约17万党员。2007年，萨苏总统宣布不再担任党主席，现由代理总书记伊西多尔·姆武巴国务部长代理党务。

（2）总统多数派联盟（Rassemblement pour la Majorité Présidentielle-RMP）：2007年12月立法选举前成立，在原“联合民主力量”（Forces Démocratiques

Unies-FDU）基础上重组并扩建，联合近百个拥护萨苏总统的党派和政治团体，旨在迎战立法选举并支持萨苏赢取2009年总统选举。目前尚未选出主席，刚劳党常务书记恩卡卡拉暂时代理内部事务，姆武巴为全国协调人。

（3）泛非社会民主联盟（Union Panafricaine pour la Démocratie Sociale）：简称泛非联盟（UPADS）。前政权执政党，现最具实力的反对党。1991年1月成立，6月获合法地位。有约12万名党员，势力范围主要在南方各省。创始人、主席为前总统帕斯卡尔·利苏巴（Pascal Lissouba）。1998年1月，参加“全国和解、团结、民主和重建论坛”。2000年8月，举行全国委员会特别会议，选举姆贝里为总书记和代理主席。2001年12月，姆贝里因党内矛盾辞职另组新党。2004年9月，利苏巴指定翁加古·达楚（Ongakou Datchou）任主席，保罗·马基塔（Paul Makita）为党的总书记，宣布党员不得进入国家机构，将进入议会的议员开除出党。2006年12月，召开“一大”，马比阿拉当选总书记。2007年参加立法选举，获得11个席位，成为议会第二大党，但公开表示在党的领导人利苏巴等仍流亡国外的情况下无意入阁。马比阿拉代表的“白派”与前总书记穆库埃凯（Christophe Moukoueke）代表的“黄派”之间存在很大分歧，党内分裂严重。现任总书记帕斯卡尔·马比阿拉（Pascal Mabiala）。

（4）刚果民主与全面发展运动（Mouvement Congolais pour la Démocratie et le Développement Intégral）：简称民发运动（MCDDI）。1989年8月3日成立，1990年底获合法地位。曾为前政权参政党。势力范围主要在普尔地区和布拉柴维尔市。该党创始人、主席贝尔纳·科莱拉（Bernard Kolélas），曾任布拉柴维尔市长、总理，内战结束后流亡国外，2005年10月回国。1998年1月21日，原副总书记、时任工矿部长米歇尔·芒布亚（Michel Mampouya）当选为代理主席，勒当贝·昂比利（Letembet Ambilly）当选为总书记。1998年1月，参加“全国和解、团结、民主和重建论坛”。科莱拉回国后，改组党的领导机构，宣布退出反对党联盟，呼吁放弃暴力，与政府共谋和平与发展。2006年4月，代理主席芒布亚宣布另立新党“维护共和国价值党”（Parti pour la Sauvegarde des Valeurs Républicaines-PSVR）。2007年4月，与刚劳党结盟正式转变为总统派政党。同年参加立法选举获11席，成为议会第三大党，并进入政府。2009年，该党推选萨苏为总统大选候选人。2009年11月，科莱拉在巴黎逝世，其子居伊·布里斯·帕尔费·科莱拉（Guy Brice Parfait Kolélas）暂代理党务。

（5）民主与社会进步联盟（Rassemblement pour la Démocratie et le Progrès Social）：简称民进盟（RDPS）。1990年10月19日成立，曾有党员10万人，势力范围主要集中于南方黑角市和奎卢省。创始人为前议长让·皮埃尔·蒂斯泰尔·契卡亚（Jean Pierre Thystere Tchicaya）。自称左翼政党。党的目标是建立一个反对独断专横、专制主义和一党制的社会，反对国家成为少数人致富的机器。内战结束后，该党明确支持萨苏新政权，参与战后重建。现任主席马比奥·马翁古－曾加（Mabio Mavoungou-Zinga），总书记米歇尔·贡戈（Michel Konko）。

（6）民主与发展同盟（Rassemblement pour la Démocratie et le Développement）：简称民发同盟（RDD）。1990年11月成立，势力范围主要在北方盆地省奥旺多。创始人为前总统若阿基·雍比—奥庞戈（Joachim Youmby-Opango），1997年流亡国外。该党内战后一度瘫痪。2004年，雍比应萨苏邀请短暂回国，与政府实现和解。2007年5月，雍比被萨苏大赦正式返刚，该党重新开始活动。9月，召开党内领导人特别会议，重组领导机构，雍比任党主席，原代理主席萨蒂南·奥卡巴（Saturnin Okabe）任副主席。2008年12月，脱离反对派正式转变为总统派政党。2009年2月，与刚劳党签订政治协议，两党共同推举一名候选人参加总统大选，共同治理国家。

（7）民主共和联盟—马灯党（Union pour la Démocratie et la République Mwinda-UDR-Mwinda）：1992年10月成立。党员4000余人，势力范围主要在布拉柴维尔和普尔地区。创始人为前国民议会议长、过渡政府总理安德烈·米隆戈（André Milongo），于2007年7月病逝。2001年7月14日，以该党为主体成立了反对党联盟民主与进步联盟（ADP）。2007年立法选举中有1人当选议员。

【重要人物】德尼·萨苏—恩格索：共和国总统、国家元首、政府首脑、武装力量最高统帅。1943年生于刚果北部盆地省奥旺多（Owando），姆博希族人。早年曾先后在阿尔及利亚和法国的军校学习。1961年参军，后历任伞兵营连长、营长、布拉柴维尔军区司令、陆军司令、国家保安局长等职。1963年8月参加推翻尤卢政权的“八月革命”。1968年参加“七·三一运动”，后任全国革命委员会委员。刚劳党创始人之一。1969年刚劳党成立大会上当选中央委员，后历任政治局委员、常设军事委员会常务书记。1975年底任“特别参谋部”成员，兼负责国防和安全工作的部长级代表。1977年3月任革命军事委员会第一副主席，负责党务和国防。1979年3月当选为党中央主席，出任国家元首和部长会议主席。同年8月就任总统。1984年和1989年连任。1989年晋升为上将。1992年8月，竞选总统失利后下野。1997年10月再次就任总统。2002年3月10日，赢得战后首次多党大选，当选总统。2009年8月在总统大选中胜选连任。2010年1月起出任中部非洲经济与货币共同体轮值主席。1980年7月、1987年4

月、2000年3月和2005年9月作为总统访华。2006年11月来华出席中非合作论坛北京峰会，2009年11月赴埃及沙姆沙伊赫出席中非合作论坛第四届部长级会议开幕式，2010年4月来华出席上海世博会开幕式。已婚，有7个子女。

经　济

石油和木材为经济两大支柱。20世纪80年代初因大规模开采石油，经济迅速发展，人均国内生产总值一度达1200美元，进入非洲中等收入国家行列。1985年后，历经国际市场石油价格下跌、多党民主化浪潮和非郎贬值等因素的冲击，经济连年滑坡，陷入严重困境，1997年人均外债2400美元。1997年内战使刚经济几陷瘫痪。1999年下半年起，国际石油价格大幅上升，刚石油收入增加，经济形势逐步好转。政府重点恢复和发展能源、水利、交通、通讯和教育等领域，加大对外开放力度，改善投资环境，着力整顿经济秩序，惩治腐败，增加石油产销透明度，刚财政收入明显改善，经济持续保持恢复性增长，过去5年经济平均增长率近5%。2010年财政预算总额28180亿非郎。2009年主要经济数据如下（资料来源：2010年伦敦经济季评）：

国内生产总值：108亿美元。

人均国内生产总值：2571美元。

经济增长率：6.6%。

货币名称：中非金融合作法郎（简称中非法郎）。

汇率（2009年平均汇率）：1美元≈472非洲法郎。

通货膨胀率：4%。

外汇储备：（不包括黄金）：39.2亿美元。

外债：57亿美元（2009年）。

【资源】石油、天然气资源丰富。已探明可采石油储量约190亿桶，天然气储量约1000亿立方米。20世纪70年代初开始在海上进行大规模开采，内陆油田尚处于勘探阶段。2009年石油日产量30.1万桶。2008年石油产值约占刚国内生产总值的65%，占国家财政收入的85.7%，占出口总收入的88.5%。

钾盐矿储量约数10亿吨，磷酸盐矿600万吨，铁矿约10亿吨。此外还有铝、锌、铜等金属矿。

【林业】森林资源丰富，面积2200万公顷，约占全国面积的60%，非洲大陆森林面积的10%。可开采木材多达300余种，主要出口品种有铁木、刺果美等40余种。木材产量居非洲第10位，2007年原木产量188万立方米，出口收入近7亿美元。因国际木材市场受金融危机影响处于低迷状态，近两年刚木材生产和出口都有下降。

【工业】独立后，曾建立200多家工业企业，工业产值一度占国内生产总值30%。因企业经营不善和战争破坏，原有生产型项目已基本不存在。现生产型企业基本是外国独资或控股。有食品、纺织、皮革、化工等工业，产值约占国内生产总值的6%。

刚全国发电装机总量为150MW，其中水电占75%，其余为火力发电。65%的电力供应需从刚果民主共和国进口。

【农牧渔业】农牧业落后，农业产值仅占国内生产总值的6.3%。粮食、肉类、蔬菜等均不能自给，90%以上依赖进口，2007年进口食品支出近2.5亿美元。可耕地面积1000万公顷，已耕种面积约20万公顷，主要集中在南方。农村人口约100万。农业生产以个体生产为主，个体农民耕种的土地占已耕面积的68%，国营和外资合营农场占28%，私营农场占2.45%。主要粮食作物有木薯、玉米、稻谷、土豆、花生、香蕉等，经济作物有甘蔗、可可、咖啡、油棕、烟草等，畜产品有牛、羊、猪、鸡等。近年主要粮食及经济作物产量如下（单位：万吨）：

	2003	2004	2005	2006	2007
木薯	88	93	98	102	106
菜蕉	7	7.4	7.7	8	8.2
稻谷	0.12	0.12	0.13	0.13	0.14
花生	2.19	2.23	2.28	2.33	2.37
咖啡	0.07	0.07	0.02	0.03	0.03
可可	0.08	0.08	0.04	0.04	0.04
甘蔗	60	62	65	65	66

（资料来源：2008年刚农业部统计司）

渔业包括海上、淡水捕鱼和养殖业。2004年海产品捕捞量2.49万吨，淡水鱼1.9万吨。法国、西班牙等欧盟国家从刚进口水产品。

【商业和服务业】刚第三产业以商业和服务业为主，在国民经济中占有较重要地位，2008年产值占国内生产总值的30%。商业大部分控制在以法资为主的刚果—奎卢·尼阿里贸易公司、刚—法西非贸易公司和桑加·乌班吉贸易公司的手中，零售业主要由马里和黎巴嫩人经营，小型商业服务由西非商人（以塞内加尔、马里人为主）控制。近年来，中国商人增多，大多经营日用百货等小商品。

【交通运输】铁路：大洋铁路是全国仅有的一条铁路，也是非洲最早的铁路之一，1934年由法国殖民者修建。总长886公里，其中主干线长510公里，连接首都布拉柴维尔和港口城市黑角，系刚东西交通命脉。设计年货运量300万吨，因年久失修，目前年货运量仅70万吨，客运量80万人次。

公路：总长2万公里，其中沥青路1200公里。主要有两条干线：1号公路从布拉柴维尔向西至黑角，与大洋铁路平行，长570公里；2号公路从布拉柴维尔向北经奥旺多至韦索，长856公里。刚公路年久失修，路况较差，有的已无法通行。

水运：内河航线总长约5000公里。黑角港是非洲西海岸3大海港之一，最深水位达13.2米，可停泊 230 米长 34 英尺深巨轮。年吞吐量为 1000 万吨左右，拥有两个集装箱码头和两个大型木材装卸码头。

空运：全国有 23 个机场，其中布拉柴维尔和黑角有国际航空站。刚果航空公司拥有 4 架小型飞机，1 架租用的波音 737 客机和 2 架中国生产的“新舟 60”客机，主要经营国内航运。

【电信】 共有 4 家移动通讯运营商，分别是 ZAIN，MTN，WARID 和 BINTE。近年来，因固定电话使用麻烦，许多用户放弃使用，仅剩近 2000 用户，移动电话用户发展迅速，至 2008 年底超过 130 万。系非洲国家中最晚连接互联网的国家之一，互联网用户仅 7 万多人。由于电信基础设施较差，目前仍不能提供宽带互联网接入服务。

【财政金融】 刚财政受国际市场石油价格波动的影响较大。近年来国家财政情况如下（单位：十亿非洲法郎）：

	2006	2007	2008
财政收入	1796	1377	2751
财政支出	1106	1216	1308
盈　余	871	160.9	1443

（资料来源：2009 年伦敦经济季评）

1997 年内战前，刚主要银行有：中部非洲国家银行刚果分行、中部非洲国家发展银行（BDEAC）、刚果国家发展银行（BNDC）、刚果商业银行（BCC）、刚果银行联盟（UCB）、刚果国际银行（BIDC）、刚果农工商信贷银行（CAIC）等。商业银行均与外资、尤其是法资合营，国家控股 50%。2000 年，刚决定对银行业实施私有化，对刚果国家发展银行和刚果商业银行进行清算。2001 年，刚果银行联盟被总部设在科特迪瓦的欧非投资金融机构（COFIPA）收购。2002 年法国里昂信贷集团收购了刚果国际银行。2004 年，摩洛哥一家私人银行控股刚果农工商信贷银行，改名刚果银行。2005 年中部非洲国家银行将刚 4 家银行整体信誉等级定为资金状况中等脆弱，其中 2 家良好，1 家中等脆弱，1 家极差。

【对外贸易】 1987 年以来，由于石油产量逐年提高，对外贸易连年顺差。近年来对外贸易情况如下（单位：百万美元）：

	2006	2007	2008	2009
出口额	6065	5808	8814	7367
进口额	2003	2858	3104	3122
差　额	4062	2950	5710	4245

（资料来源：2010 年伦敦经济季评）

主要出口产品为石油、木材、可可和咖啡等。进口成品油、运输设备、机电、建材、纺织原料和食品等。主要出口国是中国、美国、法国、荷兰、韩国等。主要进口国是法国、比利时、美国、中国、科特迪瓦等。

【外国资本】 外资在刚主要经济部门中占重要地位，约占石油开采业的 80%，建筑业的 90%，商业的 80%。资金主要来自法国、意大利、美国和中国。其中石油领域投资主要来自法国、意大利、美国。

【外国援助】 1997 年内战后，外国对刚援助一度仅限于人道主义范畴。2000 年 11 月，国际货币基金组织首次向刚提供 1400 万美元援助用于战后重建。目前，刚最大援助国为法国，其次为美国、德国、意大利等，联合国、世界银行、欧盟等国际组织也向刚提供大量援助。国际援助主要集中于基础设施建设、教育、医疗卫生、减贫、环境和森林保护、人力资源培训等领域。2003 年底，世界银行和国际货币基金组织批准刚恢复“重债穷国减债计划”。2004 年，国际货币基金组织提供 8440 万美元援款支持刚“减贫促增长三年计划”。2006 年，刚完成重债穷国减债计划第一阶段完成点，获得“巴黎俱乐部”67% 的债务减免或延期。2007 年，刚获得“伦敦俱乐部”80% 的债务减免。2008 年底，巴黎俱乐部免除刚 6.43 亿美元债务，并为 1.19 亿美元债务延期。2010 年 1 月，刚达到重债穷国减债计划完成点，获免 19 亿美元债务。

人民生活

人口自然增长率 2.9%，2009 年预期寿命 53.7 岁。平均每个母亲育有 6.3 个孩子，5 岁以下儿童死亡率为 5.5%。是撒哈拉以南非洲城市化程度较高的国家，61% 的人口生活在城市。1997 年战后，经济近乎崩溃，失业率高达 50% 以上。2000 年以来经济状况逐渐好转，贫困人口从 70% 降至 50%（2008 年）。内战中各地基础医疗设施受到严重破坏，现有综合医院 4 所，妇幼保健医院 2 所，区县医院 43 所，医疗中心 146 个，医疗所 464 个，各种防治所 215 个，共有病床 11000 张，各类医务人员 7500 人，其中医生 567 人（包括外国医生约 100 人）。常见病有疟疾、艾滋病、伤寒、结核、丝虫病、脑膜炎、麻风病、血吸虫病、锥虫病和镰状细胞贫血等。

军　事

独立后组建军队，称“刚果武装部队”。1966 年 6 月 22 日，改为“刚果国家人民军”，6 月 22 日定为建军节。1992 年 3 月 15 日通过的宪法恢复“刚果武装力量”名称。1997 年 10 月颁布的《过渡期基本法》规定，共和国总统是军队最高统帅，在内阁会议上任命军事高级职位，根据法律规定军事职责。2002 年底，萨苏总统对刚军结构做出重大调整，设立副总参谋长、三军和国家宪兵总督察，取消陆、海、空军司令，分设陆、海、空军参谋长。同时任命夏尔·理查德·蒙乔少将（Charles Richard MONDJO）为总参谋长。

实行义务兵役制，18～35 岁的公民必须义务服兵役两年。近年来，随着政局逐步稳定，政府实行裁军，包括前政府军人复员和原反政府军解除武装。2009年总兵力40100人，其中陆军25000人，海军6000人，空军5100人，宪兵4000人。另有警察等准军事人员5000人。全国划分为9个军区。

文化教育

【教育】黑非洲文化教育水平较高的国家。成人扫盲率80.7%，曾数次在国际上获扫盲奖。刚历届政府均高度重视教育。1995年9月1日颁布的新教育法规定：小学、初中实行义务教育制，到16周岁为止，中等教育分普通中学和职业技术学校两类。1997年内战前教育经费曾占当年国家预算的1/5左右，2007年教育经费占国家预算的10%。全国教育工作者2.8万人，在校学生总数70多万。小学入学率为82%，初中入学率44%，高中及中等职业技术学校入学率27%。马里安·恩古瓦比大学是刚果唯一高等学府，下辖12所院校，47个系，14个研究（实验）室，在校学生近1万人。

【新闻出版】主要报刊有：《新共和国报》，1999年创刊的官方周报；《布拉柴维尔快讯》，1998年由中部非洲新闻署创办，现为刚发行量最大的报纸和唯一的日报。近年来还创办了20余种定期和不定期党报和私人报刊。

刚果新闻社：官方通讯社。1960年创建。内战后经营困难，每日新闻改为每周三期。

刚果电台：官方电台，用法语、英语和刚果语、林加拉语等民族语言广播。创建于四十年代，独立后改名为刚果革命之声，1991年改现名。

刚果电视台：官方电视台，1973年建立。用法语、莫努库图巴语和林加拉语等播出，覆盖范围为首都布拉柴维尔和黑角市。

对外关系

奉行和平、中立和不结盟的外交政策，主张在平等互利、互不侵犯、互不干涉内政的基础上同一切奉行和平、自由、公正、团结的国家发展友好合作关系，反对霸权主义和强权政治。立足非洲，重点发展与周边国家关系，奉行睦邻友好政策，积极推动中部非洲政治、经济一体化进程。近年来，在优先发展同法国关系的同时，积极发展同美国、欧盟以及亚洲国家的关系，力求实现外交与合作多元化。

2009年9月，萨苏总统赴美出席第64届联大、联合国气候变化峰会，并在气变峰会上代表非盟发言。10月，赴布基纳法索参加第七届可持续发展论坛。11月，赴罗马参加世界粮食安全峰会。12月，出席哥本哈根气候变化峰会。

【同中国的关系】1964年2月22日中刚建交。建交以来，两国关系发展顺利，两国领导人保持互访。

2009年2月，中刚庆祝建交45周年。5～6月，刚文化艺术团来华出席“相约在北京”文化艺术节。6月，刚果劳动党中高级干部考察团访华。9月，大连市人大代表团访刚。11月，萨苏总统出席中非合作论坛第四届部长级会议开幕式。2010年4月，萨苏总统来华出席上海世博会开幕式。

2009年两国贸易额21亿美元，其中中方出口3.6亿美元，进口17.4亿美元。中方主要出口机电、纺织服装和高新技术产品等，进口原油和木材等。

中国驻刚果（布）大使：李树立。馆址：Boulevard de Marechal Lyautey Brazzaville。电话：00242－2811132（办公室）；传真：2811135。经商处地址：Parcelle 196，Rue Tombouele Quartier M’foa，电话：00242－830063。

刚果驻中国大使馆临时代办：里高贝·依托瓦（Rigobert Itoua）。馆址：北京市朝阳区三里屯东四街7号。电话：010－65321658。

【同法国的关系】刚系法国前殖民地，刚法关系密切。多年来法一直是刚第一大援助国、第一大债权人（近10亿欧元）、第一大投资国和重要贸易伙伴（目前第五大）。2007年3月，刚法签署为期5年的战略协作框架协议，法向刚援助760亿非郎，主要用于保护环境与生物多样性、教育培训、卫生等方面。2008年5月，法国负责合作与法语国家事务的国务秘书阿兰·朱佩访刚期间，与刚方签署《2008—2012年法刚伙伴关系》框架协议，允未来5年向刚提供总额1.8亿欧元援助。2009年3月，萨科齐总统访刚期间，两国签署基础设施合作协议，法向刚提供3000万欧元贷款。12月，萨苏总统赴法出席刚果盆地国家气候变化立场协调会。2010年1月，法外长库什内对刚进行工作访问。目前，法在刚技术人员和侨民有7250人。

【同美国的关系】1977年刚美复交以来，两国关系逐步发展，经济、贸易往来不断增加。刚实行多党制后，美国支持利苏巴。萨苏上台后，美一度持观望态度。1999年以来，两国关系逐渐改善，美支持萨苏政权与反对派对话。2000年，刚被美列为“对非贸易法案”惠及国。2001年美成为对刚第二大援助国。美在刚重点投资石油开发，成为刚石油主要进口国。美雪夫龙公司收购了刚果石油公司25%的股份，还获得了安刚边境海上油田的开采权。2006年6月，萨苏总统对美进行工作访问，与布什总统会谈。2009年6月，美免除刚全部共计70亿非郎债务，9月萨苏赴美出席美非商务峰会。目前，刚美直接合作不多，在刚果盆地森林伙伴框架下有间接合作，另有部分合作直接由美驻刚使馆开展。

【同非洲国家的关系】刚重视睦邻友好，积极参与地区事务，寻求在次地区发挥作用，是中部非洲经济和货币共同体、中部非洲国家经济共同体成员国。

2009年1月萨苏总统赴加蓬参加中部非洲经济与货币共同体峰会，8月赴利比亚出席非盟特别首脑会议，10月赴金沙萨出席中部非洲国家经济共同体第14届首脑会议，12月赴乍得参加非洲商业法协调组织首届峰会。10月，参议长伊图赴南非参加泛非议会会议，并再次当选中部非洲国家小组主席。

2009年2月，中部非洲和平与安全理事会第三届部长级会议在刚举行；同月，非洲发展银行代表团访刚，向刚提供168亿非郎；3月，中非国家发展银行在刚召开中非地区国家与印度贸易论坛；4月，中西非国家海关署长会议在刚召开。

同刚果（金）、加蓬、喀麦隆、中非、乍得等邻国和其他非洲国家均保持友好合作关系。与刚果（金）保持睦邻友好。2009年3月，卡比拉总统参加萨苏总统长女葬礼，8月出席萨苏总统就职仪式和刚49周年国庆阅兵式。10月，两国国防与安全特别委员会在刚召开会议。积极调解乍得苏丹危机，强烈谴责任何危及乍得稳定的行为，推动乍苏两国签署和平协议。2009年8月，代比总统出席萨苏总统就职仪式。与安哥拉关系密切，签有军事协议，安曾在刚南部有驻军。2009年8月，多斯桑托斯总统出席萨苏总统就职仪式。与加蓬关系密切，加前总统奥马尔·邦戈夫人为萨苏长女，邦戈总统曾积极调解刚果（布）各派之间的矛盾和冲突，促成刚政府与反政府各派签署和平协议。2009年6月，萨苏总统赴加蓬迎邦戈总统遗体，11月赴加会见阿里·邦戈总统，加外交与国际合作部长访刚。

积极发展与其他非洲国家的关系。2009年1月，中部非洲经济与货币共同体轮值主席、中非总统博齐泽闪电式访刚，第六届刚果（布）喀麦隆混合委员会在刚举行。6月，南非非国大代表团对刚进行工作访问。8月，共有13位非洲国家元首出席萨苏总统就职仪式，7国元首出席刚49周年国庆阅兵式。

【同其他国家的关系】 近年来，刚努力构筑多元化外交格局，在巩固与法国传统关系的同时，积极发展同欧盟、亚洲和拉美国家的友好合作关系。

2009年3月，与意大利签署协议，意免除刚全部共计7200万美元债务。5月，刚与澳大利亚正式建立外交关系。7月，与世界粮农组织签署总额422亿非郎的融资协议，实施国家粮食安全计划。11月，刚巴西第三届混委会在刚召开，国际货币基金组织通过刚在减贫计划框架下的第二次审查，刚获195万美元贷款权。12月，与欧盟就第10期欧洲发展基金框架下总额20亿非郎药物援助签署协议。此外，刚还与古巴、马来西亚等国签署了涉及抗疟、棕榈种植等领域的合作协议。（蒋庐雁）

刚果（金）

国名 刚果民主共和国（The Democratic Republic of the Congo，La République Démocratique du Congo），简称“刚果（金）”。

面积 2344885平方公里。

人口 约6426万（2009年）。全国有254个民族，较大的民族有60多个，分属班图、苏丹、俾格米三大族系。其中班图人占全国人口的84%，主要分布在南部、中部和东部，包括刚果、班加拉、卢巴、蒙戈、恩贡贝、伊亚卡等族；苏丹人多数居住在北部，人口最多的是阿赞德和孟格贝托两族；俾格米人主要集中在赤道密林里。法语为官方语言，主要民族语言有林加拉语（Lingala）、斯瓦希里语（Swahili）、基孔果语（Kikongo）和契卢巴语（Kiluba）。居民45%信奉天主教，24%信奉基督教新教，17.55%信原始宗教，13%信金邦古教，其余信伊斯兰教。

首都 金沙萨（Kinshasa），原名利奥波德维尔。面积9965平方公里，人口约778.6万（2005年）。年平均气温26℃。

国家元首 总统约瑟夫·卡比拉（Joseph Kabila），2001年1月26日就任，2003年4月7日继任过渡期总统。2006年赢得大选，12月6日正式就任总统。

重要节日 独立日：6月30日。

简况 地处非洲中西部。东邻乌干达、卢旺达、布隆迪、坦桑尼亚，南接赞比亚、安哥拉，北连苏丹和中非共和国，西隔刚果河（原名扎伊尔河）与刚果（布）相望。西部有狭长走廊通大西洋。海岸线长37公里。北部属热带雨林气候，南部属热带草原气候。年平均气温27℃，年降水量1500～2000毫米左右。

13～14世纪是刚果王国的一部分。1884～1885年柏林会议将刚划为比利时国王的“私人采地”，称“刚果自由国”，后改称“比属刚果”。1960年6月30日宣告独立，卡萨武布当选总统，卢蒙巴为总理，定国名刚果共和国，简称“刚果（利）”。1964年8月改国名为刚果民主共和国。1965年11月24日国民军总司令蒙博托发动政变推翻卡萨武布，自任总统。1966年5月首都改名金沙萨，国名简称“刚果（金）”。1971年10月27日改国名为扎伊尔共和国。1990年4月实行多党制。1997年5月17日，洛朗·德西雷·卡比拉推翻蒙博托政权，自任总统，恢复

"刚果民主共和国"国名和独立时的国旗、国歌。1998年8月，刚部分军人在乌干达和卢旺达军队的支持下发动叛乱，津巴布韦、安哥拉和纳米比亚等国应刚政府的请求出兵相助，形成地区冲突，并造成刚分裂分治局面。1999年，冲突各方在赞比亚首都卢萨卡签署了停火协议。2000年，联合国安理会决定成立联合国刚果（金）特派团（联刚团，MONUC），向刚果（金）派驻维和部队。2001年1月16日，洛·卡比拉遇刺身亡，其子约瑟夫·卡比拉·卡邦格继任总统。

政　治

约·卡比拉继任总统后，在国际社会大力推动下，刚和平进程重新启动并取得重大进展，外国军队相继撤出，联刚团在刚部署总体进展顺利。2003年4月，刚政府和国内各派就过渡期权力分配问题达成一致，签署《全面包容性协议》和《过渡期宪法》，并于6月组成过渡政府，约·卡比拉继任过渡期总统，两个主要反政府武装"刚果民主联盟—戈马派"（简称"刚民盟/戈马派"）、"刚果解放运动"（简称"刚解运"）、政治反对派和原政府各出一人任副总统，政府各部门及军队系统负责人亦由各方分任。2005年12月，刚举行全民公投通过了《新宪法》。2006年7月和10月，刚举行总统选举，卡比拉当选，并于12月6日正式宣誓就职。2007年2月5日，以基赞加为总理的政府正式成立。2008年9月25日，基赞加宣布辞职。10月9日，原预算部长穆齐托被任命为新一届政府总理。2009年3月，国民议会议长卡梅雷宣布辞职，国民议会于4月举行选举，刚执政党总书记博沙布当选议长。

2008年1月，刚政府在北基伍省首府戈马市召开南、北基伍省和平、安全与发展大会，该地区部分非法武装组织与刚政府签署停火协议。8月，刚政府军与该地区恩孔达武装发生冲突，大量平民流离失所，引起国际社会广泛关注。2009年1月，根据双方达成的协议，卢旺达派兵进入刚东部参与围剿该地区非法武装，并逮捕了恩孔达。3月，两国政府宣布结束联合军事行动，卢军全部撤离刚境。2008年12月，刚政府联合乌干达政府、苏丹南方政府对在刚东北部地区活动的乌反政府武装上帝抵抗军采取了统一军事行动。2009年3月，乌军从刚撤出。

【宪法】2006年2月18日，卡比拉总统颁布了《新宪法》。宪法规定：国家机构由总统、政府、国民议会、参议院和法院组成；总统为国家元首、三军统帅，由普选产生，任期五年，可连任一届，负责维护宪法尊严、国家独立主权和领土安全，在议会监督和政府参与下，保障国家机构正常运行；总理为政府首脑，政府与总统共同制订国策，政府是国策执行的主要负责机构；政府对议会负责，国民议会可对政府成员提出不信任案；议会两院可对总统和总理向法院提起诉讼；总统有权解散议会；司法权独立于立法和行政权，由最高法院、上诉法院、法院、民事法庭、军事法庭和检察院组成。

【议会】2006年9月19日和2007年1月19日，刚选举产生了国民议会和参议院，国民议会议员500名，参议院议员108名。2009年4月，国民议会重新选举议长。目前议会两院主要领导人是：国民议会议长埃瓦里斯特·博沙布（Evariste Boshab），第一副议长姆布库·拉卡·博里斯（Mbuku Laka Boris），第二副议长马迪科·穆朗德·乔吉娜（Madiko Mulende Georgine，女）。参议院议长莱昂·肯戈·瓦东多（Leon Kengo Wa Dondo），第一副参议长爱德华·默科罗·蓬博（Edouard Mokolo Wa Pombo），第二副参议长马里奥·卡多佐·洛桑贝（Mario Cardoso Losembe）。

【政府】本届政府于2007年2月22日成立，当年11月25日、2008年10月27日和2010年2月20日三次改组，现由总理、3位副总理、33位部长和7位副部长组成。主要成员有：总理阿道夫·穆齐托（Adolphe Muzito），负责就业、劳工与互助事务副总理弗朗索瓦·约瑟夫·恩赞加·蒙博托·恩班加韦（Francois Joseph Nzanga Mobutu Ngbangawe），负责内政、安全事务副总理阿道夫·卢马努·穆伦达·布瓦纳·恩塞富（Adolphe Lumanu Mulenda Bwana Nsefu），负责邮政、通讯事务副总理西蒙·布卢皮·加拉蒂（Simon Bulupiy Galati），外交部长亚历克西·坦布韦·姆万巴（Alexis Thambwe Mwamba），国际与地区合作部长雷蒙·奇班达·穆隆戈（Raymond Tshibanda Mulongo），国防与退伍军人部长夏尔·姆万多·恩辛巴（Charles Mwando Nsimba），司法与人权部长卢佐洛·班比·莱萨（Luzolo Bambi Lesa），地方分权与领土整治部长安蒂帕斯·姆布萨·尼亚姆维西（Antipas Mbusa Nyamwisi），与议会关系部长里夏尔·穆耶杰·曼根兹（Richard Muyej Mangenz），公共关系与媒体部长朗贝尔·门德·奥马兰加（Lambert Mende Omalanga），财政部长马塔塔·蓬约·马蓬（Matata Ponyo Mapon），预算部长让—巴蒂斯特·恩塔华·库德鲁瓦·巴图米克（Jean-Baptiste Ntahwa Kuderwa Batumike），计划部长奥利维耶·卡米塔图·埃措（Olivier Kamitatu Etsu），国企部长让尼娜·马本达·利奥科（Jeannine Mabunda Lioko，女），国民经济部长让—马里·布兰博·基洛绍（Jean-Marie Bulambo Kilosho），基建、公共工程与重建部长弗里多林·卡斯韦希·穆索卡（Fridolin Kasweshi Musoka），能源部长吉尔贝·奇翁戈·奇宾库布拉·瓦·通巴（Gilbert Tshiongo Tshibinkubula Wa Tumba），矿业部长马丁·卡布韦卢卢·拉比洛（Martin Kabwelulu Labilo），石油部长塞莱斯坦·姆布尤·卡邦戈（Celestin Mbuyu Kabango），环境、自然保护与旅游部长若泽·恩敦多·博农戈（Jose Endundo Bononge），运输部长：洛蕾—玛丽·卡万达·卡耶纳

(Laure-Marie Kawanda Kayena，女)，卫生部长维克托·马昆格·卡普特 (Victor Makwenge Kaput)，高等教育部长莱昂纳尔·马沙科·曼巴 (Leonard Mashako Mamba)，中小学与职业教育部长马克尔·姆万古·凡巴 (Maker Mwangu Famba)，农业部长诺贝尔·巴森格齐·卡廷蒂马 (Norbert Basengezi Katintima)，农村发展部长菲利普·温吉·扬吉亚 (Philippe Undji Yangya)，工业部长阿尼塞·库尊达·穆坦吉吉 (Anicet Kuzunda Mutangiji)，商务与中小企业部长贝尔纳·比安多·桑戈 (Bernard Biando Sango)，男女平等、妇女与儿童部长玛丽—安热·卢基安纳·穆富万科洛 (Marie-Ange Lukiana Mufwankolo，女)，土地部长基辛巴·恩戈伊·马热 (Kisimba Ngoy Mage)，城建与住房部长塞萨尔·卢班巴·恩金比 (Cesar Lubamba Ngimbi)，社会事务，人道行动与民族团结部长费迪南·坎贝雷·卡伦比 (Ferdinand Kambere Kalumbi)，公职部长迪厄多内·乌皮拉·松古马·卡金比 (Dieudonne Upira Sunguma Kagimbi)，科学研究部长让—皮埃尔·博科莱·奥姆波卡 (Jean-Pierre Bokole Ompoka)，文化与艺术部长让内特·卡维拉·马佩拉 (Jeannette Kavira Mapera，女)，青年与体育部长克洛德·巴西布韦·尼亚蒙加博 (Claude Basibuwe Nyamungabo)。

【行政区划】全国划分为 10 个省和 1 个直辖市 (首都金沙萨)。

【政党】1990 年 4 月前扎伊尔实行多党制后，曾涌现出 428 个政党 (其中在内政部注册的约 370 个)。洛·卡比拉执政期间曾禁止政党活动。2001 年 5 月，约·卡比拉总统颁布"政党和政治团体组织活动法"，正式解除党禁，同时规定各党需重新登记。截至 2003 年 10 月，已有 238 个政党在内政部注册登记。主要政党情况如下：

(1) 重建与民主人民党 (Le Parti du Peuple pour la Reconstruction et la Démocratie-PPRD)：2003 年 3 月 31 日成立，是支持约·卡比拉总统的主要政党。该党党章规定，党的理想目标是通过民主途径执掌国家政权，保障民族团结、领土完整和国家繁荣。主要机构包括全国代表大会和全国执行委员会。总部设在金沙萨。总书记埃瓦里斯特·博夏卜 (Evariste BOSHAB)。在 2006 年立法选举中，该党在国民议会 500 个席位中获 111 席，占 22.2%。

(2) 卢蒙巴主义统一党 (Le Parti lumumbiste unifié-PALU)：成立于 1964 年 8 月 22 日，在班顿杜省、下刚果省等西部省份较具影响。蒙博托时代，该党转入地下，总书记基赞加流亡国外。1992 年，基赞加回国，继续从事反对蒙博托独裁统治斗争。2003 年，基参加了刚果人内部对话会，并签署了全面包容性协议。由于在任命政治反对派副总统问题上与有关派别矛盾尖锐，该党拒绝参加过渡政府，作为在野党继续发挥政治影响。2006 年 7 月，基赞加参加第一轮总统选举，得票率名列第三。之后，该党与卡比拉总统多数派联盟结盟，支持卡竞选。2006 年 10 月，卡胜选后，基被任命为总理。2008 年 9 月，基辞职后，该党成员穆齐托继任总理。该党在 2006 年立法选举中获 34 个国民议会议员席位，位列第三。

(3) 刚果解放运动 (Mouvement pour la Libération du Congo-MLC)：1998 年 11 月 10 日成立，原为前扎伊尔总统蒙博托旧部成立的政治军事组织，曾长期得到乌干达支持，与卡比拉政府武装对峙。2003 年 6 月宣布转为政党，并参加刚内部政治对话，后加入过渡政府，获得外交、计划、预算等部部长席位，党主席本巴担任过渡期主管经济和财政事务的副总统。该党总部设在赤道省，首都金沙萨及全国主要大城市建有分支机构。该党主席本巴参加总统竞选落败后，于 2007 年 1 月当选参议员。3 月下旬，刚政府军武力解除本巴卫队武装，本巴赴葡萄牙治病。2008 年 5 月，比利时警方根据国际刑事法院逮捕令在布鲁塞尔逮捕了本巴。目前，刚解运日常事务主要由该党总书记、国民议会议员姆旺巴主持。该党在 2006 年立法选举中获 64 个国民议会议员席位，位列第二。

(4) 刚果民主联盟 (Rassemblement pour la Démocratie du Congo-RCD)：1998 年 8 月刚果 (金) 冲突爆发后成立，原系刚图西族裔人组成的政治军事组织，2003 年 6 月宣布转为政党。曾武装反对卡比拉政府，主要控制南基伍省、马尼埃马省、东开赛省和北基伍省南部及加丹加省北部地区，总部设在戈马。曾多次分裂，主流派别又称"刚民盟—戈马派" (RCD-GOMA)。2003 年参加刚内部政治对话，后参加过渡政府，获国防、经济、国企、邮电等部部长席位，党主席鲁贝鲁瓦担任主管政治事务的副总统。鲁贝鲁瓦在 2006 年总统选举中仅获 1.6% 的选票，位列第六；该党在议会选举中也仅获得 15 席。

(5) 民主与社会进步联盟 (Union Pour la Démocratie et le Progrès Social-UDPS)：成立于 1982 年 2 月，是刚较具影响力的反对党，长期持激进立场，主张实行西方式民主制度。2003 年拒绝参加过渡政府。2006 年拒绝参加总统和立法选举。党主席艾蒂安·齐塞凯迪 (Etienne Tshisekedi)，曾在蒙博托时期任总理、部长、大使等职。

【重要人物】约瑟夫·卡比拉·卡邦格：总统。1971 年 6 月 4 日生于基伍省，前总统洛·卡比拉长子。早年在乌干达和坦桑尼亚上小学和中学，1991 年至 1993 年在坦桑尼亚达累斯萨拉姆大学学习法律，后开始军旅生涯。1997 年刚果 (金) 新政权建立后，历任总统军事顾问和副总参谋长。1999 年 9 月任陆军司令，少将军衔。2001 年 1 月 16 日洛·卡比拉总统遇刺后，被推举为国家领导人，1 月 26 日宣誓就任总统。2003 年 4 月 7 日就任过渡期总统。2006 年

11月赢得大选，12月6日正式就任总统。**阿道夫·穆齐托**：总理。1957年2月12日出生于班顿杜省，经济学学士。曾先后在刚财政部、预算部、金沙萨市政府任职。2003年当选议员。2007年2月被任命为预算部长。2008年10月出任政府总理。

经　济

联合国公布的世界最不发达国家之一。采矿业占经济主导地位，加工工业不发达，农业落后，粮食不能自给。曾是非洲经济状况较好的国家之一，上世纪90年代初起，因政局持续动荡，刚经济连年负增长。2001年约·卡比拉执政后，推行市场经济政策，放松经济管制，加强与国际金融机构的合作，刚宏观经济状况有所改善。2003年过渡政府成立以来，采取措施加大财政、税收等部门的改革力度，改善投资和经营环境，规范经济活动，并恢复了全国范围内的河运、空运和部分铁路运输，人员、物资流通较前顺畅。世界银行和国际货币基金等国际金融机构及刚主要援助国增加了对刚发展援助，并免除了其部分债务。2006年卡比拉当选总统后，刚政府确定基础设施建设、创造就业、教育、水电和卫生为国家重建的五大重点领域。2009年主要经济数据如下（资料来源：2009年度经济季评）：

国内生产总值：118亿美元。

人均国内生产总值：183美元。

经济增长率：2.7%。

通货膨胀率：35%。

货币名称：刚果法郎（Franc Congolais，FC）。

官方汇率：1美元=775刚果法郎。

【资源】自然资源丰富，素有“世界原料仓库”、“中非宝石”和“地质奇迹”之称。全国蕴藏多种有色金属、稀有金属和非金属矿，其中铜、钴、锌、锰、锡、钽、锗、钨、镉、镍、铬等金属和工业钻石储量颇为可观。据1998年12月刚政府公布的数字，其主要矿产储量为：铜7500万吨（占世界15%）、钴450万吨（占世界1/2）、锌700万吨、锰700万吨、锡45万吨、黄金600吨、钻石1.9亿克拉（占世界23%）。其它矿业资源的储量为：石油2500万吨（已探明9270万桶）、天然气400亿立方米、煤6000万吨。森林覆盖率为53%，约1.25亿公顷，占非洲热带森林面积的一半，其中8000万公顷可供开采，木材年均可伐量600万立方米，但目前仅开采62万公顷。盛产乌木、红木、花梨木、黄漆木等22种贵重木材。水力资源丰富，估计蕴藏量为1.06亿千瓦，占非洲总储量的40%，世界的13%。

【工矿业】矿业是刚经济的重要支柱。近年其产值占国内生产总值的25%，出口值占出口总值的2/3以上，最高曾达90%（1993年）。20世纪80年代刚矿业产量一度达到高峰，铜年产50万吨（1981年）、钴1万吨（1986年，占世界产量的2/3以上）、锌6.6万吨。1990年后，矿业生产全面下降。1997年和1998年两次战争均发生在矿产资源丰富的东部地区，生产遭到严重破坏，产量骤减，现正逐步恢复。近年来主要矿产品产量如下：

	2005	2006	2007	2008	2009
铜（万吨）	9.77	13.14	14.46	23.92	37.68
钴（万吨）	0.8	1.5	1.8	4.11	5.32
钻石（百万克拉）	35.2	28.9	28.3	20.5	25

（资料来源：2009年度经济季评）

加工业主要有食品加工、化工、建材、纺织等，因国内形势动荡每况愈下，2003年后出现复苏迹象，2006年其产值占国内生产总值的4.4%。主要工业产品的实际产量如下：

	2005	2006	2007
小麦粉（万吨）	18.4	18.6	17.9
啤　酒（百万升）	252	301	288
软饮料（百万升）	156	162	129
水　泥（万吨）	51.1	53.0	53.0
电（百万千瓦小时）	7128	7633	7543

（资料来源：同上）

【农业】农业落后，长期以来其产值占国内生产总值的40%左右。农村人口占全国人口的75%左右，个体农民是农业生产的主体，多采用游耕制，粮食生产尚自给不足。全国可耕地1.365亿公顷，约占国土面积的58.2%。已耕地近600万公顷。主要粮食作物有玉米、稻米、木薯、豆类等，2004年玉米产量115万吨，木薯产量1500万吨；主要经济作物有棕榈、可可、橡胶、咖啡、甘蔗、棉花、烟草、茶叶等，近年来主要经济作物产量（单位：千吨）如下：

	2005	2006
咖啡	6	8
可可	1	0
橡胶	6	3
棕榈油	0	0
原木（千立方米）	108	134
锯木（千立方米）	30	32

（资料来源：同上）

【交通运输】内河航运和空运占重要地位，陆路运输落后。

水运：内河总长2.3万公里，其中1.5万公里可通航。主要航道为刚果河和开赛河，一般可通行150~400吨船只，有2785公里航道可通行800至1000吨船只。年货运量49万吨左右。海岸线仅37公里，主要海港有马塔迪、博马和巴纳纳，辟有通往西非、地中海国家、法国、北欧、美国和日本五条远洋定期航线。2007 年海运货物总量为 233 万吨。

空运：国内航线约 3.9 万公里，非洲航线约 1.4 万公里，洲际航线约 2.4 万公里，与布鲁塞尔、巴黎、约翰内斯堡、亚的斯亚贝巴、内罗毕、罗安达及杜阿拉等有定期航班。金沙萨、卢本巴希、戈马和基桑加尼各有 1 个国际机场，另有 35 个普通机场，100 个小机场。

公路：全国公路总长 14.5 万公里，国家级公路 20700 公里，其中沥青路 2400 公里，多数道路有不同程度的损毁。

铁路：全长 6111 公里，其中电气化线路 858 公里。

【对外贸易】在国民经济中占重要地位。主要出口钻石、铜、钴、石油和黄金，进口粮食、石油制品、机械设备和日用消费品，近年来刚对外贸易情况（单位：亿美元）如下：

	2007	2008	2009
出口额	61.43	68.36	35.20
进口额	52.57	67.11	52.50
差　额	8.86	1.25	-17.3

（资料来源：2009 年度经济季评）

2008 年，刚主要出口目的国为中国、比利时、芬兰和美国，主要进口来源国为南非、比利时、赞比亚和津巴布韦，外汇储备 7800 万美元，外债总额 135 亿美元。

【外国援助】2005 年共获外援 18.28 亿美元，其中双边援助 10.34 亿美元，主要援助国是日本（3.76 亿美元）、比利时（1.52 亿美元）、美国（1.41 亿美元）、法国（0.88 亿美元）、英国（0.78 亿美元）；多边援助 7.93 亿美元。

人民生活

全国有医院、诊所、防疫站和疗养院 4382 所，床位 7.96 万张。平均 1.4 万人 1 名医生，1800 人 1 名护理人员。受长年战乱影响，医疗卫生系统濒临瘫痪，卫生状况急剧恶化。2001 年统计显示，婴儿死亡率达 17%，15~49 岁人群的艾滋病感染率达 14%，45% 的人口营养不良，人均寿命仅 41.8 岁。

军　事

根据《全面包容性协议》有关规定，对各派武装力量进行整合，重新组建国家武装部队，名为刚果民主共和国武装力量。2003 年 6 月 29 日，刚有关各方就军队整编及军队领导层权力具体分配达成协议。新军设总参谋部和陆、海、空三军参谋部，下辖 10 个军区。8 月 19 日，卡比拉总统任命了过渡期军队领导人及各军区司令，各派均分得职位。12 月 8 日，刚新军正式成立，并逐步推进对原叛军的整合及解甲工作，但进展缓慢。刚军总兵力现约 14 万人，其中陆军 12.5 万人，海军 1800 人，空军 2000 人，共和国卫队 1 万人。现任总参谋长迪迪耶·埃通巴中将（Didier Etumba）。

文化教育

【文化】刚果（金）有较为悠久的历史和文化。其丰富多彩的民间文艺，精美绝伦的铜雕、栩栩如生的木雕和别具一格的面具巫物等，堪称世界艺术宝库中的珍品。但近年来的长期战乱极大地破坏了刚文化艺术的发展。

【教育】教育落后，成年男女文盲率分别为 20.2% 和 48.1%。全国共有小学 17585 所，中学 6007 所，高等院校 36 所。中、小学有公立、私立、教会三类学校，大学全部为公立。2000 年，农村适龄儿童入学率为 14.9%，城市适龄儿童入学率为 42.8%。

【新闻出版】据刚新闻部最新统计，刚共有 213 种报刊，绝大多数为私营，主要集中在首都。影响较大的报纸有：《潜力报》、《参考报》、《光荣榜报》、《未来报》、《灯塔报》、《观察家报》等。有 52 家电视台（其中国营 11 家、私营 41 家）、2 家通讯社（国营、私营各 1 家）和 23 家电台（国营 2 家、私营 21 家）。刚果通讯社和刚果电视台为官方机构。

对外关系

奉行独立自主的外交政策，反对一切外来干涉。主张睦邻友好和在互相尊重主权和领土完整、互利互惠的基础上发展同世界各国的友好合作。积极参与和推动地区经济和安全合作，是中部非洲国家经济共同体、南部非洲发展共同体和东部和南部非洲共同市场成员国。目前担任南共体轮值主席国。

【对当前重大国际问题的看法】关于国际形势：认为冷战后世界格局发生了巨大变化，国际形势趋向缓和，和平与发展是世界各国人民的共同愿望。但目前世界还不太平，国际政治中缺乏公正，弱小国家处于不利地位，呼吁建立公正合理的国际政治、经济新秩序。

关于经济全球化：认为经济全球化是不可阻挡的客观现实和历史潮流，但其最大受益者是发达国家，而发展中国家特别是非洲国家则处于不利地位。主张发达国家充分考虑发展中国家的实际困难，向非洲国家开放市场，提供资金、技术和管理方面的帮助，使非洲国家能有效参与全球化进程，并从中受益。

关于非洲形势：非洲是目前世界上冲突最多的地区，不少国家政治动荡、经济困难、外援减少、债务沉重、贫困加剧、艾滋病肆虐，但非洲仍有巨大的发展潜力，非洲国家应联合自强，和平解决彼此间争端，维护地区和平与稳定，加强区域经济合作，共同促进非洲经济的恢复与发展。呼吁国际社会和国际金融机构重视非洲，加大援非和在非投资的力度，减免非洲债务，帮助非洲国家实现政治稳定与经济振兴。

关于非洲联盟：非洲联盟的诞生有利于非洲统一进程的发展，是非洲各国联合自强的新开端。非洲联盟将在维护稳定，促进发展，加强团结等方面发挥极大作用。非洲国家应为非盟的建设投入更多的政治意愿和资金，发达国家在政治、外交和经济上应给予非盟更多支持和帮助。

关于人权问题：主张尊重人权，承认人权的普遍性原则，同时认为在人权概念中，政治、文化权利与社会、经济权利是不可分割的，在保障公民政治权利的同时，也应保障公民享受社会和经济发展的权利。认为维护人权应与各国的历史、文化、传统和现实相结合，要符合各国政治、经济和社会发展水平，不应搞单一模式。反对西方在人权问题上实行双重标准，借人权干涉别国内政以及将人权与经济援助挂钩的做法。

关于国际反恐怖主义问题：认为恐怖主义严重威胁世界和平与安全，应加强国际合作予以坚决打击。支持在联合国主导下的国际反恐行动，同时主张打击恐怖主义应有充分依据，不能随意扩大打击范围，反对将恐怖主义与特定民族和宗教相联系。强调国际社会应对恐怖主义产生根源进行反思，努力消除滋生恐怖主义的土壤。

关于宗教问题：奉行宗教信仰自由和政教分离政策，政府不干预宗教事务，宗教也不得干扰政府工作。理解并支持有关国家依法打击邪教。

【同中国的关系】1961年2月20日两国建交，9月18日两国关系因故中断。1972年11月24日两国实现关系正常化。此后，两国领导人互访不断。1997年12月，洛·卡比拉总统来华访问。约·卡比拉执政后于2002年3月、2005年3月两度访华，2008年来华出席北京奥运会开幕式。2006年11月，刚副总统耶罗迪亚率团出席中非合作论坛北京峰会。

2009年3月，中共中央候补委员、中央党校副校长陈宝生率中国共产党友好代表团访刚，分别会见刚总理穆齐托和执政党总书记博沙布。同月，外交部部长助理翟隽访刚，分别会见刚总统卡比拉和总理穆齐托，并与刚外交部副部长马维塔会谈。5月，商务部副部长钟山率中国政府经贸代表团访刚，会见刚总理穆齐托，并与刚国际和地区合作部部长穆隆戈共同主持中刚经贸混委会第八届会议。7月，刚执政党总书记、国民议会议长博沙布访华，中共中央政治局常委、全国人大常委会委员长吴邦国会见，中联部部长王家瑞与之会谈，中央党校常务副校长李景田与刚方代表团座谈。10月，刚国防与前战斗人员部长恩辛巴率团访华，国务委员兼国防部长梁光烈与之会谈。11月，刚总理穆齐托率团出席中非合作论坛第四届部长级会议开幕式，期间温家宝总理与之会见。

2001年起，中国先后向联刚团派遣了12名军事观察员。2003年4月起，中国向联刚团派出一个175人的工兵连和一个43人的医疗分队。这是中国首次向非洲派出成建制的维和部队，每批任期8个月，目前已派出第11批。

2008年两国贸易额18.1亿美元，同比增长229%。受国际金融危机影响，2009年双边贸易额14.5亿美元，同比下降19.8%，其中中方出口3.2亿美元，进口11.3亿美元。

中国驻刚果民主共和国大使：吴泽献。馆址：NO.447，AVENUE DES AVIATEURS-GOMBE，KINSHASA。电话：00243－8470801 。传真：00873－763－667－861。经商处地址：NO.446，AVENUE COLONEL LUKUSA，KINSHASA。电话：00243－8410111。

刚果（金）驻华大使：夏尔·蒙巴拉·恩赞库(Charles MUMBALA NZANKU)。馆址：北京市三里屯东5街6号。电话：010－65323224。传真：65321360。

【同美国的关系】前扎伊尔内战爆发后，美支持洛·卡比拉领导的武装。洛·卡比拉夺取全国政权后，美率先承认新政权。1998年刚武装冲突爆发后，刚认为美偏袒乌、卢，与美关系恶化。约·卡比拉执政后多次访美，两国关系有所改善。在“重债穷国动议”框架内，美免除刚对美2003～2005年到期债务7100万美元，恢复中断7年的受理刚向美移民申请，积极调解刚、卢、乌矛盾，推动召开了三国边境安全问题会议。2009年4月，美军非洲司令部司令沃德访刚。6月，美刚签署军事合作协议，美方将为刚方培训快速反应部队。8月，美国务卿希拉里访刚。12月，美军非洲司令部向刚提供54.7万吨物资援助，并将对刚士兵和家属进行农耕培训。

【同法国的关系】刚果（金）冲突爆发后，法国同情刚，主张应尊重其主权和领土完整，两国关系趋于密切。2009年1月，法外长访刚。3月，法国总统萨科齐访刚，双方签署加强两国合作备忘录。6月，法国通过世界粮食署向刚提供230万美元用于为难民购买生活物资。7月，法刚签署教育合作协议，法将在3年内向刚初级教育领域提供7亿美元援助。11月，法国通过联合国发展计划署向刚提供56万美元用于警察改革。2010年1月，法外长访刚，2月，刚外长访法，双方就加强双边合作交换意见。

【同比利时的关系】比系刚重要的援助国和贸易伙伴。约·卡比拉执政后，比积极做冲突各方的工作，推动刚和平进程，加强与刚在政治、军事等领域的合作。2008年，比刚关系因比外交大臣德古赫特对刚内政及双边关系发表不恰当言论陷入低谷。2009年1月，比刚两国总理签署联合声明，宣布实现两国关系正常化。3月比国防部长访刚。4月比合作部长米歇尔来刚出席两国合作委员会会议。6月刚国防部长恩辛巴访比，双方签署两国军事合作协议，比将为刚培训快速反应部队，修复军校和兵营，并在比培训刚军官。7月比前总理戴哈恩访刚。8月比第二副议长访刚。9月比驻卢本巴希总领馆重新开馆。11月比参议长德戴克尔访刚。12月刚国际与合作部长齐邦达访比，与比签署总额2.8亿欧元的双边合作计划，涉及农业、交通、技术和职业培训、医疗卫生等4个领域。2010年1月，比新任外交大臣范纳科勒访刚。

【同德国的关系】 刚和平进程启动后，德恢复1991年以来中止的与刚原有合作项目。2009年10月，刚德签署协议，德国将向刚提供6500万欧元用于刚政府优先发展领域援助以及前武装人员安置和难民遣返。

【同欧盟的关系】 2003年，根据联合国安理会决议，欧盟曾派出2000人的部队驻扎刚东部地区，以保障刚安全局势并改善人道状况，该军事行动后由联合国驻刚果（金）特派团接管。2009年3月，欧盟与刚果（金）签署协议，将向刚提供3000万欧元用于森林保护和生物多样化管理。9月，欧盟委员会宣布将负责帮助刚军事部门改革的欧安组织驻刚代表团任期延长一年。9月，欧盟向刚提供2200万美元现金援助，帮助刚应对国际金融危机冲击，提高其财政能力。2010年1月，欧安组织代表团向刚提供650万美元用于刚政府军建设。

【同非洲国家及地区组织的关系】 2009年以来，刚果（金）主动改善与邻国卢旺达和乌干达的关系，与非洲其他国家交往不断加强，利用出任中部非洲国家经济共同体主席和南部非洲发展共同体轮值主席之机，积极参与地区事务，在本地区的影响力得以提升。

2009年1月，卢旺达总参谋长访刚，与刚总长迪迪耶就两国关系正常化交换意见。2月，卢刚外长工作会议在卢召开，双方就刚东局势和两国合作等问题进行深入探讨。同月，迪迪耶总长访问乌干达，与乌方共同评估打击上帝抵抗军行动进展情况。3月，刚乌元首在两国边境地区举行会谈，就两国关系正常化、能源合作和刚东局势等问题深入交换意见。同月，卢外长穆塞米纳利访刚，与刚外长姆万巴共同签署联合公报，宣布两国关系正常化，双方还就两国元首会晤和恩孔达引渡等问题进行商谈。7月，刚、卢两国签署联合公报，宣布双方将合作在刚修建发电站，重启两国经贸合作。8月，刚、卢两国元首在刚东部边境城市戈马举行会晤并签署联合公报，对两国关系发展趋势表示满意，宣布将重启刚卢混委会商讨各领域合作事宜。同月，刚、卢、乌三国总参谋长在戈马会晤，就刚东反政府武装活动情况交流信息。2010年1月，刚、卢、布隆迪三国总参谋长在刚会晤，商讨如何加强地区国家军事安全合作。

2009年5月，卡比拉总统赴南非参加南非总统就职仪式，同月偕夫人赴刚果（布）参加加蓬前总统邦戈夫人、刚（布）总统萨苏长女的葬礼。8月，卡比拉总统应邀出席刚果（布）国庆活动。9月，加蓬总统阿里·邦戈对刚进行短暂访问。10月，卡比拉总统先后前往中非、加蓬和南非，对中非进行工作访问，参加加蓬总统阿里·邦戈的就职典礼，与南非总统祖马举行会晤并出席南刚两国混委会闭幕式。2010年1月，卡比拉总统应邀赴安哥拉出席非洲杯开幕式，并赴莫桑比克出席格布扎总统就职典礼。3月，卡比拉总统赴纳米比亚出席纳独立50周年暨波汉巴总统就职典礼。

2009年2月，非洲发展银行高级代表团访刚，表示将向刚紧急提供6000万欧元的援助帮助刚恢复出口、加强国内生产。同月，非盟委员会主席让·平访刚，就刚东部安全局势与各方沟通。9月，南部非洲发展共同体峰会在刚举行，卡比拉总统当选新一届南共体执行主席。10月，中部非洲国家经济共同体峰会在刚召开，卡比拉总统作为轮值主席在开幕式上致辞。同月，卡比拉总统接见到访津巴布韦总理茨万吉拉伊，并于11月赴津，以南共体轮值主席身份对津政治危机进行斡旋。（徐飞　尔楚）

吉　布　提

国名　吉布提共和国（The Republic of Djibouti, La République de Djibouti）。

面积　2.32万平方公里。

人口　81.82万。主要有伊萨族和阿法尔族。伊萨族占全国人口的50%，讲索马里语；阿法尔族约占40%，讲阿法尔语。另有少数阿拉伯人和欧洲人。官方语言为法语和阿拉伯语，主要民族语言为阿法尔语和索马里语。伊斯兰教为国教，94%的居民为穆斯林（逊尼派），其余为基督教徒。

首都　吉布提市（Djibouti），人口约48万。热季（4～10月）平均气温31℃～41℃，凉季（11月至次年3月）平均气温23℃～29℃。

国家元首　总统伊斯梅尔·奥马尔·盖莱（Ismail Omar Guelleh），1999年4月就任，2005年4月胜选连任。

重要节日　独立日：6月27日。

简　况

地处非洲东北部亚丁湾西岸，扼红海进入印度洋的要冲曼德海峡，东南同索马里接壤，北与厄立特里亚为邻，西部、西南及南部与埃塞俄比亚毗连。陆地边界线长

520公里，海岸线长372公里。沿海为平原和高原，主要属热带沙漠气候，终年炎热少雨。内地以高原和山地为主，属热带草原气候。全年分凉、热两季。4月至10月为热季，平均气温37℃，最高气温达45℃以上；11月至次年3月为凉季，平均气温27℃。

殖民者入侵之前，吉布提由豪萨、塔朱拉和奥博克三个苏丹王统治。法国1850年开始入侵，1888年占领吉全境，1896年法在吉成立“法属索马里”殖民政府。1946年，吉成为法国海外领地，1967年改名为“法属阿法尔和伊萨领地”，法国政府给予其实际上的自治地位。1975年12月31日，法宣布同意吉布提独立。1977年6月27日吉宣告独立，定国名为吉布提共和国，哈桑·古莱德·阿普蒂敦（Hassan Gouled Aptidon）出任首任总统。

政　治

吉独立后，古莱德总统同一些政党组成联合政府。1979年古莱德取消多党制，成立争取进步人民联盟（简称人盟），于1981年确立一党制。此后人盟长期执政，政局保持稳定。1991年北方阿法尔族因不满伊萨族统治发动内战。1994年底政府与反对派武装签署和平协议，战乱基本平息。2001年实现全国最终和平。

吉于1992年宣布实行渐进式多党制，当年的首次多党立法选举中，人盟囊括所有议席。1999年古莱德总统退休，盖莱当选总统。2002年9月实行全面多党制。2003年1月人盟等四党组成的“总统多数联盟”在立法选举中获得全部议席。2005年4月盖莱赢得总统选举，蝉联总统；5月任命迪莱塔连任总理。2008年2月，“总统多数联盟”再次在立法选举中囊括全部议席。吉新政府积极落实权力下放和国家机构改革政策，重视基础设施建设和优先解决民生问题。目前吉政局稳定。

【宪法】现行宪法于1992年9月4日经全民公决通过并颁布实施。2010年4月议会通过宪法修正案，取消了总统连任次数限制，规定总统由直选产生，参选年龄上限为75岁，每届任期五年；总统因故不能视事时，由总理代行职权；总统职位空缺时，暂时由最高法院院长代行国家元首职务，但不得对政府和任何国家机构进行调整，并在30～45天内选举产生新总统。宪法还规定废除死刑。政党必须非种族化、非民族化、非宗教化和非地区化。

【议会】2010年4月宪法修正案决定设立参议院，改一院制为两院制。国民议会是国家最高权力机构，享有立法权。议会每年举行两次年会，主要讨论立法问题和下一年度财政预算。议员共65名，由立法选举产生，任期五年。本届议会于2008年2月选举产生。五党组成的“总统多数联盟”占据全部65个席位。议长为人盟总书记伊德里斯·阿尔纳乌德·阿里（Idriss Arnaoud Ali），2003年1月当选，2008年2月连任。

【政府】实行总统制，总统兼任政府首脑，并任命总理，总理负责协调各部工作。本届政府于2008年3月27日改组。现政府主要成员有：总理迪莱塔·穆罕默德·迪莱塔（Dileita Mohamed Dileita），外交和国际合作部长马哈穆德·阿里·尤素福（Mahamoud Ali Youssouf），就业、再就业和职业培训部长穆萨·艾哈迈德·哈桑（Moussa Ahmed Hassan），国民教育和高等教育部长阿卜迪·易卜拉欣·阿布谢赫（Abdi Ibrahim Absieh），司法、穆斯林事务和人权事务部长穆罕默德·巴尔卡特·阿布迪拉依（Mohamed Barkat Abdillahi），住房、城市规划和环境部长埃尔米·奥布谢赫·瓦伊斯（Elmi Obsieh Waiss），农业、畜牧和海洋部长阿布杜勒卡达尔·卡米尔·穆罕默德（Abdoulkader Kamil Mohamed），装备和交通部长阿里·哈桑·巴赫敦（Ali Hassan Bahdon），能源和自然资源部长穆萨·布·奥多瓦（Moussa Bouh Odowa），经济、财政、计划和私有化部长阿里·法拉赫·阿索韦（Ali Farah Assoweh），卫生部长阿布达拉·阿布迪拉依·米吉尔（Abdallah Abdillahi Miguil），国防部长乌古尔·基弗雷·艾哈迈德（Ougoureh Kifleh Ahmed），通讯、文化和邮电部长兼政府发言人阿里·阿卜迪·法拉赫（Ali Abdi Farah），商业和工业部长里弗基·阿布杜勒卡达尔·巴马卡拉马（Rifki Abdoulkader Bamakrama），内政兼权力下放部长亚辛·埃尔米·布（Yacin Elmi Bouh），妇女促进、福利和社会事务部长尼莫·布尔罕·侯赛因（Nimo Boulhan Houssein，女），穆斯林事务和宗教公产部长哈穆德·阿卜迪·苏尔坦（Hamoud Abdi Soultan），青年、体育、娱乐和旅游部长哈斯娜·巴尔卡特·达乌德（Hasna Barkat Daoud，女），总统事务、投资促进和与议会关系部长奥斯曼·艾哈迈德·穆萨（Osman Ahmed Moussa）。

【行政区划】全国共分1个市和5个地区：吉布提市（Djibouti-ville）、塔朱拉地区（Région de Tadjourah）、奥博克地区（Région d'Obock）、阿里萨比地区（Région d'Ali-Sabieh）、迪基尔地区（Région de Dikhil）和阿尔塔地区（Région d'Arta）。

【司法机构】实行三权分立、司法独立和法官终身制，总统主持的最高法官会议监督法官的工作。司法机构分为县法院、一审法院、上诉法院和最高法院四级。最高法院院长为卡迪吉亚·阿贝巴·莫克勒阿（Kadidja Abeba Mockrea，女），上诉法院院长为哈比巴·哈香·雅玛（Habiba Hachin Djama，女），总检察长为雅玛·苏莱芒·阿里（Djama Souleiman Ali）。吉作为伊斯兰国家，还设有属人法法庭（原称伊斯兰法庭），现任庭长为法拉赫·萨义德·努尔（Farah Said Nour）。

【政党】宪法规定，吉实行多党制。目前主要有八个合法政党：

（1）争取进步人民联盟（Rassemblement Populaire pour le Progrès—RPP）：执政党，在议会中有48名议员。1979年3月4日成立。主要由原非洲人民争取独立联盟组成。自1981年10月政府取消反对党至1992年吉改行多党制一直是吉唯一合法政党。2007年3月召开第九届代表大会，盖莱连任主席，总理迪莱塔连任副主席，国民议会议长阿里连任总书记。

（2）争取恢复团结和民主阵线（Front pour la Restauration de l'Unité et de la Democratie—FRUD）：执政党，在议会中有12名议员。其前身是1991年8月由北方阿法尔族反政府武装建立的政党。1996年被承认为合法政党。1997年举行第一次全国代表大会，决定与执政党"争取进步人民联盟"结盟，通过和平方式捍卫党的宗旨。主席阿里·穆罕默德·达乌德（Ali Mohamed Daoud），总书记为国防部长乌古尔·基弗雷·艾哈迈德。

（3）全国民主党（Parti National Démocratique—PND）：执政党，在议会中有2名议员。1992年10月成立，目标和原则是维护国家统一和民族独立。主张建立真正的民主社会，实行自由选举、司法独立和新闻自由等；实行市场经济；反对种族主义和民族主义。主席阿登·罗卜莱·阿瓦莱（Aden Robleh Awaleh）。

（4）社会民主党（Parti Social Démocrate—PSD）：执政党，在议会中有2名议员。2002年10月成立。目标是维护社会秩序，恢复经济，协调领导政策，规范工资和降低生活物价。主席穆明·巴东·法拉赫（Moumin Bahdon Farah）。

（5）改革者联盟（Union des Partisans de la Réforme—UPR）：执政党，在议会中有1名议员。2005年3月1日成立，积极参加"总统多数联盟"活动，2007年12月正式签署文件加入该联盟。主张实行和谐政策，建设符合时代发展要求的国家。主席易卜拉欣·谢希姆·达乌德（Ibrahim Chechem Daoud）。

（6）争取发展共和同盟（Alliance Républicaine pour la Démocratie—ARD）：反对党。原恢复团结与民主阵线分裂后，2002年10月6日成立，主席为迪尼（Dini）。2004年迪尼去世，艾哈迈德·尤素福·胡迈德（Ahmed Youssouf Houmed）接任主席。

（7）争取民主和正义联盟（Union pour la Démocratie et la Justice—UDJ）：反对党。2002年10月13日成立，主席伊斯梅尔·盖迪·哈立德（Ismael Guedi Harred）。

（8）吉布提发展党（Parti Djiboutien pour le Développement—PDD）：反对党。2002年9月2日成立，主席穆罕默德·达乌德·谢希姆（Mohamed Daoud Chechem）。

【重要人物】伊斯梅尔·奥马尔·盖莱：总统。1947年9月17日出生于埃塞俄比亚，伊萨族，信奉伊斯兰教。1977年吉独立后任总统办公室主任。1978年兼任国家安全局长。1982年任人盟中央委员和政治局委员，1997年3月当选为该党第三副主席。1999年年初，由执政的两党联盟正式提名为总统候选人，并于4月当选总统。2000年3月当选人盟主席。2005年4月在大选中获胜连任总统。**迪莱塔·穆罕默德·迪莱塔**：总理。1958年出生，阿法尔族。曾在埃及、法国和阿尔及利亚接受高等教育。1982年开始在总统府典礼局任职，后曾任吉驻法国使馆领事和驻埃塞俄比亚大使。2001年3月被任命为总理，2005年连任。现为人盟副主席。

经 济

吉是世界上最不发达国家之一。自然资源贫乏，工农业基础薄弱，95%以上农产品和工业品依靠进口。交通运输、商业和服务业（主要是港口服务业）在经济中占主导地位，约占国内生产总值的80%。

上世纪90年代初，吉经济形势恶化。1996年，吉政府开始执行经济结构调整计划。1998年，埃塞俄比亚与厄立特里亚发生边界武装冲突后，埃原经厄转运的货物均转道吉布提港，吉港口收入大幅增加，经济有所恢复。2001年，吉政府将吉港口和机场的经营管理权转让给迪拜港。近年来，吉布提政府积极调整经济政策，争取外援外资，重点发展第三产业，并加紧实施道路、港口、航空、通信等大型基础设施建设项目，经济保持低速增长。但经济结构单一、外债沉重、失业率高等痼弊难以克服，其经济脆弱性未有实质改变。近年来财政赤字保持在3%以内。2009年吉主要经济数据如下：

国内生产总值：11亿美元。

人均国内生产总值：1290美元。

经济增长率：6.4%。

货币名称：吉布提法郎。

汇率：1美元=174.66吉布提法郎。

通货膨胀率：12%。

失业率：40%。

【资源】资源贫乏，主要有盐、石灰岩、珍珠岩和地热资源。盐矿总储量约为20亿吨，主要分布在阿萨尔盐湖，已开发。石灰岩和石膏矿均属埋藏浅、储量大、易开发的优质矿；珍珠岩估算储量达4800万吨；内地四个区均发现含金构造。沿海地区已发现有含油构造。地热资源丰富，但因地下水含盐度太高，开发难度较大。

【工业】2006年工业产值为1.14亿美元，约占国内生产总值的16.8%。主要工业为电力、水利、房屋及公共工程、盐矿开发等，另有一些建筑业以及矿泉水厂、可口可乐饮料厂、面粉厂、制瓶厂、奶品厂、制药厂、水泥厂、机械修配、船舶修理、炼油、制革、发电等小型工业。吉近年电力产量如下：（单

位：百万千瓦小时）

	2005	2006	2007
电力产量	302.979	306.047	321.16

（资料来源：吉布提财政部2007年经济公报）

【农牧渔业】农业以畜牧业为主。可耕地面积10000公顷，已耕地1000公顷。2006年农业总产值为2457.5万美元，约占国内生产总值的3%。据吉国民银行估计，2006年共有牛4万头，骆驼6.9万峰，绵羊46万只，山羊51.2万只。全国有牧场23万公顷，牧民约10万。全国有1600多农户，农民3600人。粮食不能自给，每年从欧盟、法国、日本等国接受1.3万吨粮食援助。渔业资源较丰富，预计年捕捞潜力可达4.8万吨，但目前捕捞业仍比较落后，采用手工作业捕鱼，年捕鱼量仅为1000吨。家庭渔产品消费量低，平均每户年消费1.5公斤。渔民约1000人，日均收入4.5美元。

【服务业】自从1998年埃塞俄比亚与厄立特里亚断绝经贸往来后，吉港口服务业收入大幅提高。2006年服务业产值达966.24亿吉郎，占国内生产总值78.4%。2008年由于私营性质贷款增加，银行金融业增长25%。近年服务业情况如下：

	2004	2005	2006
服务业产值（百万吉郎）	84616	89875	96624
占国内生产总值（%）	80.2	79.4	78.4

【旅游业】有9家旅馆，共850个房间，从业人员约2000人。每年接待游客约2.5万人。2005年，政府通过决议，同意新建高档酒店，并对旧的旅馆进行翻修，争取将酒店房间数扩大1倍。2007年，接待游客40000人，酒店入住共66941夜，入住率33%，比上一年增长了5%，平均每夜入住房间183间。主要旅游景点有阿萨尔湖、阿贝湖、古拜特·阿尔·卡拉卡魔渊、阿尔都巴火山、达依原始森林、朗达兴奔古瓦莱瀑布、塔朱拉海上乐园等。

【交通运输】港口和铁路运输在国民经济中占重要地位。2008年交通运输业增长13%。

水运：吉布提港是东非重要港口之一，现有15个泊位，其中13个为深水泊位，包括1个20万吨输油码头（3个泊位）和1个集装箱码头（2个泊位）。其航运、停泊和装卸条件完全符合国际标准，可停靠300米长、4万吨级的货轮或14万吨的油轮以及其它各类船舶。大多数码头有淡水和燃料补给设备。2007年吉港吞吐量为750吨，同比增长34%。近年，吉政府加快港口扩建工程，多拉雷新港第一期工程石油码头已于2006年2月建成启用，可停泊24万吨级的油轮。新港第二期工程集装箱码头于2006年11月开工，建成后可年均装卸集装箱150万个，可停靠1050米长、10万~12万吨级的货轮。（根据吉国际自由港2007年度报告）

铁路：吉布提与埃塞俄比亚首都亚的斯亚贝巴有铁路相通，全长784公里，吉境内长约106公里。2006年，吉布提与埃塞政府决定将此段铁路私有化，交予南非的COMAZAR公司管理25年。2007年铁路货运量为79300吨，比2006年减少了13.8%。原因是公路运输的竞争和进口货运量的减少。

公路：全国有公路3067公里，其中沥青路415公里。2001年，吉布提至埃塞首都亚的斯亚贝巴的公路得以修复。该公路全长282公里，埃塞通往吉港进出口货物的85%通过此路运输，是埃塞的生命线。2007年公路货运15.6万车次，比2006年增加了25.8%。

空运：吉布提国际机场可起降大型客、货机，是前往东非主要国家和法国的中转站。在吉经营的航空公司有法国航空公司（Air France）、埃塞俄比亚航空公司（Ethiopian Airlines）、肯尼亚地区航空公司（Regional Air）、也门航空公司（AIR Yemenia）、英国航空公司（British Airways）、厄立特里亚航空公司（Eritrea Airlines）、吉布提航空公司（Djibouti Airlines）和索马里达洛航空公司（Dallo Airlines）等。吉航主要经营至埃塞俄比亚、也门和索马里兰几条航线。目前，英航和法航每周仅有一班航班从其首都飞往吉布提市。2007年由机场入出境旅客为162374人次，比2006年上升10.3%，起降飞机17156架次，比2006年减少5.4%。

【外债】截至2008年底，吉布提外债总额为5.79亿美元，负债率为59%，短期外债约占4%。偿债率处于6%~9%。2008年巴黎俱乐部对吉债务进行重组，外债增速降为7.5%。多边债权方主要有世界银行、阿拉伯基金、非洲开发银行等。2008年吉外汇储备1.74亿美元。

【对外贸易】实行自由贸易政策。港口转口贸易占很大比重。主要进口食品饮料、机械设备、电器产品、卡特草、运输设备、石油产品、金属制品、纺织品和鞋类等。出口商品包括食盐、牲畜、皮张等。主要贸易伙伴为索马里、沙特阿拉伯、埃塞俄比亚、印度、中国、法国、也门、英国等。

【外国援助】吉主要援助国为法国、日本、美国、沙特、中国、意大利等，援助国际组织主要有欧盟、联合国难民署、世界粮农组织和非洲开发基金等。据吉财政部统计，截至2009年底，世界银行、非洲开发银行等多边机构以及美国、法国、伊朗等国共为吉提供贷款1.88亿美元，无偿援助1.6亿美元。

人民生活

据《2008年世界人类发展报告》统计，吉人类发展指数在全世界177个国家中列第149位。人均预期寿命53.9岁，人口自然增长率为2.02%，婴儿死亡率为10.24%。15岁以下的人口占总人口的35.2%，60岁以上的占4.1%，每个家庭平均6.2人。城镇人口约占总人口的 70.6%，农村人口 29.4%。吉卫生机构主要有佩尔蒂医院（600 张床位）和巴尔巴拉妇产医院（60 张床位），6 个市县级医疗中心，21 个门诊所和 12 个私人诊所，城区和农村各占一半。全国共有 1910 张床位，平均每 509 人一张病床；900 名医务人员中有 98 名正式医生（34 名吉布提医生，64 名外籍医生），另有 900 名护理人员，平均每 1 万人有 1.5 名医生、7 名护士。从 1980 年起，政府规定最低周工资不得低于 15860 吉法郎。人民的健康状况较差，结核病、登革热、艾滋病发病率较高，霍乱和疟疾时有爆发性流行。93% 的人口使用自来水，49.5% 的人口使用电。目前吉手机用户 8 万户，固定电话用户 1.5 万户，网络用户 5000 户。

军　事

1977 年 6 月 6 日建军，实行志愿兵役制。总统为武装部队最高统帅，实际由三军总参谋长负责，国防参谋长为其副手。军队主要职责是国家防务、和平时期参与社会发展和救灾活动。总兵力约 3500 人，其中空军和海军各约 200 人，文职人员 100 人。陆军有一个炮兵营、一个装甲团和 3 个步兵团。空军有数架米格 - 8、米格 - 17 直升机。海军拥有几艘巡逻艇和快艇。2008 年国防预算为 3628 万美元，占政府开支的 21.9%。总统为武装部队总司令。现任总参谋长为法蒂·艾哈迈德·侯赛因（Fathi Ahmed Houssein）少将，国防参谋长为扎卡里亚·谢赫·易卜拉欣（Zakaria Cheik Ibrahim）准将。

国家安全部队与警察部队于 1995 年合并后称国家警察部队，内战后复员减编，现不足 1000 人，主要负责治安、边检、司法、消防等工作。现任警察总监为阿布迪拉伊·阿布迪·法拉赫（Abdillahi Abdi Farah）上校。国际刑警组织吉布提分部成立于 1979 年 2 月 5 日。

宪兵队 1999 年从军队分离，约 700 人，负责打击刑事犯罪和保卫重要人物。现任宪兵参谋长是阿布迪尔·博格雷·哈桑（Abdil Bogoreh Hassan）上校。

文化教育

【教育】采用法国教育制度、教育法和教科书，学制为小学 6 年，初中 4 年、高中 3 年，对 6 ~ 15 岁的青少年实行免费义务教育。除国立学校外，国家允许设立民办中、小学，二者数量之比约为 4:1。2007 年小学入学率为 70%，初中入学率为 43%。公立小学 82 所，私立小学 18 所，共有学生 38100 多人，教师近 1200 人，男童入学率为 75.1%，女童为 69.6%；公立中学 11 所（只有国家中学设有高中），私立中学 8 所，在校学生共计 14570 人，教师 500 多人（吉布提人占 75%）。另有两所高级技术学校和一所师范学校。共有两所大学：吉布提大学和吉布提医学院。吉布提大学成立于 2000 年，与法国三所大学合作办学，下设大学培训学院、高等商业学院和高等技术学院，可颁授大学第一阶段（2 年）结业证书和高级技术员合格证书。吉布提医学院 2007 年 11 月成立，是第一所国家医科大学，具有授予医学博士学位的资格，主要合作伙伴为突尼斯、摩洛哥和法国。吉高中毕业生参加法国统一考试，优良者可赴国外接受高等教育。2006 年，人口文盲率为 28.7%。具有小学文化水平的人占总人口的 52.3%。

【新闻出版】官方报纸《民族报》以法文每周一、二、三、四出版，每期发行 1500 份，《号角报》以阿拉伯文每周一、四出版，每期发行 500 份。其他报刊包括："争取进步人民联盟"党刊《进步》周刊、民主革新党周刊《复兴》、全国民主党周刊《共和》和"争取发展共和同盟"周刊《事实》。

吉布提广播—电视台，用法语、索马里语、阿法尔语和阿拉伯语广播。每周节目播出时间共 45 小时。电视台每晚播出综合节目。1980 年建成的地面卫星通讯站可转播法国和邻国电视节目。1990 年日本援建一电视制作中心。德国于 1983 年帮助吉建立无线电发射中心，现有中波、短波和调频广播。在意大利援助下，开始逐步实现广播节目制作和播出的数字化。

对外关系

奉行中立、不结盟和睦邻友好政策，主张与世界各国在平等的基础上发展合作，反对霸权主义，主张通过和平方式解决争端。保持同法国的传统关系，重视发展同阿拉伯国家和亚洲国家的关系，近年来与美国关系迅速升温。积极参与调解地区争端，努力促进地区和平与合作。吉是非洲联盟、阿拉伯国家联盟、伊斯兰会议组织、（东非）政府间发展组织（伊加特）、东南非共同市场、萨赫勒—撒哈拉共同体等地区组织成员国。伊加特总部设在吉。2009 年 5 月，吉再次当选联合国人权理事会成员，任期为 2009 ~ 2012 年。

【同中国的关系】1979 年 1 月 8 日吉布提同中国建交。两国各领域合作顺利发展，在国际事务中相互支持与配合。

2005 年 9 月，吉布提总理迪莱塔正式访华，吴邦国委员长会见，同温家宝总理会谈。同年 7 月，吉布提军队总参谋长法蒂少将访华。2006 年 5 月，吉布提外长尤素福来华出席中阿合作论坛第三届部长级会议。新闻、文化和邮电部长法拉赫、经济和财政部长阿索韦相继访华。同年 11 月，盖莱总统来华出席中非合作论坛北京峰会。2008 年 1 月，外交部部长助理翟隽对吉布提进行工作访问。同年 8 月，迪莱塔总理来华出席北京奥运会开幕式。2009 年 3 月，中央党校副校长陈宝生率中共友好代表团参加吉人盟成立 30 周年庆祝大会。同年 12 月，尤素福外长正式访华。2010 年 1 月，中共中央对外联络部部长王家瑞访吉。5 月，吉外交部负责国际合作事务的部长级代表西雷来华出席中阿合作论坛第四届部长级会议。吉支持中国海军舰队在亚丁湾和索马里海域实施护航任务，并为护航舰队综合补给、应急支援和紧急避险提供便利。

2009年中吉贸易额为2.95亿美元，同比增长16%，全部为中方出口。中方对吉出口以转口贸易为主，大多通过吉港口保税区转运至埃塞俄比亚和索马里。截至2009年底，中方对吉直接投资140万美元。2009年上半年中国政府向吉提供了100万元人民币紧急粮食援助。

中吉签有文化合作协定。中方自1986年起向吉提供政府奖学金生名额，2009年吉在华奖学金生共41名。2010/2011学年中国向吉提供50个奖学金生名额。中方自1981年起向吉派遣医疗队，迄今已派出15批共计114人次。目前有10名医疗队员在吉工作。

中国驻吉布提大使：张国庆。馆址：LOTV LOTISSEMENT DU HERON DJIBOUTI。信箱：B. P. 2021。地区号：00253。电话：350404/352247。电传：CHINA DJI，5926，DJ。经商处地址：RUE NAIROBI，LOTISSEMENT HERON，DJIBOUTI。信箱：B. P. 4001。电话：350575。传真：354174。

吉布提驻华大使：伊斯梅尔·易卜拉欣·胡迈德（Ismaïl Ibrahim Houmed）。馆址：北京市朝阳区塔园外交公寓2－2－102。电话：010－65327857。传真：65327858。

【同法国的关系】法是吉原宗主国，也是吉最大援助国和贸易伙伴。吉重视保持同法国的传统关系。法在吉除外交部以外的各政府部门派有顾问。两国签有防务协定，建有年度例行联合军演机制。法在吉现有驻军2850人。2003年，法同意在随后9年内每年向吉政府支付3400万美元作为在吉驻军的费用，并扩大法驻吉军队的纳税范围、帮助吉争取国际货币基金组织援助、降低吉留法学生学费。2004年，法国防部长访吉，盖莱总统应邀赴法出席普罗旺斯登陆60周年纪念活动。2005年，吉法因博雷尔法官死亡案发生分歧，吉驱逐6名法在吉技术人员。2006年吉法关系得到明显改善。3月法国总理德维尔潘访吉；吉外长访法，与法签订2006～2010年合作框架文件，法承诺向吉提供5300万～7600万欧元的援助。2007年12月，盖莱总统对法国进行正式访问，与萨科齐总统举行了会谈。2008年，法国防部长、军队总参谋长先后访吉。10月，盖莱总统在加拿大出席法语国家组织峰会时与萨科齐总统举行了工作会谈。2009年，法国国防部长、海军将领，欧盟“阿塔兰塔”军事行动指挥官等相继访吉，就在吉设立后勤基地、建立地区反海盗中心、在吉关押审判海盗等问题与吉磋商。

【同美国的关系】美自1991年起向吉提供各种经济和军事援助。“9·11”事件后，吉积极支持美的反恐行动，允许美在吉长期驻军，并使用其港口和机场运送物资。2004年，美向吉提供了400万美元的巡逻艇、军用设备和1000万美元的教育用品，并宣布在2004～2005年向吉提供3100万美元援助。2005年5月，盖莱总统顺访美国，会见了美国务卿赖斯。2006年9月，美与吉签订援助协议，承诺两年内向吉提供4000万美元，用于发展教育和卫生事业。2007年，美国防部长盖茨、中央司令部司令法隆、负责非洲事务的助理国务卿弗雷泽等分别访吉。2008年，法隆和弗雷泽分别再次访吉。2009年，美军将领访吉增多，就后勤基地、地区反海盗等问题与吉磋商。2010年5月，盖莱总统对美国进行了国事访问。

【同日本的关系】自建交以来，日本共向吉提供了约11253.7万美元的援助。2003年9月，盖莱总统出席在日举行的第三届非洲发展东京国际会议，与日本首相小泉纯一郎会晤。日允实施“粮食援助计划”，支持吉进行新型水稻的种植。2004年，日按计划向吉提供总额为1.5亿日元的粮食援助，并赠吉27800顶蚊帐。2005年，日本副外相访吉，允帮助吉更新电台设备，并希在安理会改革问题上得到吉方支持。2006年4月，尤素福外长访日，日方表示将大力支持吉经济社会发展，未来20年内拟向吉提供20项无偿援助项目。2008年5月，盖莱总统出席第四届非洲发展东京国际会议，与日本首相福田康夫会晤，日承诺未来五年将对吉直接投资增加一倍。日本派海上自卫队赴索马里海域护航以来，吉日关系持续升温。2009年3月，吉外交部部长级代表出席非洲发展东京国际会议。4月，吉外长尤素福访日，双方签署换文确定吉港为日海上自卫队后勤补给基地。8月，日在吉设立常住联络处。日本在2009财年内，共向吉提供各类援助总额3500万美元，其中与吉签署的4项双边无偿援助协议总计23.77亿日元，较2008年增长174.8%。

【同印度的关系】2003年5月，盖莱总统访问印度，会见印总统和总理。双方签署关于航空服务、投资保护和文化交流的三个协议。印还向吉提供1000万美元的贷款用于吉经济发展。两国在国际反恐、巴以冲突和伊拉克等问题上达成一致。

【同埃塞俄比亚的关系】两国关系友好，签有友好合作协定和农业科技合作等25项协议。两国高层交往频繁，定期举行双边磋商，并不断加强在贸易、运输、教育合作和人员自由往来方面的合作。2004年，埃塞总理访吉，两国召开了第八次部长级混委会。2005年，吉埃边界委员会和铁路管理委员会先后召开，双方认为应加强非法移民和非法边境贸易的管理，并重新发挥两国间铁路的作用。2006年4月，吉埃第九次混委会在吉召开，两国外长出席，双方签署了文化、青年与体育、通讯等三个协议。2007年1

月，盖莱总统在参加非盟峰会时会见了埃塞总理梅莱斯。

【同索马里的关系】吉在人种、语言方面与索一脉相承，曾为“法属索马里”。2000年5~8月，吉主持召开索马里和会，产生索过渡全国政府，并随后与索过渡政府互派大使。2004年，盖莱总统赴肯尼亚参加由内罗毕和会选举产生的索过渡联邦政府总统优素福的就职仪式。2006年11月，索过渡联邦政府议会议长谢里夫访吉，会见了盖莱总统。2007年1月，盖莱总统在参加非盟峰会时会见了索过渡政府总统优素福。2008年8月以来，吉积极参与解决索问题，先后推动索政府与反对派达成吉布提协议，成为索目前和平进程的基础性文件。2009年1月，索过渡议会在吉开会并顺利选举新总统。

【同厄立特里亚的关系】两国之间存在领土争端。1998年吉因被厄指责在埃、厄边界冲突中偏袒埃而宣布断交，2000年两国复交，并于2001年实现两国元首互访。2004年，两国在厄举行第三届混委会，签署了关于农业、旅游、渔业、海陆交通运输、电讯和法律互助等一系列协议。2006年7月，厄国防部长访吉，与吉国防部长就加强两国陆海边境安全和双方的军事合作举行了会谈。8月，吉国防部长对厄进行了回访。2007年4月，吉厄混委会第四次会议在吉召开，吉外长尤素福和厄渔业、畜牧业部长艾哈默德共同主持了会议。2008年6月，吉厄边界发生武装冲突，导致两国关系紧张。2009年11月，吉与乌干达、埃塞俄比亚、索马里以厄破坏索和平进程为主要理由，推动安理会通过制裁厄的决议草案，包括要求厄立即从吉厄边境撤军并通过对话解决争端等内容。2010年6月，吉、厄、卡（塔尔）签署三方协议，授权卡调解吉厄边界纠纷，厄承诺从争议地区撤军。（胡冰）

几内亚

国名　几内亚共和国（The Republic of Guinea, La République de Guinée）。

面积　245857平方公里。

人口　1010万（2009年）。全国有20多个民族，其中富拉族（又称颇尔族）约占全国人口的40%以上，马林凯族约占全国人口的30%以上，苏苏族约占20%。官方语言为法语。各民族均有自己的语言，主要语种有苏苏语、马林凯语和富拉语（又称颇尔语）。全国约85%的居民信奉伊斯兰教，5%信奉基督教，其余信奉原始宗教。

首都　科纳克里（Conakry），人口210万。最高气温35℃，最低气温22℃。

重要节日　独立日：10月2日。

简　况

位于西非西岸，北邻几内亚比绍、塞内加尔和马里，东与科特迪瓦、南与塞拉利昂和利比里亚接壤，西濒大西洋。海岸线长约352公里。沿海地区为热带季风气候，内地为热带草原气候。年平均气温为24℃~32℃。

9~15世纪为加纳王国和马里帝国的一部分。15世纪葡萄牙殖民主义者入侵，1885年被柏林会议划为法国势力范围，1893年被命名为法属几内亚。19世纪后期，萨摩利·杜尔建立了乌拉苏鲁王国，坚持抗法斗争。20世纪初，阿尔法·雅雅领导了大规模反法武装起义。1958年9月28日，通过公民投票反对法国戴高乐宪法，拒绝留在法兰西共同体内。同年10月2日宣告独立，成立几内亚共和国，塞古·杜尔任总统直至1984年3月病逝。1984年4月，兰萨纳·孔戴上校发动兵变，宣布成立几内亚第二共和国。1992年4月，政党法实施，改行多党制。1993年12月举行首次多党民主总统选举，孔戴当选，并于1998年12月和2003年12月两次连选连任。2008年12月22日，孔戴总统病逝。23日，以穆萨·达迪斯·卡马拉上尉为首的部分军人发动政变，成立全国民主和发展委员会（CNDD），接管国家权力，同时推举卡马拉为该委员会主席。

政　治

几军政权上台后，于2009年1月组建过渡政府。9月28日，军政权镇压反对派示威游行，造成大量人员伤亡，国际社会对此强烈谴责。12月，军政权领导人卡马拉在军队内部冲突中受伤后赴国外就医，CNDD副主席科纳特接掌政权。2010年1月，卡、科和西非国家经济共同体几内亚问题协调人、布基纳法索总统孔波雷在布首都瓦加杜古发表声明，同意成立由反对派任总理的过渡政府，于6个月内举行总统大选，CNDD成员及过渡机构领导人均不参加总统大选。随后，军政权于1月15日任命反对党几内亚进步同盟主席让—马里·多雷为新过渡政府总理，于2月15日组建新过渡政府，并决定于6月27日举行首轮总统选举。

【宪法】1990年12月举行公民投票通过根本法。2008年12月军事政变后，军政权宣布中止实施根本法。2010年4月，全国过渡委员会（代议会）制定了过渡期宪法。该宪法规定，总统由直接选举产生，任期为5年，可连任一次。总统候选人必须由党派推选，年满35岁以上。

【议会】称国民议会，为最高立法机构。上届议会成立于2002年6月，原定于2007年6月举行新议会选举，后因故多次推迟。2008年12月军事政变后，国民议会被解散。2010年2月，全国过渡委员会（Conseil National de Transition，CNT）成立，履行立法机构职责，制定了过渡期宪法、选举法等法律文件。全国过渡委员会由155名来自政党、宗教、军政权的各界人士组成，主席为工会组织领导人拉比亚都·塞拉·迪亚洛女士（Rabiatou Serah Diallo）。

【政府】现政府成立于2010年2月15日，系过渡政府。成员名单如下：总理让·马里·多雷（Jean-Marie Doré），安全和民事保护国务部长托托·卡马拉少将（Toto Camara），国防部长塞古巴·科纳特准将（Sekouba Konaté），外交、非洲一体化和法语国家事务国务部长巴卡里·福法纳（Bakary Fofana），公职、行政改革、劳动和就业国务部长彭达·迪亚洛（Penda Diallo，女），国土管理和政治事务部长纳瓦·达梅（Nawa Damey），司法部长西巴·诺拉姆（Siba Lohalamou），权力下放和地方发展部长阿里·吉尔贝·伊福诺（Aly Gilbert Ifono），能源和水利部长马马杜·桑德（Mamadou Sante），经济和财政部长凯尔法拉·扬萨内（Kerfalla Yansane），矿产和地质部长马哈茂德·迪亚姆（Mahmoud Thiam），农业部长凯莱蒂吉·法罗（Kélétigui Faro），渔业和水产部长马马杜·科尔卡·迪亚洛（Mamadou Korka Diallo），邮政、电信和新技术部长塔利贝·迪亚洛（Talibé Diallo），建设、城市化和住房部长曼苏尔·卡巴（Mansour Kaba），计划和国际合作部长泽纳贝·塞丰·迪亚洛（Zénab Saïfon Diallo，女），高等教育和科研部长甘迪·通卡拉（Ghandi Tounkara），中小学和公民教育部长阿马杜·莱卢马·迪亚洛（Amadou Lelouma Diallo），技术教育和职业培训部长马马杜·萨利乌·贝拉·迪亚洛（Mamadou Saliou Bella Diallo），环境、水域、林业和可持续发展部长乔治·南科耶·德拉姆（Georges Gnankoye Delamou），公共工程部长亚穆杜·杜尔（Yamoudou Toure），工业、商业和私营企业部长马马杜·尼亚雷（Mamadou Niare），医疗和公共卫生部长易卜拉希马·索乌（Ibrahima Sow），经济监管和审计部长（Kerfalla Camara），民族团结、妇女和儿童部长南法蒂玛·马加苏巴（Nanfadima Magassouba，女），中小金融、小商业、青年和妇女就业部长马利亚姆·贝阿沃基（Mariam Beavogui），新闻部长阿布巴卡尔·西卡（Aboubacar Sylla），旅游和旅游业部长西·马里亚梅·迪亚洛（Sy Mariame Diallo，女），扫盲和民族语言推广部长班巴·卡马拉（Elhadj Bamba Camara），青年和体育部长蒂埃诺·阿利乌·迪亚翁（Thierno Aliou Diaoune），艺术和文化部长福代·凯拉·伊斯托（Fodéba Keïra Isto），畜牧部长穆克塔尔·迪亚洛（Mouctar Diallo），交通部长马蒂兰·班古拉（Mathurin Bangoura），海外侨民部长吕西安·姆本杜·吉劳（Lucien Mbendou Guilao），宗教事务秘书长库图布·萨诺（Koutoubou Sano），政府秘书长塞古·基西·卡马拉（Sékou Kissy Camara）

【行政区划】全国划分为首都科纳克里和7个行政区（Région）。区下设省（Préfecture），共33个省。

【司法机构】设普通法院和特别法院。普通法院包括最高法院、上诉法院、初审法院和治安法院。最高法院下设诉讼、行政、经济财政和立法四个法庭。特别法院包括特别最高法庭、军事法庭和劳动法庭。2009年3月，军政权撤销最高法院。

【政党】1992年4月实行多党制。现有124个合法政党，主要有统一进步党（PUP）、几内亚进步复兴联盟（UPR）、几内亚人民联盟（RPG）、共和力量同盟（UFR）等。主要政党情况如下：

（1）几内亚统一进步党（Parti de l'Unité et du Progrès）：前执政党。1992年3月27日成立。其宗旨是促进几内亚社会与经济的发展和进步，实现全国各族人民的和解与团结，建立一个公正、法制、民主的国家。总书记穆萨·索拉诺（Moussa Solano）。

（2）几内亚进步复兴联盟（Union du Progrès et du Renouveau）：由新共和同盟和复兴进步党于1998年9月15日合并而成。成员多为颇尔族人。主席巴·奥斯曼（Bah Ousmane）。

（3）几内亚人民联盟（Rassemblement du Peuple de Guinée）：始建于1967年。1992年4月3日注册登记，成为合法政党。成员多为马林凯族人。主席阿尔法·贡代（Alpha Condé）。

（4）几内亚共和力量同盟（Union des Forces Républicaines）：成立于1992年。主席西迪亚·杜尔（Sidya Touré），曾于1996～1999年任总理。

【重要人物】**塞古巴·科纳特**：1964年生于几内亚康康地区，马林凯族。1985年入伍，先后在摩洛哥和法国接受军事训练，曾任拉贝第二军区伞兵部队副司令、几内亚特种部队司令等职。2008年12月参与军事政变。2009年12月，几军政权领导人卡马拉在军队内部冲突中受伤后赴国外治疗，科纳特接掌政权。

经　济

系最不发达国家，农业国，工业基础薄弱。1984年4月开始实行自由经济政策，强调优先发展农业。1985年12月开始执行国际货币基金组织和世界银行的“货币和经济改革”结构调整计划，经济有所发展。但由于未严格执行结构调整计划等原因，国际金融机构于1996年和1999年两度中断对几的援助。2000年，国际金融机构对几贷款解冻。近年来，几政府把争取外援、恢复宏观经济平衡作为经济工作重点。2009年，受国内政局动荡影响，几经济形势恶化。

2009年主要经济数据如下（资料来源：2010年3月经济季评）：

国内生产总值（GDP）：46亿美元。

人均国内生产总值：455美元。

国内生产总值增长率：-2.5%。

货币名称：几内亚法郎（Franc guinéen）。

汇率：1美元=5000几内亚法郎。

通货膨胀率：9.0%。

【资源】资源丰富，有“地质奇迹”之称。铝矾土贮藏总量估计为400亿吨，其中290多亿吨已探明，占世界已探明储量的30%，居世界第一位。其品位高达58%~62%。铁矿石储量为70亿吨，品位高达70%。钻石储量为2500万~3000万克拉。此外还有黄金、铜、铀、钴、铅、锌等。水力资源极为丰富，开发后年发电量估计可达630亿度。沿海渔业资源较丰富，近海浅层水域鱼的蕴藏量为23万吨，深海区蕴藏量约100万吨。沿海大陆架已发现有石油。东南部有大片原始森林，盛产红木、黑檀木等贵重木材。

【工矿业】工业基础薄弱，制造业不发达。2006年工业产值占国内生产总值的32.5%。主要工业部门是农产品和食品加工、食糖、饮料、纺织、家具等。矿业是较为重要的经济部门，2005年矿业产值占国内生产总值的17%。主要矿业公司有：博凯、弗里亚、金迪亚三大铝矿和阿雷多尔黄金钻石开采公司等，共有职工9000余人。近年主要矿产出口情况如下（单位：百万美元）：

	2004	2005	2006
铝矾土	292	357	405
氧化铝	163	117	142
黄　金	163	252	319
钻　石	48	35	43

（资料来源：2008年经济季评）

【农牧林渔业】2006年，农村劳动人口占全国劳动人口的2/3。粮食不能自给。2007年，农、牧、渔、林业产值占国内生产总值的23.8%。近年主要粮食和经济作物产量如下（单位：万吨）：

	2003	2004	2005
玉米	38.9	42.3	46.5
饿稻	18.8	19.9	21.9
花生	15.7	16.8	18.3
稻谷	84.5	90	97.2
棉花	0.8	0.9	0.3

（资料来源：2007年经济季评）

2004年牲畜存栏数为：牛347.7万头，羊235.2万只，猪6.5万头，鸡1.3万只。几每年进口肉类1500吨、乳制品1万吨。

全国森林面积1450万公顷，其中原始森林1000万公顷，人造林450万公顷，森林覆盖率约26%。

2004年，渔业产值约占国内生产总值的0.8%，占出口额的4%。年捕鱼量为8.7万吨。

【旅游业】旅游资源较丰富。全国共有旅游景点201个。位于几与利比里亚交界的宁巴山1981年被联合国教科文组织列为世界自然文化遗产。全国有旅馆设施328个，房间3774间，床位4518张，其中首都科纳克里市有Novotel、Camayenne、Rivièra Royal、Rivièra等4家国际标准酒店。受次地区及国内局势不稳等因素影响，几旅游资源未得到有效开发。

【交通运输】内陆交通不发达，以公路运输为主。近年来交通运输情况如下：

铁路：有4条铁路干线，总长1046公里。其中3条为通往矿区的专用线，1条为民用运输线，长661公里。

公路：总长1.4万公里，其中15%为沥青路面。各种车辆约9万辆，其中一半为旧车。

水运：科纳克里港为西非最大海港之一，吞吐量占全国港口总吞吐量94%。卡姆萨深水港为博凯铝矿专用港，年吞吐量约1000万吨。

空运：科纳克里机场为国际机场，全国另有12个国内机场。几内亚航空公司于2002年7月交由私人经营。

【财政金融】近年财政收支情况如下（单位：亿几内亚法郎）：

	2006	2007	2008
收入	23980	29670	37480
支出	28710	29140	40300
差额	-4730	530	-2820

（资料来源：2008年国际货币基金组织报告）

截至2007年底，外债约为34.3亿美元，外汇储备（不含黄金）约为1.14亿美元。

【对外贸易】近年对外贸易情况如下（单位：百万美元）：

	2005	2006	2007
进口额	754.9	942.3	1217.6
出口额	841.4	1011.1	1203.2
差　额	86.5	68.8	-14.4

（资料来源：2008年经济季评）

主要出口产品为铝矾土、氧化铝、钻石、黄金等。主要进口商品为农产品、食品、化工产品、机械设备等。主要贸易伙伴是西班牙、俄罗斯、乌克兰、德国、中国、法国、荷兰等国。2008年，向西班牙出口占几出口总额15.9%，俄罗斯14.8%，乌克兰13.4%，德国10.7%。从中国进口占几进口总额28.3%，法国21.5%，荷兰20.8%，西班牙8.2%。

【外国投资】截至2007年底，外国直接投资总额为1.1亿美元。

【外国援助】根据经济合作与发展组织统计，2008年几内亚获得外援3.19亿（美元，下同），其中法国提供0.99亿，国际开发协会0.47亿，美国0.46亿，欧盟0.34亿，国际货币基金0.23亿，非洲发展基金0.22亿，德国0.2亿，意大利0.19亿，日本0.17亿。

人民生活

根据联合国开发计划署公布的《2009年人类发展报告》，几人类发展指数在全球182个国家中排名第170位。2005年全国共有固定电话2.2万部，平均每千人拥有3部，移动电话12.5万部，平均每千人拥有14部。因特网用户3.9万户。

医疗卫生条件落后，是疟疾、霍乱和伤寒等热带传染病高发区。疟疾感染率19%，是导致死亡的首要疾病。儿童和婴幼儿死亡率分别为9.8%和16.5%。2005年，全国约有1.5%的成年人感染艾滋病。首都科纳克里设有东卡和亚斯丁两所国家级公立医院，行政大区医院7所，省级医院26所，卫生中心349所，卫生站2987个，私人诊所142个。平均约每10万人拥有9名医生。2007年人均寿命54.8岁。

军　事

1958年11月成立人民军，后改称几内亚武装力量。总统是最高军事统帅，行使任免军事人员、对外宣战等权力。国防部作为军事行政主管，直接隶属总统府。

几武装力量由野战军、宪兵和共和国卫队组成。野战军总兵力2万人，其中陆军1.8万人、海军1500人、空军500人。宪兵1800人，共和国卫队1600人。

文化教育

【教育】2000~2004年，几教育支出占国家预算的23%~24.6%。1984年5月起实行教育改革，规定法语为教学语言，允许私人开办学校。2004年，全国共有小学6140所，教员2.5万人，学生114.7万人，入学率为77%；中学615所，教员8886人，在校学生34万人，入学率估计为20.1%；高等院校13所，在校生2.2万人，教员853人。

科纳克里大学是几最高学府，1962年建立，分社会科学、自然科学和生物科学3个学科。

【新闻出版】《几通社每日新闻公报》和《自由报》（每周出版五期）为官方法文报刊。目前有250多种新闻出版物，10余种报纸定期出版，基本上是周刊。发行量较大的私营报纸有《外交官报》、《观察家报》、《新论坛》等。

几内亚通讯社为官方通讯社。几内亚广播电台为官方电台，每天用法语、富拉语、马林凯语和苏苏语等对内广播，用法语和英语等对外广播。

几内亚电视台为官方电视台，1977年开播。

对外关系

奉行睦邻友好、不结盟、全面开放和独立自主的外交政策，强调外交为发展服务。愿在平等互利和相互尊重的基础上与世界各国发展友好合作关系。主张加强非洲国家之间的团结与合作，积极参与非洲联盟建设。重视发展同欧盟、美国等西方国家关系，以争取国际支持和援助。注重发展同中国等亚洲国家和阿拉伯国家的关系。现为联合国、世界贸易组织、不结盟运动、伊斯兰会议组织、法语国家组织、非洲联盟（非盟）、西非国家经济共同体（西共体）、马诺河联盟等组织成员，同110多个国家建立了外交关系。2008年12月几内亚发生军事政变后，非盟、西共体先后中止了几成员国资格。

【同中国的关系】中几于1959年10月4日建交。长期以来，两国关系始终顺利发展。

2009年9月，外交部长杨洁篪与几内亚外交和侨务部长洛瓦互致贺电庆祝中几建交50周年。

2009年，双边贸易额为2.8762亿美元，其中中方出口额2.8138亿美元，进口额624万美元。

中国驻几内亚大使：火正德。馆址：DONKA，CONAKRY。电话：64006622，60258898（经商处）。传真：30469583，0014849023626（经商处）。国家地区号：00224。邮政信箱：B. P. 714 CONAKRY。

几内亚驻华大使：马马迪·迪亚雷（Mamady Diare）。馆址：北京市三里屯西六街2号。电话：010－65323649。传真：65324957。

【同法国的关系】1963年同法国建交。1965年几政府指责法与“反几阴谋”有牵连，双方撤回大使。1975年两国复交。法为几最大援助国，多年来向几提供了大量投资和援助。2007年3月，法合作、发展和法语国家部长级代表吉拉尔丹访几。4月和6月，库亚特总理两次访法，法承诺解冻500万欧元援助，并提供2400万欧元帮助几发展教育和改善供水状况。2008年6月，法免除几内亚1.8亿美元债务。12月几军事政变后，法表示不满，希几尽快恢复宪法，并中止对几合作。2010年2月几过渡政府成立后，法宣布恢复对几合作。4月，几军政权领导人科纳特访法，期间会晤法总统萨科齐和外长库什内。

【同美国的关系】美是几主要援助国之一。1998年以来，美对几援助总额逾2亿美元。目前，美在几有115名和平队员。2006年3月，几美首次双边磋商在科纳克里举行，两国双边磋商机制正式启动。2007年5月，美向几援助475万美元，用于几民主和良政建设。6月，库亚特总理访美。2008年12月几军事政变后，美国予以谴责并中止对几援助。2010年2月几过渡政府成立后，美国务院表示愿支持几过渡进程。

【同日本的关系】1958年同日本建交。1978~2005年，日累计向几提供各类援助约5.55亿美元。

2006年4月，由日本政府援助的科纳克里市政供水改善项目一期工程动工，投资额220亿几郎，工期1年。2007年11月，日、几两国就科纳克里市政供水工程、建设布尔比纳港口和提供农业物资签署三项协议，总价值约500亿几郎。2007年，日本向几提供援助约1000万美元。

【同邻国的关系】重视发展同邻国的友好合作关系，并在西非国家经济共同体、尼日尔河流域组织、马诺河联盟、冈比亚河开发组织和塞内加尔河开发组织中发挥积极作用。

1986年，几同塞拉利昂、利比里亚签订了互不侵犯和安全合作的马诺河联盟条约。1999年4月起，几与利、塞交界地区武装冲突不断，几、塞同利相互指责对方支持本国反政府武装，几利关系一度不睦。利内战结束后，几利关系逐步好转。几同塞拉利昂一直保持良好关系。2007年2月，塞总统卡巴和利总统瑟利夫访几。4月，马诺河联盟首脑会议在科纳克里举行。9月，塞总统科罗马访几。2008年10月，塞总统科罗马、利总统瑟利夫均出席了几独立50周年庆典。2010年4月，马诺河联盟首脑会议在科纳克里举行，利比里亚总统瑟利夫、塞拉利昂总统科罗马与会。

1978年，几分别与塞内加尔和科特迪瓦重新互派大使并签订友好合作条约。2007年3月，塞总统瓦德访几。2008年10月，塞总统瓦德出席几独立50周年庆典。2008年12月几军事政变后，塞总统瓦德公开表示支持几军政权，并于2009年1月访几。2010年3月，几军政权领导人科纳特访塞。2007年4月，科总统巴博作为观察员出席马诺河联盟首脑会议。2010年4月，科总统巴博派代表出席马诺河联盟首脑会议。同月，几军政权领导人科纳特访科。

【同其他国家的关系】几重视发展同阿拉伯国家的关系。2007年6月，利比亚领导人卡扎菲访几。同月，库亚特总理访问摩洛哥。9月，库亚特总理赴利比亚出席卡扎菲执政38周年庆典。2009年1月，利比亚总统卡扎菲访几，对几军政权表示支持。2010年3月，几军政权领导人科纳特访利。 （郭业凌）

几内亚比绍

国名 几内亚比绍共和国（The Republic of Guinea-Bissau, República da Guiné-Bissau）。

面积 36125平方公里。

人口 158万（2009年）。有27个民族，其中巴兰特族、富拉族、曼丁哥族占全国人口的80%。官方语言为葡萄牙语。通用克里奥尔语。45%的居民信奉伊斯兰教，其余信奉拜物教、天主教、基督教新教和其他宗教。

首都 比绍（Bissau），人口38万（2009年），平均气温27℃。

国家元首 马拉姆·巴卡伊·萨尼亚（Malam Bacai Sanha），2009年9月8日就职。

重要节日 独立日：9月24日。

简况

位于非洲西部，包括比热戈斯群岛等岛屿。大陆部分北接塞内加尔，东、南邻几内亚，西濒大西洋。海岸线长约300公里。属热带海洋性季风气候，全年高温，年平均气温约25℃。

曾为非洲古国桑海帝国的一部分。1879年沦为葡萄牙殖民地。1973年9月24日独立。首任国家元首、国务委员会主席为路易斯·卡布拉尔。独立后，几内亚和佛得角非洲独立党（简称几佛独立党）长期一党执政。1980年，部长会议主席维埃拉推翻卡布拉尔政府，成立革命委员会并自任主席。1991年，改行多党制。1994年，维埃拉作为几佛独立党候选人在首次多党选举中获胜，当选总统。1998年6月，几比军队前总参谋长安苏马内·马内率兵发动叛乱，并于1999年5月武力推翻维埃拉。同年11月，几比举行议会和总统选举，社会革新党（简称社革党）成为议会第一大党，该党候选人昆巴·亚拉于2000年1月当选总统。2003年9月，武装部队总参谋长塞亚布拉发动政变，推翻亚拉总统。2005年7月，前总统维埃拉以独立候选人身份在大选中获胜，再次当选总统。2008年11月，几比举行议会选举，几佛独立党获胜。12月25日，维任命几佛独立党主席卡洛斯·戈梅斯为总理。2009年1月2日，戈宣誓就职，于8日组成新一届政府。

政治

2009年3月1日和2日，几比武装部队总参谋长瓦伊和总统维埃拉先后遇刺身亡。3日，国民议会议长雷蒙多·佩雷拉依据宪法规定就任临时总统。6月28日和7月26日，几比先后举行两轮总统选举，几佛独立党候选人萨尼亚在第二轮选举中以约63%的得票率击败社会革新党候选人、前总统亚拉，当选新一任总统，于9月8日宣誓就职，10月大幅改组政府。2010年4月1日，几比军队副总参谋长安东尼奥发动政变，拘禁总参谋长因杜塔，并短暂扣押总理戈梅斯。2日，几比军方表示此纯属军队内部事件，军方服从国家政治机关的领导。同日，戈梅斯总理复职。

【宪法】1999年7月通过并颁布的宪法修正案规定，几比实行半总统制。总统是国家元首，总理、政府成员经议会多数党提名后由总统任命。总统每届任期5年，可连任1次。

【议会】全国人民议会行使立法权，每年召开4次例会，就国内外重大问题制定法律，并负责监督国家法律的执行。常设机关为常务委员会，在议会闭会和被解散期间，行使议会职权。议员任期为4年。本届议会于2008年12月22日组成，共有议员100名。其中，几佛独立党67名，社会革新党28名，独立和发展共和党3名，新民主党和选举联盟各1名。议长雷蒙多·佩雷拉（Raimundo Pereira），系几佛独立党成员，2008年12月当选。

【政府】本届政府于2009年1月8日组成，10月大幅调整。现政府主要成员名单如下：总理卡洛斯·戈梅斯（Carlos Gomes Junior），部长会议、新闻和议会事务部长玛丽亚·阿迪娅图·贾洛·南迪格纳（Maria Adiatu Djaló Nandigna，女），外交、国际合作和侨务部长阿德利诺·马诺·克塔（Adelino Mano Queta），内政部长哈吉娅·萨图·卡马拉·平托（Hadja Satu Camará Pinto），国土管理部长路易斯·德奥利韦拉·桑卡（Luis de Oliveira Sanca），国防和祖国解放战士部长阿里斯蒂德斯·奥坎特·达席尔瓦（Aristides Ocante de Silva），司法部长马马杜·萨柳·贾洛·皮雷斯（Mamadu Saliu Djaló Pires），经济、计划和地区一体化部长埃莱娜·玛丽亚·诺索利尼·恩巴洛（Helena Maria Nosolini Embaló，女），财政部长若泽·马里奥·瓦斯（José Mário Vaz），农业和农村发展部长巴洛斯·巴卡尔·班杰（Barros Bacar Banjai），教育、文化与科学部长阿图尔·席尔瓦（Artur Silva），贸易与工业部长波奇·孔戴（Botche Candé），公共卫生部长卡米洛·西蒙斯·佩雷拉（Camilo Simões Pereira）等。

【行政区划】全国划分为8个省和1个自治区（比绍），下辖36个县。

【司法机构】最高法院是最高司法机关，总检察院是最高检察机关。最高法院院长和总检察长均由总统任命。最高法院院长玛丽亚·多塞乌·席尔瓦·蒙泰罗（Maria do Céu Silva Monteiro），2004年2月6日就职。总检察长路易斯·马努埃尔·卡布拉尔（Luis Manuel Cabral），2009年就职。

【政党】现有32个政党，主要有：

（1）几内亚和佛得角非洲独立党（Partido Africano da Independência da Guiné e Cabo Verde, PAIGC）：简称几佛独立党，执政党。1956年9月19日创立。党员约30万人。1973年几比独立后长期执政，1999年沦为在野党。2008年在议会选举中赢得绝对多数席位，重新成为执政党。党的宗旨是实现民族团结，捍卫和巩固独立，为创建在人民团结一致、社会公正和法治国家基础上的民主社会而战斗。2008年6月召开第七次全国代表大会。党主席为总理卡洛斯·戈梅斯。

（2）社会革新党（Partido da Renovação Social, PRS）：简称社革党，反对党。1992年1月24日创立，2000年至2003年间执政。在工人、农民中影响较大。宗旨是一切为了人民。主张优先进行国家建设、建立民主法制、实施良政，倡导民族团结与和解。党主席为前总统昆巴·亚拉（Koumba Yalá），总书记奥古斯托·波克纳（Augusto Poquena）。

（3）独立和发展共和党（Partido Republicano para Independência e Desenvolvimento）：反对党。2008年3月7日成立。宗旨是巩固国家独立，维护国家主权，促进民族团结、经济发展和民主法制建设。党主席为前总理阿里斯蒂德斯·戈梅斯（Aristides Gomes）。

其他政党包括：团结社会民主党（Partido Unido Social Democrata—PUSD）、民主阵线（Frente Democrática）、几内亚比绍抵抗运动（Resistência da Guiné-Bissau）等。

【重要人物】马拉姆·巴卡伊·萨尼亚：总统。1947年5月5日生。信奉伊斯兰教。早年留学前民主德国，获政治学学士学位。1962年加入几佛独立党。1981～1991年，先后任加布省省长、东部省省长和全国工会总书记等职。1991～1994年，历任信息和电信部长、公共管理和劳动部长。1994～1999年，任全国人民议会议长。1999年任临时总统。2000年至2009年6月，任几佛独立党政治顾问。2009年7月当选总统，9月8日宣誓就职。　**卡洛斯·戈梅斯：**总理。1949年12月19日生。曾长期从商，系几比知名企业家。1994年当选国民议会议员，1996年当选第一副议长。1998年当选几佛独立党政治局委员。2002年当选党主席，2008年连任。2004年3月至2005年10月，任几比政府总理。2009年1月2日再度出任总理。

经　济

农业国，是联合国公布的最不发达国家之一。工业基础薄弱，粮食不能自给。渔业资源丰富，发放捕鱼许可证和渔产品出口是其主要外汇收入来源。2005年以来，几比政府制定并实施减贫战略，积极发展农业，推行以水稻、腰果为主的多样化种植战略。2009年，几比政府改革财政税收政策，加强公共行政管理，努力促进经济发展。受国际金融危机影响，几比粮油价格大幅上涨，人民贫困加剧。2009年主要经济数据如下（资料来源：2010年4月经济季评）：

国内生产总值（GDP）：4.3亿美元。

人均国内生产总值：266美元。

国内生产总值增长率：2.9%。

货币名称：非洲金融共同体法郎，简称非洲法郎（CFAfr）。

汇率：1美元=472非洲法郎。

通货膨胀率：-8.2%。

【资源】矿产资源尚未开发。主要矿藏有铝矾土（储量约2亿吨），磷酸盐（储量约5000万吨）。沿海正在进行石油勘探。渔业资源丰富。

【工业】基础薄弱，以农产品和食品加工业为主。2007年工业产值约占国内生产总值的12.5%，工业人口占劳动人口的1%。

【农牧渔业】2007年，农业产值约占国内生产总值的50.2%，农业人口约占全国劳动力的85%。可耕地约90万公顷，已耕地45.4万公顷。主要粮食作物有水稻、木薯、豆类、马铃薯、甘薯等。2008年腰果产量11万吨，为非洲第二大腰果出口国。近年主要农产品产量如下（单位：万吨）：

	2004	2005	2006
水稻	8.9	9.8	10.6
腰果	9.1	9.7	8.5
木薯	3.9	4.2	4
玉米	3.2	4	4.2

（资料来源：2008年度经济季评）

畜牧业产值约占国内生产总值的15%，20%的农业人口从事牧业。林业资源丰富，森林面积235万公顷，森林覆盖率达60%。每年可生产10万吨木材。2004年实际生产原木17万立方米。

近年渔业产值增长较快。沿海地区以捕鱼为业的人口约有4000~5000人，每年实际捕捞量约为3万吨。2006年发放捕鱼许可证收入约为920万美元。2007年5月，几比与欧盟续签渔业协定，规定欧盟在2007~2011年共向几比支付总额为970万美元的捕鱼许可证费用。

【交通运输】无铁路，以公路和水运为主，内河和近海航运占有重要地位。

公路：总长4400多公里，其中二级、三级公路（沥青路面）约550公里。

水运：内河和近海航运通航里程达1800多公里；主要港口比绍港，年吞吐量约50万吨。

空运：首都附近有奥斯瓦尔多·维埃拉国际机场，可供中小型飞机起降；每周有定期航班往返葡萄牙、塞内加尔和佛得角。

【财政金融】财政困难，连年赤字。近年财政收支情况如下（单位：亿非洲法郎）：

	2004	2005	2006
收入	490	482	506
支出	704	672	664
差额	-214	-190	-158

2007年，外汇储备（不含黄金）1.084亿美元。2007年外债总额10.127亿美元。

（资料来源：2008年度经济季评）

【对外贸易】外贸多为逆差。近年外贸情况如下（单位：百万美元）：

	2007	2008	2009
出口额	107	125.1	121.7
进口额	168	196.3	153.8
差　额	-61	-71.2	-32.1

（资料来源：2010年4月经济季评）

主要出口产品为腰果、花生、棉花、冻虾、冻鱼、原木等，其中腰果出口占出口总额的95%以上。主要进口商品是粮食、燃料、润滑油、运输设备和建材等。主要贸易伙伴为印度、塞内加尔、葡萄牙、尼日利亚、意大利等国。

2008年，向巴西出口额占几比出口总额的55.6%，其次为印度（33.2%）、尼日利亚（9.1%）、巴基斯坦（0.3%）、韩国（0.3%）。主要从下列国家进口：葡萄牙（24.2%）、塞内加尔（17%）、巴基斯坦（4.8%）、法国（4.5%）、荷兰（3.7%）。

【外国援助】近年主要外国援助情况如下（单位：百万美元）：

	2003	2004	2005
双边援助	45.1	27.4	37.7
意大利	22.9	1.3	0.2
葡萄牙	8.3	9.9	12.2
法国	2.8	5.4	15.6
美国	2.4	1.6	1.3
荷兰	5.1	3.3	2.6
多边援助	47.5	48.4	39.6
欧盟	19.8	14.1	16.3
世界银行	12.6	25.6	12.9
联合国开发计划署	2.4	2	2
非洲开发基金	5.9	2.1	2
援助总额	145.2	77	79.1
赠款	133.1	62.5	76.3

（资料来源：2008年度经济季评）

人民生活

根据联合国开发计划署公布的《2009年人类发展报告》，几内亚比绍的人类发展指数在182个国家中排名第173位。全国有劳动人口45万人，其中领国家固定工资的职工有2.5万人，占5.5%。全国有中心医院2所，省、县级医院16所，卫生所130个，病床1187张，医生150名（含国际合作者）。40%的人能享受医疗服务。疟疾、霍乱、腹泻及脑膜炎等传染病较为流行。2009年，艾滋病感染率约8%，人均预期寿命44.5岁。

2009年，每百人拥有固定电话32部，移动电话29部。

军　事

军队称人民革命武装部队，创建于1964年11月16日。总统为武装部队最高统帅。政府设国防部，下辖总参谋部，总参谋长由总统根据政府建议任免。实行义务兵役制，士兵服役期为2～3年，军官为10年以上。

三军总兵力7250人，预备役军人2000人。2009年国防预算为70万美元。

文化教育

【教育】重视发展教育事业。2006年教育经费占国家财政预算的13.2%，相当于GDP的3.2%。全国主要有小学、中学和技术职业培训学校。卡布拉尔大学为几比第一所公立大学，2004年1月成立。科利纳斯德博埃大学为几比第一所私立大学，2003年成立。几比每年向国外派出一定数量的留学生。2006年，成人文盲率为55.2%，小学生入学率为45%。

【新闻出版】现全国发行5种报纸。主要有《前进报》（政府机关报，发行量5000份）、《比绍日报》、《消息报》等。

几内亚比绍国家通讯社：官方通讯社，创建于1972年3月。无驻外分社或记者。

几内亚比绍国家广播电台成立于1974年9月。用葡萄牙语、克里奥尔语及其他地方语言播音。每天播出14小时。此外还有三家私营广播电台。

几内亚比绍国家电视台：1989年11月14日正式开播，每天均播出电视节目。

对外关系

奉行独立自主、和平、睦邻友好的外交政策，强调外交为发展服务。坚持平等互利、不干涉内政、和平解决争端的原则。几比是联合国、世界贸易组织、不结盟运动、伊斯兰会议组织、法语国家组织、非洲联盟、西非国家经济共同体、西非经济货币联盟、萨赫勒—撒哈拉国家共同体等组织成员国。同近60个国家建交。

【同中国的关系】1974年3月15日，两国建交。1990年5月26日，几比与台湾当局建立所谓“外交关系”，31日，中国宣布中止同几比的外交关系。1998年4月23日，中、几比恢复外交关系。

2009年，双边贸易额为2481万美元，同比增长235.8%，其中，中方出口额2319万美元，同比增长278.3%，进口额162万美元，同比增长30.6%。中方主要向几比出口谷物、机电产品、纺织品等，进口腰果。

中国驻几内亚比绍大使：严邦华。馆址：BAIRRO DE PENHA，BISSAU，C.P.66。电话：00245－3256200（办公室、签证处），3256202（经商处）。传真：3256194（办公室、签证处），3256196（经商处）。

几内亚比绍驻华大使：阿拉芳·安苏·卡马拉（Arafan Ansu Camara）。馆址：北京市朝阳区塔园外交公寓2－2－101。电话：010－65327393；传真：65327106。

【同葡萄牙的关系】同葡保持传统特殊关系。两国签有友好总协定，设有双边混委会。两国高层交往频繁，各领域合作密切。葡是几比主要贸易伙伴和援助国之一。2008年，葡向几比提供了两批价值分别为460万非洲法郎和30万欧元的物资，用于帮助几比筹备议会选举。2009年3月，几比总统维埃拉遇刺身亡后，葡政府予以强烈谴责，并派外交合作国务秘书率葡共体代表团赴几比斡旋。2010年2～3月，萨尼亚总统和戈梅斯总理先后访葡。

【同法国的关系】两国于1975年建交。1998年几比发生兵变后，法国支持塞内加尔和几内亚出兵几比平叛。1999年5月，维埃拉总统下台后，几比军人因不满法偏袒维埃拉而焚烧法驻几比使馆，两国关系一度紧张。亚拉总统执政后，法恢复与几比合作。2003年几比军事政变后，法向几比过渡政府数次提供援助。2005年1月，法向几比提供50万欧元援助，用于弥补几比财政赤字。2006年5月，维埃拉总统访法。6月和10月，阿里斯蒂德斯·戈梅斯总理两次访法。2007年2月，维埃拉总统赴法出席第24届法非首脑会议。

【同美国的关系】两国于1976年建交。美国国际开发计划署在比绍设有代表处，在农业、水利、医疗卫生、教育和沿海安全等方面提供援助。1988年，美第一次向几比派遣和平队。1998年几比内战后，美国际开发署驻比绍代表处撤离，迄未恢复。2003年9月几比军事政变后，美政府拒绝承认几比过渡政府。2006年10月，阿里斯蒂德斯·戈梅斯总理访美。

【同佛得角的关系】几比和佛得角人民曾在几佛独立党的统一领导下携手进行了争取民族独立的斗争。两国独立后，继续保持两国一党的局面。1980年，两国关系恶化，佛得角另立新党——佛得角非洲独立党。1982年两国关系正常化。2003年几比军事政变后，佛外长参加西共体代表团赴几比斡旋。2009年4月，两国政府共同在佛首都普拉亚举办几比国防和安全部门改革问题圆桌会议。

【同其他非洲葡语国家的关系】重视发展同安哥拉、佛得角、莫桑比克、圣多美和普林西比的关系。是非洲葡语五国首脑会议成员、葡语国家共同体创始国之一。2006年7月至2008年7月任葡语国家共同体轮值主席国。2006年7月，几比举办第六届葡共体首脑会议。2007年2月和10月，几比分别举办了葡共体国家司法部长会议和第六届葡语国家议会论坛，非洲葡语国家司法部长和议长与会。2009年1月，戈梅斯总理访问安哥拉。

【同几内亚的关系】两国关系密切，高层互访频繁。1985年2月，经海牙法庭仲裁，两国海域争端得到圆满解决。1998年6月几比兵变后，几内亚出兵协助维埃拉政府，后及时抽身。2004年1月，几比总统罗萨赴几出席几总统孔戴就职仪式。2007年2月，维埃拉总统访问几内亚。2008年，维埃拉总统两次访问几内亚。12月，几内亚总理苏瓦雷访问几比。同月，维埃拉总统赴几内亚出席孔戴总统葬礼。2009 年 8 月，戈梅斯总理访问几内亚。

【同塞内加尔的关系】两国高层互访频繁，签有友好条约和经贸等十几项合作协定。两国对海域划分有争议，曾就此诉诸日内瓦国际仲裁法庭和海牙国际法院。几比同塞南部要求独立的卡萨芒斯地区接壤，曾促成塞政府与卡地区反政府武装卡萨芒斯民主力量运动达成停火协议。2003 年 9 月几比军事政变后，塞总统、外长均曾赴几比斡旋。两国高层互访频繁。2009 年 4 月，戈梅斯总理访问塞内加尔。2009 年 10 月，几比与塞边境地区再次出现纠纷，两国经过协商谈判，决定重启中断 16 年的双边合作混委会，共同打击边界地区非法活动。

（陈旻晖）

加　纳

国名　加纳共和国（The Republic of Ghana）。

面积　238537 平方公里。

人口　2335 万（2008 年估计）。全国有 4 个主要民族：阿肯族（52.4%）、莫西—达戈姆巴族（15.8%）、埃维族（11.9%）和加—阿丹格贝族（7.8%）。官方语言为英语。另有埃维语、芳蒂语和豪萨语等民族语言。居民 69% 信奉基督教，15.6% 信奉伊斯兰教，8.5% 信奉传统宗教。

首都　阿克拉（Accra），人口约 228 万（2008 年估计）。最高温度 23℃～31℃（3、4 月），最低温度 22℃～27℃（8 月）。

国家元首　总统约翰·埃文斯·阿塔·米尔斯（John Evans Atta Mills），2009 年 1 月 3 日当选，1 月 7 日就职。

重要节日　独立日（国庆节）：3 月 6 日；共和国日：7 月 1 日。

简　况

位于非洲西部、几内亚湾北岸，西邻科特迪瓦，北接布基纳法索，东毗多哥，南濒大西洋，海岸线长约 562 公里。沿海平原和西南部阿散蒂高原属热带雨林气候，沃尔特河谷和北部高原地区属热带草原气候。4 月至 9 月为雨季，11 月至翌年 4 月为旱季。各地降雨量差别很大，西南部平均年降雨量 2180 毫米，北部地区为 1000 毫米。

古加纳王国建于公元 3～4 世纪，其版图在今天的马里和布基纳法索一带，10～11 世纪达到鼎盛时期。1471 年起葡萄牙、荷兰、法国和英国殖民者相继入侵现加纳沿海地区，掠夺黄金、贩卖黑奴，这一带被称为“黄金海岸”。1897 年黄金海岸全境沦为英国殖民地。1957 年 3 月 6 日，黄金海岸独立，改名加纳，原英国托管的“西多哥”并入加纳。1960 年 7 月 1 日成立加纳共和国，仍留在英联邦内，首任总统为恩克鲁玛。1966 年恩克鲁玛政府被推翻后，加政局曾长期动荡不安，军事政变不断，政权更迭频繁。1981 年 12 月罗林斯政变上台。1992 年实行多党制，同年底罗当选总统，实现由军政府向民选政府的过渡。2000 年 12 月新爱国党领导人库福尔当选总统，2004 年 12 月库在大选中再次获胜，蝉联总统。

政　治

2008 年 12 月 7 日，加举行新一届总统和议会选举。执政党新爱国党、最大反对党全国民主大会党等 7 个政党候选人及 1 名独立候选人参与总统竞选。2009 年 1 月 3 日，总统选举结果揭晓，全国民主大会党候选人米尔斯以微弱优势击败新爱国党候选人阿库福—阿多，当选新总统。米尔斯于 1 月 7 日宣誓就职。

米尔斯就职后将稳定国内经济作为工作重点，提出降低财政赤字、抑制通胀、稳定汇率等目标，推行紧缩财政和货币政策，促进私营企业发展，实行税收改革，大幅压缩政府开支。同时采取精简政府机构，加大惩腐力度，增加民生工程投入等措施巩固民主、促进良政。

【宪法】现行宪法于 1992 年 4 月 26 日全民公决通过，1993 年 1 月 7 日起生效。宪法规定：加纳是一个民主国家，致力于实现自由和公正，尊重基本人权、自由和尊严；总统是国家元首、政府首脑和武装部队总司令，任期 4 年，可连任一届；内阁由总统任命，议会批准；议会需在通过法案并得到总统同意后方可行使制宪权；司法独立，有解释、执行和强制执行法律的权力。

【议会】实行一院制，是国家最高权力机构，有立法和修宪的权力。议员经全国选举产生，任期四年。本届议会于 2008 年 12 月大选产生，共 230 个议席。其中全国民主大会党 115 席，新爱国党 108 席，人民全国大会党 2 席，大会人民党 1 席，独立人士 4 席。议长乔伊丝·班福德—阿多女士（Mrs. Joyce Bamford-Addo），2009 年 1 月 7 日就任。

【政府】本届政府于 2009 年 2 月组成，2010 年 1 月，米尔斯总统对政府进行大规模调整，现政府由总统、副总统、19 名内阁部长和 10 名非内阁部长组成。成员包括：总统米尔斯，副总统约翰·德拉马尼·马哈马（John Dramani Mahama），内阁部长 19 人：外交与地区一体化部长穆罕默德·穆穆尼（Alhaji Mohammad Mumuni），内政部长马丁·阿米杜（Mr. Martin Amidu），国防部长约瑟夫·亨利·史密斯（Lt. Gen. Joseph Henry Smith），财政部长夸贝纳·杜福尔（Dr. Kwabena Duffuor），贸易与工业部长汉娜·特塔赫（Ms. Hannah Tetteh，女），卫生部长本杰明·贝瓦—尼奥格·昆布尔（Dr. Benjamin Bewa-nyog Kunbour），能源部长乔·奥滕·阿杰伊（Dr. Joe Oteng Adjei），教育部长亚历克斯·特泰—恩尼奥（Mr. Alex Tettey-Enyo），通讯部长哈鲁纳·伊德里苏（Mr. Haruna Iddrisu），食品与农业部长奎西·阿赫沃伊（Mr. Kwesi Ahwoi），道路部长乔·吉迪苏（Mr. Joe Gidisu），运输部长迈克·哈马（Mr. Mike Hammah），司法部长兼总检察长贝蒂·莫尔德·伊德里苏（Mrs. Betty Mould Iddrisu，女），就业与社会福利部长伊诺克·泰耶·门萨（Mr. Enoch Teye Mensah），土地与国家资源部长柯林斯·道达（Mr. Collins Dauda），妇女与儿童事务部长朱丽安娜·阿祖马—门萨（Mrs. Juliana Azumah-Mensah，女），环境、科学与技术部长汉尼—谢里·阿伊蒂（Ms. Hanny-Sherry Ayittey，女），水资源、工程与住房部长奥尔本·巴宾（Mr. Alban Bagbin），地方政府与农村发展部长约瑟夫·耶莱·奇雷（Mr. Joseph Yieleh Chireh）；非内阁部长10人：新闻部长约翰·蒂亚（Mr. John Tia），旅游部长萨巴赫·齐塔·奥凯科伊（Mrs. Sabah Zita Okaikoi，女），青年与体育部长阿夸·塞娜·丹苏瓦（Ms. Akua Sena Dansua），酋长事务与文化部长亚历山大·阿苏姆—阿汉萨（Mr. Alexander Asum-Ahensah），总统事务部长（总统府）哈卢蒂·杜比耶·哈桑（Ms. Halutie Dubie Alhassan，女），总统事务部长（总统府）阿宗·哈桑（Mr. Azong Alhassan），总统事务部长（总统府）：斯蒂芬·阿莫阿诺·夸奥（Mr. Stephen Amanor Kwao），总统事务部长（总统府）：约翰·杰图瓦（Mr. John Gyetuah），总统事务部长（总统府）：夸乔·塔维亚·利帕利莫尔（Mr. Kwajo Tawiah Likpalimor），总统事务部长（总统府）：约瑟夫·尼·拉伊·阿福蒂—阿博（Mr. Joseph Nii Laryea Afotey-Agbo）。

【行政区划】全国共设10个省（Region），138个县（County）。

【司法机构】分为司法系统和公共法庭系统。司法系统包括最高法院、上诉法院、高等法院、巡回法院、速审法院、商业法院、少年法庭、检察长办公室等。最高法院为终审法院，由首席法官和6名以上法官组成，首席法官任院长。各级公共法庭是为了确保"人民参加司法程序"，以最终实现司法民主化而于1982年建立的。全国公共法庭为终审法庭。最高法院院长乔治娜·特奥多拉·伍德（Georgina Theodora Wood，女）。总检察长由司法部长伊德里苏兼任。

【政党】1992年5月加开放党禁后，形成罗林斯派、丹夸—布西亚派和恩克鲁玛派三大政党派系。经过改组、联合，现在加纳选举委员会注册的政党17个，其中经常开展党务活动的主要有：

（1）全国民主大会党（National Democratic Congress）：执政党，罗林斯派。1992年6月10日成立。成员多为罗林斯的支持者，也有不少前恩克鲁玛派和丹夸—布西亚派的成员。主张政治民主化和经济私有化，开展多方位外交。2010年1月15日召开第七届全国代表大会并选举新一届领导班子。拥有115个议会议席。主席夸比纳·阿杰伊（Kwabena Adjei），总书记约翰逊·阿塞杜·恩凯提亚（Johnson Aseidu Nketia）。

（2）新爱国党（New Patriotic Party）：最大在野党，丹夸—布西亚派。1992年6月2日成立。以知识界精英为骨干，势力遍及全国。重视人权、民主和法制，主张实行政治多元化和市场经济，推动私有化，对外奉行务实外交，以吸引外资，解决经济问题。拥有108个议会议席。主席杰克·奥贝切比·兰普特亚努（Mr. Jake Obetsebi Lampteyanu），总书记克瓦德沃·奥苏乌·阿弗利耶（Mr. Kwadwo Owusu Afriyie）。

（3）大会人民党（Convention People's Party）：在野党，恩克鲁玛派。1998年6月15日由人民大会党（People's Convention Party）和全国大会党（National Convention Party）合并而成。成员主要为社会知名人士。主张根据恩克鲁玛思想建立关心社会正义和人民福利的政府，实行混合经济，维护非洲团结与世界和平。拥有1个议会议席。主席拉尔迪·尼兰德（Lardi Nylander），总书记伊沃尔·科比纳·格林斯特里特（Ivor Kobina Greenstreet）。

（4）人民全国大会党（People's National Convention）：在野党，恩克鲁玛派。1992年5月29日成立。主张捍卫恩克鲁玛思想，造福人民，积极致力于非洲的政治、经济彻底解放。拥有2个议会议席。代主席A·拉马丹（Alhaji Ahmed Ramadan），总书记贝尔纳德·A·莫纳赫（Bernard A. Mornarh）。

（5）民主自由党（Democratic Freedom Party）：在野党，全国民主大会党在2005年底党代会上发生分裂，原党主席阿萨莫阿及其追随者先后退党，后组建民主自由党，2006年8月取得选举委员会颁发的临时注册证，成为合法政党。主席夸库·巴阿（Kweku Baah），总书记贝德·吉耶代纳（Bede Ziedaine）。

此外，还有加纳全民党（Every Ghanaian Living Everywhere）、加纳民主共和党（Ghana Democratic Republican Party）、民主人民党（Democratic People's Party）、大联合人民党（Great Consolidated Popular Party）、加纳统一运动党（United Ghana Movement）、全国改革党（National Reform Party）等政党。

【重要人物】约翰·埃文斯·阿塔·米尔斯：总统、国家元首、政府首脑兼武装部队总司令。1944年7月21日生于加西部省塔克瓦县。信仰基督教

（卫理公会教）。曾在加纳大学法律系学习，获法学学士学位和律师资格证书。1967～1971年留学于伦敦大学政治经济学院及东方与非洲研究学院，分别获硕士、博士学位。1971～1996年在加纳大学法律系任教。1986～1996年兼任加国家税务专员。1996年12月当选副总统。2000年和2004年两次竞选总统失利。2009年1月3日当选总统，1月7日宣誓就职。爱好曲棍球、游泳，曾是加体育理事会主席和国家曲棍球队队员。已婚，有一子。曾于2000年作为副总统访华。 **约翰·德拉马尼·马哈马**：副总统。1958年11月29日生于加北部地区，信奉基督教。曾先后任职于加纳新闻学院、日本驻加使馆和国际组织驻加办事处。1996年当选全国民主大会党议员至今。1997～2000年先后任通信部副部长、通信部长兼国家通信管理局局长，2001年担任议会少数党外交事务发言人，2003～2008年任泛非议会议员。曾于2000年任通信部长期间访华。2009年11月出席中非合作论坛第四届部长级会议期间会见了温家宝总理。

经 济

以农业为主，矿产品、可可和木材为三大支柱产业。1983年开始实行经济结构调整计划，被誉为非洲国家经济结构调整的"样板"，1994年被联合国取消最不发达国家称谓。上世纪90年代末期，由于国际市场黄金、可可价格下跌等外部因素的冲击，加经济陷入困境，财政赤字剧增，货币塞地大幅贬值。

2002年加入"重债穷国倡议"（HIPC）。2004年，加纳经国际货币基金和世界银行确认达到重债穷国完成点，开始获得西方国家大幅减免债务。2005年，加纳获得八国集团41亿美元债务免除，占加所欠多边债务的80%。加经济获得较快增长，成功控制通货膨胀，保持汇率和利率稳定。2006年，加政府继续鼓励私营经济发展，促进人力资源开发，经济继续保持平稳增长。2007年，加发现石油资源，探明储量约20亿桶，预计于2010年产油。同年7月，加央行发行新塞地，1新塞地等于10000万旧塞地。2008年受国际金融危机和国际油价上涨等因素影响，通货膨胀率持续走高，新塞地对美元贬值严重，国家外汇储备缩水，经济发展陷入困境，米尔斯上台后采取一系列稳定经济政策，加之2009年加创汇支柱产品黄金和可可价格坚挺等因素，加经济逐步企稳向好。2009年主要经济数据如下（资料来源：2010年6月《经济季评》估算）：

国内生产总值：154亿美元。

人均国内生产总值：654美元。

国内生产总值增长率：4%。

通货膨胀率：16%。

货币名称：新塞地（New Cedi）。

汇率（2010年6月）：1美元=1.433新塞地。

【资源】 矿产资源丰富，主要矿物储量：黄金约17.5亿盎司，1994年已探明储量3167.20万盎司；钻石约1亿克拉，1994年已探明储量872.85万克拉，居世界第四位；铝矾土约4亿吨，1994年已探明储量1891.19万吨；锰4900万吨，1994年探明储量489.17万吨，居世界第三位。2007年6月，加政府宣布在西部省发现石油资源，初步探明储量为20亿桶，预计将于2010年底实现商业性开采。

【工矿业】 工业基础薄弱，原料依赖进口。近年来，工业在国民经济中地位有所上升，2007年工业产值占国内生产总值的30.3%，增长率为7.7%。黄金开采等采矿业近年重新成为最有活力的部门，2008年矿业总收入达到26亿美元，同比增长28%，其中黄金占95%。制造业主要有木材和可可加工、纺织、水泥、食品、服装、皮制品、酿酒和碾米等。有3家钢铁厂，主要以废钢铁为原料生产钢筋，年产量12万吨，可满足加市场需求。为保护本国纺织业，2005年7月政府采取征收惩罚性关税等措施限制纺织品进口。

【农业】 农业是加经济的基础，2007年，农业产值占国民生产总值的42.7%。农业人口占全国劳动人口的60%。可耕地1000万公顷，利用率为30%。可灌溉土地12万公顷，但灌溉面积仅占7.5%。粮食作物主要分布在北部，种植面积约250万公顷，主要作物为玉米、薯类、高粱、大米、小米等，产量不稳，正常年景可基本满足国内需要。可可为主要经济作物，种植于北部省以南所有省份，是传统出口产品。目前年产量在60万吨左右，居世界第二位。2008年可可豆出口创汇12亿美元；其他经济作物有油棕、橡胶、棉花、花生、甘蔗、烟草等。政府近年来加大招商引资力度，推动可可豆、腰果等农产品实现本地深加工。

【林业】 木材出口有近百年历史。2008年木材及其制品出口总额为3亿美元。森林覆盖率曾占国土面积的34%。由于缺乏保护和管理，森林覆盖率逐年递减，据2007年统计，森林面积约5.29万公顷。主要用材林在西南部，面积为8.2万平方公里。有树木360种，可出口的约40多种。为保护森林资源和提高出口附加值，政府规定每年只砍伐1/40的森林，从1996年起禁止原木出口，只允许出口加工过的木材。2008年木材及其制品出口额约3亿美元。

【渔业】 渔业资源丰富，分为海上渔业、潟湖渔业和内河渔业。海上渔业居主导地位，但捕鱼设备简陋，渔船燃料短缺，阻碍了渔业发展。50万人从事渔业生产，年均捕鱼量约为40万吨，年需求量为72万吨，仍有32万吨需要靠进口解决。金枪鱼和虾类为主要出口产品。2005年金枪鱼制品出口创汇1亿美元。近年来海洋渔业资源萎缩，渔业发展出现放缓趋势。

【旅游业】 加为非洲十大旅游国之一。政府重视利用自然和人文资源，大力发展旅游业。目前，旅游业已成为增速最快的产业，超过木材成为继黄金、可可后的第三大创汇产业。游客主要来自美国、英国、德国及荷兰，主要旅游点有阿布里植物园、阿科松博、库马西文化中心、海岸角、埃尔米纳奴隶堡及金矿带等。截至2006年底，全国共有宾馆1405家，可提供19967间客房和28006张客床。2006年共接待游客42.9万人次，收入8.41亿美元。

【交通运输】以公路为主。近年来政府重视道路基础设施建设，资金投入占发展总支出的近50%。

公路：总长6.3万公里，其中干线1.1万公里，支线4.2万公里，乡村公路近1万公里。公路运输担负着全国货运总量的98%，客运的97%。

铁路：总长1267公里。连接阿克拉、库马西和塔科腊迪。主要担负大批量出口商品，如锰、铝矾土、木材和可可的运输。近年来，加政府对部分铁路进行修复。2007年铁路货运量为114万吨。

水运：主要有特马港和塔科腊迪港。特马港是非洲最大人造海港，2007年吞吐量达到837万吨，主要用于进口物资。塔科腊迪港2007年吞吐量为405万吨，主要用于出口物资。河运航程168公里，沃尔特湖航程1125公里。2007年有河运船只3万艘，年运输旅客40万人次，年运输货物5万吨。

空运：加纳航空公司为加主要航空公司，近年来发展较快，与非洲大陆内外各航空公司结盟，希望成为非洲与其它地区往来的主要渠道。首都阿克拉科托卡新国际机场于2004年启用，是西非地区重要航空站，共有15条国际航线可以直飞欧洲、美国、南非和西非各国。塔科腊迪、库马西和塔马利等国内主要城市开设国内航班。

【财政金融】20世纪90年代，加政府赤字负担沉重。2001年新爱国党政府上台后，通过宏观经济调控，财政赤字逐步减少，占国民生产总值比重由2000年的8.5%降至2004年的3.2%。2006年，加政府继续实施谨慎的财政政策，财政收支状况良好。2008年，由于举办非洲足球杯和多场国际会议以及全国大选等因素，政府财政赤字大幅攀升，赤字占国内生产总值比例达14.9%。米尔斯政府实施稳健的财政和货币政策后，加财政状况得到改善，外汇储备从2008年底的12亿美元增至2009年底的32亿美元，截至目前，财政赤字占国民生产总值比重已降至10%以下。

加共有23家银行及326家支行，央行加纳银行负责管理银行及其他金融部门。1989年，加纳证券交易所（GSE）成立，现有30家上市公司及2种债券。上市公司主要为制造、酿酒、银行、保险、矿业和石油行业。

【对外贸易】在国民经济中占重要地位，但外贸长期逆差。上世纪90年代以来，对外贸易逐年增长，外贸收入占国内生产总值的40%左右。实行贸易自由化政策。长期以来近90%的外汇收入来自黄金、可可和木材三大传统出口产品，主要贸易伙伴为美国、英国、荷兰、尼日利亚和中国。2008年外贸总额为154.9亿美元，出口额约52.5亿美元，进口额约102.4亿美元。

【外国援助】双边援助主要来自日本、美、德、英、法等国；多边援助主要来自世界银行、欧盟及国际货币基金组织等。世界银行对加纳的首批贷款始于1962年，截至1996年共贷款约35亿美元。2002年加共获双边援助4.06亿美元，多边援助2.41亿美元。欧盟1997年至2001年向加赠款2230万欧元，2003年达6810万欧元。2008年获赠款与贷款总额约14亿美元。2009年，国际货币基金组织向加提供5.32亿美元，美国、欧盟、日本等也加大对加援助。

人民生活

过去十余年人民生活水平总体得到改善。贫困人口从1991年的52%下降至2006年的28.5%，但减贫人口分布不均。政府职员、工人及其他公务员享有医疗、住房、交通等多种补贴及退休金和退休保险。80%贫困人口分布在农村。人口增长率约2%，人口平均寿命为58岁。2006年全国共有36.1万固定电话用户、500万手机用户和20万因特网用户。

首都阿克拉拥有国立医院4所，各省和大区拥有较大国立医院各1所（共13所），此外还有一些小型私人医院及诊所。全国共有医院、卫生中心和诊所近3000个，医生2000余名，护士1.3万名，平均每1万人拥有1名医生。2000年后，政府大力发展国家健康保险计划，目前该计划已覆盖全国48%的人口。2008年起，政府对孕妇实行免费诊治。政府致力于改善全体人民的健康水平，但仍面临严重的传染病及其他疾病、营养不良和妇幼保健等问题。2004年有1.5万名儿童死于疟疾。2005年成人艾滋病感染率为2.9%。2006年婴儿死亡率为11.1‰。

军　事

1957年3月独立时建立陆军，1959年建立海军、空军，但仍由英国人控制。1961年加政府收回军队指挥权，任用本国军官，同时聘用英国、加拿大等国顾问和教官参与军队训练。军事装备主要来自英国等西方国家。

2005年武装部队总人数约7000人，其中陆军三个旅及院校学员约5000人。空军约1000人，分驻阿克拉、库马西、塔科腊迪三个基地。海军约1000人，分驻特马、塔科腊迪两个基地。2007年和2008年国防预算分别约为1.05亿美元和1.19亿美元。

加纳从1970年起积极参与联合国和西非地区组织的维和行动，分别向波黑、黎巴嫩、塞浦路斯、伊科边境、西撒哈拉、利比里亚、塞拉利昂、科特迪瓦等国派驻过军队或观察员，是非洲派出联合国维和部队人数最多的国家，居世界第六位。

文化教育

【文化】文化以本国传统文化为基础，又吸收了欧洲文化。主管官方机构是国家文化委员会，成立于1989年，现任主席海根教授，主要成员由来自学院、音乐、舞蹈、绘画、宗教等领域的16名知名人士组成。同教育机构和非官方的文化机构密切合作，执行国家文化政策，保护并促进国家文化的发展。文化委员会下属加纳语言事务局、版权署等机构，在各省区设有分支机构。主要艺术团体有国家交响乐团、加纳舞蹈团和加纳戏剧公司等，主要文化场馆有国家剧院、恩克鲁玛陵园和泛非文化纪念中心等。

【教育】独立初期，恩克鲁玛重视发展教育事业，实行免费教育等政策。1988年政府提出“普及义务基础教育计划”，到2005年使每个学龄儿童都享受义务基础教育，经费主要来自政府拨款和外国援助。1996年开始实施第一阶段义务教育和普及基础教育计划。已建成512座教工宿舍、81座教学区。2000年起实施第二阶段计划，兴建688座教工宿舍和69座教学区，并修缮2000间教室。现行学制：小学6年，初中3年（以上两个阶段属义务教育），高中3年（或中等技术学校3～4年），大学2～4年。重要的大学有6所，其中加纳大学、库马西恩克鲁玛科技大学和海岸角大学较为有名。另有38所师范学院，10所地方技术学院，50余所私立大学及学院。2007/2008学年度在校接受各类高等教育的学生13万人。全国现有公立小学1.3万所，学生约491万；公立初中近7000所，学生约76万人；公立高中近500所，学生约23万人；私立初高中在校生约5万人。

【新闻出版】主要报纸：《每日写真报》（Daily Graphic），1950年由英国“每日镜报”集团创办，最大的全国性官方报纸，发行量约18万份。1998年开始采用新华社消息。《加纳时报》（Ghanaian Times），第二大官方报纸，英文版，1957年由恩克鲁玛创办，日发行量约7.5万份。1998年开始采用新华社消息。

加纳通讯社：官方通讯社，1957年3月5日成立，是国内其他新闻单位主要新闻来源。社长由政府任命，共设有10个省级分社，110个县级分社和1名驻伦敦分社记者。1989年起开始采用现代化通讯设备，通过卫星接收路透社、法新社和新华社新闻并上国际互联网。

加纳广播公司开设两家全国性的广播电台，一台以埃维、阿肯等6种民族语言广播，二台用英语播送新闻、商务、娱乐等节目，每天播放15.5小时（节假日17.5小时），另外还使用英语、法语对外广播。

1965年7月开始播放黑白电视节目，1986年开始播放彩色电视节目，1995年出现私营电视台。全国现有10家电视台，主要有加纳电视台、电视三台、都市电视台、非洲电视台以及两家卫星电视台。全国各地另有40余个调频广播电台。

对外关系

奉行睦邻友好的多元务实外交政策，强调经济外交。将与西方发达国家的关系置于重要地位，重视与中国、印度等发展中国家开展互利合作，并与周边国家保持睦邻友好关系。努力维护地区和平与稳定，推动西非和非洲地区经济一体化进程，积极参与地区和国际合作，谋求在西共体、非盟、英联邦、不结盟运动和联合国等国际和地区组织中发挥建设性作用。与国际货币基金组织、世界银行等国际金融机构保持良好关系。是非盟前身非统组织和不结盟运动的创始国之一。与91个国家建立了外交关系，在国外共设50个使领馆或代表团。现有47个国家在加设使领馆，18个国际组织在加设代表处。

【同中国的关系】1960年7月5日中加建交。1966年10月加军政府单方面与中国断交。1972年2月两国复交。两国签有友好条约和经济技术合作、贷款、贸易和文化交流等项协定。

近年来，中加关系持续健康发展。2005年，国家主席胡锦涛在出席雅加达亚非峰会期间会见库福尔总统。2006年，温家宝总理访问加纳，库福尔总统来华出席中非合作论坛北京峰会。2007年，全国政协副主席阿不来提·阿不都热西提作为胡锦涛主席特使出席加纳独立50周年庆典，全国政协主席贾庆林访问加纳。2008年8月，库福尔总统来华参加北京奥运会开幕式；3月，加纳副总统马哈马来华进行商业考察；4月，加议长塞基—休斯应邀访华。四川汶川特大地震后，库福尔总统向胡锦涛主席致慰问电，加纳总统、议长、前总统等纷纷到中国驻加纳使馆吊唁，加纳议会还通过慰问声明，支持中方抗震救灾工作。2009年11月，温家宝总理在出席中非合作论坛第四届部长级会议开幕式期间，会见了加副总统马哈马。

2009年，中加双边贸易额为16.13亿美元，其中中方进口0.79亿美元，出口15.34亿美元。

中国驻加纳大使：于文哲。馆址：No. 6 Agostino Neto road, Airport Residential Area, P. O. Box 3356, Accra, Ghana。电话：2777073（国家地区号：00233－30），传真：2774527。经商处电话：2777462，传真：2772541。

加纳驻中国大使：海伦·马姆莱·科菲（Helen Mamle Kofi，女）。馆址：北京市三里屯路8号。电话：010－65321319。传真：65323602。

【同英国的关系】英为加原宗主国，是加第二大出口和第三大进口国。加是英在撒哈拉以南非洲的第三大市场和最大受援国。上世纪70年代及80年代初，两国关系一度较冷，后渐有好转。2005年10月，加总统库福尔访英。2005年，英国向加提供

1.36亿英镑。2006年英宣布未来三年提供1.2亿英镑，支持加减贫计划，未来十年提供1.5亿英镑的援助，帮助加实施教育改革计划。2008年，英向加提供援助1.4亿美元，主要用于支持减贫和发展战略；加英签署协议，英将于2008～2010年向加提供2.5亿英镑援助，95%将用于支持加财政。2008年5月，应英国首相布朗邀请，库福尔总统赴英出席千年发展挑战会议。2009年5月，米尔斯总统应邀访英。

【同美国的关系】美对加经济技术援助始于1955年。加是世界上第一个接受美国和平队的国家。20世纪80年代后期以来，美支持加经济改革，恢复对加援助。美在加投资主要集中在采矿和金属加工（金矿开采）、电信、化工及批发贸易等部门。根据非洲增长与机会法案，加可免税向美出口6000项产品，包括纺织品、服装和木薯淀粉等。近年来，美每年向加提供粮食援助5万吨。2005年6月和10月，库福尔总统两次访美，同布什总统举行会谈。2005年，美免除加到期债务共464.416万美元。2006年4月，库福尔总统访美。2006年，加纳获得美国千年挑战账户资金援助5.47亿美元，这是加纳迄今获得的最大一笔双边援助，分5年分批兑现。2008年2月，美国总统布什访加；9月，库福尔总统访美。2008年，美进出口银行等金融机构联合向加农村电力发展项目提供3.5亿美元贷款。美向加海军捐赠6艘快艇。2009年4月，美军非洲司令部副司令耶茨访加。7月，奥巴马总统将加作为首访黑非洲的唯一国家。

【同德国的关系】德自1961年开始援助加纳，20世纪80年代初一度成为加最大的援助国。截至1998年，德共向加提供22亿马克的发展援助，并对加39家企业进行了直接投资，成为美、英之后第三大投资国。2004年1月，德总理施罗德访加，德取消加纳欠德全部债务（共计1640万美元）。2005年，德政府向加提供援助4819万美元。2008年，德宣布向加提供3800万欧元优惠贷款和100万欧元无偿援助，向加军队提供600万欧元援助。2007年1月，德国总统科勒对加进行工作访问；6月，库福尔总统赴德出席G8峰会。2008年8月，库访问德国，德宣布向加提供2050万欧元资金，用于基础设施建设项目。

【同法国的关系】1999年，法与加签署两国促进投资与保护协定，承诺每年向加提供3400万美元援助，并将加列入优先团结区国家名单。此外，法重视同加在文化、教育等领域的合作。2004年，法宣布取消加欠法1.16亿欧元债务。2005年，法向加提供援助3945万美元，并决定将加6300万欧元债务转为赠款。2008年，法免除加2008～2010年210万欧元到期债务。2005年10月，库福尔总统访法。2007年2月，库福尔总统作为非盟轮值主席出席在法国举行的第24届法非峰会。2008年2月，法在多边财政支持框架下免除加2008～2010年210万欧元到期债务。2009年10月，法向加提供2050万欧元，用于基础设施建设项目。

【同日本的关系】1983年以来，两国关系迅速发展。近年来，日将加作为援非重要基地。1998年加接受日提供的官方发展援助1.477亿美元，成为日在非最大援助对象。2001年，加纳加入重债穷国倡议，日本大幅减免加所欠债务。2006年5月，日本首相小泉纯一郎访加。11月，库福尔总统访日，日本宣布未来三年内对加援助额度将翻番。2008年5月，库福尔总统应邀出席非洲发展东京国际会议；7月，库赴日出席G8峰会。截至2008年，日本共向加提供13.17亿美元贷款和12.6亿美元援助。日长期向加派遣志愿者。迄今加共接受日本志愿者约1006人，是接受日政府派遣志愿者人数最多的国家。

【同尼日利亚的关系】同尼日利亚关系密切。2004年，加从尼进口约5.5亿美元，尼成为加第一大商品进口来源国和主要原油进口国。2008年尼企业赴加投资总额约6亿美元，主要集中于银行、保险和服务行业。两国积极推动西非地区经济一体化进程，在调解地区冲突和联合国安理会改革等问题上相互协调，加支持尼“入常”。2005年6月，尼总统奥巴桑乔访加。11月，库福尔总统访尼。2007年3月，奥巴桑乔总统出席加纳独立50周年庆典；5月，尼当选总统亚拉杜瓦访加，加总统库福尔出席亚就职仪式。2008年12月，尼向加纳选举委员会捐赠20万美元，支持加大选组织工作。2009年10月，尼撒哈拉石油公司宣布每月将向加提供40万桶原油，用于加热电厂发电。2010年2月，加总统米尔斯出席在尼举行的西共体第37届首脑会议，会见了尼代总统乔纳森。

【同邻国的关系】重视睦邻友好，与周边国家保持良好的合作关系。2005年6月，西非天然气管道项目开工。该工程始于尼日利亚，经贝宁、多哥至加纳塔科腊迪市，全长678公里，投资5.6亿美元。2007年12月，首批通过西非天然气管道输送的天然气到达加纳。

加同桑卡拉时期的布基纳法索关系密切，1987年10月布发生政变，两国关系降温。1991年布派团访加，两国恢复经济合作。1997年罗林斯访布，同意将特马港作为转口港供布使用，两国关系改善。2001年，库福尔总统对布进行正式访问。2005年7月，两国成立联合铁道委员会，筹备修建北部省塔马利市至布基纳法索帕加市之间的铁路项目。2006年，布取代尼日利亚成为加可可酱、鱼罐头等非传统产品出口第一目的地国。

加与多哥在“西多哥”归属问题上曾存在争议，长期不睦。1994年加总统罗林斯当选西非国家经济共同体主席后，两国关系趋缓。2001年1月，多总统埃亚德马出席库福尔总统就职仪式，库上台后即对多正式访问，两国关系得到较大改善。2004年9月，库福尔总统对多哥进行工作访问。2005年2月，库福尔总统参与斡旋多国内政治危机，5月多新总统福雷访加。2007年11月，福雷总统再次访加。2010年2月，福应邀出席在加举行的第七届非洲投资论坛，并与加总统米尔斯举行会谈。3月，加向多大选派遣四名观察员。

加与科特迪瓦关系曾长期处于"冰冻状态"。1997年3月，科总统贝迪埃率团出席加40周年独立庆典，两国关系迅速升温。2001年5月，科总统巴博访加；10月，库福尔总统访科，两国达成24小时开放边界、科向加提供天然气等协议。2002年9月，科发生内乱后，库福尔总统积极致力于科危机的和平解决。2004年3月，库福尔总统访科，调解冲突各方分歧。4月，科总理迪亚拉访加。7月，库福尔总统出席科问题阿克拉峰会，呼吁科冲突各方共同参与和平进程。2009年1月，科总统巴博出席加纳新总统米尔斯就职仪式。2009年，科向联合国大陆架界限委员会递交划界申请，将两国争议的海域化为己有，引起加方强烈不满，两国关系一度紧张。（王硕）

加 蓬

国名 加蓬共和国（The Gabonese Republic, La République Gabonaise）。

面积 267667平方公里。

人口 140万（2008年）。有40多个民族，主要有芳族（占全国人口30%）、巴普努族（占25%）等。官方语言为法语。民族语言有芳语、米耶内语和巴太凯语。居民50%信奉天主教；20%信奉基督教新教；10%信奉伊斯兰教；其余信奉原始宗教。

首都 利伯维尔（Libreville），人口约60万（2008年），全国政治、经济、文化中心和最大港口。最高气温32℃（4月），最低气温22℃（8月）。

国家元首 总统阿里·邦戈·翁丁巴（Ali Bongo Ondimba），2009年10月就任。

重要节日 独立日（国庆日）：8月17日。

简 况

位于非洲中西部，跨越赤道，西濒大西洋，东、南与刚果（布）为邻，北与喀麦隆、赤道几内亚交界。海岸线长800公里。属典型的热带雨林气候，全年高温多雨，年平均气温26℃。

公元12世纪，班图人从非洲东部迁入，在奥果韦河两岸建立了一些部落王国。15世纪，葡萄牙航海者抵达该地区。18世纪沦为法国殖民地。1911年被转让给德国。第一次世界大战后复归法国。1958年成为"法兰西共同体"内的自治共和国。1960年8月17日宣告独立。莱昂·姆巴（Léon MBA）任首任总统。1967年，副总统奥马尔·邦戈接替病逝的姆巴任总统。

政 治

奥马尔·邦戈执政后推行"民主、协商的进步主义"政治和"有领导、有计划的自由主义"经济政策，实行一党制。政局长期稳定。1990年3月改行多党制，政局一度动荡，但邦戈和执政的民主党仍保持对政权的控制，在立法、总统和地方选举中保持不败。1998年邦戈蝉联总统，2001年12月民主党在国民议会选举中获胜。2003年7月，参众两院联席会议一致通过宪法修正案，取消对总统连任次数限制。2005年11月，加举行新一届总统选举，邦戈以79.18%的得票率蝉联。2006年12月，加举行国民议会选举，民主党获胜。2009年1月，加举行第三次参议院选举，民主党获得102个议席中的75席。6月8日，奥马尔·邦戈总统在西班牙病逝。8月30日，加举行新一届总统选举，奥马尔·邦戈总统之子阿里·邦戈当选总统。选举结果宣布后，反对派质疑选举结果，在让蒂尔港等少数城市发生骚乱和暴力示威活动，被当局平息。

【宪法】现行宪法为第三部宪法，于1991年3月26日颁布。1994、1995、1997和2003年进行过四次修订。宪法规定加蓬实行三权分立和多党制；总统为国家元首，任期7年，由一轮直选产生，可连选连任；总统职位空缺时，由参议院议长或第一副议长代行总统职权，并在30～45天内组织总统选举；副总统由总统任免，对总统负责，完成总统指定的任务，在总统选举或总统职位空缺期间，副总统一职随即中止；总理为政府首脑，由总统任命。

【议会】由国民议会和参议院组成，二者共同行使立法权。其主要职能是制订法律，监督政府工作，批准对外宣战和21天以上的戒严令。每年举行两次例会。两院议员分别由直接普选和间接选举产生，任期分别为5年和6年。本届国民议会于2006年12月选举产生，共120名议员，其中民主党83席、保卫加蓬联盟7席、加蓬人民联盟6席、加蓬民主与发展联盟3席，议长居伊·恩祖巴·恩达马（Guy Nzouba NDAMA）。本届参议院于2009年1月选举产生，共102个议席，其中民主党75席、保卫加蓬联盟6席、加蓬民主与发展联盟3席。参议长罗丝·芙朗辛·罗贡贝（Rose Francise ROGOMBE）。

【政府】本届政府于2009年10月17日组成，包括总理1名、部长21名和部长级代表8名。主要成员有：总理、政府首脑保罗·比约格·姆巴（Paul BIYOGHE MBA），司法和掌玺部长阿妮赛特·南达·奥维加（Anicette NANDA OVIGA），技术教育和职业培训部长莱昂·恩祖巴（Léon NZOUBA），外交、国际合作和法语国家事务部长保罗·通吉（Paul TOUNGUI），卫生、社会事务、互助和家庭部长阿尔芳辛娜·姆比耶·恩纳（Alphonsine MBIE N'NA），与议会和宪法机构关系、地区一体化和非洲发展新伙伴计划、负责人权事务部长艾米勒·敦巴（Emile DOUMBA），文化、青年、体育和娱乐活动部长勒内·恩德梅佐·奥比昂（René NDEMEZO' OBIANG），国防部长安婕莉克·恩戈玛（Angélique NGOMA），水、森林、环境和可持续发展部长马丹·马巴拉（Martin MABALA），经济、贸易、工业和旅游部长马格卢瓦尔·恩冈比亚（Magloire NGAMBIA），内政、公共安全、移民和权力下放部长让·弗朗索瓦·恩东古（Jean François NDONGOU），国民教育、高等教育、科研和创新部长、政府发言人塞拉凡·姆敦加（Séraphin MOUNDOUNGA），预算、公共账目、公职、负责国家改革部长布莱茨·卢昂贝（Blaise LOUEMBE），矿业、石油和碳氢化合物部长于连·恩科格·贝加雷（Julien NKOGHE BEKALE），中小企业和手工业部长让·菲利克斯·穆隆吉（Jean Félix MOULOUNGUI），新闻、邮电和数字经济部长洛尔·奥尔加·贡珠（Laure Olga GONDJOUT），人居、住房和城市规划部长鲁凡·帕科姆·翁宗加（Ruffin Pacôme ONDZOUNGA），装备、基础设施和国土整治部长弗拉维安·恩藏吉·荣杜（Flavien NZENGUI NZOUNDOU），交通部长雷米·奥赛莱·恩东（Rémy OSSELE NDONG），劳动、就业和社会互助部长马克西姆·恩戈佐·依松杜（Maxime NGOZO ISSONDOU），能源和水利资源部长雷吉斯·依蒙高尔（Régis IMMONGAULT），农业、畜牧业、渔业和农村发展部长雷蒙·恩东·希马（Raymond NDONG SIMA），外交、国际合作和法语国家事务部长级代表于勒·马里尤斯·奥古维邦加（Jules Marius OGOUEBANDJA），外交、国际合作和法语国家事务部长级代表罗斯·贝加雷（Rose BEKALE），国民教育、高等教育、科研和创新部长级代表拉菲尔·恩加祖泽（Raphaël NGAZOUZE），卫生、社会事务、互助和家庭部长级代表恩江吉·米因杜（NZIENGUI MIYINDOU），经济、贸易、工业和旅游业部长级代表保罗·布杜库·拉达（Paul BUNDUKOU LATHA），经济、贸易、工业和旅游业部长级代表弗朗索瓦兹·阿桑高纳·奥巴姆（Françoise ASSENGONE OBAME），装备、基础设施和国土整治部长级代表让·里查德·西隆（Jean Richard SYLONG），预算、公共账目、公职、负责国家改革部长级代表克里斯蒂安·马尼亚尼亚（Christian MAGNAGNA）。

【行政区划】全国划分为9个省，下辖49个州、27个专区、150个区，737个镇、2423个自然村。

【司法机构】设宪法法院、司法法院、行政法院、审计法院、初审法院、上诉法院、最高法院等。各级法院依法独立行使审判权。各级法院均设有检察长，行使检察权。最高司法会议为国家最高司法行政机关，决定法官的任命、派遣、升迁和惩戒，总统任主席，司法部长任副主席。

宪法法院是最高法律机构，负责裁定组织法、一般法及国家机构规章制度的合宪性，监督选举和全民公投并宣布结果。现任院长玛丽—玛德莱娜·姆博朗苏奥（Marie-Madeleine MBORANTSUO，女）。

【政党】现有41个合法政党，主要政党有：

（1）加蓬民主党（Parti Démocratique Gabonais, PDG）：执政党，由已故总统奥马尔·邦戈于1968年3月创立并任主席至去世。2010年3月，阿里·邦戈总统在民主党十大上当选为主席。党员约30万人。党的宗旨是“对话、宽容、和平”，目标为“巩固民族独立，加强民族团结，发扬民主，促进经济发展和社会正义，维护和平”。全国代表大会为党的最高机构，中央政治局及其常务委员会为党的领导机构，负责执行党的代表大会和中央委员会的决议。在现国民议会和参议院分别占83席和75席。总书记福斯坦·布库比（Faustin BOUKOUBI）。

（2）保卫加蓬联盟（Rassemblement pour le Gabon，RPG）：前身为伐木者全国联盟（Rassemblement National des Bûcherons），该党于1991年10月获得合法地位。建党初期，曾主张用暴力夺取政权，经济上主张自由竞争，反对国家干预。主席为保罗·姆巴·阿贝索莱（Paul Mba ABESSOLE）。1998年，阿贝索莱与第一书记孔比拉决裂，将“伐木者全国联盟”更名为“保卫加蓬联盟”。2002年7月加入总统多数派阵营。在现国民议会和参议院中分别占7席和6席，为加第二大政党。

（3）加蓬民主与发展联盟（Union Gabonaise pour la Démocratie et le Développment，UGDD）：第一大反对党。2005年4月，原加蓬民主党行政书记扎沙里·米博托（Zacharie MYBOTO）退党后创建，要求“加蓬民主党和政府对国家破产负责”。2006年4月内政部批准其为合法政党。在现国民议会和参议院中分别占4席和3席。

（4）加蓬人民联盟（Union du Peuple Gabonais，UPG）：主要反对党，1989年7月成立，1991年9月获合法地位。主席皮埃尔·芒邦杜（Pierre MAMBOUNDOU）在2005年总统选举中获得13.61%选票，居第二位。在现国民议会和参议院中分别占6席和2席。

此外，在议会中拥有席位的政党还有：伐木者全国联盟（Rassemblement National des Bûcherons）、加蓬进步党（Parti Gabonais du Progrès）、民主与共和联盟（Alliance Démocratique et Républicaine）、社会民主党（Parti Social Démocrate）等。

【重要人物】阿里·邦戈·翁丁巴：总统。1959年生于利伯维尔。加蓬已故总统奥马尔·邦戈·翁丁巴之子。曾就读于巴黎大学，获法学博士学位。1984年任总统私人代表。1989～1991年任外长。1990年成为加蓬民主党革新派领袖，并在首次多党立法选举中当选国民议会议员。1999～2009年任国防部长。2009年10月就任总统。2010年3月当选加蓬民主党主席。 **保罗·比约格·姆巴**：总理。1953年4月18日生于河口省。1980～1989年在总统府任职，先后担任贸易顾问，政治顾问，总统办公室副主任主管经济、贸易、行政事务，财政总监。1990年起历任贸易和消费部长、国家管理部长、中小企业和中小工业部长、贸易和工业发展部长、农业部长。2009年7月17日恩东总理辞职后接任总理。

1990～1992年、1994～1996年两次担任国民议会议员，1997～1999年担任参议员并出任参议院总务主任。

经 济

因盛产石油，独立后经济一度发展迅速。以石油为主的采掘业发展较快，加工业和农业基础薄弱。石油、锰、铀和木材曾为经济四大支柱。1985年人均国内生产总值达到3177美元，被列为法语非洲唯一“中等收入”国家。本世纪初，加政府积极争取外援和减免外债，加快私有化进程，并重点实施了经济多元化战略，大力发展农、林、渔、旅游业，积极开发铁、锰、木材等非石油资源，鼓励发展中小企业，收到一定成效。2007年，加政府利用国际油价高企的有利形势，加大经济结构调整力度，兴建基础设施，加宏观经济形势好转。2008年下半年以来，受国际金融危机影响，加财政收入大幅减少，政府被迫先后两次大幅削减2009年财政预算（约40%），公路、住房、学校等一批基础设施建设项目被迫停工或推迟，失业率不断上升。2009年上半年，加出口总额和财政收入同比分别下降60%和31%。下半年，随着国际资源市场走出低迷，加财政状况略有好转。2009年主要经济数据如下（资料来源：英国伦敦2010年经济季评）：

国内生产总值：108.47亿美元。

人均国内生产总值：7747美元。

货币名称：中非金融合作法郎（FCFA，简称非洲法郎）。

汇率（2009年平均）：1美元=472非洲法郎。

国内生产总值增长率：－1%。

通货膨胀率：1.9%。

外债总额：23.50亿美元。

【资源】资源丰富，主要有石油、木材、锰矿等。可开采的石油储量约4亿吨。锰矿蕴藏量2亿吨，占全球已探明储量1/4。铌矿储量约40万吨，占世界总储量5%。铁矿储量8亿～10亿吨，品位在60%以上。其他矿藏有磷酸盐、黄金、重晶石、镍、铬、锌等。森林面积占国土面积85%。原木储量约4亿立方米，居非洲第三位。全国有400余种商业树木，主要有奥库梅木和奥齐戈木，其中奥库梅木的蓄积量为1.3亿立方米，居世界第一位。水产资源81.7万吨，其中渔业资源约23.4万吨（海水鱼21万吨，淡水鱼2.4万吨）。

【工矿业与制造业】工矿业从业人数占就业人口的13.4%。产值约占国内生产总值的55.6%。以石油为主的采掘业是加蓬主要经济部门。石油开发始于20世纪60年代初，2006年石油产值占国内生产总值的63%，出口占出口总额的85%，收入占国家财政总收入的67%。锰矿产量仅次于南非与澳大利亚，居世界第三。近年主要工矿产品产量如下：

	2005	2006	2007	2008
石油（万吨）	1330	1190	1210	1180
锰（万吨）	280	300	330	320

（资料来源：中部非洲国家银行）

木材是仅次于石油的第二大出口创汇产品，近年来木材产量及出口量如下（单位：万立方米）：

	2006	2007	2008
产　量	210	220	200
出口量	180	190	160

（资料来源：中部非洲国家银行）

除石油冶炼和木材加工外，制造业薄弱。现有一个炼油厂，年加工能力80万吨。此外，还有制烟厂、制酒厂、制糖厂、饮料厂、面粉与咖啡加工厂等。

【农牧渔业】农牧业发展缓慢，2002年该产业产值占国内生产总值的8%。粮、肉、菜、蛋、水果均不能自足，小麦及其制品全需进口。已耕地面积不到全国土地面积的2%。主要农产品有木薯、芭蕉、玉米、山药、芋头、可可、咖啡、蔬菜、橡胶、棕榈油等。近年主要农作物产量如下（单位：万吨）：

	2004	2005	2006
木薯	22.80	22.93	23.00
芭蕉	27.00	26.98	27.00
芋头/山药/红薯	5.40	5.48	5.50
玉米	2.60	2.58	2.60
花生	1.70	1.67	1.70

畜牧业不发达。90%的肉类产品依靠进口。

渔业资源较丰富，2005 年渔业产量 4.39 万吨。（资料来源：英国伦敦 2009 年经济季评）

【服务业】20 世纪 80 年代初有所发展，从业人数约占就业人口的 17.7%，2004 年产值占国内生产总值的 13.4%。

【旅游业】阳光、沙滩和多样的动植物生态结构为加发展旅游业奠定了良好的基础。政府重视开发旅游资源，将旅游业列为重点发展产业。现从业人员 3000 多名，全国有 5 家大规模旅行社，近百家旅馆。2003 年接待国外游客 22.2 万人次。

【交通运输】陆路运输不发达，主要靠水运和空运，进出口物资 90% 靠海运。

铁路：仅一条路线，1986 年建成，连接奥文多港和弗朗斯维尔市，全长 697 公里，2004 年运送旅客 21.43 万人次，锰矿石 230 万吨，木材 81.9 万吨。

公路：全长 10500 公里，其中沥青路 11%（2007 年）。

水运：内河已通航河道 600 公里。主要海港有让蒂尔港和奥文多港，年总吞吐量为 2200 万吨。让蒂尔港主要外运石油；奥文多港主要外运原木和矿石。

空运：拥有加蓬航空公司（简称加航）、阿维雷克斯航空公司、加蓬快运、航空服务等多家航空公司。其中加航承接国内和国际航运业务，拥有波音 747 大型客机，辟有通往非洲和欧洲的 20 多条国际航线。有利伯维尔、让蒂尔港和弗朗斯维尔 3 个国际机场和 30 个国内机场。利伯维尔莱昂·姆巴国际机场年接待旅客能力 150 万人次，2002 年客运量为 83.8 万人次。外国航空公司主要有法国航空公司和摩洛哥航空公司等。

【电信业】通讯基础设施建设较先进。2006 年电话用户约 80 万，其中座机用户 3.7 万，手机用户 76.5 万，手机拥有率 54.4%。主要移动通讯运营商有 Libertis、Celtel Gabon 和 Moov，其中 Celtel Gabon 市场占有率超过 50%。1997 年 2 月开始提供互联网接入服务，发展较快，2006 年互联网用户达 8.1 万户。

【财政金融】近年政府财政收支情况如下（单位：亿非洲法郎）：

	2006	2007	2008
收入	15826	16365	20783
石油收入	10129	9585	13614
非石油收入	5697	6778	7167
外国援款	0	2	2
支出	8834	9189	10284

近年外汇储备及外债情况如下（单位：亿美元）：

	2007	2008	2009
外汇储备	12.38	19.25	19.95
外债总额	46.42	24.73	23.50

（资料来源：中部非洲国家银行）。

加蓬共有加蓬法国国际银行（BGFIBANK）、加蓬国际工商银行（BICIG）、加蓬联合银行（UGB）、花旗银行（Citibank）、金融银行（FINANCIAL BANK）和加蓬发展银行（BDG）等 6 家银行。前 5 家为商业银行，BDG 为国家政策性银行。

【对外贸易】执行自由贸易政策，与 140 多个国家和地区建立了贸易关系。外贸历年保持顺差，主要出口石油、木材和锰；进口食品、轻工产品、机械设备等。主要出口对象国为美国、中国、法国、特立尼达和多巴哥；主要进口来源国为法国、美国、荷兰、喀麦隆。近年对外贸易情况如下（单位：亿非洲法郎）：

	2006	2007	2008
出口额	31667	33921	41469
进口额	8160	8168	9398
差 额	23507	25753	32071

（资料来源：中部非洲国家银行）

【外国投资】2004、2005、2006 年外国直接投资分别为 2190 万美元、3210 万美元和 2680 万美元。

【外国援助】外援在加蓬财政收入中所占比例较低。1999 年，因加拖欠应偿还债务，法国中止所有援助。2000 年底加与国际货币基金组织和巴黎俱乐部就债务问题达成协议。法于 2001 年恢复对加援助。近年获官方发展援助情况如下（单位：百万美元）：

	2003	2004	2005
双边援助	-41.2	23.5	29.8
法国	-48.9	13.7	16.8
日本	1.8	2.7	6.1
加拿大	1.2	1.7	2.6
德国	0.7	1.0	1.9
美国	3.5	2.9	1.8
多边援助	30.1	16.3	24.0
欧盟	26.4	9.6	14.8
联合国难民署	3.0	3.4	2.8
总额	-11.0	39.9	53.9

（资料来源：英国伦敦 2009 年经济季评）

人民生活

尽管加被列为“中等收入”国家，但人文发展指数依然较低。2007 年加人文发展指数位居世界第 119 位。加蓬人均年收入约 80 万非郎，但收入分配不均，地区差别较大。全国有 28 所医院、632 个医疗中心和诊所，共有病床 5329 张、医生 300 多人，平均 2500 人有一名医生。人口增长率 1.6%，15 岁以下人口占总人口的 36%。2005 年平均预期寿命为 56.2 岁，5 岁以下儿童死亡率 9.1%。88% 的人口能喝上饮用水，卫生覆盖率 21%。艾滋病毒感染率为 7.9%。

军　事

最高防务委员会是国家防务最高领导机构，总统任主席，为武装力量最高统帅。实行志愿兵役制。武装力量由武装部队、共和国卫队和治安部队组成，共1.3万人。其中武装部队约6000人，包括陆海空三军、轻飞行队和消防营；共和国卫队1500人，由总统亲自指挥和调动；治安部队为准军事力量，包括宪兵和警察，分别有3000人和2500人。全国共有七大军区。利伯维尔和让蒂尔港建有海军基地，利伯维尔和弗朗斯维尔建有空军基地。武器装备80%来自法国，其余来自美国、英国、意大利、德国、巴西等。

文化教育

【教育】整体教育水平不高。2005年成人识字率84%。小学实行免费教育，大中学生享受国家助学金。教育制度与法国相似。全国约有小学1200所，教师4600余人，学生25万人；中学近100所，教师2100多人，学生8.3万余人。加蓬有两所综合性大学：国立奥马尔·邦戈大学和马苏库科技大学，学生约9000人。

【新闻出版】主要报刊：政府发行的《团结报》创刊于1973年12月，是加蓬最有影响的报纸，发行量2万份，在加各大城市及部分中、西非国家有售。1990年，《振兴报》、《消息报》、《蝉鸣报》等先后创刊。其中《振兴报》系民主党机关报、《消息报》是伐木者全国联盟机关报、《蝉鸣报》为私人报刊，均为法文版。

加蓬新闻社：官方通讯社，创建于1966年11月。

广播电台：国营加蓬广播电台"革新之声"建于1959年，拥有中、短波和调频发射台，全天用法语及当地语播音。第二广播电台于1973年建立，仅有调频发射台。此外，另有莫亚比短波电台（非洲一台）、"团结电台"、"思乡电台"、"太阳电台"等五家私营电台，其中"非洲一台"建于1981年，为加蓬与法国合营，在非洲较有影响。

电视台：有两个国家电视频道，分别于1963年、1973年开播。1992年开通卫星电视。有非洲电视台、电视加号台等私营电视台。在加还能收到欧洲新闻台、法语电视五台等电视节目。

对外关系

奉行全方位、不结盟、国际合作和睦邻友好的外交政策。提倡外交现代化，以适应经济全球化及科技、信息迅速发展的需要；强调睦邻友好和非洲团结，积极调解非洲国家的内部矛盾和相互冲突，推动地区合作；主张本着"对话、宽容、和平、正义"原则处理国际关系；提倡通过对话、和解、协商和非暴力方式解决世界和地区冲突。迄今，加已同100个国家建立了外交关系。

【对当前重大国际问题的态度】主张加强联合国作用，强化安理会职能。主张安理会的扩大应充分体现"地域代表性"原则，认为非洲应有常任理事国席位；主张通过国际合作制订打击任何形式恐怖主义的普遍公约；力主通过对话方式协商解决非洲冲突，认为中部非洲在预防和处理冲突方面取得一定进展，但仍须加强非洲预防冲突机制和紧急人道主义干预机构，在联合国监督下与发达国家建立相应的伙伴关系以增强维和及后勤保障能力；主张通过民主选举执政，反对通过军事政变上台；力促次地区经济合作，支持并推动地区一体化进程；认为经济全球化加剧了富国和穷国间的鸿沟，主张加强南南合作，积极进行南北对话；认为贫困是一切武装冲突的根源，消除贫困必须寻求行之有效的途径。呼吁发达国家大幅增加对非援助，减免包括加蓬在内的非洲国家债务；主张根据联合国安理会第242号和338号决议解决阿以冲突和巴勒斯坦问题。

【同中国的关系】中加1974年4月20日建交以来，两国友好合作关系发展顺利。

两国高层交往频繁。胡锦涛主席（2004年）、中共中央政治局常委吴官正（2006年）、全国人大常委会委员长吴邦国（2008年）等先后访加。2009年11月，温家宝总理在埃及沙姆沙伊赫出席中非合作论坛第四届部长级会议期间同加蓬国民议会议长恩达马会见。奥马尔·邦戈总统曾11次来华。2010年4月底5月初，阿里·邦戈总统来华出席上海世博会开幕式。

2009年6月奥马尔·邦戈总统病逝后，胡锦涛主席、吴邦国委员长分别致电慰问，习近平副主席前往加蓬驻华使馆吊唁，张德江副总理作为胡主席特使赴加蓬出席葬礼。2009年9月、2010年3月，胡锦涛主席分别致电祝贺阿里·邦戈当选加蓬总统和民主党主席。

中加两国军队高层交往频繁。阿里·邦戈总统任国防部长时曾4次访华（2001年、2006年、2007年、2008年）。2009年6月，中加两军在加蓬举行了人道主义医疗救援联合行动，这是我军首次成建制同非洲国家举行的双边军事行动。2010年4月，商务部副部长傅自应率中国政府经贸代表团访加。

2009年双边贸易额为8.69亿美元，同比下降55%，其中中方进口7.14亿美元，出口1.55亿美元。中方主要进口木材、原油、锰矿砂等，出口机电产品、纺织品和钢材等。

中国驻加蓬大使：李福顺。馆址：Libreville，B. P. 3914。Boulevard Triomphal El Hadj Omar Bongo。地区号：00241。电话：743207、743208（使馆），722279（经商处）。传真：747596（使馆），722283（经商处）。

加蓬驻华大使：埃马纽埃尔·姆巴—阿洛（Emmanuel MBA-ALLO）。馆址：北京市光华路36号。电话：010－65322810、65323824。传真：65322661。

【同法国的关系】同法国一直保持传统关系。两国元首频繁互访。加70%的投资来自法国。加对法债务占其总外债的50%。法在加有200多名顾问、1.15万侨民，在加设有100多个子公司、200多个加法合资、合营企业。在利伯维尔设有军事基地，常驻官兵750人。2007年5月，奥马尔·邦戈总统访法。7月，萨科齐对加蓬进行工作访问。2008年7月，奥马尔·邦戈总统访法。2009年6月，法国总统萨科齐、前总统希拉克赴加蓬出席奥马尔·邦戈总统葬礼。11月，阿里·邦戈总统访问法国。

【同美国的关系】 加美于1960年建交。奥马尔·邦戈总统曾十余次访美。两国于1962年签署投资保护协定。2008年9月，美国总统特使、主管海洋与国际环境和科学事务局的助理国务卿麦克穆莱访加。同月，美国海军陆战队访加。

【同邻国及其他非洲国家关系】 与邻国总体维持睦邻友好关系，积极促进地区和平和一体化进程，在中部非洲具有一定影响。

加蓬同赤道几内亚及圣多美和普林西比有领土和领海争端。加蓬和赤几边界特设委员会曾多次开会讨论边界问题，并举行边界谈判，迄今未完全解决问题。但双方承诺继续通过和谈方式协商解决争端。2008年11月，圣普总统德梅内泽斯访加。2009年6月，赤几总统奥比昂、圣多美和普林西比总统德梅内泽斯赴加蓬出席奥马尔·邦戈总统葬礼。

与刚果（布）关系密切。1997年刚果（布）爆发内战后，加积极推动刚国内和解。1999年12月，在邦戈总统主持下，刚政府军与反政府武装签署停战协议。2008年1月，刚果（布）总统萨苏访加。2009年6月，萨苏赴加蓬出席奥马尔·邦戈总统葬礼。

加蓬对刚果（金）冲突较为关注，支持刚果（金）政府要求乌干达和卢旺达撤军的立场，积极推动刚国内政治对话。2008年6月，刚果（金）总统卡比拉访加。2009年6月，卡比拉总统赴加蓬出席奥马尔·邦戈总统葬礼。

加蓬与中非关系密切，积极调解中非国内矛盾，派遣213名官兵参加中部非洲经济与货币共同体（CEMAC）中非国际观察部队，推动CEMAC成员国承认中非博齐泽政权。2008年4月、12月，中非总统博齐泽两度访加；6月，加蓬促成中非政府与部分反政府武装在利伯维尔签署和平协定。12月，邦戈总统两次赴中非，分别出席中非全国包容性政治对话开幕式和闭幕式。2009年6月，博齐泽总统赴加蓬出席奥马尔·邦戈总统葬礼。

加积极推动和平解决乍得冲突并参与调解苏丹达尔富尔问题。在邦戈总统斡旋下，2003年乍政府与武装反对派全国抵抗联盟领导人在加蓬签署和平协议，并成立包括加在内的三方委员会对和平协议实施监督。2008年1月，乍得总统代比访加。同月，加蓬副总统恩丁格访问苏丹。2009年6月，乍得总统代比赴加蓬出席奥马尔·邦戈总统葬礼。

加蓬积极参与调解科特迪瓦危机。邦戈总统多次参加关于科特迪瓦问题的地区会议。2008年1月、3月，科特迪瓦总统巴博、总理索罗相继访加。

2009年6月，贝宁总统亚伊赴加蓬出席奥马尔·邦戈总统葬礼。

【同其他国家的关系】 2008年3月，第四届非洲发展东京国际会议（TICAD）部长筹备会在利伯维尔举行，日本外相高村正彦与会。5月，邦戈总统赴日本出席TICAD会议。2月，葡萄牙外长阿马多访加。

【同地区组织和国际组织关系】 奥马尔·邦戈总统在世时频繁出席国际和地区会议，积极参与地区和国际事务，推动非洲一体化进程，努力扩大加蓬影响。

2009年10月，阿里·邦戈总统赴刚果（金）出席第14届中部非洲国家经济共同体峰会。12月，阿里·邦戈总统出席哥本哈根气候变化峰会。（张伟）

津巴布韦

国名 津巴布韦共和国（The Republic of Zimbabwe）。

面积 39万平方公里。

人口 1330万（2008年5月《经济季评》）。主要有绍纳族（占79%）和恩德贝莱族（占17%）。官方语言为英语、绍纳语和恩德贝莱语。58%的居民信奉基督教，40%信奉原始宗教，1%信奉伊斯兰教。

首都 哈拉雷（Harare），人口187万。

国家元首 总统罗伯特·加布里埃尔·穆加贝（Robert Gabriel Mugabe），1987年12月就任，1990年3月、1996年3月、2002年3月连任。2009年2月，津成立联合政府，穆加贝继续担任总统。

重要节日 独立日：4月18日；英雄节：8月11日；建军节：8月12日；团结日：12月22日。

简况 非洲东南部内陆国。东邻莫桑比克，南接南非，西和西北与博茨瓦纳、赞比亚毗邻。属热带草原气候，年均气温22℃；10月温度最高，平均32℃；7月温度最低，平均13℃～17℃。

公元1100年前后开始形成中央集权国家。13世纪，卡伦加人建立莫诺莫塔帕王国，15世纪初王国达到鼎盛时期。1890年沦为英国南非公司殖民地，1895年被命名为南罗得西亚。1923年英国政府接管该地，给予"自治领"地位。1953年，英国将南罗得西亚、北罗得西亚（今赞比亚）和尼亚萨兰（今马拉维）合组为"中非联邦"。1963年底"联邦"解体。1964年，南罗得西亚白人右翼势力组成以伊恩·史密斯为首的政府，并于1965年11月宣布独立。20世纪60年代，津巴布韦非洲人民联盟和津巴布韦非洲民族联盟（简称民盟）先后成立，领导人民进行反对白人种族主义统治的武装斗争。1979年，津巴布韦各派在英国主持下召开伦敦制宪会议。1980年2月底举行议会选举，穆加贝领导的民盟获胜。同年4月18日独立，定国名为津巴布韦共和国。

政　　治

2009年2月13日，津联合政府正式成立。穆加贝继续任总统，茨万吉拉伊任总理，民革运穆派总裁穆坦巴拉、茨派副总裁库佩任副总理。在新政府32个部中，民盟执掌外交、国防、矿业等15个部，民革运茨派掌控财政、经济计划与发展、劳工等13个部，民革运穆派掌控工商等3个部，内政部则由民盟和民革运茨派共同掌控（设双部长）。津新政府成立以来运转正常，国内局势基本稳定。

【宪法】 现行宪法于1979年12月在英国主持下由津巴布韦各主要党派在伦敦兰开斯特大厦举行的制宪会议上制订，独立时开始生效，后经数次修改。宪法规定津实行总统内阁制。2005年，国民议会通过第17号宪法修正案，增设参议院，规定津议会实行两院制。2007年9月，津议会通过第18号宪法修正案，规定总统任期由6年改为5年，与议员任期相同；总统、议会和地方政府选举同时举行，并对议会议席数量和产生方式进行调整。根据2008年9月15日津两党三方签订的分权协议，津议会于2009年2月4日通过了第19号宪法修正案，确立联合政府的框架结构，并将在津新政府成立后的两年内完成制定新宪法。目前，制宪进程总体顺利。

【议会】 本届议会于2008年3月选举产生，任期五年。国民议会共有210个议席，所有议席直选产生。民革运茨派占100席，民盟占99席，民革运穆派占10席，独立人士占1席。议长洛夫莫尔·莫约（Lovemore Moyo，民革运茨派），2008年8月就任。参议院共有93个议席，其中60席通过直选产生：民盟占30席，民革运"茨派"占24席、"穆派"占6席。另33席分配如下：酋长理事会主席和副主席2席，酋长占16席，10名省长各1席，总统任命5席。议长埃德娜·玛宗圭（Edna Madzongwe，民盟，女），2005年11月就任，2008年8月连任。

【政府】 实行总统内阁制，内阁成员由总统任命。具有议员资格才能入阁。2009年2月津成立联合政府。根据分权协议，总统主持内阁和国家安全委员会，总理主持部长会议并担任内阁副主席和国家安全委员会成员。内阁负责制定政府政策，部长会议协助总理监督政府日常运作。本届内阁主要成员如下：总统罗伯特·穆加贝（Robert Mugabe），副总统乔伊丝·穆菊茹（Joyce Mujuru），副总统约翰·恩科莫（John Nkomo），总理摩根·茨万吉拉伊（Morgan Tsvangirai），副总理托科扎尼·库佩（Thokozani Khupe），副总理亚瑟·穆坦巴拉（Arthur Mutambara），外交部长辛巴拉谢·蒙本盖圭（Simbarashe Mumbengegwi），国防部长埃默森·姆南加古瓦（Emmerson Mnangagwa），财政部长腾达伊·比蒂（Tendai Biti）等。

【行政区划】 全国划分为10个省。

【司法机构】 法院体制分四级：最高法院、高等法院、地方法院和初级法院，最高法院是终审上诉法庭。首席大法官戈弗雷·奇迪奥西库（Godfrey Chidyausiku），2001年8月就职。总检察长托马纳（Johannes Tomana）。

【政党】 实行多党制。主要政党有：

（1）津巴布韦非洲民族联盟—爱国阵线（Zimbabwe African National Union-Patriotic Front）：简称民盟，津独立以来执政至今。1963年8月8日成立，1988年与津巴布韦非洲人民联盟合并，仍称津巴布韦非洲民族联盟（爱国阵线），约有300万党员。党的宗旨是"建立和保持一个依据我们的历史、文化和社会实际的社会主义社会，并为实现经济独立、繁荣和平均分配国家财富创造条件"。2009年12月，民盟举行第五次全国代表大会，穆加贝蝉联总裁兼第一书记，穆菊茹（女）连任副总裁兼第二书记，恩科莫当选副总裁兼第二书记，西蒙·莫约当选为全国主席。

（2）争取民主变革运动（Movement for Democratic Change）：简称民革运，最大反对党。约有120万党员。脱胎于津最大工会组织津巴布韦工会大会（Zimbabwe Congress of Trade Unions），1999年9月在哈拉雷成立，得到大部分城镇居民和一些白人的支持。2001年以来，其候选人先后当选马旬戈、布拉瓦约、哈拉雷等市市长。在2002年3月举行的总统选举中，其候选人获得42%的选票。2005年下半年，民革运在是否参加参议院选举问题上陷入内部纷争，并于2006年初分裂为"参选派"和"抵制派"。"抵制派"总裁为摩根·茨万吉拉伊，"参选派"总裁为亚瑟·穆坦巴拉。

【重要人物】 **罗伯特·加布里埃尔·穆加贝**：总统、民盟总裁。1924年2月生于哈拉雷附近库塔马的农民家庭，绍纳族塞祖鲁人。1942年起从事教育工作，同时继续接受高等教育。1951年毕业于南非黑尔堡大学并获文学士学位，随后通过函授先后获巴苏陀兰大学教育学士和伦敦大学经济学、法学和行政管理学学士学位。1960年投身政治活动，先后担任民族民主党和人盟的宣传书记。1963年同西托莱等人创建民盟，并任总书记。1964年8月被捕入狱，1974年11月获释。1975年初去莫桑比克领导津武装斗争，1977年当选民盟总裁。1976年10月和1979年9月率团出席关于津独立问题的日内瓦谈判和伦敦制宪会议。1980年4月津独立后任总理（实权）。1984年、1989年、1994年、1999年和2004年连任民盟总裁兼第一书记。1987年12月出任总统，1990年、1996年和2002年总统选举后连任。2009年2月任联合政府总统。　**摩根·茨万吉拉伊**：总理，民革运茨派总裁。1952年生。20岁开始当纺织厂工人，后逐渐成为津工会领导人。1997年，创立旨在推行宪政改革的津全国宪法大会，并任主席。1999年，津各反对派联合组建民革运，茨当选秘书长，次年当选总裁。2005年，因茨反对民革运参加参议院选举，导致民革运分裂为“抵制派”和“参选派”（即茨派和穆派）。2008年3月，茨作为民革运茨派候选人参加总统大选。2009年2月11日，就任津联合政府总理。　**亚瑟·穆坦巴拉**：副总理，民革运穆派总裁。1967年生。1989年担任津学生会会长时，因组织学生进行反政府游行示威，被津政府逮捕。1990年赴牛津大学留学，获机器人技术和机械电子技术学博士学位，后任该校选拔委员会委员，麦卡锡咨询公司顾问。1996年进入美国国家航空航天局（NASA）工作，后任南非标准银行行长，南非非洲技术和商业研究所首席执行官和常务董事。2006年2月，当选民革运“穆派”总裁。2009年2月11日，就任津联合政府副总理。曾于2007年、2008年、2009年来华出席夏季达沃斯论坛年会。

经　济

自然资源丰富，工农业基础较好，正常年景粮食自给有余，曾为世界第三大烟草出口国。进入20世纪90年代，经济连年下滑。2000年以来，经济大幅缩水。外汇、燃油和生活必需品短缺，通货膨胀率激增，津元加速贬值，大量人口涌入邻国。2008年3月津发生选举争议后，经济状况进一步恶化，至年底经济基本崩溃，财政、金融和税收等关键部门基本停止运转，水电、通讯、医疗、教育等社会公共管理职能几近瘫痪。2009年2月，联合政府成立后，政府允许美元和南非兰特自由流通，有效控制了恶性通货膨胀，市场供应明显改善，经济形势有所好转。2009年主要经济数据如下（资料来源：国际货币基金组织）：

国内生产总值：35亿美元。

人均国内生产总值：303美元。

国内生产总值增长率：3.7%。

货币名称：津巴布韦元（Zimbabwe Dollar）（津元自2009年2月起已停止流通，改用美元和南非兰特）。

通货膨胀率：5.0%。

【资源】 自然资源丰富，有煤、铬、铁、石棉、金、银、锂、铌、铅、锌、锡、铀、铜、镍等。煤蕴藏量约270亿吨。铁蕴藏量约2.5亿吨。铬和石棉的储量均很大。水力资源贫乏。工业用林面积11.5万公顷。

【工矿业】 工业门类主要有金属和金属加工、食品加工、石油化工、饮料和卷烟、纺织服装、造纸和印刷等。工业从业人口约占总劳力的15%，矿业从业人口约占4.5%。近年来制造业持续衰退，工业生产不断萎缩。由于通货膨胀率过高导致成本增加，采矿业持续低迷。金、镍、煤、铬、铂金等主要矿产品产量均有较大下降。2008年，受国内政治经济形势持续恶化及国际金融危机影响，多数矿业企业停产。2009年2月联合政府成立以来，部分企业复产，企业经营状况有所好转。

【农牧业】 主要生产玉米、烟草、棉花、花卉等，畜牧业以养牛为主。耕地面积3328万公顷，农业人口占全国人口的67%。2000年以来，农业持续萎缩。2009年玉米产量增长至120万吨，粮食安全问题有所缓解，但缺粮人口仍达410万人。受烟草出口价格降低和土地改革等因素影响，烟草产量从2007年的7.7万吨降至2008年的4.6吨，创历史新低。2009年回升至5.5万吨。畜牧业以养牛为主，其次还饲养羊、猪等家畜。近年来，津巴布韦牛肉产量逐年减少，牛奶产量也伴随畜牧业不景气呈下降趋势。

【旅游业】 旅游业曾发展较快，20世纪90年代接待游客人数一度年均增长20%，同期旅游收入增加25%。1999年接待游客240万人次，收入达100亿津元，成为津主要创汇部门。津劳动力总数中有4.5%从事旅游业，另有4%从事与此相关行业。全国有70多家星级旅馆。最著名的风景点为维多利亚瀑布，还有26个国家公园和野生动物保护区。2008年1～6月，赴津旅游人数降至约53万，较2007年同期下降了58%。

【交通运输】 以铁路、公路和航空为主，海运主要通过南非的德班港（距哈拉雷1700公里）和莫桑比克的贝拉港（距哈拉雷600公里）。

铁路：通往南非、莫桑比克、赞比亚和博茨瓦纳，总长4300公里，其中哈拉雷至达布卡（DABUKA）的300公里为电气化铁路。2000/2001年度客运量133万人次，货运量884万吨。

公路：总长8.5万公里，其中1.9万公里为国家级公路，1.5万公里为沥青路面。

空运：津巴布韦航空公司有波音767、737等客机10架，经营至周边国家以及伦敦、北京等十多条国际及国内航线。有3个国际机场，分别为哈拉雷、布拉瓦约和维多利亚瀑布机场。航空客运量 42.3 万人次（2000 年）。

【财政金融】津自 2008 年 3 月发生选举争议后，经济持续下滑，财政状况不断恶化。由于缺少资金，政府公共服务体系曾一度瘫痪。2009 年津财政预算总额仅 10 亿美元，津新政府制定的“短期经济恢复计划”约需资金 100 亿美元，主要依靠外援。2008 年底，津外债总额约为 50 亿美元。

【对外贸易】1991 年开始推行贸易自由化后，外贸有较大幅度增长。但近年来，因经济形势恶化，外贸也深受影响。主要出口烟草、黄金、铁合金，主要进口机械、工业制成品和化工产品。约与 27 个国家或地区有贸易关系。2009 年出口额约为 12 亿美元，进口额约为 24 亿美元。（资料来源：2010 年 5 月《经济季评》）

【外国资本】独立时在津外资约 25 亿津元（按当时比价，约合 40 亿美元），占全国资本总额的 62.5%。独立后 10 年，政府在实际做法上限制外资。1991 年实行经济调改后采取措施吸引外资。外资约占全部资本的 1/4，其中英国居首位，约有 400 家在津英资公司，资本约 4 亿英镑。南非居第二位。1995 年资本净流入 5.02 亿美元。1999 年开始，流入外资逐年减少。2009 年联合政府成立后，外国直接投资增加至 15 亿美元。

【外国援助】1980～2000 年，津获外援情况：世界银行 13 亿美元，日本和德国各 7 亿美元，英国 4.75 亿英镑，非洲开发银行和非洲开发基金 4.73 亿美元。2000 年，欧盟向津小型项目赠款 1900 万欧元。2001 年，津接受外国官方发展援助 1.59 亿美元。2002 年起，国际金融机构和西方主要国家停止向津提供除粮援等人道主义援助外的其他援助。2008 年 3 月津发生选举争议及 8 月爆发霍乱疫情以来，国际社会加大了对津人道援助。2009 年，津接受的国际人道主义援助总额为 6.16 亿美元。

人民生活

近年来，由于工资上涨幅度远低于通货膨胀率，导致实际工资下降。2000 年津中央统计局公布，76% 的人口生活在贫困线下。全国共有各类医院 244 个，诊所 1378 个，病床 2.1 万张，医护人员与病人比例约 1:430。艾滋病问题严重，感染率为 21.3%，估计现有 270 多万 HIV 感染者和艾滋病患者。人均寿命 43 岁。

军　事

津国防军于 1980 年建立，是由原民盟、人盟游击队和白人政权军队整编而成。实行志愿兵役制。最高军事决策机构是国防委员会。总统兼武装部队总司令。津国防军下设陆军和空军两个军种。总兵力 4 万人，其中陆军 3.5 万人，空军 5000 人。现国防军司令奇温加（Chiwenga）上将，陆军司令菲利普·西班达（Philip Sibanda）中将，空军司令佩伦斯·希里（Perence Shiri）中将。

文化教育

【教育】实行中小学低收费普及教育。现有小学 4734 所，中学 1570 所，高等学校 13 所。1996～2002 年，小学入学率年平均 80%。成人识字率为 89%，其中男性为 93%，女性为 85%。津巴布韦大学是津最著名的综合性大学，始建于 1953 年，穆加贝总统兼任校长。

【新闻出版】《先驱报》为津最大日报，发行量 16.5 万份，政府拥有该报 50% 的股份。其他主要报纸有《星期日邮报》、《黎明周报》、《记事报》、《金融公报》、《津巴布韦独立报》、《津巴布韦新闻》和《人民之声》等。非时事政治性杂志主要有《展示》（月销量 5 万份）和《地平线》（月销量 4 万份）。

津巴布韦全非通讯社（ZIANA）：成立于 1981 年 10 月。为津官方通讯社，现有工作人员 57 人，其中记者 15 人。

津巴布韦广播公司（ZBC）：1933 年成立，为政府所有。分电台和电视台两部分。电台有 4 个台，即英语台、非洲台、音乐台和教育台，分别以英语、绍纳语和恩德贝莱语播出；除教育台只在周一到周五每天从 10～22 时播出外，其余各台每天播出时间为 5～24 时。电视台建于 1960 年，有两个频道，均为彩色节目，每天 15～23 时播放。电视一台面向全国，播出新闻、综艺节目；电视二台原为教育台，现已商业化，改名娱乐台（Joy TV）。

对外关系

奉行积极的不结盟政策。推行睦邻友好方针，以发展同非洲国家特别是南部非洲国家关系为外交重点。近年来大力推行“东向”政策，加强与其他发展中国家尤其是亚洲国家关系。在“民主、人权”等问题上与西方国家存在严重分歧。近年来与西方国家关系紧张，受到美国、欧盟等制裁。积极参与地区和国际事务，是不结盟运动、77 国集团、非洲联盟、南部非洲发展共同体成员国。同 98 个国家建立了外交关系。

【同中国的关系】中津于 1980 年 4 月 18 日津独立当天建交。建交以来，两国关系发展顺利。

中方近年访津的主要有：外交部长唐家璇（2000 年），中共中央政治局常委尉健行（2002 年），全国政协副主席万国权（2003 年），国务委员陈至立（2004 年），全国人大常委会委员长吴邦国（2004 年），全国人大常委会副委员长、中国人民争取和平与裁军协会会长何鲁丽（2006 年），中国人民对外友好协会副会长王运泽（2006 年）和全国政协主席贾庆林（2007 年）等。

津方近年访华的主要有：国民议会议长姆南加古瓦（2001 年）、总统穆加贝（2005 年第 9 次访华）、副总统穆菊茹（2006 年 6 月）、众议院议长恩科莫（2006 年 9 月）等。2006 年 11 月，穆加贝总统来华出席中非合作论坛北京峰会。

2009年9月，温家宝总理会见来华出席夏季达沃斯论坛年会的津联合政府副总理穆坦巴拉。11月，温家宝总理在埃及会见出席中非合作论坛第四届部长级会议开幕式的津总统穆加贝。

2009年中津贸易额2.97亿美元，同比增长5.6%。其中中方出口额1.56亿美元，进口额1.41亿美元。中方主要从津方进口烟草、棉花和铬铁、铜等产品，向津方出口机电、纺织品。

中国驻津巴布韦大使：忻顺康。馆址：No. 58 Golden Stairs Road, Mount Pleasant, P. O. Box 4749, Harare, Zimbabwe。电话：（00263－4）332761/2/3，332792（传真）。商务处：730516（带传真）。Email：chinaemb_ zw@ mfa. gov. cn。

津巴布韦驻华大使：弗雷德里克·沙瓦（Frederick Shava）。馆址：北京市朝阳区三里屯东三街7号。电话：010－65325381/2，传真：65325383。

【同美国的关系】 美曾为津的主要援助国之一。2001年以来，两国关系恶化。2001年8月，美国会参议院通过《津巴布韦民主和经济恢复法案》，其中包含多条制裁津的内容，津政府对此予以批评。2002年以来，美国对津领导人实行禁止入境等制裁。2005年1月，美将津列为全球6个“暴政前哨国家”之一。2007年3月津警方抓捕并打伤反对党领导人后，美强烈批评津“民主”、“人权”状况，呼吁西方国家进一步制裁津。2008年3月津大选后，美强烈批评总统选举结果推迟公布，称反对党已赢得总统选举，要求穆加贝下台，派助理国务卿弗雷泽访非并推动在联合国安理会通报津局势，2008年7月，美与英国一道强行推动联合国安理会表决制裁津决议草案，有关决议草案最终被否决。2009年2月，津联合政府成立后，美对津政策已有所缓和，加大了对津人道援助，但仍维持对津制裁。

【同英国的关系】 津英关系曾十分密切。英国是津主要贸易伙伴，并在津有大量投资。2000年，由于津政府推行快速土改触动英利益，两国关系恶化。2002年津大选后，英国指责民盟政府舞弊，对津实行禁止高官入境、冻结其海外财产、禁售军火等制裁并一再延长、扩大。2003年12月，英联邦首脑会议在英推动下决定继续中止津成员国资格，津随即退出英联邦。2007年3月津警方抓捕并打伤反对党领导人后，英强烈批评津，要求穆加贝总统下台，并积极推动在联合国安理会讨论津人道问题。12月，英首相布朗抵制有穆加贝出席的第二届欧盟—非洲首脑会议。2008年3月津大选后，英公开要求穆加贝承认失败，早日下台，并与美联手强行推动联合国安理会表决制裁津决议草案。2009年2月，津新政府成立后，英对津政策有所缓和，加大了对津人道援助，但仍维持对津定向制裁。

【同非洲国家的关系】 重视发展同非洲国家的友好合作关系，积极参与地区政治事务和经济合作；与莫桑比克签有友好条约和防务协定；与安哥拉、纳米比亚和刚果（金）关系密切，签有共同防务协定；与南非、赞比亚和马拉维等周边国家保持睦邻关系，重视与南非在经贸领域的合作。2009年6月，津接替肯尼亚担任东部和南部非洲共同市场轮值主席，任期一年。

2008年3月津发生选举争议后，非洲联盟和绝大多数非洲国家主张津问题在非洲内部通过对话和谈判解决。南共体多次召开首脑会议讨论津局势，推动政治解决津问题。津联合政府成立后，南共体积极呼吁和协调本地区国家及国际社会向津提供援助，敦促有关国家尽早取消对津制裁，并积极调解津联合政府内部纷争。

（陈永超）

喀　麦　隆

国名　喀麦隆共和国（The Republic of Cameroon, La République du Cameroun）。

面积　475442平方公里。

人口　1940万（2010年4月人口普查结果）。约有200多个民族，主要有富尔贝族、巴米累克族、赤道班图族（包括芳族和贝蒂族）、俾格米族、西北班图族（包括杜阿拉族）。法语和英语为官方语言；约有200种民族语言，但均无文字。南部及沿海地区信奉天主教和基督教新教（占40%）；内地及边远地区信奉拜物教（占40%）；富尔贝族和西北部一些民族信奉伊斯兰教（约占全国人口的20%）。

首都　雅温得（YAOUNDE），人口167万（2008年）。年均气温24.9℃，降雨量1299毫米，降雨期133天。

国家元首　总统保罗·比亚（Paul BIYA），1982年11月6日就任，1984、1988、1992、1997、2004年连任。

重要节日　国庆节：5月20日；独立纪念日：1月1日；统一纪念日：10月1日。

简　况　位于非洲中西部，西南濒几内亚湾，西接尼日利亚，东北界乍得，东与中非共和国、刚果（布）为邻，南与加蓬、赤道几内亚毗连。海岸基准线长 360 公里。西部沿海和南部地区为赤道雨林气候，北部属热带草原气候。年平均气温 24℃ ~28℃。

公元 5 世纪起外来部族大量迁入，并先后形成一些部落王国和部落联盟。1884 年沦为德国的“保护国”。第一次世界大战期间，喀东、西部分别被法、英军队占领。1922 年国际联盟将东、西喀麦隆分交法、英“委任统治”。第二次世界大战后，联合国将东、西喀分交法、英“托管”。1960 年 1 月 1 日法托管区根据联合国决议独立，成立喀麦隆共和国，阿赫马杜·阿希乔出任总统。1961 年 2 月，英托管区北部和南部分别举行公民投票，6 月 1 日北部并入尼日利亚，10 月 1 日南部与喀麦隆共和国合并，组成喀麦隆联邦共和国。1972 年 5 月 20 日，喀公民投票通过新宪法，取消联邦制，成立中央集权的喀麦隆联合共和国。1982 年 11 月阿希乔辞职，保罗·比亚继任总统。1984 年 1 月改国名为喀麦隆共和国。

政　治

比亚总统执政以来，实行“民族复兴”纲领，主张“民主化和民族融合”，政局长期稳定。1990 年 12 月实行多党制。1992 年举行多党立法选举和总统选举，比亚连任总统，组成以执政党“喀麦隆人民民主联盟”（简称人民盟）为主体的多党联合政府。1997 年 10 月，比亚以 92.57% 的得票再度蝉联总统。2004 年 10 月 11 日，比亚以 70.92% 的得票第五次蝉联总统。2007 年 7 月，喀举行立法和市镇选举，人民盟分获 85% 和 83% 的席位。2008 年 2 月，杜阿拉市运输行业工人举行罢工，并迅速演变为包括雅温得在内 31 座城市的骚乱。喀政府后出动军警平息骚乱。4 月，喀国民议会以压倒性多数通过宪法修正案，取消对总统任期次数的限制。2009 年，喀政局基本保持稳定。2009 年 6 月 30 日，喀政府组织，扬·菲勒蒙出任总理。

【宪法】现行宪法于 1972 年 5 月 20 日经公民投票通过。1975 年 5 月、1983 年 11 月、1984 年 1 月、1988 年 3 月、1991 年 4 月、1996 年 1 月和 2008 年 4 月 7 次修改。宪法规定，共和国总统是国家元首和武装部队最高统帅，有权任免总理和政府成员，颁布法律和法令，宣布紧急状态，必要时可提前举行总统选举。总统通过直接选举产生，任期七年，可连选连任。总统不能履行职权时，由参议院议长代行总统职务。总理是政府首脑，领导政府工作，负责执行法律，行使制定规章权，任命行政官员。

【议会】宪法规定，立法权由国民议会和参议院组成的两院制议会行使。目前，参议院尚未成立。国民议会每年召开 3 次例会，主要讨论和批准国家年度财政预算，审议和通过法律草案。议员由直接普选产生，任期五年。本届国民议会于 2007 年 7 月选举产生，共有 180 个席位，由 5 党组成。其中人民盟占 153 席，社会民主阵线 16 席。国民议会设议长 1 名、副议长 6 名。议长：卡瓦耶·耶格·贾布里勒（Cavaye Yeguie DJIBRIL），人民盟成员。

【政府】本届政府于 2006 年 9 月 22 日组成，2009 年 6 月 30 日改组。包括总理 1 人、副总理 2 人、国务部长 2 人、部长 29 人、部长级代表 8 人和国务秘书 10 人。主要成员如下：总理扬·菲勒蒙（YANG PHILEMON），副总理兼司法、掌玺部长阿马杜·阿里（AMADOU ALI），副总理兼农业与乡村发展部长让·恩奎特（JEAN NKUETE），领土管理和权力下放国务部长马拉法·哈米杜·亚雅（MARAFA HAMIDOU YAYA），交通国务部长贝洛·布巴·迈加里（BELLO BOUBA MAIGARI），对外关系部长亨利·埃耶贝·阿伊西（HENRI EYEBE AYISSSI），文化部长阿玛·图图·穆纳（AMA TUTU MUNA，女），邮电部长让—皮埃尔·比伊蒂·比·埃萨姆（JEAN-PIERRE BIYITI BI ESSAM），城市发展与住房部长查塔特·克洛贝尔（TCHATAT CLOBERT），财政部长埃西米·梅尼耶·拉扎尔（ESSIMI MENYE LAZARE），经济、计划和领土整治部长路易·保罗·莫塔泽（LOUIS PAUL MOTAZE），基础教育部长尤素福·阿蒂加·阿丽姆（YOUSSOUF NEE ADIDJA ALIM，女），中等教育部长巴佩斯·巴佩斯·路易（BAPES BAPES LOUIS），高等教育部长法姆·恩东戈·雅克（FAME NDONGO JACQUES），工业、矿产与技术开发部长恩丹加·恩丁加·巴代尔（NDANGA NDINGA BADEL），就业和职业培训部长佩雷韦·扎沙里耶（PEREVET ZACHARIE），劳动与社会保障部长恩基利·罗贝尔（NKILI ROBERT），畜牧、渔业与畜产工业部长阿布巴卡里·萨尔基（ABOUBAKARI SARKI），青年部长阿杜姆·加鲁瓦（ADOUM GAROUA），运动与体育教育部长埃佐阿·米歇尔（EDJOA Michel），公共卫生部长安德烈·马马·富达（ANDRE MAMA FOUDA），环境与自然保护部长海莱·皮埃尔（HELE PIERRE），公共工程部长梅森格·阿沃姆·贝尔纳（MESSENGUE AVOM BERNARD），能源与水资源部长恩伽科·通吉欧·迈克尔（Ngako Tomdio Michael），旅游部长巴巴·哈马杜（BABA HAMADOU），林业与动物资源部长恩戈莱·恩戈莱·埃尔维斯（NGOLE NGOLE ELVIS），地产与土地事务部长让·巴蒂斯特·贝雷奥冈（JEAN-BAPTISTE BELEOKEN），社会事务部长巴康·姆博克·卡特琳（BAKANG MBOCK CATHERINE，女），公职与行政改革部长姆邦德·埃马纽埃尔（MBONDE EMMANUEL），新闻部长伊萨·齐罗玛·巴卡利（ISSA TCHIROMA BAKARY），商务部长姆巴尔加·阿坦加纳·吕克·马瓜尔（MBARGA ATANGANA LUC MAGOIRE），科研与创新部长楚恩特·马德莱娜（TCHUENTE MADELEINE，女），中小企业、社会经济与手工业部长埃通迪·恩戈阿·洛朗（ETOUNDI

NGOA LAURENT)，妇女与家庭事业促进部长阿贝娜·翁多阿·奥巴马·玛丽·特雷兹（ABENA ONDOA NEE OBAMA MARIE THERESE，女）。

【行政区划】全国划分为10个大区（极北、北部、阿达马瓦、东部、中部、南部、滨海、西部、西南、西北），58个省，309个区。

【司法机构】司法权由最高法院、上诉法院、各级法庭行使。总统任命法官。最高司法会议协助总统工作。最高法院院长阿列克西·迪邦达·姆埃尔（Alexis DIPANDA MOUELLE），总检察长马丁·利苏克·穆隆（Martin RISSOUCK MOULONG）。

【政党】共有250个政党。主要政党情况如下：

（1）喀麦隆人民民主联盟（Rassemblement Démocratique du Peuple Camerounais—R. D. P. C.）：前身是喀麦隆民族联盟，1966年9月1日成立，1985年3月24日改称现名。现有党员200多万。1990年12月前为唯一合法政党和执政党。总目标是建立一个以严格、讲道德、自由和民主以及保证人民充分发展为基础的“集体自由主义社会”。恪守的信条是“团结、进步、民主”。当前的任务是促进全国的团结和统一，发展经济和文化，反对部族主义和宗教特权。1990年6月和1996年12月，人民盟分别举行了第一次和第二次全国代表大会，重新选举产生了党的领导机构。2006年7月，人民盟召开第三次全国特别代表大会，比亚总统再次当选党主席，任期五年。2007年4月，比亚总统改组了人民盟中央和地方领导机构。在国民议会中占有153席。总书记萨迪·勒内（Sadi RENE）。

（2）社会民主阵线（Social Democratic Front—S. D. F.）：1990年5月26日成立。1991年3月1日成为合法政党。喀最大激进反对党，社会党国际成员。以“民主、正义、发展”为口号，宣称以和平手段实现政权交替是该党的责任和义务，主张恢复联邦制。曾抵制1992年的立法选举和1997年的总统选举，在西部英语区和巴米累克人中影响较大。2006年5月，该党正式分裂为两派，分别拥护让·弗吕·恩迪（John Fru NDI）和贝尔纳·米纳（Bernard Muna）为党主席。在国民议会中占16席。

（3）全国民主进步联盟（Union Nationale pour la Démocratie et le Progrès—U. N. D. P.）：1990年5月成立，1991年3月25日被批准为合法政党。该党在北方穆斯林居住地区影响较大，领导层中有不少人为前总统阿希乔的支持者。强调喀是公民的国家，支持民族团结和统一，反对分裂。主张经济自由化和地方分权，赞成严格执行经济结构调整计划。1997年曾与社民阵联手抵制总统选举。1998年1月与人民盟达成“政府共同纲领”后加入政府，成为参政党。在国民议会中占6席。领导人贝洛·布巴·迈加里（任邮电国务部长）。

（4）喀麦隆人民联盟（Union des Populations du Cameroun—U. P. C.）：成立于1948年4月，曾为喀独立作出过贡献。喀实行多党制后，该联盟即恢复活动。于1991年2月12日取得合法地位。该联盟主张加速国家民主变革，鼓励政治自由化，广施民主，分散经济管理权，减少国家干预，提高人民生活水平，建立一个在团结和互相补充基础上的社会。该党多次发生分裂，形成以总书记奥古斯坦·科多克（Augustin KODOCK）、主席恩代·恩图马扎（Ndeh NTUNAZAH）以及亨利·奥科贝·恩朗（Henri HOCBE NLEND）为首的三派。2000年1月前两派宣布和解。目前该党在国民议会中无席位。

【重要人物】保罗·比亚：共和国总统、国家元首、全国武装力量最高统帅、人民盟全国主席。1933年2月13日生于南部省贾埃洛博州。1956～1962年先后在法国路易·勒·克昂公立中学、巴黎大学、海外高等研究学院等攻读法律和政治学，1960年获国际公法学士学位。回国后历任总统府特派员、国民教育、青年和文化部长办公室主任、该部秘书长、总统府民事办公室主任、总统府秘书长兼民事办公室主任、总统府国务部长级秘书长等职。1975年6月出任政府总理。1982年11月任共和国总统至今。1975年2月当选为喀麦隆民族联盟中央委员会副主席，1983年9月任全国主席。1985年3月任喀麦隆人民民主联盟全国主席，1990、1995年和2001年三次连任。1987年、1993年和2003年三次访华，2006年11月率团出席中非合作论坛北京峰会。已婚，多子女。　**扬·菲勒蒙：**总理。1947年6月生于喀西北省。1972年获雅温得大学私法学士学位。此后在喀国家行政司法学院和巴黎公共管理国际学院进修。1975年6月任领土管理部副部长，1979年11月至1984年2月任矿业能源部部长。1984～2004年任驻加拿大大使、高级专员。2004年12月任总统府副秘书长。2008年起兼任喀麦隆航空公司董事会主席。2009年6月任总理。

经　济

喀地理位置和自然条件优越，资源丰富。农业和畜牧业为国民经济主要支柱。工业有一定基础。独立后实行“有计划的自由主义”、“自主自为平衡发展”和“绿色革命”等经济政策，国民经济发展较快，20世纪80年代初期经济增长率曾达到两位数，人均国内生产总值一度达到1200美元。1985年后，由于受国际经济危机的影响，经济陷入困难。喀政府采取了一些措施，但收效甚微，与国际货币基金组织签署的四期结构调整计划均未完成。1994年非洲法郎贬值后，喀经济形势开始好转，通货膨胀得到控制，外贸结构改善，工农业增产，财政收入大幅增加。喀政府加大经济结构调整力度，加强财政管理，推进私有化，国内生产总值连续保持增长。2000年，喀顺利完成第五期结调计划，并被批准加入“重债穷国”减债计划。2000～2003 年，喀在国际货币基金组织资助下实施第二个“减贫促增长”计划。2006 年，世行确认喀达到“重债穷国”减债计划规定完成点。2009 年，受金融危机影响，喀木材出口减少，外来投资下降，失业率升高。喀政府增加公共投资，改善投资环境，积极吸引外资，与欧盟签署经济伙伴临时协议，与西方公司就资源开发达成多项协议。2009 年主要经济数据如下（资料来源：2010 年 5 月英国伦敦经济季评）：

国内生产总值：232.91 亿美元。

人均国内生产总值：1200 美元。

国内生产总值增长率：0.9%。

货币名称：中非金融合作法郎（FCFA，简称非洲法郎）。

汇率：1 美元 =472 非洲法郎。

通货膨胀率：3%。

外债：31.6 亿美元。

【资源】 矿产资源较丰富。已探明的主要矿藏有：铝矾土（储量为 11 亿吨以上，矾土品位为 43%，硅石品位为 3.4%）、铁矿（约 3 亿吨）、金红石（约 300 万吨，钛含量 92%～95%）。此外还有锡石矿、黄金、钻石、钴、镍等以及大理石、石灰石、云母等非金属矿产。森林面积 2200 多万公顷，约占全国总面积的 42%，可供开采面积 1690 万公顷以上，木材蓄积总量 40 亿立方米。水力资源丰富，可利用的水力资源达 2080 亿立方米，占世界水力资源的 3%。石油储量估计为 1 亿多吨，天然气储藏量约 5000 多亿立方米。近年喀原油产量如下（单位：万桶）：

	2006	2007	2008
年产量	3180	3120	3210
年增长（%）	5.6	-2	0.3

（资料来源：喀国家石油天然气公司）

【工业】 独立后工业发展较快，已有一定基础和规模，工业水平居黑非洲前列。2007 年工业产值 63.242 亿美元，占国内生产总值的 30.7%。全国 15% 的劳动力从事工业。主要工业部门有食品、饮料、卷烟、纺织、服装、造纸、建材、化工、炼铝、电力、石油开采与加工、木材开采与加工等。近年来，为促进工业发展，增加就业，吸引投资，喀政府积极完善有关法律法规，于 2002 年颁布新的投资法，大力鼓励中小企业发展，建立了“中小企业援助和贷款担保基金”。自 1990 年起推行企业私有化政策，目前已完成数十家重点企业私有化，但总体进程缓慢。

【农林牧渔业】 喀素有“中部非洲粮仓”之称，近年来农业生产稳步增长。全国 60% 的劳动力从事农业。主要粮食作物有小米、高粱、玉米、稻谷、薯类、芭蕉等。主要经济作物有可可、棉花、咖啡、香蕉、油棕等，系世界第六大可可生产国。20 世纪 90 年代以来，由于政府实施新农业政策，农业生产持续发展，粮食自给水平提高。政府出台了全国农业推广和研究计划，旨在推广新技术，提高劳动生产率，建立有效的农产品销售网，实现农业可持续发展。近年主要粮食作物产量如下（单位：万吨）：

	2002	2003	2004
水　稻	6.2	6.2	6.2
小　米	5.0	5.0	5.0
高　粱	52.5	55.0	55.0
玉　米	75.0	75.0	75.0
芭　蕉	120.0	120.0	120.0
薯　类	367.4	373.0	374.0
花　生	20.0	20.0	20.0
棕榈油	14.4	14.4	14.4

主要经济作物产量如下（单位：万吨）：

	2006	2007	2008
可可	19.6	18.6	19.0
咖啡	6.2	6.2	6.0
籽棉	27.0	17.0	16.1
香蕉	25.7	23.3	23.5

（资料来源：中部非洲国家银行）

林业为喀国民经济支柱产业之一，森林面积占国土总面积的 40%，2005 年木材出口 2190 亿非洲法郎，占出口总额的 13%，是第二大创汇产品。喀政府重视林业发展，1999 年进行林业改革，明令禁止原木出口，并对林地开采权进行公开招标。同年，针对禁止原木出口造成的出口收入下降问题，将树种分为传统树种和推广树种，后一种原木纳税后准许出口。近年喀麦隆木材产量如下（万立方米）：

2005	2006	2007	2008
205.9	257.4	273.1	259.4

（资料来源：中部非洲国家银行）

2008 年，喀渔业及相关产业从业者约 20 万人。海洋捕鱼主要依赖手工作业，水产养殖尚在起步阶段。水产品自给不足，每年需从国外进口 11 万吨左右鱼品。

全国牧场和草原面积 1430 万公顷。北部地区畜牧业较发达，主要以传统方式进行经营。畜牧业年产值 1300 亿非郎，占农业产值的 14%。每年生产 16 万吨肉，5 万吨奶，3000 吨鸡蛋。

【旅游业】 旅游资源丰富，有“微型非洲”之称。政府重视发展旅游业，成立了以总理为主席的国家旅游理事会，在国外开设旅游代表处，并鼓励私人投资旅游业。1975 年加入国际旅游组织。1985 年 9 月建立喀麦隆旅游公司。1989 年成立旅游部。1990

年成立“全国促进旅游委员会”。截至2004年底，全国有各类旅馆866家，其中星级饭店98家，外资饭店10家。全国有381个旅游景点，各类保护区45处。主要旅游点有贝努埃、瓦扎和布巴恩吉达等天然动物园。2005年喀旅游业接待外国游客25万人次，旅游收入近12亿美元。

【交通运输】已形成陆海空立体交通网络。公路交通占全国运输总量的85%以上。

铁路：总长1245公里，实际运营里程1016公里，为一米宽窄轨。年客运量约110万人次，货运量170万吨。2007年营业额为497.8亿非郎。

公路：总长约5万公里，其中沥青路4300公里。

水运：主要海港有杜阿拉、林贝和克里比，杜阿拉港为喀最大港口，货物吞吐量占全国港口货物总吞吐量的95%以上。2000年9月以来，该港口在世界银行的资助下进行改造，吞吐能力得到进一步提高。2007年吞吐量为686.45万吨。喀麦隆海运公司是全国最大的海运公司。主要河港是加鲁阿港，属季节性河港。

空运：有定期航班飞往欧洲和非洲十余个国家。全国有15个机场，杜阿拉、加鲁阿和雅温得－恩西马朗为国际航空站。2004年进出港旅客99.2万人次，其中国内航班39.4万人次，国际航班59.8万人次；货运量2.52万吨，其中国内运输0.31万吨，国际运输2.21万吨。喀麦隆航空公司为国有公司，经营国内和国际航线。现有波音767飞机1架，波音737飞机3架和若干其他型号飞机。2006年，喀航引入外资，初步完成私有化改造，新喀航于2007年底前全部接管老喀航业务。1999年11月开始运营的喀麦隆全国航空公司为外国投资的私有企业，有五架小型飞机，现已开设国内定期航班，并计划开通连结周边国家重要城市的国际航线。此外，喀还有三家仅从事包机业务的小型航空公司。

【财政金融】财政收入主要靠税收。2009年财政收入40亿美元。截至2009年底，外汇储备39.17亿美元（含黄金储备），外债总额31.6亿美元（2010年英国伦敦经济季评）。

喀现有商业银行10家，总体经营状况良好，有支付能力并能赢利。全国有730家储蓄和信贷合作社。此外还有社会保险银行、国家投资公司、负责管理公共债务的债务自治银行以及邮政储蓄银行等非商业银行或非银行金融机构。

【对外贸易】实行贸易开放政策，强调贸易伙伴多样化。同120多个国家和地区有贸易往来，与30多个国家签有贸易协定。主要出口原油、木材及木材制品、可可豆、棉花等，主要进口机械设备、汽车和拖拉机、钢铁制品、电器等工业产品。欧盟始终是喀第一大贸易伙伴，占喀对外贸易总额的50%以上。2009年，喀外贸总额为86亿美元，其中进口43亿美元。外国直接投资2.6亿美元。（《青年非洲》第2571期）

【外国援助】主要援助方为法国、德国、加拿大、日本、澳大利亚、比利时、荷兰、欧盟、国际开发协会、国际货币基金组织。近年喀获外援情况如下（单位：亿非洲法郎）：

2005	2006	2007	2008
109	22259	680	563

（资料来源：中部非洲国家银行）

人民生活

根据联合国开发计划署2007～2008的研究报告，喀人文发展指数排名世界第144位。2007年喀工资水平大致为：最低工资3万非洲法郎，办事员月工资5万，企业管理人员10万，普通公职人员30万，部级官员50～90万。但各地区和部门根据自身经济状况，实际工资相差悬殊。2008年，政府提高国家公职人员工资15%、住房补贴20%，这是近十几年来的首次。

根据喀2010年4月人口普查结果，1976～2010年人口年增长率2.6%。女性人口占50.5%，城镇人口占52%，14岁以下青少年人口占40%。医疗卫生状况在中部非洲地区相对较好。2006年公共医疗卫生开支占预算支出总额的4%。有国家级医院7所、省级医院11所、州级医院39所、区级医院131所、医疗中心和医疗点1456个，药店约400家。全国公共卫生机构共有医生1007人、护士4998人，平均每10万人有7名医生。儿童死亡率7.7%（2004年）。86.2%的城市人口和31.3%的农村居民享有清洁饮用水。艾滋病感染情况近年加剧，全国12%的人口为艾滋病病毒携带者。

军　事

1960年独立后建军。武装力量由陆、海、空军和宪兵组成。总统为全国武装部队最高统帅。2001年7月，喀军队实行重大改革，建立总统—国防部长—大军区司令—省军区司令的垂直领导体制。全国分为三个多军种大军区，司令部分别设在雅温得、杜阿拉和加鲁阿，这三地还设立三个宪兵军区。十个省内设立十个陆军防区。总参谋长勒内·克罗德·梅卡少将（René Claude MEKA）。

现役军人35000人，其中陆军19100人，海军2800人，空军1200人，宪兵11900人。2009年度国防预算1620.85亿非洲法郎，占国家预算的7.04%。

文化教育

【教育】全国15岁以上成人识字率为67.9%。国家重视发展教育事业。近几年来，教育经费在政府预算中一直占据首位。全国有公、私立中、小学校、技校和幼儿学校等约1.1万所，中小学教师近7万名，在校学生约270万。小学实行义务教育。适龄儿童入学率为84%，其中男86.6%，女79.7%。高等院校有雅温得一大、二大、杜阿拉、德昌、恩冈德雷、布埃阿6所综合性大学以及国家行政司法学校、青年和体育学院、国家高等邮电学校、公共管理高等学院等高等院校。在校大学生近7万人。

【新闻出版】 喀麦隆新闻出版公司成立于1977年7月，下辖喀麦隆通讯社、《喀麦隆论坛报》报社等。登记注册的报刊有605家，其中绝大部分因经营困难不能定期出版发行。主要有：《喀麦隆论坛报》，1974年7月1日创刊，全国性官方报纸（法、英双语版），日发行3万余份；《行动报》，执政党人民盟机关报，法、英双语排版，原为周报，由于资金问题已停刊；《官方公报》，半月刊，由总统府出版发行，法、英文合刊，主要刊载总统、总理及各部颁布的法令、法律；《信使报》，1979年11月创刊，最有影响的私人报纸，每周出版三期，发行量2万份；《新言论报》，私人报纸，每周三期，发行量约1万份。此外，还有《动荡报》、《前景报》、《先驱报》等。

喀麦隆广播电台：总台设在首都雅温得，从5时至次日凌晨2时连续播音21个小时，用法、英和多种地方语言广播，覆盖率约为60%。在10个大区的首府设立地区电台，并在雅温得、杜阿拉、布埃阿和巴富桑四大城市建立了4个商业性的调频电台。

喀麦隆国家电视台：1986年4月成立，播放彩色电视节目，发射网可覆盖全国领土的约50%。平日播出时间为10个小时，从15时至次日1时；周六和周日延长至13和16个小时。1988年1月建成全国电视制作中心。

2000年4月政府颁布关于私人视听传媒企业建立和运营条件的法令，允许私人进入视听传媒领域。私人电台在首都和杜阿拉等城市有所增加。法国国际广播电台和英国BBC公司均在喀播放调频节目。

对外关系

对外奉行独立、不结盟、灵活务实的全方位外交政策。反对外来势力干涉非洲国家内政，积极推动非洲团结和合作，主张通过对话和相互宽容和平解决国际争端。支持建立地区经济一体化和集体安全机制，努力实现合作伙伴多样化。要求建立国际政治、经济新秩序，呼吁国际社会对非洲给予更多的关注。认为贫困是非洲民主化的主要威胁。同128个国家保持外交关系。

【同中国的关系】 中喀1971年3月26日建交，两国关系发展顺利。中方访喀的有：总理李鹏（1997年）、总理朱镕基（2002年）、国家主席胡锦涛（2007年）、全国政协主席贾庆林（2010年）等。喀方访华的有：总统阿希乔（1973年、1977年）、总统比亚（1987年、1993年、2003年、2006年11月出席中非合作论坛北京峰会）、国民议会议长卡瓦耶（2009年）。

2009年8月，喀对外关系部长埃耶贝来华与中国商务部副部长傅自应共同主持召开中喀第七届经贸混委会。12月10～16日，喀国民议会议长卡瓦耶访华，中国全国人大常委会委员长吴邦国、全国政协主席贾庆林分别与其会见。2010年3月20～22日，全国政协主席贾庆林对喀进行正式友好访问，比亚总统会见，卡瓦耶议长与其举行会谈，双方签署了两国政府经济技术合作协定等合作文件。贾主席还参观了雅温得第二大学孔子学院、雅温得多功能体育馆。

2009年中国与喀麦隆进出口贸易总额为8.1亿美元，同比下降5.2%。其中，中国出口4.1亿美元，同比增长9.6%；进口4亿美元，同比下降17%。中国主要从喀进口石油、木材、棉花，对喀出口机电、轻纺、化工产品。

中国驻喀麦隆大使：薛金维2010年3月12日，向比亚总统递交国书。馆址：Nouveau Bastos, Yaoundé, Cameroun。信箱号码：B. P. 1307 Yaoundé。国家号：237。电话：22210083。电传：AMBCHINE 8821 KN。传真：22214395。驻杜阿拉领事：张玉森。领馆电话：3426276。传真：3426214。

喀麦隆驻华大使：马丁·姆帕纳（Martin Mpana）。馆址：北京市三里屯东五街7号。电话：010－65321828。传真：65321761。

【同法国的关系】 喀法关系密切，交往频繁。两国签有合作条约和有关经济、财政、军事、司法等十多项合作协定。法是喀最大援助国和投资国。截至2006年底法国在喀共有160多家企业，雇用当地员工约3万人，在喀投资额占外国对喀直接投资的近50%。法援助额占喀接受外援的30%～40%。2002～2004年，法国发展署向喀提供项目援助贷款5.18亿欧元。法在喀侨民约7000人，喀在法侨民近2万人，留学生约2000人。法国是喀麦隆第一大贸易伙伴，2006年喀对法进出口分别占喀进口总额和出口总额的23.5%和11.4%。2007年5月，法减免喀3.107亿欧元债务。

2009年5月，法国总理菲永访喀。双方签署了新防务伙伴协定、协商管理移民问题与共同发展协定等合作文件。7月，比亚总统访法。

【同美国的关系】 喀重视发展同美国的关系。美在喀投资额约5亿美元，石油为主要领域。美国是喀第六大贸易伙伴，2005年两国贸易额2.2亿美元。2007年1月，美免除喀160亿非郎债务。

【同英国的关系】 喀西部两省曾为英国殖民地。1995年11月1日，喀获准加入英联邦。英国及英联邦在人权、良政、扶贫和高教等领域同喀有多个合作项目。

【同邻国及其他非洲国家关系】 重视发展睦邻友好关系，积极参与地区事务，努力推动非洲国家的团结和合作。2009年6月，比亚总统赴加蓬出席奥马尔·邦戈总统葬礼。由于历史原因，喀同尼日利亚曾在一些陆海疆界存有争议。2006年6月，喀尼签署

和平协议，尼从巴卡西半岛撤军，半岛争端和平解决。2008年8月，尼正式将巴卡西半岛主权移交喀方。（张伟）

科　摩　罗

国名　科摩罗联盟（Union of Comoros，Union des Comores）。

面积　2236平方公里（包括马约特岛）。

人口　约80万，自然增长率2.3%。主要由阿拉伯人后裔、卡夫族、马高尼族、乌阿马查族和萨卡拉瓦族组成。通用科摩罗语，官方语言为科摩罗语、法语和阿拉伯语。99%的居民信奉伊斯兰教。

首都　莫罗尼（Moroni），人口约6万。热季为11月至次年5月，平均气温24℃～31℃，凉季为6～10月，平均气温19℃～27℃。

国家元首　总统艾哈迈德·阿卜杜拉·穆罕默德·桑比（Ahmed Abdallah Mohamed Sambi），2006年5月当选。

重要节日　国庆节：7月6日。

简　况

西印度洋岛国，由大科摩罗、昂儒昂、莫埃利、马约特四岛组成。位于莫桑比克海峡北端入口处，东、西距马达加斯加和莫桑比克各约300公里。热带海洋性气候，年平均气温23℃～28℃。

西方殖民者入侵前长期由阿拉伯苏丹统治。1841年法国入侵马约特岛。1912年科摩罗四岛沦为法国殖民地。1946年成为法“海外领地”。1961年取得内部自治。1975年7月6日独立，成立科摩罗共和国，艾哈迈德·阿卜杜拉（Ahmed Abdallah）任总统。1978年10月22日改国名为科摩罗伊斯兰联邦共和国。1990年3月，赛义德·穆罕默德·乔哈尔（Said Mohamed Djohar）当选总统，组成科独立以来第一个多党联合政府。1995年9月，科前总统卫队长、雇佣军头目、法国人德纳尔发动军事政变，乔哈尔总统被囚，卡阿比总理成立过渡政府。乔哈尔获释后被送往留尼汪“治病”期间宣布成立合法政府，科出现两个政府共存局面。1996年1月，总统派和总理派实现和解，并于3月16日组织总统选举，穆罕默德·塔基·阿卜杜勒卡里姆（Mohamed Taki Abdoulkarim）当选。1997年7月，昂儒昂岛要求脱离科摩罗归属法国，10月宣布独立。1998年11月塔基病逝，塔基丁出任代总统。1999年4月19～23日，科各岛和各党派代表在非洲统一组织和马达加斯加等主持下召开岛际会议并达成《塔那那利佛协议》，规定成立科国家联盟，各岛高度自治，但昂儒昂岛代表拒绝在协议上签字。4月30日，科军参谋长阿扎利上校发动军事政变上台。

政　治

阿扎利上台后，组成文官占主导地位的新政府，吸收更广泛的政党代表参政，基本稳定了科局势。同时，阿积极寻求与昂儒昂岛当局对话，2000年8月与昂儒昂岛领导人阿贝德签署《丰波尼共同声明》，原则同意进行民族和解，决定成立带有邦联性质的“科摩罗新集体”。2001年2月，在非统和法语国家组织等斡旋下，科政府、反对党、昂儒昂岛当局、各岛代表及非统等9方签署《科摩罗和解框架协议》，科全面民族和解进程正式启动。12月23日，科通过新宪法草案，决定成立科摩罗联盟，赋予四岛高度自治权。2002年3～4月，科举行大选，阿扎利当选总统。2003年12月20日，科联盟政府与除马约特岛外的三岛达成《科摩罗过渡措施协议》，就议会选举、联盟和三岛之间权力分配等问题达成妥协。2004年3月和4月，科地方议会选举和全国议会选举先后举行。2005年，国民议会和宪法法院审议通过了《中央和地方政府组织法》、《选举法》。2006年4月16日和5月14日，科摩罗联盟举行两轮总统选举，昂儒昂岛独立候选人、宗教领袖桑比以58.14%得票率当选，并于5月26日宣誓就职。2007年6月，昂儒昂岛前领导人非法举行地方选举引发政治危机。2008年3月，科政府军在非洲联盟联军支持下采取军事行动并控制该岛。2009年5月17日，科联盟政府组织全民公投，通过了旨在加强中央权威、削减各自治岛权力的宪法修正案。2010年1月，科摩罗举行议会选举，总统派获得多数席位。3月1日，新一届联盟和自治岛两级议会联席会议在反对派抵制出席的情况下通过决议，确定下届联盟总统和自治岛选举统一举行，将桑比总统任期延长一年半至2011年11月27日。5月8日，宪法法院裁定改法案违宪，认定桑比总统任期至5月26日结束；自2010年5月26日零时起，政府进入过渡期，但现任总统和副总统仍主持过渡政府工作，直至选出新总统和自治岛省长。5月25日，桑比总统宣布成立过渡政府，遭到其他派别反对。6月16日，联盟与自治岛政府达成“过渡期治理协议”；21日，桑比总统根据协议改组了过渡政府。

【宪法】2001年12月23日，科摩罗通过独立以来第四部宪法，2009年5月17日进行修正。根据修改后的宪法，科实现行政、立法和司法三权分立体制。联盟设1名总统和3名副总统。总统为国家元首兼政府首脑和军队最高统帅，由各岛轮任，任期五年。各岛政府在尊重国家统一的前提下，实行自治。副总统负责协调和监督各自治岛行政机构依法施政。

【议会】国民议会为联盟最高立法机构，负责讨论通过国家法律法规、国家预算、监督政府行为等。修改后的宪法规定，议会24名议员通过直选产生，其他由各岛理事会（地方议会）各指定3人组成。本届议会成立于2010年1月，在直选产生的24名议员中，总统派获16席，反对党和独立候选人各获4席。议长布拉恩·阿米杜（Bourhane Hamidou）。

【政府】现政府为临时过渡政府，2010年5月25日成立，6月21日改组后共13人。主要成员有：临时政府总统桑比；副总统兼农业、渔业、环境、能源、工业和手工业部长伊迪·纳杜瓦姆（Idi Nadhoim）；副总统兼领土整治、基础设施、城市规划和住房部长伊基利卢·杜瓦尼纳·马迪（Ikililou Dhoinine Madi）；选举事务国务部长阿卜杜拉哈马纳·本·谢赫·阿希拉夫（Abdourahamane Ben Cheikh Achiraf）；外交、合作、海外侨民、法语区、与阿拉伯国家关系部长法赫米·赛义德·易卜拉欣（Fahmi Said Ibrahim）；财政、预算和投资部长穆罕默德·巴卡尔·杜萨尔（Mohamed Bacar Dossar）；国防、内政和新闻部长易卜拉希马·穆马迪·西迪（Ibrahima Mhoumadi Sidi）；工业、劳动、就业和妇女创业部长穆萨·阿卜德勒马纳（Moussa Abderemane）；掌玺、司法、监狱管理和伊斯兰事务部长贾法尔·穆罕默德·艾哈迈德·曼苏伊卜（Djaffar Mohamed Ahmed Mansoib）；国民教育、研究、文化和艺术部长福阿德·本·穆哈吉（Fouad Ben Mohadji）；卫生、团结和性别平等部长兼政府发言人松哈吉·阿图曼（Sounhadj Attoumane）；公职、行政改革和人权部长贾齐拉·桑杜（Djazila Saendou）；邮政、电信、通讯和新技术发展部长胡祖伊尔·因祖丁（Hodhoaer Inzouddine）。科宪法规定内阁成员不超过10人，为保证临时政府正常运转，特别设立两个隶属总统府的部长职位，分别是经济和外贸部长姆泽·谢·乌贝杰（Mze Chei Oubeidi））；交通运输和旅游部长哈桑尼·阿苏马尼（Hassani Assoumani）。

【行政区划】分为大科摩罗、昂儒昂和莫埃利三个自治岛。岛下设县、乡、村，三岛分别有7个、5个、3个县，共24个乡。

【司法机构】科联盟宪法规定，最高法院是联盟和各岛司法、行政和财政等问题的最高审判机关，法官终身任职。宪法法院负责审查联盟及各岛法律的合宪性，确认选举结果，审判选举争议，裁决联盟机构之间、联盟与各岛间有关权限问题的争议。共7名成员，由联盟总统、副总统、国民议会议长及各岛行政长官各指定一名法官组成。院长由宪法法院法官选出，任期6年，可连任。本届宪法法院成立于2008年7月，院长阿卜杜拉扎库·阿卜杜勒哈米德（ABDOURAZAKOU · ABDOULHAMID）。

【政党】科目前有近50多个政党和政治团体。主要有：

（1）全国争取正义阵线（Front National pour la Justice—FNJ）：伊斯兰教政党。1990年11月19日成立，1992年被国家承认合法。其宗旨是争取和平稳定，通过对话解决国家分裂危机。曾派团参加解决昂儒昂岛危机的国际会议，是有关文件签署方之一。总书记阿赫迈德·拉斯德（Ahmed Achid）。桑比总统是该党创始人之一。

（2）科摩罗复兴公约党（Convention pour le Renouveau des Comores—CRC）：2002年7月21日成立。宗旨是：捍卫国家统一、领土完整和民族和解成果；支持消除贫困的行动。主要机构有：全国理事会、地区理事会、政治理事会、执行局和常设书记处。前总统阿扎利为名誉主席，前外长阿布杜·苏埃夫（Abdou Souef）任总书记。

（3）科摩罗人民阵线（Front Populaire des Comores—FPC）：总书记为宪法法院法官穆罕默德·哈萨纳利（Mohamed Hassanaly）。

（4）舒马党（Chuma Parti pour l'Unité et la Fraternité des Iles）：1981年成立。总书记赛义德·阿里·卡马尔（Said Ali Kamal）。

（5）科摩罗民主阵线（Front Démocratique des Comores—FDC）：1981年成立。坚持伊斯兰教理，党的宗旨是进行民主社会主义革命，建立以多党制为基础，保障人的基本自由和权利的法制国家。总书记穆斯塔法·赛义德·谢克（Moustoifa Said Cheikh）。

（6）科摩罗发展和现代化党（Parti pour le Dévelopement et la Modernisation des Comores—PDMC）：2005年6月12日成立。宗旨是加强国家权威，建立法制国家，借鉴中国经验，发展经济，实现现代化。主席达乌德·阿杜马纳（Daoud Attoumane），曾留学中国，现任桑比总统外交顾问。

（7）科摩罗民主进步运动（Mouvement pour la Démocratie et le Progrès—MDP）：1988年12月成立，成员多为商人。对内主张实行多党制，经济自由化和私有化；对外主张不结盟，睦邻友好，在相互尊重主权的基础上发展国家间关系。该党在阿卜杜拉、乔哈尔和阿扎利执政时期均为反对党。主席阿巴斯·尤素夫（Abbas Djoussouf）。

【重要人物】艾哈迈德·阿卜杜拉·穆罕默德·桑比：科摩罗联盟总统。1958年6月5日生于昂儒昂岛首府穆察穆都市。1973～1981年在沙特上中学，后在伊朗上大学，攻读政治学和神学。商人出身，曾创办ULEZI私人电台、电视台。1996年当选国民议会议员并任法律委员会主席。全国争取正义阵线创始人之一。2006年5月当选总统。

经　济

科是世界最不发达国家之一。经济以农业为主，工业基础脆弱，严重依赖外援。1991 年 5 月开始实行世界银行和国际货币基金组织制订的“结构调整计划”。1995 年“巩固结构调整计划”谈判陷入僵局，世界银行和国际货币基金组织基本冻结对科援助。1997 年昂儒昂岛独立危机造成科政局动荡，经济发展受到严重影响。2000 年初，世界银行和国际货币基金组织同意解冻以前援款，但未付诸行动。2003 年 12 月科各方签署《科摩罗过渡措施协议》，联盟政府财权被削弱，且财政收入因各岛未按规定上缴有关税收而减少。2005 年，科主要经济作物香料价格继续走低，国家收入减少，财政危机日益严重。2006 年桑比当选总统后，在经济方面提出加快发展农业和中小企业，努力扩大出口，增加就业，改善民生，科经济略有好转。但 2008 年昂儒昂岛政治危机使原本脆弱的经济雪上加霜。国际金融危机对科吸引外国援助和投资也带来了消极影响。2008 年主要经济数据如下（资料来源：英国《经济季评》）：

国内生产总值：5.597 亿美元。

人均国内生产总值：约 682 美元。

经济增长率：0.5%。

货币名称：科摩罗法郎。

汇率：1 欧元约合 503.98 科法郎，1 美元约合 335.9 科法郎。

通货膨胀率：9.6%。

外债：2.956 亿美元。

【资源】 无矿产资源。水力资源匮乏。渔业资源较丰富。

【工业】 基础薄弱、规模小，主要为农产品加工业，另有印刷厂、制药厂、可口可乐瓶装厂、水泥空心砖厂和小服装厂等。2007 年制造业产值占国内生产总值的 4.4%。

【农牧渔业】 科是农业国家，80% 的人口生活在农村，70% 的劳动力从事农业生产。全国可耕地面积 7 万多公顷。2007 年，农牧渔业产值占国内生产总值的 51%，农产品出口占出口总额的 99%。主要粮食作物为水稻、玉米和薯类。粮食不能自给，每年需进口 3 万多吨大米。香草、丁香、鹰爪兰等经济作物的出口是科外汇收入主要来源。近年畜牧业有所发展，在大科摩罗岛有两家养鸡场。油料、粮食、肉类和牛奶主要从法国、阿联酋、南非和马达加斯加进口。

渔业资源较丰富，主要鱼种为金枪鱼、红鱼和青鱼。但工具落后，仅能在近海捕捞，捕鱼量不能满足国内需要。现有渔民 8000 余人，年捕鱼量约 14300 吨。科政府与欧盟签有捕鱼协定，欧盟有 40 艘渔船在科海域捕鱼。

【旅游业】 旅游资源丰富，海岛风光秀美，伊斯兰文化鲜明，但旅游资源尚待充分开发。现有客房 760 间，床位 880 张。位于大科摩罗岛的加拉瓦阳光度假酒店（Galawa Sun Resort Hotel）为科最大旅游设施。外国游客中 68% 来自欧洲，29% 来自非洲。近年受科政局不稳和国际金融危机影响，旅游业受到严重影响。

【交通运输】 无铁路，岛上交通工具为汽车，岛际交通工具为轮船和飞机。独立以来，政府用于交通运输方面的投资占全部经济建设资金的一半以上。

公路：总长 880 公里，各种机动车约 4000 辆。

水运：国营的科摩罗港口和海运公司有客货两用轮 3 艘，港口年吞吐量约 10 万吨。穆察穆都港为科最大港口，可停靠 2.5 万吨级轮船。

空运：有赛义德·易卜拉欣王子国际机场（哈哈亚机场），跑道长 2400 米。也门、毛里求斯、马达加斯加和法国航空公司有班机经停。国营航空公司经营四岛间客机，私人航空公司承担空运业务。

【财政金融】 财政收入主要靠税收和外国援助，赤字居高不下。根据经济结构调整计划，近年来科政府努力削减公共开支。截至 2008 年底，科外汇储备为 1.121 亿美元，外债总额 2.956 亿美元。多边债权方主要有非洲开发银行、世界银行、阿拉伯非洲发展银行等，法国是科最大双边债权国。

有 5 家银行：科摩罗中央银行（la Banque Centrale des Comores），1962 年成立，1975 年科独立后用现名；科摩罗工商银行（la Banque pour l'Industrie et le Commerce），1990 年底成为巴黎国民银行在科分行，注册资本 600 万法国法郎；科摩罗发展银行（la Banque de Developpement des Comores），注册资本 600 万法国法郎，政府拥有 50% 的资本；科摩罗国家储蓄银行（la Caisse nationale d'epargne）；2008 年由坦桑尼亚投资成立进出口银行（EXIM Banque）。

【对外贸易】 外贸在科经济中占重要地位，2007 年占国内生产总值的 50.6%。几乎全部生活用品依靠进口，主要出口香料等农产品。外贸连年逆差。

香草、丁香、鹰爪兰为三大出口香料。主要进口粮食、肉类、石油产品、水泥、钢铁、日用品、交通工具和建筑材料等。主要出口国有法国、土耳其、希腊等，主要进口国有法国、中国、印度、阿联酋等。

【外国援助】 基础设施建设基本依靠外援。联合国系统（含世界银行）援助居科外援首位，约占 30%，其他多边援助占 24%。法国是最大援助国。其他援助方有欧盟、沙特、科威特、日本、美国、中国等。2001 年世界银行向科提供 600 万美元消除贫困贷款，阿拉伯联盟首脑会议为科设立 1000 万美元的民族和解进程专项基金。7 月在巴黎举行的“科摩罗之友”会议上，科共获得 1280 万美元国际援助。2002 年科各岛财政纠纷导致欧盟、世界银行、国际货币基金组织等取消援助计划。2005 年 12 月对科援助方圆桌会议在毛里求斯召开，法国、欧盟等为科实施《经济发展减贫战略》和《2006－2009年行动规划》募捐近2亿美元。2007年11月对科援助欧洲出资者会议在巴黎召开，法国、国际货币基金组织、世界银行等决定为科偿还欠非洲开发银行69%的债务，计280万美元。2008年12月国际货币基金组织通过"后冲突时期经济援助计划"，向科提供1750万美元援助。2010年3月，卡塔尔政府及阿拉伯联盟、伊斯兰会议组织、联合国开发计划署在多哈联合召开支持科摩罗联盟发展与投资会议，为科筹得5.4亿美元的援助和投资项目。

人民生活

据《2007/2008年人类发展报告》人类发展指数（HDI）统计，科在全球177个国家中居第134位。全国共有5所医院、10个卫生中心和49个卫生站。82%的人口可享受基本卫生保健服务。每7500人拥有一名医生，每342人有一张病床，每千人有10部电话。80%的人口患有不同程度的疟疾。平均预期寿命男性58岁，女性63岁。（资料来源：科摩罗官方统计数字）

军　事

科武装力量由军队、宪兵、警察和情报机构四部分组成。其中军队于1990年12月由武装部队和原总统卫队合并而成。2000年总兵力约520人，编制为指挥和支援连、两个战斗连和总统安全分队。实行志愿兵役制，军官、士官从高中毕业生中招募，服役年限根据需要而定。士兵不定期招募，无严格年龄限制，一般服役15年。

总统为军队最高统帅，总统府国防国务代表（相当于国防部长）和参谋长负责实际工作。法国与科签有"防御协定"，负责科海、空防务，其军舰定期在科海域巡逻。法在马约特岛设有海军基地和驻军司令部。

文化教育

【教育】科教育分为古兰经式传统教育和现代化教育两大系统。古兰经式传统教育由地方集体办学，国家不干涉。现代化教育采用法国模式，由科教育部管理。学校用法语、科摩罗语和阿拉伯语教学。学制为小学6年，初中3年，高中4年。其中高中分为普通高中和职业技术高中（学制3年）。小学入学率65%，中学17%，成人（15岁以上）文盲率44%（联合国开发计划署2003年人类发展报告）。2003年11月，科第一所大学科摩罗大学开学，共有900名高中毕业生被分配在4个学院的16个专业学习。此外，国外提供奖学金是科学生接受高等教育的重要途径。20世纪90年代中期以来，科教育经费预算一直占国家预算总额的22%左右，教育工作者占工薪人员的40%。

【新闻出版】科无通讯社，国际新闻主要采编自法新社，国内新闻由官方驻各地记者供稿。

法文《祖国报》是官方报纸，时有科摩罗语版面。主要在国内发行，部分在法国销售。

科摩罗广播电台是国家电台，于法国殖民统治时期成立，主要用科摩罗语播音，每天用法语播报三次新闻，有时也用阿拉伯语、马达加斯加语和斯瓦希里语播音。1991年4月，由德国无偿援建的中、短波发射台投入使用，可覆盖全国四岛。

2006年5月，中国援建的国家电视台正式开播，并开始每天转播中国中央电视台西法频道节目。昂儒昂岛有一家私人电视台，用科摩罗语播送地方新闻并转播法国电视台节目。

对外关系

奉行独立、睦邻友好、不结盟和全方位务实外交政策。谋求与经济强国建立特殊关系，重视与印度洋邻国的团结与合作，主张建立印度洋和平区，积极发展同阿拉伯国家关系。是非盟、阿盟、印委会、东南非共同市场成员国。桑比总统在施政纲领中宣布实行全方位对外开放政策，促进合作关系多样化。优先发展同本地区国家、法国、欧盟和中国的关系。

【同中国的关系】1975年11月13日与中国建交。中方访科的主要官员有：外经贸部顾问石林（1981年7月）、外经贸部部长助理王文东（1988年4月）、外交部副部长杨福昌（1992年2月）、外交部部长助理吉佩定（1996年7月）、外经贸部部长助理杨文生（1998年3月）、外经贸部部长助理何晓卫（2000年8月）、外交部部领导成员乔宗淮（2002年12月）、外交部长李肇星（2004年1月）、文化部副部长赵维遂（2006年7月）、商务部副部长高虎城（2008年5月）、外交部副部长翟隽（2010年1月）等。

科方访华的主要有：内政部长希米迪（1976年6月），财政、经济、计划和对外贸易部长卡菲（1982年1月），总统阿卜杜拉（1988年11月），第一副议长阿卜杜拉阿迈德·纳索夫和第三副议长赛义德·巴卡尔（1989年9月）、议长阿卜杜拉·哈里发（1990年6月）、外交与合作部长姆塔拉·哈里发（1991年8月），外交与合作部长穆罕默德·沙里夫（1994年7月），总统塔基（1996年12月），外交与合作部长苏埃夫·穆罕默德·阿明（2000年10月），经济、贸易、工业和手工业部长苏恩迪·阿布杜·托依布（2000年10月），阿扎利总统（2003年6月国事访问、2005年9月来华休假），国家发展军参谋长萨利赫·穆罕默德（2005年7月），投资部长赛义德·阿杜马纳（2007年10月），桑比总统（2006年11月来华出席中非合作论坛北京峰会，2007年11月来华休假），国家发展军总参谋长萨利姆·阿米里（2008年10月），副总统兼卫生部长伊基利卢·杜瓦尼纳·马迪（2009年4月），财政经济部长穆罕默德·阿里·萨利赫（2009年6月），邮政电信部长阿卜杜鲁瓦希姆·赛义德·巴卡尔（2009年6月）、外交部长贾法尔（2010年5月来华出席中阿合作论坛第四届部长级会议）等。

中科贸易额较小，基本为中方出口。中方主要向科出口日用百货、纺织品、小农具、电视机等，进口香料。2009年，中科贸易总额为1100万美元，同比下降56%。

中国驻科摩罗大使：王乐友。馆址：Coulee De Lave No. c. 109 Moroni Comores。电话：00269－7732521。电传：235 AMBACHIN KO。经商处电话：00269－7732931。

科摩罗尚未在华设使馆。

【同法国的关系】两国有着特殊关系，法国一直是科最大贸易伙伴和援助国。1975年科独立后同法国关系一度中断。1978年7月1日两国建交，同年12月法、科签订《友好合作条约》、《经济、财政和货币协定》、《文化教育协定》和《防务协定》，法全面恢复对科援助。法国总统密特朗、总理希拉克均曾访科，科总统、总理、议长等均多次访法。法各种顾问、专家遍及科军政各部门。2007年9月，桑比总统访法。11月，法国在援科欧洲出资者会议上出资100万欧元帮助科偿还欠非洲发展银行31%的债务，12月向科提供120万欧元优惠贷款用于发展中小企业。2008年3月，法国支持科政府军对昂岛采取军事行动，并承担了部分运兵任务。2009年7月，法国总理菲永对科摩罗进行了工作访问。科法在马约特岛归属问题上存有争议。科法在马约特岛归属问题上长期存有争议。

【同美国的关系】1979年科、美建交。1985年8月，美在科建使馆。1990年9月，美向科派出第一位常驻大使，1993年撤馆，由美驻毛里求斯大使兼任驻科大使。美从1988年开始向科派驻和平队，帮助科培训军官和海关人员。美在科有农业合作，并从科进口香料。1999年4月科发生军事政变后，美曾对科实行制裁。2007年昂儒昂岛危机出现后，美支持科联盟政府，并为科军提供药品。

【同非洲和阿拉伯国家的关系】历届政府重视发展与阿拉伯国家的关系。1993年9月，科加入阿拉伯国家联盟。1998年以来，科历任总统大力推行伊斯兰化，多次出访阿拉伯国家。2003年4月，科加入阿拉伯货币基金组织。阿拉伯国家每年都为科提供军用物资和经济援助。2010在多哈联合召开了支持科摩罗联盟发展与投资会议，阿拉伯国家承诺为科提供5.4亿美元的援助和投资项目。

2007年昂儒昂岛危机出现后，坦桑尼亚、利比亚、苏丹、塞内加尔等国对科联盟政府立场表示支持。2008年3月，坦桑尼亚、苏丹等国派兵帮助科政府军对昂儒昂岛采取军事行动。

【同周围岛国的关系】科与马达加斯加关系密切。1975年科、马建交。双方签有航空、海运、签证、海关和教育合作等协定。马是非洲统一组织“马约特岛问题特别委员会”成员国，支持科收复马约特岛。科在马达加斯加有4万侨民。1978年，因马发生排科侨事件，两国关系一度中断，1985年恢复正常。马积极推动科民族和解进程，曾于1999年4月在马主持召开科岛际会议。2006年5月，马总理西拉出席桑比总统就职仪式。2007年11月，科外长贾法尔访马。

1984年，科与毛里求斯建交。两国签有卫生和文教合作等协定。近年来，科提出向毛学习经济建设经验，赴毛人员渐增。1999年4月科发生军事政变后，毛予以谴责并停止对科援助。毛还积极响应非统呼吁，对昂儒昂岛采取禁运等制裁措施。2003年，马、毛同南非共同协调，推动科联盟政府与三岛达成《科摩罗过渡措施协议》。2004年10月，阿扎利总统访毛。2005年12月，对科援助方圆桌会议在毛举行。2007年11月，毛资助科30万美元偿还其欠非洲开发银行的债务。

2007年昂儒昂岛危机出现后，马达加斯加、毛里求斯、塞舌尔等科邻国举行多次地区外长会议，对科联盟政府立场表示支持。

附：

马约特岛问题

马约特岛（Mayotte）位于莫桑比克海峡，与大科摩罗岛、昂儒昂岛、莫埃利岛共同组成科摩罗群岛。马岛面积374平方公里，居民约18.6万人。经济以农业为主，主要生产香子兰等香料。

马岛于1841年沦为法殖民地。1974年12月，科四岛就独立问题举行全民公决，95.96%的居民赞成独立，但大部分马岛居民反对独立。法借此提出科四岛分别就独立问题重新投票。1975年7月6日，科自治政府宣布包括马岛在内的整个科摩罗群岛独立。1975年11月12日，联合国通过3385号决议承认科领土由大科摩罗、昂儒昂、莫埃利和马约特四岛组成。法虽同意科独立，但坚持马岛前途由马民众自决。1976年12月，马岛就独立问题再次举行公民投票，99.4%的民众选择留在法国，法遂确定马岛为法“海外领地”。法在该岛设有海军基地。

科历届政府要求法归还马岛。联合国、非洲联盟及其前身非洲统一组织多次通过决议，重申马岛是科领土。2007年7月和9月，科外长贾法尔和总统桑比先后访法，同法商定在双边框架内加强对话，在可能的条件下解决马岛争端。双方还设立高层领导小组探讨马岛和科摩罗其他岛屿间人员物资往来问题。2008年5月，法国内政部主管海外事务国务秘书杰戈访科，与科讨论了马岛问题。但科在马岛归属问题上未取得实质收获。

2009年3月29日，法在马岛就该岛由法“海外领地”转变为“海外省”组织公投，并获得95.2%的选民支持。法遂宣布马岛将自2011年起成为其第101个省，第5个“海外省”。科摩罗拒绝承认公投结果，表示绝不允许法将马岛从科分裂出去。非盟亦表示公投无效。（李伟）

科特迪瓦

国名 科特迪瓦共和国（The Republic of Cote d'Ivoire, La République de Côte d'Ivoire）。

面积 322463平方公里。

人口 2060万（2008年）。全国有69个民族，分为4大族系：阿肯族系约占42%，曼迪族系约占27%，沃尔特族系约占16%，克鲁族系约占15%。近年来，来自布基纳法索、加纳、几内亚、马里和利比里亚等国的外国侨民人口数目增长较快，目前约占人口总数的26%。各民族均有自己的语言，全国大部分地区通用迪乌拉语（无文字）。官方语言为法语。38.6%的居民信奉伊斯兰教，30.4%信奉基督教，16.7%无宗教信仰，其余信奉原始宗教等。

首都 政治首都亚穆苏克罗（Yamoussoukro），人口24.3万（2009年）。经济首都阿比让（Abidjan），人口412万（2009年）。2~4月气温最高，平均为24℃~32℃；8月气温最低，平均为22℃~28℃。1983年3月12日，科决定将首都迁往亚穆苏克罗，但至今政府机构和外交使团仍留在阿比让。

国家元首 总统洛朗·巴博（Laurent Gbagbo），2000年10月22日当选，10月26日就职。

重要节日 国庆日：8月7日。

简况

位于非洲西部。西与利比里亚和几内亚交界，北与马里和布基纳法索为邻，东与加纳相连，南濒几内亚湾，海岸线长约550公里。属热带气候。北纬7°以南为热带雨林气候，年平均气温25℃；北纬7°以北为热带草原气候，年平均气温略高于南部。全年分为四个季节：4月至7月中旬为大雨季，7月中旬至9月为大旱季，9月至11月小雨季，12月至来年3月为小旱季。

中世纪时期境内曾建立过一些小王国。11世纪，塞努弗人在北部建立的宫格城为当时西非南北贸易中心之一。15世纪后半叶，葡萄牙、荷兰、法国殖民者相继入侵。1475年，葡萄牙殖民者将沿海一带命名为“科特迪瓦”。1893年沦为法自治殖民地。1958年12月，成为“法兰西共同体”内的“自治共和国”。1960年8月7日独立，但仍留在“法兰西共同体”内。翌年4月脱离共同体。首任总统费利克斯·乌弗埃—博瓦尼，曾7次蝉联，直至1993年12月7日逝世。议长亨利·科南·贝迪埃继任总统。1995年10月，贝迪埃胜选蝉联。1999年12月，前总参谋长罗贝尔·盖伊发动军事政变，推翻贝迪埃总统，自任总统和全国救国委员会主席，并成立了过渡政府。2000年10月，人民阵线候选人巴博当选总统。

政治

2002年9月，科部分军人发动兵变，引发内战，政府军与叛军形成南北对峙局面。2007年3月4日，在布基纳法索总统孔波雷的斡旋下，巴博总统和叛军领导人、“新生力量”总书记索罗签署《瓦加杜古协议》，就成立新政府、解武、人口身份查验等达成一致，并确定2008年初举行总统选举。29日，巴博任命索罗为过渡政府总理，并组建新政府。7月，科举行“和平之火”解武焚枪仪式，宣告内战正式结束。由于选民登记等工作进展缓慢，科新一届总统选举多次推迟。2010年2月，巴博总统同时解散独立选举委员会和政府，反对派对此不满，多次组织示威游行。在国际社会调解下，科各方于2月26日重组独立选举委员会，并于3月4日组成新一届过渡政府。

应科方要求，联合国于2004年4月4日起在科部署联合国维和行动，截至2009年2月，联合国科特迪瓦行动军事人员有8544人，其中7194名士兵，196名军事观察员，1154名警察，另有400名国际文职人员，695名当地文职人员和289名联合国志愿人员支助。随着科安全形势的好转，截至2009年底，联合国科特迪瓦行动军事人员减至7450人。

【宪法】2000年7月全民公决通过科独立后第二部宪法。宪法规定，科实行共和国总统制，行政、立法和司法三权分立。总统是国家元首，也是武装部队最高统帅，享有最高行政权力，由普选产生，任期5年，可连选连任一次。新宪法对总统候选人资格亦作出明确规定，要求其父母都必须是科特迪瓦人，且本人从未放弃科国籍。总理为政府首脑，由总统任命。

【议会】实行一院制，即国民议会，是国家最高立法机构，每届任期5年。本届议会于2001年1月选举产生。2005年，由于共和人士联盟议员退出议会，对部分议员进行了重新选举。现有议员223名（法定225名，空缺2名），其中民主党98席，人民阵线96席，民主与和平联盟14席，劳工党4席，公民民主联盟和未来力量运动各1席，独立人士9席。议长马马杜·库里巴利（Mamadou Coulibaly，人民阵线），2001年1月22日当选。2006年1月，科特迪瓦问题国际工作组宣布解散科议会，遭到科方强烈抵制，后经协调科议会继续行使职能。

【政府】本届政府于2010年3月4日成立，系2007年3月结束内战以来的第二届过渡政府。主要成员如下：总理纪尧姆·基格巴福里·索罗（Guillaume Kigbafori Soro），计划和发展国务部长博洪·布瓦布雷·保罗·安托万（BOHOUN Bouabré Paul Antoine），司法与人权掌玺国务部长科内·马马杜（KONE Mamadou），内政部长塔格罗·阿塞尼尼·德西雷（TAGRO Asségnini Désiré），经济与财政部长迪比·科菲·夏尔（DIBY Koffi Charles），国防部长阿马尼·恩盖桑·米歇尔（AMANI N'Guessan Michel），外交与非洲一体化部长卡库·热尔韦·让·马里（KACOU GERVAIS Jean-Marie），青年、体育与娱乐部长梅莱格·泰奥多尔（MELEG Théodore），畜牧业和水产资源部长杜瓦蒂·阿方斯（DOUATI Alphonse），工业与私营部门发展部长多索·穆萨（DOSSO Moussa），矿产与能源部长夸迪奥·科莫埃·奥古斯丁（KOUADIO Komoé Augustin），旅游与手工业部长科纳特·西迪基（KONATE Sidiki），经济基础设施部长班齐奥·达戈贝尔（BANZIO Dagobert），新闻部长西·萨瓦内·易卜拉欣（SY SAVANE Ibrahim），国民教育部长布勒—莱内·吉尔贝（BLEU-LAINE Gilbert），城建与住房部长科内·蒂埃莫科·梅伊利耶（KONE TIEMOKO Meyliet），农业部长库里巴利·马马杜·桑加福瓦（COULIBALY Mamadou Sangafowa），高等教育与科研部长西塞·易卜拉希马（CISSE Ibrahima），公职与就业部长吉里耶乌卢·埃米尔（GUIRIEOULOU Emile），防治艾滋病部长阿乔比·克里斯蒂娜（Mme ADJOBI Christine），家庭、妇女与社会事务部长珀蒙·阿朱瓦·让娜（PEUHMOND Adjoua Jeanne），职业教育与技术培训部长亚波·阿采·邦雅曼（YAPO ATSE Benjamin），交通部长弗林德·阿尔贝（FLINDE Albert），健康与公共卫生部长阿卡·阿韦勒·欧仁妮（AKA Aouélé Eugène），商务部长亚波·亚波·卡利斯（YAPO Yapo Calice），信息与通讯新技术部长乌加·比·戈奥雷（HOUGA Bi Gohorey），环境、水利和森林部长法迪加·卡里姆（FADIGA Karim），文化与法语国家事务部长穆塔耶·阿祖马纳（MOUTAYE Azoumana）。

【行政区划】全国划为58个省、243个县，其中阿比让和亚穆苏克罗为省级直辖市。为保障经济、社会和文化事业协调发展，1991年6月科政府将全境划为10个行政管辖区（各辖区下辖几个省，驻管辖区首府的省长负责该区协调工作，但不算一级行政机构），2000年7月增至19个。

【司法机构】1999年底政变后，原最高法院和检察院被解散。2000年7月12日，过渡政府成立最高法院，下设宪法、刑事、行政和审计四个分院。最高法院院长蒂亚·科内（Tia koné）2000年7月就任，2005年7月连任。科检察系统正在重建和调整中，尚未完全成形。目前在总统府下设有国家总检察署，行使检察和监督的职能。国家总检察长桑加雷·阿布·德拉哈马内（Sangaré Abou Drahamane）。

【政党】1990年4月30日宣布实行多党制，现有152个合法政党，主要有：

（1）科特迪瓦人民阵线（Front Populaire Ivoirien）：简称人阵。执政党。1982年，包括现任总统巴博在内的5人秘密成立带有社会党性质的政治团体。1983年3月，流亡法国的巴博将该团体命名为“科特迪瓦人民阵线”，标志着该党的正式创立。党员约80万人，骨干力量为知识分子和青年学生。在克鲁族为主的中西部地区及首都阿比让影响较大。主张平等、自由、公正和多党民主，奋斗目标是建立人人平等的民主制度，实行社会主义。1992年2月曾组织大规模游行示威，酿成打砸抢烧暴力事件。遭政府镇压后宣布放弃暴力斗争而通过选举和平夺权。1999年12月军事政变后，参与过渡政府。2000年10月，该党总统候选人巴博在大选中获胜。在2001年议会选举中，人阵占96席，成为议会第二大党。同法国社会党关系密切。主席阿非·恩盖桑（Affi N'Guessan），总书记乌雷托·西尔万·米亚卡（Oureto Sylvain Miaka）。

（2）科特迪瓦民主党（Parti Démocratique de Côte d'Ivoire）：参政党。1946年4月30日成立，创始人为科首任总统费利克斯·乌弗埃—博瓦尼，是科成立最早的政党。在阿肯族为主的中东部地区特别是亚穆苏克罗和布瓦凯市影响较大。口号是和平、自由、务实、开放和对话，主张对内通过“对话”和“和解”，实现民族团结；对外通过“对话”和“和平”，在正义的基础上建立国际政治经济新秩序。独立后至1999年底军事政变前近40年间曾长期执政。现为国民议会第一大党，占98个议席。主席亨利·科南·贝迪埃（Henri Konan Bédié），总书记阿尔方斯·马蒂·杰杰（Alphonse Mady Djédjé）。

（3）科特迪瓦共和人士联盟（Rassemblement des Républicains）：参政党。1994年9月27日成立。成员主要为原民主党内持不同政见者、原政府成员和无党派中间人士。在科北部和穆斯林地区影响较大。口号是自由、平等、民主和劳动，宗旨是通过改革推动国家实现法制化、民主化，在尊重宗教信仰的基础上加强国家机构建设，合理分配经济成果，避免贫富差距过大。1999年底军事政变后，参与过渡政府。由于该党主席瓦塔拉因国籍问题被取消参加2000年总统和立法选举的资格，曾多次举行抗议活动，酿成数次流血事件。原在国民议会中有4名议员，2005年因对巴博总统不满退出。2007年7月，一部分持不同政见者从党内分裂，创建了新科特迪瓦联盟党

（Alliance pour la nouvelle Côte d'Ivoire）。主席阿拉萨纳·德拉马纳·瓦塔拉（Alassane Dramane Ouattara），总书记亨丽埃特·迪亚巴特（Henriette Diabaté，女）。

（4）科特迪瓦民主与和平联盟（Union pour la Démocratie et la Paix de Côte d'Ivoire）：参政党。2001年2月25日成立，主要由原过渡政府首脑盖伊的支持者组成。在国民议会中有14名议员。2002年9月，该党主席盖伊在兵变中被杀。现任主席保尔·阿科托·亚奥（Paul Akoto Yao），总书记阿拉萨纳·萨利夫·恩蒂阿耶（Alassane Salif N'Diaye）。

（5）科特迪瓦劳工党（Parti Ivoirien des Travailleurs）：参政党。1992年8月召开第一次全国代表大会，通过了《关于左翼政党联合战略的决议》等文件，并选举了党的领导机构。在国民议会中有4名议员。第一书记弗朗西斯·沃迪埃（Francis Wodié）。

其他政党还有科特迪瓦民主爱国联盟（Union Démocratique et Patriotique de Côte d'Ivoire）、公民民主联盟（Union Démocratique et Citoyenne）、社会民主党（Parti Social Démocrate）等。

【重要人物】洛朗·巴博：总统。1945年5月31日生于科特迪瓦中西部加尼奥阿省的马马村。克鲁族。先后获阿比让大学历史学士学位和巴黎第七大学博士学位。曾任中学历史、地理教师，非洲历史、艺术和考古研究院研究员。有多本著作。70年代曾因筹建独立教师工会而被捕。1982～1988年流亡法国。1988年回国并秘密建立科人民阵线，任总书记。1990年参加科首次多党总统选举。1990～1996年任科国民议会议员。1996年当选为人阵主席。2000年10月22日，以人阵候选人身份当选总统。当选后不久辞去人阵主席职务。2002年4月访华。夫人西蒙娜·埃希韦特·巴博为人阵第二副主席。

经　济

独立后，实行以“自由资本主义”和“科特迪瓦化”为中心内容的自由经济体制。20世纪60、70年代经济发展迅速，国内生产总值年均增长8%，创造了“经济奇迹”。80年代后经济状况恶化。90年代中期经济一度复苏。1999年发生军事政变后，经济急剧恶化。巴博执政后，实行财政紧缩政策，开源节流，刺激出口，鼓励投资，积极改善同国际金融机构和西方国家关系，努力寻求外援，取得一定效果，经济出现复苏迹象。但2002年9月兵变后，科经济再陷困境。2004年以来，由于可可、咖啡产量增加，石油、电信行业发展较快，经济缓慢增长。2009年，科政府加大对农业、基础设施、能源、电信等领域投入，经济保持低速回升势头。2009年主要经济数据如下（资料来源：2010年5月经济季评）：

国内生产总值（GDP）：236.3亿美元。

人均国内生产总值：1125美元。

国内生产总值增长率：3.8%。

货币名称：非洲金融共同体法郎（franc de la Communauté financière d'Afrique），简称非洲法郎（FCFA）。

汇率：1美元≈472非洲法郎。

通货膨胀率：1%。

【资源】主要矿藏有钻石、黄金、锰、镍、铀、铁和石油。已探明的石油储量约2.2亿桶，天然气储量1.1万亿立方米，铁矿石15亿吨，铝矾土12亿吨，镍4.4亿吨，锰3500万吨。森林面积250万公顷。2002年以来，石油产量迅猛增长，2008年石油产量约5.7万桶/天，其中60%的石油出口美国。2006年，科石油、天然气产品出口创汇达30亿美元。

【工业】2005年工业产值约占国内生产总值的22.3%。农产品加工业是主要工业部门。其次是棉纺织业、炼油、化工、建材和木材加工工业。1996年新油田开采后，矿产能源业在工业领域所占比重逐年增加。科系西非电力出口大国，多余电力向贝宁、多哥等国出口。2008年科发电量为5673兆瓦时，2009年发电量达5761兆瓦时（其中水力发电2131兆瓦时），同比增长2.3%。近年由于国内电力缺口增加，出口量大为减少。

【农业】农业是科经济基础。全国可耕地面积为802万公顷。农业从业人口占全国劳动力的49%。农业产值占国内生产总值的26%。主要经济作物是可可和咖啡，种植面积占全国可耕地面积的60%。可可生产和出口居世界第一位，占全球供给量的40%。咖啡生产居非洲第一位，世界第三位。可可和咖啡的出口收入是国家主要外汇来源。近年来，腰果产量不断增加，已成为非洲第一、世界第三的腰果出口国，2008/2009年度腰果产量34万吨。棉花也是重要经济作物，但近年来受战乱和国际市场棉花价格波动影响，产量大幅下降。棕榈油和橡胶是传统出口产品，2009年分别达到33.9万吨和20.2万吨。粮食不能自给，主要有玉米、小米、高粱、稻米、木薯、山药等。近年来热带水果出口量亦有所增加，主要有香蕉、菠萝、木瓜等。主要农作物产量如下（单位：万吨）：

	2004/2005	2005/2006	2006/2007
可可	128.6	140.8	129.2
咖啡	13.9	13	11.7
籽棉	32.7	23	22.2

（资料来源：2008年经济季评）

森林资源丰富，木材一直是科主要出口产品。由于过量采伐、农业开发、干旱和森林火灾等原因，森林面积锐减；1960年有1500万公顷，1991年仅余250万公顷。为此，政府采取措施限制森林砍伐和木材出口，2006年出口木材39.65万吨，创汇2.83亿美元。

畜牧业不发达。禽蛋基本自给，肉类一半靠进口。

渔业产值占农业生产总值的7%，就业人口7万。年捕鱼量8万~10万吨，仅能满足20%~25%的国内消费需求。

【服务业】 服务业以商业和运输业为主。2005年服务产业产值占国内生产总值的49.8%。近年来，在国家的大力扶持下，电信业发展迅速，营业额由2007年度的5440亿非郎增至2008年度的6820亿非郎，其中82%的营业额来源于手机通讯业务。2008年度，电信业投资额达1220亿非郎，直接创造就业机会4000多个。

【旅游业】 重视发展旅游业和开发旅游资源。重要的景点有科莫埃国家公园、塔伊国家公园、宁巴山自然保护区和亚穆苏克罗和平圣母大教堂，其中科莫埃国家公园和塔伊国家公园均被联合国教科文组织列入《世界遗产名录》。经济首都阿比让毗邻几内亚湾，环绕潟湖，风景优美，素有“西非小巴黎”之称。由于多年战乱，旅游业受到严重影响。

【交通运输】 非洲交通最发达的国家之一，尤以海运和公路为最。

海运：98%以上的进出口贸易通过海运。阿比让港是西非最大的天然良港和黑非洲最大的集装箱码头，也是布基纳法索、马里、多哥等西非内陆国家的主要出海口和进出口货物的集散地。港口设备较完善，可同时停泊60多艘船只，年装卸集装箱2.2万只。设计年吞吐量为2000万吨。2009年，港口吞吐量为2403.41万吨，比上年增长8.8%。大型船舶停靠次数达6286次，同比增长9.2%。圣佩德罗港是第二大港口，年吞吐量120万吨，主要承运木材、可可等。

铁路：阿比让—瓦加杜古铁路科境内段为科唯一一条铁路。总长630公里。2004年货运量56.9万吨，客运量16.4万人次。

公路：公路网四通八达，系西非地区公路最发达的国家。总长近8.3万公里，占整个西非经货联盟道路里程的45%，其中一级公路6500公里（沥青路面）、二级公路7000公里；全国有5850个货运商行，各种车辆31.1万辆，其中货车1.7万辆。

空运：全国有大小机场28个，其中阿比让、布瓦凯、亚穆苏克罗三个机场可供大型飞机起降。阿比让机场是法语非洲国家最大的机场，2000年完成扩建和改造，年客运量由120万人次增至200万人次。据科民航总局统计，2007年运送旅客92.5万人次，同比增长12.8%。由法航控股的新科特迪瓦航空公司（NAI）于2001年3月开始运营。除经营国内航线外，新科航还开辟了至马里、加纳、利比里亚、布基纳法索、几内亚和塞拉利昂的航线。有25家外国航空公司开辟了飞往科特迪瓦的定期航班。2007年5月1日，法航恢复中断了3年的阿比让—巴黎直航。

【财政金融】 近年财政收支情况如下（单位：亿非洲法郎）：

	2006	2007	2008
收入	16872	18710	21601
支出	18194	19490	22005
差额	-1322	-780	-404

（资料来源：2008年经济季评，科特迪瓦经济与财政部2009年统计数据）

截至2009年底，外汇储备（不含黄金）为32.67亿美元，外债总额为111.75亿美元。

【对外贸易】 外贸连年顺差，在国民经济中占重要地位。主要出口可可、原油、咖啡、木材、金枪鱼、棕榈油、棉花、橡胶等，进口石油制品、机械设备、交通工具、化学制品、建筑材料、电器、食品等。近年来，石油制品及原油出口大大增加，2006年出口量占科出口总量的36.9%，首次超过可可豆及其制品的出口量（25%）。

尼日利亚和法国是科主要贸易伙伴。2008年，科主要向以下国家出口：德国11.8%，美国10.9%，荷兰10.5%，尼日利亚8.4%等；主要从以下国家进口：尼日利亚27.8%（主要是石油）、法国15.9%、中国7.6%、泰国4.1%等。近年进出口情况如下（单位：百万美元）：

	2006	2007	2008
出口额	8190.8	8476	9876.5
进口额	5038.9	5932	7918.2
差　额	3151.9	2544	1958.3

（资料来源：2008年度经济季评，科特迪瓦经济与财政部2009年统计数据）

【外国资本】 近年来，外国直接投资显著增长。主要领域为石油勘探、电力、电信、农产品加工和交通。2006年，科获外国直接投资3.15亿美元，其中2.53亿美元投于与石油相关领域。

【外国援助】 据经济合作与发展组织统计，科特迪瓦政府2007~2008年分别获得官方发展援助1.71亿美元和6.17亿美元（货币单位下同），其中双边援助分别占66%和32%。主要捐助方为：国际开发协会1.76亿，欧洲共同体1.08亿，法国0.76亿，美国0.63亿，德国0.23亿，全球基金0.15亿，阿拉伯机构0.13亿，日本0.13亿。

2009年3月，科特迪瓦达到国际货币基金组织“重债穷国”减债计划决策点，被正式列入减贫促进增长计划。此后，国际货币基金组织和世界银行分别向科提供750亿和600亿西非法郎援助，帮助科改善投资环境，促进国民经济增长。“巴黎俱乐部”和“伦敦俱乐部”分别免除科政府4000亿和2686亿非洲法郎的债务。

人民生活

根据联合国开发计划署公布的《2009年人类发展报告》，科人类发展指数在世界182个国家中排名第163位。2008年居民预期寿命57岁。77%的城市居民和不到15%的农村居民使用电力照明。科是西非地区城市化水平最高的国家，城市人口占总人口的44.6%，首都阿比让集中了全国人口的20%。2004年，全国共有137所医院（其中妇产医院70家），妇幼保健站27个，农村医疗点366个，各种医疗中心51个。2007年，全国共计有3614名医生，平均每5695人拥有1名医生，每2331人拥有1名护士，每3717名育龄妇女拥有1名助产士。截至2004年，全国84%的人口能饮用干净水，60%的人口享受基本医疗。艾滋病传播迅速，2007年艾滋病患者占15~49岁年龄段人数的4.7%，是西非艾滋病感染率最高的国家。截至2008年，约有48万人感染艾滋病，当年死于艾滋病人数达3.8万人。随着近年电信产业的迅速发展，电话、网络普及迅速。2007年，全国最大的两家电信公司登记的固定电话用户73万户。2008年新增固定电话用户增长率达40%，新增手机用户300万户，互联网用户占全国人口的3.2%。

军　事

全国武装力量创建于1960年7月27日，由武装部队、宪兵和共和国卫队组成。国防委员会为最高军事决策机构，总统兼任武装力量总司令，国防部长具体负责武装力量的管理。实行义务兵役制，服役期6个月。

截至2006年中旬，总兵力1.705万人。武装部队共8100人，其中陆军6500人，海军900人，空军700人。宪兵7600人，总统卫队1350人。另有预备役军人8950人，民兵1500人。武器装备主要由法国提供。总参谋长菲利普·芒古（Philippe Mangou）将军。

文化教育

【教育】 沿用法国教育体制。初等教育6年，中等教育分两个阶段共7年，高等教育3~4年。科政府重视教育事业。2008年度全国教育、培训投入约为11.24亿美元，占国家预算的17.5%。2007年成人文盲率51.3%。2008年小学入学率56.1%，中学入学率26.6%。科特迪瓦国立大学是一所综合性大学，设2个分校和12个学院。根据联合国教科文组织统计，2006~2007年科全国教师总数约为6.8万。此外，在国外就读学生约4万人。

【新闻出版】 全国有报刊20余种：主要报纸有《博爱晨报》（发行量约30万份）、《科特迪瓦晚报》（发行量约20万份）、《我们的道路》、《爱国者》、《民主党人》、《今日报》、《阵线》和《24小时》等日报。

科特迪瓦通讯社：官方通讯社，1961年6月2日成立。在全国各地设10个分社和6个省级记者站，同法新社、路透社及泛非国家通讯社有业务联系。

科特迪瓦国家广播电台：国家电台，分一台和二台，用法语、英语和当地语言广播。“希望电台”为私营的天主教电台，1991年3月开播。

科特迪瓦电视台：官方电视台，分电视一台和电视二台。电视一台于1963年8月开播，可覆盖85%的国土。电视二台原为电视一台的第二套彩色节目，1973年8月开播，1991年11月正式独立成台，覆盖面仅限于阿比让市方圆50公里之内。

对外关系

奉行独立、主权、平等和不干涉内政的外交政策，强调国际合作伙伴多元化。坚持睦邻友好，重视非洲团结与合作，积极参与次地区和非洲经济一体化，呼吁国际社会增加对非援助，减轻非洲债务负担。2002年内战后，将争取国际社会和地区国家的支持和理解作为外交重点，与法国关系交恶，积极发展同美国、印度等国关系。同约90个国家建立外交关系。是联合国、世界贸易组织、不结盟运动、伊斯兰会议组织、法语国家组织、非洲联盟、西非国家经济共同体和西非经济货币联盟等组织成员国。

【同中国的关系】 1983年3月2日，中科建交。建交以来，两国友好合作关系发展顺利。

2009年10月14~20日，科特迪瓦总理索罗来华出席第十届中国西部国际博览会并访问北京、深圳和上海。10月16日，温家宝总理在成都会见索罗总理。

2009年，双边贸易额为5.68亿美元，同比下降5.7%，其中中方出口额5.05亿美元，进口额0.63亿美元。

中国驻科特迪瓦大使：魏文华。馆址：Lot 45, Avenue Jacques Aka, Cocody, Abidjan。电话：22445900，22420102（经商处）。传真：22446781，22426373（经商处）。国家地区号：00225。邮政信箱：01 B. P. 3691 Abidjan 01。电子信箱：AMBCHINE@AVISO. CI。

科特迪瓦驻华大使：科菲·阿兰·尼凯斯（Coffie Alain Nicaise）。馆址：北京市三里屯北小街9号。电话：010－65321482，65323192，65321223。传真：65322407。

【同法国的关系】 1961年5月18日两国建交。科法长期保持特殊关系，签有外交、军事、经济、文化、技术等合作协定。科爆发内战后，法曾积极调解，推动科主要政治派别于2003年1月在巴黎市郊马尔库西达成和平协议。2004年11月，因科政府军误炸驻科法军兵营招致法方报复行动，两国关系一度紧张。近年来科法关系趋于缓和，双方高层往来较多。2007年9月，巴博总统在纽约联合国总部与法国总统萨科齐举行非正式会晤。12月，巴博总统出席欧盟—非洲峰会期间，与萨科齐总统举行会晤。

2008年6月，法国外长库什内访科。2009年9月以来，法方多次公开质疑科政府如期举行大选的能力和诚意，引发科方不满。

法是科最大援助国、投资国和贸易伙伴，在科投资占科外资的60%。2009年2月，法向科提供75万欧元援助，用于支持科选举及发展经济。2009年科达到国际货币基金组织"重债穷国"减债计划决策点后，法免除科2063.9亿西非法郎债务。

法对科军援每年约60万美元，在科军事顾问100多名；法在阿比让设有军事基地，常驻海军陆战队员570人。科内战爆发后，法曾向科派出4000人的"独角兽"部队，自2007年起逐步撤出，至2009年底减至950人。

【同美国的关系】 两国于1961年11月21日建交。美视科为其在西非的优先合作对象。美是科第三大贸易伙伴，对科投资和援助增加较快。2007年11月，美国副国务卿内格罗蓬特访科，分别会见了巴博总统、索罗总理及科共和人士联盟和民主党领导人。2008年7月，美国卫生与社会服务部长莱维特访科，就加强艾滋病防治、疟疾等卫生领域合作同科方交换了意见。2009年9月，巴博总统出席联大期间应邀与奥巴马总统共进工作午餐。2009年科达到国际货币基金组织"重债穷国"减债计划决策点后，美免除科1231.4亿西非法郎债务。

【同非洲国家的关系】 重视发展同非洲国家，尤其是西非地区各国的关系。巴博上台后，遍访地区国家，努力改善因1999年政变陷入的外交孤立处境，与地区绝大多数国家关系得到恢复。

同布基纳法索历史上关系密切。布在科侨民约有300万。布总统孔波雷积极调解科危机，并于2007年3月促成科有关各方签署《瓦加杜古协议》。2008年5月和8月，布总统孔波雷两度访科，并于8月30日出席了在布瓦凯市举行的焚枪解武一周年纪念仪式。8月，巴博总统对布进行首次国事访问，双方签署了两国和平友好协定并发表了联合公报。2009年3月，科外长巴卡约科访布。9月，布总统孔波雷对科进行首次国事访问。访问期间，两国元首共同主持召开了科布混委会首次会议。

同马里关系密切。科曾是马第一大贸易伙伴。科内战后，马积极参与推动和平解决科危机。2007年5月，巴博总统出席马总统杜尔连任就职仪式。7月，马总统杜尔赴科出席"和平之火"解武焚枪仪式。2009年7月，科总理索罗访马。

同几内亚关系密切。科内战后，几声明支持科民选政权。2008年2月，几内亚总理库亚特访科。10月，巴博总统出席几独立50周年庆典。12月，巴博总统致电几总理苏瓦雷，对孔戴总统逝世表示哀悼。2009年1月和4月，几过渡政府外长洛瓦两度访科，同巴博总统就几局势、双边关系等交换了意见。（李艳）

肯　尼　亚

国名　肯尼亚共和国（The Republic of Kenya）。

面积　582646平方公里。

人口　3860万（2009年），人口增长率2.7%。全国共有42个民族，主要有基库尤族（21%）、卢希亚族（14%）、卢奥族（13%）、卡伦金族（12%）和康巴族（11%）等。此外，还有少数印巴人、阿拉伯人和欧洲人。斯瓦希里语为国语，和英语同为官方语言。全国人口的45%信奉基督教新教，33%信奉天主教，10%信奉伊斯兰教，其余信奉原始宗教和印度教。

首都　内罗毕（Nairobi），人口约300万。年平均气温17.7℃。

国家元首　总统姆瓦伊·齐贝吉（Mwai Kibaki），2002年12月30日就任，2007年12月30日连任。

重要节日　国庆节：12月12日。

简　况　位于非洲东部，赤道横贯中部，东非大裂谷纵贯南北。东邻索马里，南接坦桑尼亚，西连乌干达，北与埃塞俄比亚、苏丹交界，东南濒临印度洋，海岸线长536公里。境内多高原，平均海拔1500米。全境位于热带季风区，沿海地区湿热，高原气候温和，全年最高气温为22℃～26℃，最低为10℃～14℃。

肯尼亚是人类发源地之一，境内曾出土约250万年前的人类头盖骨化石。公元7世纪，东南沿海地带已形成一些商业城市，阿拉伯人开始到此经商和定居。16世纪，葡萄牙殖民者占领了沿海地带。1890年，英、德瓜分东非，肯被划归英国，英政府于1895年宣布肯为其"东非保护地"，1920年改为殖民地。1960年3月，肯尼亚非洲民族联盟（简称"肯盟"）和肯尼亚非洲民主联盟成立。1962年2月伦敦制宪会议决定由上述两党组成联合政府。1963年5月肯举行大选，肯盟获胜。同年6月1日成立自治政府，12月12日宣告独立。1964年12月12日肯尼亚共和国成立，仍留在英联邦内，乔莫·肯雅塔为首任总统。1978年肯雅塔病逝，丹尼尔·阿拉普·莫伊继任总统达24年。

政治

独立以来，肯盟长期一党执政，1991年改行多党制后，肯盟于1992年、1997年连续两次赢得多党大选，莫伊蝉联总统。2002年12月举行第三次多党大选，反对党联盟全国彩虹联盟（全盟）击败肯盟，齐贝吉当选总统，全盟获议会多数席位。

2007年12月27日，肯尼亚举行新一轮总统和议会选举。30日选举委员会宣布民族团结党领导人齐贝吉总统获胜连任，齐于当日宣誓就职。反对党橙色民主运动总统候选人奥廷加指责执政党舞弊，组织大规模抗议活动，引发全国性骚乱。在联合国前秘书长安南调解下，双方于2008年2月28日签署《关于联合政府伙伴关系原则的协议》，并于4月13日组建联合政府。联合政府新设总理职位，负责协调政府各部门工作，奥廷加出任首位总理。联合政府成立以来运转基本正常。目前，肯政局稳定。

【宪法】1964年颁布共和国宪法，迄今已历经大小30次修改。1982年6月，肯通过修宪确立实行一党制。1991年12月改行多党制，规定：肯为多党民主国家，总统为国家元首、政府首脑兼武装部队总司令，任期5年，连任不得超过两届；当选总统需在获得多数票的同时，在全国8省中的5省得票率超过25%；总统拥有最高行政权和任免权，有权召集或解散议会；总统和内阁集体对议会负责；公民享有宗教信仰、言论、集会、结社和迁徙的自由。1997年以来，肯反对党以宪法不适应多党制要求为由，强烈要求全面修宪。1997年9月，肯颁布《修宪委员会法案》草案，开始修宪。2006年2月，齐贝吉总统宣布成立新的修宪委员会，接替任期届满的原修宪委员会。2008年2月29日起，肯大选争议双方在安南调解下进入调解“路线图”第四议程（即解决“长期问题”，包括土地、修宪、部族矛盾等），将在一年内完成。2008年5月，双方表示就第四议程的谈判接近尾声，在土地改革、修宪、减贫等领域已基本达成共识。2009年11月，国家对话与和解委员会批准《肯尼亚修宪法案2008》和《肯尼亚宪法修正案2008》文本。2010年4月，肯议会批准新宪法草案，其主要内容包括：维持总统制政体，不设总理职位，但总统权力受削弱；议会改为两院制，增设参议院；行政区划由目前的省、地区、分区、乡、村五级改为中央政府和县级政府两级区划。

【议会】国民议会成立于1963年，为肯最高立法机构，实行一院制。1992年底举行首次多党议会选举，议会中开始出现反对党席位。根据宪法，国民议会有立法、审议财政计划、通过政府财政预算、监督政府事务等职责，并有对政府提出不信任案及弹劾阁员或政府的权力。国民议会由224名议员组成，其中民选议员210名，总统指定议员12名，当然议员（国民议会议长和总检察长）2名。每届议会任期5年。本届议会成立于2008年1月，其中橙色民主运动党106席，民族团结党46席，橙色民主运动—肯尼亚18席。议长肯尼思·马伦德（Kenneth Marende）。

【政府】实行总统制。本届内阁成立于2008年4月，由总统、副总统、总理、副总理、各部部长和总检察长共43名成员组成。内阁名单如下：总统姆瓦伊·齐贝吉，副总统卡隆佐·穆西约卡（Kalonzo Musyoka），总理拉伊拉·阿莫洛·奥廷加（Raila Amollo Odinga），副总理兼财政部长乌胡鲁·肯雅塔（Uhuru Kenyatta），副总理兼地方政府部长穆萨里亚·穆达瓦迪（Musalia Mudavadi），省级行政与国家安全国务部长乔治·赛托蒂（George Saitoti），国防国务部长优素福·哈基（Yusuf Hajji），移民与人口注册国务部长杰拉尔德·奥蒂诺·卡伊旺（Gerald Otieno Kajwang），国家遗产与文化部长威廉·奥利·恩蒂马马（William Ole Ntimama），计划、国家发展与2030远景规划国务部长威克利夫·安贝察·奥帕拉尼亚（Wycliffe Ambetsa Oparanya），公共服务国务部长达尔马斯·阿尼扬戈·奥蒂诺（Dalmas Anyango Otieno），东非共同体事务部长阿马松·金吉·杰法赫（Amason Kingi Jeffah），外交部长摩西·韦坦古拉（Moses Wetangula），贸易部长兼交通部长阿莫斯·基蒙亚（Amos Kimunya），司法、民族团结及宪法事务部长穆图拉·基隆佐（Mutula Kilonzo），内罗毕都市发展部长恩吉鲁·吉萨埃（Njeru Githae），公路部长富兰克林·贝特（Franklin Bett），公共工程部长克里斯·奥布雷（Chris Obure），水利与灌溉部长夏丽蒂·卡卢基·恩吉鲁（Charity Kaluki Ngilu），地区发展部长弗雷德里克·奥穆洛·古莫（Fredrick Omulo Gumo），新闻与通讯保障部长塞缪尔·波吉西奥（Samuel Poghisio），能源部长基拉伊图·穆伦吉（Kiraitu Murungi），土地部长阿格雷·詹姆斯·奥伦戈（Aggrey James Orengo），环境与矿产资源部长约翰·米丘基（John Michuki），林业与野生动物部长诺厄·韦凯萨（Noah Wekesa），旅游部长穆罕默德·纳吉布·巴拉拉（Mohamed Najib Balala），农业部长萨利·杰普盖蒂奇·科斯盖（Sally Jepngetich Kosgei），畜牧业发展部长穆罕默德·阿卜迪·库蒂（Mohamed Abudi Kuti），渔业发展部长保罗·尼翁盖萨·奥图马（Paul Nyongesa Otuoma），肯尼亚北部及干旱地区发展部长易卜拉欣·埃勒来·穆罕默德（Ibrahim Elmi Mohamed），合作、发展与营销部长约瑟夫·尼亚加（Joseph Nyagah），工业部长亨利·基鲁罗诺·科斯盖（Henry Kiprono Kosgey），住房部长彼得·索伊塔·希坦达（Peter Soita Shitanda），特别项目部长纳奥米·沙班（Naomi Shaban），妇女与儿童事务部长埃斯特·穆鲁吉·马森格（Esther Murugi Mathenge），公共健康与卫生部长贝斯·万布伊·穆戈（Beth Wambui Mugo），医疗服务部长彼得·阿尼扬·尼翁戈（Peter Anyang' Nyong'o），劳动部长约翰·基永加·穆尼耶斯（John Kiyonga Munyes），青年体育部长海伦·杰普凯莫伊·桑比利（Helen Jepkemoi Sambili），教育部长萨姆森·凯格奥·翁盖里（Samson Kegeo Ongeri），高等教育与科技部长威廉·萨莫西·鲁托（William Samoci Ruto），总检察长阿莫斯·瓦科（Amos Wako）。

【行政区划】全国分为7个省（PROVINCE）和1个省级特区，省以下设区（DISTRICT）、乡（DIVISION）、村（LOCATION）。

【司法机构】法院分为四级，即地区法院、驻节法院、高等法院和上诉法院。在穆斯林人口占多数的地区设伊斯兰法院。首席大法官埃文斯·吉切鲁（Evans Gicheru），2003年3月任职。

【政党】目前，肯有合法政党40余个，主要政党有：

（1）橙色民主运动（Orange Democratic Movement，ODM）：议会第一大党。2005年成立。原为反对党，在2007年大选中以"变革"为主要竞选口号，获得议会近半数席位，该党领袖暨总统候选人拉伊拉·阿莫洛·奥廷加同民族团结党总统候选人齐贝吉就总统选举结果产生争议，后经调解达成和解，两党签署关于成立联合政府的协议，该党成为大执政联盟成员党，奥廷加出任联合政府总理。

（2）民族团结党（Party of Nationatl Unity，PNU）：议会第二大党。成立于2007年，最初系由肯尼亚非洲民族联盟、论坛肯尼亚党等20余个政党组成的联盟，在2007年大选中以"让工作继续"为口号。2008年8月由政党联盟转为独立政党，设个人党员和政党党员。齐贝吉总统为党领袖。

（3）橙色民主运动—肯尼亚党（Orange Democratic Movement-Kenya，ODM-K）：议会第三大党。前身为2005年底各反对党为反对政府公投修宪组成的联盟。该党在2007年大选中获得议会18席。党领袖斯蒂芬·卡隆佐·穆西约卡在大选纷争中支持齐贝吉总统，被任命为副总统。

【重要人物】**姆瓦伊·齐贝吉**：总统、武装部队总司令、民族团结党领导人。1931年11月15日生于中央省涅里区，基库尤族，信奉基督教。曾在伦敦经济学院攻读公共财政专业，并获理学士学位。1960年参与创建肯盟，任该党全国执行书记。1963年当选议员。肯独立后，历任经济计划和发展部副部长、工商部长、财政部长。1979～1988年任副总统和肯盟副主席。1988～1991年底任卫生部长。1992年1月退出肯盟，组建肯尼亚民主党并任主席。曾参加1992年和1997年两次总统选举，得票分居第3和第2位。2002年10月率民主党与其他13个反对党结成全国彩虹同盟，并被公推为总统候选人。2002年底大选获胜当选肯总统，12月30日宣誓就职。2007年12月连任。　**拉伊拉·阿莫洛·奥廷加**：总理。1945年1月7日生于尼扬扎省马塞诺地区，卢奥族。其父奥金加·奥廷加是肯民族独立运动重要领导人之一、独立后首任副总统。曾留学东德，获机械工程硕士学位。1992年当选议员，2001年6月任能源部长，2002年任公路、公共工程和住房部长。2007年底以橙色民主运动总统候选人参加大选，与齐贝吉总统就选举结果发生争议。2008年4月出任联合政府总理。

经　济

肯是撒哈拉以南非洲经济基础较好的国家之一。实行以私营经济为主、多种经济形式并存的"混合经济"体制，私营经济占整体经济的70%。农业、服务业和工业是国民经济三大支柱，茶叶、咖啡和花卉是农业三大创汇项目。旅游业较发达，为主要创汇行业之一。工业在东非地区相对发达，日用品基本自给。肯独立后，经济一度发展较快。20世纪70年代末至80年代初，受世界经济形势影响，经济陷入困境，80年代中期得到恢复。90年代初因政局动荡、西方停援及自然灾害等原因，经济滑坡。1991年起实施结构调整计划并取得成效。1994～1996年，年均经济增长率达5%。1997年起，国际货币基金组织以腐败为由中止对肯贷款，加之受自然灾害影响，经济每况愈下。2000年经济出现负增长。2001年以来，肯经济止跌并开始微弱增长。2003年以来肯政府实行严格的宏观经济稳定政策，加大调整财政政策力度，实施积极货币政策，深化结构改革，经济保持较快发展势头。2007年经济增长率达7%，增长主要来自交通和通讯（23.3%）、旅游业（16.4%）、批发和零售（15.7%）以及制造业（8.8%）。肯政府出台削减公共财政开支、加大发展投入、增加教育卫生支出等一系列政策，受到民众欢迎。2008年肯政府正式启动经济发展《2030年远景规划》，提出优先发展旅游业、农业、服务业、制造业和批发零售业等重点产业，争取年均经济增长10%，到2030年将肯发展成新兴工业化和中等发达国家。受年初大选危机、旱灾及国际金融危机影响，经济发展速度放缓，旅游业受重创，农业大幅减产，约1000万人面临饥荒威胁；出口大幅下挫，财政赤字扩大，失业率攀升至近年新高。2009年，肯尼亚政府推出经济振兴计划，加大对农业、基础设施建设和能源等领域投入，取得一定成效。但债务沉重、基础设施陈旧及腐败严重和治安不良等问题仍制约经济发展。2009年主要经济数据如下（资料来源：2009年度肯尼亚经济季评）：

国内生产总值：318亿美元。

人均国内生产总值：1596美元（按购买力平价计算）。

经济增长率：2%。

通货膨胀率：20.5%。

货币名称：肯尼亚先令。

汇率：1 美元 = 79.6 肯尼亚先令（2010 年 4 月）。

【资源】矿藏主要有纯碱、盐、萤石、石灰石、重晶石、金、银、铜、铝、锌、铌和钍等，除纯碱和萤石外，多数矿藏尚未开发。森林面积 8.7 万平方公里，占国土面积的 15%。林木储量 9.5 亿吨。

【工业】独立以后发展较快，门类比较齐全，是东非地区工业最发达的国家。以制造业为主，制造业以食品加工业为主。工业主要集中在内罗毕、蒙巴萨和基苏木三市。齐贝吉政府执政后采取税收减免等优惠政策，肯制造业年均增长 5.5%。2007 年制造业占国内生产总值的 10%，总产值 6037 亿肯先令，增长 8.1%，净增产值 1766 亿肯先令，增长 6.2%。从业人员 26.13 万，增长 2.3%。较大的企业有炼油、轮胎、水泥、轧钢、发电、汽车装配等厂。85% 的日用消费品产自国内，其中服装、纸张、食品、饮料、香烟等基本自给，有些还供出口。2008 年 6 月肯正式启动《2030 远景规划》，目标是 2030 年将肯建成新兴工业化国家，大力发展制造业是其重点之一。

近几年主要工业品产量指数（以 1976 年产量为 100）如下：

	2005	2006	2007
食品	235.6	239	268.9
饮料和烟草	229.1	263.8	319
服装	210.7	379.1	396.6
纸制品	406.2	414.2	403.4
印刷出版	419.8	286.8	295.1
石油化工	966.4	1027	1237.3
橡胶	742.4	682.3	895.3
塑料	1225	1656.3	1674.8
黏土和玻璃制品	1070.5	1836.1	1791.9
非金属矿产品	186.1	222.2	237
金属矿产品	256.1	282.1	314.5
电力机械	268.8	245.5	180.2
运输机械	836.6	1281.7	1309.9
其他工业品	1048	1443	1413

（资料来源：2008 年度肯尼亚经济季评）

【农牧渔业】农业是国民经济的支柱，2007 年肯农业增长率为 2.3%，产值约占国内生产总值的 24%，其出口占肯总出口一半以上。2008 年受大选危机及旱灾影响，增长为 -5.1%。全国 80% 以上人口从事农牧业。可耕地面积约 9.2 万平方公里（约占国土面积的 16%），其中已耕地占 73%，主要集中在西南部。肯主要粮食作物为玉米、小麦和水稻。正常年景玉米基本自给，小麦和水稻严重依赖进口。但 2008 年玉米产量从 2007 年的 3250 万袋减少到 2600 万袋，约 1000 万人面临饥荒。肯农业部制定了《2008 ~ 2012 年发展规划》，并计划将农业财政预算从目前的 3.43 亿美元（占政府预算的 3.8%）提高到占政府预算的 8%。肯是目前非洲最大的鲜花出口国，占据欧盟 31% ~ 36% 的市场份额，2007 年，花卉出口量为 19.22 万吨，增长 17.8%，产值增长 51.3%。肯还是世界上除虫菊主产国，产量占世界总产量的 80%。茶叶产量 36.96 万吨，增长 19%，但产值由 2006 年的 452 亿肯先令下降到 439 亿肯先令。渔业资源丰富，大多来自境内的淡水湖泊，其中维多利亚湖每年捕鱼量 20 余万吨，占渔业生产总量的 80% 以上。2007 年渔业产量 16.72 万吨，其中淡水鱼 16 万吨，海水鱼 0.7 万吨。近几年主要农产品产值如下（单位：百万肯先令）：

	2005	2006	2007
玉米	6342	7170	7969
小麦	2232	2073	3074
花卉	22897	23561	42375
蔬菜	13891	17823	21038
水果	2050	1737	1998
甘蔗	9170	9999	11704
除虫菊	158	74	99
咖啡	8999	10024	9090
茶叶	38830	45162	43887
剑麻	1289	1228	1493
牛	13064	13403	13452
奶制品	5313	6494	8462
禽蛋	1902	2187	1872

（资料来源：2009 年度肯尼亚经济季评）

【旅游业】支柱产业，直接创造就业 25 万人，间接就业 55 万人。2007 年因政府加大对传统市场和远东市场的推广力度，来肯外国游客数量达 181 万人次，增长 13.5%；旅游业收入达 654 亿肯先令，增长 16.4%，其中来自外国游客的收入达 613 亿肯先令，增长 23.6%。2008 年初受肯大选危机影响，游客数减半，旅游业增长为 -36.1%，2009 年有所恢复。主要旅游点有内罗毕、察沃、安博塞利、纳库鲁、马赛马拉等地的国家公园、湖泊风景区及东非大裂谷、肯尼亚山和蒙巴萨海滨等。近年肯旅游业统计数据如下：

	2005	2006	2007
离肯旅客数（万人）	146.1	160	181
平均逗留时间（天）	12.3	12.1	11.9
可用床位数（万张）	108.5	130	147.1
床位预定率（%）	41.3	45.5	47.2

（资料来源：2009 年度肯尼亚经济季评）

【交通运输】以公路运输为主。2007/2008 财年，肯政府基础设施投入翻一番，达 167 亿肯先令，其中公路投入居首位。2007 年公路运输产值占运输业总产值的 50.4%，同比增长 9.7%。

公路：肯公路网总长 6.4 万公里，但其中仅 9000 多公里沥青路，且目前大多路况较差。齐贝吉总统执政以来，加大对公路等基础设施的投入，将其作为经济发展战略的重要内容。2004 年世界银行向肯提供 2.07 亿美元用于肯交通项目，欧盟也向肯交通项目提供了融资。2007 年肯政府公路支出预算达 8300 万美元。2007 年肯车辆注册量为 85324 辆，同比增长 61.5%。

铁路：总长 2765 公里，为窄轨铁路，机车 83 辆。2007 年货运量 230 万吨，增长 21.8%，客运里程 14000 万公里，减少 47%。

水运：蒙巴萨港是东非最大港口，有 21 个深水泊位、2 个大型输油码头，可停泊 2 万吨级货轮，总吞吐量可达 2200 万吨，2007 年货物总吞吐量增长 10.7%，达 1596 万吨，其中进口货物量占 81.1%。2008 年 8 月起开始 24 小时运转。

空运：全国共有 3 个国际机场，4 个国内机场和 400 多个小型或简易机场。肯尼亚航空公司开设 40 余条国际航线，在全球设有 98 个办事处。2007 年旅客总量 703.9 万人次，增长 11.3%。

管道运输：肯 1978 年建成蒙巴萨—内罗毕输油管，现已扩建至纳库鲁、埃尔多雷特和基苏木。

【财政金融】 财政收入主要靠税收。2007/2008 财年肯中央政府财政收入（含外国无偿援助）增长 21.4%，达 4733 亿肯先令；支出增长 39%，达 5992 亿肯先令。近几年财政收支情况如下（单位：亿肯先令）：

	2006/2007	2007/2008	2008/2009
总收入	3885	4733	5466
国内收入	3730	4394	5128
捐赠	155	339	338
总支出	4204	5992	6736
经常支出	3404	4296	4707
发展支出	800	1697	1962
差额	-319	-1259	-1270
占 GDP 百分比	-1.8	-6.1	-5.3

（资料来源：2008 年度肯尼亚经济季评）

截至 2009 年底，国际储备 40 亿美元，债务总额 8603 亿肯先令，以长期债务为主，其中外债 4297 亿肯先令，占 GDP 的 21%。

截至 2008 年，肯共有 42 家商业银行、1 家非银行金融机构、2 家抵押金融公司、2 家住宅协会和 95 家汇兑机构，其中四大商业银行——巴克莱银行、渣打银行、肯尼亚商业银行和肯尼亚国民银行业务总量占肯金融业的 60%。

【对外贸易】 在国家经济中占有重要地位，出口总额占国内生产总值的 27%。近几年对外贸易情况如下（单位：百万美元）：

	2005	2006	2007
出口总额	3294.7	3438.2	4477.4
农作物	591.7	677.0	842.6
茶	560.8	656.7	694.5
咖啡	119.9	126.7	154.9
鱼	61.0	55.1	61.2
进口总额	6147.8	7307.4	8989.0
食品	349.7	443.6	605.6
工业原料	1916.3	2231.4	2904.3
消费品	398.0	501.2	660.2
差额	-2853.1	-3869.2	-4544.6

（资料来源：2008 年度肯尼亚经济季评）

主要出口商品为茶叶、咖啡、花卉、水泥、剑麻、除虫菊、纯碱、皮革、肉类和石油产品等；主要进口商品为原油、机械、钢铁、车辆、药品、化肥等。2007 年主要出口国为乌干达（16.6%）、英国（9.8%）、荷兰（8.3%）、坦桑尼亚（8%）；主要进口国为阿联酋（11%）、中国（10%）、印度（8.6%）和沙特阿拉伯（7.7%）。

【外国资本】 肯自 1963 年独立以来，一向重视吸收利用外国资本为本国经济建设服务。1964 年政府颁布实施《外国投资保护法》。目前，英、美、德、法等国在肯设有数百家公司，投资领域遍及农业、工业、商业、旅游、金融、交通运输等部门。2007 年外国直接投资 7.28 亿美元。

【外国援助】 主要援助国和国际组织有日本、德国、英国、美国、法国以及世界银行、国际货币基金组织、国际开发协会、联合国开发计划署、非洲开发银行、欧洲发展基金和环球基金等。外援主要用于农业、军事、交通运输、教育、卫生、电讯及社会发展项目。1995～2000 年，援助占政府财政收入的 10%，年均 2.3 亿美元。2003 年，肯政府共收到来自世行、非洲开发银行和欧盟国家的财政援助 77 亿肯先令。2006～2008 年，西方国家及国际金融机构共向肯提供 2207 亿肯先令的发展援助。

人民生活

2007 年肯劳动人口 1620 万。全国贫困率 45.9%，人均寿命 54 岁。2008 年，肯人口中艾滋病感染者 140 万，成年人感染率为 7.8%。肯普通民众的就医状况较差，2006 年肯有各类卫生医疗机构 5170 家，增长 5.3%；医疗系统从业人员 7.9 万人，增长 9.2%。2007 年联合国人类发展报告中将肯尼亚人类发展指数列为世界 177 个国家中的第 148 位。

军　事

1963 年独立后建军。总统兼任武装部队总司令，由总参谋长、陆、海、空三军司令、国防国务部长及主管军队财政拨款的总统府副常秘 6 人组成的国防委员会是最高军事决策机构，向总统负责；总参谋部是最高军事指挥机构，总统通过总参谋长统帅全军。实行志愿兵役制。现役人数 2.41 万人，其中陆军 2 万人，海军 1620 人，空军 2500 人，另有准军事部队约 5000 人。

1997年成立国防学院，培养上校和准将级军官，以及高级警察和文职官员等。1998年5月，肯政府改组军队指挥系统，成立西部军区、东部军区和中央行政与后勤指挥中心。第6任总参谋长杰鲁米·姆·基安加（Jeremiah M. Kianga）上将，2005年8月任职至今。

文化教育

【教育】政府重视发展教育事业，教育经费一直占政府财政支出的20%左右。近年来肯教育预算支出逐年上升，2007年占预算支出总额的1/3（GDP的7.4%）。教育体制分为正规和非正规教育两类，正规教育实行小学、中学、大学"8-4-4"学制。非正规教育包括成人教育和扫盲活动。2006年成人识字率为84.3%。高等学府有内罗毕大学、莫伊大学、肯雅塔大学、埃格顿大学、肯雅塔农业技术大学和马塞诺大学。另有30个职业培训学校，3所技校和12所私立大学。2003年1月起实行8年免费初等教育。2007年肯学校、学生和师资情况如下：

	学校（所）	学生（万人）	教师（万人）
小学	18901	830	17.8
中学	3028	103.8	3.83
公立大学	6	11.22	5000

（资料来源：2008年度肯尼亚经济季评）

【新闻出版】2003年全国各种英文报刊日发行总量约152.68万份，各种斯瓦希里语报纸日发行量约为9万份。主要报刊：《民族日报》，英文版，发行量约20万份；《东非旗帜报》，英文日报，发行量约7万份；《今日民族报》，斯瓦希里语日报，发行量约5万份；《肯尼亚时报》，英文日报，前执政党肯盟机关报，发行量约5.2万份；《每周评论》，肯最大的私营英文周刊，发行量约1.85万份；《东非人报》，英文周报，1994年11月首次发行，在肯尼亚、乌干达和坦桑尼亚同时出版。斯瓦希里语报以《民族日报》媒体集团创办的《塔伊法》（意为"今日民族报"）最有影响。

肯尼亚通讯社为官方通讯社，成立于1963年，向内罗毕的广播电台、电视台和报刊提供新闻和图片。

肯尼亚广播公司，系英殖民者建立，电台于1927年开播，用英语、斯瓦希里语、印地语和15种非洲语言广播。1963年肯独立后，将其收归国有，改名为"肯尼亚之声"。

肯尼亚广播电视公司，1987年成立，系肯目前规模最大、广播电视节目能覆盖全国的广播电视公司。"肯尼亚电视网"，1989年成立，肯第一家私营电视台，用英语播放。至2004年底，肯政府已为14个电视台的82个频道及42家电台的163个频率发放了经营许可证，目前已有39个电视频道和90个电台频率正式播放，但覆盖范围主要限于内罗毕、蒙巴萨等大城市。

对外关系

奉行和平、睦邻友好和不结盟的外交政策，积极参与地区和国际事务，大力推动地区政治、经济一体化，反对外来干涉，重视发展同西方及邻国的关系，注意同各国发展经济和贸易关系，开展全方位务实外交，强调外交为经济服务。

肯是联合国、非洲联盟、不结盟运动、七十七国集团成员国，洛美协定签字国，也是政府间发展组织、东部和南部非洲共同市场、东非共同体和环印度洋地区合作联盟等次地区组织的成员。联合国在内罗毕设有办事处，联合国环境规划署和联合国人类住区规划署总部设在内罗毕。截至2008年，肯同107个国家建立了外交关系。

【对当前重大国际问题的态度】关于国际政治经济新秩序：认为现存的国际政治经济新秩序对广大发展中国家不公正、不合理。西方推行霸权主义和强权政治，并利用现存的国际经济秩序从发展中国家渔利，客观上造成了发展中国家特别是非洲国家的贫困。主张政治上遵守《联合国宪章》，恪守主权平等和互不干涉内政等基本国际关系准则；经济上加大发展中国家在制定"游戏规则"中的参与程度，推动建立公正、合理的国际政治经济新秩序。

关于非洲问题：认为冲突、动荡是阻碍非洲发展最主要的因素，主张维护和促进非洲团结合作，以和平方式解决非洲国家之间的争端。非洲在经济全球化中面临进一步被边缘化的威胁，非洲国家应联合自强，通过经济一体化提高应对全球化挑战的能力。呼吁发达国家大幅度减免非洲债务，增加对非发展援助，向非洲产品开放市场。

关于联合国改革：主张对联合国机制和制度进行必要的改革，使其更具透明度和代表性，在决策方面更加民主、高效。主张增强联合国在维护国际和平与安全方面的作用，并在联大与安理会之间建立更加平衡的关系。正式提出争当扩大后的安理会常任理事国。肯是非盟联合国改革十国元首委员会成员，主张坚持非盟共同立场。

关于人权问题：认为生存权和发展权是基本人权。发展中国家在贫穷的状态下，首先应解决生存和发展问题，否则民主、自由及其他政治、经济和社会权利无从谈起。主张通过对话加强国际人权交流，反对在人权领域搞对抗，反对西方国家利用人权问题对别国施压。

关于气候变化：肯是非洲气候变化国家元首和政府首脑委员会（"8国+2人"机制）成员，支持非盟共同立场。坚持共同但有区别的责任原则，要求发达国家率先减排，反对为发展中国家设定强制减排指标。认为发达国家应该向发展中国家提供资金和技术，帮助其提高适应气候变化的能力。主张联合国环境规划署在气候变化谈判中发挥关键作用。

关于国际金融危机：认为国际金融危机在出口、外债、外资等领域均对肯尼亚产生负面影响，危机产生的根源是国际金融体系存在严重问题。主张推进国际金融体制改革，重组国际货币基金组织，使之真正成为国际信贷的砥柱。要求非洲等发展中国家在改革过程中享有话语权。

【同中国的关系】1963 年 12 月 14 日两国建交。1978 年中国改革开放后，两国关系日益密切，江泽民主席（1996 年）、李鹏委员长（1999 年）、朱镕基总理（2002 年）、吴邦国委员长（2004 年）、胡锦涛主席（2006 年）、全国政协主席贾庆林（2007 年）等先后访肯。肯总统莫伊曾于 1980 年、1988 年、1994 年三次访华，齐贝吉总统于 2005 年访华，2006 年 11 月来华出席中非合作论坛北京峰会，2010 年 4 月底 5 月初访华并出席上海世博会开幕式。

2009 年，两国友好合作关系进一步深入发展。中方访肯的重要团组有：中共中央政治局委员、全国人大常委会副委员长王兆国、全国政协副主席、中非友好协会会长阿不来提·阿布都热西提、商务部部长陈德铭、科技部部长万钢、中共中央对外联络部部长王家瑞等。肯方访华的重要团组有：总理奥廷加赴成都出席第十届中国西部国际博览会、国民议会议长马伦德、副总理兼地方政府部长穆达瓦迪等。2 月和 11 月，两国外交部举行了两轮领事磋商。

中国驻肯尼亚大使：邓洪波。馆址：WOODLANDS ROAD，KILIMANI DISTRICT，NAIROBI。电话：2722559，2726851，2721434（经参处）。电传：23011 CECOMKE（商务处）；传真：2726402。区号：0025420

肯尼亚驻华大使：松库利（Mr. Julius Lekakeny Ole Sunkuli）。馆址：北京市三里屯西六街 4 号。电话：010－65323381，65322473。传真：65321770。

【同英国的关系】英国是肯原宗主国，两国在政治、经济和军事上保持着传统的密切关系。英是肯主要双边援助国之一。肯独立到 1994 年 6 月，英援总额达 7 亿英镑。2003 年起，英每财年向肯提供双边援助约 5000 万英镑。英是肯第一大投资者，对肯投资总额超过 10 亿英镑。英每年向肯提供 500 个奖学金名额，目前肯有 5000 多名学生在英国留学。2006 年两国续签了军事合作协议。2007 年底肯大选争端引发人道主义危机后，英国宣布向肯红十字会提供 100 万英镑人道主义援助。2008 年 7 月，奥廷加总理访英，与英首相布朗举行会谈。英宣布向肯提供 900 万英镑援助，用于重建项目和非政府组织能力建设。

【同美国的关系】近年来，肯为争取美援、美为获得肯配合其在东非地区反恐，两国关系发展较快。肯是接受美援助最多的黑非洲国家之一，近年来每年约 5 亿美元。肯自 2000 年成为美“非洲增长与机会法”的首批受益国以来，对美纺织品出口激增，1999 年为 1000 万美元，2002 年增到 1.27 亿美元。目前，美系肯第 7 大出口国和第 5 大进口国。2000 年美对肯投资 2.38 亿美元，近百家美公司在肯设代表处。2004 年 1 月，肯美在肯拉穆群岛附近举行代号为“尖槌 04”的联合军事演习。2005 年 6 月，美要求肯签订不向国际刑事法庭提交美罪犯的协议，遭肯拒绝，美因此冻结对肯军事培训援助。2007 年底肯大选争议导致局势动荡后美积极调解，国务卿赖斯、助理国务卿弗雷泽先后访肯，会见了争议双方领导人和安南并转达布什总统口信。2008 年 3 月，美民众为肯人道主义危机捐款 2500 万美元。5 月，美军舰访并与肯举行了联合训练。6 月，奥廷加总理访美，会见了国务卿赖斯、国家安全顾问哈德雷及参、众议院主要领导人。美宣布再向肯提供 9000 万美元的重建援助，并承诺两年内进一步扩大对肯经援力度。2009 年 5 月，美国务院非洲事务助卿卡森和白宫国安会非洲事务高级主任加文访肯，肯总理奥廷加访美。8 月，美国务卿克林顿访肯。

【同邻国的关系】同各邻国关系均友好。肯同坦桑尼亚、乌干达组建东非共同体并吸收卢旺达、布隆迪加入，致力于实现地区政治、经济一体化。

肯与坦桑尼亚关系友好，两国间的合作不断扩大。两国领导人均强调加强双边合作的重要性。双方同意建立联合委员会促进双边贸易和合作，并简化移民程序，为两国人员往来和物资交流提供便利，促进地区一体化进程。2006 年 3 月，坦总统基奎特访肯。12 月，齐贝吉总统出席坦独立 45 周年庆典。2008 年 2 月 26 日，担任非盟轮值主席的坦总统基奎特赴肯调解肯大选争端，为争议双方最终签署《关于联合政府伙伴关系原则的协议》发挥了关键作用。2009 年 5 月，肯副总统穆西约卡访坦，双方同意在本地区印度洋海域联合打击索马里海盗。7 月，齐贝吉总统访坦。

肯同乌干达关系友好。两国经贸关系密切，乌系肯最大商品出口国，肯为乌最大的外国投资商。2004 年 12 月，两国签署直达铁路运输协议。2006 年 4 月，齐贝吉总统赴乌出席穆塞韦尼总统就职仪式。7 月，穆塞韦尼总统访肯。2008 年 1 月，担任东非共同体轮值主席的穆塞韦尼总统赴肯调解肯大选争端。近期肯与乌就米金戈岛归属产生争议，肯重申坚决维护国家领土完整但坚持以外交手段和平解决问题。2009 年 4 月，齐贝吉总统和穆塞韦尼总统在东非共同体首脑峰会上会晤，双方同意通过联合勘界委员会解决争端，5 月，双方正式启动联合勘界。

肯积极推动索马里和平进程。2002 年 10 月，肯在东非政府间发展组织授权下在肯西部城镇埃尔多雷特主持召开新一轮索马里和会。2004 年 1 月，索各派在肯就索宪章修正案和建立新国民议会签署协议。8月后，索和会先后产生过渡联邦议会、政府和总统。2005年6月起，过渡政府从内罗毕迁回索境内。2006年9月齐贝吉总统在出席伊加特在内罗毕召开的特别首脑会议期间，会见了索过渡联邦政府总统优素福、埃塞总理梅莱斯，共同讨论了在索部署伊加特和平支助团等议题。2007年8月，齐贝吉总统会见来访的优素福总统。肯支持艾哈迈德当选索马里新总统并成立新过渡联邦政府。2009年6月，奥廷加总理会见索过渡联邦政府总理舍马克。

肯主张和平解决苏丹内部冲突，曾先后十余次主持苏丹和谈。2001年5月，肯作为伊加特苏丹问题委员会主席国在肯主持苏丹和谈。2005年1月，苏丹政府与南方反政府武装在肯尼亚内罗毕签署全面和平协议。7月，齐贝吉总统出席苏丹过渡宪法签署及苏丹新政府成立仪式。2006年7月，苏第一副总统、南方政府主席马亚尔迪特访肯。2007年5月和2009年5月，苏第一副总统兼南方政府主席基尔访肯。

（柳琼）

莱索托

国名 莱索托王国（The Kingdom of Lesotho）。

面积 30344平方公里。

人口 235万，年增长率为2%（2006年）。绝大多数人口属班图语系的巴苏陀族和祖鲁族。通用英语和塞苏陀语。约90%的居民信奉基督教新教和天主教，其余信奉原始宗教和伊斯兰教。

首都 马塞卢（Maseru），海拔1500米。人口约38.5万，其中城区人口约15万。全年最高气温33℃，最低气温－3℃。

国家元首 国王莱齐耶三世（Letsie III），1996年2月7日登基，1997年10月31日加冕。

重要节日 莫舒舒日：3月11日；英雄日：4月4日；国王诞辰：7月17日；独立日：10月4日。

简况

非洲南部内陆国家，东部75%的国土是山地，最高海拔3482米。西部25%的狭长地带为地势较平缓的低地，最低海拔1388米。主要山脉是马洛蒂山和德拉肯斯堡山，主要河流是奥兰治河和卡勒登河。四周为南非所环抱。属大陆性亚热带气候。5～9月为旱季，10～4月为雨季，最高气温33℃，最低－7℃。

独立前称巴苏陀兰。19世纪初，巴苏陀族酋长莫舒舒一世统一各族，建立了王国。1868年，英国正式宣布巴苏陀兰为其“保护地”，并于1871年将其并入英国在南非的开普殖民地。1966年10月4日宣布独立，定名为莱索托王国，实行君主立宪制，莫舒舒二世任国王，巴索托国民党领导人乔纳森任首相。1970年举行独立后首次大选，巴苏陀兰大会党获胜。巴索托国民党政府宣布选举结果无效，并实行紧急状态，取缔反对党。1986年，武装部队司令莱哈尼耶少将发动军事政变，接管政权并禁止政党活动。1990年11月，军政府废黜莫舒舒二世，立其长子莱齐耶为国王。1993年3月，军政府“还政于民”，举行莱第二次大选，巴苏陀兰大会党获胜，该党主席莫赫勒出任首相。1995年1月，莫舒舒二世复位。1996年1月，莫舒舒二世遇车祸身亡。2月，莱齐耶再度登基。1998年5月举行第三次大选，民主大会党以绝对优势取胜，该党主席莫西西利任首相。反对党不承认选举结果并持续采取抗议活动抵制新政府，部分军人哗变，莱爆发严重动乱。应莱政府要求，南非、博茨瓦纳以南部非洲发展共同体名义派军队入莱平定动乱。在南共体调解下，执政党与反对党经过三年多的谈判，就以混合选举模式重新举行大选方式达成一致。2002年5月和2007年2月，莱按照混合选举模式顺利举行大选，民主大会党连续赢得大选，莫西西利均蝉联首相。

政治

2007年大选结束后，反对党对选举模式提出异议，曾不断举行抗议活动，并就选举结果诉至莱高等法院。政府维持与反对党的对话渠道，致力于改善民生和发展经济，政局总体保持稳定。2008年7月，莱高等法院驳回了反对党针对选举结果的诉讼。2009年7月，南部非洲发展共同体（南共体）任命的莱索托选后纷争调解人、博茨瓦纳前总统马西雷多次赴莱调解无果后，宣布调解结束。10月26～27日，由莫桑比克、赞比亚、斯威士兰外长组成的南共体三驾马车部长级代表团赴莱索托评估莱选后政治对话进程，但未能取得实质性进展。

【宪法】现行宪法于1993年3月颁布生效。宪法规定：国王为国家元首和立宪君主；内阁为行政机构，首相为政府首脑。

【议会】实行两院议会制。参议院有33个席位，由国王根据首相意愿指定的11名议员和22名大酋长组成，主席为莱塔帕塔·马卡奥拉（Letapata Makhaola）。众议院由120名议员组成，议员通过选区代表制和比例代表制选举产生，任期5年。本届议会于2007年3月根据大选结果组成。历经两次补选，目前，民主大会党占73席，全巴索托大会党占19席，民族独立党占11席，其它17席由莱索托工人党、巴索托国民党、大会党联盟等占有。众议长恩特洛伊·莫察梅女士（Ntlhoi Motsamai）。

【政府】本届政府于2007年3月组成。内阁主要成员有：首相兼国防与国家安全大臣帕卡利塔·莫西西利（Pakalitha Mosisili），副首相兼内政与公共安全、议会事务大臣莱绍·莱霍拉（Lesao Lehohla），外交大臣莫赫拉比·采科阿（Mohlabi Tsekoa），通讯、科学与技术大臣莫泰乔阿·梅青（Mothetjoa Metsing），贸易、工业、合作社与市场大臣波帕内·莱贝萨（Popane Lebesa），妇女、青年、体育与娱乐大臣玛塔比索·莱波诺（Mathabiso Lepono，女），教育与培训大臣曼福诺·哈克特拉（Mamphono Khaketla，女），地方政府大臣庞措·塞卡特尔（Pontso Sekatle，女），卫生与社会福利大臣姆富·拉马特拉彭（Mphu Ramatlapeng，女），司法、人权、教化与法律和宪法事务大臣姆佩奥·马哈塞（Mpeo Mahase，女），财政与发展计划大臣蒂莫西·塔哈内（Timothy Thahane），旅游、环境与文化大臣莱博杭·恩齐尼（Lebohang Nts'inyi，女），自然资源大臣蒙莫尼亚内·莫莱莱基（Monyane Moleleki），林业与土地开发大臣拉莱查特·莫科塞（Ralechate Mokose），工程与运输大臣采莱·恰克拉（Tsele Chakela），劳动与就业大臣摩西·马塞梅内（Moses Masemene），首相府大臣莫特洛和洛阿·普科（Motloheloa Phooko）。

【行政区划】全国划为10个行政区。2005年4月，莱举行了1966年独立以来首届地方政府选举，目前由社区理事会（Community Council）理事管理地方行政事务。全国成立了129个社区理事会，每个理事会由9～15名理事（人数需为奇数）组成。其中2名理事在酋长中产生，其余理事席位由各党推举的候选人及独立候选人竞争。地方政府任期为两年。

【司法机构】司法体系基于罗马—荷兰法。由高等法院、上诉法院、10个行政区级法院和酋长主持下的地方习惯法法庭组成。根据莱宪法，上诉法院和高等法院法官可以由外籍人士担任，但上诉法院法官必须是英联邦国家公民。首席大法官马哈佩拉·莱波航·莱霍拉（Mahapela Lebohang Lehohla）。

【政党】注册政党共有19个，其中11个政党在本届议会中占有席位。主要政党有：

（1）莱索托民主大会党（Lesotho Congress for Democracy）：执政党。1997年6月，巴苏陀兰大会党发生分裂，以莫赫勒为首的"首相派"脱离大会党，成立民主大会党并执政。1998年5月，民主大会党在大选中获胜继续执政。2001年，由于该党原副领袖马霍佩另立新党，民主大会党分裂。在2002年5月的大选中以绝对优势获胜，继续执政。2006年，原通讯大臣塔巴内另立新党，该党再度分裂，实力遭到削弱。2007年大选中该党获得72个议席，继续执政。该党具有较广泛的社会基础，主张为国家的经济发展创造良好条件，提高社会与卫生服务质量，改革教育制度，提供更多的就业机会，减少贫困。领袖帕卡利塔·莫西西利，副领袖莱绍·莱霍拉，总书记莫泰乔阿·梅青。

（2）全巴索托大会党（All Basotho Convention Party）：2006年10月成立，由原通讯大臣塔巴内脱离执政党民主大会党而成立。提出反腐败、均贫富、打击犯罪、提高养老金数额等政策主张，在城镇居民中有一定基础。2007年大选该党获得24个议席，成为第一大反对党。领袖莫措阿哈·托马斯·塔巴内（Motsoahae Thomas Thabane）。

（3）民族独立党（National Independent Party）：1979年成立。2002年大选中获得5个议席，2007年2月大选中通过与民主大会党结盟获得10个议席。党领袖安东尼·马涅里（Anthony Manyeli）。

（4）莱索托工人党（Lesotho Workers Party）：2000年成立。2002年大选中获得议会1个席位，2007年2月大选中通过与全巴索托大会党结盟获得3个议席。党领袖玛卡法·比尔（Macaefa Billy）。

（5）巴索托国民党（Basotho National Party）：1958年成立，曾于1966～1986年执政。2006年该党公开分裂，实力受损。在2007年2月大选中该党赢得3席。主张政府权力由巴苏陀人掌握，效忠于英王和当地最高酋长，得到天主教会和酋长的支持。领袖莱哈尼亚（Justin Metsing Lekhanya），总书记马泰泰（Ranthomeng Matete）。

此外还有巴苏陀兰大会党（Basotholand Congress Party）、莱索托人民大会党（Lesotho People's Congress）、马里马特卢—自由党（Marema-Tlou-Freedom Party）、莱索托共产党（Communist Party of Lesotho）、科帕纳·巴索托党（Kopanang Basotho Party）等政党。

【重要人物】莱齐耶三世：国王。1963年7月17日生于莱莫里加地区。为已故国王莫舒舒二世的长子。1968～1980年在英国就读小学和中学。1980～1984年在莱索托大学学习并获法学士学位。1984～1986年取得英国布里斯托尔大学英国法律文凭。1986～1987年在剑桥大学和伦敦大学怀伊学院进修发展学和农业经济学。学成归国后，于1989年12月被任命为马欣地区大酋长，并曾在马塞卢市政厅和制宪会议任职。1990年11月即位，1995年1月让位于其父莫舒舒二世。1996年1月莫舒舒二世因车祸身亡后于2月7日再次登基。1997年10月31日举行加冕典礼。1999年10月非正式访华。2010年初因私访问香港。　**帕卡利塔·莫西西利**：首相兼国防与国家安全大臣。1945年3月14日生于加查斯内克地区。1966～1970年在博茨瓦纳—莱索托—斯威士兰大学读书，获文学学士学位和教育学证书。1975～1976年在美国威斯康星大学学习，获文学硕士学位。1979～1982年在加拿大西蒙·弗雷泽大学学习，获教育学硕士学位。1972～1993年曾长期从事教学工作。至今仍是南部非洲多家学术机构的成员。于1967年加入巴苏陀兰大会党，直至1997年6月脱离该党参加新建党——民主大会党。1998年2月至今任民主大会党领袖。1993～1995年任教育、培训、体育、文化与青年事务大臣，1995～1998年任副首相。1998年5月任首相。2002年5月和2007年2月连任。2001年12月和2005年11月两度访华。2006年11月来华出席中非合作论坛北京峰会。

经　济

自然资源贫乏，经济基础薄弱，是联合国宣布的世界最不发达国家之一。经济以农牧业和服装加工出口为主，粮食不能自给。侨汇也是国民收入主要来源之一。近年来，莱政府积极实施《2020年国家经济发展远景规划》，改善投资环境，努力扩大就业，发展农业和基础设施建设，经济有所发展，钻石开采业成为新的经济增长点。但2008年下半年以来，受国际金融危机影响，莱服装加工业面临困境，侨汇收入锐减，经济形势严峻。

2009年，金融危机对莱影响逐渐显现，政府收入减少、失业率上升。莱政府采取削减预算、扩大税收来源、扶植纺织业发展等政策措施，取得一定成效。2009年主要经济数据如下（资料来源：2010年5月份《经济季评》）：

国内生产总值：20亿美元。

人均国内生产总值：约830美元。

国内生产总值增长率：1.6%。

货币名称：洛蒂（loti），复数为马洛蒂（Maloti）。与南非兰特挂钩等值。

平均汇率：1美元=8.5马洛蒂。

通货膨胀率：7.2%。

外汇储备：10亿美元。

外贸总额：24.14亿美元。

外债：7亿美元。

【工业】以制造业和食品加工为主，生产成衣、制革、食品、饮料、建材、家具、电子等。莱境内的高原水利工程于1991年动工，是非洲最大的水利工程之一，由莱索托和南非共同出资兴建。该工程第一阶段已竣工，莱索托通过向南非输水每年创造可观收入，并可解决自身电力需求。2000年以来，随着欧美相继向莱开放无关税、无配额的市场，纺织、服装、制鞋等高附加值的出口加工产业发展迅速，成衣业成为莱国民经济第一大支柱产业。莱成为撒哈拉以南非洲地区对美最大服装出口国和美在非第八大贸易伙伴，每年向美出口成衣创汇约5亿美元。目前莱有3000条生产线可用于生产对外出口的无配额及免税商品。2006年，由于《非洲增长与机会法案》第三国原料优惠期延长，政府对成衣企业实施优惠税收政策，加之货币贬值，莱纺织服装业出现复苏，就业人数从低谷时的不足4万人回升到4.6万人。2008年下半年以来，受国际金融危机影响，莱服装加工业面临困境，出口下降，多家工厂停产或关闭。2009年，莱纺织品出口由于美国市场需求减少而下降，出口额较2007年下降了30%。

【矿业】以钻石开采业为主，另有少量煤、方铅、石英、玛瑙及铀蕴藏，但不具商业开采价值。2007年矿业产值达7.64亿马洛蒂。钻石业发展较快，成为新的经济增长点，2007年莱两大主要钻石公司均宣布钻石产量有大幅增长。受国际金融危机影响，2009年莱钻石出口同比下降超过50%。

【农牧业】农业人口占全国人口的80%，农业劳动力占全国劳动力总数的50%。由于水土流失，可耕地逐年减少，现有可耕地面积18万公顷，约占全国面积的10%。农业产值在国民经济中比重不断下降，现占15%左右。

畜牧业占重要地位，全国66%的土地可供放牧，以养羊业为主，是非洲著名马海毛产地。

【金融业】莱有多家商业银行和专业金融机构，但主要为南非标准银行（Standard Bank）和莱利银行（Ned Bank）垄断。莱索托中央银行负责金融业的监管。银行服务范围目前仅限于城镇地区。

【服务业】2007年莱服务业总产值为45.48亿马洛蒂，占国内生产总值的38.6%。

【旅游业】政府鼓励发展旅游业，近年修建了一些旅馆和山区度假村以及一座国家公园，游客多来自南非。莱索托高原水利工程极大地促进了莱山区旅游业的发展。滑雪已成为新兴旅游项目。莱目前有大小旅店100余家，35%在首都；旅客床位4千多个，其中一半在首都。2006年旅游业收入7870万马洛蒂，游客近27万人次。

【交通运输】公路：总长7436公里，其中柏油路1189公里，砂石路3793公里，土路2454公里。

铁路：莱无独立铁路系统，仅有南非延伸至首都马塞卢的2.6公里铁路运送有限的物资。

空运：莱主要机场为马塞卢莫舒舒国际机场，可起降中型民用客机，每日有4个航班来往于马塞卢和南非约翰内斯堡航线，由南非航空公司运营。全国另有小机场30余个，没有航班，仅以国内运输为主，大多只能起降直升机。

【通讯】莱通讯事业近年来发展迅速。2006年有固定电话线路5.3万条，电话占有率为3%。移动电话业务主要由南非VODACOM电信公司与莱索托电信公司合资成立的VODACOM LESOTHO（VCL）电信公司提供。2007年移动电话用户45.6万户，移动电话占有率为22.71%。国际互联网服务由南非公司和莱本国公司提供。2009年互联网用户约20万户。

【财政】近几年财政收支状况如下（单位：亿马洛蒂）：

年度	2007/2008	2008/2009	2009/2010
收入	63.931	84.53	103.44
支出	72.297	76.97	116.51
差额	-8.366	7.56	-13.07

为应对国际金融危机冲击，莱政府采取扩张性财政预算政策，莱2009/2010年度财政预算总支出为116.51亿马洛蒂，财政预算总收入为103.44亿马洛蒂，预算赤字为13.07亿马洛蒂。

【外国援助】双边援助主要由英国、美国、爱尔兰、德国、日本等国提供；多边援助主要来自欧盟、非洲发展基金、世界粮食计划署和国际开发协会。

2007年欧盟、世界银行和联合国粮农组织等分别向莱提供大量援助，用于人力资源培训，公路、水电设施建设和维修，扶贫和孤儿抚育，促进私人企业发展和经济多样性，种子和化肥援助，以及莱首都污水处理厂项目等。同年，美国千年挑战公司、阿拉伯非洲经济发展银行和欧佩克分别向莱提供援助或优惠贷款，用于梅托龙大坝项目的建设。

【对外贸易】2009年外贸总额24.14亿美元，其中出口额8.21亿美元，进口额15.93亿美元。进口商品主要为食品、燃料、机械等。主要出口毛纺织品、原材料（羊毛、马海毛等）和牲畜等。

人民生活

全国劳动力约65万。2006年有约5.2万劳工在南非工作，侨汇收入在国民收入中占有一定比例。莱人口的80%可享有医疗服务。全国划分为18个医疗服务区。病床2404张，医生与病人的比率为1：960。各类医院211所，其中158个医疗中心，18家区级医院，3家全国性转诊医院。2008/2009财政年度莱医疗经费为9.991亿马洛蒂，占政府财政总预算的10.1%。据2006年统计，莱艾滋病及艾滋病毒携带者26万余人，占人口的23.2%。目前艾滋病造成的孤儿人数达18万人。全国57%的人口生活在贫困线以下。联合国发展计划署2006年报告显示，莱人均寿命从1986年的56岁下降至2006年的39.7岁。

军　事

莱索托国防军由2000人组成，包括一支空军中队。国防军司令莫塔尼亚内（Thuso Motanyane）。2007/2008财年莱国防预算为2.92亿马洛蒂。

文化教育

【教育】国民受教育程度较高，识字率达81%，初级教育普及率达69%，在撒哈拉以南非洲国家中位居前列。根据世界银行发表的《2006年非洲发展指数》，莱教育支出占其GDP总额的9%，在撒哈拉以南非洲国家中位居第一。从2000年起，小学开始逐步实行免费教育，小学入学率为85%，中学为23%。2007年学生与教师的比率约为50：1。

近年来职业技术教育发展较快。莱索托大学是全国唯一的高等学府，每年招收约1700名学生。另有两所学院和四所技术学校。2008/2009年教育预算为19.977亿马洛蒂，占预算总额的22%。

【新闻出版】主要报刊：英文报纸主要有《公众眼报》、《时代报》、《镜报》、《观察家》和《今日莱索托》等。塞苏陀文主要有《摩洛蒂》、《摩索托》等10家报刊。《舒舒妇女杂志》为英文季刊，1991年由新闻和广播部创办并发行全国。

莱索托通讯社：1983年由联合国教科文组织资助建立。

莱索托电台和电视台：用塞苏陀语和英语播放，以塞苏陀语为主。

对外关系

奉行不结盟和睦邻友好政策。积极参与地区政治事务和经济合作。主张与不同政治、经济制度的国家和平共处。是南部非洲关税同盟、南部非洲发展共同体以及兰特货币区等地区组织成员国，与邻国均保持友好关系。莱还是洛美协定的成员国。近年来，莱在立足南共体的基础上，加强与欧美、联合国专门机构的关系，大力发展与东南亚和中、日、韩等东北亚及北欧国家的关系，积极参与地区与国际事务，大力引进外资，促进经济发展。2009年9月，莫西西利首相出席第64届联大并发言。12月，莫西西利以最不发达国家集团轮值主席身份率团出席哥本哈根气候变化会议。

【同中国的关系】1983年4月30日，中莱建交。1990年4月7日，两国外交关系中止。1994年1月12日，中莱两国恢复外交关系。

2009年6月，莱外交大臣采科阿正式访华。莱旅游、环境与文化大臣恩齐尼访华。

9月18~20日，外交部部长助理翟隽访问莱索托，会见了莱首相莫西西利并与莱外交大臣采科阿举行会谈。

据中国商务部统计，2009年，中国同莱索托贸易额为5200万美元，同比下降36%，其中中方出口5000万美元，进口200万美元。

中国驻莱索托大使：高德毅。馆址：United Nations Road, P. O. Box 380, Maseru 100, Lesotho。电话：266 - 22316521，传真：22310481。E - mail: prcemb@ ilesotho. com。

莱索托驻华大使：蒂贝利（Anthony Rachobokoane Thibeli）。馆址：北京市东直门外外交办公楼302室。电话：010-65326843，65326844。传真：65326845。

【同发达国家的关系】莱与西方国家保持密切的经济关系。自莱成为美国《非洲增长与机会法案》受益国以来，莱纺织品对美出口大幅增长，2004年莱成为撒哈拉以南非洲地区对美最大服装出口国和美在非第八大贸易伙伴。美将莱列入有资格获得“千年挑战账户”援助的16个国家之一。2007年7月，美千年挑战公司与莱政府签署协议，未来5年将向莱提供援助3.626亿美元，用于卫生、水利及经济发展等领域，并于2009年2月发放了首笔4800万马洛蒂的合同基金支付款。2007～2010年，欧盟和联合国儿童基金会向莱提供1.07亿马洛蒂援助，用于抚育艾滋病死者遗孤。2009年6月，莱同博茨瓦纳、斯威士兰一道与欧盟签署了过渡经济伙伴协定。11月，莱齐耶三世国王访问加拿大。

【同非洲国家的关系】莱注重发展与非洲国家特别是南部非洲国家的关系，积极参与地区经济合作和一体化进程，参与解决地区热点问题。2009年1月和7月，莫西西利首相先后出席在南非举行的南共体解决津巴布韦政治危机特别首脑会议和在利比亚举行的第十三届非盟首脑峰会。5月和8月，莱齐耶三世先后出席南非总统祖马就职典礼和对莫桑比克进行国事访问。6月，莫西西利首相出席在南非举行的第19届世界经济论坛非洲会议。（陈永超）

利比里亚

国名 利比里亚共和国（The Republic of Liberia）。
面积 111370平方公里。
人口 347万（2009年）。有16个民族，较大的有克佩尔、巴萨、丹族、克鲁、格雷博、马诺、洛马、戈拉、曼丁哥、贝尔以及19世纪自美国南部移居来的黑人后裔。官方语言为英语。较大民族均有自己的语言。居民40%信奉拜物教，40%信奉基督教，20%信奉伊斯兰教。
首都 蒙罗维亚（Monrovia），人口130万。
国家元首 总统埃伦·约翰逊·瑟利夫（Ellen Johnson Sirleaf，女），2006年1月16日就任。
重要节日 独立日：7月26日。

简况

位于非洲西部。北接几内亚，西北靠塞拉利昂，东邻科特迪瓦，西南濒大西洋。海岸线长537公里。属热带季风气候，年平均气温约25℃。

9～10世纪，靠近撒哈拉沙漠中、西非地区的部分居民移居利比里亚。1821年起，在美国获得解放的黑奴被陆续安置于此，于1838年成立利比里亚联邦，并于1847年7月26日宣告独立，建立利比里亚共和国。之后百余年均为美国黑人移民后裔统治。1980年，土著克兰族人多伊军士长发动政变，建立军政府，并于1985年当选总统。1989年，流亡国外的前政府官员查尔斯·泰勒率兵返利，利内战爆发。1990年8月，利成立“全国团结临时政府”，索耶出任总统。1994年，利成立国务委员会，由主席和数位副主席集体行使总统权力。1997年，利举行大选，泰勒当选总统。泰勒执政后，政局持续动荡。2003年8月，迫于内外压力，泰勒向副总统布拉移交权力，并流亡尼日利亚，利内战结束。10月，利各派组成以布赖恩特为主席的全国过渡政府。2005年10月，利举行总统和议会选举，团结党领袖瑟利夫女士当选。

政治

瑟利夫总统执政后，致力于推进和平进程，实现民族和解，开展经济重建。2009年，瑟利夫总统进一步加强政府和军队、警察等安全部门建设，多次小幅调整政府，积极改善政府同议会关系，提高施政效率。

【宪法】1986年实施第三部宪法。宪法规定实行“三权分立”政治体制。总统是国家元首、政府首脑和武装部队总司令，任期6年，可连任2届。立法权属议会。总统和议员由直接选举产生。实行多党制，国家权力由各党派分享。

【议会】国民议会为最高立法机构，分参众两院。参议院共30席，每州2席，参议员任期9年，可连任2届。众议院席次根据选区数确定，本届议会共64席。众议员任期6年，可连任2届。现任参议长为副总统约瑟夫·博阿凯（Joseph Boakai）。众议长亚历克斯·泰勒（Alex Tyler），系利比里亚行动党成员，2007年4月当选。

【政府】本届政府于2006年3月成立，此后多次小幅调整，共设20个部。政府主要成员有：外交部长兼内阁首席部长奥卢班克·金·阿克雷尔（Olubanke King Akerele，女），财政部长奥古斯丁·恩加富安（Augustine K. Ngafuan），司法部长克里斯蒂娜·塔（Christiana Tah，女），国防部长布朗尼·萨穆凯（Brownie Samukai），教育部长约瑟夫·D·Z·科特（Joseph D. Z. Korto），农业部长佛洛伦·切诺韦斯（Florence Chenoweth），卫生与社会福利部长沃尔特·T·格韦尼盖尔（Walter T. Gwenigale），商业与工业部长米娅塔·贝索洛斯（Miata Besolow，女），新闻、文化和旅游部长克莱图斯·西耶（Cletus Sieh），计划与经济事务部长阿马拉·科内（Amara M. Konneh），土地、矿产与能源部长尤金·H·香农（Eugene H. Shannon），总统事务国务部长爱德华·麦克莱恩（Edward McClain），土地、矿业与能源部长尤金·香农（Eugene Shannon），交通部长阿方索·盖伊

(Aphonso Gaye) 等。

【行政区划】全国划分为15个州。

【司法机构】设最高法院、地方初级法院和特别军事法庭。各级法官由总统任命。最高法院由1名大法官和4陪审法官组成。现任首席大法官约翰尼·刘易斯（Johnie Lewis），2006年2月就职。总检察长由司法部长兼任。

【政党】实行多党制，现有30个政党，主要有：

(1) 团结党（Unity Party, NP）：1984年8月成立。主张尊重公民权利，强调团结与和解；主张建立包容性强、精简高效的政府，强调官员的责任意识和透明度，严惩腐败；倡导建立良好的投资环境，发展私营经济；提倡优先发展教育和基础设施。目前在参院和众院分别占有4个席位和9个席位。现任领袖为瑟利夫总统，主席查尔斯·克拉克（Charles Clarke）。2010年5月，团结党（UP）、行动党（CAP）和统一党（LUP）三党正式合并，新党名称仍为团结党。

(2) 民主变革大会（Congress for Democratic Change, CDC）：2005年5月成立。是利主要反对党。主张实现和平与团结，推行民主和良政；强调优先发展教育和基础设施；加强军队建设；倡导加强国际合作，寻求国际支持和援助。目前在参院和众院分别占有3个和16个席位。现任领袖为前世界足球先生乔治·维阿（George Weah），主席杰拉尔丁·多伊·谢里夫（Geraldine Doe-Sherrif，女）。

(3) 全国爱国党（National Patriotic Party, NPP）：前身系1989年12月成立的反政府武装利比里亚全国爱国阵线（National Patriotic Front of Liberia），1997年2月改为现名。该党组织较完善，曾号称利最大政党。其创建人泰勒于1997~2003年任利总统。目前该党在参院现任领袖为罗兰德·马萨奎（Roland Massaquoi），主席西奥菲勒斯·古尔德（Theophiluc C. Gould）。

此外，还有自由党（Liberty Party）、和平民主联盟（Alliance for Peace and Democracy）、利比里亚全国民主党（National Democratic Party of Liberia）、全利联合党（All Liberia Coalition Party）、全国改革党（National Reformation Party）、联合民主联盟（United Democratic Alliance）、新政运动（The New Deal Movement）、利比里亚行动党（Liberia Action Party）、利比里亚统一党（Liberia Unification Party）和利比里亚人民民主党（People's Democratic Party of Liberia）等。

【重要人物】**埃伦·约翰逊·瑟利夫**：总统。女，1938年生。获美国印第安纳州麦迪逊商学院会计学学士学位和哈佛大学公共管理学硕士学位。长期活跃于利政坛。1977~1980年，历任利财政部部长助理、副部长、部长，1985年当选利参议员（因反对时任总统多伊而未就职），1997年首次参加总统选举，2003~2005年任利过渡政府"政府改革委员会"主席。曾在国际组织和金融机构供职多年，担任过世界银行、联合国开发计划署、花旗银行的高级官员。2005年11月当选总统。2006年1月16日就职。

经　济

农业国，是联合国公布的最不发达国家之一。粮食不能自给，工业基础薄弱。矿产资源丰富，铁矿砂储量居非洲第一位。天然橡胶、木材和铁矿砂的生产和出口为其国民经济的主要支柱。瑟利夫总统执政后，重视经济恢复和重建，加强资源开发管理和基础设施建设，大力发展农业，保障粮食安全。2008年4月，利政府出台减贫战略文件。2009年，为应对国际金融危机影响，利政府积极寻求外援和外资，努力推进减债进程，加强税收征管，进一步加大对农业、基础设施等领域的投入。2009年主要经济数据如下（资料来源：2010年4月经济季评）：

国内生产总值（GDP）：9亿美元。

人均国内生产总值：225美元。

国内生产总值增长率：4.6%。

货币名称：利比里亚元（Liberian Dollar）。

汇率：1美元=67.8利元。

通货膨胀率：9.7%。

【资源】自然资源丰富。铁矿砂已探明储量超过40亿吨，居非洲第一，世界第三。另有钻石、黄金、铝矾土、铜、铅、锰、锌、钶、钽、重晶石、蓝晶石等矿藏。森林覆盖面积479万公顷，占全国总面积的50%，是非洲一大林区，占西非地区热带雨林总面积的40%。盛产红木等名贵木材。林姆巴山区因其独特的动植物群被联合国教科文组织列为世界遗产。

【工矿业】全国10%的人口从事矿业和制造业。内战期间由于政局持续动荡，生产受到严重影响，产值急剧下降，近年来有所恢复。2007年4月，联合国解除了对利钻石出口的制裁，全年制造业总产值约为6070万美元，比2006年增加9.4%；采矿业总产值估计为80万美元，比2006年增长14.3%。

【农牧林业】2007年农业和渔业总产值约为2.1亿美元。主要农作物是水稻和木薯。曾为大米出口国，内战后粮食不能自给，主要依靠粮援。橡胶为主要经济作物，其他还有可可、咖啡和油棕榈。2008年橡胶出口收入约为2.07亿美元。牧业不发达，禽蛋主要靠进口。2002年，木材产量约为137.9万立方米，出口收入1.456亿美元。2004~2006年，受联合国木材禁运限制，木材生产停止。2006年联合国解除制裁后，生产开始恢复。近年主要农产品产量如下（单位：吨）：

	2004	2005	2006
橡胶	88000	125000	100000
可可	120	2192	1107
渔业	857	877	852

（资料来源：2009年3月经济季评）

【船籍注册】 全球第二大方便旗船籍国，截至2009年底，全球共有2926艘船只悬挂利船旗，总吨位8650万吨。船籍注册收入一直是利重要的财政来源之一。据利官方统计，2008/2009财年，利海事收入总额达1460万美元。

【交通运输】 铁路：内战前全国只有3条铁路，总长500公里，其中145公里为窄轨铁路。铁路均由各采矿公司经营，用于铁矿砂运输，内战期间遭到严重破坏，现基本停运。

公路：总长11000公里，其中全天候公路2036公里，柏油路739公里。内战期间受损较严重。

水运：海运业在世界上占有特殊地位。有蒙罗维亚、格林维尔、哈珀、布坎南和罗伯茨港等5个港口，年货运量为20万吨。

空运：2002年国内共有47个机场，其中大型机场2个，首都和各州府间均有直达班机。位于首都的罗伯茨国际机场曾是非洲最大机场之一，1990年毁于内战，1997年12月重新开放。目前有布鲁塞尔航空公司、加纳航空公司等在利经营业务。

【财政金融】 主要收入来自税收、船籍注册收入、出口税和国营企业利润。2009财年，政府收入2.363亿美元，同比增长11.9%，实际支出2.456亿美元。当年外汇储备（不含黄金）2.66亿美元。

截至2007年底，利外债总额47.26亿美元，2009年外债余额17亿美元。

【对外贸易】 主要出口天然橡胶、木材、可可豆、咖啡等，进口食品、机械运输设备、制成品、化工产品、原料、饮料、烟草、植物油、燃料等。主要出口国有：德国、南非、波兰、美国、西班牙等；主要进口国有：韩国、日本、新加坡、中国、西班牙等。近年进出口贸易情况如下（单位：百万美元）：

	2007	2008	2009
出口额	227	260	160
进口额	487	709	550
差　额	-260	-449	-390

（资料来源：2009年3月经济季评）

【外国资本】 内战前有外资10亿美元，其中美国在利私人投资4.3亿美元，是最大的投资国。其余为德国、瑞士、意大利、荷兰、黎巴嫩等国的私人投资。外资主要投入采矿业、橡胶种植和加工、银行、制造业和商业。内战爆发后，多数外国公司撤离。近年来，外国投资有所增加。2008年，外国直接投资约为1.19亿美元。

【外国援助】 截至2009年3月，利接受外国援助总额超过13亿美元。美国一直是利最大的援助国。2004年2月，在美国纽约召开的"利比里亚重建国际会议"上，美、欧、日及世界银行、国际货币基金组织等主要捐助方承诺提供总计5.2亿美元的援助。2007年2月，在美国召开的利比里亚伙伴论坛会议中，利获得双边和多边援助承诺3.5亿美元。2008年6月在德国举行的"利比里亚减贫战略论坛"上，国际社会对利承诺3亿美元援助。近年来援助情况如下（单位：百万美元）：

	2002	2003	2004
双边援助	27.0	70.3	161.9
美国	15.1	30.2	102.5
英国	2.9	7.6	16.5
瑞典	1.7	5.1	12.5
挪威	1.9	9.0	11.6
荷兰	2.9	9.0	8.6
瑞士	1.7	2.8	3.2
多边援助	25.5	36.6	48.4
欧盟	9.2	14.9	30.4
世界粮食计划署	5.0	6.5	6.6
联合国发展计划	0.8	1.0	5.3
援款总额	52.5	106.9	210.5

（资料来源：2009年3月经济季评）

人民生活

根据联合国2009年度人类发展报告，利比里亚的人类发展指数在182个国家居第169位。长期战乱使20多万人丧生，上百万人流离失所。霍乱、疟疾、痢疾和黄热等疾病流行，艾滋病传播迅速。70%的人每日生活费不足1美元，74%的人无法得到医疗卫生服务。2002年，婴儿死亡率约为23.5%，人口增长率4.5%。2005年人均寿命约42岁。医疗设施在内战中损毁严重，内战后利政府依靠国际援助修复了14所医院、13家医疗中心和230个诊疗所。根据世界银行估计，2005年利每10万人中有不到5名医生。目前，利全国有39家诊所和数家医院，其中80%依靠国际援助维持。

军　事

1908年2月，组建警察和军事部队。1909年3月，创建利比里亚边防部队。1956年根据《国防法》正式建立利武装部队。1982年改称利比里亚国民警卫队。1989年，总兵力曾达5800人，其中陆军5300人，海军500人（即海岸警卫队）。1990年9月多伊政权垮台后，政府军溃散。内战期间，利有多个武装派别，约计6万名战斗人员。2000年5月利政府开始重组军队。2003年，国内各武装派别约有战斗人员3万多人。2003年全国过渡政府上台后，联合国利比里亚特派团开始各军事力量进行解武。2004年11月，解武和复员工作顺利结束。目前，在美国和国际社会的帮助下，利政府重建武装部队工作顺利进行。现任武装部队司令阿卜杜勒·拉赫曼（Abdul Rahman）。

文化教育

【教育】 2003年文盲约占全国人口的58%。成人文盲率为64%。实行小学、中学12年教育制度。小学、初中实行免费教育，但学龄儿童失学率达51%。大学学制一般为4年，学生享受50%补助金。1997年，官方估计约有4000～5000名教师。高等院校有利比里亚大学、卡廷顿学院、AME大学、利基督教学院、联合卫理会大学等。利比里亚大学为公立综合性大学，全国最高学府，现设6个学院、3个职业学校及3个研究生项目，注册学生1.6万名。

【新闻出版】《调查者报》和《新闻报》为全国最大的两家报纸，发行量各约2000份。此外，还有《分析家报》、《全国新闻报》、《遗产报》、《新利比里亚报》、《利比里亚标准报》、《自由周刊》、《日记报》等20多种报纸杂志，除《新利比里亚报》为官方报纸外，其余均为私人报纸。

利比里亚通讯社是利官方通讯社，每周一至五出版新闻稿。利比里亚广播公司是利官方广播电视机构，建立于1960年，内战前该公司设有电视台和广播电台，目前只有其所属的ELBC广播电台和ELTV电视台能够运行。其他较大的广播电台有DC广播电台（私营）、Radio Veriatas（天主教广播电台）、BBC Africa和联利团广播电台。各电台均只能覆盖首都蒙罗维亚地区。“美国之音”于1962年在蒙罗维亚建立美在非洲最大的转播站，向全非洲和中东转播，后因战争撤出。此外，蒙罗维亚地区目前有3家私营电视台。

对外关系

奉行独立自主、平等互惠的外交政策。遵循确保国家安全、维护领土完整和主权与尊严，互不干涉内政的原则。促进国际和平与和谐，在自由民主基础上实现国际社会的团结。现为联合国、不结盟运动、非洲联盟、西非国家经济共同体、萨赫勒—撒哈拉国家共同体和马诺河联盟等组织成员。目前，同145个国家建立有外交关系。

【同中国的关系】1977年2月17日同中国建交。1989年10月9日，多伊政权与台湾签署关于重新建立“外交关系”的联合公报。10日，中国宣布中止同利比里亚的外交关系。1993年8月10日，中国政府和利比里亚全国团结临时政府签署关于恢复两国外交关系的联合公报。1997年9月5日，利总统泰勒的发言人宣布利承认“两个中国”。9日，中国宣布中止与利外交关系。2003年10月11日，中国政府同利比里亚政府签署关于恢复两国外交关系的联合公报。

2009年，两国友好合作关系稳步发展。11月7日，温家宝总理在埃及沙姆沙伊赫会见出席中非合作论坛第四届部长会议的瑟利夫总统。7月5～11日，博阿凯副总统对中国进行正式访问，双方签署了政府经济技术合作协定等合作文件。3月，全国妇联副主席孟晓驷率中国妇女代表团访利并出席国际妇女问题会议。6月，利国防部长布朗尼·萨穆凯和利团结党总书记亨利·范布雷分别访华；最高人民法院副院长苏泽林访利。6月和11月，利内政部长安布莱·约翰逊率全国15个州州长分两批访华。中非合作论坛北京峰会后续行动在利落实良好。中方继续扩大向利提供奖学金留学生名额和人力资源培训名额。

2010年1月，利外长阿克雷尔访华。

2009年中利贸易额18.85亿美元，同比增长65%，其中中方出口额18.81亿美元，进口额396万美元。

中国驻利比里亚大使：周欲晓。馆址：Oldest Congo Town，Monrovia，Liberia。电话：00231－6－533248（办公室）；555556（领事部）。传真：00870－76－3667818。网址：http：//lr.china－embassy.org；http：//lr.chineseembassy.org。E－mail：Chinaemb_lr@mfa.gov.cn。

利比里亚驻华大使：内赫·杜库利·托尔伯特（Neh Rita Sangai Dukuly Tolbert，女）。馆址：北京市西坝河南路1号，金岛外交公寓013房，100028。电话：010－64403007。传真：64403918。

【同美国的关系】两国于1864年建交。利美长期保持着特殊关系。利内战前，美在利投资约4亿美元，并有常驻军事代表团及和平队。2003年，美派军舰进入利海域，迫使泰勒下台。利内战结束后，美倡导组建了联合国驻利比里亚特派团，并承诺出资4亿美元帮助利进行和平重建。美政府已把利作为由乱而治国家的典范和“民主样板”，在利主要政府部门都派有美国顾问。2006年1月，美总统夫人劳拉和国务卿赖斯访利并出席瑟利夫总统就职仪式。2007年起，利成为美《非洲增长与机遇法案》受惠国，两国并签署了《贸易与投资框架协议》。2月，美在利比里亚伙伴论坛会议期间宣布免除利欠美债务3.91亿美元。2008年，瑟利夫总统4次赴美。2月，美总统布什对利进行国事访问。10月，美向利恢复派遣和平队。2009年8月，美国务卿克林顿访利。

【同尼日利亚的关系】1957年3月两国建交。尼日利亚作为地区大国在调停利内战、推进利和平进程等方面发挥了重要作用。2003年8月，尼总统奥巴桑乔赴利调停内战，并表示愿为泰勒提供避难。8月11日，泰勒流亡尼日利亚，利内战结束。2004年4月，利全国过渡政府主席布赖恩特访问尼日利亚。2005年10月，奥巴桑乔总统访利。2005～2006年，瑟利夫总统4次访尼。2007年5月，瑟出席尼新任总统亚拉杜瓦的就职典礼。2010年1月，尼外长马杜埃奎访利。

【同加纳的关系】1960年10月两国建交。加纳为利结束内战、实现和平作出了积极贡献。20世纪90年代，加纳是西共体驻利维和部队的第二大派兵国。2003年，加纳外长率西共体代表团赴利调解内战，并促成利各派最终达成阿克拉和平协定。2004

年9月，利与加纳及联合国难民署签署了有关遣返利难民的协议。2007年3月，利总统瑟利夫访问加纳，并参加加纳独立50周年庆典。2008年3月，利难民在加纳静坐示威，拒绝按照联合国难民署的条件返利或融入当地社会，希提高安置费或者转往第三国。5月，利、加和联合国难民署同意成立一个三方委员会，共同解决难民安置问题，难民危机得以缓解。

【同邻国的关系】1973年，利与塞拉利昂签订成立马诺河联盟的宣言，旨在扩大两国贸易、促进两国经济、社会和文化进步。1977年，两国实施统一对外关税。1980年几内亚加入该联盟。1986年三国签订《互不侵犯和安全合作条约》。1989年，利内战爆发后，几、塞向利派出维和部队。1999年，利、几、塞三国边境地区爆发武装冲突，利、几相互指责对方支持本国反政府武装，双方关系不睦。2002年，三国元首在摩洛哥首都拉巴特举行会晤，并于会后发表公报，表示将重新启动马诺河联盟。2006年12月，瑟利夫总统访几。2007年4月和7月，瑟利夫总统赴几出席马诺河联盟会议，讨论共同边界安全和难民问题。5月，瑟利夫总统访塞。9月，塞当选总统科罗马访利。11月，瑟利夫总统赴塞参加科罗马总统就职仪式。2008年5月，马诺河联盟峰会在利举行，吸纳科特迪瓦为正式成员。12月，瑟利夫总统赴塞出席马诺河联盟峰会，讨论如何应对粮食危机和全球金融危机等。同月，瑟利夫总统赴几出席孔戴总统葬礼。2009年10月，瑟利夫总统出席在阿布贾举行的西共体国家峰会，讨论解决几内亚局势。同月，瑟率西共体代表团赴尼日尔商谈解决尼政坛危机。2010年1月，瑟利夫总统赴布基纳法索，参与劝说几内亚政变领导人卡马拉和平移交权力并适时举行大选。

（王玉泽）

利　比　亚

国名　大阿拉伯利比亚人民社会主义民众国（The Great Socialist People's Libyan Arab Jamahiriya）。

面积　176万平方公里。

人口　564.1万（2009年），主要是阿拉伯人，其次是柏柏尔人。此外还有一至两百万外来人口。阿拉伯语为国语。绝大多数居民信仰伊斯兰教。

首都　的黎波里（Tripoli），人口168万（2008年）。

国家元首　革命领导人穆阿迈尔·卡扎菲（Muammar Al-Qadhafi），1969年9月1日就任。

重要节日　革命节（国庆日）：9月1日。

简　况

位于非洲北部，与埃及、苏丹、突尼斯、阿尔及利亚、尼日尔和乍得为邻。北濒地中海，海岸线长1900余公里。沿海地区属地中海型气候，内陆广大地区属热带沙漠气候。

公元前3世纪，利比亚人在反抗迦太基帝国统治的斗争中曾建立统一的努米底亚王国。7世纪，阿拉伯人打败拜占庭人，征服当地柏柏尔人，带来了阿拉伯文化和伊斯兰教。16世纪，奥斯曼帝国攻占的黎波里塔尼亚和昔兰尼加，控制了沿海地区。1912年10月，利比亚在意土战争后成为意大利的殖民地。1943年初，法、英分别占领利比亚南、北部。二战后，由联合国对利全部领土行使管辖权。1951年12月24日，利比亚宣告独立，成立联邦制联合王国。后改名为利比亚国。1969年9月1日，以卡扎菲为首的“自由军官组织”发动政变，推翻伊德里斯王朝，成立阿拉伯利比亚共和国。1977年3月改国名为阿拉伯利比亚人民社会主义民众国。1986年4月起使用现国名。

政　治

卡扎菲执政以来，致力于维护国家独立和主权、兴办社会福利和改善人民生活水平。1973年5月，卡扎菲提出了既非资本主义也非共产主义的“世界第三理论”，并于1976～1979年陆续出版了阐述这一理论的《绿皮书》。1977年3月，卡扎菲发表《人民权力宣言》，宣布利进入“人民直接掌握政权的民众时代”，取消各级政府，代之以各级人民大会和人民委员会，同时在全国范围内普遍建立各级革命委员会组织。禁止一切政党活动。2009年，利当局对内继续保持社会稳定和发展经济；对外奉行灵活务实政策，积极改善与西方大国关系。

【宪法】1969年12月曾颁布临时宪法。1973年，卡扎菲发动“文化革命”，宣布停止执行一切现行法律。1977年3月发表的《人民权力宣言》规定：《古兰经》为利的社会法典；人民直接行使权力是民众国政治制度的基础；保卫国家是每个公民的职责。宣称利信奉自由、社会主义和阿拉伯统一等原则。

【议会】称总人民大会，是国家最高权力机构。由总人民大会秘书处秘书和总人民委员会全体秘书、各人民省和地区人民大会和人民委员会秘书、各地基层人民大会和人民委员会秘书等逾千人组成。负责讨论和制定国家的有关法令、预算、对外政策、缔结条约；任命总人民大会常设机构与总人民委员会的成员；

审查总人民委员会的工作等。1976 年 11 月举行第一次大会，此后每年召开一次例会，必要时召开特别会议。常设机构为总人民大会秘书处，秘书处成员任期一年，可连任。本届秘书处于 2010 年 1 月改组，成员由 12 人减为 7 人，秘书（议长）为穆罕默德·阿布·卡西姆·宰维（Mohammed Abul Quasim al-Zwai）。

【政府】 称总人民委员会，是国家最高行政机构。本届总人民委员会在 2008 年调整的基础上，2009 年 3 月进行改组，现共有 12 名成员：总人委秘书（总理）巴格达迪·阿里·马哈姆迪博士（Dr. Al-Bagdadi Ali Al-Mahamudi），总人委卫生与环境秘书（部长）穆罕默德·马哈茂德·希贾齐（Mr. Mohamed Mahmoud Hijazi），总人委计划财政秘书（部长）阿卜杜·哈菲兹·马哈茂德·泽利塔尼（Mr. Abdul Hafidh Mahmoud Zelitni），总人委工业、经济与贸易秘书（部长）穆罕默德·阿里·候维基（Mr. Mohamed Ali al Huwaij），总人委公共设施秘书（部长）马图格·穆罕默德·马图格工程师（Eng. Matoug Mohamed Matoug），总人委农畜渔业秘书（部长）阿布·巴克尔·马卜鲁克·曼苏里（Mr. AbuBaker Al-Mabrouk Al Mansouri），总人委社会事务秘书（部长）易卜拉欣·扎尔瓦格·谢里夫博士（Dr. Ibrahim al Azrug Sherif），总人委司法秘书（部长）穆斯塔法·穆罕默德·阿卜杜·杰利勒（Mr. Mustafa Mohamed Abud Al-jleil），总人委公安秘书（部长）阿卜杜·法塔赫·尤尼斯·奥贝迪将军（General Abdul Fatah Younis Al-Ubaydi），总人委对外联络与国际合作秘书（外长）穆萨·穆罕默德·库萨（Mr. Musa Mohamed Kusa），总人委高教科研秘书（部长）阿卜杜·卡比尔·穆罕默德·法希尔博士（Dr. Abdul Kabir Mohamed al Fakhri），总人委交通秘书（部长）穆罕默德·阿里·宰丹（Mr. Mohamed Ali Zidane）。

【行政区划】 1998 年，利比亚全国划分成 26 个人民省。2002 年增至 28 个人民省及两个地区。

【司法机构】 1979 年 9 月卡扎菲宣布由司法人民委员会掌管司法权。原有最高法院等机构基本上被各地革命委员会建立的特别法庭和革命法庭等取代。为统一审判工作，1988 年 3 月成立人民法院和人民检察局（1996 年 2 月 14 日改为人民检察院）。1990 年 10 月恢复最高法院。现任最高法院院长阿卜杜—拉赫曼·穆罕默德·艾布图特，总检察长为易卜拉欣·阿里·易卜拉欣（均为 2006 年 3 月总人大会议选举产生）。

【重要人物】 **穆阿迈尔·卡扎菲**：革命领导人。1942 年生于锡尔特市附近的沙漠地区，卡达法部落人。1961 年在班加西利比亚大学攻读历史，1963 年入班加西军事学院学习，1966 年在英国桑斯特军事学院受训，1969 年 9 月 1 日领导“自由军官组织”发动军事政变，推翻伊德里斯王朝，建立阿拉伯利比亚共和国，任革命指挥委员会主席兼武装部队司令。1970 年 1 月兼任总理和国防部长。1977 年 3 月任总人民大会秘书。1979 年辞去一切行政职务。目前只保留革命领导人称号。曾于 1982 年访华。

经　济

利长期实行单一国营经济，依靠丰富的石油资源，曾一度富甲非洲。1992 年开始，受洛克比问题影响，经济状况不断下滑。1999 年联合国中止对利制裁后，特别是近几年国际油价持续居高，利石油收入大幅增加，利经济出现较好的发展势头。自 2003 年起，利开始实行经济改革，尝试建立股票市场，加快部分国营企业和银行的私有化进程，允许外资银行在利营业，将过去单一的国家所有制改为国营、集体和私营三种所有制，加快基础设施建设，放宽进出口权限，鼓励出口创汇型企业，改善投资环境，积极吸引外国公司来利投资和开展贸易，促进经济多元化发展。近年来，利积极推进私有化进程，现已完成了数十家国有企业的转制，并着手研究民航、电力、银行等重要领域的私有化问题。2009 年，因石油价格下跌，利石油出口收入受较大影响。2009 年主要经济数据如下（数据来源：利国家信息机构）：

国内生产总值：695.9 亿美元。

人均国内生产总值：12336 美元。

国内生产总值增长率：2.4%。

通货膨胀率：2.4%。

货币名称：第纳尔。

汇率：1 美元 = 1.24 第纳尔。

【资源】 以石油为主，探明储量为 430 亿桶，居非洲第一位。其次为天然气，探明储量达 1.48 万亿立方米。其他有铁（蕴藏量 20 亿～30 亿吨）、钾、锰、磷酸盐、铜、锡、硫磺、铝矾土等。沿海水产主要有金枪鱼、沙丁鱼、海绵等。

【工业】 石油是利的经济命脉和主要支柱，95% 以上的出口收入来自石油。20 世纪 50 年代发现石油后，利石油开采及炼油工业发展迅速，目前产量约 180 万桶/天，居非洲第二位。2009 年出口石油创汇达 319 亿美元，主要出口至意大利、德国、西班牙、法国等国。此外，还有石化、建材、电力、采矿、纺织业、食品加工等。

【农业】 农业人口占全国总人口的 24%，其中牧民和半牧民约占农业人口的一半。可耕地面积 370 万公顷，占全国总面积的 1.2%，水浇地不到 1%。利比亚农业非常落后，主要农作物有小麦、大麦、玉米、花生、柑橘、橄榄、烟草、椰枣、蔬菜等。畜牧业在农业中占重要地位。全国有牧场 850 万公顷。养殖的牲畜约 1160 万头，主要为牛、羊、骆驼，其中牛 107 万头，羊 1038 万只，骆驼 23 万峰。利近一半的粮食和畜牧产品依赖进口。

为解决用水问题，利自 1984 年 8 月开始兴建“人工河”工程，用管道把南部地下水引向北部沿海地区。这是利最重要、最宏伟的水利工程，计划总投资约300亿美元。目前第一、二、三期工程已竣工，第四期正在进行，第五、第六期进入规划阶段。

【交通运输】以公路为主，无铁路。

公路：总长25535公里，其中高等级公路17985公里，农用路7550公里。

水运：主要港口有的黎波里、班加西、托卜鲁克、卜雷加、德尔纳、米苏腊塔、扎维亚、拉斯拉努夫。有商船10余艘，客轮4艘，油轮23艘，是非洲最大的油船队。

空运：拥有利比亚阿拉伯航空公司和非洲航空公司。主要民用机场设在的黎波里、班加西、米苏腊塔、塞卜哈、托卜鲁克、锡尔特和卜雷加。1992年4月15日起，安理会制裁利比亚的748号决议生效，使利同国外空运联系全部中断。联合国解除对利制裁后，利恢复通达欧洲各主要城市、阿拉伯国家主要城市和非洲国家主要城市等多条国际航线，外国多家航空公司在的黎波里和班加西设有办事处，如汉莎、英航、瑞航和意航等。

【财政金融】2009年外汇储备999.8亿美元，无外债。2010年政府财政预算为575.1亿第纳尔。

【对外贸易】主要出口产品是石油（产量80%以上供出口）。主要进口粮食、食品、机械、建材、运输设备、电器、化工和轻工产品以及武器装备。主要贸易对象是意大利、德国、西班牙和土耳其等。2009年外贸总额约552亿美元。近年进出口情况如下（单位：亿美元）：

	2007	2008	2009
出口额	470	620	325
进口额	177	217	227
差　额	293	403	98

（资料来源：2010年经济季评、经济学家杂志）

人民生活

“九·一”革命以来，人民生活水平提高很快。利依靠巨额石油收入实行高福利政策，全民享有免费医疗和教育，对粮食、糖、茶叶等生活必需品实行价格补贴。通过私建、公建并举，改善了住房条件。现有17所综合医院和88个医疗中心。平均每千人有病床4.8张，医生2名。全国有12.2万人享受社会保险。大多数家庭都有小汽车。目前利有固定电话用户80万门，人均占有率15%。移动通讯业务自1996年开始后，手机用户已近300万，人均占有率50%。因特网基本普及，无线网络及宽带技术开始推广。

军　事

独立后，组建了利比亚皇家军队，1962、1963年先后建立海军和空军。“九·一”革命后，实行义务兵和志愿兵相结合的兵役制，服役期2年。1983年2月通过“革命总动员计划”，对全体适龄男女进行军训。1988年8月，卡扎菲宣布取消正规军，将其改编为“民众国卫队”，并在各省建立由省防御委员会领导的“防卫区”（地方部队）。1989年9月宣布成立全国临时总防御委员会（总司令部）。卡扎菲一直任武装部队最高统帅。

三军总兵力6.5万。准军事力量“人民武装”5万人。主要装备来自前苏联。陆军3.5万，拥有各种坦克2950辆，装甲车2160辆，各种火炮1690门。编有1个坦克师，38个坦克营，2个机械化步兵师，50个机械化步兵营，1个国家警卫旅，41个炮兵营，12个空投突击营，6个地空导弹旅。海军8000人（包括海岸警卫队），装备有潜艇、护卫舰、海防舰艇、驱潜快艇、巡逻艇、水雷逻艇、支持舰艇以及直升机。空军2.2万人（包括防空部队），作战飞机513架，武装直升机54架，教练机89架。编有1个轰炸机中队，9个战斗机中队，7个地面攻击战斗机中队，1个侦察机中队，2个运输机中队。

文化教育

【教育】实行免费教育。15岁以上接受过教育的人口占人口总数的82.6%，为北非最高。受教育时间女性平均10年，男性平均8年。各级学校教师总数为30.31万人，在校生人数145.55万人。初级师范学院73所，在校学生1.14万人。全国有15所高等院校。主要有：的黎波里法塔赫大学、纳塞尔大学、卜雷加明星大学、拜达奥马尔·黎赫塔尔大学、行胡恩电器学院、贝尼·贝利德电子学院、布拉克技术学院、加特体育学院。

【新闻出版】主要报刊：《新黎明报》，阿文日报，发行约4万份；《绿色进军周报》，阿文和英文版，发行2万~5万份；《太阳报》，阿文版；《民众国周报》，阿文和英文版。

民众国通讯社：官方通讯社，每天出版阿、英、法文新闻稿。在巴黎、伦敦、罗马和贝鲁特等设有分社。

民众国广播电台：官方电台，创建于1957年，1979年后改用现名，用阿语和英语从的黎波里和班加西广播。

大阿拉伯祖国和革命委员会之声电台：官方电台，用英、法、俄等语言广播。

民众国电视台：官方电视台，创建于1968年，用阿、英、法语播放。1996年5月开设电视卫星频道，向阿拉伯地区传送电视节目。

对外关系

利强调同非洲、伊斯兰国家加强合作。主张在公正、平等、尊重国家主权与互不干涉内政等准则基础上建立国际新秩序，反对大国操纵国际事务。支持巴勒斯坦反对以色列的斗争。主张非洲和阿拉伯统一，倡议成立“非洲联盟”和“萨赫勒－撒哈拉国家联合体”，大力推动非盟阿克拉峰会确定建立“非洲合众国”的终极目标。迄今已同近百个国家建立了外交关系。2009年6月，利非盟事务副外长图莱基当选第64届联大主席。

【对当前重大国际和地区问题的看法】 安理会改革问题：改革的关键是应将安理会的职权交予联大，使联大成为立法机构；安理会成为其执行机构；国际法院成为司法机构。改革应协商一致，反对强行表决和设定改革期限。给非洲一个拥有否决权且能轮任的常任理事国席位，同时增加若干非常任国席位。

非洲统一问题：利认为非洲的力量在于团结，主张将非盟打造成同欧盟一样的组织，最终建立“非洲合众国”。主张“非洲事务由非洲人自己解决”。

伊拉克问题：反对美、英对伊的侵略，谴责向伊派驻军队的国家，主张联合国在伊问题上发挥主导作用。拒绝承认伊新政府，要求美英尽快撤军。认为处决萨达姆违背国际法准则。

中东问题：谴责以色列对巴勒斯坦的占领及对巴人民权利的侵犯。认为解决巴勒斯坦问题最佳方案是成立一个由以色列人和巴勒斯坦人共同组成的统一国家。

大规模杀伤性武器问题：利于2003年底放弃大规模杀伤性武器。主张非洲和中东成为无核区，呼吁所有国家放弃大规模杀伤性武器。

反恐问题：利公开谴责“9·11”事件，认为恐怖主义是当前世界各国面临的共同威胁，主张国际社会加强合作，联手打击恐怖主义。呼吁应把恐怖主义和争取民族独立、反抗外来压迫的斗争区分开。

【联合国对利比亚制裁问题】 1992～1999年，利比亚因洛克比问题受到联合国制裁。1999年4月利将洛克比空难案两嫌疑犯交至设在荷兰的苏格兰特别法庭，联合国遂中止对利制裁。2000年5月3日，特别法庭正式开庭审理，并于2001年1月31日判决两名被告之一迈格拉希有罪，处以终身监禁，另一名被告费希迈无罪释放。迈格拉希提出上诉。2002年3月，特别法庭作出维持原判的终审判决，迈格拉希现在苏格兰服刑并由联合国监督。利表示终审判决是有关方面强加于迈的政治判决，要求释放迈并立即彻底解除对利制裁。2003年8月，利在洛克比问题上作出重大让步，表示愿支付巨额赔偿并为利官员行为承担责任。9月12日，联合国安理会通过决议解除对利制裁的1506号决议。2009年8月，英国释放了罹患癌症的洛克比案罪犯迈格拉希。

【同中国的关系】 自1978年建交以来，中利两国关系总体发展顺利。

2009年1月，外交部部长助理翟隽在埃塞俄比亚出席第十二届非盟首脑会议期间会见了利主管非盟事务的副外长图莱基。3月，湖南省副省长甘霖、中共中央对外联络部副部长李进军分别访利。7月，翟隽部长助理在利比亚出席第十三届非盟首脑会议期间会见了利外长穆萨。外交部副部长何亚非在埃及沙姆沙伊赫出席第15次不结盟运动首脑会议期间会见了利外长库萨。9月，胡锦涛主席特使、住房和城乡建设部部长姜伟新出席利“九·一”革命四十周年庆祝活动。2010年5月，利外长库萨来华出席“中阿合作论坛”第四届部长级会议并担任阿方主席，温家宝总理和杨洁篪外长分别会见。

双边经贸关系稳步发展，基础设施建设等领域的互利合作不断加强。2009年双边贸易额51.7亿美元，增长22.4%，其中中方出口20亿美元，增长22.1%；进口31.7亿美元，增长22.6%。中方主要出口商品为机电、通讯、纺织品等，进口商品主要是原油。

中国驻利比亚大使：王旺生。馆址：Menstir Street，Gargaresh，Tripoli。电话：00－218－21－4832914，4833193。传真：4831877。

利比亚驻华大使：塔希尔·贾西米（Taher E. A. Jehaimi）。馆址：北京市三里屯东六街3号。电话：010－65323666。传真：65323391。

【同美国的关系】 “九·一”革命后，利美关系一直紧张。1980年里根政府上台后，美指责利支持国际恐怖主义，关闭利驻美人民办事处，驱逐利外交人员，两国关系迅速恶化。1986年美以打击恐怖主义为由空袭了利首都的黎波里和第二大城市班加西。1991年，美、英指控利两名情报人员策划了1988年洛克比空难事件，并推动安理会通过有关决议对利实施制裁。“9·11”事件后，利对美表示同情并重申坚决反对恐怖主义，利美关系有所缓和。2003年8月，利在洛克比问题上对美英做出重大让步，表示愿支付27亿美元巨额赔偿并为利官员行为承担责任。2004年利美恢复代办级外交关系，美宣布全面取消对利经济制裁。2006年美宣布全面恢复与利比亚的外交关系，并将利从支持恐怖主义国家名单中删除。2008年1月，利外长沙勒格姆访美；8月，两国政府签署《利美公民就其所受伤害提出诉讼和索赔问题的协议》，彻底解决两国公民间赔偿问题；9月，美国务卿赖斯访利，赖系1953年以来首位访利的美国务卿，标志着两国关系实现正常化。2009年，美国务院近东事务助理国务卿费尔特曼、美国会议员代表团访利。2010年2月，美商务部部长助理率领由波音、摩托罗拉等30多家著名美国企业组成的美国贸易代表团访利，并举行利—美经济论坛会议。

【同欧盟国家的关系】 欧盟是利第一大贸易伙伴和石油的主要销售地，目前欧盟国家在利约有2万名专家。1999年联合国宣布中止对利制裁后，欧盟率先宣布取消对利单方面制裁，并于2004年10月解除对利实施长达18年的武器禁运。2007年利领导人卡扎菲赴葡萄牙出席第2届欧盟与非洲国家首脑会议，并访问法国和西班牙。欧盟与利签署了全面恢复与利关系的框架协议，并宣布与利建立全面伙伴关系。

欧盟国家中意大利与利关系最为密切，是利石油主要进口国。2008 年 8 月，意大利总理贝卢斯科尼访利，与卡签署《利意友好、合作和伙伴关系条约》。意为其对利 30 多年殖民统治公开道歉，承诺今后 20 年内向利投资 50 亿美元作为补偿。2009 年 3 月，贝卢斯科尼再次访利，双方确定每年 8 月 30 日为利意友好日。6 月，卡对意进行其上台以来首次正式访问。利与法国保持大使级外交关系。1991 年，法指控利官员策划炸毁法国联合航空公司 772 航班，随后在安理会内同美、英一起推动安理会对利实施制裁。1999 年，法缺席判处 6 名法联航炸机嫌疑犯终身监禁，利以赔偿 3500 万美元了结此案。2003 年 8 月，利与美、英就洛克比赔偿等问题达成一致后，法要求利增加对法联航案的赔偿，否则不惜动用否决权阻止安理会关于解除对利制裁决议的通过。通过协商，双方最终就增加赔偿事宜达成协议，利同意支付 1.7 亿美元的赔偿金。2004 年 9 月，利与德国就柏林夜总会爆炸案签署赔偿协议，利向该案非美国籍受害者家属共赔偿 3500 万美元。利同英国于 1984 年 4 月断交。英指责利支持爱尔兰共和军搞恐怖、分裂活动，利抨击英对北爱尔兰实行殖民统治。1991 年 11 月，英、美联合指控利两名情报人员策划炸毁泛美 103 航班，推动安理会对利实施制裁。1999 年利英复交，12 月双方互派大使。2007 年，英国首相、法国总统访利，英、法分别与利签署了军事、能源合作协议。2008 年 1 月，利外长沙勒格姆访问英国。2008 年 7 月，瑞士警方在日内瓦一所酒店内逮捕卡扎菲之子汉尼巴尔·卡扎菲，理由是他涉嫌殴打两名佣人。逮捕行动发生后数日，利比亚以违反签证规定为由，逮捕两名瑞士商人。瑞士于 2009 年开始针对利比亚公民实施签证限制政策，将 188 名利比亚官员和他们的家属列入签证黑名单。利随即实施了反制措施。2009 年 8 月，瑞士联邦主席默茨访利，两国关系有所缓和。

【同阿拉伯国家的关系】利是阿拉伯国家联盟（阿盟）和阿拉伯马格里布联盟（马盟）成员国。近年来，卡扎菲认为阿盟没有发挥应有的政治作用，阿国在洛克比问题上对利支持不够，多次威胁要退出阿盟。1992 年后，利对马盟国家执行安理会对利制裁决议表示不满，长期拒绝担任马盟主席国。2003 年 12 月，第 21 次马盟外长理事会决定，由利接替阿尔及利亚担任马盟轮值主席国。2004 年 12 月，利宣布放弃担任马盟轮值国职位，后经马盟外长紧急会议强烈要求而同意留任。

2009 年 3 月卡扎菲赴卡塔尔出席第 21 届阿盟峰会。5 月，约旦首相宰哈比访利，并与利总理主持召开两国第三届最高混委会。6 月，利领导人卡扎菲访问埃及，与埃及总统穆巴拉克、阿尔及利亚总统布特弗利卡举行三方会谈，就中东局势和其他共同关心的地区和国际问题交换看法。此外，毛里塔尼亚总统、卡塔尔埃米尔等先后访利。2010 年 1～3 月，叙利亚总统巴沙尔、埃及总统穆巴拉克、巴勒斯坦民族权力机构主席阿巴、卡塔尔首相哈马德分别访利，与卡扎菲举行会谈。

【同非洲国家的关系】近年来，利积极参与非洲事务，同非洲国家关系得到进一步发展。1997 年 8 月，利倡议成立萨赫勒—撒哈拉国家联合体，至 2009 年 6 月，成员国已发展至 28 个。成为非洲第二大地区性组织。2009 年，第十一届萨赫勒—撒哈拉国家联合体首脑会议在利比亚举行，利当选轮值主席国。

1999 年 9 月，卡扎菲提出建立“非洲联盟”设想。2000 年 7 月，卡推动非统第 36 届首脑会议通过《非洲联盟章程草案》。2001 年 7 月，非洲联盟正式成立。2005 年 7 月，利主持召开了第 5 届非盟首脑会议，卡扎菲提出推进非洲一体化、设立非盟联合政府并进而建立“非洲合众国”等设想，强调非洲在包括联合国改革等重大问题上应团结一致，“用一个声音说话”。利积极调解苏丹与乍得关系及非洲国家内部冲突。多次派特使访苏，2009 年 3 月和 6 月，苏丹总统巴希尔、第一副总统基尔分别访利。利还通过非洲投资基金等在非开展多个发展和人道主义项目。2009 年，贝宁、马达加斯加、几内亚比绍、索马里、塞内加尔、布隆边、科特迪瓦、利比里亚等国国家元首或政府首脑先后访利。利领导人卡扎菲先后访问几内亚、尼日尔、南非、布基纳法索、冈比亚、埃塞俄比亚并出席非盟首脑会议。卡扎菲在 2009 年 2 月举行的非盟首脑会议上当选任非盟轮值主席，任期一年。2009 年 7 月，第 13 届非盟首脑会议在利比亚锡尔特举行，同月，卡扎菲以非盟轮值主席出席了在意大利举行的“8 + 5”领导人对话会议。2010 年 1 月，卡扎菲出席在埃塞俄比亚举行的第十四届非盟首脑会议。

（王怡）

卢 旺 达

国名　卢旺达共和国（The Republic of Rwanda, La République Rwandaise）。

面积　26338平方公里。

人口　1000万（2009年）。由胡图（85%）、图西（14%）和特瓦（1%）三个民族组成。国语为卢旺达语，官方语言为卢旺达语、英语和法语，部分居民讲斯瓦希里语。居民56.5%信奉天主教，47.1%信奉新教和基督教其他教派，4.6%信奉伊斯兰教，0.1%信奉原始宗教。

首都　基加利（Kigali），人口96.5万（2009年），年平均气温19℃。

国家元首　总统保罗·卡加梅（Paul KAGAME），2000年4月17日就任，2003年8月25日正式当选，9月12日就职。

重要节日　独立日：7月1日；解放日：7月4日。

简　况

位于非洲中东部赤道南侧，内陆国家。东连坦桑尼亚，南接布隆迪，西及西北和刚果（金）接壤，北与乌干达为邻。大部地区属热带草原气候。因地处东非高原，气候温和凉爽，年平均气温19℃。

16世纪，图西人建立封建王国。1890年沦为德属东非保护地。第一次世界大战后由比利时委任统治。第二次世界大战后改由比利时托管。1962年7月1日宣告独立，成立共和国，卡伊班达当选总统。1973年7月5日，成立第二共和国，哈比亚利马纳出任总统。1990年10月，侨居乌干达的图西族难民组织卢旺达爱国阵线（简称爱阵）与胡图族政府军爆发内战。1991年6月实行多党制。1994年4月6日，胡图族总统哈比亚利马纳因飞机失事遇难身亡，内战升级，并导致大屠杀，近百万图西族人和温和的胡图族人被杀害。7月19日，爱阵取得军事胜利，夺取政权。

政　治

爱阵执政后，采取有力措施清算大屠杀罪行，稳定社会秩序，同时大力倡导民族和解，推出胡图人比齐蒙古任总统，爱阵领导人保罗·卡加梅任副总统。实行9年过渡期，建立了爱阵领导，多党、两族参政的政权体系。卢政局逐渐稳定。2000年4月17日，卡加梅在议会和内阁联席会议上被推举为总统。2003年8月，卢举行1994年以来首次多党总统大选，卡加梅以压倒性优势胜出，任期七年。近年，卢政府继续大力推行推进民族和解和行政改革，卢政局保持稳定。2008年，卢举行议会选举，爱阵及其竞选联盟以78.7%的高票获胜。

【宪法】2003年5月26日，卢全民公决通过新宪法，主要内容有：实行半总统制、多党制和立法、行政、司法三权分立制度。总统为国家元首和武装部队最高统帅，由无记名投票直接普选产生，任期七年，可连任一次；总理是政府首脑，由总统任命，与总统不属同一政党。政府成员根据各党在议会的比例确定。

【议会】议会实行两院制，由参议院和众议院组成。众议院由80名议员组成，任期五年，本届众议院于2008年10月选举产生，80个席位中卢旺达爱国阵线及其联盟共获42个席位，社会民主党和自由党分别获得7个和4个席位，妇女、青年和残疾人代表占其余27席。参议院由26名参议员组成，其中12名由各省间接选出，2名代表高校的参议员由高校院士团选出，另外8名由总统提名，4名由各政党协商提名，任期8年。现任众议长罗丝·穆甘塔巴娜（Rose MUKANTABANA，女），副议长德尼·波利西（Denis POLISI）和让·达马瑟纳·恩塔武库里亚约（Jean Damascène NTAWUKURIRYAYO），参议长万桑·比鲁塔（Vincent BIRUTA），副参议长普罗斯珀·希吉罗（Prosper HIGIRO）和玛丽·穆坎塔巴纳（Marie MUKANTABANA，女）。

【政府】本届政府于2003年10月19日组成，已多次改组，由总理、20位部长和6位国务部长组成，主要有：总理贝尔纳·马库扎（Bernard MAKUZA），地方行政部长雅姆·穆索尼（James MUSONI），农业和动物资源部国务秘书阿涅斯·卡丽巴塔（Agnes KALIBATA，女），外交与合作部长路易丝·穆希基瓦博（Louise MUSHIKIWABO，女），国内安全部长谢赫·穆萨·法齐尔·哈雷利马纳（Sheikh Moussa Fazil HARELIMANA），财政和经济计划部长约翰·鲁万贡布瓦（John RWANGOMBWA），国防部长詹姆斯·卡巴雷贝（James KABAREBE），司法部长塔尔西塞·卡鲁加拉马（Tharcisse KARUGARAMA），总统府部长索利娜·尼拉哈比马纳（Solina NYIRAHABIMANA，女），总理府内阁事务部长普罗泰·穆索尼（Protais MUSONI），商业与工业部长莫妮克·恩桑扎巴甘瓦（Monique NSANZABAGANWA，女），卫生部长里夏尔·塞齐贝拉（Richard SEZIBERA），教育部长夏尔·穆利甘德（Charles MURIGANDE），基础设施部负责能源的国务秘书阿尔伯特·布塔雷（Albert BUTARE），基础设施部长樊尚·卡雷加（Vincent KAREGA），自然资源部长斯坦尼斯拉斯·卡曼齐（Stanislas KAMANZI），体育和文化部长约瑟夫·哈比内扎（Joseph HABINEZA），公职和劳动部长阿纳斯塔斯·穆雷凯奇（Anastase MUREKEZI），森林和矿业部长克里斯托夫·巴兹瓦莫（Christophe BAZIVAMO），总理府性别和家庭发展部长让娜·达尔克·穆贾瓦马里亚（Jeanne d'Arc MUJAWAMARIYA，女），东非事务部长莫妮克·穆卡鲁利扎（Monique MUKARULIZA，女），青年部长普罗泰·米塔里（Protais MITALI）。

【行政区划】2006年1月1日起实行新行政区划，全国分为东、南、西、北4个省和基加利市，下设30个县和416个乡镇。

【司法机构】由最高司法会议、最高法院（该院包括法院法庭局、终审法院、行政法院、宪法法院、审计法院）、上诉法院、初审法院、县法院组成。最高司法会议由最高法院正副院长及2名法官、各上诉法院1名法官、各上诉法院辖区内的初审法院和县法院法官各1名组成。初审法院以上各级法院均设检察院，分为初审法院共和国检察院、上诉法院总检察院和终审法院总检察院三级。为加速审判1994年大屠杀在押犯，卢于2002年6月启动"民间传统司法"，现已进入最终审判阶段。最高法院院长阿洛伊西·基扬扎伊尔（Aloysie CYANZAYIRE），总检察长让·德迪厄·穆克约（Jean de Dieu MUCYO）。

【政党】1991年实行多党制，当时有17个政党，1994年后仅剩8个。1994年下半年，爱阵提出集中力量搞建设，禁止各政党活动。1998年5月，在一些党派要求下，卢政府同意部分开放党禁。2003年6月23日，卢国民议会通过政党法，强调团结与平等的原则，反对民族、地区、宗教分裂；规定成立政党须有全国120名创始成员的签名，法官、检察官、军人、警察及治安人员不得加入政党；现有政党需在该法公布15日内重新登记。目前，重新登记获政府承认的合法政党共有9个。

（1）卢旺达爱国阵线（Rwandan Patriotic Front）：执政党，前身是1979年在乌干达成立的卢旺达全国统一联盟，1987年12月改为现名。早期成员主要是原流亡乌干达、布隆迪的图西族难民和前哈比亚利马纳政权的胡图族反对派。1994年夺取政权成为执政党，目前有党员约60万人。1998年2月，卡加梅当选爱阵主席。2002年12月，弗朗索瓦·恩加兰贝（François NGARAMBE）当选爱阵党总书记。2005年，爱阵召开第六届全国代表大会，卡加梅和恩加兰贝连任。

（2）社会民主党（Democratic Socialist Party）：参政党。1991年7月1日成立，南方知识分子居多。主席万桑·比鲁塔（现参议长）。

（3）自由党（Liberal Party）：参政党。1991年7月14日成立，以国内图西人为主。2003年6月选举出新的执行委员会，普罗斯珀·希吉罗（副参议长）任主席。

（4）中间派民主党（Centrist Democratic Party）：1991年6月30日成立。原名基督教民主党，为同1994年大屠杀期间宗教所犯错误划清界线，淡化宗教色彩，1998年改为现名。2003年2月选举产生新的执行委员会，阿尔弗雷德·穆克扎姆富拉当选执委会主席，德罗塞拉·穆戈雷韦尔（Mme Drocella MUGOREWERA，女）任总书记。

此外，还有理想民主党（Democratic Ideal Party）、卢旺达社会党（Rwandan Socialist Party）、卢旺达人民民主同盟（Democratic Popular Union of Rwanda）、进步和谐党（Progress and Concord Party）、解放卢旺达民主力量（Democratic Forces for the Liberation of Rwanda）等5个政党。

【重要人物】保罗·卡加梅：共和国总统。1957年10月23日生于吉塔拉马省卡蒙伊，其家族与卢王室有姻亲。1959年11月，国王被推翻，卡随父母流亡乌干达。1980年参加现乌干达总统穆塞维尼领导的乌反政府武装。1987年在乌参加爱阵组织，1990年10月14日起任爱阵军事领导人。1994年7月出任副总统兼国防部长。1998年2月当选爱阵主席。2000年4月17日被推选为总统。2003年8月赢得总统大选，9月12日就职。

经　济

被联合国确定为世界最不发达国家之一，经济以农牧业为主，粮食不能自给。1994年的内战和大屠杀使卢经济崩溃。爱阵上台后，采取了发行新货币、实行汇率自由浮动、改革税收制度、私有化等一系列恢复经济的措施，经济逐步恢复至战前（1990年）水平。近年来，卢加快发展现代农业，大力开发信息产业，努力缓解能源短缺困难，经济保持较快速度增长。但国际金融危机对卢出口、旅游业以及吸引外资产生负面影响，经济增长势头有所放缓。2009年主要经济数据如下（资料来源：2009年伦敦经济季评）：

国内生产总值：50亿美元。

人均国内生产总值：500美元。

经济增长率：4.5%。

货币名称：卢旺达法郎（简称卢郎）。

汇率：1美元＝568.2卢郎。

通货膨胀率：10.4%。

【资源】自然资源贫乏。已开采的矿藏有锡、钨、铌钽、绿柱石、黄金等。锡储藏量约9万吨。基伍湖天然气蕴藏量约600亿立方米。尼亚卡班戈钨矿是非洲最大的钨矿之一。森林面积约62万公顷，占全国面积的24%。

【工业】2008年，工业产值约占国内生产总值的15.3%。有各类工业企业220余家，除咖啡、茶叶等农畜产品加工厂外，还有卷烟、饮料、火柴、造纸、肥皂、电池、水泥厂等。绝大部分工业品依赖进口。卡吕吕马锡冶炼厂是非洲最大锡厂之一。1994年内战使卢工业遭受巨大损失。近年来卢实行新工业政策，加速私有化进程，促进投资，工业产值恢复较快。近年主要工业产品产量如下：

	2006	2007	2008
锡矿（吨）	3835	4566	4193
钨矿（吨）	1436	2686	1708
铌钽矿（吨）	188	242	298
啤酒（千升）	70218	73100	85458
水泥（吨）	102589	103034	103244
香烟（百万支）	343	125	172
肥皂（吨）	6428	7263	5395

纺织品（千米）	3532	3540	3649

（资料来源：卢旺达国家银行2008年度报告）

【农牧业】2008年农牧业占国内生产总值的31%，从业人口约占劳动力总人口的90%。全国可耕地面积约185万公顷，已耕地面积120万公顷。天然牧场占全国总面积1/3。经济作物主要有咖啡、茶叶、棉花、除虫菊、金鸡纳等，大部分供出口。50%以上的农民自己拥有小于1公顷的土地，其余农民，尤其是战后归来的难民耕种国有土地，向国家纳税。1994年内战使农牧业生产遭到破坏。近年来卢政府采取新农业政策，增加农业投入，提高粮食产量，促进畜牧业发展，农、牧业总产值已超过战前水平。近年主要粮食作物产量如下（单位：千吨）：

	2006	2007	2008
香蕉	2654	2698	2604
高粱	187	167	144
玉米	92	102	167
红薯	777	845	826
木薯	743	777	1682
土豆	1285	770	1162

近年主要经济作物产量如下（单位：千吨）：

	2006	2007	2008
咖啡	26.6	14.8	18.6
茶叶	17	20.5	20

近年主要牲畜存栏数（单位：千头）：

	2005	2006	2007
牛	1077	1122	1147
山羊	2664	2688	2738
绵羊	690	695	704
猪	456	528	571
家禽	2109	1776	1868
兔子	427	418	423

（资料来源：同上）

【服务业】2008年，卢服务业占国民生产总值的48%。从业人员占劳动力总人口的6%。通讯业发展迅速，手机用户从2000年的2万猛增至目前的30万，固定电话用户10万。有6家网络服务商，但上网费用较高，2005年经常使用网络的用户仅占总人口的0.6%。旅游业恢复较快，接待游客人数从2000年的3700人增至2009年的689952人。

【交通运输】无铁路，交通运输靠公路和航空。进出口货物通道：一是从基加利经乌干达至肯尼亚的蒙巴萨港，全程1721公里；二是从基加利到布隆迪的布琼布拉，然后由水路经坦桑尼亚的基戈马转铁路至达累斯萨拉姆港，全程1762公里；三是从基加利到鲁苏莫经坦桑尼亚的伊萨卡转铁路至达累斯萨拉姆港，长1638公里。

公路：总长13100公里，其中柏油路1100公里。商业运输主要由私人控制。

空运：基加利有国际机场，可起降波音747等大型客机。内战期间卢航空运输一度中断。战后，基加利国际机场很快重新开放。2002年，卢宣布成立卢旺达特快航空公司，该公司拥有一架波音737－600型飞机。比利时、南非、乌干达、埃塞俄比亚、肯尼亚、坦桑尼亚、布隆迪有通卢航班。

【财政金融】税收是财政收入主要来源之一。2008年税收约占财政收入的49.7%。近年政府财政收支情况如下（单位：十亿卢朗）：

	2006	2007	2008
收入	207.2	252	381
赠款	168.7	220.3	279.8
支出	378.9	491.3	649.7
盈余	－3	－19	11

（资料来源：同上）

卢旺达主要商业银行有：卢旺达商业银行，基加利银行，卢旺达非洲大陆银行，贸易、发展和工业银行以及人民银行。

截至2008年底，外汇储备5.96亿美元。原有外债14.4亿美元，2005年5月世界银行与国际货币基金组织免除了卢14亿美元债务。2008年外债总额6.57亿美元（卢旺达国家银行2008年度报告）。

【对外贸易】外贸长期逆差。近年进出口情况如下（单位：百万美元）：

	2006	2007	2008
出口	147.38	176.77	256.56
进口	446.4	581.16	880.72
差额	－299.02	－404.39	－624.16

（资料来源：同上）

主要出口咖啡、茶等农副产品和钽钨等矿石；进口石油等燃料及机械设备。2008年卢出口咖啡4691万美元，茶叶4005万美元。2008年主要出口对象国是中国、泰国、德国、美国等，主要进口来源国有肯尼亚、乌干达、中国、比利时等。

【外国援助和投资】2005年，卢获外援总额4.98亿美元，主要来自美国、英国、比利时、德国、国际发展协会、欧盟、世界粮农组织、联合国开发计划署和国际货币基金组织等。卢积极鼓励吸引外资，成立投资促进机构，推行一系列引进外资的政策。据2006年卢第三届投资大会宣布，卢几年来共吸引内外投资总额约4.5亿美元。

人民生活

卢是世界上人口密度最高的国家之一，2009年每百平方公里约有居民380人，90%人口居住在农村。2006年人口增长率2.6%，是世界上人口增长最快的国家之一。卢约50%的人生活在贫困线以下，人均预期寿命约45岁，儿童死亡率8.6%。不到50%的居民能喝上清洁饮用水，艾滋病感染率3.1%。1994年内战导致近100万人死亡，22万儿童成为孤儿，卫生医疗体系解体。经过多年努力，2001年全国已有37家中型以上医院，375所医疗服务站。目前，政府支出的5%~6%用于卫生医疗事业。

军　　事

卢武装力量原称卢旺达国民军（Rwanda National Amy），系1995年在原爱阵武装部队的基础上组建。为实现军队国家化，2002年2月，改称卢旺达国防军（Rwanda Defence Force）。最高军事机构是国防部，下设军队参谋部，总参谋长查尔斯·卡由加（Charles Kayonga）上将。目前总兵力约3.3万人。此外还有由内政部管辖的警察约2000人。2006年国防预算约430亿卢朗，国内安全预算358亿卢朗，总计占国家预算的19.4%。

文化教育

【教育】1994年内战几乎摧毁了卢教育体系，教育设施损失殆尽。在国际社会的援助下，教育得到较快恢复。根据卢教育部公布数字，2004年，全国有小学2262所，入学率约92%；中学504所，入学率约73%。自2005年底起，卢政府开始实行小学和初中免费教育，教育经费占政府总支出的16%左右。根据2002年人口普查结果，38.2%的卢旺达人为文盲，87.7%的人只上过小学，11.5%上过中学，不足1%的人上过大学。

卢现有大学14所，其中私立大学6所。公立大学有卢旺达国立大学、高等农业和畜牧业学院、基加利卫生学院、基加利科学技术学院、基加利教育学院和公共法语高等学院，其中卢旺达国立大学是卢最大的综合性高等学校。私立大学有基特瓦教育学院、中非基督复临大学、基加利自由大学、尼亚基邦达大神学院、布塔雷神学新教学院、基加利基督复临非教会大学。有研究所2个，分别为农业和科技研究所。2004年有大学生25233人，大学教师1738人。

【新闻出版】目前有18种报刊，均为战后创设。主要有：《新时代报》（卢唯一日报）、《新接班人报》、《大湖地区周刊》、《黎明报》等。

卢旺达通讯社为官方通讯社，1975年成立。曾发行《每日新闻》、《法文日刊》，发行量310份。1994年后该社成为自负盈亏的独立通讯社。

卢旺达广播电台系国家广播电台，1961年由西德援建，在尚古古、基布耶、鲁亨盖里和比温巴四省设有转播站，现用卢旺达语、法语、斯瓦希里语和英语广播，共有2套节目，每天播音14小时。布隆迪电台的节目在卢旺达被广泛收听。

卢旺达电视台系国营电视台，1993年开播，全国覆盖率为70%。1994年战乱期间物资被盗、停播。在德国的援助下，从1997年11月起复播，每晚用卢旺达语、法语、英语播出5个小时的新闻等节目。

1998年2月22日，卢成立国家国内外公众新闻委员会，负责协调向国内外公众提供新闻。

1998年3月27日，英国BBC电台正式在卢开播。

对外关系

奉行多元、中立和不结盟的外交政策。重视发展同世界和非洲大国的关系。注重外交的务实性。积极参与地区事务，寻求在次地区发挥作用。

【对当前重大国际问题的态度】关于经济全球化：认为经济全球化势不可逆，它为各国提供了一个了解并获得各类产品、技能及分享经验的机会。如果应对得当，这些变化将为勇于变革的创新者提供重要发展机遇。但全球化也为各国带来挑战与风险。主张各国团结一致，建立协作伙伴关系，共同应对挑战。

关于人权问题：认为人权与发展权相互依存，公民政治权和经济权不可分割。发展中国家各方面条件与人们的期待还存在相当差距，在谈论人权时，尤其不应忘记经济权和发展权。

关于联合国和联合国改革：认为联合国应对卢大屠杀承担责任。联合国应在结束地区武装冲突、维护世界和平方面发挥重大作用。主张根据世界形势变化对联合国进行改革，使其发挥应有的作用。

关于反恐：反对并谴责国际恐怖主义，赞成对证据确凿的恐怖行为予以惩罚。认为恐怖主义的产生同当今国际事务的处理方式有关。强调应重视产生恐怖行为的深层原因，找到真正的解决办法。

关于非洲联盟和非洲发展新伙伴计划：认为非洲团结极其重要，建立非洲联盟将使非洲大陆按自己的目标和计划实现共同发展。积极支持和参与非洲发展新伙伴计划，倡导关于良政建设的非洲互查机制，认为该机制是敦促各国政府提高国家治理能力的重要保障。

【同中国的关系】1971年11月12日中卢建交以来，两国友好合作关系发展顺利。

2009年1月，外交部长杨洁篪对卢旺达进行正式访问，会见了卢旺达总统卡加梅，同卢旺达外交合作部长穆塞米纳利举行会谈。5月，文化部部长特别助理李洪峰访问卢旺达。同月，卢旺达卫生部长塞兹贝拉访华，卫生部副部长黄洁夫会见了代表团一行。9月，卢旺达众议院副议长恩塔武库里亚约访华。11月，卢旺达全国团结与和解委员会主席兼执行秘书阿比雅黑玛纳访华。

2009年双边贸易额8400万美元，比上年减少5.9%，其中中方出口5800万美元，进口2600万美元。中方主要出口机电产品、纺织品和鞋类等，进口钽铌矿。

中国驻卢旺达大使：孙树忠。馆址：卢旺达基加利市革命大街，1345信箱（42. BOULEVARD DE LA

REVOLUTION B. P. 1345 KIGALI-RWANDA）。信箱：P. O. BOX 1345。国家地区号：00250。电话：252570843－166（办公室），165（研究室）。

卢旺达驻华大使：弗朗索瓦·格扎维埃·恩加兰贝（François Xavier NGARAMBE）。馆址：北京市秀水北街30号。电话：010－65322193，653217620。传真：65322006。

【同比利时的关系】卢曾为比殖民地，两国在卫生、教育、农业、基建、旅游、人员培训等领域合作密切。卢内战结束后，比很快恢复援助，并替卢偿还对世界银行的部分欠债。2004年，卡加梅总统与比首相伏斯达互访。2006年4月，比国防部长访卢。7月，比发展合作部长访卢。10月，卢比经贸混委会在卢首都举行，比方宣布从2007年起将对卢援助提高至每年3500万欧元，未来5年共提供1.4亿欧元。11月，卡加梅访比，并出席欧盟与非洲首脑会议。2007年4月和11月，比外长和国防部长分别访卢。2008年1月，比发展与合作部长访卢。2009年4月，卢外长访比。

【同法国的关系】1962年卢法建交。1990年卢爆发内战，法曾派兵支持卢前政权。1994年6月，法经安理会授权在卢实施“绿松石行动”。战后，卢新政权指责法对卢大屠杀事件负有责任，与法关系一度中断。1995年法恢复驻卢使馆。2003年，卡加梅总统赴巴黎参加第22届法非首脑会议并首次访法。2004年，卢法外长在南非举行会晤，就改善双边关系交换意见，两国关系缓和。2006年4月，卢成立国家独立调查委员会，调查法在卢大屠杀中的作为。11月，法司法部门指控卢现政权军政高官策划前总统哈比亚利马纳座机遇袭事件，卢政府宣布与法断交。2007年8月，法国新任外长库什内致电卡加梅总统，表达了希法卢关系正常化的意愿。9月，卢、法两国外长在纽约参加第62届联大会议期间举行两国断交后首次外长级会晤。12月，卡加梅总统在出席第二届欧非峰会期间会见了法总统萨科齐。2008年1月，法国外长库什内访卢，就两国关系正常化交换了意见。2009年11月，卢法复交。

【同美国的关系】1963年卢美建交。1994年7月15日，美政府率先宣布不再承认卢胡图族政府，与卢新政府建立外交关系，向卢难民提供1亿美元援助。1998年，美总统克林顿访卢。2001年、2003年和2004年，卡加梅总统三度访美。2005年3月，卡加梅和刚果（金）、乌干达总统赴美对2004年和平协议进行评估。4月和9月，卡加梅两度访美。2006年4月，卡加梅对美进行私人访问。5～6月，卡加梅对美进行正式访问，与布什总统举行会谈。9月，卡加梅赴美出席联合国大会会议，并顺访美。10月，美贸易副代表访卢，美方决定2007年起把对卢援助提高至1.25亿美元。11月，卢被纳入美“千年挑战账户”援助计划，每年可获5000万美元援助。2007年3月，卡加梅总统对美国进行私人访问，并出席了在旧金山召开的非洲科技、信息和通讯大会。5月，卡加梅总统访美，并出席了在纽约举行的卢旺达电影晚会。2008年1月，卡加梅总统赴美参加国际家用电器展览会。2月，卡赴美出席美国科学进步学院2008年年会。同月，美国总统布什访卢。4月，卡加梅总统赴美参加“全球发展高等教育峰会”。2009年7月，卡加梅总统访美，出席世界科技峰会。

【同德国的关系】卢曾是德国殖民地。1962年两国建交后，长期保持密切关系。1994年卢新政权成立后，两国关系继续发展，德成为卢主要援助国。2002年4月，卡加梅总统访德。2005年5月，双方签署德向卢提供845万欧元援助的协议，用于卢基础卫生设施和权力下放等。2007年9月，卢总理马库扎访问德国美因兹市。2008年2月，德国总统克勒访卢。4月，卡加梅总统正式访德。2009年9月，德国宣布对卢援助将达到3900万欧元。10月，卡加梅总统访德。

【同非洲国家的关系】1999年卢加入东部和南部非洲共同市场（科迈萨）。2003年和2004年，卡加梅总统两度当选非盟首脑会议第一副主席。2004年2月，非洲发展新伙伴计划第九届执行委员会会议和首届非洲互查机制论坛在基加利举行；8月和10月，卢分两批派遣士兵赴苏丹达尔富尔地区参加非盟维和行动。2007年6月，卢宣布退出中部非洲经济共同体，7月正式加入东部非洲共同体。2008年6月，卡加梅总统当选东共体轮值主席，2009年11月卸任。

卢爱阵曾同乌干达政府保持特殊盟友关系。1998年两国联手介入刚果（金）冲突。但自1999年起，两国军队在刚东部数次发生大规模武装冲突，两国关系急剧恶化。后两国总统多次会晤，卢乌矛盾逐渐缓解。2006年5月，卡加梅赴乌出席穆塞维尼总统就职仪式。10月，卢乌外长在基加利出席两国第七次常设混委会会议。2007年5月，乌干达负责东非共同体事务的总统府部长和负责难民与人道事务的部长分别访卢。6月，卡加梅总统赴乌首都坎帕拉出席东非经济共同体首脑会议。11月，卡加梅总统在出席英联邦共同体商业论坛会议期间同乌总统穆塞韦尼举行会晤。2008年3月，卡加梅总统访乌。2009年4月，卡加梅总统访乌。

1998年8月，卢支持刚果（金）反政府武装发动叛乱并直接出兵，占据刚东部大片领土，与刚政府关系破裂。2002年7月30日，卡加梅总统与刚总统卡比拉在比勒陀利亚签署和平协议，卢从刚全部撤军。此后，两国总统多次会晤，政府部长实现互访，并签署联合公报，表示将尽快实现关系正常化。2005年2月，卢刚在刚东部城市布卡武启动联合巡逻与核查机制。2006年12月，在卢政府的斡旋下，刚政府代表与刚东部非法武装首领恩孔达的代表在基加利举行为期两天的会晤。2007 年 4 月，卢、刚和布隆迪三国外长在布首都布琼布拉共同宣布，重新启动大湖地区经济共同体（CEPGL）。2008 年 8 月，刚政府军与恩孔达所部在刚东部发生激烈冲突。12 月，卢刚就共同打击刚东部非法武装达成协议。2009 年 1 月，卢派兵进入刚境内与刚军展开联合军事行动，卢军逮捕恩孔达；卢反政府武装——解放卢旺达民主力量（FDLR）在刚境内的主要活动基地被摧毁。8 月，两国总统举行会谈，两国关系实现正常化。

卢同南非保持良好关系。两国在能源、畜牧业、电信等领域合作密切。南非企业占据卢 25% 移动电话市场。自 2000 年起，两国元首多次互访。2006 年 8 月，南非外长赴卢出席两国第四次经贸混委会，双方签署了有关加强双边合作的协议。10 月，卡加梅访问南非，并出席第四届非洲商业论坛。2007 年 5 月，卢参议长比鲁塔访南。

卢与布隆迪关系良好。2001 年 11 月，卡加梅总统出席布过渡政府成立仪式。2003 年 6 月，布总统恩达伊泽耶访卢。2005 年 11 月，布总统恩库伦齐扎访卢。2006 年 3 月，布副总统恩杜维马纳访卢。2007 年 3～4 月，布隆迪总统恩库伦齐扎对卢进行工作访问。2008 年 2 月，布参议长鲁菲基里访卢。8 月，卡加梅总统访布。2009 年 10 月，两国外长举行会晤，就边界划分问题达成一致。

近年来，卢与坦桑尼亚关系不断发展。2001 年，坦桑尼亚总统姆卡帕两度访卢。9 月，卡加梅总统访坦。2002 年 12 月，3000 多名卢难民从坦返卢，至此，内战期间逃往坦的卢难民基本全部回国。2005 年，两国总统实现互访。2006 年 3 月，坦总统基奎特访卢。2007 年 2 月，坦议长访卢，卡加梅总统会见。8 月，卡加梅总统赴坦桑尼亚阿鲁沙出席东非共同体第六届特别首脑会议。　　（孙小宁）

马达加斯加

国名　马达加斯加共和国（The Republic of Madagascar，La République de Madagascar）。

面积　590750 平方公里（包括周围岛屿）。

人口　约 2021.5 万。马达加斯加人占总人口的 98% 以上，由 18 个民族组成，其中较大的有：伊麦利那（占总人口的 26.1%）、贝希米扎拉卡（14.1%）、贝希略（12%）、希米赫特（7.2%）、萨卡拉瓦（5.8%）、安坦德罗（5.3%）和安泰萨卡（5%）等。各民族语言、文化、风俗习惯大体相同。在马定居的尚有少数科摩罗人、印度人、巴基斯坦人和法国人，另有华侨和华裔约 5 万人。民族语言为马达加斯加语（属马来—波利尼西亚语系），官方通用法语和英语。居民中信奉传统宗教的占 52%，信奉基督教（天主教和新教）的占 41%，信奉伊斯兰教的占 7%。

首都　塔那那利佛（Antananarivo），人口约 170 万，年平均气温 18℃。

重要节日　独立日：6 月 26 日。

简　况

位于印度洋西部，是世界第四大岛。隔莫桑比克海峡与非洲大陆相望。海岸线长约 5000 公里。东南沿海属热带雨林气候，终年湿热，年平均气温 24℃；中部为热带高原气候，温和凉爽，年平均气温 18.3℃；西部为热带草原气候，干旱少雨，年平均气温 26.6℃。

16 世纪末伊麦利那人在中部建立了伊麦利那王国。1794 年伊麦利那王国发展为中央集权的封建国家，并于 19 世纪初统一全岛，建立马达加斯加王国。1896 年沦为法国殖民地，1958 年 10 月 14 日成为“法兰西共同体”内的自治共和国。1960 年 6 月 26 日宣布独立，成立马尔加什共和国，亦称第一共和国。1975 年 12 月 21 日，改国名为马达加斯加民主共和国，亦称第二共和国，迪迪埃·拉齐拉卡（Didier Ratsiraka）就任总统。1990 年实行多党制。1992 年 8 月 19 日，马举行全民公投，通过“第三共和国宪法”，改国名为马达加斯加共和国。1993 年 2 月，在马首次多党选举中，阿尔贝·扎菲（Albert Zafy）战胜拉齐拉卡，当选第三共和国总统。1997 年 2 月，拉齐拉卡在总统选举中获胜，重掌政权。2001 年 12 月 16 日，马举行总统选举。拉齐拉卡与主要反对派候选人、塔那那利佛市市长马克·拉瓦卢马纳纳（Marc Ravalomanana）围绕选举结果展开激烈争斗，马陷入长达半年的政局动荡。2002 年 4 月，马最高宪法法院宣布拉瓦卢马纳纳当选马总统。5 月 6 日，拉瓦卢马纳纳宣誓就职。2006 年 12 月 3 日，拉瓦卢马纳纳以绝对优势胜选连任，并于 2007 年 1 月 19 日宣誓就职。此后，拉瓦卢马纳纳创建的“我爱马达加斯加党”相继赢得众议院选举、市镇选举和参议院选举。

政　治

2009 年 1 月下旬，马朝野矛盾激化，首都等地发生严重骚乱和流血冲突。3 月 17 日，拉瓦卢马纳纳总统在部分哗变军队压力下被迫交权并流亡国外，反对派领导人、原首都市长拉乔利纳宣布自任总统。非盟、南共体中止马成员国资格，美国、法国、欧盟等谴责拉乔利纳违宪夺权。4 月 30 日，非盟成立国际接触小组主导解决马政治危机。在非盟、南共体等斡旋下，8 月以来，马各政治派别经过多轮和谈签署马普托协议及其补充文件，就过渡期主要安排达成一致。但拉乔利纳后单方面宣布提前举行立法选举，马政治和解进程陷入僵局。2010 年 3 月，非盟宣布对拉乔利纳及其 108 名主要支持者实施制裁。4 月，在法国、南非等国和非盟积极推动下，拉乔利纳与前总统拉瓦卢马纳纳等派别在南非比勒陀利亚举行新一轮谈判，但无果而终。5 月，拉乔利纳单方面宣布修宪公投、立法选举和总统选举日期，遭到其他各派反对。5 月 24 日，拉乔利纳改组政府，增加了军人在政府中所占比例。

【宪法】1992 年 8 月 19 日通过"第三共和国宪法"，经 1995 年 9 月、1998 年 3 月和 2007 年 4 月三次修订。宪法赋予总统直接任命总理、解散议会的权力，任期 5 年，可连任两届，由直接选举产生；国民议会和参议院均需 2/3 的多数方可中止总统权力；地方政权实行自治。2007 年修宪取消了自治省，设立拥有行政和财政自治权的地区和乡镇。

【议会】根据"第三共和国宪法"，马实行两院制，由国民议会（L'Assemblée Nationale）和参议院（Le Sénat）组成。国民议会议员任期 5 年，通过普选，按照党派得票比例产生。2007 年 9 月选举产生的国民议会有 127 名议员。参议院议员任期 5 年。2/3的参议员由国民议会议员和市镇委员选举产生，其余的 1/3 为经济、社会和文化界代表，经合法成立的组织和集团提名，由共和国总统任命。任命可因特定原因取消。2008 年 4 月成立的参议院有参议员 33 人。拉乔利纳上台后，国民议会和参议院被解散。

【政府】拉乔利纳上台后，前政府被解散。根据马各政治派别达成的协议，在举行新的立法选举前，应组建过渡联合政府。但目前各派对权力分配存在较大分歧，过渡联合政府陷入难产。现政府系拉乔利纳于 2009 年 2 月 7 日组建，2010 年 5 月 24 日改组后共有 32 名成员：总理、政府首脑阿尔贝尔·卡米尔·维达尔（Albert Camille VITAL），外交部长依波利特·拉里松·拉马罗松（Hippolyte RARISON RAMAROSON），武装力量部长安德烈·吕西安·拉库图阿里马西（André Lucien RAKOTOARIMASY），内政部长让（JEAN），掌玺、司法部长克里斯蒂娜·拉扎纳马阿苏阿（Christine RAZANAMAHASOA）女士，财政与预算部长埃里·拉乔纳里马姆皮阿尼纳（Hery RAJAONARIMAMPIANINA），国内安全部长雷米·奥尔加奈斯·拉库图米昂塔里扎卡（Remy Organès RAKOTOMIHANTARIZAKA），领土整治与分权部长阿祖·埃里韦卢纳·安德里亚奈纳里韦卢（Hajo Herivelona ANDRIANAINARIVELO），高等教育与科研部长阿塔纳斯·东加韦卢（Athanase TONGAVELO），国民教育部长朱利安·拉扎菲马纳贾图（Julien RAZAFIMANAZATO），公共卫生部长帕斯卡尔·雅克·拉乔纳里松（Pascal Jacques RAJAONARISON），旅游与手工业部长伊莱娜·维克杜瓦尔·安德列阿斯（Irène Victoire ANDREAS）女士，交通部长罗兰·兰贾图埃利纳（Roland RANJATOELINA），水务部长尼尔依·朗图·安德里亚马阿左（Nirhy Lanto ANDRIAMAHAZO），经济与工业部长理查·菲埃奈纳（Richard FIENENA），商务部长弗雷迪·马阿祖阿西（Freddie MAHAZOASY），矿业与石油部长马米·拉图武马拉拉（Mamy RATOVOMALALA），能源部长让·罗多勒弗·拉马南楚阿（Jean Rodolphe RAMANANTSOA），渔业与水产资源部长若尔热·芒德阿查拉（Georget MANDEHATSARA），农业部长马米蒂阿纳·朱塞利诺·乔尼纳（Mamitiana Juscelyno JAONINA），畜牧业部长让·德·迪厄·马阿兰特（Jean de Dieu MAHARANTE），环境与森林部长埃里朗图·拉韦卢阿里松（Herilanto RAVELOHARISON），公共工程与气象部长埃里克·拉扎菲芒迪姆比（Eric RAZAFIMANDIMBY），邮电与新技术部长依阿里扎卡·拉阿因古松（Iharizaka RAHAINGOSON），青年与娱乐部长塞尔日·拉奈武（Serge RANAIVO），体育部长维拉潘·拉马蒙吉苏阿（Virapin RAMAMONJISOA），公职、劳动与社会法律部长威廉·诺埃勒松（William NOELSON），人口与社会事务部长纳迪纳·拉马罗松（Nadine RAMAROSON）女士，文化与遗产部长米雷耶·米亚莉·拉库图马拉拉（Mireille Mialy RAKOTOMALALA）女士，新闻部长费利克斯·马拉扎里武（Felix MALAZARIVO），宪兵国务秘书兰德里亚纳扎里（RANDRIANAZARY），技术教育与职业培训国务秘书玛丽·莉迪娅·图图·拉阿里马拉拉（Marie Lydia TOTO RAHARIMALALA）女士。

【司法机构】设最高法院、最高司法法院、高等宪法法院。最高法院包括终审法院、国务委员会和审计法院。首席院长和总检察长是最高法院首长。现任首席院长夏尔·拉贝图库塔尼（Charles Rabétokotany），总检察长埃德松·贝尔特利埃·拉维隆萨拉玛（Edson Berthelier Ravelontsalama）。最高司法法院由最高法院首席院长、2 名终审法庭庭长、2 名上诉法院院长、2 名国民议会议员、2 名参议员组成。高等宪法法院由 9 名成员组成，任期 7 年，不得连任。其中 3 名成员由总统任命，2 名由国民议会任命，2 名由参议院任命，2 名由最高司法委员会选举产生。院长由总统任命，现任院长让·米歇尔·拉乔纳利武尼（Jean Michel Rajaonarivony）。

【政党】马目前有 173 个政党，主要政党情况如下：

（1）"我爱马达加斯加党"（Tiako I Madagasikara）：前执政党。前身为拉瓦卢马纳纳创建的"我爱马达加斯加协会"，在拉竞选总统活动中发挥了重要作用。拉就任总统后于2002年7月将其转变为政党。2004年12月，该党在塔那那利佛召开首次全国代表大会，通过了新的党章、党纲，选举产生了党主席和10名政治局成员。2008年5月21日，该党召开第二次党代会，选举产生新一届15名政治局成员。主席为伊万·兰德里亚桑德拉特里尼乌尼（Yvan RANDRIASANDRATRINIONY），总书记为伊武阿西纳·拉扎菲马海法（Ivohasina RAZAFIMAHEFA）。

（2）众评社（Asa Vita Noifampitsarana）：1997年1月28日成立，是1996年底总统大选时，在各地自发成立的支持总统候选人诺贝尔·拉齐拉胡纳纳（Norbert Ratsirahonana）竞选委员会基础上创建。主张建立法制国家，致力于国家政治生活的正常化和建立正常社会经济秩序。2001年底总统选举中支持拉瓦卢马纳纳。在2002年12月立法选举中赢得国民议会8个席位；在2003年11月市镇选举中，成为继"我爱马达加斯加党"和独立人士之后获席位最多的政党。主席拉齐拉胡纳纳。

（3）社会民主联盟（Rassemblement pour Le Social Démocrate）：前身为前总统齐腊纳纳1956年12月创建的社会民主党。1992年社民党分裂，以马尔松·埃瓦里斯特（Marson Evarsite）为首的一派成立新党"社会民主联盟"。该党1998年曾参加前总统拉齐拉卡的执政联盟，2000年底因其总书记让·欧仁·武依纳希奇（Jean Eugène VONINAHITSY）被当局监禁而退出。在2001年底的总统选举中支持拉瓦卢马纳纳。2002年底立法选举时，埃瓦里斯特与武依纳希奇在支持现政权等问题上发生严重分歧。埃率领一派与"我爱马达加斯加党"和众评社组成民族团结联盟联合竞选，以武为首的另一派则以社会民主联盟名义参选。2003年9月，武另立新党新社会民主联盟。社会民主联盟现任主席为埃瓦里斯特。

（4）争取马达加斯加发展党（Parti Militant pour le Développement de Madagascar）：原卑贱者争取政权党，1972年成立，曾主张社会主义。1990年全面调整党纲，放弃社会主义，主张尊重人权和个人自由，实行真正的自由经济，并改为现名。主席马南达菲·拉科托尼里纳（Manandafy Rakotonirina），拉瓦卢马纳纳交权后，曾任命其为总理负责组建新政府，后被拉乔利纳驱逐。

（5）新社会民主联盟（RPSD VAOVAO）：2003年9月，从社会民主联盟脱离出来的新党。该党认为拉瓦卢马纳纳政府在使国家走出困境方面毫无建树，主张成立过渡政府，通过新宪法和新选举法，要求拉瓦卢马纳纳政权接受其关于尊重地区平衡、承诺民族和解和就是否允许外国人在马购买土地举行全民公决等三项主张。该党在国民议会中有5个席位。现任主席武依纳希奇，总书记法哈罗·拉桑巴松（Faharo Ratsimbalson）。

（6）马达加斯加复兴行动党（Action pour la Renaissance de Madagascar）：前身为马达加斯加革命先锋党。拉齐拉卡第一次执政时创建，1976年3月19日成立，1994年3月改为现名。主张在马建立社会主义。拉齐拉卡任该党总书记至1997年2月，就任总统后辞去总书记职务。1997年11月召开第一届全国代表大会，选举产生新总书记，并决定该党以促进民主，发展自由经济为宗旨，不再提倡社会主义。拉齐拉卡在2001年12月总统选举中败北后，该党内部出现严重分裂。总书记皮埃罗·拉左纳里韦卢（Pierrot Rajaonarivelo）。

（7）火炬领袖社（Association Libéralisme et Action Démocratique pour la Renaissance Nationale，马文Leader Fanilo）：1992年7月成立，主要成员为拉齐拉卡时期工商业企业家。主张消除贫困和愚昧，通过人道自由主义实现发展，建立良政和法治，最终把马建成自由、民主的现代社会。总书记马纳塞·埃苏阿维卢芒德鲁苏（Manassé Esoavelomandroso）。

【重要人物】安德里·拉乔利纳：1974年5月30日生于塔那那利佛。出身商界。拥有广告公司、私人电台、电视台等。2007年底以独立人士身份战胜"我爱马达加斯加党"候选人当选首都塔那那利佛市市长。2009年1月底以来与拉瓦卢马纳纳政府矛盾激化，多次组织大规模集会。3月17日拉瓦卢马纳纳交权后，宣布自任总统。

经　济　属最不发达国家之一。经济以农业为主，严重依赖外援，工业基础薄弱。1997～2000年，经济年均增长4.5%。2001年底大选危机使马国内经济和社会发展受到严重影响。拉瓦卢马纳纳执政后提出"快速、持续"发展口号，出台国家10年减贫战略文件，确定中长期社会经济发展目标，鼓励私营部门发展，改善投资环境，吸引外资。近年来，马以农村发展、基础设施、环保、旅游和能源等作为拉动经济增长的重点领域，同时加大对教育、卫生等领域的投入，实现经济持续增长。2003～2006年，年均经济增长率6.2%。马在良治和发展经济方面的努力得到国际社会肯定，世界银行和国际货币基金组织及法、德、美、日、意等国大幅减免马债务。但国际原油价格飙升等因素对马经济发展产生负面影响，人民生活艰难。2006年，拉瓦卢马纳纳推出"马达加斯加行动计划"，致力于在良政、基础设施建设、教育、农村发展、卫生和计划生育、环境、民族团结等方面推动马社会经济全面发展，取得一定成效。但马政治危机发生后，经济社会秩序陷入混乱。拉乔利纳上台后未出台新政以恢复经济发展，新过渡政府迟迟无法组建。马经济每况愈下，农产品加工、纺织品加工、旅游业等支柱产业和基础设施建设遭受重创。交通运输、电力等产业商品价格攀升，粮食大幅减产。政治危机久拖不决导致外国对马投资锐减，国际社会对马采取减援、停援措施，除人道主义援助以外的外援基本停止。据世界银行和联合国开发计划署统计，马失业人数已超过22万，2/3的人口生活在贫困线以下。预计马2009年经济为负增长。政治危机前，马2008年主要经济数据如下：

国内生产总值：96.45亿美元。

人均国内生产总值：477美元。

经济增长率：7%。

货币名称：阿里亚里。

汇率：1美元=2158.30阿里亚里。

通货膨胀率：9.2%。

【资源】矿藏丰富，主要矿产资源有石墨、铬铁、铝矾土、石英、云母、金、银、铜、镍、锰、铅、锌、煤等，其中石墨储量居非洲首位。此外还有较丰富的宝石、半宝石资源以及大理石、花岗岩和动植物化石。河流湍急，水力发电潜力大。森林面积123279平方公里，约占国土面积的21%，珍稀动植物种类繁多，一些动植物为马独有。

【工业】马工业基础十分薄弱，2005年工业产值占国内生产总值的15.8%。有大小企业约25.8万家，一半以上设在塔那那利佛。主要有炼油、发电、纺织和服装加工、农产品加工、饮料、烟草、造纸、制革、建材等。1989年，设立免税区，以纺织业和农产品加工业为主。马免税区成立21年来，为马创造了直接就业岗位10万个，间接就业机会30万个。目前，约10万名当地员工在该免税区工作，其中，约35000人从事面向美国市场的纺织品加工。马60%的出口外汇收入来自于免税区，每月仅工资一项就达120亿阿里亚里（合630万美元）。据统计，2008年免税区全部加工出口业务中，欧洲市场占55%，美国及加拿大市场占35%，其他国家占10%。免税区出口占整个工业出口的70%，占马出口总额的40%。受马政治危机影响，2009年免税区企业来自美国和欧洲的订单分别比2008年同期下降了18%和5%。2009年12月，美国政府中止马“非洲增长和机会法案”（AGOA）待遇，中止马继续享受AGOA规定的出口到美国的纺织服装等产品可享受“零关税和无配额限制”的优惠条款。马免税区内5家纺织企业面临关闭，预计将有3.5万名当地员工面临失业。

【农业】农业人口占总人口80%以上，出口收入的70%来自农业。2005年农业产值占国内生产总值的27.9%。全国可耕地880万公顷，已耕地280万公顷。土地肥沃，气候适合各种热带、温带粮食和经济作物生长。耕地2/3以上种植水稻，其他粮食作物有木薯、甘薯、玉米等，粮食不能自给。2004/2005年度，稻米产量340万吨。主要经济作物有甘蔗、香草、丁香、胡椒、咖啡、可可、棉花、花生、棕榈等。其中香草生产和出口量居世界首位，约占世界市场总量的2/3。全国牧场面积340484平方公里，占国土面积的58%。沿海以及河流、湖泊盛产各类鱼虾、海参、螃蟹等。

【旅游业】旅游资源丰富，但服务设施不足。上世纪90年代以来，马将旅游业列为重点发展行业，鼓励外商投资旅游业。1990年建立一所旅游学校培养专门人才。同年，法国P-ULMAN旅馆集团开始在马修建旅馆网。1991年成立国家旅游开发委员会。1994年实行国内和地区航运自由化，允许留尼汪、毛里求斯和南非的航空公司进入马航运市场。1997年改革签证制度，允许游客申请落地签证，同时取消旅馆对外国游客高收费的作法。马有717家宾馆，其中星级宾馆111家（床位3040张）。2008年游客人数达37.5万人次。游客主要来自法国（50%以上）、留尼汪、美国、英国、瑞士、德国和意大利等。主要旅游点是努西贝岛、圣玛丽岛。马政治危机爆发后，旅游业遭受沉重打击，游客人数急剧减少，全国约70%酒店停业。

【交通运输】水陆交通不发达。铁路为单轨铁路，总长732公里。公路总长49837公里，其中柏油路面5781公里。内河航道共3500公里，但航运仅利用400余公里；沿海港口共18个。80%的海运集中在东部港口塔马塔夫，年吞吐量约140万吨。

马共有2家航空公司，拥有大小飞机36架，有定期航班飞往欧洲、非洲和西南印度洋诸岛国。全国有大小机场121个，其中6个国际机场，但仅首都伊瓦图国际机场、塔马塔夫和努西贝机场可停靠大型飞机。2003年马达加斯加航空公司客运量约为451万人次。

【财政金融】政府财政连年赤字，2004年、2005年和2006年财政赤字分别占当年国民生产总值的4.5%、4.6%、4.9%。

金融业欠发达，全国1/3以上金融业务由马达加斯加中央银行经营，另有5家商业银行及一些办理储蓄和贷款业务的机构。

截至2006年底，外债总额17.58亿美元。2006年第三季度，外汇储备5.529亿美元。

【对外贸易】1987年开始实行贸易进出口自由化政策，鼓励出口多样化，出口额有所增加。主要进口石油、车辆、机械设备、药品、日用消费品及食品等。主要出口咖啡、虾、铬矿石、香草、丁香、棉纺织品等。主要贸易伙伴是法国、美国、中国、欧盟、南非、南部非洲发展共同体、东南亚部分国家和印度洋诸岛国等。政治危机爆发后，马出口额出现下降。

【外国资本】1994～1997年，年均外国投资1000万美元，1998年增至2800万美元。随着私有化进程的加快，外国资本进一步流入。铁路、电信、矿产和石油开发是近年外资注入的重点领域。2007 年，马吸引外资总额 14.15 亿美元，其中绝大部分投入矿产开发领域。

【外国援助】经济发展严重依赖外援。法国是最大援助国，其次为国际货币基金组织、美国、日本、德国。世界银行从 2004 年起共向马提供三期总额 2.45 亿美元的贷款，2006 年 7 月决定免除马总额 22 亿美元的债务。2006 年，国际货币基金组织决定减免马截至 2005 年 1 月到期的 1.4 亿特别提款权债务，并与马签署《减贫发展援助协议》，给予马 550 万特别提款权援助。2008 年，世界银行向马提供 5500 万美元援助，用于良政和机构建设以及发展小型信贷。政治危机久拖不决导致国际社会对马采取减援、停援措施。2009 年 12 月 23 日，美国取消马“非洲增长与机遇法案”受益国地位。2010 年 6 月，欧盟暂停向马提供经济援助。

人民生活

据《2008 年世界人类发展报告》统计，马人类发展指数在 177 个国家中列第 143 位。公职部门的职工享受国家的劳保、医疗、住房、子女补贴，其他部门职工由雇主支付社会和医疗保险。2006 年，人均预期寿命 56.0 岁，其中女性 57.2 岁，男性 54.8 岁。2005 年，城市人口 502 万，农村人口 1358 万，20 岁以下年轻人占总人口的 2/3，60 岁以上老人占人口的 4%，人口自然增长率为 2.7%，婴儿死亡率为 8.8%，全国有 40% 的人营养不良。65% 的居民能得到基本卫生保障，39.6% 的居民家庭可获得饮用水，16% 的家庭或 14% 的人口可使用电，2.54% 的人口拥有电话。目前马全国有 16 名教授级医师，282 名专科医师，1580 名普通医师，3239 名助理医师。全国有 105 家医院，其中 18 家在首都；2681 家公立和私立医疗中心，其中 529 家在首都。医生与人口比例为1:10000，病床位 1:2000。2004 年艾滋病毒感染率为 1.1%。政治危机导致人民生活受到很大影响，长期无政府管理状态导致民怨上升，各类罢工、罢课事件迭起，恶性事件频发，严重影响社会稳定和发展。

军　事

独立后组建人民军。总统为军队最高统帅。国防部为军事行政机构。全国设 6 个军区。实行义务兵役制，服役期约 18 个月。

正规军总兵力 2.16 万人。其中陆军 1.25 万人，装备有坦克 12 辆、装甲车 100 辆以及各种火炮 102 门；海军 500 人，其中包括 1 个海军陆战连，装备有 1 艘巡逻艇和 1 艘两栖舰艇；空军 500 人，装备有各种飞机 40 余架，其中作战飞机 12 架、直升机 6 架；宪兵 8100 人。

文化教育

【教育】实行五年义务教育。城市地区使用法语教学，农村地区大部分中小学使用马语教学。自 1978 年起，正式教育分为：五年基础（小学）教育、四年普通初中教育、三年高中教育和高等教育。2004 年，15 岁以上人口识字率为 59.2%，其中城市占 78%，农村占 53.2%。适龄儿童入学率 82%，但仅有 33% 读完小学，15% 进入中学，6% 进入高中。马有小学 18977 所，其中公立小学 14637 所，私立小学 4340 所；初中学校 1596 所，其中公立 801 所，私立 795 所；高中学校 336 所，其中公立 108 所，私立 228 所。2002/2003 学年，共有小学生 2856480 名，初中生 356973 名，高中生 79238 名。小学教师 59774 名，初中教师 18641 名，高中教师 6510 名。马有 6 所综合大学，共有 28900 名大学生，教师 900 余名，其中塔那那利佛大学规模最大，有学生 18500 名，教师 618 名。

【新闻出版】主要报纸有：《马达加斯加午报》（日报，法文，发行量 3.5 万份）、《论坛报》（日报，发行量 1.5 万份，马、法文）、《快报》（日报，法文）等。

全国通讯社为国家通讯社。马达加斯加国家广播电台建于 1931 年 4 月，有两套节目，第一套节目用马语，第二套节目用法语和英语，每天均播出 24 小时。

全国共有 13 家电视台。马达加斯加国家电视台建于 1967 年，用马语、法语每天播出约 9 小时（周末 15 小时）。

对外关系

拉乔利纳 2009 年 3 月违宪上台后，国际社会迄今未予承认，南共体、非盟、法语国家组织均向其强力施压，先后中止马成员国资格，要求马尽快恢复宪政秩序。美国、法国、欧盟等谴责拉乔利纳违宪夺权，对马采取减援、停援措施，并在马政治和谈一度陷入僵局时威胁将对马采取必要制裁，向马各派施压。非盟于 2009 年 4 月成立马问题国际接触小组主导解决马政治危机。2010 年 3 月 17 日，非盟宣布对拉乔利纳及其 108 名主要支持者实施制裁，内容包括旅行限制、冻结海外银行账户和外交孤立等。拉乔利纳上台后因南非接受拉瓦卢马纳纳流亡而同南非交恶。曾于 2009 年 5 月访问利比亚和塞内加尔，多方寻求外交承认，并曾谋求参加不结盟首脑会议和在联大发言，但遭南共体国家强烈抵制。

【同中国的关系】1972 年 11 月 6 日马中建交。2004 年 5 月，拉瓦卢马纳纳对中国进行国事访问。2005 年 1 月，外交部长李肇星访马。3 月，马国民议会议长拉依尼里库访华。8 月，马国防部长佩特拉·贝哈贾纳少将和“我爱马达加斯加党”主席拉祖利米哈贾·索罗福南特奈纳分别访华。11 月，国务院副总理黄菊访马，两国签署了新的经济技术合作协定、促进和相互保护投资协定以及关于成立经济贸易混合委员会的协定等。2006年4月，拉瓦卢马纳纳赴香港和深圳考察。6月，马参议长拉杰米松访华。9月，中共中央纪律检查委员会书记吴官正对马进行正式访问。10月，商务部部长助理陈健访马。11月拉瓦卢马纳纳来华出席中非合作论坛北京峰会。2007年1月，中国政府特使、外交部部长助理翟隽赴马出席拉瓦卢马纳纳总统就职仪式。5月，拉瓦卢马纳纳来华出席非洲开发银行上海年会并会见温家宝总理。2008年8月，拉瓦卢马纳纳来华出席北京奥运会开幕式。10月，“我爱马达加斯加党”主席、参议长伊万访华。11月，吴邦国委员长访马。

2009年，中马贸易额为4.5亿美元，同比下降33%，其中中方出口额3.95亿美元，进口额5500万美元。中国主要出口纺织品、服装、机电产品等，进口铬矿砂等。据马海关统计，中国已成为马第一大进口国，约占马市场份额的20%左右。截至2009年底，中国在马累计签订承包劳务合同额8.85亿美元，直接投资额1.7亿美元。

2009年9月，中方为马2008年飓风灾后重建提供的300万元人民币物资援助运抵马。

1980年两国签订文化合作协定。2008年11月，孔子学院在塔那那利佛大学举行揭牌仪式。中国自1973年起向马提供奖学金名额，2009年马在华奖学金生共101名。2010～2011学年我向马提供77个奖学金生名额。我自1975年起向马派遣医疗队，现有4个援马医疗点，迄今已派出17批共534人次，目前有30名医疗队员在马工作。

中国驻马达加斯加共和国大使：沃瑞棣。馆址：Ambassade de la République Populaire de Chine en République de Madagascar。信箱号：B. P. 1658 Nanisana-Ambatobe Antananarivo Madagascar。电话：0026120－2240129，2240856；传真：2240215。经参处地址：Bureau du Conseiller Economique de l'Ambassade de la République Populaire de Chine en République de Madagascar。信箱号：B. P. 4094 Ambohidratrimo Antananarivo Madagascar。电话：0026120－2244529。

马达加斯加驻华大使：维克托·希科尼纳（Victor Sikonina）。馆址：北京市三里屯东街3号。电话：010－65321353。传真：65322102。

【同法国的关系】 法国是马前宗主国，两国有着传统关系。法是马最大贸易国、双边援助国和直接投资国。马65%的直接投资来自法国，法在马拥有500多家企业。法在马文化、教育、卫生等领域具有较大影响。法在马设有文化中心，每年向马提供数量可观的赴法学习、进修或培训奖学金。法国际台在马设有调频转播台。法在马侨民约2.6万人。2005年7月，法总统希拉克访马，两国签署了航空协定和总额为310万欧元的援助协议。2006年1月，马参议长拉库图马哈鲁访法。5月马总理西拉访法，法参议长蓬斯莱、负责合作、法语国家和发展的部长级代表吉拉尔丹访马，双方签署合作伙伴关系框架文件，规定在2006～2010年期间，向马提供总值2.49亿～2.78亿欧元的项目援助。2007年2月，拉瓦卢马纳纳出席在法举行的第24届法非首脑会议。2008年6月，拉瓦卢马纳纳短暂访法，与萨科奇总统举行会晤。2010年5月，在非盟、南共体等国家强烈要求下，法国未邀请拉乔利纳出席在法举行的第25届法非首脑会议。

【同美国的关系】 马美1960年6月建交。2000年，美国将马列入“非洲增长与机遇法案”首批受益国，马向美出口总额由1999年的0.8亿美元增至2001年的2.5亿美元。2002年6月26日，美总统布什致函拉瓦卢马纳纳，率先承认马新政权。2004年3月，马美签署旨在开放民事航空领域的双边协定。2004年5月，美将马列为第一批有资格从美“千年挑战账户”申请资金援助的国家。2005年2月和4月，拉瓦卢马纳纳两度访美，获1.1亿美元援助。2006年1月，美副国务卿埃里克访马。2月拉瓦卢马纳纳赴美休假。美从1993年起向马派遣和平队员，目前在马共有100名和平队员，主要从事基层卫生、教育和环境保护工作。2008年美通过国际开发署和“千年挑战账户”向马提供1680万欧元援助，用于农村发展和环境保护。6月，拉瓦卢马纳纳赴美进行工作访问。8月，美国际开发署向马提供5700万美元，主要用于母婴健康项目。2009年12月23日，美国奥巴马总统以马违宪政权践踏法制和民主为由，取消马“非洲增长与机遇法案”受益国地位，但如果马2010年民主和法制状况得到改善，并符合美国标准，在2010年底前还有申请恢复享受AGOA待遇的资格。

【同邻近印度洋岛国的关系】 马系印度洋委员会成员国，积极参与地区事务，推动成员国间经济合作。马向周围岛国供应农产品和海产品，贸易有出超。2004年4月，毛里求斯总理贝朗热访马。双方签署了双边合作总体构架协定、促进和互相保护投资协定及旅游技术合作协定等三个原则文件，并签订了糖业管理合作协议。2005年1月，拉瓦卢马纳纳赴毛里求斯出席小岛屿发展中国家可持续发展会议。7月，印度洋委员会第三届国家元首和政府首脑会议在塔那那利佛举行。11月，拉瓦卢马纳纳访问毛里求斯。2006年3月，印度洋委员会第22届部长理事会在马举行。5月，马总理西拉出席科摩罗总统桑比就职仪式。马政治危机发生后，印度洋委员会参与了非盟马问题国际接触小组的调解工作。　（胡冰）

马拉维

国名 马拉维共和国（The Republic of Malawi）。

面积 118484平方公里。

人口 1307万（2008年）。绝大多数为班图语系黑人。主要民族为尼昂加族、契瓦族和尧族。官方语言为英语和奇契瓦语。约75%的居民信奉基督新教和天主教，20%信奉伊斯兰教，其余信奉原始宗教。

首都 利隆圭（Lilongwe），人口约67万（2008年）。

国家元首 总统宾古·瓦·穆塔里卡（Bingu wa Mutharika），2004年5月就任，2009年5月连任。

重要节日 英雄纪念日（1月15日）、烈士纪念日（3月3日）、劳动节（5月6日）、自由日（6月14日）、国庆节（7月6日）。

简况 非洲东南部内陆国家，与莫桑比克、赞比亚、坦桑尼亚为邻。3/4国土海拔1000~1500米。属热带草原气候。雨量适中，气候温和。年平均气温20℃左右，分凉干（5~8月）、热（9~11月）、雨（12~4月）三季。热季最高温度为29℃，凉干季最低温度为7℃。年平均降水量1000~1500毫米。

16世纪，班图人开始大批进入马拉维湖（旧称尼亚萨湖）的西北一带，并在马拉维及毗邻地区定居。1891年英国正式宣布这一地区为“英属中非保护地”，又名尼亚萨兰。1953年10月，英国强行将尼亚萨兰同南罗得西亚（今津巴布韦）、北罗得西亚（今赞比亚）组成“中非联邦”。1963年2月1日中非联邦解体，尼亚萨兰实行内部自治。1964年7月6日独立，改名为马拉维。1966年7月6日宣布成立共和国。马拉维大会党（大会党）主席海斯廷斯·班达（Hastings Banda）任终身总统。1994年5月17日，举行首次多党制选举，联合民主阵线（联民阵）主席巴基利·穆卢齐（Bakili Muluzi）当选总统，1999年6月蝉联。2004年5月，穆卢齐选定的接班人穆塔里卡赢得大选，成为马第三任总统。2009年5月，穆塔里卡胜选连任。

政治 穆塔里卡就任总统后，着力惩治腐败，减少贫困，改善同西方关系。2005年初，穆塔里卡退出原执政党联民阵，另建民主进步党（民进党），并由该党执政。联民阵沦为反对党后即联手马大会党弹劾总统，但遭失败。之后，马警方多次以涉嫌“阴谋政变”为由逮捕前总统穆卢齐。马反贪局亦对其提起贪污指控，穆卢齐后被保释。2009年初，民进党、大会党、联民阵推出各自领袖为总统候选人。4月，两大反对党大会党和联民阵宣布结成竞选联盟，推举大会党主席约翰·坦博（John Tembo）为总统候选人。5月19日，马举行第四次总统和议会选举。民进党候选人穆塔里卡以66%的得票率胜选连任总统。民进党亦获得议会多数席位，成为马第一大党。2009年12月，联民阵主席穆卢齐宣布退出政坛。

【宪法】现行宪法于1994年5月颁布，1995年修订。宪法规定，马实行多党制，总统为国家元首兼政府首脑，任期五年，只能连任一次；保护多党民主和独立的司法权。

【议会】实行一院制。议会由总统、议长、副议长、民选议员等组成，每届任期五年。本届议会于2009年6月组成，共193个议席，其中民进党136席，大会党26席、联民阵17席、独立候选人11席，人民进步运动、争取民主联盟和马拉维团结与发展论坛各1席。议长亨利·奇蒙图·班达（Henry Chimunthu Banda）。

【政府】本届政府于2009年6月组成。主要成员有：总统兼农业和食品安全部长宾古·瓦·穆塔里卡，副总统乔伊丝·班达（Joyce Banda，女），外交部长埃塔·伊丽莎白·班达（Eta Elizabeth Banda，女），财政部长肯·爱德华·坎多多（Ken Edward Kandodo），教育和科技部长乔治·沙蓬达（George Chaponda），发展规划和合作部长阿比·马兰比卡·沙瓦（Abi Marambika Shawa），交通和公共基础设施部长昆博·海斯廷斯·卡查利（Khumbo Hastings Kachali），司法和宪法事务部长阿瑟·彼得·穆塔里卡（Arthur Peter Mutharika），灌溉和水利部长里奇·比兹维克·穆耶瓦（Richie Biswick Muheya），地方政府和农村发展部长古多尔·爱德华·贡德韦（Goodall Edward Gondwe），工业和贸易部长尤妮斯·卡赞贝（Eunice Kazembe，女），土地、住房和城镇发展部长彼得·姆万扎（Peter N. Mwanza），性别、儿童和社区发展部长帕特里夏·安妮·卡利亚蒂（Patricia Anne Kaliati，女），旅游、野生动物和文化部长安娜·卡奇科（Anna Kachikho，女），劳工部长尤努斯·穆萨（Yunus Mussa），青年发展和体育部长卢修斯·格兰德森·卡尼温巴（Lucius Grandson Kanyumba），卫生部长摩西·查瓦南加·奇兰博（Moses Charuwananga Chirambo），内政和公共安全部长阿伦·桑加拉（Aaron Sangala），国防部长穆罕默德·西迪克·米亚（Mohammed Sidik Mia），新闻和公民教育部长托托·莱克福德·姆万扎

(Thotho Leckford Mwanza)，自然资源、能源和环境部长格兰·威森·马伦加（Grain Wyson Malunga），残疾人和老年人部长林·贝茜·卡切雷（Rene Bessie Kachere，女）。

【行政区划】全国分为3个区：北部、中部和南部区。

【司法机构】分最高上诉法院、高等法院和地方法院。

【政党】主要政党有：

（1）民主进步党（Democratic Progressive Party—DPP）：执政党。2005年2月成立。根据该党公布数据，有党员250万。现为议会第一大党。主张团结所有马拉维人，致力于恢复经济增长和减贫。2009年大选中提出将马“从进口、消费国转变为出口、生产国”和建立“人民可以信赖、致力于发展的政府”的目标。主席为总统穆塔里卡。

（2）马拉维大会党（Malawi Congress Party—MCP）：1944年成立。原名为尼亚萨兰非洲人国民大会，1959年改称现名。1964年马独立后至1994年为马唯一的合法政党，执政时间长达30年。现为马最大反对党。主席约翰·坦博。

（3）联合民主阵线（United Democratic Front—UDF）：前身为1992年3月在利隆圭成立的联合民主独立党，同年10月改为现名。1994年起执政，2005年因穆塔里卡总统脱离该党另立新党执政而沦为反对党。该党在南部和中部部分地区有较大影响。临时主席弗莱德·朱姆贝（Friday Jumbe）。

（4）共和党（Republican Party—RP）：2003年成立，成员主要来自大会党。主席戈万达·查库安巴（Gwanda Chakuamba），曾任大会党主席。

（5）争取民主联盟（Alliance for Democracy—AFORD）：1992年成立，成员主要包括马前政要、学者和商人。主张在马实行多党民主政治和自由市场经济。1993年与联合民主阵线联手，在全民公决中击败执政的大会党，实现马从一党制向多党制的转变。1995年参与联合政府。1996年5月，因对政府职位分配格局不满退出，2003年再度联手，建立“民族团结政府”。主席奇平姆法·穆戈戈（Chipimpha Mughogho）。

（6）人民进步运动（People's Progressive Movement—PPM）：2003年3月成立，主要成员为商人。主张彻底改变马恶劣的经济状况。主席阿莱克·班达（Aleke Banda），曾任财政部长。

【重要人物】宾古·瓦·穆塔里卡：总统。1934年2月24日生。获印度德里大学经济学硕士和美国西太平洋大学博士学位。早年加入马拉维大会党，参加过马独立运动。长期任职于联合国非洲经济委员会、世界银行等国际机构及东南非共同市场。1992年加入马拉维联合民主阵线，1997年脱离联民阵，创立团结党。1999年大选后重返联民阵，曾任马拉维储备银行副行长和经济计划与发展部长。2004年大选中作为前总统穆卢齐选定接班人和联民阵候选人当选总统。2005年2月再次退出联民阵，自建民主进步党。2009年5月胜选连任总统。

经 济

马为农业国，全国90%以上人口为农业人口，经济十分落后，是联合国确定的最不发达国家，经济发展严重依赖外援。主要种植烟草、棉花、玉米等，是非洲主要烟草生产国之一，烟草出口占国家外汇收入70%。其白肋烟（Burley）质量上乘，在世界烟草界享有声誉。

上世纪90年代中期以来，马政府推行私有化和脱贫计划，但因吏治腐败被西方冻结援助，经济发展受阻。穆塔里卡上台后，努力改善同西方关系，西方逐步恢复援助，经济形势趋于好转。2005年起实施“增长与发展战略”，得到国际货币基金组织的支持。由于政府增加农业投入，扩大实施农业补贴计划，马已连续5年实现粮食自给有余，经济增长率也连续5年超过7%。马2009年主要经济数据如下（国际货币基金组织估计值）：

国内生产总值（GDP）：46.08亿美元。

人均国内生产总值：344美元。

国内生产总值增长率：9.7%。

货币名称：克瓦查（Kwacha）。

年均汇率：1美元=141.1克瓦查。

年均通货膨胀率：8.4%。

【资源】矿藏有煤、铝矾土、石棉、石墨、磷灰石、铀、铁矿等。2005年矿产收入增长52.1%。2006年在北部探明了储量为11600吨的高品质铀矿，2008年开始开采，年产量约1270吨。森林面积约73万公顷。水力资源丰富。

【工业】主要是初级产品加工业，包括烟草、茶叶、蔗糖、酿酒、棉纺、菜油、建材和食品加工等。2009年预计工业增长9.5%。

【农业】农业是国民经济支柱产业。产值占国内生产总值的1/3。全国38%的土地为可耕地，75%的劳动力从事农业生产。主要粮食作物有玉米、高粱、小米、豆类、水稻、木薯等。主要经济作物有烟草、茶叶、甘蔗等，是非洲最大烟草生产国之一。畜牧业以饲养牛、羊为主。马拉维湖和希雷河上游为主要产鱼区。全国约24万人从事捕鱼业。2009年预计农业增长8.7%。

【旅游业】近年来，马大力改进旅游设施，旅游业发展较快，2007年游客达73.4万人次，年旅游收入占马GDP的5.8%。2008年比2007年同比增长108%。游客主要来自英国、南非、津巴布韦、赞比亚等国。主要旅游胜地有马拉维湖、国家公园、狩猎区和自然保护区等。

【交通运输】为内陆国，最近的港口为莫桑比克的那卡拉港和贝拉港。国内以陆路交通为主。

铁路：总长 789 公里，与莫桑比克铁路相接。

公路：总长 2.73 万公里，其中沥青路占 17%，与莫桑比克、坦桑尼亚、赞比亚、津巴布韦、博茨瓦纳及南非的公路连接。

空运：有民用机场 5 个，其中 2 个为国际机场，国际航线通往南非、肯尼亚、坦桑尼亚、埃塞俄比亚、赞比亚、津巴布韦、阿联酋和英国。

【财政金融】 近年来财政收支情况如下（单位：百万克瓦查）：

	2005/2006	2006/2007	2007/2008
收入	116986	147822	193474
支出	120010	153587	216252
盈余	-3024	-5765	-22778

2009 年外汇储备 1.71 亿美元，外债 11.45 亿美元。

（资料来源：2010 年马拉维经济季评）

【对外贸易】 主要出口烟草、茶叶、蔗糖、咖啡，进口工业及交通运输设备、石油、化肥、化工产品等。主要贸易对象是南非、英国、日本、美国、法国、德国、荷兰以及南部非洲关税同盟成员国。近三年的进出口额如下（单位：百万美元）：

	2007	2008	2009
出口	721	830	912
进口	1323	1587	1474

（资料来源：2010 年马拉维经济季评）

【外国援助】 马财政严重依赖外援。援助主要来自欧盟、美国、英国、丹麦、日本、南非等国，欧盟是马最大援助方。2003 年底，西方国家以政府打击腐败不力为由，冻结向马援助款目。2004 年 5 月，穆塔里卡执政后加大反腐败力度，精兵简政，紧缩开支，获得西方国家认可。2005 年起援款逐步解冻。2008/2009 年，马接受西方援助约 8 亿美元，主要用于财政预算及扶贫、电力、水利建设、投资环境、艾滋病防治项目等。

人民生活

约有劳动力 400 万人。有 2 所中央医院、2 所综合医院、21 所区级医院，平均 1000 人拥有 1.3 张床位。2009/2010 年度，用于医疗卫生事业的支出为 361 亿克瓦查，占马政府开支的第二位。2005 年人均寿命为 46.3 岁，15～49 岁人群中约 14.1% 携带艾滋病病毒。

军　事

武装力量包括正规军和警察。总统兼国防军和警察部队总司令。2006 年正规军总兵力 5300 人，其中陆军 4880 人、海军陆战队 220 人、空军 200 人。实行义务兵役制，服役期 2 年。警察 1500 人。武器主要由英国、法国等提供。

文化教育

【教育】 沿袭英国教育制度。学校有公立和私立两种。学制小学 8 年、中学 4 年。1994 年起实行小学免费义务教育。2004 年全国共有大学、师范学校、技校各 1 所，中学 250 所，小学 3，118 所，教师 2.2 万人，学生 35 万人。2005 年小学入学率为 95%，成人识字率 64.1%。

【新闻出版】 主要报刊：《每日时报》，1895 年创刊，英文，发行量 1.4 万份；《马拉维新闻》，1959 年创刊，英文、奇契瓦文周刊，发行量 1.9 万份；《民族报》，1993 年创刊，英文日报，民间报刊，发行量 1.6 万份。

马拉维通讯社：官方通讯社，1966 年创办。

马拉维广播公司：1964 年创办，半官方性质，用英语、奇契瓦语和其他少数民族语言广播，有 8 个频道。

马拉维电视台：2000 年创办，隶属马广播公司，是马唯一的电视台。

对外关系

奉行睦邻友好和不结盟外交政策。主张通过谈判解决国际争端和地区冲突。马是非洲联盟、不结盟运动、南部非洲发展共同体、东南部非洲共同市场等国际和地区组织的成员国，与 94 个国家建立了外交关系。马向苏丹派有维和部队。2009 年马当选不结盟运动副主席及英联邦议会非洲区主席国。2010 年马当选非洲联盟主席国。

【同中国的关系】 2007 年 12 月 28 日，中国外交部长杨洁篪与马拉维总统和议会事务部长卡聪加分别代表各自政府在北京签署中马两国建交联合公报，决定两国自即日起建立大使级外交关系。

建交以来中方访马的有：中国国家主席代表、外交部部长助理翟隽（2008 年 1 月）；商务部副部长高虎城（2008 年 5 月）；中联部副部长李进军（2008 年 7 月）；外交部长杨洁篪（2009 年 1 月）；全国人大外事委员会主任委员李肇星（2010 年 5 月）。马方访华的有：穆塔里卡总统对华进行国事访问（2008 年 3 月）；执政党民主进步党总书记恩塔巴（2008 年 4 月）；妇女儿童发展部长卡奇科（2008 年 4 月）；交通、公共工程和住房部长班达（2008 年 9 月）；贸易和工业部长穆萨（2008 年 9 月）；外交部常秘利乌扎（2009 年 4 月）；首席大法官蒙罗（2009 年 6 月）国防部长米亚（2009 年 10 月）；穆塔里卡总统来华出席上海世博会开幕式（2010 年 4 月）；旅游、野生与文化部长卡奇科（2010 年 5 月）。

2009 年，中国与马拉维贸易额为 8200 万美元，其中中方出口 6500 万美元，进口 1700 万美元。中方主要出口纺织品、服装等，进口咖啡、香料、木材及烟草等。

中国驻马拉维大使：林松添。中国驻马拉维大使馆于2008年1月26日开馆，馆址：Plot 43/342，Lilongwe，Malawi。电话：00265－1794751。传真：00265－1794752。网址：mw. China-embassy. org。电子邮箱：chinaemb_ mw@ mfa. gov. cn。

马拉维驻华大使：查尔斯·伊诺克·纳蒙德维（Charles Enoch Namondwe）。马拉维驻华大使馆于2008年3月26日开馆，馆址：北京市朝阳区东直门外大街23号503。电话：010－65325889 65325849。传真：010－65326022。

【同南部非洲国家的关系】马政府重视改善和加强同邻国的关系。2004年马与莫桑比克、赞比亚及坦桑尼亚签署了北方发展走廊（Northern Development Corridor—NDC）协议，该协议将通过四国在道路、电力等基础设施建设领域的合作、促进四国间的贸易及投资往来。2009年，穆塔里卡总统访问莫桑比克，津巴布韦总统穆加贝出席穆塔里卡总统就职仪式。

马于1967年同南非建交，是当时非洲唯一与南非有外交关系的国家。两国签有贸易协议，并在交通、教育、贸易、卫生等方面开展合作。南非是马最大的贸易伙伴。

【同西方国家的关系】重视发展同西方国家的关系。财政预算严重依赖西方国家援助。欧盟、美国、英国和日本是马主要援助国。2009年摩纳哥公国元首访马。

【同亚洲、北非国家的关系】上世纪90年代末，马开始重视与亚洲及北非地区国家发展关系，相继与利比亚、沙特阿拉伯、伊朗和马来西亚建交。

（樊建萍）

马　里

国名　马里共和国（The Republic of Mali，La République du Mali）。

面积　1241238平方公里。

人口　1430万。全国有23个民族，主要有班巴拉（占全国人口的34%）、颇尔（11%）、塞努福（9%）和萨拉考列族（8%）等。各民族均有自己的语言。官方语言为法语，通用班巴拉语（1972年形成文字）。80%的居民信奉伊斯兰教，18%信奉传统拜物教，2%信奉天主教和基督教新教。

首都　巴马科（Bamako），人口172.8万（2009年）。4月气温最高，平均为34℃～39℃，1月气温最低，平均为16℃～33℃。

国家元首　总统阿马杜·图马尼·杜尔（Amadou Toumani TOURE）。2002年5月当选，2007年4月连选连任。

重要节日　独立日：9月22日。

简　况

位于非洲西部撒哈拉沙漠南缘，西邻毛里塔尼亚、塞内加尔，北、东与阿尔及利亚和尼日尔为邻，南接几内亚、科特迪瓦和布基纳法索，为内陆国。北部为热带沙漠气候，干旱炎热。中、南部为热带草原气候。全年分为三个季节：3～5月为热季，6～10月为雨季，11～2月为凉季。热季最高气温达50℃，凉季最低气温为14℃。

历史上曾是加纳帝国、马里帝国和桑海帝国的中心地区。1895年沦为法国殖民地。1958年成为“法兰西共同体”内的“自治共和国”。1959年与塞内加尔结成马里联邦。1960年9月22日独立，莫迪博·凯塔当选首任总统。1968年，穆萨·特拉奥雷发动军事政变上台。1991年3月，阿马杜·图马尼·杜尔发动政变，建立军人过渡政权，改行多党制。1992年4月，马里举行首次多党选举，非洲团结正义党候选人阿尔法·乌马尔·科纳雷当选总统。1997年5月，科纳雷蝉联总统。2002年杜尔复出政坛，于5月作为独立候选人当选总统，2007年4月连任。

政　治

杜尔执政以来，继续推行多党民主制度，强调广泛的民族和解与团结，坚持多党协商，把提高人民生活水平作为政府施政的首要目标。2007年连任后，杜尔总统全面推进社会发展和经济建设。2009年4月，马里顺利举行全国市镇选举，非洲团结正义党、民主共和联盟和马里联盟党成为获得市镇议员席位最多的三大政党。目前，马里政局平稳。

自马里独立以来，马北部图阿雷格族一直有分裂倾向。2007年8月以来，图族武装分裂分子多次制造暴力袭击事件。马里政府在阿尔及利亚等国调解下，积极寻求通过谈判解决问题。2009年初部分图族叛军回归，北方局势趋于平静。但11月以来，马北部加奥等地连续发生多起武装袭击和绑架事件。

【宪法】现行宪法于1991年7月制订，1992年6月付诸实施。1999年1月经全民公决通过宪法修正案。宪法规定：实行立法、行政、司法三权分立；总统由直接普选产生，任期5年，可连选连任一次；总统是国家元首，拥有任免总理和部长、颁布法令、组织公民投票、解散议会、宣布紧急状态等重要行政权力；国民议会享有立法和监督权；政府是由总统直辖的最高行政机构，向国民议会负责；司法独立；公民享有思想、宗教、信仰、言论、结社、劳动、休息、私人财产不受侵犯、自由经营和社会救助等权利。2009 年 12 月 31 日，杜尔总统在发表新年致辞时表示，为完善民主制度建设，推动国家行政、立法和司法等领域的全面改革，将对现行宪法进行修改。2010 年 4 月，杜尔总统任命的修宪专家委员会公布了宪法修正案草案。

【议会】 国民议会是最高权力机构，实行一院制。议员由普选产生，任期 5 年。主要机构由执行局、专门委员会和议会党团组成。本届国民议会于 2007 年 7 月选举产生，共有 147 名议员，其中非洲团结正义党 51 席、共和民主联盟 34 席、独立议员 15 席、马里联盟党 11 席、复兴爱国运动党团 8 席、全国民主创议大会党 7 席、非洲民主独立团结党 4 席，民族复兴党 4 席，其他 8 个党派共获 13 席。议长迪翁昆达·特拉奥雷（Dioncounda TRAORE，非洲团结正义党主席），2007 年 9 月 3 日当选。

【政府】 本届政府于 2007 年 10 月 3 日成立，2008 年 4 月、10 月及 2009 年 4 月先后三次小幅调整，现主要成员有：总理莫迪博·西迪贝（Modibo SIDIBE），外交和国际合作部长莫克塔·瓦内（Moctar OUANE）、农业部长阿加塔内·阿格·阿拉萨内（Agathane Ag ALASSANE）、工业、投资和贸易部长艾哈迈杜·阿卜杜拉耶·迪亚洛（Ahmadou Abdoulaye DIALLO），能源和水利部长马马杜·伊戈尔·迪亚拉（Mamadou Igor DIARRA），经济和财政部长塞努西·杜尔（Sanoussi TOURE）等。

【行政区划】 全国划分为 8 个大区和 1 个中央直辖管区（首都巴马科）。

【司法机构】 由最高法院、宪法法院、高级法院、行政法院、上诉法院、重罪法庭、一审法院等机构组成。最高法院系终审法院，下设司法院和行政财务院。高级法院由国民议会议员组成，负责审理涉及国家元首和国家高级官员的诉讼案。一审法院为初审法院，同级的还有巴马科地区法院、商业法院、治安法院和劳动法院等。最高法院院长迪娅洛·凯塔·卡延塔奥（Diallo Kaïta Kayentao，女），2006 年 7 月 20 日就职。总检察长马马杜·布瓦雷（Mahamadou Boiré），2009 年 8 月 12 日就职。

【政党】 1991 年 3 月实行多党制，同年 7 月召开的全国会议制定并通过了《政党法》。2005 年 8 月，国民议会对《政党法》进行了修改，对政党的组建和运作等作出新的规定。现有 104 个政党。主要有：

（1）非洲团结正义党（Alliance pour la Démocratie au Mali-Parti Africain pour la Solidarité et la Justice）：马里第一大党。前身为马里民主联盟，1991 年 5 月成立。宗旨是建立民主、繁荣、独立的新马里和法制、自由、公正、进步的社会，巩固和扩大民主，推动经济、社会和文化的发展，合理分配收入。"自由、劳动、团结"为该党箴言。组织机构有基层委员会、分支部、支部和联合会。下设妇女、青年等群众组织。1992 年，该党在议会选举中获绝对多数席位，成为执政党。2001 年，原党主席易卜拉欣·布巴卡尔·凯塔（Ibrahim Boubacar Kéita）退党，该党出现较大分裂，力量受到削弱。2002 年，该党在议会选举中失去绝对多数地位。2003 年，该党再次出现分裂，原党第三副主席苏马伊拉·西塞（Soumaïla CISSE）及其追随者退党。2007 年，该党联合其他 42 个政党组成"民主进步同盟"，支持杜尔总统连任，并在议会选举中获 51 席，再次成为议会第一大党。主席迪翁昆达·特拉奥雷（现任议长），总书记马里芒蒂亚·迪亚拉（Marimantia Diarra）。

（2）共和民主联盟（Union malienne pour la République et la Démocratie）：正式成立于 2003 年 6 月。系由原非洲团结正义党第三副主席苏马伊拉·西塞及其追随者脱离非洲团结正义党后创立，最初旨在支持西塞角逐 2002 年总统选举。该党领导层多出身马里纺织发展公司，属于原非洲团结正义党中的"棉派"。主张建立自由、平等、公正和团结的社会，保障人民自由、民主权利，实现国家的全面发展和繁荣。2007 年，该党与非洲团结正义党结盟，支持杜尔总统连任，并在议会选举中获 34 席，成为议会第二大党。党主席为前总理尤努斯·杜尔（Younoussi Touré），总书记萨利库·萨诺戈（Salikou Sanogo）。

（3）马里联盟党（Le Rassemblement pour le Mali）：主要反对党。系由部分原非洲团结正义党成员于 2001 年 6 月成立。宗旨是在多党共和体制下实行社会民主，实现国家团结，全体公民最广泛地参与政治协商和国家管理，相互尊重，共同发展，建立自由、正义、团结、民主的社会。主张实行市场经济，国家对私营经济加以规范，强调社会发展应以人为本。该党成员成分广泛，来自社会各阶层。国内及海外均建有党部。国内党部下设分党部（市镇一级），全国每一个村庄都至少建立了一个基层委员会，党组织在全国的覆盖率超过 90%。党的领导机构为全国政治局，共 53 名成员。曾为议会第一大党。在 2007 年议会选举中仅获 11 席。党主席易卜拉欣·布巴卡尔·凯塔。总书记博卡里·特雷塔（Bokari Tréta）。

其他政党还有复兴爱国运动（Mouvement Patriotique pour le Renouveau）、全国民主创议大会党（Le Congrès National d'Initiative Démocratique）、民族复兴党（Parti pour la Renaissance Nationale）、非洲民主独立团结党（Solidarité africaine de la Démocratie et l'Indépendance）、苏丹联盟—非洲民主联盟（Union Soudanaise-Rassemblement Démocratique Africain）、马里民主党（Parti Démocratique Malien）、复兴公约党（Convention pour la Renaissance）等。

【重要人物】 **阿马杜·图马尼·杜尔**：总统。1948 年 11 月 4 日生于马里莫普提大区。曾就读于巴马科巴达拉布古师范学校、卡地综合军事学校、库利科罗军校和前苏联里亚查伞兵专科学校，并多次赴法国军校进修、培训。1978年起，历任伞兵营连长、总统卫队长、伞兵部队司令。1991年3月26日，发动政变推翻穆萨·特拉奥雷政权，并先后任全国和解委员会和救民过渡委员会主席，执掌过渡时期国家最高权力。1992年6月还政于民，此后致力于慈善事业。1996~1997年，受联合国委托调解中非内乱。2002年5月当选总统，2007年4月连任。1996年10月晋升上将。2001年9月从军队退休。1992年、1994年和1996年先后获马里国家大十字勋章、法国荣誉军团三等勋章和中非二等功勋奖章。爱好阅读和体育。已婚，有2名子女。对华友好，曾于2004年7月访华，2006年11月来华出席中非合作论坛北京峰会，2008年8月出席北京奥运会开幕式，2010年4月出席上海世博会开幕式。

经　济

系最不发达国家。经济以农牧业为主，粮食不能自给。非洲主要产棉国和产金国。杜尔总统执政后推行市场经济，奉行经济自由化和私有化政策，经济缓步增长。近年马里政府重点发展农业，加强水利、道路等基础设施建设，加快石油勘探和矿产开发。2009年，为应对国际金融危机造成的生活必需品价格上涨，马里政府免除大米、食糖等进口关税，增加对种子、化肥补贴，经济保持低速增长。2009年主要经济数据如下（资料来源：2010年5月经济季评）：

国内生产总值（GDP）：92亿美元。

人均国内生产总值：600美元。

国内生产总值增长率：4.4%。

货币名称：非洲金融共同体法郎（Franc de la Communauté financière d'Afrique），简称非洲法郎（FCFA）。

汇率：1美元≈472非洲法郎。

通货膨胀率：2.2%。

【资源】现已探明的主要矿藏资源及其储量：黄金900吨，铁13.6亿吨，铝矾土12亿吨，硅藻土6500万吨，岩盐5300万吨，磷酸盐1180万吨，锰1500万吨，铀5200吨。系非洲第三大黄金出口国，黄金是马里第一大出口产品，出口收入占全国出口收入的一半以上。受金融危机影响，2008年黄金产量由2007年的56.8吨下降至50.8吨，2009年产量回升至52.4吨。森林面积110万公顷，覆盖率不到1%。水力资源丰富。目前有3个水电站，12个火力发电站，1个太阳能电站。2006年5月，马政府启动了矿产十年规划，总投资1000亿非郎。

【工业】2007年，工业产值占国内生产总值的21.3%。全国现有400多家企业，绝大多数为私营企业，主要部门有食品加工、出版印刷、纺织、建筑材料等。66.2%的工业集中在首都巴马科地区，50人以下的企业占85%，200人以上的企业仅占4%。

【农牧渔业】农业和畜牧业是马经济支柱。2007年产值约占国内生产总值的32.9%，农村人口占总人口的68%。从事农业生产的人口占全国人口的40%。全国可耕地面积3000万公顷，已耕地面积350万公顷。主要经济作物有：小米、玉米、稻谷、花生、棉花等。是非洲主要产棉国。2006年以来，由于干旱、耕种面积减少等原因，产量逐年下滑。2007年棉花产量41.7万吨。近年来主要农作物及其产量如下（单位：万吨）：

	2003/2004	2004/2005	2005/2006
小米、高粱	188.7	163.9	178.7
稻谷	96.7	71.8	94.6
籽棉	61.3	59	53.7
玉米	50.9	46	63.4
花生	19.3	21.2	21.2

（资料来源：2008年经济季评）

2002年畜牧业产值约占国内生产总值的9.8%左右。2005年有牛770万头、羊2042万只。2002年，渔业和林业总产值约521亿非郎，约占国内生产总值的5.1%。近年来平均年捕鱼量约10万吨，其中出口占1/5。全国有7万渔民，约26万渔业从业人员。

【服务业】服务业主要由交通、通讯、商业和行政等部门构成。2007年服务业产值约占国内生产总值的45.8%。

【旅游业】旅游资源丰富，但交通不便。杰内古城、通布图古城、多贡遗迹和加奥阿斯基亚王陵被列入《世界遗产名录》。主要旅游城市有首都巴马科、古城通布图和水城莫普提，最佳旅游季节为11月至次年1月。近年旅游业发展迅速。全国有109家旅行社、439家旅馆饭店、6012套客房。2007年接待外国游客25万人次，创汇1.75亿美元。

【交通运输】系内陆国家，国内运输主要靠公路。进出口物资需经邻国港口转运。两条国际公路干线经巴马科通往科纳克里和阿比让，公路总长分别为1110公里和1115公里。科特迪瓦危机爆发后，经巴马科—洛美公路运输的货物迅速增加。

铁路：仅有一条连接库利克罗、巴马科和达喀尔的国际窄轨铁路，总长1287公里，马里境内长641公里；以货运为主，运行速度60公里/小时。2004年，月运输货物5万~6万吨。

公路：总长9万公里，其中沥青路面3750公里；各型机动车约12万辆，以摩托车和小型卡车为主。

水运：内河航线总长12700公里；马里航运公司负责内河航运的经营和管理，拥有各种船只27艘。

空运：全国有5个城市拥有国际机场，巴马科塞努国际机场可起降各种大型客货飞机。2006年运送旅客53.36万人次。2005年2月，马政府和加拿大AGA KHAN发展经济和促进工业基金会合资成立马里航空公司，以经营国内航线为主。目前，国际航线主要由法国航空公司和比利时航空公司经营。

【财政金融】近几年来国家财政预算收支情况如下（单位：亿非洲法郎）：

	2007	2008	2009
收入	7300	7420	9170
支出	8390	8280	10470

（资料来源：2010 年 5 月经济季评）

2008 年外汇储备（不含黄金）为 8.6 亿美元。由于世界银行和国际货币基金组织的减债计划，2008 年马里外债减少了 53%，为 14 亿美元。

【对外贸易】实行贸易自由化政策，政府通过发放进出口意向书对贸易进行宏观管理。现同 100 多个国家和地区有贸易关系。法国、塞内加尔、科特迪瓦和中国等是马主要贸易伙伴。2008 年马对外贸易额为 38.95 亿美元，其中进口额 20.36 亿美元，出口额 18.59 亿美元。主要出口黄金、棉花等；主要进口石油、食品和机械设备等。

2008 年，马主要向下列国家出口：中国 3.5%，泰国 1.4%，丹麦 0.8%，巴基斯坦 0.7%；主要从下列国家进口：塞内加尔 20.0%，科特迪瓦 18.3%，法国 17.4%，中国 9.0%。

【外国资本】近年来，外国对马直接投资增长较快。2006 年，马获外国直接投资 1.85 亿美元。新增外资主要流向矿产业。

【外国援助】根据经济合作与发展组织统计，马里 2007 年和 2008 年分别获得官方发展援助为 10.2 亿美元和 9.64 亿美元（货币单位下同），其中双边援助占 55%，主要捐助方为：法国 1.75 亿，欧共体 1.64 亿，国际开发协会 1.32 亿，加拿大 7800 万，荷兰 7200 万，美国 5400 万，非洲发展基金 4600 万，阿拉伯机构 4200 万，德国 4000 万，瑞典 2800 万。

人民生活

根据联合国开发计划署公布的《2009 年人类发展报告》，马里的人类发展指数在 182 个国家中名列第 178 位。2005 年，马里贫困人口占全国总人口的 59.2%。2007 年全国平均就业率约为 73%。医疗卫生条件落后。截至 2007 年，全国有 70 所医院和 826 家市镇医疗中心，医护人员 3849 人，平均每 1.25 万人拥有 1 名医生，卫生开支占政府预算支出的 10.82%。2007 年人均寿命 53 岁，婴儿死亡率 127‰，城市人口占总人口的 32%，每位妇女平均生育 6.7 个小孩。全国约有 11000 人死于艾滋病，1.7% 的成年人受感染。2006 年，登记的固定和移动电话用户共计 159.54 万人，互联网用户达 7 万人。只有 16.7% 的居民可以使用电力照明，可饮用水覆盖率为 64%。

军　事

独立后，马里政府召回在法国外籍军团中的本国青年，并以此为基础组建了马里武装部队。1961 年 1 月 20 日马要求法撤走驻军，后将这一天定为建军节。实行义务兵、志愿兵和合同兵相结合的兵役制度，义务兵役期为 2 年。武装力量由陆军、空军、宪兵、警察、共和国卫队和民兵组成，总兵力约 1.5 万余人。其中陆军 6900 人，空军 400 人，海军 50 人，宪兵 1800 人，警察 1000 人，共和国卫队 2000 人，民兵 3000 人。总统是全国武装力量最高统帅。现任总参谋长加布里埃尔·布迪乌古将军（Gabriel Poudiougou）于 2008 年 6 月 9 日就任。马里军队曾参加联合国在安哥拉、海地、利比里亚和塞拉利昂的维和行动。

文化教育

重视保护和发展民族文化，鼓励文学创作。官方文艺团体有国家歌舞团、民族乐团和话剧团等。文化设施集中在首都巴马科，主要有伊斯兰文化中心、国家博物馆和国家图书馆。

【教育】沿用法国教育体制。初等教育实行 9 年制义务教育，中等教育 3 年，高等教育 4～5 年。2007 年，教育预算占国家预算的 16.9%，适龄儿童入学率为 77.6%，成人文盲占全国人口的 75.7%。2005 年，学校、学生和师资情况如下：

	学校（所）	学生（人）	教师（人）
小学	8714	1651000	366000
中学	153	109000	2890
高等院校	9	37600	824

（资料来源：根据马里国家统计和信息局公布的资料整理）

【新闻出版】全国发行报刊共 47 种，主要有：《发展报》，综合性官方日报，发行量约 1 万份；《回声报》，非洲团结正义党的周刊。另外还有《独立人报》、《晨报》、《巴马科晚报》和《共和国人报》等。

马里新闻和广告社为官方通讯社，创建于 1961 年。每周发行 1 期《新闻周刊》，刊登国内外新闻。有近百名记者。

马里广播电台是官方电台，始建于 1957 年，播音覆盖面占全国人口的 80% 以上。用法语、班巴拉语、颇尔语和桑海语等 9 种语言对内广播；用法语、英语和阿拉伯语对外广播。另外还有 200 余家私营电台。

马里电视台是唯一官方电视台，创建于 1984 年，全国建有 25 个转播站。每天播放 7 个小时的节目。

马里出版印刷社是唯一国营出版社，始建于 1972 年。

对外关系

奉行独立、和平、睦邻友好和不结盟的对外政策。主张尊重国家主权，不干涉别国内政，通过和平方式解决国际争端和地区冲突；积极参与地区和国际事务，努力维护地区和平与稳定，推动非洲团结、一体化进程和地区合作。强调外交为发展服务，广泛寻求外援。现为联合国、世界贸易组织、不结盟运动、法语国家组织、伊斯兰会议组织、非洲联盟、西非国家经济共同体、萨赫勒—撒哈拉国家共同体和萨赫勒地区国家抗旱常设委员会等组织成员。截至2006年底，同133个国家建立了外交关系。

【同中国的关系】 1960年10月25日，中马建交。50年来，两国关系始终健康、稳定地向前发展。

2009年2月12～13日，胡锦涛主席访问马里，同杜尔总统举行会谈，并会见了马里国民议会议长特拉奥雷。8月，马里外交和国际合作部长瓦内访华。年内，马里领土管理和地方机构部长科内、通讯和新技术部长迪亚洛、卫生部长奥马尔、农业部长阿拉萨内等先后访华。

2009年，中国同马里的贸易总额为2.05亿美元，其中中方出口额1.68亿美元，进口额0.37亿美元。

中国驻马里大使：张国庆。馆址：No. 2259 Route de Koulikoro, Bamako, Mali。电话：20213597，20206712（经商处）；传真：20213443，20203882（经商处）。国家地区号：00223。邮政信箱：B. P. 112。

马里驻华大使：恩齐·拉伊科·特拉奥雷（N'Tji Laco Traoré）。馆址：北京市三里屯东四街8号；电话：010－65321704。传真：65321618。

【同法国的关系】 法国是马原宗主国。1960年11月3日，两国关系正常化。双方保持着传统的特殊关系，法是马第一大贸易伙伴和援助国。近年两国高层互访频繁。2007年6月，法国外长库什内出席杜尔总统连任就职仪式。7月，法国国际合作与法语国家事务国务秘书博盖尔访马。10月，杜尔总统赴法出席欧非合作伙伴论坛，并会见了法国总统萨科齐。2008年11月，法国外长库什内访马。2009年4月，法国移民、融入、国民身份和团结发展部部长贝松访马，就签署《协商管理移民协定》同马方进行磋商。8月，法国国际合作与法语国家事务国务秘书儒昂岱访马。

【同美国的关系】 两国于1960年9月29日建交。近年两国关系发展较快。2008年2月，杜尔总统对美国进行工作访问。马里自2006年11月成为美国“千年挑战账户”援助对象国，两国于2007年9月正式启动有关合作项目，美方提供2300亿西非法郎，主要用于尼日尔河地区土地整治、巴马科机场扩建等项目，其中机场扩建项目于2009年1月开始实施。两国军事合作近年亦逐渐增多。2007年8月至9月，美国与包括马里在内的13国在巴马科举行联合军事演习。2008年11月，美国和马里、摩洛哥、塞内加尔和布基纳法索等国在巴马科举行联合军事演习。2009年5月，马里和美国在巴马科塞努101空军基地举行联合军事演习。

【同日本的关系】 两国于1960年10月4日建交。自1989年至2003年，日本向马提供赠款累计达375亿非郎。2005年3月，日向马提供价值15亿非郎的粮食援助。11月，日向马提供69亿非郎援款。2007年，日本向马提供16亿西非法郎用于资助马里大选。2008年3月，日本驻马里使馆开馆。5月，杜尔总统出席在日本横滨举行的第四届非洲发展东京国际会议。

【同邻国的关系】 同几内亚关系长期稳定，高层互访频繁。2002年9月，马将几科纳克里港开辟为第三个出海口。2006年2月，杜尔总统访几。2007年11月，几总理库亚特访马。2008年10月，杜尔总统出席几独立50周年庆典。12月，几军政权领导人、全国民主和发展委员会副主席托托·卡马拉将军访马。2009年2月，杜尔总统赴几出席悼念孔戴总统逝世有关活动并会见几军政权领导人卡马拉。

同阿尔及利亚关系密切。近年来，阿在调解马里北部图阿雷格族武装分裂问题上发挥了重要作用。2007年10月，两国在巴马科召开合作混委会，就加强反恐、经贸、科技、文化等方面合作进行了讨论。11月，杜尔总统访阿。2008年1月，杜尔总统会见阿前总统贝拉。5月，马外长瓦内作为杜尔总统特使访阿。2009年4月，杜尔总统致电阿总统布特弗利卡，对其再次连任表示祝贺。12月，两国军事技术合作协议后续委员会会议在巴马科召开。

同塞内加尔、科特迪瓦有着传统经济、贸易关系。达喀尔港和阿比让港是马主要出海口。2007年4月，杜尔总统出席塞总统瓦德就职仪式。6月，塞总理萨勒出席杜尔总统连任就职仪式。2008年3月，杜尔总统出席在达喀尔举行的第十一次伊斯兰国家首脑会议。4月，塞总统瓦德过境访问马里。2009年6月，杜尔总统与瓦德总统在巴马科共同主持召开撒哈拉绿色长城计划会议。

2007年6月，科总理索罗出席杜尔总统连任就职仪式。7月，杜尔总统出席在科布瓦凯市举行的“和平之火”解武焚枪仪式。2008年1月，杜尔与科总统巴博共同出席两国电网联网工程开工仪式。2009年3月，杜尔总统就科特迪瓦发生球迷踩踏事件向巴博总统致电慰问。7月，科总理索罗访马。

同毛里塔尼亚存在边界纠纷，但未影响双边友好交往。2005年1月，毛总统塔亚访马。2006年2月，杜尔总统访毛，会见毛军事委员会主席瓦尔。2007年4月，杜尔总统出席毛总统阿卜杜拉希就职仪式。6月，毛总统阿卜杜拉希出席杜尔总统连任就职仪式。2008年8月，毛政变后曾派“国务委员会”委员访马寻求支持。2009年8月，杜尔总统出席毛新任总统阿齐兹就职典礼。

同布基纳法索有1100公里的共同边界，曾于1974年和1985年两次发生大规模武装冲突。1986年

12月，两国政府接受海牙国际法庭的最终裁决，关系修复，并于同年互设使馆。近年两国关系发展顺利。2006年3月，布国防部长博利访马。2007年6月，布总统孔波雷出席杜尔总统连任就职仪式。2008年7月，两国大混委会第八次会议在巴马科举行。

（梁恒）

毛里求斯

国名 毛里求斯共和国（The Republic of Mauritius）。

面积 2040平方公里（包括属岛面积175平方公里）。

人口 约127.7万（2009年）。居民主要由印度和巴基斯坦裔（69%）、克里奥尔人（欧洲人和非洲人混血，27%）、华裔（2.3%）和欧洲裔（1.7%）组成。官方语言为英语，法语亦普遍使用，克里奥尔语为当地人最普遍使用的语言。居民中51%信奉印度教，31.3%信奉基督教，16.6%信奉伊斯兰教，另有少数人信奉佛教。

首都 路易港（Port Louis），人口约15.6万（2009年）。夏季平均气温27℃，1月气温最高，达23℃～30℃。冬季平均气温18℃，6～8月气温最低，为17℃～24℃。

国家元首 总统阿内罗德·贾格纳特（Anerood Jugnauth），2003年10月就任，2008年10月连选连任。

重要节日 独立日（或共和国日）：3月12日。

简况

印度洋西南部岛国。包括本岛及罗德里格岛、圣布兰登群岛、阿加莱加群岛、查戈斯群岛（现由英国管辖）和特罗姆兰岛（现由法国管辖）等属岛。西距马达加斯加约800公里，距肯尼亚蒙巴萨港1800公里，南距留尼汪160公里，东距澳大利亚4827公里。海岸线长250公里。属亚热带海洋性气候，分夏、冬两季，终年湿热。沿海地区年平均气温25℃，中央高原20℃。原为荒岛，16世纪初，葡萄牙探险队占据现在的毛里求斯和留尼汪诸岛，取名为马斯克林群岛。1598年荷兰人占领该岛，并以荷兰君主“毛里求斯”命名。1715年法国占领毛岛并改名为“法兰西岛”。1814年成为英国殖民地，并被重新命名为“毛里求斯”。1961年9月实行自治。1968年3月12日宣布独立，实行君主立宪制，英国女王为国家元首，总督代表其行使权力。1992年3月12日改行共和制。实行议会制，总统为国家元首，系礼仪性职务，总理掌握行政实权。

政治

毛独立以来，历届政府均坚持维护民族团结与和睦，实行文化多元化政策，保持了政局的长期稳定。毛独立后一直实行多党制，工党、社会主义战斗党（社战党）、战斗党轮流执政或联合执政。1995年，工党与战斗党联盟在大选中获胜，工党领袖拉姆古兰出任总理。2000年，社战党与战斗党结成社战联盟赢得大选。社战党领袖贾格纳特任总理，战斗党领袖贝朗热任副总理兼财长。2003年，两党领导人依照结盟协议实现权力交接，贝朗热接任总理，贾格纳特任总统。2005年7月，工党联合其他5个反对党组成社会联盟，获议会多数席位并组阁，拉姆古兰再度出任总理。工党领导的执政联盟政府努力兑现竞选承诺，积极推进经济社会改革，改善民生，赢得较高支持率。在2010年5月新一届议会大选中，工党联合社战党、社民党组成“未来联盟”参选，击败了战斗党、国家团结党和社会民主运动党组成的“心之联盟”。拉姆古兰连任总理。

【宪法】1968年颁布，1991年和1996年两次修改。根据现行宪法，毛是议会共和制国家，总统为礼仪性国家元首，由总理提名，经议会批准后产生，任期五年。总理由议会多数党领袖担任，行使国家行政权，有组成和改组政府以及解散议会、提前举行大选的权力。实行多党制及立法、行政、司法三权分立制度。

【议会】原为立法议会，1991年12月修宪后，改为国民议会，实行一院制，为国家最高立法机构。负责制定法律、讨论国家政策，批准政府各项法令和财政预算。由70名议员组成，任期五年。其中62人经选举产生，其余8人为官委议员，由总统根据选举委员会的建议在落选人中择得票多者任命产生。议长由新议会首次会议选举的非议员担任，任期五年，负责召集和主持议会会议，无表决权，但在议会表决出现僵局时有裁决权。现议会为第十一届议会，2010年5月成立。共有议员69名（2010年大选中仅有7名候选人符合条件成为官委议员），目前执政联盟拥有45席（工党29席、社战党12席、社民党4席）；反对党20席（战斗党19席，社会民主运动党1席）；独立党派—毛里求斯团结阵线1席；罗德里格岛运动2席；罗德里格人民组织1席。议长拉杰克斯瓦尔·普里亚格（Rajkeswur Purryag），2010年5月连任就职。

【政府】本届政府成立于2010年5月11日，共25名成员：总理兼国防、内政和对外交通部长纳文钱德拉·拉姆古兰（Navinchandra Ramgoolam），第一副总理兼能源和公共事业部长艾哈迈德·拉希德·比比琼（Ahmed Rashid Beebeejaun），副总理兼社会融合和经济增长部长沙·杜瓦尔（Charles Gaetan Xavier Luc Duval），副总理兼财政和经济发展部长普拉文·库马尔·贾格纳特（Pravind Kumar Jugnauth），基础设施、国家发展、内陆交通和海运部长阿尼尔·库马尔·巴丘（Anil Kumar Bachoo），外交、地区一体化和国际贸易部长阿尔文·布莱尔（Arvin Boolell），住房和土地部长阿布·卡斯纳利（Abu Twalib Kasenally），性别平等、儿童发展和家庭福利部长谢拉巴伊·巴普女士（Sheilabai Bappoo），旅游和休闲部长南德库马尔·博达（Nandcoomar Bodha），教育和人力资源部长瓦桑·库马尔·班瓦里（Vasant Kumar Bunwaree），农业和粮食安全部长萨蒂亚·韦亚什·福古（Satya Veyash Faugoo），工业和贸易部长肖库塔利·苏登（Showkutally Soodhun），环境和可持续发展部长德瓦南德·维拉索米（Devanad Virahsawmy），高等教育、科研和技术部长拉杰什瓦尔·吉塔（Rajeshwar Jeetah），青年和体育部长萨蒂亚普拉卡什·里图（Satyaprakash Ritoo），社会保障、民族互助和感化机构部长莉拉·德维·杜昆·卢丘蒙女士（Leela Devi Dookun Luchoomun），地方政府和外岛部长路易斯·赫维·艾梅（Louis Hervé Aimée），卫生和生活质量部长桑蒂·拜·哈努曼吉女士（Santi Bai Hanoomanjee），艺术和文化部长穆赫斯瓦尔·丘尼（Mookhesswur Choonee），信息和通讯技术部长塔萨拉金·皮莱·切敦布鲁姆（Tassarajen Pillay Chedumbrum），渔业和罗德里格岛部长路易斯·约瑟夫·冯马利（Louis Joseph Von Mally），公职和行政改革部长阿希特·库马尔·贡加赫（Ashit Kumar Gungah），劳动、产业关系和就业部长（萨基勒·艾哈迈德·优素福·阿卜杜勒·拉扎克·穆罕默德（Shakeel Ahmed Yousuf Abdul Razack Mohamed），总检察长亚廷德拉·纳特·瓦尔马（Yatindra Nath Varma），商务、企业、合作社和消费者保护部长杨尊绍（John Michael Tzoun Sao Yeung Sik Yuen）。

【行政区划】全国分为4个大区和5个直辖市，区下设126个村。

【司法机构】毛司法独立。最高法院是国家最高司法机构。最高法院由大法官（CHIEF JUSTICE，即最高法院院长）、次席大法官（SENIOR PUISNE JUDGE）以及陪席推事（PUISNE JUDGE）组成。大法官由总统与总理协商后任命；次席大法官由总统与大法官协商后任命；陪席推事由总统与司法和法律委员会协商后任命。在法律界工作5年以上才有资历被任命为最高法院的法官。现任最高法院院长为华人杨钦俊（YEUNG SIK YUEN）。

最高法院下设刑事法庭、中级法庭、地方法庭、劳资关系法庭、常设仲裁法庭等。民事上诉法院和刑事上诉法院是最高法院的两个分支机构，其法官由最高法院当值法官担任。

【政党】2010年5月，共有65个政党、2个政党联盟正式登记参加大选。主要政党情况：

（1）工党（Parti Travailliste，PTR）：执政党。1936年2月23日成立，是毛第一个政党，曾为争取毛独立进行积极斗争。独立后长期单独执政。1982年，工党在大选中失败，1983年开始与社战党、社民党、战斗党等联合执政。1990年，联合政府中工党部长因反对实行共和制而被解职，工党成为反对党。1995年工党与战斗党联盟赢得大选，拉姆古兰出任总理。1997年6月，联盟政府破裂，工党再次单独执政。2000年9月，工党大选失利成为在野党。2005年，以工党为首的社会联盟赢得议会选举，拉姆古兰再次出任总理。2010年5月工党联合社战党、社民党赢得新一届议会大选，拉姆古兰连任总理。该党对内主张为工人阶级和小农服务，发展民族经济；对外奉行不结盟政策，主张与东西方国家都发展关系，尤其是加强与非洲各国的团结，主张建立印度洋和平区。领袖纳文钱德拉·拉姆古兰。

（2）社会主义战斗党（Mouvement Socialiste Militant，MSM）：简称社战党，执政党。1983年3月组建，由原从战斗党分裂出来的成员和原社会党部分成员合并而成。曾先后与工党、社民党、战斗党联合执政。1995年12月被工党和战斗党联盟击败，结束了12年的执政地位。1999年1月，社战党与战斗党结盟，贾格纳特任联盟领袖。10月贾之子普拉文出任社战党副领袖。2000年2月，社战联盟解散。2000年7月，社战党与战斗党再次结盟，并在9月举行的大选中击败工党执政，贾格纳特出任总理。根据两党结盟协议，贾于2003年9月改任总统。2005年社战联盟在大选中失败，失去执政地位。2010年大选中参加工党领导的“未来联盟”获胜后参加政府，对内主张实行西方式民主，进行社会改革，扩大生产性就业，建立一个“更美好公正”的毛里求斯；对外主张务实外交政策，与不同社会制度的国家发展关系，反对种族歧视，支持建立印度洋和平区。领袖普拉文·库马尔·贾格纳特。

（3）毛里求斯社会民主党（Parti Mauricien Social Démocrate，PMSD）：简称社民党，执政党。前身是毛里求斯人民联盟，1953年易名为毛里求斯人党，1964年改称现名。1983～1988年、2000～2005年、2006年4月至2007年9月参加政府。主要由毛籍法国人后裔、克里奥尔人、少数穆斯林及上层华人组成。代表农场主、资本家特别是白人资本家的利益。在国际上，与西方一些右翼党派关系密切。领袖沙·杜瓦尔。

（4）毛里求斯战斗党（Mouvement Miltant Mauricien，MMM）：简称战斗党，反对党。1969年成立，

主要由知识分子、青年、穆斯林和印度裔组成。曾是毛最大的政党，先后与工党、社战党结盟。2000年9月社战联盟执政后，贝朗热出任副总理兼财长。根据两党结盟协议，贝朗热从2003年9月起担任总理。2005年大选失败，失去执政地位，成为反对党。2010年大选中与国家团结党和社会民主运动党组成的“心之联盟”参选，再度失败。对内主张政治民主化，实行新闻、结社、工会自由，经济上对外开放，发展民族经济；对外主张不结盟和中立，与各国建立友好关系，反对印度洋军事化，要求英国归还迪戈加西亚岛。领袖保罗·雷蒙·贝朗热（PAUL RAYMOND BERENGER）。

【重要人物】 **阿内罗德·贾格纳特**：总统。1930年3月29日生。1951～1954年，在英国学习法律，获律师资格。1965年参加在伦敦召开的毛独立制宪会议。1965～1967年，任自治政府发展国务部长、劳工部长。1971年加入战斗党后任该党主席。1982年6月与社会党联盟在大选中获胜，任政府总理。1983年战斗党分裂后另组社战党并任领袖至2003年。曾在1983年、1987年和1991年的三次大选中获胜，蝉联总理。1995年大选失败后下野。2000年9月社战党联手战斗党赢得大选，贾格纳特第五次出任总理。2003年10月起改任总统。 **纳文钱德拉·拉姆古兰**：总理兼国防、内政和对外交通部长。1947年7月14日出生，为毛开国总理西沃萨古尔·拉姆古兰之子。先后在都柏林皇家外科学院、伦敦经济学院、英国法律协会法学院学习，获医师和律师证书。1991年从政，同年6月被推举为工党领袖，9月当选议员，任议会反对党工党—社民党领袖。1995年12月，领导工党—战斗党联盟赢得议会选举并出任总理，成为毛历史上最年轻的总理。2000年9月，大选失利下野，任反对党领袖。2005年7月，带领社会联盟赢得议会选举并再度出任总理。2010年5月领导未来联盟再次赢得新一届议会大选，成为自1991年来首位获得连任的总理。

经　济

毛是非洲经济发展较好的国家之一，2007～2008年《人类发展报告》中，毛“人类发展指数”为0.804（高于撒哈拉以南非洲的0.493和全球发展中国家的0.691），在177个国家中排名第65位，在非洲国家中仅次于塞舌尔（第50位）。在世界经济论坛2010年“全球竞争力排名”中，毛位居133个经济体中的第57位，在非洲国家中仅次于突尼斯和南非。独立初期，毛经济结构单一，主要生产出口蔗糖。20世纪70年代末开始调整经济结构，实行多元化产业政策，逐步形成糖业、出口加工业、旅游业和金融服务业四大经济支柱，实现经济快速发展，被誉为“毛里求斯奇迹”。90年代以来，毛积极发展离岸金融业，将路易港建为自由港。

毛对国际市场依赖性较大。近年来，受欧盟糖业改革、纺织品贸易一体化、油价上涨等因素影响，糖业和以服装生产为主的出口加工业面临严峻挑战。拉姆古兰政府推出《经济振兴行动纲领》，扶持传统产业，改善投资环境，增强经济竞争力，重点发展旅游、海产品加工、信息通信和金融服务产业，取得一定成效。2008年以来，国际金融危机对毛出口加工业、纺织业和旅游业造成冲击，其经济发展面临的困难增多。毛政府积极采取措施创造就业，刺激经济，取得初步成效。2009年主要经济数据如下：

国内生产总值：2648亿卢比（约合78.46亿美元）。

人均国内生产总值：6914美元。

经济增长率：3.1%。

货币名称：毛里求斯卢比（Mauritius Rupee）。

汇率：1美元=33.41卢比。

通货膨胀率：2.5%。

失业率：7.3%。

外汇储备：21.34亿美元。

【工业】 以制糖业和出口加工业为主。制糖是毛的传统工业，其外汇收入占总收入近一半，正常年景毛糖产量每年可达50万～60万吨。2009年蔗糖产量466.7万吨。出口加工业是上世纪80年代初发展起来的新兴工业，主要产品是纺织品、服装、钟表、珠宝首饰、仪表等。毛出口加工区内企业以本国资本为主，其余来自法国、德国、意大利、印度和香港等国家和地区。截至2007年，毛共有外向型企业409家，从业人员67147人，其中182家从事服装业。

【农业】 全国可耕地面积为11.08万公顷，占全国总面积的46%，其中蔗田76186公顷，粮田5262公顷。2007年，农业产值占GDP的5%。每年需进口粮食20万吨左右。其他农作物有茶叶、烟草、洋葱、水果等。畜牧业以饲养牛、羊、猪、鹿、鸡等为主。80%的奶制品和90%的牛肉依靠进口，猪肉、鸡和蔬菜基本自给。毛海岸线长约250公里，有120万平方公里的专属经济区，经济价值较高的渔业资源主要为金枪鱼。20世纪80年代毛捕鱼业发展较快。从1992年起，为保护渔业资源，避免过量捕捞，政府开始采取限制措施。海产品不能自给，每年还需大量进口。近年来毛为加速经济转型，鼓励发展渔产品加工业，将其列为吸引外资的重点产业之一。2006年毛本国渔业总产量8617吨，同比下降4.1%。

【旅游业】 为毛第三大创汇产业，2009年旅游业产值占国内生产总值的10.1%。截至2009年底，毛共有102家注册运营的饭店。游客主要来自法、英、德等西欧国家及留尼汪、南非、马达加斯加等周边国家或地区，欧洲游客占游客总数的66%。国际金融危机对毛旅游业造成一定冲击，2009年全年来毛外国游客87.13万人次，同比减少6.4%；旅游业收入

317.2 亿卢比，同比下降 13.7%。

【**金融服务业**】近年来，毛金融服务业发展较快。2007 年，金融服务业产值约占 GDP 的 11%，其中保险业比上年增长 5%，商业银行增长 2.2%，离岸银行增长 20.8%。

毛金融保险市场自由、开放。外资银行和保险公司经批准可以在毛注册营业；银行利率放开，由各商业银行自行决定；无外汇管制，当地货币卢比可与外币自由兑换。

目前毛共有商业银行 9 家，其中 6 家外资银行，3 家本国银行，但本国银行在银行业中占统治地位。毛最大的银行是毛里求斯商业银行（MCB），为私营银行，其业务量约占毛市场的 47%。毛里求斯国家银行（State Bank）是毛第二大银行，其业务量约占毛市场的 1/3。

毛现有 22 家保险公司，大多为私营，其中毛国家保险公司（SICOM），Swan-Anglo Mauritius 和英美保险公司（BAI）是最大的三家，占有全国 76% 的保险业务。

【**交通运输**】以公路运输为主。无铁路，毛政府正计划在各大城市间修建单轨铁路网。

公路：毛公路交通较发达。截至 2005 年底，公路总长达 2020 公里，其中快速公路 75 公里，干线 955 公里，城乡道路 592 公里，其他道路 398 公里。截至 2009 年底，毛共有机动车 366520 辆，同比增长 4.3%。

海运：全国 90% 以上的进出口物资依靠海运。路易港是毛唯一的国际商港，1993 年被宣布为自由港。该港口现代化程度高，集装箱吞吐量大，能停靠最现代的集装箱船，拥有 26 公顷的集装箱码头和 3 台现代化集装箱起重机，是撒哈拉以南非洲地区第二大集装箱港口（最大港为开普敦）。毛政府努力把路易港建设成地区海运中心之一。目前有 20 多条往来欧洲、澳洲、亚洲和南非的国际班轮经停路易港。

空运：毛现有两个机场，即位于普莱桑斯的拉姆古兰国际机场和罗德里格岛民用机场。前者由中国援建，航站楼面积 3.2 万平方米，可以起降大型客机。罗岛机场原只能起降小飞机。2001 年，毛政府成立公营公司，统一经营和管理该机场并负责机场扩建工作。毛里求斯航空公司成立于 1967 年 6 月，由毛政府、罗杰斯航空公司、英国航空公司、法国航空公司和印度航空公司合资经营。现已开通近 30 条国际航线，连接 10 多个欧、亚、非国家，与伦敦、巴黎、法兰克福等 28 个城市有直航。毛航共有空客 A340-300 七架、空客 319-100 两架、波音 767ER 两架、ATR72-500 一架、ATR42-500 三架和直升机三架。2007 年毛航客座率为 78.3%，营业额 84 亿卢比，同比增长 9%。

【**对外贸易**】外贸是毛国民经济的重要组成部分。主要出口蔗糖和出口加工区产品，进口粮食及其他食品、棉毛原料、机器设备、石油产品等。同 100 多个国家和地区有贸易往来，主要贸易国是法国、英国、美国、印度、中国等。截至 2006 年底，毛已同包括中国在内的 25 个国家签订了“避免双重征税协定”。2009 年，毛进出口总额 1800.87 亿卢比，出口额 617.84 亿卢比，进口额 1183.03 亿卢比。

人民生活

实行免费医疗、免费教育、失业救济、米面价格补贴等福利政策。截至 2006 年底，全国共有公立医院 67 所，床位近 4000 张；私人诊所 29 个，床位 517 张；各类医疗服务中心 400 多所。2008 年，平均预期寿命男性 69.2 岁，女性 76 岁。人口出生率为 13.8‰，死亡率为 7.3‰。平均生育子女数为 1.67，产妇死亡率为 0.24‰，新生儿死亡率为 13.5‰。截至 2010 年 5 月，毛共有 6822 万名艾滋病感染者。

毛拥有现代化的电话网，国内外通讯方便。电话普及率较高，目前共有固定电话 357500 部，移动电话 656828 部。根据世界银行发表的《2006 年非洲发展指数》，毛每千人拥有固定电话 288 部，居撒哈拉以南非洲国家之首。近年来，毛政府加紧发展电信业，投入巨资建设电脑城、教育和培训设施、政府网站以及在邮局为民众提供免费上网服务等。2010 年 3 月世界经济论坛公布的最新“网络覆盖指数”中，毛排名第 53 位，在非洲国家中列第二位。

毛全国实行五天半工作制，每年有 15 天公假日。

军　事

无正规作战部队，武装力量由警察、国家安全局、反贩毒和走私部队、直升机部队、海岸巡逻队、特别机动部队组成，共约 1 万余人，配备有小型飞机、直升机、装甲车、大炮、巡逻艇。宪法规定总统为武装力量总司令，但武装力量实际控制权掌握在总理手中。

毛武装力量系依靠英国、法国和印度建立。三国与毛的军事交流与互访频繁。三国定期派遣军事专家来毛训练特别机动部队，毛警察部队官兵也被派往上述三国接受训练。

文化教育

【**教育**】承袭英国教育体制，中、小学学制分别为 6 年。实行大、中、小学免费教育，是发展中国家中人口受教育程度较高的国家之一。30 岁以下的人口受教育率为 95%。1997 年起，开始实行 9 年制义务教育，力争将中学入学率提高到 95%。2007 年底，毛全国共有小学 289 所，在校生 119310 人；中学 186 所，在校生 116706 人；职业学校 153 所，在校生 9573 人。

毛现有两所大学：毛里求斯大学和毛里求斯技术大学，培养本科生、研究生和博士生。毛里求斯教育学院、毛里求斯广播学院是以培训中小学教师为主的专科学校。甘地学院是由印度援建的一所东方语言艺术学院，学制2～4年，培养大专生，甘地学院还拥有一所附属中学。2007年毛大学新生有8100人。

【新闻出版】毛独立后历届政府实行新闻自由政策。现有报纸、杂志数十种。无通讯社，新闻部门通过电传向报界转发西方各大通讯社的国际新闻。发行量最大的日报是《快报》（l'Express）和《毛里求斯人报》（le Mauricien）。影响较大的周报有《周末报》（Week-End）和《五以上》（5－Plus）等。另外还有《华侨时报》等四种中文报纸。

毛里求斯广播电视公司受总理府直接领导，其前身是创办于1937年的毛广播公司，现广播电视节目大部分用法语，其次是英语、印地语、克里奥尔语等，电台也有少量的客家话和广东话节目。2002年4月，先后有两家私营电台Radio One和Radio Plus开播。

印度洋出版社是毛出版发行图书的半官方机构，负责出版该国教育学院和甘地学院编写的中、小学教科书，同时进口批发外国图书，不定期举办国际书展。

对外关系

奉行中立、不结盟和全方位外交政策，坚持外交为经济建设服务，主张与所有国家发展友好关系，积极参与地区合作和南南合作，重视发展东部和与南部非洲国家、毛人口来源国和印度洋沿岸国家关系。近年来，毛欲在本地区发挥“小岛大国”作用，承办2005年联合国“小岛屿发展中国家可持续发展国际会议”，减免发展中国家债务，推动非洲区域一体化。以小岛屿国家代言人自居，积极在气候变化等国际问题上发挥作用。

毛是不结盟运动、非盟、东南非共同市场、南部非洲发展共同体、环印度洋地区合作联盟、印度洋委员会等组织成员。现为联合国人权理事会成员（任期至2012年6月）。截至目前，毛同90多个国家建立了外交关系。

【同中国的关系】1972年4月15日建交。建交以来，两国友好合作关系发展顺利。两国政府签有经济技术合作协定、文化协定、体育协定等，并成立经济技术和贸易合作联合委员会。

2009年，中毛贸易总额为2.98亿美元，同比下降9%，其中中方出口额2.92亿美元，同比下降9%，进口额600万美元，同比增长6%。

2007年7月，拉姆古兰总理应邀正式访华，会见了胡锦涛主席，与温家宝总理举行会谈。2009年2月，胡锦涛主席应邀对毛里求斯进行国事访问，会见了贾格纳特总统，同拉姆古兰总理举行会谈。11月，全国人大常委会副委员长王兆国访毛，同普利亚格议长会谈，并会见了贾格纳特总统和拉姆古兰总理。

中国驻毛里求斯大使：边燕花。馆址：Embassy Of The People's Republic Of China，Royal Road，Belle Rose，Rose Hill。电话：00230－4549111，4674600；4549113（商务处）；4645556（领事部）。电报挂号：Chinemba Port Louis。传真：4646012。电传：CHINCOM IW。电子邮件：Chinaemb_ mu@ mfa. gov. cn。

毛里求斯驻华大使：钟律芳（Paul R. Lit Fong Chong Leng）。馆址：北京市东直门外大街23号，外交办公大楼202号。电话：010－65325695，65325698（领事处）。传真：65325706。

【同印度的关系】同印度有着特殊关系。印度是毛主要人口来源国，其传统文化、宗教、甚至种姓制度均对毛有很深影响。印是毛重要援助国，两国间设有混合委员会，在信息技术、海洋等领域签有合作协定。印是毛第一大商品进口来源国。2004年，普拉文副总理、库塔里外长等访印，印度国大党主席甘地访毛。2005年1月，班敦副总统赴印度出席国际印度裔研讨会，3月，印度总理辛格访毛，双方签署航空、反恐、环保和印向毛贷款1000万美元等4个协定。8月，杜卢外长访印。10月，拉姆古兰总理访印，印允向毛提供1亿美元援助。2006年3月，印总统卡拉姆访毛并作为嘉宾出席毛国庆活动。2007年，毛印签署了多个经贸合作协定。3月，印度海军参谋长访毛。2008年1月，拉姆古兰总理赴印度出席第六届印人大会，并顺访印度。

【同法国的关系】毛、法有着传统关系，法国人后裔掌握了毛大多数制糖厂及许多工商业大公司。法是毛重要援助国，是赴毛旅游最大客源国。近年来，法视毛为“民主与发展的典范”，对毛影响进一步扩大。2004年，贝朗热总理访法。2006年3月，拉姆古兰总理访法，7月又作为特邀嘉宾出席法国庆活动。毛岛和法属留尼汪岛素有“姐妹岛”之称，交往较多。2007年，毛法签署了一系列经贸和教育合作协议。在法国支持下，欧盟向毛提供了650万欧元援助，并宣布将在6年内向毛提供2亿欧元援助。2008年6月，拉姆古兰总理访问法国，会见了萨科齐总统。毛、法在特罗姆兰岛主权问题上有争议。2010年6月，两国就共同管理特罗姆兰岛及其周边海域签署框架协议。

【同英国的关系】毛是英联邦成员国，同英保持着传统关系，在语言文化，立法、行政和司法体系，教育制度等方面均承袭英国体系，武装力量也接受英国培训。英是毛重要援助国，也是毛第一大出口国和最大投资来源国（2006年为31亿卢比）。2008年，毛对英出口为232.56亿卢比，占其出口总额的34%。毛、英在查戈斯群岛主权问题上有争议。2007年9月，杜卢外长访英，双方决定就查戈斯群岛主权问题、毛对欧盟食糖及纺织品出口等问题成立工作组。2008年6月，拉姆古兰总理应英国首相布朗邀请赴英出席英联邦小范围首脑会议。

【同美国的关系】近年，毛与美国关系密切。

2003年，毛成功举办了第二届美非经贸合作论坛，贾格纳特总理访美。2004年，美同意给予毛输美纺织品“第三原料国”待遇。库塔里外长、贝朗热总理先后访美。2005年，美给予毛最不发达国家地位，毛纺织品可免关税输美。毛对美贸易呈顺差，2008年美在毛出口贸易中占第三位。美在毛与英存在主权争议的查戈斯群岛主岛迪戈加西亚岛上驻军是两国关系中的敏感问题。

【同南非的关系】 1993年12月，毛同南非建交。毛与南关系密切，在南约有2万侨民。南是毛主要进口国，两国于1994年签署了新的“避免双重征税”协定。南非是毛重要游客来源国，2006年达70800人次，同比增长20%。2004年，南非前总统曼德拉对毛进行私人访问，贝朗热总理访南并出席姆贝基总统就职典礼。2008年4月，南总统姆贝基出席毛独立40周年庆典。

【同邻国的关系】 1982年倡议成立地区组织印度洋委员会，1997年倡议成立环印度洋地区合作联盟。2007年10月，杜卢外长在塞舌尔出席印度洋委员会部长特别会议，会议决定毛里求斯、马达加斯加、塞舌尔、科摩罗四国成立印度洋岛国（CMMS）地区组，以在非加太与欧盟商签《经济伙伴协议》时维护共同利益。

毛同马达加斯加于1968年8月27日建交。2004年，贝朗热总理访马，马总统拉瓦卢马纳纳、文化部长先后访毛。2005年11月，马总统拉瓦卢马纳纳访毛。2007年3月，拉瓦卢马纳纳总统出席毛独立39周年庆典，会见了贾格纳特总统和拉姆古兰总理。11月，毛在马达举办商品交易会。

毛同塞舌尔保持着良好关系。2004年，贝朗热总理访塞，双方签署了有关旅游、打击毒品交易等协议。毛还宣布向塞提供5万美元援助，支持其海啸灾后重建工作。2005年3月，塞总统米歇尔访毛并参加毛国庆活动。2009年，两国联合申报外大陆划界案，维护了毛塞共同利益。

毛同科摩罗于1985年2月25日建交。2003年底，毛与南非、马达加斯加一道促成科摩罗各方达成和平协定。2004年，科总统阿扎利对毛进行私人访问。2005年，阿扎利总统过境毛。2007年11月，毛资助科30万美元以帮助科偿还欠非洲发展银行债务。

（李伟）

毛里塔尼亚

国名　毛里塔尼亚伊斯兰共和国（The Islamic Republic of Mauritania, La République Islamique de Mauritanie）。

面积　103万平方公里。

人口　330万（2009年），总体上分为摩尔族和黑非民族（非洲黑人）两大类。摩尔族中白摩尔人（阿拉伯—柏柏尔血统）占30%，具有阿拉伯文化语言传统的哈拉廷人（又称黑摩尔人）占40%。黑人占30%，主要部族是图库勒族、颇尔族、索宁克族、沃洛夫族和班巴拉族。阿拉伯语为官方语言，法语为通用语言。民族语言有哈桑语、布拉尔语、索宁克语和沃洛夫语。约96%的居民信奉伊斯兰教。

首都　努瓦克肖特（Nouakchott），人口80万（2009年）。9月为最热的月份，气温约24℃～34℃；12月为最冷的月份，气温约13℃～28℃。

国家元首　总统穆罕默德·乌尔德·阿卜杜勒·阿齐兹（Mohamed Ould Abdel Aziz），2009年8月就职。

重要节日　独立日（国庆节）11月28日。

简　况

位于非洲撒哈拉沙漠西部。与西撒哈拉、阿尔及利亚、马里和塞内加尔接壤。西濒大西洋，海岸线全长667公里。属热带沙漠性气候，高温少雨。年平均气温约25℃。毛最早的居民是巴富尔黑人民族。后北非柏柏尔人迁入毛北部。公元7世纪阿拉伯人进入毛。1920年毛成为“法属西非洲”管辖下的殖民地。1956年成为“半自治共和国”，1958年9月加入“法兰西共同体”，11月“毛里塔尼亚伊斯兰共和国”宣布成立。1960年11月28日宣告独立，达达赫任总统。1978年，军人发动政变，成立了“全国复兴军事委员会”（后易名为救国军事委员会），萨莱克任主席。1980年，海德拉出任军委会主席、国家元首兼政府总理。1984年12月，参谋长塔亚政变上台，任军委会主席、国家元首。1992年、1997年和2003年，塔亚三度当选总统。2005年8月，国家安全局长瓦尔等人发动政变，成立“争取公正与民主军事委员会”接管政权。2007年3月25日举行大选，独立候选人阿卜杜拉希当选总统。2008年8月6日，毛发生政变。以总统府特别参谋长阿齐兹为首的军人成立“最高国家委员会”，接管政权。2009年7月18日毛举行总统选举，阿齐兹当选。

政　治

2008年8月，以阿齐兹为首的军政权上台。阿齐兹接受国际联络小组调解，与反对派达成妥协，签署《毛里塔尼亚三大政治派别框架协议》。2009年7月，毛举行总统大选，阿齐兹当选。阿齐兹就职以来，倡导变革理念，加强行政管理，大力惩治腐败。目前，毛政局基本稳定。

【宪法】1961年5月20日颁布第一部宪法。1991年7月12日通过的宪法确立了“三权分立”原则，被认为是毛第一部民主宪法。主要内容是：实行总统制，总统为国家元首，由普选产生，任期6年，可连选连任；建立议会制和多党制。2005年8月政变后，以瓦尔为首的军政权对1991年宪法进行调整和补充，于2006年6月举行了修宪公投，修宪案以96.97%的支持率获得通过。修改后的宪法规定：毛总统任期将从原来的6年缩短为5年，总统只可连任一次，其候选人的年龄不得超过75岁；修宪至少须1/3议员提议，2/3议员赞成才能提交全民公投。

【议会】1991年通过的宪法规定立法权属议会。议会实行两院制，由国民议会和参议院组成。国民议会95名议员由直接选举产生，任期五年。参议院56名议员由市政委员会组成的选举团间接选举产生，其中3名在境外侨民中产生，任期6年，每两年改选其中的1/3。国民议会议长任期五年，参议院议长在每次部分改选后产生。2005年8月政变后，军政权宣布解散国民议会，由军委会行使立法权和行政权。2006年11月及12月，毛分别举行了市政和国民议会选举，产生了新一届市政委员会和国民议会。席位分配为：独立人士41席，民主力量联合会15席，进步力量联盟8席，争取民主与革新共和党7席，人民进步联盟5席，民主进步联盟3席，民主团结联盟3席，其他小党13席。现任国民议会议长马苏德·乌尔德·布尔凯尔（Messaoud Ould Boulkheir，人民进步联盟主席）。2007年1月举行了参议院选举，组成情况是：独立人士34席，民主力量联盟5席，争取民主与变革共和党3席，其他小党12席，海外侨民3席。现任参议院议长为巴·马马杜·姆巴雷（Ba Mamadou M'Bare）。

【政府】本届政府于2009年8月组成，2010年3月对内阁进行微调。现任总理穆莱耶·乌尔德·穆罕默德·拉格达夫（Moulaye Ould Mohamed Lagdaf），外交合作部长娜哈·曼特·穆克纳斯（Naha Mint Mouknass），国防部长哈马迪·乌尔德·哈马迪（Hamadi Ould Hamadi）。

【行政区划】现全国划为13个省（Wilaya）、54个县（Moughataa），县下设区（Arrondissement）。全国有216个市镇（Commune）。13个省名为：努瓦克肖特、阿德拉尔、阿萨巴、布拉克纳、达赫莱特—努瓦迪布、戈尔戈尔、吉迪马卡、东霍德、西霍德、因奇利、特拉扎、塔岗、提里斯—宰穆尔。

【司法机构】1991年宪法规定，司法权独立于立法权和行政权。总统保证司法的独立性，并主持最高司法会议。政府设有司法部，最高法院成员由国民议会和参议院在各自的议员中选出同等数目成员组成，院长由其成员推举产生。毛司法机构由最高法院、特别法院、上诉法院、刑事法庭、轻罪法庭、违警罪法庭、劳工法院、省级法院、县级法院组成。1980年建立伊斯兰法庭，实行伊斯兰法。2005年8月政变后，军政权宣布保留最高法官委员会、法院和法庭，重新确定宪法委员会的权限。现任最高法院院长为穆罕默德·戴·乌尔德·哈纳纳（Mohamed De Ould Hanana）。最高法院总检察长谢利夫·埃尔·穆赫塔尔·乌尔德·巴拉·谢利夫（Chrif El Moctar Ould Balla Chrif）。

【政党】毛独立初期曾实行过多党制。达达赫执政时期，实行一党制。1978年军人执政后取缔一切政党。塔亚执政时期于1991年8月宣布开放党禁，颁布政党法，实行多党制。2005年8月瓦尔政变后，完全开放党禁。目前毛共有75个政党，主要政党有：

（1）争取共和联盟（Union Pour la Républilque，UPR）：2009年5月成立，共有党员20余万。2009年5月5日至8月2日，阿齐兹曾先后以过渡期“最高国家委员会”主席、国家元首和新当选总统身份担任党主席。阿辞职后，穆罕默德·乌尔德·穆罕默德·拉明（Mohamed Ould Mohamed Lamine）当选为主席。目前，该党在参议院95个议席中占据53席，参议院56席中占据38席，有57个政党与该党形成总统多数派。该党主张推行多元化政治和民主制度，维护民族团结；鼓励私营经济，改善人民生活；发展睦邻友好，捍卫国家领土和主权；主张普及教育，实现经济社会发展。

（2）民主力量联合会（Rassemblement des Forces Démocratiques-RFD）：主要反对党之一。脱胎于毛最早的反对党—民主力量联盟—新时代党（1991年毛实行多党制时成立）。2000年10月被政府解散，其部分领导人于2001年6月成立民主力量联合会，继续作为反对党存在，党主席为艾哈迈德·乌尔德·达达赫（Ahmed Ould Daddah）。达分别参加了毛1992年、2003年两次总统直选，未能当选，得票率分别为31%和6.89%。该党在2006年国民议会选举中赢得15个席位。该党抵制了2009年7月总统选举，目前在国民议会中拥有9个议席。

（3）进步力量联盟（Union des Forces du Progrès-UFP）：1998年初自原民主力量联盟－新时代党分裂而来，核心成员是20世纪60～70年代在毛组成的共产党和劳动党骨干。属原反对党内的温和派，主张通过对话协商解决分歧。党主席穆罕默德·乌尔德·马乌鲁德（MOHAMED OULD MAOULOUD）。主要支持者为知识分子、中层民众。在2006年国民议会选举中赢得8席。

（4）争取民主与革新共和党（Parti Républicain pour la Démocratie et Renouveau-PRDR），原民主社会

共和党，塔亚时期执政党，1991 年 8 月成立，2005 年 10 月更名。2005 年 8 月瓦尔政变后，该党宣布承认新政权，支持军委会改革措施，表示要与过去决裂。2005 年 10 月，召开第三次全国代表大会，选举了由 280 人组成的全国委员会。12 月，该党选举西迪·穆罕默德·乌尔德·穆罕默德·瓦尔（Sidi Mohamed Ould Mohamed Vall）为总书记。在 2006 年国民议会选举中赢得 7 席。

其他主要政党有：人民进步联盟（Alliance Populaire Progressiste-APP）、民主进步联盟（Union pour la Démocratie et le Progrès—UDP）、全国改革与发展联盟（Rassemblement National Pour La Réforme Et Le Développement—TAWASSOUL）等。

经　济

1986 年毛被联合国定为世界最不发达国家之一。经济结构单一，基础薄弱，铁矿业和渔业是国民经济的两大支柱，油气产业是新兴产业。外援在国家发展中起着重要作用。1992 年，毛与国际货币基金组织和世界银行达成协议，开始执行经济结构调整计划，推进自由化进程，同时采取国家调控、监督市场和稳定物价等措施。近年来，毛实行经济自由化政策和减贫发展战略，制订吸引外资的优惠政策，推进市场经济体制改革，加大对农业和基础设施的投入。2008 年，毛继续积极与国际金融机构合作，世界银行、IMF 及“八国集团”开始实施免债承诺，免去毛每年 2500 万美元还款。全球能源、粮食危机加重了毛经济困难。8 月政变后，总额达 5 亿多美元的外援遭冻结，但作为经济支柱的渔业、矿业、石油国际合作未受到制裁影响，毛经济取得低速增长。2009 年 8 月，阿齐兹就任总统后，国际援助、合作逐步恢复。2009 年主要经济数据如下（资料来源：2010 年经济季评、国际货币基金组织）：

国内生产总值：32.2 亿美元。

人均国内生产总值：975 美元。

国内生产总值增长率：1.5 %。

货币名称：乌吉亚（Ouguiya）。

汇率：1 美元 =262 乌吉亚。

通货膨胀率：2.2%。

失业率：25%。

【资源】矿产资源主要有铁矿，储量估计达 107 亿吨。其他资源储量：铜矿 2200 万吨，石膏约 40 亿吨，磷酸盐 1.4 亿吨，黄金约 184 吨。渔业资源丰富，储量为 400 万吨。石油和天然气资源预计储量较丰富，储油量估计 10 亿桶。森林总面积 47440 公顷。

【工业】工业不发达，主要是一些采矿和小型加工业。采矿业以开采铁矿为主，是世界第七大铁矿石供应国。2009 年生产铁矿石 1030 万吨，产铜 3.75 万吨，黄金 7.8 吨。铁矿石主要出口中国、意大利、德国、法国等。油气生产是新兴产业，2007 年日产原油 1.6 万桶左右，全年出口创汇 6.42 亿美元。后原油产量逐年下降，2009 年日产原油约 1 万桶。

【农牧渔业】农牧渔业产值占国内生产总值的 25%。毛现有可耕地面积 53.5 万公顷，其中 13.5 万公顷为灌溉田，35 万公顷为雨水田，5 万公顷为绿洲。农业产值占国内生产总值 4%，主要农作物有高粱、水稻、小米、玉米、小麦、大麦、豆类、椰枣等。农业靠天吃饭，受自然灾害影响大。2007 年因水灾造成农业减产。毛粮食自给率 15%，每年需大量进口粮食，并要求国际援助。畜牧业在国民经济中占重要地位，产值占国内生产总值的 15%。主要畜养羊、牛和骆驼。目前牲畜总数存栏量羊 1633.3 万只，骆驼 134.2 万头，牛 135.1 万头。毛海域是西非渔场重要组成部分，渔业是毛重要经济部门，年捕捞量约 90 万吨，渔业产值占国内生产总值约 10%，渔业收入占毛外汇收入 40%。

【交通运输】交通不发达。只有一条长 728 公里的铁路，主要承担铁矿砂运输。每年运载出口的全部铁矿砂、5 万名旅客和近 400 头骆驼。2009 年全国各类公路总计 11066 公里，其中柏油路 2966 公里。主要港口城市是努瓦克肖特和努瓦迪布，总吞吐量 300 万吨（不包括铁矿石出口），其中努瓦克肖特友谊港 273 万吨。毛里塔尼亚航空公司于 2007 年倒闭，现公司由突尼斯航空公司和当地企业家合资组建，有客机 3 架。毛有机场 27 个，其中努瓦克肖特、努瓦迪布和阿塔尔机场为国际机场。

【财政金融】2009 年财政预算总额为 2458 亿乌吉亚（不包括国际援助），2010 年财政预算总额为 2549.5 亿乌吉亚。2009 年外汇储备 2.4 亿美元，外债 22 亿美元。

毛目前有 1 家中央银行、10 家商业银行、4 家保险公司、1 家租赁公司、若干信用合作社和百余所小型信贷机构。

【对外贸易】2009 年进出口总额 35.5 亿美元，其中出口 15 亿美元，进口 20.5 亿美元。主要出口铁矿砂和渔产品，铁矿主要出口欧盟，渔产品出口西班牙、日本、尼日利亚等国。主要进口能源与矿产品、食品与农产品、机械设备和消费品等。所需生产和生活物资 80% 以上靠进口，其中 32% 为粮食，25% 为机械设备，9% 为汽车，其余为化工、建材、石油、轻纺用品等。进口商品 80% 来自欧盟，石油来自阿尔及利亚。主要贸易对象是：中国、法国、意大利、西班牙等。近几年对外贸易情况如下（单位：百万美元）：

	2006	2007	2008	2009
出口额	1274	1448	1647	1500
进口额	1098	1202	1260	2050
差　额	176	246	387	-550

2008 年毛主要贸易伙伴及所占比例情况：

出口		进口	
中国	41.6%	法国	17%
法国	10.4%	中国	8.9%
西班牙	7.1%	荷兰	6.5%
意大利	7%	西班牙	6.1%

（资料来源：2010 年经济季评、毛经济与发展部）

人民生活

2009 年人均 GDP 为 975 美元。全国贫困人口约 50%，农村高达 68%。毛医疗卫生条件十分简陋，缺医少药，全国共有医生 350 人，病床 1325 张。2009 年平均寿命为 56.6 岁，成人文盲率 44.2%。2009 年人口自然增长率为 2.37%，婴幼儿死亡率为 6.19%。65 岁以上人口仅占总人口的 3.4%。2007 年联合国 177 国人类发展指数中排名 153 位。2009 年固定电话 7.64 万户，移动电话 140 万户。

军　事

独立后建立国民军，指挥官多为法国人。1965 年开始启用本国军官，至 1973 年指挥官全部由本国军官担任。实行义务兵（两年）和志愿兵相结合的兵役制度。总统任武装部队统帅，主持国防会议和最高委员会。国防部设有陆、海、空三军，自 1995 年起国防部长由文官担任，陆军由国民军参谋长直接管辖。全国有 6 个军区，4 所军、警、宪学校。三军总兵力 15750 人，其中陆军 15000 人，编有步兵营 4 个、炮兵营 1 个、装甲侦察中队 1 个、高炮连 4 个、工兵营 1 个；海军 500 人；空军 250 人。另有宪兵 3000 人，国民卫队 2000 人。2004 年军费开支为 2076.9 万美元，占国内生产总值的 1.6%。

文化教育

【教育】政府重视发展教育事业，把提高全民教育水平作为脱贫的重要途径。2004 年各级教育平均入学率为 46%。全国有 5 所高等院校：努瓦克肖特大学（建于 1980 年，是毛第一所综合性大学）、国家行政学校、高等师范学院、高等科学院和高等伊斯兰学院，另外还有 5 所技术学校。除现代教育外，毛全国各地存在传统的古兰经学校（音译为马哈德拉学校）。

【新闻出版】主要报纸为《人民报》（阿文版）和《视野报》（法文版），日发行量各为 1500 份。注册的阿、法文独立报刊有 100 多种，正常出版的报刊仅有 20 余份。

毛里塔尼亚新闻通讯社：官方通讯社，1975 年成立时称毛新社，1990 年与毛新闻印刷公司合并后改称毛通社。通过阿拉伯联合酋长国通讯社往国外发消息。

毛里塔尼亚电视台：国营，由伊拉克出资，法国承建。1983 年试播，1984 年正式开播。现有两套彩色节目，用阿拉伯语、法语和黑人少数民族语言播放，平均日播 19～20 小时。1996 年，毛卫星电视接收系统竣工。

毛里塔尼亚广播电台：国家广播电台，1960 年建立。现使用的广播设备由德国援建，有 2 套节目，每日各播出 16 小时，用阿拉伯语、法语、布拉尔语、索宁克语和沃洛夫语播送。

对外关系

奉行独立、和平、中立的外交政策，强调自身阿拉伯、非洲属性，致力于睦邻友好，积极推动非洲联合及马格里布联盟建设。重视发展与欧盟、海湾国家及国际组织的关系。近年来突出外交为经济服务的方针，努力拓展国际空间，争取更多外援。迄今共与 103 个国家建立了外交关系。

【对当前重大国际和地区问题的态度】关于经济全球化和国际经济新秩序：经济全球化对发展中国家提出了严峻挑战，但这是世界潮流，不可阻挡。发达国家应对发展中国家进行技术、资金转让，减免发展中国家的债务。发展中国家应加强合作，推动建立一个公正的、有助于发展中国家经济增长的国际经济新秩序。

关于联合国改革问题：国际格局的深刻变化要求联合国安理会扩大其代表体制，支持在公正、民主的原则基础上讨论安理会席位问题，认为安理会应向非洲、阿拉伯、亚洲国家开放，构成应充分考虑到各国人口、贡献等多方因素。

关于恐怖主义：反对一切形式的恐怖主义。呼吁加强国际合作与协调，对恐怖活动坚决予以打击。反对将恐怖主义与特定的国家、宗教联系在一起。认为必须首先消除贫困、不公正等产生恐怖主义现象的根源。主张加强不同文明和宗教间的对话与理解。

关于中东和平进程：联合国大会、安理会等应团结一致，努力推动阿拉伯和平倡议的实施。根据马德里和会精神、“土地换和平”原则和路线图计划恢复和谈是实现中东全面持久和平的唯一途径。

关于伊拉克局势：呼吁伊各方以伊民族最高利益为重，致力于恢复和平与巩固国家统一。要求国际社会尊重伊的领土完整、主权、独立，帮助伊恢复稳定和开展经济重建。

关于非洲局势：认为非洲事务应由非洲人自己解决，呼吁非洲国家领导人一起寻求持久解决非洲冲突的方法。赞成实现非洲一体化，主张更有效地发挥非盟的作用，呼吁发达国家与非洲建立平等合作伙伴关系，继续对非援助，加大对非投资，要求国际金融机构协调立场，减免非洲日益严重的债务。

【同中国的关系】1965 年 7 月 19 日中毛建交后，毛历届政府均对华友好，两国关系持续稳定发展。

2009 年，两国保持各层次友好往来。7 月，胡锦涛主席致电祝贺阿齐兹当选毛总统。9 月，外交部部长助理翟隽访毛，会见了毛总统阿齐兹、总理拉格达夫，与代理外长（工业与矿产部长）乌达会谈。翟部助与阿齐兹总统共同出席了由中方提供优惠贷款的友谊港扩建项目的开工仪式，并为项目开工奠基。同月，毛总统阿齐兹向胡锦涛主席致电，祝贺新中国国庆60周年。11月，杨洁篪外长在出席中非合作论坛第四届部长级会议期间，会见了参加会议的毛外交合作部长娜哈。同月，外交部部长助理翟隽会见来华出席“发展中国家新闻官员与记者研修班”的毛新闻与议会关系部秘书长宰因。2010年5月，毛外交合作部长娜哈来华参加“中阿合作论坛”第四届部长级会议，杨洁篪外长会见了娜哈。

2009年，两国经贸合作进一步发展。双边贸易额10.96亿美元，同比下降11.2%。其中中方进口8.54亿美元，下降18.2%，出口2.42亿美元，增长27.9%。

中国驻毛里塔尼亚大使：张迅。馆址：B.P.257 NOUAKCHOTT。电话：00－222－52－52070。传真：52462。

毛里塔尼亚驻华大使：巴勒·穆罕默德·埃尔·哈比卜（BAL MOHAMED EL HABIB）。馆址：北京市三里屯东三街9号。电话：010－65321346、65321703。传真：65321685。

【同法国的关系】毛法有密切的传统关系，两国签有防务协定。法是毛最大的贸易伙伴和投资国。法每年向毛提供各类援助约3000万美元。法在毛侨民和各部门的专家有4000多人。2007年10月，时任毛总统阿卜杜拉希访问法国，与法总统萨科奇举行会谈，双方签署了2007～2011年双边合作框架协议。2008年7月，阿卜杜拉希总统赴法出席了“地中海联盟”峰会。2008年8月毛发生政变后，法参与国际联络小组，积极调解毛问题。2009年10月，阿齐兹总统访法，会见法总统萨科齐。双方讨论了双边合作、地区反恐、打击非法移民、毒品走私和有组织犯罪等问题。

【同美国的关系】1961年毛美建交。美每年向毛提供小额援助。1995年以来，毛美关系不断发展，美逐步加大对毛的人道主义援助。近年来，两国又在反恐方面开展合作。2008年8月毛政变后，美表示谴责，并采取了停止经济援助、限制旅行等制裁措施。美参与国际联络小组，积极调解毛问题。

【同马格里布国家的关系】毛对马格里布国家采取睦邻友好与平衡政策，努力同马格里布所有国家保持良好关系，加强在经济、文化、科研等方面的友好合作。2004年下半年，因毛指责利比亚支持毛政变分子，两国关系有所恶化，后经马盟调解得到缓和。2008年8月政变后，毛派特使访问马盟国家，阿尔及利亚表示谴责以违宪方式更替政权，毛应恢复宪政秩序，以对话和磋商方式解决当前危机。利也多次派特使访毛调解。2009年3月，毛被推翻总统阿卜杜拉希访利，同月，利比亚领导人卡扎菲赴毛进行调解。7月18日大选期间，马盟派观察员赴毛监督选举，对选举过程和结果表示认可。2010年2月，利比亚总人民委员会秘书（总理）巴格达迪访毛。同月，毛总统阿齐兹赴利出席安拉诞辰日纪念活动；3月，阿赴利出席阿拉伯联盟第22届首脑会议。

【同塞内加尔的关系】毛塞有传统关系。两国边民曾经发生流血冲突，并导致两国关系急剧恶化、断交。1992年4月，两国复交，并恢复通航、通邮，重开陆界口岸。1993年，两国实现关系正常化，双边合作发展顺利，影响两国关系的难民问题也逐步得到解决，目前滞留在塞境内的毛难民尚有6万多名。2008年9月，塞表示反对毛政变，但也批评毛总统阿卜杜拉希解除阿齐兹等军官职务的行为。塞外长多次赴毛了解毛政变后有关情况。2009年5月，塞与非盟、利比亚等就毛问题进行调解。5月28日至6月3日，毛问题国际磋商会议在塞首都达喀尔举行，毛三派在此次会议上达成协议，结束了政治危机。

（钱沪芳）

摩　洛　哥

国名　摩洛哥王国（The Kingdom of Morocco，Le Royaume du Maroc）。

面积　45.9万平方公里（不包括西撒哈拉地区）。

人口　约3117万人（2008年）。阿拉伯人约占80%，柏柏尔人约占20%。阿拉伯语为国语，通用法语。信奉伊斯兰教。

首都　拉巴特（Rabat），人口约140万（2007年，含老城区）。

国家元首　国王穆罕默德六世（S. M. Le Roi Mohammed VI），1999年7月30日登基。

重要节日　国庆日（登基日）：7月30日；独立日：11月18日。

简　况

位于非洲西北端。东、东南接阿尔及利亚，南部为西撒哈拉，西濒大西洋，北隔直布罗陀海峡与西班牙相望，扼地中海入大西洋的门户。海岸线1700多公里。

最早的居民是柏柏尔人。公元7世纪，阿拉伯人进入，并于8世纪建立第一个阿拉伯王国。现在的阿拉维王朝建立于1660年，穆罕默德六世国王是该王朝的第23位君主。从15世纪起，西方列强先后入侵。1912年3月30日沦为法国保护国。同年，法国同西班牙签订《马德里条约》，摩北部地带和南部伊夫尼等地划为西班牙保护地。1956年独立。1957年8月14日定国名为摩洛哥王国，苏丹改称国王。1961年2月穆罕默德五世国王逝世。3月，哈桑二世国王登基。1999年7月23日，哈桑二世国王病逝，王储西迪·穆罕默德于同日即位，7月30日正式登基，称穆罕默德六世。

政治

摩实行君主立宪制，国王拥有最高权力。穆罕默德六世国王即位后，坚持君主立宪制、多党制等既定政策，注重发展经济，强调依法治国，优先解决贫困、就业等社会问题。同时加大反恐力度，积极参与国际反恐合作。2005年5月，摩宣布启动旨在消除贫困、实现持续发展的“国家人文发展计划”，并设立专项基金，计划于2006~2010年投资100亿迪拉姆（约11.7亿美元）用于扶贫。目前摩政局稳定。

【宪法】摩独立以来已颁布五部宪法。现行宪法于1996年9月13日经公投通过。宪法规定：摩为君主立宪制国家；国王是国家元首、宗教领袖和武装部队最高统帅；王位世袭；国王未成年期间，由摄政委员会行使除修改宪法以外的国王职权，最高法院院长任摄政委员会主席；国王任命首相，并根据首相的提议任命内阁成员，国王有权主动或根据政府辞呈解散政府。

【议会】议会由众议院和参议院两院组成。众议院议员全部由直接选举产生，共325名，任期5年；参议院议员共270名，由地方行政机构、各行业协会代表选出，原则上任期9年，每三年改选1/3。

本届众议院于2007年9月产生。独立党为议会第一大党，公正与发展党、人民运动联盟分别为第二、三大党。现任众议长阿卜杜勒瓦赫德·拉迪（Abdelwahed Radi），2010年4月当选。

本届参议院于1997年组成，2000年7月、2003年10月、2006年10月、2009年10月四次进行1/3改选。真实性与现代党为参议院第一大党，独立党次之，人民运动党位居第三。现任参议长穆罕默德·谢赫·比耶迪拉（Mohamed Cheikh Biadillah），2009年10月当选。

【政府】本届政府为摩独立以来第28届政府。2007年10月组成，2009年7月和2010年1月两次小幅调整，共35人（含首相），其中国务大臣2人、大臣或大臣级代表25人、国务秘书7人。主要成员如下：首相阿巴斯·法西（Abbas El Fassi），国务大臣穆罕默德·亚兹里（Mohamed El Yazghi），国务大臣穆罕尼德·安索尔（Mohand Laenser），司法大臣穆罕默德·纳希里（Mohamed Naciri），内政大臣泰依卜·谢卡维（TaÏb Cherkaoui），外交与合作大臣塔伊卜·法西·费赫里（Taib El Fassi Fihri），宗教基金与伊斯兰事务大臣艾哈迈德·图菲克（Ahmed Toufiq），政府秘书长阿卜杜·萨迪克·拉比伊（Abdessadek Rabiî），与议会关系大臣德里斯·拉什古阿尔（Driss Lachguar），经济与财政大臣萨拉赫丁·迈祖阿尔（Salaheddine Mezouar），装备与运输大臣克里姆·加莱博（Karim Ghellab），住房、城建和空间整治大臣艾哈迈德·陶菲克·赫吉拉（Ahmed Taoufiq Hejira），旅游与手工业大臣雅希尔·泽纳圭（Yassir Zenagui），能源、矿业、水利与环境大臣阿米娜·本·哈德拉（Amina Benkhadra，女），卫生大臣亚斯米娜·巴杜（Yasmina Baddou，女），农业与渔业大臣阿齐兹·阿赫努什（Aziz Akhenouch），国民教育、高等教育、干部培训与科研大臣艾哈迈德·阿赫希辛（Ahmed Akhchichine），新闻大臣兼政府发言人哈立德·纳西里（Khalid Naciri），就业与职业培训大臣贾马勒·阿赫马尼（Jamal Aghmani），工业、贸易与新技术大臣艾哈迈德·沙米（Ahmed Chami），外贸大臣阿卜杜勒—拉迪夫·马阿祖兹（Abdellatif Maazouz），社会发展、家庭与互助大臣努兹哈·斯卡利（Nouzha Skalli，女），文化大臣本萨利姆·哈米什（Bensalim Hammich），青年与体育大臣曼斯夫·巴拉赫耶特（Moncef Belkhayat），首相府负责国防行政事务大臣级代表阿卜杜—拉赫曼·斯巴伊（Abderrahmane Sbaï），首相府负责经济与综合事务大臣级代表尼扎尔·巴拉卡（Nizar Baraka），首相府负责公共部门现代化大臣级代表穆罕默德·萨阿德·阿拉米（Mohamed Saad Alami），首相府负责摩侨事务大臣级代表穆罕默德·阿默尔（Mohammed Ameur），能源、矿业、水利与环境部负责水资源与环境国务秘书阿卜杜勒—凯比尔·扎胡德（Abdelkébir Zahoud），旅游与手工业部负责手工业国务秘书阿尼斯·比鲁（Anis Birou），内政部国务秘书萨阿德·哈萨尔（Saad Hassar），国民教育、高等教育、干部培训与科研部负责中初等教育国务秘书拉蒂法·拉比达（Latifa Labida），外交与合作部国务秘书艾哈迈德·拉赫里夫（Ahmed Lakhrif），外交与合作部国务秘书拉蒂法·阿海尔巴什（Latifa Akherbach），住房、城建和空间整治部负责本土发展国务秘书阿卜杜—斯拉姆·迈斯巴希（Abdeslam Al Mesbahi）。

【政府网址】www. maroc. ma

【行政区划】根据2003年9月10日通过的调整行政区划的法令，共划分为17个大区，49个省和12个省级市，1547个市镇。

【司法机构】司法机构分四级：最高法院、上诉法院（21个）、初级法院（68个）和初级法院派驻的法官处。全国设有最高司法委员会。法院院长和法官由国王任命。最高法院第一院长穆斯塔法·法雷斯（Mustapha FARES）。

【政党】实行多党制，摩现有30多个政党，各党均宣布拥护国王和伊斯兰教，在大政方针上与国王保持一致。2005年10月，摩国王推动议会通过政党法，进一步整合各党派力量，加强国王对其的控制能力。2007年9月议会选举后，独立党联合全国自由人士联盟、人民力量社会主义联盟及进步与社会主义党组成新内阁。主要政党有：

（1）独立党（Parti de l'Istiqlal）：1943年12月成立，曾积极参与摩洛哥独立运动。代表地主和民族资产阶级利益，是摩议会第一大党，党员人数约22万人。赞成君主立宪制，坚持国家领土完整，主张对宪法、行政、财政、经济和社会进行改革，开放民主和自由，实现经济和社会公正。总书记阿巴斯·法西。

（2）公正与发展党（Parti de la Justice et du Développement）：成立于1967年，近年来发展迅速。温和的伊斯兰政党，总书记阿卜杜勒·本·基拉纳（Abdelillah Benkirane）。

（3）人民运动联盟党团（Union des Mouvements Populaires）：2004年10月由原右派反对政党人民运动（Mouvement Populaire）、全国人民运动（Mouvement National Populaire）和民主联盟（Union Democratique）三党合并而成。

（4）全国自由人士联盟（Rassemblement National des Indépendants）：1978年成立。主张鼓励自由竞争，实行土改。总书记穆斯塔法·曼苏里（Mustapha MANSOURI）。

（5）人民力量社会主义联盟（Union Socialiste des Forces Populaires）：简称社盟。1975年1月定名，是摩重要参政党，代表中、小资产阶级及知识分子的利益。党的纲领为"解放、民主和社会主义"，主张对摩经济结构和体制进行根本改革，让广大劳动群众在政治上获得真正的民主。第一书记阿卜杜勒－瓦赫德·拉迪（Abdelwahed Radi）。

（6）宪政联盟（Union Constitutionelle）：1983年成立，代表新兴资产阶级力量，主要由资本家、高级官员及知识分子和律师等自由职业者组成。拥护君主立宪制，忠于王室。主张经济自由化，优先发展农业、矿业和加工业，发挥私营经济作用和对外开放。总书记穆罕默德·阿比迪（Mohamed Abied）。

（7）进步与社会主义党（Parti du Progrès et du Socialisme）：成立于1943年，是目前北非地区最大的共产党，主张"以科学社会主义理论"为指导，支持国王穆罕默德六世的政策，反对一切民族分裂和地区主义，把收复西撒视为"国家首要目标"和"党的中心任务"。总书记穆罕默德·纳比尔·本·阿卜杜拉（Mohamed Nabil Ben Abdallah）。

（8）真实性与现代党（Parti Authenticité et Modernité）：成立于2008年8月7日。由公民发展倡议党（Parti Initiative Citoyenne Pour le Développement）、环境与发展党（Parti de l'Environnement et du Développement）、自由联盟（Alliance des Libertés）、誓约党（Parti Al Ahd）、民主运动（Mouvement pour tous les démocrates）5个小党派合并而成。总书记穆罕默德·谢赫·比耶迪拉（Mohamed Cheikh Biadillah）。

【重要人物】**穆罕默德六世**：国王。1963年8月21日出生，是已故哈桑二世国王的长子。1985年毕业于拉巴特穆罕默德五世大学法学院，获法学学士学位，1993年获法学博士学位。1979年被立为王储。1985年被任命为皇家武装部队总参谋部协调员。1994年晋升少将军衔。1999年7月30日登基。爱好阅读、游泳和赛艇运动，精通阿拉伯语和法语，懂英语和西班牙语。1991年曾以王储身份访华。2002年2月访华，是中摩建交以来首位访华的摩国王。2008年5月私人访华。已婚，夫人称"拉拉·萨尔玛公主"，有一子一女。　**阿巴斯·法西**：首相。1940年9月18日生于摩洛哥北部贝尔卡纳市。1961年当选摩大学生联合会主席。1963年毕业于拉巴特穆罕默德五世大学法学院，获法学士学位。1972年任摩人权联盟秘书长。1973年当选摩法学家协会执行局委员。1975～1977年任拉巴特律师公会会长。1974年当选独立党执行委员会委员。1984年9月当选摩众议院拉拉什选区议员。1998年2月在独立党第十三大上当选总书记。2003年3月连任。1977年10月任住宅与领土整治大臣。1981年11月改任手工业与社会事务大臣。1985～1994年先后任驻突尼斯大使和驻法国大使。2000年9月任就业、职业培训、社会发展与互助大臣。2002年11月任国务大臣。2007年9月7日，独立党在摩立法选举中成为众议院第一大党，9月19日，法西被国王任命为首相。　**阿卜杜勒瓦赫德·拉迪**：众议院议长。1935年出生于摩洛哥萨累市。曾在巴黎索邦大学学习社会心理学。回国后长期在拉巴特文学和人文学院执教。系人民力量与社会主义联盟前身人民力量全国联盟创始人之一。1962年以来，先后担任社盟全国委员会委员、行政委员会委员、政治局委员、第一副书记，2008年11月当选该党第一书记。1963年起担任众议员。1983～1984年任国际合作大臣。1997～2007年任众议长。2007年10月至2010年1月任司法大臣。2010年4月再次当选为众议长。

经　济

经济基础较为薄弱。农业是国民经济主要部门，基本靠天吃饭。工业不发达，矿业是摩支柱产业，矿产品出口占全部出口的30%。摩1983年开始实行经济改革，推行企业私有化和贸易自由化，1996年同欧盟签署联系协议后，进一步优化经济结构，改善投资环境，加强基础设施建设，为2010年同欧盟建立自由贸易区作准备。2005年，摩制订《国家工业新战略十年计划》，将服务外包、汽车、航空、电子、农产品加工、海产品加工、纺织和手工业等8大产业列为优先发展和鼓励投资领域。世界银行、非洲发展银行和世界经济论坛联合发布的《2009年非洲竞争力报告》中，摩在非洲竞争力排行中居第5位。2009年主要经济数据如下：

国内生产总值：931.6亿美元。

人均国内生产总值：2948美元。

经济增长率：5.2%。

通货膨胀率：1.2%。

失业率：9.1%。

外债：211.22亿美元。

侨汇：62亿美元。

货币名称：迪拉姆（Dirham）。

汇率：1美元=8.06迪拉姆。

【资源】磷酸盐为主要资源，储量1100亿吨，占世界总储量的75%。其它矿产资源有铁、铅、锌、钴、锰、钡、铜、盐、磁铁矿、无烟煤、油页岩等。其中油页岩储量1000亿吨以上，含原油60亿吨。

【工业】工业不发达，主要部门有农业食品加工、采矿、纺织服装、皮革加工、化工医药和机电冶金工业等。磷酸盐是摩经济的重要支柱之一，2009年摩磷酸盐出口23.26亿美元，比2008年下降63.6%。摩有纺织企业约1700家，从业人口超过20万，纺织服装产值约占国内生产总值的15%，出口额占总出口额的30%，主要出口到法国、西班牙、英国、德国、意大利等。手工业在国民经济中占重要位置，主要产品有毛毯、皮革制品、金属加工品、陶瓷和木制家具。

【能源】2007年摩能源总产量1110万吨油当量。能源进口1440万吨油当量。电需求量约205亿度，国内电力生产总量190亿度，进口35亿度。

【农牧渔业】农业靠天吃饭，产量起伏较大，粮食不能自给，农业人口约占全国人口的50%。2009年农业产值约250.6亿美元，占国内生产总值26.9%，出口（主要为柑橘、橄榄油）占总出口收入的30%。可耕地925.6万公顷，已耕地近700万公顷，人均耕地面积约0.23公顷。蓄水坝90余座，可灌溉土地100万公顷。粮食种植面积558万公顷。主要农作物有小麦、大麦、玉米、水果、蔬菜等。2008年粮食总产量翻番，达512万吨。同年，摩推出“绿色摩洛哥”计划，以提高摩农业生产技术。

畜牧业较发达，草地和牧场2029万公顷，2007年牲畜存栏数达2505万头，有牛278.1万头，绵羊约1698万只，山羊约528.4万只。牛羊肉产量35万吨，禽肉产量37万吨。

渔业资源极为丰富，是非洲第一大产鱼国。现拥有近海渔船2609艘，远洋渔船500艘，另有几千艘小船。从业人员40余万。为保护渔业资源，政府规定休渔期长达8个月，产量近年有所下滑。2007年捕鱼量约93.7万吨，同比增长4.3%，出口收益超过10亿美元，90%出口日本。沙丁鱼出口居世界首位。

【旅游业】旅游业发达。2009年旅游业收入占全国生产总值9%，为42万人提供就业，共接待游客835万人，同比增加6%，总收益65亿美元，同比下降5.7%。主要旅游城市有：拉巴特、马拉喀什、卡萨布兰卡、非斯、梅克内斯、阿加迪尔、丹吉尔等。

【交通运输】陆路交通较发达。在国内运输业中占主导地位，90%的客运和75%的货运通过陆路交通完成。

铁路：总长2958公里，投入运营线路1907公里，其中复线370公里，50%线路实现电气化。另有765公里磷酸盐运输线。2003年，摩与西班牙达成协议，两国共同修建一条穿过直布罗陀海峡的海底复线铁路。该工程预计2010年开工，将是连接欧、非两大洲的首条铁路线。

公路：总长64452公里，其中一级公路15907公里，二级公路9367公里，三级公路39178公里。高速公路约500公里，有拉巴特—丹吉尔、拉巴特—卡萨布兰卡—塞达特、拉巴特—梅克内斯—非斯等多段高速公路。根据摩第2个全国乡村公路10年计划（2005~2015），每年将新建1500公里公路，届时全国80%的农村地区将通公路。

水运：现拥有港口30个，其中12个为多功能港口，11个为运输、捕鱼用港口。主要港口有卡萨布兰卡、穆罕默迪耶、萨非、丹吉尔、阿加迪尔等，其中，卡萨布兰卡为全国最大港口，占全国港口总吞吐量的37%。丹吉尔—地中海港一期已完工，正在扩建二期，将成为非洲和地中海最大港口之一。

空运：全国共有机场27个，其中国际机场11个，如卡萨布兰卡穆罕默德五世机场、拉巴特—萨累机场、阿加迪尔机场、丹吉尔机场等。摩皇家航空公司（Royal Air Maroc）有飞机33架，开通75条航线，航线通往四大洲32个国家，总航线30多万公里。2005年12月，摩与欧盟签署“天空开放”协议，摩航空市场对欧洲航空公司开放。

1996年12月，经阿尔及利亚、摩洛哥至西班牙、葡萄牙的马格里布—欧洲天然气管道正式开通。管道全长1385公里，初期每年可输送天然气90亿立方米，摩每年可获10亿立方米天然气。2005年起，摩将该管道的过境天然气截留配额用于发电，可满足全国约17%的电力需求。

【通讯电信】具有良好的有线和无线通讯系统，5条国际海底电缆和3个卫星地面站与国际卫星组织和阿拉伯卫星组织相连。通讯枢纽是卡萨布兰卡和拉巴特。2007年有固定电话用户126万，移动电话用户近2000万，每百人约有手机62部。因特网用户52.6万。摩主要电信运营商为摩洛哥电信（Maroc Telecom, MT）和地中海电信（Meditelecom, Meditel）。

【财政金融】2009 年财政总收入 236.6 亿美元；财政支出 256.2 亿美元。

2009 年底外汇储备约 235.8 亿美元。

【对外贸易】摩同 90 多个国家和地区有贸易往来，2009 年外贸总额 459.71 亿美元，其中进口 312.22 亿美元，出口 147.49 亿美元。主要贸易伙伴为欧洲国家，占摩进出口总额约 70%。法国是摩最大的贸易伙伴国，2007 年摩法贸易额达 90.6 亿欧元。2004 年，摩与突尼斯、埃及、约旦签署了“阿加迪尔协定”，宣布成立四国自由贸易区。同年，摩分别与美国和土耳其签署双边自由贸易协议。2006 年 1 月，摩美自贸协定正式生效。近年外贸情况如下（单位：亿美元）：

	2007	2008	2009
总额	462	271	459.71
出口	147	108	147.49
进口	315	163	312.22
逆差	168	55	164.73

2007 年主要贸易伙伴：

出口：法国（28%）、西班牙（20.6%）、意大利（5.4%）

进口：法国（15.8%）、西班牙（10.4%）、意大利（6.5%）

主要出口磷酸盐及磷肥、渔产品、食品、服装和皮革产品等。主要进口石油、机械设备、粮食等。

【外国资本】摩鼓励外国投资，尤其是 20 世纪 80 年代后，把鼓励和促进外国投资作为优先政策之一，颁布了“投资法”和“投资指南”，放宽外汇管理，简化投资手续，保证外国投资者的利益。法国、西班牙、沙特阿拉伯、美国、德国等在摩均有投资。2007 年外国直接投资约 45 亿美元。

【外国援助】近年来，摩每年可从欧盟、美国、海湾产油国得到约 10 亿美元的固定援助。摩是法国的第二大受援国，西班牙的第一大受援国。

人民生活

摩政府执行振兴经济、增加就业、发展医疗卫生、司法及其它社会服务，逐步缩小社会差别，改善低收入者生活水平的政策，对生活必需品给予部分补贴。2007 年摩贫困线以下人口 280 万，城市居民贫困率 4.8%，农村人口贫困率 14.5%。93% 的农村人口能用上电。摩全国有公立医院 12 所，军医院 5 所，私立医院 102 所，医疗中心和医疗诊所 1360 个，地方医院 78 所，产院、计划生育中心 443 个，大学医务中心 2 所，全国共有病床 3 万张。每个省均有省级卫生中心。根据联合国开发计划署 2007～2008 年度人文发展报告，摩在 177 个国家中排名第 126 位。

军　事

摩皇家武装部队建于 1956 年 5 月 14 日，1957 年和 1960 年建立空军和海军。5 月 14 日为建军节。现无国防部，只设国防行政管理机构，主管国防行政事务。设有皇家武装部队总监和海、空军总监（将军、大臣级），由国王直接指挥。穆罕默德六世国王为军队最高统帅兼总参谋长。1966 年 7 月，开始实行义务兵役制，兵役期为 18 个月。

三军总兵力 19.58 万人，宪兵约 1.2 万人。装备主要来源于美国、法国等。其中陆军 17.5 万人，编有 3 个司令部，4 个机械化旅，2 个伞兵旅，11 个机械化团等。海军 7800 人，包括 1500 人的陆战部队，有 4 个海军基地，29 艘作战舰艇，装备有导弹驱逐舰、护卫舰、海防舰艇、两栖舰艇、支援舰艇。空军 1.3 万人，有 6 个中队，96 架作战飞机，装备有战斗机、侦察机、武装直升机、教练机、地空导弹、空空导弹等。还有预备役 15 万人，准军事人员 5 万人。

文化教育

【教育】摩视教育为国家发展的根基，强调教育普及化，教材统一化，教师摩洛哥化和教学阿拉伯化。每年教育预算约占国家预算总支出的 1/4。全国文盲率已从 1960 年的 87% 降至 2006 年的 38.4%。现有高校 64 所，中学 1168 所，小学 4350 所。6 岁儿童入学率为 95%，6～11 岁儿童入学率为 94%，12～14 岁少年入学率为 73%，小学在校学生 410 万，教师 13.28 万；中学生 180 万，教师 8.68 万名；大学在校学生 28.6 万，教师 9773 名。国立中、小学教师已全部摩洛哥化，大学教师 97% 为摩洛哥人。大学 24 所，著名的高等学府有穆罕默德五世大学、哈桑二世大学、穆罕默德一世大学、卡迪伊亚德大学、卡鲁维因宗教大学和穆罕默德·本·阿卜杜拉大学。

【科研】1980 年 4 月，摩设立皇家科学院，由 30 名摩洛哥常任院士和 30 名外籍联系院士组成。由穆罕默德六世领导，国王委派常务秘书主持日常工作。2001 年，摩洛哥第一颗科学卫星发射升空。2005 年，摩加入欧盟“伽利略”卫星导航计划，成为第一个加入该计划的非洲和阿拉伯国家，也是继中国、印度、以色列、乌克兰后第五个加入该计划的非欧盟国家。

【新闻出版】目前出版的报纸共 560 多种，其中阿拉伯文 375 种，法文 185 种。主要报刊及发行量：官方《新闻报》，约 3 万份；半官方《撒哈拉晨报》，5 万份；《舆论报》，7 万份，独立党法文机关报；《旗帜报》，5 万份，独立党阿拉伯文机关报；《宣言报》，2.5 万份，进社党机关报；《马格里布报》，1 万份，自由人士联盟机关报；《民族使命报》，2 万份，宪政联盟机关报。

马格里布阿拉伯通讯社：成立于 1959 年，1977 年成为国家通讯社。现有记者 247 名。与阿拉伯国家通讯社间有供稿联系，与法新社、美联社、塔斯社和新华社等签有交换新闻的协定，与亚、非、拉 60 个通讯社签有合作协定。在 12 个国家设有分社。

摩洛哥广播电台：建于 1928 年，1959 年归国家掌握，由新闻部领导。在全国设有 9 个分台，采用阿、法、英、西班牙和柏柏尔语三种方言广播。另有私营的地中海国际广播电台，1980 年 7 月成立，法、阿文广播。

摩洛哥电视台：建于 1962 年，1972 年开始播放彩色电视节目，建有 64 个转播站，平均每天播放 12 小时，全国 84% 的人可收看电视。1989 年建立私人电视台摩洛哥电视二台，每天播放 10 小时左右的节目，1996 年被政府收购 70% 的资本。

对外关系

奉行不结盟、灵活、务实、多元的外交政策，注重对外关系的均衡发展。维护民族独立和国家主权，保持和加强与欧、美等西方国家的传统关系。1996 年 2 月，摩与欧盟签署联系国协议，争取 2010 年前与欧盟实现自由贸易。注重加强阿拉伯世界的团结，尤其重视与海湾国家发展关系。努力在国际事务，特别是中东和平进程和伊斯兰世界中发挥作用。穆罕默德六世国王现任伊斯兰会议组织下属的耶路撒冷委员会主席。摩主张非洲国家团结，但 1984 年因非洲统一组织（简称非统，非洲联盟前身）接纳“西撒国”而宣布退出该组织。截至 2008 年底，摩共与 146 个国家建立了外交关系。

【对当前重大国际问题的态度】关于国际形势：国际关系中紧张和冲突的因素仍未消除。世界经济发展失衡，贫富差距扩大，发展中国家处于极不平等的地位，这是威胁全球稳定的根本因素。主张加强南北对话和南南合作，要求发达国家向发展中国家提供资金和技术援助，大幅削减发展中国家的债务，并通过技术转让缩小南北间日益扩大的数字鸿沟。

关于经济全球化：全球化趋势加速发展导致世界财富总量激增，但由于分配失衡，广大发展中国家处于不利地位。呼吁世界各国加强团结与合作，避免发展中国家尤其是最不发达国家所面临的“边缘化”危险。主张发展中国家应在重大国际经济政策的制定过程中发挥更大作用。呼吁加快地区及次区域一体化进程，认为这是各国经济融人世界经济的根本途径。

关于金融危机：认为当前世界经济遭受前所未有的危机，将使经济增长率减缓，同时影响银行和金融体系的稳定。主张阿拉伯国家应提高警惕，加强对自身金融市场的有效监管，同时尽快实施经济结构调整。金融危机对摩金融市场产生直接影响较小，摩方采取了一系列措施，如扩大对内投资、提高购买力、促进内需、支持中小企业和出口，以降低国际金融危机对摩经济带来的负面影响。

关于气候变化：认为当前全球气候变化主要责任在发达国家，发展中国家是受害者。发达国家应承担“历史责任”，积极履行承诺，帮助发展中国家应对气候变化，坚持“共同但有区别的责任”，反对在减排标准上将部分新兴国家同其他发展中国家区别对待。摩对 2009 年 12 月举行的哥本哈根气候变化会议十分重视，法西首相亲自率领负责能源、水利、环境等事务的多位大臣与会。摩在会上同非洲国家、七十七国集团立场保持一致，表示希通过气候变化谈判促使发达国家向发展中国家提供更多资金和技术援助。

关于恐怖主义：恐怖主义是对世界和平、稳定与安全的最严重威胁之一。谴责并坚决打击一切形式的恐怖主义活动。反对将恐怖主义归咎于特定宗教，坚决反对歪曲和妖魔化伊斯兰教。支持建立国际反恐中心，呼吁伊斯兰国家加强团结协作，从根源上消灭恐怖主义。

关于联合国和安理会改革：认为联合国改革是一个渐进的过程，应本着先易后难的原则，不应为改革预设期限，且不能与联合国整体改革相割裂。应首先考虑协商一致和地域分配公平原则，各地区席位如何分配应由本地区自行决定，有关方案不应从外部强加。摩赞同非洲在安理会拥有两个常任理事国席位，认为应由非洲国家轮流担任。

关于巴以问题：穆罕默德六世国王担任伊斯兰会议组织耶路撒冷委员会主席，曾多次就巴以问题致信中国国家领导人。摩认为巴勒斯坦问题是整个伊斯兰世界的核心问题，呼吁以色列归还其占领的所有阿拉伯土地，以实现中东地区的和平。支持巴勒斯坦人民在民族权力机构主席阿巴斯的领导下，通过谈判解决与以冲突，建立以耶路撒冷为首都、真正独立并与以色列和平相处的国家的权利。呼吁联合国安理会和中东问题有关四方担起责任，阻止暴力，保证有关各方继续对话和谈判。

关于伊拉克问题：希望伊人民尽快实现国家稳定和重建。支持国际社会为使伊人民在安全稳定的民主国家内获得国家完全主权、保持国家统一和领土完整所作努力。

关于苏丹问题：对国际刑事法院向巴希尔总统签发逮捕令对苏安全和稳定、对全面持久解决达尔富尔危机可能产生的影响表示深切担忧。支持所有保障苏丹安全和稳定、维护苏国家主权和领土完整及以苏总统为首的合法体制的努力。

关于伊朗核问题：摩与伊朗现政权关系不和，2008 年 3 月，摩方宣布与伊断交。摩认为伊朗有和平利用核能和核技术的权利，但应保持透明，遵守双边、地区和国际承诺。认为在联合国及伊朗与欧洲对话的框架内，伊核问题可继续通过对话和协商方式解决。希望有关伊核问题的谈判取得进展，以维护整个海湾地区的和平与稳定。

关于马格里布联盟建设：强调马盟建设不仅是摩必然的战略选择，同时也是摩与其他地区组织加强合作的基础。积极主张加强马盟组织建设，完善其机构设置。

【同中国的关系】 中国与摩洛哥1958年11月1日建交以来，两国关系持续、健康发展。双方交往频繁，在国际事务中合作良好。

中摩友好合作关系继续保持良好的发展势头，各层次往来密切。2009年，全国政协副主席白立忱（5月）、杨洁篪外长特别代表、中国政府非洲事务特别代表刘贵今（7月）、全国人大民族委员会主任委员马启智、华侨委员会副主任虞云耀、北京市委副书记王安顺（10月）、外交学会名誉会长、全国人大常委会外事委员会主任委员李肇星（11月）等分别访摩。摩洛哥国王特使、进步与社会主义党总书记阿拉维（4月）、国务大臣亚兹里（5月）等访华。摩外交与合作部国务秘书乌兹尼、外交与合作大臣外交顾问阿拉米分别率团出席中非合作论坛第四届部长级会议和中阿合作论坛第七届高官会。

2010年，杨洁篪外长（1月）、上海市人大副主任周禹鹏（4月）、中共中央委员、宁夏回族自治区党委书记陈建国（4月）访摩。摩外交与合作部秘书长阿姆拉尼（4月）访华、摩外交与合作大臣费赫里率团来华出席中阿合作论坛第四届部长级会议（5月）。

经贸合作进一步发展，双边贸易增长较快。2009年双边贸易总额25.1亿美元，同比下降10.9%。其中中方出口额21.3亿美元，进口额3.8亿美元，同比分别下降9.4%和18.7%。2009年，商务部副部长傅自应（3月）、全国人大财经委员会主任委员石秀诗、中国国际贸促会会长万季飞（11月）等先后率团访摩。10月，摩外贸大臣马阿祖兹访华。2010年1～3月，双边贸易额为6.3亿美元，同比增长36.1%，其中中方出口额5.2亿美元，进口额1.1亿美元，同比分别增长26.5%和107.5%。

中摩在新闻、卫生、人力资源培训、旅游、教育等领域的交流与合作进一步密切，团组互访不断。2009年，国务院新闻办副主任钱小芊（6月）、人力资源和社会保障部副部长杨志明（8月）率团访摩。11月，河南省艺术团赴摩演出。摩卫生大臣巴杜（10月）、青年与体育大臣曼斯夫（12月）先后访华。2010年5月，摩青年与体育部秘书长阿卡利率青年代表团访华。

中国驻摩洛哥大使：许镜湖（女）。馆址：拉巴特苏维西艾哈迈德·巴拉弗雷吉大街16号（16, Charia Ahmed Balafrej-Souissi, Rabat）。电话：（212－53）7754056，7752718（商务处）；传真：7757519，7756966（商务处）。电传：32745 M BCECHINE（商务处）。

摩洛哥驻华大使：贾法尔·阿尔热·哈基姆（Jaafar Alj Hakim）。地址：北京市三里屯路16号（16, San Li Tun Lu, Beijing）。电话：010－65321796，65321489。传真：65321453。

【同美国的关系】 摩与美关系密切，两国间高层互访频繁。美在摩建有战略油库为美第六舰队提供补给。美已取代法国成为摩最主要小麦供应国。美还在摩丹吉尔修建了美本土之外最大的“美国之音”转播站。2004年美总统布什宣布给予摩非北约成员主要盟国地位。11月，摩成为美国设立的千年挑战基金2005年度受援国。同年，摩美签署自由贸易协定。2008年5月，美国非洲司令部司令威廉·沃德访摩。9月，美国国务卿赖斯访摩。2009年4月，摩外交与合作大臣费赫里访美，美中东特使访摩。12月，美国非洲司令部司令威廉·沃德访摩。

【同法国的关系】 摩法有传统关系，两国元首和政府首脑多次互访。法是摩第一大贸易伙伴，两国贸易额约占摩外贸总额的1/4。法是摩最大债权国。两国军事关系密切，摩军装备大部分由法提供。在法国支持下，摩与欧盟签有联系国协议，并于2008年获得欧盟给予的优先地位（介于成员国和联系国之间）。2008年4月，法国总理菲永访摩。2009年4月，摩首相法西访法。2010年1月，摩外交与合作大臣费赫里访法。2月法国外贸国务秘书依德拉克、法国欧洲事物国务秘书乐鲁什访摩。

【同西班牙的关系】 摩、西有特殊传统关系。两国领导人互访不断。西是摩第二大贸易伙伴和主要援助国，在摩有大量投资。摩西有领土纠纷，摩要求收回现为西占领的休达、梅利利亚及地中海沿岸一些小岛，西则认为这些领土主权属西。两国曾因摩北部地中海沿岸雷拉岛主权归属问题发生争端。2007年11月，西班牙国王访问休、梅两市，摩曾短期召回驻西大使。2006年，两国双边贸易总额约45亿美元。2007年，西班牙首相萨帕特、王储费利佩相继访摩，西摩召开第八届高级会议。2008年，西外交与合作大臣库亚乌百访摩。12月，两国首相共同主持摩西高级别会议。2010年2月，西班牙外长莫拉蒂诺斯访摩。

【同阿尔及利亚的关系】 摩与邻国阿尔及利亚历史上存在领土纠纷，曾因边界问题发生武装冲突。1976年因阿支持西撒人阵，承认西撒国，摩阿断交。1988年5月两国复交。穆罕默德六世国王执政以来摩阿关系有所改善。2005年3月，摩国王与阿总统恢复中断14年之久的元首会晤。2007年12月，摩国王与阿尔及利亚总统布特弗利卡通电话，对阿首都发生恐怖袭击造成多人死亡表示慰问。2009年4月，穆罕默德六世国王致电祝贺布特弗利卡总统连任。

【同其他阿拉伯国家的关系】 摩同大部分阿拉伯国家保持良好关系，同海湾产油国关系尤为密切，海湾国家是摩外援和能源的重要来源。2007年5月，沙特国王阿卜杜拉正式访摩。2008年，摩外交大臣费赫里访问沙特，科威特副首相兼外交大臣萨巴赫访摩。2009年3月，约旦国王阿卜杜拉二世访摩。4

月，摩首相法西和突尼斯总理格努希共同主持第十五届双边高级混委会。7 月，摩众议长曼苏里访问突尼斯，巴林国王哈马德访摩。8 月，摩首相法西赴毛里塔尼亚出席当选总统阿齐兹的就职典礼。2010 年 2 月，叙利亚副总统沙雷访摩。　（陈瑶　斯楚）

莫桑比克

国名　莫桑比克共和国（The Republic of Mozambique, A República de Moçambique）。

面积　799380 平方公里。

人口　2200 万（2010 年）。主要民族有马库阿—洛姆埃族（约占总人口的 40%）、绍纳—卡兰加族、尚加纳族、佐加族、马拉维—尼扬加族、马孔德族和尧族等。官方语言为葡萄牙语，各大民族有自己的语言，绝大多数属班图语系。28.4% 的居民信奉天主教，17.9% 信奉伊斯兰教，15.5% 信奉原始宗教，10.9% 信奉基督教，8.7% 信奉其他，18.7% 无宗教信仰。

首都　马普托（Maputo），人口 189 万。

国家元首　总统阿曼多·埃米利奥·格布扎（Armando Emílio Guebuza），2010 年 1 月就任。

重要节日　国庆节：6 月 25 日；莫人民解放力量建军节与革命节：9 月 25 日。

简　况

位于非洲东南部。南邻南非、斯威士兰，西界津巴布韦、赞比亚、马拉维，北接坦桑尼亚，东濒印度洋，隔莫桑比克海峡与马达加斯加相望，海岸线长 2630 公里。高原、山地约占全国面积 3/5，其余为平原。属热带草原气候，年平均气温 20℃。10 月至次年 3 月为暖湿季，4～9 月为凉干季。

13 世纪，马绍纳人在现津巴布韦和莫桑比克一带建立莫诺莫塔帕王国，16 世纪初国势渐衰。1505 年遭葡萄牙殖民者入侵，1700 年沦为葡的“保护国”。1752 年由葡总督进行直接统治，当时称“葡属东非洲”。1951 年，葡将其改为“海外省”。殖民统治时期，莫人民为争取民族解放进行了顽强的斗争。1974 年 9 月 7 日，莫桑比克解放阵线（后简称解阵党）同葡政府签署了关于莫桑比克独立的《卢萨卡协议》。9 月 20 日成立以解阵为主体的过渡政府。1975 年 6 月 25 日正式宣告独立，成立莫桑比克人民共和国。1990 年，议会决定将国名改为莫桑比克共和国。独立后，莫桑比克全国抵抗运动（简称抵运）长期进行反政府武装活动。1992 年 10 月 4 日，莫政府和抵运在罗马签署了和平总协议，从而结束了长达 16 年的内战。

政　治

1992 年恢复和平以来，莫政局长期稳定。解阵党政府积极维护民族团结，内外政策较为稳妥务实，连续赢得 1994 年、1999 年和 2004 年大选。在 2009 年 10 月举行的第四次多党议会和总统选举中，解阵党赢得议会 250 议席中的 191 席，该党主席格布扎以 75.46% 的得票率蝉联总统。本届政府上台后，保持了各项政策连续性，致力于发展经济和消除贫困。2010 年 4 月，议会通过新一届政府 2010～2014 五年计划，将巩固民族团结、和平与民主、同贫困作斗争、推行良政、反腐败、维护主权、加强国际合作作为施政主要目标。

【宪法】 现行宪法于 2004 年 12 月生效。宪法规定：以多党制取代一党制，实行党政分开和司法独立；总统为国家元首和政府首脑，总统和议员均由全民直接选举产生，任期五年，只能连任两届；实行多种经济成分并存的市场经济；扩大公民自由与权利，废除死刑等。

【议会】 莫桑比克共和国议会是国家最高立法机构。本届议会于 2010 年 1 月根据第四次多党选举结果组成，任期五年。在 250 个议席中，解阵党占 191 席，抵运占 51 席，莫民主运动占 8 席。解阵党候选人、上届议会第一副议长韦罗尼卡·纳塔尼埃尔·马卡莫（Veronica Nataniel Macamo）当选新议长，系莫历史上首位女议长。

【政府】 实行总统内阁制，总统为国家元首和政府首脑，内阁中设总理，受总统委托召集并主持部长会议。部长会议是国家最高执行机关，向共和国议会负责。本届部长会议于 2010 年 1 月组成，现共有 28 名部长。主要成员有：总理艾雷斯·阿里（Aires Ali），外交与合作部长奥尔德米罗·巴洛伊（Oldemiro Baloi），国防部长菲利佩·纽西（Filipe Nyusi），财政部长曼努埃尔·尚（Manuel Chang），内政部长若泽·帕谢科（José Pacheco），计划与发展部长艾乌巴·奎雷内亚（Aiúba Cuereneia），工业贸易部长安东尼奥·费尔南多（António Fernando）。

【行政区划】 全国行政区划为省、市、县。现有 10 个省，43 个市（含 1 个直辖市），128 个县。

【司法机构】 设有最高法院及省、县、区级法院及共和国检察院。最高法院院长奥齐亚斯·庞德加（Ozias Pondja）。总检察长茹伊斯·保利诺（Juiz Paulino）。

【政党】1990年改行多党制。1991年“政党法”正式生效。“政党法”规定，各党派必须遵循维护国家统一、发扬爱国主义精神和巩固莫桑比克民主三项原则，强调各政党必须具有全国性质，不得以个别地区、部落、宗教为基础；必须有利于国家的和平与稳定，不得谋求通过暴力改变国家的政治与社会秩序；不得搞分裂主义；每省至少有100名党员方能登记，其总部必须设在首都。全国有20多个合法政党。

（1）莫桑比克解放阵线党（Partido Frelimo）：简称解阵党。执政党，1962年6月25日成立。原名莫桑比克解放阵线，1977年2月改为现名。党员近230万人（2008年）。1977年解阵党“三大”确定为“马列主义先锋党”。1989年“五大”改为“全民党”。2005年3月，解阵党第八届中央委员会第四次会议选举格布扎为新主席，并兼任党总书记。2006年11月，解阵党第九次全国代表大会召开，大会确立反贫困和变革为党的中心任务，选举希萨诺为名誉主席，格布扎连任党主席，菲利佩·帕温德（Filipe Paunde）为总书记。

（2）莫桑比克全国抵抗运动（Renamo）：简称抵运。系莫第二大党，主要反对党。1976年初成立，其后长期从事反政府武装活动，曾拥有部队一万余人。1994年，抵运正式宣布由军事组织转变为政党。同年被批准为合法政党。在1994年10月举行的首次多党大选中，该党获得37.78%的选票，在议会中占112席，成为莫第二大党。2001年10月，抵运“四大”通过了新的党章和党纲。在2009年10月举行的大选中，抵运获得51个议席。主席阿丰索·德拉卡马（Afonso Dhlakama），总书记奥苏佛·莫马德（Ossufo Momad）。

较有影响的政党还有莫桑比克民主运动党（MDM）、和平、民主与发展党（PDD）、民主联盟（UD）和工党（PT）。

【重要人物】**阿曼多·埃米利奥·格布扎**：总统，解阵党主席。1943年1月20日生。1963年加入解阵党，1966年当选解阵党中央委员。早年曾参加学生运动，从事地下工作，组织武装斗争，反对殖民统治。莫独立后历任内政部长、国防部副部长兼莫军总政委、总统府部长、交通运输部长等要职。1990~1992年担任解阵党代表团团长，与抵运在罗马进行谈判。2002年6月，在解阵党“八大”上当选该党总书记。2004年12月当选总统，2005年2月就职，同年3月当选解阵党主席，兼任总书记。2006年11月，在解阵党“九大”上连任党主席。曾多次访华，2006年11月来华出席中非合作论坛北京峰会，2008年8月来华出席北京奥运会开幕式。　**艾雷斯·阿里**：总理，解阵党中央政治局委员。在1994年莫首次多党大选中当选议员，1999年、2004年和2009年连选连任。1995~2000年任尼亚萨省省长，2000~2004年任伊尼扬巴内省省长，2005年2月起任政府教育和文化部长。2010年1月就任总理。多次访华，其中2010年6月以总理身份对华进行工作访问。　**若阿金·阿尔贝托·希萨诺**（Joaquim Alberto Chissano）：前总统，前解阵党主席。1939年10月22日生于加扎省希布托县马莱伊塞村。20世纪50年代末创建莫全国学联并任主席。1960年先后留学葡萄牙和法国。1962年积极参加解阵党创建工作，此后历任解阵党中央委员、执行委员、教育书记、新闻宣传书记、安全与防务书记、安全书记、军政委员会委员、驻坦桑尼亚和东非各国代表等职。1974年协助萨莫拉主席同葡萄牙政府谈判，达成关于莫独立的《卢萨卡协议》，其后任莫过渡政府总理。1975年6月莫独立后任外交部长。1986年11月起任解阵党主席、共和国总统兼武装部队司令。1994年和1999年在总统选举中获胜连任总统。2005年卸任总统并辞去解阵党主席一职。此后，仍活跃于国际舞台。2006年11月，在解阵党“九大”上被选举为该党名誉主席。曾多次访华。

经　济

莫为农业国，是联合国宣布的世界最不发达国家和重债穷国。独立后因受连年内战、自然灾害等因素的影响，经济长期困难。1992年实现和平以来，政府大力调整经济结构，改善投资环境，引进外资，加大对农业和农村的投入，加快基础设施建设，倡导增收节支，多次调低银行贷款利率，经济恢复性增长较快。但由于底子太薄，贫困人口仍高达54%，国家预算约一半依赖外援，发展任务仍然艰巨。

为应对国际金融危机，莫政府加大了基础设施投入，大力发展旅游业，改善投资环境，鼓励开发矿产、能源、农林渔业等资源，保持了经济平稳增长。

2009年主要经济数据如下（资料来源：经济学家资讯中心，www.eiu.com）：

国内生产总值：99亿美元。

人均国内生产总值：882美元。

经济增长率：6.0%。

通货膨胀率：3.3%。

货币名称：梅蒂卡尔。

外汇储备：18.5亿美元。

外债总额：36.6亿美元。

汇率：1美元=24.4梅蒂卡尔。

【资源】有煤、铁、铜、金、钽、钛、铋、铝、石棉、石墨、云母、大理石和天然气等，其中煤蕴藏量超过100亿吨，钛600多万吨，钽矿储量居世界首位。大部分矿藏尚未开采。莫51%的国土被森林覆盖，林木资源总量约17.4亿立方米。水利资源丰富，赞比西河上的卡奥拉巴萨水电站装机容量207.5万千瓦。2005年，经过艰苦谈判，莫成功地从葡萄牙手中收回卡奥拉巴萨水电站的控股权。2006年10月底，两国正式签署水电站移交协议。

【工业】主要是加工工业，有铝加工、制糖、制茶、粮食及腰果加工、卷烟、榨油、纺织、木材、水泥、炼油、机车车辆制造、电池及轮胎业等，主要集中在马普托、贝拉和楠普拉等市。随着莫炼铝厂等大型合资企业的建成投产，工业产值占国内生产总值的比重近两年大幅上升。

【农业】莫是农业国，76%的人口从事农业生产。国家可耕地面积为3500万公顷，已开发600万公顷，畜牧面积为1200万公顷。农业产值占整个国内生产总值的30%左右。腰果、棉花、糖、剑麻是传统出口农产品。主要粮食作物有玉米、稻谷、大豆、木薯等。2008/2009年种植季，玉米产量为193.2万吨，高粱产量为37.8万吨，大米产量为26万吨，小麦产量为1.39万吨。莫渔业资源丰富，盛产对虾及贝类等水产品。

【交通运输】莫铁路、港口主要为内陆邻国服务。国际货运曾是主要外汇来源之一。

铁路：总长3372公里。主要是由三条东西走向，互不连接的铁路系统组成。

公路：总长约3.17万公里。其中柏油公路5497公里，南北公路干线尚未修通。

水运：内河航线1500公里，海岸线2600多公里。有马普托、贝拉和纳卡拉等港口15个。其中马普托港是莫最大港口，也是非洲著名的现代化港口之一，有25个泊位，年吞吐能力为1200万吨，港内有铁路通向南非、津巴布韦和斯威士兰。贝拉港为莫第二大港，有10个泊位，水深8～10米，年吞吐能力为500万吨，可容纳5万吨级货轮，港内铁路通往津巴布韦和马拉维。纳卡拉港为莫第三大港，有6个泊位，年吞吐能力80万吨。

空运：莫桑比克航空公司拥有大小飞机14架。首都与6省有航线，国际航线通往葡萄牙、津巴布韦和南非等国。有大小机场16个，其中国际机场有2个。

【财政金融】莫财政收入不及政府预算的50%，一半依赖外援弥补。2009年，莫政府财政收入22.0亿美元，支出26.8亿美元（资料来源：经济学家资讯中心）。

【对外贸易】随着2001年莫炼铝厂等几家大型合资企业建成投产，近年来莫外贸出口大幅上升，制造业已取代农业和渔业成为主要出口行业。莫主要出口产品是铝锭、电力、对虾、糖和棉花等。主要进口产品为粮食、原材料、石油、机械设备及零配件等。

【外国资本】1984年8月颁布《外国投资法》，1987年1月颁布《私人投资法》，鼓励国内外私人投资和兴办合资企业。1993年公布的新法规简化了投资审批手续。2007年，外国对莫投资约90亿美元，投资的主要领域为矿业、工业、交通运输和旅游业等。在莫投资最多的是美国、瑞士、毛里求斯、英国、南非等国。

【外国援助】近年来，国际组织和金融机构多次召开援助莫桑比克捐赠国会议，国际社会通过无偿援助、信用贷款及减免债务等途径向莫提供约70亿美元经济援助。19个援助伙伴已承诺2010年援莫8.07亿美元。双边援助主要由德国、葡萄牙、意大利、瑞典、美国、英国、爱尔兰、日本等国提供。多边援助主要来自国际开发协会、欧盟、联合国粮食署、联合国难民署、世界银行等。

人民生活

2006年全国失业率为18.7%。2007年新生儿死亡率为11.8%，艾滋病感染率为15%，文盲率50.4%，人均寿命49.4岁。内战结束后，世界银行等国际组织出资帮助莫恢复或重建医院和医疗站。据莫卫生部统计资料，2002年全国共有医疗机构1211个，其中医院45所，卫生中心665个，卫生所501个。共有病床16081张，医疗卫生人员8060人，其中初、中、高级医师分别有3970、1791及350人，准医师1949人。莫绝对贫困人口指数为54%。

军　事

根据莫政府和抵运1992年签署的和平总协议，莫国防军应有编制3万人，由政府军和抵运部队等量人数组成。莫军队设有陆海空三军和后勤部队，实际兵力为步兵营7个、特种兵营3个、工兵营2个、运输营1个、炮兵连3个、海军陆战连2个及少量的后勤、通讯、管理人员，共13000人左右。总统兼任武装部队总司令。总参谋部是军队的最高指挥机构。总参谋长保利诺·马卡林戈（Paulino Macaringue）。国防军下设北部、中部和南部军区，其司令部分别设在楠普拉、贝拉和马托拉。实行义务兵役制，服役期2年。近年来，莫积极参与执行联合国的维和任务。曾先后向东帝汶、刚果（金）、科摩罗及布隆迪派兵参加联合国或非盟的维和部队。

文化教育

【教育】1983年改革教育制度，分为普通教育、成人扫盲教育、职业技术教育、教师培训和高等教育。小学实行义务教育，为7年制。1990年再度实行教育制度改革，鼓励社会团体和私人办学。1995年8月部长会议决定扩大教育事业，提高入学率并大力培养各级教师，不断提高教学质量。全国人均受教育1.6年。蒙德拉内大学是唯一综合性大学。1996年，成立了贝拉天主教大学和马普托理工科综合高等学院。由于内战影响，自1983～1992年间约有60%的中、小学校设施遭受破坏，致使50万学生无法入学。1992年和平总协议签署后，国际社会资助莫政府陆续恢复和建设了一些学校。据莫教育部统计，截至2009年全国有小学12604所，小学在校生约498.6万人；中学402所，中学在校生约49.8万人；技校77所，在校生约3.2万人；高等院校38所，其中公立17所，私立21所，在校生约7.5万人。高等院校女生比例占38.57%。公立大学在校生58643人，占高校总人数77.7%，其中女生比例37%。2008年，莫成年人文盲率为38.7%。

【新闻出版】全国性报刊十余种。主要有：《新闻报》，1926年创刊，葡文日报，发行量2万多份，系全国最大报纸；《莫桑比克日报》，1902年创刊，1981年改为现名，葡文日报，发行量2万份，该报为私营报纸；《星期天报》，1981年创刊，葡文周报；《时代》，葡文周刊，1971年创刊，发行量2.5万份；《挑战报》，葡文体育周报，1987年创刊；《莫桑比克新闻汇编》，莫桑比克通讯社月刊，英文。

莫桑比克通讯社：国家通讯社，1976年成立。

莫桑比克电台：官方电台，1975年成立，用葡语、英语和民族语言广播。对内广播19个小时，对外约5个小时。

莫桑比克电视台：国营，每周播7天，每天18小时。

对外关系

奉行“广交友，不树敌”的独立、不结盟外交政策，主张在相互尊重主权和领土完整、平等、互不干涉内政和互利的原则基础上与其他国家发展友好合作关系。重视睦邻友好和地区经济合作。主张通过谈判解决国家之间的争端。支持在非洲联盟内部建立预防和解决冲突的机制，支持全面裁军的原则。主张南南合作，要求建立国际政治、经济新秩序。是联合国、南部非洲发展共同体、不结盟运动、英联邦、伊斯兰会议组织、环印度洋地区合作联盟、葡语国家共同体和非洲联盟成员国。同100个国家有外交关系。近年来，外交比较活跃，谋求在地区和国际事务中发挥较大作用。2009年9月当选南共体政治、防务与安全机构轮值主席国，任期一年。

【同中国的关系】1975年6月25日中莫建交后，两国友好合作关系不断发展。中方访莫的主要有：国务院副总理李先念（1979年）、国务委员兼外交部长吴学谦（1987年）、人大常委会副委员长陈慕华（1990年）、国务院副总理朱镕基（1995年）、国务院总理李鹏（1997年）、国务委员兼国防部长迟浩田（1998年）、人大常委会副委员长田纪云（2000年）、国家主席胡锦涛（2007年）等。莫方访华的主要有：总统萨莫拉（1978年和1984年）、总统希萨诺（1988年、1998年和2004年）、总理马顺戈（1987年和1993年）、议长桑托斯（1992年）、总理莫昆比（1997年）、解阵党总书记托梅（1996年、1998年和2000年）、解阵党总书记格布扎（2003年4月）、解阵党总书记帕温德（2008年5月）、议长穆伦布韦（2008年7月）等。格布扎总统于2006年11月来华出席中非合作论坛北京峰会。2008年8月来华出席北京奥运会开幕式。

2009年11月，外交部部长助理翟隽在埃及沙姆沙伊赫会见出席中非合作论坛第四届部长级会议的莫桑比克外交与合作部副部长爱德华多·科洛马。湖北省副省长田承忠，中国人民解放军副总参谋长刘镇武上将，辽宁省人大常委会副主任闫丰，中共中央候补委员、中央党校副校长陈宝生先后访莫。莫国防部长菲利佩·纽西、解阵党中央党校校长阿林多·希隆多来华访问，国防军总参谋长保利诺·马卡林戈上将来华进修。

2009年双边贸易额为5.17亿美元，其中中国出口额3.39亿美元，进口额1.78亿美元，同比分别增长22.5%、14.6%和41%。从2007年7月1日起，莫454种输华商品享受零关税待遇。

中国驻莫桑比克大使：田广凤。馆址：AV. JULIUS NYERERE N0.3142，MAPUTO ，MOZAMBIQUE。电话：(00258－21) 491560，传真：491196。经商处电话：485454，494384，传真：490306。E－mail：CHINAEMB_ MZ@ MFA. GOV. CN。

莫桑比克驻华大使：安东尼奥·伊纳西奥·儒尼奥尔（António Inácio Júnior）。馆址：北京市朝阳区塔园外交人员办公楼1单元7楼2号。电话：010－65323664，65323578。传真：65325189。E－mail：EMBAMOC@ EMBMOZ. ORG。

【同美国的关系】莫桑比克独立不久即同美国建交。1982年后两国关系得到改善和发展。美国先后取消对莫提供经援和军援的禁令。美曾参与推动莫国内和平进程。目前，莫为撒哈拉以南接受美国援助较多的国家，是美国《非洲增长与机会法》的受惠国。2004年，美国宣布莫桑比克成为第一批有资格从“千年挑战账户”计划中申请资金援助的16个国家之一。莫桑比克总统多次访美。2007年7月，格布扎总统对美国进行了工作访问。

【同葡萄牙的关系】葡萄牙原是莫桑比克宗主国，两国政治、经济关系密切。葡曾参与推动莫和平进程，并为莫培训新军及警察。

【同其他欧洲国家的关系】莫桑比克重视发展同欧洲国家的关系。北欧诸国为莫传统的援助国。英、法、荷兰、瑞士、瑞典、丹麦、芬兰等国每年对莫都有数千万美元的固定财政和物资援助。英、法还积极参与莫和平民主进程，为莫培训国防军。西班牙为莫培训警察。

【同非洲及周边国家的关系】积极发展同非洲国家特别是南部非洲周边国家的关系，实行睦邻政策。南非是莫第一大外来投资国，两国经贸关系密切。莫桑比克是南部非洲发展共同体、东南非共同市场等地区组织成员国。莫积极参与地区政治、经济事务，主张加快地区经济一体化步伐、和平解决地区冲突，赞同成立非洲常备部队，对冲突国家和地区进行主动干预。格布扎总统2005年就任后遍访周边邻国，进一

步巩固与南部非洲国家的传统关系。莫还与博茨瓦纳、南非、斯威士兰等签署了互免签证协议，方便人员流动。 （杨鹏）

纳米比亚

国名 纳米比亚共和国（The Republic of Namibia）。

面积 824269 平方公里。

人口 210万（2008年）。奥万博族是最大的民族，占总人口的50%。其他主要民族有：卡万戈、达马拉、赫雷罗以及卡普里维、纳马、布什曼、雷霍伯特和茨瓦纳族。白人和有色人约占总人口的12%。官方语言为英语，通用阿非利卡语、德语和广雅语、纳马语及赫雷罗语。90%的居民信仰基督教，其余信奉原始宗教。

首都 温得和克（Windhoek），人口23万，年最高气温30℃，最低气温7℃。

国家元首 总统希菲凯普涅·波汉巴（Hifikepunye Pohamba），2005年3月就任，2009年11月再次当选，2010年3月就职。

重要节日 独立日：3月21日；劳动节：5月1日；非洲日：5月25日；英雄日：8月26日；人权日：12月10日；圣诞节和家庭日：12月25日和26日。

简况

原称西南非洲，北同安哥拉、赞比亚为邻，东、南毗博茨瓦纳和南非，西濒大西洋。海岸线长1600公里。全境大部分地区在海拔1000~1500米。西部沿海和东部内陆地区为沙漠，北部为平原。主要河流有奥兰治河、库内内河和奥卡万戈河。气候燥热少雨，年平均气温18℃~22℃，分春（9~11月）、夏（12~2月）、秋（3~5月）、冬（6~8月）四季。

15~18世纪，荷兰、葡萄牙、英国等殖民者先后侵入。1890年被德国占领。1915年，南非参加协约国对德作战，出兵占领西南非洲。1920年，国际联盟委托南非统治西南非洲。1949年，南非非法吞并西南非洲。1960年4月，西南非洲人民组织（简称人组党）成立，开始进行争取民族独立的斗争。1966年，联合国通过决议，取消南非对西南非洲的委任统治。1968年，联合国大会根据西南非洲人民的意愿决定将西南非洲更名为纳米比亚。1978年，联合国安理会通过435号决议，支持纳实现独立。1989年，在联合国监督下举行制宪议会和总统选举，人组党获胜，其候选人努乔马当选总统。1990年3月21日宣布独立。

政治

纳独立后，政局一直保持稳定。人组党政府重视教育、卫生、基础设施建设等，注重人民生活的改善，经济社会事业不断发展。2009年11月，纳举行独立后第四次议会和总统大选，人组党获胜，赢得国民议会72个民选席位中的54席，该党候选人希菲凯普涅·波汉巴再次当选总统，于2010年3月正式就职。

【宪法】现行宪法于1990年2月制定。宪法规定：纳实行三权分立、两院议会和总统内阁制，总统为国家元首、政府首脑兼武装部队总司令，任期5年，不得超过两任；经内阁建议，总统可以宣布解散国民议会并举行全国大选；同时总统应辞职并在议会解散后的90天内选举新的总统；修改宪法须经议会两院各2/3多数通过等。

【议会】由国民议会（National Assembly）和全国委员会（National Council）组成。国民议会由直接选举和按比例代表制产生的72名议员和总统指定的不超过6名议员组成，每届任期5年。本届国民议会于2010年3月组成，在72个民选议席中，人组党54席，民主与进步大会党8席，特恩哈尔民主联盟2席，联合民主阵线2席，全国团结民主组织2席，民主者大会党1席，共和党1席，全民党1席，西南非洲民族联盟1席。议长西奥本·古里拉布（Theo-Ben Gurirab），人组党中央政治局委员、国民议会议员，于2010年3月连任。

全国委员会由全国13个区委员会各选举2名代表组成。每年至少举行两次会议。总统无权解散全国委员会。第三届全国委员会于2004年12月成立，主席阿瑟·卡佩雷（Asser Kapere）。

【政府】本届政府于2010年3月组成，主要成员有：总理纳哈斯·安古拉（Nahas Angula），副总理马尔科·豪西库（Marco Hausiku），外交部长乌托尼·努乔马（Utoni Nujoma），国防部长查尔斯·纳莫洛（Charles Namoloh），司法部长彭杜克妮·伊武拉—伊塔纳（Pendukeni Iivula-Ithana），内政与移民部长罗萨莉娅·恩吉丁瓦（Rosalia Nghidinwa，女），贸易与工业部长哈格·根哥布（Hage Geingob），财政部长莎拉·库贡盖卢瓦—阿马迪拉（Saara Kuugongelwa-Amadhila，女），教育部长亚伯拉罕·扬博（Abraham Iyambo），青年、国家服务、体育与文化部长卡泽南博·卡泽南博（Kezenambo Kezenambo），安全保障部长南戈洛·姆本巴（Nangolo Mbumba），地方政府、住房与农村发展部长杰里·埃坎乔（Jerry Ekandjo），劳工与社会福利部长伊曼纽尔·恩加奇泽科（Immanuel Ngatjizeko），矿产与能源部长伊萨克·卡塔利（Isak Katali），工程与运输部长埃尔基·恩吉姆蒂纳（Erkki Nghimtina），新闻与通讯部长乔尔·卡潘达（Joel Kaapanda），环境与旅游部长内通博·南迪—恩代特瓦（Netumbo Nandi-Ndaitwah）等。

【网址】 http：//www. grnnet. gov. na

【行政区划】 全国划分为13个行政区（Region）。

【司法机构】 由最高法院、区法院和地方法院组成。最高法院大法官和总检察长由总统商内阁和司法咨询委员会后任命。区和地方法院法官由司法部长任命。最高法院大法官彼得·希武特（Peter Shivute）。总检察长由总统事务部长艾伯特·卡瓦纳（Albert Kawana）兼任。

【政党】 有大小政党40多个，其中9个政党在议会有席位。主要政党有：

（1）西南非洲人民组织（South West African People's Organization-SWAPO-PARTY）：简称人组党，执政党。1960年4月19日成立，前身是1958年成立的奥万博兰人民组织，得到纳最大民族奥万博族及其他社会阶层的广泛支持，1966年8月开始武装斗争，1989年11月在制宪议会选举中获胜，成为执政党。1991年12月举行了纳米比亚独立后的第一次全国代表大会，决定从民族解放组织转变为群众性政党。2007年11月召开了第四次全国代表大会，波汉巴当选为主席，哈格·根哥布和彭杜克妮·伊武拉—伊塔纳分别当选为副主席和总书记。

（2）民主主义者大会党（Congress of Democrats Party）：由人组党前中央委员、纳前驻英国高专乌兰加（Ulenga）发起，于1999年3月成立。宣称将致力于国家的兴旺与发展，领导人民把纳建设成为一个经济富有活力、政治和社会不断进步的国家。

（3）特恩哈尔民主联盟（Democratic Turnhalle Alliance）：简称特盟，由白人共和党联合10个民族集团于1977年11月成立，1989年经重新组合后包括12个政党和派别，宣称“既反对共产主义，也反对种族主义”。2003年，其重要成员共和党和全国团结民主组织相继宣布退盟。领袖为卡乌拉（Kaura）。

（4）纳米比亚联合民主阵线（United Democratic Front of Namibia）：1989年2月由达马拉委员会、有色人工党、爱国团结运动等8个政党组成。主张建立一院制议会，实行混合经济，保障私有财产及保护人权。克里斯蒂为主席，贾斯特斯·加罗布（Justus Garoeb）为执行委员会主席。

【重要人物】希菲凯普涅·波汉巴： 总统。1935年8月18日出生于纳奥汉圭纳省，奥万博族人。在纳就读小学和中学，后在莫斯科攻读社会学和政治学。参与创建人组党，曾三次流亡国外。纳独立后当选国民议会议员，并历任内政部长、渔业与海洋资源部长、不管部长、土地与重新安置就业部长。1997～2002年任人组党总书记，2002年当选人组党副主席。2005年3月就任总统，2009年11月再次当选，2010年3月就职。曾于1998年3月率人组党代表团访华，2005年12月以总统身份访华，2006年11月来华出席中非合作论坛北京峰会。

经　济

世界上海洋渔业资源最丰富的国家之一，铀、钻石等矿产资源储量和产量居非洲前列。矿业、渔业和农牧业为三大传统支柱产业，种植业、制造业较落后。独立后，人组党政府先后制订了3个五年经济发展计划及2030年远景规划，大力吸引外资发展制造业、矿产品加工业、旅游业和金融服务业，扶持黑人企业发展。波汉巴执政后，加强公路、铁路和港口等基础设施建设，努力提高国有企业效益，经济形势保持稳定。国际金融危机对纳经济造成一定影响，纳基础设施建设和矿产业等重要出口部门受到冲击，经济增速减缓。2009年主要经济数据如下（2010年6月《经济季评》）：

国内生产总值：92.8亿美元。

人均国内生产总值：约4400美元。

经济增长率：-0.8%。

货币名称：纳米比亚之（简称纳之）。

汇率：1美元≈7.36纳元。

通货膨胀率：7%。

外债总额：21.2亿美元。

外汇储备：20.5亿美元。

【资源】 矿产资源十分丰富，素有“战略金属储备库”之称。主要矿藏有：钻石、铀、铜、铅、锌、金等。

【工矿业】 制造业不发达，80%的市场由南非控制。制造企业约300家，90%以上为小规模私人企业，主要行业有食品饮料、纺织服装、皮革加工、木材加工和建材化工等。矿业是纳传统支柱产业，90%的矿产品出口，主要生产氧化铀、钻石、黄金等。2009年氧化铀产量为4150吨，黄金产量为2014公斤；钻石产量为92.9万克拉，出口收入约48亿纳元。

【农牧渔业】 种植业一直较落后。全国可耕地面积6900万公顷，主要粮食作物有玉米、高粱和小米等。由于雨量稀少，土地贫瘠，农作物产出率低且不稳定，粮食不能自给。政府正在推行“绿色农业计划”，力求增加粮食产量。畜牧业较发达，收入占农牧业总收入的88%，以养牛、羊为主，每年养牛180万～300万头，养羊400万只，大部分出口南非和欧洲。所产紫羔羊皮驰名世界。2008年畜牧业产值为23.55亿纳元，出口额为7.85亿纳元。纳渔业资源丰富，捕鱼量位居世界前十名，主产鳕鱼、金枪鱼、沙丁鱼、荚鱼、龙虾和蟹，其中90%供出口。2008

年渔业产值21.16亿纳元，出口额为3.69亿纳元。

【旅游业】旅游业较发达，产值占国内生产总值的10%左右。海滩、自然保护区等旅游景点集中在北部和南部地区，其中北部的艾淘沙公园闻名世界。1997年，纳成为世界旅游组织成员。2007年旅游业产值约为95亿纳元。

【交通运输】基础设施较发达。

铁路：总长2600公里；平均每年客运量60.2万人次，货运量68.7万吨公里。

公路：总长约6.4万公里，其中沥青路5000公里；年均客运量5万人次，货运量18万吨。

水运：沃尔维斯湾是纳唯一深水港和西南非地区最大的贸易和渔港，年吞吐量约200万吨。

空运：纳米比亚航空公司经营的国际和地区航线通往法兰克福、开普敦、约翰内斯堡、卢萨卡、哈拉雷和罗安达等城市，国内航线通往纳各主要城市及一些偏远城市。纳各大城市均有机场。

【财政金融】纳是南部非洲关税同盟和兰特货币区成员国。财政金融大权集中于中央，90%财政收入源于税收。从南部非洲关税同盟所得收入占每年财政收入的20% ~30%。2010/2011年财政预算收入为225亿纳元，支出289亿纳元，赤字64亿纳元。

【对外贸易】主要出口矿产品、渔产品、畜牧产品及初级加工产品，其中钻石出口占出口收入总额的33%。经济对进口依赖性强，绝大部分生产、生活资料需要进口。接近90%的进口商品来自南非。主要出口市场为欧盟、南非等。2009年出口总额294.09亿纳元，进口总额375.3亿纳元，逆差81.21亿纳元。

【外国援助】1990～1998年共获外援约47.88亿纳元，主要援助国有德国（占外援的30%）、瑞典（占外援的23%）、挪威、美国等。援款主要用于创造就业机会、减少收入分配不公和扶贫。2004年、2005年和2006年，纳接受外援分别为5.9亿纳元、9.38亿纳元、11.05亿纳元。

人民生活

纳虽为中等收入国家，但贫富差距较大，失业率高达36.7%。现有医院34所、诊所267个，保健中心44个。共有6435个床位，平均每1000人占有3.6个。此外还有许多私人诊所。艾滋病感染率2008年下降到17.8%。纳政府重视提高人民的医疗卫生条件，2010/2011年度医疗卫生经费占财政总预算的9%。至2006年底，平均每百名居民拥有固定电话6.8部，移动电话35部。

军　事

独立后，政府在整编前纳米比亚解放军和前西南非洲地方军的基础上，建立起一支统一的国防军，总兵力1.5万人，其中空军和海军各约500人，警察特种部队6000人。2010/2011年度国防开支占财政总预算的10%。

文化教育

【教育】独立后建立普及教育制度，规定六年免费义务小学教育。全国拥有1489所中小学校和特种学校，在校学生50万人。纳米比亚大学是全国唯一的综合性大学，建于1993年，有学生4000多人；另有10多所中等技术学校和师范学校。纳全国文盲率为60%。2010/2011年度教育支出占财政总预算的22%。

【新闻出版】全国有192家新闻机构和组织。有报刊十余种。主要报刊和发行量为：《纳米比亚人报》（1万份），1985年创刊；《共和者报》（1万份），1977年创刊，特恩哈尔民主联盟机关报，有英、德、南非荷兰文；《新时代报》（7000份），人组党报；《温得和克广告者报》（1.1万份）。

纳米比亚广播公司为全国性广播和电视机构，成立于1990年，其前身是1979年成立的西南非洲广播公司，产权为国家所有。下设广播电台，用英、德、南非荷兰语和13种地方语广播；电视台只有一个频道，主要用英语播出节目。纳米比亚通讯社为半官方通讯社。南非在纳设有电视转播站。

对外关系

截至2010年6月，已与99个国家建立外交关系。奉行不结盟、睦邻友好的外交政策，强调外交为经济建设服务，支持加强非洲国家间的合作，主张建立国际政治经济新秩序、加强南南合作、南北对话。注重周边外交。加强同周边国家、亚洲国家的经贸往来。

【同中国的关系】中纳于1990年3月22日建交，两国关系顺利发展，高层往来频繁。2009年8月，各国议会联盟主席、纳米比亚议长古里拉布访华。2009年9～10月，纳开国总统努乔马来华出席新中国建国60周年庆祝活动。2010年3月，全国政协主席贾庆林访纳，会见了纳总统波汉巴、开国总统努乔马，与纳全国委员会主席卡佩雷举行会谈，出席了中纳建交20周年招待会并发表讲话。

2009年，中纳贸易额为5.77亿美元，同比增长9.8%，其中中方出口额2.65亿美元，进口额3.12亿美元。

中国驻纳米比亚大使：魏瑞兴。馆址：13 WECKE STREET，WINDHOEK 9000，NAMIBIA，P.O. BOX 22777，WINDHOEK。电话：247189，372800（商务处：220210，221460）（国家地区号：264－61）。传真：225544，248122（商务处：221325）。

纳米比亚驻华大使：伦纳德·南巴胡（Leonard Nambahu），2005年3月抵京履新。馆址：北京市朝阳区塔园外交人员办公楼1单元13楼2号。电话：010－65324810/11，65322211。传真：65324549。邮编：100600。

【同非洲国家的关系】重视发展同非洲国家、特别是南部非洲发展共同体邻国的关系。主张南共体国家建立促进贸易、投资、地区经济发展的共同机制，支持南共体政治、防务与安全机构的工作。支持非盟主导非洲事务。2009 年 8 月，波汉巴总统在纳主持启动旨在推动地区旅游业的“南部非洲无疆界”活动。9 月，南共体后备部队海军演习在纳举行。11 月，波汉巴总统与南非总统祖马在南非举行会谈，签署旅游、能源、运输等领域的合作协议。年内，纳与博茨瓦纳、津巴布韦先后签署干港租用协议。

【同西、北欧国家的关系】 同西、北欧国家有密切的经贸联系，德国、瑞典、挪威、法国是纳主要的援助国。纳独立后即加入洛美协定并与西、北欧国家签有多项经贸、文化和技术合作协定。纳与德国关系特殊，目前纳有近 4 万德裔白人，有 30 所地方学校教授德语。纳积极争取西方向其提供更多援助和投资。2009 年，纳与德国签署三项金融和技术合作协议，金额总计约 7000 万欧元。8 月，德国决定在 2009/2010 年向纳提供 13 亿纳元用于经济发展项目。

【同美国的关系】 美是纳主要援助国之一，每年向纳提供 1000 万～1500 万美元的双边和地区发展基金。美国公司占外国在纳公司的 1/3 以上。2001 年，纳获得美《非洲增长与机会法》受益国待遇。2006 年，美接受纳为“千年挑战账户”受惠国。2007 年，美国对纳艾滋病项目援助增加到 5 亿多纳元。2009 年，美向纳提供 3.045 亿美元援助的“千年挑战账户协议”启动实施。

【同亚洲等国家的关系】 近年来，纳积极推行“东向”政策，加强同亚洲国家的合作。在高度重视对华关系的同时，积极加强同日本、印尼、印度、泰国、越南、马来西亚、新加坡等国在天然气开发、公务员培训、远程教育、农业、海洋渔业、港口建设、人力资源、旅游等领域的合作，扩大经贸往来。2009 年，波汉巴总统访问印度，双方签署多项合作协议。

此外，2009 年波汉巴总统还先后访问了巴西、古巴，俄罗斯总统梅德韦杰夫、古巴国务委员会主席劳尔·卡斯特罗分别访纳。　（李丽红）

南　非

国名　南非共和国（The Republic of South Africa）。

面积　1219090 平方公里。

人口　4932 万（2009 年 7 月，南非国家统计局估计）。分黑人、白人、有色人和亚裔四大种族，分别占总人口的 79.3%、9.1%、9% 和 2.6%。黑人主要有祖鲁、科萨、斯威士、茨瓦纳、北索托、南索托、聪加、文达、恩德贝莱 9 个部族，主要使用班图语。白人主要是荷兰裔的阿非利卡人（曾自称布尔人，约占 57%）和英国裔的白人（约占 39%），语言为阿非利卡语和英语。有色人是殖民时期白人、土著人和奴隶的混血人后裔，主要使用阿非利卡语。亚裔人主要是印度人（约占 99%）和华人。有 11 种官方语言，英语和阿非利卡语为通用语言。白人、大多数有色人和 60% 的黑人信奉基督教新教或天主教；亚裔人约 60% 信奉印度教，20% 信奉伊斯兰教；部分黑人信奉原始宗教。

首都　比勒陀利亚（Pretoria）为行政首都，人口约 200 万；开普敦（Cape Town）为立法首都，人口约 290 万；布隆方丹（Bloemfontein）为司法首都，人口约 65 万（2001 年南非人口普查数据）。

国家元首　总统雅各布·祖马（Jacob Zuma），2009 年 5 月就职，任期五年。

重大节日　新年（1 月 1 日）；人权日（3 月 21 日）；耶稣受难日（复活节前的星期五）；复活节（每年过春分月圆后第一个星期五至下星期一）；家庭日（复活节后的星期一）；自由日（国庆日，4 月 27 日）；劳动节（5 月 1 日）；青年节（6 月 16 日）；妇女节（8 月 9 日）；传统节（9 月 24 日）；和解日（12 月 16 日）；友好日（12 月 26 日）。

简　况　位于非洲大陆最南端，北邻纳米比亚、博茨瓦纳、津巴布韦、莫桑比克和斯威士兰，另有莱索托为南非领土所包围。海岸线长 3000 公里。全国大部分地区属热带草原气候，夏季最高气温为 32℃～38℃，冬季最低气温为 -10℃～12℃。

最早的土著居民是桑人、科伊人及后来南迁的班图人。17 世纪后，荷兰人、英国人相继入侵并不断将殖民地向内地推进。19 世纪中叶，白人统治者建立起四个政治实体：两个英国殖民地，即开普、纳塔尔殖民地；两个布尔人共和国，即德兰士瓦南非共和国和奥兰治自由邦。1899～1902 年英布战争以英国人艰难取胜告终。1910 年四个政权合并为“南非联邦”，成为英国自治领。南非当局长期在国内以立法和行政手段推行种族歧视和种族隔离政策。1948 年国民党执政后，全面推行种族隔离制度，镇压南非人民的反抗斗争，遭到国际社会的谴责和制裁。1961 年退出英联邦（1994 年重新加入），成立南非共和国。1989 年，德克勒克出任国民党领袖和总统后，推行政治改革，取消对黑人解放组织的禁令并释放非洲人国民大会（非国大）领袖纳尔逊·曼德拉（Nelson Mandela）等黑人领袖。1991 年，非国大、南非政府、国民党等 19 方就政治解决南非问题举行多党谈判，并于1993年就政治过渡安排达成协议。1994年4~5月，南非举行首次不分种族大选，以非国大为首的非国大、南非共产党、南非工会大会三方联盟以62.65%的多数获胜，曼德拉出任南非首任黑人总统，非国大、国民党、因卡塔自由党组成民族团结政府。

政　　治

以非国大为主体的民族团结政府奉行和解、稳定、发展的政策，妥善处理种族矛盾，全面推行社会变革，实施“重建与发展计划”、“提高黑人经济实力”战略和“肯定行动”，努力提高黑人政治、经济和社会地位，实现由白人政权向多种族联合政权的平稳过渡。1996年，国民党退出民族团结政府，非国大领导的三方联盟基本实现单独执政。非国大继续奉行种族和解政策，努力保持社会稳定，不断提高黑人社会地位和生活水平，连续赢得1999年和2004年大选。2007年，非国大提出建设“发展型国家”的理念，强调加快经济发展，妥善解决贫困、犯罪等社会问题。

2008年，南非政局发生重大变化。9月21日，总统塔博·姆贝基（Thabo Mbeki）宣布辞职。9月25日，国民议会选举非国大副领袖卡莱马·莫特兰蒂（Kgalema Mothlante）为新总统。11月，部分前内阁和地方高官脱离非国大，另成立人民大会党。

2009年4月22日，南非举行第四次民主选举。非国大以65.9%的得票率再次赢得国民议会选举胜利，并在除西开普省以外的八省议会选举中获胜。5月6日，国民议会选举非国大领袖祖马为南新总统。祖5月9日宣誓就职，10日任命新内阁。祖马政府将创造就业、医疗改革、打击犯罪、促进教育和农村发展等五大领域作为施政优先领域，并建立绩效评估体制，与内阁部长签订工作任务协议书，提高政府效能。

【宪法】1994年临时宪法是南非历史上第一部体现种族平等的宪法。1996年，在临时宪法基础上起草的新宪法被正式批准，并于1997年开始分阶段实施。宪法规定实行行政、立法、司法三权分立制度，中央、省级和地方政府相互依存，各行其权。宪法中的人权法案（Bill of Right）被称为南非民主的基石，明确保障公民各项权利。修改宪法序言须国民议会3/4议员和省务院中的六省通过；修改宪法其他条款须国民议会2/3议员通过；如修宪部分涉及省务条款，须省务院中的六省通过。

【议会】实行两院制，分为国民议会和全国省级事务委员会（简称省务院），任期均为五年。本届议会由2009年4月举行的全国和9省议会选举产生。国民议会共设400个议席，其中200个席位根据全国选举结果分配，另200个席位根据省级选举结果分配。非国大获264席，占65.9%，民主联盟67席，人民大会党30席，因卡塔自由党18席，独立民主党、联合民主运动、新自由阵线各4席，其余席位由非洲基督教民主党等政党分享。国民议会议长马克思·西苏鲁（Max Sisulu，非国大）。省务院共90名代表，每省10名代表，其中6名为常任代表，省长等4人为特别代表。省务院主席姆宁瓦·约翰尼斯·马赫兰古（Mninwa Johannes Mahlangu，非国大）。南非国民议会和省务院下设与政府各部门相对应的专门委员会、临时委员会和两院联合委员会。

【政府】分为中央、省和地方三级。本届政府于2009年5月成立。现内阁成员名单如下：总统雅各布·祖马，副总统卡莱马·莫特兰蒂，总统府部长特雷弗·曼纽尔（Trevor Manuel，负责全国计划委员会）、柯林斯·沙巴纳（Collins Chabane，负责监督和评估政府政策实施），国际关系和合作部长迈特·恩科阿纳—马沙巴内（Maite Nkoana-Mashabane，女），国防和退伍军人部长琳迪韦·西苏鲁（Lindiwe Sisulu，女），警察部长纳西·姆特特瓦（Nathi Mthethwa），国家安全部长西亚邦加·奎莱（Siyabonga Cwele），财政部长普拉温·戈尔丹（Pravin Gordon），经济发展部长易卜拉欣·帕特尔（Ebrahim Patal），贸易和工业部长罗布·戴维斯（Rob Davies），内政部长恩科萨扎娜·德拉米尼－祖马（Nkosazana Dlamini-Zuma，女），农村发展和土地改革部长古吉莱·恩昆蒂（Gugile Nkwinti），农业、林业和渔业部长蒂娜·乔马特—彼得森（Tina Joemat-Petterson，女），矿业部长苏珊·沙班古（Susan Shabangu，女），能源部长迪普奥·彼得斯（Dipuo Peters），国有企业部长芭芭拉·霍根（Barbara Anne Hogan，女），旅游部长马蒂纳斯·范斯卡尔奎克（Marthinus Van Schalkwyk），艺术和文化部长露露·克辛瓜纳（Lulu Xingwana，女），科技部长娜莱迪·潘多尔（Naledi Pandor，女），卫生部长阿伦·莫措阿莱迪（Aron Motsoaledi，女），公共工程部长杰夫·多伊奇（Geoff Doidge），司法和宪法发展部长杰弗里·塔姆桑卡·拉德贝（Jeffrey Thamsanqa Radede），劳工部长曼巴蒂西·姆德拉德拉纳（Membathisi Mdladlana），通信部长西菲韦·尼安达（Siphiwe Nyanda），联合执政和传统事务部长西塞罗·希瑟卡（Sicelo Shiceka），交通部长斯布西索·乔尔·恩德贝莱（Sbusiso Joel Ndebele），公职和行政事务部长理查德·巴洛伊（Masenyani Richard Baloyi），狱政部长诺西维韦·马皮萨—恩卡库拉（Nosiviwe Mapisa-Nqakula，女），社会发展部长埃德纳·莫莱瓦（Edna Molewa），高等教育部长布莱德·恩齐曼德（Blade Nzimande），基础教育部长安吉·莫采卡（Angie Motshekga），人居部长托基奥·塞克斯瓦莱（Tokyo Sexwale），体育和娱乐部长马肯凯西·斯托菲莱（Makenkesi Stofile），水利和环境事务部长布耶卢瓦·松吉卡（Buyelwa Sonjica，女），妇女、青年及残障保障部长诺卢坦多·马延德—西比亚（Noluthando Mayende-Sibiya，女）。

【**行政区划**】全国共划为9个省，设有284个地方政府，包括6个大都市、47个地区委员会和231个地方委员会。

【**司法机构**】司法体系基本分为法院、刑事司法和检察机关3大系统。法院由宪法法院、最高上诉法院、高等法院、地方法院等组成。宪法法院院长桑迪莱·恩格佐博（Sandile Ngcobo）。最高上诉法院首席大法官莱克斯·姆帕蒂（Lex Mpati）。总检察长门奇·西梅拉内（Menzi Simelane）。

【**政党**】实行多党制。国民议会现有13个政党。

（1）南非非洲人国民大会（African National Congress of South Africa）：简称非国大，主要执政党，最大的黑人民族主义政党。主张建立统一、民主和种族平等的新南非，领导了南非反种族主义斗争。创立于1912年，1925年改现名，有成员62万。曾长期主张非暴力斗争。1960年被南非当局宣布为“非法”组织，主要领导人流亡国外。1961年决定开展武装斗争，成立“民族之矛”军事组织，曼德拉任总司令。1962年，曼德拉等人被捕。非国大在极其困难的条件下坚持斗争，获得国内外的广泛同情和支持，逐渐成为南非影响最大的黑人解放组织。20世纪80年代后调整斗争策略，确定政治解决南非问题和灵活处理制宪谈判的战略，在南非平稳过渡进程中发挥了关键作用。1994年4月成为执政党。1997年12月举行第50次全国代表大会，曼德拉辞去领袖职务，选举产生以姆贝基为首的新的领导集体。在1999年6月新南非第二次大选中再次获胜，继续执政。2002年12月举行第51次全国代表大会，姆贝基蝉联领袖。在2004年第三次大选中，非国大赢得69.68%选票，蝉联执政。2007年12月举行第52次全国代表大会，雅各布·祖马当选党领袖，副领袖卡莱马·莫特兰蒂，全国主席巴莱卡·姆贝特（Baleka Mbeti），总书记格维德·曼塔谢（Gwede Mantashe）。在2009年4月第四次大选中，非国大以65.9%的得票率再次赢得国民议会选举胜利，继续执政。

（2）民主联盟（Democratic Alliance）：第一大反对党。前身为民主党，2000年6月与新国民党合并后改为现名。主要成员为白人，代表英裔白人工商金融界利益。是白人“自由派”左翼政党，主张废除种族隔离，积极参与南非和平进程。2001年10月，新国民党退出民主联盟。为壮大力量，民盟实行战略转变，致力于建立包括黑人、白人党员在内的人民政党。2003年9月，与黑人政党因卡塔自由党结成“变革联盟”共同应对2004年大选，并在国民议选举中赢得12.37%选票，获50个议席。在2009年4月第四次大选中，赢得国民议会选举16.66%选票，获67个议席。在西开普省议会选举中获得52%的选票，赢得该省执政权。领袖海伦·齐勒（Helen Zille）。

（3）人民大会党（Congress of the People）：2008年11月由部分前内阁和地方政府高官脱离非国大后组成。主张建立真正不分种族、没有阶级和性别歧视的人民政党，改革现行选举制度和政府官员任命制度；大力发展农业和以出口为导向的劳动密集型产业；强力打击犯罪，培育社会安防意识。在2009年4月第四次大选中，赢得国民议会选举7.42%选票，获30个议席，成为议会第三大党。主席莫修瓦·莱科塔（Mosiuoa Lekota）。

（4）因卡塔自由党（Inkatha Freedom Party）：以夸祖鲁/纳塔尔地区祖鲁族为主的黑人民族主义政党。前身是“民族文化解放运动”，成立于1928年，1990年向所有种族开放，改为政党并用现名。以争取黑人解放为宗旨，主张通过和平谈判解决南非问题。1994年4月在全国大选中得票率居第三位，进入民族团结政府。1996年后在夸祖鲁/纳塔尔省主政。1999年大选后继续参加中央政府，与非国大在夸/纳省联合执政。2003年9月与民主联盟结成“变革联盟”共同应对2004年大选，在大选中赢得6.97%选票，28席；在其传统势力范围夸/纳省议会选中得票率降为36.87%，丧失该省第一大党地位。在2009年4月第四次大选中，赢得国民议会选举4.55%选票，获18个议席；在夸/纳省议会选举中得票率进一步降至20.5%。领袖曼戈苏图·布特莱齐（Mangosuthu Buthelezi）。

（5）南非共产党（South African Communist Party）：与非国大、南非工会大会结成“三方联盟”。其党员以非国大成员身份参选、入阁。1921年7月成立。1950年被南非当局宣布为“非法”组织。1990年2月重新获得合法地位。始终将实现共产主义作为其最终奋斗目标，坚持“社会主义的工人阶级政党”性质，但认为南非基本上是一个经过特殊殖民主义发展的、依附性较强的资本主义，当前的任务仍是推进以黑人彻底解放为目标的民族主义革命。2007年7月召开第12次代表大会。总书记布莱德·恩齐曼德（Blade Nzimande），2009年5月出任高等教育部长。

（6）联合民主运动（United Democratic Movement）：1997年9月成立，是由原新运动进程和全国协商论坛合并而成的跨种族政党。1999年6月大选中成为第五大党。在2004年大选中获得2.28%的选票，获6个议席，成为国民议会第四大政党。在2009年4月第四次大选中，赢得国民议会选举1%选票，获4个议席。主席班图·霍罗米萨（Bantubonke Holomisa）。

此外，其他政党还有：独立民主党（Independent Democrats）、新自由阵线（Freedom Front Plus）、非洲基督教民主党（African Christian Democratic Party）、联合基督教民主党（United Christian Democratic Party）、泛非主义者大会（Pan Africanist Congress of Azania）、少数阵线（Minority Front）、阿扎尼亚人民组织（Azanian People's Organization）、非洲人大会（African People's Convention）等。

【重要人物】 **雅可布·祖马**：总统。1942 年生。出身贫苦，未接受过正规教育。1958 年加入非国大，1963 年起被白人政权监禁 10 年，后长期流亡国外。曾任非国大情报部主任、副总书记、全国主席、夸/纳省主席。1997 年当选非国大副领袖。1999～2005 年任副总统。2007 年 12 月当选非国大领袖。2009 年 5 月当选总统。曾于 1996 年、1998 年以地方官员身份、2004 年以副总统身份、2008 年以非国大领袖身份访华。 **卡莱马·莫特兰蒂**：副总统。1949 年生。早年流放罗宾岛。新南非成立前曾任全国矿业工会总书记和非国大豪登地区主席。1997 年当选非国大总书记，2002 年连任。2007 年 12 月当选非国大副领袖。2008 年 9 月接替辞职的姆贝基出任总统至 2009 年 5 月。祖马就任总统后，任命莫为副总统。 **纳尔逊·曼德拉**：前总统，非国大前领袖，著名黑人领袖。1918 年生于特兰斯凯乌姆塔塔地区坦姆部族酋长家庭。青年时代就投身于黑人解放事业，并为此放弃继承酋长地位。1944 年参加非国大，先后担任非国大青年联盟全国书记、全国主席、非国大副领袖。1961 年参与创建非国大军事组织"民族之矛"并任总司令，领导开展反对南非种族主义政权的武装斗争。1962 年 6 月被捕。1963 年 6 月以"阴谋颠覆罪"被判处终身监禁。1990 年 2 月获释，3 月 2 日重新当选非国大副领袖，1991 年 7 月当选领袖。1994 年 5 月就任总统。1997 年 12 月辞去非国大领袖职务。1999 年大选后退休。主要著作有《走向自由之路不会平坦》、《斗争是我的生命》等。1993 年与南非时任总统德克勒克分享诺贝尔和平奖。2009 年，南非将曼生日 7 月 18 日设为"曼德拉日"，呼吁民众从事公益活动以纪念曼历史功绩。

经　济

南非属于中等收入的发展中国家，也是非洲经济最发达的国家。自然资源丰富，是世界五大矿产国之一。金融、法律体系比较完善，通讯、交通、能源等基础设施良好。矿业、制造业、农业和服务业是经济四大支柱，深井采矿等技术居于世界领先地位。但国民经济各部门发展水平、地区分布不平衡，城乡、黑白二元经济特征明显。上世纪 80 年代初至 90 年代初，受国际制裁经济出现衰退。新南非政府制定了"重建与发展计划"，强调提高黑人社会、经济地位。1996 年推出"增长、就业和再分配计划"，旨在通过推进私有化，削减财政赤字，增加劳动力市场灵活性，促进出口，放松外汇管制，鼓励中小企业发展等措施实现经济增长，增加就业，逐步改变分配不合理的情况。2006 年实施"南非加速和共享增长倡议"，加大政府干预经济力度，通过加强基础设施建设、实行行业优先发展战略、加强教育和人力资源培训等措施，促进就业和减贫。1994 年新南非成立以来，经济年均增长 3%，2005～2007 年超过 5%。

2008 年受国际金融危机影响，南非经济增速明显放缓，降至 3.1%。为应对金融危机冲击，南自 2008 年 12 月以来 6 次下调利率，并出台增支减税、刺激投资和消费、加强社会保障等综合性政策措施，以遏止经济下滑势头。在政府经济刺激措施和国际经济环境好转的共同作用下，2009 年南非经济逐渐止跌回升，四个季度经济增长率分别为 -7.4%、-2.8%、0.9% 和 3.2%。2010 年一季度经济增长 4.6%。此外，南政府还于 2010 年 4 月起实施"新工业政策执行计划"，以解决南经济中长期存在的产业结构不合理和失业率高企等结构性问题，2009 年主要经济数据如下：

国内生产总值：3133 亿美元。

人均国内生产总值：6532 美元。

国内生产总值年增长率：-1.8%。

货币名称：兰特。

汇率（2010 年 4 月平均值）：1 美元 =7.3 兰特。

通货膨胀率（2010 年 3 月平均值）：5.1%。

官方失业率（2010 年 5 月）：25.2%。

【资源】 矿产资源丰富，现已探明储量并开采的矿产有 70 余种。黄金、铂族金属、锰、钒、铬、硅铝酸盐的储量居世界第一位，蛭石、锆、钛、氟石居第二位，磷酸盐、锑居第四位，铀、铅居第五位，煤、锌居第八位，铁矿石居第九位，铜居第十四位。根据南非矿务局统计数据，2007 年已探明的矿藏储量：黄金 36000 吨（占世界总储量的 40.1%，下同），铂族金属 7 万吨（87.7%），锰 40 亿吨（80%），钒 1200 万吨（32%），蛭石 8000 万吨（40%），铬 55 亿吨（72.4%），铀 34.1 万吨（7.2%），煤 279.81 亿吨（6.1%），铁矿石 15 亿吨（0.9%），钛 2.44 亿吨（16.9%），锆 1400 万吨（19.4%），氟石 8000 万吨（16.7%），磷酸盐 25 亿吨（5.0%），锑 20 万吨（4.7%），铅 300 万吨（2.0%），锌 1500 万吨（3.3%），铜 1300 万吨（1.4%）。

【工业】 制造业、建筑业、能源业和矿业是南非工业四大部门。制造业门类齐全，技术先进，产值约占国内生产总值的 16%。主要产品有钢铁、金属制品、化工、运输设备、机器制造、食品加工、纺织、服装等。钢铁工业是南非制造业的支柱，拥有六大钢铁联合公司、130 多家钢铁企业。近年来，纺织、服装等缺乏竞争力的行业萎缩，汽车制造等新兴出口产业发展较快。

建筑业发展较快，产值约占国内生产总值的 3.8%。1994～1999 年，南非政府共筹集投入 125 亿兰特建设低造价住房，以缓解黑人城镇居民住房问题。近年来，由于 2010 年世界杯足球赛场馆建设及房地产开发热，南建筑业发展较快，但设备陈旧、技术工人缺乏等问题比较突出。为应对金融危机，南政府2009年宣布今后三年将投资7870亿兰特用于基础设施建设，建筑业将得到进一步发展。

能源工业基础雄厚，技术较先进，产值约占南非国内总产值的15%。电力工业较发达，发电量占全非洲的2/3，其中约92%为火力发电，为世界上电费最低的国家之一。国营企业南非电力公司（ESKOM）是世界上第七大电力生产和第九大电力销售企业，拥有世界上最大的干冷发电站，供应南非95%和全非60%的用电量。近年来由于电力生产和管理滞后等原因，全国性电力短缺现象严重。在开普敦附近建有非洲大陆唯一的核电站—库贝赫（Koeberg）核电站，发电能力184.4万千瓦。此外，南非萨索尔（SASOL）公司的煤合成燃油及天然气合成燃油技术商业化水平居世界领先地位，其生产的液体燃油约占南燃油供应总量的1/4。

矿业历史悠久，具有完备的现代矿业体系和先进的开采冶炼技术，是南非经济的支柱。2008年产值约占国内生产总值的8%，直接就业人口约52万。矿产品是出口的重要构成部分，2008年矿产品出口额约占出口总额31%。南非是世界上重要的黄金、铂族金属和铬生产国和出口国。钻石产量约占世界的9%。南非德比尔斯（De Beers）公司是世界上最大的钻石生产和销售公司，总资产200亿美元，其营业额一度占世界钻石供应市场90%的份额，目前仍控制着世界粗钻石贸易的60%。

2008年矿产品产量如下：黄金204.9吨，铂族金属276吨，铬9863千吨（2007年），锰6807千吨，铁矿石4900万吨，煤1.97亿吨，铜97.2千吨，钻石12901千克拉。

【农牧渔业】农业较发达，产值约占国内生产总值的3%。可耕地约占土地面积的13%，但适于耕种的高产土地仅占22%。农业、林业、渔业就业人数约占人口的7%，其产品出口收入占非矿业出口收入的15%。农业生产受气候变化影响明显。玉米是最重要的粮食作物。各类罐头食品、烟、酒、咖啡和饮料畅销海外。盛产花卉、水果，葡萄酒享有盛誉。主要农作物产量如下（单位：千吨）：

	2006/2007	2007/2008
玉米	7339	13164
小麦	1913	2031
甘蔗	20275	19724
葡萄	1813	1791
马铃薯	1946	1853
橙	1349	1410

（资料来源：南非农业部）

畜牧业较发达，主要集中在西部2/3的国土。牲畜种类主要包括牛、绵羊、山羊、猪等，家禽主要有鸵鸟、肉鸡等。主要产品有禽蛋、牛肉、鲜奶、奶制品、羊肉、猪肉、绵羊毛等。所需肉类85%自给，15%从纳米比亚、博茨瓦纳、斯威士兰等邻国和澳大利亚、新西兰及一些欧洲国家进口。绵羊毛产量可观，是世界第四大绵羊毛出口国。

水产养殖业产量占全非洲5%和世界的0.03%。南非商业捕捞船队有各种船只500多艘。全国约有2.8万人从事海洋捕捞业。主要捕捞种类为淡菜、鳟鱼、牡蛎和开普无须鳕。每年捕捞量约58万吨，产值近20亿兰特。此外，南非养蜂业年产值约2000万兰特。

【旅游业】旅游业是当前南非发展最快的行业之一，产值约占国内生产总值的8%，从业人员达120万人。旅游资源丰富，设施完善。有700多家大饭店，2800多家大小宾馆、旅馆及10000多家饭馆。旅游点主要集中于东北部和东、南沿海地区。生态旅游与民俗旅游是南非旅游业两大最主要的增长点。2009年到南非旅游的外国游客达990万人次。2010年6月11日至7月11日，第十九届世界杯足球赛决赛圈比赛在南非举行，有力拉动了南旅游业。

【交通运输】有非洲最完善的交通运输系统，对本国以及邻国的经济发挥着重要作用。以铁路、公路为主，空运发展迅速。近年来加强了城镇及经济开发区交通基础设施建设。

铁路：总长约3.41万公里，其中1.82万公里为电气化铁路，有电气机车2000多辆。年度货运量约1.75亿吨。由比勒陀利亚驶往开普敦的豪华蓝色客车享有国际声誉。目前正在修建连接行政首都比勒陀利亚和约翰内斯堡奥立佛·坦博国际机场的高速铁路，总长约80公里。

公路：分为国家、省及地方三级。国家级公路9600公里。双向高速公路1440公里，单向高速公路440公里，单向公路56967公里，收费公路2400公里。年客运量约450万人次，货运量310万辆。

水运：海洋运输业发达，约98%的出口要靠海运来完成，主要港口有开普敦、德班、东伦敦、伊丽莎白港、理查兹湾、萨尔达尼亚和莫瑟尔湾。有商船990艘，总吨位75.5万吨。年港口吞吐量约为12亿吨。德班是非洲最繁忙的港口及最大的集装箱集散地，年集装箱处理量达120万个。

空运：共有各类飞机10189架，其中南非航空公司拥有包括30余架波音飞机和15架空中客车在内的各类民航机共48架，是非洲最大的航空公司，也是世界最大的50家航空公司之一。现约有27个民航机场，其中11个是国际机场。每周有600多个国内航班和70多个国际航班，与非洲、欧洲、亚洲及中东、南美一些国家直接通航。平均年客运量达1200万人次。主要国际机场有奥立佛·坦博国际机场（原约翰内斯堡国际机场）、开普敦国际机场和新运营的德班夏卡王国际机场等。

管道运输：南非管道运输网络总长3000公里，

输送全国85%的石油加工产品。

【通信网络】南非电讯和信息技术产业发展较快，电信发展水平列世界第20位。共有460万门固定电话。移动电话用户约1500万。因特网用户510万。南非电信公司TELKOM是非洲最大的电信公司，最大的两家信息技术公司DIDATA和DATATEC已在英美市场占有一席之地。其卫星直播和网络技术水平在世界上竞争力较强，南非米拉德国际控股公司（MIH）已垄断了撒哈拉以南非洲的绝大部分卫星直播业务。软件业也开始走向国际市场。

【财政金融】近年财政收支情况如下（单位：百万兰特）：

	2006/2007	2007/2008
收入	481197	559774
支出	470192	541499
差额	11005	18275

（资料来源：南非财政部网站）

2010年3月底，官方外汇储备348亿美元（不包括黄金）。截至2009年底，外债总额790亿美元。

南非储备银行（The South African Reserve），系南中央银行，始建于1920年，为股份有限银行，除行长与副行长由政府任命外，享有很大的独立决策权。总部设在比勒陀利亚。

截至2007年底，南非共有注册银行35家，包括15家外国银行分行和2家互助银行。此外，还有46家外国银行在南非设有代表处。银行业资产25470亿兰特，共设有8438个分支机构和代表处，雇佣13.9万名员工。其中最大的四家银行是：南非联合银行集团（Amalgamated Banks of South Africa Group Limited）、标准银行集团（Standard Bank Group Ltd.）、第一兰特控股有限公司（FirstRand Holdings Limited）、莱利银行（Nedcor Bank Ltd.）。上述四大银行集团总资产为21678亿兰特，约占银行业总资产的85.1%。

【对外贸易】南非实行自由贸易制度，是世界贸易组织（WTO）的创始会员国。欧盟与美国等是南非传统的贸易伙伴，但近年与亚洲、中东等地区的贸易也在不断增长。近年对外贸易情况如下（单位：亿兰特）：

	2007	2008	2009
出口额	4919	6631	5154
进口额	5612	7276	5412

（资料来源：南非税务总局网站）

出口产品有：黄金，金属及金属制品，钻石，食品、饮料及烟草，机械及交通运输设备等制成品。主要进口机械设备，交通运输设备，化工产品，石油等。2009年前十大出口目的地国为：中国、日本、美国、德国、英国、荷兰、印度、津巴布韦、赞比亚、西班牙；前十大进口来源国为：中国、德国、美国、沙特阿拉伯、安哥拉、伊朗、日本、英国、法国、印度。

【外国资本】主要来自欧美，尤以欧洲为主。对南非累计投资额欧洲占近70%，美洲占近20%。英国是累计对南非直接投资最多的国家，占2/5左右。外资以证券资本为主，直接投资（FDI）较少。在南非拥有资产的外国公司投资大多集中于采矿、制造、金融、石油加工和销售等部门。2008年南非吸收外国直接投资90亿美元。

【外国援助】1994年以来，各国政府、国际组织承诺向南非政府提供援助，用于支持“重建与发展计划”。主要援助国有美国、英国、德国等。多边组织如世界银行和国际货币基金组织也均向南非提供援助。2002年南非共接受各类援助6.568亿美元，其中无偿援助5.049亿美元。

人民生活

南非属中等收入国家，但贫富悬殊。2/3的国民收入集中在占总人口20%的富人手中。1994年以来南非政府先后推出多项社会、经济发展计划，通过建造住房、水、电等设施和提供基础医疗保健服务改善贫困黑人生活条件。1997年制定“社会保障白皮书”，把扶贫和对老、残、幼的扶助列为社会福利重点。2009年，人均预期寿命男性为53.3岁，女性为57.2岁。艾滋病问题是目前南非面临的严重社会问题之一，艾滋病感染率2009年为10.6%。

军　事

总统为武装力量最高统帅。最高国防决策机构是国家安全委员会，下辖国防咨询委员会和国防部。国防部长代表总统处理军队日常事务。国防军司令主持全军的作战、指挥和军事训练等事务，由总统任命，平时对国防部长负责，战时由总统直接领导。国防军总司令恩格文亚上将（Gen. G. N. Ngwenya）。南非国家安全部队包括国防军和警察部队。国防军的陆、海、空军分别建于1912年、1922年和1920年。新南非成立后将原种族隔离时期的国防军同非国大、泛非大、前黑人家园民族解放组织的部分武装进行合并整编，并确定其任务是维护国家主权和领土完整，履行国际义务，协助维护国内治安等。1997年，义务兵役制改为志愿兵役制。现南非国防军总兵力7.4万人，其中陆军约5.3万人，海军约6000人，空军约1.1万人，其余为卫生部队。警察部队13.2万人。警察总监：贝基·塞莱（Bheki Cele）。

文化教育

【教育】因长期实行种族隔离的教育制度，黑人受教育机会远远低于白人。1995年1月，南非正式实施7~16岁儿童免费义务教育，并废除了种族隔离时代的教科书。政府不断加大对教育的投入，着力对教学课程设置、教育资金筹措体系和高等教育体制进行改革。学制分为学前、小学、中学、大学、研究生5个阶段。

现有大学 21 所，学生 40.2 万人；理工学院 15 所，学生 20.3 万人；教育学院和技术学院 157 所，学生 15 万人；中小学 27850 所，学生 1214 万人。全国有教师 36.6 万人。2006 年成人识字率 82%，接受过高等教育的人口占总人口约 9.1%。2007/2008 财年教育支出 1055 亿兰特，占政府财政总支出的 18%。著名的大学有：金山大学、比勒陀利亚大学、南非大学、开普敦大学、祖鲁兰大学等。

【新闻出版】 定期出版的报纸数量居非洲之首。共有日报 19 种，周报 10 余种，另有 200 多种省和地方性报纸，800 多种各类杂志。发行量较大的有：《星期日时报》（英文）、《每日太阳报》（英文）、《报道报》（阿非利卡语）、《索韦托人报》（英文）、《城市报》（英文）、《星报》（英文）、《公民报》（英文）。其中《星期日时报》、《报道报》和《星期日独立报》是全国性报纸。

南非通讯社（South Africa Press Association）是非政府、非赢利性的唯一全国性通讯社。南非广播公司（SABC）下辖广播电台和电视台。广播电台共有 18 套国内节目，用 11 种语言向全国广播，拥有 2000 万听众；对外节目“非洲频道”用 4 种语言向国外广播。电视台有 4 个频道，其中 2 套公共服务节目，2 套商业电视节目。M-NET 是非洲最有影响力的收费电视频道。

对外关系

新南非奉行独立自主的全方位外交政策，主张在尊重主权和平等互利基础上同一切国家保持和发展双边友好关系。对外交往活跃，国际地位不断提高。已同 186 个国家建立外交关系。积极参与大湖地区和平进程以及津巴布韦、苏丹达尔富尔等非洲热点问题的解决，努力促进非洲一体化和非洲联盟建设，大力推动南南合作和南北对话。是联合国、非盟、英联邦、二十国集团等国际组织或多边机制成员国。2004 年成为泛非议会永久所在地。2006 年当选联合国人权理事会成员（至 2010 年）。2007～2008 年担任联合国安理会非常任理事国。

【同中国的关系】 中南 1998 年 1 月 1 日建交以来，双边关系发展顺利。2000 年 4 月两国元首签署了《中华人民共和国与南非共和国关于伙伴关系的比勒陀利亚宣言》，宣布成立高级别国家双边委员会，迄今已举行三次全体会议。2004 年曾庆红副主席访南期间，双方宣布建立战略伙伴关系。2006 年温家宝总理访南期间，两国签署《中南关于深化战略伙伴关系的合作纲要》。2007 年胡锦涛主席对南进行国事访问。2008 年 1 月，两国建立外交部战略对话机制，并于 2008 年 4 月和 2009 年 9 月分别在中国和南非举行战略对话。

两国领导人保持密切往来。2009 年 5 月，全国政协副主席阿不来提·阿不都热西提作为胡锦涛主席特使出席南非新总统祖马就职仪式。7 月，国务委员戴秉国在意大利代表胡锦涛主席出席八国集团同发展中国家领导人对话会期间会见祖马总统。9 月，胡锦涛主席在纽约出席第 64 届联大期间会见祖马总统。11 月，中共中央政治局常委、中央政法委书记周永康访南。2010 年 3～4 月，全国政协主席贾庆林访南。4 月，胡锦涛主席在出席巴西利亚“金砖四国”领导人第二次正式会晤期间会见祖马总统。

两国立法机构、政党交流更趋活跃。2009 年 11 月全国人大常委会副委员长王兆国访问南非。9 月，全国人大常委会副委员长华建敏在出席首届八国集团与新兴国家议长峰会期间会见南非议长西苏鲁。10 月，非国大总书记曼塔谢率团访华。11 月，非国大执委团来华交流考察。

此外，南非国际关系与合作部长马沙巴内于 2010 年 2 月访华，5 月来华出席上海世博会南非馆开馆仪式。4 月，南非总统府部长沙巴纳来华出席博鳌亚洲论坛年会。2009 年以来中方访南的还有安徽省委书记王金山等，南方访华的还有社会发展部长莫莱瓦、科技部长潘多尔、农村发展和土地改革部长恩昆蒂、交通部长恩德贝莱等，南卫生部长莫措阿莱迪、劳工部长姆德拉德拉纳、矿业资源部长沙班古、旅游部长范斯卡尔奎克等来华出席国际会议。

2009 年，两国经贸合作克服国际金融危机影响继续深入发展。双边贸易额 160.6 亿美元，其中中方出口额 73.7 亿美元，进口额 86.9 亿美元。中国成为南非第一大贸易伙伴。两国双向投资规模继续扩大。截至 2009 年底，双方非金融领域累计相互投资约 15 亿美元。

双方文化、教育、新闻、旅游、宗教、军事等领域的交流与合作取得新进展。中方国务院新闻办主任王晨、宗教局长叶小文等访南，北京市还派出由 90 余人组成的文艺团组参加了南非豪登省约堡狂欢节。国家旅游局长邵其伟赴南出席二十国集团旅游部长会议。南非开普敦数学科技学院孔子课堂正式揭牌。南方伊斯兰教团体乌利马联合理事会主席加布里埃尔斯，南非战争学院代表团来华交流。

中国驻南非大使：钟建华。馆址：965 Church Street，Arcadia 0083，Pretoria. P. O. Box 95764，Waterkloof 0145，Pretoria，SA. 电话：0027－12－4316500。传真：3424154。

中国驻约翰内斯堡总领事：房利。馆址：25 Cleveland Road，Sandhurst，Sandton，Johannesburg. P. O. BOX 413186 Craighall 2024，Johannesburg，SA. 电话：0027－11－7847241。传真：0027－11－8835274。

中国驻开普敦总领事：郝光峰。馆址：25 Rhodes Ave. Newlands，Cape Town。P. O. Box 3714，Cape Town 8000，SA. 电话：0027－21－6740579。传真：0027－21－6740583。

中国驻德班总领事：刘彦涛。馆址：45 Stirling Crescent，Durban North，Durban 4051。电话：0027－31－5634534。传真：0027－31－5634827。

南非驻华大使：倪清阁（Ndumiso Ndima Ntshinga）。馆址：北京市东直门外大街5号。电话：010－85320000。传真：65327319。电子邮件（E－mail）：embassy@ saembassy. org. cn。

【同非洲国家的关系】南非视非洲为其外交政策立足点和发挥大国作用的战略依托，将维护南部非洲地区安全与发展、推动南部非洲地区一体化作为其外交首要考虑，参与制订并积极推动实施“非洲发展新伙伴计划”（NEPAD），积极参与调解津巴布韦、苏丹达尔富尔、大湖地区和平进程等热点问题，在多边场合努力为非洲国家代言。近年积极推动联合国加强与非盟合作，致力于促进非洲地区和平与安全。

南非与非洲国家高层互访频繁。2009年1月，莫特兰蒂总统访问马里，2月赴埃塞俄比亚出席非盟第12届首脑会议，3月赴斯威士兰出席南共体特别峰会。6月，祖马总统赴利比亚出席第21届非洲发展新伙伴计划首脑执行委员会峰会及第11届非洲互查机制峰会。8月，祖马总统对安哥拉进行国事访问，对津巴布韦进行工作访问；莫特兰蒂副总统赴利比亚出席非盟特别首脑会议。9月，祖马总统赴刚果（金）出席第29届南部非洲共同体峰会。10月，莫特兰蒂副总统对苏丹进行工作访问；刚果（金）总统卡比拉访南。12月，祖马总统对赞比亚进行国事访问。2010年1月，祖马总统赴马普托出席莫桑比克当选总统格布扎的就职仪式。3月，祖马总统对津巴布韦和乌干达分别进行工作访问和国事访问；赴纳米比亚出席纳独立20周年庆典暨波汉巴总统就职典礼。4月，刚果（布）总统萨苏访南。

【同欧洲的关系】南非与欧洲（主要是西欧、北欧国家）保持着良好的政治、经济关系。欧盟是南非最大的区域贸易伙伴、投资方及援助方。欧盟投资占南非外来直接投资的一半以上。南非与欧盟签有贸易、发展与合作协议，建有合作联委会机制，并于2007年5月建立战略伙伴关系。

2009年1月，南非－欧盟“三驾马车”第八次部长级会议在南举行。7月，祖马总统赴意大利出席八国集团同发展中国家领导人对话会。9月，第二届南非－欧盟峰会在南召开；瑞典首相赖因费尔对南非进行正式访问。10月，范德梅韦副外长对比利时、立陶宛和拉脱维亚进行访问。12月，祖马总统赴哥本哈根出席联合国气候变化公约第15次缔约方会议。2010年3月，祖马总统对英国进行国事访问；瑞典副首相奥洛夫松对南非进行正式访问。4月，德国副总理兼外长韦斯特韦勒访南。

【同美国的关系】两国关系密切。签有“防御互助条约”和军事协定。曼德拉总统和姆贝基总统均曾多次访美。南与克林顿政府设有副总统级国家双边委员会，布什政府上台后代之以部长级双边协调论坛。美是南第二大贸易伙伴国、最大的投资来源国，南是美在撒哈拉以南非洲最大的出口市场，也是美“非洲经济增长与贸易机会法案”第二大受惠国。

奥巴马总统上任后，南美关系进一步加强。2008年11月，莫特兰蒂总统就奥巴马当选美总统致函祝贺。同月，莫赴美出席二十国集团世界经济与金融峰会。2009年1月，莫特兰蒂总统应约与奥巴马总统通电话。8月，美国国务卿希拉里·克林顿、国会众议院代表团访南。9月，祖马总统赴美出席第64届联大、联合国气候变化峰会及二十国集团领导人匹兹堡金融峰会。2010年4月，祖马总统赴美出席核安全峰会，其间与奥巴马总统举行双边会晤。双方签署了关于建立外长级战略对话机制的合作备忘录。

【同俄罗斯的关系】南非种族隔离政权时期，因前苏联支持南非共产党和非国大的反种族隔离斗争，两国于1967年断交，后于1992年复交。双方签有军事合作协议，建有政府间联合委员会。1999年曼德拉总统访俄，双方签署“南非和俄罗斯友好合作伙伴原则声明”，从双边、地区和全球三方面规划两国未来关系发展方向。2006年9月，俄总统普京对南进行国事访问，双方签署“友好伙伴关系条约”。2007年3月，俄总理弗兰德科夫对南非进行正式访问。2008年5月，姆贝基总统致电祝贺梅德韦杰夫就任俄新总统；祖马外长对俄进行了正式访问。

【同亚太、中东和拉美地区的关系】南非重视发展与亚太、中东以及拉美国家的关系，合作领域不断拓展。

南非与日本建有部长级“南非—日本伙伴论坛”。两国有传统的贸易关系，日本是南非第四大贸易伙伴，也是南非重要的投资国和援助国之一。2001年日本首相森喜朗访南；姆贝基总统对日本进行了国事访问。2006年4月，南非副总统努卡访问日本。2008年5月，姆贝基总统出席在日本举行的第四届非洲发展东京国际会议。

南非与亚太地区国家合作不断加强。南与印度有传统友好关系，双方建有双边联合委员会，并于1997年曼德拉总统访印时确立了战略伙伴关系。2006年9月，印度总理辛格对南进行正式访问；南副总统努卡访印。2005年，南非与印度尼西亚共同主持亚非峰会。2007年4月，新加坡总统纳丹访南；5月，努卡副总统访问韩国，姆贝基总统访问越南。2008年2月，印度外长穆克吉访南并出席第7届印南部长级联委会；3月，印度尼西亚总统苏西诺对南进行国事访问；4月，姆贝基总统出席在印度举行的印非峰会。2010年1月，澳大利亚外长史密斯对南非进行工作访问。

南非表示愿意同所有中东地区国家平等发展和加

强友好合作关系。与沙特阿拉伯、伊朗等国在国防、能源等领域的合作不断加强，贸易不断增长。关注中东和平进程，希望各方以“土地换和平”原则谈判解决问题；谴责以色列在巴以冲突中滥用武力，杀害无辜的巴勒斯坦平民，并强烈要求以停止使用武力，遵循联合国有关决议，和平谈判解决争端。强烈批评美、英对伊拉克发动战争，认为伊战是“对多边主义的沉重打击”，主张联合国在伊战后重建问题上发挥主导作用。2006年3月，巴勒斯坦民族权力机构主席阿巴斯应姆贝基总统邀请访南。2007年3月，姆贝基总统访问沙特。2008年2月，科威特副首相兼外交大臣萨巴赫访南。2009年7月，祖马总统赴埃及出席不结盟运动第15次首脑会议。2010年1月，阿联酋外交大臣阿卜杜拉访南。

近年来，南非与巴西、阿根廷等拉美国家关系不断发展。2000年12月，南非成为“南方共同市场”的“联系国”。2003年南非、巴西、印度三国成立“印—巴—南对话论坛”（IBSA），迄已举行四次峰会。2006年9月，姆贝基总统赴古巴参加不结盟运动第14届峰会。2007年4月，玻利维亚副总统贾西亚·利内拉访南。2008年7月，努卡副总统、祖马外长分别访问墨西哥、古巴；9月，委内瑞拉总统查韦斯访南。2009年9月，祖马总统赴委内瑞拉出席第二届非洲—南美峰会，其间与委内瑞拉总统查韦斯、智利总统巴切莱特和乌拉圭总统瓦兹奎斯举行双边会晤。10月，祖马总统对巴西进行国事访问。12月，马沙巴内外长访问古巴。

2010年4月，南非总统祖马赴巴西出席了“印—巴—南对话论坛”第四次峰会。

（王国飞　陆楚）

尼　日　尔

国名　尼日尔共和国（The Republic of Niger, La République du Niger）。

面积　1267000平方公里。

人口　1530万，人口增长率3.6%（2009年估计）。全国有5个主要民族：豪萨族（占全国人口的56%）、哲尔马—桑海族（22%）、颇尔族（8.5%）、图阿雷格族（8%）和卡努里族（4%）。官方语言为法语。各民族均有自己的语言，豪萨语可在全国大部分地区通用。88%的居民信奉伊斯兰教，11.7%信奉原始宗教，其余信奉基督教。

首都　尼亚美（Niamey），人口100万。最高气温41℃（5月），最低气温14℃（1月），平均气温28℃。

国家元首　萨卢·吉博（SALOU Djibo），2010年2月出任尼“恢复民主最高委员会”主席。

重要节日　独立日：8月3日；国庆日：12月18日。

简　况

位于撒哈拉沙漠南缘北纬11～23度、东经0～16度之间。系西非内陆国家，东邻乍得，西界马里、布基纳法索，南与贝宁、尼日利亚接壤，北与阿尔及利亚、利比亚毗连。北部属热带沙漠气候，南部属热带草原气候，全年分旱、雨两季（6～9月为雨季，10月至次年5月为旱季），年平均气温30℃，是世界上最热的国家之一。

历史上未形成过统一的王朝。7～16世纪，西北部属桑海帝国。8～18世纪，东部属博尔努帝国。18世纪末，颇尔人在中部建立了颇尔帝国。1904年成为法属西非领地。1922年沦为法国殖民地。1957年获得半自治地位。1958年12月18日成为法兰西共同体内的自治共和国。1960年7月退出法兰西共同体，8月3日正式宣告独立。哈马尼·迪奥里为首任总统。1974年4月，武装部队总参谋长赛义尼·孔切中校发动军事政变，推翻了迪奥里政权，成立最高军事委员会，自任主席兼国家元首。1987年11月，孔切病逝，总参谋长阿里·赛义布上校继任。1990年实行多党制。1993年3月马哈曼·奥斯曼当选总统，组成首届民选政府。1996年1月武装部队参谋长迈纳萨拉·巴雷发动政变上台，同年7月当选总统。1999年4月，总统卫队长瓦拉姆·万凯发动政变枪杀巴雷，自任国家元首兼全国和解委员会主席。1999年11月，尼举行总统和议会选举，争取社会发展全国运动党候选人马马杜·坦贾当选总统，并于2004年12月连任。2009年5月起，为谋求继续执政，坦贾先后解散国民议会和重组宪法法院，并于8月举行全民公投通过第六共和国宪法，将其任期延长3年，并取消连任限制，遭到尼反对派反对和西非国家经济共同体、欧盟等制裁，尼陷入宪政危机。

政　治

2010年2月18日，尼部分军人发动政变，扣押坦贾总统，接管国家权力，成立“恢复民主最高委员会”并推举吉博少校为主席。随后承诺还政于民，成立了过渡政府、全国协商委员会和全国独立选举委员会，确定过渡期期限为一年，启动了过渡期进程。目前尼局势基本恢复稳定。

自2007年初以来，“尼日尔人争取正义运动”

等尼北部反政府武装多次袭击政府军和外国公司，并在一些大城市制造恐怖袭击，造成平民伤亡。2008年6月，政府军展开大规模清剿行动。2009年5月，反政府武装开始与政府谈判；10月，主要反政府武装宣布放下武器。

【宪法】2009年8月经全民公投通过第六共和国宪法。宪法规定尼实行总统制。总统为国家元首、政府首脑和武装部队最高统帅，通过两轮多数选举产生，任期5年，可连选连任。政府总理和部长由总统任命，对总统负责，总统有权解除其职务。2010年2月尼政变后，该宪法被中止。

【议会】第六共和国宪法规定实行两院制，由众议院和参议院组成。议员任期5年。众议员由直接普选产生，参议员中2/3由间接选举产生，其他1/3由总统任命。2009年10月，尼举行立法选举，执政的“争取社会发展全国运动”获得国民议会113席中的76席。2010年2月尼政变后，国民议会被解散。

【政府】2010年3月1日，尼组建过渡政府，成员名单如下：总理穆罕默杜·丹达（Mahamadou Danda），国防部长马马杜·乌赛尼准将（Mamadou Ousseini），青年与体育部长马伊·曼加·奥马拉准将（Mai Manga Oumara），水资源、环境与防止荒漠化部长阿卜杜·卡扎准将（Abdou Kaza），运输、旅游与手工业部长艾哈迈德·穆罕默德上校（Ahmed Mohamed），装备部长迪亚洛·阿马杜上校（Diallo Amadou），内政、安全、地方分权与宗教事务部长西塞·奥斯曼（Cissé Ousmane），经济、财政部长巴达马西·安努（Badamassi Annou），中、高等教育和科学研究部长马哈曼·拉瓦利·达恩·达赫（Mahaman Laouali Dan Dah），外交、合作、非洲一体化与侨民部长杜尔·阿米纳塔·吉布里拉·马伊加（Touré Aminata Djibrilla Maïga，女），司法、人权与掌玺部长阿卜杜拉耶·吉博（Abdoulaye Djibo），商业、工业与青年企业家促进部长哈米德·哈米德（Hamid Hamed），人口、妇女促进与儿童保护部长奇玛德姆·阿达唐·萨纳迪（Tchimadem Hadattan Sanady，女），矿业与能源部长苏莱曼·马马杜·阿巴（Souleymane Mamadou Abba），农业与畜牧业部长马利克·萨德莱尔（Malick Sadelher），公共卫生部长努胡·哈桑（Nouhou Hassan），国民教育部长西迪贝·马曼恩·迪乌拉·法吉马塔（Sidibé Maman Dioula Fadjimata，女），公职与就业部长叶海亚·沙伊布（Yahaya Chaibou），通讯、信息新技术与文化部长塔库巴科耶·阿米纳塔·布雷马（Takoubakoye Aminata Boureima，女），职业培训与扫盲部长蒂蒂贾尼·哈鲁纳·登博（Tidjiani Harouna Dembo），城市规划、住房与国土整治部长吉博·萨拉马图·古鲁扎·马加吉（Djibo Salamatou Gourouza Magagi，女）。

【行政区划】全国划分为蒂拉贝里、多索、塔瓦、马拉迪、津德尔、阿加德兹和迪法7个大区、1个大区级市即首都尼亚美，36个省和265个镇。

【司法机构】根据第六共和国宪法，司法权由宪法法院、最高法院、最高行政法院、审计法院等管辖。宪法法院主管涉及宪法和选举的法律事项。最高法院是最高司法机构。最高行政法院负责对行政权力机构越权进行初审和终审判决，对有关行政行为合法性的上诉进行解释和评估。审计法院是监管公共财政的最高司法机关。2010年2月尼政变后，上述法院被解散。目前尼已重新成立最高行政法院和审计法院。

【政党】1990年11月实行多党制。现有约40个合法政党，主要有：

（1）争取社会发展全国运动—纳萨拉（Mouvement National pour la Société de Développement-Nassara）：前执政党，2010年2月政变后失去执政地位。前身是赛义布时期的唯一政党——“全国社会发展运动”，成立于1989年5月。1990年11月尼实行多党制后，为适应新形势，摆脱“国家党”的形象，1991年3月改为现名。该党社会基础广泛，在广大农牧民中有较强的影响力。主张通过对话实现社会团结与稳定，提倡发展经济，保障贫困阶层人民享有基本社会服务。1999年11月，该党在总统和立法选举中获胜，重获执政党地位。2002年7月，成为非洲民主联盟和国际民主联盟的成员。2009年2月，赛义尼·奥马鲁当选党主席。

（2）尼日尔争取民主和社会主义党—塔雷亚（Parti Nigérien pour la Démocratie et le Socialisme-Tarayya）：1991年1月成立，是具有全国影响的左派政党，主张加强国家机构和法制建设，反对腐败。成员以工人和知识分子为主。主席马哈马杜·伊素福（Mahamadou ISSOUFOU）。

（3）民主和社会大会—拉哈马（Convention Démocratique et Sociale-Rahama）：1991年1月成立，成员以南方豪萨族人为主。主张走社会与民主改革道路，建立国有与私有经济相结合的社会经济制度。1999年11月该党与争取社会发展全国运动结盟，赢得总统和议会选举。2003年12月，该党召开第四次党代会，奥斯曼当选党主席。2004年1月，原副主席谢富宣布另立新党，该党发生分裂，力量遭到削弱。

（4）社会民主运动—加斯基亚（Rassemblement Social Démocrate-Gaskiya）：成立于2004年1月，系从民主和社会大会党分裂出来组成。2004年9月19日召开第一次党代会，选举阿马杜·谢富（Amadou CHEIFFOU）为党主席。2008年12月，谢富在第二次党代会上再次当选党主席。

（5）争取民主和进步运动—雅马阿（Rassemblement pour la Démocratie et le Progrès-Jama'a）：1997年

8月成立。前身为争取民主复兴全国独立人士联盟（UNIRD）。主张“更新民主”、“振兴经济”，对外强调“民族尊严和国家主权”。基本党员50万。主席哈米德·阿尔加比德（Hamid ALGABID）。

（6）尼日尔争取民主与进步联盟—拉希亚（Alliance Nigérienne pour la Démocratie et le Progrès-Zamanlahiya）：1992年1月由全国发展社会运动党前外联书记杰尔马科耶（Moumouni DJERMAKOYE）创建，势力集中于南部多索省，党员大多为哲尔马族人。主张保障民主以求发展，实行自由经济。原为反对党。2002年7月加入总统派“民主力量联盟”。

【重要人物】萨卢·吉博：1965年出生于尼日尔蒂拉贝里大区。1987年入伍，2006年10月晋升少校，曾在科特迪瓦、摩洛哥等接受军事培训。2004年任尼赴科特迪瓦维和部队指挥官，2006年任联合国驻刚果（金）特派团军事观察员。政变前任尼指挥与支援部队指挥官，政变后出任“恢复民主最高委员会”主席，行使国家元首权力。2010年5月13日晋升中将军衔。 **穆罕默杜·丹达**：1951年生于尼日尔塔瓦大区。早年在部队服役，后赴加拿大和法国深造，获加拿大魁北克拉瓦尔领土整治与区域发展硕士学位和法国波尔多第四大学政治学博士学位。曾任尼亚美、菲林盖省副省长、畜牧与水力资源部长、青年、体育、文化与通讯部长兼政府发言人。2000～2010年在加拿大驻尼使馆工作。2010年2月23日出任尼过渡政府总理。

经 济

以农牧业为主，是联合国公布的最不发达国家之一。2009年在全球182个国家人文发展指数排名中列最后一位。1999年4月尼发生政变后，西方国家中止财援，导致尼财政拮据，发展资金匮乏。坦贾总统执政后，尼政府加强宏观调控，开源节流，整顿国家财政。随着西方国家和国际金融机构陆续恢复对尼援助，尼经济状况开始好转，财政危机有所缓解。尼政府积极推进能源资源开发合作多元化政策，努力推进重大工程建设，同时作为“重债穷国减债计划”和“减贫与增长贷款”达标国，获得欧盟、世界银行和国际货币基金组织更多援款和减债，经济状况有所好转。尼宪政危机后，部分国家停止对尼援助，尼财政状况恶化。2009年受气候影响，尼粮食减产，粮食短缺问题严重。此外，由于基础薄弱，债务负担沉重，发展受自然环境、北部安全问题和国际市场波动影响较大，尼经济仍十分困难。2009年主要经济数据如下（资料来源：2010年5月经济季评）：

国内生产总值：62亿美元。

人均国内生产总值：405美元。

国内生产总值增长率：3.5%。

货币名称：非洲金融共同体法郎，简称非洲法郎。

汇率：1美元=472非洲法郎。

通货膨胀率（2009年）：4.3%。

【资源】已探明铀储量21万吨，占世界总储量的11%，居世界第五位。磷酸盐储量12.54亿吨，居世界第四位，尚未开发。煤储量600万吨。还有锡、铁、石膏、石油、黄金等矿藏。

【工业】基础薄弱，2007年工业产值占国内生产总值的13.8%。主要有电力、纺织、采矿、农牧产品加工、食品、建筑和运输业等。上世纪末，尼开始对电信、能源、水、燃料等领域的国营企业实行私有化。主要大型铀矿开采合营公司有阿伊尔矿业公司（SOMAIR）和阿库塔矿业公司（COMINAK），尼政府分别占33%和31%的股份。2008年铀产量为2995吨。

【农牧林业】农牧林业等第一产业是最主要的经济部门，2007年产值占国内生产总值的40.8%。全国80%以上的居民从事农业，有可耕地1723.89万公顷，已耕地588.29万公顷，有灌溉潜力土地27万公顷，水浇地7万公顷。粮食生产不稳定，主要粮食作物有小米、高粱、薯类和豆类等。2008年粮食产量496万吨，较上年增长31%。

全国从事畜牧业的人口超过100万。畜产品是第二大出口产品，出口值仅次于铀。2005年全国牲畜存栏数为：牛376万头，羊1732万头，骆驼120万峰。

森林资源贫乏，林业产值约占国内生产总值的3.8%。由于人口增长、大面积开垦耕地和居民日常生活以柴薪为主要燃料等原因，森林面积以年均递减2.4%的速度日益萎缩，从上世纪70年代初的1600万公顷降至90年代末的800万公顷。

【旅游业】上世纪80年代起步。主要旅游景点：南部的W自然保护区和尼日尔河谷，北部有阿伊尔高地、贾多高原、阿加德兹图阿雷格族城和泰内雷沙漠等。巴黎—达喀尔汽车拉力赛穿越尼国境，带动了尼旅游业的发展。拉力赛于1991年起因尼北部战乱中断，1996年恢复。尼日尔非洲国际时装节为尼另一重要旅游项目，1998年首次举办，两年一届。1997年以来尼陆续开办“狩猎旅游”、“博物馆旅游”等特色旅游项目。

【交通运输】尼为内陆国，境内无铁路。进出口物资主要经科托努、拉各斯和洛美等邻国港口转运和空运。

公路：总长为14660公里，其中沥青路3760公里，占26%，其余为土路。

空运：有尼亚美、阿加德兹和津德尔三个国际机场。尼亚美机场可起降波音747大型客机，阿加德兹和津德尔机场可起降737客机。另有4个国内民用机场。在尼经营国际航线的航空公司有法国航空公司、阿尔及利亚航空公司、埃塞俄比亚航空公司、摩洛哥皇家航空公司、塞内加尔航空公司、利比亚航空公司、苏丹航空公司等。尼亚美国际机场年均国际航班起降约1800架次，国内航班起降800架次，客运量8万人次。

水运：尼日尔河横贯尼境内550公里，有小型机动货船通行，雨季可航行较大船只。

【邮政电讯】全国各地均可通邮。现有CELTEL、SONITEL和TELECEL三家电讯公司，分别与法国、中国和大西洋电讯集团公司合营，覆盖全国主要城市。设有移动电话网和因特网接入业务。

【财政金融】国家财政预算严重依赖外援。近年财政收支状况如下（单位：亿非洲法郎）：

	2006	2007	2008
收入	3820	4580	5490
支出	3770	4760	5650
差额	50	-180	-160

近年外债状况如下（单位：亿美元）：

	2006	2007	2008
外债总额	8.05	9.30	10.62
占国民生产总值比例	23.7%	23.3%	19.6%

2000年，世界银行将尼列入"重债穷国减债倡议"国家名单，尼获减债6860亿非洲法郎，占其外债总额的53.5%。截至2009年底，尼外汇储备6.56亿美元。(2010年5月经济季评)。

金融部门包括商业银行、保险公司、邮政储蓄所和全国社会保障基金会等，金融业产值占国内生产总值的12%。主要银行有：尼日尔银行集团（SONIBANK，前国家银行）、非洲国际银行（BIA）、非洲银行（BOA）和尼日尔商业银行（BON）等。

【对外贸易】主要出口铀、洋葱、牲畜和黄金等，2007年铀和洋葱出口分别占当年出口收入的45%和13.9%。主要出口国家为尼日利亚、法国、美国和加纳。主要进口国家为法国、中国和尼日利亚等。近年外贸状况如下（单位：亿美元）：

	2007	2008	2009
出口额	6.63	8.89	8.46
进口额	9.15	12.78	16.37
差　额	-2.52	-3.89	-7.91

（资料来源：2010年5月经济季评）

【外国援助】对外援依赖严重。主要援助国和国际组织有法国、美国、德国、日本及欧盟、世界银行和非洲开发基金等。2006年尼共接受外国无偿援助1922亿非洲法郎。2007年，尼政府分别就粮食安全和减贫与加快发展战略举行捐助方会议，获各方捐款承诺约31亿美元。2009年尼陷入宪政危机后，欧盟等主要援助方停止了对尼财政和发展援助。

人民生活

全国60.6%的人口生活在贫困线以下，其中20%最贫困人口的收入不足全国总收入的3%。全国电话普及率为每千户居民1.7部。全国医院、诊所共719所，其中国家级医院3所，省级医院5所，私人诊所213所。平均每2.5万人一名医生，每9000人一名护士，每3000人一张病床。全国医疗普及率为70%，卫生饮用水覆盖率仅46%。2004年人口出生率41.4‰，死亡率25.9‰，婴幼儿死亡率15.2%，平均预期寿命44.6岁。主要疾病有：脑膜炎、脊髓灰质炎、疟疾、霍乱等。

军　事

武装力量由军队、宪兵、警察、共和国卫队和总统卫队组成。军事力量为陆军和空军，由国防部统辖，总参谋部指挥。准军事力量包括宪兵、警察、共和国卫队和总统卫队，除宪兵归国防部领导外，其余由内政部领导。总统为武装力量最高统帅。实行义务兵和志愿兵相结合的兵役制度。2003年11月成立军事法庭。总参谋长：萨卢·苏莱曼（Salou Souleymane）准将。

正规军兵力10000人，其中陆军9500人，空军500人。陆军包括3个步兵营、2个装甲连、3个伞兵连，1个工兵连和11个摩托化连。空军拥有1架波音737座机和4架运输机。全国设尼亚美、阿加德兹、津德尔3个军区。准军事力量万余人，其中宪兵2500人，警察近万人，共和国卫队3000人，总统卫队400人。2002~2004年军费开支分别为179亿、179亿、172亿非洲法郎。尼分别与法国和美国签有军事合作协议。

文化教育

【教育】上世纪90年代以前，国民教育在各年度预算中一直占国家拨款的20%以上，但从90年代中期开始，所占比例不足10%。2004年有小学7532所，学生980033人；中学、师范学校及各类职业学校654所，学生136982人；基础教育系统教职员工共22427人。2003~2004学年小学入学率为50%。成人识字率仅28.7%。有尼亚美综合大学和伊斯兰大学两所高等学府。

【新闻出版】新闻机构由通讯部统管，最高新闻委员会负责制定新闻方面的有关法规和监督新闻自由的落实。全国共有23家报社，其中国有报社2家，其余为私营报社。官方报纸《萨赫勒报》（Le Sahel）为全国唯一的日报，创刊于1974年，每周一至周四出日报，周五出周末版《萨赫勒星期日刊》（Sahel Dimanche），发行量为5000份。私营报纸主要有《民主者》、《共和主义者》、《人民论坛》、《抉择》等，各发行3000份。

尼日尔通讯社：官方通讯社，成立于1987年。在全国设有5个记者站，无驻外记者，主要接收法新社和泛非通讯社的电讯。1997年4月与新华社签署了新闻交换合作协议，国际新闻部分采用新华社电讯稿。

萨赫勒之声：国家广播电台，创建于1958年，由法国海外广播公司统一管理。每天播音14小时，除用法语外，还用豪萨、哲尔玛、卡努里、阿拉伯、图布等8种民族语言广播，节目覆盖率为95%。法国国际广播电台在尼亚美建有广播站，每天24小时广播。2007年10月，中国国际广播电台尼亚美调频台在尼正式开播。

萨赫勒电视台：国家电视台，建于1975年。自1988年11月起每天播出，用法语和6种民族语言播放，可覆盖国土面积的70%和全国人口的80%。2001年12月开通TAL－TV数字频道。

对外关系

奉行和平中立的外交政策，主张在平等、互相尊重国家主权和领土完整的基础上发展同一切国家或组织的友好关系。执行外交为国内政治和经济发展服务的方针。重视发展同西方大国、国际金融机构以及中国、印度等发展中大国的关系。坚持睦邻友好，积极参与地区事务。2007年，与阿尔及利亚、马里等签署边界安全协议，积极推动区域联合解决安全问题。针对近年来萨赫勒—撒哈拉地区恐怖活动和武器、毒品走私现象日益猖獗，加强了与马里、毛里塔尼亚、阿尔及利亚等国合作，共同打击恐怖和走私犯罪活动。曾向利比里亚、塞拉利昂、几内亚比绍和科特迪瓦派遣维和部队，向东帝汶派遣民事警察。

【同中国的关系】1974年7月20日同中国建交。1992年7月22日尼与台湾“复交”，中国于7月30日宣布中止同尼的外交关系。1996年8月19日中尼复交，此后两国关系发展顺利。

2009年3月，商务部副部长傅自应访尼。2009年8月，尼经济、社会和文化理事会主席谢富访华。2010年5月，中国政府非洲事务特别代表刘贵今大使访尼。

据中国海关总署统计，2009年中尼贸易总额为2.84亿美元，同比增长约70%，几乎全部为中方出口。

中国驻尼日尔大使：夏煌。馆址：尼日尔尼亚美市伊萨·贝里区（Quartier Issa Beri, Niamey, Niger）。电话：（227）20723283。传真：20723285。电子信箱：CHINAEMB_NE@MFA.GOV.CN。

尼日尔驻华大使：布巴卡尔·阿达穆（BOUBAKAR ADAMOU）。馆址：北京市三里屯外交办公楼公寓1单元21号。电话：010－65324279。传真：65324279。

【同法国的关系】法是尼前宗主国、最大贸易伙伴和援助国。2000年1月，尼总统坦贾访法。2003年10月，法国总统希拉克访尼，成为21年来首位访尼的法国元首。2005年，法向尼提供总额达500万欧元的粮食援助。2006年6月，哈马总理赴法主持“尼日尔经济日”活动。2007年2月，坦贾总统赴法出席第24届法非国家首脑会议；2008年2月，奥马鲁总理访法；4月，法国开发署向尼提供1500万欧元援助，用于尼饮用水网建设。2009年3月，法国总统萨科齐访尼。2010年5月，吉博赴法出席第25届法非峰会。

【同美国的关系】1960年尼、美建交。20世纪80年代两国关系发展较快，尼国家元首孔切曾两次访美。90年代初，美每年向尼提供约2000万美元援助。1996年1月巴雷政变上台后，美中止对尼官方援助。1999年底坦贾当选总统后，美恢复对尼援助。2003年首届尼—美合作协商会议在尼召开。2004年，美为尼培训反恐军事分队。迄今，美向尼派遣和平志愿者3000多名。2005年6月，坦贾总统赴美进行工作访问。2007年4月，哈马总理对美进行工作访问。2008年3月，美千年账户向尼提供2300万美元资金援助；6月，美非洲事务助理国务卿帮办访尼。2009年尼发生宪政危机后，美国宣布停止向尼提供除人道主义援助以外的其它援助。

【同德国的关系】1999年4月尼发生政变后，德中止对尼援助。2000年6月，尼总理哈马访德，德恢复对尼援助。2003年10月，尼总统坦贾对德进行友好工作访问。2005年6月，德向尼提供50万欧元粮食援助。2007年6月，德向尼地方分权投资基金赠送价值1.4亿非洲法郎的物资，用于支持尼农村发展战略。2008年7月，德与尼签署协议，向尼提供900万欧元用于发展国民教育。2010年2月，德国政府特使访尼。

【同日本的关系】日本是尼主要援助国之一。2004年日向尼提供价值约17亿非洲法郎的粮食援助并减免尼对日债务约19亿欧元。2005年，日向尼提供5亿非洲法郎粮食援助。2007年，日向尼提供近85亿非洲法郎援款，支持尼发展农业、教育等。2008年2月，日首相特使、副外相访尼；5月，奥马鲁总理赴日出席东京发展国际会议。

【同周边国家及地区组织的关系】与邻国长期保持睦邻友好关系。2009年，坦贾总统访问利比亚等国，尼总理加马蒂耶访阿尔及利亚等国。多哥、贝宁、利比亚、利比里亚等国元首访尼。尼与布基纳法索达成协议，将两国领土争端提交国际法庭裁决。

（董杰）

尼日利亚

国名　尼日利亚联邦共和国（The Federal Republic of Nigeria）。

面积　923768 平方公里。

人口　1.49 亿。有 250 多个民族，其中最大的三个民族是北部的豪萨—富拉尼族（占全国人口 29%）、西南部的约鲁巴族（占 21%）和东部的伊博族（占 18%）。官方语言为英语。主要民族语言有豪萨语、约鲁巴语和伊博语。50% 居民信奉伊斯兰教，40% 信奉基督教，10% 信仰其他宗教。

首都　阿布贾（Abuja），人口约 300 万（2008 年）。最高气温为 35℃，最低气温为 20℃。

国家元首　总统兼武装部队总司令古德勒克·乔纳森（Goodluck Jonathan），2010 年 5 月 6 日就任。

重要节日　国庆节：10 月 1 日。

简　况

位于西非东南部，东邻喀麦隆，东北隔乍得湖与乍得相望，西接贝宁，北界尼日尔，南濒大西洋几内亚湾。边界线长约 4035 公里，海岸线长 800 公里。地势北高南低。境内河流众多。属热带季风气候，全年分为旱季和雨季，年平均气温为 26℃～27℃。

尼日利亚系非洲文明古国。公元 8 世纪扎格哈瓦（Zaghawa）游牧部落在乍得湖周围建立了卡奈姆—博尔努（Kanem-Bornu）王国，该王国延续了一千多年。从 10 世纪开始，约鲁巴族在尼日尔河下游建立了伊费、奥约和贝宁等王国。11 世纪前后，豪萨族在尼北部地区建立了七个城堡王国，史称“豪萨七邦”，16 世纪被西部的桑海帝国所征服。1472 年葡萄牙殖民者入侵。16 世纪中叶英国殖民者入侵。1914 年沦为英国殖民地。1960 年 10 月 1 日宣布独立，并成为英联邦成员国。1963 年 10 月 1 日成立尼日利亚联邦共和国。独立后多次发生军事政变，军人长期执政。1998 年 6 月军政府首脑阿巴查突发心脏病猝死，国防参谋长阿布巴卡尔接任国家元首，制定还政于民计划。1999 年 2 月人民民主党候选人奥巴桑乔当选总统，2003 年 4 月蝉联。2007 年 4 月人民民主党候选人亚拉杜瓦当选总统，5 月 29 日就职。

政　治

亚拉杜瓦当选总统后，积极致力于民族和社会和解，加强执政党团结，重视尼日尔河三角洲地区安全问题。2009 年，尼南部产油区部分反政府武装宣布接受政府“大赦”，地区安全局势得到一定缓和。但尼民族和宗教冲突仍时有爆发。2009 年 11 月底，亚拉杜瓦总统因急性心包炎被紧急送往沙特阿拉伯就医。2010 年 2 月 9 日，尼国民议会通过决议，授权副总统乔纳森代行总统兼武装力量总司令职权，直至亚康复回国重新履职。2 月 24 日，亚被护送回国。4 月，乔重组内阁。5 月 5 日，亚病逝。6 日，乔宣誓继任总统，任期至 2011 年大选。目前，尼政局总体稳定。

【宪法】尼日利亚独立以来制定过 5 部宪法，即 1960、1963、1979、1989 和 1999 年宪法（1989 年宪法未颁布）。现行宪法是以 1979 年宪法为基础修订而成，于 1999 年 5 月 5 日颁布，同年 5 月 29 日奥巴桑乔总统执政之日起正式实施。主要内容包括：尼是不可分割的主权国家，实行联邦制；实行三权分立的政治体制，总统为最高行政长官，领导内阁；国民议会分参、众两院，是国家最高立法机构；最高法院为最高司法机构；总统、国民议会均由直接选举产生，总统任期四年，连任不得超过两届。

【议会】国民议会由参、众两院组成，议员由直接选举产生，任期 4 年。本届国民议会于 2007 年 4 月选举产生。在参院 109 席和众院 360 席中，人民民主党分别获得 85 和 262 席，全尼日利亚人民党分别获得 16 和 62 席，行动大会党分别获得 6 和 32 席。参议长戴维·马克（David Mark）；众议长迪梅吉·班科莱（Dimeji Bankole）。

【联邦共和国执行委员会（The Federal Executive Council）】即内阁。2010 年 4 月组成，乔纳森总统兼任电力部长，纳马迪·桑博（Namadi Sambo）任副总统，另共有 27 位部长和 11 位国务部长，主要是：外交部长亨利·阿朱莫戈比亚（Henry Ajumogobia），财政部长奥卢塞贡·阿甘加（Olusegun Aganga），国防部长阿德托昆博·卡约德（Adetokunbo Kayode），工商部长贾布里勒·库耶（Jibril Kuye）、石油资源部长德齐亚尼·马杜埃凯（Deziani Madueke，女），内政部长伊曼妞尔·伊海亚纳乔（Emmanuel Iheanacho），农业部长谢赫阿卜杜拉（Sheikh Abdullah），教育部长普卡娅图·鲁法伊（Ruqayyatu Rufai，女），科技部长穆罕默德·阿布巴卡尔（Muhammed Abubakar），信息和新闻部长多拉·阿昆尼莉（Dora Akunyili，女），交通部长尤苏夫·苏莱曼（Yusuf Sulaiman），司法部长兼总检察长穆罕默德·阿杜克（Mohammed Adoke）等。

【行政区划】实行联邦制。设联邦、州和地方三级政府。1996 年 10 月重新划分行政区域，全国划分为 1 个联邦首都区、36 个州以及 774 个地方政府。

【司法机构】联邦设有最高法院、上诉法院和高等法院，各州设高级法院，地方政府设地方法院。有的州还设有习惯法上诉法院。联邦大法官穆罕默德·拉瓦尔·乌瓦斯（Mohammed Lawal Uwais）。

【政党】1998年6月开放党禁。目前，共有50个注册政党，其中人民民主党、全尼日利亚人民党和行动大会党在尼政坛影响最大。各党主要情况如下：

（1）人民民主党（PEOPLE'S DEMOCRATIC PARTY，PDP）：执政党。1998年8月成立。该党宗旨和目标是："维护尼统一、团结与主权。"在尼北部、中部和东南部地区影响较大。该党1999年以来一直处于执政地位。现任主席奥奎西利泽·恩沃多（Okwesilieze Nwodo）。

（2）全尼日利亚人民党（ALL NIGERIAN PEOPLE'S PARTY，ANPP）：第二大党，1998年9月成立，原名全民党，2002年5月改为现名，系尼最大的反对党。该党目标是："追求公平自由、维护法治、促进团结和政治安定、维护主权、消除贫困、促进经济发展。"在尼西北部和东北部地区影响较大。现任主席埃德温·乌米·艾泽奥克（Edwin Ume Ezeoke）。

（3）行动大会党（ACTION CONGRESS，AC）：前身是前副总统阿提库2006年1月组建的先进民主党人大会党（ACD）。2006年8月，先进民主党人大会党同民主联盟党中的阿坎德派、进步大会联盟党的奥科里派以及全尼日利亚人民党的部分成员联合后，成立行动大会党。该党的口号是："永恒民主！"在尼西南部和东北部地区影响较大，尼经济中心城市拉各斯是该党的大本营。现任全国主席阿德毕西·阿坎德（Adebisi Akande）。

其他具有一定影响的政党还有：进步人民联盟、民主联盟、进步大联盟和劳动党等。

【重要人物】**古德勒克·乔纳森**：总统。1957年11月20日生于巴耶尔萨州。伊贾族，信奉基督教。获尼日利亚哈尔科特港大学生物学博士。1998年加入人民民主党并成为该党巴耶尔萨州州长候选人竞选搭档，赢得选举后任副州长。2005年12月接任州长。2006年12月成为人民民主党总统候选人亚拉杜瓦竞选搭档，参加2007年大选。2007年4月当选副总统，5月宣誓就职。2010年2月任代总统，5月6日继任总统，任期至2011年大选。已婚，有1子1女。　**纳马迪·桑博**：副总统。1954年8月2日生于卡杜纳州。豪萨族，信奉伊斯兰教。曾就读于尼日利亚阿马杜·贝罗大学建筑系，获理学学士和硕士学位。1985年成立建筑公司，并在多家全国或地方建筑公司任职。其间于1986年至1990年先后被任命为卡杜纳州农业厅厅长和工程、交通与住房建筑厅厅长。2007年5月至2010年5月任卡杜纳州州长。2010年5月19日就任副总统。已婚，有6子。

经　济

原为农业国。上世纪70年代起成为非洲最大的产油国。80年代后，随着国际市场油价下跌，尼经济陷入困境。1992年被国际货币基金组织列为低收入国家。1995年起政府对经济进行整顿，取得一定成效。奥巴桑乔政府上台后，坚持推行以自由化和私有化为方向的改革，加强基础设施建设，保持石油产业发展，并逐步加强对农业和中小企业建设的投入，积极争取外资、外援和债务减免。亚拉杜瓦总统执政后，继续推进改革，提出发展电力、能源、农业等内容的"七点计划"。2009年，国际金融危机和原油价格一度暴跌的影响犹存，经济增速下滑。石油产量受产油区安全形势影响起伏不定。2009年主要经济数据如下（资料来源：2010年5月经济季评）：

国内生产总值：1590亿美元。

人均国内生产总值：1089美元。

经济增长率：5.6%。

货币名称：奈拉。

汇率：1美元=149奈拉。

通货膨胀率：12.4%。

【资源】资源丰富。已探明有30多种矿藏。主要有石油、天然气、锡、煤、石灰石等。迄今已探明石油储量362亿桶，居世界第十、非洲第二位。日产原油能力约250万桶，受产油区安全形势紧张影响，2008年原油日均产量为210万桶，2009年中日产原油140万桶，年底恢复到200万桶以上。已探明天然气储量达5.3万亿立方米。煤储量约27.5亿吨，为西非唯一产煤国。森林覆盖率为17%。

【工矿业】石油工业是国民经济的支柱。目前尼联邦政府财政收入的85%、国内生产总值的20%~30%来源于石油行业。2009年，原油出口收入为410亿美元。因石油主要用于出口及国内炼油能力较低，约70%国内成品油消费需依赖进口。电力供应严重不足，仅足四成家庭通电。目前尼发电装机容量约为7000兆瓦，但因电力设备年久失修，实际发电量仅为装机容量的一半。2008年6月，尼政府从原油溢价账户中划拨53.7亿美元用于改善电力供应，计划在2009年底前将发电量增至6000兆瓦。主要制造业为纺织、车辆装配、木材加工、水泥、饮料和食品加工，大多集中在拉各斯及其周围地区。但由于技术水平较低，多数工业制品仍依赖进口。

【农业】尼独立初期为农业国，棉花、花生等许多农产品在世界上居领先地位。随着石油工业的兴起，农业迅速萎缩，产量大幅下降。近年来，随着尼政府加大对农业投入，农作物产量有所回升，年均增长7%以上。目前，农业在国内生产总值中所占比重为40%左右。全国70%的劳动力从事农业。可耕地8120万公顷，已耕地3400万公顷。农业主产区集中在北方地区。粮食不能自给，每年需大量进口。近年来，可可产量有所增加，保持13万~17.5万吨的水平。

【旅游业】旅游资源丰富，但尚未很好开发。全国有饭店约400家。主要旅游景点有：夸拉州和高原州的瀑布，博尔诺州的乍得湖寺院，十字河州的大牧牛场，伊莫州的奥古塔湖，翁多州的温泉和包奇州的野生动物园。

【交通运输】 运输以公路为主，以水路、铁路运输为辅。交通运输较为紧张。

铁路：总长3500余公里，均为1.067米轨距的单轨线。尼国家铁路公司在15个州有268个车站。机动车日运行能力为190辆。但因年久失修，运行能力低。上世纪90年代中后期，中国土木工程集团公司开始帮助尼政府对尼铁路系统进行全面修复，尼铁路运力得到提高，2005年货运量为9.4万吨。但因服务质量下降，客运量急剧减少，2005年仅75.3万人次，利润大幅下滑。2006年8月，尼政府宣布用25年完成铁路现代化改造。

公路：总长194394公里（铺装路面60068公里），其中高速公路1194公里。已基本形成一个连接首都阿布贾和各州首府的交通网，利用率逾90%。公路运输分别占国内货运量的93%和客运量的96%。

水运：内河航线总长3000公里，承担内河航运的主要是贝努埃河和尼日尔河。全国有11个海港，总吞吐量为3200万吨。尼拥有一支10条船的海上运输船队，总吨位为44.2万吨。主要港口有拉各斯的阿帕帕港、丁坎港、科科港、瓦里港、哈尔科特港、卡拉巴尔港和萨派勒港。

空运：尼日利亚航空公司为国有航空公司，曾开设有许多国内和国际航线。但由于经营不善，亏损严重，勉强维持运营。2005年7月，尼政府将其私有化，改称维京—尼日利亚航空公司。尼投资者持股51%，英国维京大西洋航空公司拥有49%的股权。目前航空业的主力军为私营航空公司，主要运营国内航线及少量国际航线。国际航线多为外国航空公司垄断。全国有21个机场，主要分布在联邦首都区和各州首府，其中5个国际机场，分别在拉各斯、阿布贾、卡诺、哈尔科特港和卡拉巴尔。尼与65家国际航空公司签有航空协议。

管道运输：有5000公里长的输油管道，将各炼油厂和部分港口、油井和储油库相连。2007年3月，连接尼日利亚、贝宁、多哥和加纳630公里的西非天然气管道项目竣工，日输送量预计可达1.2亿立方英尺。

【财政金融】 尼财政收入主要靠石油出口和税收。近年由于国际油价上涨，国际社会大幅减债，尼财政状况明显好转。2008年，因国际金融危机和国际原油价格下跌，尼财政收入及股市、银行业受到一定影响。2009年底外汇储备467.9亿美元，外债总额约105.97亿美元。

【对外贸易】 主要出口产品为石油、可可、橡胶和棕榈仁，主要进口产品是机械设备、交通设施和消费品等。2009年出口额约为477.52亿美元，绝大多数为石油出口收入；进口额为329.9亿美元。主要出口对象国为美国、西班牙、巴西和科特迪瓦等，主要进口国为中国、荷兰、美国和英国等。

【外国援助】 主要援助国和国际组织为美国、英国、日本、加拿大、联合国、欧盟和世界银行等。2005年6月，巴黎俱乐部宣布减免尼180亿美元债务。2006年4月，尼向巴黎俱乐部偿还共45亿美元债务，得到90亿美元债务减免。尼不再欠巴黎俱乐部债务。美国2008年向尼提供约3亿美元援助。英国自2003年起每年向尼提供3500万英镑援助，2008年起将援助金额提高到1亿英镑。2008年4月，欧盟宣布将提供4500万欧元援助，帮助尼政府促进尼日尔河三角洲地区经济发展。5月，日本宣布向尼提供110亿奈拉（约合9300万美元）援助，其中61亿用于电力领域、21亿用于教育领域、35亿用于改善尼饮用水设施。截至2010年4月，世界银行累计向尼提供无偿援助及贷款42亿美元，用于基础设施、电力、铁路、能源、供水等项目。

【外国资本】 外国投资领域主要是石油、银行、制造和建筑业。尼八家石油公司控制着75%的石油销售，外资占有40%的股份。主要投资来源国为美国、法国和英国。2009年，尼成为世界第19位、发展中国家第6位外资流入国，流入金额约为100亿美元。

人民生活

近年来尼贫困化现象日益严重。2009年贫困率达76%，失业人口达4000万。医疗条件较差。2001~2005年医疗卫生经费开支占联邦政府财政支出的4.5%。全国现有3万余名医生，74146张病床。患者与医生的比例为3059:1。截至2005年底，尼约有290万人感染艾滋病病毒，其中15~49岁成年人260万，成年人感染率为3.9%，93万儿童成为艾滋病遗孤。人均预期寿命为46.6岁。人口增长率为2.7%。是非洲最大的小儿麻痹症病发国，约占非洲发病人数的85%。2006年尼固定电话用户达3400万，2010年4月手机用户达7730万。

军　事

奉行“威慑与防御”相结合的战略方针。自1985年以来，武装部队总司令一直由国家元首兼任。国防参谋长保罗·戴克上将（Paul Dike）。

尼武装部队由陆、海、空三军组成，总兵力为78500人，其中陆军62000人，海军7000人，空军9500人。现有警察17万人。实行志愿兵役制，每年征兵一次。1月15日为军队节。

文化教育

【文化】 早在两千多年前就有了比较发达的文化。著名的诺克、伊费和贝宁文化使尼享有“黑非文化摇篮”的美誉。独立后，尼现代艺术、民间文学、音乐、舞蹈、绘画等都有较快发展，产生了一批著名小说家、戏剧家、诗人和表演艺术家。1977年尼主办了第二届世界黑人和非洲人艺术文化节。1986年，著名小说家、诗人和戏剧家沃尔·索因卡获诺贝尔文学奖，是第一位获此殊荣的黑非洲文学家。

【教育】1976年起实行小学免费教育。但由于经济困难，自1985年起改为收费。1999年9月尼政府出台全国基础教育计划，恢复小学免费义务教育。学制为小学6年，初中3年，高中3年，大学4年。全国21%的人口只受过小学教育，成年人36.7%为文盲。高等教育发展迅速，共有大学90所，较著名的有艾哈迈德·贝罗大学、伊巴丹大学、尼日利亚大学和伊费大学等，在校学生约75万人。中等专业学校近200所。师范学校约250所。商业学校80所。普通中学约12610所。小学约59340所。大多数学校教学设施陈旧，师资不足。

【新闻出版】新闻和出版业较发达。全国各种报纸杂志约2500种，电台147家，电视台183家。联邦和各州政府设有主管宣传事务的新闻部。主要报纸有：《卫报》、《每日时报》、《新尼日利亚人报》、《民族和睦报》、《笨拙报》、《先锋报》等。

尼日利亚通讯社（简称NAN）：官方通讯社，1978年10月成立。在国内21个州的35个城市派有记者，在6个国家设有分社并派常驻记者，与新华社、路透社、法新社、塔斯社、美联社等十多个通讯社签订了新闻交换协议或销售协议。泛非通讯社西非地区总分社的工作亦由尼通讯社承担。

尼日利亚联邦广播公司（简称FRCN）：前身是1952年成立的尼日利亚联邦无线广播公司，1978年6月改为现名，受联邦政府新闻部领导。该公司广播总台设在阿布贾，全国有35个广播电台。对内广播除用英语外，还有4种地方语言。对外以“尼日利亚之声”为名，用英语、法语、斯瓦希里语、豪萨语等七种语言每天广播18个小时。

尼日利亚国家电视台（简称NTA）：成立于1962年，由联邦政府新闻部领导。总部设在阿布贾，有工作人员5000多人。全国划为6个电视区。目前有45家电视台，其中13家为私人有线电视和卫星转播站。有两套节目，日均播放时间15小时。

【体育】非洲体育强国，足球运动十分普及。近10年来，尼青年足球队曾3次在世界青年足球锦标赛中夺冠。尼国家足球队1996年获亚特兰大奥运会冠军，2000年获非洲杯亚军，2002、2004和2006年获非洲杯季军，2008年获北京奥运会亚军。此外，在田径、举重等项目上，也有一定优势。

对外关系

奉行不结盟、睦邻友好和“以本国利益为中心”的多元化外交政策。积极维护非洲团结，促进地区合作，推动西非地区经济一体化进程。积极参与联合国和非洲地区组织的维和行动，谋求发挥非洲大国作用。积极倡导南南合作、南北对话，要求建立国际政治经济新秩序。尼与100多个国家建立了外交关系，共设100多个驻外使、领馆和代表团。尼是联合国、不结盟运动、77国集团、15国集团、非盟、西非国家经济共同体、石油输出国组织、非洲气候变化国家元首和政府首脑委员会等成员国以及联合国安理会2010～2011年度非常任理事国。

【同中国的关系】中尼自1971年2月10日建交以来，友好合作关系发展顺利。2005年4月，奥巴桑乔总统访华，两国元首一致同意建立战略伙伴关系。2009年中尼举行首次战略对话。

2006年4月，胡锦涛主席对尼进行国事访问。11月，奥巴桑乔总统来华出席中非合作论坛北京峰会。2008年2月，亚拉杜瓦总统对中国进行国事访问。2010年1月，杨洁篪外长访尼。5月，胡锦涛主席就亚拉杜瓦病逝事向乔纳森总统发唁电，全国人大常委会副委员长韩启德代表中国政府赴尼驻华使馆吊唁。

中尼签有贸易、经济、技术、科技合作和投资保护等协定，并设有经贸联委会。2009年中尼贸易额为63.72亿美元，其中中方出口54.76亿美元，进口8.96亿美元。中方出口商品主要为机电产品和建筑型材，进口原油和液化天然气等。

中尼签有文化合作协定和高校合作议定书。尼日利亚拉各斯大学和阿齐克韦大学各建立了1所孔子学院。2009年10月，“2009年中国文化聚焦非洲”活动在尼举行。

中国驻尼日利亚大使：邓波清。馆址：Plot 302, 303, Central District, Abuja, Nigeria。电话：(00234－9) 4618661, 4618662。传真：4618660。经商处地址：Plot 2232A, Yedeseram Street, OFF IBB Way, Maitama Abuja, Nigeria。电话：(00234－9) 4137993, 4137994。驻拉各斯总领事馆地址：Plot 161A Idejo Street, Victoria Island, Lagos, Nigeria。电话：(00234－1) 2715351, 2713535。传真：(00234－1) 2715583。经商室地址：Plot 161A Adeola Odeku Street, Victoria Island, Lagos, Nigeria。电话：(00234－1) 2612404。传真：(00234－1) 2711631。

尼日利亚驻华大使：阿米努·巴希尔·瓦利（Aminu Bashir Wali）。馆址：北京市三里屯东五街2号。电话：010－65323631, 65323632, 65323633。传真：65321650。

【同美国的关系】尼美1960年建交后，两国关系密切。上世纪90年代，美国因阿巴查军政府废除大选结果和处死人权活动分子萨罗—维瓦而对尼实行制裁。奥巴桑乔民选政府上台后，两国关系迅速改善，在能源、军事、反恐等领域合作得到恢复和加强。美是尼第一大贸易伙伴、投资来源国和进口尼石油最多的国家，尼是美在非洲第一大贸易伙伴和美在全球第三大石油进口来源地。克林顿和布什总统先后于2000年和2003年访尼。奥巴桑乔总统曾多次访美。2007年5月，当选副总统乔纳森访美。10月，亚拉杜瓦总统访美。2009年12月，由于一名尼日利亚籍男子炸美机未遂，美将尼列入"恐怖主义相关国家"名单。2010年4月，乔纳森代总统赴美参加核安全峰会并与美总统奥巴马会晤，美随后将尼从"恐怖主义相关国家"名单中删除。

【同英国的关系】独立后两国关系密切，英国一度是尼日利亚最大投资来源国。上世纪90年代，英国对尼阿巴查军政权实行制裁，并推动英联邦中止尼的成员国资格。奥巴桑乔当选总统后，两国恢复合作。2002年布莱尔首相访尼，2003年伊丽莎白女王访尼并在阿布贾主持召开英联邦首脑会。2005年6月，奥巴桑乔总统访问英国。7月，奥巴桑乔出席在英国召开的八国集团领导人和非洲国家领导人对话会。2008年7月，亚拉杜瓦总统访英，拜会了英女王伊丽莎白二世，同布朗首相举行会谈。

【同法国的关系】尼为法在非第二大贸易伙伴，法是尼第二大投资来源国。阿巴查军政府时期，法国曾中止对尼经济援助和军事合作。1999年和2000年，希拉克总统和奥巴桑乔总统实现互访。2005年5月，奥巴桑乔对法国进行工作访问并与希拉克会晤。法将尼列为开展南北合作和提供援助的优先国家之一。2008年6月，亚拉杜瓦总统对法进行国事访问，同萨科奇总统举行会谈。2009年5月，法国总理菲永访尼。2010年5月，尼日利亚总统乔纳森赴法出席法国—非洲国家首脑会议。

【同俄罗斯的关系】1961年尼与苏联建交，两国签有军贸、经济和文化教育等合作协定。奥巴桑乔政府执政后，双边交往与合作增多。2001年3月，奥巴桑乔总统对俄进行正式访问。2009年6月，俄罗斯总统梅德韦杰夫访尼，双方签署了投资促进与保护、和平利用核能合作、和平探索外太空合作、石油合作、在押人员引渡、司法互助等6项协议或谅解备忘录。

【同德国的关系】尼是德国在非洲的第二大贸易伙伴和主要石油供应国之一。2000年两国政府签署《尼日利亚与德国投资保护和促进协定》，2001年12月签署债务重新安排协议。2004年德总统约翰内斯·劳访尼。2005年3月，奥巴桑乔总统对德进行工作访问。2007年6月，亚拉杜瓦总统应邀出席在德举行的八国集团与非洲国家领导人对话会议。8月，德外长施泰因迈尔访尼。11月，德总统克勒赴尼出席第四届德国—非洲论坛。

【同南非的关系】尼日利亚曾长期支持南非人民反对种族隔离制度的斗争。两国于1994年建交。1995年尼阿巴查军政府处决人权活动分子萨罗－维瓦后，南非总统曼德拉呼吁对尼制裁。1999年两国成立双边合作委员会，确定两国副总统会晤机制化。2000年南非总统姆贝基访尼。2005年以来，两国在安理会改革问题上立场趋同，相互支持对方作为非洲国家代表"争常"。2007年5月，亚拉杜瓦当选总统后立即访南，南非总统姆贝基出席亚就职仪式。2008年6月，亚拉杜瓦总统赴南非出席世界经济论坛会议。2009年5月，亚拉杜瓦总统赴南非出席当选总统祖马的就职典礼。

【同喀麦隆的关系】两国于20世纪90年代为争夺位于两国边界的巴卡西半岛爆发武装冲突，尼日利亚军队进占巴岛大部分地区。2002年10月国际法院作出喀麦隆对巴岛拥有主权的裁定，尼日利亚拒绝接受。在联合国秘书长安南调解下，尼喀两国元首同意建立后续行动委员会落实国际法院有关裁决。2006年6月，两国元首在安南主持下就和平解决巴卡西半岛领土争端问题达成协议。8月，尼从巴卡西半岛撤军。2007年5月，亚拉杜瓦当选总统后即访喀，喀总统比亚出席亚就职仪式。2008年8月，尼政府正式向喀政府移交巴卡西半岛管理权。

【同非洲其他国家的关系】与邻国贝宁、乍得、尼日尔等经贸往来密切。但同贝宁、乍得等国在领土或领海划分上存在争端。在非洲和次区域事务中努力发挥主导作用，积极斡旋利比里亚、苏丹达尔富尔、塞拉利昂和科特迪瓦等热点问题。2006年3月，尼向利比里亚政府移交利前总统泰勒。4月，尼主持苏丹达尔富尔和谈，最终促成苏丹政府和反政府武装达成和平协议。2007年10月，尼宣布向苏丹达尔富尔地区增兵680人，并保持在该地区的军事存在，直至冲突彻底解决。2009年10月主办非盟和平与安全理事会首脑会议，主要审议非盟达尔富尔问题高级别小组报告。2009年担任西非国家经济共同体（西共体）轮值主席国期间，推动西共体干预几内亚军事政变和尼日尔政治危机并对两国进行制裁。（黄雪青）

塞拉利昂

国名 塞拉利昂共和国（The Republic of Sierra Leone）。

面积　71740平方公里（2010年经济季评）。

人口　570万（2009年）。全国有20多个民族。南部的曼迪族最大，北部和中部的泰姆奈族次之，两者各占全国人口的30%左右；林姆巴族占8.4%；由英、美移入的“自由”黑人后裔克里奥尔人占10%。官方语言为英语，民族语言主要有曼迪语、泰姆奈语、林姆巴语和克里奥尔语。60%的居民信奉伊斯兰教，30%的居民信奉基督教，10%信奉拜物教。

首都　弗里敦（Freetown），人口约100万（2007年），年平均气温25.5℃。

国家元首　总统欧内斯特·巴伊·科罗马（Ernest Bai Koroma），2007年9月17日就任。

重要节日　独立日：4月27日。

简　况

位于非洲西部，北、东北与几内亚接壤，东南与利比里亚交界，西、西南濒临大西洋。海岸线长约485公里。属热带季风气候，年平均气温约27℃。

曼迪人于13世纪进入该地区。1462年，葡萄牙殖民主义者侵入。1808年，沿海地区成为英国殖民地，1896年沦为英“保护地”。1961年4月27日宣布独立。1971年4月19日成立共和国，史蒂文斯出任总统。1978年公民投票通过一党制共和国宪法。1985年，武装部队司令莫莫少将当选总统。莫莫执政后期，完成了一党制向多党制政体的转变。1991年，桑科领导的“革命联合阵线”（简称联阵）发动叛乱，塞内战爆发。1996年2月，塞举行首次多党总统和议会选举，人民党候选人卡巴当选总统。1997年5月，科罗马少校发动政变，组建军政权，卡巴流亡几内亚。1998年2月，西非国家经济共同体维和部队推翻塞军政权。3月，卡巴回国复职。1999年11月，联合国向塞部署维和行动。2002年1月，塞内战结束。5月，卡巴在大选中获胜蝉联。2005年12月，联合国撤出驻塞维和部队，成立联合国驻塞拉利昂综合办事处（2008年10月更名为建设和平综合办事处），继续向塞提供防务和发展方面的帮助。2007年9月，塞举行总统选举，反对党全国人民大会党候选人欧内斯特·巴伊·科罗马获胜，当选新一任总统。

政　治

科罗马总统执政后，致力于推动和平进程，维护国家稳定和团结，积极开展恢复重建。2008年7月，塞举行地方政府选举，执政党大会党在多数市镇获胜。2009年2月，科小幅改组政府。

【宪法】现行宪法于1991年9月24日颁布。宪法规定总统为国家元首、内阁首脑和武装部队总司令，有权任免副总统、内阁部长、军队司令、警察总监、总检察长和首席法官。总统任期5年，可连任，但不得超过两届。

【议会】实行单一议院制，议员任期5年。本届议会于2007年8月产生，包括12名大酋长议员和112名民选议员（其中全国人民大会党占59席、塞拉利昂人民党占43席、人民民主改革运动党占10席）。议长埃贝尔·纳撒尼尔·斯特朗（Abel Nathaniel Stronge），系无党派人士，2007年9月当选。

【政府】总统内阁制。本届政府于2007年11月组建，2009年2月小幅改组。现主要成员有：副总统塞缪尔·萨姆·苏玛纳（Samuel Sam-Sumana），外交和国际合作部长扎伊娜卜·哈瓦·班古拉（Zainab Hawa Bangura，女），国防部长帕洛·康特（Paolo Conteh），财政与经济发展部长萨穆拉·卡马拉（Samura Kamara），总检察长兼司法部长阿卜杜勒·西里·卡迈勒（Abdul Serry-Kamal），矿产资源部长阿尔法·萨姆得·卡努（Alpah Kanu），卫生部长谢库·泰季·科罗马（Sheku Tejan Koroma），农业部长萨姆·塞萨伊（Sam Sesay），贸易和工业部长戴维·卡鲁（David Carew），内政、地方政府和农村发展部长达乌达·苏莱曼·卡马拉（Dauda Solaiman Kamara）。

【行政区划】全国分为3个省和首都所在的西区。3个省之下设有12个行政区，行政区以下设149个酋长领地。

【司法机构】司法机构分上级法院和下级法院。上级法院有最高法院、上诉法院和高等法院。下级法院包括地区治安法院和酋长领地地方法院。最高司法机关是最高法院。首席法官和上级法院法官由总统直接任命。现任首席大法官为乌姆·哈瓦·泰詹·贾洛（Umu Hawa Tejan Jalloh，女）。总检察长由司法部长兼任。

【政党】实行多党制。现有27个政党，主要有：

（1）全国人民大会党（All People's Congress）：执政党。1960年9月成立。1967年成为执政党，1992年该党领导的政权在军事政变中被推翻。1996年大选失利后成为在野党，2007年9月重新执政。党的宗旨是促进民主和多党制，保护自由与人权，建立公平社会，实现可持续发展。现任党领袖和主席为总统科罗马。

（2）塞拉利昂人民党（The Sierra Leone People's Party）：主要反对党。1951年4月成立，是塞最早成立的政党。党的宗旨是为巩固、维护和促进民主与人权的基本原则而奋斗。党员主要来自曼迪族，在伊斯兰教信徒中影响广泛。现任党主席为约翰·本杰明（John O. Benjamin），总书记为雅各布·萨法（Jacob Jusu Saffa）。

（3）人民民主改革运动党（People's Movement for Democratic Change）：参政党。2006年1月成立，系由从人民党中分裂出来的人士组成。党的宗旨是促进团结、自由、公正和平等，实现良治和发展。现任党领袖为查尔斯·马盖（Charles Margai）。

【重要人物】欧内斯特·巴伊·科罗马：总统。

1953 年 10 月 2 日生。信奉天主教。毕业于塞拉利昂大学，曾获历史、哲学和法律综合专业学士学位以及保险学研究生文凭。1978～2002 年先后在塞拉利昂国家保险公司、塞拉利昂保险信托有限公司工作。1996 年当选议员。2002 年 3 月当选大会党领袖，参加当年总统选举失败后任议会少数党领袖。2007 年 9 月以反对党大会党候选人身份在总统选举中胜出，当选总统。

经　济

经济以农业和矿业为主，粮食不能自给。长期内战使塞基础设施毁坏严重，国民经济濒于崩溃。内战结束后，塞政府集中精力重建经济。科罗马总统执政后，优先发展农业、基础设施和矿业，加强税收征管，重点解决电力短缺问题。受国际金融危机影响，2009 年塞经济增长明显放缓。2009 年主要经济数据如下（资料来源：2010 年 3 月经济季评）：

国内生产总值：18 亿美元。

人均国内生产总值：316 美元。

国内生产总值增长率：4%。

货币名称：利昂（Leone）。

汇率：1 美元＝3386.2 利昂。

通货膨胀率：12.2%。

【资源】矿藏丰富，主要有钻石、黄金、铝矾土、金红石、铁矿砂等。钻石储量 2300 多万克拉。黄金矿砂发现 5 处，其中仅南方省包马洪地区储量即达 2000 万吨，每吨矿砂含金 0.2 盎司。铝矾土储量 1.22 亿吨，金红石储量约 2.78 亿吨，铁矿砂储量近 2 亿吨。渔业资源丰富，主要有邦加鱼、金枪鱼、黄花鱼、青鱼和大虾等，水产储量约 100 万吨。全国森林面积约 32 万公顷，占土地总面积的 6%，盛产红木、红铁木等，木材储量 300 万立方米。

【工业】2007 年工业总产值约 1.66 亿美元，占国内生产总值的 8.5%，从业人口占总劳动力的 19%。采矿业是主要工业部门，其余有建筑业、食品加工、制鞋、石油提炼、制漆和水泥等。2008 年钻石出口 37.1 万克拉。近年来主要矿、工产品产量如下：

	2004	2005	2006
钻石（万克拉）	69.3	66.9	58.2
黄金（盎司）	863	1692	2280
啤酒（万箱）	80.9	85.2	83.2
乙炔（万立方英尺）	1.2	21.9	29.1
氧气（万立方英尺）	42.8	96.6	79.2
水泥（万吨）	18	17.2	23.4
油漆（万加仑）	16.5	13.6	14.3
糖果（万磅）	273.3	207.4	233

（资料来源：2009 年第一季度经济季评）

【农业】2007 年农业总产值约 11.24 亿美元，占国内生产总值的 57.6%。全国 65% 以上的劳动力从事农业生产。塞土地面积 720 万公顷，其中可耕地面积占 75%，但只有 9% 为已耕地。塞土地肥沃，雨量充沛，适宜农作物生长，但生产方式落后，大多以家庭为单位采用传统方法耕作。粮食不能自给。主要农作物有可可、木薯、咖啡、稻米、甘薯、花生、玉米等，近几年产量如下（单位：万吨）：

	2004	2005	2006
可可	0.62	0.66	1.39
木薯	175.9	228.7	297.3
咖啡	0.01	0.15	0.15
稻米	54.2	73.8	106.2
甘薯	15.3	10.6	16.8
花生	9.11	10.5	11.5
玉米	3.2	3.9	4.9

（资料来源：2009 年第一季度经济季评）

畜牧业以饲养牛、羊、猪、鸡为主。2004 年渔业产量约为 12 万吨。

【旅游业】海滨地区风光秀丽，十分适宜发展旅游业。但由于交通不便和缺乏资金，旅游资源一直得不到有效开发。近年来，旅游业缓慢发展。2006 年全国宾馆酒店共有床位 2642 张，累计接待外国游客约 3.37 万人次。主要景点有：50 公里长、未被污染的原始沙滩，宾图玛尼山脉和铁吉山脉等。

【交通运输】铁路：上世纪 60 年代末有 600 公里，1974 年后停用。

公路：总长约 11300 公里，其中仅 904 公里是沥青路面。

水运：有 34 个大小不等的港口和码头，多由外国公司经营。主要港口弗里敦为深水良港，可停泊万吨轮船，年吞吐量 125 万吨。佩佩尔、邦特、尼蒂为矿产品和农副产品出口港。内河航线 750 公里，终年可通航的有 600 公里，部分河流每年仅 3 个月可通航。

空运：隆吉机场是唯一的国际机场。另有国内机场 12 个，可停降小型飞机。目前，塞国际航班均由外国航空公司运营。

【财政金融】据塞政府统计，2009 年度财政总收入 11980 亿利昂，总支出 14840 亿利昂，赤字 2860 亿利昂。

2009 年，外汇储备（不含黄金）1.84 亿美元。（资料来源：2010 年 3 月经济季评）

塞拉利昂银行是塞中央银行，负责制定规章制度和监督金融运作。截至 2006 年，共有 8 家商业银行、2 家票据贴现银行以及数十个外汇兑换所。

【对外贸易】主要出口钻石、金红石、可可、咖啡等，主要进口燃油、机械、食品、工业制成品等。2007 年主要出口对象为比利时、美国、荷兰、英国等；进口主要来自中国、科特迪瓦、美国、巴西等。近年来对外贸易情况如下（单位：亿美元）：

	2007	2008	2009
进口额（离岸价格）	3.9	4.4	4.3
出口额（离岸价格）	3.0	3.3	2.3
差　额	-0.9	-1.1	-2

（资料来源：2010 年 3 月经济季评）

【外国援助】2005 年接受外援总额 3.43 亿美元（无偿援助占 3 亿美元），其中双边援助约 1.3 亿美元，多边援助约 2.13 亿美元。排在前五位的援助方依次是：欧盟 8560 万美元、英国 6060 万美元、国际发展协会 5160 万美元、美国 2100 万美元、德国 640 万美元。

人民生活

根据联合国 2009 年度人类发展报告，塞拉利昂的人类发展指数在 182 个国家居第 180 位。70% 的人口生活在贫困线以下。57% 的人口可用上干净饮用水。2005 年人均预期寿命 41 岁。疟疾、肺结核、伤寒、霍乱和拉沙热等病流行。儿童死亡率较高。据英国慈善组织“拯救儿童”发布的报告称，塞约有 25% 的儿童在 5 岁前夭折。

军　事

1961 年建军，称塞拉利昂皇家部队，1971 年改称塞拉利昂共和国武装部队。最高指挥机构为国防部，总统为武装部队总司令。实行义务兵役制。现任总参谋长尼尔森·威廉姆斯上将（Nelson · Williams）。

塞现有总兵力 9874 人，其中陆军 9544 人，海军 298 人，空军 32 人。2008 年，塞国防预算约 1400 万美元。

文化教育

【教育】20 世纪 90 年代初成立国家基础教育委员会，实行 9 年义务教育制。目前，塞有小学 2773 所，中学 234 所，师范学校 6 所，大学 2 所，即塞拉利昂大学和恩加拉大学。

【新闻出版】共发行报刊 40 种，均为英文，多数为周报，发行量较小。其中《每日邮报》和《自由之声》为官办报纸，另有《阿沃克报》、《协和时报》、《独立观察家报》和《团结报》等私营报纸。

塞新闻社成立于 1980 年，是隶属于新闻部的官方新闻社，由联合国教科文组织向其提供技术和设备。塞新社是泛非新闻社成员，向泛非社、BBC 等国际新闻机构和塞拉利昂广播系统提供新闻稿。每天出版《新闻公报》，2000 年 2 月 21 日开始每 3 周出版 1 期《塞拉新闻》。

塞拉利昂广播电台始建于 1955 年，每天用英语、曼迪语、克里奥尔语广播，覆盖全国。VOA 和 BBC 在塞设有转播站。另有民主之声等私营广播电台。

塞拉利昂电视台建于 1963 年，后因设备破旧停播。1994 年 2 月获外商援助重新开播，但仅能覆盖首都弗里敦地区。此外，还有 1 家私营电视台。

对外关系

奉行不结盟和睦邻友好政策。致力于非洲团结和地区合作；主张南北对话和南南合作，反对外来干涉，呼吁建立国际经济新秩序。现为联合国、世界贸易组织、不结盟运动、伊斯兰会议组织、英联邦、非洲联盟、西非国家经济共同体、马诺河联盟等组织成员，同世界上 90 多个国家建立外交关系。现为非盟联合国改革十国元首委员会主席。

【同中国的关系】1971 年 7 月 29 日，两国建交，此后两国关系发展顺利。

2009 年 5 月，塞总统科罗马访华，双方签署了《中华人民共和国政府和塞拉利昂共和国政府经济技术合作协定》等合作文件。

2009 年，中塞贸易额为 6600 万美元，同比下降 22.5%。其中中方出口额 5500 万美元，进口额 1100 万美元。

中国驻塞拉利昂大使：邱绍芳。馆址：No. 29, Wilberforceloop, Freetown, Sierra Leone。电话：231571（使馆），236236（领事处），234769（经商处）。传真：231797（使馆），234777（经商处）。国家地区号：00232－22。邮政信箱：P. O. Box 778。网址：sl. china-embassy. org（使馆），sl. mofcom. gov. cn（经商处）。

塞拉利昂驻华大使：阿布杜·卡瑞姆·科罗马（Abdul Karim Koroma）。馆址：北京市东直门外大街 7 号。电话：010－65321222。传真：65323752。

【同英国的关系】1961 年 4 月与英国建交。塞为英联邦成员，两国关系密切。英系塞主要援助国。2006 年 10 月，英派兵与塞军举行联合军事演习。11 月，英王储查尔斯访塞。2007 年 5 月，英首相布莱尔访塞。2008 年 1 月，科罗马总统访英。2009 年 1 月，英外交国务大臣刘易斯访塞。4 月，英前首相布莱尔再度访塞。11 月，塞援助和投资会议在伦敦举行。

【同美国的关系】1961 年 4 月同美国建交。2004 年 4 月，美批准塞向美出口纺织品等商品可享受免关税和免配额待遇。2005 年，美先后向塞提供 800 万和 450 万美元援助，用于支持塞社区农业发展和地方政府建设。2007 年 6 月，美宣布免除塞 5800 万美元债务。11 月，美助理国务卿弗雷泽赴塞出席科罗马总统就职仪式。2009 年 9 月，美军非洲司令部司令瓦德访塞。11 月，美宣布对塞粮食援助提高至每年 2400 万美元。

【同尼日利亚的关系】1961 年 4 月同尼日利亚建交。两国签有安全协定。尼曾在塞驻军，负责塞总统府等要地的守卫，并帮助训练塞军队。2000 年 11 月，在尼等西非国家经济共同体成员国的调解下，塞政府和叛军在尼首都阿布贾达成停火协议。2003 年 6 月，卡巴总统赴尼出席奥巴桑乔总统的就职仪式。

2004年1月，卡巴总统访尼。2007年5月，尼总统奥巴桑乔访塞。11月，尼新任总统亚拉杜瓦赴塞出席科罗马总统就职仪式。2008年6月，塞总统科罗马对尼进行工作访问，并出席第36届西共体峰会。

【同利比里亚的关系】1961年4月同利比里亚建交。1973年10月，两国签订关于成立马诺河联盟的宣言。1977年，两国实施统一对外关税。1986年，塞、利、几内亚三国签订“互不侵犯和安全合作条约”。1997年利总统泰勒上台后，塞利关系不睦。2003年8月泰勒下台后，塞利关系逐步改善。2004年1月和7月，卡巴总统两次访利。2005年12月，利当选总统瑟利夫访塞。2006年1月，卡巴总统赴利出席瑟利夫总统就职仪式。7月，卡巴总统出席利独立159周年庆祝活动。2007年5月，瑟利夫总统访塞，11月出席科罗马总统就职仪式。

【同几内亚的关系】1961年4月与几内亚建交。1980年，几内亚加入塞拉利昂与利比里亚共同成立的马诺河联盟。2000年9月，塞、几、利三国边境地区武装冲突升级，几指责塞联阵和塞在几难民参与对几的侵略行动。2002年6月，塞几在塞东部边境城镇扬加归属问题上发生纠纷。12月，双方发表联合公报，承认扬加镇为塞领土。2003～2004年，卡巴总统多次访几。2007年11月，几总统孔戴赴塞出席科罗马总统就职仪式。2008年10月，塞国防部长康特和总参谋长威廉姆斯访几。同月，科罗马总统赴几内亚出席几独立50周年庆典，后又出席孔戴总统葬礼。2009年7月，科罗马总统访几，双方签署了重启边境问题技术委员会的联合公报。（王玉泽）

塞内加尔

国名 塞内加尔共和国（The Republic of Senegal，La République du Sénégal）。

面积 196722平方公里。

人口 1250万（2009年）。全国有20多个民族，主要是沃洛夫族（占全国人口的43%）、颇尔族（24%）和谢列尔族（15%）。官方语言为法语，全国80%的人通用沃洛夫语。94%的居民信奉伊斯兰教，5%信奉拜物教，其余信奉天主教。

首都 达喀尔（Dakar），人口253.5万（2009年）。9～10月气温最高，平均为24℃～32℃，1月气温最低，平均为18℃～26℃。

国家元首 总统阿卜杜拉耶·瓦德（Abdoulaye Wade）。2000年3月首次当选，2007年2月蝉联。

重要节日 国庆日：4月4日。

简况

位于非洲西部凸出部位的最西端。北接毛里塔尼亚，东邻马里，南接几内亚和几内亚比绍，西濒大西洋。海岸线长约500公里。属热带草原气候，年平均气温29℃，最高气温可达45℃。11月至次年6月为旱季，7～10月为雨季。

公元10世纪，图库列尔人建立泰克鲁王国，14和16世纪先后并入马里帝国和桑海帝国。1864年沦为法国殖民地。1909年划入法属西非。1958年11月成为“法兰西共同体”内的“自治共和国”。1959年4月与苏丹（今马里共和国）结成马里联邦。1960年4月4日，同法国签署“权力移交”协定。6月20日，马里联邦宣告独立。8月20日，塞退出联邦，成立独立的共和国，列奥波尔德·塞达·桑戈尔为首任总统。独立后，桑戈尔总统领导的社会党长期一党执政。1974年起实行多党制。1980年12月31日，桑戈尔总统自动引退，总理阿卜杜·迪乌夫接任。此后，迪乌夫于1983年、1988年和1993年三次连选连任。2000年3月，民主党候选人瓦德击败迪乌夫当选总统，结束社会党长达40年的执政历史。2007年2月，瓦德连选连任。

政治

瓦德总统执政以来，大力推进民主化进程，重视发展经济和改善民生，积极参与地区和国际事务。2007年瓦德总统连任后，领导民主党在同年举行的国民议会和参议院选举中获得压倒性胜利。但2009年3月，民主党在首都达喀尔等市地方政府选举中失利。4月，瓦德总统任命苏莱曼·恩德内·恩迪亚耶（Souleymane Ndéné Ndiaye）为新总理，此后又多次调整内阁。

塞南部卡萨芒斯地区一直有离心分裂倾向。瓦德执政后，主张通过和平谈判解决卡萨芒斯问题。2004年底，塞政府与该地区分裂组织“卡萨芒斯民主力量运动”在卡萨芒斯首府济金朔尔签署和平协议。2009年下半年以来，塞政府军和“卡萨芒斯民主力量运动”多次交火。塞政府多次重申和平谈判的立场，目前该地区局势已有所缓和。

【宪法】现行宪法于2001年1月经全民公决通过，后经多次修改。宪法规定：总统是国家元首和武装部队最高统帅，由直接普选产生，任期7年（2001年宪法规定为5年，2008年7月通过的宪法修正案规定，自下届总统起任期为7年），只能连任一次。总统缺位，由参议长代理，并在2～3个月内举行大选。总理为政府首脑，由总统任命。2009年5月和6月，塞国民议会和参议院先后通过宪法修正案，增设副总统职位。

【议会】实行两院制，由国民议会（Assemblée Nationale）和参议院（Sénat）组成。国民议会由普选产生，任期5年。本届国民议会于2007年6月成立，共150个席位。民主党领导的2007变革联盟占131席（民主党占124席），共同重建塞内加尔联盟3席，共同建设塞内加尔联盟3席，瓦赫维联盟3席，人民联盟2席，其余8个小党各1席。现任议长为马马杜·塞克（Mamadou Seck，民主党，2008年11月当选，2009年11月连任），任期1年。参议院共有100名参议员，其中35个省每省1席，由选举产生，其余65席由总统任命产生，任期5年。本届参议院成立于2007年8月。民主党获得35个选举产生的议席中的34席，非洲争取民主和社会主义党获1席。参议长帕普·迪奥普（Pape Diop，民主党，2007年10月当选）。

【政府】本届政府于2007年6月成立，后经多次改组。2009年4月，瓦德总统任命苏莱曼·恩德内·恩迪亚耶为总理。现政府成员还包括：政府秘书长帕普·奥斯曼·盖伊（Pape Ousmane Gueye），外交国务部长马迪克·尼昂（Madické Niang），内政国务部长贝卡耶·迪奥普（Bécaye Diop），经济和财政国务部长阿卜杜拉耶·迪奥普（Abdoulaye Diop），掌玺和司法国务部长哈吉阿马杜·萨勒（El Hadji Amadou Sall），武装力量国务部长阿卜杜拉耶·巴尔德（Abdoulaye Baldé），环境、自然保护、蓄水塘和人工湖国务部长吉博·莱蒂·卡（Djibo Leyti Kâ），国际合作、领土整治、空中交通和基础设施国务部长卡里姆·瓦德（Karim Wade），城市化、住房、建设和水利国务部长奥马尔·萨尔（Oumar Sarr），矿业、工业、农产品加工业和中小企业国务部长奥斯曼·恩戈姆（Ousmane Ngom），公职、劳动、就业和职业组织国务部长迪亚卡里亚·迪奥（Diakaria Diaw），家庭、食品安全、妇女企业、小额信贷和幼儿事务国务部长恩德耶·哈迪·迪奥普（Ndèye Khady Diop，女），电信、信息通讯技术、陆路和铁路交通部长阿卜杜拉希姆·阿涅（Abdourahim Agne），高等教育、大学事务和科学研究部长阿马杜·蒂迪亚内·巴（Amadou Tidiane Ba），学前、中小学教育和民族语言部长卡利杜·迪亚洛（Kalidu DIALLO），能源部长萨米埃尔·阿梅特·萨尔（Samuel Amet Sarr），海洋经济、渔业和海运部长库雷希·蒂亚姆（Khoureyssy Thiam），权力下放和地方行政部长阿利乌·索乌（Aliou Sow），手工业、旅游、同私营和非正规部门关系部长蒂埃诺·洛（Thierno Lô），卫生和预防部长莫杜·迪亚涅·法达（Modou Diagne Fada），生物燃料和水产养殖部长泰蕾兹·孔巴·迪奥普（Thérèse Coumba Diop，女），农业部长法图·盖伊·萨尔（Fatou Gaye Sarr，女），畜牧业部长乌穆·哈伊里·盖伊·塞克（Oumou Khaîry Guèye Seck，女），文化部长塞里涅·马马杜·布索·莱耶（Serigne Mamadou Bousso Lèye），技术教育和职业培训部长穆萨·萨科（Moussa Sakho），青年、体育和娱乐部长马马杜·拉明·凯塔（Mamadou Lamine Keita），社会事务和与机构关系部长福斯坦·迪亚塔（Faustin Diatta），海外侨民部长萨达·恩迪亚耶（Sada Ndiaye），新闻部长兼政府发言人穆斯塔法·吉拉西（Moustapha Guirassy），贸易部长阿马杜·尼昂（Amadou Niang），清洁和公共卫生部长阿达马·萨勒（Adama Sall），经济和财政部负责预算的部长级代表阿卜杜拉耶·迪奥普（Abdoulaye Diop），农业和水产养殖部负责同农民组织和种植业者工会的部长级代表哈迪姆·盖伊（Khadim Guèye）。

【行政区划】2008年2月，塞国民议会审议通过关于修改地方行政组织法的法案，决定增设3个行政区。目前全国共有14个行政区，下设45个省，117个县，基层行政单位共有150个城镇和353个乡村。

【司法机构】现行宪法规定，司法权由宪法委员会、最高法院、审计法院、各级地方法院和法庭行使。1992年，塞进行司法体制改革，成立宪法委员会、行政法院。2001年宪法延续该体制。2008年4月，塞国民议会通过关于成立最高法院的法案，决定将行政法院和上诉法院合并为最高法院，并于8月对宪法相关条款进行了修改。11月，瓦德总统主持最高法院成立仪式，并任命帕普·奥马尔·萨科（Pape Oumar SAKHO）为最高法院院长，阿卜杜拉耶·盖伊（Abdoulaye Gaye）为总检察长。

【政党】塞目前共有145个合法政党，主要有：

（1）塞内加尔民主党（Le Parti Démocratique Sénégalais）：执政党。1974年7月31日由现任总统瓦德创立。以正义、尊严和博爱为箴言，宗旨是通过民主手段建立一个民主、社会主义和全面发展的社会。组织机构健全，基层组织遍布全国。瓦德总统担任总书记。

（2）非洲争取民主和社会主义党（Parti Africain pour la Démocratie et le Socialisme）：参政党。由新民主革命运动等4个左派政党于1991年12月合并组成，主张民主、社会公正、进步和非洲团结。党代会为党的最高权力机构，每5年举行一次。总书记为兰丁·萨瓦内（Landing Savané）。2009年6月，该党二号人物马马杜·迪奥普（Mamadou Diop）召集特别党代会，并被选举为总书记，正式与萨瓦内决裂。萨随后加入反对党联盟。

（3）民主复兴联盟（Union pour le Renouveau Démocratique）：参政党。前身是社会党内部一些受排挤的人士组织的“民主革新潮流”，主张党内民主和革新，1998年4月正式脱离社会党另立门户。总书记为吉博·莱蒂·卡（现任环境、自然保护、蓄水塘和人工湖国务部长）。

(4) 塞内加尔社会党 (Le Parti Socialiste du Sénégal): 塞独立后曾长期执政, 2000 年 3 月沦为在野党。前身为塞内加尔民主集团, 1958 年与塞内加尔行动社会党合并为塞内加尔进步联盟, 1976 年 12 月改为现名。纲领是实行 "民主社会主义", 即在保留非洲特性的同时, 建立一个开放、民主和人道主义的社会。主席为前总统阿卜杜·迪乌夫 (Abdou Diouf), 总书记乌斯曼·塔诺·迪昂 (Ousmane Tanor Dieng)。

(5) 进步力量联盟 (Alliance des Forces de Progrès): 在野党。由部分原社会党成员于 1999 年 8 月组建, 主张建立民主政治, 依靠政治方式维护社会稳定。总书记为前政府总理穆斯塔法·尼亚斯 (Moustapha Niasse)。

此外, 还有国家党、自由党、进步和公民党、进步和正义联盟, 全国民主联盟、独立劳动党、民主联盟 (原为民主联盟—争取劳动党运动, 2008 年 12 月改为现名)、塞内加尔共和运动、非洲群众独立党、塞内加尔民主联盟 (革新派)、塞内加尔共和党、塞内加尔非洲生态学者党、争取民主和联邦制联盟等。2008 年 12 月, 前国民议会议长萨勒成立 "争取共和联盟" (Alliance Pour la République)。

【重要人物】阿卜杜拉耶·瓦德: 总统。1926 年 5 月 29 日生于塞内加尔圣·路易市。信奉伊斯兰教。曾先后在法国贝藏松大学、第戎大学和格勒诺布尔大学学习, 获心理学、道德与社会学高等教育学习证书, 政治经济学、公法大学文凭, 法律学士学位, 法律与经济学博士学位。1959 年回国后从事律师工作, 并先后任教于达喀尔大学、巴黎二大、巴黎一大。早年曾加入塞内加尔社会党的前身塞进步联盟。1974 年创建民主党, 任总书记。1978 年起连续五次当选为国民议会议员。1991 年 4 月至 1992 年 10 月任国务部长。1995 年 3 月至 1998 年 3 月任共和国总统特别国务部长。2000 年 3 月当选总统, 2007 年 2 月连任。瓦系非洲经济问题专家, 著述甚丰, 主要有《西非经济: 统一与发展》和《非洲的命运》等。已婚, 有 1 子 1 女。

经　济

系最不发达国家, 但经济门类较齐全, 具备一定的工业基础, 三大产业发展较平衡。粮食不能自给, 农业以种植花生、棉花为主, 是西非地区主要产棉国之一。渔业、花生、磷酸盐出口和旅游是塞四大传统创汇产业。瓦德总统执政以来, 把增加就业、减贫作为经济政策的首要目标, 重视基础设施建设, 扶持花生种植等经济支柱产业和电信等新兴行业发展, 积极寻求外资外援, 经济保持增长。2009 年, 塞政府继续加大对农业和基础设施建设的投入, 粮食产量增加。但受国际金融危机冲击, 外国投资和援助减少, 经济增长放缓。2009 年主要经济数据如下:

国内生产总值: 122 亿美元。

人均国内生产总值: 975 美元。

国内生产总值增长率: 1.7%。

货币名称: 非洲金融共同体法郎, 简称非洲法郎 (FCFA)。

年均汇率: 1 美元≈472 非洲法郎。

通货膨胀率: -1.0 %。

(资料来源: 2010 年 4 月经济季评)

【资源】 矿产资源贫乏, 主要有磷酸盐、铁、黄金、铜、钻石、钛等。磷酸钙储量约 1 亿吨, 磷酸铝储量约在 5000 万 ~ 7000 万吨之间。近海有少量石油, 估计储量为 5200 万 ~ 5800 万吨。内陆约有 100 亿立方米的天然气储备。森林面积占全国面积的 32%, 约 620.5 万公顷。塞同马里、毛里塔尼亚和几内亚成立了 "塞内加尔河开发组织" (Organisation pour la Mise en Valeur du Fleuve Sénégal, OMVS), 同冈比亚、几内亚、几内亚比绍成立了 "冈比亚河开发组织" (Organisation pour la Mise en Valeur du Fleuve Gambie, OMVG)。

【工业】 西非地区工业最发达的国家之一。2007 年工业产值约占国内生产总值的 19.4%。全国有 500 多家企业, 85% 的工厂企业集中在达喀尔。食品加工业是最主要的工业部门, 约占每年工业增加值的 40% 左右。化工业在每年工业增加值中所占比重为 12%, 主要生产磷酸盐和化肥等。2009 年磷酸盐产量约为 9.03 万吨, 化肥产量约为 4.4 万吨。近年汽车装配业发展迅速, 2003 年同印度塔塔国际公司成立了生产汽车的合资公司, 2008 年又同伊朗 KHODRO 公司成立了轿车组装工厂。此外, 建筑业近年因政府大力开展基础设施建设而获得较快发展。

【农牧渔业】 2007 年农业产值约占国内生产总值的 16%。农业人口占全国总人口的 70% 以上。可耕地 815.7 万公顷, 已耕地 246 万公顷。主要经济作物有花生和棉花。花生种植面积约 100 万公顷, 棉花种植面积 4.3 万公顷。除满足国内需要外, 绝大部分花生用于出口, 是国民经济重要支柱之一。主要农作物有小米、高粱、玉米, 粮食不能自给, 仅能满足 40% 的需求。瓦德总统重视发展农业, 采取了规范农产品产销体制, 稳定花生、棉花等主要经济作物价格等措施。近年随着政府加大对农田水利设施投资, 可耕地面积扩大, 水稻等农作物产量有所增加。2009 年, 政府继续加大对农业投入, 宣布进行 "农业革命" 和 "绿色革命", 通过建立农业协会和农民银行等方式, 增加农业补贴, 粮食作物普遍丰收。但受国际金融危机影响, 粮食价格下跌, 加上加工能力薄弱, 增产不增收。近年主要农作物产量如下 (单位: 万吨):

	2006/2007	2007/2008	2008/2009
花生	49.5	33.1	73.1

棉花	5.2	4.5	3.8
高粱	12.1	10	25.2
小米	49.4	31.9	67.8
玉米	18.2	15.8	39.7
水稻	19	19.3	40.8

（资料来源：2008年经济季评、2009年塞内加尔人口与统计局数据）

畜牧业以饲养牛、羊、猪、马、家禽为主，近年产值在国民生产总值中所占比例约为4%。牲畜存栏数情况如下：

	2006	2007	2008
牛（万头）	313.6	316.3	321
绵羊（万只）	499.6	510.8	525.1
山羊（万只）	426.3	435.3	447.7
猪（万头）	31.7	31.9	32.7
马（万匹）	51.7	51.8	52.4

（资料来源：2009年塞内加尔人口与统计局数据）

渔业是塞经济主要支柱之一，是塞第一大创汇产业，年出口额约为140亿非洲法郎。2007年渔业出口占塞出口贸易总额的19%。全国渔业从业人员约有50多万，占就业人口的15%，是第二大就业产业。近年来，受渔业资源萎缩影响，渔业从业人员数量有所减少。近年捕鱼量情况如下（单位：万吨）：

	2006	2007	2008
捕鱼总量	36.9	41.1	42.0
其中：手工捕鱼	33.6	36.8	37.7
工业捕鱼	3.3	4.3	4.3

（资料来源：2009年塞内加尔人口与统计局数据）

【旅游业】 塞经济的四大支柱之一，为塞第二大创汇产业，被塞政府列入促进经济快速增长战略中优先发展的产业。近年每年赴塞游客约50万人次，主要来自法国、意大利、西班牙等欧洲国家、美国和其他非洲国家。旅游点主要集中在达喀尔、捷斯、济金朔尔、圣路易地区。12月至次年2月为旅游旺季。为促进旅游业的进一步发展，塞政府自2007年3月起将旅游业增值税由18%降至10%，当年吸引游客54万多人次，比上年增长5.1%，实现外汇收入1387亿非洲法郎，同比增长6%。由于基础设施陈旧老化及国际金融危机影响，2009年塞入境游客人数降至36.6万人次，远低于2008年的49.2万人次，旅游收入锐减。

【交通运输】 国内运输主要靠公路和铁路，有以达喀尔区为中心的连接全国各地的陆路交通干线网。达喀尔是非洲通往欧洲和美洲的海上交通要道，也是重要的国际航空枢纽。

公路：具有西非地区最优良的公路网。截至2007年底，全国公路总长14314公里，其中柏油路4660公里。全国共有各类机动车28万辆，其中72.5%的车辆都集中在首都达喀尔地区。

铁路：全国铁路网主干线总长达905公里，二级铁路总长151.8公里。连接达喀尔和马里首都巴马科的铁路是最重要的铁路线之一，总长1287公里（其中塞境内646公里）。2003年加拿大公司Canac-Getma获得该线路25年经营权，货物运输量得到大幅提高。近年达喀尔—巴马科铁路线货运量情况如下（单位：吨）：

	2006	2007	2008
国内货运量	48890	26240	65962
跨境货运量	313060	346156	298076
总货运量	378558	388081	378987

（资料来源：2009年塞内加尔人口与统计局数据）

水运：塞内加尔河全年通航距离为220公里，汛期可通航924公里。达喀尔港是西非第二大港，境内及对非洲和欧洲的货运往来频繁，2007年吞吐量为1110万吨。港口管理局与迪拜港世界公司合作，正在实施现代化扩建计划，以增强其竞争力。其他港口有圣路易港和济金朔尔港。近年达喀尔港货运吞吐量情况（单位：万吨）：

	2006	2007	2008
卸载货物量	765.1	878.8	835.8
装载货物量	227.9	232.2	223.2
吞吐总量	993	1110.9	1059

（资料来源：2009年塞内加尔人口与统计局数据）

空运：达喀尔列奥波尔德·塞达·桑戈尔机场为国际机场，年均客运量160万人次，货运量2万~3万吨。2007年客运量182万人次，货运量2.48万吨；2008年客运量180万人次，货运量2.18万吨。法航、葡航等国际航班起降桑戈尔国际机场。自1998年起，圣路易有包机飞往法国。另有12个二级机场，其中较重要的有济金朔尔机场。1999年，塞航空公司将其51%的股份卖给摩洛哥皇家航空公司，并于2001年组成塞内加尔国际航空公司。2003年塞航曾被评为非洲最佳航空公司。近年来，受巨额债务所累，塞航运营困难。2007年底，塞政府收回该公司经营权。2009年，塞政府以摩航拒绝对塞航进行全面审计为由起诉摩航，塞航全面停业。经协商谈判，塞航终止与摩航股权合作，塞政府以塞航为基础组建新的国营航空公司，并计划于2010年下半年恢复营业。

2007年4月，布莱茨·迪亚涅国际机场举行奠基仪式。该机场位于距达喀尔50公里处，承运能力将是桑戈尔机场的两倍，造价约2.94亿美元。

【财政金融】 财政收入的主要来源是各种税收和外国援助。近年财政收支情况如下（单位：亿非洲法郎）：

	2006	2007	2008
收入	10360	12313	12918

支出	13177	14356	15785
差额	-2817	-2043	-2867

（资料来源：2008 年经济季评，2009 年塞内加尔人口与统计局数据）

截至 2009 年底，塞外汇储备约为 21.23 亿美元，外债总额约 36.71 亿美元。塞于 2000 年被国际货币基金组织列入重债穷国减债计划，2003 年达到减债计划的完成点，并于 2006 年被列入多边减债计划。

【对外贸易】 主要出口渔业产品、花生、磷酸盐、石油产品、棉花和肥料等，进口粮食、原油、机电和日常消费品等。主要贸易伙伴是法国（系塞最大贸易伙伴，2008 年分别占塞进、出口总额的 20% 和 5.5%）、英国、马里、印度、冈比亚、中国、比利时等。近年进出口贸易情况如下（单位：亿非洲法郎）：

	2006	2007	2008
出口额	8330	8100	8930
进口额	16610	18720	25342
贸易逆差	8280	10620	16412

（资料来源：2008 年经济季评，2009 年塞内加尔人口与统计局数据）

【外国援助】 据经济合作与发展组织统计，塞政府 2007～2008 年分别获得官方发展援助 8.72 亿美元和 10.58 亿美元（货币单位下同），其中双边援助分别占 55% 和 56%。主要捐助方为：法国 2.11 亿，国际开发协会 1.34 亿，欧洲共同体 1.2 亿，西班牙 0.9 亿，非洲发展基金 0.72 亿，加拿大 0.61 亿，美国 0.55 亿，阿拉伯机构 0.41 亿，阿拉伯国家 0.34 亿，荷兰 0.3 亿。

人民生活

根据联合国开发计划署公布的《2009 年人类发展报告》，塞人类发展指数在世界 182 个国家中排第 166 位。2004 年贫困人口占全国总人口的 33.4%。城市失业率约为 17%。人均寿命为 61.2 岁，新生儿死亡率为 65‰。24% 的人口不能享有洁净水，仅有 50% 的人口能享有卫生服务，3/4 的医护人员集中在达喀尔和捷斯。2005 年，塞有 5.6 万名艾滋病携带者，成人感染率为 0.9%。随着政府投入的增加，塞疟疾死亡病例从 2006 年的 1678 例下降至 2009 年的 577 例，发病率也从 2001 年以前的 30% 降至目前的 5.7%。

2008 年全国有 25.5 万条固定线路。2007 年移动电话用户约 360 万户。2009 年塞内加尔移动电话、计算机和互联网普及率分别为 85.75%、11.5% 和 4%，企业和行政机关计算机普及率分别为 92.6% 和 98%。

军　事

1960 年 8 月 22 日建军。总统为武装部队最高统帅，最高军事决策机构是国防委员会。政府设国防部，军队设总参谋部，下辖七大军区。实行义务兵役制，服役期两年。

2006 年总兵力 13620 人，此外还有宪兵 5000 人。陆军 11900 人，编有步兵部、工兵营、总统卫队、炮兵群、侦察中队、伞兵连等部队；海军 950 人；空军 770 人。现任总参谋长阿卜杜拉耶·法勒中将（Abdoulaye Fall）。

文化教育

【教育】 教育发展较快。2007 年，小学入学率为 86%，全国共有 157 万在校生；中学入学率为 35.9%，全国共有 39.3 万在校生；在读大学生 7.8 万人。成年人识字率为 49%。2008 年，小学入学率增至 90.1%，在读大学生人数也增至 9.1 万人。全国有公立大学 5 所，高等专业院校 10 多所，私立高校 80 多所。其中达喀尔大学（谢赫·安达·迪奥普大学）创立于 1957 年（前身是“法属黑非洲研究院”），是黑非洲历史最悠久的高等学府之一，设有 5 个系和 21 所学院及研究所。目前，在校学生约 6 万人，教师 1150 名，行政技术人员 1200 名。

【新闻出版】 全国日报和周报约有 15 种。1970 年创刊的《太阳报》是国内最大的由政府控制的法文日报，日发行量 6.5 万份。此外，还有反映伊斯兰教派观点的《震旦报》，以及私营报纸《南方日报》、《政客》、《达喀尔晚报》、《经济日报》等。报纸和周刊均用法文出版。

塞内加尔通讯社是国家通讯社，成立于 1957 年。国内有 7 个分社，国外无分社。同 20 个外国通讯社签有新闻交流协定。1999 年 8 月，第一家私营通讯社 Ava Presse 成立。

1973 年建立广播电视局，1992 年改为国营公司，名为“塞内加尔广播电视”，统管广播电视工作。从 1992 年开始，塞与法国合作开办调频台可收听法国国际台和设在加蓬的“非洲第一台”的广播。国家电视台的节目尚不能覆盖全国，覆盖面积为 80%。在达喀尔，通过卫星天线，可收到美国 CNN、法国国际台、Canal Horizon 和 TV5 等西方电视台的节目。

对外关系

奉行全方位和不结盟政策。认为国际关系民主化和多元化是世界稳定的重要因素。积极主张维护非洲团结，推动非洲经济一体化及南北对话、南南合作和建立国际政治经济新秩序。重点保持与法国传统“特殊关系”，同时积极发展同美国关系。重视发展同邻国和阿拉伯国家的关系，积极参与国际和地区事务。现为联合国、世界贸易组织、不结盟运动、法语国家组织、伊斯兰会议组织、非洲联盟、西非国家经济共同体和萨赫勒—撒哈拉国家共同体等组织成员国。同约 120 个国家建立了外交关系。

【同中国的关系】 1971 年 12 月 7 日中塞建交。1996 年 1 月 3 日，塞政府宣布与台湾当局“复交”。

9日，中国宣布中止同塞外交关系。2005年10月25日，中国外交部长李肇星与塞外交国务部长加迪奥在北京签署复交公报，两国恢复大使级外交关系。

2009年2月13～14日，国家主席胡锦涛对塞内加尔进行国事访问，同瓦德总统举行会谈，并会见了参议长迪奥普和国民议会议长塞克。11月9日，杨洁篪外长在埃及沙姆沙伊赫会见率团出席中非合作论坛第四届部长级会议的塞外交国务部长马迪克·尼昂。2010年1月23～25日，中联部部长王家瑞访问塞内加尔。

2009年，塞贸易部长阿马杜·尼昂，青年、体育和娱乐部长马马杜·拉明·凯塔，新闻部长兼政府发言人穆斯塔法·吉拉西，文化、法语国家和民族语言部长塞里涅·马马杜·布索·莱耶，总参谋长阿卜杜拉耶·法勒中将等先后访华。

2009年11月17日，中国新任驻塞大使龚元兴向瓦德总统递交国书。

2009年，中塞双边贸易额为4.4098亿美元，同比增长8.6%，其中中方出口额3.99亿美元，进口额4198万美元。

中国驻塞内加尔大使：龚元兴。馆址：RUE 18 PROLONGEE, FANN RESIDENCE, DAKAR, REPUBLIQUE DU SENEGAL。信箱：B.P.342。国家地区号：00221。电话：338647775。传真：338647780。

塞内加尔驻华大使：帕帕·哈利卢·法勒（Papa Khalilou Fall）。馆址：北京市东直门外大街23号，外交办公大楼303－305。电话：010－65325035。传真：65321207。

【同法国的关系】1960年6月19日建交。两国保持着传统的“特殊关系”。法是塞最大的投资和贸易伙伴，塞是获得法援最多的非洲国家之一。两国领导人多次互访。2007年4月，法国参议长蓬斯莱出席瓦德总统连任就职仪式。7月，法国总统萨科齐访塞。12月，法国前总统希拉克访塞。2008年9月，瓦德总统访法。2009年6月底至7月初，法国外长库什内访塞，并出席了达喀尔法国文化中心成立50周年庆祝仪式。10月，塞外交国务部长尼昂应邀赴巴黎出席首届“国际金融交易和发展”部长级会议。

法系塞最重要的双边援助国。2007年法国对塞援助额为2.58亿美元，占塞获得双边援助额的53.7%。2008年法向塞提供1.25亿欧元紧急贷款，帮助塞渡过财政危机。2009年，法塞启动“争取发展团结倡议支持计划”，法将在三年内向塞提供900万欧元，为旅居法国的塞侨民回国开展经济社会发展项目提供支持和补贴。

塞法签有军事协定，法在塞有驻军并派有军事顾问。近年来，法逐步减少在塞驻军的同时加大对塞军的技术援助，并多次与包括塞在内的非洲国家或单独与塞举行联合军事演习。2008年11月，法塞举行联合军事演习。2009年，法塞就签署新的防务协定和收回驻塞军事基地等问题多次谈判。

此外，塞是法国接收非洲留学生最多的国家，在法留学生占塞每年留学生总额的60%。达喀尔法国文化中心是法国在非洲最大的文化中心。

【同美国的关系】1960年6月20日建交。近年来，塞美关系有较大发展。两国签有相互鼓励和保护投资协定。美对塞援助和投资逐年增加，已成为塞主要贸易伙伴之一。瓦德总统先后于2004年、2006年、2008年3次访美。2007年4月，美国劳工部长赵小兰出席瓦德总统连任就职仪式。2008年11月，瓦德总统致电奥巴马祝贺其当选美国总统。2009年6月，塞外交国务部长加迪奥访美，同白宫非洲事务办公室主任举行工作会谈，并会见了美国务卿克林顿。

美对塞援助近年来逐年递增。2009年美援助金额从2008年的5200万美元增加到8800万美元。2009年9月，两国签署总额达5.5亿美元的千年挑战账户援款协议，帮助塞加强农业、道路、水利等基础建设。

近年来，美塞不断加强军事合作。2008年9月，美向塞提供了600万美元军事物资，用于支持塞向苏丹达尔富尔地区派遣维和部队。

【同冈比亚的关系】1965年3月18日建交。1982年2月，塞冈两国结成邦联，塞总统迪乌夫和冈总统贾瓦拉分别任邦联正副总统。1989年9月，邦联解体。1991年两国签署“塞冈友好合作条约”。1998年以来，冈政府多次出面调解卡萨芒斯问题。瓦德总统曾于2004年和2006年两度访冈。2007年4月，冈副总统恩杰—赛义迪出席瓦德总统连任就职仪式。2010年1月，瓦德总统对冈比亚进行工作访问。

【同几内亚比绍的关系】1974年9月24日建交。几比同塞南部要求独立的卡萨芒斯地区接壤，曾参与调解卡萨芒斯问题，并促成塞政府与卡地区反政府武装——“卡萨芒斯民主力量运动”——达成停火协议。瓦德总统曾于2003年、2004年和2007年3次访问几比。2009年下半年，因领土纠纷及500名塞渔民非法捕捞被扣事，两国关系一度紧张，后在双方共同努力下得以缓解。2010年1月，塞外交国务部长尼昂访问几比。

【同毛里塔尼亚的关系】1960年11月28日建交。1989年8月，两国因边民冲突酿成大规模相互驱赶侨民事件而断交。1992年4月，两国复交，此后双边合作发展顺利，影响两国关系的难民问题逐步得到解决。目前，滞留在塞境内的毛难民尚有6万多人。瓦德总统分别于2000年、2003年和2006年3次访毛。毛历届领导人均曾访塞，总统塔亚，军委会主席瓦尔，总统阿卜杜拉希分别于2005年、2006年和2007年访塞。2009年，瓦德总统两度赴毛调解毛宪政危机。6月，在非盟和瓦德的主持下，毛三大政治派别在达喀尔草签协议，就成立过渡联合政府等问题达成一致，结束了为期近1年的宪政危机。2010年1月，塞外交国务部长尼昂访问毛。（李艳）

塞　舌　尔

国名　塞舌尔共和国（The Republic of Seychelles）。

面积　陆地面积455.39平方公里，领海面积约40万平方公里，专属经济区面积约100万平方公里。

人口　约10万。居民主要为班图人、克里奥尔人（欧洲人和非洲人混血）、印巴人后裔、华裔和法裔等。克里奥尔语为国语，通用英语和法语。居民90%信奉天主教，8%信奉新教，其余信奉伊斯兰教、印度教或其他宗教。

首都　维多利亚（Victoria），人口3万。

国家元首　总统詹姆斯·阿里克斯·米歇尔（JAMES ALIX MICHEL），2004年4月就任，2006年7月胜选连任。

重要节日　国庆节：6月18日。

简　况

西印度洋群岛国家，由115个大小岛屿组成。西距肯尼亚蒙巴萨港1593公里，西南距马达加斯加925公里，南与毛里求斯隔海相望，距印度2813公里。属热带雨林气候，终年高温多雨。热季（12月至次年3月）平均气温30℃，凉季（4～11月）平均气温24℃。

16世纪，葡萄牙人曾到此地，取名"七姊妹岛"。1756年被法国占领，并以"塞舌尔"命名。1794年，英国取代法国。后英、法多次易手，轮流占领。1814年，英法签订和约，塞舌尔成为英国殖民地，归英国在毛里求斯的殖民当局管辖。1903年改为英直辖殖民地。1970年实行内部自治。1976年6月29日宣告独立，成立塞舌尔共和国，仍留在英联邦内，民主党主席曼卡姆任总统，人民联合党（现更名为人民党）主席勒内任总理。1977年6月5日，勒内发动政变推翻曼卡姆，任总统。

政　治

勒内执政后，实行一党制，推行医疗、教育免费等高福利政策，保持了政局的长期稳定。1991年塞改行多党制。1993年7月、1998年3月、2001年9月，勒内三次蝉联总统。2004年初，勒内将总统职务移交副总统米歇尔。米歇尔执政后，出台经济社会调整计划，缓解社会压力。2006年7月，塞举行独立以来第四届总统选举，米歇尔以53.73%的得票率当选总统，8月1日宣誓就职。目前，塞政局总体稳定。

【宪法】现行宪法于1993年6月制订并生效，1996年7月和2000年5月两次修订。宪法规定：塞实行立法、行政、司法三权分立，总统为国家元首兼政府首脑和全国武装部队总司令，由普选产生，任期5年，可连选连任1届。总统可在第一或第二任期就职满一年后的任何时期，以公告形式要求举行下届总统选举，亦可在总统候选人提名日之前将该公告取消；当总统职务因总统死亡或辞职而空缺，或因其他原因总统停止行使职权时，由议会以多数通过方式确定一名部长行使总统职权，直至选出新总统；当选总统在就职前死亡，由当选总统指定的副总统接替总统职务。司法权属最高法院。

【议会】实行一院制，国民议会为塞最高立法机构。议员任期5年。本届议会于2007年5月成立。共有34名议员，其中25名由各选区直接选出，9名按各政党获票总数的比例推出。人民党23席，民族党11席。议长帕特里克·赫米尼耶（PATRICK HERMINIE）。

【政府】实行总统制。内阁为国家最高行政机构，负责制定和执行国家政策。本届政府于2010年6月组成，共10名成员。主要包括：总统兼国防、司法、信息和旅游事务部长米歇尔，副总统兼公共管理、通信技术、财政和贸易部长丹尼·富尔（DANNY FAURE），指定部长兼社区发展、青年和体育部长文森特·梅里顿（VINCENT MERITON），内务部长乔·摩根（JOEL MORGAN），外交与国际合作部长让·保罗·亚当（JEAN-PAUL ADAM），国家发展部长杰奎林·杜加西（JACQUELIN DUGASSE），社会发展和文化部长伯纳德·山姆莱（BERNARD SHAMLAYE），教育、就业和人力资源发展部长马克苏西·蒙顿（MACSUZY MONDON，女），卫生部长厄娜·阿塔纳修斯（ERNA ATHANASIUS，女）。

【行政区划】全国分为25个区。

【司法机构】由最高法院、上诉法院、地方法院和法庭组成。最高法院由大法官、陪席法官和助理法官组成。上诉法院由院长、两名或两名以上上诉法官和文职法官组成。总检察长为政府首席法律顾问。总统根据宪法任命委员会提议任命检察长、大法官、上诉法院院长、上诉法院法官、助理法官等。上述职务任期均为7年。检察长、法官任职期间，不得解除其职务。此外还设有制宪法庭，专门受理违宪诉讼，保证宪法的权威性。宪法任命委员会主席热雷米·博纳拉姆（JEREMIE BONNELAME），2007年7月就任。总检察长罗尼·戈文登（RONNY GOVINDEN）。最高法院大法官弗雷得里克·埃贡达—恩坦达（FREDERICK EGONDA-NTENDE），2009年8月就任。上诉法院院长弗朗西斯·麦克格雷戈尔（FRANCIS MCGREGOR）。

【政党】 目前，塞舌尔正式注册的政党有4个，分别是：

（1）塞舌尔人民党（Seychelles People's Party）：执政党。前身是塞舌尔人民联合党，成立于1964年，1978年6月改称塞舌尔人民进步阵线，2009年6月改为现名。现有中央委员23名（任期4年），党员2.2万多名。该党成立初期，其章程明确提出"要根除一切形式的剥削，建设社会主义，发展民族经济和文化；对外奉行不结盟政策"。1991年后，其政策大幅调整，决定由一党制向多元化政治过渡，人阵由先进分子组成的党过渡到向全体塞公民开放的群众性政治组织，不再提及建设社会主义。主席为总统米歇尔，总书记为指定部长兼财政部长福尔，前总统勒内被授予党的创始领导人称号。

（2）塞舌尔民族党（The National Party of Seychelles）：反对党。原名联合反对党，1993年6月成立，1998年7月改为现名。由塞舌尔人党、塞舌尔民族运动和塞舌尔民族联盟联合组成。纲领是建立一个崭新的民主政府。主席韦维尔·拉姆卡拉旺（WAVEL RAMKALAWAN）。总书记罗杰·曼欣尼（ROGER MANCIENNE）。

（3）塞舌尔民主党（Seychelles Democratic Party）：在野党。1964年成立。1976年塞独立时，与人民联合党组成联合政府，民主党主席曼卡姆任总统。1977年勒内发动政变上台，该党被取缔。1992年3月重新注册为合法政党。主张通过对话和磋商实现国家稳定，经济上实行私有化和自由竞争，对外加强与世界各国特别是与邻国的关系。推行以国家和民族利益为重的"塞舌尔至上"主张。主席拉尔夫·沃尔塞（RALPH VOLCERE），2009年3月当选。

（4）塞舌尔社会民主联盟（The Social Democratic Alliance）：在野党，1999年4月成立。现有党员150人左右。宗旨是为自由公民提供一个论坛，短期目标是振兴经济，政治活动主要集中在经济和教育领域，由塞首任中央银行行长盖·莫雷尔（GUY MOREL）领导。

【重要人物】 **詹姆斯·阿里克斯·米歇尔**：总统兼国防、司法、信息和旅游事务部长，1944年生。执政党人民党主席。曾任总统办公厅新闻国务部主任兼国防军政治教育局长，教育与新闻部长兼国防军参谋长，财政与交通部长，国防、财政与通讯部长。1996年起任副总统兼财政、经济计划、国防、环境与交通、信息技术与通讯部长等职。2004年4月任现职，2006年7月当选连任。　**丹尼·富尔**：副总统兼公共管理、通信技术、财政和贸易部长，1962年生，执政党人民党总书记。曾任教育部长、教育和青年部长、指定部长兼教育和青年部长、指定部长兼财政部长。2010年7月起任现职。

经　济

旅游业和渔业为两大经济支柱，工农业基础薄弱，粮食和日用品主要依赖进口。20世纪80年代中期，政府调整经济发展政策，提出诸业并举的多元化经济战略，重点发展旅游、渔业、保税区加工业和农业等，推进私有化进程，改善投资环境，吸引外资，经济明显好转。至90年代初期，经济年均增长率为4%，被世界银行列为中等收入发展中国家。1995年以来，西方国家对塞减援、停援，塞财政拮据，外汇短缺，国际收支出现危机。近年塞政府先后推出经济改革计划和10年经济发展目标，重点振兴旅游业，紧缩财政、货币，推进国企私有化和贸易自由化，放宽"环保"标准，增售捕鱼许可证，财政亏空状况略有缓解，但经济形势依然严峻。2008年，受国际油价高企、粮食价格暴涨和国际金融危机影响，塞经济遭遇较大困难。11月，塞政府开始实行与国际货币基金组织商定的经济改革方案，主要内容包括重组外债、货币贬值、紧缩货币并鼓励储蓄和投资、精简公职人员、增收节支等。2009年主要经济数据如下（资料来源：英国《经济季评》）：

国内生产总值：7亿美元。

人均国内生产总值：7000美元。

国内生产总值增长率：-7%。

通货膨胀率：31.8%。

货币名称：塞舌尔卢比。

汇率：1美元合13.6卢比。

【资源】 塞专属经济区面积约100万平方公里。金枪鱼等渔业资源丰富。森林面积约2000公顷。

【工业】 主要是中小型企业，有啤酒厂、香烟厂、混凝土厂、金枪鱼罐头厂、饮料厂、饲料厂、涂料厂、乳制品厂等。工业产品有食品、油漆、家具等。2007年塞工业收入占GDP的28.3%。

【农牧渔业】 农业基础薄弱，耕地面积仅约1万公顷。主要种植椰子、肉桂、茶叶等经济作物。粮食、肉类和蔬菜多靠进口。渔业为国民经济重要支柱。金枪鱼罐头和对虾分别为塞第一、第二大出口商品。

【旅游业】 塞风景秀丽，全境50%以上地区被辟为自然保护区。享有"旅游者天堂"的美誉，1993年在世界十大旅游点评选中名列第三。主要景点有马埃岛、普拉兰岛、拉迪格岛和伯德岛等。旅游业为塞第一大经济支柱，直接或间接创造了约72%的国内生产总值，每年给塞带来1亿多美元外汇收入，约占外汇总收入的70%，并创造了30%的就业。2009年塞接待外国游客15.74万人，旅游收入2.38亿美元，主要来自法国、意大利、德国、英国、南非和俄罗斯等国。塞拥有较大的星级饭店32家，中小型旅馆62家。南非和海湾多家公司在塞兴建星级酒店并陆续投入运营。

【交通运输】以空运和水运为主。首都维多利亚港为塞唯一天然深水良港，位于印度洋国际航道，是印度洋重要交通枢纽。该港口分为商业和渔业码头两部分。商业码头可进行集装箱装卸作业。2005年从德国订购的三艘3.7万吨级油轮已投入运营，年净盈利1200万美元。

公路：总长482公里。有执照的机动车约1.1万辆。

空运：塞拥有马埃岛机场、普拉兰岛机场和10多个简易机场，2架波音767、1架波音737飞机和10架轻型飞机，经营国际和国内航班。塞航有直达欧洲、中东、亚洲和南非的航班，共有13条国际航线。2004年，阿联酋航空公司、卡塔尔航空公司相继开通至塞航线。2005年国际客运量36万人次，国际货运量5518吨，国际航班约4000架次。

【财政金融】塞财政长期赤字，债务负担沉重。截至2009年11月，外汇储备为1.83亿美元。截至2010年5月，塞债务总额为8亿美元，占国内生产总值170%。

除中央银行外，塞有7家商业银行：英国巴克莱银行、法国商业银行、塞舌尔新银行、巴基斯坦哈比卜银行、印度巴罗达银行、塞舌尔储蓄银行、塞舌尔发展银行。

【对外贸易】基本为净进口国家，生活用品和生产资料等均需进口。主要出口鱼、椰干、肉桂皮等，进口纺织品、机器设备、车辆、日用品、食品及石油等。英国、法国、意大利、德国、荷兰、南非、毛里求斯和新加坡等为主要贸易伙伴。塞尚未加入世界贸易组织，实行进口许可证和配额管理制度。2005年起取消了一般商品进口许可证并适当放宽外汇管制，离岸业发展初见成效，在塞注册的国际商业公司已增至2万多家。

【外国援助】塞主要援助国和国际机构是法国、美国、日本、英国、澳大利亚、加拿大、德国、世行、世卫组织、欧洲发展基金、欧盟和非行等。2001～2003年获各类援助总额分别为1400万、2520万、1070万卢比。2004年12月发生海啸后，塞先后收到中国、日本、印度、英国、法国、德国、美国等13个国家和联合国粮农组织、非行等机构的援助。2009年4月，塞与巴黎俱乐部就债务重组问题达成协议，巴黎俱乐部承诺减免塞45%的债务（相当于7000万美元），剩余债务获18年宽限期。塞据此积极推动其他债权国减免债务，并分别与日本、利比亚、马来西亚、阿联酋、印度等国达成债务重组协议。

人民生活

根据联合国开发计划署2009年度人类发展报告，塞在世界182国中排名第57位，在非洲排名第一，属最适合人类生存的国家。塞政府推行高福利政策，实行免费义务教育、免费医疗、终身保健制度和全面就业计划，向低收入者提供建房贷款、发放各种救济金。卫生部预算一直居政府各部门预算的第二位，人均达1920卢比。实行统一工资制度，规定最低工资1700卢比，63岁退休。2000年1月起，塞进一步提高社会安全福利水平，99%的人口享受卫生保健服务。养老金提高到1350卢比，产妇及伤害补助费提高到1075卢比，孤儿和弃婴补助费提高到640卢比，丧失工作能力人员补助费提高到1300卢比。2004年出生率为17.3‰，死亡率为7.2‰。女性平均预期寿命为76岁，男性69岁，15～44岁人口占总人口45%。全国共有医院7所，床位416张，保健中心17个，私人诊所9个，牙诊所6个，医生91人，牙医16人，护士422人，药剂师7人。

军　事

1977年6月创建人民解放军，1980年改称人民国防军，由陆军和海岸警卫队组成。实行志愿兵役制。总统兼任国防部长及武装部队总司令。总兵力800人，其中陆军500人，海岸警卫队300人。另有总统卫队50人，国民警卫队（原民兵）1000人。1993年实行党、政、军分离。1994年为减少国防开支和提高效能，将作战部和后勤部合并。警察部队分为常规警察、机动警察和消防队。2004年军费开支1310万美元。

文化教育

【教育】塞政府重视发展教育事业。2003年教育支出为1.544亿卢比，在政府各部门预算中额度最高，占总支出的9.67%。实行免费义务教育至17岁（9年义务教育）。塞舌尔大学是塞唯一一所大学，成立于2009年，前身是中国援建的综合工艺学院。政府制定成人教育计划，实行全民文化教育。15岁以上人口识字率达91.9%。1998年教育部改变由政府承担学生全部学费的做法，大学预科及赴国外留学学生的学费政府只负担60%。但家长月薪不足2500卢比的不在此列。2004年，共有学校80所，其中幼儿园33所、小学26所、特教1所、中学12所、大学预科学校8所。幼儿园学生2812人，小学生9504人，中学生7827人，大学预科生1655人。

【新闻出版】主要报刊：《塞舌尔民族报》，官方日报，是塞唯一一家日报，用英、法、克里奥尔文出版，发行量5000份；《政府公报》，不定期出版；《人民报》，执政党人民党党报，人民党周刊，发行量3500份；《塞舌尔周报》，民主党党报，1963年创刊，1977年被取缔，1992年9月复刊；《群岛回声》，天主教办双月刊，发行量2800份。

塞舌尔新闻通讯社：官方通讯社，1979年成立，用英文、法文发稿。

塞舌尔广播电台：建于独立前，原为私有，后改为政府电台，每天用克里奥尔语、英语和法语播出约18个小时的节目。

塞舌尔国家电视台：1983年投入使用，亦用以上三种语言播出节目，每天播放时间约14个小时。

对外关系

奉行中立、不结盟、睦邻友好和务实外交政策，主张在尊重主权和不干涉别国内政的基础上同所有国家建立和发展关系。强调大小国家一律平等，积极维护中小国家利益，主张加强南南合作和南北对话。近年，因经济困难，重点加强同西方国家和国际金融机构的关系，积极发展同中国、印度等新兴大国的关系，争取外援外资。重视气候变化和小岛屿发展中国家可持续发展问题，支持国际社会打击索马里海盗，积极参与东部非洲和印度洋地区事务，倡议建立印度洋和平区。是不结盟运动、非盟、东南非共同市场、印委会等组织成员国及印度洋金枪鱼委员会总部所在地。

【同中国的关系】中塞于1976年6月30日建交。

中方访塞的领导人有：国务院副总理姬鹏飞（1980年9月）、国务委员兼外经贸部部长陈慕华（1983年8月）、国务院副总理兼外交部长钱其琛（1996年1月）、国务院总理李鹏（1997年5月）、外交部副部长吉佩定（1999年3月）、外交部长唐家璇（2000年1月）、外交部部领导成员乔宗淮（2002年12月）、外交部长李肇星（2005年1月）、全国人大常委会副委员长司马义·艾买提（2006年1月）、胡锦涛主席（2007年2月）、全国人大常委会委员长吴邦国（2008年11月）等。

塞方访华的领导人有：总统勒内（1978年5月、1983年4月、1991年6月、1995年5月）、副总统米歇尔（1998年5月、2000年10月）、计划与对外关系部长费拉里（1984年5月）和德圣热尔（1990年8月）、青年与文化部长皮莱（1998年12月）、农业与海洋资源部长朱莫（1999年5月）、工业与国际商业部长贝尔蒙（1999年8月）、外交部长博纳拉姆（1999年10月）、教育部长福尔（2000年10月）、国民议会议长麦克格雷戈尔（2004年4月）、民族党领袖拉姆卡拉旺（2004年9月）、卫生与社会事务部长梅里顿（2005年8月）、民主党总书记加布里埃尔（2005年9月）、总统米歇尔（2006年11月来华出席中非合作论坛北京峰会并访华）、国防军司令巴耶特（2007年9月）、国民议会副议长卢卡斯（2008年5月）、国民议会议长赫米尼耶（2009年3月）等。

2009年，双边贸易额为1500万美元、同比下降14%，全部为中国出口。

中国驻塞舌尔大使：王卫国。馆址：St. Louis, Victoria, Mahe, Seychelles。电话：00248－266588（办公室），266808（经商处）。电传：2398 CHINA EMSZ。传真：266866。

塞舌尔驻华大使：菲利普·勒加尔（Philippe Le Gall），馆址：北京市朝阳区尚都国际中心11层1105。电话：010－58701192；传真：58701219。

【同法国的关系】塞同法国于1976年6月29日建交。法是塞主要援助国和重要贸易伙伴。法主要在渔业、农业、卫生、旅游、教育、广播电视以及人员培训方面给予塞援助。勒内总统先后7次访法。法前总统密特朗亦曾于1990年访塞。2002年，法政府改革合作与发展计划不再将塞列为“优先援助国”，中止对塞直接援助，但继续开展文化、科技等领域合作。2004年5月，法国马赛工商会代表团访塞。2007年3月，法国合作与发展部长访塞，与塞方签署“促进和保护双边投资协议”和“关于旅游培训与就业的协议”。10月，米歇尔总统对法国进行工作访问。2008年3月，第13届法语文化节在塞举行。

【同英国的关系】塞系英联邦成员国，两国于1976年6月29日建交。英国是塞重要贸易伙伴。英每年援塞金额约100万英镑，主要提供技术援助和奖学金。勒内总统先后4次访英。英国首相布莱尔于1998年和1999年两度赴塞休假。2004年6月，塞副总统贝尔蒙访英。7月，塞指定部长、教育与青年部长访英。10月，英国英联邦秘书处经济部主任访塞。

【同欧盟的关系】2009年欧盟共向塞捐资1700万欧元。欧盟积极支持塞经济改革计划，2009年向塞提供900万欧元专项援助，2010年计划再提供800万欧元。2009年11月，英国驻塞高专代表欧盟与塞签署军事人员地位协定，为欧盟海军舰只及相关人员追捕、羁押进入塞领海和内水的海盗提供各种便利。2010年2月，双方签署协议，欧盟同意从应对全球气候变化联盟倡议基金下支出200万欧元，资助塞政府实施应对气候变化国家战略，塞成为欧盟资助应对气候变化的首批试点国家。2010年5月，欧盟负责外交和安全政策的高级代表阿什顿访塞并出席了在塞举行的索马里海盗问题国际会议。

【同美国的关系】塞与美国于1976年6月29日建交。1982年12月，美派出首任驻塞大使。1989年，勒内总统首次访美。美曾在塞设立空军卫星跟踪站，向塞交纳租金，提供少量军援，并帮塞培训军官。1996年9月，美关闭驻塞使馆，由美驻毛里求斯使馆负责塞事务。10月，美关闭卫星跟踪站，但继续向塞提供援助。2004年9月，美中部战区司令和军事法律专家小组分别访塞。2007年1月，美军为塞普拉兰岛援建的一座现代化诊所和一个太平间完成移交。2009年7月，塞美签订驻军保护协定，塞允许美军舰在维多利亚港停泊补给。

【同印度的关系】塞印关系密切，印度人后裔和侨民在旅塞外国侨民人数中居第一位。塞对印核试验未公开批评，在克什米尔问题上支持印方立场，支持印成为安理会常任理事国。2004年，印多艘军舰停靠塞维多利亚港补充燃料。2008年2月，塞首任驻印高专向印总统递交国书。3月，代号为“友谊”的第三次塞印反恐联合军演在塞举行。5月，印海军两艘导弹驱逐舰访塞。2009年7月，塞印签订促进与保护两国投资协定。2010年1月，塞总统米歇尔对印工作访问。双方讨论了在医疗、军事、航空等领域的合作，印承诺向塞维多利亚医院提供先进设备，并向塞政府提供一位海洋安全顾问及部分军事装备。同月，塞议长赫米尼耶出席在新德里举行的第26届英联邦议长会议。6月，米歇尔总统对印进行国事访问。双方达成债务重组协议，印同意免除塞45%的债务，约137.5万美元；印还承诺向塞提供1000万美元优惠贷款，以支持塞经济改革。

【同南非的关系】1992年4月，塞与南非正式建交。南非曾因1981年其雇佣军侵塞赔偿塞300万美元，并拟在塞投资5000万卢比，帮助塞发展渔业加工和小工业项目。南非现为塞主要贸易伙伴之一。2004年4月，塞外长博纳拉姆出席南非总统姆贝基的连任就职仪式。2007年1月，塞外长皮莱与南非外长祖马在埃塞俄比亚首都亚的斯亚贝巴签订了两国综合合作协议，两国决定成立混委会，每两年召开一次会议，商讨促进双边合作事宜。2008年7月，南非向塞提供360万美元无偿援助，以帮助塞应对经济困难。2009年5月，塞总统米歇尔出席南非总统祖马的就职仪式。2010年3月，塞航开通周日至南非开普敦直航。

【同邻国的关系】塞重视发展同毛里求斯、马达加斯加等邻国的关系。塞与毛里求斯1988年6月17日建交。双方曾对沙亚·马拉沙洲海域归属问题有争议，后经协商，同意共同开发该海域。2004年3月，毛里求斯黑河区代表团访塞，与塞安塞·布瓦洛区签署姊妹城区合作协议。12月，毛总理贝朗热访塞。双方签署了打击毒品交易、旅游合作和两国工商会合作等谅解备忘录。2007年1月，塞副议长埃斯帕隆访毛。2008年5月，塞上诉法院主席麦克格雷戈尔率司法代表团访毛。7月，塞国家发展部长杜加西和毛首席检察官兼司法和人权部长瓦莱登签署两国专属经济区划界协议。同月，塞拉迪格岛和毛罗德里格斯岛签订友好协议。

塞同马达加斯加1989年4月12日建交，关系友好。1990年，塞马签订合作开发石油和天然气协议。2002年，作为印委会轮值主席国，塞积极参与国际社会调停马岛政治危机。2007年1月，塞外长皮莱出席马总统拉瓦卢马纳纳的连任就职仪式。8月，米歇尔总统应邀出席在马举行的印度洋岛屿国家运动会开幕式并对马进行访问。

2008年3月，印度洋国家年会在塞举行。会议主要讨论了印度洋资源勘探和利用、环境保护、印度洋国家一体化进程等问题。同月，第24届印度洋国家部长级会议在塞召开，毛里求斯、科摩罗、马达加斯加和法国留尼旺派员参加。会议主要讨论了信息、交通、航空、能源、旅游、食品安全、渔业、环保等问题。（张学莳）

圣多美和普林西比

国名 圣多美和普林西比民主共和国（The Democratic Republic of Sao Tome and Principe, República Democrática de São Tomé e Príncipe）。

面积 1001平方公里。

人口 约16万（2008年）。90%为班图人，其余为混血人种。官方语言为葡萄牙语。90%的居民信奉天主教。

首都 圣多美（São Tomé），人口约6.2万（2008年估计）。最高气温（3月）23℃～31℃，最低气温（7、8月）21℃～28℃。

国家元首 总统弗拉迪克·班达拉·梅洛·德梅内塞斯（Fradique Bandeira Melo de Menezes），2001年8月当选，2006年7月蝉联。

重要节日 独立日：7月12日；建军节：9月6日。

简况

非洲中西侧几内亚湾东南部岛国，距非洲大陆201公里。由圣多美、普林西比以及罗拉斯、卡罗索等14个小岛组成。东与加蓬、东北与赤道几内亚隔海相望。海岸线长220公里。圣、普两岛均属火山岛。属热带雨林气候，终年湿热。两岛平均气温27℃。1～5月为大雨季，6～9月为旱季，10～12月为小雨季。年均降雨量1000～2500毫米。

15世纪70年代，葡萄牙人到达圣普，将其作为奴隶贸易的据点。1522年沦为葡属殖民地。17～18世纪为荷兰、法国占领。1878年再度为葡统治。1951年成为葡的海外省。1960年圣普解放委员会成立（1972年易名为圣普解放运动，1990年又改名为圣普解放运动—社会民主党，简称解运），要求无条件独立。1974年葡当局同解运达成独立协议。1975年7月12日宣告独立，定国名为圣多美和普林西比民主共和国，曼努埃尔·平托·达科斯塔任总统。独立后曾长期由解运一党执政。1990年8月起实行多党制。1991年1月，民主统一党（简称民统党）在议会选举中获多数席位，成为执政党；同年3月，米格尔·特罗瓦达当选总统。1996年7月特罗瓦达蝉联总统。1998年11月，解运重新在议会选举中获胜，并于1999年1月组成新政府。2001年8月，民主独立行动党（简称民独党）候选人弗拉迪克·德梅内塞斯击败解运候选人平托当选总统并于9月3日正式就职。2006年7月，德梅内塞斯作为民主运动变革力量/自由党（简称民运党）和民统党两党联盟候选人再次当选总统。

政 治

德梅内塞斯上台后，大力加强政党建设，以巩固执政基础。在2006年3月举行的议会选举中，民运党和民统党组成的两党联盟在55个席位中占据23席，获得组阁权。4月21日，德梅内塞斯任命民运党主席克鲁斯为政府总理。7月，德梅内塞斯作为两党联盟候选人在大选中蝉联总统。2007年，圣普物价飞涨，经济困难，人民不满情绪增加，政局不稳定因素增多，10月发生防暴警察暴乱，11月内阁改组。2008年2月克鲁斯总理辞职，德梅内泽斯总统任命民独党总书记特罗瓦达为政府总理。5月，政府遭议会弹劾。6月，解运主席布兰科被任命为新总理。目前，圣普政局基本稳定。

【宪法】现行宪法于1990年9月颁布，其中规定：圣普是一个独立的主权国家，是建立在基本人权基础上的民主法治国家。政教分离、司法独立。总统是国家元首、武装力量总司令，由普选产生，任期五年，可连任一届。总统有权任免总理、解散议会以及颁布法律、法令和命令等。

【议会】国民议会是国家最高代表和立法机构。议员每届任期四年。本届议会于2006年3月产生，共有议员55名，其中民运党和民统党组成的两党联盟获得23席，解运获20席，民独党及新方向党分别占11和1席。

【政府】本届政府于2008年6月21日成立。2010年1月，民运党退出执政联盟。政府共设13个部，现主要成员有：总理诺阿金·拉斐尔·布兰科（Joaquim Rafael Branco），计划和财政部长安热拉·维埃加斯·圣地亚哥（Angela Viegas Santiago，女），国防部长兼司法部长埃尔沙·特谢拉·德巴洛斯·平托（Elsa Teixeira de Barros Pinto，女），内政、国土管理和民事保护部长安东尼奥·帕克特（Antonio Paquete），公共工程、基础设施和交通部长本杰明·维拉·克鲁斯（Benjamin Vera Cruz），外交与合作部长卡洛斯·阿尔贝托·皮雷斯·蒂尼（Carlos Alberto Pires Tiny），农业、渔业和农村发展部长兼自然资源、能源和环境部长若泽·路易斯·沙维尔·门德斯（Jose Luis Xavier Mendes），贸易、工业和旅游部长塞莱斯蒂诺·安德拉德（Celestino Andrade），劳动、团结和家庭部长兼社会通讯、青年和体育部长卡洛斯·阿尔贝托·皮雷斯·戈梅斯（Carlos Alberto Pires Gomes），教育和文化部长若热·德邦·热苏斯（Jorge de Bom Jesus，女），卫生部长阿林多·德卡瓦略（Arlindo de Carvalho）等。

【行政区划】全国分为7个县。

【司法机构】最高法院为最高司法机关，负责监督法院对法律的解释和应用，其成员由议会任命；总检察院负责捍卫民主与法制，总检察长由政府提名，总统任命。最高法院院长西尔韦斯特雷·莱特（Silvestre Leite），总检察长阿德利诺·内托·佩雷拉（Adelino Neto Pereira）。

【政党】根据1990年9月颁布的政党法规定，一个政党不得少于250人，且在向国家最高上诉法院登记注册后方为合法。2007年初，登记注册的合法政党共14个。

（1）圣多美和普林西比解放运动—社会民主党（Movimento de Libertação de São Tomé e Príncipe-Partido Social Democrata）：全国最大政党。成立于1960年9月。原名圣多美和普林西比解放委员会，1972年改称解放运动，1990年改为现名。现占有议席20个。主席诺阿金·拉菲尔·布兰科。

（2）民主运动变革力量/自由党（Movimento Democrãtico-Força da Mudança/Partido liberal）：原名为民主运动—变革力量。2001年12月20日成立，由前解运全国委员会委员欧热尼奥·蒂尼在德梅内塞斯总统的支持下创建，许多骨干来自解运和民独党。2004年4月，召开第一次党代会，更为现名。2006年3月，该党在议会选举中与民主统一党联合，获23席并取得组阁权。2009年12月，德梅内塞斯总统当选为主席。

（3）民主统一党（Partido da Convergência Democrática）：前身为思索小组，成立于1990年11月。2004年4月10日召开第4次党代会，重组和加强党组织。主席阿尔贝蒂诺·布拉甘沙（Albertino Braganca）。

（4）民主独立行动党（Acção Democrática Independente）：第四大政党。1993年3月21日正式成立。前身为1991年支持特罗瓦达竞选总统的行动小组。1992年8月建立民主独立行动小组，并取得合法地位。2002年1月，由于党内矛盾激化，原总书记内维斯及8名中央政治委员会委员脱党，该党实力有所削弱。总书记帕蒂里塞·特罗瓦达（Patrice Trovoada）。

【重要人物】弗拉迪克·班达拉·梅洛·德梅内塞斯：总统。1942年3月21日出生于圣普的阿瓜特略，父亲是葡萄牙人，母亲是圣普人。曾在葡萄牙、比利时求学，加入过解运。曾任国营公司总经理，驻比利时、荷兰、法国、瑞典、挪威和卢森堡等国大使。1986年任解运政府外交部长。上世纪90年代弃政从商，是圣普最大的可可出口公司“GGI，L. da”的最大股东。1992 年脱离解运，参与创建民独党，1998 年当选议员。2001 年 8 月当选总统。2006 年 7 月蝉联。**诺阿金·拉斐尔·布兰科**：总理。1953 年 9 月出生于圣多美。曾先后任圣普驻联合国、美国、加拿大和巴西大使，以及圣普教育文化部长、计财部长、外长、公共工程和自然资源部长。2007 年 2 月起任解运主席至今。2008 年 6 月 21 日出任总理。

经济

联合国公布的世界最不发达国家之一。是以种植可可等经济作物为主的农业国。独立后曾长期实行以国营经济为主的经济政策。1985 年开始实行经济自由化。2000 年 4 月，圣普与国际货币基金组织签订减债和经济增长三年计划，并出台了《2000～2003 年优先行动计划》和《2000～2005 年中期发展战略》，采取降低关税、修改投资条例及建立自由贸易区等一系列措施吸引外资、促进经济发展。2001～2005 年经济增长率保持在 3%～5%。2005 年，圣普政府继续实施结构调整计划，通过推行税收改革、鼓励私营部门发展等举措，努力保持宏观经济稳定。2 月，圣普—尼日利亚联合开发局与美国谢夫隆—德士古、埃克森—莫比尔和尼日利亚—挪威股份能源公司签署联合开发区第一区块石油分成合同，圣普获得 4920 万美元签约金。这是该国取得的第一笔石油美元。2007 年，圣普获国际货币基金组织、巴黎俱乐部等大幅免债，财政状况有所改观，但通货膨胀居高不下，大米、燃油等生活物资物价飞涨，民众生活困难。2008 年，圣普获国际货币基金组织和世界银行的新贷款，葡萄牙免除其债务并提供大额贷款，但经济发展仍面临困难。2009 年，圣普政局稳定，国际货币基金组织、世界银行、欧盟和葡萄牙等继续向圣普提供援助，经济保持缓慢增长。2009 年圣普主要经济数据如下（资料来源：2010 年 4 月《经济季评》）：

国内生产总值：24150 万美元。

人均国内生产总值：约 1500 美元。

国内生产总值增长率：4.3%。

货币名称：多布拉（Dobra）。

汇率（2009 年平均）：1 美元 = 16000 多布拉。

通货膨胀率：19%。

【资源】1999 年美孚石油公司在圣普近海发现油田。圣普目前探明蕴藏量约 60～100 亿桶，开发尚处起步阶段。森林资源丰富。近年由于破坏性采伐，原始热带雨林覆盖率已下降至 28%。16 万平方公里的专属经济区可为圣普每年提供 13000 吨的渔业资源。

【工业】仅有陶瓷、砖瓦、饮料、木材加工、制衣、印刷、汽车修理等小工厂。此外还有两座水电站和一座热电站。

【农业】全国 51% 的人口从事农业生产。2007 年农产品出口占出口总额的 90%。可耕地面积 4.8 万公顷，已耕地 3.8 万公顷。1993 年开始土地改革，实行包产到户。粮食不能自给，粮食进口占进口总额的 17%。主要经济作物有可可、椰干、咖啡、棕榈仁等，其中可可产值占国内生产总值的 20% 以上，年均出口 3500～4000 吨可可，占出口总额的 77% 以上，其中 90% 出口比利时，10% 出口法国和瑞士。

【旅游业】独特的地理位置和优美的自然景观为圣普提供了丰富的旅游资源，但交通不便及基础设施落后影响了旅游业的发展。20 世纪 90 年代以来旅游设施有了较大改观。2004 年 2 月，议会批准政府提案，允许在圣普开设赌场。2005 年全国共有旅馆 7 家，床位约 500 张，旅游外汇收入约为 1340 万美元。主要游客来自葡萄牙和安哥拉。

【交通运输】全国有公路 380 公里，其中 250 公里为沥青路。港口和机场各两个。有通往利伯维尔、罗安达、里斯本、安特卫普等港口的海上航线，主要由葡萄牙和荷兰船运公司经营。圣多美国际机场可供大型客机起降。葡萄牙、安哥拉、加蓬、南非和尼日利亚等国航空公司均有飞往圣多美的航班。

【财政金融】2007 年财政总收入 7411 万美元，总支出 5771 万美元。2007 年，圣普获国际货币基金组织、巴黎俱乐部等大幅免债，外债从 3 亿多美元减至约 8000 万美元，财政状况有所改观。2009 年外汇储备 3910 万美元。

【对外贸易】主要出口产品为可可，此外还有咖啡、椰干、棕榈仁等。主要进口粮食、燃料、工业产品和日用消费品。主要贸易伙伴为葡萄牙、荷兰、比利时、安哥拉、法国等。

【外国援助】圣普是世界上人均接受外援最多的国家之一，90% 的发展资金依靠外援。主要援助国家和地区以及国际机构为葡萄牙、法国、美国、德国、日本、中国台湾及非洲开发银行、欧盟、联合国开发计划署和国际货币基金组织等。2008 年 7 月，葡萄牙同意免除圣普 3500 万美元债务并向圣普提供 5000 万欧元贷款。2009 年 1 月、5 月，尼日利亚政府决定向圣普分别提供 3000 万美元贷款和 1000 万美元无息贷款。2 月，欧盟向圣普提供 1380 万欧元贷款。同月，圣普、葡萄牙双方签署了葡向圣普提供 5000 万欧元的优惠贷款协议。3 月，世行批准向圣普提供 360 万美元捐款。同月，国际货币基金组织同意资助圣普政府提出的 380 万美元经济项目。12 月，尼日利亚允向圣普提供 1000 万美元的援助。同月，印度允向圣普提供 620 万美元的援助，其中 500 万为优惠贷款。2010 年 1 月，葡萄牙向圣普提供 2500 万欧元信贷。在过去 3 年，世行共向圣普提供了 2300 万美元的援助，下一个 3 年计划，世行将为圣普铺设海底光缆提供 1000 万美元的援助。

人民生活

近年来，圣普货币持续贬值，物价上涨，生活在贫困线以下的人口比例已超过 50%，其中 15% 为绝对贫困人口。

2002年劳动者最低月工资28美元。全国有3所医院，6所妇产院，3个综合门诊部，1个妇幼保健中心和1个国家卫生教育中心。共有医务人员218名，其中医生76人，病床580张。医疗开支占政府财政支出的11.1%。2007年人口出生率约为31.16‰，死亡率5.98‰，儿童出生死亡率38.36‰，平均寿命68岁。圣普于1990年发现第一例艾滋病人，截至2006年底，艾滋病患者和病毒携带者9000人，占总人口的6%。

军　事

武装力量创建于1975年（1991年后称圣普革命武装力量），由武装部队、警察、总统卫队和民兵组成。2001年由600人精简至300余人，其中陆军2个营、海军1个排、民兵1个营和总统卫队160人。武器装备主要来自葡萄牙、利比亚和南非。总统为武装部队最高司令。

文化教育

【教育】 国家重视教育事业，实行中小学免费教育。全国共有85所学校。2002年在校生共37562人，其中小学生23760人。政府注重师资培训，并聘请葡、英教师在各中学执教。此外，国家每年还选派留学生到国外深造。全国有图书馆6个，藏书1.4万册；档案馆和博物馆各1个。2004年2月，圣普对教育体制进行改革，小学义务教育由4年改为6年，注册学生为3.5万。2005年文盲率为15.1%，儿童入学率达97%。2006年，葡萄牙卢斯埃达大学在圣普设分校。

【新闻出版】 社会新闻总局为国家新闻单位主管机构。主要报刊有《消息报》和《共和国日报》，发行量都在800份左右。此外还有《论坛报》、《橱窗报》、《傻瓜》等。

有国家电台、电视台各一家和圣普通讯社。2000年4月，由葡萄牙援建的普林西比自治区电台正式开播。电台每日用葡语播音17小时。电视台自1982年起开播。另外，法国国际广播电台和美国之音电台等在圣普建有中转站。2007年11月，法国TV5《非洲世界》节目在圣普开播。

对外关系

奉行和平与睦邻友好的对外政策，主张同所有国家建立和发展友好合作关系，以更好地利用国际合作资源，为圣普的经济发展服务；重点发展与周边国家、非洲葡语国家以及西方援助国的关系；维护非洲团结，重视区域合作，支持实现非洲一体化；强调通过对话解决争端，要求建立国际政治、经济新秩序。系非洲联盟、中非国家经济共同体、葡语国家共同体成员国和法语国家组织成员国。

【同中国的关系】 中圣普于1975年7月12日建交。1997年5月6日，圣普宣布同台湾"建交"。7月11日，中国政府决定中止同圣普的外交关系。两国建交期间，圣普总统平托、特罗瓦达曾分别访华。中国外交部副部长宫达非、江苏省委书记韩培信、外交部副部长杨福昌及国务院副总理兼外长钱其琛等先后访问圣普。

2009年中圣普贸易额220万美元，均为中方出口。

【同葡萄牙的关系】 葡萄牙是圣普最大援助国，两国签有友好合作、经贸、文化和科技等多项协定。葡向圣普派有医生、教师及工程技术人员。2008年4月，圣普总理特罗瓦达访葡，双方签署双边合作总协定。7月，圣普总理接见到访的葡财长，两国财长还签署了葡萄牙政府免除圣普3500万欧元双边债务及向圣普提供5000万欧元贷款协定。同月，圣普总统出席在里斯本召开的第七届葡语国家峰会。2009年2月，圣普总理赴葡参加葡执政党——葡社会党党代会。同月，葡萄牙财长访问圣普。3月，葡内政部长访问圣普，双方签署两国在加强国内治安方面的议定书。7月，葡外长和财长访问圣普，双方签署一项经济合作协议，为确定圣普货币多布拉与欧元的固定兑换机制做准备。10月，圣普总理访问葡萄牙。2010年2月，圣普总理访问葡萄牙。

【同法国的关系】 两国签有经济文化等合作协定。近年来，双方关系密切，法国是圣普主要援助国之一。2008年3月，法国同意免除圣普约760万欧元债务。4月，圣普总理特罗瓦达访法。10月，法军事代表团访问圣普。2009年2月，法国一军舰访问圣普。7月，16名法国驻加蓬军事教官抵圣多美，对圣普部队进行为期16天的强化培训。2010年3月，圣普10多名军人赴加蓬参加由法国军队指导举行的中非次地区联合军事演习。2010年5月，圣普总统德梅内塞斯赴法国出席法国—非洲国家首脑会议。

【同美国的关系】 美国每年向圣普提供一定数量援助。两国签有军事合作协议。2007年11月美与圣普签署为期2年的"千年挑战账户"协议，计划为圣普提供870万美元援助，帮助政府实施税务改革、发展私有化等。2009年10月，圣普总统致电美国总统奥巴马，祝贺其荣获诺贝尔和平奖。11月，美国防部援助圣普4台雷达。2010年4月，圣普总理访问美国。

【同尼日利亚的关系】 圣普同尼日利亚曾存在海上油田划界问题。2001年两国正式签署关于共同开发海上混合专属经济区的协议，并于2002年成立石油开发部长级联合委员会。2006年7月，两国召开石油开发部长级联合委员会，磋商石油勘探等问题。11月，德梅内塞斯总统赴尼参加在尼举行的非洲—拉美国家峰会。2007年5月，德梅内塞斯总统参加尼日利亚新总统亚拉杜瓦就职仪式。2008年7月，尼日利亚外长访问圣普。2009年1月，圣普总统访问尼日利亚。12月，圣普总理访问尼日利亚。

【同其他非洲国家的关系】 同安哥拉、莫桑比克、几内亚比绍、佛得角等四个葡语国家及赤道几内亚、加蓬等邻国关系较密切。与安哥拉建有战略伙伴关系。2007 年 5 月，赤道几内亚总统奥比昂访问圣普。7 月，圣普总理克鲁斯赴加纳出席非盟峰会。8 月，德梅内塞斯总统访问刚果（布）和加蓬。2008 年 3 月，圣普总理特罗瓦达访问赤几。同月，加蓬外长访问圣普。7 月和 11 月，圣普总理布兰科和外长先后访问安哥拉。10 月，圣普总统应邀出席赤几独立庆典。11 月，圣普总统出席在安哥拉首都举行的几内亚湾委员会第二届国家元首和政府首脑峰会。2009 年 1 月，圣普总统前往安哥拉出席圣普前总统曼努埃尔·特罗瓦达就任几内亚湾国家委员会执行书记仪式，并与安哥拉总统会见。2 月，圣普总理布兰科访问安哥拉。4 月，第一届葡语国家共同体议会在圣普首都圣多美召开。6 月，圣普总统出席加蓬总统邦戈葬礼。9 月，加蓬新当选总统阿里·邦戈访问圣普。2010 年 4 月，佛得角总理访问圣普，双方签署了有关建立海上航线和教育培训两项合作协议。

（王克启）

圣赫勒拿

名称　圣赫勒拿（Saint Helena）。

面积　122 平方公里。

人口　4000 人（2010 年英国外交部网站）。绝大多数是圣赫勒拿人，为欧洲移民与部分印度人和非洲黑人的混合人种。通用英语。居民大部分信奉基督教，多属圣公会。

首府　詹姆斯敦（Jamestown），人口约 900 人。

总督　安德鲁·戈尔（Andrew Gurr），2007 年 11 月就任。

简　况

位于南大西洋，距非洲大陆西南海岸 1930 公里。为一火山岛。地处热带，由于受凉爽的南大西洋季风影响，气候温和。詹姆斯敦年均气温 21℃。年均降水量沿海 200 毫米，中部 760 毫米。

1502 年 5 月 21 日（圣赫勒拿日），为葡萄牙服务的西班牙航海家诺瓦到达该岛。1633 年荷兰人侵占该岛。1659 年，英国东印度公司取代荷兰，在此行使管辖权。1815～1821 年，法国皇帝拿破仑被放逐、囚禁并死于该岛。1834 年 4 月，英国议会通过决议，规定该岛为英国直属殖民地，由英国派任总督。二次大战期间曾为英国海军基地。1945 年英国驻军撤离。1960 年以后发展为电信中心。

政　治

1981 年 10 月，总督任命宪法委员会修订宪法。1998 年修宪告结。现该岛已无政党活动。每四年举行一次立法委员会选举，1997 年 7 月 9 日，其成员第一次成为领取固定薪水的专职人员。最近一次选举于 2007 年 11 月举行。

1981 年英国修订国籍法后，该岛居民失去英国公民身份，无权到英国工作定居、赚取外汇，岛内经济逐步萧条。由于近来失业率居高不下，岛内的生活及福利水平下降。1998 年 2 月，一些英国属地的代表在伦敦举行会议，探讨这些属地的法律地位及发展经济的措施。2002 年，英国政府发布海外领地法，宣布给予属地居民包括圣岛居民英国公民权及居英权。

【宪法】现行宪法于 2009 年正式生效。圣赫勒拿立法会议由议长、3 名官方长官（首席秘书、财政大臣和总检察长）及 12 名当选议员组成；行政会议（咨询机构）由总督领导，由上述 3 名官方长官和当选议员中的 5 名成员组成。作为立法会议和行政会议成员的总检察长没有投票权。立法会议成员中产生政府各委员会主席及大多数成员。属岛的行政和立法职能由总督实施。

【政府】政府主要成员：总督安德鲁·戈尔（Andrew Gurr），首席秘书安德鲁·韦尔斯（Andrew Wells），财政大臣保罗·布莱辛顿（Paul Blessington）。

【司法机构】设有最高法院、地方法院、债务法院和少年法院。总检察长肯尼思·巴登（Kenneth Baddon）。

经　济

很大程度上依赖英国政府提供的发展援助和财政援助。主要经济活动是捕鱼，还有家畜饲养和手工艺制作。近年来木材加工业得到发展。今后准备重点发展旅游业。然而该岛劳动人口中有相当部分去阿森松和马尔维纳斯群岛等地谋生，每年汇回的款项超过 100 万英镑。圣岛可耕地面积约 3580 公顷。主要农作物有玉米、马铃薯和蔬菜。岛上有 40 余种特有植物。丰富的动植物资源及其曾作为拿破仑流放地的历史，使圣岛旅游业得以发展。1997 年抵圣岛游客为 8698 人次。

国民生产总值（2000/2001）：1010 万美元。

人均国民生产总值（2000/2001）：2291 美元。

货币名称：圣赫勒拿镑，与英镑等值。

失业率（2000/2001）：12.7%。

（资料来源：英国外交部网站）

【交通运输】无铁路，外界进入主要靠海运。现有一个飞机场，沥青路 168 公里；有各种机动车辆

2388 辆。对外联系主要靠海上交通。2002 年有商船一艘，排水量 789 吨。圣赫勒拿轮船公司每年有四次班轮通往英国，停靠加拿利群岛、阿森松岛、开普敦等地，每年一次停靠特里斯坦—达库尼亚。詹姆斯敦港为唯一港口。

【财政金融】2004/2005 年度，政府收入 584.3 万英镑，支出 1856.1 万英镑，依靠英国援助 1255.9 万英镑及国库储备维持收支平衡。政府储蓄银行位于詹姆斯敦。

【对外贸易】2002 年出口额 4200 万美元，进口额 1700 万美元。主要进口食品、饮料、烟草、燃油、建材、动物饲料、机器设备及汽车等；主要出口鱼，还有少量咖啡、手工艺品。主要贸易对象为英国、美国、坦桑尼亚、日本、西班牙、澳大利亚和南非。

【外国援助】圣从英外交与联邦事务部接受专项援助款项，2006/2007 年度接受英援款 1476.1 万英镑。

人民生活

2007 年，岛上有 1 所医院，58 个床位。还有 1 所养老院及 2 个诊所。2007 年，人均期望寿命男 74.86 岁、女 80.81 岁；出生率为 12.33‰，死亡率为 6.43‰。

文化教育

【教育】实行三级教育制，对 5～15 岁儿童实行免费义务教育。成人识字率达 97%。2005 年有各类学生 784 人，教职员工 167 人。

【新闻出版】《圣赫勒拿新闻》周刊创刊于 1986 年，由政府主办，发行 1300 份。政府广播机构每周播音 81 小时。全天 24 小时可收看两个频道的电视节目。1994 年 7 月，一个卫星电视节目中继站投入使用。

附：

属 岛

（一）阿森松岛（Ascension）：小火山岩岛，位于圣赫勒拿西北 1131 公里。面积 88 平方公里。岛上无当地居民，人口约为 1100 余人，主要是英国和美国的军事人员、圣赫勒拿的行政人员、一些通讯公司的工作人员以及为该岛提供公共服务的工作人员。通用货币为圣赫勒拿/阿森松镑。居民多信奉圣公会和罗马天主教。首府乔治敦（Georgetown）。地处热带，盛行东南信风，气候宜人。年均降水量沿海 135 毫米，山区 635 毫米。

1501 年，葡萄牙海员发现该岛。1815 年，英国海军占领该岛。1922 年 11 月由英殖民部接管，管辖权属圣赫勒拿。该岛战略地位重要，二战期间曾是美国空军的加油基地，1965 年又改为卫星和导弹追踪站。它不仅是英国在南大西洋的重要供应站，还是国际重要通讯中心，通过卫星和电缆向欧洲、南非和其他地区提供电讯服务。1982 年英国和阿根廷因马尔维纳斯群岛主权归属问题发生战争后，英国恢复向该岛派驻军队，现有 100 余人。

该岛以盛产“绿色海龟”而闻名。每两个月，圣赫勒拿轮船公司有客货船往来于该岛和英国加的夫、南非开普敦之间。英国国防部船只每月来岛一次，美国货船每三月来岛一次。英国空军飞机每周两次、美国空军飞机每周一次抵离该岛。岛上有人数不多的警察和一所邮局。英国有关组织通过阿森松服务机构为居民提供教育、医疗等公共服务。行政长官是圣赫勒拿政府的代表，在两个顾问组的协助下主持工作。2008 年 9 月，（Poss Denny）主任行政长官。

（二）特里斯坦—达库尼亚群岛（Tristan da Cunha）：位于圣赫勒拿岛以南 2300 公里，东距南非开普敦 2800 公里。由特里斯坦—达库尼亚岛（98 平方公里）、戈夫岛（Gough Island，91 平方公里）、英纳塞西布（Inaccessible Island，10 平方公里）和奈丁格尔群岛（Nightingale，2 平方公里）等岛屿组成，总面积 202 平方公里。首府爱丁堡。特里斯坦岛人口 300 余人（2002 年）。戈夫岛有一个南非开设的小气象站。其他岛屿无人居住。居民多信奉圣公会，少数信奉罗马天主教。气候温和湿润。

特里斯坦—达库尼亚群岛发现于 1506 年，但在 1790～1817 年美国捕鲸者来此之前无人居住。1817 年英国海军占领该群岛。1938 年 1 月归属圣赫勒拿岛。1961 年火山爆发后居民撤离，1963 年返居。

渔业税和邮票及手工艺品收入为主要收入来源。小龙虾捕捞业是主要行业。农产品有马铃薯，饲养牲畜和家禽。无机场。圣赫勒拿轮船公司每年有船抵此。来自南非的捕龙虾船每年来此约六次。偶尔也有巡逻船到此。出口鱼产品，贸易对象主要为美国、法国和日本。英国对其援助于 1980 年终止。有一所医院和一所学校（招收 15 岁以下的儿童）。行政长官是圣赫勒拿政府的代表，由一个委员会协助其工作。委员会包括八名选举成员（其中至少有一名妇女）和三名指定成员，具有立法和行政建议权。现任行政长官兼地方法官戴维·莫里（David Morley）于 2007 年 9 月任职。

戈夫岛位于南纬 40 度 20 分，西经 10 度，北距特里斯坦—达库尼亚岛约 350 公里。1995 年底，联合国教科文组织将戈夫岛野生生物保护区列入世界文化与自然遗产名录。

（黄黎）

斯威士兰

国名 斯威士兰王国（The Kingdom of Swaziland）。

面积 17363平方公里。

人口 119万（2009年估计）。其中斯威士族占90%，祖鲁族和通加族占6%，白人占2%，其余为欧非混血人种。官方语言为英语和斯瓦蒂语。居民约60%信奉基督教，30%信奉原始宗教，10%信奉伊斯兰教。

首都 姆巴巴内（Mbabane），人口6万（2007年估计）。1～2月最热，为15℃～25℃；6月最冷，为5℃～19℃。1月最湿，月均降水量252毫米；6月最旱，月均降水量18毫米。

国家元首 国王姆斯瓦蒂三世（Mswati III），1986年4月25日登基。

重要节日 英联邦日（3月9日）、国王姆斯瓦蒂三世诞辰（4月19日）、芦苇舞节（每年7、8月间持续约一周时间）、独立日（9月6日）。

简况

系非洲东南部内陆国家，北、西、南三面为南非所环抱，东与莫桑比克为邻。属亚热带气候，年平均气温西部为16℃，东部为22.2℃。

15世纪后期，斯威士兰人由中部非洲和东非逐渐向南迁移，16世纪定居于此地并建立起王国。1907年后成为英国“保护地”。1968年9月6日宣布独立，定名斯威士兰王国。国王索布扎二世在位61年，1982年8月逝世，大王后泽莉维摄政。1983年，“王室委员会”立马科塞蒂韦王子为王储，由王储之母恩通比王后摄政。1986年4月25日，马科塞蒂韦王储登基，称姆斯瓦蒂三世。

斯威士兰是南部非洲唯一迄今仍禁止政党活动的国家，也是世界上少数几个仍实行绝对君主制的国家之一。20世纪90年代以来要求解除党禁、实行多党制的呼声逐渐增多。1992年实施“廷克汉德拉”选举法，也称部落居住区选举法，仍属传统选举法，候选人只能以个人身份参选。1993年10月据此举行的大选遭到“多党制”提倡者的强烈反对，抗议活动一度此起彼伏。1996年以来，斯威士兰工会联合会（SFTU）发起数次大规模全国罢工，提出解除党禁，实现民主化进程等政治要求。斯国王为缓和局势，成立修宪委员会（后被宪法起草委员会取代）。原定于1999年底完成的修宪工作一再推延。直到2003年5月，宪法起草委员会才向国王递交了新宪法草案。

政治

2006年2月，斯新宪法正式颁布实施，仍然维持了国王对司法、行政、议会事务的绝对权力，对政党合法化问题表述模糊，引起斯民间社会极大不满。一些民主进步力量认为新宪法违背民意，强烈要求开放党禁，近几年斯反政府、要民主的罢工、游行、请愿时有发生，但均未撼动王室权力。2008年5月，政府以反恐为由逮捕人民联合民主运动（PUDEMO）主席马苏库，并威胁将解雇参与进步活动的公务员。9月，斯举行新宪法实施后的首次议会选举，多数进步力量予以抵制。国王在选举后任命了新内阁。10月，通过了《打击恐怖主义法案》，宣布多个具有政治性质的反对派组织为恐怖组织。还颁布实施《公务员法案》，禁止公务人员参与政党或政治活动。

【宪法】 旧宪法于1978年10月制定，规定斯是一个没有种族歧视、不分肤色信仰、人人平等地享有自由和公正的国家；私有财产不可侵犯；禁止一切政党活动；国王为权力至高无上的国家元首，其行政权通过由首相主持的内阁实施。新宪法2006年2月生效，规定保护司法独立、保障人权和言论、结社自由，但并未根本触及解除党禁以及国王对司法、行政、议会事务拥有的绝对权力。国王仍可根据自己意愿推翻法令、解散议会、任命和更换首相、内阁和部分两院议员。

【议会】 由参、众两院组成，任期五年，其职能仅限于辩论政府提案并向国王提供咨询。本届议会由2008年9月的选举产生。现有参议院议员30名，其中20名由国王指定，10名由众议院议员选举产生。众议院议员65名，其中10名由国王指定，另55名由选举产生。现任参议院议长格兰·兹瓦内（Gelane Zwane），众议院议长古杜扎·德拉米尼亲王（Hon. Prince Guduza Dlamini）。

【政府】 本届政府于2008年10月成立。内阁主要成员有：首相巴纳巴斯·西布西索·德拉米尼（Barnabas Sibusiso Dlamini），副首相滕巴·马苏库（Themba Masuku），农业大臣克莱门特·德拉米尼（Clement Dlamini），新闻和信息服务大臣曼德拉·斯坦·莫察（Mandla Stan D. Motsa），经济计划与发展大臣赫兰古森菲亲王（Prince Hlangusemphi），教育和培训大臣威尔逊·恩钱加塞（Wilson Ntshangase），商贸大臣贾布利莱·马什瓦马（Jabulile Mashwama），国防大臣斯坦利·德拉米尼少将（Stanley S. Dlamini），财政大臣马乔齐·西索莱（Majozi V. Sithole），外交和国际合作大臣卢特福·德拉米尼（Lutfo Dlamini），地矿大臣阿伦·维拉卡蒂（Aaron M. Vilakati），卫生大臣贝内迪克特·克萨巴（Benedict Xaba），内政大臣姆古瓦古瓦·加梅泽（Mgwagwa Gamedze），住房和城市发展大臣帕斯特·林迪韦·德拉米尼（Pastor Lindiwe Dlamini），司法和宪法事务大臣恩杜米索·曼巴（Ndumiso Mamba），自然资源和能源大臣灿齐莱公主（Princess Tsandzile），公职大臣姆蒂蒂·法库泽（Mtiti Fakudze），公共工程和交通大臣恩图图科·德拉米尼（Ntuthuko Dlamini），旅游和环境事务大臣马克福·西班泽（Macford Sibandze），劳动和社会安全大臣马戈韦贝塔内·曼巴（Magwebetane Mamba），信息、通讯和技术大臣帕斯特·内利西韦·雄克（Pastor Nelisiwe Shongwe），廷克汉德拉管理和发展大臣格科科马亲王（Prince Gcokoma），体育、文化和青年事务大臣赫洛布西莱·恩德洛武（Hlob'sile Ndlovu）。

【行政划区】全国分为4个区：希塞尔韦尼、卢邦博、曼齐尼、霍霍。

【司法机构】实行罗马—荷兰法和传统习惯法双重法律体系。司法机构由宪法法院、最高法院（前上诉法院）、高级法院、区法院和斯威士（酋长）法庭组成。宪法法院对以上两种法庭体系的判决有最终裁决权。斯威士（酋长）法庭只负责审理本酋长所管辖地区的民事和刑事案件。

【重要人物】姆斯瓦蒂三世：国王。原名马科塞蒂韦（Makhosetive），意即"各族之王"。1968年4月19日生于姆巴巴内，是已故国王索布扎二世的第67子、恩通比王后的独子。1983年被推选为王储，随后前往英国求学。1986年4月25日登基。

经　济

斯人均国内生产总值居黑非洲国家前列，被世界银行列为中等偏下收入国家。奉行自由市场经济，重视利用私人和外国资本，鼓励出口。因经济开放度高、出口以农产品为主，经济增长受气候条件和国际市场变化影响较大。斯在20世纪80年代末期经济发展较快，国内生产总值年增长率曾达7.8%。90年代经济出现回落，平均年增长率为6.5%。2003年推出新的经济增长战略，在增收减支的同时，努力促进农业发展，保障粮食安全，实现农作物种植多样化。斯经济严重依赖南非，自身回旋余地小，出口商品单一，发展不均衡，社会贫富悬殊。斯2009年主要经济数据如下（资料来源：国际货币基金组织）：

国内生产总值：29.83亿美元。

人均国内生产总值：2906美元。

国内生产总值增长率：0.425%。

货币名称：里兰吉尼（Lilangeni）；复数称埃马兰吉尼（Emalangeni）。

汇率（2010年4月）：1美元=7.3埃马兰吉尼。

通货膨胀率：7.5%。

【资源】自然资源丰富，主要矿藏有石棉、煤、黏土、锡石等，另有少量黄金和钻石储量。森林面积54.1万公顷，约占斯总面积的31.5%。境内有5条主要河流，水力资源较丰富，河流流经斯后进入南非和莫桑比克境内。

【工业】工业产值居国民经济首位。2007年工业产值占国内生产总值的49.4%，其中制造业占国内生产总值44.4%。主要生产石棉、钻石、煤、加工木材、纸浆、水果罐头和棉纺织品等产品。

【农牧业】农牧业在国民经济中占有重要地位。斯75.1%的人口从事农业。2007年农牧业产值占国内生产总值的7.3%。斯可耕地面积占国土总面积的14.3%，但目前粮食尚未实现自给。草地牧场面积约占国土总面积的67%。主要作物有甘蔗、玉米、棉花等。甘蔗种植是斯就业人口最多的行业。

【旅游业】斯旅游业较发达，但基本由南非财团控制。博彩业是斯旅游业的一大特色，年访斯外国游客超过40万人，约60%为赌客，游客主要来自欧洲、南非等地。近年来，斯政府通过开发野生动物园和展示斯丰富多姿的礼仪文化招揽游客。礼仪文化包括王宫内的各种庆祝活动、斯传统婚礼以及各种民族舞蹈等。旅店设施较好，太阳国际集团在斯开有数家五星级宾馆。

【交通运输】交通以公路运输为主。

公路：公路总长3800公里，其中约1500公里为沥青路，其余为土路或石路等地区道路。与邻国南非、莫桑比克间有国家公路相连。

铁路：总长370公里，与莫桑比克和南非的铁路相连。铁路货运是斯国内及与周边国家开展贸易的重要运输方式。

空运：曼齐尼（Manzini）国际机场有定期国际航班通往南非等国。斯威士兰航空公司（Swaziland Airlink）是斯唯一的航空公司，系由斯政府和南非航空（SAA）出资成立的合资公司。

【财政金融】斯是南部非洲关税同盟成员国，每年从该组织所获税收份额是其财政收入的最大进项，2008/2009年度占65.3%。近几年财政收支状况如下（单位：亿埃马兰吉尼）：

	2007/2008	2008/2009	2009/2010
收入	89.98	92.08	96.60
支出	84.46	95.38	109.40
差额	5.52	-3.3	-12.80

2009年底外汇储备（不包括黄金）为6.63亿美元，外债4亿美元，偿债率1.4%。

（资料来源：斯威士兰央行，2008年、2010年斯威士兰经济季评）

【对外贸易】外贸在斯国民经济中占有重要地位，主要出口产品包括软饮料浓缩液、纺织品、蔗糖、纸浆等；主要进口产品有食品、活禽、石化产品、仪器、机械、运输设备等。南非是斯最主要的贸易伙伴，2008 年分别占斯进、出口总额的 91.8% 和 64.7%。其他重要贸易伙伴还有美国、肯尼亚、英国、中国等。近三年的进出口额如下（单位：百万美元）：

	2007	2008	2009
出口	1744	1569	1405
进口	1844	1700	1559

（资料来源：2010 年斯威士兰经济季评）

【外国援助】 20 世纪 90 年代以来，斯每年从国际社会获官方发展援助，2006/2007 年获各类经济援助共 1.13 亿美元。日本是斯最大的双边援助国，欧盟是斯最大的多边援助方。

【外国资本】 2006 年度外国在斯净资产增长 68.3%，总计 4.32 亿美元。

人民生活

2006 年度斯正式就业人数为 9.21 万人，失业率为 30%（2008 年斯威士兰经济季评）。贫富差距较大，基尼系数为 0.609，高于撒哈拉以南非洲的平均数。斯是世界艾滋病感染率最高的国家，2006 年感染率达到 39.2%。受其影响，斯人均预期寿命下降至 33.7 岁（2007 年）。新生儿死亡率 85‰，产妇死亡率为 5.89‰，5 岁以下儿童死亡率 120‰，82% 新生儿注射了麻疹疫苗。联合国 2007/2008 年度全球人类发展报告显示，斯人类发展指数位于全世界 141 位。全国共有 187 家医院和医疗中心。斯固定电话由斯国有企业——斯威士兰电信公司运营，2007 年全国共有 4.4 万门固定电话。1998 年引入移动电话服务，南非移动运营商 MTN 是斯唯一的移动运营商，发展迅速，信号覆盖 89% 的国土，截至 2007 年共有 38 万个移动用户。斯有 7 家网络运营商，与南非网络相连，截至 2007 年网络用户超过 40000 户。

军　事

斯威士兰国防军于 1973 年建军。主要负责国家防务和维持国家秩序，国王为法定的军队总司令。实行义务兵役制，总兵力约 4500 人。现任司令为斯坦利·德拉米尼少将（Major General Stanley S. Dlamini），副司令帕特里克·莫察准将（Brigadier General Patrick V. Motsa）。另有警察和王室卫队。

文化教育

【教育】 政府重视教育，实行小学义务教育制。教育经费在财政预算中占相当大的比例，居第二位，1999～2007 年平均教育预算占财政预算的 24%。成人识字率为 80%。根据联合国教科文组织和世界银行的数据，斯有 541 所小学和 182 所中学。斯 2006 年小学入学率为 78%，平均每 32 名学生有一名教师；中学平均每 20 名学生一名教师。斯威士兰大学是全国唯一综合性高等学府，有学生近 4000 人。另有 5 所师范和职业培训学校，学生 1800 多人。

【新闻出版】 主要报刊有：《斯威士兰时报》，创办于 1897 年，英文日报，发行 1.1 万份；《斯威士兰观察家》，英文日报，发行 1 万份；《斯威士兰新闻》，英文周刊，发行 7000 份；《斯瓦蒂日报》，发行 4000 份；《国家》，新闻杂志，双月刊；《斯威士兰农业》，季刊。

电台和电视台由国家掌控，主要有：

斯威士兰新闻广播电台：建于 1966 年，半官方半商业化管理，用英语和斯瓦蒂语广播。

斯威士兰国际广播电台：建于 1974 年，用 29 种语言对东、中、南部非洲及远东国家广播。

斯威士兰电视台：创建于 1978 年，国立英语台。

对外关系

奉行不结盟和睦邻友好对外政策。主张各国相互尊重主权和互不干涉内政，并通过和平谈判途径解决国家间的纷争；重视发展同非洲国家的友好合作关系；要求建立国际经济新秩序，赞成南北对话；支持促进人类和平与正义。美国、英国、德国、南非、莫桑比克 5 国在斯设有常设外交代表机构，斯在布鲁塞尔、哥本哈根、伦敦、比勒陀利亚、马普托、内罗毕、科威特、华盛顿和联合国派驻常驻外交机构。

【同中国的关系】 斯威士兰与中国无外交关系。1968 年独立后即与台湾"建交"。

【同西方国家的关系】 斯与美国关系较为密切，两国 1972 年建交。美援助项目主要有抗艾滋病、农业、教育、小型企业发展、机构和人力资源发展、军事培训、贸易能力建设等。斯每年派遣 20 名学生及选送一些军官赴美学习深造和受训。2000 年底，斯获准成为美国《非洲增长与机遇法（AGOA）》的受惠国。尽管斯于 2004 年 12 月底再次获准享受该优惠待遇，但美要求斯加快民主化进程的压力并未减小。2005 年，斯再次获准享受该优惠待遇。2009 年 6 月，斯美最终签署了"美国总统防治艾滋病紧急援助计划"（PEPFAR）援斯协议，将美对斯艾滋病领域援助提高至每年 2800 万美元。美国志愿者组织"和平队"在撤出斯 9 年后，于 2003 年重返斯，并于 2009 年 6 月与斯完成了关于"和平队"拓展在斯任务的谅解备忘录。美国每年向斯派遣 80 名"和平队"志愿人员参与斯的经济建设。

斯是英联邦成员国，同英国关系密切。英斯签有军事合作协议。英有军事专家在斯常驻，帮助斯培训军官。

斯同法国、瑞典等国分别签有烟草种植和贸易协定，德国、丹麦和瑞典也是斯的主要援助国。

【同南非的关系】 斯与南非政治经济关系密切。南非是斯最重要的贸易伙伴。1993 年两国正式建立外交关系。2001 年 2 月，南非副总统祖马访斯。2002 年 9 月，斯国王赴南非出席可持续发展世界首脑会议。2005 年 3 月，斯国王访问南非，会见了南非总统姆贝基，斯南建立了“联合双边委员会”。2009年5月，斯国王出席南非总统祖马就职典礼。

【同其他非洲国家关系】斯同南部非洲国家关系友好，是南部非洲发展共同体（SADC）、南部非洲关税同盟（SACU）和东南非共同市场（COMESA）成员国。2008年9月至2009年9月，斯任南共体政治、防务和安全委员会轮值主席，2次主持召开有关解决津巴布韦、马达加斯加问题“三驾马车”峰会。2000年10月，斯与毛里求斯签署两国合作利用甘蔗渣发电协议。2002年10月，斯国王访问纳米比亚。2003年6月，斯国王访问莫桑比克。2005年3月，斯国王访问肯尼亚。2008年4月，斯国王访问莱索托。2009年6月，斯国王访问津巴布韦。2009年7月，斯国王访问赞比亚。（朱悦）

苏 丹

国名 苏丹共和国（The Republic of the Sudan）。

面积 250万平方公里。

人口 3915万（2009年）。黑人占52%，阿拉伯人占39%，贝贾人占6%，其他民族占3%。阿拉伯语为官方语言，使用者占总人口的60%；通用英语。70%以上的居民信奉伊斯兰教，多属逊尼派，主要居住在北方；南方居民多信奉原始部落宗教及拜物教；约有5%的人信奉基督教，多居住在南方和首都喀土穆。

首都 喀土穆（Khartoum），人口527万（2009年），最热月为5月（26℃～42℃），最冷月为1月（16℃～32℃）。

国家元首 总统奥马尔·哈桑·艾哈迈德·巴希尔（Omar Hassan Ahmed Al-Bashir），1989年6月30日出任救国革命指挥委员会主席。1993年10月改任总统，1996年3月和2000年12月连任。2005年民族团结政府成立后继续出任总统。2010年4月在全国大选中当选连任。

重要节日 独立日：1月1日（国庆）；救国革命日：6月30日。

简 况

位于非洲东北部，红海西岸，是非洲面积最大的国家。北邻埃及，西接利比亚、乍得、中非共和国，南毗刚果（金）、乌干达、肯尼亚，东接埃塞俄比亚、厄立特里亚。东北濒临红海，海岸线长约720公里。苏丹全国气候差异很大，自北向南由热带沙漠气候向热带雨林气候过渡，最热季节气温可达50℃，全国年平均气温21℃，长年干旱，年平均降雨量不足100毫米。苏丹地处生态过渡带，极易遭受旱灾、水灾和沙漠化。

早在4000年前就有原始部落居住。公元前2800年至公元前1000年为古埃及的一部分。公元前750年努比亚人在苏丹建立了库施王国。公元6世纪苏丹进入基督教时期。13世纪阿拉伯人征服苏丹，伊斯兰教得以迅速传播，在15世纪出现了芬吉和富尔伊斯兰王国。16世纪，苏丹被并入奥斯曼土耳其帝国势力范围。英国于19世纪70年代开始向苏丹扩张。1881年，苏丹宗教领袖穆罕默德·艾哈迈德领导群众开展反英斗争，于1885年建立了马赫迪（意为“救世主”）王国。1899年苏丹成为英国和埃及的共管国。1953年建立自治政府。1956年1月1日宣布独立，成立共和国。1969年5月25日，尼迈里军事政变上台，改国名为苏丹民主共和国。1985年4月6日，达哈卜军事政变上台，改国名为苏丹共和国。1986年4月苏丹举行大选，萨迪克·马赫迪出任总理。1989年6月30日，巴希尔军事政变上台，成立“救国革命指挥委员会”（简称“革指会”）。1993年10月，“革指会”解散，巴希尔改任总统，并在1996年3月、2000年12月、2005年7月和2010年4月四次连任。

政 治

巴希尔上台后，1991年起在全国范围内（南方部分省份除外）实行伊斯兰法，以《古兰经》和《圣训》作为制定政治、经济、社会生活方针政策的准则。1996年3月，苏举行首次总统和议会选举，巴希尔当选总统，原全国伊斯兰阵线（简称伊阵）领导人图拉比当选议长。1999年底，巴希尔宣布解散议会，图拉比随后宣布退出执政的全国大会党（由伊阵演变而成），另组建反对党人民大会党。20世纪90年代后，在美国和政府间发展组织（简称伊加特）的直接参与下，苏政府与南方反政府武装“苏丹人民解放运动”（简称“苏人解”）的和谈取得积极进展，双方于2005年1月9日在肯尼亚首都内罗毕签署《全面和平协议》（CPA）。至此，长达22年之久的苏丹内战宣告结束。2005年7月9日，巴希尔签署了成立民族团结政府的过渡期宪法，苏进入为期6年的过渡期。过渡期内由北南双方联合执政，巴希尔继续任总统，“苏人解”主席基尔任第一副总统。9月，民族团结政府成立。10月，南方成立以“苏人解”为主体的自治政府，基尔任主席。目前，苏政局基本稳定。

【南方问题】苏丹南方面积约65万平方公里，

人口 826 万（2009 年），居民多为非洲土著黑人。1983 年，因反对尼迈里政府在全国推行伊斯兰法，南方黑人军官约翰·加朗成立"苏丹人民解放军"（SPLA）和"苏丹人民解放运动"（SPLM），对抗中央政府，苏丹内战爆发。

2005 年 1 月，苏政府同"苏人解"签署《全面和平协议》（CPA），结束了长达 22 年的内战。9 月，苏丹民族团结政府成立，巴希尔、基尔（取代因飞机失事遇难的加朗）和塔哈分别就任苏丹过渡期总统、第一副总统和副总统。10 月，苏丹南方自治政府成立，基尔任主席。根据 CPA 规定，苏南方所产石油收入的 2% 归产油州，其余部分北南双方各分 50%。此外，苏南方将在民族团结政府结束 6 年过渡期后，于 2011 年就北南统一问题举行全民公投，决定南方最终地位。

苏民族团结政府成立以来，北南双方合作基本正常。双方均多次表示愿继续推进和解进程，但在阿布耶伊地区归属、石油收入分配、北南划界和安全安排等问题上存在诸多分歧。2008 年 4 月，全国大会党与"苏人解"经过协商，决定于 4 月 22 日开始包括南方在内的全国人口普查，为全国大选做准备。6 月，北南双方签署"难民返还与《阿布耶伊议定书》执行路线图"。8 月，北南双方宣布成立阿布耶伊地区过渡行政机构。2009 年 1 月，北南双方在南方举行 CPA 签署四周年庆典活动，总统巴希尔和第一副总统基尔出席活动并发表讲话。2010 年 4 月，苏丹举行全国大选，现任总统巴希尔及南方自治政府主席基尔分别当选连任。根据 CPA，2011 年 1 月苏丹南方地区将举行公投。

【达尔富尔问题】达尔富尔地区位于苏丹西部，人口 752 万（2009 年），面积约 50 万平方公里，社会经济状况落后。当地阿拉伯牧民同黑人农民常因争夺水草资源发生部落冲突。2003 年 2 月，"苏丹解放运动"（SLM）和"正义与平等运动"（JEM）发动反政府武装行动，达尔富尔问题引起国际社会广泛关注。

2004 年下半年至 2005 年上半年，安理会就达问题先后通过 1556、1564、1591、1593 号四项决议，威胁对苏石油等领域进行制裁，并对有关人员实施定向制裁。

苏政府于 2003 年 8 月开始同达区反政府武装就权力、财富和安全等问题在阿布贾展开谈判，取得一定进展，双方于 2005 年 7 月签署了关于政治解决达问题的"原则宣言"。2006 年 5 月 5 日，苏政府与达区主要反政府武装 SLM 签署《达尔富尔和平协议》。达尔富尔问题进入新的发展阶段。

2004 年 8 月，非盟开始向达区派出特派团执行维和行动，效果不彰。美国等西方国家积极推动联合国接管非盟维和行动。2006 年 11 月，在非盟总部召开的高级别对话会上，联合国秘书长安南提出由联合国向非盟提供财政、技术和后勤支持、在达区部署联合国/非盟"混合行动"的三阶段解决方案。12 月，苏丹政府宣布原则接受在达区部署"混合行动"。同月，安南方案第一阶段计划开始执行。2007 年 4 月和 6 月，苏政府与联合国、非盟先后就落实安南方案第二、三阶段计划达成一致。7 月，安理会一致通过授权在达区部署联合国/非盟"混合行动"的 1769 号决议。截至 2010 年 5 月，"混合行动"部署已完成近 87%。

2007 年下半年，达区政治进程进入了新的阶段。6 月，联合国和非盟达问题两特使提出政治进程"路线图"。7 月，第二次达问题国际会议在利比亚召开，会议确定由联合国、非盟为推动达区政治进程发挥主导作用。8 月，在联合国与非盟倡导下，达区多个反对派在坦桑尼亚阿鲁沙举行会议，就执行政治进程"路线图"、与政府进行谈判达成一致。10 月，苏政府与达区 7 个反对派在利比亚锡尔特举行和谈会议，但未就复谈达成一致。2008 年 3 月和 6 月，联合国、非盟达问题两特使两次召集达区政治进程国际会议。5 月 10 日，达区反政府武装"正义与平等运动"袭击苏丹首都喀土穆，造成平民伤亡，后被政府军击溃。联合国安理会就此发表主席声明，谴责该组织袭击喀土穆。6 月 30 日，联合国秘书长和非盟委员会主席共同任命布基纳法索外长巴索莱为联合国/非盟达问题首席协调员。

2008 年 9 月，第 130 届阿盟外长会议提出旨在推动达区政治进程的"卡塔尔倡议"。2009 年 2 月，苏政府和 JEM 在卡塔尔首都多哈举行和谈，并签署《解决达尔富尔问题善意与建立互信协议》。2009 年 11 月，达尔富尔地区全面和谈启动会议在多哈召开。2010 年 2 月和 3 月，苏丹政府分别与达尔富尔地区反对派"正义与平等运动"及"解放与正义运动"在多哈签署和平框架协议。

【宪法】1973 年 4 月实行首部宪法，1985 年 4 月废止。同年 10 月颁布过渡宪法，1989 年 6 月 30 日废止。1998 年 6 月 30 日，苏颁布并实行新宪法，规定苏丹是多种族、多文化、多宗教国家，国家实行建立在联邦制基础上的非中央集权制；总统是国家主权的最高代表，军队最高统帅，拥有立法、司法、行政最高裁决权，由全民选举产生，任期五年，可连选连任一届；议会为立法机构；司法独立；确立言论、结社自由原则和政治协商原则；宗教信仰自由，各宗教平等相处，南北方公民与义务平等。2002 年 4 月，全国大会党协商会议就修宪问题作出决定，取消总统任期两届的规定，可连选连任。2005 年 7 月，巴希尔总统签署了成立苏丹民族团结政府的过渡期宪法。过渡期为六年，过渡期内苏丹保持统一，实行"一国两制"，建立南北两套立法系统。南方 10 个州成立统一的南方政府，北方保持建立在伊斯兰法基础上的政府机构。

【议会】根据1998年颁布实施的宪法，国民议会为苏丹国家立法机构，75%的议员由直选产生，25%由社团、组织间接选举产生，议长由第一次议员大会选举产生，每届议会任期四年。第一届苏丹全国议会于1996年4月1日成立，共有议员400人，议长为哈桑·阿卜杜拉·图拉比（Hassan Abudulla Turabi）。1999年12月，巴希尔总统宣布解散议会，罢免议长图拉比。2000年12月，苏选举产生新一届议会，2001年2月5日，艾哈迈德·易卜拉欣·塔希尔（Ahmed Ibrahim Al-Tahir）当选为议长。2005年8月31日，苏选举产生新一届过渡期国民议会，共有议员386人，塔连任议长。2010年5月，塔再度连任议长。

【政府】由总统直接主持，不设总理职务。

2005年9月20日，由北南双方联合执政、其他党派参政的民族团结政府成立，并于2007年12月和2008年2月两次改组，2009年5月进行了微调。主要成员如下：总统奥马尔·哈桑·艾哈迈德·巴希尔、第一副总统萨尔瓦·基尔·马亚尔迪特（Salva Kiir Mayardit）、副总统阿里·奥斯曼·穆罕默德·塔哈（Ali Osman Mohammed Taha）；总统助理3人：纳菲阿·阿里·纳菲阿（Nafie Ali Nafie）、米尼·阿尔卡维·米纳维（Minni Arkawi Minawi）、穆萨·穆罕默德·艾哈迈德（Musa Mohammed Ahmed）；总统顾问12人：里亚克·卡伊·库克博士（Dr. Riak Gai Kiok）、艾哈迈德·阿里·伊玛姆教授（Prof. Ahmed Ali Imam）、穆斯塔法·奥斯曼·伊斯梅尔博士（Dr. Mustafa Osman Ismail）、安德鲁·马库鲁（Andraw Makro）、卡吉·萨拉赫·丁·阿特巴尼博士（Dr. Ghazi Salaheddin al-Attabani）、艾哈迈德·比拉勒·奥斯曼博士（Dr. Ahmad Bilal Osman）、布纳·马勒瓦勒（Bona Malawal）、曼苏尔·哈立德博士（Dr. Mansur Khaled）、法利达·易卜拉欣·艾哈迈德·侯赛因（Farida Ibrahim Ahmed Hussein，女）、阿里·塔米姆·福尔塔克教授（Prof. Ali Tamim Fartak）、阿卜杜拉·阿里·马萨尔（Abdallah Ali Masar）、威廉·阿贾克·丁格（William Ajak Deng）。

民族团结政府部长共30人：总统府事务部长巴克利·哈桑·萨利赫少将（Maj. Gen. Bakri Hassan Salih）、内阁事务部长科斯塔·马尼比（Kosta Manibi）、联邦关系部长阿卜杜·拉赫曼·赛义德（Abdul-Rhman Saeed）、国防部长阿卜杜—拉希姆·穆罕默德·侯赛因少将（Maj. Gen. Abdul-Rahim Mohammed Hussein）、外交部长丁格·阿鲁尔·库尔（Deng Alor Kol）、内政部长易卜拉欣·马哈茂德·哈米德（Ibrahim Mohamed Hamed）、司法部长阿卜杜勒·巴希特·塞比迪拉特（Abdel Basset Saleh Sbidrat）、新闻和通讯部长泽哈维·易卜拉欣·马利克（Al-Zahawi Ibrahim Malik）、议会事务部长约瑟夫·乌奇鲁（Jeseph Okelo）、财政和国民经济部长奥德·艾哈迈德·贾兹博士（Dr. Awad Ahmed Al-Jaz）、国际合作部长铁贾尼·萨利赫·法蒂拉博士（Dr. Al-Tigani Salih Fedail）、能源和矿产部长祖贝尔·艾哈迈德·哈桑（Al-Zubair Ahmed Hassan）等。

【网址】苏丹外交部：www. mfa. gov. sd。苏丹最大网站：www. sudan. net。

【行政区划】设25个州，辖132个县。

【政党和组织】1989年巴希尔发动政变后禁止党派活动。1999年1月1日苏《政治结社组织法》生效后允许党派注册后活动。目前，苏全国共有33个政党进行了登记。主要有：

（1）全国大会党（National Congress Party）：简称全国大。前身为苏丹全国伊斯兰阵线，由穆斯林兄弟会演变而成，1989年政变后成为执政党。1998年起用现名。1999年10月召开首次全国代表大会，巴希尔总统任全国大主席，哈桑·图拉比为秘书长。2000年6月，全国大召开协商委员会会议，决定免去图拉比全国大秘书长职务，9月选举易卜拉欣·艾哈迈德·奥马尔（Ibrahim Ahmed Umar）为全国大秘书长。2005年11月，全国大召开第二届党代会，会议选举出新一届领导局成员。巴希尔总统连任党主席，塔哈、纳菲阿、里亚克等三人当选党的副主席。2009年10月，全国大三大召开，巴希尔总统再次连任党主席。

（2）苏丹人民解放运动（Sudan People's Liberation Movement）：简称"苏人解"，1983年5月成立，现任领导人是萨尔瓦·基尔·马亚尔迪特。该运动又称"加朗运动"、"人运"，其武装力量称"苏丹人民解放军"（SPLA）。主张建立社会经济平等、公正和政教分离的世俗社会，要求平等分配国家权力和资源，并同政府军展开长期的游击战。2005年1月，苏人解与巴希尔政府签署《全面和平协议》。自此，"苏人解"以合法身份与全国大会党共同执政。

（3）乌玛党（Umma Party）：由苏丹伊斯兰安萨教派第二任教长阿卜杜—拉赫曼·马赫迪于1945年1月创立。1956年7月起开始走上执政舞台。该党领袖萨迪克·马赫迪（Sadig Al Mahdi）曾任苏丹总理（1985～1989年）。1989年现任总统巴希尔发动军事政变，推翻了以乌玛党为主的政府。1996年12月，萨迪克带领部分乌玛党领导人逃亡厄立特里亚，后转至埃及。2000年11月，萨迪克结束流亡返苏，并开始参与苏政治事务。

2002年7月，由穆巴拉克·法德鲁·马赫迪（Mubarak Al-Fadil Mahdi）领导的乌玛党"改革革新"派脱离萨迪克领导的"主流派"，与执政的全国大达成协议，开始参政并进入内阁，该派领导人穆巴拉克曾任总统助理。

（4）民主联盟党（Democratic Unionist Party）：成立于1967年12月，是由民族联合党和人民民主党合并组成的。现在苏注册登记的民联党为民联党“辛迪派”，领导人为谢里夫·宰因·阿比丁·辛迪（Al-sharief Zainal-Abin Al-Hindi），该党部分成员在联邦政府中担任部长职位。2001年，国外民联党副主席艾哈迈德·米尔加尼结束12年的流亡生涯返回苏丹。

【司法机构】全国设高级司法委员会。下设最高法院和总检察院。首席法官为奥贝德·哈吉·阿里（Abaid Haj Ali），总检察长阿里·穆罕默德·奥斯曼·亚辛（Ali Mohammed Osman Yassin）。

【重要人物】奥马尔·哈桑·艾哈迈德·巴希尔：总统。1944年1月1日出生于苏丹北部尼罗河省的一个农民家庭。1960年高中毕业后考入瓦迪西纳军事学院，1966年毕业后先后在西部军区、空降部队和独立第八步兵旅服役。曾获苏丹指挥参谋学院军事学硕士学位及马来西亚国家军事学院硕士学位。1989年6月30日发动军事政变前任第八步兵旅准将旅长，政变成功后任救国革命指挥委员会主席，兼总理、国防部长和武装部队总司令，并晋升为中将。1993年10月改任总统，并在1996年、2000年、2005年和2010年四次连任。曾于1990年11月、1995年9月访华。2006年来华出席中非合作论坛北京峰会并访华。

经　济

苏丹是联合国宣布的世界最不发达国家之一，经济结构单一，以农牧业为主，工业落后，基础薄弱，对自然及外援依赖性强。国际货币基金组织把苏列为无力偿债和不宜提供贷款的国家，于1993年8月停止其会员国的投票权。为加快经济复苏的步伐，巴希尔政府于1993和1996年分别发布新经济法规，实施一系列经改措施，一方面减少政府对经济的干预，实行市场经济，鼓励外国投资，发展农业，促进出口，另一方面大力推进私有化进程。苏丹经济状况趋向好转。1998年和1999年苏丹政府均按期偿还了国际货币基金组织贷款。2000年，该组织宣布恢复其成员国投票权。

近几年，苏建立起石油工业。随着大量石油出口，苏经济保持快速增长，成为非洲经济发展最快的国家之一。随着财政收入的大幅增加，苏政府加大对道路、铁路、发电站等基础设施以及教育、卫生等民生项目的投入力度；另一方面，努力改变财政严重依赖石油出口的情况，将发展农业作为长期战略。2009年苏主要经济数据如下：

国内生产总值（GDP）：543亿美元。

人均GDP：1387美元。

通货膨胀率：11%。

对外贸易总额：175.25亿美元。

进口总额：96.91亿美元。

出口总额：78.34亿美元。

【资源】有铁、银、铬、铜、锰、金、铝、铅、铀、锌、钨、石棉、石膏、云母、滑石、钻石、石油、天然气和木材等丰富的自然资源。主要矿物资源储量：铁约3亿吨，铜900万吨，铬70万吨，银约9000吨，石油约5亿吨。森林面积约6400万公顷，占全国面积23.3%；在林业资源中，阿拉伯胶占重要地位。水力资源丰富。有200万公顷淡水水域。

【工业】基础薄弱，2007年产值占国民生产总值的22.7%。主要工业有纺织、制糖、制革、食品加工、制麻、烟草和水泥等。近年来苏政府积极调整工业结构，重点发展石油、纺织、制糖等工业。1999年，苏石油开发取得较大进展，成为石油出口国。2009年生产原油约1.62亿桶。

【农牧业】农业是苏经济的主要支柱。农业人口占全国总人口的80%。可耕地0.8亿公顷，但利用率仅为21%。农作物主要有高粱、谷子、玉米和小麦。经济作物在农业生产中占重要地位，占农产品出口额的66%，主要有棉花、花生、芝麻和阿拉伯胶，大多数供出口。长绒棉产量仅次于埃及，居世界第二；花生产量居阿拉伯国家之首，在世界上仅次于美国、印度和阿根廷；芝麻产量在阿拉伯和非洲国家中占第一位，出口量占世界的一半左右；阿拉伯胶种植面积504万公顷，年均产量约3万吨，占世界总产量的60%～80%左右。

苏丹幅员辽阔，宜牧区面积为1.67亿公顷。苏丹畜产品资源在阿拉伯国家中名列第一，在非洲国家中名列第二。

【旅游业】由于南部长期战乱，资金严重短缺及遭受安理会制裁，旅游业发展受到严重影响。

全国约有5000个酒店客房，床位8200张。首都喀土穆约有35家星级宾馆，床位约1500张。五星级宾馆有5家。

【交通运输】铁路：总长5978公里。

公路：3.7万公里。

水运：有远洋商船10艘，总吨位12.2万吨；内河航线总长5310公里，有轮船300多艘。苏丹港是苏主要商港，年吞吐量800万吨，承担着90%的进出口运输任务。

空运：空运在苏丹运输中占据重要地位，苏国内90%的运输系通过空运进行。苏丹民航局有大型喷气客机10多架，全国共有100多个机场，喀土穆、苏丹港、卡萨拉、朱巴、朱奈纳机场为国际机场。

管道运输：苏丹港至喀土穆建有输油管道，全长815公里，年输油能力80万吨。1999年，苏中南部油田经喀土穆至苏丹港长1640公里的输油管道开始投入使用。

【财政金融】苏丹共有银行26家。苏丹银行建于1959年，为苏中央银行。其它均为商业银行，其中双尼罗河工业发展银行和喀土穆银行属于国有。2009年苏外汇储备7.69亿美元，外债357亿美元。

【对外贸易】外贸在苏丹经济中占有重要地位。2008年苏对外贸易总额为214.87亿美元，其中出口121.48亿美元，进口93.39亿美元。中国、日本、阿联酋、沙特、印度、埃及、英国、加拿大、美国、澳大利亚等国家以及欧盟是其主要贸易伙伴。近年进出口情况如下（单位：亿美元）：

	2006	2007	2008
进口额	80.73	87.75	93.39
出口额	56.56	88.79	121.48
差　额	-24.17	1.04	28.09

人民生活

苏人口增长率5.53%，人均寿命57.73岁，14岁以下人口占总人口的45%。一般家庭基本生活费用占工资的66.52%，住房占12.36%。实行全民免费医疗。

军　事

武装部队建立于英国殖民统治时期。独立后，军队实行苏丹化。8月14日为建军节。实行义务兵役制，规定18~30岁的苏丹人必须有两年服役期。武装部队总兵力约为19.65万人，由陆、海、空3个军种组成。苏还组织和训练军事部队性质的民防军，估计有10万人。军事院校主要有最高军事学院、参谋指挥学院和军事学院。2004年军费开支约4.65亿美元。

文化教育

【教育】1988年6月，苏丹教育部决定取消中等和高等教育免费的规定，小学仍为免费教育。各地区教育发展很不平衡，北方教育发展较快。全国人口的41%为文盲，25%的学龄儿童不能入学。2003年全国有中、小学校13559所，综合大学6所，独立的高等学院14所，专科院校23所。在校学生约497万人，其中大学生约24万人，教师约13万人。喀土穆大学建于1902年，是苏丹最早建立的高等学府。

【新闻出版】主要报刊有《今日消息报》、《新闻报》和《舆论报》，均为阿文日报。《新地平线》为英文报，《今日苏丹》为英文月刊。

苏丹通讯社是官方通讯社，1971年5月成立，在内罗毕、摩加迪沙、恩贾梅纳、开罗、吉布提等地设有分社，同法、德、伊朗、伊拉克、利比亚、摩洛哥、叙利亚等国的通讯社以及中东通讯社、塔斯社、新华社等建立了交流和业务联系。每日出版阿、英文新闻电讯稿各400多份。在印度、美国和联合国派有记者。

苏丹国家广播电台，设在喀土穆以北的恩图曼镇，建于1940年，用阿、英、法、索马里等语言对国内外播音。在国内共有9个发射台，每日除用阿语播放19个小时的节目外，还用英、法等语言广播3个半小时。朱巴等城市建有地方广播电台。朱巴电台主要用英语向南方播音。

苏丹国家电视台，设在恩图曼，建于1962年11月，每天用阿、英文播送节目约15小时，同各阿拉伯国家和一些外国电视台有业务交流关系，收视观众约1000万。瓦德迈达尼和朱巴等地建有地方电视台。

对外关系

奉行独立自主的外交政策，维护国家主权，反对西方强权政治，主张加强阿拉伯国家团结，密切同非洲国家的合作，重视同中国等国家发展友好合作关系。近年来，致力于睦邻友好，积极改善同美等西方国家关系，外交更趋灵活、务实。目前，苏已同世界上100多个国家建立了外交关系。

【对当前重大国际问题的态度】关于国际形势：认为当今世界在政治、战略、经济、社会、文化等方面均处于失衡状态。新的矛盾和冲突此起彼伏，世界局势很不安宁，世人无安全感。世界经济正向大型经济集团化的方向发展，主张阿拉伯和非洲地区集中自己的资源，建立牢固的地区经济联盟和共同市场，走一体化的道路。

关于建立国际新秩序：主张在国际大家庭广泛参与的基础上，以联合国宪章为准则建立国际新秩序，以维护世界的安全与稳定，根除不平等的政治、经济关系。

关于反对恐怖主义：拒绝并谴责恐怖主义，认为国际社会必须对恐怖主义采取统一立场。呼吁国际社会对恐怖主义概念做出明确界定，反对将恐怖主义与某一特定的文明挂钩，以及在反恐问题上实行双重标准。强调国际反恐战争应以国际法为基础。

关于安理会改革：支持安理会改革，认为联合国改革应更多地代表发展中国家的利益，安理会改革应在联合国改革的大框架内进行，通过协商一致作出决定，均衡体现各国利益。支持非盟统一立场，主张吸收非洲国家成为安理会常任理事国。安理会的工作应增加透明度和民主，奉行公正、客观的原则，批评动辄以制裁解决争端的做法，反对双重标准。

关于人权问题：主张各国应通过合作客观地探讨解决人权问题，反对在人权问题上采用双重标准的做法。强调各国有权选择各自的发展道路和模式，反对某些国家以人权为借口向别国施压，干涉别国内政。

关于气候变化：认同《联合国气候变化框架公约》和《京都议定书》作为气候变化国际谈判的主渠道，坚持“共同但有区别责任”原则，要求发达国家率先减排，反对为发展中国家设定强制减排目标。

关于中东问题：承认巴勒斯坦国，认为巴人民享有自决权和建国权。主张以色列应撤出所有阿拉伯被占领土。希望在《奥斯陆协议》及“以土地换和平”原则基础上，建立独立的巴勒斯坦国，与以和平共处。

关于伊拉克问题：主张伊人民通过对话和协商解决党派、宗教的纷争，希望伊人民当家做主。国际社会应继续帮助伊恢复稳定，伊邻国可就此发挥积极作用，驻伊外国军队应尽早撤离。

【同中国的关系】两国于1959年2月4日建交后，友好合作关系不断发展。2009年以来重要互访有：中国政府达尔富尔问题特别代表刘贵今大使（1月、5月）、中联部副部长李进军（3月）、中共中央政治局常委、中央政法委书记周永康（11月）；苏丹总统特使、财政和国民经济部长贾兹（3月）、国防部长侯赛因（7月）、外交国务部长库尔提（10月）、国际合作部长铁贾尼（2010年5月来华参加中阿合作论坛第四届部长级会议）。

2009年双边贸易额63.9亿美元，同比下降22.1%，其中中方出口17.1亿美元，同比下降9%，进口46.8亿美元，同比下降25.9%。苏丹是中国在非洲第三大贸易伙伴。

中国驻苏丹大使：李成文。馆址：MANSHIA DISTRICT，KHARTOUM，SUDAN。电话：（00249-1）83272730；传真：83271138。商务处电话：83227269；传真：83227268。

中国驻朱巴总领事：张清洋。馆址：BEIJING JUBA HOTEL。

苏丹驻华大使：米尔加尼·穆罕默德·萨利赫（Mirghani Mohamed Salih）。馆址：北京市三里屯东二街1号。电话：010-65323715，65322205。传真：65321280。

【同邻国的关系】近年来，苏丹政府通过对话努力改善同埃塞俄比亚、厄立特里亚、乍得等国家的关系，取得积极成果。

2008年5月，苏丹达尔富尔地区反政府武装“正义与平等运动”袭击苏首都喀土穆，苏丹指责乍得参与策划和实施了这一袭击行动，遂宣布与乍断交。8月，在利比亚斡旋下，苏乍同意恢复外交关系。2009年5月3日，在卡塔尔和利比亚等努力下，苏乍双方在卡塔尔首都多哈签署和平协议。4日，反对乍政府的武装组织同乍政府军激烈交火。乍随即发表公报，指责苏丹支持对乍政府军的进攻。苏方对此予以否认。此后，乍军三次空袭位于达区的乍叛军基地，并派遣地面部队进入苏境内追捕叛军，两国边境局势持续紧张。10月，苏丹总统顾问加齐访乍，两国关系出现转圜迹象。2010年2月乍得总统代比访问苏丹，与巴希尔总统会晤，苏乍关系实现正常化。

【同美国的关系】1952年，美在喀土穆设联络处，苏丹独立后升为大使馆。1967年，苏丹为抗议美支持以色列对阿拉伯国家发动侵略战争，同美断交。1972年复交。1989年巴希尔政变上台后，因推行激进的内外政策，两国关系急剧恶化。1993年，美将苏列入支持恐怖主义国家的黑名单，并于1996年推动安理会通过决议，对苏丹进行外交和航空制裁。1997年，美国又单方面对苏丹实施经济制裁。1998年8月，美国指责苏丹卷入美国驻坦桑尼亚和肯尼亚使馆爆炸案，并以苏丹希法制药厂生产违禁化学武器为由，用导弹炸毁该药厂，苏美关系严重恶化。

“9·11”事件后，苏丹政府在反恐问题上配合美国，谋求与美改善关系，美对苏政策也从单纯遏制变为打压与接触并举。2001年，安理会取消对苏制裁。但美至今仍未将苏从支持恐怖主义国家黑名单中删除，并单方面维持对苏经济制裁。2007年5月，美总统布什宣布对苏实施新制裁。2007、2008年，苏外交官员与美方多次接触，表示愿与美改善关系。但美坚持将改善美苏关系与苏落实北南《全面和平协议》和解决达尔富尔问题挂钩。2009年3月，美国总统奥巴马任命苏丹问题特使格拉逊。格拉逊上任后多次访问苏丹及地区有关国家，积极推动达尔富尔地区政治进程及北南和平进程。10月，美公布对苏新政策，由过去一味施压转为保持压力与进行接触并重，表示将与苏方保持对话，推动达尔富尔问题解决和《全面和平协议》落实，并根据苏方表现予以奖惩。

（王珂）

索马里

国名 索马里联邦共和国（The Federal Republic of Somalia）。

面积 637660平方公里，其中陆地面积627340平方公里，水域面积10320平方公里。

人口 910万（2009年联合国估计数），绝大部分是索马里人，自然增长率2.2%。分萨马莱和萨布两大族系。其中萨马莱族系占全国人口的80%以上，分为达鲁德、哈维耶、伊萨克和迪尔四大部族。萨布族系分为迪吉尔和拉汉文两大部族。官方语言为索马里语和阿拉伯语，通用英语和意大利语。伊斯兰教为国教，穆斯林占总人口95%。

首都 摩加迪沙（Mogadishu），人口160万（2010年《经济季评》）。热季平均气温26℃～32℃，凉季平均气温23℃～28℃。

国家元首　过渡联邦政府总统谢赫·谢里夫·谢赫·艾哈迈德（Sheikh Sharif Sheikh Ahmed）。2009年1月31日在吉布提首都吉布提市宣誓就职，系由在吉布提召开的索马里过渡联邦议会选举产生。

重要节日　独立日：6月26日（北部索马里独立）；国庆节：7月1日（南部独立，即日南、北部合并成立索马里共和国）。

简　况

位于非洲大陆最东部的索马里半岛上，北临亚丁湾，东濒印度洋，西交肯尼亚、埃塞俄比亚，西北接吉布提。海岸线长3200公里，是非洲大陆海岸线最长的国家。大部分地区属热带沙漠气候，西南部属热带草原气候，终年高温，干燥少雨。

公元前1700多年，非洲之角即出现了以出产香料著称的"邦特"国。公元7世纪起，阿拉伯人和波斯人不断移居于此并建立贸易点和若干个苏丹国。1887年，索北部沦为英国"保护地"（英属索马里）。1925年，索南部沦为意大利殖民地（意属索马里）。1941年，英国控制整个索马里。1960年6月26日索北部独立，7月1日南部独立，即日南、北部合并，成立索马里共和国。1969年，索国民军司令穆罕默德·西亚德·巴雷（Mohamed Siad Barre）政变上台，成立索马里民主共和国。1991年1月，西亚德政权被推翻，索自此陷入内战，多个政权并存。2月，阿里·迈赫迪·穆罕默德（Ali Mehdi Mohamed）成立新政府，自任"临时总统"。5月，索马里北部宣布"独立"，成立"索马里兰共和国"。1995年6月，索当时最大的武装派别索马里和解与恢复委员会（SRRC）领导人穆罕默德·法拉赫·艾迪德（Mohamed Farah Aideed）宣布在摩加迪沙成立临时政府，自任"总统"。1996年8月，其子侯塞因·穆罕默德·艾迪德（Hussen Mohamed Aideed）在其病故后继任"临时政府总统"。1998年7月，优素福在索东北部成立"邦特兰"政府并任主席。2000年8月，吉布提主持召开索全国和解会议（阿尔塔和会），选举产生三年期过渡全国政府（TNG），阿布达卡西姆·萨拉特·哈桑（Abdiqasim Salad Hassan）出任总统，但遭索国内派别联合抵制。2002年3月，拉汉文抵抗军宣布成立"索马里西南国"。1991年2月以来成立的上述政权均未获国际社会承认。

政　治

为结束索军阀割据状态，国际社会先后召开13次索和会，均未果。2002年10月，（东非）政府间发展组织（伊加特）在肯尼亚主持召开第14次索和会，除索马里兰外的各派割据势力、政治集团及民间组织派代表与会，联合国、欧盟、非盟等均予支持。2004年以来，索和平进程取得积极进展。2004年2月23日，索马里和谈全体代表举行会议，通过索《过渡宪章》。10月10日，索马里过渡议会在肯尼亚首都内罗毕选举阿卜杜拉希·优素福·艾哈迈德为索马里过渡联邦政府总统，任期5年。2005年1月15日，索过渡联邦政府正式成立。6月起，过渡联邦政府迁回索境内办公。2006年12月，索过渡联邦政府在埃塞俄比亚军队支持下击溃了反政府的伊斯兰法院联盟武装，控制了首都摩加迪沙及周边地区，但未能实现对索全境的有效控制。2008年12月29日，索总统阿卜杜拉希·优素福辞职。2009年1月31日，主要反对派"重新解放索马里联盟"（ARS）领导人艾哈迈德当选索马里新总统，任命舍马克为总理并成立了新的过渡政府。索新政府积极寻求与各方谈判，实施伊斯兰法，谋求与伊斯兰极端势力和解，得到索国内和国际社会的普遍支持。但反政府武装"沙巴布"和伊斯兰党拒不与新政府对话，并联合武装占领首都摩加迪沙大部分街区和索中南部大部分地区，暗杀多名政府要员，造成大量人员伤亡。过渡政府在非盟驻索马里特派团（AMISOM）的支持下守住了摩加迪沙部分街区和索中部部分地区，双方形成僵持状态。2010年3月15日，过渡政府与索重要武装派别逊尼派联盟（ASWJ）达成协议，后者宣布加入政府。5月16日，索过渡议会在摩加迪沙召开2010年首次会议。因议员内部矛盾难以调和，马多贝议长被迫于17日宣布辞职，并表示多数议员对现政府投了不信任票。17日，艾哈迈德总统宣布解除舍马克总理职务并解散内阁，但遭舍反对，认为艾的决定不合法。20日，艾宣布经咨询法律专家，取消17日决定，舍及其内阁将继续留任。28日，过渡议会选举谢里夫·谢赫·哈桑·谢赫·亚丁（Sharif Sheikh Hassan Sheikh Aden）为新任议长。

【宪法】现行宪法为索马里过渡宪章，2004年2月经索马里第14次和会全体代表通过生效。规定索马里实行一院制，过渡联邦议会（国民议会）享有最高立法权。过渡联邦议会选举出议长和总统，总统为国家元首，掌握实权。总理由总统提名并经议会讨论通过。总理组建过渡政府，过渡政府任期4年。

【议会】根据2004年2月索和会通过的过渡宪章，规定过渡议会由275人组成，任期5年。按"4.5"比例原则分配议席，即索四大部族各占61席，其他小部族占31席。2009年1月，索过渡议会增至550席，其中475席仍按"4.5"原则在各部族间分配，另75席为公民社会和商界代表保留。

现任过渡联邦议会议长谢里夫·谢赫·哈桑·谢赫·亚丁。

【政府】本届过渡联邦政府于2009年1月成立。总统谢赫·谢里夫·谢赫·艾哈迈德。2009年8月改组后的内阁由总理、3名副总理（均兼任部长）和36名部长组成。其成员有：总理奥马尔·阿卜迪拉希德·阿里·舍马克（Omer Abdirachid Ali Sharmarke）、第一副总理兼渔业与海洋资源部长阿卜迪拉赫曼·哈吉·亚丁·伊比（Abdurahman Hadji Aden Ibbi）、第三副总理兼能源和电力部长埃勒米·贡杰（Elmi Gonjeh）、司法部长阿卜杜拉赫曼·法拉赫·贾纳罗（Abdourahman Farah Janarow）、外交部长阿里·艾哈迈德·贾马（Ali Ahmed Jama）、内政部长阿卜杜勒·卡德尔·阿里·奥马尔（Abdoul Kader Ali Omar）、国防部长阿卜杜拉·博斯·艾哈迈德（Abdallah Boss Ahmed）、国家安全部长阿卜杜拉希·穆罕默德·阿里（Abdullahi Mohamed Ali）、国家规划部长阿卜杜拉赫曼·阿卜迪·沙库尔·瓦尔萨马（Abdourahman Abdi Shakour Warsame）、港口与海运部长阿布迪亚齐兹·哈桑·穆罕默德（Abdiaziz Hassan Mohamed）、性别与妇女事务部长福齐娅·谢赫（Fozia Sheikh，女）、畜牧部长阿布卡尔·阿卜迪·奥斯曼（Abukar Abdi Osman）、宪法与联邦事务部长马多贝·农努·穆罕默德（Madobe Nunnu Mohamed）、农业部长穆罕默德·易卜拉欣·哈卜萨德（Mohamed Ibrahim Habsade）、采购与国家财产部长穆罕默德·穆尔萨勒（Mohamed Mursal）、文化与高等教育部长阿卜迪·哈桑·阿瓦雷（Abdi Hassan Awale）、复原与残疾人事务部长穆罕默德·阿里·易卜拉欣（Mohamed Ali Ibrahim）、人道主义事务部长马哈茂德·阿布迪·易卜拉欣（Mahamoud Abdi Ibrahim）、新闻部长达西尔·马哈茂德·古埃尔（Dahir Mohamud Guele）、科学研究部长穆罕默德·阿里·哈贾（Mahamed Ali Hagaa）、水利与自然资源部长穆罕默德·阿卜迪拉希·奥马尔（Mohamed Abdillahi Oomar）、重建部长侯赛因·埃拉贝·法希耶（Houssein Elabe Fahiye）、劳工部长穆罕默德·阿卜迪·哈伊尔（Mohamed Abdi Hayir）、旅游部长穆罕默德·侯赛因·赛义德（Mohamed Hussein Said）、邮政与通讯部长阿卜迪拉扎克·奥斯曼·茱利尔（Abdirazak Osman Jurile）、海外侨务部长阿卜杜拉希·艾哈迈德·爱资哈里（Abdoulahi Ahmed Azhari）、商业部长阿卜迪拉希德·穆罕默德·阿卜迪（Abdirashid Mohamed Abdi）、住房与公共工程部长穆罕默德·阿卜迪·尤素福（Mohamed Abdi Yusuf）、工业部长阿卜迪拉赫曼·贾马·阿卜达拉（Abdirahman Jama Abdalla）、航空与陆路运输部长穆罕默德·阿卜迪·甘迪（Mohamed Abdi Gandi）、环境部长布瑞·哈姆扎（Buri Hamza）、乡村发展部长卡迪娅·穆罕默德·迪里耶（Kadija Mohamed Diriye，女）、宗教公产与宗教事务部长谢赫·阿里·亚丁（Sheikh Ali Aden）、和平与社会融合部长阿卜迪拉希德·哈吉·德罗（Abdirashid Haji Derow）、国库部长阿卜迪拉赫曼·奥马尔·奥斯曼（Abdirahman Omar Osman）、解武与军事人员复员部长法拉赫·阿里·马哈茂德（Farah Ali Mohamud），第二副总理兼财政部长、卫生部长、教育部长和体育与青年事务部长暂空缺。

【行政区划】1991年前分为18个州，下设87个区，区下辖镇和村。各州名称：下朱巴（Jubbada Hoose）、中朱巴（Jubbada Dhexe）、盖多（Gedo）、下谢贝利（Shabeellaha Hoose）、中谢贝利（Shabeellaha Dhexe）、贝纳迪尔（Banaadir）、拜（Bay）、巴科尔（Bakool）、希兰（Hiiraan）、加尔古杜德（Galguduud）、穆杜格（Mudug）、努加尔（Nugaal）、巴里（Bari）、萨纳格（Sanaag）、托格代尔（Togdheer）、西北伊加勒贝德（Woqooyi Galbeed）、奥北尔（Awdal）、苏尔（Sool）。

【割据势力】索过渡联邦政府成立后，军阀割据局面未发生实质性改变。目前主要派别有：

（1）索马里民族运动（Somali National Movement—SNM）：简称民运，1981年成立于伦敦，1982年在埃塞俄比亚的迪雷达瓦设总部。成员大部分为伊萨克族。系北方实力最强、影响最大的武装派别。1991年西亚德政权垮台后，民运控制整个西北部地区，宣布北方独立，成立“索马里兰共和国”，阿卜杜拉赫曼·艾哈迈德·阿里·图尔（Abdrahman Ahamed Ali Tour）首任“总统”。1993年5月，穆罕默德·易卜拉欣·埃加勒（Mohamed Ibrahim Egal）当选“总统”，1997年2月连任。2001年5月31日，索马里兰举行全民公决，通过含有独立条款的新宪法。7月，埃加勒因与反对派发生矛盾而在哈尔格萨成立“联合人民民主党”（Allied People's Democratic Party，索语简称UDUB，意为支柱），通过了党章并建立了中央委员会。2002年4月埃加勒病逝，原“副总统”达希尔·雷亚莱·卡欣（Dahir Riyale Kahin）于5月1日任“代总统”。2003年5月，卡欣大选获胜正式任“总统”。

（2）索马里救国民主阵线（Somali Salvation Democratic Front—SSDF）：简称救阵，成立于1979年，系最早成立的反政府组织。成员以达罗德族下属的米周提尼和杜尔巴亨特次部族为主。控制索东北部及中部地区。1993年分裂为两派，一派以救阵前任主席穆罕默德·阿布希尔·穆萨（Mohamed Abhsir Musse）为首，另一派以前任军事首领阿卜杜拉希·优素福为首。1998年7月，优素福联合东北部索马里民主联盟和索马里联合党等小派别，成立邦特兰自治政权，自任主席。2001年6月，优通过邦特兰议会将其任期延长三年，遭最高法院反对。11月，邦特兰全国代表大会选举贾马·阿里·贾马（Jama Ali Jama）为第二任主席。优素福拒绝承认选举结果，双方发生武装冲突。2002年8月，优将贾及其支持者逐出邦特兰并宣布组成新一届“内阁”。2004年10月，优当选索过渡联邦政府总统。2005年初，穆塞将军（Adde Musse）接替优素福任邦特兰主席。在2009年1月的选举中，阿布迪拉赫曼·穆罕默德·法罗里（Abdirahman Mohamed Farole）当选主席。

（3）索马里民族联盟（Somali National Alliance—

SNA)：简称民盟，1992年成立，成员主要为哈维耶族。1995年6月分裂为以奥斯曼·哈桑·阿里·阿托（Osman Hassan Ali Ato）为首的民盟（阿托派）和以穆罕默德·法拉赫·艾迪德为首的民盟（艾迪德派）。1996年8月艾迪德去世后，其子侯赛因·穆罕默德·艾迪德继位。1999年，艾派因支持埃塞俄比亚反政府武装奥罗莫解放阵线与埃塞发生冲突，遭重创。2001年，艾派与其他4个派别组成索马里和解与恢复委员会，积极参与索第14次和会。艾曾任过渡联邦政府第一副总理兼公共工程和住房部长，2007年5月被前总理格迪解职。

（4）伊斯兰法院联盟（Islamic Courts Union—ICU)：由摩加迪沙市各区14个伊斯兰法院组成，主张建立伊斯兰国家和政府，通过实施伊斯兰法来规范人们日常生活、打击违法活动和审判罪犯，在维护社会治安、恢复秩序和法治方面发挥了一定作用，是摩市事实上的司法机构，得到多数居民支持。主席谢赫·哈桑·达赫·阿威斯（Sheikh Hassan Dahir Aweys)。2006年6月，伊斯兰法院联盟武装控制首都摩加迪沙，并加紧扩张势力，逼近过渡政府所在地拜多阿。2006年12月下旬，被索过渡联邦政府和埃塞俄比亚军队击溃，其主力转入地下，后组建重新解放索马里联盟（ARS），于2008年8月与过渡政府签署吉布提协议。ARS领导人艾哈迈德于2009年1月当选索新总统，成立了新的过渡政府。但ARS强硬派以及原ICU下属青年圣战组织“沙巴布”、原ICU领导人阿威斯领导的伊斯兰党等反政府武装仍拒绝和谈，并要求新政府辞职。上述组织目前控制着索中南部大部分地区及首都摩加迪沙。

【重要人物】谢赫·谢里夫·谢赫·艾哈迈德：总统。1964年生，哈维耶族阿布加尔（Abgaal）次部族人。曾在苏丹、利比里亚等地就读，曾任中学教师。2006年成为伊斯兰法院联盟（ICU）主要领导人，ICU失败后与其他前ICU领导人一起组建“重新解放索马里联盟”（ARS）并担任主席。谢态度温和，主张通过谈判推进索和平进程，2009年1月当选索过渡联邦政府总统。**奥马尔·阿卜迪拉希德·阿里·舍马克**：总理。1961年生，达罗德族人，是索首任总理和第二任总统舍马克（Abdirashid Ali Sharmarke）之子。舍在美国接受教育，曾作为联合国官员在塞拉利昂和苏丹工作。舍曾在优素福总统时期任索驻美国大使。舍拥有加拿大和索马里双重国籍。

经　济

索是世界上最不发达的国家之一。经济以畜牧业为主，工业基础薄弱。上世纪70年代初，由于国有化政策过激，加上自然灾害等因素，经济严重困难。80年代，在世界银行和国际货币基金组织支持下，调整经济政策，经济一度好转。1991年后，由于连年内乱，工农业生产和基础设施遭到严重破坏，经济全面崩溃。近年来，部分地方割据政权辖区局势平稳，经济有所改善。按平价购买力计算，索2009年各项经济数据如下（资料来源：美国中央情报局网站）：

国内生产总值：57.31亿美元。

人均国内生产总值：600美元。

国内生产总值增长率：2.6%。

货币名称：索马里先令（Somali shilling）。

汇率（2008年）：1美元=29450索马里先令。

【资源】 主要有铁、锡、锰、钨、镍、铬、镁、锌、铝、铀、石英石、绿柱石和石膏等。此外，还有石油和天然气。除绿柱石和石膏外，多数矿藏未开发。渔业资源丰富，森林覆盖率为13%。

【工业】 工业产值占国内生产总值的8.7%（1990年）。以中、小型企业为主，主要工业部门有纺织、皮革、制糖、制药、烟草、食品加工、炼油、电力和建筑材料工业等。1991年内乱以来，工业生产停顿。

【农业】 全国有可耕地820万公顷，占国土面积的13%。已耕地仅有100余万公顷。1990年农业产值约占国内生产总值的20%，农业人口占全国总人口的30%。粮食不能自给。主要农作物有高粱、玉米、大米、豆类、芝麻、棉花、甘蔗和香蕉等。乳香年产600吨，没药年产200吨，各占世界产量的一半。1995年粮食产量42万吨（世界粮农组织估计）。

【畜牧业】 主要经济支柱，畜牧业产值约占国内生产总值的40%，畜牧产品出口收入占到出口总收入的50%以上。主要养殖牛、羊、骆驼等。系世界饲养骆驼最多的国家，1998年估计约有570万头。

【渔业】 拥有非洲大陆最长的海岸线，渔业资源丰富。据估计，年捕捞量可达18万吨，但受捕捞方式落后、市场销量不大等因素限制，目前年捕捞量仅2万吨。由于索长期处于无政府状态，外国渔船在索领海偷捕现象严重，且渔船和船员被索马里海盗劫持事件屡有发生。

【交通运输】 交通运输业落后，境内以公路为主，无铁路。公路总里程2.21万公里，其中2608公里为沥青铺设路面。

水运：海上运输占重要地位，主要港口有南方的摩加迪沙和基斯马尤，北方的柏培拉和博萨索。由于南方时有冲突，北方两港目前承担主要海运任务。1997年，欧盟出资对柏培拉和博萨索进行了一定程度的现代化改造。1999年5月，欧盟出资150万美元建设柏培拉港。

空运：有大小机场59个，绝大部分条件简陋，只有7个机场拥有经铺设的跑道。摩加迪沙和柏培拉有国际机场，可起降大型客机。2001年重建“国家”航空公司——索马里航空公司，但索马里兰和邦特兰均不允许其飞机在两地起降。2001年3月，埃塞俄比亚航空公司开通了从亚的斯亚贝巴飞往索马里兰

“首都”哈尔格萨的航班，每两周一班。此外，联合国运送援助物资的飞机也经常在索起降。

通讯：固定电话线路多在内战中被毁，目前尚存固定电话约10万部。私营移动电话公司目前已覆盖绝大多数主要城市，拥有约63万手机用户。

【财政金融】 仅索马里兰有较为健全的行政机构，可开展正常的经济运作。2000年，索马里兰预算收入为750亿索马里兰先令，约合2600万美元。政府收入的85%来自柏培拉港关税。2006年，索马里外债总额为33亿美元，其中欠多边债务占40%，欠巴黎俱乐部国家双边债务占46%，欠其他国家的双边和商业债务占14%。

近年来，因战乱而停业的银行开始恢复。目前索较大的银行有：索马里兰中央银行、邦特兰中央银行（1999年8月成立）、索马里巴拉卡特银行（设在摩加迪沙，1996年开业；2001年“9·11”事件后，其在美国及欧洲的分支机构被关闭）和索马里—马来西亚商业银行（设在摩加迪沙，1997年4月开业）。

【对外贸易】 外贸在经济中占有重要位置，但连年逆差。传统出口商品为活畜（主要有绵羊、山羊、牛和骆驼）、香蕉、皮革、木炭、鱼和乳香。主要进口糖、阿拉伯茶、小麦、面粉、大米、食用油、燃油和建材。主要贸易伙伴为沙特阿拉伯、也门、阿拉伯联合酋长国、吉布提、肯尼亚等国。2007年进口额9.14亿美元，出口额3.76亿美元。近年主要贸易伙伴及贸易情况如下（单位：百万美元）：

	2004	2005	2006
出口目的地			
阿联酋	95	121	149
也门	29	52	64
阿曼	11	14	18
印度	7	10	12
尼日利亚	6	7	9
科威特	5	6	7
进口来源地			
吉布提	173	199	246
肯尼亚	79	97	64
巴西	49	49	68
印度	49	53	65
阿曼	26	35	44
阿联酋	24	33	41

（资料来源：2006年度国际货币基金组织年鉴）

【外国援助】 外援主要来自西方国家和国际金融组织，大约有150家机构向索提供人道主义援助。2005年索过渡联邦政府成立后，得到包括中国在内的一些国家援助。美国是索最大援助国。

人民生活

由于内战不断，索治安情况恶化，物价飞涨，生活必需品短缺，居民生活没有保障。医疗保健水平为非洲国家中最低。2000年，首都摩加迪沙仅有一所公立医院和62家私人诊所，缺医少药情况严重，仅有不到1/3的人口享有医疗服务，75%以上人口无安全饮水。据世界银行数据，2004年索人均寿命为47岁，日均收入低于1美元的极度贫困人口占总数的43%，日均收入低于2美元的贫困人口占总数的73%。5岁以下的婴幼儿死亡率为22%，学龄儿童入学率为22%。约有47%有劳动能力人口失业。2005年索马里人所获人均援助额为31.5美元。

【难民】 据美国难民委员会报告，截至2001年9月，索在国外的难民总数约45万，主要分布在埃塞俄比亚、肯尼亚等国。2006年底以来，索局势持续紧张，截至2009年9月，索国内流离失所者达155万，另有大量难民涌向周边邻国。

军　事

1990年，索总兵力约为64500人。1991年西亚德政权被推翻后长期没有统一的国家军队，各派别和部族拥有自己的武装力量。2005年1月，索过渡联邦政府成立后着手建立统一的安全力量，目前安全部队和警察共有约8000人，另有4600人在国外受训。索西北索马里兰地方政权另有部队约7000人。

文化教育

【教育】 教育事业落后。70年代初，西亚德政府重视发展教育事业，开展扫盲运动，使识字率从独立前的2%提高到60%。1991年内战以来，学校几乎全部关闭，文盲率剧增，达76%。近年来，在联合国教科文组织及其他一些非政府组织帮助下，许多地区开始重建小学。1998年9月，阿瓦多地区的阿茂德大学建成，成为索1991年以来开学的首家大学。索马里兰“首都”哈尔格萨也有一所大学。2004年，全国成人识字率为19%。

【新闻出版】 目前，索新闻媒体以地方性为主。主要报刊有：《民族报》，1991年创刊，摩加迪沙日报，索马里文，系索目前发行量最大的报纸，总部在伦敦；《知情者》、《当代报》，摩加迪沙日报，索文；《共和国人》，索马里兰日报，索文和英文；《小骆驼》，索马里兰日报，索文；《探索》、《快乐》、《东部之光》，邦特兰日报，索文。

主要广播电台：“摩加迪沙广播电台”，2001年8月成立；“非洲之角电台”，独立的调频台，兼转播英国广播公司索马里语节目；“哈尔格萨电台”，索马里兰政府电台；“加尔卡尤电台”，邦特兰政府电台。

较大的电视台有：“索马里电视网”，由索海内外商人共同兴办，2000年3月开播，有22个频道；“非洲之角电视台”，1999年建立，系索内战以来由索马里人创办的第一家私人电视台，播放两套索马里语节目，转播美国有线新闻网以及体育节目。

对外关系

奉行各国平等、尊重各国主权和领土完整、互不干涉内政、加强睦邻友好的外交政策。

【同中国的关系】中、索于1960年12月14日建交。1990年底，索马里内战爆发，中国驻索使馆、医疗队和工程技术人员于1991年1月被迫撤离，迄未返回。

中国一贯支持并积极推动索和平进程，曾于2003～2007年担任联合国安理会索问题协调员。在索过渡联邦政府成立后，中国政府即予承认，并于2005年12月28日接受过渡联邦政府委派的驻华大使。自1992年起，中国政府和红十字会每年均向索灾民捐赠一定数额的药品和一般物资。

2006年11月，索过渡联邦政府总统优素福来华出席中非合作论坛北京峰会。

2007年8月，中国驻肯尼亚大使赴索马里首都摩加迪沙出席索马里全国和解大会并访问索马里。

2009年8月，中国政府向索马里提供50万美元人道主义援助。

2010年5月，索外长贾马来华出席中非合作论坛第四届部长级会议，会见杨洁篪外长。

索两届过渡政府成立后均高度重视对华关系，多次重申一个中国立场，愿进一步加强与中国政府的联系，发展与中国的合作。

索马里驻华大使：穆罕默德·艾哈迈德·阿威尔（Mohamed Ahmed Awil）。馆址：北京市三里屯路2号。电话：010－65321651。

【同美国的关系】2004年，美支持联合国和伊加特调解索和平进程的努力，并为在肯尼亚召开的索新一轮和会提供了部分财政援助。索和会产生过渡联邦议会、总统和政府后，美对此表示欢迎。美支持索过渡联邦政府在埃塞俄比亚军队支持下打击伊斯兰法院联盟武装，并提供了大量援助。美欢迎吉布提和谈，支持2009年2月成立的索新一届过渡政府。2009年5月索形势恶化后，美向索政府提供了1000万美元的武器弹药。美军突击队2009年9月在索南部地区打死基地组织在东非地区的重要头目纳卜汉。美国务卿希拉里2009年8月访非期间在肯尼亚首都内罗毕会见了索过渡政府总统艾哈迈德，重申对其支持。

【同意大利的关系】索、意有传统的政治、经济关系。2004年，意积极支持伊加特主导的索和平进程，为索新一轮和会提供了资助。意向两届索过渡联邦政府提供了大量援助。意与索马里兰关系密切。

【同埃塞俄比亚的关系】埃塞系索最大邻国。西亚德执政时期，索、埃塞因领土争端关系不睦。1977年欧加登战争爆发，同年9月，埃塞与索断交。1978年，索从欧加登撤军。此后，两国边界冲突不断，关系紧张。1988年两国签订关系正常化协议，恢复互派大使。索内战爆发后，埃塞积极参与调解。优素福当选过渡联邦政府总统后，埃塞给予大力支持。2006年12月24日，埃出兵帮助索过渡政府击溃了伊斯兰法院联盟武装，控制了首都摩加迪沙及索大部分地区。2009年1月，埃塞军队撤离索马里。

“索马里兰共和国”宣布独立后，积极与埃塞俄比亚发展关系，寻求其支持。目前，埃塞俄比亚在索马里兰设有代表处。

【同吉布提的关系】吉布提同索马里渊源颇深，独立前曾被称为“法属索马里”。吉布提人与索马里人同种同源。吉对索局势十分关注，希望索政局早日恢复稳定。积极参与调解索问题的活动，对过渡联邦政府持积极态度。2004年11月，优素福总统访吉，与吉总统盖莱举行会谈。吉支持2006年底索过渡政府在埃塞军队协助下对伊斯兰法院联盟的打击。2008年，吉促成了索马里过渡政府和主要反政府武装“重新解放索马里联盟”在吉布提的和谈。2009年，索新一届过渡联邦政府在吉布提成立。

【同肯尼亚的关系】肯尼亚对索内乱深为不安，担心大批难民涌入，积极调解和推动索和平进程。2002年，作为伊加特授权联合调解索问题的主席国，肯促成索新一轮和会于10月15日在肯召开。多年来肯向索和会提供了大量资金支持。肯积极呼吁向索派驻维和部队及提供援助，并为索培训安全部队。索过渡联邦政府在肯首都内罗毕设有大使馆。

【同阿拉伯国家的关系】索是阿拉伯国家联盟成员，与阿拉伯国家有着悠久的宗教、文化和贸易关系。沙特阿拉伯、科威特、埃及、也门、阿拉伯联合酋长国等国是索重要援助国和贸易伙伴。埃及、也门等阿拉伯国家及阿盟曾积极推动索各派实现和解。2004年10月，优素福当选后，阿盟即表示支持。索过渡联邦政府成立后，阿盟即给予承认并向其提供一定数额的援助。阿盟反对埃塞及其他外国势力干涉索内政，曾希国际社会客观看待法院联盟。2006年，索过渡政府和法院联盟曾在阿盟斡旋下举行过两轮喀土穆和谈，后因双方爆发全面冲突归于失败。

（孟建华）

坦桑尼亚

国名 坦桑尼亚联合共和国（The United Republic of Tanzania）。

面积 945087平方公里，其中桑给巴尔2657平方公里。

人口 4370万（2009年），其中桑给巴尔近120万。分属126个民族，人口超过100万的有苏库马、尼亚姆维奇、查加、赫赫、马康迪和哈亚族。另有一些阿拉伯人、印巴人和欧洲人后裔。斯瓦希里语为国语，与英语同为官方通用语。坦噶尼喀（大陆）居民中35%信奉天主教和基督教，45%信奉伊斯兰教，其余信奉原始拜物教；桑给巴尔99%的居民信奉伊斯兰教。

首都 达累斯萨拉姆（Dares Salaam），人口300万（2009年），年平均气温25.8℃。

国家元首 坦桑尼亚联合共和国总统贾卡亚·姆里绍·基奎特（Jakaya Mrisho Kikwete），2005年12月18日当选。

重要节日 坦桑尼亚国庆日，又称坦噶尼喀和桑给巴尔联合日：4月26日。

简况

位于非洲东部、赤道以南。北与肯尼亚和乌干达交界，南与赞比亚、马拉维、莫桑比克接壤，西与卢旺达、布隆迪和刚果（金）为邻，东濒印度洋。大陆海岸线长840公里。东部沿海地区和内陆部分低地属热带草原气候，西部内陆高原属热带山地气候。大部分地区平均气温21℃~25℃。桑给巴尔的20多个岛屿属热带海洋性气候，终年湿热，年平均气温26℃。

古人类发源地之一。公元前即同阿拉伯、波斯和印度等地有贸易往来。7~8世纪，阿拉伯人和波斯人大批迁入。阿拉伯人于10世纪末建立过伊斯兰王国。1886年坦噶尼喀内陆被划归德国势力范围，1917年11月英军占领坦全境，1920年坦成为英国“委任统治地”，1946年联合国大会通过决议，将坦改为英“托管地”，1961年5月1日坦取得内部自治，同年12月9日宣告独立，一年后成立坦噶尼喀共和国。桑给巴尔于1890年沦为英国“保护地”，1963年6月24日获得自治，同年12月10日宣告独立，成为苏丹王统治的君主立宪国家。1964年1月12日，桑人民推翻苏丹王统治，成立桑给巴尔人民共和国。1964年4月26日坦噶尼喀和桑给巴尔组成联合共和国，同年10月29日改国名为坦桑尼亚联合共和国，朱利叶斯·坎巴拉吉·尼雷尔任开国总统，后两度连任，直至1985年主动辞职。姆维尼同年10月27日当选联合共和国第四届总统，1990年连任。1995年10月坦举行首次多党大选，姆卡帕当选联合共和国总统，萨勒明以微弱优势连任桑给巴尔总统。2000年10月，姆卡帕蝉联联合共和国总统，革命党候选人卡鲁姆当选桑总统。2005年12月，基奎特当选联合共和国总统，卡鲁姆蝉联桑总统。

政治

曾长期由革命党一党执政，政局稳定。1995年10月举行首次多党大选，反对党公民联合阵线（CUF）指责革命党在大选中舞弊，拒不承认桑给巴尔萨勒明政府。1996年6月革命党召开全国代表大会，姆卡帕当选党主席，实现党政一元化领导。1997年11月，革命党召开第五次全国代表大会，姆连任党主席。1999年10月，坦“国父”、前总统尼雷尔去世，姆在高举尼倡导的联合、团结旗帜的同时，大力加强执政党和政权建设，政局继续保持稳定。2000年10月，革命党在第二次多党选举中以绝对优势胜出。但反对党公民联合阵线拒不承认桑岛大选结果，并号召其支持者举行抗议活动，引发大规模流血冲突。姆卡帕政府采取坚决措施，维护社会秩序，同时与反对党对话，推动朝野两党签署和解协议，维护了社会稳定。2002年10月姆蝉联革命党主席后，继续以发展经济、脱贫减困为施政重点，同时推进反腐、良政，缓解宗教矛盾和朝野矛盾，革命党执政地位进一步巩固。2005年12月，原外长基奎特在第三次多党选举中当选总统，革命党在同期举行的议会选举中赢得232个选区席位中的206席，占88%。2006年6月，基奎特当选革命党主席。基奎特执政以来，在继承姆卡帕时期内外政策的基础上，提出以“新热情、新活力、新速度”全面推进各项事业，加强党建和党内团结，力主同反对党对话，推动联合政府同桑给巴尔革命政府定期磋商，加大力度惩治腐败，努力塑造亲民、务实的政府形象。2008年1月和2月，基奎特总统先后撤换涉嫌腐败的中央银行行长、责令总理辞职并重组内阁，以表明实施良政的决心。2009年，坦各方围绕2010年大选开始预热，革命党对国内政治局势仍有较强的掌控能力，基奎特总统的支持率居高不下。

【坦、桑联合问题】 坦噶尼喀和桑给巴尔于1964年组成坦桑尼亚联合共和国，此后联合问题时有起伏。1992年12月桑给巴尔政府擅自加入伊斯兰会议组织，遭联合政府强烈反对，并于1993年被迫退出，但联合之争并未平息。1996年以后，桑反对党加紧反对联合的行动。在联合政府的坚决支持下，桑政府采取强硬措施压制反对党活动，坚决维护联合体制。2000 年 10 月，卡鲁姆当选桑总统后，多次表示维护国家联合的立场，进一步打击了桑分裂势力。2001 年以来，联合政府继续巩固统一局面，维护联合政体，争取温和力量，打击桑给巴尔分裂势力，并在预算资金分配和其他事关桑给巴尔切身利益的问题上给予照顾，公联阵不再公开主张分离，转而要求给予桑给巴尔更多自治权力。2008 年初，革命党曾与公联阵就在桑给巴尔成立联合政府事进行谈判，但未达成一致。2009 年，坦、桑联合问题取得一定进展，但大陆与桑岛在桑油气资源归属等问题上的争议有所升温。桑岛革命党与主要反对党公联阵之间的政治和解谈判在年初中断后于年底恢复，桑总统卡鲁姆与公联阵总书记哈马德举行历史性会谈，受到各方普遍关注。

【宪法】1977 年 4 月制定联合共和国宪法，后经 14 次修改。联合共和国分设联合政府和桑给巴尔地方政府。1992 年第 8 次宪法修正案明确提出，坦桑尼亚是多党民主国家，奉行社会主义和自力更生政策。1994 年第 11 次宪法修正案规定，联合共和国政府设总统和 1 名副总统，总统为国家元首、政府首脑和武装部队总司令，由选民直选产生，获简单多数者当选，任期 5 年，可连任一届。总统与副总统必须来自同一政党，并分别来自大陆与桑给巴尔，副总统不能由桑总统或联合共和国总理兼任，每届任期 5 年，连任不得超过两届。总统任命总理，由总理主持联合政府日常事务。2000 年第 13 次宪法修正案重新界定了坦政治体制，确认原宪法中的“社会主义”和“自力更生”等原则代表民主、自立、人权、自由、平等、友爱、团结。

桑给巴尔革命政府宪法于 1979 年制定，后经 3 次修改。根据现行宪法，桑是坦桑尼亚联合共和国的一部分，桑总统为桑革命政府首脑。桑选举与联合共和国总统大选同时举行，桑总统候选人由桑各政党提名，经桑全体选民直选，获 1/2 以上选票者当选，任期 5 年，可连任一届。总统任命政府部长和副部长，由首席部长主持政府日常事务。桑革命政府由 20 人组成，有权处理除外交、国防、警务、税收、银行、货币、外汇、航空、港口和邮电等 22 项联合事务以外的桑事务。

【议会】一院制，称国民议会，是联合共和国最高立法机构。议会选举与总统选举同时进行，每 5 年举行一次。总统有权任命 15 名议员。本届议会是独立后的第九届议会，2005 年 12 月产生，法定议席 323 个，实际席位 319 个。其中革命党 277 席，公民联合阵线 29 席，民主发展党 11 席，劳动党 1 席，联合民主党 1 席。议长塞缪尔·约翰·西塔（Samuel John Sitta）。

桑给巴尔人民代表会议为桑立法机构，拥有联合事务以外的桑事务立法权。本届代表会议于 2005 年 11 月选出，法定代表 81 人。其中革命党 39 人，公民联合阵线 25 人。议长潘杜·阿迈尔·基菲乔（Pandu Ameir Kificho）。

【政府】设有联合政府和桑给巴尔地方政府。联合政府实行总统制，内阁由总统、副总统、总理、桑给巴尔总统和各部部长组成。本届联合政府于 2006 年 1 月 6 日成立，2008 年 2 月改组，共有 26 位部长、21 位副部长。

主要成员有：总统贾卡亚·姆里绍·基奎特、副总统阿里·穆罕默德·谢因（Ali Mohamed Shein）、总理米曾戈·卡扬扎·彼得·平达（Mizengo Kayanza Peter Pinda）、外交和国际合作部长伯纳德·梅姆贝（Bernard Kamillius Membe）、财政部长姆斯塔法·姆库洛（Mustafa Mkulo）、工贸部长玛丽·娜古（Mary Nagu）、国防与国民服务部部长侯赛因·姆维尼（Hussein Mwinyi）等。

本届桑给巴尔政府于 2005 年 11 月组成，主要成员有：总统阿马尼·阿贝德·卡鲁姆（Amani Abeid Karume），首席部长沙姆西·纳霍扎（Shamsi Nahodha）。

【行政区划】共有 26 省，114 县。其中大陆 21 省，桑给巴尔 5 省。

【司法机构】设有宪法特别法院、上诉法院、高级法院、地方法院以及检察院、司法人员委员会和常设调查委员会。桑给巴尔岛和奔巴岛各设一伊斯兰教法庭，处理违反伊斯兰教义案件。大法官伯纳巴斯·萨马塔（Barnabas Samatta），总检察长约翰逊·波罗·姆万尼卡（Johnson Paulo Mwanyika）。

桑给巴尔独立行使司法权，但上诉案件由联合共和国上诉法院审理。桑大法官哈米德·马哈姆德·哈米德（Hamid Mahamoud Hamid），总检察长伊迪·潘杜·哈桑（Iddi Pandu Hassan）。

【政党】自 1992 年 7 月实行多党制以来，共有 18 个政党获准正式注册。

（1）坦桑尼亚革命党（Chama Cha Mapinduzi）：执政党，由原坦噶尼喀非洲民族联盟和桑给巴尔非洲设拉子党于 1977 年合并而成，党员 350 余万。全国代表大会是最高权力机构，每 5 年举行一次。全国执行委员会是最高决策机构，中央委员会负责领导和处理日常工作。建有省、县、乡支部百户区（WARD）、十户组（CEU）等各级组织机构，影响深入到坦社会的各个层面。主张坚持社会主义和自力更生原则，强调发展经济，在公正、平等和人道的基础上建立一个平等、正义的社会。2000 年坦宪法修正案对“社会主义”含义进行了重新界定，但革命党迄未修改党章。主席贾卡亚·姆里绍·基奎特，总书记菲利浦·曼古拉（Philip Mangula）。

（2）公民联合阵线（The Civic United Front）：亦称人民党（Chama Cha Wananchi），反对党，1992 年

由桑给巴尔多党促进委员会和人民党合并组成，为国内最大反对党，但政治影响主要集中在奔巴岛和桑给巴尔岛。提倡人民共同富裕的原则，在联合问题上极力维护桑给巴尔的民族利益和自主权，主张成立联合政府及坦噶尼喀和桑给巴尔地方政府三个政府。主席伊布拉希姆·利蓬巴（Ibrahim Lipumba），总书记塞义夫·哈马德（Seif Hamadi）。

（3）坦桑尼亚劳动党（Tanzania Labour Party）：反对党，1993 年成立。1999 年原全国建设和改革会议主席姆雷马率其支持者集体反水加入劳动党后，该党实力大增。主席奥古斯丁·姆雷马（Augustine Mrema），总书记哈罗德·贾夫（Harold Jaffu）。

（4）民主发展党（ChamaCha Demokrasia na Maendeleo）：反对党，1992 年成立。主张单独成立坦噶尼喀政府，反对种族歧视，提倡人人平等。主席埃德温德·姆泰伊（Edwin Mtei），总书记鲍博·马卡尼（Bob Makani）。

（5）联合民主党（United Democratic Party）：反对党，1994 年成立。主张成立坦噶尼喀政府，重视社会发展，强调应加大对教育和医疗事业投入，推行土地私有化。主席约翰·切约（John Cheyo），总书记穆萨·克维基马（Musa Kwikima）。

（6）全国建设和改革会议（The National Convention for Construction and Reform）：反对党，1991 年成立。主要由律师和学者组成，要求扩大民主，保护基本人权和自由，主张在联合体制内建立三个政府，即联合政府、坦噶尼喀政府和桑给巴尔政府，争取坦噶尼喀民族权利。主席詹姆斯·姆巴蒂阿（James Mbatia），总书记博利斯亚·姆瓦伊塞杰（Polisya Mwaiseje）。

其他反对党有：多党民主联盟（The Union for Multi-Party Democracy）、坦桑尼亚民主联盟党（Tanzania Democratic Alliance Party）、全国民主联盟（National League for Democracy）、国家重建同盟（The National Reconstruction Alliance）、联合人民民主党（United People's Democratic Party）等。

【重要人物】贾卡亚·姆里绍·基奎特：坦桑尼亚联合共和国总统、政府首脑、武装部队总司令。1950 年生于滨海省巴加莫约县。1972～1975 年在达累斯萨拉姆大学学习并获经济学学士学位。早年从军，历任中尉、上尉、少校、中校。曾于 1982～1989 年任坦军政治部主任。1988 年 11 月成为指定议员并任水利、能源和矿业部副部长，1990 年 3 月升任能矿部长，同年当选滨海省巴加莫约选区议员。1994 年 12 月调任财长。1995 年 11 月起任外交与国际合作部长。2005 年 12 月当选坦总统。1982 年起任革命党全国执行委员会成员，1997 年起任革命党中央委员会成员。2006 年 6 月当选革命党主席。曾于 1994 年、1998 年、2001 年访华，2004 年随姆卡帕总统访华。2006 年来华参加中非合作论坛北京峰会。2008 年 4 月来华进行国事访问并出席博鳌亚洲论坛 2008 年年会。2008 年 1 月至 2009 年 1 月担任非洲联盟轮值主席。

经　济

联合国宣布的世界最不发达国家之一。经济以农业为主，平常年份粮食勉强自给。工业生产技术低下，日常消费品需进口。1967 年实行国有化和计划经济，以建设集体农庄为中心，开展严重脱离国情的“乌贾马”社会主义运动，致使经济发展严重滞后。1986 年起接受国际货币基金组织（IMF）和世界银行的调改方案，连续三次实行“三年经济恢复计划”。近年，坦政府将脱贫作为政府工作重点，执行以经济结构调整为中心的经济改革政策，推进经济自由化和国有企业私有化进程，坚持适度从紧的财政、货币政策，使国民经济得到缓慢回升。同时，密切与西方捐助国和国际金融机构的关系，谋求吸引外资、减免外债和获得更多援助。2001 年以来，坦成立以总统为首的“国家商业协会”和以总理为首的“投资指导委员会”，减免外资企业税费和高科技产品进口税，出台微型信贷政策，扶植中小企业发展。IMF 和世行认定坦桑达到重债穷国动议完成点，将于 20 年内减免其 30 亿美元外债。2002 年 10 月，IMF 将其在非洲的第一个技术援助中心——东非技援中心设在坦。基奎特总统执政后注重改善民生，强调经济发展成果必须惠及普通百姓。目前，坦桑尼亚改革成效日益显现，经济增长连续 3 年超过 6.5%，在黑非洲名列前茅，矿业和旅游业发展强劲，投资环境不断改善，外国直接投资持续增长。但经济结构单一、基础设施落后、发展资金和人力资源匮乏、艾滋病泛滥等长期阻碍经济发展的问题仍然存在。国际金融危机爆发后，对坦桑尼亚经济造成不利影响，坦桑尼亚经济增速放缓。2009 年主要经济数据如下（资料来源：2010 年度经济季评）：

国内生产总值（GDP）：218 亿美元。

国内生产总值增长率：5.7%。

人均国内生产总值：1315 美元（按购买力平价估算）。

通货膨胀率：12.2%。

对外贸易总额：87.52 亿美元。

外汇储备：321 亿美元。

外债总额：70.24 亿美元。

货币名称：坦桑尼亚先令，1 先令 =100 分。

汇率：1 美元 =1，327 先令。

【资源】矿产资源丰富，有 8 个绿岩带，地层大多属太古代岩石，历史上曾生产过近百吨黄金。已探明的主要矿产及储量为：钻石 250 万吨（含量 6.5 克拉/吨），金矿 80 万吨，煤 3.24 亿吨，铁 1.3 亿吨，磷酸盐 1000 万吨，天然气 450 亿立方米。除金矿外，其他矿藏尚待充分开发。大陆、桑给巴尔及近海海域有若干储油前景良好的区域。目前已有多家矿业开采公司在坦注册，主要依靠外国资金和技术，其中大部分从事黄金开发。此外，澳大利亚、加拿大、爱尔兰等国公司在坦从事石油勘探；世界银行、欧洲投资银行等资助坦开发松戈松戈气田（探明储量300亿立方米），由加拿大管道公司负责建设；另有外国公司正与坦方探讨开发姆纳西湾气田项目（探明储量150亿立方米）的可行性。森林面积约4400万公顷，占国土面积的45%，出产安哥拉紫檀、乌木、桃花心木、栲树等。水力资源丰富，发电潜力超过4.78亿千瓦。

【工业】2007年坦大陆工业产值37.03亿美元，占国内生产总值（GDP）的23.1%。其中矿业产值6.67亿美元；制造业产值13.19亿美元。大陆制造业以农产品加工和进口替代型轻工业为主，包括纺织、食品加工、皮革、制鞋、轧钢、铝材加工、水泥、造纸、轮胎、化肥、炼油、汽车装配和农具制造等。桑给巴尔工业以农产品加工为主，主要有椰子加工厂、丁香油厂、碾米厂、糖厂、石灰厂、自来水厂、发电厂和印刷厂等。

【农业】以种植业、林业、渔业、牧业为主，是坦主要经济支柱。农业吸收全国劳动力的2/3。全国可耕地面积3940万公顷，已耕地面积620万公顷。主要农作物有玉米、小麦、稻米、高粱、小米、木薯等。主要经济作物有咖啡、棉花、剑麻、腰果、丁香、茶叶、烟叶、除虫菊等。受旱灾影响，2006年农业生产增长速度有所下降，但仍占国内生产总值的44.7%。

【服务业】2007年大陆服务业产值46.07亿美元，占GDP的37%。其中商业和旅游业15.8亿美元，交通运输业4.42亿美元，金融服务业13.44亿美元，政府和其他收入10.25亿美元。

【旅游业】旅游资源丰富，非洲三大湖泊维多利亚湖、坦噶尼喀湖和马拉维湖均在坦边境线上，海拔5895米的非洲第一高峰——乞力马扎罗山世界闻名。其他自然景观有恩戈罗戈罗火山口、东非大裂谷、马尼亚纳湖等，另有桑岛奴隶城、世界最古老的古人类遗址、阿拉伯商人遗址等历史人文景观。坦1/3国土为国家公园、动物和森林保护区。共有塞伦盖提、恩戈罗戈罗等12个国家公园、19个野生动物保护区和50个野生动物控制区，177个旅店，约7774间客房。截至2006年，赴坦旅游人数增至70万人。

【交通运输】以公路运输为主。

公路：总长8.5万公里，其中沥青路3660公里。

铁路：总长3576公里。2004年客运量139.3万人次，货运量194.3万吨。

水运：沿海有达累斯萨拉姆、姆特瓦拉、坦噶和桑给巴尔四大港口。达累斯萨拉姆为主要天然深水港，年设计吞吐量1010万吨。2004年达港货运量401.3万砘，客运量52.5万人次。

空运：大小机场104个，其中达累斯萨拉姆、乞力马扎罗和桑给巴尔为国际机场。1977年建立坦桑尼亚航空公司，以国内航线为主，国际航线主要飞往印度、欧洲、东南非和中东地区，2002年因经营困难被私有化，南非航空公司控制其49%的股份。1995年3月，坦、南非和乌干达三家航空公司合营的非洲联合航空公司正式运营。2000年10月因经营不善关闭。2004年大陆航空空运量1506吨，客运量27.1万人次。

【财政金融】近年联合政府财政收支情况如下（单位：亿坦先令）：

	2002/2003	2003/2004	2004/2005
收入	18398	21559	25470
支出	19895	25169	31981
差额	-1497	-3609	-6510

（资料来源：2008年度经济季评）

【对外贸易】出口以初级农产品为主，其中棉花、剑麻、腰果、咖啡、烟草、茶叶、丁香出口占外汇收入的80%。工矿业出口产品主要有钻石、黄金、纺织品、服装、皮革制品、鞋、树胶、铝制品等。进口以工业生产资料和工业品为主，主要有仪器、饮料、机械设备、金属制品、交通运输工具、石油等。主要贸易伙伴有印度、德国、英国、日本、沙特、荷兰、意大利、新加坡、肯尼亚和中国等。近年进出口情况如下（单位：百万美元）：

	2004	2005	2006
出口额（离岸价）	1233.8	1329.8	1897.8
进口额（到岸价）	2124.7	2281.2	4070.0
差　额	-890.9	-951.4	-2173.2

（资料来源：2007年度经济季评）

2007年主要贸易伙伴如下：出口国为印度、西班牙、荷兰、日本；进口国为南非、中国、印度、赞比亚。

（资料来源：国际货币基金组织）

【外国投资】1990年成立投资促进中心，负责审批投资项目，向国内外投资商提供咨询。1997年颁布《坦桑尼亚1997年投资法》。截至2000年6月，共批准1537个投资项目，注册资本约60亿美元，创造22.9万个就业机会。2007年吸引外国直接投资6.4亿美元。外资主要来自南非、意大利、印度、加拿大、荷兰、英国和美国。

【外国援助】外国援助在坦国民经济中占有重要地位，相当于其每年发展支出的近90%。近年每年接受援助均超过10亿美元。主要捐助国有英国、印度、南非、荷兰、肯尼亚、美国、加拿大、意大利、德国和国际货币基金组织、世界银行、欧盟、非洲开发银行等。

人民生活

约50%人口生活在贫困线以下。职工享有的各项社会福利相当于职工基本工资的20%，公务员收入差别从独立初的1:17降至目前的1:5。全国医疗条件较差，共有医院175所，诊所3014家，医疗站276个。每千人拥有3名医生，病床1.1张。护士和医生比例为7:3。疟情严重，每年约30万人死于疟疾。成人艾滋病感染率4.8%（联合国2007年估计），婴儿死亡率6.8%（2007年）。

军　事　武装力量由人民国防军、警察部队、国民服务队和民兵组成。总统兼任武装力量总司令，最高军事决策机构和指挥机构分别为国防与安全委员会和国防军总部。国防军建于1964年，总兵力2.7万，其中陆军2.3万，海军1000人，空军3000人。国防军司令瓦伊塔拉（Gen. George M. Waitara）上将。警察部队隶属内政部，共3万人。国民服务队建于1963年，受国防部和国防军总部双重领导，共4000人。民兵部队建于1966年，隶属国防军总部，共8万人。

文化教育　重视发展民族文化，大力推广斯瓦希里语。设有国家艺术委员会、国家斯语委员会、图书馆服务理事会和民间文化协会等。首都达累斯萨拉姆设有国立中央图书馆和国家博物馆等。

【教育】实行免费义务教育，成人识字率为76%（2003年）。近年因国家财政拮据，教育经费不足，政府提出教育改革政策，鼓励私人或集体办校。援助国亦将教育作为优先投资领域，投入可观资金。全国共有包括达累斯萨拉姆大学在内的3所大学，在校大学生约5万名。2007年，适龄儿童入学率达97.3%。坦桑尼亚2008/2009财年教育预算约合11.26亿美元，占财政支出的19.8%。

【新闻出版】主要刊物有英文《每日新闻》，发行量8万。斯瓦希里文《自由报》、《民族主义者报》和《工人日报》。另有《快报》（每周两期）、英文周刊《商业时报》、《东非人报》、斯瓦希里语双周刊《火焰报》。

坦桑尼亚通讯社：国家通讯社，1976年10月成立，大陆各省设有分社，有少数记者驻邻国。

坦桑尼亚电台：国家电台，建于1951年。设在达累斯萨拉姆，分别用英语和斯瓦希里语广播。

桑给巴尔革命之声：桑给巴尔电台，建于1964年，用斯瓦希里语广播，每天播音9小时。

桑给巴尔电视台：国营电视台，1973年建立，用斯瓦希里语播送节目。

海岸电视网（CTN）：大陆的私营电视台，1994年建立。

独立电视台（ITV）：私营电视台，1994年建立。

对外关系　曾是著名的“前线国家”，为非洲大陆的政治解放作出过重大贡献。奉行不结盟和睦邻友好的外交政策，主张在互不干涉内政和相互尊重主权的基础上与各国发展友好合作关系。近年务实倾向增强，强调以经济利益为核心，淡化不干涉内政原则，发展同所有捐助国、国际组织和跨国公司的关系，谋求更多外援、外资。重点营造睦邻友好，全力促进区域经济合作。积极参与调解与其利益相关的地区问题。重视与亚洲国家关系，学习和借鉴亚洲国家的发展经验。是联合国、不结盟运动、英联邦、非洲联盟、东非共同体、南部非洲发展共同体及环印度洋地区合作联盟等组织的成员国。同115个国家建有外交关系。

【对当前重大国际问题的态度】关于国际形势：认为冷战结束并未给世界带来和平与安全，全球争霸正被地区冲突、民族和宗教矛盾所取代。强权政治在国际事务中仍起主导作用。目前的世界是以美国为主导的单极世界，尚没有能在政治、经济、军事等方面同美国抗衡的国家。发展中国家必须联合自强，在联合国等国际场合以集体力量与大国抗衡。

关于国际金融危机：认为没有国家能免受金融危机的影响，危机可能使欧美等发达国家减少对穷国的投资、贷款以及援助，从而影响非洲经济社会发展及千年发展目标的顺利实现。呼吁发达国家认真兑现对非援助承诺，希望国际金融机构采取补救措施，防止危机进一步发展。同时主张在听取所有国家声音，重视各方利益关切的基础上建立新的、稳定的全球金融体系。

关于国际经济秩序和经济全球化问题：认为现行经济、金融及贸易体系应进行改革，主张建立国际经济新秩序，开展南北对话，促进南南合作。经济全球化有利于推动世界经济和科技发展，但使穷国和富国差距拉大。主张通过增加援助帮助欠发达国家发展贸易，要求世贸组织落实已达成的协议，在未来谈判中充分照顾发展中国家利益，使之成为全球竞争体系中平等的参与者和受益者。

关于联合国及其安理会改革：认为联合国在维护世界和平、推动世界发展方面发挥着不可或缺的重要作用，应尽快对联合国机构进行改革，其工作重心应转到可持续发展，帮助发展中国家迎接经济挑战。联合国改革应考虑发展、疾病、灾害等议题，应倡导多边主义。主张增强安理会的代表性和透明度，发展中国家应在安理会中享有更广泛的代表权，改变大国主宰的局面。非洲至少应获得两个安理会常任理事国席位，公开支持日本、德国、印度“入常”。

关于非洲冲突问题：认为大国干预、领土纠纷和民族、宗教矛盾以及贫困是非洲冲突的根源。不合理的国际经济秩序导致非洲未能实现可持续发展。强调通过和平协商解决冲突，支持非盟调解地区冲突的努力。认为政治、经济一体化是维护非洲和平稳定的最好办法，支持建立非洲政治和经济联盟。

关于非洲发展问题：对千年发展目标进展缓慢表

示失望，呼吁发达国家支持非洲发展，大幅减免非洲国家债务，增加对非发展援助和投资，对非洲产品开放市场。欢迎联合国秘书长成立非洲千年发展目标指导小组。主张维护和促进非洲国家的团结、发展、合作，支持非盟在实现非洲联合与振兴中发挥重要作用，支持“非洲发展新伙伴计划”。

【同中国的关系】中国于1961年12月9日与坦噶尼喀建交，1963年12月11日与桑给巴尔建交。坦噶尼喀与桑给巴尔联合后，中国自然延续与二者的外交关系，将1964年4月26日联合日定为与坦桑尼亚联合共和国建交日。建交以来，两国关系友好密切，人员往来频繁。

近年来，两国高层交往密切。2006年6月，国务院总理温家宝对坦桑尼亚访坦。11月，坦桑尼亚总统基奎特来华出席中非合作论坛北京峰会。2008年4月，基奎特总统应邀对华进行国事访问并出席博鳌亚洲论坛2008年年会。2009年2月，胡锦涛主席对坦桑尼亚进行国事访问，这是中国国家主席首次访坦。访问期间，胡主席与基奎特总统举行会谈，会见桑给巴尔总统卡鲁姆，并在钻禧礼堂发表面向全非的演讲。2009年11月，中非合作论坛第四届部长级会议期间，温家宝总理会见基奎特总统。

据中国海关总署统计，2009年，中坦双边贸易额11.1亿美元，同比增长2.6%，其中中方出口额9.14亿美元，同比增长48.9%；进口额1.96亿美元。中方主要出口机器设备、车辆、日用品等，主要进口木材、剑麻纤维、生牛皮和海产品等。中方分别于2005年1月1日和2007年7月1日起两次给予坦方部分输华商品免关税待遇。

中国驻坦桑尼亚大使：刘昕生。馆址：No.2, Kajificheni Close, Toure Drive, Dares Salaam。电话：2667475，2668064；商务处电话：2668198。传真：2666353。地区号：00255－22。

坦桑尼亚驻中国大使：奥马尔·拉马丹·马普里（Omar Ramadhan Mapuri）。馆址：北京市亮马河南路8号。电话：010－65322394。

【同美国的关系】坦、美于1961年建交。近年来，两国关系持续改善。美重视坦地区大国作用和发展潜力，支持其经济改革，是坦主要投资和援助国之一，并免除了坦美双边债务。2008年2月，布什总统访坦，宣布美将在5年内向坦提供6.98亿美元援助，帮助坦改善道路、供电及供水等基础设施建设。这是美“千年挑战账户”设立以来美向单个国家提供的最大一笔经援。坦反对美在非洲建立美军司令部。2009年5月，基奎特总统访问美国，美国总统奥巴马与其会见，基成为奥任美国总统后会见的首位非洲国家元首。

【同英国的关系】坦英关系密切。英是坦主要贸易伙伴和援助国，每年援助额约8000万美元。英免除了坦所欠全部债务，积极支持国际货币基金组织和世行等国际金融机构减免坦债务。

【同邻国及其他非洲国家关系】在地区事务中奉行“广交友、不树敌、促和平、谋发展”政策。重视与周边邻国发展睦邻友好关系，同肯尼亚、乌干达、埃塞俄比亚等国关系密切。重视在地区事务中发挥影响，致力于维护地区和平与稳定。积极参与调解肯尼亚因2007年底大选引发的政治危机，大力斡旋科摩罗国内政治危机，关注索马里和平进程，为非盟驻索马里维和部队提供培训，参与调解布隆迪问题。向苏丹达尔富尔地区派遣维和部队。

【同亚洲国家的关系】坦重视发展与亚洲国家的关系。2004年12月，姆卡帕总统对越南进行正式访问。2004年9月，印度总统卡拉姆对坦进行国事访问。日本每年向坦提供约1亿美元无偿援款，每年向坦派出专家和志愿者。2006年9月，坦总理洛瓦萨访问泰国、越南。

坦同朝鲜关系良好。前总统尼雷尔和姆维尼及桑给巴尔总统萨勒明等均访问过朝鲜。朝主要援坦项目有革命党多多马会议大厦、水稻农场、奔巴考贾尼体育场等。　（胡巧）

突　尼　斯

国名　突尼斯共和国（The Republic of Tunisia, la Répubique Tunisienne）。

面积　162155平方公里。

人口　1043万（2009年）。90%以上为阿拉伯人，其余为柏柏尔人。阿拉伯语为国语，通用法语。伊斯兰教为国教，主要是逊尼派，少数人信奉天主教、犹太教。

首都　突尼斯（Tunis），人口225万（2004年）。

国家元首　总统宰因·阿比丁·本·阿里（Zine El Abidine Ben Ali），1987年11月7日就任，1989年4月当选，1994年3月、1999年10月、2004年10月和2009年10月四度蝉联。

重要节日　独立日（国庆节）：3月20日。

简　况　位于非洲北端。西与阿尔及利亚为邻，东南与利比亚接壤，北、东临地中海，隔突尼斯海峡与意大利相望，海岸线全长1300公里。北部属地中海型气候，夏季炎热干燥，冬季温暖湿润。南部属热带沙漠气候。8月为最热月，日均温21℃～33℃；1月为最冷月，日均温6℃～14℃。

公元前9世纪初，腓尼基人在今突尼斯湾沿岸地区建立迦太基城，后发展为奴隶制强国。公元前146年成为罗马帝国的阿非利加省的一部分。公元5～6世纪先后被汪达尔人和拜占庭人占领。703年被阿拉伯穆斯林征服。13世纪哈夫斯王朝建立了强大的突尼斯国家。1574年沦为土耳其奥斯曼帝国的一个省。1881年成为法国保护领地。1956年3月20日法国承认突尼斯独立。1957年7月25日突制宪会议通过决议，废黜国王，宣布成立突尼斯共和国，布尔吉巴任第一任总统，1975年经议会批准，布成为终身总统。1987年11月7日，总理本·阿里废黜布，自任总统。

政　　治

本·阿里总统执政以来，对内推行"以稳定求发展，以发展促稳定"的基本国策，不断巩固宪盟地位，逐步推进政治多元化，使突政局长期保持稳定，经济持续发展。2009年10月，突举行总统选举，本·阿里以89.62%的得票率第五次当选。2010年1月，本·阿里总统大幅调整内阁，但总理、内政部长和重要经济发展部门部长均未变动。5月，突成功举行市镇选举。2009年，突政局相对稳定。2010年，由于经济状况恶化，社会动荡持续加剧。

【宪法】1959年6月1日，制宪议会通过共和国第一部宪法，规定突是自由、独立的主权国家，实行共和制政体。1975年3月，通过宪法修改草案，宣布布尔吉巴为共和国终身总统。1988年7月，通过宪法修正案，删改"终身总统"等8项条款，增加了"竞选议员年龄"，"总统职位空缺时由议长担任临时总统职务"等内容。1998年10月通过修改宪法和选举法，降低总统候选人的参选年龄，扩大参选范围。总统任期五年，可连任两届。2002年5月，举行独立后首次全民公决，通过宪法修正案。取消对总统连任次数的限制，并将总统候选人的年龄上限增至75岁。此外，新宪法还增加了民主和法制的内容。2008年7月，众议院修宪，放宽2009年总统参选条件，扩大反对党的参选机会。

【议会】原为一院制，称国民议会。2002年宪法修正案改为两院制，由众议院和参议院组成。众议院是突最高立法机构，任期五年，下设8个委员会。议会监督政府工作并有权对政府提出不信任案。2009年10月，突立法选举产生了第12届众议院，宪政民主联盟获214议席中的161席，反对党获53席。福阿德·迈巴扎蝉联议长。2005年7月，突举行首次参议员选举，成立参议院，参议员任期6年。阿卜杜拉·卡拉勒（Abdallah Kallel）当选为参议院议长。

【政府】2010年1月，本·阿里总统对内阁进行部分改组，政府主要成员名单如下：总理穆罕默德·格努希（MOHAMED GHANNOUCHI），国务部长、总统特别顾问、总统府发言人阿卜杜勒·阿齐兹·本·迪亚（ABDELAZIZ BEN DHIA），总统办公厅部长级主任艾哈迈德·伊亚德·瓦德尔尼（AHMED LYADH OUEDERNI），外交部长卡迈勒·马尔坚（KAMEL MORJANE），内政和地方发展部长拉菲克·贝勒哈吉·卡西姆（RAFIK BELHAJ KACEM），国防部长利达·格里拉（RIDHA GRIRA），运输部长阿卜杜－拉希姆·祖瓦利（ABDERRAHIM ZOUARI），贸易和手工业部长利达·本·米斯巴赫（RIDHA BEN MOSBAH），司法和人权部长拉兹哈尔·布乌尼（LAZHAR BOUOUNI），宗教事务部长布巴克尔·阿赫祖里（BOUBAKER EL AKHZOURI），社会事务、互助和侨民部长纳瑟尔·加尔比（NACEUR EL GHARBI），教育部长哈特姆·本·撒勒姆（HATEM BEN SALEM），高等教育和科研部长贝希尔·特卡里（BECHIR TEKKARI），青年和体育部长萨米尔·拉比迪（SAMIR LABIDI），财政部长穆罕默德·利达·夏勒古姆（MOHAMED RIDHA CHALGHOUM），农业、水利资源和渔业部长阿卜德萨勒姆·曼苏尔（ABDESSALEM MANSOUR），通讯技术部长穆罕默德·纳瑟尔·阿玛尔（MOHAMED NACEUR AMMAR），文化和遗产保护部长阿卜德尔·拉乌夫·巴斯蒂（ABDERRAOUF EL BASTI），旅游部长斯利姆·特拉特利（SLIM TLATLI），公共卫生部长蒙泽尔·兹纳伊迪（MONDHER ZENAIDI），装备、住房与国土整治部长斯拉赫迪纳·马鲁什（SLAHEDDINE MALOUCHE），妇女、家庭、儿童和老年人事务部长伯比娅·希伊（BEBIA CHIHI，女），发展与国际合作部长穆罕默德·努里·儒伊尼（MOHAMED NOURI JOUINI），国有资产和土地事务部长祖海尔·穆扎法尔（ZOUHEIR M'DHAFFAR），工业和技术部长阿菲夫·谢勒比（AFIF CHELBI），职业培训和就业部长穆罕默德·阿格勒比（MOHAMED AGREBI）。

政府网址：http：//www. tunisie. com。

【行政区划】全国划分为24个省，下设262个县，260个市镇。

【司法机构】最高司法委员会是突尼斯司法系统最高机构，总统和司法部长分别担任委员会主席和副主席。委员会行使对法官任命、晋升、调动和纪律处分的职能。总统根据委员会的建议任命法官。全国有1个最高法院，10个上诉法院，24个一审法院，83个地方法庭。每省设有1个一审法院。每个法院下辖若干民事、刑事法庭。此外，在政府成员犯有叛国罪时将专门成立高等法院。最高法院院长为穆罕默德·勒日米（Mohamed Lejmi）。突无独立的检察院，在司法和人权部内设检察机构，现任总检察长为穆罕默德·莱吉米（Mohamed El-Ladjmi），但在每个法院均设有检察机构。

【政党】突于1981年4月开始实行多党制，现有9个合法政党，主要有：宪政民主联盟、社会民主运动、人民团结党、民主统一联盟、革新运动、自由社会党、民主进步党、争取工作与自由民主论坛和绿党。

（1）宪政民主联盟（Rassemblement Constitutionnel Démocratique/ RCD）：执政党。1934年3月由首任总统布尔吉巴创立。原名新宪政党，1964年改为社会主义宪政党，1988年2月改为现名。现有党员220多万，基层支部约8800个。以民主、开放为政治路线，主张实行国家、集体、私人三种所有制并存的经济体制，强调法制治国。对外坚持不结盟政策，主张在互相尊重和互利的基础上与各国发展关系。2010年1月，宪盟举行五届二中全会，会议对2009年总统和立法选举工作进行了总结，并确定将落实本·阿里总统2009～2014竞选纲领列为下阶段党的中心任务。主席为本·阿里总统（1988年7月当选）。2008年9月，穆罕默德·加里亚尼（Mohamed Ghariani）被任命为宪盟总书记。宪盟在2009年10月立法选举中获得众议院161个议席。

（2）社会民主运动（Mouvement des Démocrates Socialistes/ MDS）：1978年6月创立，1983年11月获合法地位。主张开放民主，实行多党制、轮流执政，反对使用暴力。约有党员3万人。全国委员会是最高权力机关。现任全国委员会主席蒙塞夫·西亚拉（Moncef Siala），总书记伊斯梅尔·布拉西亚（Ismail Boulahya）。目前占众议院16席。

（3）人民团结党（Parti de L'Unite Populaire/ PUP）：1973年成立，由人民团结运动本·萨拉赫派分裂而来。主张政治多元化，加强国家对经济的干预，维护突尼斯的稳定。1983年取得合法地位。总书记穆罕默德·布希哈（Mohamed Bouchiha）。目前占众议院12席。

（4）民主统一联盟（Union Démocratique Unioniste/UDU）：1988年11月创建并获合法地位。主张在民主范围内，为阿拉伯团结而努力。总书记艾哈迈德·易努布利（Ahmed Inoubli）。目前占众议院9席。

（5）革新运动（Mouvement de la Rénovation）：前身是突尼斯共产党，1922年成立，1963年被取缔，1981年恢复合法地位，1993年4月改为现名。更名后宣布放弃共产主义，但坚持社会主义信念，反对自由化经济和私有化。向各种进步力量和左派开放。党员1000多名。总书记穆罕默德·哈尔迈勒（Mohamed Harmel）。目前占众议院2席。

（6）自由社会党（Parti Social Libéral/ PSL）：1988年6月成立，1988年9月获得合法地位。原名为进步社会党，1993年10月党的“一大”改为现名。主张多元化、自由化和私有化，党的主席是穆尼尔·贝吉（Mounir El Beji）。目前占众议院8席。

（7）民主进步党（Parti Démocratique Progressiste）：1983年12月成立。1988年9月获得合法地位。原名为社会进步联盟，2001年6月党的“三大”改为现名。主张进行全面政治改革，建立多元化政治体制和进步理想同阿拉伯－伊斯兰属性相结合的社会主义。总书记艾哈迈德·纳吉布·沙比（Ahmed Nejib Chebbi）。

（8）争取工作与自由民主论坛（Forum démocratique pour le travail et la liberté/ FDTL）1994年创建，2002年获得合法地位，为左翼政党。主张建立现代民主制度，保证司法独立、轮流执政和尊重人民的自由选择。总书记穆斯塔法·本·加法尔（Mustapha Ben Jaafar）。

（9）争取进步绿党（Parti Vert pour le Progrès）2006年成立并获得合法地位。以非左非右的姿态登上突政坛。主张保护环境、自由主义、泛阿拉伯主义、社会主义等。总书记吉蒙·卡马西。目前占众议院6席。

【重要人物】**宰因·阿比丁·本·阿里**：总统。1936年9月生于苏斯。曾受电子学高等教育，获电子工程师文凭，先后在法国圣·西尔军事学院、法国夏龙—马恩河炮兵学院、美国情报与安全高等学院、美国野炮高等学院深造。1958年起历任突参谋部参谋、军事安全处处长、驻摩洛哥空军海军武官、国防部长办公室专员、国家安全总局局长、驻波兰大使、内政部负责国家安全的国务秘书、总理府负责国家安全的部长级代表、内政部长等职。1979年4月由上校晋升为准将。1987年5月任内政国务部长，10月任总理，11月任总统。1988年7月，当选为宪政民主联盟主席。1989年4月当选总统。此后，在1994年、1999年、2004年和2009年四次连选连任。1991年4月，对中国进行了正式友好访问。已婚，有5个女儿，1个儿子。 **穆罕默德·格努希**：总理，1941年8月18日出生于苏斯，毕业于突尼斯法律、政治、经济学院。1966年获经济学学士学位。1975年任财政部总计划司长。1982年任计划与财政部负责计划的国务秘书。1987年10月任总理府负责计划的部长级代表。1988年7月任计划部长。1989年4月任计划与财政部长。1990年3月任经济与财政部长。1991年2月任财政部长。1992年6月任国际合作与外国投资部长。1999年11月任总理。2004年11月连任。宪盟政治局委员，第二副主席。已婚，有两个孩子。 **福阿德·迈巴扎**：议长，1933年6月15日出生于突尼斯市。在法国获经济学和法学学士学位。1961年起先后任卫生与社会事务国务秘书办公室专员，农业国务秘书办公室主任，青年体育局长，国家安全局长，突尼斯省长兼突尼斯市长，青年体育部长，卫生部长，新闻和文化部长，突驻联合国大使，突驻摩洛哥大使，青年体育部长，迦太基市长。先后四次当选议员。1997 年 10 月起一直担任议长。宪盟政治局委员。1977 年 10 月曾率突青年、体育代表团访华，2002 年 6 月率议会代表团访华。　**阿卜杜拉·卡拉勒**：参议长，1943 年 12 月 7 日生于斯法克斯。曾就读于突尼斯法律、政治和经济学院，获经济学毕业文凭和突国立行政学院高级班毕业文凭，并获顾问级行政主管职称。1989 年 4 月起历任国防部长、内政部长、国务部长、总统特别顾问、司法部长等职。1988 年 7 月任宪盟政治局委员、司库。1989 年、1999 年当选为议员。2004 年 1 月当选为经社理事会主席。2005 年 8 月当选为参议院首任参议长。曾获共和国特级勋章、“11·7”特级勋章。已婚，有 3 子。

经　济

工业以石油和磷酸盐开采、制造业和加工工业为主。农业是国民经济重要部门，但粮食不能自给。旅游业较发达，在国民经济中占重要地位。1986 年，突经济实行“结构调整计划”，由计划经济向市场经济过渡。1995 年突与欧盟签署联系国协议后，突深化经济结构调整，加快企业升级改造和私有化步伐，同时加强基础设施建设，推进金融领域改革，积极发展外向型经济。多年来，突经济持续稳定发展，GDP 年均增长约 5%。近年来，突移动通讯、因特网、电子商务和高科技产业等领域发展迅速。2007 年，突通过 2007～2011 年“十一五”发展计划。2009 年，面对国际金融危机，突果断采取一系列措施，如扩大公共投资，支持中小企业，努力促进出口，吸引外资，增加就业，确保经济持续增长。2009 年突经济增长率约 3%，被达沃斯世界经济论坛再次评为非洲最具竞争力的国家。突经济面临的主要问题是国内市场狭小，资源匮乏，对外依存度高。由于突最主要的贸易伙伴欧盟尚未完全摆脱经济困境，海湾石油国因受国际金融危机冲击取消或推迟了对突一些大项目投资，突经济发展仍面临诸多挑战。2009 年主要经济数据如下：

国内生产总值：418 亿美元。

人均国内生产总值：3999 美元。

国内生产总值增长率：3.1%。

货币名称：第纳尔（dinar），1 第纳尔 =1000 米利姆。

汇率：1 美元 =1.35 第纳尔。

通货膨胀率：3.7%。

失业率：14%。

【资源】 主要有磷酸盐、石油、天然气、铁、铝、锌等。已探明储量：磷酸盐 20 亿吨，石油 7000 万吨，天然气 615 亿立方米，铁矿石 2500 万吨。

【工矿业】 2008 年工业产值占国内生产总值约 34.1%。纺织业在轻工业中居首位，2006 年产值为 9.92 亿第纳尔。矿产资源主要以石油、磷酸盐为主。2006 年磷酸盐产量为 781.3 万吨，产量居世界第五位。2008 年原油产量为 410 万吨，同比下降 9%；天然气产量为 33.17 亿立方米，同比增长 3.8%。

【农业】 全国可耕地面积 900 万公顷，已耕地 500 万公顷，其中 7% 为水浇地，约 34.5 万公顷。由于盐碱化、沙漠化等因素，每年约有 2 万公顷耕地流失。2008 年，农业投资额为 9.23 亿突第，占总投资额的 7.4%，全国劳动力的 35% 从事农业，粮食自给率 60%。2007 年粮食产量为 200 万吨，产值 7.18 亿第纳尔（2006 年）。

突尼斯是橄榄油主要生产国之一，橄榄油产量占世界橄榄油总产量的 4%～9%，橄榄油成为突主要的出口创汇农产品。全国种植橄榄 6200 万株，占地 162.5 万公顷。2008 年产橄榄油 20 万吨，柑橘 30 万吨，椰枣 14.5 万吨。

突全国有天然和人工牧场 29 万公顷。2008 年牛、绵羊、山羊存栏数分别为 44.9 万头、409.7 万只和 82.8 万只。肉类总产量为 25.5 万吨，鲜奶产量 104.6 万吨，渔业产量 10 万吨。

【旅游业】 旅游业在国民经济中居重要地位，是突第一大外汇来源。2009 年旅游收入为 34.6 亿第纳尔，接待游客 690 万人次。全国约 800 家旅馆拥有 23 万张床位，居非洲和阿拉伯国家前列。直接或间接从事旅游业人员达 35 万人，约占全国人口的 3.6%，解决了 12% 的劳动力就业问题。旅游设施主要分布在东部沿海地带，有五大旅游中心，苏斯“康达维”中心是全国最大的旅游基地。突尼斯市、苏斯、莫纳斯提尔、崩角和杰尔巴岛是著名的旅游区。

【交通运输】 交通运输比较发达。

铁路：总长 2190 多公里，其中轨距 1 米的窄轨铁路占 1713 公里，余为轨距 1.44 米的铁路。国营铁路公司拥有机车 136 辆，货车皮 5267 节。2008 年客运总量为 3920 万人次，增长 1%，货运量为 1050 万吨，下降 5.6%。

公路：总长 2 万公里。2008 年公路客运量 6.955 亿人次。2003 年公路货运量 11.84 万吨。陆路运输目前占突尼斯货运总量的 50%，客运总量的 90%。至 2007 年，突拥有各类机动车辆 150 万辆。

海运：有 30 个港口，其中 8 个为大型商业港口，一个为石油转运港。有两支船队，总吨位 22.4 万吨。主要港口是突尼斯—古莱特、比塞大、布尔基巴、斯法克斯、加贝斯、苏斯、扎尔西斯、拉迪斯及斯基拉港等，2008 年海运量为 3210 万吨，同比增长 3.4%；客运总量 68.9 万人次。

空运：有两个国营航空公司，主要是突尼斯航空公司。全国共有 91 架各型号客机。突与国内外 44 个城市通航。年客运总量为 1200 万人次。2008 年突航空客运量 1140 万人次，增长 3.3%。全国有 7 个国际机场：突尼斯—迦太基、莫纳斯蒂尔—卡奈斯、杰尔巴—扎尔齐斯、斯法克斯—蒂纳、杜泽尔—内夫塔、塔巴卡—11.7和加夫萨—盖斯尔。

【财政金融】2010年财政预算收支基本平衡，总收入为183.35亿第纳尔，同比增长5.4%；总支出为182.35亿第纳尔，同比增长8.2%。2009年，外汇储备110.61亿美元（估计数），外债192.03亿美元（估计数）。

【对外贸易】突推行贸易自由化政策，迄今自由进口的商品额占进口总额的85%，自由出口的商品额占出口总额的95%。近年突尼斯对外贸易情况如下（单位：百万美元）：

	2007	2008	2009
出口	17501	19700	15211
进口	22091	23100	20070
差额	-4590	-3400	-4859

（资料来源：2010年2月经济季评）

欧盟是突的主要贸易伙伴，其中法国、意大利、德国是与突贸易名列前三名的国家，2008年在突进出口中所占比例如下：

	出口（%）	进口（%）
法　国	28.5	18.5
意大利	20.74	17.2
德　国	6.9	7.0

（资料来源：同上）

突主要出口产品是机械和电子工业品、矿产、磷酸盐及其衍生产品、纺织品、橄榄油等。2008年，机械电子工业出口仍是突第一大出口部门，出口额为47.57亿美元，增幅18.3%，占出口总额的26.4%。纺织品出口微降0.2%。进口产品主要是能源、机电设备、纺织品、农业和食品加工产品等。能源进口总额达145.9亿美元，增幅63.7%。

【外国资本】2008年，突吸引外国直接投资33.99亿美元，同比增长64.1%。主要来自欧盟、美国和阿拉伯国家。至2006年底，突共吸纳外国直接投资（能源除外）累计达112.13亿第纳尔，提供27.4万个就业岗位。

【外国援助】欧盟国家是突的传统援助方。1995年至今，突在突—欧合作框架内获得31亿突尼斯第纳尔的赠、贷款。

人民生活

突自20世纪90年代以来，实行对基本食品实施物价补贴的社会福利政策。90年代后，政府开始缩小补贴范围，减少补贴费用，分期提高基本食品价格，同时采取措施，保护困难户和低工资收入者的购买力。2008年突最低工资收入为251.888第纳尔（每周48小时）和217.888第纳尔（每周40小时）。全国78%的人拥有自己的住房，74%的居民享受医疗保险，8%的居民持有免费医疗证。中产阶层和社会保障覆盖率分别达80%和93%。

全国卫生系统共有各类医务人员和职工4万人。全国平均每1200人有一名医生，平均每6500人有一名牙医，平均每330人有一名护士。医疗设施分公立医院、私人医院和个人诊所，以公立医院为主，共176所，有17269张床位，私人医院有床位1800张，另有卫生站1050个。全国有21%的家庭拥有汽车，90%的家庭拥有电视机，82%的家庭拥有冰箱，34%的家庭拥有洗衣机，6%的家庭拥有空调，99.9%的家庭拥有固定电话，80%的人拥有移动电话，90%的家庭享有饮用水和供电。人口增长率为1.21%，人均寿命73岁，婴儿死亡率2.1%。2008年突贫困率为3.8%，贫困家庭8万户。

军　事

1956年建立国民军，1959年建立海军和空军。总统为武装部队总司令。1975年起实行义务兵役制，服役期一年。总兵力约4万人。陆军3.1万人，包括3个机械化步兵旅、1个撒哈拉旅、1个特种部队群和8个团，拥有各类坦克和装甲车405辆、炮482门、导弹156枚（具）。海军5000人，拥有各类舰艇40艘。空军4500人，有各型军用飞机70余架，直升机80架。有国民警卫队约4万人。军事装备主要来自法国、美国、意大利。

2010年国防预算为7.72286亿第纳尔，同比增长5.6%。

文化教育

【教育】实行基础义务免费教育制（至16岁），从1989/1990学年起，将过去的小学6年、初中3年合并为9年一贯制基础教育。全国近1/4的人口在各级学校学习。小学入学率99%，大学入学率为31.7%。2004年文盲率为22.9%，小学、中、高等教育的人口覆盖率分别为35%、32%、8%。2005年有中小学5821所，中小学生226.7万。各类大专院校178所，学生36.6万，其中大学共16所：宰敦大学（伊斯兰高等学府）、突尼斯大学、突尼斯玛纳尔大学、迦太基11.7大学、玛努巴大学、中部大学、斯法克斯南方大学等。

【新闻出版】主要报纸有：《复兴报》、《自由报》和《新闻报》。主要周刊有《现实》等。

突尼斯非洲通讯社（Tunis Afrique Presse）：简称突通社，创建于1961年1月，为国家通讯社。现有记者、编辑200余人。在巴黎、波恩、纽约、布鲁塞尔、阿尔及尔、拉巴特、开罗、科威特、达喀尔等地派有常驻记者。

突尼斯广播电视总署：1990年成立，国营，统管全国广播和电视工作，下设主席办、办公厅、电视总局和广播总局。突尼斯国家广播电台于1936年首播，现有三个全国性频道对外广播，一个为国内频道，每天24小时以阿文广播；一个为国际频道，每天18小时，以法、德、意、英和西语对外播音；还有一个青年频道，1995年11月开播。此外还有5个地方台。突尼斯国家电视台于1966年6月1日起开播，现分一台（阿文）和二台（法文），还有突尼斯7台和青年台。突直接转播意大利国家电视台和法国商业电视台节目。1991年始设有线电视台转播法国有线电视台节目。

对外关系

突一贯奉行温和、务实、平衡的外交政策。2009年，突坚持外交为经济建设和提升国际地位服务，致力多元外交。重点发展与欧盟特别是法国的关系，注重加强同阿拉伯国家的经济合作，积极推动马格里布联盟和地中海联盟建设，同时致力提升同亚洲国家，特别是中、日、韩的关系。主打“文化牌”、“青年牌”，发挥自身独特影响。利用“凯鲁万－2009年伊斯兰文化之都”活动，以倡导开展不同文明对话为主题，举办一系列国际会议；在突的倡导下，第64届联大通过决议，决定宣布从2010年8月12日开始的一年为“国际青年年”。积极倡导不同文明间对话，建议制定国际反恐行为准则。迄今为止，突与世界138个国家建立了外交关系。

【对重大国际问题的态度】关于国际形势：当今世界政治经济形势使各国面临新的机遇和挑战。地区冲突、饥饿、贫困等问题仍然存在，国际金融危机的负面影响还未完全消除。国际社会应共同点努力并承担责任，推动实现可持续发展及合作、宽容、团结、互助价值观的形成，促进世界各国共同发展。

关于国际金融危机：尽管国际金融危机起源于发达国家，但所有国家无一例外都受到这场危机的冲击。国际社会应携起手来，通过合作克服危机带来的消极影响。在这场危机中，发展中国家受到的影响尤其深远，面临着保持经济增长的巨大挑战。国际社会在应对危机过程中应充分考虑发展中国家的关切，切实兑现增加对发展中国家官方发展援助的承诺。

关于联合国改革：认为应按照近几年来达成的重要原则加快联合国改革进程，尤其对安理会进行改革，使其工作更加透明、有效，并充分发挥联大及经社理事会的作用。强调在一些悬而未决问题上争取成员国达成最广泛的共识。突坚持非盟共同立场，联署非盟关于安理会改革决议草案，同时突作为阿拉伯国家支持阿盟在安理会享有合理的代表权。

关于不同文明对话：应以现代和理性的方式解释《古兰经》，弘扬互助、宽容和开放的伊斯兰价值观，摒除暴力、极端主义和一切损害宗教标志和圣地的言行。树立温和、友好的伊斯兰形象。主张不同宗教、文明之间和平共处，并进行对话和交流。

关于恐怖主义：认为恐怖主义仍威胁着世界的和平与安全。应采取综合措施，标本兼治，公正持久地解决国际热点问题，在世界范围内消除贫困、社会遗弃、边缘化等现象，打击宣扬狂热崇拜、自我封闭和仇恨意识的极端主义思潮。继续呼吁在联合国框架内召开国际会议，制定反恐行为准则。

关于民主与人权问题：认为实现民主与人权价值应尊重国际关系中的平等原则，首先是尊重主权、互不干涉内政。必须尊重人民根据自己社会、经济、历史背景选择适合自身的发展道路，而不能照搬外部模式。生存权和发展权是每个国家不可剥夺的权利，特别是对发展中国家而言，发展经济是人权的基本保障。人权面前任何人都不能享有特权。

关于气候变化问题：突认为，哥本哈根会议达成不具法律约束力的协议是一个起点，中国为各方达成妥协、推动会议取得积极成果作出很大努力。突支持哥本哈根协议，将在自愿基础上采取自主减排行动。突坚持《联合国气候变化框架公约》和《京都议定书》所确立的原则，要求发达国家向发展中国家减排提供资金和技术，并真正落实于行动。

关于中东问题：突一贯坚定支持巴勒斯坦人民为恢复合法权利、建立独立国家而进行的正义斗争。希望巴内部实现和解，以民族利益为重。突要求以色列政府立即停止其在耶路撒冷和约旦河西岸扩建犹太定居点和试图改变耶路撒冷圣城属性的计划。呼吁联合国和中东问题四方等世界上一切有影响力的国家立即制定切实有效的行动计划，以结束危及重启和谈的努力和动摇和平进程基础的行为。

关于伊拉克问题：突呼吁国际社会尊重伊拉克的主权、领土完整和统一。希望伊人民克服目前面临的困难，实现全国和解，巩固国家安全与稳定，团结一致重建家园。

关于伊朗核问题：呼吁通过加强对话与协商解决伊核问题。支持和平利用核能，但坚决反对核扩散。

关于欧—地、欧—突合作：突向来重视与欧盟的关系，在双方的共同努力下，突欧双边关系已取得显著发展。双方应进一步深化各领域关系，开创美好前景。欧—地合作是突外交政策的重点之一，突支持旨在促进环地中海地区和平与发展的所有倡议和机制，相信在平等合作、互利共赢的基础之上建设安全、稳定、繁荣的欧—地空间意义重大。突将不遗余力积极推动地中海联盟。

【同中国的关系】1964年1月10日，周恩来总理访突时两国宣布建交。1967年9月中国关闭驻突使馆，1971年10月复馆。此后双方关系不断发展。

2009年，中突友好合作关系继续发展。1月，杨洁篪外长和突尼斯外长阿卜杜拉互致贺电，庆祝中突建交45周年。同月，青海省省委副书记马惠宁访突。2月，卫生部副部长尹力访突。同月，中共中央委员、甘肃省委书记陆浩率中共代表团访突。5月，全国政协副主席白立忱赴突出席中阿合作论坛第三届

"中阿关系暨中阿文明对话研讨会"并顺访突。同月，宁夏回族自治区党委常委、银川市委书记崔波访突，突农业和水力资源部国务秘书达鲁勒访华。6月，突尼斯外长阿卜杜拉来华进行工作访问，杨洁篪外长与其会谈，就进一步发展双边关系和共同关心的国际和地区问题进行了广泛深入的磋商。同月，上海市副市长唐登杰率上海经贸代表团访突，出席中国（上海）—突尼斯投资贸易洽谈会。11月，赴突出席我驻西亚北非地区使节片会的外交部部长助理翟隽会见了阿卜杜拉外长。同月，中共代表、广西壮族自治区党委常委、秘书长余远辉赴突出席宪盟国际研讨会。突发展和国际合作部负责国际合作和外国投资的国务秘书特里基出席在埃及举行的中非合作论坛第四届部长级会议。

2010年3月，中共中央政治局委员、全国人大副委员长王兆国访突，分别会见众议长迈巴扎、突总理格努希、参议长卡拉勒和外交部长马尔坚。4月，中国人民银行副行长马德伦、中国社会科学院常务副院长王伟光和上海市人大常委会副主任周禹鹏分别访突。突总统本·阿里、参议长卡拉勒分别致函胡锦涛主席、全国政协主席贾庆林，就中国青海玉树发生地震，造成重大人员伤亡和财产损失表示慰问。5月，突外长马尔坚来华出席中阿合作论坛第四届部长级会议。杨洁篪外长访突，会见本·阿里总统和马尔坚外长。

中突两国在国际和地区事务中有广泛共识，在联合国改革、气候变化等问题上保持了良好磋商和协调。突方继续在台湾、涉藏、涉疆等问题上给予中方宝贵支持。

2009年，中突贸易总额达8.2亿美元，同比增长4%。其中，中方出口额7.1亿美元，同比增长2.1%，进口额1.1亿美元，同比增长19.1%。2010年1~3月，中突贸易总额达2.9亿美元，同比增长55.9%。其中，中方出口额2.4亿美元，同比增长73.1%，进口额0.5亿美元，同比增长2.7%。

中国驻突尼斯共和国大使：李蓓芬。馆址：突尼斯市多克特尔—布尔内大街22号（22，RUE DU DOCTEUR-BURNET-/TUNIS）。国家地区号：00216。电话：71780064。传真：71792631。电话：718459453、71845805（经商处）。传真：71841996（经商处）。

突尼斯驻华大使：穆罕默德·萨赫比·巴斯里（MOHAMED SAHBI BASLY）。馆址：北京市三里屯东街1号。电话：010－65322435、65322436。

【同法国的关系】 突法关系较深，经济合作密切。法国在突外贸和外资中居首位，也是突旅游业的主要客源。突是人均接受法国对外援助最多的国家，法每年向突提供约1亿欧元的援贷款。法是突军事装备的主要来源国之一，每年为突培训近百名中级军官，两国经常举行联合军事演习。2009年4月，法国总理菲永访突。

【同美国的关系】 突美关系密切，美较重视突对马格里布地区稳定的作用。2010年4月，突外长马尔坚访美。

【同欧盟国家的关系】 欧盟是突最大贸易伙伴和投资方。突同欧盟贸易占其对外贸易总额的80%。1995年7月，突同欧盟正式签署了"欧洲—地中海国家联系国协议"，并在2008年启动了突欧自由贸易区，系首个签署协议并启动自贸区建设的地中海南岸国家。2010年3月，葡萄牙总理苏格拉底访突。

【同马格里布国家的关系】 突积极推动马格里布联盟建设，重视睦邻友好，以维护周边安全。突与地区各国高层互访频繁，并建有高级别混委会。2009年2月，阿尔及利亚民族院议长本萨拉赫访突；4月，突总理格努希访摩；7月，摩众议长曼苏里访突，阿国民议会议长齐阿里访突；8月，本·阿里总统赴利比亚参加"九·一"革命40周年庆祝活动；12月，突总理格努希赴利比亚主持第22届突—利高级混委会。

【同其他阿拉伯国家的关系】 突坚持相互尊重国家主权、不干涉内政、睦邻友好、通过谈判解决阿拉伯国家间分歧的原则，同所有阿拉伯国家发展友好关系。突支持巴勒斯坦人民收复被占领土，建立以耶路撒冷为首都的国家的正义事业，巴解政治部现仍设在突。突同情伊拉克人民因制裁所遭受的苦难，向伊提供了部分人道主义援助。2009年2月，约旦首相辛哈比、卡塔尔埃米尔哈马德分别访突；5月，突总理格努希访问叙利亚。2010年3月，本·阿里总统赴利比亚出席第22届阿盟峰会；巴勒斯坦民族权力机构主席阿巴斯访突。（张华）

乌　干　达

国名　乌干达共和国（The Republic of Uganda）。

面积　241550平方公里（其中陆地面积199807平方公里，水面和沼泽地为41743平方公里）。（资料来源：乌干达统计局）。

人口　3066万（2009年）。全国约有65个民族。按语言划分，有班图人、尼罗人、尼罗—闪米特人和苏丹人四大族群。每个族群由若干民族组成。班图族群占总人口的2/3以上，包括巴干达（占总人口的18%）、巴尼安科莱（占总人口的16%）、巴基加和巴索加等20个民族。尼罗族群包括兰吉、阿乔利等5个民族。尼罗—闪米特族群包括伊泰索、卡拉莫琼等7个民族。苏丹族群包括卢格巴拉、马迪等4个民族。官方语言为英语和斯瓦希里语，通用卢干达语等地方语言。居民主要信奉天主教（占总人口45%）、基督教新教（40%）、伊斯兰教（11%），其余信奉东正教和原始拜物教。

首都　坎帕拉（Kampala），人口153万。年平均气温23℃左右，4、5、9、10月份为雨季，其余为旱季。

国家元首　总统约韦里·卡古塔·穆塞韦尼（Yoweri Kaguta Museveni），1986年1月武装夺取政权，并出任总统。1996年5月成为民选总统，2001年3月和2006年2月两次蝉联。

重要节日　独立日：10月9日；抵抗运动胜利日：1月26日；建军节：2月6日。

简　况

位于非洲东部、地跨赤道的内陆国。东邻肯尼亚，南与坦桑尼亚和卢旺达交界，西与刚果民主共和国接壤，北与苏丹毗连。境内多为海拔1200米左右的高原，丘陵连绵、山地平缓。东非大裂谷的西支纵贯西部，谷底湖泊众多。南部拥有非洲最大的淡水湖—维多利亚湖（面积约6.7万平方公里）近一半的水域，为著名的尼罗河源头之一。属热带草原气候，年平均气温22℃左右，气候温和、雨量充沛。

公元1000年，地处乌南部的布干达地区就建立了王国。19世纪中叶，布干达王国成为东非地区最强盛的国家。1850年后，阿拉伯商人和英国、德国殖民主义者相继进入布干达，布境内爆发了基督教、天主教和伊斯兰教信徒间的连年战争，布干达王国迅速衰落。1890年，英、德签订瓜分东非协议，布干达划为英势力范围。1894年6月，英宣布布干达为其“保护国”。1896年，英将“保护国”范围扩展到乌全境，并于1907年在乌设总督。

1962年10月9日，乌宣布独立，保留布干达等4个自治王国，成立乌干达联邦，仍留在英联邦内。1963年10月，乌修改宪法，取消英派驻乌的总督，由布干达国王穆特萨二世任总统。1966年4月，奥博特任总统。1967年9月，废除封建王国和联邦制，建立乌干达共和国。1971年1月，阿明发动政变，同年3月就任总统。1979年4月乌全国解放军攻占首都，卢莱、比奈萨、穆万加先后担任总统或国家元首。1980年12月，奥博特在大选中获胜，再度出任总统。1985年7月，奥凯洛发动政变，推翻奥博特政权，并出任国家元首。1986年1月25日，全国抵抗军攻占首都，推翻奥凯洛军政权，29日，穆塞韦尼就任总统。

政　治

自1986年穆塞韦尼执政后，结束了乌连年内战的混乱状态，建立并逐步完善以乌干达全国抵抗运动（1995年后更名为乌干达全国运动，2003年改为全国抵抗运动组织，以下简称“运动”）为核心的独特的“运动制”政治体制（为乌特有的一种党政合一的政治制度，它包容各政党、民族、教派和各界人士，允许政党存在但限制其活动），力促民族和解，化解宗教矛盾，组成了以“运动”为主，兼顾各方利益的基础广泛的联合政府，政局日趋稳定。

2005年，乌政治体制发生重大转变。7月，通过全民公决改行多党制，并通过以取消总统任期限制为主要内容的宪法修正案。11月，“运动”全国代表大会选举穆塞韦尼为“运动”主席和总统候选人参加2006年乌总统选举。2006年2月23日，乌举行首次多党大选。25日，全国选举委员会宣布穆塞韦尼以59.28%的支持率再次当选总统。6月新政府组成，保留了包括副总统、总理在内的主要内阁成员。新政府的工作重点包括惩治腐败、发展经济、促进东非联邦建设等。目前，乌政局基本稳定。

【宪法】1995年10月8日正式颁布实施新宪法，2005年11月修改。规定总统由直接选举产生，任期5年，无任期限制；议会有权弹劾总统和罢免不称职的部长，总统的重大任命、决定和签署重要条约均应先经议会批准；成立由部分内阁成员和议员组成的国务委员会，负责解决政府与议会之间的矛盾，出现政治危机时充当总统顾问，并代表议会批准总统的任命。

【议会】1986年抵运政府成立后，由“全国抵抗运动委员会”代行临时议会职能。根据1995年新宪法，乌于1996年6月选举产生新的国民议会，运动制拥护者获议会多数席位。2006年，乌干达进行第三次议会选举，运动制拥护者再获多数议席。议会共设332席，其中包括215名直选议员、79名地区妇女代表、10名军队代表、5名残疾人代表、5名工人代表、5名青年代表和13名当然委员。议长爱德华·塞坎迪（Edward Ssekandi），2001年7月就任，2006年5月连任。

【政府】本届政府于2006年6月成立。2009年2月穆塞韦尼总统对内阁进行了改组。改组后的内阁主要成员有：总统约韦里·卡古塔·穆塞韦尼，副总统吉尔伯特·巴利巴塞卡·布凯尼亚（Gilbert Balibaseka Bukenya），总理阿波罗·罗宾·恩西班比（Apollo Robin Nsibambi），第一副总理兼东非事务部长埃里亚·卡特加亚（Eriya Kategaya），第二副总理兼公职部长亨利·卡朱拉（Henry Kajura），第三副总理兼内政部长基伦达·基韦金贾（Kirunda Kivejinja），总统事务部长比阿特丽斯·瓦布德亚（Beatrice Wabudeya，女），总理办公室总务部长珍妮特·穆夸亚（Janet Mukwaya，女），外交部长萨姆·库泰萨（Sam Kutesa），国防部长克里斯珀斯·基永加（Crispus Kiyonga），安全部长阿马马·姆巴巴齐（Amama Mbabazi），财政与经济计划部长西达·本巴（Sydda Bbumba，女），工程与交通部长约翰·纳萨西拉（John Nasasira），能源和矿业部长奥尼克·希拉里（Onck Hilary），教育和体育部长纳米伦比·比塔马齐雷（Namirembe Bitamazire，女），司法和宪法事务部长兼总检察长基杜·马库布亚（Kiddu Makubuya），农林渔业部长霍普·姆韦西杰（Hope Mwesigye，女），防灾减灾部长塔西斯·卡布韦盖雷（Tarsis Kabwegyere），性别、劳工和社会事务部长奥皮奥·加布里埃尔（Opio Gabriel），贸易与工业部长卡欣达·奥塔菲雷（Kahinda Otafilre），水利与环境部长玛丽亚·穆塔甘巴（Maria Mutagambe，女），土地、住房与都市开发部长奥马拉·阿图博（Omara Atubo），卫生部长斯蒂芬·马林加（Stephen Malinga），通讯与信息通讯技术部长阿格雷·阿沃里（Aggrey Awori），地方政府部长阿道夫·姆韦西杰（Adolf Mwesige），不管部长多萝西·希乌哈（Dorothy Hyuha，女）。

【行政区划】乌现有80个地区（District）。2009年12月，议会批准增设17个地区，经总统确认后，地区总数将达97个。

【司法机构】全国设高等法院、上诉法院和地方法院。政府设司法和宪法事务部长。首席法官本杰明·奥多基（Benjamin Odoki）。

【政党】现有30多个注册政党，主要有：

（1）全国抵抗运动组织（The National Resistance Movement Organization—NRMO）：简称“运动”，执政党。1981年6月，穆塞韦尼创建反政府组织“全国抵抗运动”，其军事组织为“全国抵抗军”，政治组织为“全国抵抗运动委员会”，下设各级基层委员会。1986年1月“运动”夺取全国政权，全国抵委会代行议会职能，各级抵委会取代各级地方行政机构，“运动制”在全国确立。1995年9月，乌制宪议会通过新宪法，规定“运动制”延续到2000年，每五年举行一次全民公决，由全体人民就继续实行“运动制”还是改行多党制作出选择。1996年6月，乌选举产生国民议会，取代全国抵委会的议会职能。2000年6月，乌举行全民公决，决定保留“运动制”。2005年7月，乌全民公决决定弃“运动制”改行多党制。至此，在乌实行近20年的“运动制”宣告退出历史舞台，“运动”遂转变为政党。

“运动”的政治纲领通常被称为“十大纲领”，由穆塞韦尼制定，1984年7月颁布，其宗旨是：建立人民民主制度；恢复和保障人身及合法财产的安全；加强民族团结和消除一切形式的宗派主义；捍卫和巩固民族独立；建立一个独立、一体化、能自我生存的国民经济；恢复和改善社会公益设施，重建被战争破坏的地区；消除腐败和滥用职权；安置无家可归者和改善人民生活；与其他非洲国家携手合作，捍卫非洲人民的民主权利和建立混合经济体制。1999年4月，“运动”全国执委会在原有“十大纲领”基础上补充了环境保护、就业、扶贫等纲要，使之扩充为“十五大纲领”。

（2）民主变革论坛（The Forum for Democratic Change）：由原改革议程组织、议会鼓动论坛和全国民主论坛于2004年8月8日合并组成，简称“论坛”，最大反对党。口号是“一个国家、一个民族”。该党吸收了乌前第一副总理兼内政部长卡泰加亚、前军队司令蒙图、前国外安全局长普科尔等曾居运动政府要职的运动元老和重量级政客，并推举贝西杰为其临时执委会主席。2006年2月贝在乌首次多党大选中获得37.36%的支持票。

（3）民主党（The Democratic Party）：反对党，成立于1956年，受天主教派支持，在巴干达族和城市工商界中影响较大，在国际上得到英、美、德、梵蒂冈等西方国家青睐。1961年在大选中获胜，组成第一届乌干达自治政府。翌年在议会选举中败给人大党与卡巴卡耶卡党的联盟。1969年12月被人大党政府取缔。1973年，该党宣传书记保罗·塞莫格雷雷流亡美国，在美重建民主党。后该党加入乌全国解放阵线并参加了阿明下台后的历届政府。1992年5月在坎帕拉等地开始陆续重建支部并恢复活动。信奉自由资本主义，主张议会民主；抨击“运动制”为一党专制，呼吁实行多党民主，并抵制了2000年6月举行的乌政体全民公决。现任总裁坎帕拉市长塞巴纳作为该党候选人参加了2006年2月大选，获1.58%的支持票。

（4）乌干达人民大会党（The Uganda People's Congress）：简称人大党，反对党。创建于1960年3月，由以奥博特为首的乌国民大会党激进派同民族进步党、乌干达人民联盟党合并而成。1964～1971年和1980～1985年，人大党两次成为执政党，奥博特两度出任总统。1986年1月“运动”执政后，该党部分领导人以个人身份参加了“运动”政府。该党总体对“运动”政府采取不合作态度，并抵制了2000年6月的政体全民公决。现任总裁、前总统奥博特夫人米瑞娅·奥博特作为该党候选人参加了2006年2月大选，获0.82%支持票。

（5）保守党（The Conservative Party）：原名卡巴卡耶卡党，成立于1960年9月，1980年5月改为现名。1962年，该党与人大党联手参加大选获胜，布干达国王穆特萨二世出任总统。1964年，该党被人大党排挤出内阁，穆特萨流亡英国。代表布干达封建酋长和王室贵族利益，反对政府集权，主张建立联邦，恢复保障联邦制的1962年宪法，实行多党制与议会上下两院制，但采取与“运动”政府合作的态度。现任主席约翰·肯·卢克雅木齐（John Ken Lukyamuzi）。

【主要反政府武装】（1）上帝抵抗军（Lord's Resistance Army，简称 LRA）。1987 年初，一名自称艾丽丝·拉奎娜（Alice Lakwena）的女巫聚集起五六千人，打出“圣灵运动”（The Holy Spirit Movement—HSM）的旗号，活动于乌北部地区。后在政府军围剿下，拉奎娜逃往肯尼亚。1989 年后，“圣灵抵抗军”的残余分子由拉奎娜之弟约瑟夫·科尼（Joseph Kony）领导的乌干达人民民主军（UPDA）残部所吸收，改称“上帝抵抗军”，驻扎在苏丹南部、刚果（金）东部地区，在乌北部地区继续作乱，扰乱社会治安。乌政府自 1993 年起开始了对上帝抵抗军的清剿。2002 年 3 月以来，在苏丹政府的配合下，乌军进入苏南部对“上帝抵抗军”进行大规模围剿，北部安全形势得到较大改观。2006 年 7 月起，乌军与上帝抵抗军开始了时断时续的和谈，双方于 2006 年 8 月 26 日签署了 20 年来首个正式协议——《停止敌对状态协议》，但谈判双方在很多议题上仍存在分歧，和谈进程面临不少障碍。2007 年，和谈形势趋于好转，乌政府军先后与上帝抵抗军签署新的停火协定和《责任与和解协议》，上帝抵抗军还首次派团赴首都谈判，乌北部安全形势继续改善。2008 年 3 月 26 日双方签署了《监督与实施协议》，谈判正式结束。但科尼以国际刑事法院未解除对其通缉、人身安全缺乏保障为由，拒绝签署《最终和平协议》。2008 年 12 月，乌军与刚果（金）、苏丹南方军队对上帝抵抗军采取联合军事行动，重创上帝抵抗军，其残余势力逃窜至中非共和国，已不再对乌北部构成威胁。

（2）民主同盟军（Allied Democratic Forces—ADF）：其成员多为青年穆斯林极端主义者，声称要从运动制下解放全国并建立伊斯兰国家。领导人姆波扎（Mpoza），原为政府军一名副营长。1997 年乌支持卡比拉推翻蒙博托后，与刚果（金）政府达成谅解，刚果（金）协助乌军在两国边境共同围剿 ADF，ADF 遭毁灭性打击。1998 年，乌以追剿西部叛匪为名出兵刚果（金）东部，刚果（金）政府予以强烈谴责。ADF 活动一度又趋活跃，以刚果（金）东部地区为依托，频频袭击乌西部有关地区，使乌西部地区安全受到严重威胁。后乌政府军占领刚东部地区，获得较大战略纵深，切断了 ADF 的补给线，但 ADF 仍不时对乌西部地区进行袭击。

【重要人物】约韦里·卡古塔·穆塞韦尼：总统兼武装部队总司令、全国运动主席。1944 年出生，巴尼安科莱人。1966～1969 年在坦桑尼亚达累斯萨拉姆大学攻读政治经济学，获学士学位。1970 年回国后任奥博特总统府研究助理秘书。1971 年阿明上台后流亡坦桑，参加反对阿明的斗争。1979 年阿明被推翻后任全国解放阵线执委兼军委会副主席，历任国防国务部长、国防部长和地区合作部长等职。1980 年创建“乌干达爱国运动”。1981 年 6 月，穆与卢莱共同创建“乌干达全国抵抗运动”，先后任副主席、临时主席、主席。1986 年 1 月推翻奥凯洛军政府，就任总统兼国防部长、武装部队总司令。1996 年 5 月在乌首次全民大选中当选总统，2001 年 3 月蝉联，2006 年 2 月再次连任。曾于 1989 年、1996 年和 2004 年三次访华，2006 年 11 月来华出席中非合作论坛北京峰会。已婚，有三女一子。

经　济

自然条件较好，土地肥沃，雨量充沛，气候适宜。农牧业在国民经济中占主导地位，分别占国内生产总值的 70% 和出口收入的 95%，粮食自给有余。工业落后，企业数量少、设备差、开工率低。对外贸易在国民经济中占重要地位。

是联合国公布的世界最不发达国家之一。由于连年战乱，经济一度濒临崩溃。1986 年“运动”执政后，实行务实、稳妥的经济发展政策，积极进行结构调整，优先发展农业，整顿国营企业，扶植私人经济，推行自由贸易等措施。自 1991 年以来，经济年均增长 6.4%，近年更是超过 8%。受国际金融危机影响，乌棉花、鱼类、咖啡等传统支柱产业出口萎缩，经济增速下滑。2009 年主要经济数据如下（数据来自 2010 年《经济季评》）：

国内生产总值：167.2 亿美元。

人均国内生产总值：511 美元。

国内生产总值增长率：6.6%。

通货膨胀率：13.1%。

外债：25.8 亿美元。

外汇储备：30.4 亿美元。

货币名称：乌干达先令。

汇率：1 美元 = 2039 乌干达先令。

【资源】已探明矿产资源有：铜、锡、钨、绿柱石、铁、金、石棉、石灰石和磷酸盐等。近期在西部阿尔伯特湖区发现了储量丰富的石油资源。森林覆盖率为 12%，产硬质木材。水产资源丰富，维多利亚湖是世界上最大的淡水鱼产地之一。水力发电潜力约 2000 兆瓦。

【工业】工业落后。主要工业部门有建筑、食品、饮料、烟草、钢铁、五金、金属矿产、纺织、服装、皮革及制鞋等。企业数量少，规模小，设备差且使用率较低。为吸引外资发展工业，“运动”政府于 1991 年成立投资局，迄已吸引 2000 余家外资企业赴乌投资，实际投资额超过 25 亿美元。乌政府大力推行私有化政策，目前已有 122 家国有企业实现私有化，尚有 36 家国企待出售。2008/2009 财年，工业产值 72140 亿先令，占国内生产总值的 24.2%。

【农业】农牧业在整个国民经济中居主导地位，

农业人口约占全国人口的80%。粮食自给有余。全国可耕地面积占陆地总面积的42%，已耕地面积500万公顷。主要粮食作物有饭蕉、小米、木薯、玉米、高粱、水稻等。主要经济作物有咖啡、棉花、烟草、茶叶等。2008/2009财年，农林牧渔业产值70550亿先令，占国内生产总值的23.7%。

【渔业】乌河流湖泊面积36902.6平方公里，渔业资源较丰富。渔业是乌经济的一个重要组成部分，渔产品是乌重要出口产品，2008年出口创汇1.24亿美元。2008/2009财年，渔业产值8500亿先令。

【旅游业】20世纪60~70年代初，旅游业是仅次于咖啡和棉花的第三大创汇产业。但此后连年不断的内战使旅游业遭到严重破坏。“运动”执政后，随着国内局势日益稳定，旅游设施逐步恢复，旅游业得以复兴。1992~1996年，旅游业产值年均增长18%。1998年，外国游客达25万人次，旅游收入1.25亿美元，旅游业产值已占国内生产总值的4.5%，成为仅次于咖啡的第二大出口创汇来源。1999年以来，因受治安问题及“9·11”事件影响，赴乌旅游人数有所下降。2002年后旅游业恢复较快，2008年外国游客达84.4万人次。主要旅游点有尼罗河源头、伊丽莎白国家公园和基代坡河谷国家公园等。

【交通运输】乌为内陆国家，90%以上的进出口物资经肯尼亚的蒙巴萨港。国内运输以公路为主。2008/2009财年，交通运输产值10080亿先令，占GDP的3.37%。据乌官方统计，近年运输情况如下：

公路：总长约25632公里，其中柏油路3098公里，砂砾路为7867公里，其余为土路。2008年机动车保有量470488辆。

铁路：总长1241公里。自1997年以来，铁路客运停止运营，但铁路运输仍为乌进出口货物的一种方式。货物运输量2005年达185559吨公里。

空运：2008年客运量为99.8万人次，货运量68.6万吨。

【财政金融】乌财政来源主要有三个方面：税收、国外援助和出口。2005年初乌对税务局进行了改革，改进了管理效率，增强了直接税收。2008/2009财年，乌财政收入45920亿先令，总支出49370亿先令。教育、道路建设和安全支出是政府支出中的三大项目。

据乌官方统计，近年财政收支状况如下（单位：10亿乌先令）：

	2006/2007	2007/2008	2008/2009
财政收入	3810	3898	4592
财政支出	3488	3692	4937
盈　余	322	206	-345

【对外贸易】在国民经济中占重要地位，近年来进出口额总体呈增长趋势。2008年，乌对外贸易总额为62.5亿美元，其中出口额17.2亿美元，进口额45.3亿美元。其中，咖啡、渔产品、烟草、玉米、花卉、皮革出口创汇分别达4.03亿、1.24亿、6650万、2382万、2278万、1811万美元。乌主要进口商品有：成品油、汽车、钢铁、电讯和声像设备、医疗设备和药品等。

【外国资本】乌投资局极力吸引外资，将外资集中引入到园艺、食品加工、纺织和包装业等领域。至2010年初，乌方已批准358个外资投资项目，计划投资金额约16亿美元。

【外国援助】“运动”执政后，乌政局稳定，经济情况不断好转。尤其是乌政府接受国际货币基金组织和世界银行提出的经济结构调整方案后，乌外援不断增加，美、英等西方国家将乌列为对非重点援助国。近年来，乌商业环境改善显著，得到国际社会青睐，外援大幅增长。外援中，多边援助主要来自世界银行、国际货币基金组织、联合国开发计划署和欧盟，双边援助主要来自美国、英国、德国、丹麦和荷兰。2008/2009财年，乌所获外援总额5.1亿美元，比上年度增长34.7%。

人民生活

乌人口年均增长率为3.3%。2005年，人均预期寿命51.59岁。出生率47.39‰，死亡率12.8‰，净外迁率1.49‰，每个妇女平均生育6.74个孩子。

近20年来，乌医疗卫生事业取得长足进步，人民生活逐步改善。1986年至2008年间，婴儿死亡率从1986年122‰降至76‰；孕妇死亡率从9‰降至4‰；医患比例从1:2300提高到1:1500；在政府医院和诊所工作的医务人员从30人增加到1100人。近年来，乌成人艾滋病感染率已下降至6%。乌传染病风险较高，乡村地区儿童大多营养不良。2000年10月，乌北部古卢地区爆发埃博拉疫病，数百人感染，100多人死亡。

军　事

“乌干达人民国防军”创建于1981年2月，当时称“全国抵抗军”，后称“乌干达人民抵抗力量”，抵运执政后改为政府军。1995年1月起用现名。1987年组建空军。军队统帅为穆塞韦尼总统，现任乌军总司令阿隆达·尼亚凯里马（Aronda Nyakairima）。

根据乌政府与西方国家的有关协议，乌每年军费开支占国内生产总值的2%以内，乌军费紧缺。

文化教育

【教育】实行英国教育体制：小学7年，初中4年，高中2年。麦克雷雷大学为乌最高学府，始建于1937年，目前在校本科生约3.5万名，研究生约3000名。此外还有姆巴莱伊斯兰大学、姆巴拉拉科技大学、东非基督教大学、乌干达烈士大学等20余所大学。全国10岁以上人口识字率70%。自1997年起实行免费教育制度，政府为全国每户四个孩子提供免费小学教育。2008年小学校达到14179所，教师13.1万名，在校生747万人；初中1907所，教师40352名，初中在校生83万人。政府争取在2015年使所有适龄儿童都能接受并完成小学和初中教育，使乌成为非洲第一个普及初中教育的国家。

【新闻出版】 共有10余种用英语和卢干达语出版的全国和地区性报刊，发行总量约10万余份。主要报刊：《新观察报》，唯一的官方英文日报，1986年5月创刊，其前身为奥博特第二届政府时期的官方《镜报》，现为日报，发行量约4万份；《警戒者报》，私营英文报纸，1992年创刊，现为日报，发行量约3.8万份；《友人报》，卢干达语日报，1911年创刊，是乌历史最久的报纸，原为天主教报纸，后由“友人”出版公司经营；《东非人报》，英文周报，1994年11月首次发行，在坦桑尼亚、肯尼亚和乌干达同时出版。

乌干达通讯社为国家新闻机构，设有地球卫星转播站。2005年11月，乌干达新闻部成立乌干达广播公司取代该通讯社。

乌现有四家广播电台，其中三家为私人电台。国家广播电台设有中、短、调频等波段，以英语、斯瓦希里语播音为主，另有卢干达语等30个部族语言的广播。2005年与乌干达电视台一起归乌干达广播公司管理，并改称“乌干达广播公司电台”。

乌干达电视台在6个乡镇设有转播台，覆盖全国。

对外关系

奉行独立自主和不结盟的外交政策，主张在平等互惠的基础上同各种社会制度的国家发展关系。强调外交为经济建设服务。注重发展与西方国家关系，但反对西方干涉其内政。倡导非洲联合振兴，积极参与地区事务，致力于推动地区合作及经济一体化。是英联邦、不结盟运动、非洲联盟、东非共同体（EAC）、东南非共同市场（COMESA）和政府间发展组织（IGAD）等地区和次地区组织成员国。

【同中国的关系】 1962年10月18日中乌建交。建交以来，两国一直保持友好关系。1986年乌干达“全国抵抗运动”执政后，中乌关系发展进入了新阶段，双方在政治、经济、文化等各领域的交流与合作日益深化，同时两国在许多重大国际问题上持相同立场，在众多国际事务中相互支持。

2009年11月，温家宝总理在中非合作论坛第四届部长级会议期间在埃及沙姆沙伊赫会见乌总统穆塞韦尼，双方就深化各领域交流合作进行了深入讨论，达成广泛共识。同年，杨洁篪外长、商务部崇泉部长助理先后访乌。乌安全部长姆巴巴齐、外交部常秘穆古梅、副总统布凯尼亚先后访华。

2009年经贸合作继续取得新进展。两国贸易额2.51亿美元，同比增长1.7%，其中中方出口额2.31亿美元，进口额2000万美元。

2005年4月，两国签署《关于中国公民自费旅游实施方案的谅解备忘录》。

中国驻乌干达大使：孙和平。馆址：37，Malcolm X Avenue，Kololo，Kampala。电话：259881，236895；传真：235087。商务处电话：220232，220572；传真：220379。地区号：00256－414。

乌干达驻华大使：查尔斯·马迪博·瓦吉多索（Madibo Charles Wagidoso）。馆址：北京市三里屯东街5号。电话：010－65321708。传真：65322242。

【同美国的关系】 乌、美两国关系密切。乌每年从美获得各种援助约1.4亿美元，系撒哈拉以南非洲国家中接受美援最多的国家之一，亦是美《非洲增长和机遇法》受惠国之一。乌支持由美国领导的国际反恐行动，美国亦将乌国内两支反政府武装——上帝抵抗军和民主同盟军列为恐怖组织。2003年6月，穆塞韦尼访美，会见了布什总统，双方签订了乌不将美国公民引渡给国际法庭的《国际刑事法庭豁免协定》，美宣布将乌列为首批享受美国150亿美元艾滋病专项基金的非洲国家之一。2003年7月，美国总统布什访问乌干达，双方就地区及国际形势等进行了讨论。2003年11月，穆塞韦尼总统对美进行工作访问。2004年6月，穆塞韦尼总统赴美出席八国集团首脑会议的非洲问题对话会，并出席了前总统里根的葬礼。9月，穆塞韦尼总统赴美出席乌干达北美协会组织的年度侨民大会，接受华盛顿州荣誉国民称号。2005年7月，美国宣布向乌提供120万美元，用于帮助提高乌边境关口的安全，堵击恐怖分子越境活动。2007年10月，穆塞韦尼访美，会见布什总统，就乌国内安全形势、经贸合作、防疟和艾滋病等问题交换了意见。

【同英国的关系】 英为乌前宗主国，对乌有传统影响，两国关系一直友好。穆塞韦尼总统曾多次访英。英每年向乌提供约6000万美元援助和200多名奖学金名额。1999年12月，英宣布免除乌2250万美元债务。2004年12月，英宣布向乌提供2.57亿美元无偿援助。2005年，英国政府以乌政治过渡进程缺乏透明和民主为由，宣布暂停对乌的500万英镑援助（170亿先令）。但英对乌的援助项目、人道主义救援等方面的实际投入仍在增加。2007年11月，第36届英联邦政府首脑会议在乌首都坎帕拉召开，英国女王伊丽莎白二世对乌进行了国事访问。

【同法国的关系】 “运动”政府执政以来，乌、法关系发展较快。法为乌经济复兴计划、医疗卫生、采矿业和供水工程等提供了大量援助。1992年卢旺达内战爆发后，法因乌插手卢内战曾一度中止对乌援助。1997年，法对乌干涉前扎伊尔内政表示不满。1998年法公开谴责乌出兵刚果（金）。为缓和与法国的矛盾，改善双边关系，穆塞韦尼总统2001年和

2002年多次访法，法国外长等官员也多次访乌，双边关系得以快速改善和发展。目前，法是乌重要援助国和乌产品重要出口市场。

【同苏丹的关系】乌苏关系曾长期不睦，两国相互指责对方支持各自国内的反对派。1995年4月乌宣布与苏断交。2001年6月，两国宣布恢复代办级外交关系。2002年初，穆塞韦尼总统访苏，两国签署边界和安全协议，苏方允许乌军进入苏丹打击上帝抵抗军，乌政府也宣布不再支持苏人解，并劝说该组织与苏政府达成和平协议。同年，两国正式恢复大使级外交关系。2005年7月，穆塞韦尼出席了在苏丹首都喀土穆举行的南部苏丹人民解放运动领导人加朗出任苏丹第一副总统的就职仪式。同月30日晚，加朗在结束访乌乘穆塞韦尼总统专用直升机返苏途中遇难，乌全国降半旗哀悼三日。2006年，穆塞韦尼与苏南方自治政府主席基尔实现互访。近年来，乌与苏丹南方政府关系密切，基尔主席多次访乌。

【同刚果（金）的关系】1997年，乌曾支持洛朗·卡比拉推翻前扎伊尔蒙博托政权，乌同刚果（金）关系一度十分密切。后来乌指责卡庇护乌反政府武装，两国关系恶化。1998年8月，乌支持刚反对派与政府开战，并直接出兵参战。1999年7、8月间，刚冲突各方签署卢萨卡停火协议后，刚问题转入政治解决阶段。2001年10月，乌开始撤出驻刚军队，并于2002年9月恢复与刚的外交关系。2003年2月，穆塞韦尼总统和刚总统约瑟夫·卡比拉会晤，决定增设伊图里和平委员会，以便在乌从该地区撤军后维护该地区和平与安全。4月，乌、刚和卢旺达总统在南非首都比勒陀利亚举行刚果（金）和平进程地区峰会。5月，乌完成从刚全部撤军。10月，刚地区合作部长访乌，双方决定实现关系正常化，互派大使，并承诺加强安全合作，不准对方的反政府武装在各自领土上活动。11月，两国总统同意就刚指控乌对其进行武装入侵而上诉国际法院案达成庭外和解。2004年5月，两国民航局签署谅解备忘录，决定恢复自1998年以来中断的商业航班。2006年4月，刚果（金）指责乌驻刚果（金）大使曾参与掠夺刚东部资源，乌随即召回驻刚果（金）大使，拟新派的大使则未得到刚认可，而刚也不愿向乌派出大使。2007年3月以来，乌多次要求刚果（金）对清剿其境内的乌反政府武装予以配合。9月，两国总统在坦桑尼亚进行会谈，签署了涉及双边安全、外交和经济合作等领域的多个协议，同意尽快恢复两国大使级外交关系。12月，两国外长签署联合公报，决定全面恢复外交关系。2008年12月至2009年3月，乌干达、刚果（金）和苏丹三方对盘踞在刚果（金）贾兰巴公园的上帝抵抗军予以毁灭性打击，科尼率残部逃窜至中非共和国。2009年3月，穆塞韦尼总统和卡比拉总统在乌刚边境会晤。8月，两国互派大使，双边关系全面恢复。

【同肯尼亚和坦桑尼亚的关系】乌与肯尼亚、坦桑尼亚关系良好，肯盟巴萨港和坦达累斯萨拉姆港是乌货物主要进出口港。肯是乌最大贸易伙伴和主要投资来源地之一。三国是东非共同体创始国，并在此基础上于2005年建立关税同盟，计划2013年成立东非联邦。

【同卢旺达的关系】1994年乌支持卢旺达爱国阵线夺取卢政权后，乌卢关系十分密切。1997年两国共同支持洛朗·卡比拉推翻蒙博托政权，1998年又联合支持刚果（金）反政府武装并出兵刚。但1999年8月后，双方在刚问题上分歧加剧，两国军队曾3次在刚东部发生冲突，致使关系恶化。2001年11月以来，双边关系趋缓。2003年9月，乌总统穆塞韦尼出席卢总统卡加梅的就职典礼。2004年1月，两国总统在伦敦会晤。2月，乌内务部长访卢，同卢方举行第二届两国政府间联合委员会会议。2005年9月29日，两国就遣返在乌的25000多名卢难民进行了商谈。目前，两国关系基本平稳。（孟建华）

西撒哈拉

名称　西撒哈拉（Western Sahara）。

面积　266000平方公里。

人口　27万（2005年）。居民为阿拉伯人和柏柏尔人。通用阿拉伯语和西班牙语。信奉伊斯兰教。

首府　阿尤恩（Laayoune）。

简　况

位于非洲西北部。北接摩洛哥，东、南邻阿尔及利亚和毛里塔尼亚，西濒大西洋，海岸线长约900公里。境内大部分为沙漠和半沙漠地带，属热带沙漠气候。西部沿海气候湿润，东部高原气候干燥。内陆日平均温差11℃～14℃。

公元7世纪，阿拉伯人进入该地区。15世纪中叶，葡萄牙人入侵。19世纪，西班牙人入侵，1886年将西撒划为“保护地”，1958年改划为海外省。西班牙的殖民统治遭到阿尔及利亚、摩洛哥和毛里塔尼亚的反对。1973年5月，萨基亚哈姆拉和里奥德奥罗人民解放阵线（简称西撒人阵或波利萨里奥阵线）宣布成立，决定通过武装斗争争取西撒独立。1975

年11月，摩组织“绿色进军”，35万名志愿者开进西撒。同月，西、摩、毛签订《马德里协议》，规定西于1976年2月26日撤离西撒。摩、毛随即签订分治西撒协定，摩控制北部17万平方公里，毛控制南部9万平方公里。阿谴责摩、毛分治西撒，西撒人阵于1976年2月27日宣布成立“阿拉伯撒哈拉民主共和国”（简称“西撒国”）。此后，摩、毛同西撒人阵之间的武装冲突不断。1979年8月，毛放弃对西撒的领土要求，退出西撒战争。摩遂控制原毛占区，并不断向西撒腹地推进。至1987年，摩几乎控制了西撒全部领土。与此同时，摩在西撒建立起6道总长2720公里的防御墙，派驻数万军队并设立行政管理机构。

政　治

自20世纪70年代以来，非统组织和联合国为和平解决西撒争端进行了积极斡旋，并通过多项决议，但均未取得任何效果。1984年11月，第20届非统首脑会议接纳“西撒国”为成员国，摩洛哥因此宣布退出非统组织。1989年6月，联合国秘书长德奎利亚尔提出解决西撒争端的和平计划，主要内容是：任命一位秘书长个人特使，全权负责在西撒组织公民投票；成立“联合国西撒哈拉公民投票特派团”，包括民事、军事和治安三个小组，负责监督停火，组织公民投票。该计划得到摩与西撒人阵的积极响应。1990年6月，安理会批准了该计划。

1991年联合国安理会通过在西撒地区举行公民投票以确定其归属的690号决议，即《解决计划》。决议规定：自联合国通过特派团预算之日起16周内，宣布在西撒停火；停火后第20周举行公投。9月5日，联合国特派团进驻西撒。9月6日，摩与西撒宣布正式停火，结束了长达16年之久的系撒战争。西撒公投原定于1992年初举行，但因摩在公投问题上立场变化，冲突双方在确定选民资格问题上出现严重分歧，《解决计划》的执行屡陷僵局，联合国驻西撒特派团任期一延再延。

2001年6月，联合国秘书长及其西撒问题个人特使、美国前国务卿贝克提出《框架协议》草案，核心内容是：西撒最终地位由当地居民在协定执行5年内举行公投决定，此前西撒享有高度自治，但外交、国防、安全由摩负责，参加拟议公投的选民必须在投票前一年全年在西撒居住。《框架协议》草案遭到西撒人阵与阿尔及利亚的强烈反对。2003年初，贝克提出《和平计划》草案，7月，提出该计划修正案，主要内容是：自《和平计划》签署生效起4～5年期间举行全民公决，决定西撒是独立、并入摩还是继续实行权力分治。公决前由西撒行政当局行驶管辖权，摩在外交、国家安全、领土完整等方面对西撒拥有绝对权力。人阵和阿均未表异议，摩表示反对。

2004年6月，贝克辞去秘书长西撒问题个人特使职务。2005年7月，联合国秘书长安南任命荷兰籍人士范瓦尔苏姆为其西撒问题个人特使。2005年8月，在美调解下，被西撒人阵关押的最后一批摩战俘404人获释。2006年3月，摩国王穆罕默德六世访问西撒首府阿尤恩。

2006年10月，阿尔及利亚等国在61届联合国大会非殖民化委员会（四委）提出关于西撒问题的草案，主张在联合国关于通过举行公投决定西撒归属的有关决议基础上解决西撒问题，并在四委经表决通过。12月，第61届联大核准该决议。

2006年底，摩洛哥提出“西撒自治新方案”，其原则是在西撒地区主权属摩的情况下实行高度自治。2007年2月，摩国王派遣特使遍访安理会常任理事国和摩传统关系国，就西撒自治新方案进行游说，争取支持。阿尔及利亚和西撒人阵随即发表声明，表示“坚决反对任何企图抛弃联合国框架、背离民族自决原则的西撒问题解决方案”。4月11日，摩方正式向安理会提交了“关于谈判西撒地区自治法的倡议”。4月30日，经各方妥协，联合国安理会一致通过了1754号决议。该决议欢迎摩近来为解决西撒问题所作的努力，确认西撒人民的自决权，并鼓励当事方进行不设条件的谈判。摩、阿和西撒人阵最终均表示接受。

2007年6月、8月，2008年1月、3月，在联合国秘书长个人特使范瓦尔苏姆主持下，摩洛哥与西撒人阵在纽约举行了四轮直接谈判。谈判中，摩方坚持西撒主权属摩，认为其方案是解决冲突的唯一现实和不可分割的解决办法。西撒人阵则坚持前任秘书长个人特使贝克提出的“和平计划”有关原则，要求根据民族自决原则就西撒最终地位举行公投。由于分歧太大，谈判未取得实质性进展。

2008年2月，西撒人阵召开大会，选举产生西撒民族院。摩对此强烈反对。

2009年1月，联合国秘书长任命美国外交官罗斯为其西撒问题个人特使。罗斯主张先举行由各方参加的小型非正式会谈，重建互信，寻求共识，为摩洛哥和西撒人阵举行第五轮直接谈判做准备。为此，罗斯于2月和6月访问摩洛哥、西撒、阿尔及利亚、西班牙、法国和毛里塔尼亚等地。各方均表示支持其倡议。2009年8月和2010年2月，在罗斯主持下，摩洛哥和西撒人阵代表分别在奥地利和美国举行两轮非正式会谈。会谈中，摩西（撒）双方仍坚守固有立场，均不接受以对方方案作为谈判的基础，会谈未取得进展，但双方都承诺尽快继续进行谈判。2010年3月，罗斯再次访问摩洛哥、廷杜夫地区、毛里塔尼亚和阿尔及利亚。

近年来，联合国安理会多次通过决议延长西撒特派团任期。2010年4月，安理会通过1920号决议，决定将特派团任期延至2011年4月30日。截至2010年2月28日，特派团共有224名军警人员（由29个国家派出），包括20名士兵、5名联合国警察、199名军事观察员；由约97名国际文职人员和160名当地工作人员和19名联合国志愿者支助。特派团的部队指挥官为中国籍的赵京民少将（2007年8月任命）。特派团除监督停火协议执行情况外，还肩负组织和监督公民投票的使命。

据摩洛哥官方统计，截至2009年3月共有49个国家承认"西撒国"。

经　济

磷酸盐矿藏丰富，仅布克拉一地的储量即达17亿吨，建有现代化的磷酸盐开采场。1976年发生战争后，磷酸盐生产限于停顿，1980年恢复生产。此外，还有钾、铜、石油、铁、锌等资源。

多数居民从事畜牧业，主要饲养羊和骆驼。沿海渔业资源丰富，居民以捕鱼为生。

附：

一、摩洛哥控制区

摩现实际控制西撒90%以上土地。根据1997年摩议会通过的地区法，摩在西撒设立3个地区，并建立了各级行政管理机构和地方议会、协商会议。摩十几个政党也在西撒活动，设立支部。

近年来，摩在西撒投资十几亿美元进行基础设施建设。新修和扩建公路2060公里，计划再建公路5000公里；修建住宅6000套，打井1300眼。在西撒首府阿尤恩修建了哈桑二世国际机场，有直升机40架，年客运量可达20万人次。同时还修建了14个诊所和9个康复中心，共有病床400张。

目前摩洛哥在西撒驻军以及行政人员共15万。

二、西撒人阵控制区

"阿拉伯撒哈拉民主共和国"把西撒分为五大行政区，但实际仅控制与摩洛哥、毛里塔尼亚和阿尔及利亚交界的狭窄地带，自然条件恶劣。西撒人阵难民营设在阿尔及利亚廷杜夫省境内，分四大营地，每个大营划为几个小营。各营地有学校、医院、卫生所，并进行生产活动。根据联合国难民署统计，截至2009年1月，西撒难民总数约为11.6万人，阿尔及利亚政府统计的这一数字为16.5万。

联合国难民署自1986年起向西撒难民提供援助。美国是西撒难民的最大捐助国，每年通过联合国难民署提供600万美元的捐助。　（陈瑶）

英属印度洋领地

英属印度洋领地（British Indian Ocean Territory）陆地面积60平方公里，周边水域面积54400平方公里。无首府。无常住人口。2004年，约4000名英美军事人员和民间承包商驻扎该地。通用英语。英镑和美元为通用货币。

1814年，英根据《巴黎公约》从法国手中得到查戈斯群岛（Chagos Archipelago）。该群岛位于毛里求斯东北1930公里处，后受毛里求斯总督管辖。1965年11月，英国将原塞舌尔的阿尔达布拉（Aldabra）、德罗什（Desroches）及法夸尔（Farquhar）与查戈斯群岛合并为英属印度洋领地，以满足英国和美国的防务需要。1976年6月塞舌尔独立时，阿尔达布拉、德罗什及法夸尔归还塞舌尔。此后，英属印度洋领地只剩下查戈斯群岛，包括珊瑚岛迪戈加西亚。在冷战期间，查群岛成为英美的重要军事基地。甚至在1996年和1998年美国轰炸伊拉克时，还使用该群岛为空军基地之一。最初查群岛的主要经济产业是椰子加工业，包括椰子种植园在内，都属私人公司所有。但二次大战后，椰子加工业逐渐衰落。20世纪60年代英国王室购买群岛后，不再经营种植业。岛上居民大部分迁到毛里求斯，还有一部分迁到塞舌尔。后毛里求斯在非统组织和印度的支持下，要求索回查群岛。毛还支持原查群岛居民向英国索取迁徙补偿。1999年3月，英国承诺将给予英国海外领地居民英国公民权和居英权，但不包括原查群岛居民。

科林·罗伯茨（Colin Roberts）任领地非常驻专员（2008年7月就任）。乔安妮·亚顿（Joanne Yeadon）任领地首席大臣（2007年12月就任）。专员代表是驻迪戈加西亚皇家海军指挥官。领地的大法官、高级地方法官和法律顾问都是英国居民。　（黄黎）

赞比亚

国名 赞比亚共和国（The Republic of Zambia）。

面积 752614平方公里。

人口 1290万（2009年），大多属班图语系黑人。有73个民族，其中通加族约占全国人口的12%，奔巴族占8%，洛兹族占6%。官方语言为英语，另有31种民族语言。以基督教为国教，30%的人信奉基督教和天主教，农村居民大多信奉原始宗教。

首都 卢萨卡（Lusaka），人口310万。平均海拔1265米，10月最热，日平均最高气温31℃，最低18℃；7月最凉，日平均最高气温23℃，最低9℃。

国家元首 总统鲁皮亚·班达（Rupiah Banda），2008年11月2日就任。

重要节日 青年节：3月12、13日。非洲解放日：5月25日。独立日：10月24日。

简况

非洲中南部内陆国家，东界马拉维、莫桑比克，南接津巴布韦、博茨瓦纳和纳米比亚，西邻安哥拉，北靠刚果（金）及坦桑尼亚。大部分地区海拔1000~1500米。属热带草原气候，5~8月为干凉季，气温为15℃~27℃，9~11月为干热季，气温为26℃~36℃，12月至次年4月为雨季。年平均气温21℃。

九世纪，赞境内先后建立过卢巴、隆达、卡洛洛和巴罗兹等部族王国。1889~1900年，英国人罗得斯建立的“英国南非公司”逐渐控制了东部和东北部地区。1911年，英国将上述两地区合并，以罗得斯的名字命名为“北罗得西亚保护地”。1959年，北罗得西亚联合民族独立党（简称民独党）成立，发动群众通过“积极的非暴力行动”争取民族独立。1964年1月，北罗得西亚实现内部自治，同年10月24日正式宣布独立，定国名为赞比亚共和国，仍留在英联邦内。民独党领袖卡翁达任首任总统。1973年卡翁达取消多党制，实行由民独党执政的“一党民主制”。1990年恢复多党制。1991年11月举行多党选举，多党民主运动（简称多民运）领袖奇卢巴当选总统，1996年11月连任。2001年12月，多民运领袖姆瓦纳瓦萨当选总统，2006年10月连任。姆执政时期，大力推行以加强法治、惩治腐败、发展农业、重振经济为主要内容的“新政”，扭转了经济下滑趋势，政局保持稳定。

政治

2008年8月19日，姆瓦纳瓦萨总统因病不治在巴黎病逝。根据宪法规定，副总统班达任代总统。10月30日赞举行总统补选，多民运候选人、代总统班达当选总统。班达就任总统后延续多民运既定政策，致力于维护国家稳定和民族团结，积极推进民主、良政和法治，大力惩治腐败，以发展经济、改善民生为施政要务，继续引进外资和推行经济多元化。2009年上半年，多民运全国执委会推选班达为该党代理党领袖，并支持班作为2011年大选该党唯一总统候选人。2009年6月，主要反对党爱国阵线和国家发展联合党结成联盟，宣布两党将在包括参加2011年大选的各种国家事务中进行合作。

【宪法】1964年制定第一部宪法，1973年制定第二部宪法。1990年议会修改宪法，恢复多党制。现行宪法于1991年8月颁布。宪法规定：总统为国家元首、政府首脑及军队总司令，由普选产生，任期五年，可连任两届；实行总统内阁制，增设副总统，内阁部长由总统从议员中任命；实行立法、司法和行政三权分立；允许反对党存在等。1996年6月，议会再次修改宪法，增加“总统候选人父母和本人必须是赞比亚人”、“酋长不能从政”等条款。2003年，围绕总统选举程序改革，新一轮宪改进程启动。2007年12月，全国修宪会议召开。由于部分反对党抵制并受姆瓦纳瓦萨总统病逝、国际金融危机等因素影响，全国修宪会议进展缓慢，原定12个月的会期数次延长。2009年底，全国修宪会议下属11个委员会中6个委员会完成讨论并提交报告。

【议会】国民议会是国家最高立法机关，实行一院制，共设158个席位，任期五年。其中150个席位由直选产生，总统可另指派8位任命议员。本届议会于2006年9月选举产生，是独立后的第十届国民议会。目前各党在议会中的席位分布为：多民运81席、爱国阵线42席、国家发展联合党23席、联合民族独立党1席、民主与发展论坛2席、联合自由党3席、国家民主阵线1席、独立人士3席。现任议长阿穆萨·姆瓦纳姆万布瓦（Amussa Mwanamwambwa），多民运成员。

【政府】本届内阁于2008年11月组成，目前主要成员如下：总统鲁皮亚·班达（Rupiah Banda），副总统兼司法部长乔治·孔达（George Kunda），国防部长卡隆博·姆万萨（Kalombo Mwansa），内政部长拉梅克·曼加尼（Lameck Mangani），外交部长卡宾加·潘德（Kabinga Pande），财政与国家计划部长西通贝科·穆索科图瓦内（Situmbeko Musokotwane），总统府总统事务部长罗纳德·穆库马（Ronald Mukuma），农业与合作社部长彼得·达卡（Peter Daka），畜牧与渔业发展部长布拉德福德·马奇拉（Bradford Machila），矿业与矿产发展部长马克斯韦尔·姆瓦莱（Maxwell Mwale），卫生部长卡彭布瓦·辛巴奥（Kapembwa Simbao），教育部长多拉·西利亚（Dora Siliya，女），劳动与社会保障部长奥斯汀·利亚托（Austin Liato），地方政府与住房部长尤斯塔基奥·卡宗加（Eustarkio Kazonga），商业、贸易与工业部长费利克斯·穆塔蒂（Felix Mutati），通讯与交通部长杰弗里·伦关瓜（G. Lungwangwa），旅游、环境与自然资源部长凯瑟琳·纳穆加拉（Catherine Namugala，女），工程与供应部长迈克·穆隆戈蒂（Mike Mulongoti），能源与水利发展部长肯尼思·孔加（Kenneth Konga），社区发展与社会服务部长迈克尔·卡因古（Michael Kaingu），科技、技术与职业培训部长布赖恩·奇图沃（Brian Chituwo），新闻与广播服务部长龙尼·希卡普瓦沙（Ronnie Shikapwasha），国土部长格拉迪斯·隆德韦（Gladys Lundwe），体育、青年与儿童发展部长肯尼思·奇蓬古（Kenneth Chipungu），性别与妇女发展部长萨拉·萨伊富万达（Sarah Sayifwanda，女）。

【官方网站】 http：//www. zamnet. zm

【行政区划】 全国分为9省68县。

【司法机构】 由最高法院、高等法院和地方法院组成。首席大法官欧内思特·萨卡拉（Ernest Sakala），总检察长阿比尤迪·雄加（Abyudi Shonga）。

【政党】 赞目前有31个合法政党，其中主要有：

（1）多党民主运动（The Movement for Multi-Party Democracy，MMD）：执政党。1990年12月成立，简称多民运。1991年11月大选中击败联合民族独立党成为执政党。其政治纲领是实行政治多元化、经济自由化、私有化；保护人民参与政治、经济活动的权利；提倡言论、集会、结社自由；党政分开，确保酋长的职能与传统统治。因姆瓦纳瓦萨总统2008年8月病逝，目前由班达总统任代理党领袖。

（2）爱国阵线（The Patriotic Front，PF）：最大反对党。2001年成立。其纲领是政治上主张分权而治，保障人类的基本权利和自由，减少政府行政开支，严惩腐败；经济上奉行自由贸易政策，主张实行低税率和低利率刺激经济发展。领袖麦克尔·萨塔（Michael Sata）。

（3）国家发展联合党（United Party for National Development，UPND）：1998年12月成立，简称国发党。成立以来发展较快，在南方省和西方省影响较大。领袖哈凯恩德·希奇莱马（Hakainde Hichilema）。

（4）联合民族独立党（United National Independence Party，UNIP）：1958年10月成立，简称民独党。自赞独立起执政，1991年多党大选后成为反对党。前领袖卡翁达于2000年4月正式宣布退出政坛。现领袖提尔言基·卡翁达（Tilyenji Kaunda）。

【重要人物】 **鲁皮亚·班达**：总统。1937年2月生。曾留学瑞典、英国，获经济史学士学位。1964年和1966年历任驻埃及和美国大使。1972年任常驻联合国代表。1973年任外交部长。1978年当选联合民族独立党国会议员。2006年10月被姆瓦纳瓦萨总统任命为副总统。2008年8月姆瓦纳瓦萨总统病逝后任代总统。2008年11月作为多民运候选人在总统补选中胜出，11月2日就任总统。曾于2010年2月24日至3月4日访华。　**乔治·孔达**：副总统兼司法部长。1956年2月生。1977～1981年在赞比亚大学法学专业学习。1981～1982年任赞铜带省卢安夏市政厅法律顾问。1982～2002年在律师事务所任职，其中1996～2000年任赞法律协会主席。2002年被姆瓦纳瓦萨总统任命为议员，任司法部长。2006年大选中当选议员并连任司法部长。2008年11月被任命为副总统兼司法部长。　**肯尼思·戴维·卡翁达**（Kenneth David Kaunda）：前总统。1924年4月生于北方省钦萨利县，奔巴族人。曾获名誉法学博士学位。1946年参与创建北罗得西亚非洲人国民大会，曾任组织书记和总书记。1958年10月退出该党，组建赞比亚非洲人国民大会并任主席。1959年3月该党被取缔，卡被流放。1960年1月任民独党领袖。1962年12月当选为议员。1964年1月任内部自治政府总理。独立后长期任总统。1991年竞选总统失败。翌年辞去民独党领袖职务，1995年重新当选该党领袖。1997年因支持未遂军事政变罪名被赞警方拘捕。1998年获释。1999年被法庭判为“无国籍人士”。2000年4月正式宣布退出政坛。10月，赞最高法院宣布卡具有赞比亚国籍。曾多次访华，2009年11月来华接受“中非友好贡献奖”。

经　济

系最不发达国家和重债穷国。经济主要包括农业和矿业，其中矿业占重要地位。独立后至20世纪70年代中期经济发展较快，此后由于国际市场矿产品价格下跌，政府国有化政策失误等原因，经济陷入困境。多民运执政以来，大力推行经济私有化和多元化，积极吸引外资，经济保持较快增长。2005年达到重债穷国完成点，获巨额债务减免，外债由2005年底的55亿美元降至2006年底的6.35亿美元。2008年下半年受国际金融危机影响，矿业遭受较大冲击，经济下滑。班达政府采取降低矿业税率、加速实施经济多元化战略等措施积极应对金融危机，取得一定成效。加上国际市场铜价回升，2009年经济明显复苏，通货膨胀率有所回落，货币克瓦查币值逐渐回升，农业获得丰收，矿业公司复产势头强劲，但制造业、旅游业仍然低迷。2009年主要经济数据如下（数据来源：赞2010年度财政预算报告、2010年5月份《经济季评》）：

国内生产总值：134亿美元。

经济增长率：6.3%。

通货膨胀率：12%。

人均国内生产总值：1432 美元（按购买力平价计算值）。

货币名称：克瓦查。

汇率：1 美元 = 4641 克瓦查（2009 年底）。

外贸总额：81.1 亿美元。

外债：11.60 亿美元。

外汇储备：18.36 亿美元（2009 年 10 月）。

【资源】自然资源丰富，以铜为主。铜蕴藏量 1900 万吨，约占世界铜总蕴藏量的 6%，素有“铜矿之国”之称。钴是铜的伴生矿，储量约 35 万吨，居世界第二位。此外还有铅、镉、硒、镍、铁、金、银、锌、锡、铀、绿宝石、水晶、钒、石墨、云母等矿物。全国森林覆盖率为 45%。

【工矿业】采矿业较发达，是国民经济主要支柱之一。其主体是铜矿和钴矿的开采和冶炼。独立后赞矿产业曾发展较快，20 世纪 70 年代中期起铜产量逐年下降。1970 年前，赞铜矿一直属于私有。1970 年赞政府进行铜矿国有化改革，将赞铜矿重组为罗安（ROAN）联合铜矿公司和恩昌加（NCHANGA）联合铜矿有限公司。1982 年两大公司又被合并为赞比亚联合铜矿公司（ZCCM），成为当时世界第二大铜矿公司。奇卢巴政府自 1991 年起大力推行铜矿私有化。2001 年国有大型铜矿私有化全部完成，赞铜产量回升。受国际金融危机影响，2008 年矿业仅增长 2.4%。2009 年，随着国际市场铜价回升，矿业增长势头强劲，卢姆瓦那、卢安夏等大型铜矿先后投产或复产，当年矿业估计增长 13.1%，全年铜产量估计达 68 万吨。

制造业较落后。独立前，工业制成品基本依赖进口。独立后，政府积极致力于发展国有制造业。多民运执政后，对制造业实行私有化。1998 年以后，制造业得到较快发展。食品、饮料、烟草、纺织和皮革等行业产值约占整个制造业的 75%。受需求减少和原材料价格上涨影响，2009 年制造业产值估计下降 1%。

【能源】主要来自于水利、石油、木材和煤炭等，除原油依靠进口外，其他基本能自给。赞水利资源丰富，蕴含发电量 6000 兆瓦，2005 年装机容量为 1692 兆瓦。原为电力出口国。因对主要发电站进行整修，发电量大幅下降，2005 年 11 月开始自南非和刚果（金）进口电力。赞主要从中东进口石油，船运至坦桑尼亚的达累斯萨拉姆港，再通过坦赞输油管道送至恩多拉市的炼油厂。

【农业】农业是赞国民经济的重要部门，2004 年产值约占国内生产总值的 22.6%。全国约半数人口从事农业。目前开发的可耕地面积为 250 万公顷，只占全部可耕地的 6%。土地肥沃，气候温和，适合多种农作物生长。主要农作物是玉米，另有花生、棉花、烟草等。正常年景玉米可自给。赞耕地普遍缺乏灌溉系统，农作物抗灾能力较弱。2009 年，农业获得 10 年来最大丰收，全年玉米产量 190 万吨，增长 26.7%，农业产值估计增长 5.2%。

【旅游业】有世界著名的维多利亚瀑布和 19 个国家级野生动物园，其中卡富埃国家公园占地面积最大。赞还辟有 32 个狩猎管理区。游客人数保持增长势头。受国际金融危机影响，2009 年游客人数明显减少，旅游业产值估计下滑 15%。

【交通运输】以铁路为主，公路次之。

铁路：总长 2100 公里，由坦赞铁路（赞境内为 886 公里）和其他一些铁路组成。赞国内客货运输 75% 依靠铁路。除坦桑尼亚外，赞还与津巴布韦和刚果（金）有铁路相连。2003 年，铁路运输量为 149.4 万吨，其中坦赞铁路运输量为 53.1 万吨。

公路：总长 3.73 万公里，其中柏油路 6580 公里。公路运输量在赞客货运输中居第二位，约占赞国内客货运输总量的 15%。

空运：全国有 18 个机场，卢萨卡、恩多拉、利文斯敦和姆富韦有国际机场。

【财政金融】赞政府从 20 世纪 70 年代起大举借债，财政预算较多依赖国际援助。近年来国际援助在财政预算中的比重逐年下降，已由 2003 年的 42.7% 降至 2009 年的 18.1%。2009 年财政支出总计 14.01 万亿克瓦查，财政收入 11.65 万亿克瓦查，赤字 2.36 万亿克瓦查。2010 年财政预算总支出为 16.72 万亿克瓦查，占 GDP 的 22.5%。

【对外贸易】主要出口铜、钴、锌、木材、烟草、食糖、咖啡等，其中铜出口是赞主要的外汇来源。主要进口机械设备、石油、化工产品、医药和纺织品等。主要出口国为瑞士、中国、南非、刚果（金）和埃及等，主要进口国为南非、阿联酋、津巴布韦和英国等。2009 年出口额为 43.75 亿美元，同比减少 11.7%，进口额为 37.35 亿美元，同比减少 18.0%。

【外国援助】2005 年 4 月，赞达到重债穷国计划完成点，获得巨额债务减免。2008 年接受外国援助 2.09 万亿克瓦查。2009 年，因赞卫生部被曝光贪腐案件，荷兰等部分西方捐助国一度暂停向赞提供援助。

人民生活

根据联合国《2009 年人类发展报告》，赞比亚人类发展指数排名居世界第 164 位，人均预期寿命为 44.5 岁。婴儿死亡率为 9.5%（2005 ~ 2010 年）。贫困率较高，63.8% 的人口每天生活费不足 1 美元，46% 的人口营养不良。是世界上艾滋病感染率最高的国家之一，15 ~ 49 岁人口中艾滋病患者及病毒携带者为 17%。

军　事

正规军 2.16 万人，其中陆军 2 万人、空军 1600 人，另有国民服务队（准军事部队）8000人、普通警察1.3万人、秘密警察1.2万人。武器装备主要来自前苏联、美国、意大利、加拿大、德国等。

文化教育

【教育】实行9年制普及义务教育。成人识字率约为75%。2002年有小学4458所，中学335所，学院9所，大学3所。约95%的适龄儿童能入学，其中有20%可继续升入中学，20~24岁的青年中有2%左右能享受高等教育。近年来，政府利用外国援助，不断加大对教育部门的资金投入。2010年度财政预算中教育经费计划支出3.32万亿克瓦查，比2009年增长26.4%。

【新闻出版】主要报刊有：《赞比亚每日邮报》，官方报纸，发行量4.5万份；《赞比亚时报》，发行量6.5万份；《Z字杂志》，英文报刊，发行量1万份。此外还有《每日快讯报》、《每周邮报》、《全国镜报》等。

赞比亚通讯社：官方通讯社，1969年1月成立。

赞比亚国家广播公司：成立于1988年。下设电视台和3个广播电台。电视台和广播2、3台用英语广播，广播1台用7种本国语言广播。

赞是泛非新闻社南部非洲地区分社所在地。该分社负责对安哥拉、博茨瓦纳、莱索托、马拉维、莫桑比克、赞比亚和津巴布韦进行新闻报道。

对外关系

奉行不结盟和睦邻友好的对外政策，强调外交多元化，主张在相互尊重、互不干涉内政、平等互利的基础上同世界各国建立并发展友好合作关系；注重经济外交，把争取外援、吸引外资、促进经济发展作为外交工作的重点。重视发展与西方的经济合作，争取援助和投资，同时也注意保持独立性。英国、欧盟、美国和日本是赞主要援助、投资伙伴。与非洲国家保持传统友好关系，积极致力于南部非洲政治、经济一体化与和平解决地区冲突，支持非洲联盟建设。重视发展与亚洲国家，特别是中国、日本和印度等大国的关系。截至2006年底，赞与108个国家建立了外交关系。2008年5月连任联合国人权理事会成员国，任期至2011年6月。

【同中国的关系】1964年10月29日，中、赞建交。此后两国领导人多次互访，双边关系顺利发展。

2009年1月，商务部部长陈德铭率中国政府经贸代表团访赞。3月，中国人民解放军副总参谋长刘镇武上将率军事代表团访赞。5月，中国政府非洲事务特别代表刘贵今大使访赞。11月，赞前总统卡翁达访华，接受由中国人民对外友好协会、中国非洲人民友好协会颁发的第二届“中非友好贡献奖”。

2010年2月24日至3月4日，赞总统班达对华进行国事访问。

2009年，中国同赞比亚贸易总额为14.24亿美元，同比增长81%，其中中国出口额1.52亿美元，进口额12.72亿美元。

中国驻赞比亚大使：李强民。馆址：UNITED NATIONS AVENUE，7430，LUSAKA，ZAMBIA。信箱：P.O.BOX 31975，LUSAKA，ZAMBIA。电话：0026-211-251169。传真：0026-211-251157。网址：http：//zm.chineseembassy.org。电子邮箱：chinaemb-zm@mfa.gov.cn。

赞比亚驻华大使：乔伊斯·穆森盖（Musenge Joyce Chembe）。馆址：北京市三里屯东四街5号。电话：010-65321554，65321778，65322058。传真：65321891。

【同美国的关系】赞美关系良好。赞是美《非洲增长与机会法》及“总统防治艾滋病紧急救援计划”受益国。2008年，美向赞提供2.69亿美元艾滋病专项资金援助，并宣布在今后5年内继续提供8.64亿美元用于支持赞艾滋病防治事业。2008年，美非洲司令部副司令耶茨、助理国务卿弗雷泽、教育部长斯佩林斯先后访赞。

【同英国的关系】赞曾是英国殖民地，独立后与英国保持着传统关系。英是赞主要援助、投资国和贸易伙伴之一。2007年，英、赞签订为期10年、英每年向赞提供4000万美元资金援助的协议，用于减贫、直接预算支持、选举及卫生等项目。

【同邻国的关系】赞努力与周边邻国及其他非洲国家保持良好关系，积极参与地区政治、安全和经济合作。2008年津巴布韦发生选举争议，姆瓦纳瓦萨总统作为南部非洲发展共同体轮值主席积极进行调停。2009年，班达总统先后出访利比亚、安哥拉、肯尼亚、坦桑尼亚、马拉维、南非、斯威士兰等非洲国家。

赞作为东南部非洲共同市场（总部设在卢萨卡）和南部非洲发展共同体成员国，重视这两个地区组织和“非洲发展新伙伴计划”在解决冲突、促进地区团结、实现经济增长等方面的作用。积极参与地区事务，将地区合作和政治、经济一体化置于优先地位，关注非洲地区和平与发展。2006年赞加入非洲政治互查机制协议。（宋常清）

乍 得

国名 乍得共和国（The Republic of Chad，La République du Tchad）。

面积 1284000平方公里。

人口 1117万人（2009年人口普查结果）。全国共有民族256个。北部、中部和东部居民主要是阿拉伯血统的柏柏尔族、瓦达伊族、图布族、巴吉尔米族等，约占全国人口的45%；南部和西南部的居民主要为萨拉族、马萨族、科托科族、蒙当族等，约占全国人口的55%。官方语言为法语和乍得阿拉伯语。南方居民通用苏丹语系的萨拉语，北方通用乍得化的阿拉伯语。居民中44%信奉伊斯兰教，33%信奉基督教，23%信奉原始宗教。

首都 恩贾梅纳（N'Djamena），原名拉密堡（Fort-Lamy），1973年9月5日改为现名。人口99.3万人。最高气温42℃（4月），最低14℃（12月）。

国家元首 总统伊德里斯·代比·伊特诺（Idriss Deby Itno），1990年12月4日任国务委员会主席、国家元首，1991年3月4日就任总统，1996年8月8日、2001年6月18日和2006年5月28日三次蝉联。

重要节日 独立日（国庆日）：8月11日；自由民主日（即代比执政日）：12月1日。

简 况

位于非洲中部，撒哈拉沙漠南缘，内陆国家。东邻苏丹，南与中非、喀麦隆交界，西与尼日利亚和尼日尔为邻，北接利比亚。北部属沙漠或半沙漠气候，中部属萨赫勒热带草原气候，南部属热带稀树草原气候，全年高温炎热。除北部高原山地外，大部分地区年平均气温27℃以上，北部可达29℃。

早期居民为萨奥人，“萨奥文化”是非洲文化宝库的重要组成部分。公元9~17世纪先后建立加涅姆—博尔努帝国、瓦达伊王国和巴吉尔米等穆斯林王国。1902年沦为法国殖民地，1910年成为法属赤道非洲的一个领地。1911年，部分领土被法出让给德国以换取德承认法对摩洛哥的“保护”。第一次世界大战后重归法国。1946年成为法海外领地。1957年初成为“半自治共和国”。1958年11月28日成为“法兰西共同体”内的“自治共和国”。1960年8月11日宣告独立，弗朗索瓦·托姆巴巴耶（François Tombalbaye）任国家元首。1975年4月，马卢姆发动军事政变，成立军政府。1978年古库尼反政府武装大举进攻。1979年马卢姆被迫辞职，此后政权几经更迭，政局持续动荡。1982年6月哈布雷攻占首都，并出任总统。1989年4月，乍武装部队总司令伊德里斯·代比等人与哈布雷决裂，并于1990年3月创建爱国拯救运动（简称爱拯运）。同年12月，代比推翻哈布雷政权，出任国务委员会（临时政府）主席、国家元首，1991年3月4日就任总统。

政 治

代比执政后，实行多党制。1996年3月举行全民公决通过新宪法。6月举行总统选举，代比胜出。2001年5月和2002年4月，代比和爱拯运分别再度赢得总统大选和立法选举。2005年以来，发生多起未遂政变，反政府武装死灰复燃并迅速发展壮大，活跃在东部与苏丹交界地区，并屡次西进。2006年5月，乍举行总统大选，代比在反对党集体抵制的情况下胜选连任。12月，主要反政府武装之一“变革联合阵线”归顺政府。2007年8月，爱拯运等总统多数派政党与18个反对党签署政治协议，宣布实现和解。10月，乍政府与“争取民主和发展力量联盟”（UFDD）等4支主要反政府武装签署和平协议。11月，双方冲突再起。2008年1月底2月初，反政府武装联军自东部发动攻势，一度占领首都恩贾梅纳大部分市区。乍政府军经过激战夺回首都和全国控制权，反政府武装退回与苏丹交界地区的基地。2009年1月，乍8支主要反政府武装组成反政府武装联军“抵抗力量联盟”，选举蒂马纳·埃尔迪米（Timane Erdimi，乍总统代比侄子）为共同领导人。5月6日，“抵抗力量联盟”多支纵队数百辆皮卡车越过乍得和苏丹边境进入乍境内，并与政府军交战。10日，政府军方面宣布已取得决定性胜利，歼敌200余人。

【宪法】 独立后第一部宪法于1962年4月制定。1993年4月4日，乍得最高全国会议通过了“过渡时期宪章”，作为过渡时期临时宪法。1996年3月31日举行全民公决，通过新宪法。该宪法规定：乍得是一个建立在民主、法治原则和公正基础上的独立的、世俗的、社会化的、统一的、不可分割的主权国家，实行政教分离。行政权由总统和政府共同行使。总统是国家元首，负责保证宪法的实施。总统通过直接普选产生，任期五年，可连任两届。同时规定如经国民议会2/3成员通过，可对宪法进行修改。总统任命总理，并根据总理建议任免政府成员。总理为政府首脑，负责执行部长会议通过的国家政策。议会由国民议会和参议院构成，行使立法权。2005年6月，乍举行全民公决通过宪法修正案，取消对总统连任次数和年龄的限制，将“参议院”改为由总统任命的“经济、社会和文化理事会”。

【议会】国民议会是最高立法机构。根据2001年修改后的选举法，共有155个议席，任期五年。本届国民议会于2002年4月21日产生，议长为爱拯运成员纳苏尔·盖朗杜克西亚·瓦伊杜（Nassour Guelengdouksia Ouaidou）。各党派在国民议会中所占席位如下：爱拯运110席，争取民主进步联盟12席，争取共和行动阵线9席，争取发展与革新全国同盟5席，争取民主进步全国联盟VIVA派5席，争取革新与民主同盟3席，其他党派共11席。

【政府】本届政府成立于2010年3月9日，共41人，包括：总理、政府首脑埃马纽埃尔·纳丁加尔（Emmanuel Nadingar），国防部长卡穆格·瓦达勒·阿卜杜勒卡德尔（Kamougue Wadal Abdelkader），对外关系部长穆萨·法基·穆罕默德（Moussa Faki Mahamat），掌玺、司法部长纳因巴耶·洛西米安（Naimbaye Lossimian），经济和计划部长穆罕默德·阿里·哈桑（Mahamat Ali Hassan），新闻部长、政府发言人凯达拉·尤努斯（Kedallah Younous），基础设施部长阿杜姆·尤努西米（Adoum Younousmi），内政和公共安全部长艾哈迈德·穆罕默德·贝希尔（Ahmat Mahamat Bâchir），环境和水产资源部长哈桑·特拉普（Hassan Térap），财政和预算部长加塔·恩古卢（Gata Ngoulou），畜牧和动物资源部长艾哈迈德·拉基斯·马纳尼（Ahmat Rakhis Mannany），公共卫生部长图夫塔·博格纳（Toufta Boguena，女），国民教育部长阿卜杜勒拉希姆·尤努斯·阿里（Abderahim Younous Ali），高等教育、科研和职业培训部长艾哈迈德·塔博耶（Ahmad Taboye），农业和灌溉部长帕希米·帕达克·阿尔贝（Pahimi Padacké Albert），矿业和地质部长哈桑·萨利纳（Hassane Saline），石油和能源部长塔贝·欧仁（Tabé Eugène），国土整治、城市建设与住房部长吉姆兰加尔·达德纳吉（Djimrangar Dadnadji），社会行动、民族团结与家庭部长恩加姆巴蒂娜·卡梅尔·苏（Ngarmbatina Carmel Sou IV，女），人权与促进自由部长阿卜杜拉曼·贾斯纳巴耶（Abderaman Djasnabaye），公职和劳动部长阿卜杜拉耶·阿巴卡尔（Abdoulaye Abakar），邮政、信息与通讯技术部长让·巴沃约·阿林格（Jean Bawoyou Alingué），小额信贷和反贫困部长法蒂玛·琼比（Fatimé Tchombi），公共整顿和促进良政部长阿马代耶·阿勒哈桑（Ahmadaye Al Hassan），文化、青年与体育部长吉贝特·尤努斯（Djibert Younous），旅游发展部长穆罕默德·阿劳·塔希尔（Mahamat Allaou Taher），商业和工业部长马优素福·阿巴萨拉（Youssouf Abassallah），水务部长艾哈迈德·穆罕默德·卡兰巴勒（Ahmat Mahamat Karambal），总理府负责权力下放的部长级代表哈米德·穆罕默德·达赫洛布（Hamid Mahamat Dahlob），政府秘书长，负责政府与国民议会关系部长阿西娅·阿布（Assia Abbo，女）。

【行政区划】根据1996年4月通过的新宪法，乍得地方行政单位分为大区（Région）、省（Département）、镇（Commune）、村（Communauté Rurale）四级。2008年3月起，全国划分为22个大区（含恩贾梅纳市），下辖57个省级单位（含首都区），各省设有县级行政单位共500余个。

【司法机构】司法体系由宪法委员会、最高法院、上诉法院、初审法院和特别最高法庭组成。宪法委员会负责审查法律、协定等是否违宪，并监督、审理、公布选举及公民投票结果。最高法院是最高司法机构，包括刑事法庭、行政法庭和经济法庭，由16名成员组成，院长由总统征求参众两院议长意见后以法令形式任命，法官实行终身制。最高法院院长阿布戴拉希姆·布雷梅·哈米德（Abderahim Bireme Hamid），总检察长阿哈马特·阿格雷（Ahmat Agrey）。特别最高法庭负责审判总统、政府成员及其同谋的叛国案。

【政党】1991年9月乍得实行多党制。迄今已有87个合法政党，主要有：

（1）爱国拯救运动（Mouvement Patriotique du Salut，MPS）：简称爱拯运，1990年3月11日成立，执政党。原为反哈布雷的政治、军事组织。创始人为代比总统和马尔东·巴达·阿巴斯（Maldom Bada Abbas）等人。政治纲领：主张多党民主，发展混合经济；捍卫民族团结和领土完整；对外奉行独立自主、睦邻友好、不干涉别国内政和不结盟政策，遵守联合国和非盟宪章，同一切爱好和平、正义的国家发展友好合作关系。该党设全国代表大会、中央委员会和执行局，在全国各地均有基层组织。全国代表大会是最高权力机构，每两年举行一次会议。中央委员会是最高执行机构，执行局是中央委员会常设机构，现有40名成员。应2/3以上中央委员要求可召开全国特别代表大会。2001年3月召开特别党代会，代比继任党主席。阿巴斯任名誉主席，2008年5月，爱拯运第四届全会召开，马哈迈德·萨利赫·阿杜姆·乔鲁当选（Mahamat Saleh Adoum Djorou）为总书记。2009年11月，纳古姆·亚马苏姆（Nagoum Yamassoum）接替阿杜姆出任总书记。

（2）争取民主进步联盟（Rassemblement pour la Démocratie et le Progrès，RDP）：1992年3月10日取得合法地位。创始人洛尔·马哈马特·舒瓦（Loe Mahamat Choua），曾任国家元首和过渡时期最高委员会主席。1997年12月，该党与爱拯运签署合作协议。2001年总统大选中支持代比。2003年12月，舒瓦宣布解除与爱拯运的联盟关系。2007年8月，参与国内和解进程，签署“8·13和解协议”。目前该党在国民议会中拥有10席，为第一大反对党。

（3）争取共和行动阵线（le Front d'Action pour la République，FAR）：反对党，前身为争取共和行动力

量阵线，1993 年改组，1995 年成为合法政党。代表南方富裕地区利益，主张建立联邦共和制，限制中央政府权力，增加地方自治权；政教分离，保护人权；重建军队，消除强权政治和部族主义；推行和平外交，促进非洲政治经济一体化。党主席恩加尔勒吉·约龙加尔（Ngarlejy Yorongar），曾在哈布雷时代任职于警察部门。1996 年当选国民议会议员，1998 年因被指控污蔑总统和议长贪污被判处 3 年监禁，1999 年获特赦。曾参加 1996 年总统大选，获 1% 选票。在 2001 年 5 月的大选中获得 13.97% 的选票，居第二位。2006 年参与抵制总统选举。2007 年，该党拒绝签署“8·13 和解协议”。目前该党在国民议会中拥有 8 个席位。

（4）争取发展与革新全国同盟（Union Nationale pour le Développement et le Renouveau，UNDR）：反对党。1992 年 7 月 21 日取得合法地位。主张维护国家和平、团结，实现民族和解；建立一支真正全国性的职业化军队；发展社会经济、农业、畜牧渔业、水电、交通、旅游和手工业；实行地方分权，让妇女和有能力的人参加国家管理；发展教育卫生事业；实现粮食自给等。主席为萨莱赫·凯布扎博（Saleh Kebzabo），曾任第一届过渡政府的贸工部长、乍新社社长，《恩贾梅纳周刊》的创始人。2007 年参与政治和解进程。目前在国民议会中拥有 5 席。

（5）争取民主与进步全国联盟 VIVA 派（VIVA/Rassemblement National pour la Démocratie et le Progrès，RNDP）：参政党。1992 年 1 月 29 日成立，4 月 2 日成为合法政党。1993 年改为现名。主张维护国家统一和稳定，通过和谈解决叛军问题；以民主原则建立多党制，保证三权分立；振兴经济，扩大就业。党主席努尔丁·德尔瓦·卡西雷·库马科耶，曾任司法、公共工程、邮电、高教等部长。1993 年 11 月任过渡政府总理。2007 年 3 月至 2008 年 4 月再次出任总理。现任经济、社会和文化理事会主席。目前该党在国民议会中拥有 3 席。

（6）争取革新与民主同盟（Union pour le Renouveau et la Démocratie，URD）：反对党。1992 年 1 月 26 日成立。主张国家政治生活民主化，实行半总统制，三权分立，建立享有行政、财政自主权的省或地区，以向联邦制过渡；建立调控和自由竞争相结合的自由经济体制。党主席卡穆格·瓦达勒·阿卜杜勒卡德尔（Kamougué Wadal Abdelkader），曾任部长、总理、武装部队总司令等职，现为国防部长。该党在国民议会中拥有 3 席。

【重要人物】伊德里斯·代比·伊特诺：总统。1953 年生于比尔廷省。扎卡瓦族人。70 年代曾留学法国。1979 年加入乍得民族解放阵线—北方武装部队。1982 年 6 月任“北方武装部队”副参谋长。同年 12 月出任乍得全国武装部队总司令。1984 年 6 月起任全国独立和革命联盟中央执行局军事和安全书记。1985 年 11 月被派往法国军事学院进修。回国后任总统府国防与安全顾问。1989 年起流亡苏丹。1990 年 3 月任乍得爱国拯救运动主席。同年 12 月就任乍得国务委员会主席、国家元首。1991 年 3 月就任总统。1996 年 6 月在乍得首次多党总统选举中获胜当选。2001 年 6 月和 2006 年 5 月两度蝉联总统。信奉伊斯兰教。已婚，有多个子女。

经　济

农牧业国家，经济落后，系世界最不发达国家之一。2006 年联合国开发计划署人文发展指数排名中，乍得在 177 个国家中排名第 171 位。代比执政后，接受国际货币基金组织经济结构调整计划，重点整顿棉花公司等国营企业和公职部门；鼓励私人投资和发展中、小企业；宣布实行企业私有化和自由经济；打击走私，保证税收；积极争取国际援助，鼓励外国投资。2000 年乍石油开发计划正式启动。2003 年 7 月，南部多巴油田顺利投产，乍得—喀麦隆输油管道开通，乍石油生产及出口能力骤增，经济一度高速增长，2005 年以来增速放缓。近年来，乍继续执行经济结构调整计划，推进国家减贫战略，加强和改善财政管理，大力促进私营经济发展，并颁布了新能源法。2009 年，由于全球金融危机和气候灾害的影响，乍石油收入大幅减少，农牧业产量锐减，加之高额军费及政绩工程投资，政府财政赤字激增，国内物价攀升，社会购买力下降，经济发展乏力，困难重重。2009 年经济数据如下（资料来源：2010 年英国伦敦经济季评）：

国内生产总值：86 亿美元。

人均国内生产总值：763 美元。

国内生产总值增长率：－2%。

货币名称：中非金融合作法郎（FCFA，简称非洲法郎）。

汇率：1 美元＝472 非洲法郎。

通货膨胀率：5%。

【资源】矿产资源较丰富，但大多尚未开采。主要矿产有天然碱、石灰石、白陶土和钨、锡、铜、镍、铬等。1970 年以来，乍得湖塞迪吉地区、多巴盆地和瓦达伊盆地均发现石油。其中多巴盆地蕴藏量约 9 亿桶，世界银行预计乍得石油储量有望超过 20 亿桶。

【工业】主要为石油开采和农、牧产品加工业。2006 年工业产值占国内生产总值的 53.6%，7% 的劳动人口从事工业生产。目前全国石油可开采储量 12 亿桶，2007 年日产原油能力约为 15 万桶。全国有 22 家棉花加工厂，总加工能力为 18.8 万吨。另有一些纺织、卷烟、面粉、饮料、制糖、农机制造等中小企业。此外，乍得年产天然碱约 1 万吨，部分供出口。电力供应不足，电价昂贵，全国仅 2% 的居民，首都仅 9% 的家庭能够用电。受电力不足和资金短缺等困扰，乍工业发展困难较多。

【农牧业】随着石油的开发与生产，农牧业在国内生产总值中所占比例大幅下降，2006 年为 21.9%。全国可耕地面积 5200 万公顷，已耕地 700 万公顷。乍得湖平原和南部地区是主要农业区。主要粮食作物有高粱、玉米和小米，还有少量稻米和小麦等。农村人口占全国人口的 72%。主要经济作物为棉花，全国约有 1/4 人口从事棉花种植，2005 年出口额为 422 亿非郎，占出口总额的 2.6%。其他经济作物还有烟草、花生、芝麻、甘蔗和阿拉伯树胶等。近年主要粮食和经济作物产量如下（单位：万吨）：

	2005	2006	2007	2008
棉花	17.9	9.8	11.4	10.8
高粱	58.3	77.3	57.7	59.0
木薯	74.4	47.0	25.0	16.1
花生	48.6	42.0	46.4	54.8
甘蔗	32.9	32.0	32.9	35.4

（资料来源：中部非洲国家银行）

乍得是中部非洲地区主要畜产国，40% 的劳动力从事畜牧业。2006 年出口额为 2.287 亿美元，占出口总额（除石油外）的 54%。

【服务业】20 世纪 80 年代以来，国内商业、交通、电讯等服务性行业逐步恢复。2006 年服务业产值占国内生产总值的 24.5%。全国 20% 的人口从事服务业，主要集中于交通运输业和公共领域。

【交通运输】内陆国家，无铁路，主要靠公路运输。公路：总长 3.34 万公里，其中柏油路 524 公里，多数公路仅能在旱季通行。

水运：主要集中于沙里河和洛贡河，内河航道总长 4830 公里，其中 2000 公里河段能四季通航。出海须经喀麦隆杜阿拉港（距恩贾梅纳 1500 公里）或尼日利亚的哈科特港（距恩贾梅纳 1700 公里）转运。

空运：恩贾梅纳国际机场可起降波音 747 等大型飞机，通往欧洲及周边国家。法国、喀麦隆、利比亚、苏丹和埃塞俄比亚航空公司等有定期航班飞往乍得。2004 年 2 月，原乍得航空公司更名为“Toumai Air Tchad”，经营中部非洲地区和中东航线，并与法航合作经营恩贾梅纳—巴黎航线。

【通讯】通讯业落后，费用高，覆盖率低。乍得电信公司（Soteltchad）垄断乍固定电话和国际长话业务，2005 年共有固定电话用户 13000 户。2000 年，“Anglo-Dutch MSI Mobicom（Celtel）”和“Egyptian Orascom”（Libertis）公司进入乍移动通信市场，2004 年 Libertis 因未能偿税而倒闭。到 2006 年底，Celtel 公司共有注册用户 372000 个。2005 年 10 月，瑞典移动电话公司 Millicom International Cellular（MIC）进入乍得市场并迅速扩展业务，2006 年该公司已有注册用户 186700 个。2005 年，乍 Internet 服务共有 40000 个注册用户。

【财政金融】近年政府财政收支情况如下（单位：亿非洲法郎）：

	2005	2006	2007	2008
收入	3940	6252	7990	10426
支出	4050	5421	7101	8751

（资料来源：同上）

2009 年底外汇储备约为 6.17 亿美元（不包括黄金）。2006 年底外债总额为 17.7 亿美元。（2010 年 6 月英国伦敦经济季评）

货币发行受中部非洲国家银行（BEAC）掌控。金融市场不健全，贷款利率较高，居民储蓄率低。现有乍得发展银行（BDT）、乍得国际农业银行、乍得信贷银行（BTCD）、法国兴业银行乍得分行、子午线银行集团西非国家银行乍得分行（BMBT）、财政银行（FB）、苏丹商业银行乍得分行、乍得阿拉伯利比亚银行（BTAL）和萨赫勒－撒哈拉投资商业银行乍得分行等 9 家商业银行。

【对外贸易】2003 年起原油成为第一大出口商品，2006 年占出口总额的 86%。畜产品和棉花是乍传统出口商品，主要进口石油制品、化工、机电产品、建筑材料、汽车、纺织品、食品、药材等。2008 年，主要出口对象国是美国、日本、法国、中国和荷兰；主要进口来源国是法国、喀麦隆、中国、乌克兰、美国等（资料来源：2010 年 6 月英国伦敦经济季评）。近年外贸情况如下（单位：亿非洲法郎）：

	2005	2006	2007	2008
出口	16582	17819	17620	19181
进口	5005	7047	7448	8980
差额	11577	10772	10173	10201

（资料来源：同上）

【外国援助】外援在财政收入和预算中占很大比重。主要来自美国、法国、德国、瑞士以及联合国、欧盟和非洲开发银行等。近年来接受援助情况如下（单位：亿非洲法郎）：

	2005	2006	2007	2008
外援	1043	627	494	564

（资料来源：同上）

【外国资本】因石油开发前景看好，外国资本近年大量涌入。2000 年 4 月，美国埃克森和雪佛龙两大石油公司和马来西亚国家石油公司组成石油开发集团，参与乍石油开发项目。同年 6 月，世界银行批准向乍得和喀麦隆两国政府分别提供 3950 万和 5340 万美元贷款用于乍喀输油管道建设项目，总投资 37 亿美元。2003～2005 年接受外国直接投资分别为 7.13 亿美元、4.78 亿美元和 7.05 亿美元。

人民生活

乍被联合国列为世界上 47 个最不发达国家之一。人民生活水平较低，超过55%的民众生活在贫困线以下。乍医疗机构及医务人员匮乏。全国共有429个医疗卫生中心，总床位3962张，其中综合性医院仅3所，即恩贾梅纳中央医院、军事医院和自由医院。1998~1999年，全国有290名医生和1837名护士。人均预期寿命44岁，人口年增长率3.1%。18岁以上人口占43%，女性占总人口的53%。卫生覆盖率30.6%，饮用水覆盖率27%，婴儿死亡率11.5%，成年人艾滋病感染率3.5%。常见病有：疟疾、肝炎、脑膜炎、麻风病、淋病等。

军　事

1991年1月，代比总统将全国武装部队改编为乍得国民军。全国共划分为8个军区，实行义务兵役制，服役期一年半。乍军队和宪兵总数34850人。其中陆军约25000人，空军350人，共和卫队5000人，宪兵4500人。总统代比中将为最高军事统帅。

文化教育

【教育】乍得是黑非洲文化教育水平较低的国家。2004年乍成人识字率为38%，低于撒哈拉以南非洲国家的平均指数。小学与中学入学率分别为71%和15%。高等教育主要由恩贾梅纳大学、费萨尔国王大学、蒙杜商业技校、阿贝歇科技学院、萨尔赫天文和环境学院等提供，全国共有在校大学生1500人。2003年，全国共有3653所小学，209所初中和36所高中。

【新闻出版】全国有35家报社，均为私人所有。《进步报》为发行量最大的日报，每日印数达3万份。较有影响的报刊还有《时代报》、《观察家》、《我们的时代》等。

乍得新闻社为国家通讯社，成立于1966年。

乍得国家广播电台1965年成立，主要用法语、萨拉语、阿拉伯语广播。

乍得国家电视台1987年12月成立，节目覆盖首都和乍西南部地区。用法语和阿拉伯语播放节目。定时转播喀麦隆电视节目。

对外关系

奉行独立自主、务实的全方位外交政策，强调维护国家统一、主权和领土完整，保持稳定的周边环境；支持非洲团结，致力于加强同西方大国和国际金融机构关系；重视发展同阿拉伯国家及非洲国家的关系。截至2007年底，乍与世界上81个国家建立了外交或领事关系。

【同中国的关系】1972年11月28日，中乍两国建交。1997年8月12日，乍得政府违背中乍建交公报原则，与台湾“复交”，中国政府宣布自8月15日起中止同乍得的外交关系。2006年8月6日，中国外交部长李肇星与乍得外交部长阿拉米在北京签署两国关于恢复外交关系的联合公报。

2006年8月，中国外交部部长助理翟隽作为中国政府特使赴乍出席代比总统就职典礼。11月，阿拉米外长率团出席中非合作论坛北京峰会。2007年1月，李肇星外长访乍。4月，阿拉米外长访华。9月，代比总统访华。2008年8月，乍得总理阿巴斯来华出席北京奥运会开幕式。

2009年6月，中国政府非洲事务特别代表刘贵今访乍，代比总统、法基外长分别会见。8月，新任中国驻乍大使杨广玉向代比总统递交国书。

2009年中乍贸易额为2.1427亿美元，同比增长76.3%，其中中方出口额1.489亿美元，同比增长86.3%，进口额6537万美元，同比增长57.1%。中方主要进口石油，出口电子器材、茶叶、纺织品等。

中国驻乍得大使：杨广玉。馆址：乍得共和国恩贾梅纳市1区住宅、行政和商业小区第1021街（库夫阿大道）［Rue No. 1021（Boulvard de Koufra）Quartier Residentiel, Administratif et Commercial, Premier Arrondissement, N'Djamena, République du Tchad］。通讯地址：乍得恩贾梅纳735号邮政信箱（B. P. 735 N'Djamena Tchad）。电话：00235－2522949。

乍得驻华大使：艾哈迈德·松吉（Ahmed Soungui），2007年3月21日向胡锦涛主席递交国书。地址：北京市朝阳区新东路1号塔园外交公寓2号楼2单元10层2号。电话：010－85323822。

【同法国的关系】乍法传统关系密切。法是乍第一大援助国，两国签有财政、经济、文化、教育和军事等一系列合作协定。法在乍设有军事基地，驻军1200人。法军向乍政府军提供情报和后勤支持，并曾协助其击退叛军对首都的进攻。法援助额占乍外援总量2/3以上，有100多名专家在乍政府主要部门工作，侨民超过2000人。苏丹达尔富尔危机爆发后，法派200名军人赴乍苏边境执行人道救援任务。法公司几乎承包了全部乍喀石油管道建设工程。2008年2月，法国国防部长埃尔维·莫兰、总统萨科奇先后访问乍得。7月代比总统对法国进行私人访问。11月法国外长库什内访问乍得。2009年1月、8月，代比总统对法国进行私人访问。法国参议院外交与国防委员会主席何塞林、法国外长库什内分别于1月、3月访问访乍。

【同美国的关系】乍美于1961年建交。随着乍石油开发项目的上马，两国关系得到加强。美国成为乍第一出口目的地，美石油公司参与乍得石油开发，约有2000多名美石油技术人员在乍工作。美迄已向乍政府提供2.8亿非洲法郎资金援助，并向乍教育、环保、社会等部门小型项目提供物资或资金支持。美有数十名士兵在乍北方排雷，在乍派有一支28人的“和平队”，并帮乍进行反恐培训。2005年1月，美乍签订司法信息管理和人员培训援助协议。2006年4月、9月，美国负责非洲事务的副国务卿助理唐纳德·山本两次访乍。5月，美乍签署民用航空安全司法合作协议。2008年8月，美国达尔富尔问题特别代表、布什总统特使理查德·威廉姆森访问乍得。

2009年6月，美国总统达尔富尔问题特使格拉逊访乍。7月，美国国防部助理部长哈德莱斯顿访乍。

【同苏丹的关系】 乍与苏丹关系曾长期友好，苏丹达尔富尔问题爆发后，乍苏关系出现波折。2003年1月，乍苏两国在喀土穆举行两国高级混委会并达成协议，建立边境安全联合部队、成立乍－苏－中非三方委员会以监督边界安全。2005年4月，乍宣布停止担任达尔富尔问题调解人，要求苏丹尽快解除在苏境内的乍反政府武装。10月，乍谴责苏支持乍反政府武装，关闭驻苏领馆，并要求苏关闭在乍阿贝歇的领馆。12月，乍政府宣布与苏丹"处于交战状态"。2006年2月8日，乍苏在非盟和利比亚等国调解下签署和平协议。4月，乍指责苏支持叛军对首都的进攻，宣布断绝与苏丹外交关系。7月，苏丹外长作为总统特使访乍，双方签署两国关系正常化纪要。8月，苏丹总统巴希尔访乍，与代比总统会谈并决定恢复两国大使级外交关系。2008年2月，乍叛军攻入首都恩贾梅纳并控制大部分地区，后被乍政府军击退。乍谴责苏支持叛军。3月，在塞内加尔和利比亚斡旋下，乍苏签署达喀尔和平协议，决定结束敌对状态。5月，苏反政府武装突袭首都，苏方指责乍政府背后支持，宣布与乍断交。在利比亚等国斡旋下，双方于11月恢复外交关系。2009年10月，苏丹总统顾问加齐访乍寻求改善关系。2010年1月，双方签署两国关系正常化协议。2月，乍得总统代比访苏，恢复了两国中断6年之久的高层互访。

【同利比亚的关系】 乍得与利比亚因领土争端等问题曾长期不和。1994年2月3日，国际法院将乍利争议领土"奥祖地带"裁决归乍后，乍利关系改善并不断发展。双方签署了《乍利睦邻、友好与合作条约》及多项合作协定。2005年乍外长阿拉米、总理约阿迪姆纳吉、总统代比先后访利。2006年1月，代比访利。2008年6月、7月，代比总统两次访问利比亚。2009年1月、8月，代比总统对利比亚进行工作访问。

【同中非的关系】 1997年1月，乍派兵参与了在中非的维和行动。2001年11月，中非前总参谋长弗朗索瓦·博齐泽流亡乍得后，两国关系持续紧张，多次发生边界冲突。2003年3月15日博齐泽武力夺权上台后，乍与中非关系迅速改善。2004年6月，乍得和中非签订建立边防混合部队的协议。8月，中非总统博齐泽对乍进行过境访问。2005年12月，中非总统博齐泽访乍，与代比会晤。2006年5月，博齐泽访乍。2008年2月，博齐泽访乍。6月，博齐泽过境乍得并会晤代比。2009年1月，博齐泽访乍。

【同其他非洲国家的关系】 乍是非洲联盟、中部非洲经济与货币共同体、中部非洲国家经济共同体、萨赫勒—撒哈拉国家共同体、尼日尔河流域国家组织、乍得湖盆地委员会等非洲区域性组织的成员。乍得重视发展同邻国及其它非洲国家的友好合作关系，积极参加地区合作。

2009年5月，代比总统赴利比亚出席第十一届萨赫勒－撒哈拉国家共同体峰会。9月，代比总统赴金沙萨出席第14届中非经济共同体峰会。11月，代比总统访问加蓬。（张伟）

中　非

国名　中非共和国（The Central African Republic, La République Centrafricaine）。

面积　622984平方公里。

人口　430万（2008年）。全国共有60多个民族，主要有巴雅、班达、班图、乌班吉人、恩格班迪等，其中巴雅族人数最多，班达族分布最广。官方语言为法语、桑戈语。居民20%信奉天主教，15%信基督教新教，5%信伊斯兰教，其余信奉原始宗教。

首都　班吉（Bangui），人口约56万（2009年）。最炎热的月份是2月，气温21℃～34℃。最凉爽的月份为7～8月，气温21℃～29℃。

国家元首　总统弗朗索瓦·博齐泽·杨古翁达（François Bozizé Yangouvonda），2003年3月武力推翻前总统帕塔塞上台执政，2005年5月24日正式当选总统，6月11日宣誓就职。

重要节日　独立日：8月13日；国庆日：12月1日。

简　况

位于非洲大陆中部，内陆国家，东接苏丹，南界刚果（布）、刚果（金），西连喀麦隆，北邻乍得。北部属热带草原气候，南部属热带雨林气候，年平均气温26℃。5～10月为雨季，11月至次年4月为旱季。

公元9～16世纪，曾建立班加苏、腊法伊和宰米奥等三个部落王国。1891年沦为法国殖民地。1910年被划为法属赤道非洲领地，称乌班吉沙立。1958年12月1日成立自治共和国。1960年8月13日宣告独立，成立中非共和国。1976年12月成立中非帝国。1979年9月废除帝制，恢复共和。1991年实行多党民主制。1993年9月昂热—菲利克斯·帕塔塞在首次多党大选中当选总统，帕并于1998年蝉联总统。

2003年3月，前总参谋长弗朗索瓦·博齐泽·杨古翁达率部攻占班吉，推翻帕塔塞政权，次日就任总统。

政　治

中非实行多党制后，政局长期动荡，曾发生多次兵变和政变。博齐泽执政后，迅速稳定国内局势，成立过渡政府和全国过渡委员会，宣布实行为期两年的过渡期。中非主要政党和社会团体对博政权表示支持。2004年12月，中非举行全民公投通过新宪法。2005年3～5月，中非顺利举行总统和立法选举，博齐泽正式当选总统，6月成立新政府，过渡期结束。博齐泽上任以来，中非局势基本稳定，但部分叛乱武装活跃在北部地区。2006年10月和2007年3月，叛军"争取团结民主力量联盟"两度占领东北部瓦卡加省首府比劳市，后被击退。2007年2月和4月，中非政府分别与两支叛军"人民民主阵线"和"争取团结民主力量联盟"签署和平协议。2008年5月，中非政府与另一支叛军"恢复民主人民军"签署停火协议。12月，中非举行全国包容性政治对话，就政治和解、解武复员和经济重建等达成共识。2009年，中非和平进程取得积极进展。1月，"共识政府"成立，吸纳了7名反对党和武装反对派成员入阁。6月，叛军"人民民主阵线"与政府签署《利伯维尔一揽子和平协定》，重新加入和平进程。7月，最后一支反政府武装"争取正义与和平爱国者同盟"承诺停止一切颠覆政府的活动。

【宪法】博齐泽上台后，废除了1995年1月15日颁布的宪法。2004年12月5日，中非举行全民公决通过了新宪法。主要内容包括：共和国总统为国家元首、军队统帅，总统由直接选举产生，任期5年，可连任一次。总统是最高行政长官；任免总理，并根据总理提名任免内阁成员及军、政官员；召集并主持内阁会议；主持最高防务委员会和最高司法委员会；有权宣布15天的紧急状态，并行使特别权力。总统临时不能视事，由总理代行其职权。总统缺位，应在45～90天内选举新总统，其间由国民议会议长代行职权。总理为政府首脑，负责落实总统制定的总政策。议会有对政府提不信任案和弹劾政府的权力，不信任案通过后，政府必须立即向总统辞职。

【议会】根据新宪法规定实行一院制，称为"国民议会"。议会主要职责包括：通过法律和法令；依法对政府活动进行监督；批准或废止国际条约和协定；授权宣布战争状态；由审计法院辅助负责审计工作。议会与总统、政府共同享有立法创议权。议员由直接选举产生，任期5年，享有豁免权。本届国民议会于2005年3～5月经两轮立法选举产生，共有105名议员，支持博齐泽总统的KNK全国联合会及政党联盟共获77个席位。6月7日，议会全体会议选举塞莱斯坦·勒鲁瓦·加翁巴莱（Célestin Leroy Gaombalet）担任议长。

【政府】本届政府成立于2009年1月19日，2010年4月21日进行技术性调整，包括总理1名，国务部长4名，部长21名，部长级代表7名，主要成员如下：总理、政府首脑福斯坦—阿尔尚热·图瓦德拉（Faustin-Archange Touadera），计划、经济和国际合作国务部长西尔万·马利科（Sylvain Maliko），运输和民航国务部长帕尔费·阿尼塞·姆巴伊（Parfait Anicet Mbay），矿业、能源和水利国务部长西尔万·恩杜廷加伊（Sylvain Ndoutingai），新闻、公民责任感、全国和解和对话后续国务部长兼任农村发展和农业部长菲代勒·恩古安吉卡（Fidele Ngouanjika），司法和掌玺部长洛朗·恩贡·巴巴（Laurent Ngon Baba），旅游发展和手工业部长玛丽·索朗热·帕戈嫩吉—恩达卡拉（Marie Solange Pagonendji-Ndakala，女），负责政府秘书处和与其他机构关系部长德西雷·赞加—科林巴（Desire Zanga-Kolingba），商业和工业部长埃米莉·贝亚特丽斯·埃帕耶（Emilie Beatrice Epaye，女），河流、森林和渔业部长埃马纽埃尔·比佐（Emmanuel Bizot），公共建筑重建和城市规划部长福斯坦·恩泰尔农比（Faustin Ntelnoumbi），装备和开放部长西里亚克·桑巴·潘扎（Cyriaque Samba Panza），公职、劳动、社会保障和青年职业安置部长加斯东·马库赞巴（Gaston Mackouzangba），社会事务、民族团结和家庭部长贝尔纳黛特·萨约（Bernadette Sayo，女），国民教育、高等教育和研究部长安布鲁瓦兹·扎瓦（Ambroise Zawa），邮政、电信和新技术部长蒂埃里·马莱永博（Thierry Maleyombo），环境和生态部长弗朗索瓦·纳韦亚马（François Naoueyama），国家安全和公共秩序部长兼任领土管理和权力下放部长朱尔·贝尔纳·旺德（Jules Bernard Ouande），财政和预算部长阿尔贝·贝赛（Albert Besse），外交、地区一体化和法语国家事务部长安托万·甘比（Antoine Gambi），公共卫生、人口和防治艾滋病部长安德烈·纳尔克·多罗戈（Andre Nalke Dorogo），青年、体育、艺术和文化部长奥雷利安·森普利斯·津加斯（Aurelien Simplice Zingas），发展中小企业、非正式行业和单一窗口部长莫伊兹·科塔耶（Moise Kotaye），人居和住房部长乔诺·吉杜（Djono Djidou）等。

【行政区划】全国划分为16个省、1个直辖市（首都班吉），省以下设69个县。

【司法机构】主要司法机构有宪法法院、最高法院、行政法院、审计法院、仲裁法院、普通法院和法庭等。共和国总统保障司法独立，主持全国最高司法委员会、行政法院咨询委员会会议。2005年9月，博齐泽总统任命马塞尔·马隆加（Marcel Malonga）和达米埃纳·纳娜雷（Damienne Nanare，女）为宪法法院正、副院长。

【政党】1991年4月起实行多党制。目前全国有合法政党40多个，主要有：

（1）劳动党（Parti KWA NA KWA，KNK）：2009年11月成立并举行第一届全国代表大会，由KNK全国联合会和一些支持博齐泽总统的力量组成，党主席为博齐泽总统。在国民议会中占36席，在政府中占15席。KNK全国联合会成立于2004年12月，由支持博参选的中小政党、社会团体、民间协会和独立人士等组成，旨在支持博齐泽竞选总统。KNK系桑戈语，意为“劳动，艰苦地劳动”，系2005年博齐泽总统竞选口号。

（2）中非人民解放运动（Mouvement de Libération du Peuple Centrafricain，MLPC）：第一大反对党。1978年成立，1981年取得合法地位。1993年党主席昂热－菲利克斯·帕塔塞（Ange-Félix Patasse）在首次多党选举中当选总统，该党成为执政党。2003年帕被博齐泽推翻后流亡国外。2007年6月，该党召开代表大会，前总理马丁·齐盖莱（Martin Ziguélé）当选党主席。2009年6月召开特别党代会，将前党主席帕塔塞永久开除出党。在国民议会中占11席，在政府中占1席。

（3）中非民主联盟（Rassemblement Démocratique Centrafricain，RDC）：第二大反对党。1987年2月成立。创始人、主席为前总统安德烈·科林巴（André Kolingba）。科林巴执政时期，该党曾是中非唯一合法政党。科因病旅居巴黎后，该党分裂为正统派和革新派。在国民议会中占6席，在政府中占1席。

（4）争取进步爱国阵线（Front Patriotique pour le Progrès）：中立性政党。创建于1972年，1981年2月更名为劳动党，1991年7月改为现名。其主要成员为知识分子和职员。现领导人亚历山大·贡巴（Alexandre Goumba）于2006年3月接替其父阿贝尔·贡巴（Abel Goumba）出任党主席。在国民议会中占2席。

（5）恢复民主人民军（Armée pour la Restauration de la Démocratie，APRD）：原反政府武装，现反对党。2005年12月成立，系亲前总统帕塔塞武装力量。2008年5月，该武装与政府签署一揽子和平停火协议。12月，成为合法政党。最高领导机构为政治局，党主席为前国防部长德马福特（Jeam—Jactues D'emafouth）。在政府中占1席。

（6）国家团结党（Parti de l'Unité Nationale）：成立于2002年，党主席让·保罗·恩古潘德（Jean Paul Ngoupande），2005年参加总统选举，并在首轮获5.1%选票，在第二轮选举中支持博。在议会中占6席，在政府中占1席。

其他政党还有：争取进步爱国阵线、现代民主论坛、民主自由党、公民论坛、争取共和联盟等。

【重要人物】 **弗朗索瓦·博齐泽·杨古翁达**：总统。1946年10月14日出生于加蓬穆依拉市。曾在法国多所军事院校学习。博卡萨执政时期，1973～1980年历任总统副官、国防部办公厅主任、空军司令、副总参谋长、国防部长等职。1981～1982年在科林巴政府中任新闻和文化部长。1982年因涉嫌政变被迫流亡乍得、法国、德国、利比亚、贝宁。后被指控合谋推翻贝宁总统克雷库遭逮捕并被引渡回国，1989年被科林巴总统关押，1991年获释。1993年竞选总统失败。1996年被帕塔塞总统任命为中非武装力量总参谋长。2001年11月被控参与前总统科林巴发动的未遂政变，后流亡乍得。2003年3月武力推翻帕塔塞政权上台执政。2005年5月正式当选总统。会讲法语、英语和桑戈语。2004年8月、2009年9月两次访华，11月赴埃及出席中非合作论坛第四届部长级会议。已婚，有15个子女。

经　济

联合国公布的世界最不发达国家之一。经济以农业为主，工业基础薄弱，80%以上的工业品靠进口。木材、钻石、咖啡、棉花是经济四大支柱。20世纪90年代初曾三次同国际货币基金和世界银行达成协议，执行结构调整计划。因政局持续动荡，经济不断恶化。博齐泽总统上台后，整顿林、矿业，严格审查并重新签发开采许可权，打击偷税漏税，加大整治贪污腐败的力度，努力争取外援，取得一定成效。2009年，中非政府调整林业政策、推进成品油税费改革，加大对棉花、咖啡等经济作物生产的扶持力度，全年财政收入增加。但受国际金融危机影响，中非主要出口产品木材和钻石产量大幅下降。2009年主要经济数据如下（资料来源：2010年伦敦经济季评）：

国内生产总值：23.01亿美元。

人均国内生产总值：530美元。

国内生产总值增长率：2%。

货币名称：中非金融合作法郎（FCFA，简称非洲法郎）。

汇率（年平均值）：1美元≈472非洲法郎。

通货膨胀率：3.5%。

外汇储备：（不包括黄金）：1.54亿美元。

【资源】 矿产主要是钻石，分布地区占全国面积的1/2。此外还有铀（储量2万吨）、铁（储量350万吨）、黄金、铜、镍、锰、铬、锡、汞和石灰石（储量800万吨）等。北部地区发现有石油。森林面积10.2万平方公里，约占全国面积的16%，可采面积2.8万多平方公里，木材储量约9000万立方米，盛产热带名贵木材。水力资源丰富。北部和东部有大象、犀牛等野生动物资源。

【工矿业】 2008年工矿业产值占国内生产总值的13%。加工工业十分落后。工业企业主要集中于首都班吉，以生产进口替代产品为主。主要工业有：食品加工、机械组装（自行车、摩托车等）、日用化工、电力、卷烟、啤酒、纺织、皮革等。出口行业主要为农产品及木材加工。矿业目前限于钻石和黄金开采，以手工操作为主，2009年钻石产量为29.2万克拉。

【农林业】2008年农业产值占国内生产总值的55%，全国从事农业的人口180万。可耕地约650万公顷，已耕地约60万公顷。主要农作物为籽棉、咖啡、木薯、花生、玉米、高粱、小米。

林业一度发展较快，2000年出产原木约80.68万立方米，超过钻石成为第一大出口创汇产业。2003年开始，因国内形势不稳，木材出口大幅削减。2008年产量与上年持平，但因国际需求减少，出口缩减17%。中非政府出台森林法，对未按期递交月度生产和出口报告的公司实施制裁。近年原木产量和出口量如下（单位：万立方米）：

	2005	2006	2007	2008
原木产量	53	71	63	63
原木出口量	19.7	26.3	27	22.5

（资料来源：中部非洲国家银行）

【交通运输】无出海口，亦无铁路，空运规模很小，主要靠公路和河运。

公路：总长24578公里，其中国家级公路5400公里，地方公路3910公里，乡村便道15268公里。由于遭受战乱及长年失修，多数道路状况不佳，在雨季更难以通行。目前，欧盟和日本政府出资390万美元帮助中非政府修复连接班吉和喀麦隆港口城市杜阿拉的一条长达1400公里的柏油路，截至2006年底，已修复1400公里。2005年12月，中非政府设立公路维护基金，负责保养和维护国家公路网，资金来源是公路和燃油税及出资者拨款。2006年4月，欧盟提供750万欧元用于修复班吉公路网。2007年欧盟提供5500万欧元用于修建中非西部至喀麦隆169公里的公路，非洲开发银行提供1.65亿美元用于杜阿拉公路网建设。

水运：内河航运对外贸起重要作用。全国共有内河航道7080公里。进出口物资多由水路经刚果（布）运输，乌班吉河（刚果河支流）是主要的国际运输线，班吉是全国最大的河港，年吞吐量约30万吨。2002年水运货物仅4.1万吨。

空运：有12个中型机场和50几个简易机场。年均客流量为10万人次。班吉姆波科为国际机场。有定期航班通往巴黎、杜阿拉、恩贾梅纳等地。

【财政金融】财政收入主要靠税收和外援。近几年财政收支情况如下（单位：亿非洲法郎）：

	2005	2006	2007	2008
收入	679	1652	1170	1348
支出	1228	1099	1096	1382
差额	-549	553	74	-34

（资料来源：同上）

【对外贸易】主要出口木材、钻石、咖啡、棉花和烟草，进口轻工、纺织、粮油食品和石油产品。2009年，中非主要出口对象是比利时、中国、摩洛哥、印度尼西亚、法国；主要进口对象是韩国、法国、喀麦隆、荷兰、美国。近年对外贸易情况如下（单位：亿非洲法郎）：

	2007	2008	2009
出口额	927	1023	992
进口额	1130	1945	2083
差　额	-203	-922	-1091

【外国援助】法国是中非的最大援助国，占中非所获外援总额的30%左右。多边援助主要由联合国有关机构和欧盟提供。2007年9月，中非达到重债穷国减债计划决策点。2009年6月，世界银行、国际货币基金组织宣布中非达到重债穷国倡议完成点，获免7.63亿美元债务。近年接受外援情况如下（单位：亿非洲法郎）：

	2005	2006	2007	2008
外援	93	919	334	423

（资料来源：中部非洲国家银行）

人民生活

2008年人均寿命40岁，人文发展指数列世界第178位。职工最低工资1.3万非洲法郎，公职人员还享受相当于工资10%的补贴。医疗卫生落后，全国仅有医疗机构786个，其中117家为私营，公共卫生从业人员3314名，其中护理人员1915人，平均每1.25万人拥有一名医生。65%的人口能在5公里范围内就医。平均1075人占有一张病床，首都和外省的医患比例分别为1:6000和1:90000。产妇死亡率1.1%，婴儿死亡率11.3%。中非为疟疾和艾滋病高发区，2005年成人艾滋病感染率为10.7%，居世界第十。

军　事

1960年独立后在法国帮助下创建军队，全国划分为四个军区。实行义务兵役制，服役期两年。

博齐泽执政后对军队进行重组，2006年武装力量共3150人，其中陆军和总统卫队共2000人，空军150人，宪兵1000人。总参谋长朱勒·贝尔纳·旺代（Jules Bernard OUANDE）。

文化教育

【教育】大、中、小学均实行免费教育。2008年成年人文盲率48.6%。2007/2008学年，小学入学率81.74%，其中男生93.65%，女生69.46%；中学入学率12.1%，其中男生15.5%，女生8.7%。全国共有6所大学。班吉大学是全国唯一的综合性大学，创办于1969年，有学生7000人，设有法律、经济、文学、人文科学、医学和理科系，以及实用语言和数学教学研究所等，许多毕业生进入行政机构。

【新闻出版】官方日报《桑戈阿非利加报》，1986年7月1日创刊，原称《团结报》，1994年7月17日改为现名。发行约1000份。

中非新闻社1974年5月建立，出版《电讯稿》。

中非广播电台1958年12月创建。

中非电视台建于1972年，每天播放4小时，只有首都班吉和姆拜基市可收看节目。

对外关系　奉行睦邻友好、不结盟和多元化外交政策，强调外交为本国利益服务。以争取外援为重点积极展开外交活动，积极发展与周边国家、西方国家及国际与地区组织关系。

2009年1月，博齐泽总统赴加蓬出席中部非洲经济与货币共同体特别峰会。8月，赴利比亚出席非盟特别峰会。9月，赴委内瑞拉出席非洲与拉美国家领导人峰会。10月，赴刚果（金）出席中部非洲国家经济共同体第14次首脑会议。11月，赴罗马出席世界粮食安全首脑会议。12月，出席哥本哈根气候变化峰会。

【同中国的关系】1964年9月29日，两国建交。1966年1月博卡萨上台后，同中国断交。1976年8月20日，双方签署两国关系正常化公报。1991年7月8日，中非政府同台湾"复交"，中国与中非中止外交关系。1998年1月29日，两国签署联合公报，决定恢复大使级外交关系。复交以来，两国关系不断巩固和加强。

2004年8月，博齐泽总统访华。2006年11月，中非外长祖马拉率团出席中非合作论坛北京峰会暨第三届部长级会议。2007年1月，外交部长李肇星访问中非。2009年9月，博齐泽总统正式访华，胡锦涛主席与其举行会谈，全国政协主席贾庆林会见，双方签署了两国政府经济技术合作协定等合作文件。11月，博齐泽总统赴埃及出席中非合作论坛第四届部长级会议，温家宝总理予以会见。9月4日，中非新任驻华大使图阿布瓦向胡主席递交国书。

2009年两国贸易总额为2738万美元，同比减少16.4%，其中中方出口额1273万美元，进口额1465万美元。中方主要出口机电产品，进口原木和锯材。

中国驻中非大使：石虎。馆址：班吉市烈士大街（AVENUE DES MARTYRS, BANGUI）。电话：236－21612760。传真：236－21613183。信箱：1430 BANGUI。使馆经商处电话：236－21614682。传真：236－21614358。信箱：1369 BANGUI。

中非驻华大使：埃马纽埃尔·图阿布瓦（Emmanuel Touaboy）。馆址：北京朝阳区新东路1号塔园外交办公楼1－1－132。电话：010－65327353。传真：65327354。

【同法国的关系】同法国保持传统的密切关系。法是中非最大的援助国和主要经贸伙伴，对中非的官方援助占中非所获外援总额的30%左右。帕塔塞执政时两国关系较为紧张。2003年3月博齐泽执政后，法国率先承认博齐泽政权，两国关系不断改善。2005年8月，博齐泽总统对法国进行私人访问。2007年11月，博齐泽总统对法国进行正式访问。2008年1月，法国国防部长莫兰访问中非。

根据两国防务协定，法国曾在中非设有军事基地。1997年8月，法国关闭在中非的两个军事基地，1998年4月法驻军正式撤离，仅留250人参加联合国驻中非维和团。1999年2月维和团中法国士兵撤离中非。2003年中非发生政权更迭后不久，法国为保护侨民撤离并支持中部非洲经济与货币共同体维和部队向班吉派兵。2006年10月法国派兵帮助中非政府军击退反政府武装进攻。

【同美国的关系】1963年同美建交。美国在中非有和平队员121人。2002年，美关闭了其驻中非使馆。2005年1月，美国驻中非使馆重新开馆。7月，美驻中非使馆临时代办宣布与中非全面恢复合作关系，重开班吉美国文化中心。2007年3月，美负责非洲事务的助理国务卿舒瓦纳访问中非。8月，美向中非派驻大使。

【同乍得的关系】同乍得签有卫生、睦邻友好等协定。帕塔塞执政后期，因乍收留博齐泽，并支持博反政府武装，两国关系紧张，多次发生边境冲突。博齐泽上台后，两国关系密切。乍派出400名士兵加入中部非洲经济与货币共同体驻中非维和部队。2005年6月，乍总统代比出席博齐泽总统就职典礼，2007年11月，代比访问中非。博齐泽总统于2005年5月和12月、2006年5月、2008年2月访乍。2009年10月，中非政府宣布驱逐乍得叛军"争取复兴人民阵线"领导人巴巴·拉代。

【同利比亚的关系】帕塔塞政权与利比亚关系密切。利在中非曾有驻军，为帕塔塞政权数次平息内乱发挥了关键作用。2002年12月，由于中部非洲经济与货币共同体向中非派驻维和部队，利驻军撤离。博齐泽执政后，重视发展与利关系，利比亚领导人卡扎非积极调解中非政府与叛军矛盾，促成多支叛军与中非政府签署和平协议。博齐泽总统于2004年6月、2005年7月和12月、2006年1月、2007年2月、2008年4月访利。2009年，两国外交关系由代办级升为大使级。3月，博赴利会见卡扎非，说服卡同意驱逐流亡利的"人民民主阵线"领导人米斯金，迫其重返中非和平进程。8月，博赴利参加卡扎非执政40周年庆典活动。

【同加蓬的关系】重视发展与加蓬的友好合作关系。加蓬已故总统邦戈为调解中非国内矛盾，维护政局稳定发挥重要作用，推动中部非洲经济与货币共同体向中非派遣国际观察部队，并派兵参与。近年来，博齐泽与中非反政府武装多次在加举行谈判。2005年6月，加蓬已故总统奥马尔·邦戈赴班吉出席博齐泽总统的就职典礼。博齐泽总统近年来多次访加。2009年6月和9月，博齐泽赴加出席奥马尔·邦戈总统葬礼和阿里·邦戈总统就职典礼。10月，阿里·邦戈总统访问中非。同月，中部非洲国家经济共同体第14次首脑会议批准阿里·邦戈接替奥马尔·邦戈续任中非问题调解人。

【同苏丹的关系】同苏丹签有贸易、关税、领事和保护边界安全协定。但中非与苏丹边境矛盾不断，苏南部牧民时常进入中非寻找水源和牧场，苏南部叛军不时骚扰中非东北部边境。两国曾发表了联合公报表示加强两国边界的安全与稳定，避免边界冲突与摩擦及加强两国贸易往来。中非在苏丹南部内战中持中立态度，为25000多名苏丹难民提供避难地。2006年10月，中非政府指责苏丹支持其叛军发动进攻，苏政府对中非叛军行动予以强烈谴责。2007年8月，博齐泽总统访问苏丹，两国关系得到改善。2008年2月，中非政府宣布重开与苏丹的边境。

【同其他国家的关系】重视中部非洲地区经济合作，是中部非洲国家经济共同体（CEEAC）和中部非洲经济与货币共同体（CEMAC）成员国。2008年6月至2010年1月，博齐泽任CEMAC轮值主席。

积极发展睦邻友好关系。同刚果（金）签有双边防务协定。2007年8月，博齐泽总统访问刚果（金），2009年10月卡比拉总统访问中非。同尼日利亚签有军事协定，2006年5月，博齐泽总统访问尼日利亚，2009年两国外交关系由代办级升为大使级。同刚果（布）签有矿产开发协议。2009年1月，博齐泽访刚。与喀麦隆关系良好，双方就人员、物资流通以及交通安全等问题保持定期磋商。2009年两国外交关系由代办级升为大使级。12月，博齐泽夫妇访喀。

2009年5月，博齐泽赴南非出席祖马总统的就职典礼。同月，博齐泽夫妇访问越南和卡塔尔，与越南签署合作协定并决定在越开设代表处。10月，博访问布基纳法索。

（蒋庐雁）

欧　洲

阿尔巴尼亚

国名　阿尔巴尼亚共和国（The Republic of Albania）。

面积　28748 平方公里。

人口　318 万（2008 年）。其中阿尔巴尼亚族占 98%，少数民族主要有希腊族、马其顿族、塞尔维亚族、克罗地亚族等。官方语言为阿尔巴尼亚语。70% 的居民信奉伊斯兰教，20% 信奉东正教，10% 信奉天主教。

首都　地拉那（Tirana），人口 71.3 万（2007 年）。

国家元首　总统巴米尔·托皮（Bamir TOPI），2007 年 7 月当选。

重要节日　国庆节暨独立日：11 月 28 日；反法西斯解放日：11 月 29 日。

简　况

位于东南欧巴尔干半岛西部，北部和东北部分别与塞尔维亚、黑山、马其顿接壤，南部与希腊为邻，西临亚得里亚海，隔奥特朗托海峡与意大利相望。境内山地、丘陵占总面积的 77%，平原为 23%。森林覆盖率为 36%，可耕地面积 24%，牧场占 15%。海岸线长 472 公里。属亚热带地中海气候。降雨量充沛，年均为 1300 毫米。平均气温 1 月 1℃～8℃，7 月 24℃～27℃。

1190 年建立封建制公国。1415 年起被奥斯曼土耳其帝国统治近 500 年。1912 年 11 月 28 日宣布独立。第一次世界大战中被奥匈、意、法军占领。1925 年成立共和国。1928 年改行君主制，至 1939 年 4 月意大利入侵。第二次世界大战期间，先后被意、德法西斯占领。1944 年 11 月 29 日全国解放。1946 年 1 月 11 日成立阿尔巴尼亚人民共和国，1976 年改称阿尔巴尼亚社会主义人民共和国。1991 年改国名为阿尔巴尼亚共和国。

政　治

2009 年，阿尔巴尼亚政局稳定。7 月，阿尔巴尼亚举行议会大选。以民主党为首的竞选联盟再次获胜，继续执政。

【宪法】1998 年 11 月，阿尔巴尼亚经全民公决通过新宪法。2008 年修改宪法。宪法规定，阿尔巴尼亚为议会制共和国，实行自由、平等、普遍和定期的选举。总统为国家元首，由议会以无记名方式选举产生，每届任期 5 年，可连任一届。总统任命总理，并根据总理提名任命政府成员。

【议会】国家最高权力机关和立法机构，实行一院制，任期四年。本届议会于 2009 年 9 月产生，现有席位 140 个，民主党占 68 席，社会党占 65 席，争取一体化社会运动党占 4 席，共和党占 1 席，人权党占 1 席，正义与一体化党占 1 席。本届议会下设 8 个专门委员会。议长约泽菲娜·托帕利（Jozefina TOPALLI，女）。

【政府】称部长会议，任期四年。2009 年 9 月，阿尔巴尼亚新一届政府成立，主要由民主党、争取一体化社会运动党和共和党等组成。成员包括：总理萨利·贝里沙（Sali BERISHA），副总理兼外长伊利尔·梅塔（Ilir META），一体化部长马伊林达·布雷古（Majlinda BREGU，女），内务部长卢尔齐姆·巴沙（Lulzim BASHA），国防部长阿尔本·伊马米（Arben IMAMI），财政部长里德万·博代（Ridvan BODE），经济、贸易和能源部长德里坦·普里夫蒂（Dritan PRIFTI），司法部长布亚尔·尼沙尼（Bujar NISHANI），公共事务和交通部长索科尔·奥尔达希（Sokol OLLDASHI），教育和科学部长米切雷姆·塔法伊（Myqerem TAFAJ），卫生部长佩特里特·瓦西利（Petrit VASILI），劳动、社会事务和机会均等部长斯皮罗·克塞拉（Spiro KSERA），农业、食品和保护消费者利益部长根茨·鲁利（Genc RULI），旅游、文化、青年和体育部长费尔迪南德·扎费里（Ferdinand XHAFERRI），环境、林业和水资源管理部长法特米尔·梅迪乌（Fatmir MEDIU），创新、信息技术和通讯部长根茨·波洛（Genc POLLO）。

【行政区划】 全国划分12个州，下辖36个区。

【司法机构】 设宪法法院、最高法院、总检察院、上诉法院、地方法院。最高法院和各级法院行使审判权。最高法院院长和总检察院检察长由议会选举产生。宪法法院院长弗拉迪米尔·克里斯托（Vladimir KRISTO），2007年6月就任。最高法院院长什普雷萨·贝恰伊（Shpresa BECAJ，女），2008年10月就任。总检察长伊娜·拉马（Ina RAMA，女），2007年11月就任。

【政党】 目前，阿尔巴尼亚政党约有60个。主要包括：

（1）民主党（Partia Demokratike e Shqipërisë）：执政党。1990年12月12日成立。现有党员约10万人。主张民主、人权，全盘私有化和自由市场制。主席萨利·贝里沙。

（2）社会党（Partia Socialiste e Shqipërisë）：在野党。1991年6月12日成立。其前身为阿尔巴尼亚劳动党。现有党员11万人。政治上主张建设民主社会主义，实行政治多元化和议会民主，建立法治国家；经济上主张以所有制多元化为基础的市场经济；外交上主张加入欧洲一体化进程，优先发展同美国的关系，并加强同巴尔干各国之间的联系。主席埃迪·拉马（Edi RAMA）。

（3）争取一体化社会运动党（Lëvizja Socialiste për Integrim të Shqipërisë）：执政党。2004年9月成立。政治上主张建立民主法制国家，倡导平等、公正，打击腐败、有组织犯罪和走私贩毒。经济上主张合法自由竞争，强调发展生产，提高福利，消除贫穷，繁荣经济，反对经济垄断和灰色经济。外交上以加入欧盟和北约为重点，主张睦邻友好，加强东南欧地区合作，发展同传统友好国家的关系。主席伊利尔·梅塔。

（4）共和党（Partia Republikane e Shqipërisë）：执政党。1991年1月成立。现有党员约2万人。提倡建立法治国家，实行西方民主共和制；经济上主张建立自由市场经济，实行私有化，将土地等私有财产全部归还原所有者；外交上强调优先发展同巴尔干国家和地中海国家的睦邻友好关系。党主席法特米尔·梅迪乌。

（5）社会民主党（Partia Socialdemokrate e Shqipërisë）：在野党。1991年4月成立。现有党员约2.6万人。该党强调建立民主社会主义，实行包括私有制在内的经济混合所有制，积极发展同美欧等西方国家及同巴尔干地区国家的友好合作关系。主席斯坎德尔·吉努什（Skënder GJINUSHI）。

【重要人物】 **巴米尔·托皮**：总统。1957年4月27日生于地拉那。毕业于阿尔巴尼亚农业高等学院兽医专业，获博士学位，教授，并任民主党议员团主席、民主党副主席。曾任兽医研究所所长。1996年当选议员，1996～1997年任农业和食品部长。2001年和2005年分别当选议员。2007年7月20日当选总统。曾于2004年随阿前议长访华。已婚，有两个女儿。　**约泽菲娜·托帕利**：议长。1963年11月26日生。毕业于斯库台大学数学和法律专业，公共管理硕士。民主党副主席。1990年在斯库台市商会工作。1995年在斯库台大学任教。1996年当选议员，并任议会法律委员会主席。1997年任议会副议长。2005年9月当选议长。2009年9月连任议长。2007年5月访华。已婚，有两个孩子。　**萨利·贝里沙**：总理，民主党主席。1944年10月15日生。毕业于地拉那大学医学系，获医学博士学位。1980～1990年任教于地拉那大学。1992年和1997年两次当选总统。2005年9月出任总理，2009年9月连任。曾于1996年1月应邀以总统身份访问中国。2004年5月应中国国际交流协会邀请以前总统身份访华。2008年8月来华出席北京奥运会开幕式。2009年4月对华进行正式访问并出席博鳌亚洲论坛2009年年会。已婚，有两个孩子。

经济

自20世纪90年代初起，阿尔巴尼亚从计划经济体制向市场经济体制转轨，提出以私有化为主的经济改革计划。近年来，阿尔巴尼亚经济保持增长。2009年主要经济数据如下：

国内生产总值：120亿美元。

国内生产总值增长率：3.3%。

人均国内生产总值：3825美元。

货币名称：列克（Lekë）。

汇率（2009年12月）：1美元=92列克。

通货膨胀率：2.2%。

失业率：12.7%。

【资源】 主要矿藏有石油、铬、铜、镍、铁、煤等。石油储量约50亿桶。铬矿储量3730万吨。水利资源较丰富。

【工业】 主要工业部门有食品、纺织、木材、石油、水泥、采矿等。2007年工业产值为12.53亿美元，增长率为3.7%。2008年主要工业产量为：原油21.6万吨，天然气6.2万立方米，汽油1.6万吨，柴油7.5万吨，发电量38.5亿度。

【农业】 2007年农业产值为23.13亿美元，同比增长19%，占GDP的24%。耕地面积为499.7千公顷。2008年主要农牧业产品产量为：谷物60.9万吨，小麦33.5万吨，玉米24.5万吨，蔬菜71.5万吨，土豆19万吨，芸豆2.2万吨，饲料533.3万吨。

【旅游业】 近年来，阿尔巴尼亚政府将旅游业作为优先发展的产业。截至2008年，阿尔巴尼亚共有239家饭店和旅馆，4088间客房，8038张床位。2008

年旅游业收入达11.19亿欧元，同比增长20%。2009年，阿尔巴尼亚入境外国游客178万人次。

【交通运输】以公路运输为主，公路总里程1.8万公里。铁路线总长为447公里。2008年，阿尔巴尼亚铁路客运量为82.3万人次，铁路货运量为5200万吨公里。全国共有都拉斯、发罗拉、萨兰达和深津四个海港。其中，都拉斯港是最大的海港，同意大利的里雅斯特港和巴里港通航。2008年，都拉斯港货物吞吐量370.4万吨。首都地拉那“里纳斯—特雷萨修女”机场是阿唯一的民用机场，有33条国际航线。2008年运送旅客126万人次，同比增长13.8%，起降航班数量增长5.5%。

【财政金融】2008年，阿尔巴尼亚财政收入约34.44亿美元，同比增长15.31%，占GDP的26.71%；财政支出约41.46亿美元，同比增长22.61%，占GDP的32.5%；财政赤字约7.12亿美元，同比增长76.41%。截至2009年9月，阿尔巴尼亚外汇储备为17.36亿欧元，累计外债19.16亿欧元。

【银行】阿尔巴尼亚银行为阿中央银行。目前，阿尔巴尼亚共有16家二级银行，59家分行，42家银行代理。其中，国家商业银行（BKT）、阿一意银行、人民银行、地拉那银行、Raiffeisen银行、Procredit银行实力较为雄厚。

【对外贸易】2009年，阿尔巴尼亚外贸进出口总额为56.48亿美元，同比下降14.4%。其中出口额为10.92亿美元，同比下降19.4%，进口额为45.56亿美元，同比下降13.2%。出口商品主要为纺织、制鞋等来料加工产品及农副产品，进口商品主要为机械设备、矿产品和纺织品等。2009年，阿尔巴尼亚前5大贸易伙伴为意大利、希腊、中国、土耳其、德国。

【外国投资】2009年，外国在阿尔巴尼亚直接投资9.2亿美元，占GDP的5.7%。主要投资国为意大利、希腊、美国、欧盟、德国、土耳其、日本、加拿大等。

【外国援助】2008年，外国援助阿尔巴尼亚资金总额为5037万美元。

【著名公司】（1）阿尔巴尼亚移动通信公司（AMC）：2008年全年收入1.913亿欧元，同比增长8.6%。2010年初，公司用户突破200万。

（2）阿尔巴尼亚沃达丰移动公司：成立于2001年，为阿尔巴尼亚第二家移动运营商。截至2009年初，阿尔巴尼亚沃达丰公司用户总数为120万。

人民生活

近年来，阿尔巴尼亚人民生活水平不断提高。2009年侨汇收入7.99亿欧元，同比下降6.5%。2009年阿尔巴尼亚登记失业人数约为14万人，失业率为12.7%。公共部门平均月薪为36093列克，约合443.73美元。每千人拥有轿车约100辆。

军　事

1992年，阿尔巴尼亚“人民军”改名为“国民军”，建军节为12月4日。阿尔巴尼亚武装力量由国防正规军、快速反应部队和地方部队组成。实行义务和志愿相结合的兵役制度。阿尔巴尼亚武装部队由陆军、海军、空军和两个支援司令部——训练与条令司令部与后勤司令部组成。计划到2010年，现役兵力将减至1.65万人，完全实现职业化。2009年国防预算为1.9亿欧元。总参谋长为马克西姆·马拉伊（Maksim MALAJ）。

文化教育

【教育】实行9年制义务教育。全国共有公立高校11所，私立高校14所。其中，地拉那大学是阿尔巴尼亚最好的综合性大学。2008年，阿尔巴尼亚注册小学生为428435名，教师26102名。中学（3年制）489所，注册学生177572名，教师8761名。注册大学生共90202名，教师2341名。

【新闻出版】全国各种报刊约160余种，主要有《KLAN》周刊，发行量2万份；《当代报》，发行量约1.5万份；《人民之声报》，社会党党报，发行量约1万份；《民主复兴报》，民主党党报，发行量约1万份；其他报刊还有《世纪报》、《信使报》、《共和报》、《阿尔巴尼亚报》、《经济报》、《全景报》等。

阿尔巴尼亚通讯社为国家通讯社。阿通社和广播电视总局独立于各政党，广播电视总局直属议会。地拉那广播电台为国家广播电台，除对内广播外，还有对阿侨广播和用英、法、德、意、希、土、塞等7种语言对外广播。阿尔巴尼亚电视台为国家电视台，全天24小时播放节目。1996年以来，阿尔巴尼亚私人广播电台和电视台发展较快，目前已有30多家。

对外关系

奉行务实的外交政策。优先发展同美欧等西方国家的关系，将加入欧盟和北约作为战略目标，重视发展和改善同邻国关系，积极参与区域合作。2009年4月，阿尔巴尼亚加入北约。

迄今，阿尔巴尼亚已同150多个国家建立外交关系，向40多个国家和国际组织派出代表机构。

【同中国的关系】中阿两国于1949年11月23日建立大使级外交关系。1954年起互设大使馆。近年来，双边关系发展顺利。2009年2月，外交部部长助理吴红波访问阿尔巴尼亚。4月，阿尔巴尼亚总理贝里沙访华并出席博鳌亚洲论坛2009年年会。10月，国务院副总理张德江访阿。11月，胡锦涛主席、吴邦国委员长、温家宝总理、杨洁篪外长分别同阿尔巴尼亚总统托皮、议长托帕利、总理贝里沙、副总理兼外长梅塔互致贺电，庆祝中阿建交60周年。

据中国海关总署统计，2009年，中国同阿尔巴尼亚贸易额为2.72亿美元，同比减少4.3%。其中中方出口额为2.08亿美元，同比增长6%；进口额为

6400 万美元，同比下降 27.1%。

中国驻阿尔巴尼亚大使：王俊岭。馆址：地拉那斯堪德培大街 57 号（Rruga Skenderbe 57，TIRANA，ALBANIA）。电话：（00355－4）2232385；传真：（00355－4）2233159。电子邮箱：chinaemb_al@mfa.gov.cn。商务处：电话、传真：（00355－4）2232077；电子邮箱：cnemec@icc.al.eu.org。

阿尔巴尼亚驻华大使：马忠·佩卡（Maxhun Peka，2006 年 3 月 15 日递交国书）。馆址：北京市光华路 28 号。电话：010－65321120，65321116。传真：65325451。E－mail：emalb@public.bta.net.cn。

【同美国的关系】阿美 1922 年建交，1946 年断交，1991 年复交。近年，阿美关系密切。2009 年 5 月，阿尔巴尼亚国防部长奥凯塔访美。11 月，阿尔巴尼亚国防部长伊马米访美。

【同欧盟的关系】加入欧盟是阿尔巴尼亚的外交战略目标之一。1991 年阿尔巴尼亚与欧共体建交，2006 年阿尔巴尼亚同欧盟签署《稳定与联系协议》。2009 年 5 月，欧盟委员会副主席巴洛特访阿。

【同北约的关系】2008 年 4 月，北约布加勒斯特峰会正式邀请阿尔巴尼亚入约。2009 年 4 月 1 日，阿尔巴尼亚正式成为北约成员国。

【同邻国及其他国家的关系】**意大利**：2009 年 10 月，阿尔巴尼亚副总理兼外长梅塔访意。12 月，阿尔巴尼亚议长托帕利访意。

希腊：2009 年 4 月，希腊总理卡拉曼利斯访阿。5 月，阿尔巴尼亚国防部长奥凯塔访希。

黑山：2009 年 1 月，阿尔巴尼亚议长托帕利访问黑山。9 月，阿尔巴尼亚总统托皮访问黑山。11 月，阿尔巴尼亚副总理兼外长梅塔访问黑山。

克罗地亚：2009 年 3 月，阿尔巴尼亚议长托帕利访克。5 月，阿尔巴尼亚总统托皮访克。

波黑：2009 年 3 月，阿尔巴尼亚总理贝里沙访问波黑。

斯洛文尼亚：2009 年 2 月，斯洛文尼亚总统图尔克访阿。10 月，阿尔巴尼亚总统托皮访斯。

土耳其：2009 年 6 月，土耳其总理埃尔多安访阿。12 月，土耳其总统居尔访阿。　（朱志学）

爱　尔　兰

国名　爱尔兰（IRELAND）。

面积　70282 平方公里。

人口　442 万（2008 年 8 月）。绝大部分为爱尔兰人。官方语言为英语和爱尔兰语。居民 94% 信奉罗马天主教，其他信奉基督教新教等。

首都　都柏林（DUBLIN），人口 118.7 万。

国家元首　总统玛丽·麦卡利斯（Mary Mcaleese，女），1997 年 11 月就职，2004 年 11 月连任，任期至 2011 年。

重要节日　国庆日：3 月 17 日（圣帕特里克日）。

简　况

位于欧洲西部爱尔兰岛中南部。西濒大西洋，东北与北爱尔兰接壤，东隔爱尔兰海同英国相望。海岸线长 3169 公里。温带海洋性气候。平均气温 2 月 3.2℃，8 月 16.2℃。432 年，圣帕特里克到此传播基督教及罗马文化。1169 年遭英国入侵。1541 年起英王成为爱尔兰国王。1916 年，都柏林爆发抗英的“复活节起义”。1921 年，英被迫允许爱南部 26 郡成立“自由邦”，北部 6 郡仍属英国。1937 年爱宣布“自由邦”为共和国，仍留在英联邦内。1948 年 12 月 21 日脱离英联邦。1949 年 4 月 18 日英承认爱独立，但北部 6 郡仍属英国。

政　治

2009 年，爱尔兰政局基本稳定，总理布赖恩·科恩领导的政府在 6 月 10 日议会举行的信任投票中获胜（85 票对 79 票）。由于 2008 年 6 月 12 日爱举行的全民公决否决了欧盟新条约《里斯本条约》，2009 年 10 月 2 日爱就《里斯本条约》举行第二次全民公决，结果该条约以 67.1% 的支持率获得通过。2010 年 6 月，科恩政府再次在议会举行的信任投票中获胜（82 票对 77 票）。

【宪法】现行宪法于 1937 年 6 月 14 日经议会通过，同年 12 月 29 日生效，后修改过 10 次。宪法规定：爱尔兰国体为共和国，总统由选民直接选举产生，任期 7 年，有权召集和解散议会，任命内阁总理及部长，并任军队统帅。1999 年 12 月，根据爱英两国政府及北爱有关各方达成的《北爱和平协议》，爱政府修改宪法，取消了有关要求北爱领土主权的条款。

【议会】由总统和众、参两院组成。众议员按比例代表制选举产生，任期 5 年。本届众议院于 2007 年 5 月选出，共有议员 166 名。现议席分配是：共和党 78 席，统一党 51 席，工党 19 席，绿党 6 席，新芬党 4 席，其他党派和独立议员 8 席。众议长谢默斯·柯克（Seamus Kirk）。参议院于 2007 年 7 月选出，共有议员 60 名，其中 11 名由总理提名，6 名由爱尔兰国立大学和都柏林大学选出，43名由全国五大行业（文教、农业、工商、行政、劳工）选出。现议席分配为：共和党占28席，统一党15席，工党7席，绿党2席，新芬党1席，其他党派和独立议员7席。参议长帕特·莫伊伦（Pat Moylan）。

【政府】2007年5月举行大选。6月，共和党、绿党、进步民主党（2008年11月该党党员大会决定终止运作）组成联合政府。伯蒂·埃亨（Bertie Ahern，共和党领袖）再次蝉联总理，布赖恩·科恩出任副总理兼财政部长。2008年5月，布赖恩·科恩接替辞职的伯蒂·埃亨出任爱尔兰政府总理。主要内阁成员包括：总理布赖恩·科恩（Brian Cowen，共和党领袖），副总理兼教育与技能部长玛丽·库格伦（Mary Coughlan，女），财政部长布赖恩·勒尼汉（Brian Lenihan），卫生与儿童事务部长玛丽·哈尼（Mary Harney，女，独立议员），交通部长诺埃尔·登普西（Noel Dempsey），司法与法律改革部长德莫特·埃亨（Dermot Ahern），外交部长迈克尔·马丁（Micheal Martin），社会保障部长埃蒙·奥凯夫（Eamon O' Cuiv），环境、遗产与地方政府事务部长约翰·戈姆利（John Gormley，绿党领袖），通讯、能源与自然资源部长埃蒙·瑞安（Eamon Ryan，绿党），企业、贸易与创新部长巴特·奥基夫（Batt O' Keeffe），农业、渔业与食品部长布兰丹·史密斯（Brandan Smyth），国防部长托尼·基利恩（Tony Killeen），社区、平等与爱尔兰语事物部长帕特·凯里（Pat Carey）等。

【行政区划】全国分为26个郡和4个郡级市，此外还有7个非郡级市，郡下设市区和镇。

【司法机构】最高法院即终审法院为最高司法机关，下设高等法院、巡回法院和地区法院。法官由政府推荐，总统任命。法官如不称职或有不端行为，经议会两院批准后予以免职。全国共设23个地区法院管辖区、8个巡回法院管辖区。地区法院有法官53名，巡回法院31名，高等法院31名。最高法院由大法官、高等法院院长和其他7名法官组成。另设特别刑事法院，由高等法院、巡回法院和地区法院抽调出来的11名法官组成，专门审理危害公共安全的案件。大法官约翰·默里（John Murray），高等法院院长理查德·约翰逊（Richard Johnson）。总检察长保罗·加拉格尔（Paul Gallagher），负责就法律和立法事务向政府提出建议。

【政党】主要政党包括：共和党、统一党、工党、社会党、工人党、新芬党、绿党和共产党等。

（1）共和党（FIANNA FAIL）：爱第一大党和现第一执政党，成立于1926年，党员约5万。没有强烈的政治理念，传统上对经济议题奉行中左路线，主张减税，增加就业机会；对外主张实行中立政策；对社会议题比较保守；主张实现南北爱统一，接受北爱前途由北爱人民自决。1932年首次参加大选。领袖布赖恩·科恩。

（2）爱尔兰绿党（THE GREEN PARTY IN IRELAND）：现第二执政党，前身为成立于1981年的爱尔兰生态环境党，1983年更名为绿色联盟，1987年改为现名。现有党员约2000名。主张社会正义，提高公众生活质量，重视解决全球气候变化问题，发展可再生能源和有机农业；支持欧盟扩员，但认为候选国应符合欧盟确定的民主和人权标准。1989年首次进入众议院。领袖约翰·戈姆利。

（3）统一党（FINE GAEL）：第二大党。成立于1933年，党员约3万。传统上为中左翼党，奉行自由社会主义，20世纪70年代以来进一步向中间路线靠拢。对内主张政治透明，削减公共开支，降低税率和私有化，对外经济开放，主张参与欧洲共同防务。在南北爱统一问题上态度较温和，赞成修改宪法中有关北爱领土主权的条款。领袖恩达·肯尼（Enda Kenny）。

（4）工党（THE LABOUR PARTY）：第三大党。1998年12月，工党与民主左派党合并，保留工党名称。该党主张建立公平、民主、多元的社会，以“人生而平等”为其价值核心。近年政策出现向中间路线靠拢趋势。领袖埃蒙·吉尔摩（Eamon Gilmore）。

【重要人物】玛丽·麦卡利斯：总统。1951年6月生于北爱尔兰贝尔法斯特。天主教徒。1973年毕业于贝尔法斯特女王大学，次年获律师资格。曾任贝尔法斯特女王大学常务副校长，爱尔兰国家广播电视台任记者和主持人。1997年11月当选爱第八任总统，成为爱历史上第一位来自北爱的总统和第二位女总统。2004年10月连任，任期至2011年。　**布赖恩·科恩：**总理。共和党领袖。1960年1月生于日奥法利郡。毕业于都柏林大学，获民事法学士学位。1984年当选众议员。曾任劳工部长，交通、能源和通信部长、卫生与儿童事务部长、外交部长、财政部长。2007年6月，当选副总理兼财政部长。2008年4月，当选共和党领袖。同年5月，接替辞职的伯蒂·埃亨出任总理。

经　济

20世纪80年代以来，爱大力发展软件和生物工程等高科技产业，并以良好的投资环境吸引大量海外高新技术投资，迅速实现由农牧经济向知识经济的过渡。1999年和2003年爱软件出口分别居世界第一和第二，被誉为“欧洲软件之都”。香农开发区作为世界上第一个经济特区，被誉为“区域性开发的成功典范”。2004～2007年爱经济保持增长，年均国内生产总值增长率达5.3%。2008年以来，受国际金融危机影响，爱成为欧元区首个进入衰退的国家。2008年GDP下降3%，2009年进一步下滑7.1%。2009年爱主要经济数据如下：

国内生产总值：1635亿欧元。

人均国内生产总值：41082 欧元。

国内生产总值增长率：-7.1%。

失业率：11.8%。

货币名称：欧元。

汇率（2010 年 6 月 8 日）：1 欧元约合 1.19 美元。

【资源】铅锌矿储量丰富，是欧洲最大的铅锌生产国。锌产量占世界的 4.3%，铅产量占世界的 2%。泥煤分布占全国面积的 13%。天然气储量估计为 382 亿立方米。是能源净进口国。

【工业】主要有电子、电信、化工、制药、机械制造、采矿、纺织、制衣、皮革、造纸、印刷、食品加工、烟草、木材加工等部门。近年来，化工、电子工程、计算机软件产业等突飞猛进，传统的服装、制鞋及皮革业所占比重明显下降。2009 年工业产值同比下降 4.2%。

【农业】以畜牧业为主。家畜及其产品约占农业总产值的 70% 以上。主要农作物有小麦、燕麦、马铃薯、甜菜等。耕地和林地面积占整个陆地面积的 75%。2008 年农林渔业生产总值为 58.22 亿欧元。

【服务业】比较发达。2009 年，爱服务业出口 684 亿欧元。

【旅游业】外汇收入重要来源。2009 年，外国游客 692.7 万人次，同比下降 11.6%；旅游收入 52 亿欧元，同比下降 17%。著名旅游点有西部湖区、沿海风景区等。

【交通运输】公路：总长 9.6 万公里。承担 96% 客运量和 90% 货运量。

海运：绝大多数国际贸易货物运输由海运承担。主要港口有都柏林、香农、科克等，承担爱 50% 的海运任务。与英、法等国有定期船班。年吞吐量约为 45300 万吨。

空运：主要有都柏林、香农、科克 3 个国家机场。与 8 个国家的 29 个城市有定期航班。2009 年，爱尔兰航空公司亏损 8100 万欧元，是 2008 年的 4 倍。

【财政金融】2009 年，爱税收总额 330 亿欧元，同比下降 19%；财政赤字 246 亿欧元，同比增长 93.8%，占 GDP 的 11.5%；政府债务 969.7 亿欧元，同比增长 33.8%，占 GDP 的 65%。2008 年爱外汇储备（不含黄金储备）为 4.38 亿欧元。

爱尔兰中央银行（CENTRAL BANK OF IRELAND）：成立于 1943 年，2003 年 5 月重组并更名为爱尔兰中央银行和金融管理局（CENTRAL BANK AND FINANCIAL SERVICE AUTHORITY OF IRELAND）。2002 年 1 月 1 日起开始使用欧元。

【对外贸易】在爱经济中占有举足轻重的地位。主要贸易对象是欧盟其他成员国、美、日等国家。近几年爱对外贸易情况如下（单位：百万美元）：

	2007	2008	2009
出口额	121527	125616	114142
进口额	83922	84118	62288
差 额	37605	41498	51854

主要出口机械和交通设备、计算机、化学药品、食品、饮料、烟草、科学仪器等；主要进口数据处理设备、化学产品、石油（产品）、纺织品、服装、原料、半成品等。

【对外援助】重视对外发展援助，外交部设有专门的对外援助署。致力于在 2012 年前将发展援助增至 GDP 的 0.7%，但受经济危机影响，爱对外援助额下降，2009 年为 6.71 亿欧元，占 GDP 的 0.52%，2010 年政府预算仍保持这一比例。受援国主要集中在非洲，援助重点从埃塞俄比亚、赞比亚等非洲最穷国家扩至越南、老挝等亚洲国家，官方发展援助主要用于人道主义援助和帮助贫困国家发展经济。

【著名公司】（1）百利公司（R&A BAILEY&COMPANY）：经营百利奶酒及其他饮料，销往 120 多个国家。百利酒是世界知名品牌，在同类产品中世界排名第 12 位。首席执行官福兰克·芬（Frank Fenn）。通信地址：NANGOR HOUSE，WESTERN ESTATE，DUBLIN 12，IRELAND。电话：3531－4051200；传真：3531－4051222。网址：www.baileys.com。

（2）吉尼斯公司（GUINNESS）：1759 年创建于爱尔兰都柏林，创始人阿瑟·吉尼斯，主要生产烈性黑啤酒。1833 年，发展成为爱最大酿酒厂，吉尼斯黑啤酒从此闻名世界。1886 年，在伦敦设立分公司。1954 年，英国吉尼斯啤酒公司执行董事休·比佛成立专门小组，收集并认证有关世界纪录的资讯，编纂《吉尼斯世界纪录大全》。1955 年，第一本《吉尼斯世界纪录大全》出版。目前，其英文版已在 70 多个国家发行，另有 22 个非英语版本。吉尼斯公司通信地址：ST. JAMES GATE BREWERY，DUBLIN，IRELAND，电话：3531－4536700；传真：3531－4533631。网址：www.guinness.com。

军 事

奉行军事中立政策，不参加任何军事集团，军队规模很小，但装备精良。1922 年建军。国防力量分为常备部队（PDF）和后备役部队（RDF）。常备军包括陆、海、空三军，后备役部队则由陆军后备部队和海军后备部队组成。总统为武装部队最高统帅。武装部队直接受国防部领导。实行志愿兵役制，预备役期为 6 年，正规军服役期 3 年。2008 年 3 月，爱国防部发布了《2008～2012 年战略规划》，提出爱将建设能在国内外灵活部署的、可持续的军事力量，爱坚持军事中立但支持联合国维和行动，继续支持欧盟安全与国防政策，并维持与北约良好关系。2008 年，爱国防预算为 18 亿欧元。

文化教育

【教育】中小学实行义务教育，大学由国家提供部分经费。文盲人数占全国人口的2%左右。爱政府公布的《2007～2013年国家发展计划》提出在教育和培训领域投入258亿欧元发展人力资本，其中130亿用于第三阶段教育机构（高等院校）的基本建设，50亿用于第一和第二阶段教育机构（中小学校）的条件改善。爱著名高等学府有爱尔兰国立大学、都柏林大学等。

爱尔兰国立大学：建于1908年，分别在都柏林、科克、戈耳韦和梅努斯设有4所学院。网址：www.nui.ie。

都柏林大学：建于1591年，下设“三一学院”等学院，共有学生1.1万人。网址：www.tcd.ie。

利默里克大学和都柏林市大学：建于1989年，是爱独立后首批创建的大学。网址：www.ul.ie和www.dcu.ie。

【新闻出版】有全国性日报8种。此外还有5种星期日报及许多周报、月报和杂志，地方性报纸90余种。主要报刊有《爱尔兰时报》（日发行量11.38万份）、《爱尔兰独立报》（日发行量16.5万份）、《爱尔兰先驱晚报》（日发行量11万份）和《观察者报》（日发行量6万份）。

爱无官方通讯社。

爱尔兰广播电视总台于1926年成立并开始广播。1961年开始播放电视节目。用英语播音。全年广播时间超过9500小时。另有爱尔兰语广播电台。

对外关系

爱尔兰积极推进“小国外交”，力图有效维护自身利益，在国际事务中占据一席之地并有所作为。重视联合国的作用，通过参与联合国维和与发展援助等扩大自身影响。1999年12月加入北约“和平伙伴关系计划”，但重申无意加入北约。积极拓展海外市场。重视发展同美英及欧盟的关系。

【对当前重大国际问题的态度】认为冷战后世界形势的不确定性增加。全球化既给世界带来发展机遇，同时也带来挑战。数十亿人经济上被边缘化，是导致恐怖主义、大规模杀伤性武器扩散和有组织犯罪的主要原因。主张联合国为国际集体安全体系核心，依据国际法和平解决国际争端。

主张大小国家在国际事务中平等发挥作用，依据国际法以和平方式解决国际争端，认为联合国是国际集体安全体系的核心。主张加强联合国作用，积极推动联合国改革。主张在地区均衡基础上增加安理会常任和非常任理事国；支持德国和日本成为安理会常任理事国。2001～2002年任安理会非常任理事国。积极参与联合国维和行动，至今已有45年历史，并借此扩大自身影响。

重视人权，视之为其外交的中心组成部分。是“人权无国界”论的首倡者，认为“对人权的关心不构成对别国内政的干涉”，但避免将人权问题与对发展中国家的援助挂钩。在人权问题上主张对话，不搞对抗，承认人权的涵义因国家的具体情况不同会存在差异。目前签署了17个联合国人权公约，主张各国废除死刑。前总统罗宾逊夫人曾任联合国人权高专。

重视气候变化问题，与欧盟的总体立场保持一致。为实现欧盟应对气候变化的政策目标，2009年11月，爱制定了“2010气候变化法案框架”，提出到2020年平均每年减排3%，到2050年净减排达80%的法律目标。主张发达国家对气候变化负有历史责任，应率先大幅减排，并在资金和技术转让方面给予发展中国家以支持。主张减排问题应与减贫、控制人口等问题综合考虑并解决。科恩总理2009年底出席了哥本哈根气候变化会议。

军事中立。主张核裁军、反对核扩散，呼吁销毁所有核武器并永远停止核试验。关注朝核问题，谴责朝退出《核不扩散条约》，认为此举威胁到地区稳定。敦促朝以明确、可核查的方式放弃核武计划，允许国际原子能机构派监督员返朝，并全面、无条件地遵守所有相关国际条约和义务。

关注中东和平进程，反对以色列封锁加沙地带，关注巴勒斯坦的人道主义局势，马丁外长连续两年访问中东地区，劝和促谈。爱谴责在迪拜哈马斯高官被刺案中凶手使用伪造的爱尔兰护照，并正考虑驱逐一名以色列驻爱尔兰使馆的安全官员。

对伊朗坚持从事铀浓缩活动表示关切，支持欧盟外交和安全政策高级代表索拉纳及美、英、法、德、俄、中六国为解决伊核问题所作努力。

谴责缅甸军政府镇压僧侣参与的民众示威及延长对昂山素季的软禁。认为所谓公投制宪民众无权真正参与，要求政府倾听民众呼声，与反对派和民众开展真正的和解对话。希中、印等对缅有影响的国家多向缅政府施压。在缅遭受风暴袭击后，要求缅政府全面开放接受外国援助。

【同中国的关系】1979年6月22日建交，两国关系总体发展顺利。1998年爱总理埃亨访华，爱政府制订“亚洲战略”，将中国确定为其在亚洲的重点合作伙伴。2005年，爱发表第二阶段“亚洲战略”，将中国列为爱在亚洲首要合作伙伴。近年来，双方保持高层互访，不断扩大各领域交流与合作，并取得实质性成果。

2009年为庆祝中爱建交30周年，两国国家元首、政府总理和外长互致贺电，两国使馆分别举行庆祝招待会，中国浙江省艺术团赴爱进行纪念演出，中国集邮总公司发行纪念邮票，中国外交部编印《中爱建交30周年纪念画册》。6月，全国政协副主席王志珍和全国人大法律委员会副主任委员张柏林分别访爱。7月，全国政协副主席、统战部部长杜青林访爱。2010年4月玉树地震后，麦卡利斯总统发来慰问电。5月，马丁外长访华，李克强副总理会见，杨洁篪外长与马举行会谈。6月，麦卡利斯总统来华出席上海世博会爱尔兰国家馆日活动，习近平副主席会见。

受国际金融危机影响，2009年，中爱双边贸易额降至52.1亿美元，同比下降26.3%。其中中方出口额19.79亿，下降54.2%；但中方自爱进口大幅增长17.6%至32.31亿，爱对华贸易首次出现顺差。2010年1~4月，中爱双边贸易额为15.9亿美元，同比下降0.1%，其中中方出口额5.1亿美元，同比下降25.2%，进口额10.8亿美元，同比增长18%。截至2010年4月，爱累计在华投资项目达201个，协议金额8.7亿美元，实际使用金额4.8亿美元。

1985年，两国签署《文化交流协定》。根据1986年两国签订的《经济、工业、科学和技术合作协定》，双方迄已召开了九次经贸和科技联委会会议。1998年9月两国签署《民用航空运输协定》。2001年2月，两国签署《教育合作协定》。2002年12月签署《科技合作研究基金协议》。同年11月签署《卫生合作谅解备忘录》。2005年1月，两国教育部签署《关于互认高等教育学历学位证书的联合声明》。在此基础上，双方于2006年2月签署《中爱高等教育学位学历互认协议》。2007年3月，中国国际软件与信息服务交易会首届海外分会在都柏林举行；10月，第二所孔子学院在科克大学落户。2004年5月，爱在华举办爱尔兰文化节。同年11月，中国在爱举办中国文化节。

中国驻爱尔兰大使：刘碧伟。馆址：Embassy of the People's Republic of China in Ireland, 40 Ailesbury Road, Ballsbridge, Dublin 4, Ireland。电话：00353－1－2691707；传真：00353－1－2839938。网址：http://ie.chineseembassy.org。商务处传真：00353－1－2600580。

爱尔兰驻华大使：戴克澜（Declan KELLEHER）。馆址：北京市日坛东路3号。电话：010－65322691。网址：http://embassyofireland.cn。商务处电话：84488080。签证处电话：65326945。

【同英国的关系】对英关系在爱对外关系中占据重要地位。北爱问题是爱英关系中的重要问题。爱英两国政府积极合作，推动北爱有关各方于1998年达成北爱和平协议；1999年成立25年来第一个由统一派和共和派分享权力的地方自治政府。2003年10月，新芬党与统一党的矛盾再度激化，英政府被迫第四次中止北爱地方政府运作。近年来，双方在共同推动北爱和平进程方面加强了合作。2005年8月，共和军宣布放弃暴力并完全解除武装，为北爱和平进程带来一丝曙光。2006年4月，英首相布莱尔和爱总理埃亨在北爱阿马郡举行会谈，就北爱议会恢复权力运作达成协议并设定时限。同年10月，在英爱两国政府主导下，北爱各派政治力量在苏格兰举行会晤，最终达成《圣安德鲁斯协议》，为北爱实现政治和平画定蓝图。2007年3月，北爱地方议会举行选举，民主统一党和新芬党得票总数过半，负责组建联合政府；北爱民主统一党领袖佩斯利和新芬党领袖亚当斯在贝尔法斯特举行历史上首次面对面的会晤。5月，北爱地方联合政府宣告重启，由民主统一党、新芬党、北爱统一党和社会民主工党四党组成并分享权力。2010年2月5日，经过两国四方（英爱政府、民主统一党、新芬党）谈判，民主统一党和新芬党就移交警务和司法权问题达成协议。4月12日，依据协议内容，北爱的警务和司法权从英议会顺利移交至北爱地方议会，除国防、外交及移民政策外，其他事务均已由北爱地方政府自行管理。2009年两国贸易额为195.5亿美元。

【同美国的关系】爱美于1923年建立外交关系。爱重视同美的特殊友好关系，爱总统、总理等政要多次访美。美约有4500万爱裔移民，在美政界颇有影响。美总统肯尼迪、里根、克林顿等均为爱裔。每年爱国庆日，美总统邀爱政界要人出席在白宫举行的盛大庆祝晚会。爱希望借助美推动解决北爱问题。美前任总统克林顿在1998年的北爱和平协议中发挥了积极作用。小布什上台后，对北爱问题作出了一些姿态。美是爱最大投资国、第二大贸易伙伴国。美在爱投资占其对欧盟总投资的1/4，在爱有500余家企业，大多经营高新技术产业。2009年，美国务卿希拉里访问爱，爱总统、总理分别访美，两国贸易额为209.6亿美元。

【同欧盟的关系】1973年加入欧共体。视欧盟为爱外交重心，在重大问题上与欧盟保持一致，借助欧盟加强其在国际社会中的影响。支持欧盟扩大，但力争维护小国利益。对欧洲制宪进程持积极态度，反对出现多速欧洲。2002年10月第二次全民公决通过了有关欧盟扩大的《尼斯条约》。2009年10月第二次全民公决通过了有关欧盟一体化的《里斯本条约》。2009年欧盟委员会主席巴罗佐、欧洲议会议长布泽克分别访爱。

爱于1999年1月首批加入欧元区，2002年1月1日起正式使用欧元。爱是欧盟地区基金最大的受益国之一。1973~1999年，爱得到欧盟援款274亿爱镑，2000~2006年再获98亿欧元。欧盟各国是其主要的贸易伙伴，2009年爱与除英之外的欧盟国家贸易额为475.7亿美元。

【同亚洲国家的关系】近年来积极拓展与亚洲的关系，2005年制定并实施第二阶段“亚洲战略”，重视发展与中国、日本、印度、韩国以及东盟国家的关系，并将中国列为重中之重。

【同非洲国家的关系】重视对非关系，按照2007

年里斯本欧非峰会精神，积极开展对非洲穷国的援助，积极参与联合国在非维和行动。承诺到2012年实现爱官方发展援助达到占国民生产总值0.7%的目标，并将大部分用于援助非洲国家。援助重点包括埃塞俄比亚、马拉维、乌干达、肯尼亚等。2008年4月，爱外长埃亨专门访问肯尼亚，了解肯年初骚乱后的援助落实和恢复重建状况。（查婷婷）

爱沙尼亚

国名　爱沙尼亚共和国（Republic of Estonia）。

面积　45277平方公里。

人口　134万（2009年底）。主要民族有爱沙尼亚族、俄罗斯族、乌克兰族和白俄罗斯族。官方语言为爱沙尼亚语。英语、俄语亦被广泛使用。居民主要信奉基督教路德宗、东正教和天主教。

首都　塔林（Tallinn），始建于1248年丹麦王国统治时期，1991年恢复独立后成为爱沙尼亚共和国首都。塔林市位于爱西北部，濒临波罗的海，历史上曾一度是连接中东欧和南北欧的交通要冲，被誉为“欧洲的十字路口”。共分8个区，总面积为158.3平方公里。气候受海洋影响明显，春季凉爽少雨，夏秋季温暖湿润，冬季寒冷多雪，年均气温4.7℃。塔林港是爱最大的港口。

国家元首　托马斯·亨德里克·伊尔维斯（Toomas Hendrik Ilves），2006年9月23日当选，同年10月9日正式就职，任期5年。

重要节日　独立日：2月24日，为纪念1918年2月24日爱脱离沙俄统治获得独立；恢复独立日：8月20日，为纪念1991年8月20日爱恢复独立；胜利日：6月23日，为纪念1919年爱抗击德国军队获胜。

简况

位于波罗的海东海岸，东与俄罗斯接壤，南与拉脱维亚共和国相邻，北邻芬兰湾，与芬兰隔海相望，西南濒里加湾，边界线长1445公里，海岸线长3794公里。属海洋性气候，冬季平均气温-5℃，夏季平均气温16℃，年平均降水量500~700毫米。

爱民族形成于12~13世纪。曾先后被普鲁士、丹麦、瑞典、波兰、德国、沙俄和苏联占领和统治。1710~1918年受沙俄统治，1918年2月24日宣布独立，成立爱沙尼亚共和国。2月底德军占领爱。同年11月，苏维埃俄国宣布对爱拥有主权。1920年2月，苏维埃俄国承认爱独立。1939年8月，苏德签订秘密条约，将爱划入苏势力范围。1940年6月，苏联根据《莫洛托夫—里宾特洛甫秘密补充议定书》出兵爱，同年7月成立爱沙尼亚苏维埃社会主义加盟共和国。1991年8月20日，爱脱离苏联，宣布恢复独立。9月17日，联合国宣布接纳爱为成员国。2004年3月29日，爱正式加入北约，5月1日正式加入欧盟，2007年12月21日，爱加入《申根协定》。

政治

2009年政局发生变化。由改革党、祖国联盟和共和国党、社民党组成的执政联盟在应对经济危机问题上产生重大意见分歧、互不相让。5月，社民党退出执政联盟，改革党、祖国联盟和共和国党在议会101个议席中占50个议席，成为少数派政府。面对经济萎靡、社会问题突出、执政联盟地位不稳等种种不利局面，总理安德鲁斯·安西普（Andrus Ansip，改革党主席）较好地把握了局势，与议会中的反对小党达成默契，基本稳住了政局，并着力重振经济，改善民生，为实现2011年加入欧元区既定目标而加快相关准备工作，执政联盟支持率有所回升。

【宪法】现行宪法于1992年6月28日通过，7月3日生效，除序言部分外共分15章168条。宪法确定，爱是独立主权的民主国家，国家最高权力属于人民，独立和主权至高无上、不可剥夺。爱实行三权分立的多党议会民主制。

【议会】一院制，共101个议席，任期4年。主要职能：通过法律；决定全民公决；选举共和国总统；批准或宣布废除条约；授权总理组成政府；通过并批准国家预算；决定对共和国政府、总理及部长进行不信任投票；宣布全国处于紧急状态；解决宪法所规定的总统、政府、其他国家机关或地方政府职权以外的所有行政问题等。年满21周岁且有选举资格的公民均可竞选议员。2007年3月4日，爱沙尼亚举行第11届议会选举，共有6个政党进入议会，分别是改革党（31席）、中间党（29席）、祖国联盟—共和国党（19席）、社民党（10席）、人民联盟（6席）、绿党（6席）。4月2日，恩娜·爱尔玛（Ene Ergma，祖国联盟—共和国党，女）当选议长。在2008年、2009年举行的年度例行议长改选中，爱尔玛两度当选连任。

【政府】现政府于2007年3月成立。改革党主席安西普连任总理。本届政府内阁成员为：外交部长乌尔马斯·帕依特（Urmas Paet，改革党副主席），司法部长莱因·兰格（Rein Lang，改革党），社会部长哈诺·派夫克（Hanno Pevkur，改革党），环境部长雅努斯·塔姆基维（Jaanus Tamkivi，改革党），文化部长拉依奈·雅内斯（Laine Janes，改革党，女），农业部长赫里尔—瓦里多尔·塞德尔（Herlir-Valdor Seeder，祖国联盟—共和国党），教育及科学部长特尼斯·卢卡斯（Tonis Lukas，祖国联盟—共和国党），经济通讯部长尤汉·帕茨（Juhan Parts，祖国联盟—共和国党），国防部长雅克·阿维克索（Jaak Aaviksoo，祖国联盟—共和国党），地区事务部部长希姆—瓦尔马·基斯勒（Siim-Valmar Kiisler，祖国联盟—共和国党），财政部长尤尔根·利基（Jurgen Ligi，改革党），内务部长马科·波莫朗茨（Marko Pomerants，祖国联盟—共和国党）。

【主要网址】 www. riik. ee（政府）；www. vm. ee（外交部）。

【行政区域】 全国共分15个省，大小城镇共254个。

【司法机构】 分城乡地区法院、上诉法院和最高法院三级。最高法院院长马特·拉斯克（Märt Rask），2004年5月1日就任。总检察长诺曼·阿斯（Norman Aas），2005年2月7日就任。

【政党】 主要政党有：

（1）改革党（Estonian Reform Party）：执政党，成立于1994年，共有成员近6000名，属右翼自由党。党主席为安德鲁斯·安西普。

（2）祖国联盟—共和国党（Pro Patria and Res Publica Union）：执政党，2006年6月由祖国联盟和共和国党合并而成。共有8000余名成员。属右翼政党，党主席为马特·拉尔（Mart Laar）。

（3）社会民主党（Social Democratic Party）：原名为温和党（The Moderates），2004年2月改为现名。在野党，成立于1996年，共有3000余名成员，属中右倾向的政党，党主席为尤里·皮赫尔（Juri Pihl）。

（4）中间党（Estonian Center Party）：在野党，成立于1991年，共有约10000名成员，属中左翼政党，党主席为埃德加·萨维萨尔（Edgar Savisaar）。

（5）人民联盟（Estonian People's Union）：在野党，成立于2000年，共有约10000名成员，属中左翼政党，党主席为维鲁·雷坚（Villu REILJAN）。

（6）绿党（Estonian Greens）：在野党，成立于2006年11月，共约1400名成员，党主席为马列克·斯特兰博格（Marek Strandberg）。

此外，在议会未获得席位的政党还有：爱沙尼亚波罗的海俄族人党（Russian Baltic Party in Estonia）、爱沙尼亚基督教人民党（Estonian Christian People's Party）、爱沙尼亚社会民主劳工党（Estonian Social-Democratic Labor Party）、爱沙尼亚民主党（Estonian Democratic Party）、爱沙尼亚独立党（Estonian Independence Party）、农民党（the Farmers' Party）、爱沙尼亚俄族人党（Russian Party in Estonia）和俄族人团结党（Russian Unity Party）、爱沙尼亚联合左翼党等。

【重要人物】托马斯·亨德里克·伊尔维斯： 总统。1953年12月26日生于瑞典斯德哥尔摩，自幼在美国长大。1976年和1978年先后毕业于美哥伦比亚大学和宾夕法尼亚大学。1984～1988年任德国慕尼黑“自由欧洲电台”评论员；1988～1993年任该台爱沙尼亚语部负责人。1993～1996年先后担任爱驻美国、加拿大和墨西哥大使。1996年12月至1998年9月任爱外交部长。1999年3月至2002年1月再次担任爱外交部长。2002年10月因温和党在地方选举中失利而引咎辞去党主席职务，改任副主席。2002年当选欧洲议员。2004年再次当选欧洲议员，任欧洲议会外委会副主席。2006年9月23日当选爱沙尼亚总统。对内主张实行市场经济，吸引外资。对外主张发展与西方，特别是对美关系。1998年5月任外长期间曾访华。已婚，有一子两女。 **恩娜·爱尔玛：** 议长。1944年2月29日生于爱沙尼亚拉克维拉市。物理数学博士。爱沙尼亚科学院院士。祖国联盟—共和国党成员。1969年毕业于莫斯科国立大学。1972～1988年在莫斯科天文学理事会工作。1988～1997年在爱塔尔图大学任教授。1999～2003年任爱科学院副院长。2003年3月当选爱第十届议会议长。2006年3月在议会年度例选中当选副议长。2007年4月2日当选爱第11届议会议长。2008年、2009年在议会年度例选中两度当选连任。单身。 **安德鲁斯·安西普：** 总理，改革党主席。1956年10月1日出生于爱沙尼亚塔尔图市。1979年毕业于塔尔图大学化学系。1979～1981年在塔尔图大学化学院任高级工程师。1981～1983年在苏联海军服役。1993～1995年为塔尔图人民银行董事会成员。1994～1996年任社会银行塔尔图分行行长。1994～1998年任塔尔图电台董事会主席。1994～1995年任塔尔图商业银行破产受托人。1995～1996年任利沃尼亚私有化投资基金理事会主席。1998～2004年任塔尔图市长，其间曾访华。2004～2005年3月任经济与交通事务部长。自2005年4月13日起出任爱总理。2007年3月连任总理。2008年先后来华观摩北京奥运会和出席第七届亚欧首脑会议。已婚，有三女。

经 济

自恢复独立以来，爱一直奉行自由经济政策，大力推行私有化，实行零关税和自由贸易政策，经济发展迅速，年均经济增速在欧盟成员国内位列前茅。2009年由于受全球金融危机和国内经济调整的影响，爱沙尼亚经济陷于严重衰退，国内生产总值增速不断下滑。2009年主要经济数据如下（文中经济数据除特别说明外，均出自爱沙尼亚统计局）：

国内生产总值：191亿美元，同比下降14.1%。

人均国内生产总值：14238美元。

货币名称：爱沙尼亚克朗（Estonian Kroon，EEK），辅币为分，1 克朗 = 100 分。

汇率：实行与欧元挂钩的固定汇率制，1 欧元 = 15.6466 爱克朗；2009 年美元平均汇率为 1 美元 = 11.26 爱克朗。

通货膨胀率：-0.1%。

失业率：13.8%。

【资源】自然资源匮乏。主要矿产有油页岩（探明的储藏量约 60 亿吨）、磷矿（储量约 40 亿吨）、石灰岩等。森林面积 211.55 万公顷，森林覆盖率达 48%，森林蓄积量 4.09 亿立方米，人均木材拥有量达 178 立方米。

【工业】主要工业部门有：机械制造、木材加工、建材、电子、纺织和食品加工业。2009 年，爱实现工业增加值 32.04 亿美元，其中采矿业实现增加值约为 2 亿美元，同比减少 11.1%；制造业实现增加值约为 23.92 亿美元，同比减少 25.8%；水、电、气行业产值约为 6.12 亿美元，同比减少 12%。2009 年爱工业总产值约为 104.47 亿美元，同比减少 26%。（此为 2009 年新增统计项目）

【农业】以畜牧业和种植业为主，畜牧业主要饲养奶牛、肉牛和猪。主要农作物有：小麦、黑麦、马铃薯、蔬菜、玉米、亚麻和饲料作物。2009 年爱农林牧渔业产值约为 12.58 亿美元，同比下降 15%，农林牧渔业实现增加值约为 4.45 亿美元，其中农牧业实现增加值 2.67 亿美元，同比减少 10.2%，林业实现增加值 1.44 亿美元，同比减少 16.6%，渔业实现增加值 0.34 亿美元，同比增加 5.8%。

【交通运输】公路：总里程 58034 公里。2009 年前三季度，公路货物运输总量为 2144.5 万吨，同比下降 25%，国际货物运输量为 313.7 万吨，同比下降 32%；货物运输周转量为 37.95 亿吨公里，同比下降 32%。

铁路：铁路运营总里程为 1229 公里，干线铁路为 797 公里，其中电气化铁路 132 公里。2009 年爱铁路运输乘客 488.6 万人次，同比下降 8%；货物 4596.1 万吨，同比下降 15%。

空运：2009 年客运量 138.3 万人次，同比下降 24%，其中，爱航空公司空运乘客 66 万人次，同比下降 25.5%。空运货物 20172 吨，同比下降 50%。主要机场有：伦纳特·梅里塔林国际机场、塔尔图机场、帕尔努机场、库勒萨勒机场和卡尔德拉机场。

海运：2009 年港口货运量 3847 万吨，同比增长 6.2%。其中货物运出量为 580.1 万吨（不含过境运输），同比下降 16%，货物运入量 411.5 万吨，同比下降 12%。2009 年港口过境运输量为 2848.3 万吨，同比增长 16%。2009 年港口客运量为 762.1 万人次，同比增长 1.8%。爱沙尼亚主要有塔林港、西由拉迈港、昆达港、北帕尔迪斯基港、帕尔努港等。

【财政金融】为实现尽快加入欧元区的目标，爱政府一直高度重视控制财政赤字，实行较为保守的财政政策。2009 年爱财政收入 83.28 亿美元，支出 86.55 亿美元，财政收支基本平衡。外汇储备 40.5 亿美元（爱央行数据）。

【主要银行】瑞典银行（Swedbank，原汉莎银行）：成立于 1991 年 4 月 30 日，资产总额 27.7824 亿欧元。

联合银行（Uhispank，原联合银行）：成立于 1992 年 12 月 15 日，资产总额 12.8232 亿欧元。

爱沙尼亚诺底亚银行（Nordeapank Eesti）：成立于 1995 年 2 月 27 日，资产总额 3.627 亿欧元。

爱沙尼亚信贷银行（Krediidipank）：成立于 1997 年 8 月 19 日，资产总额 1.1695 亿欧元。

【对外贸易】2009 年，爱进出口贸易总额为 191.3 亿美元，同比下降 29%，出口额为 90 亿美元，同比下降 24%，进口额为 101.3 亿美元，同比下降 33%，贸易逆差 11.3 亿美元，同比下降 66%。其中，向欧盟出口占爱出口总额的 69%，从欧盟进口占爱进口总额的 80%。爱进出口商品的结构基本相同，机电产品的进出口量所占份额最大，约为 20%。爱主要贸易国为：芬兰、瑞典、德国和俄罗斯。其中主要出口国为芬兰、瑞典和俄罗斯，出口额分别占爱总出口额的 18%、13% 和 9%；主要进口国为芬兰、德国和瑞典，进口额分别占爱总进口额的 14%、10% 和 8%。

【对外投资】2009 年，爱对外投资 14.87 亿美元，主要投资对象国是拉脱维亚、立陶宛，主要投资领域为金融、交通仓储及通讯、房地产、租赁及经营。

【外国资本】2009 年爱吸引外商直接投资 17.41 亿美元，主要投资国分别是瑞典、荷兰、芬兰，主要投资领域为金融、交通仓储、房地产租赁及经营。

【著名公司】（1）瑞典银行股份有限公司（AS Swedbank）：创建于 1992 年 1 月 10 日，主要从事金融业务，董事会主席 Mr. Pritt Perens，总资产为 27.7824 亿欧元。公司地址：Liivalaia 8，15040，Tallinn。电话：（372）6310310；传真：（372）6310410。

（2）爱沙尼亚能源公司（Eesti Energia AS）：创建于 1998 年 8 月 11 日，主要从事生产及分配电能业务，董事会主席 Mr. Sandor Liive，总资产 194.81 亿克朗。公司地址：24 Laki St. 12915，Tallinn。电话：（372）7152222；传真：（372）7152200。

（3）爱沙尼亚电讯公司（AS Eesti Telecom）：创建于 1991 年 4 月 16 日，主要从事电讯业务，董事会主席 Mr. Valdo Kalm，总资产为 45.24 亿克朗。公司地址：Valge 16，Tallinn 19095。电话：（372）6111470；传真：（372）6311224。

（4）塔林港股份有限公司（AS Tallinna Sadam）：创建于1990年11月14日，从事水运业务，董事会主席Mr. Ain Kaljurand。总资产为49.09亿克朗。公司地址：Sadama 25，15051，Tallinn。电话：（372）6318555；传真：（372）6318166。

人民生活

2009年爱居民工资收入自独立以来首次出现负增长，月平均工资为1086美元，同比下降5.3%，月平均养老金481美元，同比增长8%，领取养老金人数为29.1万。

军　事

总统是爱全国武装力量的最高统帅。国防委员会是总统国防事务的最高咨询机构。国防部是政府执行和实施国防政策的部门。国防军司令是军队最高指挥官。国家实行义务兵役制，服役期8～12个月。爱国防军总兵力约5000人。现任国防军司令安茨·拉纳茨（Ants Laaneots），国防军总参谋长尼姆·瓦利（Neeme Vali）。

文化教育

【教育】 爱实行9年制义务教育。2009年，爱共有学前机构637所，各类中小学校575所，各类技术职业学校51所，高等教育机构34所，其中主要有6所国立大学，4所私立大学，各类职业高等教育机构24所。

2009年，共有约31万人在各类学校学习，学前教育学生约6万人，其中中小学约15万人，各类技校及职业学校约3万人，大学约7万人。2009年，共有各类公共图书馆1100个，各类博物馆约300个。

著名高等学校：塔尔图大学（University of Tartu），建于1632年瑞典国王阿道夫·古斯塔夫二世（Gustavus II Adoplphus）统治时期，1919年由古斯塔夫学院改称塔尔图大学，被尊为"爱沙尼亚的启蒙圣母"，爱许多政要和知名人士均毕业或曾任教于该校。设有神学、法律、医学、哲学、生物和地理、物理和化学、教育、体育、经商管理、数学和信息科学、社会学等11个学科，下属10个系和研究所。师资人员共1700名，其中教授180名。学生近1.7万余人。校长Alar Karis。大学网站：www.ut.ee联系地址：Ulikooli 18，50090 Tartu，Estonia。电话：（372 7）375100。

【新闻出版】 2009年共发行850种各类期刊杂志，其中包括512种报纸，338种杂志。2009年主要爱文报刊及发行情况：爱沙尼亚晚报（SL Ohtuleht，55 100份）、邮差报（Postimees，日报，56025份）、爱沙尼亚快报（Eesti Ekspress，周刊，36900份）、爱沙尼亚日报（Eesti Paevaleht，34500份）等。主要俄文报刊有：每日新闻（Den Za Djom，日报、12100份）等。

主要通讯社：波罗的海通讯社（Baltic News Service—BNS），成立于1990年4月，私营通讯社，有近220名工作人员。

主要电台：（1）爱沙尼亚电台（Eesti Raadio），爱国家电台，建于1926年，每天24小时用爱沙尼亚语、俄语广播。（2）布谷电台，私营电台，成立于1992年，每天24小时用爱沙尼亚语广播。（3）俄罗斯电台，私营电台，1998年建台，每天21小时用俄语广播。

主要电视台：（1）国家电视台（Estonian Television-ETV），1955年建台，用爱沙尼亚语和俄语播放节目。（2）TV3，私营电视台，用爱沙尼亚语播放节目。（3）Kanal 2，私营电视台，1993年建台，用爱沙尼亚语和俄语播放节目。

2007年6月，爱沙尼亚电台与国家电视台合并成立爱沙尼亚广播电视公司（Estonian Public Broadcasting）。

对外关系

2009年爱继续奉行以欧盟为依托，不断密切与美国关系，着力推动和加强区域合作，对俄政策更趋务实，进一步加大参与国际事务力度。

【同中国的关系】 1991年9月11日，中爱两国建立外交关系。1992年初中国在爱设立使馆。1993年2月，中国向爱派驻大使。爱方于1997年在华设立使馆并派驻临时代办。2002年4月，爱向中国派驻首任大使。

2009年，中爱政治关系良好，政治互信不断加强。11月，张德江副总理访爱，与爱总理安西普、总统伊尔维斯先后举行会谈会见，双方经贸部门签署了促进投资和贸易合作备忘录。此外，中联部副部长陈凤翔、全国人大农业与农村事务委员会副主任委员孙文盛、最高检察院副检察长柯汉民、北京市政协主席阳安江率团对爱进行访问，与爱有关部门官员分别举行了富有成果的会谈。爱社民党主席比赫尔、爱议会外事委员会主席米科萨率团访华。

据中方统计，2009年，中爱进出口贸易额为4.4亿美元，同比下降34.8%，其中，中方出口额3.6亿美元，同比下降38.4%，中方进口额0.9亿美元，同比下降10.6%。双方主要进出口商品为：机械设备、电子产品及其零部件、贱金属及其制品、木材及木制品、植物产品、纸浆、纺织品和轻工业产品等。

2009年，中爱两国教育、文化、军事以及城际交流与合作持续深化，特别是爱首都塔林举行了首次庆祝中国传统春节活动，两国及两国人民彼此间的了解与互信不断加强。

中国驻爱沙尼亚大使：黄忠坡。馆址：塔林市纳尔瓦大街98号。邮政编码：15009（Narva mnt. 98，15009 Tallinn，Estonia）。电话：（372）6015830，6015831；传真：6015833。使馆网址：www.chinaembassy.ee。电子信箱：mailoffice@chinaembassy.ee；chinaemb@online.ee。

经商处电话：（372）6607867，6607868。传真：（372）6607818。电子信箱：chincoff@ online. ee。

爱沙尼亚驻华大使：安德列斯·翁卡（Andres Unga）。馆址：北京市朝阳区燕莎中心办公楼 C617、C618，邮政编码：100016。电话：010 - 64637913。传真：64637908。

【同美国的关系】爱重视发展对美关系，继续支持配合美全球战略。奥巴马当选后，爱总统伊尔维斯在贺电中重申一个强大的美国和紧密的跨大西洋合作对爱国家发展至关重要，伊并在出席联合国大会期间对美进行了顺访。

【同北约的关系】自 2004 年 3 月 29 日正式加入北约以来，爱一直视北约为自身安全保障。爱坚决支持北约转型，呼吁加强欧盟与北约的协调合作，促进跨大西洋合作。2008 年，伊尔维斯总统访问北约部队总指挥部；总理安西普赴罗马尼亚出席北约与乌克兰会议；在爱积极推动下，北约网络防护中心在爱首都塔林正式成立。2009 年，爱继续延长在伊拉克驻兵期限，为阿富汗大选增派兵力。

【同欧盟的关系】爱积极参与欧盟一体化进程，努力推动欧盟制定政治、经济、能源、外交统一政策，积极发展同欧盟国家的全面合作，各层次多边、双边交往十分频繁。爱积极参与欧盟"东部伙伴关系计划"，推动欧盟继续扩大，主张尽快接纳乌克兰、格鲁吉亚等国入盟。

【同俄罗斯的关系】继续奉行疏俄、防俄政策，同时注意改善两国关系氛围，开展务实合作。2009 年，两国举行副部长级磋商，就爱俄经贸和交通运输领域的合作问题交换意见，双方一致同意将磋商机制化。帕依特外长与俄外长拉夫罗夫在丹麦出席国际会议期间实现两国外长首次会晤，双方一致表达进一步加强双边务实合作的意愿。2009 年，俄文化部长访爱，签署爱俄 2009 ~ 2011 年文化交流协定。2009 年夏，爱首都塔林与圣彼得堡开通直航。

【同波罗的海及北欧国家的关系】爱积极推动波海三国传统友好合作，不断提升波海地区整体竞争力。三国总统、总理、议长先后会晤，就三国经济、能源、欧盟内合作等问题协调立场。同时爱与荷兰、瑞典、丹麦、挪威等北欧国家交流与合作不断深化，双方各领域互访频繁，友好关系得到进一步加强。

（王履欣）

安　道　尔

国名　安道尔公国（The Principality of Andorra）。

面积　468 平方公里。

人口　81222 人（2006 年）。其中安道尔人占 36.4%，属加泰罗尼亚族。外国移民中西班牙人占 34.0%，其次为葡萄牙人（15.7%）和法国人（6.3%）。官方语言为加泰罗尼亚语，通用西班牙语和法语。居民多信奉天主教。

首都　安道尔城（Andorra la Vella），人口 24211 人（2006 年）。

国家元首　法国总统尼古拉·萨科齐（Nicolas Sarkozy）和西班牙乌赫尔地方主教霍安·恩里克·比韦斯（Joan Enric Vives）同为国家元首，称为两大公。

重要节日　宪法日：3 月 15 日；国庆节：9 月 8 日。

简　况

位于西南欧西班牙和法国之间，比利牛斯山脉中部，为内陆国。北部与法国接壤 57 公里，南部与西班牙接壤 64 公里。全部为山地，平均高度 1996 米。属山地气候，年平均气温 9.9℃。

有关安道尔的记录始于公元 839 年的《乌赫尔大教堂落成纪要》，该《纪要》称安道尔为乌赫尔伯爵的领地。从 11 世纪起，乌赫尔主教的权力逐步延伸至整个安道尔，1133 年安道尔成为其教区。13 世纪，法国弗阿伯爵与乌赫尔主教争夺安道尔主权，双方为此进行了多次战争，最后于 1278 年和 1288 年达成两项协议，决定共管安道尔，并对各自在经济、法律、军事等方面的权限进行分工，安道尔由此成为公国，一直延续到 1993 年。期间，1793 年法国因爆发大革命而暂时失去对安道尔的统治权，1806 年拿破仑一世收回这一权力。法国实行共和制后，这一权力归总统所有。1982 年 1 月 4 日实行体制改革，行政权从议会改由政府行使。1993 年 3 月 14 日，安道尔全民公决，通过了有史以来第一部《宪法》。安成为一个独立的主权国家，但继续沿用两大公政治体制。

政　治

1993 年 12 月安首次举行议会选举，由里瓦斯·雷格领导的全国民主联盟在选举中获得相对多数并于 1994 年初组阁。1994 年 11 月政府提出设立增税方案，遭到议会以自由联盟领导人马克·福尔内为首的多数委员的反对并被弹劾下台。12 月，议会主要政党经过协商，同意由马克·福尔内担任首相并组建新政府。福尔内政府作为少数党联盟在议会中备受牵制。1996 年末，福尔内政府因提出经济开放和银行改革与反对党争执不下，最大的反对党全国民主联盟提出弹劾，要求政府下台。在此情况下，福尔内首相决定解散议会，并于1997年2月提前举行议会选举，福领导的自由联盟大获全胜。2001年3月，福领导的自由党再次获胜蝉联执政。2005年4月，安举行全国大选，自由党再次获胜，阿尔韦特·平塔特·圣托拉里亚出任首相。2009年4月，安举行第5次议会选举，由豪梅·巴图梅乌·卡萨尼（Jaume Bartumeu Cassany）率领的社民党获得议会28席中的14席，成为最大的获胜党。这是执政14年的自由党首次败北，社民党首次获胜。

【宪法】 1993年3月14日颁布《宪法》，宣告成立独立、法治、民主和社会福利的国家。宪法明确规定由西班牙乌赫尔主教和法国总统继续分别担任安道尔的两大公，主权属于安道尔人民。宪法共分九章一百零七条，对安道尔的主权、权利与自由、大公、总委员会（议会）、政府、地方机构、司法、宪法法院和机构改革等方面作了规定。

【议会】 一院制，称总委员会，1419年成立，代表安道尔人民行使立法权，通过预算，监督政府行为。总委员会由普选产生，共28名委员，其中14名委员系由全国选举产生，其余由全国7个行政区各选2名，任期4年，每2年改选半数。本届总委员会于2009年4月成立，议长约瑟夫·达列尔斯·科迪纳（Josep Dalleres Codina）。席位分配情况如下：

社会民主党	14
改革主义者联盟	11
安道尔改革党	3

【政府】 首相为政府首脑，由总委员会选举产生、两大公任命，负责领导国家的内、外政策。2009年4月，安举行议会选举，在野党社民党胜出，获得议会28席中的14席，豪梅·巴图梅乌·卡萨尼当选首相。哈维尔·埃斯波特·米罗（Xavier Espot Miro）任外交与机构关系大臣。

【行政区划】 全国划为7个行政区：安道尔城（Andorra la Vella）、卡尼略（Canillo）、马萨纳（Massana）、圣胡利娅—德洛里亚（Sant Julia de Loria）、恩坎普（Encamp）、莱塞斯卡尔德—恩戈尔达（Les Escaldes-Engordany）和奥尔迪诺（Ordino）。

【司法机构】 领导机构为司法高等理事会，由5名成员组成，任期6年。司法系统包括初级法院、中级法院和高级法院。另设宪法法院。

【政党】 2000年安各政党参照欧洲政党模式，把原来的自由联盟、全国民主联合会和全国民主促进会重组为三个政党，在议会中均拥有席位。

（1）社会民主党（Partit Socialdemocrata）：成立于2000年。现为执政党，领导人豪梅·巴图梅乌。

（2）改革主义者联盟（Coalición Reformista）：由自由党与新中心联合组成，现为最大的反对党。主席霍安·加夫列尔（Joan Gabriel）。

（3）安道尔改革党（Andorra por el Cambio）：领导人胡安·欧塞维奥·诺门·卡尔韦特（Juan Eusebio Nomen Calvet）。

【重要人物】胡安·恩里克·比韦斯： 安道尔大公、西班牙乌赫尔地方主教。1949年7月24日生于西班牙巴塞罗那。1974年9月被授予神甫职位，并获神学、哲学和教育科学硕士学位。曾担任巴塞罗那大主教管区代理主教、教区神甫、神学院神甫，加泰罗尼亚神学院及拉蒙·柳利大学教授。1993年6月被任命为诺纳主教和巴塞罗那副主教，2001年6月被任命为乌赫尔地方主教。2003年5月12日被任命为乌赫尔地方大主教和安道尔大公。 **豪梅·巴图梅乌·卡萨尼：** 安道尔首相。1954年11月10日生于安道尔。毕业于西班牙巴塞罗那大学法律系，法国图卢兹大学进修法律。曾任安道尔金融、贸易和工业大臣、安道尔总委员会社民党团领袖、欧洲委员会安道尔代表团成员。2009年4月当选为安道尔首相。

经　济

由于地理、气候及政治原因，安过去十分封闭，经济以畜牧业为主。直到20世纪30年代，开通了第一条公路，才与外界有了联系。从20世纪50年代起，安大力发展旅游业，以滑雪、免征商品税等招揽游客，通过免征个人所得税等措施吸引储蓄。旅游、商业及金融业迅速发展，服务业很快取代了传统农牧业，成为经济支柱。因此安经济部门比较单一，工业不发达。近年来，在国际金融、经济危机冲击下，安经济结构单一、自我恢复能力差等痼疾凸显，导致建筑业、服务业等支柱产业全面萎缩，就业形势恶化，银行借贷严重。安经济陷入衰退，国家负债率大增，政府财政日趋捉襟见肘。

目前农业种植面积20平方公里，占全国面积4%，其中350公顷种植烟草。主要农产品有马铃薯和烟草等。畜牧业以牛、羊为主，2008年牛、马、羊存栏数分别为1523头、917匹、2167只。主要矿藏有铁、明矾和铅。工业以香烟制造为主，其次有建筑、纺织、木材和食品加工。森林面积164平方公里，占全国面积28.5%，归国家所有。水力资源丰富，利用高山融雪建了许多小水电站，可满足全国用电1/4的需要，其余从法国和西班牙进口。2008年，从业人数为43254人。2008年国内生产总值38亿美元，人均国内生产总值4.5万美元，通货膨胀率为1.98%。

没有铁路，只有公路269公里。每千人有924辆汽车。有1个私人直升机机场。

无本国货币。外汇自由兑换。2001年初单方面宣布欧元为其货币之一，2002年1月1日起，使用欧元作为支付货币。1991年7月1日，加入欧洲关税同盟。实行低税制，不征所得税，有“无税天堂”之称。2004 年，银行总资产为 93.3 亿欧元，主要银行有安道尔私人银行、CAIXA 银行、安道尔萨巴德尔银行、安道尔信贷银行等，共计 56 家分行。

2008 年，国家预算 4.32 亿欧元。支柱产业旅游业占 GDP 的 80%。2008 年，入境游客达 1019.3 万人次。2008 年财政收入 4.342 亿欧元，占 GDP 的 16.7%；财政支出 5.304 亿欧元，占 GDP 的 20.4%；财政赤字占 GDP 的 3.8%。没有国防预算。政府收入主要来源于对进口和银行的税收、对石油等产品的间接税以及通过发行邮票所得。

2009 年进出口总额为 11.84 亿欧元。其中，进口额 11.38 亿欧元，同比下降 13.4%，出口额 0.46 亿欧元，同比下降 30.2%。主要贸易伙伴为西班牙和法国，分别占其出口的 70%、20% 和进口的 60%、19%。其次是欧洲其他国家以及亚太和北美洲等。主要进口产品是建筑材料、香烟、电器、化妆品、汽油燃料、服装、光学产品、各种加工食品及生活日用品，其中许多供应给外国旅游者；主要出口产品是羊毛、牲畜、皮革、香烟、木材、黄油、奶酪。

文化教育

【教育】 小学至高中实行免费义务教育。全国有学校 33 所，实行三种教育体制：（1）安道尔教育，占 21.7%，由安政府负责；（2）西班牙教育，占 39.1%，由西教育部负责发放西班牙语教材；（3）法国教育，占 39.2%，由法国负责，实施法教育部计划，用法语教学。安现有两所大学。中学生毕业后可选择在国内或到西班牙、法国受高等教育。2005 年政府投入教育资金达 4640 万欧元，2005/2006 学年在校学生共为 11651 人。

【新闻出版】 全国有 1 家电台、1 家电视台和 2 份报纸，《安道尔日报》为主要报刊，日发行量约 1.9 万份。

人民生活

社会保险制度建立于 1966～1968 年间，为病人、老人和劳动者提供保险金或养老金。2008 年，有医院 1 所，医生 212 人，188 张床位。2008 年，有固定电话 37153 部，移动电话 68483 部。

对外关系

1993 年独立前，对外关系由西、法两国代管，此后开始逐步建立和发展独立的对外关系。1993 年 6 月 3 日，安道尔与法国和西班牙签署合作协议，法、西两国宣布承认安道尔为主权国家并同其建立外交关系。同年 7 月 28 日，加入联合国，以后陆续加入了国际电信联盟、国际劳工组织、国际红十字会、世界卫生组织、世界知识产权组织、世界旅游组织、欧洲委员会、欧洲安全与合作组织、国际民航组织等国际和地区组织。签署了欧洲社会契约条约。此外，还不定期列席欧盟有关会议。安奉行和平睦邻友好政策，将发展同西班牙、法国及欧盟国家关系作为重点。2005 年，被接纳为伊比利亚美洲首脑会议成员国。10 月，平塔特首相出席了在西班牙举行的第 15 届伊比利亚美洲首脑会议。目前与世界上约 80 个国家签有建交协议，但迄今只在西班牙、英国、法国、美国、比利时和斯特拉斯堡设使馆和常设代表处。向西班牙、法国、卢森堡、荷兰、美国、加拿大、梵蒂冈和欧盟等派驻了大使。

【同中国的关系】 1994 年 6 月 29 日，安道尔同中国正式建立大使级外交关系。中国驻西班牙大使兼任驻安道尔大使，两国没有互设使馆。

2005 年 1 月，安首相福尔内访华。2007 年 10 月，张业遂副外长访安。2008 年 8 月，安道尔首相平塔特来华出席北京奥运会开幕式并观赛。11 月，中国工业经济联合会会长徐匡迪率团访安，会见了首相平塔特。2009 年安大选后，温家宝总理、吴邦国委员长和杨洁篪外长分别致函安新任首相、议长和外长，表示祝贺。

据中国海关总署统计，2009 年双边贸易总额为 268 万美元，增长 121%，其中中方出口额 249.7 万美元，增长 113.9%，进口额 18.3 万美元，增长 303.8%。

2005 年 2 月，中安签署了旅游合作谅解备忘录。2007 年 1 月 1 日起，安道尔正式成为中国公民出境旅游目的地。

文化方面，1999 年中国在安道尔举办过图片展，2000 年，红星歌舞团赴安专演。2005 年，《多彩中华》民族服饰演出团赴安演出。

中国驻安道尔大使：朱邦造（驻西班牙大使兼任）。地址：C/. Arturo Soria 113，Madrid，Spain。电话：（0034）915194242。

（汤庆治）

奥　地　利

国名　奥地利共和国（The Republic of Austria，Republik Österreich）。

面积　83871 平方公里。

人口　837.53 万（2009 年 12 月 31 日）。其中外国人 89.51 万人，占 10.68%。少数民族有斯洛文尼亚人、克罗地亚人和匈牙利人，约占总人口的

0.5%。官方语言为德语。78%的居民信奉天主教。

首都 维也纳（Wien），人口169.9万（2009年12月31日）。

国家元首 联邦总统海因茨·菲舍尔（Heinz Fischer），2004年4月25日当选，7月8日就任。2010年4月25日再次当选。

重要节日 国庆日：10月26日。

简 况

中欧南部的内陆国。东邻匈牙利和斯洛伐克，南接斯洛文尼亚和意大利，西连瑞士和列支敦士登，北与德国和捷克接壤。属海洋性向大陆性过渡的温带阔叶林气候。平均气温1月为-2℃，7月为19℃。

公元996年，史书中第一次提及"奥地利"。12世纪中叶在巴本贝格王族统治时期形成公国，成为独立国家。1278年开始了哈布斯堡王朝长达640年的统治。18世纪初，哈布斯堡王朝领土空前扩大。1815年维也纳会议后成立了以奥为首的德意志邦联，1866年，奥在普奥战争中战败，邦联解散。1867年与匈牙利签约，成立奥匈帝国。1918年第一次世界大战结束后，帝国解体，成立共和国。1938年3月被德国吞并。二战后被苏、美、英、法四国占领。1945年4月成立第二共和国。1955年5月，四个占领国同奥签订《重建独立和民主的奥地利国家条约》，宣布尊重奥的主权和独立。10月占领军撤出，奥重获独立。10月26日，奥国民议会通过永久中立法，宣布不参加任何军事同盟，不允许在其领土上设立外国军事基地。自1965年起，10月26日被定为奥国庆日。

政 治

2009年，奥政治与社会保持稳定。在全球金融和经济危机背景下，奥政府积极致力于应对危机引发的国内经济下行压力，以保证就业、深化改革为宗旨，陆续出台税改、医改、最低保障、儿童抚养金、免费幼儿园等社会福利的惠民政策，并着力实施2008年底出台的银行救助计划和经济刺激计划，保持较为宽松的财政政策，逐步稳定金融市场。同时，大力投资基础设施建设，为中小企业提供贷款担保，遏制经济下滑势头。联合执政两党——社民党和人民党——在2009年6次地方选举中均不同程度出现失票，一些小党则保持稳定甚或得分。

【宪法】现行宪法于1920年11月10日生效。1925年和1929年通过两项附则。1934年宪法被废除。1945年奥重建后宣布1920年宪法和两个附则继续有效。宪法规定，奥为联邦制共和国，总统是国家元首，由普选产生，任期6年。总理为政府首脑，任期5年。

【议会】由国民议会和联邦议会组成。国民议会制定并通过法律，主持新政府的就职仪式，可通过不信任表决罢免联邦政府及其成员。联邦议会代表各州的利益，有权将国民议会通过的法律提案驳回，但如国民议会坚持原案，联邦议会不得再提异议。国民议会共183席，按比例代表制产生，任期5年。本届国民议会于2008年10月选举产生，各党所占席位：社民党57席，人民党51席，自由党34席，奥地利未来联盟21席，绿党20席。议长任期5年，现任议长巴巴拉·普拉默（Barbara Prammer，女，社民党）。联邦议会共62席，由各州按人口比例选派，议长由各州多数党议员轮流担任，任期半年。国民议会和联邦议会联合组成联邦会议，主要职能是接受总统就职宣誓以及在必要时决定对外宣战。

【政府】2008年12月2日社民党和人民党组成大联合政府。本届政府设13个部，成员如下：总理维尔纳·法伊曼（原译：菲曼）（Werner Faymann，社民党），副总理兼财政部长约瑟夫·普勒尔（原译：普罗尔）（Josef Proell，人民党），负责妇女事务与公共服务的不管部部长加布里勒·海因尼施—霍塞克（Gabriele Heinisch-Hosek，女，社民党），欧洲与国际事务部长（外交部长）米夏埃尔·施平德勒格（原译：施平德埃格尔）（Michael Spindelegger，人民党），劳动、社会与消费者保护部长鲁道尔夫·洪特施托弗尔（Rudolf Hundstorfer，社民党），卫生部长阿洛伊斯·施托格尔（Alois Stoeger，社民党），内政部长玛丽亚·菲克特（Maria Fekter，女，人民党），司法部长克劳蒂亚·班迪恩—奥特纳（Claudia Bandion-Ortner，女，无党派），国防与体育部长诺贝特·达拉伯斯（Norbert Darabos，社民党），农林、环境与水利部长尼克劳斯·贝拉科维奇（Nikolaus Berlakovich，人民党），教育、艺术与文化部长克劳蒂亚·施密德（Claudia Schmied，女，社民党），交通、创新与技术部长多丽丝·布雷斯（Doris Bures，女，社民党），经济、家庭与青年部长莱因霍尔特·米特雷纳（Reinhold Mitterlehner，人民党），科学与研究部长贝阿特里克斯·卡尔（Beatrix Karl，人民党）。此外，财政部设2名、经济、家庭与青年部设1名国务秘书（相当于副部长）；总理府另设1名国务秘书。

【行政区划】全国划为9个州，它们是：布尔根兰、克恩滕、上奥地利、下奥地利、萨尔茨堡、施蒂利亚、蒂罗尔、福拉尔贝格、维也纳。州下设市、区、镇（乡）。

【司法机构】全国有三个法院系统：宪法法院，审理涉及宪法、特别是地方与联邦政府纠纷的案件，院长格哈特·霍尔齐格尔（Gerhart Holzinger）；行政法院，负责涉及官方机构及其工作人员的行政纠纷案件，院长克莱蒙斯·雅伯伦纳（Clemens Jabloner）；最高法院，负责刑事和民事案件，院长伊尔姆加特·格里斯（Irmgard Griss）。

【政党】主要有：

（1）奥地利社会民主党（Sozialdemokratische

Partei Österreichs）：执政党。1889 年成立。1919～1920 年执政，1934 年被取缔。1945 年改名为社会党，1991 年改为现名。主席维尔纳·法伊曼。

（2）奥地利人民党（Österreichische Volkspartei）：执政党。前身是 1887 年建立的基督教社会党，1945 年改为现名。主席约瑟夫·普勒尔。

（3）奥地利自由党（Freiheitliche Partei Österreichs）：在野党。1955 年成立，前身是"独立者联盟"，曾于 1983～1986 年和社会党组成联合政府。2000 年 2 月与人民党联合执政，2005 年党内发生分裂后失去执政地位。主席海因茨—克里斯蒂安·斯特拉赫（Heinz-Christian Strache）。

（4）奥地利未来联盟（BZÖ）：在野党。2005 年 4 月 4 日因自由党内部发生分裂而成立，自由党所有内阁成员和绝大多数议员加入该党，并与人民党联合执政至 2007 年 1 月。主席约瑟夫·布赫尔（Josef Bucher）。

（5）绿党（Die Grünen）：在野党。前身是"绿色和平组织"。1986 年成立。联邦发言人（主席）埃娃·格拉维施尼克（Eva Glawischnig）。

【重要人物】海因茨·菲舍尔：总统。1938 年 10 月 9 日生于格拉茨市。1971 年当选国民议会议员。1975 年起先后任社民党议会党团主席、联邦科研部长，1990 年、1996 年和 1999 年三次当选国民议会议长。2002 年 12 月起任国民议会第二议长。2004 年 4 月 25 日当选联邦总统，7 月 8 日就任。2010 年 4 月 25 日再次当选。　**维尔纳·法伊曼：**总理。1960 年 5 月 4 日生于奥地利维也纳。法律专业毕业。1985～1994 年任维也纳市议会议员。2007 年 1 月至 2008 年 12 月任奥交通、创新和技术部长。2008 年 8 月出任社民党主席。同年 12 月 2 日出任社民党与人民党大联合政府总理。

经　济

2009 年，受国际金融危机影响，工业生产大幅下降，失业率上升，个人消费不振。奥主要出口市场——德国、意大利和美国等主要出口市场消费疲软，与奥经济联系密切的东欧国家经济状况恶化，导致奥上半年出口大幅下降。随着下半年德国等西欧国家以及北美和亚洲经济出现回暖，加之奥政府经济刺激政策作用显现，自第三季度起，奥主要经济指标环比连续出现好转，出口和工业生产显著增长，经济逐渐止跌企稳。主要经济数据如下：

国内生产总值：2769 亿欧元。

人均国内生产总值：33090 欧元。

国内生产总值增长率：－3.6%。

国民收入：2739.8 亿欧元。

货币名称：欧元（EURO），1 欧元＝100 分。

通货膨胀率：0.5%。

失业率：5%。

【资源】矿产主要有石墨、镁、褐煤、铁、石油、天然气等。森林、水力资源丰富，森林面积 334 万公顷，森林覆盖率 43.4%。木材蓄积量 10.95 亿立方米。

【工业】2009 年工业产值 1135.7 亿欧元，占国内生产总值的 48.5%。主要工业部门有钢铁、机械制造、化工、采矿、电子和汽车发动机制造等。2009 年工业从业人员 40.2 万。主要工业品产量如下（单位：万吨）：

	2006	2007	2008
铁矿	209.2	215.2	203.3
石油	85.6	85.3	94.2
天然气（亿立方米）	17.3	18.3	15.4

（资料来源：2009 年奥地利统计年鉴和奥地利联邦商会网站）

【农林业】2009 年农林业产值为 37 亿欧元，占国内生产总值的 1.3%，农林业从业人数 52 万。2008 年有可耕地 136.9 万公顷，占全国面积的 16.3%。2009 年有可耕地 136.6 万公顷，占全国面积的 16.2%。牧场 145 万公顷（1986 年），占 17.2%。农业发达，机械化程度高，主要农产品自给有余。主要农产品产量如下（单位：万吨）：

	2007	2008	2009
小麦和黑麦	151.4	153.5	181.7
玉米	174.6	199.5	244
马铃薯	65.5	66.9	75.7

猪牛存栏数如下（单位：万头）：

	2007	2008	2009
猪	328.6	306.4	313.7
牛	200.0	199.7	202.6

（资料来源：2009 年奥地利统计年鉴和奥地利经济研究所官方网站）

【旅游业】旅游业发达。2009 年接待游客 3232 万人次，其中外国游客 2136 万人次。全国有各类旅馆 65600 家，共有床位 105.1 万张。外国游客主要来自德国、荷兰、瑞士、英国和意大利等国。（资料来源：奥地利统计局网站）

【交通运输】奥地利地处欧洲中部，是欧洲重要的交通枢纽。

铁路：全国铁路总长 6271 公里。2008 年客运量 2.389 亿人次，货运量 1.22 亿吨。2009 年货运量 0.99 亿吨。

公路：全国各类公路总长约 10.7 万公里，其中高速公路和快速路 2112 公里。2008 年货运量 3.69 亿吨。

水运：多瑙河航线长 350 公里。共有客船 331 艘，货船 142 艘。2009 年多瑙河货运量 932.2 万吨。

空运：奥地利航空公司、蒂罗尔航空公司和劳达航空公司共同组成 AUA 集团，有 80 架飞机，飞往 120 个目的地。全国有 6 个机场，主要国际机场是维也纳施威夏特机场。2009 年奥地利全国民用航空客运量 2265 万人次，货运量 20.9 万吨。

【财政金融】近年财政收支情况如下（单位：亿欧元）：

	2007	2008	2009
支出	723	740	774
收入	695	644	639
赤字	28	96	35

（资料来源：奥地利联邦财政部官方网站）

2009 年，国债 1687.2 亿欧元，相当于国内生产总值的 60.9%。

【对外贸易】外贸在经济中占重要地位，近几年外贸情况如下（单位：亿欧元）：

	2007	2008	2009
进口额	1143	1191	978
出口额	1147	1173	942
差　额	4	－18	－36

（资料来源：2009 年奥地利统计年鉴）

主要出口产品是机械、钢铁、原料、食品、工业半制成品和制成品。进口主要是原料、机械、食品以及初加工产品和工业制成品。

【对外投资】1991 年成立“东西方基金”，鼓励奥企业到中、东欧国家投资，政府担保风险。2009 年奥在国外直接投资额 27.1 亿欧元，同比下降 85%。主要投资对象国是德国、土耳其、比利时。

【外国资本】2009 年外国在奥直接投资额为 50.8 亿欧元。主要投资来源国是德国、卢森堡、荷兰和匈牙利。

【发展援助】2009 年发展援助额 8.23 亿欧元，占国内生产总值的 0.29%。发展援助的重点领域是农业、水利、卫生、能源、基础设施、职业培训、科研合作等。

人民生活

实行全国社会保险和救济制度，主要有医疗、失业、养老和事故四大类保险。2009 年人均国民收入 33061 欧元，就业人员月平均工资 2910 欧元，每千人拥有小汽车 522 辆；全国共有专业医生 38313 人，医院 267 家，病床 65544 张。

军　事

1955 年 9 月，奥地利颁布《国防法》，创建联邦军。总统为武装力量最高统帅。国家安全委员会为最高安全决策机构，是联邦政府在外交、安全和国防事务上的总咨询机构，由联邦总理、副总理、外交、国防、内政、司法部长及议会各议会党团代表等 17 名有表决权的正式成员组成，联邦总理任主席，联邦军总参谋长列席。国防部为最高军事指挥机关，平时由联邦政府授权国防部长对联邦军行使指挥权。总参谋长是国防部长的最高军事顾问，代表国防部长对奥军境内外行动实施指挥。联合作战司令部是战略级的指挥机构，统一指挥地面和空中部队。

奥长期奉行中立政策。自 1995 年加入欧盟后，积极参与欧盟共同防务建设。自 1996 年起，多次参加联合国维和行动。

奥军实行义务兵役制，服役期 6 个月。目前，地面部队现有兵力 3.5 万人。下设特种部队司令部、宪兵司令部、9 个军区司令部、2 个步兵旅、2 个装机步旅和 1 个指挥支援营。空中部队现有兵力 6700 人，下设空中监视司令部和空中支援司令部。

2010 年国家安全与国防预算 79.7 亿欧元，占联邦财政总预算支出的 11.26%。

文化教育

【教育】学龄儿童享受 9 年义务教育，学费、书费和上学交通费由国家负担。凡持有高中毕业文凭可免试上大学。2009 年奥教育预算 72.3 亿欧元，占总预算支出 10.2%。2008/2009 年度有各类中小学、职业学校 6084 所，在校学生 114.3 万人，各类高等院校 189 所，大学生 29.2 万人。著名的维也纳大学创立于 1365 年，系德语国家最古老的大学之一。

【新闻出版】2008 年全国有各类报纸 238 种，其中日报 31 种，周报 207 种。主要报纸 2009 年发行量为：《皇冠报》92.95 万份，《信使报》21.1 万份，《新闻报》10.3 万份，《标准报》10.8 万份。主要杂志发行量为：《新闻周刊》22.2 万份，《侧面》周刊 9 万份，《趋势》经济月刊 6 万份。

奥地利通讯社：1946 年建立，以向奥报纸和电台提供世界各大通讯社的消息为主，有时也发布奥官方消息。

1924 年建立国家广播电台。共有 5 家电台，用德、英、法、西四种语言对外广播。1957 年开播电视节目，现有三套节目。

对外关系

奥地利外交政策的基点是以和平中立为基础，以欧盟为依托，积极推动欧盟深化和扩大，在重大国际问题上与欧盟协调一致。加强同周边邻国特别是中东欧国家关系，保持和深化同大国关系，谋求在国际事务中发挥独特作用。2009 年，奥在外交上继续保持积极活跃的态式。在多边舞台上，以担任联合国安理会非常任理事国为契机，积极参与联合国等多边事务，推动安理会讨论并通过了“加强武装冲突中的平民保护”决议。在欧盟层面，积极参与欧盟应对经济危机协调行动，推动气候保护和欧盟机制改革；开展危机外交，游说德国、法国和欧盟领导人以及国际货币基金组织、世界银行等机构加大对中东欧国家的“危机援助”。在国际政治方面，积极参与巴以冲突、伊朗核等国际热点问题的讨论；支持国际金融体系改革，修改本国银行保密法，加强对外银行信息交流。大力开展能源外交，积极协调与推动纳布科天然气管线项目签署政府间协议。

【对当前重大国际问题的态度】关于国际形势：认为国际形势正在经历着复杂而深刻的变化，新的力量和利益集团正在形成。国际社会面临的挑战增多，恐怖主义和大规模杀伤性武器的扩散是对世界和平的主要威胁。国际社会应以“有效多边主义”应对新型威胁。一个多极、法治和尊重人权的世界有利于全球的和平与稳定。

关于联合国的作用和机制改革：认为联合国地位应得到加强，安理会对协调解决热点问题和地区冲突具有核心作用。联合国改革的目的应为使之成为一个切实强大并且有行动能力的国际组织，并在捍卫世界和平与安全方面发挥更大作用。联合国改革应适应21世纪面临的挑战，应提高安理会的效率，增强代表性，加强中小国家的作用和地位，主张欧盟作为一个整体获得安理会常任理事国席位。

关于欧盟：视欧盟为维护和实现奥利益最重要平台，认为欧盟在国际事务中发挥着日益重要的作用。应积极谋求并提高其在安理会、世贸组织、国际货币基金组织等国际组织和机制中的地位和作用，特别是应争取欧盟作为一个整体在联合国安理会获得常任理事国席位。

关于欧洲一体化：认为欧盟应加强共同外交和安全政策，提高欧盟共同决策和行动能力，尽早建立欧盟独立安全与防务体系，加强欧盟在面临局部冲突时的干预能力。《里斯本条约》生效标志欧洲一体化进入新的历史阶段，将确保欧盟更具行动能力并在国际舞台上扮演更加重要角色。应加强欧盟内部团结，尊重并体现中小国家的关切和利益。进一步东扩有利于欧洲的持久和平与稳定，对维护和促进欧盟周边地区乃至世界和平、稳定与发展具有重要战略意义。

关于巴尔干问题：奥紧邻巴尔干地区，认为保持该地区稳定对奥至关重要，并派遣900名士兵参与科索沃和波黑地区维和行动。主张欧盟应大力支持该地区国家民主进程和经济发展，推动其加快融入欧洲步伐。奥是首批承认科索沃独立的国家之一。

关于欧俄关系：认为俄拥有丰富的人力和自然资源，是世界军事强国，具有巨大发展潜力，且在地缘政治、经济和文化等方面与欧盟有许多共同利益。欧盟应重视俄在实现欧洲和平、稳定与发展方面的作用及市场潜力和自然资源，不断深化与俄在经济、内外安全、文化教育等方面的合作关系。

关于欧美关系：重视与美关系，认为欧美间有广泛的共同利益，欧美关系是维护世界和平最重要的双边关系，改善和加强欧美关系符合欧盟和奥的利益。加强同美的协调与合作是欧盟必须坚持的指导方针。同时，欧盟应与美建立新型的平等伙伴关系，开展深入的文化对话，以增进了解，减少分歧，避免冲突。

关于同亚洲国家关系：认为亚太在全球政治、经济和安全事务中的作用日益增强，欧盟应通过亚欧会议等机制从战略高度全面提升与亚洲国家的合作关系，尤应重视同中国、日本、印度、东盟等国家和地区组织发展长期合作关系。

关于中东局势：关注中东和平进程，认为欧盟共同外交和安全政策在中东和平进程中发挥了积极有效作用。主张通过经济和社会发展推动中东和平进程，继续向巴勒斯坦地区提供发展援助。认为国际社会的终极目标是建立一个独立、民主、有生命力的巴勒斯坦国，巴以双方和睦相处。

关于伊朗核问题：认为伊朗应遵守反扩散条约规定的义务，履行国际原子能机构的有关决议。呼吁伊朗作出承诺并采取具体措施，确保其核计划用于民用目的。伊朗目前的立场和态度不利于问题得到实质性解决。

关于应对全球金融危机：认为此次全球性金融危机的根源在于对金融衍生产品、投机活动缺乏有效监管，且国际金融市场彼此依存度高，各国抵御危机能力薄弱。主张各国联手应对全球金融危机，稳定国际金融市场，加强监管，建立健全国际金融市场监管体系，以避免全球金融危机再度发生。欧盟应在全球应对金融危机中发挥更大作用。

关于气候变化问题：与欧盟立场保持一致。主张国际社会在联合国应对气候变化框架内共同行动，遏制全球气候变暖趋势。认为哥本哈根气候变化会议的主要成果是就发达国家在未来向发展中国家应对气候变化提供资金和技术支持方面达成一致，并对各国减排和应对气候变化的后续计划做出了规定，但会议未能就减排问题达成具有法律约束力的协议令人失望。

关于国际反恐问题：坚决反对任何形式的恐怖主义，认为国际恐怖主义直接破坏全球安全和稳定，是对整个文明世界的威胁。联合国应在国际反恐斗争中担负领导责任，世界各国应共同加强反恐合作，欧盟应完善反恐机制。主张通过加强不同文明、不同宗教间的对话来消除恐怖主义滋生的土壤。

关于人权问题：视人权为奥外交政策基石。强调人权的普遍性、不可分割性和相互依赖性。认为人权、民主、发展紧密相连，安全政策就是人权政策，只有通过不断促进国际人权事业发展才能确保人类社会的可持续发展、长久繁荣和安全。重点是取消死刑，保护少数民族、妇女和儿童权益。

【同中国的关系】1971年5月28日同中国建立外交关系，建交后两国关系总体发展顺利。

2009年，中奥关系总体发展顺利。两国保持高层交往。9月23日，国家主席胡锦涛在出席联合国秘书长潘基文为参加第64届联合国大会的各国代表团团长举行的欢迎午宴上与奥地利联邦总统海因茨·

菲舍尔简短交谈。5月15~18日，全国人大常委会委员长吴邦国应奥地利国民议会议长巴巴拉·普拉默和联邦议会议长哈拉尔德·莱森贝格邀请对奥进行正式友好访问。其间，吴邦国委员长与普拉默议长举行会谈，会见奥总统菲舍尔、联邦议会议长莱森贝格、代总理约瑟夫·普勒尔、萨尔茨堡州州议长西蒙·伊尔默和州长加比·布格施塔勒，双方就进一步发展中奥关系等深入交换意见。4月，奥地利联邦议会议长莱森贝格应中国人民对外友好协会邀请率奥中友协高级代表团访华，全国政协主席贾庆林会见。

受国际金融危机冲击，2009年中奥贸易额为48.3亿美元，同比下降1.2%，中国继续保持奥在亚洲最大贸易伙伴地位。其中中国出口额14.3亿美元，下降19.3%；进口额34亿美元，增长9.1%。中方逆差19.7亿美元。第22次中奥经贸联委会于11月在维也纳举行。中国航空工业集团西安飞机工业（集团）公司收购奥地利未来先进复合材料股份公司91.25%的股权，双方于12月3日在维也纳举行股权交割仪式。

两国在文化、科技、教育、财政、军事等领域的交流与合作持续发展。1月，“北国之春——中国维也纳新春音乐会”在维也纳金色大厅举行，奥联邦议会副议长苏珊娜·诺伊维特等出席。5月，中央军委委员、解放军总装备部部长常万全上将访奥。6月，中国人民对外友好协会与奥地利奥中友协合作在奥地利联邦司法部举行“纪念改革开放30周年——中国妇女问题研讨会”，中国人民对外友好协会副会长李建平、奥联邦司法部长克劳蒂亚·班迪恩—奥特纳出席。奥地利财政部国务秘书莱因哈特·罗帕特卡和安德里亚斯·席德尔分别于8月和10月访华。9月，奥联邦科学与研究部长约翰内斯·哈恩应教育部邀请访华。11月，全国人大常委会副委员长、中国科学院院长路甬祥访奥。出生在奥地利维也纳美泉宫动物园的熊猫幼仔“福龙”返回四川中国保护大熊猫研究中心雅安碧峰峡基地。

省州及其他交往活跃。9月，上海市与奥地利萨尔茨堡州萨尔茨堡市签署《中华人民共和国上海市和奥地利共和国萨尔茨堡市建立友好城市关系协议书》。截至2009年底，两国已建立17对友好省州或城市（区）关系。

中国驻奥地利大使：吴恳。馆址：Metternichgasse 4，1030 Wien。电话：（431）714314948。电传：135794CHINBA。传真：（431）7136816。商务处电话：（431）714314921；传真：（431）714314922。领事部电话：（431）7103648；传真：（431）7103770。

奥地利驻华大使：赛迪科（Martin Sajdik）。馆址：100600，北京市建外秀水南街5号。电话：010－65322061。电传：22258。传真：65321505。商务处电话：85275050；传真：85275049。签证处电话：65322061；传真：65321505。文化处电话：65329757；传真：65329271。

【同欧盟的关系】 1995年正式加入欧盟，1999年1月成为首批欧元区成员国，1995年4月28日签署《申根协定》。1998年下半年和2006年上半年先后两次担任欧盟轮值主席国。目前奥在欧洲议会中有17个席位。2008年4月，奥国民议会批准《里斯本条约》，同月，奥总统菲舍尔签署了该条约。外贸主要集中在欧盟国家。2009年奥对欧盟贸易总额为1385.3亿欧元，占奥外贸总额的72.2%，其中奥对欧盟出口额为669.7亿欧元，进口额为715.6亿欧元。

【同德国的关系】 由于地理、历史、文化等方面的原因，对德关系始终在奥对外政策中占据核心地位。两国高层接触频繁，各领域人员往来密切。德一直是奥最大的贸易伙伴。2009年奥德双边贸易额达690.7亿欧元，占奥外贸总额的35.9%，其中奥向德出口额292.4亿欧元，进口额398.3亿欧元。

【同美国的关系】 重视与美国关系，认为欧美间有广泛的共同利益，欧美关系是维护世界和平的最重要的双边关系，改善与加强欧美关系符合欧盟和奥的利益。加强同美的协调与合作是欧盟必须坚持的指导方针。同时认为，欧盟应与美消除分歧，建立新型的平等伙伴关系。2009年奥美双边贸易额为65.95亿欧元，占奥外贸总额的3.4%，其中奥对美出口额40.35亿欧元，进口额25.6亿欧元。

【同俄罗斯的关系】 看重俄在实现欧洲和平、稳定和发展方面的“关键作用”以及俄市场潜力和自然资源，在推动欧盟与俄建立全面合作关系的同时，谋求加强奥俄双边关系。2009年奥俄双边贸易额为37.46亿欧元，占奥外贸总额的1.95%，其中奥对俄出口额20.26亿欧元，进口额17.2亿欧元。

（彭方千）

白俄罗斯

国名 白俄罗斯共和国（The Republic of Belarus，Республика Беларусь）。

面积 20.76万平方公里。

人口 948万人（2009年底）。共有100多个民族，其中白俄罗斯族占81.2%，俄罗斯族占11.4%，波兰族占3.9%，乌克兰族占2.4%，犹太人占0.3%，其他民族占0.8%。官方语言为白俄罗斯语和俄罗斯语。主要信奉东正教（70%以上），西北部一些地区信奉天主教及东正教与天主教的合并教派。

首都　明斯克（Minsk，Минск），人口183.28万（2009年3月1日），年平均气温7.8℃。

国家元首　总统亚历山大·格里戈里耶维奇·卢卡申科（Александр Григорьевич Лукашенко），1994年7月10日就任，2001年9月和2006年3月两次连任。

重要节日　公历新年：1月1日；东正教圣诞节：1月7日；卫国战争胜利日：5月9日；独立日（共和国日）：7月3日，纪念1944年7月3日苏军解放被德国法西斯占领的明斯克；十月革命日：11月7日。

简况

内陆国，位于东欧平原西部。东邻俄罗斯，北、西北与拉脱维亚和立陶宛交界，西邻波兰，南接乌克兰。属温和大陆性气候。1月平均气温－1.2℃，7月平均气温19.4℃。

白俄罗斯人是东斯拉夫族的一支。白俄罗斯（"白色罗斯"）一词始见于1135年编年史。公元862年，白俄罗斯土地上建成波洛茨克城堡。9～12世纪，以该城堡为中心形成波洛茨克公国。13世纪上半叶形成白俄罗斯语言文字。13世纪中期至18世纪末，白先后归属立陶宛大公国和立陶宛—波兰王国等，后并入俄罗斯帝国。1918年，白俄罗斯人民共和国成立。1919年，白俄罗斯苏维埃社会主义共和国成立。1922年白加入苏联。1990年7月27日，白最高苏维埃通过白国家主权宣言。1991年12月19日，改名为白俄罗斯共和国，简称白俄罗斯。

政治

1994年开始实行总统制，同年7月，卢卡申科当选首任总统。1996年，总统与议会（时称第13届最高苏维埃）权力斗争激化，卢卡申科总统下令举行全民公决。根据同年11月24日公决结果，第13届最高苏维埃活动被终止，同时组建新的两院制议会，卢卡申科总统任期延至2001年。2001年卢以75.2%的高票获得连任。2004年10月，白举行全民公决，取消了宪法中关于总统任期的限制。2006年3月，白提前举行总统大选，卢以82.6%的得票率再次连任，任期至2011年。

2009年，白政局总体稳定。强总统、弱议会、小政府政权格局进一步强化。卢卡申科撤换内务、工业、自然资源、交通运输等7名部长，巩固垂直领导体系；严打政治反对派；强调社会公正，注重社会保障；努力解决民生问题，威望和支持率保持较高水平。反对派缺乏明确纲领和领军人物，影响进一步萎缩。

【宪法】1996年11月24日全民公决通过总统提出的宪法修正案，11月27日生效。2004年10月17日全民公决决定取消宪法第81条关于总统任期连续不得超过两届的限制。宪法规定：白俄罗斯实行总统制和三权分立；总统为国家元首和武装力量总司令，由选民直接选举产生，任期5年，可以连选连任，没有限制；总统有权确定全民公决、解散议会、确定各级议会选举、任命政府总理（须经议会下院批准）、任免所有副总理以下政府成员、任免所有司法机构、中央选举和全民公决委员会领导人、决定政府辞职等；在总统出缺或不能履行职务时，由总理暂行总统职权。

【议会】称国民会议，由共和国院（上院）和代表院（下院）组成，每届任期四年。本届国民会议为第四届，于2008年10月组成。共和国院共64名代表，其中56名由全国6州1市（明斯克）的地方苏维埃代表会议以秘密投票方式各选举8名产生，另8名由总统任命。主要职能是通过或否决下院通过的法案；批准总统关于司法机构、中央选举和全民公决委员会、中央银行领导人的任命；选举宪法法院的6名法官；决定解散地方代表苏维埃；审议总统关于战争状态和紧急状态的命令；审议下院对总统的弹劾等。主席安纳托利·尼古拉耶维奇·鲁宾诺夫（Анатолий Николаевич Рубинов），2010年5月24日当选。代表院由110名代表组成，以秘密投票方式直接普选产生。代表院主要职能是审议宪法修改补充草案和各类法案；确定总统大选；批准总统关于总理的任命；对政府表示不信任；接受总统辞职等。主席弗拉基米尔·巴甫洛维奇·安德烈琴科（Владимир Павлович Андрейченко），2008年10月当选。

【政府】称部长会议，并设有部长会议主席团。本届部长会议主席团2008年组成。主要成员有：总理谢尔盖·谢尔盖耶维奇·西多尔斯基（Сергей Сергеевич Сидорский），第一副总理弗拉基米尔·伊里奇·谢马什科（Владимир Ильич Семашко），副总理伊万·米哈伊洛维奇·巴姆比扎（Иван Михайлович Бамбиза），副总理维克多·帕夫洛维奇·布里亚（Виктор Павлович Буря），副总理安德烈·弗拉基米罗维奇·科比亚科夫（Андрей Владимирович Кобяков），总统办公厅主任弗拉基米尔·弗拉基米罗维奇·马克伊（Владимир Владимирович Макей），国家监察委员会主席杰农·库兹米奇·洛马奇（Зенон Кузьмич Ломать），国家银行理事会主席彼得·彼得罗维奇·普罗科波维奇（Петр Петрович Прокопович），经济部长尼古拉·盖纳季耶维奇·斯诺普科夫（Николай Геннадьевич Снопков），财政部长安德烈·米哈伊洛维奇·哈尔科维茨（Андрей Михайлович Харковец），外交部长谢尔盖·尼古拉耶维奇·马丁诺夫（Сергей Николаевич Мартынов）。

【主要网址】总统网站：http：//www. president. gov. by；政府网站：http：//www. government. by；外交部网站：http：//www. mfa. gov. by。

【行政区划】全国划分为明斯克、布列斯特、维捷布斯克、戈梅利、格罗德诺、莫吉廖夫6个州和具有独立行政区地位的首都明斯克市，下设118个区、106个市、25个市辖区、106个镇和1456个村。

【司法机构】设宪法法院、最高法院、最高经济法院和总检察院。宪法法院院长彼得·彼得罗维奇·米克拉舍维奇（Пётр Петрович Миклашевич），2008年2月就任。最高法院院长瓦连京·奥列格维奇·苏卡洛（Валентин Олегович Сукало），1997年1月就任。最高经济法院院长维克多·谢尔盖耶维奇·卡缅科夫（Виктор Сергеевич Каменков），2001年10月就任。总检察长格里戈里·阿列克谢耶维奇·瓦西列维奇（Григорий Алексеевич Василевич），2008年2月就任。

【政党】白没有执政党。国民会议选举不按党派而按选区原则分配名额，因而在白议会中没有固定的议会党团。政党在社会政治生活中影响有限。

截至2009年底，共有15个合法政党，2221个合法社会团体（其中国际性团体224个）。15个政党中较大的有：

（1）白俄罗斯共产党（Коммунистическая партия Белоруссии）：1996年11月2日由白俄罗斯共产党人党内支持总统的成员建立，现有成员约6000人。该党宣布其为苏共时期的白俄罗斯共产党的继承者，基本纲领是通过合法途径恢复社会主义制度，建立公正的无阶级社会，在前苏联各国人民自愿的基础上重建统一国家。该党拥护卢卡申科总统推行的政策，在议会下院中占8席。2005年3月，化学家塔季扬娜·根纳季耶夫娜·戈卢别娃（Татьяна Геннадьевна Голубева，女）当选为党中央第一书记，2007年12月连任。

（2）白俄罗斯共产党人党（Партия Коммунистов Белорусская）：1991年12月7日成立，现有成员约4000人。其基本纲领是坚持社会主义和苏维埃制度，按自愿原则建立前苏联国家新的联盟。1996年起，该党与右派势力结成反卢卡申科总统联盟，成为现政权的反对派。2007年8月，白最高法院宣布暂停该党活动半年。2008年1月，白司法部上诉高法建议取缔该党，后撤销诉讼。党中央第一书记为谢尔盖·伊万诺维奇·卡利亚金（Сергей Иванович Калякин）。

（3）白俄罗斯人民阵线党（Партия Белорусского Народного Фронта）：1988年成立。1999年10月，白俄罗斯人民阵线党因内部权力斗争发生分裂。原主席波兹尼亚克率部分成员另建新党白俄罗斯人民阵线基督保守党。白俄罗斯人民阵线改名为白俄罗斯人民阵线党，现有成员1300多人。该党是白主要的右翼政党之一，自称是现政权“不妥协的反对派”。主席列昂尼德·彼得罗维奇·博尔谢夫斯基（Леонид Петрович Борщевский），2007年12月当选。

（4）联合公民党（Объединенная гражданская партия）：1995年10月1日成立，现有成员约3000多人。白主要的右翼政党之一。主席阿纳托利·弗拉基米罗维奇·列别季科（Анатолий Владимирович Лебедько）。

（5）自由民主党（Либерально-демократическая партия）：1994年2月5日成立，现有注册党员3.7万人。是建设性反对派。主席谢尔盖·瓦西里耶维奇·盖杜克维奇（Сергей Васильевич Гайдукевич）。

此外，还有白俄罗斯社会民主党（人民大会）[Белорусская социал-демократическая партия (Народная Грамада)]，主席阿纳托利·列夫托维奇（Анатолий Левтович）；白俄罗斯社会民主大会党（Партия “Белорусская социал-демократическая Грамада”），主席斯坦尼斯拉夫·斯坦尼斯拉沃维奇·舒什克维奇（Станислав Станиславович Шушкевич）；农业党（Аграрная партия），主席米哈伊尔·维克托罗维奇·希曼斯基（Михаил Викторович Шиманский）；共和国劳动正义党（Республиканская партия труда и справедливости），主席维克托·阿列克谢耶维奇·索科洛夫（Виктор Алексеевич Соколов）；白俄罗斯爱国党（Белорусская патриотическая партия），主席尼古拉·德米特里耶维奇·乌拉霍维奇（Николай Дмитриевич Улахович）；白俄罗斯社会体育运动党（Белорусская социально-спортивная партия），主席弗拉基米尔·亚历山德罗维奇·亚历山德罗维奇（Владимир Александрович Александравич）；白俄罗斯绿党（Белорусская партия “Зелёные”），主席奥列格·谢苗诺维奇·葛罗米柯（Олег Семёнович Громыко）；共和党（Республиканская партия），主席弗拉基米尔·雅科夫列维奇·别洛佐尔（Владимир Яковлевич Белозор）；白俄罗斯人民阵线基督保守党（Консервативно-христианская партия-БНФ），主席泽农·斯坦尼斯拉沃维奇·波兹尼亚克（Зенон Станиславович Позняк）；人民团结社会民主党（人民团结党）（Социал-демократическая партия народного согласия “Партия народного согласия”），主席谢尔盖·弗拉基米罗维奇·叶尔马克（Сергей Владимирович Ермак）。

【重要人物】**亚历山大·格里戈里耶维奇·卢卡申科**：总统。1954年8月30日生于白俄罗斯维捷布斯克州奥尔尚斯基区科佩斯村，白俄罗斯族。先后毕业于莫吉廖夫师范学院和白农业科学院，专业为历史学、经济学。1975～1977年在苏联边防军服役，1979年加入苏联共产党。曾先后担任莫吉廖夫州什克洛夫区团委书记、集体农庄党委书记、国营农场场长。1990年当选为共和国最高苏维埃代表。1993年担任白最高苏维埃反腐败临时委员会主席。1994年7月10日就任白俄罗斯共和国首任总统。2001年9月、2006年3月两次连任。作为总统，曾于1995年1月、1997年4月、2001年4月和2005年12月四次访华。2008年8月，赴华出席北京奥运会开幕式。酷爱运动。已婚，有三子。　**谢尔盖·谢尔盖耶维奇·西多尔斯基：**总理。1954年3月13日生于白俄罗斯戈梅利市。工程学博士，真空离子工程学专家，国际工程科学院院士。1976年毕业于白铁路运输工程学院电力工程系。1976～1992年先后任戈梅利无线电技术装配厂技师、实验室主任、部主任、副厂长、厂长等职；1992～1998年任"拉通"科研生产联合体总经理；1998～2001年任戈梅利州执委会副主席、第一副主席；2001～2002年任白副总理；2002～2003年任白第一副总理、代总理；2003年12月任总理，2006年4月连任。通晓德语。已婚，有二女。　**安纳托利·尼古拉耶维奇·鲁宾诺夫：**国民会议共和国院主席。1939年生于白俄罗斯莫吉廖夫市。1961年毕业于白俄罗斯列宁国立大学。长期从事科研工作，历任白俄罗斯国家科学院物理研究所副所长、物理院士秘书、研究员。1991年当选白俄罗斯科学院院士、白俄罗斯科学院主席团成员。2002～2009年任白俄罗斯鉴定委员会主席、委员会成员。2006～2008年任白俄罗斯总统办公厅第一副主任。2008年10月当选白俄罗斯国民会议共和国副主席，2010年5月任国民会议共和国院主席。　**弗拉基米尔·巴甫洛维奇·安德烈琴科：**国民会议代表院主席。1949年生于维捷布斯克州。1977年毕业于俄罗斯韦利科卢克斯基农业学院，1988年毕业于明斯克高级党校。1968～1970年，在苏军服役。1970年开始在里奥兹涅斯基区从事共青团、党务和经济工作。1981～1991年，先后担任区农业局局长、区执委会主席、白俄罗斯共产党上德维纳区委第一书记。1991～1994年，先后担任维捷布斯克州执委会农业和居民粮食保障委员会第一副主席、主席。1994年11月起任维捷布斯克州执委会主席。1996年、2000年、2004年三次当选白议会上院议员。2008年9月当选国民会议代表院议员，10月当选国民会议代表院主席。

经　济

白工业基础较好。机械制造业、冶金加工业、机床、电子及激光技术比较先进；农业和畜牧业较发达，马铃薯、甜菜和亚麻等产量在独联体国家中居于前列。1996年以来，经济持续增长。2002年3月，卢卡申科总统提出"白俄罗斯发展模式"，强调以民为本、渐进改革、稳中求进，摒弃全盘私有化和休克疗法，建立强有力的国家政权和可调控的面向社会的市场经济体系。奉行以扩大出口、增加住房建设和粮食生产、重视社会保障为重点的经济方针。白努力进行有关加入世界贸易组织的谈判，并积极调整有关经济法规和标准体系，改善投资环境。但在改造计划经济体系和建立市场经济方面，白仍面临不少困难，如对外能源依赖大、产品成本高、竞争力不强、一些大型国有企业效益差、商品积压严重等。2009年白主要宏观经济数据（按2009年12月汇率计算）如下：

国内生产总值：136.79万亿白卢布（约合481.99亿美元）。

国内生产总值增长率：0.2%。

人均国内生产总值：4986美元。

货币名称：白俄罗斯卢布（Белорусский рубль）。

汇率（2009年12月）：1美元＝2838白卢布。

通货膨胀率：10.1%。

失业率：0.9%。

【资源】主要矿产资源有钾盐、岩盐、泥炭、磷灰石等。能源和原材料绝大部分靠进口。有大小河流2万多条，总长9.06万公里。有1万余个湖泊，享有"万湖之国"美誉。森林覆盖率36%。境内有3.1万种动物。

【工业】2009年工业产值为123.23万亿白卢布（434.21亿美元），同比负增长2.8%。主要工业部门有机械制造、金属加工、化工、电子、光学仪器、石油加工、木材加工、轻工、食品加工等。工业从业人员106万人。近几年主要工业产品产量如下：

	2007	2008	2009
发电量（亿千瓦小时）	31.8	35.1	30.4
石油初级加工（万吨）	2134	2131	2163
载重卡车（万辆）	2.55	2.63	1.15
大客车（辆）	2160	2196	1514
汽车轮胎（万个）	479.2	506.8	507.3
拖拉机（万辆）	5.96	6.51	4.53
金属切削机床（台）	4600	4700	2500
水泥（万吨）	382.0	421.9	435.0
化肥（万吨）	588	587	339
纸张（万吨）	5.7	5.6	7.0

（资料来源：白俄罗斯国家统计分析委员会）

【农业】2009年农业产值为265380亿白卢布（93.51亿美元），比上年增长1.3%。农业用地面积1000余万公顷。从业人员44.28万，约占总劳力的9.9%。近几年主要农畜产品产量如下（单位：万公斤）：

	2007	2008	2009
谷物	721.6	901.3	851
马铃薯	874.4	874.9	712.5
蔬菜	215.3	229.5	230.8
畜禽肉（屠宰重）	117.6	120.9	133.5
奶类	590.4	622.5	657.9
蛋（亿个）	32.3	33.1	34.3

（资料来源：白俄罗斯国家统计分析委员会）

【交通运输】铁路和公路交通网较发达，是欧洲交通走廊的组成部分。主要国际机场是明斯克2号机场。长途运输以铁路为主，铁路总长5600公里，其中894公里为电气化铁路。公路总长6.6万公里，其中硬面公路6.26万公里。石油运输管道2936公里，天然气运输管道6301公里，石油产品运输管道1265公里。2008年货运量为734.12亿吨公里，其中铁路货运量489.94亿吨公里，公路货运量242.31亿吨公里，内河运量1.32亿吨公里，航空货运量5500万吨公里。2009年客运总量215.04亿人公里，其中铁路客运量81.88亿人公里，公路客运量81.04亿人公里，内河运量约300万人公里，航空客运量12.8亿人公里。

【财政金融】近几年预算财政收支情况如下（单位：亿白卢布）：

	2007	2008	2009
收入	362042	489800	468000
支出	359090	480600	463000
差额	2952	9200	5000

（资料来源：白俄罗斯财政部官方网站）

截至2009年年底，白外债总额78.9亿美元，占国内生产总值的16.5%；内债总额7.8万亿白卢布，约占国内生产总值的5.8%。

白俄罗斯国家银行作为中央银行，负责制定有关信贷政策，协助政府就宏观经济运行状况进行信贷调节。目前在白俄罗斯共有31家国有和商业银行，其中8家为外国独资银行，25家有外国参股。其中外资占50%以上的银行有20家。外国资本在白银行中的比重为17.11%。白商业银行总资本为8.697万亿白卢布。白较大的银行有白俄罗斯银行、白俄罗斯农工银行、白俄罗斯工业建设银行、白俄罗斯外经银行和白俄罗斯投资银行。

【对外贸易】2009年白同176个国家和地区有贸易关系。近几年进出口情况如下（单位：亿美元）：

	2007	2008	2009
总额	529.68	723.85	498.46
出口额	242.75	329.02	212.82
进口额	286.93	394.83	285.64
差额	-44.18	-65.81	-72.82

出口商品结构：矿产品（占出口总额的37.9%），机械设备和交通运输工具（15.7%），化工产品和橡胶（18.2%），黑色金属及制品（6.9%），食品及农副产品（10.8%），其他（10.5%）。

进口商品结构：矿产品（占进口总额的40.3%），机械设备和交通运输工具（22.6%），黑色金属及制品（8.8%），化工产品和橡胶（12.4%）食品及农副产品（8.2%），其他（7.7%）。

2009年白与主要贸易伙伴之间的进出口额在白进出口总额中所占百分比（%）：

	出口	进口
俄罗斯	31.7	58.9
波兰	3.8	2.8
德国	4.5	7.7
荷兰	17	0.9
乌克兰	8.1	4.5
中国	1.9	3.8
意大利	1.1	2.4
拉脱维亚	7.6	0.3

（资料来源：同上）

【外国资本】2009年，白吸引外资93.03亿美元，同比增长1.4倍。

人民生活

2009年白居民人均月现金收入为75.53万白卢布，同比增长2.9%。人均月工资约98.16万白卢布，同比增长0.1%。平均月退休金42.95万白卢布，同比增长0.2%。2009年人均消费肉类95公斤、奶制品681公斤、鸡蛋355个、马铃薯737公斤，蔬菜和瓜类239公斤。城乡居民均享有免费医疗、退休保障等权利。

军　事

1991年9月23日白俄罗斯最高苏维埃通过决定，根据“足够原则”建立本国防御体系和军队。1992年1月11日，白宣布接管其境内原苏军的所有常规力量。3月20日，白最高苏维埃通过《武装力量法》，决定从即日起在接管的原苏军部队基础上组建本国军队。1994年，白最高苏维埃决定继承原苏军的传统，将每年的2月23日（原苏联建军节）定为白俄罗斯祖国保卫者和武装力量日（即建军节）。

1992年12月6日，白通过了独立后的第一部《军事学说》。2001年10月，白对《军事学说》进行修订并在此基础上通过了第二部《军事学说》。根据新《军事学说》，白仍奉行防御性军事战略，不把世界上任何一个国家视为潜在敌人。白军事安全保障的主要目标是防止针对白俄罗斯的军事威胁，将其控制在局部范围内并最终予以消除。新《军事学说》规定，白不参加其他国家间的军事冲突，仅在自身遭到侵略或武装入侵并在所有遏制侵略的手段均告无效时，才使用军事力量；保障国家军事安全的任务将由武装力量协同列入国家军事组织的其他军队和军事单位共同完成。在强调通过政治、军事手段维护本国军事安全的同时，白决定在俄白联盟国家框架内组建地区集体安全体系，旨在完成共同的防御任务。同时致力于取得无核地位，主张稳定地裁减常规军备并进行双边、多边裁军对话，以多边或双边国际条约和协议为基础同其他国家合作。白军事政策的基本方向在总统领导下制定，由国民会议下院批准，安全会议和部长会议负责实施。根据白宪法，总统是武装力量总司令并领导安全会议。安全会议统一协调和领导国防部、内务部、国家安全委员会和国家边防军委员会等强力部门。安全会议主席由总统担任。现任安全会议国务秘书为列昂尼德·谢苗诺维奇·马尔采夫上将，国防部长为尤里·维克托维奇·扎多宾少将，总参谋长为彼得·尼卡拉耶维奇·季哈诺夫斯基少将。

白俄罗斯武装力量于2001年底开始进行大规模精简整编，目前由陆军、空防军两个军种组成，2009年有兵力5.06万人。陆军、空防军分别设立军种司令部，直属国防部和总参谋部领导；陆军下设两个战役指挥部；边防军、内务部队分属国家边防总局和内务部管辖。白实行普遍义务兵役制和合同兵役制相结合的兵役制度，未受过高等教育的义务兵服役期为18个月，受过高等教育的义务兵服役期为12个月。2009年国防决算为15867亿白卢布，约合5.6亿美元，比2008年增长10%，占当年国内生产总值1.16%。

文化教育

【文化】文化生活较丰富，文化基础设施较齐全。有剧院27座；博物馆143所；图书馆4800个；文化馆、俱乐部等4000多个；电影院和放映点3000多个；文化公园27个；马戏院2座；2008年总共有13000多个文化单位，在册员工59000多人。著名文化设施有明斯克大剧院、共和国宫、国家艺术博物馆、白俄罗斯历史博物馆、明斯克交响音乐厅、明斯克音乐剧院、明斯克音乐厅等。

每年7月在维捷布斯克市举办的“斯拉夫巴扎”国际艺术节在东欧地区较有影响。

【教育】现行教育法为1991年10月29日颁布的《白俄罗斯共和国教育法》，2002年3月19日颁布《白俄罗斯共和国教育法修正案》。普通学校实行十一年制免费义务教育，高等院校学制4～5年，分免费和自费两种形式。2008年教育预算支出占国家总预算支出的3.17%。现有4128所学前教育机构（在学儿童约9万人）、4063所普通中等教育机构（在校生约128万人）、205所中等专业学校、55所高等院校（其中国立高等院校43所、非国立高等院校12所）。据统计，目前普通中等教育机构的工作人员共15万人，其中教师约14万人；在高等院校工作的有两万余人。

著名大学有：白俄罗斯国立大学，成立于1921年，学生14000人，教师1610人；白俄罗斯国立技术大学，成立于1920年，学生21000人，教师1560人；白俄罗斯国立师范大学，成立于1922年，学生14586人，教师1038人；白俄罗斯国立经济大学，成立于1933年，学生15000人，教师700人；白俄罗斯国立农业大学，成立于1940年，学生9106人，教师630人；明斯克国立语言大学，成立于1948年，学生4500人，教师537人。

【新闻出版】截至2009年年底，共有1257家报刊。主要报刊：《苏维埃白俄罗斯报》，1927年创刊，总统办公厅机关报，用俄、白两种文字出版，发行量约4万份，是白发行量和影响最大的报纸。《共和国报》，白俄罗斯政府机关报，日报。1991年创刊，混用俄、白两种文字出版，发行量约9.4万份；《人民报》，1990年创刊，原来是议会机关报，现改为政府机关报，混用俄、白两种文字出版，发行量约2.8万份；《星报》，议会机关报，有工作人员80人。每周出版5天，只用白俄罗斯文出版；《为了祖国的荣誉》，国防部机关报，混用俄、白两种文字出版，发行量约1.7万份；《青年旗帜报》，国家青年事务委员会和白俄罗斯青年爱国联盟机关报，混用俄、白两种文字出版，发行量约1.9万份；《白俄罗斯田野》，政府所属农业报，混用俄、白两种文字出版，发行量约3.5万份；《新闻球》报，创办于1991年，属私人办报，工作人员41名。每周出版3次。《体育全景报》，日报，属白体育和旅游部机关报，创办于1951年6月1日。有工作人员37名。订户为7600份；《白俄罗斯实业报》，独立报纸，用俄文出版，发行量约1.1万份；《人民意志报》，反对派报纸，混用俄、白两种文字出版，发行量约2.8万份。

主要通讯社：白俄罗斯国家通讯社（白通社），前身是1921年1月成立的俄罗斯电讯社白俄罗斯分部，1931年3月正式改称白通社，现隶属总统办公厅，共有176名工作人员，其中记者55人，向白及其他独联体国家的220家新闻单位提供白语、俄语和英语新闻。现任社长德米特里·茹克。

国际文传电讯社，隶属于俄罗斯国际传媒集团“国际文传电讯社”，1994年成立。社长维亚切斯拉夫·津科维奇·尼古拉耶维奇。

独立通讯社“别拉潘”，1993年成立，约有70名工作人员，其中记者35人。

白国家广播电视公司：直属总统管辖，公司主席、副主席由总统任免。公司下辖新闻部、电视台、电台、无线电技术中心和商业广告部，在各州设有分部，其广播电视服务覆盖全国。共有约3000名专业人员。

白俄罗斯广播电台：创建于1925年11月，现有专业人员420名。在两个无线电波段上用单声道和立体声播出四套节目：第一套节目每天播出19小时。第二套节目每天播出16小时。“首都”广播电台每天播出12小时。以上三套节目混用俄、白两种语言广播，乌克兰、波兰、立陶宛、拉脱维亚与白相邻地区及俄罗斯乌拉尔以西地区可收听到。“白俄罗斯”国际电台每天用白语、俄语、德语、英语对美国、加拿大、澳大利亚及20多个欧洲和非洲国家广播4小时。

白俄罗斯国家电视台：创建于1956年，现有各类专业人员890名。下设电视节目管理处及社会节目、少年儿童节目、科普与教育节目、电视片和体育节目五个创作联合体和青年节目、文艺节目、音乐与娱乐节目三个编辑部。混用白语和俄语播出，日播出时间约20小时。

公共电视台：也叫白俄罗斯国家电视二台，是国家控股的股份公司。国家占51%，其余49%股份由白俄罗斯国家银行等一些国有大公司购买。该台自制节目较少，多采用其他电视台摄制的节目。

对外关系

卢卡申科总统执政以来，白俄罗斯奉行独立务实的外交政策，以发展对俄罗斯关系作为重点，重视同独联体及邻国的关系，将中国视为白外交优先方向之一，努力改善同西方国家关系。2009年，白继续参与独联体、集体安全条约组织和欧亚经济共同体框架内活动，并同哈萨克斯坦、俄罗斯组建海关联盟，但与俄罗斯在能源、奶产品、食糖等贸易问题上摩擦不断；努力改善与欧盟关系，正式加入欧盟“东方伙伴关系计划”；继续重视和发展同中国关系；进一步加强同发展中国家，特别是委内瑞拉、伊朗、越南等国合作。

【同中国的关系】1992年1月20日，中国与白俄罗斯正式建交。2009年，中白关系稳步发展，政治、经贸、文化、军事等领域合作成果显著。双方高层保持交往，政治互信增强。3月，白总统办公厅主任马克伊访华，国务院副总理王岐山，中共中央书记处书记、中共纪委副书记何勇分别会见。3月，白国防部长马尔采夫访华。5月，中央军委委员、中国人民解放军总装备部部长常万全访白。6月，中国贸促会会长万季飞访白，并出席中白企业家经贸论坛开幕式。8月，国务院副总理回良玉过境白俄罗斯，与白总理西多尔斯基举行会谈，就深入推动双边关系及各领域务实合作达成重要共识。9月，人力资源和社会保障部副部长、国家外专局局长季允石访白，并签署《中国国家外国专家局与白俄罗斯教育部关于职业培训、提高专业技能及专家交流的合作协议》。9月，文化部副部长欧阳坚访白，并出席第五届“中国文化日”开幕式。12月，白国民会议代表院主席安德烈琴科访华，全国人大常委会委员长吴邦国、全国政协主席贾庆林、国务院副总理李克强和全国人大常委会副委员长韩启德分别会见。

两国在涉及对方核心利益的问题上相互支持，在联合国、上海合作组织等国际和地区组织中保持密切合作。白俄罗斯在涉台、涉藏、涉疆等问题上坚定支持中方立场。乌鲁木齐“7·5”事件发生后，白外交部发言人表态支持中国政府依法采取的维稳措施。

中白经贸合作快速发展，经济技术、投资及大项目合作逐步展开。2009年中白贸易额为8.1亿美元，其中中方出口额2.8亿美元，同比下降22.4%，进口额5.3亿美元，同比增长6.4%。

中白文化、教育、科技、军事、新闻等领域交流与合作不断扩大。2009年7月，中国煤矿文工团对白进行访演。9月，第五届“中国文化日”期间举办的《中国当代水墨画艺术展》和中国国家广播电影交响乐专场音乐会取得圆满成功。10月，中国国际广播电台“国际在线”白俄罗斯语网站正式开通。

中国驻白俄罗斯大使：鲁桂成。馆址：明斯克市别列斯坚斯卡娅街22号（г. Минск，ул. Берестянская，22），电话/传真：00375－17－2853681。领事部电话：2853391。经商处电话：2891413。

白俄罗斯驻华大使：阿纳托利·托济克（Anatoly Tozik）。馆址：北京市日坛东一街1号。电话：010－65326721，65326749。传真：65326417。

【同俄罗斯的关系】两国1992年6月25日建交。1997年签订了俄白联盟条约，1999年签订《关于成立俄白联盟国家的条约》。2000年条约正式生效。俄是白主要盟友，对俄关系是白外交主要方向。

2009年，俄白两国总统会晤5次，召开4次政府联席会议，多次举行外交、国防、安全、海关、经济、农业等各部门联席会议。签署《建立统一防空体系》和《共同保卫联盟国家外部边界》协定，成功举行“西方—2009”联合军演，开展核能利用领域合作。制定应对金融危机共同行动计划。俄向白借贷15亿美元。共同推进欧亚经济共同体和集体安全条约组织一体化机制建设，同哈萨克斯坦建设三国海关联盟。2009年是俄白联盟条约签署十周年，两国总统共同主持召开联盟国家最高国务会议。双方批准2010年联盟预算，签署《军技合作条约》、《2010—2011年外交协作计划》及《相互成立新闻文化中心协定》等文件。

2009年，俄白关系中务实因素增多，经济利益上互不相让。双方在奶制品、肉、糖等贸易领域发生纠纷，在天然气、石油等能源价格问题上矛盾频发。

2009年，俄白贸易总额210.26亿美元，占其外贸总额的47.7%，同比下降38.5%。其中对俄出口额60.39亿美元，从俄进口额149.87亿美元，逆差89.48亿美元。

【同独联体国家的关系】与独联体国家关系是白外交优先方向之一。2009年，白继续发展与独联体各国友好关系，并参加集体安全条约组织、欧亚经济共同体、海关联盟等框架内多边活动。1月，白总统卢卡申科访问乌克兰。4月，白外长马丁诺夫赴土库曼斯坦出席独联体外长理事会议。6月，哈萨克斯坦总理马西莫夫访白，双方签署2009～2016年长期经济合作条约。同月，白总统卢卡申科访问土库曼斯坦。10月，白总统卢卡申科出席在摩尔多瓦举行的独联体峰会。11月，阿塞拜疆总统阿利耶夫访白。11月，哈萨克斯坦总统纳扎尔巴耶夫访白，双方通过了2010～2011年双边经贸合作路线图。同月，第24届欧亚经济共同体跨国委员会在明斯克举行。12月，白总统卢卡申科参加在哈萨克斯坦举行的独联体国家首脑非正式峰会，签署《统一经济空间建立行动计划》。

2009年，白与独联体国家贸易总额为247.2亿美元，占其对外贸易总额的55.6%，同比下降0.8%。对独联体出口额84.02亿美元，进口额163.18亿美元，逆差79.17亿美元。

【同美国、欧盟的关系】2009年，白美关系有所松动，白欧关系改善取得进展。3月，美国总统奥巴马竞选团队新闻媒体主管罗斯帕访白，与白民众进行网上交流。5月，美决定延长暂停制裁白"波洛茨克玻璃纤维公司"和一家油漆颜料生产企业。6月，美国国会赫尔辛基委员会主席卡尔金访白。

2月，欧盟共同外交和安全政策高级代表索拉纳访白。3月，欧安组织议会主席索雷斯访白。4月，欧盟轮值主席国捷克外长施瓦岑贝格访白。同月，白总统卢卡申科访问意大利和梵蒂冈，并与意大利总理贝卢斯科尼，罗马教皇本笃十六世举行会见。5月，白第一副总理谢马什科和外长马丁诺夫联袂出席欧盟"东方伙伴关系计划"布拉格峰会，签署联合声明，同乌克兰、摩尔多瓦、格鲁吉亚、阿塞拜疆、亚美尼亚以平等身份参与该计划。6月，欧盟对外关系委员瓦尔德纳访白。9月，白总统卢卡申科访问立陶宛。11月，意大利总理贝卢斯科尼访白。另外，白外长马丁诺夫三度造访欧盟总部，并访德国、意大利、芬兰等。鉴于白受金融危机影响较大，欧盟向白提供援款并积极支持国际货币基金组织予白贷款35亿美元。欧盟继续暂停对白高官入境限制，在明斯克设立欧洲委员会信息中心。白正式赋予欧盟委员会驻白代表处外交机构待遇。

【同波罗的海国家和波兰的关系】2009年，白继续发展同波罗的海国家和波兰的关系。1月，拉脱维亚总理戈德马尼斯访白。6月，白俄罗斯、乌克兰、波兰三国安全会议秘书在基辅达成"基辅倡议"。9月，白总理西多尔斯基对波兰进行工作访问。10月，爱沙尼亚外长帕依特访白，出席爱沙尼亚驻白俄罗斯使馆开馆仪式。11月，拉脱维亚外长里耶克斯津什访白。12月，白与立陶宛举行外交部间磋商。

【同发展中国家的关系】2009年，白俄罗斯进一步加强与委内瑞拉、伊朗等国在能源、技术领域的合作。1月，伊朗贸易部长卡杰米访白，双方讨论白参与伊朗境内石油资源开发问题。9月，委内瑞拉总统查韦斯访白。双方签署了14项科技、教育、工业领域合作合同。10月，越南副总理黄忠海访白，出席白越经济论坛。　　　（陈余）

保加利亚

国名　保加利亚共和国（The Republic of Bulgaria，Република България）。

面积　111001.9平方公里。

人口　756.37万（2009年）。其中保加利亚族占84%，土耳其族占9%，罗姆族（吉卜赛）占5%，其他（马其顿族、亚美尼亚族等）占2%。保加利亚语为官方和通用语言，土耳其语为主要少数民族语言。居民主要信奉东正教，少数人信奉伊斯兰教。

首都　索非亚（София），人口125万（2009年）。属温带大陆性气候，1月平均气温为－1℃，7月为24℃，年降水量约600毫米。

国家元首　总统格奥尔基·珀尔瓦诺夫（Георги ПЪРВАНОВ），2001年11月18日当选，2002年1月22日就职，任期5年。2007年1月连任。副总统安格尔·马林（Ангел МАРИН）。

重要节日　国庆节：3月3日；保加利亚教育文化和斯拉夫文字节：5月24日。

简　况　位于欧洲巴尔干半岛东南部，北与罗马尼亚隔多瑙河相望，西与塞尔维亚、马其顿相邻，南与希腊、土耳其接壤，东临黑海，海岸线长378公里。北部属大陆性气候，南部属地中海式气候。平均气温1月－2℃～2℃，7月23℃～25℃。

色雷斯人是保加利亚最古老的居民。公元395年并入拜占庭帝国。681年斯拉夫人和古保加利亚人在多瑙河流域建立斯拉夫保加利亚王国（史称第一保加利亚王国）。1018年被拜占庭侵占。1185年建立第二保加利亚王国。1396年被奥斯曼土耳其帝国侵占。

1877年俄国对奥斯曼土耳其宣战，土战败，保于次年摆脱其统治宣布独立。两次世界大战保均为战败国。1944年9月9日成立了以保共产党和农民联盟为主体的祖国阵线政府并宣布保为人民共和国。此后保共长期处于执政地位。1989年保政权更迭，改行多党议会民主制。1990年2月27日，保将摆脱奥斯曼帝国统治纪念日3月3日定为国庆日。同年11月15日，改国名为保加利亚共和国。

政　治

2009年，保政局保持总体稳定。2009年7月，保举行议会换届选举，“争取欧洲进步公民党”（GERB，简称“公民党”）获胜并独立组阁。

【宪法】现行宪法于1991年7月12日通过，并于次日公布后生效。宪法规定，保为议会制国家，总统象征国家的团结并在国际上代表保。

【议会】保加利亚议会称国民议会，议长称国民议会主席。根据1991年通过的宪法，议会行使立法权和监督权，并有对内政外交等重大问题做出决定的权力。保议会实行一院制，共240个议席，按比例制通过民选产生，任期4年。本届议会领导人包括议长和5位副议长。

本届议会是第41届国民议会，2009年7月产生，240个议席分配情况是：“争取欧洲进步公民党”117席，“为了保加利亚”联盟40席，“争取权利与自由运动”党37席，“阿塔卡”党21席，“蓝色联盟”14席，独立议员11名。议长采茨卡·察切娃（Цецка ЦАЧЕВА），2009年7月14日当选。

【政府】称部长会议，2009年7月27日组成。部长会议主席（总理）博伊科·博里索夫（Бойко БОРИСОВ）。政府成员共18人：总理1人和17名部长（其中2人为副总理兼部长）。部长会议副主席（副总理）兼内务部长茨韦坦·茨韦塔诺夫（Цветан ЦВЕТАНОВ），部长会议副主席（副总理）兼财政部长西美昂·迪扬科夫（Симеон ДЯНКОВ），地区发展和建设部长罗森·普列夫内利埃夫（Росен ПЛЕВНЕЛИЕВ），劳动和社会政策部长托丘·姆拉德诺夫（Тотю МЛАДЕНОВ），国防部长阿纽·安格洛夫（Аню АГЕЛОВ），外交部长尼科拉伊·姆拉德诺夫（Николай МЛАДЕНОВ），司法部长玛尔加丽塔·波波娃（Маргарита ПОПОВА，女），教育、青年和科学部塞尔盖伊·伊格纳托夫（Сергей ИГНАТОВ），卫生部长安娜·博里索娃（Анна БОРИСОВА，女），文化部长韦日迪·拉希多夫（Вежди РАШИДОВ），环境和水资源部长诺娜·卡拉卓娃（Нора КАРАДЖОВА，女），农业和食品部长米罗斯拉夫·纳伊德诺夫（Мирослав НАЙДЕНОВ），交通、信息技术和通讯部长阿列克桑德尔·茨韦特科夫（Александър ЦВЕТКОВ），经济、能源和旅游部长特拉伊乔·特拉伊科夫（Трайчо ТРАЙКОВ），体育和运动部长斯维伦·内伊科夫（Свилен НЕЙКОВ），欧盟基金管理部长托米斯拉夫·东切夫（Томислав ДОНЧЕВ），不管部部长博日达尔·迪米特罗夫（Божидар ДИМИТРОВ）。

【主要网址】总统府：www. president. bg；议会：www. parliament. bg；政府：www. government. bg；外交部：www. mfa. bg；内务部：www. mvr. bg；国防部：www. mod. bg；经济、能源和旅游部：www. mi. government. bg；财政部：www. minfin. bg。

【行政区划】共有28个大区和254个市。

【司法机构】设最高司法委员会、最高上诉法院、最高行政法院、总检察院、特别侦察局、最高律师委员会，各行政区、市设有法院与检察院。最高司法委员会主席玛尔加丽塔·波波娃（Маргарита ПОПОВА，女），2009年7月就职；最高上诉法院院长拉扎尔·格鲁埃夫（Лазар ГРУЕВ），2007年11月就职；最高行政法院院长康斯坦丁·彭切夫（Константин ПЕНЧЕВ），2004年3月就职；总检察长博里斯·维尔切夫（Борис ВЕЛЧЕВ），2006年2月就职；特别侦察局局长博伊科·奈登诺夫（Бойко НАЙДЕНОВ），2007年11月就职；最高律师委员会主席达尼埃拉·多科夫斯卡（Даниела ДОКОВСКА），2008年2月就职。

【政党】保注册政党有300多个，主要有：

（1）争取欧洲进步公民党（Граждани за европейско развитие на България—ГЕРБ，简称“公民党”）：执政党。2006年12月3日正式注册成立。该党奉行基督教民主主义原则，努力推行基督教旨、家庭和民主价值观。希望通过努力建立一个自由、民主、团结、公正的社会，让保加利亚更好地融入欧洲。公民党自成立以来，民众支持率一直较高，目前是保第一大党。2009年7月，该党在保第41届国民议会选举中获胜，赢得117个议席。党主席博伊科·博里索夫出任政府总理。

（2）保加利亚社会党（Българска социалистическа партия—БСП）：在野党。保第二大党。前身是保社会民主工党，成立于1891年8月2日。1919年5月25日二十二大改名为共产党，并参加第三国际。1944年后连续执政47年。1990年2月保共十四大决定走民主社会主义道路，并于4月改名为社会党。曾于1994～1997年、2005～2009年执政。现任党主席塞尔盖伊·斯塔尼舍夫（Сергей СТАНИШЕВ）。

（3）争取权利与自由运动（Движение за права и свободи—ДПС）：在野党。1990年1月4日成立，是保土耳其族人的组织。1990年4月26日注册为政党。该党主张民族平等，尊重所有人的权利与自由，通过制定正确的民族政策达到民族间的谅解与团结。1997年4月，该党同其他小党联合组成救国联盟参加大选，成为议会第三大党。该党于 2001～2005 年与“稳定与振兴国民运动”（НДСВ）联合组阁，2005～2009 年与社会党及“稳定与振兴国民运动”党联合组阁。现任党主席阿赫迈德·多甘（Ахмед ДОГАН）。

（4）“阿塔卡”联盟（Национален съюз АТАКА）：在野党。2005 年 7 月注册成立，倡导爱国主义和民族主义政治力量，拥有自己的电视台和报纸。2005 年首次参加议会换届选举并获得 21 个议席，成为议会最大在野党。2009 年议会换届选举中再次获得 21 席。现任党主席沃伦·西德罗夫（Волен СИДЕРОВ）。

（5）民主力量联盟（Съюз на демократичните сили—СДС，简称“民盟”）：在野党。1989 年 12 月 7 日成立，建立时是一个松散的政治联盟，包括 16 个政党和组织。1991 年 10 月分裂成“运动派”、“中心派”和“自由派”。同年 10 月各派单独参加大选，“运动派”在大选中获胜执政。1992 年 10 月，民盟政府辞职。1994 年 12 月，民盟召开会议，选举经济学家伊万·科斯托夫为全国协调委员会主席。1997 年 2 月，民盟召开第九次全国代表大会，决定由政治联盟改为政党，科斯托夫连任党主席。1997 年 4 月民盟在提前举行的议会选举中获胜，组成以科斯托夫为首的政府。2001 年 2 月，民盟与农民联盟和民主党组成联合民主力量。在同年 6 月举行的议会大选中，该组织赢得 51 个席位。2005 年 6 月，在议会换届选举中，民盟获得 20 个议席。2009 年 7 月议会选举中，该党与振兴保加利亚民主党等右翼政党组成“蓝色联盟”参选，赢得 14 个议席。现任党主席马丁·迪米特罗夫（Мартин Димитров）。

（6）振兴保加利亚民主党（Партия“Демократи за силна България”—ДСБ）：在野党。2004 年 5 月 30 日成立，由原民主力量联盟部分成员组建。2005 年 6 月 25 日，该党在议会换届选举中获得 17 个席位，首次进入议会。2009 年 7 月在保议会换届选举中，该党与民主力量联盟等右翼政党组成“蓝色联盟”参选，赢得 14 个议席。现任党主席伊万·科斯托夫（Иван КОСТОВ）。

【重要人物】格奥尔基·珀尔瓦诺夫：总统。1957 年 6 月 28 日生于佩尔尼克市。1981 年索非亚大学历史系毕业，同年加入保加利亚共产党（剧变后改名为社会党）。1991 年 12 月任社会党最高委员会副主席，1996 年 12 月当选社会党最高委员会主席。1994 年以来连续当选三届议员。2001 年 11 月当选总统，2002 年 1 月就职。2006 年 10 月 29 日，成功竞选连任。珀任社会党主席期间两次访华。2008 年，珀两度来华，观看北京奥运会比赛和出席第七届亚欧首脑会议。著有《剧变前后》等书。已婚，有两子。　**博伊科·博里索夫：**总理。1959 年 6 月 13 日出生于索非亚。1982 年内务部高级专业学校消防技术与安全专业毕业，工程师，中尉，后任排长、连长。1985～1990 年在内务部军官培训和科研活动高等学院任教，1990 年获副博士（相当于博士）学位，同年离开内务部。1991 年创立 Ипон－1 保安公司。该公司是保规模最大的保安公司之一，是国际保镖协会（International Association of Personal Protection Agents）成员。2001 年担任内务部秘书长，晋升上校，2002 年晋升少将，2004 年晋升中将。2005 年作为稳定与振兴国民运动（原西美昂二世国民运动）候选人当选第 40 届国民议会议员，但出于内务部工作考虑放弃议员席位。同年 9 月从内务部辞职。2005 年 10 月作为独立候选人参加索非亚市长竞选，在第二轮投票中击败社会党候选人获胜，于同年 11 月 10 日宣誓就职。2006 年创立争取欧洲进步公民党（GERB）。在 2009 年 7 月第 41 届议会选举中，该党获得 117 个议席，成为议会第一大党。博里索夫于 7 月 27 日就任总理。离异，有一女。　**采茨卡·察切娃：**议长。1958 年 5 月 24 日出生于洛维奇市德拉加纳村。中学毕业于普列文市阿娜斯塔西亚·迪米特洛娃第二中学，大学毕业于索非亚大学法律专业。曾在普列文地区法院实习一年，之后任普市政府法律顾问。1988 年开始任普市政府法律事务部负责人。1992 年 4 月 29 日获得普市律师协会资格。争取欧洲进步公民党（GERB）创始人之一，参与组建普列文地区 GERB 党组织。2007 年代表 GERB 党参选普市市长，同年当选该市议会 GERB 党议员。2009 年 7 月 5 日作为 GERB 候选人当选第 41 届国民议会议员。同年 7 月 14 日，当选第 41 届国民议会议长。保历史上首位女议长。已婚，有一子。

经　　济

1989 年剧变前，保加利亚国民收入的 90% 靠进出口贸易来实现，进出口主要依赖于前经互会国家。1989 年后保开始向市场经济过渡，发展包括私有制在内的多种所有制经济，优先发展农业、轻工业、旅游和服务业。至 2004 年底，保大部分国有资产已完成私有化。2001～2008 年经济增长平均保持在 5% 以上。2009 年主要经济数据如下：

国内生产总值：339 亿欧元，同比下降 5%。

人均国内生产总值：4466 欧元。

货币名称：列弗。1 列弗（лев）＝100 斯托丁卡（стотинки）。

汇率：1 美元＝1.36 列弗；1 欧元＝1.96 列弗。

失业率：6.8%。

通货膨胀率：2.8%。

【资源】自然资源贫乏。主要矿藏有煤、铅、锌、铜、铁、铀、锰、铬、矿盐和少量石油。森林面积约 412 万公顷，占全国总面积的约 33%。

【工业】2008 年工业生产同比增长 12%，产值为 292.56 亿欧元。主要工业部门有冶金、食品、轻纺、机械制造、造纸、化工等。主要工业品产量如下（单位：万吨）：

	2005	2006	2007
煤	2465.2	2566.9	2841.5
水泥	579.2	561.7	583.3
自行车（辆）	412006	472617	527424
电力（亿度）	443.6	458.1	431.4

（资料来源：2009 年保加利亚统计手册）

【农业】2008 年农业产值为 40.01 亿列弗。近年主要农产品产量如下（单位：万吨）：

	2006	2007	2008
小　麦	330.2	239.1	463.2
向日葵	119.7	56.4	130.1
玉　米	158.8	131.3	136.8
马铃薯	38.6	29.9	35.3
番　茄	21.3	13.3	13.4

（资料来源：2009 年保加利亚统计手册）

【服务业】20 世纪 90 年代以来，服务业发展迅速。2008 年产值为 340.9 亿列弗。

【旅游业】旅游业比较发达。2009 年全年旅游外汇收入为 25.59 亿欧元，同比增长 0.9%。2009 年接待外国旅游者 574 万人次，同比下降 0.7%，主要来自罗马尼亚、希腊、德国、俄罗斯、英国、波兰、马其顿、土耳其、捷克、法国。2008 年，保有饭店（旅馆）1646 家，床位 23.97 万张。

【交通运输】以铁路和海运为主。2008 年全国客运总量为 216.18 亿人公里，货运总量 947.85 亿吨公里。其中陆路客运量为 160.74 亿人公里，货运量为 206.88 亿吨公里；水路货运量为 740.94 亿吨公里。

铁路：2008 年总长 5923 公里，电气化铁路占 68.2%。

公路：2008 年总长 35.41 万公里（各级公路），货车 273570 辆、公交车 24622 辆。

水运：2008 年有商船 230 艘。有三个主要港口：瓦尔纳港、布尔加斯港和鲁塞港。

【财政金融】截至 2008 年底，保加利亚国家债务总额 48.42 亿欧元，占国内生产总值的 14.2%。外汇储备 45.6 亿欧元（截至 2007 年 10 月底）。近三年财政收支情况如下（单位：亿欧元）：

	2006	2007	2008
财政收入	102	123	140
财政支出	94	113	129
财政盈余	8	10	11

主要银行有：保加利亚国家银行（Bulgarian National Bank），为中央银行，成立于 1879 年 1 月 25 日。国家储蓄银行（National Savings Bank），成立于 1951 年 3 月 2 日。

【对外贸易】2008 年外贸总额为 393.14 亿欧元。近年外贸情况如下（单位：亿欧元）：

	2006	2007	2008
贸易总额	292.51	343.04	393.14
出口额	119.83	134.74	152.78
进口额	172.68	208.30	240.36
逆差	52.85	73.56	87.58

2008 年主要进口产品是机械、化工、燃料、食品，出口产品主要是轻工产品、化工、农产品等。主要进口国家有：俄罗斯、德国、意大利、乌克兰、罗马尼亚、希腊、法国和中国，进口额分别为（单位：亿列弗）：72.06、58.60、39.09、35.91、27.70、26.63、16.46、14.77，分别占保进口总额的 14.54%、11.83%、7.89%、7.25%、5.59%、5.37%、3.32%、2.98%；主要出口国有：希腊、德国、意大利、罗马尼亚、比利时、塞尔维亚、法国、英国。出口额分别为（单位：亿列弗）：29.51、27.54、25.43、21.82、17.37、12.47、12.17、6.35，分别占保出口总额的 9.88%、9.22%、8.51%、7.31%、5.81%、4.17%、4.07%、2.13%。（资料来源：2009 年保加利亚统计手册）

【外国资本】1991 年 5 月 17 日颁布实施外国投资法，1992 年修订后重新公布。允许外商在保合资或独资经营，军事等特定部门和领域除外。外企利润率为 40%，如外资股超过 49% 和价值 10 万美元以上者，可按 30% 的优惠率计征。外国投资者可以将投资所得的外汇利润、利息、红利和其他外汇收入汇出保境。1996 年 4 月，保宣布吸引外资新举措：对私有股份超过 66% 的外资和合资企业，在税收方面给予为期 5 年的优惠，利润税头 3 年全部免征，后 2 年减免 50%，条件是这些企业必须将利润的 50% 进行再投资；向外资开放部分能源、原材料等重点企业和 30% 的电信业。2008 年，外国在保直接投资为 61.63 亿欧元，占 GDP 的 18.1%。

人民生活

2008 年底，职工平均月工资为 524 列弗。2008 年人均消费分别为：肉及肉制品 43.3 公斤，蛋 127 个，鲜奶 19.1 升，糖 8.0 公斤，水果 39.9 公斤，蔬菜 65.2 公斤。

军　事

保加利亚军队建立于 1944 年 9 月。1990 年 1 月 26 日国务委员会决定禁止在军队开展党派活动。同年 9 月成立总统安全委员会，主席由总统担任。安全委员会负责制定与武装力量有关的对内对外政策，战时制定反对外来侵略的方针政策。1991 年 11 月 8 日，国防部长改由文职官员担任。保自 2008 年 1 月 1 日起取消义务兵役制。2008 年国防预算开支 7.8 亿美元。保总兵力为 4.5 万人，其中陆军 2.5 万人，海军 5000 人，空军1.2万人，文职3000人。

文化教育

【教育】全国普及12年制义务教育。2007/2008学年有各类教学单位5303所，在校生1322952人，教师108305人。中小学校2254所、中等专业技术学校及职业技术培训中心705所、高等学校分别为53所。高等院校在校生274247人、教师22672人。著名高等学府有索非亚大学、新保加利亚大学、大特尔诺沃大学等。

【新闻出版】主要报刊有：《劳动报》，1946年创刊；《24小时报》，1991年4月18日创刊；《言论报》，前身为《工人事业报》，1927年3月5日创刊，1990年4月4日改名；《监视器报》，1998年创刊；《现在报》，1997年10月21日创刊；《标准报》，1992年8月10日创刊；《日志报》，2001年2月12日创刊。

主要通讯社：保加利亚通讯社，为国家通讯社，成立于1898年。同世界上许多国家通讯社有合作关系和业务联系，其领导人由议会任免。索非亚新闻社，成立于1967年，国家资助，民间经营，主要负责对外宣传和报道。

保加利亚国家广播电台：国家广播电台，成立于1929年，业务受议会监督，其领导人由议会任免。1958年后开始全天播音。现有2套全国性节目。对外用10种语言广播。

保加利亚电视台：国家电视台，业务受议会监督，其领导人由议会任免。1958年建成，1959年正式开播。现有2套节目。

对外关系

保加利亚于2004年3月加入北约，2007年1月加入欧盟。保政府在优先发展与欧美关系的同时，积极参与地区合作，注重睦邻友好，开展多元外交。

【同中国的关系】1949年10月4日建交。保加利亚历届政府均坚持一个中国的原则立场，重视发展对华关系。

2009年是中保建交60周年。双方举办了一系列庆祝活动，两国传统友谊和各领域友好合作进一步巩固和发展。

双方保持高层交往。3月21～25日，保加利亚副总理兼外交部长伊瓦伊洛·卡尔芬访华。4月12～18日，保加利亚最高上诉法院院长拉扎尔·格鲁埃夫访华。9月8～12日，国务委员兼国防部长梁光烈访保。10月4日，国家主席胡锦涛与保加利亚总统珀尔瓦诺夫就中保建交60周年互致贺电。10月14～15日，国家副主席习近平访问保加利亚。

经贸、文化和卫生等领域合作持续发展。习近平副主席访保期间，两国相关部门签署了《中华人民共和国和保加利亚共和国文化部2008～2012年文化合作计划》、《中华人民共和国卫生部和保加利亚共和国卫生部关于卫生医学合作的执行计划》、《中华人民共和国商务部和保加利亚共和国经济能源旅游部关于经济合作的谅解备忘录》。

据中国海关总署统计，2009年中保贸易额为7.4亿美元，其中中方出口额6亿美元，进口额1.4亿美元，同比分别下降45.1%、47%、35%。

人文领域交流进一步深化。9月，中国教育部在保加利亚举办了中国教育成就展暨中保大学校长论坛。10月，中保双方在索非亚共同举办了“中保庆祝建交60周年音乐会”；中国外交部出版了《中保建交60周年》纪念画册；两国友协共同举办了庆祝建交60周年专题研讨会；两国邮政部门分别发行了建交60周年纪念封；两国驻对方使馆分别举行了大型庆祝招待会、图片展、研讨会等活动。

此外，两国在监察、金融、新闻、地方交流等领域继续保持密切合作。

中国驻保加利亚大使：张万学。馆址：索非亚“亚历山大·冯·洪堡”大街7号（Str. Alexander von Humboldt 7，Sofia 1113，Republic of Bulgaria）。电话：00359－2－9733873；传真：9711081。网址：http://www.chinaembassy.bg。电子邮箱：webmaster@chinaembassy.bg。领事部（签证处）电话：00359－2－9733947。商务处电话：00359－2－9710238，9710290；传真：9712416；地址：索非亚“亚历山大·任多夫”大街1号（Str. Alexander Zhendov 1，Sofia 1113）。

保加利亚驻华大使：格奥尔基·佩伊奇诺夫（Georgi PEYCHINOV）。馆址：北京市建国门外秀水北街4号（No.4 Xiu Shui Bei Jie，Jian Guo Men Wai）。电话：010－65321946，65321916；传真：65324502。商务处电话：65322969。E－mail：bulemb@public.bta.net.cn。

【同美国的关系】4月，保副总理兼外长卡尔芬访美。11月，保外长热列娃访美。

【同欧洲国家的关系】德国：4月，德联邦检察长哈尔穆斯访保。希腊：11月，保总统珀尔瓦诺夫访希。塞尔维亚：3月，塞第一副总理兼内务部长达契奇访保。5月，保国防部长措内夫访塞。克罗地亚：2月，克罗地亚军队总参谋长卢契奇访保。11月，保议长察切娃访克。斯洛文尼亚：5月，斯总统图尔克访保。马其顿：2月，马总统策尔文科夫斯基访保。3月，马其顿议长韦利亚诺夫斯基访保。11月，马总理格鲁埃夫访保。塞浦路斯：10月，保总统珀尔瓦诺夫访塞。意大利：2月，保总统珀尔瓦诺夫对意进行国事访问。10月，为庆祝保意两国建交130周年，意总理贝卢斯科尼访保。爱尔兰：3月，保副总理普鲁格奇埃娃访爱。3月，爱尔兰总统麦卡利斯访保。立陶宛：3月，保总统珀尔瓦诺夫访立。马耳他：10月，保总统珀尔瓦诺夫访马。

【同东欧中亚国家的关系】俄罗斯：1月，保总理斯塔尼舍夫访问俄罗斯。2月，保总统珀尔瓦诺夫访俄，出席俄保加利亚年活动开幕式。4月，保总理斯塔尼舍夫率保能源专家团访俄。摩尔多瓦：3月，保总统珀尔瓦诺夫访摩。土库曼斯坦：8月，土总统别尔德穆哈梅多夫访保。阿塞拜疆：11月，阿总统阿利耶夫访保。乌克兰：1月，保总理斯塔尼舍夫访乌。

【同亚洲国家的关系】日本：为庆祝保日建交50周年，1月，保总统珀尔瓦诺夫访日；5月，日本德仁皇太子和太子妃访保。韩国：10月，保总统珀尔瓦诺夫访韩。印度：3月，保副总理兼外长卡尔芬访印。越南：1月，保总统珀尔瓦诺夫访越。卡塔尔：4月，卡塔尔埃米尔哈马德访保。土耳其：3月，保议长皮林斯基访土。斯里兰卡：11月，保总统珀尔瓦诺夫访斯。

【同国际及地区组织的关系】欧盟：1月，保副总理兼外长卡尔芬出席在捷克首都布拉格召开的欧盟能源问题外长会议。3月，保总理斯塔尼舍夫出席欧盟应对经济危机特别会议。4月，保举行“输欧天然气：安全与合作”国际能源合作峰会。5月，欧盟委员会正式宣布，重新启动此前被冻结的ISPA基金中用于援助保加利亚的1.15亿欧元资金，用于保建设“柳林”高速公路和欧洲交通走廊的保境内工程。10月，欧盟正式批准向保发放3亿欧元，以补偿保因关停“科兹洛杜伊”核电站3、4号机组的损失。12月，欧盟理事会常任主席范龙佩访保。北约：1月，保应北约要求，再次向阿富汗增兵50人。联合国教科文组织：9月22日，保驻法大使博科娃当选联合国教科文组织总干事。（马士权）

比 利 时

国名 比利时王国（The Kingdom of Belgium，Le Royaume de Belgique）。

面积 陆地面积30528平方公里，领海及专属经济区3462平方公里。

人口 1066.7万，其中讲荷兰语的弗拉芒大区616.2万，讲法语的瓦隆大区345.7万（包括讲德语的约7.1万），使用荷法两种语言的布鲁塞尔首都大区104.8万。官方语言为荷兰语、法语和德语。80%的居民信奉天主教。

首都 布鲁塞尔（Brussels，Bruxelles），人口104.8万。

国家元首 国王阿尔贝二世（Albert II），1993年8月9日即位。

重要节日 国庆日：7月21日；国王日：11月15日。

简 况

位于西欧，北连荷兰，东邻德国，东南与卢森堡接壤，南和西南与法国交界，西北隔多佛尔海峡与英国相望。海岸线长66.5公里。属海洋性温带阔叶林气候。

公元前克尔特族的比利其人在此居住。公元前57年起长期为罗马人、高卢人、日尔曼人分割统治。9～14世纪被各诸侯国割据。14～15世纪建立了勃艮第王朝。随后又陆续为西班牙、奥地利、法国所统治。1815年被并入荷兰。1830年10月4日独立。1867年成为永久中立国。在两次世界大战中均被德国占领。二战后加入北约。1958年加入欧共体，并与荷兰、卢森堡结成经济联盟。1993年完成国家体制改革，正式实行联邦制。

政 治

2007年6月10日，比举行四年一度的联邦议会选举，人民党团在大选中获胜，但因各党派在组阁谈判中无法就国家体制改革等问题达成一致，新一届内阁迟迟未能组成。2008年3月20日，荷语基民党人伊夫·莱特姆（Yves Leterme）组成政府，9个月后辞职，荷语基民党人赫尔曼·范龙佩（Herman Van Rompuy，原译为赫尔曼·范隆普）继任首相。2009年10月25日，莱特姆接替当选欧盟理事会首任常设主席的范龙佩出任首相。2010年4月26日，执政联盟因布鲁塞尔及其周边选区划分问题久拖不决而破裂。联邦政府辞职，莱特姆任看守内阁首相。6月13日举行大选，新弗拉芒联盟成为第一大党。目前，各党正进行组阁谈判。

【宪法】1831年制定首部宪法。1994年2月出台新宪法，保留了原宪法有关基本自由、权力分享和国家民主等条款，并规定：比实行世袭君主立宪的联邦制，国王为国家元首、三军最高统帅，与议会共同行使立法权，与政府共同行使行政权，但实权在政府，政府对议会负责。议会实行两院制，主要由众议院行使立法权，参议院只在修宪、外交事务、国家体制改革等方面与众议院享受同等权力，在其他方面仅有立法建议和咨询权。新宪法扩大了地区政府的内政和外交权力。新宪法首次承认女性王室成员的王位继承权。

【议会】联邦议会由150名众议员和71名参议员组成，任期4年。众议员由全国11个选区直选产生。71名参议员由地区直接选举40名，语区议会指派21

名，地方再遴选10名。年满18岁的国王子女是法定参议员，但不参加投票，目前菲利普王储、阿斯特里德公主和洛朗王子均是参议员。本届联邦议会于2010年6月13日选举产生。各党派席位如下：

	众议院	参议院（直选）
新弗拉芒联盟	27	9
法语社会党	26	7
法语革新运动党	18	4
荷语基民党	17	4
荷语社会党	13	4
荷语开放自民党	13	4
弗拉芒利益党	12	3
法语人道主义民主中心党	9	2
法语生态党	8	2
荷语绿党	5	1
德戴克尔党	1	
法语人民党	1	

【政府】自2010年4月26日起，由荷语基民党、法语革新运动党、法语社会党、荷语自民党和法语人道主义民主中心党组成的政府留任看守内阁，处理国家日常事务。除首相外，共有14名大臣，7名国务秘书。主要成员有：首相莱特姆，副首相兼财政与体制改革大臣雷德尔斯（Didier Reynders），副首相兼社会事务与公共卫生大臣翁克琳克斯（Laurette Onkelinx，女），副首相兼外交与体制改革大臣瓦纳克尔（Steven Vanackere），副首相兼就业与机会均等大臣米尔盖（Joëlle Milquet，女）等。

【行政区划】全国分为10个省和589个市镇。10个省：安特卫普、西弗兰德、东弗兰德、林堡、弗拉芒布拉邦、瓦隆布拉邦、列日、埃诺、那慕尔和卢森堡。

【司法机构】全国设222个治安审理所，26个初审法院，5个上诉法院，1个最高法院。10省各设1个重罪法庭。三级法院均有相应的检察机构。各级法院的法官均由国王直接或根据同级议会的提名任免，终身任职。各级检察长由国王根据政府提名任免。最高法院院长隆德斯（Ghislain Londers）。最高检察院检察长莱克勒克（Jean-François Leclercq）。

【政党】主要有10个政党：

（1）新弗拉芒联盟（N-VA）：2001年由大众团结党（Volksunie）分裂而来。现任党主席德维瓦（Bart De Wever）。

（2）荷语基督教民主党（CD&V）：前身是1968年从比基督教社会党分裂独立的荷语基督教人民党，后改现名。现任党主席玛丽安娜·蒂森（Marianne Thyssen，女）。

（3）荷语自由民主党（VLD）：1992年11月由原荷语自由进步党改组成立。现任党主席亚历山大·德克罗（Alexander De Croo）。

（4）荷语社会党（SP. A）：1978年由比利时社会党分裂而来。现任党主席卡洛琳·吉奈（Caroline Gennez，女）。

（5）弗拉芒利益党（Vlaams Belang）：1978年12月，弗拉芒国家党和弗拉芒人民党合并为弗拉芒集团，后更名为弗拉芒利益党。现任党主席布鲁诺·瓦克尼耶（Bruno Valkeniers）。

（6）荷语绿党（Groen）：前身为1982年成立的荷语生态党（Agalev），2003年改为现名。党主席伍特·范贝希安（Wouter Van Besien）。

（7）德戴克尔党（LDD）：成立于2007年，以党主席让—玛丽·德戴克尔（Jean-Marie Dedecker）命名。

（8）法语社会党（PS）：1978年比利时社会党分裂而来。现任主席埃利奥·迪吕波（Elio Di Rupo）。

（9）法语革新运动党（MR）：前身是建于1846年的自由党（PL），是比利时历史最久的政党，后分裂。2002年3月24日，法语革新自由党（PRL）、法语民主阵线（FDF）、国民革新运动（MCC）合并组成法语革新运动党（MR）。现任主席是联邦政府副首相兼财政大臣迪迪埃·雷德尔斯。

（10）法语人道主义民主中心党（CDH）：1968年由基督教社会党分裂而成法语基督教社会党（PSC），2002年改为现名。党主席为饶埃尔·米尔盖（Joëlle Milquet，女）。

（11）法语生态党（Ecolo）：成立于1980年。该党实行集体领导。

此外还有比利时人民党、劳动党、进步团结共产党（前比马列共）等小党。

【重要人物】阿尔贝二世：国王。1934年6月6日生于布鲁塞尔。1993年获陆军中将和海军中将军衔。1993年8月9日登基。曾于1975年和1993年两次以亲王身份率经贸代表团访华，2005年6月对中国进行国事访问。已婚，王后葆拉，有两子一女。长子菲利普亲王为王储。　**莱特姆：**首相。1960年10月6日生。法学和政治学学士。历任荷语基督教人民党全国书记、荷语基督教民主党主席、众议院、参议员。2004年任弗拉芒大区首席大臣。2008年、2009年两度出任首相。2005年作为弗拉芒大区首席大臣访华。2008年两次来华出席北京奥运会闭幕式和第七届亚欧首脑会议。2010年来华参观上海世博会。已婚，有二子一女。

经　济

发达的资本主义工业国家，经济高度对外依赖，80%的原料靠进口，50%以上的工业产品供出口。2009年主要经济数据如下：

国内生产总值：3277亿欧元。

人均国内生产总值：30722欧元。

经济增长率：-3%。

货币名称：欧元（EURO）。

汇率（2010 年 6 月）：1 欧元≈1.24 美元。

通货膨胀率：0%。

失业率：7.9%。

【资源】 据估测，煤蕴藏量为 37 亿吨，其中有开采价值的 18 亿吨，瓦隆地区的煤层已开采殆尽。此外尚有少量铁、锌、铅、铜等。核电站 7 座，占总发电量的 57.7%。森林及绿地面积 6059 平方公里。

【工业】 2008 年工业附加值 548.98 亿欧元，约占国内生产总值 16.6%。主要工业部门有钢铁、机械、有色金属、化工、纺织、玻璃、煤炭等行业。主要工业产品交货值（单位：亿欧元）：

	2005	2006	2007
食品（不含奶制品）	195.13	203.38	223.60
纺织品	43.63	44.90	44.86
化工产品	314.12	342.61	348.90
冶金产品	137.24	203.12	204.39
机械设备	77.96	89.11	103.92
汽车	165.83	172.39	170.29

（资料来源：比利时统计局和国家银行网站）

【农业】 2008 年农牧渔业附加值为 23.6 亿欧元，约占国内生产总值 0.7%。农业就业人口 8.1 万，约占总劳力 1.8%。2008 年农业用地面积为 137 万公顷。近年来主要农作物耕地面积如下（单位：万公顷）：

	2006	2007	2008
谷物（不含玉米）	27.31	27.17	29.11
甜菜	8.29	8.27	6.35
玉米	21.77	22.21	24.84
马铃薯	6.73	6.79	6.35

（资料来源：比利时统计局和国家银行网站）

主要家禽饲养数（单位：万只）：

	2006	2007	2008
蛋鸡	1239.7	1190.6	1181.8
肉鸡	1971.1	2016.1	2038.6

（资料来源：比利时统计局网站）

主要牲畜存栏数（单位：万头、万只）：

	2006	2007	2008
牛	266.3	264.9	261.3
其中奶牛	50.7	50.0	49.5
猪	629.5	625.6	626.9
羊	18.2	17.9	

（资料来源：比利时统计局网站）

【服务业】 第三产业发展迅速，2008 年附加值为 2337 亿欧元，就业人数约 347 万人，占总劳动人口的 78.2%。

【旅游业】 截至 2007 年，拥有旅馆及其他各种旅游设施 3521 处，37.4 万张床位。2007 年接待外国游客 2985 万人次。主要旅游点是阿登山区、北海海滨和布鲁塞尔市等。

【交通运输】 以公路运输为主，近年来交通运输情况如下：

铁路：2007 年，总长 3374 公里，客运量 2.06 亿人次，货运量 5672 万吨。

公路：总长 15.36 万公里（2008 年），其中高速公路 1763 公里，年货运量为 4.92 亿吨（2007 年）。

水运：内河航道总长 1559.5 公里，货运吞吐量 1.39 亿吨（2007 年）。有 3 个海港，2006 年外贸海运装货量 9361 万吨，卸货量 1.26 亿吨。

空运：空中运输网络联系 49 个国家，74 个城市。2007 年客流量 2105 万人次。布鲁塞尔国际机场经停 63 家外航班机。

【财政金融】 近几年财政收支及公共债务情况如下（单位：亿欧元）：

	2006	2007	2008
财政收入	1544.80	1607.91	1677
财政支出	1535.82	1614.86	1718
公共债务	2792.79	2805.07	3087

（资料来源：比利时国家银行年度统计报告）

截至 2007 年 12 月，比外汇储备 62.59 亿欧元，黄金储备 41.58 亿欧元。

2007 年比利时四大银行情况如下（单位：亿欧元）：

	成立日期	净资产
富通银行 Fortis	2000 年	341.94
比利时联合银行 KBC	1998 年	184.87
德克夏银行 Dexia	1996 年	163.94
荷兰国际集团 ING	1991 年	412.15

【对外贸易】 外贸是比经济命脉，2009 年进出口总额为 3621 亿欧元，逆差 25 亿欧元，其中出口额 1798 亿欧元，下降 19.6%，进口额 1823 亿欧元，下降 22.3%。

进出口主要产品是原料制品、运输器材、化工产品和食品。主要贸易伙伴是德国、荷兰和法国，其次是其他欧洲国家及北美、亚洲、非洲。

【对外投资】 2007 年对外投资总额 909 亿欧元。重点投资国家：英国、法国、德国、荷兰、美国、西班牙、奥地利和日本。截至 2009 年底，比在华直接投资项目 778 个，实际投入 10.97 亿美元。

【对外援助】 2009 年全年提供公共发展援助 12.49 亿欧元，主要受援国：刚果（金）、卢旺达和布隆迪等。

【外国资本】 比利时政府对外国资本采取鼓励政策。2007 年吸收外资额为 663 亿欧元，其特点以多国或跨国公司形式居多，对解决就业和扩大出口起到促进作用。主要投资部门为工业和服务业。

【著名公司】比利时著名企业情况如下（单位：亿欧元）：

	营业额	业务范围	所在地
英博啤酒集团	85	啤酒	布鲁塞尔
苏威集团	79	化工	布鲁塞尔
贝尔卡特集团	27	钢丝制品	科特利克

人民生活

2007 年比利时全国共有全科医生 1.79 万名，专科医生 2.15 万名，药剂师 1.23 万名，护士 6.27 万名，医院病床总数约 7.4 万张。

军　事

宪法规定国王是武装力量名义上的最高统帅。议会负责批准国防预算和与军事有关的法律。政府负责制定防务政策。内阁防务委员会是最高军事决策机构，同时也是国王的最高防务咨询机构。国防大臣在首相领导下，负责执行防务政策。武装力量由陆、海、空、卫生兵四部分组成。2002 年撤销总参谋部，在国防部下设国防参谋部。是最高军事指挥机构。

1995 年取消义务兵制度，实行志愿兵制，国内服役期 1 年，国外服役期 10 个月。

三军总兵力约 3.8 万人（2007 年），其中一个陆军师，一个伞兵突击旅，一个陆航大队，共 2.2 万人；海军一个舰队，共 1600 人，有 4 艘护卫舰，15 艘扫雷舰艇；空军两个战斗机联队，一个运输与通讯联队，共 8000 人，有 132 架 F－16 战斗机，28 架幻影 5 型战斗机；卫生兵部队 1000 人。另有后备役人员 3.5 万人；医务人员 5000 人。曾派出 1600 余人前往前南、索马里等国参加联合国维持和平行动。已派出一个装甲旅共 170 名官兵参加“欧洲军团”。现在境外执行军务的军人为 2000 人。

2010 年国防预算 27.4 亿欧元，约占 GDP 的 0.8%。

文化教育

【教育】实行 6～18 岁免费义务教育制。教育由地区政府管理。教育经费占国民生产总值的 5.5%。近年各级学校在校学生人数（单位：万人）：

	2005/2006	2006/2007	2007/2008
小学	73.8	73.8	73.6
中学	83.5	83.5	83
大学	31.1	31.4	32.1

前三大著名高等学校情况：

	建校年份	学生人数	外国留学生数	教师数
鲁汶天主教大学（荷语）	1425 年	20000	2300	2000
鲁汶天主教大学（法语）	1969 年	20811	4226	1089
根特大学	1816 年	12600	1253	1950

【新闻出版】有日报 30 种，周报千余种，其他期刊 5000 余种，主要用荷文和法文出版，极少数用德文出版。

主要报刊有：《标准报》（荷语）、《自由比利时报》（法语）、《最新消息报》（法语）、《晚报》（法语）。《标准报》发行量 30 余万份，居首位，其余 10 万～30 万份。

比利时通讯社于 1936 年创建。国家广播局建于 1930 年，1960 年分为两个独立的广播电视台，分别用法语、荷语播送广播、电视节目，隶属地区政府领导。

对外关系

推行积极的欧洲政策，主张加快欧洲一体化建设步伐；支持参与联合国维和行动和人道主义援助；重视与美国的关系；主张加强与独联体和东欧国家的交往；在积极推动发展中国家民主化进程的同时，注意与其保持平稳关系；通过发展援助等手段，努力恢复对非洲传统影响。突出经济外交的重要性，提出“立足欧元区、放眼亚洲、南美及中东欧”的总体方向。

现与约 160 个国家有外交关系，在 90 多个国家设有使领馆。

【对当前重大国际问题的态度】主张建立多极化的世界新秩序。认为世界上各主要力量，特别是欧洲应发挥重要作用，承担更多的责任与义务。为应对恐怖主义，需建立更公正、团结和宽容的世界。联合国是维护世界稳定、保护人权、促进经济发展的最主要机构，支持联合国在冲突地区采取行动，并愿为国际维和行动提供人力和财力支持。联合国应进行机构改革，更好地反映当今世界，公平公正地代表各不同地区的利益。认为促进可持续发展也是联合国的一大任务。主张加速欧洲一体化进程，强调欧洲宪章的重要性，支持欧盟东扩，积极推动欧洲防务建设。认为欧洲防务是北约十分必要的补充，主张欧洲建立与其经济实力相适应的防务，增强军事力量。与德、法、卢共同提出建立欧洲“集体能力核心”，在不使用北约资源的情况下实施由欧盟领导的行动计划，成立以法德旅为基础的欧洲快速反应力量。主张全面禁止生产和使用大规模杀伤性武器，赞成逐步裁减并最终销毁核武器，并建立可靠的裁军核查机制。认为全球化是双刃剑，应赋予全球化一个道德的基础。全球贸易应进一步自由化，为了解决欠发达国家所面临的问题，仍需增加发展援助。

【同中国的关系】1971 年 10 月 25 日建交。

2009 年 8 月，中比关系走出因涉藏问题造成的波折，实现恢复发展。10 月，国家副主席习近平访问比利时并出席“欧罗巴利亚—中国艺术节”开幕式，两国关系得到进一步巩固。2010 年以来，双方高层交往频繁。4月，比副首相兼外交与体制改革大臣瓦纳克尔正式访华。5月，比首相莱特姆来华参观上海世博会。6月，比王储菲利普亲王来华出席上海世博会比利时国家馆日活动。

受金融危机影响，2009年双边贸易额为167.2亿美元，同比下降17.3%。两国双向投资不断扩大，中国在比投资企业运行平稳。

科技交流持续展开。中比2009年政府间科技合作项目20余个，涉及气候变化、能源、生物医学等多个领域，双方举行了建筑节能、环境和能源、遥感技术等多次研讨会。

文化交流蓬勃发展。2009年10月在比开幕的“欧罗巴利亚—中国艺术节”历时近5个月，举办500多场活动，扩大了中国文化在比利时和欧洲的影响。

教育交流进一步深化。比鲁汶大学等四所综合性大学在中国设立办公室或项目负责人。荷语布鲁塞尔自由大学申请成立第四所孔子学院。

中国驻比利时大使：张援远。馆址：443－445 AVENUE DE TERVUREN，1150 WOLUWE SAINT-PIERRE。值班电话：0032－475820752；传真：0032－27792895。领事部电话：0032－2－7794333。商务处电话：0032－26404006。

比利时驻华大使：奈斯（Patrick Nijs）。馆址：北京市朝阳区三里屯路6号。办公室（兼领事）电话：010－65321736。传真：65325097。

【同美国的关系】1832年2月9日建交。重视保持和发展同美在政治、经济和军事方面的合作关系。“9·11”事件后，强烈谴责恐怖分子对美国的袭击，表示要与美保持紧密团结，采取一切手段与恐怖主义进行斗争。认为北约不仅是共同防御组织，而且是欧洲安全的根本保障，也是共同价值观的载体，是维系欧美同盟关系的主要保证，为捍卫欧美共同利益发挥着重要作用。主张继续维持并不断加强北约，支持北约东扩，认为北约的扩大保证了大多数欧洲国家的安全，但同时强调北约东扩无意针对俄罗斯。对美发展NMD和退出《反导条约》感到担忧，认为这会引发新一轮核军备竞赛。美是比在欧盟外的最大贸易伙伴，但比对美实行单边主义贸易政策有所不满，主张欧洲应对美损害欧洲经济利益的做法采取报复措施。

【同俄罗斯及东欧国家的关系】关注俄罗斯局势，支持俄国内改革，主张西方国家在政治、经济上帮助俄罗斯，以保持俄的稳定。主张发展同中东欧国家和独联体国家的关系，通过提供援助发展双边经贸关系。

【同邻国的关系】比是欧共体创始国之一，与邻国关系密切，同荷兰、卢森堡两国关系尤为特殊。1958年，三国签署《比荷卢经济联盟条约》，共同协商财政、经济和社会事务政策，在欧共体、世界卫生组织等国际机构中采取共同立场。三国之间还有防务协定。1990年6月，比同荷、卢、法、德签署五国商品、资本、人员自由流通协定。

比外贸的主要对象是欧盟国家。2009年从欧盟进口额为1462亿欧元，约占进口总额的80%，对欧盟出口额为1422亿欧元，约占出口总额的79%。在欧盟对比贸易和投资中，德国均居首位，荷、法、英次之。

【同其他国家的关系】重视发展与非洲国家的关系，承认欧洲原宗主国对非洲国家负有巨大的历史责任，希通过向非洲提供发展援助发挥独特影响。比确立了优先向非洲提供发展援助的原则，其65%的发展合作援助流向非洲。比极为重视刚果（金）和平进程，从人力、财力上大力支持2006年刚果（金）总统、议会选举。关注中部非洲局势，提出“大湖地区和平行动计划”。

重视亚洲在国际事务中的作用，认为亚洲是世界经济中发展最快的地区，21世纪将是亚洲世纪，亚洲的崛起对比既是机遇，又是挑战。积极参加亚欧会议，主张加强同亚洲国家的对话与合作。看好亚洲市场，积极发展同亚洲国家的经贸关系，推动比对亚洲国家出口。

（秦昊）

冰岛

国名 冰岛共和国（The Republic of Iceland）。

面积 10.3万平方公里。

人口 31.9万（2009年12月）。绝大多数为冰岛人，属日耳曼族。冰岛语为官方语言，英语为通用语言。85.4%的居民信奉基督教路德宗。

首都 雷克雅未克（Reykjavik），人口20.1万（2009年12月），1月平均气温－0.2℃，7月平均气温12.5℃。

国家元首 总统奥拉维尔·拉格纳·格里姆松（Olafur Ragnar GRIMSSON），1996年8月1日就职，2000年、2004年和2008年三次连任。

重要节日 国庆节：6月17日。

简况

位于北大西洋中部，靠近北极圈，为欧洲第二大岛。海岸线长约4970公里。属寒温带海洋性气候，变化无常。因受墨西哥湾暖流影响，较同纬度其他地方温和。夏季日照长，冬季日照极短。秋季和冬初可见极光。多火山和地热喷泉。

8世纪末，爱尔兰修道士首先移居冰岛。9世纪后半叶，挪威开始向冰岛移民。930年建立议会和冰岛联邦。1262年臣属于挪。1380年冰、挪同归丹麦统治。1904年获内部自治。1918年冰丹签订联邦法，规定冰为主权国家，但外交事务仍由丹控制。1940年丹麦被德国占领，冰丹关系中断。同年英军进驻，次年美军取代英军驻冰。1944年6月16日冰议会正式宣布解散冰丹联盟，17日成立冰岛共和国。

政　治

2009年4月，冰举行议会选举。5月10日，社会民主联盟和“左翼绿色运动”（简称绿党）组成联合政府，社民盟主席西于尔扎多蒂出任总理。这是冰中左政府18年来首次执政，其中心任务是应对金融危机，并积极推动冰岛加入欧盟。

【宪法】1944年6月17日颁布，后经多次修订。宪法规定，冰岛实行议会民主制。议会和总统共同执掌立法权，法院执掌司法权，总统和政府共同拥有行政权。总统通过直接选举产生，任期四年，可连选连任。

【议会】议会原分上下两院，1991年10月合并为一院。共有议员63名，任期四年。本届议会于2009年4月25日选举产生，由5个政党组成，其中社会民主联盟20席，独立党16席，绿党14席，进步党9席，公民运动4席。议长奥丝塔·约翰尼斯多蒂尔（Asta JOHANNESDOTTIR，女）。

【政府】本届政府于2009年5月10日由社民盟和绿党联合组成。有阁员12名，两党各占5名，无党派人士占2名。总理约翰娜·西于尔扎多蒂（Johanna Sigurdardottir，女，社民盟主席），外交和外贸部长奥叙尔·斯加普希丁松（Ossur SKARPHEDINSSON，社民盟）。财政部长斯泰因格里米尔·西格富松（Steingrimur SIGFUSSON，绿党主席），司法和宗教事务部长拉娜·奥德纳多蒂尔（Ragna Arnadottir，女，无党派人士），工业、能源和旅游部长卡特琳·尤利于斯多蒂尔（Katrin JULIUSDOTTIR，女，社民盟），商务部长吉尔维·马格努松（Gylfi MAGNUSSON，无党派人士），教育、科技和文化部长卡特琳·雅各布斯多蒂尔（Katrin JACOBSDOTTIR，女，绿党），社会事务部长奥德尼·保德尔·奥德纳松（Arni Pall ARNASON，社民盟），卫生部长奥尔夫黑杜尔·英格多蒂尔（Alfheiour INGODOTTIR，绿党），环境部长斯旺迪斯·斯瓦瓦尔斯多蒂尔（Svandis SVAVARSDOTTIR，女，绿党），交通部长克里斯蒂安·默勒（Kristjan MOLLER，社民盟），渔业和农业部长约恩·比亚尔纳松（Jon BJARNASON，绿党）。

【主要网址】外交部：http：//www. mfa. is；议会：http：//www. althingi. is。

【司法机构】实行地方法院和最高法院两级审判制。最高法院共有九名大法官，由总统任命，终身任职。最高法院院长由九位法官轮流担任，任期两年。院长英吉比约格·本尼迪克斯多蒂尔（Ingibjorg BENEDIKTSDOTTIR，女，2010年就任）。此外还有两个特别法庭：劳工法庭和国家弹劾法庭。

【政党】（1）社会民主联盟（Social Democratic Alliance）：执政党。2000年成立。冰第一大党。由社会民主党（Social Democratic Party）、人民联盟（People’s Alliance）和妇女组织（Women’s List）合并而成。主席约翰娜·西于尔扎多蒂。提倡改革社会福利制度，主张加入欧盟和欧元区。

（2）左翼绿色运动（The Left-Green Movement）：简称绿党，执政党。1999年成立。现任主席斯泰因格里米尔·西格富松。主张奉行独立的外交政策，反对加入任何军事组织，反对外国在冰驻军；重视环保，保护低收入者利益；反对加入欧盟和欧元区。

（3）独立党（Independence Party）：在野党。1929年成立。冰第二大党，主席布亚尼·本尼迪克特松（Bjarni BENEDIKTSSON）。主张继续将冰美双边防务合作协定作为安全防务政策基石，同时加强与其他北约成员国尤其是北欧和西欧国家的合作；在冰岛获准保留对渔业资源和其他自然资源的控制权之前，不拟加入欧盟和欧元区；重视环保；主张国有企业私有化。

（4）进步党（Progressive Party）：在野党。1916年成立。约有党员6000人。现任主席西格蒙杜尔·古恩劳格松（Sigmundur GUNNLAUGSSON）。主张加强与欧盟的联系，条件成熟时可考虑加入欧盟和欧元区；经济私有化，提高社会福利。

（5）公民运动（Civic Movement）：在野党。2008年底民众游行示威期间新成立政党。无指定领导人，主张立即采取措施拯救负债家庭和企业；完善民主制度，由全民参与修宪；聘请独立外国机构和人员对金融危机进行公开调查，挖掘出官方或企业高层内的违法行为并立即冻结嫌疑人资产；完善要求政府公开、透明、公正和专业的法律条文，确立新的行政体系。

（6）自由党（Liberal Party）：反对党。1998年成立。主席古德约恩·克里斯蒂安松（Gudjon KRISTJANSSON）。主张冰岛继续留在北约；废止现行渔业配额制度和渔业配额交易；主张减税；反对冰加入欧盟和竞选联合国安理会非常任理事国。

（7）民主党（Democratic Party）：在野党。2008年底民众游行示威期间新成立政党。主席奥斯特索尔·马格努松（Astthor MAGNUSSON），主张搞直接民主，平民可以向议会提交议案；改变议会和政府的结构，议员减少为31名，取消选区制，全国统一成一个选区，个人选举制，部长不任议员等。

【重要人物】奥拉维尔·拉格纳·格里姆松：总统。1943年生于冰岛西北部冰湾市（Isafjordur）。原人民联盟党人。政治学博士。1970～1988年为冰岛大学政治学讲师、教授。1971～1973年任进步党执委会委员。1974～1975年任自由左翼联盟执委会主席。1978～1983年、1991～1996年为议会人民联盟议员。1980～1983年任议会党团主席。1983～1985年任人联党报《人民意志》报主编。1983～1987年任人民联盟执委会主席。1987～1995年任人民联盟主席。1988～1991年任财政部长。1996年6月29日当选冰岛共和国第五任总统，2000年、2004年和2008年三次连任。格积极参与国际交往与合作，曾多次获国际和平奖章。1994年应中国人民外交学会邀请随同冰前总理赫尔曼松夫妇访华。2005年5月，应中国国家主席胡锦涛邀请对华进行国事访问。2007年10月，应胡锦涛主席邀请对华进行工作访问并应邀出席上海特奥会有关活动。2008年8月来华出席北京奥运会闭幕式并观赛。 约翰娜·西于尔扎多蒂：总理。1942年10月生于雷克雅未克。毕业于冰岛商学院。社民盟主席。1978年起当选议员。1979年，1983～1984年任副议长。1984～1993年任社会民主党（社民盟前身）党团副主席、1994～2003年在议会多个委员会任委员。2003～2007年任议会副议长。2007～2008年任社会事务部长。2009年1月任冰岛过渡政府总理。2009年5月出任冰岛新政府总理。2008年北京奥运会期间曾访华。

经济

渔业是经济支柱，工业以炼铝等高能耗工业和渔产品加工业为主。外贸依存度大。1970年加入欧洲自由贸易联盟，1994年参加欧洲经济区，1995年初成为世界贸易组织创始成员国。1995～2000年，冰岛经济进入历史上少有的高速增长时期，国内生产总值年均涨幅近4%，在经济合作组织（OECD）中名列前茅。2001年起经济增长速度放慢，2002年国内生产总值再次出现负增长。2003年以来，冰政府通过财政紧缩政策使经济重新稳步增长。2006年冰货币贬值，通胀率持续走高，但在政府干预及国际货币组织协助下，金融市场恢复稳定。2008年，冰岛三大银行因盲目扩张和受国际金融危机影响而破产，被收归国有，冰陷入深度金融危机，被迫同意国际货币基金组织苛刻贷款条件，获20亿美元贷款。另外还获北欧等其他国家贷款援助。2009年，金融危机逐步影响实体经济，总体经济形势持续低迷。2009年主要经济数据如下：（资料来源：除注明外，均根据冰岛统计局。下同。）

国内生产总值：15001亿冰岛克朗。

国内生产总值增长率：－6.5%。

汇率：1美元≈127冰岛克朗（2009年12月，冰岛中央银行）。

通货膨胀率：12%。

失业率：7.2%。

【资源】渔业、水利和地热资源丰富，其他自然资源匮乏，石油等产品需要进口。可开发的年水力发电量为640亿度，地热能年发电量可达72亿度。2008年水力发电量为124.3亿度，利用地热发电40.4亿度。目前，约90%的冰岛居民已利用地热取暖。

【工业】基础薄弱。除渔产品加工和针织等轻工业外，主要为炼铝业和制药业。近年，炼铝业成为冰岛工业发展热点。2009年，工业部门从业人数约占总就业人口的10.4%，工业产值占国内生产总值的19%（不包括渔产品加工业）。

【农牧业】所处纬度高，日照量少，仅南部几个农场年产400～500吨农作物。可耕地面积1000平方公里，占全国总面积的1%。畜牧业占较主要地位，大部分农业用地被用做饲料草场。相应的毛纺业和制革业比较发达。肉、奶、蛋自给有余，粮食、蔬菜、水果基本依靠进口。2009年农业产值占国内生产总值的1.5%；从业人口占总就业人口的3.7%。近年主要畜产品产量如下（单位：万吨）：

	2006	2007	2008
牛奶	11.7	11.7	11.7
羊肉	0.865	0.864	0.893

2008年牲畜存栏数：羊45.79万只，牛6.91万头，马7.75万匹。

【渔业】冰岛的支柱产业。2009年，从业人口占就业人数的3.7%；捕鱼量为112.6万吨，主要鱼种有鳕鱼、毛鳞鱼和黑线鳕；产值占国内生产总值的7.7%；绝大部分渔产品出口，出口额占冰外贸出口总额的23%。

【服务业】在国民经济中占重要地位。2009年，服务业产值占国内生产总值的21.3%，从业人数占总劳力的19.8%。

【旅游业】1980年起大力发展旅游事业。2008年外国游客人数达87.9万人。主要旅游点有冰川、火山地貌、地热喷泉和瀑布等。

【交通运输】无铁路，海运和空运比较发达。2009年交通运输情况如下：

国家级公路：总长13048公里。共有机动车30.14万辆，其中客车21.17万辆，货车8.97万辆。

水运：共有1122艘船只，总吨位21.18万吨。其中渔船834艘，总吨位9.2万吨。雷克雅未克为主要港口，年货物吞吐量228.7万吨。

空运：共有飞机406架。凯夫拉维克机场为主要航空港，年运送旅客约170万人次。

【财政金融】近几年国家财政情况如下（单位：

百万冰岛克朗）：

	2007	2008	2009
收入	617537	636700	636055
支出	550924	653900	773000
差额	66613	－17200	－136945

（资料来源：冰岛统计资料网）

截至2009年12月，冰岛外汇储备约合4900亿冰岛克朗，净外债为136269亿冰岛克朗，为国内生产总值的908.4%。

（资料来源：冰岛中央银行）

【对外贸易】由于经济单一，对外贸依赖较大，2009年外贸额相当于国内生产总值的63%。近年对外贸易情况如下（单位：百万冰岛克朗）：

	2007	2008	2009
进口额	395154	650052	409874
出口额	305095	685068	497066
差　额	－90059	35016	87192

资本货物（包括工业原料及设备等）和消费品为主要进口商品。主要出口商品有渔产品、铝锭、硅铁、畜产品和毛纺织品等。2009年主要贸易伙伴在冰外贸中所占比重如下（%）：

	出口		进口
荷兰	29.6	德国	10.2
英国	10.5	瑞典	7.2
德国	9.3	荷兰	7.1

【对外援助】对外援助金额约为GDP的0.2%。主要用于冰岛开发署（Icelandic Development Agency）向马拉维、莫桑比克、纳米比亚、乌干达等非洲国家提供援助以及参与联合国儿童基金项目、联合国妇女发展项目、世界粮食计划署项目等重要的国际援助项目。

【外国资本】外国资本主要来自比利时、卢森堡、美国、瑞士等国。主要投资项目为铝厂、硅铁厂、水电站和滤净剂厂。2008年，外国在冰投资额约为882亿冰岛克朗。

（资料来源：冰岛中央银行）

人民生活

2009年全国平均每千人有小轿车656.7辆，电视机450台，电话630部，手机1010部，90%的家庭可上网。全国平均每千人有3.7名医生，8.4名护士。2009年平均寿命女性为83.3岁，男性为79.7岁。

军　事

根据宪法，冰不设军队。1949年加入北大西洋公约组织，1951年同美国签订防务协定，由美负责其防务。北约在冰设有空军基地，驻美军1700余人，并配有4架F－15型战斗机、猎潜飞机和雷达站等军事装备和设施。2006年9月30日，美撤销驻冰军事基地并将协议区域内土地和设施归还冰岛，美在冰的永久性军事存在终止。冰有一支海洋巡逻队，约100人，装备3艘巡逻艇、两架搜救直升机和一些小型飞机，负责渔区保护和海上救护工作。全国有警察700余名。2010年3月，冰政府宣布逐步撤销防务局，其职能将分摊至包括海岸警卫队在内的多个部门。

文化教育

【教育】全民文化程度较高，早在18世纪中叶就已消灭了文盲。实行10年免费义务教育。2009年教育经费约占政府开支的16.1%，在校学生约10.7万人，另有2129人在国外学习。全国共有15所高等院校，冰岛大学是最大的综合性大学。

【新闻出版】2009年出版的全国性报纸有《晨报》、《新闻报》、《每日导报》。最大的《晨报》日发行量约5万份。有国家广播电台和电视台各1家，其中国家广播电台有5套节目播出。私人电视台9家，其中3家可覆盖全国，另有数家私人广播电台。

对外关系

作为北约成员与美国进行防务合作并保持与大西洋两岸国家的良好关系是冰外交政策的核心。冷战结束后，为顺应国际形势的变化，冰除继续重点保持与美等西方国家的伙伴关系外，注意加强与亚洲等其他地区国家的关系，并通过联合国积极参与国际事务。目前冰已同139个国家（包括欧盟）建有外交关系，在18个国家设有使馆，3个国家设有总领馆，7个城市设有常驻代表团。

【对当前重大国际问题的态度】关于世界形势：认为冷战结束后直接军事威胁虽已消除，但地区及民族间的冲突有所加剧，建立新安全机制的努力尚未取得重大进展，全球局势仍存在诸多不确定因素，气候变化、环境污染和传染病等全球性问题带来的威胁凸显。

关于联合国改革：支持联合国全面改革，反对安理会改革阻滞联合国整体的改革进程。主张改革进一步公开化、透明化，认为改革后的联合国应更好地反映国际格局客观实力对比。支持安理会同时增设常任和非常任理事国，同时反对削弱安理会决策和行动能力，反对扩大否决权。

环境和气候变化问题：由于高度依赖海洋资源，非常重视保护海洋环境、防治海洋污染。积极参与环保合作，主张可持续发展。认为气候变化问题是全人类当前面临的重大挑战，需各国通力合作，共同应对。同意发达国家和发展中国家应承担共同但有区别的责任，西方发达国家应承担更多责任。2007年通过气候变化新战略，提出至2050年将温室气体排放减少50%至75%，并考虑通过购买温室气体排放指标或协助他国利用清洁能源等方式来完成减排义务。

伊拉克问题：主张联合国在伊重建进程中发挥重要作用，认为北约应承担一定义务。谴责美英士兵虐囚行为，并正式向美国政府提出过抗议。2007 年 10 月撤回驻伊的危机反应部队，表示今后将更多关注该地区军事以外的发展援助项目。2008 年 8 月冰岛外长吉斯拉多蒂尔表示，美国派兵进入伊拉克的行为是非法入侵，冰政府当年予美支持是错误之举。

巴以问题：认为巴以冲突是中东问题的症结所在，呼吁巴以双方停止暴力冲突，以谈判方式解决矛盾。敦促以色列遵守联合国安理会有关决议，从其占领的巴领土撤军。支持建立独立的巴勒斯坦国，但强调应同时保障巴和平与以安全。

防扩散、伊核、朝核问题：支持一切旨在防止大规模杀伤性武器扩散的国际努力。敦促伊朗接受国际原子能机构对其核计划进行无障碍核查，并作出不生产核武器的保证。认为朝鲜发射卫星行为违反安理会 1718 号决议，呼吁朝信守其国际承诺，希有关方尽快恢复六方会谈，力求以和平方式解决朝核问题。

关于国际反恐问题：谴责任何形式的恐怖主义，主张所有民主国家团结一致，使用一切合法手段打击恐怖主义。已批准并开始执行有关反恐的国际文件，亦将有关条款纳入冰法律体系。

【同中国的关系】中冰于 1971 年 12 月 8 日建交。次年 5 月中国在冰建馆并向冰派出常驻大使。1983 年，中国驻冰大使改由中国驻丹麦大使兼任，在冰保留使馆，设临时代办。冰驻华大使则一直由巡回大使或驻第三国大使兼任。1995 年 1 月，冰在华设馆并派出首任常驻大使。同年 12 月，中国恢复向冰派常驻大使。

2008 年 5 月，冰总统格里姆松和总理哈尔德就四川特大地震灾害致信胡锦涛主席和温家宝总理表示慰问，冰岛政府为中国抗震救灾捐助 780 万冰岛克朗（约合 10 万美元）。8 月，冰岛总统格里姆松和夫人来华出席北京奥运会闭幕式并观赛，胡锦涛主席会见。2009 年，中共青海省委副书记、青海省副省长宋秀岩等访冰。两国贸易额为 8747 万美元，同比下降 31.8%。截至 2009 年底，中国共批准冰企业在华投资项目 23 个，实际投入 1170 万美元。

中国驻冰岛大使：苏格（2009 年 9 月 17 日递交国书）。馆址：VIDIMELUR 29，107 REYKJAVIK。电话：354 - 5526751。传真：5626110。网址：http://is.china-embassy.org。

冰岛驻中国大使：柯丝婷（Kristin A. ARNADOTTIR，2010 年 1 月 11 日递交国书。）馆址：北京市亮马河大厦办公楼 1 座 802 室。邮政编码：100004。电话：010 - 65907795，65907796。传真：65907801。网址：http://www.iceland.org/。

【同北约的关系】视北约为其外交和安全政策的基础。认为北约对维护欧洲和平与稳定起着关键作用。认为在新形势下，冰应更多依靠北约的集体防务安排。支持北约东扩、建立快速反应部队，积极参与北约事务。自 2007 年开始，与美国联合北约、挪威、丹麦等国在冰举行年度防务和安全演习。

【同美国的关系】冰美关系在冰外交和安全政策中占主导地位。两国于 1951 年签订防务协议，由美代表北约负责冰防务。美在距冰首都 50 公里处的凯夫拉维克设有空军基地，驻军 1700 余人。2006 年 9 月，美单方面决定关闭凯夫拉维克空军基地，但承诺在必要情况下履行对冰防务义务，两国签署《关于美国武装力量撤离冰岛协议区域和设施并将其归还冰岛的协定》及《防务安排共识》。2007 年 8 月，冰美联合北约、挪威、丹麦和拉脱维亚在冰举行防务和安全演习，两国并商定此类演习将每年举行一次。

【同欧洲和欧盟的关系】欧盟是冰最大的贸易伙伴。1994 年加入欧洲经济区，2001 年成为申根协定成员国。由于担心欧盟共同渔业、农业政策损害自身利益以及不认同欧盟的管理方式，迄未加入欧盟。2008 年国际金融危机爆发后，国内入盟呼声渐高，政府立场有所松动，表示可考虑加入扩大后的欧盟，个别政党决定就入盟问题展开党内讨论。重视加强与欧盟在经济、外交和安全领域的磋商与合作。在多数重大问题上与欧盟保持一致。认为自身安全和经济利益同欧洲大陆紧密相联。认为欧盟应避免与北约的职能重叠，欧盟不是防务同盟，没有义务保障成员国安全，集体安全问题应由北约来解决。

【同北欧的关系】积极参与北欧合作是冰外交政策的重要组成部分，与北欧国家保持着传统的密切关系。主张北欧国家在欧洲及周边地区事务中加强内部协调与合作。积极支持芬兰提出的“北部地区”政策，使之成为欧、俄、冰、挪四方共同政策。因在此次国际金融危机中得到北欧四国帮助，冰更加注重同其他北欧国家协调立场。

【同俄罗斯的关系】1994 年与俄签署两国关系基本准则声明。认为俄在欧洲持久和平问题上扮演着不可或缺的角色，关注俄形势发展，支持其持久改革进程，主张吸收俄加入北约。1999 年两国就巴伦支海问题在莫斯科签订协议，结束了历时 6 年的巴伦支海争端。2002 年冰总统格里姆松对俄进行国事访问。2006 年 6 月，俄总理弗拉德科夫出席在雷克雅未克举行的波罗的海委员会政府首脑会议并正式访冰。

【同波罗的海三国的关系】积极支持波罗的海三国争取独立的努力，并于 1991 年 8 月率先与三国建交。积极参与北欧国家与三国在政治、经济等领域的合作，支持波海三国加入北约。在波罗的海委员会、北极理事会、巴伦支海理事会等合作机制内，积极发展同波海三国的关系。 （夏天）

波　兰

国名　波兰共和国（The Republic of Poland）。

面积　312679平方公里。

人口　3814万（2008年12月31日）。其中波兰族约占98%，此外还有德意志、白俄罗斯、乌克兰、俄罗斯、立陶宛、犹太等少数民族。官方语言为波兰语。全国近90%的居民信奉罗马天主教。

首都　华沙（Warsaw）。人口171万（2008年12月）。2008年平均气温9.8℃，降水量537毫米。

国家元首　总统博罗尼斯瓦夫·科莫罗夫斯基（Bronisław KOMOROWSKI），2010年8月6日就职，任期5年。

重要节日　国庆节：5月3日（宪法日，1791年5月3日波兰颁布第一部宪法）；11月11日（独立日，1918年11月11日波兰恢复独立）。

简　况

位于欧洲中部，西与德国为邻，南与捷克、斯洛伐克接壤，东邻俄罗斯、立陶宛、白俄罗斯、乌克兰，北濒波罗的海。边界线长3511公里，海岸线长770公里。属海洋性向大陆性气候过渡的温带阔叶林气候。2008年1月份最低气温－26.0℃，7月份最高气温35.6℃。

波兰国家起源于西斯拉夫人中的波兰、维斯瓦、西里西亚、东波美拉尼亚、马佐维亚等部落的联盟。公元9、10世纪建立封建王朝，14、15世纪进入鼎盛时期，18世纪下半叶开始衰落。1772年、1793年和1795年三次被沙俄、普鲁士和奥匈帝国瓜分，1918年11月11日恢复独立。1939年9月1日，法西斯德国入侵波兰，第二次世界大战全面爆发。战后建立波兰共和国，后改名为波兰人民共和国。波兰统一工人党（共产党）执政40余年。1980年，反政府组织团结工会组织全国大罢工，当局于1981年12月至1983年7月实行战时状态，宣布团结工会为非法组织。1989年4月，议会通过团结工会合法化和实行议会民主等决议。团结工会在当年6月提前举行的议会大选中获胜，成立以其为主体的政府。12月29日，议会通过宪法修正案，改国名为波兰共和国，将5月3日定为国庆日。

政　治

2007年10月21日，波兰提前举行议会大选，公民纲领党获胜，并与农民党联合组阁，公民纲领党主席图斯克出任总理。两年多来，图斯克总理领导的政府奉行新自由主义政策：对内，积极推进国有企业私有化，改革教育和医疗体制，改善投资环境，为早日加入欧元区做准备；对外，努力发展与德、法等欧盟大国关系，在加强对美关系时注重本国利益，积极改善与俄关系，重塑波是可预见伙伴的国际形象。2009年，该政府妥善应对国际金融危机，使波成为欧盟内唯一保持经济正增长的国家，执政地位进一步得到巩固，图斯克总理和公民纲领党的支持率一路领先。2010年4月10日，卡钦斯基总统在赴俄参加“卡廷事件”70周年纪念活动途中因专机坠毁身亡。议会遂决定提前举行总统选举。7月4日，经过两轮激烈角逐，时任代总统、议会众议院议长、执政的公民纲领党候选人科莫罗夫斯基以53.01%的得票率当选波兰共和国第五任总统，于8月6日宣誓就职。7月8日，科莫罗夫斯基辞去众议长职务，公民纲领党候选人斯海蒂纳当选众议长。自此，波政坛形成了公民纲领党独揽总统、议会和政府三大国家权力中心的局面。

【宪法】1997年4月，波兰国民大会（众、参两院联席会议）通过新宪法。该宪法于1997年10月生效，确立了三权分立的政治制度和以社会市场经济为主的经济体制，规定：众议院和参议院拥有立法权，总统和政府拥有执法权，法院和法庭行使司法权；波经济体制的基础为经济自由化、私有制等原则；波武装力量在国家政治事务中保持中立。根据该宪法，如总统否决议会或政府提交的法案，众议院可以3/5的多数否决总统的决定。

【议会】由众议院和参议院组成，是国家最高立法机构，任期4年。众议院议员460名，参议员100名，均通过直接选举产生。本届议会于2007年10月成立，由4个党派和竞选联盟组成。众议院的席位分配是：公民纲领党206席，法律与公正党155席，民主左翼联盟党43席，农民党31席，波兰优势党8席，社民党4席，民主党3席，独立议员9席，德意志少数民族1席。众议长格日戈什·斯海蒂纳（Grzegorz SCHETYNA，公民纲领党），2010年7月8日当选。参议院的席位分配是：公民纲领党57席，法律与公正党37席，独立议员6席。参议长博格丹·博鲁塞维奇（Bogdan BORUSEWICZ，独立参议员），2005年10月当选，2007年11月连任。

【政府】本届政府于2007年11月组成，下设17个部。政府总理和部长名单如下：部长会议主席（亦称总理）多纳德·图斯克（Donald TUSK），副总理兼经济部长瓦尔德马尔·帕夫拉克（Waldemar PAWLAK），内务和行政部长耶日·米莱尔（Jerzy MILLER），外交部长拉多斯瓦夫·西科尔斯基

(Radosław SIKORSKI),国防部长博格丹·克里赫(Bogdan KLICH)、财政部长扬·文森特—罗斯托夫斯基(Jan VINCENT-ROSTOWSKI),地方发展部长伊丽莎白·卞科夫斯卡(Elżbieta BIENKOWSKA),司法部长克日什托夫·克维亚特科夫斯基(Krzysztof KWIATKOWSKI),体育和旅游部长亚当·盖尔什(Adam GIERSZ),劳动和社会政策部长尤兰塔·菲达克(Jolanta FEDAK),基础设施部长采扎雷·格拉巴尔奇克(Cezary GRABARCZYK),国库部长亚历山大·格拉德(Aleksander GRAD),国民教育部长卡特琳娜·哈尔(Katarzyna HALL),科学和高等教育部长芭芭拉·库德雷茨卡(Barbara KUDRYCKA)、卫生部长爱娃·科帕奇(Ewa KOPACZ),环境部长安德烈·克拉舍夫斯基(Andrzej KRASZEWSKI),农业和农村发展部长马莱克·萨维茨基(Marek SAWICKI),文化和国家遗产部长博格丹·兹德罗耶夫斯基(Bogdan ZDROJEWSKI),部长会议常务委员会主席(部长)米哈乌·博尼(Michał Boni)。

【行政区划】 1998年7月,议会通过了政府制定的关于地方自治机构改革方案,决定将原有的49个省调整为16个省,同时重新设立县制,由省、乡两级改为省、县、乡三级,共设16个省,314个县,2478个乡。新机制于1999年1月1日启动。

【司法机构】 最高法院是国家最高审判机关。最高法院对下属法院的审判活动实行监督。法官由总统任命,现任最高法院院长莱赫·加尔多茨基(Lech GARDOCKI),1998年10月就职。1990年3月,波众议院通过检察院法,规定检察院作为一个司隶属于司法部,由司法部长兼任总检察长。

【政党】 根据1998年实施的新政党法,必须收集1000名以上成年人的签名才可建立政党。目前已注册登记的政党有200余个,最具影响的政党有:

(1)公民纲领党(Platforma Obywatelska):执政党。2001年1月成立,党员约46000人(至2010年2月)。2000年,参加总统选举的独立候选人奥莱霍夫斯基和分别退出团选联和自由联盟的众议长普瓦任斯基和参议院副议长图斯克发表联合声明,宣布组建"公民纲领派"选举委员会,并在大选后将其改建为政党。该党在意识形态上兼具保守自由主义、新自由主义和基督教民主色彩。主要纲领为:发展教育和经济、与贪污腐败作斗争、使国家非政治化及对农村进行结构改造。主席多纳德·图斯克。

(2)农民党(Polskie Stronnictwo Ludowe):执政党。该党历史可追溯到19世纪。东欧剧变后,于1990年5月重新创立,党员约128000人(至2010年2月)。该党在意识形态上具有中间主义、新平均地权主义、基督教民主和新凯恩斯主义的性质。主张国家扶持农业,提供免费教育和医疗,放缓私有化步伐,反对单一税制,支持欧洲一体化。主席瓦尔德马尔·帕夫拉克。

(3)法律与公正党(Prawo i Sprawiedliwo´):在野党。2001年6月成立,党员约22000人(至2010年2月)。该党具有新保守主义和基督教民主的性质。政治和社会政策上,主张实行政治家财产公开制度,建立反腐机构,同犯罪现象作斗争,严惩犯罪分子甚至主张临时恢复死刑,实行向家庭倾斜的政策;外交政策上,主张亲美近欧、睦邻周边,同时强硬维护本国利益。主席雅罗斯瓦夫·卡钦斯基(Jarosław KACZYNSKI)。

(4)民主左翼联盟党(Sojusz Lewicy Demokratycznej):在野党。1999年4月成立,党员约72000人(至2007年9月)。主要纲领是:把波兰建设成为公正、平等、持久和均衡发展的国家。政治上,主张实行三权分立和多党制;经济上,主张建立社会市场经济,实现把市场经济同国家干预相结合、把经济效益与社会公正相结合的均衡发展。主席格日戈什·纳别拉尔斯基(Grzegorz NAPIERALSKI)。

其他主要政党还有:社会民主党(Socjaldemokracja Polska)、民主党(Partia Demokratyczna)、波兰优势党(Polska Plus)、自卫党(Samoobrona)和波兰家庭联盟党(Liga Polskich Rodzin)等。

【团体】(1)团结工会(NSZZ Solidarnó):1980年成立,1982年12月,波当局宣布实行军管时被取缔。1989年4月恢复合法地位,同年6月赢得议会选举并成立以其为主体的政府。在1993年9月议会大选中未进入议会。1996年6月,联合基督教民族统一党、中间派协议会等35个右翼政党和团体组成团结工会选举联盟,赢得1997年议会大选,并与自由联盟组成联合政府。2001年,由于执政联盟内部矛盾以及改革措施不力,政府支持率明显下降,不少党派和议员纷纷宣布退出"团选联"。在2001年议会选举中,"团选联"未进入议会。10月,团结工会召开第14次全国代表大会并做出决议,禁止任何政治组织使用"团结工会"这一名称和标志、禁止工会领导人同时担任政党领导职务,时任团结工会主席马里安·克萨克莱夫斯基(Marian KRZAKLEWSKI)继续任职。2002年9月,雅努什·西尼亚德克(Janusz ŚNIADEK)当选团结工会主席。现有成员150万。

(2)全波工会协议会(Ogólnopolskie Porozumienie Związków Zawodowych):成立于1984年11月,现有约80万会员。主张维护职工权益,反对国营企业私有化和普遍私有化的政策,提出提高超额工资累进税、增加退休人员收入、解决职工住房问题等关乎职工切身利益的要求和主张。2004年11月,全波工协召开特别大会,纪念工协成立20周年,选举扬·古斯(Jan GUZ)为主席。

【重要人物】博罗尼斯瓦夫·科莫罗夫斯基: 总

统。1952年6月4日生于波兰西里西亚省。1977年毕业于华沙大学历史系，获硕士学位。1977～1980年在一名为“广泛言论”的小报社任记者。1980～1981年在团结工会玛佐夫舍省地区社会调查中心工作。1989～1990年任部长会议办公厅主任。1991年作为民主联盟候选人当选第一届众议院议员，任众议院国防委员会委员。后作为团结选举运动候选人当选第二、三届众议院议员，并一直在国防委员会工作。1990～1993年任国防部副部长。1997～1998年任人民保守党秘书长。1998年10月至2000年6月任众议院国防委员会主席。2001年3～11月任人民保守党副主席。2000年6月至2001年10月任国防部长。2001年9月作为公民纲领党候选人当选第四届众议院议员，任众议院国防委员会副主席和外交委员会委员。2005年9月当选第五届众议院议员，并任副议长。2007年10月21日当选第六届众议院议员，11月5日当选众议长。2010年4月10日波总统专机坠毁事件发生后代行总统职能。7月4日，经过两轮角逐，以53.01%的得票率当选波兰共和国第五任总统，于8月6日宣誓就职。已婚，有5个孩子。　**格日戈什·斯海蒂纳：**众议长。1963年2月18日生于波兰奥波莱省。1990年毕业于弗罗茨瓦夫大学哲学历史系，获历史学硕士学位。大学时期，曾担任团结工会附属团体“独立大学生联合会”主席。1991～1992年出任下西里西亚省副省督。2001年加入公民纲领党。1997年迄今，历任第三至六届众议院议员。2007年11月至2009年10月任副总理兼内务行政部长。后当选公民纲领党议员团主席。2010年7月8日当选众议院议长。已婚。　**博格丹·博鲁塞维奇：**参议长。1949年1月生于波兰瓦尔米亚—玛祖里省。无党派人士。毕业于卢布林天主教大学人文学系。20世纪70年代从事反政府运动，曾遭监禁。1977～1978年参与创建海岸自由工会及《海岸工人》杂志。1980年为革但斯克造船厂罢工组织者之一。1986年再遭监禁，1988年获释后继续从事罢工活动。1990～1991年任团结工会全国委员会副主席。曾任波兰第一至三届众议院议员，先后任团结工会议员团主席、战时状态特别研究委员会主席和情报委员会主席。1997～2000年任内务行政部副部长。2001～2005年任滨海省副省长。2005年10月当选第六届参议院议长。2007年11月当选第七届参议院议长。丧偶，有一女。　**多纳德·图斯克：**总理。1957年4月生于波兰北部的革但斯克市。曾就读于革但斯克大学人文系历史专业。大学期间参与组建大学生“团结”委员会，后成为全国独立大学生联合会主要领导人。1991年参与创建自由民主大会党并任主席，1994年该党与民主联盟合并成立自由联盟后任主席。2001年参与创建公民纲领党。2003年至今任该党主席。系第一、四、五届众议院议员、第四届参议院议员。曾任第四届众议院和第四届参议院副议长。2008年10月来华参加亚欧首脑会议并进行正式访问。已婚，有一子一女。爱好足球。

经　济

属中等发达国家。据国际货币基金组织资料，2009年国内生产总值居世界第21位、欧盟第八位。1989年剧变后，“休克疗法”导致经济一度下滑。1992年起经济止跌回升，成为中东欧地区发展最快的国家之一。加入欧盟后，经济更是突飞猛进，但同时公共财政赤字持续增加、劳动人口大量流失、失业率较高等问题也较突出。2009年，受国际金融危机影响，工业、房地产业下滑，出口减少，股值萎缩，失业率上升，本币贬值。但由于对外依存度不高，经济形势仍好于欧盟多数国家。据波统计总局资料，2009年国内生产总值增长1.7%，是欧盟内唯一实现经济正增长的国家。吸引外资约183.5亿美元。2008年主要经济数据如下：

国内生产总值：5257亿美元。

人均国内生产总值：13750美元。

国内生产总值增长率：4.9%。

货币名称：兹罗提（ZŁOTY）；1兹罗提 = 100格罗什（GROSZ）。

年平均汇率：1美元 = 2.4092兹罗提。

通货膨胀率：4.2%。

失业率：9.5%。

【资源】主要矿产有煤、硫磺、铜、锌、铅、铝、银等。截至2007年底，已探明硬煤储量为430.88亿吨，褐煤135.88亿吨，硫磺5.21亿吨，铜15.44亿吨。截至2008年底，森林面积906.6万公顷，森林覆盖率29.0%。

【工业】2008年工业总产值为2719.81亿兹罗提（约合1120.6亿美元），占当年国内生产总值的21.4%。工业部门从业人员310.33万，占就业总数的22.8%。近几年主要工业产品产量如下（单位：万吨）：

	2006	2007	2008
硬煤	9520	8830	8430
褐煤	6080	5750	5970
原钢	998.1	1063.1	972.7
硫磺（按纯量计）	80	83.4	76.2
发电量（亿度）	1610	1590	1560
小轿车（万辆）	63.2	69.8	84.2
水泥	1440	1710	1720

（资料来源：2009年波兰小统计年鉴、2009年统计年鉴）

【农牧业】2008年农业用地1615.4万公顷，人均占地面积 0.42 公顷。2008 年农村人口 1484.8 万，占全国人口的 38.9%。农业就业人数 208.94 万，占就业总数的 14.8%。2008 年农业总产值按现行价格计算为 828.46 亿兹罗提（约合 343.87 亿美元）。近几年年主要农产品产量如下（单位：万吨）：

	2006	2007	2008
小麦	706	831.7	927.5
黑麦	262.1	312.6	344.9
大麦	316.1	400.8	361.9
燕麦	103.5	146.2	126.2
甜菜	1147.5	1268.2	871.5
马铃薯	898.2	1179.1	1046.2
油菜籽	168.2	216.3	212.8

（资料来源：2009 年波兰小统计年鉴、2009 年统计年鉴）

近几年牲畜存栏数如下（单位：万头或万只）：

	2006	2007	2008
牛	560.6	569.6	575.7
猪	1888.1	1812.9	1542.5
羊	30.1	33.2	32.4

（资料来源：同上）

【旅游业】 2008 年接待外国游客约 1300 万人次，旅游收入 118 亿美元，约占当年国内生产总值的 2.2%。游客多来自德国、乌克兰、俄罗斯、捷克、斯洛伐克和白俄罗斯。主要旅游胜地有首都华沙、沿海城市革但斯克、索波特和什切青，以及托伦、奥尔什丁、南部古城克拉科夫、山城扎科帕内、克雷尼察和东部的比亚沃维扎森林区等。

【交通运输】 2008 年交通运输情况如下：

铁路：铁路总长 20196 公里，其中标准轨铁路 20007 公里（包括电气化铁路 11924 公里）；客运量 2.92 亿人次，货运量 2.49 亿吨。

公路：公路总长 26.1 万公里；有 1608.0 万辆小轿车，271.0 万辆载重汽车；客运量 6.66 亿人次，货运量 13.4 亿吨。

水运：内河航运线总长 3660 公里，内河货运量 810.9 万吨，客运量 179 万人次。共有海运船只 123 艘，261.4 万载重吨，货运量 1044.7 万吨，客运量 69.3 万人次；海运商港 6 个，货物吞吐量 6004.9 万吨，主要海港有革但斯克、格丁尼亚、什切青、希维诺乌西切等。

空运：波兰航空公司有飞机 61 架，同 34 个国家的 91 个城市有定期航班，国际航线总长度为 21.9 万公里；客运量 546.3 万人次，货运量 4.7 万吨。主要国际机场是华沙肖邦国际机场。

管道运输：石油及其产品输送管道总长 2278 公里，输送量 4902.9 万吨。

（资料来源：同上）

【财政金融】 2006～2008 年财政预算情况如下（单位：亿兹罗提）：

	2006	2007	2008
收入	1976.4	2364	2535
支出	2227	2523	2779
赤字	250.6	159.6	243.5

截至 2008 年底，波兰外债总额为 2436.36 亿美元，外汇储备 621.80 亿美元。

【对外贸易】 主要进口石油、汽车、钢铁、合成材料及工业成品油等。主要出口汽车、内燃机、橡胶制品、铝制品、农产品等。

2006～2008 年波兰进出口情况如下（单位：亿美元）：

	2006	2007	2008
进口额	1246.47	1641.72	2104.79
出口额	1091.08	1387.85	1718.60
差　额	-155.39	-253.87	-386.19

2008 年主要贸易伙伴及占波外贸总额的比例如下（%）：

	出口	进口
德国	25.0	23.0
意大利	6.0	6.5
法国	6.2	4.7
英国	5.8	2.8
俄罗斯	5.2	9.7

（资料来源：2009 年波兰小统计年鉴）

【外国资本】 2008 年波兰吸引外国直接投资 349.51 亿兹罗提（约合 145.1 亿美元）。主要投资国为德国、法国、荷兰、美国等。

人民生活

2008 年国民经济各部门的人均月工资为 2944 兹罗提（约合 1222 美元），工业部门企业职工的月平均工资为 2955 兹罗提（约合 1222 美元），退休金和抚恤金月平均为 1523 兹罗提和 1339 兹罗提，分别比上年增长 9.0% 和 8.2%。2008 年城市人均住房面积 23.6 平方米，农村 25.1 平方米；平均每千人拥有小汽车 422 辆，移动电话 1156 部；全国有医师 78086 名，牙医师 12765 名，药剂师 23441 名，护士和助产士 204586 名，每千人有病床 4.8 张；年人均消费肉类食品 71.2 公斤，牛奶 182 升，鸡蛋 205 个，啤酒 94.4 升。

军　事

1943 年 10 月 12 日建立波兰人民军。1990 年更名为波兰军队，将 8 月 15 日定为建军节（1920 年 8 月 15 日，波兰军队在华沙近郊击退苏俄红军进攻并转入反攻）。总统为武装力量最高统帅。国防委员会是最高国防决策机构，总统任该委员会主席。国防部作为最高军事行政机关，负责执行议会对军队的政治领导和行政保障，部长由文职人员担任。总参谋部是国防部领导下的最高军事指挥机构，负责军队的指挥和训练。总参谋长是米奇斯瓦夫·切纽赫（Mieczysław CIENIUCH）上将，2010年5月7日被任命。

2009年9月，波军最后一批义务兵退役，波军职业化改造初步完成。截至目前，波武装力量总人数为100272人。

2008年国防开支为138.12亿兹罗提（约合57.3亿美元），占国家预算总支出的5.0%。

文化教育

【教育】从1999年9月1日起，波兰实行新的教育体制。新体制分为小学六年，初中三年，高中三年。高等教育一般为四或五年。2008年普通教育经费和高等教育经费支出分别为22.0亿和110.9亿兹罗提，分别占财政预算的0.8%和4.0%。著名高等学府有克拉科夫雅盖隆大学（1364年）、华沙大学（1816年）、波兹南密茨凯维奇大学（1919年）、华沙工业大学等。2008/2009学年各级学校、学生、教师数目如下：

	学校（所）	学生（万人）	教师（万人）
小学	14067	229.44	18.09
初中	7204	138.14	11.08
初级职业学校	2184	24.79	1.72
普通高中	2451	68.80	5.19
职业高中	939	7.25	0.57
技校	2372	55.52	4.64
高等院校	456	192.78	10.18

（资料来源：2009年波兰小统计年鉴）

【新闻出版】2008年底，全国出版发行的报刊杂志7229种，其中主要报刊有：《事实》，日均发行66万份；《选举报》，58万份；《超级快讯》，35万份；《日报》，25万份；《共和国报》，22万份。此外，还有《论坛报》、《政治周刊》、《直言周刊》、《新闻周刊》等。

国家主要通讯社有波兰通讯社（PAP）、广播新闻社。国家主要电台和电视台是波兰广播电台和波兰电视公司TVP。1990年10月，众议院通过关于允许开办私营电台和电视台的法令。截至2008年底，共有257家广播电台，其中全国性电台7家；电视台7家，其中全国性电视台4家。

对外关系

1999年3月12日加入北约，2004年5月1日加入欧盟。主张欧盟、北约继续扩大。2009年，波政府继续推行理性、务实的外交政策：政治、经济上立足欧盟，安全上倚重北约和美国，努力开展全方位、多层次外交。波国际形象进一步得到改善。现同182个国家有外交关系。

【同中国的关系】1949年10月7日两国建立大使级外交关系。2004年两国建立友好合作伙伴关系。

2009年，中波关系继续平稳发展，各层次、各领域交流与合作不断深化。3月，波总理特使、总理府国务秘书诺瓦克来华，就两国关系与外交部部长助理吴红波举行会谈。8月，中央军委委员、总政治部主任李继耐上将访波。9月，中国在波成功举办“中国文化节”。10月，波领导人分别致电中国领导人，祝贺新中国建国60周年。两国领导人就中波建交60周年互致贺电。12月，波国防部长克里赫访华。此外，两国农业合作工作组第四次例会在波召开。海南、黑龙江、广东、天津、湖北等省市代表团访波。波媒体协会代表团访华。《论坛报》、《新闻周刊》、《政治周刊》3名记者参加中东欧联合记者团访华。《银行周刊》记者来华参加新中国建国60周年采访。波TVP电视公司来华拍摄汶川震后重建纪录片。

两国外交部保持交往。5月，杨洁篪外长在参加第九届亚欧外长会议期间与波外长西科尔斯基会晤。10月，波外交部副国务秘书克莱梅尔访华，外交部副部长张志军会见。

据中国海关总署统计，2009年中波贸易额为90.6亿美元，同比下降13.1%。其中中方出口额75.6亿美元，同比下降16.4%，进口额15亿美元，同比增长7.9%。波方逆差60.6亿美元。

中国驻波兰大使：孙玉玺。馆址：波兰华沙，博尼弗拉泰尔斯卡街1号（BONIFRATERSKA 1）；电话：0048－22－8313836；传真：6354211。网址：www.chinaembassy.org.pl。商务处电话：0048－22－8313861。

波兰驻中国大使：塔德乌什·霍米茨基（Tadeusz CHOMICKI）。馆址：北京市建国门外日坛路1号。电话：010－65321235；传真：65321745。网址：www.pekin.polemb.net。商务处电话：65321888；传真：65324958。领事处电话：65321235；传真：65323567。

【同欧盟的关系】波继续以“依托欧盟促进经济与社会发展、加强在欧盟内地位和作用”为外交重点，提出尽早加入欧元区，在应对金融危机、能源安全方面力主欧盟内部团结和共同行动。10月，波总统正式签署《里斯本条约》。积极筹备2011年下半年担任欧盟轮值主席国，主张优先推进欧盟“东方伙伴关系计划”，力荐波候选人竞选欧盟机构重要职务。前总理布泽克当选欧洲议会议长，成为首位来自中东欧的欧洲议会议长。

【同德国的关系】德国是波最大贸易伙伴。德在波投资占波外资总额的1/5。2009年，波德关系续有加强。两国领导人互访频繁，德新任总统、外长上任后均将波作为首访国。双方一致主张深化两国战略合作，协商解决历史和现实争端。

【同北约和美国的关系】2009年，波美关系出现波动，波对美放弃在波部署“布什版”反导系统颇感失落。10月，美副总统拜登访波，就美于2018年在波部署反导系统交换意见。12月，两国签署《美在波驻军地位协议》。波强调北约是波国家安全重要支柱之一，支持深化跨大西洋合作和北约东扩，坚持共同防御原则，积极参与制定北约新战略，扩大在阿富汗军事存在，于4月向阿增兵400人并增加人道主义援助。北约秘书长两次访波。

【同俄罗斯及东部邻国的关系】2009年，波俄关系有所改善。尽管两国围绕俄乌天然气危机、美在波部署反导系统、二战历史争议等问题龃龉不断，但双方均有重启对话和加强务实合作的意愿。9月，俄总理普京访波并出席二战纪念活动。波与东部邻国关系进一步密切。双方领导人互访频繁。波继续充当乌克兰加盟入约和格鲁吉亚入约代言人，推动白俄罗斯民主化进程，支持白俄与欧盟对话。

【同中东欧国家的关系】波视中东欧为其在欧盟内的战略依托，重视维谢格拉德集团、环波罗的海国家理事会等框架内合作，多次倡导召开中东欧领导人峰会，就应对金融危机举措、欧盟气候融资方案等协调立场，维护波及本地区国家利益。

【同其他国家的关系】波努力开展全方位外交，拓展同世界其他地区国家的务实合作。积极发展同亚太、南美、非洲等地区国家关系，对亚太地区和新兴经济体重视度显著上升。2009年，波总统卡钦斯基先后造访阿富汗、塞尔维亚、罗马尼亚、阿塞拜疆、意大利、梵蒂冈；总理图斯克先后出访芬兰、荷兰、马耳他、希腊；外长西科尔斯基先后访问比利时、瑞士、塞浦路斯、越南、芬兰、瑞典、摩洛哥、摩尔多瓦、卢旺达、肯尼亚、埃及、以色列、巴勒斯坦。2009年访问波兰的外国领导人有：乌克兰总统尤先科、爱沙尼亚总统伊尔维斯、马耳他总统阿达米、罗马尼亚总统伯塞斯库、匈牙利总统寿尤姆、印度总统帕蒂尔、捷克总统克劳斯、韩国总统李明博、立陶宛总统格里鲍斯凯婕、斯洛文尼亚总统图尔克、奥地利总统菲舍尔、格鲁吉亚总统萨卡什维利、拉脱维亚总统扎特列尔斯、英国首相布朗、土耳其总理埃尔多安、罗马尼亚总理博克和西班牙首相萨帕特罗等。

（俞瑞琳）

波斯尼亚和黑塞哥维那

国名 波斯尼亚和黑塞哥维那（Bosnia and Herzegovina, Bosna i Hercegovina），简称波黑。

面积 5.1万平方公里。

人口 401万（2004年），其中波黑联邦占62.5%，塞尔维亚族共和国占37.5%。主要民族为：波什尼亚克族，约占总人口43.5%；塞尔维亚族，约占总人口31.2%；克罗地亚族，约占总人口17.4%。三族分别信奉伊斯兰教、东正教和天主教。官方语言为波斯尼亚语、塞尔维亚语和克罗地亚语。

首都 萨拉热窝（Sarajevo），人口45万（2004年）。

国家元首 主席团行使国家元首职责，由波什尼亚克、塞尔维亚和克罗地亚三族各一名代表组成，任期4年。主席团主席为轮值制，由三族代表每8个月轮换一次。本届主席团于2006年10月组成。主席团成员为：哈里斯·西拉伊季奇（Haris SILAJDŽIĆ，波族），奈博伊沙·拉德马诺维奇（Nebojša RADMANOVIĆ，塞族）和热利科·科姆希奇（Željko KOMŠIĆ，克族）。

简　况 位于欧洲巴尔干半岛中西部。南、西、北三面与克罗地亚毗连，东与塞尔维亚、黑山为邻。大部分地区位于迪纳拉高原和萨瓦河流域。南部极少部分濒临亚得里亚海，海岸线长约22公里。南部属地中海式气候，北部属大陆性气候。南部1月平均气温6.3℃，7月27.4℃，北部1月平均气温-0.2℃，7月22.7℃。年平均气温11.2℃。

6世纪末7世纪初，部分斯拉夫人南迁到巴尔干半岛，在波斯尼亚和黑塞哥维那等地定居。12世纪末叶，斯拉夫人建立独立的波斯尼亚公国。14世纪末，波斯尼亚进入盛世时期。1463年后成为奥斯曼土耳其属地，1908年被奥匈帝国占领。1914年6月28日，奥匈帝国皇储弗兰兹·裴迪南大公在萨拉热窝遭当地青年暗杀，引发第一次世界大战。

1918年第一次世界大战结束后，南部斯拉夫民族成立塞尔维亚人—克罗地亚人—斯洛文尼亚人王国。1929年改称南斯拉夫王国，波黑是其中的一部分，被划分为几个行政省。1945年，南斯拉夫各族人民取得反法西斯战争胜利，成立南斯拉夫联邦人民共和国（1963年改称南斯拉夫社会主义联邦共和国），波黑成为其中的一个共和国。1992年3月，波黑就国家是否独立举行全民公决，波族和克族赞成独立，塞族抵制投票。此后，波黑三族间爆发历时三年半的战争。1992年5月22日，波黑加入联合国。1995年11月21日，在美国主持下，南斯拉夫联盟共和国塞尔维亚共和国总统米洛舍维奇、克罗地亚共和国总统图季曼和波黑共和国总统伊泽特贝戈维奇签署代顿波黑和平协议，波黑战争结束。

政　治

自1995年代顿协议签署以来，波黑民族关系渐趋缓和，政局逐步稳定。

【宪法】1995年11月，代顿协议为波黑制定宪法。宪法规定：波黑正式名称为“波斯尼亚和黑塞哥维那”；波什尼亚克族、塞尔维亚族和克罗地亚族三个民族为主体民族；波黑由波黑联邦和塞族共和国两个实体组成；波黑设三人主席团，由三个主体民族代表各1人组成，主席团成员分别由两个实体直接选举产生。

【议会】由代表院和民族院组成，任期4年。代表院由三个民族的42名代表组成，其中28名来自波黑联邦（包括民主行动党8名，波黑党7名，波黑社会民主党5名等），14名来自塞族共和国（包括波黑塞族独立社民人士联盟7名，塞族民主党3名等）。代表院设主席1人，副主席2人，分属三族。主席一职由波黑三族轮流担任，主席、副主席每8个月轮换一次。代表院议员的产生方式是通过大选中参选各政党的具体得票数来分配名额。本届代表院于2007年1月选举产生。现任主席为尼科拉·洛赞契奇（Nikola LOZANČIĆ，克族），副主席贝里兹·贝尔基奇（Beriz BELKIĆ，波族）和米洛拉德·日夫科维奇（Milorad ŽIVKOVIĆ，塞族）。

民族院设15个席位，由波黑联邦的10名代表（包括民主行动党3名等）和波黑塞族共和国的5名代表（包括波黑塞族独立社民人士联盟3名等）组成。民族院议员是由波黑联邦议会民族院和塞族共和国人民议会根据主体民族比例和大选结果推选产生。现任主席苏莱伊曼·蒂希奇（Sulejman TIHIĆ，波族），副主席杜尚卡·马伊基奇（Dušanka MAJKIC，塞族）和伊利亚·菲利波维奇（Ilija FILIPOVIĆ，克族）。主席、副主席轮值方式与代表院相同。

【政府】波黑政府称部长会议，由部长会议主席和部长组成，任期4年。部长会议主席由主席团任命，经议会代表院批准。部长由部长会议主席任命。本届部长会议于2007年1月产生，主席尼古拉·什皮里奇（Nikola ŠPIRIĆ，塞族）。成员有：副总理兼安全部长塔里克·萨多维奇（Tarik SADOVIĆ，波族），副总理兼财政部长德拉甘·弗兰基奇（Dragan VRANKIĆ，克族），外交部长斯文·阿尔卡拉伊（Sven ALKALAJ，犹太族），国防部长塞尔莫·齐科蒂奇（Selmo CIKOTIĆ，波族），司法部长巴里沙·乔拉克（Bariša ČOLAK，克族），对外贸易和经济关系部长斯洛博丹·普哈拉茨（Slobodan PUHALAC，塞族），通讯和交通部长博若·留比奇（Božo LJUBIĆ，克族），人权和难民部长萨弗特·哈利洛维奇（Safet HALILOVIĆ，波族），民事部长斯雷多耶·诺维奇（Sredoje NOVIĆ，塞族）。

【主要网址】波黑主席团：www. predsjednistvobih. ba；波黑政府：www. vijeceministara. gov. ba；波黑外交部：www. mfa. gov. ba。

【行政区划】波黑由波黑联邦和塞族共和国两个实体组成。波黑联邦下设10个州，塞族共和国下设7个区。1999年，设立布尔奇科特区，直属国家。

【司法机构】根据宪法，波黑设宪法法院和国家法院。宪法法院是裁决两实体之间以及两实体内部各机构间纠纷的唯一法律授权机构，其决定是终审决定。宪法法院由9名法官组成，法官任期5年，其中4人由波黑联邦代表院选出，2人由塞族共和国议会选出，其余3人由欧洲人权法院院长推选，但不能是波黑或波黑邻国的公民，宪法法院院长塞阿达·帕拉夫里奇（Seada PALAVRIĆ）。国家法院院长克雷索·梅德季达（KRESO MEDDŽIDA）。两实体分设波黑联邦最高法院和塞族共和国最高法院。

【政党】主要政党有：

（1）波黑党（Stranka za Bosnu i Hercegovinu）：1996年成立，党员以波族为主。主张建立统一完整的波黑。主席哈里斯·西拉伊季奇。

（2）塞族共和国独立社民人士联盟（Savez nezavisnih socijaldemokrata Republike Srpske）：主张执行代顿协议，支持以代顿协议为基础的波黑体制，主张发展和加强同塞尔维亚的特殊关系。主席米洛拉德·多迪克（Milorad DODIK）。

（3）波黑民主行动党（Stranka demokratske akcije Bosne i Hercegovine）：1990年5月成立，系波族重要政党。主张建立完整和统一的波黑。主席苏莱伊曼·蒂希奇（Sulejman TIHIĆ）。

（4）波黑克族民主共同体（Hrvatska demokratska zajednica Bosne i Hercegovine）：1990年8月成立，系克族重要政党。主张维护波黑克族利益，建立统一波黑。主席德拉甘·乔维奇（Dragan ČOVIĆ）。

（5）波黑社会民主党（Socijal-demokratska partija Bosne i Hercegovine）：1990年成立，系多民族政党，社会党国际成员。倡导建立多民族、多宗教、多元文化的波黑，主张民族和解。主席兹拉特科·拉古姆季亚（Zlatko LAGUMDŽIJA）。

（6）波黑塞尔维亚民主党（Srpska demokratska stranka Bosne i Hercegovine）：1990年7月成立，系塞族政党。主席姆拉登·博西奇（Mladen BOSIĆ）。

（7）塞族共和国民主进步党（Partija Demokratskog Progresa Republike Srpske）：1999年9月成立，主张维护塞族合法权益，维护波黑领土完整。主席姆拉登·伊万尼奇（Mladen IVANIĆ）。

（8）克族新倡议党（Hrvatska Nova Inicijativa）：1998年成立，主张维护克族作为主体民族的合法权益，反对分裂波黑。主席克雷西米尔·祖巴克（Krešimir ZUBAK）。

【重要人物】**哈里斯·西拉伊季奇**：主席团波族

成员。1945年生。历史学博士。原为民主行动党成员，后创立波黑党并任主席。1991年至1993年11月，任波黑共和国外交部长；1993年11月至1996年2月，任波黑政府总理；1996年12月至2000年2月，任波黑部长会议两主席之一。2006年10月当选波黑主席团波族成员。2008年8月来华出席北京奥运会开幕式。 **奈博伊沙·拉德马诺维奇**：主席团塞族成员。1949年生。毕业于贝尔格莱德大学哲学系。曾任塞族共和国档案馆馆长、巴尼亚卢卡市人民剧院院长、巴尼亚卢卡市执委会主席、塞族共和国人民议会议员。2006年10月当选波黑主席团塞族成员。**热利科·科姆希奇**：主席团克族成员。1964年生。毕业于萨拉热窝大学法律系。2000～2001年任新萨拉热窝区区长，2001～2002年任驻南联盟大使，2004～2006年10月任新萨拉热窝区区长。2006年10月当选波黑主席团克族成员。 **尼古拉·什皮里奇**：部长会议主席。1956年生于德尔瓦尔，塞尔维亚族。毕业于萨拉热窝经济学院。1999～2000年任波黑议会代表院议员；2000年任波黑人权和难民部副部长；2001～2002年任波黑议会民族院主席；2002～2006年任波黑议会代表院轮值主席和副主席。2007年1月出任波黑部长会议主席。2008年4月，来华出席波黑参加2010年上海世博会参展合同签署活动。

经　济

波黑战争给经济带来严重破坏，几近崩溃。战后在国际社会援助下，波黑经济恢复取得一定进展。2008年主要经济数据如下：

国内生产总值：188亿美元。

国内生产总值增长率：5.5%。

人均国内生产总值：4888美元。

货币名称：可兑换马克（KONVERTIBILNA MARKA），或称波黑马克。

汇率：1美元＝1.34可兑换马克。1马克＝100芬尼（Fenings）。

通货膨胀率：7.4%。

失业率：23.4%。

【资源】 矿产资源丰富，主要有铁矿、褐煤、铝矾土、铅锌矿、石棉、岩盐、重晶石等，其中煤炭蕴藏量达38亿吨。图兹拉地区食用盐储量为欧洲之最。波黑拥有丰富的水资源，潜在的水力发电能力达170亿千瓦。森林覆盖率46.6%，其中65%为落叶植物，35%为针叶植物。

【工业】 2005年波黑联邦主要产品产量：电力80.33亿千瓦小时，煤577万吨。2007年，波黑联邦工矿业产值同比增长8.6%。塞族共和国工业生产总值同比增长1.4%。

【农牧业】 2005年波黑联邦主要畜产品产量：牛肉16262吨，羊肉1535吨，家禽肉7616吨。2006/2007年波黑全国农业用地共计102.5万公顷。2007年波黑主要农产品：小麦25.71万吨，黑麦8856吨，大麦6.07万吨，玉米63.53万吨。

【旅游业】 2007年波黑全国旅游人数58.37万人次，其中外国游客30.56万人次，国内游客27.73万人次，全年旅游者过夜人数133.62万人次。旅游设施主要有旅馆、浴场、私人小旅馆、汽车宿营地、温泉和疗养地等。主要旅游点是萨拉热窝。

【交通运输】 交通运输就业人数占总就业人数的15.4%。波黑位于原南斯拉夫的中心地区，连接原南与欧洲的部分重要交通干线经过波黑。交通运输以铁路和公路为主。2007年波黑全国注册机动车506780辆，其中小汽车440184辆，货车40145辆，公共汽车1163辆，摩托车7213辆。

公路：2007年全国公路总长22419公里。2007年波黑全国公路运输：客运量3131.5万人次，货运量471.1万吨。

铁路：2007年波黑全国铁路运输：客运量111.3万人次，货运量10.88亿吨公里。

空运：波黑有4个国际机场，分别是萨拉热窝、巴尼亚卢卡、莫斯塔尔和图兹拉。

【财政金融】 波黑国家预算在很大程度上依赖于两实体上缴的部分收入，另外一部分收入依靠征收印花税。2005年国家机构总预算为5.81亿可兑换马克。2008年外汇储备47.1亿美元。

【对外贸易】 2008年波黑进出口总额229.97亿可兑换马克，约合172亿美元，其中出口额为67.11亿可兑换马克，约合50.19亿美元，进口额为162.86亿可兑换马克，约合121.81亿美元。主要出口商品有铝锭、矿产品、木材、机械产品等。主要进口商品有机械、食品、石油、化工、交通工具等。重要贸易伙伴为：克罗地亚、塞尔维亚、黑山、德国、斯洛文尼亚、意大利、奥地利。

【外国援助】 战后约有50个捐资国、30个国际组织和400多个非政府组织参加了波黑的恢复与重建项目。国际社会共组织5次布鲁塞尔波黑重建国际捐资会议，为波黑筹集55.83亿美元的援助，其中无偿援助占69.56%，优惠贷款占30.44%，主要捐资方依次为欧盟、世界银行、美国、日本、荷兰、英国等。2001年，国际社会结束对波黑的大规模援助。

人民生活

自1992年爆发战争以来，人民生活水平急剧下降，食品和医药用品极端匮乏。国际社会向波黑提供大量人道主义援助。1995年代顿波黑和平协议签署后，人民生活有所改善。2008年，波黑人均净月工资752可兑换马克，约合637美元。

军　事

波黑战争爆发后，境内三大民族曾各有自己的武装。2003年12月，波黑通过《国防法》，设立统一的国防部。波黑武装部队总兵力为16000人，其中包括10000名职业军人、1000名文职人员和5000名预备役人员。其中军官占20%，士官占30%，士兵占50%。2008年，波黑国防预算为3.25亿可兑换马克，约合2.43亿美元。波黑武装力量联合参谋部参谋长为米拉丁·米洛伊契奇（Miladin MILOJČIĆ）少将。

文化教育

【教育】波黑教育体制符合国际教育体制标准。2006/2007年度，波黑联邦学校和在校师生情况：小学1086所，学生243786人，教师14441人；中学208所，学生106793人，教师8006人。波黑塞族共和国学校和在校师生情况：小学764所，学生115949人，教师7611人；中学92所，学生49202人，教师2568人。波黑全国有高校160所，学生99557人。主要高校为萨拉热窝大学、巴尼亚卢卡大学、莫斯塔尔大学和图兹拉大学。

【文化】全国共有46家电影院，17家剧院，142家图书馆。

【新闻出版】波黑全国共发行各类报刊138种。主要报刊有：《每日之声报》、《解放报》、《独立报》、《塞族之声报》、《自由波斯尼亚周刊》等。

全国有电视台35家。主要电视台：波黑联邦电视台、塞族共和国电视台等。全国有电台117个。

对外关系

将加入欧盟和北约作为外交的中心任务，重点发展与美国、欧盟关系，致力于睦邻修边，加强区域合作。

截至2008年底，共有137个国家同波黑建交。

【同中国的关系】1992年5月波黑加入联合国时，中国作为共同提案国予以支持，事实上承认了波黑。1992年6月和1995年3月西拉伊季奇分别以波黑外长和总理身份两次非正式访华。1995年4月3日，中国和波黑建立大使级外交关系。2009年5月，波黑塞族共和国总统库兹马诺维奇访问河北省。6月，商务部副部长姜增伟访问波黑。11月，中国和波黑政府间经贸混委会第三次会议在萨拉热窝举行。

据中国海关总署统计，2009年，中波贸易额为4922万美元，同比下降38%，其中中方出口额3566万美元。

中国驻波黑大使：刘文信。馆址：波黑萨拉热窝市布拉切·贝吉奇大街17号（Braće Begič 17，71000 Sarajevo）。电话：(0038733) 215102。传真：215108。电子邮件：emprcbh@ yahoo. com。

波黑驻华大使：阿梅尔·科瓦切维奇（Amel KOVAČEVIĆ）。馆址：北京市塔园外交人员办公楼1单元5楼1号。电话：010－65320185。传真：65326418。电子邮件：ambbhdip@ public. bta. net. cn。

【同美国的关系】1992年4月，美国承认波黑独立；同年8月，两国建交。1995年11月21日，在美国主持下，波黑、克罗地亚和南斯拉夫领导人在美国代顿就全面政治解决波黑问题达成协议。波黑停战后，美国对波黑战后重建提供经济援助达10亿美元。2009年2月，波黑主席团波族成员西拉伊季奇访问美国。3月，美国副助理国务卿琼斯访问波黑。4月，波黑部长会议主席什皮里奇访问美国。10月，美国副助理国务卿琼斯访问波黑。12月，美国常务副国务卿斯坦伯格访问波黑。

【同欧盟及欧洲国家的关系】2003年1月，欧盟特派团正式开始接替联合国特派团在波黑执行维和使命，欧盟驻波黑特派团警察部队共500人进驻。2004年11月，安理会通过决议，由欧盟部队（EUFOR）取代多国稳定部队。12月，欧盟部队共7000人正式进驻。2009年1月，波黑主席团轮值主席拉德马诺维奇访问欧盟总部。波黑主席团成员西拉伊季奇对克罗地亚进行工作访问。4月，波黑主席团成员西拉伊季奇访问欧盟总部。波黑主席团轮值主席拉德马诺维奇访问希腊。5月，美国副总统拜登访问波黑。6月，波黑部长会议主席什皮里奇访问希腊。9月，波黑主席团轮值主席科姆希奇、波族成员西拉伊季奇、塞族成员拉德马诺维奇访问英国。10月，波黑主席团成员西拉伊季奇访问斯洛文尼亚。11月，比利时议会代表团访问波黑。波黑主席团轮值主席科姆希奇访问斯洛文尼亚。12月，奥地利总统菲舍尔访问波黑。

【同北约的关系】波黑致力于加入北约。2009年2月，北约秘书长助理谢迪维访问波黑。3月，波黑国防部长齐科蒂奇访问北约总部。7月，北约秘书长夏侯伯访问波黑。11月，北约秘书长拉斯穆森访问波黑。

【同俄罗斯的关系】1992年4月27日，俄罗斯承认波黑。1995年2月21日，两国正式建交。代顿协议签署后，俄罗斯派部队参加驻波黑多国稳定部队。2003年4月，俄斯罗正式宣布从波黑全部撤军。2009年6月，波黑塞族共和国总统库兹马诺维奇访问俄罗斯。

【同伊斯兰国家的关系】波黑是伊斯兰国家会议组织的观察员。2009年2月，波黑主席团成员西拉伊季奇访问利比亚。10月，伊朗议会代表团访问波黑。波黑主席团成员西拉伊季奇访问土耳其。11月，波黑主席团成员西拉伊季奇访问埃及。科威特首相萨巴赫访问波黑。12月，波黑部长会议主席什皮里奇访问土耳其。

【同邻国的关系】波黑外交的主要任务之一是改善与邻国的关系。

同塞尔维亚的关系：2000年12月15日，双方建立外交关系。2001年互派大使。2009年2月，波黑议会代表院主席贝尔基奇和民族院主席伊万尼奇访问塞尔维亚。5月，波黑主席团轮值主席拉德马诺维奇访问塞尔维亚。

同黑山的关系：2006年6月14日，波黑承认黑山独立并宣布两国建交。2009 年 5 月，黑山总统武亚诺维奇访问波黑。6 月，波黑部长会议主席什皮里奇访问黑山。

同克罗地亚的关系：1992 年 7 月，波黑同克罗地亚建交。2009 年 2 月，克罗地亚总统梅西奇访问波黑。3 月，克罗地亚总理萨纳戴尔访问波黑莫斯塔尔。5 月，克罗地亚总统梅西奇访问波黑。10 月，波黑主席团波族成员西拉伊季奇访问克罗地亚。11 月，克罗地亚总统梅西奇、总理科索尔分别访问波黑。

（张巍）

丹　麦

国名　丹麦王国（The Kingdom of Denmark，Kongeriget Danmark）。

面积　43096 平方公里（不包括格陵兰和法罗群岛）。

人口　553 万（2009 年 12 月）。丹麦人约占 95%，外国移民约占 9%。官方语言为丹麦语，英语为通用语。82.6% 的居民信奉基督教路德宗，0.6% 的居民信奉罗马天主教。

首都　哥本哈根（Copenhagen，København），人口 66.7 万（2009 年 1 月）。

国家元首　女王玛格丽特二世（Margrethe II），1972 年 1 月 14 日即位。

重要节日　国庆日：4 月 16 日，女王玛格丽特二世生日。宪法日：6 月 5 日，纪念 1849 年 6 月 5 日颁布丹麦王国宪法。

简　况

位于欧洲北部。南同德国接壤，西濒北海，北与挪威、瑞典隔海相望。海岸线长 7314 公里。地势低平，平均海拔约 30 米。属温带海洋性气候。平均气温 1 月 0℃，8 月 16℃。年均降水量约 860 毫米。

公元 985 年形成统一王国。公元 8～12 世纪为强盛的海盗时期，曾征服现英国、挪威、法国诺曼底、莱茵河畔等地区。14 世纪走向强盛，并于 1397 年成立以丹麦女王玛格丽特一世为盟主的卡尔马联盟，疆土包括现丹麦、挪威、瑞典、冰岛、格陵兰、法罗群岛以及芬兰的一部分。15 世纪末开始衰落。1523 年瑞典脱离联盟独立。1814 年将挪威割予瑞典。1849 年建立君主立宪政体。两次世界大战中均宣布中立。1940 年 4 月至 1945 年 5 月被纳粹德国占领。1944 年冰岛脱离丹独立。1949 年加入北约，1973 年加入欧共体。拥有对格陵兰和法罗群岛的主权。

政　治

政局平稳。由自由党、保守党组成的中右联盟在 2007 年 11 月议会选举中再次获胜连任，并继续得到第三大党丹麦人民党支持，在议会中占据优势地位。现任政府在经济发展、福利改革、对外政策上政绩突出，继续稳步推进各项改革。但丹社会也存在不稳定的隐忧。2006 年爆发的“穆罕默德漫画事件”影响深远。同年底，围绕哥本哈根“青年活动中心”去留问题，当地发生多起极左翼青年抗议活动，2007 年 3 月爆发的大规模骚乱成为丹数十年来最严重暴力事件。2009 年原首相安诺斯·福格·拉斯穆森因当选北约秘书长而辞去首相职务，原财政大臣、自由党副主席拉尔斯·勒克·拉斯穆森接任首相。

【宪法】现行宪法于 1915 年制定，1920 年、1953 年两度修宪。宪法规定，丹实行君主立宪制。经议会 5/6 多数通过，政府可将一定范围内的主权让渡某种“国际机构”。

【议会】一院制，共 179 个议席。议员经普选产生，任期四年。本届议会于 2007 年 11 月大选后产生，由自由党（46 席）、社会民主党（45 席）、丹麦人民党（25 席）、保守党（18 席）、激进党（9 席）、社会主义人民党（23 席）、新联盟党（5 席）和红绿联盟（4 席）8 党组成。此外，格陵兰和法罗群岛各占 2 席。议长托尔·彼泽森（Thor Pedersen，自由党人）。

【政府】本届政府于 2007 年 11 月大选后产生（2009 年首相易人），系自由党和保守党联合政府，除首相府外共设 18 个部，内阁大臣中自由党 12 人，保守党 7 人。首相拉尔斯·勒克·拉斯穆森（Lars Loekke Rasmussen，自由党），其他阁员有：副首相兼外交大臣莱娜·埃斯珀森（Lene Espersen，女，保守党），财政大臣克劳斯·约尔特·弗雷泽里克森（Claus Hjort Frederiksen，自由党），文化大臣佩尔·斯蒂·默勒（Per Stig Moeller，保守党），经济贸工大臣布里安·米克尔森（Brian Mikkelsen，保守党），税务大臣特勒尔斯·隆德·鲍尔森（Troels Lund Poulsen，自由党），内政卫生大臣贝特尔·霍德（Bertel Haarder，自由党），交通大臣汉斯·克里斯钦·史密特（Hans Christian Schmidt，自由党），司法大臣拉尔斯·巴福兹（Lars Barfoed，保守党），社会融合和宗教事务大臣比尔特·伦纳·霍恩贝克（Birthe Ronn Hornbech，女，自由党），环境和北欧合作大臣卡伦·艾勒曼（Karen Ellemann，女，自由党），气候能源和性别平等事务大臣吕克·芙莉丝（Lykke Friis，女，自由党），就业大臣英格·斯托伊博（Inger Stoejberg，女，自由党），国防大臣吉特·里利隆·贝克（Gitte Lillelund Bech，女，自由党），教育大臣蒂娜·尼热高（Tina Nedergaard，女，自由党），发展援助大臣索恩·平德（Soeren Pind，自由党），食品、农业和渔业大臣亨利克·于耶（Henrik Hoeegh，自由党），社会事务大臣本妮迪柯特·科耶尔（Benedikte Kiaer，女，保守党），科技发展大臣夏洛特·萨尔麦森（Charlotte Sahl-Madsen，女，保守党）。

【主要网址】 丹麦王室：www. kongehuset. dk；议会：www. folketinget. dk；首相府：www. stm. dk；外交部：www. um. dk。

【行政区划】 2007年1月1日，丹实行新的行政区划。全国设五个大区、98个市和格陵兰、法罗群岛两个自治领（其国防、外交、司法和货币由丹麦负责）。

【司法机构】 法院分三级。全国有1所最高法院、2所国家法院和82所地方法院。此外，还有海事与商业法庭、特别诉讼法庭等专门法庭。最高法院由1名院长和17名法官组成，院长和法官由政府（司法大臣）推荐，由女王任命，任职到退休。法院独立行使职权。最高法院院长托本·梅尔基奥尔（Torben Melchior，2004年12月1日上任）。检察机构隶属司法部，设总检察长1名和检察官9名，均由女王任命，任职到退休。总检察长赫宁·弗德（Henning Fode）。议会监察官汉斯·格莫托夫特—汉森（Hans Gammeltoft-Hansen）。

【政党】（1）自由党（The Liberal Party）：执政党，1870年成立，为丹麦最古老政党。党员6.98万人。支持欧盟合作，主张自由竞争，反对中央集权。2007年11月大选支持率26.3%，系丹第一大党，主席拉尔斯·勒克·拉斯穆森。

（2）保守人民党（The Conservative People's Party）：执政党，简称保守党，1916年成立。党员1.99万人。2007年11月大选支持率10.4%，主张坚持私有制和自由贸易，积极参与国际合作。主席莱娜·埃斯珀森。

（3）社会民主党（The Social Democratic Party）：在野党，1871年成立。党员5.2万人。曾长期单独或与其他政党联合执政。2007年11月大选支持率25.5%，系丹第二大政党和最大的反对党。主张保持和发展福利制度，积极参与国际合作。主席赫勒·托宁—施密特（Helle Thorning-Schmidt）。

（4）丹麦人民党（The Danish People's Party）：在野党，1995年10月由退出进步党的议员组成。党员6615人。2007年11月大选支持率13.8%。有强烈的民族主义色彩，反对国际合作。主席皮娅·克亚斯高（Pia Kjaersgaard，女）。

（5）激进自由党（The Danish Social-Liberal Party）：在野党，简称激进党，1905年成立。党员8600余人。2007年11月大选支持率5.1%。重视个人尊严、自由及环境问题，主张参与国际合作。主席玛格丽特·伟斯塔格（Magrethe Vestager，女）。

（6）社会主义人民党（The Socialist People's Party）：在野党，1959年从丹麦共产党分裂而成。党员8375人。2007年11月大选支持率13.1%。重视人权、民主和环保，支持裁军，主张在平等、自愿的基础上参与国际合作。主席维力·须夫丹勒（Villy Søvndal）。

（7）红绿联盟（Enhedslisten Party）：在野党，1989年由原丹麦共产党、共产主义工人党及反欧盟势力组建。反对加入欧盟、力主裁减军费、降低失业率、加强环境保护等。党员2524人。1994年9月第一次进入议会。2007年11月大选支持率2.2%。采取集体领导制。

（8）新联盟党（New Alliance）：在野党，2007年由原激进党议员纳萨·卡德尔等三人组建。现有党员1700人。2007年11月大选支持率2.8%。政治立场中间，主张深化移民的社会融合。2007年大选后成为执政联盟的支持党派。主席纳萨·卡德尔（Naser Khader）。

【重要人物】 **玛格丽特二世：** 女王。1940年4月16日生于哥本哈根。曾就读于丹麦哥本哈根大学、奥胡斯大学、法国巴黎大学、英国剑桥大学和伦敦经济学院。1972年1月14日登基。1967年6月10日与亨里克亲王（Henrik，法国伯爵）结婚。有二子，长子腓特烈王储（Frederik），次子约阿希姆王子（Joachim）。女王兴趣广泛，在考古、美术和文学方面颇有造诣。曾于1979年访华。 **拉尔斯·勒克·拉斯穆森：** 首相，自由党人。生于1964年。法律硕士。1986年任自由党青年团全国主席，1994年任格斯基莱市（Graested-Gilleleje）第一副市长，同年当选自由党全国议员。1998年任自由党副主席，同年出任菲德烈堡州（Frederiksborg Amt）州长。2001年担任内政和卫生大臣，2007年转任财政大臣。2009年4月接任首相及自由党主席。

经 济

丹麦是发达的西方工业国家，人均国内生产总值居世界前列。农牧渔业及食品加工业发达，在许多工业领域有先进的生产技术和经验。近年来，政府扶持高新技术和生物技术产业发展，刺激市场投资与消费，国民生产总值和外贸额持续上升，国际收支与公共财政盈余不断扩大，通胀率保持稳定。2008年下半年国际金融危机爆发后，丹股市市值大幅缩水，部分中小银行存在流动性不足问题，罗斯基勒银行宣布破产，丹出口、航运业等受较大影响，丹政府连续两次推出一揽子刺激经济计划，主要用于基础设施建设、减税及注资主要银行等，取得较好效果。丹在2008/2009年度“世界经济论坛”全球经济竞争力排名中名列第三。

2009 年主要经济指标如下（资料来源：除注明外，均根据 2009 年丹麦统计年鉴。下同）：

国内生产总值：3083 亿美元。

人均国内生产总值：5.6 万美元。

经济增长率：-4.8%。

货币名称：丹麦克朗（Krone）；1 克朗 = 100 欧尔（Øre）。

汇率：1 美元 = 5.36 丹麦克朗；1 欧元 = 7.45 丹麦克朗。

通货膨胀率：3.6%。

失业率：4.2%。

【资源】自然资源较贫乏。除石油和天然气外，其他矿藏很少，所需煤炭全部靠进口。北海大陆架石油蕴藏量估计为 2.9 亿吨，天然气蕴藏量约 2000 亿立方米。1972 年起开采石油，2009 年产油 1289 万吨，天然气 79.89 亿立方米。探明褐煤储量 9000 万立方米。森林覆盖面积 48.6 万公顷，覆盖率约 11.4%。北海和波罗的海为近海重要渔场。

【工业】工业在国民经济中占主导地位。2008 年工业总产值达 7340 亿丹麦克朗，约占国内生产总值的 40.4%。从业人数 39.6 万，占就业总人数的 14%。主要工业部门有：食品加工、机械制造、石油开采、造船、水泥、电子、化工、冶金、医药、纺织、家具、烟草、造纸和印刷设备等。产品 59% 以上供出口，约占出口总额的 75%。船用主机、水泥设备、助听器、酶制剂和人造胰岛素等产品享誉世界。企业以中小型为主。主要工业部门产值如下（单位：亿克朗）：

	2006	2007	2008
食品工业	1433.2	1462.4	1586.8
机械制造	749.6	816.3	859.3
电子工业	737.3	826.9	994.8
化学工业	635.9	589.9	628.5
采矿、冶金	675.1	607.5	724.9
服装、纺织	119.2	106	96.9
石油加工	352.3	375.5	385.8
木材加工	167.4	163.8	149.8

【农业】农牧业高度发达。近年受欧盟共同农业政策影响较深，农业在国民经济中所占份额逐年下降，但在外贸中仍占较大比重。2008 年农牧业总产值（包括渔业、林业）为 687.93 亿克朗，占当年国内生产总值的 4.2%。农牧结合，以牧为主。有耕地 271 万公顷，农场 4.34 万个，从业人员 8 万，占就业总人数的 2.7%。农业科技水平和生产率居世界先进国家之列。农畜产品除满足国内市场外，约 65% 供出口，占出口总额的 9.8%，猪肉、奶酪和黄油出口量居世界前列。是世界最大貂皮生产国，2007 年有貂场 1704 个，产貂皮约 1450 万张。

2008 年家畜存栏数：牛 156.4 万头，其中奶牛 55.8 万头，羊 13.6 万只，猪 1273.8 万头，马 6 万匹；家禽存栏数 1471 万只。产奶 472.9 万吨，蛋 8.1 万吨。主要农作物产量如下（单位：万吨）：

	2006	2007	2008
谷物	863.2	822.0	904.1
油菜	43.5	58.9	63.5
豆类	3.2	1.9	1.2
麦杆	300.5	307.1	
甜菜	258.5	225.5	218.2

【渔业】欧盟主要渔业国之一。2008 年总捕鱼量约 59.1 万吨，主要有鳕鱼、比目鱼、鲭鱼、鳗鱼和虾等，主要用于生产鱼油和鱼肉。2008 年底共有渔船 1815 艘，总吨位 7.2 万吨。2008 年渔业产值 26.24 亿克朗。

【服务业】服务业发达，主要包括商业、电信、金融、保险、旅游和技术服务等。2009 年产值达 9613.54 亿克朗，约占当年国内生产总值的 58.2%。

【旅游业】2008 年旅游业收入 378.12 亿克朗，占当年国内生产总值的 2.3%。旅游业就业人数为 10 万人，是丹麦服务行业中的第一大产业。年均外国游客约 200 万人。共有酒店 543 家，客床 11.22 万张。主要旅游点有哥本哈根、安徒生故乡——欧登塞、乐高积木城及日德兰半岛西海岸和最北角斯卡晏等。

【交通运输】海、陆、空交通发达。商船主要从事国际运输。

铁路：2009 年铁路总长 2667 公里，其中私营铁路 514 公里。2008 年客运量 64.74 亿人公里，货运量 18.67 亿吨公里。

公路：2008 年总长约 7.32 万公里，其中高速公路 1111 公里。共有各种汽车约 257 万辆，其中小轿车 206.8 万辆、货车 48.6 万辆、公共汽车 1.45 万辆。公路国内货运量为 114.95 亿吨公里，国际公路货运量为 97.6 亿吨公里。

水运：2008 年 20 吨以上船只 1742 艘，总吨位约 1032.5 万吨。其中商船 503 艘，总吨位 954.8 万吨，约占全球商船总吨位的 1.2%，位居欧盟第七，世界第 17 位。客运量为 3755.3 万人次，货运量为 9260.8 万吨。全国有港口 118 个，奥胡斯港和菲德烈西亚港货运量居前列。

空运：2008 年共有 23 个机场，各类民用飞机 1077 架。北欧航空公司为瑞典、丹麦和挪威共有，丹麦占 2/7 股份。哥本哈根卡斯楚普机场是丹最大航空港，也是欧洲北部重要航空枢纽。空运乘客 1301.3 万人次，货物 12.1 万吨。

【财政金融】近几年公共财政情况如下（单位：亿克朗）：

	2006	2007	2008
收入	5570	5450	5020

支出	5070	5000	5320
差额	500	450	-300

2008年，内债4295亿克朗，外债1331亿克朗，总债务5626亿克朗，占GDP11%。

2008年，国家银行黄金储备约为97亿克朗，外汇储备2607亿克朗。2007年有银行147家，雇员4.5万人。其中最大的两家银行为丹麦银行（Danske Bank）和诺迪亚银行（Nordea）。2000年3月，原第二大银行联合银行（Unibank/Unidanmark）与瑞典、芬兰合资的梅丽塔北欧银行（Merita Nordbank）合并，创立诺迪亚银行。2001年，原第三大银行BG银行（BG Bank）加入丹麦银行集团（Danske Bank Group）。2007年4月，BG银行被丹麦银行集团所属丹麦银行兼并。

【对外贸易】外贸是丹经济命脉。主要原料靠进口，产品销售依赖国际市场。政府制定优惠政策，鼓励产品出口。同100多个国家和地区有贸易往来，1987年以来一直保持较大顺差。主要进口产品为运输设备、电信产品、纸张、原油、煤炭、钢铁、机械和饲料等。主要出口产品为乳制品、肉、鱼、家具、医药、电子产品、仪表、船舶、纺织品和服装等。对外贸易情况如下（单位：亿克朗）：

	2006	2007	2008
外贸总额	10503	10932	11484
进口额	5065	5384	5617
出口额	5438	5548	5867
差额	373	164	250

2008年丹与主要贸易伙伴经贸情况如下（单位：亿克朗）：

	出口	进口
欧盟	4035.79	4070.25
德国	1025.11	1191.95
瑞典	855.02	797.37
英国	495.56	290.23
荷兰	257.94	385.12
挪威	352.40	264.72
美国	323.38	180.09

【对外投资】2008年对外直接投资1370亿克朗，外国对丹直接投资510亿克朗。（资料来源：丹麦国家银行）

【对外援助】2008年丹对外援助总额为126.5亿克朗，占当年国内生产总值的0.8%。援助重点为难民、医疗卫生、农村发展和环保。主要受援国有坦桑尼亚、越南、莫桑比克、乌干达、喀麦隆等。（资料来源：丹麦外交部）

【著名公司】　（1）A.P.穆勒—马士基集团（A.P.Moller-Maersk Group）：成立于1904年。丹最大企业集团和全球最大集装箱航运公司。主要经营造船和海上运输、石油、天然气勘探与开发、航空运输、商品零售等。总部设在哥本哈根。有子公司70家，在世界125个国家设有办事机构，员工6万余人。2002年底，马士基集团所属斯汶堡汽轮公司和1912汽轮公司合并为斯汶堡公司，下辖集装箱航运、能源、航空、零售、数据处理、材料等各类公司及集团在全球的所有子公司，成为欧洲最大上市公司之一。随后，马士基集团并购了第三大航运公司英荷一铁行渣华。

（2）诺和集团（Novo Group）：原诺和诺德集团（Novo Nordisk），成立于1923年。世界著名医药和生化制品集团公司，生产的胰岛素和酶制剂分别占世界市场份额的50%和40%以上。在79个国家和地区设有子公司或办事处，6个国家设有生产厂，截至2008年底共有员工2.7万人，销售遍及180个国家。2000年11月正式分为两公司，负责制药业务的公司沿用原名称，负责酶制剂业务的公司改名为诺维信（Novozymes）。1995年该集团投资约2亿美元在天津设厂，是丹在华最大企业。目前，公司总部设在北京，建立了以北京、上海、广州、沈阳、武汉、济南以及香港为中心辐射全国的销售网络，产品服务遍及全国所有省市。到2008年底，诺和诺德在华员工总数超过1500人。

（3）丹佛斯集团（Danfoss）：丹最大工业企业，主要生产采暖、制冷和传动及速控温控元件。在世界不少国家有子公司，共有雇员1.8万人。1995年在天津建立丹佛斯（天津）有限公司，主要生产散热器恒温控制阀、热力膨胀阀、水阀、冷凝机组和相关产品。目前，丹佛斯中国在北京、上海、天津、广州、沈阳、成都、青岛、鞍山和香港等地的工厂、销售公司和代表处共有员工1800多人，积极的为国内制冷、供热、传动控制领域提供良好的产品和技术服务。

人民生活

以高福利、高收入、高税收、高消费为特征。2008年社会福利（教育、医疗卫生、社会保障、住房等）开支为5020.24亿克朗，约占当年国内生产总值的28.9%。2008年人均收入27.85万克朗。2009年失业人数约为11.8万人。全国有医生11351人，病床2.6万张。私人住宅拥有率54.7%，别墅拥有率38.6%，手机使用率92%，家庭电脑拥有率84%，上网率86%。每千人拥有医生2.1名，洗衣机740台、电视机575台，小轿车377辆。

军　事

根据丹麦宪法，玛格丽特二世女王是武装力量最高统帅。国防部是武装力量最高行政机关，国防大臣为文职，向议会和首相负责，对武装力量实施行政领导。国防司令部是武装力量最高指挥机构，负责丹三军的作战、训练和后勤保障。现任国防司令是汉斯·杰斯帕·赫尔旭（Hans Jesper Helsø，2002年5月上任），国防参谋长为蒂姆·斯洛斯·约根森（Tim Sloth Jørgensen）。实行义务兵与志愿兵相结合的兵役制。义务兵服役期8～12个月，志愿兵服役期为54～72个月。

丹麦武装力量由陆、海、空三军和国民卫队组成，其中陆、海、空三军为现役正规军队。截至2009年年底，丹军总员额26810人，陆军、海军和空军兵力分别为15460人（占总兵力的57.6%）、5300人（占19.8%）和6050人（占22.6%）。其中，陆军装备主战坦克281辆、装甲车715辆、100毫米以上口径的火炮315余门、直升机25架；海军编成水面舰艇部队（下设6个中队）和海防舰艇部队（分辖3个海区），主要装备舰艇64艘（其中护卫舰7艘、巡逻艇36艘、用于侦察和渔业监护的直升机8架）；空军编为6个航空兵中队（其中4个战斗机中队、1个运输机中队、1个直升机中队）、1个雷达中队（辖6个雷达站），装备各种飞机111架（其中F-16A/B型战斗机68架、C-130型运输机3架）。

2009年国防预算为192亿克朗，相当于国内生产总值的1.1%。（资料来源：丹麦国防部）

文化教育

文化教育事业发达。童话作家安徒生、原子物理学家尼尔斯·玻尔、音乐家卡尔·尼尔森（Carl Nielsen）等举世闻名；迄有13位丹麦人获诺贝尔奖。在生物学、环境学、气象学、免疫学等方面处于世界领先地位。奉行使每个社会成员在文化方面具有平等发展的文化方针，鼓励地方发展文化事业。

【文化】2007年全国有公共图书馆工作人员5557名。2009年全国有各类博物馆249所，1069.5万参观人次。全国共拥有影院165所，全年播放国内外电影649部。

【教育】教育事业发达。1973年起实行九年制免费义务教育。2008年全国共有学校2857所，学生116.8万人，其中小学2052所，学生71.8万人；高中156所，学生8.3万人；职业学校535所，学生18万人；综合性大学8所，学生13.1万人；师范、技术、农业、商业、艺术、音乐等院校106所，学生5.6万人。最著名的高等学府有哥本哈根大学（建于1479年，约有学生3.8万人）、奥胡斯大学（建于1928年，约有学生2.8万人）和丹麦技术大学。2009年国家教育经费预算为764.8亿克朗，约占当年国内生产总值的4.6%。

【新闻出版】2008年，全国有日报37种。发行量184.3万份，周日报10种，发行量100.6万份，期刊杂志97种，技术及地方报刊278种。主要报纸发行量如下（括号内为创刊年）：《日德兰邮报》（1871年），平日版12.9万份，周日版17.4万份；《政治报》（1884年），平日版11万份，周日版14万份；《贝林时报》（1749年），平日版11.3万份，周日版13.8万份。

丹麦通讯社（Ritzaus Bureau）：1866年创建。丹唯一的全国性通讯社，由各大报纸合办。

丹麦广播公司：1925年创立。丹麦最大的全国性广播电台和电视台。

丹麦电视二台：1988年创立，1989年开播。

对外关系

冷战结束后，丹麦对传统上以北约、欧共体、北欧合作和联合国为支柱的外交政策进行了调整，在继续重视联合国作用的同时，突出以欧盟为重点，坚持依托北约，加强欧洲安全合作，积极拓展以北欧合作为基础的环波罗的海合作，并增加了“共同安全、民主和人权、经济和社会发展及环境”等内容，重视发展与亚太及发展中国家关系。

【对当前重大国际问题的态度】关于国际形势：认为国际形势总体趋向缓和，但恐怖主义、民族和宗教问题等非传统安全因素成为威胁国际安全与稳定的突出问题。认为世界政治朝多极化方向发展，主张各大国加强对话与合作，共同应对气候变化和能源安全等全球性挑战。

关于联合国作用和改革：视联合国为国际社会构架的基础和国际安全与稳定的保障。积极参与联合国事务。呼吁联合国重视非洲发展问题，强调提高对经社发展领域的重视。支持联合国改革，对日、德等国入常表示支持，但反对扩大否决权，建议对新增常任理事国的任期设限。

关于国际反恐：认为恐怖主义已成为国际社会面临的最严重的威胁之一。谴责各种形式的恐怖主义，支持反恐斗争。重视建立全球反恐联盟。认为联合国、欧盟等国际组织应成为国际反恐合作的重要机制。

关于军控问题：关注军控问题，主张促进核裁军，呼吁所有国家加入《不扩散核武器条约》、《全面禁止核试验条约》和《核材料实物保护公约》等。认为《不扩散核武器条约》对于全球裁军和核不扩散工作具有重要意义，对美退出反导条约表示不安和不满。呼吁各国全面执行联合国关于防扩散的1540号决议。表示将积极参与“防扩散安全倡议”（PSI），主张与航运企业开展合作，打击非法运输大规模杀伤性武器及相关原料等活动。2005年9月起接任“国际导弹及相关技术控制制度”（MTCR）组织2005～2006年度主席国。

关于中东问题及巴以冲突：认为国际社会应对中东问题予以更多关注，促进中东地区各方互信与合作，避免不同文明之间的冲突和原教旨主义蔓延。强调美不可替代作用，主张欧盟与中东—环地中海国家建立战略伙伴关系，积极促进中东和平进程。呼吁以从加沙地带撤军。承诺增加对中东地区民主援助以改善该地区民主、人权和良政，但以执行更为“中立、平衡”的中东政策为由，取消了一些援巴项目。2004年提出旨在推动中东与阿拉伯地区民主化进程的“阿拉伯倡议”。强调只要哈马斯放弃暴力，遵守中东和平“路线图”，承认以色列，丹就可承认哈马斯政权，并提供人道主义援助。

关于朝核问题：主张朝鲜半岛无核化及和平解决朝核问题。反对和谴责朝鲜核试验，认为朝必须承担有关后果。支持联合国2009年通过制裁朝鲜的1874号决议，认为必要时须令朝切实感受到国际压力。积极评价中国所作努力，认为美、中、俄在安理会达成一致很重要，欧盟可在适当时机参与解决进程，特别是在促进朝鲜发展经济方面发挥作用。

关于伊朗核问题：与欧盟立场保持一致。敦促伊朗与国际原子能机构全面合作，主张通过外交途径解决伊朗核问题，认为各方应继续保持压力。对伊2009年选举引发骚乱及政府镇压示威表示关切。重视中国对伊正面影响，愿与中方加强协商。

关于伊拉克问题：参加2003年美领导的对伊战争。积极参与伊维和任务，2007年8月撤出。自2003年起，丹参与伊重建及提供援助共计8.95亿丹麦克朗（约合1.6亿美元）。主张联合国在伊维和、重建和民主建设等方面发挥更大作用。

关于阿富汗问题：2002年参与国际安全援助部队在阿行动，目前在阿驻军约750人，主要集中在赫尔曼德省，迄今有31名士兵在阿阵亡。2009～2012年，每年向阿提供4.5亿丹麦克朗（约合0.8亿美元）援助，重点用于改善生活和普及教育。丹参与在阿行动得到国内政治和民众的多数支持，政府未明确撤军时间，表示须以阿局势恢复稳定为前提。近来主张从地区角度看待阿问题，重视邻国巴基斯坦的作用。

【同中国的关系】1950年1月9日正式承认中华人民共和国，1950年5月11日建交，1956年2月15日由公使馆升格为大使馆。20世纪80年代以来，中丹科技、环保等领域合作发展较好，先后签署科技合作议定书、环境合作协议、关于清洁发展机制项目合作的谅解备忘录、加强双边科技合作谅解备忘录等。

2009年两国关系继续发展。12月，温家宝总理赴丹出席联合国气候气候变化大会。2010年4月，丹首相拉尔斯·勒克·拉斯穆森访华并出席博鳌亚洲论坛年会。

中国驻丹麦大使：谢杭生（2006年5月5日递交国书）。馆址：OEREGAARDSALLE 25，2900 HELLERUP，COPENHAGEN DENMARK。网址：www.chinaembassy.dk。电话：45－39460889，39611013（商务处），39460877（签证处）；传真：45－39625484，39612913（商务处），39460878（签证处）。

丹麦驻中国大使：叶普（Jeppe Tranholm-Mikkelsen，2007年9月30日递交国书）。馆址：北京市朝阳区三里屯东五街1号。网址：http://www.ambbeijing.um.dk/en。电话：010－85329900；传真：85329999。

【同美国及北约的关系】视对美关系为跨大西洋合作的核心内容，并极力发展紧密、稳定的对美双边关系。丹美双边高层往来频繁，将丹属自治领格陵兰岛上的图勒基地纳入美导弹防御系统。在阿富汗、反恐等问题上合作密切，但未屈从美压力接收关塔那摩释放囚犯。

视北约为丹国防与安全政策的基石，积极参加北约军事行动，支持北约东扩和战略转型。认为北约在集体防御外，还应承担捍卫自由、民主及人权等共同价值观的责任，力求在推进民用警力合作等方面发挥作用。丹前任首相安诺斯·福格·拉斯穆森于2009年8月出任北约秘书长。

【同欧盟的关系】支持欧盟东扩和一体化建设，于2008年4月批准《里斯本条约》。期待欧盟在国际事务上发挥更大作用。视欧盟为丹最重要的外交平台，在重大外交政策上与欧盟保持一致，政府多次表示希在条件成熟时通过公投废除在欧盟合作中的“四项保留”（司法、防务、货币、欧洲公民权）。将于2012年上半年出任欧盟轮值主席国。

【同中东欧和波罗的海三国关系】重视发展同中东欧和波罗的海国家的关系，认为北约和欧盟双东扩有利于保持欧洲的长期稳定。曾积极支持波海三国独立，同其他北欧国家一起最早承认并同三国建交，强调继续加强同波海三国在经济、社会保障、军事等领域的合作，积极推动环波罗的海地区合作，并力图在其中发挥主导作用。

【同俄罗斯的关系】在人权和欧盟东扩问题上与俄分歧明显。2002年因拒交车臣流亡政客与俄交恶。强烈谴责俄2008年在南奥塞梯的军事行动。2009年与俄双边关系实现正常化，丹外交大臣和首相先后访俄，签署了系列合作协议，包括2011年起俄向丹提供天然气协议，丹同意俄输欧天然气管道穿越丹海峡。

【同发展中国家的关系】强调充分利用发展中国家、特别是新兴国家的发展机遇，在全球化发展中占据先机。2007年推出亚洲战略与拉美战略，2009年出台中亚战略，重点通过经济援助、各领域合作、加强驻外力量等推进发展关系。2008年对外发展援助为94亿丹麦克朗（约合17亿美元），其中3/4用于发展中国家，注重与民主、人权和良政挂钩。（张晗）

德　国

国名　德意志联邦共和国（The Federal Republic of Germany，Die Bundesrepublik Deutschland）。

面积　357104 平方公里（2007 年 12 月 31 日，2009 年《德国统计年鉴》）。

人口　8200.2 万（2008 年 12 月 31 日，德国联邦统计局网站），较上年减少 0.3%，是欧盟人口最多的国家，每平方公里人口密度为 230 人，是欧洲人口最稠密的国家之一。主要是德意志人，有少数丹麦人和索布族人。有 718.6 万外籍人，占人口总数的 8.9%，其中最多的是土耳其人，共 169 万。通用德语。居民中 30.3%（2483.2 万人）信奉新教，31.0%（2546.1 万人）信奉罗马天主教（2007 年）。

首都　柏林（Berlin），人口 342.9 万（2008 年 12 月 31 日，德国联邦统计局网站），年平均气温约 8.9℃。

国家元首　联邦总统克里斯蒂安·武尔夫（Christian WULFF），2010 年 6 月 30 日当选，7 月 2 日宣誓就职。

重要节日　新年：1 月 1 日；复活节：每年春分月圆之后第一个周日（3 月 21 日至 4 月 25 日之间）；五一国际劳动节：5 月 1 日；德国统一日（国庆节）：10 月 3 日；圣诞节：12 月 25 日。

简　况

位于欧洲中部。东邻波兰、捷克，南毗奥地利、瑞士，西界荷兰、比利时、卢森堡、法国，北接丹麦，濒临北海和波罗的海。陆地边界全长 3757 公里，海岸线长 2389 公里。位于北纬 47～55 度之间的北温带，西北部海洋性气候较明显，往东、南部逐渐向大陆性气候过渡。平均气温 1 月 -5℃～1℃，7 月 14℃～19℃。

公元 962 年建立德意志民族神圣罗马帝国。1871 年建立统一的德意志帝国。1914 年挑起第一次世界大战。1919 年建立魏玛共和国。1939 年发动第二次世界大战。战后被美、英、法、苏四国占领。1949 年 5 月 23 日西部颁布《基本法》，建立德意志联邦共和国。同年 10 月 7 日东部成立德意志民主共和国。1990 年 10 月 3 日，德国实现统一。

政　治

2009 年是德大选年，9 月 27 日，默克尔领导的联盟党再次赢得大选，10 月 28 日与自民党组成“黑黄”联合政府，取代此前的大联合政府。政府更迭导致德国政党格局进一步演变。2009 年，德举行十余次选举，基民盟和社民党虽仍主导政党格局，但两党在各级选举中均有不同程度失票，自民党、左翼党和绿党的支持率则稳中有升。自民党在野 11 年后重新入阁，左翼党成功进入两个西部州的州议会。2009 年 5 月，联盟党候选人，在任总统克勒当选连任。2010 年 5 月底，克勒总统因其有关驻阿富汗德军的言论遭到批评而宣布辞职，成为德国战后历史上第一位辞职的总统。6 月，执政联盟候选人武尔夫当选新一任总统。

“黑黄”政府上台后，继续刺激消费、扩大投资的同时，重视教育与科研投入，推进相关产业升级，努力创造新的增长点，更取得成效。德经济企稳回升，社会总体保持稳定，民众对国际金融危机表现相对平和。德政府还加强针对恐怖主义威胁的防范措施，通过了扩大联邦刑警局反恐权限的法律草案。

受国际金融危机影响，2009 年，德经济下降 4.9%，为战后最严重衰退。全年外贸大幅萎缩，出口额 8032 亿欧元，较上年大幅下降 18.4%，进口额 6671 亿欧元，下降 17.2%，但外贸顺差仍达 1361 亿欧元。德国政府继续落实 2008 年底出台的救市计划和经济计划，同时再次推出总额为 500 亿欧元的经济提振措施、批准《紧急救援接管法》、制定《坏账银行法》。二季度起，德经济摆脱了连续 4 个季度的负增长，呈现企稳回升势头，股市强劲上涨。外贸扭转颓势，实体经济出现积极信号。劳动市场好于预期，就业人数较 2008 年同期仅轻微减少。

【宪法】《德意志联邦共和国基本法》于 1949 年 5 月 23 日生效。基本法确定了德国五项基本制度：共和制、民主制、联邦制、法制国家和社会福利制度。1956 年、1968 年曾作过较大修改。1990 年 8 月两德统一条约对《基本法》某些条款又作了适应性修订，10 月 3 日起适用于全德国。

【议会】由联邦议院和联邦参议院组成。联邦议院行使立法权，监督法律的执行，选举联邦总理，参与选举联邦总统和监督联邦政府的工作等。每届任期 4 年。参加联邦议院的各党议员分别组成议会党团。本届（第 17 届）联邦议院于 2009 年 9 月 27 日组成，共有 622 席。各党席位分配为：联盟党（基民盟/基社盟）239 席，社民党 146 席，自民党 93 席，左翼党 76 席，联盟 90/绿党 68 席。议长诺贝特·拉默特（Norbert LAMMERT，基民盟）。

联邦参议院参与联邦立法并对联邦的行政管理施加影响，维护各州的利益。按各州人口比例由各州政府指派 3～6 名州政府成员组成，共 69 席。议长由各州州长轮流担任，任期 1 年，总统因故不能行使职权时代行总统职务。现任议长为延斯·伯尔森（Jens

BOERHNSEN，不来梅市市长，社民党），2009年11月1日就任，任期至2010年10月31日。

【政府】现政府由联盟党和自民党于2009年10月28日组成。基民盟主席安格拉·默克尔（Angela MERKEL，女）任总理。内阁成员16名，联盟党11名，自民党5名。内阁主要成员有：副总理兼外交部长基多·韦斯特维勒（Guido WESTERWELLE，自民党），总理府部长波法拉（Ronald POFALLA，基民盟），内政部长德梅齐埃（Thomas de MAIZIERE，基民盟），司法部长洛伊特豪泽尔—施纳伦贝格（Sabine LEUTHEUSSER-SCHNARRENBERGER，女，自民党），财政部长朔伊布勒（Wolfgang SCHAEUBLE，基民盟），经济和技术部长布吕德雷（Rainer BRUEDERLE，自民党），国防部长古滕贝格（Karl-Theodor ZU GUTTENBERG，基社盟）等。

【行政区划】德国行政区划分为联邦、州、市镇三级，共有16个州，12229个市镇。各州的名称是：巴登—符腾堡州、巴伐利亚州、柏林市、勃兰登堡州、不来梅市、汉堡市、黑森州、梅克伦堡—前波莫瑞州、下萨克森州、北莱茵—威斯特法伦州、莱茵兰—普法尔茨州、萨尔州、萨克森州、萨克森—安哈特州、石勒苏益格—荷尔斯泰因州和图林根州。其中柏林、不来梅和汉堡为市州。

【司法机构】联邦宪法法院是德国宪法机构之一，主要负责解释《基本法》，监督《基本法》的执行，并对是否违宪作出裁定。共有16名法官，由联邦议院和联邦参议院各推选一半，由总统任命，任期12年。正、副院长由联邦议院和联邦参议院轮流推举。现任院长安德烈亚斯·福斯库勒（Andreas Vosskuhle），2010年3月就任。

此外设有联邦法院（负责民事和刑事案件）、联邦行政法院、联邦财政法院、联邦劳工法院、联邦社会法院等。

联邦和州法院相应设有检察院，但不受法院的管辖，不干预法院的审判工作，其任务主要是领导刑事案件的侦查并提起公诉。检察院受联邦或州政府司法部的领导，在行使职权时相对独立。联邦检察院由联邦检察长和若干名联邦检察官组成，联邦检察长莫尼卡·哈姆斯（Monika HARMS，女）于2006年6月1日就任，成为德首位女联邦总检察长。

【政党】德国实行多党制，主要有以下政党：

（1）基督教民主联盟（Christlich-Demokratische Union Deutschlands）：简称基民盟。主要执政党。1945年6月成立。曾于1949～1969年，1982～1998年执政。2005年至今为主要执政党，现有党员517098人（2010年5月），为德第一大党，党主席安格拉·默克尔。

（2）基督教社会联盟（Christlich-Soziale Union in Bayern e. V.）：简称基社盟。执政党。1945年成立。根据与基民盟达成的协议，该党只在巴伐利亚州发展组织并开展活动，在联邦议院与基民盟组成联盟党议会党团。现有党员162533人，2008年10月起，霍斯特·泽霍夫（Horst SEEHOFER）担任党主席。

（3）德国社会民主党（Sozialdemokratische Partei Deutschlands）：简称社民党。主要在野党。成立于1863年，是世界上成立最早的工人党之一。1878年，被俾斯麦政府宣布为非法，1890年重新获得合法地位。1933年，社民党被纳粹政权取缔，战后重建。1990年9月，东、西德社民党合并。现有党员512520人（2010年5月），是德第二大政党。2009年10月，西格玛·加布里尔（Sigmar GABRIEL）担任党主席。

（4）自由民主党（Freie Demokratische Partei）：简称自民党。执政党。成立于1948年12月。现有党员67000人（2009年3月），党主席基多·韦斯特维勒。

（5）左翼党（Die Linke）：在野党。2007年6月16日，由左翼党—民社党（Demokratische Linke-PDS）和劳动与社会公平选举抉择党（Wahlalternative Arbeit und Soziale Gerechtigkeit）合并而成。现有党员75968人（2008年11月），党主席格辛娜·洛驰（Gesine LOETZSCH）和克劳斯·恩斯特（Klaus ERNST）。

（6）联盟90/绿党（Buendnis 90/Die Gruenen）：简称绿党。在野党。德国西部的绿党成立于1980年1月。1993年5月与东部的联盟90/绿党合并。现有党员45151人，党主席克劳迪娅·罗特（Claudia ROTH，女）和策姆·约茨德米尔（Cem OEZDEMIR，2008年11月当选）。

（7）德国的共产党（Deutsche Kommunistische Partei）：1968年成立，前身为1956年被禁止的德国共产党，现有党员4200人（2008年8月），主席海因茨·施蒂尔（Heinz STEHR）。

【重要人物】克里斯蒂安·武尔夫：联邦总统。1959年6月19日出生在下萨克森州的奥斯纳布吕克市。法学硕士。1983年当选下萨州基民盟青年联盟主席。1984年进入下萨州基民盟主席团。1994～2003年任基民盟州议会党团主席。1998年起任基民盟副主席。2003年出任下萨州州长。2010年6月30日当选第10任联邦总统，7月2日宣誓就职，是联邦德国历史上最年轻的总统。已婚，有两个孩子。**安格拉·默克尔：**联邦总理，1954年7月17日生于汉堡。物理学博士。1978～1990年在民主德国科学院物理化学中心研究所工作。1990年8月加入基民盟。1991年任基民盟联邦副主席。1991～1994年任联邦妇女和青年部部长。1994～1998年任联邦环境、自然保护和反应堆安全部部长。1998～2000年任基民盟总书记。2000年4月起任基民盟主席，2002 年 9 月至 2005 年 11 月兼任联盟党议会党团主席。2005 年 11 月 22 日出任德国第一位女总理，也是德国历史上最年轻的总理。2009 年 10 月 28 日连任。已婚，无子女。

经济

德国是高度发达的工业国。经济总量位居欧洲首位，世界第四，2003～2008 年连续六年保持世界头号出口大国地位。2009 年外贸总额为 14703 亿欧元，其中出口额 8032 亿欧元，下降 18.4%，进口额 6671 亿欧元，下降 17.2%，盈余 1361 亿欧元。国内资产投资 4787 亿欧元，私人可支配收入 15525 亿欧元，私人消费支出 10203 亿欧元，公共支出 10706 亿欧元。2009 年国民总收入 18066 亿欧元，国家负债总额 16320 亿欧元，占国内生产总值的 73.3%。2009 年国家财政预算总赤字为 1055 亿欧元，占国内生产总值 3.3%。2009 年公共财政总收入 10211 亿欧元，总支出 11267 亿欧元。2009 年德国经济主要数据如下：（资料来源：德国联邦统计局网站）

国内生产总值：24091 亿欧元。

人均国内生产总值：29376 欧元。

国内生产总值增长率：-4.9%。

货币名称：欧元；1 欧元 =100 欧分。

2009 年平均汇率：1 欧元 =1.39 美元。（数据来源：德意志银行）

通货膨胀率：0.84%。（数据来源：国际货币基金组织）

失业率：7.6%。

【资源】德国是自然资源较为贫乏的国家，除硬煤、褐煤和盐的储量丰富之外，在原料供应和能源方面很大程度上依赖进口，2/3 的初级能源需进口。天然气储量约 3820 亿立方米，能满足国内需求量的 1/4。硬煤探明储量约 2300 亿吨，褐煤约 800 亿吨；其他矿藏的探明储量为：钾盐约 130 亿吨，铁矿石 16 亿吨，石油 5000 万吨，天然气约 5000 亿立方米。东南部有少量铀矿。森林覆盖面积为 1110 万公顷，占全国面积约 1/3。水域占 2%。

【工业】2009 年，工业企业（含建筑业）总产值 5724.4 亿欧元，占国内生产总值的 23.8%。工业就业人数 102.21 万，占国内总就业人数（4033 万）的 25%。工业结构及特点：（1）侧重重工业。汽车和机械制造、化工、电气等部门是支柱产业，其他制造行业如食品、纺织与服装、钢铁加工、采矿、精密仪器、光学以及航空航天业也很发达。（2）高度外向。主要工业部门的产品一半以上销往国外。（3）中小企业是中流砥柱。约 2/3 的工业企业雇员不到 100 名。众多中小企业专业化程度强，技术水平高，灵活性强。（4）垄断程度高。占工业企业总数 2.5% 的 1000 人以上的大企业占工业就业人数 40% 和营业额的一半以上。

【农牧业】农业发达，机械化程度很高。2008 年共有农业用地 1693 万公顷，约占德国土面积的一半，其中农田面积 1193 万公顷。2009 年农林渔业产值 173.9 亿欧元，占国内生产总值的 0.74%。农业就业人口 85.6 万，占国内总就业人数的 2.5%。

2008 年有农业企业 374514 个，以中小企业为主，平均占有土地 56.6 公顷。近几年德国主要农牧渔业产品产量如下（单位：万吨）：

	2006	2007	2008
粮食	4348	4063	5011
马铃薯	1003	1164	1137
水果	130	127	130
葡萄酒（亿升）	9.06	10.37	10.00
蔬菜	311	333	342
鸡蛋（百万个）	9537	9578	9617
猪存栏数（万头）	2652	2713	2669
牛存栏数（万头）	1275	1269	1297
奶制品（万吨）	2799.5	2840.3	2865.6

（资料来源：德国联邦统计局网站）

【服务业】包括商业、交通运输、电信、银行、保险、房屋出租、旅游、教育、文化、医疗卫生等部门。2008 年，服务业就业人数为 2925.3 万，占总就业人口的 72.5%。近几年德国服务业产值及占国内生产总值比例如下（单位：亿欧元）：

	2006	2007	2008
服务业总产值	14371.5	16742.9	15417.7
商业、饭店业、交通	3806.9	4321.9	3998.3
金融、租赁、企业服务	6022.5	7123.6	6550.4
其他公共及私人服务	4542.1	5306.4	4869.0
占国内生产总值比例	62.2%	69.1%	61.9%

（资料来源：德国联邦统计局网站）

【旅游业】旅游业发达。每年有大量国内外游客在德国旅游，2008 年旅游过夜共 3.7 亿人次，其中国内游客入住约 3.13 亿人次，外国游客约 0.57 亿人次。2008 年，德国有各种旅馆 52143 家，床位 259 万张。著名景点有科隆大教堂、柏林国会大厦、波恩文化艺术展览馆、罗滕堡、慕尼黑德意志博物馆、海德堡古城堡、巴伐利亚新天鹅石宫和德累斯顿画廊等。

【交通运输】德国交通运输业十分发达。公路、水路和航空运输全面发展。特别是公路密度为世界之冠。2008 年，德国货运总量 44.6 亿吨，其中公路运输总量 34.30 亿吨，铁路 3.71 亿吨，内河 2.46 亿吨，海运 3.16 亿吨，管道 9106.9 万吨，航空 350.3 万吨。客运总量 111.84 亿人次，其中铁路 22.06 亿人次，公路 88.12 亿人次，航空 1.66 亿人次。

铁路：截至2005年底，铁路总长40412公里；有机车15373辆，客运车厢12047节，货运车皮约102778节；2008年客运量23.30亿人次，货运量3.71亿吨，国内运量2.39亿吨。

公路：2008年等级以上公路23.12万公里，其中高速公路1.26万公里，高速公路长度居世界第四。2008年全国注册机动车共4960万辆，其中小轿车4132万辆，卡车234.68万辆。公路货运量为30.78亿吨，国内货运量28.47亿吨；公共交通客运量为112.1亿人次。

水运：2008年，德国拥有远洋商船645艘，总吨位1581万吨。2008年，全国海港吞吐量为3.21亿吨，其中汉堡港区吞吐量为1.19亿吨。2007年内河航道总长7500公里，可运营船舶2275艘。2008年内河货运总量2.46亿吨。国内货运量5755万吨。

民航：民航运输业发达。2007年共有各类民航企业305家，2008年共有各种飞机20916架。2008年民航客运量1.66亿人次，货运量350.3万吨。法兰克福机场是世界主要航空港之一，2007年进出港旅客和货物吞吐量分别为5342万人次和207万吨。

管道：输油管道总长约2370公里，2008年输送原油9107万吨。

【财政金融】2009年国民总收入18066亿欧元，国家负债总额16320亿欧元，占国内生产总值的73.3%。2009年国家财政预算总赤字为1055亿欧元，占国内生产总值3.3%。2009年公共财政总收入10211亿欧元，总支出11267亿欧元。近年联邦政府财政状况如下（单位：亿欧元）：

	2007	2008	2009
收入	10264	10506	10211
支出	10161	10532	11267
余额	+103	-26	-1056

（资料来源：德国联邦统计局网站）

截至2009年底，德国联邦银行黄金储备约839亿欧元，对国际货币基金组织的债权为16亿欧元，外汇储备为256亿欧元。

德国主要银行：（1）德意志联邦银行：1948年成立，是德国的中央银行，决定国家货币政策、负责货币发行并管理外汇黄金储备。2009年底总资产额为5880.43亿欧元。（2）德意志银行：1870年成立，德国最大的商业银行。1998年11月该行收购美国信孚银行后，资产总额超过瑞士联合银行，一度成为全球最大的商业银行。截至2009年12月，资产总额为15010亿欧元。（3）商业银行：1870年成立。2008年9月收购1872年成立的德累斯顿银行，成为德国第二大商业银行。同年12月，该行被德国政府部分国有化。2009年底资产总额约为8441亿欧元。（4）巴伐利亚抵押联合银行（又称德国裕宝联合银行）：1997年7月，巴伐利亚联合银行和巴伐利亚抵押和汇兑银行合并后总资产达7430亿马克。2005年，被意大利联合信贷银行兼并。2009年底资产总额达3634亿欧元。

【对外贸易】德国是世界贸易大国，同世界上230多个国家和地区保持贸易关系，全国近1/3的就业人员从事出口工作。1986～1990年，德国的出口额曾为世界第一，从1991年起次于美国。2003～2008年连续六年保持世界第一出口大国的地位，2009年，中国取代德国成为世界出口冠军。2009年全年外贸大幅萎缩，出口额8032亿欧元，较上年大幅下降18.4%，进口额6671亿欧元，下降17.2%，但外贸顺差仍达1361亿欧元。近几年来外贸情况如下（单位：亿欧元）：

	2007	2008	2009
出口额	9690.49	9949	8032
进口额	7704.10	8186	6671
差　额	1986.40	1763	1361

（资料来源：德国联邦统计局网站）

德国出口业素以质量高、服务周到、交货准时而享誉世界。主要出口产品有汽车、机械产品、化学品、通讯技术、供配电设备和医学及化学设备。主要进口产品有化学品、汽车、石油天然气、机械、通讯技术和钢铁产品。主要贸易对象是西方工业国，其中进出口一半以上来自或销往欧盟国家。2008年同主要贸易伙伴国出口和进口情况如下（单位：亿欧元）：

	出口额	进口额	差　额
法　国	968.59	667.10	301.49
美　国	714.67	460.60	254.07
英　国	667.88	442.61	225.27
意大利	640.03	459.62	180.41
荷　兰	656.44	720.83	-64.39
比利时	516.35	397.75	118.60
奥地利	538.40	331.48	206.92
西班牙	437.04	216.31	220.73
瑞　士	389.90	311.60	78.30
中　国	340.96	593.78	-252.82

（资料来源：德国联邦统计局网站）

【对外投资】2009年，德对外投资总额为451.38亿欧元，绝大多数投往欧洲国家（400.06亿欧元），主要是卢森堡（123.63亿欧元）、荷兰（101.93亿欧元）、美国（27.10亿欧元）和中国（24.85亿欧元）。

【对外援助】官方对外援助主要以财政合作（提供优惠贷款）和技术合作（免费派遣专家、提供设备及培训人员等）方式进行。2009年德政府为发展中国家提供的发展援助为119.82亿欧元，占国民总收入的 0.35%，较上年减少 19.98 亿欧元，减少 14.29%，其中 64.8% 用于双边援助项目。

【外国资本】2009 年，外国在德国直接投资为 256.31 亿欧元，2/3 来自欧洲，主要来自卢森堡（71.45 亿欧元）、意大利（49.24 亿欧元）、瑞士（23.55 亿欧元）和美国（22.92 亿欧元）。外国投资主要集中在金融、商业、食品工业、化工、交通、电子技术和机械制造部门。

【著名公司】（1）大众汽车股份公司（Volkswagen）：成立于 1938 年，主要生产销售各式汽车、发动机和有关配件。2009 年雇员总数 37 万人，销售额为 1052 亿欧元。现任董事长文德恩（Martin Winterkorn）。通讯地址：Volkswagen AG 38436 Wolfsburg。

（2）戴姆勒股份公司（Daimler AG）：前身为 1886 年成立的奔驰汽车厂和戴姆勒汽车厂。1998 年与美国克莱斯勒汽车公司合并，主要生产各种车辆、飞机发动机和内燃机等。2007 年 8 月，公司将克莱斯勒 80.1% 的股权出售给美国私募基金泽普世资本管理公司。2009 年 4 月，宣布转让克莱斯勒剩余股份。2009 年公司雇员总数 25.6 万人，总销售额 789.24 亿欧元。董事长迪特·蔡彻（Dieter Zetsche）。通讯地址：Daimler AG 70546 Stuttgart。

（3）西门子股份公司（Siemens）：1847 年成立，主要生产经营各类电气设备、电子元件等，2009 年公司雇员总数 40.5 万人，销售额 766.5 亿欧元。董事长罗旭德（Peter Löscher）。通讯地址：Siemens AG 80333 Muenchen。

（4）巴斯夫集团（BASF）：又称巴登苯胺苏打公司，1865 年建立，主要经营石油、化工产品和药品等。2009 年公司雇员总数 10.48 万人，销售额 507 亿欧元。董事长贺斌杰（Juergen Hambrecht）。通讯地址：BASF AG 67056 Ludwigshafen。

（5）安联保险集团（Allianz Group）：成立于 1890 年，主要提供保险、风险管理咨询及投资理财服务。2009 年公司雇员 15.45 万人，年销售额 974 亿欧元。董事长米夏埃尔·迪克曼（Michael Diekmann）。通讯地址：ALLIANZ AG Koeniginstrasse D-80802 Muenchen。

人民生活

2009 年人均国民收入 22577 欧元，2008 年，雇员平均月毛收入为 2318 欧元，每小时平均工资为 20.52 欧元。私人家庭平均每月可供支配的收入为 2820 欧元。

2007 年，每 100 个家庭拥有耐用消费品数字如下：轿车 101.6 辆，移动电话 141.1 部，固定电话 126 部，DVD 机 84.2 台，录像机 20 台，卫星电视接收器 39 部，有线电视接口 50 个，电脑 88.9 台，冰箱 85 台。2007 年共有医院 2087 所，病床 50.70 万张，共有医生 31.5 万人。

军　事

德国联邦国防军成立于 1955 年 11 月。军队和平时期由国防部长领导，战时由联邦总理任最高统帅。联邦国防军总监察长为军队最高指挥官，现任总监察长福尔克·维克尔（Volker WIEKER，2010 年 1 月上任）。

实行义务兵役制，服役期 9 个月。德军现有 25.42 万人，其中陆军约 9.42 万人，海军约 1.75 万人，空军约 4.22 万人，其余为技术服务人员。2009 年度国防预算为 311 亿欧元，占联邦政府预算的 10.7%。德军目前参加海外维和行动的人数为 7390 人。北约在德国驻军中美国约 7.3 万人，英国约 1.67 万人。

德国国防政策的主要内容是：军事战略从本土防御转向危机处置和预防；推动建立欧洲自主的防卫力量，使欧盟和北约在危机处置上成为平等伙伴；拓展德军军事能力建设，积极参与防区外作战行动并确保德军在需要时迅速重建本土防御能力。

文化教育

教育和文化艺术事业主要由各州负责，联邦政府主要负责教育规划和职业教育，并通过各州文教部长联席会议协调全国的教育工作，在中小学教育、高等教育以及成人教育和进修方面，主要立法和行政管理权属于各州。全国性的文化艺术活动由联邦政府予以资助。对外文化交流由外交部负责协调。

【教育】大、中、小学和职业教育发达。实行 12 年制义务教育，公立学校学费全免，教科书等学习用品部分减免。小学学制 4～6 年，中学学制 5～9 年，高等学校享有一定自主权，对高中毕业生原则上实行自由入学，对部分学科规定名额限制。职业教育实行双元制，即职业学校理论学习和企业中的实践相结合。成人教育和业余教育十分普及。教师为终身公务员，必须受过高等教育。2009 年公共财政用于教育的开支为 1000 亿欧元，占国内生产总值 4.2%。2008/2009 年度德国各类学校及学生、教师数字如下：

	学校（所）	学生（人）	教师（人）
各类中小学及学前班	35566	9025311	665118
职业学校	8981	2805790	123620
大专院校	394	1996062	174953

2008/2009 年度德国著名高等学校情况如下：

高等学校	建校年份	学生数（人）	留学生数（人）
海德堡大学	1386	25880	4636
科隆大学	1388	41765	5131
慕尼黑大学	1472	41776	6026
明斯特大学	1780	36100	2692
柏林工业大学	1799	26747	5494
洪堡大学	1810	27467	4465

法兰克福大学	1914	33286	5685
柏林自由大学	1948	30439	5160

（资料来源：2009 年《德国统计年鉴》）

【新闻出版】 新闻出版事业十分发达，报刊种类繁多。发行量最大的日报是《图片报》，发行量约为 335 万份，其他全国性大报发行量如下：《南德意志报》，43.5 万份；《法兰克福汇报》，37 万份；《时代》周报，50 万份；《世界报》，26 万份。最大的地方性报纸是《西德意志汇报》，发行量 40 万份。2009 年底，德国各类日报的日销量为 2200 万份。有各类杂志近万种，总发行量约 11464 万份；各种专业刊物约 3600 种，总发行量 1220 万份。最重要的时事政治周刊《明镜》发行量约 101 万份，《焦点》58 万份。

通讯社：（1）德意志新闻社：1949 年成立，为私营股份有限责任公司，下设报纸、广播和电视新闻 200 多个部门，属于世界大通讯社之一。总社在汉堡，图片新闻编辑总部在法兰克福，在国内其他 50 多个城市设有分社或编辑部，在 80 多个国家派驻记者或聘用撰稿人。是德国大众传媒的主要消息来源，其客户包括 500 余家国内和 750 余家国外新闻单位及大量非新闻机构。德新社用德语、英语、西班牙语和阿拉伯语发稿，内容包括国内外政治、经济、科技、文化等各个领域，在德国日报中的采用率达 99%。（2）德意志电讯社：1971 年成立，总社在波恩，主要向国内报纸提供新闻稿，对外只用德文向瑞士、卢森堡发消息。德国统一后，该社与前民主德国的德通社合并。此外还有一些专业性通讯社，如福音教新闻社、体育新闻社、联合经济新闻社等。

全国主要广播电台：（1）德国广播电台，1994 年成立，分别在柏林和科隆进行广播，由联邦政府和州广播电台出资兴办，主要负责对国内广播。（2）德国之声电台，1960 年成立，总部设在科隆，由联邦政府出资兴办，用包括中文在内的 31 种语言向全世界广播，并用德、汉、英等语言播放电视新闻节目。此外还有 11 家州电台。

全德国主要电视台：（1）德国电视一台（ARD），1950 年成立，由各州电台、德国广播电台和德国之声电台组成德国广播协会，共同经营，播放全国性的第一套节目及地方性的第三套节目。（2）德国电视二台（ZDF），是德国最大的电视台，1961 年由各州共同组建，总部设在美因兹，播放第二套节目。另外一些卫星电视节目和私营电视台如 SAT 1、RTL、PRO 7 也拥有大量观众。

对外关系

德当前外交政策的总体思路是：立足欧盟，继续推进欧盟一体化进程，与欧盟大国携手致力于欧盟联合自强；视与美的紧密天然盟友关系为德外交政策的基石之一；支持北约改革和转型，强调北约应成为欧美战略对话的主要场所；加强德俄战略伙伴关系与能源合作；继续利用地缘和政经优势深化与中东欧国家关系，扩大德在欧洲影响力；加强与中、印等新兴国家的合作关系；继续谋求争当联合国安理会常任理事国；通过向非洲、拉丁美洲推广德政经模式，谋求扩大影响；积极谋求在气候变化、能源安全等领域发挥作用。截至 2009 年底，德与世界上 192 个国家建有外交关系。

【对当前重大国际问题的态度】 关于总的国际形势：认为当前国际社会面临着恐怖主义、大规模杀伤性武器扩散、失败国家等非传统和非对称威胁，世界经济复苏仍很脆弱，各国利益休戚与共，只有加强合作才能有效应对挑战。经济全球化使各国相互依存更加紧密，南北差距不断加大，贫困问题严重，非法移民、生态恶化、气候变化、能源资源等问题凸显。主张加强预防外交和多边合作，实现民主、人权和法治并促进全球化的公正发展。国际社会须加强合作，对现有金融经济秩序进行改革，加大金融市场监管力度，在世界范围内推广社会市场经济模式，以避免危机重演。

欧盟建设：视欧盟为德政治、经济利益根本之所在，积极致力于欧盟一体化进程。认为《里斯本条约》生效后欧盟将更加民主、更具实力，德将与其他欧盟成员国一起抓住《里约》生效的有利时机，积极推动欧盟在共同能源、气候政策和共同外交、安全与防务政策领域取得进展。主张中东欧国家进一步融入欧盟，支持进一步加强德法波“魏玛三角”合作，看好西巴尔干国家人盟前景，认为应与土耳其发展“优先伙伴关系”。

跨大西洋关系和北约问题：视北约为其安全和防务政策最重要的保障，认为北约未来仍是欧美之间的价值与利益纽带，呼吁改革北约并加强转型，使北约重新成为欧美进行平等战略对话的核心场所与协调机制。认为北约—俄罗斯理事会应进一步发挥共同安全论坛作用，主张在现有机制基础上建立包括俄在内的欧洲—大西洋安全架构，支持北约“门户开放”政策和扩大伙伴关系。

反恐问题：谴责一切形式的恐怖主义，呼吁加强国际反恐合作与情报交流，认为反恐应遵循国际法，军事手段应是在联合国框架内使用的最后手段。认为反恐重在消除滋生恐怖主义的根源，切实解决发展问题，应与伊斯兰国家加强对话。支持尽快制定并实施《全面反恐公约》，有效打击恐怖主义。认为打击国际恐怖主义也需进一步加强网络监控，主张内政与外交政策结合。

裁军、军控、核不扩散和反导问题：视裁军、军控和核不扩散问题为德外交与安全政策的核心关切。主张遏制全球军备竞赛趋势，推动裁军、军控取得实质进展，坚持完全销毁大规模杀伤性武器的长期目标，认为应防止出现新的拥有核武器的国家，避免核武技术和裂变材料落入恐怖分子之手。国际社会应以

《不扩散核武器条约》审议大会召开为契机，推动《核禁试条约》批约进程，进一步加强国际军控和不扩散监督机制建设。支持美总统奥巴马核裁军倡议和“无核武世界”目标，敦促美尽快撤出其部署在德境内的核武器。对美俄签署《削减进攻性战略武器条约》后续条约表示欢迎。

伊朗核问题：认为伊核问题是当前国际核不扩散机制面临的重大挑战，承认伊有和平利用核能的权利，但认为发展核能不应对其他国家带来安全风险，国际社会必须阻止伊发展核武，敦促伊全面终止铀浓缩活动，批准《核不扩散条约》附加议定书，并承认以色列的生存权。德联合英、法积极参与解决伊核问题六国磋商机制。国际社会应继续奉行“双轨战略”，但若伊仍拒绝采取合作态度，将支持联合国安理会通过对伊实施更为严厉的制裁决议。

中东问题：积极介入中东问题，主张欧盟发挥更大作用，同时强调美国的作用不可替代。认为以色列的生存权和巴勒斯坦的建国权都应得到保证，希望以巴在“路线图”基础上解决冲突。强调德对以色列安全负有历史责任，强烈谴责伊朗总统内贾德消灭以色列的言论。

阿富汗问题：关注并积极参与阿富汗重建，曾多次举办阿富汗问题国际会议，是欧盟成员国中最大的对阿援助国。认为参与阿富汗事务有助于维护德安全利益，愿在北约和联合国框架内发挥自身影响。支持阿政府在良政、保护人权、打击毒品犯罪和腐败等领域的努力，认为欧美阿富汗政策的共同目标是实现“阿人治阿”，主张联军逐步向阿政府移交权力，在阿政府控制安全局势后再分阶段撤军。2010 年 1 月，德政府出台《阿富汗战略》。截至 2010 年底，德累计将对阿提供 11 亿欧元援助。

气候变化与环境保护问题：高度重视气候变化与环境保护，主张气候变化应与建立合理的能源结构相结合，实现可持续发展。认为工业国家应承担主要减排义务，但发展中国家也要采取相应措施。气候变化已危及小岛国生存，哥本哈根气候大会结果令人失望，德应继续坚持有约束力的减排目标，推动坎昆会议谈判进程。

朝核问题：2001 年 3 月，德朝正式建立外交关系，双边往来不断增多。德认为朝鲜半岛局势是影响东亚和平与稳定的关键，积极鼓励朝推进缓和与开放政策，与美、日、韩改善关系。主张朝鲜半岛无核化，认为应以和平手段解决朝核问题。谴责朝鲜 2009 年 4 月再度发射导弹，认为朝此举违背了联合国 1718 号决议精神，要求朝以“完全、可核查、不可逆”方式弃核。

索马里海盗问题：认为打击索马里海盗是国际社会的共同责任，也关系到德能源资源战略运输通道安全。随着索马里海盗活动日益猖獗，德于 2008 年 12 月派遣军舰参与欧盟赴索马里海域打击海盗的“阿塔兰塔”军事行动。

联合国改革问题：重视多边外交，认为多边主义是解决国际问题的最好方式。强调联合国在维护世界和平和解决重大国际问题上的关键作用，积极推动联合国及安理会改革。2005 年与日本、印度、巴西联合争常未果。2006 年 1 月，与印度、巴西再次提出有关安理会改革的决议草案。2007 年 9 月，与印度发表联合声明，表示将继续加强四国在推动安理会改革问题上的合作。2008 年 3 月，再次提出入常新建议，建议将安理会成员国总数由 15 个扩大至 22 个，新增席位亚、非各 2 席，拉美、西欧和东欧各 1 席。

国际金融和经济危机问题：认为当前世界经济复苏仍很脆弱，应汲取国际金融危机教训，避免类似危机重演。主张改革国际金融体系，加强对评级机构的监管，打击金融市场投机行为，制定“可持续经济宪章”，为国际社会的合作确立目标与原则。致力于推动欧盟各国加强经济政策协调，执行相对稳健的财政政策。

能源安全问题：认为世界进入能源不安全期，能源安全不仅包括供应安全与油源稳定，还包括环保、运输线路安全、能源来源多样化和提高能效等内容。近年来，德进一步增强了确保自身能源安全的意识，力促欧盟形成共同能源政策，在 G8 框架内加强国际能源安全及政策协调。

发展援助问题：德应为解决发展这一全球性问题发挥切实作用，为协调和加强与发展中国家的全面合作，德将进一步调整外交、安全、发展援助、人权、对外经济和对外文化政策。德拟将国内生产总值的 0.7% 用于发展援助，其双边援助总额的 30% 用于目前遭受金融危机严重冲击的重点地区非洲。将继续致力于《联合国千年发展目标》的实现。

人权问题：视人权政策为外交政策的重要组成部分，认为人权具有普世性，大规模侵犯人权是对国际和平与安全的威胁。致力于《联合国人权公约》的实施，强调应通过双、多边法治国家对话与合作促进民主和人权。

【同中国的关系】 中国于 1972 年 10 月 11 日与联邦德国建交。

默克尔政府 2009 年 10 月连任以来，总体保持积极的对华政策，双边关系发展良好。双方高层继续保持密切接触与沟通，在议会、政党、科教、文化、法律和军事等领域的交流与合作不断深化。3 月 12 日，国家主席胡锦涛就德国校园枪击案造成多人伤亡事件向德国总统克勒致电慰问。5 月 25 日，胡锦涛主席致电克勒总统，祝贺其当选连任。7 月 8 日，克勒总统致函胡锦涛主席，感谢胡锦涛主席就其连任发去贺电。9 月 25 日，胡锦涛主席在 G20 匹兹堡峰会期间与德国总理默克尔简短会见，双方就气候变化和哥本哈根气候变化会议交换了意见。10 月 28 日，全国人大常委会委员长吴邦国向德国联邦议院议长拉默特致电，祝贺其连任。1 月 28 ~ 29 日，国务院总理温家宝对德国进行正式访问，与默克尔总理举行会谈，会见克勒总统、副总理兼外长施泰因迈尔，发表关于“中德共同努力稳定世界经济形势的联合声明”并共同出席第五届中德经济技术合作论坛。6 月 25 日和 12 月 8 日，温家宝总理应约两次与默克尔总理通话，就双方共同感兴趣的问题交换了看法。10 月 28 日。温家宝总理向默克尔总理致电祝贺其连任。12 月 17 日，温家宝总理在丹麦哥本哈根会见默克尔总理，双方就哥本哈根气候变化会议和气候变化问题交换意见。10 月 10 ~ 14 日，国家副主席习近平正式访德，与默克尔总理举行会谈，并分别会见克勒总统等德政要，出席以中国为主宾国的第 61 届法兰克福书展开幕式。两国外交部继续保持密切接触。

多年来，德一直是中国在欧洲最大贸易伙伴。2002 年中国首次超出日本成为德在亚洲最大贸易伙伴。受国际金融危机影响，2009 年，中德双边贸易额为 1057.3 亿美元，同比下降 8.1%。其中，中国向德出口额 499.2 亿美元，同比下降 15.7%；从德进口额 558.1 亿美元，与上年基本持平。从德主要进口机电设备、铁路、汽车及船舶等运输设备、化学品、光学、医疗仪器等；对德主要出口电器、机械设备、纺织原料及制成品、化学品和玩具等。

德是欧洲对华技术转让最多的国家，截至 2009 年 10 月底，中国从德引进技术合同 13506 项，合同金额 478.4 亿美元。德是对华直接投资最多的国家之一，截至 2009 年 10 月底，德在华直接投资 161.1 亿美元。德在华主要投资领域为汽车、化工、发电设备、交通、钢铁、通信等。两国间建有经济合作联委会。此外，德迄已承诺向中国提供 49.82 亿欧元的财政合作，是中国第二大财政合作国，也是对华提供发展援助最多的国家之一。据不完全统计，截至 2009 年 9 月底，中国在德投资企业逾 700 家，投资总额约 9.3 亿美元（不含金融类投资）。

1997 年中德成立高技术对话论坛，2000 年在北京设立中德科学促进中心。2002 年中德签署《关于相互承认高等教育等值的协定》。2008 年 5 月，柏林中国文化中心正式启用。目前，中国在德各类留学人员约 2 万人，在华学习的德国学生约 3500 人。中国在德已设立 9 所孔子学院。双方已建立 61 对友好省州（市）关系。2005 年 11 月胡锦涛主席访德期间，“中德对话论坛”正式成立并举行了首次会议，第五次会议于 2009 年 7 月在柏林举行。应温家宝总理邀请，400 名德国青年于 2007 年和 2008 年分批访华。默克尔总理 2007 年 8 月访华期间邀请的 400 名中国青年于 2008 年 10 月回访德国。2009 年，德国 10 名青年外交官代表团应杨洁篪的邀请在中德第三轮战略对话期间访华。

中国驻德国大使：吴红波。馆址：Maerkisches Ufer 54，10179 Berlin，Germany。电话：0049 – 30 – 275880（总机）；传真：0049/30/27588221。领事部地址：Brückenstraβe 10，10179 Berlin。电话：0049 – 30 – 27588525；传真：27588520。经济商务处地址：Majakowskiring 66，13156 Berlin，Germany。电话：0049 – 30 – 88668282；传真：88668288。

德国驻华大使：Michael Schaefer（施明贤）。馆址：北京市东直门外大街 17 号。邮编：100600。电话：010 – 85329000。传真：65325336。法律、领事处：65325560，65321925（签证预约）。

【同美国的关系】对美关系是德对外关系两大支柱之一，强调德美共同价值观，认为欧美具有诸多共同利益，是世界上相互联系和依赖最为密切的经济伙伴。主张加强德美相互信任与政治协调，谋求建立“跨大西洋经济区”，进一步密切欧美经济联系。2005 年，默克尔总理上台后，将重新改善因施罗德政府坚决反对美对伊动武而一度陷入低谷的德美关系作为其外交政策的一个主要目标。此后，德美关系发展较为顺利。

【同法国、英国的关系】重视与法、英的合作，推动欧盟内的大国关系均衡发展。德法特殊关系是德欧盟政策的核心和对外政策的基石之一。二战后德主动与法和解，共同致力于欧洲联合进程，德法轴心成为欧盟一体化的“发动机”。德法领导人坚持 6 ~ 8 周会晤一次及每年举行两次联合内阁会议的机制。德重视英国在跨大西洋关系中的特殊作用和英国在欧盟的实力和影响，高层交往密切。

【同俄罗斯的关系】视俄为政治、军事大国，看重俄在解决全球与地区冲突、打击国际恐怖主义以及欧洲政治、安全事务中的作用，认为从地缘和能源战略出发应继续发展欧俄关系。默克尔政府蝉联执政后，坚持各种合作机制，致力于继续发展和深化与俄的战略伙伴关系，推动双方在经贸能源领域的合作，成立“德俄能源署”，确立科研战略伙伴关系，推动实质合作稳步发展。同时，德对俄乌天然气争端深感忧虑，要求俄做“可信赖的伙伴”，并突出对俄民主、人权等的关注。

【同亚洲国家的关系】认为亚洲在世界政治和经济舞台上迅速崛起，在解决气候变化、能源安全、国际金融新秩序等国际问题上的作用不可或缺。看重亚洲的巨大市场和发展潜力，积极谋求通过双边和多边渠道加强与亚洲国家的关系，以谋取经济利益。认为中国和印度的崛起不仅对本地区，也日益对未来世界格局产生重要影响。重视同日本的关系，希进一步与日加强在国际和地区事务中的合作。支持亚洲区域合作，致力于与东盟合作和亚欧会议进程。

【同非洲的关系】德重视发展与非洲关系，增加对非发展援助，努力扩大影响，近年来对非洲的关注明显增强。看重非洲的发展潜力和能源、原材料资源优势，支持非洲区域经济发展，推动非洲融入经济全球化进程。力主制订“德非共同战略”，全面规划德非在安全、社会和经济各领域的合作，帮助非洲应对解决贫困、食品短缺、疫病流行、难民、环境污染、法治不健全和极端主义等问题。还在非盟和联合国框架内参与非洲维和事务，认为应让非盟在维护地区持久稳定方面发挥更大作用。

【同拉美国家的关系】看好拉美地区经济发展潜力，认为欧拉经济互补性强，积极致力于加强与拉美国家在共同价值观基础上及多边体系中的合作，称德应视拉美为“全球治理伙伴”，全面提升21世纪德拉伙伴关系。　（肖君）

俄罗斯联邦

国名　俄罗斯联邦，亦称俄罗斯（The Russian Federation，The Russia；Российская Федерация，Россия）。

面积　1707.54万平方公里。

人口　1.419亿（截至2010年3月1日）。民族180多个，其中俄罗斯族79.8%，主要少数民族有鞑靼、乌克兰、巴什基尔、楚瓦什、车臣、亚美尼亚、摩尔多瓦、阿瓦尔、白俄罗斯、哈萨克、乌德穆尔特、阿塞拜疆、马里和日耳曼族（根据2002年全国人口普查结果统计）。俄语是俄罗斯联邦全境内的官方语言，各共和国有权规定自己的国语，并在该共和国境内与俄语一起使用。主要宗教为东正教，其次为伊斯兰教。根据全俄民意研究中心调查结果显示，50%～53%的俄民众信奉东正教，10%信奉伊斯兰教，信奉天主教和犹太教的各为1%，0.8%信奉佛教。

首都　莫斯科（Москва）。面积1081平方公里。常住人口1056万（截至2010年1月1日）。平均气温1月－8℃，7月21℃。

国家元首　俄罗斯联邦总统德米特里·阿纳托利耶维奇·梅德韦杰夫（Дмитрий Анатольевич МЕДВЕДЕВ）。2008年3月2日当选，5月7日宣誓就职。

重要节日　公历新年：1月1日；东正教圣诞节：1月7日；俄历新年：1月13日；祖国保卫者日（原苏联建军节）：2月23日；国际妇女节：3月8日；春天与劳动节（原苏联劳动者团结日）：5月1日；伟大卫国战争胜利日：5月9日；国家主权宣言通过日（国庆日）：6月12日；人民团结日（2004年设立，为纪念莫斯科打败波兰入侵者）：11月4日。

简　况

俄罗斯横跨欧亚大陆，东西最长9000公里，南北最宽4000公里。邻国西北面有挪威、芬兰，西面有爱沙尼亚、拉脱维亚、立陶宛、波兰、白俄罗斯，西南面是乌克兰，南面有格鲁吉亚、阿塞拜疆、哈萨克斯坦，东南面有中国、蒙古和朝鲜。东面与日本和美国隔海相望。海岸线长33807公里。大部分地区处于北温带，以大陆性气候为主，温差普遍较大，1月气温平均为－5℃～－40℃，7月气温平均为11℃～27℃。年降水量平均为150～1000毫米。

15世纪末至16世纪初，以莫斯科大公国为中心，逐渐形成多民族的封建国家。1547年，伊凡四世（伊凡雷帝）改大公称号为沙皇。1721年，彼得一世（彼得大帝）改国号为俄罗斯帝国。1861年废除农奴制。1917年2月，资产阶级革命推翻了专制制度。1917年11月7日（俄历10月25日）十月社会主义革命，建立世界上第一个社会主义国家政权——俄罗斯苏维埃联邦社会主义共和国。1922年12月30日，俄罗斯联邦、外高加索联邦、乌克兰、白俄罗斯成立苏维埃社会主义共和国联盟（后扩至15个加盟共和国）。1990年6月12日，俄罗斯苏维埃联邦社会主义共和国最高苏维埃发表《国家主权宣言》，宣布俄罗斯联邦在其境内拥有“绝对主权”。1991年8月，苏联发生“8·19”事件。9月6日，苏联国务委员会通过决议，承认爱沙尼亚、拉脱维亚、立陶宛三个加盟共和国独立。12月8日，俄罗斯联邦、白俄罗斯、乌克兰三个加盟共和国领导人在别洛韦日签署《独立国家联合体协议》，宣布组成“独立国家联合体”。12月21日，除波海三国和格鲁吉亚外的苏联11个加盟共和国签署《阿拉木图宣言》和《独立国家联合体协议议定书》。12月26日，苏联最高苏维埃共和国院举行最后一次会议，宣布苏联停止存在。至此，苏联解体，俄罗斯联邦成为完全独立的国家，并成为苏联的唯一继承国。1993年12月12日，经过全民投票通过了俄罗斯独立后的第一部宪法，规定国家名称为“俄罗斯联邦”和“俄罗斯”意义相同。

政　治

俄国内政局保持稳定。2000年3月26日，普京当选俄总统后，着力稳定社会政治形势，逐步在全国建立起垂直权力体系，同时多方改造并巩固统一俄罗斯党，使其实力日趋壮大。2003年底，该党在俄杜马大选中大获全胜，占据议会2/3席位。2004年3月14日，普京以71.3%的得票率连任总统。2004年别斯兰人质事件后，普京通过改变地方领导人和国家杜马的产生办法进一步强化了以总统为核心的垂直权力体系。2005年底，俄通过非政府组织法，加强了对非政府组织活动的管理和规范。2007年12月2日，第五届俄国家杜马选举顺利举行。统一俄罗斯党、俄罗斯共产党、俄罗斯自由民主党和公正俄罗斯进入杜马。2008年3月2日，梅德韦杰夫当选为俄罗斯联邦总统，5月7日宣誓就职，随即提名普京出任政府总理。5月8日，国家杜马批准普京的总理提名，当日普京出任总理。

2009年，俄国内重大事件主要有：（一）2月16日，俄总统梅德韦杰夫签署命令，免除奥廖尔、普斯科夫、沃罗涅什州州长和涅涅茨自治区行政长官职务。（二）4月6日，根据俄宪法修正案，俄总理普京首次向俄国家杜马作政府工作报告，分析俄经济面临的主要问题，介绍俄政府反危机计划。（三）4月16日，俄国家反恐委员会宣布，取消1999年秋开始在车臣实行的反恐行动状态，减少车臣驻军兵力，主要由当地护法机关承担反恐任务，解除对车臣境内经济活动、人员流动的限制。（四）5月18日，俄联邦安全会议公布俄总统梅德韦杰夫批准的《俄联邦2020年前国家安全战略》，阐述俄面临的国内、国际安全环境及俄国家安全政策主要方针和优先方向。（五）6月4～6日，俄举行第13届圣彼得堡国际经济论坛。俄总统梅德韦杰夫在开幕式上作主旨发言，阐述了对国际金融危机和世界经济形势的看法，倡议对现行国际金融体制进行改革，打造新的国际能源合作法律框架，建立新的储备货币。（六）8月17日，俄哈卡斯共和国境内叶尼塞河上萨彦—舒申斯克水电站发生高压水流涌入主机房的严重事故，致使电站停止运行，造成机组、厂房损毁和严重人员伤亡。（七）9月10日，俄总统梅德韦杰夫发表以《前进，俄罗斯》为名的署名文章，详细阐述了其对俄过去、现在和未来的思考，指出俄必须克服经济落后、腐败、官僚家长制作风三大顽疾，提高民众福祉、健全法制，在人文价值观和民主政治体系基础之上对国家进行全面现代化改革。（八）11月12日，俄总统梅德韦杰夫向联邦委员会发表年度国情咨文，强调将在医药、节能、核能、航天和通信技术、战略信息技术五大领域实行现代化。出台四大步骤：改组“国家公司”，对国有经济进行现代化改造，创造培养人才、吸引投资的良好政策环境，为创新经济提供立法和行政保障，优化税收和保险制度。（九）12月3日，俄总理普京与俄民众举行第八次“与总统直接对话”直播节目，就俄国内经济、社会、安全等回答提问。普京强调社会保障依然是国家政策的优先方向，政府将大力倡导发展创新经济，加大科技人才培养力度，打击北高加索等地区的恐怖主义威胁立足于防范于未然，加强军队建设，推动军事改革，严惩执法机构人员贪腐行为。（十）12月8日，俄总理普京签署批准《2030年前能源战略》，该文件成为俄未来20年能源业发展指针。

【宪法】1993年12月12日经全民公决通过，同年12月25日正式生效。该宪法是俄罗斯独立后的第一部宪法，规定俄罗斯是共和制的民主联邦法制国家，确立了总统制的国家领导体制。

【议会】俄罗斯联邦会议（议会）由联邦委员会（上院）和国家杜马（下院）组成。（一）联邦委员会目前共166名代表（议员），由每个联邦主体的权力代表机关和权力执行机关各一名代表组成。主要职能是批准联邦法律、联邦主体边界变更、总统关于战争状态和紧急状态的命令，决定境外驻军、总统选举及弹劾、中央同地方的关系问题等。联邦委员会主席谢尔盖·米哈伊洛维奇·米罗诺夫（Сергей Михайлович МИРОНОВ，公正俄罗斯党主席），2001年12月5日当选，2003年1月29日和2007年3月30日分别当选连任。（二）国家杜马共450名代表（议员），按比例制原则从各党派中选举产生。主要职能是通过联邦法律、宣布大赦、同意总统关于政府首脑的任命等。本届国家杜马为第五届，于2007年12月2日选举产生。共有4个议员团，分别为统一俄罗斯党党团（315席）、俄罗斯共产党党团（57席）、俄罗斯自由民主党党团（40席）、公正俄罗斯党党团（38席）。共设33个委员会，另设负责审计与监督用于国防和国家安全联邦预算执行情况的专业部门。主席鲍里斯·维亚切斯拉沃维奇·格雷兹洛夫（Борис Вячеславович ГРЫЗЛОВ，“统一俄罗斯”党），2007年12月24日当选。

【政府】俄罗斯联邦政府是国家权力最高执行机关。2008年5月8日梅德韦杰夫签署总统令，任命普京为政府总理。5月12日，普京提交的政府结构和人员组成建议获总统批准，新政府组成，设总理、2名第一副总理、7名副总理、18个部。2010年1月19日梅德韦杰夫签署总统令，增设1名副总理并兼任俄总统驻北高加索联邦区全权代表。现任政府成员名单：总理弗拉基米尔·弗拉基米罗维奇·普京（Владимир Владимирович ПУТИН）；2名第一副总理分别为：维克多·阿列克谢耶维奇·祖布科夫（Виктор Алексеевич ЗУБКОВ），伊戈尔·伊万诺维奇·舒瓦洛夫（Игорь Иванович ШУВАЛОВ）；7名副总理为：亚历山大·德米特里耶维奇·茹科夫（Александр Дмитриевич ЖУКОВ），谢尔盖·鲍里索维奇·伊万诺夫（Сергей Борисович ИВАНОВ），德米特里·尼古拉耶维奇·科扎克（Дмитрий Николаевич КОЗАК），副总理兼财政部长阿列克谢·列昂尼德维奇·库德林（Алексей Леонидович КУДРИН），伊戈尔·伊万诺维奇·谢钦（Игорь

Иванович СЕЧИН），副总理兼政府办公厅主任谢尔盖·谢苗诺维奇·索比亚宁（Сергей Семенович СОБЯНИН），副总理兼俄总统驻北高加索联邦区全权代表亚历山大·根纳季耶维奇·赫洛波宁（Александр Геннадиевич ХЛОПОНИН）。各部部长为：内务部长拉什德·古马罗维奇·努尔加利耶夫（Рашид Гумарович НУРГАЛИЕВ），民防、紧急情况和消除自然灾害后果部长谢尔盖·库茹盖托维奇·绍伊古（Сергей Кужугетович ШОЙГУ），外交部长谢尔盖·维克托罗维奇·拉夫罗夫（Сергей Викторович ЛАВРОВ），国防部长阿纳托利·爱德华维奇·谢尔久科夫（Анатолий Эдуардович СЕРДЮКОВ），司法部长亚历山大·弗拉基米罗维奇·科诺瓦洛夫（Александр Владимирович КОНОВАЛОВ），卫生和社会发展部长塔季亚娜·阿列克谢耶芙娜·戈利科娃（Татьяна Алексеевна ГОЛИКОВА，女），文化部长亚历山大·阿列克谢耶维奇·阿夫杰耶夫（Александр Алексеевич АВДЕЕВ），教育和科学部长安德烈·亚历山德罗维奇·富尔先科（Андрей Александрович ФУРСЕНКО），自然资源与环境部长尤里·彼得罗维奇·特鲁特涅夫（Юрий Петрович ТРУТНЕВ），工业和贸易部长维克托·鲍里索维奇·赫里斯坚科（Виктор Борисович ХРИСТЕНКО），通讯和大众传媒部长伊戈尔·奥列格维奇·谢戈廖夫（Игорь Олегович ЩЕГОЛЕВ），地区发展部部长维克多·费德罗维奇·巴萨尔金（Виктор Федорович Басаргин），农业部长叶莲娜·鲍里索芙娜·斯科雷尼克（Елена Борисовна СКРЫННИК，女），体育、旅游与青年政策部部长维塔利·列昂季耶维奇·穆特科（Виталий Леонович МУТКО），交通部长伊戈尔·叶甫盖尼耶维奇·列维京（Игорь Евгеньевич ЛЕВИТИН），财政部长阿列克谢·列昂尼多维奇·库德林（Алексей Леонидович КУДРИН），经济发展部长艾利维拉·萨西普扎多芙娜·纳比乌林娜（Эльвира Сахипзадовна НАБИУЛЛИНА，女），能源部长谢尔盖·伊万诺维奇·施马特科（Сергей Иванович ШМАТКО）。

【行政区划】俄罗斯联邦现由 83 个联邦主体组成，包括 21 个共和国、9 个边疆区、46 个州、2 个联邦直辖市、1 个自治州、4 个民族自治区。

【司法机构】俄罗斯联邦司法机关主要有联邦宪法法院、联邦最高法院、联邦最高仲裁法院及联邦总检察院。联邦宪法法院院长瓦列里·德米特里耶维奇·佐尔金（Валерий Дмитриевич ЗОРЬКИН），2003 年 2 月起任该职。联邦最高法院院长维亚切斯拉夫·米哈伊洛维奇·列别杰夫（Вячеслав Михайлович ЛЕБЕДЕВ），1989 年 7 月起任该职。联邦最高仲裁法院院长安东·亚历山大罗维奇·伊万诺夫（Антон Алексадрович ИВАНОВ），2005 年 1 月起任该职。总检察长尤里·雅科夫列维奇·柴卡（Юрий Яковлевич ЧАЙКА），2006 年 6 月 23 日起任该职。联邦委员会根据总统提名任命联邦宪法法院、联邦最高法院和联邦最高仲裁法院法官以及联邦总检察长。

【政党和团体】2007 年底举行的俄第五届国家杜马（议会下院）选举以及 2008 年春秋两次全国性地方议会选举确立了由“统一俄罗斯党”主导的政党格局。2008 年后，俄政党整合趋势加强，11 月，梅德韦杰夫总统发表首份国情咨文，提出修改俄政党法和改革选举制度等多项主张，包括延长国家杜马任期至 5 年、给未进入国家杜马的小党 1～2 个象征性席位、赋予地方选举中获胜政党提名地方行政长官人选等提议。2009 年，与此相关的法律修正案已基本通过并生效。2009 年 11 月，梅德韦杰夫总统在国情咨文中再次就扩大民主特别是地方民主提出多项倡议，将对俄政党格局和政党体制产生深远影响。截至 2009 年底，正式获准登记的政党为 7 个，社会团体 20 多万个。当前俄主要政党有：

（1）“统一俄罗斯”党（Партия Единая Россия）：党主席为政府总理普京，2008 年 4 月出任，最高委员会主席为格雷兹洛夫（Борис Вячеславович ГРЫЗЛОВ）。该党成立于 2001 年 12 月 1 日，由“统一”党、“祖国”运动和“全俄罗斯”运动合并而成。截至 2009 年 5 月，共有党员 200 万人。在全国各级立法机构中，其议员均占据多数。在国家杜马中，有 315 名代表，占有绝对多数。87 名联邦委员会（议会上院）议员，75 名党员担任联邦主体的行政长官，500 多名党员担任市政机构领导人，被称为“政权党”。

领导机构包括党的最高委员会、总委员会和中央执行委员会。最高委员会确定党的发展战略，总委员会为党的日常决策机构，中央执委会负责日常党务管理和行政事务。该党拥护总统的各项方针政策，在经济上主张将文明的市场经济与社会公正结合起来，经济改革和发展必须以改善人民物质生活水平为宗旨；在政治上主张将强有力的国家与尊重公民自由和人权结合起来，改革国家治理方式，提高政府工作效率，逐步实现国家职能由经营者向调控者的转变。

2007 年 3 月，“统俄党”在被称为国家杜马选举预演的 14 个联邦的主体的选举中，平均得票率为 45%，奠定了其在地区立法机构中的主导地位。9 月，该党举行第八次代表大会第一阶段会议，正式推出“普京计划”作为竞选纲领，时任总统的普京决定带领该党参加杜马选举，在 12 月举行的国家杜马选举中，获得 64% 以上选票，占有 315 个议席。12 月，该党举行八大第二阶段会议，决定与其他三党联合推举梅德维杰夫为俄总统候选人。2007 年底起，该党大力宣传推广“普京计划”，以确保在最高权力交接阶段俄社会保持内外政策延续性并为梅普组合提供执政支持。自 2008 年起，该党在全国各地发动对

“2020年前国家社会经济发展战略”的全民讨论。4月，“统俄党”举行第九次代表大会，修改党章，普京作为无党派人士担任该党主席。11月，该党召开第十次代表大会，宣布与农业党合并，通过修改党章的决议并补选最高委员会、改选总委员会、中央监察委员会，沃洛金连任总委员会主席团书记。

2009年，该党在春秋两次全国统一地方选举中大获成功，平均得票率超过45%。根据地方选举中获胜政党有权向总统提名地方行政长官人选的新规定，取得近1/3联邦主体行政长官的提名权，其提出的绝大多数地方一把手人选得到梅德韦杰夫总统支持。该党积极应对国际金融危机，配合当局迅速通过调整预算安排、反危机纲领等一系列法案，党内成立协调与工会工作、支持退休人员和白领阶层等多个工作组，加大对民生问题的关注。11月，“统俄党”在圣彼得堡市召开第十一次代表大会，通过新党纲并修改党章，补选党的领导机构。大会通过的格雷兹洛夫报告将“俄罗斯式保守主义”确立为该党意识形态，强调以“2020年国家社会经济发展战略”、“普京计划”和梅德韦杰夫《前进，俄罗斯》一文为思想基础，通过巩固社会和谐，实现建设“自由、繁荣、强大的新俄罗斯”的目标。

（2）俄罗斯联邦共产党（Коммунистическая партия Российской Федерации）：中央委员会主席久加诺夫（Геннадий Андреевич ЗЮГАНОВ）。截至2009年5月，俄共在司法部登记的党员人数为15.8万人。在国家杜马中拥有57名议员。

俄共成立于1990年6月，当时是苏联共产党的一部分。1991年“8·19”事件后，俄共被当局禁止活动，财产被没收。1993年2月，俄共召开第二次代表大会，重建并恢复活动。1995年1月，俄共第三次代表大会通过新党纲，规定俄共主要目标之一是建立人民政权，主张用和平手段进行社会改革。2000年12月，俄共召开七大，提出将作普京当局“负责任的、不妥协的、建设性的反对派”。2002年1月，俄共召开第八次非例行会议，修改了党纲和党章，将“同新一轮自由化改革进行毫不妥协的斗争”定为主要政治任务。在2007年12月国家杜马选举中，俄共获得11.6%的支持率，分得57个议席。在2008年3月举行的总统选举中，久加诺夫与梅德维杰夫等4名候选人角逐，获得约18%的选票，位居第二。11月，俄共举行第十三次代表大会，重新选举中央委员会和中央纪律检查委员会，久加诺夫连任党主席。大会通过新党纲，重申俄共为当局强硬反对派的政治定位，提出理论创新、干部队伍年轻化和党内民主等党现阶段的20项迫切任务。

在2009年春秋两次地方议会和市政领导选举中，俄共通过举办纪念列宁诞辰140周年、推出本党克服金融危机纲领、在远东地区组织抗议当局提高进口车关税等活动，保住了地方议会第二大党地位。因其没有向总统推荐地方一把手的提名权，俄现任地方行政长官中已无一人为俄共党员。但该党支持的人选当选伊尔库茨克等城市的市长。在10月地方选举过后，因不满统一俄罗斯党大获全胜的选举结果，该党联合公正俄罗斯党、自由民主党等退出国家杜马会议会场，后由当局出面调停恢复议会工作。

（3）“公正俄罗斯”党（Партия “Справедливая Россия”）：党主席米罗诺夫（Сергей Михайлович МИРОНОВ），党的中央委员会主席团第一书记巴巴科夫（Александр Михайлович БАБАКОВ）。2006年10月28日，由祖国党、退休者党和生活党合并而成，截至2009年5月，该党有党员44万，在人数上是俄第二大党。该党主要以俄祖国党为班底组建，祖国党曾以社会公正和爱国主义为基本理念，自称为“体制内反对派”（системная оппозиция власти）。

“公正俄罗斯”党自称是具有社会民主主义取向的左翼政党，主要目标是建立社会伙伴关系，实现社会民主、团结，在人道主义基础上，达到社会公正。2007年2月26日，该党在圣彼得堡召开第一次代表大会，大会讨论了党的政治纲领，提出了包括消除贫困、恢复俄传统价值观、保护民族文化、严厉打击贪污腐败、建立知识型和社会需求型经济模式等一系列政策主张。党主席米罗诺夫在报告中提出了在俄建立社会主义的思想。在2007年12月国家杜马选举中，公俄党获得7.8%选民支持，得到38个议席。2008年4月，公俄党举行第三次代表大会，改组了党的领导机构，米罗诺夫任党主席，巴巴科夫担任中央委员会主席团第一书记。6月，公俄党加入社会党国际，成为该组织观察员，积极参与其各项活动并于7月承办该组织国际社会可持续发展委员会框架下的气候变化问题圣彼得堡研讨会。9月，该党宣布同社会公正党和“绿党”合并。

2009年6月，公正俄罗斯党召开第四次代表大会，通过了新党纲，修改党章，补选中央领导机构，将原党名中的“祖国、退休者、生活党”字样删掉，缩减为“公正俄罗斯党”，标志着三党合并进程基本结束。该党积极谋求在俄左翼力量中的领军地位并扩大在世界左翼运动中的影响。在四大前与社会党国际联合举办了主题为《克服金融危机的战略：社会主义者的立场》的第三届世界社会主义论坛。为展示该党应对国际金融危机的立场，该党出台《稳定俄金融体系和实现可持续发展的计划》，对政府反危机纲领提出批评，强调刺激内需、加强社会保障力度，特别关注弱势群体保护和反腐倡廉等社会热点问题。在年内两次地方选举中，在个别地区获得市长职位。

（4）俄罗斯自由民主党（Либерально-демократическая партия России）：党主席日里诺夫斯基（Владимир Вольфович ЖИРИНОВСКИЙ）。成

立于1989年12月，是前苏联实行多党制后成立的第一个政党。截至2009年5月，该党在俄司法部登记的党员人数为15.5万人。该党具有较浓厚的民族主义色彩，形成了较为稳定的选民队伍。对内主张集权，建立单一制国家，对重要部门实行国家垄断。对外主张在苏联时期领土内恢复俄罗斯帝国版图，提出国界"只能外推，不能内缩"；主张加强同东欧国家的联系以建立斯拉夫国家联盟；推行南下战略，称俄罗斯士兵应"洗靴印度洋"。"9·11"事件后，又主张与西方结盟。自由民主党基本支持普京当局的各项政策，经常与统俄党议员团合作，但日里诺夫斯基本人经常发表轰动性言论，以吸引民众注意力。2007年3月举行的14个联邦主体议会选举中，该党在9个地区平均得票9%以上。2007年12月国家杜马选举中，该党得票为8.2%，位列第三，获40个议席。

2008年5月，自民党召开第21次代表大会，选举日里诺夫斯基连任党主席。在当年春秋两次地方议会选举和市政领导选举中，该党在个别地区获得少数席位，得以组建议员团。

该党将2009年定为"自由民主党年"，举行多场活动纪念本党作为前苏联实行多党制后的第一个政党成立20周年。该党积极参与春秋两季地方选举，因在莫斯科市议会选举中失去席位，与俄共、公正俄罗斯党等一起抗议选举结果。

另外，俄还有"右翼事业"党（Правое дело）、"亚博卢"民主党（Российская демократическая партия "Яблоко"）、"俄罗斯爱国者"党（Политическая партия "Патриоты России"）等3个未进入国家杜马的合法政党。

【重要人物】德米特里·阿纳托利耶维奇·梅德韦杰夫：俄罗斯联邦总统。1965年9月14日生于列宁格勒（今圣彼得堡）市区。1987年毕业于国立列宁格勒大学法律系，1990年毕业于该校研究生院。法学副博士，副教授。1990～1999年任教于国立圣彼得堡大学。1990～1995年先后任列宁格勒市苏维埃主席顾问、圣彼得堡市政府外事委员会专家顾问。1999～2000年任总统办公厅副主任。2000年起任总统办公厅第一副主任，同年起任"天然气工业"股份公司董事会主席。2003年10月起任总统办公厅主任。2005年11月14日被普京总统任命为政府第一副总理。2008年3月2日当选总统，同年5月7日正式就职。已婚，有一子。　**弗拉基米尔·弗拉基米罗维奇·普京：**俄罗斯联邦政府总理。1952年10月7日生于列宁格勒市。1975年毕业于列宁格勒大学法律系。曾在前苏联克格勃系统工作15年，其中1985～1990年在前民主德国工作。1990年回国后，先后任列宁格勒大学校长外事助理、圣彼得堡市市长顾问、市政府外联委主席。1994年任圣市第一副市长。1996年任俄总统事务局副局长。1997年3月任俄总统办公厅副主任兼监察局局长。1998年5月任总统办公厅第一副主任，7月任联邦安全总局局长。1999年3月起兼任联邦安全会议秘书，8月9日被任命为第一副总理、代总理，8月16日就任总理。12月31日叶利钦辞去总统职务，任命普京为代总统。2000年3月26日当选总统。2004年3月14日再次当选，5月7日正式宣誓就职。2008年5月8日其总理提名在国家杜马通过，同日被梅德韦杰夫任命为政府总理。酷爱体育，曾获桑勃式摔跤健将、柔道运动健将及功勋教练称号，喜欢游泳和钓鱼。能讲德语。已婚，有二女。　**谢尔盖·米哈伊洛维奇·米罗诺夫：**俄罗斯联邦联邦委员会主席。1953年2月14日生于列宁格勒州普希金市。先后毕业于普列汉诺夫矿业学院（1980年）、国立圣彼得堡技术大学（1992年）。1994年当选为圣市第一届立法会议员。1995年4月起先后任圣市立法会第一副主席、代主席。2000年6月当选为圣市第二届立法会副主席，9月任圣市地区社会政治运动"彼得堡意志"政治委员会主席。2001年6月作为圣市立法会代表当选为俄联邦委员会议员。2001年12月5日当选为俄联邦委员会主席，2003年1月和2007年3月分别当选连任。已婚，有一子一女。　**鲍里斯·维亚切斯拉沃维奇·格雷兹洛夫：**俄罗斯联邦国家杜马主席。1950年12月15日生于符拉迪沃斯托克市。1973年毕业于列宁格勒通信电子技术学院，无线电工程师，政治学副博士。先后在列宁格勒市无线电研究所、"电子仪器"生产联合体工作20余年，曾参与俄航天通信系统研发工作。1997年转入国立"波罗的海"技术大学从事科研工作。1999年担任"地区发展"跨地区实业合作基金会领导人。同年12月当选杜马议员。2000年1月当选杜马"统一"党议员团主席。2001年3月被任命为内务部长。2003年12月29日当选第四届国家杜马主席。2007年12月当选第五届国家杜马主席。多次获国家奖章。爱好体育运动，已婚。

经　济

2008年第四季度以来，在石油价格下跌和国际金融危机双重冲击下，俄经济陷入了近10年来最为严重的衰退。为应对危机，俄政府实施了以稳定金融和保证社会领域为重点的反危机计划，投入资金约为3000亿美元。从实施效果看，反危机计划主要目标基本实现，俄金融体系和社会局势保持了总体稳定，但实体经济表现欠佳。2009年俄外贸条件恶化加剧，出口下降，资本流出，银行贷款中止，这导致了投资积极性明显减少，上半年工业生产下降。第三季度开始，俄出口及面向出口的企业状况改善，GDP和工业产值降幅放缓，环比出现微弱增长，但投资、消费形势没有大的改观。全年看，俄经济仍呈负增长态势，GDP下降7.9%。固定资本投资、工业生产分别下降17%和10.8%。

外贸方面，2009年世界经济大幅下滑，国际市场需求严重萎缩，俄外贸发展遇到前所未有的困难。据俄海关统计，2009年俄外贸额为4690亿美元，同比下降36.2%，创10年来最大跌幅。外贸顺差1343亿美元，同比下降33%。从商品贸易结构看，出口商品以资源和能源类产品为主，进口则以机器设备、食品和轻纺消费品为主要大项。

2009年俄居民可实际支配收入全年增长1.9%，但实际工资指数下降2.8%。失业人数增加了150万，年平均失业人数为630万。年初，失业率开始快速增加，二、三月份失业率分别为9.4%和9.2%。下半年，在经济复苏和扶持就业措施作用下，俄就业形势开始好转。近年来俄GDP增长情况如下：

2004	2005	2006	2007	2008	2009
7.1%	6.4%	6.8%	8.1%	5.6%	-7.9%

2009年主要经济指标为：

国内生产总值（GDP）：1.3万亿美元。

人均国内生产总值：275078卢布（约9108美元）。

国内生产总值增长率：-7.9%。

汇率：1美元=30.2卢布。

通货膨胀率：8.8%（2008年为13.3%）。

失业率：失业率8.2%（2008年为6.3%）。

【资源】俄自然资源十分丰富，种类多，储量大，自给程度高。国土面积1707.54万平方公里，居世界第一位。森林覆盖面积8.67亿公顷，占国土面积51%，居世界第一位。木材蓄积量807亿立方米。天然气已探明蕴藏量为48万亿立方米，占世界探明储量的35%，居世界第一位。石油探明储量65亿吨，占世界探明储量的13%。煤蕴藏量2000亿吨，居世界第二位。铁蕴藏量居世界第一位，约占30%。铝蕴藏量居世界第二位。水力资源4270立方千米/年，居世界第二位。铀蕴藏量占世界探明储量的14%。黄金储量居世界第四至第五位。此外，俄还拥有占世界探明储量65%的磷灰石和30%的镍、锡。

【工业】近年来俄政府大力发展加工业、服务业和运输业，但俄经济发展仍高度依赖自然资源的出口。2009年，俄工业生产下降7.9%，其中再加工生产下降16%。投资需求的下降使电气设备、电子光学设备和机械设备生产下降最为明显，依次为38%、31.6%和28.4%。进入第三季度后，在国际市场需求复苏和反危机刺激措施的作用下，工业生产降幅放缓，环比出现微弱增长。2007~2009年俄主要工业品产量如下：

	2007	2008	2009
发电量（亿度）	10149	10372	9922
石油（百万吨）	491	488	493.7
天然气（亿立方米）	6510	6336	5836
煤（百万吨）	315	326	298.5
钢（万吨）	7240	6870	5920
化肥（万吨）	1730	1662	1460
化纤（万吨）	14.8	12.3	10.36
卡车（万辆）	28.5	25.6	9.1
轿车（万辆）	129.0	147	59.49
水泥（万吨）	5993	5360	4430
木材（万立方米）	10700	8840	7500
布匹（百万平方米）	2700	2485	2600
植物油（万吨）	273.5	248.5	330

（资料来源：俄罗斯联邦统计局）

【农业】2009年俄经济出现大面积滑坡，但农业生产却呈现出相对平稳的发展态势，全年俄农业产值为2.6万亿卢布，与上一年基本持平。据俄联邦统计局初步统计，2009年俄各类农业组织的粮食种植面积为4276.47万公顷，同比下降近10%，粮食产量为9703万吨，同比下降10.2%，但仍为16年以来的第二个粮食高产年。主要粮食作物有小麦、大麦、黑麦、燕麦、玉米、大米、豆类。经济作物以亚麻、向日葵和甜菜为主。畜牧业主要为养牛、养羊、养猪业。近年主要农牧业产品产量如下（单位：万吨）：

	2007	2008	2009
粮食	8180	10810	9700
甜菜	2891	2900	2480
马铃薯	3649	2880	3110
肉类	560	930	1000
奶类	3220	3240	3250
蛋类（亿个）	378	378	398

（资料来源：俄罗斯联邦统计局）

【服务业】2004年服务业产值42035亿卢布，占国内生产总值的比重为25%。2004年服务业从业人口4008.4万人，占总就业人口（6713.4万）的59.6%。

【旅游业】在国际金融危机背景下，2009年俄旅游业呈现了出境游小幅下降，境内游增长的态势。全年境内游超过3200万人次，同比增长1.8%。境内主要旅游点是莫斯科、圣彼得堡、黑海疗养地、伏尔加河沿岸城市、滨海边疆区和克拉斯诺达尔边疆区。2009年俄罗斯人共出境3427.6万人次，同比下降6%。目的地有40个非独联体国家。出境游954.2万人次，同比下降15.7%；商务旅行129.4万人次，同比下降34%。

2009年共有2134万人次入境俄罗斯，同比下降10%。其中，入境旅游210万人次，同比下降8%；入境商务行388万人次，同比下降6%。俄旅游业仅占国民生产总值的2.5%，从业人口100万人。目前，俄正在准备新的《发展境内游和来俄旅游

2010~2016 联邦目标计划》，为实施该计划应投入2260 亿卢布，其中联邦预算拨款 900 亿卢布。

据俄统计局初步统计，2009 年中国公民进入俄境的人数为 71.86 万人次，在非独联体国家中位列芬兰之后，居第二位，其中持旅游签证的为 11.58 万人次。俄公民进入中国境内 167.92 万人次。其中持旅游签证的为 99.92 万人次。

【交通运输】 各类运输方式俱全，铁路、公路、水运、航空都起着重要作用。据俄统计委的统计，2008 年俄客运量为 223.51 亿人次，客运周转量为4755 亿人公里，货运量为 94.51 亿吨，货运周转量49480 亿吨公里。

铁路：2008 年客运量 12.96 亿人次，客运周转量为 1759 亿人公里，货运量 13.04 亿吨，货运周转量 21160 亿吨公里。

公路：至 2007 年俄罗斯道路建设几乎停滞不前，2007 年全国公路总长 96.3 万公里。2008 年客运量为121.12 亿人次，客运周转量 1154 亿人公里，货运量68.93 亿吨，货运周转量 2160 亿吨公里。

水运：至 2009 年初俄罗斯实际管理控制的海船共有 1486 艘，总吨位 1700 万吨，其中 65.3% 是挂外国旗的船舶。2008 年俄海运客运量为 140 万人次，客运周转量为 7000 万人公里，货运量 3500 万吨，货运周转量 840 亿吨公里；2008 年俄内河客运量为 2000万人次，客运周转量为 8 亿人公里，货运量 1.51 亿吨，货运周转量 640 亿吨公里；主要海港位于波罗的海、黑海、太平洋、巴伦支海、白海等，包括摩尔曼斯克、圣彼得堡、符拉迪沃斯托克、纳霍德卡、新罗西斯克等。

空运：2008 年客运量 5100 万人次，客运周转量1226 亿人公里，货运量 100 万吨，货运周转量 37 亿吨公里（其中国际货运周转量为 29 亿吨公里）。至2009 年底，俄运行机场总数为 232 个，其中国际机场 71 个。年运力超过 100 万人次的大型航空公司有11 家。主要机场有莫斯科的谢列梅杰沃 F（原 2 号）国际机场、谢列梅杰沃 B（原 1 号）国际机场、谢列梅杰沃 D 国际机场、伏努科沃 1 号国际机场、多莫杰多沃机场、圣彼得堡国际机场、下诺夫哥罗德机场、新西伯利亚机场、叶卡捷琳堡机场、哈巴罗夫斯克机场等。

管道运输：目前，俄石油、天然气输送管道总长超 22.4 万公里。2009 年输油气总量 9.849 亿吨，其中天然气 4.799 亿吨，石油 4.744 亿吨，油品 0.306亿吨。周转量为 24650 亿吨公里。

【财政金融】 2007~2009 年俄联邦财政收支情况如下（单位：亿卢布）：

	2007	2008	2009
预算收入	77646	92581	73360
财政支出	61318	75601	96621
盈　余	16328	16980	－23261

截至 2010 年 1 月 1 日，黄金外汇储备余额为4390 亿美元；货币供应量（M2）1561524 亿卢布，市场现金流通量 46229 亿卢布。2009 年国际收支经常项目为顺差 489.71 亿美元，资本项目为逆差 443.7亿美元，截至 2010 年 1 月 1 日政府外债总额为 1514亿美元。

主要银行：俄罗斯储蓄银行，1991 年成立，注册资本 241 亿卢布；俄罗斯外贸银行，1990 年成立，注册资本 65.5 亿卢布；天然气工业银行，1990 年成立，注册资本 18.5 亿卢布。

【对外贸易】 近几年，俄罗斯联邦议会和政府颁布了一系列与贸易有关的法律和政策。2003 年 11 月18 日，俄国家杜马通过了《对进口商品的反倾销、特保措施及补偿措施法》。该法的宗旨是“在俄罗斯关税区内出现商品进口增加、进口商品倾销和受补贴商品进口时，保护俄罗斯商品生产者的经济利益”，并就采取和实施上述措施的具体程序做出了规定。2003 年 12 月 8 日通过《对外贸易活动国家调节原则法》，旨在货物、服务和知识产权贸易领域最大限度接近世界贸易组织的各项原则与规则，并规定除了针对货物贸易的关税和非关税调节措施，针对服务贸易和知识产权贸易的禁止与限制措施，以及新法所规定的促进外贸发展的经济措施和行政措施以外，不允许实行其他的对外经济活动国家调节措施。2004 年 3月 11 日，俄联邦政府颁布《调整肉类进口管理办法》，对肉类进口配额的使用进行了调整。俄罗斯其他与贸易管理相关的政策和法律主要有：《特许证法》、《商品标志、服务标志和商品产地名称法》、《海关税则》、《产品和服务验证法》、《广告法》、《在对外商品贸易中保护俄罗斯联邦利益措施法》、《出口发展联邦纲要》、《出口监督法》、《外贸产品种类表及关税税则》、《电子数字签名法》、《海关法典》、《租赁法》、《关于对自俄罗斯联邦出口两用商品和技术进行监督的办法条例》。2009 年俄政府对部分商品提高了临时进口关税，涉及商品主要集中在汽车、钢铁、食品领域，这些商品也是俄主要的进口商品。

2007~2009 年俄海关统计对外贸易情况如下（单位：亿美元）：

	2007	2008	2009
总　额	5782	7106	4690
出口额	3552	4427	3017
进口额	2231	2680	1674
顺　差	1321	1747	1343

2009 年初，受主要资源性产品出口价格急剧下降的影响，出口方面表现出价值量降幅明显大于实物量降幅或“量增价减”的特点。据俄经济发展部公

广东省人民政府外事办公室

——发展创新，迈向辉煌

2009 年，广东省外事部门紧紧围绕国家总体外交和全省中心工作，按照“围绕中心、服务大局、发挥优势、有所作为”的 16 字方针，统筹协调，开拓进取，外事工作取得了辉煌成就。岁末，省外办荣获外交部颁发的“地方外事突出贡献奖”；省友协荣获全国友协颁发的“人民友谊贡献奖”。

加强规划与研究，统筹协调全省外事工作。深入基层调研与召开外事工作片会相结合，加强全省外事工作的政策指导和归口管理。奔赴印尼、日本、韩国开展国际调研，进一步拓展外事工作的深度和广度。出台《关于利用外事资源，为企业“走出去”创造良好发展环境的指导意见》，践行“以人为本、外事为民”的执政理念。编写出版《论地方外事工作十大关系》，为地方外事工作提供理论指导。

举办友城 30 周年活动，深化交流与合作。2009 年是广东省开展国际友城交往 30 周年。广东省举办了庆祝大会、国际友城峰会、广东开放论坛、国际友城文艺晚会等系列纪念活动，利用高层对话、主题讲演、文艺演出等多种形式，给国际友城交流搭建了一个多层面、宽领域的平台。此次纪念活动回顾了广东省国际友城的发展历程，展望未来的合作前景，探索国际友城合作的新模式，进一步推动了广东的发展和转型。

借高层出访的东风，进一步推动对外交往。中共中央政治局委员、省委书记汪洋率广东省代表团访问韩国、日本、泰国，会见了韩国总统李明博、日本首相鸠山由纪夫、泰国总理阿披实等政要，深化双方政治互信。省长黄华华率广东省政府代表团出访越南、菲律宾、澳大利亚，推动双边务实合作和地方友好关系的发展。

访粤外宾纷至沓来。广东省外事部门全年接待来访的外国元首、政府首脑和外国政党、议会高层重要代表团共计 82 批 335 人次。主要包括巴基斯坦总统扎尔达里、泰国总理阿披实、越南总理阮晋勇、格林纳达总理托马斯、新加坡国务资政吴作栋、美国众议院“美中工作小组”议员代表团等，有力地配合了中央总体外交，促进了广东与世界各国在各个领域的合作与交往。

与驻穗领事馆及其派遣国的交往与合作进一步加强。2009 年，安排领馆馆长及其重要来宾拜会省领导和邀请省领导出席领馆庆典等活动 62 批次，进一步促进了双方友好合作关系。开展“驻穗领团南粤行”大型系列活动，组织领馆官员、外国商会代表赴粤东、粤西、粤北参观考察，实地了解广东经济社会情况及热点问题。外国驻穗总领事馆增至 37 个，其中新设以色列、西班牙、埃塞俄比亚、阿根廷、厄瓜多尔 5 个总领事馆，瑞典总领事馆则因派遣国财政原因自行关闭。

国际友城与民间交往活跃多样。截至 2009 年底，广东省与 38 个国家 92 个省（州、道、县、大区）、市正式缔结友城关系，与国外 106 个民间组织建立友好合作关系。日益活跃的国际友城与民间友好交往，成为广东省对外交流合作的重要平台，促进了经贸、农业、科技、文化、教育、培训、旅游、环保、社会保障等领域的全方位合作，对广东经济建设和社会发展起到积极的推动作用。

领保工作卓有成效。不断加强领事保护工作机制建设，建立健全风险预警机制，切实做好涉外安保工作。举办广东海外安全文明宣传月，增强公民的安保意识和能力。指导协调相关部门和地区妥善应对重大涉外群体性突发事件，做好涉外信息公开工作，维护对外关系和形象。2009 年，成功办理境外安全保护案件 32 宗。

外宣工作成绩斐然。中共中央政治局委员、省委书记汪洋分别接受 4 家日本驻粤新闻机构的联合采访和 20 家境外主流媒体的采访，受到国内外广泛关注。与南方日报合作创办以外国政要及海内外知名人士的高端访谈为主的《外眼探粤》专栏，全年共出 14 个专版，取得良好的社会反响。为外国访粤记者团组织举办广东情况说明会，介绍广东的发展与转型。

因公出访管理取得阶段性成果。2009 年，深入开展制止党政干部公款出国（境）旅游专项工作，健全制度，强化因公出访管理。辩证处理管理与服务的关系，在严控党政干部因公出访的同时，围绕“保增长、保出口”的全省中心工作和应对国际金融危机，重点向经贸、科技、文化、教育等领域倾斜，做到维护管理大局与促进开放型经济发展两不误。积极开展民企申办 APEC 商务旅行卡业务，为企业走出去服务。

1. 2009 年 6 月 27 日黄华华省长在广州会见泰国总理阿披实
2. 2009 年 4 月汪洋书记与越南总理阮晋勇合影
3. 傅朗主任（右）代表广东省外办接受外交部颁发的“地方外事突出贡献奖”

中国西部国际博览会

中国西部国际博览会（简称“西博会”）是中国西部地区重要的贸易合作平台、投资促进平台和外交服务平台，是实现“西部合作”、“东西合作”、“中外合作”的重要载体，肩负着“全面提高中国西部地区开发开放水平”的新使命。

西博会创办于 2000 年，始终坚持“共办、共享、共赢”的办会理念。温家宝、李克强、王岐山、曾培炎、… 仪等党和国家领导人，以及多国国家元首、部长级高官及国际经贸组织重要人物先后出席。自 2000 年创办至今，… 博会累计展览面积达 75 万平方米，参展企业 24633 家，签订投资项目 5353 个，投资总额 18264.89 亿元，贸易… 交额 5170.78 亿元，对推动西部地区开发开放和社会经济发展作出有力贡献。

走过十一年辉煌历程的西博会，在国家深入实施西部大开发战略的号角鸣响之际，第十二届西博会将于 20… 年 10 月 18–22 日在四川成都隆重举行。

1

2

1. 岐山副总理巡视第十一届西博会展馆
2. 第十一届西博会开幕式现场
3. 第三届中国西部国际论坛现场

西藏对外宣传办公室

1. 飘飞在拉萨河上的哈达——青藏铁路拉萨河特大桥
2. 六玄琴舞（格桑达瓦摄影）

2010 年，西藏自治区外事工作紧紧围绕发展与稳定大局，坚持以邓小平理论和科学发展观重要思想为指导，科学发展为统领，务实创新，与时俱进，积极配合国家总体外交和涉藏外交，充分发挥“参谋、管理、协调、服务”能，广泛开展对外交流与合作，全面推动外事工作向前发展。

加强政治思想教育，夯实外事工作思想基础。西藏自治区外办处于反分裂斗争的前沿阵地，外交从加强外事伍政治思想建设出发，坚持政治理论学习制度化，认真学习中央对外方针政策和自治区相关工作部署，着力提外事干部的思想认识和理论水平。

坚持外事教育培训制度并形成机制，选派优秀干部到外交部挂职锻炼，驻外使领馆工作和党校学习，大力提全区外事干部队伍政策水平和业务素质。举办全区外事涉外干部培训班、因公出国（境）业务培训及片区外事务培训等，切实提高外事人员涉外知识、涉外意识与防范意识。进一步加强外事机构和队伍建设，努力培养一高素质、复合型的外事干部队伍。

防城港市外事侨务办公室

1

2

3

4

5

6

1. 2008年4月1日上午，在越南广宁省副省长的见证下，防城港市委书记、市人大常委会主任禤沛钧与越共广宁省委常委、下龙市委书记杜玉芳共同在《中国广西防城港市与越南广宁省下龙市缔结友好城市协议书》上签字。
2. 2009年6月5日，以“睦邻友好、互利合作”为主题的2009中越边民友好大联欢在广西防城港市隆重开幕。
3. 2009年8月23-24日，中共广西防城港市委书记、市人大常委会主任禤沛钧率防城港市经贸代表团成功访问韩国永同郡，图为禤沛钧与永同郡郡守郑求福合影。
4. 2009年10月26日晚，韩国永同郡兰溪国乐团在防城港市会议中心大礼堂演出圆满成功，双方领导上台与演员合影。
5. 2009年12月，韩国永同郡官员率教育暨青少年学生代表团来防城港市交流学习，防城港市与代表团在市高级中学共种友谊树。
6. 2010年，8月26日上午，参加中越青年大联欢防城港分会场活动的越南代表团从东兴口岸入境。

福建省人民对外友好协会

1

2

3

国际友好城市工作是国家总体外交在地方的延伸，是民间外交的重要形式，是地方政府开展国际交流与合作的重要渠道。自1980年福州市与日本长崎市缔结为福建省第一对国际友好城市以来，福建省的国际友好城市工作已走过了30年历程。截至2010年6月30日，福建省已与世界上30个国家建立了66对国际友城关系。在福建省人民政府外事办公室的推动下，双方在经贸、农林、水产、科技、文化、教育、体育、卫生、环保、旅游和人才培养等领域开展了富有成效的交流与合作，硕果累累。具体表现在以友好城市为载体，积极推动高层互访，增进了解，加深友谊，有力配合了国家总体外交；以友好城市为平台，突出经贸科技合作，引进外资，引进技术，有力推动了福建的经济发展；以友好城市为纽带，学习借鉴国外经验，引进专家，培养人才，取得了显著的经济和社会效益。

1. 2010年6月16日，福建省和瑞典维姆兰省建立友好省关系协议书签字仪式在福州举行，副省长洪捷序和瑞典维姆兰省副省长赫思途代表两省在协议书上签字。
2. 2009年10月24日，省人大常委会副主任王美香在福州会见来访的德国莱法州议会代表团一行。
3. 2009年10月23日，省人大常委会副主任刘德章与美国宾夕法尼亚州众议长基思·麦考尔在宾州首府哈里斯堡正式签署《中华人民共和国福建省和美利坚合众国宾夕法尼亚州建立友好省州关系协议书》。

国务院参事室外事工作简况

2009 年，温家宝总理在同国务院参事、中央文史研究馆馆员座谈时提出了要“具有全球视野，博采众长为我所用”的要求。同年 11 月国务院颁布的《政府参事工作条例》也赋予了国务院参事室“组织国务院参事参与同外国政府咨询机构交流与合作”的职能。

经过一年多的努力，国务院参事室拓展了与外国政府咨询机构、智库、国际组织的交流与合作。分别与美国伍德罗·威尔逊国际学者中心、俄罗斯统一俄罗斯党智库“社会保守政策中心”、欧盟智库“马达里亚加—欧洲学院基金会”及英国、德国、日本、韩国、西班牙等国的政府咨询机构以及联合国训研所、世界经济论坛等国际组织建立联系，开展合作。

成功举办“中美政府机构设置及运行模式比较研究”华盛顿和海南研讨会及 2009 中国国际能源论坛等大型国际性活动。

先后组团赴美国、俄罗斯、荷兰、瑞典、日本、韩国等国开展调研，取得丰硕成果。

通过赴国外孔子学院演讲，举办“大道同行——中央文史研究馆书画院作品展暨驻华使节招待会”等，进一步丰富了对外文化交流活动的形式和内容。

干部境外培训工作取得新进展，为全国参事室、文史馆系统干部拓展国际视野提供了平台。

国务院参事室与美国威尔逊中心在华盛顿联合举办研讨会。图为参事室主任陈进玉（中）、参事乔宗淮（左）、原美国驻华大使芮效俭（右）

国务院参事室主任陈进玉（左四）、韩国未来企划委员会委员长郭承俊（左三）、国务院参事乔宗淮（右四）、任玉岭（右三）、陈全生（右二）

中央文史研究馆馆长袁行霈（右）在英国伦敦大学演讲

国务院参事室副主任陈鹤良（中）会见德国巴伐利亚州国家博物馆馆长艾克曼女士（左）

国务院参事吴宗鑫（左三）、徐锭明（右二）在马达里亚加—欧洲学院基金会举办的研讨会上发言

中国—东盟博览会

——带您走进 19 亿人口大市场

2010 年中国—东盟自由贸易区如期建成，拥有 19 亿人口的大市场已全面开放。中国—东盟博览会是唯一以中国—东盟自由贸易区为主题的国际性经贸交流盛会，是促进中国与东盟开展经贸交流的最佳平台。第七届中国—东盟博览会设置商品贸易、投资合作、服务贸易、先进技术和“魅力之城”五大专题。新增加的服务贸易专题将展示金融、物流、教育交流服务三个重点领域。

官方网站：www.caexpo.org

China-ASEAN Expo

Your gateway to a huge market with 1.9 billion consumers

The China-ASEAN Free Trade Area (CAFTA) has been due completed in 2010, making a huge market with 1.9 billion people. As the only international trade and economic grand event that themes on this FTA, the China-ASEAN Expo (CAEXPO) has become a superb platform for promoting the China-ASEAN economic and trade exchanges. The 7th CAEXPO will set up 5 exhibition pavilions/themes, i.e., Pavilion of Commodity Trade, Pavilion of Investment Cooperation, Pavilion of Trade in Services, Pavilion of Advanced Technology and Pavilion of Cities of Charm. The newly-introduced Pavilion of Trade in Services will highlight 3 major fields including finance, logistics and educational exchange services.

www.caexpo.org

1. 2009 年 10 月 20 日，第六届中国—东盟博览会
2. 2009 年 10 月 20 日，中国—东盟海关 论坛
3. 展馆全景

四川省人民对外友好协会

中国四川省人民对外友好协会是从事民间外交工作的全省性人民团体，是四川省对外民间友好交往的窗口，是中国人民对外友好协会的团体会员，遵循“增进友谊，推动合作，维护和平，促进发展”的宗旨，努力贯彻国家总体外交，为四川省经济和社会发展服务，积极开展对外民间交往，广交深交各国朋友。2009 年四川省友协邀请、接待了 34 个国家和地区的团组 140 批 1097 人到四川访问，组团或协助组织四川省有关部门单位 13 批 75 人次对 1 个国家进行了友好访问或专项考察，积极争取国际友好组织、友好人士对四川汶川特大地震灾后恢复重建的支持和援助，加强了四川同各国在经济、科学、教育、文化等领域的交流与合作。欢迎各国朋友与我们联系，增进友谊，加强合作，共同发展。

1. 韩国总统李明博在青瓦台会见中国青少年 友好代表团一行
2. 英国苏格兰友好代表团参观汶川地震展览馆
3. 四川省友协参与举办多明戈独唱音乐会

电话：0086-28-84370091（会长） 传真：0086-28-84356822
互联网站：www.sifa.org.cn 电子邮件：webmaster@sifa.org.c
地址：中国四川省成都市一环路东三段 100 号 邮编：6100

中国外汇交易中心暨全国银行间同业拆借中心（以下简称交易中心）是中国人民银行直属事业单位。主要职能是：提供银行间外汇交易、人民币同业拆借、债券交易系统并组织市场交易；办理外汇交易的资金清算、交割，负责人民币同业拆借及债券交易的清算监督；提供网上票据报价系统；提供外汇市场、债券市场和货币市场的信息服务；开展经人民银行批准的其他业务。

交易中心总部设在上海，在北京建有备份中心。16年来，交易中心贯彻“多种技术手段，多种交易方式，满足不同层次市场需要”的业务工作方针，利用先进的电子信息技术，依托专线网和互联网，面向银行间外汇市场、债券市场和货币市场，建成了交易、清算、信息、监管四大服务平台，在支持人民币汇率稳定、传导央行货币政策、服务金融机构和监管部门等方面发挥了重要的作用。

China Foreign Exchange Trade System (CFETS), also known as the National Interbank Funding Center (the Center), is a sub-institution of the People’s Bank of China (PBC). Its main functions include: providing systems for foreign exchange (FX) trading, RMB lending and bond trading; organizing interbank FX trading, RMB lending and bond trading; handling settlement and clearing of FX trading; prompting the clearing of RMB lending and bond trading; providing an online commercial paper (CP) quotation system; providing information services on the FX, bond and money markets; and engaging in other businesses authorized by the PBC.

CFETS is headquartered in Shanghai and has a back-up center in Beijing. In the recent 16 years, under the guidelines of “multiple technological means and trading patterns to meet market demands of various levels”, by leveraging advanced information technology, CFETS has constructed service platforms of trading, clearing, information and surveillance to the interbank FX market, bond market and money market through leased line and the Internet. CFETS has played a significant role in safeguarding RMB exchange rate stability, transmitting central bank monetary policies, serving financial institutions and supervising market operations.

地　址/Address:上海市浦东新区张东路1387号30栋
Building 30, 1387 Zhangdong Road,
Pudong New Area, Shanghai
邮　编/Post Code: 201203
电　话/Tel: 86-21-63298988
传　真/Fax: 86-21-68797900
网　址/Website: www.chinamoney.com.cn
www.chinacp.com.cn
www.shibor.org

吉林省外事办公室

2009 年，吉林省外事侨务办公室坚持以科学发展观为指导，以服务经济社会建设为首要任务，以推动对外开放为工作目标，积极推动高层对外交往，努力提升我省对外开放的层次和水平；认真参与和承办大型国际活动，努力提高服务经济社会发展的能力和实效；大力开展多层次、宽领域对外交流，努力营造有利我省经济社会发展的良好外部环境；认真践行以人为本的服务理念，全力维护我省在外公民和法人的合法权益，各项工作取得丰硕成果。

全年安排省领导出访 41 个国家和地区，广泛开展友好交往、宣传推介和招商引资等活动，签署一批重要对外合作协议。全年共接待斯里兰卡总理、菲律宾副总统、蒙古国副总理、泰国副总理等 100 多位外国政要来访，友好交往领域不断扩大。时任省长韩长赋率团出席在蒙古国举办的第十四届东北亚地方政府首脑会议，促进了吉林省与东北亚相关国家地方政府间的交流与合作；我办与省直有关部门联合推动我省与俄罗斯滨海边疆区开展交流合作，在开通珲玛铁路等方面取得较大进展；完成我省与日本宫城县、鸟取县、岛根县和韩国江源道等地区的年度交往计划；邀请朝鲜边境三道政府代表团首次联合参加东北亚博览会，我省与周边国家地区的友好交往呈现良好势头。推动省领导与澳门特区政府首脑实现互访，吉林与港澳地区政府间关系日趋密切，经贸合作不断深入。我省在巩固与东北亚各国友好关系的基础上，进一步扩大与欧盟、北美、东南亚、非洲等地区的交流合作，对外交往呈现多点开花、齐头并进的可喜局面。

在第五届东博会期间，邀请了 42 位外国政要、61 位财富 500 强及跨国公司企业高层领导人参会，超额完成了省政府赋予的邀请任务。成功承办“第五届亚太总裁与省市长国际合作大会”、“中日生态环保与有机农业发展论坛”、“首届东北亚国际美术、书法和摄影作品展”。先后邀请和接待了日本丰田汽车公司、伊藤忠商事会社、韩国 SK 集团、韩国 LG 电子、法国燃气及苏伊士集团、美国埃森哲公司、加拿大赫斯基能源公司等 135 个经贸团组 1736 人来我省考察访问，促成西班牙歌美飒能源集团、泰国正大集团、法国液空集团、澳大利亚兰帕克公司等一批跨国公司在我省投资合作，累计促成合作项目十余个，引资金额达 125 亿元人民币。

加强同欧盟、美国的交往与合作，推动省内企业家与中欧企业家交流合作，促进美国蒙大拿州立大学、西俄冈大学和缅因大学与长春理工大学、华桥外国语学院建立校际关系。推动立法司法机构的友好交往，推动省人大与加纳议会、省高法与韩国清州地方法院结好。配合纪念中俄建交 60 周年和中国俄语年活动，利用我省与韩国江原道及日本鸟取县、岛根县建立友好关系十五周年的机会，成功举办中俄和中日韩系列庆祝活动。加强对外文化交流，先后举办中国大学生韩国语、日语、英语演讲大赛和“首届普安山寨中日民间文化节”等系列活动，取得较大社会影响；举办了中日韩美食文化节等十余个高层次大型专项活动，协助长春市友协举办了中日韩友好城市大会，吸引外国政府、国际组织和跨国企业的高度关注和广泛参与，我省国际知名度和影响力明显提升。

大力推进我省人才兴业战略，与省委组织部联合举办“海外会长吉林行”活动。大力开展侨务文化交流，展示吉林特色文化，我办联合省文化厅组织文化艺术代表团参加首届“温哥华中国文化节”取得圆满成功。大力开展“关爱工程”活动，通过走访慰问、医疗下乡、危房改造、创业培训、侨务助学等形式解决贫困归侨侨眷的实际困难。大力推进体制改革，提高自我发展活力，初步完成华侨农场贫困归侨危房改造工作，协调落实相关道路改造资金，基本解决华侨农场债务问题，华侨农场体制改革取得新突破。大力开展接访接待活动，积极改进工作作风，依法护侨爱侨，侨务信访工作有新起色。同时，我省第一部《侨务志》正式出版发行。

西安市人民政府外事侨务办公室

1. 2009 年 11 月 17 日孙清云书记会见比利时共和国前首相荷塞·德玛赫
2. 陈宝根市长会见日本船桥市市长藤代孝七
3. 2009 年 7 月 21 日董军副市长会见韩国顺天市长卢官奎
4. 外办成丽娟主任会见参会的西安友城嘉宾
5. 2009 年 11 月 6 日授予韩国庆州白相承市长西安荣誉市民称号仪式

友好交往

2009 年，西安市共接待参观访问、洽谈贸易、技术交流的国（境）外重要团组 10 批 117 人次，安排市级领导见 58 批 787 人次，与 15 个国家的 26 个城市建立了友好交流城市关系。俄罗斯普斯科夫州、荷兰格罗宁根市、国晋州市分别与我市在经贸、缔结友好城市关系、生态治污等方面初步达成了合作意向。认真做好“第十三届中东西部投资与贸易洽谈会”的外事服务工作，积极向友好城市和友好交流城市推介 2011 年西安世界园艺博览会。兰建筑联合体、格罗宁根市、埃门市、代尔夫特市、德国奥尔登堡市、希腊卡拉马塔市、韩国顺天市等 9 个组织城市已与我市签订了参加 2011 年世园会参展协议书。充分发挥民间交流发展空间广和潜力大的优势，派代表团对本京都市、奈良市、船桥市、冈山县矢挂町进行了工作访问，与日方就今后的交流深入交换了意见。选派西安剪协会会长韩靖参加了土耳其伊斯坦布尔举办的国际研讨会暨传统艺术展览会，受到了与会者的好评。

积极为西安经济发展牵线搭桥，协助市贸促会、市发改委、市文化局、曲江管委会、高新区等代表团做好出访工作，进了经济交流与合作。协助俄罗斯普斯科夫州政府在西安浐灞生态区选址、筹建普州商贸信息中心。2009 年 4 月，安市与荷兰格罗宁根市签订了《西安市与荷兰国格罗宁根市发展友好交流与合作备忘录》，双方同意 2011 年 11 在荷兰北方经贸洽谈会期间，举办主题为新时期中欧经贸复兴的论坛，并举办西安市投资环境说明会和企业家对会，举办西安文化周；双方同意启动申报两市结为友好城市的程序并希望于 2011 年西安市代表团参加经贸洽谈会正式签署两市缔结友好城市协议书。2009 欧亚论坛期间，及时安排市领导会见比利时王国前副首相荷塞·德玛赫生等，安排外宾参观考察了西安浐灞生态区及世园会会址，举行了我市友好城市与友好交流城市欢迎宴会，并特市文化局、市外经贸局与荷兰格罗宁根市就西安经贸洽谈会与文化周事宜进行了积极商讨，促进了双方交流与合作。

友好城市

2009 年，西安市友好城市工作认真贯彻“态度积极，步骤稳妥，友好当先，注重实效”的工作方针，坚持“讲谊、讲互利、讲实效”的原则，注重发挥友城主渠道作用，与友好城市在经济、科技、文化、教育、环保、卫生领域进行了广泛的交流与合作，为我市的经济与社会发展服务，取得了较好的成果。

全年西安市向友好城市派出各类团组 10 批 65 人次，接待友城访问团组 30 批 221 人次。7 月 12~14 日，西安派代表团赴美国堪萨斯市，两市共同举办了“西安市与美国堪萨斯市缔结友好城市关系 20 周年活动”，举办了经推介会、旅游说明会，开展了向堪萨斯市赠送龙舟节用马甲和民族服装、宣传西安旅游资源触摸式显示屏，向堪斯市大学孔子学院赠送了中国传统文化书籍等活动。堪萨斯市市政委员会专门召开会议，通过决议，将 7 月 13 日为“西安—堪萨斯市友好日”。与希腊卡拉马塔市签署了缔结友好城市关系协议书。至此，我市已与 18 个国家的个城市结为友好城市，位居全国副省级城市前列。11 月 6 日，西安市授予韩国庆州市市长白相承“西安市荣誉市民”号。截至目前，我市已授予国（境）外 15 名人士该称号。

南通市人民政府外事办公室

2010 年，南通市政府外办坚持“服务经济、服务企业、服务百姓”的工作理念，不断给力城市国际化。成功
办第二届国际友城交流大会，外宾团组来访层次高、频率高、规模大。成立全国首个 APEC 商务旅行卡协会，外
部全国推广南通经验。新缔结两对国际友城和五对准友城，友城数量和质量实现了大提升。因公出国管理经验文
被外交部《外事管理》录用，制止公款出国（境）旅游专项治理经验全省推介。全省首创为通商总会、APEC 卡
会聘请顾问，并举行“海外创业顾问咨询会”等活动，很受众多海外创业人员欢迎。一年来荣获南通市委、市政
授予的 2010 中国南通港口经济洽谈会组织工作先进单位一等奖和市级机关绩效考核先进单位等荣誉称号。

1

2

3

4

1. 南通市委书记罗一民、南通市外办主任钮启贤等考察通商经营的迪拜纺织品贸易市场。
2. 南通市市长丁大卫、南通市外办主任钮启贤等陪同俄罗斯国际友城代表团参观苏通大桥。
3. 南通国际友城大会友城市长手牵手共叙友谊。
4. 全国首个APEC商务旅行卡协会在南通揭牌。

重庆市海外交流协会

重庆市海外交流协会是在重庆市人民政府外事侨务办公室领导下从事涉外涉侨工作的民间团体，是重庆市外事侨务部门联系海内外侨胞、贯彻侨务政策、服务重庆建设发展的一个重要窗口和渠道，是经重庆市社团管理部门批准，具有独立法人资格的涉外、涉侨重要社团。

重庆市海外交流协会 2001 年 4 月成立，至今已有近十年的历史。重庆市委市政府对该协会十分重视。原重庆市委书记贺国强、原重庆市人民政府市长包叙定曾任协会第一届荣誉会长。

重庆市政协顾问甘宇平、原重庆市人大常委会副主任肖祖修为协会荣誉会长，重庆市政府副市长周慕冰拟任该协会会长，常务副会长为重庆市人民政府外事侨务办公室主任郝明和融侨集团董事局主席林文境、香港中渝物业发展有限公司董事会张松桥。

重庆市海外交流协会以贯彻侨务政策、服务海内外侨胞为宗旨，根据民间社团政策灵活的优势和特点，专门设立了若干为侨服务的部门，这些部门包括北美经贸文化交流中心、经济文化交流部、经济文化协作部、台海服务中心、国际信用评估中心、国际商贸会展交流中心、会员发展部。重庆市海外交流协会为加强与海外的沟通与联系，于 2010 年 5 月建立了自己的网站，网址是：www.cqqs.net。

三亚市外事侨务办公室

1. 2010年4月10日，省委常委、三亚市委书记江泽林在三亚会见老挝国家主席朱马里。
2. 王勇市长与三亚市国际友好城市代表共同庆祝三亚市国际友好城市公园开园。
3. 三亚市人大主任周玉华与佛得角共和国萨尔市市长签署友好城市协议书。

三亚市是海南省南部的中心城市和交通通信枢纽，地处海南岛最南端。全市面积 1919 平方公里，海岸线长 209 公里。全市常住人口为 56 万人，有汉、黎、苗、回等 20 多个民族。少数民族人口占总人口的 41.5%。

三亚市外事侨务办公室行政编制 16 名，其中：主任 1 名，副主任 2 名，副调研员 2 名，科级领导职数 6 名。内设秘书科、侨政科、外事管理科、国际交流科、涉外安全与引进国外智力科。下属机构：三亚市人民对外友好协会、三亚市海外交流协会。

近年来，三亚市外办充分利用外事、侨务两大资源，通过官方、民间两种交流形式，依靠来访接待、出访两个渠道，在国际上大力推介三亚交流合作项目，加大招商引资力度。在吸引外资的同时，更加重视招“才”进“智”、铺路“引侨”，多为外商、华人华侨办实事、办好事。正确处理好管理与服务的关系，促进三亚市对外交流合作，推动社会、经济更快更好地发展。2009 年，三亚市外办共接待国内外宾客 163 批 2878 人次。外宾 98 批 2018 人次，华人华侨 17 批 553 人次，内宾 48 批 307 人次。其中总统、总理级 8 批 8 人次；副总统、副总理级 4 批 4 人次；使领馆代表团 12 批 45 人次。重要内宾有：中央政治局常委李长春、国务委员戴秉国等。2009 年 10 月，三亚市与佛得角共和国萨尔市结为友好城市，使三亚市国际友好城市数量达到 8 对。2009 年，三亚市外事侨务办共受理归侨、侨眷来信 8 件，来访 21 人次，对华人华侨和归侨侨眷的来信来访做到件件要落实，件件有答复，结案率 100%，有力地维护了三亚和谐、稳定的发展环境。

主任：任熙德　副主任：裴克山、陈莉
副调研员：王海燕、吉晓丹　秘书科电话：88292438，传真：88293991　侨政科电话：88298545
外事管理科电话：88296438　国际交流科电话：88295438
涉外安全与引进国外智力科电话：88291128

布的数据显示，俄全年实现出口额 3033 亿美元，下降 35.7%，但实物量出口仅下降 3.5%。进口方面，由于进口实物量大幅减少，俄进口额也大幅下降为 1927 亿美元，同比下降 34%。

2009 年俄罗斯的前十大贸易伙伴及双边贸易额依次为：德国 399 亿美元、荷兰 399 亿美元、中国 395 亿美元、意大利 329 亿美元、土耳其 196 亿美元、美国 184 亿美元、法国 171 亿美元、波兰 167 亿美元、日本 145 亿美元、芬兰 131 亿美元。

【对外投资】 截至 2009 年底，俄累计向境外投资为 650.83 亿美元。其中直接投资 446.28 亿美元，占 68.6%；证券投资 27.34 亿美元，占 4.2%；其他类投资 177.21 亿美元。

俄累计对外投资位列前十位的国家有：塞浦路斯（169.64 亿美元，占 26.1%）、荷兰（128.88 亿美元，占 19.8%）、瑞士（65.81 亿美元，占 10.1%）、美国（65.53 亿美元，占 10.1%）、维京群岛（40.43 亿美元，占 6.2%）、英国（26 亿美元，占 4.0%）、白俄罗斯（22.73 亿美元，占 3.5%）、奥地利（16.60 亿美元，占 2.6%）、卢森堡（12.48 亿美元，占 1.9%）、乌克兰（11.98 亿美元，占 1.8%）。据中方统计，截至 2009 年底，中国累计实际使用俄直接投资 7.52 亿美元。俄对华投资主要集中在制造业、建筑业、交通运输等领域。

【外国资本】 2009 年外国对俄投资总额为 819.27 亿美元，比 2008 年同期下降了 21.0%。其中：直接投资 159.06 亿美元，同比减少 41.1%；证券投资为 8.82 亿美元，同比减少 37.7%；其他类投资为 651.39 亿美元，同比减少 13.5%。外资主要投向批发和零售贸易、生产加工、交通通讯、矿产资源开发、不动产交易等领域。

截至 2009 年底，俄累计利用外资余额 2682.26 亿美元，比 2008 年同期增长了 1.4%。对俄投资累计余额较多的国家分别为：塞浦路斯 491.28 亿美元，荷兰 486.19 亿美元，卢森堡 371.57 亿美元，英国 235.85 亿美元，德国 192.26 亿美元，中国 103.43 亿美元，爱尔兰 92.12 亿美元，法国 86.22 亿美元，日本 83.01 亿美元，维尔京群岛 79.25 亿美元。以上各国累计投资余额占俄同期累计投资余额总额的 82.8%。

【著名公司】（1）天然气工业股份公司，成立于 1993 年 2 月。2008 年天然气销售 5679 亿立方米。该公司是世界最大的天然气公司，主要从事天然气勘探、开采、运输、加工和销售。现任总经理米勒。电话：007 - 495 - 7193001。传真：007 - 495 - 7198333，7198335。E-MAIL：gazprom@gazprom.ru。网址：http://www.gazprom.ru/。

（2）“卢克”石油公司，成立于 1991 年。2009 年销售额 810.83 亿美元，纯利润 70.11 亿美元。世界第二大私人石油公司。该公司从事石油天然气的勘探、开采、加工和销售。现任总裁为阿列克佩罗夫。电话：007 - 495 - 9289841。传真：007 - 495 - 9160020。E-MAIL：Gmyakisheva@lukoil.com。网址：http://www.lukoil.ru/。

（3）“秋明 - BP”石油公司，成立于 2003 年。2008 年销售额为 518.86 亿美元，纯利润 52.84 亿美元。该公司从事石油天然气的勘探、开采、加工和销售。现任总经理为弗里德曼。电话：007 - 495 - 7777707，5450716。传真：007 - 495 - 7879668。E-MAIL：company@tnk-bp.ru；hotline@tnk.ru。网址：http://www.tnk-bp.ru/。

（4）“石油运输”股份公司，成立于 1993 年。2007 年销售额为 2492.70 亿美元，纯利润 36.81 亿美元。俄罗斯最大的管道石油运输企业。现任总裁为托卡列夫。电话：007 - 495 - 9508178，9508135。传真：007 - 495 - 9508900，9535525。E-MAIL：transneft@transneft.ru。网址：http://www.transneft.ru/。

（5）伏尔加格勒汽车制造厂 АвтоВАЗ，成立于 1970 年。是俄最大汽车制造商之一，主要品牌为“拉达”。2008 年该厂生产的“拉达”牌汽车销售量为 622182 辆，下降 6.2%。全年净亏损 66.84 亿卢布。现任总裁为科马罗夫。电话：007 - 8482 - 738009。网址：http://www.lada-auto.ru/。

（6）“苏霍伊”飞机公司 АВПК“Сухой”，成立于 1930 年。为俄最大的飞机制造商，世界第三大战斗机制造商，主要产品为“苏”系列战斗机。2008 年销售额为 539 亿美元。现任总裁为波戈相。电话：007 - 495 - 9402663，9402664，9402762，9454422。传真：007 - 495 - 9456806，9417645。E-MAIL：avpk@sukhoi.org，info@sukhoi.org。网址：http://www.sukhoi.org/。

人民生活

2009 年 6 月 19 日，普京签署了俄罗斯政府《2009 年反危机计划》，该计划提出将对在全球经济危机中受损最大的居民和家庭提供支持，加强社会、医疗保障和就业安置，发展文化领域，加快经济适用房建设。2009 年用于社会保障的联邦预算支出总额为 43654 亿卢布（相当于 1400 亿美元，其中包括法定工资、助学金、药品和养老金支出），超过 2008 年水平的 30.4%。其中 24588 亿卢布（相当于 793 亿美元）用于社会政策和养老保障支出，比 2008 年的 18736 亿卢布（相当于 604 亿美元）增长 31.28%。

社保方面，政府将通过对来自联邦预算拨款和社会保险基金的社会支出和补贴实行指数化管理、实行养老体系现代化、养老保险缴费取代统一社会税等多项措施加大社会保障力度，对在国际金融危机中受损最大的居民和家庭提供支持。2009 年俄人口出生率增至 12.4%，自 2009 年 1 月 1 日起，俄家庭可使用

“母亲基金”用于归还房贷。2009年劳动养老金平均额度提高35%，2010年再提高45%。医保方面，将继续发展国家“健康”工程，加强国家对预算采购药品价格形成的调节。对“健康、体育运动”项下的联邦预算拨款从2008年的2782亿卢布（相当于80亿美元）提高到3351亿卢布（相当于108亿美元）。就业安置方面，自2009年初起，最高失业补贴已增加50%。用于失业公民补贴298亿卢布（相当于9.6亿美元）。发展文化领域方面，增加“文化、电影和大众传媒”联邦预算预付款，将保留对文化参与者的优惠，保留国家对创作协会活动的扶持，其中包括对拥有苏联人民演员和苏联人民艺术家称号的创作协会成员提供物质支持。经济适用房方面，保证居民得到经济适用房和推进住房建设。2009年用于此项支出的联邦预算比上一年增加1.3倍，达到5010亿卢布（相当于160亿美元）。

2009年居民实际可支配收入增长1.9%，低于2008年的增长率。俄月人均名义工资18785卢布（约622美元），较上年增长8.5%。2009年通胀率为8.8%，为1991年来最低水平。至2009年底，俄失业人数约为620万人，失业率为8.2%，其中登记失业人数为210万人。

军　事

俄罗斯军队是在前苏联军队基础上组建的。1992年3月16日，俄罗斯总统叶利钦发布关于组建俄罗斯国防部的命令，同年5月7日发布了关于组建俄罗斯联邦武装力量的命令。

俄罗斯联邦总统、俄罗斯联邦安全会议、俄罗斯联邦议会、俄罗斯联邦政府对保障国家安全、国防能力状况，对俄罗斯武装力量和其他军队的战斗准备程度、动员准备程度和战斗力负全责。俄罗斯联邦总统是国家元首和俄罗斯联邦武装力量的最高统帅。

俄罗斯联邦武装力量由管理机关、军团、兵团、部队、军事院校以及后勤部门组成。在组织编制结构上分为陆军、空军、海军3个军种和战略火箭兵、航天兵、空降兵3个独立兵种。未编入武装力量的其他军队包括内卫部队，联邦安全总局、联邦警卫总局所属部队，民防部队等。

俄罗斯联邦总统兼俄罗斯联邦武装力量最高统帅，对武装力量和其他军队实施全面领导，并通过国防部长和总参谋长对武装力量实施作战指挥。国防部长通过国防部对联邦武装力量实施直接领导。俄罗斯联邦武装力量总参谋部对武装力量进行作战指挥，对武装力量各军种的指挥通过各军种总司令部进行。

总统兼武装力量最高统帅为梅德韦杰夫（2008年5月7日正式就任）。国防部长谢尔久科夫（2007年2月15日任现职），国防部第一副部长兼总参谋长马卡罗夫大将（2008年6月任现职），国防部第一副部长科尔马科夫上将（2007年9月任现职），国防部副部长兼常务秘书潘科夫（2005年9月任现职，2009年4月由大将改为文职），国防部副部长兼装备部部长波波夫金（2008年7月任现职，2009年4月由上将改为文职），国防部副部长兼武装力量后勤部部长布尔加科夫上将（2008年12月任现职），主管财经的国防部副部长奇斯托娃（2009年4月任现职，女），国防部副部长兼营房建设主任纳金斯基（2009年4月任现职），主管信息建设的国防部副部长楚什金（2008年11月任现职）。

2000年1月10日，俄罗斯联邦总统批准了第2版《俄罗斯联邦国家安全构想》。2000年4月21日，俄罗斯联邦总统又批准了第2版《俄罗斯联邦军事学说》。2000年9月9日，俄罗斯联邦总统批准了《俄罗斯联邦信息安全学说》。2009年5月12日，俄总统梅德韦杰夫签署《俄罗斯联邦2020年前国家安全战略》。2010年2月，俄出台新版《俄罗斯联邦军事学说》。

2008年9月15日，俄总统梅德韦杰夫发布“重塑军队面貌”命令，开始了新一轮军事改革，总体目标是建立一支全新的、高度机动、装备现代化的能够执行多种军事任务的军队。截至2009年底，完成第一阶段改革任务。现役人员裁减至100万，军官人数从35.5万减至15万。其中，将官由1107人减至877人，裁减20.8%，上校由25665人减至9114人，裁减64.5%，14万准尉全部取消。取消简编部队，所有作战力量改编为常备部队。6大军区司令部可对辖区内的各军兵种部队行使指挥权，具有了联合指挥职能。军区、军、师、团四级指挥体制改为军区、战役军团、旅三级指挥体制，陆军24个师被裁掉23个，组建80余个作战旅。空军撤销军师团建制，组建3个战略司令部和4个战役司令部，33个航空基地和13个空天防御旅。65所军事院校整合为11所综合性高等军事院校。开始组建职业化士官学校。关闭在地方院校开设的229个军事系，重新组建37个军事训练中心。下一步改革的重点是更新武器装备，计划在2016年前将现代化装备的比重提升至30%，在2020年前达到70%以上。

兵役制度：兵员补充实行双轨制，即义务兵役制与合同兵役制相结合。从2008年1月1日起，应征入伍的义务兵服役期缩短至1年。

2007～2009年军费开支分别为：327亿美元、383.84亿美元、341.05亿美元。

2009年2月4日，亚美尼亚、白俄罗斯、哈萨克斯坦、吉尔吉斯斯坦、俄罗斯、塔吉克斯坦和乌兹别克斯坦元首在集安条约组织非例行峰会上通过了创建集安条约组织快速反应部队的决定。6月14日，集安条约组织在莫斯科举行峰会，俄哈亚塔吉5个成员国签署了成立集安条约组织快反部队的协议，总兵力约2万人。其主要任务是在现实和潜在威胁背景下巩固成员国安全，打击恐怖主义、极端主义和毒品走私，自然灾害和技术事故的预防和善后，保证集安条约组织有效参与维护国际和平与安全。

境外驻军：驻摩尔多瓦共和国德涅斯特河沿岸俄军战役集团1000人；驻南高加索俄军集群7600人，下辖第102军事基地（驻亚美尼亚久姆利）；驻塔吉克斯坦杜尚别第201军事基地7000人；驻乌克兰塞瓦斯托波尔黑海舰队1.2万余人；驻吉尔吉斯斯坦坎特空军基地140人；驻叙利亚塔尔图斯海军物资技术保障站150人；驻阿布哈兹古达乌塔军事基地1700人；驻南奥塞梯茨欣瓦利第4军事基地1700人；驻非洲国家100人。俄航天兵在哈萨克斯坦雷沙干、塔吉克斯坦努列克、阿塞拜疆加巴拉、白俄罗斯甘采维奇各驻1个雷达站，在白俄罗斯维列伊卡驻有第43通讯站；在哈萨克斯坦拜科努尔驻有第5航天发射场，兵力约3000人。

文化教育

俄罗斯教育分为学前教育、普通教育和高等教育三个层次。普通教育颁发中学毕业证书和中等职业技术教育毕业文凭。高等教育分大学教育和大学后教育两个层次。大学教育设学士学位（四年制）、专业人才学位（五年制）、硕士学位（六年制）。大学后教育设副博士学位（三年制，相当于中国的博士学位）和博士学位。

俄罗斯是教育大国，在自然科学、基础研究、工程技术等领域科研和教学力量雄厚，人文和社会科学研究拥有优良的传统和鲜明的风格。俄罗斯高等教育水平居世界领先地位。自2006年起，俄罗斯政府实施国家教育工程，着手高等教育和普通教育改革。2009年，梅德维杰夫签署总统令，确立了莫斯科大学和圣彼得堡大学在全俄高校中的领军地位，两校成为直属俄联邦政府的自治单位，校长由总统任免，两校可以在国家教育标准框架内自行确定本校的教育标准和教学大纲，颁发非国家统一格式的毕业证书。梅德维杰夫总统还新批准组建了远东联邦大学、乌拉尔联邦大学、极地联邦大学、东北联邦大学和喀山联邦大学，加上2008年组建的西西伯利亚联邦大学和南联邦大学，全俄共组建了7所联邦大学。联邦教育科学部为落实梅德维杰夫总统关于组建国家级研究型大学网络的提议，通过竞争选拔确定莫斯科工程物理学院、莫斯科钢铁冶金学院、国立大学—高等经济学校、喀山国立技术大学、莫斯科航空学院、莫斯科鲍曼技术大学、莫斯科物理技术学院、下哥罗德国立大学、新西伯利亚国立大学、彼尔姆国立技术大学、萨马拉国立航空航天大学、圣彼得堡国立矿业学院、圣彼得堡国立信息、工艺、机械与光学大学、托姆斯克理工大学等14所高校为第一批国家级研究型大学。国家级研究型大学资质有效期为10年，每个学校将获得总额为18亿卢布的国家财政支持。

2008年俄罗斯各级教育机构及学生数量简况如下（截至2008年9月）：

	机构（个）		学生（万人）	
学前教育	45600		510.54	
	国立	非国立	国立	非国立
全日制普通教育	55100	691	137.52	7.32
初级职业教育	2860		111.5	
	国立	非国立	国立	非国立
中级职业教育	2535	249	213.61	10.80
	国立	非国立	国立	非国立
高等教育	660	474	621.48	129.83

【新闻出版】俄全国共有3万多种报纸杂志。其中属于全国性报刊、且发行量较大的主要有：(1)《俄罗斯报》，俄罗斯国家政府机关报。1990年11月11日创刊，在俄全境及独联体国家发行，目前总发行量超过22万份。该报纸是俄罗斯报界具有权威性的一家报纸，俄国家的各种法律文件生效后唯一有权刊载的媒体。《俄罗斯报》目前在全国设立32个记者站，同时在44个城市刊印发行。(2)《消息报》，私营企业，社会政治类报纸，全面报道俄国内及国际重大事件，分析与评论商业、经济、体育以及文化等问题和事件。该报为前苏联报纸，1917年3月创刊。1991年8月23日注册登记，1992年11月3日重组为私有化企业，1998年4月20日重新注册登记。该报每周一至周五出版五期，周六、日停刊。(3)《独立报》，为大型私营出版企业。主要报道国内及国际重大社会、政治问题，以及俄国内文化体育生活等消息。该报纸于1990年12月21日创刊，目前发行量约60万份。该报设有网络版，日访问人数13万人左右，周点击率超过65万人次。(4)《新闻时代报》，股份制报刊企业，公司控股71%，个人股份为29%。该报以报道社会和政治类新闻为主，同时也包括财经、商贸、文化体育消息等。2000年3月出版发行，每周一至五发行五期，周六、周日停刊，每期12个版面。目前发行量超过10万份，主要发行地区为莫斯科市和莫斯科州，上述两地占到其总发行量的93%。(5)《生意人报》，私营企业。主要报道俄国内及国际政治、商业、财经、体育等事件。2008年8月起，俄联邦政府批准其刊登与国家“破产法”相关的官方消息。每周出版五期，周六、周日停刊。2006年全年发行量69.8万份。(6)《莫斯科共青团真理报》，为前苏联主要报刊之一，1925年3月13日创刊。根据俄官方专业机构最新调查显示，在俄拥有读者880.8万人。(7)《总结》杂志，周刊。该杂志由《七天》出版社出版，创刊于1997年，是目前俄较有权威性和影响力，以社会政治性题材为主的期刊。该刊物发行范围较为广泛，除莫斯科和周边地区外，在俄国内各个地区和独联体国家均有发行。此外，还是“汉莎”航空、捷克航空、英国航空等多家欧美航空公司的赠送读物。除上述报刊

外，在俄罗斯较有影响的刊物还有《真理报》和《公报》等。

主要通讯社有：（1）俄通社—塔斯社，简称俄塔社，俄政府官方通讯社，为世界五大通讯社之一。其前身是前苏联时期的塔斯社及1992年月1月成立的俄通社，1992年正式更名为俄通社—塔斯社。目前在俄及独联体国家设有74个分社，在其他59个国家设有62个分社。（2）俄罗斯新闻社，简称俄新社，成立于1961年，其前身是苏联新闻社，1963年被确定为国家通讯社。系俄目前两大主要通讯社之一，地位与俄塔社相同，是俄政府对外宣传的主要通讯社。在俄罗斯以及独联体国家设有40多个分社，现已开通中文网站。（3）国际文传电讯社，也称作文传电讯“国际信息集团”（Interfax Information Services Group），主要负责向社会提供全息政治、社会新闻和调查研究，是俄目前在现代IT领域和其他经济部门中唯一掌握金融市场信息的专业化机构。目前，该集团公司可以使用包括俄语、哈萨克语、乌克兰语、白俄罗斯语、阿塞拜疆语，以及英语、德语等100多种语言发布各类信息。该媒体所设栏目有“国际新闻”、“中国新闻”以及“中国经贸述评”等。

主要广播电台有：（1）《俄罗斯之声》广播电台，是俄国家广播公司主力宣传机构之一。该电台为国有性质，1929年建台，1989年1月1日使用现在名称对外广播，目前可以用32种语言全时段向世界播发信息。据俄方资料介绍，该台受众面极广，面向俄及独联体国家1.7亿听众和世界上160多个国家和民族中3.5亿俄语人群，服务于生活在俄的1500万外国人和3000万生活在海外的俄罗斯人。（2）《莫斯科回声》广播电台，私营，1990年建台，全天使用俄语广播。（3）《灯塔》广播电台，是历史悠久并较有影响的俄国家音乐电台，1964年根据前苏联政府的有关决定建立。该电台每半个小时播发5分钟的新闻内容，其他节目的设置还有音乐、直播、晨间幽默、专访和广播电影等栏目。该电台目前拥有三套广播频道。

主要电视新闻机构有：（1）《新闻频道》电视台，该台为俄唯一一家全天24小时播发新闻节目电视台，以播发世界、俄国家及各地区新闻为主，同时以传播迅速、信息量大见长，重要新闻节目连续滚动播出。主要节目品牌有：新闻节目，该节目堪称新闻频道主打品牌，每天即时播送政治、经济、社会和体育等信息。新闻采访节目，本周新闻分析节目，即在每周日晚以直播方式对一周新时事进行综合评述。（2）《第一频道》电视台，国家参股企业，1995年成立，全俄综合性电视台，2002年9月由原俄罗斯公共电视台更名，系俄罗斯和世界上收视率最高的俄语电视台，在俄的覆盖率可以达到99.8%。其主要的电视栏目有：新闻直播，电影节目，体育转播，电视访谈，儿童节目，文化历史节目和娱乐节目等。（3）《俄罗斯》电视台，国有性质，1991年5月建立。根据俄方有关资料介绍，该电视台是俄目前可以覆盖全俄的两家电视台之一，在本土可以达到85%的覆盖率，在独联体国家和波罗的海地区还拥有5000万电视观众。目前《俄罗斯》电视台信号可以发射到西欧、中东和北非等地区，未来还计划将直播节目直接发射到美国。该台与50多家大型的电影生产商和销售商有密切合作关系，电影节目占其总播出时间的35%。（4）《独立电视台》，1993年建台，是目前俄唯一经过俄联邦政府批准的私营电视台。《独立电视台》除了俄本土之外，还能够覆盖到独联体国家以及西欧、中东、美国和加拿大等国家和地区。（5）《中心电视台》，莫斯科市政府所属，1997年建台，节目覆盖俄大部分地区和部分独联体国家以及欧洲国家。

对外关系

俄罗斯对外政策的总体目标是为国内发展创造良好外部条件，具体包括维护国家主权、领土完整和安全，促进建立公平、民主的世界秩序，在互惠基础上同各国及国际组织建立伙伴关系，全面保护俄公民和法人在海外合法权益，推广俄罗斯语言和民族文化等。截至2010年5月30日，俄共与191个国家建有外交关系，设有145个驻外外交代表机构、14个常驻国际组织代表机构，有147个国家在俄设有外交代表机构。

2009年，俄继续奉行全方位大国平衡务实外交。俄西方关系因双方在科索沃、北约东扩、美东欧反导计划、战略核裁军、欧洲安全等问题上的分歧进展不顺。俄同独联体大多数国家关系总体顺利。俄同亚太、中东、非洲和拉美地区国家的关系更趋密切。

【对当前重大国际问题的态度】国际秩序：积极主张建立多极世界，反对单极世界及单边主义，坚持联合国在国际关系中拥有核心地位和最高权威，主张通过对话谈判和平解决国际争端。

联合国改革：认为应合理地改革联合国，以使其更好地适应世界政治和经济形势的变化；应继续提高联合国安理会活动的效率，在保证应有工作效能的前提下，赋予该机构更大的代表性；任何关于建立联合国安理会补充席位的决定，必须在联合国成员国最广泛一致的基础上通过；联合国安理会五个常任理事国的地位应当保留。

伊拉克：反对美国发动伊拉克战争。敦促美分阶段向伊政府移交权力，扩大联合国作用，确定最终撤军时间表。伊国内各政治、宗教、种族派别和利益集团应开展最广泛的政治对话，以寻求维护伊国家主权和独立、实现伊稳定和重建的办法。应由伊人民自主决定国家未来，独立管理本国财富，建立领土完整的民主国家。

伊朗核问题：在反对伊拥有核武器的同时，肯定伊拥有和平利用核能权利，并积极同伊开展民用核能合作。敦促伊积极同国际社会合作，特别是加强同国际原子能机构的对话与合作。在主张加大外交努力，通过政治谈判方式逐步解决伊核问题的同时，在对伊制裁问题上立场发生转变，开始有条件地支持美欧强化对伊制裁。俄认为，伊当局对国际社会的种种斡旋努力无动于衷令人失望。制裁虽不总是有效，但有时不可避免，对伊制裁不应给伊造成人道灾难。

中东问题：作为中东问题国际四方调解成员之一，俄同冲突各方及中东有关国家保持密切外交接触，主张坚持公正平衡立场，全力促进政治谈判进程，通过对话与合作解决争端，反对滥用制裁和使用武力。认为应全面解决巴以、叙以和黎以三大冲突，推进阿以冲突综合调解。呼吁维护阿拉伯国家的合法权益，支持阿拉伯联盟为中东和谈发挥作用。主张建立由国际社会和中东地区各国及有影响的政治力量广泛参与的国际协调机制解决中东问题。

朝鲜核问题：坚持朝鲜半岛无核化，支持朝核问题六方会谈进程，认为这是解决朝核问题的唯一有效机制。支持美国加强同朝鲜直接接触。呼吁有关各方遵循六方会谈达成的协议，致力于实施2005年“9·19”共同声明的相关规定，履行对朝援助义务，促成朝核设施实现去功能化，最终实现朝鲜半岛可验证的无核化。

【同中国的关系】 1949年10月2日，中华人民共和国与苏维埃社会主义共和国联盟建立外交关系。1991年12月27日，中国外交部与俄罗斯联邦外交部在莫斯科签署《会谈纪要》，确认俄继承前苏联与中国的外交关系。1996年中俄建立战略协作伙伴关系，2001年签署《中俄睦邻友好合作条约》。

2009年是中华人民共和国和俄罗斯联邦建交60周年。在这一大背景下，中俄战略协作伙伴关系继续快速发展，两国政治互信、务实合作、人文往来、战略协作均达到全新水平。

两国高层领导人关系密切，交往频繁。两国元首多次会晤。6月16～18日，胡锦涛主席对俄罗斯进行国事访问。其间，胡锦涛主席同梅德韦杰夫总统举行大、小范围会谈，会见了俄总理普京和国家杜马主席格雷兹洛夫，双方就双边关系、共同关心的国际和地区问题深入地交换了意见，达成广泛共识。两国元首发表了《中俄元首莫斯科会晤联合声明》，批准了《中俄投资合作规划纲要》。双方还签署了关于中俄总理定期会晤机制建设、机电产品贸易与合作、煤炭、天然气、银行、贵金属开发等领域的合作文件。两国元首还在二十国集团英国伦敦峰会、纽约第64届联合国代表大会一般性辩论、新加坡亚太经合组织第17次领导人非正式会议期间3次会晤，共同出席了上海合作组织成员国元首理事会第九次会议和“金砖四国”领导人会晤。

2月13日，梅德韦杰夫总统致信胡锦涛主席，表示俄愿进一步推动两国各领域务实合作。22日，梅德韦杰夫总统致电胡锦涛主席，就中国山西省发生矿难事表示慰问。3月18日，梅德韦杰夫总统致信胡锦涛主席，邀请胡主席出席6月16日在叶卡捷琳堡举行的“金砖四国”峰会。19日，胡锦涛主席就加强两国能源等领域合作事复信梅德韦杰夫总统。6月12日，胡锦涛主席向梅德韦杰夫总统发贺电，祝贺俄国庆。10月1日，胡锦涛主席同梅德韦杰夫总统互致贺电，热烈庆祝中俄建交60周年。11月23日，梅德韦杰夫总统致信胡锦涛主席，就黑龙江省新兴煤矿矿难造成大量人员伤亡表示慰问。12月2日，胡锦涛主席就俄客运列车脱轨事故向梅德韦杰夫总统致慰问电。6日，胡锦涛主席就俄彼尔姆市火灾向梅德韦杰夫总统致慰问电。18日，梅德韦杰夫总统向胡锦涛主席致电祝贺新年和春节。31日，胡锦涛主席与梅德韦杰夫总统互致新年贺电，宣布启动2010年在俄罗斯举行的“汉语年”。

两国议会交流与合作更加密切。5月13～15日，吴邦国委员长对俄罗斯进行正式访问，分别同俄联邦委员会主席米罗诺夫、国家杜马主席格雷兹洛夫举行中国全国人大与俄罗斯联邦委员会合作委员会第三次会议、中国全国人大与俄罗斯国家杜马合作委员会第三次会议，会见梅德韦杰夫总统。双方就双边关系、议会合作、务实合作等问题交换意见。6月12日，吴邦国委员长和全国政协主席贾庆林分别向俄联邦委员会主席米罗诺夫和国家杜马主席格雷兹洛夫发贺电，祝贺俄国庆。10月1日，俄罗斯联邦委员会主席米罗诺夫和国家杜马主席格雷兹洛夫分别向吴邦国委员长、贾庆林主席致国庆贺信。12月28日，吴邦国委员长分别向俄罗斯联邦委员会主席米罗诺夫和国家杜马主席格雷兹洛夫致新年贺电。

10月12～14日，俄罗斯总理普京访华。温家宝总理同普京举行中俄总理第十四次定期会晤，并共同出席中俄建交60周年庆祝大会暨中国“俄语年”闭幕式。两国总理签署了《中俄总理第十四次定期会晤联合公报》。王岐山副总理、刘延东国务委员分别同俄副总理茹科夫签署《中俄总理定期会晤委员会第十三次会议纪要》和《中俄人文合作委员会第十次会议纪要》。王岐山副总理同俄副总理谢钦签署《落实2009年6月24日签署的<关于天然气领域合作的谅解备忘录>路线图》。双方还签署了《中华人民共和国政府和俄罗斯联邦政府关于相互通报发射弹道导弹和航天运载火箭的协定》、《中华人民共和国政府和俄罗斯联邦政府关于互设文化中心的协定》等合作文件。2月17日，俄罗斯副总理谢钦率团访华，同王岐山副总理举行中俄能源谈判代表第三次会晤，温家宝总理会见了谢钦一行，双方就融资、管道建设和石油合作签署了一揽子协议。3月25～27日，俄副总理茹科夫访华，温家宝总理、李克强副总理和刘延东国务委员分别会见茹，双方就双边关系、务实合作等广泛交换了意见。3月27日，李克强副总理和茹科夫副总理共同出席第五届中俄投资促进会开幕式。茹科夫副总理还赴哈尔滨参观访问。4月21日，俄副总理谢钦访华，同王岐山副总理举行中俄能源谈判代表第四次会晤，李克强副总理会见谢一行，双方就石油、天然气和核能等领域合作交换了意见，正式签署《中华人民共和国和俄罗斯联邦政府关于石油领域合作的协议》。12日，王岐山副总理同茹科夫副总理在北京举行中俄总理定期会晤委员会第十三次会议。双方就中俄经贸、金融、运输、海关、航天等领域合作深入交换意见，确定了下一步双方合作的重点和目标。13日，张德江副总理与茹科夫副总理共同出席在北京举行的第四届中俄经济工商界高峰论坛开幕式并致辞。双方签署了总额30多亿美元的合作协议。11～14日，俄副总理谢钦访华，同王岐山副总理举行中俄能源谈判代表第五次会晤，就两国石油、天然气、核能、电力、煤炭等领域合作深入交换意见，并赴连云港、鄂尔多斯参观访问。3月31日，国务委员戴秉国应约与俄联邦安全会议秘书帕特鲁舍夫通电话，就双边关系、中俄战略安全磋商和"金砖四国"安全会议秘书会晤等问题交换意见。5月13日，国务委员戴秉国同俄联邦安全会议秘书帕特鲁舍夫通话，就"金砖四国"负责安全事务的高级代表会议等问题交换意见。19～20日，国务委员、公安部部长孟建柱赴俄罗斯出席上海合作组织公安内务部长会议、安全会议秘书会议并访俄。27～29日，戴秉国国务委员赴俄罗斯出席"金砖四国"负责安全事务的高级代表会议，梅德韦杰夫总统集体会见戴秉国国务委员等与会各国代表。12月7～8日，俄联邦安全会议秘书帕特鲁舍夫访华，同戴秉国国务委员举行第四轮中俄战略安全磋商，国家主席胡锦涛会见帕一行。2月1～2日，中国国家宗教局局长叶小文赴莫斯科出席俄罗斯东正教新任大牧首登位典礼，俄新任大牧首基里尔会见叶一行，双方就两国宗教交往交换意见。25～28日，俄联邦安全会议副秘书纳扎罗夫访华。外交部副部长李辉同纳举行磋商，戴秉国国务委员会见纳，双方就中俄关系、中俄战略安全磋商机制和第四轮中俄战略安全磋商等问题交换意见。1月16日，商务部副部长高虎城访俄，与俄经济发展部副部长、中俄总理定期会晤委员会俄方秘书长沃斯科列先斯基举行会谈，就双边经贸关系和委员会相关工作交换意见。9月8～9日，全国人大常委会委员、财经委员会副主任委员赵可铭和国家发展和改革委员会副主任、国家能源局局长张国宝分别率团出席在哈巴罗夫斯克举行的第四届远东国际经济论坛，黑龙江省省长栗战书和山东省人大常委会副主任高新亭也率团与会。10月28日至11月1日，中俄合理利用和保护跨界水联委会第二次会议在杭州举行。外交部部长助理胡正跃和俄联邦水资源署署长谢莉维尔斯托娃共同主持会议。双方就联委会第一次会议以来双方跨界水合作问题深入交换意见，并商定了下一步工作计划。

2月23日，俄罗斯副总理谢钦致电王岐山副总理，就中国山西省发生矿难事表示慰问。26日，俄副总理谢钦再次就中国山西省矿难向王岐山副总理发来慰问电，表示俄方愿为中方提供必要的援助。3月6日，王岐山副总理复电俄副总理谢钦，感谢其就山西省煤矿瓦斯爆炸事故两次来电慰问。4月18日，俄总理普京致信温家宝总理，希望继续加强两国能源合作，以确保双边经贸合作的快速发展。5月19日，俄副总理、中俄总理定期会晤委员会俄方主席茹科夫致信李克强副总理，邀请其出席2009年6月4日至6日在圣彼得堡举行的圣彼得堡国际经济论坛。28日，温家宝总理复信普京，对其所提加强两国合作的建议作出回复。6月12日，温家宝总理向俄总理普京，中俄总理定期会晤委员会中方主席王岐山副总理和中俄人文合作委员会中方主席刘延东国务委员向两委员会俄方主席茹科夫副总理，中俄能源谈判代表王岐山副总理向俄方谈判代表谢钦副总理，戴秉国国务委员向俄联邦安全会议秘书帕特鲁舍夫分别致电祝贺俄国庆。9月29日，俄总理普京向温家宝总理致国庆贺信。10月1日，俄副总理茹科夫分别向王岐山副总理和刘延东国务委员、俄副总理谢钦向王岐山副总理、俄联邦安全会议秘书帕特鲁舍夫向戴秉国国务委员致国庆贺信。10月9日，俄副总理谢钦致信王岐山副总理，就中俄天然气和核能合作提出一系列新建议。11月23日，普京总理分别致信胡锦涛主席、温家宝总理，就黑龙江省新兴煤矿矿难造成大量人员伤亡表示慰问。12月6日，温家宝总理、戴秉国国务委员就俄彼尔姆市火灾分别向俄总理普京、联邦安全会议秘书帕特鲁舍夫致慰问电。22日，俄罗斯总理普京分别向中国国家主席胡锦涛和国务院总理温家宝致电祝贺新年和春节。24日，俄副总理茹科夫分别向王岐山副总理、刘延东国务委员致电祝贺新年和春节。28日，温家宝总理向俄总理普京、国务院副总理王岐山分别向俄副总理茹科夫和副总理谢钦、国务委员刘延东向俄副总理茹科夫、国务委员戴秉国向俄联邦安全会议秘书帕特鲁舍夫致电祝贺新年。31日，胡锦涛主席复电普京总理，祝贺新年。

两国外交部保持密切磋商。2月5日，杨洁篪外长应约与拉夫罗夫外长通电话，双方就胡锦涛主席访俄以及共同关心的国际和地区问题交换意见。3～4月，杨洁篪外长与拉夫罗夫外长两次通话、一次致信，就双边关系和重大热点问题交换意见。4月26～27日，杨洁篪外长对俄罗斯进行正式访问，同俄外交部长拉夫罗夫举行会谈，并分别会见俄总统梅德韦杰夫和联邦委员会主席米罗诺夫，就两国关系、推进两国各领域务实合作和增进中俄战略协作等问题交换意见。5月12日，杨洁篪外长致电拉夫罗夫外长，就俄伊尔库茨克州州长叶西波夫斯基罹难事表示慰问。6月1日，杨洁篪外长与拉夫罗夫外长通话，就胡锦涛主席访俄等问题交换意见。7月8日，俄外交部新闻局发表评论，强调俄方承认新疆是中国领土不可分割的一部分，"7·5"事件纯属中国内政，相信中国政府依法采取的行动将使该地区局势尽快正常化。7月22日，杨洁篪外长在泰国普吉岛与拉夫罗夫外长会晤，就双边关系和共同关心的重大问题交换了意见。8月18日，杨洁篪外长应约同拉夫罗夫外长通电话，就伊朗核问题交换意见。19日，杨洁篪外长就俄印古什共和国纳兹兰恐怖袭击事件和哈卡斯共和国舒申斯克水电站爆炸事件向拉夫罗夫外长致慰问电。9月30日，杨洁篪外长和拉夫罗夫外长就中俄建交60周年互致贺信。10月27日，杨洁篪外长在印度班加罗尔市出席中俄印三国外长会晤期间同拉夫罗夫外长举行双边会见，就双边关系以及共同关心的国际和地区问题交换意见，双方签署了《中华人民共和国政府和俄罗斯联邦政府关于建立直通保密信息传输通信线路的协定》。11月26日，杨洁篪外长会见俄副外长博罗达夫金，就朝鲜核问题交换意见。30日，杨洁篪外长就俄"涅瓦"号特快客运列车脱轨事故事致电拉夫罗夫外长表示慰问。12月6日，杨洁篪外长就俄彼尔姆市火灾向拉夫罗夫外长致慰问电。11日，杨洁篪外长同拉夫罗夫通电话，就双边关系和气候变化等问题交换意见。24日，拉夫罗夫外长向杨洁篪外长致电祝贺新年和春节。28日，杨洁篪外长向拉夫罗夫外长致电祝贺新年。9月28日，外交部副部长王光亚应约会见俄驻华大使拉佐夫，双方就近期中俄高层会晤及双边关系问题交换意见。12月21日，外交部副部长王光亚会见俄驻华大使拉佐夫，就中俄哈额尔齐斯河三方会谈机制、"金砖四国"峰会时间等问题交换意见。3月20日，李辉副部长约见俄驻华大使拉佐夫，就双边关系、上海合作组织有关问题交换意见，双方还签署两国外交部2009年磋商计划。4月1日，李辉副部长约见俄驻华大使拉佐夫，转达杨洁篪外长致拉夫罗夫外长的口信。

据中国海关总署统计，2009年中俄贸易额为387.9亿美元，同比下降31.8%。其中中方进口额212.8亿美元，同比下降10.7%，出口额175.1亿美元，同比下降47.1%。2009年边境小额贸易额为57.3亿美元，同比下降34.5%，占双边贸易总额的14.8%。截至2009年底，双方互结友好省市和城市已达88对。

两国共同举行了庆祝中俄建交60周年的系列隆重纪念活动。6月17日晚，双方在俄国家大剧院新舞台举行了中俄建交60周年庆祝大会，胡锦涛主席和梅德韦杰夫总统共同出席，胡锦涛主席发表了题为《共创中俄关系美好未来》的讲话。两国元首还出席了在克里姆林宫举行的"中俄关系60周年杰出贡献奖"颁奖仪式，胡锦涛主席为俄中友协主席季塔连科和参加中国抗震救灾的俄米－26直升机机长列别德夫颁奖。10月13日晚，双方在人民大会堂举行中俄60周年庆祝大会暨"俄语年"闭幕式，温家宝总理和普京总理共同出席，温家宝总理发表了题为《继往开来，携手奋进》的讲话。两国总理还出席了为在中国普及俄语教学做出突出贡献的中方人士和"中国人唱俄语歌"大赛获奖者颁奖仪式。9月25日，全国政协主席贾庆林出席由全国友协、中俄友协举行的庆祝中俄建交60周年暨中俄友协成立60周年招待会并致辞。

中国"俄语年"活动成功举办。3月27日，中国"俄语年"开幕式在人民大会堂隆重举行，温家宝总理和普京总理分别发来贺电，刘延东国务委员和茹科夫副总理共同出席中国"俄语年"开幕式。在双方的共同努力下，全年共在华举办了260多项活动，涵盖中国22个省、自治区和直辖市，涉及教育、文化、媒体、电影和出版等各领域，形式包括语言大赛、歌曲大赛、大学校长论坛、学生联欢、学术研讨会、学生通信、文学及美术作品展览、图书教材出版、文艺演出等数十类，中国100余所高校的数十万学生直接参与了各项活动，社会各界直接和间接参与的人数达上亿人次。"俄语年"活动的举办，对进一步增进两国人民特别是青少年之间的相互了解和友谊，促进各领域务实合作发挥了重要作用。

中俄民间友好活动不断掀起新高潮。7月23日，第二批共554名四川等地震灾区儿童启程赴俄疗养，在俄罗斯符拉迪沃斯托克市"海洋"全俄儿童中心受到俄方精心热情的接待。11月18日，中俄友好、和平与发展委员会第八次全体会议在北京举行。委员会中方主席、全国人大常委会副委员长华建敏，外交部副部长王光亚，委员会俄方主席、"奥耐克西姆"集团副董事长德拉切夫斯基，俄驻华大使拉佐夫及双方委员与会。会议宣读了国家主席胡锦涛和俄罗斯总统梅德韦杰夫致本次全会的贺词。17日，中方主席、全国人大常委会副委员长华建敏在钓鱼台养源斋会见德一行。同日下午，习近平副主席在人民大会堂会见中俄友好、和平与发展委员会双方全体人员并发表讲话。

中俄政党交流持续扩大和深入。10月9日，第二届中俄政党论坛开幕式在绥芬河市举行，王岐山副总理与俄副总理茹科夫（俄统一俄罗斯党最高委员会常委）共同出席并致辞。论坛期间，双方就中俄边境地区经济合作等问题深入交换意见。11月21日，应俄罗斯统一俄罗斯党的邀请，中联部副部长陈凤翔作为中国共产党代表出席了该党在圣彼得堡举行的十一大并致贺。陈凤翔副部长与统俄党总务委员会主席团副书记、俄国家杜马国际事务委员会主席科萨乔夫等就具体落实第二届中俄政党论坛成果情况交换意见。陈还出席了由统俄党举办的题为《政党在危机时期的社会责任》国际论坛并发表演讲。

军事交流继续深入。7月22～26日，中俄“和平使命－2009”联合反恐军事演习举行。中国人民解放军总参谋长陈炳德上将和俄罗斯国防部第一副部长兼武装力量总参谋长马卡罗夫大将共同观看了演习。11月23～26日，应俄国防部部长谢尔久科夫邀请，中央军委副主席郭伯雄上将率团访俄并出席中俄政府间军事技术合作委员会第十四次会议，俄总统梅德韦杰夫会见郭一行，就双边关系、两军关系和军事技术合作等问题交换意见并签署了会谈纪要。郭还参观了位于俄哈边境的卡普斯金雅尔俄军导弹综合试验场的C－400地空导弹武器系统。

中国驻俄罗斯大使：李辉。馆址：莫斯科友谊街6号（г. Москва，улица Дружбы，дом 6）。电话：007－495－9382006。传真：9382182。商务处电话：9382111。领事部电话：1431543。

俄罗斯驻华大使：谢·拉佐夫（Сергей Сергеевич Разов）。馆址：北京市东直门内北中街4号。电话：010－65321381。商务处电话：65322181。领事部电话：65321267。

【同美国的关系】2009年，俄美关系逐渐走向缓和与改善。1月19日，俄总统梅德韦杰夫打电话给美国总统布什，对他的合作表示感谢并邀请他访俄。1月26日，俄总统梅德韦杰夫打电话给美国总统奥巴马，祝贺他就职。双方表示将以建设性态度解决双边关系中存在的问题。2月7日，美国副总统拜登出席慕尼黑安全会议期间会晤俄副总理伊万诺夫时表示，现在到了“重启”美俄关系的时候，尽管美俄之间仍存在分歧，但双方应协力战胜塔利班和“基地”组织。伊强调俄反对美在欧洲部署反导系统，但愿在阿富汗问题上同美合作，愿与美开启商签新的《削减进攻性战略武器条约》谈判。2月13日，俄总统梅德韦杰夫打电话给美国总统奥巴马，就纽约州客机空难事件表示慰问。3月6日，美国国务卿希拉里·克林顿与俄外长拉夫罗夫在日内瓦举行会晤，并同时按下一个象征两国关系“重启”的红色按钮，标志俄美关系改善进程正式启动。3月20日，美国前国务卿基辛格率团访俄并出席“俄美展望未来”社会对话工作组会议。俄总统梅德韦杰夫接见基辛格一行。4月1日，梅德韦杰夫总统在出席伦敦G20峰会期间会晤美国总统奥巴马。双方通过《俄美总统联合声明》和《俄美总统关于削减进攻性战略武器条约谈判问题的联合声明》。5月8日，俄外长拉夫罗夫访美并会晤奥巴马总统和克林顿国务卿，为俄美元首莫斯科会晤作准备。6月30日，俄总统梅德韦杰夫与美国总统奥巴马通电话。双方就奥即将对俄进行访问协调了立场。7月6日，美国总统奥巴马对俄进行国事访问并分别会晤俄总统梅德韦杰夫和总理普京。双方通过《俄美总统关于在核领域合作的联合声明》、《俄美总统关于阿富汗问题的联合声明》、《俄美总统关于反导问题的联合声明》等多项文件。8月4日，俄总统梅德韦杰夫打电话给美国总统奥巴马祝贺生日，双方就如何落实奥访俄时达成的双边协议，特别是商签新的核裁军条约问题交换了意见。9月24日，俄总统梅德韦杰夫赴美参加第64届联大、安理会五常关于核裁军和防扩散问题峰会和匹兹堡G20峰会期间会晤美国总统奥巴马。双方重点就《削减进攻性战略武器条约》谈判、伊核问题、国际金融危机以及共同关心的双边关系和国际问题交换了意见。9月17日，俄总统梅德韦杰夫就美总统奥巴马宣布调整东欧反导计划发表声明，表示俄重视美国总统在落实俄美协议方面的负责任态度，愿与美合作评估导弹威胁、共同克服导弹扩散的风险。10月10日，俄总统梅德韦杰夫打电话给美国总统奥巴马，祝贺他荣膺诺贝尔和平奖。10月13日，美国国务卿希拉里·克林顿访俄并会晤俄总统梅德韦杰夫和总理普京，同俄外长拉夫罗夫举行双边会谈。双方重点就签署新的《削减进攻性战略武器条约》谈判、东欧反导、伊朗核及双边关系相关问题交换了意见。10月24日，美国总统奥巴马打电话给俄总统梅德韦杰夫。双方重点讨论了伊核问题和《削减进攻性战略武器条约》谈判问题。11月15日，俄总统梅德韦杰夫在出席新加坡APEC领导人非正式会晤期间会见美国总统奥巴马，双方重点就俄美关系特别是签署新的《削减进攻性战略武器条约》问题交换了意见。11月30日，美国总统奥巴马打电话给俄总统梅德韦杰夫，双方重点就阿富汗局势和签署新的《削减进攻性战略武器条约》交换了意见。12月4日，俄总统梅德韦杰夫与美国总统奥巴马通电话。双方重点就新的《削减进攻性战略武器条约》问题交换了意见。12月12日，俄总统梅德韦杰夫打电话给美国总统奥巴马，双方对新的《削减进攻性战略武器条约》谈判进程表示满意。12月18日，俄总统梅德韦杰夫在出席哥本哈根世界气候变化峰会期间会见美国总统奥巴马，双方就双边关系、减排及新的《削减进攻性战略武器条约》谈判问题交换了意见。

【同欧洲国家的关系】2009年，俄同欧洲国家的关系继续以积极态势发展，但同欧盟的整体关系进展不大。

1月8日，俄总统梅德韦杰夫与保加利亚总统珀尔瓦诺夫通电话，梅表示，在与乌克兰签署相关协定后，俄将恢复向欧洲输送天然气，双方并就欧洲国家建立天然气供给监督机制达成共识。1月14日，俄总统梅德韦杰夫在莫斯科与保加利亚总理斯塔尼舍夫、摩尔多瓦总理格列恰内、斯洛伐克总理菲乔就俄如何尽快恢复通过乌克兰向欧洲供应天然气的问题进行磋商，梅建议1月17日在莫斯科举行俄天然气消费国领导人峰会。1月16日，俄总统梅德韦杰夫同英国首相布朗通电话，就将于4月举行的G20领导人伦敦峰会协调立场。1月16日，俄总理普京对德国进行工作访问，出席欧洲最大的农业展览《2009—绿色周》，并会见了德总理默克尔。1月22日，俄总统梅德韦杰夫签署命令，决定2010年俄法互办“国家年”活动。2月5日，俄总统梅德韦杰夫与到访的保加利亚总统珀尔瓦诺夫举行会晤，讨论如何落实两国在能源领域的一系列战略性项目，以及将如何解决不久前发生的天然气危机问题。同日，两国总统共同出席了俄“保加利亚年”启动仪式。2月16日，俄总统梅德韦杰夫与德国总理默克尔通电话，就将于4月召开的G20伦敦峰会协调立场。2月16日，俄总统梅德韦杰夫与英首相布朗再次就G20伦敦峰会事通电话，并就如何克服国际金融危机交换意见。2月17日，俄总统梅德韦杰夫与法国总统萨科奇通电话，双方主要就国际金融危机和伦敦G20峰会问题交换了意见。2月17日，俄总统梅德韦杰夫与意大利总理贝卢斯科尼通电话，就将于4月召开的G20峰会协调立场。3月1日，俄总统梅德韦杰夫访问意大利并与意总统纳波利塔诺举行了会见，主要讨论了两国在能源、高科技和工业领域的合作。3月26日，俄总统梅德韦杰夫与英首相布朗通电话，继续就G20峰会事交换意见，并表示将在G20伦敦峰会期间举行双边会见。3月31日，俄总统梅德韦杰夫访问德国，与德总理默克尔就如何应对国际金融危机交换了意见，为G20伦敦峰会做准备。同日，梅与默共同会见了德实业界代表。4月1日，俄总统梅德韦杰夫赴英参加G20峰会，并会见了英首相布朗。双方主要讨论了在国际金融危机形势下如何加强经济合作、扩大相互投资的问题。4月6日，俄总统梅德韦杰夫就意大利发生地震事向意大利总统纳波利塔诺和总理贝卢斯科尼致慰问电。4月7日，俄总统梅德韦杰夫给意大利总理贝卢斯科尼打电话，对意大利发生地震表示慰问，表示俄紧急情况部愿向意提供帮助。4月7日，俄总统梅德韦杰夫在莫斯科会见了来访的意大利实业界代表，主要谈及两国在国际金融危机形势下的经济合作及G20领导人峰会达成的成果。4月28日，俄总统梅德韦杰夫与保加利亚总统珀尔瓦诺夫在莫斯科举行会晤，主要讨论了两国在能源领域的合作，包括“南溪”天然气管道保加利亚段项目及保加利亚“贝列内”核电站建设项目。5月16日，俄总统梅德韦杰夫会见到访的意大利总理贝卢斯科尼，就如何应对国际金融危机、欧洲安全、俄与欧盟关系、俄与北约关系、能源安全等问题交换了意见。6月2日，俄总统梅德韦杰夫致电意大利总统纳波利塔诺，祝贺意大利国庆日。6月2日，俄总统梅德韦杰夫给法国总统萨科奇和巴西总统卢拉发去慰问电，对法航空难事故表示哀悼。6月10日，俄总统梅德韦杰夫在莫斯科会见了来访的德国副总理兼外长施泰因迈尔，探讨国际金融危机形势下如何发展俄德双边经贸关系。6月27日，俄总统梅德韦杰夫与意大利总理贝卢斯科尼通电话，就即将召开的八国集团峰会事交换意见。6月30日，俄总统梅德韦杰夫就意大利北部城市维亚雷吉奥发生火车出轨事故并造成人员伤亡事向意总统致慰问电。6月30日，俄总统梅德韦杰夫向法国总统萨科奇致慰问电，对在也门航空公司空难事故中遇难的法国公民表示哀悼。7月8日，俄总统梅德韦杰夫赴意大利参加八国集团（G8）峰会。7月9日，俄总统梅德韦杰夫与英首相布朗在意大利出席八国集团（G8）峰会期间举行了双边会见，主要就两国在经济、能源领域的合作交换了意见。7月10日，俄总统梅德韦杰夫与美国总统奥巴马和法国总统萨科奇就纳卡问题发表《联合声明》，呼吁亚美尼亚和阿塞拜疆加紧谈判，就协调纳卡问题的基本原则早日达成共识。7月11日，俄总统梅德韦杰夫与意大利总理贝卢斯科尼通电话，祝贺意成功主办G8峰会，双方还就进一步发展双边关系交换了意见。7月16日，俄总统梅德韦杰夫访德，出席俄德政府间磋商会议，与德总理默克尔共同出席了俄德能源机构章程和注册文件的签字仪式。在新闻发布会上，俄总统梅德韦杰夫表示，“北溪”天然气管道能够高水平地加强欧洲能源安全，对俄、德及全欧洲都具有战略意义。同日，梅与默还出席了第十一届俄德“圣彼得堡对话”论坛会议。8月14日，俄总统梅德韦杰夫在索契会见了来访的德总理默克尔，双方就如何在国际金融危机形势下加强经济合作、扩大相互投资交换了意见。8月18日，梅与默在索契就第二次世界大战爆发70周年发表联合声明，呼吁各国吸取历史教训，避免悲剧重演。9月1日，俄总理普京应波兰总理图斯克的邀请对波兰进行工作访问，参加了波兰在格但斯克附近的维斯特布拉德半岛上举行的第二次世界大战爆发70周年纪念活动，并与波兰总理图斯克进行了会晤，重点讨论发展双边关系和东欧反导部署问题。9月14日，俄总统梅德韦杰夫访问法国，会见法国总理菲永，主要讨论了俄法在应对国际金融危机中所发挥的作用，还讨论了中东局势、G20等重要国际和地区问题。9月28日，俄总统梅德韦杰夫给德总理默克尔打电话，祝贺她再次当选德总理。10月1日，法国外长库什内与国防部长莫兰访俄，同俄外长拉夫罗夫、国防部长谢尔久科夫共同举行俄法欧洲安全合作理事会“2+2”会议。俄总统梅德韦杰夫会见双方代表。10月3日，俄总统梅德韦杰夫致电德国总统克勒和总理默克尔，祝贺德国国庆。11月4日，俄总统梅德韦杰夫向英女王伊丽莎白二世的表哥肯特斯基王子颁发了俄国家友谊勋章，感谢其为促进俄英两国友谊做出的贡献。11月9日，俄罗斯总统梅德韦杰夫应德国总理默克尔之邀对德国进行工作访问，参加在德国举行的纪念柏林墙被推倒20周年的一系列纪念活动。11月9日，俄总统梅德韦杰夫签署了关于批准《俄意在收养孤儿领域合作条约》的联邦法。11月26日，普京总理访问法国，此访的主要议题是经济和能源合作。访问期间，俄天然气工业股份公司与法国能源巨头法国电力公司签署了关于法国电力加盟俄“南溪”天然气管道项目的谅解备忘录。12月3日，应意大利总理贝卢斯科尼的邀请，俄总统梅德韦杰夫对意大利进行了工作访问，并出席了第六轮俄意政府间高级别磋商扩大会议，签署关于能源、农业、教育、司法、运输等领域合作的17项文件，还确定了2011年在俄意两国同时举办“意大利语言文化年”和“俄罗斯语言文化年”活动。12月24日，俄总统梅德韦杰夫与意大利总理贝卢斯科尼通电话，互祝节日快乐，并对两国一年来各领域合作所取得的成果表示满意，希今后进一步加强沟通合作。

【同独联体国家的关系】发展同独联体国家的关系是俄罗斯外交政策的首要优先方向。2009年，俄进一步推进独联体区域一体化进程，倡导建立欧亚经济共同体100亿美元反危机基金，加快建立俄、白俄罗斯和哈萨克斯坦三国海关同盟进程，推动组建集体安全条约组织快速反应部队，不断巩固俄在经济、能源、安全等领域的主导地位。俄与乌克兰关系因乌争取加入北约、能源合作、俄黑海舰队在乌塞瓦斯托波尔港驻扎期限等问题困难重重。俄与格鲁吉亚（2009年8月正式退出独联体）断交后继续尖锐对立。俄同独联体其他国家关系发展总体平稳。

1月1日，由于未能就2009年天然气供应价格和过境费用等问题达成协议，俄中断对乌克兰供气。7日，俄停止经乌向欧盟供气。19日，根据俄总理普京和乌总理季莫申科达成的协议，两国签署为期10年天然气购销合同。20日，俄恢复经乌向欧盟供气。22～23日，梅德韦杰夫总统对乌兹别克斯坦进行国事访问，与乌总统卡里莫夫举行大、小范围会谈，就加强两国政治、能源、经贸、移民、人文等领域合作以及中亚地区形势、阿富汗局势、国际金融危机等问题交换意见。乌方承诺将2009年对俄天然气供应量由150亿立方米提高至310亿立方米，双方签署关于塔什干飞机制造厂并入俄联合航空建设集团公司的政府间协议。2月3日，吉尔吉斯斯坦总统巴基耶夫对俄进行工作访问，双方讨论了加强经济、金融等领域合作以及维护地区稳定等问题，签署多份合作文件，包括俄向吉提供20亿美元贷款、1.5亿美元无偿援助、俄免除吉债务以及双方合作建设卡姆巴拉金水电站。4日，俄副外长卡拉辛表示，俄不认为吉尔吉斯斯坦政府宣布将关闭美国驻吉“玛纳斯”军事基地同俄向吉提供经济援助有关。4日，集体安全条约组织和欧亚经济共同体双峰会在莫斯科举行，决定建立集体安全条约组织快速反应部队、成立金额为100亿美元的欧亚经济共同体反危机基金，其中俄将出资75亿美元。24～25日，塔吉克斯坦总统拉赫蒙对俄进行工作访问，同梅德韦杰夫总统就两国能源、军事、军技、劳务移民等领域合作交换意见。3月18日，梅德韦杰夫总统同摩尔多瓦总统沃罗宁、摩德涅斯特河左岸（“德左”）领导人斯米尔诺夫在莫斯科就解决“德左”问题举行首次三方会晤并发表联合声明，表示均愿以和平方式解决该问题。4月7日，梅德韦杰夫总统就摩尔多瓦议会选举后发生大规模骚乱事同摩总统沃罗宁通电话，表示支持摩尽快和平解决问题，恢复法律秩序。9日，“中亚—中心”天然气管道土库曼斯坦同乌兹别克斯坦边境段发生爆炸，土对俄天然气供应因此中断。10日，梅德韦杰夫总统与白俄罗斯总统卢卡申科在莫斯科州会晤，讨论双边关系问题并通报俄出席“二十国集团”峰会情况。同日，普京总理同乌克兰总理季莫申科通电话，讨论两国经贸、能源合作问题。17日，梅德韦杰夫总统同访俄的阿塞拜疆总统阿利耶夫会谈，讨论了双边经贸、能源、人文等合作以及调解“纳戈尔诺—卡拉巴赫”（纳卡）冲突问题。23日，梅德韦杰夫总统同访俄的亚美尼亚总统萨尔基相会谈，就加强两国经贸、人文合作、应对国际金融危机以及解决“纳卡”问题交换意见。29日，普京总理同乌克兰总理季莫申科在莫斯科主持两国经济合作委员会第四次会议，就共同应对国际金融危机、提高双边贸易额、加强俄乌航空、航天、机械制造等领域合作交换意见并签署一系列合作协议。5月4日，梅德韦杰夫总统和哈萨克斯坦总统纳扎尔巴耶夫通电话，讨论加强俄哈能源战略对话、尽快建立俄白哈海关同盟等问题。21日，普京总理对哈萨克斯坦进行工作访问并分别同哈总理马西莫夫、总统纳扎尔巴耶夫举行会谈、会见，重点讨论加强两国经贸、投资合作以及加快建立俄白（俄罗斯）哈三国海关同盟问题。22日，普京总理出席在哈萨克斯坦举行的独联体成员国总理会议，并分别同白俄罗斯总理西多尔斯基、摩尔多瓦总理格雷恰尼、乌克兰总理季莫申科举行双边会见。29日，普京总理对白俄罗斯进行工作访问并分别会晤白总理西多尔斯基、总统卢卡申科，就共同应对国际金融危机、两国贸易、金融、核能等领域合作问题交换意见。6月4日，俄、亚美尼亚、阿塞拜疆三国总统在圣彼得堡举行三方非正式会晤，就高加索地区局势、解决“纳卡”冲突等问题交换意见。9日，普京总理出席在莫斯科举行的俄白哈海关同盟最高机构（总理级）会议，三国一致决定将于2010年1月1日前完成建立海关同盟的主要程序。同日，普京总理出席欧亚经济共同体成员国总理会议，与会各国总理签署了关于建立欧亚经济共同体100亿美元反危机基金的条约，通过了反危机共同措施计划。14日，梅德韦杰夫总统出席在莫斯科举行的集体安全条约组织峰会并分别同哈萨克斯坦总统纳扎尔巴耶夫、吉尔吉斯斯坦总统巴基耶夫举行双边会晤，会上签署了关于建立集体安全条约组织快速反应部队的协定。22日，梅德韦杰夫总统、普京总理分别会晤访俄的摩尔多瓦总统沃罗宁，表示支持摩采取措施维护法律秩序，同时俄向摩提供5亿美元优惠贷款。29日，梅德韦杰夫总统对阿塞拜疆进行工作访问并同阿总统阿利耶夫会谈，讨论了加强两国经贸、能源、金融、科技、文化等领域合作问题，双方签署关于俄自阿购买天然气的合同文件。18日，梅德韦杰夫总统邀请独联体国家元首观看在莫斯科举行的俄总统杯赛马会，其间分别同哈萨克斯坦、塔吉克斯坦总统举行双边会晤。俄、亚美尼亚、阿塞拜疆总统在赛马会后就解决“纳卡”冲突举行三方会晤。30日，梅德韦杰夫总统访问塔吉克斯坦并同塔总统拉赫蒙会谈，表示将继续巩固俄塔战略伙伴关系，两国元首共同出席了俄援建的塔桑格图金1号水电站启用仪式。同日，俄、塔吉克斯坦、阿富汗、巴基斯坦四国元首在塔举行会晤，表示愿扩大四国经贸、人文合作，呼吁国际社会采取更积极的措施应对毒品威胁。11日，梅德韦杰夫总统发表致乌克兰总统尤先科的公开信，并以博客视频方式向乌人民发表讲话，指责尤执行反俄政策，导致俄乌关系陷入低谷，表示俄将暂不派出新任驻乌大使，寄希望于乌选出新总统后能理顺两国关系。21日，梅德韦杰夫总统同摩尔多瓦总统沃罗宁在俄索契会晤，就加强两国经贸合作、解决“德左”问题交换意见。27日，梅德韦杰夫总统同白俄罗斯总统卢卡申科在索契举行非正式会晤，讨论两国经贸、核能、金融等领域合作、加强对外政策协调等问题。9月11日，梅德韦杰夫总统同哈萨克斯坦总统纳扎尔巴耶夫共同出席在俄南部奥伦堡举行的俄哈地区合作论坛，讨论了加强里海能源财团工作、成立俄哈民用核能合资公司、提高双边贸易额、共同应对金融危机等问题。同日，俄、阿塞拜疆、哈萨克斯坦、土库曼斯坦四国总统在哈阿克套市举行非正式会晤，表示希望尽快在阿首都巴库召开里海沿岸国家元首会议，以推动解决里海法律地位问题。13日，梅德韦杰夫总统访问土库曼斯坦，主要讨论加强天然气领域合作，双方未能就土恢复对俄供气达成一致。10月9日，梅德韦杰夫总统出席在摩尔多瓦首都基希讷乌举行的独联体成员国元首峰会，讨论成员国共同克服经济危机、加强人文、教育、救灾等领域合作问题，签署关于筹备伟大卫国战争胜利65周年庆祝活动等合作文件。峰会期间，梅分别会晤了摩代总统根普和摩民主党领导人卢普。12日，亚美尼亚总统萨尔基相访俄并同梅德韦杰夫总统讨论了两国经贸、地方及军技合作问题。萨通报了亚同土耳其签署关系正常化议定书的情况。22～23日，塔吉克斯坦总统拉赫蒙对俄进行国事访问，分别同梅德韦杰夫总统、俄联邦委员会主席米罗诺夫会谈、会见，讨论加强两国经贸、能源、军技、劳动移民、教育等领域合作问题。塔方重申同意俄方免费使用驻塔军事基地直至2014年相关合同期满。28日，普京总理同白俄罗斯总理西多尔斯基在莫斯科共同出席俄白联盟国家部长理事会会议，讨论了反危机措施、经贸、能源等领域合作问题，批准了联盟国家2010年预算草案。11月19日，普京总理同乌克兰总理季莫申科在乌雅尔塔举行两国政府间经济合作委员会第五次会议，就修改1月19日签署的天然气购销合同达成一致。24日，梅德韦杰夫总统同阿塞拜疆总统阿利耶夫在俄乌里扬诺夫斯克市会晤，就解决“纳卡”冲突、俄阿经济合作问题交换意见。27日，俄、白俄罗斯、哈萨克斯坦总统在欧亚经济共同体明斯克峰会期间签署一揽子协议，决定2010年1月1日启动三国海关同盟，实行统一关税，7月1日起海关同盟法典生效，2011年上半年取消三国间海关检查。11月29日，土库曼斯坦总统别尔德穆哈梅多夫对俄进行工作访问，同梅德韦杰夫总统讨论了两国汽车贸易、能源、军技、人文等领域合作问题，双方仍未就土恢复对俄天然气供应的价格和数量达成一致。12月10日，梅德韦杰夫总统同白俄罗斯总统卢卡申科在莫斯科会晤，与两国总理共同出席俄白联盟国家最高国务委员会例会并签署关于联盟国家条约签订10周年的联合声明，重申俄将继续实行援助并支持白经济发展的政策。19日，俄、白、哈三国总统在独联体成员国元首阿拉木图非正式会晤期间发表联合声明，重申关于建立三国海关同盟的决定，并表示力求2012年1月1日前建立俄白哈统一经济空间。22日，梅德韦杰夫总统访问土库曼斯坦，与土总统别尔德穆哈梅多夫就土2010年1月恢复对俄供应天然气达成一致，双方签署了关于扩大能源、机械制造领域战略合作的协议。

【同亚太国家的关系】2009年，俄继续加强对亚太地区国家的外交。2月18日，日本首相麻生太郎应梅德韦杰夫总统邀请访问南萨哈林斯克，同梅进行会晤并出席“萨哈林2号”项目液化气厂投产仪式。5月11～13日，普京对日本进行工作访问，是其就任总理以来首次访日。普同日本首相麻生太郎会谈，会见日本政要，出席俄日地方领导人联合会议和俄日企业论坛。双方签署了司法互助、核能、海关、银行、渔业等领域的合作文件。5月13日，普京总理访问蒙古，会见蒙古总统恩赫巴亚尔和国家大呼拉尔主席登贝尔勒，双方签署了交通运输、核能专家培训等5个合作文件。8月25～26日，梅德韦杰夫总统对蒙古进行正式访问，同蒙古总统查希亚·额勒贝格道尔吉会谈，会见蒙古总理和国家大呼拉尔主席，双方签署了《发展战略伙伴关系宣言》以及铁路、铀矿开发等领域一系列重要合作协议。梅还同蒙总统共同出席诺门罕战争70周年纪念活动，并观摩俄蒙“达尔汗—2”联合军演。9月2～6日，印度总统普拉蒂巴·帕蒂尔首次对俄进行国事访问，分别同俄总统梅德韦杰夫、总理普京、上院议长米罗诺夫等进行会谈。11月14~15日，梅德韦杰夫出席在新加坡举行的亚太经合组织第17次领导人非正式会议，其间梅同越南国家主席阮明哲、日本首相鸠山由纪夫进行会晤。15~16日，俄总统梅德韦杰夫对新加坡进行正式访问，这是俄总统首次访新，会见了新总统纳丹、总理李显龙等。12月6~8日，印度总理辛格对俄进行正式访问，同梅德韦杰夫总统举行了会谈，同普京总理举行了会见，就核能、军技等领域合作进行商谈。

【同中东、拉丁美洲和非洲国家的关系】 2009年，俄同拉美和非洲国家的关系续有发展。1月28日至2月4日，古巴国务委员会主席兼部长会议主席劳尔·卡斯特罗对俄进行正式访问，这是古领导人自1985年以来首次访俄。梅德韦杰夫总统和普京总理分别同其就扩大双边政治、经贸、科技及人道主义领域合作以及国际和地区问题交换了意见，双方确认将俄古关系提升到战略伙伴关系水平，签署能源、通讯、机电产品和金融等领域合作协议。2月15~16日，玻利维亚总统莫拉莱斯访俄，与梅德韦杰夫总统就加强俄玻经贸、能源、采矿、农业和军事技术等领域合作举行会谈，双方签署政府间军事技术合作协定等文件。24~25日，也门总统萨利赫访俄，同梅德韦杰夫总统就加强军技合作、打击海盗以及国际和地区问题交换了意见。3月6日，俄罗斯与委内瑞拉互免签证协议生效。4月1~4日，智利总统巴切莱特对俄进行正式访问，梅德韦杰夫总统同其就扩大两国经贸、能源、高科技、制造业、运输、信息技术、军技和人文合作交换了意见，双方发表联合声明并签署军事、文化领域合作协议，巴出席“智利—俄罗斯投资”商业研讨会。2~4日，苏丹总统代表、苏财政和国民经济部长贾兹访俄，在与俄外长拉夫罗夫会谈时，转交了苏总统巴希尔致俄总统梅德韦杰夫的信函。6月23~26日，梅德韦杰夫总统访问埃及、尼日利亚、纳米比亚和安哥拉四国，这是梅作为国家元首首次出访非洲。访问巩固了俄非传统友谊，为双方在新形势下加强经贸、能源、军技、航天、投资等领域合作以及国际和地区事务协作注入了新动力。23日，委内瑞拉副总统卡里萨莱斯访俄并同普京总理举行会谈，双方签署成立俄委合资银行的协议，卡向普转交委总统查韦斯致普的信函。7月28日，委内瑞拉总统查韦斯会见到访的俄副总理谢钦并与谢共同出席俄委石油、渔业、军技等领域一系列合作协议的签字仪式。同日，谢钦访问尼加拉瓜，双方签署石油领域合作意向书、互免签证协议等文件，谢转交梅德韦杰夫总统致尼总统奥尔特加的信函，信中梅对俄尼关系发展表示满意，提出进一步发展两国关系的建议。29日，谢钦在访问古巴期间向古领导人劳尔·卡斯特罗转交梅德韦杰夫总统致力于继续推动两国关系的信函。8月11日，普京总理会见到访的委内瑞拉能源与石油部长拉米雷斯，双方探讨了加强俄委能源、军技等领域合作问题。9月9~10日，委内瑞拉总统查韦斯访俄，分别与梅德韦杰夫总统和普京总理举行会谈和会见，双方就广泛的双边和国际、地区问题深入交换意见，签署了能源、军技等领域近10项合作协议。10月29~30日，厄瓜多尔总统科雷亚首次正式访俄，同梅德韦杰夫总统探讨了加强两国经贸、能源等各领域互利合作问题，双方签署了战略伙伴关系声明以及一系列备忘录和议定书。

（刘阳　刘保军　欧娅）

法　国

国名　法兰西共和国（The Republic of France, La République Française）。

面积　632834平方公里（包括4个海外省，其中本土面积543965平方公里）。

人口　6545万，其中本土人口6279万（2010年1月，法国国家经济研究与统计局，以下简称“INSEE”）。通用法语。居民中64%信奉天主教，3%信奉伊斯兰教，2.1%信奉新教，0.6%信奉犹太教，27%自称无宗教信仰。

首都　巴黎（Paris），人口约220万。年平均气温11℃，较为湿润，年均降水量600毫米。

国家元首　总统尼古拉·萨科齐（Nicolas SARKOZY），2007年5月6日当选，5月16日就职。

重要节日　国庆节：7月14日。1880年议会立法规定，1789年法国资产阶级大革命攻克巴士底狱日为国庆节。

简　况

位于欧洲西部，本土呈六边形，三边临水。与比利时、卢森堡、德国、瑞士、意大利、西班牙、安道尔、摩纳哥接壤，西北隔拉芒什海峡与英国相望。平原占总面积的2/3。主要山脉有阿尔卑斯山脉、比利牛斯山脉、汝拉山脉等。濒临四大海域：北海、英吉利海峡、大西洋和地中海。边境线总长度为5695公里，其中海岸线2700公里，陆地线2800公里，内河线195公里。领海宽度为12海里。西部属温带海洋性气候，南部属亚热带地中海气候，中部和东部属大陆性气候。1月平均气温北部2℃～5℃，南部6℃～8℃；7月北部17℃～20℃，南部20℃～23℃。

公元5世纪，法兰克人移居到这里，843年成为独立国家。17～18世纪达到封建社会鼎盛时期。1789年7月14日爆发资产阶级大革命。此后曾建立过五次共和国和两次帝国。1871年3月，巴黎人民武装起义，成立人类历史上第一个无产阶级政权——巴黎公社，当年5月被镇压。两次世界大战期间均遭德国入侵。二战后致力于欧洲一体化建设。1958年成立第五共和国。戴高乐、蓬皮杜、德斯坦、密特朗、希拉克、萨科齐先后出任总统。

政 治

萨科齐总统和右翼政府凭借执政优势，坚持推进改革，保持了国内政治、经济和社会局面的总体稳定。但主要反对党社会党重新崛起，在大区议会选举中获胜，对萨执政形成掣肘。国际金融危机对法经济负面影响持续发酵，民众不满情绪上升。在外交领域，法正式重返北约，利用二十国集团峰会等多边舞台，积极参与全球治理、国际金融体系改革和气候变化等国际热点问题的解决，加快调整与各大国关系，维护法的大国地位。

【宪法】现行第五共和国宪法系1958年9月公民投票通过，10月4日生效，是法国历史上第16部宪法。曾进行过多次修改。宪法规定，总统为国家元首和武装部队统帅，任期5年，由选民直接选举产生。总统任免总理并批准总理提名的部长；主持内阁会议、最高国防会议和国防委员会；有权解散议会；可不经议会而将某些重要法案直接提交公民投票表决；在非常时期，总统拥有“根据形势需要采取必要措施”的全权。在总统不能履行职务或空缺时，由参议长暂行总统职权。

【议会】实行国民议会和参议院两院制，拥有制定法律、监督政府、通过预算、批准宣战等权力。国民议会共有577名议员，任期5年，采用两轮多数投票制，由选民直接选举产生。本届国民议会于2007年6月选出，议长贝尔纳·阿夸耶（Bernard ACCOYER），属人民运动联盟。

参议院共343席，任期6年，每3年改选1/3，2011年起参议院将拥有348席，每3年改选1/2，参议员由国民议会和地方各级议会议员组成选举团间接选举产生。本届参议院于2008年10月举行部分改选产生，参议长热拉尔·拉尔歇（Gérard LARCHER），属人民运动联盟。各党派在两院中所占席位如下：

国民议会（资料来源：法国国民议会网站）

人民运动联盟党团	315
社会党和极左党团	203
民主左翼和共和人士派	25
新中间党	25
无党派人士	8
空缺	1

参议院（资料来源：法国参议院网站）

人民运动联盟党团	151
社会党党团	116
中间人士和法兰西民主联盟党团	29
共产党、共和与公民党团	24
欧洲社会民主联盟党团	16
无党派人士	7

【政府】本届政府于2007年6月19日成立，2008年3月、2009年6月和2010年3月三次小幅改组。除总理外，包括部长20名，国务秘书19名。主要成员有：总理弗朗索瓦·菲永（François FILLON），生态、能源、可持续发展和海洋事务国务部长让—路易·博尔洛（Jean-Louis BORLOO），司法国务部长米歇尔·阿利奥—玛丽（Michèle ALLIOT-MARIE，女），外交和欧洲事务部长贝尔纳·库什内（Bernard KOUCHNER），经济、工业和就业部长克里斯蒂娜·拉嘉德（Christine LAGARDE，女），国防部长埃尔维·莫兰（Hervé MORIN）等。

【行政区划】分为大区、省和市镇。本土划为22个大区、96个省，还有4个海外单省大区、6个海外行政区和1个地位特殊的海外属地。全国共有36682个市镇。

【司法机构】分为两个相对独立的司法管辖体系，即负责审理民事和刑事案件的普通法院与负责公民与政府机关之间争议案件的行政法院。

普通法院有三类：（1）专门法庭（包括儿童法庭、负责处理雇主和职工之间纠纷的劳资调解委员会、审理商人之间或商业公司之间争端事件的商务法庭和社会保险法庭）。（2）民事法院。（3）刑事法院（包括判决轻微犯罪案件的警察法庭、判决轻罪案件的轻罪法庭、判决重大刑事案件的重罪法庭）。

普通法院系统纵向分为四级：初审法庭、大审法庭、上诉法院和终审法院。终审法院是最高一级司法机关，负责受理对35个上诉法院所作判决的上诉，院长万桑·拉芒达（Vincent LAMANDA）。

行政法院是最高行政诉讼机关，下设行政法庭。行政法院对行政法令的合法性作最后裁决，并就制定法律向政府提供咨询。

法国没有独立的检察机关系统，其职能由各级法院中配备的检察官行使。检察官虽派驻在法院内，但职能独立于法院，其管理权属于司法部。终审法院设总检察长1人，检察官若干人；上诉法院设检察长1人，检察官若干人；大审法院设检察官1人，代理检察官和助理检察官若干人。

【政党】法国实行多党制，主要政党有：

（1）人民运动联盟（Union pour un Mouvement Populaire，UMP）：执政党和议会第一大党。前身系2002年总统大选中的竞选联盟，核心为原保卫共和联盟（戴党），并吸收了自由民主党和法兰西民主联盟的主要力量。2002年11月17日正式宣告成立，取用现名。党员约35万人（2009年9月），多为职员、官员、自由职业者、商人、农民和工人等。属中右政党，2007年3月萨科齐辞去党主席职务后，人民运动联盟决定暂时取消党主席职位，由拉法兰（Jean-Pierre RAFFARIN）、德维吉昂（Patrick DEVEDJIAN）等集体领导。2009年1月起贝特朗（Xavier BERTRAND）担任总书记。该党党纲是“自由、责任、互助、国家、欧洲”，主张奉行务实、开放的经济政策，重塑社会市场经济理念，推动欧盟建设。

（2）社会党（Parti Socialiste，PS）：主要反对党和议会第二大党。前身是1905年成立的“工人国际法国支部”，1920年发生分裂，多数派另组共产党，少数派则保留原名。1969年改组成立社会党，1971年与其他左翼组织合并，仍用现名。党员约23.3万人（2009年9月），多为公职人员和知识分子，现任第一书记为马尔蒂娜·奥布里（Martine AUBRY，女），2008年11月当选。该党对内注意体现左翼政党色彩，主张维护劳工利益，同时采取务实的经济政策；对外主张维护法国独立核力量，推动欧洲一体化建设，并加强南北对话。历史上曾多次执政。2008年3月、9月，2010年3月先后在市镇选举、参议院选举和大区议会选举中获胜。

（3）欧洲环保党（即绿党，Les Verts）：20世纪70年代起，法国环保主义者开始以绿党名义参与政治活动。欧洲环保党系法不同政见的环保主义者和组织组成，成立于2008年底，现任全国书记杜弗露（Cécile DUFLOT）。2007年法总统大选中绿党候选人惨败。为在政坛赢得一席之地，当年底，各环保组织负责人共商联合事宜，并于2008年10月正式宣布成立欧洲环保党。2009年欧洲议会选举中，首次以现党名参选，赢得16.28%的选票，与位居第二的社会党仅差0.2%，成为法政坛一支崛起的新军。2010年3月大区议会选举中，在首轮投票中再次居第三位。

（4）新中间党（Nouveau Centre）：前身是法兰西民主联盟（Union pour la Démocratie Française，UDF）中支持执政党人民运动联盟（UMP）的一支。对内主张进行一定程度的社会改革，提倡在社会、经济、文化等领域实行自由化政策，对外积极主张加强欧盟建设。领导人是埃尔维·莫兰（Hervé MORIN）。

（5）民主运动（MoDem）：前身是法兰西民主联盟（Union pour la Démocratie Française，UDF）中的偏左派，由法兰西民主联盟前主席弗朗索瓦·贝鲁（François BAYROU）领导。

（6）共产党（Parti Communiste Français，PCF）：现有党员约7万～8万，多为工人、雇员、教员、手工业者等。现任全国书记皮埃尔·洛朗（Pierre LAURENT）。2007年前书记比费参加总统大选，首轮遭遇惨败，激化了党内派别之争，法共一度面临分裂危机。2010年6月，法共三十五大召开，洛朗当选全国书记。

（7）国民阵线（Front National）：成立于1972年10月。党员约10万人，多为中小工商业者。1986年议会选举中首次进入国民议会。代表极端民族主义思潮，煽动排外情绪，强调“要把法国从欧洲控制和世界主义中拯救出来”，呼吁“进行一次反对新共产主义和世界主义的十字军讨伐”。党主席让—玛丽·勒庞（Jean-Marie LE PEN）在2002年首轮总统选举中胜出，对法国和欧洲政坛造成极大震动，但在第二轮中被法左右翼联手击败。2007年5月的总统选举中，勒庞首轮即被淘汰。随着国际金融危机爆发，法民众购买力下降，失业人数激增，极右翼思想出现回潮，该党影响力有所回升。

其他政党有：右翼：保卫法兰西运动（Mouvement pour la France）、保卫法兰西联盟（Rassemblement pour la France）。

左翼：左翼共和联盟（Association pour une Gauche Républicaine）、共和与公民运动（Mouvement Républicain et Citoyen）、左翼激进党（Parti Radical de Gauche）。

中间派：公民运动—共和之极（Mouvement des Citoyens-Pôle Républicain）。

极右：全国共和运动（Mouvement National Républicain）。

极左：工人斗争党（Lutte Ouvrière）、革命共产主义同盟（Ligue Communiste Révolutionnaire）、劳动党（Parti des Travailleurs）。

【重要人物】尼古拉·萨科齐：总统。1955年1月28日生于巴黎。毕业于巴黎政治学院。1976年当选法国讷伊市议员，1983年当选讷伊市市长，1988年任保卫共和联盟（戴党，现执政党人民运动联盟前身）全国书记，1990～1993年任该党副总书记，1993～1995年任预算部长与政府发言人。1998～1999年任保卫共和联盟总书记。2002年出任内政部长。2004年4月起任国务部长兼经济、财政和工业部长。2004年11月当选人民运动联盟主席。2005年6月任国务部长兼内政部长。2007年1月当选人民运动联盟总统候选人，5月6日当选法兰西第五共和国第九任、第六位总统，5月16日正式就任。此前曾于1991年、1995年和2004年三度访华，2007年11月作为总统来华进行国事访问。2008年8月来华出席北京奥运会开幕式，10月来华出席亚欧首脑会议。2010年4月再次来华国事访问并出席上海世博会开幕式。喜爱跑步和自行车运动。著有《政治和尚——乔治·蒙代尔》、《激情的终点是平衡》、《自由》及《共和国、宗教和希望》等书。已婚，有3个子女。 **弗朗索瓦·菲永：**总理。1954年3月4日生于勒芒市（Le Mans）。毕业于巴黎五大和巴黎政治学院，获法学硕士学位。27 岁进入政界，成为当时最年轻的国民议会议员。拥有 20 多年的地方从政经验，后历任教育和科研部长、信息技术和邮电部长、邮电和空间事务的部长级代表、社会事务部长、教育部长等职。在 2007 年总统竞选中，担任萨科齐首席政治顾问。5 月 17 日被萨科齐总统任命为总理。1997 年初曾以邮电和空间事务部长级代表身份访华，同年 5 月陪同希拉克总统再次访华。2009 年 12 月以总理身份访华。

经　济

法国是最发达的工业国家之一，在核电、航空、航天和铁路方面居世界领先地位。2009 年主要经济数据如下：

国内生产总值：21610.97 亿欧元。

人均国内生产总值：33944 欧元。

经济增长率：-2.6%。

货币名称：欧元（EURO）。

汇率（2010 年 6 月）：1 欧元≈1.24 美元。

通货膨胀率：0.4%。

失业率（本土）：9.6%。

【资源】铁矿蕴藏量约 10 亿吨，但品位低、开采成本高，煤储量几近枯竭，所有铁矿、煤矿均已关闭，所需矿石完全依赖进口。有色金属储量很少，几乎全部依赖进口。能源主要依靠核能，约 78% 的电力靠核能提供。此外，水力和地热资源的开发利用也比较充分。森林面积约 1556.5 万公顷，覆盖率 28.6%。

【工业】2008 年法工业产值为 3841 亿欧元，占国内生产总值的 20.3%。主要工业部门有汽车制造、造船、机械、纺织、化学、电子、日常消费品、食品加工和建筑业等，钢铁、汽车和建筑业为三大工业支柱。核能、石油化工、海洋开发、航空和宇航等新兴工业部门近年来发展较快。核电设备能力、石油和石油加工技术仅次于美国，居世界第二位；航空和宇航工业仅次于美国和俄罗斯，居世界第三位。钢铁、纺织业居世界第六位。法国重视科研工作，2008 年国家研发投入 461 亿美元，占国内生产总值的 2.02%。

2008 年主要工业产品产量如下：粗钢 149 万吨，小汽车 490.1 万辆，总发电量 5491 亿度，其中核电 4184 亿度。

【农牧业】法国是欧盟最大的农业生产国，也是世界主要农产品和农业食品出口国。2008 年农业产值 668 亿欧元，约占国内生产总值的 3.5%。农业人口约 77 万。本土农业用地 2928 万公顷，约占本土面积的 53.3%。农业用地的 96% 为家庭所有。

农业的传统地区结构为：中北部地区是谷物、油料、蔬菜、甜菜的主产区，西部和山区为饲料作物主产区，地中海沿岸和西南部地区为多年生作物（葡萄、水果）的主产区。法国已基本实现农业机械化，农业生产率很高。农业食品加工业是法国对外贸易的支柱产业之一。

2009 年主要农产品产量如下：粮食 7000 万吨，居欧盟第一位，其中，小麦 3650 万吨，玉米 1500 万吨，油料作物 720 万吨。酿造葡萄酒 53.2 亿升，居世界第一位。蔬菜 550 万吨，水果 279.7 万吨，牛奶 22.9 亿升，甜菜 3315 万吨。

2008 年畜牧业存栏数：牛 1936.6 万头（其中奶牛 379.4 万头），猪 1479.6 万头，羊 778.1 万只。

【服务业】服务业在法国民经济和社会生活中占有举足轻重的地位，自 20 世纪 70 年代以来发展较快，连锁式经营相当发达，已扩展至零售、运输、房地产、旅馆、娱乐业等多种行业。服务业用工现约 1600 万人，占总就业人口的 71.5%。2008 年服务业产值为 16272.7 亿美元，占国内生产总值的 77.6%。法国大型零售超市众多，拥有家乐福（Carrefour）、欧尚（Auchan）等世界著名品牌。

【旅游业】法国是旅游大国。2008 年接待外国游客 7845 万人次，居世界首位，旅游外汇收入 556 亿美元，继美国、西班牙之后，居世界第三位。旅游从业人员达 105 万人，旅行社 4587 家。全国有 21139 家旅馆和 13527 家各类小旅店、野外宿营地、青年之家等。有餐馆和咖啡馆 170117 家。旅店、餐饮业从业人员约 96 万人。

【交通运输】交通运输发达，水、陆、空运输均极为便利。

铁路：在法国本土，国家铁路网通往除科西嘉岛以外的各个地方，铁路总长 31939 公里，其中电气化铁路 14176 公里，高速铁路 2000 公里，双线或多线铁路 12132 公里。高速火车技术居世界领先地位，目前保持每小时 574.8 公里的火车速度世界纪录（2007 年 4 月）。2008 年铁路客运量为 983 亿人/公里，货物发送量为 406 亿吨/公里。运输量居欧洲第二位。

公路：法国公路网是世界最密集、欧盟国家中最长的，总长度超过 90 万公里，其中高速公路 12000 公里。2007 年共有车辆 3666.1 万辆，其中家用车 3040 万辆，其他车辆 626.1 万辆。2008 年公路客运量为 7749 亿人公里，其中使用私家车的客运量为 7278 亿人公里，公共汽车为 471 亿人公里。公路货运量为 3353 亿吨公里。

水运：内河航道总长 8500 公里，其中可通行 1500 吨级以上船舶的航道约 1900 公里。巴黎是主要内河港口。2008 年货运量为 75 亿吨/公里。主要海港有马赛港、勒阿弗尔和敦刻尔克港。2008 年法国本土海港总吞吐量 3.8 亿吨。

空运：2008 年航空旅客周转量近 1.3 亿人次，起降飞机约 170 万架次，货运量 48 亿吨/公里。建有 494 个机场，其中 153 个为民用，通达 134 个国家和地区的 529 个城市。主要航空公司为法航，主要机场

有巴黎戴高乐机场和奥利机场、尼斯机场等。（资料来源：法国交通部、INSEE 等）

【财政金融】政府财政收入主要来源于税收，税率高于美、日等国。主要税种有增值税、所得税、公司税、社会福利税等。2009 年，法国公共财政赤字为 1448 亿欧元，占国内生产总值的 7.5%；公共债务达 14890 亿欧元，占国内生产总值的 77.6%。

截至 2008 年 8 月，法国外汇储备总额为 1131 亿美元。

截至 2006 年底，法共有金融机构 1483 家，其中商业银行 232 家，互助或合作银行 120 家，各类金融公司 384 家，专业金融机构 7 家。农业信贷银行、巴黎国民银行、兴业银行、里昂信贷等八大银行资产占全国银行总资产的一半以上。（资料来源：法兰西银行）

【对外贸易】与世界各大地区和 100 多个国家有贸易往来，是世界第五大出口国和第六大进口国。2009 年进出口总额 10086.9 亿美元，贸易逆差 771.8 亿美元。近年来，法政府把促进出口作为带动经济增长的重要手段，在保持和扩大原有国际市场的同时，积极开发拉美、亚太等地区的新市场。

法进口商品主要有能源和工业原料等，出口商品主要有机械、汽车、化工产品、钢铁、农产品、食品、服装、化妆品和军火等。法对外贸易的 70% 在欧洲国家内部进行。美国是法在欧盟之外的最大贸易伙伴。2008 年法与主要贸易伙伴贸易额如下（单位：亿欧元）：

出口额		进口额	
德国	595	德国	784
意大利	359	比利时、卢森堡	428
西班牙	342	意大利	392
比利时、卢森堡	332	中国	316
英国	320	西班牙	311
美国	239	美国	264
荷兰	171	英国	231
中国	90	荷兰	195
日本	56	日本	95

（资料来源：INSEE）

【对外投资】2008 年法对外直接投资总额达 1502 亿欧元。法国对外投资主要集中在欧盟成员国，对美国和石油输出国组织成员国、非洲、拉美的投资也较高，行业以工业、能源、服务部门为主。大多数投资采用企业兼并或购买公司股份的形式。

【对外援助】2008 年官方发展援助总额约为 75.62 亿欧元，占国内生产总值的 0.39%，并计划于 2012 年提高到国内生产总值的 0.7%。援助主要方式为贷款、减债等。主要援助对象包括非洲国家（占所有援助的 53%）以及越南、黎巴嫩、巴西等国。

【外国投资】20 世纪 80 年代，外国对法投资主要集中于购买不动产。近年来外国对法服务业和工业部门的投资加快，主要领域有软件业、信息服务业、汽车及配件制造业等。2008 年，外国在法直接投资额达 802 亿欧元，创造了 3 万多个就业岗位。法成为继中国和美国之后的世界第三大引资国。美、德、英、瑞典、日本等国是法主要外资来源国。目前，平均每 7 个法国人中就有 1 个在外资企业工作。

【著名公司】（1）雷诺集团（RENAULT）：1898 年成立，1999 年与日产汽车公司合并后成为欧洲第一大、世界第四大汽车制造集团，资产总额 162 亿欧元（2009 年）。在全世界 118 个国家开展业务，拥有员工约 13 万人。主要产品包括轿车、货车、大型商业用车等。2009 年实现营业额 337 亿欧元。总裁卡洛斯·高森（Carlos GHOSN）。通讯地址：34，QUAI LE GALLO，92512 BOULOGNE CEDEX，FRANCE。

（2）法国电力集团（EDF）：1946 年成立，资产总额 768 亿欧元（2009 年），是国际大型能源企业之一，欧洲最大的电力企业。法国国有企业，政府持有 84.9% 股份。经营范围为发电、输电、配电、天然气等。有员工 16.91 万人，2009 年实现营业额 663.3 亿欧元。总裁亨利·普罗格里奥（Henri PROGLIO）。通讯地址：30，RUE JACQUES IBERT，75858 PARIS CEDEX 17。

（3）家乐福集团（CARREFOUR）：1959 年成立，资产总额 252 亿欧元（2009 年），是欧洲第一、仅次于美国沃尔玛的世界第二大零售集团，在世界各地共有 8006 家店面，另有 15430 家加盟店（截至 2008 年底），雇用员工 49 万人（2007 年）。2009 年营业额为 962 亿欧元。总裁拉尔斯—奥洛夫森（Lars OLOFSSON）。通讯地址：26，QUAI MICHELET，LEVALLOIS-PERRET，FRANCE。

（4）标致—雪铁龙集团（PSA PEUGEOT CITROEN）：1965 年成立，是欧洲第二大汽车制造商和全球第一大柴油发动机生产商，在世界 150 多个国家共有员工 20.17 万人。2009 年营业额为 484 亿欧元。总裁飞利浦·瓦兰（Philippe VARIN）。通讯地址：75，AVENUE GRANDE ARMEE 75116，PARIS，FRANCE。

（5）道达尔集团（TOTAL）：1998 年成立，资产总额 1047 亿欧元（2009 年），是世界第五大石油、天然气集团。在全世界 130 多个国家开展业务，主要业务范围包括石油、天然气、化工、加油站等。共有员工 9.69 万人。2009 年营业额为 1313.2 亿欧元，净利润 78 亿欧元。总裁马哲睿（Christophe de MARGERIE）。通讯地址：2，PLACE DE LA COUPOLE，92400 COURBEVOIE-LA DEFENSE，FRANCE。

人民生活

法国是高福利国家。社会保险制度始建于 1945 年，现已发展得较为完善。2008 年各类社会保障总支出为 5704 亿欧元，资金主要来源于雇员和雇主交纳的社会分摊金以及对工资外收入征收的普通社会税金，保障范围涵盖退休金、养老金、医疗保险费、家庭津贴、待业金（失业补助和职业培训费）、残疾人补助等。由于人口老龄化等问题，政府财政逐渐不堪重负，于 2003 年和 2004 年相继推出《退休制度改革法案》和《医疗保险改革法案》，旨在通过延长社会分摊金缴纳时间等措施减轻国家财政负担。法长期实行最低标准工资，2008 年 4 月起为每月 1308.88 欧元，合每小时 8.63 欧元。人均国民收入约 40782 美元，居世界第十八位（2008 年）。

全法共有 2938 家医疗机构，住院床位近 46 万张，平均每 1 万人可享受 34 位医生和 7 位牙医的服务。法国家庭 56% 拥有自己的产权房，80.7% 有汽车，95.8% 有手机，60.1% 有个人电脑，58.1% 接入了因特网，家用电器已很普及。

军　事

法目前的国防体制是在 1959 年《国防组织法》基础上建立起来的。1958 年宪法规定，总统是武装力量的最高统帅，只有总统本人有使用核打击力量的决定权，在其领导下的国防决策机构包括内阁会议、国防委员会、小范围国防委员会和高级国防委员会，其中内阁会议是最高决策机构，负责制定国防政策、任免将级军官，有权宣布总动员、发布戒严令和紧急状态令等。法奉行独立自主的防务政策，逐步推进军队职业化改革，以职业兵役制替代义务兵役制；由核潜艇和战略轰炸机构成海空二位一体的核打击力量；国防工业实施以合并、推动高科技及真正走上市场为内容的改组。

武装力量由陆、海、空三军和宪兵组成。2007 年在编总兵力 442122 人，位居世界第 14 位。其中陆军 120000 人、空军 65000 人、海军 54600 人、宪兵 101132 人。

陆军编有 1 个地面作战司令部、1 个后勤司令部、9 个作战旅、4 个专业旅和 2 个后勤旅。主要装备有：各型坦克 900 辆、轻型装甲车 1100 辆、各型火炮 875 门、各型直升机 420 架。

海军编有战略海军司令部和水面、反潜、扫雷、潜艇等各专业作战司令部以及海军航空兵司令部和海军陆战队司令部。主要装备有：核动力航母 1 艘、战略弹道导弹核潜艇 4 艘、各种战舰和支援舰 115 艘、战斗机 147 架、编队 16 个。

空军编制 19 个歼击机大队、2 个侦察机大队、17 个运输机和教练机大队、4 个直升机大队、1 个空中补给大队、1 个空降警戒大队、1 个电子战大队、1 个混成大队。主要装备有：歼击机 330 架、飞机 150 架、直升机 80 架以及预警机、侦察机、空中加油机、运输机和教练机若干。本土有 37 个空军基地，海外省及海外领地有 9 个空军基地。

三军总参谋长爱德华·吉幼（Edouard GUILLAUD，2010 年 2 月 25 日任命）上将，陆军参谋长艾尔利克·伊拉斯托扎（Elrick IRASTORZA，2008 年 7 月 2 日任命）上将，海军参谋长皮埃尔—弗朗索瓦·弗里西耶（Pierre-François FORISSIER，2008 年 2 月 4 日任命）上将，空军参谋长让—保罗·帕勒梅罗（Jean-Paul PALOMEROS，2009 年 8 月 25 日任命）上将。

法拥有独立的战略核力量，由战略航空力量、战略海洋力量和太空力量构成，配备有 4 艘战略核导弹潜艇、45 架幻影 2000N 型核攻击机和 36 架超军旗型舰载战斗机，共有 145 件运载工具和 348 枚核弹头。

国外驻军：法在海外驻军约 3.8 万人，其中 1/4 接受联合国、北约等国际组织的指挥。法在非洲、印度洋和太平洋等地区拥有军事基地及可使用机场、港口 10 余处。驻外部队的主要任务是：维护法海外省和海外领地的主权独立、领土完整及安全利益；执行与法签有双边军事合作协定国家的驻军任务；参加联合国维和部队。

2010 年国防预算为 391.8 亿欧元。2008 年国防支出占国内生产总值 1.7%。

2009 年法开始实施《2009—2014 年军事纲领法》，对内加速军队改革进程，进一步削减部队编制员额，调整部队布局，加强装备建设；对外积极参与维和、反恐和护航等行动。2009 年 3 月，法决定重返北约军事一体化机构，并逐渐增加向北约各军事机构派驻人员的数量，计划到 2012 年增派 900 人。

文化教育

【教育】法国教育在 20 世纪 50、60 年代进行了两次重大改革，逐渐形成现今极具特点、复杂多样的教育体制。6～16 岁为义务教育。公立小学和中学免收学费，免费提供小学和初中教材。高等学院除私立学校外，一般也只缴纳少量注册费。初等教育学制 5 年，入学率 100%。中等教育包括普通教育和职业技术教育两类。普通中等教育分为初中和高中两个阶段，学制 7 年各为 4 年和 3 年。中等职业技术教育近年来发展较快，主要包括技术高中、职业高中、艺徒培训中心、就业前教育适应班 4 种类型和层次。高等教育分为综合性大学、高等专业学院、高等技术学校和承担教学任务的科研教育机构 4 类。目前，法拥有 54875 所小学、7919 所中学、83 所大学以及 226 所名校，2008～2009 学年，各类在校生人数 1488 万人，其中小学生 664.4 万、中学生 533.9 万、大学生 223.2 万。2009 年全国教职人员共 111.5 万，其中教师 94 万，行政技术人员 17.5 万。2008 年教育支出达 1294 亿欧元，占 GDP 的 6.6%。（资料来源：INSEE）

法国著名高校有：巴黎大学（1261 年成立）、国家行政学院（1945 年成立）、巴黎高等商业学院（1881 年成立）、巴黎综合理工大学（1794 年成立）等。

【新闻出版】 全国共有各种报纸杂志4000余种，其中日报100多种。发行量超过10万份的报纸主要有《费加罗报》、《世界报》、《西部法兰西报》、《法兰西晚报》、《回声报》、《解放报》等。发行量超过100万份的杂志主要有《快报》、《观点》、《新观察家》、《巴黎竞赛画报》、《费加罗杂志》等。法约有6000家出版社，其中51家的图书出版量占全国的83%。

通讯社：法新社（AFP），世界主要通讯社之一。1835年创立，原名哈瓦斯通讯社，1944年9月改组并改用现名。1956年政府确定法新社的独立地位，但其财政管理仍由国家控制。在国外有110家分社，辐射165个国家，向全球约7000家报社、2500家电台和400家电视台供稿。法新社拥有来自81个国家和地区的2000多名雇员，其中约900人在国外工作。

广播电台：法国国家广播公司成立于1975年，下设6个广播电台：国内综合台、新闻台、文化台、音乐台、蓝色台、7号台。此外，还有国家广播公司和地方共同投资的17家独立地方台。为加强对外宣传，国家广播公司专设独立的法国国际电台RFI，以17种语言全天对外广播，几乎覆盖全世界，约有4400万听众。1982年政府通过法令，取消国家对电台的垄断，允许私人和团体设立电台。目前，全国私营电台近1300家，主要有卢森堡电台、欧洲一台等。

电视台：现有5家全国性国营电视台：法国2台、法国3台、法国4台、法国5台（教育台）、法国Ô台（文化交流台）。3家全国性私营台：法国1台、法国6台、CANAL+（收费台）。几十家中央或地方的有线电视台，主要通过ADSL和TNT（数字地面电视）方式播出，另可接收大部分国际卫星电视频道。TV5和法国国际台CFI是覆盖世界大部分地区的法国电视台。

对外关系

法国是联合国安理会常任理事国、欧盟创始国及北约成员国，同190个国家建立了外交关系，在160个国家设有大使馆，还设有26个常驻代表团和97个领事机构（2009年）。此外，法在国外还有148个文化与研究机构、251所法国学校和461处法语教学机构。法国外交网络继美国之后居世界第二位。

法国基本外交政策是：倡导多边主义，反对单边主义；致力于欧盟一体化建设，尤其是政治和防务建设，继续发挥法在其中的核心作用；重视大国关系，注意加强同新兴国家的政治、经济、文化联系；努力保持并发展与非洲国家的传统关系，推动发达国家增加对非援助；广泛参与国际事务和热点问题的解决；帮助法国企业开拓海外市场；保持和提高法文化的国际影响力。

【对重大国际问题的态度】 关于总体国际形势：认为当今世界发生了划时代的变革，正进入重要过渡期，国际体系和秩序失衡现象加剧，不确定因素明显增多。国际力量对比发生重大阶段性变化，未来三四十年世界将处于“相对大国时代”。极端势力发动恐怖战争、新兴国家崛起、气候变化及流行性疾病等全球性问题成为新世纪人类面临的三大挑战。西方有效应对全球危机的能力下降，新兴国家在对世界经济增长作出贡献的同时，迫切要求扩大对国际事务的参与和话语权，国际关系严重失衡。认为和平不等于稳定，世界和平是多边主义的产物，主张进一步加强联合国在国际事务中的地位和作用。倡导建立相互尊重、公平正义、共享发展的21世纪新秩序。

联合国改革：明确支持“四国集团”和非洲、阿拉伯国家入常。主张增加安理会代表性，确保世界各大区域在安理会均有2~3个常任理事国席位。支持并积极参与政府间谈判，与英国共同提出中间方案：增加任期较长、可连选连任的非常任理事国，在过渡期结束后转为常任国。

欧洲建设：认为法国对欧洲负有首要的特殊责任，将推进欧盟一体化建设作为法外交重中之重，力图将欧洲建成世界独立一极。积极支持欧盟机构改革。主张进一步加强欧盟共同安全与外交政策，倡导建立独立于北约的欧盟共同防务。成功推动《里斯本条约》的签署，主张在经济、能源、科研等领域制定欧盟共同政策，对不符合欧盟环保标准的外国进口商品征收“碳关税”。在维护“法德轴心”的同时，加强同其他欧盟主要国家的合作。欧盟的“深化”任务应优于“扩大”，扩大不能以牺牲欧盟政治特性为代价。反对土耳其入盟。

中东问题：高度关注中东局势，尊重中东地区文化、宗教特性。支持巴勒斯坦建国，呼吁尽快重启中东和平进程，实现巴以和平共处。视以色列为朋友，但要求以立即停止在东耶路撒冷和约旦河西岸地区修建犹太人定居点，主张协商建立加沙停火长效监督机制。重视黎巴嫩内部稳定，支持黎独立和统一。

伊朗核问题：认为伊有拥核野心，铀浓缩能力已达“临界水平”，具有不可逆性。六国“双轨”谈判轨道已到尽头，主张借助强有力制裁促伊重返谈判并放弃核计划。若安理会决议软弱无力，将支持欧盟对伊采取不针对民众的单边制裁措施。

阿富汗问题：认为塔利班卷土重来将导致恐怖势力重新壮大，向中东、北非蔓延，威胁法本土利益。北约在阿军事行动只能成功，不能失败。强调法出兵阿系帮助当地重建治安，改善民生。支持奥巴马总统的阿富汗新战略，但宣布不向阿增兵，只增派军事教员培训阿军警。

【同中国的关系】 中法于1964年1月27日建立大使级外交关系。1997年两国建立全面伙伴关系，2004年提升为全面战略伙伴关系。2008年中法关系因涉藏问题出现重大波折。2009年4月1日，两国外交部发表联合新闻公报，双边关系实现转圜。此后，两国各级别交往增多。胡锦涛主席和萨科齐总统分别于4月和9月在伦敦和纽约成功会晤。法国国民议会议长阿夸耶、前总统希拉克、前总理拉法兰、总统外事顾问、执政党人民盟总书记、经济工业部长、国务部长兼生态能源部长等先后访华；中国卫生部长、发改委副主任、文化部副部长、戴秉国国务委员、商务部长、外交部长等先后访法。12月，菲永总理对华进行正式访问，进一步增强了两国政治互信和务实合作。2010年4月，萨科齐总统再次访华并出席上海世博会开幕式。

据中国商务部统计，法国是中国在欧盟内第四大贸易伙伴、第四大投资来源国和第二大技术引进国。中国从法进口的前10类商品有飞机及航空产品、电器设备、有机化工品、专用机器、机械设备、药品、普通机器、汽车零部件、饮料及有色金属等；向法出口的主要商品有办公用信息设备、服装、体育和娱乐用品、音像传输及录放设备、皮革及旅游用品、电器设备、冶金产品、家用电器、家具和塑料产品等。受国际金融危机影响，2009年双边贸易额为344.8亿美元，中方出口额214.6亿美元，进口额130.2亿美元，同比分别下降11.5%、7.9%和16.7%。2010年1～4月，双边贸易额为134.3亿美元，中方出口额83.9亿美元，进口额50.4亿美元，同比分别增长38.4%、42.8%和31.7%。

法在华投资主要集中在能源、汽车、化工、轻工、食品等领域，大部分为生产性企业。截至2010年4月底，法国在华投资项目3985个，实际投资金额160.6亿美元。2009年，法方在华投资新设企业200家，合同金额19.1亿美元，同比增长77.4%；中国在法直接投资2449.2万美元，主要投资领域为贸易、家电、旅游、化工等；中国自法国引进项目308个，合同金额4.4亿美元。

中国驻法国大使：孔泉，2008年4月22日递交国书。馆址：11，Avenue George V，75008 Paris。电话：（331）49521950。文传：（331）47202422。领事部地址：20，Rue Washington，75008 Paris。电话：（331）53758805。传真：53758806。经商处地址：52，Rue de Lisbonne，75008 Paris。电话：（331）53577000。文传：（331）47234831。

法国驻华大使：苏和（Hervé LADSOUS），2007年1月24日递交国书。馆址：北京市三里屯东三街3号。电话：010－85328080；传真：65324841。商务处地址：北京市工体北路甲2号盈科中心1015。电话：65391300；传真：65391301。

【同欧洲国家的关系】2009年1月8日，德国总理默克尔访法。22日，塞尔维亚外长耶雷米奇访法。2月9日，立陶宛外长乌沙茨卡斯访法。16日，罗马尼亚外长迪亚科内斯库访法。19日，克罗地亚总理萨纳德访法。24日，萨科齐总统、菲永总理赴意大利出席法意峰会。27日，库什内外长访问马耳他。3月2日，奥地利总理法伊曼访法。3日，乌克兰总理季莫申科访法。4日，比利时首相范隆佩访法。11日，亚美尼亚外长纳尔班江访法。8～9日，库什内外长访问波黑。12日，萨科齐总统、库什内外长及财长、国防部长赴德出席法德内阁联席会议。4月9日，希腊总理卡拉曼里斯访法。24日，阿尔巴尼亚总理贝里沙访法。27～28日，萨科齐总统赴西班牙出席法西峰会。5月10日，萨科齐总统访问德国。15日，马其顿总理格鲁埃夫斯基访法。18日，罗马尼亚总统伯塞斯库访法。27日，塞尔维亚总统塔迪奇访法。6月1日，捷克外长科胡特访法。8日，科索沃总理萨奇访法。10日，库什内外长访问瑞典。11日，德国总理默克尔访法。12日，捷克总理费舍尔访法。12日，匈牙利外长彼得访法。7月3日，萨科齐总统访问瑞典。6日，英国首相布朗来法出席第30届英法峰会。13日，德国总理克勒访法。20日，库什内外长访问波兰。8月31日，萨科齐总统访问德国。9月4日，立陶宛总统格里鲍斯凯特、荷兰首相鲍肯内德访法。15日，英国首相布朗访法。10月28日，德国总理默克尔访法。11月5日，波兰总理图斯克访法。26～27日，俄罗斯总理普京访法。12月9日，阿塞拜疆总统阿利耶夫访法。

【同中东、北非国家的关系】2009年1月1日，以色列外长利夫尼访法。5～6日，萨科齐总统访问中东，分别与埃及、巴勒斯坦、以色列、叙利亚、黎巴嫩等国家和地区领导人会晤。17日，萨科齐总统与英国首相布朗、德国总理默克尔、西班牙首相萨帕特罗、欧盟轮值主席捷克总理托波拉内克共同赴埃及出席埃总统穆巴拉克主持的小型峰会，讨论巴以局势。2月2日，巴勒斯坦民族权力机构主席阿巴斯访法。7日，埃及总统穆巴拉克访法。10～11日，萨科齐总统访问伊拉克、阿曼、巴林和科威特。21日，库什内外长访问也门。3月2日，萨科齐总统、库什内外长赴埃及出席援助巴勒斯坦及加沙重建国际会议。16日，黎巴嫩总统苏莱曼访法。21～22日，库什内外长访问沙特。4月6日，摩洛哥总理法西访法。15日，伊拉克副总统阿卜杜勒—迈赫迪访法。5月4日，伊拉克总理马利基访法。5日，以色列外长利伯曼访法。25日，萨科齐总统访问阿联酋。6月15日，以色列副总理兼国防部长巴拉克访法。22日，卡塔尔埃米尔哈马德访法。24日，以色列总理内塔尼亚胡访法。7月2～3日，菲永总理访问伊拉克。8日，摩洛哥外长费赫里访法。9～12日，库什内外长访问黎巴嫩、叙利亚。21日，埃及总统穆巴拉克访法。8月11日，黎巴嫩总理哈里里访法。18日，约旦国王阿卜杜勒二世访法。9月3日，巴勒斯坦民族权力机构主席阿巴斯访法。10日，卡塔尔首相兼外交大臣哈马德访法。29日，叙利亚外长穆阿利姆访法。10月23日，库什内外长访问黎巴嫩。11月11日，以色列总理内塔尼亚胡访法。12～13日，叙利亚总统巴沙尔访法。16日，伊拉克总统塔拉巴尼访法。17～18日，萨科齐总统访问沙特，库什内外长访问约旦、以色列。12月8日，约旦国王阿卜杜勒二世访法。14日，埃及总统穆巴拉克访法。

【同亚太国家的关系】2009年1月20日，新加坡外长杨荣文访法。3月6日，新西兰外长麦卡利访法。4月29日，库什内外长访问伊斯兰卡。5月14～16日，库什内外长访问阿富汗。15日，巴基斯坦总统巴尔扎里访法。7月13日，柬埔寨总理洪森访法。14日，印度总理辛格出席法国庆阅兵。10月4～7日，马来西亚总理纳吉布访法。6日，萨科齐总统访问哈萨克斯坦。11月6日，土耳其外长达乌特奥卢访法。12～14日，菲永总理访问越南。12月14日，柬埔寨副总理兼外长贺南洪访法。

【同非洲国家的关系】2009年3月14～15日，库什内外长访问乍得。26～27日，萨科齐总统访问刚果（金）、刚果（布）和尼日尔。4月23日，贝宁总统亚伊访法。5月27日，马里总统杜雷访法。6月16日，萨科齐总统赴加蓬出席邦戈总统葬礼。22日，索马里外长甘迪访法。25日，津巴布韦总理茨万吉拉伊访法。7月11日，菲永总理访问科摩罗。24日，喀麦隆总统比亚访法。10月16日，乍得总统代比访法。20～21日，肯尼亚总理奥廷加访法。26～28日，毛里塔尼亚总统阿齐兹访法。11月20日，加蓬总统阿里·邦戈访法。

【同美洲国家的关系】2009年2月3日，哥伦比亚外长贝穆德斯访法。5日，库什内外长访问美国。3月9日，萨科齐总统访问墨西哥。23日，菲永总理访问美国。4月1日，巴西总统卢拉访法。3日，萨科齐总统与美国总统奥巴马在斯特拉斯堡举行首次双边会晤。5月11日，库什内外长访美。29日，智利总统巴切莱特访法。6月6日，萨科齐总统与来法出席诺曼底登陆65周年纪念活动的美国总统奥巴马举行会谈。11日，巴西外长阿莫林访法。7月7日，巴西总统卢拉访法。9月6～7日，萨科齐总统访问巴西。11月14日，巴西总统卢拉访法。26日，萨科齐总统赴巴西出席亚马逊地区国家峰会并与卢拉总统会谈。12月2日，多米尼加总统费尔南德斯访法。

（邵磊）

法罗群岛

名称 法罗群岛（The Faroe Islands，Foeroyar）。

面积 1398.9平方公里。

人口 4.9万（2009年）。居民绝大部分为斯堪的纳维亚人后裔。语言主要为法罗语，通用丹麦语。多数人信奉基督教路德宗。

首府 托尔斯港（Thorshavn），人口1.96万（2009年）。

总督 丹·克努特森（Dan M. Knudsen），2008年1月1日上任。

简况

位于挪威、苏格兰和冰岛之间的北大西洋海域。由18个小岛（其中17个有人定居）组成。海岸线总长1117公里。平均海拔高度逾300米。属温带海洋性气候，1月平均气温3.4℃，7月10.3℃。年均降水量1500毫米。

约公元650年爱尔兰的基督教信徒移居此地。约1035年成为挪威属地。1380年丹麦与挪威结成联合王国，法罗群岛从此受丹麦管辖。二战期间曾受英国控制。1948年起成为丹麦的自治区。岛上设有北约雷达设施和丹麦海军基地。有自己的旗帜、邮票、特别护照和货币。丹麦克朗也可流通。1974年与欧共体签署自由贸易协定。1977年宣布渔区由20海里扩至200海里。1984年宣布为无核区。1985年宣布群岛对地下资源拥有主权。1992年，丹麦政府同意将地下矿产主权移交自治政府。1998年，丹麦政府与自治政府签署新的经济关系协议，同意自治政府自行处理经济和金融事务。2003年11月，法罗群岛与欧盟签署协议，开始享有与其他欧盟国家同等的内部免关税贸易权利。

政治

设有自治议会和自治政府，在丹麦议会中有2个席位。丹中央政府掌管法罗群岛的防务、外交、司法、货币等事务，并派驻高级专员（相当于总督）负责联络、协调和民法领域工作。岛内教育、卫生和社会事务由中央政府和自治政府共同负责，其他事务由自治政府负责。近年来，法罗群岛独立呼声日高。2000年法罗群岛自治政府与丹麦政府就独立问题进行了四轮谈判，双方虽在使用共同货币等问题上取得了初步谅解，但在丹提供财政补贴的年限和减免债务等关键问题上分歧严重。谈判于当年10月破裂。自治政府一度宣布于2001年5月26日就启动独立进程问题举行全民公决，但由于担心难以获得多数支持而取消。2008年1月自治议会举行选举，社民党、共和党、中间党三党在选举后组成联合自治政府。2008年9月，自治政府重组，现任联合自治政府由联合党、人民党和社会民主党三党组成。

【议会】自治议会（Loegting）每 4 年选举一次，共有 33 个议席，分 7 个选区按比例代表制普选产生。议会下属财政、外事、贸工、自治事务、文化、司法和发展事务等 7 个委员会。本届议会于 2008 年 1 月大选产生。其中共和党 8 席，联合党 7 席，人民党 7 席，社会民主党 6 席，中间党 3 席，自治党 2 席。议长埃德蒙德·约恩森（Edmund Joensen，联合党）。

【政府】本届自治政府于 2008 年 9 月由联合党、人民党、社会民主党组成，共有 9 名成员：主席凯伊·雷欧·约翰内森（Kaj Leo Johannesen，联合党），外交部长约根·尼克拉森（Jørgen Niclasen，人民党），财政部长约安内斯·艾德斯高（Jóhannes Eidesgaard，社民党），卫生部长阿克塞尔·维海姆松·约安内森（Aksel Vilhelmson Johannesen，社民党），教育与文化部长赫伦娜·内伊斯塔波（Helena Dam A Neystabø，女，社民党），渔业部长雅各布·韦斯特高（Jacob Vestergaard，人民党），贸易与工业部长约安·达尔（Johan Dahl，联合党），社会事务部长罗莎·萨穆埃尔森（Rósa Samuelsen，女，联合党），内政事务部长安妮卡·乌尔森（Annika Olsen，女，人民党）。

【政党】（1）社会民主党（Social Democratic Party）：1925 年建党，1928 年进入自治议会。主张法罗群岛继续保留在丹麦王国联合体中，支持更高程度的自治，支持北欧合作，强调保障人民福利水平。主席约安内斯·艾德斯高。

（2）人民党（People's Party）：1940 年建党，同年进入议会。主张法罗群岛以渐进式自治的方式脱离丹麦王国联合体，在政治和经济上取得独立地位，自治议会拥有完全立法权，支持法罗群岛以独立身份加入北约。主席安芬·凯尔斯伯（Anfinn Kallsberg）。

（3）联合党（Coalition Party）：1906 年建党以来，一直在议会拥有席位。主张法罗群岛继续保留在丹麦王国联合体中，但强调与丹麦及格陵兰三方在联合体中的平等地位，致力于法罗群岛人民在经济、文化等领域稳定、自由的发展。主席凯伊·雷欧·约翰内森。

（4）共和党（Republican Party）：1948 年建党，1950 年进入议会。支持法罗群岛完全独立，主张实行共和制。主席海尔格尼·霍达尔（Hoegni Hoydal）。

（5）自治党（Autonomy Party）：1906 年建党，除 1943～1946 年外一直在议会拥有席位。主张完全独立，反对法罗群岛加入欧盟。强调当地语言与丹麦语地位同等。主席伊得恩·伊尔特奥（Eydun Elttoer）。

（6）中间党（Center Party）：1992 年建党，1994 年进入议会。主张继续保留在丹麦王国联合体中，但反对法罗群岛加入欧盟，致力于基督教理念在社会的推广。主席杰尼斯·拉那（Jenis Av Rana）。

经　济

20 世纪 90 年代初经济出现困难，1995 年起增长较快，1997～2001 年经济平均增长率达到 5.2%。2002～2004 年由于丹麦政府大幅削减对法罗群岛的财政补贴，经济增长再度放缓，出现负增长，近年经济有所好转。渔业资源丰富。除鱼产品和部分羊肉能自给外，工业品主要靠进口。捕鱼和鱼产品加工业在经济中占主导地位，产值约占国内生产总值 1/4，鱼产品占出口总额 96% 以上。旅游业发展较快，手工业、建筑业、贸易、服务和运输业也在法罗群岛经济中占有一定地位。2009 年各项经济数据如下：

国内生产总值：117.84 亿克朗。

人均国内生产总值：24.05 万克朗。

经济增长率（2008 年）：0.5%。

货币名称：法罗克朗。

汇率：1 美元 = 5.099 克朗。

通货膨胀率：4.7%。

失业率：3.8%。

（资料来源：《2009 年法罗群岛统计年鉴》，下同）

【渔业】在经济中占重要地位。主要捕捞鳕鱼、黑线鳕、鲱鱼、鲭鱼、军曹鱼及虾。2008 年捕鱼量 52.1 万吨。拥有 20 吨以上渔船 150 艘，总吨位约 10.4 万吨。

【农业】由于夏季气温低，仅能种植马铃薯和一些蔬菜。草场茂盛，畜牧业较发达。主要饲养羊、牛和马。农业人口只占人口总数 1%。

【交通运输】水运：有港口 20 余个，多为渔港。岛与岛之间有固定渡轮，岛外有航线直通冰岛、英国和欧洲大陆，到美洲的货运主要通过丹麦、冰岛和荷兰。

空运：位于维格夷岛的维格尔机场是法罗群岛的唯一机场。全年有固定航班直飞丹麦和冰岛，夏季有航班飞往苏格兰和挪威。平均年客运量逾 16 万人次。

【财政金融】近几年财政收支情况如下（单位：亿克朗）：

	2006	2007	2008
收入	64.13	68.70	69.70
支出	61.89	66.12	73.37
差额	2.24	2.58	–3.67

2009 年，丹麦政府对自治政府的拨款为 7.65 亿克朗。

【对外贸易】外贸在国民经济中占主导地位。主要出口鱼产品、钓具、毛线及皮草，进口食品、牲畜、机械、交通工具、化工产品、原料、燃料等。丹麦是其主要贸易伙伴，自丹进出口约占总进出口的 20% 以上。近几年贸易情况如下（单位：亿克朗）：

	2006	2007	2008
总　额	85.61	95.79	93.36

进口额	46.92	55.22	50.13
出口额	38.69	40.57	43.23

2008 年法罗群岛与其主要贸易伙伴进出口情况如下（占总贸易额比例%）：

出口		进口	
英国	20.2	丹麦	31.7
挪威	15.6	挪威	20.7
丹麦	12.1	德国	7.7
法国	8.0	瑞典	5.1
西班牙	7.5	英国	4.0

人民生活 2007 年有医院 3 所，病床 243 张，医生 61 名，牙医 40 名，护理人员 293 名。各种汽车 2.8 万辆，其中私人小轿车 2.1 万辆。

文化教育 实行 9 年制义务教育。丹麦语为必修课程。2009/2010 年度有中小学 61 所，学生 7021 人；师范、技术、商业、渔业、医护等专业学校 13 所，学生 999 人。法罗大学是唯一的综合性高等院校。有 4 家报社，1 家广播电视公司。2009 年出版法罗文图书 234 种，其中 99 种为译本。

（郭伯涵）

梵 蒂 冈

国名 梵蒂冈城国（The Vatican City State, Stato della Città del Vaticano）。

面积 0.44 平方公里。

人口 常住人口 799 人（2009 年统计）。意大利人为主。官方语言为意大利语和拉丁语。信奉天主教。

首都 梵蒂冈城（Città del Vaticano）。

国家元首 教皇本笃十六世（Benedetto XVI），原名约瑟夫·阿洛伊斯·拉青格（Joseph Alois Ratzinger），德国人，2005 年 4 月 19 日当选。

简 况 位于意大利罗马城西北角的高地上，是世界上最小的国家。属亚热带地中海型气候，平均气温 1 月为 7℃，7 月为 24℃。

梵蒂冈在拉丁语中意为“先知之地”。2 世纪时，罗马城主教因驻帝国首都，政治、经济势力最大，便试图凌驾其他主教之上，后其影响日盛，渐独占“教皇”之称。公元 756 年，教皇斯提芬二世获得法兰克国王丕平所赠罗马城及周围区域，拥有世俗权，其后教皇权势日益扩张，在意大利中部出现了以教皇为君主的教皇国。1870 年意大利统一后，教皇在意大利的世俗权力被剥夺，教皇依仗大批信徒的支持，退居罗马城西北角的梵蒂冈宫中，自称“梵蒂冈囚徒”，与意大利对抗。为取得教会的支持，1929 年 2 月 11 日墨索里尼同教皇庇护十一世签订《拉特兰条约》，教皇正式承认教皇国的灭亡，另建梵蒂冈城国。意大利承认梵蒂冈为主权国家，其主权属教皇。梵蒂冈为中立国，其国土神圣不可侵犯。

政 治 梵蒂冈城国是政教合一的国家。教皇是梵蒂冈的首脑，有最高立法、行政、司法权。教皇自称“基督在世代表”，是世界天主教徒的精神领袖。教皇由 80 岁以下枢机主教组成的教皇选举团选出，终身任职。新任教皇必须得到 2/3 以上的选票才能当选。现任教皇为本笃十六世。教皇通过教皇委员会行使立法、行政权，通过宗教法庭行使司法权。在教皇下还设有枢机主教团，作为教皇的咨询机构。2006 年 3 月 24 日，教皇本笃十六世擢升了 15 名新任枢机主教。现梵枢机主教团、教皇选举团的人数分别为 179 人和 108 人。

作为枢机主教团的补充，教皇保罗六世于 1965 年设立世界主教会议，不定期召开会议，就关系天主教会发展的重大课题进行讨论。梵蒂冈有自己的卫队（由瑞士人组成）、邮政电讯机构、公共事业机构和银行等。它发行的货币和邮票可在意大利流通、使用。

自 1978 年教皇约翰·保罗二世就职以来，梵蒂冈一直以保护人的尊严和权利，维护和平，促进民主，推动不同种族、宗教和文化之间和平相处与对话作为其政策的指南。为此，教皇约翰·保罗二世先后为著名科学家伽利略等一批被教会迫害的人士平反。2000 年 3 月，他又对天主教会在历史上所犯的 7 大罪过（1. 背离福音，强迫教徒忏悔罪恶；2. 进行十字军东征等宗教战争和设立宗教裁判所审判异端；3. 分裂基督教；4. 敌视犹太教，对二战时纳粹分子残害犹太人表示沉默；5. 强行传教；6. 歧视妇女；7. 对诸多社会问题漠不关心）表示忏悔并请上帝宽恕。2001 年 5 月 21～24 日，教皇约翰·保罗二世主持召开枢机主教特别会议，重点探讨了天主教未来发展模式和前景，进一步确定了促进基督教各宗派之间、不同宗教之间对话与共融，大力推进天主教“福音”

传播的政策指南。现任教皇本笃十六世就职后，基本沿袭前任教皇的政策，着重关注贫困、和平、合作、裁军、战争、能源、环境、全球化、数字化鸿沟等问题。2008 年本笃十六世在宗教仪式方面发出反改革信号，宣布撤掉后梵二祭台，面朝祭台前的基督像、背向教徒做弥撒，仿佛引导羊群走向基督的牧人。

【政府】 1988 年 6 月教皇约翰·保罗二世宣布“教廷改革”，对一些机构进行了调整。现中央机构有国务秘书处、圣部、理事会等。

国务秘书处是教皇直接领导的工作机构，协助教皇行使其职权，主管内政和外交事务，由枢机主教衔的国务卿主持。国务卿由教皇任命，地位仅次于教皇。现任国务卿为塔尔奇西奥·贝尔托内（Tarcisio Bertone，意大利人），现任国家关系秘书（即外交部长）为多米尼克·曼贝蒂（Dominique Mamberti，法国人）。

圣部负责处理天主教的各种日常事务，各部由部长（prefect）负责，下设秘书长（Secretary）和副秘书长（Under-secretary）。现有信理部、东方教会部等 9 个圣部。

宗座理事会则根据教皇的要求而设立，负责处理一些专门事务，各理事会由主席（President）负责，下设秘书长、副秘书长。

梵蒂冈官方网站：http：//www. vatican. va。

中文版网址：http：//www. vatican. va/chinese/index. html。

【司法机构】 梵蒂冈有 3 个法庭，即最高法庭、上诉法庭和教廷赦罪院。

【重要人物】 **教皇本笃十六世：** 原名约瑟夫·阿洛伊斯·拉青格，1927 年 4 月 16 日生于德国南巴伐利亚的小城马克特克尔。1951 年晋铎，曾在波恩等地教授神学，长期潜心于天主教神学理论研究，曾任“梵二会议”理论顾问。1977 年 3 月被任命为慕尼黑教区大主教，同年 6 月被保罗六世教皇擢升为枢机主教。1981 年任教廷信理部部长。1998 年 1 月任枢机主教团副团长，2002 年 11 月升任团长。2005 年 4 月 19 日当选教皇。

经　济

梵蒂冈既无工农业，也无自然资源。财政收入主要靠旅游、邮票、不动产出租、梵宗教银行盈利和向教皇赠送的贡款以及教徒的捐款等。2008 年教廷总收入约 2. 54 亿 欧元，总支出约 2. 55 亿欧元，赤字达 900 多万欧元。梵在北美、欧洲许多国家有数百亿美元的投资，其资本渗透到意大利众多的经济部门，特别是银行信贷和房地产，仅地产一项就达 46 万余公顷。黄金、外汇储备达 100 多亿美元。

文化教育

梵蒂冈在意大利、法国、西班牙、比利时、美国、加拿大、巴西、智利、埃塞俄比亚、菲律宾、日本等国设有大学或神学院。此外，还在世界许多国家和地区设有学校、医院和文化机构。梵蒂冈有藏书丰富的图书馆和 16 世纪修建的天文台。梵蒂冈博物馆是世界上最著名的博物馆之一，收藏许多艺术珍品。

【新闻出版】《罗马观察家》报是梵唯一的官方日报，创办于 1861 年；《教廷文汇》为官方月刊，《宗座年鉴》为官方年鉴，《宗座活动》为梵蒂冈内外活动大事记，每年出版一次；国际信德通讯社为官方通讯社。梵有自己的广播电台，建于 1931 年，用 35 种语言每天 24 小时播音并建有相应的网站。梵蒂冈印刷厂能将教会的文件译成 94 种文本发行。

对外关系

截至 2009 年末，梵蒂冈同 178 个国家和地区建立了正式外交关系，梵派驻在天主教国家的圣使享受当然使团长待遇。梵系联合国常驻观察员、经合组织成员。

【同中国的关系】 中华人民共和国同梵蒂冈无外交关系，梵与台湾当局保持所谓“外交关系”。中华人民共和国成立后，梵蒂冈拒不承认，并对中国内政进行粗暴干涉，反对中国天主教徒的爱国运动。中国广大爱国天主教徒对此予以强烈谴责，并决心走独立自主自办教会的道路。20 世纪 80 年代以来，梵蒂冈表示希望同中国改善关系，但仍同台湾省保持着“外交关系”，继续干涉中国内政。尤其严重的是，2000 年 10 月 1 日，梵蒂冈不顾中方的强烈反对，将近代史上曾经在中国犯下丑恶罪行的一些外国传教士及其追随者封为“圣人”，引起中国政府和人民以及中国天主教会极大愤慨。2001 年 10 月 24 日，教皇约翰·保罗二世在有关利玛窦的研讨会上发表书面致词，就教廷在历史上及近期对中国天主教会犯下的错误表示某种程度的歉意，但未就“封圣”事件给中国人民造成的严重伤害作出明确道歉。中国政府对此表示遗憾。2005 年 4 月教皇约翰·保罗二世病逝。陈水扁赴梵出席葬礼，中国政府对此表示强烈不满。2007 年 6 月 30 日，梵发表教皇本笃十六世致中国天主教界的牧函，继续插手中国天主教事务。中国政府对此坚决反对。

2008 年，中国爱乐乐团首次在梵蒂冈城举办专场音乐会，教皇出席并祝福北京奥运会。四川汶川特大地震发生后，教皇多次呼吁全世界天主教徒为灾区祈祷，并以个人名义捐款。2010 年青海玉树地震后，教皇公开表示慰问。

中国政府对同梵蒂冈改善关系的基本立场是：一、梵蒂冈必须断绝同台湾的所谓“外交关系”，承认中华人民共和国政府是中国唯一合法政府，台湾是中国领土不可分割的一部分；二、梵蒂冈不得干涉中国的内政，包括不以宗教事务为名干涉中国的内部事务。

【同意大利的关系】 同意大利关系密切。两国在修改《拉特兰条约》问题上曾存在矛盾，1984 年 2

月终于签署了修改该条约的协定。教皇每年均对意大利的一些城市进行宗教性访问，2007年4月教皇访问帕温，6月访问了阿西西。2008年5月教皇访问萨沃纳和热那亚。每年意大利总统、总理、议长也会多次与教皇会面。近年来，面对世俗化的冲击，天主教会坚持捍卫传统伦理道德观，教廷同意大利激进党派经常在同性恋婚姻、堕胎、安乐死等敏感问题上爆发激烈争论，一定程度上引发意民众对教廷“干涉内政”的反感。2009年4月，拉奎拉地震发生后，教皇亲赴震区慰问受灾民众，并为死难者祈祷。

【同美国、西欧国家的关系】梵同美国关系一直很好。1984年1月，梵美在断交117年之后复交。前任教皇约翰·保罗二世曾多次访问美国，并于1995年10月在联合国发表讲话。美国历任总统也都曾访梵。

2003年伊拉克危机爆发前，教皇约翰·保罗二世多次发表演说明确表示反对动武并派代表赴美游说，战争爆发后梵驻伊代表一直没有撤离巴格达，美梵关系一度趋冷。2005年4月2日，教皇约翰·保罗二世去世后美国总统布什携全家赴罗马参加其葬礼，并在棺前下跪祈祷。2007年6月9日，布什访梵，与教皇本笃十六世会谈，就中东局势等问题交换了意见。2008年4月15~21日，教皇本笃十六世访问美国并顺访联合国。2008年6月13日布什再度访梵。

梵同西欧国家特别是信奉天主教的国家关系密切，教皇本笃十六世上任后，即于2005年8月访问了德国，受到了当地政要和信徒的热烈欢迎，被群众称为“我们的教皇”。2006年，教皇访问西班牙，批评西班牙允许同性恋合法化，呼吁回归“正统家庭观”。迄今，教皇已先后访问奥地利、法国、葡萄牙等多国。

【同独联体、前南斯拉夫及中东欧国家的关系】梵于1992年1月13日承认克罗地亚、斯洛文尼亚独立，2月与两国建立外交关系。同年，梵同俄罗斯建立特殊关系，并先后同乌克兰、亚美尼亚、阿塞拜疆、格鲁吉亚、摩尔多瓦、白俄罗斯、哈萨克斯坦、乌兹别克斯坦、吉尔吉斯斯坦等国建立外交关系。1993年4月，梵同阿尔巴尼亚建交；7月，梵同波兰签署政教关系条约。此后，教皇约翰·保罗二世多次访问这一地区许多国家。本笃十六世就任后，2006年5月访问波兰并参观了奥斯维辛集中营。2009年，教皇访问捷克。同年，俄罗斯总统梅德韦杰夫访梵，两国宣布建立完全外交关系。

【同亚非拉国家的关系】非洲和拉美地区地域辽阔，人口众多，天主教在这一地区的很多国家传统上具有较强影响力，历来受到教廷的高度重视。近年来，在全球化和民族解放运动的双重影响下，当地的天主教信徒日益减少，天主教内的解放神学派也发展较快，同梵的分歧增加。这种局面引起了教廷的不安，为加强与这些国家和地区的联系，巩固和扩大天主教的影响，前任教皇约翰·保罗二世在世期间曾多次访问非洲、拉美国家，并就取消非洲债务、帮助发展中国家消除贫困和反毒等问题发表声明和讲话，赢得了当地民众的欢迎。1998年1月教皇访问古巴并与卡斯特罗举行会晤，成功改善了与社会主义国家古巴的关系。本笃十六世也非常重视亚非拉地区，2007年5月出席拉丁美洲及加勒比海地区第五届主教大会，并顺访了南美最大的天主教国家巴西，会见巴西领导人并册封了一位巴西籍修士为圣人。2009年，本笃十六世首次赴非，访问喀麦隆与安哥拉，力图推动天主教在非洲的扩张。

对中东各国，教皇约翰·保罗二世主张采取和解政策。在其任内1993年12月，梵同以色列签署了实现双方关系正常化和相互承认的协定并于次年6月宣布建立大使级外交关系。1994年2月梵同约旦建交。其后，约翰·保罗二世多次赴中东各国访问，除会见各国领导人外还广泛与东正教、犹太教和伊斯兰教宗教领袖会晤，使天主教与这些教派的关系明显改善。本笃十六世上台以来，基本保持了前任的政策，同时还主张在宗教和解的背景下保持天主教价值观，批评伊斯兰教的暴力倾向，鼓吹将犹太人“改造为基督徒”。这种做法引起了其他教派的反感。2007年梵蒂冈宣布与阿拉伯联合酋长国建交。2009年教皇访问以色列，呼吁以巴和解。

（毕江山）

芬　兰

国名　芬兰共和国（The Republic of Finland, Suomen Tasavalta）。

面积　33.8417万平方公里。

人口　535.2万（2009年底）。芬兰族占90.9%，瑞典族占5.4%，还有少量萨米人（曾称为拉普人）。芬兰语和瑞典语均为官方语言。77.7%的居民信奉基督教路德宗，1.2%信奉东正教。

首都　赫尔辛基（Helsinki），人口57.9万（2009年底）。夏季平均气温16℃，冬季平均气温-5℃。

国家元首　总统塔里娅·哈洛宁（Tarja Halonen，女，社民党人），2000年3月1日就任。2006年3月连任。

重要节日　独立纪念日：12月6日。

简　况

位于欧洲北部。与瑞典、挪威、俄罗斯接壤，南临芬兰湾，西濒波的尼亚湾。海岸线长1100公里。地势北高南低。内陆水域面积占全国面积的10%，有岛屿约17.9万个，湖泊约18.8万个，有“千湖之国”之称。全国1/3的土地在北极圈内。属温带海洋性气候。平均气温冬季-14℃~3℃，夏季13℃~17℃，年均降水量600毫米。

约9000年前冰河末期，芬兰人的祖先从南方和东南方迁居至此。12世纪后半叶开始隶属于瑞典，14世纪中叶正式成为其一部分。1809年俄瑞战争后成为俄国的大公国。1917年12月6日独立，1919年成立共和国。1939~1940年芬苏战争（芬称“冬战”）之后，芬被迫同苏联签订向苏割让领土的芬苏和约。1941~1944年纳粹德国进攻苏联，芬参与对苏战争（芬称“续战”）。1947年2月，芬作为战败国与苏联等国签订巴黎和约。1948年4月，又与苏联签订《友好合作互助条约》。1955年加入联合国。1995年加入欧盟。1999年加入欧洲经货联盟（欧元区），2002年1月欧元正式在芬流通。

政　治

2007年3月，芬兰举行议会选举，中间党、联合党、绿色联盟和瑞典族人民党组成联合政府上台执政。对内以促进经济增长、改善就业为重点，以小步渐进方式改革社会保障体系，积极应对人口老龄化和全球化挑战；对外以欧盟共同外交和安全政策为基础，在欧盟框架下开展对外关系，加强与美俄合作，发展与北约和平伙伴关系。当前，芬各党派围绕如何妥善应对全球经济危机展开角力，政经联动效应增加，政局保持总体稳定。2010年6月，总理万哈宁因政治献金丑闻下台，原公共管理与地方事务部长基维涅米出任新总理。

【宪法】1919年7月17日颁布生效。宪法规定，国家立法权由议会和共和国总统共同行使；总统是国家元首，拥有任命政府、掌管外交、统帅三军等实权，每六年选举一次。1999年芬议会通过新宪法，名称由《政府组织法》改为《宪法》。新宪法加强了议会和政府在国家政治生活中的作用，削减了总统部分权力。

【议会】一院制，国家最高立法机关。由选民直接选举的200名议员组成，任期4年。主要职能是立法、监督政府、监督财政。本届议会于2007年3月选举产生。目前，中间党占51个席位、联合党51席、社民党45席、左翼联盟17席、绿色联盟14席、瑞典族人民党10席、基督教民主党7席、正统芬兰人党5席。议长绍利·尼尼斯托（Sauli Niinistö，联合党），2007年4月当选。第一副议长凯里埃宁（Seppo Kääriäinen，中间党），第二副议长高斯基宁（Johannes Koskinen，社民党）。

【政府】本届政府于2007年4月19日由中间党、联合党、绿色联盟和瑞典族人民党四党联合组成。共有阁员20名，其中女阁员12名。总理玛利·基维涅米（Mari Kiviniemi，女，中间党），副总理兼财政部长于尔基·卡泰宁（Jyrki Katainen，联合党），外长亚历山大·斯图布（Alexander Stubb，联合党），外贸与发展部长帕沃·韦于吕宁（Paavo Väyrynen，中间党），司法部长图伊亚·布拉克斯（Tuija Brax，女，绿色联盟），内政部长安妮·霍尔姆隆德（Anne Holmlund，女，联合党），移民与欧洲事务部长阿斯特丽德·托尔斯（Astrid Thors，女，瑞典族人民党），国防部长于里·海凯梅斯（Jyri Häkämies，联合党），公共管理与地方事务部长塔帕尼·特利（Tapani Tölli，中间党），教育部长汉娜·维尔库宁（Henna Virkkunen，女，联合党），文化与体育部长斯特凡·瓦林（Stefan Wallin，瑞典族人民党），农林部长锡尔卡—莉萨·安蒂拉（Sirkka-Liisa Anttila，女，中间党），交通部长阿努·韦赫维莱宁（Anu Vehviläinen，女，中间党），通讯部长苏维·林登（Suvi Lindén，女，联合党），就业与经济部长毛里·佩卡里宁（Mauri Pekkarinen，中间党），社会卫生部长尤哈·雷胡拉（Juha Rehula，中间党），社会服务事务部长保拉·里西科（Paula Risikko，女，联合党），劳动部长安妮·辛内迈基（Anni Sinnemäki，女，绿色联盟），环境部长保拉·莱赫托迈基（Paula Lehtomäki，女，中间党），住房部长扬·瓦帕沃里（Jan Vapaavuori，联合党）。

【网址】政府网址：http//www.valtioneuvosto.fi；议会网址：http：//www.eduskunta.fi；外交部网址：http：//formin.fi。

【行政区划】2010年1月1日，芬兰正式取消省级行政区划及省长职位。原5个省和1个自治区的行政职能由6个地区管理署和15个经济发展、交通和环境管理中心承担。

【司法机构】最高司法机关为最高法院和最高行政法院。最高法院由院长和19名法官组成，负责审理民事和刑事案件。最高行政法院由院长和20名法官组成，负责审理政府机构和省、市（县）机构的行政案件。起诉机关是各级检察院。另设有国家法律监察官，有权出席内阁会议，监督总统、内阁和政府各部门的决定是否符合宪法规定。最高法院和最高行政法院院长、法官以及最高检察长均由总统任命。最高法院院长葆琳·高斯科洛（Pauliine Koskelo，女），2006年1月就任；最高行政法院院长贝卡·哈尔贝格（Pekka Hallberg），1993年就任；最高检察长马蒂·库西麦基（Matti Kuusimaki），1997年就任；政府法律监察官亚科·约恩卡（Jaakko Jonkka），2007年就任。议会法律监察官丽塔—莱娜·鲍尼欧（Riitta-

Leena Paunio，女），2003 年就任。

【政党】芬兰是多党制国家。2007 年 3 月议会大选中注册政党共 19 个，主要政党是中间党、联合党和社民党。

（1）芬兰中间党（Centre Party of Finland）：执政党，1906 年成立。曾先后称农村居民联盟、农民联盟和中间力量，1988 年 6 月改现名。强调该党追求的目标是建立平等和公正的社会。对内反对政治经济权力垄断，主张保障农林业在国民经济中的地位，维护中小企业和农业生产者的利益；对外主张实行积极的和平外交政策，重视与北欧和波海地区国家的关系。反对欧盟联邦化，认为加入北约应成为芬外交安全政策的一种选择，但应就此举行全民公决。现有党员 20 余万。主席玛利·基维涅米（2010 年 6 月当选）。

（2）民族联合党（The National Coalition Party）：简称联合党，执政党，1918 年成立。主要代表工商企业界利益。党的基本目标是保障国家独立和维护民族的政治和经济利益，追求经济和精神生活的发展。现有党员约 4.1 万人。主席于尔基·卡泰宁（2004 年当选）。

（3）绿色联盟（The Green League）：执政党。由 20 世纪 80 年代初期的绿色环境保护运动逐步演化为政党，1988 年正式成立。主张保护环境，支持芬政府的和平外交政策，积极参与和平与环保活动，要求就欧盟宪法举行全民公决。现有党员 3800 人。主席安妮·辛内迈基（2009 年当选）。

（4）瑞典族人民党（The Swedish People's Party）：执政党，1906 年成立。由芬兰的瑞典族人组成。主张维护瑞典族居民的社会地位和权利。现有党员约 3 万，主席斯特凡·瓦林（2006 年当选）。

（5）芬兰社会民主党（The Finnish Social Democratic Party）：在野党，1899 年成立。原名芬兰工人党，1903 年改现名。对内主张政治、经济民主，实现充分就业和公平分配，保障社会福利，发展社会民主主义；对外主张缓和、裁军，实现国际和平。现有党员 5.4 万人。主席尤塔·乌尔皮莱宁（Jutta Urpilainen，2008 年当选）。

（6）芬兰左翼联盟（The Finnish Left Union）：简称左联，在野党。1990 年 5 月由原芬兰共产党和人民民主联盟合并组成，提出党的宗旨、政治活动和组织形式要适应资本主义社会的变化，不再是夺取政权和实行国有化，而是在资本主义制度内扩大社会主义成分。主张限制资本主义势力，反对公共部门私有化，就欧盟宪法举行全民公决。现有党员 1 万人。党主席马蒂·科尔霍宁（Martti Korhonen，2006 年当选）。

（7）芬兰基督教民主党（The Finnish Christian Democratic Party）：在野党，1958 年成立，原名芬兰基督教民主联盟，2001 年改现名。以基督教教义为宗旨，宣扬自由、社会公正与平等，强调人在上帝面前的责任。主张实行对社会和生态负责的市场经济，注重环保和可持续发展。要求建立一个开放、安全的欧洲，希望欧盟发展成为各主权国家的联盟，反对发展共同防务及扩大欧洲议会的权力。现有党员 1.2 万，主席拜依维·莱塞宁（Päivi Räsänen，女）。

（8）正统芬兰人党（The True Finns）：在野党。原名农村党，1959 年从芬兰中间力量分裂出来。主张维护小农、城市贫民和中小企业利益。曾自称是官方政策的坚定反对派，后对政策进行了调整。对欧盟宪法持反对态度。现有党员 2500 人。主席蒂莫·索依尼（Timo Soini，1997 年当选）。

（9）芬兰共产党（Communist Party of Finland）：在野党。1986 年 4 月由原芬共中分裂出来的“少数派”组成。1990 年芬共停止活动并入“左联”后，该党以芬共（团结派）的名义继续开展活动，宣称要继承芬兰共产党的传统。1994 年举行党代会，决定重建共产党。现有党员约 3000 人，党主席于尔约·哈卡宁（Yrjö Hakanen，1990 年当选）。

【重要人物】**塔里娅·哈洛宁：**总统。1943 年生。法学硕士，社民党人。1970 年出任芬工会中央联盟法律事务顾问，1974～1975 年任总理秘书，1977～1996 年任赫尔辛基市议会议员。1979 年当选国会议员，曾任议会社会事务委员会主席和主管欧盟事务的大委员会主席。1987～1990 年任社会卫生部长，1990～1991 年任司法部长，1995 年 4 月出任外长。2000 年 1 月当选芬兰历史上第一位女总统。2006 年 3 月连任。20 世纪 70 年代曾来华旅游。1995 年 9 月作为外长率团参加北京世妇会，1996 年 4 月陪同芬总统访华，1997 年出席香港回归仪式，1998 年 9 月正式访华。当选总统后，2002 年 11 月应邀对华进行国事访问，2007 年来华出席世界经济论坛“新领军者年会”。2008 年 8 月和 10 月两次来华出席北京奥运会闭幕式和第七届亚欧首脑会议。2010 年 5 月来华参加中芬建交 60 周年庆祝活动并出席上海世博会芬兰馆日活动。爱好摄影、戏剧、游泳和爵士乐。已婚，丈夫彭蒂·阿拉耶尔维（Pentti Arajärvi）。有一女。 **玛丽·基维涅米：**总理。1968 年生。政治学硕士，中间党人。1995 年当选议员，曾任议会经济委员会、外事委员会副主席，大委员会、环境委员会、就业委员会、财政委员会、未来委员会、交通通讯委员会委员。2004～2005 年任万哈宁总理经济政策特别顾问。2005～2006 年任外贸和发展部长并兼任总理府主管欧盟轮值主席国秘书处事务部长。2007 年 4 月至 2010 年 6 月任公共管理与地方事务部长。2010 年 6 月 22 日就任芬第 71 届政府总理，是芬历史上第二位女总理。已婚，有两个子女。 **绍利·尼尼斯托：**议长。1948 年生。法律硕士，联合党人。曾任法官并办有自己的律师事务所，长期在芬兰地方议会任职。1987 年当选议员，曾任议会大委员会主席。1994 年任联合党主席、副总理兼财长。2003 年出任欧洲投资银行副行长。2005 年作为联合党候选人竞选总统，在第二轮落选。2007 年 3 月当选议长。2001 年曾作为欧洲民主联盟主席、芬兰财政部长应中联部邀请访华。2009 年 4 月以私人身份来华旅游。2010 年 3 月访华。2009 年 1 月与燕妮·哈乌基奥（Jenni Haukio）结婚，与前妻生有两子。

经　济

20 世纪 80 年代，芬兰经济以年均 3.7 % 的速度持续增长。90 年代初，经济出现严重衰退。芬政府通过经济结构调整，增大知识型经济在国民经济中的比重，重视科技投入，发展高新技术和信息技术，在宏观上继续执行紧缩财政、鼓励投资、削减社会福利、降低所得税、加快国有企业私有化进程、改善就业等措施，使经济走出低谷。90 年代中后期经济增长率保持在 5% 左右。1999 年加入欧元区，2002 年 1 月欧元取代芬兰马克，正式流通。2005 年在世界经济论坛被评为年度“世界最具竞争力的国家”，此后 4 年分列第 2、6、9、6 名。2008 年，受全球金融危机影响，经济下半年开始下滑，企业倒闭增加，失业上升。为防止经济进一步陷入衰退，芬政府出台了一系列刺激方案。2009 年，芬经济在艰难中已出现一定复苏迹象。2009 年主要经济数据如下（数据来源：芬兰统计局官方网站，下同）：

国内生产总值：1710 亿欧元。

人均国内生产总值：3.2 万欧元。

国内生产总值增长率：-7.8%。

货币名称：欧元（Euro）。

汇率（2010 年 5 月）：1 欧元 =1.32 美元。

通货膨胀率：0.0%。

失业率：8.0%。

【资源】 森林覆盖率高达 75.3%，约 2270 万公顷，人均 4.34 公顷，木材储积量 22.01 亿立方米。矿产资源中以铜为主，还有少量的铁、镍、钒、钴等。泥炭资源丰富，已探明储量约 690.94 亿立方米，相当于 40 亿吨石油。有两座核电站（四个核反应堆），第五个反应堆在建。

【工业】 2008 年工业产值为 513.60 亿欧元，约占国内生产总值的 30%。工业从业人口为 42.3 万人，约占总劳动力的 16%。工业在 20 世纪 90 年代得到快速发展，已从劳动、资金密集型转变为技术密集型。建立在森林基础上的木材加工、造纸和林业机械制造业为经济支柱，并具有世界领先水平，整个森林工业产量占世界总产量的 5%，是世界第二大纸张、纸板出口国（占世界出口量的 25%）及世界第四大纸浆出口国。

【信息业】 信息产业发达，极大地促进了本国经济的发展。2008 年的产值为 40.28 亿欧元，占 GDP 的 2.4%。芬兰是因特网接入比例和人均手机持有量最高的国家之一，2008 年网络用户达 77%，每 1000 人拥有手机 1076 部。

【农林业】 林业发达，农畜产品自给有余。2008 年农林业产值为 30.17 亿欧元，占当年国内生产总值的 1.8%。农林密切结合，几乎所有的农户都经营一定数量的林地。2008 年耕地约 229.8 万公顷，从事农林业的劳动力为 11.6 万，约占总劳力的 4.7%。2009 年主要农畜产品产量如下（单位：万吨）：

	2007	2008	2009
小麦	79.68	78.75	88.7
大麦	198.44	212.86	217.0
燕麦	122.20	121.34	111.47
黑麦	8.67	6.08	4.17
牛奶（亿公升）	22.87	22.44	22.53
黄油	4.83	4.66	4.64
肉类	39.8	40.0	41.2
鸡蛋	5.7	5.83	5.90

【服务业】 服务业发达，20 世纪 80 年代以来更为完善。基本分为私人服务业和公共管理服务业两大类。主要包括商业、贸易、旅馆、饭店、银行、保险、社会性服务业和公共服务业。2008 年服务业产值为 827.78 亿欧元，占国内生产总值的 48.8%，从业人口为 118.2 万，占总劳力的 48.36%。

【旅游业】 2008 年外国来芬旅游者约 215 万人次，旅游收入 22 亿欧元，占国内生产总值的 1.2%。游客主要来自俄罗斯、瑞典、爱沙尼亚、德国、英国、挪威、法国、美国等。主要旅游点是赫尔辛基、图尔库、东部湖区、北部拉毕地区和奥兰岛。

【交通运输】 交通运输业发达，以铁路和公路为主。2008 年交通运输情况：

铁路：总长 5769 公里，客运量 42 亿人公里，货运量 108 亿吨公里。

公路：道路总长 105621 公里，其中公路 79168 公里，高速公路 780 公里。各种机动车 282 万辆，其中小汽车约 243 万辆、公共汽车 1.09 万辆、货车 36.4 万辆，客运量 70.3 亿人公里，货运量 287 亿吨公里。

水运：商船 642 艘，总吨位 157.8 万吨；内河航线长 9541 公里，客运量 0.1 亿人公里，货运量 3 亿吨公里；沿海航线长 9979 公里，货运量 23 亿吨公里；水运港口近 30 个，总吞吐量 31 亿吨。重要港口有赫尔辛基、图尔库、科特卡和波里。

空运：有 27 个机场，4 家航空公司，683 架民用飞机，国际航线 35 条；客运量 13 亿人公里；货运量 200 万吨公里；国际机场有赫尔辛基、图尔库和坦佩雷等。

管道：天然气管道 580 公里。

【财政金融】 近年国家财政收支情况如下（单位：亿欧元）：

	2006	2007	2008
收入（不包括借债）	409.79	432.79	452
支出	408.71	408	444
差额	+1.08	+24.79	+8

2008年外汇储备56.95亿欧元，其中黄金储备8.96亿欧元；国际收支经常项目顺差74.55亿欧元，净外债累计213.39亿欧元，占国内生产总值的11.9%。

【对外贸易】2008年外贸总额约为1275.9亿欧元，其中进口额620.8亿欧元，同比增长4%，出口额655.1亿欧元。近几年对外贸易情况如下（单位：亿欧元）：

	2006	2007	2008
出口额	613.96	654.8	655.1
进口额	548.89	594.9	620.8
差　额	65.07	59.9	34.3

芬出口商品主要有金属、纸张纸板、化工产品等；进口商品主要有金属、化工产品、食品、纺织品等。主要贸易对象为欧盟国家。2008年，芬主要贸易伙伴依次为俄、德、瑞（典）、中、英、美、荷。

【对外投资】芬直接投资国主要为瑞典及其他欧盟国家，外国对芬直接投资主要来自瑞典、美国和英国等国家。2008年芬对外直接投资11.1亿欧元，低于上年水平；全年吸引外资－28.7亿欧元，有外资撤离现象。

【对外援助】20世纪90年代初芬经济衰退，政府被迫大幅削减外援款项，1996年后有所增加。对外援助情况如下（单位：亿欧元）：

	2006	2007	2008
总额	6.71	7.46	9.16
占国内生产总值（%）	0.40	0.42	0.46

主要受援国为：埃塞俄比亚、肯尼亚、莫桑比克、赞比亚、坦桑尼亚、尼泊尔、越南和尼加拉瓜，此外还有正在进行恢复重建的阿富汗、波黑、科索沃、苏丹和巴勒斯坦地区等冲突地区。

【著名公司】（1）诺基亚集团（Nokia）公司成立于1865年，早期从事造纸、化工、橡胶行业，20世纪60年代开始进入电信市场，近十年得到快速发展。主要生产移动和固定电信网络设备及移动电话，现已成为世界最大移动电话生产商，全球领先的数字移动和固定网络供应商。诺基亚1985年进入中国市场，在北京、杭州等地设有研发中心。在华最大项目为2001年建立的北京星网（国际）工业园。

（2）芬欧汇川集团（UPM—Kymmene）是世界第三大纸和纸制品生产商，具有百年历史，在芬拥有93万公顷森林，年平均消费林材24万立方米。主要生产纸张纸浆、纸板和包装薄膜。1999年在江苏投资6亿美元建立芬欧汇川（常熟）纸厂，2002年增资4.7亿美元，将常熟纸厂的生产规模扩大到年产80万吨优质文化用纸，该项目是芬在华最大的单项投资项目。

（3）斯道拉—恩索纸业集团（StoraEnso）由瑞典斯道拉纸业公司和芬兰恩索纸业公司于1998年合并组建而成，是一家林、纸、包装一体化集团，主要生产文化用纸、包装纸板和木材制品等。1998年在苏州收购紫兴纸业有限公司，年产15万吨铜版纸。2006年与山东华泰纸业有限公司合资兴建山东斯道拉恩索华泰纸业有限公司，年产超级压光纸20万吨。2007年与广西高峰集团签署北海林浆纸一体化项目合资协议，建设规模为年产90万吨浆、90万吨纸，配套建设240万亩原料林基地。

（4）富腾工程有限公司（Fortum）欧洲主要能源公司之一，由耐思特（NESTE）工程公司、IVO有限公司等组成。经营范围包括石油和天然气，电力和热能，工程建造、运营和维护，业务几乎涉及所有能源领域。富腾在中国市场开展业务已有20年历史，主要在石油、天然气、太阳能、区域供热、热电混合产品和环保技术等领域提供服务和系统设备。2001年在华投资建立辽河富腾热电有限公司。

人民生活

2008年，劳动力人均收入约2.7万欧元；全国有医生18507人，每千人拥有3.5名医生；每千人拥有小汽车475辆、固定电话362部、移动电话1076部；人均住房面积38平方米。

军　事

总统为军队最高统帅。国防委员会是最高咨询机构。总理负责领导民政方面的国防活动。国防军总司令负责军事方面的国防活动。国防军总司令海军上将尤哈尼·卡斯凯亚拉（Juhani Kaskeala）2001年6月4日就任。实行普遍义务兵役制，服役期6～12个月。

常备武装力量1.65万人，其中陆军1.1万人；海军2300人，舰艇总吨位1.3万吨；空军3200人，主战飞机F－18，共63架。

2008年国防预算为25亿欧元，占政府预算的5.5%。

文化教育

【教育】教育事业发达。1921年起实行义务教育。1980年起在全国实行9年一贯制免费、义务教育。全国现有各类学校4324所，在校学生超过192.7万人（包括成人教育及各类业余学校的在校生）。2008年教育预算为73亿欧元，占政府预算的15.9%。著名高等学校有赫尔辛基大学、阿尔托大学（2009年由赫尔辛基理工大学、赫尔辛基商学院和赫尔辛基艺术设计大学合并成立）、坦佩雷大学等。2008年各级学校数、学生人数如下：

	学校（所）	学生（人）
基础学校	3067	571790
普通高中	406	124789
职业学校	161	267438
专科学院	30	140650
综合性大学	20	184211

2008 年，芬兰全国有图书馆 895 家，人均借阅量和人均出版量均居世界前列。

【新闻出版】2008 年全国共有报纸 204 种（其中每周发行 4~7 期的 53 种），各种杂志和期刊 3366 种（每年 4 期以上）。主要报刊、创刊年及发行量：《赫尔辛基新闻》，1904 年，41.98 万份；《晚间新闻》，1932 年，17.65 万份；《晨报》，1882 年，13.92 万份；《晚报》，1980 年，13.12 万份；《图尔库新闻》，1904 年，11.24 万份；《首都日报》，1864 年，5.12 万份。

有 5 家通讯社，其中最大的是芬兰通讯社，简称芬通社，1915 年成立，属半官方性质，同世界主要通讯社均有业务联系。外国在芬的通讯分社有 15 家。

芬兰广播公司（Finnish Broadcasting Company，YLE）：1926 年成立，1934 年改为国营。对外用芬兰语、瑞典语、英语、德语和法语广播。1958 年正式开播电视，现有电视 1 台、电视 2 台、电视 3 台。此外还有赫尔辛基有线电视台和私营广告电视台。20 世纪 70 年代开始有有线电视。

对外关系

战后长期奉行同苏联保持睦邻友好关系、不介入大国冲突、同各国发展友好关系的“积极的和平中立政策”。冷战结束、苏联解体后，芬兰对其外交政策进行了重大调整，将发展同欧盟的关系作为外交重点。1995 年 1 月 1 日成为欧盟正式成员。仍坚持奉行军事不结盟和独立可靠的防务政策，密切与北约的合作，同时继续与俄罗斯保持睦邻关系，支持俄融入国际社会。芬已与 186 个国家缔结了外交关系（截至 2009 年 3 月）。

【对当前重大国际问题的态度】关于国际形势：认为各国对安全地位、全球利益、战略区域，特别是能源的争夺日益激烈、恐怖主义、大规模杀伤性武器扩散、环境污染和传染病等问题逐渐构成对全球新的安全威胁。金融危机和经济衰退对国际政治产生较大影响，世界经济、政治格局正在加速调整，新兴力量进一步上升。欧美战略关系最为重要，跨大西洋联盟应继续主导世界事务。中国不仅是世界经济大国，而且在全球治理和冲突解决中的政治影响力大幅提高。印度、巴西也希望增加发言权。要想成功应对气候变化、金融危机等全球性问题，仅有多极世界是不够的，应通过“有效多边主义”加强国际合作。

关于全球化进程：认为全球化是双刃剑，其带来的新科技、尤其是信息科技的应用增加了各国间的相互依存，并在某种程度上突出了民主和人权的重要性。同时，贸易保护主义在一些国家已经抬头。世界贸易组织因多哈回合败绩已失去影响力。全球化成果在国家内部和国与国之间的分配仍然不均衡，社会福利、就业、社会公平面临严峻挑战。认为芬总体上是全球化的受益者，支持设立联合国经济理事会，对全球化进行规范和监督。

关于欧洲合作与欧盟一体化：认为欧盟新一轮扩大后内部利益多元化，一体化呈现多速、多核心推进趋势。主张欧盟应继续扩大其在周边地区、中东和亚洲的影响力，坚持对西巴尔干国家和土耳其的入盟承诺，以强化民主发展，促进政治、经济改革。《里斯本条约》生效后，欧盟主张把注意力转向实际问题，展现其在国际体系中活跃和负责任的行为体角色。

关于联合国改革：支持联合国全面改革，主张加强联合国在国际事务中的主导地位和作用，以避免被 G8、G20 等集团边缘化，反对安理会改革影响联合国整体改革进程。支持安理会增加常任和非常任理事国，支持德国、日本和印度入常，但反对新常任理事国拥有否决权。积极竞选 2013~2014 年度安理会非常任理事国。

关于伊朗核问题：认为应通过对话和适当施压相结合的方式促伊合作，以和平方式妥善解决问题。赞赏包括中国在内的六国对话机制发挥的作用。

【同中国的关系】1950 年 10 月 28 日中芬建交，1951 年互设公使馆，1954 年升格为大使馆。

2009 年中芬关系继续发展。4 月，万哈宁总理再次对华进行正式访问并出席博鳌亚洲论坛年会。6 月 25~27 日，李克强副总理访问芬兰，访问期间会见了哈洛宁总统，与万哈宁总理举行会谈并共同出席了两国多个双边协议和商业合同的签字仪式。9 月 6~10 日，全国人大常委会副委员长华建敏访芬，与尼尼斯托议长、万哈宁总理分别会谈、会见。11 月 2~3 日，斯图布外长首次正式访华，与习近平副主席和杨洁篪外长分别会见、会谈。2010 年 1 月，芬议会外委会主席萨洛莱宁访华。2010 年 3 月 25~27 日，习近平副主席对芬兰进行正式友好访问，与哈洛宁总统会谈，会见了万哈宁总理和尼尼斯托议长。5 月 25~30 日，芬兰总统哈洛宁来华参加中芬建交 60 周年庆祝活动，并出席上海世博会芬兰馆日等系列活动。在华期间，与胡锦涛主席、王刚副委员长分别会见，与李克强副总理会见，并共同出席“中芬清洁技术研讨会”和两国多个双边协议及商业合同签字仪式。

2009 年双边贸易额为 77.9 亿美元，同比下降 28.3%；其中中方出口额 45.2 亿美元，同比下降 38.4%，进口额 32.7 亿美元，同比下降 7.4%。7 月，中国贸易投资促进团访问芬兰。

中国驻芬兰大使：黄兴。馆址：Vanha kelkkamaki 9 – 11，00570 Helsinki，Finland。网址：

www.chinaembassy-fi.org。电话（国家地区号 3589）：22890110（办公室），6848416（商务处）；传真：22890168（使馆），6849595（商务处）。

芬兰驻华大使：岚涛（Lars Backström）。馆址：北京市朝阳区光华路 1 号嘉里中心南楼 26 层。邮政编码：100020。网址：www.finland.cn。电话：010－85198300；传真：85198301。商务处电话：85298625；传真：65298654。

【同欧洲联盟的关系】 1995 年 1 月 1 日正式加入欧盟。1999 年 1 月 1 日在北欧国家中率先加入欧元区。2001 年 3 月 25 日正式实施《申根协定》。芬与欧盟其他成员国的贸易额约占芬外贸总额的 56%，对外投资近一半面向欧盟国家。积极支持并参与欧盟一体化进程，是北欧国家中唯一加入欧元区的国家。积极参与组建区域性欧盟快速反应部队，并于 2007 年 1 月起着手同德国、荷兰及瑞典、爱沙尼亚、挪威组建快反部队，但反对欧盟演变为军事联盟。2008 年芬政府批准 2007～2013 年欧盟跨界合作计划适用于芬俄边界部分。

【同俄罗斯的关系】 1992 年 1 月，芬同俄罗斯签署《芬俄两国关系基础条约》，同时宣布废除《芬苏友好合作互助条约》。出于历史和地缘政治原因采取融俄政策，积极推动改善欧俄关系，期待以此支持俄罗斯转化为民主法制和市场经济国家。重视保持与俄的睦邻友好关系和务实合作。俄是芬第一大贸易伙伴和重要出口市场，芬能源和原材料依赖从俄进口。但金融危机波及芬俄贸易，双边贸易额在芬外贸中的比重减小。2009 年 4 月出台《对俄行动计划》，决定在欧盟政策基础上发展对俄“现代欧洲邻国关系”，成立专家论坛和非政府组织研究发展对俄关系，支持芬企业参与对俄能源合作。

【同北欧及波海三国的关系】 重视发展同其他北欧国家、波罗的海三国及其他波海地区国家的合作，认为这对促进欧洲北部安全稳定具有重要意义。主张加强地区节能环保、能源开发、文化、教育、军备等方面合作。在欧盟内部力推北部地区合作，主张欧盟北部地区政策成为欧、挪、冰、俄四方共同政策。推动北欧国家在气候变化、节能环保领域整合资源，合作开辟亚洲等新兴市场。积极参与制定欧盟波海战略，2010 年 2 月主办波罗的海行动峰会，推动波海周边国家合作改善波海环境状况。

【同美国和北约的关系】 重视对美关系，强调巩固跨大西洋纽带和北约在欧洲安全格局中的核心地位。认为美虽实力受损，但仍是唯一超级大国。希通过双边和北约和平伙伴关系等渠道保持对美关系。本届政府任内，芬美关系明显升温。2008 年芬总理、外长分别访美。2009 年 10 月，芬总统、总理和外长分别赴美出席联大会议、联合国气候变化峰会等会议。

认为北约仍是欧洲最重要的军事联盟和跨大西洋关系纽带，北约的扩大将有利于波罗的海地区的稳定。冷战后，北约正在转型并将持续演变，重点从集体防御转向军事和民事危机管理。芬与北约建有和平伙伴关系，在军工科技、人员培训和维和等领域开展合作，派兵参加北约在阿富汗和科索沃的国际维和行动。2008 年决定加入北约快反部队。2009 年 2 月出台新的《安全和防务政策白皮书》，阐述芬加入北约的利弊，保留入约的自由选择权，但本届政府任期内不会申请加入。

【同发展中国家的关系】 重视同发展中国家关系，主张中国、印度、巴西等国在世界政治和经济领域发挥更大作用。支持南北对话，主张建立国际经济新秩序。认为通过发展合作可提高全球安全保障并获得商业利益。强调联合国应在对外发展援助方面发挥更大作用，呼吁西方各国重视并增加外援。2002 年联合坦桑尼亚发起以全球化和发展援助为主题的“赫尔辛基进程”。2009 年对外援助金额约为 9.2 亿欧元，占 GDP 的 0.51%，计划 2015 年将发展援助资金占 GDP 的比例增至 0.7%。（吴卫）

荷　兰

国名　荷兰王国（The Kingdom of the Netherlands，Koninkrijk der Nederlanden）。

面积　41528 平方公里。

人口　1648.58 万（2009 年 12 月）。90% 以上为荷兰族，此外还有弗里斯族。官方语言为荷兰语，弗里斯兰省讲弗里斯语。居民中 31% 信奉天主教，21% 信奉基督教。

首都　阿姆斯特丹（Amsterdam），人口 76.7 万（2009 年）。政府所在地海牙（The Hague），人口 47.5 万（2007 年）。

国家元首　女王贝娅特丽克丝·威廉敏娜·阿姆加德（Beatrix Wilhelmina Armgard），1980 年 4 月 30 日即位。

重要节日　女王日（系已故王太后朱丽安娜生日，即国庆日）：4 月 30 日；解放日（二战期间盟军解放荷兰日）：5 月 4 日。

简　况

位于欧洲西北部。东邻德国，南接比利时，西、北濒北海。海岸线长1075公里。24%的面积低于海平面，1/3的面积仅高出海平面1米。从13世纪即开始围海造田，增加土地面积约60万公顷。属海洋性温带阔叶林气候。沿海地区平均气温夏季16℃，冬季3℃；内陆地区夏季17℃，冬季2℃。年平均降水量797毫米。

16世纪前长期处于封建割据状态。1568年爆发延续80年的反抗西班牙统治的战争。1581年北部7省成立尼德兰联合共和国。1648年《威斯特伐利亚和约》签署后，西班牙正式承认荷兰独立。17世纪曾为海上殖民强国。18世纪后，荷兰殖民体系逐渐瓦解，国势渐衰。1795年法国军队入侵。1814年脱离法国，1815年成立荷兰王国。1848年成为君主立宪国。第一次世界大战期间保持中立。第二次世界大战初期宣布中立，1940年5月遭德军入侵，王室和内阁成员流亡英国，成立流亡政府。战后放弃中立政策，加入北约和欧共体（欧盟）。

政　治

2006年11月举行大选后，翌年2月由右翼的基民盟、基督教联盟与左翼的工党组成联合政府，鲍肯内德第二次连任首相。2010年2月20日，由于执政联盟在阿富汗驻军延期问题上产生严重分歧，第二大执政党工党内阁成员集体辞职。剩余两执政党（基民盟、基督教联盟）组成看守内阁。6月9日提前举行议会大选，自由民主人民党获得31席成为第一大党。目前，各党正进行组阁谈判，看守内阁将留任至新政府产生。

【宪法】1814年3月29日颁布，1848年修改。规定荷兰是世袭君主立宪王国，立法权属国王和议会，行政权属国王和内阁。枢密院为最高国务协商机构，主席为女王本人，其他成员由女王任命。

【议会】由一院和二院组成。二院拥有立法权；一院有权同意或拒绝批准法案，但不能提出或修改法案。一院共有议员75名，由省议会间接选举产生；二院共有议员150名，按比例代表制通过直接普选产生。两院议员任期均为4年。本届议会一院于2007年3月产生，二院于2010年6月产生。一院议长为勒内·范德林登（René van der Linden，基民盟），二院议长为赫迪·弗贝特（女，Gerdi Verbeet，工党）。一、二院席位分配如下：

	一院	二院
基督教民主联盟	23	21
工党	19	30
自由民主人民党	15	31
社会党	4	15
新自由党	—	24
左翼绿党	5	10
基督教联盟	—	5
六六民主党	3	10
其他各小党	6	4
总计	75	150

【政府】本届政府为看守内阁，共有15名大臣，首相鲍肯内德（Jan Peter Balkenende，基民盟），副首相兼青年与家庭事务大臣洛夫特（Andre Rouvoet，基联盟），外交大臣费尔哈根（Maxime Verhagen，基民盟）。

【行政区划】全国划分为12个省，省下设443个市镇（2007年）。另有荷属阿鲁巴和安的列斯两个海外省。2009年5月15日，荷属安的列斯岛中最大的库拉索岛举行自治公投，52%选民支持该岛成为荷兰王国内的自治属地。按计划，2010年后，荷属安的列斯将完全解体，成立库拉索、荷属圣马丁岛2个自治属地及博纳尔、圣俄斯塔休斯和萨巴3个海外行政区。

【司法机构】全国设62个基层法院（市镇法院），19个中级法院（地区法院），5个上诉法院和1个最高法院。此外还设有军事法庭、行政法庭等若干特别法庭。各级法院法官均系高等院校法律专业毕业，由女王任命，任期终身（实际到70岁）。

基层法院负责审理一般性民事与刑事案件，中级法院负责审理较重大的民事及刑事案件（上述两级法院均为初审法院）。上诉法院专门负责审理上诉、抗诉案件。最高法院有26名成员，作为最高司法机构，对下级法院的判决有否决权。最高法院院长哈克（W. E. Haak），最高检察长德韦得斯坦（L. J. de Wijkerslooth de Weerdesteijn）。

【政党】主要政党有8个：基督教民主联盟、工党、社会党、自由民主人民党、新自由党、基督教联盟、绿色左翼联盟、六六民主党。荷兰政党实行领导人负责制，党主席负责日常党务工作。

（1）自由民主人民党（VVD，Volkspartij voor Vrijheid en Democratie）：成立于1948年，现有党员4.9万人。曾多次参政，2006年大选后成为在野党。2010年大选获得31席，跃居第一大党。崇尚自由主义，主张充分尊重个人的自由，推动经济自由化和市场化。领导人为鲁特（M. Rutte），主席奥普斯代登（I. Opstelten）。

（2）工党（PVDA，Partij van de Arbeid）：1946年成立，现有党员约6.2万人，历史上曾多次执政。2010年6月大选中名列第二，获得30席。主张在实现经济发展和社会公正之间保持平衡，合理分配权力、收入和知识财富。领导人为科恩（Job Cohen），主席普劳门（Lilianne Ploumen）。

（3）基督教民主联盟（CDA，Christen-Democratisch Appel）：1980年成立，现有党员约7.7万人。2002年以来一直是荷兰第一大党。2010年6月议会大选中获得21席，位居第四。该党反对过分强调政府或市场的作用，主张维护传统价值观和道德观。鲍肯内德于6月10日辞去党领导人职务，主席费尔哈根（Maxime Verhagen）。

（4）新自由党（PVV，Partij voor vrijheid）：成立于2005年，系从自由民主人民党中分裂出来的极右翼政党。2006年首次参加议会二院选举即获得9个席位，被誉为荷政坛的黑马。2010年6月大选中获得24席，位居第三。主张降低税收，提高教育质量，不接受外来移民。主席威尔德斯（G. Widers）。

（5）社会党（SP，Socialistische Partij）：成立于1972年，现有党员约4.3万人。主张实现求真、平等、互助的人类社会，强调人人拥有良好的工作、收入、福利、教育和健康权利。领导人马莱尼森（Jan Marijnissen）。

（6）基督教联盟（Christen Unie）：成立于2000年，2006年议会二院选举取得6个席位，并首次获得参政权。主张和谐的劳资关系，推迟退休年龄，反对人为堕胎。领导人为副首相洛夫特，主席斯劳普（A. Slob）。

（7）绿色左翼联盟（GL，Groen Links）：创建于1990年，现有党员约2万人。主张实现社会公正，维护中下层人民的利益，特别强调环境保护。领导人费姆克·哈尔斯玛（Femke Halsema）。

（8）六六民主党（D66，Democraten 66）：1966年由工党、自由党中分裂出来的左翼激进分子组成。现有党员约1.3万人。主张对现有的民主模式进行改革，建立开放的民主制度，保障公民的个人权利。领导人范德兰（Van der Laan），主席裴士托特（A. Pechtold）。

【重要人物】贝娅特丽克丝：女王。1938年1月31日生。1956年入莱顿大学学习，1959年获法律学学士学位，1961年获硕士学位。1980年4月30日继承王位，为荷兰王国第6代君主。爱好绘画、雕刻和音乐。生有3子，长子亚历山大亲王，是荷兰王储。1977年5月以王储身份访华，1999年4月对中国进行首次国事访问。 **鲍肯内德：**看守内阁首相。基民盟党员。1956年5月7日生。1974～1982年在阿姆斯特丹自由大学学习历史和法律专业，获法学博士学位。1982～1984年在学术委员会司法事务部任研究员。1982～1998年任阿姆斯特芬市议会议员，其间曾兼任基民盟科学研究所研究员。1998年当选议会二院议员，曾任基民盟财经事务发言人。2001年10月当选议会二院基民盟党团主席，2002年7月就任首相，2003年5月和2007年2月两次连任。2004年4月曾访华，2008年8月来华出席北京奥运会开幕式，10月来华出席第七届亚欧首脑会议并正式访华。2010年5月来华出席上海世博会开幕式。

经 济

荷兰是发达的资本主义国家，西方10大经济强国之一。经济属外向型，80%的原料靠进口，60%以上的产品供出口。对外贸易的80%在欧盟内实现。商品与服务的出口约占国民生产总值的67.2%，进口占62.4%。电子、化工、水利、造船以及食品加工等领域技术先进，金融服务和保险业发达；陆、海、空交通运输十分便利，是欧洲大陆重要的交通枢纽；农业高度集约化，农产品出口额居世界前列。20世纪80年代中以来保持较高经济增长率。2009年主要经济数据如下：

国内生产总值：5740亿欧元。

人均国内生产总值：34620欧元。

经济增长率：-4.0%。

货币名称：欧元（EURO）。

汇率（2010年6月）：1欧元≈1.24美元。

通货膨胀率：1.0%。

失业率：4.9%。

【资源】天然气储量丰富，其他自然资源贫乏。

【工业】工业发达。自20世纪80年代以来，荷政府积极鼓励发展新兴工业，特别重视发展空间、微电子和生物工程领域中的高技术产业。主要工业部门有食品加工、石油化工、冶金、机械制造、电子、钢铁、造船、印刷、钻石加工等。鹿特丹是欧洲最大的炼油中心。荷是世界主要造船国家之一。近几年主要工业产值情况如下（2000年：100）：

	2006	2007	2008
食品、饮料、烟草	110.1	123.4	129.7
纺织、皮革、服装	80.9	80.8	71.9
纸张和纸版	99.2	104.4	101.8
石化产品	132.6	159.9	176.7
钢铁、电子、运输工具	111.5	128.9	133.2
木材、建材、家具	99.7	113.3	110.9
工业总产值	115.4	133.0	140.2

（资料来源：荷兰统计局官网）

【农牧渔业】农业高度集约化，农业产值约占国内生产总值的2%，从业人员27.3万。农业的构成中，畜牧业占50%，园艺业占38%，农田作物占12%。农产品和食品进出口总量仅次于美国位居世界第二，净出口为全球第一。花卉生产发达，每年出口额约100亿欧元，占世界市场的60%。近几年主要农畜产品产量如下（单位：万吨）：

	2007	2008	2009
猪 肉	555.8	583.8	587.2
牛 肉	116.4	120.3	119.3

鸡 肉	4335.1	4435.7	4328.5
牛 奶	259.8	268.6	277.4
马铃薯	1571.7	1518.6	1552.3
甜 菜	820.2	722.3	727

近年主要畜禽存栏情况如下（单位：万头/万只）：

	2007	2008	2009
猪	1166	1202.6	1218.6
牛	3762	3890	3967
羊	1369	1212	1116
鸡	9276	9670	9685.9

（资料来源：荷兰统计局网站）

【服务业】20 世纪 80 年代以来，服务业发展迅速，主要集中于运输、银行、保险和股市等。旅游业发达。

【财政金融】2009 年中央财政收入 1608 亿欧元，支出 1895 亿欧元，外汇储备 243 亿美元，公共债务 3560 亿欧元，占 GDP 比重 62.2%。

主要金融机构：（1）荷兰国际集团（ING）：由荷兰中产—邮政银行集团（NMB POSTBANK GROUP）与荷兰国民人寿保险公司（NATIONALE-NEDERLANDEN）于 1991 年合并而成。荷兰第一大金融机构，2006 年在《财富》杂志评选的全球 500 强企业中列第 13 位。该集团下属荷兰保险公司（ING INSURANCE）为欧洲第四大保险公司，在北京、上海设有代表处；集团下属荷兰商业银行为荷第三大银行，在上海、深圳、厦门设有分行，在北京、广州、沈阳、大连设有代表处。2005 年 3 月，与北京商业银行签订战略合作伙伴协定。

（2）荷兰银行（ABN-AMRO BANK）：由荷兰通用银行（ABN BANK）和阿姆斯特丹—鹿特丹银行（AMRO BANK）于 1991 年合并而成，在世界上拥有 3000 多家分支机构，是世界上拥有银行网络最多的银行之一。集团资产总额 5974 亿欧元，在世界银行界居第 17 位，欧洲排行第八位。在上海和深圳设有分行，在北京、天津、广州、武汉设有代表处。

（3）荷兰农业合作银行（RABO BANK NEDERLAND）：由荷兰数家农村信用社于 1973 年合并而成，为荷兰第二大银行，在世界各大银行中居第 31 位。主要从事农业、农业机械和食品工业等行业的金融交易。在北京、上海等地设有办事处。

【对外贸易】外贸在经济中占重要地位。近年对外贸易情况如下（单位：亿欧元）：

	2007	2008	2009
总 额	6538	7063	5851
出口额	3476	3704	3094
进口额	3062	3359	2757
顺 差	414	345	337

进口主要是工业原料、原油、半制成品和机械等；出口主要是石油制品、电子产品、船舶和农产品等。2009 年主要贸易对象如下（单位：亿欧元）：

	进口	同比下降	出口	同比下降	差额
欧盟	1532	17.2%	2305	18.5%	+772
其他国家	1224	18.8%	789	10.1%	-435

（资料来源：荷兰统计局网站）

【对外投资】荷兰为世界主要对外投资大国之一，2005 年对外直接投资 960.55 亿欧元，其中约一半流向欧盟成员国，美、日是其欧盟以外投资的重点。近年来荷加强了对东欧和东南亚国家的投资。

【对外援助】20 世纪 80 年代以来，荷兰官方外援金额在国民生产总值中所占比重一直保持在 0.8% 左右，居发达国家前列。2005 年用于对外发展合作的资金约为 51.31 亿美元。主要受援国包括印度、坦桑尼亚、津巴布韦、苏里南、玻利维亚、缅甸、尼加拉瓜、莫桑比克、肯尼亚等。

【外国资本】外国对荷直接投资主要来自美国、英国、比利时、卢森堡、德国等国家。主要领域集中在信息、化工、医学设备仪器、电子通讯等。

【著名公司】荷兰著名的跨国公司有：

（1）荷兰皇家壳牌集团（Royal Dutch /Shell Group of Companies）：荷最大的工业公司，在 2006 年《财富》杂志评选的全球 500 强中列第三位。1907 年由荷皇家石油公司与英国壳牌运输和贸易公司合并而成，实行两总部控股制，其中荷资本占 60%，英占 40%，两总部分别设在荷兰鹿特丹和英国伦敦。集团公司下设 14 个分部，分别经营石油、天然气、化工产品、有色金属、煤炭等，其中石油、石化燃料的生产和销售能力居世界第二位。公司在中国广东惠州的石油化工合资项目总投资 43 亿美元，2005 年 10 月落成投产，是目前中外合资最大的项目之一。公司总裁范德菲尔（J. van der Veer）。

（2）飞利浦电子公司（Philips Electronic N. V）：成立于 1891 年，在全球企业 500 强中居第 145 位，在世界电子行业中排名第九。在 60 多个国家设有营业机构，共有雇员 26.51 万人。其股票在 9 个国家的 16 个交易所上市。主要生产视听产品、照明、电子元件、半导体、医疗设备、小家电、工业电子及商业电子等，其中照明设备、彩色显像管、电动剃须刀、X 光分析仪及音响设备在国际市场居领先地位。总部设在阿姆斯特丹，总裁柯慈雷（Gerard Kleisterlee）。

（3）联合利华公司（Unilever N. V）：英、荷合资企业，成立于 1930 年，世界著名日用及食品化工集团，在世界 500 家大型企业中名列第 106 位。公司在荷兰鹿特丹和英国伦敦各有一个总部。荷兰部分主要生产食品，英国则主要生产日用化工产品。集团现有员工 30.6 万人，分布在世界 70 多个国家和地区。

公司总裁博格曼斯。

（4）阿克苏·诺贝尔公司（Akzo Nobel N.V）：跨国化工和医药集团，1994年由荷兰阿克苏公司和瑞典诺贝尔公司合并而成。公司主要有药品、涂料和化学3个部门，共有员工8.6万人，在世界60多个国家和地区设有分支机构。主营盐、碱、塑料、添加剂、工业及纺织用纤维、各种薄膜、医疗设备、药品及药品生产用原料等。总裁范雷德（Cees J.A. van Lede）。

人民生活

社会保障体系较完备，居民福利水平较高，贫富差距不明显。2004年家庭平均消费28385欧元，结构如下：食品4735欧元，服装1835欧元，住房9477欧元，出行和娱乐9447欧元，医疗卫生2139欧元，其他751欧元。

军　事

荷在第二次世界大战前为中立国，战后加入北约，并以北约的集体防卫政策作为其国防政策的基础。名义上女王是全国武装力量最高统帅，实际指挥权掌握在内阁手中。国防委员会是荷最高安全决策机构，首相为委员会主席。现任国防大臣范米德古普，国防参谋长范登布雷蒙上将。负有保卫荷属安的列斯群岛安全的义务。1997年1月1日起军队全面实行职业化，通过与志愿者签订合同形式招募人员。2004年现役部队6.8万人。在荷属安的列斯群岛的库拉索建有一个海军基地，驻军400人。荷有2000人参加联合国维和部队和其他海外军事行动。

文化教育

【教育】实行12年（5～16岁）全日制义务教育制。中小学校分为公立和私立两类。2008～2009学年，荷全国共有8342所各级各类学校，学生总数372万人，教育和科研经费260亿欧元。目前小学在校生共159万余人，中学在校生159万，成人和职业教育学校在校生约达56万人。荷高等教育分为大学和高等职业教育。荷现有13所重点大学，其中9所为综合性大学，1所理工大学、1所农业大学，在校生22万人。高等职业学校学生34.6万人。著名高等院校有莱顿大学、乌得勒支大学、阿姆斯特丹自由大学、格罗宁根大学、鹿特丹伊拉斯谟大学、代尔夫特理工大学和瓦格宁根农业大学等。

莱顿大学：建于1575年，世界著名的学术性大学。现有学生17500人，外国留学生约1000人，教职员工约5000人。贝娅特丽克丝女王、亚历山大王储均毕业于该校。

代尔夫特理工大学：原系1842年建立的“皇家学院”的一个理工分院，1905年正式取得大学地位，现有学生约13000人，外国留学生约1300名，教职员工约5000人。

瓦格宁根农业大学：建于1918年，现有学生4500名，外国留学生约500人，教职员工2000余人。

【新闻出版】报刊发行始于1618年。现共有日报近90种（其中全国性日报8种），综合性和专业性期刊约4000种。主要报刊：《电讯报》，《每日汇报》，《人民报》，《新鹿特丹商报》，《誓言报》，《忠诚报》，《金融日报》，《埃尔什维尔周刊》，《自由荷兰》。

荷兰通讯社：半官方新闻机构。

共有5个全国广播电台、10个地区广播电台和150个地方广播电台。电视广播覆盖率100%，其中76%的家庭可接收有线电视。全国有35个广播电视组织，由荷兰广播电视协会根据各组织会员人数分配广播电视的播放时间，其中8大广播电视组织在3套半官方的全国性电视节目中拥有绝大部分播放时间。近年来，商业电视台发展较快。

对外关系

荷兰为欧盟和北约成员国。对外政策具有大西洋派和欧洲派双重色彩。国家安全、经济利益和民主人权是其外交的三大支柱。视美国为传统盟友，认为世界上任何重大问题的解决均离不开美国的合作，美在欧洲的存在是实现欧洲安全与稳定的保证。认为欧洲一体化进程不可逆转，支持欧盟和北约双东扩。重视联合国等国际组织的作用，支持联合国改革。重视发展与亚洲国家的关系。

【同中国的关系】1954年11月19日两国建立代办级外交关系，1972年5月18日升格为大使级。

近年来，中荷关系保持良好发展势头。2008年8月，鲍肯内德首相、亚历山大王储夫妇来华出席北京奥运会开幕式并观赛。玛格丽特公主出席残奥会开幕式并观赛。10月，鲍肯内德首相出席第七届亚欧首脑会议并正式访华。2009年，荷经济大臣玛·范德胡芬（9月）和外贸大臣弗·亨斯科克、内政和王国关系大臣古·特霍斯特（12月）先后访华；中国商务部部长助理仇鸿于12月率政府贸易投资促进团访荷。2010年5月，鲍肯内德首相、亚历山大王储夫妇分别来华出席上海世博会开幕式和荷兰国家馆日活动。

据中国海关总署统计，2009年中荷贸易额为418亿美元，同比下降18.4%，其中中方进口额为51.2亿美元，出口额为366.8亿美元，同比分别下降为3.3%和20.1%。2010年1～4月，双边贸易额为159.1亿美元，同比增长45.7%，其中中方进口额19.2亿美元，出口额139.9亿美元，同比分别增长62.5%和43.6%。

据教育部统计，2009年中国在荷留学人员达5788人。荷在华留学生共有1056人。2006年6月，两国政府签订的相互承认高等教育学位证书及入学的协议生效。现已有10所荷高等院校与中国有关高校建立了长期交流关系，主要有：莱顿大学、阿姆斯特丹大学和北京大学；乌特列支、代尔夫特技术大学和清华大学。

中国驻荷兰大使：张军。馆址：Willem Lodewijklaan 10，2517JT，Den Haag，the Netherlands。电话：31－70－3065031；传真：3551651。领事部电话：3065085。商务处电话：5115559；传真：5111206。

荷兰驻中国大使：裴靖康（Rudolf Simon BEKINK）。馆址：北京市亮马河南路4号。电话：010－85320200；传真：85320301。

2006年10月，荷在华设立武官处并派驻首任武官。

荷在中国上海、广州、香港设有领事馆。

【同美国的关系】 荷美关系历来密切。政治上荷主张同美保持平等伙伴关系，军事上依靠美核保护伞，强调美在欧洲的存在是欧洲稳定的重要保证；经济上美是荷在欧盟以外最大的贸易伙伴，双方互为主要投资国。“9·11”事件后，荷领导人发表声明，谴责恐怖分子对美国的袭击，支持美反对恐怖主义的行动。支持美国在伊拉克问题上的立场，向伊派出1300名士兵。2005年3月，荷撤回其期限已满的驻伊拉克维和部队，同时派遣近千人的特种部队和多架战机，参加美在阿富汗的反恐军事行动。2007年4月，荷外交大臣费尔哈根访美，表示“良好的跨大西洋关系是荷外交政策的基石”。2008年6月，荷首相鲍肯内德和外交大臣费尔哈根访美。2009年4月21日，外交大臣费尔哈根访美；7月14日，鲍肯内德首相访美；9月14日，亚历山大王储夫妇访美。

【同欧盟国家的关系】 欧盟国家是荷兰重要的经济伙伴。重视加强与西欧国家的关系，与邻国的高层往来密切。1997年上半年，荷轮任欧盟主席国时推动签订和修改《马斯特里赫特条约》的欧盟《阿姆斯特丹条约》。1998年成为首批欧元成员国之一。2004年下半年，再次轮任欧盟主席国，积极推动欧盟政治联合和防务建设取得新的进展，历史上首部《欧洲宪法条约》得以正式签署。2008年6月和7月，议会两院先后审批通过欧盟《里斯本条约》。

【同俄罗斯及东欧国家的关系】 密切关注独联体和东欧各国的发展动向，支持和推动其向民主和市场经济体制过渡。重点发展与东欧各国的关系，支持其加入欧盟和北约。近年来荷兰与东欧国家高层互访增多。2007年5月1日，荷向2004年新欧盟成员国开放劳动力市场。2008年3月4日，荷兰承认科索沃独立。2009年6月19日，俄总统梅德韦杰夫访荷。

【同亚洲国家的关系】 对亚太地区经济迅速发展十分关注，认为这对西方既是巨大挑战，同时也带来机遇。努力改善和发展同亚洲国家的关系，扩大和加深同亚洲地区的经贸合作。近年来与亚洲国家高层互访增多。2007年10月，荷女王贝娅特丽克丝访问印度。2001年1月，宣布同朝鲜建立外交关系。2009年8月21日，日本皇太子夫妇访荷。

【同印尼的关系】 曾对印尼实行长达350年的殖民统治。1951年1月，承认印尼共和国并与其建交，1960年两国断交，1963年复交。1992年3月，印尼因荷对其实行制裁而宣布拒绝荷兰援助。此后，荷兰同印尼的关系有所改善，1999年，荷宣布恢复对印尼的发展援助。2000年2月，印尼总统瓦希德访荷。2005年8月，荷外交大臣博特参加印尼成立60周年庆祝活动。

【同苏里南的关系】 苏里南原为荷兰殖民地，1975年独立，荷允提供35亿荷盾的发展援助。1980年苏里南发生军事政变，荷冻结对苏援助，两国关系趋于紧张。近年来，两国关系有所松动。2000年10月，荷外交大臣范阿尔森访问苏里南。2001年8月苏总统费内希恩访荷。2002年2月，荷驻苏大使官邸遭手榴弹袭击，幸未造成人员伤亡。2004年8月，两国就荷取消对苏发展援助达成一致，宣布今后双方将以更务实的合作关系取代纯援助关系，加强在安全、环境、文化和投资等领域的合作。（周洁）

黑　山

国名　黑山（Montenegro，Crna Gora）。

面积　1.38万平方公里。

人口　62万（2007年）。其中黑山族占43.16%，塞尔维亚族占31.99%，波什尼亚克族占7.77%，阿尔巴尼亚族占5.03%。主要宗教东正教。

首都　波德戈里察（Podgorica），人口约17万（2007年）。

国家元首　总统菲利普·武亚诺维奇（Filip VUJANOVIĆ），2008年4月连任。任期5年。

重要节日　国庆日：7月13日（1878年）。

简　况　位于欧洲巴尔干半岛中西部，东南与阿尔巴尼亚为邻，东北部与塞尔维亚相连，西北与波黑和克罗地亚接壤。西南部地区濒临亚得里亚海，海岸线长293公里。气候依地形自南向北分为地中海式气候、温带大陆性气候和山地气候。1月平均气温5℃，7月平均气温25℃。

公元6世纪末和7世纪初，部分斯拉夫人移居到巴尔干半岛。9世纪，斯拉夫人在黑山地区建立“杜克里亚”国家。11世纪，“杜克里亚”改称“泽塔”，并于12世纪末并入塞尔维亚。1356年，“泽塔”脱离塞尔维亚并重获独立。15世纪，奥斯曼土耳其帝国占领波德戈里察及其以北领土，泽塔王朝陷落。1878年柏林会议承认黑山为独立国家。1910年黑山成为王国。1918年第一次世界大战后，黑山再次并入塞尔维亚，加入“塞尔维亚人—克罗地亚人—斯洛文尼亚人王国”，1929年改称南斯拉夫王国。1941年第二次世界大战爆发，德、意法西斯入侵并占领南斯拉夫王国。1945年，南斯拉夫人民赢得反法西斯战争胜利。同年11月29日，南斯拉夫联邦人民共和国宣告成立。1963年改称南斯拉夫社会主义联邦共和国，1991～1992年斯洛文尼亚、克罗地亚、波斯尼亚和黑塞哥维那、马其顿四个共和国相继宣布脱离南联邦独立。1992年4月27日，塞尔维亚与黑山两个共和国联合组成南斯拉夫联盟共和国。2003年2月4日，南斯拉夫联盟共和国议会通过《塞尔维亚和黑山宪法宪章》，改国名为塞尔维亚和黑山。2006年5月21日，黑山就国家独立举行公民投票并获通过。6月3日，黑山议会正式宣布独立。6月28日，黑山加入联合国。

政　治

黑山政局稳定，黑山社会主义者民主党和社会民主党联盟执政地位稳固。2009年3月，黑山举行议会选举，执政联盟再次胜出。

【议会】一院制。议员通过直选产生，任期四年。本届议会于2009年4月23日组成，共有81个议席。社会主义者民主党—社会民主党—波什尼亚克党—克罗地亚公民倡议党联盟48席，社会主义人民党16席，新塞尔维亚民主党8席，变革运动5席，前进党、阿尔巴尼亚人民民主联盟党、阿尔巴尼亚繁荣联盟党、黑山民主联盟—阿尔巴尼亚抉择党各1席。议长兰科·克里沃卡皮奇（Ranko KRIVOKAPIĆ）。

【政府】国家权力执行机构。本届政府于2009年6月组成，包括社会主义者民主党、社会民主党、阿尔巴尼亚民主联盟、波什尼亚克党和克罗地亚公民倡议党。主要成员：总理米洛·久卡诺维奇（Milo ĐUKANOVIĆ），副总理斯韦托扎尔·马罗维奇（Svetozar MAROVIĆ），副总理兼财政部长伊戈尔·卢克西奇（Igor LUKŠIĆ），副总理兼信息社会部部长武伊察·拉佐维奇（Vujica LAZOVIĆ），外长米兰·罗钦（Milan ROĆEN），国防部长博罗·武契尼奇（Boro VUČINIĆ），内务部长伊万·布拉约维奇（Ivan BRAJOVIĆ），司法部长米拉什·拉多维奇（Milaš RADOVIĆ），欧洲一体化部部长戈尔达娜·久罗维奇（Gordana ĐUROVIĆ，女），人权和少数民族权益保障部部长费尔哈特·迪诺沙（Ferhat DINOŠA），科学教育部部长斯拉沃柳布·斯蒂耶波维奇（Slavoljub STIJEPOVIĆ），卫生部部长米奥德拉格·拉杜诺维奇（Miodrag RADUNOVIĆ），劳动和社会保障部部长苏阿德·努马诺维奇（Suad NUMANOVIĆ），经济发展部部长布兰科·武约维奇（Branko VUJOVIĆ），规划建设部部长布拉尼米尔·戈沃兹代诺维奇（Branimir GVOZDENOVIĆ），交通、海事和电信部部长安德里亚·隆帕尔（Andrija LOMPAR），旅游和环保部部长普雷德拉格·内内济奇（Predrag NENEZIĆ），农业部部长米卢廷·西莫维奇（Milutin SIMOVIĆ），文化部部长布拉尼斯拉夫·米丘诺维奇（Branislav MIĆUNOVIĆ），不管部长拉菲特·胡索维奇（Rafet HUSOVIĆ）。

【主要网址】政府：http：//www.vlada.me；议会：http：//www.skupstina.me；外交部：http：//www.mininos.gov.me；《胜利报》：www.pobjeda.co.me。

【行政区划】全国共设21个行政区。

【司法机构】设宪法法院、最高法院、行政法院、上诉法院、经济法院、中级法院和初级法院。国家检察体系设最高检察长、2个中级检察长和13个初级检察长。宪法法院院长米兰·马尔科维奇（Milan MARKOVIĆ），2007年12月就任。最高法院院长韦斯娜·梅戴尼察（Vesna MEDENICA，女），2007年12月就任。最高检察长兰卡·查拉皮奇（Ranka ČARAPIĆ），2008年4月就任。

【政党】黑山政治党派和组织共计45个。其中主要政党有：

（1）黑山社会主义者民主党（Demokratska Partija Socijalista Crne Gore）：执政党。原为黑山共产主义者联盟，1991年6月改为现名。现有党员11万人。主张平等公正、民族团结，坚定走欧洲一体化道路。主席米洛·久卡诺维奇。

（2）黑山社会民主党（Socijaldemokratska Partija Crne Gore）：执政党。1993年成立，主要代表劳工利益。致力于建设民主社会主义，主张在改革中实现社会公正和经济繁荣。主席兰科·克里沃卡皮奇。

（3）黑山社会主义人民党（Socijalistička Narodna Partija Crne Gore）：在野党。1998年3月成立，由黑山社会主义者民主党分裂产生。主张平等、自由、正义、民主，主张发展市场经济，促进社会繁荣。主席斯尔詹·米利奇（Srđan MILIĆ）。

（4）新塞尔维亚民主党（Nova Srpska Demokratija）：在野党。2009年1月成立。前身为塞尔维亚人民党。主张加强议会民主和建立法制国家，强调塞族民族平等性。主席安德里亚·曼迪奇（Adrija MANDIĆ）。

【重要人物】菲利普·武亚诺维奇：总统。1954年1月生。毕业于贝尔格莱德大学法律系。1993～1995年任黑山司法部长，1996～1998年任黑山内务部长，1998年7月起任黑山总理。2001年6月再次连任。2002年11月起任黑山议长。2003年5月当选黑山总统，2008年4月连选连任。2008年8月来华出席北京奥运会开幕式。懂英语。已婚，有三个孩子。　**兰科·克里沃卡皮奇**：议长。1961 年 8 月生。毕业于贝尔格莱德大学法律系，曾在英国、美国学习进修。曾任黑山议会议员、议会人权和自由委员会主席、欧洲委员会议会议员。2003 年当选议长，2006 年 10 月和 2009 年 4 月两次连任。黑山社会民主党主席。2008 年 8 月来华出席北京奥运会闭幕式。懂英语。已婚，有两个子女。　**米洛·久卡诺维奇**：总理。1962 年生。毕业于波德戈里察高等经济学校。1991 年 2 月至 1998 年 1 月连续三届出任政府总理。1998 年 1 月当选黑山总统。2003 年 1 月出任黑山总理。2008 年 2 月再次出任总理。2009 年 6 月连任。黑山社会主义者民主党主席。2008 年 9 月出席在天津举办的第二届“夏季达沃斯”年会并应中联部邀请访华。已婚，有一子。

经　济

近年来，黑山经济总体呈增长态势。旅游、建筑等产业是黑山经济主要支柱。2009 年，黑山经济受国际金融危机影响，主要经济数据如下：

国内生产总值：26.7 亿欧元。

人均国内生产总值（2008 年）：5332 欧元。

增长率：-4%。

货币：欧元（EURO）。

通货膨胀率：3.4%。

失业率：19.1%。

【资源】森林和水利资源丰富，森林覆盖率为 39.43%。此外，铝、煤等资源丰富，铝矿石 3600 万吨、褐煤 3.5 亿吨。

【工业】2009 年工业产值同比下降 32.2%。主要工业有采矿、建筑、冶金、食品加工、电力和木材加工业等。近几年主要工业产品产量如下（单位：万吨）：

	2007	2008	2009
发电量（亿度）	21.4	28.2	27.5
钢	31.1	32.0	21.7
铝	12.4	11.85	12.5
褐煤	119.6	174.01	95.72

【农牧业】全国农业用地为 51.6 万公顷，占国土总面积 37.4%，其中可耕地面积为 18.99 万公顷，播种面积为 3.1 万公顷。2009 年主要农产品产量为（单位：吨）：小麦 3044；玉米 10009；烟草 272；土豆 156380；李子 10243；橄榄 1605；葡萄 38635。

2009 年主要畜牧产品和牲畜存栏总数为：牛 10.64 万头；猪 1.00 万头；羊 20.94 万只；家禽 43.23 万只。

【服务业】2009 年服务业产值为 1.36 亿欧元。共有 2647 个服务单位，主要包括旅馆、餐厅、咖啡馆、酒吧等。

【旅游业】旅游业是黑山国民经济的重要组成部分和主要的外汇收入来源。主要风景区是亚得里亚海滨和国家公园等。2009 年黑山游客总数约 121 万人次，同比增加 1.6%。旅游者主要来自塞尔维亚、俄罗斯、波黑、阿尔巴尼亚等。

【交通运输】以铁路和公路为主。2009 年交通运输情况如下：

铁路：总长 250 公里，共有 47 个车站。客运量 85.2 万人次，货运量 85.4 万吨。

公路：总长 7402 公里。客运量 553.6 万人次，货运量 172.4 万吨。

空运：共载客 95.6 万人次，载货量为 147.8 万吨。有 2 个机场，分别是波德戈里察机场和蒂瓦特机场。

水运：巴尔港为黑山主要港口，可停泊大型远洋轮船。总运量为 148.1 万吨。

【财政金融】2007 年财政盈余 1.684 亿欧元，约占 GDP 的 7.4%。2009 年外债总额为 7 亿欧元，外汇储备约 3.81 亿欧元。

【对外贸易】近年来，黑山对外经济贸易活动逐渐活跃，外贸额稳定上升。黑山主要贸易伙伴为：塞尔维亚、意大利、希腊、斯洛文尼亚等。2009 年，受国际金融危机影响，黑山外贸总额为 19.4 亿欧元，同比下降 34%；其中出口额 2.88 亿欧元，进口额 16.5 亿欧元。近年来黑山进出口情况如下（单位：亿欧元）：

	2007	2008	2009
出口额	5.99	4.42	2.87
进口额	21.34	24.8	16.5
差　额	-15.35	-20.38	-13.63

【外国资本】2009 年外国对黑山直接投资为 9.08 亿欧元，主要集中在不动产和金融等领域。

人民生活

截至 2009 年底，全国共有综合医院 19 所，医生 1277 名，病床 3948 张。2009 年，职工月平均工资为 463 欧元。黑山约有 120 万移动电话用户。

军　事

黑山最高军事决策机构是国家安全委员会，总统是武装力量的最高统帅。2006 年，黑山军队取消义务兵役制。2006 年 12 月，黑山成为北约“和平伙伴关系国”，2007 年获得北约对话国地位，2009 年 12 月成为北约行动计划成员国。

文化教育

【教育】黑山具有完备的教育体系，包括学前教育、初等教育、中等教育、高等教育、成人教育和特殊教育等。普及实施八年制义务教育。2009/2010 年度各级学校情况如下：

	学校（所）	学生（人）	教师（人）
学前班	90	12728	744

小学	439	73240	4979
中学	49	31643	2366
高等学校	39	21199	1526

【文化】 黑山共有 5 家剧院、12 家电影院、23 个博物馆、35 家图书馆。

【新闻出版】 2008 年黑山有报纸 98 种，主要日报有《消息报》、《胜利报》。2008 年黑山出版杂志有 100 种。黑山通讯社（MINA）为黑山唯一通讯社。2008 年共有 43 家电台和 19 家电视台。

对外关系

融入欧洲—大西洋一体化进程是黑山外交的战略目标。黑山重视发展同大国的关系，奉行睦邻友好政策，致力于促进地区的和平与稳定。

截至 2009 年 12 月，已有 104 个国家同黑山建立外交关系。

【同中国的关系】 2006 年 6 月 4 日，黑山外长弗拉霍维奇致信李肇星外长，寻求中国承认黑山为主权独立国家。6 月 14 日，中国外交部长李肇星复信黑山外长弗拉霍维奇，宣布中国政府承认黑山。7 月 6 日，中华人民共和国代表、外交部长李肇星和黑山代表、外交部长弗拉霍维奇在北京签署《中黑建立外交关系联合公报》。黑山外长弗拉霍维奇对中国进行正式访问。8 月，唐家璇国务委员对黑山进行正式访问。2009 年 5 月，全国政协副主席张梅颖访问黑山。

中国驻黑山大使：李满长。馆址：波德戈里察市拉多萨瓦·布里察大街 4 号（Radosava Burica 4，Podgorica Montenegro）。邮编：81000。电话：00382－20－609275；传真：609296。

黑山驻华大使：莉莉娅娜·托什科维奇（Ljiljana TOŠKOVIĆ）。馆址：北京市三里屯外交公寓 3－1－12，邮编：100600。电话：010－65327610；传真：65327690。

【同美国的关系】 2006 年 6 月 12 日，美国承认黑山独立。8 月 15 日，两国建交。10 月，美副助理国务卿卡罗访问黑山。2009 年 5 月，美国副国务卿斯坦伯格访问黑山。2010 年 1 月，黑山总理久卡诺维奇访美。

【同欧盟及欧洲国家的关系】 2006 年 6 月 12 日，欧盟外长会议决定承认黑山。2007 年 10 月，黑山同欧盟签署《稳定与联系协议》。2008 年 12 月，黑山总理久卡诺维奇向欧盟轮值主席国法国总统萨科齐递交入盟申请。2009 年 3 月，捷克总理、意大利总理分别访问黑山，黑山总统武亚诺维奇访问斯洛文尼亚。4 月，黑山议长克里沃卡皮奇访问斯洛文尼亚。7 月，黑山议长克里沃卡皮奇访问立陶宛，总理久卡诺维奇访问布鲁塞尔欧盟总部；欧盟扩大事务专员雷恩访问黑山。10 月，斯洛文尼亚总理帕霍尔访问黑山。11 月，黑山总统武亚诺维奇分别访问保加利亚、爱沙尼亚。欧洲议会通过对黑山公民免除申根签证决定。

【同北约的关系】 黑山以加入北约为其战略目标。2009 年 3 月，黑山总理久卡诺维奇访问布鲁塞尔北约总部。5 月，黑山议长克里沃卡皮奇出席北约成立 60 周年大会。7 月，北约秘书长拉斯穆森访问黑山。12 月，北约外长会议同意接纳黑山为北约行动计划成员国。

【同俄罗斯的关系】 2006 年 6 月 11 日，俄罗斯承认黑山为主权独立国家。26 日，两国建交。2009 年 2 月，黑山总统武亚诺维奇对俄罗斯进行工作访问。10 月，俄罗斯紧急情况部部长绍伊古访问黑山。

【同邻国的关系】 同塞尔维亚的关系：20 世纪 90 年代初，原南斯拉夫社会主义联邦共和国解体后，黑山与塞尔维亚共同组成南斯拉夫联盟共和国。2003 年，南联盟更名为塞黑。2006 年 5 月 21 日，黑山举行独立公民投票并获通过，塞、黑最终和平分手。6 月 22 日，两国正式建交。2009 年 5 月，黑山总统武亚诺维奇访问塞尔维亚。

同其他邻国的关系：2006 年 6 月，克罗地亚、波黑、马其顿分别承认黑山并建交。7 月，阿尔巴尼亚承认黑山。2009 年 1 月，阿尔巴尼亚议长托帕利访问黑山，黑山外长罗钦访问克罗地亚。5 月，黑山总统武亚诺维奇出席马其顿新总统伊万诺夫就职典礼。6 月，克罗地亚总理萨纳戴尔访问黑山。9 月，阿尔巴尼亚总统托皮访问黑山。10 月，黑山议长克里沃卡皮奇访问克罗地亚。11 月，阿尔巴尼亚副总理兼外长梅塔访问黑山。12 月，黑山总统武亚诺维奇访问克罗地亚。

（刘翀）

捷克

国名 捷克共和国（The Czech Republic，Česká republika）。

面积 78866 平方公里（2009 年）。

人口 1050 万（2009 年）。其中 90% 以上为捷克族，斯洛伐克族占 2.9%，德意志族占 1%，此外还有少量波兰族和罗姆族（吉卜赛人）。官方语言为捷克语。主要宗教为罗马天主教。

首都　布拉格（Prague），496 平方公里。人口 124.9 万（2009 年）。2008 年年均气温 11℃。

国家元首　总统瓦茨拉夫·克劳斯（Václav KLAUS），2003 年 2 月 28 日首次当选，2008 年 2 月 15 日连任，任期 5 年。

重要节日　国庆日：第一次世界大战导致奥匈帝国瓦解，1918 年 10 月 28 日，捷克斯洛伐克共和国成立。1993 年 1 月，捷、斯分手，捷克沿用 10 月 28 日为国庆日。

简　况

地处欧洲中部。东靠斯洛伐克，南邻奥地利，西接德国，北毗波兰。属北温带，年均气温 7.5℃。年均降水量为 674 毫米。

5～6 世纪，斯拉夫人西迁到今天的捷克和斯洛伐克地区，公元 830 年在该地区建立了大摩拉维亚帝国。9 世纪末、10 世纪上半叶在今捷克地区成立了捷克公国。1419～1437 年，捷克地区爆发了反对罗马教廷、德意志贵族和封建统治的胡斯运动。1620 年，捷克被哈布斯堡王朝吞并。第一次世界大战后奥匈帝国瓦解，捷克与斯洛伐克联合，于 1918 年 10 月 28 日成立捷克斯洛伐克共和国。1938 年 9 月，英、法、德、意四国代表在慕尼黑签署了《慕尼黑协定》，将捷克斯洛伐克的苏台德地区割让给德国。1939 年 3 月捷被纳粹德国占领。1945 年 5 月 9 日，捷在苏军帮助下获得解放。1948 年 2 月，捷克斯洛伐克共产党开始执政。1960 年 7 月改国名为捷克斯洛伐克社会主义共和国。1968 年 8 月 20 日，苏、波、匈、保、民德五国出兵捷克斯洛伐克，镇压“布拉格之春”改革运动。1969 年 4 月，胡萨克出任捷共第一书记（后为总书记），1975 年任总统。1989 年 11 月，捷政权更迭，实行多党议会民主制。1990 年改国名为捷克和斯洛伐克联邦共和国，同年 6 月举行首次自由选举，捷克地区的“公民论坛”和斯洛伐克地区的“公众反暴力”组织分别在本地区获胜，占据联邦议会中的多数席位，并组成联邦政府。1992 年 6 月，捷联邦举行第二次议会大选，由“公民论坛”演变而来的公民民主党（简称“公民党”）和从“公众反暴力”组织分裂出来的争取民主斯洛伐克运动获胜，成为执政党。1992 年 12 月 31 日，捷斯联邦解体。1993 年 1 月 1 日起，捷克和斯洛伐克分别成为独立主权国家。

政　治

2009 年 3 月，捷议会众议院通过了在野党社民党提出的对政府不信任案，托波拉内克内阁被迫辞职。4 月 9 日，总统克劳斯任命国家统计局局长菲舍尔为总理组建过渡政府。过渡政府于 5 月正式就职。2010 年 5 月 28 日、29 日，捷议会众议院举行换届选举。公民民主党、TOP 09 和公共事务党组成中右联合政府。

【宪法】1960 年 7 月，国民议会通过宪法，改国名为捷克斯洛伐克社会主义共和国。1968 年 10 月，国民议会通过宪法法律，规定捷克斯洛伐克是由捷克族和斯洛伐克族两个平等民族组成的联邦制国家。1989 年 11 月，联邦议会取消宪法中关于捷共在社会中领导作用的条款。1990 年 4 月，联邦议会通过宪法修正案，将国名改为捷克和斯洛伐克联邦共和国，并修改了国徽。1992 年 11 月 25 日，联邦议会通过了“联邦解体法”。12 月 15 日，捷克民族议会决定接管联邦议会的职能，并于 16 日通过了新宪法，改国名为捷克共和国，修改了国徽，确定了多党议会民主制和平等、自由、法制的原则。新宪法于 1993 年 1 月 1 日生效。

【议会】国家最高立法机构，实行参众两院制。众议院共有议员 200 名，任期 4 年。参议院共有议员 81 名，任期 6 年，每两年改选 1/3 参议员。

本届众议院于 2010 年 5 月 29 日选举产生，有 5 个政党进入议会：社会民主党 56 席、公民民主党 53 席、TOP 09 41 席、捷克和摩拉维亚共产党 26 席、公共事务党 24 席。

1996 年 11 月，捷举行了战后首次议会参议院选举。本届参议院于 2004 年 11 月选举产生，2006 年 10 月和 2008 年 11 月先后举行了 1/3 参议员换届选举。现组成情况如下：公民党 36 席、社民党 29 席、TOP 09 9 席、无党派人士 7 席。主席普热米斯尔·索博特卡（Přemysl SOBOTKA）。2010 年，捷参议院将再次举行 1/3 议员换届选举。

【政府】由总理、副总理和各部部长组成。现过渡政府于 2009 年 5 月 8 日正式就职。主要成员有：总理扬·菲舍尔（Jan FISHER），副总理兼外交部长扬·科胡特（Jan KOUHOUT），副总理兼国防部长马丁·巴尔塔克（Martin BARTÁK），财政部长埃德瓦尔德·亚诺塔（Eduard JANOTA），欧洲事务部长什泰凡·菲莱（Štefan FÜLE），内务部长马丁·佩齐纳（Martin PECINA），工贸部长弗拉吉米尔·托肖夫斯基（Vladimír TOŠOVSKÝ）等。2010 年 5 月 29 日众议院选举后，捷将组建新政府。

【主要网址】政府：http：//www.vlada.cz；外交部：http：//www.mzv.cz。

【行政区划】全国共划分为 14 个州级单位，其中包括 13 个州和首都布拉格市。各州下设市、镇。

【司法机构】全国设宪法法院、最高法院和最高监察院，院长均由总统任命。宪法法院院长帕维尔·里赫茨基（Pavel RYCHETSKÝ），最高法院院长伊娃·布罗诺娃（Iva BROŽOVÁ，女），最高监察院院长弗朗基谢克·多赫内尔（František DOHNAL）。

县（区）均设法院、检察院、公证机关和经济仲裁机关。

【政党】全国共有政党、运动、联盟等政治组织

60余个。主要有：

（1）捷克社会民主党（简称社民党，The Czech Social Democratic Party）：有党员1.6万人。最早成立于1878年，1938年解散，1945年恢复活动，1948年6月27日与捷共合并，1989年11月19日开始独立活动。自称中左党，政治上主张维护工人和其他劳动者的利益，经济上主张实行社会市场经济。1998年6月曾经首次成为执政党。在2002年议会众议院大选中再次获胜并组建以该党为首的联合政府，2006年7月沦为在野党。

（2）公民民主党（简称公民党，The Civil and Democratic Party）：有党员2.3万人。成立于1991年4月，其前身为1989年11月成立的"公民论坛"。该党属右翼保守政党，推崇民主、自由，强调继承欧洲基督教传统、捷第一共和国的人道和民主传统，反对马列主义意识形态和任何形式的集体化倾向，主张实行彻底的私有化和市场经济。代主席佩特尔·内恰斯（Petr NEČAS）。

（3）TOP 09：成立于2009年6月，右翼政党。T. O. P三字母分别为捷克语中传统、责任和繁荣三个单词的首字母，09代表成立时间为2009年。该党崇尚民主和保守主义，反对民粹主义。主席卡尔·施瓦岑贝格（Karel SCHWARZENBERG）。

（4）捷克和摩拉维亚共产党（简称捷摩共，The Communist Party of Czech and Moravia）：约有党员9万人，实际参加活动的党员约3万人。由原捷克斯洛伐克共产党演变而来，成立于1990年3月31日。该党在历届议会中一直占有一定席位。主席沃伊杰赫·菲利普（Vojtěch FILIP）。

（5）公共事务党（Public Affairs），成立于2001年。崇尚"直接民主"，号召民众打破大党主导政坛的格局，党员可通过互联网就党章、党纲、具体政策主张进行表决，直接践行民主权利，党领导层将根据表决结果参政议政。主席拉代克·约翰（Radek JOHN）。

【重要人物】**瓦茨拉夫·克劳斯**：总统。1941年6月19日出生于布拉格市。1963年毕业于布拉格经济大学外贸专业。1963~1970年，在捷克斯洛伐克科学院经济研究所工作。1970年，因持有"反社会主义"和"反马克思主义"观点被研究所开除。1971~1986年，先后在捷克斯洛伐克国家银行等金融部门工作。1987~1989年，任捷克斯洛伐克科学院经济研究所预测研究院主任。1989年12月至1992年，任捷联邦共和国财政部长。1992年6月公民党大选获胜后，克出任政府总理。1996年7月，连任政府总理。1997年11月，政府垮台，克辞去总理职务。1998年6月至2002年6月，任捷议会众议院主席。1991~2002年，任公民党主席。2003年2月28日当选总统，2008年2月15日连任。已婚，有两子。

经济

2009年，在金融危机影响下，捷克经济受到较大冲击，2009年主要经济数据如下：

国内生产总值（GDP）：1876亿美元。

人均国内生产总值：17850美元。

国内生产总值增长率：-4.2%。

货币名称：捷克克朗（Kcs）；1克朗=100哈莱士。

年均汇率：1美元≈19.057克朗，1欧元≈26.445克朗。

通货膨胀率：1%。

失业率：7.98%。

【资源】褐煤、硬煤和铀矿蕴藏丰富，其中褐煤和硬煤储量约为134亿吨，分别居世界第三位和欧洲第五位。石油、天然气和铁砂储量甚小，依赖进口。其他矿物资源有锰、铝、锌、萤石、石墨和高岭土等。森林面积265.1万公顷，约占全国总面积的34%。伏尔塔瓦河上建有多座水电站。

【工业】2008年工业生产总值为10055亿克朗（约合527.6亿美元），比上年增长-0.3%，约占GDP的32%。主要工业部门有机械、化工、冶金、纺织、电力、食品、制鞋、木材加工和玻璃制造等。从业人数为118.3万人，约占劳动力的1/3。近几年主要工业产品产量如下：

	2006	2007	2008
电（亿度）	844	882	835
钢板（万吨）	214	213.5	214.8

（资料来源：2009年捷统计年鉴及经济公报）

【农业】2008年农业总产值为1188.3亿克朗，同比下降3.8%。农业用地面积357.2万公顷，其中耕地面积259.2万公顷。农业人口14.3万，占全国劳动人口的5.6%。近几年主要农牧产品产量如下（单位：万吨）：

	2006	2007	2008
小麦	350.6	393.9	463.2
大麦	189.8	189.3	224.4
马铃薯	97.1	82.1	77
牛肉	17.1	17	18.3
猪肉	44.9	46.4	43.1
奶（百万公升）	2694	2684	2728
蛋（百万个）	1508	1618	1722

近几年主要农畜存栏数如下（单位：万头、万匹或万只）：

	2006	2007	2008
牛	139.1	140.2	136.3
猪	283	243.3	197.1
羊	16.9	18.4	18.3

马	2.4	2.7	2.8
家禽	2459.2	2731.7	2649.1

（资料来源：2009 年捷统计年鉴）

【旅游业】2009 年接待外国访客约 600 万人次，创汇 63.49 亿美元。游客主要来自德国、荷兰、丹麦、英国、西班牙等国。主要旅游城市有布拉格、捷克克鲁姆洛夫、卡洛维伐利等。

【交通运输】以公路、铁路和航空运输为主。

公路：总长 55584 公里，其中高速公路 657 公里。客运量总计 4.01 亿人次，货运量总计 4.31 亿吨。

铁路：总长 9588 公里，电气化铁路 3060 公里。客运量总计 1.77 亿人次，货运量总计 10091.7 万吨。

水运：内河航道 377 公里，货运量总计 190.5 万吨。

空运：客运量总计 715.8 万人次，货运量总计 2.04 万吨。主要国际机场为布拉格鲁津机场。

【财政金融】2009 年，捷国家财政收入为 9746 亿克朗，支出为 11520 亿克朗，赤字为 1924 亿克朗。近几年财政收支情况（单位：亿克朗）：

	2006	2007	2008
财政收入	12390	13826	14505
财政支出	13811	14191	14668
赤　字	1421	364.27	163

（资料来源：2009 年捷统计年鉴）

截至 2009 年底，捷国家银行外汇储备约为 401 亿美元，外债约为 804 亿美元。

【对外贸易】2009 年，捷对外贸易总额为 2156 亿美元，同比下降 16%。其中进口额 1038 亿美元，同比下降 18%，出口额 1118 亿美元，同比下降 14%，顺差 80 亿美元。近几年外贸情况如下（单位：亿克朗）：

	2006	2007	2008
进口额	21048	23893	24065
出口额	21445	24763	24737
差　额	397	870	672

（资料来源：2009 年捷统计年鉴及经济公报）

进口商品主要有：石油、天然气、计算机、轿车及配件、电信设备、机械设备、医药产品和器械、铁矿石、载重汽车和家用电器等。出口商品主要有：轿车及配件、电力、钢材、机械设备、玻璃制品、木材、化工产品、轮胎、家具等。主要贸易对象为：德国、斯洛伐克、波兰、中国、意大利、法国、奥地利、英国和荷兰。

【外国资本】2008 年，捷克实际吸引外资约 95.9 亿克朗。截至 2008 年底，共累计吸引外资约 1021 亿美元，其中主要投资国为德国、荷兰、奥地利、英国、瑞士、美国。

人民生活

2009 年，捷人均月工资为 1230 美元；2007 年，平均每百家有全自动洗衣机 104.8 台，电冰箱 163.8 台，彩色电视机 128.6 台，个人电脑 53.4 台，手机 177.5 部，小汽车 72.5 辆，摩托车 20.1 辆。

军　事

捷克和斯洛伐克于 1993 年 1 月 1 日独立后，原联邦国家军队和武器装备按 2:1 分割，总统是军队最高统帅。1996 年总兵力为 6.5 万人，2002 年减至 5 万人。捷加入北约后，为满足北约提出的在军队和装备方面与缔约国接轨的要求，按北约各国模式改建了军队。2006 年底捷军队完全实现职业化。2008 年，军费开支为 432.9 亿克朗，占 GDP 的 1.4% 左右。捷军总参谋长弗拉斯吉米尔·皮采克（Vlastimil PICEK）。

文化教育

【教育】实行九年制义务教育。高中、大学实行自费和奖学金制，但国家对学生住宿费给予补贴。根据 1990 年颁布的有关法律，允许成立私立和教会学校。著名大学有布拉格查理大学、捷克技术大学、布拉格经济大学和帕拉茨基大学。2008/2009 年度各类学校数目、学生及教师人数如下：

	学校（所）	学生（人）	教师（人）
幼儿园	4809	301620	23568
九年制小学	4133	816015	59492
高中（含技校）	1117	146021	46735

2008 年，捷克共有 73 所大学，其中 26 所公立大学，45 所私立大学，2 所国立大学。大学在校生 369619 名，其中外国留学生 31218 名。位于首都的查理大学是中欧最古老的学府，创办于 1348 年，现有 16 个院系（其中 4 个在外地）。创办于 1707 年的捷克技术大学，在中欧同类大学中也拥有最悠久的历史。

【新闻出版】2008 年捷全国发行各种报纸、杂志 5687 种，其中日报 126 种，周报、周刊 269 种，月刊、半月刊 1398 种。主要报纸有：《今日青年阵线报》、《权利报》、《经济报》、《人民报》等。

捷克通讯社（捷通社）为国家商业性通讯社，在国外有 11 个分社，与 20 多个国家的通讯社有业务联系。

捷克广播电台：2008 年国家电台年均播音 15 万小时，私人电台年均播音 48.9 万小时。

捷克国家电视台于 1953 年 5 月 1 日开始试播，1954 年正式开播。2008 年捷国家电视台共播 17628 小时。另有私人电视台播放时间为 371128 小时。

对外关系

捷系欧盟、北约成员国，积极参与欧盟共同外交和安全政策及北约行动。2009 年上半年捷任欧盟轮值主席国，以“无壁垒欧洲”为工作重心，同时积极推动欧盟广泛参与国际事务、扩大对外交流与合作，其自身国际地位亦有所提升。捷对欧洲政治一体化持保留态度，是最后批准《里斯本条约》的欧盟国家之一。高度重视对美关系，视其为外交重点。捷与斯洛伐克保持“超常”关系，重视与德、奥开展睦邻合作。积极倡导次区域合作，努力加强维谢格拉德集团（波兰、匈牙利、捷克、斯洛伐克）在地区事务中的交流与合作。捷现已与195个国家建立了外交关系并加入了联合国、欧安合作组织、国际货币基金组织及世界银行等国际组织。

【同中国的关系】1949年10月6日，中国同原捷克斯洛伐克建交。1957年3月27日，双方签订了中捷友好条约。1989年11月捷剧变后，中捷两国在和平共处五项原则基础上保持和发展友好合作关系。1992年底捷联邦议会通过联邦解体法后，中国政府即照会捷方，决定从1993年1月1日起承认捷克共和国，并与其建立大使级外交关系。2009年是中捷建交60周年。

2009年，中捷保持政治接触。10月6日，在中捷建交60周年之际，胡锦涛主席与克劳斯总统互致贺电。1月，温家宝总理在布鲁塞尔会见欧盟轮值主席国捷克总理托波拉内克。2月，外交部部长助理吴红波赴捷进行两国副外长级政治磋商。5月20日，温家宝总理出席在布拉格举行的第11次中欧领导人会晤，其间分别与捷克总统克劳斯、总理菲舍尔举行双边会见。

9月，达赖、热比亚出席在布拉格举行的“亚洲和平、民主与人权”国际会议。11日，捷总理菲舍尔不顾中方反对在官邸会见达赖，对双边关系产生消极影响。中方对此提出严正交涉，表示强烈不满。

捷是中国在中东欧地区第三大贸易伙伴。据中国海关总署统计，2009年，两国贸易额为61.56亿美元，同比下降8.6%，其中中方出口额50.24亿美元，下降8.6%，进口额11.32亿美元，增长12.9%。

1991年7月，“台北经济和文化办事处”在捷登记注册。1993年11月，捷在台北设立“经济文化办事处”。2009年，捷台贸易额为10亿美元，其中捷方进口额9.41亿美元，出口额0.59亿美元。

中国驻捷克大使：霍玉珍。馆址：布拉格6区，佩莱街18号（Pelleova 18, Praha 6）。邮编：16000。电话：00420－224311323（使馆），233028845（领事部），233028872（商务处）。传真：224319888。

捷克驻华大使：利博尔·塞奇卡（Libor Secka）。馆址：北京市建国门外日坛路。电话：010－85329500（总机），65326902（使馆、商务处），65326905（领事处）。传真：65325653。

【同欧洲国家的关系】2009年上半年，捷出任欧盟轮值主席国，并以此为契机扩大对外交流与合作。全年重要外交访问有：总统克劳斯访问法国（2月）、梵蒂冈（5月）、波兰（6月）、美国、斯洛文尼亚（9月）、阿尔巴尼亚（10月）、英国（11月）；总理托波拉内克访问马其顿、黑山（3月）、摩尔多瓦（4月）；捷过渡政府总理菲舍尔访问斯洛伐克（5月）、瑞典、法国、英国（6月）、奥地利、匈牙利（8月）、波兰（9月）、意大利（11月）；过渡政府副总理兼外长科胡特访问比利时、奥地利（6月）、匈牙利、波兰（7月）、马其顿（9月）。波兰总统卡钦斯基、挪威首相斯托尔滕贝格、奥地利外长施平德埃格尔、奥地利总理菲曼、斯洛伐克总理菲佐、欧委会主席巴罗佐（1月）、塞浦路斯议长卡洛扬、乌克兰外长奥格雷兹科、斯洛伐克总统加什帕罗维奇、丹麦议长彼泽森、卢森堡首相容克、保加利亚总统珀尔瓦诺夫、乌克兰总统尤先科（3月）、立陶宛总统阿达姆库斯、摩纳哥外长比昂盖里、阿尔巴尼亚总理贝里沙、土耳其总理居尔（4月）、加拿大总理哈珀、格鲁吉亚总统萨卡什维利、奥地利总统菲舍尔（5月）、德国外长施泰因迈尔、斯洛伐克外长莱恰克、斯洛伐克总统加什帕罗维奇（6月）、罗马尼亚总统伯塞斯库（7月）、列支敦士登外长弗里克（8月）、俄罗斯副总理茹科夫、罗马教皇本笃十六世（9月）、欧洲议会议长布泽克（10月）、德副总理兼外长韦斯特韦勒、阿尔巴尼亚副总理兼外长梅塔（12月）分别访捷。

【同俄罗斯的关系】捷加入北约后，与俄罗斯的政治关系较为疏远，但重视两国经贸务实合作。5月，欧盟轮值主席国捷克总统克劳斯出席在俄远东城市哈巴罗夫斯克举行的欧俄峰会。

【同美国的关系】全面发展同美国在政治、经济、军事等各领域的友好合作，2009年捷以担任欧盟轮值主席国为契机进一步提升双边关系。2009年3月、9月捷总统克劳斯两次访问美国。4月，欧美非正式峰会在布拉格举行，美总统奥巴马出席峰会并顺访捷克。9月，美总统奥巴马宣布推迟在捷建立反导系统。10月，美国副总统拜登访捷，就推迟建立反导系统做捷方工作。

【同其他国家的关系】2009年，捷注意发展与拉美、非洲、中东和亚太等地区和国家的关系，特别是经贸合作。主要交往有：总统克劳斯访问韩国（5月）、秘鲁、巴西（11月）、总理托波拉内克访问哈萨克斯坦、土库曼斯坦、阿塞拜疆（2月）、以色列、巴勒斯坦（4月）；过渡政府总理菲舍尔访问以色列（7月）；过渡政府副总理兼外长科胡特访问伊拉克（11月）。阿富汗外长斯潘达（1月）、巴勒斯坦民族权力机构主席阿巴斯（2月）、以色列总统佩雷斯（3月）、埃塞俄比亚外长梅塞芬、约旦国王阿卜杜拉二世、哈萨克斯坦外长塔仁、韩国总理韩升洙、日本首相麻生太郎、阿塞拜疆总统阿利耶夫、越南国会主席阮富仲、非盟主席让·平（4月）、日本首相麻生太郎、阿塞拜疆总统阿利耶夫（5月）分别访捷。

（周谦）

克罗地亚

国名　克罗地亚共和国（The Republic of Croatia，Republika Hrvatska）。

面积　56594平方公里。

人口　443.5万（2008年）。主要民族有克罗地亚族（89.63%），其他为塞尔维亚族、波什尼亚克族、意大利族、匈牙利族、阿尔巴尼亚族、斯洛文尼亚族等。官方语言为克罗地亚语。主要宗教是天主教。

首都　萨格勒布（Zagreb），人口78.8万（2008年），最高气温33.5℃，最低气温－5.9℃。

国家元首　总统伊沃·约西波维奇（Ivo JOSIPOVIĆ），2010年2月就任，任期5年。

重要节日　国庆节：6月25日。

简况

位于欧洲中南部，巴尔干半岛的西北部。西北和北部分别与斯洛文尼亚和匈牙利接壤，东部和东南部与塞尔维亚、波斯尼亚和黑塞哥维那、黑山为邻，南濒亚得里亚海，岛屿众多，海岸线曲折，长1777.7公里。

6世纪末和7世纪初，斯拉夫人移居到巴尔干半岛定居。8世纪末和9世纪初，克罗地亚人曾建立早期封建国家。10世纪，克罗地亚王国建立。1102～1527年，克罗地亚处于匈牙利王国统治之下。1527～1918年，克罗地亚受哈布斯堡王朝统治，直到奥匈帝国崩溃。1918年12月，克罗地亚与一些南部斯拉夫民族联合成立塞尔维亚人—克罗地亚人—斯洛文尼亚人王国，1929年改称南斯拉夫王国。1945年，南斯拉夫各族人民赢得反法西斯战争胜利，同年11月29日宣告成立南斯拉夫联邦人民共和国，1963年改称南斯拉夫社会主义联邦共和国，克成为南联邦六个共和国之一。1991年5月底，克举行全民公决，赞成克独立。同年6月25日，克议会通过决议，宣布克脱离南斯拉夫社会主义联邦共和国独立。1992年5月22日，克罗地亚加入联合国。

政治

近年来，克政局稳定。2008年初，克民主共同体同农民党、社会自由党等组成联合政府。2009年7月1日，克罗地亚总理萨纳戴尔宣布辞职，前副总理科索尔接任。2009年12月，克罗地亚举行总统选举，社会民主党候选人约西波维奇2010年1月在第二轮投票中当选总统。

【宪法】1990年12月22日，克罗地亚共和国议会公布新宪法。宪法规定，总统任期五年，任期不得超过两届。2000年11月，克议会通过宪法修正案，改半总统制为议会内阁制。2001年3月，克议会再度修宪，决定取消省院，改两院制为一院制。

【议会】国家最高权力机构，一院制。议员通过直选产生，任期四年。本届议会于2008年1月11日选举产生，由153名议员组成。其中，克民主共同体66席，社会民主党55席，农民党6席，人民党—自由民主主义者党5席，伊斯特拉民主会议党3席，斯拉沃尼亚—巴拉尼亚民主联盟3席，塞族独立民主党3席，社会自由党2席，退休者党和权利党各1席，克民主行动党1席，克罗地亚工党1席，独立议员6席。议长卢卡·贝比奇（Luka BEBIĆ），2008年1月就任。

【政府】国家权力执行机构。本届政府于2008年1月组成，由民共体、农民党、社会自由党等组成。政府主要成员：总理亚德兰卡·科索尔（Jadranka KOSOR，女），副总理兼卫生和社会福利部部长达尔科·米利诺维奇（Darko MILINOVIĆ），副总理兼财政部长伊万·舒凯尔（Ivan ŠUKER），副总理久尔贾·阿德莱希奇（Đurđa Adlešić，女）、副总理兼地方发展、林业和水利部部长博日达尔·潘克雷蒂奇（Božidar PANKRETIĆ），副总理斯洛博丹·乌泽拉茨（Slobodan UZELAC），外交和欧洲一体化部部长戈尔丹·扬德罗科维奇（Gordan JANDROKOVIĆ），司法部部长伊万·希莫诺维奇（Ivan ŠIMONOVIĆ），农业、渔业和农村发展部部长佩塔尔·乔班科维奇（Petar ČOBANKOVIĆ），国防部部长布兰科·武凯利奇（Branko VUKELIĆ），环保、国土规化和建设部部长马里娜·马杜洛维奇—德罗普利奇（Marina MATULOVIĆ-DROPULIĆ，女），管理部部长达沃林·姆拉卡尔（Davorin MLAKAR），内务部部长托米斯拉夫·卡拉马尔科（Tomislav KARAMARKO），文化部部长博若·比什库皮奇（Božo BIŠKUPIĆ），交通、海洋和基础设施部部长博日达尔·卡尔梅塔（Božidar KALMETA），经济、劳动和企业部部长久罗·波皮亚奇（Đuro POPIJAČ），科学、教育和体育部部长拉多万·福克斯（Radovan FUCHS），旅游部部长达米尔·巴伊斯（Damir BAJS），家庭和卫国者事务部部长托米斯拉夫·伊维奇（Tomislav IVIĆ）。

【主要网址】总统府：www.predsjednik.hr；议会：www.sabor.hr；政府：www.vlada.hr；外交部：www.mvpei.hr；《信使报》：www.vjesnik.hr。

【行政区划】全国设20个省和1个省级直辖市，下辖127个市和429个区。

【司法机构】设宪法法院和最高法院等。最高法院院长布兰科·赫尔瓦廷（Branko HRVATIN），2005年5月就任，2009年7月连任。宪法法院院长娅斯娜·奥梅耶茨（Jasna OMEJEC，女），2008年6月就任。最高检察院检察长姆拉登·巴伊奇（Mladen BAJIĆ），2002年4月当选，2010年2月连任。

【政党】截至2009年12月，共有109个政党和政治组织登记注册。主要有：

（1）克罗地亚民主共同体（Hrvatska Demokratska Zajednica，HDZ）：执政党。1989年6月17日成立。现有党员约30万。主张通过民主方式联合所有愿意在社会和政治生活中运用基督教文明和伦理道德的普遍价值观念的人，争取实现克罗地亚精神和物质生活的全新复兴。克独立后，民共体在议会和地方选举中连续赢得多数，长期执政。主席亚德兰卡·科索尔。

（2）克罗地亚农民党（Hrvatska Seljačka Stranka，HSS）：执政党。1989年12月15日成立。主张在人性、民主、法制、和平、社会公正和保护人类生存等原则基础上，依靠社会各阶层，特别是广大农民群众，建设自由的独立自主的国家。主席约西普·弗里什契奇（Josip FRIŠČIĆ）。

（3）克罗地亚社会自由党（Hrvatska Socijalno-Liberalna Stranka）：执政党。原名克罗地亚社会自由联盟，1989年5月20日成立。主张全体人民拥有同等、不可侵犯的权利。实行多党议会民主制，严格划分政权，司法独立。2006年2月，社会自由党同自由党（LS）宣布合并，名称仍为克社会自由党。主席达林科·科索尔（Darinko KOSOR）。

（4）克罗地亚社会民主党（Socijaldemokratska Partija Hrvatske，SDP）：在野党。1990年11月3日成立。主张保护劳动人民、中下层和需要特殊照顾的少数民族的利益，建立民主政治和法律社会秩序，促进社会和谐快速发展，为推动地区自治和区域平衡发展创造社会、经济和政治条件。主席佐兰·米兰诺维奇（Zoran MILANOVIĆ）。

（5）克罗地亚人民党—自由民主主义者党（Hrvatska Narodna Stranka-liberalni demokrati，HNS）：在野党。由克人民党和自由民主主义者党于2005年合并组成。主张全民平等，依法治国，三权分立，保护少数民族和有特殊需要的社会团体，联合欧洲其他国家共同维护和平，实行建立在平等、自由劳动道德观念上的市场经济，维护个人尊严、宗教信仰和文化艺术创作自由，以民主方式解决各种社会问题，在国际社会承认的领土范围内建设现代化的克罗地亚。主席拉迪米尔·查契奇（Radimir ČAČIĆ）。

【重要人物】**伊沃·约西波维奇**：总统。1957年8月28日生于萨格勒布。毕业于萨格勒布大学法律学院和音乐学院，法学博士。长期从事法律研究和教学工作。2010年1月10日当选总统，2月18日宣誓就职。2010年5月来华出席上海世博会克罗地亚国家馆日活动。 **卢卡·贝比奇**：议长。1937年8月21日生于梅特科维奇。毕业于萨格勒布大学农业系。曾任副议长、议会国家安全委员会主席、国防部长、总统国家安全顾问。2003年当选克民共体主席团委员。2008年1月，当选议长。2009年7月访华。已婚，有两个孩子。 **亚德兰卡·科索尔**：总理。1953年7月1日生于帕克拉茨。毕业于萨格勒布大学法律学院。克罗地亚民共体主席。曾长期从事记者工作，热衷社会公益事业。1995～2000年任副议长。2003～2009年任克政府副总理兼家庭和卫国者事务部部长。2009年7月当选民共体主席，出任总理。2008年9月出席北京残奥会开幕式。爱好音乐、舞蹈和阅读。有一子。

经　济

克罗地亚是前南斯拉夫地区经济较为发达的国家，经济基础良好。旅游、建筑、造船和制药等产业发展水平较高。2009年主要经济数据如下（资料来源：克罗地亚商会网站）：

国内生产总值：631亿美元。

国内生产总值增长率：-5.8%。

人均国内生产总值：14222美元。

货币名称：库纳（KUNA）；1库纳=100利帕（Lipa）。

汇率：1美元=5.28库纳；1欧元=7.34库纳。

通货膨胀率：2.4%。

失业率：14.9%。

外债累计（截至2009年底）：446亿欧元。

【资源】森林和水力资源丰富，全国森林面积222.7万公顷，森林覆盖率为39.4%。此外，还有石油、天然气、铝等资源。

【工业】2009年工业产值1218亿库纳，同比下降9.2%，占国内生产总值36.6%。工业从业人员48.4万人，占总劳动力27%。主要工业部门有食品加工、纺织、造船、建筑、电力、石化、冶金、机械制造和木材加工业等。近几年主要工业产品产量如下：

	2006	2007	2008
发电量（亿度）	130.4	124.6	126.2
天然气（亿立方米）	27.1	28.9	27.3
原油（万吨）	91.7	87.9	83.5
钢（万吨）	8.1	7.5	8.9
铝（吨）	3157.3	3270.3	3158.2

（资料来源：2009年克罗地亚年鉴）

【农牧渔业】2008年农业产值221.6亿库纳，同比增长10.8%，占国内生产总值6.7%。农业主要包括种植业、畜牧业、林业、渔业等。全国农业可耕地面积为269.5万公顷，播种面积约为85万公顷。农业人口为24.6万，占全国总人口5.5%。近几年主要农副产品产量如下（单位：万吨）：

	2007	2008	2009
小麦	81.2	85.8	90.4
玉米	142.5	250.5	216.8
甜菜	158.3	126.9	106
马铃薯	21.5	25.6	20.3
油料作物	18.4	29.2	—
苹果	7.9	8	9.3
李子	6.4	4.9	3.8
葡萄	19.8	18.5	20.6
橄榄	3.5	3.6	3.3

主要牧畜存栏总数如下：

	2007	2008	2009
牛（万头）	46.7	45.4	44.7
猪（万头）	134.8	110.4	125
羊（万只）	64.6	64.3	69.5
家禽（万只）	1005.3	1001.5	1078.7

渔业捕获量如下（单位：千吨）：

	2006	2007	2008
海水鱼	36.5	37.9	47.5
淡水鱼	5.1	4.4	4.5

水产品养殖量如下（单位：千吨）：

	2006	2007	2008
鲤　鱼	2.31	1.5	1.5
牡　蛎	4	3.5	3
鲑　鱼	1.9	2	2
鲈　鱼	3.5	4	4.5
金枪鱼	6.7	4.2	3.7

（资料来源：2009年克罗地亚年鉴）

【服务业】服务业领域包括商业、餐饮、酒店、交通、金融、教育、医疗和社保等。2008年服务业从业人员为99.3万人，占总劳动力55.4%。

【旅游业】克罗地亚旅游业发达，是国民经济的重要组成部分和外汇收入的主要来源。2009年度，克罗地亚旅游收入89.8亿美元，占国内生产总值14%。游客总人数约为1093万人，同比下降2.9%，其中本国旅游人数为160万人，外国旅游人数为933万人。过夜总人数为5630万人次，同比下降1.4%。旅游者主要来自德国、斯洛文尼亚、意大利、奥地利和捷克等国。主要风景区有亚得里亚海海滨、普利特维采湖群和布里俄尼岛等。

【交通运输】克罗地亚交通运输较为发达，以铁路和公路为主。主要情况如下：

铁路：2008年总长2722公里，其中电气化铁路985公里，占总里程的36.2%。2008年客运量约为7096万人次，货运量约为1485万吨。

公路：2008年总长29248公里，其中高速公路1043公里。公交客运量约为6206万人次，货运量约为1.1亿吨。截至2008年底，克罗地亚拥有小汽车154万辆，货车17万辆。

水运：2008年拥有商用客船88艘，总载客量为34025人；商用货船68艘，总吨位为158万吨。2008年，内河航线货运量为26.8万吨，海运航线客运量为1286万人次，货运量为3077万吨。克罗地亚拥有七个可以停泊大型远洋轮船的海港，分别为里耶卡、普拉、希贝尼克、扎达尔、斯普利特、普洛切和杜布罗夫尼克。其中里耶卡港地位突出，经此港可通达克全境及整个欧洲。2008年，港口总吞吐量为2922.3万吨。

空运：2008年有客机19架。2008年客运量约为233万人次，货运量5000吨。有8个国际机场（4E级），主要机场为萨格勒布"普莱索"机场。1998年1月1日，克罗地亚航空公司成为欧洲航空协会（AEA）第27个正式成员。

管道运输：2008年输油管道总长610公里，天然气管道总长2085公里。2008年输油621万吨，输气255.5万吨。

【财政金融】近几年克罗地亚政府财政收支情况如下（单位：亿库纳）：

	2007	2008	2009
财政收入	1083.2	1157.7	1112
财政支出	1080	1152.9	1205
收支差额	3.2	4.8	-93

（资料来源：克罗地亚央行）

截至2009年底，克罗地亚央行外汇储备为144亿美元。

【对外贸易】2009年克对外贸易总额为317亿美元，同比下降29.4%，其中出口额105亿美元，同比下降25.8%；进口额212亿美元，同比下降31%。

2009年，克罗地亚前五大出口市场为：意大利（19%）、波黑（12.9%）、德国（11%）、斯洛文尼亚（7.4%）和奥地利（5.4%）。克罗地亚前五大进口市场为：意大利（15.4%）、德国（13.5%）、俄罗斯（9.5%）、中国（6.8%）和斯洛文尼亚（5.7%）。

2009年主要出口商品：焦炭和精炼石油产品、电气设备、运输设备、食品和畜产品、化工产品。主要进口商品：原油和天然气、机床设备、化工产品、食品和畜产品。近三年进出口情况如下（单位：亿欧元）：

	2007	2008	2009
出口额	90	95.8	75
进口额	188.3	208.2	152
差　额	-98.3	-112.4	-77

【对外投资】截至2009年底，克罗地亚对外投

资9.12亿欧元。克罗地亚对外投资主要投资国为荷兰（5.69亿欧元）、叙利亚（2.83亿欧元）、波黑（4540万欧元）和塞尔维亚（2560万欧元），投资主要集中在化工、农业、食品加工业、海运和金融业等领域。

【外国资本】 截至2009年底，克罗地亚直接引进外资18.75亿欧元。外资主要来自荷兰（10.8亿欧元）、奥地利（4.2亿欧元）、匈牙利（1.55亿欧元）和斯洛文尼亚（1.08亿欧元）等。外国投资主要集中在金融、化工、电信和石油开采等领域。

人民生活

截至2008年底，克罗地亚共有172.4万固定电话用户，588万移动电话用户，224.4万互联网用户（其中52.5万为宽带用户）。2008年全国医疗工作者共4.1万人，其中医生8406人，病床2.4万张。克罗地亚平均每千人拥有医生1.9人、病床5.4张、小汽车347.2辆。

军　事

克罗地亚于1991年建立军队。5月28日为建军节。实行义务兵役制，服役期6个月。2008年克罗地亚军队总人数22464人，其中文职占21.3%。2009年国防预算为7.5亿欧元，占GDP的1.7%。宪法规定，共和国总统为武装力量的最高统帅。克军总参谋长约西普·卢契奇（Josip LUČIĆ）上将。

文化教育

【教育】 克罗地亚文化教育程度较高，具备较为完整的教育体系，包括学前教育、初等教育、中等教育、职业教育、高等教育、成人教育和特殊教育等。全国普及实施八年制小学义务教育。共有4所高等学府：萨格勒布大学、里耶卡大学、奥西耶克大学和斯普利特大学。2008/2009年度各级学校情况如下：

	学校（所）	学生（人）	教师（人）
幼儿园	1210	116382	9054
小学	2127	369698	31621
中学	710	181878	23772
高等学校	115	143410	14995

【文化】 2008年，克罗地亚有146家广播电台，21家电视台，22家专业剧场，164家博物馆，23家专业乐团，81家影院，1685个图书馆，各类体育协会4476家。

【新闻出版】 2008年，克罗地亚共有1760家出版单位，出版书籍7203种。2008年，克罗地亚共有282家报社，2012家杂志社，出版报纸322种，杂志2530种。克语全国性日报共有三种：《晚报》，日发行量205000份；《晨报》，日发行量10万份；《信使报》42000份；地方性日报共有九种：如《自由达尔马提亚报》120000份；《新报》4000份等。

克罗地亚现有四家通讯社，包括克罗地亚通讯社（HINA）、克通社影像社（FaH）、天主教信息通讯社（IKA）和斯普利特私人新闻通讯社（STINA）。其中克罗地亚通讯社为国家通讯社，成立于1990年7月。

除克罗地亚国家电视台（HTV）外，全国目前有7家省市级商业电视台。克罗地亚国家电视台成立于1956年，有三个国内频道和一个卫星频道。

克罗地亚全国现有电台108家，其中国家级3家、省级12家和市级93家。克罗地亚国家广播电台成立于1926年。

对外关系

克罗地亚外交政策的主要目标是加入欧盟和北约。2009年克罗地亚加入北约。克罗地亚致力于多元外交，重视发展同美国、俄罗斯和中国等大国关系，加强同前南斯拉夫地区国家关系，积极参与区域合作。

截至2009年底，克罗地亚已同世界上173个国家建立外交关系。

【同中国的关系】 1992年5月13日两国建交。建交后，双边关系发展顺利。2005年，两国宣布建立全面合作伙伴关系。2008年1月，中国国务院国务委员华建敏访克。5月，全国政协主席贾庆林访克。8月，克罗地亚总统梅西奇来华出席北京奥运会开幕式。9月，克罗地亚副总理科索尔来华出席北京残奥会开幕式。2009年6月，胡锦涛主席访问克罗地亚。8月，克罗地亚议长贝比奇访华。2010年2月，中国政府特使、文化部长蔡武出席克罗地亚新任总统约西波维奇就职典礼。同月，克罗地亚外交和欧洲一体化部部长扬德罗科维奇访华。5月，克罗地亚总统约西波维奇来华出席上海世博会克罗地亚国家馆日活动。

据中国海关总署统计，2009年中克贸易额11.9亿美元，同比下降34.1%。中方出口额为11.2亿美元，同比下降35.8%。

中国驻克罗地亚大使：申知非。馆址：萨格勒布市姆利诺维大街132号，（Mlinovi 132，Zagreb）。电话：（003851）4637011。传真：（003851）4637012。

克罗地亚驻华大使：安特·西莫尼奇（Ante SIMONIĆ）。馆址：北京市三里屯外交人员办公楼2－72。电话：010－65326241。传真：65326257。

【同美国的关系】 1992年4月7日，美国承认克罗地亚。同年8月6日，克美建交。克罗地亚重视发展对美关系。2008年2月，克罗地亚国防部长武凯利奇访美。4月，美国总统布什访克。

【同俄罗斯的关系】 1991年10月4日两国建交。2009年12月，克罗地亚总统梅西奇访问俄罗斯。

【同欧盟及欧盟国家的关系】 2004年6月，克罗地亚成为欧盟正式候选国。2005年10月，欧盟启动同克罗地亚的入盟谈判。2008年3月，克罗地亚总理萨纳戴尔访问欧盟总部。

【同北约的关系】 2000年5月，克罗地亚加入北约“和平伙伴关系”。2009年4月，克罗地亚成为北约正式成员国。5月，北约秘书长夏侯雅伯访克。

【同邻近国家的关系】 同波黑的关系：两国于1992年7月建交。2008年7月，波黑主席团轮值主席西拉伊季奇和主席团克族委员科姆希奇访克。2009年5月和11月，克罗地亚总统梅西奇两次访问波黑。

同塞尔维亚的关系：两国于1996年9月建交。受前南解体遗留问题影响，两国关系曾一度紧张。近年来，双方关系明显缓和。2009年6月，克罗地亚总统梅西奇赴塞尔维亚出席第15届中欧峰会期间，与塞尔维亚总统塔迪奇会晤。

同黑山的关系：2006年7月，克罗地亚与黑山正式建立外交关系。2009年6月，克罗地亚总理萨纳戴尔访问黑山。10月，黑山议长克里沃卡皮奇访克。12月，黑山总统武亚诺维奇访克。

同斯洛文尼亚的关系：1992年2月克斯建交。2009年7月和9月，克罗地亚总理科索尔两次访斯。10月，斯洛文尼亚总理帕霍尔出席在克罗地亚举行的克斯经贸论坛。

同马其顿的关系：1992年3月克马建交。2009年5月，克罗地亚总统梅西奇出席马其顿新任总统伊万诺夫的就职典礼。7月，马其顿总统伊万诺夫访克。10月，马议长韦利亚诺夫斯基访克。11月，克罗地亚总理科索尔访问马其顿。12月，克罗地亚总统梅西奇访问马其顿。（赵健）

拉脱维亚

国名　拉脱维亚共和国（Republic of Latvia）。

面积　64589平方公里，其中陆地面积62046平方公里，内水面积2543平方公里。

人口　225万（2009年12月）。拉脱维亚族占59%，俄罗斯族占28.5%，白俄罗斯族占3.9%，乌克兰族占2.6%，波兰族占2.5%，立陶宛族占1.4%。此外还有犹太、吉卜赛、爱沙尼亚等民族。官方语言为拉脱维亚语，通用俄语。主要信奉罗马天主教、基督教路德教派和东正教、旧教、浸礼教。

首都　里加（Riga），人口70万人（2009年12月），1月平均气温-4.6℃，7月平均气温21.4℃，全年平均气温6.7℃。

国家元首　总统瓦尔蒂斯·扎特列尔斯（Valdis ZATLERS），2007年5月31日当选总统，7月8日就职。

重要节日　独立日（国庆节）：11月18日。

简况

位于波罗的海东岸，北与爱沙尼亚，南与立陶宛，东与俄罗斯，东南与白俄罗斯接壤。国界线总长1862公里。平均海拔87米，地貌为丘陵和平原。气候属海洋性气候向大陆性气候过渡的中间类型。1月平均气温-4.6℃，7月平均气温21.4℃，夜晚平均气温11℃。平均年降水量732毫米。

公元10世纪，建立早期的封建公国。12世纪末至1562年被日耳曼十字军侵占，后归属德利沃尼亚政权。1583～1710年，先后被瑞典、波兰—立陶宛公国瓜分。1710～1795年被沙皇俄国占领。1795～1918年，拉东部和西部分别被俄罗斯和德国割据。1918年11月18日，拉成为独立的共和国。1939年8月，苏联和德国签订秘密条约，拉被划入苏联势力范围。1940年6月，苏军根据苏拉双边友好协议进驻拉，建立苏维埃政权，同年7月21日成立拉脱维亚苏维埃社会主义共和国，8月5日并入苏联。1941～1945年被德国侵占。二战结束后，重新并入苏联。1990年5月4日，拉最高苏维埃通过关于恢复拉脱维亚独立的宣言，并改国名为拉脱维亚共和国。1991年8月22日，拉最高苏维埃宣布拉脱维亚共和国恢复独立。同年9月6日，苏联国务委员会承认拉独立。9月17日，拉加入联合国。

政治

政局基本稳定。受国际金融经济危机影响，2009年拉经济陷入深度衰退，执政联盟内部在如何应对危机、使用国际贷款等问题上存在分歧。随着议会大选临近，各党派政治斗争日趋激烈。2010年3月，最大的执政党——人民党宣布退出政府。绿色农民联盟、祖国与自由联盟、新时代党和公民联盟四党组成的少数派政府继续执政。

【宪法】 1993年7月6日，拉议会通过决议，恢复1922年拉独立初通过的宪法。1994年、1996年和1997年，议会三次对宪法进行了修订。宪法规定拉脱维亚是独立的民主共和国，议会是国家最高立法机构，总统由议会选举产生，任期四年，最多任两届，总任期不超过八年。总统任命总理并授权其组成政府（需经议会简单多数通过）。

【议会】 国家最高立法机构，实行一院制，由100名议员组成，任期四年，议员由18岁以上的公民直接选举产生。参选党必须获得5%以上的选票才能进入议会。现议会是2006年10月选举产生的第九届议会，现共有8个议会党团。人民党18席，和谐中心联盟18席，绿色农民联盟17席，新时代党14

席，第一党与拉脱维亚道路党联盟10席，公民联盟7席，祖国与自由联盟5席，争取统一拉脱维亚人权党5席。现任议长古达尔斯·达乌泽（Gundars DAUDZE）是绿色农民联盟成员，2007年9月24日当选。议会领导机构为议会主席团，由主席（即议长）、两名副主席、秘书长和副秘书长5人组成。议会下设17个委员会，每年举行春季和秋季两次会议。

【政府】现政府于2009年3月12日成立（是拉恢复独立以来的第14届政府），成员名单如下：总理瓦尔蒂斯·托姆布洛夫斯基斯（Valdis DOMBROVSKIS），外交部长艾维斯·洛尼斯（Aivis RONIS），财政部长埃纳尔斯·列普舍（Einars REPSE），文化部长因茨·达尔德里斯（Ints DALDERIS），卫生部长蒂吉斯·嘎瓦尔斯（Didzis GAVARS），地区发展及地方政府事务部长达格尼娅·斯塔克（Dagnija STAKE，女），国防部长伊曼茨·列吉斯（Imants LIEGIS），教育科学部长塔季亚娜·库凯（Tatjana KOKE，女），环境部长莱蒙茨·维约尼斯（Raimonds VEJONIS），福利部长乌尔迪斯·奥格利斯（Uldis AUGULIS），农业部长亚尼斯·杜克拉夫斯（Janis DUKLAVS），交通部长卡斯帕尔斯·盖尔哈兹（Kaspars GERHARDS），经济部长阿提斯·卡姆帕尔斯（Artis KAMPARS），内政部长林达·穆尔尼耶塞（Linda MURNIECE），司法部长暂由内政部长兼任。

【主要网址】总统府：http：//www. president. lv；议会：http：//www. saeima. lv；政府：http：//www. mk. gov. lv；外交部：http：//www. mfa. gov. lv。

【行政区划】拉分为109个区和9个全国级市。

【司法机构】最高法院院长伊瓦尔斯·比奇克维奇斯（Ivars BICKOVICS），2008年6月就职。代总检察长阿尔维蒂斯·卡尔宁斯（Arvids KALNINS），2010年5月暂代行总检察长一职。

【政党】截至2008年底，共有46个政党和政治团体在司法部登记注册。主要有：

（1）人民党（People's Party）：成立于1998年5月2日，现有党员约1600人。主席马雷克斯·塞格林斯（Mareks SEGLINS）。

（2）新时代党（New Era）：成立于2002年2月2日。主席索尔维塔·阿波尔金娜（Solvita ABOLTINA）。

（3）拉脱维亚绿党（Latvian Green Party）：成立于1990年1月13日。主席莱伊蒙茨·维尤尼斯（Raimonds VEJONIS）。

（4）拉脱维亚农民联盟（Latvia's Farmers' Union）：成立于1917年5月12日，苏联时期被取缔，1990年7月5日恢复活动。主席奥古斯茨·博里格马尼斯（Augusts BRIGMANIS）。2006年与绿党组成绿色农民联盟加入议会。

（5）“祖国与自由”和争取拉脱维亚民族独立运动联盟（Union “For Motherland And Freedom”/LNNK）：成立于1997年6月21日。主席罗伯茨·吉勒（Roberts ZILE）。

（6）第一党和拉脱维亚道路党联盟（Alliance “Latvia's First Party/Latvia's Way”）：拉脱维亚道路党成立于1993年9月25日。第一党成立于2002年5月25日。2006年两党组成联盟，进入议会。2009年两党合并。主席阿伊纳尔斯·施列谢尔斯（Ainars SLESERS）。

（7）和谐中心联盟（Harmony Center）：在野党。由人民和谐党、社会党等党组成。其主体人民和谐党成立于1994年2月5日。和谐中心主席雅尼斯·乌尔巴诺维奇斯（Janis URBANOVICS）。

（8）拉脱维亚社会民主工党（Latvian Social Democrats Workers' Party）：成立于1998年4月3日。主席达依尼斯·伊万斯（Dainis IVANS）。

其他政党有：社会民主福利党（Social Democratic Welfare Party）、俄罗斯人党（Russians' Party）、进步中间党（Progressive Centrist Party）、拉脱维亚人党（Latvians' Party）、拉脱维亚复活党（Latvia's Rebirth Party）、自由党（Freedom Party）、社会民主党联盟（Social Democrats' Union）、工党（Labour Party）和基督民主党（Christian Democratic Unions）等。

【重要人物】**瓦尔蒂斯·扎特列尔斯**：总统。1955年3月22日生于里加，拉脱维亚族。1979年毕业于里加医学院。1979～1994年就职于里加第二医院，历任医师、主治医师。1994～2007年任里加外伤及矫形专科医院院长。曾于20世纪80年代末参加拉脱维亚人民阵线运动。2007年7月就任总统。已婚。有两子一女。懂俄、英语。来华出席了2008年奥运会开幕式，2009年出席在大连举行的夏季达沃斯论坛。**古达尔斯·达乌泽**：议长。1965年生。拉脱维亚族。文茨皮尔斯市医院主治医生，并任该市议员。2006年当选拉议员，并于同年11月出任福利部议会秘书。2007年9月24日当选议长。懂俄、英语。 **瓦尔蒂斯·托姆布洛夫斯基斯**：总理。1971年8月5日生于里加，拉脱维亚族。1993年毕业于拉脱维亚大学物理系，1996年获物理学硕士学位。1998～2002年在拉脱维亚银行工作。2002年当选拉议员。2002～2004年任财政部长。2004～2009年任欧洲议员。2009年3月就任总理。懂俄、英语。

经　济

1991年恢复独立后，即开始按西方模式进行经济体制改革，推行私有化和自由市场经济。1998年被正式接纳为世界贸易组织成员。受国际经济金融危机影响，2009年拉经济急速下滑，陷入深度衰退。2009年主要经济数据如下（资料来源：拉中央统计局）：

国内生产总值：261.9亿美元。

人均国内生产总值：11618美元。

国内生产总值增长率：-18%。

货币名称：拉特（Lats）；1 拉特 = 100 拉分。

汇率：1 美元 = 0.506 拉特（全年）；1 欧元 = 0.703 拉特（固定汇率）。

通货膨胀率：3.47%。

失业率：16.9%。

【资源】有泥炭、石灰石、石膏、白云石、石英沙等少量矿产。有 1.4 万个野生物种。森林面积 292.3 万公顷，其中 147.2 万公顷为国有林，覆盖率为 45%。（资料来源：拉农业部）

【工业】拉工业支柱产业有采矿、加工制造及水电气供应等。2009 年工业占国内生产总值比重为 12.3%。受国际经济危机影响，2009 年拉工业生产同比下降了 15.8%，其中采矿业下降了 13.6%，加工制造同比下降了 19.2%，水电气供应下降了 7.1%。

【农业】包括种植业、畜牧业、渔业等行业。2009 年拉农业占国内生产总值中的比重为 2.78%。耕地面积为 112 万公顷，其中谷物耕种面积为 54 万公顷。近年主要农业、渔业、林业产品产量分别为（单位：万吨）：

	2007	2008	2009
谷物	150	169	166
马铃薯	64.2	67.3	52.5
甜菜	10.8	10.4	
蔬菜	15.6	14.3	18.2
净肉	84.4	86.1	82.8
牛奶	83.8	83.2	82.8
鸡蛋（亿个）	6.03	6.01	6.81
森林采伐（万立方米）	1541	1523	1142
捕鱼	15.4	15.8	16.3

（资料来源：拉脱维亚中央统计局、农业部）

主要牲畜和家禽存栏量（单位：万头/万只/万匹）：

	2007	2008	2009
牛	39.8	38	37.8
其中奶牛	18	17	16.5
猪	41.44	38.3	37.6
绵羊	5.39	6.71	7.07
山羊	1.3	1.2	1.3
马	1.3	1.3	1.26
兔子	9.64	9.54	9.38
家禽	475.6	462	438.6

【服务业】服务业产值在国内生产总值中所占比重较大。2009 年公务服务、贸易和宾馆服务及其他商业服务占国内生产总值的比重分别为 17.1%、16.6%和 31.6%。

【旅游业】2009 年拉入境游客 472 万人次。主要来自立陶宛、爱沙尼亚、俄罗斯、挪威、瑞典、德国等国。拉出境旅游 305 万人次，主要去往立陶宛、爱沙尼亚、俄罗斯、白俄罗斯及欧盟国家。拉主要旅游城市和风景区有：里加古城、尤尔马拉海滨、希古达和采西斯风景区、露天民俗博物馆、隆达列宫等。全国共有旅游公司 202 家，主要有：拉脱维亚旅游公司（Latvia Tours）、里加旅行社（Riga Travel Agency）、塔斯旅游公司（Tas Travel Agency）、大学生青年旅行社（Student and Youth Travel）、波罗的海旅游公司（Baltic Travel Group）等。

【交通运输】铁路：总长 2305 公里，其中 257 公里电气化铁路。2009 年货运量 5367 万吨，客运量 2155 万人次。

公路：国家级公路线总长 20227 公里。截至 2009 年，共登记有货车 12.65 万辆，小汽车 92.9 万辆，客车 1.03 万辆。2009 年公路货运量 3781 万吨，客运量 1431 万人次。

水运：内河航线全长 350 公里。主要海港有文茨皮尔斯、里加和利耶帕亚。2009 年港口吞吐量为 5756 万吨，其中文茨皮尔斯港吞吐量 2664 万吨，里加港吞吐量 2972 万吨，利耶帕亚港吞吐量 438 万吨，其余港口吞吐量 123 万吨。

空运：共有飞机 81 架，国际航线总长 8400 公里，有里加、文茨皮尔斯、利耶帕亚三个国际机场。拉有波罗的海航空公司、“拉特恰特”航空公司和“拉特帕斯”等三家航空公司。波罗的海航空公司（AIR BALTIC）创建于 1995 年，是拉唯一的国际航空公司，国家占 52.6%股份，拥有飞机 20 架，其中 12 架波音 737—500 飞机，8 架 FOKKER50 飞机。2009 年，里加国际机场客运量为 406 万人次，增长 10.1%。里加现有直飞莫斯科、伦敦、曼彻斯特、斯图加特、维也纳、巴黎、罗马、米兰、法兰克福、都柏林、慕尼黑、布鲁塞尔、斯德哥尔摩、赫尔辛基、哥本哈根、华沙、特拉维夫、布拉格、塔林、维尔纽斯、基辅、奥德萨、明斯克、塔什干、伊斯坦布尔等地的国际航班。

输油管道 766 公里，其中原油输送管道 437 公里，石油产品输送管道 329 公里。2009 年输油量为 377 万吨。

【财政金融】近年财政收支情况如下（单位：亿美元）：

	2007	2008	2009
收入	103.67	106.27	88.98
支出	103.70	116.02	112.38
差额	-0.03	-9.75	-23.4

（资料来源：拉脱维亚财政部、中央银行）

截至 2010 年 3 月，拉共有外汇储备 35.6 亿拉持。2009年拉国债总额达47.83亿拉特。

拉脱维亚银行（央行）成立于1991年9月3日，截至2008年10月，拉共有23家商业银行，合计资产379.9亿欧元。主要商业银行及其总资产为：（1）Swed银行（Swed Banka）：73.91亿欧元。（2）SEB联合银行（SEB Unibanka）：42.46亿欧元。（3）DnB银行（DnB Nord Banka）：27.48亿欧元。（4）"巴莱克斯"银行（Parex Banka）：24.75亿欧元。（5）芬兰北欧银行拉脱维亚分行（Nordea Banak Finland Latvia Branch）：21.99亿欧元。（6）Rietumu银行（Rietumu Banka）：15.88亿欧元。（7）Aizkraukes银行（Aizkraukles Banka）：14.39亿欧元。

（资料来源：拉脱维亚各银行网）

【对外贸易】 与世界120多个国家和地区有贸易关系。根据拉中央统计局资料，2009年拉进出口额同比下降了35.2%，其中出口额下降了15.3%，进口额下降了50.8%，贸易逆差不断缩小。近年外贸情况如下（单位：亿美元）：

	2007	2008	2009
出口额	79.10	81.74	70.84
进口额	151.87	138.85	92.06
差 额	-72.77	-57.11	-21.22

2009年出口总额占国内生产总值的27.0%，主要出口商品是木材及木制品，占出口总额的20.2%，金属及其制品13.2%，机械设备及电子产品13.9%，化工产品占6.12%，纺织品占4.1%，；主要进口商品是化工产品及原材料，占进口总额的22.6%，机械和电子设备，占进口总额的17.9%，金属制品占6.9%，交通工具占4.5%。

最大贸易伙伴为欧盟，对欧盟26国出口占出口总额的71.6%，进口占74.8%；对俄罗斯等独联体国家的出口占14.0%，进口占16.1%。主要出口对象国是立陶宛、爱沙尼亚、俄罗斯、德国、瑞典、丹麦和波兰；进口商品主要来自立陶宛、德国、俄罗斯、爱沙尼亚、波兰、芬兰、荷兰、瑞典和白俄罗斯。

【外国资本】 截至2009年12月，累计引进外国直接投资113.4亿美元，其中80%的投资来自欧盟成员国。主要投资国为：爱沙尼亚（13.0亿美元）、丹麦（5.28亿美元）、瑞典（5.04亿美元）、挪威（4.27亿美元）、荷兰（3.53亿美元）、立陶宛（3.36亿美元）、俄罗斯（2.63亿美元）。外资主要投向：金融中介（30.2%）、房地产业（20.8%）、工业生产（11.2%）、贸易（11.5%）、交通通讯（10.3%）等领域。拉同奥地利、保加利亚、白俄罗斯、比利时、加拿大、中国、瑞士、捷克、丹麦、埃及、西班牙、爱沙尼亚、芬兰、法国、英国、希腊、克罗地亚、匈牙利、冰岛、以色列、意大利、韩国、科威特、立陶宛、摩尔多瓦、挪威、荷兰、波兰、葡萄牙、罗马尼亚、新加坡、斯洛伐克、瑞典、土耳其、乌克兰、乌兹别克、越南等国家和地区签署了投资保护协定。（资料来源：拉脱维亚经济部、企业注册局）

【著名公司】（1）"阿尔达利斯"啤酒厂（Aldaris）：拉最大的啤酒酿造企业，有130余年历史。主要生产各种啤酒和无酒精饮料，年销售额近3800万美元。产品出口爱沙尼亚、立陶宛、俄罗斯、哈萨克斯坦等国。电话：（00371）67023200；传真：67023224；网址：http：//www.aldaris.lv。

（2）"莱依玛"巧克力厂（Laima）：拉最大的巧克力糖果生产企业，1924年建厂，年销售额3500多万美元。主要产品有：巧克力糖、巧克力糕点、奶糖、水果糖等。产品出口美国、德国、以色列、瑞典、瑞士、爱沙尼亚、立陶宛和独联体等国家和地区。电话：（00371）67080302；传真：67080332；网址：http：//www.laima.lv。

人民生活

2009年底居民平均税前工资909美元/月，平均退休金356美元/月。每百户拥有小汽车37辆、手机85部、电视机117台、放像机36台、电脑19台、冰箱96台、洗衣机47台。全国共有88所医院，4078个诊所，医生8437名，病床17001张。每万人有医生26名、病床78.1张。人均寿命71.4岁，男性平均寿命65.9岁，女性76.9岁。

军　事

1991年8月23日开始组建军队，11月成立国防部。和平时期，武装力量由国防部管辖。现任武装力量司令是尤里斯·马克拉考夫斯准将（Juris MAKLAKOVS）。国防力量由陆、海、空军和国民卫队组成。2006年前实行义务兵役，2007年1月开始实行军队职业化。根据本人意愿，军队与士兵签署3至15年的服役合同。受金融和经济危机影响，拉2009年国防预算大幅削减，计划对现有军队编制体制进行调整，关闭一些军事设施，裁减军队人数，削减海外派兵规模，减少军队演训次数，并对军队编制体制进行调整。2010年国防预算约2.5亿美元，较2009年减少22%，军队实力计划维持在5100人左右。在组建军队过程中，特别是2004年4月拉加入北约后，美、英、德、法及北欧国家提供了培训和武器装备等方面的协助。在北约支持下，拉同立陶宛、爱沙尼亚积极开展军事合作，统一三国安全事务。三国在北约框架内联合进行的项目有：波罗的海国家联合区舰队（BALTRON）、波罗的海地区空情监控网（BALTNET）和波罗的海军事学院（BALTDEFCOL）。迄今，拉已同40多个国家的军队建立联系，同近30个国家签署了军事合作协议。从1996年4月起，拉军开始参加国际维和行动。目前，拉在阿富汗派驻175名官兵。

文化教育

【教育】实行九年义务教育，允许私人办学校。大学实行公费和自费两种制度。根据拉教育部统计资料，2008/2009学年度在校学生49.57万人。其中中小学982所，在校学生24.9万人，教师3.33万人。中等职业技术学校92所，在校学生3.88万人，教师4918人。高等院校60所，在校学生12.53万人，教师5756人，平均每万人中有大学生554名。主要高等院校有：拉脱维亚大学、里加工业大学、拉脱维亚农业大学、波罗的海俄罗斯学院、拉脱维亚医学院、拉脱维亚海洋学院、拉脱维亚音乐学院、拉脱维亚艺术学院等。

创办于1919年的拉脱维亚大学是建校最早的大学，现有14个院系，2008/2009学年度在校学生2.3万人，教学科研人员993人。

【文化】截至2008年，共有127所博物馆、33家电影院、547个文化沙龙、864所公共图书馆和9家剧院。

【新闻出版】共有500多种报刊，主要用拉文和俄文发行。拉文报纸主要有：《拉脱维亚公报》、《日报》、《独立晨报》、《经济日报》、《里加晚报》等。俄文报纸主要有：《今日新闻报》、《电讯报》、《波罗的海商报》、《时报》等。英文报纸有《波罗的海时报》（周刊）。

主要通讯社有拉脱维亚通讯社（LETA）和波罗的海新闻社（BNS）。拉通社成立于1920年，原为国家通讯社，1997年实行私有化，现有90名记者和编辑人员，主要提供波罗的海三国新闻，用拉、俄、英三种文字发稿。波罗的海新闻社成立于1991年4月，现有140名工作人员，主要提供北欧和环波海地区国家新闻，用拉脱维亚文、立陶宛文、爱沙尼亚文、俄文和英文5种文字发稿。拉有20多名驻外记者，主要在俄罗斯、立陶宛、爱沙尼亚、美国、比利时等国进行采访报道。现有100多名外国常驻记者，其中50余名来自俄罗斯各大报纸、通讯社和电视台，其他来自中国、立陶宛、爱沙尼亚、波兰、芬兰、丹麦、德国、加拿大等国。路透社、德通社和新华社在拉设立了记者站。

有34家全国和地方广播电台，分别用拉语和俄语广播。拉国际广播电台为公共电台，成立于1925年，共有5套节目。一套用拉语广播，主要为新闻分析类节目，二套为拉脱维亚流行音乐节目，三套为古典音乐节目，四套用俄语和其他少数民族语言播音，以新闻分析为主，五套以娱乐节目为主。其他主要广播电台还有："FM100"，"SWH"，"Star FM"，"FM102.7"，基督之声广播电台、"Super FM"等。

全国和地方电视台有26家。拉脱维亚国家电视台（LTV）是拉最大的公共电视台，成立于1954年，有两个频道，一频道以新闻、国际评论等政治性节目为主，全部用拉语播出。七频道主要是文艺、体育和娱乐节目，有部分俄语节目（占30%）。商业电视台主要有：拉脱维亚独立电视台（LNT）、电视三台（TV3）和电视五台（TV5）。另有37家有线电视台，Baltcom TV 和 Telia Multicom 用户最多，可收看俄罗斯、美国、英国、德国、法国、波兰等国的电视节目。

对外关系

恢复独立以来，将加入欧盟和北约作为外交优先方向。2004年4月2日，拉正式加入北约；5月1日，正式加入欧盟，实现了加入欧盟和北约两大对外战略目标。12月30日，拉宣布自2005年1月1日起拉特与欧元正式挂钩，汇率浮动不超过1%，直至加入欧元区。在对外关系上，拉全力深化与欧盟、美国的关系，谋求发展与俄罗斯的务实合作，谋求拓展外交空间。截至2010年4月，拉与156个国家建立了外交关系。

【同中国的关系】1991年9月12日，中拉两国建立外交关系。1992年1月4日，中国在拉设立大使馆。同年1月底，拉政府与台湾当局签署所谓"建立领事关系的联合声明"，于2月上旬允许台在里加开设"总领事馆"。中国政府决定从拉撤出大使馆。1994年7月，拉政府代表团前往北京，承诺断绝同台湾的领事关系，双方签署了中拉两国关于实现关系正常化的联合公报。同年8月，中国大使馆恢复在里加的工作。

2009年，中拉两国关系稳步发展，各领域合作进一步拓展。4月，中联部陈凤翔副部长代表团访拉，分别与拉人民党、第一党和拉脱维亚道路党联盟、和谐中心等政党举行会谈。5月，中国当代世界研究中心代表团参加波罗的海论坛年会，并会见和谐中心党主席及拉外交部官员。7月，中国音协副主席徐沛东访拉。中国首次派歌手参加"新波浪"艺术节比赛。8月，回良玉副总理率团访拉，同托姆布洛夫斯基斯总理举行会谈，并会见扎特列尔斯总统和达乌泽议长。9月，扎特列尔斯总统赴华参加大连夏季达沃斯论坛，并会见温家宝总理。11月，拉文化部长达尔德里斯访华，同中国文化部长蔡武举行会谈。中拉第七届经贸混委会在里加举行。12月，吉林市政府代表团访问尤尔马拉市。拉工商会主席格雷德率工商会代表团访问沈阳市。

2009年，两国贸易额为4.78亿美元，同比下降44.8%，其中中方对拉出口额4.52亿美元，同比下降46.7%，进口额0.26亿美元，同比增长44.4%。拉出口商品主要是：机械和电子设备、运输工具、金属制品、化工产品、木材及其制品等。拉进口商品主要是：纺织品、机械设备和电子设备、金属制品等。

台湾在里加设有代表处。2009年拉台贸易额为4596万美元，其中拉出口额372万美元，进口额4524万美元。

中国驻拉脱维亚大使：程文举（2008年8月19日

递交国书）。馆址：里加市甘尼布丹比斯街5号，邮编：LV－1045（5 Ganibu dambis Street，Riga，LV－1045，Latvia）。电话：（00371）67357023，67357024。传真：67357025。E－mail：chinaemb_lv@mfa.gov.cn。经济商务参赞处地址：里加市达尔巴街2号，邮编：LV－1046（2 Darba Street，Riga，Latvia）。电话：（00371）67805475；传真：67805470。E-mail：lv@mofcom.gov.cn。

拉脱维亚驻华大使：乐音（英格丽达·莱夫伦采，Ingrida LEVRENCE）。馆址：北京市朝阳区嘉林路甲1号嘉林花园71号别墅。电话：（010）64333863。传真：64333810。E－mail：latemb.cn@bjshuma.net。

【同欧盟及其成员国的关系】 2009年，拉进一步落实2008年底同欧盟达成的贷款协议。欧盟两批贷款为拉经济正常运转起到了有力的帮助作用。与此同时，拉积极发展同欧盟各国的关系。拉总统访问德国、波兰、芬兰。拉总理访问瑞典、芬兰、西班牙。拉议长访问匈牙利、捷克。拉外长访问瑞典、德国、匈牙利。欧洲议长、西班牙国王、丹麦首相、挪威议长、德国国防部长、意大利和瑞典、芬兰、荷兰、斯洛伐克外长分别访拉。

【同美国的关系】 两国于1991年9月5日建交。拉美关系是拉双边外交重点之一。2009年两国关系进一步深化。4月，拉外长与美国驻拉临时代办签署两国引渡协议书。5月，拉总统访问美国，会见众议院主席、国务卿、国防部长等高官。6月，美国共和党参议员沃英维奇访拉，分别会见拉总统、议长、总理和国防部长。7月，拉外长访美，分别会见美国务卿、总统国家安全顾问等官员。8月，美国国务院副助卿戈登访拉，分别会见拉总理、外长。美国务卿向波海三国致函，祝贺“波海之路”20周年纪念日。10月，拉国防部长访美，会见美国防部长。双方就北约新战略、两国军事合作等问题交换意见。11月，美国欧洲战区司令访拉，分别会见拉国防部长和武装力量总司令。

【波罗的海三国合作】 2009年，波海三国继续保持密切合作关系，在重大外交活动中采取统一行动。1月，立陶宛新任外长乌沙卡斯访拉，会见拉总统、总理和外长。立陶宛新任总理库比留斯访拉，会见拉总统、总理和议长。波海三国总理在塔林举行会晤，商讨地区能源合作问题。2月，爱沙尼亚外长访拉，会见拉总统、议长、外长。3月，拉、爱两国外交部举行磋商。6月，波海三国总理同芬兰、瑞典等国总理签署共同能源市场备忘录。备忘录称，波海三国将共同努力建立统一的融入欧盟的能源市场。7月，拉总统参加在维尔纽斯举行的立陶宛千年命名日活动，并会见立新当选总统格里鲍斯凯婕。立新总统访拉，分别会见拉总统、议长和总理。8月，拉经济部长访爱，同爱经济部长举行会谈。11月，波海三国部长理事会年会在维尔纽斯举行，拉总理与会。拉议长参加在维尔纽斯举行的第28届波海议会委员会会议。12月，波海三国国防部长会议在里加举行。

【同俄罗斯的关系】 两国于1991年10月4日建交。拉俄历史积怨深重，关系一直紧张。2009年，两国关系逐渐走出低谷，稳步发展。3月，拉外交部国秘杰克马尼斯在莫斯科同俄外交部副部长季托夫举行政治磋商。6月。拉外交部发展声明，对俄外交部官员讲话称波海国家压制少数民族表示不解。7月，拉俄第三轮政府委员会会议在里加举行，双方就完善两国法律合作框架、加强边界合作、落实社保合作协议等问题交换了意见。8月，里加市新当选市长乌沙科夫率团访问莫斯科，同莫斯科市长举行了会谈。12月，拉俄边境地区拉方一侧因俄海关加强检查逃税，致使大量货车滞留。拉外交部、海关同俄方协商后，问题得到解决。

【同独联体各国的关系】 2009年，拉总统访问塔吉克斯坦、阿塞拜疆、格鲁吉亚和亚美尼亚。拉总理访问白俄罗斯，分别会见白俄总统、总理。拉议长访问格鲁吉亚。拉外长访问阿塞拜疆、格鲁吉亚、白俄罗斯。塔吉克斯坦总统、白俄罗斯总理、格鲁吉亚总理、副总理、白俄罗斯、格鲁吉亚外长、摩尔多瓦副外长先后访拉。

【同亚太国家的关系】 1月，拉总理访问韩国和日本，分别会见两国领导人，就加强双边经贸合作交换意见。斯里兰卡外长博戈拉访拉，会见拉总统、外长。2月，巴基斯坦副外长访拉，会见拉外长，并同拉外交部总司长举行磋商。3月，拉议长访问日本，分别会见日外相、厚生大臣、民主党副主席。5月，拉外长参加在河内举行的第九届亚欧外长会议，并分别会见越南、印尼和泰国外长。10月，日本参议长访拉，分别会见拉总统、议长。 （张铁虹）

立 陶 宛

国名 立陶宛共和国（The Republic of Lithuania）。

面积 6.53万平方公里。

人口 333万（2009年12月），人口密度51人/平方公里。立陶宛族占84.6%，波兰族占6.3%，俄罗斯族占5.1%。此外还有白俄罗斯、乌克兰、犹太等民族。官方语言为立陶宛语，多数居民懂俄语。主要信奉罗马天主教，此外还有东正教、新教路德宗等。

首都　维尔纽斯（VILNIUS），面积394平方公里，人口55.44万（2009年12月）。1月平均气温-4.9℃，7月平均气温17℃。

国家元首　总统达里娅·格里鲍斯凯婕（Dalia GRYBAUSKAITE，女），2009年7月12日就职，任期5年。

重要节日　国家重建日（国庆日）：2月16日（1918年2月16日立陶宛宣布国家重建，立陶宛共和国成立）；恢复独立日：3月11日（1990年3月11日立陶宛发表独立宣言）；国家日：7月6日（1253年7月6日立陶宛国王明陶卡斯加冕）。

简　况

位于波罗的海东岸，北接拉脱维亚，东连白俄罗斯，南邻波兰，西濒波罗的海和俄罗斯加里宁格勒州。国境线总长1644公里，海岸线长90公里。属海洋性向大陆性过渡气候。最高点海拔293.6米。1月平均气温-1℃，7月平均气温19℃。

1009年史书首次提及立陶宛。1240年成立统一的立陶宛大公国。1385年后立陶宛与波兰三次联合，1387年接受天主教为国教。维陶塔斯大公执政期间（1392~1430年）是立鼎盛时期，成为当时欧洲面积最大的国家之一。1795年后逐步被沙俄吞并。第一次世界大战期间，立曾一度被德国占领。1918年2月16日，立宣布独立并建立资产阶级共和国。1920年10月9日，波兰占领维尔纽斯和立东部地区，第二大城市考纳斯成为立临时首都。1939年8月，苏联和德国签订秘密条约，立被划入苏联势力范围，次年初苏军进驻立境内。1941年苏德战争爆发后，立被德国占领。1944年苏联军队进入立陶宛，立陶宛苏维埃社会主义共和国成立并加入苏联。1990年3月11日，立通过恢复独立宣言，宣布脱离苏联独立。1991年9月6日，苏联国务委员会承认立独立，9月17日立加入联合国。2004年3月29日立加入北约，5月1日成为欧盟成员国。

政　治

2009年，受国际金融危机影响，立陶宛政局趋于动荡，朝野矛盾增多，党派斗争升级。5月，立举行总统选举，独立候选人、欧委会财政计划和预算委员格里鲍斯凯婕以68.21%的得票率当选总统，并于7月12日正式就任。9月，立议长瓦林斯卡斯（Arunas VALINSKAS）因丑闻被弹劾下台，第一副议长德古婕涅（Irena Degutiene）当选议长。

【宪法】1992年10月25日经全民公决通过，11月2日生效，后多次修订。现行宪法共15章、154条。规定立陶宛是独立的民主共和国，主权属于全体人民，公民权利一律平等。立为议会制国家。议会是国家最高立法机关，批准或否决总统提名的总理人选；任命和解除国家领导人的职务；有权弹劾总统，但需经3/5以上议员支持。总统由公民直接投票选举产生，任期五年，最多任两届。凡年龄在40岁以上且近3年在立连续居住的立公民可竞选总统。如总统病故、辞职、被弹劾或由于健康原因无法履行职务时，其职责由议长代为行使。总统是国家武装力量最高统帅，就重大外交问题做出决策，经议会同意任命和撤换总理，根据总理推荐任命和撤换部长。

【议会】国家最高立法机关，实行一院制，共有141个席位，任期4年。凡年满25岁、在立定居的立公民有权竞选议员。其中71名议员由全国71个选区直接选出，其余70名由进入议会的政党产生，获得5%以上选票的政党和7%以上选票的政党联盟可进入议会，并根据各自获得选票的比例分配议席。现议会于2008年10月选举产生，目前其主要党团及所占议席分别为：祖国联盟—基民党45席、社民党25席、秩序和正义党18席、基督教党12席、自由运动党11席、劳动党10席、自由中间联盟7席、民族复兴党7席、混合党团6席。现任议长伊莲娜·德古婕涅（Irena DEGUTIENE，女），2009年9月17日当选。

【政府】本届政府为独立后第15届政府，由祖国联盟—基督教民主党、自由运动、自由中间联盟、民族复兴党四个党派联合执政，于2008年12月组成，下设13个部。总理安德留斯·库比留斯（Andrius KUBILIUS）。内阁成员包括：卫生部长阿尔吉斯·查普利卡斯（Algis CAPLIKAS）、社会保障和劳动部长多纳塔斯·扬考斯卡斯（Donatas JANKAUSKAS）、国防部长拉萨·尤克涅维切涅（Rasa JUKNEVICIENE，女）、环境部长盖迪米纳斯·卡兹劳斯卡斯（Gediminas KAZLAUSKAS）、经济部长戴纽斯·克雷维斯（Dainius KREIVYS）、交通部长埃利吉尤斯·马修利斯（Eligijus MASIULIS）、内务部长雷蒙达斯·帕赖蒂斯（Raimundas PALAITIS）、农业部长卡济斯·斯塔尔凯维丘斯（Kazys STARKEVICIUS）、教育和科学部长金塔拉斯·斯捷潘纳维丘斯（Gintaras STEPONAVICIUS）、财政部长茵格里达·希蒙妮婕（Ingrida SIMONYTE，女）、司法部长列米吉尤斯·什马修斯（Remigijus SIMASIUS）、外交部长奥德罗纽斯·阿茹巴利斯（Audronius AZUBALIS）、文化部长列米吉尤斯·维尔凯蒂斯（Remigijus VILKAITIS）.

【行政区划】最高行政建制为县（county）。全国划分为10个县，下辖60个实行地方自治的市或区，大小城镇103座。主要城市有维尔纽斯、考纳斯、克莱佩达、首莱等。

【司法机构】宪法法院院长凯斯图蒂斯·拉平斯卡斯（Kestutis LAPINSKAS），2008年4月3日就职，任期至2011年3月。最高法院院长金塔拉斯·克雷热维丘斯（Gintaras KRYZEVICIUS），2009年10月12日就职，任期9年。总检察长阿尔吉曼塔斯·瓦兰蒂纳斯（Algimantas VALANTINAS），2005年11月24日就任，任期7年。

【政党】截至2009年底，立共有40余个政党和政治组织注册登记，主要政党有：

（1）祖国联盟—基督教民主党（立陶宛保守党）（Homeland Union—Lithuanian Christian Democrats（LITHUANIAN CONSERVATIVES））：联合执政党之一。1993年5月1日成立。现有党员13984人。主席安德留斯·库比留斯。

（2）立陶宛共和国自由运动党（Liberals Movement of the Republic of Lithuania）：联合执政党之一。2006年2月25日成立，主要由原自由中间联盟中脱离的成员组成，现有党员2228人。党主席埃利吉尤斯·马修利斯，现任交通部长。

（3）立陶宛自由中间联盟（Lithuanian Liberal and Centre Union）：联合执政党之一。2003年5月31日创建，由立自由者联盟、中间联盟和现代基督教民主联盟三党合并组成，现有成员4538人。主席金陶塔斯·巴布拉维丘斯（Gintautas BABRAVICIUS），现任维尔纽斯市副市长。

（4）民族复兴党（National Resurrection Party）：联合执政党之一。2008年6月创建，现有党员1412人。主席阿鲁纳斯·瓦林斯卡斯（Arunas VALINSKAS）。

（5）社会民主党（Lithuanian Social Democratic Party）：在野党。1896年创建，1989年8月12日重建，2001年1月27日与立陶宛劳动民主党（Lithuanian Democratic Labor Party）合并。现有党员15601人。主席阿尔吉尔达斯·布特凯维丘斯（Algirdas BUTKEVICIUS）。

（6）劳动党（Lithuanian Labor Party）：在野党。2003年11月26日创建，2006年发生分裂，部分党员脱党另建公民民主党，现有党员12808人。主席维克托拉斯·乌斯帕斯基赫（Viktoras USPASKICH），现任欧洲议会议员。

（7）秩序和正义党（Order and Justice Party）：在野党。2002年3月9日成立，原名为自由民主党，2006年5月13日改称秩序和正义党（自由民主党），2008年3月8日党的第八届代表大会决定改现名，现有党员7147人。主席罗兰达斯·帕克萨斯（Rolandas PAKSAS），现任欧洲议会议员。

（8）基督教党（Christian Party）：在野党。2010年1月23日成立，由基督保守社会联盟、议会“统一立陶宛”党团（现已更名为基督教党团）、基督教民主联盟等合并而成。主席盖迪米纳斯·瓦格诺留斯（Gediminas VAGNORIUS），曾任总理。

其他政党有：立陶宛新联盟（New Union of Lithuania）、立陶宛农民人民联盟（Lithuanian Peasant Popular Union）、立陶宛波兰人选举运动（Electoral Action of Poles in Lithuanian）等。

【重要人物】**达里娅·格里鲍斯凯婕**：总统。1956年3月1日生于维尔纽斯市。1983年毕业于苏联列宁格勒日丹诺夫大学政治经济学专业，1988年在莫斯科社会科学院完成经济学博士论文答辩。1983～1990年在维尔纽斯高级党校任教。1990～1991年在立经济研究所任职。1991～1994年先后任立对外经济关系部和外交部司长。1994～1995年任立驻欧盟大使兼立入盟谈判副代表。1996～1999年任立驻美国使馆公使。1999～2001年先后任立财政部和外交部副部长。2001～2004年任立财政部长。2004～2009年任欧盟委员会财政计划和预算委员。在2009年5月17日举行的立总统选举中，以68.21%的得票率当选总统，并于7月12日正式就职。未婚，无子女。任欧盟委员会财政计划和预算委员期间曾访华。**伊莲娜·德古婕涅**：议长。1949年6月1日生于首莱市。1974年毕业于维尔纽斯大学医学系。1974～1994年在维尔纽斯大学附属红十字医院工作，先后任麻醉科、康复科、肠胃科等科室副主任医师、主任医师。1994～1996年任立卫生部副国秘。1996～2000年任立社会保障与劳动部部长，1999年5月至6月和10月至11月两度出任代总理。2008年11月至2009年9月任立第一副议长。2009年9月17日当选议长。已婚，有两个子女。**安德留斯·库比留斯**：总理。生于1956年12月8日。1979年毕业于维尔纽斯大学物理系。1981～1984年在维尔纽斯大学研究生院进修。1984～1990年先后在维尔纽斯大学任实验员、工程师和研究员。1990年参与立独立运动“萨尤季斯”，1990～1992年任该组织责任秘书。1992～2008年连续五次当选第六届至第十届议会议员，先后在议会欧洲事务、自然保护、法律和法制、预算和财政等委员会工作，其中1996～1999年任第一副议长。1999～2000年任政府总理。2005～2008年为议会反对党领袖。2008年12月起任总理。懂英语、俄语。已婚，有两子。

经济

2009年，立经济受到国际金融危机严重冲击，出口下降，外资撤离，内需萎缩，失业率攀升。随着下半年世界经济特别是欧盟大国经济形势有所好转，立经济出现企稳迹象，但仍困难重重。2009年主要经济数据如下：

国内生产总值：920.161亿立特（约266.497亿欧元）。

人均国内生产总值：27656立特（约8010欧元）。

国内生产总值增长率：－14.8%。

货币名称：立特（LITAS），辅币为立分（CEN-

TAS)；1立特=100立分。

汇率：1美元约合2.4828立特。1欧元=3.4528立特（固定汇率）。

通货膨胀率：1.3%。

失业率：13.7%。

【资源】森林和水资源丰富。森林面积211.5万公顷，覆盖率为32.7%，人均森林面积0.63公顷。有722条河流，最长的涅姆纳斯河全长937公里，在立境内长度为475公里。立境内湖泊众多，水域面积超过880平方公里，面积超过0.5公顷的湖泊有2830个，其中最大的德鲁克夏依湖面积4479公顷。此外还有泥炭、矿物建筑材料等资源。

【工业】2009年工业产值465.54亿立特（约134.29亿欧元），下降25.9%，占GDP的50.4%。工业从业人口26万，占总就业人口的18.4%。立工业分为采矿及加工制造业、水电气供应两大部分，产值分别为381.23亿立特和82.43亿立特，同比分别下降29.8%和1.3%。

据立统计局统计，2006～2007年主要工业产品产量为（单位：万吨）：

	2006	2007
开采泥炭	47.15	30.74
开采石英砂	4.26	4.54
原油	18.09	15.44
木纤维板（万平米）	3420	3710
造纸	11.94	12.6
水泥	106.54	110.54
电视机（万台）	71.13	50.92
亚麻纤维	1.13	1.02
套装（万套）	27.08	26.81
布匹（百万平方米）	7520	5260
发电量（百万千瓦小时）	1250	1261.5

【农业】2009年农业产值58.176亿立特（约16.85亿欧元），同比下降26.2%。

据立统计局统计，2006～2008年主要农产品产量及家禽（畜）存栏数分别为（单位：千吨）：

	2006	2007	2008
谷物	1857.8	3017	3421.9
马铃薯	457.1	576.1	716.4
蔬菜	225.5	246.6	275.7
甜菜	717.1	799.9	339.1
油菜籽	169.6	311.9	330.2
马（千匹）	62.6	60.9	55.9
牛（千头）	800.3	838.8	787.9
猪（千头）	1114.7	1127.1	923.2
羊（千只）	51.2	57.4	63
家禽（千只）	9397.1	9439.9	9874.8

【服务业】服务业是立国民经济重要组成部分，2009年从业人口90.12万人，占就业总人口的63.6%。2009年立服务行业收入共计129.79亿立特，同比下降28.1%，占GDP的14.1%。其中各种商业性服务52.38亿立特，增长5.14%；医疗保健28.6亿立特，下降13.4%；房地产业20.23亿立特，下降52.6%；文体娱乐11.6亿立特，下降29.4%；电脑及相关服务10.8亿立特，下降12%；教育服务6.18亿立特，下降15.7%。

【旅游业】2009年1～9月，立宾馆、旅店、疗养院等旅游机构共接待游客116.5万人次，同比下降21.8%，其中外国游客62.4万人次，占53.6%，主要来自波兰（17%）、德国（15.8%）、俄罗斯（9.9%）和拉脱维亚（8.2%）等国。立公民赴国外旅游50.31万人次，同比下降27.9%，主要目的国为白俄罗斯、波兰、俄罗斯、拉脱维亚。截至2009年底，立共有各类宾馆、酒店等209家，客房5351间，其中71%集中在维尔纽斯、考纳斯、克莱佩达市。主要旅游景点：维尔纽斯老城、尼达沙丘、凯尔纳维遗址、特拉盖古堡、百浪港、首莱十字架山、德鲁斯基宁盖市等。

【交通运输】交通体系完备，铁路网与欧洲及前苏联各加盟共和国连成一体，并拥有发达的公路网，目前正筹建与欧洲交通网联网的跨波海三国的“环波罗的海”铁路和公路。国内交通运输以公路、铁路为主，克莱佩达港是立最大海港，与世界200多个港口通航。

2008年，立交通行业从业人口10.4万人，占就业总人口的6.9%；交通行业产值127.33亿立特，同比增长11.4%，占GDP的12.7%。全年货运总量为1.207亿吨，较上年下降1.4%。客运总量为4.771亿人次，较上年增长1.1%。

铁路：2008年立境内铁路通车里程为1775.3公里，其中宽轨铁路1753.5公里，标准轨铁路21.8公里。全年铁路货运量5497万吨，同比增长2.7%；客运量50.63万人次，同比下降2.4%。

公路：2008年立全国公路总长21279公里，其中高速路309公里，欧洲标准道路1750公里，国道4945公里，省道14584公里。全年公路货运量5942.7万吨，同比下降4.4%；客运量4.68亿人次（含公共汽车及无轨电车），同比增长1.1%。

海运：2008年立海上货运量528.34万吨，同比减少8.8%；客运量22.61万人次，同比增长1.2%。克莱佩达港货物吞吐量2988.18万吨，同比增长9.2%。

水运：2008年立水路货运量98.85万吨，同比增长3.1%；水路客运量237.16万人次，同比增长1.7%。

空运：2008年立各航空公司货运总量4200吨，同比下降34.4%；客运总量为116.11万人次，同比增长53.7%。机场进出港旅客255.32万人次，同比增长16.2%。全年共起降飞机4.58万架次，同比增长9.6%。主要国际机场：维尔纽斯机场、考纳斯机场、百浪港机场。

石油天然气管线运输：立拥有石油运输管线500公里，各类天然气管道总长8300公里。2008年石油管线总运量1842.95万吨，同比增长57.3%。

【财政金融】 据立陶宛中央银行数据，截至2009年底，立黄金外汇储备总额160亿立特（约46.34亿欧元），较上年同期增长1.4%。

据立陶宛财政部公布的数据，2009年，立中央财政收入207.09亿立特（约59.98亿欧元），财政支出245.93亿立特（约71.23亿欧元），财政赤字38.84亿立特（约11.25亿欧元）。截至2009年底，立中央政府债务总额256.61亿立特（约74.32亿欧元），占同期GDP的27.8%，其中外债189.44亿立特（约54.87亿欧元）。2007~2009年国家预算收支状况如下（单位：亿立特）：

	2007	2008	2009
财政收入	206.695	263.97	207.090
财政支出	210.268	278.87	245.929
平　衡	-3.573	-14.9	-38.840

截至2009年底，立共有9家注册商业银行、8家外国银行分行和代表处，外国资本占85%。此外还有立中央信用社及其他67家信用社，另有174家欧盟国家银行虽在立无代表机构，但可处理跨国业务。主要银行有：

（1）SEB银行（SEB Bank）：1990年3月成立，现注册资本10.35亿立特，总资产270亿立特，吸收存款96.7亿立特，贷款额197亿立特。

（2）瑞典银行（Swedbank）：注册资本5.7亿立特，总资产179.5亿立特，吸收存款67.6亿立特，贷款额129.1亿立特。

（3）DnB NORD银行：原立陶宛农业银行，2002年经德资收购改称NORD/LB银行，2006年5月改为现名。注册资本6.57亿立特，总资产95.28亿立特，吸收存款30.78亿立特，贷款额60.25亿立特。

（4）斯诺拉斯银行（Snoras Bank）：注册资本2.53亿立特，总资产91.77亿立特，吸收存款65.85亿立特，贷款额39.56亿立特。

（5）经济银行（Ukio Bank）：注册资本1.77亿立特，总资产37.52亿立特，吸收存款22亿立特，贷款额18亿立特。

【对外贸易】 据立海关统计，2009年立进出口总额858.63亿立特（约248.68亿欧元），同比下降33.2%，其中出口额407.25亿立特（约117.95亿欧元），进口额451.38亿立特（约130.73亿欧元），同比分别下降26.6%和38.2%，外贸逆差为44.13亿立特（约12.78亿欧元），同比下降74.8%。

主要出口商品为矿产品、机电设备、电气设备、化工产品等；主要进口商品为矿产品、机电设备、电气设备、化工产品等。2007~2009年进出口贸易额如下（单位：亿立特）：

	2007	2008	2009
出口额	432.34	554.77	407.25
进口额	609.87	725.93	451.38
差　额	-177.53	-171.16	-44.13

2009年，立商品主要出口国及比例为：俄罗斯13.2%、拉脱维亚10%、德国9.7%、波兰7.2%。主要进口国及比例为：俄罗斯30.1%、德国11.2%、波兰10%、拉脱维亚6.4%。立与欧盟进、出口额分别占总额的58.8%和64.3%，立同独联体国家进、出口额占总额的33.2%和23.5%。

【外国资本】 截至2010年初，立累计吸引外国直接投资332.81亿立特（约合96.39亿欧元），较上年增长5.3%。人均累计吸引外国直接投资9997立特（约2895欧元）。投资总额中78.7%来自欧盟国家，7%来自独联体国家；主要投资国及所占份额为：瑞典11.8%、波兰10.5%、丹麦10.4%、德国10.4%、荷兰6.8%、爱沙尼亚6.5%、俄罗斯6.5%、芬兰4.7%。

【对外投资】 截至2010年，立累计对外直接投资55.6亿立特（约16.1亿欧元），较上年增长13.9%。对外投资总额中75.5%投向欧盟国家，19.8%投向独联体国家。主要投资对象国及所占份额为：荷兰20.9%、拉脱维亚19%、俄罗斯9.5%、波兰7.7%、乌克兰6.9%。

人民生活

2009年，立居民人均工资每月2052.4立特（约594欧元），较上年下降4.6%，税后实际收入1599.4立特（约463欧元），较上年下降3.1%。平均养老金811.12立特（约235欧元），同比增长5.3%。2009年全年平均失业率为13.7%。截至2009年底，立登记失业人口为22.51万人。

军　事

1992年11月19日组建军队，2004年3月29日加入北约。立实行全民制义务兵役制。总统为武装力量最高统帅，国家国防委员会是协助总统处理国防事务的决策机构，由总统、议长、总理、国防部长和三军司令组成。现阶段实行行政领导与作战指挥相分离的军政、军令双轨领导体制，即由国防部文职人员控制军队，由三军司令及其领导的国防参谋部指挥部队执行各种作战训练任务。现任国防部长尤克涅维切涅，三军司令阿尔维达斯·波丘斯（Arvydas POCIUS）。立国家安全政策是公开、透明和非对抗性的，认为目前国家安全未受到任何直接军事威胁，不视任何国家为敌人。2009年，立军共有16000余人，编为陆军、空军、海军、特种作战部队、后勤保障部队、军事教育训练机构和部队等，其中陆军近6000人，空军1000多人，海军600多人。另有8000多名预备役人员。目前，立军在阿富汗等地派驻170余人参与北约军事行动及协助当地重建工作。

2009年度国防预算约2.46亿欧元，约占当年国内生产总值的0.91%。

文化教育

【教育】管理机构主要是教育和科学部、议会教科文委员会和科学委员会。重大教育问题由议会或政府与科学委员会协商决定。采取10年基础教育制度，即初等小学（1~4年级）、基础中学（5~10年级）。基础中学毕业后，学生可选择进入高级中学（2年）、职业学校（3~4年）、音乐学院（6年）或职业教育中心。高级中学毕业后可进入高校进行为期4~5年的本科学习。此外，立还设立强化高中（通常为私立中学）（4年）、特别学校（为残疾儿童而设）和青年学校等。

2008~2009学年立共有各类院校1600余所，注册学生总数约为76万。主要高等院校有：维尔纽斯大学、维尔纽斯师范大学、维尔纽斯科技大学、考纳斯维陶塔斯大学、考纳斯医学院、立陶宛农业大学和立陶宛军事学院等。维尔纽斯大学创建于1579年，是立最著名的大学，也是欧洲最古老的大学之一，现有学生23707名。

【新闻出版】2009年立定期出版500余种期刊杂志，年发行总量近7000万份，报纸300多种，发行量2.58亿份。主要报刊有：《立陶宛晨报》、《共和国报》、《晚间消息报》、《商业新闻》、《考纳斯日报》、《西部快报》、《人物杂志》等。

主要通讯社有：立陶宛通讯社（ELTA）、波罗的海通讯社（BNS）等，均为私营通讯社。

主要电视台有：国家电视台——立陶宛电视台（LTV）、自由独立频道（LNK）、“TV—3”电视台、“TV—4”电视台、维尔纽斯电视台（VTV）等。

主要电台有：国家电台——立陶宛电台、“M—1”电台、“中央电台”、“自由之波”电台、俄语电台“俄罗斯广播”、波兰语电台“ZNAD WILII”等。

对外关系

2004年3月29日加入北约、5月1日加入欧盟。奉行务实的对外政策，重视睦邻友好合作，努力扩大在波罗的海地区乃至欧盟的影响力。同时，积极参加国际事务，已先后加入60多个国际和地区组织。积极发展与乌克兰、摩尔多瓦、外高加索和巴尔干地区国家的关系，支持其加入欧盟和北约。2007年12月21日，立正式成为申根协议成员国。截至2009年底，立建交国总数为154个。

【对当前重大国际问题的态度】立在重大国际问题上重视与欧盟协调立场，积极参与欧盟一体化进程，支持欧盟和北约进一步扩员，认为北约应扩大职能并加强对成员国外交及安全政策的协调，主张加强跨大西洋合作，促进欧美沟通与合作。支持联合国进行全面改革，认为联合国应通过改革增加工作透明度、职业化和效率，加强安理会权威。在气候变化问题上，支持欧盟减排计划，积极落实《京都议定书》并参与哥本哈根气候变化大会。重视能源安全问题，主张欧盟制定统一的能源安全战略，减少对俄罗斯的能源依赖。积极参与国际维和行动，在阿富汗、伊拉克、科索沃等热点地区派驻士兵或民事警察，2005年6月起领导多国维和部队在阿富汗戈尔省的重建工作。关注朝鲜核和伊朗核问题，主张严格控制大规模杀伤性武器扩散。

【同中国的关系】1991年9月14日中立两国建立外交关系。2009年，中立关系取得重要发展。4月12~15日，中联部副部长陈凤翔率中共友好代表团访立，会见了立第一副议长德古婕涅、外长乌沙茨卡斯及社民党、劳动党等主要政党领导人，就两国关系、党际交流等问题深入交换意见。5月25日，杨洁篪外长在越南出席亚欧外长会议期间与立外长乌沙茨卡斯举行简短会见，就中立经贸合作等问题交换意见。8月29~31日，国务院副总理回良玉对立进行正式访问，与立总统格里鲍斯凯婕、总理库比留斯举行会见和会谈，就加强两国政治交往、深化务实合作深入交换意见并达成广泛共识，双方签署关于加强农业合作备忘录、促进投资合作备忘录等4项文件。随行的中国贸易投资促进团还与立方企业家举行座谈会。10月17~22日，交通部长李盛霖率团访立并出席首届亚欧交通部长会议，并作为共同倡议国与立方一道主持此次会议。双方签署了关于建立双边磋商机制、亚欧交通走廊等多项合作文件。11月11日，立副外长阿多马维丘斯率团访华，与张志军副外长举行中立外交部政治磋商。此外，人力资源和社会保障部副部长杨志明以及陕西省、广东省、青岛市、厦门市等地方省市领导先后访立。

据中国海关总署统计，2009年，中立双边贸易额为6.9811亿美元，同比下降36.3%。其中中方出口额6.6亿美元，同比下降38.1%，进口额3811万美元，同比增长30.8%。

中国驻立陶宛大使：佟明涛。馆址：维尔纽斯市阿尔吉尔多大街36号，邮政编码：03218（ALGIRDO STREET 36，03218 VILNIUS，LITHUANIA）。电话：（3705）2162861；签证处电话：（3705）2162972；传真：（3705）2162682。网址：www.chinaembassy.lt。经商处地址：维尔纽斯市布林捷街34号，邮政编码：08110（BLINDZIU STREET 34，08110 VILNIUS，LITHUANIA）。电话：（3705）2722375；传真：（3705）2722161。网址：http：//lt.mofcom.gov.cn。

立陶宛驻华大使：罗卡斯·贝尔诺塔斯（Rokas

BERNOTAS)。馆址：北京市朝阳区霄云路18号京润水上花园B区30号，邮政编码：100016。电话：(010) 84518520，传真：84514442。

【同美国的关系】1991年9月6日与美国建立外交关系。立独立以来，一直与美保持密切关系，在重大国际问题上基本支持美方立场，积极参与美领导的军事行动。美方高度评价立在阿富汗维和与重建中发挥的积极作用，称立是可信赖的伙伴。2009年立美关系发展顺利。2月，立国防部长尤克涅维切涅访美。3月，立外长乌沙茨卡斯访美。6月底，立总统阿达姆库斯在卸任前与美总统奥巴马通电话，一致认为继续发展立美战略伙伴关系十分重要。8月和10月，美副国务卿戈登、弗什博先后访立。

【同俄罗斯的关系】立俄1991年10月9日建交。受历史和现实等因素影响，近年来，立俄关系发展不顺。2009年，立俄双边往来有所增多。5月和10月，立俄政府间混委会在立两次召开会议，立外长乌沙茨卡斯与俄交通部长列维京作为共同主席出席，商定加强能源、经贸、交通等领域合作。6月，立外长乌沙茨卡斯在丹麦出席波罗的海国家委员会会议期间与俄外长拉夫罗夫举行双边会晤。7月，俄总统办公厅主任纳雷什金访立。8月18日，立总统格里鲍斯凯婕就立货车滞留俄边境问题打电话给俄总统梅德韦杰夫，这是8年来立俄总统首次直接接触。10月，立外长乌沙茨卡斯访俄，与俄外长拉夫罗夫举行会谈，一致同意发展两国建设性关系，共同营造友好氛围。

【同波罗的海邻国的关系】立与拉脱维亚、爱沙尼亚在政治、经济、历史、地理、文化等众多方面有着密不可分的传统联系，三国之间除设有国家元首、政府首脑及部长级定期会晤机制外，还建立了波罗的海大会、波海地区国家经济论坛、三国首都会议机制等。三国各级别、各领域交往十分频繁。2009年，三国在推动建立波海三国统一能源市场、与瑞典电网联网、修建核电站等问题上保持密切磋商与协作，并就瑞典—波海三国电网波海一方海底电缆联结点设在立境内达成一致。

【同其他国家的关系】2009年1月至7月11日，立总统阿达姆库斯访问德国、法国、捷克、芬兰、格鲁吉亚、波兰等国。7月12日至12月，立新任总统格里鲍斯凯婕访问瑞典、波兰、法国、芬兰、乌克兰等国。立总理库比留斯访问波兰、白俄罗斯、芬兰、英国等国。波兰总统卡钦斯基、塔吉克斯坦总统拉赫蒙、奥地利总统菲舍尔、保加利亚总统珀尔瓦诺夫、西班牙国王卡洛斯一世、冰岛总统格里姆松、白俄罗斯总统卢卡申科访立。挪威议长亚格兰、格鲁吉亚议长巴克拉泽访立。

（陈晨）

列支敦士登

国名 列支敦士登公国（The Principality of Liechtenstein, Das Fuerstentum Liechtenstein）。

面积 160.5平方公里。

人口 35904人（2009年12月），其中外国人11894人，约占33.1%，主要是瑞士人、奥地利人、意大利人和德国人。官方语言为德语。天主教为国教，信奉天主教的居民超过80%，基督教约7%，其他教派约13%。（资料来源：列支敦士登统计局）

首都 瓦杜兹（Vaduz），人口5208人（2009年12月31日）。

国家元首 汉斯—亚当二世（Hans Adam II）公爵。2004年8月15日起，王储阿洛伊斯（Prince Alois）摄政，代公爵处理国内、国际事务。

重要节日 国庆节：8月15日；圣诞节：12月25日。

简况

位于阿尔卑斯山中部和莱茵河谷的内陆国。西邻瑞士，东接奥地利。气候温和，平均气温1月1.1℃，7月19.9℃。列支敦士登人是公元500年以后迁移到此的日耳曼民族的后裔。1719年1月23日以列支敦士登亲王之姓氏建国。1806年列作为主权国家加入“莱茵联盟”，1815年加入“德意志联盟”。1852年，与奥匈帝国签订关税条约，1919年，条约随奥匈帝国崩溃而终止。1923年，列与瑞士签订了关税条约，两国边界开放，建立共同经济区，使用统一货币——瑞士法郎。两次世界大战期间，列均保持中立。

政治

实行议会民主的君主立宪制，公爵拥有最高权力。人民通过选举议员或提出倡议、参加公民投票行使政治权利。2000年生效的新选举法将选民年龄由20岁提前到18岁。2009年，新一届政府成立，由祖国联盟和激进公民党联合组成，未来四年的政策基于两党的合作协定。

【宪法】宪法规定国家政体为君主立宪制，国家元首世袭。旧宪法于1921年10月5日制定。公爵与议会自1995年9月起就公爵、政府及议会间权力分配问题进行修宪谈判，经过艰难讨价还价，2003年3月，列公民投票通过公爵汉斯—亚当二世提出的修宪案。8月14日，新宪法正式生效。

【议会】实行一院制。人民直接选举议会，议长是人民最高代表，议会参与立法和缔结国家条约、掌管财政，监督政府。议会任期4年。议长每年改选一次。议长及议员均为兼职。本届议会2009年3月产生，有25名议员，激进公民党11席，祖国联盟13席，自由名单1席。现任议长布龙哈特·阿图尔（Brunhart Arthur，祖国同盟），副议长沃尔维尔特·蕾娜特（Wohlwerd Renate，激公党）。

【政府】由5名成员组成，除首相和副首相外，其余3名政府委员均为兼职。根据列宪法规定，政府成员由公爵根据议会的建议任命，任期4年。本届政府2009年3月组成。首相兼财政、家庭部长克劳斯·屈策尔（Klaus Tchuetscher），副首相兼经济、建设和交通部长马丁·迈耶尔（Martin Meyer），教育、内政和体育部长胡戈·克瓦德勒（Hugo Quaderer），社会、卫生、环境、农业和林业部长蕾娜特·米斯娜（Renate Müssner，女），司法、外交和文化部长奥蕾利亚·弗里克（Aurelia Frick，女）。

【司法机构】法院分三级：地方法院、中级法院和最高法院。最高法院共有5名法官，由公爵根据议会的推举任命，任期4年，院长汉斯费尔·鲁道夫（Fehr Rudolf，至2014年）。

【政党】现有3个主要政党：

（1）激进公民党（Fortschrittliche Buergerpartei）：1918年成立。主席亚历山大·巴特林内尔（Alexander Batliner）。

（2）祖国联盟（Vaterlaendische Union）：1918年成立。主席赫普·阿道尔夫（Heeb Adolf）。

（3）自由名单（Freie Liste）：1986年成立，成员为青年知识分子、环保主义者。1993年首次进入议会。理事会主席沃尔夫冈·马克赛尔（Wolfgagn Maxer）。

【重要人物】汉斯—亚当二世公爵：国家元首。1945年2月14日生于瑞士苏黎世。曾在维也纳和瑞士圣加仑学习并在伦敦一家银行受过职业培训。获经济学士学位。1984年8月其父弗朗茨·约瑟夫二世将大部分权力授予他，由他负责政府事务。1989年11月13日约瑟夫二世逝世，同日，汉斯—亚当宣布继位，定名汉斯—亚当二世。在金融和经济方面有专长，主张积极参与国际事务。在其执政后，列先后加入联合国、欧洲自由贸易联盟和欧洲经济区。已婚，有4个子女。　**王储阿洛伊斯：**1968年6月11日生于苏黎世。1987年赴英国桑赫斯特皇家军事学院学习，曾在香港和伦敦服役。获奥地利萨尔茨堡大学法学硕士学位。1993～1996年，在伦敦一家经济评估公司工作。1990年8月15日，宣誓为公爵继承人。2004年8月15日起摄政。已婚，有三子一女。

经　济

原是贫穷的农业国，大多数人从事畜牧业，只有小规模的纺织和陶瓷等工业。战后逐步发展成为发达的工业国家。工业是国民经济的支柱，工业产品95%以上供出口。低税收政策和银行保密法促进了金融业发展，但同时使列成为“逃税天堂”。有15家银行，2009年收益由2008年的4.64亿瑞郎上升至5.88亿，增加26.6%，银行管理的资金量增加70亿瑞郎，增幅为3.5%。1912年开始发行邮票，列国邮票闻名遐迩，也是国家财政的重要来源之一。2009年列主要经济数据如下（资料来源：列支敦士登统计局）：

国内生产总值：51亿瑞郎。

人均国内生产总值：14.3万瑞郎。

国民生产总值增长率：-4.6%。

货币名称：瑞士法郎；1瑞士法郎=100生丁。

汇率（2009年12月）：1美元=1.1493瑞士法郎。

通货膨胀率（2009年）：1%。

失业率（2009年）：3.0%。

【资源】有大理石矿。森林面积66平方公里，占国土面积的41%。

【工业】工业发达，产值约14.9亿瑞朗，占国内生产总值的28.18%。主要有金属加工、机械、仪表制造、陶瓷、化工、医药、电子、纺织和食品加工等。真空镀膜产品、用于造船工业和建筑业的射钉枪、钻孔机以及假牙产品享有国际声誉。工业产品质量高，有竞争力，主要向欧美国家出口。全国有工业企业572家，从业人员14101人，占总从业人口的42.2%。（截至2008年12月31日）

【农业】截至2008年，农业可用地面积35.31平方公里，占国土总面积的22%。产值约0.61亿瑞朗，占国内生产总值的1.15%。农业从业人员263人，占总从业人口的0.8%。以种植土豆、玉米、葡萄为主。45%的农业毛产值来自牛奶产业，2008年牛奶产量为1300吨。

【服务业】服务业发达，产值达27亿瑞朗，约占国内生产总值的78.67%。主要包括旅游业、金融和保险业。从业人员11297人，占总从业人口的56%。（截至2009年12月31日）

【旅游业】地处欧洲南北交通要道，绮丽的自然风光，“袖珍国家”所独有的魅力以及王室藏画展和高山滑雪场等为发展旅游业创造了有利条件。2009年12月，列共有38家旅馆，1127张床位，2009年旅馆过夜176340人次。

【交通运输】以公路运输为主，境内无高速公路和铁路。

【财政金融】2008年公共财政收入为11.03亿瑞郎，支出为11.58亿瑞郎，赤字0.55亿瑞郎。列政府近年财政收支情况如下（单位：亿瑞郎）：

	2006	2007	2008
收入	12.07	9.92	11.03
支出	8.39	8.53	11.58
盈余	3.68	1.39	-0.55

（资料来源：列支敦士登2010年统计年鉴）

【对外贸易】2009年进出口总额为50亿瑞郎，其中进口额19.2亿瑞郎，同比下降21.8%，出口额30.8亿瑞郎，同比下降27.4%，外贸顺差为11.6亿瑞郎。主要贸易伙伴是德国、美国和瑞士等国。

人民生活

世界上最富有的国家之一。全国有正式医生（包括兽医）131人，实习医生58人。邮局服务点12个。全国拥有固定电话机19518部，移动电话32013部，电视机14845台。每千人拥有小汽车728辆。

军事

1868年废除军队。根据宪法规定，紧急情况下，“每个有持械能力”的公民（60岁以下）都有义务保卫祖国。1933年成立“列支敦士登安全团”，现有警察83人。

文化教育

【教育】幼儿园2年，小学5年，初中4年，高中4年。中学毕业生大多到瑞士和奥地利上大学。2000年，列第一所高等院校——列支敦士登人文科学大学正式建立，设有心理学和神经学两门学科。与瑞士开展职业教育合作。有一所音乐学校。2009/2010年度，列在校大学生约800人（不含在国外上大学的学生），中小学及“特殊学校”在校生总数约为5000人，教师约600名。

【新闻出版】有3家报纸：《列支敦士登人民报》，创刊于1878年，是列历史最悠久的报纸，日发行量8000份，每周四为大版，发行量18500份；《列支敦士登祖国报》，日发行量10500份；《列支敦士登周报》，每周日出版，发行量32000份。1955年建立第一家私营广播电台。1998年3月批准成立第一家私营电视台。

对外关系

永久中立、依附瑞士、根据可能和本国利益积极参与国际活动是列外交政策的三大支柱。列是联合国、欧洲委员会、欧洲自由贸易联盟和欧洲经济区成员国。同70个国家建立大使级外交关系。

列与瑞士保持着特殊关系。根据1919年两国达成的协议，瑞士驻外机构代表列国在外国的利益，但列保留与其他国家建立外交关系的权利。与奥地利的关系也很密切。1938年以前，列支敦士登的公爵都在维也纳定居。目前，列奥两国除签有国家条约外，在司法合作、教育及社会生活领域也签有一系列协定。

近年来，列外交立足于“小国”和“独立”两大基点，积极开展经济和实效外交。深化与欧盟合作，积极寻求加入《申根协定》，但反对加入欧盟。由于低税政策和银行保密法，部分欧洲国家指责列成为邻国企业和富人逃税的“天堂”。列因此多次成为欧盟国家打击逃税和洗钱行为的目标。

重视对美关系。2006年，列王储阿洛伊斯接见了来访的美国会司法委员会主席詹姆斯，双方就司法协助、打击洗钱和国际恐怖主义金融活动等问题交换了意见。2007年和2009年，列外长贝克两次访美。

积极参与国际事务。支持联合国改革，2007年向联大提交扩大安理会报告。向欧安组织、世界粮食计划救助基金和巴勒斯坦难民援助组织等提供资金援助。2009年9月，列首相屈策尔出席联合国气候峰会。同月，列王储阿洛伊斯在莫斯科与俄罗斯总统梅德韦杰夫举行会晤，双方就贸易政策、经济文化合作及金融监管、税务合作等问题进行了讨论。

【同中国的关系】根据列与瑞士的协议，中瑞1950年9月14日建交时，中列两国同时亦建立了外交关系。1988年9月14日，中国向列国首次委派了总领事（由中国驻苏黎世总领事兼任）。

1990年10月，钱其琛外长在联大会晤列国首相兼外长布隆哈特。中国外交部副部长周南（1988年9月）、王英凡（1997年3月）分别访问列国。1995年9月，列外长安德丽娅·维利来华参加第四届世界妇女大会。2002年10月，列公爵汉斯—亚当二世对上海进行私人访问。2005年5月，中列双方在浙江举办联合发行《绘画作品》特种邮票的中方首发式；6月，中国国家邮政局代表团参加在瓦杜兹举行的列方首发式，受到阿洛伊斯王储接见。2006年2月，温家宝总理致函列王储阿洛伊斯，邀请列参加2010年上海世博会。2007年10月，列国家元首汉斯·亚当二世公爵应国家杂交水稻工程技术研究中心主任袁隆平邀请非正式访华。2008年8月，列公主诺拉以国际奥委会委员身份来华出席北京奥运会开幕式。2009年5月，列正式确认参展2010年上海世博会。9月，汉斯—亚当二世公爵再次应袁隆平邀请非正式访华。2010年5月，瑞政府委员兼外交、司法、文化部长弗里克来华参加“全球妇女峰会”并赴上海世博会参观，弗在京会见了外交部副部长傅莹、文化部副部长王文章、司法部副部长张苏军。

中列贸易往来始于20世纪50年代。近年来，两国经贸关系发展迅速。2009年中列双边贸易额为1.328亿瑞郎。其中，中国向列出口额3411万瑞郎，同比下降13.57%，从列进口额9869万瑞郎，同比下降27.63%。

2004年6月，中瑞签署旅游目的地国实施谅解备忘录（包括列），并于9月1日开始执行，列正式成为中国公民出境旅游目的地国。2008年1月，中国证监会与列支敦士登金融管理局在北京签署《证券期货监管合作谅解备忘录》。同年，列出版两套以北京奥运会为主题的邮票。2010年，列出版了以世博会为主题的纪念邮票。

中国驻苏黎世兼驻列支敦士登公国总领事：梁建全。总领馆地址：Bellariastrasse 20，CH－8002 Zuerich。电话：0041－44－2011005，2011073（签证处）。传真：2017712。网址：http：//zurich. chineseconsulate. org。

瑞士驻中国大使（代表列在华利益）：顾博礼（Blaise Godet）。馆址：北京市三里屯东五街3号。电话：010－85328888（总机）。传真：65324353。网址：http://www.eda.admin.ch/beijing。（李双成）

卢　森　堡

国名　卢森堡大公国（The Grand Duchy of Luxembourg, Le Grand-Duché de Luxembourg）。

面积　2586平方公里。

人口　50.2万（2010年），其中卢森堡人约占56%，外籍人占44%（主要为葡、法、意、比、德、英、荷侨民）。官方语言是法语、德语和卢森堡语。法语多用于行政、司法和外交；德语多用于报刊新闻；卢森堡语为民间口语，亦用于地方行政和司法。97%的居民信奉天主教。

首都　卢森堡（Luxembourg），人口约8.86万（2008年）。

国家元首　大公亨利（Le Grand-Duc Henri），2000年10月7日即位。

重要节日　国庆日：6月23日。

简　况

卢森堡位于欧洲西北部，东邻德国，南毗法国，西部和北部与比利时接壤。属海洋—大陆过渡性气候，1月份平均气温0.8℃，7月份17.5℃；年平均气温9℃，年均降水量782.2毫米。

公元前，卢森堡曾是高卢人的居住地。公元400年后日耳曼人入侵，先后成为法兰克王国和查里曼帝国的一部分。公元963～1354年，先后为神圣罗马帝国阿登伯爵、卢森堡伯爵和卢森堡公爵的自治领地。15～18世纪历受西班牙、法国和奥地利统治。1815年维也纳会议决定卢为大公国，由荷兰国王兼任大公，同时又是德意志同盟的成员。1839年伦敦协定承认卢为独立国家。1867年成为中立国。1868年实行君主立宪制。1890年前拿骚公爵阿道夫成为卢大公，彻底摆脱荷兰国王的统治。两次大战中均被德国入侵。1945年成为联合国创始国，1948年放弃中立政策，1949年加入北约，50年代参与创建欧共体（后成为欧盟），并与荷兰、比利时结成经济联盟。1995年成为申根区国家，1998年5月成为首批欧元国之一。

政　治

卢政局长期保持稳定。2009年6月，卢顺利举行大选，7月，基督教社会党和社会工人党组成联合政府。

【宪法】1868年10月17日颁布，后经多次修改。宪法规定，大公为国家元首、武装部队统帅，拥有立法权和行政权，有权解散议会。实际上，议会行使立法权，政府行使行政权，对议会负责。

【议会】一院制，为最高立法机构。有议员60名，任期5年。本届议会于2009年6月7日普选产生，各党所占席位如下：基督教社会党26席，社会工人党13席，民主党9席，绿党5席，选择民主改革党（原民主与合理退休金行动委员会）4席。议长洛朗·莫萨（Laurent Mosar，基社党）。

【政府】本届政府于2009年7月20日由基社党和社工党联合组成，内阁共15名成员（13名大臣、2名大臣级代表，其中基社党9名，社工党6名）。主要成员有首相兼国务及国库大臣让—克洛德·容克（Jean-Claude JUNCKER，基社党），副首相兼外交大臣让·阿瑟伯恩（Jean ASSELBORN，社工党），司法、通信、高等教育、媒体、公共职能及研究大臣弗朗索瓦·比尔特根（François Biltgen，基社党）等。

【行政区划】全国划分为卢森堡、迪基希、格雷文马赫3个省，下辖12个专区、116个市镇。省长、市（镇）长由大公任命。

【司法机构】全国设1个高等法院、1个行政法院、2个地区法院、3个治安法院。1996年又成立宪法法院。各级法院的法官均由大公任命，终身制。最高法院院长保尔·凯泽尔（Paul Kayser），总检察长加米尔·汪帕奇（Gamille Wampach）。

【政党】（1）基督教社会党（Parti Chrétien Social—P. C. S.）：简称基社党，执政党，1914年成立。原名“右派党”，1944年改用现名。党员逾万人。主席弗朗索瓦·比尔特根。

（2）社会工人党（Parti Ouvrier Socialiste Luxembourgeois—P. O. S. L.）：简称社工党，执政党，1902年成立。原名卢森堡社会民主党，1945年改用现名。党员6900人。主席阿列克斯·波迪利（Alex BODRY）。

（3）民主党（Parti Démocratique—P. D.）：1904年成立。前身是自由党，1945年重建，称民主爱国集团，1955年改用现名。党员6600人，主席克劳德·迈施（Claude MEISCH）。

（4）绿党（Parti Vert “Dei Greng”）：1983年成立。1986年分裂，1994年12月又重新合并。党员1100人。主席弗朗索瓦·鲍什（François BAUSCH）。

（5）选择民主改革党（Parti réformiste d'alternative démocratique）：1989年成立。原名民主与合理退休金行动委员会，2006年4月改用现名。主席罗伯特·梅伦（Robert MEHLEN）。

（6）卢森堡共产党（Parti Communiste du Luxembourg—P. C. L）：1921 年成立，现有党员 430 余人。主席阿里·吕克尔特（Ali Ruckert）。

【重要人物】**大公亨利**：国家元首。1955 年 4 月 16 日生。1975 年在英国桑赫斯特皇家军事学院学习并获得军官文凭。1978 年在瑞士日内瓦大学获政治学学士学位，曾获多项荣誉博士学位。1989 年成为卢军上校，并被授予英国伞兵团荣誉少校军衔。1980～1998 年任国务委员会成员。1998 年以来任国际奥委会委员。2000 年 10 月 7 日正式即位。曾于 1988 年、1994 年、1998 年三度以大公储身份访华，2006 年 9 月以大公身份对华进行国事访问，2008 年 8 月以卢国家元首及国际奥委会委员身份来华出席北京奥运会开幕式及相关活动。　**让—克洛德·容克**：首相兼国务和财政大臣。1954 年 12 月 9 日生于卢森堡南部的一个工人家庭。法律硕士。1979～1985 年任基督教社会青年联盟主席。1982～1984 年任劳动、社会保险国务秘书。1984～1989 年任劳动大臣、1989～1995 年 1 月任劳动大臣、财政大臣。1995 年 1 月起任首相兼国务大臣、财政大臣、劳动和就业大臣。1999 年 8 月出任现职。曾于 1996 年、1998 年、1999 年、2002 年、2004 年和 2007 年访华，2008 年 10 月来华出席第七届亚欧首脑会议，2009 年 11 月来华出席第 12 次中欧领导人会晤。

经　济

发达资本主义国家。2009 年人均国内生产总值 7.52 万欧元，居全球首位。自然资源贫乏，市场狭小，经济对外依赖性强。钢铁工业、金融业和卫星通信业是卢经济的三大支柱产业。

2008 年下半年以来，因受金融危机冲击，卢经济陷入低迷，增长乏力，失业率上升。2009 年主要经济数据如下：

国内生产总值：377.6 亿欧元。

人均国内生产总值：75200 欧元。

经济增长率：－3.4%。

货币名称：欧元（EURO）。

汇率（2010 年 6 月）：1 欧元≈1.24 美元。

通货膨胀率：2.3%。

失业率：5.9%。

【资源】资源贫乏。森林面积近 9 万公顷，约占国土面积的 1/3。

【工业】以钢铁为主，化工、机械制造、橡胶、食品工业也较发达。2008 年工业产值 33.43 亿欧元，占国内生产总值的 8.6%。从业人员 3.77 万人，占全国就业人口的 10.8%。2007 年粗钢产量 285.8 万吨，轧制钢材产量 293.3 万吨。

【农业】以畜牧业为主，粮食不能自给。2008 年农牧业产值 13.75 亿欧元，约占国内生产总值的 0.4%。农业用地 13 万公顷。农业人口约 5000 人，约占全国就业人口 0.3%。主要农产品有小麦、黑麦、大麦和玉米。

2008 年主要农产品产量：谷物（小麦、大麦、玉米等）19 万吨，肉类 3.1 万吨，奶 27.76 万吨，葡萄酒 1296.7 万升。

【旅游】2008 年接待游客约 94 万人次。现有各类旅馆 267 家，共 7591 张床位；野外宿营地 97 处，可接待游客 47657 人次。

【交通运输】截至 2008 年，国家级公路总长 2894 公里（其中高速公路 147 公里），铁路 275 公里。2008 年，航空公司客运量 169.6 万人次，货运量 78.8 万吨。

【财政金融】2009 年，卢国家财政收入 157.1 亿欧元，支出 160 亿欧元，公共债务占 GDP 的 14.5%。

卢金融业发达，银行林立。首都卢森堡市系欧洲重要金融投资中心，在全球范围内居第八位。截至 2007 年底，在卢注册的银行为 156 家，雇员 3.67 万人。卢森堡也是仅次于美国的世界第二、欧洲最大的基金管理中心。截至 2007 年底，共管理基金 2800 多支，总额约 2 万亿欧元。卢森堡国家储蓄银行成立于 1856 年，总资产 413 亿欧元；卢森堡通用银行成立于 1919 年，现有雇员 2170 人，总资产 369 亿欧元；此外，还有成立于 1856 年的卢森堡国际银行和成立于 1949 年的卢森堡信贷银行。

【著名公司】（1）安赛乐—米塔尔集团：卢第一大企业，世界第一大钢铁集团。总部设在卢森堡市。2001 年，卢阿尔贝德钢铁公司（创建于 1882 年）与法国北方和西班牙阿塞拉利亚合并，形成安赛乐集团（Arcelor）。2006 年 7 月，安赛乐又与世界第一大钢铁公司米塔尔合并，成立安赛乐—米塔尔集团。2008 年，集团年产粗钢 1.03 亿吨，占世界钢铁产量 10%，年销售额 1249 亿美元。在 60 多个国家设有分支机构，员工总数约 28.5 万人，在卢员工 6540 人。

（2）欧洲卫星全球公司：成立于 1985 年，总部设在卢森堡。该公司通过运营 ASTRA、AMERICOM 及 NEW SKIES 卫星系统为客户提供电视、广播和多媒体直接到户的信息传送服务。拥有卫星数量 40 颗，居欧洲首位、世界第二，其卫星信号全球覆盖率达 99.999%。截至 2007 年底，1.22 亿欧洲家庭可接收该公司卫星转播的 2400 套电视、电台节目。2008 年营业额 16.1 亿欧元，净利润 6.25 亿欧元。公司还参股 SES SIRIUS、QUETZSAT、CIEL 等多家卫星运营商。1998 年 12 月参股亚星公司，与中国的中信公司同为亚星公司股东。

（3）卢森堡货运航空公司：成立于 1970 年，是欧洲最大、世界第十大全货运航空公司。2008 年拥有波音 747—400F 型货机 16 架。经营国际货运线路 90 多条，覆盖全球 50 多个国家和地区。2008 年公司总收入 19.85 亿美元，货运总量 70.36 万吨，占全球市场份额的 4%，雇员 1150 人。目前开通至北京、上海、厦门、香港航线。

【对外贸易】主要出口产品为机械设备、钢铁制品、轮胎和塑料等。原料和消费品大多靠进口。主要贸易伙伴是欧盟国家，其中对德、法、比三个邻国出口占出口总额的 56%，对三国进口占进口总额的 73%。出口到欧盟以外商品只占 15%，主要是美国和一些亚洲国家。

2009 年卢进出口总额为 223.98 亿欧元，其中出口额 91.36 亿欧元，同比下降 23.2%，进口额 132.62 亿欧元，同比下降 23.3%。逆差 41.26 亿欧元。

【对外援助】发展援助是卢外交政策的重要组成部分。2007 年度对外发展援助约占国民生产总值的 0.9%，超过联合国标准（占国内生产总值的 0.7%），位居世界第三位。援助总额 3.25 亿美元，援助重点为非洲国家。

人民生活

人均收入水平排名世界第一，人均寿命 80 岁。卢森堡市是世界最安全和生活水平最高的城市之一。

军 事

大公为武装力量最高统帅，实际由国防大臣直接指挥。卢武装力量总兵力 2114 人，由陆军、宪兵和警察组成。其中陆军 930 人，编成一个轻步兵营（辖 3 个连）和一个独立连，主要装备有 5 辆装甲运兵车和若干反坦克导弹。宪兵 682 人，警察 502 人。陆军实行志愿兵役制，服役期 3 年。宪兵和警察实行招募制。2007 年国防预算为 6113 万欧元。

卢森堡是北约成员国，奉行依靠北约的集体安全政策。北约在卢无驻军，但设有一个预警机基地，驻有 18 架 E-3A 型预警机。卢同美国签有共同防务协定，同德国签有共同防卫边境地区领土的协定。

文化教育

【教育】法律规定，年满 6 岁儿童必须接受 9 年义务教育。2007/2008 年度有小学生 33020 人，中学生 12122 人，中等技术学校学生 23805 人，大学生 3824 人，在国外的大学生 6407 人，2003 年建立首所完整的大学——卢森堡大学。

卢国家对文化的投入逐年提高。2008 年为 1.147 亿欧元，占国家支出的 1.2%。

【科研】2008 年科研预算达 1.7 亿欧元，占国内生产总值的 0.46%，居欧盟首位。重要的科研机构有：卢森堡大学中心，高等技术研究所，大公国研究院，地球动力研究中心等。

【新闻出版】有 6 家日报：5 家德文报，1 家法文报，日发行量共约 13 万份。其中，《卢森堡言论报》（德文）日发行 7.5 万余份；《日报》（德文）日发行 2.5 万余份；《新闻》（德文）日发行 2 万余份；《洛林共和报》（法文）日发行 2 万余份。卢森堡电视台用法、德、荷、卢语播送，星期日还有意大利语节目。卢森堡广播电台用法、德、英、卢、荷等多种语言广播。

卢森堡广播电视公司（RTL）有 45 家电视台和 32 家广播电台，节目覆盖整个欧洲，是欧洲最大的视听媒体集团，除美国外最大的独立发行商。

对外关系

卢主张在国际关系中应遵循的准则是：平等、不使用武力和武力威胁、反对军备竞赛、遵守国际法、尊重人权、尊重小国利益。卢对外政策以欧洲为重点，积极推动欧洲一体化进程，与比利时、荷兰结成经济联盟，是欧盟和北约成员国。主张平衡发展欧美、欧俄关系，在北约、欧盟和欧安会组织的框架内建立欧洲集体安全体系。强调美应在欧洲事务中发挥作用，认为俄罗斯和前南斯拉夫地区的稳定对欧洲安全至关重要，不应孤立、排挤俄。主张积极发展和扩大与亚太地区国家的经贸合作，推动欧亚国家间进行政治对话，加强与新兴大国合作关系。发展援助以消除贫困、促进发展、维护安定为目标，重点是非洲。目前卢已同 146 个国家建立了外交关系。

【同中国的关系】1972 年 11 月 16 日中卢建交。

近年来，中国与卢森堡大公国关系发展良好，各级别交往频繁。两国钢铁、金融、航空、卫星等传统重点领域合作进展顺利，投资基金、卫生、环保等新领域合作效果良好。2009 年 11 月，卢首相容克来华出席第 12 次中欧领导人会晤。2010 年 4 月，卢议长莫萨来华出席上海世博会开幕式。5 月底至 6 月初，卢大公储纪尧姆来华参观上海世博会。

2009 年中国同卢森堡的双边贸易额为 32.55 亿美元，其中中方出口额 30.5 亿美元，同比下降 14.2%，进口额 2.05 亿美元，同比下降 30.4%。2010 年 1~4 月，双边贸易额 5.5 亿美元，同比下降 56%。

中国驻卢森堡大使：马志学。馆址：2，Rue Vander Meulen，Dommeldange L-2152 Luxembourg。电话：00352-436991。传真：00352-422423。电传：2434 Amchin Lu。电子信箱：AMBCHINE@ PT. LU。

卢森堡驻中国大使：柯意赫（Carlo KRIEGER）。馆址：北京市东城区内务部街 21 号。电话：010-65135937。传真：65137268。E-mail：ambluxcn@public. bta. net. cn。

【同美国的关系】认为跨大西洋关系是国际社会稳定的关键，北约的团结是跨大西洋关系的重要表现。主张欧美在中东、伊拉克、伊朗、反恐等重大问题上加强合作，共同促进民主和人权。

【同俄罗斯及东欧国家的关系】认为欧洲的和平与稳定离不开俄，应与俄建立稳定的伙伴关系。俄格冲突爆发后，主张欧盟应释放善意，恢复欧俄战略伙伴关系谈判。认为欧盟与北约应在东扩问题上与俄保持对话和沟通。主张欧盟与东欧国家保持联系，支持中东欧国家转轨进程，认为中东欧人民有权要求加入到一个民主的欧洲中来。

【同其他国家的关系】 卢同比利时、荷兰有历史传统关系，并结成经济联盟。欧洲是卢外交重点。作为欧共体创始国之一，卢积极主张和推动欧洲一体化建设进程，同时强调兼顾大小国家利益，反对大国支配欧洲事务。支持欧盟深化改革，1992 年 7 月批准《马斯特里赫特条约》，1998 年 5 月成为首批欧元国家之一，同年 7 月批准《阿姆斯特丹条约》。

重视发展与亚洲国家及新兴大国的关系，同时注意加强发展与拉美国家的关系。 （秦昊）

罗马尼亚

国名 罗马尼亚（Romania）。

面积 238391 平方公里。

人口 2152 万（2008 年 1 月）。罗马尼亚族占 89.5%，匈牙利族占 6.6%，罗姆族（亦称吉卜赛族）占 2.5%，日耳曼族和乌克兰族各占 0.3%，其余民族为俄罗斯、塞尔维亚、斯洛伐克、土耳其、鞑靼等。城市人口所占比例为 55.2%，农村人口所占比例为 44.8%。官方语言为罗马尼亚语，主要少数民族语言为匈牙利语。主要宗教有东正教（信仰人数占总人口数的 86.7%）、罗马天主教（4.7%）、新教（3.2%）。

首都 布加勒斯特（Bucuresti），人口 193 万（2008 年 1 月）。平均气温 1 月为 －2.9℃，7 月为 23.7℃。

国家元首 总统特拉扬·伯塞斯库（Traian BASESCU），2004 年 12 月 13 日当选，2009 年 12 月 8 日连任，任期 5 年。

重要节日 国庆日：12 月 1 日（1918 年国家统一日）；建军节：10 月 25 日（1944 年全境解放日）。

简况

位于东南欧巴尔干半岛东北部。北和东北分别与乌克兰和摩尔多瓦为邻，南接保加利亚，西南和西北分别与塞尔维亚和匈牙利接壤，东南临黑海。海岸线 245 公里，温带大陆性气候。平均气温 1 月为 －3℃～1℃，7 月为 22℃～24℃。

罗马尼亚人的祖先为达契亚人。约公元前 1 世纪，布雷比斯塔建立了第一个中央集权和独立的达契亚奴隶制国家。公元 106 年达契亚国被罗马帝国征服后，达契亚人与罗马人共居融合，形成罗马尼亚民族。14 世纪先后组成瓦拉几亚、摩尔多瓦和特兰西瓦尼亚三个公国。16 世纪后成为奥斯曼帝国的附属国。1859 年，瓦拉几亚公国和摩尔多瓦公国合并，称罗马尼亚，仍隶属奥斯曼帝国。1877 年 5 月 9 日，罗马尼亚宣布独立。1881 年，改称罗马尼亚王国。1918 年 12 月 1 日，特兰西瓦尼亚公国与罗马尼亚王国合并。至此，罗马尼亚形成统一的民族国家。

二战期间，安东尼斯库政权参加德、意、日法西斯同盟。1944 年 8 月 23 日，罗举行反法西斯武装起义。1945 年 3 月 6 日，罗成立联合政府。1947 年 12 月 30 日，成立罗马尼亚人民共和国。1965 年，改国名为罗马尼亚社会主义共和国。1989 年 12 月 22 日，齐奥塞斯库政权被推翻，罗马尼亚救国阵线委员会接管国家一切权力，易国名为罗马尼亚，定国庆日为 12 月 1 日。

政治

2009 年 12 月，罗马尼亚举行总统大选，伯塞斯库总统获胜连任，任期 5 年。随后，民主自由党和匈牙利族民主联盟组成新政府，民主自由党主席博克任总理。

【宪法】 1991 年 11 月 21 日，罗议会批准新宪法，12 月 8 日全民公决予以通过。罗宪法规定：罗马尼亚是一个主权、独立、统一和不可分割的民族国家；政体为共和制。2003 年 10 月，罗修改宪法，进一步确立政治多元化、三权分立的制衡原则；明确规定保障和保护私有财产；允许少数民族在地方行政及司法程序中使用本民族语言；为贫困家庭子女和孤儿提供助学金；保障男女平等；取消义务兵役制；增补罗加入欧盟、北约的相关条款，规定罗公民同欧盟公民依法享有同等权力和义务，允许欧盟公民在罗购买土地和拥有土地所有权。

【议会】 议会是罗人民最高代表机构和唯一的立法机关，由参议院和众议院组成。任期 4 年。本届议会于 2008 年 11 月普选产生，共有参议员 137 人，众议员 334 人。参议长米尔恰·杰瓦讷（Mircea GEOANA）、众议长罗伯塔·阿纳斯塔塞（Roberta ANASTASE，女）。目前，议会中各党派所占议席数如下：

	参议院	众议院
民主自由党	51	126
社会民主党—保守党联盟	49	94
国家自由党	28	54
匈牙利族民主联盟	9	22

少数民族代表	18
独立议员	20

【政府】2009年12月23日组成政府。现政府成员名单如下：总理埃米尔·博克（Emil BOC），副总理马尔科·贝拉（MARKO Bela），行政管理和内务部长瓦西里·布拉加（Vasile BLAGA），公共财政部长塞巴斯蒂安·弗勒代斯库（Sebastian VLADESCU），经济、贸易和商业环境部长阿德里安·维代亚努（Adriean VIDEANU），外交部长特奥多尔·巴孔斯基（Teodor BACONSCHI），交通运输和基础设施部长拉杜·贝尔恰努（Radu BERCEANU），环境和森林部长拉斯洛·博尔贝伊（Laszlo BORBELY），区域发展和旅游部长埃列娜·乌德雷亚（Elena UDREA，女），国防部长加布里埃尔·奥普雷亚（Gabriel OPREA），文化和国家遗产部长凯莱门·胡诺尔（KELEMEN Hunor），司法部长克特林·普雷多尤（Catalin PREDOIU），电信和信息部长加布里埃尔·桑杜（Gabriel SANDU），劳动、家庭和社会保障部长米哈伊·谢伊坦（Mihai SEITAN），教育、研究、青年和体育部长达尼埃尔·富内留（Daniel FUNERIU），卫生部长切凯·奥迪洛（CSEKE Attila），农业和乡村发展部长米哈伊尔·杜米特鲁（Mihail DUMITRU）。

【行政区划】1个直辖市和41个县，下设市、镇、乡。

【主要网址】总统府：www. presidency. ro；参议院：www. senat. ro；众议院：www. cdep. ro；政府：www. gov. ro；外交部：www. mae. ro；国防部：www. mapn. gov. ro；内务部：www. mai. gov. ro；教育部：www. edu. ro；财政部：www. mfinante. ro。

【司法机构】中央设有宪法法院、审计法院、最高法院和最高检察院，县、市、镇设各级法院和检察院。宪法法院院长奥古斯丁·泽格雷安（Augustin ZEGREAN），2007年就任。审计法院院长尼古拉·沃克罗尤（Nicolae VACAROIU），2008年就任。最高法院院长利迪娅·伯尔布列斯库（Lidia BARBULESCU，女），2009年就任。最高检察院检察长劳拉·科德鲁策·科维希（Laura Codruta KOVESI，女），2006年就任。

【政党】1989年12月22日以后实行多党制。主要政党有：

（1）民主自由党（Partidul Democrat Liberal）：执政党。前身为建立于1989年12月的救国阵线，1990年2月6日登记注册为政党。1990年5月大选后曾执政。1992年3月救阵分裂，其中以罗曼为首的派别于1993年与原民主党合并成立新的民主党。2005年6月，该党决定由左翼社会民主性质转为右翼，退出社会党国际。2007年1月，成为欧洲人民党成员。同年12月，该党吸纳自由民主党，更名为民主自由党。约有党员45万人。党主席为埃米尔·博克。

（2）罗马尼亚匈牙利族民主联盟（Uniunea Democrata Maghiara din Romania）：执政党。成立于1989年12月25日。匈民联自称是一个代表和捍卫罗马尼亚境内匈牙利少数民族的联盟。匈民联以基督教教义为其活动的基础。约有党员25万人。党主席为马尔科·贝拉。

（3）社会民主党（Partidul Social Democrat）：在野党。前身为成立于1989年12月的救国阵线，主要由原罗共干部和知识分子组成。1992年3月救阵分裂，其中左翼力量于同年4月成立民主救国阵线，1993年7月改称罗马尼亚社会民主主义党。2001年6月，该党与非议会政党社会民主党合并，改用现名。该党为中左翼政党，其基本价值准则是自由、社会公正和正义、团结、责任和管理精神。2003年7月，社民党同社劳党合并。10月，社会民主党被社会党国际接纳为正式成员。约有党员50万人。党主席为维克多·蓬塔（Victor PONTA）。

（4）国家自由党（Partidul National Liberal）：在野党。始建于1864年，1990年1月重建，后几经分化组合。2001年1月，该党主流派与非议会政党联盟党合并，保留了国家自由党的名称。2003年4月，该党与右翼力量联盟合并。约有党员约30万人。党主席为克林·安东内斯库（Crin ANTONESCU）。

（5）保守党（Partidul Conservator）：在野党。原名为人道主义党。成立于1991年12月。2005年5月改用现名。该党为右翼政党，主张维护私有财产，促进私有经济发展，减少国家对经济的干预，重视传统、家庭、军队和宗教的价值，强调政治道德。约有党员10万人。党主席为达尼埃尔·康斯坦丁（Daniel CONSTANTIN）。

（6）大罗马尼亚党（Partidul Romania Mare）：非议会党。成立于1991年5月。其核心成员为原罗共党员、知识分子和退伍军人。该党确立的工作重点为：重建社会道德，恢复经济，提高生活水平，加强社会保障，清除黑社会，唤醒民众的民族意识。约有党员25万人。党主席为科尔内留·瓦迪姆·图多尔（Corneliu VADIM TUDOR）。

【重要人物】**特拉扬·伯塞斯库**：总统。1951年11月4日出生于罗马尼亚巴萨拉比市。1976年毕业于康斯坦察海运学院航运系。曾任罗航运公司大型货轮船长和该公司驻安特卫普办事处主任。1989～1990年任政府运输部国家海运管理局局长。1990～1992年历任运输部副国务秘书、部长。1992～1996年为众议员兼民主党副主席。1996～2000年任运输部长。2000年6月当选首都布加勒斯特市长。2001年5月当选民主党主席。2004年6月蝉联布加勒斯特市长。2004年12月当选总统，2009年12月连任。曾7次来华。已婚，有两个孩子。　**埃米尔·博克**：总理。

1966年9月6日出生于罗马尼亚克鲁日县。1991年、1995年先后毕业于克鲁日大学历史哲学系、法律系，2000年获政治学博士学位。曾任律师和大学教师。2000~2004年任众议院法律委员会副主席、民主党议员团副主席。2004年当选克鲁日市长。2005年当选民主党主席。2008年12月就任总理，2009年12月再次就任。曾于2006年以民主党主席身份访华。已婚，有两个孩子。

经济

1989年剧变后罗马尼亚开始由计划经济向市场经济过渡。2000~2008年经济连年增长。2009年受国际金融危机影响严重，工业生产放缓，失业率攀升，经济呈现衰退。2009年罗主要经济数据如下：

国内生产总值（GDP）：4913亿列伊，约合1170亿欧元。

人均国内生产总值：5570欧元，同比下降13.2%。

国内生产总值增长率：-7.1%。

人均月净收入：360欧元。

货币名称：列伊（Leu/RON）。

汇率：1欧元≈4列伊；1美元≈3列伊。

通货膨胀率：4.74%。

失业率：7.8%。

【资源】 矿藏有石油、天然气、煤、铝土矿、金、银、铁、锰、锑、盐、铀、铅等，森林面积为647万公顷，约占全国面积的28%，水力资源蕴藏量为565万千瓦。内河和沿海产多种鱼类。

【工业】 主要工业部门有冶金、石油化工和机器制造。2009年工业总值比上年下降5.5%。近几年主要工业产品产量如下：

	2007	2008	2009
钢（万吨）	626	504	270
发电量（亿千瓦小时）	606	575	502
净煤（万吨）	3542	3452	3062
天然气（亿立方米）	120	114	109
原油（万吨）	484	439	432
化肥（万吨）	111	105	101
小汽车（万辆）	23	31	30
水泥（万吨）	1006	1070	960

（资料来源：2009年罗国家统计局公报）

【农业】 2009年粮食产量1387万吨。全国农用地面积1480万公顷，其中耕地面积940万公顷。森林面积600万公顷，森林覆盖率28%。近几年主要农产品产量如下（单位：万吨）：

	2007	2008	2009
粮食	790	1680	1493
玉米	385	787	804
小麦	312	718	521
蔬菜	328	381	388
马铃薯	372	364	401
甜菜	75	71	69
水果	108	196	145
葡萄	88	90	100
油料作物	104	194	175
向日葵	55	117	108

近几年牲畜存栏数如下：

	2007	2008	2009
牛（万头）	282	268	262
猪（万头）	657	617	514
羊（万只）	847	978	834
禽（万只）	8204	8437	8499

（资料来源：同上）

【服务业】 2009年罗服务业产值同比下降10.3%。

【旅游业】 旅游资源比较丰富，主要旅游点有布加勒斯特，黑海海滨，多瑙河三角洲，摩尔多瓦地区，喀尔巴阡山山区等。到2009年底有旅游设施4000个。2009年接待外国旅游者128万人次，同比下降13%。

【交通运输】 罗以公路、铁路运输为主。2009年交通运输情况如下：

铁路：总长度为1.1万公里，其中电气化铁路长4002公里，占37%。2009年，铁路货运量5060万吨，客运量7033万人次。

公路：总长度8.2万公里，其中高速公路321公里，欧洲级公路6180公里，国家级公路1.6万公里。2009年，公路货运量为2.9亿吨，客运量2.6亿人次。

水运：河道长1779公里，拥有港口35个、海港3个。2009年，内河货运量为2474万吨，客运量16万人次；海运货运量为3602万吨，客运量8000人次。康斯坦察港现已有100多个泊位，是黑海第一大港，2009年吞吐量为3609万吨。

空运：已开辟连接首都和国内17个城市、欧洲大多数国家的航线。主要航空公司为罗马尼亚航空公司（TAROM）。有6个国际机场，最重要的是布加勒斯特的广达国际机场，还有康斯坦察、蒂米什瓦拉、阿拉德、锡比乌、苏恰瓦等机场。2009年，空运货运量为2.5万吨，客运量909万人次。

管道运输：2009年，石油输送管道运量1200万吨。

（资料来源：同上）

【财政金融】 近年财政收支情况如下（单位：亿欧元）：

	2007	2008	2009
收入	490	341	380
支出	644	389	470
逆差	154	48	90

截至2009年底，外汇储备283亿欧元，黄金储备价值26亿欧元，中长期外债642亿欧元。

【对外贸易】罗目前同世界约180个国家和地区有经贸往来。2009年外贸总额678亿欧元，同比下降24%。近几年对外贸易情况如下（单位：亿欧元）：

	2007	2008	2009
出口额	294	336	290
进口额	510	561	388
差　额	-216	-225	-98

（资料来源：2009年罗国家统计局公报）

主要出口产品有：鞋类、服装、纺织品。主要进口产品有：机电、家电、矿产品、石油产品。主要贸易国：德国、意大利、法国。

【外国资本】1991年罗通过《外国投资法》，1994年重新修订。2009年吸引外资49亿欧元，同比下降48.4%。主要投资国为：荷兰、法国、德国、美国、意大利。中国在罗注册资本约为3亿美元，中资公司9000余家。

人民生活

2009年人均月收入360欧元。全国有医疗机构1200多家，病床18万张，医务工作者4.8万人，平均寿命男性为67.6岁、女性为74.9岁。每千人拥有小汽车150辆、电视机292台、电冰箱224台、固定电话204部、移动电话328部、个人电脑100台。有计算机软件公司4800家，居民互联网使用率16%。

军　事

最高国防委员会是罗最高军事决策机构，伯塞斯库总统兼任委员会主席。国防部是罗军领导机构。1994年3月起国防部长改由文职人员担任。现任国防部长为加布里埃尔·奥普雷亚。

2003年10月，罗修改宪法，取消义务兵役制。目前罗军不断推进军队职业化进程，计划逐步实行军旅制。2009年罗国防预算为18亿欧元，约占国内生产总值的1.5%。罗军总兵力9万人。罗在阿富汗、科索沃和波黑分别派驻维和人员1035人、145人和59人。

文化教育

【教育】现行教育体制分学龄前、小学、初中、高中、职业教育、高等教育和大学后教育。全国已普及10年制义务教育。全国共有小学7023所，在校学生200万人，教师15万人。中学1413所，在校学生77万人，教师6万人。大学117所，在校学生65万人，教师3万人。全国著名高等学府有：布加勒斯特大学、布加勒斯特工学院、布加勒斯特经济学院、克鲁日—纳波卡大学、雅西大学等。2009年教育支出71亿欧元，约占国内生产总值的6%。

【新闻出版】目前主要报刊有：《真理报》、《自由罗马尼亚报》、《全国信使报》、《罗马尼亚评论报》、《今日报》、《每日事件报》、《经济论坛》、《九点钟报》（英文）、《世界杂志》。

罗马尼亚通讯社：国家通讯社。前身系1889年成立的罗电报通讯社，系罗最早的政府新闻机构。1949年更名为罗马尼亚通讯社。

罗马尼亚广播公司：国家广播电台。1994年在罗广播电台基础上组建，对外用罗马尼亚语和11种外语广播。

罗马尼亚电视公司：国家电视台。创办于1958年，1994年组建为电视公司。1983年8月开始黑白、彩色混播，现已全部播放彩色节目。1990年后陆续建立的PROTV电视台、“天线一号”电视台、PRIMA电视台、ACASA电视台、民族电视台等私人电视台迅速发展，已具有较大规模和收视率。罗同100多个国家的广播、电视系统有联系。有线电视用户380万户，有线电视普及率居世界第18位。

对外关系

目前，罗马尼亚同182个国家建立了外交关系，重点发展同美国、欧盟和北约的关系，同时注重搞好与周边及亚太地区国家的关系，积极发展对华关系。罗于2004年3月29日加入北约，2007年1月1日加入欧盟。

【同中国的关系】中华人民共和国和罗马尼亚于1949年10月5日建立大使级外交关系。长期以来，两国保持着密切的友好合作关系。2004年6月，中罗建立了全面友好合作伙伴关系。

2009年是中罗建交60周年，双方举行了丰富多彩的庆祝活动，两国关系进一步发展。中方访罗的高级代表团有：10月18～20日，应罗马尼亚总统伯塞斯库邀请，中国国家副主席习近平对罗进行正式访问，同罗总统伯塞斯库会谈，分别会见罗参议长杰瓦讷、众议长阿纳斯塔塞、总理博克以及对华友好人士，出席了中罗建交60周年研讨会和中罗经贸论坛暨企业家洽谈会并分别致辞。访问期间，双方签署了《中华人民共和国政府和罗马尼亚政府关于互设文化中心的谅解备忘录》、《中华人民共和国政府和罗马尼亚政府经济技术合作协定》、《中华人民共和国商务部和罗马尼亚中小企业、贸易和商业环境部关于在中小企业领域加强交流与合作的谅解备忘录》、《中华人民共和国农业部与罗马尼亚农业、林业及乡村发展部农业合作协议》4项政府协议和7项商务文件。6月29日至7月2日，应罗马尼亚参议长杰瓦讷邀请，中共中央政治局委员、全国政协副主席王刚访罗，分别会见罗总统同伯塞斯库、参议长杰瓦讷、总理博克。中方访罗的还有：外交部部长助理吴红波、中纪委驻海关总署纪检组组长胡玉敏、团中央书记处书记罗梅、国家民委副主任杨健强、社会科学院副院长王伟光、商务部副部长马秀红、全国人大外委会副主任委员卢中鹤、全国人大财经委副主任委员闻世震、解放军总政治部主任李继耐上将、武警部队副政委李清印中将、国家粮食局局长聂振邦、对外友协副会长李小林、文化部副部长欧阳坚、商务部部长助理崇泉、全国政协常委、外委会委员刘古昌、国务院侨办副主任任启亮等。

罗方访华的高级代表团有：6月22～26日，罗马尼亚参议长杰瓦讷访华，全国人大常委会委员长吴邦国、全国政协主席贾庆林、国家副主席习近平、全国政协副主席王刚分别会见。9月7～10日，罗马尼亚外长迪亚科内斯库访华，国家副主席习近平会见，杨洁篪外长主持工作会谈。罗方访华的还有：中小企业、贸易和经营环境部长尼策、外交部副国务秘书、上海世博会罗政府总代表纳吉、众议院经济政策、改革和私有化委员会主席图多尔、罗中友协主席杜米特雷斯库、中小企业部国务秘书马林、众议院人权、宗教和少数民族委员会副主席杜古雷斯库等。

3月31日，外交部副部长武大伟同罗外长迪亚科内斯库在海牙举行双边会晤。

双方友城达24对。

2008年，罗在华留学生120人，其中政府奖学金生31人。中国在罗留学生94人，其中公派10人。

据中国海关总署统计，2009年，两国贸易额为28.1亿美元、同比下降13.5%，其中中方出口额23.8亿美元、同比下降17.7%，中方进口额4.3亿美元、同比增长20.3%。

中国驻罗马尼亚大使：刘增文。馆址：布加勒斯特市一区北方路2号（Sos. Nordului nr.2, sector 1, Bucuresti, Romania, codul postal 71512）。电话：0040－21－2328858；传真：2330684。商务处电话：0040－21－2329677；传真：2307786。领事部电话：0040－21－2334188。使馆网址：www.chinaembassy.org.ro。

罗马尼亚驻华大使：维奥雷尔·布杜拉·伊斯蒂乔亚（Viorel Budura Isticioaia）。馆址：北京市日坛路东二街。电话：010－65323442，65323879。传真：65325728。商务处电话：65323315。签证处电话：65323616。使馆网址：www.beijing.mae.ro。

【同美国的关系】美国于1880年6月14日在罗马尼亚设立办事处，同年8月11日，该办事处升为公使馆。1941年12月罗美断交。1946年2月罗美恢复公使级外交关系。1964年6月1日罗美建立大使级外交关系。2007年8月，美在罗设立军事基地。2009年5月，罗外长迪亚科内斯库访美。10月，美副总统拜登访罗。

【同俄罗斯的关系】罗马尼亚与俄罗斯于1878年9月建立公使级外交关系。1918年两国断交，1934年6月9日，两国恢复外交关系。1941年6月22日，两国再次断交。1945年8月6日，双方建立公使级外交关系，同年8月24日，两国外交关系升格为大使级。2009年2月，罗外长迪亚科内斯库访俄。

【同欧洲国家的关系】英国：5月，英国王储查尔斯访罗。法国：5月，罗总统伯塞斯库访法。德国：9月，罗总统伯塞斯库赴柏林出席柏林墙倒塌20周年纪念活动。意大利：9月，罗总理博克访意。奥地利：3月，罗总统伯塞斯库访奥。希腊：5月，罗总统伯塞斯库访希。摩尔多瓦：4月，摩尔多瓦总统沃罗宁指责罗幕后参与摩国内游行示威活动并宣布罗驻摩大使为“不受欢迎的人”。11月，摩总理菲拉特访罗。乌克兰：2月，海牙国际法庭就罗乌黑海大陆架划界案作出裁决，在总面积为12000平方公里的争议海域中，罗对9700平方公里的海域拥有主权，乌对包括蛇岛在内的其余海域拥有主权。蛇岛被定义为不能维持人类居住的岩礁，不作为乌划定大陆架的基点。罗乌领土纠纷得以解决。3月，乌克兰驻罗使馆武官因涉嫌间谍案被罗外交部宣布为“不受欢迎的人”。同月，乌方驱逐两名罗外交官。克罗地亚：4月，罗总统伯塞斯库访克。匈牙利：2月，罗总统伯塞斯库访匈。同月，匈牙利国会主席西里访罗。3月，匈总统寿尤姆乘车访问罗匈族人聚居区哈尔吉塔县。波兰：3月，罗总统伯塞斯库访波。10月，波兰总统卡钦斯基访罗。捷克：7月，罗总统伯塞斯库访捷。斯洛伐克：10月，斯洛伐克总统加什帕罗维奇访罗。

【同其他国家的关系】日本：1月，罗外交部发表新闻公报，庆祝罗日恢复外交关系50周年。5月，日本天皇次子秋筱宫文仁访罗。泰国：6月，泰国上议院议长巴索素访罗。约旦：4月，约旦国王阿卜杜拉二世访罗。黎巴嫩：4月，罗总统伯塞斯库访黎。摩纳哥：4月，摩纳哥亲王阿尔伯特二世访罗。以色列：5月，罗总统伯塞斯库访以。伊拉克：6月，罗总统伯塞斯库访伊。巴勒斯坦：7月，罗总统伯塞斯库访巴。阿富汗：12月，罗宣布向阿富汗增派600名维和人员。土库曼斯坦：7月，罗总统伯塞斯库访土。阿塞拜疆：9月，阿塞拜疆总统阿利耶夫访罗。土耳其：7月，罗总理博克访土并签署纳布科输气管道协议。

【同国际或区域性组织的关系】联合国：2月至12月，罗担任联合国预防犯罪和刑事司法委员会第18届会议主席国。9月，罗外长迪亚科内斯库赴纽约出席第64届联大并同联合国秘书长潘基文会晤。12月，罗总统伯塞斯库赴哥本哈根出席联合国气候变化会议。欧盟：3月，罗总统伯塞斯库和总理博克共同赴布鲁塞尔出席欧盟春季首脑会议，讨论国际金融危机背景下欧盟经济刺激计划。同月，罗同欧盟签署50亿欧元贷款协议。6月，罗总统伯塞斯库和总理博克共同赴布鲁塞尔出席欧盟夏季首脑会议，讨论国际金融危机和气候变化问题。11月，罗总统伯塞斯库赴布鲁塞尔出席欧盟特别首脑会议。同月，罗籍欧洲议员乔洛什被提名为欧盟委员会农业与乡村发展委员。12月，罗总统伯塞斯库赴布鲁塞尔出席欧盟冬季首脑会议，讨论向发展中国家提供应对气候变化援助资金问题。北约：4月，罗总统伯塞斯库赴德国凯尔和法国斯特拉斯堡出席北约成立60周年峰会。罗外交部发表新闻公报，对北约吸收阿尔巴尼亚和克罗地亚为新成员表示欢迎。同月，北约秘书长夏侯雅伯访罗。国际货币基金组织：3月，罗同国际货币基金组织签订129.5亿欧元贷款协议。（张政）

马　耳　他

国名　马耳他共和国（The Republic of Malta）。

面积　316平方公里。由5个岛屿组成，其中马耳他岛最大，面积246平方公里，有天然良港；第二大岛为戈佐岛，面积67平方公里。

人口　41.4万（2009年）。主要是马耳他人，占总人口的90%，其余为阿拉伯人、意大利人、英国人等。马耳他语和英语为官方语言。天主教为国教，信奉人数占98%，少数人信奉基督教新教和希腊东正教。

首都　瓦莱塔（Valletta），人口约7500人（2008年）。最高气温29°C，最低气温10°C。年平均气温18.9°C。

国家元首　总统乔治·阿贝拉（H. E. Dr. George Abela），由冈奇总理提名并经议会投票通过，2009年4月4日就职。

重要节日　国庆日：9月21日。

简　况

位于地中海中部，有“地中海的心脏”之称。全境由5个岛屿组成，海岸线长180公里。属亚热带地中海式气候。年平均气温21.3°C，最高气温40°C，最低气温5°C。年平均降水量560毫米。

公元前10～8世纪，腓尼基人到此定居。公元前218年起受罗马人统治。9世纪起先后被阿拉伯人、诺曼人占领。1523年，耶路撒冷圣约翰骑士团从罗得岛移居这里。1798年，法国军队将骑士团逐出。1800年被英国人占领，1814年沦为英国殖民地。1947～1959年及1961年起获得一定程度自治，1964年9月21日正式宣布独立，成为英联邦成员国。1966年举行独立后的首次大选，国民党获胜执政。1971～1987年，工党连续执政16年。1987～1996年，国民党执政。1996～1998年，工党执政。1998年9月起，国民党执政至今。

政　治

国民党1998年9月上台执政，2003年4月、2008年3月连续两次蝉联执政。马2004年5月加入欧盟后，加速融入欧盟。对内，国民党政府对马经济、社会政策进行较大调整，在财政、金融、税收、司法、教育和医疗等领域推行一系列改革措施，经济开始好转。2007年12月加入申根区，2008年1月正式启用欧元。对外，加强与盟内国家的友好关系，巩固同地中海南北两岸国家的合作，推动欧盟和阿盟合作，支持成立地中海联盟，同时继续发展同美国、俄罗斯、中国、印度、澳大利亚、南非等域外国家和新兴大国的关系。

【宪法】1964年9月21日颁布的独立宪法规定，马耳他为君主立宪制政体，英国女王为马耳他国家元首。1974年12月13日修改宪法，马成为共和国，但仍保留在英联邦内，总统为国家元首，由议会选举产生，任期五年。

【议会】一院制，称众议院。由普选产生，任期五年，为立法机构。本届议会于2008年3月组成，共69席，其中国民党（执政党）占35席，工党（反对党）占34席。议长迈克尔·弗南多（Dr. Michael Frendo），2010年4月就职。

【政府】2008年3月12日，国民党在大选中再次获胜后组成新一届政府，领袖劳伦斯·冈奇（Lawrence Gonzi）继续担任总理。新内阁设8个部，成员由总理、副总理（兼外交部长）、其余7位部长和6位议会国务秘书（相当于副部长）共15名成员组成。主要成员有：总理劳伦斯·冈奇，副总理兼外交部长托尼奥·博奇（Tonio Borg），戈佐部长吉奥瓦纳·德波诺（Giovanna Debono，女），基础设施、交通和通讯部长奥斯汀·盖特（Austin Gatt），资源和农村事务部长乔治·普利奇诺（George Pullicino），教育、就业和家庭部长多洛蕾斯·克里斯蒂娜（Dolores Cristina，女），财政、经济和投资部长托尼奥·芬内克（Tonio Fenech），司法和内政部长卡梅罗·米夫苏德·鲍尼奇（Carmelo Mifsud Bonnici），卫生、老年和社区关怀部长乔·凯萨（Joe Cassar）。

【行政区划】全国共设68个地方市政委员会，其中马耳他岛54个，戈佐岛14个。每年进行1/3的市政委员会改选。

【司法机构】高等法院为最高司法机构，由1名首席大法官和16名大法官组成，由总统根据总理推荐任命，任职到65岁退休。现任首席大法官为文森特·德·加埃塔诺（Dr. Vincent de Gaetano），2002年就任。检察长希尔维奥·卡米莱里（Dr. Silvio Camilleri），2004年5月就任。

【政党】（1）国民党（Partit Nazzjonalista，PN）：执政党。1921年成立，党员主要是工商业者、教职员、律师、农民。对内主张把马建成信奉天主教、具有欧洲传统和民族精神、自由正义的社会。对外主张加强同欧洲国家和地中海各国的联系和合作。现任领袖劳伦斯·冈奇，副领袖托尼奥·博奇。

（2）工党（Partit Laburista，PL）：主要反对党。1920年成立，党员以工人居多。对内主张"公民第一"，权力一律平等，逐步削弱宗教势力，建立自主经济，工会参与企业管理，出售部分国有企业股份。对外主张中立和不结盟，不参加任何军事集团，反对马加入欧盟，但在马入盟后表示尊重马人民的选择；重视同地中海国家关系。现任领袖约瑟夫·穆斯卡特（Dr. Joseph Muscat）。

（3）民主选择党（Alternattiva Demokratika，AD）：又称"绿党"（The Green Party），成立于1989年，是欧洲绿党成员，在马议会无席位，注重环境及社会问题。主席阿诺德·卡索拉（Arnold Cassola）。

（4）国家行动党（Azzjoni Nazzjonali，AN）：2007年6月成立，主张国家利益最大化，以坚持欧盟应分摊非法移民负担立场而出名。主席乔西·穆斯卡特（Josie Muscat）。

【重要人物】乔治·阿贝拉：总统。生于1948年4月，毕业于马耳他大学，职业为律师。1975年始任工人总工会法律顾问，1982年任马耳他足球协会主席，1992年任工党负责党务的副领袖，1996年工党赢得大选后任桑特总理的法律顾问，1998年因反对工党抵制加入欧盟、取消增值税及提前举行大选等辞去工党副领袖职务。2008年竞选工党领袖失败后，出任马耳他—欧盟指导行动委员会工党代表。2009年4月4日出任马第八任总统。已婚，有一子一女。 **劳伦斯·冈奇**：总理，国民党领袖。1953年7月1日生。1975年获马耳他大学法学博士学位后开始担任律师。曾长期从事法律、天主教、残疾人、商业等事务。1987年从政，1988～1996年任议会议长，随后任议会反对党督导和党团秘书及影子内阁社会政策部长。1997年起，任国民党总书记。1998年，任社会政策部长和议会党团领袖。1999年，当选国民党副领袖，并出任副总理兼社会政策部长。2004年3月，当选国民党领袖，任政府总理兼财政部长。2008年3月大选获胜后再次出任总理。曾3次访华。已婚，有两子一女。

经　济

马耳他资源贫乏，技术人员短缺，工业基础薄弱，粮食基本依赖进口，对外贸易长期逆差。旅游业、制造业、造船和修船业为传统产业，其中旅游业是外汇重要来源。2004年5月加入欧盟以来，政府继续大力调整经济结构，在金融、财政、国企、医疗等领域推出系列改革措施，宏观经济不断改善。此外，马从欧盟内得到的大笔援款也为经济注入更多活力，经济实现连续增长，2008年初顺利加入欧元区。2008年，得益于严格的金融管理制度和保守谨慎的信贷投资传统，加之少有国外公司在马上市，马金融体系未受国际金融危机直接冲击。但由于经济对外依存度高，受国际金融危机影响严重，马经济于2008年底陷入衰退，2009年持续下滑。为缓解危机影响，政府投入约9000万欧元经济刺激计划，并采取提高存款准备金、实行旅游业贷款利息补贴、为企业量身定制资金帮扶等措施，以稳定市场、保护就业和促进投资。预计经济于2010年下半年走出衰退。2009年马主要经济数据如下：

国内生产总值：57.09亿欧元。

人均国内生产总值：13857欧元。

国内生产总值增长率：–2.1%。

货币名称：欧元（2008年1月1日后）。

汇率：1欧元＝0.72美元（2009年平均汇率）。

财政赤字：约5%。

失业率：约7%。

【资源】除盛产建筑用石灰岩外，无矿产资源。石油完全依赖进口，替代能源使用率仅为0.36%。淡水资源匮乏，55%生活用水依靠海水淡化。

【制造业】同其他发达国家一样，近年来制造业产值不断下降，目前仅占GDP的15%左右，低于西方国家总体水平；从业人员占总劳力的比重不足20%。主要产品有电子和化工产品、机械设备、食品饮料等。

【农业】马土地贫瘠，可耕地有限，加之严重缺水，制约了农业的发展。2008年，农业和渔业产值占GDP的3%左右；从业人员占总劳力的2.5%。农业产业主要为猪、禽养殖业，主要农产品有小麦、马铃薯、番茄、西葫芦等，粮食、牛奶、植物油、水果等基本依赖进口。

【旅游业】是马经济支柱和主要外汇来源，但也面临价格和质量等结构性问题。由于政府在2006年推出的一些激励措施吸引了一些低价航空公司开始在马运营，使旅游业在2007年取得较大增长，旅游收入占GDP的比重达到23%。2008年，访马游客人数增加3.8%，达129万，但受国际金融危机影响，自2008年第四季度起，马旅游业出现下滑，2009年访马游客人数减少8.4%。英国、意大利、德国、法国为赴马游客的主要来源国，分别占赴马游客总数的35.1%、13.4%、10.4%和6.1%。

【交通运输】境内无铁路和内陆水路。全国公路约2200公里。马约有各类注册车辆29.5万辆，私人车辆约21.85万辆，平均2位居民拥有1辆以上汽车，私车拥有量居世界前列。注册船只约2500艘，是世界第八大船舶登记国。唯一机场是卢阿国际机场，与欧洲主要城市、北非和中东国家通航。

【财政金融】 近年来马公共财政状况总体良好，在GDP增长、降低结构性赤字和公共债务等方面取得积极成果。但由于国际金融危机影响，马财政状况出现逆转，2009年财政赤字达2.85亿欧元，占GDP的5.0%（2008年为4.7%），政府债务超过39亿欧元，占GDP的68.3%（2008年为64.1%）。

截至2008年底，外汇储备约1.962亿欧元，黄金储备约370万欧元（加入欧元区后实行新的统计方法）。

【对外贸易】 马对外贸易长期逆差。欧盟一直为马最大贸易伙伴，占马对外贸易的近2/3。其中法国、意大利名列马第一、二大贸易对象国。主要进口日用消费品、机械、食品、原材料。主要出口电子、服装、普通机械产品等。2009年，马出口额为16.29亿欧元，进口额为27.68亿欧元，贸易逆差11.39亿欧元，占GDP的19.95%。

人民生活

实行免费教育、免费医疗及退休保险制度。2008年，居民手机拥有率达94.5%；因特网使用率59%。

军　事

不设国防部，武装部队由总理直接管辖。现有正规军约1700人，其中军官100人。武装部队司令马丁·雪瑞布（Martin Xuereb）准将，2010年1月就职。根据1980年同意大利签订的双边防务协定，意负责为马提供安全保障。马警察力量约1800人，由内政部管辖。现任警察总署署长约翰·里佐（John Rizzo），2001年11月就职。

文化教育

【教育】 公立学校均实行免费教育。共有各类学校340所，主要大学是马耳他大学。另有各类私立学校，在校生比例占30%。

【新闻出版】 共有主要日报4份，马耳他文和英文各占2份。最大报纸为《时报》和《独立报》，另有多种周报。

广播电视受马耳他广播局监管。马耳他电视台为国家电视台，1962年开始播放电视节目，由政府公共广播服务有限公司经营。国民党和工党分别开设各自电视台。私营有线电视台以播放娱乐性节目为主。

马广播局成立于1961年9月，现为欧广联和英联邦广播协会及欧洲新闻学会的成员。马公共广播服务有限公司为1991年9月27日成立的政府机构。马新闻局归属马总理府，为司局级单位，统管政府新闻政策和各类新闻媒体。

对外关系

独立后一直奉行中立政策，始终保持与欧洲大陆和地中海沿岸国家的友好关系，强调自己是“欧洲的一部分，也是地中海的一部分”，坚持以欧盟和地中海为重点，全面参与欧盟决策进程，推动欧洲地中海合作，积极发展同地中海南北两岸国家关系。重视并积极发展同美国、俄罗斯、中国、澳大利亚、印度、南非等域外大国和新兴经济体的关系。

认为世界处于新旧国际秩序交替之中。新的问题不断出现，国际和平与安全受到威胁。在安全与发展、民主和人权、繁荣与环保等问题上，各国相互依存度加深，需要在国际领域开展新的多边合作。赞成多边主义，提倡国际法制，不赞成使用武力和采取军事行动解决地区冲突；认为世界各国只有加强对话、深化合作，才是共同有效应对全球化所面临机遇与挑战的基础。

重视发展与美、俄、中等域外大国的关系，加强同美在政治、经济、司法、军事、安全等领域的合作。同时努力探索发展同印度、巴西、南非等新兴经济体国家的政治和经济关系，突出“经济因素”，为本国经济发展服务。

关注地中海、北非事务。巩固并深化与地中海南岸北非邻国的传统友好关系，认为只有加强地中海地区伙伴关系，欧地合作才能实现。强调欧洲和地中海的安全密切相关，推动并积极参加各种欧洲—地中海合作进程，举办首届欧盟—阿盟外长会，力促欧盟给予地中海国家更多的经援。坚决支持并积极参加地中海联盟成立大会，成功获得联盟副秘书长职位。

十分关注中东局势，同情巴勒斯坦一方。支持巴以分别建国，强调军事手段无法解决问题，应通过和平对话解决巴以冲突。呼吁联合国所有成员国全力支持联合国秘书长工作，早日解决巴勒斯坦难民、耶路撒冷最终地位、定居点、边界、水资源和安全等问题。

重视联合国等多边国际组织作用，强调国际关系应遵循《联合国宪章》的宗旨和原则，主张联合国在国际和平与安全等重大问题上发挥主导作用，反对绕过联合国对一些国家采取重大行动。认为要保证联合国更好地发挥作用，必须加快当前正在进行的改革进程，坚决支持一个具有广泛代表性、作用和行动透明、真正负责、运转高效的联合国。是“立场相近国家集团”成员。

坚决反对国际恐怖主义，认为恐怖主义不应有生存的空间。积极参与国际反恐合作，坚持全面执行关于反恐的国际公约和安理会决议，愿与其他国家共同努力，彻底根除一切形式的恐怖主义。

受来自非洲的非法移民困扰，高度重视非法移民问题，呼吁欧盟及其成员国以及国际社会重视对非法移民和贩卖人口问题作出共同回应，以对非法移民形成强有力打击。认为非洲在减贫方面取得进展，但仍较落后，世界应加大对非援助力度以实现其可持续发展。

重视气候变化问题，认为国际组织和相关机构应以更加协同的态度对待该问题及其后果，有关各方应采取一致立场，帮助相关国家提高应对气候变化的能力，支持在联合国框架公约内就减排尽快采取行动，认为小岛国受气候变化负面影响的脆弱性应予重视。

【同中国的关系】中马 1972 年 1 月 31 日建交以来，一直保持友好合作关系。马国民党 1998 年执政后，重视发展对华传统友谊，希望加强双方各领域交流与合作。2004 年 5 月 1 日马加入欧盟后，多次表示中国在欧盟内多了一个好朋友。

双方保持高层交往。2009 年 2 月，国家副主席习近平访问马耳他。这是习近平同志担任国家副主席以来首访的欧洲国家。习近平副主席访马期间，两国签署《中华人民共和国和马耳他关于刑事司法协助的条约》、《中华人民共和国政府和马耳他政府关于打击跨国犯罪的合作协定》、《中华人民共和国政府和马耳他政府关于促进和保护投资的协定》、《中华人民共和国政府和马耳他政府 2009～2012 年文化交流执行计划》、《中国孔子学院总部与马耳他大学关于合作设立马耳他大学孔子学院的协定》。

2009 年 7 月，马议会外委会主席弗南多访华。

两国贸易历史较长。新中国诞生初期，中方对马已有小额出口。建交后，随着两国友好关系的发展，双边贸易逐年增加，近年来发展势头明显加快，贸易额从 2000 年的 9500 万美元增长到 2008 年的 15.15 亿美元。2009 年双边贸易额达 16.6 亿美元，同比增长 9.7%。中国主要对马出口机电产品、船舶、服装及衣着附件等，从马进口集成电路、微电子组件等机电和高新技术产品。1997 年双方签署了《贸易和经济合作协定》，确立了经贸混委会制度，2009 年 6 月第八次会议在马耳他举行。

中国驻马耳他大使：张克远。馆址：Karmnu Court, Lapsi Street, St. Julian's, STJ09, Malta。电话：00356－23798804。电传：1385 CHINE WMW MALTA。传真：21364730。商务处电话：21433047。传真：21421891。

马耳他驻华大使：雪瑞布（Karl Xuereb）。馆址：北京市三里屯办公楼 1－51。电话：010－65323114。

【同欧盟的关系】2008 年，马在全面参与欧盟决策进程、加速融入欧盟方面续有进展。在相继加入申根区和欧元区后，议会顺利批准《里斯本条约》。10 月，冈奇总理出席布鲁塞尔欧盟峰会，同其他欧盟成员国领导人一道共同批准了《欧盟移民与难民庇护公约》。此前，曾促使欧盟将在打击非法移民问题上实行“负担分摊”的条款写入上述公约。同盟内国家交往活跃，支持欧盟进一步扩大，支持乌克兰与欧盟签署伙伴协议。8 月，马政府发表声明，承认科索沃独立，成为第 21 个承认科独立的欧盟成员国。2009 年 11 月，欧盟特别峰会选举范龙佩和阿什顿分别担任欧洲理事会主席和欧盟外交和安全政策高级代表，马对此表示支持。

【同北约的关系】马国民党政府曾于 1994 年 5 月加入北约“和平伙伴关系计划”。1996 年工党执政后，以违反马宪法关于中立、不结盟规定为由退出。1998 年 9 月，国民党政府重新执政，与北约保持密切关系。2008 年 4 月，国民党政府重新加入“和平伙伴关系计划”（PfP），表示此举一是希全面参与欧盟外交和防务政策讨论及北约欧盟间会议，二是为马武装部队提供发展机遇，从有关训练、联合演习中受益，并参与人道主义危机处理。重申加入 PfP 不会影响保持国家中立。

【同意大利的关系】马重视与邻国意大利的关系。根据双边有关协定，意大利为马提供防务安全保障，并向马提供一定的财政援助。两国外交部及议会间保持经常性接触。2009 年 3 月，马总统阿达米访意，副总理兼外长博奇陪同。访问期间，双方签署修订两国避免双重征税协定议定书；马方表示将派军方人员参加意大利与利比亚于 5 月在利海域开始的联合海上巡逻，以减少抵马非法移民。12 月，马武装部队接受了意驻马军事代表团价值 400 万欧元的装备捐赠。

【同英国的关系】马是英联邦成员国，同英保持传统友好关系。2008 年 11 月，马副总理兼外长博奇访英，与英外交大臣米利班德就欧盟—阿盟对话、地中海联盟、中东和平进程、欧盟扩大等议题举行会谈。

【同美国的关系】马同美国关系密切，美军舰经常赴马停靠。2008 年 8 月，两国签署避免双重征税协定。11 月，奥巴马当选美总统后，马政府、各政党均向其表示祝贺。总理冈奇在贺信中表示，相信未来马美良好关系和两国人民间的友谊会进一步加强，从而继续造福两国人民并推动共同价值观的发展。2009 年 12 月，美驻马大使表示，美尊重马宪法奉行的中立政策，但希马参与对阿富汗农业和良政等非军事领域的培训项目。

【同北非、中东国家的关系】马高度重视与北非和中东国家的关系，与利比亚、突尼斯、阿尔及利亚等北非阿拉伯国家在投资、金融、侨务等领域有着密切的传统联系。2009 年 8 月，马总统阿贝拉访问卡塔尔，双方签署 6 项双边协议，涉及航空服务、避免双重征税、司法合作、双边政治磋商、新闻和体育合作等领域。9 月，马总统阿贝拉出席利比亚革命胜利 40 周年庆典活动，由于欧盟其他国家领导人悉数缺席，阿成为出席该庆典的唯一西方国家领导人。

（李昊）

马　其　顿

国名　马其顿共和国（The Republic of Macedonia, Republika Makedonija）。

面积　25713平方公里。

人口　204万（2008年）。主要民族为马其顿族（64.18%），阿尔巴尼亚族（25.17%），土耳其族（3.85%），吉卜赛族（2.66%）和塞尔维亚族（1.78%）。官方语言为马其顿语。居民多信奉东正教，少数信奉伊斯兰教。

首都　斯科普里（Skopje），人口51万（2008年）。最高气温43.2℃，最低气温-25.6℃，年平均气温12.4℃。

国家元首　总统格奥尔盖·伊万诺夫（Gjorge IVANOV），2009年4月当选，任期5年。

重要节日　国庆节：9月8日。

简　况

位于欧洲巴尔干半岛中部。西邻阿尔巴尼亚，南接希腊，东界保加利亚，北部与塞尔维亚接壤。气候以温带大陆性气候为主。

7世纪，斯拉夫人迁居马其顿地区。10世纪下半叶至11世纪初，塞缪尔始建第一个斯拉夫人的国家。此后，该地区长期处于拜占庭和奥斯曼帝国统治之下。1912年第一次巴尔干战争结束后，塞尔维亚、保加利亚、希腊军队占领马其顿地区。经过1913年第二次巴尔干战争，塞尔维亚、保加利亚和希腊重新瓜分马其顿地区。地理上属于塞尔维亚的部分称瓦尔达尔马其顿，属于保加利亚的部分称皮林马其顿，属于希腊的部分称爱琴马其顿。第一次世界大战后，瓦尔达尔马其顿作为塞尔维亚的一部分并入塞尔维亚人—克罗地亚人—斯洛文尼亚人王国（1929年改称南斯拉夫王国）。第二次世界大战后，南斯拉夫联邦人民共和国成立（1963年改称南斯拉夫社会主义联邦共和国）。1991年11月20日，马其顿从前南联邦宣布独立，定宪法国名为“马其顿共和国”。因希腊反对马其顿使用宪法国名，1993年4月7日，马其顿以“前南斯拉夫马其顿共和国”的暂时名称加入联合国。

政　治

近年来，马其顿国内政局保持基本稳定。2008年6月，马其顿举行议会提前选举，以内部革命组织民族统一民主党（简称内部革命组织）为首的执政联盟再次获胜。2009年4月，马其顿举行总统选举。内部革命组织候选人格奥尔盖·伊万诺夫当选。

【宪法】 1991年11月17日，马其顿通过新宪法，规定马其顿是一个主权、独立、民主和福利的国家，总统以无记名投票方式通过普选产生，任期5年，最多不得超过两任。1992年1月，马其顿议会对宪法进行修改，声明马其顿对邻国没有领土要求。2001年11月，马其顿议会再次修宪，扩大阿尔巴尼亚族自治权利。

【议会】 国家最高立法机构。议员通过直选产生，任期4年。本届议会于2008年6月选举产生，设120个议席，马其顿内部革命组织竞选联盟获63席，社会民主联盟竞选联盟获27席，阿尔巴尼亚族融合民主联盟获18席，阿尔巴尼亚族民主党获11席，欧洲未来党获1席。议长特拉伊科·韦利亚诺斯基（Trajko VELJANOSKI），2008年6月当选。

【政府】 国家权力执行机构。本届政府于2008年7月26日组成，主要包括内部革命组织、阿族融合民主联盟。总理尼古拉·格鲁埃夫斯基（Nikola GRUEVSKI），副总理兼财政部长佐兰·斯塔夫莱斯基（Zoran STAVRESKI,）、副总理阿布迪拉基姆·阿戴米（Abdilagim ADEMI）、副总理弗拉迪米尔·佩舍夫斯基（Vladimir PESHEVSKI）、副总理瓦斯科·纳乌莫夫斯基（Vasko NAUMOVSKI），外交部长安托尼奥·米洛舍斯基（Antonio MILOSOSKI），国防部长佐兰·科尼亚诺夫斯基（Zoran KONJANOVSKI），内务部长戈尔达娜·扬库洛夫斯卡（Gordana JANKULOVSKA，女），司法部长米哈伊洛·马奈夫斯基（Mihajlo MANEVSKI），交通通讯部部长米莱·亚纳基埃斯基（Mile JANAKIESKI），经济部长法特米尔·贝希米（Fatmir BESIMI），农业、林业、水利部部长留普乔·迪莫夫斯基（Ljupcho DIMOVSKI），卫生部长布亚尔·奥斯马尼（Bujar OSMANI），教育科学部部长尼古拉·托多罗夫（Nikola TODOROV），信息化部部长伊沃·伊瓦诺夫斯基（Ivo IVANOVSKI），地方自治部部长穆萨·扎费里（Musa ZHAFERI），文化部长伊利沙白—坎切斯卡·米莱夫斯卡（Elizabeta Kanceska MILEVSKA，女），劳动和社会政策部部长杰拉尔·巴伊拉米（Zhelal BAJLAMI），生活环境和空间规划部部长奈扎提·亚库皮（Nezhati JAKUPI），不管部长哈迪·奈集尔（Hadi NEZIR）、奈日戴特·穆斯塔法（Nezdet MUSTAFA）、韦莱·萨马克（Vele SAMAK）。

【主要网址】 总统府：www. president. gov. mk；政府：www. vlada. mk；议会：www. sobranie. mk；外交部：www. mfa. gov. mk。

【行政区划】 2004年8月，马其顿议会通过《新行政区划法》，共设85个地方行政单位。

【司法机构】设宪法法院、普通法院和检察院。普通法院分初级法院（区法院）、中级（地区法院）和最高法院三级。宪法法院院长特伦达菲尔·伊万诺夫斯基（Trendafil IVANOVSKI），2007年就任。最高法院院长迪米特里埃·迪米斯科夫斯基（Dimitrie DIMISKOVSKI）。检察长柳普乔·施福尔格夫斯基（Ljupco SVRGOVSKI）。另外，还设有经济法院和军事法院。

【政党】共有80个政党。主要政党为：

（1）马其顿内部革命组织民族统一民主党（Internal Macedonian Revolutionary Organization Democratic Party For Macedonian National Unity）：执政党。1990年6月成立。约有党员11万人。主张维护马其顿国家独立、主权和领土完整，保障少数民族权利，反对阿尔巴尼亚族搞分裂，通过实行市场经济将马其顿建成富裕的国家，同邻国发展睦邻友好关系，争取加入欧盟和北约。2008年6月，在议会提前选举中再次获胜，继续执政。主席尼古拉·格鲁埃夫斯基。

（2）马其顿社会民主联盟（The Social Democratic Union Of Macedonia）：在野党。前身为马其顿共产主义者联盟，1989年改称马其顿共盟—民主改革党，1993年改为现名。党员约6万人。对内主张建立民主的马其顿国家和遵循市场经济规律的新经济体制，对外执行和平外交政策，致力于加入欧盟和北约，同邻国发展等距离的睦邻友好关系。马其顿独立后，该党曾长期执政。2008年6月，在议会提前选举中失利，成为在野党。主席布兰科·茨尔文科夫斯基（Branko CRVENKOVSKI）。

（3）阿族融合民主联盟（Democratic Union for Integration）：执政党。2002年6月成立。主张马其顿所有公民一律平等，保证阿族人参加政治生活，以彻底改变马其顿阿族人的地位。努力在马其顿创造和平与稳定，尽快使马其顿摆脱政治、经济和社会危机。2008年6月议会提前选举后，成为联合执政党之一。主席阿里·阿赫麦提（Ali AHMETI）。

（4）阿族民主党（Democratic Party of Albanians）：在野党。1994年2月成立。主张遵循欧洲标准，实现公民和多种族间的高度民主平等；法律面前人人平等。主席曼杜赫·塔奇（Manduh THACI）。

【重要人物】**格奥尔盖·伊万诺夫**：总统。1960年生。毕业于斯科普里大学法律系，博士学位。曾任国家电台编辑、斯科普里大学法律系副主任、国家高等教育鉴定理事会主席等职。2009年4月当选总统。已婚，有一子。　**特拉伊科·韦利亚诺斯基**：议长。1962年生。毕业于斯科普里大学法律系。内部革命组织成员。曾任司法部国务秘书、副部长、总理法律顾问。2006年当选议员，任选举和任命事务委员会主席等职。2008年6月当选议长。已婚，有一子一女。　**尼古拉·格鲁埃夫斯基**：总理。1970年生。毕业于斯科普里大学经济系。内部革命组织主席。曾先后任马其顿国家电视台金融类节目评论员、证券交易委员会主席、世界银行主管重建和发展官员。1998～2002年任政府不管部部长、贸易部长和财政部长。2002年9月任议会财政预算委员会主席。2006年8月出任总理。2008年6月连任。2009年9月来华出席在大连举行的第三届“夏季达沃斯”年会，与温家宝总理会见。已婚，有二女。

经　济

独立后，马其顿经济深受前南危机影响，后又因国内安全形势恶化再遭重创。近年来，随着国内外环境的改善和各项改革措施的推进，马其顿经济有所恢复和发展。2009年马经济受到国际金融危机的一定影响，主要经济数据如下（资料来源：马其顿财政部）：

国内生产总值：66.37亿欧元。

国内生产总值增长率：－0.7%。

人均国内生产总值：3233欧元。

货币名称：代纳尔（Denar）。1代纳尔＝100代尼（Deni）。

汇率：1美元≈42代纳尔。

通货膨胀率：－0.8%。

失业率：32.4%。

【资源】矿产资源比较丰富，有煤、铁、铅、锌、铜、镍等，其中煤的蕴藏量为1.25亿吨。还有非金属矿产碳、斑脱土、耐火黏土、石膏、石英、蛋白石、长石等。森林覆盖率为35%。

【工业】2008年工业产值约为14.49亿欧元，占国内生产总值的22.25%。工业从业人口155866人，占全部从业人口的25.6%。主要工业部门有矿石开采、冶金、化工、电力、木材加工、食品加工等。

【农牧业】2008年农业产值约6.1亿欧元，占国内生产总值的9.3%。耕地面积为39万公顷，其中可耕种面积33万公顷，林地4.8万公顷。农业从业人员108896万人，占全部从业人口的17.89%。

牲畜存栏数如下（单位：头/只）：

	2006	2007	2008
牛	255430	254000	253473
绵羊	1248801	818000	816604
猪	167116	255000	246874
家禽	2585327	2264000	

【服务业】2006年服务业产值为32.2亿美元，占国内生产总值55%。服务业从业人员10226人。旅游服务单位共有2272个，其中饭店94个，饭馆329个，咖啡馆281个，酒吧227个。

【旅游业】2008年旅游收入约1.06亿欧元，占国内生产总值1.6%。旅游从业人数17188人，占总劳动人口的2.8%。主要旅游设施有旅馆、浴场、私人小旅馆、汽车宿营地等。主要旅游区是奥赫里德湖、斯特鲁加、多伊兰湖、莱森、马弗洛沃山和普雷斯帕湖等地。2008年国内游客350363人次，外国游客254957人次。

【交通运输】以铁路和公路为主。

铁路：2006年铁路总长696公里，其中电气化铁路234公里。2009年铁路客运量152.3万人次，货运量292.9万吨。

公路：2006年公路总长为13736公里。2009年公路客运量1160.7万人次，货运量3324.4万吨。

空运：有1个国有航空公司，有3架民航飞机，2个机场，12条国际航线。主要机场是斯科普里机场和奥赫里德机场。2009年航空客运量583829人次，货运量1993吨。

【财政金融】近几年财政收支情况如下（单位：百万代纳尔）：

	2007	2008	2009
财政收入	119.609	136.412	128.498
财政支出	117.441	140.265	139.393
赤字（盈余）	+2.168	-3.853	-10.895
盈亏占GDP	+0.6%	-1.0%	-2.68%

截至2009年12月，外汇储备16.60亿欧元。

主要银行：商业银行，成立于1955年。马其顿银行，成立于1998年。

【对外贸易】2009年马其顿进出口总额53.93亿欧元，同比下降28.6%。其中，出口额19.21亿欧元，同比下降32.3%；进口额34.72亿欧元，同比下降26.4%。主要贸易伙伴为欧盟国家、前南斯拉夫国家、日本、美国、加拿大、中国等。主要进口产品为电力、原油、金属、机动车、食品、饮料、纺织品、化工产品。主要出口产品为钢铁、服装、石油产品、水果、蔬菜、金属矿石、食品、葡萄酒、烟草和卷烟、饮料、化工产品等。近几年进出口额如下（单位：亿欧元）：

	2007	2008	2009
出口额	24.46	26.84	19.21
进口额	37.95	44.21	34.72
差　额	-13.49	-17.37	-15.51

【外国资本】2008年外国直接投资总额3.564亿美元。主要投资国为奥地利（1.251亿美元）、斯洛文尼亚（5080万美元）、英国（3080万美元）、荷兰（2910万美元）。主要投资领域为：金融（41.1%）、加工业（18.7%）、电力/天然气及水利（10.1%）、贸易（8.7%）、建筑业（6.0%）、交通/运输（4.0%）、不动产（3.4%）、采矿（2.9%）、酒店/餐饮（2.8%）、农业/林业（1.3%）。

【外国援助】2007年外援约8000万欧元。援助方主要为欧盟、荷兰、美国、德国、挪威、英国和奥地利。

人民生活

2003年，56.6%家庭拥有汽车，100%家庭拥有电视机，2004年，每百人中拥有29部电话机。2006年月平均工资293美元。2008年，家庭电脑普及率45.6%，网络普及率29.4%。每千人拥有医生2.5名。

军　事

1992年3月28日，马其顿创建军队。马其顿总统为武装力量最高统帅。马其顿国防政策以维护国家的独立主权和领土完整为主要任务，积极要求加入北约。实行职业军人兵役制，职业军人每三年签一次合同。现役军人7756名。2009年国防预算总额为2.04亿美元，占GDP的2.05%。现任总参谋长米罗斯拉夫·斯托扬诺夫斯基（Miroslav STOJANOVSKI）中将。

文化教育

【教育】全国普及9年制义务教育。教育经费占GDP的5%。2008年共有初级学校（小学和初中）1060所，学生223982人。中等学校（高中、职业学校）111所，学生95109人。高等学校81所，学生64254人。主要高校有：斯科普里大学、比托拉大学、泰托沃大学等。

【新闻出版】2007年，出版报纸26种，总发行量2940万份。主要报纸有：《日报》、《晨报》、《晚报》、《新马其顿报》等。刊物195种，总发行量为1329万册。主要刊物有：《论坛》、《TEA》等。

通讯社：马其顿文传社（国家通讯社MAC-FAX），另有马其顿新闻社（MAKPRESS）和马其顿新闻中心（MIC）。

电视台：全国有公共电视台58家，其中中央台1家，地方电视台52家，另有5家私立电视台。中央台用马其顿语和阿尔巴尼亚语等7种语言播放。

广播电台：全国共有60个广播电台，其中国家广播电台1个，地方广播电台59个。国家广播电台用马其顿语、阿尔巴尼亚语、土耳其语、吉卜赛语、弗拉西语、塞尔维亚语、保加利亚语和希腊语广播。

对外关系

对外政策的主要目标是维护国家的独立、主权和领土完整；致力于加入欧盟和北约；优先发展同大国和邻国的关系。截至2010年4月，马其顿已同164个国家建立外交关系。

【同中国的关系】1993年10月12日，中马建交。1999年1月27日，马其顿外长迪米特罗夫在台北同台湾“外长”胡志强签署“建交公报”；2月8日，马其顿政府正式批准“建交公报”；2月9日，中方宣布同马其顿中止外交关系。

2001年6月18日，马其顿正式同台湾断绝“外交关系”，中国外长唐家璇和马其顿外长米特雷娃在北京签署《中华人民共和国和马其顿共和国关于实现关系正常化的联合公报》，中马关系恢复正常。近年来，双边关系发展顺利。

2009 年 2 月，全国人大外事委员会副主任委员南振中访问马其顿。斯科普里市市长科斯托夫斯基访问南昌。5 月，中马农业合作论坛在斯科普里举行。6 月，商务部副部长姜增伟访马。中马科技合作委员会第二届会议在斯科普里召开。9 月，马其顿总理格鲁埃夫斯基出席在大连举行的第三届“夏季达沃斯”论坛。马其顿副总理佩舍夫斯基出席在厦门举行的第13 届中国国际投资贸易洽谈会。11 月，马其顿外交部副部长佩特罗夫访华。经济部副部长哈吉—瓦斯科夫来华签署上海世博会参展合同。马其顿军队总参谋长斯托亚诺夫斯基中将访华。中国新闻工作者协会代表团访马。

据中国海关总署统计，2009 年，中马贸易总额为 8010 万美元，同比下降 4.6%，其中中方出口额 5601 万美元，同比下降 20.8%，进口额 2409 万美元，同比增长 81.5%。

中国驻马其顿大使：董春风。馆址：马其顿斯科普里市 474 大街 20 号（UL 474 BR. 20，1000，SKOPJE，MACEDONIJA）。电话：（003892）3213163。传真：3212500。

马其顿驻华大使：奥利维尔·沙姆贝夫斯基（Oliver SHAMBEVSKI）。官邸：北京市朝阳区塔园公寓9－1－51；办公处：北京市朝阳区三里屯外交公寓 3－2－21。电话：010－65327846；传真：65327847。电子邮件地址：macdebas@public3.bta.net.cn。网站：www.macedonianembassy.com.cn。

【同美国的关系】 1994 年 2 月美正式承认马其顿。1995 年 9 月，马美建交。2009 年 5 月，美国副助理国务卿琼斯、副国务卿斯坦伯格分别访马。9 月，马其顿总统伊万诺夫访美。

【同俄罗斯的关系】 1994 年 1 月，马俄建交。1998 年 1 月，马其顿总统格利戈罗夫访俄，双方签署友好合作声明。2009 年 2 月，马俄举行庆祝建交 15 周年活动。

【同欧盟的关系】 马其顿积极发展同欧盟国家的关系。1996 年 1 月，马其顿同欧盟建立外交关系。2000 年 4 月，马其顿同欧盟签署《稳定和联系公约》。2004 年 3 月，马其顿正式向欧盟递交入盟申请。2005 年 12 月，欧盟首脑会议决定给予马其顿欧盟候选国地位。2009 年 2 月，马其顿议长韦利亚诺斯基出席在巴黎召开的欧盟成员国议长会议。3 月，欧盟轮值主席国捷克总理托波拉内克访马。马其顿外长米洛舍斯基出席在葡萄牙举行的欧盟成员国外长会议。4 月，马其顿外长米洛舍斯基、马其顿总统茨尔文科夫斯基先后访问了欧盟总部。5 月，马其顿新任总统伊万诺夫和总理格鲁埃夫斯基访问欧盟总部。7 月，欧盟外交和安全政策高级代表索拉纳访问马其顿。10 月，欧盟委员会公布马其顿 2009 年度进展评估报告，建议启动马其顿入盟谈判。11 月，马其顿外长米洛舍斯基出席欧洲议会外交事务委员会会议。欧盟部长理事会决定免除马其顿公民申根签证。12 月，马其顿总理格鲁埃夫斯基访问欧盟总部。

【同北约的关系】 加入北约是马其顿对外政策的战略目标之一。1998 年 5 月，马其顿加入北约“和平伙伴关系计划”。2009 年 2 月，马其顿外长米洛舍斯基和国防部长科尼亚诺夫斯基访问北约总部。5 月，北约秘书长夏侯雅伯访问马其顿。6 月，马其顿国防部长科尼亚诺夫斯基访问北约总部，并出席欧洲大西洋伙伴委员会国防部长会议。6 月，马其顿外长米洛舍斯基与国防部长科尼亚诺夫斯基出席北约国防部长会议。9 月，马其顿总统伊万诺夫在纽约会见北约秘书长拉斯穆森。12 月，马其顿外长米洛舍斯基出席在布鲁塞尔召开的北约外长会议。

【同邻国的关系】 马其顿主张在相互尊重主权、领土完整、互不干涉内政的原则基础上，同邻国保持平等的睦邻友好关系。

同希腊的关系：马其顿独立后，希腊认为马其顿地理概念广泛，其范围包括希腊的北部地区，坚决反对将“马其顿”或“马其顿”的派生词作为马国名。1995 年 9 月 13 日，在联合国秘书长特使万斯的主持下，马希双方在联合国签署两国关系正常化的《临时协议》。但双方就马其顿国名问题的谈判迄未取得实质性进展。

同保加利亚的关系：1992 年 1 月 15 日，马保建交，但保加利亚不承认马其顿民族和马其顿语。2009 年 2 月，马其顿总统茨尔文科夫斯基访问保加利亚。3 月，马其顿议长韦利亚诺斯基访问保加利亚。4 月，马其顿副总理博采夫斯基访问保加利亚。11 月，马其顿总理格鲁埃夫斯基访问保加利亚。

同阿尔巴尼亚的关系：1993 年 4 月 26 日，阿尔巴尼亚承认马其顿。12 月 24 日，马阿建交。2009 年 2 月，阿尔巴尼亚国防部长奥凯塔访问马其顿。6 月，马其顿总统伊万诺夫访问阿尔巴尼亚。

同塞尔维亚的关系：两国于 1996 年 4 月 8 日建交。2009 年 3 月，马其顿议长韦利亚诺斯基访问塞尔维亚。5 月，塞尔维亚外长耶雷米奇访问马其顿。6 月，塞尔维亚国防部长舒塔诺瓦茨访马。9 月，马其顿交通通讯部长亚纳基埃斯基访问塞尔维亚。

（白云斌）

摩尔多瓦

国名　摩尔多瓦共和国（The Republic of Moldova，Republica Moldova）。

面积　33800平方公里。

人口　356万（2010年1月1日，不含“德左”和本得尔市人口），城市人口147万，农村人口209万。其中摩尔多瓦族占75.8%，乌克兰族8.4%，俄罗斯族5.9%，加告兹族4.4%，罗马尼亚族2.2%，保加利亚族1.9%，茨冈族0.4%，犹太族0.1%，其他民族0.5%。官方语言为摩尔多瓦语，俄语为通用语。多数人信奉东正教。

首都　基希讷乌（Chisinau），人口78万（2010年1月1日），全年平均气温为10.5℃。

国家元首　代总统米哈伊·金普（Mihai Ghimpu），2009年9月11日任职。

重要节日　公历新年：1月1日；东正教圣诞节：1月7日；胜利日：5月9日；独立日（国庆日）：8月27日。

简　况

摩为内陆国，东、南、北与乌克兰为邻，西连罗马尼亚。属温带大陆性气候。全年平均气温为8.4℃～12.3℃。2月平均气温为-4.9℃～1.9℃，7月为20.6℃～26℃。

摩尔多瓦人的祖先为达契亚人。13～14世纪，蒙古鞑靼人和匈牙利人入侵，达契亚人逐渐分为三支：摩尔多瓦人、瓦拉几亚人、特兰西瓦尼亚人。1359年，摩尔多瓦人建立独立的封建公国。1487年，沦为奥斯曼帝国附庸。1600～1601年，摩尔多瓦、瓦拉几亚和特兰西瓦尼亚三个公国短暂统一。1812年，俄国将摩部分领土（比萨拉比亚）吞并。1859年1月，摩尔多瓦和瓦拉几亚合并，称罗马尼亚。1878年，南比萨拉比亚再次隶属俄罗斯。1918年1月，摩宣布独立，3月与罗马尼亚合并。1940年6月，苏联再次吞并比萨拉比亚，并将其大部分领土与德涅斯特河左岸的摩尔达维亚自治共和国合并，成立了摩尔达维亚苏维埃社会主义共和国，成为苏联15个加盟共和国之一，比萨拉比亚南、北部的部分地区被划入乌克兰。1941年，比萨拉比亚划归罗马尼亚。1944年9月，苏罗停战协定规定恢复1940年的苏罗边界。1990年6月改国名为摩尔多瓦苏维埃社会主义共和国。1991年5月23日改国名为摩尔多瓦共和国。1991年8月27日宣布独立。

政　治

2001年2月，摩尔多瓦共产党人党在议会选举中获胜，成为苏联解体和东欧剧变后第一个重掌政权的共产党。2005年3月，“摩共”再次在议会选举中获胜。2009年4月，摩议会选举引发政治危机。7月，摩议会重新选举。8月，摩议会举行第一次全体会议。在“摩共”议员缺席情况下，自由民主党、自由党、民主党、“我们的摩尔多瓦”联盟组成欧洲一体化联盟，并投票选举金普为议长。随后，摩议会多次举行总统选举未果。根据摩宪法，摩议会应于2010年6月16日，即上届议会解散满一年后再次解散并提前举行大选。但摩代总统、议长金普未按照宪法如期解散议会并提前大选，而宣布9月举行全民公决修宪。

【德涅斯特河左岸问题】摩德涅斯特河左岸地区（简称“德左”）位于德涅斯特河东侧并与乌克兰相邻，面积4163平方公里，人口63万，其中摩族占40%，乌克兰族占28%，俄罗斯族占25%。俄在“德左”地区有驻军。1990年9月，“德左”地区宣布独立，国际社会迄未承认。1992年年初，摩当局与“德左”地区爆发武装冲突。7月，冲突停止。摩当局提出在保持一个国家的前提下给予“德左”地区高度自治，但“德左”坚持独立。欧安组织和联合国分别于1999年11月和12月通过决议，要求俄在2002年年底前从“德左”撤军。2002年，摩政府设立统一部，负责制定和实施国家统一方面的有关政策及协调“德左”问题的谈判。2003年11月，俄就解决摩“德左”问题提出了“实现国家统一框架基础原则备忘录”，摩中央政府和“德左”当局最终宣布放弃签署备忘录。2004年10月，摩总统沃罗宁表示，希改变目前“德左”问题谈判的组成方式，除摩政府、“德左”当局、俄、乌、欧安组织外，邀请罗马尼亚、欧盟和美国参加。2005年7月，摩议会通过法案，给予“德左”地区特殊行政地位，但同时强调“德左”地区是摩不可分割的一部分。10月，美国、欧盟首次作为观察员参加解决“德左”问题谈判，形成摩、“德左”、俄罗斯、乌克兰、欧安组织及美国、欧盟“5+2”谈判机制，至今已举行四轮谈判，未取得进展。2006年3月，摩乌宣布在边界“德左”地区段执行新的海关过货规定，“德左”地区向乌出口或过境商品必须在摩政府部门登记并办理摩海关手续，否则被视为走私。9月，“德左”地区就“德左”未来地位问题举行全民公决，78.6%的选民参加了投票。支持德左独立并随后加入俄罗斯联邦的占97.1%。12月，“德左”地区举行“总统”选举，斯米尔诺夫以82.4%的支持率第四次连任，当选“总统”。2007年10月，摩总统沃罗宁提出有关加强治安、增进互信及向左岸居民提供福利支持等新建议。沃表示，双方如能就此达成共识，摩方则要求美国及欧盟取消对“德左”领导人入境限制。沃主张“德左”地区非军事化。同月，摩各部委代表召开联合工作会议，成立7个工作组，制定具体措施落实沃罗宁总统就解决“德左”问题提出的新建议。沃还要求建立确保“德左”地区农民农业用地权利的机制。2008年12月，摩总统沃罗宁与“德左”领导人斯米尔诺夫在蒂拉斯堡举行会晤，双方同意在有俄罗斯参加的“2+1”模式下继续磋商。2009年3月，摩总统沃罗宁、俄总统梅德韦杰夫、德左领导人斯米尔诺夫在莫斯科就“德左”问题举行磋商，三方签署了共同声明，重申“5+2”机制的重要性，拟于2009年上半年重启谈判，同意在“德左”问题解决后将三方维和部队改为由文职人员组成的欧安组织部队。3月25日，原定于在蒂拉斯堡举行的摩总统与德左领导人的会见因左岸拒绝美国及欧盟观察员进入“德左”地区未能举行。8月，欧洲一体化联盟上台执政，新政府主张在解决左岸问题上加强对话与合作，加强两岸信任，为进行“5+2”谈判创造良好氛围，与各方积极接触，争取推动左岸问题早日解决。

【宪法】1994年7月29日，摩议会通过了新宪法，其中规定：摩是一个主权、独立、统一和不可分割的国家；坚持在政治多元化条件下的民主，实行三权分立；公有和私有制并存；摩永远为中立国家，不允许在摩领土上驻扎外国军队；国语为摩尔多瓦语。1999年7月25日，摩议会决定将7月29日定为宪法日。2000年7月28日，摩由半议会半总统制改为议会制的宪法修正案生效，摩总统自此由议会选举产生。

【议会】实行一院制，共有101个议席。2009年4月，摩议会选举引发政治危机。7月议会重新选举。8月，自由民主党、自由党、民主党和“我们的摩尔多瓦”联盟组成欧洲一体化联盟组成多数派，投票选举自由党主席金普为新任议长。各党派议席分配如下：摩尔多瓦共产党人党48席，自由民主党18席，自由党15席，民主党13席，“我们的摩尔多瓦”联盟7席。

【政府】本届政府于2009年9月25日组成。内阁成员为：总理弗拉基米尔·菲拉特（Vladimir Filat），副总理兼经济部长瓦列里·拉泽尔（Valeriu Lazar），副总理兼外交和欧洲一体化部长尤里·良格（Iurie Leanca），主管社会问题的副总理扬·内格雷（Ion Negrei），主管国家统一问题的副总理维克多·奥西波夫（Victor Osipov），国务部长维克多·博迪乌（Victor Bodiu），财政部长韦亚切斯拉夫·内格鲁策（Veaceslav Negruta），司法部长亚历山大·特纳塞（Alexandru Tanase），内务部长维克多·卡坦（Victor Catan），国防部长维塔列·马里努策（Vitalie Marinuta），建设和地区发展部长马切尔·勒杜坎（Marcel Raducan），农业和食品工业部长瓦列里·科萨丘克（Valeriu Cosarciuc），交通和道路基础设施部长阿纳托利·沙拉鲁（Anatol Salaru），环境部长乔治·沙拉鲁（Gheorghe Salaru），教育部长列奥尼德·布若尔（Leonid Bujor），文化部长鲍利斯·福克沙（Boris Focsa），劳动、社会保障和家庭部长瓦连金娜·布利加（Valentina Buliga，女），卫生部长弗拉基米尔·霍蒂内亚努（Vladimir Hotineanu），青年和体育部长扬·切巴努（Ion Cebanu），信息技术和通讯部长亚历山大·奥莱伊尼克（Alexandru Oleinic），加告兹自治区行政长官米哈伊尔·福尔穆扎尔（Mihail Formuzal），科学院院长乔治·杜卡（Gheorghe Duca）。

【行政区划】2003年6月，摩实行新行政区划，全国共分32个区、3个直辖市（基希讷乌、伯尔兹、本德尔）及2个地方行政区（加告兹自治行政区、德涅斯特河左岸行政区）。

【司法机构】宪法法院院长杜米特鲁·普尔贝勒（Dumitru Pulbere，2007年3月1日就任），最高法院院长扬·穆鲁亚努（Ion Muruianu，2007年3月29日就任），最高检察院总检察长瓦列里·祖伯科（Valeriu Zubco，2009年10月7日就任）。

【政党】2007年12月，摩议会通过政党法。新法规定，国家规定预算总收入中拨款0.05%作为政党活动经费，在中央和地方权力机构占有20%以上席位的政党按其所占比例获得经费。同月，摩议会通过选举法修正案，禁止政党成立选举联盟，并为政党进入议会设定5%的选票门槛。现有28个政党，主要有：

（1）摩尔多瓦共产党人党（Partidul Comunistilor din Moldova）：成立于1993年10月23日。现有党员2万多人。在全国有1670个基层党组织。2007年加入欧洲左翼党。摩共的最终目标是实现共产主义，坚持在创新马列主义学说的基础上结合摩的情况发展自己。摩共执政的四个战略优先方向是：新的生活质量、经济现代化、融入欧洲和加强社会团结。主席弗拉基米尔·沃罗宁（Vladimir Voronin）。

（2）摩尔多瓦自由民主党（Partidul Liberal Democrat din Moldova）：成立于2007年12月8日。党员约有2.7万人，主张巩固民主制度，发展经济，加入欧盟和北约。主席弗拉基米尔·菲拉特。

（3）自由党（Partidul Liberal）：前身为成立于1993年的改革党，2005年4月更名为自由党。共有党员1.2万名。该党主张创造新就业，提高社会福利，通过发展经济吸引左岸，摩尔多瓦并入罗马尼亚，加入欧盟和北约，重视发展对俄关系。主席米哈伊·金普。

（4）“我们的摩尔多瓦”联盟（Alianta Moldova

Noastra)：前身为2004年5月8日由“我们的摩尔多瓦”联盟、民主党、社会自由党等组成“民主的摩尔多瓦”竞选集团。2005年3月议会选举后，民主党、社会自由党脱离该集团，集团更名为“我们的摩尔多瓦”联盟。有党员2.3万名。该联盟主张摩维护国家主权、独立和领土不可分割，解决左岸问题，实现国家统一。创造新的就业机会，提高社会福利。加入欧盟，建设与美国的伙伴关系，保持与邻国和独联体的良好关系。联盟主席塞拉菲姆·乌列基安(Serafim Urecheanu)。

(5) 摩尔多瓦民主党 (Partidul Democrat din Moldova)：前身为成立于1997年2月8日的“为了民主与繁荣的摩尔多瓦”社会政治运动，2000年4月15日更名为摩尔多瓦民主党。共有党员1.1万名。该党为民主和改革的中左翼政党。以欧洲民主为目标，主张在经济持续增长的基础上复兴摩尔多瓦，消除贫困与失业，促进出口，支持本地生产者和中小企业，打击腐败。主张和平解决左岸问题与回归欧洲。2009年7月，前议长卢普脱离摩尔多瓦共产党人党，任民主党主席。该党原主席杜米特鲁·迪亚科夫任该党名誉主席。主席马里安·卢普 (Marian Lupu)。

【重要人物】米哈伊·金普：代总统兼议长。1951年11月19日生于基希讷乌，罗马尼亚族。毕业于摩国立大学法律系。1978～1990年在基希讷乌国营企业从事法律工作，1984～1985年任勒什干区法院法官。1990～1994年当选议员，任议会司法委员会副主席。1994～1998年再次当选议员，任议会人权与少数民族委员会成员。1998年任摩自由党主席。1998～2009年任律师协会律师。2007～2008年任基希讷乌市市长。2009年8月28日当选议长。9月11日任代总统。已婚。　**弗拉基米尔·菲拉特**：总理。1969年5月6日生于摩尔多瓦亨切什蒂区。1994年毕业于罗马尼亚雅西库扎大学法律系。曾任摩尔多瓦私有化和国有财产管理局局长、国务部长等职。1997年加入摩自由民主党，2000年出任该党副主席、主席。2005年当选议员。2009年9月出任政府总理。已婚，有两个孩子。

经　济

摩尔多瓦是一个传统农业国家，葡萄种植和葡萄酒酿造业发达。摩独立后，经济形势持续恶化。2000年经济开始出现较大幅度回升。2008年以来，摩经济受国际金融危机冲击严重。2009年摩主要经济数据如下：

国内生产总值 (GDP)：600亿摩列伊（约合48.81亿美元）。

人均国内生产总值：16848摩列伊（约合1370美元）。

国内生产总值增长率：－6.5%。

货币名称：摩尔多瓦列伊 (Leu Moldovenesc)，简称摩列伊；1列伊＝100巴尼 (Bani)。

汇率（2009年12月31日）：1美元＝12.30摩列伊。

通货膨胀率：0.4%。

失业率（2010年1月1日）：官方注册失业人数为3.87万人，失业率为6.3%。

【资源】主要有建筑材料、磷钙石、褐煤等。地下水资源丰富，约有2200个天然泉。森林覆盖率为9%，主要树种有柞树、千金榆树、水青冈树等。野生动物有獐、狐狸和麝鼠等。

【工业】2009年工业生产总值为233亿摩列伊（约合18.9亿美元），同比下降22.2%。2009年主要工业部门产值如下（单位：百万列伊）：

	总产值	同比增长（%）	占总产值比重（%）
采掘业	294	－32.1	1.6
加工业	14422	－24.3	85.6
其中：			
食品与饮料加工	8043	－20.4	41.4
葡萄酒生产	1613	－21.8	7.5
奶制品	1038	－9.3	5.0
橡胶与塑料制品	544	－29.6	2.8
纺织品	411	－26	2.4
电力与热力	3035	－1.5	12.9

【农业】2008年农业生产总值为164亿摩列伊（约合16亿美元），同比增长31.9%。2009年农业生产总值为132亿摩列伊（约合10.7亿美元），同比减少9.9%。近两年主要农产品产量如下（单位：万吨）：

	2008	2009	同比增长（%）
小　麦	128.6	73.5	－42.9
玉　米	147.1	114	－23.6
葵花籽	37.1	28.4	－23.7
甜　菜	91.9	33.6	－65.1
烟　叶	0.39	0.42	9.1
大　豆	5.7	4.9	－15.7
马铃薯	27	26.1	－3.7
蔬　菜	37.6	30.7	－14.2
水　果	36.7	30.5	－15.6
葡　萄	63.5	68.2	7.4

近两年畜牧业主要产品产量如下（单位：万吨）：

	2008	2009	同比增长（%）
肉类	10.8	12.8	16.1
牛奶	54.2	57.5	6.1
鸡蛋	54.1	64	13.8

近两年畜禽存栏数（单位：万头/万只）：

	2009	2010	同比增长（%）
牛	22.18	22.2	2.1
猪	28.7	37.9	33.9
羊	84.25	89.3	3.2
家禽	318.7	329.3	3.2

【服务业】2009 年摩贸易企业零售总额为 199 亿摩列伊（约合 16.2 亿美元），同比减少 4.4%。

服务业企业总产值为 123 亿摩列伊（约合 10 亿美元），同比增长 2.6%。

【旅游业】2009 年 1～9 月份，外国游客来摩 6314 人次，主要来源国如下：

	人次	比例（%）
俄罗斯	1172	18.6
土耳其	665	10.5
乌克兰	526	8.3
英国	487	7.7
罗马尼亚	437	6.9

2009 年 1～9 月份，摩公民出境旅游 80926 人次，主要目的地国如下：

	人次	比例（%）
土耳其	34200	42.3
保加利亚	24395	30.1
乌克兰	11391	14.1
罗马尼亚	4911	6.1

【交通运输】以铁路和公路运输为主。2009 年交通运输如下：

	货物运输量（万吨）	同比增长（%）
总量	790	-52.2
铁路	441	-59.9
公路	331	-37.9

【财政金融】截至 2009 年 12 月底，摩外汇储备为 14.8 亿美元（摩国家银行公布）。2009 年国家公共预算收入为 232 亿列伊（约合 18.9 亿美元），同比减少 8.9%；公共预算支出为 273 亿列伊（约合 22.2 亿美元），同比增长 4.6%，赤字达 41 亿列伊。

【对外贸易】2009 年对外贸易总额为 46 亿美元，同比下降 29%，其中出口额为 13 亿美元，同比减少 18.4%，进口额为 33 亿美元，同比减少 33.1%，外贸逆差 20 亿美元。

对欧盟出口额为 6.8 亿美元，同比减少 17.3%，占出口总额的 52.3%；对独联体国家出口额 4.9 亿美元，同比减少 20.5%，占出口总额的 37.8%；对其他国家出口额 1.3 亿美元，同比减少 16.6%。

从欧盟国家进口额 14 亿美元，同比减少 32.4%，占进口总额的 43.4%；从独联体国家进口额 12 亿美元，同比减少 34.3%，占进口总额的 34.8%；从其他国家进口额 7 亿美元，同比减少 32.3%。2009 年摩主要出口情况如下：

	出口额（亿美元）	同比增长（%）	所占比重（%）
俄罗斯	2.87	-8.7	22.1
罗马尼亚	2.40	-28.6	18.5
意大利	1.36	-18.7	10.5
乌克兰	0.81	-43.1	6.3
白俄罗斯	0.8	-12.9	6.2

主要出口商品：纺织面料及其制品、食品、饮料、酒类、烟草、蔬菜、机械、仪器、电子设备、音像放录产品、禽畜及其产品、非贵重金属及其制品、矿产品、食用油、石料、石膏、水泥、陶瓷及玻璃制品、鞋帽等。2009 年摩主要进口情况如下：

	进口额（亿美元）	同比增长（%）	所占比重（%）
乌克兰	4.6	-45.3	14
俄罗斯	3.7	-46	11.4
罗马尼亚	3.1	-47.2	9.5
德国	2.5	-30.8	7.7
中国	2.4	-24.3	7.5
意大利	2.3	-24.4	7.1

主要进口商品：矿产品、机械、仪器、电子设备、音像放录产品、化学制品、交通工具、非贵重金属及其制品、食品、饮料、酒类、烟草、纺织面料及其产品、塑料、橡胶及其制品、蔬菜、石料、石膏、水泥、陶瓷及玻璃制品、纸及纸板等。

【投资】2009 年摩固定资产投资为 108 亿列伊（约合 8.8 亿美元），同比下降 34.9%。

人民生活

2009 年摩平均月工资为 2748 列伊（约合 223 美元），同比增长 8.7%。财政拨款单位平均月工资为 2406 列伊（约合 195 美元），实体部门平均月工资为 2946 列伊（约合 239 美元）。

军　事

建军时间：1992 年 9 月 3 日。1992 年 3 月 17 日摩最高苏维埃通过《国防法》、《武装力量法》、《摩尔多瓦公民兵役法》、《军队和接受军训的公民及其家属的社会保障和法律保障法》。同日，摩总统就任摩武装力量总司令，宣布前苏联驻摩的军队、装备和设施归摩所有，并在此基础上组建摩国防军。现役军人共计 6800 人。

摩总统为武装力量的最高统帅，即武装力量总司令。武装力量由国防军、边防军和警察部队组成。国防部行使对国防军的领导。此外，军事指挥机关还有边防部队局和属内务部管辖的警察部队总局。在和平时期，国防军总参谋部负责制订武装力量的军事训练计划。如遇战争，总参谋部将在武装力量总司令的领导下，领导军事单位保卫国家。国防政策的主要目标是确保国家和人民的安全，按照国际法的准则预防战争和军事冲突，保卫国家独立和领土完整。摩宪法规定摩为中立国家，不容许外国在摩领土上驻军，也不容许利用摩领土进攻其他国家，摩不首先对他国发动军事行动。

文化教育

【教育】摩实行免费义务教育。教育结构分为：学龄前教育、初级教育、中等教育和高等教育。主要高等院校有摩国立大学、经济学院、自由国际大学、国立理工大学、国立医科大学、农业大学、基希讷乌国立师范学院、艺术学院、音乐学院等。

2009/2010 学年，摩共有小学及普通中学 1512 所；中等职业学校 75 所，在校生 22161 人；中等专科机构 47 所，在校生 32249 人；高等院校 33 所，其中 19 所为国立大学，共有在校生 109892 人。

【文化】有图书馆 2931 座，馆藏书刊约 8612 万册。博物馆 87 座，剧院 14 座，电影院 34 座。

【新闻出版】共发行报纸杂志 407 种，其中半数用摩尔多瓦文出版，其余用俄文或摩俄两种文字出版。主要报纸有：《主权摩尔多瓦》（每周出 4 期摩文版、1 期俄文版）、《独立摩尔多瓦》（俄文）、《摩尔多瓦共青团真理报》（俄文）、《共产党人报》、《星期周报》（摩文）、《潮流报》（摩文）、《文学和艺术报》、《时间报》、《基希讷乌新闻》、《经济评论》（俄文）。主要刊物有：《比萨拉比亚》、《摩尔多瓦妇女》、《摩尔多瓦与世界》、《摩尔多瓦文学》、《商界》。

1994 年 10 月 26 日，摩议会通过《新闻法》。新闻机构和电台、电视台绝大部分经费由国家预算拨款。

通讯社、广播电台有：摩尔多瓦通讯社（国有）、巴萨通讯社（私营）、因佛达格通讯社（私营）、摩尔多瓦公共广播电视公司下设的摩尔多瓦电视台和电台，其他私营及合资电视台 13 家。

对外关系

摩积极发展同美国、欧盟国家的关系，将融入欧洲、加入欧盟作为摩内政外交的优先目标，重视发展与俄罗斯、独联体国家的关系。摩已加入联合国、世界银行、国际货币基金组织、欧洲安全与合作组织、欧洲委员会、欧洲复兴开发银行、北约合作委员会等组织。1994 年 5 月与北约签署了“和平伙伴关系”计划。2001 年 5 月加入世界贸易组织。2001 年 6 月加入“东南欧稳定公约”。2003 年 6 月，成为国际移民组织（OIM）成员国。2004 年 10 月以观察员身份加入“东南欧合作进程”。2006 年 5 月，以正式成员身份加入“东南欧合作进程”。2007 年，摩成为东南欧能源协定正式成员国。3 月，摩签署联合国残疾人权利公约。2009 年摩担任独联体轮值主席国。

【同中国的关系】1992 年 1 月 30 日建交。同年 6 月，中国在基希讷乌设大使馆。1996 年 3 月，摩在北京设大使馆。

2009 年中摩友好合作关系稳定发展。3 月，最高法院副院长万鄂湘访摩。7 月，摩农业部代表团出席在北京举行的中国与独联体农业发展战略及政策问题会议。9 月，全国人大法律委员会主任委员胡康生访摩。同月，摩军总参谋长科罗普切安访华，国务委员兼国防部长梁光烈、中央军委委员、总参谋长陈炳德分别会见。9 月，中国西北师范大学和摩尔多瓦自由国际大学联办的首家孔子学院在摩正式挂牌。12 月，中摩外交部司局级对口磋商在摩举行。

两国在涉及彼此核心利益的重大问题上相互支持，在联合国等多边场合保持沟通与磋商。摩尔多瓦在台湾、涉藏、涉疆等问题上坚定支持中方立场。

据中国海关总署统计，2009 年，中摩贸易总额为 7583 万美元，同比增长 2.7%。其中中方出口额 7257 万美元，同比增长 1.9%，进口额 326 万美元，同比增长 24.9%。

2009/2010 学年，摩在华政府奖学金留学生 29 人。中国在摩留学生共 10 人，其中公派 8 人。

中国驻摩尔多瓦大使：房利。馆址：摩尔多瓦基希讷乌市多索夫泰大主教街 124 号（Str. Mitropolit Dosoftei，124，Chisinau，Republic Moldova），邮编：2004。电话：00373－22－210712；传真：295960。领事部电话：296104；传真：295960。商务处地址：摩尔多瓦基希讷乌市安东·克里汉大街 30 号（Str. Anton Crihan 30，Chisinau，Republic Moldova），邮编：2009。电话：00373－22－222257，213072；传真：223335。

摩尔多瓦驻华大使：阿纳托利·乌列基安。馆址：北京市朝阳区塔园外交人员办公楼 2－9－1 号。电话：010－65325494；传真：65325379。

【同俄罗斯的关系】2009 年 1 月，摩总理格雷恰内访俄，寻求途径解决俄乌天然气危机。3 月，摩总统沃罗宁访俄，与俄总统梅德韦杰夫、“德左”领导人斯米尔诺夫就“德左”问题进行磋商，三方签署了共同声明，重申了重启“5＋2”对话机制的重要性，同意在“德左”问题解决后将目前的三方维和部队改为由文职人员组成的欧安组织部队，将成立工作组，促进两岸信任。6 月，摩总统沃罗宁访俄，俄允向摩提供 5 亿美元贷款和 2000 万美元无偿援助，用于议会大楼和总统府的修缮。8 月，摩总统沃罗宁访俄。9 月，俄总统办公厅主任纳雷什金访摩。

【同独联体国家的关系】2009 年 1 月，摩总理格雷恰内访乌克兰。同月，摩作为独联体轮值主席向独联体总部提供了 2009 年工作计划。3 月，摩总统沃罗宁访俄。5 月，摩总理格雷恰内出席在哈萨克斯坦举行的独联体国家政府首脑峰会。10 月，独联体国家元首峰会在基希讷乌举行。11 月，摩总理菲拉特出席在雅尔塔举行的独联体国家政府首脑峰会。12月，摩议会通过决议，退出独联体经济法院协议。

【同罗马尼亚的关系】 2009年4月，摩政府指责罗“染指”摩骚乱事件，召回驻罗大使，宣布罗驻摩大使为不受欢迎的人，取消对罗公民的免签待遇，并且拒绝了罗新任驻摩大使的提名。11月，摩总理菲拉特访罗，两国签署了边境地区居民过境协议、相互保护投资协议等。

【同其他欧洲国家的关系】 2009年2月，摩总理格雷恰内访问葡萄牙，两国签署社会保障领域合作协议和避免双重征税协议。3月，摩总统沃罗宁访问克罗地亚。同月，保加利亚总统珀尔瓦诺夫访摩。6月，中欧国家首脑峰会在塞尔维亚举行，摩总统沃罗宁出席峰会。11月，摩国务部长博迪乌与德国经济合作与发展部代表签署了关于德国向摩提供850万欧元援助的备忘录。12月，摩总理菲拉特出席在德国举行的欧洲人民党大会。同月，波兰代表团访摩，双方就波向摩提供1500万美元贷款举行谈判。

【同美国的关系】 2009年10月，美国“千年挑战”公司副总裁彼特访摩，与摩方签署了“Compact”框架下310万美元的援助协议。同月，摩代总统兼议长金普与美驻摩大使签署关于扩大美国政府在摩民主改革和保障法律首要地位领域经常性援助协议。11月，摩财长内格鲁策访美，与“千年挑战”公司就“Compact”项目下总额为2.62亿美元的新援助协议进行谈判。12月，摩总理菲拉特与美驻摩大使乔阿杜共同宣布，美将向摩提供2.62亿美元的援助，主要用于修建道路和农业灌溉系统。

【同国际组织的关系】 2009年2月，世界银行董事会批准了世界银行与摩尔多瓦2009~2012年合作战略，在此期间世行每年将向摩提供4500万~5000万美元的援助，旨在改善摩经济竞争力。3月，欧盟批准了东方伙伴关系计划，主要目的是欧洲与摩尔多瓦、乌克兰等6国建立新的协作关系。4月，欧盟轮值主席国捷克总理托波拉内克访摩。同月，欧盟负责外交与安全政策的高级代表索拉纳访摩。6月，东南欧合作进程成员国国家元首和政府首脑峰会第12次会议在摩举行，会议讨论了东南欧地区欧洲一体化进程和加强该组织成员国合作事。9月，摩总理菲拉特访问布鲁塞尔，会见欧盟议长布泽克。10月，摩代总统兼议长金普应欧盟议长布泽克邀请访问布鲁塞尔。同月，摩政府与国际货币基金组织代表就向摩提供5.9亿美元的贷款达成一致。同月，世界银行董事会决定向摩增加2400万美元的特别提款权，帮助摩企业发展，提高竞争力。11月，摩总理菲拉特出席在布加勒斯特举行的中欧倡议国峰会，会议讨论了加强成员国合作事。12月，欧盟向摩提供了睦邻伙伴政策框架下第一笔1500万美元的援助，用于改造饮用水供应系统和其他福利项目，援助项目总额为4500美元。同月，欧洲能源共同体部长委员会第七次会议决定同意摩加入欧洲能源共同体条约。同月，摩总理菲拉特出席在布鲁塞尔举行的摩—欧盟合作委员会第六次会议，会议讨论了双方在民主、人权、经济、司法等领域的合作问题，签署了摩与欧盟合作前景声明。同月，欧盟向摩转交了2007~2009年社会领域财政援助项目框架下第三批600万欧元的援助，援助项目总额为2100万欧元。

（李爽）

摩　纳　哥

国名　摩纳哥公国（The Principality of Monaco, La Principauté de Monaco）。

面积　1.95平方公里，其中约0.4平方公里为填海造地。

人口　34021人（2009年），摩纳哥籍8000人，其他人口来自125个不同国家，其中法国籍8931人，意大利籍5454人。官方语言为法语，通用意大利语、英语和摩纳哥语。91%的人口信奉天主教。

首都　摩纳哥（Monaco）。

国家元首　阿尔贝二世亲王（Prince Albert II），2005年7月12日即位。

重要节日　国庆日：11月19日。

简　况

位于欧洲西南部，三面被法国包围，南濒地中海。边境线长4.5公里，海岸线长5.16公里。地形狭长，东西长约3公里，南北最窄处仅200米。境内多丘陵，平均海拔不足500米。属亚热带地中海式气候，夏季干燥凉爽，冬季潮湿温暖。年均气温为16℃，年均降水量为500~600毫米。

先后有利古利亚人、腓尼基人和迦太基人在此居住。1297年，格里马尔迪家族夺取了摩纳哥城堡，开始了对摩长达700年断断续续的统治。14世纪形成公国雏形，先后成为西班牙、法国的保护国。1861年同法国签署协定，摩放弃对芒通、罗克布伦两大市镇的所有权，领土由20平方公里缩小到现有面积，法承认摩独立。同年，摩法建立关税同盟。1911年首次颁布宪法，成为君主立宪国。1918年同法国签署确定两国政治关系的条约，摩承诺在完全尊重法国政治、经济、航海和军事利益的前提下行使主权，法国负责保障摩的独立、主权和领土完整。1954 年同法签署睦邻和行政互助协定。2002 年 10 月，摩法签署新的双边关系条约，再次确认两国传统特殊友好关系，同时赋予摩更多的主权和权力。2005 年摩法又签署一系列条约，两国关系实现新突破：摩拥有自行任命包括国务大臣在内的所有政府成员的权力；摩法加强司法、行政、税收等领域的合作。

政　治

【宪法】现行宪法于 1962 年 12 月颁布，2002 年 4 月修改。根据宪法，摩为世袭君主立宪制国家，亲王为国家元首，王位继承人须是亲王的合法直系子嗣（男性优先）以及亲王的兄妹及其直系子嗣。亲王对外代表国家，拥有最高行政权，有权签署和批准条约。政府首脑，即国务大臣，由法国政府委派，可代表亲王执掌包括外交在内的各项工作，并对亲王负责。立法权和预算权由亲王和议会共同掌管。

【议会】一院制，共有 24 名议员，通过直接普选产生，任期 5 年。立法权由亲王和议会共同行使，亲王负责提出法案，议会进行讨论和投票，最后由亲王批准。本届议会于 2010 年 1 月选出，议长让·弗朗索瓦·罗比永（Jean-Francois ROBILLON）。

【政府】又称政府委员会。由亲王任命并对亲王负责，在亲王领导下行使行政权。国务大臣（即政府首脑）可代表亲王执掌包括外交在内的各项工作并签署政府法令。现政府成员包括：国务大臣米歇尔·罗杰（Michel ROGER），政府秘书长罗贝尔·高乐（Robert COLLE），装备、环境与城市规划大臣吉勒·多内利（Gilles TONELLI），社会和卫生事务大臣斯特法内·瓦莱里（Stéphane VALERI），内政大臣保罗·马斯隆（Paul MASSERON），财政和经济大臣索菲·特韦努格斯（Sophie THEVENOUX），对外关系大臣弗兰克·比昂盖里（Franck BIANCHERI）。

【行政区划】全国设 1 个市镇单位，下辖 4 个区（非行政单位）。市镇委员会由 15 名成员组成，通过直接选举和按名单投票方式产生，任期 4 年。市长和副市长由市镇委员会从其成员中选出。现任市长为乔治·马桑（Georges MARSAN），2007 年 3 月 4 日连任。

【司法机构】亲王拥有司法权，法院以其名义执法，独立审理案件。司法机构包括初审法院、上诉法院、最高法院和重罪法院。此外还有劳工法庭、房租仲裁委员会和高等仲裁法院等专门法庭。最高法院有 5 名正式法官及 2 名候补法官，分别由议会、国务委员会、枢密院、法院推荐，负责审理行政诉讼和裁定援引的法律条文是否适当。最高法院院长由亲王指定。现任最高法院院长为于贝尔·夏尔（Hubert CHARLES）。1962 年废除死刑。

【枢密院】枢密院为亲王的咨询机构，由 7 名摩纳哥籍人组成，任期三年，可连任。亲王指定主席和 3 名成员，其他成员由议会提名、亲王任命。枢密院每年至少召开 2 次会议，对涉及国家最高利益的问题提出处理意见。亲王在签署重要国际条约、解散议会、审理入籍申请及特赦、大赦等问题上必须咨询枢密院。现任主席米歇尔—伊夫·姆鲁（Michel-Yves MOUROU）。

【国务委员会】咨询机构，由 12 名成员组成，负责对亲王拟定的法律和敕令草案提出咨询性意见。

【政党】无固定政治组织和党派。在议会选举期间，一些政见相同或相似的人临时组成政治团体参加竞选。

【重要人物】**阿尔贝二世亲王**：国家元首。1958 年 3 月 14 日生于摩纳哥。美国马萨诸塞州阿姆赫斯特大学毕业，政治学学士，并获爱尔兰梅努斯教皇大学名誉哲学博士学位。自 1976 年起，曾先后在摩政府各部门、法国海军、巴黎和纽约的商业公司、银行、法律事务所工作。1982 年任摩红十字会主席。1983 年任摩游泳联合会主席。1984 年任摩游艇俱乐部主席和摩田径联合会主席。1988 年起，任国际奥委会委员兼田径联合会副主席，蒙特卡洛电视节组委会主席。1993 年起，任摩出席联合国大会代表团团长。1994 年起，任摩奥委会主席。1996 年任亚特兰大奥运会协调委员会委员。2005 年 4 月，前任国家元首兰尼埃三世亲王逝世后任摄政，7 月即位。主张积极发展对华关系。1993 年 6 月和 1999 年 6 月分别以国际奥委会委员和摩王储身份访华。2002 年 11 月来华出席摩驻上海名誉领事馆开馆仪式。2004 年 11 月率摩经贸代表团非正式访华。2007 年 4 月对中国进行国事访问。2008 年 8 月来华出席北京奥运会开幕式。酷爱体育，曾代表摩参加奥运会比赛。未婚，有姐妹两人。

经　济

摩国土面积狭小，自然资源稀少。20 世纪 50 年代以来，摩政府采取多元化、高附加值和无污染的经济发展方针，积极推动第三产业全面发展，取得显著成就，其中尤以金融业发展最为突出。除本国 17 家银行外，许多世界著名的银行均在摩设有分支机构。2008 年，共有银行和营业所 39 个，金融公司 4 个。截至 2008 年，吸收储蓄额达 304.8 亿欧元，证券 445.4 亿欧元，发放贷款 91 亿欧元。摩在房地产、广告、保险、咨询、贸易、服务业等领域发展迅速。摩有少量工业，主要是化工、医药、化妆品等。摩纳哥一年一度的国际汽车“F1（一级方程）”大奖赛较为著名。摩纳哥是欧洲旅游胜地，2008 年接待游客约 32.3 万人次，同比减少 1.3%。

摩国民经济统计习惯使用“国民经济营业额”。2005 年，摩政府首次公布国内生产总值。2007 年，摩国内生产总值为 43.65 亿欧元，同比增长 14.58%，人均 52100 欧元。2008 年国民经济营业额为 164.7 亿欧元，同比增长7.03%。其中贸易和零售业营业额为64.81亿欧元；银行业及金融服务业营业额40.8亿欧元；公共工程及不动产营业额为8.61亿欧元；工业部门营业额为8.38亿欧元；旅馆业营业额为5.14亿欧元；运输业营业额为3.62亿欧元。货币：欧元（1欧元≈1.27美元，2010年）。

【工业】为支持工业发展，政府积极给予企业财政支持，并克服国土狭小的困难，努力为工业发展提供地皮。鼓励建立高附加值、无污染的出口型企业，积极发展高技术产业。主要工业部门有化工、医药、化妆品（2008年，这3类产业共有24家企业，占工业营业额的40.49%）、塑料加工（30.38%）、电器和电子元件（9.47%）、印刷和包装品（5%）、机械（5.49%）、纺织和服装（4.96%）、食品（1.9%）、首饰制作等。截至2008年，共有各类工业企业110家。工业部门营业额为8.6亿欧元。

【银行业】银行业发达，除本国的17家银行外，世界上一些大银行均在摩设有分支机构。2006年，共有银行和营业所39个，金融公司4个。截至2008年，吸收储蓄额达304.8亿欧元，证券445.4亿欧元，发放贷款91亿欧元。

【旅游业】旅游业是支柱产业之一。摩是欧洲著名旅游胜地，每年都举行许多文体活动吸引游客，其中蒙特卡洛国际杂技节、国际礼花节、一级方程式汽车大奖赛等闻名世界。娱乐、住宿设施完善。2008年有星级旅馆15家（1家在法国境内），餐馆105家，客房总数2623间，床位5940张。近年来注重发展商业旅游设施，兴建了大型会议中心，吸引一些国际会议在摩召开。2008年接待游客32.3万人次。

【交通运输】公路总长50公里，与欧洲高速公路网连接。铁路总长1.7公里，并入法国铁路网，由法国国营铁路公司管理。有2个港口，主要用于停靠各类游艇，商船则可在锚地短期停泊，有直升机航班往返于法国尼斯和摩纳哥之间。

【财政金融】国民收入主要来自旅游业、不动产、中小企业、银行、保险、邮票、博彩等。烟草、邮票等由国家专卖。税收在国民收入中所占比重逐渐增大。政府不征收个人所得税，对企业征收税率为33.33%的利润税。摩不是欧盟成员国，但根据有关协议，被视作欧盟关税区内的实体。增值税制及税率与法国相同，普通税率为19.6%，优惠税率为5.5%。此外还征收遗产税等。

2008年国家财政收入为8.97亿欧元，支出8.92亿欧元，财政盈余403万欧元。

【对外贸易】2008年进出口贸易总额约11亿欧元，其中进口额约5.4亿欧元（自欧进口占63.92%），出口额约5.6亿欧元（对欧出口占61.13%）。主要进口商品有：非金属半成品、日用消费品、食品、专业设备等；主要出口商品有：非金属半成品、日用消费品等。

人民生活

摩经济发达，人均国民生产总值位居世界前列，生活水平很高。摩政府不征收个人所得税，因此吸引了数量可观的富裕避税移民。

军　事

摩无军队，只有450名治安警察。根据摩法有关双边条约，法国承诺保护摩独立、主权和领土完整。

文化教育

【教育】对6~12岁的儿童实行义务教育，教育体制与法国相同。公立学校包括6所幼儿园及小学、1所初中、2所高中；私立学校有1所小学和1所小学至高中混合学校。摩纳哥国际大学有工商管理学士和硕士培训课程。课程设置方面，摩纳哥历史是必修课，小学、初中开设摩纳哥语课程。2008年在校学生5766人，教师499人，入学率和教育普及率均达98%。

【新闻出版】主要报刊有《尼斯晨报摩纳哥专版》和《摩纳哥周刊》等。蒙特卡洛广播电台和电视台收听、收视率较高，是西欧重要的广播电台和电视台，用36种语言播音。

此外，摩每年都举办大量的文化交流活动。摩海洋博物馆和研究所享誉世界，此外还有拿破仑纪念馆、国家博物馆、卡罗琳图书馆、蒙特卡洛歌剧院等文化设施。

对外关系

主张普遍裁军，维护世界和平、安全、进步、自由、人权，推进经济和社会发展，支持国际人道主义行动，反对国际恐怖主义。十分重视世界环保事业，特别是海洋、生态保护及研究。

1918年摩法条约规定，摩采取外交行动须事先与法国政府达成协议。2002年10月，摩法两国签署新条约，摩首次获得对外正式建交权，摩无须预先征得法国同意，即可自主地与其他国家谈判建立正式外交关系。2005年11月新条约生效。

截至2009年底，摩纳哥与64个国家建立大使级外交关系。目前，摩在法国、意大利、中国、西班牙、荷兰、比利时、卢森堡、瑞士、梵蒂冈、德国和列支敦士登等国派有常驻或非常驻大使，并向欧盟和联合国派有4个常驻代表团，在全球62个国家和地区设立了113个领事代表处。共有116个国家向摩派驻外交代表，其中42个国家为大使（法国、意大利为常驻大使），其他国家为名誉总领事或兼任总领事。

摩于1993年5月28日加入联合国，是联合国教科文组织、国际电信联盟、世界卫生组织、世界旅游组织等近70个国际组织的成员国。国际海道测量组织、国际体育总会、国际业余田联等10余个国际机构总部设在摩纳哥。蒙塔纳经济论坛、能源峰会等国际会议常年在摩举行。

摩主张在保护本国经济利益的同时加强与欧盟的关系。2004年10月加入欧洲委员会。持申根签证可赴摩。

【同中国的关系】中国与摩纳哥于1995年1月16日建立领事关系。2006年2月6日，中摩关系升格为大使级。中国驻法国大使兼任驻摩纳哥大使。2010年3月19日，摩现任驻华大使（非常驻）彼希尼尼（Marco Piccinini）向胡锦涛主席递交国书。2008年10月31日，中方向摩首任驻北京名誉领事闫兰女士颁发名誉领事证书。

建交以来，中摩关系平稳发展。重要互访有：阿尔贝王储访华（1999年6月）；唐家璇外长访法期间应邀出席摩国务大臣午宴（2001年4月）；阿尔贝王储赴沪主持摩驻沪名誉领馆开馆仪式（2002年6月）；李岚清副总理、吴仪国务委员率上海申办世博会代表团出席在摩举行的国际展览局大会（2002年12月）；阿尔贝王储率经贸代表团对中国进行非正式访问（2004年11月）；李肇星外长对摩纳哥进行正式访问（2006年2月）；2007年4月，摩元首阿尔贝二世亲王对中国进行国事访问。2008年5月，四川汶川特大地震后，阿尔贝二世亲王向胡锦涛主席致函慰问，摩政府和红十字会向中方提供15万欧元的紧急援助。8月，阿尔贝二世亲王来华出席北京奥运会开幕式并赴青岛、香港等地观赛。

据中国海关总署统计，2009年中摩贸易额约为2013.5万美元，同比下降24.7%。其中，中方出口额约为914.5万美元，同比下降40.4%；进口额约为1099万美元，同比下降3.7%。

中国驻摩纳哥大使：孔泉（兼任），2008年6月5日递交国书。馆址：11，Avenue George V，75008 Paris。电话：（331）49521950；传真：47202422。领事部地址：20，rue Washington，75008 Paris。电话：（331）53758805；传真：53758806。经商处地址：52，rue de Lisbonne，75008 Paris。电话：（331）53577000；传真：47234831。（陈雨）

挪　威

国名　挪威王国（The Kingdom of Norway，Kongeriket Norge）。

面积　38.5万平方公里（包括斯瓦尔巴群岛、扬马延岛等属地）。

人口　486万（2009年）。96%为挪威人，外国移民约占4.6%。有萨米族约3万人，主要分布在北部。官方语言为挪威语。90%的居民信奉国教基督教路德宗。

首都　奥斯陆（Oslo），人口约58万（2009年）。年平均气温5.7℃，降水量763毫米。

国家元首　国王哈拉尔五世（Harald V），1991年1月21日即位。

重要节日　宪法日：5月17日（纪念1814年5月17日通过第一部宪法）。

简　况

位于北欧斯堪的纳维亚半岛西部。东邻瑞典，东北与芬兰和俄罗斯接壤，南同丹麦隔海相望，西濒挪威海。海岸线长21192公里（包括峡湾）。大部分地区属温带海洋性气候。

9世纪形成统一王国。9～11世纪进入全盛期。14世纪中叶开始衰落，1397年与丹麦和瑞典组成卡尔马联盟，受丹麦女王玛格丽特一世统治。1814年被丹割让与瑞典。1905年6月7日脱离瑞挪联盟独立，选丹麦王子为国王，称哈康七世。一次大战期间中立。二战中被德国占领。战后由工党、保守党单独或与其他政党联合执政。

政　治

政局稳定。2009年9月，挪工党、社会主义左翼党、中间党联盟在议会大选中胜选连任。新政府基本延续上届政府内外政策，提出团结协作、创造价值和社会公平的核心理念，明确任期目标是实现全民就业、加强知识型社会建设和提高社会福利，强调将努力应对人类活动造成的灾害性气候变化。

【宪法】现行宪法于1814年5月17日通过，后经多次修订。宪法规定挪实行君主立宪制。国王为国家元首兼武装部队统帅，并提名首相人选，但无权解散议会。

【议会】国家立法机构，采用比例代表直选制。由169名议员组成，任期四年。分上下两院，上院由全体议员的1/4组成，除制定法律先由下院后由上院讨论外，其他问题均由两院合并讨论。本届议会于2009年10月产生，由7个政党组成，其中工党64席、进步党40席、保守党31席、社会主义左翼党11席、中间党11席、自由党2席。议长达格·安德森（Dag Andersen，工党）。

【政府】本届政府于2009年10月16日组成，共20人，其中工党12人，社会主义左翼党4人，中间党4人，女阁员共10人。主要内阁成员为：首相延斯·斯托尔滕贝格（Jens Stoltenberg，工党），教育大臣克里斯廷·哈尔沃森（Kristin Halvorsen，社会主义左翼党，女），地方政府与地区发展大臣利芙·西格纳·纳瓦塞特（Liv Signe Navarsete，中间党，女），外交大臣约纳斯·加尔·斯特勒（Jonas Gahr Støre，工党），国防大臣格蕾特·法雷莫（Grete Faremo，工党，女），财政大臣西比约恩·约翰森（Sigbjørn Johnsen，工党），贸易与工业大臣特龙·吉斯克（Trond Giske，工党），交通与通讯大臣芒希尔·梅尔特韦特·克莱帕（Magnhild Meltveit Kleppa，中间党，女），卫生与护理大臣安娜—格蕾特·斯特伦—埃里克森（Anne-Grete Strøm-Erichsen，工党，女），环境与国际发展大臣埃里克·索尔海姆（Erik Solheim，社会主义左翼党），司法与警察大臣克努特·斯托贝格特（Knut Storberget，工党），石油与能源大臣泰耶·里斯—约翰森（Terje Riis-Johansen，中间党），首相府大臣卡尔·埃里克·舍特—彼得森（Karl Eirik Schjøtt-Pedersen，工党），科研与高教大臣托拉·奥斯兰（Tora Aasland，社会主义左翼党，女），文化大臣安妮肯·维特费尔特（Anniken Huitfeldt，工党，女），农业与食品大臣拉尔斯·佩德·布雷克（Lars Peder Brekk，中间党），改革与宗教事务大臣里格莫尔·奥斯鲁德（Rigmor Aasrud，工党，女），劳动大臣汉娜·比由斯特伦（Hanne Bjurstrøm，工党，女，2009年12月21日起），渔业与沿海事务大臣里莉斯贝特·贝格—汉森（Lisbeth Berg-Hansen，工党，女），儿童、平等与社会融合事务大臣艾于敦·吕斯巴肯（Audun Lysbakken，社会主义左翼党）。

【主要网址】政府 http：//www. regjeringen. no；议会 http：//www. stortinget. no。

【行政区划】全国设1市18郡。

【司法机构】法院独立行使职能，分三级：最高法院，6个高等法院，93个区、市初审法院。此外还设有劳资纠纷法院、社会保障法院、土地认证法院等。最高法院设1名院长和18名大法官，院长为图尔·谢（Tore Schei），2002年8月就任。检察院隶属司法部，总检察长为托尔—阿克塞尔·布什（Tor-Aksel Busch），1997年就任。

【政党】全国有20多个注册政党。

（1）工党（Labour Party）：执政党。1887年成立。挪第一大党，战后主要执政党，在工会中有较大影响。对内主张实行福利社会，实现充分就业、可持续发展、公正分配和加强社会福利。2005年与社会主义左翼党、中间党组成联合政府，2009年三党在大选中获胜，继续执政。目前有7万多党员。主席为延斯·斯托尔滕贝格。

（2）进步党（Progress Party）：在野党，议会第二大党。1973年成立。对外国移民和申请避难者态度较苛刻，赞成加入欧盟，主张减税。约有1.2万党员。近年来支持率持续上升。主席为西芙·延森（Siv Jensen，女）。

（3）社会主义左翼党（Socialist Left Party）：执政党。1975年成立。奉行激进的社会民主主义路线，反对加入欧盟，外交上奉行对美国相对独立政策，注重环保。现有党员近1万。主席为克里斯廷·哈尔沃森。

（4）保守党（Conservative Party）：在野党。1884年成立。代表金融、航运和工商业大垄断资本利益，强调自由市场竞争，坚定拥护加入欧盟。目前有6.7万党员。主席为埃尔纳·索尔贝格（Erna Solberg）。

（5）中间党（Centre Party）：执政党。1920年成立。代表农场主和家庭农户利益，坚决反对加入欧盟。约有党员2.3万。主席为利芙·西格纳·纳瓦塞特。

（6）基督教人民党（Christian Democratic Party）：在野党。1933年成立。维护基督教传统道德观念，反对加入欧盟，支持向发展中国家提供经援。约有5万余党员。主席为达格芬·赫布罗腾（Dagfinn Hoeybraaten）。

（7）自由党（Liberal Party）：在野党。1884年成立，是挪历史上最早的政党，曾经历多次分裂。代表中小资产阶级利益，反对极端垄断和社会化，主张国际参与。约有党员7400人。主席为特利娜·施·格兰德（Trine Skei Grande，女）。

其他政党还有：挪威共产党（Norwegian Communist Party）、红色选举联盟（RV）、绿党（The Green Party）等。

【重要人物】哈拉尔五世：国王。1937年2月21日生于奥斯陆。1940年4月德国入侵挪威后，随其母及两个姐姐应美国总统罗斯福之邀侨居美国，战后回国。1955年入挪威军事学院学习。1960～1962年在英国牛津大学学习历史、经济和政治学，1984年获英国约克大学荣誉博士学位。1977年获陆海空上将军衔。1957年9月起为挪王储，开始参与国事活动。1991年1月21日即位。1985年4月作为王储首次访华。1997年10月偕宋雅王后访华。2008年8月偕宋雅王后来华出席北京奥运会开幕式。爱好帆船和滑雪运动。有一女一子。　**延斯·斯托尔滕贝格：**首相。1959年3月16日生。经济学硕士。26岁担任工党青年团主席。1990年起在政府、议会和工党内担任重要职务。历任环保部国务秘书、议会能源与环境委员会主席等。1993年任经济与能源大臣。1996年任财政大臣。2000年出任首相，次年选举失利下台。2002年起任工党主席。2005年任工党、社会主义左翼党和中间党组成的联合政府首相。2009年三党联盟在议会大选中获胜，斯连任首相。对内主张福利与社会公平、务实经济发展和政治改革。在外交上倡导和推动联合国框架下的多边主义。曾于2007年以首相身份正式访华。

经　济

挪威是拥有现代化工业的发达国家。20 世纪 70 年代经济发展速度较快，80 年代有起有落，90 年代初因取消石油生产限额，收入剧增，外贸顺差大幅增加。受西方经济衰退影响和欧洲货币危机冲击，挪威克朗于 1992 年实行自由浮动。1993 年金融形势开始好转，外贸及对外收支继续呈顺差。近年来，世界石油价格高企，挪石油出口获巨额收益，经济复苏加快，失业率下降，通胀率维持在较低水平。挪政府“石油基金”2009 年底价值 2.64 万亿挪威克朗。挪经济仍然存在过分依赖石油收入和福利开支过大等结构性问题，高科技产业投入与产出不足。2009 年主要经济数据如下（资料来源：除注明外，均根据挪威中央统计局公布数字。下同）：

国内生产总值：2.4 万亿挪威克朗。

人均国内生产总值：49.9 万挪威克朗。

国内生产总值增长率：－1.5%。

货币名称：挪威克朗（Krone），1 克朗 ＝ 100 欧尔。

汇率（2009 年平均值）：1 美元 ＝ 6.28 挪威克朗。

通货膨胀率：3.4%。

失业率：3.3%。

【资源】 油气、水力、森林、渔业资源丰富。截至 2009 年，原油及天然气已探明总储量为 130 亿立方米（石油当量），已开采 35%。水力资源丰富，可开发的水电资源约 2150 亿度，已开发 60.2%。北部沿海是世界著名渔场。

【工业】 在国民经济中占有重要地位，海洋石油、化工、航运、水电、冶金等尤为发达。欧洲重要铝、镁生产国和出口国，硅铁合金产品大部分供出口。2009 年工业产值（包括电力、建筑业等，但不包括油气产业）约 3160 亿克朗，占国内生产总值约 15%。从业人口约占总劳动力的 11%。20 世纪 70 年代，挪近海石油工业兴起，成为国民经济重要支柱。挪现为西欧最大产油国，世界第五大石油出口国。2009 年石油工业产值 4640 亿克朗，约占国内生产总值的 22%。2009 年，挪发电量 1328 亿度。

【农林渔业】 2009 年农林渔业总产值约 211 亿克朗，占国内生产总值的 1%。从业人口占总劳动力的 3%。近 1/3 国土在北极圈以内，可耕地面积仅占国土面积的 3%。农业面积 1030 万公顷，其中牧草地 660 万公顷。农业以畜牧业为主，肉、蛋和奶制品基本自给，粮食主要靠进口。主要产品产量如下（单位：万吨）：

	2006	2007	2008
谷　物	118	121	126
马铃薯	37.8	33.0	35.6
肉　类	29.2	29.6	29.8

2008 年，牲畜、家禽存栏数约为牛 90 万头，猪 10 万头，羊 100 万只，鸡 5000 万只。森林覆盖率占国土面积 38%，可采伐的森林面积 7.48 亿立方米，木材采伐量约 820 万立方米。渔业是重要的传统经济部门。2009 年捕鱼量 250 万吨，产值 111 亿克朗，占国内生产总值的 0.6%。养殖业发达，以人工养殖大马哈鱼和近海捕捞为主，主要捕捞鱼种是鳕鱼、鲱鱼、鲐鱼、毛鳞鱼等。

【服务业】 包括商业、旅游、运输、通讯、金融保险、房地产、建筑、公共服务等。2009 年服务业总产值约占国内生产总值的 57%，从业人数约占总劳力约 76%。

【旅游业】 2009 年餐饮业总产值约 210 亿挪威克朗，约占国内生产总值的 1%。主要旅游点有奥斯陆、卑尔根、北角等地。

【交通运输】 海运业发达。2009 年主要交通运输情况如下：

铁路：总长约 4114 公里，其中电气化铁路 2552 公里；客运量 31 亿人公里，货运量 25 亿吨公里。

公路：全国公路总长 9.3 万公里；机动车总数约 310 万辆（其中小汽车 270 万辆，货车 40 余万辆）。

水运：挪商船队总吨位 1678 万吨。年客运量约 8.7 亿人公里，货运量约 150 亿吨公里；主要港口有奥斯陆、特隆赫姆和卑尔根，奥斯陆港年吞吐量约 600 万吨。

空运：1946 年与瑞典、丹麦共同成立北欧航空公司。有各类民用飞机 1000 余架；客运量 3480 万人公里，货运量 13 万吨公里；主要机场有奥斯陆、卑尔根和斯塔万格。

【财政金融】 近年来收支情况如下（单位：亿挪威克朗）：

	2007	2008	2009
收入	10301	11826	10050
支出	7151	7786	6580
盈余	3150	4040	3470

2009 年，挪国际收支顺差 3330 亿克朗。截至 2010 年 3 月，挪中央银行国际外汇储备约 3183 亿挪威克朗。

主要银行有：挪威中央银行（Norges Bank），总资产 1.4 万亿挪威克朗；国家住房银行、渔业银行、农业银行等国家专业银行；挪威银行（DnB）、诺迪亚（Nordea）等商业银行。

【对外贸易】 主张自由贸易。外贸在经济中地位重要。近几年对外贸易情况如下（单位：亿挪威克朗）：

	2007	2008	2009
出口额	10423	12258	11030
进口额	6790	7327	7550
差　额	3633	4931	3480

主要出口石油、天然气、有色金属、各类机械、渔产品、化工产品。主要进口机械、电器设备、运输工具、石油制品、纺织品、食品。主要进口国包括瑞典、德国、中国等。主要出口国有英国、德国、瑞典等。

【对外投资】 2009年，挪威在国外投资总额为7230亿挪威克朗，主要在周围邻国、西欧、北美和亚太地区。投资集中在工业和金融业。

【对外援助】 2009年外援金额达257亿克朗，约占国内生产总值的1.1%。主要受援国有阿富汗、坦桑尼亚、莫桑比克、乌干达、埃塞俄比亚等。外援中双边与多边项目约各占一半。多边援助中50%以上通过联合国机构实施。

【外国资本】 2009年，外国在挪投资总额约3320亿挪威克朗。主要投资国有瑞典、美国、英国、德国等。投资集中在工业和商业。

【经济团体和大公司】（1）挪威工商联合会（NHO）：1989年1月成立，由雇主协会、工业协会和手工业协会合并组成，是挪最大的企业家组织，成员包括全国1万多个企业。会长延斯·乌特维特—穆埃（Jens Ulltveit-Moe）。

（2）挪威国家石油—海德鲁公司（Statoil Hydro）：挪威国家石油公司成立于1972年，是挪最大石油公司、北海最大原油生产商和西欧最大原油销售商。2006年底与挪海德鲁公司油气部合并，并更名为挪威国家石油海德鲁公司，现拥有3.1万名职工。股票市值约合1000亿美元。总裁海尔格·伦德（Helge Lund）。

（3）挪威海德鲁公司（Norsk Hydro A. S.）：创建于1905年，著名铝制品生产商，挪最大的工业公司。主要经营化工、轻金属、化肥、水电、食品、医药等，51%的股本为挪威政府所有。在近40个国家和地区共有2.4万雇员。年营业额为约2000亿挪威克朗。总裁思文·布莱德赛格（Svein Brandtzaeg）。

人民生活

有较高的生活水平和社会福利。全国共有各种医疗机构320所，住院床位约2.4万张；平均寿命女为82.7岁，男为78.1岁；平均每千人有小轿车454辆；移动电话用户占全国人口93%，90%的居民上因特网。

军　事

国王为名义上的最高统帅。内阁通过国防大臣掌握全军。最高作战指挥机构为最高国防司令部，国防司令哈拉尔·桑德上将（Harald Sunde，2009年10月上任）。奉行与美国和北约结盟的防务政策，建有北约军事基地。

实行义务兵役制，服役期6～12个月。现役军人和文职人员共约3万人，国民卫队6万人，后勤部门6000人。挪向波黑、科索沃、阿富汗、伊拉克等地联合国维和部队派驻约1500人。2009年国防预算为335亿挪威克朗，占政府预算的4%。近年来，随着欧洲形势的变化，挪正在调整防务政策，压缩军费开支，削减人员数量，提高装备质量。

文化教育

【教育】 1998年起实行十年制义务教育。学校大多数为公立，中央负责高等教育，地方负责中等和初等教育。2009年教育经费为318亿克朗，约占政府预算的3.9%。各类在校学生总数约105万人，教师7.6万人。有高等院校71所，学生约20万人。奥斯陆大学，1813年成立，有学生约4万人，是挪威最大的综合性大学。此外还有卑尔根大学、挪威科技大学、特罗姆瑟大学、挪威生命大学、挪威商学院（BI）等著名高等学府。

【科研】 2009年用于科研的支出约384亿挪威克朗，相当于国内生产总值的1.6%。科研经费40%以上由政府提供，其余由科研单位自筹。主要研究机构为“挪威科研理事会”，下设六个部门，分别负责工业和能源、生物生产和改良、环境与发展、文化和社会、自然科学和技术方面的研究工作。

【新闻出版】 全国出版各种日报约60种，日平均发行量300万份。另有其他报刊100余种。主要报纸有：《晚邮报》、《世界之路报》、《日报》、《卑尔根时报》等。

挪威通讯社（NTB）：1867年成立，非官方。

挪威国家广播公司（NRK）：1933年建立，分广播、电视两部分，隶属文化部。

对外关系

外交以联合国、北约、欧盟、周边为四大重点，但迄未加入欧盟。积极参与联合国事务，重视加强与欧盟、周边及新兴国家关系。致力于气候外交，希国际社会达成公平有力的气候协议，支持发展中国家应对气候变化的努力。挪与140多个国家有外交关系。

【对当前重大国际问题的态度】 关于国际形势：认为国际形势总体趋向缓和，但民族与种族矛盾、地区冲突、恐怖主义、大规模杀伤性武器扩散以及环境污染等问题构成新的不安全因素，国际社会面临的最大挑战是贫困和缺乏民主。主张国际社会应建立新秩序，以维护全球和平与安全、确保人权进步和经济可持续发展。认为近年来非传统安全因素对国际关系的影响趋于上升。呼吁国际社会提高自身应对能力并加强合作。

关于联合国的作用：强调联合国是维护国际和平与安全最重要的组织，主张实施“有效多边主义”，加强联合国作用，强化其人权机构并成立联合国紧急援助基金以及建设和平委员会。积极参与联合国维和与重建行动，大力推动联合国改革，支持日本“入常”。

关于防扩散、裁军问题：认为核扩散是对国际和平与安全的严重威胁，主张完全销毁核武器。北约国家应率先反对大规模杀伤性武器扩散。对美倡导的导弹防御计划持谨慎态度。积极参与打击恐怖主义和有组织犯罪的国际合作，认为单凭武力打不赢反恐战争，必须加大预防性投入，消除冲突根源。主张加强联合国在反恐方面发挥主导作用，国际社会广泛开展反恐合作。

关于中东问题：继1993年推动达成《奥斯陆协议》以来，积极致力于斡旋和参与中东和平进程。主张美国等有关各方应加大力度和投入，明确支持巴勒斯坦建国，是最早宣布与选举产生的哈马斯政府建立正常关系的西方国家之一。支持“路线图”计划，敦促巴以双方严格遵守该计划，认为这是实施“两个国家”解决方案的前提。

关于伊拉克问题：不支持美出兵伊拉克，但派兵参与战后重建，2005年后撤出全部兵力。对伊暴力冲突升级感到担忧，主张国际社会应对伊实行人道主义援助。

【同中国的关系】 1954年10月5日建交。建交以后，两国关系平稳发展。20世纪80年代两国关系有较大发展。进入90年代，双方高层互访频繁，在各个领域的合作迅速发展。1996年和1997年，江泽民主席和挪国王哈拉尔五世实现互访。

2008年，挪国王哈拉尔五世夫妇及哈康王储先后来华出席北京奥运会开幕式并观赛；挪文化与宗教大臣特隆德·吉斯克及卫生与护理大臣比亚纳·汉森分别来华出席北京奥运会及残奥会。挪外交大臣斯特勒、外援大臣苏尔海姆、高教与科研大臣奥斯兰先后访华。2009年，中挪关系平稳发展。全国政协副主席、统战部部长杜青林、中联部部长王家瑞访挪。挪卫生与护理大臣汉森、环保与国际发展大臣苏尔海姆等访华。

据中国海关总署统计，2009年双边贸易额达57.3亿美元，同比增长21.8%。其中中方出口额26.7亿美元，同比增长4.5%；进口额30.6亿美元，同比增长42.4%。

中国驻挪威大使：唐国强（2009年9月17日递交国书）。馆址：TUENGEN ALLE 2B，0244，OSLO，NORWAY。电话：(47) 22492052；传真：22921978。商务处电话：(47) 22449638；传真：22447230。签证处电话、传真：(47) 22148908。使馆主页：http：//www.chinese-embassy.no。

挪威驻华大使：司文（Svein Saether，2007年4月3日递交国书）。馆址：北京市三里屯东一街1号。电话：010－85319600。传真：65322392。使馆主页：http：//www.norway.org.cn。

【同美国和北约的关系】 同美国及北约保持密切合作是挪外交和安全政策基石。视美为最重要盟友。强调北约在欧洲安全政策上的主导作用，主张加强跨大西洋纽带，支持北约在防区外采取行动。

【同俄罗斯及东欧国家的关系】 关注俄政治经济走向，认为俄系最重要邻国，希俄国内保持稳定。愿全面加强同俄关系，尽快解决两国巴伦支海划界问题。主张通过对话解决与俄在北部地区的资源纠纷。2010年两国就巴伦支海划界问题达成初步协议。积极发展同独联体及东欧国家的和平伙伴关系。

【同欧盟的关系】 主张扩大泛欧合作，支持欧安组织和欧洲理事会，主张协助欧洲经济区（EEA）缩小其成员国间的社会及经济差异。虽两次全民公决否决加入欧盟，但作为申根成员国，支持欧盟一体化，主张积极加强同欧盟国家在各领域的合作。派军舰参加欧盟在亚丁湾的护航行动。

【同亚洲及发展中国家的关系】 日益重视亚洲，认为中国、印度的崛起将进一步提升亚洲的国际影响力，视亚洲发展为机遇，但对其潜在的民族、宗教等问题表示担忧。曾于2001年、2007年两次出台全面深化同中国关系的对华战略文件。2005年出台“对印度行动计划”。（仇文婷）

附：

斯瓦尔巴群岛

名称　斯瓦尔巴群岛（The Svalbard Archipelago）。主权属于挪威王国。

面积　61020平方公里。

人口　2116人（2009年）。主要为挪威人，也有少量俄罗斯、乌克兰和波兰人。人口密度约0.03人/平方公里。

首府　朗伊尔城（Longyearbyen），位于斯匹次卑尔根岛。人口约1100人。

简　况

位于北冰洋，南距挪威北海岸657公里，由9个主岛和众多小岛组成。近60%的区域被冰川覆盖。年平均气温最高7℃，最低－22℃；年均降水量约200毫米。

12世纪由维京人首先发现，17世纪成为重要的捕鲸中心，20世纪初发现煤炭资源。几个世纪以来，英国、荷兰、丹麦和挪威等国对其提出主权要求。1920年2月9日，14个国家签署条约，承认挪威对该岛拥有主权。根据斯瓦尔巴条约，通行权和经济开发权为国际社会共享，但严禁将该岛用于战争目的或修建军事设施。1925年，斯瓦尔巴群岛正式并入挪威。目前，除波兰建有一小型长期研究站外，只有挪威和俄罗斯、乌克兰在岛上有居民定居。

政　治　斯瓦尔巴总督既是最高行政长官，也是最高司法长官。总督由挪政府任命，向挪司法部极地事务司负责。任期三年，可延长两年。现任总督奥德·奥尔森·英格勒（Odd Olsen Ingeroe，2009年任命）。挪极地研究所负责提供政策咨询服务。

经　济　经济活动十分有限，主要为采煤业。

【财政金融】通用挪威克朗。2008年财政预算约为2.5亿克朗，其中1.6亿克朗由挪政府直接拨款。一部分收入来自出售捕鱼许可证。

【资源】煤炭资源蕴藏丰富。2008年共产煤约410万吨，大部分出口至德国。其它矿藏包括铁、磷酸盐、亚硫酸盐、石棉、硬石膏和石灰石等。

【交通】对外交通主要通过空运和海运。朗伊尔城建有机场和深水海港，每周五次航班直飞挪威北部城市特罗姆瑟，海运仅限6、7、8三个月。此外还有俄罗斯修建的直升机站、移动雷达站等少量航空设施。

【旅游】2008年约有9.3万旅游者访问了该岛。

人民生活　岛上娱乐、交通、金融和教育设施很少。仅有一所医院。有4所初级学校。（仇文婷）

扬马延岛

名称　扬马延岛（Jan Mayen）。

面积　377平方公里。

简　况　小火山岩岛，位于北冰洋，与挪威、格陵兰岛、斯瓦尔巴群岛和冰岛隔海相望。气候恶劣，寒冷多雾。1970年9月，岛上火山自19世纪初以来首次喷发。未发现可开采的矿藏，地表也十分贫瘠，目前主要用于气象观察、导航和无线电传输。约有50名居民（通常一次居住时间仅为一年）。没有公共交通和食宿设施。

17世纪曾有捕鲸者和狩猎者在岛上短暂居住。19世纪中期以来成为挪威人重要的海豹捕猎场所。20世纪初，挪气象学会上岛开始气象观察活动并于1922年宣布占据该岛。1929年5月8日，挪威国王颁布法令宣布对扬马延岛拥有主权，1930年正式并入挪威版图。扬马延岛是二战期间唯一未被德军占领的挪领土，挪政府和盟军继续利用该岛的气象站并修建了无线电定位站。1946年，在岛上建立集气象观测站和海岸无线电台于一体的基地，后来成为北大西洋防务合作中远程导航（LORAN）系统的一部分。基地司令兼任该岛最高行政长官。1980年，经与冰岛谈判，挪政府宣布将扬马延岛专属经济区扩大至200海里。（仇文婷）

布韦岛

名称　布韦岛（Bouvet Island，Bouvetøya），挪威领地。

面积　58.5平方公里。

简　况　位于南大西洋，地处南纬54°26′、东经3°24′，好望角西南约2400公里、南极洲以北约1600公里处。布韦岛的本身为一冰川覆盖的火山锥，最高点奥拉夫峰（Olav Peak）海拔935米，四周为陡峭岩石和冰崖，自然资源贫乏。海岸线长29.6公里。属极地气候，年平均气温－1℃。

1739年1月1日，法国探险家布韦（J. B. C. Bouvet de Lozier）率探险船队抵此，该岛因而得名。1930年，挪威宣布该岛为其领地。目前该岛无人居住，挪科学家定期来岛。防务由挪司法和警察部极地司管辖。岛上无经济活动，1970年被宣布为自然保护区，1977年设立了一个自动化气象站。近海岸仅有一个抛锚点。（仇文婷）

葡萄牙

国名　葡萄牙共和国（A República Portuguesa，The Portuguese Republic）。

面积　92391平方公里。

人口　1070.79万（2009年）。其中葡萄牙人占96.9%，外国合法移民占3.1%（主要来自非洲、巴西、欧盟及亚洲等国家）。官方语言为葡萄牙语。约94%的居民信奉天主教，2%为新教徒，4%信其他宗教。

首都　里斯本（Lisbon），人口49.97万，最热月（8月）气温为17℃～28℃（平均日最低温及最高温），最冷月（1月）气温为8℃～14℃。

国家元首　总统阿尼巴尔·安东尼奥·卡瓦科·

席尔瓦（Aníbal António Cavaco Silva），2006年1月当选，3月就职。任期5年。

重要节日　4月25日：纪念1974年4月25日推翻独裁统治，建立民主政治；国庆日：6月10日；共和国日：10月5日；12月1日，恢复独立日。

简　况

位于欧洲伊比利亚半岛的西南部。东、北连西班牙，西、南濒大西洋。海岸线长832公里。地形北高南低，多为山地和丘陵。北部属海洋性温带阔叶林气候，南部属亚热带地中海式气候。

欧洲古国之一。1143年成为独立王国。15、16世纪在非、亚、美洲建立大量殖民地，成为海上强国。1580年起隶属西班牙王室，1640年摆脱西班牙统治。18世纪末，法国拿破仑军队入侵葡萄牙，直到1811年葡在英国帮助下赶走法国军队。1820～1910年葡确立君主立宪制。1910年10月成立共和国。1926年5月建立军人政府，开始“新政”。1932年萨拉查就任总理，实行法西斯独裁统治。1974年4月25日，一批中下级军官组成的“武装部队运动”推翻统治葡40余年的极右政权，开始民主化进程，同时放弃在非洲的葡属殖民地，葡正式成为西方民主制度国家。1986年，苏亚雷斯当选总统。1986年1月1日加入欧共体，1999年1月1日成为欧元创始国。

政　治

2005年2月20日，左翼政党社会党在议会选举中以绝对多数获胜，上台执政；2006年1月22日，受社民党和人民党支持的卡瓦科·席尔瓦当选为总统，并于3月就职，任期5年。从此，葡历史上首次出现了右翼总统、左翼政府的政治格局，政府与总统及议会关系比较协调，葡政局基本保持稳定。社会党在议会中占绝对多数，执政地位较为稳固，大力推进行政体制、地方财政、社会保障、医疗卫生、基础教育等领域改革，初见成效。改革触及部分阶层利益，社会不满情绪加大，但各界对改革的必要性和紧迫性具有广泛共识。2007年下半年，葡轮值欧盟主席国，在推动欧盟一体化建设和拓展欧盟全方位外交方面取得突出成绩，赢得广泛赞誉。2008年6月，社民党赢得欧洲议会选举胜利。2009年9月27日，社会党以36.55%的得票率赢得第11届议会选举，蝉联执政，总书记索克拉特斯连任总理。由于社会党在议会所获议席未能过半，与其他反对党组成联合政府未果，索邀请6位独立人士组成少数派政府。新政府上台以来，全力振兴经济，促进就业，提高政府公共服务质量，取得一定成效。受国际金融危机影响及经济结构矛盾突出等因素制约，葡目前经济发展低迷。索政府执政面临挑战。

【宪法】现行宪法于1976年制定，后经历了六次修改。最近一次修订于2004年完成。宪法规定，总统、议会、政府和法院是国家权力机构；总统为武装部队最高司令，根据政府提名任免总参谋长和三军将领。总统在听取各党派、国务委员会的意见后才能解散议会，“在必要时”可以解散政府和罢免总理。

【议会】一院制，议员230人，任期四年。本届议会为1974年4月25日以来的第11届议会，于2009年9月27日选举产生。社会党人雅伊梅·伽马（Jaime Gama）连任议长。四位副议长分别为：若泽·韦拉·雅尔丁（José Eduardo Vera-Cruz Jardim，社会党）、吉列尔梅·席尔瓦（Guilherme Henrique Valente Rodrigues da Silva，社民党）、特雷莎·瓦斯康塞洛斯·卡埃罗（Teresa Margarida Figueiredo de Vasconcelos Caeiro，女，人民党）、路易斯·法曾达（Luís Emídio Lopes Mateus Fazenda，左翼集团）。各党派议席分配如下：社会党97席，社民党81席，人民党21席，左翼集团16席，葡共主导的民主团结联盟15席。

【政府】本届政府为第18届宪法政府，于2009年10月26日就职，由社会党组成。主要成员有：总理若泽·索克拉特斯（José Sócrates），国务部长兼外交部长路易斯·阿马多（Luís Amado），国务部长兼财政部长特谢拉·多斯桑托斯（Teixeira dos Santos），总理府部长佩德罗·席尔瓦·佩雷拉（Pedro Silva Pereira），国防部长奥古斯托·桑托斯·席尔瓦（Augusto Santos Silva），内政部长鲁伊·佩雷拉（Rui Pereira），司法部长阿尔贝托·马丁斯（Alberto Martins），经济、创新和发展部长若泽·维埃拉·达席尔瓦（José Vieira da Silva），农业、乡村发展和渔业部长安东尼奥·塞拉诺（António Serrano），公共工程、交通和通讯部长安东尼奥·门多萨（António Mendonça），环境和土地规划部长杜尔塞·帕萨罗（Dulce Pássaro，女），劳动和社会团结部长埃莱娜·安德烈（Helena André，女），卫生部长安娜·若热（Ana Jorge，女），教育部长伊莎贝尔·阿尔萨达（Isabel Alçada，女），科技和高等教育部长马里亚诺·加戈（Mariano Gago），文化部长加布里埃拉·卡纳维利亚斯（Gabriela Canavilhas，女），议会事务部长若热·拉康（Jorge Lacão），部长委员会总理府国务秘书若昂·蒂亚戈·希尔韦拉（João Tiago Silveira）。

【重要网址】总统府：www.presidencia.pt；议会：www.parlamento.pt；总理府：www.portugal.gov.pt/Portal/PT/；外交部：www.mne.gov.pt/mne/pt/；教育部：www.min-edu.pt；文化部：www.min-cultura.pt；最高法院：www.stj.pt。

【行政区划】全国分为18个大区，分别为：里斯本、波尔图、科英布拉、维亚纳堡、布拉加、雷阿尔城、布拉甘萨、瓜达、莱里亚、阿威罗、维塞乌、圣塔伦、埃武拉、法鲁、布朗库堡、波塔莱格雷、贝雅、塞图巴尔。另有马德拉和亚速尔2个自治区。

【司法机构】最高法院是最高司法机构，院长由法官选举产生。最高法院院长在国家领导人中排名第四，位于总统、议长和总理之后，如前三位领导人不在国内或无力履行其职责时，最高法院院长可代任国家元首职务。现任最高法院院长为路易斯·纳西门托（Luís António Noronha Nascimento），2006年就职。共和国总检察院是最高检察机构，总检察长费尔南多·若泽·马托斯·平托·蒙特罗（Fernando José Matos Pinto Monteiro），2006年10月9日就职。

【政党】葡实行多党制，主要政党有：

（1）社会党（Partido Socialista）：执政党。1973年4月在“葡萄牙社会主义运动”基础上重建。党员约7.3万人。曾于1995～2002年上台执政，并于2005年再获执政地位至今。主席安东尼奥·德阿尔梅达·桑托斯（António de Almeida Santos），2009年3月社会党十六大当选，历任共和国第七届和第八届议长，及第九届政府国务委员；总书记若泽·索克拉特斯，2004年9月就任至今。

（2）社会民主党（Partido Social Democrata）：最大在野党。1974年5月成立，原名人民民主党，1976年改为现名。党员约15万人。曾于1985～1995年10月连续执政10年，2002年4月再次上台执政，直到2005年3月。主席佩德罗·科埃略（Pedro Manuel Mamede Passos Coelho），2010年4月社民党三十三大当选就任。

（3）人民党（Partido Popular）：在野党。1974年7月成立。前身是社会民主中心党，1995年2月改名人民党。党员3万人（2002年）。主席保罗·波尔塔斯（Diogo Freitas do Amaral），于2010年就任，曾任上届政府外长。

（4）左翼集团（Bloco da Esquerda）：在野党。

（5）葡萄牙共产党（Partido Comunista Português）：在野党。1921年成立。党员13万人（2002年）。总书记热罗尼姆·德索萨（Jerónimo de Sousa），2004年11月就任至今。

（6）民主团结联盟（União Democrático Popular）：在野党。

其他政党还有：绿党（Partido Ecologista “Os Verdes”）、葡萄牙民主运动（Movimento Democrático de Portugal）、人民君主党（Partido Popular Monárquico）以及革命社会党（Partido Social Revolucionário）等。

【重要人物】**阿尼巴尔·安东尼奥·卡瓦科·席尔瓦**：总统。1939年7月15日生于葡南部阿尔加维省洛莱市。1964年获里斯本技术大学经济学学士，后获英国约克大学经济学博士。先后在里斯本新大学财经学院、葡天主教大学任教。系葡资深经济学家。1974年加入葡社民党。1980年任财政部长，同年当选为议会议员。1985年起4次当选为社民党主席。1985年11月至1995年11月担任葡总理。1996年初竞选总统失败，重返大学任教，并担任葡萄牙银行顾问。2006年1月22日当选为葡总统，3月9日就职。任期5年。席1987年4月访华时两国签署《中葡关于澳门问题的联合声明》。1994年再次访华。已婚，有一子一女。　**若泽·索克拉特斯**：总理。1957年9月6日生于葡北部阿利若市。获土木工程学士学位和医疗工程硕士学位。1981年加入社会党。1986～1995年任布兰科堡大区委员会社会党主席，1991年任社会党全国秘书处及政治委员会成员，曾为该党环境事务发言人。1987年以来，连续4度当选为社会党全国议员。1995～1997年，先后担任环境部长助理国秘和主管反毒品、体育、青年和新闻事务的总理助理部长。1999年10月至2002年4月任环境和土地规划部长。2004年9月当选社会党总书记。2005年3月12日就任第17届宪法政府总理。索高度重视中国大国地位和国际影响，将发展对华关系作为葡外交工作重点之一。2005年12月接待温家宝总理访葡，与温总理共同宣布两国建立全面战略伙伴关系。2007年1月和11月，索分别以葡总理和欧盟轮值主席身份访华。2009年10月连任第18届宪法政府总理，率社会党组建少数派政府。离婚，有两个儿子。

经　济

葡是欧盟中等发达国家，工业基础较薄弱。纺织、制鞋、酿酒、旅游等是国民经济的支柱产业。软木产量占世界总产量的一半以上，出口位居世界第一。1986年加入欧共体后，经济发展较快。20世纪90年代初，因受欧洲经济衰退的影响，经济增长率逐年下降，1995年开始复苏。1997～2001年，年平均经济增长率达2.9%，高于欧盟平均水平。1998年更高达4.6%。1999年1月1日，作为首批欧盟国家加入欧元区。经济从2002年起有所下滑，2003年经济负增长1.3%。社会党政府上台以来，为扭转经济停滞不前的局面，采取了一系列改革措施，实行经济紧缩政策，加大投资力度和私有化进程，扩大基础设施建设，创造就业机会，取得一定成效，汽车、机电、模具、制药等产业发展较快，经济持续复苏。2008年以来，受国际金融经济危机影响，经济遭受重创，失业率走高，经济复苏势头明显回落。政府采取了以扩大投资为主的经济刺激措施，推出一批大型基础设施项目，从信贷和税费着手为中小企业解困，为阻止经济大幅下滑有所收效，但受公债过高的拖累，经济发展的前景不容乐观。2009年国内生产总值同比下降2.6%，投资下降15.2%，出口下降14%，进口下降13.7%，第一、第二和第三产业分别占国内生产总值的2.9%、24.4%和72.8%，从业人口分别约占总劳动力人口（558万）的10%、30%和60%。因追加预算应对危机，财政赤字占GDP比例攀升至9.3%，公共债务占GDP比例则飙升至76.6%，失业率超过

9%。2010年3月24日，国际评级机构将葡主权信用评级下调一级，从AA降至AA-。2009年主要经济数据如下（资料来源：葡国家统计局、维基百科）：

国内生产总值：1647.79亿欧元。

人均国内生产总值：14897欧元。

经济增长率：-2.6%。

货币名称：欧元（Euro）。

全年平均汇率：1欧元=1.363美元。

通货膨胀率：-0.8%。

失业率：9.5%。

【资源】矿产资源较丰富，主要有：钨、铜、黄铁、铀、赤铁、磁铁矿和大理石，钨储量为西欧第一位。森林面积320万公顷，覆盖率35%。近年因气候变化，连年发生森林火灾，每年损失20万公顷森林。

【工业】2009年工业产值为402亿欧元，占国内生产总值的24.4%，从业人口约167.4万，约占总就业人口的30%。主要工业部门有电力、纺织、服装、制鞋、食品、化工、造纸、电子器械、陶瓷、酿酒、软木等。软木年产量15万吨，占世界总产量的一半以上，软木树种植面积占世界种植面积的30%，出口占世界第一位。汽车、机电、模具、制药和可再生能源等产业发展较快，2007年总发电量为444.7亿度，其中39.7%为可再生能源发电，全年减少930万吨二氧化碳排放量。全国19%的能源供应来自可再生能源，位居欧洲第三，仅次于瑞典和奥地利。

【农林牧渔业】2009年农林渔业总产值约47.8亿欧元，占国内生产总值的2.9%，从业人口为55.8万，约占总就业人口的10%。

海洋捕捞以沙丁鱼、金枪鱼、鳕鱼为主。2004~2007年捕鱼量分别为13.96万吨、14.6万吨、14.1万吨和16.1万吨。

【服务业】服务业从20世纪90年代开始迅速发展，其产值连年增长。到20世纪末，在国民经济中的比重以及该行业在全国就业人口中的比例已接近欧洲发达国家水平。2009年服务业产值为1199.6亿欧元，占国内生产总值的72.8%，从业人数334.8万，占总就业人口的60%。服务业主要包括银行、保险、旅馆、餐饮、交通、仓储、通讯、房地产、社会救助及其他集体、社会和个人服务。

【旅游业】是葡外汇收入的重要来源和弥补外贸赤字的重要手段。2001~2006年间旅游业收入分别为61.25亿、60.94亿、58.49亿、63.07亿、63.75亿和65.49亿欧元。2007年旅游收入71.2亿欧元，产值占全年国内生产总值的4.4%，吸收了全国10%的就业人口。2007年外国游客1200万，在世界130个国家和地区旅游竞争力排名中列第22位。拥有各类旅馆三千多所。主要游客来自英国、德国、西班牙、荷兰、法国、爱尔兰、意大利、美国、瑞典和比利时等国。主要旅游胜地有阿尔加维、里斯本、法罗、波尔图、马德拉岛等。

【交通运输】陆路运输总里程数超过8万公里，是葡交通运输的主要方式。

铁路：2009年国内铁路总长2786公里，其中宽轨2603公里（1351公里为电气化区间），其余为窄轨；2006年1~11月客运量1.42亿人次，货运量22.4亿吨公里。

公路：2009年全国公路总长82900公里，路面铺设里程71294公里，其中国家级公路12661公里，高速公路2341公里，行驶机动车超过600万辆。2009年，葡机动车销售总量为203682辆，同比下降26%。

水运：内陆河运总里程210公里，重头在海运。2006年商船总数13268艘，总吨位1.4亿吨，总吞吐量6653.4万吨。2006年总客运量68.5万人次，总货运量6653.4万吨。主要港口有里斯本、阿威罗、锡图巴尔、锡奈什、丰沙尔（位于马德拉群岛）和蓬塔德尔加达（位于亚速尔群岛）。

空运：全国有4家航空公司和16条国际航线。2006年客运量2515万人次，货运量15.9万吨。2005年全国机场进出2000万人次，营业额为2.95亿欧元，盈利2380万欧元，同比增长4.4%。在里斯本、波尔图和法罗设有国际机场。全国在用机场65座。（2009年）。

【财政金融】近年葡政府财政收支情况如下（单位：亿欧元）：

	2007	2008	2009
收入	441.55	744.44	655.08
支出	497.07	782.59	808.74
赤字	55.52	38.15	153.66

受金融危机冲击和出台刺激经济的救市政策影响，葡政府公布的2009年财政赤字超过所有预期，达到创纪录的9.3%。

2008年，葡政府外债总额为4612亿美元，约占国内生产总值的180.5%，外汇储备115.5亿美元。2009年葡政府公共债务1262.233亿欧元，占GDP的76.6%。

侨汇收入是葡重要经济来源之一，2004年和2005年侨汇收入分别为24.422亿欧元和22.772亿欧元。（资料来源：葡萄牙国家统计局、维基百科）

【对外贸易】近年外贸统计如下（单位：亿欧元）：

	2007	2008	2009
进口额	570.14	611.75	552.41
出口额	375.44	379.61	334.06
差　额	-194.7	-232.14	-218.35

进口主要产品有机械、仪表、汽车、石油、化工产品、农产品和常用金属等；出口主要产品为机械、仪表、汽车、服装、纺织品、常用金属、鞋类、纸浆、木材和软木等，大理石出口居世界前列。

2008年葡主要进出口贸易情况如下：

	出口（亿欧元）	同比增减（%）	进口（亿欧元）	同比增减（%）
总　额	379.61	280.06	99.55	+7.2
欧盟内	+1.0	-2.8	+13.5	+4.6
欧盟外	611.75	449.87	161.87	+15.3

最大贸易伙伴	占总出口比例	占总进口比例
西班牙	27.2	30.8
德　国	12.9	12.4
法　国	11.7	8.3

（资料来源：葡国家统计局统计）

【**对外投资**】1998～2005年，葡在国外直接投资额累计约870.13亿欧元。自2001年以来，对欧盟成员国的投资额大幅增加，目前已占投资总额的80%以上。按投资领域分，2005年对外投资额依次为房地产、租赁及对企业服务（58.3%）、金融活动（18.6%）、加工业（8.3%）、建筑业（0.9%）、电力、天然气及自来水（0.4%）、旅馆餐饮业（0.3%）、交通、仓储和通讯（0.11%），其他领域（13.1%）。

【**对外援助**】2005年对发展中国家援助3.77亿美元，占GDP的0.21%。1991～2004年，葡对外双边援款30多亿欧元，其中90%的援款提供给非洲葡语国家和东帝汶。对外援款绝大多数是无息贷款，一小部分是专项贷款。多边援助一般通过联合国、欧盟、世界银行和地区发展银行等国际机构进行。自1999年东帝汶宣布脱离印尼统治到2002年正式建国，直接或通过联合国援助该地区1.69亿美元。2002年政府决定再向东提供900万美元的经济援助。两国签署了2004～2006年合作计划书，按照该计划葡援助东5000万欧元。

【**外国资本**】政府从1997年开始加大私有化力度以增加财政收入。近年来，由于受世界经济不景气、欧盟经济低迷的影响及中东欧国家廉价劳动力的冲击，外国对葡直接投资开始下降。2005年，外资主要来源于欧盟成员国和美国等，主要流向加工业（占总投资额32.9%）、商品零售及批发、餐饮、旅馆（28.6%）、房地产、租赁及对企业服务（21.6%）、金融活动（7.9%）、交通、仓储及通讯（2.5%）、建筑业（0.7%）、电力、天然气和自来水（0.6%）和其他领域（5.2%）等。迄今为止，外国在葡最大的投资项目为1995年4月福特—大众公司（Ford-Volkswagen）在里斯本南郊的帕尔梅拉工业园区投资兴建的欧洲汽车公司（AutoEuropa）。

【**外国援助**】1989～1999年，从欧共体援助框架计划中共获援款330亿美元。2000～2006年，从欧盟获得255亿美元。2004年，从欧盟获得44亿欧元的结构基金，占葡国内生产总值的3.5%。此外，当年欧盟还向葡提供了4.77亿欧元农业基金和2280万欧元内部政策基金。2007～2013年葡将从欧盟获得225亿欧元，其中结构基金164.2亿欧元，团结基金27.22亿欧元，农村发展基金31.7亿欧元，渔业基金2.2亿欧元。这些援款对葡经济持续、稳定的发展起着十分重要的作用。

人民生活

2007年起，最低月工资为426欧元。2004年，54%的国民拥有电脑，43%的人上网。2001年每千个家庭拥有耐用消费品：电话755部、手机899部、电冰箱971台、微波炉333台、洗衣机822台、电视机979台、录像机97台、收录机854台、电脑220台、小汽车599辆。拥有第二处住房的占家庭总数的25%。2008年全国可用固定电话线路总数412.1万门，移动电话用户1491万，因特网服务商196.7万（2009年），网民447.6万（2008年）。各类医院1126所，每千人拥有4.2名医生、3.8张床位。人均预期寿命78.21岁，男性为74.95岁，女性为81.69岁（2008年）。（资料来源：维基百科）

军　事

总统为三军最高统帅，国防部长通过总参谋部和各军种参谋部领导武装力量。总参谋长瓦伦萨·平托（Valença Pinto）上将。武装力量由正规军和国家安全部队组成。实行义务兵、志愿兵、合同兵三结合的兵役制。服役期：义务兵4个月，志愿兵8～10个月，合同兵不定期，但至少一年以上。2008年国防预算开支21.15亿欧元，占政府预算的3.8%，占国内生产总值的1.2%。

2005年，正规军有总兵力4.49万人。其中陆军2.67万人，海军1.095万人，空军0.725万人。此外，还有预备役部队21.093万人，准军事部队4.77万人，其中共和国国民卫队2.61万人，公安警察2.16万人。

文化教育

【**教育**】实行12年义务教育，包括基础教育（小学4年，中学预备班2年，初中3年）和中等教育（3年，相当于我国高中）。高等教育为大学4～5年。2008年义务教育预算为59.85亿欧元，科技和高教预算为25.09亿欧元。25～64岁之间的人口中仅有20.6%受过中等教育。文盲率为9%，在扩大前的欧盟中为最高。主要高等院校有里斯本大学、科英布拉大学、波尔图大学、里斯本理工大学、米尼奥大学、阿威罗大学、埃武拉大学和国家行政管理学院。2004/2005学年全国学校数量统计如下：

	非高等教育学校	高等教育学校
总数	14401	301

公立	12005	167
私立	2396	134

【新闻出版】全国性报刊23家，地方性报纸216种，各种期刊1334种。主要报刊有：《新闻日报》，半官方；《快报》，私营周报；《公众报》，私营日报；《晨邮报》，私营日报；《新闻报》，国家参与资本。

卢萨社是1987年由葡萄牙通讯社和葡萄牙新闻社合并而成的国家通讯社。

全国共有62座电视信号发射站（另加166座转发站）及221座广播信号发射站（1998年）。主要有葡萄牙广播电台、复兴电台（宗教背景）、商业电台等。电视台三家：葡萄牙国家电视台、SIC电视台（私营）和独立电视台。

葡萄牙有各类博物馆289座，图书馆1960所，各类电影院、剧院347所，画廊或展览馆306所。

对外关系

主张在平等互利的基础上同世界各国普遍发展友好合作关系。立足欧盟，支持并积极参与欧洲一体化建设。2007年下半年成功担任欧盟轮值主席国，推动签署《里斯本条约》，为欧盟一体化进程作出历史性贡献。一贯推行稳健务实的外交政策，重点加强与欧盟、美国和葡语国家的传统关系。主张西方与俄接触、合作，支持北约东扩，但认为应顾及俄的安全利益。主张通过政治谈判解决伊核问题。重视强化与葡语国家、特别是非洲葡语国家的传统盟友关系，大力推进葡语国家共同体一体化进程，完善其运作机制。积极开拓新兴国家市场，重点发展同中、俄、日、印（度）、南非和北非阿拉伯国家的合作关系。加强与委内瑞拉、安哥拉和利比亚等石油大国的经贸往来，为本国经济服务。与世界上180个国家和地区建立有外交关系，共设146个驻外使领馆。其中使馆70个，职业领馆66个，驻国际组织代表团10个。

【同中国的关系】中葡于1979年2月8日建交。2005年12月，两国建立全面战略伙伴关系。当前，两国关系顺利发展，各级别人员往来密切。2009年，杨洁篪外长访葡。葡议长伽马访华。

据中国海关总署统计，2009年全年双边贸易额为24.04亿美元，同比下降11.1%，其中中方出口额19.24亿美元，同比下降17%，进口额4.80亿美元，同比增长24.1%。2007年1月，中葡经贸混委会召开第六次会议，双方建立投资促进工作组。2008年，中国银联在葡开通提现业务，两国首次实现海运直航。中国对葡出口主要商品有：电机电气设备、软木及其制品等。中葡签有经济、工业和技术合作协定（1982年）、投资保护协定（1992年，2005年续签）、避免双重征税和防止偷漏税协定（1998年）、化工部与葡工业能源部合作协议（1994年）。1999年3月，中葡双方在葡草签民航协定。2009年7月，中国贸易投资促进团赴葡，双方共同举办中葡经贸合作论坛暨企业洽谈会，中葡两国400多名企业家与会并签署总价值4亿美元的商业协议和合同，此外还在新兴能源等领域达成合作意向。截至2009年底，葡萄牙对华投资项目共172个，合同金额3.66亿美元，实际投入1.49亿美元。

中葡两国政府于1982年4月签订文化、科学技术合作协定，据此协定，两国已签署了6个2至3年期的年度文化交流执行计划，合作情况良好。目前，双方正就签署新一年度交流执行计划进行磋商。1993年4月，双方签署《中葡两国政府间科技合作协定》，至今双方已召开五届科技混委会，共确定97个科技合作项目，执行情况良好。2005年12月，温家宝总理访葡期间，双方共同举办语言教育双向合作研讨会，并举行孔子学院授牌仪式。2008年4月，第二所孔子学院在里斯本大学举行授牌仪式。目前，我国5所高校开设葡萄牙语教学。双方每年交换奖学金名额10个（中方提供6个，葡方4个）。2008年在华学习的葡萄牙学生总数220名，中国在葡留学生120人。司法方面，双方签署了《中葡刑事司法协定》、《中葡引渡条约》和《中葡移管被判刑人条约》。

近年来，两军友好交往频繁。2000年，中央军委副主席张万年上将访葡。2001年，中央军委委员、常务副总参谋长郭伯雄访葡。2002年7月，中国海军舰队应邀访问里斯本港。2003年，中央军委委员、总政治部主任徐才厚上将访葡。2006年1月，葡国防部长阿马多访华，双方签署《两国国防部合作协议》。2009年，葡海、空军参谋长分别率团出席中国海、空军成立60周年系列活动。

两国地方和民间交往日益密切。2007年10月，里斯本市长科斯塔访华，北京与里斯本建立友城关系。目前，中葡间友城数量已达5对，其余4对分别是：上海—波尔图、无锡—卡斯卡伊斯、珠海—卡斯特罗布兰科和铜陵—莱利亚。2006年9月，葡驻上海总领馆正式开馆。

中国驻葡萄牙大使：张备三。馆址：Rua do Pau de Bandeira 13，Lapa，1200 Lisboa，Portugal。电话：（国家地区号00351－21）3928440，3928436；传真：3975632。网址：www.embaixadachina.pt；电子邮箱：chinaemb_pt@mfa.gov.cn。商务处地址：Rua António de Saldanha 42，1400 Lisboa，Portugal。电话：3011947。电传：0404－13274 CNCOM P。

葡萄牙驻中国大使：若泽·塔德乌·苏亚雷斯（Jos'e Tadeu Soares）。馆址：北京市三里屯东五街8号。电话：010－65323497，65323220；传真：65324637；电传：22326 PORTB CN。商务处电话：65326745；传真：65326746。

【同欧盟的关系】欧盟是葡对外关系的基础。葡积极支持并参与欧洲一体化进程，赞成欧盟东扩；反对将国家分成不同等级，反对欧盟决策权过分集中在少数国家手中。2007年下半年，成功担任欧盟轮值主席国，主持完成修订和签署《里斯本条约》，引导欧盟走出“制宪”困境，推动欧盟制定“里斯本战略”第二个3年规划，进一步增强欧盟经济活力和竞争力，还完成申根区东扩至中东欧9国。葡充分发挥自身优势展示其小国办大外交的能力受到欧盟内外普遍赞誉。同时，保持与西、法、德等欧盟大国的高层交往，促进经济和科技合作；积极推进欧盟能源战略规划，积极发展可再生能源；重视与欧盟各国联合打击非法移民和反对恐怖主义，正式启动电子生物指纹护照和签证制度；成功促成欧洲海洋安全局总部落户里斯本。2009年，《里斯本条约》生效后，面对欧盟即将成立对外行动署，适当调整对外政策延伸，重点发展与欧盟以外国家和地区关系，从而提高自身在欧盟内的影响和地位。

【同美国的关系】 葡是美国的传统盟国，也是北约成员国，历来把同美国的关系放在优先地位。“9·11”事件后，坚决支持美反恐军事行动，并为其执行反恐和救援任务的飞机在亚速尔群岛拉日什军事基地起降提供便利。在保持发展与美政治、经济关系的同时，进一步加强军事合作。2005年，葡美双方进行了外长级互访，双方重新签署了引渡条约，并表示愿意推动建立葡、美和非洲葡语国家三方合作机制。葡主张欧洲应创造条件，进行更富建设性的跨大西洋合作。2007年，继续加强与美在安防领域的实质合作，支持美设立非洲司令部。2009年9月，开始轮值为期2年的欧盟海军司令。与美签署共同打击恐怖主义协议，接收2名叙利亚籍关塔那摩恐怖嫌犯，增兵阿富汗，葡美关系平稳过渡并有所加强。

【同非洲葡语国家和巴西的关系】 由于历史原因，葡同非洲葡语五国（莫桑比克、安哥拉、佛得角、几内亚比绍、圣多美和普林西比）关系较为密切。作为葡语国家最集中的地区和葡石油、天然气的主要供应地，非洲在葡外交中的分量愈加重要。近几年，为发挥葡在欧、非两大陆的桥梁作用，葡积极发展同五国在各个领域的合作。近年来，与非洲葡语国家高层互访频繁，大量增加在非能源、军事、金融和商贸等各领域投入力度。2007年轮值欧盟主席国期间，倡导召开第二届欧非峰会，建立了欧非双方在平等基础上进行战略对话的新型关系。还极力响应“地中海联盟”倡议，重视同北非马格里布国家间的沟通与合作，维护南欧地区的和平与稳定，同时保证能源供应的稳定和多元化，开拓出口市场。

重视加强与巴西的传统关系。2005年5月，外长多阿马拉尔对巴西进行正式访问，重申发展与巴关系是葡外交重点。10月，巴西总统卢拉访问葡萄牙，与葡总理共同主持召开第八届葡巴首脑会议和企业家研讨会，双方签署了关于经济、文化、反对贩毒和移民合作协定。2006年8月，索克拉特斯总理率团访问巴西。与巴西在经贸、石油开采和文化艺术交流等方面合作不断加强。2007年担任欧盟轮值主席国期间全力推动首届欧巴峰会的召开，拉近了欧盟与拉美的距离。近10年来，对巴西投资90亿欧元，有600家企业参与。每年进口巴西产品额约7.7亿美元，出口约2亿美元。

葡还积极利用葡语国家共同体（Community of Portuguese-Speaking Countries，Comunidade dos Países de Língua Portuguesa，简称CPLP，即葡共体），推动葡语国家之间的政治、外交、经贸、文化合作。该共同体于1996年7月由葡萄牙和巴西倡议成立，总部设在里斯本，成员国包括葡萄牙、巴西、安哥拉、莫桑比克、佛得角、几内亚比绍、圣多美和普林西比、东帝汶（2002年加入）。2008年7月，第七届葡语国家共同体峰会在里斯本召开，发表《里斯本声明》，葡接替几内亚比绍担任2008～2010年葡共体轮值主席国，席尔瓦总统任轮值主席。视葡共体为其外交三大支柱之一，重视推进葡共体内部建设，提高其国际地位和影响。2009年，继续重视发挥葡语国家共同体轮值主席作用，着力扩大与葡语国家合作。在几内亚总统遇刺后多方斡旋，致力维护该国局势稳定；安哥拉总统首次对葡进行国事访问，双方务实合作深化；葡总理访问佛得角，与佛建立首脑定期会晤机制，派医疗队赴佛应对登革热疫情。

【同西班牙的关系】 葡1974年“四·二五”革命后，葡西关系一度紧张，1975年末起趋于正常。1977年11月，两国签订友好和互不侵犯条约。两国政府首脑定期举行会晤，就双边关系和共同关心的其他问题交换意见。2003年2月，两国签署了《海事安全事务合作与建立快速报警共同机制的联合声明》。2004年，葡总理和西首相实现互访。2006年9月，席尔瓦总统对西班牙进行就职后的首次国事访问。2008年1月，葡总理索克拉特斯和西首相萨帕特罗共同主持召开第23届伊比利亚峰会，探讨如何进一步拓展和深化两国各领域合作，包括安防合作，不断密切和提升双边关系。

【同独联体和其他东欧国家的关系】 苏联解体后，葡主张西方加强对俄的援助，帮助俄从计划经济向市场经济过渡。支持俄与欧盟改善关系，认为俄在平衡国际关系中作用十分重要。表示愿与俄建立全方位合作，在良好的政治基础上，加强双方贸易、文化关系。2004年11月，俄罗斯总统普京访葡，系俄最高领导人首次访葡。2005年5月，总理索克拉特斯出席在俄国举行的纪念卫国战争胜利60周年活动。近年来，与东欧国家的往来有所增加，表示支持东欧国家加入欧盟和北约的要求，但认为应以与俄保持稳定的安全关系为基础。

【同东帝汶的关系】东帝汶是葡萄牙前殖民地，1951年名义上改为葡海外省。1974年葡国内发生“四·二五”事件后，葡新政权主张非殖民化，允许东帝汶举行公民投票，实行自决。1975年，成立不久的革阵、民盟和民协三个东帝汶主要政党因权力之争发生内乱，局势失控。同年12月，印尼趁机出兵东帝汶，并于次年7月宣布东为其第27个省。1992～1999年，在联合国秘书长主持下，葡与印尼外长就东帝汶问题进行了12轮谈判，最终双方就东帝汶的民族自决问题达成共识。1999年8月，在联合国的监督下，东帝汶进行了全民投票，78.5%的东帝汶人支持独立。同年12月，葡外长伽马访问东帝汶。2000年，葡总统、总理和议长相继对东进行了访问。2002年5月20日，葡总统、总理出席了东帝汶建国庆典。1999年以来，除向东帝汶提供大量经济和人道主义援助外，还派遣了1000余人的维和部队和警察以及100名教师。是国际社会对东帝汶援助最多的国家。2002年，葡政府与东帝汶政府进行了金额达8048.5万欧元的合作项目，其中包括提供900万欧元的援助。两国已签署2004～2006年合作计划书，根据该计划葡援助东5000万欧元。2005年6月，东帝汶总理阿尔卡蒂里访问葡萄牙，葡同意向东派30名警察帮助其培训地方安全部队。2006年，东局势动荡。葡先后派出200多名国民卫队官兵和警察赴东维和，大力协助东帝汶政府维护社会稳定，并承诺驻东维和部队在联合国任务结束后继续驻留。（王硕伟）

瑞　典

国名　瑞典（Sweden）。

面积　449964平方公里。

人口　934万（2009年12月）。90%为瑞典人。外国移民及其后裔约100万人，北部萨米族是唯一的少数民族，约1万人。官方语言为瑞典语。90%的国民信奉基督教路德宗。

首都　斯德哥尔摩（Stockholm），市区人口82万（2009年12月），全年平均气温6.7℃。

国家元首　国王卡尔十六世·古斯塔夫（Carl XVI Gustaf），1973年9月15日即位。

重要节日　国庆日：6月6日。

简　况

位于北欧斯堪的纳维亚半岛东半部。西邻挪威，边境长1619公里；东北接芬兰，边境长586公里；东临波罗的海，西南濒北海，同丹麦隔海相望，海岸线长2181公里，领海12海里。地形狭长，地势自西北向东南倾斜。北部为诺尔兰高原，南部及沿海多为平原或丘陵。湖泊约10万个，可通航河流较少。大部分地区属温带针叶林气候，最南部属温带阔叶林气候。受北大西洋暖流影响，平均气温1月北部－16℃，南部－0.7℃；7月北部14.2℃，南部17.2℃。

公元11世纪初开始形成国家。1157年兼并芬兰。1397年与丹麦、挪威组成卡尔马联盟，受丹统治。1523年脱离联盟独立。1654～1719年为强盛时期，领土包括现芬兰、爱沙尼亚、拉脱维亚、立陶宛以及俄国、波兰和德国的波罗的海沿岸地区。1718年对俄国、丹麦和波兰作战失败后逐步走向衰落。1805年参加拿破仑战争，1809年败于俄国后被迫割让芬兰，1814年从丹麦取得挪威，结成瑞挪联盟，1905年挪独立。瑞典在两次世界大战中均保持中立，未参战。

政　治

2006年9月，瑞典举行大选，温和联合党、人民党、中间党、基督教民主党组成联合政府。对内主张发展福利政策，对外积极参与联合国、欧盟等国际事务，继续执行军事不结盟的安全政策。2009年政局总体平稳，政府将增加就业、促进经济发展作为首要任务，采取降低所得税，取消财产税和房地产税，削减失业福利，医疗机构私有化和出售国有企业等措施。2009年下半年轮值欧盟主席国期间，致力于在气候变化、金融危机、欧盟扩大等问题上发挥积极作用。

【宪法】现行宪法由政府法典（1809年制定，1974年修订）、王位继承法（1810年制定，1979年修订）和新闻自由法（1949年制定）三个基本法组成。此外还有议会组织法（1866年制定，1974年修订）。宪法规定瑞典实行君主立宪制。国王是国家元首，作为国家象征仅履行代表性或礼仪性职责，不能干预议会和政府工作。议会是立法机构，由普选产生。政府是国家最高行政机构，对议会负责。国王的长子女是法定王位继承人。

【议会】一院制，共349名议员，议员经普选产生，任期四年。议会组织法规定，政党在大选中需获得全国选票的4%或一个选区的12%才能进入议会。本届议会于2006年9月选出，由温和联合党、人民党、中间党、基督教民主党组成的中右联盟获得议会349席中的178席，社会民主党为首的左翼政党占171席。议长为佩尔·韦斯特贝里（Per Westerberg，温和联合党）。

【政府】现政府于2006年10月6日组成。政府设12个部，包括首相在内共22名阁员。首相弗雷德里克·赖因费尔特（Fredrik Reinfeldt，温和联合党）；欧盟事务大臣比尔吉塔·奥尔松（Birgitta Ohlsson，人民党，女）；财政大臣安德士·博里（Anders Borg，温和联合党）；市政与金融市场大臣马茨·奥德尔（Mats Odell，基民党）；环境大臣安德列亚斯·卡尔格伦（Andreas Carlgren，中间党）；司法大臣贝特里斯·阿斯克（Beatrice Ask，温和联合党，女）；移民大臣图比亚斯·比尔斯特罗姆（Tobias Billström，温和联合党）；融合与平等事务大臣努阿姆库·萨布尼（Nyamko Sabuni，人民党）；外交大臣卡尔·比尔特（Carl Bildt，温和联合党）；贸易大臣埃娃·比约琳（Eva Björling）；外援大臣古尼拉·卡尔松（Gunilla Carlsson，温和联合党，女）；农业大臣埃斯基尔·埃兰德松（Eskil Erlandsson，中间党）；社会事务大臣约兰·黑格隆德（Göran Hägglund，基民党）；老年及公共卫生事务大臣玛丽亚·拉尔松（Maria Larsson，基民党，女）；社会保障大臣克里斯蒂娜·胡斯马科·佩尔松（Cristina Husmark Pehrsson，温和联合党，女）；教育大臣扬·比约克隆德（Jan Björklund，人民党）；高等教育和科研大臣图比亚斯·克兰兹（Tobias Krantz，人民党）；文化大臣列娜·安德松·丽列罗斯（Lena Adelsohn Liljeroth，温和联合党，女）；工商大臣默德·奥洛夫松（Maud Olofsson，中间党，女）；基础设施事务大臣奥萨·托尔斯腾松（Åsa Torstensson，中间党，女）；劳动市场大臣瑟汶·奥图·利托林（Sven Otto Littorin，温和联合党）；国防大臣斯坦·图尔福什（Sten Tolgfors）。

【主要网址】瑞典王室：http：//www.royalcourt.se；议会：http：//www.riksdagen.se；首相府：http：//www.regeringen.se；外交部：http：//www.ud.se；瑞典国际开发署：http：//www.sida.se；瑞典学会：http：//www.si.se。

【行政区划】全国划分为21个省和289个市。省长由政府任命，市级领导机构由选举产生，省、市均有较大自主权。

【司法机构】法院分三级：最高法院、6所中级（上诉）法院、72所初审法院，此外另设28所行政法院。皇家最高法院由16名政府任命的终身法官组成，现任院长玛丽安娜·隆蒂尤斯（Marianne Lundius）。全国设国家检察院、6个中级检察院、38个区级检察院和11个专司经济犯罪的检察院。国家检察长由政府任命，现为弗雷德里克·沃塞尔（Fredrik Wersäll）。设有独立监察官，对议会负责，监督各级政府机构和官员。现任总监察官马茨·梅林（Mats Melin）。

【政党】主要政党有：

（1）温和联合党（Moderata Samlingspartiet）：亦称保守党，1904年成立。现有党员5.5万人。主张坚持私有制和为企业减税，积极参与国际合作，主张加入北约。主席弗雷德里克·赖因费尔特。

（2）中间党（Centerpartiet）：1913年成立，原名农民协会，1958年改为现名。现有党员4.3万人。代表农场主和家庭农户利益。反对加入欧盟和北约、反对中央集权，强调环保。主席莫德·奥洛夫松（Maud Olofsson，女）。

（3）基督教民主党（Kristdemokratiska Partiet）：1964年成立，原名基督教社会民主党，1996年改为现名。现有党员2.3万人。坚持基督教价值观、重视家庭。主席约兰·海格隆德（Göran Hägglund）。

（4）人民党（Folkpartiet Liberalerna）：亦称自由党，1934年成立。现有党员1.8万人。主张自由竞争和宽松的移民政策。主席扬·比约克隆德（Jan Björklund）。

（5）社会民主工党（Socialdemokratiska Arbetarpartiet）：简称社民党。1889年成立。瑞典第一大政党，曾长期执政。现有党员10万人。主张保持和发展福利制度，积极参与国际合作。主席莫娜·萨琳（Mona Sahlin，女）。

（6）左翼党（Vänsterpartiet）：1917年成立。原名左翼党—共产党人，1990年改为现名。党员1.1万人。要求缩短工时、重视妇女权利、反对加入欧盟。主席拉什·奥利（Lars Ohly）。

（7）环境党（Miljöpartiet de Gröna）：1981年9月成立。现有党员9000人。强调环保，主张关闭核电站，反对加入欧元区。实行集体领导制，主要领导人玛丽亚·维特斯特朗（Maria Wetterstrand，女）和彼得·埃里克松（Peter Eriksson）。

【重要人物】**卡尔十六世·古斯塔夫**：国王。1946年4月30日生于斯德哥尔摩。1966年高中毕业后在部队接受军事训练，1968年在乌普萨拉大学和斯德哥尔摩大学进修。1973年9月15日即位。爱好体育运动。1976年6月与德国人希尔维亚结婚。有二女一子，长女维多利亚公主为王储。1981年9月和2006年7月偕王后访华，2008年出席北京奥运会，2010年出席上海世博会。 **弗雷德里克·赖因费尔特**：首相。1965年生，经济学家。1990年当选温和联合党斯德哥尔摩青年联盟主席，1991年当选议会议员，1992～1995年出任温和党青年联盟主席，并当选温和党中央执委。1994年任议会金融委员会委员。2001年当选议会法律委员会主席。2003年5月被推举为党主席。2006年9月17日领导温和党赢得大选，10月出任首相。已婚，有两子一女。 **佩尔·韦斯特贝里**：议长。1951年生，经济学家。温和党人，1979年当选议员。1991～1994年任工商大臣，并先后担任议会工商委员会主席、环境及农业委员会主席、交通委员会副主席，为瑞议会欧盟委员会成员。2003年当选议会第一副议长。2006年10月出任议长。已婚，有4个子女。

经　济

经济发达。20世纪90年代初受世界性经济危机影响出现衰退，1994年经济开始回升，此后大力发展电子和信息技术产业，经济一直保持2%～4%的增长速度。2008年国际金融危机以来，瑞典经济所受影响日益加深，面临经济增长下降、实体经济遭受冲击、市场信心持续疲弱、企业倒闭增多、失业率上升等不利局面。2009年主要经济数据如下（资料来源：2009年瑞典统计年鉴。下同）：

国内生产总值：3998亿美元。

人均国内生产总值：4.28万美元。

国内生产总值增长率：-4.9%。

货币名称：瑞典克朗（Svensk krona）；1克朗=100奥尔。

汇率：1美元=7.8克朗。

通货膨胀率：-0.3%。

失业率：8.3%。

【资源】铁矿、森林和水力是瑞典三大资源。已探明铁矿储量36.5亿吨，系欧洲最大的铁矿砂出口国。铀矿储量25万～30万吨。森林覆盖率为54%，蓄材26.4亿立方米。平年可利用的水力资源有2014万千瓦（1760亿千瓦时），已开发81%。此外，北部和中部地区有硫、铜、铅、锌、砷等矿，储量不大。

【工业】工业发达，主要有矿业、机械制造业、森林及造纸工业、电力设备、汽车、化工、电信、食品加工等。2009年从业人员75.4万人，工业产值占国内生产总值的26.6%。主要工业产品产量如下（单位：万吨）：

	2007	2008
铁矿砂	1714	1801
铜	33	34
纸浆和纸张	802	823
小汽车（万辆）	58.6	45.6
发电（亿千瓦小时）	1959	2108

【农业】全国耕地面积共264.83万公顷，占国土面积的6%。2009年农、林、牧、渔从业者约3.4万人，约占总就业人数的1%。农业产值约占国内生产总值的1.1%，其中畜牧业占农业总产值的80%。粮食、肉类、蛋和奶制品自给有余，蔬菜、水果主要靠进口，农产品自给率达80%以上。主要农畜产品产量如下（单位：万吨）：

	2007	2008	2009
谷物	506.3	510.9	520
小麦	164.9	165	168
马铃薯	82	85.3	85.1
肉类	44.1	43.9	41.3
猪肉	29.9	29.7	28.7
禽类	9.9	10	9.7
蛋	10.6	10.2	9.8
奶制品	325.5	326.2	319.7
捕鱼	32.2	32.8	31.6

【服务业】服务业从业人员约320万人，主要分布在医疗护理、商业、运输通讯、金融、企业服务、教育、科研、公共行政部门、个体、文化服务及家庭服务等领域。2009年服务业产值约占国内生产总值的71.8%。

【旅游业】旅游业稳定发展，2009年共接待外国旅客约775万人次。主要旅游地有首都斯德哥尔摩、北部自然保护区、南部的哥德堡市和斯考奈省。

【交通运输】铁路：2009年总长1.28万公里，客运量1.44亿人次，货运量6460万吨。

公路：2009年总长21.6万公里，其中有国道、省道13.9万公里，货运量3.3亿吨，有轿车445.3万辆，公共汽车1.55万辆、卡车53.6万辆、拖拉机33.4万辆、摩托车27.1万辆。

水运：2009年有商船618艘，总吨位超过500万吨；全国港口吞吐量1.88亿吨；内河航运居次要地位，总长640公里。

空运：北欧航空公司（SAS）为瑞典、丹麦和挪威共有，瑞典占3/7股份，现有飞机255架；此外瑞还有安德森商业航空公司（Andersson Business Jet AB）、商业喷气公司（BussnessJet）等小型从事商业旅行服务和国内短途旅行的航空公司十余个。2008年全国机场进出港2807万人次；货运量18.5万吨。

【财政金融】近年来财政收支情况如下（单位：亿克朗）：

	2007	2008	2009
收入	7805	9013	8386
支出	7618	7661	7789
差额	187	1352	579

【对外贸易】外贸依存度较高，2009年对外贸易额2482亿美元，相当于国内生产总值的62%，出口占国内生产总值的33%。出口商品主要有：各类机械、运输通讯设备、化工及医药产品、纸张纸浆、造纸设备、铁矿石、家用电器、能源设备、石油制品、天然气和纺织品等。近几年外贸情况如下（单位：亿克朗）：

	2007	2008	2009
出口额	11402	11947	9960
进口额	10302	10889	9083
差　额	1100	1058	877

鼓励自由贸易，积极拓展外贸市场。2008 年主要贸易伙伴有（单位：十亿美元）：

	出口	进口
欧盟	129	129.6
德国	21.2	32.6
挪威	19	16
丹麦	15.2	18.9
英国	16.7	12.8
美国	14.3	5.1

【对外投资】1989 年正式取消外汇管制。主要投资对象是美国和欧洲国家，2008 年瑞典对外投资 2651 亿克朗。

【外国资本】近年来瑞以良好的基础设施和充足的高科技人才吸引了大量外资，外资主要来自美国、德国、英国和北欧邻国。2008 年外商直接投资额为 21035 亿克朗。

【对外援助】2009 年瑞外援额为 339 亿克朗，占国内生产总值的 1%。主要受援国是安哥拉、埃塞俄比亚、刚果、莫桑比克、卢旺达、南非、坦桑尼亚、乌干达、尼加拉瓜、墨西哥、阿富汗、越南、巴勒斯坦、前南地区、波黑、洪都拉斯、孟加拉国等。

【著名公司】2009 年排名世界 500 强的瑞重要公司（单位：亿美元）：

公司名称	营业收入	排名
沃尔沃汽车公司（Volvo）	460.6	163
爱立信公司（Ericsson）	316.9	265
北欧联合银行（Nordea）	300.2	288
大瀑布能源公司（Vattenfall）	249.6	357
斯堪斯卡工程公司（Skanska）	217.9	424
北欧斯安银行（SEB）	194.1	477

（资料来源：《财富杂志》网站）

人民生活

生活水平较高。16～84 岁人口中，89% 的人拥有家庭电脑，58% 的人上因特网，87% 的人使用手机（9～79 岁人口中）。社会保障制度完善，医疗卫生体系发达。2008 年共有医生 4.3 万人，护士 14.8 万人。男女平均寿命分别为 79 岁和 81 岁，老龄化较严重。

军　事

奉行军事不结盟政策。和平时期注重包括军事防务、民防、经济防务和心理防务的总体国防建设。国王为全国武装力量最高代表。三军总司令负责提出军事战略，领导部队训练，指挥全军作战。全国划分为四个军区。实行义务兵役制，18～24 岁男子须服兵役，服役期为 7.5～10 个月，此后还要参加 5 次 18～25 天的预备役训练。

常规军总兵力 4.85 万人，战时可动员 85 万人。2009 年国防开支为 52.1 亿美元，占国内生产总值的 1.3%。军工发达，80% 的军事物资可自己生产。三军总司令斯维克·约兰松（Sverker Göranson）上将。

文化教育

实行科教立国政策。2009 年政府科教投入 148 亿美元，占国内生产总值 3.7%。

【教育】实行 9 年一贯制义务免费教育。2009 年小学在校生 89.2 万，高中在校生 39.5 万。全国有各类高校 47 所（其中综合性大学 7 所，艺术类院校 9 所），在校学生 41 万人，教师 15 万人。护理高等学校 5 所。

著名高校有斯德哥尔摩大学、乌普萨拉大学、隆德大学、皇家工学院等。

【科研】科研较发达。全国科研力量主要集中在国家资助的全国各级高校、专业研究所、皇家科学院和工程院以及企业资助的下属研发部门。科研开发投入逐年增加，每年开展研发项目约 5000 多个。

【文化】文化生活较丰富。全国有专业和公共图书馆 389 个，各类博物馆 241 个，电影院 823 所。年产 40 部电影。

【体育】全民体育健身活动丰富，网球、冰球、乒乓球、足球、手球、高尔夫球、赛马等竞技项目普及并有较高水平，全国约有 2.7 万个体育协会和俱乐部。

【新闻出版】年出版图书近 1.6 万多种，日报 170 种，总发行量超过 450 万份。主要报纸有《每日新闻》、《瑞典日报》、《晚报》等。新闻媒体有瑞典通讯社，1921 年创立，为半官方新闻机构。下设瑞典全国广播电台、瑞典电视台和教育台。

对外关系

奉行“和平时期军事不结盟，以求邻近地区发生战争时能够守中立”政策。加入欧盟、申根协定，但未加入欧元区。积极参与经联合国授权、北约主导的国际维和行动。以维护国际法和尊重人权为对外政策两大理论基石，希望通过提供发展援助、参与国际维和行动等方式承担应有的全球责任，成为国际发展合作领域的“领导力量”。积极推动联合国改革，密切关注国际热点问题。将同欧盟国家的合作放在外交和安全政策的特殊地位，支持欧盟继续扩大，主张加强跨大西洋合作，视周边地区为自身安全基础，近年更加重视发展同亚太及新兴国家的关系。

【对当前重大国际问题的看法】关于国际形势：认为地区冲突、恐怖主义、大规模杀伤性武器扩散、侵犯人权和贫困是对世界安全的主要威胁，国际能源竞争日趋激烈，已成为新的安全问题，主张建立全球安全体系，并将争取人权与民主、经济和社会公正、国际自由贸易、良好环境、裁军作为实现全球安全的中心目标。

关于国际反恐合作：强烈谴责恐怖袭击事件，支持反恐斗争。认为反恐不应与特定宗教、民族挂钩。主张联合国在国际反恐斗争中发挥核心作用。强调反恐国际合作必须尊重国际法和人权，反对借反恐名义打击其他国家。2008年出台国家反恐战略。

关于联合国：认为联合国在维护世界和平稳定、保障人权和公正方面发挥着主导作用，积极参与联合国维和行动，主张联合国加强冲突预防能力，在处理全球危机中发挥更大作用。关注发展、安全、人权、机构改革问题。主张增加安理会成员国数量并加强其代表性和权威性，但反对扩大否决权。对“四国集团”和非洲联盟的提案均未明确支持。2005年同泰国、南非、智利共同发起“四国倡议”，2007年完成最终报告，就联合国秘书处的管理提出改革建议。

关于人权问题：将保护人权作为外交政策的支柱，把增加“民主国家”视为外交政策的重要目标之一。认为加强人权是世界各国可持续发展的前提，有助于预防国家内部和国家间的冲突。主张联合国在争取民主、自由、人权方面成为一支强有力的力量，欢迎联合国大会通过关于死刑问题的决议。强调人权高于主权，认为国家主权不应对大规模侵犯人权的行为给予合法保护。将加大在促进言论自由方面的投入，强调通过开发新技术和促进互联网等新媒体来推动言论自由。从2002年起发表年度国别人权报告。

关于军控问题：积极参与国际裁军，将军备控制列为外交政策的中心内容之一。坚决支持核裁军和核不扩散，主张建立无核世界。认为《不扩散核武器条约》是全球裁军和核不扩散问题的基石，有核国家必须履行其核裁军承诺，印度、巴基斯坦、以色列必须作为无核国家加入条约，朝鲜必须作为完全成员国返回条约。欢迎美国和俄罗斯继续削减战略核武器库，倡议将削减次战略核武器和战术核武器纳入核裁军谈判。呼吁所有国家批准《全面禁止核试验条约》，国际社会应该认真对待大规模杀伤性武器扩散等问题。

关于伊拉克问题：认为伊拉克战争缺乏国际法根据，主张恢复伊拉克主权，由伊拉克人民自主选择社会发展模式。认为民主、稳定、团结的伊拉克只能建立在国内不同民族和宗教团体充分接受的宪法的基础之上。强调联合国应在伊拉克重建方面发挥核心作用。支持伊稳定、安全、民主、人权，愿帮助伊拉克培训警官和法官，参与基础设施重建。支持联合国对伊拉克难民给予人道主义援助，瑞典政府将通过增加驻伊拉克外交人员等方式继续参与伊重建。

关于朝核问题：曾是朝鲜战争停战协议中立国监察委员会成员，长期关注半岛局势，在朝鲜设有常驻机构。认为朝鲜发展核武器将破坏核不扩散体系，并对地区和国际和平与安全构成威胁，要求朝鲜走对话和合作的道路。主张通过外交途径和对话解决朝核危机。高度评价中国为促成六方会谈发挥积极作用。愿在人权和市场经济方面向朝鲜提供“更多帮助”。

关于中东问题：主张巴以并存，认为尽早解决巴以冲突问题是中东地区获得和平稳定的关键。持久和平只能建立在巴以双方承认对方存在、保证彼此安全并符合国际法的基础上。主张巴以双方必须履行和平路线图，呼吁欧盟在中东和平进程中发挥作用。瑞典政府以各种方式参与进程，并通过提供援助帮助巴勒斯坦建国。2009年外交大臣比尔特以欧盟轮值主席国代表身份多次访问中东斡旋。瑞典在2009年下半年轮值欧盟主席国期间形成结论：巴以谈判应该从1976年边界状况出发，所有定居点皆为非法，耶路撒冷同为两国首都，涉及巴勒斯坦最终地位的所有问题均应纳入谈判范围，双方均不能采取挑衅行动。

关于苏丹达尔富尔问题：主张苏丹南北方重启政治对话，曾提议同挪威合作，向达尔富尔地区派遣联合维和部队，被苏丹政府拒绝。2006～2008年，瑞前外交大臣埃利亚松担任联合国秘书长苏丹问题特使。

【同中国的关系】1950年5月9日中瑞正式建交。瑞是第一个与中国建交的西方国家。1992年以来不断改善和发展同中国在政治、经贸、科技及文化等各领域的关系。1998年和2005年，瑞典政府分别出台包括深化对华关系内容的“亚洲战略”和《瑞典亚洲政策》新文件。

2009年两国关系持续发展，各领域交流与合作进一步深化。3月，瑞典外交大臣比尔特访华。5月，铁道部部长刘志军访瑞。6月，国务院参事室主任陈进玉、新华社社长李从军访瑞。7月，商务部副部长高虎城率中国贸易投资促进团访瑞，双方共签订总金额约20亿美元的9个合同及合作协议，签署《成立企业社会责任合作工作组谅解备忘录》，召开经贸联委会第17次会议；瑞环境大臣卡尔格伦访华。10月，国家体育总局局长刘鹏、国家广电总局局长王太华访瑞。11月，瑞首相弗雷德里克·赖因费尔特以欧盟轮值主席身份赴华出席第12次中欧领导人会晤。

两国地方交流活跃。山东省临沂市同瑞埃斯基尔斯图纳市建立友好城市关系。青海省省长宋秀岩、安徽省副省长唐承沛、湖北省副省长段轮一等访瑞。瑞西诺尔兰省省长谢尔斯特朗、耶夫勒堡省省长郝姆贝里、布莱金厄省省长恩斯特伦等访华。

中国驻瑞典大使：陈明明（2008年5月28日递交国书）。馆址：Lidovägen 8，11525 Stockholm，Sweden。电话：0046－8－57936437。传真：0046－8－57936454，0046－8－7318404（商务处）。网址：http：//www.chinaembassy.se。

瑞典驻华大使：林川（Mikael Lindström，2006年11月14日递交国书）。馆址：北京市东直门外大街3号。电话：65329790。传真：65325008，65323803（贸易处）。网址：http：//www.swedemb－cn.org.cn。

【同北欧邻国和波罗的海三国的关系】同北欧国家有传统的多层次、多形式的密切协商与合作关系，视北欧合作为外交政策的基础。主张进一步消除北欧内部的各种壁垒，发展北欧同环波罗的海国家和地区的合作关系。瑞、芬、丹三国建立了在欧盟首脑会议前磋商机制。2008年担任北欧部长理事会主席。

【同欧盟的关系】 将同欧盟关系置于外交和安全政策的特殊地位，视欧盟为联合国之外最重要的全球合作平台。主张欧盟作为全球重要角色在国际事务中发挥中心作用。2009年下半年担任欧盟轮值主席国期间，积极推动欧盟机构改革，认为《里斯本条约》对于欧盟成为与其经济和政治地位相匹配的全球性角色具有决定性作用。

【同美国和北约的关系】 认为美国是目前世界上唯一能发挥全球作用的国家，解决重大问题离不开美国参与。认为欧盟同美国合作是解决全球性挑战的关键因素。强调在民主、人权方面与美国有共同价值观，但同美国在伊拉克战争问题上有分歧。支持奥巴马当选美国总统，希望以奥巴马当选为契机推动对美关系。与美高层互访和接触频繁，视气候变化问题为与美新一届政府交往的重要议题，并就阿富汗、巴基斯坦局势、伊朗核等问题同美保持密切沟通和磋商。

未加入北约，但于1994年加入北约和平伙伴关系计划。承认北约在欧洲安全格局中的主导地位，对北约东扩不持异议。认为北约在使用军事力量时，必须以国际法为基础，除特大人道主义灾难和自卫外，必须得到联合国安理会的授权。

【同俄罗斯的关系】 认为俄罗斯对瑞典的安全至关重要，愿在社会生活各领域密切同俄罗斯的合作。支持欧盟同俄罗斯达成有关建立欧俄四个统一空间"路线图"的一揽子文件。支持俄罗斯加入世贸组织。要求俄罗斯尊重人权和保障基本自由，主张车臣问题通过政治途径解决。对俄罗斯继续向极权主义方向发展感到不安，强烈谴责俄罗斯对格鲁吉亚的攻击时侵略行为，不支持南奥塞梯和阿布哈兹独立，呼吁俄格双方通过政治接触和平解决冲突，主张欧安组织在俄格冲突中发挥重要作用。

【同亚洲的关系】 重视亚洲国家在世界经济中的地位和巨大市场，支持亚洲发展中国家进行改革，融入世界经济一体化。呼吁中国和印度在经济实力持续增长的同时承担起相应的国际义务。认为亚洲仍存在贫困、人权、民主和环境等问题。2005年底发表《瑞典亚洲政策》新文件，提出瑞将继续推动亚洲经济发展，关注地区安全和环境保护，促进民主、人权与平等。

【同非洲的关系】 呼吁国际社会发展同非洲的伙伴关系，通过国际合作解决暴力冲突。近年来，瑞典积极参与索马里、利比里亚、民主刚果等冲突的解决，并向乍得、中非派遣维和部队。2008年出台对非政策新文件，强调促进非洲和平、民主、人权、经济和社会的可持续发展。2009年召开非洲国家驻瑞使节会议，强调对非援助与投资并举，积极扩大在非影响。

（邹晓墨）

瑞　士

国名　瑞士联邦（Swiss Confederation）。

面积　41284平方公里。

人口　779.2万（2009年），其中外籍人超过22.59%。德语、法语、意大利语及拉丁罗曼语等4种语言均为官方语言，居民中讲德语的约占63.7%，法语20.4%，意大利语6.4%，拉丁罗曼语0.5%，其他语言9.0%。信奉天主教的居民占41.8%，新教35.3%，其他宗教11.8%，不信教的占11.1%。（资料来源：瑞士联邦统计局网站）

首都　伯尔尼（Bern），市区人口13.03万（2009年12月）。

国家元首　联邦委员会全体成员集体作为国家元首。联邦主席由联邦委员会七名委员轮任，对外代表瑞士，任期一年。2010年联邦主席是多丽丝·洛伊特哈德（Doris Leuthard，女，基民党）。

重要节日　国庆节：8月1日；圣诞节：12月25日。

简　况

位于中欧的内陆国。与奥地利、列支敦士登、意大利、法国和德国接壤。地处北温带，受海洋性气候和大陆性气候交替影响，气候变化较大，年平均气温9℃。

1291年8月1日，乌里、施维茨和下瓦尔登三个州在反对哈布斯堡王朝的斗争中秘密结成永久同盟，此即瑞士建国之始。1815年维也纳会议确认瑞士为永久中立国。1848年制定宪法，设立联邦委员会，成为统一的联邦制国家。在两次世界大战中均保持中立。

政　治

自1959年起，一直由议会中的四大党自由民主党（简称自民党）、社会民主党（社民党）、基督教民主人民党（基民党）和瑞士人民党组成联合政府，四党在联邦委员会中的比例为2:2:2:1。这一模式保证了几十年来瑞政局的稳定，被称为"奇妙组合"。2003年联邦议会选举后，跃居第一大党的人民党赢得联邦委员会第二个席位，基民党则失去一席，“奇妙组合”发生变化。2007年联邦议会选举后，“奇妙组合”被彻底打破。在本届联邦委员会中，自民党和社民党各占两席，基民党、人民党和公民民主党各占一席。

【宪法】1848年制定通过，1874年以来曾多次修改。瑞士实行“公民表决”和“公民倡议”形式的直接民主。凡修改宪法条款、签订期限为15年以上的国际条约或加入重要国际组织，必须经过公民表决并由各州通过方能生效。1999年瑞士公民表决通过新宪法，明确规定瑞士是联邦制国家，各州有自己的宪法。联邦政府管辖外交、财政、金融、联邦税收、货币、国防、海关、铁路、邮电、能源、电视、广播和社会保障等，其他事务由各州管辖。各州必须遵守联邦的全国性法规并接受联邦的监督。新宪法还确定了国际法高于国内法的原则。

【议会】联邦议会是最高立法机构，由具有同等权限的国民院和联邦院组成。只有两院一致批准，法律或决议方能生效。国民院有200名议员，由公民普选产生，任期4年；联邦院有46名议员，由各州选派，任期因州而异，最长4年。两院议长任期均为1年。2010年度国民院议长帕斯卡尔·布吕德雷（Pascale Bruderer，社民党），联邦院议长埃里卡·福斯特尔—瓦尼尼（Erika Forster-Vannini，自民党）。本届议会2007年10月产生，各主要政党在两院所占席位如下：

	国民院	联邦院
瑞士人民党	62	7
社会民主党	43	9
自由民主党	31	12
基督教民主人民党	31	15
绿党	20	2
其他	13	1

【政府】联邦委员会是国家最高行政机构，由7名委员组成，分任7个部的部长，实行集体领导，任期四年。设主席和副主席，由联邦委员轮任，任期1年，不得连任。2007年12月12日，瑞举行新一届联邦委员会选举，2010年度联邦委员会组成如下：

联邦主席兼经济部长多丽丝·洛伊特哈德，联邦副主席兼环境、交通、能源和电信部长莫里茨·洛伊恩贝格（Moritz Leuenberger，社民党），外交部长米舍利娜·卡尔米—雷伊（Micheline Calmy-Rey，女，社民党），财政部长汉斯—鲁道夫·梅尔茨（Hans-Rudolf Merz，自民党），内政部长迪迪埃·布尔克哈尔特（Didier Burkhalter，自民党），国防、民防和体育部长于利·毛雷尔（Ueli Maurer，人民党），司法警察部长埃维利娜·维德默—施鲁姆普夫（Eveline Widmer-Schlumpf，女，公民民主党）。

【司法机构】联邦法院是瑞最高司法机构。法院内设民事、刑事、公法和社会法法庭。2007年前，瑞士在联邦层面曾设有联邦法院和联邦保险法院。后经机构调整，联邦保险法院成为联邦法院下属的社会法法庭，负责有关社会保险方面的诉讼。整合后的联邦法院现有联邦法官38名，均由议会选举产生，正、副院长每两年改选一次。2009/2010年度联邦法院院长为洛伦茨·迈尔（Lorenz Meyer），副院长为苏姗·洛伊齐恩格（Susanne Leuzinger，女）。

此外，瑞士还设有联邦行政法院和联邦刑事法院，负责审理行政申诉或上诉案件、渎职案件及恐怖袭击、泄密、叛国、洗钱等特殊刑事案件。

【行政区划】瑞士的行政区划分为三级，即联邦、州、市镇。全国由26个州组成（其中6个州为半州）：苏黎世、伯尔尼、卢塞恩、乌里、施维茨、上瓦尔登（半州）、下瓦尔登（半州）、格拉鲁斯、楚格、弗里堡、索罗图恩、巴塞尔城（半州）、巴塞尔乡（半州）、沙夫豪森、外阿彭策尔（半州）、内阿彭策尔（半州）、圣加仑、格劳宾登、阿尔高、图尔高、提契诺、沃州、瓦莱、纽沙泰尔、日内瓦、汝拉。

【政党】大小政党共有30多个，主要政党有：

（1）瑞士人民党（Schweizerische Volkspartei）：法语区称中间民主联盟，1971年由农民党和民主党合并组成。党员约9万人。主席托尼·布龙讷（Toni Brunner）。

（2）瑞士自由民主党（Freisinnig-Demokratische Partei der Schweiz）：法语区称激进民主党，1894年成立。党员约13万人。主席福尔沃·佩里（Fulvio Pelli）。

（3）社会民主党（Sozialdemokratische Partei）：法语区称瑞士社会党，1888年成立。党员约4万人。主席克里斯蒂安·莱韦拉特（Christian Levrat）。

（4）瑞士基督教民主人民党（Christlich-Demokratische Volkspartei der Schweiz）：法语区称基督教民主党，建于1912年。前身是“人民保守党”，1970年改为现名。党员约10万人。主席克里斯托弗·达伯雷（Christophe Darbellay）。

（5）瑞士公民民主党（Buergerlich-Demokratische Partei）：2008年成立，自瑞士人民党中分离出来。党员约6000人。主席汉斯·格伦德尔（Hans Grunder）。

（6）瑞士绿党（Gruene Partei der Schweiz）：建于1983年。党员约6500人。主席于利·洛伊恩贝格（Ueli Leuenberger）。

【重要人物】**多丽丝·洛伊特哈德**：女，基民党。1963年生。1997年当选阿尔高州议会议员。1999年当选瑞联邦议会国民院议员。2000年任基民党阿尔高州副主席和基民党联邦副主席，并出任国民院经济和税务委员会委员。2004～2006年任基民党主席。2006年6月当选联邦委员，并出任经济部长。2009

年12月当选2010年度联邦主席，成为1934年以来瑞最年轻的联邦主席。

经　济

瑞士是高度发达的工业国。实行自由经济政策，政府尽量减少干预。对外主张自由贸易，反对贸易保护主义。受金融危机影响，2009年经济衰退约1.2%。2009年主要经济数据如下（资料来源：瑞士联邦统计局网站）：

国内生产总值：5355.68亿瑞郎（按当年价格计算）。

人均国内生产总值：69557瑞郎（按当年价格计算）。

国内生产总值实际增长率：0.64%（按上年价格计算）。

货币名称：瑞士法郎；1瑞士法郎=100生丁。

汇率：1美元=1.1493瑞士法郎（2009年）。

通货膨胀率：0.28%（2009年12月）。

失业率：4.5%（2009年12月）。

【资源】 瑞士矿产资源匮乏，仅有少量盐矿、煤矿、铁矿和锰矿。生产生活所需能源、工业原料主要依赖进口。水力资源丰富。森林面积127.8万公顷，森林覆盖率为32.4%。

【工业】 机械制造、化工、医药、高档钟表、食品加工、纺织业是瑞士的主要支柱产业。工业技术水平先进，产品质量精良，在国际市场具有很强的竞争力。除ABB、雀巢、诺华、苏尔寿等著名大公司外，绝大多数为中小企业。2009年，工业就业人数约102.4万，占总就业人口的25.3%。

【农业】 主要农作物有小麦、燕麦、马铃薯和甜菜。肉类基本自给，奶制品自给有余。2009年，农业就业人数17万，约占总就业人口的4.2%。

【旅游业】 旅游业十分发达，是仅次于机械制造和化工医药的第三大创汇行业。2009年，瑞士拥有旅馆4866家，床位24.16万张。2009年游客过夜数为3559万人次，创历史新高。游客主要来自德国、英国、美国、法国和意大利。近年来，爱尔兰和罗马尼亚等东欧国家的游客大幅增加。主要旅游点是苏黎世、日内瓦、卢塞恩和洛桑等地。

【交通运输】 以公路和铁路运输为主。

铁路：总长5107公里，全部电气化，铁路密度居世界前列。2008年列车客运量达3.226亿人次。

公路：总长71384公里，分国道、州道、镇道，其中国道1789公里，为公路交通主干。公路网四通八达，遍及全国。拥有目前世界上最长的公路隧道——圣哥达大隧道，总长16300米。

水运：有水路航线1226公里。瑞士拥有33艘海运货轮。目前海运总吨位近80万吨。重要内河港口为巴塞尔。

空运：主要国际机场有苏黎世机场和日内瓦机场。2009年在瑞注册的各类飞机共计1869架，直升机320架。瑞士航空公司现有飞机77架，2009年运送乘客约1378万人次，同比增长2%。

管道运输：有输油管道108公里，天然气管道1986公里。

【财政金融】 近几年联邦财政收支情况如下（单位：亿瑞郎）：

	2007	2008	2009
收入	562.7	639	609
支出	564.5	677	582
盈余	-1.8	-36	27

（资料来源：瑞士联邦统计局网站）

金融业发达，2008年全国共有银行327家。外国银行在瑞分支机构31家。全日制银行职员约13.6万人。最大城市苏黎世是国际金融中心之一，是仅次于伦敦的世界第二大黄金交易市场。

有214家保险企业，其中外资保险公司43家，全日制职工约4.2万人。

2010年4月，瑞士外汇储备为1535.55亿瑞郎，黄金储备市值达393.39亿瑞郎。按人均计算，瑞士是全球人均拥有黄金量最多的国家。

瑞士两大银行：（1）瑞士联合银行（UBS），由原瑞士联合银行和瑞士银行公司于1997年12月合并，投资资产总计2.23万亿瑞郎，拥有员工79000人，是世界第一大资产管理公司。受美国信贷危机牵连，遭受前所未有的巨大损失，2008年亏损208.9亿瑞郎（约合179亿美元）。2009年第三季度起扭亏为盈，2010年第一季度净利润约25亿瑞郎。（2）瑞士信贷银行（CSG），成立于1856年，总资本约1.2万亿瑞郎，拥有员工47800人。2008年亏损77.6亿瑞郎。

保险公司：苏黎世金融服务集团，1872年成立。1997年与英国最大的烟草集团BAT的金融保险业务分部（BASF）合并，组成苏黎世金融服务集团，总部设在苏黎世。新集团为世界第二大保险公司，员工6万人。2009年，集团盈利34.63亿美元，同比上升14%。

（资料来源：相关银行年度业绩报告）

【对外贸易】 外贸在经济中占重要地位。95%的原料、能源和60%的消费品依靠进口；工业产品的70%~90%外销。2009年外贸总额3404亿瑞郎。近年进出口情况如下（单位：亿瑞郎）：

	2007	2008	2009
进口额	1834	1868	1601
出口额	1973	2067	1803
差　额	139	199	202

（资料来源：瑞士联邦统计局网站）

主要出口商品是机械设备、化工产品、医药、精密仪器、钟表及食品，进口商品主要是原料、半成品和耐用消费品。主要贸易伙伴是欧盟和美国。

【对外援助】瑞士将帮助战乱国家恢复和平、发展经济、消除贫困作为其发展援助的主要目标，并通过双边和多边途径加以实施。援助对象主要是非洲、亚洲、拉美地区贫穷的中、小发展中国家以及东欧和独联体国家。瑞政府计划2015年达到联合国关于发达国家发展援助占其国内生产总值0.7%的目标。2009年瑞士对外援助支出24.99亿瑞郎，占国内生产总值的比重由2008年的0.44%上升到0.47%。

【对外投资】2007年瑞士对外直接投资累计达6757亿瑞郎，同比增长6.9%。投资主要在美国、欧洲及其他地区工业国。

【外国投资】2007年外国在瑞士直接投资累计达4534亿瑞郎。注册资产在1000万瑞郎以上的外国企业共823家，1000万瑞郎以下资产的外资企业共约4000家。外资企业在瑞共有员工约35.1万人。

【著名公司】雀巢公司：成立于1866年，总部设在韦维，现已发展成为世界上最大的食品工业集团，拥有员工27.8万人。2009年营业额1076.2亿瑞郎，纯利润104.28亿瑞郎，同比减少70.2%。公司主要产品有饮料、奶制品、冷冻食品、成品及半成品食物、巧克力和糖果等。董事长兼首席执行官彼得·包必达（Peter Brabeck-Letmathe）。

ABB集团：1988年由ASEA公司和BBC Brown Boveri公司合并而成，是一个业务遍及全球的电气工程集团，主要业务包括开发、生产和销售发电设备、高压输电设备及系统、中低压配电设备及安装和电力机车等。总部在苏黎世。2009年营业额318亿美元，盈利29.01亿美元。现有员工11.7万人。集团董事长胡伯图斯·冯·格林伯格（Hubertus von Gruenberg），总裁兼首席执行官约瑟夫·豪根（Josef Hogan）。

诺华公司（Novartis）：总部在巴塞尔，世界第二大医药公司。由瑞士两大化工集团汽巴·嘉基和山度士于1996年3月合并而成。2009年营业额442.7亿美元，纯利润102.7亿美元。主要经营医疗保健、农用化学品和食品。全球共有员工约99834人。集团总裁、董事长兼首席执行官魏思乐（Dr. Daniel Vasella）。

人民生活

瑞士是高工资、高福利、高消费国家。全国共有医生29653名，有321家医疗保健机构，床位40497张。全国共有机动车560.2万辆，其中小轿车399万辆，每千人有小轿车518辆。

军　事

实行民兵制，现役编制兵力12.2万人，有陆、空军两个军种。凡20～34岁身体健康的男性公民都必须服兵役，服役人员一生中参加军训时间总计280天。服役期间和退役后，单兵武器装备均归个人保管。1995年，瑞士颁布了第一部民役法，规定自1997年起公民可在军役和民役间自由选择。联邦委员会拥有最高指挥权并通过国防部领导军队。总体作战指导思想是防御战。2009年国防开支44.13亿瑞郎，占国内生产总值的0.82%。

文化教育

【教育】教育事业由各州管理，自筹经费，自编教材。全国实行9年义务教育制，各类学校11000所。有12所高等院校，其中苏黎世高等工业大学和洛桑高等工业大学直属联邦。2007/2008年度9年义务教育学生78.8万余人，教师7.58万名。学前教育学生15.1万人。高中及职业学校学生33万人。高等院校学生22.6万人。

【新闻出版】有1个通讯社：瑞士通讯社。全国有报纸79种，影响较大的是德语报纸《新苏黎世报》、《每日导报》和《一瞥报》。瑞士荣格集团（Ringier AG）创立于1883年，是瑞士最大的综合性媒体集团，总部设在苏黎世，全球拥有员工8000多人，2009年实现销售额12.96亿瑞郎。

各语区均有各自语言的广播电视。瑞士公共广播电视公司（SRG），总部设在伯尔尼，1997年开播，享有联邦广播特许权，负责用四种官方语言制作和播送广播和电视节目。瑞士国际广播电台用官方语言和英语、西班牙语及阿拉伯语制作节目，通过无线电短波、卫星向国外传送。

对外关系

瑞士为永久中立国，自1815年以来一直奉行中立政策。近年来，为更好地维护自身利益，瑞逐步调整外交政策，由传统保守的中立向“积极的中立”过渡，把促进和平共处，尊重人权并促进民主，维护瑞海外经济利益，减少全球危机与贫困以及维护人类基本生存条件视为其外交政策的五大目标。自2002年9月加入联合国以来，瑞外交政策更加突出人权和人道主义，大力开展斡旋外交，力图在国际事务中发挥独特作用，扩大瑞的国际影响。瑞士同世界上192个国家建有外交关系。

【对重大国际问题的态度】关于国际形势：认为世界经济、政治格局正在发生变化。新兴国家加速崛起，中国和印度已成为世界经济增长的发动机。全球和地区危机增加，金融经济危机、气候变化、能源、卫生等问题已构成全球性挑战，加强国际合作成当务之急。现有国际多边机构无法反映当今世界经济和政治力量对比，发展中国家特别是新兴大国要求获得更多话语权，国际问题增多和现有多边组织能力有限的矛盾日益凸显，改革现有国际多边体制、增强其权威性和行动能力势在必行。世界格局的变化导致人权共识被削弱，应加强联合国在人权领域的地位和作用。

关于联合国作用和改革：瑞于2002年9月正式成为联合国第190个成员国。认为联合国在维护世界和平与安全、保障人权、促进经济发展、缓解社会矛盾、提供人道援助和保护环境等方面发挥着重要作用。支持联合国机构改革，以提高透明度，增强行动能力。

关于伊拉克问题：反对美英等国未经联合国授权单方面对伊动武。伊战期间，瑞坚持中立政策，禁止美英等国通过瑞领土、领空向伊运送战争物资。认为联合国在伊重建过程中发挥着关键和不可替代的作用，瑞愿在联合国框架内更多地参与伊重建。

关于中东和平进程：主张以安理会有关决议和冲突各方达成的协议为基础，通过谈判公正、全面解决以巴冲突。支持巴建国和保障以生存与安全，呼吁尽快实施中东和平"路线图"计划。谋求通过外交和民间促和方式在中东和平进程中发挥作用，积极参与中东和平外交斡旋。

关于科索沃问题：认为确定科索沃的地位是西巴尔干地区稳定和经济、政治发展的前提，于2008年2月17日承认科独立并与之建立外交关系。但同时认为，科问题特殊，承认科独立不能构成先例。2005年以来向科提供的发展和人道援助总额为1亿瑞郎。

关于朝核问题：反对朝鲜进行核试验，主张和平解决朝核危机，实现朝鲜半岛长期稳定。认为中国在解决朝核问题上扮演重要角色。支持南北朝鲜对话，愿为对话提供斡旋。瑞外交部发展合作总司于1997年在平壤设立协调办公室。2003年4月，瑞外长先后访问朝鲜和韩国，与朝就开展政治对话达成协议。2005～2009年共向朝提供3031万瑞郎的发展和人道援助。

关于伊朗核问题：承认伊朗拥有和平利用核能的权利，但反对任何形式的核扩散，希伊与国际原子能机构密切合作，以证明伊没有发展核武器的意图。主张通过谈判和平解决伊核问题。2008年7月和2009年10月，两次在日内瓦承办伊核问题六国同伊朗会晤。高度评价中国在解决伊核问题上的作用。

关于人权问题：将维护人权列为瑞外交政策重要目标之一，认为尊重人权是世界持久和平与安全的根本保证，人权高于主权。经济合作、发展援助和难民政策应同受援国人权状况挂钩。主张与发展中国家开展"批评性人权对话"，但不应把观点强加于人。

关于气候变化问题：认为气候变化是对人类生存和发展的重大挑战。发达国家应带头大幅减排，并动员发展中国家尤其是排放大国参加约束性减排。承诺到2020年瑞温室气体排放比1990年下降20%。认为哥本哈根会议在气候变化政策层面取得重大进展，但仅达成最低限度、不具约束力的《哥本哈根协议》，未达到预期效果，各方应开好2010年的续会。

关于发展援助问题：推动同发展中国家的发展合作，为2009年相关工作设立三个目标：一是落实联合国千年发展目标；二是促进动荡地区人的安全，减少人道危机；三是在全球范围内促进发展。为此，重点加大对贝宁、马里、乍得、布基纳法索、莫桑比克、坦桑尼亚、孟加拉国、尼泊尔、湄公河地区、玻利维亚以及中美洲地区的发展合作投入，并将气候变化、食品安全和移民问题列为下一步工作重点。

关于国际金融危机：认为美国对银行滥发次贷产品采取纵容态度以及现行国际金融体系对相关交易缺乏有效监管是导致此次金融危机的重要原因。主张对现行国际金融体系进行改革，增加相关机制的民主性和透明度，加强对商业银行金融衍生业务的监管。

关于"避税天堂"问题：作为世界上最早实行银行保密制度的国家，瑞在国际金融危机爆发后面临强大压力。2009年，瑞宣布接受和尽快实施经合组织关于在税案中向他国提供行政协助的标准，并在半年内与美、法、英等12国重新签订了符合上述标准的避免双重征税协定，成功晋级至经合组织"实质履行国际税收通行标准"国家的"白名单"，从而维护了瑞银行保密制度。

【同中国的关系】1950年9月14日，瑞士与中国建交。2009年两国关系继续保持良好发展势头，双方高层交往密切。1月，温家宝总理赴瑞出席达沃斯世界经济论坛年会并正式访瑞。4月，瑞联邦委员兼环境、能源部长洛伊恩贝格访华。6月，科技部长万钢访瑞。10月，瑞联邦委员兼司法警察部长维德默—施鲁姆普夫访华。2010年1月，李克强副总理赴瑞出席达沃斯世界经济论坛年会并正式访瑞。5月，卫生部长陈竺出席世界卫生组织部长级会议期间在日内瓦与瑞联邦委员兼内政部长布尔克哈尔特举行了工作会谈。

瑞士是中国在西欧的重要贸易伙伴，中国是瑞士在亚洲的第二大贸易伙伴。2009年中瑞双边贸易额为95.6亿美元，同比下降15.1%。其中，中方出口额26.6亿美元，下降32%；进口额69亿美元，下降6.1%。截至2009年底，中国累计批准瑞在华投资项目1224个，实际利用瑞资33.5亿美元。

中国驻瑞士大使：董津义。馆址：KALCHEGG-WEG 10，CH－3006 BERN。电话：0041－31－3527333，3514593（领事部），9511401（商务处）。传真：3514573。网址：http：//www. china-embassy. ch。电子邮箱：china-embassy@ bluewin. ch。

瑞士驻华大使：顾博礼（Blaise Godet）。馆址：北京市三里屯东五街3号。电话：010－85328888。传真：65324353。网址：http：//www.eda.admin.ch/beijing。

【同欧盟的关系】瑞与欧盟利益关系紧密。瑞对欧盟进出口分别约占瑞进出口总额的80%和60%，是欧盟第三大贸易伙伴。全力推动瑞欧双边合作向纵深发展，双方于2002年和2004年签署涉及人员自由往来、消除技术壁垒、司法警察及难民合作、利息税等16个领域的双边协议。2005年，瑞通过《申根/都柏林协定》和扩大第一批人员自由流动协定适用范围的附加议定书，并于2008年12月正式加入申根区。2009年，瑞加入欧盟对外边境行动管理署（FRONTTEX），与欧盟草签教育合作协定，全民公投支持将瑞欧人员自由流动协定永久化并将该协定适用范围扩大至保加利亚和罗马尼亚。

但另一方面，瑞加入欧洲经济区、入盟申请以及启动入盟谈判的人民倡议先后遭公投否决。2005年11月，瑞政府决定不撤回入盟申请，但将这一长远战略目标降格为今后发展瑞欧关系的选择之一。

【同美国的关系】瑞同美关系密切。但伊战爆发后，瑞停止向美、英等出口战争物资，并禁止联军战机飞越其领空，拒绝美关于驱逐伊外交官并关闭伊驻瑞外交机构以及冻结并转移伊政府在瑞资产的要求，瑞美关系受到一定影响。2005年以来，瑞政府重修并加强对美关系。2006年，瑞美签署加强双边关系的文件，并建立了经贸与投资论坛。奥巴马总统上台以来，期待美重视多极世界的现实，赞赏奥重视对话、人权和气候变化，强调多边主义和通过外交手段解决冲突。2009年，双边贸易额达286.3亿瑞郎，其中瑞从美进口额98.5亿瑞郎，同比下降14.9%，向美出口额187.8亿瑞郎，同比下降9.4%。

（李双成）

塞尔维亚

国名　塞尔维亚共和国（The Republic of Serbia，Republika Srbija）。

面积　8.83万平方公里。

人口　990万（2002年）。主要民族塞尔维亚族（62.6%）、阿尔巴尼亚族（16.5%）、黑山族（5%）、匈牙利族（3.3%）和穆斯林（3.2%）。官方语言为塞尔维亚语。主要宗教是东正教。

首都　贝尔格莱德（Belgrade，Beograd），人口约190万（2008年）。一月平均气温1.3℃，七月平均气温22.1℃。

国家元首　总统鲍里斯·塔迪奇（Boris TADIĆ），2004年6月就任，2008年2月连任，任期5年。

重要节日　国庆节：2月15日。

简况

位于欧洲巴尔干半岛中北部，东北与罗马尼亚、东部与保加利亚、东南与马其顿、南部与阿尔巴尼亚、西南与黑山、西部与波黑、西北与克罗地亚相连。以温带大陆性气候为主，四季分明。冬季寒冷，夏季炎热。1月平均气温0℃，7月平均气温22℃，年平均气温11℃。

公元6～7世纪，部分斯拉夫人越过喀尔巴阡山移居巴尔干半岛。9世纪，塞尔维亚国家形成。14世纪上半叶，塞尔维亚曾是巴尔干最强盛的国家之一。15世纪，奥斯曼土耳其帝国征服包括塞尔维亚在内的巴尔干大部分地区，并统治达500年。1878年，柏林会议承认塞尔维亚独立。1882年，塞尔维亚成为王国。第一次世界大战后，部分南部斯拉夫民族于1918年12月联合成立“塞尔维亚人—克罗地亚人—斯洛文尼亚人王国”，1929年改称南斯拉夫王国，塞尔维亚成为其中一部分。二战期间南斯拉夫被德、意法西斯占领。1945年5月15日，南全国解放，同年11月29日，铁托领导下的南斯拉夫联邦人民共和国成立，塞尔维亚成为南联邦六个共和国之一。1963年4月南斯拉夫修改宪法，改国名为南斯拉夫社会主义联邦共和国。1991年，斯洛文尼亚、克罗地亚、波黑和马其顿先后宣布脱离南联邦独立。1992年4月27日，塞尔维亚、黑山两个共和国联合成立南斯拉夫联盟共和国（The Federal Republic of Yugoslavia）。2003年2月，南斯拉夫联盟议会通过“塞尔维亚和黑山宪法宪章”，南联盟更名为“塞尔维亚和黑山”（Serbia and Montenegro）。2006年6月3日，黑山共和国宣布独立。6月5日，塞尔维亚共和国宣布继承塞黑国际法主体地位。

政治

2009年，塞尔维亚政局总体保持稳定。由民主党、塞尔维亚社会党、G17＋党等组成的执政联盟致力于改善民生、促进社会稳定，根据欧盟要求推进政治和经济改革，取得一定成绩。

【宪法】2006年11月，塞尔维亚议会通过新宪法。根据新宪法，塞尔维亚是塞民族和所有生活在塞公民的国家，建立在法制和社会公正基础上，奉行民主，尊重人权和少数民族权利，从属欧洲价值观；科索沃享有高度自治，是塞尔维亚共和国领土的一部分。

【议会】国家最高权力机构，实行一院制。议员通过直选产生，任期四年。本届议会于2008年5月11日选举产生，共有250席。其中民主党65席，塞尔维亚激进党57席，G17+党25席，塞尔维亚前进党21席，塞尔维亚民主党20席，新塞尔维亚党10席，自由民主党13席，塞尔维亚社会党12席，塞尔维亚退休者联盟5席，统一塞尔维亚党3席，伏伊伏丁那社会民主联盟5席，塞尔维亚复兴运动4席，匈牙利人联盟4席，桑贾克民主党3席，桑贾克波什尼亚克人名单2席，普雷舍沃阿尔巴尼亚人联盟1席。议长斯拉维察·久基奇—德亚诺维奇（Slavica ĐUKIĆ-DEJANOVIĆ，女）。

【政府】最高权力执行机构。本届政府于2008年7月组成，系以民主党、塞尔维亚社会党、G17+等组成的联合政府。总理米尔科·茨韦特科维奇（Mirko CVETKOVIĆ）。政府成员有：第一副总理兼内务部长伊维察·达契奇（Ivica DAČIĆ）、副总理兼科技发展部部长博日达尔·杰利奇（Božidar ĐELIĆ）、副总理兼经济和地区发展部部长姆拉詹·丁基奇（Mlađan DINKIĆ）、副总理约万·克尔科巴比奇（Jovan KRKOBABIĆ）、外交部长武克·耶雷米奇（Vuk JEREMIĆ）、国防部长德拉甘·舒塔诺瓦茨（Dragan ŠUTANOVAC）、财政部长迪阿娜·德拉古蒂诺维奇（Diana DRAGUTINOVIĆ，女）、司法部长斯内扎娜·玛洛维奇（Snežana MALOVIĆ，女）、农、林、水利部部长萨沙·德拉金（Saša DRAGIN）、矿业和能源部部长佩塔尔·什昆德里奇（Petar ŠKUNDRIĆ）、基础设施部部长米卢廷·姆尔科尼奇（Milutin MRKONJIĆ）、国家管理和地方自治部部长米兰·马尔科维奇（Milan MARKOVIĆ）、商务和服务部部长斯洛博丹·米洛萨夫列维奇（Slobodan MILOSAVLJEVIĆ）、教育部部长扎尔科·奥布拉多维奇（Žarko OBRADOVIĆ）、青年和体育部部长斯内扎娜·萨马尔季奇—马尔科维奇（Snežana SAMARĐIĆ-MARKOVIĆ，女）、卫生部部长托米察·米洛萨夫列维奇（Tomica MILOSAVLJEVIĆ）、电信和信息化部部长亚斯娜·马蒂奇（Jasna MATIĆ，女）、劳动和社会政策部部长拉西姆·利亚伊奇（Rasim LJAJIĆ）、环境保护和空间规划部部长奥利维尔·杜利奇（Oliver DULIĆ）、文化部部长内博伊沙·布拉迪奇（Nebojša BRADIĆ）、国家投资计划部部长韦里察·卡拉诺维奇（Verica KALANOVIĆ，女）、科索沃和梅托希亚事务部部长戈兰·博格达诺维奇（Goran BOGDANOVIĆ）、宗教事务部部长博戈柳布·希亚科维奇（Bogoljub ŠIJAKOVIĆ）、海外移民部部长斯尔詹·斯雷奇科维奇（Srđan SREĆKOVIĆ）、人权和少数民族权益部部长斯韦托扎尔·契普利奇（Svetozar ČIPLIĆ）、不管部部长苏莱伊曼·乌格利亚宁（Sulejman UGLJANIN）。

【主要网址】总统府：http：//www.predsednik.rs；议会：http：//www.parlament.gov.rs；政府：http：//www.srbija.gov.rs；外交部：http：//www.mfa.gov.rs；《政治报》：http：//www.politika.rs。

【司法机构】设有最高法院、共和国检察院、宪法法院、地方各级法院和检察院等。最高法院和各级法院行使审判权。最高法院院长和检察院检察长由议会选举产生。最高法院院长娜塔·梅萨罗维奇（Nata MESAROVIĆ，女），2009年11月就任，任期5年。共和国检察长扎戈尔卡·多洛瓦茨（Zagorka DOLOVAC），2009年11月就任，任期6年。宪法法院院长博萨·奈纳迪奇（Bosa NENADIĆ，女），2007年12月26日就任。

【行政区划】全国设29个州，下辖194个区。

【政党】主要政党有：

（1）民主党（Demokratska Stranka）：执政党。成立于1990年2月。约有10万党员。主张保障议会民主、法治和人权自由。主席鲍里斯·塔迪奇。

（2）塞尔维亚社会党（Socijalistička Partija Srbije）：执政党。成立于1990年7月，由原塞尔维亚共产主义者联盟和塞尔维亚劳动人民社会主义联盟合并而成。主张实行民主社会主义，建立现代法治国家和经济发达、文化繁荣的国家。主席伊维察·达契奇。

（3）G17+党（G17+）：执政党。"G17+"原为由贝尔格莱德大学经济系17位经济专家组成的科研课题组，系非政府组织。2002年12月，"G17+"正式组建成为政党。主张建设民主稳定、经济富强的塞尔维亚，支持塞尔维亚加入欧洲一体化进程，促进地区合作。主席姆拉詹·丁基奇（Mlađan DINKIĆ）。

（4）塞尔维亚激进党（Srpska Radikalna Stranka）：在野党。成立于1991年2月。约有19万党员，主要由工人、农民、家庭妇女、职员等组成。主张多党制、私有化和民主化。主席沃伊斯拉夫·舍舍利（Vojislav ŠEŠELJ）。

（5）塞尔维亚前进党（Srpska Napredna Stranka）：在野党。成立于2008年10月。系由塞尔维亚激进党分裂出来的党派。主张将塞尔维亚建设成为东、西方间的桥梁和有自尊的欧盟成员国。主席托米斯拉夫·尼科利奇（Tomislav NIKOLIĆ）。

（6）塞尔维亚民主党（Demokratska Stranka Srbije）：在野党。成立于1992年，由民主党分裂产生。约有8万名党员。致力于建立同塞尔维亚民族地位相称的国家，主张改革经济体制和实行私有化。认为塞尔维亚不能与全世界对抗，但在涉及塞尔维亚人民利益的原则问题上不应让步。主席沃伊斯拉夫·科什图尼察（Vojislav KOŠTUNICA）。

【重要人物】**鲍里斯·塔迪奇**：总统。1958年生。毕业于贝尔格莱德大学哲学院。1996～1997年任塞尔维亚议会议员、议会科技委员会委员。2000年任南联盟议会公民院议员。2002年任南联盟电讯部部长。2003年3月至2004年4月任塞尔维亚和黑山国防部长。2004 年 6 月当选塞尔维亚总统。2008 年 2 月再次当选。民主党主席。曾于 2005 年 2 月访华。2008 年 8 月来华出席北京奥运会开幕式。2009 年 8 月对华进行国事访问。已婚，有两个孩子。 **斯拉维察·久基奇—德亚诺维奇**：议长。1951 年生。毕业于贝尔格莱德大学医学院，获博士学位。长年从事医疗和教学工作。曾多次当选议会议员。2000 年底至 2001 年初任塞尔维亚家庭事务部部长。塞尔维亚社会党最高委员会副主席。 **米尔科·茨韦特科维奇**：总理。1950 年生。毕业于贝尔格莱德大学经济学院。曾任南联盟塞尔维亚经济和私有化部副部长、财政部长。已婚，有两个孩子。

经 济

近年来，塞尔维亚政府积极实行经济改革、推进私有化、改善内部投资环境，经济恢复较快，但 2009 年塞尔维亚经济受到国际金融危机影响，主要经济数据如下：

国内生产总值：315 亿欧元。

国内生产总值增长率：-3%。

人均国内生产总值：4304 欧元。

货币名称：第纳尔（DINAR）。

汇率（2009 年 12 月）：1 美元≈69 第纳尔。

通货膨胀率：6.6%。

失业率：16.9%。

（资料来源：塞尔维亚国家统计局、财政部）

【资源】矿藏有煤、铁、锌、铜等，森林覆盖率 25.4%，水力资源丰富。

【工业】主要工业部门有冶金、汽车制造、纺织、仪器加工等。近几年主要工业产品产量如下（单位：万吨）：

	2006	2007	2008
电力（亿度）	364.81	365.23	372.64
煤	3739.1	3765.8	3918.7
石油	65.4	64	63.6
扁钢	239.8	243.1	239.3
生铁	152.9	137.7	151.6
铸铁	6.52	7.29	5.87
铜	5.04	5.11	6.04
铝	5.72	7.54	7.43
镶木地板（万平方米）	34.7	27.5	27.9

（资料来源：2009 年塞尔维亚统计年鉴）

【农牧业】农业在塞尔维亚经济中占有重要地位。土地肥沃，雨水充足，农业生产条件良好。农业土地 509 万公顷，主要集中在北部的伏伊伏丁那平原和塞尔维亚中部地区。农业土地中耕地 330 万公顷，果园 24.2 万公顷，葡萄园 5.8 万公顷，草场 62.1 万公顷，牧场 83.3 万公顷。近年主要农产品产量如下（单位：万吨）：

	2006	2007	2008
小麦	187.6	186.4	209.5
玉米	601.6	390.5	615.8
大麦	275.6	259.0	344.1
大豆	429.6	304.0	350.9
向日葵	38.5	29.5	45.4
甜菜	318.9	320.6	230.0
燕麦	84.4	76.9	95.6
黑麦	1.5	1.1	1.4
烟草	1.1	1.1	1.1

（资料来源：2009 年塞尔维亚统计年鉴）

近年主要牲畜存栏和畜牧产品总数如下：

	2006	2007	2008
牛（万头）	110.6	108.7	105.7
猪（万头）	399.9	383.2	359.4
羊（万只）	155.6	160.6	160.5
家禽（万只）	1659.5	1642.2	1718.8
猪肉（万吨）	25.5	28.9	26.6
牛肉（万吨）	8.3	9.5	9.9
羊肉（万吨）	2.0	2.0	2.3
家禽肉（万吨）	7.5	7.0	7.6
牛奶（亿升）	16.02	15.63	15.48
鸡蛋（亿个）	14.56	13.64	12.04
蜂蜜（吨）	4048	3538	2561

（资料来源：2009 年塞尔维亚统计年鉴）

【服务业】主要包括旅馆、餐厅、咖啡馆和酒吧等。2007 年，塞尔维亚共有 1.73 万个服务单位，其中旅馆 310 家，汽车旅馆 88 家，餐厅 3142 家，咖啡馆 3323 家，酒吧 3956 家。从业人员 5.92 万人。

【旅游业】旅游业发展良好。2008 年接待外国游客 64.6 万人次。主要旅游区有浴场、滑雪场和国家公园等。

【交通运输】以铁路和公路为主。2008 年交通运输情况如下：

铁路：2008 年铁路总长为 3809 公里，其中电气化铁路 1254 公里。客运量 5.83 亿人公里，货运量 43.41 亿吨公里。

公路：2008 年公路总长 3.97 万公里，其中高速公路 5156 公里。截至 2008 年底，共有小轿车 148.66 万辆，专用客车 1.36 万辆，公共汽车 8557 辆；货车 13.93 万辆，专用货车 2.41 万辆。

空运：2008 年共有 16 架飞机，1734 个客位，航线总长为 5.8 万公里，客运量 14.45 亿人公里，货运量 407 万吨公里。有 5 个机场，主要机场为贝尔格莱德尼古拉·泰斯拉机场。

【财政金融】2009 年，塞尔维亚财政收入为 11465 亿第纳尔，支出 12678 亿第纳尔。截至 2009 年底，塞尔维亚人民银行外汇储备 106 亿欧元，塞尔维亚外债总额 228 亿欧元。2009 年共吸引外资 13.73 亿欧元。

【对外贸易】近年来，塞尔维亚对外经贸活动日渐活跃，外贸额连年上升。但受国际金融危机影响，2009 年塞尔维亚外贸额有所下降。近年来进出口情况如下（单位：亿欧元）：

	2007	2008	2009
出口额	64.32	74.28	59.62
进口额	135.07	154.94	111.57
差　额	-70.75	-80.66	-51.95

（资料来源：塞尔维亚国家统计局、财政部）

2009 年塞尔维亚主要出口产品为：钢铁、服装、粮食、蔬菜和水果，主要进口产品为：石油及其制成品、汽车、天然气、电子设备和机械等。主要出口贸易伙伴为：波黑、德国和黑山，主要进口贸易伙伴为：俄罗斯、德国和意大利。

人民生活

2008 年全国共有医生 2.07 万名，病床 4.09 万张。2009 年塞尔维亚人均月工资约 450 美元，居民消费价格同比增长 8.4%。

军　事

塞尔维亚军队是 2006 年 6 月塞尔维亚和黑山解体后，在接受原塞尔维亚和黑山军队的基础上组建而成的。建军节为 2 月 15 日。总统为武装力量最高统帅，国防部为武装力量军事领导机构。总参谋部为武装力量军事指挥机构。总参谋长为米洛耶·米莱蒂奇（Miloje MILETIĆ）中将。塞尔维亚实行合同兵役制和义务兵役制相结合的兵役制度。截至 2009 年底，塞尔维亚军队总兵力约 2.7 万人。2009 年国防预算为 8.5 亿美元，占 GDP 的 2.1%。

文化教育

【教育】塞尔维亚实行八年制义务教育。全国主要大学有贝尔格莱德大学、诺维萨德大学、尼什大学、克拉古耶瓦茨大学和普里什蒂纳大学。2007/2008 年度各级学校情况如下：

	学校（所）	学生（万人）	教师（万人）
小　学	3545	60.6991	4.8509
中　学	480	28.3309	2.9092
高等院校	194	23.7598	1.1772

（资料来源：2009 年塞尔维亚统计年鉴）

【新闻出版】2008 年有报纸 437 种，其中日报 25 种，期刊杂志 934 种。主要日报有《政治报》、《新闻晚报》、《快报》、《今日报》、《战斗报》和《信使报》等，用塞尔维亚文出版。期刊杂志主要有《新闻周刊》、《时代》等。

塔纽格通讯社（原南斯拉夫通讯社）：国家通讯社，建立于 1943 年 11 月。贝塔通讯社、FoNet 通讯社为主要私营通讯社。2008 年塞尔维亚共有 163 家电台和 94 家电视台。

对外关系

争取尽快加入欧盟，全力发展同美国、俄罗斯、中国等大国关系，睦邻修边，积极参与区域合作。

【同中国的关系】1992 年 4 月 27 日，南斯拉夫联盟共和国组成，中国政府宣布驻南斯拉夫社会主义联邦共和国大使转任驻南斯拉夫联盟共和国大使。2003 年 2 月，南联盟更名为塞尔维亚和黑山后，中国驻南斯拉夫联盟共和国大使馆和大使更名为驻塞尔维亚和黑山大使馆和大使。2006 年塞尔维亚、黑山分手后，中国于 6 月 14 日宣布中国驻塞尔维亚和黑山大使转任驻塞尔维亚大使，使馆亦随之更名。2009 年 4 月，塞尔维亚副总理兼科技部长杰利奇、农业部长德拉金分别访华。7 月，中央军委委员、第二炮兵司令员靖志远上将访问塞尔维亚。8 月，塞尔维亚总统塔迪奇对中国进行国事访问。双方发表《中华人民共和国和塞尔维亚共和国关于建立战略伙伴关系的联合声明》。9 月，中央军委委员、国务委员兼国防部长梁光烈上将访问塞尔维亚。塞尔维亚副总理兼科技部长杰利奇来华出席在大连举行的第三届“夏季达沃斯”年会。10 月，商务部部长助理仇鸿访问塞尔维亚，主持召开中塞政府间经贸混委会第八次会议。塞尔维亚国防部国务秘书斯帕索耶维奇访华。11 月，全国政协副主席、中国国际交流协会副会长王志珍访问塞尔维亚。塞尔维亚议会外委会主席米丘诺维奇访华。12 月，塞尔维亚第一副总理兼内务部长达契奇访华。塞尔维亚教育部长奥布拉多维奇访华。

据中国海关总署统计，2009 年，双边贸易额为 3.37 亿美元，同比下降 33.2%，其中中方出口额为 3.08 亿美元。

中国驻塞尔维亚大使：魏敬华。馆址：贝尔格莱德奥古斯塔采萨尔察街 2V 号（AUGUSTA CESARCA 2V, Beograd）。电话：（38111）3695057。传真：3066001。商务处地址：贝尔格莱德约万纳·达尼恰大街 1 号（Jovana Danića 1, Beograd）。电话：（38111）2651630。传真：2650726。电传：12492 CACCOYU。

塞尔维亚驻华大使：米奥米尔·乌多维契基（MIOMIR UDOVIČKI）。馆址：北京市三里屯东六街 1 号。电话：010-65323516 或 65321562。传真：65321207。商务处电话：65323616。电传：22403 CN。

【同欧盟的关系】将加入欧盟作为外交首要任务。2009 年 2 月，欧盟扩大事务专员雷恩访问塞尔维亚。3 月，塞尔维亚副总理杰利奇访问布鲁塞尔欧盟总部。6 月，塞尔维亚外长耶雷米奇访问布鲁塞尔欧盟总部。7 月，欧盟负责外交政策与安全事务的高级代表索拉纳访问塞尔维亚。9 月，欧盟委员会负责司法、自由与安全事务的副主席巴罗访问塞尔维亚。11 月，塞尔维亚总统塔迪奇访问布鲁塞尔欧盟总部。12 月，塞尔维亚总统塔迪奇向欧盟轮值主席国瑞典首相赖因费尔特递交入盟申请。

【同美国的关系】2009年4月，塞尔维亚外长耶雷米奇访问美国。5月，美国副总统拜登访问塞尔维亚。

【同欧洲国家的关系】2009年，塞尔维亚与欧盟及欧洲各国交往密切。2月，塞浦路斯总统赫里斯托菲亚斯访问塞尔维亚。塞尔维亚外长耶雷米奇访问葡萄牙。3月，斯洛文尼亚总统图尔克访问塞尔维亚。塞尔维亚总统塔迪奇访问西班牙。塞尔维亚外长耶雷米奇访问瑞士、奥地利。4月，塞尔维亚外长耶雷米奇访问斯洛伐克。5月，塞尔维亚总统塔迪奇访问法国。塞尔维亚外长耶雷米奇访问丹麦。6月，塞尔维亚副总理兼内务部长达契奇访问德国。葡萄牙议长访问塞尔维亚。塞尔维亚外长耶雷米奇访问英国。7月，希腊总统帕普利亚斯访问塞尔维亚。塞尔维亚外长耶雷米奇访问英国、波兰。8月，塞尔维亚外长耶雷米奇访问立陶宛。9月，塞尔维亚总理茨韦特科维奇访问芬兰。塞尔维亚外长耶雷米奇访问意大利、瑞典。10月，爱沙尼亚总统伊尔韦斯访问塞尔维亚。塞尔维亚副总理兼内务部长达契奇访问塞浦路斯。塞尔维亚副总理兼科技部长杰利奇访问瑞典。斯洛伐克副总理查普洛维奇访问塞尔维亚。塞尔维亚外长耶雷米奇访问法国、希腊。11月，塞尔维亚总统塔迪奇访问意大利、德国。奥利地议长普拉默访问塞尔维亚。12月，斯洛伐克总统加什帕罗维奇访问塞尔维亚。塞尔维亚外长耶雷米奇访问英国、美国。西班牙外交与合作大臣莫拉蒂诺斯访问塞尔维亚。荷兰外长费尔哈根访问塞尔维亚。

【同俄罗斯的关系】2009年，塞尔维亚与俄罗斯合作关系发展良好。2月，塞尔维亚外长耶雷米奇访问俄罗斯。10月，俄罗斯总统梅德韦杰夫访问塞尔维亚。

【同原南地区及周边国家的关系】同黑山的关系：2009年4月，黑山总统武亚诺维奇访问塞尔维亚。

同斯洛文尼亚的关系：2009年1月，塞尔维亚外长耶雷米奇访问斯洛文尼亚。9月，塞尔维亚总统塔迪奇访问斯洛文尼亚。10月，斯洛文尼亚议长甘塔尔访问塞尔维亚。12月，斯洛文尼亚外长日博加尔访问塞尔维亚。

同克罗地亚的关系：2009年3月，克罗地亚总理萨纳戴尔访问塞尔维亚。

同波黑的关系：2009年5月，波黑主席团轮值主席拉德马诺维奇访问塞尔维亚。5月，塞尔维亚总统塔迪奇访问波黑塞族共和国。10月，塞尔维亚外长耶雷米奇访问波黑。塞尔维亚副总理兼内务部长达契奇访问波黑塞族共和国。

同马其顿的关系：2009年3月，马其顿议长韦利亚诺斯基访问塞尔维亚。7月，马其顿总理格鲁埃夫斯基访问塞尔维亚。

同阿尔巴尼亚的关系：2009年1月，阿尔巴尼亚总统托皮访问塞尔维亚。

同匈牙利的关系：2009年2月，匈牙利外长根茨访问塞尔维亚。9月，塞尔维亚外长耶雷米奇访问匈牙利。10月，塞尔维亚总统塔迪奇访问匈牙利。

同罗马尼亚的关系：2009年3月，塞尔维亚总统塔迪奇访问罗马尼亚。

【同其他国家的关系】：2009年3月，塞尔维亚副总理访问白俄罗斯。塞尔维亚外长耶雷米奇访问土耳其、阿尔及利亚。4月，塞尔维亚总统塔迪奇访问埃及。塞尔维亚副总理兼科技部长杰利奇访问日本。塞尔维亚外长耶雷米奇访问利比亚。5月，塞尔维亚外长耶雷米奇访问叙利亚。6月，塞尔维亚外长耶雷米奇访问阿塞拜疆。7月，塞尔维亚总统塔迪奇访问亚美尼亚。巴勒斯坦总统阿巴斯访问塞尔维亚。土耳其外长达乌特奥卢访问塞尔维亚。9月，以色列副总理兼外长利伯曼访问塞尔维亚。塞尔维亚外长耶雷米奇访问摩洛哥。土耳其总统阿卜杜拉·居尔访问塞尔维亚。塞尔维亚副总理达契奇访问以色列。塞尔维亚外长耶雷米奇访问日本。11月，科威特首相纳赛尔访问塞尔维亚。塞尔维亚外长耶雷米奇访问泰国、尼日利亚、加蓬、刚果和肯尼亚。12月，塞尔维亚议长久基奇—德亚诺维奇访问伊朗。塞尔维亚外长耶雷米奇访问黎巴嫩、科威特。（张巍）

塞浦路斯

国名　塞浦路斯共和国（The Republic of Cyprus）。

面积　9251平方公里，其中塞北部土族区面积3355平方公里。

人口　79.17万（2008年底）。其中希腊族占76.8%，土耳其族占10.3%，亚美尼亚、拉丁和马龙族占1%，外籍人占11.9%。主要语言为希腊语和土耳其语，通用英语。希腊族信奉东正教，土耳其族信奉伊斯兰教。

首都　尼科西亚（Nicosia），人口39.1万（其中，希区30.7万，土区8.4万）。年均最高气温31℃～37℃，最低气温5℃～15℃。

国家元首　迪米特里斯·赫里斯托菲亚斯（Dimitris Christofias），2008年2月28日就任，任期五年。

重要节日　国庆节：10月1日。

简　况

位于地中海东北部，为地中海第三大岛。海岸线全长782公里。属于亚热带地中海型气候，夏季干热，冬季温湿。夏季平均气温28℃～35℃，冬季4℃～10℃。

公元前1500年，希腊人移居塞岛。后曾被埃及、波斯等国征服。公元前58年并入罗马帝国。公元395年后归属拜占庭帝国。1571年由奥斯曼帝国统治。1878年被割让给英国，1925年成为英“直辖殖民地”。1959年2月19日与英国、希腊、土耳其签订“苏黎世—伦敦协议”。1960年8月16日宣布独立，成立塞浦路斯共和国。1961年加入英联邦。独立后，希、土两族多次发生冲突。1974年后，土族北移，并于1975年和1983年先后宣布成立“塞浦路斯土族邦”和“北塞浦路斯土耳其共和国”，形成两族南北分治局面。“北塞浦路斯土耳其共和国”，仅得到土耳其的承认。

政　治

2008年2月，赫里斯托菲亚斯当选总统。新政府上台后，国内政局保持平稳，党派合作比较顺利。赫刻意淡化左翼意识形态色彩，对内强调社会团结，促进社会公正，维护社会安定；对外积极开拓，树立稳健、务实的形象，积极推动塞希、土两族领导人就塞浦路斯问题进行直接谈判，内容涉及权力分配、财产、塞与欧盟的关系和经济四大议题。

【宪法】现行宪法于1960年8月16日公布。宪法规定塞为共和国，总统由希族人担任，土族人任副总统，行政权属总统、副总统，他们对行政方面的重大决定均有最后否决权。由于两族争端，宪法并未得到贯彻。

【议会】实行一院制，议会每五年选举一次，独立之初，议会共有50个席位，其中希族35席，土族15席。1964年，两族冲突爆发后，土族议员退出议会。1985年通过宪法修正案。议席增至80个，其中希族56席，土族24席（土族长期以来另立议会，共50个席位，由土族各党派通过选举产生）。现议会系2006年5月选出，为塞第九届议会，议长为民主党主席马里奥斯·卡洛扬（Marios Karoyian，2008年3月上任，接替当选新总统的原议长迪米特里斯·赫里斯托菲亚斯），任期5年。议会56个议席分配情况如下：劳动人民进步党（左翼）18席，民主大会党（右翼）18席，民主党（中右）11席，社会民主运动党5席，欧洲党3席，绿党1席。

【政府】总统内阁制。总统是国家元首、政府首脑。迪米特里斯·赫里斯托菲亚斯在2008年2月总统选举中获胜，成为塞第六任总统。2月28日，就职新政府。现政府主要成员有：外交部长马科斯·基普里亚努（Markos Kyprianou），内政部长内纽克里斯·西里基欧蒂斯（Neoklis Sylikiotis），国防部长科斯塔斯·帕帕科斯塔斯（Costas Papacostas），财政部长哈理劳斯·斯达夫拉基斯（Charilaos Stavrakis），司法与公共事务部长卢卡斯·卢卡（Loukas Louka），劳工与社会保障部长索蒂罗拉·哈拉兰普斯（Sotiroula Charalambous），教育与文化部长安德列斯·迪米特里欧（Andreas Demetriou），贸易、工程与旅游部长安东尼斯·帕斯哈里蒂斯（Antonis Paschalides），卫生部长赫里斯托斯·帕萨里蒂斯（Christos Patsalides），交通与工程部长艾拉多·高扎库—玛尔库里（Erato Kozakou-Maroulli），农业、自然资源与环境部长迪米特里斯·伊里亚蒂斯（Demetris J. Eliades）。

【行政区划】全国划分为六个行政区：尼科西亚、利马索、法马古斯塔、拉纳卡、帕福斯和基雷尼亚。基雷尼亚和法马古斯塔的大部分及尼科西亚的一部分由土族控制。

【司法机构】有最高法院、刑事法院、区级法院、宗教法院（希族）和家庭事务法院（土族）。最高司法理事会由共和国总检察长和最高法院院长及法官组成。最高法院院长佩特洛斯·阿尔特弥斯（Petros Artemis）。总检察长佩特洛斯·克莱里季斯（Petros Clerides）。

【政党】主要政党有：（1）劳动人民进步党（The Working People's Progressive Party）：议会第一大党，执政党。1926年8月成立，前身为塞浦路斯共产党。1941年改组并改现名。现有党员1.4万人。该党主要任务是争取同其他党合作，制定解决塞问题的共同路线和策略。2008年7月，该党在议会审议《里斯本条约》时投反对票。总书记安德罗斯·基普里亚努（Andros Kyprianou）。

（2）民主大会党（Democratic Rally）：议会第二大党。1976年7月4日成立。约有党员1万人，多系银行家、工商企业家、律师、医生和高级职员等。该党主张对内发展西方民主，对外同希腊等西方国家及欧盟大力发展政治、经济和文化等关系，主张通过谈判解决塞问题。主席尼科斯·阿纳斯塔西亚迪斯（Nikos Anastasiades）。

（3）民主党（Democratic Party）：执政党。1976年7月11日成立。约有党员8000人，成员多系中小企业主、职员、自由职业者和富裕农民等。基本目标是实现国家统一和彻底独立，争取国家的进步和经济发展。主张维护塞的独立、主权、领土完整、统一和不结盟。坚持土耳其从塞撤军和根据联合国决议寻求解决塞问题。主席马里奥斯·卡洛扬（Marios Karoyian）。

（4）社会民主运动（Social Democratic Movement），在野党。1970年5月成立。党员约3000人。

该党目标是促进民族和社会的发展。对内主张机会均等、消灭人剥削人制度，在人民控制生产资料和资源的基础上建设社会主义；对外反对美国和北约对塞的控制，主张积极发展与不结盟国家、社会主义国家和阿拉伯国家的关系。该党曾于1998年参政，1999年由于克莱里季斯总统决定不在塞南部部署俄制地空导弹而退出政府，与中央重组运动（Movement for the Regrouping of the Centre）合并后易名，但很快分裂。主席雅纳基斯·奥米卢（Yiannadis Omirou）。

（5）欧洲党（European Party）：2005年6月成立。由欧洲民主党、新视野党和一位独立人士联合组成，主席德米特里斯·希路瑞斯（Demetris Syllouris）。

其他政党还有：联合民主运动党（United Democrats Movement），主席米哈利斯·帕帕拜特罗（Michalis Papapetrou）；战斗民主运动党（Fighting Democratic Movement），主席迪诺斯·米哈利季斯（Dinos Mikhalidis）；绿党（Green Party of Cyprus），主席乔治·佩尔蒂基斯（George Perdikis）。

土族主要政党有：（1）共和土族党（Republican Turkish Party）：1970年成立，主席麦赫迈特·塔拉特（Mehmet Talat）。（2）民族团结党（National Unity Party）：1975年成立，主席德尔维什·埃尔奥卢（Dervic Eroglu）。（3）民主党（Democratic Party）：1993年成立，主席塞达尔·登克塔什（Sedar Denktas）。（4）族社解放党（Communal Liberation Party）：1976年成立，主席穆斯塔法·阿肯哲（Mustafa Akinci）。（5）和平民主运动（Peace and Democracy Movement）：主席穆斯塔法·阿金基（Mustafa Akinci）。（6）改革党（Reform Party）：2006年成立，主席图尔加伊·阿夫哲（Turgay Avci）。

【重要人物】迪米特里斯·赫里斯托菲亚斯：总统。1946年8月29日生于基雷尼亚，1969～1974年就读于莫斯科社会科学院，获哲学博士学位。1954年加入劳进党。1976年当选劳进党尼科西亚—基雷尼亚地区委员会委员。1982年当选劳进党第15届中央委员会委员。1986年当选劳进党中央委员会政治局委员。1987年当选劳进党中央委员会秘书长。1988年当选劳进党中央委员会总书记。1991年、1996年、2001年三次当选议会议员。2001年6月当选议长，2006年6月成功连任。2008年2月当选总统。曾于2002年、2007年两次作为议长访华。2008年8月和10月来华出席北京奥运会开幕式和第七届亚欧首脑会议。　**马里奥斯·卡洛扬**：议长。1961年5月31日生于尼科西亚，毕业于佩鲁贾大学政治学系。1988年成为民主党中央委员会委员。1997年起任民主党执行局委员。2006年10月22日被选举为民主党主席。1991～2006年期间先后担任议长办公室主任、总统新闻办公室主任及政府副发言人。2008年3月6日起任现职。已婚，有一女一子。　**马科斯·基普里亚努**：外长。1960年1月22日生于利马索，是前总统基普里亚努的次子。雅典大学法学学士，剑桥大学和哈佛大学法学硕士。1985年起从事律师职业。1986～1991年任尼科西亚市政委员。1993～1997年任民主党青年组织主席。1986～2001年曾先后担任民主党中央委员、政治委员会委员和执行局委员。1991～2001年期间连续三次当选议员，曾任议会外交与欧洲事务委员会副主席、财政和预算委员会主席等职。2003～2004年任塞财政部长。2004～2008年任欧盟委员会公共卫生事务委员。2008年3月任现职。2008年6月底以外长身份访华。未婚。　**德尔维什·埃尔奥卢**：1938年2月7日生于法马古斯塔。毕业于伊斯坦布尔大学医学系。1963～1969年在法马古斯塔行医。1976～1998年间共六次当选土族议会议员。1983年“北塞浦路斯土耳其共和国”成立后，被任命为制宪议会议员。1985年出任“北塞浦路斯土耳其共和国”第一任“总理”。2009年4月埃再次组阁并出任“总理”。2010年4月获选出任土族新任领导人。

经　济

20世纪60年代，国民经济的支柱是农业。自70年代中期塞分裂以来，经济结构发生较大变化。从70年代至80年代中期，经济发展主要依靠制造业。之后，船运、旅游、金融业等服务业取代制造业，成为拉动经济增长的主力。2007年12月人均GDP达到欧盟平均水平的90%。自1998年成为欧盟成员候选国以来，开始按照入盟要求对经济政策、经济结构进行调整。2004年5月1日，正式加入欧盟。2008年1月1日顺利加入欧元区，此后，经济进一步融入欧洲。2009年主要经济数据如下：

国内生产总值：236.36亿美元。

人均国内生产总值：29660美元。

国内生产总值增长率：-1.7%。

货币名称：欧元。

通货膨胀率：0.3%。

失业率：5.3%。

土族当局的人口普查显示，土族区实际人口为26.42万。土族区经济规模小，以农业和旅游业为主，人均收入已逾1万美元。

【资源】矿藏以铜为主，其他有硫化铁、盐、石棉、石膏、大理石、木材和土性无机颜料。近年来矿源接近枯竭，开采量逐年下降。2007年2月，政府第一次就塞浦路斯一埃及海域11个区块的油气勘探进行招标。森林面积1735平方公里。水力资源贫乏，已建立大型水坝6个，总蓄水量1.9亿立方米。

【工业】2009年工业生产总值为39.61亿美元，同比下降5.6%。由于市场不大，工业产品和加工农产品大部分用于出口。工业企业大多为私企，规模不大，雇用工人在30人以下。主要工业部门有食品、纺织、皮革、木材、金属、机械、运输、电力、光学、化工等。

【农业】农业对本国经济的贡献随着服务业的快速发展略有下降，但农产品贸易在对外贸易中仍具有举足轻重的地位。对外出口最多的五种产品中有三种为农产品：柠檬、土豆和奶酪。2009 年农业生产总值为 4.4 亿美元，同比下降 1.9%。

【服务业】金融、保险、服务及旅游业等较为发达。2009 年，服务业总值约 168.25 亿美元，同比下降 0.8%。

【旅游业】注重发展以度假旅游为特征的旅游业，近年来成为国家外汇收入主要来源和拉动经济增长的支柱产业。2009 年全年入境游累计 214 万人，同比下降 11%，旅游收入 15 亿元，同比减少 17%。欧洲游客 2008622 人，同比下降 11.4%，非洲游客 12318 人，下降 0.1%，美洲游客 23743 人，下降 14.5%，亚洲游客 85237 人，增长 1.9%，大洋洲游客 11030 人，下降 9.6%。英国游客 1069196 人，同比下降 14.0%，俄罗斯游客 148740 人，下降 17.8%，中国游客 441 人，同比下降 38.9%。主要旅游城市有帕福斯、利马索、拉纳卡等。

【交通运输】有公路 17000 公里，其中一半以上是已铺路面道路。北部土族区道路里程占 35%。2009 年海运业客运量 29.93 万人，同比下降 19.1%，集装箱吞吐量 35.37 万标准箱，同比下降 14.5%，货物周转量 599.35 万吨，同比下降 18.8%，港口 2009 年船舶作业量 4498 艘，同比下降 4.4%。主要港口有利马索（年吞吐量 60 万标准箱）、拉纳卡（年吞吐量 25 万标准箱）、法马古斯塔（塞岛分裂前的主要港口，现仅土族使用）。有 11 架飞机和 2 个国际机场。

【财政金融】2009 年政府财政收入 68.32 亿欧元，同比减少 10.2%，财政支出 78.61 亿欧元，同比增长 5.5%，财政赤字 10.29 亿欧元，占 GDP 的 6.1%。2009 年全年直接税收入 18.43 亿欧元，同比减少 14%，全年间接税收入 23.6 亿欧元，同比下降 10.1%。

【对外贸易】2009 年进出口总额为 92.30 亿美元，同比下滑 22.7%，其中进口总额 78.86 亿美元，同比减少 23.2%，出口总额 13.43 亿美元，同比减少 19.1%，贸易逆差 65.43 亿美元，同比减少 24.0%。与欧盟国家贸易总额为 63.39 亿美元，同比下降 17.9%，其中从欧盟国家进口额 56.46 亿美元，同比下降 17.9%，向欧盟国家出口额 6.93 亿美元，同比下降 17.9%；与欧盟以外国家贸易总额 28.92 亿美元，同比下降 31.3%，其中进口额 22.41 亿美元，同比下降 34.0%，出口额 6.51 亿美元，同比下降 20.3%。2009 年主要贸易对象及占塞外贸份额（%）：

进口来源国		出口对象国	
希　腊	16.7	希　腊	20.1
意大利	10.3	英　国	11.2
英　国	8.2	德　国	5.6
德　国	8.1	黎巴嫩	2.8
以色列	7.5	意大利	2.0

（资料来源：塞统计局）

【外国援助】欧盟、希腊、美国每年分别向塞提供 3600 万美元、2000 万美元和 1500 万美元。2007 年，欧盟批准 2007～2013 年欧洲渔业基金（EFF）执行准则，向塞提供 1750 万欧元资助。

人民生活

十多年来，人民的平均收入增长 4 倍多。平均每 2.2 人拥有 1 辆小汽车，每 375 人拥有 1 名医生，每 240 人拥有 1 张床位，每千人有 1115 部手机，20% 的家庭使用宽带上网，固定电话及移动通信费用较低。每年有 60% 以上的人出国旅游。2009 年消费者价格指数为 110.2（2005 = 100），通胀率 0.3%，为近年来的最低水平。最低工资标准 743 欧元。2005 年人均寿命，女 81.4 岁，男 77 岁。

军　事

武装力量为国民警卫队，建于 1964 年。司令和一些高级军官由希腊军官担任。现任司令为康斯坦丁·比斯比卡斯中将。实行义务兵役制，服役期为 25 个月。总兵力约 10000 人，有机械化侦察营 3 个，步兵营 18 个，突击队 2 个，炮兵连 6 个，辅助分队 8 个。另有警察部队 3700 人。

希腊在塞驻军 1250 人；土耳其驻军 3.6 万人；英国在塞有两个主权军事基地，驻军 3700 人；联合国驻塞浦路斯维和部队 860 人。自 2000 年起，为欧盟防务贡献力量，并参与了欧洲防御能力增强计划 19 各项目组织中的 5 个。

土族常规部队“保安旅”有 5000 人，编为 7 个步兵营和 1 个装甲连，另外还有武装警察部队 1853 人。

文化教育

【教育】小学和初中实行义务教育，15 岁以上人口受教育率为 97%。多年来，教育经费占政府预算的 13% 左右。有各类学校 1233 所，在校学生 174062 人。各种高等专科学校 30 所。有一所综合性大学。

【新闻出版】有各种报刊 30 余种。希族主要有：《自由爱好者报》，1955 年创刊，发行量 2 万份；《黎明报》，1956 年创刊，发行量 1.4 万份；另有《公民报》、《斗争报》、《今日报》、《自由新闻报刊》、《真理报》和《新闻报》等。土族主要报刊有：《灰狼报》，1951 年创刊，发行量 5000 份。

塞浦路斯通讯社于 1976 年 4 月成立，为非官方通讯社。1997 年 2 月与新华社签署合作协议，开始进行新闻交流与合作。

共有10个覆盖全岛范围的电台。塞浦路斯广播电台建于1952年，除用希腊语广播外，还用土、英、法、阿拉伯和亚美尼亚语广播。土族电台建立于1963年。另有38个地方广播电台。

共有7个覆盖全岛范围的电视台，其中2个国家电视台，3个私人电视台，2个卫星电视台。国家电视台建于1957年。土族电视台建于1976年。另有6个地方电视台。

对外关系

奉行中立的和平外交政策，支持不结盟运动，是不结盟运动25个创始国之一。强调维护国家独立、主权、统一和领土完整，发展同世界各国的友好关系。主张用和平手段解决地区及国际争端，国家不论大小一律平等，关注小国安全。2004年5月加入欧盟，随后宣布退出不结盟运动。与世界上173个国家建立了外交关系。

【同中国的关系】1971年12月14日两国建立大使级外交关系。塞重视同中国发展关系。2007年2月，议长赫里斯托菲亚斯访华。2008年6月，外长基普里亚努访华。2007年11月，国务院副总理回良玉访塞，会见了帕帕佐普洛斯总统和赫里斯托菲亚斯议长，并签署两国农、渔业和环保等领域合作谅解备忘录。2008年8月和10月，总统赫里斯托菲亚斯两次来华出席北京奥运会开幕式和第七届亚欧首脑会议。国家主席胡锦涛和副主席习近平分别会见。2009年，中塞双边关系继续保持良好发展势头，全国人大常委会副委员长华建敏（9月），全国政协副主席、中国人民争取和平与裁军协会副会长厉无畏（12月），中共中央委员、甘肃省委书记陆浩（2月）分别访塞；塞贸易、工程与旅游部长帕斯哈里蒂（5月），卫生部长帕萨里蒂斯、教育与文化部长迪米特里欧（6～7月），外交部常秘尼科拉斯·埃米里乌（4月），总统办公室主任瓦索斯·乔治乌（11月），劳动人民进步党总书记基普里亚努（9月）分别访华。2010年1月，外长杨洁篪访塞。

据中国海关总署统计，2009年中塞进出口贸易总额为12.20亿美元，同比增长7.5%，其中对塞出口额12.05亿美元，同比增长7.1%，自塞进口额0.15亿美元，同比增长45.8%，贸易顺差11.89亿美元，同比增长6.7%。

中国驻塞浦路斯大使：李国邦。馆址：No.28，Archimidous St. Engomi Nicosia P.O.Box 4531，Nicosia，Cyprus。电话：（00357）22352182（办公室）；传真：22353530。商务处地址：No.17，Agapinor St. Nicosia，P.O.Box 7088，Nicosia，Cyprus。电话：（00357）22375252；传真：22376699。

塞浦路斯驻华大使：马里奥斯·耶罗尼米蒂斯（MARIOS IERONYMIDES）。馆址：北京市朝阳区塔园外交人员办公楼2－13－2。电话：010－65325057；传真：65325057。

【同美国的关系】美国每年向塞提供1500万美元的经济援助。美国支持联合国秘书长为解决塞问题所作的努力，曾多次提出塞问题解决方案，寻求解决塞问题的途径，并同塞保证国希腊、土耳其、英国等保持着密切接触。2009年4月，土族领导人塔拉特访问美国，美国国务卿希拉里低调与其会见。

【同欧盟的关系】塞的历史、文化和经济根系欧洲，加入欧盟是塞基本国策。1971年开始与欧共体（欧盟前身）谈判，1972年签署“联系国协定”，1987年与欧共体签订关税同盟条约。1990年7月，正式申请加入欧共体。1997年，欧盟接纳塞为首批入盟候选国。1998年11月，与欧盟开始入盟谈判。1999年，欧盟赫尔辛基会议正式确认“解决塞问题不是塞入盟的前提条件”。2003年3月，欧洲议会外事委员会通过塞入盟决议，同意塞入盟申请。7月，与欧盟警察部队签署共同打击跨国有组织犯罪协议。9月，签署加入欧盟经济区协议。2004年5月，正式加入欧盟并表示，希望欧盟在塞问题上发挥积极作用。2008年7月，议会批准《里斯本条约》。

【同英国的关系】英联邦成员国。英国是塞安全保证国之一，在塞有两个主权军事基地。投资、贸易和旅游人数在塞均居首位。英国支持联合国秘书长为解决塞问题所作的斡旋努力。2008年4月，英国首相塞问题特别代表莱恩访塞，并同总统赫里斯托菲亚斯及议长卡洛扬举行会见。6月，外长基普里亚努和总统赫里斯托菲亚斯先后访英，赫同英国首相布朗、英外交大臣米利班德等进行双边会晤并签署两国《谅解备忘录》。

【同希腊的关系】两国关系密切。希族一直保持着希腊的语言、文化传统和宗教信仰。希腊是塞的母国和安全保证国，塞始终将发展和加强同希腊关系置于其对外关系的首位。希腊一贯支持塞在加入欧盟及解决塞问题上的立场，每年向塞提供2000万美元的财政援助。2008年3月，总统赫里斯托菲亚斯当选后即访问希腊，分别会见了希总统帕普利亚斯和总理卡拉曼利斯，主要就塞问题交换意见。2009年4月，希腊总理卡拉曼利斯应邀对塞浦路斯进行访问。10月，希腊新任总理帕潘得里欧当选后首次以总理身份访塞，双方就塞问题、欧盟政治事务、欧盟与土耳其关系等问题交换意见。

【同土耳其的关系】与土无外交关系，且矛盾复杂尖锐，土坚决支持土族。1974年，土耳其出兵塞岛。1983年11月“北塞浦路斯土耳其共和国”宣布成立后，土即予以承认，成为国际上唯一承认“北塞”的国家。每年土族近一半的财政支出由土耳其援助。2009年7月，土族领导人塔拉特访土，与土总统居尔举行了工作会谈，并分别会见了总理埃尔多安、外长达乌特奥卢、和入盟首席谈判代表巴厄什。

【同俄罗斯的关系】同俄保持着传统的友好合作关系。近年来，两国在军事、旅游等方面关系明显加强。俄支持联合国有关解决塞问题的努力，主张塞岛非军事化及以联合国有关决议为基础通过政治对话解决塞问题。2008 年 6 月，外长基普里亚努访俄，与俄外长拉夫罗夫会谈，俄表示将继续关注塞问题并在联合国框架内发挥积极作用。　（金鹏）

圣马力诺

国名　圣马力诺共和国（The Republic of San Marino, La Repubblica di San Marino）。

面积　61.19 平方公里。

人口　31000 人，其中 90% 具有圣马力诺国籍。官方语言为意大利语。居民大多信奉天主教。

首都　圣马力诺（San Marino），人口约 4500 人。

国家元首　由两名权力相等的执政官共同担任，任期半年，不能连任，三年后可再次当选。执政官由大议会选举产生，每年分别于 3 月和 9 月改选，4 月 1 日和 10 月 1 日就职。执政官既是国家元首，又是议会首脑。2008 年 10 月 1 日至 2009 年 3 月 31 日，阿孙塔·梅洛尼（Assunta Meloni）和埃内斯托·贝内代蒂尼（Ernesto Benedettini）。2009 年 4 月 1 日至 9 月 30 日，马西莫·琴奇（Massimo Cenci）和奥斯卡尔·米纳（Oscar Mina）。2009 年 10 月 1 日至 2010 年 3 月 31 日，弗朗切斯科·穆索尼（Francesco Mussoni）和斯特凡诺·帕尔米耶里（Stefano Palmieri）。2010 年 4 月 1 日至 9 月 30 日，马尔科·孔蒂（Marco Conti）和格劳科·圣索维尼（Glauco Sansovini）。

重要节日　国庆日：9 月 3 日。

简　况

位于欧洲亚平宁半岛东北部的内陆国，距亚得里亚海仅 23 公里。四周与意大利接壤。境内起伏多山，位于中部最高的蒂塔诺山，海拔 755.24 米。属亚热带地中海式气候。年平均气温 16℃，冬季最低气温 -2℃，夏季最高气温 30℃。年均降水量 880 毫米。

相传，公元 301 年，一位叫马力诺的基督徒石匠为逃避罗马皇帝的迫害，藏身于蒂塔诺山顶。圣马力诺的地名由此而来。最初，圣实行族长管理，1243 年确立了两个执政官联合执政的制度，成为当今世界上最古老的共和国。历史上圣马力诺两次遭受外来入侵。1503 年被切萨雷·博吉亚占领过 7 个月；1739 年被阿尔贝罗尼（Alberoni）红衣主教占领，但很快于 1740 年 2 月重新独立。在两次世界大战中，圣始终保持中立。战后，圣经济稳定发展，并加入了联合国等一些重要的国际组织。

政　治

实行多党民主制。2008 年 11 月的大议会选举中，天主教民主党（简称天民党）率领的中右联盟“圣马力诺协议”击败中左联盟“改革与自由”成为执政联盟。

【宪法】现行宪法起源于 14 世纪，1600 年 10 月 8 日正式通过，称为“第一号宪章”，其后稍有修改。

【议会】一院制，名为大议会，由两名执政官主持。其任务是立法、选举执政官、批准条约、通过财政预算和任命高级官员等。有 60 名议员，由全国按比例制普选产生，任期 5 年。议会讨论和通过的法律，需待执政官公布、内政部发表公报后方可生效。中右联盟获得本届议会 60 个席位中的 35 个。

【政府】政府成员由大议会任命。不设总理，外长起总理作用。本届政府于 2008 年 12 月 3 日成立，组成如下：外交和政治事务、通信和运输部部长安东内拉·穆拉罗尼（Antonella Mularoni，女），内政、民事保护部部长瓦莱里娅·恰瓦塔（Valeria Ciavatta，女），财政和预算、与集邮和钱币企业关系部部长加布里埃莱·加蒂（Gabriele Gatti），教育和文化、大学和青年政策部部长罗密欧·莫里（Romeo Morri），卫生和社会安全、救济、家庭和社会事务、机会均等部部长克劳迪奥·波代斯基（Claudio Podeschi），国土、环境、农业及与制造业企业关系部部长贾恩卡洛·文图里尼（Giancarlo Venturini），劳动、合作和青年邮政部部长詹马尔科·马尔库奇（Gianmarco Marcucci），工业、手工业、贸易部部长马尔科·阿尔齐利（Marco Arzilli），司法、与城堡关系、信息及研究部部长奥古斯托·卡萨利（Augusto Casali），旅游、体育、经济计划、与公用事业国企关系部部长法比奥·贝拉尔迪（Fabio Berardi）。

【行政区划】全国划分为 9 个自治市，分别是：阿夸维瓦、博尔戈·马吉欧雷、基埃萨努欧瓦、多玛尼亚诺、法尔齐亚诺、科里阿尼诺、蒙泰吉阿迪诺、塞拉瓦莱和圣马力诺。

【政党】主要政党有：

（1）圣马力诺天主教民主党（Partito Democratico Cristiano Sammarinese）：执政党。成立于 1948 年，圣第一大党，有 2400 名党员。2006 年 6 月大选得票率 32.91%。总书记帕斯夸莱·瓦伦蒂尼（Pasquale Valentini）。

（2）圣马力诺社会民主党（Partito dei Socialisti e dei Democratici）：在野党。成立于 2005 年 2 月，由原

来的圣马力诺社会党和民主人士党合并而成。2006年6月大选得票率31.83%。总书记焦瓦尼奥利·杰拉尔多（Giovagnoli Gerardo）。

（3）圣马力诺人民联盟（Alleanza Popolare）：执政党。成立于1993年1月，2006年6月大选得票率12.05%。主席马里奥·文图里尼（Mario Venturini），总协调人阿尔贝托·塞尔瓦（Alberto Selva）。

（4）圣马力诺左翼联盟（Sinistra Unita）：在野党。2006年6月大选得票率8.67%。

此外，还有新社会党（NPS），圣马力诺人党（NS），人民党（POP），全国联盟（ANS），自由党（SPL）。

经　济

20世纪60年代以来，旅游业、商业和工业持续发展，经济结构发生根本性变化，逐步由农业国变为工业和第三产业发达的国家，国内生产总值大幅增长。中小企业是经济的支柱，以服装、机械制造、电子设备、化工、建筑、酿酒为主，2008年制造业创造产值占国民生产总值的36.4%。近10年来，第三产业发展迅速，就业人口中第三产业占40%强。另外，旅游业和邮票发行也是国民收入的重要来源。受国际金融危机影响，以及国际社会要求其增加银行系统透明度和进行税制改革的压力，境内企业数量显著减少，失业率有所上升，经济增长放缓，但其总体经济形势稳定，国家预算略有盈余，没有国债。2008年主要经济数据如下：

国内生产总值：12.59亿欧元。

同比增长：2.1%。

人均国民生产总值：30180欧元。

进口：+5.8%。

出口：+12.4%。

就业增长：3.5%。

失业率：3.1%（2008），4.48%（2009）。

【资源】自然资源贫乏，仅有建筑用石材。

【工业】主要工业部门有纺织、电子、服装、水泥、制革、造纸、家具、陶瓷、酿酒等。铝制品厂是欧洲最大的铝制品厂之一。

【农牧业】传统农牧业活动有谷物种植、养羊和采石。现今农牧业日益衰退，主要集中在谷物、葡萄、果树的种植和猪、牛、马的饲养。可耕地面积6000公顷。主要农产品有葡萄、橄榄、小麦、玉米，还有奶酪和肉类产品等。

【旅游业】旅游业发达，其收入占国民生产总值的50%以上。全国有中等规模以上的旅馆29家，饭店67家。

【邮票】精美绝伦的集邮册、首日封和圣马力诺硬币是其旅游收入的重要来源之一，以新颖、超前的邮政服务、邮票和古钱币享誉世界。1894年首次在意大利发行纪念邮票和贴邮票的信封，并使其成为全国的主要产业。全国所有10家邮局都出售纪念邮票和可收藏硬币，并从1979年起，境内使用注名邮戳。

【交通与通信】无铁路、机场和港口，公路总长104公里。拥有50000多注册车辆。全国共有电话线21000多条，ADSL网线600余条。

【财政金融】财政收入主要来源于税收、发行邮票和纪念币。自1987年起，意大利每年向圣提供465万美元的海关补贴和1033万美元的低息贷款（35年内还清）。

【对外贸易】2008年进口额为26.03亿欧元，出口额为28.01亿欧元。资源匮乏，国力有限，石油制品、工业原料、电力、粮食和副食品主要依赖从意进口。主要贸易伙伴是意大利、欧盟其他成员国、美国和中国。

人民生活

2008年常住人口约为31000人。2008年新生婴儿349人，死亡人口为190人。期望寿命男性为80.11岁，女性为85.67岁。

全体公民享受公费医疗。全国有1所医院，三所医疗中心，17个诊疗所，6所药房。

军　事

奉行中立政策，因此无正规军，也不实行义务兵役制，但在遭受外来侵略情况下，所有16～65岁的公民都将应征保卫国家。国防预算主要用于国内安全、治安和执法等非军事项目。

大议会卫队：成立于1740年，当时用于保卫大议会及执政官，目前为执政官仪仗队。

城堡卫队：主要负责对政府机构常规服务与边境巡逻，保卫议会所在地和执政官的安全，在重大仪式中组成仪仗队炮兵，必要时与宪兵合作。

民兵：建于1600年，16～55岁的公民均可参加。负责参加官方典礼或仪式，在特殊时刻协助宪兵与警察。

宪兵：建于1842年。负责预防及打击犯罪，维护公共秩序，保护公民及其财产安全，监督法律与法规的执行等。由受过专门训练的人员组成。

市政警察：建于1963年。它不属于军队建制，但可与宪兵合作，负责管理交通并维持民事、工业、商业、旅游、金融及税收秩序。

文化教育

【教育】实行小学和中学16年义务教育制。全国有托儿所6所，幼儿园14所，小学14所，初中3所，高中4所。此外，还有一些专业培训班和夜校。高中入学率为97%，大学入学率为63%。据统计，全国人口中的27%拥有高中文凭，7%大学毕业。境内文化机构包括：公共图书馆5所，国家博物馆5所，私人博物馆5所。

【新闻出版】无官方报纸，只有几种不定期发行的刊物。《新闻》，外交部主办；《圣马力诺》，天民党主办。1993年建立了圣马力诺广播电视台。有电台和电视台各一家。

主要网站：http：//www.omniway.sm。

对外关系 外交政策的宗旨是维护国家的主权和独立，愿同一切友好的国家发展关系。奉行积极中立的外交政策，主张互相尊重独立、主权和领土完整；反对武装干涉和侵略，维护世界和平；支持裁军与核不扩散条约，主张全面销毁核武器；强调加强南北对话，支持各国开展合作；重视保护人权，支持并遵守有关国际条约；主张大小国家一律平等，致力于促进合作与稳定，为建设和平、公正的世界而努力；认为世界正经历着深刻变化，世界局势由紧张对峙走向安全与合作；主张各国增强相互信任与合作，通过和平方式解决地区冲突。参与了欧洲安全与合作组织的创建，认为该组织具有重大历史意义，是保证未来欧洲和平、安全与合作最有效的机制，必须加强其作用。积极参加国际活动，发展同国际组织的关系。1992年3月2日正式加入联合国。同年9月加入国际货币基金组织。目前是国际法院、世界卫生组织、世界旅游组织、国际红十字会等24个国际组织的正式成员。是欧洲委员会成员国，现任该委员会部长理事会主席；与欧盟有正式关系。同中国、意大利、梵蒂冈、美国、法国、英国、加拿大、俄罗斯、比利时、德国、日本、印度、埃及、古巴等104个国家建立了正式关系。意大利是唯一派大使常驻圣马力诺境内的国家。

【同中国的关系】1971年5月4日中圣达成建交协议，5月6日正式建立领事级外交关系。1991年7月15日起升格为大使级外交关系。1995年7月19日，任命萨维娜·扎费拉尼为首任驻华大使（非常驻）。20世纪90年代以来，圣访华的主要有：外长加蒂（1991年5月），内政部长塞尔瓦（1991年10月），财政部长加拉西（1994年4月），工业和经济合作部长斯托尔菲和劳工部长波德西（1995年10月），执政官扎费拉尼和阿马蒂（2008年8月）来华出席北京奥运会开幕式。中方访圣的有：全国对外友协会长韩叙（1993年），钱其琛副总理兼外长（1998年），王光亚副外长（2000年），回良玉副总理（2007年）。两国于1980年8月26日签订了文化教育合作协定，1985年签订互免签证协议（这是中国与西方国家首次签署此类协议）。1996年5月，为庆祝中圣建交25周年，双方分别举办联合发行邮票仪式，邮电部副部长刘平源出席了在北京举行的仪式，圣财政部长卡拉西出席了在圣举行的仪式。1997年7月，驻华大使扎费拉尼来京出席香港回归庆祝活动。2001年中圣联合发行了“中圣建交30周年纪念封”。2003年10月18~21日，圣国务委员、旅游、商务、体育兼运输部长帕尔迪德·安德烈奥利来京参加世界旅游组织第15届大会，期间会见了中国外交部有关负责人。2005年7月，中圣两国就圣在香港委派名誉领事事以互换照会的形式达成协议。2006年，中国地方友好代表团访问圣马力诺，并出席了时任执政官泰伦齐和弗兰奇尼的就职典礼。中央军委副主席、国防部长曹刚川上将过境圣马力诺，会见了时任执政官罗西和曼奇尼，并出席《中圣贸易和经济合作协定》签字仪式。2008年5月，对外友协会长陈昊苏会见来华访问的圣马力诺前执政官泰伦齐。2009年9月，中国人民对外友好协会李建平副会长访圣，出席圣马力诺中国友好协会举行的庆祝中华人民共和国成立60周年活动。2009年10月，圣中友协主席、圣前执政官詹弗兰哥·泰伦齐来华出席庆祝新中国成立60周年庆典活动。

中圣两国自1988年起开始直接贸易往来，贸易额不大。2009年中圣双边贸易额为101万美元。

中国驻意大利大使丁伟兼任驻圣马力诺大使。馆址：Via Bruxelles 56，00198 Roma。值班室电话：068848186；传真：0685352891。

圣马力诺在华未设使馆，1995年11月6日任命萨维娜·扎费拉尼为驻中国大使（非常驻）。

【同意大利的关系】早在1897年，两国就签有“友好睦邻条约”，1971年签订“友好睦邻条约”的补充协定，将强加于圣的“保护性友谊”改为“永久性友谊”。1979年两国外交关系由总领事级升为大使级，此后两国始终保持关系密切。（张爱山）

斯洛伐克

国名 斯洛伐克共和国（The Slovak Republic，Slovenská republika）。

面积 49037平方公里。

人口 541万（2008年）。斯洛伐克族占85.3%，匈牙利族占9.5%，罗姆人占1.9%，捷克族占0.9%，其余为乌克兰族、日耳曼族、波兰族和俄罗斯族。官方语言为斯洛伐克语。居民大多信奉罗马天主教。

首都 布拉迪斯拉发（Bratislava），人口42.5万（2008年）。2008年平均气温11.7℃，最高气温33.1℃，最低气温-8.5℃。

国家元首 总统伊万·加什帕罗维奇（Ivan

GASPAROVIC），2004年4月首次当选，2009年4月连任，任期5年。

重要节日　1992年9月1日，捷克斯洛伐克联邦斯洛伐克民族委员会通过斯洛伐克共和国宪法。1993年1月1日斯洛伐克独立。斯将1月1日、9月1日定为国庆日。

简　况

欧洲中部的内陆国。东邻乌克兰，南接匈牙利，西连捷克、奥地利，北毗波兰。属海洋性向大陆性气候过渡的温带气候。全国森林覆盖率约为40%。

5~6世纪，西斯拉夫人在此定居。公元830年后成为大摩拉维亚帝国的一部分。906年帝国灭亡后，沦于匈牙利人统治之下，后为奥匈帝国的一部分。1918年奥匈帝国解体，10月28日成立独立的捷克斯洛伐克共和国。1939年3月，被纳粹德国占领，后建立傀儡的斯洛伐克国。1945年5月9日，捷克斯洛伐克在苏军帮助下获得解放，恢复共同国家。1948年2月，捷克斯洛伐克共产党执政。1960年改国名为捷克斯洛伐克社会主义共和国。1989年11月，捷克斯洛伐克政权更迭，改行多党议会民主和多元化政治体制。1990年4月，改国名为捷克和斯洛伐克联邦共和国。1992年12月31日，捷克和斯洛伐克联邦解体。自1993年1月1日起，斯洛伐克共和国成为独立主权国家。

政　治

2006年6月，斯洛伐克举行议会选举，在野的社会民主—方向党获胜（方向党），与斯洛伐克民族党（民族党）和争取民主斯洛伐克运动—人民党（民斯运）组成三党联合政府。新政府重视保持经济持续发展，缩小贫富差距和增加社会福利。2009年斯政局保持稳定。

【宪法】 1992年7月17日，斯国民议会通过斯洛伐克宪法，规定斯实行多党议会民主制。宪法于同年10月1日起生效。

【议会】 斯国民议会为斯最高立法机构，实行一院制，共150个席位，每届任期四年。本届议会于2006年6月大选后组成。得票率超过5%的6个党派进入议会。目前，各党派在议会中所占议席分别为：社会民主—方向党50席，斯洛伐克民族党19席，争取民主斯洛伐克运动—人民党15席，民主基督教同盟—民主党28席，匈族联盟党19席，基督教民主运动9席，独立议员10人。2006年7月，方向党副主席帕沃尔·帕什卡（Pavol PASKA）当选议长。2010年6月12日，斯举行议会换届选举。

【政府】 由总理、副总理和各部部长组成。本届政府于2006年7月组成，共16名成员：总理罗贝尔特·菲佐（Robert FICO）、副总理杜尚·恰普洛维奇（Dusan CAPLOVIC）、副总理兼内务部长罗贝尔特·卡利尼亚克（Robert KALINAK），副总理兼教育部长扬·米科拉伊（Jan MIKOLAJ），副总理兼司法部长维埃拉·佩特里科娃（Viera Petrikova，女），国防部长雅罗斯拉夫·巴什卡（Jaroslav BASKA），财政部长扬·波恰特克（Jan POCIATEK），经济部长卢博米尔·亚赫纳特克（Lubomir JAHNATEK）、外交部长米洛斯拉夫·莱恰克（Miroslav LAJCAK），文化部长马雷克·马贾里奇（Marek MADARIC），卫生部长理查德·拉希（Richard RASI），交通、邮政和电信部长卢博米尔·瓦日尼（Lubomir VAZNY），劳动、社会事务和家庭部长维耶拉·托马诺娃（Viera TOMANOVA，女），建设和地方发展部长伊戈尔·什捷法诺夫（Igor STEFANOV），生活环境部长威廉·图尔斯基（Villam TURSKY），农业部长斯塔尼斯拉夫·贝奇克（Stanislav BECIK）等。

【主要网址】 政府：http：//www.government.gov.sk；外交部：http：//www.foreign.gov.sk。

【行政区划】 全国分为8州79个县，下设市、镇。布拉迪斯拉发为直辖市。

【司法机构】 宪法法院、最高法院是国家最高司法机关，总检察院是国家最高检察机关，其院长、副院长、总检察长、副总检察长均由议会选举产生，总统任命。宪法法院院长伊维塔·玛采科娃（Ivetta MACEJKOVA，女），2007年就任。总检察长多布罗斯拉夫·特尔恩卡（Dobroslav TRNKA），2004年就任。最高法院院长什捷凡·哈拉宾（Stefan HARABIN），2009年就任。

【政党】 注册党派100余个，主要有：

（1）社会民主—方向党（Socialna demokracia-Smer）：执政党，党员约1.4万人。2005年1月，方向党与民主左翼党、民主选择党和社会民主党正式合并，更名为社会民主—方向党。把建立有序、公正和稳定的社会作为党的首要目标。主席罗贝尔特·菲佐。

（2）争取民主斯洛伐克运动—人民党（Hnutia za demokraticke Slovensko—Ludova strana）：执政党，党员约3.6万人。从1989年11月成立的公众反暴力组织中分裂而来，于1991年6月15日正式成为政治运动，2000年3月转型为政党。主张建立多元化议会民主制国家，维护国家尊严和民族利益，捍卫民主、人权。主席弗拉基米尔·麦恰尔（Vladimir MECIAR）。

（3）斯洛伐克民族党（Slovenska narodna strana）：执政党。斯洛伐克民族党是斯洛伐克人于1871年创立的最早的政党，1945~1989年，民族党停止活动。1990年，新型的斯洛伐克民族党成立，致力于发展斯洛伐克国家和民族特性。主席扬·斯洛塔（Jan SLOTA）。

（4）民主基督教同盟—民主党（Slovenska demokraticka krestanska unia-Demokraticka strana）：在野党，党员约8000人。2006年1月，民基盟与民主党

合并，正式更名为民基盟—民主党。主张建立基于基督教和民主价值观的民主法制国家及稳定和高效运转的自由市场经济体制。主席米库拉什·祖林达（Mikulas DZURINDA）。

（5）匈牙利族联盟党（Strana madarskej koalicie）：在野党，党员约1.2万人。由匈牙利族公民党、匈牙利族基督教民主运动和匈牙利族共处党于1998年大选前联合组成，主张保护斯洛伐克境内的匈牙利少数民族的利益。主席帕尔·萨基（Pal CSAKY）。

（6）基督教民主运动（Krestanske demokraticke hnutie）：在野党，党员约1.7万人。1989年11月成立，该党崇尚基督教价值观，主张建立公正、民主国家。主席扬·菲盖尔（Jan FIGEL）。

（7）斯洛伐克共产党（Komunisticka strana Slovenska）：在野党，党员约1.9万人。成立于1992年8月，主张建立法治的社会主义社会，消除失业，赞同斯加入欧盟，反对加入北约。主席约瑟夫·赫尔德利奇卡（Jozef HRDLICKA）。

【重要人物】伊万·加什帕罗维奇：总统。1941年3月27日生。1964年毕业于斯洛伐克考门斯基大学法学院。曾任前捷斯联邦总检察长。1992年当选斯国民议会议员。1993年斯独立后，任斯议会议长，1994年11月连任。1998年10月至2004年4月任斯议员和议会资格审查和豁免委员会委员，斯驻国际议会联盟代表团成员。2004年4月首次当选，2009年4月连任。1992年至2002年7月为民斯运成员，曾任民斯运副主席。2002年7月退出民斯运，创建争取民主运动并任主席。该运动在2002年斯大选中未能进入议会。已婚。有两个子女。　**罗贝尔特·菲佐：**政府总理。1964年出生。毕业于斯洛伐克考门斯基大学法学院。1992～2006年任斯国民议会议员。1996～1998年任斯民主左翼党副主席。1999年创建方向党并任主席。2006年7月出任斯政府总理。已婚，有一子。

经　济

早年为农业区，基本无工业。捷克斯洛伐克共产党执政期间在斯逐步建立了钢铁、石化、机械、食品加工及军事工业，缩小了同捷在经济上的差距。1989年剧变后，斯根据联邦政府提出的“休克疗法”开始进行经济改革，导致经济大衰退。1993年1月斯独立后，推行市场经济，加强宏观调控，调整产业结构。近年来，斯政府不断加强法制建设，改善企业经营环境，大力吸引外资，逐渐形成以汽车、电子产业为支柱，出口为导向的外向型市场经济。受国际金融危机影响，2009年斯洛伐克经济出现负增长。2009年主要经济数据如下：

国内生产总值：907亿美元。

国内生产总值增长率：-4.7%。

人均国内生产总值：1.67万美元。

货币名称：欧元。

汇率（2009年加入欧元区）：1欧元≈31.291克朗；1美元≈21.346克朗。

通货膨胀率：1.6%。

失业率：12.1%。

外汇储备：184亿美元。

【资源】有褐煤、硬煤、菱镁矿。石油、天然气依赖进口。

【工业】2008年工业生产总值为266.9亿美元，占国内生产总值的28.1%。主要工业部门有钢铁、食品、烟草加工、石化、机械、汽车等。从业人员59.2万，约占总劳动力的21.9%。近几年主要工业产品产量如下：

	2006	2007	2008
水泥（万吨）	555	586	639
砌砖（万立方米）	65.5	83.9	69.1
电机（万台）	1.55	1.64	1.53
火力发电（亿度）	82.8	77.8	77.4
水力发电（亿度）	45.5	45.8	45

（资料来源：2009年斯统计年鉴）

【农业】2008年农业生产总值为18.7亿美元，占国内生产总值的2.2%。农业用地193万公顷，可耕地面积为134.9万公顷。农业人口约占总劳动力的4.4%。农作物总产量571.2万吨，主要农作物有大麦、小麦、玉米、油料作物、马铃薯、甜菜等。近几年主要农牧产品产量如下（单位：万吨）：

	2006	2007	2008
小麦	134.3	138	181.9
大麦	64.2	66	89.1
玉米	83.8	62.4	126.1
马铃薯	26.3	28.8	24.5
甜菜	137.1	84.6	67.9
油料作物	51.5	46.8	63.3
蔬菜	14	9.9	11.8
水果	6.1	4.5	7.5

近几年主要农畜存栏数如下：（单位：万头、万匹或万只）：

	2006	2007	2008
牛	50.8	50.2	48.8
猪	110.5	95.2	74.8
羊	33.3	34.7	36.2
马	0.8	0.8	0.8
家禽	1303.8	1288	1122

（资料来源：2009年斯统计年鉴）

【交通运输】以公路和铁路运输为主，近年来航空运输有所发展。2008年交通情况如下：

公路：总长17907公里，其中高速公路384公里。客运量总计3.66亿人次，货运量总计4264万吨。

铁路：总长3623公里，其中复线1016公里，电气化铁路1577公里。客运量总计4874万人次，货运量总计4791万吨。

水运：内河航道172公里，客运量总计12.2万人次，货运量总计176.7万吨。

空运：客运量总计417.6万人次，货运量总计7吨。主要国际机场为什捷法尼克机场。

（资料来源：2009年斯统计年鉴）

【财政金融】近几年财政收支情况如下（单位：亿克朗）：

	2006	2007	2008
财政收入	2919.8	3222.2	3420
财政支出	3236.6	3457.4	3632.1
差　额	-316.8	-235.2	-212.1

（资料来源：斯国家统计局）

截至2009年底，斯外汇储备为184亿美元，外债总额653亿美元。

【对外贸易】2009年斯对外贸易总额1113.4亿美元，进口额548.3亿美元，出口额565.1亿美元，外贸顺差16.8亿美元。近几年外贸情况如下（单位：亿克朗）：

	2006	2007	2008
进口额	13335	14207	15140
出口额	12404	14421	14926
差　额	-931	-213.8	-214

主要出口商品有：钢材、电子产品、交通工具、机械产品、化工产品、矿物燃料、金属和金属制品、电力设备等。主要进口商品有：石油、天然气、机械设备、原材料、食品、化工产品等。主要贸易伙伴为：德国、捷克、俄罗斯、意大利、奥地利、波兰、法国、匈牙利、英国、荷兰、比利时和美国。2008年斯对欧盟出口占其出口总额的85.2%。

【对外投资】截至2009年，斯对外直接投资为18.8亿美元。重点投资的国家为捷克、卢森堡、奥地利等。主要投资领域为地产、金融、工业、水电煤气的生产及输送及商业等。

【外国资本】截至2008年，斯共吸引外资378.3亿美元，外资绝大部分流向工业生产、交通、邮电通讯、金融和保险业、商业、建筑业、服务业等领域。主要投资国为荷兰、德国、奥地利、意大利、匈牙利、捷克等。

人民生活

2009年，斯人均月工资1060美元。2008年斯每千人拥有床位6.6张，医生3.7个，汽车399辆。

军　事

1993年捷克和斯洛伐克联邦解体后，捷与斯按二比一原则分割原捷联邦的军队及其装备。总统是斯全国武装力量最高统帅，国防委员会是国防与安全问题的最高决策机构，国防部是政府主管军事的行政机关，总参谋部是全军最高指挥机构，总参谋长柳博米尔·布利克（Lubomir BULIK）。2005年，斯军队开始职业化，现有兵力约2万人。

文化教育

【教育】实行十年制义务教育，国家对食宿给予补贴。最著名高等院校有考门斯基大学、斯洛伐克技术大学、艺术学院等。2008年各类学校数目及学生人数如下：

	学校（所）	学生（人）	教师（人）
幼儿园	2871	138186	13445
九年制小学	2237	459173	30820
高中	251	99821	6837
中专	205	193898	13387
大学	33	140262	10140

（资料来源：2009年斯统计年鉴）

【新闻出版】斯报刊实行私有化，2008年全国发行报纸杂志1400余种，主要日报有：《真理报》、《存在报》、《新时代》、《经济报》、《经济日报》等。

斯洛伐克通讯社（斯通社）：国家商业性通讯社。

斯洛伐克信息通迅社：私营通迅社。

2008年斯国家广播电台对内广播69797小时，其中对少数民族语言广播4549小时，主要语言为匈牙利语、乌克兰语、罗姆语、德语；对外广播3844小时，主要语言有斯洛伐克语、英语、法语、德语、西班牙语和俄语。私人广播电台共有28家，全年广播194728小时。

2008年斯电视台播放全国性节目18177小时，其中用少数民族语言播放节目236小时，主要有匈牙利语、罗姆语、德语和乌克兰语。斯有116家私人电视台，全年播放节目621707小时。

对外关系

1993年1月1日，斯成为主权独立国家，外交不断进取，国际地位显著提高。2004年3月和5月分别加入北约和欧盟；2006~2007年担任联合国安理会非常任理事国；2007年12月成为《申根协定》缔约国；2009年1月1日起加入欧元区。

2009年，斯外交活跃，以欧盟和北约为依托，努力发展睦邻友好关系，重视同大国关系，积极推动地区合作，广泛参与国际事务。

【同中国的关系】中国同原捷克斯洛伐克于1949年10月6日建交，1957年3月27日双方签订了中捷友好条约。1993年1月1日斯洛伐克共和国独立，中国政府予以承认并与之建立了大使级外交关系，双方沿用原建交日期。2009年是中斯建交60周年。

2009年中斯关系顺利发展。6月，胡锦涛主席对斯洛伐克进行国事访问，这也是双边建交60年来，中国国家主席首次访斯。此外，外交部部长助理吴红波（2月）、沈阳军区司令张又侠中将（4月）、国家质检总局副局长刘平均（8月）、国务委员兼国防部长梁光烈（9月）、全国政协副主席、中国国际交流协会副会长王志珍（11月）分别访斯。

近年来，双边经贸合作快速发展，但受国际金融危机影响，双边经贸额有所下降。根据中方统计，2009年，双边贸易额为23亿美元，同比下降22.2%。其中中方出口额14亿美元，同比下降28.8%；进口额9亿美元，同比下降8.8%。

2003年8月，台在斯设立"代表处"；同年11月，斯在台设立经济文化办事处。2008年，斯台贸易额为9.88亿美元，其中斯方进口额9.58亿美元，出口额0.3亿美元。

中国驻斯洛伐克大使：陈建福。馆址：布拉迪斯拉发，扬乔娃街8号（Bratislava Jancova 8）。电话：00421-2-62803348；传真：62804289。签证处电话：62804283。商务处电话：52920154；传真：52920153。

斯洛伐克驻华大使：弗朗季谢克·德尔霍波尔切克（Frantisek DLHOPOLCEK）。馆址：北京市建国门外日坛路。电话：010-65321531，65325653（使馆、签证处、商务处）；传真：65324814。

【同欧洲国家的关系】斯高度重视发展与欧洲国家关系，尤其注重加强维谢格拉德四国间合作。同西巴尔干国家交往频繁，支持该地区国家加入欧盟。

2009年斯与欧洲国家的重要交往主要有：斯洛伐克总统加什帕罗维奇分别访问捷克、波兰（2月）、罗马尼亚（10月）、塞尔维亚（12月）；议长帕什卡访问塞浦路斯（3月）、斯洛文尼亚（10月）；总理菲佐访问乌克兰（1月）、俄罗斯（1月、11月）、土耳其（10月）、英国（11月）；外长莱恰克访问匈牙利、捷克（2月）、奥地利、德国（3月）、波兰、法国、英国（4月）、塞尔维亚、马耳他（10月）。

塞浦路斯总统赫里斯托菲亚斯（1月）、经合组织秘书长葛利亚、瑞典首相赖因费尔（2月）、匈牙利外长根茨、格鲁吉亚副总理巴拉米泽（3月）、斯洛文尼亚总理帕霍尔（4月）、捷克总理菲舍尔（5月）、塞尔维亚总理契夫科维奇（9月）、马其顿总理格鲁埃夫斯基、乌克兰外长格里先科、比利时首相范龙佩、格鲁吉亚外长瓦沙泽（10月）、土耳其总统居尔（11月）等分别访斯。

【同俄罗斯的关系】2009年1月和11月，斯总理菲佐两次访俄，双方主要就斯俄能源合作交换意见。

【同美国的关系】2009年5月，斯外长莱恰克对美国进行工作访问。

【同其他国家的关系】2009年11月，斯外长莱恰克对日本进行工作访问；4月，韩国总理韩升洙、约旦国王阿卜杜拉二世、叙利亚总统巴沙尔分别访斯。

（李航）

斯洛文尼亚

国名　斯洛文尼亚共和国（The Republic of Slovenia, Republika Slovenija）。

面积　20273平方公里。

人口　205万（2009年）。主要民族为斯洛文尼亚族，约占83%。少数民族有塞尔维亚族、克罗地亚族、匈牙利族、意大利族等。官方语言为斯洛文尼亚语，主要宗教为天主教。

首都　卢布尔雅那（Ljubljana），人口27万（2008年）。

国家元首　总统达尼洛·图尔克（Danilo TÜRK），2007年11月当选，任期5年。

重要节日　国庆节：6月25日。

简　况

位于欧洲中南部，巴尔干半岛西北端。西接意大利，北邻奥地利和匈牙利，东部和南部与克罗地亚接壤，西南濒亚得里亚海。海岸线长48公里。特里格拉夫峰为境内最高的山峰，海拔2864米。最著名的湖泊是布莱德湖。气候分山地气候、大陆性气候和地中海式气候。夏季平均气温21.3℃，冬季平均气温-0.6℃，年平均气温10.7℃。

6世纪末，斯拉夫人迁移到现斯洛文尼亚一带。9～20世纪初，斯洛文尼亚一直受德意志国家和奥匈帝国的统治。1918年底，斯洛文尼亚与其他一些南部斯拉夫民族联合成立塞尔维亚人—克罗地亚人—斯洛文尼亚人王国，1929年改称南斯拉夫王国。1941年，德国、意大利法西斯入侵南斯拉夫。1945年，南斯拉夫各族人民赢得反法西斯战争的胜利，并于同年11月29日宣告成立南斯拉夫联邦人民共和国（1963年改称南斯拉夫社会主义联邦共和国），斯洛文尼亚为其中的一个共和国。1991年6月25日，斯洛文尼亚议会通过决议，宣布脱离南斯拉夫社会主义联邦共和国，成为独立的主权国家。1992年5月，斯洛文尼亚加入联合国。2004年3月和5月，斯洛文尼亚先后成为北约和欧盟成员。

政　治

斯洛文尼亚政局长期保持稳定。2007 年 11 月，斯洛文尼亚举行总统选举，独立候选人图尔克获胜。2008 年 9 月，斯洛文尼亚举行议会选举。斯洛文尼亚社会民主人士党获胜，并同真理党、自民党和退休者民主党组成联合政府。2009 年，斯洛文尼亚政局总体保持稳定。

【宪法】1991 年 12 月 23 日，斯洛文尼亚议会通过新宪法。1997 年和 2000 年两次修宪。宪法确立立法、行政、司法三权分立原则。

【议会】斯洛文尼亚国民议会是国家最高立法和监督机构，实行一院制。国民议会由 90 名议员组成，通过直接选举产生，任期 4 年。全国共分 8 个选区，每个选区选出 11 名代表，保留两名代表席位给意大利族和匈牙利族议员。本届国民议会于 2008 年 10 月组成，其中社会民主人士党 29 席、斯民主党 27 席、真理党 9 席、斯人民党 6 席、斯退休者民主党 5 席、斯自由民主党 5 席、斯民族党 5 席，独立议员 2 席，意大利族和匈牙利族少数民族议员各 1 席。议长帕韦尔·甘塔尔（Pavel GANTAR，真理党），2008 年 10 月当选。

【政府】国家权力执行机构，任期 4 年。本届政府成立于 2008 年 11 月，由斯洛文尼亚社会民主人士党、真理党、自民党和退休者民主党组成。总理博鲁特·帕霍尔（Borut PAHOR）。政府成员为：外交部长萨穆埃尔·日博加尔（Samuel ŽBOGAR），国防部长留比察·耶卢希奇（Ljubica JELUŠIČ，女），内务部长卡塔丽娜·克雷萨尔（Katarina KRESAL，女），劳动、家庭和社会事务部长伊万·斯韦特利克（Ivan SVETLIK），教育和体育部长伊戈尔·卢克希奇（Igor LUKŠIČ），文化部长玛伊达·希尔察（Majda ŠIRCA，女），公共管理部长伊尔玛·帕夫琳妮奇·克雷布斯（Irma PAVLINIČ-KREBS，女），经济部长马特伊·拉霍弗尼克（Matej LAHOVNIK），财政部长弗兰茨·克里扎尼奇（Franc KRIŽANIČ），卫生部长多里扬·马鲁希奇（Dorjan MARUŠIČ），环境和空间部长罗科·扎尔尼奇（Roko ŽARNIĆ），交通部长帕特里茨克·弗拉契奇（Patrick VLAČIČ），司法部长阿莱什·扎拉尔（Aleš ZALAR），高等教育和科技部长格雷戈尔·戈洛比奇（Gregor GOLOBIČ），农林、食品部长德扬·日丹（Dejan，ŽIDAN），负责发展和欧盟事务的不管部长米蒂亚·加斯帕里（Mitja GASPARI）、负责地方自治和区域发展的不管部长亨里克·戈耶尔克什（Henrik GJERKEŠ）和负责海外斯洛文尼亚侨民事务的不管部长博什特扬·热科什（Boštjan ŽEKŠ）。

【主要网址】斯洛文尼亚政府：http：//www. gov. si；国家统计局：http：//www. stat. si；政府新闻办公室：http：//www. uvi. si；宏观经济分析与发展研究所：http：//www. gov. si/umar/；工商会：http：//www. gzs. si。

【行政区划】全国分为 12 个统计地区，共有 210 个市级行政单位。

【司法机构】法院和检察院是国家司法机构。法院分宪法法院、最高法院、高等法院、地区法院和县级法院，另外还设有两类专业法院：高等劳动和社会法院（主要负责处理雇佣关系和社会福利方面的法律案件）及行政诉讼法院。宪法法院主要负责判定议会有关立法是否与国家宪法相抵触，由 9 名法官组成，任期 9 年，不得连任。宪法法院院长约热·特拉特尼克（Jože TRATNIK），2007 年 11 月 11 日就任。最高法院为最高司法机构，院长任期 6 年。原院长弗兰茨·特斯藤（Franc TESTEN）于 2010 年 2 月任满后，由阿兰卡·耶伦茨·普克拉韦茨（Alenka JELENC PUKLAVEC）代理院长职务。检察院分共和国检察院、高等检察院（4 个）和地区检察院（11 个）。总检察长巴尔巴拉·布莱兹加尔（Barbara BREZIGAR，女），2005 年 4 月就任，任期 6 年。

【政党】截至 2007 年，斯洛文尼亚登记注册的政党共有 58 个。主要政党有：

（1）社会民主人士党（Socialni Demokrati）：执政党。成立于 1993 年 5 月 29 日，原名社会民主人士联合名单。2005 年改为现名。约有党员 2.7 万人。倡导社会稳定，加大对知识和新技术领域的投入，提倡走“第三条道路”。主席博鲁特·帕霍尔。

（2）真理党（Zares）：执政党。成立于 2007 年 10 月。主张民主、自由、博爱，关注普通民众，倡导尊重科学、文化，强调走中间道路。主席格雷戈尔·戈洛比奇。

（3）斯洛文尼亚自由民主党（Liberalna Demokracija Slovenije）：执政党。成立于 1994 年。党员约 8700 人。主张建立广泛包容的社会和高效、开放的国家，倡导渐进式经济改革和可持续发展战略，力争斯洛文尼亚在欧盟中发挥更积极作用。主席卡塔丽娜·克雷萨尔。

（4）斯洛文尼亚退休者民主党（Demokratična Stranka Upokojencev Slovenije）：执政党。成立于 1991 年 5 月。党员超过 3.5 万人。提倡建立公正社会，致力于经济稳定增长，并兼顾地区平衡发展，认为各年龄段的公民都应享有高质量的生活，坚持养老和健康保险法要得到全社会认可。主席卡尔·埃里亚韦茨（Karl ERJAVEC）。

（5）斯洛文尼亚民主党（Slovenska Demokratska Stranka，简称斯民主党）：在野党。前身为 1989 年 2 月 16 日成立的斯洛文尼亚社会民主协会，后更名为斯社会民主党，2003 年 9 月改为现名。主张民主、自由、尊重人权、教育机会平等，倡导自由政府和市场经济。主席雅奈兹·扬沙（Janez JANŠA）。

（6）斯洛文尼亚人民党（Slovenska Ljudska Stranka，简称人民党）：在野党。前身为斯洛文尼亚农民联盟，成立于1988年。1990年更名为斯农民联盟—人民党。1992年改为现名。主张遵循基督教传统价值，追求自由、团结、公正，努力保护斯民族独特的语言与文化。主席拉多万·热尔亚夫（Radovan ŽERJAV）。

（7）斯洛文尼亚民族党（Slovenska Nacionalna Stranka，简称民族党）：在野党。成立于1991年3月。宣称支持一切有益于斯洛文尼亚及斯公民的主张和建议。主席兹马科·叶林契奇·普莱门尼蒂（Zmago JELINČIČ PLEMENITI）。

【重要人物】达尼洛·图尔克：总统。1952年2月生。毕业于卢布尔雅那大学法学院。1984～1992年任联合国消除歧视和保护少数民族委员会委员。1987年任斯洛文尼亚人权委员会副主席。1992年任斯洛文尼亚常驻联合国代表，后任联合国助理秘书长，负责政治事务，2005年结束联合国的任期。2006年任卢布尔雅那大学法学院副院长。2007年11月当选总统。2008年10月对华进行国事访问并出席第七届亚欧首脑会议。已婚，有一女。　**帕韦尔·甘塔尔：**议长。1949年10月生。毕业于卢布尔雅那大学社会学院，社会学博士。曾任斯洛文尼亚环境部长、新闻部长和议员等职。2008年11月当选议长。　**博鲁特·帕霍尔：**总理。1963年11月生。毕业于卢布尔雅那大学社会科学学院。1995～1996年任斯洛文尼亚议会外委会主席。1997年3月，当选社会民主人士党主席。2000～2004年任议长。2004年当选欧洲议员。2008年11月出任总理。曾于1995年作为斯议会外委会主席访华。已婚，有一子。

经　济

拥有良好的工业和科技基础。服务业发达，教育程度高。自1991年独立后，经济转轨平稳，人民生活水平持续提高。2004年加入欧盟并充分依托欧盟优势，扩大外向型经济，各项宏观经济指标名列新入盟国家前列，已被世界银行列为发达国家。2007年1月1日加入欧元区。2009年斯经济受国际金融危机影响较大，主要经济数据如下（资料来源：斯洛文尼亚国家统计局）：

国内生产总值：349亿欧元。

人均国内生产总值：17092欧元。

国内生产总值增长率：－7.8%。

货币名称：欧元。

通货膨胀率：0.9%。

失业率：5.9%。

【资源】森林和水利资源丰富，森林覆盖率为66%。矿产资源相对贫乏，主要有汞、煤、铅、锌等，采矿业多年来呈下降趋势。石油与天然气等能源消耗主要依赖进口。

【工业】主要工业部门有汽车制造、机械设备和家用电器制造、电气机械和仪表制造、化工（含制药）、电力能源、冶金、橡胶及塑料产品加工、非金属矿物质制品加工、食品饮料加工、木材加工、家具制造、造纸、印刷出版、纺织、成衣和皮革制品加工。2009年，工业产值71.9亿欧元，占国内生产总值20.6%，同比下降17.4%。近年主要工业产品产量如下：

	2006	2007	2008
载人汽车（辆）	—	306216	—
非家用制冷与排气设备（台）	558647	645486	587697
其他农业林业机械（台）	25699	29422	28281
机床（台）	91000	93000	—
电动机、发动机、变压机（万台）	6212.5	6822.4	6967.4
配电、电力控制仪表（万台）	21600	25400	18300
绝缘电线电缆（吨）	4461	4824	5088
发电（千兆瓦时）	15115	15043	16398
油漆、涂料（万吨）	21	22.1	24.2
葡萄酒（万升）	2550.3	3123.6	2597.3

（资料来源：斯洛文尼亚国家统计局）

【农业】2008年农业用地492424公顷，农业人口8.32万人。农业产值11.06亿欧元，占GDP总值的3%。农产品不能满足本国需求，每年需从其他国家进口粮食等农产品。近年主要农产品产量如下（单位：吨）：

	2006	2007	2008
牛肉	76500	77800	81600
猪肉	83100	77700	72200
家禽肉	68800	82600	83200
小麦	134400	133300	160300
玉米	276100	308300	319900
马铃薯	106974	131050	100319
葡萄	105486	122543	105719
鸡蛋（万个）	26335.3	32241.1	35882.2

近年主要牲畜存栏总数如下（单位：头／只）：

	2006	2007	2008
牛	454033	479581	469938
其中奶牛	185844	192661	191527
猪	575116	542590	432011
绵羊	131528	131180	138958
家禽	3057000	4559000	4575000

渔业捕获量如下（单位：吨）：

	2006	2007	2008
海水鱼	933	914	686
淡水鱼	1174	1037	1044

（资料来源：斯洛文尼亚国家统计局）

【服务业】包括批发和零售、修理、旅馆饭店、运输、通信、仓储、金融中间机构、房地产、租赁、企业服务、公共管理、教育、医疗保健、社会服务、其他社区或个人服务。近年服务业产值如下：

	2006	2007	2008
服务业总值（亿欧元）	166	178.6	208
占全年GDP总值（%）	55.5	55.2	56
从业人口（万人）	52.1	54.2	56.2

（资料来源：斯洛文尼亚国家统计局）

【旅游业】旅游业比较发达。2008年，共有旅馆饭店企业850余家，房间31954间，床位83157张，旅客达276.6万人次，过夜游客841.2万人次。国外游客主要来自意大利、德国和奥地利。主要旅游区为亚得里亚海海滨和阿尔卑斯山区。主要旅游点有：特里格拉夫山区国家公园、布莱德湖、波斯托依那溶洞。主要旅游设施有：海滨浴场、滑雪场、温泉、溶洞、旅馆、疗养胜地、山区或海滨度假旅馆、私人小旅馆、过夜旅馆、汽车宿营地、野营宿营地、酒吧、咖啡馆、旅游农场等。近年旅游业收入如下：

	2005	2006	2007
旅游业收入（万欧元）	13798.07	14251.45	16191.76
占GDP总值比例（%）	4.8	4.7	4.7

（资料来源：同上）

【交通运输】地理位置较好，电气化铁路和现代化公路占相当比重。

铁路：2008年铁路总长1228公里，其中电气化铁路503公里，复线铁路330公里。2008年客运量1666.1万人次，货运量1727.1万吨。

公路：2008年公路总长38872公里，其中高速公路696公里。全国载人小汽车104.5万辆，卡车67585辆，公共汽车2378辆，农用拖拉机84316辆。公路客运量3875.1万人次，货运量9123.9万吨。

海运：斯洛文尼亚有3个港口，分别是科佩尔港、伊佐拉港和皮兰港。其中，科佩尔港是斯第一大港。该港建成于1958年，港区面积为450公顷，有2000米的海岸可供装卸货物，有25万平方米的仓储面积。2008年海路货运量573.3万吨。

空运：2008年共有客机14架，共起降27183架次，载客130.2万人次，货运2321吨。卢布尔雅那约热·普奇尼克机场为唯一的国际机场。国家航空公司为亚得里亚航空公司。

【财政金融】近年财政收支情况如下（单位：亿欧元）：

	2007	2008	2009
收入	146.7	158.1	155.1
支出	146.6	164.4	174.2
差额	0.1	-6.3	-19.1

（资料来源：同上）

2009年，斯洛文尼亚外汇储备为7.22亿欧元。政府财政赤字占GDP的5.7%。外债125.2亿欧元。

斯洛文尼亚共有20家银行。主要有：新卢布尔雅那银行（Nova Ljubljanska Banka d.d. Ljubljana）：成立于1994年7月27日，2008年总资产为144.8亿欧元。

新马里博尔信贷银行（Nova Kreditna Banka d.d. Maribor）：成立于1994年，2009年总资产为48亿欧元。

Abanka Vipa银行（Abanka Vipa d.d. Ljubljana）：成立于2002年，2008年总资产为39.1亿欧元。

（资料来源：斯洛文尼亚央行年鉴）

【对外贸易】斯洛文尼亚经济为高度外向型，对外贸易在国民经济中占有较高比重。主要贸易伙伴国为：德国、意大利、奥地利、克罗地亚、法国、匈牙利、俄罗斯、荷兰、塞尔维亚和捷克。主要出口商品类别为：机械和设备、光学仪器、化学制品、医药、人造纤维、汽车和运输设备。主要进口商品类别为：汽车和运输设备、金属制品、化学制品、医药、人造纤维等。近年对外贸易进出口总额如下（单位：亿欧元）：

	2006	2007	2008
出口额	167.57	193.85	197.77
进口额	183.39	214.87	229.44
差　额	-15.82	-21.02	-31.67

（资料来源：斯洛文尼亚央行网站）

【对外投资】2008年对外投资总额为56.6亿欧元，主要国家为：塞尔维亚（16.26亿欧元）、克罗地亚（11.08亿欧元）、波黑（6.90亿欧元）、俄罗斯（4.44亿欧元）、马其顿（2.35亿欧元）、德国（1.82亿欧元）、塞浦路斯（1.75亿欧元）、奥地利（1.61亿欧元）、黑山（1.45亿欧元）、荷兰（1亿欧元）。

【对外援助】斯洛文尼亚主要通过欧盟、联合国和世界银行等机构提供外援，援助对象主要集中在巴尔干地区。近三年援外数额：2006年为3500万欧元，2007年为3950万欧元，2008年为4680万欧元。

【外国资本】2008年累计引进外资109.96亿欧元。主要国家有：奥地利（51.23亿欧元）、瑞士（12.34亿欧元）、荷兰（8.07亿欧元）、法国（8.02亿欧元）、德国（5.88亿欧元）、意大利（5.31亿欧元）、比利时（3.83亿欧元）、卢森堡（3.53亿欧元）、克罗地亚（2.99亿欧元）、塞浦路斯（1.51亿欧元）。

【著名公司】（1）雷诺轿车组装厂（Revoz）。主要产品：轿车和轿车零部件。注册资本：5500 万欧元。创建于 20 世纪 50 年代。董事长阿·布拉托什（Aleš Bratos）。网址：info. revoz@ renault. com。

（2）Gorenje 电器厂。主要产品：洗衣机、电冰箱等家用电器。注册资本：5850 万欧元。创建于 20 世纪 50 年代。董事长弗·博比纳茨（Franjo Bobinac）。网址：info@ gorenje. si。

（3）Krka 制药厂。主要产品：药品。注册资本：5910 万欧元。创建于 20 世纪 50 年代。董事长约·佐拉里奇（Joe Colarič）。网址：info@ krka. biz。

人民生活

重视提高和改善人民生活水平，实行覆盖所有纳税人家庭和个人的医疗保障和社会保障制度，包括免费医疗、免费教育、失业保障金、退休金、残疾人福利等。2008 年，斯共有 29 家医院，其中综合性医院 18 家，妇产医院 2 家，肺病专科医院 2 家，神经疾病医院 4 家，整形医院 2 家，康复医院 1 家。共有病床 9586 张，医师和牙医 2996 人。医务人员中，受过中等和高等教育的为 8289 人，国家注册护士 2499 人。全年共收诊病人 367719 人，出院病人 367761 人。2009 年 12 月人均收入 1488. 2 欧元。

2009 年，每 100 户家庭中拥有 70 台台式电脑（其中 64 台可上网）、27 台笔记本电脑、86 部电话、94 部手机。

军　　事

国家武装部队正式成立于 1991 年 6 月，原名为斯领土保卫部队，1993 年 10 月改名为斯洛文尼亚军队。总统为国家武装力量最高统帅。1998 年起，斯按西方标准改组军队体制，分为基本国防部队、加强部队、快速反应部队。2003 年 9 月取消义务兵役制。截至 2009 年底，斯军队总人数为 9314 人，其中职业军人 7514 人，预备役 1800 人。2009 年，国防预算为 4. 42 亿欧元，占 GDP 的 1. 47%。斯派出的维和部队情况（截至 2009 年 4 月）：科索沃 382 人，波黑 32 人，阿富汗 70 人，黎巴嫩 14 人，叙利亚 3 人（军事观察员）。

文化教育

【教育】斯洛文尼亚政府重视教育。2007 年教育支出为 20. 08 亿欧元，占国内生产总值的 5. 8%。实行 12 年义务教育制度。学制：小学 8 年，中学 4 年，大学 4 ~ 6 年。2007/2008 学年在校学生人数分别为：小学生 163002 人，中学生 88630 人，大学生 99021 人，研究生 4902 人。2008 年毕业大学生 13786 人，研究生 1014 人。各类教师共计 31681 人。2008 年，共有综合性大学 4 所，中学 140 所，小学 449 所。全国各类图书馆共计 902 个，博物馆 51 个。

【新闻出版】2008 年，斯洛文尼亚有日报 15 种，周刊 42 种，双周刊 16 种，月刊 38 种，双月刊 5 种。发行量较大的全国性报纸主要为：斯洛文尼亚新闻（Slovenske Novice，39. 4 万份）、24 小时报（Žurnal24，25. 9 万份）、劳动报（Delo，18. 3 万份）、日报（Dnevnik，15. 1 万份）、晚报（Večer，13. 9 万份）、金融报（Finance，5 万份）。

电视台：2008 年共有电视台 58 家，其中国家电视台为斯洛文尼亚广播电视台（RTV，6 个频道，1958 年成立）。私营商业电视台主要有 Kanal A（1989 年成立）和 POP TV（1993 年成立），2000 年 10 月，POP TV 的母公司美国 Super Plus 收购了 Kanal A，但仍使用其名称。

广播电台：2007 年，共有 82 家广播电台，区域节目全年播音时间总计 84775 小时；地方节目全年播音时间总计 93343 小时。

国家通讯社：斯洛文尼亚通讯社，简称 STA，成立于 1991 年 6 月 20 日。

对外关系

斯洛文尼亚于 2004 年 5 月 1 日正式加入欧盟。致力于全面融入欧盟体系。积极发展同德国、法国等欧盟大国和美国、俄罗斯等大国的关系。注重发展与其他前南斯拉夫国家的关系，积极参与协调西巴尔干事务及国际热点问题的解决。截至 2007 年底，斯已与 167 个国家建立外交关系。

【同中国的关系】1992 年 5 月 12 日中斯建交。两国关系发展顺利。

2009 年 2 月，卢布尔雅那市副市长切林访问成都。5 月，斯洛文尼亚国防部代表团访华。6 月，中斯科技合作委员会第八次会议在卢布尔雅那举行。成都市人大常委会主任王东洲访斯。7 月，全国政协副主席杜青林访斯。中国广播民族乐团参加卢布尔雅那夏季艺术节。8 月，国务院副总理回良玉访斯。中国国际贸易促进委员会副会长于平访斯。中斯企业家论坛暨双边企业家理事会第二次会议在卢布尔雅那举行。9 月，海关总署副署长李克农、上海市人大常委会主任刘云耕访斯。10 月，卫生部副部长刘谦访斯。

据中国海关总署统计，2009 年双边贸易额为 8. 97 亿美元，同比下降 18. 2%，其中中方出口额为 7. 7 亿美元，同比下降 20. 1%，进口额 1. 26 亿美元，同比下降 3. 9%。

中国驻斯洛文尼亚大使：孙荣民。馆址：卢布尔雅那市科布拉列瓦大街 3 号（Koblarjeva 3，1000 Ljubljana，Republic of Slovenia）。电话：00386 – 1 – 4202858；传真：2822199。

斯洛文尼亚驻华大使：玛丽娅·阿达尼娅（Marija ADANJA，女）。馆址：北京市朝阳区霄云路 18 号京润水上花园 F 区 57 号。电话：010 – 64681154。传真：64681040。

【同美国的关系】1992年8月，斯美建交。两国关系密切。2006年7月，斯总理扬沙访美。2007年6月，斯外长鲁佩尔访美。2008年4月，斯外长鲁佩尔访美。6月，美总统布什访斯。2009年7月，斯外长日博加尔访美。

【同俄罗斯的关系】1992年5月，斯俄建交。两国关系发展良好。2006年7月，斯总理扬沙访俄。7月，俄联邦委员会主席米罗诺夫访斯。2007年9月，斯国民委员会主席苏什尼克访俄。11月，俄外长拉夫罗夫访斯。2008年2月，俄外长拉夫罗夫访斯。4月，斯总理扬沙与俄总统普京在布加勒斯特会见。2009年4月，斯外长日博加尔访俄。11月，俄总统梅德韦杰夫非正式访斯。

【同欧盟的关系】1992年4月13日，斯同欧盟建交。2004年5月1日，斯正式加入欧盟。2005年2月1日，斯议会以79票对4票批准《欧盟宪法条约》。2008年上半年，斯担任欧盟轮值主席国。

【同欧洲国家的关系】2009年1月，捷克议长弗尔切克访斯。2月，斯总理帕霍尔先后访问英国、法国，斯外长日博加尔先后访问捷克、匈牙利、德国和意大利。3月，斯议长甘塔尔访问瑞典；奥地利外长施平德埃格尔访斯。4月，斯总理帕霍尔访问斯洛伐克。5月，斯总统图尔克访问土耳其，斯总理帕霍尔先后访问瑞典、芬兰和保加利亚；法国总理菲永访斯。6月，斯外长日博加尔访问白俄罗斯。7月，斯议长甘塔尔访问葡萄牙，斯总理帕霍尔访问匈牙利。8月，奥地利总理菲曼、土耳其外长达乌特奥卢先后访斯。9月，斯总理帕霍尔访问意大利；捷克总统克劳斯、马耳他议长加利亚先后访斯。10月，斯外长日博加尔访问乌克兰；匈牙利总统寿尤姆、塞浦路斯外长基普里亚努先后访斯。11月，斯总理帕霍尔访问西班牙；希腊总统帕普利亚斯访斯。

【同西巴尔干国家的关系】斯重视发展同西巴尔干国家的关系，致力于加强合作。2009年1月，斯外长日博加尔访问波黑；塞尔维亚外长耶雷米奇、马其顿总理格鲁埃夫斯基先后访斯。2月，斯总统图尔克先后访问马其顿和阿尔巴尼亚，斯外长日博加尔访问黑山。3月，斯总理帕霍尔访问塞尔维亚；黑山总统武亚诺维奇访斯。4月，黑山议长克里沃卡皮奇和马其顿副总理博采夫斯基先后访斯。5月，马其顿总统伊万诺夫访斯。6月，塞尔维亚第一副总理兼内务部长达契奇与塞副总理兼经济和地区发展部长丁基奇访斯。9月，塞尔维亚外长耶雷米奇和塞总统塔迪奇先后访斯。10月，斯议长甘塔尔访问塞尔维亚，斯总理帕霍尔访问黑山；阿尔巴尼亚总统托皮、波黑部长会议主席什皮里奇先后访斯。11月，斯外长日博加尔访问波黑；波黑主席团主席科姆希奇访斯。

（白云斌）

乌　克　兰

国名　乌克兰（UKRAINE，УКРАИНА）。

面积　60.37万平方公里。

人口　4594万（2010年2月1日）。共有130多个民族，乌克兰族约占77%，俄罗斯族约占20%，其他为白俄罗斯、犹太、克里米亚鞑靼、摩尔多瓦、波兰、匈牙利、罗马尼亚、希腊、德意志、保加利亚等民族。官方语言为乌克兰语。主要宗教为东正教和天主教。

首都　基辅（KIYV，КИЕВ），人口278万（2010年2月1日），面积827平方公里。全国政治、经济、文化、科学中心。8月最高气温37℃，1月最低气温－26℃。

国家元首　总统维克多·费奥多罗维奇·亚努科维奇（Виктор Федорович ЯНУКОВИЧ），2010年2月25日就任。

重要节日　公历新年：1月1日；东正教圣诞节：1月7日；统一日（纪念东西乌克兰合并）：1月22日；全民团结日：5月1日；胜利日（纪念第二次世界大战胜利）：5月9日；宪法日（纪念1996年颁布独立后制定的第一部宪法）：6月28日；独立日（国庆节）：8月24日。

简　况　位于欧洲东部，黑海、亚速海北岸。95%国土为平原。东西长1316公里，南北长893公里。北邻白俄罗斯，东北接俄罗斯，西连波兰、斯洛伐克、匈牙利，南同罗马尼亚、摩尔多瓦毗邻。陆地边界线长5631公里，海岸线长1959公里。最大山系为西部的喀尔巴阡山，最高峰戈尔维拉峰海拔2061米。大部分地区为温带大陆性气候，克里米亚半岛南部为亚热带气候。1月平均气温－7.4℃，7月平均气温19.6℃。

“乌克兰”一词最早见于《罗斯史记》（1187年）。公元9世纪下半叶建立古罗斯国家—基辅罗斯。后在其境内逐步形成三个主要民族乌克兰族、俄罗斯族和白俄罗斯族。1237～1241年蒙古金帐汗国（拔都）西征占领基辅。公元1654年，哥萨克首领赫梅利尼茨基与俄罗斯沙皇签订《佩列亚斯拉夫和约》，乌俄两国合并。1917年12月，建立乌克兰苏维埃政权。1919年1月成立乌克兰苏维埃社会主义共和国并于1922年加入苏联（西部乌克兰1939年加入）。1990年7月16日，乌最高苏维埃通过《乌克兰国家主权宣言》。1991年8月24日乌宣布独立。

政　　治

根据乌议会2004年12月8日通过的宪法修正案，2006年1月1日起，乌国家政体由总统—议会制改为议会—总统制。同年3月，乌举行最高苏维埃（议会）选举，地区党、季莫申科集团、“我们的乌克兰”联盟、社会党和共产党共5个政党进入议会。7月，地区党、社会党和共产党组建议会多数派，地区党主席亚努科维奇出任总理。

2007年9月30日，乌举行议会提前大选。地区党、季莫申科集团、“我们的乌克兰—公民自卫”联盟、共产党、利特文集团共5个政党进入第六届议会。11月29日，“我们的乌克兰—公民自卫”联盟与季莫申科集团组建议会多数派。12月18日，季莫申科当选新一届政府总理。

2008年3月18日，季莫申科集团、“我们的乌克兰—公民自卫”联盟联手在议会通过新《内阁法》。9月4日，“我们的乌克兰—公民自卫”联盟宣布退出议会多数派。10月8日，乌总统尤先科以议会未能在宪法规定期限内组成新多数派为由，宣布解散第六届议会，重新大选。议会各大政党均予抵制。11月12日，议会解除议长亚采纽克职务。12月9日，利特文当选新任议长。12月16日，季莫申科集团、“我们的乌克兰—公民自卫”联盟与利特文集团议员团签署组建新多数派协议。

2009年，乌各大党派积极准备第五届总统选举。6月23日，乌议会通过决议决定2010年1月17日举行总统选举。2010年1月17日，总统选举顺利举行。总统尤先科、总理季莫申科、议长利特文、地区党主席亚努科维奇等参加竞选。亚努科维奇和季莫申科分别得票35.32%和25.05%，得票居于第二位，进入第二轮投票。2月7日，乌举行总统选举第二轮投票。亚努科维奇和季莫申科分别得票48.95%和45.47%，亚努科维奇当选乌克兰总统。2月25日，亚努科维奇宣誓就职。

【宪法】1996年6月28日，乌议会通过独立后的第一部宪法，确定乌为主权、独立、民主的法制国家，实行共和制，乌克兰语为官方语言。总统为代表国家的最高元首；最高苏维埃为立法机关；内阁为行政机关，对总统负责。2004年12月8日，乌议会通过宪法修正案，规定自2006年1月1日起乌政体由总统—议会制过渡为议会—总统制。

【议会】称最高苏维埃，由450名议员组成，一院制，任期五年。设议长、第一副议长和副议长各一人；下设法律政策、司法、国家建设和地方自治、法律保护与立法保障、反腐败和有组织犯罪，国家安全和国防，人权和少数民族及族际关系、外事、与欧洲一体化、议会议事日程及活动保障与议员道德，预算，财政和银行工作，税务和海关政策，经济政策，工业政策和企业，能源和核政策，建筑和城市建设及住宅公用事务，交通和通信，农业政策与土地关系，环境政策和自然资源利用及消除切尔诺贝利核事故后果，科学教育，卫生保障，文化宗教，家庭、青年政策、体育和旅游事务，言论自由与信息，社会政策和劳动，退休者和老战士及残疾人，私有化问题等28个委员会。

截至2010年4月1日，议员席位分配情况为：地区党172席，季莫申科联盟155席，“我们的乌克兰—公民自卫”联盟72席，乌克兰共产党27席，利特文集团20席，无党派议员4席。

【政府】由总理、第一副总理、6名副总理、21名部长组成。本届政府产生于2010年3月12日，总理尼古拉·亚诺维奇·阿扎罗夫（Николай Янович Азаров），第一副总理安德烈·彼德罗维奇·克柳耶夫（Андрей Петрович Клюев），副总理弗拉基米尔·彼德罗维奇·谢米诺仁科（Владимир Петрович Семиноженко），副总理鲍里斯·维克托罗维奇·科列斯尼科夫（Борис Викторович Колесников），副总理谢尔盖·列昂尼多维奇·季吉普科（Сергей Леонидович Тигипко），副总理维克多·安德烈耶维奇·斯拉乌塔（Виктор Андреевич Славута），副总理弗拉基米尔·列昂尼多维奇·西夫科维奇（Владимир Леонидович Сивкович），副总理维克多·尼古拉耶维奇·吉洪诺夫（Виктор Николаевич Тихонов），内务部长阿纳托利·弗拉基米罗维奇·莫吉列夫（Анаторий Владимирович Могилев），国防部长米哈伊尔·布罗尼斯拉沃维奇·叶热利（Михаил Брониславович Ежель），外交部长康斯坦丁·伊万诺维奇·格里先科（Константин Иванович Грищенко），司法部长亚历山大·弗拉基米罗维奇·拉夫里诺维奇（Александр Владимирович Лавринович），财政部长费奥多尔·阿列克谢耶维奇·亚罗申科（Федор Алексеевич Ярошенко），经济部长瓦西里·彼德罗维奇·楚什科（Василий Петрович Цушко），农业政策部长米哈伊尔·弗拉基米罗维奇·普里夏日纽克（Михаил Владимирович Присяжнюк），燃料与能源部长尤里·阿纳托里耶维奇·博伊科（Юрий Анатолиевич Бойко），煤炭工业部长尤里·彼德罗维奇·亚先科（Юрий Петрович Ященко），环境保护部长维克多·阿列克谢耶维奇·博伊科（Виктор Алексеевич Бойко），紧急状态与保护居民不受切尔诺贝利事故影响部长涅斯托尔·伊万诺维奇·舒夫里奇（Нестор Иванович Шуфрич），工业政策部长德米特里·瓦列里耶维奇·科列斯尼科夫（Дмитрий Валерьевич Колесников），交通和通讯部长康斯坦丁·阿列克谢耶维奇·叶菲缅科（Константин

Алексеевич Ефименко），公共住房事业部长亚历山大·帕夫洛维奇·波波夫（Александр Павлович Попов），地区发展部长弗拉基米尔·格里戈利耶维奇·亚楚巴（Владимир Григорьевич Яцуба），劳动与社会政策部长瓦西里·伊万诺维奇·纳德拉戈（Василий Иванович Надрага），教育和科技部长德米特里·弗拉基米罗维奇·塔巴奇尼克（Дмитрий Владимирович Табачник），文化和旅游部长米哈伊尔·安德烈耶维奇·库利尼亚克（Михаил Андреевич Кулиняк），卫生部长济诺维·尼古拉耶维奇·梅特尼克（Зиновий Николаевич Мытник），家庭、青年和体育事务部长拉维尔·萨福维奇·萨菲乌林（Равиль Сафович Сафиллин），内阁部长阿纳托利·弗拉基米罗维奇·托尔斯托乌霍夫（Анатолий Владимирович Толстоухов）。

【网址】 总统：http：//www. president. gov. ua；政府：http：//www. kmu. gov. ua；议会：http：//www. portal. rada. ua。

【行政区划】 全国有24个州，1个自治共和国，2个直辖市，共27个行政区划。乌共有459个市、490个区、886个镇和10278个村。

【司法机构】 分为最高法院和地方法院，法官由选举产生，任期五年。案件审理过程中的分歧交由最高行政法院裁决。司法监督由总检察长或其下属的地方检察长执行。检察长任期五年。1996年10月18日成立宪法法院，由18名法官组成，任期三年。宪法法院院长安德烈·斯特里扎克（Андрей Стрижак），2007年7月任职；最高法院院长瓦西里·奥诺边科（Василий Онопенко），2006年9月任职；总检察长亚历山大·梅德韦季科（Александр Медведько），2007年6月任职。

【政党】 实行多党制，截至2010年4月，共有174个政党在乌司法部注册登记，其中影响较大的政党为：

（1）地区党（Партия Регионов）：中左派，乌第一大党。1997年11月成立。主张在合理、有效分清中央与地方权限和责任的前提下，建设繁荣昌盛的民主法制国家，通过诚实的劳动建立以中产阶级为主的公平、稳定的社会。保护公民利益，主张俄语成为官方语言。主席为现任总理尼古拉·雅诺维奇·阿扎罗夫。

（2）季莫申科集团（Блок Юлии Тимошенко）：右派，系在全乌克兰“祖国”联盟（Всеукраинское объединение“Батьківщина”）基础上组建的政党联盟。主张建立民主国家和公民社会，推行市场经济，扩大社会福利，加速私有化进程。主席尤利娅·季莫申科（Юлия Тимошенко，女）。

（3）“我们的乌克兰”人民联盟（Народный союз“Наша Украина”）：右派，2005年3月在“我们的乌克兰”政党联盟基础上组建成立。主张建立公民社会，推行市场经济，加入欧盟和北约。主席维克多·尤先科（Виктор Ющенко）。

（4）乌克兰共产党（Коммунистическая Партия Украины）：左派，1993年6月在原乌共基础上重建。宣布代表工人、农民、知识分子和军人的利益，主张根本改变国家现行方针，恢复社会主义政治体制和原苏联，确立人道的、民主的、集体的原则，法律至上，各民族一律平等，支持发展乌俄关系和推动独联体一体化进程，在原苏联范围内建立起各独立国家人民的兄弟联盟。乌共中央第一书记彼得·西蒙年科（Петр Симоненко）。

（5）人民党（Народная Партия Украины）：中派，在乌克兰农业党基础上改组而成，2005年2月11日成立。主张在市场经济条件下恢复和促进国家经济发展，倡导实施振兴农业发展的国家经济政策。主席弗拉基米尔·利特文（Владимир Литвин）。

（6）“强大的乌克兰”党（Сильная Украина）：中派，前身为乌克兰劳动党，成立于1999年6月，2009年11月更名为“强大的乌克兰党”。主张改善国家管理体系，加强地方自治权力，消除腐败，为企业创造公正、透明的条件，建立现代医疗和社会保障体系。主席谢尔盖·季吉普科（Сергей Тигипко）。

（7）变革阵线党（Фронт Перемен）：中派，成立于2008年11月。主张捍卫民主原则，打造政治和管理精英，制定国家发展战略，实现民族复兴，提高乌克兰在国际舞台上的地位，确保乌克兰在东欧地区现代化进程中的领袖地位。主席阿尔谢尼·亚采纽克（Арсений Яценюк）。

（8）乌克兰社会党（Социалистическая партия Украины）：中左党派，1991年10月26日成立。主张扩大议会政治权限，实行渐进的市场经济改革，建立保障社会公正、真正民主和人权的社会主义社会。主席亚历山大·莫罗兹（Александр Мороз）。

（9）乌克兰进步社会党（Прогрессивная социалистическая партия Украины）：激进左派，1996年4月成立，主张建立公正的社会主义和法制国家，认为乌应积极参与独联体一体化进程和俄白联盟，拒绝加入北约和欧盟。主席纳塔利娅·维特连科（Наталия Витренко）。

（10）乌克兰人民党（Украинская Народная Партия）：右派，1999年2月从乌克兰人民鲁赫党分裂出来，同年12月在司法部注册。主要纲领是保障人权、民主和民族自由；建立以私有化为主的社会市场经济，保障生产者与消费者利益，主张融入欧洲和世界经济一体化；促进乌民族精神的复兴，保护并全面发展乌民间文化传统和习俗；捍卫乌国家利益，建立安全稳定的公民社会。主席尤里·科斯坚科（Юрий Костенко）。

（11）乌克兰公民大会党（Партия “Вече”）：2003 年 2 月 15 日成立。主要由工商界人士和青年代表组成。该党在政治上倡导保障公民人权和自由，在经济上主张实施自由市场经济改革，维护中小企业利益，反对寡头垄断。主席伊娜·博古斯洛芙斯卡娅（Инна Богословская）。

（12）“改革与秩序”党（Партия “Реформы и порядок”）：1997 年 10 月 11 日成立。主张进行系统的社会政治经济改革，建立民主法制的公民社会和高效社会市场经济。主席谢尔盖·索博列夫（Сергей Соболев）。

（13）乌克兰统一社会民主党（Социал—демократическая партия Украины [объединенная]）：中派，1990 年 5 月 27 日成立，主要来自知识和工商界。主张保持国家稳定和政策延续性，发展市场经济和自由贸易，赋予企业更多的经营自主权，坚决推行税改，完善社会保障制度，反对经济成为政治斗争的牺牲品，赞成乌全面融入欧洲，同时搞好同俄罗斯的关系。主席尤里·扎戈罗德尼（Юрий Загородний）。

（14）“复兴”党（Партия “Возрождение”）：2004 年 6 月 15 日成立。主张推行市场经济和私有化，完善社会保障体系捍卫公民经济、社会、精神权利与自由，实行东西方并重的平衡外交政策，发挥乌在地区和国际事务中的作用。主席瓦西里·格拉德基赫（Василий Гладких）。

（15）乌克兰绿党（Партия Зеленых Украины）：中派，1990 年 10 月成立。主张通过协调经济需求与环境保护的关系，保障人权和民主自由，在民主、慈善、人道的原则基础上振兴国家，完善国民经济结构，解决环境污染问题，达到社会与环境的和谐。对外主张中立、不结盟，反对外国以任何形式在乌驻军。主席塔季扬娜·孔德拉丘克（Тятьяна Кондратюк）。

（16）乌克兰人民民主党（Народно-демократическая партия Украины）：中右派，1996 年 2 月 24 日成立。主张改变原有所有制关系，实现土地市场化，强化社会保障，反对腐败和犯罪，在维护国家政治和经济利益基础上制定对外政策。主席柳德米拉·苏普伦（Людмила Супрун）。

（17）乌克兰工业家和企业家党（Партия промышленников и предпринимателей Украины）：2000 年 2 月成立，成员主要来自乌工业家和企业家联盟，主张深化经济改革，扩大工业生产能力，提高乌科学技术潜力，扩展对外交流，建立高效的市场经济。主席柳德米拉·杰尼修克（Людмила Денисюк）。

（18）乌克兰人民鲁赫党（Народный Рух Украины）：中右派党，前身是成立于 1989 年 9 月的乌克兰人民鲁赫党（乌多文科派）。1999 年 2 月乌人民鲁赫党分裂为科斯坚科和乌多文科两派。乌派党员 3.6 万，民族主义者居多，尤其在乌西部地区影响较大，主张巩固乌独立和主权，坚决推行市场经济和私有化，建设民族、民主国家。主席鲍里斯·塔拉修克（Борис Тарасюк）。

【重要人物】 **维克多·费奥多罗维奇·亚努科维奇**：总统。1950 年 7 月 9 日生于乌克兰顿涅茨克州。乌克兰族。经济学博士。1969～1972 年在顿涅茨克叶纳基耶瓦市冶金厂、汽车制造厂从事气焊工、汽车钳工、机械师等工作。1973～1976 年在叶纳基耶瓦技术学校学习。1976～1980 年在顿涅茨克工学院学习，获机械工程学士学位。1980～1996 年历任顿涅茨克州煤炭运输公司主任、顿巴斯建筑公司第一副总经理、总经理、顿涅茨克州公路交通公司总经理等职。1996 年 8 月至 2002 年 11 月先后任顿涅茨克州副州长、第一副州长、州长。2002 年 11 月至 2005 年 1 月任乌克兰政府总理。2005 年 2 月至 2006 年 8 月进入乌克兰最高苏维埃，担任地区党议员团主席。2006 年 8 月至 2007 年 12 月担任乌克兰政府总理。被解职后再任地区党议员团主席。2010 年 2 月当选乌总统，2 月 25 日宣誓就职。已婚，有二子。　**尼古拉·亚诺维奇·阿扎罗夫**：总理。1947 年 12 月 17 日生于俄罗斯卡卢加市。1971 年毕业于莫斯科大学地球物理专业。1971～1976 年任俄罗斯图拉市第一煤炭企业总工程师。1976～1984 年任莫斯科地区煤炭设计研究院实验室主任。1984～1995 年历任乌克兰国家地矿、地质力学和矿山测量研究设计院副院长、院长。1994～1998 年当选乌克兰最高苏维埃议员。1996～2002 年任国家税务总局局长。2002 年 11 月至 2005 年 2 月任政府第一副总理。2006 年 5～8 月为议员，议会预算委员会主席。2006 年 8 月至 2007 年 12 月任政府第一副总理兼财政部长。2007 年 12 月至 2010 年 3 月为议员，议会金融与银行事务委员会主席。2010 年 3 月 12 日出任政府总理。已婚，有一子。　**弗拉基米尔·米哈伊洛维奇·利特文**：最高苏维埃主席（议长）。1956 年 4 月 28 日出生于乌克兰日托米尔州，1978 年毕业于基辅大学历史系。1979～1986 年先后任基辅国立舍甫琴科大学历史系助教、讲师、资深讲师、副教授等职。1986～1991 年历任乌克兰共产党中央委员会顾问、书记秘书等职。1991～1994 年任国立基辅大学副教授、教授。1994～2002 年历任乌总统助理、总统办公厅副主任、总统办公厅主任。2002 年 4 月当选乌克兰第四届议会议员，2002 年 5 月 14 日当选为议长。2002 年 5 月 28 日退出“统一乌克兰”党团，2004 年 6 月当选为“乌克兰（人民）农业党”主席。在 2007 年 9 月议会提前大选中领导利特文集团进入议会，任议员团主席。2008 年 12 月 9 日，再次当选议长。已婚，有一子一女。

经　济

2009 年，受全球金融危机冲击，乌经济出现严重衰退，各项经济发展指标下滑明显。全年国内生产总值同比下降15.1%，对外贸易下滑43%。交通运输、机械制造、采矿、冶金和金属加工等乌主导产业产量均出现大幅下降，农业是唯一保持正增长的领域。外汇储备减少，外债明显增多。失业率上升，居民实际收入减少。2009年主要经济数据如下：

国内生产总值：9147.2亿格里夫纳。

人均国内生产总值：19911格里夫纳。

国内生产总值增长率：-15.1%。

进出口总额860亿美元，同比下降43%。

货币名称：格里夫纳（Гривня），戈比（копейка），1格里夫纳=100戈比。

汇率（2010年4月1日）：1美元=7.85格里夫纳。

通货膨胀率：12.3%。

失业率：8.6%。

【资源】乌国土面积的2/3为黑土地，占世界黑土总量的1/4。境内有100多条流长超过100公里的河流，2万多个湖泊。森林资源较为丰富，森林覆盖率43%。乌已探明有80多种可供开采的富矿，主要包括煤、铁、锰、镍、钛、汞、石墨、耐火土、石材等。乌已探明的铁矿石储量有275亿吨；锰矿石的储量超过21亿吨，位居世界前列；煤、染料矿石、陶土地腊和石墨的储量也比较丰富。乌石油和天然气资源相对匮乏，其中80%蕴藏在第聂伯罗彼得罗夫斯克州和黑海沿岸，乌国内所需石油90%依赖进口。顿巴斯为乌最大的煤矿，已探明储量1090亿吨。

【工业】2009年，乌工业产值为5919亿格里夫纳，占国内生产总值的64%。全年工业产值同比下降21.9%，其中开采业下降10.3%，机械制造业下降45.1%，冶金业下降26.6%，加工业下降26.6%，轻工业生产下降25.9%。近年主要工业产品产量如下：

	2007	2008	2009
电（亿千瓦小时）	1952	1917	1729
煤（万吨）	5876	5931	5480
钢（万吨）	2895	2118	1570
钢管（万吨）	278.7	253.3	170
汽车（万辆）	38.9	40.1	8.07
拖拉机（万台）	0.53	0.63	0.14
水泥（万吨）	1499	1491	949.2
冰箱（万台）	83	55	32.5
鞋（万双）	2109	2154	1970
布（亿平方米）	1.12	1.07	0.86

（资料来源：乌国家统计委员会统计资料）

【农业】2009年，乌农业产值为1538亿格里夫纳，较上年增长0.1%，农业产值占国内生产总值17%。粮产量4600万吨，向日葵640万吨，甜菜1000万吨，马铃薯1970万吨。畜牧业同比增长4.2%，牛280万头，羊180万只，猪701万头，家禽1.9亿只。近年主要农产品产量如下：

	2007	2008	2009
面包（万吨）	225.6	228.2	175
肉（万吨）	276	272	270
植物油（万吨）	211.6	181.1	270
加工肉制品（万吨）	34.1	32.2	26
奶制品（万吨）	90	105	75.6

（资料来源：乌国家统计委员会统计资料）

【旅游业】2009年，乌旅游业平稳发展。全年外国游客135万人次，其中俄罗斯56万，占游客总数的40%，其他来源国为白俄罗斯（17万）、波兰（16万）、德国（7万）、美国（5万）等。目前，全乌共有7400余家企业从事旅游业，其中有3500家旅行社，1300多家宾馆、旅店，2600余家疗养院。截至2008年底，乌共有1300多个国家级文物保护单位，160多处历史文化古迹，23个自然保护区和国家级天然公园（总面积77.19万公顷）。主要景点分布在基辅、克里米亚半岛、敖德萨、利沃夫、外喀尔巴阡山、切尔尼科夫等地。

【交通运输】2009年，乌货运量为6.95亿吨，同比下降21.9%。其中管道货运量1.54亿吨，同比下降17.2%，货运里程4917亿公里，同比下降0.2%。客运量73亿人次，同比下降12.7%，客运里程1300亿公里，同比下降11.5%。

铁路：货运量4.98亿吨，同比下降3%；客运量4.26亿人次，同比下降4.4%。

公路：货运量1.4亿吨，同比下降24.8%；客运量40亿人次，同比下降8.2%。

水运：货运量980万吨，同比下降50%。客运量756万人次，同比下降15.5%。主要海港有：敖德萨、尼古拉耶夫、赫尔松、马里乌波尔。

空运：货运量8.5万吨；客运量510万人次，同比下降17%。主要国际航空港：基辅鲍里斯波尔机场、利沃夫机场、敖德萨机场、辛菲罗波尔机场等。

【财政金融】2009年，乌完成预算收入2885亿格里夫纳，实现预算支出3073亿格里夫纳，预算赤字188亿格里夫纳。截至2010年3月31日，外汇储备251.25亿美元，债务总额413亿美元，外债258亿美元，内债155亿美元。

【银行业】截至2008年年底，在乌中央银行注册的商业银行共有167家，资金主要集中在十大银行，其他银行普遍规模较小。目前按净资产排在前十位的银行分别为："私有化银行"、"AVAL银行"、"储蓄银行"、"乌克兰西伯利亚银行"、"乌克兰社会银行"、"进出口银行"、"OTP银行"、"乌克兰阿里法银行"、"纳德拉银行"、"VTB银行"。

乌克兰主要银行简介：

银行名称	成立时间	注册资本（单位：格里夫纳）	所有制形式
乌克兰私有化银行	1992 年 3 月 19 日	9.18 亿	股份制商业银行
乌克兰"AVAL"银行	1992 年 3 月 27 日	10 亿	股份制商业银行
乌克兰储蓄银行	1991 年 12 月 31 日	3.01 亿	国有
乌克兰社会银行	1991 年 9 月 27 日	9.1 亿	股份制商业银行
乌克兰进出口银行	1992 年 1 月 23 日	3.68 亿	国有

（资料来源：乌克兰银行联合会统计资料）

【对外贸易】2009 年，乌同 212 个国家和地区有贸易联系，对外商品贸易总额为 760 亿美元，同比下降 50%，其中出口额 356 亿美元，同比减少 46%，进口额 404 亿美元，同比下降 52%，逆差 48 亿美元。乌主要出口国分别为俄罗斯（21%）、土耳其（5.8%）、白俄罗斯（3.5%）、意大利（3.3%）、波兰（3.3%）等，主要进口国为俄罗斯（28%）、中国（6.7%）、波兰（5.3%）、哈萨克斯坦（5.0%）、白俄罗斯（4.1%）、乌兹别克斯坦（4.0%）等。主要出口产品为黑色金属及其制品、无机化学材料、化肥、木材、纺织品、铝制品、机车等，主要进口产品有天然气、石油、地面交通设备、纸张、塑料制品、药品、粮食和车床等。近年进出口情况如下（单位：亿美元）：

	2007	2008	2009
总额	1099.18	1525.3	760
同比增幅	31.8%	38.5%	-50%
出口额	492.48	670.02	356
同比增幅	28.4%	35.9%	-46%
进口额	606.7	855.34	404
同比增幅	34.7%	41.1%	-52%

（资料来源：乌国家统计委员会统计资料）

【对外投资】截至 2010 年 1 月 1 日，乌克兰海外直接投资总额为 62.23 亿美元。2009 年海外直接投资为 2500 万美元，主要投资国家为塞浦路斯（57.78 亿美元）、俄罗斯（1.65 亿美元）、波兰（0.49 亿美元）、格鲁吉亚（0.32 亿美元）、拉脱维亚（0.31 亿美元）、哈萨克斯坦（0.27 亿美元）。

【外国资本】截至 2010 年 1 月 1 日，乌克兰吸引外国直接投资总额为 400.26 亿美元。对乌主要投资国为：塞浦路斯（85.9 亿美元，占 21.5%）、德国（66.1 亿美元，占 16.5%）、荷兰（40 亿美元，占 10%）、俄罗斯（26.7 亿美元，6.7%）、奥地利（26 亿美元，占 6.5%）、阿拉伯联合酋长国（23.7 亿美元，占 5.9%）、法国（16.4 亿美元，4.1%）美国（13.8 亿美元，占 3.5%）、英属维京群岛（13.7 亿美元，占 3.4%）、瑞典（12.7 亿美元，3.2%）、意大利（9.9 亿美元，2.5%）。

【著名公司】克里沃罗格钢铁公司：20 世纪 30 年代成立，位于第聂伯罗彼得罗夫斯克州，主要生产并出口各种冶金制品。电话：380 -564 - 785301；传真：928550 。

南方机器制造厂：苏联时期成立，位于第聂伯罗彼得罗夫斯克州，设计生产导弹和宇航产品。电话：380 - 562 - 343912；传真：343912。

切尔卡瑟氮肥股份公司：苏联时期成立，位于切尔卡瑟州，生产并出口各种矿物肥。电话：380 - 472 - 392926；传真：640336。

安东诺夫飞机制造厂：1927 年成立，位于基辅市郊，集设计、试验和生产于一身，共生产"安"式飞机 22000 多架，出口 50 多个国家。电话：380 - 44 - 4543149；传真：4008144。

人民生活

2009 年乌居民货币收入同比增长 5.5%，实际收入下降 9.2%。乌居民月平均工资水平为 1906 格里夫纳，基辅市月平均工资 3161 格里夫纳。乌工资收入较高的行业包括航空运输、金融机构、开采和焦炭生产行业，而渔业、农业、纺织工业工资最低。

军　事

乌克兰军队始建于 1991 年 8 月 24 日，拥有陆、海、空军三个军种。苏联解体后，乌继承了原苏军大量部队、武器装备及战略储备物资，其中包括 78 万名现役军人，6500 辆坦克，7150 辆装甲车，1500 架飞机，350 艘舰艇，1272 枚洲际导弹核弹头，2500 枚战术核武器。1992 年，乌宣布奉行无核、中立、不结盟政策，开始进行大规模裁军，并在俄罗斯、美国的帮助下销毁了大量核武器。1994 年 2 月，乌在独联体国家中率先加入北约"和平伙伴关系"计划，正式与北约建立合作关系。1997 年，乌开始实施"2005 年前军队建设和发展规划"，确定建立一支"数量小、机动性强、训练有素、装备精良、保障全面"的新型军队。2000 年 7 月，乌提出融入欧洲大西洋一体化的战略方针，此后，军队开始在组织结构、指挥体制、武装力量编成等方面以北约军队为标准进行改革。2005 年 10 月，乌根据北约军队标准制定了"乌武装力量 2006 ~ 2011 年发展规划"，在武装力量指挥体制、编制结构、军事教育体系、职业化进程、训练指标、装备发展、后勤保障、预算需求等方面提出了具体的实施步骤。截至 2010 年 2 月，乌军总兵力 20 万人，其中陆军 7.43 万，空军 4.79 万，海军 1.54 万，内务部队 3.33 万，边防军人 4 万。各类坦克 889 辆，装甲车 2638 辆，100 毫米以上口径火炮 1128 门，作战飞机 200 余架，作战舰艇 15 艘。2009 年度国防预算 13 亿美元，占国内生产总值的 1.12%。

文化教育

【文化】乌克兰文化政策的宗旨是：国家对文艺组织和艺术家提

供法律保障，支持民族文化的发展，不对其实行政治或行政干预，保持文化艺术在其存在和发展过程中所表现出的自身价值和独立性，保证创作自由，保存文化遗产，为各民族人民进一步发展其传统文化创造必要条件，吸引资金支持文化基层单位和重要文艺机构开展活动。截至2009年底，乌共有国家级剧院138所，各级博物馆478家，各类图书馆2.06万个，藏书3.52亿册。国家级文物保护单位1.88万个。

【教育】实行国家管理和社会自治相结合的教育管理体制。教育与科技部是国家教育主管部门，参与制定国家教育、科学和干部职业培训法规，制定教育发展纲要、国家教育标准和教育工作的具体政策，统筹全乌教育工作。地方教育由地方权力执行机构及地方自治机构负责管理并建有专门的管理机构，学前教育、基础教育、校外教育机构及中等师范学校均隶属上述机构。地方教育管理机构负责向其所属学校拨款，为教育工作者及青少年提供社会保障，为学生就近入学并接受教育创造必要条件。

教育体制主要由学前教育、普通中等教育、职业技术教育、高等教育组成，还有校外教育、继续教育、副博士研究生教育、博士研究生教育、自学教育。截至2009年底，乌共有975所高校，教师42.4万，招收学生24.9万。著名大学有国立基辅大学、国立技术大学（基辅工学院）、基辅音乐学院、国立哈尔科夫大学、国立哈尔科夫师范大学、国立利沃夫大学、国立辛菲罗波尔大学、敖德萨音乐学院等。

【新闻出版】1992年10月2日乌克兰最高苏维埃通过《乌克兰信息政策法》。乌新闻机构管理部门为乌国家广播电视信息政策委员会，前身为乌信息政策部，隶属乌内阁，主要负责乌新闻机构的政策指导、业务管理和协调。

（1）电视台：目前乌共有20多家电视台，影响较大的有乌国家电视1台、乌国家电视2台、国际电视台、“新频道”电视台、“1+1”电视台、“ICTV”电视台、“五频道”电视台和基辅电视台等。除国家电视1台、2台由国家财政拨款外，其余电视台均为私营股份制电视台。

乌国家电视1台成立于苏联时期，用乌克兰语播出，每天24小时播出。覆盖率居首位，达97%。国家电视2台每天播出时间约16小时，其中8小时播放官方的乌语节目，8小时用于出租私营电视台。

国际电视台由乌独立电视集团于1996年创办，是乌最大的私营电视台，覆盖率90%。每天播出时间16小时，其中70%为乌语节目，30%为俄语节目。

现代电视台成立于1997年，有8个栏目，覆盖乌25个州及所有大中城市，观众近3000万。该台还通过卫星向西欧、东南欧、俄罗斯传送节目。

“新频道”电视台和“ICTV”电视台以新闻、综艺节目为主。“1+1”电视台、“五频道”电视台和基辅电视台每天播放约16小时，以新闻为主的乌语节目。

（2）广播电台：乌国内共有40多个电台，影响较大的有：乌国家广播公司、基辅市广播电台、“自由”电台、“金门”电台等。乌国家广播公司创建于1924年，共4套节目，每天播出94.5小时，覆盖乌全境。

（3）报纸：乌各种报刊近600种，影响较大的报纸有：《事实报》、《政府信使报》、《乌克兰之声》、《日报》、《基辅导报》、《镜报》、《工人报》、《基辅电讯》等。

《事实报》创建于1997年，俄语版日报，日发行量76万份，是乌发行量最大的报纸。网址：www.facts.kiev.ua。

《政府信使报》于1990年创办，为乌政府机关报，日发行量约10.5万份。

《乌克兰之声》为议会机关报，1991年创刊，分俄文版和乌克兰文版，日发行量15.9万份。网址：www.golos.com.ua。

《日报》为私营报纸，1996年创刊，用俄文和乌文发行，日发行量6万份。网址：www.day.kiev.ua。

《基辅导报》1992年创刊，日发行量12万份。网址：www.kv.com.ua。

《镜报》1994年创办，为私营政治评论周刊，周发行量约6万份。网址：www.zerkalo-nedell.com。

《工人报》由乌著名政治活动家和作家文尼琴科于1917年创办，1918年被禁，1957年作为乌克兰工会报复刊，1958年起成为乌克兰共产党中央机关报，1991年起该报成为全乌社会政治报刊，拥有众多读者和订户，特别是在国家政权机构和劳动集体中享有威望。目前，该报发行量为9万份，每周出版6期，用乌克兰语、俄语两种文字发行。

《今日报》创办于1997年，该报除在全乌各地区发行，还在国外及通过因特网发行，每周出版6期，发行量达71.2万份，在全乌居第二位。

（4）通讯社：现有1个官方通讯社，23个私营通讯社。乌国家通讯社简称乌通社，创建于1918年。每天用乌克兰语、俄语、英语、德语四种语言发布消息，向乌政府机关、500多家新闻机构、社会团体、企业、驻乌外交使团提供新闻稿。是“欧洲通讯社联盟”成员。目前乌通社在中国、俄罗斯、美国、英国等十多个国家有常驻记者。

对外关系

2009年，乌积极发展对外关系，进一步加强与欧盟、美国的合作，同时深化与周边邻国的友好关系。但与俄罗斯关系发展不顺利，两国关系降至历史最低点。截至2009年12月31日，乌与176个国家建立外交关系。

【同中国的关系】1992年1月4日，中乌正式建立外交关系。2009年，中乌关系保持积极发展势头，各领域互利合作成果显著。

两国高层保持密切交往，政治互信增强。7月，全国政协副主席王刚访乌，与乌总统尤先科、总理季莫申科、议长利特文分别举行会见、会谈。10月,国务院副总理张德江访乌,分别与尤先科总统和季莫申科总理会见会谈,并出席中乌经贸合作协议签字仪式。4月,乌国家航天署署长津琴科访华,国务委员戴秉国、国家航天局局长孙来燕分别会见。9月,乌副总理涅米拉来华出席大连2009年夏季达沃斯论坛,国务院总理温家宝会见。

两国经贸、司法、文化、卫生、新闻等领域交流与合作逐步扩大。6月,中国贸促会会长万季飞和中国对外承包商会副会长迟长海率团访乌,并出席中国乌克兰经贸合作论坛。4月,国家审计署总审计师孙宝厚率团访乌,与乌审计署副署长亚列缅科会谈。6月,中国司法部监狱财政与税收政策考察团访乌。9月,最高人民检察院副检察长柯汉民和最高人民法院院长王胜俊分别率团访乌。

5月,乌文化旅游部副部长科汉率团访华,与中国文化部召开乌中文化合作混委会第二次会议。同月,国家民族事务委员会副主席杨健强率团访乌。同月,中国宋庆龄基金会副会长梁金泉率团访乌。6月,中国人民对外友好协会会长陈昊苏访乌,与乌首任总统、乌中友好协会荣誉会长克拉夫丘克和会长苏尔吉斯会见会谈。

7月,乌紧急状态部副部长博罗茨基赴华参加第二届中国国际安全生产应急管理论坛暨应急技术与装备展览会。7月,新华社副社长崔济哲率团访乌。9月,国家粮食局局长聂振邦率团访乌。同月,国家安全生产监督管理总局副局长王德学率团访乌。11月,乌议会最高人权代表卡尔帕乔娃赴华出席第二届北京人权论坛。同月,乌首任总统克拉夫丘克赴华出席2009年欧亚经济论坛。12月,中国驻乌克兰大使周力和乌卫生部副部长雅科文科签署中国向乌提供价值350万元人民币抗击甲流物资无偿援助交接证书。

两国政党交流活跃。5月,乌克兰共产党第一书记西蒙年科率团访华,与中联部副部长陈凤翔举行工作会谈,中联部部长王家瑞宴请。中共中央政治局委员、全国政协副主席王刚会见。6月,乌克兰利特文集团议员团副主席扎鲁宾斯基访华,与中联部副部长陈凤翔举行工作会谈。9月,中共中央政治局委员、上海市委书记俞正声率团访乌,分别与乌政府总理季莫申科、议长利特文、基辅市长切尔诺维茨基会见会谈。

两国军事交往积极。1月,乌国防部长叶哈努罗夫访华,全国政协主席贾庆林、国防部长梁光烈、总装备部副部长李安东分别会见会谈。7月,中央军委委员、第二炮兵司令员靖志远上将率团访乌,会见乌军总参谋长基里琴科大将。8月,中国人民解放军总装备部副部长李安东访乌,会见乌代理国防部长伊瓦欣科。10月,武警副司令员何映华中将访乌,会见乌内卫部队司令基赫坚科大将。

两国地方保持密切交往。6月和10月,青岛市市长夏耕、贵州省副省长蒙启良,北京市常委牛有成率团先后访乌。

据中国海关总署统计,2009年中乌双边贸易额为57.76亿美元,同比下降34.1%。其中中方出口额36.04亿美元,同比下降52.4%;进口额21.72亿美元,同比增长82%。

中国驻乌克兰大使:张喜云。馆址:基辅市格鲁舍夫斯基大街32号(г. Киев, ул. Грушевского, 32)。邮编:01901。电话:00380-44-2537371;传真:2302622。领事部电话:2531049;传真:2540086。经商处电话:2847710;传真:2848040。

乌克兰驻华大使:尤利·瓦西里耶维奇·科斯坚科(Yurii Kostenko)。馆址:北京市三里屯东六街11号。邮编:100600。电话:(010)65326359。领事部电话:65324114。

【同俄罗斯的关系】2009年1月1日,俄天然气工业公司以俄乌未能就2009年天然气合作达成协议为由停止向乌供应天然气,乌俄天然气争端爆发。1月2日,乌对俄经乌输欧盟的天然气开始做“技术截留”。1月7日,俄完全停止向乌管道供气。经乌俄多次谈判及欧盟大力介入协调,1月19日,乌俄签署2009~2019年俄向乌供气和经乌过境向欧洲输送天然气合作协议。1月20日,俄全面恢复对乌和经乌向欧盟国家供气。乌俄天然气争端结束。4月9日,乌总理季莫申科与俄总理普京通电话,主要就扩大两国经贸、能源领域合作及两国国家委员会框架下经济合作委员会第四次会议准备情况交换意见。4月,乌总理季莫申科访俄,与俄总理普京共同主持召开乌俄经济合作委员会第四次会议,签署《会议备忘录》、《关于在驻对方使馆互设经贸特别代表处的协议》和《2009年乌俄合作生产商品协议》等文件。5月,乌总理季莫申科在出席阿斯塔纳独联体国家政府首脑会议期间会见俄总理普京,主要就加强两国经贸和能源合作交换意见。6月,乌俄举行黑海舰队在乌驻扎问题政府间委员会例会。同月,乌国家安全与国防会议秘书博卡特廖娃访俄,分别会见俄国家安全会议秘书帕特鲁舍夫和俄联邦委员会主席米罗诺夫,就双边关系及加强两国安全领域合作交换意见。双方签署《乌克兰国家安全与国防会议和俄罗斯国家安全会议2009年至2010年合作计划》。7月,乌总统尤先科会见来访的俄东正教大牧首基里尔,就东正教与国家的关系、两国东正教交往等交换意见。8月,俄总统梅德韦杰夫致信乌总统尤先科,指责尤先科奉行反俄政策,称在尤领导下俄乌关系不断恶化,俄将推迟新任驻乌大使履新时间。同月,乌总统尤先科致信俄总统梅德韦杰夫,对梅日前来信中有关指责予以反驳。9月,乌总理季莫申科与俄总理普京在波兰华沙举行会见,主要讨论两国天然气合作问题。11月,乌总统尤先科致信俄总统梅德韦杰夫,建议修改两国2009年初签署的天然气合作协议并签署新协议，并就俄天然气过境乌和乌俄天然气价格形成机制提出建议。俄方称尤先科总统日前的来信是政治敲诈。12月，乌外长波罗申科与俄外长拉夫罗夫在欧安组织外长委员会第17次会议框架下举行双边会见，主要就俄黑海舰队撤出乌克兰、加强两国人员往来及取消双边贸易壁垒等问题交换意见。

【同美国的关系】2009年2月，乌总理季莫申科出席第45届慕尼黑安全会议期间与美副总统拜登举行会见，就两国关系、地区和国际形势交换看法。4月，乌国家安全与国防会议秘书博卡特廖娃访美，与美总统国家安全事务助理琼斯举行会见，主要就加强乌美安全领域合作、密切乌与北约的关系等问题交换意见。同月，美副国务卿斯泰因伯格访乌，分别会见乌总统、议长、总理，就发展美乌关系、扩大双边经贸合作、共同抵御全球金融危机、加强乌与北约及国际货币基金组织的合作等与乌领导人交换意见。7月，美副总统拜登访乌，分别与乌总统、总理、议长举行会谈和会见，就深化双边关系、加强两国经贸、能源、安全等领域合作、乌加入北约、美俄关系等交换意见。12月，乌外长波罗申科访美，分别会见美国务卿克林顿和美总统国家安全事务助理琼斯，主要就发展和充实乌美战略伙伴关系与美方交换意见，克林顿表示美一如既往地支持乌加入北约和欧盟。

【同欧盟的关系】2009年1月6日，欧盟轮值主席国捷克和欧盟委员会联合发表声明，称欧盟不能接受俄经乌输欧盟的天然气大幅减少的状况，乌俄两国政府必须遵守此前作出的承诺，尽快恢复谈判，确保对欧盟供气。1月9日，欧盟轮值主席国捷克总理托波拉内克访乌，分别会见乌总统、总理，希乌采取措施尽快恢复向欧盟供应天然气。1月20日，乌总统尤先科与欧盟委员会主席巴罗佐通电话，巴祝贺乌俄签署天然气协议。1月26～27日，乌总统尤先科访问欧盟总部布鲁塞尔，会见欧盟委员会主席巴罗佐，主要就乌俄天然气争端的政治、经济后果以及乌欧关系发展等交换意见。2月，乌议长利特文访问欧盟总部布鲁塞尔，分别会见欧盟委员会主席巴罗佐、欧盟负责外交与安全政策的高级代表索拉纳，就乌欧关系及双方议会交往交换意见。同月，欧盟委员会副主席费尔豪伊根率团访乌，与乌总理季莫申科就深化欧乌关系、加强双方中小企业合作交换意见。3月，乌总统尤先科、总理季莫申科赴布鲁塞尔出席“乌克兰天然气管道现代化改造国际投资大会”，与欧盟、欧洲投资银行、欧洲复兴开发银行及世界银行的代表共同签署《乌克兰天然气管道系统现代化改造联合声明》。5月，乌总统尤先科出席在捷克首都布拉格举行的首届欧盟“东方伙伴关系”峰会，会议发表《联合声明》，正式启动乌克兰等6国的“东方伙伴关系计划”。6月，乌总理季莫申科出席在卢森堡举行的乌克兰——欧盟合作委员会第13次会议，并签署双方合作路线图。10月，乌总统尤先科访问比利时期间会见欧盟委员会主席巴罗佐，就深化乌与欧盟关系交换意见。12月，第13届乌克兰—欧盟峰会在基辅举行，乌总统尤先科、欧盟轮值主席国瑞典首相赖因费尔特和欧盟委员会主席巴罗佐等出席。峰会就乌欧关系、欧盟“东方伙伴关系计划”、国际热点问题及乌国内局势等进行讨论，并发表《联合声明》。

【同北约的关系】2009年1月，北约秘书长夏侯雅伯称，乌俄天然气之争不影响乌加入北约前景。2月，第九届北约国际周在基辅拉开帷幕，乌军方及北约代表出席开幕式。6月，北约候任秘书长拉斯穆森表示，根据北约布加勒斯特峰会精神，乌将成为北约成员。8月，乌驻北约代表萨卡奇与北约秘书长拉斯穆森在布鲁塞尔签署《乌克兰—北约特殊伙伴关系宪章补充宣言》，强调自1997年签署宪章以来双方合作的重大进展，明确乌未来北约成员国地位。9月，乌总统尤先科在纽约会见北约秘书长拉斯穆森，讨论了乌加入北约成员行动计划、落实乌入约年度规划、在乌建立北约办事处等问题。12月，乌克兰—北约委员会外长会议在布鲁塞尔召开，主要就加强双方在应对突发事件及科技、生态、打击腐败等领域合作进行了讨论。

【同邻国的关系】与摩尔多瓦的关系：1月10日，乌总统尤先科与摩尔多瓦总统沃罗宁通电话，对摩遭受的天然气危机表示关注，称乌将动用本国天然气储备向摩供气。1月16日，乌总统尤先科会见到访的摩尔多瓦总理格雷恰尼，讨论解决乌俄天然气争端问题。

与白俄罗斯的关系：1月20日，乌总统尤先科会见造访的白俄罗斯总统卢卡申科，就深化两国关系，扩大经贸、交通、能源等领域合作交换意见。双方签署两国《简化公路过境手续》、《加强能源领域合作》等政府间协议。1月30日，乌总统秘书处称，应白俄罗斯总统请求，乌将充当白俄罗斯发展同欧盟关系的“辩护人”。5月6日，乌总统尤先科访问白俄罗斯，与白俄罗斯总统卢卡申科就加强两国关系，经贸、能源、交通领域合作及边界谈判等交换意见。6月，白俄罗斯总理西多尔斯基访乌，分别会见乌总统尤先科、议长利特文、总理季莫申科，就扩大两国经贸、能源及人文等领域合作交换意见。双方签署《两国公民往来互免签证》、《两国加强和平利用宇宙空间的合作》等文件。6月，乌议长利特文访问白俄罗斯，分别会见白俄罗斯总统卢卡申科及议会上院和下院主席，就两国关系、议会合作、白俄罗斯与欧盟关系等问题交换意见。11月，白俄罗斯总统卢卡申科访乌，分别与乌总统尤先科、总理季莫申科举行会谈、会见。双方主要就深化双边关系及加强经贸、人文、科技等领域合作交换意见，并签署两国《领事认证议定书》、《在欧盟“东部伙伴关系计划”框架下两国外交部加强合作的备忘录》等文件。

与波兰的关系：1月14日，乌总统尤先科访问波兰，与波兰总统卡钦斯基就乌俄天然气争端交换意见。

1月22日,乌总统尤先科与波兰总统卡钦斯基通电话,就乌俄天然气争端及建立欧洲统一能源空间等问题交换意见。7月,波兰总理图斯克访乌,与乌总理季莫申科共同主持召开两国政府2012年欧洲足球锦标赛第三次筹备会议。9月,乌总统尤先科访问波兰,分别会见波总统卡钦斯基、总理图斯克、众议长科莫罗夫斯基,就加强两国能源、经贸、投资等领域合作交换意见。

与斯洛伐克的关系:1月,乌总统尤先科会见造访的斯洛伐克总统加什帕罗维奇,讨论解决乌俄天然气争端问题。

与罗马尼亚的关系:1月,罗马尼亚外长齐亚科内斯库访乌,分别会见乌总统尤先科、外长奥格雷兹科,就双边关系及乌加入欧盟和北约问题交换意见。2月,乌总统尤先科与罗马尼亚总统伯塞斯库通电话,就两国黑海大陆架及专属经济区划分问题交换意见。

与匈牙利的关系:4月,乌总统尤先科访问匈牙利,与匈牙利总统绍约姆举行会见,就双边关系、经贸、能源、边境事务等问题交换意见。(邹余忠 李保杰)

西 班 牙

国名 西班牙王国(The Kingdom of Spain, Reino de España)。

面积 505925平方公里。

人口 4675.58万(2009年1月1日),其中男性2311.70万,女性2362.88万。主要是卡斯蒂利亚人(即西班牙人),少数民族有加泰罗尼亚人、加里西亚人和巴斯克人。卡斯蒂利亚语(即西班牙语)是官方语言和全国通用语言。少数民族语言在本地区亦为官方语言。96%的居民信奉天主教。

首都 马德里(Madrid),人口325.59万(2009年1月1日)。

国家元首 国王胡安·卡洛斯一世(Juan Carlos I),1975年11月22日登基。

重要节日 国庆节:10月12日;宪法日:12月6日。

简 况

位于欧洲西南部伊比利亚半岛。西邻葡萄牙,东北与法国、安道尔接壤,北濒比斯开湾,南隔直布罗陀海峡与非洲的摩洛哥相望,东和东南临地中海。海岸线长约7800公里。中部高原属大陆性气候,北部和西北部沿海属海洋性气候。首都平均气温1月4.9℃,8月22.5℃。

1492年"光复运动"胜利后,建立统一的西班牙封建王朝。同年10月12日哥伦布抵达西印度群岛。此后西逐渐成为海上强国,在欧、美、非、亚各洲均有殖民地。1588年"无敌舰队"被英国击溃,开始衰落。1873年建立第一共和国。1931年建立第二共和国。1936~1939年西爆发内战。1947年佛朗哥宣布西为君主国,自任终身国家元首。1975年11月佛朗哥病逝,胡安·卡洛斯一世国王登基。1976年7月胡安·卡洛斯一世国王任命原国民运动秘书长阿·苏亚雷斯为首相,西开始向西方议会民主政治过渡。1982年工人社会党首次在大选中获胜组阁,上台执政长达14年。1996~2004年人民党连续执政。2004年3月,工社党大选获胜后重新上台执政,2008年3月蝉联执政。

政 治

近年来,西政局基本稳定。2008年3月,西举行大选,执政的工社党再次获胜,萨帕特罗首相成功连任。工社党政府本任期未与任何议会党团结盟,在议会中处境孤立,执政面临多方掣肘。主要反对党人民党立场趋硬,地方党派借机抬高要价,使工社党在司法体制改革、国家预算编制等重大议题上受制于人。2009年以来,西政府为扭转经济和财政颓势,实施紧缩性措施,民众不满情绪上升,政府执政压力增大。

【宪法】现行宪法于1978年12月6日全国公民投票通过,12月29日生效。宪法规定西班牙是社会与民主的法制国家,实行议会君主制,王位由胡安·卡洛斯一世的直系后代世袭。国王为国家元首和武装部队最高统帅,代表国家。政府负责治理国家并向议会报告工作。宪法承认并保证各民族地区的自治权。

【议会】由参议院和众议院组成,行使立法权,审批财政预算,监督政府工作。立法权以众议院为主,参议院为地区代表院。议员由普选产生,任期4年。本届议会于2008年4月组成。众议员350名,参议员263名。两院议席分配情况如下:

	众议院	参议院
工人社会党	169	104
人民党	153	124
统一与联合	10	7
巴斯克民族主义党	6	4
联合左翼	2	—
共和左翼	3	—
加泰罗尼亚左翼进步联盟	—	16
其他党派	7	8

众议长何塞·博诺·马丁内斯(José Bono Martínez),参议长弗朗西斯科·哈维尔·罗霍·加西亚(Francisco Javier Rojo GarcíA)。两人均为工社党

成员。

【政府】本届政府于 2008 年 4 月 14 日就职,2009 年 4 月首相萨帕特罗对内阁进行调整,更换 6 名大臣,现有 18 名内阁成员。主要有:首相何塞·路易斯·罗德里格斯·萨帕特罗(José Luis Rodríguez Zapatero)、第一副首相兼首相府大臣、政府发言人玛丽亚·特雷莎·费尔南德斯·德拉维加·桑斯(María Teresa Fernández de la Vega Sanz,女),第二副首相兼经济、财政大臣埃雷娜·萨尔加多(Elena Salgado,女),第三副首相兼地区合作大臣马努埃尔·查维斯(Manuel Chávez),外交与合作大臣米格尔·安赫尔·莫拉蒂诺斯·库亚乌百(Miguel Ángel Moratinos Cuyaubé),司法大臣弗朗西斯科·卡马尼奥(Francisco Caamaño),国防大臣卡梅·查孔·皮克拉斯(Carme Chacón Piqueras,女),内政大臣阿尔弗雷多·佩雷斯·鲁瓦尔卡瓦(Alfredo Pérez Rubalcaba),发展大臣何塞·布兰科(José Blanco),教育大臣安赫尔·加比隆多(Ángel Gabilondo),劳动和移民大臣塞莱斯蒂诺·科尔瓦乔·查韦斯(Celestino Corbacho Chaves),工业、旅游和贸易大臣米格尔·塞巴斯蒂安·加斯孔(Miguel Sebastián Gascón)等。

【行政区划】全国划分为 17 个自治区、50 个省、8000 多个市镇,在摩洛哥境内另有休达和梅利亚两块飞地。

【司法机构】司法领导机构是司法总委员会,由 20 名成员组成,最高法院院长兼任主席。司法机构分司法法院和行政法院两大系统。最高法院院长弗朗西斯科·何塞·埃尔南多(Francisco José Hernando),国家法院院长卡洛斯·迪瓦尔(Carlos Divar)。

最高检察机构是国家总检察院,下辖各级检察院及派驻各司法部门的检察官。国家总检察长坎迪多·孔德—蓬皮多(Candido Conde-Pumpido)。

【政党】西实行多党制。主要政党有:

(1)西班牙工人社会党(Partido Socialista Obrero Español):执政党。成立于 1879 年,现有党员约 41 万。该党在 1982～1996 年间,四次蝉联执政。主席曼努埃尔·查韦斯(Manuel Chaves),总书记何塞·路易斯·罗德里格斯·萨帕特罗。2004 年 4 月,工社党在大选中获胜,上台执政。2008 年蝉联执政。

(2)人民党(Partido Popular):原名人民同盟,1977 年创立,1989 年易名为人民党。执行"中间改良主义"路线。现有党员约 60 万。该党成立后不久便在国家的政治舞台上崭露头角,力量不断扩大。1996 年 5 月首次上台执政。2000 年 3 月蝉联执政。主席马里亚诺·拉霍伊(Mariano Rajoy),总书记玛丽亚·多洛雷斯·德科斯特达(María Dolores de Costedal,女)。目前是最大在野党。

(3)西班牙共产党(Partido Comunista de España):成立于 1920 年,党员约 4 万,总书记何塞·路易斯·森特利亚(José Luis Centella)。西共和其他左翼党派组成以它为主的联合左翼(Izquierda Unida),党员约 5 万,卡约·拉腊(Cayo Lara)任总协调人。

(4)统一与联合(Convergencia i Unión):由加泰罗尼亚民主统一(Convergencia Democrática de Cataluña)与加泰罗尼亚民主联合党(Unión Democrática de Cataluña)组成。1975 年成立,党员约 1 万。主席阿图尔·马斯(Artur Mas),总书记何塞·安东尼奥·杜兰·列达(Josep Antoni Duran i Lleida)。

(5)巴斯克民族主义党(Partido Nacionalista Vasco):1895 年成立,巴斯克自治区执政党,党员约 4 万。主席伊尼戈·乌赫库略(Íñigo Urkullo)。

【重要人物】**胡安·卡洛斯一世**:国王。1938 年 1 月 5 日生于罗马,西班牙波旁王朝末代国王阿方索十三世之孙。幼时随父旅居意大利、瑞士和葡萄牙等国。1955 年起,先后在西海、陆、空三军军事学院和大学学习,毕业后到政府各部门实习行政管理,1969 年 7 月经西班牙议会批准为王位继承人,1975 年 11 月登基。爱好滑雪、狩猎、航海、航空。1962 年与希腊公主索菲娅结婚,有二女一子。　**何塞·路易斯·罗德里格斯·萨帕特罗**:首相。1960 年 8 月 4 日生于卡斯蒂利亚—莱昂自治区。法学学士。1979 年加入工社党。1986 年成为西最年轻的众议员,此后连续 4 次当选。2000 年 7 月被选为工社党总书记。2004 年 4 月出任首相。2008 年连任。

经　济

西是中等发达的资本主义工业国。20 世纪 80 年代初,西开始实行紧缩、调整、改革政策,采取了一系列经济自由化措施。以 1986 年加入欧共体为契机,经济发展出现高潮。90 年代初,由于出现经济过热现象,经济增长速度放慢并陷入衰退。90 年代中期以来,在西政府采取的宏观调控政策的作用下,经济开始回升并持续稳步增长。1998 年 5 月西成为首批加入欧元区国家后,经济持续快速增长,年增幅高于欧盟国家平均水平。2008 年下半年以来,受全球金融危机影响,西金融风险加大,房地产神话破灭,失业率飙升,经济急速下滑,社会发展面临严峻挑战。2009 年主要经济数据如下:

国内生产总值:1.05 万亿欧元。

人均国内生产总值:22747 欧元。

国内生产总值增长率:-3.6%。

货币名称:欧元。

通货膨胀率:0.8%。

失业率:18.83%。

【资源】主要矿产储藏量:煤 88 亿吨,铁 19 亿吨,黄铁矿 5 亿吨,铜 400 万吨,锌 190 万吨,汞 70 万吨。森林总面积 1437 万公顷。

【工业】2009 年工业、能源产值占国内生产总值的 12%,就业人口占全国就业人口的 14.69%。2008 年建筑业产值占国内生产总值的 10.6%,就业人口占全国就业人口的 12.1%。主要工业部门有食品、汽车、冶金、化工、能源、石油化工、电力等行业。纺织、服装和制鞋业是西重要传统产业。汽车工业是西支柱产业之一，生产量居世界第七，列韩国之后。2009 年西汽车生产量 217 万辆，出口 188.5 万辆。

【农牧业】2008 年农、林、渔业产值占国内生产总值的 2.5%，就业人口占全国就业人口的 4.0%。农业占地 3310 万公顷，其中已用地 2490 万公顷，可耕地 1620 万公顷。葡萄酒产量居世界第三，仅次于法、意。2006 年橄榄种植面积 220 万公顷，橄榄油产量 133 万吨，居世界第一。2007 年猪、羊、牛存栏数分别为 2340 万头、733 万只、1590 万头。近年主要农产品产量如下（单位：万吨）：

	2005	2006	2007
小麦	402.7	552.2	643.6
大麦	462.6	813.6	1194.5
玉米	398.1	335.6	361.1
稻米	82.4	72.4	72.34
酸性水果	534.2	—	—
葡萄酒（亿升）	34.9	—	—
橄榄	402.2	567.9	614
橄榄油	102.9	133	—

（资料来源：2008 ~2010 年西班牙统计局报告）

【服务业】系国民经济的重要支柱之一，包括文教、卫生、商业、旅游、科研、社会保险、运输业、金融业等，其中尤以旅游和金融业较为发达。2009 年服务业产值占国内生产总值的 60%，就业人口占全国就业人口的 71.15%。

【旅游业】旅游业发达，占国内生产总值 12%，就业人口占全国就业人口的 16%。入境人数和旅游收入均居世界第二。2009 年旅游收入 482.42 亿欧元，较前一年减少 6.7%。2009 年，接待外国游客 5220 万人，较上年减少 8.7%。最受欢迎的旅游目的地是加那利群岛。2009 年全国共有 9500 家旅行社。2007 年全国共有各种旅馆 14228 家，床位约 130 万张，入住率 53.6%。著名旅游胜地有马德里、巴塞罗那、塞维利亚、太阳海岸、美丽海岸等。联合国旅游组织总部设在马德里。

【交通运输】以陆路交通运输为主。2008 年，主要交通运输情况如下：

铁路：高速铁路 1636.2 公里，普通铁路 17074 公里，货运量 3090 万吨。

公路：总长 165646 公里。客运量 13.08 亿人次，货运车辆 530 万辆。

水运：客运量和货运量分别为 3020 万人次和 4.8 亿吨。主要港口有 53 个，其中最主要的有巴塞罗那、毕尔巴鄂、塔拉戈纳、阿尔赫西拉等。

空运：飞机班次 194 万架次，客运量和货运量分别为 2.09 亿人次和 6.07 亿吨。全国有机场 105 个。主要机场有马德里巴拉哈斯机场、帕尔马·德马略卡机场和巴塞罗那机场。

【财政金融】受国际金融危机和希腊主权债务危机持续蔓延影响，西财政形势严峻。2009 年，公共债务和财政赤字分别占国内生产总值的 53.2% 和 11.4%。西班牙主要银行有：桑坦德中部西班牙美洲银行（Banco Santander Central Hispanoamericano），市值 950.43 亿欧元，据市值排名为欧元区第一、世界第七大银行；毕尔巴鄂比斯开对外银行集团（Banco Bilbao Vizcaya Argentaria），市值 640 亿欧元；人民银行（Banco Popular），市值 170 亿欧元。

【对外贸易】2009 年，西对外贸易总额为 3666.9 亿欧元。其中进口额 2084.4 亿欧元，同比下降 26.2%，出口额 1582.5 亿欧元，同比下降 15.9%。近年外贸情况如下（单位：亿欧元）：

	2007	2008	2009
进口额	2804.3	2822.5	2084.4
出口额	1814.8	1881.8	1582.5
逆　差	-989.5	-940.7	-501.9

（资料来源：2010 年西统计局报告）

主要进口石油、工业原料、机械设备和消费品。主要出口汽车、钢材、化工产品、皮革制品、纺织品、葡萄酒和橄榄油等。主要贸易伙伴是欧盟、亚洲、拉美和美国。

【直接投资】2008 年，对外投资为 490.5 亿欧元。主要投资部门有交通、电信、能源、金融、保险、房地产等，主要投资地区为拉丁美洲。2009 年，引资为 146.94 亿欧元，同比下降 62%。

人民生活

政府福利开支不断增加，2009 年占国内生产总值的 20%。职工均可享受社会保险，费用由国家负担 34%，企业和个人承担 64%。2009 年男性平均寿命为 77.8 岁，女性为 84.3 岁。2009 年有 50 万名医生。2006 年有公立医院 289 家，私立医院 457 家。2005 年每 10 万人有 339 张病床。2007 年人均年消费 11673 欧元。2008 年平均月退休金 814.5 欧元。

军　事

武装力量由正规军和准军事力量（国家安全部队）组成，国王为最高统帅。国防委员会是国防最高决策机构，国王任主席，政府首相主持工作。成员有副首相、国防、外交、内政大臣、国防参谋长、三军参谋长。国防部负责制定防务政策并领导国防工业。三军参谋长联席会议是首相和国防大臣的军事顾问机构。国防参谋长费利克斯·桑斯·罗尔丹（Félix Sanz Roldán）上将。2001 年 12 月 31 日起取消义务兵役制，实现军队职业化。自 2004 年起，三军撤销了原有建制，并根据职能和任务分工，成立了 6 个作战司令部、10 个部队支援机关，以减少指挥层次、加强作战效率。

2009 年国防预算 78.39 亿欧元，占国内生产总值的0.75%。三军总兵力为13.5万人,其中陆军8.56万人,海军1.94万人,空军2.75万人。此外,国家警察6.2万人,国民警卫队7.98万人。

文化教育

【教育】中、小学实行免费义务教育(6~16岁)。小学为6年,中学为4年,大学4~5年。2009年,教育费用为518.4亿欧元,占国内生产总值的4.93%,其中大部分为公共部门的投资。高等学府主要有:马德里孔普鲁腾塞大学、马德里自治大学、萨拉曼卡大学、巴塞罗那大学等。2008/2009学年幼儿园、小学、中学学生数分别为176.6万、266.3万和296.1万人。2006/2007学年大学生总数为141万人。

【新闻出版】全国共有报刊155种,全国性杂志170种,销售量共420万。主要报纸平均日发行量:《国家报》,发行量39.19万份;《世界报》,40.87万份;《阿贝塞报》,25.67万份;《先锋报》,24.62万份;《加泰罗尼亚报》,16.78万份;《道理报》14.28万份。

主要通讯社:埃菲社,官方通讯社,1939年1月创办。另外还有私营的欧洲通讯社、罗戈斯通讯社。

广播电视总局统管电台、电视台。全国共有200多家电台,主要有西班牙国家广播电台和私营的西班牙广播公司、洲际电台、西班牙人民广播电台。

电视台:西班牙电视台为国营、全国性电视台,有两个频道。此外还有安达卢西亚、加泰罗尼亚、加里西亚、巴斯克和马德里等地方电视台。1989年政府批准建立了多频道、天线-3和电视5台3家私营电视台。1997年两家数码电视台开始运营。

对外关系

萨帕特罗政府上台后,大幅调整外交政策。主张在处理国际事务中采取务实有效的多边主义政策,强调联合国的主导作用,倡导不同文明之间开展对话,建立世界文明联盟。2010年上半年任欧盟轮值主席国,把奉行"欧洲主义"作为重点,力图置身于欧盟建设的中心。大力巩固和加强与拉美国家的友好合作关系,并积极推动欧盟发展同拉美的合作。努力恢复和发展同北非地区国家的关系,推动地中海地区的安全与合作。关注中东地区的和平与稳定,积极推动"路线图"计划的实施,力求在解决巴以冲突方面有所作为。重视加强在亚太地区的政治和经济存在,重点发展与中国、日本、韩国及东南亚国家的关系。西与近200个国家和地区有外交、领事和商务关系。

【同中国的关系】1973年3月9日同中国建交。两国政治、经贸、文化、科技、教育、司法等领域的友好合作关系不断发展。双方签有引渡条约、被判刑人移管条约、刑事司法互助条约、航空协定、文化协定、经济和工业合作协定、科技合作基础协定、避免双重征税协定、投资保护协定和打击有组织犯罪合作协定。

近年来,中西关系继续保持良好发展势头。2005年,两国建立了全面战略伙伴关系。2008~2009年中方访西的有:全国人大副委员长蒋树声(2008年7月),全国政协副主席王刚(9月),中共中央组织部部长李源潮(11月),国务院总理温家宝(2009年1月),中共中央政治局常委、中纪委书记贺国强(6月)。北京奥运会、残奥会期间,西王后、王储等王室成员以及多名政要来华出席开、闭幕式并观摩赛事,第七届亚欧首脑会议期间,萨帕特罗首相来华参会。

近年来,中西经贸合作持续发展,西是中国在欧盟内第六大贸易伙伴。2009年,双边贸易额为183.64亿美元,同比下降30%,其中中方出口额140.72亿美元,同比下降32.3%,进口额42.92亿美元,同比下降20.9%。

中国驻西班牙大使:朱邦造。馆址:C/. Arturo Soria, 113。网址:www.embajadachina.es/chn/。电话:(003491) 5194242。文传:5192035。电传:27719 CHNAME。领事部电话:7216287。商务处电话:4135892;电传:22808 EMCHIE。网址:http://es.mofcom.gov.cn/index.shtml。

中国驻巴塞罗那总领事:王士雄。网址:http://barcelona.china-consulate.org/chn/。馆址:No. 34, AVDA. Tibibado, 08022 - Barcelona, Spain。电话:(003493)2541199。传真:4173833。

西班牙驻中国大使:卡洛斯·布拉斯科·比利亚(Carlos Blasco Villa)。馆址:北京市朝阳区三里屯路9号。电话:010 - 65321986, 65321445。电传:65323401。领事部电话:65320780。商务处电话:65322072。驻上海总领馆电话:021-63213543。

【同欧盟的关系】奉行欧洲主义,视欧洲为其对外政策三大传统支柱之首,融入欧盟并在欧盟内发挥更大作用是西对外政策的根本。认为强大和团结的欧洲是世界进步的保障,欧盟应拥有真正的安全防务政策,在预防和解决国际和地区冲突中发挥积极有效和可信的作用,根据联合国宪章担负起维护世界和平与安全的责任。西积极致力于欧盟一体化建设,支持并推动通过《里斯本条约》,并于2010年上半年担任欧盟轮值主席国。同德国、法国、意大利和葡萄牙建立了政府首脑定期会晤机制。

【同美国的关系】坚持独立自主的外交政策,主张在相互尊重和主权平等的基础上保持与美的平衡友好关系。布什执政期间,西美关系冷淡。2008年奥巴马当选美总统后,西即致电祝贺。2009年萨帕特罗首相就职5年半来首次正式访美,西美关系转圜。

【同马格里布地区和地中海国家的关系】同马格里布国家保持着传统密切的关系,对该地区一体化、和平与稳定发挥着积极作用。主张在对话和相互尊重的基础上加强同该地区国家的政治、经济和文化关系。认为地中海地区对欧盟具有战略意义,欧盟应为该地区的稳定和发展做出贡献。与法协力配合,在原有的"巴塞罗那进程"基础上促成"地中海联盟",并将秘书处设在巴塞罗那。增加对北非地区的高访频率和发展援助,以扩大在该地区的传统影响。

【同拉丁美洲国家的关系】与拉美国家有特殊传统关系,把发展与拉美国家的关系作为其战略重点。主张建立伊比利亚美洲共同体,积极倡导并参与伊比利亚美洲首脑会议。主张通过建立欧盟—拉美战略伙伴关系,推动欧盟与拉美进一步接近。2008 年,以拉美独立 200 周年庆祝活动为契机,进一步巩固民意基础,全面拓展双边领域合作。2009 年继续发挥搭桥和调解作用,积极做古巴工作,并努力缓解洪都拉斯紧张局势。

【同亚洲国家的关系】重视亚太,认为该地区崛起是本世纪最重要的机遇,但对该地区尚缺乏了解。2009 年 3 月,政府正式发布《2008—2012 年亚太行动计划》,即《亚太行动计划 3》。该计划旨在规划今后 4 年西在亚太地区总体外交政策及合作目标,继续加强西在该地区的存在和影响。确定中、日、印为其发展亚太关系的优先目标,并推动扩大西在该地区的文化影响。　　（汤庆治）

希　腊

国名　希腊共和国(The Hellenic Republic)。

面积　131957 平方公里,其中 15% 为岛屿。

人口　1131 万(2010 年)。98% 以上为希腊人,余为穆斯林及其他少数民族。官方语言为希腊语。东正教为国教。

首都　雅典(Athens),人口 401 万(2009 年)。最高气温(7 月)18℃ ~41℃,最低气温(1 月)0℃ ~18℃。

国家元首　总统卡罗洛斯·帕普利亚斯(Karolos Papoulias),2005 年 2 月 8 日当选,2010 年 2 月连任。

重要节日　国庆节:3 月 25 日;复活节:4 月 19 日;抗击意大利入侵日:10 月 28 日;圣诞节:12 月 25 日。

简　况

位于巴尔干半岛最南端。北同保加利亚、马其顿、阿尔巴尼亚相邻,东北与土耳其的欧洲部分接壤,西南濒爱奥尼亚海,东临爱琴海,南隔地中海与非洲大陆相望。海岸线长约 15021 公里,领海宽度为 6 海里。属亚热带地中海气候。平均气温冬季 0℃ ~13℃,夏季 23℃ ~41℃。

西方文明的发祥地。公元前 3000 年至前 1100 年克里特岛曾出现米诺斯文化,公元前 1600 年至前 1050 年伯罗奔尼撒半岛出现迈锡尼文化。公元前 800 年形成奴隶制城邦国家,前 5 世纪为鼎盛时期。公元前 146 年并入罗马帝国。15 世纪中期被奥斯曼帝国统治。1821 年爆发争取独立的战争。1832 年成立王国。1974 年通过全民公投改为共和制。此后由新民主党和泛希腊社会主义运动(简称泛希社运)轮流执政。

政　治

受国际金融危机影响,2009 年希经济严重衰退,社会矛盾凸显,尤其是颇受争议的退休制度改革和青年人就业问题突出,一定程度制约了经济的健康稳定发展。此外,新民主党政府部分阁员贪污受贿丑闻相继被曝光,致新民主党名誉受损。10 月 4 日,希提前大选。帕潘德里欧率泛希社运赢得大选。年底,希政府公布修正后的经济数据,引发国际市场震动,其主权信用被降级。

【宪法】现行宪法于 1975 年 6 月 11 日生效。国家体制为"总统议会共和制",总统为国家元首,任期 5 年,可连任一次;立法权属议会和总统,行政权属总理,司法权由法院行使。1986 年通过的宪法修正案使总统的权力缩小。

【议会】一院制。议会的主要职能是立法和监督政府工作。议会由全国 56 个选区普选产生,共有 300 名议员。本届议会于 2009 年 10 月 4 日举行的全国议会选举产生,任期 4 年。新一届议会议席分配如下:泛希社运 160 席,新民主党 90 席,希腊共产党 20 席,人民东正教阵线 15 席,左翼党 13 席。菲利浦斯·佩察尔尼科斯(Philippos Petsalnikos)任议长。

【政府】现政府于 2009 年 10 月 4 日经议会选举产生,为泛希社运一党政府。总理乔治·帕潘德里欧(George Papandreou),副总理塞奥佐罗斯·潘卡洛斯(Theodoros Pangalos),内政、权力下放与电子政务部部长雅尼斯·拉古西斯(Yannis Ragoussis),财政部长乔治·帕帕康斯坦蒂努(George Papaconstantinou),外交部长乔治·帕潘德里欧(总理兼),国防部长埃万盖洛斯·维尼泽洛斯(Evangelos Venizelos),经济、竞争力与海运部长卢卡·卡策莉(Louka Katseli,女),环境、能源与气候变化部长蒂娜·比尔毕莉(Tina Birbili,女),教育部长安娜·季亚曼托普鲁(Anna Diamantopoulou,女),基础设施、交通与网络部长迪米特里斯·雷帕斯(Dimitris Reppas),劳动与社会保障部长安德列亚斯·洛维尔佐斯(Andreas Loverdos),卫生与社会政策部长玛里莉扎·克塞诺雅纳科普鲁(Mariliza Xenogiannakopoulou,女),农村发展与粮食部长卡特丽娜·芭采莉(Katerina Batzeli,女),司法、透明度与人权部长哈里斯·卡斯塔尼季斯(Haris Kastanidis),公民保护部长米哈里斯·赫里索霍伊季斯(Mihalis Chrysohoidis),文化与旅游部长巴夫洛斯·耶鲁拉诺斯(Pavlos Geroulanos),国务部长哈里斯·巴布基斯(Haris Pampoukis),国务副部长兼政府发言人乔治·佩塔劳蒂斯(Giorgos Petalotis)。

【司法机构】最高司法机构包括最高法院和最高行政法院及检察机构。法院分初级、上诉及最高法院三级。各级法院设有检察官,初级地方治安法院设有公诉人。

【政党】主要政党是:

(1)泛希社运(Pan-Hellenic Socialist Movement):执政党。1974年9月成立,发起人是现任泛希社运主席的父亲安德烈·帕潘德里欧,现有党员20余万人。该党于1981～1989年和1993～2003年长期执政。2004年3月7日举行的全国议会大选中失利,成为在野党。2009年10月重新上台。主席乔治·帕潘德里欧。

(2)新民主党(New Democracy Party):最大在野党。1974年9月成立,发起人是主席的叔叔康斯坦丁·卡拉曼利斯,现有党员20余万人。该党曾于1974～1981年,1990～1993年和2004～2009年9月执政。主席科斯塔斯·卡拉曼利斯(Kostas Karamanlis)。

(3)希腊共产党(Communist Party of Greece):1918年成立,党员约3.2万人。总书记阿莱卡·帕帕莉卡(Aleka Papariga,女),名誉主席哈利劳斯·弗洛拉基斯(Harilaos Florakis)。

(4)左派和进步联盟党(Coalition for Left and Progress Party):简称"左联",1987年4月成立,党员约1万人。主要由当年希共国内派成员组成,主席阿莱克斯·齐普拉斯(Alexis Tsipras)。

(5)人民东正教阵线(People's Orthodox Rally):简称"人民党",2000年9月成立,党员约1万人。右翼小党,2007年首次进入议会,主席乔治·卡拉扎菲利斯(George Karatzaferis)。

【重要人物】卡罗洛斯·帕普利亚斯:总统。1926年出生于希北部城市约阿尼纳,毕业于雅典大学和摩纳哥大学法学系并获科隆大学法学博士学位。任律师,后从政。1974年9月与安德烈·帕潘德里欧共同创建泛希社运,任中央委员会委员,1977年当选全国议员,1974～1985年担任泛希社运国际关系委员会秘书长,1981年担任外交部副部长,1985～1989年和1993～1996年两次出任外交部长,2001～2003年连续三届当选议会外交与国防委员会主席。2005年2月8日当选共和国总统,2010年2月连任。帕长期致力于对华友好工作,曾多次访华。2008年6月应邀对中国进行国事访问。精通德语、意大利语,已婚,有3女。　**乔治·帕潘德里欧**:总理。1952年生于美国,法学博士。1981年起当选希腊国会议员,1985～1987年任文化部副部长,1988～1989年和1994～1996年任教育和宗教事务部部长,1993～1994年任外交部副部长,1999～2004年任外交部长,2004年2月当选为泛希社运主席,连任至今。2005年当选为社会党国际副主席,2006年1月当选社会党国际主席,2008年7月连任。2009年10月4日当选总理。讲英语和瑞典语,已婚,有一子一女。

经　济

希腊属欧盟经济欠发达国家之一,经济基础较薄弱,工业制造业较落后。海运业发达,与旅游、侨汇并列为希外汇收入三大支柱。农业较发达,工业主要以食品加工和轻工业为主。近年来,希政府积极推行经济和社会福利改革,鼓励外来投资,取得一定效果。2008年以来,受金融危机冲击,希经济开始衰退,2009年底爆发主权债务危机。2009年主要经济数据如下(资料来源:经济季评、希腊官方网站):

国内生产总值:2401.5亿欧元。

人均国内生产总值:30163欧元。

国内生产总值实际增长率:-2.0%。

货币名称:欧元。

汇率:1欧元=1.393美元。

通货膨胀率:3.0%。

失业率:8.9%。

【资源】主要矿产有铝矾土(储藏量约10亿吨),褐煤(储藏量58亿吨)、镍、铬、镁、石棉、铜、铀、金、石油、大理石等。森林覆盖率为17%。

【工业】希腊属欧盟工业欠发达国家,工业基础较薄弱,规模较小,技术较落后。2009年工业产值约为499.5亿欧元,同比下降12.29%,占国内生产总值的20.8%。主要工业有采矿、冶金、食品加工、纺织、造船、建筑等。

(资料来源:英国经济季评)

【农业】希腊属丘陵地区,可耕种地面积占国土面积的30%,其中灌溉农业面积占37%。64%的耕地面积种植粮食作物,其他为果树、橄榄树和蔬菜等。希主要农产品都能自给自足,水果蔬菜可批量出口欧洲等地,只进口少量肉、奶及调剂类农产品。希出口的农产品还有烟草、棉花、橄榄油、水果和甜菜等。2009年农业产值为81.65亿欧元,同比下降26.4%,占国内生产总值的3.4%。

【服务业】服务业是希经济的重要组成部分。2009年服务业总产值为1820.34亿欧元,同比增长4%,约占国内生产总值的75.8%。

【旅游业】希旅游业是获得外汇来源和维持国际收支平衡的重要经济部门。自20世纪60年代以来旅游业发展迅速,入境游客人数连年增长。近年来,希政府将旅游业发展重心从增加游客数量转向提高游客消费水平,取得较好经济和社会效益。主要旅游景点有:雅典卫城、德尔菲太阳神庙、奥林匹亚古运动场遗址、克里特岛迷宫、埃皮达夫罗斯露天剧场、维尔吉纳马其顿王墓、圣山、圣托里尼岛、罗得岛、科孚岛等。2004年雅典奥运会为希腊旅游业打下了良好的基础,特别是使基础设施明显提升。据希腊国家统计局公布的数字,2009年,希腊共有9559家旅店,客房38.3万间,床位73.22万张;其中5星级旅店280家,4星级旅店1164家,3星级旅店2179家,2星级旅店4368家,1星级旅店1568家。2009年1~7月,希旅游业收入47.265亿欧元,同比下降15.5%。2009年1~9月,入境旅游人数达1270万人次,超过希腊人口总数。

【交通运输】国内运输以公路和海运为主,铁路为辅,对外贸易主要靠海运。

铁路:希铁路系统比较落后,利用率低,经济效益不佳。2007年,铁路总长2551公里,年货运量494.3万吨,年客运量1000万人次。奥运会前后,希政府加大对地铁、市内轻轨建设的投入,取得一定成效,但总里程增长不多。为适应经济发展需要,希政府计划建设南北铁路大动脉,以提高希经济和交通运输的能力。

公路:2008年统计的公路里程为8000公里。近年来,希政府在欧盟支持下,大力发展基础建设,高速公路、机场、桥梁及其他交通枢纽设施的建设,高等级公路及城市主干道建设增加较多,城市交通状况明显改善。特别是在奥运会期间,以雅典为中心连接全国的交通网络为奥运会的成功发挥了重要作用。

据希腊国家统计局统计,截至2009年底,希腊拥有各类机动车791万辆,平均每1.39人拥有1辆机动车;其中轿车513.2万辆,公共汽车2.7万辆,卡车130.2万辆,摩托车144.88万辆。

海运:希腊是世界航运大国,海运业是国家经济的重要支柱产业,2009年1~7月海运收入65.88亿欧元,同比下降30.1%。截至2009年8月,希拥有千吨级以上船只2112艘,总载重量达4164万吨;其中干散货船612艘,油轮556艘,客船716艘,其他类型船只228艘。

近年来,希致力于船队现代化建设,虽船舶数量有所减少,但吨位和质量明显提高,在世界航运业的竞争力不断增强。海运业共为19万人提供了就业机会,除6万名在海轮上工作的希腊籍船员外,海运业带动的金融、保险、咨询服务业、船用设备、维修等相关产业吸纳了13万劳动力,仅在比雷埃夫斯港就有1000多家企业开展与海运业相关的经营活动。希有各类港口150个,主要有比雷埃夫斯、萨洛尼卡、沃洛斯和佩特雷港,港口总吞吐量约为8035万吨。

空运:奥林匹克航空公司是国有大型航空公司,不久前已将部分股权出售给一私人公司,以扭转长期严重亏损局面。目前该公司拥有41架客机,运营37条国际航线和36条国内航线。2006年客运量563.5万人次,货运量为3.13万吨。另外有7家私人航空公司主要经营国内航线。全国有35个机场。主要机场有维尼泽洛斯(雅典)国际机场、萨洛尼卡、克里特和罗德岛机场等。

【财政金融】近年财政收支情况如下(单位:亿欧元):

	2007	2008	2009
财政总收入	897.22	934.49	822.39
财政总支出	1017	1118.52	1144.71
盈　余	-119.78	184.03	322.32

(资料来源:希腊央行)

2009年财政赤字为322.32亿欧元,占国内生产总值的13.6%,公共债务达2768.16亿欧元,占国内生产总值132.2%。

希腊共有各类金融机构60家,其中当地银行22家,外国银行或分行21家,15家合资银行等。当地银行有:国民银行(ETHNIKI)、农业银行(AGROTIKI)、阿尔法信贷银行(ALPHA PISTEOS)、商业银行(EMBORIKI)等。

【对外贸易】希同100多个国家有贸易关系,欧盟成员国是其最大贸易伙伴,占其进出口总额的64%以上。德国、意大利、英国、保加利亚、俄罗斯和中国为其主要贸易伙伴。近年外贸情况如下(单位:亿美元):

	2007	2008	2009
出口额	239	291	213
进口额	808	939	642
外贸赤字	569	648	429

(资料来源:英国经济季评)

主要出口商品为食品、烤烟、石油产品、纺织品、橄榄油、水泥等。主要进口商品为原材料、石油及石油产品、天然气、日用品和交通运输设备等。

【对外投资】希对外投资主要集中在保加利亚、罗马尼亚、马其顿和阿尔巴尼亚等邻国。截至2009年10月底,希在华直接投资项目累计94个项目,协议资金1.78亿美元,实际投入8358万美元。

【外国援助】2005年12月,欧盟与希腊签署了《第四个援助框架方案(2007~2013)》,总计将向希提供201亿欧元的经济发展援助。希每年还从美国获得约3亿美元的军事援助。

人民生活

平均每2.3人一辆轿车(2007年);每1.6人一部电话(2007年);每2.8人(16~74岁)一台电脑(2007年);76%的家庭有自己的住房;电视普及率为99.48%;全国共有医院317家,其中公立141家,私立176家;每千人拥有病床48.3张,医护人员46.1人(2006年)。

军　事

总统是名义上的武装部队最高统帅。总理负责国防政策和部队建设,任最高国防委员会主席。国防部长在总理领导下实施国防政策和管理武装部队。总参谋长主管作战指挥机构。军队受本国和北约双重指挥。实行义务兵役制,服役期为陆军12个月,海军15个月,空军14个月。正规军总兵力15万人,其中陆军11万人,海军1.9万人,空军2.1万人。陆军编为1个集团军、4个军、1个装甲师、3个机械化师、9个步兵师、1个支援师、2个机械化旅、1个山地突击团、1个伞兵团和一个海军陆战队团。主要装备有2285辆主战坦克、2364辆装甲车、2279门火炮和205架直升机；海军有8艘潜艇、7艘驱逐舰、7艘护卫舰，14艘登陆舰、18艘导弹快艇、11架巡逻机和14架武装直升机。空军编为7个战斗机联队、1个防空导弹大队、4个训练联队、2个运输联队，装备各型飞机600余架。除正规军外，准军事部队(国民警卫队、警察、港警等)共5万人。

文化教育

【教育】实行9年义务教育制，公立中小学免费，大学实行奖学金制。2009年教育经费为82.84亿欧元，占国内生产总值的3.39%。全国共有21所大学，著名大学有雅典大学、萨洛尼卡大学、克里特大学、佩特雷大学、雅典工学院。2006/2007学年各级学校、学生、教师情况如下：

	学校(所)	学生(人)	教师(人)
幼儿园	5763	142666	11864
小学	5668	639083	58981
初高中	3362	573123	64465
职高	643	107366	15785
大学	21	171857	12603
其他高等院校	75	142254	11258

(资料来源：希腊国家统计局)

【新闻出版】希腊发行各类报纸246种，杂志上千种，但发行量有限。全国发行量较大的主要日报有：《新闻报》、《自由新闻报》和《每日报》等。

雅典通讯社：1896年成立，官方通讯社，同世界各主要通讯社均有联系。马其顿通讯社：1991年成立，半官方通讯社。

希腊广播和电视组织：1938年成立，受政府新闻部领导，统一管理国营电视台2个，广播电台4个，并依法批准核发地方和私人广播电视台的许可证。国营电台每天24小时广播，除希文外，有英、法、阿拉伯文新闻节目。私营电视台158个，有些电台还转播美国和欧洲通过卫星播放的电视节目，较有影响的私营电视台有："MEGA"、"STAR"、"ANTENNA"、"NEW"、"SKY"等。私营广播电台1200个。

对外关系

积极促进和维护欧洲一体化进程，依托欧盟维护民族独立和国家安全是希腊外交政策的根本出发点。希积极发展同美和北约的关系，主张北约与欧盟在维护和平与安全上共同发挥作用，支持欧盟组建欧洲多国快速反应部队。积极发挥在联合国及其他国际组织的作用，倡导东南欧合作进程机制化，积极推动建立东南欧自贸区，鼓励和促进本地区国家融入欧洲。反对科索沃独立。支持土耳其加入欧盟，但前提与塞浦路斯问题全面解决挂钩。重视与包括中国和印度在内的亚太国家关系，希冀通过加强经贸合作，从中、印等国经济快速发展中获益，服务希经济的发展目标。

【同中国的关系】1972年6月5日建交以来，中希两国友好合作关系稳步发展，两国间友好、互信关系日益增强，在联合国及其他国际组织的合作密切。

2008年，中希全面战略伙伴关系进一步发展，双方在奥运、文化等领域的合作成果丰硕。两国高层互访频繁，希腊总统帕普利亚斯和中国国家主席胡锦涛分别于2008年6月和11月实现年内互访，双方签订了一系列友好合作文件，把中希友好合作关系推向新水平。2009年6月，中央政治局委员、中纪委书记贺国强过境希腊，分别会见希总统帕普利亚斯和总理卡拉曼利斯，并出席雅典卫城新馆开馆仪式。2008年，中希奥运合作是两国关系的一大亮点。3月24日，中央政治局委员、北京市委书记、北京奥组委主席刘淇等赴希腊出席北京奥运会圣火取火及交接仪式，得到希方大力支持与协助。8月，希外长芭戈雅妮代表政府出席北京奥运会开幕式。"希腊文化年"在华成功举办，加深了两国人民的相互了解和友谊。

2008年5月四川汶川发生强烈地震后，希政府向中方提供了共70万欧元援款及其他救援物资。希企业界也通过各种渠道向中方提供了相当数量的援款和物资。

中国驻希腊大使：罗林泉。馆址：Krinon Street 2A，Paleo Psychico，Athens，Greece。电话：(30210)6723282。传真：6723819。网址：http://gr.chinese-embassy.org。经商处电话：(30210)6723281。传真：6741575。

希腊驻华大使：塞德罗斯·耶奥卡凯洛斯(Thordoros Georgakelos)。馆址：北京市朝阳区光华路9号世贸天阶大厦17层。电话：010－65872838；传真：65872855。E－mail：gremb.pek@mfa.gr。

【同美国的关系】战后在政治、经济、军事上长期依靠美国。两国签有防务合作协定。希军事装备的80%来自美国。美每年向希提供3亿美元的军事援助，主要用于购买军事装备等。目前美在希仍保留一个军事基地。

【同欧洲联盟的关系】全面发展同欧盟的关系是希对外政策的重点。自1981年正式加入欧共体以来，欧盟通过欧洲发展银行和团结基金等渠道向希提供了大量的经济和发展援助，成为希改善交通、通讯及基础设施建设的重要资金来源之一。希支持欧洲一体化进程，强调欧盟扩大应建立在平等与合作的基础之上并包括巴尔干地区国家。希于1992年7月批准马斯特里赫特条约。2001年加入欧元区。2002年欧元在希腊正式流通。2003年上半年，希在轮值欧盟主席国期间表现出色并成功使塞浦路斯入盟。希认为欧盟应该在中东、科索沃等热点问题上发挥作用。

【同俄罗斯的关系】希十分重视发展同俄罗斯的传统友好关系。注重密切与俄发展能源和军事合作。2009年，两国关系在业已良好的基础上继续发展，双方高层互访频繁,成果显著。3月,俄罗斯总统普京访希,双方签订了共同建造黑海至地中海石油管道项目的协议。

【同巴尔干邻国的关系】主张睦邻友好,视巴尔干为重要外交场所,积极推动巴尔干的区域合作,谋求在该地区发挥主导作用。支持邻国加入欧盟和北约,反对科索沃独立。与马其顿存在国名分歧,主张通过谈判达成双方均可接受的解决方案。

【同阿拉伯国家的关系】希同阿拉伯国家有着传统友谊,积极推动中东和平进程。希是最早呼吁黎以冲突停火的国家之一,并利用各种方式及时向黎提供了人道主义援助。积极为应对该地区局势和创造未来中东和平做贡献。

【同土耳其的关系】希支持土加入欧盟,要求土履行承担候选国义务,遵守有关原则,对塞浦路斯开放机场和港口。与土保持经济、文化、旅游等方面的交流与合作,努力扩大双边经贸合作,冷静处理双方分歧,保持希土关系总体稳定。

【同塞浦路斯的关系】希是塞独立的三个保证国之一,两国关系十分密切。希支持塞希族在解决塞问题上的立场,主张根据两族人的比例建立一个独立、统一和中央集权的联邦国家。继续致力于在联合国决议基础上的公正、可行的解决方案。支持塞两族开展直接贸易等交流,改善气氛,使两族更加紧密。 (王煦)

匈牙利

国名 匈牙利共和国(The Republic of Hungary, Magyar Köztársaság)。

面积 93030平方公里。

人口 1001万(2009年12月)。主要民族为马扎尔族,约占90%。少数民族有斯洛伐克、罗马尼亚、克罗地亚、塞尔维亚、斯洛文尼亚、德意志等族。官方语言为匈牙利语。居民主要信奉天主教(66.2%)和基督教新教(17.9%)。

首都 布达佩斯(Budapest)。人口170.9万(2009年1月1日)。2008年平均气温12.9℃,最高气温36.1℃,最低气温-8.6℃。

国家元首 总统寿尤姆·拉斯洛(SÓLYOM László),2005年8月5日就职,任期5年。

重要节日 1848年革命和自由斗争纪念日:3月15日;匈牙利国庆节:8月20日;1956年革命和自由斗争纪念日暨1989年共和国成立日:10月23日。

简况

中欧内陆国。东邻罗马尼亚、乌克兰,南接斯洛文尼亚、克罗地亚、塞尔维亚,西靠奥地利,北连斯洛伐克,边界线全长2246公里。属大陆性气候,凉爽湿润,2008年平均气温约为12℃,年降雨量约为603毫米。

公元896年,马扎尔游牧部落从乌拉尔山西麓和伏尔加河湾一带移居多瑙河盆地。1000年,圣·伊什特万建立封建国家,成为匈第一位国王。1526年土耳其入侵,匈封建国家解体。1541年匈一分为三,分别由土耳其苏丹、哈布斯堡王朝和埃尔代伊大公统治。1699年起全境由哈布斯堡王朝统治。1848年爆发革命自由斗争。1849年4月建立匈牙利共和国。1867年成立奥匈二元帝国。1919年3月建立匈牙利苏维埃共和国。1949年8月20日宣布成立匈牙利人民共和国并颁布宪法。1956年10月爆发匈牙利事件。1989年10月23日国名改为匈牙利共和国。

政治

2009年3月,久尔查尼总理因受经济危机冲击下野。4月,原国家发展和经济部长鲍伊瑙伊继任总理。2010年4月,匈举行剧变后第六次国会换届选举,在野的青年民主主义者联盟(简称青民盟)获胜,赢得超过2/3议席;执政8年的社会党下野。尤比克党和绿党进入国会。新一届国会5月14日成立。5月29日,政府完成组阁,宣誓就职。青民盟单独执政,青民盟主席欧尔班出任总理。

【宪法】1989年10月18日国会通过宪法修正案,对宪法作了重大修改,确定匈实行多党议会民主制,建立独立、民主、法制的国家,执行立法、行政、司法三权分立的原则。

【议会】国会是立法机关和国家最高权力机构,实行一院制,设386个议席,每四年普选一次。2006年4月,社会党、自民盟、青民盟、民主论坛进入国会。本届国会于2010年4月由青民盟、社会党、尤比克、绿党4党组成,目前,青民盟占263席,社会党占59席,尤比克占47席,绿党占16席,独立议员占1席。国会下设19个常设委员会。国会每年定期召开春季和秋季会议,亦可视情举行特别会议。国会主席施密特·巴尔(SCHIMITT Pál,青民盟),2010年5月14日当选。

【政府】国家最高行政机构。按照法律规定,各部部长由总理提名,共和国总统任命。现政府于2010年5月组成,设有8个部。政府成员:总理欧尔班·维克多(ORBÁN Viktor)、副总理兼行政和司法部长那夫拉奇赤·蒂博尔(NAVRACSICS Tibor)、副总理谢姆延·若尔特(SEMJEN Zsolt)、内务部长宾代尔·山多尔(PINTÉR Sándor)、外交部长马尔托尼·亚诺什（MARTONYI János）、经济发展部长马托尔奇·捷尔吉（MATOLCSY György）、国家资源部长雷代伊·米克洛什（RÉTHELYI Miklós）、国家发展部长费莱基·道马什（FELLEGI Tamás）、地方发展部长法泽科什·山多尔（FAZEKAS Sándor）、国防部长汉戴·乔鲍（HENDE Csaba）。

【网址】总统府：www.keh.hu；总理府：www.meh.hu；外交部：www.kulugyminiszterium.hu。

【行政区划】全国划分为首都和19个州，设立24个州级市、274个市、2854个乡。首都是布达佩斯。

【司法机构】法院和检察院是国家司法机构。法院分最高法院、地区法院、州法院和地方法院四级，实行两审终审制；检察机构分最高检察院、州检察院和地方检察院三级。最高法院院长和最高检察院检察长由国会选举产生，任期六年。最高法院院长鲍高·安德拉什（Dr. BAKA András），2009年6月当选。最高检察长科瓦奇·道马什（KOVÁCS Tamás），2006年10月当选。自1990年1月起设宪法法院，现任院长鲍佐劳伊·彼得（PACZOLAY Péter），2008年7月就任。

【政党】登记注册的政党有183个，大部分成立于80年代末。目前，国会中共有4个政党。

(1) 青年民主主义者联盟—基民盟（FIDESZ-KNDP）：执政党。1988年3月30日成立，党员2.1万，主要为青年知识分子。主席欧尔班·维克多。

(2) 匈牙利社会党（Magyar Szocialista Párt）：反对党。1989年10月7日成立，党员3.3万，主要为知识分子、职员和企业家。主席兰德沃伊·伊尔迪科（LENDVAI Ildikó）。

(3) 尤比克党（JOBBIK / Magyarországért Mozgalom）：反对党。2003年10月24日成立，主要为青年人。主席沃纳·加博尔（VONA Gábor）。

(4) LMP党（Lehet más a Politika）：反对党。2009年2月26日成立，主要为青年知识分子。议员团主席施佛尔·安德拉什（SCHIFFER András）。

国会外的政党主要有：匈牙利共产主义工人党（Magyar Kommunista Munkáspárt）、匈牙利社会民主党（Magyarországi Szociáldemokrata Párt）、匈牙利民主论坛（Magyar Demokraták Forúm）、匈牙利自民盟（Szabad Demokraták Szövetség）等。

【重要人物】**寿尤姆·拉斯洛**：总统。1942年1月3日出生于匈南部城市佩奇市。毕业于匈牙利佩奇大学法学院。1969～1983年先后在匈牙利科学院和国会图书馆工作。1981年起在布达佩斯罗兰大学任教。1989～1990年任匈牙利宪法法院副院长，1990～1998年任院长。2001年起为匈牙利科学院通讯院士。2002年在布达佩斯国家语言大学任教。2005年8月就任总统。寿尤姆是匈牙利著名的法学家，撰有多部法律著作。无党派人士。已婚。　**欧尔班·维克多**：总理。1963年5月31日出生于塞盖什白城。毕业于罗兰大学法学院。1988年加入青民盟，为青民盟创始成员之一，1993年至今为青民盟主席。1990年起为国会议员，1998～2002年任匈牙利总理。已婚。2010年5月再次出任总理。　**施密特·巴尔**：国会主席。1942年生于布达佩斯。毕业于马克思·卡洛伊经济大学国际贸易专业。1992年获体育大学博士学位，1994年获教授称号。曾获击剑项目匈全国冠军、奥林匹克冠军、世界冠军。1983～1988年任国家体育教育和运动局副局长。1989年起任匈奥委会主席。1993年当选国际奥委会成员。1995年当选国际奥委会副主席，并兼任体育和环保委员会主席。1993～2002年间先后任匈牙利驻西班牙、安道尔、瑞士和列支敦士登大使。2003年加入青民盟，2003～2007年任该党副主席。2004年任欧洲议会议员，2009年起任欧洲议会副议长。2010年5月14日当选国会主席。

经　济

属于中等发达国家，经合组织（OECD）成员国。经济目标是建立以私有制为基础的福利市场经济。匈经济转轨顺利，私有化基本完成，市场经济体制已经确立。目前，匈私营经济的产值约占GDP的86%。2009年主要经济数据如下：

国内生产总值（GDP）：1290亿美元。

人均国内生产总值：12874美元。

国内生产总值增长率：-6.3%。

货币名称：福林（Forint）。

汇率（2010年4月）：1欧元=280.58福林；1美元=202.26福林。

通货膨胀率：4.2%。

失业率（2010年3月）：11.8%。

【资源】自然资源比较贫乏。主要矿产资源是铝矾土，蕴藏量居欧洲第三位，此外有少量褐煤、石油、天然气、铀、铁、锰等。森林覆盖率为20.4%。

【工业】工业发展较快。2008年工业生产降低2.8%，总产值21223956万福林。其中加工工业占91.2%，电力工业占8.3%，煤炭工业占0.5%。工业从业人员93.6万，占全国就业人口总数的24.1%。

近几年主要工业产品产量如下（单位：万吨）：

	2006	2007	2008
煤炭	984.7	974.8	940.4
天然气	278.8	265.3	223.5
石油	88.6	83.9	77.5
铝矾土	50.7	5.15	5.11
电（亿度）	321.6	357.6	348.2
公共汽车（辆）	440	314	191
电视机（万台）	830.8	969.6	1305.8

电冰箱（万台）	274.7	290.2	—

（资料来源：2008 年匈牙利统计年鉴）

【农牧业】农业基础较好。主要种植小麦、玉米、甜菜、马铃薯、葡萄等。2008 年同上年相比增产 74.5%，粮食总产量 1684.1 万吨。2008 年小麦平均每公顷产量 4980 公斤，玉米 7470 公斤，甜菜 59670 公斤，马铃薯 22280 公斤。耕地面积 450.2 万公顷。农牧林渔业从业人员 17.4 万，约占全国就业人口总数的 4.5%。近几年主要农、畜产品产量如下（单位：万吨）：

	2006	2007	2008
小麦	437.6	398.7	563.1
玉米	828.2	402.7	889.7
甜菜	245.4	169.3	57.3
马铃薯	56.4	56.3	68.4
水果	86.3	36	84
葡萄	55.1	54	57.1
肉牛	7.8	8.6	8.8
肉猪	61.3	64.4	62
肉羊	2	1.9	2
肉禽	63.2	62.1	64.6
鱼	2.1	2.1	2
牛奶（亿升）	17.9	18	17.9
鸡蛋（亿个）	29.6	28.4	28.8

近几年主要农畜存栏数如下（单位：万只或万头）：

	2006	2007	2008
牛	70.2	70.5	70.1
猪	398.7	387.1	338.3
羊	129.8	123.2	123.6
鸡	3030.3	2986.6	3116.5

（资料来源：2008 年匈牙利统计手册）

【服务业】发展迅速。各种小商店、小饮食店、小旅馆和其他服务网点的私有化已经完成。2008 年全国商业网点 146858 个，零售总额为 63480 亿福林。2008 年商业就业人数 58.5 万，约占全国就业人数的 15.1%。

【旅游业】比较发达。2008 年旅游外汇收入 10871.6 亿福林。全年接待外国游客 39554 万人次。2008 年全国共有星级饭店 863 家，总床位 11.5 万张，其中五星级饭店 23 家，四星级饭店 168 家。主要旅游点有：布达佩斯、巴拉顿湖、多瑙河湾、马特劳山。

【交通运输】目前已形成以首都为中心、通向全国和邻国的铁路和公路网。

铁路：总长 7269 公里，其中电气化铁路 2628 公里。2008 年货运量 98.74 亿吨公里，客运量 83 亿人公里。

公路：总长 31363 公里，其中高速公路 911 公里。2008 年货车 42.4 万辆，小轿车 305.5 万辆，公共汽车 1.8 万辆。公路货运量 357 亿吨公里，长途客运量 119.8 亿人公里。

水运：水路长 1638 公里。2008 年客运量 1964 万人次，2008 年货运量 22.5 亿吨公里。

空运：民用飞机 1407 架，其中直升飞机 184 架。2008 年客运量 58.85 亿人次，货运量 1770 万吨公里。1 个国际机场：布达佩斯费里海吉机场。

管道运输：管道总长 7467 公里，其中输油管道 848 公里，天然气管道 5261 公里。总输送量 56.4 亿吨公里，其中输送石油 21.48 亿吨公里，输送天然气 26.61 亿吨公里。

【财政金融】2006～2008 年财政收支情况如下（单位：亿福林）：

	2006	2007	2008
收入	65581	71000	81704
支出	85173	84981	90321
赤字	19592	13981	8617

（资料来源：2008 年匈牙利统计年鉴）

2008 年外汇储备 240 亿欧元。国际收支逆差 89 亿欧元，占 GDP 的 8.4%。净外债 541 亿欧元，占 GDP 的 51.1%。

【对外贸易】2008 年进出口总额为 369439 亿福林，外贸进口额 185035 亿福林，比上年增长 4.3%，出口额 184404 亿福林，比上年增长 4.2%，外贸逆差 631 亿福林。匈同欧盟国家的进出口贸易分别占匈进出口总额的 68.3% 和 78.3%，同亚洲国家分别占 16% 和 5.1%，同其他国家分别占 15.7% 和 16.6%。2006～2008 年进出口情况如下（单位：亿美元）：

	2006	2007	2008
进口额	1030.1	1001.4	1074.7
出口额	966.4	996.9	1073.9
差　额	-63.7	-4.5	-0.8

（资料来源：2008 年匈牙利统计年鉴）

主要进口产品中机械设备占 49%；加工产品占 31.6%，能源占 12.8%，原材料占 1.9%。食品、烟、酒占 4.7%。主要出口产品中机械设备 60.6%，加工产品占 26.5%，能源占 3.7%，原料占 2.35%，食品、烟、酒占 6.7%。2008 年主要贸易国及外贸额如下（单位：亿福林）：

	进口	出口
德　国	47119	49114
奥地利	11451	9032
意大利	7815	9821
法　国	8045	8683
俄罗斯	17185	6618

中　国	10504	1894
日　本	4783	843
英　国	3637	8654
美　国	4409	5531
荷　兰	8418	5307
波　兰	7320	7290

（资料来源：2008 年匈牙利统计手册）

【外国资本】 积极鼓励吸收外资。1990～2008 年，匈累计引进外资达 708.57 亿欧元。2008 年引进 44.97 亿欧元。主要集中在商业服务、汽车、财务、贸易、运输和通信等行业。在匈投资的前六位国家是德国、荷兰、奥地利、英国、美国和法国。外资企业 25800 家，外资企业产值占 GDP 的 50%，出口占匈总出口的 80%。

人民生活

重视提高和改善居民生活水平，不断增加退休金、家庭补贴、生育和抚养儿童的补助金等。此外，在医疗、教育、文化、体育和旅游等方面实行优惠补贴。2008 年职工人均月净收入 122047 万福林。2008 年国家投入补贴总额为 3668 亿福林，平均每家月补 2.45 万福林。截至 2009 年 1 月，全国退休人员共有 303 万人，人均月退休金 83730 福林。2008 年全国有医生 36088 人，平均每千人拥有医生 36 人，每千人拥有病床 70.8 张。2007 年人均食品消费量：蔬菜 85.1 公斤，水果 44.9 公斤，肉类 57.3 公斤，鱼类 1.7 公斤，鸡蛋 163 个，糖 13.6 公斤，油类 9.7 公斤。2007 年平均每百户拥有小轿车 56 辆，电冰箱 71 台，冷冻箱 52 台，彩色电视机 148 台，洗衣机 86 台，手机 166 部。每百户有 33 户拥有电脑，其中 20～22 户拥有上网电脑。2009 年全国共有住房 430 万套，平均每套建筑面积为 90 平方米，平均每百套住房居住 233 人。

军　事

1990 年 2 月匈牙利人民军改名为匈牙利国防军。1999 年 3 月，匈正式成为北约成员国。宪法规定共和国总统是武装力量最高统帅。国防部是最高军事统率机关。匈于 2004 年 12 月取消义务兵役制。2008 年匈军队总人数为 2.9 万，其中义务兵 0.75 万，职业兵 1.28 万，文职人员 6146 人。2008 年，匈军拥有 T－72 型坦克 82 辆，装甲车 438 辆，直升机 29 架，战斗机 36 架，其中米格 29 飞机 11 架，运输机 5 架。派出 15 支部队参加维和行动，人数为 1041 人。国防军司令兼总参谋长都姆布尔·拉斯洛（TÖMBÖL László）中将。2008 年国防开支为 3249 亿福林，占 GDP 的 1.2%。

文化教育

【教育】 实行 12 年义务教育制，幼儿免费入托，小学免费教育。学制：小学 8 年，中学（包括职业中学）4 年，大学 4～6 年，医科大学 7 年。除公办学校外，还有教会学校、私立学校和基金会学校。1986 年 9 月实施新教育法，扩大各类学校业务上和经济上的自主权，促使学校生活民主化。1993 年通过了第一部高等教育法。2008 年教育预算支出 12751 亿福林，文化预算支出 1806 亿福林。2008/2009 年度各级学校数目、学生及教师人数如下：

	学校（所）	学生（人）	教师（人）
小学	3363	788639	75606
专科小学	736	133650	10120
中学	837	203602	18436
专科中学	908	236518	19452
高等院校	70	381033	22475

（资料来源：2008 年匈牙利统计年鉴）

【新闻出版】 发行量较大的全国性报纸主要有：人民自由报，1942 年创刊，2007 年日发行量 12.3 万份；民族体育报，1903 年创刊，10.3 万份；匈牙利民族报，1938 年创刊，6.4 万份；匈牙利新闻报，1968 年创刊，1.8 万份；人民之声报，1873 年创刊，3.5 万份；世界经济报，1969 年创刊，1.2 万份。

通讯社：匈牙利通讯社，国营，1880 年成立。

主要广播电台：科苏特广播电台，裴多菲广播电台和巴尔托克广播电台均为国营电台。此外还有尤文图斯广播电台、道努比乌斯广播电台，均为商业电台。2008 年广播时间总共为 30744 小时。

主要电视台：国营电视台有匈牙利电视台，1957 年成立；多瑙河电视台，1992 年成立。私营电视台有 RTL 俱乐部电视台，1997 年成立；TV2 电视台，1997 年成立。2008 年播放节目时间总共为 25533 小时。

对外关系

匈主要外交目标和任务是：保障国民安全，服务国内经济发展和改善民生；高效应对全球化挑战；加强中欧地区合作，积极参与欧洲一体化建设；加强匈族人团结。在当前遭受金融危机重创的情况下，匈外交工作重心转为服务国内“应对危机”大局，争取国际社会政治、道义和金融支持，将美国、欧盟、俄罗斯、中国及周边邻国列为五大优先方向，重点推进与上述国家的经贸务实合作。目前，匈同 170 多个国家建立了外交关系。

1999 年 3 月加入北约，2004 年 5 月加入欧盟。2007 年 12 月 21 日正式加入申根协定。

【同中国的关系】 1949 年 10 月 6 日建交。中匈关系一直发展顺利。1994 年 9 月，匈总统根茨访华。1995 年 7 月，江泽民主席访匈。2003 年 8 月，匈总理麦杰希访华，实现了匈总理 44 年来对中国的首次访问。2004 年 6 月，胡锦涛主席访匈，将两国关系提升为友好合作伙伴关系。久尔查尼总理分别于 2005 年和 2007 年访华。2006 年和 2008 年，匈国会主席西里两次访华。2007 年 5 月，吴邦国委员长访匈。2008 年 5 月，全国政协主席贾庆林访匈。8 月，匈总理久尔查尼来华观看奥运比赛。10月，匈外长根茨来华出席第七届亚欧首脑会议。

2009年是中匈建交60周年，两国继续保持高层和各级别交往。7月，匈外长鲍拉日访华。中共中央政治家委员、全国政协副主席、中国经济社会理事会主席王刚赴匈出席经社理事会和类似组织国际协会第11次全体会议，与匈总理鲍伊瑙伊会见。10月，应匈总统寿尤姆邀请，国家副主席习近平对匈牙利进行正式访问。访问期间，习副主席同寿尤姆总统会谈，与总理鲍伊瑙伊会见，参观了匈中双语学校，并出席中匈企业家座谈会。双方共签署了5项政府合作文件及9项经贸合作协议。11月，匈前总理久尔查尼、国家发展与经济部国务秘书沃尔尤来华参加深圳高交会，前总理麦杰希来华出席外交学会举行的中欧关系研讨会。12月，匈牙利前总理、最大在野党青民盟主席欧尔班应中国国际交流协会邀请首次访华，中共中央政治家常委、国家副主席习近平会见。此外，全国人大常委会副委员长、中国科学院院长路甬祥，全国人大常委会法律委员会主任委员胡康生，全国人大常委会法律工作委员会副主任安建，全国人大环资委副主任委员曹伯纯，中共中央外宣办副主任钱小芊，中央纪委副书记张毅，统战部副部长楼志豪，中国侨联副主席董中原，中央文献研究室副主任李捷，全国总工会副主席孙春兰，中央军委委员，总政治部主任李继耐上将，空军政委邓昌永上将，军事科学院院长刘成军中将，国防大学副校长赵刚中将，武警部队副政委李清印中将，广州军区政委张阳中将，外交部部长助理吴红波，商务部副部长蒋耀平，文化部副部长王文章，国家广电总局副局长赵实，国家质检总局副局长魏传忠，民政部副部长罗平飞，全国妇联副主席洪天慧，中国银监会副主席蔡鄂生，中国电影管理局副局长毛羽等先后访问匈牙利。匈牙利外交部国务秘书法莱尔、政府匈中关系专员胡斯蒂、农业部国务秘书格戈什、国务秘书希尔蒙、环境和水利部国务秘书欧拉赫、国务秘书柯道伊、匈青民盟主席欧尔班等访华。

2009年，中匈贸易额为68.1亿美元，同比下降8.9%。其中中方出口额53.4亿美元，下降12.4%，进口额14.7亿美元，增长6.1%。中方主要出口机电产品、计算机部件、音视设备、纺织品、服装等，主要进口机电产品、汽车零配件等。匈是中东欧地区华商和中资机构最集中的国家之一。据不完全统计，中国在匈华商约2万人，中资机构4000多家，总投资额超过10亿美元。中国企业在匈投资建成了彩电组装、紧固件生产、拖拉机组装、手机零部件等生产加工项目。匈在华投资项目652个，实际投资额约3亿美元。

两国在金融、旅游、航空、文教、科技等领域合作不断扩大。2003年，中国银行布达佩斯分行设立，这是中国在中东欧地区的唯一营业性金融机构。同年，匈成为中国公民出境旅游目的地国。2004年，中国海南航空公司开通北京—布达佩斯直航。布达佩斯匈中双语学校和罗兰大学孔子学院分别于2004年、2006年成立。2006年8月，中匈科技合作委员会第三次联委会会议在布达佩斯举行。2008年4月，中国以主宾国身份出席第15届布达佩斯国际图书节。

为大力推介匈文化、企业和产品，匈政府自2007年9月至2008年6月先后在北京、上海、兰州、成都、青岛、广州、香港、深圳8个城市举办“匈牙利节”，匈总理久尔查尼和国会主席西里分别出席开、闭幕活动。2009年10月，中国文化部在匈举办了“中国文化节”。

中国驻匈牙利大使：高建。馆址：1068 Budapest, Városligeti fasor 20－22.；电话：00－361－4132400；传真：3229067。经商处电话：00－361－4132418。领事部电话：00－361－4132415。网址：www.chinaembassy.hu。

匈牙利驻华大使：库绍伊·山多尔（Sánder Zoltán Kusai）。馆址：北京市三里屯东直门外大街10号。电话：010－65321431；传真：65325053。商务处电话：65323182。网址：www.huemb.org.cn。

1990年6月，台湾在匈设立“台北贸易办事处”，1995年更名为“台北代表处”。1998年5月，匈国际贸易与发展公司在台北设立“匈牙利贸易办事处”。2009年，匈台贸易额为4.11亿美元，其中匈方进口额3.55亿美元，出口额0.56亿美元。

【同欧洲国家的关系】2004年5月1日，匈正式成为欧盟成员国。匈在欧洲议会中占有22个席位。匈政府积极推进欧洲一体化建设，着力改善睦邻关系，进一步加强地区合作。2007年12月21日，匈正式加入申根协定。2009年，寿尤姆总统访问波兰、西班牙、塞尔维亚等国；鲍伊瑙伊总理访问奥地利、法国等国；国会主席西里访问了斯洛伐克。法国参议院议长拉尔歇、罗马尼亚总统伯塞斯库、乌克兰总统尤先科、斯洛文尼亚总理帕霍尔、塞尔维亚总理茨韦特科维奇、捷克总理费舍尔、塞尔维亚总统塔迪奇等相继访匈。

匈与欧盟贸易关系密切。目前，匈对欧盟出口占匈总出口额的78.1%，进口占匈总进口额的68%。2008年，匈与欧盟国家贸易总额达到267580亿福林，其中进口额124580亿福林，出口额143000亿福林。

【同美国的关系】1945年9月25日，匈牙利与美国恢复了因第二次世界大战而中断的外交关系，1966年9月8日两国外交关系升至大使级。2006年，美国总统布什短暂访匈；根茨外长访美。2007年9月，根茨外长再次访美；10月，美前总统克林顿访匈。2008年，两国签订《打击恐怖主义组织信息交换协议》和《刑事犯罪信息交换协议》。2009 年 6 月，鲍拉日外长访美，双方签订《匈美刑事犯罪法律援助协议》。鲍伊瑙伊总理应美国副总统拜登邀请访美。

【同俄罗斯和独联体国家的关系】 近年来，匈牙利与俄罗斯关系进一步发展，两国领导人互访频繁。2006 年 2 月，俄总统普京访匈，俄将二战后从匈掠走的一批珍贵古书归还匈。2007 年，久尔查尼总理对俄进行工作访问。2008 年 2 月，久尔查尼总理访问俄罗斯，双方签署关于合作铺设“南流”天然气管道的政府间协议。2009 年 3 月，久尔查尼总理访俄。

【同其他国家的关系】 匈重视发展与亚太地区各国的关系和加强同广大发展中国家的往来，入盟后更加关注迅速发展的亚洲地区。2006 年，匈国会主席西里访问蒙古。根茨外长访问印度。2007 年，寿尤姆总统访问阿尔及利亚、加拿大，根茨外长访问阿富汗；日本外相麻生太郎、韩国总理韩德洙先后访匈。2008 年，寿尤姆总统访问以色列、巴勒斯坦；久尔查尼总理访问印度；国会主席西里访问土耳其；根茨外长访问日本。巴勒斯坦民族权力机构主席阿巴斯、阿塞拜疆总统阿利耶夫访匈。2009 年，寿尤姆总统访问韩国、日本；久尔查尼总理访问阿曼苏丹、卡塔尔；鲍伊瑙伊总理访问以色列、巴基斯坦；日本二皇子文仁亲王秋筱宫访匈。

2008 年，匈同欧盟以外国家的贸易进口额 58675 亿福林，占匈进口总额的 32%，出口额 40017 亿福林，占匈出口总额的 21.9%。

【同国际及地区组织的关系】 2007 年 1 月，久尔查尼总理赴瑞士参加“达沃斯世界经济论坛”。3 月，根茨外长参加在德国不莱梅举行的欧盟外长会议。4 月，寿尤姆总统参加欧盟八国总统在拉脱维亚举行的里加论坛非正式会晤。6 月，久尔查尼总理参加欧盟首脑会议，10 月，久尔查尼总理出席欧盟峰会，会议通过了《里斯本条约》。12 月，久尔查尼总理出席维谢格拉德四国集团峰会。12 月 13 日，欧盟 27 国在葡萄牙首都里斯本签署《里斯本条约》，久尔查尼总理代表匈牙利在条约文本上签字。2008 年 4 月，根茨外长出席在捷克首都布拉格举行的维谢格拉德四国集团外长会议。10 月，北约国防部长非正式会议在匈牙利首都布达佩斯举行。同月，根茨外长出席在华举行的第七届亚欧首脑会议。2009 年 1 月，由匈牙利总理久尔查尼倡议的纳布科天然气管道项目国际会议在布达佩斯举行。2009 年 3 月，久尔查尼总理出席在布鲁塞尔举行的欧盟春季首脑会议。4 月，久尔查尼总理、根茨外长、塞盖莱什防长赴法、德出席北约成立 60 周年庆祝峰会，鲍伊瑙伊访问欧盟总部布鲁塞尔。5 月，鲍拉日赴布鲁塞尔出席欧盟外长和防长峰会。6 月，鲍伊瑙伊总理出席在波兰举行的维谢格拉德四国峰会，7 月 1 日起，匈开始担任为期一年的四国集团轮值主席国。6 月，鲍伊瑙伊出席在布鲁塞尔举行的欧盟峰会。9 月，寿尤姆总统赴波兰出席维谢格拉德四国集团国家元首峰会，鲍伊瑙伊总理、鲍拉日外长出席联合国气候变化峰会及联大第 64 次大会开幕式。10 月，鲍伊瑙伊总理出席布鲁塞尔峰会。11 月，北约秘书长拉斯穆森访匈。（蔡舒）

意　大　利

国名　意大利共和国（The Republic of Italy, la Repubblica Italiana）。

面积　301333 平方公里。

人口　6002 万。主要是意大利人。讲意大利语，西北部的瓦莱·达奥斯塔、东北部的特伦蒂诺—上阿迪杰和弗留利—威尼斯·朱利亚等少数民族地区分别讲法语、德语和斯洛文尼亚语。大部分居民信奉天主教。

首都　罗马（Roma），人口 272.7 万。最热的月份为 7 月，一般气温在 20℃～32℃；最冷月份为 1 月，一般气温在 1℃～10℃。

国家元首　乔治·纳波利塔诺（GIORGIO NAPOLITANO），2006 年 5 月 10 日当选。

重要节日　元旦：1 月 1 日；主显节：1 月 6 日；复活节：春分后第一次月圆之后的第一个星期日；解放日：4 月 25 日；劳动节：5 月 1 日；国庆日：6 月 2 日；圣母升天节：8 月 15 日；万圣节：11 月 1 日；胜利日：11 月 4 日；圣诞节：12 月 25 日。

简　况　位于欧洲南部，包括亚平宁半岛及西西里、撒丁等岛屿。北以阿尔卑斯山为屏障与法国、瑞士、奥地利、斯洛文尼亚接壤，东、南、西三面分别临地中海的属海亚得里亚海、爱奥尼亚海和第勒尼安海。海岸线长约 7200 多公里。大部分地区属亚热带地中海式气候。平均气温 1 月 2℃～10℃，7 月 23℃～26℃。

意大利半岛史前就有人类活动迹象，最早可追溯到旧石器时代早期。公元前 9 世纪伊特鲁里亚人曾创造灿烂的文明。公元前 754 年罗马建城。古罗马先后经历王政（前 735～前 510 年）、共和（前 509～前 28 年）、帝国（前 27～476 年）三个阶段，存在长达一千年。共和时期，罗马基本完成疆域扩张，帝国时期，成为以地中海为中心，跨越欧、亚、非三大洲的大帝国。西罗马帝国于476年灭亡，东罗马帝国于1453年灭亡。公元962年至11世纪，意北部和中部成为"日耳曼民族神圣罗马帝国"的一部分，而南部则为拜占庭领土，直至11世纪诺曼人入侵意南部并建立王国。12~13世纪在意大利的神圣罗马帝国统治瓦解，分裂成许多王国、公国、自治城市和小封建领地。随着经济实力增强，文化艺术空前繁荣。15世纪，人文主义和文艺复兴运动在意大利应运而生，16世纪在欧洲广泛传播。15世纪末，法国和西班牙争夺亚平宁半岛斗争激化，导致了持续数十年的意大利战争。16世纪起，意大部分领土先后被法、西、奥占领。18世纪意大利民族精神觉醒。19世纪意大利民族复兴运动兴起。1861年3月意大利王国建立。1870年攻克罗马，完成领土统一。此后，意同其他欧洲列强进行殖民扩张竞争，曾先后占领了厄立特里亚（1885~1896年）、索马里（1889~1905年）、利比亚和爱琴群岛（1911~1912年），并在中国取得天津一块商业租界（1902年）。一战时作为盟国一员参战，获得了东北部特伦蒂诺、上阿迪杰、威尼斯·朱利亚和多德卡尼索斯等地区。1922年10月31日墨索里尼上台执政，实行长达20余年的法西斯统治；其间包括入侵埃塞俄比亚（1930~1936年）、帮助佛朗哥在西班牙打内战和与德国结成罗马—柏林轴心（1938年）、随后卷入二战（1939~1945年）并沦为战败国。1946年6月2日全民公投，废除君主立宪，同年7月12日组成共和国第一届政府。二战后，参加马歇尔计划、签署"大西洋公约"并积极参加欧洲一体化进程，系欧盟创始国之一。

政　治

2008年4月中旬，举行全国大选，贝卢斯科尼率领中右联盟以较大优势赢得大选。新政府于5月8日宣誓就职，贝卢斯科尼任总理。

【宪法】现行宪法于1947年12月22日由立宪会议通过，1948年1月1日颁布，2001年10月7日，全民公决通过修改后的宪法。宪法规定意大利是一个建立在劳动基础上的民主共和国。总统为国家元首和武装部队统帅，代表国家的统一，由参、众两院联席会议选出。总理由总统任命，对议会负责。

【议会】议会是最高立法和监督机构，由共和国参议院和众议院组成。两院权力相等，可各自通过决议，但两院决议相互关联。参、众两院分别有315个和630个席位，参、众议员均由普选产生，任期5年。总统有权在任期内任命5位终身参议员。本届参议院共有7名终身参议员。议会的主要职能是：制定和修改宪法和法律，选举总统，审议和通过对政府的信任或不信任案，监督政府工作，讨论和批准国家预算、决算，对总统、总理、部长有弹劾权，决定战争状态和授予政府必要的政治决定权力等。本届为战后第16届议会，于2008年4月选举产生。参议长雷纳托·朱塞佩·斯基法尼（Renato Giuseppe Schifani，自由人民党），副参议长多梅尼科·纳尼亚（Domenico Nania，自由人民党）、罗西·毛罗（Rosi Mauro，北方联盟）、万尼诺·基蒂（Vannino Chiti，民主党）、埃马·博尼诺（Emma Bonino，激进党）。众议长詹弗兰科·菲尼（Gianfranco Fini，自由人民党），副众议长安东尼奥·利昂纳（Antonio Leone，自由人民党）、毛里齐奥·卢皮（Maurizio Lupi，自由人民党）、罗西·宾迪（Rosy Bindi，民主党）、罗科·布蒂廖内（Rocco Buttiglione，中间联盟）。参、众两院各党派议席分配如下（2009年）：

	参议院	众议院
自由人民党	145	270
北方联盟	26	60
民主党	114	209
意大利价值党	12	24
中间联盟	—	36
其他	25	31
共计	322	630

【政府】本届政府于2008年5月8日宣誓就职，是战后第62届政府。内阁成员如下：总理西尔维奥·贝卢斯科尼（Silvio Berlusconi），总理府国务秘书：詹尼·莱塔（Gianni Letta）、保罗·博纳尤蒂（Paolo Bonaiuti，新闻、通讯与出版）、詹弗兰科·米奇凯（Gianfranco Micciché，部际经济计划委员会）、卡罗·焦瓦纳尔迪（Carlo Giovanardi，家庭、毒品与社会服务）、阿尔多·布兰凯尔（Aldo Brancher，联邦制）、罗科·克里米（Rocco Crimi，体育）、毛里奇奥·巴洛基（Maurizio Balocchi，法规简化）、圭多·贝尔多拉索（Guido Bertolaso，坎帕尼亚大区垃圾应急处理，民事保护，大型活动）；主要部长有：外交部长佛朗哥·弗拉蒂尼（Franco Frattini），内政部长罗伯托·马罗尼（Roberto Maroni），司法部长安杰利诺·阿尔法诺（Angelino Alfano），国防部长伊尼亚奇奥·拉鲁萨（Ignazio La Russa），经济与财政部长朱利奥·特雷蒙蒂（Giulio Tremonti），经济发展部长前部长克劳迪奥·斯卡约拉于2010年5月辞职，目前由意总理贝卢斯科尼兼任，农林与食品部长卢卡·扎亚（Luca Zaia），环境、领土与海洋保护部长斯特凡尼亚·普雷斯蒂贾科莫（Stefania Prestigiacomo），基础设施与运输部长阿尔泰罗·马泰奥利（Altero Matteoli），劳动与社会政策部长毛里齐奥·萨科尼（Maurizio Sacconi），卫生部长费鲁乔·法奇奥（Ferruccio Fazio），教育、大学与科研部长玛丽斯泰拉亚·杰尔米尼（Mariastella Gelmini），文化部长山德罗·邦迪（Sandro Bondi）；无任所部长有：大区事务部长拉法埃莱·菲托（Raffaele Fitto），计划实施部长詹佛兰

科·罗通迪（Gianfranco Rotondi），公共职能与革新部长雷纳托·布鲁内塔（Renato Brunetta），机会均等部长马拉·卡尔法尼亚（Mara Carfagna），欧洲政策部长安德烈亚·龙基（Andrea Ronchi），与议会关系部长埃利奥·维托（Elio Vito），联邦制改革部长翁贝托·博西（Umberto Bossi），青年部长焦耳贾·梅洛尼（Giorgia Meloni），法规简化部长罗伯托·卡尔代罗利（Roberto Calderoli），旅游部长米凯拉·维多利亚·布兰比拉（Michela Vittoria Brambilla）。

【行政区划】全国划分为20个行政区，103个省，8101个市镇。20个行政区包括15个普通自治行政区：皮埃蒙特、伦巴第、威内托、利古里亚、艾米利亚—罗马涅、托斯卡纳、翁布里亚、拉齐奥、马尔凯、阿布鲁佐、莫利塞、坎帕尼亚、普利亚、巴西利卡塔、卡拉布里亚和5个特别自治行政区瓦莱·达奥斯塔、特伦蒂诺—上阿迪杰、弗留利—威尼斯·朱利亚、西西里岛及撒丁岛。

【司法机构】最高司法委员会是最高司法权力机构，拥有独立司法体制和任命法官的权力，有法官的任命、分配、调遣、晋升和规定措施等项权力。由33人组成，总统任主席，最高法院院长和总检察长为当然成员。其他成员由议会选举的10位委员（律师和司法教授）和全体法官选出的20位法官组成，任期4年，不得连任和兼职。宪法法院负责处理法律法规的合宪性，解决中央政府各部门间、中央与地方间、地方与地方间权力划分争议，并依据宪法处理对总统和部长的指控。由15名法官组成，任期9年，不得兼职，享有豁免权。宪法法院院长弗朗切斯科·阿米兰特（Francesco Amirante），最高法院院长温琴佐·卡尔博内（Vincenzo Carbone），总检察长马里奥·德里·普里斯科里（Mario delli Priscoli）。另设有审计法院，负责国家公共开支的监督与审计，现任审计法院院长图利欧·拉扎罗（Tullio Lazzaro）。

【政党】实行多党制，各主要政党或党派联盟大多分布在中左和中右两大阵营：

（1）自由人民党（Il Popolo della Libertà）：执政联盟中最大党。2007年11月，贝卢斯科尼在米兰宣布解散意大利力量党（Forza Italia），成立自由人民党。2008年1月，普罗迪领导的中左政府发生危机，纳波利塔诺总统宣布解散议会提前大选。全国大选在际，中右各派力量迅速重组，加快了自由人民党的组建进程。2008年2月，民族联盟（Alleanza Nazionale）宣布加入。此后，社会行动党（Azione Sociale）等纷纷加入，自由人民党进一步壮大。同年4月，与北方联盟（Lega Nord）和自治运动（Movimento per l'Autonomia）联合竞选获胜。

（2）民主党（Partito Democratico）：最大在野党，2007年10月成立。2007年4月，橄榄枝联盟主要政党左翼民主党（democratici di Sinistra）和雏菊党（Margherita）分别决定解散两党，组建民主党。2007年7月，民主党全国初选协调委员会（Coordinamento Nazionale delle Primarie）选举韦尔特罗尼为总书记。2007年10月，民主党成立大会在米兰举行。2008年4月，民主党与意大利价值党（Italia dei Valori）联合参选失利。2009年2月韦尔特罗尼辞去总书记一职，弗兰切斯基尼继任。10月，民主党举行选举，皮埃尔·路易吉·贝尔萨尼（Pier Luigi Bersani）当选总书记。

（3）北方联盟（Lega Nord）：1989年12月成立，总书记博西（Umberto Bossi）。成立之初，北方联盟曾主张将富足的北方省区从意大利分离出去，后其分裂主张有所收敛。2001年入主政府期间，该党积极推动联邦主义、权力下放和地方自治。同年10月，意大利通过全民公投修改宪法第9条，将许多中央职权下放地方。

（4）中间联盟（Unione di Centro）：2007年12月成立，党领袖皮埃尔·费尔迪南多·卡西尼（Pier Ferdinando Casini）。2008年1月，普罗迪领导的中左政府发生危机，纳波利塔诺总统宣布解散议会提前大选。为应对大选，中间力量主要党派基督教民主联盟（Unione dei Democratici Cristiani e di Centro）、意大利玫瑰（Rosa per l'Italia）加快联合。2008年2月两党合并组建中间联盟。

（5）意大利价值党（Italia dei Valori）：1998年3月成立，党主席安东尼奥·迪皮耶罗（Antonio Di Pietro）。迪皮耶罗长期担任法官职业，在反对政治腐败的“净手运动”中名声大震。1998年，组建意大利价值党，并吸收一些独立参选的议员加入。

【重要人物】乔治·纳波利塔诺：总统。生于1925年，法学专业毕业。早年加入反法西斯共产主义青年组织。1945年加入意大利共产党。1956年当选意共中央成员。1962年当选意共中央全国领导机构成员。曾任意共那波里省委书记、意共中央南方发展委员会负责人、意共中央文化委员会负责人、经济政策负责人、对外政策及国际关系委员会负责人等职。1981～1986年任众议院意共党团主席。1989～1992年任欧洲议员。1989～1991年初任外交部长。1991年加入左民党并进入该党全国领导机构。1992～1994年任众议长。1996～1998年任内政部长。1999～2004年任欧洲议会宪法委员会主席。2005年9月任终身参议员。2006年5月，当选总统。　**西尔维奥·贝卢斯科尼：**总理。1936年生于意大利米兰。大学法律系毕业。20世纪60、70年代，靠建造商业住宅起家，1978年组建菲宁韦斯特控股集团并进军传媒业。80年代，创建三家私人电视台，收购意最大的出版社，并担任AC米兰足球俱乐部董事长，一举成为意国内著名企业家。1994年1月，辞去菲宁韦斯特集团所有职务，创建“意大利力量党”。同年

4月，联合“民族联盟”和“北方联盟”赢得议会选举胜利，出任总理。2001年再次出任总理。2008年三度拜相。 **詹弗兰科·菲尼：**众议长。1952年生于博洛尼亚，已婚，有二女。大学教育心理学专业毕业。早年从事记者职业，青年时加入新法西斯党——意大利社会运动（Movimento Socialista），曾任该党党报《世纪报》编辑、青年阵线全国书记。1987年、1991年两度当选为意社会运动全国书记。1993年，意大利社会运动易名为民族联盟，宣布与新法西斯政党决裂，以较温和面貌谋求在政治上更大作为。菲尼系民族联盟主要创始人。1994年菲尼当选民族联盟全国协调员，1995年当选党主席。2001年任副总理，2005年兼任外交部长。2008年2月与贝卢斯科尼共同创建自由人民党。同年4月，自由人民党赢得议会选举，菲尼出任众议长。 **雷纳托·朱塞佩·斯基法尼：**参议长。1950年生于巴勒莫，已婚，有二子。职业律师，早年加入意大利天民党，20世纪90年代初天民党解体后加入意大利力量党。2008年2月加入由力量党与民族联盟合并成立的自由人民党。1996年起连续当选参议员，曾任参议院宪法委员会、劳动委员会、农业委员会、土地与环境委员会委员。2001年起任第14届和第15届参议院意大利力量党党团主席。2008年4月出任参议长。 **皮埃尔·路易吉·贝尔萨尼：**1951年生于贝托拉，博洛尼亚大学哲学专业毕业。曾加入意大利共产党和左翼民主党。1993年当选艾米利亚·罗马涅大区主席。1996～1999年出任普罗迪政府工贸部长，1999～2001年任交通部长。2001年当选众议员。2004年当选欧洲议会议员。2006～2008年出任普罗迪政府经济发展部长。2009年10月当选意大利民主党全国书记。 **翁贝托·博西：**1941年生于瓦雷泽，大学医学专业肄业，早年曾当歌手、蔬果批发商。1980年创建伦巴第西北自治联盟（Unione Nord Occidentale Lombarda per l'Autonomia）。1982年，博西与罗伯托·马罗尼（Roberto Maroni）等组建伦巴第自治联盟（Lega Autonomista Lombarda），并任总书记。1984年创建伦巴第联盟（Lega Lombarda）。1989年组建北方联盟并任总书记。1996年发表独立言论，声称将北方省份从意大利分裂出去，并成立北方议会（Parlamento del Nord）。1987年起多次当选参议员、众议员与欧洲议员。2001年任政治改革和权力下放部长。2008年任改革与联邦制部长。 **皮埃尔·费尔迪南多·卡西尼：**1955年生于博洛尼亚，大学法学专业毕业，分居，有两子女。1980年加入天主教民主党。1983年进入该党全国领导机构，同年当选众议员。1994年组建基督教民主中心（Centro Cristiano Democratico）并任书记，同年当选欧洲议员。2001年当选意众议长。2002年组建基督教民主联盟（Unione dei Democratici Cristiani e di Centro）并任党领袖。2005年当选各国议会联盟（Unione Interparlamentare）主席。2006年当选基督教民主党国际主席（Internazionale Democristiana）。2008年组建中间联盟（Unione di Centro）并任党领袖。 **安东尼奥·迪皮得罗：**出生于1950年10月，法律专业毕业。曾任警察、检察官。90年代，因参与发起对意政界肃贪反腐的“净手运动”而成名。1996年任普罗迪政府公共工程部长，1997年当选意参议员。1998年创立意大利价值党并任主席至今。1999年当选欧洲议会议员，2002～2004年任欧洲议会对南美关系小组和对中亚关系小组主席。2006年任普罗迪政府基础建设部长。

经　济

意大利是发达工业国家。私有经济为主体，占国内生产总值的80%以上。服务业约占国内生产总值的2/3。国内各大区经济差距较大，南北差距明显。中小企业占企业总数的98%以上，堪称“中小企业王国”。受全球金融危机影响，2009年意大利经济陷入衰退，主要经济数据如下（资料来源：意大利国家统计局）：

国内生产总值：1.52万亿欧元。

人均国内生产总值：25237欧元。

国内生产总值增长率：-5.0%。

通货膨胀率（2009年12月）：1%。

失业率（2009年12月）：7.9%。

【资源】自然资源贫乏，仅有水力、地热、天然气等能源和大理石、黏土、汞、硫磺以及少量铅、铝、锌和铝矾土等矿产资源。石油和天然气产量只能满足一小部分国内市场需求，75%的能源供给和主要工业原料依赖国外进口。2008年可再生能源发电量同比上升20%。

【工业】近年来，工业增长在欧盟处于较低水平。各类中等技术含量消费品和投资产品在世界市场上占有相当份额，但高技术产品相对较少。主要工业有：石油化工、汽车制造、家用电器、电子仪器、冶金、机械、设备、纺织、服装、制革、家具、食品、饮料、烟草、造纸、出版、印刷、建筑等。

号称“中小企业王国”，中小企业众多，且专业化程度高、适应能力强，传统上以出口为导向，近70%的国内生产总值由中小企业创造，在制革、制鞋、服装、纺织、家具、厨房设备、瓷砖、丝绸、首饰、酿酒、机械、大理石开采及机械工业等领域具有较大优势。由众多中小企业组成规模化产业区，通过集群分工协作进一步提高了其国际竞争力。但随着经济全球化的不断发展，中小企业也面临日益严峻的挑战。

【农林渔业】境内多山，缺乏肥沃土壤，农业可耕地面积仅占全国总面积的10%。2009年农、林、渔业产值为299.4亿欧元，占国内生产总值的1.97%。北方盛产小麦、玉米、水稻等粮食作物。多个地区出产西红柿、辣椒、柑橘、苹果、樱桃等蔬果。世界第一大猕猴桃生产国。同时分别为继法国和西班牙之后世界第二大葡萄酒和橄榄油生产国。

【**服务业**】服务业是意经济最重要的组成部分，一直保持快速发展。2008 年，服务业就业人口占总就业人口的 67%，51% 的企业归属于服务业，产值占国内生产总值的 71%。服务业在经济发达的大区与城市更趋集中。

【**旅游业**】旅游业发达，为世界第五旅游大国，其产值约占国内生产总值 12%。旅游资源丰富，气候湿润，风景秀丽，文物古迹众多，有良好的海滩和山区，公路四通八达。各种旅馆、酒店 33000 余家，可提供床位 200 多万张。境内还有大量露营地、度假村、农业旅游村等设施。主要旅游城市是罗马、威尼斯和佛罗伦萨等。

【**交通运输**】交通基础设施较齐全。国内运输主要依靠公路，铁路、水路和航空运输也较发达。全国公路网总长 83.7 万公里，高速公路网总长 6532 公里，铁路网总长 16529 公里。全国有热那亚、那不勒斯、威尼斯、的里雅斯特、塔兰托、里窝那、锡拉库扎等 19 个主要港口。机场共 98 个。

【**财政金融**】巨额赤字和公共债务一直是意经济的两大难题。1992 年开始，意加大私有化力度，先后对国民劳动银行（BNL）、意大利信贷银行（1993 年 12 月）和意大利商业银行（1994 年 3 月）以及伊利、埃尼、国家保险公司（INA）、国家电力公司、高速公路公司等大型国有企业采取出售股份的方式实施私有化。同时削减公共开支，并进行社会福利体制改革，财政状况不断改善，近几年的财政赤字及公债占国内生产总值情况如下：

	2007	2008	2009
财政赤字	1.9%	2.7%	5.3%
公共债务	104.0%	105.8%	115.8%

意主要金融机构有：意大利资本集团（Capitalia）、意大利资产管理公司（Mediolanum Spa）、联合圣保罗银行（Intesa Sanpaolo）、联合信贷银行（Unicredito Italiano）、锡耶纳牧山银行（Banca Monte dei Paschi di Siena）、忠利集团（Generali）等。

【**对外贸易**】外贸是经济的主要支柱。传统产品均以出口创汇为主体。专业化工业区和政府鼓励出口政策有效地促进了出口增长。根据意大利统计局数据，2009 年全年对外贸易总额为 5843.4 亿欧元，其中进口总额 2942.2 亿欧元，同比下降 22.0%，出口总额 2901.2 亿欧元，同比下降 20.7%，逆差为 41 亿美元，是世界第八大贸易国。主要进出口市场来自欧盟国家，其中德国、法国、西班牙、荷兰等是其重要进出口伙伴。中国、美国分别是意最大的非欧盟进出口国。进口产品主要有石油、天然气、汽车、化工、冶金原料、药品和服装等，出口产品主要包括机械、汽车、化工产品、汽车配件、服装、药品等。

【**著名公司**】（1）芬梅卡尼卡集团（Gruppo Finmeccanica）：最大的高科技集团公司，国家控股 32.4%，涉及航空、航天、能源、电子防务、交通和信息技术等领域。集团主要进行飞机、直升机、卫星、导弹系统、雷达、火车及发电机组的设计和生产。2008 年产值为 1503.7 万欧元，约占意大利国防工业总产值的 70%。董事长皮埃尔·弗朗切斯科·瓜尔瓜利尼（Pier Francesco Guarguaglini）。网址：www.finmeccanica.com。

（2）意大利工业金融集团（Istituto Finanziario Industriale SPA）：阿涅利家族创立和经营的金融投资公司之一，主要参与在多用和商用车辆、农业、建筑和工业机械、保险、金融服务、电子计算机、航空、冶金、造纸和相关产品、工程、出版、通讯和旅游等领域的投资。董事长詹路易吉·加贝蒂（Gianluigi Gabetti）。网址：www.gruppoifi.com。

（3）国家碳化氢公司（Ente Nazionale Idrocarburi，ENI）：亦称“埃尼集团”，总部在米兰。1953 年 2 月 10 日由国家控制的石油、天然气、石油化工企业合并而成。经营范围包括：原油、天然气、化学品和石油化工产品、核燃料、煤、机械设备、纺织原料和服装、采矿业与冶金，并承包工程建筑及贸易。同约 70 个国家有业务往来，有员工 72000 多人。主席罗伯特·波利（Roberto Poli）。网址：www.eni.it。

（4）国家电力公司（ENEL）：1962 年成立，国家控股 68%，1999 年在米兰和纽约上市，拥有 230 万股民，是拥有股民最多的欧洲公司，意大利最大的电力公司，也是意第二大天然气输送公司。员工人数为 64000 人，生产能力 42000Megawatt，电力领域拥有 3000 万客户。董事长皮耶罗·纽迪（Piero Gnudi）。网址：www.Enel.it。

（5）倍耐力集团（Pirelli S.p.A）：成立于 1872 年。主要经营范围：橡胶轮胎、电缆和通讯设备。目前在世界各地有 24 家子公司。员工 15.5 万人，总部设在米兰。董事长马可·特龙凯蒂·普罗维拉（Marco Tronchetti Provera）。网址：www.Pirelli.it。

（6）意大利电信公司（Telecom Italia S.p.A）：前身是意大利电信集团（Gruppo Telecom Italia），有上百年历史，总部设在米兰。40% 的股份由意与一些国家政府占有。公司业务分布于 9 个国家，共拥有 760 万宽带客户，其中意境内客户为 610 万人。董事长马可·特龙凯蒂·普罗维拉（Marco Tronchetti Provetti）。网址：www.Telecomitalia.it。

（7）菲亚特集团（Gruppo Fiat）：全称意大利都灵汽车制造厂，1899 年创办，1906 年正式用现名，总部设在都灵。由阿涅利家族控制的企业。2008 年总营业额为 593.8 亿欧元，员工总数 173695 人。主席约翰·埃尔坎（John Elkann）。网址：

www. fiatgroup. it。

（8）忠利集团（Gruppo Generali）：成立于1831年。欧洲第三大保险集团，世界十大保险集团之一。由297家公司组成，其中107家保险公司，119家金融与房地产公司。忠利集团与50多个国家有业务往来。董事长安东尼·贝尔汉姆（Antoine Bernheim）。网址：www. generali. com。

人民生活

根据意大利统计局2007年统计数据，全国共有家庭2428万个，平均每个家庭2.4人，家庭每月平均消费2500欧元。全国劳动力总人数2415万；其中就业人数2205万；失业率6.2%，就业率58%。多年来，人口老龄化和出生率下降现象严重。人口出生率为9.7‰，死亡率为9.8‰。人均寿命较长，男性平均76.3岁，女性平均82.4岁。

【南方问题】南方地区包括阿布鲁佐、莫利塞、坎帕尼亚、普利亚、卡拉布里亚、巴西利卡塔大区，以及西西里岛和撒丁岛。南部面积为12.3万平方公里，占全意的40.8%，人口2085万，占全国人口约36%。由于历史原因，南方经济和社会发展严重滞后，南北差距较大，某些省区甚至是欧盟中经济最落后的地方。南方人均收入低，失业率高。南方人均国内生产总值仅占中北部地区的一半。南方失业率高达16%左右，目前，南方失业人口150万，占全国的64.2%。另外，南方“黑手党”等犯罪组织猖獗，虽然近年来随着意打击力度的加大，犯罪组织气焰减弱，但仍影响着南方的发展。

军　事

总统为武装部队最高统帅，总理对国防政策及军队建设负有全部责任。国防部是最高军事行政机关，负责武装力量的建设和管理，实行以国防部长（文官）为首、国防参谋长和国防秘书长分别主管军事和后勤管理的双轨制。国防参谋部是最高军事指挥机构，下辖陆军、海军、空军参谋部和宪兵总部。参谋长委员会为国防部最高咨询机构，成员有国防参谋长、三军参谋长、国防秘书长和宪兵部司令，由国防参谋长任主席。国防参谋长是最高军事长官，他通过国防参谋部、国防秘书厅和军种参谋部对三军实施行政管理，通过三军作战司令部、舰队司令部、空军作战司令部指挥部队的作战和演习。目前实行义务兵和志愿兵相结合的兵役制度。义务兵服役期为10个月。自2000年起在自愿基础上征招女兵。根据2000年议会通过法律，从2004年起开始实行军队职业化，同时将义务兵役改为志愿兵役；2006年最终停止征兵。从1997年起开始逐步裁军，目前陆、海、空三军总兵力为18.67万人。2008年意国防预算总额为211亿欧元，约占当年国内生产总值的1.3%。意是北约成员，北约南欧盟军司令部设在那不勒斯。美国在意还设有多处军事基地与设施，美在加埃塔、那不勒斯、西西里的西戈耐拉和撒丁岛附近的马达莱纳岛设有海军基地。美在阿维亚诺设有空军基地，在维琴察、里窝那设有陆军基地。目前意军队参与了联合国、北约、欧盟框架下涉及18个国家的25个境外维和任务。

文化教育

【教育】2003年2月和3月，意众、参两院分别通过教育改革法，由政府在未来两年内加以实施。改革涉及教育体制中包括重新划分学制、初中毕业后可自行选择高中或职业高中、加强教师培训、设置教学和文化水平评估小组、规定3～18岁接受初、中等教育是权利和义务等项内容。意现有中小学7550所，高中3209所，大学81所。著名大学有罗马大学、米兰“博可尼”大学、博洛尼亚大学、帕多瓦大学、那不勒斯大学、比萨大学和佛罗伦萨大学等。

【新闻出版】新闻出版比较发达，全国有各种报纸杂志52种。主要报纸有：《晚邮报》、《共和国报》、《体育报》、《24小时太阳报》、《体育报》、《新闻报》、《赛场体育邮报》、《信使报》、《赛场体育邮报》、《今日报》。其次，还有一些地方报刊和主要政党机关报刊。

主要综合性期刊：《展望》、《快报》，妇女刊物《现代妇女》，宗教性期刊《基督教家庭》。

安莎通讯社：1945年建立，意最大通讯社。

意大利广播电视公司：成立于1954年，属国有。目前有3个主要频道播送综合广播电视节目。

意广播电视事业发达，全国有私人广播电视台500余家。

对外关系

系欧盟重要国家，八国集团和二十国集团成员。立足欧洲，积极参加欧盟建设，促进欧洲一体化进程；依靠北约，重视发展跨大西洋盟友关系；强调联合国在建立国际新秩序和解决地区冲突中的主导作用，积极参加联合国框架下的维和与人道主义救援行动；主张世界多极化和加强地区性合作；主张通过对话解决地区冲突和南北差距，减免债务和增加对第三世界国家的援助；关注巴尔干半岛局势和地中海事务，积极推动中东和平进程；拓展同亚太地区国家的关系，强调维护人权。2009年任八国集团轮值主席国，7月在意大利拉奎拉市举行八国集团峰会和八国集团同发展中国家领导人对话会议。

【同中国的关系】1970年11月6日中国与意大利建交。2004年5月温家宝总理访意期间，两国建立全面战略伙伴关系，并成立中意政府委员会。2008年，两国双边关系保持稳步发展。双方政治互信稳固，经贸、科技、文化、教育等领域合作取得务实成果，在联合国等国际组织中保持良好磋商与合作。2008年6月，杨洁篪外长正式访意，与总理贝卢斯科尼、外长弗拉蒂尼举行会见会谈，并出席中意政府委员会第3次联席会议。8月，外长弗拉蒂尼来华出席北京奥运会开幕式。2008年10月，总理贝卢斯科尼来华出席第七届亚欧首脑会议等。2009年5月，全国人大常委会委员长吴邦国访意。7月，胡锦涛主席对意进行国事访问。9月，全国人大常委会副委员长华建敏赴意出席首届八国集团新兴国家议长会议。

近年来，两国经贸合作不断扩大，目前，意大利是中国在欧盟重要贸易伙伴和直接投资来源国。受金融危机影响，2009年双边贸易额为312.64亿美元，同比下降18.3%。中国对意出口额202.44亿美元，进口额110.20亿美元，同比分别下降24.0%和5.3%。2010年1～3月，双边贸易额达90.8亿美元，同比增长34.3%，其中中方出口额61.1亿美元，同比增长36.2%，进口额29.7亿美元，同比增长30.4%。截至2010年3月，意在华投资项目共4245个，合同外资金额104.2亿美元，实际投入47.9亿美元。其中2010年，意对华新增投资项目43个，合同外资2.8亿美元，实际投入0.9亿美元。截至2010年3月，中国在意直接投资额为8167.7万美元，中国自意引进项目3348项，合同金额143.62亿美元。

2009年，中意两国在科技、环保、教育、文化等领域取得丰硕成果。9月，意环境、国土与海洋保护部长普雷斯蒂贾科莫访华，并与科技部长万钢签署了关于加强两部合作的联合声明，以及关于二氧化碳封存与捕集的合作协议。11月，中意科技合作混委会在罗马召开第13次会议。截至2009年，中国在意已成立9所孔子学院，2个孔子课堂。中国赴意留学人员5609人。在华学习的意学生2659人，其中奖学金生72人。两国签订了《2010年在意大利举办“中国文化年”活动的联合声明》。截至11月底，中方访意文化团组达32个，732人次，涉及多个领域。其中4月北京交响乐团在意巡演和10月中国残疾人艺术团大型节目“我的梦”在都灵演出获得巨大成功，受到意民众好评。2009年意访华文化团组23个，133人次，在华反响热烈。

中国驻意大利大使：丁伟。馆址：Via Bruxelles, 56 00198 Roma。值班室电话：068413458。传真：0685352891。商务处电话：0636308534；传真：0636308552。领事部电话：0685350118。使馆网址：http://it. chineseembassy. org。

意大利驻华大使：谢飒（Riccardo Sessa）。馆址：北京市三里屯东二街2号。电话：（010）65322131－2－3－4。商务处、签证处电话：65322131－2－3－4。使馆网址：www. italianembassy. org. cn；签证申请中心网站：http://www. italyvac. cn。

【同欧盟的关系】重视欧盟建设，积极推动欧洲一体化。认为欧盟一体化建设是应对全球化挑战的有效手段，只有建立强大团结的欧盟才能最大限度维护意安全和利益。强调欧盟建设应遵循民主原则，反对少数大国垄断欧盟事务。积极推动欧盟制宪进程和体制改革，支持里斯本进程、共同能源政策、稳定公约和共同外交与防务政策。认为欧盟应通过促进经济增长、增加就业和保障社会安全以恢复公众对欧盟建设的信心，并加强共同外交政策以应对危机与挑战。认为欧盟应尽快研究制定统一的贸易政策以应对新兴国家的崛起，应采取有效手段解决非法移民和能源安全等问题。支持欧盟东扩，反对增加新的东扩标准。

【同美国的关系】视美为重要盟友，一直与美国保持密切的政治、经济和军事关系。2008年5月以来，美前总统布什、前副总统切尼先后访意。2009年6月，贝卢斯科尼总理访美。承认美在世界秩序中具有主导地位，注重保持亲密的跨大西洋关系，在伊拉克、阿富汗、伊朗等问题上配合美立场，强调与美的特殊伙伴关系。

【同北约的关系】认为北约仍是欧洲主要防务力量，在保障欧洲大陆和各成员国安全方面发挥中心作用。主张北约与欧盟在危机处理和维和行动方面进行密切合作。支持北约组建快反部队，主张北约和欧盟快反部队应互为补充，共同维护跨大西洋联盟。支持北约东扩，倡导北约与俄罗斯建立新型伙伴关系。主张北约转变职能，在解决地区冲突、反恐和防扩散行动中发挥重要作用。

【同俄罗斯的关系】重视发展对俄关系，希利用俄大国地位提升自身在国际事务中的影响力。率先提出俄与欧洲有着共同的文化和宗教渊源，俄应成为未来大欧洲的一员。支持俄加入世界贸易组织；力促欧盟和北约进一步对俄开放。主张加大融俄力度，建立包括俄在内的“大欧洲”。在俄格冲突、俄乌天然气纠纷中，意态度平衡，反对孤立俄。2008年两国总统、总理实现互访。2009年5月，贝再次访俄。意是俄在欧第二、全球第三大贸易伙伴。

【同巴尔干国家的关系】从地缘政治出发，积极参加“中欧倡议”组织活动，促进该地区合作，谋求在中南欧特别是巴尔干地区发挥更大作用。曾负责联合国驻阿尔巴尼亚多国维和部队的指挥，为阿局势的稳定发挥了独特作用。对巴尔干重建的投资居欧盟第二位，仅次于德国。还是中东欧国家的重要贸易伙伴。

【同地中海国家的关系】认为自己是欧洲和地中海的桥梁，历届政府一直将该地区视为其地缘战略的重点。作为“地中海和平稳定宪章”的倡议国和欧盟—地中海伙伴关系国成员，积极推动欧盟与地中海国家对话与合作，实施欧盟—地中海战略。强调北约南翼的重要性，呼吁欧盟关注地中海地区局势，支持建立欧盟—地中海自由贸易区。推动北约成立“地中海常设舰队”，与法、西组建“地中海快速反应部队”。

【同亚洲国家的关系】重视同亚太地区国家的关

系，加强同东南亚国家的经济合作。主张印巴和解，积极推动朝鲜半岛和平进程，积极参与阿富汗战后重建工作。在与亚洲国家的关系中，重点发展与中国、日本、伊朗及中亚各国的互利合作关系。关注朝鲜半岛局势。认为朝核问题涉及国际安全，希通过外交手段和平解决；对中东和平进程十分关注并积极参与调解行动。同阿拉伯国家及巴以双方均保持良好关系，为寻求政治解决巴以危机做出积极努力。

【同非洲国家的关系】 对非政策总体上与欧盟保持一致，积极推动欧盟对非战略的形成，支持建立“地中海联盟”。积极扶持本国企业赴非投资，主要集中在北非国家，参与了港口、铁路、输水管道等工程的招投标。近年来与南非的经贸往来不断加强。反对发达国家为自身利益强迫非洲国家进行“产业调整”，认为应帮助非洲受援国制订适合国情的经济发展计划。倡导减免非洲国家债务，并提供援助，支持非洲医疗卫生体系建设，加强非洲大陆对抗各种传染病的能力。积极谋求在“非洲之角”（索马里、埃塞俄比亚、厄立特里亚）国家及相关热点问题上发挥传统影响。同时倡导扩大同非洲各国政府及各派力量定期对话，积极推动索马里和平进程，在埃塞俄比亚与厄立特里亚冲突中积极充当调解人，大力敦促苏丹各方进行和平谈判。积极改善同利比亚关系，2009年6月，利比亚领导人卡扎菲执政40年后首次访意。

【同拉丁美洲国家的关系】 拉美是意大利移民最集中的地区，主要集中在阿根廷、巴西、委内瑞拉、乌拉圭。重视拉美地区的发展合作、消除贫困和民主建设等问题，并积极参与美洲国家组织等地区多边组织。双方开展了诸多高等教育、文物保护合作项目。巴西、加勒比和墨西哥是意公民赴海外旅游的主要目的地。积极发展与拉美经贸合作，强调南方共同市场是欧盟重要的对话伙伴。在拉美投资主要集中在阿根廷、乌拉圭和巴西等国。（杨晗）

英　国

国名　大不列颠及北爱尔兰联合王国（The United Kingdom of Great Britain and Northern Ireland）。

面积　24.41万平方公里（包括内陆水域）。英格兰地区13.04万平方公里，苏格兰7.88万平方公里，威尔士2.08万平方公里，北爱尔兰1.41万平方公里。

人口　6140万，其中英格兰占83.6%，苏格兰占8.6%，威尔士占4.9%，北爱尔兰占2.9%（2008年）。官方语言为英语，威尔士北部还使用威尔士语，苏格兰西北高地及北爱尔兰部分地区仍使用盖尔语。居民多信奉基督教新教，主要分英格兰教会（亦称英国国教圣公会，其成员约占英成人的60%）和苏格兰教会（亦称长老会，有成年教徒59万）。另有天主教会及伊斯兰教、印度教、锡克教、犹太教和佛教等较大的宗教社团。

首都　伦敦（London），人口756万（2008年）。最热月份为7月，一般气温在13℃～22℃；最冷月份为1月，一般气温在2℃～6℃。

国家元首　女王伊丽莎白二世（Queen Elizabeth II），1924年4月21日出生，1952年2月6日即位，1953年6月2日加冕。

简　况

岛国，位于欧洲西部，由大不列颠岛（包括英格兰、苏格兰、威尔士）、爱尔兰岛东北部和一些小岛组成。隔北海、多佛尔海峡、英吉利海峡与欧洲大陆相望。海岸线总长11450公里。属海洋性温带阔叶林气候。通常最高气温不超过32℃，最低气温不低于－10℃。北部和西部的年降水量超过1100毫米，其中山区超过2000毫米，中部低地为700～850毫米，东部、东南部只有550毫米。每年2～3月最为干燥，10月至翌年1月最为湿润。

公元1～5世纪，大不列颠岛东南部受罗马帝国统治。后盎格鲁、撒克逊、朱特人相继入侵。7世纪开始形成封建制度。829年英格兰统一，史称“盎格鲁—撒克逊时代”。1066年诺曼底公爵威廉渡海征服英格兰，建立诺曼底王朝。1536年英格兰与威尔士合并。1640年爆发资产阶级革命，1649年5月19日宣布为共和国。1660年王朝复辟。1688年发生“光荣革命”，确定了君主立宪制。1707年英格兰与苏格兰合并，1801年又与爱尔兰合并。18世纪60年代至19世纪30年代成为世界上第一个完成工业革命的国家。1914年占有的殖民地比本土大111倍，是第一殖民大国，自称“日不落帝国”。1921年爱尔兰南部26郡成立“自由邦”，北部6郡仍归英国。第一次世界大战后英开始衰落，其世界霸权地位逐渐被美国取代。第二次世界大战严重削弱了英经济实力。随着1947年印度和巴基斯坦相继独立，英殖民体系开始瓦解，但英仍是英联邦53个成员国的盟主。目前，英在海外仍有13块领地。1973年1月加入欧共体。

政　治

工党政府1997年5月1日上台，分别于2001年6月和2005年5月大选后蝉联执政。2007年6月，托尼·布莱尔

(Tony Blair）辞去首相职务，财政大臣戈登·布朗（Gordon Brown）接任首相。布朗担任首相后，基本继承布莱尔的政策框架，主张深化宪政改革，提出限制政府权力，扩大议会权力和作用；主张加强政府服务职能，建立“服务性国家”，深化公共服务改革，鼓励民众充分参与决策。外交方面，重视维系“英美特殊关系”，积极参与欧盟建设，加强与欧盟大国互动，力争在欧盟事务中发挥主导作用；重视发展同中、俄、日、印等大国关系；加强与英联邦国家的合作，改善与发展中国家的关系；重视对非洲的发展援助；高度重视国际发展问题，提出“千年发展目标行动倡议”。2009年5月，媒体先后披露英国国会议员利用制度上的缺陷，公款报销私人账单。该事件导致多名议员辞职，下院议长迈克尔·马丁也宣布辞职，成为300多年来英国首位被迫下台的下院议长。2009年6月，工党在英格兰地方选举中惨败。

【苏格兰和威尔士地方议会和政府】1999年5月，苏格兰和威尔士选举成立地方议会，分别设129和60个议席。7月1日，两地议会和政府正式运作。苏格兰议会在地方政务、司法、卫生、教育、经济发展等方面享有一定的立法权和行政权，并享有部分征税权，可将所得税的基本税率浮动3%。威尔士议会主要在就业、卫生、教育和环境等问题上拥有决策权，但没有调整税率的权力。此举被视为工党政府实施权力下放的标志性成就。现任苏格兰首席部长亚历克斯·萨蒙德（Alex Salmond），威尔士首席部长卡因·琼斯（Carwyn Jones）。

【北爱尔兰自治政府】1998年4月10日，英国和爱尔兰政府及北爱冲突各方签署和平协议，后选举产生北爱地方议会。1999年11月，北爱议会推举成立由北爱多党分享权力的北爱自治政府。英向北爱移交地方事务管理权，爱尔兰放弃对北爱领土的主权要求。12月，北爱自治政府正式运作，行使除国防、外交和税收之外的立法和行政权。南北爱部长理事会、英爱政府间会议、英爱理事会等机制也正式启动。这是北爱新教派与天主教派首次共享北爱管理权，也是自1972年英对北爱实行直接统治以来，北爱首次拥有自治政府。但是，北爱各派在缴械等问题上的争执使和平进程屡遭挫折，2002年10月14日，英政府被迫第4次中止北爱政府的运作。2003年11月，北爱地方议会进行选举，强硬派民主统一党和对立的新芬党得势。经过英爱政府的艰难斡旋，2004年12月8日，英首相布莱尔和爱总理埃亨宣布一揽子重启和谈的新建议。同年12月20日，北爱发生历史上最大的银行抢劫案，爱尔兰共和军被指控为主谋，和平进程再度搁浅。2005年2月，英、爱政府确定爱尔兰共和军策划了2004年12月北爱银行抢劫案，爱尔兰共和军的政治组织新芬党承认对此事知情，但否认参与银行抢劫案。7月28日，爱尔兰共和军发表声明，宣布从即日起放弃武装斗争，不再从事任何非和平活动。承诺将同解除武装国际独立委员会合作，并邀请新教和天主教代表共同监督声明执行情况。29日，英北爱事务大臣海恩宣布，英军开始拆毁在北爱的部分军事设施并制订分阶段撤军计划。2006年4月，英首相布莱尔和爱总理埃亨在北爱阿马郡举行会谈，就北爱议会恢复运作达成协议并设定时限。2007年3月9日，北爱地方议会举行选举，民主统一党和新芬党得票总数过半。2007年3月26日，民主统一党和新芬党领袖在贝尔法斯特举行历史上首次会晤。2007年5月8日，北爱各方经过艰苦谈判，就权力分配达成妥协，北爱地方联合政府宣告重启。现任首席部长为民主统一党的彼得·鲁宾逊（Peter Robinson），新芬党的马丁·麦吉尼斯（Martin McGuinness）任副首席部长。

【宪法】英国宪法不是一个独立的文件，它由成文法、习惯法、惯例组成。主要有大宪章（1215年）、人身保护法（1679年）、权利法案（1689年）、议会法（1911年、1949年）以及历次修改的选举法、市自治法、郡议会法等。政体为君主立宪制。君主是国家元首、最高司法长官、武装部队总司令和英国国教圣公会的“最高领袖”，形式上有权任免首相、各部大臣、高级法官、军官、各属地的总督、外交官、主教及英国圣公会的高级神职人员等，并有召集、停止和解散议会，批准法律，宣战媾和等权力，但实权在内阁。苏格兰有自己独立的法律体系。

【议会】最高司法和立法机构，由君主、上院（贵族院）和下院（平民院）组成。上院议员包括王室后裔、世袭贵族、终身贵族、上诉法院法官和教会大主教及主教。1999年11月，上院改革法案获得通过，除92人留任外，600多名世袭贵族失去上院议员资格，非政治任命的上院议员将由专门的皇家委员会推荐。2003年2月，英政府提出七项上院改革案，但均遭议会否决，改革上院的计划暂时搁浅。2003年6月，内阁改组后，撤销大法官事务办公室，成立宪政事务部；2007年5月，宪政事务部并入新成立的司法部。2006年7月首次经过选举产生了上院议长海曼女男爵（Baroness Hayman）。下院议员由普选产生，采取简单多数选举制度，任期5年，但政府可提议提前大选。本届下院于2005年5月选出。截至2009年7月25日，在645个议席中，工党占350席、保守党占193席、自民党占63席、其他小党和无党派人士占35席。下院议长约翰·伯科（John Bercow）和三位副议长（通常不投票）占4席。

【政府】实行内阁制。由君主任命在议会中占多数席位的政党领袖出任首相并组阁，向议会负责。工党于1997年5月大选获胜执政，2001年6月、2005年5月大选后先后蝉联执政。2007年6月，布朗接替布莱尔出任首相。英内阁主要成员为：首相兼首席财政大臣、文官部大臣戈登·布朗（Gordon Brown），议会下院领袖兼掌玺大臣、妇女和平等事务国务大臣哈利特·哈曼（Harriet Harman），首席大臣、商业、创新和技能大臣兼枢密院长彼得·曼德尔森（Peter Mandelson），财政大臣阿利斯泰尔·达林（Alistair Darling），外交和联邦事务大臣戴维·米利班德（David Miliband），司法大臣兼上院大法官杰克·斯特劳（Jack Straw），内政大臣艾伦·约翰逊（Alan Johnson），环境、食品和乡村事务大臣希拉里·本（Hilary Benn），国际发展事务大臣道格拉斯·亚历山大（Douglas Alexander），社区和地方政府事务大臣约翰·德纳姆（John Denham），儿童、学校和家庭事务大臣埃德·鲍尔斯（Ed Balls），能源和气候变化大臣埃德·米利班德（Ed Miliband），卫生大臣安迪·伯纳姆（Andy Burnham），北爱事务大臣肖恩·伍德沃德（Shaun Woodward，女），议会上院领袖兼兰卡斯特公爵郡大臣珍妮特·罗亚尔（Janet Royall），内阁办公室国务大臣兼奥运事务和政府主计事务国务大臣泰萨·乔威尔（Tessa Jowell），苏格兰事务大臣吉姆·墨菲（Jim Murphy），就业和养老金事务大臣伊薇特·库珀（Yvette Cooper），财政部首席大臣利亚姆·伯恩（Liam Byrne），威尔士事务大臣彼得·海恩（Peter Hain），国防大臣鲍勃·安斯沃斯（Bob Ainsworth），交通大臣安德鲁·阿多尼斯（Andrew Adonis），文化、传媒和体育大臣本·布拉德肖（Ben Bradshaw），议会总督导、财政部政务次官尼克·布朗（Nick Brown）。

【主要网址】英王室：www. royal. gov. uk；内阁办公室：www. cabinetoffice. gov. uk；中央政府：www. direct. gov. uk；首相府：www. number-10. gov. uk；议会：www. parliament. uk；财政部：www. hm-treasury. gov. uk；英格兰银行：www. bankofengland. co. uk；外交及联邦事务部：www. fco. gov. uk；司法部：www. justice. gov. uk；内政部：www. homeoffice. gov. uk；国防部：www. mod. uk；卫生部：www. dh. gov. uk；环境、食品和农村事务部：www. defra. gov. uk；国际发展部：www. dfid. gov. uk；商务、企业和制度改革部：www. berr. gov. uk；就业及养老金事务部：www. dwp. gov. uk；交通部：www. dft. gov. uk；社区与地方政府部：www. communities. gov. uk；儿童、学校和家庭事务部：www. dfes. gov. uk；文化、传媒和体育部：www. culture. gov. uk；创新、大学和技能部：www. dius. gov. uk；贸易和投资局：www. uktradeinvest. gov. uk；国家统计局：www. statistics. gov. uk；税务及海关总署：www. hmrc. gov. uk；英国广播公司：www. bbc. co. uk。

【行政区划】分为英格兰、威尔士、苏格兰和北爱尔兰四部分。英格兰划分为43个郡。苏格兰下设32个区，包括3个特别管辖区。威尔士下设22个区。北爱尔兰下设26个区。苏格兰、威尔士议会及其行政机构全面负责地方事务，中央政府仍控制外交、国防、总体经济和货币政策、就业政策以及社会保障等。

伦敦也称“大伦敦”（Greater London），下设独立的32个城区（London boroughs）和1个“金融城”（City of London）。各区议会负责各区主要事务，但与大伦敦市长及议会协同处理涉及整个伦敦的事务。

【司法机构】有三种不同的法律体系：英格兰和威尔士实行普通法系，苏格兰实行民法法系，北爱尔兰实行与英格兰相似的法律制度。司法机构分民事法庭和刑事法庭两个系统。在英格兰和威尔士，民事审理机构按级分为郡法院、高等法院、上诉法院民事庭、上院。刑事审理机构按级分为地方法院、刑事法院、上诉法院刑事庭、上院。上院为英最高司法机关，是民、刑案件的最终上诉机关。

1986年成立皇家检察院，负责受理所有由英格兰和威尔士警察机关提交的刑事诉讼案。总检察长和副总检察长是英政府的主要法律顾问。现任总检察长多米尼克·格里夫（Dominic Grieve）。

2007年5月，英内政部改组，分为内政部、司法部两个独立部门。内政部专责安全、反恐、移民，打击犯罪、毒品、反社会行为及建立身份证制度等事务；新成立的司法部取代宪政事务部，并接管原内政部监狱、缓刑及审判等事务。

【政党】政党体制从18世纪起即成为英宪政中的重要内容。现英国主要政党有：

（1）工党（Labour Party）：执政党。1900年成立，原名劳工代表委员会，1906年改用现名。领袖戈登·布朗，2007年6月当选。工党曾于1945~1951年，1964~1970年，1974~1979年执政。1997年大选获胜，并于2001年5月和2005年5月两次蝉联执政。近年来，工党更多倾向关注中产阶级利益，与工会关系一定程度上有所疏远。政治上提出“新工党、新英国”的口号，取消党章中有关公有制的条款。经济上主张减少政府干预，严格控制公共开支，保持宏观经济稳定增长，建立现代福利制度。外交上主张积极参与国际合作，视与美和欧盟关系为两大外交支柱，支持欧盟一体化建设，主张在经济条件成熟时加入欧元区，但表示暂时搁置对《欧洲宪法条约》的全民公决。2001年有党员近40万名，是英第一大党。2003年因英协美参与伊拉克战争导致大量党员退党。截至2004年，党员人数降至约25万名。2004年6月，工党在英地方议会及欧洲议会选举中落败于反对党保守党和自民党。2005年5月，工党再次赢得大选，但在议会中的席位减少，所获选民支持率仅为36%，为历届执政党的最低。同上次大选相比，工党议席数减少45席，议会优势减少近百席。大选结束后，布莱尔承认伊战是造成工党议席数减少的原因之一。在2009年6月英格兰地方议会选举中，工党得票率仅23%，保守党和自由民主党得票率分别为 38% 和 28%。

（2）保守党（Conservative Party）：主要反对党。领袖大卫·卡梅伦（David Cameron），2005 年 12 月当选。保守党前身为 1679 年成立的托利党，1833 年改称现名。1979～1997 年间曾 4 次连续执政 18 年。支持者一般来自企业界和富裕阶层。主张自由市场经济，严格控制货币供应量，减少公共开支，压低通货膨胀，限制工会权利，加强"法律"和"秩序"等。近年来，提出"富有同情心的保守主义"，关注教育、医疗、贫困等社会问题。强调维护英国主权，反对"联邦欧洲"、欧盟制宪及英加入欧元区，但强调英应该在欧盟内发挥积极作用。现有党员约 30 万名。卡梅伦当选保守党新领袖后称，他要重建一个富有同情心的现代保守党。

（3）自由民主党（The Liberal Democrat Party）：1988 年 3 月由原自由党和社会民主党内多数派组成，领袖尼克·克莱格（Nick Clegg）。主张维持与工党的合作关系，推动工党在地方及下院选举中实行比例代表制。在公共服务、社会公正、环境保护等问题上采取比工党更"进取"的政策。主张削减地方税、改善住房和环境，提高退休金，向社会弱势群体提供更多支持，减少政府的浪费和官僚主义行为。支持欧洲制宪，主张加入欧元区。现有党员 7 万名。

英国其他政党还有：苏格兰民族党（Scottish National Party）、威尔士民族党（Plaid Cymru）、绿党（Green Party）、英国独立党（UK Independence Party）、英国国家党（British National Party），北爱尔兰一些政党如：北爱尔兰统一党（Ulster Unionist Party）、民主统一党（Democratic Unionist Party）、社会民主工党（Social Democratic and Labour Party）、新芬党（Sinn Fein）等。

【重要人物】伊丽莎白二世：国家元首。全称为"托上帝洪恩，大不列颠及北爱尔兰联合王国以及其他领土和属地的女王、英联邦元首、基督教的保护者伊丽莎白二世"。1926 年 4 月 21 日生，为已故英王乔治六世的长女。6 岁时开始接受治国教育，研读法律、历史和语言，能讲流利的西班牙语，也会法语和德语。14 岁起开始参加电台广播等各种社会活动。二次大战期间，担任一些社会团体的领导职务，战后担任更多的社会职务，经常巡视英国各地。1952 年 2 月 6 日即位，1953 年 6 月 2 日加冕。女王丈夫为菲利普亲王，受封为爱丁堡公爵。生有三子一女，长子查尔斯王子受封为威尔士亲王，是英国王储。女王曾于 1986 年 10 月访华。1999 年 10 月和 2005 年 11 月分别邀请江泽民主席和胡锦涛主席对英进行国事访问。　**戈登·布朗**：首相。1951 年生于苏格兰，毕业于爱丁堡大学，获历史学博士学位。曾在爱丁堡大学和苏格兰大学任教，并在苏格兰电视台任记者。1969 年加入工党，1983 年当选工党议员，历任工党苏格兰委员会主席、影子内阁财政国务大臣、贸工大臣和财政大臣。1997 年 5 月工党执政后出任财政大臣，并分别于 2001 年 6 月和 2005 年 5 月工党再次胜选后连任。2007 年 5 月 17 日，布朗获工党 354 名下院议员中 313 人提名，以绝对优势成为工党领袖唯一候选人，并于 6 月 24 日被正式选举为工党领袖。2007 年 6 月 27 日，布朗接替布莱尔成为英国历史上第 52 位首相。布朗爱好体育，上大学时曾在一场橄榄球比赛中意外受伤致左眼永久失明。布朗还爱好阅读和写作，著有《约翰·史密斯：党的生命和灵魂》、《民族主义和权力下放中的政治和欲望》及《苏格兰：真正的分裂》等书。已婚，夫人莎拉·布朗曾是一家公关公司经理，有二子。

经　济

英是世界上第六大经济体，欧盟内第三大经济体。私有企业是英经济的主体，占国内生产总值的 60% 以上，服务业占国内生产总值的 3/4，制造业仅占不到 1/5。受全球金融危机影响，英金融业遭受重创，经济形势严峻。2009 年 GDP 收缩 4.7%，为上世纪 30 年代大萧条以来最大衰退。截至 2009 年 12 月，失业人口 247 万，失业率 7.8%。2009 年第四季度，英经济恢复增长，但增幅仅为 0.3%。

2009 年英经济基本情况如下（资料来源：2009 年度英国经济季评、英中央统计局网站）：

国内生产总值：22608 亿美元。

人均国内生产总值：37196 美元。

国内生产总值增长率：-4.7%。

货币名称：英镑（Pound Sterling）；1 英镑 = 100 便士。

汇率（2010 年 5 月）：1 英镑 = 1.43 美元；1 英镑 = 1.17 欧元。

通货膨胀率：2.9%。

失业率：7.8%。

【资源】英是欧盟中能源资源最丰富的国家，主要有煤、石油、天然气、核能和水力等。能源产业在英经济中占有重要地位。2008 年天然气产量为 810 百万兆瓦时，原油产量 7166 万吨，煤炭产量 1760 万吨，总发电量达 385 万亿瓦时，2/3 发电量来自煤和天然气。英国现有 10 座核电站，其发电量在 2008 年占英国总发电量的 13%，但是到 2025 年，其中 9 座核电站将达到使用寿命而停止运营。目前英国政府已确定 10 个适合建设新一代核电站的地址。第一座核电站有望在 2018 年投产，其余 9 座核电站将在 2025 年之前陆续完工，届时英国 40% 的电力供应将来自核能。采煤业完全私有化，近年来生产呈下降趋势。英森林覆盖面积 281 万公顷，占本土面积 12% 左右。主要工业原料依赖进口。近年来，政府强调要提高能源利用效率，发展核能和可再生能源，减少对传统矿物燃料的依赖，建设"低碳经济"，并为此进行了一系列立法保障和政策引导，鼓励高效节能技术开发，培养企业和家庭节能意识。政府计划在2010年前将可再生能源比重从2004年的3.6%左右提高到10%。

【工业】英主要工业有：采矿、冶金、化工、机械、电子、电子仪器、汽车、航空、食品、饮料、烟草、轻纺、造纸、印刷、出版、建筑等。生物制药、航空和国防是英工业研发的重点，也是英最具创新力和竞争力的行业。2009年英工业产值占国内生产总值的23.8%。同许多发达国家一样，随着服务业的不断发展，英制造业自20世纪80年代开始萎缩，80年代和90年代初两次经济衰退加剧了这一态势。2009年英制造业占国内生产总值的比重仅为13%。2005年，英本国拥有的最大汽车生产企业MG罗孚公司破产。英制造业中纺织业最不景气，但电子和光学设备、人造纤维和化工产品，特别是制药行业仍保持雄厚实力。

【农牧渔业】英农牧渔业主要包括畜牧、粮食、园艺、渔业，可满足国内食品需求总量的近2/3。目前，英农业占国内生产总值的比重不到1%，从业人数约53.3万，占总就业人数的2%，低于欧盟国家5%的平均水平，低于其他主要工业国家。农用土地占国土面积的77%，其中多数为草场和牧场，仅1/4用于耕种。农业人口人均拥有70公顷土地，是欧盟平均水平的4倍。近年来除由于农产品价格下降及英镑坚挺导致英农业收入减少外，疯牛病、口蹄疫和农药引发的食品安全问题也使农业发展受到严重影响。按市场价格计算，2007年英国农业总产值为157.8亿英镑，仅占国内生产总值的0.9%。英是欧盟国家中最大捕鱼国之一，捕鱼量占欧盟的20%，满足国内2/3的需求量。

【服务业】服务业包括金融保险、零售、旅游和商业服务等，是英经济的支柱产业。2009年英服务业产值占国内生产总值的75%。2009年英服务贸易总额为4820亿美元，居世界第二位。其中金融业占国内生产总值的9.4%。伦敦是世界著名金融中心，拥有现代化金融服务体系，从事跨国银行借贷、国际债券发行、基金投资等业务，同时也是世界最大外汇交易市场、最大保险市场、最大黄金现货交易市场、最大衍生品交易市场、重要船贷市场和非贵重金属交易中心，并拥有数量最多的外国银行分支机构或办事处。伦敦金融城从业者达32.4万人。截至2008年，共有约550家跨国银行和170家国际证券公司在伦敦设立了分支机构或办事处。2009年，伦敦证券交易所的股票交易量达2.2亿股，交易额为1.73万亿英镑。

【旅游业】英国旅游收入占世界第五位，仅次于美国、西班牙、法国和意大利，旅游业是英最重要的经济部门之一，产值占国内生产总值的5%，从业人员210万。受2001年爆发的口蹄疫和“9·11”事件的影响，来英外国游客从1999年高峰时期的2570万锐减到2001年的2280万，同期旅游收入也从202亿美元下降到163亿美元。2002年数字开始回升，到2007年已达3280万人次，收入达370亿美元。美国游客居海外游客之首，占11%，其他依次为法国、德国、爱尔兰、西班牙、荷兰、意大利和波兰。伦敦是外国游客必到之处，且旅馆众多，但旅馆房间多为豪华型，经济型房间较为紧缺；而餐馆在数量和风味上都有很大增加，可满足不同口味的需求。主要旅游地区有：伦敦、爱丁堡、卡迪夫、布赖顿、格林尼治、斯特拉福、牛津和剑桥等。主要观光景点有：歌剧院、博物馆、美术馆、古建筑物、主题公园和商店等。

【交通运输】英交通基础设施较齐全。陆路、铁路、水路、航空运输均较发达。伦敦有十分发达的地铁网。1994年英法海底隧道贯通，将英国与欧洲大陆的铁路系统连接起来。1997年工党执政以来，重视交通问题，为此制定了十年规划，计划从2001~2010年十年间投资1800亿英镑用于维护和改善交通。近年来的交通运输情况如下：

铁路：1997年完成私有化。目前，英铁路总长达1.66万公里。2008年，铁路总客运量为510亿人公里；总货运量为251亿吨公里。全国铁路和伦敦地铁分别承担了铁路系统运输量的49%和44%，其余由轻轨承担。

公路：2008年英国公路总长达39.4万公里，其中3518公里为高速公路，承担着19%的交通量；9343公里为干道，承担14%的交通量；其余各种公路总和承担的交通量为62%。2006年新增公路145公里。85%的出行旅客由各类小汽车、家庭轿车和出租车运送，而公共汽车和铁路的运送量分别占6%和9%。截至2009年年底，注册的机动车辆总数为3430万辆，75%家庭拥有汽车。

水运：英内河航运共3200公里，其中620公里用于货运。泰晤士河是最繁忙的内陆水运河，其次为福斯河。海运承担了95%的对外贸易运输。2008年英国共有1000吨以上商船455艘，总吨位为1296.8万吨。2008年英国港口总吞吐量为5.62亿吨，出口1.56亿吨，进口2.66亿吨。英国大小港口众多，其中100个为重要商业港口，有52个港口年吞吐量在100万吨以上。吞吐量超过1000万吨的港口有：格里姆斯比—因明翰、伦敦、蒂斯—哈特浦尔、福斯、米尔福德—黑文、南安普顿、利物浦、萨仑沃、菲利克斯托、多佛等。通过发展航运金融和海事服务，英国保持了全球航运定价中心和管理中心地位。伦敦是国际海事组织、国际海运联合会等国际航运机构总部所在地。

空运：英国所有的航空公司和大多数机场均为私营企业。2008年，共有50多家航空公司，在役飞机

967 架，载客量 1.31 亿人次，客运里程 3110 亿公里，货运运输量 123 万吨。英国航空公司（British Airways）是世界最大航空公司之一，拥有 300 多架飞机，其航线覆盖 90 多个国家和地区约 220 座城市。英共有 449 家机场，其中 35 个机场年客流量在 10 万人次以上。英最大机场是伦敦希思罗机场，也是世界最大最繁忙的机场之一，2008 年客流量 669 万人次；盖特威克机场是英第二大机场，2008 年客流量 340 万人次。

【财政金融】每年 4 月 1 日开始新的财政年度。政府财政预算支出包括公共支出（中央政府和地方政府开支）、支付债务利息和财务调整。财政预算收入含直接税、间接税和国民保险税收入三项。近几年政府财政收支情况如下（单位：亿英镑）：

	2006/2007	2007/2008	2009/2010
财政收入	5207.68	5699.85	5123.73
财政支出	5084.49	6551.22	5933.39

（资料来源：2009 年度英国经济季评，英中央统计局网站）

截至 2009 年底，英外汇储备共计 711 亿美元。中央政府和地方政府债务总额 7440 亿英镑，占国内生产总值的 51%。2009 年财政赤字 900 亿英镑，占国内生产总值的比重为 5.6%，国际收支账户逆差 290 亿英镑。

【主要银行】英格兰银行（Bank of England）：1694 年成立，1946 年成为英国的中央银行，是世界上第一家中央银行。

汇丰控股公司（HSBC Holding）：世界第 21 大公司。2009 年营业收入 1420.49 亿美元。

皇家苏格兰银行（Royal Bank of Scotland）：世界第 38 大公司。2009 营业收入 1130.87 亿美元。

巴克莱银行（Barclays）：世界第 83 大公司。2009 年营业收入 751.36 亿美元。

劳埃德 TSB 集团（Lloyds TSB Group）：世界第 256 大公司。2009 年营业收入 321.96 亿美元。

苏格兰哈里法克斯银行（HBOS）：世界第 107 大公司。2009 年营业收入 624 亿美元。

【对外贸易】英基础设施完善，政府配套服务措施到位，鼓励自由贸易，重视引进新技术、新产品和新的管理方法，以增加出口，提高就业。英与世界 80 多个国家和地区有贸易关系，主要贸易对象是欧盟、美国和日本。

2009 年，英商品贸易额为 8312 亿美元，居世界第七位。服务贸易自 1966 年以来一直顺差，2008 年顺差为 836 亿美元。主要进口产品有：食品、燃料、原材料、服装、鞋业、电子机械设备、汽车等。主要出口产品有：石油及相关产品、化工产品（包括医药制品）、烟草、饮料、机械设备等。欧盟是英国最大的贸易伙伴，2009 年分别占英出口额的 49.7% 和进口额的 54%。2009 年英前四位最大出口市场为：美国（17%）、德国（11.5%）、荷兰（7.8%）、法国（7.6%）。前四位最大进口市场为：德国（13%）、美国（8.7%）、中国（7.5%）、荷兰（7.4%）。

【对外投资】英一直是国际资本的重要输出大国，这一特点随着英 1979 年取消外汇管制和北海油田的发现更加突出。20 世纪 80 年代上半期英对外投资额可与美、日媲美，但随着 90 年代初期的经济衰退，英对外投资也随之大幅下降，之后又开始大幅攀升。根据欧盟统计局的数据，2008 年英国对外直接投资绝对值降至 522 亿欧元，降幅达 57%，但仍位列欧盟国家首位。2003 年，英国贸易局更名为“贸易和投资局”，下设英贸易伙伴局和投资局。

【对外援助】根据联合国千年发展目标，英正逐步将对具体项目的援助改为向落实减困战略的国家政府直接提供援助。2008 年，英官方发展援助（ODA）总额为 63.5 亿英镑，占当年国民收入（GNI）的 0.43%，90% 的援助款项用于最不发达国家，对非洲的援助增加 12.5 亿英镑，其中用于艾滋病相关工作的援助为 15 亿英镑。英政府承诺尽早将官方发展援助总额提高到国民收入的 0.7%。

【外国资本】英国政府鼓励吸引外资。根据联合国贸易和发展会议（UNCTAD）最新发布的报告，在全球外国直接投资（FDI）受金融危机影响下降 39% 的背景下，英国 2009 年共吸收外国直接投资 70 亿美元，同比大幅下降 92.7%。外资在英投资项目主要为计算机软件、信息技术、互联网、电子商务、电子和通讯、医药和生物技术、管理行业、汽车、食品和饮料等。投资形式为收购、兼并现有企业、扩大生产规模、建立科研基地或跨国公司等。美国是对英最大投资国，其他主要投资国包括法国、日本、加拿大、德国、爱尔兰、挪威等。

【著名公司及经济团体】2009 年营业收入进入《财富》全球 500 强的英国公司和企业有：

英国石油（BP）：世界第 4 大公司。主要经营炼油业务。2009 年营业收入 3670.53 亿美元。

特易购（Tesco）：世界第 56 大公司。主要经营食品及药品店业务。2009 年营业收入 943 亿美元。

沃达丰（Vodafone）：世界第 94 大公司。主要经营电信业务。2009 年营业收入 691.38 亿美元。

力拓集团（Rio Tinto Group）：世界第 134 大公司，英国和澳大利亚联合公司。主要经营矿产业务。2009 年营业收入 542.64 亿美元。

葛兰素史克（GlaxoSmithKline）：世界第 168 大公司。主要经营制药业务。2009 年营业收入 446.54 亿美元。

南苏格兰电力公司（Scottish and Southern Energy)：世界第 178 大公司。主要经营天然气与电力。2009 年营业收入 428.55 亿美元。

英国电信公司（BT）：世界第 210 大公司。主要经营电信业务。2009 年营业收入为 366.26 亿美元。

英杰华（Aviva）：世界第 221 大公司。主要经营人寿健康保险业务。2009 年营业收入 355.06 亿美元。

沃斯利集团（Wolseley）：世界第 248 大公司。经营业务多样化。2009 年营业收入 330.84 亿美元。

桑斯博里（J. Sainsbury）：世界第 261 大公司。主要经营食品及药品店业务。2009 年营业收入 318.76 亿美元。

阿斯利康（Astra Zeneca）：世界第 268 大公司，主要经营制药业务。2009 年营业收入 316.01 亿美元。

英国宇航集团（BAE Systems）：世界第 279 大公司。主要从事航天国防服务。2009 年营业收入 305.7 亿美元。

国家电力供应公司（National Grid Transco）：世界第 333 大公司。主要经营天然气与电力。2009 年营业收入 266.06 亿美元。

英美资源集团（Anglo American）：世界第 336 大公司，经营矿产业务。2009 年营业收入 263.11 亿美元。

威廉莫里斯超市（William Morrison Supermarkets）：世界第 344 大公司。主要经营食品和药品店业务。2009 年营业收入 259.09 亿美元。

金巴斯集团（Compass Group）：世界第 407 大公司，主要经营饮食服务业。2009 年营业收入 225.22 亿美元。

英美烟草集团（British American Tobacco）：世界第 416 大公司。主要经营烟草业务。2009 年营业收入 222.28 亿美元。

英中贸易协会（China-Britain Business Council）：前身是 1953 年由一批冲破西方对华贸易封锁的英中小企业成立的“48 家集团”。后英政府又成立了半官方的“英中贸易协会”。两组织于 1991 年合并为“英中贸易 48 集团”，1998 年更名为“英中贸易协会”。该会受英政府的资助和指导，现有核心会员近 300 家，绝大部分是长期从事对华经贸合作的企业、银行和贸易公司。主要任务是：促进中英双边贸易和经济技术合作。主要活动是：组织贸易代表团访华，接待中国到访代表团，举办展览会，为英商提供中英贸易信息和咨询，出版《中英贸易回顾》和《英国工业》等刊物。

人民生活

实行公共保健、社会保险等福利制度，是最早实施福利制度的西方国家。实行五天工作制。截至 2009 年底，英总就业人数为 2883 万，全日制雇员平均周工资为 489 英镑，伦敦地区为 627 英镑，为全国最高；东北部地区最低，为 436 英镑。

国民医疗服务体系（National Health Service）是英福利体系的标志。1948 年由当时的工党政府创立，并一直延续至今，为全民提供免费医疗服务。2007 年英人均医疗费 312 英镑。由于初级健康保健实施良好，英人均寿命与其他发达国家相当。2009 年，男性平均寿命为 77.4 岁，女性为 81.6 岁；婴儿死亡率为 4.9‰。

军事

建军时间约在 17 世纪中期。女王伊丽莎白二世为英军名义上的最高统帅。最高军事决策机构是“国防与海外政策委员会”，首相任主席，成员有国防大臣、外交大臣、内政大臣和财政大臣等；必要时，国防参谋长和三军参谋长列席会议。国防部为国防执行机构，既是政府行政部门，又是军事最高司令部。现任国防大臣鲍勃·安斯沃斯。

英是北约集团的创始国和主要成员国，拥有独立的核力量。1997 年 5 月，工党政府上台后，继续将北约集体防务力量作为英国安全的基础；积极推动建立欧洲快速反应部队；保持强大的常规部队及核威慑力量；突出强调质量建军和联合快速反应部队的建设，重点提高英军处理各种危机、应付突发事件的快速反应能力，努力维护英在欧洲及海外传统势力范围的战略利益。

英实行正规军与预备役部队相结合的武装力量体制。截至 2009 年，英正规军总兵力 19.79 万。实行志愿兵役制，服役期 3、6、9、12、15 年不等，一般最长为 22 年。预备役部队总兵力 22.5 万。2009 年英海外驻军 2.8 万人，主要部署在德国、加拿大、塞浦路斯、马尔维纳斯群岛、波斯尼亚、科索沃、塞拉利昂、阿富汗和伊拉克等地。2009 年国防开支 340 亿英镑，占国内生产总值的 2.1%。2006 年 12 月，英国发表核威慑政策白皮书，称英将斥资 150 亿 ~200 亿英镑用于研制新一代战略弹道导弹核潜艇，取代将于 2020 年左右退役的运载“三叉戟”战略弹道导弹的“前卫”级核潜艇，保持英战略核威慑力量。英拟将现有“三叉戟 D5”型弹道导弹服役期延长至 2042 年，并适时决定是否与美合作研发新型弹道导弹。英还决定将核潜艇数量由 4 艘减至 3 艘，核弹头由 200 枚减至 160 枚。2007 年，英政府宣布投资 39 亿英镑建造两艘航母，将分别于 2014 年和 2016 年投入使用。

英军事工业发达，武器装备的现代水平居世界先进行列。军事工业规模可观、种类齐全，技术力量雄厚，具有独立研制包括战略核武器在内的各种大型武器装备的能力，某些技术和装备居世界一流水平。英是世界武器出口大国，主要出口类别包括军用飞机、战术导弹、作战舰艇和军事电子设备。

文化教育

【教育】英格兰、威尔士和苏格兰实行5～16岁义务教育制度，北爱地区实行4～16岁义务教育制度。义务教育归地方政府主管，高等教育则由中央政府负责。

英重视教育和科研水平的提高，目前正进行教育改革，允许高校增收学费，同时继续加大教育投资，2009年教育经费为840亿英镑，占GDP的5.4%。中小学公立学校学生免交学费，约占学生总数的93%。私立学校师资条件与教学设备都较好，但收费高，学生多为富家子弟，约占学生总数的7%。英文盲率仅为1%。

约40%的中学毕业生能够接受高等教育。全国有110多所大学和高等教育学院。2009年高等教育支出约占国内生产总值的1.3%。著名的高等院校有牛津大学、剑桥大学、帝国理工学院、伦敦政治经济学院、华威大学、曼彻斯特大学、爱丁堡大学和卡迪夫大学等。目前有30多万海外学生在英大专院校学习。

英是世界高科技，高附加值产业的重要研发基地之一，其科研几乎涉及所有科学领域。以世界1%的人口，从事世界5%的科研工作，所发表学术论文占9%，引用量达12%，仅次于美国。获国际大奖人数约占世界的10%，迄已涌现出78位诺贝尔科学奖得主，居世界第二。在生物技术、航空和国防方面具有较强的竞争力。

英国是世界文化大国之一，文化产业发达。全国约有2500家博物馆和展览馆对外开放，其中大英博物馆、国家美术馆等闻名于世。英国皇家芭蕾舞团、伦敦交响乐团等艺术团体具有世界一流水准。每年举行约500多个专业艺术节，其中爱丁堡国际艺术节是世界上最盛大的艺术节之一。当今世界80%的信息以英语传播。

【新闻出版】英国新闻出版业发达，目前全国共有约1300多种报纸，8500种周刊和杂志，其中全国性日报11份，每周日发行的报纸11份。主要报刊、杂志有《泰晤士报》、《金融时报》、《每日电讯报》、《卫报》、《独立报》、《世界新闻》、《观察家报》、《星期日泰晤士报》和《经济学家》等。英15岁以上人口中有超过2/3的人至少阅读一份全国性日报。英互联网普及率较高，2006年英上网人数达3353.4万人。

通讯社主要有3家：（1）路透社：1851年成立，集体合营，世界重要通讯社之一，总部设在伦敦，在130个国家设有190多个分支机构，拥有约2400名编辑、记者和摄影师等工作人员。（2）新闻联合社：1868年创办，由PA新闻、PA体育、PA检索和PA数据设计4家公司联合经营，专门为英国和加拿大的企业提供公关和投资信息。（3）AFX新闻有限公司：由法新社与金融时报联合经营，向欧洲的金融及企业界提供信息和服务，在欧洲12国、美国及日本设立分支机构，总部在伦敦。

英共有5家通过地面发射的覆盖全国的电视台，即英国广播公司（BBC）、第三频道（ITV）、第四频道（Channel 4）、第五频道（FIVE）和专门针对威尔士地区并使用威尔士语的S4C。此外还有卫星电视和有线电视，如天空电视等。

英国广播公司（BBC）除提供电视节目外，还提供无线电广播服务。该公司系由几个无线电制造商于1922年创办，最初只向全国提供有限的无线电广播服务，目前已发展到拥有5个对内广播电台、1个对外广播电台、两个国内电视频道、5个供交费用户使用的数码频道及2个向全球播放节目的卫星频道的大型广播电视公司。目前广播电台年播出总量达4.4万小时，在英国内拥有54%的听众，其对外广播电台用43种语言向全世界各国播放节目，约有1.46亿全球听众。电视台开播于1936年，目前每年播出时间达5.5万小时，BBC1主要播放新闻、时事、宗教、体育、歌剧及少儿和娱乐节目，BBC2主要播放音乐、艺术、喜剧、教育及一些特别节目。

第三频道（ITV）节目始播于1955年，面向全国提供24小时全天服务，其中1/3时间播放新闻，其他时间播放体育、喜剧、游戏和电影等。经费来源主要靠广告赞助。第4频道（Channel 4）自己不制作节目，所播节目主要从独立制片人或包括海外的节目制作商处获取。节目从形式到内容以表现实验性、改革性和创新性为主。第五频道（FIVE）于1997年3月开播，主要播出时政、儿童节目、电影、戏剧和体育节目。

对外关系

英国是联合国安理会常任理事国以及欧盟、北约、英联邦等120多个重要国际组织的成员，系5个核大国之一，同185个国家建立了外交或领事关系，有13块海外领地。冷战结束后，英在国际事务中的影响呈下降趋势。1997年5月，工党政府上台后，积极参与国际事务，展开全方位枢轴外交。对欧洲政策更趋进取、务实，主张英应在欧盟发挥领导作用；积极巩固与美特殊关系，希望成为欧美新型伙伴关系的桥梁，参与美对科索沃、阿富汗及伊拉克战争；大力发展同中、印等发展中大国的关系；努力维系同英联邦国家的传统联系，关注非洲发展及气候变化问题，支持联合国改革。先后推出“新干涉主义”、“国际共同体”、“失败政权论”、“责任主权”、“全球社会”等国际关系新理论，提倡“有效多边主义”，主张以军力为后盾，西方价值观为基础，建立以美欧为主导的国际新秩序。

布朗担任首相后将保持和发展对美、欧和新兴大国的关系作为外交政策的重要部分，在保持英美特殊关系的基础上，更加重视发展与中国等新兴大国的关系；强调通过多边机制应对全球挑战；突出气候变化、可持续发展、共同应对全球化和落实联合国千年发展目标等问题。布朗政府认为英国应发挥国际引领作用，牵头推进国际合作，应对全球性挑战，塑造未来世界，外交工作重点包括：切实有效地运用多边主义，积极应对经济危机，实现全球繁荣；达成一个真正的气候变化协议；达成一个新的防扩散协议；制定阿富汗、巴基斯坦新战略，剥夺恐怖和极端分子生存和发展的空间，维护世界安全。

【对当前重大国际问题的态度】关于当前国际形势：英国首相布朗在前首相布莱尔提出“全球治理”和“国际共同体”理念基础上，提出推动建立“全球社会”理念，奉行“冷静和务实”的多边主义，积极应对全球性挑战，认为当今全球面临经济复苏、气候变化、反恐、防止核扩散和减贫等5大挑战；主张改革国际体系，认为世界政治经济中心正在逐渐从西方向东方转移，西方少数国家无法单独应对挑战，应增加新兴力量在体系内的发言权，主张推进联合国、八国集团、国际货币基金组织和世界银行改革，认为二十国集团（G20）开创了新的经济合作体系；强调“责任主权”和人权民主，国际社会有权干涉“失败国家”、“脆弱国家”和其他人权问题。

在金融危机背景下，布朗政府以“全球社会”和“责任主权”为理论指导，推动国际金融合作和体系改革，妥善处理热点问题，加强与美、欧和新兴大国的关系，大力开展金融外交，推出英国版救市方案，呼吁国际社会协调采取财政和货币政策，改革国际金融机构。积极承办伦敦金融峰会，提出国际社会应达成“全球新政”，积极开展“穿梭外交”，协调美、欧和新兴经济体各方利益，推动峰会达成广泛共识，宣称伦敦金融峰会标志着世界进入了“一个崭新的国际合作的进步时代”。

关于反恐：强调坚决打击一切形式的恐怖主义。认为恐怖主义的根源是伊斯兰极端主义，战胜恐怖主义不能单靠武力，还需打赢价值观之战。呼吁各国依法禁止煽动恐怖主义的行为。积极推动包括穆斯林温和力量在内的国际反恐联盟，增强国际反恐力度和实效。主张对“失败国家”采取干预政策，防止其成为国际安全的威胁。强调区别对待伊斯兰极端主义和温和力量，加强与主流温和力量的建设性接触和对话，推动伊斯兰国家民主化进程。2009年4月，英政府出台对阿富汗、巴基斯坦反恐新战略，将尊重人权与法制、标本兼治、争取民众支持作为反恐基本指导原则，敦促国际社会向两国提供发展援助问题进行协调，根除阿巴边境地区的恐怖主义，打击该地区毒品贸易。

关于防扩散问题：主张通过多边机制实现国际核裁军目标，支持建立无核武器世界。视防扩散为国际社会面临的最大挑战之一，2009年发表《通向2010年之路——应对21世纪核问题》战略文件，指出英的目标是减少并最终消除全部核武器，因此需在制定更连贯的和平利用核能全球战略的同时，为建设无核世界创造条件，认为应对21世纪核问题的战略目标是既充分发展民用核能，又有效控制核武器扩散风险，主张通过加强多边手段应对21世纪核问题。

关于欧盟一体化建设：积极谋求在欧盟内发挥领导作用并依托欧盟发挥全球作用，主张欧盟成为主权国家联合体，但拒绝在外交、国防、税务、社会保障、边界控制、司法等领域放弃国家否决权，反对将欧盟建成超国家机构，支持欧盟继续扩大和土耳其入盟。对加入欧元区持观望态度，强调将根据五项经济标准做决定。主张欧盟进行经济改革，提高经济竞争力。强调欧盟对内应重点解决民生问题，重建民众对欧盟的信任，对外提高危机处理能力，更有效推广自由、民主、人权等价值观，提升欧盟“软实力”，使欧盟成为“榜样的力量”，为国际社会建章立制。

关于欧洲防务建设及北约：对欧洲共同防务建设态度积极，希在其中发挥领导作用。推动建立欧洲快速反应部队，支持欧盟组建独立军事指挥机构，以提升欧盟军事能力，但强调欧洲防务建设不能削弱北约在欧洲安全中的基石作用。支持北约进行战略转型，认为北约在新形势下应改善决策和管理机制，使之更具灵活性、外向性和干预性，使北约在国际事务中发挥更大作用。

关于联合国：认为联合国是国际体系的基石、国际集体行动合法性的最有力来源和最具广泛代表性的国际组织。主张在国际问题上更多发挥联合国作用，推动联合国增加对减贫、疾病防治和环境保护的投入，呼吁实现联合国千年发展目标，将人权、安全及发展问题更紧密联系起来，提高联合国预防和解决冲突的能力。赞同联合国改革和安理会扩大，支持德、日、印度、巴西四国“入常”。

关于伊拉克问题：积极参与伊拉克重建进程，支持联合国在伊问题上发挥更大作用，支持联合国和伊政府共同发起的旨在促进和平重建的“伊拉克契约”。认为伊经济改革和发展有利于巩固伊政治和解进程，多国部队应逐步撤离，最终实现“伊人治伊”。英驻伊作战部队已从2009年5月起从伊撤离，仅留400人帮助伊培训军队和警察。

关于巴以冲突：认为如何处理巴以矛盾事关西方与伊斯兰世界关系。支持重启“路线图”计划，认为谈判是解决巴以问题的有效途径。以色列应享有充分安全，但行动应符合国际法。支持巴勒斯坦建国并向其提供援助。支持美对中东和平进程的投入。主张国际社会加大对中东地区经济投入，通过经济重建推动巴以冲突的解决。前首相布莱尔担任中东问题“四方特使”。

关于伊朗核问题：视伊朗核问题为国际防扩散体

系的最大威胁，敦促伊执行联合国安理会相关决议，暂停铀浓缩及相关活动。呼吁国际社会特别是安理会五常保持团结，保持对伊压力，强调大国间有必要就伊核问题结成联盟，维护共同利益。目前唯一使伊面对现实的方式是制定新的一揽子制裁措施，同时尽量不给伊民众造成痛苦，制裁和接触是相互补充的。

关于朝鲜核问题：主张与朝鲜进行建设性接触。2002年与朝建立大使级外交关系。支持朝鲜半岛无核化，认为“六方会谈”是实现该目标最有效途径，欢迎会谈取得积极成果，称赞中国发挥的重要作用，敦促朝严格履行已达成的协议。对朝核试验表示强烈谴责，认为此举是错误、误导性和对世界构成危机的行为，损害了朝鲜半岛的和平，对朝自身安全无益。朝应当负起责任，立即回到谈判轨道上来，明确表态不发展核武器。

关于阿富汗问题：认为阿富汗稳定事关反恐大局，事关北约战略转型，阿富汗问题是英外交首要优先内容。英面临的主要安全威胁来自阿、巴边境地区，英必须保持在阿军事存在，打击塔利班分子。2009年10月，布朗首相宣布有条件向阿增兵500人，从而使驻阿英军总数达到9500人，仅次于美国居第二位，英将在改进装备的条件下向阿增兵。英于2010年1月在伦敦举行阿富汗问题国际会议，制定阿富汗问题路线图，认为解决阿富汗问题仍有很长的路要走，现在已经到了关键时刻。

关于缅甸问题：布朗首相十分关心缅甸问题。英强烈谴责缅甸政府武力镇压民众抗议活动，要求缅军政府停止使用暴力，释放昂山素季等政治犯，切实开启民主进程。认为缅甸局势影响地区和平与安全，安理会应介入。认为施压是改变缅政府行为的有效手段，支持欧盟扩大对缅制裁，要求联合国对缅甸实施武器禁运。希望中、印和东盟成员等邻国对缅施加影响。2009年8月，缅甸军政府宣判昂山素季软禁再延长18个月后，英反应强烈，呼吁联合国加大对缅制裁，并表示英将竭尽全力解救昂，确保缅重新实现民主。认为缅甸下届大选如能真正囊括各派，体现自由和公平，国际社会将与缅一道重建缅的未来与繁荣。

关于达尔富尔问题：认为苏丹达尔富尔问题是当今世界最大的人道主义危机之一，主张从四个方面解决达问题，一是加快非盟和联合国维和行动，二是积极支持非盟和联合国主导的政治进程，三是在政治进程取得进展的前提下，促进达区经济恢复和重建，四是制定全面战略解决达及周边地区问题，包括乍得问题。

关于非洲减贫问题：重视减贫问题。支持“非洲发展新伙伴计划”以及非盟发挥更大作用。主张国际社会在减债、投资和市场准入等方面为非洲提供更有利的条件，增加对非援助。认为非洲发展的关键是实行西方“民主”制度和“良治”，强调对非援助要与非洲“民主”、“良治”挂钩。呼吁国际社会共同为减贫而努力。

关于气候变化问题：认为气候变化是全球面临的重大挑战。英是首个研究气候变化经济学的国家，也是首个通过立法应对气候变化的国家，率先设定削减温室气体排放约束性目标，即到2020年减排34%、到2050年减排60%～80%。认为哥本哈根气候变化会议取得重要进展，同时国际社会应吸取会议教训。认为当前的重要任务是加快应对气候变化的行动，推动国际社会在墨西哥会议上达成协议，最终目标是达成具有法律约束力的协议。

关于经济全球化：支持经济全球化和自由经济，强调贸易自由化，主张建立以规则为基础的国际经济和贸易体系，积极推动世贸多哈回合谈判取得进展。主张英和欧盟应以积极务实的姿态应对全球化，加大人才培养和创新力度，及时调整经济结构，强调贸易自由化，反对贸易、投资保护主义和经济民族主义。主张建立以规则为基础的国际经济和贸易体系，积极推动世贸多哈回合谈判取得进展。

关于人权问题：将人权作为外交政策的核心目标之一。设立人权项目基金，向外派驻人权事务顾问，发表年度《人权报告》，对别国人权状况提出批评，鼓吹“人道主义干预”。承认生存权和发展权的重要性，愿通过对话解决在人权问题上的分歧。

【同中国的关系】英国于1950年承认新中国。1954年6月，中英建立代办级外交关系，1972年3月升格为大使级外交关系。1984年12月，中英签署关于香港问题的联合声明。1989年，英对中国制裁，两国关系出现倒退。1991年，英首相梅杰访华，中英关系解冻。此后，英推出“三违反”的香港政改方案，两国关系陷入低谷。1994年下半年起，两国关系出现改善势头。1997年，布莱尔出任首相，提出希望香港成为两国关系发展的桥梁。同年，中英实现香港政权的顺利交接，两国关系进入全面发展的新阶段。

1998年，两国政府首脑成功互访，双方签署联合声明，建立全面伙伴关系。1999年10月，应英国女王伊丽莎白二世的邀请，江泽民主席对英进行国事访问。这是中国国家元首首次访英。2003年5月底、6月初，胡锦涛主席在出席圣彼得堡建市300周年庆典活动及埃维昂南北领导人非正式对话会议期间与布莱尔首相会面。2003年，根据两国领导人的指示，双方分别成立旨在进一步提升两国关系和深化各领域合作的互动工作组。2004年5月，温家宝总理对英国进行正式访问。双方发表《中英联合声明》，宣布建立中英全面战略伙伴关系和两国政府领导人年度会晤机制。2005年，胡锦涛主席与英国首相布莱尔四度会晤。2005年11月，胡锦涛主席应英国女王伊丽莎白二世邀请对英进行国事访问。2006 年 9 月温家宝总理对英进行工作访问。2006 年 10 月，全国政协主席贾庆林对英进行正式友好访问。2007 年 4 月，英副首相、对华关系小组组长普雷斯科特访华。2008 年 1 月、8 月，布朗首相两次访华，胡锦涛主席和温家宝总理分别会见；10 月，米利班德外交大臣代表布朗首相来华出席第七届亚欧首脑会议。

2009 年，中英关系不断发展，双边合作成果丰硕：

一、两国高层交往密切，政治互信增强。1 月，英政府首次发表题为《英中合作框架》的对华战略文件。1 月 31 日至 2 月 2 日，温家宝总理对英进行正式访问，双方发表合作应对国际金融危机的联合声明。4 月，胡锦涛主席赴英出席二十国集团领导人伦敦金融峰会期间，会见布朗首相、王储查尔斯王子。5 月，王岐山副总理对英国进行正式访问并举行第二次中英经济财金对话。10 月，戴秉国国务委员访英。两国总理通过通电话、互致信函等方式，就双边关系以及气候变化、国际金融形势等重大问题及时交换意见。青海玉树地震发生后，英国女王伊丽莎白二世、王储查尔斯、外交大臣米利班德等分别发来慰问口信。

二、双边各领域合作全面发展，成果丰硕。两国经贸合作持续深化。英国继续保持欧盟最大对华投资国和第三大贸易伙伴地位，中国是英国在欧盟外第二大贸易伙伴。受国际金融危机影响，2009 年中英双边贸易额为 391.5 亿美元，同比下降 14.2%。2 月，商务部长陈德铭率政府及企业采购团访英。访英期间，采购团与英企业签署了总额约为 20 亿美元的经贸合同和意向协议，包括航空发动机、汽车、医疗设备、金属材料和纺织原料，以及引进英生态城技术、合拍电影、进口英影视和文化产品和创意产业合作。9 月，英首席大臣兼商业、创新和技能大臣曼德尔森访华。

教育、文化和科技合作富有成果。6 月，教育部长周济赴英访问，并出席中英第四次教育部长级磋商会议。双方在气候变化、可持续发展、青年交流等领域合作取得新进展。

三、双方在国际事务中的磋商与协调加强。外交部长杨洁篪同英国外交大臣米利班德年内 4 次见面，并通过通电话、互致信函等方式，就重大国际和地区问题保持密切沟通。12 月，外交部副部长张志军偕中国资深大使联合访英并举行第二次中英高级别外交政策研讨会。双方还举行了军控与防扩散磋商，并就伊朗核、苏丹达尔富尔、津巴布韦、缅甸、科索沃等问题深入交换意见。

四、两国议会、政党、军事、地方交往活跃。2 月，中联部副部长张志军访英；5 月，全国人大常委、全国人大外事委员会副主任委员查培新访英；9 月，中联部副部长刘结一访英。9 月，英议会上院欧盟事务委员会主席特维尔森勋爵率团访华；11 月，英保守党影阁外交大臣黑格应中联部邀请访华。

两国科技合作富有成果，文化教育交流活跃。中国赴英各类留学人员约 10 万人，英在华留学生 2100 人。

4 月，英国国防部副参谋长查普曼上将访华。

北京、上海、山东、湖南、青海、西藏等省、市、自治区主要领导访英。苏格兰地方政府首席部长萨蒙德等访华。截至 2009 年底，两国已缔结友城（省、郡、区）43 对。

中国驻英国大使：刘晓明。馆址：49 - 51 Portland Place，London W1B 1JL。电话：004420 - 72994049；传真：76362981，电传：23851 CHINA。领事部地址：31 Portland Place，London W1B 1QD。电话：004420 - 76311430；传真：74369178。经商处地址：16，Lancaster Gate，London W2 3LH。电话：004420 - 77238923，72620253；传真：77062777。文化处地址：11 West Heath Road，Hampstead，London NW3 7UX。电话：004420 - 74318830；传真：74318810。教育处地址：50 Portland Place，London W1B INQ。电话：004420 - 76120255；传真：75804474。科技处：42 Maida Vale，London W9 1RP。电话：004420 - 74328370；传真：72866833。

英国驻华大使：吴思田（SEBASTIAN WOOD）。馆址：北京市光华路 11 号。电话：010 - 51924000；传真：65321937/8/9。领事签证处地址：北京市光华路 1 号嘉里中心 21 层。电话：85296600；传真：85296081（领事），85296080（签证）。文化教育处地址：北京市东三环北路 8 号亮马河大厦 4 层。电话：65906903；传真：65900977。国际发展处地址：北京市光华路 1 号嘉里中心南座 30 层。电话：85296882。

【同美国的关系】 从维护西方世界团结和对多极秩序主导权的目的出发，强调美国的领导地位和国际作用不可或缺，将英美特殊关系作为外交基石，在重大国际和热点问题上与美协调并提供协助，借英美关系提升英的地位，在国际事务中发挥超出自身实力的作用。

奥巴马上台后，英美“特殊关系”趋于活跃。2009 年 2 月，英国外交大臣米利班德访问美国，成为美国务卿希拉里会见的第一位外长，双方重申加强英美“特殊关系”，并就阿富汗问题、中东和平进程和伊朗核问题交换意见。3 月，布朗首相访问美国，与美总统奥巴马举行会谈，双方重申英美拥有共同价值观，将继续保持英美“特殊关系”，就伦敦金融峰会、气候变化、阿富汗、伊朗核、中东局势等问题协调立场。4 月，奥巴马总统赴英出席二十国集团伦敦峰会。5 月，米利班德再次赴美，会见美国务卿希拉里，双方就阿富汗问题、中东和平进程和斯里兰卡发展危机交换意见。10月，美国务卿希拉里访英。但2009年以来，英美两国小摩擦不断。6月，美在未告知英方的情况下，与英海外领地百慕大当局达成向百移交关塔那摩嫌犯的协议，引发英方不满。8月，英将洛克比空难囚犯迈格拉希引渡回利比亚，引发美批评英方行为“完全错误”。9月，布朗在匹兹堡峰会上5次求见奥巴马遭拒。此外，随着伊拉克战争影响不断发酵，英启动了针对英美关系和伊拉克战争的独立调查，布朗首相和前首相布莱尔均遭质询，引发了英国内对英美特殊关系的反思和讨论。

【同欧盟的关系】2009年11月，英推举阿什顿担任欧盟外交和安全政策高级代表，加大参与欧盟事务，确保英在欧洲的核心地位。

【同法国、德国的关系】注重与法、德合作，主张共同推动欧盟东扩和制宪进程，协调欧盟经济社会政策，促进欧盟改革、推进“里斯本进程”，推进欧盟共同外交和防务建设。2009年，布朗首相与法、德两国领导人频繁互动，就全球经济复苏、气候变化等重大国际问题协调立场。7月，在G8拉奎拉峰会举行前，布朗首相访问法国，与法总统萨科奇就经济复苏、伊朗核问题以及缅甸问题交换意见。9月，在G20匹兹堡峰会举行前，英、法、德三国领导人发表联名信，呼吁各国领导人充分、坚定地实施经济刺激计划，随后，布朗首相访问德国，与德国总理默克尔就全球经济、气候变化和阿富汗等问题交换意见。12月，在欧盟首脑会议召开前，布朗首相与法国总统萨科奇在《华尔街日报》上联名撰文，呼吁建立长期全球契约，加强对金融系统的监管。

【同西巴尔干地区国家的关系】英看重西巴尔干国家的重要战略位置，与该地区诸国均保持了密切联系，并通过欧盟及双边渠道向有关国家提供发展援助。积极推动各方通过谈判，就科索沃最终地位问题达成大多数科人都能接受的方案。支持克罗地亚、马其顿、塞尔维亚申请加入欧盟。

【同俄罗斯的关系】近年来英俄关系较紧张，英指责俄对内搞集权、民主倒退、对外大国意识膨胀。英是俄重要投资国，俄是英重要的能源供应方，双方经贸关系仍较密切。英认为俄实现民主、保持稳定有利于欧洲和平。鼓励俄进一步改革，支持俄加入世界贸易组织。2006年11月，俄叛逃特工利特维年科在伦敦被投毒身亡。英警方将矛头指向俄情报部门和政府，英俄关系一度紧张。2007年英要求俄引渡杀害利特维年科的嫌犯卢戈沃伊，被俄以“违反俄宪法”为由断然拒绝。此后，英俄互逐外交官，英俄关系跌至冷战后的最低点。2008年初，俄要求英停止莫斯科以外所有在俄文化协会运作，英俄关系进一步紧张。俄格冲突发生后，英强烈批评俄单边使用武力不明智，行为危险，要求俄按国际规则行事。2009年11月，英国外交大臣米利班德访问俄罗斯，与俄外长拉夫罗夫举行会谈，这是近5年来英外交大臣首访俄罗斯，对英俄关系转暖意义重要。

【同中东欧及其他独联体国家的关系】欢迎中东欧、独联体国家加入北约和欧盟，关注格鲁吉亚、乌克兰、乌兹别克斯坦、塔吉克斯坦和吉尔吉斯斯坦等国的民主进程及人权状况。

【同日本的关系】重视在全球化背景下增强与日政治、经济和军事关系，积极发展双方在环境、科技、人道援助、反恐等领域的合作。视日是“可信赖”的国际伙伴，重视日在朝鲜半岛、伊拉克、中东等地区热点问题上的作用，支持日成为联合国安理会常任理事国，欢迎日积极参与国际维和行动。

【同巴基斯坦的关系】对巴基斯坦局势表示高度关切，重视与巴反恐合作，支持打击巴伊斯兰极端主义势力，希巴局势尽快恢复稳定，高度关注阿、巴边境安全形势。2009年8月，布朗首相会见了到访的巴基斯坦总统扎尔达里，重申2009～2013年英政府向巴提供价值6.65亿英镑的发展援助，用于教育、医疗保健、政府治理、经济增长，根除巴极端主义势力。

【同中东国家的关系】2009年4月，布朗首相与以色列总理内塔尼亚胡通电话，祝贺以成立新政府，双方讨论了伊朗核问题以及中东和平进程，布朗希内塔尼亚胡建设性地采纳“两国方案”。5月，外交大臣米利班德会见来访的以色列外长利伯曼。

【同英联邦国家的关系】积极改善并发展与英联邦国家的传统联系，增加对成员国的援助，注重经援与民主、法治、人权和良政挂钩，希以民主自由观念增进英联邦国家的凝聚力，利用英联邦广泛的联系提升英国际影响。

【同非洲国家的关系】将非洲问题作为英外交重点之一。支持“非洲发展新伙伴计划”以及非盟发挥更大作用。主张国际社会在减债、投资和市场准入等方面为非洲提供更有利的条件，增加对非援助。大力推动千年发展目标。认为非洲发展的关键是实行西方“民主”制度和“良治”，强调对非援助要与非洲“民主”、“良治”挂钩。关注非洲地区冲突，参与非洲地区的维和行动。呼吁国际社会共同为减贫而努力。十分关注中国在非行动，愿与中方加强在非洲问题上的合作，包括在非洲国家搞一些联合项目。主张欧中非三方合作。

【同津巴布韦的关系】与津巴布韦关系紧张，反对津政府实施激进土地改革。指责津总统穆加贝无视人权、限制言论自由、操纵选举、破坏经济，鼓动欧盟等西方国家实施并延长对津的制裁，反对穆加贝参加欧非峰会。推动英联邦终止了津的成员资格。欢迎津巴布韦分权协议，希望协议能使津找到经济复兴和政治稳定的新路，但不会马上取消对津经济制裁和启动经济援助计划。

【同拉美国家的关系】主张与拉美国家加强双边交往，密切欧盟与拉美地区的联系，重视与该地区前宗主国西班牙合作，促进双方在该地区的利益。支持巴西成为联合国安理会常任理事国，主张与古巴发展关系，要求古促进人权和政治自由，支持查韦斯继续当选委内瑞拉总统，呼吁促进委国内政治和解。

2009年3月，在伦敦金融峰会召开前，布朗首相赴拉美开展“穿梭外交”，访问巴西并会见巴西总统卢拉，布朗表示英政府完全支持巴西成为联合国常任理事国，双方赞赏英巴战略伙伴关系取得的进展，并就共同应对全球金融危机协调立场。随后，布朗首相赴智利参加“进步治理峰会”，与阿根廷总统克里斯蒂纳、智利总统巴切莱特、巴西总统卢拉和西班牙首相萨帕特罗讨论二十国集团伦敦峰会目标。

（马佳　卢巢　黄黎　李昊）

直布罗陀

名称　直布罗陀（Gibraltar）。现为英国殖民地。

面积　6.5平方公里。

人口　27884人（2005年）。主要是直布罗陀人（意大利、马耳他、西班牙人后裔），其次是英国人，余为摩洛哥人、印度人、葡萄牙人、巴基斯坦人和西班牙人。主要语言为英语，亦通用西班牙语、意大利语和葡萄牙语。77%的居民信奉天主教，9%的居民信奉英国国教，9%的居民信奉伊斯兰教。

总督　弗朗西斯·理查德（Francis Richards），2003年5月就职。

重要节日　国庆节：9月10日。

简　况　位于伊比利亚半岛南端。自最南端的欧罗巴角灯台，天气晴好时能望见对岸的非洲大陆。属地中海气候，冬季平均温度为12℃～18℃，夏季为13℃～29℃。

1501年正式纳入西班牙版图。西班牙国王卡洛斯二世无嗣，嘱由法国波旁王族继承西王位。1700年卡洛斯二世死后，法国王路易十四之孙菲力普被宣布为西国王。但卡洛斯二世的外甥、奥地利查理大公按哈布斯堡王族的血缘关系也要求继承王位。由此引发1701年王位继承战争。英国和荷兰支持查理大公，并于1704年攻占直布罗陀。1713年交战双方签订《乌特勒支和约》，承认了菲力普的西班牙国王地位，但作为交换条件，直布罗陀被割让给英国。英占直布罗陀后，驱逐了原有的西班牙居民，从外地大量移民。1909年英国在直布罗陀与西本土之间的中立地带修筑军事基地和机场并设栅栏，形成现今的边界。

西班牙从未放弃收复直布罗陀的要求。第二次世界大战后，西加强了收复活动。1964年联合国非殖民化特别委员会认为“给予殖民地国家和人民独立宣言的条款完全适用于直布罗陀”，要求英西两国政府谈判解决直布罗陀争端。1966年联合国大会又通过决议，敦促“加快直布罗陀非殖民化”。英国拒绝谈判，并加速推行直布罗陀“自治”，于1967年在直布罗陀举行了归属问题的公民投票，结果绝大多数人赞成直布罗陀继续归属英国。联大通过决议指出这次公民投票违背了联合国决议，再次敦促英西举行谈判。1969年直布罗陀议会通过新宪法，宣称直“是英国的一部分”，在“没有完全充分表达民意的公民投票的情况下，直布罗陀不应交给他国”。西班牙对此表示强烈不满，于1969年封锁边界，撤走在直工作的工人，中断与直的通信和交通联系，禁止英国飞机飞越西领空，使直布罗陀成为孤岛。

1980年，西英两国外交大臣在里斯本会晤，商定通过对话解决关于直布罗陀的一切分歧并恢复直布罗陀地区的直接联系。1981年，英国授予直布罗陀居民完全的英国国籍，使西英争端更为复杂。1984年11月，英方首次表示同意谈判包括直主权在内的各种问题。1985年2月，西政府宣布开放直布罗陀边境及西本土与直布罗陀的陆海通道，英则宣布给予西班牙人在直布罗陀工作、居住和购买房地产的权利，随后两国外交大臣在日内瓦举行会谈。英方强调对直布罗陀拥有合法主权，有《乌特勒支和约》为凭，而且应尊重直布罗陀人的意愿。西政府指出《乌特勒支和约》只规定直布罗陀的城堡、港口和防御工事等地面建筑物让与英，但未割让领土管辖权。在以后举行的谈判中，双方未能就直布罗陀的归属问题取得进展，但就其他一些问题达成了协议。1987年12月，西英两国政府签署了关于共同使用直布罗陀机场的协议，但由于直布罗陀当局的反对，协议未能实施。1994年12月，西英双方决定成立由西、英两国和直当局代表组成的工作组，研究在直采取反走私和禁毒措施。1995年1月和4月，西、英举行了两次有直代表参加的会议，讨论直布罗陀的走私等问题。1997年1月和12月，西英两国外交大臣分别在马德里和伦敦举行了第10轮和第11轮关于直问题的会晤，西方提出了西英长期（不低于50年）共同享有直主权的新方案，但未得到积极响应。同年6月，直当局向联合国非殖民化特别委员会提出将寻求从英国得到更多的自治权，享有类似海峡群岛与英国的特殊关系。1998 年 7 月，西英两国政府就北约演习使用直军事设施达成协议。1998 年 10 月，直当局限制西渔民在直附近海域捕鱼，并于 1999 年 1 月扣留了西一艘渔船，导致西加强对直边界的控制，引起西英、西直关系一度紧张。2000 年 4 月，西英两国政府就直布罗陀问题达成一项协议，明确英政府是处理直涉外事务的唯一政府。2001 年 11 月，西、英两国外交大臣举行正式会谈，双方同意今后达成一项涵盖有对外合作与主权等重大问题的全面协议，共同致力于让直享有更大的自治权，同时重申邀请直首席部长参与谈判。2002 年 7 月，英国初步表示同意西班牙提出的主权共享方案，谈判取得了一定进展。同年 11 月，直布罗陀就主权归属问题举行公民投票，99% 以上的直居民反对西、英对直主权共享。西、英两国都明确表示对直公投结果不予承认。

2004 年 4 月西工社党执政以来，西英在直问题上龃龉不断。6 月 28 日，英国安娜公主对直进行半个世纪来英王室成员的首次正式访问。7 月 9 日，英"不懈"号核潜艇再次访直。8 月 4 日，英政府和直政府举行一系列活动庆祝英军占领直布罗陀 300 周年，直议会还通过决议，宣布直正式成为英国皇家海军的"自由港口城市"。西政府就此向英政府提出强烈抗议。10 月 27 日，西英两国外长发表联合公报，一致同意成立新的三方对话论坛，为直及该地区的繁荣创造互信互利的建设性氛围。2006 年 9 月 18 日，西、英、直三方在西南部城市科尔多巴（Cordoba）市举行的三方对话论坛首次部长级会议上签署了一个"历史性"文件。根据协议，直将在两年内出资建造一个新机场，新机场由一家西班牙和直布罗陀合资公司经营，向西班牙开放。现机场与马德里的直飞航班将在三个月内开通。协议还包括英政府支付早年在直工作过的西班牙工人养老金，西承认直的国际电话代码（350），西将为边关通行提供更大方便，以及西在直建立塞万提斯学院等。但协议没有提及直主权问题。

2008 年 6 月，直当地政府首席部长彼德·卡鲁阿纳宣布，直已不再是英国殖民地，他将不再参加联合国反殖民地委员会。他要求委员会给予直殖民地人民自主决定权。他同时说："直布罗陀从来不曾也永远不会再成为西班牙的一部分。"

2009 年 7 月 21 日，西班牙外交大臣莫拉蒂诺首度访问直布罗陀，这是西班牙部长级官员 300 多年来首次踏上直布罗陀的土地。他与英国外交大臣米利班德及直首席部长彼德·卡鲁阿纳举行了历史性的会面。而在 5 月，欧盟委员会在西班牙的请求下，规定直半岛周围争议海域为海洋环境保护区，但该海域内执法权归西班牙。直当即表示将上诉，谴责这个裁决违反国际法规定，并表示将不参加三方会谈。

政　治

1996 年 5 月，直举行大选，社民党获胜，卡鲁阿纳上台执政。2000 年 2 月、2003 年 11 月卡两次蝉联执政。卡政府致力于促进经济的健康发展，维护直在财政、就业和社会福利方面的自治水平，在直的归属问题上奉行非殖民化的、由直布罗陀人自决的原则。2002 年 11 月，直就西、英对直主权共享进行公决，99% 的人投票反对。

【议会】 代表大会（House of Assembly）由议长、2 名前政府官员和 15 名在大选中产生的代表组成。议长由总督商首席部长后任命。在大选中获得多数票的政党最多只能拥有 8 个席位。代表大会除防务和外交外拥有广泛的权利。目前，在通过大选产生的 15 个议席中，社民党占 8 席，社工党和国民党联盟占 7 席。

【政府】 直布罗陀作为英国的海外领地，由王室委派总督兼驻军司令，负责涉外事务、防务和治安。总督为政府首脑，下设直布罗陀委员会（Gibraltar Council）。总督任该委员会主席，成员由包括首席部长在内的 5 名部长和 4 名前政府官员组成。另设主管内务的部长会议，由首席部长，工贸部长，教育、残疾人、青年和消费事务部长，内政部长，旅游、贸易和港口部长，社会事务部长，就业、培训、建筑和劳动部长及环境和卫生部长组成。部长会议首席部长为彼德·卡鲁阿纳（Peter Caruana）。

【司法机构】 司法系统包括上诉法院、最高法院、初审法院和地方法院。

【政党】 主要政党有：

（1）直布罗陀社会民主党（Gibraltar Social Democrats Party）：成立于 1989 年。现为执政党。领导人彼德·卡鲁阿纳。

（2）直布罗陀社会主义工党（Gibraltar Socialist Labour Party）：成立于 1976 年。1988 ~ 1996 年为执政党，现为主要反对党。领导人乔·博萨诺（Joe Bossano）。

（3）直布罗陀国民党（Gibraltar National Party）：成立于 1991 年。领导人约瑟夫·加西亚（Joseph Garcia）。

经　济

直缺乏自然资源。主要经济行业是金融业、海运和旅游，各占国内生产总值的 25% ~30%，电信业占国内生产总值的 10%。依赖对欧盟国家的贸易。2002 年进口额 17.43 亿美元，出口额 1.36 亿美元；主要进口石油产品、食品和制成品；主要出口产品：转口石油产品（51%）、制成品（41%）和烟酒。有旅馆床位 2000 张。2000 年接待外国游客 700 万人次。1999 年，劳动人口 1.48 万人，其中从事农业、工业的人口占 40%，从事服务业人口占 60%。财政收入主要来自个人所得税、关税、不动产税、邮政和彩票。1999

年度，财政盈余为1750万英镑。1999年有银行25家。2002年公路长约29公里，各种登记机动车3702辆。有机场和海港各一个。2002年，有161艘船只，注册总吨位98万吨。

直是"税务天堂"，有7万家注册企业。2002年10月，欧盟委员会决定对直的金融体系进行深入调查，同时敦促英国取消或对直现行的免税体制进行改革。

据中国海关总署统计，2006年中国同直贸易总额为84万美元，同比增加27.5%，均为中方出口。

其他主要经济数字如下：

国内生产总值（2000年估计值）：7.69亿美元。

人均国内生产总值（2000年估计值）：27900美元。

失业率（2001年估计值）：2.0%。

文化教育 对5～15岁少年儿童实行义务教育。共有6种报刊，主要报纸杂志是《直布罗陀纪实报》和《见解》杂志。直布罗陀电台用英、西两种语言播出节目。电台3家，电视台1家，全天播放英语节目。

人民生活 平均寿命为79.09岁，其中男性为76.23岁，女性为82.1岁。

2002年，直有电话线24512条，手机用户9797人，互联网用户6200户。

军　事 长期以来，直的军事防务由英国负责。1989年1月，英国国防大臣宣布英国计划从直布罗陀撤走驻军。1991年3月，英国陆军正式将直布罗陀的防务移交给由当地人组成的一个团队，同时还保留了部分驻军，从此结束了英国在直布罗陀长达287年的军事管辖。1999年8月，英国在直布罗陀有陆军人员60人，空军120人，海军和陆战队员共270人。另有一个由当地志愿兵组成的后备役团，1998年人数为350人。（亦名）

美　洲

阿　根　廷

国名　阿根廷共和国（Argentine Republic，República Argentina）。

面积　2780400平方公里（不含马尔维纳斯群岛和阿主张的南极领土。资料来源：阿根廷国家统计和普查局）。

人口　4134万（2010年估计）。白人和印欧混血种人占95%，多属意大利和西班牙后裔；印第安人口60.03万，其中人口最多的少数民族为马普切人（Mapuche，2005年印第安人口普查）。官方语言为西班牙语。76.5%的居民信奉天主教，9%的居民信奉新教（2008年宗教普查）。

首都　布宜诺斯艾利斯（Buenos Aires），人口305万（2008年）。首都气候温和，2008年年平均气温17.4℃，全年降雨量1313.1毫米。

国家元首　总统克里斯蒂娜·费尔南德斯·德基什内尔（Cristina Fernández de KIRCHNER，女）。2007年12月10日就职，任期至2011年12月10日。

重要节日　国庆节：5月25日；独立日：7月9日。

简　况

位于南美洲东南部，东濒大西洋，南与南极洲隔海相望，西邻智利，北与玻利维亚、巴拉圭交界，东北与乌拉圭、巴西接壤。南北长3694公里，东西宽1423公里。陆上边界线长25728公里，海岸线长4725公里。北部属热带气候，中部属亚热带气候，南部为温带气候。年平均气温北部24℃，南部5.5℃。

16世纪前居住着土著印第安人。16世纪中叶沦为西班牙殖民地。1810年5月25日爆发反抗西班牙殖民统治的“五月革命”，成立了第一个政府委员会。1812年，民族英雄圣马丁率领人民抗击西班牙殖民军，于1816年7月9日宣布独立。此后阿长期处于动乱和分裂状态。1853年，乌尔基萨将军制定了第一部宪法，建立联邦共和国，乌成为阿制宪后第一任总统。20世纪30年代起，军、文人交替执政。1943年庇隆总统执政后，阿逐步实现工业化。70年代中后期，军政府曾对左翼反对派人士进行残酷镇压。1982年同英国因马尔维纳斯群岛主权争端爆发战争，旋即战败，军政府倒台。1983年激进党的阿方辛民选政府上台，恢复并大力推进民主化进程，民主政体逐渐巩固。正义党领袖梅内姆自1989年起连续执政十年，推行新自由主义经济政策，阿经济一度有较大发展。梅执政后期，阿经济转入衰退，社会问题日益突出。1999年激进党人德拉鲁阿当选总统后，未能遏止持续三年的经济衰退。2001年12月，阿爆发严重的政治、经济和社会危机，德被迫辞职。此后阿形势严重动荡，十日之内数易总统。2002年1月1日，正义党人杜阿尔德被国会推举为总统，仍无法扭转政经颓势。2003年5月，正义党人基什内尔就任总统后，阿经济快速复苏，政局稳定，民生改善，国际和地区影响力重新回升。

政　治

2007年10月28日，阿举行总统大选。基什内尔总统夫人、参议员克里斯蒂娜作为跨党派联盟“胜利阵线”候选人，凭借政府的良好政绩和丰厚的执政资源，以45.29%的得票率大幅领先对手，顺利当选阿第48任总统，并于同年12月10日就职。

2008年3月，阿政府调高大豆等农牧产品出口税，引发长达数月的全国农牧民大罢工，民意支持率有所下降。在2009年6月举行的全国议会中期选举中，“胜利阵线”失去在参、众两院的多数席位优势，政府执政面临掣肘增多。

【**宪法**】1853年制定第一部宪法。1994年8月22日，宪法经第四次修改后实施。修改后的宪法规定：阿为联邦制国家，实行代议制民主。总统为国家元首和政府首脑，兼任武装部队统帅。总统通过直选产生，任期四年，可连选连任一次。

【议会】国家最高权力机构，由参、众两院组成，拥有联邦立法权。参、众议员均由直选产生，可连选连任。参议院72席，全国24个省区各3席。参议员任期六年，每两年改选1/3。众议院257席，由各省区按人口比例分配。众议员任期四年，每两年改选1/2。

2009年6月28日，阿议会举行中期选举。目前，各主要党派在议会的席位如下：

	众议院	参议院
胜利阵线	87	32
激进党	43	18
公民联盟	19	1
共和国方案	11	0
社会党	6	0
其他党派	91	21

宪法规定参议长由副总统兼任，现任副总统兼参议长为胡利奥·塞萨尔·克莱托·科沃斯（Julio César Cleto Cobos），2007年12月10日就职，任期四年。另常设临时参议长一名，在副总统空缺或代行总统之职时，代行参议长职责。现任临时参议长何塞·胡安·包蒂斯塔·潘普罗（José Juan Bautista Pampuro），2006年2月就任，并三度连任至今。现任众议长爱德华多·阿尔弗雷多·费尔内尔（Eduardo Alfredo Fellner），2007年12月就任，并两度连任至今。

【政府】本届政府于2007年12月10日成立，设有12个部。2008年11月，为应对国际金融危机，阿政府增设生产部，下辖工贸和中小企业、农牧渔业和食品、旅游等3个国务秘书处。2009年10月，阿政府将生产部分成工业和旅游部、农牧渔业和食品部。2010年6月，阿政府成立旅游部。现主要阁员如下：内阁首席部长阿尼瓦尔·多明戈·费尔南德斯（Aníbal Domingo Fernández），内政部长阿尼瓦尔·费洛伦西奥·兰达索（Aníbal Florencio Randazzo），外交、国际贸易和宗教事务部长埃克托尔·马科斯·蒂梅尔曼（Héctor Marcos Timerman），国防部长尼尔达·加雷（Nilda Garré），经济和公共财政部长阿马多·博多（Amado Boudou），联邦计划、公共投资和服务部长胡利奥·德维多（Julio de Vido），司法、安全和人权部长胡利奥·阿拉克（Julio Alak），教育部长阿尔韦托·西莱昂尼（Alberto Sileoni），科技和生产革新部长利诺·巴拉尼奥（Lino Barañao），劳动、就业和社会保障部长卡洛斯·托马达（Carlos Tomada），卫生部长胡安·路易斯·曼苏尔（Juan Luis Manzur），社会发展部长阿莉西亚·基什内尔（Alicia Kirchner，女），工业部长德沃拉·希奥尔希（Débora Giorgi），农牧渔业部长胡里安·安德烈斯·多明戈斯（Julián Andrés Dominguez），旅游部长恩里克·梅耶尔（Enrique Meyer）。

【行政区划】全国划分为24个行政单位。由23个省和联邦首都（布宜诺斯艾利斯市）组成。

【司法机构】由最高法院和各联邦法院组成。最高法院由正副院长和7名大法官组成，院长和大法官由总统提名后经参议院批准任命，任期三年，可连选连任。另设法官理事会，负责挑选联邦法院法官并管理全国司法事务。

基什内尔总统上任后，对最高法院进行了大规模改组，弹劾滥用职权的大法官，并首次起用两位女性任大法官。2006年11月，阿议会通过决议，决定不再对空缺的两名大法官席位进行补缺，在现任大法官退休或辞职后亦不再任命新的大法官，最终将大法官人数由9名缩减为5名。现任高法院长里卡多·路易斯·洛伦塞蒂（Ricardo Luis Lorenzetti），2006年12月就任。副院长埃莱娜·海顿·德诺拉斯科（Elena Highton de Nolasco，女）。总检察长埃斯特万·里吉（Esteban Righi），2004年6月就任。阿宪法中还规定设护民官一职，以保障人权及弱势群体权益。现任总护民官爱德华多·雷内·蒙迪诺（Eduardo René Mondino）。

【政党】正义党和激进党为传统大党。2001年底阿全面危机后，阿传统政党日益衰微，新兴政党尚不具备全国性影响，政党政治处于转型过渡期。主要政治力量有：

（1）正义党（Partido Justicialista）：又名庇隆主义党，阿第一大政党，执政党。基督教民主党国际成员。1945年由庇隆创建，当时的党员主要来自中低收入社会阶层。七次执政。现有党员350万人。主张实行民主、社会正义、国家改革和发展自由市场经济，推行"现实主义"外交政策。20世纪90年代末以来，党内派系林立，组织松散。

基什内尔总统2003年执政后，组建起以正义党内本派力量为主、激进党内异见派和部分地方中左政党参与的中左跨党派竞选联盟——"胜利阵线"，并在议会和总统选举中大获全胜，成为阿实际意义上的执政力量。2007年底，基卸任后，全力推动正义党改革，力图通过健全组织机构、统一党内思想，将正义党改造成中左民主政党，辅佐克里斯蒂娜总统执政，于2008年5月亲任正义党全国委员会主席。2009年6月，"胜利阵线"在议会中期选举中失利后，基引咎辞职，副主席丹尼尔·肖利（Daniel Scioli）继任。2010年4月，基什内尔被重新选举为党主席。

（2）激进公民联盟（Unión Cívica Radical）：亦称激进党，阿第二大政党，最大在野党。社会党国际成员。1891年成立，是阿历史最悠久的政党，曾六次执政。现有党员250万人。党员主要来自城市中产阶级。主张实行民主和社会改良及思想多元化，建立以国家计划为基础、同时保护私人积极性的经济制度。2001年底阿政治、经济危机导致属于该党的德拉鲁阿总统提前下台后，激进党严重分裂，许多党员脱党，相当部分党员与“胜利阵线”结盟。为扭转颓势，避免进一步分裂和边缘化，激进党于2008年发起了“全国党员再注册并重申效忠运动”，采取统一思想，加强培训和机构建设等一系列整顿措施。2009年12月，埃内斯托·塞斯（Ernesto Sanz）当选全国委员会主席。

（3）巩固平等共和国党（Afirmación para una República Igualitaria，ARI）：反对党，新兴中左派，阿议会第三大政治力量。2000年从激进党分裂后成立。现有党员4.7万人。政策主张有较浓厚的民族主义色彩，主张打击腐败和进行政治改革，获得部分中产阶级支持。党领袖、创建者为埃莉萨·卡里奥（Elisa Carrió）。卡在2007年大选中得票率位居第二，成为阿反对党的领军人物之一。总书记卡洛斯·洛佩斯·伊格莱西亚斯（Carlos López Iglesias）。

（4）变革承诺党（Compromiso para el Cambio）：新兴中右政党，首都第一大政治力量，2003年成立。现有党员2万人。与发展重建党共同组成议会中右联盟党团“共和国方案”（PRO），在议会和首都市长选举中均有不俗表现。党主席为首都市长毛里西奥·马克里（Mauricio Macri）。

（5）发展重建党（Recrear para el Crecimiento）：新兴中右政党，原名联邦重建运动党，2002年6月从激进党分裂后成立。现有党员人数不详。创建者为里卡多·洛佩斯·穆菲（Ricardo López Murphy）。2007年，洛在总统大选中失利，该党就是否同变革承诺党合并发生严重分裂。2008年4月，洛在党主席竞选失败后宣布退党。

其他政党主要有社会党（Partido Socialista）、内乌肯人民运动（Movimiento Popular Neuquino）等。

【重要人物】克里斯蒂娜·费尔南德斯·德基什内尔：总统。1953年2月19日生于阿根廷布宜诺斯艾利斯省，拉普拉塔国立大学法律和社会学系毕业，法学博士。律师，正义党人。曾长期从事议会工作。1989年起，历任圣克鲁斯省众议员兼省众议院宪法、权力和规章制度委员会主席，省众议院第一副议长，全国参议员，全国众议员，全国参议员兼参议院宪法委员会主席等职。2007年10月28日当选总统，同年12月10日就职，任期四年。对华友好，重视发展对华关系。曾于2004年6月以总统夫人、参议员身份陪同时任总统基什内尔访华。应胡锦涛主席邀请，于2010年7月11～15日对中国进行国事访问。已婚，有一子一女。

经　济

阿是拉美地区综合国力较强的国家。工业门类较齐全，农牧业发达。

20世纪初，阿经济总量曾位居世界前十名。80年代因债务危机，经济大幅衰退。1991年起实施以私有化为核心的新自由主义经济政策，实行比索兑美元1∶1固定汇率制，阿经济重新步入增长轨道，1991～1998年年均增长率达6%。受东南亚金融危机和巴西金融动荡冲击，阿经济自1998年下半年开始滑坡，国家风险指数飙升，外债负担日益沉重，财政与金融系统濒临崩溃。2001年底，阿政府宣布暂时冻结银行存款，引发大规模社会骚乱并最终导致政府垮台。杜阿尔德总统2002年上台后，采取暂停偿还外债，取消固定汇率制等举措，但阿经济仍在低谷徘徊，以美元计价的国内生产总值严重缩水，当年经济增长率为-11%。基什内尔总统执政后，加强国家宏观调控，实行审慎的财政和货币政策，严肃金融纪律，增收节支，鼓励出口；积极解决债务问题，实现有利于阿恢复经济发展的债务重组。随着外部经济环境趋好，阿经济迅速强劲复苏，连续5年实现年均8%左右的快速增长。

克里斯蒂娜政府延续了上届政府主要经济政策。2008年，阿宏观经济运行总体稳定，金融系统未出现大的波动。但国际金融危机对阿实体经济的影响逐渐显现，经济增速大幅放缓，汽车、钢铁等行业生产严重下滑，出口形势严峻。为应对危机，阿政府在加强金融监管、保持汇市稳定的同时，相继出台了一揽子大规模经济刺激计划，包括投放巨额公共投资、减免个人和企业赋税、提高工农业出口信贷、向汽车和旅游等行业提供优惠贷款等措施，力图刺激内需，扩大出口，保障就业，振兴经济。2009年主要经济指标如下：

国内生产总值：3070.8亿美元。
人均国内生产总值：7643美元。
国内生产总值增长率：0.9%。
货币名称：比索（Peso）。
汇率（2009年平均）：1美元 = 3.73比索。
通货膨胀率：7.7%。
失业率：8.4%。

【资源】矿产资源丰富，居世界第六位。主要有石油、天然气、金、铜、铝、铀、铅、锌、硼酸盐、黏土等，大部分位于与智利、玻利维亚交界的安第斯山脉附近。但矿产资源勘探水平较低，目前预计尚有75%的资源未得到勘探开发。现已探明蕴藏量：石油4.16亿立方米，天然气4419.74亿立方米，煤炭6亿吨，铁3亿吨，铀7080吨。水力、渔业资源丰富。森林面积125.3万平方公里，森林覆盖率45.06%。

【工业】工业较发达，主要有钢铁、汽车、石油、化工、纺织、机械、食品加工等，门类齐全。工业地理分布不均衡，主要集中在布宜诺斯艾利斯省和科尔多瓦省，内地省份工业基础薄弱。核工业发展水平居拉美前列，现拥有2台运行中的核电机组，7座研究堆（其中2座已关闭）和较完整的核燃料循环体系，能独立生产浓缩铀。食品加工业较先进，主要有肉类加工、乳制品、粮食加工、水果加工、酿酒等行业。2007 年工业产值为2045.75 亿比索，占国内生产总值的 34.0%。受国际金融危机影响，2008 年工业生产出现下滑，增长率为 5.0%。2009 年工业生产增长继续下降至 0.4%。近几年主要工业产品产量如下：

	2006	2007	2008
粗钢（万吨）	553.3	538.7	554.1
铝（万吨）	27.29	28.64	39.39
铁（万吨）	442.8	439.3	442.8
电解锌（万吨）	4.26	4.28	3.85
发电量（亿千瓦小时）	1028.35	1066.6	1130.9
水泥（万吨）	892.94	960.23	970.33
原油（万立方米）	3811.2	3724.6	3652.3
天然气（亿立方米）	516.06	508.91	502.71
汽车（万辆）	43.21	54.46	59.71

（资料来源：阿根廷国家统计和普查局、经济部）

【农牧渔业】 农牧业发达，是世界主要粮食、大豆和牛肉生产和出口国，素有“世界的粮仓和肉库”之称。全国大部分地区土壤肥沃，气候温和，适于农牧业发展。东部和中部的潘帕斯草原是著名的农牧业区。全国可耕地和多年生作物用地 2720 万公顷，占国土面积的 9.8%。长期牧场面积 14210 万公顷，占国土面积的 51.2%。灌溉面积 169 万公顷，占可耕地面积的 6.8%。2001 年农业人口 123.36 万人，占总人口比重的 10.7%。人均耕地面积 0.74 公顷，居世界前列。2008 年农牧林业产值 911.60 亿比索，同比增长 33.56%。

主要种植大豆、小麦、玉米、高粱、葵花籽等。受旱灾及国际金融危机导致世界粮食需求量下降影响，2008/2009 年度阿主要农作物播种面积 3285.07 万公顷，基本同上一季持平。粮食总产量 6390 万吨，同比下降 33.9%。受国际大豆价格不断上涨的影响，阿大豆种植面积日益扩大，由 1997/1998 年度的 717.6 万公顷扩大至 1803 万公顷。棉花、玉米、高粱、水稻等作物种植面积基本与上季持平。近年主要农产品产量如下（单位：万吨）：

	2006/2007	2007/2008	2008/2009
大　豆	4748	4623	3099
玉　米	2176	2129	1312
水　稻	108	125	133
小　麦	1455	1629	837
高　粱	279	294	181
葵花籽	350	465	248

（资料来源：阿根廷经济部）

畜牧业历史悠久，牲畜品种及畜牧水平在世界均占先进地位。畜牧业占农牧业总产值的 40%。全国牲畜的 80% 集中在潘帕斯大草原，以牛羊为主。阿是注射疫苗非口蹄疫区和非疯牛病疫区。2002 年牛存栏 4806 万头，羊存栏 1240 万只，猪存栏 212 万头。2007 年全国蛋产量 9.17 亿打；奶制品产量 94.24 亿升，出口量 24.37 亿吨；鞣制牛皮 38.22 万吨，皮制品出口收入 9.47 亿美元。

阿根廷是牛肉生产、出口和消费大国。2009 年阿牛肉产量 338 万吨，出口量 42 万吨，国内人均年牛肉消费 68.39 公斤。2008 年主要畜牧产品情况为：

	屠宰量（万头）	出口量（万吨）	消费量（万吨）
牛	1454.29	42.94	268.2
猪	313.9	0.36	30.72
羊*	445.1	0.96	7.3
家禽（亿只）	5.39	22.3	125.3

* 数据为 2007 年资料。

（资料来源：阿根廷国家统计和普查局）

渔业资源丰富。渔业生产 60% 在南部，近 50% 集中在马德普拉塔港口。主要渔产品为鳕鱼、鱿鱼、对虾等。2008 年渔业产值为 23.65 亿比索，同比增长 27.91%。捕鱼量 93.29 万吨，同比增长 2.3%。2008 年，为抑制国际金融危机对阿渔业的冲击，阿政府加大了对渔产品的出口扶持力度。当年渔产品出口量 56.1 万吨，出口额 13 亿美元，同比分别增加 4% 和 18%。2009 年渔业产值为 43 亿比索。

【旅游业】 旅游业发达，是南美主要旅游国家。近年来，受经济复苏和比索贬值的影响，赴阿游客大幅增加。旅游业成为阿第三大创汇产业。2007 年阿接收外国游客共计 460 万人次，创汇 43 亿美元。2007 年全国共有各类饭店、旅馆 4967 家，床位 324823 张。全国有自然保护区 39 个，总面积 366.41 万公顷。有世界自然和文化遗产 8 处。主要旅游点有巴里洛切风景区、伊瓜苏大瀑布、莫雷诺冰川等。

【交通运输】 交通运输在拉美诸国中最为发达，公路、铁路、航空和海运均以首都为中心，向外辐射，形成扇形交通网络。国内交通运输以陆运为主，外贸货物的 90% 通过水路运输。20 世纪 90 年代，阿政府将交通运输服务业全部实行了私有化。

铁路：总长 38753 公里，为拉美之最。但铁路部门长期经营不善，连年亏损，加之缺乏投资，许多设备及 2/3 的线路老化，大部分路段已停运。2003 年以来，阿政府加大了对铁路等基础设施建设的投入，计划新建、改造多条铁路线路。2008 年共运送旅客 18.91 亿人次，货物 2388.5 万吨。

首都地铁发达，建有 5 条地铁线，总长 42.24 公里，其中 A 号线是拉美第一条地铁线路。还建有一条长 7.4 公里的城铁线路。2008 年共运送乘客 2.89 亿人次。

公路：总里程超过 50 万公里。2007 年国道总长 38500.67 公里，有铺装路面所占比重为 88.38%。当年中央政府川于道路基础设施建设 42.88 亿比索，同比增长 23.55%。2007 年国家级公路收费站通过车辆 1.20 亿辆次，收费 2.31 亿比索。新车上牌数量为 57.34 万辆，其中国产汽车 24.55 万辆，进口汽车 32.79 万辆。

水运：全国有海港 38 个，内河港口 25 个。2007 年港口吞吐量 1.68 亿吨，重要港口有布宜诺斯艾利斯港、布兰卡港和罗萨里奥港等。巴拉圭—巴拉那河道是阿主要内河航线，全长 3302 公里。

空运：全国有机场 58 个，其中 23 个为国际机场。各省省会、主要城市及重要旅游点每天均有航班往来，国际航线 26 条。2008 年国内航线客运量 581.18 万人次，货运量 12566 吨。2007 年国际航线客运量 899.8 万人次，货运量 372259 吨。首都埃塞伊萨（Ezeiza）国际机场是全国最大的航空港。阿根廷航空公司（Aerolíneas Argentinas）是阿最大航空公司，1991 年被西班牙公司收购，2008 年 7 月阿政府将其重新国有化。

【财政金融】财政收入曾长期赤字。2002 年开始厉行增收节支，连续 8 年实现初级财政盈余。2009 年，阿财政收入 2602.1 亿比索，支出 2429.3 亿比索，盈余 172.8 亿比索，占 GDP 的 1.53%。截至 2009 年底，国际储备 479.67 亿美元，比上年增加 15.81 亿美元。

截至 2009 年底，阿公共债务总额 1471.19 亿美元，其中外债余额 1281.13 亿美元。

2009 年阿全国共有各类银行金融机构和非银行金融机构 86 家。其中国有银行 12 家，设立网点 1428 家；私有银行 56 家，设立网点 2451 家。各类保险机构 184 家。截至 2008 年底，阿投资基金规模为 182.37 亿比索，同比增长 13.3%。上市公司数量 111 家，股市交易量 17730.43 亿比索，同比增长 44.23%。

【对外贸易】对外贸易在国民经济中占有重要地位。近年来，阿政府大力促进出口，积极推动产品出口结构和出口市场多元化，加之国际市场大宗商品价格不断走高，阿外贸连续九年保持顺差。2009 年主要出口产品为油料作物、石油、天然气、汽车、谷物、牛肉、皮革、奶制品、钢铁、渔产品和林产品等；进口核反应堆及机械设备、汽车、电子产品、燃料、有机化学品、塑料及其制成品、钢铁、医药产品等。主要贸易伙伴为欧盟、巴西、美国、中国、智利、墨西哥、日本等。2009 年，阿对外贸易额为 945.21 亿美元，同比下降 26%，其中，出口额 557.5 亿美元，进口额 387.71 亿美元，分别同比下降 20.4%和 32.5%，全年实现顺差 169.79 亿美元。近年对外贸易情况如下（单位：亿美元）：

	2007	2008	2009
出口额	557.80	705.89	557.5
进口额	447.08	574.13	387.71
差　额	110.72	131.76	169.79

（资料来源：阿根廷国家统计和普查局）

【外国资本】阿吸引外资的历史始于 19 世纪上半叶。二次大战前，英国资本占半数以上。战后，美资后来居上。1990～1999 年，外国投资总额达 1210 亿美元，其中主要来源于西班牙、美国、法国、智利等国家。外国投资主要集中在石油、天然气、汽车制造、医药、化工、金融、民航、电信、服务业等部门。2001 年经济危机后，阿外资流入大幅下降，2004 年起开始回升。2008 年阿吸收外国直接投资额位居拉美地区第五。2009 年受国际金融危机影响，外国对阿直接投资减少近 50%，但阿仍为拉美地区吸收外国直接投资最多的国家之一。近年吸收外国直接投资额如下（单位：亿美元）：

2006	2007	2008	2009
48.36	64.73	79.79	48.95

（资料来源：阿根廷国家统计和普查局）

人民生活

阿根廷原来贫富差距相对较小，中产阶级所占比重大。受 2001 年经济危机影响，阿贫困人口占全国人口的比例从 1994 年的 16%升至 2003 年的 51.7%。2003 年以来，阿政府重视扩大就业和增加对社会事业的投入，随着经济持续复苏，阿贫困人口有所减少。2009 年贫困率和赤贫率分别为 13.9%和 4.1%。贫富差距有所缩小，但仍然明显。2006 年基尼系数为 0.510。

2005 年，平均每 5 人拥有 1 辆汽车，每百人拥有 50 台电视机。阿根廷人均住房面积 22 平方米，67.8%的家庭拥有私人住房。2008 年全国共有移动电话用户 4650.9 万户，固定电话用户 937.3 万户。互联网用户 343.7 万，同比增长 18.5%；其中宽带上网用户同比增长 35.4%，平均每百人中有 8.8 人通过宽带连接上网，比例居拉美之首。目前阿正在建设 3G 网络。

据联合国开发署 2006 年报告，阿人类发展指数为 0.863，超过地区平均 0.795 的水平。营养不良人口比率小于 2.5%。可以获得改良水源的人口比重为 96%。阿人均拥有医生比例及医疗占国内生产总值比重均达到发达国家水平。人均医疗支出为 1067 美元。2008 年全国共有 3424 所医院，其中公立医院 1381 所；医疗中心 15674 所，其中公立医疗中心 7587 所。2001～2010 年人口年均增长率为 9.7‰。预计 2010 年阿人口增长率为 1.04%，出生率 17.75%，死亡率 7.39%。人均预期寿命 77 岁，其中男性 74 岁，女性 80 岁。65 岁以上人口比例为 10.9%。

军　事

总统为武装力量最高统帅，下设国防委员会和危机委员会。

国防委员会由副总统、内政部长、外交部长、国防部长和经济部长组成，协助总统制定和评估国防政策和国防战略。危机委员会由国防部长、武装力量联合参谋长和陆、海、空军参谋长组成，协助总统进行军事行动和军事战略评估和决策。国防部长全面主持国防事务，并直接对总统负责。联合参谋长协调各军种工作，并直接对国防部长负责。陆、海、空军参谋长主持各自军种事务，并直接对国防部长负责。

联合参谋长豪尔赫·阿尔韦托·切瓦列尔（Jorge Alberto Chevalier）。陆军成立于1810年5月29日，现任陆军参谋长路易斯·阿尔韦托·波齐（Luis Alberto Pozzi）。海军成立于1814年5月17日，现任海军参谋长豪尔赫·奥马尔·戈多伊（Jorge Omar Godoy）。空军成立于1912年8月10日，现任空军参谋长诺尔曼多·科斯坦蒂诺（Normando Costantino）。

在结束军政府统治后，阿与邻国关系逐步改善，国防政策由原来与邻国的“假设冲突”战略调整为“战略性防御”。认为21世纪的冲突将围绕粮食、水和能源展开，阿应以此为前提制定国防战略。积极开展地区军事合作，加入南美国家联盟南美防务理事会。积极参与联合国维和行动，与智利、秘鲁共同组建联合维和部队。1993年倡导建立联合国“白盔部队”，辅助“蓝盔”维和部队从事人道主义救助行动。

自1995年起由义务兵役制改为志愿兵役制，18～24周岁公民可根据协议期限志愿服兵役，最高服役年龄至28周岁。武装力量由正规军和准军事部队组成，其中正规军由陆、海、空三军组成。现有三军总兵力7.37万人。准军事部队3.124万人，此外还有预备役部队37.5万人。阿是南美地区军费开支最低的国家之一。2009年军费开支为58.99亿比索，占政府预算支出的2.5%。没有海外基地和驻军。

文化教育

【教育】教育水平居拉美国家前列。1884年通过的《普通教育法》是阿全国教育体系的基石。2006年颁布的《国家教育法》规定，全国实行13年制义务教育，包括学前1年，小学6年，初中3年，高中3年，小学入学年龄为6岁。规定中央及各省市教育专项经费占国内生产总值比重不得低于6%。其他主要教育法规还有：1995年颁布的《高等教育法》、2005年颁布的《职业技术教育法》、2006年颁布的《教育融资法》等。每年9月11日为教师节。

2001年人口普查显示：阿全国文盲76.7万人，文盲率为2.6%。截至2005年底，全国完成大学学业人口占全国人口比例为12.6%，其中男性占11%，女性占14%。2006年成年男性识字率为97%。预计至2010年阿全国文盲率为2.4%。2008年全国共有公立大学42所，私立大学44所。著名大学有布宜诺斯艾利斯大学、拉普拉塔国立大学、科尔多瓦国立大学等。其中科尔多瓦国立大学成立于1613年，是阿历史最悠久的高等学府。2008年全国大学预科及本科生人数达160万，专业生、硕士生和博士生人数共计8万。2008年阿公立教育情况如下：

	教育机构（所）	教师（人）	学生（人）
学前教育	12789	66732	994617
小学教育	18561	253204	3550088
中等教育	10901	122491	2528547
大学高等教育	48	171421	1343597
非大学高等教育	913	11563	329042
青年和成人教育	—	23458	630455
特殊教育	—	31219	81393

（资料来源：阿根廷教育部）

2008年阿私立教育情况如下：

	教育机构（所）	教师（人）	学生（人）
学前教育	4212	32743	491282
小学教育	3646	61288	1113937
中等教育	4623	37275	994585
大学高等教育	57	—	336236
非大学高等教育	1139	7495	278191
青年和成人教育	—	1391	49780
特殊教育	—	8056	18088

（资料来源：同上）

2008年阿农村普通教育情况如下：

	教育机构（所）	教师（人）	学生（人）
基础教育	21747	78657	982716
青年和成人教育	—	1487	33198
特殊教育	145	719	2567

（资料来源：同上）

【科研】科研水平位居拉美前列。在科技领域至今共有三位诺贝尔奖获得者，分别获得1947年和1984年医学奖和1970年化学奖。据联合国教科文组织统计，阿每100万人中有713名科学家或工程师，每1000名经济活动人口中有1.9名研究人员，均居拉美前列。全国重要的科研机构包括国家原子能委员会（CNEA，1950年成立）、国家农牧业技术研究院（INTA，1956年成立）、国家工业技术研究院（INTI，1958年成立）、国家科学技术研究委员会（CONICET，1958年成立）等。

阿本届政府大力推动科技和产业创新，在阿历史上首次成立了科技和生产革新部，希以此提高国家竞争力，为经济社会和文化发展服务。2009 年政府科技经费为 43.63 亿比索，占政府预算支出的 1.9%；全国科研人员为 46884 人。2008 年，阿科技部先后制定了产业技术创新基金计划、促进生产和社会创新计划、2008～2011 年科技基础设施联邦计划等，并计划修建全国科技中心，为阿建国 200 周年献礼。近年阿科技研发投入情况如下（单位：万美元）：

	2007	2008	2009
总投入	450.4	229.2	700.7
公共投入	277.3	322.5	379.4
私有投入	173.1	233.7	321.3

（资料来源：拉美和加勒比地区经委会）

【新闻出版】 2004 年全国有出版社 8745 家，其中 62% 集中在首都。2006 年全国报纸日发行量周一至周六为 108.83 万份，周日为 183.86 万份。2007 年阿全国出版图书刊物 26320 种，发行量 9276.9 万册；全年杂志发行量 1.142 亿本；平均每 10 万人拥有报刊亭 20.4 个，出版社 16.7 家。

主要报纸有：《号角报》（Clarín）：1945 年创刊，标榜中立，反映“发展主义”的经济观点，发行量 44.29 万份，占全国总发行量的 49.6%；《国民报》（La Nación）：1870 年创刊，主要反映大农牧主的观点，发行量 17 万份；《金融界报》（Ambito Financiero）：1976 年创刊，金融类报纸，发行量 8 万份；《新闻报》（La Prensa）：1869 年创刊，反映右翼保守势力的立场，发行量 3000 份；《纪事报》（El Cronista）：1963 年创刊，以社会新闻为主，发行量 8000 份。目前各大报均已推出网络版。重要周刊有《市场》（Mercado）、《索莫斯》（Somos）、《人物》（Gente）等。

美洲通讯社（Télam）为阿国家通讯社，成立于 1945 年，属总统府新闻国务秘书处领导，设 28 处国内记者站，无国外记者站。目前有员工 450 名，300 余家用户，日发稿量 560 条。报联社（DyN）为私人通讯社，是阿最大新闻社，1982 年成立，用户为阿全国大多数报社、电台、电视台及一些企业、国家机构和政党。

阿第一家广播电台成立于 1920 年。全国有调幅电台 260 个，调频电台 1150 余个（大部分无许可证），短波电台 6 个。公共广播电台 1 台（LRA 1）是阿唯一一家全国性国家电台，成立于 1937 年，有一套调幅节目和三套调频节目。阿根廷对外广播电台成立于 1958 年，现用 7 种语言进行对外广播。收听率最高的调幅电台主要有米特雷电台（Radio Mitre，1925 年成立，综合电台）、网络电台（Radio La Red，1929 年成立，原名“细刨花电台”，1991 年更改为现名，主要播放体育、时事新闻类节目）、大陆电台（Radio Continental，1969 年成立，主要播放文艺类节目）和美洲电台（Radio América，1948 年成立，综合电台）等。

2008 年阿全国有线电视公司共 10 家，有线电视用户 340.6 万户，有线电视覆盖率 77%，卫星电视覆盖率 4%。阿根廷有线电视集团（CableVisión）成立于 1981 年，拥有用户 133 万户，是阿最大的有线电视公司。2007 年收视率最高的电视台依次为 TELEFE 电视台（收视率 26.1%）、电视 13 台（Canal 13，收视率 19.8%）、电视 7 台（Canal 7，国有电视台，收视率 7.2%）、美洲电视台（América，收视率 2.1%）和新闻台（Todo Noticias，收视率 1.9%，是拉美覆盖面积最大的卫星新闻台，全天 24 小时不间断播出）。

对外关系

奉行独立自主的多元化外交政策，主张多边主义和国际关系民主化，奉行不干涉内政、保护人权和恪守国际法等原则。主张在平等、公正的基础上，通过谈判与对话和平解决国际争端。积极参与联合国维和行动，反对各种形式的恐怖主义。经济外交活跃，力图通过加强对外经贸交流促进本国经济发展。致力于恢复行使对马尔维纳斯群岛、南乔治亚和南桑得韦奇群岛及周边海域的主权。同 184 个国家建有外交关系，是联合国、美洲国家组织、里约集团、南美国家联盟、南方共同市场、拉美经济体系、拉美一体化协会、拉普拉塔河流域组织等国际和地区组织的成员国。

【对当前重大国际问题的看法和立场】 关于国际形势：

认为和平与发展是时代主流，新兴发展中国家的崛起正在逐步改变国际格局，多极化将占主导地位。认为没有资源的合理分配和各国共同的价值观，就不可能有稳定的国际关系体系，消除贫困是防止国际和国内冲突的基础。认为发展不足是导致世界经济不平衡的根源，主张加强南南对话，以发展更公正的全球经济。

关于联合国改革：认为联合国是维护世界和平与安全和实践多边主义的唯一途径，主张进一步加强联合国作用，提升联合国权威。面对复杂多变的国际形势，联合国现状已不能完全适应现实，应对安理会、否决权、决策透明化等问题进行改革。

关于国际金融危机：认为金融危机的产生除了监管不足、信贷泛滥外，主要是不事生产就可创造财富的理念扭曲了金融业，催生投机和泡沫，是虚拟经济无限膨胀的恶果。作为国际金融危机的发源地，美国应负起更大责任，处理好其财政赤字问题，加强对其金融机构的有效监管，不应由发展中国家用自己的血汗钱来为此次危机埋单。作为治本之道，各国应在市场机制和政府作用之间找到平衡，加大生产投入，实现经济良性循环。认为实体经济的良好运行和就业改善是“退出战略”实施的前提条件。主张加快国际金融机构改革进程，增加发展中国家代表性和发言权，促进国际金融体系民主化。作为二十国集团成员，呼吁国际社会加强协调，共同应对危机。

关于多哈回合谈判：主张建立更加公平合理的国际贸易秩序，积极参与多哈回合谈判。要求发达国家承担更大责任，要求美欧取消农业补贴，进一步开放市场。认为各方应通过平等协商，达成一个兼顾各方利益，尤其是有利于发展中国家利益的相对平衡的结果，而不是屈从于美欧压力。

关于气候变化问题：支持将《联合国气候变化框架公约》及其《京都议定书》作为气候变化国际谈判的主框架，坚持“共同但有区别责任”原则，反对为发展中国家设定强制减排指标。认为发达国家应对其历史行为负相应责任，要求发达国家向发展中国家提供力所能及的资金和技术支持，反对任何将责任转嫁给发展中国家的做法。认为气候变化问题已成为发达国家遏制发展中国家发展的手段，要求应对全球变暖问题不应以牺牲发展为代价。

关于联合国维和行动和人道主义援助问题：积极参加联合国维和行动。1958 年，派出第一支军事观察员部队参加黎巴嫩维和行动。迄今，已参与维和行动 30 余次，派兵和民事警察近 2 万人次，派民事警察人数居拉美首位。1993 年倡导建立联合国“白盔部队”，辅助“蓝盔”维和部队从事人道主义救助行动，获得普遍赞同。

关于军控与裁军问题：优先关心的议题是禁核试、核不扩散、禁产条约和防止外空军备竞赛，强调通过强化旨在销毁大规模杀伤性武器和防止其扩散的机制来加强国际安全，防扩散和裁军两者不可偏废。呼吁有关国家，尤其是有核国家尽早无条件和无保留地批准《核不扩散条约》，主张《全面禁止核试验条约》尽早生效，要求裁谈会立即就“禁产条约”展开谈判，并成立负责核裁军的临时委员会。

关于外债问题：认为债务问题既是经济问题，又是政治问题。巨额外债严重限制了发展中国家经济健康发展和人民生活水平的提高，成为其经济发展滞后和贫困加剧的主要根源之一。主张债务双方共同承担责任，通过谈判寻求公正合理的解决办法；认为债务解决方案必须与债务国的经济增长、财政盈余相联系，保证债务国具有偿还能力。

关于反恐问题：20 世纪 90 年代初，阿曾发生两起大规模恐怖袭击事件。阿认为国际恐怖主义不仅威胁国际和平与安全，而且威胁各国的民主稳定和经济社会发展，必须根据国际法和联合国宪章积极参加联合国、美洲国家组织等多边机构内的反恐斗争与合作。但不应以反恐为由侵犯人权。迄今，阿已签署 12 项反恐国际协议，并与巴西、巴拉圭安全力量共同组建了“边界地区三方联合指挥部”，以加强反恐、缉毒、反洗钱、反走私武器等方面的国际合作。

关于朝核问题：主张朝鲜半岛无核化，要求朝鲜在核问题上履行有关国际义务，主张惩罚朝退出核不扩散条约的行为，支持国际机构争取朝鲜无核化的努力，呼吁有关各方通过灵活方式和平谈判解决问题。阿作为朝鲜半岛能源开发组织正式成员国，遵守不扩散义务。

关于中东局势：支持巴勒斯坦人民拥有自决权及独立建国的权利，同时支持以色列在国际公认边界内捍卫国家安全的权利。认为中东和平“路线图”计划是实现该地区公正和永久和平的最适当途径，强调国际社会在解决有关问题时应采取不偏不倚的中立态度。

【同中国的关系】 1972 年 2 月 19 日中阿建交。建交以来，两国关系稳步发展，各领域友好合作日益扩大。2004 年胡锦涛主席和基什内尔总统成功互访，中阿建立战略伙伴关系，双边关系进入全面发展的新阶段。

2009 年，中阿战略伙伴关系继续保持良好发展势头，各领域交流与合作不断深化。两国高层交往密切，政治互信不断加深。2 月，回良玉副总理访问阿根廷，两国签署矿业、农业、金融、林业等领域多项合作协议。6 月，中共中央政治局委员、中央书记处书记、中宣部部长刘云山过境阿根廷。9 月，胡锦涛主席同克里斯蒂娜总统在二十国集团领导人匹兹堡峰会期间简短交谈。阿外长塔亚纳访华。同月，克里斯蒂娜总统和塔亚纳外长分别致函胡锦涛主席和杨洁篪外长，祝贺中华人民共和国成立 60 周年。中阿在涉及各自核心利益的重大问题上继续相互理解和支持。在台湾、涉藏问题上，阿政府坚定坚持一个中国政策。

中阿除互设大使馆外，阿在上海和香港设有总领事馆。目前，双方建有 12 对友好省、市关系。

2009 年以来，受国际金融危机影响，中阿贸易有所下滑。据中方统计，2009 年双边贸易额 77.89 亿美元，同比下降 45.97%；其中，中方出口额 34.83 亿美元，进口额 43.06 亿美元，同比分别下降 31.09% 和 54%。两国在基础设施建设、金融、电信、农业、质检等领域的合作进展顺利。4 月，两国央行签署 700 亿元人民币/380 亿阿根廷比索本币互换协议，这是中国首次同拉美国家签署此类协议。10 月，中阿经贸混委会第 17 次会议在阿举行。

两国在议会、政党、地方、文教、科技等领域合作不断加深。中联部部长王家瑞、全国政协外事委员会副主任赵进军、北京市市长郭金龙、上海市常务副市长杨雄等先后访阿，阿众议院体育委员会主席佩雷拉访华。两国文化部门积极落实《2008 ~ 2012 年度文化交流执行计划》，开展一系列文化交流活动。布宜诺斯艾利斯大学和拉普拉塔大学的两所孔子学院相继落成。中阿食品科技中心项目进展顺利。阿方正式签署上海世博会参展合同，并确定国家馆日（6月10日）。

中国驻阿根廷大使：曾钢。馆址：Av. Crisólogo Larralde 5349，1431 - Buenos Aires，República Argentina。电话：（005411）45478100或45478199。传真：45451141。商务处电话：45542613或45541258。传真：45538939。领事部电话：45478128。

阿根廷驻中国大使：塞萨尔·费尔南多·马约拉尔（César Fernando Mayoral）。馆址：北京市朝阳区三里屯东五街11号。电话：010－65322090，65322142。商务处电话：65322875。签证处电话：65322354。

台湾在阿首都设有“台北商务文化办事处”。阿在台设有“阿根廷贸易文化办事处”。2009年阿台贸易额为2.98亿美元，其中台方出口额2.23亿美元，进口额0.75亿美元，分别下降32.9%、27.1%和43.6%。台主要出口机电、家用电器、摩托车等，进口小麦、皮革、棉花、水果等。

【同拉美国家的关系】奉行睦邻友好政策，将发展同拉美国家、尤其是地区大国的关系作为外交优先目标。重视南方共同市场一体化，认为同巴西的战略联盟关系是南共市“战略轴心”。与智利、墨西哥建有战略伙伴关系，看重与委内瑞拉在金融、能源领域的合作，积极支持委加入南共市。2003年以来，因界河造纸厂争端与乌拉圭关系紧张，乌新总统穆西卡就职后，双方关系有所缓和。2009年，阿同巴西、委内瑞拉加强元首定期会晤机制，高层互动频繁，在能源、金融、基础设施等领域合作加深。与智利签署一体化合作协议，巩固两国战略联盟关系。阿总统23年来首次访问古巴，阿古关系有所改善。

【同美国的关系】美是阿主要贸易伙伴和最大债权国。阿历届政府均将发展同美国关系放在对外政策的首要位置。20世纪90年代梅内姆总统执政时曾表示阿美关系是“肉体关系”，但2001年阿经济危机爆发后，美冷漠观望、不施援手，引起阿各界强烈不满，阿美关系因而疏远。基什内尔政府上台后，同委内瑞拉等国家关系有所加强，阿美关系相对冷淡。但阿政府仍重视改善同美国关系。奥巴马当选美总统后，阿政府积极寻求改善同美关系。2009年，克里斯蒂娜总统同奥巴马两度通话，两国重启外交部间对话机制。2010年3月，美国国务卿希拉里访问阿根廷。

【同欧洲国家的关系】欧盟是阿主要经贸伙伴和农牧产品传统出口市场。阿与西欧有共同的文化渊源、宗教信仰和血缘关系，历届政府均重视同欧洲的传统关系，阿积极推动南共市与欧盟合作，希在两大集团间建立政治、经济联合体，最终实现贸易自由化。欧盟支持阿与国际货币基金组织开展债务谈判，但要求阿尊重国际私人债权人的合法权益，尽快解决阿拖欠“巴黎俱乐部”债务问题。2009年，克里斯蒂娜总统访问西班牙和葡萄牙；西班牙副首相等欧盟国家领导人访阿。

【同亚太国家的关系】重视拓展与亚太国家关系，看重该地区经济发展速度、市场容量和潜力。把发展同亚太国家关系，特别是同中国的关系置于其外交政策的重要位置，积极寻求扩大与该地区的政治和经贸联系。（黄志伟）

阿　鲁　巴

名称　阿鲁巴（Aruba）。

面积　180平方公里（阿鲁巴中央统计局）。

人口　10万（2007年），人口增长率1.478%（2009年估计）。主要为印第安人与欧洲白人的混血后裔。官方语言为荷兰语，通用帕彼曼都语（荷兰语、西班牙语、英语、印度语和西非方言混合而成），也讲西班牙语和英语。居民中80.8%信奉天主教，9%信奉基督教新教。

首府　奥拉涅斯塔德（Oranjestad），人口3.3万（2006年）。

总督　弗雷迪斯·里夫犹鲁（Fredis REFUNJOL），2004年5月11日就任，任期6年。

重要节日　旗帜日：3月18日（1976年）。

简　况

阿鲁巴岛位于加勒比海南部，小安的列斯群岛的最西端，南距委内瑞拉北岸28公里，属背风群岛的一部分。属热带气候，2006年平均气温28.6℃，年降水量611毫米。

岛上最早的居民是印第安部族阿拉瓦克人。1499年西班牙占领该岛。1643年易手荷兰。1807年被英国夺取。1814年重归荷兰管辖，并成为荷属安的列斯的一部分。1986年1月1日宣布正式脱离荷属安的列斯，成为荷兰王国的一个单独的政治实体，荷兰继续负责该岛的防务和对外事务。在经济和货币事务方面，阿鲁巴和荷属安的列斯组成合作联盟。

政　治

2001年，纳尔逊·奥杜贝尔（Nelson O. ODUBER）领导的阿鲁巴人民选举运动在议会选举中获胜，奥杜贝尔第二次出任总理。在2005年举行的议会选举中，执政的阿鲁巴人民选举运动再次获胜，奥杜贝尔总理连任。

近年来，阿政局基本稳定。

2009 年 9 月，阿举行新一届议会选举，在野的阿鲁巴人民党获胜。10 月 30 日，米奇尔（迈克）·戈德弗雷德·埃曼［Michiel（Mike）Godfried EMAN］宣誓就任阿鲁巴第五任总理。

【宪法】 1986 年 1 月 1 日施行。荷兰女王为其元首，总督为女王的代表。阿鲁巴拥有完全的内部事务自治权，实行议会制。

【议会】 立法机构，一院制，由普选产生，有 21 个议席，任期 4 年。本届议会于 2009 年 9 月 25 日大选产生，阿鲁巴人民党 12 席，阿鲁巴人民选举运动 8 席，真正民主党 1 席。

【政府】 称为部长会议，通常由在议会中占多数议席的政党组成，对议会负责，任期 4 年。本届政府于 2009 年 10 月组成，成员包括：总理兼总务部长迈克·埃曼，副总理兼财政、通讯、公共事业和能源部长迈克·埃里克·德梅萨（Mike Eric de MEZA），司法和教育部长阿瑟·劳伦斯·道尔斯（Arthur Lawrence DOWERS），经济、社会事务和文化部长米歇尔·詹妮丝·胡伊伯尔—温克拉尔（Michelle Janice HOOY-BOER-WINKLAAR，女），旅游、劳工和运输部长奥特马尔·恩里克·奥杜贝尔（Otmar Enrique ODUBER），一体化、基础设施和环境部长奥斯林·贝尼托·塞温格（Oslin Benito SEVINGER），卫生和体育部长理查德·韦恩·米尔顿·菲瑟（Richard Wayne Milton VISSER），驻海牙部长全权公使埃德温·比比亚诺·阿巴特（Edwin Bibiano ABATH），驻华盛顿部长全权公使乔斯林·玛丽·玛格丽特·赫罗妮莫—克罗埃斯（Jocelyne Marie Marquerite HERONIMO-CROES，女），部长会议秘书尼科尔·露西娅·玛丽亚·霍弗尔茨（Nicole Lucia Maria HOEVERTSZ，女）。

【网址】 http://www.overheid.aw/index.asp?nmoduleid=19&wgid=6&spagetype=21&nPageID=26&nCMSPageType=1（政府）；http://www.cbs.aw/cbs/home.do（中央统计局）。

【司法机构】 本岛设初审法庭，在荷属安的列斯的库拉索岛设荷属安的列斯和阿鲁巴联合高级法院。首席法官和总检察长均为终身制，由荷兰女王同两实体的政府协商后任命。联合高级法院首席法官韦恩霍尔特（M. R. Wijinholt）。阿鲁巴总检察长特里萨·佩德拉（Theresa D. Croes-Fernandes Pedra）。

【政党】 主要政党有：

（1）阿鲁巴人民党（Arubaabse Volkspartij，AVP）：执政党，属于基督教民主党。1942 年成立。赞同阿鲁巴目前的“分离状态”。领袖为总理迈克·埃曼。

（2）人民选举运动（Movimentu Electoral di Pueblo，MEP）：在野党，属于社会党。1971 年成立，有党员 1200 人。领袖为前总理纳尔逊·奥杜贝尔。

还有阿鲁巴爱国运动（Movimento Patriotico Arubano，MPA）、RED 党、真正民主党（Democracia Real）、阿鲁巴自由组织（Organisacion Liberal Arubiano，OLA）、阿鲁巴爱国党（Partido Patriótico Arubano）等。

【重要人物】 **弗雷迪斯·里夫犹鲁**：总督。1950 年生于阿鲁巴岛。曾先后在奥杜贝尔政府中任社会和教育部长、副总理兼教育和行政事务部长等职。2004 年出任阿鲁巴第三任总督。 **迈克·埃曼**：总理，阿鲁巴人民党主席。1961 年 9 月 1 日出生，是阿首任和第三任总理简·亨德里克·埃曼之弟。1992 年毕业于荷属安的列斯大学的法学专业，并成为公证员，直到 2001 年当选议员。2003 年当选为阿鲁巴人民党主席。2005 年大选后任反对党领袖。在 2009 年 9 月举行的议会选举中，阿鲁巴人民党成为议会第一大党，并且拿到了组阁权。10 月底，出任总理。

经　济

经济主要依靠石油提炼（包括石油转运和石油产品）和旅游业。主要经济数据如下：

地区生产总值（购买力平价，2007 年估计）：24 亿美元。

人均地区生产总值（购买力平价，2007 年估计）：21500 美元。

地区生产总值增长率（2007 年估计）：1%。

货币名称：阿鲁巴弗罗林；1 弗罗林 = 100 分。

汇率（2008 年）：1 美元 = 1.79 阿鲁巴弗罗林。

通货膨胀率（2007 年）：8.7%。

失业率（2005 年）：6.9%。

【工业】 以石油提炼为主。目前炼油能力约为 28 万桶/日。轻工业仅限于烟草制品、饮料和一些消费品。建有“自由工业区”。海水淡化厂可日淡化海水 2080 万公升，为世界最大的海水淡化厂之一。2007 年发电量 8.5 亿千瓦小时（估计）。

【农业】 土质贫瘠，农业不发达，产值仅占地区生产总值的 0.4%。主要农产品有芦荟、活牲畜。2001 年捕鱼 163 吨。

【旅游业】 国民经济的支柱之一。该岛终年阳光充足，气候宜人，热带风光独具一格。著名的“棕榈海滨浴场”及早期印第安人的岩洞吸引着不少的游人。20 世纪后期，大力发展旅游业，2006 年接待游客约 128 万人次。游客主要来自美国、中南美洲和欧洲。

【交通运输】 无铁路。公路长 800 公里，有全天候的公路网。水路交通发达，主要港口奥拉涅斯塔德可停泊远洋轮。2006 年接待油轮和货轮 464 艘，游轮等 955 艘。首府的贝娅特丽克丝国际机场有通往美国、欧洲、中美洲、南美洲和加勒比国家的航线。

【财政金融】 2005 年财政收支情况如下（单位：亿阿鲁巴弗罗林）：收入 5.08，支出 5.78。

2005 年外债为 4.78 亿美元。2002 年外汇储备

（不包括黄金）为3.39亿美元，黄金储备为3812万美元。

【对外贸易】2006年进口额10.54亿美元，出口额1.14亿美元（均为离岸价格）。

外贸常年逆差，出口总额一般仅为进口总额的3%。近年来进出口情况如下（单位：百万阿鲁巴弗罗林，不包括矿物燃料）：

	2005	2006	2007	2008
进口总额（到岸价格）	1703.7	1736.7	1874.9	1853.0
出口总额（离岸价格）	43.5	46.4	55.7	57.0

（资料来源：阿鲁巴中央统计局）

主要进口商品有机械和电子设备、原油（用于提炼和再出口）、化工产品、食品等，主要出口商品有矿物燃料和润滑油、活牲畜及其产品、艺术及收藏品、机械和电子设备、运输设备等。2005年日进口原油238200桶，日出口油料233300桶。2007年主要进口来源国有美国（54.6%）、荷兰（12%）、英国（4.7%），主要出口目的国（地区）有巴拿马（29.7%）、哥伦比亚（17%）、荷属安的列斯（13.2%）、美国（11.3%）、委内瑞拉（10.9%）、荷兰（9.2%）。

【外国援助】外援主要依靠荷兰，但最近两年荷援减少。2004年共接受外国援助约1130万美元。

【经济团体】阿鲁巴工商会（Aruba Chamber of Commerce and Industry）：成立于1930年。地址：J. E. Irausquin Boulevard 10，P. O. Box 140，Oranjestad，Aruba（Dutch Caribbean）。电话：（297）582－1120转分机34或41。传真：588－3200。网址：http：//www. arubachamber. com/。

人民生活

政府对居民提供免费医疗。岛上有一所荷兰援建的现代化医院，有床位308张。政府对低收入者、政府公务员及其家庭成员以及参加社会保险的私营企业雇员及家庭提供免费医疗服务。2009年居民平均期望寿命75.28岁。2008年有固定电话3.85万部，移动电话12.71万部，因特网用户2.4万户。

军　事

防务由荷兰负责。荷兰任命的总督为岛上武装力量总司令。荷兰在阿鲁巴驻扎海军。1999年美国海军和空军在岛上设有巡逻基地以对付该地区的非法贩毒活动。

文化教育

【教育】自1999年始，对4～16岁儿童实行义务教育。教育制度与荷兰类似。初等教育从6岁开始，学制6年。中等教育学制5年。2005年公共教育开支约占国内生产总值的5.1%，占政府开支的15.4%。2003年成人识字率约97%。有小学68所，中学12所，大学5所，有些学生选择赴北美、南美或欧洲接受高等教育。2007年有全日制学生22930人。

【新闻出版】全国有6家日报，主要是：《阿鲁巴朋友报》，1884年创刊，荷兰文日报，发行量11000份（包括在荷属安的列斯）；《新闻报》，英文日报，发行量8228份。

主要通讯社为阿鲁巴通讯社。荷兰通讯社和美联社在该岛设有办事机构。有6家广播电台，除一家为宗教和文化电台外，其余为商业电台。均用荷兰、英、西班牙、帕彼曼都语播音。

阿鲁巴电视台为1963年创立的商业电视台。

对外关系

外交由荷兰掌管。阿鲁巴为国际劳工组织、国际货币基金组织、国际刑警组织、国际奥委会、万国邮政联盟和世界气象组织成员，联合国教科文组织、世界旅游组织联系成员，加勒比共同体观察员。

【同中国的关系】2007年，阿鲁巴政府授权中国国际技术智力合作公司（中文简称中智，英文简称CIIC）的全资子公司中智国际商务发展中心（CIIC International Business Development Center）作为“阿鲁巴中国事务投资促进办公室”（Aruba Investment and Promotion Office），负责阿鲁巴与中国贸易、投资、旅游、文化交流等事务的沟通与联络。电话：＋（00）86－（0）10－85656995。电子信箱：yumonan @ ciic. com. cn。网址：http：//www. aruba-china. org. cn/。

2008年8月，阿鲁巴派团出席北京奥运会。2009年4月中智国际商务发展中心代表阿鲁巴政府参加中国出入境旅游交易会（COTTM 2009）。同年6月18日，阿鲁巴政府派出代表鲁本·欧杜博（Ruben Oduber）来华，拜访了国家开发银行和中国石油与天然气有限公司国际事业部，进行了合作项目的讨论，并访问了中智国际商务发展中心。　（石宜　卜阕）

安　圭　拉

名称　安圭拉（Anguilla）。

面积　96平方公里。

人口 14764人，人口增长率2.215%，出生率13‰，死亡率4.4‰（2010年估计）。主要居民是黑人（91%）。另有4000侨民常住美属维尔京群岛，1万侨民常住英国。英语为官方语言。多数居民信奉基督教（包括新教和天主教等）。

首府 瓦利（The Valley），人口3000人。

总督 威廉·阿里斯泰尔·哈里森（William Alistair HARRISON），2009年4月21日就任。

重要节日 安圭拉日：5月30日（1967年），每年庆祝日期略有不同；宪法日：8月11日。

简况

安圭拉位于东加勒比海背风群岛的北端，在圣基茨岛西北113公里，包括安圭拉岛（90平方公里）、松布雷罗岛（5平方公里）等。属亚热带气候。由于受信风影响，气候湿热。月平均气温26.7℃。年平均降水量889毫米。

1650年沦为英国殖民地。1825年6月，英将其划归圣基茨岛管辖。1958年，圣基茨、尼维斯与安圭拉成为西印度联邦的一部分。1962年，该联邦解体。1967年2月，英国将安与圣基茨、尼维斯合并成为英国联系邦，取名为“圣基茨—尼维斯—安圭拉”，实行内政自治，外交与国防由英国负责。安不愿接受圣基茨和尼维斯的统治，同年5月举行公民投票，宣布脱离同圣基茨和尼维斯的联合。1969年2月，再次举行公民投票，宣布独立，成立共和国；3月，英国军队占领该岛。1969年英国在安设专员进行管理，直至1972年。1976年2月，英国为安圭拉制定新宪法。1980年12月19日正式脱离圣基茨—尼维斯联邦，重新成为直属英国的自治领。1982年4月1日改由总督管理。现为英国的海外领地（British Overseas Territory）。

政治

近年来，安政局基本稳定。2009年4月，新任总督就职。2010年2月15日，安议会举行换届选举，投票率达82.1%。反对党安圭拉统一运动获胜。2月16日，休伯特·休斯（Hubert HUGHES）再次出任首席部长。

【宪法】 现行宪法于1982年4月1日起施行，1990年修订。规定总督由英国女王任命，拥有行政权，负责外事、防务、司法和内部安全。在其他事务上与以首席部长为首的执行委员会协商。执行委员会对议会负责。

【议会】 一院制议会（House of Assembly）由11名成员组成，任期5年。其中7名由普选产生，2名由总督与首席部长协商后指定，另2名为财政部长和总检察长。本届议会于2010年2月15日选举产生，安圭拉统一运动4席（得票率32.7%），安圭拉联合阵线尽管得票率达39.4%，但只获得2席，安圭拉进步党1席（得票率14.7%）。

【政府】 称执行委员会（Executive Council），总督任主席，通常由在议会中占多数议席的政党组成，包括首席部长（Chief Minister），不超过三名其他部长，以及两名当然成员（副总督和总检察长）。本届政府于2010年2月16日组成，主要成员有：总督威廉·阿里斯泰尔·哈里森，首席部长兼财政、经济发展、投资、商务和旅游部长休伯特·休斯，卫生、教育和社会发展部长爱迪逊·贝尔德（Edison A. BAIRD），基础建设、通信、公共工程、运输、住房、农业、渔业、信息技术和电子政府服务部长埃文·冈布斯（Evan GUMBS），内政、移民、劳工、土地、自然资源、环境、人权、性别事务和新闻部长沃尔科特·理查森（Walcott A. RICHARDSON），副总督斯坦利·雷德（Stanley E. REID），总检察长威廉·伯恩（Wilhelm BOURNE）。

【司法机构】 设高等法院、上诉法院和地方法院。高等法院开庭时，东加勒比最高法院派一名法官参加。最高可上诉至英国枢密院。

【政党】（1）安圭拉统一运动（Anguilla United Movement，AUM）：执政党。1979年成立，1984年重组。领袖休伯特·休斯。

（2）安圭拉民族战略选择（Anguilla Strategic Alternative，ANSA）：执政党。领袖爱迪逊·贝尔德。

（3）安圭拉联合阵线（Anguilla United Front，AUF）：反对党。2000年1月7日由安圭拉民族联盟（Anguilla National Alliance，ANA）和安圭拉民主党（Anguilla Democratic Party，ADP）组成的保守派联盟。领导人为奥斯本·弗莱明（Osbourne B. FLEMING）和维克多·班克斯（Victor BANKS）。

（4）安圭拉进步党（Anguilla Progressive Party）：领导人罗伊·罗杰斯（Roy ROGERS）。

【重要人物】威廉·阿里斯泰尔·哈里森：总督。1954年11月14日出生。1977年进入英国外交与联邦事务部（FCO）。曾在英国驻波兰使馆、驻联合国代表团及欧洲委员会任职。2003～2005年任FCO国际司司长。2005～2008年任英国驻赞比亚高级专员（大使）。2009年出任安圭拉总督。 **休伯特·休斯**：首席部长，安圭拉统一运动领袖。1933年出生。1994年大选后，他领导安圭拉统一党和安圭拉民主党组成联合政府，他出任首席部长。1999年大选后，两党继续执政，他连任首席部长。2000年3月联合政府解体，在提前举行的大选中失利下台。2010年2月再度任首席部长。

经济

以旅游业和离岸银行业为主，受其推动，20世纪80、90年代安经济发展迅速，年均增长达5.4%。2000年因遭飓风袭击，经济出现停滞，2001～2002年开始缓慢复苏，2003年后增长提速，2006年增长率达到15.4%。2008年受国际金融危机影响，经济大幅下降。2004

年获得经济援助约900万美元。主要经济数据如下：

地区生产总值（GDP，2009年估计）：1.754亿美元。

人均地区生产总值（2008年估计）：12200美元。

地区生产总值增长率（2008年估计）：-8.5%。

货币名称：东加勒比元；1东加元=100分。

汇率（固定汇率，1976年起）：1美元=2.7东加元。

通货膨胀率（2006年估计）：5.3%。

失业率（2002年）：8%。

【资源】 自然资源贫乏。

【工业】 以建筑业为主，2006年建筑业产值占地区生产总值的13.8%。还有晒盐业和造船业等。晒盐业主要生产工业用盐，向特立尼达和多巴哥等国出口。另有一些鱼虾加工业。

【农渔业】 主要种植水果和蔬菜，满足岛内需要。2006年农渔业产值占地区生产总值的2.0%。主要农作物有豌豆、红薯和玉米。家畜养殖是传统的出口创汇来源，20世纪80年代后半期，渔业发展较快，部分鱼、虾（龙虾）用于出口，出口额占出口总额的90%。

【服务业】 2006年服务业产值（包括批发零售、金融、政府服务等）高达地区生产总值的38.5%，其中金融业为14.4%。离岸金融业是安经济重要组成部分，2003年初又有2792家新的国际公司在安注册。

【旅游业】 旅游业是安经济的主体，且对其他经济部门有强劲拉动作用。近几年游客人数和旅游收入逐年增长。2006年旅店和餐饮业产值占地区生产总值的31.2%。2003年接待游客总数109282人次，主要来自美国、加勒比国家、欧洲和加拿大，过夜游客人数增长6.7%。

【交通运输】 2006年交通运输和通信业产值占地区生产总值15.6%。

公路：总长175公里，其中约100公里为柏油路。2002年注册机动车为5978辆。

水运：主要港口是路德港。

空运：有航线通往圣基茨、英属维尔京和加勒比其他岛屿。有3个机场，沃巴尔克（WALLBALKE）机场是全岛唯一现代化机场。

【财政金融】 财政年度从每年的7月1日至翌年的6月30日。财政状况良好，数年来一直保持盈余，2000年首次出现60万东加元的赤字，主要与飓风灾害有关，这也暴露了该岛经济的脆弱性。财政收入除来自英国外，大部分来自在国外工作的劳工的汇款，此外还有关税和邮票收入。2006年政府经常性收入1.812亿东加元，经常性支出1.452亿东加元。2005年外债为1190万美元。

【对外贸易】 长期逆差。2006年出口额为1360万美元，进口额为1.429亿美元。主要进口燃料、粮食、建材、机器设备等。主要出口盐、鱼虾和家畜等。主要贸易对象是美国、波多黎各、英国等。

【经济团体】 安圭拉工商会（Anguilla Chamber of Commerce and Industry）。通信地址：P.O. Box 321, The Valley, Anguilla, British West Indies。电话：001（264）497-2839。电子信箱：acoci@ caribcable.com。网址：http://www.anguillachamber.com/index.htm。

人民生活

有一家医院和数家诊所。1982年起实行社会保险制度。1998年政府卫生预算开支占地区生产总值的4.92%。2002年有23%的人口生活在贫困线以下。2010年居民平均期望寿命80.77岁。2009年有固定电话6300部，手机27000部，因特网用户4500户（2008年）。

军　事

防务由英国负责。

文化教育

【教育】 对5~17岁儿童实行免费义务教育。有公立小学6所，学生1460人；公立中学1所，学生1062人。无高等学校。成人识字率95%。2008年教育开支占地区生产总值3.5%。

【新闻出版】 有《光明》（周刊）、《安圭拉人》（周刊）、《安圭拉生活杂志》（每年三期）等。还有临近岛屿圣马丁出版的《每日先驱报》和《纪事》。有9家电台和1家电视台。安圭拉电台（Radio Anguilla）：1969年创立。1976年起为政府所有和经营，每天播音17个小时。加勒比灯塔电台：私人商业性和宗教性电台，创建于1981年，每天播音24小时。

对外关系

外交由英国掌管。安圭拉为万国邮政联盟、加勒比发展银行、东加勒比国家组织成员，加勒比共同体联系成员，设有国际刑警组织安圭拉支局。（沉思）

安提瓜和巴布达

<u>国名</u>　安提瓜和巴布达（Antigua and Barbuda）。

<u>面积</u>　442.6平方公里。

<u>人口</u>　8.6万（2010年），绝大多数为非洲黑人后裔。英语为官方语言和通用语。多数居民信奉基

督教。

首都 圣约翰（St. John's），人口2.9万。

国家元首 英国女王伊丽莎白二世，由女王任命的总督代表。现任总督路易丝·莱克—塔克夫人（Louise LAKE-TACK），2007年7月17日就任。

重要节日 独立日：11月1日。

简 况

位于加勒比海小安的列斯群岛北部。属热带气候，年平均气温27℃。年均降水量约1020毫米。

1493年，哥伦布第二次航行美洲时到达该岛，并以西班牙塞维利亚安提瓜教堂的名字命名该岛。1520～1629年曾先后遭西班牙和法国殖民者入侵。1632年被英国占领。1667年成为英国殖民地。1967年成为英国的联系邦并成立内部自治政府。1981年11月1日宣布独立，为英联邦成员国。

政 治

独立后，安提瓜工党长期执政。2004年3月，联合进步党首次在大选中获胜，党领袖鲍德温·斯潘塞担任总理。2009年3月大选，联进党蝉联执政，斯潘塞总理连任。大选后，朝野政党对大选结果争议不断。目前，有关联进党在大选中所获部分众议院席位无效的诉讼仍在进行中。

【宪法】1981年11月1日正式生效。宪法规定，安巴是一个“统一和享有主权的民主国家”；总督必须由本国人担任，由英国女王根据总理的建议任命，并根据内阁的决定行使职权。

【议会】由参议院和众议院组成，任期五年。参议院17人，由总督任命，其中11人（必须有1名巴布达居民）由总理提名；4人由反对党领袖提名；1人由总督自己决定；1人由巴布达委员会（巴布达地方政府的主要机关，其成员和作用由议会决定）提名。参议长哈兹琳·弗朗西斯—梅森（Hazlyn FRANCIS-MASON，女）。众议院17人，由直接选举产生。2009年大选，联合进步党在众议院中获9席，安提瓜工党获7席，巴布达人民运动获1席。众议长吉塞里·艾萨克（D. Gisele ISAAC，女）。

【政府】本届政府于2009年3月组建，内阁主要成员包括：总理兼外交部长鲍德温·斯潘塞（Baldwin SPENCER），副总理兼卫生、社会转型和消费者事务部长威尔莫斯·丹尼尔（Wilmoth DANIEL），农业、土地、住房和环境部长希尔森·巴普蒂斯特（Hilson BAPTISTE），教育、体育、青年和妇女事务部长杰奎·秦—林多（Jacqui QUINN-LEANDRO），国家安全部长埃罗尔·科特（Errol CORT），财政、经济和公共管理部长哈罗德·洛弗尔（Harold LOVELL），旅游、民航和文化部长约翰·马金利（John MAGINLEY），工程和交通部长特雷弗·沃克（Trevor WALKER），总检察长贾斯廷·西蒙（Justin SIMON）等。

【司法机构】本国设地方法院，最高司法机关是东加勒比最高法院（设在圣卢西亚，由高等法院和上诉法院组成，有一名法官常驻安巴），但终审可上诉至英国枢密院。

【行政区划】全国共分为安提瓜、巴布达和雷东达3岛。安提瓜分为6个行政区，即圣约翰、圣彼得、圣乔治、圣菲利普、圣玛丽和圣保罗。

【政党】主要有两大政党：

（1）联合进步党（The United Progressive Party）：执政党。1992年3月，由统一国家民主党、进步劳工运动及安提瓜加勒比解放运动合并成立。该党长期在野，其前身进步劳工运动曾于1971～1976年执政，但政绩不佳。在2004年大选中获胜，首次上台执政。2009年3月再次赢得大选。主张变革，惩治腐败，实行减税政策等。领袖鲍德温·斯潘塞。

（2）安提瓜工党（Antigua Labour Party）：反对党。成立于1946年，1976～2004年，该党一直执政，长期主导安巴政治。2005年4月起，前总理莱斯特·伯德（Lester BIRD）连任工党领袖。

此外，还有巴布达人民运动（Barbuda People's Movement）等政党。

【重要人物】**路易丝·莱克—塔克**：安巴历史上首位女总督。1944年7月26日生于安提瓜的圣·菲利普。在安巴完成中学教育后赴英国学习护理和法律，长期在伦敦一些地方法院担任书记官。2007年7月17日被英国女王任命为安提瓜和巴布达总督，任职至今。 **鲍德温·斯潘塞**：总理兼外交部长。生于1948年，曾就读于加拿大圣弗朗西斯大学、牛津大学拉斯金学院和挪威奥斯陆大学。先后任安提瓜工人工会第一副主席、助理总书记，加勒比海事航空理事会主席、圣约翰西郊区议员、联合进步党领袖。2004年3月领导联进党大选获胜，成为安巴独立以来的第三位总理，2009年3月连任。曾于2004年11月访华。已婚，有一子一女。

经 济

经济基础薄弱，门类单一。旅游业是最重要的经济部门，离岸金融业和网上博彩业亦为安巴的主要财政来源。农业在国民经济中的比重逐年下降，粮食不能自给。工业基础薄弱，以制造业、建筑业为主。国际金融危机爆发后，安巴受到冲击严重，各项经济指标大幅下滑。2009年主要经济数据如下：

国内生产总值：11.94亿美元。

人均国内生产总值：18100美元。

增长率：－6.5%。

货币名称：东加勒比元。

汇率：1美元＝2.7东加勒比元。

通货膨胀率：1.0%。

【资源】仅有少量石灰石、黏土、建筑用石料及重晶石。

【农业】包括家畜业、林业和渔业。农业在国民经济中的地位持续下降，在国内生产总值中的比重从20年前的40%降到目前的4%。粮食不能自给。安巴政府鼓励发展农业，减少对食品进口的依赖。目前主要农产品有玉米、蔬菜、水果及少量海岛棉等。安提瓜岛捕捞少量活鱼和龙虾。

【旅游业】在国民经济中占主导地位，旅游收入约占国内生产总值的60%。安提瓜岛以海滩、国际赛艇比赛和狂欢节而著名，巴布达岛发展较为落后，但岛内各种野生动物每年也吸引了大量游客。受国际金融危机冲击，2009年赴安巴旅游人数同比下降13%。

【交通运输】全国有干线公路384公里，辅助公路781公里，无铁路。首都圣约翰是天然深水港，有现代化的设施，可停靠万吨级远洋客货轮。安巴共有3个机场，维尔·伯德机场有通往北美、欧洲和加勒比地区其他英语国家的航线，安提瓜和巴布达两岛之间每天有定期航班。

【对外贸易】由于工业不发达，从小五金到各类电子产品、汽车等商品几乎全部进口，对外贸易历来逆差很大。主要进口机械设备、运输工具、生产用原料（含半制成品）、燃料与润滑油、建材、农产品、汽车、食品及日用品等。出口少量朗姆酒、海岛棉、服装、皮棉、加工食品等。主要贸易对象是美国和加勒比地区国家。近年进出口情况如下（单位：百万美元）：

	2007	2008	2009
出口额	75.6	76.1	48.1
进口额	648.9	662.2	592.0
差　额	573.3	586.1	543.9

（资料来源：2010年经济季评）

【财政金融】2009年，安巴政府财政收入为2.295亿美元，支出为2.934亿美元。

【经济团体】安提瓜和巴布达工商会（Antigua and Barbuda Chamber of Commerce and Industry）：1944年成立，1991年改为现名。地址：Redcliffe & Cross Street，P.O.BOX774，St. John's。电话：1－268－4620743；传真：1－268－4624575。

人民生活

国家提供免费医疗和养老金，医疗卫生条件优越。2010年，安巴平均寿命为75.2岁。通讯产业发展迅速，通讯干线全部实现光缆化，2008年共有电话38000部，移动电话136600部，互联网用户65000人。

军　事

有国防军170人，其中陆军125人，海岸卫队45人。2009年，安巴军费开支占国民生产总值的0.5%。

文化教育

【教育】中小学实行义务教育，小学阶段5～12岁，中学阶段12～16岁。大部分中小学为公立。大学为安提瓜国立学院。西印度大学个别学院在安巴设有分部，学生可通过其提供的基础课程和考试考取西印度大学分校。

【新闻出版】主要报纸有：《安提瓜太阳报》（Antigua Sun），属于美国斯坦福集团，电话：1－268－4625960，传真：4805968。《观察家日报》（*Daily Observer*），网址：www.antiguaobserver.com。

安提瓜和巴布达广播公司（*Antigua and Barbuda Broadcasting Service*）为安巴新闻部下属机构，下设电视台和广播电台。另一家是有线电视，系私人商业电视台。

对外关系

奉行独立自主的外交政策，在主权平等的基础上，与各国发展友好合作关系，促进本国经济发展，改善人民生活。加强与加勒比国家的友好合作关系是安巴外交政策的核心。重视同英、美等传统友好国家发展关系。同时，努力开拓同中国、日本等亚洲国家的关系。

近年来，安巴积极参与地区一体化进程。认为冷战结束后，小国对大国的战略重要性削弱，有日益被边缘化的危险。对全球化持保留态度，认为全球化的进程要减缓。

【同中国的关系】1983年1月1日中安巴建交，建交后两国友好关系稳步发展，在政治、经贸、旅游等领域保持友好交流与磋商。

据中国海关总署统计，2009年，双边贸易额为4.93亿美元，其中中方出口额4.93亿美元，进口额9.6万美元，同比分别增长－6.8%、－6.8%和26.9%。中国主要出口船舶、纺织品、日用家电、塑料橡胶制品和矿物燃料等。

中国驻安提瓜和巴布达大使：陈立钢。馆址：Cedar Valley，Antigua，W.I.。电话：1－268－4621125；传真：4626425。经商处：McKihhow Way，Paradise View，St. John's Antigua W.I.。电话：1－268－4620986；传真：4620986。

安提瓜和巴布达驻华大使（非常驻）：戴维·肖尔（David SHOUL）。

【同美国的关系】安巴与美国经贸关系紧密，美国的援助和游客是安巴外汇收入的重要来源。2008年6月美国援建的安巴国家紧急运营中心剪彩。2009年8月，安巴将该国最高峰命名为"奥巴马峰"。随着美国经济好转，安巴正加强与美国旅游机构的交流与合作，促进美国游客赴安巴旅游。

【同英国的关系】安巴是英联邦成员，在政治、司法及教育方面仍承袭英国体制。英每年向安巴提供相当数量的援助，包括人员培训等。2008年2月，英国警方派小组为安巴警察局提供培训。5月，英国代高专代表英国政府向安巴捐助10.7万东加元用于监狱农场升级。11月，英国市场向安巴网上博彩业开放。2010年1月，安巴与英国签署税务信息换文协议。

【同加勒比国家的关系】安巴是加勒比多个地区组织成员，与加共体、尤其是东加勒比国家组织中其他成员保持密切关系；主张实现加勒比一体化和更广泛的区域性合作，加强地区协商对话，但在加入加共体单一市场问题与加勒比地区大国存在分歧。2009年12月，安巴与其他东加勒比国家组织成员共同签署《新巴斯特尔条约》，该条约旨在建立东加勒比经济联盟。（陆兵）

巴巴多斯

国名 巴巴多斯（Barbados）。

面积 431平方公里，最宽处23公里，最长处34公里。

人口 27.5万（2008年），其中80%以上是非洲黑人后裔，4%为欧洲人后裔。英语为官方语言和通用语。居民多信奉基督教。

首都 布里奇顿（Bridgetown），人口约10.8万。

国家元首 英国女王伊丽莎白二世，由女王任命的总督代表。总督克利福德·斯特朗·赫斯本兹爵士（Sir Clifford Straughn HUSBANDS），1996年6月1日就任。

重要节日 独立日：11月30日。

简　况

位于东加勒比海小安的列斯群岛最东端。海岸线长97公里。属热带雨林气候，7～11月为雨季，1～6月为旱季。气温变化不大，年平均气温23℃～30℃。

16世纪以前，印第安人阿拉瓦克族和加勒比族在此居住。1518年西班牙人登岛，10多年后葡萄牙人入侵，1624年英国人宣布占有该岛，1627年设总督管辖。1958年加入西印度联邦，1961年10月取得内部自治地位，1966年11月30日宣布独立，为英联邦成员国。

政　治

独立后，民主工党和工党交替执政，政局一直较稳定。2008年1月15日，民主工党在大选中获胜上台，党领袖汤普森出任巴第六任总理。新政府将解决民生问题摆在首要位置，在稳定物价、改善医疗条件、深化教育改革、新增住房用地和建设廉价住宅等方面采取了积极有效的措施，在精简政府机构、增强政治民主、加强议员同民众的联系、促进商业发展、丰富群众文化体育生活等方面出台了新政策。

【宪法】1966年11月30日独立时生效。宪法规定不得对公民进行奴役、强迫劳动、非人道待遇、强行搜查、种族歧视等，保障信仰、集会和迁徙自由。

【议会】由参、众两院组成，任期五年。参议院21席，由总督任命，其中12席由总理提名，2席由反对党领袖提名，另7席由总督在社会各界名流中挑选。众议院30席，由直接选举产生。在2008年1月大选中，民主工党获20席，工党获10席。参议长布兰福德·泰特（Branford TAITT）和众议长迈克尔·卡林顿（Michael CARRINGTON）于2008年2月12日就任。

【政府】总理为政府首脑。本届政府于2008年1月组成，任期5年。主要内阁成员有：总理兼财政和投资、民政和能源部长戴维·汤普森（David THOMPSON）、副总理兼总检察长和内政部长弗罗因德·斯图尔特（Freundel STUART）、外交和外贸部长玛克辛·麦克林（Maxine MCCLEAN，女）等。

【司法机构】由上诉法院、高等法院和地方法院组成，不受行政干预。首席法官大卫·西蒙斯爵士（Sir David Anthony Cathcart SIMMONS），2002年1月就任。2005年4月加勒比法院成立后，取代英国枢密院成为巴终审上诉机构。

【政党】主要政党有三个。

（1）民主工党（Democratic Labour Party）：执政党。1955年从工党分裂出来组成。曾先后于1961～1976年、1986～1994年执政。2008年1月15日大选获胜再次执政。领袖戴维·汤普森。

（2）巴巴多斯工党（Barbados Labour Party）：反对党。1938年成立，曾先后于1951～1961年、1976～1986年、1994～2008年执政。党领袖兼主席米亚·莫特利（Mia MOTTLEY，女）。

（3）人民自强党（The People's Empowerment Party）：成立于2006年1月14日，脱胎于1988年开始的克莱蒙特·佩恩运动（Clement Payne Movement）。该运动领袖大卫·卡米松（David COMISSIONG）为现任党主席。

【重要人物】**克利福德·赫斯本兹爵士**：总督。1926年生于巴巴多斯。早年就读于巴巴多斯帕里学校和哈里森学院及英国法律协会。1952年获英国律师资格，同年获准在巴从事律师职业。此后历任巴总检察长助理、代理副总检察长、总检察长、最高法院法官和上诉法官。1996年6月1日起任现职。赫分别于1986年、1989年和1995年荣获巴功勋金冠、荣誉同伴和圣安德鲁骑士称号。喜欢摄影、种花。已婚。　**戴维·汤普森**：总理。1961年生于英国，8岁时随全家返巴。西印度大学毕业，法学士。1987 年起连任众议员至今。1991～1994 年历任社区发展和文化部长、财政部国务部长、财政部长。1987 年起任民主工党总书记、主席和党领袖。民主工党大选失败后担任议会反对党领袖。2008 年 1 月领导民主工党赢得巴大选，出任总理兼财政、经济事务和发展、劳工、民政和能源部长，并在加勒比共同体内担任单一市场和经济协调员。2008 年 11 月内阁改组后兼任财政和投资、劳工、民政和能源部长。已婚。曾于 2008 年 5 月访华。

经　济

传统上主要依赖于制糖及相关产业。近年来，巴政府推行经济多元化，大力发展旅游业、轻工制造业、离岸金融和信息服务业。1993～2000 年，经济实现长达 8 年的增长期，2001 年和 2002 年，经济受“9·11”事件冲击出现衰退，2003 年起开始回升，一直保持稳定增长态势。2008 年以来国际市场粮食、原油价格飙升及国际金融危机对巴经济造成重大影响。2009 年主要经济数据如下（资料来源：巴巴多斯统计局、IMF 官方网站）：

国内生产总值：35.95 亿美元。

人均国内生产总值：13003 美元。

国内生产总值增长率：－5.3%。

货币名称：巴巴多斯元。

汇率：1 美元≈2 巴元。

通货膨胀率（2009 年底）：3.7%。

失业率（2009 年第四季度）：9.4%。

【资源】无重要矿产资源，有少量石油和天然气。据 2001 年估计，巴石油储量为 200 万桶，天然气储量为 1.124 亿立方米。石灰石储量丰富，覆盖面达国土面积的 85%，储量约为 300 亿吨。浮石储量为 13.25 亿吨。

【农业】全国领土的 65% 为可耕地，但近年来农业不断衰退，原糖产量大幅下降。随着欧盟农产品进口新政策的实施，制糖业的收入将会进一步萎缩。巴政府正考虑大力发展蔬果种植业，减轻食品进口压力。

【制造业】主要是食品加工以及制糖、饮料、朗姆酒和啤酒酿造、化学药品、电子零部件、服装和家具等。

【建筑业】近年来，政府加大对旅游基础设施投资，建筑业得以迅速发展，并成为巴经济支柱之一。除巴国内项目外，巴大型建筑公司还承建加勒比其他国家的道路、机场和工业设施。除水泥外，巴大部分建筑材料需进口。近年来巴建筑市场繁荣，建筑业已成为巴经济的主要拉动力之一。

【旅游业】主要经济支柱之一。游客主要来自欧洲、美国、加拿大和其他加勒比国家。2009 年过夜游客 51.86 万人次，同比下降 8.7%，游轮游客 63.57 万人次，同比增长 6.4%。

【交通运输】空运：巴是东加勒比地区重要的航运中心。格兰特利·亚当斯机场距首都 18 公里，是加勒比地区最现代化的国际机场之一，有 17 个停机泊位，24 小时运营，有直飞美国、英国、加拿大以及南美和大多数加勒比国家的航班。2007 年，耗资 1.4 亿美元的机场改扩建工程完成，最大客流量由每小时 2000 人提高到 3000 人。

水运：首都布里奇顿是一个全天候的深水港，可停靠万吨级远洋客货轮。有 8 个泊位，并可同时为 5 艘轮船提供燃料供给。

公路：总长 1793 公里。

【财政金融】近几年财政收支情况如下（单位：百万巴元）：

	2007	2008	2009
收　入	2440.6	2473.8	2506.0
支　出	2566.3	2927.8	3158.2
差　额	－125.7	－454.0	－652.2

（资料来源：巴巴多斯中央银行、巴巴多斯统计局，2009 年经济季评）

2009 年，巴外债总额约 11 亿美元。截至 2009 年第三季度，巴外汇储备（不含黄金）为 9.391 亿美元。

【对外贸易】主要出口原糖、朗姆酒、化学制品、食品和饮料等；进口食品、饮料、石油、机械设备、汽车等。主要贸易对象为美国、英国、特立尼达和多巴哥、加拿大、日本、委内瑞拉、牙买加和东加勒比国家等。近年对外贸易情况如下（单位：百万巴元）：

	2006	2007	2008
出口额	887.8	957.3	916.2
进口额	3258.1	3420.5	3784.2
差　额	－2370.3	－2463.2	－2868.0

（资料来源：巴巴多斯外交和外贸部官方网站）

【经济团体】（1）巴巴多斯工商会（Barbados Chamber of Commerce and Industry）：1825 年成立，有 200 家成员公司，321 名代表。会长马克·汤普森（Mark THOMPSON）。地址：Nemwil House，1st Floor，Lower Collymore Rock，POB 189，St. Michael。电话：(246) 426－2056；传真：(246) 429－2907。

（2）巴巴多斯国家石油有限公司（Barbados National Oil Co Ltd）：1982 年成立，主要开采原油和天然气。董事会主席哈考特·刘易斯（Harcourt LEWIS），总经理罗纳德·休伊特（Ronald HEWITT）。地址：Woodbourne St. Philip，POB 175。电话：(246) 423－0918；传真：423－0166。

人民生活

巴的医疗水平较高，国家主要医院、区级医院和门诊部均实行免费治疗。全国有176所医院和诊所，平均每万人有84张病床。有医生228人，每1129人有一个医生。2008年，居民人均寿命76.6岁，死亡率0.9%，婴儿死亡率1.83%。几乎所有家庭都用上了自来水。每100人拥有固定电话50部，移动电话76.5部。

军　事

国防军建于1978年4月，包括常备军、后备军和学生军训团。1974年成立的海岸警卫队在国防军成立后，成为其海上部队。1981年建立空军。国防军参谋长为昆腾。2003年，常备军610人，其中海岸卫队110人，陆军500人，此外还有预备役人员430人。

文化教育

【教育】 全国实行包括大学在内的免费义务教育。小学入学率为100%，中学入学率为89%，全国成人识字率为99.7%。

西印度大学：加勒比地区综合性大学。1948年始建于牙买加的莫纳，当时与英国伦敦大学保持特殊关系，1962年获得独立。目前在牙买加、特多和巴巴多斯设有分校。巴巴多斯凯夫希尔分校（Cave Hill Campus）成立于1963年，是西印度大学的法学院。

【新闻出版】 有两份日报、两份周报和一份杂志。《巴巴多斯鼓动报》，1895年创刊，发行1.5万份。《民族报》，1973年创刊，发行2.5万份。《巴巴多斯人》，月刊，1953年创办，每月出版8000份。

加勒比媒体公司：2000年在合并加勒比通讯社和加勒比广播公司的基础上成立。业务涵盖广播、电视和因特网服务。

巴国营电视台：1964年开始播放黑白电视节目，1971年11月在加勒比地区第一个开始播放彩色电视节目。

对外关系

奉行独立自主和不结盟的外交政策，主张外交多元化，外交为经济发展服务。在巩固与美国、英国、加拿大和其他欧洲国家传统友好关系的同时，积极探索与巴西、中国、印度、日本等大国发展平等互利关系。重视推动加勒比地区一体化。

【同中国的关系】 中巴两国于1977年5月30日建交。中巴关系发展顺利，在政治、经济、文化等领域开展了良好合作。2007年6月，巴总理阿瑟任内第二次正式访华，吴邦国委员长和温家宝总理分别会见和会谈。9月，巴副总理莫特利出席在中国厦门举行的第二届中国—加勒比经贸合作论坛。2008年5月，巴新任总理汤普森首次访华，吴邦国委员长和温家宝总理分别会见和会谈。2009年2月，国务院副总理回良玉对巴进行正式访问，拜会巴总督赫斯本兹，与巴总理汤普森举行会谈。

2009年双边贸易额为9378.7万美元，其中中方出口额9155.4万美元，进口额223.3万美元，分别增长219.5%、227.7%、57.4%。

中国驻巴巴多斯大使：魏强。馆址：17 Golf View Terrace Rockley Christ Church, Barbados。电话：1-246-4356890；传真：4358300。经商处地址：Coral Isle Apartment, Maxwe Coast Road Christ Church, Barbados。电话：1-246-4283384；传真：4285860。

巴巴多斯驻华大使：劳埃德·厄斯金·桑迪福德爵士（Sir Lloyd Erskine SANDIFORD）。馆址：北京市东方东路22号亮马桥外交公寓A区09-02号楼。电话：010-85325404；传真：85325437。

【同美国的关系】 巴历届政府均十分重视同美保持友好关系。2008年3月，美国政府邀请巴总理汤普森等3个加勒比国家新当选总理访美。巴政府承认美是当前世界上唯一的超级大国，承认美在美洲的"领袖地位"及在加勒比地区的安全和战略利益，对与美保持和发展传统关系高度重视，希在经贸、安全等方面继续寻求美方的支持与合作。但同时强调与美的政治关系不能损害巴本身的独立和主权，不谋求在所有问题上与美保持一致。2009年5月，巴总理汤普森、外长迈克林就巴离岸金融业问题分别致信美国总统奥巴马和国务卿希拉里，强调巴并非"避税天堂"，希美参议院勿通过将巴列为"避税天堂"的有关法案。

【同英国的关系】 两国一直保持着良好的传统关系。英是巴重要的贸易伙伴，作为欧盟成员国，英为巴出口的蔗糖和朗姆酒及其他产品提供优惠待遇。英是巴最大的旅游客源国之一。巴还是英国企业在东加勒比国家投资与开展贸易的桥梁。英是巴在海外移民最集中的国家，在英的巴移民约5万余人。2010年1月，英国王子哈利首次访巴，拜会巴总督赫斯本兹爵士。

【同加拿大的关系】 20世纪80年代以来，巴同加拿大的关系发展较快。加是巴第二大游客来源地和第四大商品出口市场。巴与加保持着密切的金融联系，在巴注册的6000家从事离岸金融或其他离岸商务的银行、国际商务公司、外国代销公司和豁免保险公司中的大部分是加拿大公司。

【同邻国的关系】 加强与加勒比各国的友好合作关系始终是巴外交政策的核心。近年来，巴在促进加共体各国政治团结、经济合作和推进地区一体化进程等方面发挥着积极作用。2006年1月，巴成为加共体单一市场首批成员。　（朱倩）

巴哈马

国名　巴哈马国（The Commonwealth of The Bahamas）。

面积　陆地面积 13878 平方公里，国土总面积（含水域）25.9 万平方公里。

人口　33.3 万（2007 年），其中黑人占 85%，其余为欧美白人后裔和少数亚裔人。官方语言为英语。多数居民信奉基督教。

首都　拿骚（Nassau），人口 22.2 万。

国家元首　英国女王伊丽莎白二世。女王根据巴总理提名任命总督为其代表。现任总督阿瑟·福克斯（Arthur FOULKES），2010 年 4 月 14 日就任。

重要节日　独立日：7 月 10 日。

简　况

位于美国佛罗里达州东南海岸对面，古巴北侧。群岛由西北向东南延伸，长 1223 公里，宽 96 公里。由 700 多个岛屿及 2400 多个珊瑚礁组成。其中 30 个岛屿有人居住。属亚热带气候，8 月为最热月份，平均气温 30℃；1 月、2 月为最冷月份，平均气温 20℃。年平均气温 23.5℃。年平均降水量 1000 毫米。

1492 年哥伦布首航美洲最先到达巴哈马群岛中部的圣萨尔瓦多岛（华特林岛）。1647 年首批欧洲移民到此。1649 年英属百慕大总督带领一批英国人占据群岛。1717 年英国宣布巴哈马群岛为其殖民地。1783 年英国、西班牙签订《凡尔赛和约》，正式确定该群岛为英属地。1964 年 1 月实行内部自治。1967 年实现黑人多数统治。1973 年 7 月 10 日独立，为英联邦成员国。

政　治

长期以来，巴政局稳定，民主体制日臻成熟。独立后，以平德林为首的进步自由党连续执政至 1992 年。1992～2002 年，自由民族运动执政。2002～2007 年，进步自由党执政。2007 年 5 月 2 日，自由民族运动再次赢得大选并上台执政，党领袖休伯特·英格拉哈姆（Hubert INGRAHAM）出任总理。

【宪法】现行宪法于 1973 年 7 月 10 日生效。宪法规定：巴哈马为主权民主国家，必须保证公民的基本人权和自由。议会由参议院和众议院组成，任期五年。总督任命总理及反对党领袖，并根据总理提名任命内阁部长。除总理外，内阁至少应有其他八位部长，总检察长为其中之一。

【议会】由参议院和众议院组成，任期均五年。参议院由总督任命的 16 名议员组成，其中 9 名由总理提名，4 名由反对党领袖提名，另 3 名由总理和反对党领袖协商提出。参议长林恩·霍洛维斯科（Lynn HOLOWESKO），2007 年 5 月当选。众议院由普选产生的 41 名议员组成，本届众议院于 2007 年 5 月 2 日大选后组成，自由民族运动占 24 席，进步自由党占 17 席。众议长阿尔文·史密斯（Alvin SMITH），2007 年 5 月当选。

【政府】本届政府 2007 年 5 月 2 日大选后组成。主要内阁成员有：总理兼财政部长休伯特·英格拉哈姆，副总理兼外交部长布伦特·西莫内特（Brent SYMONETTE），农业和海洋资源部长拉里·卡特赖特（Larry CARTWRIGHT），教育、青年、体育和文化部长德斯蒙德·班尼斯特（Desmond BANNISTER），卫生和社会发展部长休伯特·明尼斯（Hubert MINNIS）等。

【行政区划】主要岛屿上设地方专员。主要岛屿有：新普罗维登斯岛，大巴哈马岛，安德罗斯岛，阿巴科岛，伊柳塞拉岛。其中新普罗维登斯岛居住着全国 70% 以上的人口，大巴哈马岛居住着约全国 16% 的人口。

【司法机构】设有最高法院、上诉法院和地方法院。均受理刑事和民事案件。英国枢密院为终审法院。最高法院院长伯顿·霍尔（Burton HALL），上诉法院院长琼·索耶（Joan SAWYER）。

【政党】（1）自由民族运动（Free National Movement，FNM）：执政党。成立于 1972 年。由从进步自由党分裂出来的议员和联合巴哈马人党（United Bahamian Party）组成。领导层多为中产阶级和知识分子。曾于 1992～2002 年执政。2007 年 5 月 2 日大选获胜重新执政。领袖休伯特·英格拉哈姆。

（2）进步自由党（Progressive Liberal Party，PLP）：反对党。成立于 1953 年 10 月。1973 年 7 月领导巴哈马独立。主要代表黑人和中小资产阶级利益。该党自独立起连续执政至 1992 年。2002 年再次上台，执政至 2007 年 5 月。领袖为佩里·克里斯蒂（Perry CHRISTIE）。

另有巴哈马民主运动（Bahamas Democratic Movement）等小党，影响很小。

【重要人物】阿瑟·福克斯：总督。1928 年 5 月 11 日生于伊纳瓜岛，拿骚公立学校毕业。巴独立前，曾任交通部长、旅游部长。多次当选众议员。1971 年参与创立巴自由民族运动。1992 年起，先后出任巴驻英国高专和驻法、德、意、比利时和欧盟大使。2001 年被英女王封为爵士。2004 年参与创立巴中友协并曾任副主席。1999～2002年任巴驻华大使（非常驻）。2007年起，任巴副总督兼新闻局长。2010年4月14日，就任巴总督。曾于2008年访华。 **休伯特·英格拉哈姆**：总理兼财政部长。1947年8月4日生于大巴哈马岛。1975年加入进步自由党，1976年任党主席。1977年当选众议员。1982年任住房和国民保险部长。1984年退党。1990年加入当时的反对党自由民族运动，出任该党领袖和议会反对党领袖。1992年和1997年领导自由民族运动两次赢得大选并出任总理。2002年，履行不寻求第三任的承诺，卸任党领袖职务。2005年，英重新出任党领袖。2007年再次领导自由民族运动胜选出任总理。曾于1997年9月访华。已婚，有5个子女。

经　济

巴是加勒比地区最富裕的国家之一，人均国内生产总值为加勒比之冠，在西半球国家中仅次于美国和加拿大。旅游业和金融服务业是国民经济最重要的部门，产值占国内生产总值70%左右。近几年巴政府在政策上作了些调整，提出经济多样化，吸引外资，取得一定进展。政府强调重点发展工农业，使巴逐步实现工业化和粮食自给。2009年主要经济数据如下（资料来源：巴哈马政府财政预算报告）：

国内生产总值：73.77亿美元。

国内生产总值增长率：-4.3%。

人均国内生产总值：约2.2万美元。

货币名称：巴哈马元；1元=100分。

汇率：1美元=1巴哈马元。

通货膨胀率：1.8%。

失业率：14.2%。

【资源】有天然气、盐、霰石等。

【制造业】有伐木、小船制造、水泥、食品加工、饮料、酿酒、手工艺品和制药等，主要集中在大巴哈马岛的自由贸易区内。为实施经济多样化战略，巴政府鼓励发展中小企业，并为此制定了优惠政策。

【农渔业】巴土层薄，土壤贫瘠，农业不发达，农渔业产值仅占国内生产总值的5%左右。只种植少量蔬菜、水果，主要农作物有甘蔗、番茄、香蕉、玉米、菠萝、豆类等。食品80%靠进口，部分蔬菜和柑橘类水果能自给并有少量出口，家禽生产约占农业产值的50%，肉类生产基本上满足国内需求。巴政府对农产品和水果产品实行保护政策。巴海域是世界重要渔场之一，鱼种类繁多，水产品生产潜力很大，但巴哈马的商业捕捞尚未形成规模。巴海域主要出产龙虾、海螺、石斑鱼、马林鱼、旗鱼和金枪鱼等。其中龙虾约占水产总量的60%。

【旅游业】是巴国民经济的支柱产业。每年平均接待游客近500万人次，收入占GDP的40%和外汇收入60%以上，为巴提供了约50%的就业机会。游客主要来自美国、加拿大和欧洲。坐落在天堂岛的亚特兰蒂斯饭店举世闻名，共有客房2500间。2009年，抵巴外国游客约500万人次，同比增长6%。

【金融服务业】是巴国民经济的第二大支柱产业，年收入占GDP的15%左右，为巴提供的就业机会超过10%。2007年在巴金融机构注册费收入约1100万美元。由于巴政经形势稳定，与美毗邻，境内无直接税，有严格的银行保密法，无外汇管制等原因，巴成为全球重要的离岸金融中心。2009年，经济合作与发展组织（OECD）认为巴承诺遵守国际上达成一致的税收标准但执行不足，将巴列入打击避税天堂的“灰名单”。

【交通运输】航空和海运较发达。

公路：总长3350公里，其中新普罗维登斯岛约966公里，其余主要分布在伊柳塞拉岛、大巴哈马岛、长岛以及卡特岛。

水运：巴是国际海运中心之一，有两个主要港口：拿骚和自由港。自1976年起开始对外开放船舶注册，目前为世界第三大船舶注册国。

空运：有通往美国、加拿大、欧洲、古巴、牙买加等国的定期航班。有两个主要国际机场（拿骚和自由港），可降大型客机；另有55处国内机场，各主要岛屿间有航班运营。

【财政金融】政府收入主要来自关税和印花税等，约占总收入的70%。2007/2008财政年度，收入16.9亿美元、支出14.6亿美元，同比分别增长7.68%和7.12%。2009年末，巴外汇储备8.18亿美元；政府债务33.2亿美元，占当年GDP的46%。2009年，外国直接投资（FDI）8.28亿美元。近几年财政收支情况如下（单位：亿巴元）：

	2007/2008	2008/2009	2009/2010
收　入	16.9	13.2	14.11
支　出	14.6	17.42	17.85
差　额	2.3	-4.22	-3.74

（资料来源：巴政府工作报告）

【对外贸易】巴主要商品长期依赖进口，每年均有巨额贸易赤字，国际收支主要靠旅游业收入弥补。主要出口渔产品、化工产品、药品、朗姆酒、食盐，进口食品、消费品、机械设备和汽车等。主要贸易对象是美国、加拿大、欧盟国家、日本、韩国等。2008年巴进出口总额为39.76亿美元，逆差24.78亿美元。

【经济团体】（1）巴哈马商会（Bahamas Chamber of Commerce）。地址：Shirley St.，POB N-655。电话：001-242-322-2145；传真：322-4649。

（2）巴哈马农工公司（Bahamas Agricultural and Industrial Corp.）。地址：BAIC Bldg，East Bay St.，POB N-4940，Nassau。电话：001-242-322-3740。电传：20648。传真：322-2123。

人民生活

2004年巴家庭平均收入为3.97万美元，但全国财富分配不均，贫富悬殊，家庭居民房屋拥有率为60%。

军　事

皇家国防部队（海岸警卫队）是巴哈马唯一的安全部队，有警卫队员约860人，其中女队员70人左右，主要职责是缉毒、遣返非法移民。

文化教育

【教育】 公立学校对5～14岁儿童实行免费义务教育。小学6年制，5岁入学；中学6年制，分两阶段，11岁入学。学生多在巴哈马当地就读大学，巴哈马学院为巴最高学府。2009年，该院设立了孔子课堂。

【新闻出版】 主要报刊有：《论坛报》，发行量13500份；《拿骚卫报》，1844年创立，日报，发行量14100份；《巴哈马日报》，日报。

巴哈马广播公司：国营，1936年建立。

巴哈马电视台：国营，1977年建立，属巴哈马广播公司所有。此外，还可接收美国电视节目和一些卫星节目。

对外关系

奉行和平合作、尊重各国主权的外交政策。倡导民族自决、独立自主、领土完整和互不干涉原则，主张国际合作及和平解决争端。谴责类似“9·11”事件的恐怖主义行径，支持国际反恐斗争。对外关系中侧重经济因素。巴在同美、英保持传统的密切关系的同时，积极发展同其他英联邦国家、加勒比国家和其他国家的友好合作关系。巴为联合国、加勒比共同体、加勒比国家联盟、美洲国家组织、英联邦以及不结盟运动等成员国。与64个国家建有外交关系。

【同中国的关系】 1997年5月23日，中巴建交。建交以来，两国友好合作关系稳步发展。2006年1月，巴在华设立使馆。2008年9月19日，巴首任常驻驻华大使坎贝尔递交国书。2009年，吴邦国委员长和回良玉副总理分别访巴。

2009年中巴双边贸易额为4.227亿美元，其中中方出口额4.225亿美元，进口额14.8万美元。

中国驻巴哈马大使：胡定贤。馆址：3rd Orchard Terrace, Village Road, P.O.BOX SS－6389, Nassau, The Bahamas。电话：001－242－393－1415；传真：393－0733。

巴哈马驻华大使：埃尔玛·坎贝尔（Elma CAMPELL）。馆址：北京市朝阳区亮马河南路14号塔园外交办公楼2单元4层。电话：010－65322083；传真：65322304。

【同美国的关系】 同美国一直保持着传统的友好关系。美是巴最大的经济贸易伙伴，是巴游客及消费品的主要来源地。巴与美的经济关系占巴经济总量60%和巴对外经济关系总量80%以上。美在巴设有大西洋海底试验和观测中心。2005年，美向巴提供3000多万美元用于开展反毒行动，并提供飓风灾后重建援助。2006年，双方开始实施防止核材料走私合作。2007年6月，巴总理英格拉哈姆赴美出席首届加勒比大会。

【同英国及英联邦国家的关系】 与英国及英联邦国家保持密切的传统关系，英每年给巴一定的经济援助。

【同古巴的关系】 巴不顾美国的干涉和威胁，积极发展与古巴的关系，两国关系近年发展较快。2000年4月，古外长首次访巴，双方决定互设外交机构。2003年巴古间私人货轮开通，结束了长达40年的贸易禁运。2003年巴总理克里斯蒂首次访古，古外长佩雷斯访巴。2004年11月，古驻巴总领馆升格为大使馆，2005年，古向巴派出首任常驻大使。2008年12月，巴总理英格拉哈姆出席了在古巴举行的第三届加共体—古巴峰会。巴古每年贸易额约2000万美元。

【同加勒比国家的关系】 与加勒比邻国关系密切。1983年7月加入加勒比共同体。由于巴经济发展水平与其他加共体国家差别较大，巴未加入2006年1月启动的加共体单一市场，亦未将加勒比法院作为其终审法院。但在对外磋商中，巴能与加共体保持一致立场。

（胡启全）

巴　拉　圭

国名　巴拉圭共和国（Republic of Paraguay, República del Paraguay）。

面积　40.68万平方公里。

人口　616.4万（2009年）。95%为印欧混血种人，其余为印第安人和白种人。官方语言为西班牙语和瓜拉尼语。90%的居民信奉天主教。

首都　亚松森（Asunción），人口51.9万，夏季气温22℃～35℃，冬季气温12℃～22℃。

国家元首　总统费尔南多·阿明多·卢戈·门德斯（Fernando Armindo LUGO Méndez，无党派），2008年8月15日就职，任期至2013年8月。

重要节日：独立日：5月14日。

简　况

南美洲内陆国家，与阿根廷、玻利维亚和巴西三国为邻。地处拉普拉塔平原北部，巴拉圭河从北向南把全国分成东、西两部分。东部为丘陵、沼泽和波状平原，全国90%以上的人口集中于此；西部为原始森林和草原。属亚热带气候，夏季平均气温27℃，冬季平均气温17℃。东部年平均降水量为1500毫米，西部500毫米。

早期为印第安土著瓜拉尼人居住地。1537年沦为西班牙殖民地。1811年5月14日宣布独立。1865年，因巴进攻当时巴西的西南地区，巴西、阿根廷、乌拉圭三国联军对巴宣战。战争历时5年，巴拉圭战败并割地赔款，疆域缩小近一半，并失去出海口，成为内陆国家。19世纪70年代后，红党与自由党轮流执政。1932~1935年，巴同玻利维亚为争夺石油资源发生查科战争，双方签订和平协定，巴得到查科地区3/4的土地。1954年5月4日，军人斯特罗斯纳发动政变上台，实行军事独裁长达35年。1989年2月2日，巴第一军区司令罗德里格斯发动政变，推翻斯特罗斯纳独裁政权，并于同年5月当选总统。在1993年总统选举中，红党候选人瓦斯莫西获胜，成立1954年后第一届民选文人政府。1998年5月，红党总统候选人库瓦斯当选总统。1999年3月，副总统、红党主席阿加尼亚遇刺，库被迫辞职，参议长冈萨雷斯继任总统并组成以红党为主的联合政府。2003年4月，红党总统候选人杜阿尔特当选总统。2008年4月21日，反对党“争取变革全国联盟”候选人、前主教卢戈以40.83%的得票率当选总统。

政　治

卢戈总统执政以来，提出修宪和总统连任等政治主张，推动政治体制变革；加大基础设施建设投入；积极改善民生，关注弱势群体。红党等主要反对党在议会占据多数，对政府执政造成掣肘。2009年，巴国内就业、治安等问题突出，政府支持率下降。为缓解执政危机，平衡各方利益，卢戈大幅调整内阁，执政地位有所巩固。

【宪法】现行宪法于1992年6月20日颁布。宪法规定巴为代议制国家。总统由普选产生，任期五年，不得连任。设副总统一名，现任副总统为路易斯·费德里科·佛朗哥·戈麦斯（Luis Federico FRANCO Gómez，蓝党籍），2008年8月15日就职。

【议会】分为参、众两院，参议员45人，众议员80人，均由普选产生，任期五年。本届议会于2008年4月组成。各党派在议会所占席位如下（2010年5月）：

	众议院	参议院
红党	29	14
真正激进自由党（蓝党）	29	14
道德公民全国联盟	15	6
亲爱祖国党	4	4
其他	3	7
总计	80	45

参、众议长任期一年，每年改选。现任参议长米格尔·卡里索萨（Miguel CARRIZOSA，亲爱祖国党），2009年7月就职，2010年5月连任。众议长塞萨尔·阿里埃尔·奥维多（César Ariel OVIEDO，道德公民全国联盟），2010年5月就职。

【政府】现政府由总统府秘书处和10个部组成。主要成员有：总统府秘书长米格尔·安赫尔·洛佩斯·佩里托（Miguel Ángel LÓPEZ Perito），内政部长拉斐尔·费利佐拉（Rafael FILIZZOLA），外交部长埃克托尔·拉科戈纳塔（Héctor LACOGNATA），财政部长迪奥尼西奥·博尔达（Dionisio BORDA），国防部长路易斯·巴雷罗·斯帕伊尼（Luis BAREIRO Spaini），司法和劳动部长翁贝尔托·布拉斯科（Humberto BLASCO），公共卫生和社会福利部长埃斯佩兰萨·马丁内斯（Esperanza MARTÍNEZ，女），教育和文化部长路易斯·曼努埃尔·埃斯科瓦尔（Luis Manuel ESCÓBAR），公共工程和通讯部长佩德罗·埃弗拉因·阿莱格雷·萨西亚恩（Pedro Efraín ALEGRE Sasiaín），工业和贸易部长弗朗西斯克·何塞·里瓦斯·阿尔马达（Francisco José RIVAS Almada），农业部长恩索·卡多索·希门内斯（Enzo CARDOZO Jiménez）。

【行政区划】全国划分为17个省和1个特别区（首都亚松森）。

【司法机构】根据宪法，国家设司法委员会，由8人组成。最高法院由9名大法官组成，大法官由司法委员会提名并经政府同意后，由参议院任命。现任最高法院院长劳尔·托雷斯（Raúl TORRES）。

【政党】传统政党6个，分别是：

（1）真正激进自由党（PLRA，Partido Liberal Radical Auténtico）：又称蓝党。执政党。有80万名党员。1977年从激进自由党分裂出来，自由党国际成员。军政府独裁时期长期处于非法地位，1989年2月获合法地位。在工人、农民和知识界有一定影响。对内主张实行土改、发展民族经济，要求实行民主开放和国家的全面改造；对外主张维护民族独立、反对外来干涉，同世界各国发展友好关系。1999年3月同红党、全国聚会党组成联合政府，2000年2月退出联合政府。2008年8月上台执政。现任主席为路易斯·费德里科·佛朗哥·戈麦斯，2007年12月当选。

（2）红党（Partido Colorado）：又名全国共和联盟（ANR，Asociación Nacional Republicana）或国家共和党。反对党。2002年3月，原党内“红色道德全国团结派”领导人奥维多将军脱离红党，另立新党。党内主要派别有：红色调解运动（Movimiento de

Reconciliación Colorado）和民主共和行动（Acción Democrática Republicana）。目前红党为巴第一大党，现有160万名党员，现任主席莉莲·萨马涅戈（Lilian SAMANIEGO，女）。

（3）亲爱祖国党（PQ，Patria Querida）：前身为亲爱祖国运动（Movimiento Patria Querida），2000年成立，2003年9月更为现名。主张推进全面变革。现任主席为企业家佩德罗·尼古拉斯·马拉阿·法杜尔·涅利亚（Pedro Nicolas Maraa FADUL Niella）。

（4）道德公民全国联盟（UNACE，Unión Nacional de Ciudadanos Éticos）：2002年3月成立，由从红党分裂出来的红色道德全国团结派组成，自称有31万党员。现任主席为前陆军司令利诺·塞萨尔·奥维多·席尔瓦（Lino César OVIEDO Silva）。

（5）国家团结党（PPS，Partido País Solidario）：2001年由前全国聚会党领导人之一卡洛斯·阿尔韦托·费利佐拉·帕利亚雷斯（Carlos Alberto FILIZZOLA Pallares）创立并任主席。党员人数约2.5万。

（6）全国聚会党（PEN，Partido Encuentro Nacional）：参政党。1993年5月大选前成立。党员约18万人。主要由独立派人士组成。该党政治上主张多元化，改变传统政党长期执政局面；经济上主张改革，实现社会财富公平分配。1999年曾与红党、真正激进自由党组成联合政府。现任主席为埃米利奥·卡马乔·帕雷德斯（Emilio CAMACHO Paredes）。

【重要人物】费尔南多·卢戈：总统。1951年生于圣索拉诺省。神职人员。毕业于亚松森天主教大学。当过乡村教师。曾任神父、巴拉圭宗教协会副主席、圣佩德罗省主教。2005年辞去主教职位投身政坛，2007年被主要反对党蓝党和其他14个反对党组成“争取变革爱国联盟”联合推举为总统候选人。卢于2008年4月21日赢得大选，8月15日就职。

经　济

国民经济以农牧业为主，工业基础薄弱，是拉美最落后的国家之一。经济活动主要集中在首都亚松森和东方市，经济受气候及国际初级产品价格影响。

20世纪70年代初至80年代中期，随着伊泰普水电站的兴建，巴年均经济增长率达9%。80年代末期，经济陷入停滞。90年代后，巴实行新自由主义经济政策，积极扩大对外贸易和引进外资，但未能改变经济增长缓慢的局面。1996年起经济连续7年负增长，2002年经济总量和人均国民收入达近20年来最低。2003年后，受地区经济好转及国际农产品市场价格变动等影响，经济出现恢复性增长，出口、投资和消费逐渐转旺。

2008年，受国际经济金融危机影响，巴经济增长大幅回落，财政赤字和贸易逆差扩大，外汇储备和投资减少。2009年下半年以来，随着国内旱情缓解和国际农产品需求上涨，巴经济形势逐渐好转。2009年主要经济数据如下：

国内生产总值：149.5亿美元。

人均国内生产总值：2350美元。

国内生产总值增长率：-3.8%。

货币名称：瓜拉尼（Guaraní）。

汇率（2009年12月）：1美元≈4700瓜拉尼。

通货膨胀率：1.9%。

【资源】盐矿和石灰石储量较大，还有少量铁、铜、锰、铁钒土、云母、铌、天然气、铝矾土等。水力资源丰富。出产珍贵的硬质木材。

【工业】工业基础薄弱，以向国内市场供应基本消费品的轻工业和农牧产品加工业为主，主要产品有肉类罐头、面粉、饮料、烟草、柴油、石脑油等。2009年工业占国内生产总值的17%。

【农牧业】农业是巴国民经济的主要支柱。主要农产品有大豆、棉花、烟草、小麦和玉米等。2009年农牧业产值占国内生产总值的16%，全国45%的经济人口从事农业生产，农牧产品出口额占出口总额的90%以上。

畜牧业在巴经济中占有重要地位。近年来，由于国际市场对肉类需求增加，巴肉类出口大幅上升。近年主要畜产品存栏量如下（单位：万头、万只）：

	2006	2007	2008
牛	998	1046	1049
猪	—	—	107.2

（资料来源：巴拉圭农业部）

【林业】森林覆盖率为39%。70%的森林资源集中在格兰查科地区。20世纪70年代至80年代末期，森林遭大面积采伐，年均采伐面积达到50万公顷。2000年，森林砍伐面积10万公顷，造林面积5000公顷。2004年相关保护森林资源法律出台后，砍伐面积减为1.9万公顷。现仅保留95.9万公顷的天然林。

【能源】石油依赖进口。自1998年底以来全部进口阿根廷产原油。1981年在首都亚松森附近建有日产7500桶油的炼油厂。近年来，在靠近玻利维亚边界的查科地区发现储量丰富的天然气。巴水力资源丰富，蕴藏量约为56000兆瓦。1973年，巴拉圭同巴西达成协议在帕拉那河上合建伊泰普水电站，总装机容量为1400万千瓦（共有20台70万千瓦的涡轮发电机）。此外，巴还同阿根廷签订了关于合建亚西雷塔—阿皮培水电站协议，设计装机容量为300万千瓦，并于1994年9月投产。2004年，巴拉圭发电总量为518亿度，其中450亿度用于出口，大部分出口至巴西和阿根廷。2009年7月，巴拉圭同巴西就两国伊泰普水电站项目达成新协议，规定巴西将大幅度提高从巴拉圭购买电力的价格。

【旅游业】旅游业是巴外汇收入主要来源之一。

国外旅游者主要来自阿根廷和巴西。近年来，受地区经济动荡影响，巴旅游业收入逐年下降。

【交通运输】 铁路：总长 1147 公里。原由英国资本控制，1961 年收归国有。1979 年耗资 6800 万美元进行现代化改造。共有 12 条线路，中央铁路长 441 公里，连接首都和巴阿边境城市安卡尔纳森。

公路：总长 64310 公里，其中柏油路 4324 公里。泛美公路由亚松森市直通玻利维亚。

水运：主要港口是亚松森。国家商船队主要承担巴至阿根廷和乌拉圭的短途河运。此外，巴拉圭海外船运公司有班轮通往美国和欧洲一些主要港口。

空运：截至 2009 年，巴共有 14 个设正规跑道的机场，其中 2 个为国际机场，分别位于亚松森和东方市。巴拉圭航空公司（LAPSA）原为国营，1994 年政府出售了其 80% 股份。有定期航班通往阿根廷、乌拉圭、玻利维亚、比利时和美国。2007 年货运量 1.58 万吨，载客量 66 万人次。

【财政金融】 截至 2009 年 12 月，巴外汇储备余额 38.0 亿美元，外债余额 32.2 亿美元。

【对外贸易】 2009 年，巴拉圭对外贸易总额 96.7 亿美元，其中出口额 31.67 亿美元，进口额 65.0 亿美元。主要贸易对象国分别为巴西、乌拉圭、智利、阿根廷和美国、日本、荷兰、意大利等。农牧产品为主要出口产品。近年对外贸易如下（单位：亿美元）：

	2007	2008	2009
出口额	27.29	27.88	31.67
进口额	52.54	55.77	65.0
差　额	-25.25	-27.89	-33.33

（资料来源：巴拉圭中央银行）

2007～2009 年主要产品出口额统计（单位：百万美元）：

	2007	2008	2009
棉　花	45	25	20
大　豆	860	1485	787
肉产品	364	622	578
木　材	110	119	97

（资料来源：同上）

2007～2009 年进口分类统计（单位：亿美元）：

	2007	2008	2009
消费品	15.26	20.45	21.72
资本货	23.26	32.65	23.52
中间产品	16.87	28.35	19.73

（资料来源：同上）

【外国资本】 巴拉圭政府积极引进外资。1991 年制定国内外投资法，对外资实行特别优惠政策，规定 5 年内免缴 95% 的赢利税。外资主要来源于美国、巴西、阿根廷，投资集中在食品、加工、纺织和化工行业。近年来，由于巴政局持续动荡，投资环境不断恶化，外资净流入额明显下降。2007 年和 2008 年，外国直接投资额分别仅为 205.7 万美元和 215.3 万美元。

人民生活

社会两极分化较严重。贫困人口占人口总数的 32%（2005 年）。土地高度集中，不到 1% 的人占有全国 75% 以上的土地。基尼系数为 0.568（1999 年）。1996 年通过立法规定建立国民医疗保障体系，至 2007 年仅覆盖了 21.6% 的人口。2009 年，巴平均预期寿命分别为男 73 岁、女 78.26 岁。政府投入医疗卫生领域的经费占国内生产总值的 3.4%（2004 年）。2007 年，每百户家庭拥有冰箱 76.6 台，电视机 84.9 台，洗衣机 51 台，空调 14.9 台，汽车 24.3 辆，固定电话 18.6 部，移动电话 75 部，11.2% 的家庭拥有电脑，3% 的家庭使用互联网。

军　事

宪法规定，总统为武装部队总司令。国防委员会是最高军事决策机构，由总统、全体内阁部长、武装力量参谋长和陆、海、空三军司令组成，总统任主席，国防部长任副主席。国防部为最高军事行政机关。此外，还设有武装部队资格评判特别委员会，由总司令、武装部队司令、总参谋长、陆、海、空三军司令和后勤部队司令组成，总司令任该委员会主席，主要职能是决定军官晋升和退役。实行义务兵役制，服役期陆军和空军为一年半，海军两年。现任陆军司令巴托洛梅·皮涅达准将（Bartolomé PINEDA），海军司令埃戈维尔托·奥鲁埃少将（Egberto ORUE），空军司令乌戈·阿兰达少将（Hugo ARANDA）。

2009 年，巴全国总兵力约 1.2 万人，其中陆军 7000 万人，海军 2000 人，空军 1200 人。

文化教育

【教育】 实行九年义务教育制。全国有 2 所公立大学：亚松森国立大学和天主教大学，另有 10 所私立大学。宪法规定教育预算应占总预算的 20% 以上。2005 年教育预算为 19641.2 亿瓜拉尼，占政府全部预算的 30.8%。政府自 1990 年起执行全国教育发展计划，开展扫盲运动。2007 年文盲率为 5.4%，2006 年各级教育情况如下：

	学校（所）	在校生（人）	教师（人）
小　学	8295	123.7 万	63737
中　学	2213	21.06 万	23906
技　校	434	4.2 万	36171
国立大学	2	5.5 万	—

【新闻出版】 主要报纸有：《彩色 ABC》，日发行量 7.5 万份；《今日报》，日发行量 4 万份；《祖国报》，日发行量 8000 份；《论坛报》，日发行量 3 万份；《最新时刻》，日发行量 4.5 万份。

全国广播电台为国家电台，另有11个私营商业电台和5家电视台。

对外关系 巴拉圭政府实行对外开放和多元化外交政策，愿同世界所有国家发展友好合作关系。主张维护国家主权、人民自决、不干涉别国内政、反对在国际关系中使用武力或以武力相威胁等原则，主张通过谈判解决国际争端。重视与拉美国家、特别是南方共同市场其他成员国的关系，努力参与地区事务和一体化进程。积极发展同美国、西欧国家关系。目前同128个国家有外交关系。

巴是联合国、77国集团、世界贸易组织、世界卫生组织、美洲国家组织、南美国家联盟、拉美经济体系、拉美一体化协会、里约集团、南方共同市场、安第斯共同体（联系国）等国际和地区组织的成员。

【同中国的关系】中巴无外交关系。据中国海关总署统计，2009年中国同巴拉圭贸易总额为15.53亿美元，同比减少6.0%；其中中方出口额8.2亿美元，同比减少20.2%；进口额7.3亿美元，同比增长17.6%。

巴于1957年同台湾当局“建交”。台在巴首都设有“大使馆”，在巴第二大城市东方市设有“总领馆”。

巴台关系密切。2008年8月，台湾地区领导人马英九赴巴出席卢戈总统就职典礼。2009年1月，巴参议长冈萨雷斯率道德公民全国联盟代表团访台。2月，巴众议院副议长布萨尔基斯访台。3月，台“外长”欧鸿炼访巴。11月，巴工业和贸易部长里瓦斯访台。2010年4月，巴外长拉科戈纳塔访台。

巴台间签有经贸、科技、教育、投资、军事等协议。2008年，巴台贸易额6665万美元，其中台出口额5974.5万美元，进口额690.5万美元。

【同美国的关系】巴政府重视与美关系。在打击国际犯罪、缉毒合作、反恐问题上与美积极配合，但在出兵伊拉克、向古巴派遣人权观察员及建立美洲自由贸易区等问题上未给予美支持。2005年8月，美国防部长拉姆斯菲尔德访巴，双方就建立“美巴战略关系”达成共识，美巴军事合作进一步加强。2006年5月和7月，巴副总统卡斯蒂略尼及外长拉奇德先后访美。当年，美巴在巴境内共举行13次联合军事演习。2007年4月，美助理国务卿香农访巴；6月，巴外长访美，会见国务卿赖斯，双方就共同打击贩毒达成共识。2008年10月，卢戈总统访问美国。2009年12月，美国总统奥巴马特使、国务院负责西半球事务的助理国务卿巴伦苏埃拉访巴。

2009年，在巴开展业务的美国企业逾70家，在巴美国人和侨民约3000人。

【同巴西的关系】巴拉圭同巴西保持传统的友好关系。巴西在政治、经济、文化等方面对巴拉圭有较大影响，是巴拉圭在南方共同市场最重要的贸易伙伴，两国签订有多项双边合作协定。2007年5月，巴西总统卢拉访问巴拉圭。2008年9月，卢戈总统访问巴西。2010年5月，卢戈总统访问巴西。

【同阿根廷的关系】巴拉圭同阿根廷长期保持着良好的睦邻关系。双方经贸关系密切，在水电合作上成果显著。2007年3月，阿外长塔亚纳访巴。11月，阿候任总统克里斯蒂娜访巴。2010年5月，卢戈总统赴阿根廷卡达莱斯出席南美国家联盟特别首脑会议。

【同其他拉美国家的关系】巴拉圭同拉美各国关系稳步发展。2008年6月，当选总统卢戈访问厄瓜多尔和玻利维亚。8月，委内瑞拉总统查韦斯访巴并出席卢戈总统就职典礼。2009年6月，卢戈总统访问古巴并会见古国务委员会主席劳尔·卡斯特罗，玻利维亚总统莫拉莱斯访巴。7月，巴主办第37届南共市首脑会议，卢戈访问玻利维亚。8月，哥伦比亚总统乌里韦访巴。2009年12月和2010年3月，卢戈两度访问智利。

【同日本的关系】巴与日本一直保持密切的经济合作关系。日本是巴最大的援助国，已累计向巴提供近10亿美元援助。在巴有日本人和日侨约7000人。2010年1月，巴拉圭外长拉科戈纳塔赴日本东京出席第四届东亚—拉美论坛外长会议并访问日本。

（朱晓晖）

巴　拿　马

国名　巴拿马共和国（The Republic of Panama, La República de Panamá）。

面积　75517平方公里。

人口　332.3万（2010年）。印欧混血种人占65%，黑人13%，白人11%，印第安人10%。西班牙语为官方语言。85%的居民信奉天主教，4.7%信奉基督教新教，4.5%信奉伊斯兰教。

首都　巴拿马城（Ciudad de Panamá），人口138.83万（2006年）。雨季（5～12月）气温为23℃～32℃，旱季（1～4月）气温为21℃～31℃。

国家元首　总统里卡多·马丁内利·贝罗卡尔（Ricardo Martinelli Berrocal），2009年7月1日就职，任期五年。

重要节日 独立日：11月3日。

简　况

位于中美洲地峡。东连哥伦比亚，南濒太平洋，西接哥斯达黎加，北临加勒比海。连接中美洲和南美洲，巴拿马运河从北至南沟通大西洋和太平洋。海岸线全长2988公里。地近赤道，属热带海洋性气候，年平均气温23℃～27℃。全年分旱、雨两季，年均降水量1500～2500毫米。

1501年沦为西班牙殖民地。1821年成为大哥伦比亚共和国的一部分。1903年11月3日在美国支持下，脱离哥伦比亚独立。同年美巴签订《运河条约》，美取得修建和经营运河的永久垄断权和运河区的永久占领和使用权。美国从1904年起恢复开凿运河，1914年完工。1977年9月巴美签署《新运河条约》（又称"托里霍斯—卡特条约"），1979年10月1日新条约生效，有效期到1999年12月31日。新条约规定，巴拿马运河由两国官员组成的运河管理委员会管理，新条约期满后，由巴拿马承担运河的管理和防务。1989年12月，美军入侵巴拿马，逮捕原国防军司令诺列加。1999年12月31日，巴拿马完全收回对运河的主权。

政　治

2009年5月3日巴举行大选，由民主变革党等巴主要反对党组成的"变革联盟"候选人里卡多·马丁内利以60%得票率当选总统，并于7月1日就职。上台后，马高举反腐旗帜，着力改善政府形象；实行税收改革，努力恢复经济；提高最低工资，扶助弱势群体。马执政近一年来，巴民主体制进一步巩固，经济恢复增长，社会保持稳定。

【宪法】现行宪法于1972年10月11日生效，历经1978年、1983年、1994年和2004年四次修改。宪法规定国家实行三权分治，总统为国家元首，通过直接选举产生，任期五年，不得连任，但可隔届竞选。1994年10月4日，巴议会通过宪法修正案，规定取消军队，建立警察部队。2004年10月，宪法再次作出重要修改，规定国民议会更名为"国民大会"，并取消一个副总统职位。2009年7月1日起，议员数由78名减至71名。

【议会】国民大会为一院制，行使立法权。目前由71名议员组成，通过直选产生，任期五年。本届议会于2009年9月1日组成。目前各党派所占席位如下：民主革命党25席，民主变革党21席，巴拿马主义党20席，爱国联盟党4席，人民党1席。主席何塞·路易斯·巴雷拉（José Luis Varela），巴拿马主义党人，2009年7月1日当选，任期一年。

议会下设22个工作委员会，分别负责内政和司法事务、预算、公共财政和经济计划、贸易和工业、公共工程、教育文化和体育、运河事务、劳工及社会福利、通讯和交通、公共卫生和社会保险、外交、农业、住宅、人权、人口环境和发展、预防、控制和消除毒品、走私和洗钱等。

【政府】本届政府于2009年7月1日组成，主要成员有：副总统兼外长胡安·卡洛斯·巴雷拉（Juan Carlos Varela），总统府部长德梅特里奥·帕帕迪米特里乌（Demetrio Papadimitriu），国家公共安全部长何塞·劳尔·穆利诺（José Raúl Mulino），内政部长罗克萨娜·门德斯（Roxana Méndez），经济财政部长阿尔韦托·巴利亚里诺（Alberto Vallarino），工商部长罗伯托·恩里克斯（Roberto Henríquez），农牧业发展部长维克托·曼努埃尔·佩雷斯（Víctor Manuel Pérez），卫生部长富兰克林·贝尔加拉（Franklin Vergara），住房部长卡洛斯·杜波伊（Carlos Duboy），劳工部长阿尔玛·科尔特斯（Alma Cortés，女），社会发展部长吉列尔莫·费鲁菲诺（Guillermo Ferrufino），教育部长露西·莫利纳尔（Lucy Molinar，女），公共工程部长费德里科·苏亚雷斯（Federico Suárez），中小企业部长希塞列·德卡尔卡尼奥（Giselle de Calcagno，女），运河部长罗慕洛·罗斯（Rómulo Roux），旅游部长萨洛蒙·萨马（Salomón Shamah）。

【行政区划】全国共分9个省和5个原著居民区，省以下划为县（市），县（市）下辖区。

【司法机构】司法权由高等法院和国家总检察院行使。高等法院设9名法官，由政府任命，国会批准，任期10年。现任最高法院院长阿尼瓦尔·萨拉斯（Aníbal Salas）。国家总检察长朱塞佩·博尼西（Giuseppe Bonissi）。

【政党】执政联盟包括：

（1）民主变革党（Partido Cambio Democrático）：1998年5月成立，巴第三大党，现有党员21.2万人。主席为现总统里卡多·马丁内利，总书记贾科莫·坦布雷利（Giacomo Tamburelli）。

（2）巴拿马主义党（Partido Panameñista）：巴第二大党。原称阿努尔福党（Partido Arnulfista）。1988年8月从真正巴拿马主义党中分裂出来，1991年10月正式成立。2005年1月改为现名。现有党员24.6万人。2009年1月加入马丁内利领导的"变革联盟"参加大选。主席胡安·卡洛斯·巴莱拉（Juan Carlos Varela），总书记弗朗西斯科·阿莱曼·门多萨（Francisco Alemán Mendoza）。

（3）爱国联盟党（Partido Unión Patriótico）：2006年7月由原团结党和国家自由党合并而成，注册党员8.3万人。主席阿尼瓦尔·加林多（Aníbal Galindo），总书记豪尔赫·里卡多·法夫雷加（Jorge Ricardo Fabrega）。

（4）民族主义共和自由运动（Movimiento Liberal Republicano Nacional）：1982年8月成立，现有党员5.4万人。该党强调实行代议制民主的廉洁政治，对外主张与美国、西欧、拉美国家平等合作。主席塞尔希奥·冈萨雷斯·鲁伊斯（Sergio González Ruiz）。

反对党主要包括：

（1）民主革命党（Partido Revolucionario Democrático）：全国第一大党和最大反对党。1978年由托里霍斯将军倡议筹建，1979年3月11日正式成立。该党融合不同的社会阶层和思想倾向，声称是民族民主主义的、多阶级的、革命的政治组织。现有党员54.3万人。主席弗朗西斯科·桑切斯·卡德纳斯（Francisco Sánchez Cárdenas），总书记米歇尔·多恩斯（Mitchel Doens）。

（2）人民党（Partido Popular）：2001年7月由基督教民主党更名为人民党。现有党员3.2万人，成员多是大学生和中等知识分子及专业人员。主席米尔顿·科恩—恩里克斯·萨索（Milton Cohen-Henríquez Sasso），总书记罗伯特·门德斯（Roberto Méndez）。

另外，正在组建中的政党有人民选择党（Partido Alternativa Popular），2007年8月23日成立，现有党员4145人。主席奥尔梅多·埃内斯托·贝鲁切（Olmedo Ernesto Beluche）和民族自由运动党（Movimiento De Liberación Nacional），2009年9月22日成立，现有党员41人。主席赫苏斯·利西马科·罗萨斯（Jesús Lisímaco Rosas）。

【重要人物】里卡多·马丁内利： 总统。1952年3月11日生于巴拿马城。美国阿肯色州大学企业管理专业毕业，后获哥斯达黎加中美洲工商管理研究所工商管理金融专业硕士学位。马为巴知名企业家，旗下拥有大型连锁超市"超级99"和里卡马尔进口公司，并参与投资了环球银行、国家电视台、维多利亚糖业公司等多家重要企业。马曾出任巴社会保险局局长、运河部部长兼运河管理局局长等公职。1998年创建民主变革党。2004年作为该党候选人参加大选失利。2009年5月作为反对党"变革联盟"候选人参加大选获胜，7月1日正式就职。已婚，夫人玛尔塔·利纳雷斯（Marta Linares），有二子一女。

经　济

巴拿马运河航运、地区金融中心、科隆免税贸易区和旅游业是巴经济的四大支柱。服务业收入在国民经济中占有重要地位。20世纪90年代初，巴政府实施私有化、扩大开放和减少保护等措施并取得成效。巴经济在数年内保持了较高增长率。后由于外部经济环境恶化，香蕉、海产品等主要农产品出口下降，加上美军撤离导致服务业萧条等原因，巴经济处于低迷状态。自2004年起，受世界经济局势转暖影响，巴经济连续五年保持快速增长。

受国际金融危机影响，2009年巴经济增长仅为2.4%，出口、制造业和服务业均出现一定萎缩。但因巴国民经济支柱产业仍保持稳定增长，经济形势总体保持稳定。2009年巴主要经济数据如下（资料来源：巴总审计署）：

国内生产总值：193.74亿美元。

人均国内生产总值：5615美元。

国内生产总值增长率：2.4%。

货币名称：巴波亚（Balboa），仅发行辅币，流通美元。

汇率：与美元等值。

通货膨胀率：2.4%。

失业率：6.6%。

【资源】 全国70%以上的土地为热带森林所覆盖，林业资源丰富，主要有红木、雪松、棕榈树、橡胶树等。矿产有金、银、铁、铜、钼、铝矾土、盐、汞、硫磺和煤等。其中，铜储量居世界第11位，待开采量居世界第四位，拥有世界储量最大的铜矿，但品质一般。除盐和铝矾土外，巴政府已积极准备利用外资和国内私人资本开采矿产。

【工业】 工业基础薄弱，以食品加工业和轻工业为主，无重工业。2009年制造业产值11.68亿美元，同比下降3.8%。建筑业产值11.25亿美元，同比增长4.6%。采矿业产值2.72亿美元，同比增长4.9%，电力、水和燃气产值5.37亿美元，同比增长7.1%。

【农业】 耕地面积占全国土地面积的22.6%。全国20%以上的劳动人口从事农牧渔业。2009年农牧业产值6.54亿美元，同比下降8.6%。水稻、玉米、豆类为主要农作物，香蕉、糖、甘蔗、菠萝、香瓜、西瓜和咖啡为主要经济作物。

【旅游业】 巴全国有6处景点被联合国教科文组织列为"人类自然遗产"。2009年全国共有宾馆客房5780间。饭店和餐馆业国内生产总值5.4亿美元，同比增长2%。著名旅游区有巴拿马运河、孔塔多拉旅游区、桑普拉斯群岛、牛口群岛和雷岛等。近年访巴游客人数和旅游收入如下：

	2007	2008	2009
访巴人数（万）	121.14	158.58	156.29
旅游收入（亿美元）	16.70	20.01	23.28

（资料来源：巴总审计署、国家旅游局）

【交通运输】 国内交通以公路为主。

公路：2007年巴公路总长为14391公里。

铁路：全国有三条铁路线。2007年巴铁路业务增长77.4%，其中货运和客运分别增长69.4%和7.7%。

水运：巴是海运大国。巴拿马运河连接大西洋和太平洋，全世界约5%的贸易货运经由巴拿马运河。截至2009年，全世界共有8616艘船舶在巴拿马注册，总载重量2.07亿吨，均居世界首位。曼萨尼略港、香港和记黄埔巴拿马港口公司经营的克里斯托瓦尔港和巴波亚港、台湾长荣公司经营的科隆集装箱码头是最主要的四个港口。2009 年巴港口行业增长 14.4%，其中集装箱吞吐量为 465 万箱，同比下降 8.8%。

空运：巴是拉美空运中心之一，全国有近 250 个大小机场和停机坪。托库门国际机场（原名奥马尔·托里霍斯机场）是巴最大的国际机场，1978 年 6 月建成使用，位于巴拿马城以东 11 公里处，每天可起降 100 多架次飞机，有 35 条国际航线。2008 年巴常规空运增长 17.4%，进出港航班共 59675 架次，运送旅客 376.49 万人。2009 年自托库门机场入境游客人数为 130 万人。

【财政金融】巴拿马城国际银行中心（CBI）现有银行 85 家，是拉美地区最重要的金融中心。2008 年巴共吸引直接境外投资 24.01 亿美元，2009 年巴外汇储备 31.25 亿美元，外债 127.33 亿美元。近两年巴中央政府财政收支状况情况如下（单位：百万美元）：

	2008	2009
收　入	4557	4460
支　出	4494	4818
差　额	63	-354

（资料来源：2010 年 5 月《经济季评》）

【对外贸易】商品贸易历年有巨额逆差。2009 年出口产品 8.21 亿美元，进口产品 78.01 亿美元，同比分别下降 28.3% 和 13.4%。

主要出口产品为金枪鱼、虾、鱼粉、咖啡、香蕉等，主要出口对象为美国、瑞典、西班牙、哥斯达黎加等。进口主要来自美国、日本、哥斯达黎加等地，主要进口石油产品、制成品、药品和食品等。

科隆自由贸易区位于巴拿马运河大西洋入海口处，始建于 1948 年，是仅次于香港的世界第二大自由贸易港。2009 年科隆自由区进口 85.18 亿美元，转口 106.5 亿美元，同比分别下降 5.9% 和增长率 10.6%。

人民生活

全国人口密度为 37.6 人/平方千米，平均寿命 74.7 岁。2007 年巴人口出生率 20.2‰，死亡率 4.4‰，婴幼儿死亡率 14.7‰，产妇死亡率 0.7‰。全国共有劳动力 230.98 万人，其中就业人口 144.93 万人，247.83 万人享受社保。2009 年全国卫生开支 5.54 亿美元，占社会开支的 26.1%。全国共有 61 家医院、798 家医疗中心，医生 3955 名，床位 6851 张。

军　事

1989 年美军入侵巴拿马，逮捕原国防军司令诺列加。1990 年 2 月，巴决定解散国防军，建立由政府直接领导的警察部队，其主要职责是维护国家治安和防务。1994 年巴通过宪法修正案，规定取消军队。2008 年国家警察力量 15000 人，国家海洋服务队 400 人，空中服务队 300 人。国家警察局长古斯塔沃·佩雷斯（Gustavo Pérez）。

文化教育

【教育】根据巴 2000 年人口普查结果，巴文盲率为 7.6%。平均入学年龄 6.7 岁。自 1995 年起实行 11 年义务教育，包括学前教育、6 年小学和 3 年初中。2006 年全国教育支出 7.105 亿美元，占社会性开支的 48.9%。著名高等学府有巴拿马大学、技术大学、圣玛丽亚大学和地峡大学。截至 2009 年底，全国共有教师58144 名。

【新闻出版】目前全国有 8 份西班牙文报纸（7 份日报和 1 份周报），其创刊年份及发行量分别为：《巴拿马美洲报》（1925 年，2.5 万份）、《自由论坛报》（1958 年，3.2 万份）、《每日报》（2003 年，3.6 万份）、《新闻报》（1980 年，4.5 万份）、《我的日报》（2003 年，3.2 万份）、《世纪报》（1985 年，4.2 万份）、《巴拿马明星报》（1853 年，1.7 万份）以及周报《资本和金融》（2000 年，5000 份）。此外，还有三份中文日报：《拉美快报》（1992 年，3000 份）、《拉美侨声》（1997 年，2000 份）、《新报》（2004 年，1000 份）。

巴有电台 273 家，大部分为商业台。

无线电视频道 10 个，分属五个电视集团（台）：MEDCOM 集团（1995 年成立）旗下 4 频道、7 频道和 13 频道；千禧年传播机构旗下 21 频道、33 频道和 37 频道；国家电视台旗下 2 频道和 9 频道；教育基金会电视台（5 频道）；由巴天主教人士主办的教育性电视台；国家教育文化电视台（11 频道），巴拿马大学主办，从事教育和文化传播。

有线电视频道 2 个：Cable Onda（1982 年成立，MEDCOM 集团下属）旗下体育专业频道（15 频道）和购物频道（32 频道）。

现有 10 家私人互联网服务供应商，用户约 30 万人。

对外关系

巴政府奉行中立、不结盟的外交政策，对美政策历来是巴外交政策的核心。现阶段对外政策的基本目标是：维护国家的主权与独立，维护民主；保持运河的中立性；促进有利于国家发展的国际合作，重视与美国、欧盟、日本、俄罗斯、印度等大国发展关系；广泛吸引外资，通过商签自由贸易协定扩大出口。在国际事务中，巴主张和平共处，尊重人权和可持续发展，通过多边主义化解国际冲突，主张依靠联合国的作用化解地区冲突。

巴同 128 个国家（不包括中国台湾省）有外交关系。巴是联合国、世贸组织、国际货币基金组织、世界银行集团、世界卫生组织、77 国集团、不结盟运动、美洲国家组织、里约集团、拉美经济体系、中美洲一体化组织、拉美一体化协会等重要国际和地区组织的成员国，中美洲共同市场的准成员国。

2009年，巴新政府积极参与国际与地区事务，继续深化同美国的关系，并注重发展同周边国家睦邻友好。新政府还积极寻求与其他国家商签自贸协定。2009年，巴与尼加拉瓜自贸协定正式生效。与加拿大的自贸协定已于2010年3月签署，与墨西哥自贸谈判进入最后阶段。

【同中国的关系】中国和巴拿马无外交关系。1973年5月新华社在巴拿马设立分社。1987年12月中国银行在巴拿马城设立分理处，并于1994年8月升格为中国银行巴拿马分行。1995年9月，中巴两国政府谈判并签署《中华人民共和国政府和巴拿马共和国政府关于互设民间商务代表处的协议》。1996年3月和8月，中巴先后在对方首都设商代处。

2009年，中巴人员往来不多。中国国际广播电台副台长王冬梅、广东侨办副主任林琳、全国人大外事委员会副主任委员马文普、中国船级社社长李科浚先后访巴。巴副总统兼外长巴雷拉致函祝贺中国国庆60周年。

巴现为中国在拉美第六大贸易伙伴。2009年，中巴经贸关系持续发展。据中国海关总署统计，2009年中巴贸易总额为65.51亿美元，其中中方出口额65.22亿美元，进口额2900万美元，同比分别增长417.5%、17.4%和42.1%。中国多家企业参加了第27届巴拿马博览会，中巴正式签署巴参加2010年上海世博会参展合同。12月，中国船级社驻巴办事处正式开业。

中国巴拿马贸易发展办事处代表：鲍鄂生。地址：Torre Global Bank，P. 22，Calle 50，Ciudad de Panamá。电话：507－2654058/61/62；传真：2654051。

巴拿马中国贸易发展办事处代表：弗朗西斯科·莫拉莱斯（Francisco Morales）。地址：北京市朝阳区塔园外交公寓6号楼1单元11号。电话：010－65325981；传真：65326822。

巴于1922年1月5日与“中华民国”建立“外交关系”，互设“大使馆”。1974年台在科隆设“领事馆”，2009年8月关闭。台“中央社”在巴设有分社。巴台间签有农业技术合作、渔业技术合作、投资及待遇保护、空中运输、贸易、文化、观光合作、新闻合作、派遣志工等协定。台在巴派驻农技团，主要向巴农民和渔民传授农产品种植和水产捕捞、养殖技术。

2009年巴台保持密切交往。台“司法院长”赖英照、“外长”欧鸿炼，“总统”马英九、国际经济合作协会理事长王钟渝、基隆港务局局长萧丁训先后访巴；巴国会主席巴雷拉、“台巴国会友好小组”主席巴利亚里诺等议员访台。巴新任驻台“大使”古加隆赴台北履新。6月，托里霍斯总统与马英九在出席萨尔瓦多新总统就职仪式时举行会晤。7月，马英九赴巴出席马丁内利总统就职仪式并顺访巴。

巴台经贸关系进一步加强。据台方统计，2009年台巴贸易总额达1.77亿美元，其中台出口额1.53亿美元，进口额2350万美元，同比分别减少41.39%、34.11%和65.94%。

【同美国的关系】巴于20世纪初在美国保护下脱离大哥伦比亚并出让运河开凿权。此后巴与美形成了既有矛盾、又严重依赖的复杂关系。60年代之前巴美关系以合作为主，60年代末到80年代末，在以托里霍斯将军为代表的军人主政期间，巴民族主义有所发展，巴美关系相对紧张。1977年经过长期艰苦谈判，巴美达成新的运河条约即“托里霍斯—卡特条约”。1989年美以缉毒为借口军事入侵巴拿马，推翻诺列加总统并将其押到美国审判和服刑，同时扶持恩达拉执政。1994年6月3日起，美按双方协议开始逐步撤离驻巴美军。1997年2月，巴美签署“全天候开放”航空协定，成为拉美第一个同美达成此类协议的国家。“9·11”事件后，巴积极配合美反恐战略，与美签署“反毒品合作”、“保护运河安全”和“加强巴拿马与哥伦比亚边境安全”等多项协议。

2009年，巴新政府上台后，巴美关系更加紧密。巴新政府以推动巴美贸促协定在美国国会通过为主要外交目标。美肯定巴在民主事业方面的成绩，并表示将在反毒、反洗钱方面深化与巴的合作。年内，巴前政府第一副总统兼外长莱维斯访美，马丁内利总统赴美出席第64届联大；美内政部长肯·萨拉查访巴。9月，美国主持的“2009联盟力量”联合军事演习在巴举行。

【同欧洲国家的关系】欧盟是巴资金和技术的主要来源地。2001～2006年欧盟共向巴提供2200万美元经济援助。巴新政府重视加强同欧盟国家传统友谊。2009年，马丁内利总统先后访问意大利、葡萄牙、西班牙等国，出席了第19届伊比利亚美洲国家领导人会议。巴欧就避免双重征税和自贸协定加紧展开谈判。欧盟还倡议将巴纳入欧盟与中美洲国家伙伴关系协定谈判。

【同拉丁美洲国家的关系】1989年12月美国入侵巴拿马后，大多数拉美国家宣布不承认恩达拉政府。1990年里约集团取消巴成员国资格。巴举行民主选举后，里约集团于1994年8月重新接纳其为成员国。

2009年，巴新政府继续巩固和发展与周边国家的关系，积极参与地区事务，试图提高在本地区的影响力。巴就洪都拉斯国内政治危机展开积极斡旋，洪政变双方在巴举行会晤，巴雷拉副总统兼外长作为协调团成员多次访洪，巴还是洪大选后第一个宣布承认选举结果的国家。4月，拉美一体化协会第15次部长理事会会议接受巴成为该协会第13个全权会员国。12月，巴以中美洲议会缺乏政治效力、浪费严重为由，宣布正式退出该组织。

2009年，前总统托里霍斯出访古巴、哥伦比亚、委内瑞拉、危地马拉、多米尼加等国，马丁内利总统当选后出访多米尼加和哥斯达黎加。萨尔瓦多外长阿格塔、洪都拉斯被罢黜总统塞拉亚、墨西哥总统卡尔德隆、哥伦比亚总统乌里韦、哥斯达黎加总统阿里亚斯、危地马拉总统科洛姆、多米尼加总统费尔南德斯等访巴。

【同亚洲国家的关系】 近年来，巴与亚洲国家交往逐渐增多。日本、韩国向巴提供多项经济和技术援助。

2009年4月，巴外交部发表新闻公报，谴责朝鲜发射火箭，并要求朝方停止相关活动。6月，巴候任副总统兼外长巴雷拉出访日本，探讨在巴修建地铁的可能性，寻求资金支持。

【巴拿马运河和运河扩建计划】 巴拿马运河位于巴拿马中部的蜂腰地带，是一条沟通太平洋和大西洋的著名国际运河。运河全长81.3千米，宽152~304米，深13.5~26.5米。运河两端各有一套三级双向船闸。船只通过（包括停泊等候）一般需24小时，长度、船腹、吃水线、重量等方面的限制分别为965英尺、106英尺、39.5英尺、6.5万吨级以下。运河对所有国籍船只实行全天候无歧视开放。现每天通航能力38艘。

2009年财年巴运河共通行船只14412艘，货物重量3.02亿吨，同比分别下降2.0%和2.3%；过河费及与通行相关收入共计14.66亿美元，同比增长7.9%。

美国原在运河区设有南方司令部。根据1979年生效的托里霍斯—卡特协定，美国在2000年以前关闭在运河两岸的14个军事基地，运河完全归还巴拿马。1999年11月30日，美将在巴的最后一个军事基地“克莱顿堡基地”移交给巴政府，结束了美在巴的军事存在。12月14日，巴举行运河移交典礼，31日，运河正式归还巴拿马。

1997年6月11日，巴总统佩雷斯正式批准《巴拿马运河管理局法》。巴运河管理局于1999年12月31日起取代由美巴双方共同组成的运河委员会行使管理运河的职权。

近年来，针对全球贸易不断增长，国际海运大型船舶越来越多的形势，巴政府计划拓宽运河并进行了可行性研究。2006年4月，托里霍斯总统正式公布运河扩建计划，主要内容是通过修建第三套大型船闸等工程，使超巴拿马型船舶能顺利通过运河。整个工程预计耗资52.5亿美元，建设工期7~8年，建成后将使运河通行能力由每年3.3亿吨增至6亿吨。工程融资将通过提高船舶过河费和国际融资解决。10月，运河扩建项目获巴全民公决通过。2007年9月，运河扩建工程顺利启动。（张希）

巴　　西

国名 巴西联邦共和国（The Federative Republic of Brazil，República Federativa do Brasil）。

面积 851.49万平方公里（巴西地理统计局）。

人口 19148万。白种人占53.74%，黑白混血种人占38.45%，黑种人占6.21%，黄种人和印第安人等其他人种占1.6%。官方语言为葡萄牙语。73.6%的居民信奉天主教。

首都 巴西利亚（Brasília），人口260.69万（2009年），年平均气温21℃。

国家元首 总统路易斯·伊纳西奥·卢拉·达席尔瓦（Luiz Inácio LULA da Silva），2003年1月1日就任，2007年1月1日连任，任期至2011年1月1日。

重要节日 9月7日，独立纪念日，即巴西国庆。

简　况 位于南美洲东南部。北邻法属圭亚那、苏里南、圭亚那、委内瑞拉和哥伦比亚，西界秘鲁、玻利维亚，南接巴拉圭、阿根廷和乌拉圭，东濒大西洋。海岸线长约7400公里。国土的80%位于热带地区，最南端属亚热带气候。北部亚马孙平原属赤道热带雨林气候，年平均气温27℃~29℃。中部高原属热带草原气候，分旱、雨两季，年平均气温18℃~28℃。南部地区年平均气温16℃~19℃。

1500年4月22日，葡萄牙航海家佩德罗·卡布拉尔抵达巴西。16世纪30年代葡派远征队在巴建立殖民地，1549年任命总督。1808年拿破仑入侵葡萄牙，葡王室迁往巴西。1821年葡王室迁回里斯本，王子佩德罗留巴任摄政王。1822年9月7日，佩德罗王子宣布独立，建立巴西帝国。1889年11月15日，丰塞卡将军发动政变，推翻帝制，成立巴西合众国。1964年3月31日，军人政变上台，实行独裁统治，1967年改国名为巴西联邦共和国。1985年1月，反对党在总统间接选举中获胜，结束军人执政。此后，巴政权5次平稳更迭，代议制民主政体基本稳固。2002年10月，以劳工党为首的左翼政党联盟候选人卢拉赢得大选。2003 年 1 月卢拉就职，成为巴第 40 任总统，这是巴历史上首位直选左翼总统。2006 年 10 月，卢拉战胜社会民主党候选人阿尔克敏，获得连任。

政　治

卢拉就职后，通过平衡政党利益扩大了执政基础；执行兼顾发展、稳定和社会公正的经济政策，推进财税和社会福利等多项改革，加大社会投入，致力于解决贫困、就业等问题，取得成效。进入第二任期后，卢拉积极巩固执政联盟，并继续加大民生投入，改善人民生活，大力推进“加速增长计划”。卢拉本人和巴政府始终保持较高支持率，执政地位稳固。

【宪法】第一部帝国宪法于 1882 年产生。1988 年 10 月 5 日颁布巴西历史上第八部宪法，规定总统由直接选举产生，任期五年，取消总统直接颁布法令的权力。在公民权利方面，宪法保障人身自由，废除刑罚，取消新闻检查，规定罢工合法，16 岁以上公民有选举权等。1994 年和 1997 年议会分别通过宪法修正案，将总统任期缩短为四年，并允许总统和各州、市长连选连任。

【议会】联邦议会是国家最高权力机构。其主要职能是：制定一切联邦法律；确定和平时期武装力量编制及兵力；制定全国和地区性的发展计划；宣布大赦令；授权总统宣布战争或和平；批准总统和副总统出访；批准或撤销总统签署的临时性法令、联邦干预或戒严令；审查总统及政府行政开支；批准总统签署国际条约；决定临时迁都等。

联邦议会由参、众两院组成。两院议长、副议长每两年改选一次，可连选连任。参议长兼任联邦议会主席。参议员 81 人，每州 3 人，任期八年，每四年改选 1/3 或 2/3。众议员 513 人，任期四年，名额按各州人口比例确定，但最多不得超过 70 名，最少不低于 8 名。现任参议长若泽·萨尔内（José Sarney，巴西民主运动党），2009 年 2 月就任，任期至 2011 年 2 月；众议长米歇尔·特梅尔（Michel Temer，巴西民主运动党），2009 年 2 月就任，任期至 2011 年 2 月。各党在议会中的席位如下（2010 年 6 月）：

	参议院	众议院
巴西民主运动党	18	91
劳工党	9	79
民主党（原自由阵线党）	14	56
巴西社会民主党	14	58
共和党	4	41
进步党	1	41
巴西工党	7	22
民主工党	6	23
巴西社会党	2	16
社会主义人民党	—	15
巴西共产党	1	12
巴西共和党	2	7
社会主义自由党	1	3
绿党	1	14
基督教社会党	—	16
其他党派和无党派	—	19

【政府】本届联邦政府于 2007 年 1 月 1 日成立，共设 23 个部。现内阁成员如下（2010 年 6 月）：国防部长内尔松·若宾（Nelson Jobim），外交部长塞尔索·阿莫林（Celso Amorim），财政部长吉多·曼特加（Guido Mantega），发展、工业和贸易部长米格尔·若热（Miguel Jorge），计划、预算和管理部长保罗·贝尔纳多（Paulo Bernardo），卫生部长若泽·戈梅斯·滕波朗（José Gomes Temporão），教育部长费尔南多·阿达德（Fernando Haddad），土地开发部长吉列尔梅·卡塞尔（Guilherme Cassel），农牧业和供给部长瓦格纳·罗西（Wagner Rossi），文化部长茹卡·费雷拉（Juca Ferreira），科技部长塞尔吉奥·雷森德（Sérgio Rezende），体育部长奥兰多·席尔瓦（Orlando Silva），旅游部长路易斯·巴雷托·菲略（Luiz Barreto Filho），矿能部长马尔西奥·齐默尔曼（Márcio Zimmermann），邮电部长埃利奥·科斯塔（Hélio Costa），司法部长塔尔索·任罗（Tarso Genro），环境部长伊萨贝拉·特谢拉（Izabella Teixeira），劳动就业部长卡洛斯·卢皮（Carlos Lupi），社会福利部长卡洛斯·爱德华多·加巴斯（Carlos Eduardo Gabas），交通部长保罗·塞尔吉奥·帕索斯（Paulo Sérgio Passos），全国一体化部长若昂·桑塔纳（João Santana），城市部长马尔西奥·福特斯（Márcio Fortes），社会发展和消除饥饿部长马西娅·洛佩斯（Márcia Lopes）。

【行政区划】全国共分 26 个州和 1 个联邦区（巴西利亚联邦区）。州下设市，全国共有 5564 个市。

【司法机构】根据 1988 年 10 月 5 日颁布的宪法，司法机构包括联邦最高法院、联邦法院、高等司法院、高等劳工法院、高等选举法院、高等军事法院和各州法院。联邦最高法院由 11 名大法官组成，大法官必须是年龄在 35 岁以上、65 岁以下的巴西公民，由总统提名，经参议院批准后任命。联邦最高法院院长塞萨尔·佩卢索（Cezar Peluso，2010 年 4 月就任，任期两年）。联邦总检察长罗伯托·蒙泰罗·古热尔·桑托斯（Roberto Monteiro Gurgel Santos，2009 年 6 月就任，任期两年）。

【政党】截至 2010 年 6 月，在巴西高等选举法院登记的政党有 27 个，主要有：

（1）劳工党（Partido dos Trabalhadores—PT）：主要执政党。1980 年 2 月成立，主要由城乡劳动者、工会领导人和知识分子组成，是巴西最大左翼政党，现有党员 80 多万人。该党政治上主张建立社会主义制度，保障劳动者的权益；经济上反对新自由主义政策，主张公平分配社会财富；对外主张各国相互尊重、加强国际合作，维护世界和平。主席若泽·爱德华多·杜特拉（José Eduardo Dutra）。

（2）巴西民主运动党（Partido do Movimento Democrático Brasileiro—PMDB）：执政联盟成员。1980年1月成立，其前身为1965年成立的巴西民主运动，在军政府时期长期为唯一合法的反对党。对内主张维护民主制度，实行土改和保护民族工业。对外主张执行独立的外交政策，尊重各国自决权。主席米歇尔·特梅尔（Michel Temer）。

（3）巴西工党（Partido Trabalhista Brasileiro—PTB）：执政联盟成员。1945年由时任总统瓦加斯创立。1964年军人政变后被迫停止活动。1979年重新组建。主席罗伯托·杰弗逊（Roberto Jefferson）。

（4）民主工党（Partido Democrático Trabalhista—PDT）：执政联盟成员。1979年成立，前身为巴西工党的一部分，系社会党国际成员。主张实行多党制，工会独立，实行土改，消除贫富不均和扶助中小企业。对外主张民族独立，人民自决，各民族和平相处和不结盟。主席卡洛斯·卢皮（Carlos Lupi）。

（5）社会主义人民党（Partido Popular Socialista—PPS）：执政联盟成员。1992年1月，巴西的共产党宣布解散，以党主席罗伯托·弗莱雷为首的“现代派”决定改名成立社会主义人民党。主席罗伯托·弗莱雷（Roberto Freire）。

（6）巴西共产党（Partido Comunista do Brasil—PC do B）：执政联盟成员。1962年从原“巴西的共产党”中分裂出来，将1922年3月25日作为建党日。主要成员是城乡劳动者、青年学生和自由职业者。1985年7月获合法地位。主席若泽·雷纳托·拉贝洛（José Renato Rabelo）。

（7）进步党（Partido Progressista—PP）：执政联盟成员。原名巴西进步党，1995年9月由改革进步党和进步党合并而成，2003年4月更名。信奉基督教义，推崇自由、进步与社会正义。主张在不损害国家主权和尊严的基础上，逐步推行改革开放。在保障全国各地区、各阶层均衡发展的前提下，实现社会正义和国家现代化。主席弗朗西斯科·多内莱斯（Francisco Dornelles）。

（8）巴西社会民主党（Partido da Social Democracia Brasileira—PSDB）：在野党。1988年6月25日成立，由一批因对民运党不满而退出该党的人组成。主张完善民主制度，实行经济开放，鼓励外国投资，改革分配制度，消除贫富差别。主席塞尔吉奥·格拉（Sérgio Guerra）。

（9）民主党（DEMOCRATA）：在野党。原名自由阵线党（Partido da Frente Liberal—PFL），1985年1月成立，2007年3月更名。对内主张维护民主制度，实行社会变革和国营企业私有化，改革分配制度等。对外主张主权自决和平等。主席罗德里戈·马亚（Rodrigo Maia）。

其他政党还有：基督教社会党（Partido Social Cristão）、共和党（Partido da República）、社会自由党（Partido Social Liberal）、民族动员党（Partido da Mobilização Nacional）、巴西社会党（Partido Socialista Brasileiro）、巴西共和党（Partido Republicano Brasileiro）、绿党（Partido Verde）等。

【重要人物】路易斯·伊纳西奥·卢拉·达席尔瓦：总统。1945年10月27日生于巴西伯南布哥州加拉牛斯市。1975年和1978年两次当选圣保罗工会主席，曾领导反对军政府独裁的工人运动。1980年2月，参与创建劳工党（PT），次年在劳工党“一大”上当选党主席。1983年参与组建工会组织“劳工统一中心”（CUT）。1986年当选全国立宪议会联邦众议员。曾于1989年、1994年、1998年三次竞选总统落选。2002年第四次参选获胜，2003年1月1日就职，成为巴第40任总统。2007年1月1日连任，任期至2011年1月1日。2001年5月曾以劳工党名誉主席访华。就任总统后，2004年5月和2009年5月两次对中国进行国事访问，2008年8月来华出席奥运会开幕式。已婚，夫人玛丽萨·莱蒂西娅·达席尔瓦（Marisa Letícia da Silva），有五个子女。 **若泽·阿伦卡尔**（José ALENCAR）：副总统。1931年10月17日生于巴西米纳斯吉拉斯州姆里阿埃市。曾获维索阿联邦大学、米纳斯吉拉斯州大学荣誉博士称号。巴著名企业家，创办并经营米纳斯纺织集团（巴西最大纺织企业）、米纳斯北方建筑公司等五家知名企业。1993年开始从政，1998年当选联邦参议员。2002年作为劳工党总统候选人卢拉的搭档参加大选获胜，2003年1月1日就任巴西副总统。2006年再次与卢拉搭档参加大选并连任，任期至2011年1月1日。2006年3月以副总统和中巴高层协调与合作委员会巴方主席身份率团访华。

经济

2009年国内生产总值位居世界第八位（国际货币基金组织），经济实力居拉美首位。农牧业发达，是世界蔗糖、咖啡、柑橘、玉米、鸡肉、牛肉、烟草、大豆等农牧产品主要生产国和出口国。工业基础雄厚，门类齐全，石化、矿业、钢铁、汽车工业等较发达，民用支线飞机制造业和生物燃料产业在世界上居于领先水平。服务业产值占国内生产总值近六成，金融业较发达，经济结构接近发达国家水平。1967～1974年，经济年均增长率高达10.1%，被誉为“巴西奇迹”，巴跻身新兴工业国行列。20世纪80年代，受高通货膨胀困扰，经济出现停滞甚至严重衰退。从90年代开始，巴西向外向型经济模式转轨。1994年政府实施了雷亚尔货币稳定计划，有效解决了高通胀问题，经济恢复增长。1999年发生严重金融动荡，经济衰退，货币大幅贬值。其后，受国内外因素共同影响，巴经济连续几年增长缓慢。2003 年，卢拉执政后采取稳健务实的经济政策，控制通膨和财政赤字，鼓励生产性投资和工农业发展，市场信心得以恢复，巴经济开始走上稳定发展道路。卢连任后，推出“加速增长计划”等一系列刺激经济发展措施，巴工业生产和对外贸易持续增长，外债持续下降，就业形势好转，经济发展前景看好。2008 年第四季度起，受国际金融危机影响，巴西金融市场剧烈动荡，资本流动性锐减，工业生产和出口大幅下滑，经济一度陷入衰退。对此，巴西政府积极实施财政货币政策，及时出台一揽子措施稳定金融、刺激内需、鼓励出口，取得一定成效。2009 年第四季度国内生产总值实现同比增长 3.1%。2009 年主要经济数据如下（资料来源：国际货币基金组织、巴西地理统计局）：

国内生产总值：1.57 万亿美元。

人均国内生产总值：8220 美元。

国内生产总值增长率：-0.2%。

货币名称：雷亚尔（Real）；1 雷亚尔 =100 分。

汇率（2009 年 12 月）：1 美元≈ 1.74 雷亚尔。

通货膨胀率：4.31%。

失业率：8.1%。

【资源】2007 年已探明铁矿砂储量约 333 亿吨，占世界总储量 9.8%，居世界第五位；产量 3.55 亿吨，居世界第二位；出口量也位居世界前列。铁矿砂平均含铁量达 56.1%，高于世界平均水平十余个百分点，可不经选矿直接入炉，相当多数量铁矿埋藏浅，开采成本低。巴 29 种矿物储量丰富，镍储量达世界总储量 98%，锰、铝矾土、铅、锡等多种金属储量占世界总储量的 10% 以上。铌矿储量已探明 455.9 万吨，按当前消费量够全球使用 800 年。此外还有较丰富的铬矿、黄金矿和石棉矿。煤矿探明储量 101 亿吨，但品位很低。石油探明储量截至 2007 年底达 126.23 亿桶。2007 年底以来，在沿海陆续发现多个特大油气田，预期储量可能超过 500 亿桶，有望进入世界十大储油国之列。新油气田计划 5 年内投产。2008 年，生产原油 1.2 亿吨，出口 3000 万吨。森林覆盖率为 57%。木材储量 658 亿立方米。水力资源丰富，拥有世界 18% 的淡水，人均淡水拥有量 29000 立方米，水利蕴藏量达 1.43 亿千瓦/年。

【工 业】实力和工艺均居拉美首位。20 世纪 70 年代即建成比较完整的工业体系，工业基础较雄厚。受国际金融危机影响，2009 年工业增长 -5.5%，占国内生产总值的 21.8%。主要工业部门有：钢铁、汽车、造船、石油、水泥、化工、冶金、电力、建筑、纺织、制鞋、造纸、食品等。民用支线飞机制造业和生物燃料产业在世界上居于领先水平。20 世纪 90 年代中期以来，药品、食品、塑料、电器、通讯设备及交通器材等行业发展较快；制鞋、服装、皮革、纺织等行业萎缩。主要工业产品产量如下（单位：万吨）：

	2007	2008	2009
铝	165.4	166.1	150
粗钢	3380	3370	2560
纸浆	1180	1200	1346
汽车（万辆）	297	321	360

（资料来源：驻巴西使馆经商处）

【农牧业】可耕地面积约 1.68 亿公顷，实际利用耕地 6298 万公顷，牧场 1.63 亿公顷。咖啡、蔗糖、柑橘、菜豆产量居世界首位，大豆、玉米、棉花产量居世界第二、第四和第五位，是世界第二大转基因作物种植国。2009 年农牧业产值 1640 亿雷亚尔，同比减少 5.2%，占国内生产总值的 5.2%。粮食总产量 1.41 亿吨，除小麦等少数作物外，主要农产品均能自给并大量出口。2009 年农产品出口额为 647 亿美元，占巴当年出口总额的 42%。咖啡、甘蔗、橙汁、甘蔗乙醇、牛肉、鸡肉、烟草等出口量居世界首位，大豆、玉米出口量位居世界第二和第三位。主要农产品的产量如下（单位：万吨）：

	2007	2008	2009
稻　谷	1131.59	1210.4	1153.2
大　豆	5839.18	5992	6516
小　麦	223.37	603	214.2
玉　米	5136.97	5874	5743
杂　豆	333.98	340.8	315.8
棉　花	238.36	160	157.8

（资料来源：驻巴西使馆经商处、巴西农业供给公司、巴西农牧业协会）

【服务业】2009 年增长 2.6%，占国内生产总值的 58.9%。主要部门包括不动产、租赁、旅游业、金融、保险、信息、广告、咨询和技术服务等。

【旅游业】2009 年接待外国游客 480 万人次，创汇 53 亿美元。全国共有旅行社 9000 多家，旅游业直接从业人员 187 万人。全国主要旅游城市和景点：里约热内卢、圣保罗、萨尔瓦多、巴西利亚、伊瓜苏大瀑布、马瑙斯、黑金城、巴拉那石林和大沼泽地等。

【交通运输】公路运力占全国总运力的 60.49%、铁路占 24%、水路占 13.86%、管道运输占 4.46%、航空运输占 0.33%。

铁路：巴西铁路运力居拉美首位，目前铁路网总长度为 29798 公里，主要分布在巴西南部、东南部和东北部，其中 35% 以上建于 60 年前。铁路系统职工总人数 21269 人，拥有机车 1587 台，车厢 55472 节。

公路：总长 175.18 万公里，其中联邦级公路 74681 公里，铺好路面的公路仅 16.5 万公里。全国登记的各种车辆 3660 万辆。

水运：2006 年水运总量 6.92 亿吨，集装箱运输量达6328万吨，全年装箱总量为350万箱。全国有82个港口，远洋货船126艘。内河航线总长9403公里。主要港口有：桑托斯、维多利亚、里约热内卢、帕拉那瓜和圣路易斯等。近年来，为适应农产品出口的增长，带动东北部地区经济发展，巴正在东北部地区兴建一批万吨级以上的深水码头。

空运：2008年全国机场客运总能力为1.13亿人次。全国有36家航空公司，其中塔姆（TAM）、戈尔（GOL）和瓦里格（VARIG）三家主要公司经营国际和绝大部分国内航线。2008年10月，戈尔和瓦里格公司合并。2008年正式登记的飞行器有11857架。全国通航城市150个，与世界主要地区均有定期航班。全国共有机场2498个，其中私人机场1759个，公用机场739个。主要国际机场为：圣保罗、里约热内卢、巴西利亚、累西腓、马瑙斯。

【财政金融】受巨额债务的影响，巴财政收支长期赤字。为摆脱财政赤字，巴政府从1999年起厉行增收节支，增加初级财政盈余。2009年初级财政盈余645.18亿雷亚尔，占国内生产总值的2.06%。公共债务余额1.345万亿雷亚尔，占国内生产总值的42.8%。巴西外汇储备2390亿美元，外债2025亿美元。

巴西银行：成立于1808年，是巴西最大的国家银行，在21个国家设有代表处。2004年10月在上海开设办事处。

巴西国家开发银行：成立于1952年，主要职责是为巴西大型基础设施和工程提供资金帮助。

【对外贸易】20世纪90年代以来，巴奉行开放市场、降低关税的外贸政策。1999年雷亚尔对美元贬值后，巴产品出口迅速增加，外贸形势逐步好转。近几年巴西外贸情况如下（单位：亿美元）：

	2007	2008	2009
进口额	1206.10	1732	1276.47
出口额	1606.49	1979	1529.95
差　额	400.39	247	253.48

（资料来源：巴西发展、工业和外贸部）

主要进口机械设备、电子设备、药品、汽车及零配件、小麦等。出口汽车及零部件、飞机、钢材、大豆、药品、矿产品（主要是铁矿砂）等。

2009年巴与各主要贸易伙伴进出口情况如下（单位：亿美元）：

	进口额	出口额	总　额
中　国	159	201	361
美　国	200	156	356
阿根廷	113	128	241
德　国	99	62	161

（资料来源：同上）

【外国资本】目前在巴有11400多家外资企业，雇员170万人。外国在巴主要投资部门为汽车、能源、通信、金融、冶金、化工、交通运输和机械等。2009年巴吸收外国直接投资360.33亿美元，同比增长30.6%。主要投资国是美国、卢森堡、荷兰、日本、西班牙、法国、澳大利亚、德国等，外资主要投向银行、能源和冶金等领域。

各国在巴投资的情况如下（单位：亿美元）：

	2007	2008	2009
荷兰	81.1613	46.2368	65.15
美国	60.3919	69.1795	49.02
西班牙	21.6352	37.8747	34.24
德国	17.5678	10.3657	24.73
法国	12.1440	28.5613	21.41
日本	4.6463	40.9878	16.73
英国	10.0354	6.41	10.32
澳大利亚	4.9377	11.5343	7.07
卢森堡	28.5530	59.3732	5.37
葡萄牙	4.6808	10.2591	3.84
意大利	2.5898	3.2627	2.32

（资料来源：巴西中央银行2009年外资普查）

【著名企业】　（1）巴西石油公司（PETROBRAS）：1953年10月成立，负责国家在石油领域的垄断经营。1997年8月，政府颁布法令，允许私人和外资参与该公司经营，打破国家对石油领域垄断，但巴西石油公司仍为巴境内最大的石油企业。2009年，公司拥有油（气）井13174口，生产平台133个，炼油厂15个，输油（气）管道25966公里，各类油轮172艘（其中自有52艘），定点加油站8000个，2个化肥厂。除巴西本国外，还在安哥拉、阿根廷、玻利维亚、哥伦比亚、古巴、厄瓜多尔、美国、英国等国经营业务。公司总部设在里约热内卢。2009年，公司平均日产原油252.6万桶、天然气41.3万桶，年收入1827.1亿雷亚尔，净利润289.8亿雷亚尔。现任总裁若泽·塞尔吉奥·加布里埃利（José Sérgio Gabrielli）。

（2）巴西航空工业公司（EMBRAER）：世界第三大民用飞机制造企业和巴西主要出口创汇企业之一，在生产120座以下支线飞机方面居世界领先地位。成立于1969年，1994年实行私有化。目前国家持股0.8%，但拥有否决权。主要产品为ERJ-145系列和E170/190系列支线喷气客机、“超级大嘴鸟”螺旋桨战斗机等。同以生产“幻影”战斗机闻名的法国达索航空工业集团有合作关系。总部在圣保罗州的圣若泽多斯坎普斯市，同时在美国、法国、葡萄牙、中国和新加坡设有办公机构和客户服务中心。2003年起与中国航空工业第二集团公司在哈尔滨合资生产民用涡扇支线飞机。2009年，全公司共有员工16792人，当年交付飞机204架，累积储备订单总价值为166亿美元，净利润8.95亿雷亚尔。现任总裁弗雷德里科·弗勒里·库拉多（Frederico Fleury Curado）。

（3）淡水河谷公司（VALE）1942年成立，世界第三大矿业集团，最大铁矿砂和球铁矿生产企业。1997年巴政府将公司私有化后，公司盈利不断上升，经营规模逐步扩大。除传统的铁、铝、锰、黄金等矿产品外，还将业务拓展到铁路、水路运输、热力发电和金融证券等领域。公司在上海设有办事处，同上海宝钢有在巴西合资开发铁矿砂的合作项目。2009年公司铁矿石产量达2.379亿吨，净利润53.49亿美元。现任总裁罗格·阿格内利（Roger Agnelli）。

人民生活

巴实行社会养老保险的福利政策。2009年，政府设定最低月工资为465雷亚尔（约合211美元）。2006年全国贫困人口3615万，占总人口的19.31％。据统计，全国共有医院5864所、63662个卫生站等卫生服务机构，平均每千人拥有2.08名医生和病床3.11张。平均每百人拥有电话23.5门、移动电话36.3门、电脑10.7部、网民12.1人。2009年巴人均预期寿命71.99岁，新生儿死亡率22.58‰。1980年至2007年6月，艾滋病患者累计474273人。

军　事

巴军队分为海、陆、空三个军种，分别建立于1823年12月11日、1848年8月25日和1940年10月23日。总统为三军最高统帅，武装部队各军种司令、参谋长和总统府机关安全办公室主任协助总统制定有关军事政策和处理军务。1999年8月，巴政府将原海、陆、空三部合并，成立国防部。巴实行义务兵役制，服役期一年。

三军总兵力约37万人，其中陆军约23.8万人，海军6.23万人，空军6.74万人。自1947年起参加联合国维和行动，是十大维和人员派遣国之一。目前，巴约1.2万名士兵在海外执行维和任务。

文化教育

【教育】 教育体系分基础教育和高等教育两级，基础教育又分初级教育和中等教育。初级教育相当于中国的小学和初中，中等教育相当于中国的高中。高等教育指各类大学，学制一般为四年。据巴西教育部2005年统计，全国各类学校20.7万所，其中联邦学校208所，州立学校3.37万所，市立学校13.78万所，私立学校3.55万所。全国初级学校在校学生约3353万人，中等教育学校在校学生约903.2万人，职业教育学校在校生约70.56万人。巴有高等教育机构1859所，其中大学163所，在校生约388.8万人。著名高等学府有圣保罗大学、坎皮纳斯大学、巴西利亚大学、里约热内卢天主教大学等。实行九年义务教育制（6～14岁），对贫困生入学实行国家助学金制度。2007年，6～14岁儿童入学率为97％，成人识字率90％。

【新闻出版】 2006年全国日报有532种，发行量在15万份以上的主要报纸有：《圣保罗页报》、《圣保罗州报》、《环球》、《号外》、《零点》、《人民邮报》等。全国杂志有3651余种，主要杂志有：《请看》、《时代》、《这就是》等，均为周刊。

全国有广播电台4305家，大多为私人所有。巴西广播公司为官方电台。大型电视台有七家，节目播放时间从早6时至次日晨3～4时，全国覆盖面达99.77％，并通过卫星向美洲、欧洲主要国家和日本传送节目。“环球台”为全国最大私营电视台，其他较大的私营电视台有“巴西电视网”和“纪录”等。政府管理的有两家，即国家电视台和教育电视台。上述电台和电视台均使用葡萄牙语。

对外关系

奉行独立自主、不干涉内政、尊重主权与领土完整、和平解决争端和友好共处的对外政策。主张世界多极化和国际关系民主化。

积极促进和深化南共市发展，并以之为依托，推动成立“南美国家联盟”。大力推动南美及拉美一体化进程。

主张加强联合国作用，积极推动安理会改革，争当常任理事国。积极参与联合国维和行动，领导联合国海地维和团工作。强烈呼吁国际社会加强反贫困合作，设立全球反贫困基金。重视与发展中大国合作，主张构建发展中大国合作机制，倡导成立“印度—巴西—南非对话论坛”，努力推动“金砖四国”对话。在世贸组织多哈回合谈判中，积极推动发展中国家间的协调与合作，以维护共同利益。

巴与158个国家建立了外交关系，是里约集团、南方共同市场、南美国家联盟创始国之一，二十国集团、七十七国集团和美洲国家组织成员国，不结盟运动观察员。

【对当前重大国际问题的看法和立场】 国际形势：认为当前国际形势正在发生深刻复杂变化，国际体系处于过渡阶段。新兴大国迅速崛起，成为推动世界格局演变的重要力量，美国等发达国家长久以来在国际体系中的主导地位有所削弱，但尚无任何国家或大国集团能挑战美国的地位。主张世界多极化和国际关系民主化，坚定支持多边主义，反对霸权主义。提倡各国在国际法准则基础上开展合作。主张国际社会应该积极探求新发展模式，发达国家应该加强对发展中国家的资金和技术扶持，与发展中国家共享财富和增长机会。

联合国：支持强化联合国在维护世界和平与安全方面的作用。主张对联合国进行必要的改革，认为安理会的构成应充分体现发展中国家的代表性，积极推动同时扩大常任和非常任理事国数量的改革方案，与德国、印度和日本共同组成“四国集团”争当安理会常任理事国。同时主张联合国应加强对全球发展问题的关注，在促进社会和经济发展、消除贫困、歧视和不平等现象以及保护人权等方面发挥更积极作用。

南南合作：主张在全球化趋势下，发展中国家应同发达国家积极开展平等对话，为自身更快地融入全球经济体系创造条件。主张发展中国家联合自强，提升整体实力和国际话语权。重视发展与中国、俄罗斯、印度、南非、墨西哥等发展中大国的关系，积极参与“印度—巴西—南非对话论坛”、“金砖四国”、“基础四国”等发展中大国合作机制。

气候变化：高度重视气候变化问题。积极调整国家经济和能源结构，作出“到2020年，温室气体在照常排放基础上减少36.1%～38.9%”的自主减缓承诺。主张各国减排行动应与其经济社会发展水平相适应，不应只强调环保问题而忽视维护发展中国家的主权和发展权。主张发达国家应对气候变化承担历史和现实责任，并向发展中国家提供资金和技术转让。维护《联合国气候变化公约》和《京都议定书》在气候变化国际谈判中的基本框架和主渠道地位，坚持共同但有区别的责任原则和“巴厘路线图”双轨制谈判进程。认为《哥本哈根协议》虽未能达成被所有缔约方认可的理想结果，但体现了上述要素并凝聚了国际社会在气候变化主要问题上的共识，为未来谈判奠定了基础。主张各方汲取教训，保障谈判进程公开、透明、可广泛参与。对“基础四国”的良好合作表示满意，主张四国加强与“七十七国集团”中其他发展中国家的沟通和磋商。

核裁军问题：主张全面禁止和彻底销毁核武器，在宪法中规定核能只能用于和平目的，是《拉丁美洲禁止核武器条约》、《不扩散核武器条约》和《全面禁止核试验条约》的签署国。与南非、埃及、爱尔兰、墨西哥、新西兰和瑞典在联合国裁军大会上组成“核裁军新议程联盟”。主张全面平衡地推动核裁军、核不扩散和和平利用核能三大目标的落实，认为《不扩散核武器条约》存在“重扩散、轻裁军”的歧视性问题，强调核武器国家应该率先以不可逆、可核查的方式削减核武器，同时确保广大无核国家和平利用核能的权利。

生物燃料：重视发展生物燃料，在燃料乙醇的研发、生产和应用方面居世界领先水平，近年来加大对纤维素乙醇的研发力度。积极推动国际生物燃料合作，同美国建立乙醇合作战略联盟，同多个非洲国家签署生物能源合作协议，倡议成立“国际生物燃料论坛”，并于2008年举办首届国际生物燃料大会。认为生物能源在实现可持续发展、保障能源安全和应对气候变化等方面发挥着重要作用，强调巴西以非粮作物甘蔗生产燃料乙醇不影响粮食安全。

【同中国的关系】 1974年8月15日与中国建交。建交以来，中巴在政治、经贸、科技、文化等领域的友好合作关系全面发展。1993年中巴建立战略伙伴关系。两国高层交往频繁，并建有中国—巴西高层协调与合作委员会、战略对话等对话与合作机制。中国为巴西第一大贸易伙伴，巴西为中国在拉美地区最大贸易伙伴。中巴联合研制地球资源卫星项目成为南南高科技合作的典范。

2009年5月，卢拉总统对华进行第二次国事访问，两国元首举行会谈并签署《关于进一步加强中巴战略伙伴关系的联合公报》。8月，两国元首互致贺电，热烈庆祝中巴建交35周年。国家副主席习近平和全国政协主席贾庆林先后于2月和11月访问巴西。

中巴在国际事务中合作密切，在联合国、世贸组织等国际组织以及二十国集团、“金砖四国”、发展中五国、“基础四国”等多边机制中就应对国际金融危机、气候变化等重大国际问题保持良好沟通与协调。

据中国海关总署统计，2009年双边贸易额为424亿美元，其中中方出口额141.19亿美元，进口额282.81亿美元，同比分别下降12.9%、24.9%和5.3%。中方主要出口计算机与通讯技术、电视、收音机及无线电讯设备零附件、焦炭等，主要进口铁矿砂及其精矿、大豆、原油、牛皮革及马皮革、纸浆等。

截至2009年底，中国在巴西非金融类实际直接投资2.9亿美元，主要涉及采矿、家电组装、通信、摩托车生产等行业。巴方在华实际投资额3.3亿美元，主要涉及支线飞机制造、压缩机生产、煤炭、房地产、汽车零部件生产、水力发电、纺织服装等项目。

中巴在科技、文教等领域合作取得新进展。卢拉总统访华期间，两国科技部签署《科学技术与创新合作工作计划》，两国航天部门签署《关于中巴地球资源卫星保持连续性、扩大合作及其应用的议定书》，中国社会科学院拉美研究所设立巴西研究中心。中国驻巴西大使：邱小琪。馆址：SES-Av. das Nações, Lote 51, CEP: 70443-900, Brasília DF, Brasil。电话：0055-61-21958200；传真：33463299；领事部电话：0055-61-21958271。商务处电话：0055-61-32481446；传真：32482139。

中国在圣保罗和里约热内卢分别设有总领馆。

巴西驻华大使：克洛多瓦尔多·胡格内·菲略(Clodoaldo Hugueney Filho)。馆址：北京市光华路27号。电话：010-65322881。签证处电话：65322993。

巴西驻上海总领馆于1994年6月1日开馆，1999年8月18日，巴西将该总领馆降为领事馆，2002年9月重新恢复为总领馆。2010年4月15日，巴方宣布设立驻广州总领馆。

巴西在台湾设有贸易办公室。台在巴西利亚和圣保罗设有“台北经济文化办事处”。巴是台在拉美地区的第一大贸易伙伴。据巴官方统计，2009年巴台贸易额为 33.7 亿美元，其中巴方出口额 9.6 亿美元，进口额 24.1 亿美元。台主要向巴出口电子产品、家用电器、玩具等，进口铁矿砂、生铁、钢材、化工原料、大豆、铝锭等。

【同美国的关系】巴西独立后，美国是第一个承认巴西的国家。巴同美保持着传统、密切的政治和经贸关系，主张在平等和相互尊重的基础上，同美建立“平等、成熟的伙伴关系”。美是巴第二大贸易伙伴和最大债权国。2009 年巴美贸易总额为 359.2 亿美元，占巴对外贸易总额的 12.8%。截至 2008 年，美对巴累计投资 590 亿美元，约占巴吸引外资总额的 15.4%。两国建立了外长和国防部长间的定期磋商制度。2009 年 3 月，卢拉总统访问美国。

【同欧盟国家的关系】巴西与欧盟政治、经济、文化关系密切。欧盟作为整体是巴最大的贸易伙伴和外国对巴直接投资的最大来源地区。巴欧贸易额约占巴外贸总额的 25%，欧盟对巴投资超过巴吸收外资总额的 40%。巴主张积极发展同欧盟国家的关系，认为欧盟是巴全球外交格局中“不可替代的组成部分”，认为保持与欧盟的政治对话对巩固多边国际体系具有重大意义，对推动南共市与欧盟组建跨大西洋贸易区持积极态度。巴西与欧盟建有政治磋商机制和战略伙伴关系。2009 年，卢拉总统出席第三届巴西—欧盟战略伙伴关系峰会（10 月）。同年，出访瑞士（6 月）、法国（7 月）、丹麦、瑞典（10 月）、英国、法国、意大利（11 月）及德国（12 月）；英国首相（3 月）、法国总统（9 月）相继访巴。

【同拉美国家的关系】巴奉行睦邻友好政策，把发展与拉美特别是南美国家的关系、推动地区政治团结和经济一体化进程作为其外交工作的重点。呼吁南美国家团结协作，共同努力消除饥饿、贫困、文盲、失业等社会痼疾，合作打击恐怖主义、毒品走私、有组织犯罪等。积极推动南方共同市场发展，并以此为依托，联合其他南美国家推动成立了南美国家联盟、拉美和加勒比国家共同体、南方银行、南美防务理事会、南美卫生理事会等地区性组织机构。2009 年，卢拉总统出席第 37 届南共市峰会（7 月）、南美国家联盟峰会及特别峰会（8 月）、南美洲和非洲国家峰会（9 月），出访玻利维亚（1 月、8 月）、萨尔瓦多、危地马拉、哥斯达黎加（6 月）、巴拉圭（7 月）、厄瓜多尔（8 月）、委内瑞拉（10 月）及秘鲁（12 月）；哥伦比亚总统（2 月、8 月、10 月）、乌拉圭总统、特多总理（3 月）、阿根廷总统（3 月、11 月）、秘鲁总统（4 月）、巴拉圭总统、委内瑞拉总统（5 月）、智利总统（7 月）、墨西哥总统（8 月）、萨尔瓦多总统（9 月）相继访巴。

【同亚洲国家的关系】认为东亚和东南亚是当今世界最具经济活力的地区，重视发展同亚洲国家，尤其是与中国、日本、印度、韩国和东盟国家的政治和经贸关系，并希望进一步密切同亚洲地区性组织之间的联系。积极参与“东亚—拉美合作论坛”。2009 年，尼泊尔总理（5 月）、菲律宾总统（6 月）先后访巴。

【同日本的关系】日本是巴西发展与亚太地区国家关系的重点之一，也是巴在亚洲的重要贸易伙伴和投资来源国。巴、日两国签有移民协议，日在巴拥有海外最大侨社，旅巴日侨和日裔约 150 万，巴在日拥有海外第三大侨社。20 世纪 90 年代后期，两国贸易额下降，日本对巴投资和参与巴私有化的活动减少。近年来，随着巴、日两国经济开始恢复，双方经贸合作进一步加强。

【同俄罗斯和东欧国家的关系】巴重视俄罗斯的大国地位和对国际事务的影响。2000 年，巴俄正式启动两国副总统—总理级高级合作委员会，确立了面向 21 世纪的两国关系框架，双边关系进入新的发展阶段。巴与独联体各国都建立了外交关系，主动发展双边经贸和科技合作，其中较为突出的是与乌克兰的空间技术合作。巴希望加强同东欧国家的传统关系，扩大政治对话和双边合作。2009 年，卢拉总统出访哈萨克斯坦（6 月）、乌克兰（12 月）。乌兹别克斯坦总统（5 月）、捷克总统（11 月）相继访巴。

【同非洲国家的关系】巴与非洲有种族、文化和历史渊源，强调重视发展与非洲国家，特别是与非洲葡语国家的关系，在葡语国家共同体中发挥了重要作用。积极参加联合国在非洲的维和行动，免除了部分非洲国家的债务。2009 年，纳米比亚总统（2 月）、圣多美和普林西比总理（3 月）、塞内加尔总统（5 月）、莫桑比克总统、尼日利亚总统（7 月）、塞拉利昂总统（8 月）、马拉维总统（9 月）、南非总统（10 月）及佛得角总理（11 月）相继访巴。

【同中东和阿拉伯国家的关系】重视同中东国家的对话和贸易交流，希望通过在巴西的黎巴嫩、叙利亚和犹太人移民，加强同中东国家的联系。谴责中东地区各种暴力和恐怖行为，支持巴勒斯坦同以色列的和谈进程。支持伊拉克战后重建。积极推动通过外交和平解决伊朗核问题。2009 年，卢拉总统出访沙特阿拉伯、土耳其（5 月）；以色列总统、伊朗总统（11 月）先后访巴。

（刘希媛）

百 慕 大

名称 百慕大（Bermuda）。

面积 53.3平方公里。

人口 6.82万，人口增长率0.62%，出生率11.47‰，死亡率7.43‰（2010年估计）。黑人占54.8%，白人占34.1%，混血种人占6.4%。英语为官方语言和通用语，少数人讲葡萄牙语。居民多信奉基督教。

首府 汉密尔顿（Hamilton），位于百慕大岛，人口4680人（1991年）。

总督 理查德·格兹尼爵士（Sir Richard GOZNEY），2007年12月12日就任。

重要节日 百慕大日：5月24日。

简 况

北大西洋西部群岛，距美国东海岸的南卡罗来纳州917公里。由7个主岛及130余个小岛和礁群组成。气候温和湿润，年平均气温21℃。年平均降水量1470毫米。

1503年西班牙人胡安·百慕大抵达该岛。1609年，英国人在岛上定居。1684年沦为英国殖民地，是英联邦中最早的英国殖民地。1940年3月，英美签订《行政协定》，美以一些旧驱逐舰为代价，租借该群岛中的摩根、特克尔和圣大卫三个岛屿，为期99年。1957年英国军队最后撤出百慕大群岛。1968年百慕大群岛获得内部自治权，实行政党体制。现为英国的海外领地（British Overseas Territory）。

政 治

进步工党于1998年上台执政，并在2003年蝉联执政。2006年，进步工党新领袖尤尔特·布朗（Ewart BROWN）出任政府总理。2007年12月，进步工党再次蝉联执政，布朗连任总理。

2009年6月，根据百慕大政府与美国单方面达成的接收囚犯协议，四名来自关塔那摩监狱的东突分子乘坐美军飞机抵达百慕大。对此，百慕大爆发了大规模的抗议活动，民众要求总理布朗辞职下台。总理布朗则为此向议员和民众道歉。由于百慕大的安全和外交事宜都由英国管辖，但据报道美国和百慕大都没有事先就此征求英国政府的意见，连英国派驻百慕大总督格兹尼都毫不知情。6月20日，总理布朗在议会的不信任投票中侥幸过关。

2009年是英国人定居百慕大400周年。同年11月，英国女王夫妇访问百慕大。女王曾于1953年11月访问百慕大。

【宪法】1968年6月8日施行。1989年和2003年两次修订。现行宪法规定，百慕大为英国殖民地，设自治政府；总督代表英国女王，通过总督委员会掌管外事、防务和内部治安；总理由议会多数党领袖担任，由总督任命；其他部长由总理任命；内阁对议会负责。

【议会】分参议院（Senate）和众议院（House of Assembly），任期均为5年。参议院由11人组成，其中3名独立人士，总理推荐5人，反对党领袖推荐3人，均由总督任命。众议院由36人组成，普选产生。本届议会于2007年12月选举产生，在众议院中，进步工党占22席，百慕大联合党占14席。

【政府】内阁通常由在议会中占多数议席的政党组成，包括总理和不少于6名议员。本届政府于2007年大选后组成，后略有调整。2009年7月内阁改组，成员包括：总理兼旅游和运输部长尤尔特·布朗，副总理兼财政和经济发展部长葆拉·考科斯（Paula COX，女），工程部长德里克·伯吉斯（Derrick V. BURGESS），教育部长埃尔文·詹姆斯（Elvin JAMES），能源、通信和电子商务部长迈克尔·斯科特（Michael Scott），环境、青年和体育部长格伦·布雷克尼（Glenn Blakeney）等。

政府网址：http：//www.gov.bm/portal/server.pt。

【司法机构】设最高法院、上诉法院和三个地方法院。最高法院对一切严重的刑事、民事案件行使裁判权，并接受地方法院案件的上诉。上诉法院成立于1964年，职权与其他英联邦国家的上诉法院相同。最高法院院长理查德·格兰德（Richard GROUND）。上诉法院院长詹姆斯·阿斯特伍德爵士（Sir James ASTWOOD）。终审权在英国枢密院的司法委员会。

【政党】主要有：

（1）进步工党（Progressive Labor Party，PLP）：执政党。1963年建立，左翼党，党员大多数为黑人。主张经济“百慕大化”、推行更公平的税收制度、健全福利制度以及争取独立。领袖为总理布朗。

（2）百慕大联合党（United Bermuda Party，UBP）：反对党。1964年建立。温和的多种族右翼党，主张各种族团结和保留英国附属地位。支持自由企业制度。领袖金·斯旺（Kim SWAN）。

【重要人物】**理查德·格兹尼爵士**：总督。1951年7月21日出生。长期在英国外交与联邦事务部（FCO）任职，曾任英国驻斯威士兰、印度尼西亚、尼日利亚高级专员（大使）。2007年出任百慕大总督。 **尤尔特·布朗**：总理。1946年出生。就读于美国霍华德大学，获得医学博士学位。1993年回到百慕大投身政坛，代表进步工党赢得议员席位。1998年进步工党执政，任史密斯政府运输部长。2003年7月，任斯科特政府副总理兼旅游和运输部长。2006年10月，他击败斯科特当选进步工党领袖并出任总理。2007年连任总理。

经　济

百慕大是世界人均地区生产总值最高的地区之一。与美国经济联系紧密，旅游业、金融服务业和保险业为支柱产业。在地区生产总值中，服务业占89%，工业占10%，农业占15%。百慕大是世界保险和再保险业中心之一，其资产超过350亿美元，规模仅次于伦敦和纽约。国际商务、金融中介、置业和理财服务收入约占国民产值的40%，为百外汇收入主要来源。2001年，国际商务部门的收入约占地区生产总值的15.3%。近年来，随着美国经济走缓，旅游业受到影响，百经济增速减缓。高度依赖进口，农业和制造业在经济中所占份额很小。主要经济数据如下：

地区生产总值（GDP，2009年估计）：59亿美元。

人均地区生产总值（2009年估计）：92000美元。

地区生产总值增长率（2009年估计）：-2.5%。

货币名称：百慕大元；1元=100分。

汇率：1美元=1百慕大元。

通货膨胀率（2010年7月）：2.6%。

【工业】由于缺乏自然资源，只有船舶修理、小船制造、制药和手工艺品等小型工业。2000年从业人口约占劳动力总数的11.4%。近年来，政府积极鼓励发展轻工业生产。建筑业在地区生产总值中的比例上升。2008年发电量6.75亿千瓦小时。

【农业】有可耕地839英亩，一半用于种植蔬菜和水果，主要有马铃薯、柑橘、香蕉等；另一半为休耕地。90%以上的食品靠进口，奶、蛋基本自给。农业劳动力缺乏，仅占就业人口总数的1.1%。小规模的渔业生产仅能满足约1/3的当地需求。

【服务业】金融服务业是第二大经济部门。由于百慕大政局相对稳定，没有外汇管制，并严格遵守金融保密法，该群岛成为世界上最大的境外金融和商业中心之一。金融业已超过旅游业成为百慕大外汇收入的主要来源。2001年直接从事金融服务业人员约占总劳力的18.7%。保险业相当发达，约占世界意外险种再投保量的1/3。至2003年底，在百注册的国际公司达14042家，其中大部分为保险公司，其次为商贸公司、航运集团、个人投资公司。百慕大是世界第五大船舶注册地。

【旅游业】最主要的经济部门，收入占地区生产总值的32%、外汇总收入的40%。从业人口占全国劳动力的60%。主要接待高收入游客。近年来旅游业不太景气，75%~80%的过夜游客来自美国，其余的来自加拿大等英联邦国家。2003年接待外国游客483700人次。

【交通运输】公路：总长447公里，其中222公里为私有。2002年注册车辆46662辆，其中包括私人小汽车20775辆，客车、出租车819辆。为缓解交通拥挤状况，每个家庭限购一辆客用汽车。

水运：主要港口为汉密尔顿和圣乔治。2008年在百注册的船只137艘。

空运：肯德利费尔德是唯一的国际机场。有通往英国、美国的航线。

【财政金融】财政年度为每年的4月1日至翌年的3月31日。关税、公司税、印花税和土地税是政府收入的主要来源，其中关税占总收入的35%~40%。政府总支出的一半用于支付工资。2004/2005财年，预算收入7.38亿美元，支出6.65亿美元。

【对外贸易】外贸历年巨额入超，几乎所有商品均依赖进口。出口产品以药品的再出口为主，其次为化妆品和鲜花。主要进口产品为服装、燃料、机械和运输设备、建筑材料、化工产品、食品和活畜等。2009年主要出口目的国为西班牙（16.91%）、印度（10.15%）、巴西（9.55%）、德国（7.4%），主要进口来源国为美国（31.2%）、韩国（26.71%）、巴西（6.77%）、爱尔兰（6.11%）、新加坡（5.35%）。2007~2009年出口额分别为0.386亿、0.563亿和0.286亿欧元，进口额分别为34.0亿、34.3亿和20.5亿欧元。

人民生活

政府实行社会保险和养老金制度，为所有就业者提供养老金。政府为所有居民提供医疗保险，并为儿童提供免费医疗，为老人提供医疗补贴。2000年贫困线以下人口占19%。

2010年居民平均期望寿命80.6岁。2009年有固定电话57700部，移动电话85000部。2008年有因特网用户51000户。

军　事

防务由英国负责，驻有百慕大团。

文化教育

【教育】公立学校为5~16岁儿童提供免费义务教育，并为高等教育及教师培训提供大量奖学金。2005年识字率为98%。目前有26所中小学，其中小学18所，中学5所，高中2所，特殊教育学校1所。百慕大学院建于1972年，为大专性质；国内无大学。学生中学毕业后一般赴美国、英国或加拿大的大学深造，如学生被这些国家的名牌学校录取，百政府将为每位学生提供奖学金。近年来，政府加大了对教育的投资力度。2006年教育支出占国内生产总值的1.2%。

【新闻出版】主要报纸有《皇家日报》（The Royal Gazette）和《百慕大太阳》（Bermuda Sun）（一周两期）。

广播电视公司有两家：百慕大广播公司［Bermuda Broadcasting Company（BBC）］和 VSB。

对外关系　外交由英国掌管。百慕大作为英国代表团的成员参加国际劳工组织、世界卫生组织和其他国际组织。百慕大为万国邮政联盟、国际奥委会成员，加勒比共同体联系成员，设有国际刑警组织百慕大支局。美国在百慕大派有总领事。

【同中国的关系】据中国海关总署统计，2007 年双方进出口额为 8201 万美元，中方出口额 8199 万美元，同比增长均为 -44.5%。2008 年 8 月，百慕大派团参加北京奥运会。

2009 年 6 月，中国外交部发言人对外国接受东突囚犯一事明确表达了中方立场。他表示，中方在这个问题上的立场是一贯的、明确的。关塔纳摩中国籍恐怖嫌犯是"东突厥斯坦伊斯兰运动"成员，而该组织是被列入联合国安理会制裁清单的恐怖组织。中方要求美方履行联合国安理会有关决议和国际反恐义务，停止向任何第三国移交恐怖嫌犯，尽早将他们遣返中国。中方也反对任何第三国接受这些恐怖嫌犯。

（沉思）

秘　鲁

国名　秘鲁共和国（The Republic of Peru，La República del Perú）。

面积　1285216 平方公里。

人口　2913 万（2009 年），其中印第安人占 45%，印欧混血种人占 37%，白人占 15%，其他人种占 3%。官方语言为西班牙语，一些地区通用克丘亚语、阿伊马拉语和其他 30 多种印第安语。96% 的居民信奉天主教。

首都　利马（Lima），人口 821 万（2009 年）。年平均气温 18.7℃。

国家元首　总统阿兰·加西亚·佩雷斯（Alan GARCIA Pérez）。第一副总统路易斯·詹彼得里·罗哈斯（Luis GIAMPIETRI Rojas），第二副总统洛德斯·门多萨·德尔索拉尔（Lourdes MENDOZA del Solar），2006 年 7 月 28 日就任，任期五年。

重要节日　独立日：7 月 28 日。

简　况　位于南美洲西部。北邻厄瓜多尔、哥伦比亚，东界巴西，南接智利，东南与玻利维亚毗连，西濒太平洋。海岸线长 2254 公里。全境从西向东分为热带沙漠、高原和热带雨林气候。年平均气温西部 12℃～32℃，中部 1℃～14℃，东部 24℃～35℃。

公元 11 世纪，印第安人以库斯科城为首府，在高原地区建立印加帝国。15～16 世纪初形成美洲的古代文明之一——印加文明。1533 年沦为西班牙殖民地。1544 年成立秘鲁总督区，成为西班牙在南美殖民统治的中心。1821 年 7 月 28 日宣布独立。1835 年，秘鲁与玻利维亚合并，称秘鲁—玻利维亚邦联，1839 年邦联瓦解。1879～1883 年，联合玻利维亚同智利进行了"太平洋战争"，秘战败割地。

政　治　2006 年 4 月 9 日，秘鲁举行总统选举。6 月 4 日，传统政党阿普拉党领袖、前总统阿兰·加西亚在第二轮投票中赢得 52.6% 的选票，战胜左翼政党秘鲁团结党候选人奥扬塔·胡马拉，当选秘总统，并于 7 月 28 日就职。

加西亚政府积极推进体制改革，精简政府机构，削减行政开支；强化监察机制，建立官员问责制度；增加社会投入，改善教育和医疗设施。上述措施取得一定成效。2009 年，秘政府继续推进各项政策，但社会问题积重难返，加之受金融危机影响，民众不满情绪上升，罢工、示威游行等社会冲突频发。6 月，亚马孙地区印第安土著居民抗议政府开发资源法令造成流血冲突，加西亚总统被迫改组内阁，后政局趋于稳定。

【宪法】现行宪法于 1993 年 12 月 31 日生效。宪法规定总统可连任一届，隔届可再当选；增设第一和第二副总统；国会由两院制改为一院制；对恐怖分子可处极刑，等等。2000 年 11 月 2 日，秘国会通过宪法修正案，规定总统不得连任。2005 年 3 月 11 日，秘国会再次通过宪法修正案，正式赋予军人和警察投票权。

【议会】称国会，一院制，由 120 名议员组成，有立法和监督职能。议员由选举产生，任期 5 年，须是秘鲁出生、年满 25 岁、有选举权的本国公民，可连选连任。国会休会期间，由常务委员会主持工作。每届国会任期五年。本届国会于 2006 年 7 月成立。现任国会主席路易斯·阿尔瓦·卡斯特罗（Luis ALVA Castro），2009 年 7 月就职，任期一年。各政党或政治派别议席分配情况：阿普拉党 36 席、民族主义党 23 席、藤森派 13 席，全国团结联盟 13 席、秘鲁团结党 8 席、其他各党派 27 席。

【政府】内阁由部长会议主席和 16 名部长组成。总统主持部长会议并任命内阁。现任内阁成员为：部长会议主席安赫尔·哈维尔·贝拉斯克斯·克斯根（Angel Javier VELASQUEZ Quesquén），外交部长何塞·安东尼奥·加西亚·贝朗德（José Antonio GARCIA Belaunde），国防部长拉斐尔·雷伊·雷伊（Rafael REY Rey），经济和财政部长梅塞德斯·阿劳斯·费尔南德斯（Mercedes ARAOZ Fernández），内政部长奥克塔维奥·萨拉萨尔·米兰达（Octavio SALAZAR Miranda），外贸和旅游部长马丁·佩雷斯·蒙特韦德（Martín PEREZ Monteverde），司法部长维克托·加西亚·托马（Víctor GARCIA Toma），教育部长何塞·安东尼奥·陈（José Antonio CHANG），卫生部长奥斯卡·乌加特·乌维略斯（Oscar UGARTE Ubilluz），农业部长阿道弗·德科尔多瓦·贝莱斯（Adolfo DE CORDOVA Vélez），劳动和就业促进部长曼努埃拉·加西亚·科查涅（Manuela GARCIA Cochagne），生产部长何塞·冈萨雷斯·基哈诺（José GONZALES Quijano），能源和矿产部长彼得罗·桑切斯·加马拉（Pedro SANCHEZ Gamarra），交通和通讯部长恩里克·哈维尔·科尔内霍·拉米雷斯（Enrique Javier CORNEJO Ramírez），住房、建设和用水部长胡安·萨缅托·索托（Juan SARMIENTO Soto），妇女和社会发展促进部长尼迪亚·比尔切斯·尤克拉（Nidia VILCHEZ Yucra），环境部长安东尼奥·布拉克·爱格（Antonio BRACK Egg）。

【行政区划】全国共分 24 个省和 1 个直属区（卡亚俄区）。

【司法机构】法院分四级：最高法院、高级法院、一审法院和调解法院。各级法官均通过全国或地方法官委员会考核推荐，由总统任命。最高法院院长从大法官中选举产生，任期 2 年。现任最高法院院长哈维尔·比利亚·斯坦因（Javier VILLA Stein）。

国家检察院为独立机构，检察长由最高检察团选举产生，任期三年，可连选连任一次，但第二任期不得超过两年。现任国家检察长格拉迪斯·埃查伊斯·拉莫斯（Gladys ECHAIZ Ramos）。

审计署为独立机构，审计署长由政府提名，国会任命，任期 7 年。现任国家审计署长福阿德·埃里亚斯·科里（Fuad Elías Khoury）。

【政党】秘鲁政党林立，主要有：

（1）秘鲁阿普拉党（Partido Aprista Peruano）：又称人民党，执政党。1930 年 9 月 21 日由阿亚·德拉托雷创建。党员 80 万，多为中下层人士。对内主张民主、自由和社会正义，反对独裁，主张调整新自由主义政策，准许多种所有制并存；对外主张独立自主、拉美团结，反对帝国主义。1985 至 1990 年首次执政。党主席为阿兰·加西亚总统。

（2）秘鲁民族主义党（Partido Nacionalista Peruano）：2005 年成立。在贫困地区和城市弱势群体中拥有较高支持率。反对新自由主义发展模式，主张发挥国家对经济的适当干预作用，但坚持私有制，不搞国有化。党主席奥扬塔·胡马拉（Ollanta HUMALA）。

（3）秘鲁团结党（Unión por el Perú）：1994 年由前联合国秘书长德奎利亚尔创建。成立之初是支持德竞选总统的竞选组织，由反对藤森政府的中左翼小党派及独立人士联合组成，德任名誉主席。自称是“既不搞极端自由主义，也不搞民众主义的中间民主力量”。党主席爱德华多·埃斯皮诺萨·拉莫斯（Eduardo ESPINOZA Ramos）。

（4）基督教人民党（Partido Popular Cristiano）：1966 年由基督教民主党分裂而成。在社会中上层、特别是企业界影响较大。强调尊重人权，主张经济自由化、市场化、依靠私营企业发展经济。1980～1984 年同人民行动党联合执政。党主席洛德斯·弗洛雷斯·纳诺（Lourdes FLORES Nano）。

（5）人民行动党（Partido Acción Popular）：1956 年由费尔南多·贝朗德创建。对内主张代议制民主和混合经济模式，即国家、个人、村社集体等多种所有制并存；对外强调独立自主和不结盟原则，支持拉美一体化。该党曾分别于 1963 年和 1980 年两次执政。“四·五”政变后，对藤森政府持反对立场。党主席哈维尔·阿尔瓦·奥兰迪尼（Javier Alva Orlandini）。

其他政党还有：“可行的秘鲁”（Perú Posible）、“我们是秘鲁”（Somos Perú）、人道主义党（Partido Humanista）、全国团结竞选联盟（Unidad Nacional）、“争取未来”联盟（Alianza por el Futuro）等。

【重要人物】阿兰·加西亚·佩雷斯：总统。1949 年 5 月 23 日生于秘鲁首都利马。1972 年毕业于秘圣马科斯大学，获法学学士学位。后赴欧洲深造，先后获西班牙马德里大学法学博士和法国巴黎大学社会学博士学位。律师。1966 年加入阿普拉党，1976 年当选党组织书记，1982～1985 年任党总书记，1985～1988 年任党主席。1980 年当选众议员。1985～1990 年任总统。2001 年代表阿普拉党参加总统选举，败选。2006 年 4 月再次参加大选并获胜，同年 7 月 28 日就任总统，任期五年。已婚，夫人皮拉尔·诺雷斯。

经　济

传统农矿业国，经济水平居拉美中游。矿产资源丰富，石油自给有余。藤森执政期间，实行私有化政策，并在物价、税收等方面进行了一系列改革，经济形势逐步好转。托莱多政府实行“恢复经济政策”，宏观经济运行平稳，5 年间经济年均增长率达 5%。

加西亚总统注意保持宏观经济政策延续性，积极推动市场化和贸易自由化。秘经济连年快速增长，2008 年增长超过 9%。2009 年，为应对国际金融危机，加西亚政府实施以扩大基础设施建设和加大社会项目投入为重点的经济刺激计划，并大力推行自贸战略，取得一定成效，是 2009 年拉美地区实现增长的少数国家之一。2009 年主要经济数字如下（资料来源：秘鲁中央储备银行）：

国内生产总值（GDP）：1303.55 亿美元。

人均国内生产总值：4475 美元。

国内生产总值增长率：0.98%。

货币名称：新索尔（Nuevo Sol）。

汇率（2009 年 12 月）：1 美元 =2.88 新索尔。

通货膨胀率：0.25%。

失业率：8.5%。

【资源】矿业资源丰富，是世界 12 大矿产国之一。主要有银、铜、锌、锡、铅和黄金等。铋、钒、银储量居世界首位，铜、锌占第二位，锡占第三位，铅占第四位，黄金占第六位。目前石油探明储量 12 亿桶，天然气 16 万亿立方英尺。森林覆盖率为 58%，面积 7800 万公顷，在南美洲仅次于巴西。渔业资源丰富。

【工矿业】工业以加工和装配业为主。2009 年工业增长率为 8%，矿产油气业增长率为 0.4%。近几年主要工、矿产品产量如下：

	2007	2008	2009
铜（万吨）	119.03	126.78	127.47
铁（万吨）	510.36	516.07	448.95
锌（万吨）	144.43	160.26	150.91
金（吨）	170.23	179.87	182.4
银（吨）	3501.46	3685.93	3854.02
石油（万桶）	3665.3	4553	5302.7
发电量（亿千瓦时）	298.57	305.3	324.4
天然气（百万立方英尺）	103512	104458	122680

（资料来源：秘鲁国家统计局）

【农牧渔业】2009 年农牧业产值同比增长 2.3%；渔业产值同比下降 7.67%。2009 年播种面积 125.8 万公顷，农业人口约占全国人口的 1/10。秘是世界主要鱼粉、鱼油生产国。2009 年主要农牧渔产品产量如下（单位：万吨）：

甘　蔗	1010.01	小麦	22.32
咖　啡	25.51	玉米	125.84
棉　花	9.73	大米	298.94
马铃薯	376.18	鱼粉	142.5

（资料来源：秘鲁农业部）

【服务业】20 世纪 80 年代以来，服务业有所发展。2006 年服务业产值 873.72 亿新索尔，同比增长 8.03%，占该年度 GDP 总额的 54.6%。

【旅游业】秘鲁是印加文明的发祥地，旅游资源丰富。2009 年，秘鲁接待外国游客 202.39 万人次，旅游外汇收入 22.47 亿美元，同比增长 19.4%。2007 年全国各类饭店数量：5 星级 23 家、4 星级 29 家、3 星级 405 家、2 星级 849 家、1 星级 316 家。主要旅游景点有：利马大广场、托雷塔格莱宫、黄金博物馆、库斯科城、马丘比丘遗址等。

【交通运输】秘鲁的交通运输以公路为主，公路货运量占全国运输总量的 80%。水上运输较发达，外贸主要依靠海上运输。

铁路：秘是南美最早修建铁路的国家。铁路总长 2021 公里（2007 年）。2007 年，铁路客运量 160 万人次，货运量 830.7 万吨。

公路：公路总长 78318 公里（2004 年）。2007 年，全国机动车合计 144.24 万辆，其中轿车 91.71 万辆、皮卡及吉普车 33.13 万辆、客车 4.44 万辆、卡车 10.95 万辆、其他车辆 3.91 万辆。2007 年公路客运量 6306.59 万人次。

水运：2006 年有各类民用船只 8804 艘，货运量 2079 万吨。2007 年全国共有海港 10 个，内河港口 3 个。主要港口有：卡亚俄、钦博特、伊洛、派塔和萨拉维里。

空运：全国共有民航飞机 178 架（2004 年），客运量 752.25 万人次，机场 31 个，其中国际机场 5 个，分别是：利马“豪尔赫·查韦斯”国际机场、库斯科国际机场、伊基托斯国际机场、塔克纳国际机场和阿雷基帕国际机场。

（资料来源：秘鲁交通与通讯部）

【财政金融】近年秘鲁中央政府财政收支情况如下（单位：亿新索尔）：

	2007	2008	2009
收　入	611.13	679.56	599.89
支　出	554.88	461	485.10
差　额	56.25	218.56	114.79

（资料来源：秘鲁中央储备银行）

截至 2009 年底，秘鲁外汇储备 331.35 亿美元，外债余额 356.29 亿美元。

【对外贸易】秘鲁实行自由贸易政策。主要出口矿产品和石油、农牧业产品、纺织品、渔产品等。2009 年，秘外贸总额 478.96 亿美元，其中传统产品出口额 205.71 亿美元（矿产品出口额 163.61 亿美元，石油及制品 18.94 亿美元，渔产品 16.83 亿美元）；非传统产品出口额 61.61 亿美元（农牧产品 18.23 亿美元，纺织品 14.93 亿美元）。主要贸易伙伴为美国、中国、巴西等。近 3 年外贸情况如下（单位：亿美元）：

	2007	2008	2009
出口额	275.88	312.36	268.85
进口额	204.64	298.83	210.11
差　额	71.24	13.54	58.74

（资料来源：秘鲁外贸旅游部）

【外国资本】1991 年 3 月，秘鲁政府修改外资法，取消了对外国投资的某些限制措施，允许外商在能源、电信、自来水等部门投资，利润自由汇出。2009年，秘新增外国投资47.6亿美元，累计外国直接投资227.13亿美元，西班牙、英国、美国是秘主要投资来源国。

【外国援助】2004/2005年度，秘鲁接受西班牙政府发展援助4700万欧元。2006/2007年度，德国政府将向秘提供总额达8750万欧元的经济技术援助，主要用于饮水工程与污水处理、民主社会建设与公共管理、农村可持续发展等项目。2006年8月、11月，加西亚外长与日本驻秘大使分别签署关于日政府捐赠900万美元用于扩建秘塔拉腊渔港的换文和日政府向秘国家文委捐赠254.6万美元用于秘国家查文博物馆建设的换文。2007/2013年度，欧盟向秘提供1.32亿欧元援助，主要用于提高政府执政能力和发展社会事业。

人民生活

2007年全国共有医院470家、医疗中心1990家、卫生所5835个。2008年移动电话和固定电话门数分别为1957.26万和281.19万。2009年，秘鲁贫困率为34.8%。

军　事

总统为武装力量最高统帅。国防委员会为最高军事决策机构，总统任主席。最高军事指挥机构是武装力量联合指挥部，由三军司令组成，直属总统领导，成员为三军总司令，并轮流担任主席。现任联指司令弗朗西斯科·孔特雷拉斯·里瓦斯（Francisco CONTRERAS Rivas），陆军司令奥托·拿破仑·吉博维奇·阿特亚加（Otto Napoleon GUIBOVICH Arteaga，海军司令罗兰多·纳瓦雷特·萨洛蒙（Rolando NAVARRETE Salomón），空军司令卡洛斯·萨马梅·基尼奥内斯（Carlos SAMAME Quiñones），国民警察司令米格尔·伊达尔戈·梅迪纳（Miguel HIDALGO Medina）。秘鲁实行义务兵制，服役期两年。

2009年秘三军总兵力10.1867万人。陆军6.2057万人，下辖4个军区和一个临时军区，编有5个步兵旅、2个装甲旅、2个摩托旅、2个山地旅、2个特种旅、1个丛林旅、1个陆航旅和1个纵队。海军2.291万人，设有5个海区，拥有现役巡洋舰1艘、导弹驱逐舰8艘、导弹护卫舰6艘、潜艇6艘、巡逻艇59艘等。空军1.69万人，编有4个飞行联队，1个训练司令部。另有约10万国民警察组成的准军事部队。自20世纪70年代引进苏联飞机；1989年购买法国幻影－2000截击机12架；1992年从尼加拉瓜购进苏制武装直升机19架，1996年从乌克兰购进米格－29战机10架。1998年采购苏－25战机18架。

2009年，秘国防预算15.06亿美元，占政府预算总额的6.24%。

文化教育

【教育】秘鲁政府重视发展教育事业。现行教育体制为：学前教育1～2年，小学6年，中学6年，大学5年。2008年，秘鲁3～16岁学龄人口入学率为87.8%。教育预算3.54亿美元。

秘全国著名高等院校大多集中在首都利马。最著名的国立大学是圣马科斯大学（建于1551年），亦是拉美历史最悠久的高等学府。排名前五位的私立大学分别是：天主教大学、利马大学、圣马丁·德彼雷斯大学、里卡多·帕尔马大学和太平洋大学。

【新闻出版】全国共有各种报纸及刊物20余种，其中在利马发行11种，主要有：《商报》，发行量约28万份；《快报》，发行量15万份；《共和国报》，发行量15万份；《秘鲁人报》，发行量25万份；《太阳报》，发行量3万份。主要政论期刊有：《假面具》周刊，发行量3.5万份；《请听》和《是》各发行1万份。

秘鲁新闻社和安第斯新闻社为官方通讯社。

全国共有广播电台1107家，除一家国家电台外，其余均为私人电台。影响较大的电台有：国家电台、圣罗莎电台、秘鲁节目电台、团结电台和联合电台等。

全国共有电视发射台和转播台90家，其中7家有全国广播网。电视七台为国家台，其余均为商业性电视台。影响较大的商业性电视台有拉丁台（电视二台）、美洲台（电视四台）、泛美台（电视五台）、安第斯台（电视九台）、OK台（电视十一台）和全球网台（电视十三台）。

对外关系

秘鲁奉行独立自主的外交政策，突出外交为经济发展服务。主张在国际事务中遵循国际法、联合国宪章和泛美体系准则，维护国际和平与安全。支持联合国改革，主张加强联合国的权威。尊重作为普遍性价值的人权。重视同美国关系，支持拉美地区团结和一体化，反对地区军备竞赛，积极发展同拉美国家关系，努力拓展同欧盟及亚太国家关系。现与130个国家建立外交关系。

秘是不结盟运动、七十七国集团、十五国集团、太平洋经济合作理事会、里约集团、拉美一体化协会、拉美经济体系、亚马孙合作条约、南美洲国家共同体、安第斯共同体、南太平洋常设委员会、拉美和加勒比国家共同体等国际和地区组织的成员国。1998年11月，秘鲁正式加入亚太经济合作组织。

2009年，秘继续推行多元化外交，积极开展自贸谈判。同智利、加拿大的自贸协定分别正式生效，同日本、韩国、欧盟的自贸谈判取得不同程度进展。

【同中国的关系】1971年11月2日建交。2008年11月胡锦涛主席访秘期间，中秘宣布建立战略伙伴关系。

2009 年，双方继续保持高层交往，政治互信增强。4 月，秘鲁第一副总统詹彼得里访华，同国家副主席习近平举行会谈。两国正式签署自贸协定。7 月，中共中央政治局委员、中宣部部长刘云山访秘。11 月，胡锦涛主席出席新加坡亚太经合组织第 17 次领导人非正式会议期间同加西亚总统举行双边会晤。同月，全国政协主席贾庆林访秘，加西亚总统和国会主席阿尔瓦分别会见。

两国经贸互利合作不断深化。中国是秘鲁第二大贸易伙伴，秘鲁是中国在拉美第七大贸易伙伴。2009 年双边贸易额为 64.23 亿美元，其中中方出口额 20.99 亿美元，进口额 43.24 亿美元，同比分别下降 11.6%、24.3% 和 3.7%。

中国驻秘鲁大使：赵五一。馆址：Jirón José Granda 150 San Isidro Lima 27，Perú。信箱：Apartado Postal 375。电话：2220842（办公室、值班），4429466（领事部）。国家地区号：511。电传：(036) 25283 PE CHI LIMA。传真：4429467。网址：www.embajadachina.org.pe。商务处地址：Av. Javier Prado Oeste 2496 Magdalena del Mar，Lima 17，Perú。信箱：Apartado Postal 170140。电话：4619536。电传：(036) 25625 PE CHIS LIMA。传真：4619855。

秘鲁驻华大使：哈罗德·福塞斯·梅西亚（Harold FORSYTH Mejía）。馆址：北京市三里屯外交人员办公楼 1 单元 91 号。电话：010－65322494，65323719。电传：22278 LEPRU CN。传真：65322178。网址：www.embperu.cn.net。

【同美国的关系】秘美 1826 年建交。美是秘最大的贸易伙伴和出口市场。2006 年 4 月，秘美签署自贸协定。同年 6 月，秘国会批准该协定。2007 年 11 月、12 月，美国众、参两院先后通过该协定。2009 年秘美继续在反恐、缉毒、地区安全、民主、环保、扶贫等领域保持密切合作。加西亚总统与奥巴马总统在特立尼达和多巴哥出席第五届美洲国家首脑会议期间举行非正式会见。4 月，秘外长加西亚访美，会见国务卿克林顿。8 月，美国众议院委员会主席率团访秘，两国签署国会合作框架协议。

【同拉美国家的关系】秘鲁重视同拉美邻国的关系，积极推动地区一体化进程。2009 年，秘倡议并推动南美国家联盟成员国签订《和平、安全与合作议定书》，呼吁限制地区军备竞赛。3 月，秘鲁向海牙国际法庭递交与智利领海争端论据。4 月，加西亚总统访问巴西。8 月，加赴厄瓜多尔参加厄总统科雷亚就职典礼。哥伦比亚总统乌里韦、厄瓜多尔总统科雷亚分别访秘。12 月，巴西总统卢拉率大型政府和企业家代表团访秘，并出席秘巴企业家研讨会。

【同独联体国家和东欧国家的关系】苏联解体后，秘政府相继承认独联体各国。1997 年，秘先后与哈萨克斯坦、白俄罗斯和立陶宛建立大使级外交关系。2007 年，俄国家杜马副主席佩赫京、俄外长拉夫罗夫分别访秘。2008 年 11 月，俄罗斯总统梅德韦杰夫对秘进行国事访问，梅系首位访秘的俄最高领导人。

【同日本及其他亚太地区国家和组织的关系】藤森总统执政期间，秘日关系发展迅速，日本在秘对外关系中的地位明显上升。秘是拉美国家中接受日援最多的国家。2003 年后，秘日关系因藤森的引渡问题而一度陷入停滞。日方希通过政治途径解决问题，遭秘拒绝。加西亚政府上台后，积极修复因引渡藤森问题而受损的两国关系。2008 年 3 月，加西亚总统访问日本。2009 年 2 月，秘外长加西亚、外贸部长阿劳斯访日。11 月，加西亚总统对日本进行正式访问。

近年来，秘积极发展与亚太国家的关系，加强对太平洋盆地事务的参与。2009 年，加西亚总统、加西亚外长分别访问韩国，韩国会副议长兼总统特使李相得率团访秘。5 月，朝鲜外长朴义春访秘。11 月，加西亚总统访问新加坡，并出席在新举行的亚太经合组织第 17 次领导人非正式会议，会议期间会见泰国总理阿披实。同月，秘成为拉美第一个向东盟派驻大使级常驻代表的国家。

【同欧盟的关系】欧盟是秘重要贸易伙伴和投资来源地。2009 年，双方继续保持密切交往。1 月，副外长古铁雷斯访问荷兰。3 月，意大利副外长斯考迪访秘。5 月，加西亚外长访问捷克，并出席第 14 届欧盟和里约集团部长级会议。10 月，加西亚外长访问瑞士。同月，秘与欧洲委员会签署磋商机制谅解备忘录。11 月，加西亚总统访问梵蒂冈。

【同中东地区国家的关系】2009 年，秘继续发展同该地区国家关系。3 月，秘国会主席贝拉斯克斯代表加西亚总统访问埃及，出席第二届南美—阿拉伯论坛峰会。会上决定，该论坛第三届峰会将于 2011 年在秘鲁举行。年内阿联酋外长、以色列第一副总理兼外长分别访秘。9 月，秘鲁同巴林建交。　（姚远）

波多黎各

名称　波多黎各自由邦（The Commonwealth of Puerto Rico），拥有美国联邦领土地位（US Commonwealth Territory）。

面积　13790平方公里，其中陆地面积8870平方公里，海岸线长501公里。

人口　397.8万（2010年）。白人（多是西班牙裔）占76.2%，黑人占6.9%，美洲印第安裔占0.2%，亚裔占0.3%，混血占4.4%。官方语言为西班牙语和英语。居民主要信奉基督教（天主教徒85%，新教及其他15%）。

首府　圣胡安（San Juan），人口约43万（2003年）。

总督　路易斯·福图诺（Luis Fortuno），2009年1月就职。

简　况

位于加勒比海大安的列斯东部，北临大西洋，南濒加勒比海，东与美属、英属维尔京群岛隔水相望，西隔莫纳海峡同多米尼加共和国为邻。科地勒拉山穿过境内，属热带海洋性气候，雨量充足，1月平均气温24℃，7月平均气温27℃。

原为印第安人居住地。1493年哥伦布第二次去美洲大陆时抵达此岛。1509年沦为西班牙殖民地。1869年，波人民起义，宣布成立共和国，遭西班牙军镇压。1897年实现内部自治。1898年美西战争后割让给美国。1917年，波多黎各人被赋予美国公民权。波多黎各居民可以参加美国全国的政党初选，但不能参加美国总统大选。1947年开始自行选举总督。1952年通过的宪法规定，在实现内部自治的前提下，保持与美国的联系，美国会通过法律给予波多黎各美国联邦领土地位（即在内部事务方面享有最高自治地位）。在1993年11月的全民投票中，48%的人赞成保持美国联邦领土地位，46%赞成拥有美国州的地位，4%的人赞成完全独立。在1998年11月的全民投票中，46.4%的人赞成拥有美国州的地位。

政　治

波多黎各现仍维持美国联邦领土地位，但宪法地位问题（即与美国关系的法律地位问题）仍是内部争执的焦点。目前主要争执点是维持目前的美国联邦领土地位还是成为美国之一州。

【宪法】根据1952年通过的宪法，总督为最高行政长官，由选举产生，任期四年。下设部长会议。美国国会有权废止波多黎各议会通过的法律。

【议会】分参众两院。参议员27人，众议员51人，任期四年。由于不实行美国税务法律，该岛在美国国会无代表权。该岛人民选举出地方代表常驻美国国会，只在众院各委员会参加表决。

【政府】总督拥有行政权，也是民兵总司令，有权宣布戒严，任期四年。

【政党】（1）人民民主党（Partido Popular Democratico）：1938年成立。1948年实行选举产生总督以来，该党曾多次执政。主张保持波的美国联邦领土地位。现任主席安尼巴尔·阿塞维多·维拉（Anibal Acevedo-Vila）。

（2）新进步党（Partido Nuevo Progresista）：1967年成立。曾数次执政。主张成为美国一州。现任主席为佩德罗·罗塞罗（Pedro Rossello）。

（3）波多黎各独立党（Partido de la Independencia Puertoriqueno）：1946年成立。主张波从美国独立出来。现任主席鲁本·贝里奥斯（Ruben Berrios）。

其他政党有波多黎各国家民主党、社会党、共产党等。

经　济

波人民生活水平在拉美属于一流。2007年发电量为237亿度，其中，煤或石油发电占99.2%，水力发电占0.8%。由于基础设施不足，经济增长受到很大制约。美国联邦援助项目对波经济至关重要。近年来，波注重与加勒比地区和拉美国家发展经济关系。正致力于将本岛建成拉美国家面向美加自由贸易区成员的制成品加工中心。由于人口密集，就业形势一直严峻。近年来旅游业较快发展，失业率有所下降。

国内生产总值（2009年）：880亿美元。

人均国民收入（2009年）：17200美元。

货币：美元。

失业率（2005年）：12%。

【工业】2005年，工业产值占国民生产总值的45%。主要有制药、电子、服装、机械制造、建筑、采矿、化工、塑料、石油、食品加工和饮料等行业。

【农业】2005年，农业产值占国民生产总值的1%。主要生产棉花、咖啡、甘薯、烟草、水果等。

【服务业】2005年，服务业产值占国民生产总值的54%。从业人口占劳动总人口的79%。

【旅游业】2004年接待游客近500万人次，绝大多数来自美国。2001年后由于美国经济增长放缓，旅游收入有所下降，2004～2005年情况好转，2006～2007年再次下滑。主要名胜有：蓬塞艺术博物馆、圣胡安老城、圣胡安大教堂、云盖雨林和波多黎各16世纪至17世纪家庭博物馆等。

【交通运输】运输业较发达。拥有铁路96公里，高速路426公里，机场29个。波为加勒比地区空运中心，圣胡安、蓬塞、马亚古埃斯均为海空良港。

【对外贸易】2002年，进出口总额分别为289亿和471亿美元。主要贸易伙伴除美国大陆外，还有日本、英国、多米尼加、委内瑞拉、美属萨摩亚等。同美国的进出口贸易分别占其进出口总额的55%和90%。

军　事

美国负责其防务。实行义务兵役制，拥有主要由美国联邦政府提供预算的国民警卫队1.1万人。

文化教育

【教育】对6～16岁儿童实行免费义务教育。授课用西班牙语进行，但所有年级英语都是必修课。有中小学1782所，私立中小学818所；高等学校69所（其中以圣胡安大学、波多黎各大学等三所大学规模最大）。平均56%的人至少受过一年大学教育。

【新闻出版】主要报纸：《世界报》、《新日报》、《圣胡安明星报》等。广播电台89个，电视台18个，其中3个属美国驻军。

对外关系 为国际奥委会成员、联合国拉美及加勒比经社理事会准成员，拥有加勒比共同体和共同市场的观察员地位。

（潘雄文）

玻利维亚

国名 多民族玻利维亚国（The Multinational States of Bolivia，Estado Plurinacional de Bolivia）。

面积 1098581平方公里。

人口 1002.8万（2008年）。城市人口657.4万，占总人口的65%，农村人口345.4万，占总人口的35%。印第安人占总人口的54%，印欧混血种人占31%，白人占15%。官方语言为西班牙语。主要民族语言有克丘亚语和阿依马拉语。多数居民信奉天主教。

首都 政府、议会所在地：拉巴斯（La Paz），人口83.9万（2005年），海拔高度3627米，年平均气温14℃。法定首都（最高法院所在地）：苏克雷（Sucre），人口29万（2005年），年平均气温21.8℃。

国家元首 总统胡安·埃沃·莫拉莱斯·艾玛（Juan Evo MORALES Ayma），2006年1月22日就职，2009年12月在根据新宪法举行的大选中再次当选总统，任期至2015年。

重要节日 独立日：（即国庆节）8月6日。

简况 位于南美洲中部，内陆国。东北与巴西为界，东南毗邻巴拉圭，南邻阿根廷，西南邻智利，西接秘鲁。属温带气候。

公元13世纪为印加帝国的一部分。1538年沦为西班牙殖民地，史称上秘鲁。1825年8月6日宣布独立，为纪念解放者玻利瓦尔取名玻利瓦尔共和国，后改为现名。1952年4月爆发人民武装起义，民族主义革命运动领导人帕斯·埃斯登索罗就任总统。此后，军事政变频繁，政局长期动荡。1983年10月恢复民主政体。

政治 近年来，玻政局基本稳定，但时有动荡。2003年10月，桑切斯总统在大规模抗议活动中被迫辞职，副总统梅萨继任。2005年5月，玻国会颁布新《石油天然气法》，争取社会主义运动等主要反对党发动大规模示威游行、罢工封路等抗议活动，反对政府开放油气资源，强烈要求能源国有化并召开制宪大会。6月6日，梅萨总统被迫辞职。6月10日，参、众议长在反对派压力下放弃继任总统，议会选举最高法院院长爱德华多·罗德里格斯为临时总统。12月18日，玻提前举行大选，左翼的争取社会主义运动党候选人莫拉莱斯以54%的选票当选，成为玻建国以来首位印第安人总统。

莫拉莱斯总统就职后，提出在玻建设“社群社会主义”，积极推行“民主文化革命”，在政治、经济等领域进行重大变革。如成立制宪大会、实施油气资源国有化、土改等。2007年年底以来，围绕新宪法草案和地方自治等问题，玻朝野激烈对峙。2008年5月、6月，圣克鲁斯省等东部四省先后举行自治公投，朝野对抗加剧。8月，莫在罢黜性公投中顺利过关并向国会提交拟于2009年初举行新宪法公投的提案。2009年1月，玻新宪法公投顺利举行并以约60%的支持率获得通过。3月26日，莫签署最高法令宣布将原国名“玻利维亚共和国”改为“多民族玻利维亚国”。4月，国会通过《过渡选举法》。12月6日，玻举行总统、议会和省长选举。莫拉莱斯以63%的选票再次当选总统，任期至2015年。执政党“争取社会主义运动”掌控参议院和众议院多数席位，并赢得全国9个省中的6个省长职位。2010年1月21日，玻举行总统就职仪式；5月30日，莫为全国9省当选省长举行宣誓就职仪式。

【宪法】1826年颁布，1967年和1994年两次修改。宪法规定，国体为共和制，总统和副总统均由直接选举产生，总统任期为五年，不得连任，但可隔届当选一次；副总统不得连选总统或副总统。

2009年1月25日，玻举行新宪法公投和限制大地产公投。新宪法以61.47%的高支持率获得通过，多数选民支持个人拥有土地面积限额为5000公顷。新宪法对原宪法做了上百处修改，主要有：（一）强调玻多民族国家性质，赋予公民更多权利，政府应承担更多义务。（二）建立四权分立政治体制，印第安人较前更受重视，提出除行政、立法、司法权力机关外，建立多民族选举机构为第四种国家权力机关。（三）改变现行行政区划体制，实行符合宪法的自治制度。（四）国家政权在经济中扮演重要角色，采取复合经济模式，限制大地产和双重地契。（五）关于后续立法及未来的宪法修订，若修改整个宪法或涉及根本内容，需由土著人全权制宪会议进行。

【议会】国会由参众两院组成。国会拥有通过和修改法律、审查议员资格、处理违法议员、弹劾政府部长等职权。宪法规定，共和国副总统是当然的国会主席。众议院设130席，按各省人口比例分配，其中68位众议员由各区选民直接选举产生，其余在大选中产生。年满25岁、服过兵役、无犯罪记录、由政党或合法团体提出的候选人均可竞选。参议院设36席，每省4席，参议员经大选直接选举产生。年满35岁、具有当选众议员资格的公民方能当选。每届国会任期五年。参、众议长由两院分别选举产生，任期一年，可连选连任。现任参议长安娜·玛利亚·罗梅罗（Ana María ROMERO），众议长埃克托尔·恩里克·阿尔塞·萨科内塔（Hector Enrique ARCE Zaconeta），均于2010年1月就职。各主要政党在国会中所占席位如下：

	参议院	众议院
争取社会主义运动	26	87
玻利维亚进步计划	10	38
国家统一党	0	3
社会联盟党	0	2

【政府】总统内阁制。总统为国家元首、政府首脑和武装部队统帅。本届政府于2010年1月成立，曾于当年1月底和5月分别进行微调。内阁成员有：外交部长戴维·乔克万卡·塞斯佩德斯（David CHOQUEHUANCA Céspedes），总统府部长奥斯卡·科卡·安特萨纳（Oscar COCA Antezana），内政部长萨恰·塞尔希奥·略伦蒂·索利斯（Sacha Sergio LLORENTI Solíz），国防部长鲁文·萨阿韦德拉·索托（Rubén SAAVEDRA Soto），司法部长尼尔达·科帕·孔多里（Nilda COPA Condori），环境和水事务部长玛丽亚·埃斯特尔·乌代塔·贝拉斯克斯（María Esther UDAETA Velasquez，女），发展规划部长埃尔瓦·比维安娜·卡罗·伊诺霍萨（Elba Viviana CARO Hinojosa），经济与财政部长路易斯·阿尔韦托·阿尔塞·卡塔科拉（Luis Alberto ARCE Catacora），生产发展和多种经济部长安东尼娅·罗德里格斯·梅德拉诺（Antonia RODRIGUEZ Medrano），公共工程、服务和住宅部长瓦尔特·德尔加迪略（Walter DELGADILLO），矿业和冶金部长何塞·安东尼奥·皮门特尔·卡斯蒂略（José Antonio PIMENTEL Castillo），油气资源与能源部长路易斯·费尔南多·宾维蒂·巴尔加斯（Luis Fernando VINCENTTI Vargas），教育部长罗伯特·阿吉拉尔（Roberto AGUILAR），文化部长苏尔马·尤卡·帕拉加（Zulma YUGAR Párraga），卫生与体育部长尼拉·艾莱蒂亚（Nila HEREDIA），劳动、就业和社会保障部长卡门·特鲁希略·卡德纳斯（Carmen TRUJILLO Cárdenas），农村发展和土地部长内梅西亚·查科略·托拉（Nemesia CHACOLLO Tola），非中央集权和自治部长卡洛斯·罗梅罗（Carlos ROMERO），国家法律保护部长伊丽莎白·阿里斯门迪·丘马塞罗（Elizabeth ARISMENDI Chumacero，女），透明和反腐败部长纳尔迪·苏索（Nardi SUXO），总统府部长奥斯卡·科卡·安特萨纳（Oscar COCA Antezana）。

【行政区划】全国共分为九省。

【司法机构】由最高法院、宪法法院和地方高等法院等组成。最高法院和宪法法院均设在苏克雷，最高法院有12名大法官，由国会2/3多数票选举产生。宪法法院有5名大法官，由国会2/3多数票选举产生。以上两类法官任期均为10年。现任最高法院院长为胡里奥·奥尔蒂斯·奥尔蒂斯（Julio ORTIZ Ortiz），总检察长马里奥·乌里韦·梅伦德雷斯（Mario URIBE Melendres）。

【政党】全国合法政党23个，主要有：

（1）争取社会主义运动（Movimiento al Socialismo）：执政党。1995年成立。玻新兴左派政党，反对新自由主义经济模式和经济全球化。玻议会第一大政治力量。党的领导人为总统埃沃·莫拉莱斯。

（2）玻利维亚进步计划（Plan Progreso para Bolivia）：在野党。2009年成立。主张改革现有经济模式，维护社会稳定，促进生产发展。玻议会第二大政治力量。党的领导人为前总统候选人曼弗雷德·雷耶斯·比利亚（Manfred Reyes Villa）。

（3）国家统一党（Unidad Nacional）：2005年成立。在野党。主张维护中产阶级和企业界利益。玻议会第三大政治力量。党主席为玻水泥大王多利亚。

（4）民族主义革命运动（Movimiento Nacionalista Revolucionaria）：在野党。1941年成立。主要由知识分子、工人、农民和小资产阶级组成。主张"革命民族主义"和"阶级联合"，通过社会变革实现真正民主。党主席米尔塔·克韦多。

（5）社会联盟党（Alianza Social）：在野党。2005年成立。主张净化和革新玻政治，为玻人民带来希望。党的领袖是该党前总统候选人、波多西市长雷内·霍亚基诺。

（6）民族主义民主行动党（Acción Democrática Nacionalista）：在野党。1979年成立。主张实行市场经济和私有化，维护企业主和中产阶级利益。党主席为毛罗·贝尔特罗。

其他政党有：新共和力量党、左派革命运动、公民团结联盟、祖国意识党、自由玻利维亚运动、左派革命阵线、基督教民主党、"四·九"革命先锋党、社会党等。

【重要人物】**胡安·埃沃·莫拉莱斯·艾玛：**总

统。1959年10月26日生于玻利维亚奥鲁罗省一个贫苦印第安人家庭。未受过高等教育。年轻时曾当过矿工、面包工人和泥瓦匠。从20世纪80年代起积极投身古柯农工会组织工作，逐渐成为该组织的主要领导人，曾连续9次当选六大古柯农工会联盟秘书长。1997年当选众议员，2001年因领导古柯农封路、游行活动被罢免。2002年，莫拉莱斯组建争取社会主义运动党，并在议会选举中获得35个议席，成为全国第二大党。同年，莫拉莱斯以该党领袖身份参加大选并进入第二轮，但在议会投票中以微弱差距败北。在2005年12月18日大选中，莫拉莱斯赢得54%的选票，当选总统，2006年1月就职。同月，莫以当选总统身份访华。2009年12月在根据新宪法举行的大选中再次当选总统。

经济

玻利维亚是世界著名的矿产品出口国，工业不发达，农牧产品可满足国内部分需求，为南美最贫穷的国家之一。1985年以来，玻历届政府推行新自由主义经济政策，稳定宏观经济，调整经济结构，减少国家干预并通过立法对主要国营企业实行资本化（即私有化）。上述经济改革取得一定成效，国民经济保持一定增长，通货膨胀得到遏制。1998年至今，玻经济一直保持缓慢增长。近年来，玻经济形势逐步好转，但仍面临外债负担沉重、引资困难、失业率居高不下等困难。莫拉莱斯政府积极介入经济管理，摒弃新自由主义经济政策，大幅提升国家在经济生活中的地位，宣布对石油天然气资源实行国有化，提高天然气出口价格，并推动土地改革，宏观经济指数普遍改观。

2009年，玻宏观经济运行平稳，国有化进程稳步推进，经济总体保持快速增长。2009年主要经济指数如下（初步统计）：

国内生产总值：176.3亿美元。

人均国内生产总值：1724美元。

国内生产总值增长率：3.4%。

货币名称：玻利维亚诺（Boliviano）。

汇率：1美元=7.07玻利维亚诺。

通货膨胀率：0.26%。

失业率：7.8%。

【资源】矿产资源丰富，主要有锡、锑、钨、银、锌、铅、铜、镍、铁、黄金等。锡储量为115万吨。铁储量约450亿吨，在拉美仅次于巴西。石油探明储量为9.29亿桶，天然气为52.3万亿立方英尺。森林覆盖面积50万平方公里，占国土面积的48%。

【工业】工业落后，以小工业及食品、纺织、皮革、酿酒、卷烟等加工业为主。有色金属冶炼有一定能力，拥有号称世界第三的平托（Vinto）冶炼厂。2008年矿业（包括石油、天然气）产值约占国内生产总值的14.23%，加工业产值约占国内生产总值的11.17%，建筑业占2.13%。

【农牧渔业】农业较落后。全国可耕地面积3.4万平方公里，约占国土面积的3%。2008年全国土地种植面积260万公顷。粮食生产仅能满足国内34%的需求，其余依赖进口。2008年全国牛存栏数为779万头，羊838万只，猪249万头。2009年农牧渔业产值23.5美元，占国内生产总值的13.3%。主要经济作物有棉花、咖啡、烟草、甘蔗、向日葵和古柯等。主要农牧产品为玉米、水稻、小麦、薯类产品和大豆等。近几年主要农产品产量如下（单位：千吨）：

	2006	2007	2008
稻米	447	369	436
大麦	75	73	47
玉米	894	770	1000
小麦	143	165	162
马铃薯	755	735	936
咖啡	25	25	27
大豆	1619	1596	1226
高粱	293	373	436
木薯	371	361	244
棉花	4	3.6	3.6
甘蔗	6201	6420	7459
向日葵	120	173	299
番茄	117	122	126

（资料来源：玻国家统计局）

【旅游业】旅游基础设施相对落后。近年来重视发展旅游业。游客多来自秘鲁、阿根廷、美国、巴西及西欧国家。玻现有具备接待能力的各级旅店836家，床位3万多张。2009年接待外国游客65.13万人次，旅游收入3.43亿美元。国内游客41万人次。主要风景旅游点有的的喀喀湖、殖民遗迹、耶稣会传教区和亚马孙河流域地区等。

【交通运输】主要铁路和公路网集中在西部，边远地区依靠航空沟通。

公路：2009年各类公路总长74741公里，其中沥青路和石子路面分别占6.5%和38.1%，土路占55.4%；2006年各类机动车辆60万辆。

铁路：2009年铁路总长3800公里。2002年铁路运输客货运量分别为72.6万人次和151.6万吨。

空运：拥有玻利维亚劳埃德航空公司等3家民用航空公司和8家航空运输公司。拉巴斯、圣克鲁斯和科恰班巴各有1个国际机场，国际航线14条。2007年客运量为82.8万人次，货运量497万吨。

水运：内河航运线1.4万多公里。2002年水运客货运量分别为1.58万人次和107万吨。

【财政金融】近几年财政收支情况如下（单位：亿玻利维亚诺）：

	2006	2007	2008
收入	267.9	449.3	583.9

支　出	259.9	431.4	544.8
差　额	8	17.9	39.1

（资料来源：玻国家统计局）

2009 年底，外汇储备 85.8 亿美元，外债余额 29.1 亿美元。

【对外贸易】玻历届政府均重视发展对外贸易，特别是鼓励出口以拉动经济增长。玻积极参与地区一体化进程，与多数拉美国家签有经济互补协定。近年来，玻大力开拓其天然气出口市场，并制定了“南方共同市场能源供应地战略”。现与世界近 80 个国家和地区保持着贸易关系。

2009 年，玻出口总额为 52.97 亿美元，同比下降 23.23%，主要出口产品为燃油、天然气、矿产品及大蒜；进口总额 44.1 亿美元，同比下降 10.2%，主要进口原材料及中间产品、工业设备、消费品、运输设备和食品。主要出口对象国为巴西、美国、阿根廷、哥伦比亚、委内瑞拉。

近年进出口额如下（单位：亿美元）：

	2007	2008	2009
出口额	48.5	68.36	52.97
进口额	34.3	49.9	44.1
差　额	14.2	18.46	8.87

（资料来源：同上）

【外国投资】2009 年玻吸收外国直接投资 6.87 亿美元（资料来源：联合国拉美经委会）。外资主要流向石油天然气、商业和服务业、矿业等领域。主要投资国为英国、意大利、西班牙、美国和智利等国。

人民生活

玻利维亚政府将教育文化、健康营养、卫生设施、城市建设和住房、就业等列为社会发展政策中需要迫切解决的问题。2010 年政府规定最低工资为 679 玻利维亚诺（合 96 美元）。近几年经济虽保持增长，但贫富差距依然悬殊，人民实际生活水平继续下降，64% 的民众生活在贫困线以下，其中 37% 处于赤贫状态。近年来，约有 100 万玻利维亚人移居国外，其中大多数在邻国当佣人。全国分为 42 个保健区，共有 2668 所医院和诊所，床位 12464 张。2007 年每百人拥有固定电话 7.8 部；2009 年，人口增长率为 19.45‰，婴儿死亡率为 7.39‰，人均预期寿命 66.01 岁；医疗部门公共投资为 3.74 亿玻利维亚诺。

军　事

玻利维亚实行义务兵役制，凡年满 18 岁的男性公民必须服兵役，服役期一年。自 1995 年起，军官服役期延长至 35 年。

总兵力 4 万人（2005 年），其中陆军 2.5 万人，编为 10 个师，有各类坦克、装甲车 200 辆，轻型炮 200 门；空军 8000 人，编为 4 个旅，下辖 13 个飞行大队，有战斗机 25 架，运输机 30 架，直升机 30 架；海军 7000 人，编为 6 个海区，下辖 8 个陆战队，有内河巡逻艇 10 艘，美制“波士顿”级救生艇 8 艘。警察部队总兵力 2 万人，归内政部管辖。各军种装备较陈旧落后。

武装力量总司令卡洛斯·德拉富恩特·布洛克（Carlos Ramiro de la Fuente Bloch），陆军司令安东尼奥·奎托·卡尔德隆（Antonio Cueto Calderón），海军司令乌戈·孔特雷拉斯·亚诺斯（Hugo Contreras Llanos），空军司令蒂托·罗赫尔·甘达里亚斯（Tito Roger Gandarillas Salazar），警察司令奥斯卡·乌戈·尼那·费尔南德斯（Oscar Hugo Nina Fernández）。

2009 年玻国防预算为 1.55 亿美元。

文化教育

【教育】玻利维亚文化教育落后，其文盲率是拉美最高的国家之一。2008 年莫拉莱斯政府宣称完成全国扫盲，文盲率为 4%，公办学校人数为 13.8 万人。国家对 6～12 岁儿童实行义务教育，但基础设施薄弱，资金缺乏。著名大学有圣弗朗西斯科·哈维尔大学和圣安德烈斯大学。2001 年小学和中学入学率分别为 98.76% 和 54.67%。

【新闻出版】主要报刊有：《日报》，发行量 5 万份；《责任报》，发行量 4 万份；《理性报》，发行量约 3 万份；《时代报》发行量约 2.5 万份；《新闻报》，发行量 4 万份；《变革报》，发行量 1.2 万份。

2006 年有广播电台 639 家，其中 322 家设在城市，317 家设在农村。多为商业电台，用西班牙语、阿依马拉语和克丘亚语广播。

国家电视台创建于 1964 年，在拉巴斯等 7 个省有转播台。另有 9 家私营电视台及 3 家有线电视和卫星电视台。

对外关系

玻利维亚奉行独立自主、和平和不结盟的对外政策，维护民族独立和主权，坚持各国一律平等、人民自决，不干涉别国内政、和平解决国际争端等原则，突出多元外交和务实经济外交。重视发展同拉美国家的传统友好关系，积极推进地区一体化。重视与美国的传统关系。玻历届政府均坚持向智利提出恢复太平洋出海口的要求。莫拉莱斯总统执政后，双方就此重开谈判，玻智关系显著改善。重视发展同欧盟和亚太国家的经贸合作关系。主张反毒，但认为古柯不是毒品，呼吁国际社会为古柯“解禁”。

玻系不结盟运动、七十七国集团、世界贸易组织、里约集团、安第斯共同体、拉普拉塔河流域组织、亚马孙合作条约组织等成员国和南方共同市场联系国。同 85 个国家保持外交关系。玻驻外使馆 33 个，领事馆 104 个，多派遣名誉领事。26 个国家和国际组织在玻派有常驻大使或代表，在玻内地城市设有 41 家外国领事馆。

【同中国的关系】中玻于 1985 年 7 月 9 日建交。

建交以来，两国关系发展顺利。

2009 年，政治关系平稳发展。9 月，国家主席胡锦涛在出席联合国系列峰会期间与玻利维亚总统胡安·埃沃·莫拉莱斯·艾马举行双边会晤。12 月，胡锦涛主席和国家副主席习近平分别致电玻总统莫拉莱斯和副总统阿尔瓦罗·加西亚·里内拉，对其再次当选表示祝贺。3 月，中国政府向玻政府提供 30 万美元紧急现汇无偿援助，用于帮助玻方应对登革热疫情。12 月，玻副外长乌戈·阿尔弗雷多·费尔南德斯·阿劳斯访华，两国外交部举行第七次政治磋商和第二次领事磋商。中共中央对外联络部副部长陈凤翔、前全国人大副委员长、中拉友协会长成思危等先后访玻。

两国经贸合作发展迅速，合作领域不断拓宽。2009 年中玻双边贸易额为 2.55 亿美元，其中中方出口额 1.3 亿美元，进口额 1.25 亿美元，同比分别下降 22.5%、27.4%和 16.7%。

中国驻玻利维亚大使：屈生武。馆址：Calle 1, NO. 8532, Los Pinos, Calacoto, La Paz。电话：591 - 2 - 2793851（办公室），2792902（值班室），2794567（商务处）。电传：03093352（CHINALP BV）。传真：591 - 2 - 2797121。

玻利维亚驻华大使：路易斯·费尔南多·罗德里格斯·乌雷尼亚（Luis Fernando RODRIGUEZ Ureña）。办公处：北京市朝阳区塔园外交人员办公楼 2 - 3 - 1 号。电话：010 - 65323074，65324370（领事）。传真：65324686。

【同美国的关系】玻美于 1825 年 6 月 8 日建交。

传统上玻同美保持密切关系，对美关系是玻外交重点。美在玻驻有外交和军事使团，派有帮助培训缉毒部队的军事顾问。玻是接受美援助最多的拉美国家之一。2002 年 6 月基罗加总统访美。同年 11 月，桑切斯总统访美。2004 年 1 月，美国与墨西哥等国发起成立“援助玻利维亚集团”，允诺提供经济援助，帮助玻走出困境。

2008 年 7 月，美负责西半球事务的助理国务卿香农访玻。9 月，玻以干涉内政为由驱逐美大使，委内瑞拉为支持玻亦驱逐了美驻委大使。随即，美宣布取消对玻的《安第斯国家最惠关税待遇和铲除古柯法》（ATPDEA）待遇，并将玻从与美合作伙伴名单中删除。11 月，玻宣布中止与美的反毒合作。但莫多次表示愿与美保持平等合作，希与美总统奥巴马举行会晤。目前，两国关系尚处于调整阶段。

2009 年 5 月，美国前总统卡特和美国主管西半球事务的助理国务卿香农分别访玻。6 月，美国奥巴马政府宣布鉴于玻禁毒不利，美彻底终止对玻 ATPDEA 优惠关税待遇。9 月，莫拉莱斯总统指责美国国际发展署资助主要竞争对手玻利维亚进步计划—国家和解（PPB-CN）推出的竞选搭档雷耶斯—比利亚和费尔南德斯的竞选活动。10 月，莫拉莱斯总统将 2010 年省、市政府获得的石油天然气直接税收入减少归咎于美国政府，指责美刻意打压国际市场石油价格以破坏玻利维亚、委内瑞拉、厄瓜多尔和巴西等国经济，试图削弱上述国家民众对其左翼政府的支持率。11 月，针对美国和哥伦比亚签署协议允许美军使用哥境内军事基地，莫拉莱斯总统表示，任何国家领导人、人民及国家机构皆有义务捍卫其尊严、主权和领土完整。12 月，美国国会众议院批准将给予安第斯地区国家的安第斯贸易优惠和铲除毒品法（ATPDEA）优惠关税待遇延长至 2010 年 12 月 31 日，但依旧将玻排除在外。

【同拉美国家的关系】重视同拉美各国，特别是安第斯共同体以及巴西和阿根廷等邻国的传统友好关系，高层往来频繁。玻与多数拉美国家签有经济互补和投资保护协定，积极参与地区一体化进程，谋求实现成为贯通两大洋的通道和南方共同市场能源供应地。1997 年 11 月玻与智利、阿根廷签署三国互补和一体化协定。莫拉莱斯总统上台后玻与古巴、委内瑞拉结成“反新自由主义阵营”和拉美“正义轴心”，并推动玻加入委倡导的美洲玻利瓦尔选择（2009 年 6 月更名为“美洲玻利瓦尔联盟”，ALBA）。委、古两国予玻大量现金、实物和技术援助。玻积极参与地区一体化，努力加强与周边国家的相互信任和合作。

2009 年 1 月，莫拉莱斯总统与巴西总统卢拉共同出席在玻边境举行的连接巴西桑托斯港和智利阿里卡港的“两洋通道”玻圣克鲁斯境内路段通车剪彩仪式。同月，莫赴巴西出席 2009 年世界社会论坛。2 月，莫赴委内瑞拉出席“美洲玻利瓦尔选择”第四次领导人特别会议。4 月，莫出席在委内瑞拉举行的“美洲玻利瓦尔选择”第五次特别峰会和在特立尼达和多巴哥举行的美洲国家第五次峰会。同月，莫访问阿根廷。5 月，莫突访厄瓜多尔，与厄总统科雷亚和委内瑞拉总统查韦斯举行会晤。6 月，莫访问古巴和巴拉圭并出席在委内瑞拉举行的美洲玻利瓦尔联盟第六次峰会。7 月，莫对乌拉圭进行闪电式访问。8 月，莫出席南美联盟峰会和厄瓜多尔总统科雷亚就职仪式。9 月，莫出席在委内瑞拉举行的第二届南美洲—非洲峰会。10 月，玻主办美洲玻利瓦尔联盟第七次峰会。12 月，莫出席在古巴首都哈瓦那举行的美洲玻利瓦尔联盟第八次峰会。

同智利的关系：玻在太平洋战争（1879 ~ 1883 年）中被智击败，丧失沿海大片领土，成为内陆国。此后玻一直要求重新获得出海口，历届政府均将此列为外交政策重点。1978 年双方因出海口问题谈判破裂而断交，迄今只保持领事关系。进入 90 年代以后，两国关系松动，先后签署经济补充协议、促进和保护相互投资协议。2000 年 2 月，玻智外长在葡萄牙举行两国断交以来首次外长会晤。2003 年 6 月，桑切斯总统与拉戈斯总统在出席南共市首脑会议期间再次举行会晤，商谈推动两国自由贸易谈判进程。玻将恢复海洋主权视为政府最为重要的外交任务，多次表示要与智就玻重获出海口问题恢复谈判。玻还将此问题带到了包括联合国、美洲国家组织在内的各种多边场合，并争取到委内瑞拉等国的同情和支持以及联合国秘书长安南从中斡旋的承诺。

2006年1月莫拉莱斯上台后，玻主动缓和与智利的关系，两国元首50年来首次相互出席对方就职仪式，双边关系有所改善。8月，玻三军司令弗雷迪应邀出席智利民族英雄贝尔内多诞辰日纪念活动。11月，智利陆军司令和玻国防部长实现互访；玻海军代表团21年来首次访问智利。2007年3月，玻总统莫拉莱斯表示，相信玻智双边对话是解决玻出海口问题的关键。4月，智利在卡拉马举行纪念太平洋战争中牺牲的玻英雄阿瓦罗亚的活动，玻、智国防部长以及军方高层参加。同月，莫拉莱斯总统在南美第一届能源峰会期间会晤了智利总统巴切莱特，这是11个月以来两位领导人之间的第六次会晤。12月，巴西、智利总统访玻，三国共同宣布于2009年建成东起智利伊基克港、西至巴西桑托斯港的两洋陆路走廊。

2008年以来，智利总统巴切莱特以南美国家联盟轮值主席身份积极斡旋玻朝野进行对话，使玻智关系明显回暖。6月，智外交部副部长访玻时表示，智已准备把伊基克港作为可供玻自由通行的港口。

2009年6月29～30日，玻和智利外交部官员在拉巴斯举行第八次双边事务工作组会议和第十次政治磋商，双方就两国双边关系13点议题进展交换了意见。

【同欧洲国家的关系】玻重视发展同欧盟各国的关系，旨在争取贷款和援助。2002年，基罗加总统访问意大利和梵蒂冈。德国、法国、意大利、西班牙等国继续向玻提供经济援助。

2008年2月，莫拉莱斯总统访问比利时、挪威和法国。7月，玻外长乔克万卡访问西班牙。2009年2月15～18日，莫拉莱斯总统访问俄罗斯和法国，就能源、矿产、贸易和反毒合作与两国领导人举行会谈并签署一系列合作协议。2009年3月，莫拉莱斯总统赴奥地利维也纳出席联合国麻醉品委员会召开的麻醉品管制署第52届高级别会议并在开幕式上发言，还会见了奥总统菲舍尔。9月，莫访问瑞士和西班牙，西政府同意免除玻所欠债务的60%约7700万欧元，并将剩余40%用于实施两国商定的社会项目。12月，莫出席在丹麦首都哥本哈根举行的联合国气候变化会议。

【同日本的关系】1956年，玻日两国签署移民协定，随后1000户日本家庭移居玻。1989～1995年，日本向玻提供贷款和援助共计5.56亿美元。1996年1月，双方就延长玻欠日1.53亿美元的债务偿还期达成协议。11月，桑切斯总统正式访问日本，日向玻提供5000万美元的无偿经济援助和1900万美元的贷款。1997年，日本政府向玻提供各类援助3900万美元。1998年，日向玻提供2300万美元的技术设备以及总价值为4140万美元援助。1999年，日本政府向玻提供3300万美元，用以兴建学校、医院及基础设施。2000年，日本同意免除玻欠日共计约2亿美元的债务。2001年日本向玻提供价值800余万美元的教育物资和赠款。2005年4月梅萨总统访日。2006年2月，日本免除玻6300万美元的债务。2007年3月，玻总统莫拉莱斯对日本进行正式访问，日本首相安倍晋三和天皇分别会见。日宣布对玻提供940万美元捐赠，用于救助玻洪水灾害地区的灾民以及灾后重建。 （齐欣）

伯 利 兹

国名 伯利兹（Belize）。

面积 22966平方公里。

人口 32.2万（2008年年中）。混血种人和克里奥尔人分别占总人口的44.1%和31%，还有印第安人、印度人、华人和白人。居民中62%信奉天主教，28%信奉基督教新教，另有少数伊斯兰教徒。英语为官方语言，但近半数居民通用西班牙语或克里奥尔语。

首都 贝尔莫潘（Belmopan），人口约1.8万。

国家元首 英国女王伊丽莎白二世；女王任命总督为其代表。现任总督科尔维尔·诺马·扬爵士（Sir Colville Norma YOUNG）。

重要节日 独立日：9月21日。

简 况

位于中美洲东北部。北和西北与墨西哥接壤，西和南与危地马拉毗邻，东濒加勒比海。海岸线长386公里。属亚热带雨林气候。年平均气温25℃～27℃。南方雨量高达4550毫米。

原为玛雅人居住地。16世纪初沦为西班牙殖民地。1638年英国殖民者入侵，1862年正式宣布其为英国殖民地，改名英属洪都拉斯。1973年6月改为伯利兹。1981年9月21日独立，为英联邦成员国。

政 治

2008年2月7日，伯利兹举行大选，反对党统一民主党以压倒性多数胜选，时隔10年后重新执政。在众议院31个议席中，统一民主党获25席，原执政党人民统一党仅获6席。8日，统一民主党领袖迪安·巴罗（Dean BARROW）宣誓就任总理，并于12日组建新一届政府，任期五年。新政府上台后，致力于推行良政，遏制腐败，吸引外资，增加财政收入，降低物价，增加就业，改善社会治安。

【宪法】 现行宪法于1981年9月生效。宪法规定：英国女王为伯利兹国家元首，由女王任命的总督（须是伯利兹公民）代表；总督任命众议院多数党领袖为政府总理，并根据总理提名任命副总理及部长。反对党领袖亦由总督任命。

【议会】 伯议会称为国民议会（National Assembly），由参、众两院组成。任期五年。参议员12名，由总督任命，其中6名由总理提名，3名由反对党领袖提名，伯利兹教会、工商界和工会组织各推荐1名；参议长可从参议员中选举产生，也可在参议员之外任命产生，现任参议长安德烈亚·吉尔（Andrea GILL），2008年2月15日接受任命。众议员31名，由大选产生，本届众议院于2008年2月成立，统一民主党占25席，人民统一党占6席；众议长可从众议员中选举产生，也可在众议员之外任命产生，现任众议长埃米尔·阿奎勒斯（Emil ARGUELLES），2008年2月15日接受任命。

【政府】 本届政府于2008年2月12日宣誓就职，共有16名内阁部长。总理兼财政部长迪安·巴罗，副总理兼自然资源和环境部长加斯帕·维加（Gaspar VEGA），经济发展、商业、工业和消费者保护部长埃尔温·孔特雷拉斯（Erwin CONTRERAS），教育和青年部长帕特里克·费伯（Patrick FABER），国防部长卡洛斯·佩尔多莫（Carlos PERDOMO），住房和城市发展部长迈克尔·芬尼根（Michael FINNEGAN），总检察长伯纳德·皮茨（Bernard Pitts），外交和外贸部长威尔弗雷德·埃尔林顿（Wilfred ELRINGTON），工程部长安东尼·马丁内斯（Anthony MARTINEZ），旅游、民航和文化部长曼努埃尔·埃雷迪亚（Manuel HEREDIA），卫生部长巴勃·马林（Pablo MARIN），劳动、地方政府和乡村发展部长加夫列尔·马丁内斯（Gabriel MARTINEZ），公共服务、政府改革、选举、边界和体育部长约翰·萨迪瓦尔（John SALDIVAR），农业和渔业部长雷涅·蒙特罗（Rene MONTERO），交通和通信部长梅尔文·赫尔斯（Melvin HULSE），人文发展和社会改革部长埃登·马丁内斯（Eden MARTINEZ），新闻、广播和公共工程部长埃尔文·彭纳（Elvin Penner）。

【司法机构】 设上诉法院、最高法院和区法院。英国枢密院司法委员会为终审裁决机关。

最高法院院长阿卜杜雷·奥斯曼·康特（Abdulai Osman CONTEH），2000年1月17日就任；区法院院长玛格丽特·加布—麦肯齐（Margaret GABB-MCKENZIE，女），2007年1月9日就任。

【政党】（1）统一民主党（United Democratic Party，"红党"，简称UDP）：执政党，1974年由民族独立党、人民发展运动、自由党和黑人联合发展协会合并组成，主要得到黑人的支持。1984～1989年，1993～1998年执政。2008年2月赢得大选，再次执政。领袖迪安·巴罗。

（2）人民统一党（People's United Party，"蓝党"，简称PUP）：反对党。自1950年成立以来，在伯利兹政坛多居统治地位，支持者多来自混血种人，曾于1954～1984年、1989～1993年、1998～2008年执政。2008年2月大选失败。领袖胡安·安东尼奥·布里赛尼奥（Juan Antonio BRICEÑO）。

【重要人物】 **迪安·巴罗**：总理。伯利兹统一民主党领袖。1952年生于伯利兹。曾获美国佛罗里达大学法学硕士学位。1983年开始从政。1984年当选众议员。1984～1989年担任外交和经济发展部长、总检察长。1990年出任统一民主党副领袖。1993～1998年担任副总理兼外交和经济发展部长、总检察长、国家安全和移民部长。1998年起担任该党领袖至今。2008年2月就任伯总理。曾于1987年随埃斯基韦尔总理访华。

经　济

以农业为主，产值约占国内生产总值的22%。近年来，旅游业得到快速发展，逐步成为支柱性产业。同时，离岸金融业、渔业、轻工业和建筑业等也有了较快的发展。工业不发达，人民生活用品绝大部分靠进口。

2008年2月统一民主党执政以来，致力于吸引外资，发展旅游业，扩大国有企业在石油行业的份额，加大对教育、住房及医疗卫生等领域投入，以刺激经济增长，增加政府财政收入，改善国家债务状况。2009年主要经济数据如下（资料来源：伯利兹中央统计局、财政部等）：

国内生产总值：14.04亿美元。

人均国内生产总值：4212美元。

国内生产总值增长率：-0.8%。

汇率：1美元=2伯利兹元。

通货膨胀率：-1.1%。

失业率：12.6%（2009年9月）。

【资源】 森林和渔业资源丰富。森林面积约1.6万平方公里，覆盖率在70%左右。产红木、苏木、染料木等贵重木材，红木被称为国木。盛产龙虾、旗鱼、海牛和珊瑚等。西北地区有石油、重晶石、锡石、黄金等矿藏。2005年8月起，伯先后钻探出两口具有商业开采价值的油井，日产量2700桶。伯成为加勒比地区继特多之后第二个出口原油的国家。

【工业】 工业不发达，主要工业部门为制衣、制糖、柑橘加工、啤酒及饮料。工业生产主要为了满足国内消费，出口产品生产集中在制糖、粮食生产以及服装等领域。近年来服装业发展较快，成为仅次于制糖的第二大创收行业和提供就业机会的主要部门。

【农林渔业】农业是伯利兹经济支柱，伯国土面积的1/3（约220万英亩）以上适合农耕，现已开发的仅265000英亩。农业从业人数约占总劳力的30.5%，农产品出口约占外汇总收入的71%。主要农作物有甘蔗、柑橘、香蕉、水稻、玉米、可可等。渔业是伯第三大创汇部门。木材储量丰富，林业有一定发展。

【旅游业】旅游业起步较晚，但发展迅速。伯的世界第二大、北半球第一大堤礁以及玛雅遗迹吸引着越来越多的游客。另外，伯还有八大野生动物保护区，其中有世界仅存的美洲虎和红足鲣鸟保护区。近几年来政府重视旅游业投资，游客人数迅速增加，年旅游收入超过1亿美元。2008年入境游客总数为84.24万人次，其中过夜游客24.50万人次，同比减少2.6%；游轮游客59.74万人次，同比减少4.3%。

【离岸金融业】起步于20世纪90年代，截至2004年初已有22000多家国际公司在伯注册。1996年伯制订离岸银行法和反洗钱法，1998年伯第一家离岸银行开业，现共有8家离岸银行，截至2002年6月，管理资金为1.644亿美元。

【交通运输】公路：总长为2872公里（2006年）。主要城镇间有公路相通，全国有4条主要交通干线，其中有2条与邻国墨西哥和危地马拉相通。2000年有客车21500辆，商业用车3900辆。

水运：伯利兹城是伯主要港口，可停靠集装箱轮船。有9条主要出入航运线。伯与牙买加有定期班轮。另外，伯与美国、英国和欧洲大陆等地都有良好的海上运输线。

空运：菲利普·戈德森国际机场（Phillip Goldson International Airport）位于伯利兹城城郊，有通往美国、中美洲邻国的航线。国内有玛雅、热带和岛际等航班。另有11个简易机场。

【财政金融】2009年4月至2010年3月，伯政府财政收入（含赠款）约为3.59亿美元，财政支出3.99亿美元，财政赤字4080.57万美元。2009年伯债务总额10.97亿美元，占国内生产总值的78.13%，其中内债1.59亿美元，外债9.38亿美元。截至2009年底，伯外汇储备（不含黄金）为2.14亿美元。

【对外贸易】伯高度依赖进口，对外贸易一直存在巨额赤字。主要出口糖、香蕉、成衣、水果、木材、海产品；主要进口机械和运输设备工业制品、日用品、食品、燃料和药品。主要贸易对象为美国、英国、欧盟、墨西哥、加拿大、加勒比共同体国家。近几年对外贸易情况如下（货币单位：亿伯利兹元）：

	2007	2008	2009
进口额	13.687	16.743	6.68
出口额	5.079	5.852	2.50
差　额	-8.608	-10.891	4.18

（资料来源：伯利兹统计局）

【经济团体】

（1）伯利兹工商会（Belize Chamber of Commerce and Industry）：1920年成立。网址：www.belize.org。

（2）伯利兹贸易与投资发展会（Belize Trade and Investment Development Service）：1986年成立。网址：www.belizeinvest.org.bz。

【外国援助】近年来，联合国开发计划署、欧盟、美洲国家组织、美国等向伯利兹提供大量发展援助。2007年2月，欧洲委员会分别向伯提供303.8万欧元和211万欧元赠款，用于促进伯蔗糖业和香蕉业发展和改善产区居民生活水平。7月，欧盟向伯提供1180万欧元农村发展无偿援助。11月，欧盟向伯提供120万伯元赠款，用于扩建伯南部香蕉产区小学。2008年1月，美国向伯国防军提供价值约100万伯元的军事后勤保障物资。9月，委内瑞拉政府同意在“加勒比石油计划”下向伯提供400万伯元援助，用于支持伯购买农业设备、建立温室大棚和灌溉系统。2009年3月，世界银行向伯市政发展项目提供1500万美元援助。

人民生活

政府推行全国卫生计划，门诊病人享受免费治疗。2002年调查显示，伯贫困率高达33.5%，绝对贫困人口占总人口的10.8%，其中年轻人所占比例很高。2008年，伯手机用户增至16万户，固定电话增至3.5万户，互联网用户约1万户。2007年，伯人口死亡率0.7%，人均预期寿命68岁。

军　事

伯利兹国防军建于1978年，包括陆军、空军和海防队，现有正规军1050人，后备队700人。英国驻军于1994年1月1日开始从伯撤军，并正式将防务移交伯政府。国防军总司令达里奥·塔皮亚（Dario TAPIA），2008年5月30日就职。

文化教育

【教育】伯政府一贯对教育部门予以强有力的财政支持，其经常项目开支的1/4用于教育事业，5~14岁儿童享受免费义务教育。伯利兹教育体系主要由初等、中等及高等教育三个层次组成。初等教育为8年制，中等教育为4年制。2003~2004年年度，初等教育学校为275所，学生62074人，教师2618人，入学率达90.3%；中等教育学校为43所，学生15344人，教师1074人，入学率达87.7%。2000年，伯5所大学合并成立伯利兹大学。2004年，伯新建18所学龄前儿童预备学校，招生率提高了19%。2006年成人识字率为76.9%。

【新闻出版】《伯利兹时报》(Belize Times):周报,发行量约6000份;《报导者》(The Reporter):周报,1968年创刊,发行量6500份;《阿曼达拉报》(Amandala):周报,发行量45000份;《今日伯利兹》(Belize Today):月刊,发行量17000份;《人民的脉搏》(The People's Pulse):周报,发行量5000份。

伯利兹电台:国家电台,建于1937年。每天用英语和西班牙语广播。另有一家私营电台。

伯利兹广播网(BBN):建于1952年,属国家所有,但独立经营,下设两个电台。用英语和西班牙语播音。还有若干小电视台,24小时播放,主要播放美国卫星电视节目。

对外关系

奉行不结盟的对外政策。积极维护和发展与加勒比各国的关系,参与地区一体化进程,强调睦邻友好,努力促进中美洲的和平与稳定,注重发展同英国的传统关系和对美关系,积极维护和发展与加勒比各国的关系,强调睦邻友好,努力促进中美洲的和平与稳定。1974年5月加入加勒比共同体,1990年成为美洲国家组织成员国。

【同中国的关系】1987年2月6日两国建交。同年4月,伯总理埃斯基韦尔访华。1989年10月11日,普赖斯政府与台湾当局建立"外交关系"。10月23日,中国政府宣布中止与伯外交关系。

2009年中伯贸易额为3303.85万美元,同比下降22.2%,其中中方出口额3302.6万美元,同比下降22.2%;进口额1.3万美元,同比下降53.7%。

【同美国的关系】伯美关系密切。美是伯最大的贸易伙伴和经援国。美每年向伯派遣约200名和平队员。共有185家美国公司在伯投资,总额约2.5亿美元,主要投资领域为旅游业。近年来伯美在安全领域合作进一步加强。2007年1月,美国南方司令部副司令斯皮尔访伯,与伯国防部长海德和伯国防部军司令吉勒特分别举行会谈。6月,伯总理穆萨出席在华盛顿举行的首届加勒比大会。2008年4月,美国南方司令部司令斯塔夫里蒂斯访伯,伯总理巴罗会见。同月,伯总检察长兼外交和外贸部长埃尔林顿对美国进行工作访问。9月,美国国务院助理国务卿麦迪逊访伯。

【同英国的关系】伯独立后继续保持与英国的传统关系,英多次向伯提供经援。英国从1994年1月1日起开始撤走其主要驻军,正式将防务移交伯政府,仅保留约100人维持一所丛林战训练学校,以防备危地马拉对伯的领土要求。2000年6月伯总理穆萨访英。2005年,英国向美洲国家组织和平基金捐款25万英镑,用于伯利兹和危地马拉边境地区的基础设施项目,以推动两国争议地区的重建信任进程。

【同加勒比国家的关系】伯利兹与加勒比地区其他国家有着相同的经历,所以在政治、文化、经济以及社会等方面与其相似。该地区国家支持伯与危地马拉通过外交途径解决两国领土争端。伯利兹是加勒比共同体成员。在地区一体化问题上,伯利兹与加勒比国家紧密合作,共同努力。2006年1月伯加入加共体单一市场。

(马文静)

多米尼加

国名 多米尼加共和国(The Dominican Republic, La Repúbilca Dominicana)。

面积 48734平方公里。

人口 965万(2009年)。黑白混血种人和印欧混血种人占73%,白人占16%,黑人占11%。官方语言为西班牙语。90%以上居民信奉天主教,少数人信奉基督教新教和犹太教。

首都 圣多明各(Santo Domingo),人口273万。年平均温度为25℃。

国家元首 总统莱昂内尔·费尔南德斯(Leonel Fernández),2008年8月16日就职,任期四年。曾于1996~2000年,2004~2008年两次任多总统。

重要节日 国庆日:2月27日。

简况

位于加勒比海大安的列斯群岛中的伊斯帕尼奥拉岛东部。东隔莫纳海峡与波多黎各相望,西接海地,南临加勒比海,北濒大西洋。北部、东部属热带雨林气候,西南部属热带草原气候,平均气温25℃。

原为美洲印第安人居住地。1496年西班牙人在岛上建立圣多明各城,成为欧洲殖民者在美洲的第一个永久性居民点。1795年归属法国。1809年复归西班牙。1844年2月27日东部人民宣告独立,成立多米尼加共和国。1930年特鲁希略发动军事政变上台,实行长达30年的独裁统治。1965年美国出兵占领多米尼加。1966~1978年多改革党人巴拉格尔执政。1978~1986年革命党人古斯曼、布兰科先后执政。1986~1996年巴拉格尔再次连续执政。1996~2000年解放党人费尔南德斯执政。2000~2004年革命党人梅希亚执政。2004~2008年,解放党费尔南德斯再度执政,并于2008年5月成功连任总统。

政　治

费尔南德斯总统自2004年再次执政以来，严厉打击腐败，大力整顿社会治安，积极改善国内投资环境，取得一定成效。2008年5月，费尔南德斯总统在大选中以53.83%的得票率成功连任，并于8月16日就职，任期至2012年。2010年5月，执政党解放党在议会和市政选举中获得压倒性胜利。目前，多政局稳定。

【宪法】根据1966年11月颁布的宪法，多为总统制国家，设总统和副总统。总统由公民选举产生。1994年8月，多修改宪法规定总统任期四年，不得连选连任。2002年6月，多修改宪法恢复总统连选连任制。总统是国家元首、政府首脑和武装部队最高统帅。2010年1月，多再次修改宪法，新宪法规定，总统不得连任两届，但可在连任一届后隔届再次当选，总统和议会选举将于同一年举行，2010年当选的议员任期由原定的四年相应延长至六年。

【议会】分参、众两院。参议院设32个席位，由全国各省和国家区（即首都）各选1名。众议院设183个席位，每省至少选2名。两院议长每年改选，可连选连任。2010年5月，多举行新一届议会和市政选举。在参议院中，解放党占31席，基督教社会改革党1席；在众议院中，解放党占105席，革命党75席，基督教改革党3席。现任参议长雷纳尔多·帕雷兹·佩雷斯（Reinaldo Pared Pérez），众议长胡里奥·塞萨尔·巴伦廷（Julio César Valentín）。

【政府】本届政府于2008年8月16日组成。主要成员有：副总统拉斐尔·阿尔武凯克（Rafael Albuquerque），总统府部长塞萨尔·皮纳·托里维奥（César Pina Toribio），内政和警察部长富兰克林·阿尔梅达（Franklin Almeida），外交部长卡洛斯·莫拉莱斯（Carlos Morales），武装力量部长佩德罗·拉斐尔·陪尼亚（Pedro Rafael Peña），财政部长比森特·本戈瓦（Vicente Bengoa），工商部长何塞·拉蒙·法杜尔（José Ramón Fadul），经济、计划和发展部长胡安·特米斯托克雷斯·蒙塔斯（Juan Temístocles Montás），农业部长萨尔瓦多·希门内斯（Salvador Jiménez），公共工程和通讯部长维克多·迪亚斯·鲁阿（Victor Díaz Rúa），体育部长费利佩·帕亚诺（Felipe Payano），环境和自然资源部长海梅·费尔南德斯·米拉瓦尔（Jaime Fernández Mirabal），公共卫生和社会救济部长包蒂斯塔·罗哈斯·戈麦斯（Bautista Rojas Gómez），公共管理部长拉蒙·本图拉·卡梅霍（Ramón Ventura Camejo），旅游部长弗朗西斯科·哈维尔·加西亚（Francisco Javier García），劳动部长马克西米利亚诺·普伊赫（Maximiliano Puig），文化部长何塞·拉斐尔·兰提瓜（José Rafael Lantigua），教育部长梅拉尼奥·帕雷德斯（Melanio Paredes），高等教育和科技部长利希亚·阿玛达·梅洛（Ligia Amada Melo），青年部长富兰克林·罗德里格斯（Franklin Rodríguez），妇女部长阿列杭德里纳·赫尔曼（Alejandrina Germán）等。

【行政区划】全国划分为31个省和1个国家区。省下设市和乡。

【司法机构】由最高法院、检察院和司法部门共同行使司法权。最高法院由16名大法官组成，最高法院院长由参议院任命。总检察长由总统任命。全国有5个上诉法院和1个土地法院，另设有治安法院。现任最高法院院长豪尔赫·苏韦罗·伊萨（Jorge Subero Isa）。现任总检察长拉达梅斯·希门内斯（Radhamés Jiménez），2006年8月任职。

【政党】全国有20多个政党，主要的有3个：

（1）多米尼加解放党（Partido de la Liberación Dominicana）：又称“紫党”，执政党。1973年成立，由从多米尼加革命党分裂出来的已故前总统胡安·博什和现总统莱昂内尔·费尔南德斯等人创建。该党主张独立自主和自由民主。1996～2000年、2004～2008年两次执政。现有党员120余万人。党主席莱昂内尔·费尔南德斯，现总统。

（2）多米尼加革命党（Partido Revolucionario Dominicano）：又称“白党”，反对党。1939年由胡安·博什等人创建。1973年博什另组解放党后，该党领导层发生分裂，分成布兰科派、马赫卢塔派和戈麦斯派。该党主张社会民主和变革。系社会党国际成员。现有党员100余万人。党主席米盖尔·巴尔加斯·马尔多纳多（Miguel Vargas Maldonado）。

（3）多米尼加基督教社会改革党（Partido Reformista Social Cristiano）：又称“红党”，在野党。1961年成立，原称多米尼加改革党，1984年与基督教社会革命党合并改称现名。该党代表保守的大企业界利益，主张实行温和的改良措施。曾执政多年。前主席巴拉格尔去世后，该党影响下降。党主席费德里科·阿栋·巴特列（Federico Atún Batlle）。

另有多米尼加共产党、独立革命党、团结变革独立运动、全国和解运动、多米尼加人民运动、基斯科民主党、劳动党、社会主义集团等组织。

【重要人物】**莱昂内尔·费尔南德斯**：总统。1953年12月26日生于多米尼加圣多明各市。小学毕业后赴美国读中学。毕业于多米尼加圣多明各自治大学，后赴美国、墨西哥和法国留学。法学博士，律师。1973年与胡安·博什创建多米尼加解放党。先后担任该党中央委员会委员和政治委员会委员。1994年作为该党副总统候选人参加全国大选失利。1996年8月～2000年8月任总统。2002年起任该党主席至今。2004年5月作为解放党总统候选人再次参加大选获胜。2008年5月连任总统。两次婚姻，现夫人玛加丽塔·塞德尼奥（Margarita Cedeño），有三个子女。

经　济

多米尼加是农业国。旅游业、出口加工业和侨汇构成多经济的三大支柱。2004年费尔南德斯总统执政以来，通过改革税制、保护投资、扩大出口、稳定汇率等措施创造了比较稳定的宏观环境，多经济恢复增长。2005～2007年，多经济年均增长9.3%，通货膨胀率降至10%以下。2008年，受粮食涨价、飓风灾害和美国次贷危机等影响，经济增速放缓。2009年受全球金融危机和美国经济衰退影响，多经济增速放缓，国内生产总值为467.11亿美元，较2008年略增1.8%。但多政府仍面临电力严重短缺和失业率偏高等问题。2009年主要经济数据如下（资料来源：多米尼加中央银行）：

国内生产总值：467.11亿美元。

人均国内生产总值：4815.6美元。

国内生产总值增长率：3.5%。

货币名称：比索（Peso）。

汇率：1美元=34.6比索。

通货膨胀率：5.8%。

失业率：15.0%。

【资源】矿产资源较丰富，主要有金、银、铁、镍和铝矾土等。森林覆盖率约为28%。石油、煤炭和水力资源缺乏，能源主要依靠进口。电力供应不足，缺口约60万千瓦。

【工业】烟草加工、制糖、化肥和水泥生产为主要产业，其次有纺织和食品加工业等。2009年，制造业、建筑业和矿业等工业产值占国内生产总值的25.8%。

【农业】国民经济的重要部门。以种植甘蔗、烟草、咖啡、可可为主，另有水稻、香蕉、水果等。可耕地占国土面积的21%，耕地占9%。2009年农牧业产值占国内生产总值的7.7%。近年主要农产品产量如下（单位：千吨）：

	2007	2008	2009
蔗　糖	504.964	520.11	517.51
烟　草	13.04	15.65	20.39
咖　啡	87.48	85.36	80.67
可　可	68.83	70.54	77.81
大　米	585.58	435.58	474.78

（资料来源：多米尼加农业部、蔗糖协会、烟草协会、咖啡协会等）

【服务业】2009年，饭店、餐饮、交通、通讯、水、电、金融等服务业的产值占国内生产总值的53.3%，从业人数占总劳动力63.1%。

【旅游业】多政府重视旅游业发展。2009年旅游业创造的财政收入为1.30亿美元，较2008年下降2.4%。2009年从多各个国际机场入境的游客达399.2万人次，主要来自美国、加拿大及西欧国家。2009年全国有旅游客房逾7万间，住宿率达66%，较2008年下降4.4%。主要旅游景点有圣多明各、加勒比湾、拉罗马纳、卡纳港、普拉塔港和金色海滩等。

【交通运输】以公路为主。2009年全国有公路19705公里（其中约50%为沥青路）。铁路1784公里，其中80%从事甘蔗运输。全国有圣多明各、拉罗马纳、普拉塔港、蓬塔卡纳、巴拉奥纳萨马南和圣地亚哥西瓦奥等6个国际机场。多米尼加航空公司（CDA）经营16条国际航线。主要海港有圣多明各港、海纳港、博卡奇卡港和圣彼德罗德马科利斯港。

【财政金融】近年政府收支情况如下（单位：百万比索）：

	2007	2008	2009
收　入	272616	329826	330702
支　出	233118	344700	352781
差　额	39498	-14874	-22079

（资料来源：多米尼加中央银行，多米尼加财政部）

2009年，多国际储备33.07亿美元，外债总额92.27亿美元，外国直接投资21.58亿美元。多是国际货币基金组织、世界银行和美洲开发银行等国际和地区金融机构的援助对象国。

【对外贸易】主要出口蔗糖、可可、咖啡、烟草、服装和金、银、镍铁合金等，进口石油、燃料、食品、机电产品和化工原料等。主要贸易伙伴是美国、欧盟、日本、委内瑞拉、墨西哥等国。近年贸易进出口情况如下（单位：百万美元）：

	2007	2008	2009
出口额	7237	6949	5463
进口额	11289	13569	9957
差　额	-4052	-6620	-4494

（资料来源：多米尼加中央银行）

人民生活

贫富分化悬殊，不到人口10%的富人占有全部国民收入近40%。2009年人口预期寿命为73.99岁，婴儿死亡率25.04‰，人口自然增长率1.48%，平均每千人拥有2.2名医生。最低月工资标准按企业规模大小分为135美元、152美元和222美元三类。

军　事

实行义务兵役制，服役期四年。2004年全国武装力量总数为2.45万人，其中陆军1.5万人，海军4000人，空军5500人。另有准军事警察1.5万人。2009年国防预算为3.26亿美元，占财政国民生产总值的0.7%。

文化教育

【教育】对全国6～15岁的儿童实行义务教育。2006年全国小学入学率为92.1%，中学入学率为38.2%，略高于本地区平均水平。2007年文盲率为10.8%，人均受教育年限为7.98年，成人识字率为87%。全国主要大学有圣多明各自治大学。

【新闻出版】主要报刊有：《利斯汀日报》，1889年8月1日创刊，发行量5万份；《加勒比报》，1948年4月创刊，发行量2.8万份；《国民报》，1966年创刊，发行量4.5万份。全国各类出版社15家。

2006年全国有广播电台325家和48家电视台。多米尼加国家广播电视台为主要电视台，另有安第斯电视台、彩色屏幕电视台等6家电视台。

对外关系

奉行尊重领土完整和主权独立、互不干涉内政的外交政策；主张国际和平与安全应建立在尊重国家主权、意识形态多元化和各国人民自决权的基础上；呼吁建立更加合理的国际经济新秩序，反对贸易保护主义；支持联合国改革，认为改革应充分考虑使全球化进程向有利于世界各国人民利益的方向发展；主张通过谈判与协商解决拉美国家沉重的外债负担问题；谴责国际贩毒和恐怖主义。截至2008年，多与124个国家有外交关系（不包括中国台湾省）。

【同中国的关系】中国与多米尼加无外交关系。1993年10月15日，中多签署互设贸易发展办事处协议。1994年3月，多在广州设办事处，后于1995年3月关闭。1994年4月，中国在圣多明各设办事处。1997年6月中多签署关于多驻香港领事机构改为贸易发展办事处的协议和关于两国贸易发展办事处运作备忘录。2005年11月，多在北京设立贸易发展办事处。

近年来中多人员互访日益增多。中方主要去访团组：致公党中央副主席李卓彬（2008年4月）、社科院拉美所副所长宋晓平和外交学会前副会长王珍大使赴多作学术报告（2009年9月）、贸促会副会长王锦珍（2009年11月）、新华社在多首都圣多明各设立分社并派驻1名记者（2009年12月）。

多方主要来访团组：众议院代表团（2008年1月），总检察长希门内斯（2008年5月）、众议长巴伦廷（2008年9月）、解放党和劳动党干部考察团（2009年4月）、不管部长梅西亚（2009年5月）、多驻联合国大使洛伦索来华出席第五届东北亚博览会开幕式（2009年9月）、国家竞争委员会主任德霍斯特来华出席夏季达沃斯论坛（2009年9月）。

2009年，多未支持台湾“加入”联合国和世界卫生组织。

2009年中多贸易总额为6.9亿美元，其中中方出口额5.92亿美元，进口额0.98亿美元，同比分别下降14.2%、10%和32.9%。

中华人民共和国贸易发展办事处代表：李东，2009年3月到任。办事处地址：Av. 27 De Febrero，#328，Ed. RS，Piso 5，Frente a Merkaven Sector Bella Vista，Santo Domingo，República Dominicana。电话：001-809-2589582。

多米尼加共和国贸易发展办事处代表：卡洛斯·布埃诺，2005年11月到任。办事处地址：北京市朝阳区塔园外交公寓5-1-52。电话：010-85322423。

多米尼加与台湾当局有“外交关系”。双方签有友好条约、农技合作协定、贸易协定和投资保护协定等。台在多派有农业、工业技术团，主要从事水稻品种改良、园艺作物栽培、水产养殖及技术合作等项目。

近年台访多主要团组：“副总统”吕秀莲（2007年7月）、“国防部长”李天羽（2007年11月）、“外长”黄志芳（2007年12月）、“总统”马英九（2008年8月，2010年1月）。多访台主要团组：众议长巴伦廷（2007年4月、6月）、副总统阿尔武凯克（2007年10月）、总统特使马丁内斯（2008年5月）。

2009年多台贸易总额为1.03亿美元，其中多出口额2170万美元，进口额8130万美元，同比分别下降38.58%、65%和23.08%。

【同美国的关系】同美国关系密切，在经济上对美依赖较深。美是多最大债权国。至2007年底，多欠美国5.07亿美元债务，占多双边债务总额的17.3%。1993～2008年，美对多直接投资总额达43.12亿美元，占外国对多直接投资总额的28.8%。2009年4月，美国务卿希拉里·克林顿访多，承诺向多提供更多援助以支持多打击贩毒、洗钱、贩卖武器和有组织犯罪。

2004年费尔南德斯总统就职以来，已10次访美，加强了双方在贸易、税收改革、打击走私等领域的合作。费支持美国发动对伊拉克战争，并曾派兵参与伊战后重建和维和。

【同拉美国家的关系】同拉美和加勒比国家保持着传统友好关系。多政府支持和积极参与地区一体化进程和建立中美洲和加勒比自由贸易区。2008年3月，多成功举办第20届里约集团首脑峰会。6月，多与古巴重新启动自由贸易谈判。7月，多与委内瑞拉签署共同开发委石油和多铝土矿资源以及开展农业合作的协议。10月，费尔南德斯总统赴萨尔瓦多出席伊比利亚美洲国家峰会。12月，费赴巴西出席首届拉美和加勒比峰会。2009年3月，费访问古巴。11月，与委签署出售多国营炼油厂股份协议。2010年1月，费参与斡旋洪都拉斯问题，承认洪新政府和接受洪被罢黜总统塞拉亚流亡多米尼加。此外，费通过参与里约集团首脑峰会，中美洲国家首脑与美国会晤等多边会议，积极开展地区多边外交。

【同其他国家的关系】欧盟是多米尼加的主要援助方和投资方之一。2002～2007年，第九期欧洲发展基金向多提供1.76亿欧元的无偿援助，欧洲投资银行向多提供8000万欧元贷款。2008年，欧盟成员国对多直接投资额达8.68亿美元。2009年5月和12月，费尔南德斯总统先后访问西班牙和法国，寻求加强经贸、投资及教育等领域的合作。

费尔南德斯政府重视发展同亚非国家的关系，寻求同亚非国家开展能源合作并争取直接投资。2008年11月，费尔南德斯总统出访卡塔尔和阿拉伯联合酋长国。同月，多不管部长梅西亚访问朝鲜和越南。2009年7月，费访问以色列。8月，费访问利比亚。（沈浩）

多米尼克

国名 多米尼克国（The Commonwealth of Dominica）。

面积 751平方公里。

人口 7万（2006年）。主要为黑人和黑白混血种人。多数居民信奉天主教，少数信奉新教。英语为官方语言。

首都 罗索（Roseau），人口约2万。

国家元首 总统尼古拉斯·利物浦（Nicholas LIVERPOOL）。2003年11月就职，2008年连任，任期五年。

重要节日 独立日：11月3日。

简况

位于东加勒比海向风群岛东北部。东临大西洋，西濒加勒比海，南与马提尼克岛隔马提尼克海峡、北同瓜德罗普隔多米尼克海峡相望。岛内多山，年平均气温25℃～32℃，属热带海洋气候。

土著居民为来自南美印第安部落的阿拉瓦克人和加勒比人。1493年哥伦布来到该岛。根据1763年《巴黎条约》规定该岛划归英国，此后被法国两度占领。1805年法国占领者放火烧毁罗索，英国支付8000英镑"赎金"后正式占领多米尼克岛。1958年加入西印度联邦。1967年实行内部自治。1978年11月3日独立，为英联邦成员国。1978年12月加入联合国。

政治

1978年独立后，工党曾短期执政。此后，自由党和统一工人党相继执政。2000年1月，工党与自由党联合执政。2004年1月，查尔斯总理病逝，教育部长罗斯福·斯凯里特（Roosevelt SKERRIT）出任工党领袖并接任总理。2005年和2009年，工党在两次大选中连续获胜并单独执政，斯凯里特连任总理。

【宪法】现行宪法于1978年11月3日独立时生效。宪法规定，总统由议会选举产生，任期五年，不得超过两任。

【议会】一院制，任期五年。共30席，其中，21席由选举产生，9席根据总理和反对党领袖提名（总理提名5人，反对党领袖提名4人，由总统任命，称参议员）。本届议会于2009年12月组成，经选举产生的21席中，工党占18席，统一工人党3席。议长阿利克斯·博伊德—奈茨夫人（Alix BOYD-KNIGHTS）。

【政府】本届政府于2009年12月成立，现有阁员19人。主要成员有：总理兼财政、外交和信息技术部长罗斯福·斯凯里特，土地、住房与水资源管理部长雷金纳德·奥斯特里（Riginald AUSTRIE），农业与林业部长马修·沃尔特（Matthew WALTERS），公共工程、能源和港口部长雷伯恩·布莱默（Rayburn BLACKMOOR），旅游与司法部长伊恩·道格拉斯（Ian DOUGLAS），教育与人力资源开发部长皮特·塞让（Peter SAINT. JEAN）、总检察长弗朗辛·巴伦（Francine BARON）、国家安全、劳动与移民部长查尔斯·萨瓦林（Charles SAVARIN）等。

【行政区划】全国划分为10个区。

【司法机构】由东加勒比最高法院和地方初审法院组成，英国枢密院司法委员会拥有司法终审权。东加勒比最高法院6名陪席法官中须有1名多米尼克居民，负责即席裁决。地方初审法院处理涉及不超过500东加元的违法行为。

【政党】主要有3个政党：

（1）多米尼克工党（Dominica Labor Party, DLP）：执政党。1955年成立，1978～1980年执政，1985年重组。2000年大选获胜，与自由党组成联合政府。2005年和2009年大选中，工党连续获胜并单独执政。领袖罗斯福·斯凯里特。

（2）多米尼克统一工人党（United Workers' Party, UWP）：反对党。1988年7月成立，于1995～2000年执政。政治领袖兼议会反对党领袖罗纳德·格林（Ronald GREEN）。

（3）多米尼克自由党（Dominica Freedom Party, DFP），1968年成立，前身是联合人民党。代表中上层人士的利益。1980～1995年执政，2000～2005年与工党联合执政。2005年和2009年大选均未获议席。

【重要人物】**尼古拉斯·利物浦**：总统。1934年9月9日生于多米尼克。在英国获法学学士和博士学位。曾任大学讲师、律师等职。先后任上诉法院及高等法院法官、多米尼克驻美国大使等。曾参与修订多米尼克、巴巴多斯、圣文森特、安巴、巴哈马等国法律。2003年11月10日就任总统，2008年连任，任期五年。已婚，有5个子女。**罗斯福·斯凯里特**：总理。1972年6月8日出生。就读于多米尼克国立学院、美国新墨西哥州立大学、密西西比大学，获心理学和英文专业学士学位。曾担任中学教师、公司顾问、国立学院讲师。2000年当选众议员并任体育和青年事务部长；同年10月任教育和人力资源开发事务部长。2004年1月继任总理兼财政、计划和加勒比事务部长。2005年5月大选后蝉联总理，兼任财政、计划、国家安全和海外公民事务部长。2008年11月，内阁重组后，任总理兼财政、社会保障和劳动部长。2009年大选连胜后，任总理兼财政、外交和信息技术部长。未婚，信奉罗马天主教。

经　济

以农业为主，主要为向欧盟出口香蕉。政府财政赤字较大。2002年曾出现严重财政危机并导致社会危机，被迫向国际货币基金组织和加共体求援，实施“经济稳定和调整”计划。近年，多政府持续执行经济稳定计划，旅游业和农业逐步恢复，外债重组顺利进行，政府财政状况有所改善，经济实现增长，但仍较为脆弱。同时，为应对加入加共体单一市场的挑战，政府正努力通过修改现行法律，改善投资环境，鼓励私营经济发展，积极寻求外资、外援，拓展旅游等产业。2008年主要经济数据如下（资料来源：2008年多米尼克政府工作报告）：

国内生产总值：3亿美元。

增长率：1.8%。

人均国内生产总值：3900美元。

货币名称：东加勒比元；1东加元=100分。

固定汇率：1美元=2.7东加勒比元。

通货膨胀率：3.2%。

失业率：17%。

【资源】蕴藏有大量的浮石，年产10万吨。地热和水力资源较丰富，有待开发。森林面积约360平方公里。

【工业】工业基础薄弱，仅有小型水果加工、服装、卷烟、酿酒、肥皂、榨油等轻工业。建筑业和制造业有所发展，占国内生产总值的比例较小。

【农业】农业收入约占国内生产总值的17%，约占出口收入的50%。全国约有9000个农户，10万英亩耕地，约40%的劳动力从事农业。主要农产品有香蕉、椰子、柑橘、芒果等。香蕉是最主要的出口产品，主要销往欧盟国家。近年来，受国际市场价格走低和欧盟取消优惠政策的影响，香蕉出口大幅下降，从1997年的4630万美元降至2007年的516万美元。2007年香蕉产量仅为7000吨。近年来，政府致力于推行农业生产多样化，大力发展花卉业、水产养殖和蔬菜生产。

【旅游业】旅游资源丰富，有热带雨林、温泉、冷泉、瀑布等景观，发展潜力较大。但航空、交通状况差、降雨量大、缺少优良海滩及地震多发等因素阻碍了旅游业的发展。近年来，政府致力于吸引外资，利用雨林、火山等自然条件大力发展生态旅游。全国有旅游客房约900间。游客主要来自加勒比国家、美国、加拿大和欧洲。

【离岸金融业】近年来政府大力发展离岸金融业，但规模较小。2000年被经合组织（OECD）列入“避税港”和“不合作国家”黑名单，其发展受到影响。多政府通过加强金融监管，脱离黑名单。2009年，OECD认为多等加勒比国家承诺遵守国际上达成一致的税收标准但执行不足，将其列入打击避税天堂的“灰名单”。

【交通运输】以公路运输为主，没有铁路。

公路：岛内有全天候公路1200公里；其他公路200公里。车辆总数约15000辆。

水运：最大港口是罗索，其次是朴次茅斯。年吞吐量约10万吨。

空运：有两个机场，只能供小型飞机白天起降。年客运量约为2万人。现政府正着手利用欧盟援助对北部最大的迈维豪机场进行改造。

【财政金融】近年来多政府财政情况如下（单位：百万美元）：

	2006/2007	2007/2008	2008/2009
财政收入	121.3	144.33	164.40
财政支出	114.5	143.89	160.33
差　额	6.8	0.44	4.07

（资料来源：多米尼克年度财政预算报告）

2006年外债为2.51亿美元，占当年GDP的86.2%。2004年外汇储备（黄金储备除外）为4800万美元。

【对外贸易】经济高度依赖进出口贸易，进出口总额超过GDP总量，贸易逆差较大。主要出口香蕉等农产品，进口石油、日用品、食品等。英国为最主要贸易伙伴，其次是牙买加和安巴。进口主要来源为美国、特多和英国。近几年进出口贸易情况如下（单位：百万美元）：

	2006	2007	2008
进口额	167.2	197.8	238
出口额	41.1	36.6	39
差　额	-126.1	-161.2	-199

【外国资本】英国是最大投资国，垄断了公用事业以及水果加工、香蕉收购和出口等。美国、加拿大等国也有少量投资。全国金融业的95%属于外资。

【外国援助】政府积极争取外援，中国、委内瑞拉、古巴、美国、欧盟、日本、墨西哥、韩国、印度、法国、英国、尼日利亚等国为多提供了援助。

【经济团体】（1）多米尼克进出口署（Dominica Export & Import Agency，DEXIA）：1986年成立，经

营农产品进出口业务。地址：P. O. Box 173，Bayfront，Roseau。电话：1－767－4482780。

（2）多米尼克工商协会（The Dominica Association of Industry & Commerce，DAIC）：1973 年成立，为私营企业联合体。主席卡尔·纳西夫，首席执行官赞德拉·菲利普斯。地址：P. O. Box 85，14 Church Street，Roseau。电话：1－767－4491962。

人民生活 2004 年全国有 7 个医院和 44 个卫生所，有医生 35 名、护士 92 名、床位 252 张。水电可满足国内能源需求的 75%。2002 年全国有 23700 部固定电话，9400 部移动电话，因特网用户达 12500 户。

军　事 没有军队，有警察部队约 400 人。

文化教育 【教育】对 5～15 岁儿童实行免费义务教育。2004 年全国有 82 所学龄前学校、65 所小学，15 所中学，有两所高等学院、一所护士学校和西印度大学的一个教学中心，在校学生约 1.6 万人。成人文盲率 5%。

【新闻出版】《新纪事报》，每周五发行；《热带星报》，每周三发行。国营的多米尼克广播公司用英、法两种语言播音。私营的江博电台用法语播音；还有一家教会电台。有两家电视台，除播放本国节目外，还通过有线电视转播美国和巴巴多斯的节目。

对外关系 主张根据《联合国宪章》宗旨和国际关系准则发展与其他国家关系，强调国家间应相互尊重主权、领土完整和边界的不可侵犯，互不干涉内政，和平解决国际争端。反对恐怖主义，提倡尊重人权和自由，提倡互惠合作。

对外关系的首要目标是确保国家的独立和主权完整，全力争取国际援助，吸引外资。强调发展与欧盟、美国、日本和加拿大等西方发达国家的关系，重视发展与中国、古巴、委内瑞拉等国关系，2008 年 1 月加入由委主导的美洲玻利瓦尔选择（ALBA）。支持加勒比地区一体化。目前，多已与 52 个国家建立了外交关系。

【同中国的关系】2004 年 3 月 23 日中多建交。建交后，双边关系发展顺利。多总统利物浦、总理斯凯里特、社区事务部长沃尔特、农业部长乔治等曾访华。中国全国人大常委会副委员长顾秀莲、外交部副部长周文重、杨洁篪、商务部副部长廖晓淇、全国人大常委会副秘书长王云龙等曾访多。两国在经贸、文化、教育、新闻。体育、青年等领域的合作有序展开。2008 年 8 月，利物浦总统和斯凯里特总理同时来京出席第 29 届奥运会闭幕式，胡锦涛主席和温家宝总理分别会见。

据中国海关总署统计，2009 年，中多双边贸易额为 2348 万美元，其中中方出口额 2232 万美元，进口额 116 万美元，分别增长 －69.9%、－70.5% 和 －46.4%。

中国驻多米尼克大使：邓波清。馆址：Morne Daniel，Roseau，the Commonwealth of Dominica。电话：001－767－4490088；传真：4400088。

多米尼克驻华大使：暂空缺。馆址：北京市朝阳区东方东路 22 号亮马桥外交公寓 A 区 6 号。电话：010－65320838；传真：65320848。

【同美国的关系】冷战结束后，美降低对多经援和减免债务力度。2003 年多在联大公开指责美国出兵伊拉克。目前美主要通过世界银行和加勒比开发银行等国际和地区组织在教育、卫生等领域向多提供技术援助，多美关系逐步改善。多美签有海事执法协定、司法协助条约和双边引渡条约。2007 年 6 月，多总理斯凯里特赴华盛顿参加了首届加勒比大会。

【同欧盟的关系】多欧在冷战时代即为盟友，欧盟是多最大的援助方，帮助多修建了多项基础设施并提供了各类人力资源培训。2005 年 11 月，加共体国家政府首脑共同会见英国首相布莱尔，就欧盟香蕉和糖业改革政策等问题交换看法。2008 年 10 月，与加勒比论坛成员国共同与欧盟签署经济伙伴关系协定（EPA）。

【同加拿大的关系】加拿大是多的主要援助国之一，多加关系稳定良好。加拿大与东加勒比国家签有贸易优惠协定，多米尼克等本地区国家出口加拿大的商品大部分享受免税待遇。

【同日本的关系】多日于 1978 年 12 月建交，日本是多在亚洲最早建交的国家。1992 年、1997 年、2000 年和 2001 年多四任总理访日。多日在渔业领域建立了工作级磋商机制。日本在多援建了数个渔业综合设施工程，并派有志愿者在多工作。

【同加勒比国家的关系】与本地区国家关系较密切。是东加勒比国家组织、加勒比共同体、加勒比国家联盟、美洲玻利瓦尔选择等组织成员。近年来，在促进加共体和东加勒比组织各国间政治团结、经济合作和推进地区一体化进程等方面发挥着积极作用。

（胡启全）

厄瓜多尔

国名 厄瓜多尔共和国（The Republic of Ecuador，La República del Ecuador）。

面积　256370平方公里。

人口　1417万（2010年）。其中，印欧混血种人占77.42%，印第安人占6.83%，白种人占10.46%，黑白混血种人占2.74%，黑人和其他人种占2.55%。官方语言为西班牙语，印第安人通用克丘亚语。94%的居民信奉天主教。

首都　基多（Quito），人口215.19万（2010年）。海拔2818米。全年气温在10℃～23℃之间。年平均气温13.5℃。

国家元首　总统拉斐尔·科雷亚·德尔加多（Rafael CORREA Delgado），2009年8月10日就职，任期四年。

重要节日　独立日（即国庆节）：8月10日。

简　况

位于南美洲西北部。东北与哥伦比亚毗连，东南与秘鲁接壤，西临太平洋。海岸线长930公里。赤道横贯国境北部（国名即西班牙语“赤道”之意）。东西部属热带雨林气候。山区盆地为热带草原气候，山区属亚热带森林气候。平均气温沿海为23℃～25℃，东部地区23℃～27℃。年平均降水量2000～3000毫米，山区1000毫米。

古代境内居住着印第安部落。15世纪属于印加帝国。1532年沦为西班牙殖民地。1809年8月10日宣布独立，但仍被西班牙殖民军占领。1822年结束西班牙的殖民统治并加入由哥伦比亚、委内瑞拉和巴拿马组成的大哥伦比亚共和国。1830年该共和国解体后，宣布成立厄瓜多尔共和国。二次大战后，厄政局长期动乱，政权更迭频繁，军人多次执政。1979年，军政府还政于民，政局趋于稳定。

政　治

2002年10月，古铁雷斯当选总统后，谋求通过全面对话同社会各阶层达成共识，但继续推行新自由主义经济政策，引起下层民众不满和执政联盟破裂。2005年4月，古因控制最高法院、取消审判前总统布卡拉姆，引发民众抗议浪潮，厄国会以“弃职”为由罢免古总统职务，副总统帕拉西奥接任总统。帕上台后，由于缺乏社会基础和政党支持，未能兑现政治改革的承诺，同时对石油生产危机和社会问题处理不力，导致政府威信下降和社会动荡，大规模罢工和抗议活动时有爆发。2006年11月26日，主权祖国联盟运动候选人科雷亚在第二轮总统选举中当选总统，并于2007年1月15日就职。科就职后即推动召开制宪大会，以进行深层次变革，革除厄政治沉疴。2007年4月15日，厄全民公决以81.72%的支持率决定召开制宪大会。9月，厄举行制宪大会代表选举，执政党主权祖国联盟获61%的席位。11月，制宪大会正式召开。2008年7月，制宪大会通过新宪法草案。9月，新宪法在全民公投中以63.94%的支持率获得通过。10月，新宪法正式颁布实施。2009年4月，厄根据新宪法重新举行总统、议会和地方政府选举，科雷亚当选总统。目前，厄政局保持稳定。

【宪法】现行宪法于2008年9月28日通过，即日正式生效。新宪法建立了五权分立的政治体制，在加强行政权、改革立法权和司法权的基础上，增设公民参与社会管理权和选举权。规定总统可连任一次，并可在任期头三年解散议会（立法机构）。加强政府对国民经济的宏观规划和计划性指导，严格控制涉及国计民生的战略性部门，加强金融监管，取消中央银行自主权。成立债务委员会，严格审查和批准举借外债手续。

【国会】厄瓜多尔国民代表大会实行一院制。议员共124名，其中全国议员15人，省议员103人，海外议员6人。本届国会于2009年4月组成，7月31日正式宣誓成立，任期四年。各党派在议会中所占席位如下：执政党主权祖国联盟运动59席，“1·21”爱国社团党18席，基督教社会党11席，制度革新党7席，城市运动5席，人民民主运动4席，罗尔多斯党3席，帕查库蒂克运动4席，民主左派党2席，其他党派9席。议长、副议长由国会全体会议选举产生，任期两年，可连选连任。现任主席费尔南多·科尔德罗（Fernando CORDERO），第一副主席科贝萨斯·罗德里格斯（Cabezas RODRIGUEZ），第二副主席罗兰多·潘恰纳·法拉（Rolando PANCHANA Farra）。

【政府】总统为国家最高行政首脑。现政府于2009年8月组成，共包括27个部委和11个国务秘书处。现内阁成员有：政治协调和地方自治政府部长多丽丝·索利斯（Doris SOLIZ，女），安全协调部长米格尔·卡瓦哈尔（Miguel CARVAJAL），内政部长古斯塔沃·哈尔克（Gustavo JALKH），国防部长哈维·庞塞（Javier PONCE），司法、人权和宗教部长何塞·赛拉诺（José SERRANO），经济政策协调部长卡提乌斯卡·金（Katiuska KING），财政部长帕特里西奥·里维拉（Patricio RIVERA），外交、贸易和一体化部长里卡多·帕蒂尼奥（Ricardo PATIÑO），战略协调部长豪尔赫·格拉斯（Jorge GLAS），非再生自然资源部长威尔逊·帕斯托（Wilson PASTOR），可再生能源与电力部长米格尔·卡拉奥拉诺（Miguel CALAHORRANO），交通与公共工程部部长玛丽亚·杜阿尔特（María DUARTE，女），电信与信息社会部长海梅·鲁伊斯（Jaime RUIZ），社会发展协调部长珍妮特·苏里塔（Jeannette ZURITA，女），教育部长格洛利亚·比达尔（Gloria VIDAL，女），劳工部长理查德·埃斯皮诺萨（Richard ESPINOSA），经济社会部长希梅娜·庞塞（Ximena PONCE，女），卫生部长大卫·奇里沃加（David CHRIBOGA），城市发展与住房部长瓦尔特·索利斯（Walter SOLIS），文化遗产协调部长费尔南达·埃斯皮诺萨（Fernanda ESPINOSA，女），文化部长艾里卡·席尔瓦（Erika SYLVA，女），体育部长桑德拉·贝拉（Sandra VELA，女），环境部长马塞拉·巴列霍（Marcela VALLEJO，女），旅游部长弗雷迪·埃勒斯（Freddy EHLERS），生产、就业及竞争力协调部长纳塔利·塞利（Nathalie CELY），农业部长拉蒙·埃斯皮内尔（Ramón ESPINEL），工业部长维罗妮卡·席翁（Verónica SION，女），公共管理国务秘书比尼西奥·阿尔瓦拉多（Vinicio ALVARADO），国家规划和发展国务秘书雷内·拉米雷斯（René RAMIREZ），总统府国务秘书玛丽亚·多诺索（María DONOSO，女），新闻国务秘书费尔南多·阿尔瓦拉多（Fernando ALVARADO），司法国务秘书亚力克西斯·梅拉（Alexis MERA），移民事务国务秘书洛雷纳·杜兰（Lorena DURAN，女），人民、社会运动和公民参与国务秘书亚历山德拉·奥克莱斯（Alexandra OCLES，女），科学与技术国务秘书曼努埃尔·巴尔德隆（Manuel BALDERON），水资源国务秘书何塞·帕雷德斯（José PAREDES），风险管理国务秘书玛丽亚·科尔内霍（María CORNEJO，女），行为透明国务秘书胡安·罗尔丹（Juan ROLDAN）。

【行政区划】 全国划分为22个省，下设215个市、1081个区。

【司法机构】 新宪法规定，原国家最高法院由国家司法法院（Corte Nacional de Justicia）取代，为国家最高司法机关。国家司法法院共有21名法官（包括院长在内），院长为何塞·文森特·特罗亚·哈拉米略（José Vicente TROYA Jaramillo）。该法院下设7个法庭，每个法庭共3名法官。此外，厄瓜多尔还设有宪法法院（Corte Constitucional），院长为帕特里西奥·帕斯米尼奥·弗莱雷（Patricio PAZMIÑO Freire），该法院主要处理与宪法相关的条文解释和判决。

【政党】 全国共有13个合法政党，主要有：

（1）主权祖国联盟运动（Movimiento Alianza País）：执政党。2005年11月建立。主张对内建立民主、稳定的社会，实现法律公正，加强经济、社会和环境的协调与平衡，建立完全竞争的市场机制，打破少数经济寡头的行业垄断；对外维护国家独立和在能源、货币和文化等方面的主权，推动地区合作。党主席拉斐尔·科雷亚·德尔加多（Rafael CORREA Delgado）。

（2）制度革新党（Partido Renovador Institucional Acción Nacional）：2002年4月建立。党员100万人。主张国家利益至上，尊重民主和人权，鼓励公民积极参与国家建设，反对贪污、剥削和社会歧视。主张取消所得税，以吸引更多投资，增加就业。强调对国家各项体制进行改革，重振经济，减少贫困，实现发展和繁荣。党主席阿尔瓦罗·诺沃亚（Alvaro NOBOA）。

（3）“1·21”爱国社团党（Partido Sociedad Patriótica 21 de Enero）：在野党。2002年2月建立。2003年1月至2005年4月曾执政。党员40万人。主张继承拉美和厄瓜多尔民族先驱的理想，建立一个摆脱殖民主义、落后贫困与愚昧状态的民主国家。主张根除腐败，实施立法、司法和监察机构的改革。反对霸权主义，主张人民自决。党主席卢西奥·古铁雷斯（Lucio GUTIERREZ）。

（4）基督教社会党（Partido Social Cristiano）：在野党。1945年成立时称基督教民主党，1951年改为现名。1956～1960年和1984～1988年两次执政。党员35万。代表企业家利益，主张基督教民主。党主席帕斯夸尔·德尔西奥波·阿拉贡第（Pascuál DEL CIOPPO Aragundi）。

其他政党有：民主左派党、罗尔多斯党、帕查库蒂克运动、公民道德运动、基督教民主联盟和人民民主运动等。

【重要人物】 **拉斐尔·科雷亚·德尔加多**：总统。1963年4月6日生于瓜亚基尔，毕业于厄天主教大学，曾在比利时和美国多所大学进修，获经济学博士学位。曾在瓜亚基尔天主教大学任教，还曾担任厄圣弗朗西斯科大学、拉美社会科学院、安第斯大学客座教授。2005年4月至8月担任经济和财政部长。曾发表《厄瓜多尔经济的脆弱性》、《发展的挑战》等专著。2007年1月15日就任总统。2009年4月，厄根据新宪法重新举行总统选举，科再次当选总统。

经 济

南美地区经济相对落后的国家，工业基础薄弱，农业发展缓慢。经济发展分为三个时期，即可可时期、香蕉时期和石油时期。厄以“香蕉之国”闻名于世，1992年起连续多年香蕉产量和出口量均居世界第一位。

2000年1月，马瓦德总统宣布实行经济美元化，遭到民众反对。诺沃亚继任总统后，正式实施经济美元化政策。2004年，厄政府同国际货币基金组织等国际金融机构达成外债重组和贷款协议，宏观经济继续保持增长势头。但美元化也带来竞争力下降、出口乏力等弊端。2006年，帕拉西奥政府把社会和生产性投资放在与外债同等的地位，增加社会和生产性投资以促进生产力。科雷亚总统2007年1月执政后，宣布摒弃新自由主义经济模式，加强国家对经济运行的控制力度，重审与外国签署的投资保护协定。在资源问题上强调国家利益与主权，颁布《第42号石油法修正案补充法令》，单方面将外国公司在厄签订的石油合同超额油价税分成由50%比50%调高为99%比1%。同时利用石油出口、侨汇收入和社会投入等手段拉动经济增长。2008年下半年以来，国际金融危机对厄实体经济影响逐步显现，厄原油出口等下降。为此，厄政府制定措施，加大对基础设施修建、改建的投入，通过大量的公共工程建设拉动内需和就业，刺激经济增长并兑现新宪法中涉及民生的承诺。2009年主要经济数据如下：

国内生产总值：514亿美元。

人均国内生产总值：3627美元。

经济增长率：0.36%。

货币名称：美元（厄从2000年1月实行经济美元化，原货币苏克雷已于同年9月停止流通。目前厄已完全使用美元）。

通货膨胀率：4.3%。

失业率：7.9%。

【资源】自然资源较丰富，石油是厄经济重要支柱。石油探明储量为81.6亿桶。天然气储量2250亿立方米。此外有金、银、铜、铁、锰、煤、硫磺等。森林覆盖率42.5%。水力和渔业资源丰富。

【工业】主要有石油和采矿业、制造业、建筑和电力工业等。2009年，制造业、建筑业、采矿业产值分别为21.34亿美元、54.49亿美元和83.85亿美元。2001年从事制造业和建筑业人数分别为47.15万和28.78万人。2009年厄石油产量为1.77亿桶。

【农牧渔业】2006年，全国可耕地面积为931万公顷，种植面积590万公顷。2009年，农牧业产值为31.8亿美元。2001年有124.4万人从事农牧渔业。粮食不能自给。香蕉、可可、咖啡为传统出口农产品。2004年香蕉种植面积18万公顷。近年来池虾养殖和出口量在国民经济中占据越来越重要的位置。

【服务业】2001年，厄全国从事服务业人数80.26万。2009年服务业产值239.52亿美元，占国内生产总值的46.6%。

【旅游业】厄历来重视旅游业，旅游业已成为厄第四大创汇行业，约有50万人直接或间接从事旅游业。2009年，厄接待外国旅游者100万人次，收入7.6亿美元。2004年，全国共有旅游饭店2610家。主要旅游点有基多、瓜亚基尔、昆卡、因巴布拉省、东部亚马孙河流域和加拉帕戈斯群岛（龟岛）。基多市、龟岛和昆卡市被联合国教科文组织列入“世界文化与自然遗产”名录。

【交通运输】交通事业自20世纪80年代起发展较快。

公路：总长4.32万公里，其中沥青路6040公里，硬石路2.1万公里，其余为土路。

铁路：总长965公里。近几年铁路建设基本处于停滞状态。

空运：国际机场两个，在基多和瓜亚基尔市。国内航线的民用机场有17个。厄瓜多尔航空公司为国营，拥有10架大型客机。私人航空公司两家，还有属军队管辖的TAME公司。2009年空运旅客330万人次。

水运：拥有一个8艘油船的石油船队，1700余艘渔船和两家私人海运公司。主要港口有瓜亚基尔、埃斯梅拉达斯、玻利瓦尔、曼塔和巴拉奥。

输油管道：由东部阿格略湖至埃斯梅拉达斯港，全长503公里。

【财政金融】近几年财政收支情况如下（单位：亿美元）：

	2006	2007	2008
收　入	70.17	68.66	149.49
支　出	67	72.48	141.49
差　额	3.17	-3.82	8

（资料来源：厄财政部）

2009年底，外汇储备38亿美元；公共债务余额132亿美元，占国内生产总值的39%。

【对外贸易】奉行出口商品和市场多样化、保护和发展民族工业、鼓励工业制成品和半制成品出口等政策。主张同世界不同制度和意识形态的国家发展贸易并进一步寻求新市场。与90多个国家和地区有贸易关系。近年进出口贸易情况如下（单位：亿美元）：

	2007	2008	2009
总额	274.17	359.26	278
出口额（离岸价）	138.52	185.11	138
进口额（离岸价）	135.65	174.15	140
差额	2.87	10.96	-2

（资料来源：厄中央银行）

主要出口石油、香蕉、大虾和鲜花，2009年出口收入分别为62.8亿美元、20亿美元、6.54亿美元和5.46亿美元。主要进口机械设备、工业原料、燃料和消费品等。主要贸易伙伴是美国、巴拿马、中国、欧盟和日本。

【外国资本】1997年，厄颁布《促进与保障投资法》，规定在国防、安全、广播电视、新闻等领域不能实施外国直接投资，在其他领域的外国与本国投资享受同等待遇。2008年厄颁布新宪法规定，国内资本优先于外资，外资为本国资本的补充。2009年，厄吸收外资3.12亿美元。

【外国援助】2006年1月，日本向厄提供1000万美元贷款；2月，西班牙向厄提供3000万欧元贷款；3月，安第斯促进会向厄提供2.93亿美元贷款。2007年2月，委内瑞拉向厄提供10亿美元贷款。4月，日政府向厄捐助370万美元用于购买农业肥料。7月，美国向厄捐赠价值950万美元的高科技通讯设备及军事设备用于打击贩毒活动。2008年2月，欧盟向厄提供1620万欧元，用于支持厄教育计划。

人民生活

拉美地区较贫困的国家，人民生活水平较低。2009年，平均最低工资为240美元。厄贫富悬殊，基尼系数为0.48。2009年，城市贫困人口率为22%。2004年，全国共有917家医院，28653张病床。2008年卫生和公共事业开支约11亿美元。

军　事

总统为武装部队最高统帅，通过国防部长和三军联合指挥部统率全军。国防部长由总统任免，可为现役或退役军人。三军联合指挥部由三军司令组成，负责制定训练和作战计划。实行义务兵役制，服役期一年。现任三军联合指挥部司令克劳迪奥·巴雷拉（Claudio PARRERA），陆军司令路易斯·冈萨雷斯（Luis GONZALEZ），海军司令阿兰德·莫雷斯蒂纳（Aland MOLESTINA），空军司令罗德里戈·博奥克斯（Rodrigo BOHORQUEZ）。

总兵力约5.5万人，其中陆军3.5万人，编有4个师、14个旅。装备轻型坦克111辆、装甲车67辆、装甲运输车350辆、各型火炮1000门、飞机90架；海军1.4万人，设有3个军区，编有1个舰队、1个潜艇分队。装备各型舰艇38艘，各型潜艇30艘，飞机20架。陆战队1500人，编为3个陆战营。海军航空兵250人。空军6000人，设有3个军区、4个司令部。编有7个联队、16个中队。装备飞机200余架，其中作战飞机78架。另有海岸警卫队200人，预备役军人10万。

2009年军费为13亿美元，占国家预算的10%。

文化教育

【教育】宪法规定，政府预算的25%～30%用于教育。2009年厄全国文盲率为7.76%。2009年，教育预算29.32亿美元。目前国立大、中、小学实行免费教育，大学实行自治，保护私人办学自由。近几年来，教育事业发展较快。著名高等院校有厄瓜多尔中央大学、天主教大学、瓜亚基尔大学和昆卡大学。2004年各级学校和在校教师及学生人数如下：

	学校（所）	学生（人）	教师（人）
小学	18623	1987465	89546
中学	3613	983859	82798
大学	65	84989	18301

【新闻出版】厄新闻事业比较发达。有50多种报纸和21种杂志，多为私人经营。主要报纸和发行量：《商报》，为曼蒂利亚家族的私营报纸，发行量9万份；《今日报》，由海梅·曼蒂利亚集资兴办，7.2万份；《宇宙报》，7.5万份；《快报》，6万份。《浏览》是发行量较大的综合性杂志。以上报刊均为西班牙文版。

国家通讯社：厄瓜多尔新闻社。

全国社会通讯秘书处成立于1973年，原名全国公共新闻秘书处，主管全国新闻宣传工作。

广播电台：全国电台共460多家，首都有54家。主要有厄瓜多尔电台、天主教电台、基多电台、成就电台和安第斯之声电台。电台绝大多数为私人所有。

全国共有19家电视台，均由私人经营。主要电视台：2台、4台、8台、10台和13台。

2009年互联网用户总数达184万人，较2008年增长5.14%。

对外关系

奉行独立、自主、和平的外交政策。主张各国相互尊重主权和领土完整，互不干涉，和平解决国际争端。坚持不结盟政策，认为不结盟运动的任务已由政治转向经济。强调外交为经济建设服务。主张全面裁军，减少核武器，拉美应成为真正的无核区。要求建立国际经济、金融和货币新秩序。赞成债务国采取一致立场和联合行动，以争取合理的偿债条件，强调债权国必须与债务国共同承担责任，政治解决外债问题。主张加强联合国的作用，安理会应具有更广泛的代表性，并增加其工作透明度和决策民主性。主张尊重和捍卫人权，支持召开国际人权会议。认为在新形势下，拉美国家只有加强团结合作，实行一体化，才能获得发展。主张积极发展同亚太地区国家的政治与经贸关系。要求加入亚太经合组织。同85个国家保持外交关系。科雷亚政府上台后，逐步调整对外政策，注重加强地区合作。

【同中国的关系】中厄于1980年1月2日建交。

2009年，两国友好合作关系有新的发展。双方保持高层交往。11月23～25日，全国政协主席贾庆林对厄瓜多尔进行正式友好访问，分别会见了厄总统科雷亚，国民代表大会主席科尔德罗。双方就中厄关系和其他共同关心的问题深入交换意见，就增进两国互利友好合作关系达成广泛共识。

2月12～15日，国务院副总理回良玉访厄，会见厄总统科雷亚、与副总统莫雷诺举行会谈。双方就中厄关系和加强两国互利合作交换意见。

8月10日，中国政府特使、农业部部长孙政才出席科雷亚总统就职仪式。

2009年，中厄贸易额为17.67亿美元，同比下降26.3%，其中中方进口额7.63亿美元，出口额10.04亿美元，同比分别下降10%和35.1%。

中国驻厄瓜多尔大使：蔡润国。馆址：Avenida Atahualpa No. 349 y Avenida Amazonas。信箱：17－1105143。电话：2444362（值班室），2458337，2458587，2444362（领事部），2458128（经商处）。国家地区号：593－2。传真：593－2－2444364。电传：（0308）22614 ECHINA ED。

厄瓜多尔驻华大使：暂无。馆址：北京市朝阳区三里屯办公楼2—62号。电话：010－65320489；传真：65324371。

【同美国的关系】厄美于1848年8月12日建交。两国经济关系密切，厄资金和技术大部分来自美国。美是厄石油的主要买主，占厄石油出口的59.4%。厄美签有军事协议。1999年4月，厄美签署协议，厄允美租用曼塔空军基地作为美在南美地区反毒基地，租期已于2009年9月到期，厄政府不再续约。美政府支持厄政府实行经济美元化。2004年2月、6月和10月，美南方军司令詹姆斯·希尔访厄；5月，美同厄、哥伦比亚和秘鲁正式启动自由贸易谈判。2006年2月，美南方司令部司令克拉多克访厄。

2007年5月，美常务副国务卿内格罗蓬特访厄。2008年1月，厄国防部长桑多瓦尔访美；2月，美众议院西半球事务委员会主席埃利奥特访厄；6月，美国务院安第斯事务副主任鲍文访厄；7月，美国务院经济政策办公室主任鲁尼访厄，与厄外交部探讨建立正式交流与对话机制；11月，厄美举行第一轮双边对话，厄外交部双边事务副秘书哈蒂瓦和美国务院拉美事务助理国务卿帮办麦克马伦出席。2009年6月，厄外长法尔孔尼访美，11月厄、美举行第二轮双边对话，厄副外长奥尔博和美国负责西半球事务助理国务卿香农出席。

【同拉美国家的关系】 发展与拉美国家，特别是同邻国的关系，是厄对外关系的重点。厄主张在拉美实行"真正的一体化"。2009年6月厄宣布加入"美洲玻利瓦尔选择"（后更名为"美洲玻利瓦尔联盟"），9月，厄签署成立南方银行条约。2009年，厄继续同拉美国家保持密切高层互访。科雷亚总统先后访问古巴、委内瑞拉、巴拉圭、洪都拉斯等国。

2008年3月，哥伦比亚政府派兵进入厄境内打击哥反政府游击队，厄宣布与哥断交。2009年，厄与哥多次举行磋商，努力修复两国关系，11月双方恢复代办级外交关系，12月厄副总统莫雷诺访哥。目前，双方仍在边境安全等问题上相互指责，尚未实现关系正常化。

【同欧盟、日本的关系】 欧盟和日本是厄所需资金、技术的重要来源，又是厄传统出口产品的重要市场，相互间签有多项经贸和科技合作协定。厄向欧盟出口占其出口总额的12%。厄外债中10%的债权属日本商业银行。2009年2月，西班牙外交大臣莫拉蒂诺斯访厄；3月，英国王子查尔斯访厄；6月，厄外长法尔孔尼访问意大利、俄罗斯、德国；10月，厄总统科雷亚访问英国、俄罗斯；11月，科雷亚总统访问比利时。（徐伟）

哥伦比亚

国名　哥伦比亚共和国（The Republic of Colombia, La República de Colombia）。

面积　1141748平方公里。

人口　4500万。其中印欧混血种人占60%，白人占20%，黑白混血种人占18%，其余为印第安人和黑人。官方语言为西班牙语。多数居民信奉天主教。

首都　波哥大（Bogotá），人口726万。年平均气温14℃。

国家元首　总统阿尔瓦罗·乌里韦·贝莱斯（Alvaro URIBE Vélez），副总统弗朗西斯科·桑托斯·卡尔德龙（Francisco SANTOS Calderón）。两人均于2002年首任，2006年连任，任期至2010年8月。

重要节日　7月20日为独立日。

简　况

位于南美洲西北部，东邻委内瑞拉、巴西，南接厄瓜多尔、秘鲁，西北与巴拿马相连，北临加勒比海，西濒太平洋。海岸线长2900公里。境内显著地分为西部山地区和东部平原区。哥地处热带，气候因地势而异。东部平原南部和太平洋沿岸属热带雨林气候，1000～2000米的山地属亚热带森林气候，西北部属热带草原气候。

古代为奇布查族等印第安人的居住地。1536年沦为西班牙殖民地。1810年7月20日宣布脱离西班牙独立，后遭镇压。1819年，南美解放者西蒙·玻利瓦尔领导的起义军大败西班牙殖民军后，哥重获解放。1821年与现厄瓜多尔、委内瑞拉、巴拿马组成大哥伦比亚共和国。1829～1830年，委、厄先后退出，大哥伦比亚共和国解体。1831年改名为新格拉纳达共和国，1861年称哥伦比亚合众国，1886年改称现名（1903年巴拿马独立）。独立后，自由党和保守党轮流执政。2002年5月，独立人士乌里韦在大选首轮投票中以超过半数的选票当选总统，打破了哥两大传统政党轮流执政的政治格局。2006年5月，乌里韦在大选中成功连选连任。

政　治

乌里韦执政以来，推行改革，精简政府机构，削减公共开支；大力发展经济，吸引外资，创造就业和解决贫困，政绩显著。一年来，哥政府一系列"政治丑闻"被曝光，但乌里韦民众支持率保持高位，执政地位稳固。2005年，议会和宪法法院先后通过"总统连选连任法案"。2006年5月，乌在大选中获得62%的选票，成功蝉联总统，并于8月7日就职。2010年6月，支持乌里韦政府的民族团结党候选人胡安·曼努埃尔·桑托斯·卡尔德龙在大选第二轮投票中以69.6%的得票率当选哥总统，任期至2014年8月。

乌在国内和平问题上采取强硬立场，实施"民主安全政策"，确立主要通过军事手段解决内乱、"以战促和"的战略重心，对各非法武装采取不同策略分而治之，对准军事组织"联合自卫军"已成功实施多批遣散。2008年3月，哥主要反政府游击队"哥伦比亚革命武装力量"（FARC）创始人、总司令马鲁兰达病逝、该组织二号头目雷耶斯被哥政府军击毙。7月，哥政府军成功营救包括前总统候选人贝当古和3名美国人在内的15名人质。FARC受到重创，目前仅在深山或边境地区活动。总的看，哥安全形势趋于好转。

【宪法】现行宪法是在1886年宪法基础上修改而成的，于1991年颁布。新宪法扩大民主参与范围，并加强司法权力。主要内容有：实行代议制民主，立法、司法和行政三权分离；总统为国家元首兼政府首脑，亦是武装部队统帅，由直接选举产生，不能连任。恢复设立副总统；省市长改为直接选举产生；保障人身安全、人权以及信仰、结社、劳动、思想和教育自由。2004年11月，哥议会通过了总统连选连任法案；2005年10月，宪法法院批准了该法案。

【议会】国会由参、众两院组成，行使国家立法权，审批政府财政预算，监督政府工作。本届国会于2006年7月20日成立，任期四年。参议员102名，众议员166名，均由直接选举产生，可连选连任。参议长和众议长任期一年。现任国会主席兼参议长哈维尔·卡塞雷斯·莱亚尔（Javier CÁCERES Leal）、众议长埃德加·戈麦斯·罗曼（Edgar GOMEZ Roman），均于2009年7月就职。主要党派在本届议会中的席位如下：

	参议院	众议院
民族团结社会党	28	44
保守党	22	47
自由党	17	31
民主变革中心党	8	4
激进变革党	8	15
国家统一党	8	11
其他政党	11	14

【政府】总统内阁制。本届政府于2006年8月组成，现内阁成员为：内政司法部长法维奥·瓦伦西亚·科西奥（Fabio VALENCIA Cossio），外交部长海梅·贝穆德斯·梅里萨尔德（Jaime BERMUDEZ Merizalde），财政与公共信贷部长伊万·苏卢阿加（Iván ZULUAGA），国防部长加夫列尔·席尔瓦·卢汉（Gabriel SILVA Luján），农业部长安德烈斯·费尔南德斯·阿科斯塔（Andrés FERNANDEZ Acosta），社会保障部长迭戈·帕拉西奥·贝当古（Diego PALACIO Betancourt），矿业和能源部长埃尔南·马丁内斯·托雷斯（Hernán MARTINEZ Torres），贸易、工业和旅游部长路易斯·吉列尔莫·普拉塔·派斯（Luis Guillermo PLATA Páez），教育部长塞西莉亚·玛丽亚·贝莱斯·怀特（Cecilia María VELEZ White，女），环境、住房及国土开发部长卡洛斯·科斯塔·波萨达（Carlos COSTA Posada），通讯部长玛丽亚·德尔罗萨里奥·格拉（María del ROSARIO Guerra，女），交通部长安德烈斯·乌列尔·加列戈·埃纳奥（Andrés Uriel GALLEGO Henao），文化部长保拉·马塞拉·莫雷诺·萨帕塔（Paula Marcela MORENO Zapata，女）和国家计划委员会主任卡罗利娜·伦特里亚·罗德里格斯（Carolina RENTERIA Rodríguez，女）。

【行政区划】全国分32个省（包括波哥大首都区）。

【司法机构】最高法院、行政法院、宪法法院、高级司法委员会和总检察院组成哥司法体系。最高法院是最高普通司法机关，由29名大法官组成。国家行政法院和宪法法院分别由29名和9名大法官组成。高级司法委员会由13名大法官组成。各法院院长均由大法官选举产生，任期一年。总检察院属哥司法系统的组成部分，但享有行政和预算自治权。最高法院院长海梅·阿鲁布拉·保卡尔（Jaime ARRUBLA Paucar），总检察长吉列尔莫·门多萨·迭戈（Guillermo MENDOZA Diego），国家总监察长亚历杭德罗·奥多涅斯·马尔多纳多（Alejandro ORDOÑEZ Maldonado），总审计长胡里奥·塞萨尔·图尔瓦伊·金特罗（Julio César TURBAY Quintero）。

【政党】全国主要政党如下：

（1）民族团结社会党（Partido Social de la Unidad Nacional）：2005年成立，简称“U”党。由支持乌里韦执政的人士组成。该党纲领强调代表广大民众利益，尊重政治发展多元化，重视社会民主建设，监督政府机构，逐步恢复大众政治信心。2010年，该党在3月举行的议会选举中得票率居首位。该党主席胡安·曼努埃尔·桑托斯（Juan MANUEL Santos）在2010年大选中以高票当选下届总统。

（2）保守党（Partido Conservador）：哥主要传统政党。1849年成立。1987年曾易名为社会保守党，1992年改回原名。现有党员160万。历史上曾代表农牧业主、教会和大资产阶级利益，现在中、小资产阶级、工人、农民中亦有影响。主张维护民族独立和国家主权，发展民族经济和意识形态多样化。党主席费尔南德·阿劳霍·佩尔多莫（Fernando ARAÚJO Perdomo）。

（3）自由党（Partido Liberal）：19世纪40年代成立，哥主要传统政党。现有党员400万左右。主要代表工商资产阶级的利益，在工农和小资产阶级中也颇有影响。主张维护国家主权，发展民族经济和实行政治及经济改革。1989年6月，该党加入社会党国际。哥独立以后，该党与保守党轮流执政。党主席拉斐尔·帕尔多（Rafael PARDO）。

（4）民族统一党（Partido Integración de la Nación）：2009年11月成立，主要力量来自原公民团结党，现为执政联盟成员党。该党在2010年3月的议会选举得票位居第四。党主席萨穆埃尔·阿列塔（Samuel ARRIETA）。

（5）激进变革党（Partido Cambio Radical）：成

立于 1998 年，在 2002 年和 2006 年大选中支持乌里韦竞选总统，现为执政联盟成员党。党主席赫尔曼·巴尔加斯·列拉斯（Germán VARGAS Lleras）。

（6）民主变革中心党（Polo Democrático Alternativo）：2006 年成立。在同年举行的总统大选中，该党候选人卡洛斯·加维里亚得票率位居第二。该党为哥伦比亚左翼政党代表，主要支持力量为工会、企业行会和中下阶层人士等。主席克拉拉·洛佩斯·奥夫雷贡（Clara LÓPEZ Obregón）。

（7）绿党（Partido Verde）：2009 年 9 月成立。2010 年哥举行的总统大选中，该党候选人安塔纳斯·莫克库斯得票率位居第二。总书记内斯托尔·丹尼尔·加西亚（Néstor DANIEL García）。

【重要人物】阿尔瓦罗·乌里韦·贝莱斯：总统。1952 年 7 月 4 日生于哥伦比亚安蒂奥基亚省首府麦德林市。1977 年毕业于安蒂奥基亚大学，获法律和政治学博士学位。后赴美国哈佛大学深造，获工商管理硕士学位。1998～1999 年在英国牛津大学任教。历任麦德林市公共企业资产局长、劳工部秘书长、国家民航局长（1980～1982 年）、麦德林市长和市政议员（1982～1986 年）、参议员（1986～1994 年）和安蒂奥基亚省长（1995～1997 年）等职。曾加入自由党。2001 年 10 月，因不满自由党全国委员会推举塞尔帕为该党总统候选人，宣布以独立人士身份参加大选。2002 年 5 月 26 日，在大选中以近 53% 的得票率当选总统，于 8 月 7 日就职。2006 年 5 月 28 日以 62% 得票率蝉联。夫人丽娜·莫雷诺，有两子。2005 年 4 月对中国进行国事访问。

经　济

历史上是以生产咖啡为主的农业国。20 世纪 80 年代后，国内生产总值一直保持 3%～6% 的增长速度。

乌里韦政府继续把发展经济、消除贫困、吸引外资作为首要施政目标。为应对金融危机，哥政府采取积极的财政政策和宽松的货币政策，加大对基础设施建设的投资力度，以拉动内需和增加就业，同时连续降息，放松银根，保持流动性。哥宏观经济和金融体系总体运行良好。2009 年主要经济数据如下：

国内生产总值：1640 亿美元。
人均国内生产总值：3620 美元。
国内生产总值增长率：0.4%。
货币名称：比索（Peso）。
汇率（2009 年 12 月）：1 美元 = 2040 比索。
外贸总额：640.4 亿美元。
通货膨胀率：2%。
失业率：12%。

【资源】自然资源丰富，煤炭、石油、绿宝石为主要矿藏。绿宝石储量世界第一。已探明煤炭储量约 240 亿吨，居拉美首位。石油储量 18 亿桶，天然气储量 187 亿立方米，铝矾土储量 1 亿吨，铀储量 4 万吨。此外还有金、银、镍、铂、铁等矿藏。森林面积约 4923 万公顷。

【工矿业】以制造业为主。采矿业有石油、煤炭、黄金、绿宝石、铀、镍、铝矾土、铁和铂等。按 1994 年价格计算，2007 年工业产值 159110 亿比索，增长 10.62%；矿业产值 42573 亿比索，增长 4.56%；建筑业产值 64095 亿比索，增长 13.31%。20 世纪 80 年代以来，石油业发展迅速，成为哥支柱产业之一。近几年主要工矿业产品产量如下：

	2004	2005（前三季度）	2006（上半年）
原油（亿桶）	—	1.92	1.925（全年）
煤炭（百万吨）	53.5	44.2	29.4
黄金（吨）	24.5	24.9	9.6
铂（百万克）	1.2	0.8	0.55
银（吨）	6.0	5.6	5
绿宝石（百万克拉）	9.8	—	3.5

注：除石油为 2006 年全年数字外，其他产品产量为 2006 年上半年数字。

（资料来源：哥国家统计局）

【农业】耕地面积 467 万公顷，占国土的 8.5%。是世界第二大鲜花出口国，香蕉和咖啡出口居世界第三位。2005 年咖啡种植面积 77.5 万公顷，产量 55.21 万吨。2005 年农牧林渔业增长 12.5%，达 82568 亿比索（按 1994 年价格计算）。

【服务业】服务业发展较快。主要包括供电、煤气和水，商业、餐饮和旅馆，金融部门，社区、社会与个体服务等。近年来服务业各主要部门产值情况如下（单位：亿比索）：

	2006	2007	2008
仓储、通讯、交通救援	185402	200727	215264
不动产	150113	173395	203005
私人医疗	96937	115806	125584
酒店、餐饮	30188	34846	38968
私立高等教育	24243	27243	33672
娱乐	18073	20624	21427

（资料来源：同上）

【旅游业】哥是拉美重要的旅游国之一。2009 年，外国游客达 132.4 万人次，同比增长 10.4%。主要旅游区有：波哥大、卡塔赫纳、圣玛尔塔、圣安德列斯和普罗维登西亚群岛、麦德林、瓜希拉半岛、博亚卡等。

（资料来源：哥贸易、工业和旅游部）

【交通运输】以公路为主。按 2000 年价格计算，2008 年交通运输业产值 115437 亿比索，占国内生产总值的 4.11%，同比下降 0.01%。

铁路：总长3368公里。1992年停止客运。2007年运营车厢749节，机车40台。2008年运营里程1672公里，货运量5847万吨。1995年麦德林市地铁建成运营。

公路：2008年总长16.4万公里，车辆总数为539万辆。2005年客运量15657万人次，货运量13973万吨。

水运：内河可通航里程18225公里。2002年拥有各类内河船只2003艘；海船23艘，总吨位17.7万吨；2008年内河客运354.3万人次，货运量457万吨；海运25.3万人次。主要海港有布埃纳文图拉、圣玛尔塔、卡塔赫纳和巴兰基亚。

空运：2008年国内国际客运总量达1483万人次，国内货运59万吨，国际货运64万吨。共有74个机场，其中11个国际机场，飞机1691架。主要机场有埃尔多拉多和普恩特阿埃雷奥。有三家航空公司，阿维安卡是拉美最早成立的航空公司，与17个国家通航。

管道运输：1999年有输油管道4870公里，多用途管道2664公里。

【财政金融】近几年中央财政收支情况如下（单位：亿比索）：

	2007	2008	2009
收　入	658535	763070	779574
支　出	777877	847703	968670
赤　字	119342	84633	189096

（资料来源：哥国家统计局）

2009年，哥政府公共预算710.22亿美元（以1美元=2000比索计算），财政赤字185.17亿美元（以1美元=2000比索计算），国际储备253.65亿美元。

【对外贸易】哥政府以推动外贸出口为其经济政策的主要组成部分。主要出口产品有石油和石油产品、化工产品、煤炭、咖啡、农副产品和纺织品等。其中，绿宝石出口占世界第一位，鲜花出口占世界第二位、咖啡出口占世界第三位。主要进口机械设备、化工产品、农副产品、纺织品和金属材料等。主要贸易对象为美国、墨西哥、中国和日本等，2006年双边贸易总额分别为203.45亿美元、22.6亿美元、17.6亿美元、14.79亿美元。近几年外贸情况如下（单位：亿美元）：

	2007	2008	2009
总　额	628.88	772.94	640.4
出口额	299.91	376.26	328.5
进口额	328.97	396.68	311.9
差　额	-29.06	-20.42	16.6

（资料来源：哥国家统计局、共和国银行）

【对外投资】2009年，哥对外投资15.64亿美元。哥主要投资对象为巴拿马、秘鲁、美国、委内瑞拉、英属维尔京群岛和百慕大群岛等，投向水电燃气、加工业、金融保险及物流和通讯等行业。

【外国资本】2009年外国直接投资72.01亿美元。外资主要进入石油、矿业、手工制造业和金融业。

人民生活

1991年起，哥对全国不满周岁的婴儿予以免费医疗，其他人实行医疗保险制，每人每月需缴纳占工资5.5%～7%的医疗保险金。全国公、私立和社会保险医院共1010所，医生34862名，护士11164名；平均每1200人拥有1名医生，全国共有病床46610张。医生和病床地区分布不均，专业不全，护士短缺。1996年，国家设立了为500万贫困人口提供医疗补贴的卫生体系。2001年，全国共有737万门固定电话和326万部手机。2002年，哥有71.2万电脑用户。2004年，哥手机用户增至1041万。

军　事

总统为武装力量最高统帅。武装力量总司令部是最高军事指挥机构。最高军事咨询机构为最高国防委员会。实行义务兵役制，服役期两年。现任武装力量总司令弗雷迪·帕迪利亚·德莱昂（Freddy PADILLA de León）上将，陆军司令奥斯卡·冈萨雷斯·培尼亚（Oscar GONZALEZ Peña）上将，海军司令吉列尔莫·巴雷拉·乌尔塔多（Guillermo BARRERA Hurtado）上将，空军司令豪尔赫·巴列斯特罗斯·罗德里格斯（Jorge BALLESTEROS Rodríguez）上将，国家警察局长奥斯卡·纳兰霍·特鲁希略（Oscar NARANJO Trujillo）少将。

三军总兵力28.52万人。陆军23.75万人，分编为步兵旅、独立机械化营、别动营、伞兵营和高炮营等。海军3.46万人，编为2支舰队，2个陆战营和海军航空队，1支海军陆战队；拥有各型舰艇90余艘，其中潜艇4艘，驱逐舰4艘，护卫舰4艘，装备各型飞机10架。空军1.31万人，装备各型飞机200余架，其中作战飞机72架、武装直升机72架。此外，准军事部队（国民警察）14.41万人。

2009年，哥国防预算为98.5亿美元，占政府预算总额的13.87%。

文化教育

【教育】实行小学义务教育。2009年，文盲率为6.9%。2008年教育经费为15.5万亿比索。著名高等学府有：哥伦比亚国立大学、哈维里亚那大学、安第斯大学、国立师范大学等。2008年各级学校、教师、学生情况如下：

	学校（所）	教师（万人）	学生（万人）
学龄前	30138	5.05	105.7
小　学	60183	18.47	472.3

中　学	13421	19.69	411.8
大　学	271	—	144.5

【新闻出版】全国约有400种报纸杂志。主要报纸有：《时代报》，发行量25万～35万份；《旁观者报》，22万份；《新世纪报》，近3万份；《共和国报》，5万多份。主要杂志（均为周刊）有：《星期》、《变革》等。以上报刊均为西班牙文。

哥伦比亚新闻社是哥最大的私人通讯社，成立于1981年，向全国近20家报纸和电台提供新闻。

全国共有582座广播电台。“国家电台”是唯一国营电台，创建于1940年。“哥伦比亚广播公司”、“全国广播公司”和“托德拉尔”电台为较大的三家私人广播公司，在各地设有广播发射台和转播台。

电视业始于1954年。全国共有15家电视台，其中三家为国家电视台和播放台，但一、二台通过合同向私人电视节目制作台和播放台出租，第三台为国家直接管理，播放文化教育等节目。蜗牛电视台、RCN电视台、CMI电视台等为主要私人电视机构。

对外关系

奉行独立自主、不结盟和多元化的外交政策。实施外交为国内和平进程和经济发展服务的战略，努力提高哥的国际地位，创造有利的国际环境。外交重点是进一步密切与美国的关系，加强同拉美地区特别是周边国家的合作，巩固同欧盟的传统联系，增进与亚太国家的交流合作。赞成联合国改革，使其决策更加民主和透明。主张以公平地域分配原则扩大安理会，增加发展中国家席位。主张按照国际法准则和互谅互让原则和平解决国际争端。认为经济全球化不可逆转，既是机遇，又是挑战，应促进机会均等、国际公正、经济增长和合理分配。认为暴力和恐怖主义对哥人权构成严重危害，改善安全状况是当前保障人权的第一要务。认为人权问题日益国际化并超出国界和政治界限，反对以任何经济和社会理由侵犯人权，主张更多关注人类和社会均衡发展的权利。认为毒品已成为全球性问题，必须加强有效的国际合作予以打击，并通过发展替代种植减少毒品的种植和生产，主张反毒合作建立在尊重主权和责任共担等原则基础上。“9·11”事件后，积极开展“反恐外交”，反对和谴责一切形式的恐怖活动，支持针对国际恐怖主义的斗争，愿与各国保持密切合作，认为应从金融角度切断恐怖组织的资金来源。认为通过国际社会共同向毒品开战是打击恐怖主义的决定性基础。哥现与171个国家保持外交关系。

【同中国的关系】1980年2月7日两国建交。

2009年，双方保持高层接触，中哥友好合作关系稳步发展。2009年2月14～17日，国家副主席习近平对哥伦比亚进行正式访问，会见哥伦比亚总统乌里韦、哥国会主席兼参议长安德拉德和众议长巴龙，与副总统桑托斯举行会谈，并共同出席《中华人民共和国政府和哥伦比亚共和国政府经济技术合作协定》等文件的签字仪式。习近平副主席访哥期间，宣布哥伦比亚为中国公民出境旅游目的地国。11月24～26日，全国政协副主席阿不来提·阿不都热西提率团出席在波哥大举办的第三届中拉企业家峰会，并分别会见哥总统乌里韦、副总统桑托斯和国会主席兼参议长哈维尔。1月8～16日，哥国会主席兼参议长安德拉德访华，全国人大常务委员会委员长吴邦国、副委员长乌云其木格分别会见。9月4～5日，哥外交部长贝穆德斯访华，国家副主席习近平会见，外交部长杨洁篪与其举行工作会谈。

双边重要互访还有：3月26～31日，中国人民银行行长周小川率团出席在麦德林市举办的美洲开发银行成立50周年年会。其间，哥总统乌里韦会见周小川。6月10～14日，中国人民最高法院副院长熊选国访哥，与哥司法界交流经验。6月21～23日，商务部部长助理鲁建华访哥，就解决两国贸易摩擦问题与哥方交换意见。9月，哥贸易、工业和旅游部部长普拉塔访华，出席在大连举行的夏季达沃斯论坛。

两国经贸、人文、军事等领域交流合作进一步扩大。哥“光荣”号训练舰访问上海。新格拉纳达学校孔子课堂正式运营。3月，中国国家博物馆副馆长董琦访哥。11月、12月，中国人民解放军总政治部干部部副部长于大清少将和国防大学政委童世平中将先后访哥。

2009年，中哥贸易额为33.71亿美元，同比下降18%。其中中方出口额23.96亿美元，进口额9.75亿美元，同比分别下降19.8%和13.4%。

中国驻哥伦比亚大使：高正月。馆址：Carrera 16 No. 98－30，Bogotá D. C，Colombia。国家地区号：0057－1。电话：6223235（总机），6223202（值班），6223213（办公室），6222879（经商处），6223228（文化处），6223126（领事部），6223248（武官处）。传真：6223114。

哥伦比亚驻华大使：吉列尔莫·里卡多·贝莱斯·隆多尼奥（Guillermo Ricardo VELEZ Londoño）。馆址：北京市朝阳区光华路34号。电话：010－65323367，65323377，65321713，65323166（领事事务），65326461（武官处）。传真：65321969。

【同美国的关系】哥美于1822年6月17日建交。两国传统关系密切，哥经济上对美依赖较深。美是哥第一大投资国和贸易伙伴，2006年与美贸易额分别占哥进出口额的26.4%和55.1%。2006年2月，哥美签署双边自贸协定，但美国国会以环境、劳工、人权问题为由迄未予批准。哥将对美关系视为外交关系中的重中之重，在反毒等问题上给予美积极配合，批准向美引渡贩毒集团头目。奥巴马当选美国总统后，哥政府发表公报，祝贺奥当选，并表示希与美方共同努力，巩固两国业已存在的友好关系。在传统的反毒及哥和平进程问题上，奥巴马政府表示将同哥方一道进一步打击毒品走私及反政府武装力量以巩固和维护哥安全及长久和平。2009 年 9 月底，美国在厄瓜多尔曼塔的军事基地租约到期，哥方于 2009 年 10 月 30 日与美签署《防务和安全合作与技术援助补充协议》，允许美军使用哥境内的 7 个军事基地。美通过《哥伦比亚计划》继续向哥提供军事和发展援助。2009 年 1 月和 6 月，哥伦比亚总统乌里韦访问美国。2 月，哥国防部长桑托斯访问美国。2 月和 3 月，哥外长贝穆德斯访问美国，10 月，哥国防部长席尔瓦访问美国。

【同欧洲国家的关系】一贯重视发展与欧盟国家的传统关系。哥积极谋求欧盟对哥实施“民主安全政策”的理解和支持。欧盟是哥重要贸易伙伴，2005 年与欧盟国家的贸易额分别占哥进出口额的 13.3% 和 13.1%。哥是获得向欧盟出口香蕉配额最多的拉美国家，达 23.4%。西班牙是哥第二大投资国，投资额近 30 亿美元。2007 年 5 月，哥副总统桑托斯访问意大利；9 月，阿劳霍外长访问法国、比利时、瑞士、瑞典和西班牙。2009 年，乌里韦总统访问德国、西班牙、意大利。哥外长贝穆德斯访问德国、法国、比利时、西班牙、英国和布鲁塞尔。桑托斯副总统访问西班牙、波兰、比利时和意大利。

【同拉美国家的关系】与拉美国家保持密切的传统关系，在国际和地区事务中相互支持，与各国高层互访不断。墨西哥作为哥政府与反政府游击队“民族解放军”的和谈协调人参与了和平谈判。哥同委内瑞拉、智利签有双边自由贸易协定，同厄瓜多尔建立自由贸易区。同墨、委签有三国自由贸易协定，但已决定将推迟到 2011 年全面实现贸易自由化。同中美洲和加勒比地区的自由贸易和经济合作取得显著进展。哥积极谋求加强同南方共同市场的关系。

哥与委内瑞拉和尼加拉瓜间存在领土纠纷。1990 年哥委成立两国边界问题谈判委员会。2001 年 12 月，尼加拉瓜向海牙国际法院提出上诉，要求哥归还部分岛礁的主权。2007 年 12 月，海牙国际法庭裁决，根据哥、尼两国 1928 年签署的协议，哥对圣安德烈斯等三岛拥有主权，并希两国就其他有争议岛屿尽快开启谈判，称如不能达成协议，国际法庭有权就此作出裁决。

2009 年下半年以来，围绕哥美签署的军事合作协议，哥、委日趋紧张。委宣布冻结同哥关系，召回驻哥大使。11 月，委方向两国边境增兵，号召委人民备战，要求将哥国内武装冲突危及邻国安全问题列入安理会议程。哥政府强烈抗议委方战争威胁，强调双方应通过坦诚对话解决分歧，并致函安理会指责委军事威胁。同月，哥伦比亚与厄瓜多尔恢复至代办级外交关系。

2009 年，乌里韦总统访问巴拿马、巴西、洪都拉斯、委内瑞拉、危地马拉，哥外长贝穆德斯访问多米尼加、萨尔瓦多、秘鲁、巴西、乌拉圭、苏里南、安提瓜和巴布达、巴巴多斯；委内瑞拉总统查韦斯、巴拿马前总统托里霍斯、现任总统马丁内利、危地马拉总统科洛姆、墨西哥总统卡尔德龙、智利外长费尔南德斯、巴西外长阿莫林访哥。

【同亚洲国家的关系】近年来，哥重视发展与亚太国家的政治和经贸合作关系。2007 年 9 月，哥副总统桑托斯访问韩国。2008 年 11 月，乌里韦总统作为特邀嘉宾赴利马出席亚太经合组织（APEC）领导人非正式会议，同中国、日本、韩国、新加坡等国国家元首或政府首脑会晤。同月，日本首相麻生太郎在哥日建交 100 周年之际访哥。2009 年 9 月，哥外长贝穆德斯访问韩国、中国。11 月，哥外长贝穆德斯访问印度、新加坡。

（王鹤鸣）

哥斯达黎加

国名 哥斯达黎加共和国（The Republic of Costa Rica，La República de Costa Rica）。

面积 5.11 万平方公里。

人口 454.2 万（2009 年）。白人和印欧混血种人占 95%，黑人占 3%，印第安土著居民约 0.5%。官方语言为西班牙语。95% 的居民信奉天主教。

首都 圣何塞（San José），人口约 150 万。年平均气温 20.5℃，最高气温 26℃，最低气温 23℃。

国家元首 总统劳拉·钦奇利亚·米兰达（Laura Chinchilla Miranda，女），2010 年 5 月 8 日就职，任期四年。

重要节日 独立日：9 月 15 日。

简况

位于中美洲南部。东临加勒比海，西濒太平洋，北接尼加拉瓜，东南与巴拿马毗连。海岸线长 1200 公里。

原为印第安人居住地。1564 年沦为西班牙殖民地。1821 年 9 月 15 日宣布独立。1823 年加入中美洲联邦，1838 年退出。1848 年 8 月 30 日成立共和国。

政治

阿里亚斯总统 2006 年 5 月执政以来，致力于加强公共事业投人，大力吸引外资，增加就业，减少贫困，着力提高哥经济竞争力，取得一定成效。但受国际金融危机影响，2009年以来哥经济增速放缓，通膨压力加大，并引发就业困难、治安恶化等问题。

2010年2月，哥举行总统和议会换届选举，民族解放党总统候选人、前副总统钦奇利亚凭借现政府良好政绩和个人丰富政治经验，当选哥历史上首位女总统。目前哥国内政局总体稳定。

【宪法】1821年12月1日，哥制定第一部宪法《哥斯达黎加社会基本条约》。1949年11月7日，正式颁布现行宪法，后多次修改。宪法规定：总统为国家元首和政府首脑；总统和副总统由直接选举产生，任期四年；总统缺位时，依次由第一副总统、第二副总统和议长接任。2003年4月，哥再次修宪，允许总统可隔两届作为候选人参加总统大选。

【议会】称立法大会，一院制。由57名议员组成，任期4年，不得连任。本届立法大会于2010年5月组成，民族解放党占24席，公民行动党占11席，自由运动党9席，基督教社会团结党6席，全民皆人党4席，广泛阵线党、民族革新党和国家复兴党各1席。立法大会主席任期一年，现任主席路易斯·赫拉尔多·比利亚努埃瓦·蒙赫（Luis Gerardo Villanueva Monge），民族解放党人，2010年5月1日当选。大会下设农业和自然资源、经济事务、政府和管理、预算和税务、司法事务、社会事务共6个委员会。

【政府】本届政府于2010年5月成立。主要阁员有：第一副总统阿尔菲奥·皮瓦（Alfio Piva Mesen）；第二副总统路易斯·利维尔曼（Luis Liberman Ginsberg）；总统府部长马尔科·巴尔加斯（Marco Vargas），外交和宗教事务部长雷内·卡斯特罗（René Castro），外贸部长阿娜贝尔·冈萨雷斯（Anabel González Campabadal，女），经济和工商部长玛丽亚·德洛斯安赫莱斯（María de los Angeles Guerrero，女），计划部长劳拉·阿尔法罗·梅卡（Laura Alfaro Maykall，女），卫生部长玛丽亚·路易莎·阿维拉（María Luisa Avila，女），科技部长克洛蒂尔德·丰塞卡·克萨达（Clotilde Fonseca Quesada，女），体育部长吉塞拉·戈耶纳加（Giselle Goyenaga，女），行政分权和地方行政部长胡安·马林·基洛斯（Juan Marín Guirós），社会福利部长费尔南多·马林（Fernando Marín），安全部长何塞·玛丽亚·蒂赫里诺（José María Tijerino），旅游部长卡洛斯·里卡多·贝纳维德斯（Carlos Ricardo Benavides），财政部长费尔南多·埃雷罗（Fernando Herrero），公共工程和交通部长弗朗西斯科·希门内斯·雷耶斯（Francisco Jiménez Reyes），教育部长莱昂纳多·加尼尔·里莫罗（Leonardo Garnier Rímolo），住房部长伊雷内·坎波斯（Irene Campos，女），环境能源部长特奥菲洛·德拉托雷（Teófilo de la Torre），劳工和社会安全部长桑德拉·皮思科（Sandra Piszk，女），文化部长曼努埃尔·奥夫雷贡（Manuel Obregón），农牧部长格洛丽亚·阿夫拉姆斯（Gloria Abrahams，女），司法部长埃尔南多·帕里斯（Hernando París Rodríguez）。

【行政区划】全国共分7个省，下设81个县市，421个区。

【司法机构】最高法院是最高司法机构，由22名法官组成，任期八年。任满时如无议会2/3议员的反对，可自动连任。下设4个法庭，第一、第二、第三法庭各由5名法官组成，第四法庭（宪法法庭）由7名法官组成。地方分省、县、区三级法院。最高法院院长路易斯·保利诺·莫拉（Luis Paulino Mora），1999年6月12日任职，2007年连任。

【政党】全国登记注册的政党约有100个。主要有：

（1）民族解放党（Partido de Liberación Nacional）：执政党。1952年4月成立。党员约63万人。该党对内主张完善民主制度，实现国家工业化，发展民族经济，实行土地改革和银行国有化；对外主张多元外交，支持拉美一体化。2010年2月，该党候选人钦奇利亚当选总统，该党第九次上台执政。党主席弗朗西斯科·安东尼奥·帕切科（Francisco Antonio Pacheco），总书记安东尼奥·卡尔德龙·卡斯特罗（Antonio Calderón Castro）。

（2）公民行动党（Partido Acción Ciudadana）：第二大政党，反对党。2000年由奥通·索利斯（Ottón Solis Fallas）创建。主要成员为原民解党和基社党内持不同政见者。主张发展民族经济，反对新自由主义经济政策。近几年发展较快，民众支持率不断上升。党主席阿尔韦多·卡尼亚斯·埃斯卡兰特（Alberto Cañas Escalante），总书记玛加丽塔·博拉尼奥斯（Margarita Bolaños Arquín，女）。

（3）自由运动党（Movimiento Libertario）：第三大党，反对党。1994年组成。该党主张个人应有自由支配行为和财富的权利，支持合作和自由选举，反对强制付款和国家垄断。党主席奥托·格瓦拉·古特（Otto Guevara Guth），总书记罗纳尔多·阿尔法罗·加西亚（Ronaldo Alfaro García）。

（4）基督教社会团结党（Partido Unidad Social Cristiana）：1983年由民主复兴党、民族共和党、基督教民主党和人民联盟党组成。该党主张限制国家资本，取消部分国有企业，鼓励私人投资和吸收外国投资。党主席路易斯·菲什曼·松辛斯基（Luis Fishman Zonzinski），总书记希尼亚·卡瓦哈尔·萨拉萨尔（Xinia Carvajal Salazar，女）。

【重要人物】劳拉·钦奇利亚·米兰达：总统。1959年3月28日生于哥斯达黎加。毕业于哥斯达黎加大学政治学专业，美国乔治敦大学公共政治学硕士。1990年以来，先后在多个国际组织担任司法和公共安全改革顾问，参与联合国计划开发署、泛美开发银行等机构司法改革方面的研究及计划制定工作。1994～1998 年先后任哥国家移民局局长、国家禁毒领导委员会委员、公共安全部副部长、联合禁毒情报中心领导委员会主席、公共安全部长。2001～2006 年任议员。2006 年当选第一副总统，兼任司法部长。2010 年 2 月 7 日在总统大选中获胜，成为哥历史上首位女总统。

经　济

哥经济发展水平在中美洲名列前茅。外贸、旅游和服务业在国民经济中占重要地位。哥政府致力于推动哥经济发展，实行财税改革，对外开放电信、保险等部门，积极发展高科技产业，努力扩大出口，吸引外国直接投资，并提出在 2021 年使哥成为发达国家的长期发展战略。受国际金融危机影响，2009 年哥经济下滑明显，主要经济数据如下（资料来源：哥中央银行）：

国内生产总值：234.8 亿美元。

人均国内产值：5560 美元。

国内生产总值增长率：－1.3%。

货币名称：科朗（colón）。

汇率（2010 年 5 月）：1 美元＝550 科朗。

通货膨胀率：4.5%。

失业率：7.8%。

【资源】自然资源丰富。铝矾土蕴藏量约 1.5 亿吨，铁蕴藏量约 4 亿吨，煤蕴藏量约 5000 万吨。森林覆盖面积 60 万公顷。

【工业】以轻工和制造业为主，主要有纺织、电子产品、机械、食品、木材、化工等。原材料依赖进口，产品主要出口。石油全部进口，主要来自委内瑞拉。2009 年制造业总产值为 4503.2 亿科朗，占国内生产总值的 21.7%，从业人员 23.3 万人；建筑业总产值为 974.6 亿科朗，占国内生产总值的 4.7%，从业人员 12.8 万人。

【农业】系中美洲农业发展水平最高的国家之一。2009 年，哥农牧渔业生产总值为 10730 亿科朗，占国内生产总值的 6.4%。农产品出口额占出口总额的 22%。哥是世界上仅次于厄瓜多尔的第二大香蕉出口国。2009 年出口香蕉创汇 6.22 亿美元，占哥出口总额的 7.07%。目前哥香蕉种植面积 4.2 万公顷，从业人员 3.5 万。主要出口对象为美国和欧盟。

哥是咖啡生产国协会和国际咖啡组织的成员。但近年来受国际市场及咖啡种植园土壤老化等影响，哥咖啡生产呈下降趋势。据哥咖啡协会统计，近 10 年来哥咖啡产量下降了 45%。2009 年哥咖啡产量为 8.74 万吨，较 2008 年下降 13%，创汇 2.32 亿美元。

【服务业】在国民经济中占有重要地位。主要有金融保险、不动产、企业服务、公共管理、社区服务、中介服务等。2009 年，哥服务业总产值为 49767 亿科朗，占国内生产总值的 29.6%。

【旅游业】旅游业发达，是哥外汇收入主要来源之一。游客主要来自北美、中美和欧洲等地。自 20 世纪 90 年代以来，哥政府充分利用自然资源，将生态旅游业发展成国家的重要经济支柱之一。旅游胜地有伊拉苏、波阿斯火山和西班牙殖民文化遗址等。全国有 30 多个国家森林公园和自然保护区。2009 年受国际金融危机影响，来哥旅游的外国游客人数 175 万人次，同比减少 9%。近年来旅游业情况如下：

	2007	2008	2009
旅游人数（万人）	197.9	—	175
旅游收入（百万美元）	1927.4	1761.4	1636

（资料来源：哥国家旅游协会）

【交通运输】国内交通以公路为主。

公路：总长约 35330 公里，其中 49% 是沥青路。泛美高速公路贯穿南北。2007 年各类车辆超过 100 万辆。

铁路：总长 278 公里，由国家铁路局运营。由于缺乏投资和年久失修，自 1995 年起哥铁路基本处于停运状态，只承接少量货运及从圣何塞至莫因的游客。2005 年起圣何塞至周边城市的铁路恢复运营，但由于设备老化和游客稀少，基本无盈利。

水运：拥有轮船 1029 艘，总吨位 57 万吨。4 个主要港口为利蒙港、莫因港、彭塔雷纳斯港和卡尔德拉港。利蒙港和莫因港的吞吐量占全国的 80% 以上。

空运：两家航空公司经营 10 条国内航线、15 条国际航线。有两个国际机场，首都有胡安·圣玛丽娅国际机场，年客运量 200 万人次。2001 年由美建筑公司 BECHTEL 承包经营 20 年。2010 年 7 月，该机场扩建工程重启，预计将于年底完工。北部利比里亚市有丹尼尔·奥杜韦机场，较少使用。

【通讯业】哥通讯业发达，居拉美国家前列。2008 年，全国共有电话线 143.8 万条，移动电话 188.7 万部，因特网使用者为 146 万人。

【财政金融】2009 年外汇储备 41.1 亿美元，外债 84.4 亿美元。中央政府财政赤字 5880 亿科朗，占国内生产总值的 3.5%。近年中央政府财政收支情况如下（单位：十亿科朗）：

	2007	2008	2009
收　入	2054.1	2420.6	2304.7
支　出	1967.4	2384.2	2806.7
差　额	86.7	36.4	－502

（资料来源：哥中央银行）

中央银行（1950 年成立）和国家银行（1936 年成立）为哥斯达黎加主要金融机构。中央银行行长为罗德里格·博拉尼奥斯·萨莫拉（Rodrigo Bolaños Zamora）。

【对外贸易】哥实行贸易开放政策，与墨西哥、智利、巴拿马、美国、新加坡、中国、欧盟等签有自由贸易协定，与世界50多个国家（地区）有贸易关系。对外贸易在国民经济中占重要地位。主要出口对象是美国、中国、欧盟和中美洲邻国，主要出口电子芯片、集成电路、纺织品、香蕉、菠萝、咖啡、医疗器械、加工食品、机械和电子配件等。主要进口对象为美国、欧盟、委内瑞拉、墨西哥等国，主要进口原材料、消费品、燃料、润滑油和资本货物。

2009年1月，哥议会正式批准中美洲与美国—多米尼加自贸协定正式生效。2010年4月，哥分别与新加坡、中国签订自贸协定。5月，哥与中美洲国家集体同欧盟签订自贸协定。近年哥进出口情况如下（单位：百万美元）：

	2007	2008	2009
进口额	12952.4	15371.6	11394.5
出口额	9337.0	9503.7	8788.4
差　额	-3615.4	-5867.9	-2606.1

2009年主要产品进出口额如下（单位：百万美元）：

工业原材料	5468.4
香蕉	702.8
咖啡	232.2
香蕉	621.7
建筑材料	328.0
燃料和润滑剂	1077.1

（资料来源：哥中央银行）

【外国资本】外资主要来自美国、加拿大、墨西哥和西班牙等国。2009年哥吸引外国直接投资13.23亿美元，同比减少34.3%。

【外国援助】哥斯达黎加主要从国际货币基金组织、世界银行和美洲开发银行获得贷款，用于生产行业、基础设施建设和经济结构调整。

人民生活

近年来哥贫困率有所下降。2009年7月，哥全国贫困率为18.5%，同比上升0.8%；贫困人口16.6万。2009年哥共有劳动力212万人，就业人口195.8万人。

根据2009年世界人类发展报告，哥人类发展指数排名世界第54位。公共卫生支出占国内生产总值的21.5%。人口预期寿命79.3岁，婴儿死亡率8.84‰。

军　事

1948年12月1日哥宣布废除武装力量，成立国民警卫队，成为世界上第一个没有军队的国家。2009年共有警察1.8万人。

文化教育

【教育】重视教育。教育水平居拉美国家前列。实行中小学义务教育，12%的人口接受高等教育。2009年成人识字率95.2%，教育支出占国内生产总值的6%。主要高等院校有哥斯达黎加大学和国立大学。哥斯达黎加大学建于1940年。国立大学建于1973年。

【新闻出版】全国有6家日报，主要有：《民族报》，发行8.5万份；《自由新闻》，发行5万份；《共和国报》，发行5.88万份。全国有130家电台，12家电视台。影响较大的商业性电视台有哥斯达黎加电视7台、2台和13台。

对外关系

哥奉行和平中立的外交政策，支持各国人民自决和不干涉内政原则，重视发展同拉美各国的传统友好关系，积极推动地区经济一体化进程，支持建立美洲自由贸易区。三度当选联合国安理会非常任理事国（1974～1975年、1997～1998年和2008～2009年）。

哥政府主张维护外交尊严和独立性，重点发展同美国的关系，重视改善同周边地区国家关系，加强同亚太、非洲国家的交往，支持多极化和地区一体化。前总统阿里亚斯提出“哥斯达黎加共识”和“与自然和平共处”倡议，呼吁发达国家减免穷国债务、裁减军费开支、控制武器交易和加强环境保护。哥还积极谋求加入亚太经济合作组织。

2006年以来，哥先后同埃及、巴林、科威特、约旦、黑山、中国、黎巴嫩、乌干达、刚果、也门、博茨瓦纳、斯威士兰、布隆迪、阿联酋等20个国家建交。2009年3月，哥同古巴恢复外交关系。现与126个国家有外交关系。

【同中国的关系】中哥于2007年6月1日建交。

2006年5月阿里亚斯总统执政后，积极发展对华关系。中哥双方经过谈判于2007年6月1日就两国建交问题达成一致，并由杨洁篪外长和斯塔诺外长在北京代表各自政府签署了两国建交公报。

2007年10月，阿里亚斯总统对中国进行首次国事访问。2008年11月，胡锦涛主席对哥进行首次国事访问，两国领导人就双边关系发展和两国合作问题达成重要共识，双方签署了涉及经贸、金融、能源、教育、科技等领域的合作文件。2009年，中联部部长王家瑞（3月）、北京市市长郭金龙（10月）、全国政协副主席阿不来提·阿卜都热西提（12月）等先后访哥。哥农业部长弗洛莱斯（4月）、外贸部长鲁伊斯（9月）、立法大会主席帕切科（10月）、总统特别顾问阿德里安·钦奇利亚（2010年5月）等分别访华。

2010年5月，中国政府特使、国家计生委主任李斌出席哥总统权力交接仪式。

2009年2月，胡锦涛主席就哥发生6.2级地震致函阿里亚斯总统表示慰问，中国政府向哥政府提供10万美元现汇紧急救灾援助。2010年4月，哥政府就青海玉树发生强烈地震向中国政府和受灾人民表示慰问。

中国是哥第二大贸易伙伴。2008年11月，胡锦涛主席访哥期间，同阿里亚斯总统共同宣布启动两国自贸协定谈判。2010 年 4 月，两国正式签署自贸协定。据中国海关总署统计，2009 年中哥贸易总额为 31.84 亿美元，其中中方出口额 5.38 亿美元，进口额 26.46 亿美元，同比分别增长 10.2%、-13.1% 和 16.6%。

两国在教育、文化、科技等方面的交流日益活跃。2009 年 8 月，哥斯达黎加大学孔子学院揭牌成立。10 月，北京市与哥首都圣何塞市结为友好城市。11 月，中科院、农科院分别与哥科技部签署合作协议。

中国驻哥斯达黎加大使：李长华，2010 年 1 月 12 日递交国书。馆址：De La Casa de D. Oscar Arias 100 metros al sur y 50 metros al oeste, Rohrmoser, Pavas, San José, Costa Rica。领事部、文教科组办公地址：Frente a la casa de D. Oscar Arias, Rohrmoser, Pavas, San José, Costa Rica。电话：00506-22914811；传真：22914820。邮政信箱：1518-1200。电子邮箱：chinaemb_cr@mfa.gov.cn。领事部电话：00506-22914650；领事部传真：22914654。

哥斯达黎加驻中国大使：（RUIZ），2007 年 9 月 30 日递交国书，2010 年馆址：北京市建国门外交公寓 1 号楼 5 单元 41-42。电话：010-65324157。传真：65324546。领事部电话：65234157-807。

中哥建交前，哥台往来密切。中哥建交后，台宣布中止与哥"外交关系"，并停止一切在哥援建项目和合作计划。据台方统计，2009 年台哥贸易总额为 1.94 亿美元，其中台出口额 0.69 亿美元，进口额 1.25 亿美元，分别增长 -20.95%、-43.9% 和 2.12%。

【同美国的关系】 哥美 1851 年建交。两国关系密切，高层互访不断。美为哥最大的贸易伙伴，2009 年哥对美出口额 10.2 亿美元，从美进口额 29.4 亿美元。美一直视哥为拉美国家的"民主样板"并提供大量经济援助。双方在反恐、禁毒、军事等领域保持密切合作。美在哥建有拉美警察学校，美军舰使用哥太平洋和大西洋港口。2003 年，迫于美国压力，哥退出世贸组织中的"22 国集团"。阿里亚斯总统执政后，哥要求美在官方网站上将哥从支持伊拉克战争的盟友中删除，并在联大会议上公开批评美反恐政策。2009 年 1 月，美国和中美洲—多米尼加自由贸易协定生效。3 月，美国副总统拜登访哥。6 月，哥正式加入由美国倡导的梅里达计划，迄已得到美方近 900 万美元援助。

【同拉美国家的关系】 重视发展同拉美国家特别是中美洲各国的睦邻友好合作关系，保持密切高层往来，积极推动中美洲地区一体化进程。此外，哥与邻国尼加拉瓜存有边界和移民问题纠纷。

2009 年 3 月，哥恢复与古巴的大使级外交关系。6 月，洪都拉斯发生军事政变后，哥积极斡旋，阿里亚斯总统提出和解方案《圣何塞—特古西加尔帕协议》，为洪政治危机的和平解决作出重要贡献。2010 年 4 月，哥当选总统钦奇利亚访问萨尔瓦多、洪都拉斯、危地马拉、尼加拉瓜和巴拿马五国，就促进地区一体化交换看法。哥还加大与哥伦比亚、墨西哥在打击毒品犯罪领域的合作。

【同欧洲国家的关系】 同欧洲国家有着传统经贸往来，是中美洲对欧盟最重要的出口国。

2007 年 10 月，中美洲同欧盟伙伴关系协定谈判第一轮会谈在哥斯达黎加举行。该伙伴关系协定包括自由贸易协定、政治对话机制和合作机制三部分。12 月，中美洲各国首脑签订《中美洲联合关税协议》，为中美洲—欧盟自贸谈判提供了法律保障。2010 年 5 月，中美洲—欧盟自贸协议在西班牙签署。2009 年 12 月，阿里亚斯总统出席在葡萄牙举行的第 19 届伊比利亚领导人峰会。（李可）

格林纳达

国名 格林纳达（Grenada）。

面积 344 平方公里。

人口 9 万（2009 年），黑人约占 82%，混血人占 13%，白人及其他人种占 5%。英语为官方语言和通用语。居民多信奉天主教。

首都 圣乔治（St. George's），人口约 1 万。

国家元首 英国女王伊丽莎白二世；女王任命总督为其代表。现任总督卡莱尔·格林（Carlyle GLEAN），2008 年 11 月 27 日就任。

重要节日 国庆日：2 月 7 日。

简况

位于东加勒比海向风群岛最南端，南距委内瑞拉海岸约 160 公里。属热带海洋性气候，1~5 月为旱季，6~12 月为雨季。8~11 月天气较热，最高气温 35℃。12~3 月，天气较凉爽，最低气温 18℃。年平均气温 26℃。

原为印第安人居住地。1498 年被哥伦布"发现"，1650 年归属法国，1762 年被英国占领。1763 年法国根据《巴黎条约》将格转让给英国，1779 年被法国重新占领。1783 年根据《凡尔赛条约》正式确认为英国所有，从此沦为英国殖民地。1974 年 2 月 7 日宣布独立，同年加入联合国。1979 年 3 月，“新宝石运动”发动军事政变，成立人民革命政府，毕晓普担任总理。1983 年 10 月，副总理科尔德等人发动政变，杀害毕晓普总理等人，格出现内乱。美国遂以保护侨民和应东加勒比国家组织请求干预为由，与牙买加、多米尼克、巴巴多斯等 6 个加勒比国家联合出兵格林纳达。1984 年恢复大选。

政　治

2008 年 7 月，格林纳达举行大选，格民族民主大会党在大选中获胜。该党领袖蒂尔曼·托马斯（Tillman THOMAS）出任总理。本届政府关注民生，鼓励发展农业和旅游业，积极引进外资，主张发展私营经济。目前，格政局稳定。

【宪法】 现行宪法于 1974 年独立时生效。1979 年 3 月 13 日因内乱停止实行。1984 年 1 月 1 月恢复实行宪法。

【议会】 分参、众两院，任期均为五年。参议院 13 席，由总督根据总理和反对党领袖提名任命。众议院 15 席，由普选产生。本届众议院由 2008 年 7 月 8 日大选产生，民族民主大会党占 11 席，新民族党占 4 席。参议长琼·珀塞尔（Joan PURCELL），众议长乔治·麦夸尔（George MCGUIRE）分别于 2008 年 8 月 19 日当选。

【政府】 本届政府于 2008 年 7 月 13 日组成。主要成员有总理兼法律事务、国家安全和信息产业部长蒂尔曼·托马斯，财政、计划、经济、能源和合作部长纳齐姆·伯克（Nazim BURKE），外交部长彼得·戴维（Peter DAVID），农业、林业和渔业部长迈克尔·莱特（Michael LETT），卡里亚库和小马提尼克事务部长乔治·普赖姆（George PRIME），教育和人力资源部长弗兰卡·伯娜丁（Franca BERNADINE，女），环境、外贸和出口发展部长迈克尔·丘奇（Michael CHURCH），卫生部长安·彼得斯（Ann PETERS，女），住房、土地和社区发展部长阿莱恩·沃克（Alleyne WALKER），社会保障、教会事务和劳工部长卡尔·胡德（Carl HOOD），社会发展部长西尔维斯特·夸尔斯（Sylvester QUARLESS），旅游部长格莉妮丝·罗伯茨（Glynnis ROBERTS，女），工程、自然规划和公共事业部长约瑟夫·吉尔伯特（Joseph GILBERT），青年发展、文化和体育部长帕特里克·西蒙斯（Patrick SIMMONS），总检察长罗汉·菲利普（Rohan Phillip）。

【行政区划】 全国划分为六个区和一个属地。

【司法机构】 设有最高法院和地方法院。最高法院包括高等法院和上诉法院。1991 年格加入东加勒比国家组织后，其司法权移至东加勒比最高法院，但终审机关为英国枢密院司法委员会。

【政党】 主要政党为：

（1）民族民主大会党（National Democratic Congress）：执政党。1987 年 10 月成立，由新民族党部分成员和民主劳工大会、格林纳达民主劳工党合并而成。1990～1995 年执政。2008 年 7 月再次赢得大选。领袖蒂尔曼·托马斯。

（2）新民族党（New National Party）：反对党。1984 年 8 月成立。1984～1990 年、1995～2008 年执政。领袖基思·米切尔（Keith MITCHELL），主席埃尔文·尼姆罗德（Elvin NIMROD）。

（3）格林纳达统一工党（Grenada United Labour Party）：1950 年成立。该党创始人艾里克·盖里曾任格 1974 年独立后首任总理。近年实力下降，未能在议会选举中获得席位。领袖格洛利亚·班菲尔德（Gloria PAYNE-BANFIELD，女）。

【重要人物】 **卡莱尔·格林：** 总督。1932 年 2 月 11 日生于格林纳达。1970 年获加拿大卡尔加里大学教育学学士学位。长期从事教育工作，曾担任格师范学院校长并在西印度大学担任讲师，1990～1995 年担任教育部长。2008 年 11 月 27 日被英国女王任命为格林纳达总督。有 5 个子女。　**蒂尔曼·托马斯：** 总理兼法律事务和国家安全部长。1947 年 6 月 13 日出生于格林纳达。曾就读于美国纽约福特汉姆大学和西印度大学，获学士学位和法律教育证书。1984 年加入新民族党（NNP），同年当选众议员。1985 年出任格司法部国务部长。1987 年辞职退党，参与成立民族民主大会党（NDC）。1990～1995 年，历任工程部长、财政部国务部长和旅游部长。1999 年出任 NDC 领袖至今。2008 年 7 月，领导 NDC 大选获胜，并出任总理。已婚，有二子二女。曾两次访华。

经　济

经济主要以农业和旅游业为主，工业不发达。2004 年 9 月“伊万”飓风使格损失 8.15 亿美元，相当于其两年的国内生产总值，农业遭受毁灭性打击。受国际金融危机影响，格旅游业收入大幅下滑，失业率不断攀升。格政府将恢复经济作为重中之重。2009 年，托马斯总理宣布一揽子刺激经济计划，包括建设和维护道路、医院、学校、住房等一系列旨在扩大就业的项目，增加公共救助金领取人数，开展劳动力技术培训和游说外资银行向当地开发商提供优惠贷款等，同时对外积极寻求援助和投资。2009 年主要经济数据如下：

国内生产总值：6.91 亿美元。

人均国内生产总值：10800 美元。

国内生产总值增长率：-4%。

货币名称：东加勒比元。

汇率：1 美元 = 2.7 东加元。

通货膨胀率：1.4%。

【资源】 有一定储量的石油，但尚未开采。森林面积 40.47 平方公里。

【工业】主要为小型加工制造业，包括农产品加工、食品饮料、纺织、轻型组装等。

【农业】农业基础薄弱，耕地约占全国土地面积的5.88%，主要种植肉豆蔻、香蕉、可可、椰子、甘蔗等。格曾是世界第二大肉豆蔻生产国，产量占全球需求量的1/4，有“香料之国”之称。2004年伊万飓风对格肉豆蔻产业造成了毁灭性打击。格政府着力恢复农业生产。2009年，格农业产值同比增长9.3%。2010年肉豆蔻年产量预计将达到378吨。

【旅游业】格经济重要部门。2004年伊万飓风使格旅游业遭受致命打击。2005～2006年得以恢复，90%以上的宾馆客房入住率大幅提高。国际金融危机爆发后，格旅游业受到严重冲击，2009年赴格旅游人数为11.3万人次，同比下降12.5%。

【交通运输】全国有公路1127公里，无铁路。海空交通便利。首都圣乔治有深水港设施，可停靠大型远洋客货轮。2003年竣工的圣乔治港扩建工程使格具备停泊国际上先进大型货轮的条件。有三个机场，其中莫里斯·毕晓普国际机场有通往加勒比共同体各国和伦敦、北美的客货航班。

【对外贸易】主要出口肉豆蔻、香蕉、可可等；进口食品、机械、交通设备和基本制成品。每年贸易均有巨额逆差。近几年进出口情况如下（单位：百万美元）：

	2007	2008	2009
出口额	40.7	30.5	26.6
进口额	327.9	343.1	293.4
差　额	-287.2	-312.6	-266.8

【经济团体】（1）格林纳达工商会（Grenada Chamber of Industry and Commerce, Inc.）：1921年成立。地址：Decaul Bldg, Mt Gay, POB.129, St. George's。电话：440-2937。传真：440-6627。

（2）格林纳达肉豆蔻合作联合会（Grenada Co-Operative Nutmeg Association）：1947年成立。地址：POB 160, St. Geroge's。电话：440-2117。传真：440-6602。

人民生活

2009年自然出生率为2.1%，自然死亡率为0.6%。2004年的伊万飓风和2005年的艾米莉飓风使全岛90%的卫生设施遭到不同程度破坏。2005年，圣乔治和圣戴维教区的11个社区卫生站得到修缮并投入使用。2006年，格林纳达继续整修遭破坏的卫生设施，执行五年战略计划，并开展新医院项目的二期工程。全国共有公立医院3家，私立医院3家，平均每1150人拥有一名医生，每170人有一张病床。

2008年，格共有28600部固定电话、60000部移动电话和24000户因特网用户。

军　事

无正规军，有警察约600人。

文化教育

【教育】对5～16岁儿童实行免费义务教育，全国识字率96%。小学和中学学制均是7年。有20所公立中学，有1所医学院、1所艺术学院。首都圣乔治有一免费公共图书馆。每个区都设有职业培训中心。

【新闻出版】有几家周报，主要是：《格林纳达时报》、《今日格林纳达》、《格林纳达之声报》、《情报员》。

格林纳达广播公司：国营，成立于1972年，包括格林纳达广播公司电视台。

对外关系

奉行“维护国家议会民主及和平友善”的外交政策，反对以武力解决国际争端，愿与世界所有国家发展贸易和文化交往。支持全球反恐斗争，支持打击跨国犯罪、毒品、武器走私和洗钱。主张通过解决发展问题消除贫穷、饥饿、失业等问题，发达国家应向发展中国家提供技术、经济以及其他形式的援助。主张改革全球贸易体系，呼吁发达国家停止对农民进行补贴，消除非关税和其他阻碍农产品贸易的技术壁垒。在重大国际问题上主张与本地区组织协调一致立场。

【同中国的关系】中格于1985年10月1日建交。1989年7月19日，格政府宣布与台湾当局“建交”；8月7日，中国中止了与格的外交关系。2005年1月20日，中格签署了关于恢复外交关系的联合公报，宣布自即日起正式恢复外交关系。同年，格在华设立使馆并派出首任常驻大使。复交后，顾秀莲副委员长（2007年7月）、杨洁篪副外长（2006年5月）访格。格总督威廉斯（2005年9月）、总理米切尔（2005年7月）、总理托马斯（2009年6月）访华。

中国驻格林纳达大使：张万海。馆址：Azar Villa At Calliste St. George's, Grenada。电话：001-473-4141228；传真：4396231。电邮：chinaemb_gd@mfa.gov.cn。

格林纳达驻华大使：玛塞·盖里（Marcelle Gairy）。馆址：北京市朝阳区塔园外交公寓5号楼2单元5层2号。电话：010-65321208；传真：65321015。

【同美国的关系】1974年与美国建交。两国间签有《针对犯罪共同司法援助条约》和《引渡条约》。2004年格遭受飓风灾害后，美向格提供援助。2008年8月，托马斯总理访美，与布什总统会谈。

【同古巴的关系】1979年格古建交。1997年，格古签署经济技术合作协定，双边合作不断扩大和深化。2009年2月，格外长戴维访古。2010年3月，格总理托马斯访古，并出席格古联合委员会第12次会议。

【同加勒比国家的关系】重视加勒比地区一体化，主张东加勒比各国应首先联合。2008年5月至2009年5月担任东加组织轮值主席国，把改善地区交通状况作为首要任务。积极主张实现加勒比经济一体化和更广泛的区域合作，支持向风群岛一体化。不断加强与邻国的双边交往和经贸往来。2006年7月，格与其他东加勒比国家一道加入加共体单一市场。

（陆兵）

格　陵　兰

名称　格陵兰（Greenland，Kalaallit Nunaat）。

面积　217.6万平方公里。

人口　5.65万（2009年），大多数为格陵兰人，约11%来自其他北欧国家（主要是丹麦）。语言为格陵兰语和丹麦语（官方语言）。大多数居民信奉基督教路德宗。

首府　努克（Nuuk），前称戈特霍布（Godthaab）。人口1.51万（2009年）。

总督　索恩·哈尔·穆勒（Søren Hald Møller），2005年4月1日上任。

简　况

世界第一大岛。位于北美洲东北部。全岛约4/5的面积在北极圈以内，近85%的土地终年冰雪覆盖。海岸线长4.4万公里。年平均气温在0℃以下，最低可达-70℃。1月平均气温-7.4℃，7月6.5℃。年均降水量752毫米。

公元前约1000年，加拿大北部因纽特人迁至格岛北部定居，以狩猎为生。1261年成为挪威殖民地。1397年，丹、挪及瑞典等组成卡尔马联盟，格陵兰转由丹管辖。挪1905年独立后与丹就格陵兰归属发生争议。1933年，海牙国际法庭将格判归丹麦。1953年，丹麦宪法规定格陵兰为丹一部分。1978年，丹通过格陵兰内部自治法。1979年5月1日，格正式成为丹自治领，通过当地普选产生自治议会和自治政府。1973年随丹麦一起加入欧共体，1985年退出。

政　治

设有自治议会，2009年6月成立自治政府。格陵兰在丹麦议会中有2个议席，有自己的旗帜和邮票。丹中央政府负责格陵兰防务、外交、司法和货币，并派驻高级专员（相当于总督）负责联络、协调和民法领域工作。其他事务均由自治政府负责。政局基本稳定。

【议会】自治议会（Inatsisartut）经普选产生，任期4年，设31个议席。本届自治议会于2009年6月选举产生，工人党14席，前进党9席，民主党3席，团结党4席，候选人联盟党1席。议长约纳坦·莫兹菲特（Jonathan Motzfeldt，前进党）。

【政府】本届自治政府于2009年6月由工人党、民主党和候选人联盟组成，共有9名成员：主席库皮克·克莱斯特（Kuupik Kleist，工人党），兼管外交事务；副主席兼住房、基础设施和交通部长严斯·弗雷德里克森（Jens B. Frederiksen，民主党），财政部长帕勒·克里斯钦森（Palle Christiansen，民主党），贸工和原材料部长乌·卡尔·贝特尔森（Ove Karl Berthelsen，工人党），内政事务部长安什·弗雷德里克森（Anthon Frederiksen，候选人联盟），渔业、捕猎和农业部长安·汉森（Ane Hansen，工人党），文化、教育、科研和宗教部长弥米·卡尔森（Mimi Karlsen，工人党），卫生部长安格特·方藤（Agathe Fontain，工人党），家庭事务部长马利纳·阿贝尔森（Maliina Abelsen，工人党）。

【行政区划】全岛分为东格陵兰、西格陵兰和北格陵兰三部分。

【政党】主要有：

（1）前进党（Siumut）：1977年7月成立。属温和社会主义党派，主张实现更高程度的自治。

（2）团结党（Atassut）：1978年1月成立。前身是团结运动，1981年改为现名。倾向保守，主张加强格陵兰与丹麦的关系。

（3）工人党（Inuit Ataqatigiit）：由1978年从前进党分裂出来的左翼人士组成。主张格陵兰脱离丹麦完全独立。

（4）民主党（Demokratiit）：2002年建党，由2001年从前进党中分裂出来的自治议会议员Per Berthelsen发起组建。主张加强格陵兰的民主化，走温和的中间道路。

（5）候选人联盟（Kattusseqatigiit）：1999年后由一批参选自治议会的无党派人士组成。

经　济

捕鱼业和鱼产品加工业是主要经济部门。1977年建立200海里渔区。2006年总捕鱼量约7.6万吨。主要海产品为虾、格陵兰大比目鱼、鳕鱼和鲑鱼。2006年有各种渔船863艘，其中吨位在20吨以上渔船132艘。近年各项经济指标如下：

国内生产总值：109.24亿克朗（2007年）。

人均国内生产总值：19.44万克朗（2007年）。

经济增长率：3.6%（2006年）。

货币名称：丹麦克朗。

汇率：1美元=5.33克朗（2009年5月）。

通货膨胀率：4.5%（2008年）。

失业率：6.8%（2007年）。

（资料来源：2009年格陵兰统计局，下同）

【狩猎业和牧业】狩猎业是传统行业，有1/4人口以此为生。2004年海豹皮贸易量约为8.3万张。畜牧业以羊为主，2007年养羊2.2万只，宰羊约288吨。

【资源与采矿业】地下蕴藏铅、锌、冰晶石、铬、煤、钨、钼、铁、镍、铀和石油等资源，其中冰晶石已基本采完。1985年生产锌矿石11.9万吨，铅矿石2.6万吨。1987年至今无采矿活动。1989年在该岛东部发现金矿，初步探明储量价值约12亿克朗，每年可采12吨。

【交通运输】主要交通工具为船、飞机、直升机和雪橇等，没有铁路交通。同丹麦、加拿大和冰岛有定期航班或客货轮联系，有13个机场和16个港口。

【财政金融】近几年财政预算收支情况如下（单位：亿克朗）：

	2005	2006	2007
收入	80	79	80
支出	75	77	82
差额	5	2	-2

2009年，丹麦政府对自治政府的拨款为37.29亿克朗。

【对外贸易】主要出口鱼、虾和裘皮；进口机械、矿产品、燃料、食品、烟酒和运输工具等。近年来商品进出口情况如下（单位：亿克朗）：

	2006	2007	2008
进口额	34.91	36.43	44.21
出口额	23.49	23.32	24.80
差额	-11.42	-13.11	-19.41

2009年与主要贸易伙伴进出口情况如下（单位：亿克朗）：

出口额		进口额	
丹麦	16.70	丹麦	24.40
葡萄牙	0.71	瑞典	6.31
挪威	0.33	德国	0.99
冰岛	0.20	挪威	0.51

人民生活

有医院、医疗所18所，医生89人，牙医33人，护理人员525人，病床441张。2007年有各类汽车5349辆，其中小车4687辆。

军　事

丹在格岛设有格陵兰司令部，具体负责渔区巡逻、海上救援、海洋测量、气象服务及同美军事基地的联络。1941年4月9日，丹美签订《格陵兰防务协定》，美取得在岛上建立军事设施的权利。美国设有图勒军事基地、雷达站和预警系统。2004年8月，格与丹、美三方签署了关于升级图勒雷达基地的防务协议。根据协议，图勒雷达基地将被纳入美国国家导弹防御系统。

文化教育

【教育】实行九年制免费义务教育，教学用语为格陵兰语，丹麦语为学生必修课目。2007/2008年度有中小学87所，在校学生10255名，教师1189人，其中格陵兰本地教师1012人。有职业学校10所，贸易学院、教育学院、小型大学（格陵兰大学）各1所。绝大多数学生到丹麦高等院校接受高等教育。

【新闻出版】主要报刊有《格陵兰邮报》、前进党党报《前进报》和团结党党报《团结报》。有1家格陵兰广播电视台、2家广播电台和若干地方小电视台。2007年出版图书120种。（郭伯涵）

古　巴

国名　古巴共和国（The Republic of Cuba, La República de Cuba）。

面积　11.3万平方公里。

人口　1124.26万（2008年）。人口密度为99.5人/平方公里。白人占66%，黑人占11%，混血种人占22%，华裔占1%。城市人口占75.8%。官方语言为西班牙语。主要信奉天主教、非洲教、新教、古巴教、犹太教等。

首都　哈瓦那（La Habana），人口214万（2007年）。年平均气温25℃。最热月（8月）平均气温24℃～32℃，最冷月（1月和2月）平均气温18℃～27℃。年平均湿度81%。最干月（2月和3月）平均降水46毫米，最湿月（10月）平均降水173毫米。

国家元首　国务委员会主席劳尔·卡斯特罗·鲁斯（Raúl Castro Ruz），2008年2月就任。

重要节日　国庆日：1月1日（革命胜利纪念日）；起义日：7月26日（攻打蒙卡达兵营纪念日）；建军节：12月2日（“格拉玛”号登陆日）。

简　况

位于加勒比海西北部墨西哥湾入口。北离美国佛罗里达半岛最南端217公里，东与海地和多米尼加隔海相望（77公里），南距牙买加140公里，西离墨西哥尤卡坦半岛210公里。由古巴岛、青年岛等1600多个岛屿组成，是西印度群岛中最大的岛国。古巴岛长1250公里，宽31～191公里。海岸线长5746公里。全境大部分地区属热带雨林气候，仅西南部沿岸背风坡为热带草原气候，年平均气温为25℃。1月为最冷月，平均气温21℃。5～10月为雨季，11～4月为旱季。6～11月为飓风多发期。除少数地区外，年降水量在1000毫米以上。共有约200条河流，但只有极少数适于发电。

1492年10月27日，哥伦布航海发现古巴岛。1510年西班牙远征军开始征服古巴并进行殖民统治。1868年和1895年先后爆发两次独立战争。1898年美国对西班牙战争胜利后占领古巴。1902年5月20日美扶植成立“古巴共和国”。1903年美强租古海军基地两处，其中关塔那摩海军基地迄今仍被美占领。此后，古基本上由亲美独裁政府统治，政局动荡。1933年，巴蒂斯塔将军在美国支持下发动政变上台，执政至1944年。1952年3月，巴蒂斯塔再次发动政变并上台执政。1953年7月26日，菲德尔·卡斯特罗·鲁斯（Fidel Castro Ruz）率领一批进步青年攻打蒙卡达兵营，失败后被捕入狱，1955年流亡墨西哥。1956年12月，卡斯特罗率领81名起义战士乘“格拉玛”号游艇返古，在马埃斯特拉山区开展游击战。1959年1月1日，卡斯特罗率起义军推翻了巴蒂斯塔独裁统治，建立革命政府。1961年5月，卡斯特罗宣布开始社会主义革命。1962年，美宣布对古实行经济、贸易和金融封锁。

政　治

1997年，古共五大决定在坚持一党制、社会主义公有制和计划经济的同时，首次提出把经济工作放在优先地位。1999年起开展“思想战”，加强爱国主义和社会主义思想教育。近年来，古政府在维护政治和社会稳定的基础上，大力恢复和发展经济，陆续出台一系列政策调整举措，同时加强对人民群众的社会主义和爱国主义教育。

2006年7月31日，卡斯特罗主席因病将职权移交胞弟、法定接班人劳尔·卡斯特罗第一副主席临时代理。2008年2月24日，在古巴第七届全国人民政权代表大会上，劳尔·卡斯特罗当选为国务委员会主席兼部长会议主席，正式接任国家最高领导人职务。目前，古政局保持稳定，社会秩序良好。

【宪法】现行宪法于1976年2月通过，宪法规定：古巴是主权独立的社会主义国家，是一个民主、统一的共和国，由全体劳动者组成，谋求政治自由、社会公正、个人和集体利益及人民团结。1992年7月，第三届全国人民政权代表大会第十一次会议通过宪法修正案，把马蒂思想与马列主义并列作为党的指导思想。2002年6月，第五届全国人民政权代表大会特别会议通过宪法修正案，重申社会主义制度不可更改。

【议会】全国人民政权代表大会，为国家最高权力机关，享有修宪和立法权。每届任期五年。每年举行两次例会。全国和省级人大代表候选人由群众和学生组织提名后交市级人民政权代表大会审批，然后由全体选民以无记名方式直选产生。第七届全国人民政权大会代表于2008年2月产生，共有代表614人。主席里卡多·阿拉尔孔·德克萨达（Ricardo Alarcón de Quesada）1993年当选并连任至今。

国务委员会是1976年取消总统制后设立的，在全国人民政权代表大会休会期间代表人大行使立法等国家权力。国务委员会由主席、第一副主席、5名副主席、1名秘书和23名委员组成，从全国人大代表中选举产生。宪法规定，国务委员会主席是国家元首、政府首脑和武装部队总司令。本届国务委员会于2008年2月选举产生，2009年3月改组，主席劳尔·卡斯特罗·鲁斯，第一副主席何塞·拉蒙·马查多·本图拉（José Ramón Machado Ventura）；五位副主席：阿韦拉多·科洛梅·伊瓦拉（Abelardo Colomé Ibarra，兼内务部长）、拉米罗·巴尔德斯·梅嫩德斯（Ramiro Valdés Menéndez，兼信息通讯部长）、胡安·埃斯特万·拉索·埃尔南德斯（Juan Esteban Lazo Hernández）、胡里奥·卡萨斯·雷格罗（Julio Casas Regueiro，革命武装力量部长）、格拉迪丝·玛丽亚·贝赫拉诺·波特拉（Gladys María Bejerano Portela，兼总审计长）；秘书：奥梅罗·阿科斯塔·阿尔瓦雷斯（Homero Acosta Álvarez）。

【政府】即部长会议，是国家最高行政机关，由主席、第一副主席、若干副主席、执行秘书、各部部长和法律确定的其他人员组成。其中由主席、第一副主席、副主席和执行秘书共同组成的执行委员会系其领导机构。部长会议主席由国务委员会主席兼任，成员经主席建议由全国人民政权代表大会任命。本届部长会议于2008年2月成立，2009年3月和2010年5月、6月分别进行调整，现任主席劳尔·卡斯特罗·鲁斯，第一副主席何塞·拉蒙·马查多·本图拉；六位副主席：何塞·拉蒙·费尔南德斯·阿尔瓦雷斯（José Ramón Fernández Álvarez）、马里诺·阿尔韦托·穆里略·豪尔赫（Marino Alberto Murillo Jorge，兼经济和计划部长）、乌里塞斯·罗萨莱斯·德尔托罗（Ulíses Rosales del Toro）、拉米罗·巴尔德斯·梅嫩德斯（Ramiro Valdés Menéndez，兼信息通讯部长）、里卡多·卡布里萨斯·鲁伊斯（Ricardo Cabrisas Ruíz）、安东尼奥·恩里克·卢松（Antonio Enrique Lussón）；秘书长：何塞·阿马多·里卡多·格拉（José Amado Ricardo Guerra）。部长有：内务部长阿韦拉多·科洛梅·伊瓦拉（Abelardo Colomé Ibarra）、革命武装力量部长胡利奥·卡萨斯·雷格罗（Julio Casas Regueiro）、基础工业部长亚迪拉·加西亚·贝拉（Yadira García

Vera)、糖工业部长奥兰多·塞尔索·加西亚·拉米雷斯（Orlando Celso García Ramírez）、科技和环境部长何塞·米格尔·米亚尔·巴鲁埃科（José Miguel Miyar Barrueco）、交通部长塞萨尔·伊格纳西奥·阿罗查（César Ignacio Arocha）、内贸部长哈辛托·安古洛·帕尔多（Jacinto Angulo Pardo）、建设部长菲德尔·费尔南多·菲格罗亚·德拉帕斯（Fidel Fernando Figueroa de la Paz）、文化部长阿韦尔·普列托·希门内斯（Abel Prieto Jiménez）、教育部长埃娜·埃尔萨·贝拉斯克斯·科别利亚（Ena Elsa Velázquez Cobiella）、高等教育部长米格尔·迪亚斯·卡内尔·贝穆德斯（Miguel Díaz Canel Bermúdez）、财政和价格部长利娜·奥琳达·佩德拉萨·罗德里格斯（Lina Olinda Pedraza Roderíguez）、食品工业部长玛丽亚·德尔卡门·康塞普西翁·冈萨雷斯（María del Carmen Concepción González）、农业部长古斯塔沃·罗德里格斯·罗列罗（Gustavo Rodríguez Rollero）轻工业部长达马尔·马塞奥·克鲁斯（Damar Maceo Cruz）、钢铁机械工业部长萨尔瓦多·帕尔多·克鲁斯（Salvador Pardo Cruz）、司法部长玛丽亚·埃斯特尔·雷乌斯·冈萨雷斯（María Esther Reus González）、外交部长布鲁诺·罗德里格斯·帕里利亚（Bruno Rodríguez Parrilla）、公共卫生部长何塞·拉蒙·巴拉格尔·卡夫雷拉（José Ramón Balaguer Cabrera）、劳动和社会保障部长玛格丽塔·马莱内·冈萨雷斯·费尔南德斯（Margarita Marlene González Fernández）、旅游部长曼努埃尔·马雷罗·克鲁斯（Manuel Marrero Cruz）、外贸外资部长罗德里戈·马尔米耶卡（Rodrigo Malmierca）、民航局长拉蒙·马丁内斯·埃切韦里亚（Ramón Martínez Echeverría）、体育和文娱局长胡里奥·克里斯蒂安·希门内斯·莫里纳（Julio Christian Jiménez Molina）、央行行长埃内斯托·梅迪纳·比利亚韦兰（Ernesto Medina Villaveirán）。

【行政区划】全国划分为 14 个省（包括省级市哈瓦那市），1 个特区（青年岛特区）。省下设 168 个市。

【司法机构】最高人民法院是国家最高司法机构。共和国总检察院负责行使司法监督权。最高人民法院院长、法官、总检察长、副总检察长均由全国人民政权代表大会选举和罢免。最高人民法院院长鲁文·雷米西奥·费罗（Rubén Remigio Ferro），1999 年 1 月就任，连任至今。总检察长达里奥·古拉·德尔加多（Darío Cura Delgado），2010 年 3 月就任。

【政党】古巴共产党（Partido Comunista de Cuba, PCC），古唯一合法政党。宪法规定，古巴共产党是马蒂思想和马列主义先锋组织，是古巴社会和国家的领导力量。1961 年，“七·二六运动”、“人民社会党”和“三·一三革命指导委员会”三个组织合并成“古巴革命统一组织”。1962 年改名为“古巴社会主义革命统一党”。1965 年改用现名。古共成立以来共召开 5 次全国代表大会（1975 年 12 月、1980 年 12 月、1986 年 2 月、1991 年 10 月和 1997 年 10 月）。古共四大决定，允许信仰宗教的先进革命分子入党。古共五大通过政治、经济和修改党章三项决议，并选出由 150 人组成的中央委员会和 24 人组成的政治局。现有党员约 89.3 万人。古共中央第一书记菲德尔·卡斯特罗，第二书记劳尔·卡斯特罗。2006 年 7 月，古共五届五中全会决定恢复设立中央书记处。书记处由菲德尔·卡斯特罗、劳尔·卡斯特罗等 12 人组成。2008 年 4 月，古共五届六中全会决定成立政治局委员会，并增补三名政治局委员。

【重要人物】**菲德尔·卡斯特罗·鲁斯：**现任古巴共产党中央委员会第一书记，并长期担任国务委员会主席兼部长会议主席、革命武装力量总司令。1926 年 8 月 13 日生于奥连特省。1949 年加入古巴人民党。1950 年在哈瓦那大学获法学博士学位。1953 年 7 月 26 日率一批青年攻打圣地亚哥的蒙卡达兵营失败后被捕。1955 年大赦获释后流亡墨西哥并组织了“七·二六运动”。1956 年回到古巴，在马埃斯特拉山区开展反对巴蒂斯塔独裁统治的武装斗争。1959 年革命胜利后出任总理。1976 年取消总统制后任国务委员会主席兼部长会议主席至今。有《历史将宣判我无罪》等著述。1995 年 11 月和 2003 年 2 月，卡斯特罗主席两次访问中国。2006 年 7 月 31 日，卡斯特罗主席因病将职权移交胞弟。2008 年 2 月 24 日，在古巴第七届全国人民政权代表大会上，卡斯特罗正式卸任国务委员会主席兼部长会议主席和革命武装部队总司令。 **劳尔·卡斯特罗·鲁斯：**现任古巴共产党中央委员会第二书记，国务委员会主席兼部长会议主席，菲德尔·卡斯特罗的胞弟。1931 年 6 月 3 日出生。受卡斯特罗影响，青年时代的劳尔积极投身于反对独裁统治的学生运动，并参加了古巴人民社会党（共产党）。1953 年参加了攻打蒙卡达兵营战斗，失败后被捕入狱。1955 年大赦获释，流亡美国、墨西哥。1956 年随卡斯特罗乘“格拉玛”号游艇回到古巴，在马埃斯特拉山区开展游击战争。1958 年在克里斯塔尔山区开辟并领导了第二条战线。1959 年古革命胜利后一直担任古共中央第二书记，国务委员会第一副主席兼部长会议第一副主席，革命武装力量部部长，大将。1997 年在古共五大上被确定为卡斯特罗主席的接班人。2006 年 7 月 31 日，卡斯特罗主席因病将职权移交劳尔临时代理。2008 年 2 月 24 日，在古巴第七届全国人民政权代表大会上，劳尔当选为国务委员会主席兼部长会议主席，正式接任国家最高领导人和武装部队总司令职务。

经济

古巴经济曾长期维持以蔗糖生产为主的单一经济发展模式，但从 1990 年起糖工业逐渐丧失其主导地位。20 世纪

80年代末期，东欧剧变和苏联解体对古经济造成严重冲击。1993年开始逐步推出“特殊阶段的措施”，允许个人拥有外汇，扩大个体经济，改革农业体制。1994年推出扩大企业自主权，实行财税改革，开放农贸自由市场和小商品市场，向外资全面开放生产部门等举措。1995年进行货币改革，实行新的外国投资法。1996年进一步完善税制，颁布《自由区和工业园区法》，扩大社会保险范围。1997年，古共第五次代表大会首次提出把经济工作放在优先地位。1998年启动国有企业改革。1999年成立货币政策委员会。2002年开始重组糖工业，关闭71家糖厂。2003年加强外汇管理，禁止本国企业开设美元账户。2004年，古继续调整经济结构，进一步完善国有企业制度。1994～2004年，古经济年均增长3.7%。2005～2007年，经济年均增长9.7%。

2008～2009年，受世界金融危机冲击和严重飓风灾害侵袭等因素影响，古经济形势严峻。旅游和镍矿等支柱产业出口创汇减少，粮食、能源等进口开支增加，外贸逆差严重，对外融资难度增大，国际支付较为困难。2009年古巴主要经济数据如下（资料来源：2010年古巴国家统计局网站）：

国内生产总值：463.07亿比索。

人均国内生产总值：4120比索。

国内生产总值增长率：1.35%。

货币名称：比索（peso）和可兑换比索（peso convertible，1995年1月开始流通）。

汇率：1美元＝24比索；1美元＝0.8可兑换比索。

失业率：1.7%。

【资源】镍储量650万吨，居世界第三。铁、铬、钴蕴藏量分别为35亿吨、200万吨、80万吨，此外还有锰、铜等。2004年底发现一个储量为1亿桶的新油田，预计可开采3.5年。2008年10月，古宣布在墨西哥湾靠近古巴区域发现一处储量200亿桶的特大深海油田。2004年森林覆盖率23.6%。植物种类8000多种，其中50%以上为特有物种。

【工业】近年来，工业结构明显调整，采矿、发电、炼油、炼钢、食品加工、机械、轻纺、电子、水泥等行业发展较快，制糖业在国民经济中的地位呈下降趋势。2002年起对糖工业进行调整，关闭半数以上糖厂，糖产量连年下滑。生物技术和制药工业是政府在制造业领域的投资重点，迄今投入约10亿美元。近年主要工业产品产量如下（单位：万吨）：

	2007	2008	2009
蔗糖（粗糖）	113	139	—
镍（钴）	7.6	—	—
钢	26.24	25.64	26.58
水泥	181.19	177.35	163.8
发电（亿度）	176.21	179.57	177.09
雪茄（亿支）	4.12	4.03	3.73
原油	290	318.4	—
天然气（百万立方米）	1.22	—	—

（资料来源：2010年古巴国家统计局网站、西班牙皇家埃尔卡诺研究所网站）

【农业】1959年社会主义革命胜利后，古政府推行土地改革，建立了大量国营农场和农村合作社，确立了国有制主导的发展模式，农业生产以甘蔗、烟草种植为主。20世纪90年代初，古再次推行农业改革，允许国营农场将部分土地租借给合作社，以优化农业结构。

2002年糖式工业重组后，甘蔗田转种其他作物或用于林业。2007年古全国耕地有298.8万公顷，其中国营农场拥有69.4万公顷，占23.2%；农业生产基层组织、农牧业生产合作社、服务与信贷合作社及个体农民共计拥有耕地229.43万公顷，占76.8%。其中甘蔗种植面积为114.1万公顷，占总耕地的38.2%。咖啡、水稻、烟草、香蕉和酸性水果的种植面积分别为13.53万公顷、17.66万公顷、6.1万公顷、10.28万公顷和17万公顷。古大米、豆类和小麦等主要依赖进口。蔗糖、烟草、酸性水果和鱼类是重要的农业出口产品。

2008年强烈飓风袭击导致古农业基础设施受损严重，主要粮食和经济作物产量同比均有小幅下降，农业发展受到严重冲击。2009年，古继续将解决国内粮食生产和供应问题作为当务之急，并颁布若干政策调整措施。

2009年农业产值（含畜、林、渔）为19.81亿比索，同比增长4.38%。近年主要农产品产量如下（单位：万吨）：

	2007	2008	2009
块茎	139.9	152.54	156.56
蔬菜	260.3	245.5	254.88
水稻	21.98	20.75	28.18
酸性水果	46.9	35.2	41.8
其他水果	80.01	72.66	74.8
玉米	36.88	32.57	30.48
菜豆	9.72	10.3	11.08

近年畜产品产量如下（单位：万吨）：

	2007	2008	2009
猪肉	26.8	29.2	28
牛肉	10.98	11.92	13.09
鸡肉	4.3	4.1	4.2
鸡蛋（亿只）	23.52	22.75	24.97

（资料来源：2010年古巴国家统计局网站）

【服务业】从业人员素质高、经验丰富，可在医疗、教育、信息、电讯、航空、海上运输、船舶修理等领域提供专业服务。2009 年服务业约占国内生产总值的 80.8%。

【旅游业】旅游资源丰富。全国有适宜旅游海滩约 300 个，其中巴拉德罗海滩是世界著名旅游胜地。近年来，旅游业成为国家重点发展项目、第一大创汇产业和重要就业来源。全国共有旅馆 321 个，客房 4 万余间。外国游客主要来自加拿大和欧洲等。2009 年入境旅客 242.1 万人次，同比增长 3.1%。主要客源国依次为加拿大、英国、西班牙、意大利和德国。近年旅游业发展情况如下：

	2007	2008	2009
外国游客（万人次）	215.2	235	242.5
外汇收入（亿美元）	24.15	31.72	20.97

（资料来源：2010 年古巴国家统计局网站）

【交通运输】以公路为主。

公路：总长 4.9 万余公里（其中硬化公路 10990 公里，高速公路 682 公里）。中央公路横贯古巴岛。2009 年公路客运量为 15.03 亿人次，货运总量为 4089.1 万吨。

铁路：总长 14838 公里，其中一半以上为甘蔗运输专线。另有 147 公里电气化铁路。2009 年客运量 746.4 万人次，货运总量 1364.1 万吨。

海运：有 16 个商业港口和 23 个辅助港口，其中较大的有 7 个。1980 年前，古是加勒比地区最大海运国家，1990 年由于苏联解体，海运量下降了一半，当时有 6 家船运公司，商船约 100 艘，总吨位 120 万吨。主要港口有哈瓦那港和圣地亚哥港。2009 年海运货物总量为 136.2 万吨。

空运：共有 20 个机场，其中 11 个为国际空港，年接待总能力为 800 万游客。有 48 架客机，2 架货机。同 41 个国家通航，国际航线 23 条。哈瓦那和巴拉德罗国际机场每年入境人数占全国 70%。2009 年航空客运总数 130.2 万人次，货运总量 1.15 万吨。

【财政金融】2009 年财政收入 431.96 亿比索，支出 466.11 亿比索，实际财政赤字 30.15 亿比索，占国内生产总值的 6.5%。截至 2006 年底，古外债总额为 154 亿美元。近年财政收支情况如下（单位：亿比索）：

	2007	2008	2009
总收入	406.52	420.56	435.96
总支出	387.40	462.57	466.11
赤　字	-19.12	42	30.15
占 GDP 比重（%）	4	6.7	6.5

（资料来源：同上）

截至 2007 年，古巴有 1 家中央银行、8 家商业银行、15 家非银行金融机构、12 家外资银行代表处和 4 家外资非银行金融机构代表处，尚无外资机构获得营业许可。

古巴国民银行是最大商业银行，1948 年 12 月成立。1997 年 5 月起不再承担中央银行职能而改为商业银行，主要承办对国家有重大影响项目的贷款、转贷或担保业务，不办理存款和储蓄业务。

【对外贸易】主要出口镍、蔗糖、蜂蜜、龙虾及对虾、咖啡、浓缩果汁、酸性水果、雪茄烟、朗姆酒等，主要进口石油、粮食、机械、化肥、化工产品等。2009 年外贸总额 197.19 亿比索，同比减少 27.8%，进出口同比分别下降 37.3% 和 16.6%。其中服务贸易额为 81.09 亿比索，同比减少 10.5%。主要出口对象为荷兰、俄罗斯、委内瑞拉、加拿大、中国、西班牙等，主要进口来源国为委内瑞拉、意大利、西班牙、法国、加拿大、中国等。近年进出口情况如下（单位：亿比索）：

	2007	2008	2009
出口额	37.01	125.06	104.34
进口额	100.83	148.06	92.85
差　额	-63.82	-23	11.49

（资料来源：同上）

【对外援助】援外对象主要是拉美、加勒比和非洲国家。目前，古有数万名援外人员在上百个国家提供医疗、体育、教育等服务。医务援外人员约 3.1 万人，分布在 70 多个发展中国家，其中一半以上在委内瑞拉；通过实施“奇迹计划”，为 30 多个国家的近 50 万名患者进行眼科手术；援外教育工作者共 1.5 万名；130 多个国家的 4.7 万名青年留学生在古学习；古还参加了近 20 个国家的扫盲工作。

【外国资本】1995 年 9 月，古颁布外资法。截至 2004 年，与 62 个国家签署鼓励和相互保护投资协定，与 8 个国家签署避免双重征税协定。外资主要集中在镍矿、石油、旅游和电信等行业，其中 50% 以上外资来自欧盟国家。主要投资来源国为西班牙、加拿大、意大利、法国、英国、墨西哥、中国等。截至 2006 年，古境内共有合资企业 342 家，其中西班牙 98 家、加拿大 52 家、意大利 51 家、法国、墨西哥和中国等共 60 家，合资企业就业人数占总就业人口的 0.7%。1996～2006 年，古吸引外资达 12 亿美元。

人民生活

实行全民免费医疗制度。拥有完整的医疗卫生保健网络：家庭医生—门诊医院—综合医院/专门医院，家庭医生保健体系覆盖全国 99.1% 的人口。2009 年医疗卫生支出占国内生产总值的 14.27%，全国共有医院 219 所，综合门诊部 498 个，医生 74880 名（其中家庭医生 34261 名），平均每 150 人就有一名医生，系目前世界上人均医生率最高的国家；人均预期寿命 78 岁，其中女性 80.02 岁，男性 76 岁；年人均看病次数 8.4 人次，每千人有病床 5.9 张。2009 年，古人口出生率为11.6‰，死亡率为7.7‰，新生儿死亡率4.8‰（截止到2009年11月），人口增长率为0.6‰。

2009年，全国共有515.85万经济活动人口，就业人口507.24万，其中男性313.8万，女性193.4万，职工月均工资427比索，同比增长2.8%。2009年电话普及率14.4%，电视覆盖率97.4%。

军　事

实行义务兵役制，服役期2年，每年征兵两次。古巴革命武装力量部前身为起义军，1959年改为现名。12月2日为建军节。国务委员会主席为武装部队总司令。革命武装力量部负责三军的指挥和管理，现任部长胡利奥·卡萨斯·雷格罗。

2009年国防开支21.26亿比索，占当年国民生产总值的4.59%。2005年全国总兵力：正规部队4.9万人，其中陆军3.8万人，海军0.3万人，空军0.8万人；其他各种军事力量1076500人，其中准军事组织劳动青年军7万人，国家保安队2万人，边防警备队6500人，民防卫队5万人，地方民兵100万人。

文化教育

古巴政府重视发展文化教育，系目前拉美识字率和平均受教育水平最高的国家。古拥有较高水准的芭蕾舞团、交响乐团等文艺团体，古巴的热带歌舞独具特色。群众文化普及程度较高，各种博物馆、图书馆、艺术厅、文化之家遍布全国。全国有剧院343家、图书馆995家、艺术馆133家、博物馆266家、文化之家305个。2007年，全国共有电视频道49个，电视播出总时间68147小时；广播电台91家，节目播出总时间47.67万小时。

【**教育**】古巴教育水平居世界前列，实行全民免费教育制度，共分三级：第一级为学龄前教育；第二级包括小学、初中和大学预科；第三级为高等教育。实行九年制义务教育，高等教育实行公费制。2009年全国共有大、中、小学及特殊教育机构共计11621所，在校学生约269万，教师约26.65万，平均每千人有23.9名教师，是世界上按人口比例拥有教师最多的国家。适龄儿童入学率近100%，近85%的高中毕业生可进入大学或专科学校，15岁以上人口文盲率为0.2%。2009年教育经费投入为90.31亿比索，同比增长20.4%。目前，古巴每14个人有1人是大学毕业，470万就业人口中平均每6人就有1人为大学毕业。2009年各级学校、教师和学生数量如下：

	学校（所）	学生（万人）	教师（万人）
小学	8215	90.82	9.24
中学	22534	84.66	8.94
大学	69	61.83	6.25
成人	691	27.61	1.17

（资料来源：2010年古巴国家统计局网站）

哈瓦那大学创建于1728年，是古巴最古老、规模最大的高等学府，拥有13个系，30多个专业，下设14家科研所。

【**体育**】拉美体育强国。全国共有1.1万个体育场所，3万名专业体育教师。在2008年北京奥运会上，古巴体育代表团共获得2枚金牌、11枚银牌和11枚铜牌，名列第28位。在北京残奥会上，古体育代表团共获得5枚金牌、3枚银牌和6枚铜牌，名列第23位。体育强项有棒球、拳击、女子排球、柔道等。

【**新闻出版**】主要报刊：《格拉玛报》，古巴共产党机关报，创于1965年10月，发行量70万份；《起义青年报》，共青联中央机关报；《劳动者报》，中央工会机关报；《波希米亚》周刊，创于1908年5月，每期发行30万份。

通讯社：拉美通讯社，官方国际通讯社。创建于1961年，在全世界设有37个分社。国家通讯社，创建于1974年，主要负责国内新闻报道。

全国性广播电台5家：时钟电台、进步电台、起义电台、音乐电台和古巴哈瓦那国际电台（用8种语言播音）。

全国性电视台2家：古巴国家电视台（Cubavisión）和起义电视台（Telerebelde）。

对外关系

古巴外交政策遵循国际法基本原则，主张尊重各国主权和领土完整、各国人民的自决权，反对干涉别国内政；主张世界各国和各国人民一律平等；谴责国际关系中一切形式的霸权主义、干涉主义、单边主义和歧视政策，反对使用或威胁使用武力，反对一切形式的恐怖主义，包括国家恐怖主义。

古是联合国创始国，世界贸易组织、77国集团、不结盟运动、非加太组织、加勒比国家联盟、拉美一体化协会、东亚—拉美论坛、里约集团等国际和地区组织的成员国。现任联合国人权理事会成员国（2006年5月当选）。古与186个国家有外交关系。2006年9月，不结盟运动第14次首脑会议在哈瓦那举行。古于2006～2009年任该运动轮值主席国。2008年12月，古加入里约集团。2009年6月，第39届美洲国家组织大会宣布废除1962年中止古成员资格的决议，但古表示拒绝重返该组织。

【**对当前重大国际问题的态度**】主张世界多极化，并在此基础上建立稳定、公正、民主的国际关系体系。认为全球化是不可避免的历史阶段，但目前的全球化是新自由主义全球化，主张建立在正义基础上的社会主义、共产主义的全球化。呼吁建立公正合理的国际经济新秩序，取消现有的国际货币基金组织，代之以能代表所有国家利益的新机构并建立能维护发展中国家利益的贸易体系。

肯定联合国存在的必要，认为联合国应维护世界和平与安全，消灭贫困，促进发展。联合国对指导国际关系是必不可少的，但目前的联合国是一个不公正的单极世界的联合国，必须对其改革，使其更加民主、透明。

认为人权包括社会正义、真正平等和财富公平分配，最重要的人权是生存权和发展权，强调各国依据本国国情决定行使人权的方式，反对利用人权干涉别国内政。认为外债是当今世界发展的最大障碍，要求富国免除发展中国家的外债并提供新贷款用于发展，主张第三世界国家团结起来，共同应对债务危机。反对一切形式的恐怖主义，反对以战争反恐，支持联合国在国际反恐斗争中发挥领导作用。主张在严格有效的国际监督下，全面销毁核武器和切实有效地实行裁军，要求尊重各国和平利用核能的合法权利。

【同中国的关系】古巴是第一个与中国建交的拉美国家。1960 年 9 月 2 日，卡斯特罗主席宣布古断绝与台湾的关系，与中华人民共和国建立外交关系。同年 9 月 28 日，中古两国政府发表联合公报，确认建交。

建交初期，两国关系发展顺利，1966 年起，双方除保持大使级外交关系和贸易关系外，其他往来先后中止。1983 年，各领域交往陆续恢复。1989 年两国外长互访后，中古关系走向全面恢复。进入 20 世纪 90 年代以后，两国高层互访频繁，各个领域的平等互利合作与交流不断扩大。1993 年江泽民主席访古，1995 年卡斯特罗主席访华，两国关系全面恢复并进入快速发展时期。2001 年和 2003 年江主席与卡斯特罗主席再次互访。2004 年 11 月和 2008 年 11 月，胡锦涛主席两次对古进行国事访问。2005 年 4 月，劳尔副主席访华。2006 年 8 月 1 日，古巴国务委员会主席兼部长会议主席卡斯特罗因病住院，胡锦涛主席致电慰问。此外，2005 ~ 2009 年，中共中央政治局常委、全国政协主席贾庆林、中共中央政治局常委罗干、中共中央政治局常委吴官正、中共中央政治局常委贺国强、国务委员陈至立等先后访古；同期，古共中央政治局委员、全国人民政权代表大会主席阿拉尔孔、古共中央书记处书记、国际关系部长雷米雷斯、外交部长佩雷斯、古共中央国际关系部长雷米雷斯、卫生部长巴拉格尔分别访华、古科技与环境部代部长冈萨雷斯访华和古最高法院院长雷米西奥等先后访华。

2009 年，中共中央政治局常委、全国人大常委会委员长吴邦国对古进行正式友好访问。吴委员长探望了古共中央第一书记卡斯特罗，会见了古国务委员会主席兼部长会议主席劳尔。访问期间，中古签署经济技术合作协定等 8 项双边合作文件。全国人大常委会副秘书长、法律委员会副主任委员乔晓阳、卫生部长陈竺、国家人口和计划生育委员会主任李斌、山东省委书记姜异康、最高人民检察院副检察长孙谦、中拉友好协会会长成思危等分别率团访古。

2009 年 9 月，古外长罗德里格斯对华进行正式访问，国家副主席习近平、国务委员戴秉国、外交部长杨洁篪和中联部部长王家瑞等分别会见。同月，古部长会议副主席卡布里萨斯访华，商务部长陈德铭与其共同主持了中古政府经贸混委会第 22 次会议，卡还赴厦门出席了第 13 届中国投资贸易洽谈会开幕式和 2009 厦门国际投资论坛。

2010 年 4 月青海玉树地震后，卡斯特罗第一书记和劳尔主席分别致电胡锦涛主席和温家宝总理表示慰问。

中古在国际事务中保持密切配合。中国在第 64 届联大连续第 18 次投票支持古提出的要求美国取消封锁的议案。古继续积极支持中国在台湾、涉藏、涉疆、人权等问题上的原则立场。

两国经贸合作发展良好。据中国海关总署统计，2009 年中古贸易大幅下滑，双边贸易额为 15.47 亿美元，同比下降 31.5%。其中中方出口额 9.72 亿美元，进口额 5.74 亿美元，同比分别减少 28.2% 和 36.4%。中国主要进口食糖、农产品、原油、废金属等，出口冰箱、客车等机电产品。

两国在文教、卫生、科技、新闻、体育、军事等领域互利友好合作逐步扩大。2009 年 7 月，第九届中国文化节在古展览中心举行；“北京—哈瓦那：新中国当代艺术革命”展在古国家美术馆开展；11 月，哈瓦那大学孔子学院举行揭牌仪式。11 月，卫生部长陈竺出席在哈瓦那召开的全球卫生研究论坛年会并顺访古。4 月和 9 月，中国科协常务副主席、书记处第一书记邓楠和古国务委员会科技顾问菲德尔·卡斯特罗·迪亚斯—巴拉尔特实现互访。10 月，古拉美通讯社社长加西亚访华并参加首届世界媒体峰会。4 月，国家体育总局副局长崔大林访古。此外，北京军区政委符廷贵上将、中国人民解放军军事检察院检察长李晓峰少将分别访古。

中国驻古巴大使：刘玉琴（女），2010 年 3 月 11 日递交国书。馆址：Calle 13 No. 551 entre C y D, Vedado, Ciudad de La Habana, Cuba。电话：53 - 7 - 8333005。传真：8333092。领事部电话：8360037。商务处地址：Calle 42 No. 313 esq. 5ta. Av. Miramar, Ciudad de La Habana, Cuba。商务处电话：53 - 7 - 2042585。传真：2041021。

古巴驻中国大使：卡洛斯·米格尔·佩雷拉·埃尔南德斯（CARLOS MIGUEL PEREIRA HERNANDEZ），2006 年 11 月 14 日递交国书。馆址：北京市建国门外秀水南街 1 号。电话：010 - 65321855，65326656。传真：65322870，65325636。商务处电话：65321243。经济处电话：65321984。

【同美国的关系】1959 年 1 月，美国宣布承认古巴革命临时政府。1960 年，美禁止部分古产品输美。1961 年 1 月 3 日，美宣布与古断交。1961 年 4 月，美雇佣军入侵古巴吉隆滩（猪湾）失败。1962 年 2

月7日，美宣布对古实行全面经济封锁政策。1977年，双方互设“照管利益办事处”。苏联解体后，美加大对古施压。1992年，美颁布“托里切利修正案”，强化对古经济封锁。1996年，美颁布“赫尔姆斯—伯顿法”，限制其他国家与古进行正常贸易和投资。

“9·11”事件后，美将古列为“邪恶轴心”外围国家，指责古支持恐怖主义和研发生化武器。2004年，美宣布中止与古移民谈判，再度将古列入“支持恐怖主义国家”名单，并出台强化对古封锁新措施。古随即发表声明予以强烈谴责，并采取应急经济措施。2005年，美将古列入“暴政前哨”国家名单。2006年，布什政府继续奉行对古敌视政策，强化对古封锁。2007年3月以来，卡斯特罗在《总司令的思考》（后改为《菲德尔同志的思考》）系列文章中多次抨击美对古封锁及美能源、粮食政策。2008年2月劳尔主政以来，注意缓和对美关系，降低对美批评调门。11月奥巴马当选美总统后，劳尔多次公开表示愿在平等和互相尊重基础上与美领导人开展对话。

2009年奥巴马总统就职后，美部分放松对古制裁，解除侨汇、探亲方面的某些限制；古也注意缓和对美关系，双方启动了移民和直接通邮等谈判。2010年初，美宣布对古等14个“支持恐怖主义”的国家旅美乘客实行额外安检，古表示强烈抗议。2月，古美第二次移民问题会谈未达成任何共识。3月，奥再次批评古人权状况“十分糟糕”，古则抨击美借此向古施压。

【同拉美和加勒比国家的关系】古重视发展与拉美和加勒比国家关系，积极推动地区一体化进程，反对建立美洲自由贸易区。近年来，双方在经贸、文化、体育、医疗卫生等领域保持密切合作，古向许多拉美和加勒比国家派有医生、教师和体育教练，每年吸收近千名拉美留学生。1999年古成立拉美医学院，免费为本地区其他国家培养医护人员。2002年，古与加勒比共同体签署经贸合作协议。2008年，第三届古巴—加共体首脑峰会在哈瓦那召开，古积极支持加勒比一体化。同年12月，古加入里约集团。

近年来，古与委内瑞拉关系不断加强。2004年，委总统查韦斯访古时，双方签署支持创建“美洲玻利瓦尔选择”的《联合声明》和《关于实施“美洲玻利瓦尔选择”的协议》，决定共同推动建立一个更公正、更团结的拉美并最终实现真正的拉美一体化，取代美国提出的“美洲自由贸易区”。2005年4月，查韦斯访古期间，古委签署《实施美洲玻利瓦尔选择战略计划协议》以及能源、金融、矿产、交通等49个合作文件。2006年4月，古国务委员会主席卡斯特罗、委总统查韦斯和玻利维亚总统莫拉莱斯在哈瓦那签署了关于三国经济一体化的《美洲玻利瓦尔选择人民自由贸易协定》。目前，古向委派遣了上万名医疗和教育工作者从事社会项目。古委在经贸、能源、医疗、金融、通信等领域开展了广泛合作。古与委、玻等“美洲玻利瓦尔联盟”成员国关系日益密切，积极深化同联盟成员国在教育、医疗等领域的合作。2010年4月，劳尔访委。

2009年3月和6月，古分别与哥斯达黎加、萨尔瓦多复交，开创了古与所有拉美和加勒比国家全部建交的新局面。

【同俄罗斯的关系】1960年5月8日与苏联建交。苏联解体后，古表示愿在平等互利基础上继续同俄罗斯及东欧国家开展经贸往来。古俄签订有经贸、科技等多项合作协议。对俄贸易在古对外贸易中占重要地位。2004～2007年，古俄两国高层往来频繁，经贸合作日益攀升，两国关系进一步密切。2008年，由于美国计划在波兰部署反导系统并在南奥塞梯问题上向俄施压，俄加强了同古巴等拉美国家关系，以加大对美牵制。俄副总理谢钦年内三次访古，就加强两国能源、交通、航空等领域合作交换了意见。年底，梅德韦杰夫总统访古。2009年1月，劳尔主席访俄。双方签署能源、通信、科技等领域合作协议。2010年1月，部长会议副主席卡布里萨斯访俄，就加强双边经贸合作与俄方交换意见。

【同加拿大的关系】1945年3月16日与加拿大建交。近年来，古加两国关系进一步加强。加是古主要贸易对象和投资国，也是古主要旅游客源国。

【同欧盟国家的关系】古重视发展同欧盟的关系，积极开展经贸往来。欧盟反对美国利用“赫尔姆斯—伯顿法”干涉自由贸易的做法。1996年，欧盟发表对古政策“共同立场”。2003年4月，欧盟谴责古审判75名“持不同政见者”和判处3名劫船犯死刑，古欧关系严重倒退。欧盟表示坚持与古进行“建设性接触”。2005年以来，古欧关系有所改善。古与欧盟所有国家恢复官方接触，欧盟外长会议决定暂停对古外交制裁，恢复与古的政治性互访和文化往来，但双方在人权等问题上的分歧仍然存在。2008年2月，古正式签署联合国人权两公约。当年6月，欧盟27国外长一致决定全面解除对古制裁。2009年，古与欧盟三驾马车举行第二次部长级对话会，欧盟发展与人道主义援助专员两次访古。2010年上半年欧盟轮值主席国西班牙明确表示将积极推动废除欧盟对古“共同立场”。但针对古持不同政见者萨帕塔在狱中绝食身亡，欧盟强烈谴责古人权状况，并无限期推迟与古对话。

【同亚洲和非洲国家的关系】古一直同广大亚非国家保持传统友好合作，人员往来密切。古革命胜利后曾向部分非洲国家提供军事援助和派出军事人员，并长期向非洲国家提供医疗、人员培训等各种援助。目前古与所有黑非洲国家都建立了外交关系。迄今共有8万多名古援外人员在非洲28个国家工作过，现仍有4000多名各类专家和技术人员在非工作。迄今，古方共接受了33000多名非洲留学生，现有非洲留学生2200多名。古还在5个黑非洲国家实施扫除文盲计划。2009年，古与中东非洲地区的贸易占古外贸总额的4.9%，其中出口额占8.4%，进口额占3.7%。古主要出口医药产品、雪茄等，从非洲进口能矿产品。绝大多数亚非国家支持古反抗美封锁。

（吴缙嘉）

圭亚那

国名 圭亚那合作共和国（The Cooperative Republic of Guyana）。

面积 21.5平方公里（包括现在圭管辖之下、与委内瑞拉有争议的面积约15.9万平方公里的埃塞奎博地区，不包括与苏里南有纠纷的面积约1.7万平方公里的科兰太因河上游地区）。

人口 约77万（2009年）。其中印度裔占43.4%、非洲裔占30.2%、混血种人占16.7%、印第安人占9.2%。英语为官方语言和通用语，也使用克里奥尔语、乌尔都语、印第安语和印地语。印度教为圭第一大宗教，信徒占全国总人口的28.8%，其次分别为基督教17.9%、罗马天主教8.1%、伊斯兰教7.3%。

首都 乔治敦（Georgetown），人口约25万。

国家元首 总统巴拉特·贾格迪奥（Bharrat JAGDEO），1999年8月接任总统，2001年3月、2006年8月两次大选连任，任期分别为五年。

重要节日 共和国日：2月23日；独立日：5月26日。

简况

位于南美洲北部。西北与委内瑞拉交界，南与巴西毗邻，东与苏里南接壤，东北濒大西洋。属热带雨林气候，年降雨量1500～2000毫米，年平均气温24℃～32℃。

公元9世纪起印第安人在此定居。15世纪西班牙人入侵。17～18世纪为荷兰占领，1814年荷兰将其转让给英国，1831年正式成为英国殖民地，并取名英属圭亚那。1966年5月26日宣布独立。1970年2月23日成立圭亚那合作共和国。

政治

圭独立以来，人民全国大会党（简称人大党）长期执政。1992年人民进步党（简称人进党）上台执政，1997年12月大选中蝉联。2001年3月圭提前举行大选，人进党再次获胜。2006年9月人进党连续第四次赢得大选，贾格迪奥连任总统。人进党政府重视发展经济和解决国内种族冲突、社会矛盾等问题，但圭暴力犯罪、毒品走私等社会痼疾依然突出。

【宪法】现行宪法于1980年10月6日生效。宪法规定总统为国家元首、政府首脑和武装部队最高统帅，议会多数党领袖出任总统，任期为五年，可连选连任。总统有权解散议会。1988年2月，议会通过了宪法修正案，加强了议会的权力。

【议会】一院制。1980年宪法规定，议会由国民议会和总统组成，任期五年。在65名选举产生的议员中，40名按比例代表制在全国范围内选举产生，称为不分区议员；25名按比例代表制从全国10个选区中分别选出。本届议会于2006年8月大选后产生，人民进步党获36席，人民全国大会党获22席，变革联盟获5席，圭亚那两党联盟（行动党与复兴组织、重建圭亚那运动党）及联合力量党各获1席。议长拉尔夫·拉姆克兰（Ralph RAMKARRAN），副议长克拉丽莎·里尔（Clarissa RIEHL，女）。

【政府】2006年8月28日，圭亚那举行大选。新政府于2006年9月组成，2008年4月进行微调，主要成员包括：总统巴拉特·贾格迪奥、总理塞缪尔·海因兹（Samuel HINDS）；外交部长卡罗琳·罗德里格斯（Carolyn RODRIGUES），总检察长兼司法部长杜德瑙斯·辛格（Doodnauth SINGH）等。

【行政区划】全国划分为10个地区。

【司法机构】最高法院由上诉法院和高等法院组成。现任上诉法院代院长卡尔·辛格（Carl SINGH），高等法院代院长伊恩·张（Ian CHANG）。圭接受加勒比法院为终审法院。

【政党】（1）人民进步党（The People's Progressive Party）：1950年1月成立，执政党。领袖巴拉特·贾格迪奥，总书记唐纳德·拉莫塔（Donald RAMOTAR）。

（2）人民全国大会党（The People's National Congress）：主要反对党。1955年10月伯纳姆等人脱离人民进步党后于1959年组建。领袖罗伯特·科宾（Robert CORBIN），总书记奥斯卡·克拉克（Oscar CLARKE）。

（3）变革联盟（Alliance for Change）：2005年10月成立，被称为"第三势力"，由前人进党和人大党中央执委联合组建。领袖拉菲尔·特罗特曼（Raphael TROTMAN）和凯姆拉什·拉姆加谭（Khemraj RAMJATTAN）。

（4）联合力量党（The United Force）：1960年成立。主张通过政府合伙契约和私人资金迅速实现工业化。领袖曼佐尔·纳迪尔（Manzoor NADIR）。

【重要人物】**巴拉特·贾格迪奥：**总统。1964年1月23日生于德默拉拉东海岸的一个工人家庭。17岁加入人民进步党。1983年被派往前苏联，在莫斯科的卢蒙巴大学学习经济并获硕士学位。1990年回国后供职于国家计划秘书处。1992年被任命为财政部长特别顾问，1993年出任财政部国务部长，并先后当选人进党中央委员、中央执委。1995年接任财长，1997年大选后连任。1999年8月接替因健康原因辞职的珍妮特·贾根总统出任总统，2001年3月和2006年9月两次连任。　**塞缪尔·海因兹：**总理。1943年12月27日生于德默拉拉东海岸。曾就读于圭皇后学院、加拿大新布伦斯维克大学，获化学工程学学士学位。曾在林登铝土公司任加工处首席工程师、负责人，圭矿业公司研究和开发处负责人。曾任圭亚那改革和民主行动委员会主席。1992年10月就任总理。1997年3月因契迪·贾根总统去世而继任总统，同年12月就任总理。2001年4月和2006年9月两次连任。

经　济

圭地广人稀，自然资源丰富，圭主要矿藏有铝矾土、黄金和钻石等。有丰富的森林和水力资源，盛产大米、蔗糖、椰子等。圭经济较落后，以初级产品生产为主，铝矾土、蔗糖和大米为其三大经济支柱。独立后，圭政府采取措施发展民族经济，保护本国资源，并逐步将大部分外资企业收归国有。20世纪80年代末，圭政府开始放弃计划经济，转而发展市场经济。1989年在国际货币基金组织协助下实施"经济复兴"计划。1991年圭经济开始回升，并连续多年保持高速增长。2005年，由于受年初水灾、油价上涨和私人投资低迷等因素的巨大冲击，圭经济发展缓慢。

2009年，圭政府继续执行稳步的宏观经济政策和适度扩张的财政政策，加强对公共设施的投资，并进行大规模糖业改造，经济连续第四年增长。2009年主要经济数据如下（资料来源：圭财政部2009、2010年预算报告）：

国内生产总值：17.71亿美元。

人均国内生产总值：2308美元。

国内生产总值增长率：3.3%。

货币名称：圭亚那元。

汇率：1美元=203圭元（2009年）。

通货膨胀率：3.6%。

【资源】矿藏有铝矾土、金、钻石、锰、钼、铜、钽、钨、镍、铀等，其中铝矾土蕴藏量丰富，约3.6亿吨。森林面积16.4万平方公里，占全国土地面积的83%，有1000多个树种，木材蕴藏量约20亿立方米。水力资源丰富。

【工业】以采矿业和制糖业为主。采矿业主要开采铝土、黄金和钻石。制糖业在国民经济中占有举足轻重的地位，其产值超过圭国内生产总值的20%，食糖出口收入占圭外汇总收入的约1/4。2009年圭出口食糖21.2万吨。近年主要矿产品的产量如下：

	2007	2008	2009
铝土（万吨）	224.3	209.2	148.50
黄金（万盎司）	23.9	26.1	30.0
钻石（万克拉）	26.9	16.9	14.40

（资料来源：圭财政部2009年、2010年预算案）

【农林渔业】农林渔业产值约占国内生产总值的30%，出口额约占圭出口总额的一半。主要种植水稻和甘蔗，产量约占圭农业总产量的一半，此外还有椰子、水果、蔬菜、烟草等。2008年圭蔗糖产量为22.63万吨，同比下降15.1%。稻米产量为32.96万吨，同比增长10.5%。圭还是加勒比地区最大的鱼虾出口国。近几年主要农产品产量如下（单位：万吨）：

	2006	2007	2008
蔗糖	25.9	26.6	22.6
稻米	30.7	29.8	33.0

（资料来源：圭财政部2008年、2009年预算案）

【旅游业】圭地形复杂，物种繁多。境内河流广布，主要有埃塞奎博河、德默拉拉河和伯比斯河。多瀑布，最著名的是凯尔图尔瀑布，号称是世界一次落差最大的瀑布。有大片未经开发的热带雨林，发展生态旅游潜力巨大。但由于基础设施落后，宾馆业不配套，旅游业受到限制。近年来，圭政府开始重视开发旅游资源。2007年圭接待游客约13.15万人次，同比增长15.9%。2009年圭接待游客约14.13万人次，同比增长9.0%。

【交通运输】圭交通设施落后，公路及水运都集中在沿海地区。改善交通是20世纪90年代以来圭政府财政支出的重要内容。2004年圭交通运输与电信业产值占国内生产总值的10.3%。

铁路：有长约187公里的黄金运输专用铁路。

公路：全长7970公里，其中沥青路面约1300公里。

水运：有5900公里内河航道。首都乔治敦和新阿姆斯特丹为主要港口。

空运：主要为契迪·贾根国际机场，内地有一些小型简易机场。每周有从加拉加斯经乔治敦到西班牙港和苏里南的航班。

【财政金融】2009年圭政府财政盈余2.344亿美元，财政赤字2.197亿美元，比2008年下降了31.6%。外汇储备6.28亿美元。外债总额9.33亿美元。

圭全国7家商业银行中4家为外资，最大的2家为特立尼达和多巴哥共和银行所有。圭亚那银行（中央银行）负责对各金融机构进行监督和管理。此外，圭现有6家保险公司及少量信托公司和信贷协会。

【对外贸易】主要出口黄金、糖、海产品、铝土、大米、木材等；进口燃油、润滑油和消费品等。主要贸易对象是美国、欧盟、加拿大和加共体国家。近年来进出口情况如下（单位：亿美元）：

	2006	2007	2008
出口额	6.02	6.81	7.98
进口额	8.85	10.43	13.00

（资料来源：圭财政部2008、2009年预算案）

【经济团体】（1）乔治敦工商会（Georgetown Chamber of Commerce and Industry）：成立于1889年。主席杰里·古维尔。地址：156 Waterloo St. Cummingsburg，POB 10110，Georgetown。

（2）圭亚那制造商协会（Guyana Manufacturers Association LTD）：成立于1967年。会长诺曼·麦克莱恩（Norman McLean）。地址：157 Walterloo St.，North Cummingburg Georgetown。

人民生活

国家为老人提供退休金，并为孕妇提供产假福利及为工伤事故者提供抚恤金。全国有27家医院，294个医疗单位。2000年平均每1万居民有医生4.8人，医院床位423张。1999年共有收音机40万台。2000年有电视机7万台，14个电视频道。2005年有固定电话11.01万部，移动电话28.14万部，互联网用户约16万户。截至2005年底，圭全国移动电话用户共228000户。2008年人口出生率1.99%，死亡率0.65%。

军　事

圭国防军有现役军人1600人，其中陆军1400人，海空军各100人。实行志愿兵役制，服役期3年。现任国防军参谋长卡里·贝斯特（Cary BEST）。另外有预备役部队1500人。

文化教育

【教育】政府实行教育“圭亚那化”。6~15岁少年儿童享受免费义务教育。1991年9月起，政府对中学、专科和职业学校学生实行收费。成人识字率约90%。

【新闻出版】圭亚那3大日报：《圭亚那纪事报》（Guyana Chronicle），1881年由政府创办，官方报纸，日发行量6000份；《凯丘新闻报》（Kaieteur News），1997年由无党派私人企业家格兰·劳尔创办，目前日发行量居第一位，约22900份；《斯塔布罗克新闻报》（Stabroek News），1986年创办，私营报纸，日发行量14000份。

圭亚那共有14个电视频道和6家广播电台。圭亚那电视台（NCN）为国家电视台，主要转播英国BBC和美国CNN新闻，以及美国和印度电影。圭亚那广播公司（GBG）是唯一全国性广播电台，1979年成立。

《圭亚那评论》（Guyana Review）为唯一新闻性杂志，1993年创刊，发行量约2000份。

对外关系

奉行独立、不结盟的外交政策，与各国发展友好合作关系。目标是维护国家主权、领土完整和独立，促进国家经济和社会发展，塑造良好国际形象。

重视与加勒比国家的团结与合作，积极推动加勒比地区一体化进程。2006年1月，圭正式加入加勒比单一市场。重视与南美邻国的关系，努力使圭成为连接加勒比和南美国家的桥梁。把发展对美、欧关系作为外交政策的重点。主张与世界各国发展友好关系，积极参与不结盟运动、英联邦和联合国活动，倡导建立“全球人类新秩序”。增强圭在国际政治舞台上的影响和地位。

圭是加勒比共同体创始国之一，也是其秘书处所在地。是美洲国家组织、里约集团、美洲开发银行、加勒比开发银行、加勒比国家联盟的成员国。2006年圭担任里约集团轮值主席国。2009年，加共体第23届部长级会议在圭召开。

【同中国的关系】中圭于1972年6月27日建交。圭是英语加勒比地区第一个与中国建交的国家。圭多位总统、总理、议长及政党领导人曾访华。2007年，全国人大常委会副委员长顾秀莲访问圭亚那。圭亚那卫生部长来华出席全球基金年会。2008年，贾格迪奥总统来华出席第二届夏季达沃斯年会，并访问北京和重庆，访问期间，第十届中圭经贸混委会在北京举行。2009年3月，巴首任常驻驻华大使桑迪福德向胡锦涛主席递交了国书。

2009年，双边贸易总额为6983万美元，同比下降20.9%；其中中方出口额5908万美元，同比下降16.8%；进口额1074万美元，同比下降38.1%。

中国驻圭亚那大使：张君高。馆址：Lot 2，Mandela Avenue，Botanic Gardens，Georgetown，Guyana。电话：592－2271651，2271652；传真：2259228。经商处电话：592－22 67428，2269965。

圭亚那驻华大使：戴维·达比丁（David Dabydeen）。地址：北京市朝阳区建国门外秀水东街1号。电话：010－65321337，65321601；传真：65325741。

【同美国的关系】圭美于1966年8月15日建交。20世纪90年代，美曾向圭提供经济援助。“9·11”事件后，美减少对圭经济发展的援助，但仍在基础设施建设、减贫、防治艾滋病、教育、打击犯罪等方面向圭提供经济和技术援助，并给予债务减免，在促进圭经济和社会发展方面起着举足轻重的作用。2003年2月，贾格迪奥总统访问美国。2004年8月，美国前总统卡特访问圭亚那。2007年6月，贾格迪奥总统赴美参加首届加勒比大会和美加首脑峰会。7月，美向圭派出第19期和平队。12月，圭美举行首次军民关系会议，研讨加强军事合作与援助。2008年3月，美国务院负责西半球事务的助理国务卿托马斯·香农访圭。2009年3月，圭总统贾格迪奥访美，并出席有关气候变化的金融会议。4月，圭总统贾格迪奥在特立尼达和多巴哥出席第五届美洲国家首脑会议期间，参加加共体领导人与美国总统奥巴马会晤。

【同委内瑞拉的关系】圭委于1966年11月25日建交。圭与委内瑞拉对埃塞奎博地区的归属问题久有争执，涉及到2/3的圭亚那领土。2004年2月，委内瑞拉总统查韦斯对圭进行国事访问，双方就领土纠纷、委免除圭债务、供应石油等问题进行了磋商。2005年6月，圭委签署能源合作协议，圭通过加勒比石油计划以合理的价格从委进口石油。2006年10月，委内瑞拉高级代表团访圭，并会见了贾格迪奥总统，双方就边界、加勒比石油计划的具体实施方案等问题进行了磋商，委同意免除圭所欠债务。2007年8月，海因兹总理赴委出席第三届加勒比石油计划首脑峰会，但未签署有关协议和宣言。11月，圭委边境再起摩擦。2008年1月，圭委成立联合工作组，商讨保证两国边境安全与稳定的措施与机制。2009年10月，两国任命边界争议问题协调员。11月，圭派团赴委参加两国反毒合作会议。

【同苏里南的关系】圭苏于1975年11月25日建交。圭与苏里南之间存在领土纠纷，主要在科兰太因河上游地区的新河三角洲，涉及面积1.7万平方公里（现在圭实际控制范围内）。圭苏多次举行边界委员会会议，商讨在有争议的海域共同开发资源和新河三角洲非军事化问题，但迄无进展，制约了两国在其他领域的合作关系。2004年，圭政府将两国海洋边界划分的争端提交联合国，要求通过联合国海洋法公约进行国际仲裁以加速这一问题的解决。2007年9月，国际海事法庭裁决结果公布，基本采用中间线原则划定两国海洋边界。2010年2月，圭苏因新河三角洲地带主权归属问题再起纠纷。3月，圭苏举行部长级安全会议，讨论合作打击边境地区犯罪等问题。

【同巴西的关系】圭巴于1978年12月18日建交。近年来，圭重视发展同巴西等南美邻国的关系，提出使圭成为加勒比通往巴西等南美国家"门户"的新主张，积极推动与这些国家实现公路联网，促进经济合作。圭巴间签有《领事合作条约》。2003年1月，圭总理海因兹访问巴西，参加巴西总统卢拉的就职仪式。7月，贾格迪奥总统对巴西进行工作访问，双方达成了广泛的合作协议。2005年巴西总统卢拉访圭。2009年9月，位于圭巴边境的塔库图大桥建成通车，圭总统贾格迪奥和巴西总统卢拉出席剪彩仪式。同月，圭国防军参谋长赴巴西出席第七届年度双边参谋会议。2010年4月，贾格迪奥总统赴巴西参加首届加共体—巴西峰会。

【同古巴的关系】1972年12月8日圭古建交，两国签有经济、科技、文教合作等协议。圭古建交30多年来，古一直向圭提供留学生名额，为圭培养不同领域的人才，在医疗卫生、农业等方面向圭提供人员、技术和设备等援助。圭批评美对古实施经济制裁，呼吁美与古实现关系正常化，解除对古的贸易禁运。2005年贾格迪奥总统访古。2008年12月，贾格迪奥总统赴古出席第三届古巴—加勒比峰会。2009年2月，圭亚那与古巴第34届经济技术合作混委会会议在乔治敦举行。

（马文静）

海　地

国名　海地共和国（The Republic of Haiti, la République d'Haïti）。

面积　27797平方公里。

人口　920万（2009年）。黑人占95%，余为黑白混血种人和白人。80%的居民信奉天主教，16%的居民信奉新教，农村中盛行伏都教。官方语言为法语和克里奥尔语，90%的居民使用克里奥尔语。

首都　太子港（Port au Prince），人口约200万（2009年）。最高气温38℃，最低气温16℃。

国家元首　勒内·加西亚·普雷瓦尔（René Garcia Préval），2006年5月14日就职，任期至2011年2月7日。2010年4月，海通过《延长总统任期》法案，将总统任期延长至2011年5月14日。

重要节日　独立日：1月1日；国旗日：5月18日。海地发现日：12月5日。

简　况

位于加勒比海北部，伊斯帕尼奥拉岛（即海地岛）西部。东与多米尼加共和国相邻，南临加勒比海，北濒大西洋，西与古巴和牙买加隔海相望。75.8%的国土为山地，其余为平原和高原。海岸线长1080余公里。北部属热带雨林气候，南部为热带草原气候。年平均气温25℃左右。

原为美洲印第安人居住地，1492年被哥伦布发现后，先后沦为西班牙和法国殖民地。1790年爆发反法独立战争。1804年1月1日宣告独立，定国名为海地，是拉美和加勒比地区第一个宣布独立的国家。自独立以来，内乱不断。

1915～1934年被美国占领。1957～1986年杜瓦

利埃家族实行独裁统治。1988 年 2 月，海地举行首次民主选举。1990 年 12 月，阿里斯蒂德当选总统，但于次年 9 月被军事政变推翻，流亡海外。1994 年 7 月，联合国安理会授权以美国为首的多国部队对海地进行干预。同年 10 月 15 日，阿返海重新执政。1995 年 12 月，执政的“拉瓦拉斯之家”候选人普雷瓦尔当选总统。2000 年 11 月阿再次执政后，海朝野对立严重，局势动荡。2004 年初，海地爆发社会动乱，阿里斯蒂德总统被迫辞职并再次流亡国外。4 月，联合国安理会通过决议，向海派遣联合国稳定特派团（联海团）。2006 年 2 月，普雷瓦尔再次当选总统。2010 年 1 月 12 日，海地发生 7.3 级强烈地震，造成 22.3 万人死亡，31 万人受伤，受灾人数近 150 万。

政　治

2008 年 4 月，受全球粮食涨价影响，海爆发全国性游行并引发骚乱，总理阿列克西遭议会弹劾。皮埃尔·路易（女）于 2008 年 9 月正式出任海总理，但执政仅 13 个月即遭议会弹劾。2009 年 11 月，总统提名贝勒里维出任总理（兼任计划和对外合作部长），并组建新内阁。2010 年 1 月地震发生后，政府一度陷入瘫痪。2010 年 4 月，议会通过《延长国家紧急状态》，将紧急状态延长 18 个月。

【宪法】现行宪法于 1987 年 3 月 29 日通过，1988 年 6 月至 1989 年 3 月曾中止实施。其后少数条款被废止。1994 年 10 月，海地恢复法制化。

宪法规定：海地是不可分割、主权、独立、合作制、自由、民主和社会的共和国；三权分立是神圣原则；国家主权属全体公民；公民可直接选举共和国总统、立法机构成员，以及根据宪法与法律规定的所有其他权力机构的成员和国民大会代表；宗教信仰自由，法律面前人人平等；总统任期五年，不得连任，且任期最多为两届；行政权由总统、总理和两院制议会分享；政府向议会负责，议会有权弹劾政府。修改宪法须经参议院和众议院各 2/3 成员的同意。

【议会】海地国民议会分参、众两院。议员由公民直接选举产生，参议员任期 2~6 年不等，众议员任期四年，可连选连任。参议长任期两年，兼任国民议会议长；众议长任期 1 年，兼任国民议会副议长。2006 年海地第 48 届议会包括 27 名参议员和 114 名众议员，其中希望党以 31 席（参院 11 席，众院 20 席）成为议会第一大党。海地社会民主党获 20 席（参院 3 席，众院 17 席），人民斗争党获 16 席（参院 4 席，众院 12 席），前执政党拉瓦拉斯之家获 12 席（参院 3 席，众院 9 席），其余党派占参院 6 席，众院 56 席。现任参议长凯利·巴斯蒂安（Kelly Bastien），2008 年 1 月 17 日任职，来自希望党。众议长勒瓦扬·路易·热内（Levaillant Louis-Jeune），2009 年 1 月 14 日就职，社会民主联盟党员。受地震影响，原计划于 2010 年 2 月 28 日和 3 月 3 日举行的第一轮议会选举曾一度被无限期推迟，后经各方协调暂定 2010 年 11 月 28 日进行选举。

【政府】总理由总统提名经议会批准，内阁由总理商总统组成。每届内阁不得少于 10 名部长，总理可酌情增减国务秘书。本届政府于 2009 年 11 月成立，总理让·马科斯·贝勒里维（Jean-Max Bellerive），外交和宗教事务部长玛丽·米歇尔·雷伊（Marie Michéle Rey，女），侨务部长埃德温·帕雷松（Edwin Paraison），司法和公安部长保罗·德尼（Paul Denis），内政和国土部长保罗·安东尼奥·比安—埃梅（Paul Antoine Bien-Aimé），经济和财政部长罗纳德·博丹（Ronald Baudin），计划和对外合作部长由总理贝勒里维兼任，农业、自然资源和农村发展部长若阿纳斯·居埃（Joanas Gué），旅游部长帕特里克·德拉杜尔（Patrick Delatour），商业和工业部长若斯兰·科利蒙·费蒂埃尔（Jocelyne Colimon Féthière），公共工程、交通和通讯部长雅克·加布里埃尔（Jacques Gabriel），环境部长让·马利·克洛德·热尔曼（Jean Marie Claude Germain），教育和职业培训部长若埃尔·德斯罗西艾斯·让—皮埃尔（Joël Desrosiers Jean-Pierre），青年、体育和公民行为部长伊万斯·莱斯古福莱尔（Evans Lescouflair），公共卫生和人口部长阿莱克斯·拉尔森（Alex Larsen），社会事务和劳工部长伊夫·克里斯塔兰（Yves Cristallin），妇女条件和权益部长马茹丽·米歇尔（Marjory Michel），文化和交流部长玛丽·洛朗斯·若斯兰·拉塞格（Marie-Laurence Jocelyn Lassègue，女），总理同议会关系部长约瑟夫·雅思曼（Joseph Jasmin）。根据 2010 年 4 月通过的“延长国家紧急状态”法案，海组建“海地重建临时委员会”（CIRH）协调海震后重建，由海总理贝勒里维和联合国海地问题特使、美国前总统克林顿共同领导。

【行政区划】全国有 10 省，省下设区，区下设市镇。其中，尼普省（Nippes）为 2003 年新设省份。

【司法机构】设最高法院、上诉法院、高级法院、治安法院和特殊法庭。

【政党】1986 年 8 月海全国委员会颁布法令规定，合法政党的创建者应不少于 20 人、支持者不少于 2000 人。海地政党林立，目前合法登记的政党有 104 个。

（1）团结党（Unité）：2009 年 9 月，由总统普雷瓦尔组成新政党联盟——团结党。该党由普之前领导的“希望平台党”（Plateforeme de l'Espoir）中各同盟党派联合新的亲普政治团体组建而成。前参议长约瑟夫·朗贝尔（Joseph Lambert）任该党负责人。

（2）希望平台党（Plateforeme de l'Espoir）：简称希望党，由海总统普雷瓦尔为参加 2006 年大选组建，吸收了前执政党拉瓦拉斯之家的部分成员。2006 年 2 月普雷瓦尔当选海新总统，该党成为执政党。现任党主席勒内·加西亚·普雷瓦尔。

（3）海地社会民主党（Parti Social Démocrate Haitien）：2005年4月由“民族主义革命进步党”、“民主运动全国委员会”及“海地英才”三党合并而成。现任党主席维克多·贝努瓦（Victor Benoît），秘书长罗伯特·奥古斯特（Robert Auguste）。

（4）人民斗争组织（Organisation du Peuple en Lutte，OPL）：1991年2月成立，原名拉瓦拉斯组织，后改名拉瓦拉斯政治组织。曾是阿里斯蒂德的重要支持力量，后来内部分裂。1995～2000年成为执政党。1997年1月，更名为人民斗争组织。现任总协调人埃德加·勒布朗·费思（Edgard Leblanc Fils）。

（5）拉瓦拉斯之家（Fanmi Lavalas）：简称拉瓦拉斯，2000～2004年为执政党。1996年由阿里斯蒂德创建，自称代表中下层阶层利益。目前，该党主要领导深陷囹圄或流亡海外，实力已严重削弱。

（6）海地创建民主运动（Mouvement pour L'Instauration de la Démocratie en Haïti）：1986年成立，在2006年大选中与拉瓦拉斯结盟。党主席马尔克·巴赞（Marc Bazin）。

【重要人物】勒内·加西亚·普雷瓦尔：总统。1943年1月17日生于太子港，曾赴比利时留学。年轻时因家庭遭受老杜瓦利埃迫害，在美国度过10年流亡生活。1991年2月，任阿里斯蒂德政府总理。9月，阿政府被推翻，普前往法国和墨西哥驻海使馆寻求避难。1992～1994年，参加流亡华盛顿的阿里斯蒂德宪政政府，并先后担任总理、内政部长、国防部长及阿顾问等职。1995年12月，高票当选海第41届总统，1996年2月7日就职。2001年任满后，远离海地政坛，返回家乡经营竹编加工。2006年2月再次当选总统并于5月14日就职。

经　济

海地是拉美最贫穷的国家，经济以农业为主，严重依赖外援。2009年被加勒比经济共同体吸纳为成员国。2009年，海国内生产总值为67.25亿美元，较2008增长2.9%。由于基础设施建设滞后，海投资环境较差。2010年1月的强烈地震对海经济造成严重破坏，直接经济损失高达140亿美元。2009年主要经济数据如下：

国内生产总值：67.25亿美元。

人均国内生产总值：731美元。

国民生产总值增长率：2.9%。

货币名称：古德（Gourde）。

汇率：1美元=40古德。

失业率：70%。

【资源】主要矿藏有铝矾土、金、银、铜、铁等，其中铝矾土储量约1200万吨。并有高岭土、大理石、碳酸盐、褐煤等非金属矿藏。森林覆盖面积为1%。海石油主要依赖进口。2006年5月，海加入“加勒比石油计划”后，委内瑞拉每日向海提供石油14000桶。

【工业】工业基础十分薄弱。近年来，因政局动荡、基础设施落后，招商引资成果十分有限。2009年加工业产值下降2%，只占国民生产总值的8.1%。

【农业】海主要经济部门。57%的人口从事农业生产，农村人口占全国总人口的70%。全国可耕地面积55.5万公顷，其中12.5万公顷为可灌溉地，但仅半数具有灌溉系统。2009年，农业产值15.7亿美元。海粮食自给不足，大米产量仅占本国大米消费总量的20%，其余依赖进口和国际援助。主要经济作物咖啡，种植面积为10万公顷。近年来海农业生产逐渐转向大米、玉米、高粱、小米和大豆等粮食作物的生产，咖啡产量和出口量均有下降。

【旅游业】外汇主要来源之一。但因海治安状况恶劣、基础设施落后，旅游业发展缓慢。2007年，海接待游客15万人次，旅游总收入不足国内生产总值的1%。全国有旅游客房1200间。主要旅游景点有北部的海地角和南部的雅克迈尔。

【交通运输】以公路运输为主，没有营运铁路。

公路：总长4500公里，其中国家级沥青、水泥公路600公里，碎石路1500公里。

空运：客货运市场由外国航空公司控制，目前共有14个机场，首都太子港和海地角建有国际机场，承担全国94%的客运量。海地航空公司成立于1969年，有飞机35架。每天都有美航班往来于太子港和迈阿密及纽约之间，法航、加航也均有到太子港的客运航线。

海运：主要港口有首都太子港和海地角港。沿海还有17个小港口。

2010年1月地震发生后，首都太子港机场、港口被毁，公路遭严重破坏。2010年3月以来，随着灾后重建逐步展开，海交通运输正逐渐恢复。

【财政金融】2009财年海国家财政收入同比增长10%，达7.47亿美元，支出7.71亿美元。截至2010年1月，海累积外债达8.9亿美元。

主要银行有：联合银行（UNIBANK），1993年2月11日成立，资产额为2.57亿美元；国家信贷银行（Banque Nationale de Crédit），1979年8月17日成立，资产额为1.27亿美元；索日银行（Sogebank），1986年1月27日成立，资产额为2.87亿美元。

【对外贸易】主要出口咖啡、可可、芒果、香精油和加工制成品等产品，进口食品、燃油（成品油）、工业制成品、机械设备、运输设备及日用消费品等。主要贸易伙伴是美国和欧盟。2010年，海地主要港口受到地震破坏，对外贸易遭受严重影响。近年进出口情况如下（单位：百万美元）：

	2007	2008	2009
出口额	525.6	491.0	558.7

进口额	1614.5	2095.0	2048.1

人民生活

贫富悬殊，占全国人口 5% 的富人拥有全国财富的 90%，80% 的国民生活在贫困线以下。2009 年 8 月海议会通过《最低工资法案》，将日最低工资由 70 古德增加至 125 古德。仅 28% 的居民享有卫生保健服务，56% 的人口营养不良，48% 的人口享有饮用水，30% 的家庭有条件用电。平均预期寿命 61.38 岁。2009 年，人口出生率为 28.7‰，死亡率为 8.39‰，婴儿死亡率为 58.07‰。固定电话用户 10.8 万，手机用户 320 万，因特网用户 100 万。

军　事

1994 年 10 月，阿里斯蒂德总统复职后宣布解散国家军队，目前有一支 5000 人的国家警察队伍在联合国驻海地稳定特派团的领导下负责维护国内秩序。地震后，海警察体系遭受严重破坏，联合国安理会决定扩大维和警察规模并加强对海地警察队伍建设的支持和援助。

文化教育

【教育】7～13 岁儿童享受免费义务教育。2009 年公共教育支出占国内生产总值的 1.4%，成人文盲率为 47.1%。全国有小学 1200 所，中学 138 所，高等学校 7 所，其中约 90% 的学校为私立学校，学费高昂。

【新闻出版】海地主要的日报为《消息报》（Le Nouvelliste）和《晨报》（Le Matin）。官方通讯社为海地通讯社，1981 年成立。全国现有 37 家电视台和近 200 家广播电台，官方电视台为海地国家电视台（Télévision Nationale d'Haïti）。

对外关系

海同 40 个国家（不包括中国台湾省）建立了外交关系，是美洲开发银行、世界银行、国际货币基金组织、世界贸易组织、联合国（包括拉丁美洲经济委员会）、加勒比共同体成员。有 30 个国际和地区组织在海设常驻机构。2010 年 1 月地震后，各国迅速展开救援，并向海提供经济援助，有关国家在联合国的协调下积极参与海灾后重建。争取各方经济援助和协调各国在海参与重建是当前海外交工作的重点。

【同中国的关系】中海无外交关系。1997 年 1 月和 1998 年 2 月，中海互在对方首都互设贸易发展办事处。

2009 年 6 月，中国向海派遣第八支维和警察防暴队。10 月，中国同意安理会将联合国海地稳定特派团任期再次延期至 2010 年 4 月。2010 年 1 月海地发生强烈地震后，中国以杨洁篪外长名义致电海外长表示慰问，向海派出救援队和医疗队，累计向海提供了 1.03 亿元人民币的现汇、物资和医疗救护援助。2010 年 5 月，中国第八支维和警察防暴队完成任务后回国。

2009 年，中海贸易总额为 1.5 亿美元，其中中方出口额 1.47 亿美元，进口额 300 万美元，同比分别增长 12.7%、17.1% 和 –61.4%。中国主要向海出口化工产品、塑料和橡胶制品、服装、贱金属及制品、机电音像设备和汽车零配件等，从海进口废钢铁。

2009 年，海未联署和支持联合国和世界卫生组织有关涉台提案。

中国海地贸易发展办事处代表：王书平，2009 年 10 月到任。地址：No.8，Impasse Simon，Rue Alamanda，Morne-Calvaire，Pétion-Ville，Pout-au-Prince，Haïti。电话：509－37132489，37326709；传真：509－22560354。

海地中国贸易发展办事处代表：让·瓦尔纳尔·多内瓦尔（Jean Walnard Dorneval）。地址：北京市朝阳区霄云路 18 号，京润水上花园别墅 D16。电话：010－64608307；传真：64637141。

海地与台湾当局 1956 年“建交”。台向海提供多笔贷款并实施了一些经济合作项目。现台在海派有农业技术团，主要从事稻米增产示范推广及训练计划、竹类栽培及加工利用计划等。

近年海访台主要团组有：2006 年 10 月，时任工商部长马吉·迪赛访台。2009 年，参议长巴斯蒂安、外长尼古拉斯及前总理阿列克西先后访台。

台访海主要团组有：“外交次长”黄泷元（2006 年 5 月），“外长”黄志芳（2007 年 12 月）。

2009 年海台贸易总额为 1160 万美元，其中台出口额 750 万美元，进口额 410 万美元，同比分别增长 –27.04%、17.19% 和 –56.84%。

【同美国的关系】海美关系密切，美是海最大的进口国和出口国，也是海最大的援助国。2008 年 3 月，美国总统夫人劳拉访海。年内，美累计向海提供 4200 万美元援助。2009 年 4 月，美国务卿希拉里·克林顿访海。5 月，联合国秘书长潘基文任命美前总统克林顿为海地事务特使。2010 年 1 月地震发生后，美派军进驻海地并提供 10 亿美元援助。

【同拉美国家的关系】海重视发展同拉美和加勒比地区国家的关系。2009 年 1 月，加勒比国家联盟外长委员会第 14 次会议在海地举行，普雷瓦尔出席并致开幕词。4 月，普雷瓦尔出席在特立尼达和多巴哥举行的第五届美洲峰会。2010 年 1 月地震发生后，多米尼加总统费尔南德斯、厄瓜多尔总统科雷亚、智利时任总统巴切莱特和巴西总统卢拉先后访海，向海提供大量赈灾援助。

【同其他国家的关系】加拿大是海地的第二大援助国。2008 年加拿大国际关系部长特伦布莱、外交部长贝尼埃分别访海。2010 年 1 月地震后，加拿大承诺向海地提供约 7 亿美元援助。

欧盟是海地接受官方援助的主要来源之一，双方签有双边贸易和援助协议。2009 年 2 月，欧盟发展专员米歇尔访海，表示将在 4 年内向海提供 2.8 亿欧元捐款。法国和西班牙是欧盟成员中对海援助大国。2009 年 1 月，西班牙王后索菲亚访海。9 月，法国外长库什内访海。2010 年地震后，法国总统萨科齐访海。截至 6 月，欧盟已承诺向海地提供超过 20 亿美元的援助。

亚洲国家中，日本是向海提供援助最多的国家。2009 年，日本向海提供超过 1500 万美元的援助。同年 6 月，海前总理阿列克西访问日本。2010 年地震后，日本向海地提供约 1 亿美元捐款。（沈浩）

荷属安的列斯

名称　荷属安的列斯（The Netherlands Antilles）。

面积　800 平方公里。

人口　约 22.7 万（2009 年估计），人口增长率 0.732%。85% 为黑白混血种人，有少数白人。荷兰语和帕彼曼都语为官方语言，也讲西班牙语和英语。居民中 82% 信奉天主教，10% 信奉基督教新教。

首府　威廉斯塔德（WILLEMSTAD），位于库拉索岛，人口 6.01 万（2003 年估计）。

总督　弗里茨·格杰拉格（Frits GOEDGEDRAG），2002 年 7 月 1 日就任，直至 2010 年 10 月荷属安的列斯解体，改任库拉索总督。

重要节日　女王日：4 月 30 日。

简　况

全境由加勒比海中相距 800 多公里的南北两组岛屿组成。南部两岛包括南美洲北部近海的库拉索岛（Curacao，444 平方公里）和博内尔岛（Bonaire，288 平方公里）；北部三岛则包括圣马丁岛（南半部，Sint Maarten，34 平方公里；北部为法国海外领地）、圣尤斯特歇斯岛（Sint Eustatius，21 平方公里）和萨巴岛（Saba，13 平方公里）。北组岛屿属热带雨林气候，南组岛屿属热带草原气候，年平均气温 27.5℃。

最早的居民是印第安部族阿拉瓦克人（南组岛屿）和加勒比人（北组岛屿）。1499 年西班牙殖民者在库拉索登陆。南部三岛（包括阿鲁巴岛）于 1527 年被西班牙占领，1643 年成为荷兰殖民地。北部三岛于 1493 年被哥伦布“发现”，17 世纪中叶被荷兰占据，此后多次易主，1816 年成为荷兰属地。1845 年六岛组成荷属安的列斯。1954 年获得完全的内部事务自治权。1986 年阿鲁巴脱离荷属安的列斯。

政　治

实行议会民主制，享有内部事务管理权。荷兰政府负责其防务和对外事务。2002 年大选后，安的列斯重建党与人民民族党、库拉索劳动人民党及向风群岛人民运动等组成联合政府。在 2006 年 1 月 27 日举行的大选中，安的列斯重建党保持了第一大党的地位。同年 3 月，安的列斯重建党联合人民民族党等组成联合政府，安的列斯重建党领导人埃米莉·德容—埃尔哈格（Emily S. de Jongh-Elhage，女）出任总理。

近年来，各岛政治地位的讨论围绕其与荷属安的列斯的关系和与荷兰的关系展开。圣马丁岛和库拉索岛有脱离联邦及从荷兰政府获得更大自治权的倾向，而博内尔岛、圣尤斯特歇斯和萨巴岛则希望加强与荷兰的联系。

2005 年 4 月 8 日，在库拉索岛与圣马丁岛共同举行的公民投票中，居民们投票表示希望像阿鲁巴岛一样从荷属安的列斯中分离出来，否决完全独立的选项，直接成为荷兰的一部分；或维持现状。

2007 年 2 月 12 日，荷兰政府与群岛中除了库拉索之外的各岛达成协议：自 2008 年 12 月 15 日起，荷属安的列斯将不复存在，五个目前的组成岛屿中，库拉索岛和荷属圣马丁岛的居民希望获得较高度的自治权，选择跟上阿鲁巴的步伐，分别成为荷兰王国的单独政治实体，与荷兰本土以平行的地位隶属于荷兰王国。至于其他的三个岛屿——圣尤斯特歇斯岛、萨巴岛与博内尔岛，因其居民较倾向于与荷兰保持紧密的直属关系，因此将在未来成立类似荷兰本土县市等级的特殊行政区来管辖，居民将享有与荷兰公民相同的各种权利。但由于多方因素影响，该协议的实施被推迟。

2009 年 5 月 15 日，荷属安的列斯中最大的库拉索岛举行自治公投，52% 的投票者支持该岛成为荷兰王国内的自治属地。

2010 年 8 月 27 日，库拉索举行议会选举，安的列斯重建党获得 21 个席位中的 8 席，库拉索未来运动 5 席，主权人民党 4 席，新安的列斯运动 2 席，五月三十日工人解放阵线党和人民民族党各 1 席。9 月 4 日，库拉索未来运动与主权人民党、新安的列斯运动组成联合政府，库拉索未来运动领导人赫里特·肖特（Gerrit Schotte）出任总理。

9 月 17 日，圣马丁举行议会选举，民族阵线获得 15 个席位中的 7 席，联合人民党 6 席，民主党 2 席。9 月 23 日，联合人民党与民主党同意组成联合政府，民主党领导人萨拉·威斯科特—威廉（Sarah WESCOTT-WILLIAMS，女）出任总理。

2010 年 10 月 10 日，荷属安的列斯正式解体，成立库拉索、荷属圣马丁岛两个自治属地（地位与阿鲁巴相同）及博内尔、圣尤斯特歇斯和萨巴三个海外行政区。库拉索总督弗里茨·格杰拉格（原荷属安的列斯总督），总理赫里特·肖特。荷属圣马丁总督尤金·霍利迪（Eugene Holiday），总理萨拉·威斯科特—威廉。

【宪法】荷属安的列斯的政体由1954年的荷兰宪法所规定：荷兰和荷属安的列斯是在平等的基础上为保护共同的利益和相互提供帮助而联合的；荷属安的列斯在内部事务上享有完全的自治权；总督代表荷兰女王，由荷兰女王任命，任期六年，掌管外交和国防事务；部长会议主持内政，对议会负责；安的列斯政府任命一名全权部长代表安的列斯参加荷兰内阁；涉及荷属安的列斯的法律提案，需交荷属安的列斯议会审议，议会可向荷兰议会提出意见，并派代表参加议案的辩论。

【议会】一院制，有22个议席（库拉索14席，博内尔和圣马丁各3席，圣尤斯特歇和萨巴各1席），由普选产生，任期四年。本届议会于2006年1月选出。库拉索岛：安的列斯重建党5席，新安的列斯运动3席，工人解放阵线、Forsa Forsou党、人民民族党各2席；博内尔岛：博内尔爱国联盟2席、博内尔民主党1席；圣马丁岛：民族阵线2席，圣马丁民主党1席；圣尤斯特歇斯民主党、向风群岛人民运动各1席。

【政府】通常由在议会中占多数议席的政党组成。由总督和部长会议组成。部长会议主席即总理。本届政府于2006年3月26日就职，由安的列斯重建党及人民民族党、圣马丁民主党、民族阵线、博内尔爱国联盟联合执政。政府（2008年）主要成员为：总督弗里茨·格杰拉格，总理埃米莉·德容—埃尔哈格（女），经济和劳动部长埃尔文斯·特因·阿斯尤（Elvis E. J. Tjin Asjoe），内政和政制事务部长罗兰·邓肯（Roland E. Duncan），卫生和社会发展部长兼教育和文化部长奥马伊拉·维多利亚·伊丽莎白·雷弗朗（Omayra Victoria Elisabeth Leeflang，女），司法部长戴维·迪克（David A. Dick），财政部长厄斯里亚·德兰诺伊（Ersilia de Lannooy，女），交通运输部长阿德里安斯（M. H. P. P. Adriaens）。

政府网址：http：//www. gov. an/。

【行政区划】五个岛屿有各自的政府。

【司法机构】有荷属安的列斯和阿鲁巴联合高级法院，各岛有初审法庭。上诉终审法院为荷兰最高法院。高级法院首席法官、总检察长及高级法院法官均为终身制，由荷兰女王同荷属安的列斯政府协商后任命。高级法院首席法官德兰诺伊博士（Dr. L. De LANNOY），总检察长迪克 A. 皮埃尔（Dick A. PIAR）。

【政党】政党较多，但每个政党很难在议会得到足够的席位单独执政。主要政党有：

在库拉索岛：

（1）安的列斯重建党［Partido Antiá Restrukturá（Party for the Restructured Antilles），PAR］：成立于1993年11月。领导人埃米莉·德容—埃尔哈格（Emily de Jongh-Elhage）。

（2）库拉索未来运动［The Movementu Futuro Korsou（Movement for the Future of Curaçao），MFK］：2010年，赫里特·肖特在竞选新安的列斯运动领导人失利后创建。

（3）主权人民党［Pueblo Soberano（Sovereign People），PS］：领导人海尔明·维尔斯（Helmin Wiels）。

（4）新安的列斯运动［Movishon Antia Nobo（New Antilles Movement），MAN］：领导人尤尼斯·伊斯登（Eunice Eisden）。

（5）五月三十日工人解放阵线党［Partido Frente Obrero Liberashon 30 Di Mei（Party Workers' Liberation Front 30th of May）］：领导人安东尼·戈德特（Anthony GODETT）。

（6）人民民族党［Partido Nashonal di Pueblo（People's National Party），PNP］：领导人汉弗莱·达韦拉尔（Humphrey Davelaar）。

在博内尔岛：

（1）博内尔爱国联盟（Patriotic Union of Bonaire，UPB）：领导人拉蒙西托·布伊（Ramonsito BOOI）。

（2）博内尔民主党（Democratic Party of Bonaire，PDB）：领导人乔皮·亚伯拉罕（Jopi ABRAHAM）。

在圣马丁岛：

（1）联合人民党（United People's Labor Party）：领导人西奥·海利格（Theo Heyliger）。

（2）民族阵线（National Alliance，NA）：领导人威廉·马林（William MARLIN）。

（3）圣马丁民主党（Democratic Party of Sint Maarten，DP-St. M）：领导人萨拉·威斯科特—威廉。

在圣尤斯特歇斯岛：

圣尤斯特歇斯民主党（Democratic Party of Sint Eustatius，DP-St. E）：领导人于连·伍德利（Julian WOODLEY）。

在萨巴岛：

向风群岛人民运动（Windward Islands People's Movement，WIPM）：领导人雷·哈塞尔（Ray HASSELL）。

【重要人物】弗里茨·格杰拉格：总督。1951年11月1日生于阿鲁巴岛。长期在行政部门任职。1992～1998年任博内尔岛行政官。2002年7月至2010年10月任荷属安的列斯总督。**埃米莉·德容—埃尔哈格**：女，总理。生于1946年12月7日，黎巴嫩裔。安的列斯重建党领导人。2006年3月26日成为荷属安的列斯第24任总理，任职至2010年10月。

经　济

自20世纪70年代以来，旅游业、炼油业和金融服务业成为荷属安的列斯的经济支柱。2006年，由于有私营和公共部门（主要是建筑、批发零售、金融服务）经济发展的支撑，荷属安的列斯经济增长走强，创造出更多的就业机会，失业率下降，但受到高油价的影响，通货膨胀压力增大，通货膨胀率上升。总体而言，与该地区其他国家和岛屿相比，这些岛屿基础设施比较发达，人均收入也居前列。主要经济数据如下：

地区生产总值（GDP，2007年估计）：36亿美元。

人均地区生产总值（2007年估计）：19000美元。

地区生产总值增长率（2007年估计）：4%。

货币名称：荷属安的列斯盾；1盾=100分。

汇率（固定汇率，1989年起）：1美元=1.79荷属安的列斯盾。

通货膨胀率（2007年）：3%。

失业率（2007年估计）：9%。

【工业】 2005年工业产值占地区生产总值的15%。有炼油、食品等部门。炼油业是重要的工业部门，石油转口及修船业也很重要。制造业规模小且受保护，主要部门有造纸、塑料和纺织。2007年发电量12.2亿千瓦小时。

【农业】 耕地面积8000公顷。2005年农业产值仅占地区生产总值的1%。主要生产芦荟、高粱、豆类、蔬菜、热带水果等。

【旅游业】 旅游业发达，主要集中在库拉索、圣马丁、博内尔三岛，海滨、沙滩、海洋生物及潜水设施吸引着大量欧洲、美国的游客。2005年旅游业和其他服务业产值占地区生产总值的84%。

【交通运输】 公路：各岛均有良好的公路网。总长813公里，其中库拉索岛550公里，博尔内岛210公里，圣马丁岛53公里。1996年共有汽车97671辆，其中小汽车75105辆，货车17031辆，公共汽车722辆，出租车430辆，摩托1541辆，其他2842辆。

水运：主要港口在库拉索，也是委内瑞拉和中东石油的重要转运和提炼中心。1997年吞吐量约为731900吨，其中装货215200吨，卸货516700吨。至1997年12月注册的商业船只138艘。

空运：库拉索、圣马丁、博内尔均有国际机场。有通往美国、阿鲁巴、委内瑞拉、苏里南及加勒比国家的航线。2004年10月，国营荷兰加勒比航空公司因债务问题破产，致使600多名工人失业。

【财政金融】 近年来由于受各种因素影响，政府公共财政的特点是高赤字、高债务，利息支出不断增加。2004年政府预算收入7.579亿美元，支出9.495亿美元；外债26.8亿美元。

荷属安的列斯为世界重要离岸金融中心之一。在库拉索注册的数万家公司中有2/3是离岸金融公司。

【对外贸易】 连年逆差。2006年，出口额为37.1亿美元，进口额为157.4亿美元。主要出口石油产品。主要进口产品有原油、食品、机械设备等。2008年主要出口目的国是美国、危地马拉、多米尼加、海地、新加坡等，主要进口来源国是委内瑞拉、美国、巴西等。

【外国援助】 主要依靠荷兰的援助。2004年获得经济援助2132万美元。

【经济团体】（1）博内尔工商会（Bonaire Chamber of Commerce and Industry），通讯地址：PO Box 52, Princess Marie-Straat, Kralendijk, Bonaire。电话：（599）717-5595，5695。传真：Fax：（599）717-8995。

（2）库拉索工商会（Curasao Chamber of Commerce and Industry），成立于1884年。通讯地址：Kaya Junior Salas 1，P. O. Box 10，Curaçao，Netherlands Antilles。电话：（+599-9）461-1451，1455，3918。传真：+599（9）461-5652。网址：http://www.curacao-chamber.an/info/。执行董事约翰·雅各布（John H. Jacobs）。

（3）圣马丁工商会（St Maarten Chamber of Commerce & Industry），1979年成立。地址：Cannegieter St. # 11，P. O. Box：454，Philipsburg St. Maarten，Netherlands Antilles。电话：（599）542-3595，3590。传真：（599）542-3512。网址：http://www.sintmaartenchamber.org/。

人民生活

政府对穷人提供免费医疗，并提供食品救济。实行养老金制度，健康指数与其他加勒比国家相比较高。2009年居民平均期望寿命76.65岁。有固定电话88000部（2008年），移动电话20万部（2004年），因特网主机达7万台（2009年）。政府预算中卫生、公共住房及环境规划开支为7%，公共安全、福利等占21.6%。

军　事

国防由荷兰负责。总督任武装部队总司令。荷兰在安的列斯驻扎海军，并在圣马丁和阿鲁巴设有海岸警卫队。1999年5月，美国设在库拉索的一个基地上的海军和空军开始针对非法偷运毒品的巡逻。

文化教育

【教育】 教育制度与荷兰相同，实行义务教育制。2001年政府教育支出占总支出12.8%，教育设施良好。2003年成人识字率约97%。萨巴岛、圣尤斯特歇斯岛和圣马丁岛使用英语，库拉索岛、博内尔岛使用荷兰语。私立教学比较发达，开设本科和研究生课程。1996年有小学85所，学生24286人，教师1139人；初中16所，学生5282人，教师261人；高中5所，学生3141人，教师200人。技术学校37所，学生8875人，教师623人。1996年位于库拉索的荷属安的列斯大学有学生671人，教师92人。1995年政府

19.3% 的预算用于教育。

【新闻出版】 有 6 份日报。主要报纸有：《库拉索朋友报》，荷兰文版，发行 1 万份；《新闻消息报》，荷兰文版，发行 8000 份；《消息报》，帕彼曼都语，发行 1.2 万份；《新闻报》，帕彼曼都语，发行 1.29 万份。

主要通讯社为荷兰通讯社。

共有 15 家广播电台。主要是：加勒比广播电台，1955 年建台，用荷兰语、英语、西班牙语和帕彼曼都语播音；库拉索广播协会：1933 年建台，用帕彼曼都语播音；世界广播电台：用 4 种语言对南美、中美、北美和加勒比广播。

有 5 家电视台，主要是：背风群岛广播公司电视台，每天播放 10 小时节目；安的列斯电视台，成立于 1960 年，为政府办的商业电视台，提供有线电视服务，播放美国卫星电视及两套委内瑞拉电视台的节目；库拉索电视台。

对外关系 外交由荷兰掌管。荷属安的列斯为国际劳工组织、国际货币基金组织、国际刑警组织、国际奥委会、万国邮政联盟、世界海关组织和世界气象组织成员，联合国教科文组织、世界旅游组织联系成员，加勒比共同体观察员。

【同中国的关系】 据中国海关总署统计，2007 年中国与库拉索岛进出口额 3705 万美元，均为中方出口。2008 年 8 月，荷属安的列斯派团参加北京奥运会。（石宜　卜阂）

洪都拉斯

国名　洪都拉斯共和国（The Republic of Honduras, La República de Honduras）。

面积　112492 平方公里。

人口　770.7 万（2008 年 5 月），人口增长率为 3.3%。印欧混血种人占 83%，印第安人占 10%，黑人占 5%，白人占 2%。官方语言为西班牙语。95.8% 的居民信奉天主教。

首都　特古西加尔巴（Tegucigalpa）。宪法规定首都由特古西加尔巴城和科马亚圭拉城（Comayagüela）共同组成。首都地区人口 148.2 万。年平均气温 29℃。

国家元首　总统波尔菲里奥·洛沃·索萨（Porfirio Lobo Sosa），2010 年 1 月 27 日就职。任期四年。

重要节日　独立日：9 月 15 日。

简　况　位于中美洲北部。北临加勒比海，南濒太平洋的丰塞卡湾，东、南同尼加拉瓜和萨尔瓦多交界，西与危地马拉接壤。海岸线长 1033 公里。沿海属热带雨林气候，年平均气温 31℃；中部山区凉爽干燥，年平均气温 23℃。全年分两季，6～10 月为雨季，11～5 月为旱季。

原为土著印第安人居住地，16 世纪沦为西班牙殖民地。1821 年 9 月 15 日独立。1823 年加入中美洲联邦。1838 年联邦解体后成立共和国。

政　治　2009 年 6 月，洪总统塞拉亚强行推动旨在谋求连任的修宪公投，导致洪军方在右翼势力支持下发动政变，塞被驱逐出国，议长米切莱蒂出任临时总统。9 月，塞秘密返洪栖居巴西驻洪使馆，并在国际社会斡旋下多次与洪临时政府举行谈判，但未达成一致。11 月 29 日，洪大选顺利举行，反对党国民党总统候选人洛沃当选，并于 2010 年 1 月 27 日就职。目前，洪国内局势趋于稳定。

【宪法】 现行宪法于 1982 年 1 月 20 日生效，规定国家实行共和制，立法、司法和行政三权分立。总统是国家元首、政府首脑和武装力量最高统帅，由直接选举产生，任期四年，不得连任。

【议会】 国民议会，一院制，为全国最高立法机构，由 128 名议员组成。议员由选民直接选举，任期四年。本届议会于 2010 年 1 月 27 日产生，其中执政党自由党占 62 席，国民党 55 席，其他党派 11 席。现任议长胡安·奥尔兰多·埃尔南德斯（Juan Orlando Hernández），2010 年 1 月当选，任期四年。

【政府】 本届政府于 2010 年 1 月 27 日成立，主要内阁成员有：副总统、总统府部长玛丽亚·安东涅塔·德伯格兰（María Antonieta de Bográn），政府和司法部长阿菲利科·马德里（Áfrico Madrid Hart），外交部长马里奥·卡纳华蒂（Mario Canahuati），工业和经贸部长奥斯卡·埃斯卡兰特（Ubaldo Cerrato），财政部长威廉·常·王（William Chong Wong），劳工部长费利西多·阿维拉（Felícito Avila），卫生部长阿图罗·本达娜（Arturo Bendaña），教育部长亚力杭德罗·本图拉（José Alejandro Ventura），公共工程部长米盖尔·帕斯托（Miguel Pastor），文化部长贝纳尔德·马丁内斯（Bernard Martínez），农牧部长哈科沃·雷加拉多（Jacobo Regalado），国防部长马龙·帕斯夸（Marlón Pascua），公共安全部长奥斯卡·阿尔瓦雷斯（Óscar Álvarez），旅游部长内利·赫雷斯（Nelly Jerez

Caballero），通讯部长米盖尔·安赫尔·波尼亚（Miguel Angel Bonilla），技术合作部长阿图罗·科拉莱斯（Arturo Corrales），妇女部长玛丽亚·安东涅塔·博托（María Antonieta Botto）。

【行政区划】 全国划分为 18 个省：阿特兰蒂达、科隆、科马亚瓜、科潘、科尔特斯、乔卢特卡、埃尔帕拉伊索、弗朗西斯科·莫拉桑、格拉西亚斯·阿迪奥斯、因蒂布卡、海湾群岛、拉巴斯、伦皮拉、奥科特佩克、奥兰乔、圣巴巴拉、巴列、约罗。

【司法机构】 由最高法院、上诉法院和地方法院组成。最高法院院长和总检察长由国民议会选举产生，任期四年，可连选连任。最高法院由 15 名大法官组成，任期七年。最高法院院长豪尔赫·里韦拉·阿维莱斯（Jorge Rivera Avilés）。总检察长埃特尔·贝拉·埃纳莫拉多（Ethel Vera Enamorado）。

【政党】 主要政党有：

（1）自由党（Partido Liberal）：又称“红党”，执政党。1881 年成立。目前党内主要派别有以前议长卡洛斯·奥尔宾·蒙托亚为首的蒙托亚派和以前中央执行委员会主席拉斐尔·皮内达·庞塞为首的弗洛雷斯派。1981～2006 年 4 次赢得大选。党主席罗贝托·米切莱蒂（Roberto Michelatti）。

（2）国民党（Partido Nacional）：又称“蓝党”，最大反对党。1902 年从自由党中分离成立。党内分为卡列哈斯全国运动和奥斯瓦尔多主义两派。党主席里卡多·阿尔瓦雷斯·阿里亚斯（Ricardo Alvarez Arias）。

（3）民主团结党（Partido Unificación Demó crata）：1994 年成立，左派政党。党主席塞萨尔·汉姆（César Ham）。

（4）基督教民主党（Partido Demócrata Cristiano）：1968 年成立，1980 年取得合法地位。党主席费里西多·阿维拉（Felicito Avila）。

（5）社会民主革新团结党（Partido de Innovacióny Unidad Social Demócrata）：1970 年成立，1978 年取得合法地位。成员主要是知识分子和自由职业者。党主席赫尔曼·阿吉拉尔·帕德斯（Jorge Aguilar Paredes）。

【重要人物】波尔菲里奥·洛沃·索萨：总统。1947 年 12 月 22 日出生。毕业于美国迈阿密大学企业管理专业。1989～2006 年，连续三次当选议员。2002～2006 年，当选为议长。2005 年，洛作为国民党候选人参加总统选举，输给自由党候选人塞拉亚。2009 年 11 月，洛作为国民党候选人赢得大选，2010 年 1 月就职。已婚，有三子女。夫人罗萨·埃莱娜·博尼利亚（Rosa Elena Bonilla de Lobo）。

经　济

拉美最不发达国家之一。农业系国民经济主导产业，工业基础相当薄弱。2009 年主要经济数据如下（资料来源：洪都拉斯中央银行）：

国内生产总值：2716.63 亿伦比拉。

人均国内生产总值：1755 美元。

国内生产总值增长率：-2.1%。

货币名称：伦皮拉（Lempira）。

汇率：1 美元 =18.90 伦皮拉。

通货膨胀率：3.5%。

失业率：13.2%。

【资源】 主要矿藏有金、银、铜、铅、锌、煤、锑、铁等。森林资源丰富，占全国面积的 70%，盛产松木、杉木及红木等优质木材。

【工业】 传统工业以加工制造、建筑和矿业为主。2009 年工业产值为 679.55 亿伦皮拉，占国内生产总值的 25.0%，同比下降 2.7%。其中矿业、制造业、建筑业、电力和供水分别增长 -3.9%、-2.9%、-3.4% 和 3.5%。近几年主要工业部门产值如下（单位：百万伦皮拉）：

	2007	2008	2009
矿业	2767	2072	1990
制造业	41929	48058	46674
建筑业	13929	16511	15943
电力和供水	2469	3235	3348

（资料来源：洪都拉斯中央银行）

【农业】 主要农产品有香蕉、咖啡、甘蔗、玉米和棉花等。粮食不能自给。全国可耕地面积 139 万公顷，占国土面积的 34%。2009 年农业产值 307.44 亿伦皮拉，同比下降 2.9%。其中香蕉产量下降 16.9%，咖啡产量下降 6.7%。

【服务业】 2008 年服务业产值为 332.31 亿伦比拉，2009 年为 384.06 亿伦比拉，同比增长 4.8%。

【旅游业】 20 世纪 90 年代以来旅游业发展迅速，古老的玛雅文化遗址、风景秀丽的海滩和珊瑚礁吸引了大量游客，旅游收入逐年增加。2009 年接待外国游客 86.2847 万人次，创汇 3.4 亿美元。

截至 2007 年，全国共有 1099 家旅馆，24887 个房间，35500 张床位。

【交通运输】 铁路：2007 年全国可运行铁路 109 公里，多集中在北部沿海地区，其中一部分为香蕉和甘蔗专用运输线。

公路：2008 年全国有公路 14084 公里，其中 21.3% 为柏油路。主要有泛美公路和两洋间公路。2007 年各类机动车数量为 74.4 万辆，新增机动车 2.6 万辆。

水运：主要港口有科尔特斯、特拉、塞巴和特鲁希略。

空运：有 4 个国际机场：特古西加尔巴市的“通孔廷机场”（Toncontín）、圣佩德罗苏拉市的“拉蒙·比列达机场”、拉塞瓦市的“戈罗松机场”和罗亚坦市的“胡安·曼努埃尔机场”。两家航空公司：国家航空运输公司和洪都拉斯航空服务公司，航线通往美国、墨西哥和中美洲国家。

【通讯业】2007 年，洪手机用户为418.48 万人，固定电话线路 82.12 万条，国际互联网用户 3.57 万人。

【财政金融】近几年政府财政收支情况如下（单位：百万伦皮拉）：

	2007	2008	2009
总收入	44235.2	52042	47271.4
总支出	49822.8	58378.4	58135.9
差　额	-5587.6	-6336.4	-10864.5
财政赤字占 GDP 比重	2.8%	2.3%	4.0%

（资料来源：洪都拉斯中央银行）

2009 年，洪外汇储备为 24.1 亿美元，较上年下降 11.1%。外债 32.91 亿美元。

【对外贸易】主要传统出口产品有咖啡、香蕉、虾、食糖、烟草等农作物，矿产品有锌、铅、银等。主要进口机械、电子设备、化工产品、燃料、润滑油、工业制成品以及粮食等。主要贸易伙伴是美国、欧盟、中美洲国家及日本。近几年对外贸易情况如下（单位：百万美元）：

	2007	2008	2009
出口额	5783.6	6457.5	5196.3
进口额	8887.7	10509.1	7787.5
差　额	-3104.1	-4051.6	-2591.2

2009 年主要产品进出口额如下（单位：百万美元）：

香蕉	383.8
咖啡	620.3
矿产品	1228.6
电子、工业器械	957.9
化工产品	1118.4

（资料来源：同上）

【外国资本】外资主要来自美国、英国和加勒比国家，用于电子通讯、食品制造等行业。2009 年洪吸引外国直接投资 4.84 亿美元，同比增长 3.4%。

人民生活

2008 年平均寿命 69.4 岁，5 岁以下儿童死亡率 24‰。2007 年全国有 94 家医院，274 个医疗站，1101 个卫生所，5789 张病床。结核病、疟疾、艾滋病患者人数居中美洲国家之首。2007 年全国 68.9% 人口处于贫困。2009 年洪人民最低工资为每月 5500 伦皮拉，同比增长 60.4%。

2009 年，洪每 10 万居民中有 58 人死于暴力犯罪，犯罪率居中美洲国家首位。

军　事

1954 年 10 月 21 日建军。1995 年 4 月取消义务兵役制，实行志愿兵役制。武装部队共有 12000 人，警察 6000 人。武器装备均由美国提供，军官大多由美国培训。1997 年 10 月，原由军人控制的警察领导权正式转交给政府。1998 年 9 月，国民议会修改宪法，废除武装力量总司令一职，由国防部长取代。

文化教育

【教育】城市小学为七年制。农村小学三年制。14 岁以前实行强制义务教育。全国有 10 所高等院校，其中洪都拉斯国立自治大学成立于 1846 年。2006 年成人文盲率为 16.6%。2007 年全国有大学生 14.2 万人，小学、初中入学率为 93.4%，高中入学率为 30.2%。2007 年初中、小学及高中教师、学生情况如下：

	学校（所）	教师（人）	学生（万人）
初中和小学	11277	45685	157.7
高中	938	24048	16.4

【新闻出版】主要有 4 份全国日报：《新闻报》、《时代报》、《论坛报》和《先驱报》。有 3 份新闻周刊：《世界时代》、《洪都拉斯周报》和《市场报》。2007 年报纸发行量 71811 份。目前全国有 181 家电台，33 个电视频道和 74 个有线频道。洪都拉斯电台为官方电台，美洲电台为商业电台。

对外关系

主张各国和平共处，相互尊重领土主权；促进民主，捍卫人权；重视发展同美国、欧盟及日本等发达国家的关系，保持与拉美国家的传统友好；支持地区一体化进程；支持国际反恐合作。系 77 国集团、不结盟运动成员国。

2009 年 6 月洪发生政变后，国际社会普遍谴责政变，拒绝承认洪临时政府，并要求恢复塞拉亚总统职务。委内瑞拉、阿根廷、乌拉圭、巴拉圭、尼加拉瓜等国宣布与洪断交，美洲国家组织中止洪成员国资格。2010 年 1 月新政府上台后至今，已有美国、秘鲁、哥伦比亚、哥斯达黎加、巴拿马、危地马拉、尼加拉瓜和欧盟国家承认洪新政府合法地位，但仍有部分拉美国家未承认。

【同中国的关系】中洪无外交关系。近年来两国交往不多。2008 年 10 月，贸促会副会长于平率团在洪举办中国贸易展。12 月，应中联部邀请，洪民主统一党参加中美洲政党干部考察团访华。2009 年 3 月，中联部工作小组访洪并会见塞拉亚总统和反对党国民党总统候选人洛沃等。

据中国海关总署统计，2009 年中洪贸易总额 2.62 亿美元，其中中方出口额 2.12 亿美元，进口额 0.5 亿美元，同比分别增长 -22.8%、-34.4% 和 211.8%。

洪与台湾保持“外交关系”，双方签有投资保护、农业技术合作、渔业合作等协定。2007 年 5 月，洪台签署自由贸易协定。2010 年 1 月，马英九出席洪新总统就职仪式。

台在洪企业主要集中在圣彼得罗苏拉市。2009年洪台贸易总额为5480万美元，其中台出口额4160万美元，进口额1320万美元，同比分别下降43.3%、30.1%和64.4%。

【同美国的关系】洪美关系密切。美是洪最重要的贸易伙伴。洪近40%的出口产品输往美国。两国签有军事合作协定，美在洪驻有军事使团，在帕尔梅罗拉设有军事基地。美驻洪军队人数约500人。自1993年起，美大幅削减对洪援助，援助性质从军事转向民用。洪支持美国对伊拉克发动战争，2003年派出370名士兵参加在伊多国部队，2004年4月从伊撤军。

2004年5月，洪等中美洲国家与美签署自由贸易协定。2006年4月，洪美自由贸易协定生效。2010年3月，洪再次向美申请将临时保护条约延长18个月，使7.5万洪非法移民得以继续在美工作。目前洪在美侨民已达85万人，其中66.3万人无合法身份。2009年来自美的侨汇总额约24亿美元，占洪国内生产总值的25%。

【同拉美国家的关系】重视发展同拉美国家特别是中美洲国家的关系。系美洲国家组织、里约集团、拉美经济体系、加勒比国家联盟、中美洲共同市场等地区组织成员国。积极参与地区一体化进程。

1998年4月，洪与萨尔瓦多、尼加拉瓜、危地马拉和多米尼加共同签署自由贸易协定。2000年6月，洪、萨、危三国与墨西哥签署自由贸易协定。2002年1月，洪与古巴恢复外交关系。2007年3月，洪与巴拿马签订自贸协定。2008年5月，洪正式加入“美洲玻利瓦尔选择计划”。2010年1月，洪宣布退出该计划。

2006年7月，洪与萨尔瓦多、危地马拉、尼加拉瓜达成协议，四国实行统一签证制度。2007年6月和12月，塞拉亚分别赴伯利兹和危地马拉参加中美洲一体化体系（SICA）第30届和第31届首脑会议。洪加入中美洲一体化银行（BICE）。2010年1月，哥伦比亚总统乌里韦访洪，与洪签署安全及贸易合作协议。洪新总统洛沃就职后，分别访问危地马拉和尼加拉瓜，积极改善与中美洲地区其他国家关系。

【同欧盟的关系】与欧盟有重要贸易关系。2009年3月，洪主持召开欧盟与中美洲伙伴协议第七轮谈判。2010年5月，洪总统洛沃参加第六届中美洲—欧盟峰会，和中美洲其他五国国家元首共同与欧盟签署伙伴协议。（李可）

加　拿　大

国名　加拿大（Canada）。

面积　998.467万平方公里，居世界第二位，其中陆地面积909.3507万平方公里，淡水覆盖面积89.1163万平方公里。

人口　3393.08万（2010年）。主要为英、法等欧洲后裔，土著居民（印第安人、米提人和因纽特人）约占3%，其余为亚洲、拉美、非洲裔等。现有华人约145万人。英语和法语同为官方语言。居民中信奉天主教的占45%，信奉基督教的占36%。

首都　渥太华（Ottawa），地处安大略省。首都地区（包括安大略省的渥太华市、魁北克省的赫尔市及其周围城镇）人口113.1万，面积4662平方公里。年平均最高气温15℃～26℃（7月），最低气温－16℃～－6℃（1月）。

国家元首　英国女王伊丽莎白二世；由女王任命的总督代行职权。总督由总理提名，女王任命，任期五年。现任总督米夏埃尔·让（Michaelle Jean，女，海地裔），2005年9月27日就任。

重要节日　国庆日（加拿大日）：7月1日。

简　况

位于北美洲北部。东临大西洋，西濒太平洋，西北部邻美国阿拉斯加州，南接美国本土，北靠北冰洋。海岸线约长24万多公里。东部气温稍低，南部气候适中，西部气候温和湿润，北部为寒带苔原气候。中西部最高气温达40℃以上，北部最低气温低至－60℃。

原为印第安人与因纽特人居住地。16世纪沦为法国殖民地，后被割让给英国。1867年7月1日，英将加拿大省、新布伦瑞克省和诺瓦斯科舍省合并为联邦，成为英国最早的自治领。此后，其他省也陆续加入联邦。1926年，英国承认加的“平等地位”，加始获外交独立权。1931年，加成为英联邦成员国，其议会也获得了同英议会平等的立法权，但仍无修宪权。1982年，英国女王签署《加拿大宪法法案》，加议会获得立宪、修宪的全部权力。

政　治

1867年建立联邦以来，基本上由自由党和进步保守党轮流执政。1993年，自由党在第35届联邦议会大选中获胜，让·克雷蒂安（Jean Chrétien）就任总理。1997年、2000年大选中，自由党连续获胜，克蝉联执政。2003年12月，克雷蒂安宣布退休，保罗·马丁（Paul Martin）继任总理。2004年6月，加举行大选，自由党再次获胜，马丁连任总理。2006年1月，保守党在大选中战胜自由党上台，该党领袖斯蒂芬·哈珀（Stephen Harper）担任总理。2008年10月，保守党再次赢得大选蝉联执政，哈珀连任总理。

【宪法】加至今没有一部完整的宪法，主要由在各个不同历史时期通过的宪法法案构成，其中包括1867年英国议会通过的《不列颠北美法案》。宪法规定，加实行联邦议会制，尊英王为加国家元首，总督为英女王在加代表，英、法语均为官方语言。宪法宗旨：和平、秩序和良政。

【议会】由参议院和众议院组成，参众两院通过的法案由总督签署后成为法律。总督有权召集和解散议会。参议院共105席，名额按各省人口比例和历史惯例分配。参议员由联邦总理提名，总督任命。1965年6月2日前任命的为终身制，此后任命的到75岁退休。现任参议长为保守党人诺埃尔·金塞拉（Noel A. Kinsella），2006年2月就任。众议院共308席，众议员由按各省人口比例划分的联邦选区直接选举产生，任期四年。第40届联邦众议院于2008年10月组成。众议长为自由党人彼得·米利肯（Peter Milliken），2001年1月就任，后连选连任。

【政府】内阁制。由众议院中占多数席位的政党组阁，其领袖任总理。现内阁由保守党于2008年10月组成，共有27名部长和11名国务部长。主要有：总理斯蒂芬·哈珀（Stephen Harper），国防部长彼得·戈登·麦凯（Peter Gordon MacKay），国库委员会主席兼“亚太门户战略”部长斯托克韦尔·戴伊（Stockwell Day），外交部长劳伦斯·坎农（Lawrence Cannon），财政部长詹姆斯·弗莱厄蒂（James Flaherty）。

【行政区划】全国分10省3地区。10省为不列颠哥伦比亚、阿尔伯塔、萨斯喀彻温、曼尼托巴、安大略、魁北克、新布伦瑞克、诺瓦斯科舍、爱德华王子岛、纽芬兰和拉布拉多，3地区为育空、西北、努纳武特。各省设省督、省议长、省长和省内阁。地区也设立相应职位和机构。

【司法机构】加拿大设联邦、省和地方（一般指市）三级法院。联邦法院一般受理财政、海事和有关经济方面的案件。最高法院由1名大法官和8名陪审法官组成，主要仲裁联邦和各省上诉的重大政治、法律、有关宪法问题以及重大民事和刑事案件。最高法院的裁决为终审裁决。最高法院的法官均由总理提名，总督任命，75岁退休。首席大法官贝弗利·麦克拉克林女士（Beverley McLachlin）于2000年1月就任。司法部长兼总检察长罗伯特·尼科尔森（Robert Nicholson）于2007年1月就任。各省设有省高等法院和省法院，主要审理刑事案件及其他与该省有关的重要案件，但也有一些省级法院审理民事案件。地方法院一般审理民事案件。

【政党】（1）保守党（Conservative Party）：执政党。由联盟党和进步保守党于2003年12月合并而成，代表银行保险业、铁路运输业、能源工业垄断资本和大农场主利益。领袖斯蒂芬·哈珀。

（2）自由党（Liberal Party）：反对党。1873年成立。代表工业垄断资本集团利益并兼顾中、小企业利益。领袖迈克尔·伊格纳蒂夫（Michael Ignatieff）。

（3）新民主党（New Democratic Party）：反对党。1961年由“平民合作联盟”与“加拿大劳工大会”联合而成。属于社会民主党性质，代表中下劳动阶层利益，主张企业公营，标榜社会主义。领袖杰克·莱顿（Jack Layton）。

（4）魁北克集团（Block Quebecois）：反对党。1990年成立。代表魁北克人的利益，主张魁北克独立。领袖吉利斯·杜塞普（Gilles Duceppe）。

其他政党还有：社会信用党、加拿大党、绿党和加拿大共产党等。

【重要人物】 **米夏埃尔·让：**总督。1957年生于海地太子港市。1968年移民加拿大。毕业于蒙特利尔大学，获意大利语学士学位及比较文学硕士学位。后赴意大利米兰大学、佛罗伦萨大学学习，能熟练使用法语、英语、西班牙语、意大利语和海地语等5种语言。1984~1986年执教于蒙大意大利语系。1988年进入加拿大广播公司（CBC）魁北克省法语部，任新闻记者及节目主持人。曾就古巴和海地问题摄制多部记录片，在魁省获得很高知名度并获得多个奖项。2005年9月27日就任加第27任总督，是加历史上最年轻的总督、首位黑人总督和第三位曾从事记者工作的总督，也是21年来来自魁省的首位总督。已婚，有一自海地收养的女儿。　**斯蒂芬·哈珀：**总理。1959年4月生于加拿大多伦多市，毕业于卡尔加里大学，获经济学学士和硕士学位，并在该校短期执教。1987年协助创立改良党。1993年当选联邦众议员，并任改良党财政及全国团结事务发言人。1997年弃政，出任全国城市居民联盟主席。2002年3月当选在改良党基础上组建的加联盟党领袖。同年5月再次当选联邦众议员，并担任议会正式反对党领袖。2003年12月促成联盟党与进步保守党合并，组建保守党。2004年3月当选保守党领袖。2006年1月任加第22任总理，2008年10月连任。已婚，有一子一女。

经　济

加是西方七大工业国家之一。制造业、高科技产业、服务业发达，资源工业、初级制造业和农业是国民经济的主要支柱。近年来，加经济增长较为强劲，增速在发达工业国中名列前茅。加以贸易立国，对外贸依赖较大，经济上受美国影响较深。受国际金融危机冲击，加经济自2008年第四季度起陷入衰退，2008年国内生产总值增长0.5%。2009年主要经济数据如下：

国内生产总值：15276.70亿加元。

人均国内生产总值：45099加元。

国内生产总值增长率：-2.9%。

货币名称：加拿大元。

汇率：1 美元 = 1.1420 加元。

通货膨胀率：0.30%。

失业率：8.3%。

【资源】加地域辽阔，森林和矿产资源丰富。矿产有 60 余种，主要有（储量和世界排名）：钾（44 亿吨，第一）、铀（43.9 万吨，第三）、钨（26 万吨，第二）、钼（3000 吨，第二）、镉（55 万吨，第三）、铝（6400 吨，第三）、镍（490 万吨，第四）、铅（200 万吨，第五）等（2007 年统计）。原油储量仅次于沙特居世界第二，其中 97% 以油砂形式存在。已探明的油砂原油储量为 1732 亿桶，占全球探明油砂储量的 81%。森林面积 4 亿多公顷（居世界第三，仅次于俄罗斯和巴西），产材林面积 286 万平方公里，分别占全国领土面积的 44% 和 29%；木材总蓄积量为 190 亿立方米。加领土面积中有 89 万平方公里为淡水覆盖，可持续性淡水资源占世界的 7%。

【工业】2009 年加制造业总产值 1509.75 亿加元，占国内生产总值的 9.88%，从业人员 179.1 万，占全国就业人口的 9.75%。建筑业总产值 694.95 亿加元，占国内生产总值的 4.55%，从业人员 116.1 万，占全国就业人口的 6.32%。近几年主要工业产品产量如下：

	2007	2008	2009
汽车（万辆）	200	205.2	146.8
原油（亿立方米）	1.50	1.48	1.48
天然气（亿立方米）	1866.62	1757.48	—
铁矿砂（万吨）	3354.3	3210.2	3170.4
煤（万吨）	6936.2	6774.9	6293.4
镍（万吨）	22.5	24.6	13.2
铅（万吨）	7.9	8.7	7.2
金（万公斤）	10.35	9.49	9.60
银（万公斤）	97	70.87	60.88
铜（万吨）	58.6	58.4	48.1
铀（万公斤）	0.98	0.87	1.01

（资料来源：2009 年《加拿大经济观察》）

【农牧业】2009 年农、林、渔业总产值 249.61 亿加元，占国内生产总值的 1.63%。主要种植小麦、大麦、亚麻、燕麦、油菜籽、玉米、饲料用草等作物。可耕地面积约占国土面积 16%，其中已耕地面积约 6758.67 万公顷，占国土面积 8%。2006 年，农业人口 34.6 万人，占全国就业人口的 1.97%。加渔业发达，75% 的渔产品出口，是世界上最大的渔产品出口国。近几年主要动物产品产值如下（单位：亿加元）：

	2007	2008	2009
牛　肉	62.92	63.51	65.31
猪　肉	33.28	32.80	31.87
家禽肉	20.69	20.68	23.81
奶制品	51.96	52.07	53.06

（资料来源：同上）

【服务业】服务业近年发展较快，2006 年产值为 8131.96 亿加元，约占当年国内生产总值的 68.4%，从业人员 1249.8 万人，占当年全国总劳动力的 71%。

【旅游业】旅游业发达。据世界旅游组织统计，加在世界旅游收入最高国家中排名第九。2009 年，旅游收入 657.84 亿加元，接待外国游客 2469.6 万人次。直接从事旅游服务业的人数 180 万人（2006 年）。主要旅游城市有温哥华、渥太华、多伦多、蒙特利尔、魁北克市等。

【交通运输】交通运输发达，水、陆、空运输均十分便利，人均交通线占有量居世界前列。2008 年运输业总产值 568 亿加元，约占当年国内生产总值的 4.6%。共提供 691900 个工作岗位，占全国工作岗位的 4.7%。具体情况如下：

铁路：总长 72245 公里，货运量 2.129 亿吨（2009 年）。

公路：目前全国高速公路和普通公路总长 140.89 万公里。横贯加拿大的高速公路长 7725 公里，于 1971 年全线通车，从太平洋东岸的维多利亚直到大西洋西岸纽芬兰的圣约翰斯，是全世界最长的国家级高速公路。2008 年全国注册车辆总数 2846.63 万辆。

水运：圣劳伦斯运河深水航道全长 3769 公里，是世界最长的运河，船舶通航可从大西洋抵达五大湖水系。全加共有 25 个大的深水港和 650 个小港口，年吞吐量总计 4.7 亿吨。最大的港口是温哥华港，年吞吐量达 7630 万吨。

空运：约有商业飞机 4500 架，经核准的机场共 1111 个，主要机场 68 个，包括多伦多、温哥华、卡尔加里和蒙特利尔等国际机场。2007 年客运量约 933.64 亿人公里，货运量约 13.01 亿吨公里。

管道运输：输送石油、天然气与水的管道总长 196000 公里，是世界第二长的管道系统。

【财政金融】受国际金融危机影响，加拿大经济 2008 年第四季度起陷入衰退，持续 11 年的财政盈余终结。加政府 2009 年出台 400 亿加元刺激经济一揽子计划。2009 年 5 月，加财长弗莱厄蒂表示，当年加财政赤字可能高达 500 亿加元。国际货币基金组织预测 2010 年加拿大政府财政赤字为国内生产总值的 5.2%。近 3 年财政预算情况如下（单位：亿加元，2009/2010 按政府公布的预算案）：

	2007/2008	2008/2009	2009/2010
收入	2367	2419	2249
支出	2334	2396	2586
盈余	33	23	-337

2009年9月黄金储备约合1.085亿美元。2010年4月联邦外汇储备总额为566.69亿美元。2008年，联邦债务总额约5943.9亿加元，占国内生产总值的37%。

主要银行有：(1) 加拿大皇家银行（Royal Bank of Canada）：成立于1869年，最大的民营银行。2009年资产总值达6550亿加元。

(2) 加拿大帝国商业银行（Canadian Imperial Bank of Commerce）：由加拿大商业银行（1867年成立）与加拿大帝国银行（1875年成立）于1961年合并而成，为加第二大银行，2009年总资产为3359亿加元。

(3) 蒙特利尔银行（Bank of Montreal）：成立于1817年，为加第三大银行。2009年总资产为3885亿加元。

【对外贸易】加经济对外贸依赖严重，2009年对外商品贸易额为7441.3亿加元，占国内生产总值的48.7%，出口额与进口额分别下降24.5%与15.5%。近几年外贸情况如下（单位：亿加元）：

	2007	2008	2009
出口额	4504	4898.6	3697.6
进口额	4067	4429.9	3743.7
差　额	437	468.7	-46.1

（资料来源：2009年《加拿大经济观察》）

主要出口汽车及零配件、其他工业制品、林产品、金属、能源产品等；主要进口机械设备、汽车及零配件、工业材料、食品等。主要贸易对象是美国、中国、日本、欧盟国家。2009年对美出口额占加出口总额的73.4%。

【对外投资】2008年，加直接海外投资总额为6372.81亿加元。

【对外援助】根据2008年保守党政府财政预算，加政府计划2010/2011财年前将对外援助金额在2001/2002财年基础上提高一倍至50亿加元。

【外国资本】2008年，外国在加直接投资5048.64亿加元。

【同中国往来较多的著名公司和经济团体】(1) 庞巴迪公司（Bombardier Inc.）：成立于1942年，总部设在魁北克市，主要业务为设计、开发、制造、销售飞机、火车、有轨电车等大型交通运输设备及相关产品，是全球大型交通运输设备领军企业之一。2008年总收益为175.06亿美元，总资产221.2亿美元。董事长博杜安（Laurent Beaudoin）。地址：800 Renelevesque Blvd. West, Montreal, Que., Canada, H3B 1Y8。

(2) 鲍尔公司（Power Corp. of Canada）：成立于1925年，主要从事广播电视、出版、金融、采矿、房地产等业务，由德马雷家族控股。多位前总理卸任后均在鲍尔公司任职。公司总资产4542.83亿美元，2008年营业额370.99亿加元。董事长保罗·德马雷（Paul Desmarais, Jr.），总裁兼首席执行官安德烈·德马雷（Andre Desmarais）。地址：751 Square Victoria, Montreal, Quebec, Canada, H2Y 2J3。

(3) 加中贸易理事会（Canada-China Business Council）：加拿大一非赢利性民间机构，成立于1978年，宗旨是推动和促进加拿大与中国之间的贸易和投资。总部设在多伦多。在加拿大温哥华和中国北京、上海、沈阳、南京、成都、深圳设有办事处。董事会主席彼得·克鲁依特（Peter Kruyt），也是鲍尔公司副总裁。会长彼得·哈德（Peter Harder）。机构网址：www.ccbc.com。

人民生活

加社会保险体系涵盖广泛，包括失业保险、失业救济、医疗保险、养老金、家庭津贴和残疾津贴等多项内容，由联邦、省和市3级政府分类负担和管理。49%的家庭有私人住宅，人均拥有汽车量排名世界第五，每千名居民拥有560辆汽车。

军　事

总督为形式上的武装部队最高司令，总理是实际上的最高统帅，国防部长在国防参谋长的协助下负责武装部队建设并领导全国部队。加以北大西洋公约组织的集体防务、与美国的双边战略和防务合作为其防务政策的两大支柱。积极参加联合国维和行动，主张军备控制、裁军谈判和销毁生化武器。在保持与美国、西欧国家军事合作的同时，近年来与亚太地区的军事交往有所加强。

实行义务兵役制，正规军约6.59万人，预备役约2.6万人，文职人员2.8万人（2009年）。加长期以来参加联合国维和行动和国际观察、监督活动。1947年以来，加拿大军队已完成72项国际行动。加目前在全球派驻有2900多名军人，其中阿富汗2530人，并派出军舰"温尼伯"号在索马里海域护航。

2009年的军费预算为195亿美元，占国内生产总值的1.1%。保守党政府2007/2008财年预算提出，在未来3年里每年分别增拨9亿、10亿和12亿加元用于军费开支，以招募新兵，更新装备，提高应对自然灾害、恐怖袭击的反应能力以及参与国际救援的能力。

文化教育

【教育】联邦政府不设专门机构，教育管理权归省级政府。各省教育经费基本依靠自筹，联邦政府也提供一定的资助。普及中、小学教育。著名学府有女王大学、麦吉尔大学、多伦多大学、不列颠哥伦比亚大学、拉瓦尔大学和阿尔伯塔大学等。

【新闻出版】加拿大主流媒体在全国范围形成了"两报"（《环球邮报》、《全国邮报》）、"两社"（加拿大通讯社、加西通讯社）、"两台"（加拿大广播公司电视台、加拿大电视台）为主导的基本格局。此外，还有一些重要的地区性大报，如《多伦多星报》、《蒙特利尔日报》、《渥太华公民报》和《魁北克新闻报》。

日报共有110家，日发行量580余万份。英文报纸主要有《多伦多星报》，发行量43.6万份，周末版63.4万份；《环球邮报》，发行量32.2万份，周末版41万份；《全国邮报》，发行量20万份。主要法文报纸有《蒙特利尔日报》，发行量19.2万份。杂志有1300种，年发行量4.2亿本。主要杂志有新闻周刊《麦克琳》。

主要通讯社包括加拿大通讯社、加西通讯社、索瑟姆通讯社和加拿大合众社等。其中加拿大通讯社成立于1917年，有约260名记者。总部设在多伦多，在加13个城市和美国华盛顿、英国伦敦设有分社，向加国内约100家日报、逾500家电台和电视台供稿。该社与美联社和路透社有合作关系，是其国际新闻主要来源。

加拿大广播公司是加主要国营广播公司，成立于1936年，用英、法及8种土著语言对国内广播，覆盖率达全国人口的99.4%。该公司的国际广播电台于1942年建立，用包括中文在内的9种语言播音。

加拿大广播公司电视台拥有由31家电视台组成的英、法语电视网，覆盖率达全国人口的99.2%。此外，主要私营电视台有：加拿大电视台（系英语播音的全国性电视台）、环球电视台（系地区性英语电视台）和四季电视台（系地区性法语电视台）。

对外关系

2006年4月，加拿大保守党政府在首份施政报告中指出，加外交的总体目标是进一步提升加的国际地位，加强与美国的关系是加对外关系的首要任务。加将以建设性方式继续密切多边合作，继续支持加军在阿富汗的军事行动，更有效地开展外援，同时致力于在世界上进一步弘扬自由、民主和人权等加核心价值观。2007年10月，保守党政府发表第二份施政报告，将捍卫北极主权和提高加国际影响力列为未来施政重点，强调阿富汗是加发挥国际作用的重要舞台，重申加将在现有基础上继续履行其国际义务。报告继续将民主、自由、人权、法治作为加外交的指导思想。2008年11月，保守党政府发表第二任期施政报告，提出外交重点是参与改革国际金融体系，巩固加美关系，推进与欧洲、亚洲、拉丁美洲关系，加在阿富汗使命重点由军事转向重建和援助等，正式提出2011年从阿富汗全面撤军。2010年3月，保守党政府发表施政报告，总结了加在民主制度、共同价值观、移民国家、难民庇护所等方面特征，强调在国际事务中执行由其价值观主导的、主权与国家利益相结合的外交政策，在全球安全和人权事务中发出自己的声音。

截至目前，加已同193个国家建交。

【同中国的关系】1970年10月13日与中国建交。2009年，中国和加拿大关系总体发展顺利。

两国高层交往频繁。9月，国家主席胡锦涛在出席匹兹堡二十国集团领导人第三次金融峰会期间同加总理哈珀举行会见。8月31日至9月1日，全国人大常委会委员长吴邦国在出访途中过境温哥华。12月2～6日，加总理哈珀正式访华，胡锦涛主席、吴邦国委员长分别会见，国务院总理温家宝与哈举行会谈。访问期间，双方发表《中加联合声明》，并签署关于气候变化、矿产资源、文化和农业教育等领域的多项合作协议。

两国各级别交往增多。外交部长杨洁篪、卫生部长陈竺、司法部长吴爱英、中联部副部长张志军、商务部副部长陈健、文化部副部长陈晓光、交通运输部副部长徐祖远、质检总局副局长魏传忠、全国人大外事委员会副主任委员、中加议会协会主席郑斯林、全国人大民族委员会副主任委员陆兵、全国政协民族与宗教委员会副主任委员赵金铎等分别访加。加外长坎农、国际贸易部长戴伊、财长弗莱厄蒂、交通部长贝尔德、加中议会协会主席戴伊和克兰普、前总理马尔罗尼等分别访华。

两国经贸合作不断扩大。9月，第三届中加经贸合作论坛在多伦多举行，全国政协副主席白立忱出席并致辞，两国企业家逾400人参加。10月，中加基础设施论坛在温哥华举行，商务部副部长陈健出席并发表主旨演讲，两国近70家企业代表参加。中加经贸联委会第21次会议、基础设施工作组会议分别在北京和渥太华召开。据中国海关总署统计，2009年中加贸易额为297亿美元，同比下降13.8%。其中中国出口额为176.8亿美元，进口额为120.3亿美元，同比分别下降18.9%和5.1%。

两国在文化、教育、卫生、科技、司法执法等领域交流与合作成果丰硕，在气候变化、金融危机、反恐、军控、阿富汗等国际和地区问题上保持了良好沟通与协调。中加卫生联委会第二次会议、科技联委会第二次会议、第二次司法和执法合作磋商、第二次反恐磋商、军控和防扩散磋商先后举行。双方签署了《中加卫生合作执行计划2009～2011》、《中加文化协定2010～2012年度合作计划》、《中加科学技术合作与人才培养的谅解备忘录》、《中加气候变化合作的谅解备忘录》等合作文件。

两军交往进一步扩大。4月，加太平洋海上部队司令帕利海军少将率一艘补给舰参加中国海军成立60周年庆祝活动。5月，加作战支援司令部司令本杰明少将访华。

两国地方保持密切交往与合作，已结成44对友好省市。

2010年，中加关系继续呈现积极发展的良好势头。6月23～25日，胡锦涛主席对加进行国事访问，分别与加总督米夏埃尔·让、加总理哈珀举行会见、会谈并共同会见加参议长金塞拉和众议长米利肯。访问期间，双方签署涉及经贸、能矿、环保、执法、旅游、检验检疫等领域多项合作文件。6 月 30 日至 7 月 5 日，加总督米夏埃尔·让来华出席上海世博会加拿大馆日活动并访问广州、成都、北京。此外，加渔业和海洋部长谢伊、农业及农产食品部长里茨、国库委员会主席兼“亚太门户战略”部长戴伊、国际贸易部长范洛安、财长弗莱厄蒂先后访华。

中国驻加拿大大使：兰立俊。馆址：515 St. Patrick Street，Ottawa，Ont. Canada，K1N 5H3。电话：（613）7893434。传真：7893514。网址：http://www.chinaembassycanada.org。商务处地址：401 King Edward Avenue，Ottawa，Ont. Canada K1N 9C9。电话：（613）7893511。传真：7893515。领事部地址：（同使馆地址）。电话：（613）7899586。传真：7891414。

加拿大驻华大使：马大维（David Mulroney）。馆址：北京市朝阳区东直门外大街 19 号（邮编 100600）。电话：010－65323536。传真：65324072。网址：http://www.beijing.gc.ca/beijing/en/index.htm。商务处电话：65323536－3355。传真：65324072。移民和签证处传真：65321684。

【同美国的关系】美是加邻国和最重要的盟国，两国在政治、经贸、军事等领域保持着密切关系。加历届政府均视对美关系为外交政策基石。

2006 年 1 月加保守党执政后，将美定位为“加最可靠的盟友、最亲密的邻国和最大的市场”，着力加强同美国的关系。同年 3 月，加总理哈珀赴墨西哥坎昆出席北美自由贸易协定领导人年度峰会，与美、墨领导人发表共同声明，并与美国总统布什会晤。7 月和 9 月，加总理哈珀两次访美，与美总统布什就软木协议、跨境护照、朝核、伊核、反恐、阿富汗等双边及国际和地区热点问题交换意见。2006 年 9 月，美国国务卿赖斯访加，并出席在哈利法克斯举行的“9·11”事件五周年纪念仪式。加外长、国际贸易部长及公安、环境等部门高官先后访美。

2008 年，加美关系平稳发展。4 月，加总理哈珀赴美出席“北美安全繁荣伙伴计划”第四次领导人峰会，与美、墨领导人分别举行双边会谈，并发表联合声明，重申将继续推进北美一体化进程。同月，加外长伯尼埃亦赴美与国务卿赖斯会晤。8 月，加根据加美民事互助计划，派出 C－17 战略运输机赴美墨西哥湾地区，协助美应对古斯塔夫飓风灾害。10 月，加财长弗莱厄蒂、央行行长卡尼赴华盛顿出席 7 国集团和 20 国集团财长会议及国际货币基金组织、世界银行年会。11 月，加总理哈珀赴华盛顿出席 20 国集团领导人金融市场和世界经济峰会。12 月，加外长坎农赴美与即将卸任的美国务卿赖斯话别，并代表两国政府续签“紧急事态合作”协议。

2009 年 2 月，美总统奥巴马访加，与加总理哈珀会谈，并会见加总督米夏埃尔·让和自由党领袖伊格纳蒂夫，双方重点就两国在经贸、能源、环境、安全以及反恐等领域的合作交换看法，一致强调将进一步巩固加美传统友谊，深化两国互利合作。9 月，加总理哈珀赴美出席 20 国集团匹兹堡峰会并顺访美，与奥巴马总统会谈，会见美参院两党领袖、众院议长和少数党领袖。双方就金融危机、气候变化等问题交换意见，并发表联合声明。加外交、国贸、国防、工业、环境部长等多位高官访美，美国务卿、国土安全部长、参谋长联席会议主席等访加。两国互派新任大使。

美是加最大投资国，加美互为最大贸易伙伴。2007 年，两国贸易总额为 5764 亿加元，其中加向美出口额 3560 亿加元，占加出口总额的 77%；从美进口额 2204 亿加元，占加进口总额的 65%，加顺差 1356 亿加元。加美间存在贸易纠纷，主要集中在钢铁、农产品等方面。加美也曾进行过长达 5 年的“软木贸易战”，双方于 2006 年 4 月达成一项为期 7 年的协议，使这一争端告一段落。2009 年，加方就美“购买美国货”等贸易保护主义做法多次向美方提出交涉，引起美方重视。双方一致同意谈判商签地方政府采购协议，以互惠方式解决争端，防止贸易纠纷失控。

【同亚洲主要国家的关系】加认为亚洲将成为未来的世界经济中心，加须抓住机遇，大力发展与亚洲的经济和战略关系。加是亚太经合组织成员、东盟地区论坛成员和东盟对话国，亚太地区已成为加重要的贸易伙伴，也是加资金、技术和移民的来源地之一。2007 年，加与东盟国家贸易额为 130 亿加元，加在东盟国家投资 77 亿加元。日本、韩国、新加坡是加传统贸易伙伴，印度、中国等也是加重视的新兴市场。加政府制订“亚太门户计划”，重点用于基础设施建设，旨在将不列颠哥伦比亚省打造成连接北美和亚洲的航运枢纽，同时保护港口、货物贸易和人员的安全。加政府将支持阿富汗和平重建作为重要国际义务，承诺 2011 年无条件从阿全面撤军。

2008 年，加与亚洲主要国家关系继续发展。2 月，加外长伯尼埃赴韩国出席韩新总统李明博就职仪式。6 月，加外长埃默森赴日本出席八国集团外长会议，加财长弗莱厄蒂出席财长会议，司法部长尼克尔森和公安部长戴伊出席司法和内政部长会议。加外长埃默森同印度科技部长宣布启动两国间 10 个科技合作项目，总价值达 1700 万加元。7 月，加总理哈珀赴日本出席八国集团峰会并顺访日本。加外长埃默森上任后首访阿富汗。8 月，加自然资源部长伦恩赴日本出席八国集团＋中印韩能源部长会议。

2009 年，加与亚洲主要国家关系发展顺利。11 月，加总理哈珀访问印度，会见印总统帕蒂尔，同辛格总理举行会谈并发表联合声明，两国签署成立全面经济伙伴关系协定可行性共同研究组和能源合作两份谅解备忘录。12月，哈访问韩国，会见韩总理李明博，并在韩国民议会发表演讲。日本明仁天皇夫妇访加，加日举行两国建交80周年纪念活动。加外长坎农、国贸部长戴伊先后访日。

【同西欧国家的关系】加是北约、英联邦、八国集团和法语国家首脑会议的成员国，重视发展同西欧国家的关系，认为加自身的繁荣和安全与西欧国家紧密相关。加与西欧国家在政治、经济、军事和文化等领域保持着传统的密切关系，在重大国际问题上经常与西欧各国协调立场。

加与欧盟在外交和安全政策方面立场相近，建立了一年两次的“加拿大—欧盟首脑会议”机制，早在1996年即签署了加强双边关系的政治宣言和行动计划。保守党执政后保持了这一传统。2006年7月，加总理哈珀出席在俄罗斯举行的八国集团峰会，期间会见了欧盟委员会主席巴罗佐、欧盟轮值主席、芬兰总理万哈宁。2007年6月，加总理哈珀在德国出席“加拿大—欧盟首脑会议”，期间会见欧盟委员会主席巴罗佐和欧盟轮值主席、德国总理默克尔。

2008年，加与西欧国家关系继续发展。3月，加外长伯尼埃赴欧洲出席加拿大—欧盟外长年度对话并参加北约外长会议，随后顺访荷兰。4月，加总理哈珀率国防部长、加军总参谋长赴布加勒斯特出席北约首脑会议。5月，加总理哈珀访问法国、德国、意大利和英国，并出席在柏林举行的联合国生物多样性公约第九次缔约国大会。加外长伯尼埃访问克罗地亚、意大利、梵蒂冈。6月，加外长埃默森在巴黎与法经济、工业和就业部长拉加尔德签署旨在推动两国商业往来的联合行动计划。11月，加欧年度峰会在魁北克城举行，加总理哈珀会见了欧盟轮值主席法国总统萨科奇和欧盟委员会主席巴罗佐。加外长埃默森赴布鲁塞尔出席北约外长会。12月，加驻挪威大使代表政府在奥斯陆正式签署《集束弹药公约》。

2009年，加与西欧国家关系保持良好发展势头。加总理哈珀赴捷克出席加欧首脑会晤，启动与欧盟全面经济伙伴关系协议的谈判。哈还出席北约首脑会议，访问意大利和梵蒂冈。加外长坎农访欧，并出席欧安组织外长会。

【同独联体和东欧国家的关系】苏联解体后，加迅速承认独联体各国，并积极发展同它们的双边关系。加向独联体和东欧国家均提供援助，并给予俄罗斯、乌克兰、爱沙尼亚、拉脱维亚、立陶宛、亚美尼亚等国关税优惠待遇。对独联体国家的援助主要用于推动结构性改革和民主进程，以帮助其顺利完成向市场经济的转轨。对东欧国家援助主要集中在政治、司法改革以及技术和管理援助等领域。

近年来，加俄关系稳步发展。2006年3月，俄罗斯外长拉夫罗夫访加。7月，加总理哈珀出席在俄罗斯举行的八国集团峰会期间会见俄总理普京。2007年3月，加俄商业峰会在渥太华举行。7月，加外长麦凯访问乌克兰。11月，俄总理祖布科夫访加，期间会见了加总理哈珀、外长伯尼埃、国际贸易部长埃默森、农业部长里兹等。

2008年2月，波兰外长西科斯基访加。5月，乌克兰总统尤先科访加，两国外长并签署联合声明，称将继续发展和扩大加乌“特殊关系”。11月，加公民资格、移民和多元文化部长肯尼赴乌克兰参加1932～1933年大饥荒纪念活动。

【同拉丁美洲国家的关系】拉美国家是加重要贸易伙伴和投资目的地。加是美洲国家组织成员国，与拉美国家建立了“加拿大—拉美国家论坛”，与加勒比国家建立了不定期首脑会晤制度，与智利、哥斯达黎加等国签署了自由贸易协议，与墨西哥同为北美自由贸易区成员。加积极主张将北美自由贸易区扩大至南美，成立美洲自由贸易区。加关注海地局势，在海地派有维和部队。加对古巴奉行接触政策，近年来，对古投资增长较快，现有数十家公司在古经营采矿等企业。

2008年，加与拉美国家关系继续发展。2月，加外长伯尼埃先后访问哥伦比亚和海地。6月，加与哥伦比亚宣布完成双边自贸、劳务合作和环保协定的谈判进程。8月，加国际贸易部长福捷访问墨西哥、巴拿马、厄瓜多尔。11月，加总理哈珀赴秘鲁出席APEC领导人非正式会议，加财长弗莱厄蒂出席APEC财长会议。加国际贸易部长戴伊访问巴西，双方签署“科技创新合作协议”。加政府宣布向受飓风袭击的海地提供价值60万加元的紧急人道主义援助。12月，加国际贸易部长戴伊赴巴拿马出席“通向美洲繁荣之路”倡议部长级会议。2009年4月，加总理哈珀出席第五届美洲国家首脑会。

【同非洲国家的关系】加与除利比亚外的所有非洲国家都建立了外交关系。近年来，加对发展与非洲国家关系重视程度提高，关注并参与联合国及非洲地区组织主导的非洲地区冲突及内战的调停与斡旋。

（顾欣强）

开曼群岛

名称 开曼群岛（The Cayman Islands）。

面积 264 平方公里（陆地面积，开曼群岛政府资料）。

人口 50209 人，人口增长率 2.338%，出生率 12.29‰，死亡率 5‰（2010 年估计）。混血种人占 40%，白人 20%，黑人 20%。英语为官方语言和通用语。居民多信奉基督教。

首府 乔治敦（George Town），位于大开曼岛，人口 3.06 万（2006 年估计）。

总督 总督邓肯·泰勒（Duncan Taylor），2010 年 1 月 15 日就任。

重要节日 宪法日：7 月的第一个星期一。

简 况

位于加勒比海西北部，距牙买加西北部 290 公里，主要岛屿为大开曼岛、开曼布拉克岛和小开曼岛。属亚热带气候，受信风影响，平均气温夏季 30℃，冬季 25.5℃。年平均降水量 1433 毫米。6～11 月有飓风。

1503 年哥伦布发现该群岛。1670 年根据《马德里条约》，开曼群岛归英国统治，但在 1959 年前的 280 年间，群岛实际上为当时的英国殖民地牙买加的属地，由牙买加总督全权管辖。1962 年牙买加独立后，群岛才单独成为英国直辖殖民地，由英女王任命的总督行使管辖权。现为英国的海外领地（British Overseas Territory）。

政 治

近年来，开曼群岛政局基本稳定。2009 年 5 月 20 日举行议会选举，在野的联合民主党获胜，同时举行的全民公投通过宪法修正案。11 月 6 日，开曼新宪法生效，政府事务领袖麦克基瓦·布什（McKeeva Bush）成为开曼第一任总理。

2010 年 1 月，新总督泰勒任职。

【宪法】 现行宪法于 2009 年 11 月生效。

【议会】 称立法会议（Legislative Assembly），任期 4 年，由选举产生的 15 名议员组成（根据 2009 年宪法，从下届议会起议员增加到 18 名）。本届议会于 2009 年 5 月 20 日选举产生，联合民主党 9 席，人民进步运动 5 席，独立人士 1 席。议长玛丽·劳伦斯（Mary Lawrence，女）。

【政府】 内阁（Cabinet）通常由在议会中占多数议席的政党组成，由总督主持，包括两名官方成员（副总督和总检察长）和 5 名当选成员（称为部长，其中 1 名任总理）。官方成员由总督任命，在议会中无席位；5 名部长由议会议员选举产生。本届内阁于 2009 年 11 月组成，现成员为：总督邓肯·泰勒，总理兼财政、旅游和发展部长麦克基瓦·布什，副总督多诺万·埃班克斯（Donovan Ebanks），总检察长塞缪尔·保尔金（Samuel Bulgin），区域管理、工程和性别事务部长朱莉安娜·奥康纳—康诺利（Julianna O'Connor-Connolly，女），教育、培训和职业部长罗斯顿·安格林（Rolston Anglin），社区事务和住房部长迈克·亚当（Mike Adam），卫生、环境、青年、体育和文化部长马克·苏格兰（Mark Scotland）。

政府网址：http://www.gov.ky/portal/page?_pageid=1142，1&_dad=portal&_schema=PORTAL。

【司法机构】 设有即决法院（包括青少年法院）、群岛大法院（相当于最高法院）和上诉法院（在牙买加）。英国枢密院为最高上诉机关。大法院每年开庭六次，审理民事和刑事案件，接受即决法院的上诉。首席法官安东尼·斯梅利（Anthony Smellie）。

【政党】 目前主要有两大政党：

（1）联合民主党（United Democratic Party，UDP）：2001 年成立。2001 年 11 月至 2005 年 5 月执政。2009 年重新执政。领袖麦克基瓦·布什。

（2）人民进步运动（People's Progressive Movement，PPM）：2002 年成立，2005～2009 年执政。领袖库尔特·特贝茨（Kurt Tibbetts）。

【重要人物】 **邓肯·泰勒：** 总督，英国外交官。1958 年 10 月 17 日出生。1982 年进入英国外交与联邦事务部（FCO）。2005 年被任命为英国驻巴巴多斯及东加勒比地区专员，辖涵盖安提瓜和巴布达、格林纳达、多米尼克等 7 国。2010 年 1 月被任命为开曼群岛总督。已婚，有二子三女。 **麦克基瓦·布什：** 总理。1955 年 1 月 20 日出生。1984 年起为立法会议议员。2001～2005 年任政府事务领袖。2005 年 5 月至 2009 年 5 月任反对党领袖。2009 年成为开曼群岛首任总理。

经 济

金融服务和旅游业是两大经济支柱。由于没有直接的税收，该地区成为繁荣的离岸金融中心。旅游业约占地区生产总值的 70% 和外汇收入的 75%。旅游业是针对高端市场，主要是为了迎合北美游客，约有一半游客来自美国。岛上的食品和消费品约 90% 必须进口。主要经济数据如下：

地区生产总值（GDP，2008 年）：22.5 亿美元。

人均地区生产总值（2004 年）：43800 美元。

地区生产总值增长率（2008 年）：1.1%。

货币名称：开曼元；1元=100分。

汇率（2006年）：1美元=0.8496开曼元。

通货膨胀率（2008年）：4.1%。

失业率（2008年）：4%。

【工业】 规模极小。主要生产建材、首饰、家具、食品和化学包装用具。

【农业】 受土地贫瘠、雨水少、劳动力费用高等因素的制约，农业很不发达，产值仅占地区生产总值的1%。主要作物为蔬菜、热带水果等。90%以上的粮食靠进口。

【金融服务业】 经济的重要部门。由于开曼政局稳定，没有外汇限制，不收直接税，并严格遵守金融保密法，该群岛成为世界最大的离岸金融中心之一，设有证券交易所。截至2008年，超过9.3万家公司在开曼注册，其中包括近300家银行、800家保险公司和10000家共同基金。

【旅游业】 主要经济支柱，以豪华旅游为发展方向，主要面向北美游客，旅游业收入占外汇收入的75%左右。2002年旅游收入为5.85亿美元，2008年抵达游客总数超过190万。

【交通运输】 公路：785公里。2000年注册的机动车为2.48万辆。

水运：有船通往佛罗里达、牙买加、哥斯达黎加和海地。主要港口是乔治敦。2000年国际货运量为2.39亿吨。

空运：有通往美国休斯敦、迈阿密和牙买加金斯敦的定期航班。有两个国际机场：欧文·罗伯茨机场和杰勒德·史密斯机场，均可供喷气客机起降，有8个航空公司在此运营。岛屿之间有国内航线。

【财政金融】 财政年度从每年的7月1日至翌年的6月30日。政府财政收入主要来自进口税、印花税、注册费、版权税、财产税和旅游者税。近几年财政收支情况如下（单位：百万开曼元）：

	2002	2003	2004（百万美元）
收入	275.5	290.8	423.8
支出	309.6	321.8	392.6

【对外贸易】 每年贸易赤字巨大，90%的食品和消费品均需要进口。但是，旅游和来自境外金融业的收入以及国外汇款大体上将其抵消。出口额1380万美元（2008年），进口额8.765亿美元（2004年）。主要出口产品有海龟肉、皮革和贝壳等；主要进口产品有机械、运输设备和食品等。主要贸易伙伴是美国、荷属安的列斯、日本。

人民生活

儿童享受免费医疗。平均每千人有2.15个医生。2010年人均预期寿命80.57岁，婴儿死亡率6.78‰。有固定电话38000部（2009年），移动电话33800部（2004年），因特网用户23000户（2008年）。

军　事

由英国负责防务。

文化教育

【教育】 公立学校对5～15岁学生实行免费义务教育。识字率98%。2006年教育支出占地区生产总值的2.6%。2001年学校、学生情况如下：

	学校（所）	学生（人）
公立小学	10	2246
私立小学、中学	9	2238
公立中学	3	1750
大学	2	519

（资料来源：2004年《欧洲年鉴》）

【新闻出版】 主要报刊有《开曼罗盘》和《开曼网络新闻》（均为每周五天出版）及《开曼观察家》（周刊）。

开曼电台：政府商业电台，1976年起用英语全天播音。开曼群岛国际学院电台：1973年创立，播放文化教育节目。

电视台：开曼电视台，1991年成立，全天播放当地及美国新闻娱乐节目。开曼群岛国际电视网：1992年成立，播放当地、加勒比、国际新闻及美国娱乐节目。

对外关系

外交由英国掌管。开曼群岛为万国邮政联盟、国际奥委会、加勒比开发银行成员，联合国教科文组织、加勒比共同体联系成员，设有国际刑警组织开曼群岛支局。

【同中国的关系】 2008年8月，开曼群岛派团参加北京奥运会。根据联合国拉丁美洲经济委员会2010年4月的报告，截至2009年年底，中国在开曼群岛的非金融对外直接投资（FDI）存量为276.82亿美元，占中国对拉美的直接投资的67.20%。

（沉思）

马尔维纳斯群岛

名称　马尔维纳斯群岛（Islas Malvinas，以下简称“马岛”），英国称福克兰群岛（Falkland Islands）。

面积　12173平方公里（马岛地方政府网站）。

人口　3140人（2008年），其中55岁或以下人口占78%，90%以上是英国移民及后裔。讲英语。居民中80%信奉基督教。

首府　阿根廷港（Puerto Argentino），英国称斯坦利（Stanley）。人口2115人（2006年）。

总督　艾伦·赫克尔（Alan Huckle）。2006年8月25日就任马岛第33任总督。

简　况

位于阿根廷南端以东的南大西洋水域，西距阿根廷483公里，与巴塔哥尼亚大陆架相连。由索莱达（东福克兰）、大马尔维纳（西福克兰）两大岛和200多个小岛组成。海岸曲折，海岸线长1288公里。北部两条东西走向的山脉贯穿两大岛并延伸到周围岛屿，最高峰705米。岛上多丘陵，河流短小流缓。属海洋性气候，多风、寒湿。1月平均气温（最热月）9.4℃，7月（最冷月）2.3℃，年平均气温5.6℃。全年雨量均衡，年均降水量625毫米，一年中雨雪大气250天左右。岛上植被为浓密矮小的亚灌木干草原，鸟类、企鹅及海豹等海洋哺乳动物繁多。马岛当局专设有自然保护区。

马岛西望南大西洋和南太平洋的交通要道——麦哲伦海峡，战略地位十分重要，历史上是世界海上强国争夺之地。

阿根廷历史学家认为马岛是1520年由葡萄牙人发现的。英国学者则认为英国航海家戴维斯1592年最先发现马岛。1690年，英国船长约翰·斯特朗最先在西岛登陆。18世纪中叶，法、英先后在两大岛上建立居民点并少量驻军。1770年西班牙开始管辖群岛，1767～1811年共任命了32任总督，但英以最先发现为由，声称仍对群岛拥有主权。阿于1816年独立后即宣布继承西班牙对马岛的主权，马岛为其领土不可分割的一部分，并任命马岛地方官员，拒绝英对马岛的主权要求。1833年1月，英武装占领马岛，驱逐了阿驻岛总督和岛上居民。此后两国对马岛主权之争从未间断。阿历届政府始终将收复马岛主权作为对外政策的重要目标。

二次大战结束后，阿英两国断续进行了多次谈判，但没有结果。1972年，在马岛附近海域发现了丰富的石油和天然气资源，估计储量为英国北海油田的数倍，马岛问题谈判变得更加复杂。1982年2月，谈判再次破裂。同年4月2日，阿政府派兵占领马岛，英宣布与阿断交并派出特遣舰队，“马岛战争”爆发。6月14日，英军攻占马岛首府，驻岛阿军宣布投降。战后，马岛开始使用自己的宪法、货币、旗帜和国徽，以体现岛民“自治”。阿曾提出按“香港租借”方式解决马岛问题和向马岛派遣联合国和平部队等建议，均遭英拒绝。1986年，英宣布马岛周围150海里为“渔业保护区”，并于1993年将“保护区”扩大为200海里，阿方就此提出强烈抗议。几经谈判，阿英于1990年达成复交协议，但英一直拒绝讨论马岛主权问题，阿则将对马岛的主权要求写入1994年宪法，声明“阿根廷对马尔维纳斯群岛、南乔治亚和南桑德韦奇群岛及周边海域拥有合法的、不受时限约束的主权。在尊重国际法和岛上居民生活方式的基础上，收复并完全恢复行使上述地区主权，是阿根廷人民永不改变、永不放弃的目标。”

1989年和1990年，阿英两国发表《马德里联合声明》，同意在“搁置主权”的方式下，就开展马岛地区合作进行谈判，并达成一系列谅解。1990年，两国发表关于保护渔业资源的联合声明，并成立南大西洋渔业委员会。1995年9月，阿英达成在马岛水域共同勘探开采油气资源的协议，并建立了磋商和信息交流过渡制度，规定双方军队的直接接触必须受两国外交部的监督。1998年10月，梅内姆总统访问英国。1999年3月，英国王储查尔斯访问阿根廷，是1925年以来第一位访阿的英国王储。同年，两国发表《建立信任、缓解紧张状态》的联合声明，并就阿公民持本国护照赴马岛、石油开采、打击非法捕鱼、通讯、巡逻等达成协议，同意在马岛达尔文公墓建立阿根廷阵亡将士纪念碑；两国海军亦在南大西洋举行了马岛战争后首次联合军事演习。

2003年，阿英两国外交部就开通阿根廷至马岛直航航班问题进行了数次接触，但未达成协议。当年11月，阿方停止向非定期飞往马岛的阿旅游包机颁发许可证。

2005年以来，英单方面决定将在马岛附近海域捕鱼许可证期限由原来的1年延长至25年，并开始为油气公司在马岛附近海域进行勘探开发活动颁发许可证，阿对此提出强烈抗议，认为英单方面举动违背了联合国的相关决议，无助于为重启谈判创造良好气氛，并于2007年3月宣布中止与英的相关合作，中断南大西洋渔业委员会会议，禁止第三国渔业公司持马岛当局颁发的许可证在马岛海域进行捕捞作业，并停止执行关于油气资源合作的共同声明。2007年12月，《里斯本条约》将马岛列为欧盟海外领地，阿政府就此向欧方提出抗议并重申对马岛的主权。2008年以来，阿政府多次就英方在马岛设立火箭发射场、制定马岛新“宪法”等提出强烈抗议。

2010年5月6日，英国洛克霍普勘探公司宣布在马岛北部盆地发现石油，并有意开采，两国矛盾再次激化。

阿历届政府均重申对马岛的主权要求，呼吁英方早日与阿就马岛主权问题重开谈判，以找到公正、和平、持久的解决办法；同时坚持马岛主权问题只能在阿、英两国政府间解决，拒绝接受马岛当局参与主权谈判。

阿对马岛的主权要求得到了世界上大多数国家的

支持。1965年，第20届联大通过2065号决议，呼吁阿英通过谈判，和平解决马岛主权争端。1982～1990年，联大每年审议马岛议题，并先后通过7项决议，敦促阿英政府恢复谈判，尽早解决这一主权争端。自1991年起，联大每年将该问题推迟至下届联大审议，未再进行实质性讨论，亦未通过新决议。1983年至今，联合国非殖民化特别委员会会议（英不参加）每年均以协商一致的方式通过与联大关于马岛问题决议内容相似的决议。1999年，联合国秘书长安南表示，将尽一切努力促成阿英谈判，以尽快结束马岛“殖民地状态”。美洲国家组织、里约集团、南方共同市场等地区组织和伊比利亚美洲首脑会议、南美—阿拉伯国家会议等多边机制亦多次通过决议或声明，敦促阿英政府依照联合国有关决议就马岛主权重开谈判，尽早和平解决争端。

政　治

根据马岛1985年自定的宪法，马岛属英海外领地，除外交与军事事务外，由岛民实行“自治”。总督代表英女王行使权力。马岛地方政府由农业、渔业、矿业、教育、卫生和社会福利等22个部门组成。设立法委员会和行政委员会。根据2009年1月1日生效的新宪法，立法委员会有委员10人，其中八人由每四年一次的选举产生，另两人由执行长官和财政官兼任。立法委员会在总督主持下不定期开会，但每年至少举行四次，负责制定维护本岛法律、秩序、立法权和行政权的法案，但须提交英国女王，经英外交大臣批准方能生效。本届立法委员会2009年11月经选举产生，任期至2013年11月。每年立法委员会从其成员中挑选三名，与首席行政官和财政官一起组成行政委员会，每月定期举行会议，负责向总督提出有关行政方面的建议。总督、首席检察官和英在南大西洋岛屿驻军司令有权出席上述两个委员会会议，并有发言权。英在马岛有海、陆、空驻军约1700人。

2008年6月11日，英国政府批准了马岛新“宪法”，以进一步加强岛上居民的民主和“自决”权利，并就总督权力等问题作出了重大修改。新“宪法”于2009年1月1日生效。

经　济

羊毛和渔产品加工业是马岛传统支柱产业。近年来，颁发石油开采许可证和捕鱼许可证成为马岛当局主要收入来源。目前除国防支出仍由英国负担外，马岛当局已实现财政自理。2007年国内生产总值约为1.04亿英镑，其中渔产品加工业占60%。人均GDP为48744美元，经济增长率2%，通货膨胀率3.6%。预计2009/2010年度，马岛财政收入4240万英镑，支出4760万英镑。英国每年向马岛划拨7000万英镑，用于维护驻马岛军事基地。

2004年出口额1.25亿美元，主要出口产品为羊毛、肉类、皮革、渔产品，主要出口对象国为西班牙、英国和美国。进口额9000万美元，主要进口燃料、建材、食品、日用必需品和各类生产资料，主要进口来源国为英国、西班牙和法国。

马岛现行货币为“福克兰镑”，与英镑等值。英镑在岛上可自由兑换。岛上唯一一家银行——渣打银行马岛分行设在阿根廷港（斯坦利）。

岛上电力自给自足，其中30%靠风力发电。2005年发电量1600万千瓦时，用电量1488万千瓦时。燃料全部依赖进口。2006年进口石油12500吨。

【资源】蕴藏丰富的泥炭以及铅、铝、铁、银等矿产资源。近海有石油和天然气，石油预计储量100亿桶，潜在产能50万桶/日。目前马岛油气有限公司正与外国公司合作进行相关勘探工作。

【农牧渔业】岛上土地99%为牧场。全岛农场88家，总面积114万公顷。有牛约5000头。有绵羊约60万只，年产羊毛220万公斤，毛质优良，主要出口英国等欧盟国家。

渔业资源丰富，马岛渔场是世界最优良的渔场之一。年均捕鱼量约25万～30万吨，主要有鱿鱼、石斑鱼、乌贼、鳕鱼等品种，大部分出口至欧洲和远东市场。2008年捕捞量为27万吨，同比下降10%。自1987年起，马岛当局向在群岛专属区捕鱼的外国渔船征收捕鱼特许税，特许税年均收入约2000万～2500万英镑。近年来，由于气候等自然条件影响，收入有所下降，在1200万～1500万英镑之间徘徊。2008年，特许税收入为1530万英镑，2009年约为1450万英镑。

【旅游业】旅游业是马岛第二大产业，年产值约500万英镑。近年来，马岛旅游业发展较快，2006/2007年度游客人数达5.1万人次，2007/2008年度为6.2万人次，2008/2009年度为6.9万人次。主要客源国为美国、英国和德国。发行邮票和纪念币也是马岛重要产业。

【交通运输】公路总长约440公里。有6座中小型机场。马岛主要岛屿间有不定期小飞机服务。英国皇家空军一月六次从马岛飞往英国，岛上军民均可乘坐。智利航空公司每周有直航班机从智利飞往马岛。主要港口为阿根廷港（斯坦利港）。达尔文航运公司提供从英国南海岸开往该港的定期航班服务。敦豪国际航空快递公司（DHL）提供邮寄服务。

人民生活

2002年岛上有电话线路2400条，手机用户超过1000人，因特网用户1900人。

全体岛民享受免费医疗。阿根廷港（斯坦利港）建有1家医院，医疗设施较为齐全，共27张病床，1间急诊室，1间产房。对偏远地区农场实行定期出诊。危重病人需送往智利、乌拉圭或英国等国救治。

马岛治安良好，几无犯罪现象发生。

文化教育 实行11年制免费义务教育制度，采用英国教育和考试体系。首府阿根廷港（斯坦利）有中小学各一所，在其他大农场还开设有三所小规模的学校。另设巡回教师和远程教育系统，负责偏远农村学生教育。每年选送学生去英国学习。2005年全岛共有55名教职员工、400名学生。2005/2006财政年度教育经费为500万英镑。

岛上有2家电视台，8个电台，1份周报《企鹅新闻报》。（倪程）

美国

国名 美利坚合众国（The United States of America）。

面积 962.9091万平方公里（其中陆地面积915.8960万平方公里），本土东西长4500公里，南北宽2700公里，海岸线长22680公里。

人口 3.07亿（2009年估算数据）。白人占75%，拉美裔占12.5%，黑人占12.3%，亚裔占3.6%，华人约243万，占0.9%，多已入美国籍（2000年美人口普查数据，族群划分有交叉）。通用英语。据2007年估算数据，51.3%的居民信奉基督教新教，23.9%信奉天主教，1.7%信奉犹太教，信奉其他宗教的占4%，不属于任何教派的占12%。

首都 华盛顿哥伦比亚特区（Washington D.C.），人口约59万。

国家元首 巴拉克·侯赛因·奥巴马（Barack Hussein Obama）。美国第44任（第56届）总统，2009年1月20日就职。

重要节日 7月4日（美国独立日，1776年）。

简　况 位于北美洲中部，领土还包括北美洲西北部的阿拉斯加和太平洋中部的夏威夷群岛。北与加拿大接壤，南靠墨西哥湾，西临太平洋，东濒大西洋。大部分地区属大陆性气候，南部属亚热带气候。中北部平原温差很大，芝加哥1月平均气温-3℃，7月24℃；墨西哥湾沿岸1月平均气温11℃，7月28℃。

原为印第安人聚居地。15世纪末西班牙、荷兰、法、英等国开始向北美移民。到1773年，英已建立13个殖民地。1775年爆发独立战争。1776年7月4日通过《独立宣言》，正式宣布建立美利坚合众国。1787年制定联邦宪法，1788年华盛顿当选为第一任总统。在1776年后的100年内，美国领土几乎扩张了10倍。2009年1月，奥巴马宣誓就任美国第44任第56届总统。

政　治 奥巴马政府执政后，组建了新的内阁班子；将应对经济金融危机作为首要任务，相继推出"美国复苏与再投资法"和"金融稳定计划"等政策措施，实施量化宽松的非传统货币政策，以稳定金融市场、刺激经济增长和创造就业；推进医保、金融监管等经社改革；高度重视能源、气候变化等问题，加大科技研发投入，推行创新战略，倡导发展绿色经济。

共和、民主两党着眼2010年中期选举，围绕各项内政外交议题和人事任命等进行较量。

【宪法】1776年7月4日制定了宪法性文件《联邦条例》。1787年5月制定了宪法草案，1789年3月第一届国会宣布生效。它是世界上第一部作为独立、统一国家的成文宪法。宪法的主要内容是建立联邦制的国家，各州拥有较大的自主权，包括立法权；实行三权分立的政治体制，立法、行政、司法三部门鼎立，并相互制约。两个世纪以来，共制定了27条宪法修正案。重要的修改有：1791年9月由国会通过的包括保证信仰、言论、出版自由与和平集会权利在内的宪法前10条修正案，后通称"民权法案"（或"权利法案"）；1865年和1870年通过的关于废除奴隶制度和承认黑人公民权利的第13条和15条修正案；1951年通过的规定总统如不能行使职权由副总统升任总统的第25条修正案。

【国会】国会是最高立法机构，由参、众两院组成。两院议员由各州选民直接选举产生。参议员每州2名，共100名，任期六年，每两年改选1/3。众议员按各州的人口比例分配名额选出，共435名，任期两年，期满全部改选。两院议员均可连任，任期不限。参众议员均系专职，不得兼任政府职务。本届国会（第111届）于2009年1月6日开幕。目前，参议院有民主党人58名（含独立人士2名），共和党人41名，空缺1名；众议院有民主党人255名，共和党人178名，空缺2名。参议院议长（副总统兼任）小约瑟夫·拜登；临时参议长井上健（Daniel Inouye）；众议院议长南希·佩洛西（Nancy Pelosi，民主党）。

【政府】总统内阁制。总统是国家元首、政府首脑兼武装部队总司令。总统的行政命令与法律有同等效力。总统通过间接选举产生，任期四年。政府内阁由各部部长和总统指定的其他成员组成。内阁实际上只起总统助手和顾问团的作用，没有集体决策的权力。2009年1月20日，奥巴马宣誓就任总统。副总统为小约瑟夫·拜登（Joseph Robinette Biden Jr.）。内阁有15名部长：国务卿希拉里·克林顿（Hillary

Clinton，女），财政部长蒂莫西·盖特纳（Timothy Geithner），国防部长罗伯特·盖茨（Robert Gates），司法部长埃里克·霍尔德（Eric Holder，非洲裔），内政部长肯尼斯·萨拉查（Kenneth Salazar），农业部长托马斯·维尔萨克（Thomas Vilsack），商务部长骆家辉（Gary Locke，华裔），劳工部长希尔达·索利斯（Hilda Solis，女），卫生与公众服务部长凯瑟琳·西贝利厄斯（Kathleen Sebelius，女），住房与城市发展部长肖恩·多诺万（Shaun Donovan），运输部长雷蒙德·拉胡德（Raymond LaHood，阿拉伯裔），能源部长朱棣文（Steven Chu，华裔），教育部长阿恩·邓肯（Arne Duncan），退伍军人事务部长埃里克·新关（Eric Shinseki，日裔），国土安全部长珍妮特·纳波利塔诺（Janet Napolitano，女）。

【司法机构】设联邦最高法院、联邦法院、州法院及一些特别法院。联邦最高法院由首席大法官和8名大法官组成，终身任职。联邦最高法院有权宣布联邦和各州的任何法律无效。现任首席大法官约翰·罗伯茨（John Roberts）。

【行政区划】全国共分50个州和1个特区（哥伦比亚特区），有3042个县。联邦领地包括波多黎各和北马里亚纳；海外领地包括关岛、美属萨摩亚、美属维尔京群岛等。各州名称：亚拉巴马、阿拉斯加、亚利桑那、阿肯色、加利福尼亚、科罗拉多、康涅狄格、特拉华、佛罗里达、佐治亚、夏威夷、爱达荷、伊利诺伊、印第安纳、艾奥瓦、堪萨斯、肯塔基、路易斯安那、缅因、马里兰、马萨诸塞、密歇根、明尼苏达、密西西比、密苏里、蒙大拿、内布拉斯加、内华达、新罕布什尔、新泽西、新墨西哥、纽约、北卡罗来纳、北达科他、俄亥俄、俄克拉何马、俄勒冈、宾夕法尼亚、罗得岛、南卡罗来纳、南达科他、田纳西、得克萨斯、犹他、佛蒙特、弗吉尼亚、华盛顿、西弗吉尼亚、威斯康星、怀俄明。

【政党】美国有多个党派，但在国内政治及社会生活中起重大作用的只有共和党和民主党。

（1）共和党（Republican Party）：成立于1854年。1861年林肯就任总统，共和党首次执政。此后至1933年的70多年中，除16年外，共和党一直主政白宫。1933～2001年之间，曾有艾森豪威尔（1953年1月至1961年1月），尼克松、福特（1969年1月至1977年1月），里根（1981年1月至1989年1月），乔治·H·W·布什（1989年1月至1993年1月），乔治·W·布什（2001年1月至2009年1月）执政。共和党全国委员会主席现为迈克尔·斯蒂尔（Michael Steele）。该党没有固定的党员人数，一般在总统大选中投共和党候选人票者就成为其党员。

（2）民主党（Democratic Party）：1791年成立，当时称共和党。1794年改称民主共和党，1828年改为民主党。1861年南北战争前夕，民主党内部分裂，该党的南方奴隶主策划叛乱。南北战争结束后，民主党在野24年。1885年克利夫兰当选总统。此后该党又大部分时间在野。1933年开始，民主党人罗斯福、杜鲁门、肯尼迪、约翰逊、卡特、克林顿、奥巴马先后当选总统执政。现任全国委员会主席为蒂姆·卡因（Tim Kaine）。该党没有固定的党员人数，一般在总统大选中投民主党候选人票者就成为其党员。

（3）其他政党有绿党（Green Party）和改革党（Reform Party）等。

【重要人物】巴拉克·侯赛因·奥巴马：总统，民主党。1961年8月4日生于夏威夷州火奴鲁鲁市（檀香山），父亲来自肯尼亚一部落首领家庭，母亲出生于堪萨斯州白人工薪家庭。1983年获哥伦比亚大学国际关系专业学士学位。1991年获哈佛大学法律学位。1996年当选伊利诺伊州参议员。2004年当选伊州联邦参议员。2008年11月当选总统，成为美国历史上首位非洲裔总统。　**小约瑟夫·拜登：**副总统，民主党。1942年生于宾夕法尼亚州。1965年获特拉华大学历史学与政治学双学位。1968年获锡拉丘兹大学法律学位。1972年当选特拉华州联邦参议员。曾任国会参议院对外关系委员会主席。2008年11月当选副总统。

经　济

美国有高度发达的现代市场经济，其国内生产总值和对外贸易额均居世界首位。2001年美国经济在经历长达十年的增长后陷入短暂衰退，之后进入新一轮繁荣期。2007年美国经济下行因素增多，7月次级房贷危机全面爆发。2008年9月，随着雷曼兄弟等多家金融机构接连破产、被兼并或由政府接管，美国次贷危机迅速升级演变成大萧条以来最严重的国际金融危机。金融系统损失重大，信贷市场迅速萎缩，实体经济深度衰退，市场信心受到严重影响。2009年第一、二季度，美国经济继续收缩，创近60年来最严重衰退纪录；从第三季度起，美国经济金融形势开始好转，国内生产总值重现正增长。2009年四个季度美国内生产总值增长率分别为－6.4%、－0.7%、2.2%和5.6%。2010年第一季度，美经济继续复苏，国内生产总值增长3.2%；但复苏势头尚不稳固，失业率接近10%并居高不下，信贷流动不畅，联邦财政赤字飙升。2009年主要经济数据如下：

国内生产总值（GDP）：142587亿美元（按当年价格计算）。

人均国内生产总值（按当年价格计算）：46400美元。

实际国内生产总值增长率：－2.4%。

通货膨胀率：－0.7%。

失业率（全年平均）：9.3%。

【资源】自然资源丰富。煤、石油、天然气、铁矿石、钾盐、磷酸盐、硫磺等矿物储量均居世界前列。其他矿物有铜、铅、钼、铀、铝矾土、金、汞、镍、碳酸钾、银、钨、锌、铝、铋等。战略矿物资源钛、锰、钴、铬等主要靠进口。截至2008年底，美国已探明原油储量191.21亿桶，居世界第12位；已探明天然气储量244.656万亿立方英尺，液化气储量92.75亿桶，居世界第五位；已探明煤储量4876.75亿短吨。森林面积约44亿亩，覆盖率达33%。

【工业】2008年，受经济危机影响，美国各工业生产部门的产值增长约0.2%，占当年美国国内生产总值的19.6%。工业就业人数约为0.34亿，占全部就业人口的22.6%。制造业在工业中占有主导地位，2008年创造的产值占美国国内生产总值的11.5%，是美国经济的重要基础支柱。但近年来，美国产业转型加快，制造业所占比重呈下降趋势，劳动密集型产业进一步被淘汰或转移到国外。与此同时，信息、生物等高科技产业发展迅速，利用高科技改造传统产业也取得新进展。美国主要工业产品有汽车、航空设备、计算机、电子和通讯设备、钢铁、石油产品、化肥、水泥、塑料及新闻纸、机械等。近几年部分工业产品产量如下：

	2006	2007	2008
原油（百万桶）	1874	1863	1814
煤（百万短吨）	1162.7	1145.6	1171.8
发电量（十亿度）	4064.7	4156.7	4110.3

近几年主要金属产量如下：

	2006	2007	2008
金（吨）	252	240	230
银（吨）	1140	1220	1120
铜（千吨）	1200	1180	1310
铁（百万吨）	53	49	56
锌（千吨）	727	740	794
铅（千吨）	419	420	420

近几年各种能源产量如下（单位：万亿英国热单位）：

	2006	2007	2008
总产量	71.02	71.71	73.71
化石燃料	55.94	56.50	57.94
核电	8.21	8.41	8.45
可再生能源	6.87	6.80	7.32

2008年美国原油产量18.12亿桶，进口47.27亿桶，出口1046.4万桶。天然气产量5822.4亿立方米，进口1121.2亿立方米，出口283亿立方米。

【农业】农业高度发达，机械化程度高。2008年农业产值约占国内生产总值的1.2%。农、林、渔等部门就业人数占总就业人口的0.6%。2008年共有农场220万个，耕地面积9.20亿英亩。粮食产量约占世界总产量的1/5。2008年农产品出口总额为1154.4亿美元，主要出口地区依次为加拿大、墨西哥、日本、欧盟和中国。当年农产品进口总额为804.6亿美元。近几年主要农产品产量如下（单位：百万吨）：

	2000	2005	2008
小麦	61	57	68
玉米	252	282	307
大豆	75	83	81
大米（已加工）	5.9	7.1	6.5
棉花（百万包）	17.0	23.3	19.2

近几年主要农产品出口量如下（单位：百万吨）：

	2000	2005	2008
小麦	28.0	27.4	26.5
玉米	48.3	56.1	44.0
大豆	27.1	25.6	32.9
大米（已加工）	2.8	3.9	3.4
棉花（百万包）	6.8	14.4	13.7

近几年主要农产品产量占世界总产量比重（%）：

	2000	2005	2008
小麦	10.4	9.2	10.0
玉米	42.7	40.4	39.1
大豆	42.6	37.8	36.8
大米（已加工）	1.5	1.7	1.5
棉花（百万包）	19.3	19.2	15.9

近几年主要农产品出口占世界总出口量比重（%）：

	2000	2005	2008
小麦	26.9	24.2	20.3
玉米	63.3	67.9	57.8
大豆	50.3	40.0	44.5
大米（已加工）	12.5	13.2	11.5
棉花（百万包）	24.9	41.2	35.5

【服务业】2008年服务业创造的产值占国内生产总值的79.2%。各项服务行业就业人数约1.18亿，其中管理、专业、技术类领域就业人数占总就业人数的35.5%，销售等领域就业人数占24.8%，其他服务行业占16.5%。最大的四家零售商为：沃尔玛、西尔斯·雷巴克、塔尔盖特、联邦百货。最大的三家人寿保险公司为：大都会人寿保险、宝德信金融集团、纽约人寿保险。

【旅游业】在遭遇“9·11”恐怖袭击后，美国旅游业2001年、2002年连续两年下滑，直到2003年起才开始恢复。据美国商务部数据显示，2008年，美国共接待海外游客约5795万人次，同比增长3.5%。2008年，美国旅游业带来的直接收入为1421亿美元。外国游客主要来自加拿大、欧洲、墨西哥、英国、日本等国，参观的主要城市依次为：纽约、洛杉矶、旧金山、迈阿密、奥兰多等；主要州依次为：纽约、加利福尼亚、佛罗里达、内华达、夏威夷等。

【交通运输】美国拥有完整而便捷的交通运输网络，运输工具和手段多种多样。包括仓储业在内，2006~2008年产值分别为3873.81亿、4071.88亿及4148.58亿美元。2008年，与运输业相关的产品和服务约占美国经济总量的3%，吸纳了约5.2%的就业人员。

铁路：由于近年油价高企导致公路、航空运输成本上升，二战以来总体处于衰落状态的铁路运输近年重现繁荣，2007年客运量增长6%。2005年铁路总长22.66万公里。最大的铁路公司依次为：太平洋联合、伯林顿圣达菲、CSX、南方诺福克等。

公路：2007年道路总长646.58万公里，其中高速公路总里程7.504万公里，世界排名第一。

水运：2007年共有1030.8万总注册吨位。此外，美国的很大部分船队是在巴拿马和利比里亚注册的。2008年，美国内河航道总长41009公里，其中19312公里可用于商业航行。

空运：航空运输在交通运输中的比重逐年提高。目前，美国国内客货空运约占世界总量的50%。2008年，美国共有机场14，951个。主要航空公司是：美国航空、联合航空、西北、大陆航空等。主要航空业制造公司为：波音—麦道公司、洛克希德—马丁公司、联合技术公司。主要航空港是：芝加哥、亚特兰大、达拉斯、洛杉矶、旧金山、丹佛、底特律等。

管道运输：2006年，美国输油管道总长24.46万公里，天然气管道总长54.87万公里。

【财政金融】20世纪60~70年代，美国政府奉行“凯恩斯主义”的赤字财政政策，大幅增加社会福利和军事支出。80年代，里根政府一方面减免税收，另一方面扩大政府支出特别是军费开支，导致美联邦财政赤字急剧扩张。1992年，美联邦财政赤字达2904亿美元，占当年美国内生产总值的4.9%。1993年克林顿政府上台后将“减赤”作为施政重点之一。90年代美国经济持续增长使税收收入大幅增加，同时克林顿政府加强了税收征管，美联邦财政于1998财年转亏为盈，出现692亿美元的盈余。布什政府期间，一方面通过减税刺激经济复苏，另一方面大幅增加反恐及军费开支，从2002财年起美联邦财政重现赤字。奥巴马政府就任后，为摆脱经济危机，推出大规模刺激经济计划和金融援助措施，2009财年美联邦财政赤字高达1.4万亿美元。

2006年起，美国房市陷入衰退，而房贷利率上升，次级房贷违约率大幅上升。次级房贷是指金融机构向信用记录较差、还款能力较弱的客户发放的高息房贷。2007年3月起，30多家大型房贷机构因次贷违约率过高申请破产，大量购买次贷债券的其他金融机构随即遭受巨额损失。7、8月间，美国股市、债市大幅震荡，次贷危机全面爆发。2008年3、4月间，以美国第五大投资银行贝尔斯登被强制收购为标志，美国次贷危机由房地产领域的局部性危机骤然升级为影响美国金融体系正常运转的系统性危机。2008年9月以后，随着雷曼兄弟、美国国际集团等多家重量级金融机构短时间内集中破产、被兼并或由政府接管，次贷危机迅速演变成大萧条以来最严重的金融危机。美国五大投资银行一家破产，两家被收购，两家转型，花旗等大型银行也蒙受重大损失；大批对冲基金遭到毁灭性打击；股票市场深度下挫，信贷融资市场迅速萎缩，市场功能和信心受到严重影响。由于美国金融市场的全球化，许多国家的中央银行、政府投资机构、商业银行等都大量持有美国次贷衍生金融资产。美国金融体系和市场剧变引发了全球范围的连锁反应，其资产损失、流动性风险、偿付风险也迅速向全球其他经济体扩散。

目前，美国主要商业银行有：

（1）花旗集团（Citigroup）：1955年纽约花旗银行与纽约第一银行合并，改名为纽约第一花旗银行，1962年改为第一花旗银行，1967年改为花旗公司。总部设在纽约。1998年与旅行者集团合并组建花旗集团，成为世界上最大的金融服务公司。

（2）J. P. 摩根大通公司（J. P. Morgan Chase & Co）：2000年12月由J. P. 摩根公司和大通—曼哈顿公司合并而成，总部设在纽约。

（3）美洲银行公司（Bank of America Corp）：美洲银行于1904年成立，总部在旧金山。1998年与国民银行合并为美洲银行公司，成为横跨东西两岸的全国性银行。

（4）第一银行公司（Bank One Corporation）：1957年成立。1998年与芝加哥第一国民银行合并。总部在芝加哥。

此外，主要商业银行还有富国银行、美国银行等。

【对外贸易】美国是世界上第一大进口国和第三大出口国。布什政府大力推动自由贸易和“公平”贸易，拓展海外市场，推动并主导全球贸易规则的调整和制订。2000年以前，美对缔结自由贸易协定（FTA）并没有给予足够重视，除北美自由贸易协定（NAFTA）外，仅与以色列签署过FTA。布什政府时期，美推进双边自贸安排的力度明显加大，和多国达成相关协定。布什政府任内与美签署生效双边FTA或完成谈判的国家有：约旦（2000年10月克林顿时期签署，2001年12月17日起生效）、新加坡（2003年5月签署，2004年起生效）、智利（2003年6月签署，2004年起生效）、摩洛哥（2004年3月签署，2006年起生效）、澳大利亚（2004年5月签署，2005

年起生效)、中美洲五国(哥斯达黎加、萨尔瓦多、危地马拉、洪都拉斯、尼加拉瓜)和多米尼加(2004年8月签署,2006年3月和4月生效,与哥斯达黎加尚未生效)、巴林(2006年1月签署,8月起生效)、阿曼(2006年1月签署,尚未生效)、秘鲁(2006年4月签署,尚未生效)、哥伦比亚(2006年2月签署,美国会尚未批准)、韩国(2007年4月签署,美国会尚未批准)、巴拿马(2007年6月签署,美国会尚未批准)。

2009年,美国商品和服务贸易总额为34868亿美元,较2008年下降19.8%;其中出口额15531亿美元,减少15%;进口额19337亿美元,减少23.3%;逆差3807亿美元,下降45.3%,是继2007年后连续第三年出现下降。

美国主要出口商品为:化工产品、机械、汽车、飞机、电子信息设备、武器、食品、药品、饮料等。主要进口商品是:食品、服装、电子器材、机械、钢材、纺织品、石油、天然橡胶以及锡、铬等金属。

2009年美国前五大货物贸易伙伴为加拿大、中国、墨西哥、日本和德国。美国前五大货物出口市场为加拿大、墨西哥、中国、日本和德国。美国前五大货物进口市场为中国、加拿大、墨西哥、日本和德国。

中美互为第二大贸易伙伴。美国是中国第二大出口市场、第六大进口来源地。近年美国对外贸易情况如下(单位:亿美元):

	2007	2008	2009
商品和服务进口总额	23334	25225	19337
商品和服务出口总额	16218	18266	15531
逆差	7116	6959	3807

【对外投资和外国资本】据统计,2008年美国对外直接投资额为3118.0亿美元,吸收外国直接投资3161.1亿美元。

截至2010年1月,美国对华投资项目累计达58268个,实际投入625.9亿美元。

截至2010年1月,中国企业在美直接投资超过45亿美元,投资范围广泛,涉及工业、科技、服装、农业、餐饮、食品加工、旅游、金融、保险、运输和工程承包等各领域。

【对外援助】据美国际开发署统计,2007年美国对外援助共计419.42亿美元,其中对外经济援助289.17亿美元,对外军事援助130.25亿美元,主要投向非洲撒哈拉沙漠以南地区和中东北非地区。其中,美国最大受援国伊拉克获得40.5亿美元的经济援助,41.43亿美元的军事援助;第二大受援国阿富汗获得21.74亿美元的经济援助和36.42亿美元的军事援助。

【主要大公司】在《福布斯》网站2009年4月公布的全球企业2000强中,美国公司占据551席,遥遥领先,其中前十位的排序如下:

通用电器公司(General Electric),地址:3135 Easton Turnpike Fairfield, CT 06431。

埃克森·美孚公司(Exxon Mobil),地址:5959 Las Colinas Blvd. Irving, TX 75039。

美国电话电报公司(AT&T),地址:208 S. Akard St Dallas, TX 75202。

沃尔玛公司(Wal-Mart Stores),地址:702 S. W. Eighth St. Bentonville, AR 72716。

雪佛龙公司(Chevron),地址:6001 Bollinger Canyon Road, San Ramon, CA 94583-2324。

摩根大通集团(J. P. Morgan Chase),地址:270 Park Avenue, New York, NY 10017。

伯克希尔哈撒韦公司(Berkshire Hathaway, Inc. CL A),地址:1440 Kiewit Plaza Omaha, null 68131。

宝洁公司(Procter & Gamble Co.),地址:One Procter & Gamble Plaza, Cincinnati, OH 45202。

弗莱森电讯公司(Verizon Communications Inc.),地址:140 West Street, New York, NY 10007。

国际商用机器公司(International Business Machines),地址:New Orchard Rd. Armonk, NY 10504。

人民生活

2009年美国个人收入总额为120721亿美元,个人收入主要构成:工资和薪金收入63306亿美元,其他劳务收入15057亿美元,资产收益17915亿美元,转移支付净额(老人、儿童、残疾人、失业、卫生保健等社会福利减去个人社会保险额)21069亿美元。个人可支配收入达109645亿美元。

美国个人净储蓄率一直不高,自20世纪90年代后期不断下降,2005年达到大萧条以来的历史最低点-0.5%。2007年次贷危机引发经济危机以来,美国个人净储蓄率有所上升,2009年升至4.6%。

2007年,全美共有1.16亿个家庭。所有家庭当年收入中位数为61355美元。其中最富有的1/5年收入约占全民总收入的一半,12%的人生活水平在贫困线以下。美国贫富差距较大,反映家庭收入分配差距的基尼系数为0.45,超过警戒水平。

美国的社会福利分为社会保险和非社会保险两种。属于社会保险福利项目的有:老年、遗属和伤残保险、就业保障与失业保险以及医疗保险;属于非社会保险福利项目的有:对抚养儿童困难家庭的补助、社会保障收入、食品券、医疗补助、住房补助和能源补助。美国社会保障制度面临诸多问题。

美国的医疗保障体系主要由联邦医疗保险和政府医疗补助两部分组成。联邦医疗保险主要为65岁以上老人、残障人士和晚期肾衰竭病人提供医疗保障,政府医疗补助则是为低收入者及符合特定标准的个人与家庭提供健康保险服务。近年来，美国医疗开支不断攀升，政府财政入不敷出。奥巴马政府执政后，大力推动医保改革立法进程。2010 年 3 月，美国会通过以“全覆盖”和“低成本”为核心的医保改革法案。该法案将使 3200 万无医保者获保，使美医保覆盖率提高至 95%，并在 10 年内为美财政节省近 1400 亿美元。但此轮医保改革的实施仍面临阻力。

2009 年美国人均预期寿命为 78.11 岁，其中男性 75.65 岁，女性 80.69 岁；出生率为 13.82‰，死亡率为 8.27‰（2008 年预期），人口增长率为 0.975%。

军　事

美国总统兼任武装部队总司令，掌握最高指挥权。进攻性战略武器和核武器的使用权集中在总统手中。国家军事指挥系统由国家安全委员会、国防部和参谋长联席会议组成。国家安全委员会是最高决策机构，由总统、副总统、国务卿和国防部长组成，参谋长联席会议主席和中央情报局局长列席。国防部是总统指挥全军的办事机构。参联会既是总统、国防部长和国家安全委员会的军事咨询机构，又是向各联合司令部发布总统和国防部长命令的军事指挥机关。参联会和三军参谋部负责拟订作战计划并具体实施作战指挥。国防部长罗伯特·盖茨；参谋长联席会议主席迈克尔·马伦海军上将；中央情报局局长里昂·帕内塔。

截至 2009 年 9 月 30 日，美国现役官兵人数为 141.8 万，其中陆军 55.3 万，海军 32.9 万，海军陆战队 20.3 万，空军 33.3 万。在海外驻军约 40 万，其中在伊拉克驻军为 12 万，在阿富汗驻军为 6.6 万，在欧洲驻军为 7.9 万，在亚太驻军为 8.5 万。美国同世界上 40 多个国家和地区订有多边和双边军事条约，在 30 多个国家和地区设有约 200 多处海外军事基地，向 40 个国家和地区提供军事援助，与 90 多个国家和地区订有援外军事训练计划。

文化教育

【教育】中小学教育主要是由各州教育委员会和地方政府管理。学校分公立、私立两类。多数州实行十年义务教育。各州学制不一，大部分为小学六年、初中三年、高中三年。高等教育有两年制的初级学院和技术学院，四年制的大学本科和二至四年的研究生院。美国教育部公布数据显示，2008 年美国各级教育总支出约计 10930 亿美元，占当年 GDP 的 7.6%。其中，60.5% 用于中、小学基础教育，39.5% 用于高等教育及相关科研项目。

著名高等学府有：哈佛大学、普林斯顿大学、耶鲁大学、宾夕法尼亚大学、杜克大学、斯坦福大学、加州理工学院、麻省理工学院、哥伦比亚大学、达特茅斯学院、华盛顿大学圣路易斯分校、西北大学、康奈尔大学、约翰斯·霍普金斯大学、布朗大学、芝加哥大学、莱斯大学、圣母大学、范德比尔特大学、艾莫利大学和加利福尼亚大学伯克莱分校等。

【新闻出版】美国报业系统庞大，是世界第四大报纸发行市场，现日均发行各类报刊约 5000 万份。2007 年进入世界发行量前 100 名的美国日报有：《今日美国》、《华尔街日报》、《纽约时报》、《洛杉矶时报》、《纽约每日新闻》、《华盛顿邮报》、《纽约邮报》、《芝加哥论坛报》。美国最有影响的三大报纸为《纽约时报》、《洛杉矶时报》和《华盛顿邮报》。

美联社是美国最大的通讯社，1848 年在芝加哥成立，1893 年成为联营公司，1990 年将总部迁到纽约。在国外有 3 个总分社、60 多个分社；与世界上 115 个国家的新闻机构有交换新闻关系。合众国际社是美国第二大通讯社，1958 年由前合众社和国际新闻社合并组成，总部设在纽约。国外有 80 多个分社，拥有一个世界范围的图片网。

美国有普通电视台 1791 家，数字节目电视台 1682 家；全国共有调频广播电台 9885 家，短波广播电台 5036 家；4994 家地方电视台和调频广播电台。最大的两家对外广播机构为美国之音和美国广播电视网，均属官方电台。美国最大的几家全国性广播网是全国广播公司（NBC）、哥伦比亚广播公司（CBS）、美国广播公司（ABC）、有线新闻广播公司（CNN）和福克斯（FOX）等。美国访问量较大的新闻网站有雅虎新闻网站（Yahoo! News）、微软—全国广播公司网站（MSNBC）、有线新闻广播公司网站（CNN）、美国在线新闻网站（AOL News）等。

对外关系

奥巴马政府执政后，以“变革”为旗号大幅调整美外交政策，强调国防、外交和发展是美对外政策的三大支柱。执政一年多来，重点应对国际金融危机，将反恐重心从伊拉克转移到阿富汗，加紧解决伊朗核、朝核及巴以冲突等热点问题；巩固与欧洲、日本等盟国的关系，加强与俄罗斯、中国等国关系，努力改善与伊斯兰国家的关系；强调通过国际组织等多边渠道解决问题；高度重视气候变化、能源、环境等全球性问题。

【同中国的关系】1978 年 12 月 16 日，中美两国发表建交公报。1979 年 1 月 1 日，中美两国正式建立大使级外交关系。

2009 年，中美关系总体保持稳定并取得新进展。两国高层和各级别交往密切。国家主席胡锦涛与美国总统奥巴马 4 次会晤、4 次通话、9 次通信，就共同努力建设 21 世纪积极合作全面的中美关系等达成重要共识。奥巴马总统成功访华，双方发表《中美联合声明》。吴邦国委员长成功访美。温家宝总理同奥巴马总统在哥本哈根大会期间举行重要会晤。王岐山副总理、戴秉国国务委员作为胡锦涛主席特别代表在华盛顿同奥巴马总统特别代表国务卿希拉里·克林顿、财政部长蒂莫西·盖特纳共同举行首轮中美战略与经济对话。两国在经贸、能源、环境、反恐、执法、人文等领域合作取得新进展，就朝鲜半岛核、伊朗核、南亚等重大国际和地区问题及气候变化等全球性问题保持磋商与协调。

1月7~8日，美国常务副国务卿内格罗蓬特受布什总统、赖斯国务卿委派来华参加中美建交30周年纪念活动，国家副主席习近平、国务委员戴秉国、外交部长杨洁篪、国台办主任王毅、副总参谋长马晓天分别会见，外交部副部长王光亚与其会谈。

2月20~22日，应外交部长杨洁篪邀请，美国国务卿希拉里·克林顿访华，国家主席胡锦涛、国务院总理温家宝、国务委员戴秉国分别会见。杨洁篪与克林顿举行会谈并共同会见记者。

3月9~13日，应美国国务卿希拉里·克林顿邀请，外交部长杨洁篪对美国进行工作访问。其间，杨洁篪与美国总统奥巴马（副总统拜登陪同会见）、国务卿克林顿、财政部长盖特纳、总统国家安全事务助理琼斯、阿富汗和巴基斯坦事务特别代表霍尔布鲁克进行了会见和会谈，杨洁篪还会见了美两党前政要和工商界人士，并在美战略与国际问题研究中心发表演讲。

4月1日，国家主席胡锦涛与美国总统奥巴马在伦敦出席二十国集团金融峰会期间会晤。这是美国新政府就职以来中美元首首次会晤。双方一致同意共同努力建设21世纪积极合作全面的中美关系，并就建立中美战略与经济对话机制、共同应对国际金融危机、加强双边广泛领域和重大国际地区问题协调合作达成重要共识。

胡锦涛积极评价奥巴马总统就职以来中美关系取得良好开局，强调当前形势下，中美无论是在应对国际金融危机冲击、推动恢复世界经济增长方面，还是在处理国际和地区热点问题、维护世界和平与安全方面，都拥有更加广泛的共同利益。中美关系正站在新的起点上，面临重要发展机遇。中方愿同美方一道，坚持从战略高度和长远角度出发，加强对话和交流，增进互信和合作，相互尊重和照顾彼此核心利益，妥善处理分歧和敏感问题，共同建设21世纪积极合作全面的中美关系。

奥巴马表示，美中关系是世界上最重要的双边关系。美中两国不仅有着非常紧密的经济关系，而且在重大国际和地区问题上有着许多共同利益。美方对两国关系在现有坚实基础上继续向前发展的前景感到乐观，赞同使两国关系变得更加积极、合作、全面。双方要相互尊重彼此核心利益，妥善处理分歧，使两国关系不断向前发展。

胡锦涛邀请奥巴马于2009年下半年访华，奥巴马愉快接受了邀请。

胡锦涛指出，尊重和照顾彼此核心利益，是确保中美关系健康稳定发展的关键。希望美方恪守坚持一个中国政策、遵守中美三个联合公报、反对"台独"，反对台湾加入仅限主权国家参加的国际组织，妥善处理台湾问题，支持两岸关系和平发展。希望美方恪守西藏是中国领土不可分割的一部分、反对"西藏独立"的承诺，充分理解并尊重中方立场。

奥巴马表示，美国政府坚定承诺奉行一个中国政策，坚持中美三个联合公报，这一立场不会变化。美方欢迎并支持两岸改善关系，并希望取得更大进展。西藏是中国领土的一部分，美国不支持"西藏独立"。

两国元首一致同意建立中美战略与经济对话机制，同意进一步深化广泛领域的互利合作，对两国立法机构、地方、学术、青年等社会各界交往继续扩大表示欢迎，表示将致力于发展两军关系，推动两军关系继续改善和发展。

两国元首强调，中美作为两个主要经济体，将同各国一道努力推动世界经济恢复强劲增长，稳定国际金融体系，避免再度发生如此重大的危机。双方同意保持密切沟通和协调，共同推动解决冲突，减缓引发地区和全球不稳定的紧张因素，包括共同促进朝鲜半岛核问题、伊朗核问题、苏丹人道主义援助、南亚局势等问题的妥善解决。

4月2日，陪同国家主席胡锦涛出席伦敦二十国集团领导人第二次金融峰会的国务院副总理王岐山会见美国财政部长盖特纳，就中美关系、国际金融危机、中美战略与经济对话等问题交换意见。11~22日，中共中央政治局委员、国务委员刘延东访美，会见美国国务卿希拉里·克林顿、农业部长威尔萨克、能源部长朱棣文、教育部长邓肯、总统科技助理兼白宫科技政策办公室主任霍尔德伦、国家科学基金会主席比门特、国家科学院院长西瑟隆、国家工程院院长韦斯特等政要。会晤了前国务卿基辛格、鲍威尔，考察了耶鲁、康奈尔、斯坦福、乔治敦大学、纽约州立大学、加州大学等10多所美知名大学及其他不同层次的院校和中小学，赴微软、波音、谷歌等大公司及劳伦斯伯克利国家实验室等科研机构调研。25~30日，商务部长陈德铭访美，分别会见美国商务部长骆家辉、贸易代表柯克、白宫国家经济委员会主任萨默斯，并广泛接触美学术界与商界人士。

5月12~14日，外交部副部长何亚非在华盛顿与美国常务副国务卿斯坦伯格共同举行中美副外长级政治磋商。5月24~30日，应中国全国人大常委会委员长吴邦国邀请，美国会众议长佩洛西女士率美国会众议院代表团访问上海、北京、天津和香港。访华期间，国家主席胡锦涛、全国人大常委会委员长吴邦国、国务院总理温家宝分别与佩洛西众议长会见会谈，双方就中美关系、气候变化、国际金融危机等共同关心的问题深入交换了意见。佩洛西众议长一行还分别会见了上海市、天津市和香港特区负责人，并与全国人大环资委、民间环保组织、上海市有关企业等就能源和气候变化问题进行座谈。

6月1～2日，美国总统奥巴马特别代表、财政部长盖特纳访华，国家主席胡锦涛、国务院总理温家宝、副总理王岐山、国家发展改革委员会主任张平、财政部长谢旭人、商务部长陈德铭、银监会主席刘明康、证监会主席尚福林分别会见。5日，美国常务副国务卿斯坦伯格率团访华，国务委员戴秉国、外交部长杨洁篪、中联部部长王家瑞、外交部副部长王光亚、武大伟、何亚非分别会见、会谈，双方就中美关系、朝鲜半岛局势等问题交换意见。

7月10～16日，美国副贸易代表马兰提斯、商务部副部长奥尼尔访华，出席第20届中美商贸联委会副部级磋商。14～17日，美国能源部长朱棣文、商务部长骆家辉访华，国务院总理温家宝、副总理李克强、王岐山、国务委员刘延东、国家发展改革委员会主任张平、商务部长陈德铭等分别会见。15日，科技部长万钢、国家能源局局长张国宝和朱棣文共同宣布成立中美清洁能源联合研究中心。

7月9～10日，国家主席胡锦涛代表、国务委员戴秉国在意大利拉奎拉出席八国集团同发展中国家领导人对话会期间会见美国总统奥巴马和总统国家安全事务助理琼斯。22日，外交部长杨洁篪与美国国务卿希拉里·克林顿在东盟地区论坛外长会期间会晤，就中美关系、朝核、南亚局势等问题交换意见。

7月27～28日，首轮中美战略与经济对话在华盛顿举行。国家主席胡锦涛的特别代表、国务院副总理王岐山和国务委员戴秉国与美国总统奥巴马的特别代表国务卿希拉里·克林顿和财政部长蒂莫西·盖特纳共同主持了对话。胡锦涛向对话开幕式致贺辞，奥巴马出席开幕式发表讲话，并会见中方代表团主要成员。对话期间，双方就事关两国关系发展的全局性、战略性、长期性问题坦诚、深入地交换了意见。双方认为，对话机制作为独特的论坛，有助于双方加深了解、扩大共识、减少分歧、增进互信、促进合作，有助于双方在解决全球金融危机、地区安全关切、全球可持续发展、气候变化等共同挑战方面进行合作。对话取得积极成果。双方发表了《中美战略与经济对话框架下经济对话联合成果情况说明》，并草签了《中美关于加强气候变化、能源和环境合作的谅解备忘录》。双方商定，2010年在北京举行第二轮中美战略与经济对话。

8月28日，国家主席胡锦涛接受美国新任驻华大使洪博培递交国书。

9月6～12日，应美国国会众议长佩洛西邀请，全国人大常委会委员长吴邦国对美国进行正式友好访问。期间，他会见了美总统奥巴马，同副总统兼参议长拜登、众议长佩洛西、参院两党领袖会谈，会见代理临时参议长井上健、国务卿希拉里·克林顿、众院涉华小组负责人、基辛格等前政要及亚利桑那、阿拉斯加州州长，出席友好团体在华盛顿举行的晚餐会和两国企业界在菲尼克斯举行的中美经贸合作论坛开幕式并分别发表重要讲话。

9月22日，国家主席胡锦涛在纽约出席联大等系列峰会期间会见美国总统奥巴马，双方就中美关系及其他共同关心的国际和地区重大问题深入交换意见。

胡锦涛指出，一个良好的中美关系不仅符合中美两国和两国人民根本利益，也有利于亚太地区乃至世界和平、稳定、繁荣。面对当前复杂多变的国际形势，中美拥有更加广泛的共同利益和更加广阔的发展前景。中方愿同美方一道，抓住机遇，深化合作，推动两国关系健康稳定向前发展。

胡锦涛就进一步发展两国关系提出重要意见。一、保持密切的高层交往。中方期待着奥巴马总统2009年11月对中国进行国事访问，相信通过双方共同努力，这次访问将取得成功。二、做好首轮中美战略与经济对话后续工作，同时推动两国在应对国际金融危机方面和经贸、反恐、防扩散、执法、能源、环境、人文等双边领域交流合作不断取得积极成果。三、深化在重大国际和地区问题上的协调和合作。四、加强人文交流。

胡锦涛强调，双方应该尊重和照顾彼此利益和关切。台湾、涉藏、涉疆等问题事关中国主权和领土完整，牵动13亿中国人民的民族感情。我们重视美方多次重申坚持一个中国政策、遵守中美三个联合公报。希望美方以实际行动支持两岸关系和平发展。我们赞赏美方承认西藏是中国一部分、反对“西藏独立”的立场，希望美方理解和尊重中方在涉藏问题上的关切。乌鲁木齐“7·5”事件是一起由境内外“三股势力”策划组织的打砸抢烧严重暴力犯罪事件。希望美方理解和支持中方为打击暴力恐怖犯罪、维护国家统一、维护社会稳定所采取的措施，不允许“东突”分裂势力利用美国领土从事反华分裂活动。

奥巴马感谢胡锦涛就进一步发展美中两国关系、扩大双方合作阐述的重要意见。他表示，美方致力于同中国建立积极合作全面的双边关系，并使其富有活力。发展同中国的合作对美国十分重要。他期待着即将对中国进行的访问，希望通过此访在全球、地区和双边各方面把两国关系提升到新的层次。扩大美中两国人文交流十分重要，两国政府应该全力支持民间往来。

奥巴马表示，在台湾问题上，美方坚持一个中国政策立场没有改变。美方对两岸关系缓和表示赞赏，认为这有利于亚洲和平稳定。美国不支持“西藏独立”。在涉藏、涉疆问题上，美国尊重中国主权和领土完整。

双方还就两国经贸合作、朝鲜半岛局势、伊朗核问题、气候变化等交换了看法。

9月28~29日，美国常务副国务卿斯坦伯格率团访华，国家副主席习近平、国务委员戴秉国、外交部长杨洁篪、外交部副部长王光亚、武大伟、何亚非、副总参谋长马晓天分别会见。

10月11~17日，中共中央政治局委员、中央书记处书记、中组部部长李源潮访美，分别会见美总统国家安全事务助理琼斯、财政部长盖特纳等政要。10月24日至11月3日，中央军委副主席徐才厚访美，会见了美总统奥巴马、总统国家安全事务助理琼斯、国防部长盖茨、代理国务卿斯坦伯格等，并在美国战略与国际问题研究中心（CSIS）发表题为《执行多样化军事任务的中国军队》的演讲。29日，第20届中美商贸联委会在杭州举行，国务院副总理王岐山与美商务部长骆家辉、贸易代表柯克共同主持。

11月14日，外交部长杨洁篪在出席新加坡亚太经合组织领导人非正式会议期间与美国国务卿希拉里·克林顿举行会晤，就中美关系、奥巴马总统访华、朝核、伊朗核等问题交换意见。

11月15~18日，美国总统奥巴马对中国进行国事访问。胡锦涛主席与奥巴马总统会谈并共同会见记者。胡锦涛主席并为奥巴马总统举行正式欢迎晚宴。两国领导人就中美关系、国际形势以及共同关心的国际地区问题深入交换看法，达成一系列重要共识。双方重申将共同努力建设21世纪积极合作全面的中美关系，并将采取切实行动稳步建立应对共同挑战的伙伴关系。双方发表了《中美联合声明》，这是继中美三个联合公报及1997年江泽民主席访美《中美联合声明》之后，中美之间的又一份重要政治文件，对新时期中美关系发展具有重要指导意义。两国政府和企业签署了《中美加强气候变化、能源和环境合作的谅解备忘录》等11项合作文件。

胡主席积极评价中美建交30年和奥巴马就职以来两国关系的发展，并就进一步推动中美关系发展提出五点重要主张：第一，持之以恒增进中美战略互信；第二，保持密切高层交往和其他各级别对话磋商；第三，加强宏观经济金融政策协调；第四，继续推进各领域交流合作；第五，共同应对各种地区和全球性挑战。胡主席强调，尊重对方核心利益和重大关切是中美两国建立战略互信的前提。中方赞赏美方表示坚持一个中国政策、遵守中美三个联合公报，在台湾等问题上尊重中国主权和领土完整，不支持任何分裂中国的活动。我们希望美方理解和支持中国政府有关立场和关切，妥善处理台湾问题，不允许“藏独”、“东突”分裂势力利用美国领土从事反华分裂活动。

奥巴马赞同胡主席对国际形势的判断和对发展中美关系的主张，介绍了美国新政府对外政策调整。奥巴马表示，21世纪不同于20世纪，要超越冷战思维，一国的发展并非必然损害另一国利益。解决当前各种全球性问题，离不开中美合作。一个强有力的中美伙伴关系对两国、对世界都有利。美国愿在过去30年两国关系取得进展的基础上，推动两国关系进一步向前发展。

奥巴马强调，在台湾问题上，美国承认和尊重中国的主权和领土完整，无意干涉中国的核心利益。美方重申坚持一个中国政策和中美三个联合公报，支持海峡两岸改善关系。美国的一个中国政策是坚定的、不会改变。

两国元首还就下阶段高层交往计划、台湾、涉藏、涉疆等问题，推进双边各领域务实合作，以及气候变化、朝核、伊朗核、当前国际金融形势等全球性及地区热点问题坦率、深入地交换了意见。

12月9日，美国副国务卿伯恩斯访华，外交部长杨洁篪、部长助理翟隽分别会见，双方就中美关系、伊朗核问题等交换意见。18日，国务院总理温家宝在出席丹麦哥本哈根《联合国气候变化框架公约》缔约方第15次会议和《京都议定书》缔约方第五次会议期间与美国总统奥巴马会晤。双方就气候变化和哥本哈根会议深入交换了意见，为推动会议最终以决定的方式通过《哥本哈根协议》发挥了重要的建设性作用。

2009年，奥巴马政府在台湾问题上基本维持一个中国政策框架。奥巴马总统及美政府多次重申坚持一个中国政策，恪守中美三个联合公报，欢迎和支持两岸关系改善。但美方继续与台湾进行变相官方往来和军事联系。美方允许台“立法院长”王金平赴美出席奥巴马总统就职典礼，举办所谓《与台湾关系法》30年纪念活动，允许马英九5月、7月赴中美洲往返途中在美“过境”，并不顾中方多次严正交涉，继续实施售台“爱国者－3”反导系统、P－3C反潜机，助台升级“爱国者－2”反导系统，向台出售导弹、军舰雷达部件等武器装备，并借助台救灾之机派遣军机赴台。中国政府对美方的错误行径进行了严正交涉和坚决斗争，敦促美方恪守坚持一个中国政策和中美三个联合公报，反对“台独”，反对“两个中国”和“一中一台”，反对台湾加入仅限主权国家参加的国际组织的承诺，停止美台官方往来和军事联系，停止售台武器，以实际行动支持两岸关系和平发展。经中方反复做工作，美方对台湾问题的敏感性及中国有关立场有了进一步认识，在奥巴马总统访华期间双方发表的《中美联合声明》中表示奉行一个中国政策，遵守中美三个联合公报的原则，欢迎台湾海峡两岸关系和平发展，期待两岸加强经济、政治及其他领域的对话与互动，建立更加积极、稳定的关系。

2009年，美方继续利用人权、宗教、达赖、“东突”等问题干涉中国内政。2月，美国务院发布年度

“国别人权报告”，涉华部分继续无端指责中国人权状况。6月，美国国务卿希拉里·克林顿就“六·四”发表书面谈话，对1989年春夏之交发生的政治风波妄加评论。美还不断利用有关个案干涉中国内政。美国国际宗教自由委员会和美国国务院分别于5月和10月发表年度“国际宗教自由报告”，对中国宗教政策和宗教自由状况进行指责。美方允许达赖于4月底5月初和9月底10月初两次窜访美国，美总统高级顾问前往印度达兰萨拉会见达赖。美国务院在中国国庆节当日宣布任命新的所谓“西藏事务特别协调员”。美国会向达赖颁发“兰托斯人权奖”并通过涉藏决议案。美允许“世维会”在美国会大厦游客中心召开“第三次代表大会”，个别反华议员出席。乌鲁木齐“7·5”事件后，美反华议员提出决议案，对中国民族政策妄加指责。美还在6月和10月分别向英属百慕大群岛和帕劳移交了共10名关塔那摩中国籍维族恐怖嫌犯。中方从维护国家主权、安全和利益发展，对美方上述错误言行进行了严正交涉，表明了反对美方利用有关问题干涉中国内政、损害中方利益的坚定立场。

2009年，两国经贸合作继续深化。两国互为第二大贸易伙伴。美国是中国第二大出口市场，中国成为美第三大出口市场。受国际金融危机影响，中美双边贸易额出现一定程度下滑，但降幅低于美国与其他贸易伙伴的进出口额下降幅度。据中方统计，中美全年贸易额为2982.6亿美元，同比下降10.6%。其中，中国自美进口额为774.4亿美元，同比下降4.8%；出口额为2208.2亿美元，同比下降12.5%。中方顺差1433.8亿美元，同比下降16.1%。

在双向投资领域，中美开展了富有成效的合作。2009年美对华投资25.55亿美元，投资项目累计5.8万个，实际投入625亿美元。美是中国外资最大的来源地之一。同时，中国企业赴美投资迈出坚实步伐，2009年对美直接投资6.2亿美元，中国在美各类投资超过45亿美元，投资范围广泛。

受国际金融危机影响，美国内贸易保护主义抬头。全年，美对中国输美轮胎、油井管等产品发起23起包括反倾销、反补贴和特保调查，涉案金额累计76亿美元，对双边经贸合作造成不利影响。美国会提出多项内容消极、干扰中美经贸合作健康发展的涉华议案。

两国执法、司法部门在追逃、禁毒、打击跨国犯罪等方面的合作取得积极成果，一些重要合办案件取得进展。7月，美国联邦调查局局长穆勒、美海岸警卫队司令艾伦分别访华。10月，最高人民法院常务副院长沈德咏访美。同月，第三届中美禁毒情报交流会议在北京成功举行。5月，美法院对开平银行案件许超凡、许国俊等4名主犯进行判决。11月，中国法院对美通缉犯索伦兹进行判决。双方在美国总统奥巴马访华期间发表的《中美联合声明》中表示，同意在平等互利基础上继续就刑事调查、打击贪污、禁毒和前体化学品控制、打击非法移民活动方面的合作，加强在打击跨国犯罪和犯罪集团、反洗钱和包括打击制造伪钞、追逃非法资金在内的反恐融资领域的共同努力，并打击走私和贩卖人口。

中美在反恐领域的磋商与合作继续深化。9月，中美举行第七轮反恐磋商。双方介绍各自反恐举措，并就上海世博会安保、金融反恐、海外机构和人员安保、“集装箱安全倡议”和“特大型港口计划”、中美空警合作等问题进行深入探讨。

中美在教育、科技、文化、卫生、体育等领域交流与合作继续加强。4月，国务委员刘延东访美期间，双方签署《关于2009～2013年教育交流合作工作计划》、《关于推动高等教育交流与合作的联合声明》，续签《中美科技人员交流计划》。6月，美国总统科技助理兼白宫科技政策办公室主任霍尔德伦和总统气候变化特使斯特恩访华。国家体育总局局长刘鹏访美。7月，第七次中美农业科技合作联合工作组会议在美召开，两国签署《中国科技部与美国农业部农业科技合作议定书附件八—关于食品安全科学研究合作活动的协议》。9月，农业部长孙政才访美，与美方签署《中华人民共和国农业部与美利坚合众国农业部农业及相关领域合作谅解备忘录》。10月，第13届中美科技合作联委会在美国首都华盛顿举行，科技部长万钢和美总统科技顾问兼白宫科技政策办公室主任霍尔德伦共同主持，美国总统奥巴马向会议发贺信。11月，文化部副部长陈晓光访美。

中美在能源、环境领域进行了卓有成效的互利合作。7月，美国能源部长朱棣文访华。9月，两国在中国青岛举办第四届中美能源政策对话和第九届中美油气工业论坛，在北京举办首届中美电动汽车论坛。双方在节能减排、新能源、可再生能源、清洁能源、建筑能效、环境治理等领域的合作成为两国关系新亮点。11月，美国总统奥巴马访华期间，两国签署《加强气候变化、能源和环境合作的谅解备忘录》等文件，正式启动中美清洁能源联合研究中心，决定在《中美能源和环境合作十年框架》下加强两国在清洁的大气、水、交通、电力和资源保护领域合作。

两军关系得到改善和发展，但年底因美售台武器问题受到干扰。2月，第五次中美国防部工作会晤在北京举行。国防部外办主任钱利华与美国助理国防部长谢伟森共同在北京主持第五次中美国防部工作会晤。副总参谋长马晓天、外交部部长助理刘结一分别会见。3月，海军吴胜利司令员与美海军作战部长拉夫黑德通过中美国防部热线通话。4月，两国元首伦敦会晤时一致同意致力于发展两军关系，推动两军关系继续改善和发展。美海军作战部长拉夫黑德海军上将访华并参加中国人民解放军海军成立60周年庆祝活动。6月，第十次中美国防部防务磋商在北京举行。8月，美陆军参谋长凯西上将访华。中美海上军事安全磋商机制专门会议在北京举行。10月，原副总参谋长熊光楷上将率中国退役将领代表团访美。10月底至11月初，中央军委副主席徐才厚访美期间与美国防部长盖茨就加强两军交流与合作达成七项共识。针对“无瑕”号、“胜利”号等美国海军舰船擅自进入中国专属经济区进行侦测活动的错误行径，中方多次向美方提出严正交涉。12月，美国会众议院“美中工作小组”共同主席拉森、科克致函中央军委副主席徐才厚，表态支持中美两军关系发展。12月，美国国防部通知美国雷神公司执行小布什政府2008年10月宣布对台军售计划中的一项总价值11亿美元的对台军售合同，向台出售“爱国者”反导系统。

中国驻美国大使：张业遂。馆址：美国华盛顿哥伦比亚特区西北区外国使馆中心区3505号（3505 International Place，NW，Washington，D. C，20008，U. S. A.）。电话：001－202－4952266；传真：4952138。网址：http：//www. china-embassy. org；http：//us. chineseembassy. org；http：//us. china-embassy. org。商务处电话：001－202－6253380；传真：3375845，3375846。签证处电话：001－202－3386688；传真：5889760。

美国驻华大使：洪博培（Jon Huntsman）。馆址：北京市安家楼路55号。电话：（010）85313300。网址：http：//beijing. usembassy-china. org. cn。商务处电话：（010）85296655；传真：85296558/6559。签证处电话：非移民签证处电话：40008－872－333（从中国拨打），（86－21）3881－4611（从国外拨打）。传真：（86－10）8531－3355。

移民签证：仅广州总领馆受理。电话：4008－872－333（从中国拨打），（86－10）3881－4611（从国外拨打）。传真：（86－20）3884－4412。

【同日本的关系】奥巴马政府高度重视发展与日本的关系，重申美日同盟是美对亚太战略和亚太安全的基石。2009年2月17～18日，美国务卿克林顿访问日本。2月23～24日，日本首相麻生太郎访美。4月30日至5月1日，日本防卫大臣滨田靖一访美。5月31日至6月2日，美常务副国务卿斯坦伯格访日。9月21日，美国务卿克林顿、日本外相冈田克也、澳大利亚外长史密斯在纽约举行第四次三边战略对话。9月22日，美总统奥巴马与日本首相鸠山由纪夫在纽约联大期间举行会晤。9月30日至10月1日，美常务副国务卿斯坦伯格访日。10月20～21日，美国防部长盖茨访日。11月13～14日，美总统奥巴马访问日本。11月17日，美日在东京举行驻冲绳美军普天间基地转移问题部长级工作组首次会议。12月25日，日首相鸠山由纪夫表示，日政府将在2010年5月前就普天间基地转移问题作出决定。

2010年1月19日，美国务卿克林顿、国防部长盖茨和日外相冈田克也、防卫大臣北泽俊美就纪念《美日安保条约》签订50周年发表联合声明。5月21日，美国务卿克林顿访问日本。6月5日，美总统奥巴马与日新任首相菅直人通电话，双方重申美日关系对两国民众及世界繁荣与稳定具有重要意义。

【同韩国的关系】奥巴马政府重申美韩同盟的重要性，承诺进一步推进美韩伙伴关系以建立面向21世纪的战略联盟。2009年2月19～20日，美国务卿克林顿访问韩国。3月9～20日，美韩联合举行“关键决心/秃鹫”年度军演。6月15～17日，韩国总统李明博访美。8月17～27日，美韩举行“乙支自由卫士”联合军事演习。10月21～22日，美国防部长盖茨访韩。11月18～19日，美总统奥巴马访问韩国。

2010年2月26日，美国务卿克林顿与韩外交通商部长官柳明桓在华盛顿举行部长级战略对话。3月8～28日，美韩在韩境内举行“关键决心—鹞鹰－2010”联合军事演习。3月26日韩“天安”号军舰沉没事件发生后，美总统奥巴马致电韩总统李明博表示哀悼，并表示美方愿向韩进一步提供必要协助。5月16日，美总统奥巴马与韩总统李明博通电话，表示美将履行对韩安全承诺。24日，美白宫发表声明称，奥巴马总统完全支持李明博总统及其对“天安”号事件所作反应；美赞同韩方要求朝鲜“立即道歉、惩办肇事者并停止挑衅威胁行动”。26日，美国务卿克林顿在访韩期间表示，美将与各方共同制定在安理会的行动路线。美韩军方已宣布进行联合军演。28日，美总统奥巴马与日本首相鸠山由纪夫通电话，共同谴责朝鲜，并承诺与韩密切合作，包括支持安理会作出适当反应。

【同朝鲜的关系】奥巴马政府表示愿意有条件发展美朝关系，重视推动解决朝核问题。2009年2月13日，美国务卿克林顿在美亚洲协会演讲时表示，如朝鲜政府完全、不可逆转地放弃核计划，奥巴马政府愿意实现美朝关系正常化，与朝鲜签署永久性和平协定，并对朝鲜人民提供能源和其他经济援助。2月20日，美国务卿克林顿在访问韩国期间宣布，任命美前驻韩国大使博斯沃思为对朝鲜政策特别代表。4月14日，美白宫发表声明，欢迎联合国安理会通过“谴责”朝鲜发射活动的主席声明，表示美将继续在六方会谈框架下推动朝鲜半岛无核化。5月12日，美对朝政策特别代表博斯沃思在日本表示，美对与朝鲜在六方会谈框架内进行直接对话持开放态度。5月25日，在朝宣布进行第二次地下核试验后，美总统奥巴马发表声明对此予以谴责。7月24日，朝鲜驻联合国代表向记者表示，朝不反对与美对话，不反对就任何共同关心的问题与美进行谈判。8月4～5日，美前总统克林顿访朝，朝释放此前扣押的2名美记者。12月8～10日，美对朝政策特别代表博斯沃思访问朝鲜。

2010年1月11日，针对朝鲜发表声明提议启动朝鲜半岛和平协定谈判，美国务院发言人称，美只会在朝重返六方会谈、采取措施弃核情况下与朝进行有关签署和平协定谈判。5月24日，美白宫就“天安”号事件发表声明表示，美支持韩总统李明博对“天安”号事件所作出的反应，支持韩防务，美相关部门将重审对朝政策。6月15日，美总统奥巴马宣布，将针对朝鲜的“全国紧急状态”及相关应对措施从6月26日起延长一年。

【同东盟的关系】奥巴马政府进一步加大对东盟的关注和投入，从政治、经济、军事等方面加强与东南亚国家关系。2009年2月4～17日，美与泰国等国军队在泰国举行“金色眼镜蛇”年度联合军演。2月18～19日，美国务卿克林顿访问印尼。4月23日，泰国外长甲西访美。4月27日，新加坡外长杨荣文访美。5月14日，马来西亚外交部长阿尼法·阿曼访美。5月15日，美总统奥巴马宣布，美将维持对缅甸制裁。5月30日至6月1日，美国防部长盖茨访问新加坡、菲律宾。6月8日，美与越南在华盛顿举行第二次政治、安全与防务对话。7月21～22日，美国务卿克林顿在泰国出席东盟地区论坛，并代表美与东盟签署《东南亚友好合作条约》。7月29日至8月4日，菲律宾总统阿罗约访美。8月13日，美与菲律宾在马尼拉举行共同防御委员会年会。8月15日，美国民主党参议员韦布访问缅甸。9月26～28日，美常务副国务卿斯坦伯格访问越南、马来西亚。10月1～2日，越南副总理兼外长范家谦访美。11月3～4日，美助理国务卿坎贝尔访问缅甸，这是自1995年以来美访缅的最高级别官员。11月12日，美国务卿克林顿访问菲律宾。11月15日，美总统奥巴马在新加坡与东盟10国领导人举行首次领导人会议。12月10～15日，越南国防部长冯光青访问美国。

2010年2月初，美与泰国、新加坡、印尼、日本、韩国等在泰国境内举行“金色眼镜蛇—2010”联合军演。3月10日，美国务院表示，缅甸日前公布的政党法等选举法是一种“倒退”。3月15～17日，新加坡副总理兼国防部长张志贤访美。4月10～16日，马来西亚总理纳吉布对美进行工作访问。

【同南亚国家的关系】奥巴马政府重视与南亚国家的关系，明显加大了对阿富汗、巴基斯坦的关注和投入。2009年1月22日，奥巴马总统任命前美常驻联合国代表霍尔布鲁克为阿富汗和巴基斯坦事务特别代表。2月9～16日，美阿巴事务特别代表霍尔布鲁克访问巴基斯坦、阿富汗和印度。2月24～26日，美国、阿富汗、巴基斯坦三国外长在华盛顿举行三边会谈。3月27日，奥巴马总统宣布美对阿富汗和巴基斯坦新战略并表示，美在阿、巴的首要目标是打乱、瓦解和击败“基地”组织及其在巴境内的庇护所，防止其在阿、巴卷土重来；美将在向阿增兵17000人的基础上，再向阿增兵4000人，以帮助训练阿军警部队。4月17日，美在对巴基斯坦国际捐助大会上宣布向巴提供10亿美元援助。5月6～7日，美总统奥巴马、巴基斯坦总统扎尔达里、阿富汗总统卡尔扎伊在华盛顿举行三边峰会。5月6～8日，美国防部长盖茨访问阿富汗。5月15日，美军太平洋总部司令基廷访问印度。5月19日，美宣布向巴提供1.1亿美元紧急人道主义援助，帮助缓解因巴政府军打击塔利班引发的巴难民问题。6月3～5日，美阿富汗和巴基斯坦问题特别代表霍尔布鲁克访问巴基斯坦。6月10～13日，美副国务卿伯恩斯访问印度。7月3日，美国土安全部部长纳波利塔诺访问巴基斯坦。7月17～21日，美国务卿克林顿访问印度。9月25日，美国务卿克林顿在纽约会见印度外长克里希纳。10月15日，美总统奥巴马签署法案，决定今后5年内共向巴基斯坦提供75亿美元非军事援助。10月28～30日，美国务卿克林顿访问巴基斯坦。11月19日，美国务卿克林顿赴喀布尔出席阿富汗总统卡尔扎伊就职仪式。11月24～26日，印度总理辛格访问美国。12月1日，美总统奥巴马宣布调整对阿富汗战略，决定在2010年7月前向阿增兵3万，并于2011年7月开始从阿撤军。12月8日，美国防部长盖茨访问阿富汗。12月14日，美军参联会主席马伦访问阿富汗。

2010年1月中旬，美国防部长盖茨访问印度、巴基斯坦。1月21日，美国务院公布有关美对阿富汗和巴基斯坦民事战略的《阿富汗和巴基斯坦地区稳定战略》。2月，驻阿富汗美军、北约国际安全援助部队及阿军警在阿南部赫尔曼得省的马尔贾对塔利班发起联合军事行动。2月中旬，美总统国家安全事务助理琼斯访问巴基斯坦。3月8～9日，美国防部长盖茨访问阿富汗。3月24～25日，美与巴基斯坦在华盛顿举行首次外长级战略对话。3月28日，美总统奥巴马访问阿富汗。4月6～7日，美财政部长盖特纳访问印度，与印方举行首次“美印金融经济伙伴关系对话”。5月10～13日，阿富汗总统卡尔扎伊访美。6月1～4日，美国与印度在华盛顿举行首轮外长级战略对话。

【同俄罗斯及中亚国家的关系】奥巴马政府重视改善美与俄罗斯关系，宣布“重启”美俄关系，并就削减进攻性战略武器等问题开展谈判，双边军事安全等领域交流恢复。2009年3月，美国务卿克林顿与俄罗斯外长拉夫罗夫在日内瓦会晤。4月，美总统奥巴马和俄罗斯总统梅德韦杰夫在伦敦20国峰会期间举行首次正式会晤，并发表《联合声明》。5月，美俄举行削减进攻性战略武器首轮谈判。7月，美总统奥巴马访问俄罗斯，两国成立“双边总统委员会”。10月，美国务卿克林顿访问俄罗斯。

2010年3月，美国务卿克林顿访问俄罗斯并出席中东问题有关四方会谈。4月，美俄签署《进一步削减和限制进攻性战略武器条约》，俄总统梅德韦杰夫赴美出席核安全峰会。5月，美取消对俄罗斯国防产品出口公司等4家公司的制裁。6月，俄总统梅德韦杰夫对美进行首次正式访问。

奥巴马政府重视发展对中亚关系。2009年2月，美国务卿克林顿对吉尔吉斯斯坦宣布关闭马纳斯空军基地表示遗憾。4月，美与乌兹别克斯坦签署一项美经乌领土和领空向驻阿富汗美军运送非“战斗用”军事物资的协议。6月，美与吉就美在马纳斯空军基地建立“物资转运中心”达成协议。9月，美与哈萨克斯坦等国在哈举行“草原之鹰2009”联合军事演习。

2010年2月，美阿富汗、巴基斯坦问题特使霍尔布鲁克访问中亚五国。4月，吉尔吉斯斯坦发生政变后，美负责南亚和中亚事务的助理国务卿布莱克、白宫国家安全事务委员会主管俄罗斯和中亚事务的高级主任马克弗尔分别于4月、5月访吉。6月，美助卿布莱克率团赴土库曼斯坦举行美土首次年度双边磋商。布还访问了乌兹别克斯坦，并赴吉尔吉斯斯坦就吉南部骚乱问题与吉临时政府进行磋商。

【同欧洲国家的关系】奥巴马政府重视改善和提升美欧关系。2009年3月，美国务卿克林顿赴布鲁塞尔出席北约外长会。4月，美总统奥巴马访问英、法、德三国并出席北约成立六十周年峰会。5月，美副总统拜登访问波黑、塞尔维亚和科索沃。9月，美总统奥巴马宣布调整在东欧部署导弹防御系统计划。10月，美国务卿克林顿访问英国和爱尔兰。11月，美欧峰会在美国华盛顿举行。12月，美总统奥巴马赴挪威领取诺贝尔和平奖。

2010年1月，美国务卿克林顿赴英国出席也门反恐问题和阿富汗问题国际会议，并访问法国。2月，美总统国家安全事务助理琼斯赴德国出席慕尼黑安全会议。4月，美国务卿克林顿赴爱沙尼亚出席北约外长会和北约阿富汗国际安全援助部队会议。5月，美副总统拜登赴比利时和西班牙，访问欧盟、欧洲议会和北约总部。

【同中东国家的关系】奥巴马政府积极重启中东和平进程，任命米切尔为美中东问题特使，多次访问中东与各方斡旋。2009年3月，美国务卿克林顿访问中东。7月，美国防部长盖茨访问约旦、以色列。9月，美总统奥巴马在纽约会见以色列总理内塔尼亚胡和巴勒斯坦权力机构主席阿巴斯。10月，美中东问题特使米切尔、国务卿克林顿、常驻联合国代表苏珊·赖斯先后访问中东地区。11月，美总统奥巴马会见访美的以色列总理内塔尼亚胡。

2010年2月，美国务卿克林顿访问卡塔尔和沙特，并出席“美国与伊斯兰世界论坛”年会。在美驻叙利亚大使空缺五年后美宣布重新派遣大使。3月，美副总统拜登、国防部长盖茨先后访问以色列、巴基斯坦、沙特等国，美国务卿克林顿出席莫斯科中东问题四方会议，以色列总理内塔尼亚胡赴美磋商巴以和平问题。5月，在美斡旋下，巴以双方最高领导人间接和谈正式开始。6月，以色列总理内塔尼亚胡访美。

2009年2月，奥巴马政府宣布2011年底撤出所有驻伊美军作战部队。4月，美总统奥巴马对伊拉克进行了访问。7月，美副总统拜登访问伊拉克。6月，美向伊拉克政府移交伊城镇控制权，驻伊美军全部撤出伊城镇。9月，拜登访问伊拉克。12月，美国防部长盖茨、参联会主席马伦先后访问伊拉克。

2010年1月，伊拉克副总统阿迪勒·阿布杜伊—迈赫迪访美，美副总统拜登访问伊拉克。2月，伊拉克副总统塔里克·哈什米访问美国。3月，伊拉克议会选举后，奥巴马总统表示祝贺，克林顿国务卿呼吁伊各派尊重选举结果，尽快组建新政府。

奥巴马政府继续高度关注伊朗，表示愿与伊朗直接接触，继续发挥六国机制作用，呼吁伊作出积极回应，放弃核导计划。2009年3月，美总统奥巴马宣布对伊朗制裁延长1年。5月，美对伊朗释放美国女记者萨贝里表示欢迎。6月，奥巴马在埃及发表演讲，表示美已准备好同伊朗改善关系，呼吁伊朗放弃核导计划。10月，美副国务卿伯恩斯与伊朗最高国家安全委员会秘书贾利利在日内瓦举行直接对话。美国会众院通过加强对伊朗制裁的议案。11月，美国务卿克林顿呼吁伊朗释放在伊朗和伊拉克边境被捕的3名美国人。美总统奥巴马决定将美对伊朗制裁再延长1年。12月，美国会众院通过制裁在伊投资能源产业个人和公司法案。

2010年1月，美国会参院通过制裁伊朗法案。2月，美决定将4家伊朗实体列入单边制裁名单。4月，美在联合国安理会提出制裁伊朗新决议草案，与各成员国进行磋商；6月，安理会通过1929号决议。

【同拉丁美洲国家的关系】奥巴马政府重视改善美拉关系。2009年1月12日，当选总统奥巴马会见到访的墨西哥总统卡尔德龙，承诺美与拉美的关系将掀开“新的一页”。3月14日，巴西总统卢拉访美。3月24日，美总统奥巴马颁布新战略，以应对美墨边境地区不断恶化的毒品暴力犯罪现象，其中包括向两国边境地带美方一侧增派安全人员。3月25～26日，美国务卿克林顿访问墨西哥。3月27～30日，美副总统拜登访问智利和哥斯达黎加并出席“进步治理峰会”。5月31日，美国务卿克林顿访问萨尔瓦多。6月2日，美国务卿克林顿强调，美政府愿就古巴回归美洲国家组织继续向古巴敞开谈判之门，以寻求共同的解决方案。6月23～24日，智利总统巴切莱特访美。28～30日，哥伦比亚总统乌里韦访美。7月14日，美与古巴恢复已中止6年的移民问题谈判。8月9～10日，第五届北美峰会在墨西哥城市瓜达拉哈拉举行，美总统奥巴马、墨西哥总统卡尔德龙和加拿大总理哈珀参加。9月3日，美财政部发表声明，宣布修改针对古巴的财产控制规定。14日，美总统奥巴马决定将美对古巴的贸易禁运再延长一年。10月30日，美与哥伦比亚签署租用哥军事基地的协议。11月9～10日，美与厄瓜多尔在华盛顿举行第二次美厄双边对话。12月14日，美与巴西在华盛顿举行第四次美巴经济伙伴关系对话，主要讨论推进竞争力和创新、农业和生物科技、贸易、投资、信息技术、在第三国开展合作等问题。

2010年1月11～12日，美助理国务卿巴伦苏埃拉访问智利。11～14日，美副国务卿斯坦伯格访问哥伦比亚和秘鲁。16日，美国务卿克林顿与美国际开发署署长沙阿抵达海地，视察指导美在当地救灾工作。17日，美国务卿会晤海地总统普雷瓦尔后，双方发表联合公报，美方重申全力支持海地的震灾救援和重建工作。20日，美国与智利在华盛顿签署《2009～2011年美智环境合作工作计划》。2月18日，美国务卿克林顿会见访美的危地马拉总统科洛姆。19日，美国与古巴在哈瓦那举行移民谈判。3月1～5日，美国务卿克林顿访问乌拉圭、阿根廷、智利、巴西、哥斯达黎加和危地马拉。23日，美国务卿克林顿率国防部长盖茨、国土安全部长纳波利塔诺、国家情报总监布莱尔、参联会主席马伦等美政府高官在墨西哥城与墨外长埃斯皮诺萨等墨官员举行"梅里达倡议"高级别磋商小组会议。24日，美总统奥巴马就古巴人权状况发表声明，呼吁"古巴立即、无条件释放所有政治犯，尊重古巴人民的基本人权"。4月12日，美国和巴西两国政府签署防务合作协议，同意深化和扩展两国在防务相关领域的合作。13日，美国务卿克林顿与阿根廷外长塔亚纳签署美阿特大型港口协议，以合作打击走私核及其他放射性材料。13～16日，美国防部长盖茨访问秘鲁、哥伦比亚，并赴巴巴多斯出席了与东加勒比国家的安全会议。19～20日，美国与智利在圣地亚哥举行美智政治—军事对话。

【同非洲国家的关系】奥巴马政府继续重视非洲地区。2009年3月18日，美总统奥巴马任命退役空军少将斯科特·格拉逊为美苏丹问题特使。3月19日，美国务卿克林顿会见南非外长祖马。5月21日，美总统奥巴马在白宫会见来访的坦桑尼亚总统基奎特。6月4日，美总统奥巴马访问埃及，与埃及总统穆巴拉克举行会谈，并在埃及开罗大学发表关于美与穆斯林国家关系的重要演讲。6月12日，美总统奥巴马会见访美的津巴布韦总理茨万吉拉伊。23日，苏丹全面和平协议（CPA）会议在华盛顿举行，7月11日，美总统奥巴马访问加纳并在加议会发表演讲称，美非伙伴关系须基于共同责任，美不寻求将任何政治体系强加于任何国家，将继续加强对非贸易与投资。8月5～14日，美国务卿克林顿访问非洲七国，包括肯尼亚、南非、安哥拉、刚果（金）、尼日利亚、利比里亚和佛得角。10月9日，美国非洲司令部牵头的"2009非洲努力"—非洲多国通信技术军事演习在加蓬首都利伯维尔结束。19日，美国务院公布美对苏丹新政策。11月9～12日，美与南非在比勒陀利亚就防扩散问题进行磋商。16～17日，美和安哥拉在华盛顿举行战略伙伴关系对话。

2010年1月8日，美国务卿克林顿与挪威外交大臣斯特勒、英国外交大臣米利班德发表共同声明，纪念CPA签署5周年。1月25日至2月1日，美副国务卿奥特罗访问肯尼亚、乌干达和埃塞俄比亚，1月25日至2月10日，美非洲事务助理国务卿卡尔森访问埃塞俄比亚、加纳、多哥、贝宁和尼日利亚。1月28日，美国务卿克林顿与英国外交大臣米利班德、法国外长库什内、欧盟外交和安全政策高级代表阿什顿发表共同声明，对尼日利亚局势动荡表达关切。2月14～22日，美总统苏丹问题特使格拉逊访问乍得、苏丹和卢旺达，斡旋苏丹局势。3月8日，美国务卿克林顿会见加蓬总统邦戈。3月31日，美国务卿克林顿与挪威、英国外长发表声明，关注即将举行的苏丹大选。4月6日，美国务卿克林顿与访美的尼日利亚外长马杜埃奎宣布成立"美—尼两国委员会"战略对话机制。4月14日，美国务卿克林顿与访美的南非国际关系和合作部长马沙巴内签署谅解备忘录，建立"美—南战略对话"机制。4月19～25日，美副国务卿伯恩斯出访塞内加尔、利比里亚、安哥拉、南非、纳米比亚、尼日利亚和佛得角等非洲七国。4月21日，"美国—非盟首次高级别年度双边磋商会"在华盛顿召开，美多位内阁高官与非盟代表团举行磋商。5月3～9日，美总统苏丹问题特使格拉逊访问苏丹和埃塞俄比亚。5月21日，美副总统拜登会见访美的吉布提总统盖莱。5月27日，美国务卿克林顿会见访美的利比里亚总统瑟利夫。6月7～13日，美副总统拜登访问埃及、肯尼亚和南非，并出席南非足球世界杯开幕式并观看比赛。6月16日，美国务卿克林顿会见访美的南非前总统、非盟苏丹问题高级别小组主席姆贝基。（胡昌金　邱文星　赵文飞　李素云　李丽明　张潜　王延波　戴鑫　邢春秋　陈文玓　耿菲）

美属维尔京群岛

名称　美属维尔京群岛（The United States Virgin Islands），美国海外属地，为美国"未合并领土"（unincorporated territory）。

面积　1910 平方公里，其中陆地面积为 346 平方公里，水域面积 1564 平方公里，海岸线长 188 公里。

人口　109775 人（2010 年 7 月），主要分布在圣克鲁斯岛和圣托马斯岛。黑人占 76.2%，白人占 13.1%，亚裔 1.1%，其他 6.1%。居民主要是西印度群岛人，还有美国人和波多黎各人等。英语为官方语言，广泛使用西班牙语、法语和克里奥尔语。居民多信奉基督教（浸信会教徒 42%，天主教徒 34%，圣公会教徒 17%，其他 7%）。

首府　夏洛特·阿马里（Charlotte Amalie），位于圣托马斯岛。

总督　约翰·德雍（John Dejongh），2007 年 1 月 1 日就职。

简　况

位于大西洋和加勒比海之间，在加勒比海小安的列斯群岛东部，西距波多黎各 64 公里，由圣托马斯（215 平方公里）、圣约翰（80 平方公里）和圣克鲁斯（52 平方公里）3 个主岛和约 50 个小岛组成。属亚热带海洋气候，一年温差变化不大，年均气温 26℃。

原始土著居民为加勒比地区的卡鲁比（Carib）和阿拉瓦克（Arawak）印第安人。1493 年欧洲人到达该群岛，土著居民几乎全被屠杀。16 世纪起先后受西班牙、荷兰、英国、法国和马耳他控制。1670 年丹麦将圣托马斯和圣约翰两岛据为殖民地。1733 年圣克鲁斯岛被法国卖给丹麦后形成丹麦的西角印度群岛。1917 年，美国用 2500 万美元向丹麦买下该群岛，由美国海军部管辖。该群岛居民从 1927 年起成为美国公民，但不能在本岛参加美国总统的选举。1954 年美国政府修订了 1936 年通过的《维尔京群岛组织法》，规定该岛居民享有一定限度的选举权，成立了经选举产生由 15 人组成的参议院。自 1970 年始，行政权被交给民选总督。从 1973 年起，普选产生一名驻美国众院代表，但只在众院的委员会有表决权。该群岛有自己的旗帜。

政　治

1970 年以前，民主党执掌地方行政权。总督执掌行政权，原由美国总统任命，1970 年起改由普选产生，任期四年。在 1970 年的总督选举中，海尔文·伊文思当选为第一任民选总督。

【宪法】1936 年制定《维尔京群岛组织法》，1954 年修订，1968～1972 年间曾多次尝试通过宪法（须经美国总统和国会批准），以确立最后法律地位，获取更大自治权，但均被全民否决。1980 年 7 月，该岛第四次制宪会议通过一部宪法草案，并于 1981 年 7 月获得美国国会批准。在同年 11 月 3 日举行的全民公决中，80.3% 居民赞成维持目前地位，14.2% 赞成与美国合并，4% 赞成终止美国对群岛的主权。但此次公决因投票率太低（仅 27.4%）而无效。

【议会】维尔京群岛参议院，为一院制。由 15 名议员组成，任期两年。议会法案生效须经总督批准。本届议会于 2008 年 11 月选举产生。

【政府】本届政府于 2006 年产生。由总督、副总督和地方行政官员等组成，并有一名派驻美国众议院的代表。总督约翰·德雍，任期四年。

【政党】主要政党有：

（1）维尔京群岛民主党（Democratic Party of the Virgin Islands）：源于 1936 年成立的各种俱乐部。1962 年该党正式得到法律承认，并加入美国民主党全国委员会。从 20 世纪 60 年代起一直控制着议会。主席阿图罗·沃特林顿（Arturo Watlington）。

（2）维尔京群岛进步共和党（Progressive Republican Party of the Virgin Islands）：前身是一个政治俱乐部。受当地白人地主、实业家和某些富有的有色人种团体支持。主席加里·斯普拉夫（Gary Sprauve）。

（3）独立公民运动（Independent Citizens' Movement）：1968 年成立。主要得到下层有色人种群众的支持。领导人尤赛·理查德（Usie Richards）。

经　济

经济十分倚重美国，对美国商品的进口依赖严重，90% 的贸易同波多黎各和美国进行。迄未探明自然资源。旅游业收入约占国内生产总值的 80%，游客主要来自美国。2004 年国内生产总值为 15.77 亿美元，人均国民收入 14500 美元。2004 年失业率为 6.2%。流通货币为美元。

【工业】主要工业部门有炼油、酿酒、手表制造、纺织、电子工业等。圣克鲁斯岛有世界上最大的炼油厂（之一），日处理原油能力为 545 万桶。朗姆酒是主要出口产品之一，但由于北美自由贸易协定于 1994 年生效，墨西哥已成为该群岛朗姆酒出口的有力竞争者。

【农业】养牛、捕鱼、蔬菜及水果种植为主要行业。近年来政府鼓励粮食作物的生产。

【旅游业】是主要经济活动，产值约占国民生产总值的80%，从业人员占全部就业人口的80%。2008年接待游客280万人次。主要旅游名胜有：圣约翰群岛的维尔京群岛国家公园、海滨浴场、印第安古迹和丹麦移民史迹等。

【交通运输】海空运输较发达。圣托马斯和圣克鲁斯岛均有国际机场。

【对外贸易】外贸主要面向波多黎各和美国市场，主要进口原油、出口石油制品。

军　事　防务由美国负责。1967年美国政府将设在圣托马斯岛的海军基地移交给该岛管理。目前美国在圣克鲁斯岛西岸保持一个雷达声纳追踪站和一个海岸追踪控制中心。

文化教育　【教育】对16岁以下青少年实行强制义务教育。小学8年，中学4年。

【新闻出版】主要报刊有：《商业公报》（双周刊）、《维尔京群岛新闻日报》、《信风》及《自豪》杂志。有22家电台和5家电视台。（邓铭）

蒙特塞拉特

名称　蒙特塞拉特（Montserrat）。

面积　102平方公里（陆地面积）。

人口　5118人，人口增长率0.391%，出生率1.172%，死亡率0.782%（2010年估计）。主要是黑人。通用英语。居民信奉基督教、新教和天主教。

首府　普利茅斯（Plymouth），毁于1997年火山爆发。临时政府所在地为该岛北部的布莱兹（Brades）。

总督　总督彼得·沃特沃思（Peter A. WATERWORTH），2007年7月27日就任。

重要节日　英国女王诞辰：6月的第二个星期六。

简　况　蒙特塞拉特岛位于加勒比海东北、小安的列斯群岛中部。东北、东南分别与安提瓜岛和瓜德罗普岛隔水相望。属热带气候，年平均气温30℃。年平均降水量1475毫米。6～11月有飓风。

1493年哥伦布到达此岛。1632年沦为英国殖民地，后曾两次被法国占领。1783年再度沦为英国殖民地。1871～1956年为背风群岛联邦的一部分。1958～1962年为西印度联邦成员。1962年联邦解体，它成为单独的领地。1967年1月举行公民投票，仍继续为英国殖民地。1971年由英国女王任命总督直接统治。现为英国的海外领地（British Overseas Territory）。

该岛南部的苏弗里耶尔火山在沉寂350年后，于1995～1997年不断喷发，造成严重灾难，半数以上的居民逃离了世代居住的家园。科学家预言，苏弗里耶尔火山活动还将持续数十年。2009年和2010年，该火山仍有大规模喷发。

政　治　2009年初，由于首席部长洛威尔·刘易斯（Lowell LEWIS，民主党）与争取变革和繁荣运动的执政联盟破裂，被迫提前于9月举行议会选举。争取变革和繁荣运动大获全胜，鲁本·米德（Reuben Meade）第二次出任首席部长。2009年10月15日，萨丽塔·弗朗西斯（Sarita Francis，女）被任命为蒙特塞拉特第一位副总督，当总督不能履行职务时，副总督将自动担任代理总督。

【宪法】1960年1月1日生效。宪法规定总督代表英国女王，任执行理事会主席，负责防务、外事、司法、特定金融事务和内部治安。1989年12月19日对宪法进行修正（1990年2月13日生效），增加了保护个人的基本权利和自由、准许该岛享有自决权等条款。

2009～2010年，新宪法的修订工作基本完成，宪法草案已经提交英国议会。

【议会】称立法会议（Legislative Council），任期5年。由12名成员组成：议长、9名普选产生的议员、官方成员2名（总检察长和财政秘书）。本届议会于2009年9月8日选举产生：争取改革和繁荣运动党获得9个席位中的6席，独立人士（包括前首席部长洛威尔·刘易斯）3席。

【政府】执行委员会（Executive Council）也称为内阁，通常由在议会中占多数议席的政党组成，成员包括首席部长和3名其他部长以及2名当然成员（总检察长和财政秘书）。

本届政府于2009年9月10日产生，4名部长均为争取变革和繁荣运动成员：首席部长（兼管财政和经济发展）鲁本·米德，通信和工程部长查理·基尔农（Charles Kirnon），土地、住房、农业和环境部长伊斯顿·法雷尔（Easton Farrell），教育、卫生和社区服务部长科兰·赖利（Colin Riley）。

网址：http://www.gov.ms/。

【司法机构】设有即席裁决法院和地方法院。最高终审机构为东加勒比最高法院。该法院驻蒙陪席推事（巡回）内维尔·史密斯（Neville L. Smith）。地方法官安娜·瑞安（Anna B. Ryan）。

【政党】（1）争取变革和繁荣运动（Movement for Change and Prosperity，MACP）：执政党。其前身是1991年成立的国家进步党，2006年改为现名。2009年，鲁本·米德任领导人。

（2）新人民解放运动（New Peoples Liberation Movement，NPLM）：1996年成立，其前身是人民解放运动。领导人约翰·奥斯本（John OSBORNE），1978～1991年、2001～2006年任首席部长。

（3）蒙特塞拉特民主党（Montserrat Democratic Party）：领导人洛威尔·刘易斯，2006～2009年任首席部长。

还有蒙特塞拉特工党（Montserrat Labour Party）、蒙特塞拉特改革党（Montserrat Reformation Party）等。

【重要人物】彼得·沃特沃思：总督。1957年4月15日出生。长期在英国外交与联邦事务部任职。曾任英国巴格达、伊斯兰堡政治参赞，驻尼日利亚总领事和副高级专员。2007年7月出任蒙特塞拉特总督。 **鲁本·米德**：首席部长。1954年出生。1991年组建国家发展党参加大选获胜，1991年10月至1996年10月首次担任首席部长。2009年出任争取变革和繁荣运动领导人。同年9月10日，第二次出任首席部长。

经济

以旅游业、服务业和农业为主。近年来，通讯业和金融业发展迅速，正逐渐成为政府的主要收入来源之一。为实现农产品自给的目标，政府重视发展农业，制订了一系列发展计划。20世纪90年代中期开始的火山活动曾使经济基本停滞，而其影响至今仍未消除。蒙官方与英国就有关援助达成《国家政策计划》（Country Policy Plan）（每三年一期）。到2003年3月，英国已经为火山活动提供赈灾援助3.28亿美元。在2004年6月公布的《国家政策计划》中，英国决定在此后三年再提供4000万英镑的援助。2006年起，火山活动有所增强，给该岛经济带来不利影响。目前岛上有限的经济活动包括采矿、建筑、金融及服务、旅游业等。主要经济数据如下：

地区生产总值（GDP，2006年）：1.065亿东加勒比元。

人均地区生产总值（2006年）：22803东加勒比元。

地区生产总值增长率（2006年）：－2.83%。

货币名称：东加勒比元。

汇率：1美元＝2.7东加勒比元（固定汇率，1976年起）。

通货膨胀率（2006年）：1.0%。

失业率（2001年）：13%。

【工业】目前规模较小。主要生产轻工产品，如电子零件、塑料袋、皮制品等。2002年，工业产值占地区生产总值的23.2%，制造业产值占地区生产总值的0.7%，矿产开采业产值占地区生产总值的0.1%，建筑业产值占地区生产总值的16.4%。2007年发电量2200万千瓦小时。

【农牧渔业】可耕地较少。从业人数占劳动人口的5.6%。主要种植棉花、土豆、红薯、辣椒、热带水果和蔬菜等，其中土豆、红薯、芒果和酸橙可向邻岛出口。2002年农业产值占地区生产总值的1.4%。

【旅游业】重要经济部门。游客主要来自北美。2006年旅游状况低迷，到港人数和旅游收入全面下降。2005年到港人数13085人次和旅游收入2420万东加元，2006年分别为9500人次和2090万东加元。

【交通运输】1997年火山爆发后，公路大部被毁。目前，岛屿北部的公路设施已经建成。

水运：原主要港口普利茅斯于1997年损毁于火山活动。目前在北部的里特尔湾已经建成一个新的港口，有渡轮通往安提瓜岛。

空运：主要机场布莱克伯恩机场于1997年毁于火山活动。在北部修建的新机场于2005年开始启用。

【财政金融】2007财年总预算为1.311亿美元，其中资本预算4114万美元；经常性支出9000.25万美元。

2006年政府总债务为1270万东加元，其中中央政府债务为400万东加元。

【对外贸易】长期严重入超。主要出口产品有电子元器件、塑料袋、服装、辣椒、柠檬、牛等。主要进口产品有机械和运输设备、食品、工业制成品、燃料、润滑油等。主要出口国为美国、安提瓜和巴布达。主要进口国为美国、英国、特立尼达和多巴哥、加拿大。2004年外贸出口额1140万东加勒比元，进口额7760万东加勒比元。

【外国援助】援助来自英国、加拿大、欧盟、联合国、加勒比开发银行和美国国际开发署。1997年蒙特塞拉特火山大规模爆发，使岛上2/3土地无法居住，居民集中到北部“安全区”。到目前为止，英国提供的援助已经超过3亿美元。

人民生活

在北部有一所医院。2010年居民平均期望寿命72.91岁。2008年有固定电话2800部，移动电话3000部，因特网用户1200户。

军事

防务由英国负责。

文化教育

【教育】对入公立学校的5～14岁儿童实行免费义务教育。成人文盲率低于10%。2004/2005学年，小学与中学入学率均为96%，学生与教师之比分别为20∶1和

11:1。高等教育则由西印度群岛大学（在巴巴多斯、牙买加、特立尼达和多巴哥设有校园）提供。

【新闻出版】 出版英文周刊《蒙特塞拉特记者》。

蒙特塞拉特电台：政府电台，1952 年创立，1957 年首次播音。安的列斯电台：地区商业性电台。1963 年创立，用英、法两种语言播音。明珠广播网络：商业性电台，1984 年创立。

安的列斯有线电视台：有两个频道。另有蒙特塞拉特有线电视台。

对外关系 外交由英国掌管。蒙特塞拉特为万国邮政联盟、加勒比共同体、加勒比开发银行、东加勒比国家组织成员，设有国际刑警组织蒙特塞拉特支局。

【同中国的关系】 据中国海关总署统计，2007 年双方进出口总额 97 万美元，中方出口额 96 万美元，同比分别增长 1387.3%、1380.9%。（沉思）

墨　西　哥

国名 墨西哥合众国（The United Mexican States, Los Estados Unidos Mexicanos）。

面积 1964375 平方公里。

人口 1.067 亿（2008 年），印欧混血人和印第安人占总人口的 90% 以上。官方语言为西班牙语，88% 的居民信奉天主教，5.2% 信奉基督教新教。

首都 墨西哥城（Ciudad de México）。面积 1525 平方公里，人口约 2200 万（含卫星城），海拔 2240 米。最热月为 5 月，平均气温 12℃～26℃；最冷月为 1 月，平均气温 6℃～19℃。

国家元首 总统费利佩·德赫苏斯·卡尔德龙·伊诺霍萨（Felipe de Jesús Calderón Hinojosa），2006 年 12 月 1 日就职，任期 6 年。

重要节日 独立日：9 月 16 日。

简　况 位于北美洲南部。北邻美国，南接危地马拉和伯利兹，东临墨西哥湾和加勒比海，西南濒太平洋。海岸线长 11122 公里，其中太平洋海岸 7828 公里，墨西哥湾、加勒比海岸 3294 公里。有 300 万平方公里专属经济区和 35.8 万平方公里大陆架。东、西、南三面为马德雷山脉所环绕，中央为墨西哥高原，东南为地势平坦的尤卡坦半岛，沿海多狭长平原。墨气候复杂多样。高原地区终年温和，平均气温 10℃～26℃；西北内陆为大陆性气候；沿海和东南部平原属热带气候。大部分地区分旱（10～4 月）、雨（5～9 月）两季，雨季集中了全年 75% 的降水量。

美洲文明古国。玛雅文化、奥尔梅克文化、托尔特克文化和阿兹特克文化均为墨印第安人创造。1519 年西班牙殖民者入侵。1810 年 9 月 16 日伊达尔戈神父发动起义，开始独立战争。1821 年墨宣告独立。1824 年 10 月成立联邦共和国。1910 年爆发资产阶级民主革命。1917 年颁布资产阶级民主宪法，宣布国名为墨西哥合众国。革命制度党自 1929 年起连续执政 71 年。2000 年、2006 年国家行动党连续两次赢得大选。

政　治 卡尔德龙总统自 2006 年 12 月执政以来，将打击犯罪、增加就业、减少贫困作为三大施政目标，谋求政党和解，重视维护社会稳定，大力改善民生。但由于执政党国家行动党政绩不彰，在 2009 年众议院选举中失去多数党地位。政府继续严厉打击贩毒等有组织犯罪，但犯罪活动依然猖獗，墨社会治安形势恶化。

【宪法】 1824 年颁布独立后第一部宪法。1917 年 2 月 5 日颁布《墨西哥合众国宪法》并执行至今，历经多次修改。宪法规定立法、行政、司法三权分立；总统通过直接普选产生，任期 6 年，终身不得再任；土地、水域及其他一切自然资源归国家所有；工人有权组织工会、罢工等。联邦各州制定本州宪法，但州政府权力受国家根本法约束。

【议会】 联邦议会分为参众两院，行使立法权。主要职权有：批准条约及总统对司法、财政、外交及军队高级官员的任命；修改宪法；批准总统出访；必要时任命临时总统；等等。两院均设"领导委员会"和"政治协调委员会"。两院议员不得连选连任，但可隔届竞选。本届议会（第 61 届）于 2009 年 9 月 1 日组成。

参议院 128 名议员，由 31 个州和联邦区各选 4 名组成，任期六年。现国家行动党占 50 席，革命制度党 33 席，民主革命党 26 席，其他小党 19 席。现任参议长卡洛斯·纳瓦雷特·鲁伊斯（Carlos Navarrete Ruiz），民主革命党人，2009 年 8 月 31 日当选，任期一年。

众议院 500 名议员，其中 300 席通过多数票选举产生，200 席按政党比例代表制产生，任期三年。现革命制度党占 237 席，国家行动党占 143 席，民主革命党占 71 席，其余由小党占据。现任众议长弗朗西斯科·哈维尔·拉米雷斯·阿库尼亚（Francisco Javier Ramírez Acuña），国家行动党人，2009 年 8 月 31 日当选，任期一年。

【政府】本届政府于2006年12月1日成立，分为经济、安全与司法、人文发展三部分，由18个部及17个部级单位组成。主要内阁成员有内政部长何塞·弗朗西斯科·布莱克·莫拉（José Francisco Blake Mora），外交部长帕特里西亚·埃斯皮诺萨·坎特利亚诺（Patricia Espinosa Cantellano，女），财政和公共信贷部长埃内斯托·科尔德罗·阿罗约（Ernesto Cordero Arroyo），国防部长吉列尔莫·加尔万·加尔万（Guillermo Galván Galván），海军部长马里亚诺·弗朗西斯科·塞内斯·门多萨（Mariano Francisco Saynez Mendoza），经济部长布鲁诺·费拉里·加西亚·德阿尔瓦（Bruno Ferrari García de Alba），社会发展部长埃利韦托·费利克斯·格拉（Heriberto Félix Guerra），公共安全部长赫纳罗·加西亚·卢纳（Genaro García Luna），公共职能部长萨尔瓦多·维加·卡西利亚斯（Salvador Vega Casillas），通信与交通部长胡安·弗朗西斯科·莫利纳·奥卡西塔斯（Juan Francisco Molinar Horcasitas），劳动和社会预防部长哈维尔·洛萨诺·阿拉尔孔（Javier Lozano Alarcón），环境和自然资源部长胡安·拉法埃尔·埃尔维拉·克萨达（Juan Rafael Elvira Quesada），能源部长乔治娜·克塞·马丁内斯（Georgina Kessel Martínez，女），农业、畜牧、农村发展、渔业及食品部长弗朗西斯科·哈维尔·马约尔加·卡斯塔涅达（Francisco Javier Mayorga Castañeda），公共教育部长阿隆索·卢汉比奥·伊拉萨瓦尔（Alonso Lujambio Irazábal），卫生部长何塞·安赫尔·比利亚洛沃斯（José Ángel Córdova Villalobos），旅游部长格洛丽亚·格瓦拉·曼索（Gloria Guevara Manzo，女），农业改革部长阿韦拉多·埃斯科瓦尔·普列多（Abelardo Escobar Prieto）等。

【行政区划】全国划分为31个州和1个联邦区（墨西哥城），州下设市（镇）和村。

【司法机构】分为最高法院、大区法院（巡回法院）和地区法院3级。最高法院大法官由总统提名18名候选人，参议院任命其中11人，任期15年。最高法院每4年从其法官中选举1人任院长，不得连任。现任最高法院院长吉列尔莫·奥尔蒂斯·马亚戈伊迪亚（Guillermo I. Ortiz Mayagoitia）。大区法院和地区法院的法官由最高法院指派，任期四年。

联邦政府设有总检察院和联邦区检察院。总检察长由总统提名，参议院任命。现任联邦总检察长阿图罗·查韦斯·查韦斯（Arturo Chávez Chávez）。此外，还设有联邦劳动保护检察院、联邦消费者检察院、保护儿童和家庭检察院等。

【政党】近年来，墨多党制民主政体进一步发展，主要政党有：

（1）国家行动党（Partido Acción Nacional）：执政党。1939年9月15日成立。代表中上层工商界利益，主张保护私人企业，合理分配劳动成果，推行市场经济。基督教民主国际成员。党主席何塞·塞萨尔·纳瓦·巴斯克斯（José César Nava Vázquez），总书记何塞·冈萨雷斯·莫尔芬（José González Morfín）。

（2）革命制度党（Partido Revolucionario Institucional）：反对党。1929年3月4日成立，1929～2000年连续执政71年。宣称奉行革命的民族主义，主张对外维护国家独立与主权，对内发展经济和改善人民生活。社会党国际成员。全国执行委员会主席比阿特里斯·帕雷德斯·兰赫尔（Beatriz Paredes Rangel），总书记赫苏斯·穆里略·卡拉姆（Jesús Murillo Karam）。

（3）民主革命党（Partido de la Revolución Democrática）：反对党。1987年7月成立，前身是全国民主阵线，1989年5月墨西哥社会党（原墨西哥共产党）加入后改为现名。社会党国际成员。2006年，该党同劳动党、汇合党等组成“全民福祉”竞选联盟参加大选，最终以微弱差距落败于卡尔德龙代表的国家行动党。其候选人洛佩斯不接受选举结果，组建“合法政府”表示抗议。党主席赫苏斯·奥尔特加（Jesús Ortega）

此外，还有绿色生态党（Partido Verde Ecologista）、劳动党（Partido de Trabajo）、汇合党（Convergencia por la Democracia）等。

【重要人物】**费利佩·卡尔德龙·伊诺霍萨**：总统。1962年8月18日生于米却肯州州府莫雷利亚市。美国哈佛大学公共管理硕士、墨西哥自治理工学院经济学硕士。1988年当选首都联邦区议会议员。1991年、2000年两次当选联邦众议员。2003年2月至9月任全国公共工程和服务银行行长。2003年9月至2004年5月任能源部长。年轻时即在父亲影响下加入国家行动党。20世纪90年代初进入该党全国执委会，历任全国执委会青年书记、学习书记、驻联邦选举委员会党代表、总书记（1993年）、党主席（1996～1999年）等职。2006年7月作为国家行动党候选人参加大选获胜，同年12月1日就职，任期至2012年12月1日。已婚，夫人玛加丽塔·萨瓦拉（Margarita Zavala），曾任联邦众议员。有2子1女。

经　济

墨是拉美经济大国，世界最开放的经济体之一，同44个国家和地区签有自贸协定。工业门类齐全，石化、电力、矿业、冶金和制造业较发达。

卡尔德龙政府以墨经济长期稳定增长为目标，推行稳健的经济政策，实施财税改革，积极扶持出口行业和中小企业。但受国际金融危机和甲型H1N1流感疫情影响，墨2009年经济大幅下滑。2009年主要经济数据如下（资料来源：墨国家统计局、墨西哥银行）：

国内生产总值：118230亿比索。

国内生产总值增长率：－6.5％。

货币名称：比索（Peso）。

汇率（2009 年 12 月）：1 美元 = 13.07 比索。

通膨率：3.6%。

失业率：5.5%。

【资源】世界能源和矿产大国。矿产资源丰富，是世界主要石油生产国和出口国之一。据墨西哥石油公司报告显示，截至 2009 年底，原油已探明储量 104.2 亿桶，天然气已探明储量 16.815 万亿立方英尺。墨是全球最大的白银生产国和铜生产国之一，天青石、铋、萤石、砷、镉、硅灰石、石墨、锌、铅、钼和重晶石产量也均居世界前列。拥有 8 个世界级矿山，其中铜矿 2 个、盐矿、银矿、金矿、萤石矿、锰矿、石膏矿各 1 个。森林面积 5664 万公顷，水力资源约 1000 万千瓦。

【工业】门类齐全，石化、能源、矿业、冶金和制造业较发达。2009 年工业产值占 GDP 总量的 31%。近年主要工矿业产品产量如下：

	2007	2008	2009
非炼焦煤（吨）	11886757	10402658	10086058
铁（吨）	6788300	7161657	7069702
焦炭（吨）	1547587	1419137	1315444
银（公斤）	2274799	2556874	2497722
原油（万桶/日）	308.2	279.9	260.1

（资料来源：墨国家统计局）

【农牧业】传统农业大国。1994 年加入北美自由贸易协定后农业生产受冲击，严重萎缩。全国可耕地面积 2160 万公顷，其中常用耕地面积 1850 万公顷。主要种植玉米、高粱、小麦、大豆、水稻、棉花等。剑麻产量居世界前列。2009 年农业产值占 GDP 总量的 4%。近年主要农产品产量如下（单位：千吨）：

	2007	2008	2009
玉　米	22355	22881	24227
高　粱	5810	5926	7067
小　麦	3506	4020	4297
大　米	337	267	233
菜　豆	1331	1016	1136

（资料来源：同上）

【服务业】服务业是墨产值最高的部门，也是创造最多就业机会的产业。2009 年产值占 GDP 总量的 65%。墨服务业主要包括商业、金融业、电讯产业、不动产、旅游、保险、广告、传媒等。

【旅游业】旅游资源丰富，旅游服务业发达，全国旅游业从业人员约 225 万人（2008 年）。近年来，墨政府积极促进旅游业发展，如开辟旅游新线路和增设旅游项目等。2009 年共接待游客 2150 万人次，旅游创汇 112.75 亿美元。

【交通运输】交通运输业较发达，以公路交通和航运为主。

公路：总长 366341 公里（2009 年），注册车辆 1963.3 万辆。2009 年全国公路客运量 30.7 亿人次，货运量 4.7 亿吨。

铁路：总长 26717 公里。2009 年铁路货运量 9460.8 万吨。

水运：全国共有 114 个港口。同欧美、中南美、加勒比地区、亚洲许多国家设有客货运班轮。主要港口有墨西哥湾的阿尔塔米拉港、韦拉克鲁斯港、太平洋沿岸的曼萨尼略港和拉萨罗—卡德纳斯港。2009 年全国港口货运量 2.6 亿吨。

空运：截至 2009 年，全国共建有 24 个国内机场，61 个国际机场，1350 个小型机场。共有 1723 架商业飞机，352 架公务飞机，1598 架私人小型飞机，年客运量 5048.9 万人。主要机场有墨西哥城、瓜达拉哈拉、蒂华纳、坎昆、瓦利亚塔港和阿卡普尔科等机场，其航空业务量占全国的 70%。

【财政金融】近年公共财政收支预算及执行情况如下（单位：亿比索）：

	2007	2008	2009
总收入	24853	28609	28163
总支出	24826	28726	30916
差　额	27	-117	-2753

截至 2009 年底，墨国际储备 908 亿美元。墨政府内债余额 24713.44 亿比索，外债余额 462.08 亿美元。2009 年墨侨汇收入总额为 211.81 亿美元。

主要银行有：墨西哥银行（Banco de México），墨中央银行，成立于 1925 年。墨西哥外贸银行（Banco Nacional de Comercio Exterior），成立于 1937 年。

【对外贸易】同 200 多个国家和地区建立了贸易关系，与 44 个国家签订了自由贸易协定。近年墨对外贸易情况如下（单位：亿美元）：

	2007	2008	2009
进口额	2832.33	3101.32	2343.85
出口额	2720.44	2926.37	2297.08
差　额	-111.89	-174.95	-46.77

（资料来源：墨西哥银行）

墨主要出口原油、工业制成品、石油产品、服装、农产品等。主要进口客车、石化产品、食品、医药制品、广播电视接收及发射设备等。

【外国资本】墨是拉美吸引外资最多的国家之一。2009 年吸收外国直接投资 114.175 亿美元，同比下降 38.6%。投资主要领域为制造业、服务业和贸易。主要投资来源地为美国和欧盟。

【著名公司】墨西哥石油公司（PEMEX）：隶属墨能源部，是墨最大的国营企业，也是世界第三大石油生产企业，在墨 100 强企业和拉美 500 强企业中均居首位，是墨法定的唯一石油生产与销售公司。员工约 14 万人。2009 年日产原油 260.1 万桶，日出口 122.5 万桶，日出口天然气 6100 万立方英尺。2009 年总收入达 806.4 亿美元。总裁赫苏斯·雷耶斯·冈萨雷斯·埃罗莱斯·加尔萨（Jesús Reyes-Heroles Gonzales Garza）。公司总部：Torre Ejecutiva Piso 44，Marina Nacional 329，Col Huasteca Miguel Hidalgo，Mexico D. F.。

墨西哥电话公司（TELMEX）：全国最大通讯服务公司，现有员工 7.5 万人。主要经营本地、长途、国际话务和数字业务，占有墨国内 90% 以上的固话市场份额。2009 年公司实现收入 1191 亿比索，同比下降 4%。总裁埃克托尔·斯利姆·希德（Héctor Slim Seade）。公司总部：Parque Via 190，Col Cuautemoc，Mexico D. F.。

墨西哥水泥公司（CEMEX）：成立于 1906 年，现为墨最大、世界第三大水泥公司，全球最大的白水泥生产商。主要从事水泥及熟料、商品混凝土的生产和销售，在全球 50 多个国家和地区设有分支机构，入选美国《财富》杂志企业 500 强。2009 年实现销售总额 145.44 亿美元，同比下降 28%。总裁洛伦索·桑布拉诺（Lorenzo Zambrano）。公司总部 Av. Constitucion 444 Pte. Monterrey，Nuevo Leon，Mexico。

人民生活

贫富分化严重。据墨西哥国家统计局 2008 年统计，墨贫困人口占总人口的 45%，其中极端贫困人口占总人口的 18%。

军　事

墨军队建于 1821 年，始称国民军，1913 年改称宪制军。根据宪法，总统为武装力量最高统帅，有权宣布“紧急状态”和“战争状态”，决定兵力调动、国防开支和将级以上将领任命等。最高国防决策机构为“国家安全内阁会议”，由总统领导，成员包括国防部长、海军部长、内政部长、外交部长及其他有关政府部长。

国防部和海军部是最高军事行政机关和军事指挥机构。国防部领导并指挥陆军和空军，海军部领导并指挥海军。长期以来，墨军基本上没有对外作战，主要担负维护国内安定的任务。墨实行义务兵和志愿兵相结合的兵役制度。规定 18～45 岁的男性公民均需服兵役。义务兵服役期 1 年，志愿兵服役期 3～9 年。现役总兵力 23.7 万人。2009 年国防预算为 42 亿美元。

文化教育

【教育】 墨是教育大国公共教育基本为免费教育。义务教育阶段的教材全部免费。墨现行教育体制分为：

基础教育：学前（3 年）、小学（6 年）和初中（3 年），宪法规定从 2008 年开始实行从学前 3 年到初中的 12 年义务教育制。

高中教育：墨称之为准高等教育（3 年）。

高等教育：本科 4～5 年，技术大学 2～4 年，硕士 3 年，博士 2 年。高等院校分四类：国立大学（含自治大学）、私立大学、科技院校和研究机构中的教学机构等。

非学校教育：成人教育、远距离教育及职业培训等。

2006～2007 学年，全国在校学生达 3300 万人，其中基础教育 2540 万人，中级教育 370 万人，高等教育 250 万人，职业教育 160 万人。

墨西哥国立自治大学是墨规模最大、历史最悠久的大学，在拉美也较有影响。学校前身是 1551 年西班牙摄政王费利佩二世批准建立的墨西哥王家大学，后曾更名为墨西哥王家教廷大学、墨西哥国立教廷大学等，几经变迁，于 1929 年实行自治，称墨西哥国立自治大学并沿用至今。2009 年在校学生 31.5 万人，教师员工 3.5 万人。全校有 13 个系、4 所学院、9 所预科学校及 40 余个科研机构。

【科研】 墨有较完整、系统的科研体系。全国科学技术理事会是最高科技领导机构，1970 年成立，主席由总统任命。全国高级科研人员近万名。科研领先优势为：环境和气候、生物医药研究和卫生、农林渔业、工业和制造技术、电子、材料和度量学、非核能源、生物技术、航空、空间研究及应用等。主要科研机构有：科学院、石油研究所、农业研究所、核能研究所和国际玉米和小麦中心等。

【新闻出版】 全国约有 300 家报纸和 100 多种全国性刊物。主要报刊有：《宇宙报》（El Universal），发行量 15 万份；《每日报》（La Jornada），发行量 10.6 万份；《改革报》（Reforma），发行量 14 万份；《至上报》（Excelsior），发行量 4.5 万份；《金融家报》（El Financiero），财经类报纸，发行量约 8.1 万份。

墨西哥通讯社为官方通讯社，隶属内政部。墨转载国际新闻 90% 来源于美联社、合众社和法新社。

特莱维萨和阿兹特克为墨两大电视集团，拥有全国 95% 以上的电视观众。

墨每年出版 1.2 万种书刊，总发行量 2.5 亿册，是世界上出版西班牙语刊物最多的国家之一。

【文化艺术】 美洲著名文明古国，曾孕育了玛雅、奥尔梅克、托尔特克和阿兹特克等古代印第安文化。玛利雅奇音乐和萨巴特奥舞蹈融合了西班牙和印第安音乐的特色，成为墨西哥独特的民族艺术形式。

墨西哥文学在拉美独树一帜。作家奥克塔维奥·帕斯（1990 年诺贝尔文学奖）、胡安·鲁尔福和卡洛斯·富恩特斯都是现代西班牙语文坛巨匠。墨西哥壁画举世闻名，里维拉、奥罗斯科、西凯罗斯为杰出壁画家。

对外关系

长期奉行独立自主的外交政策，主张维护国家主权与独立，尊重民族自决权，推行对外关系多元化。主张和平解决国际争端。

墨是二十国集团、北美自由贸易区、亚太经合组织、经济合作与发展组织、美洲国家组织、里约集团等组织成员国和不结盟运动观察员。现为里约集团轮值协调国和发展中五国协调国，2008 年当选 2009 ~ 2010 年度安理会非常任理事国。现同 187 个国家有外交关系。

【同中国的关系】 1972 年 2 月 14 日与中国建交。建交以来，两国关系发展顺利。2003 年 12 月，温家宝总理访墨，两国建立战略伙伴关系。2004 年 8 月，中墨成立政府间两国常设委员会。

建交以来，墨历任总统均在任内访华。中国国家主席、政府总理等领导人先后访墨。2005 年 9 月，胡锦涛主席对墨进行国事访问。2008 年 7 月，应胡锦涛主席邀请，卡尔德龙总统对中国进行国事访问，两国元首共同宣布建立中墨战略对话。中墨政府间两国常设委员会举行第三次会议。2009 年 8 月，两国进行首次战略对话。

2009 年双边重要互访有：国家副主席习近平（2 月）、外交部副部长李金章（8 月）、北京市市长郭金龙（10 月）、山东省委书记姜异康（11 月）访墨；墨西哥卫生部长科尔多瓦来华出席甲型 H1N1 流感应对与准备国际科学研讨会（8 月）。

2009 年 4 月墨暴发甲型 H1N1 流感疫情后，胡锦涛主席和杨洁篪外长分别致电墨总统和外长表示慰问。中国政府向墨政府提供 500 万美元人道主义紧急援助。中国红十字会向墨提供 5 万美元援助。

据中国海关总署统计，2009 年中墨贸易总额达 161.81 亿美元，其中中方出口额 122.99 亿美元，进口额 38.82 亿美元，同比分别增长 -7.8%、-11.3% 和 5.2%。

截至 2009 年 9 月，中国累计在墨投资 4.1 亿美元，墨在华实际投资 7082 万美元。中方对墨出口的主要商品有计算机与通讯技术产品、针织或钩编服装、电器及电子产品、机械设备、电视、收音机、无线电讯设备零附件等；从墨主要进口计算机与通讯技术产品、电子技术产品、自动数据处理设备零附件，集成电路及微电子组件、汽车零附件等。

文化、教育、旅游交流：2009 年，中国向墨方捐赠《中国古代艺术珍品复制品展》。天津市歌舞团和浙江曲艺杂技团先后赴墨演出。中国与墨西哥城合作举办第二届春节花车游行活动。

中国驻墨西哥大使：殷恒民。馆址：Avenida Rio Magdalena No. 172, Colonia Tizapan, C. P. 01090 Mexico, D. F.。电话：（52—55）56160609；传真：56160460。经商处地址：Calle Platon No. 317, Colonia Polanco, C. P. 11560 Mexico, D. F.。电话：52808592；传真：52804847。

墨西哥驻华大使：豪尔赫·欧亨尼奥·瓜哈尔多·冈萨雷斯（Emb. Jorge Eugenio Guajardo González），2007 年 8 月递交国书。馆址：北京朝阳区三里屯东五街 5 号。电话：010 - 65322022；传真：65323744。商务处电话：65322272。签证处电话：65322070。

1989 年，台湾远东贸易服务中心在墨设立代表处。1993 年开设了"中国台北进出口银行驻墨办事处"。1994 年 2 月，台在墨增设台北经济文化办事处，下设"新闻旅游办公室"。1990 年，墨外贸银行在台北设立"驻台商务办事处"。

2009 年墨台贸易额为 47.69 亿美元，其中墨向台出口额 1.77 亿美元，从台进口额 45.92 亿美元。墨向台出口石化产品、棉花、铜、钢材等，进口计算机、电器设备、纺织品、服装、塑料制品和电子元件。

【同美国的关系】 1825 年与美建交。1846 年美入侵墨，1848 年双方签订和约，墨被迫将 230 万平方公里的领土割让给美国。1994 年，墨加入北美自由贸易区。美是墨最大贸易伙伴、投资国和债权国。对美关系是墨历届政府的外交重心。

卡尔德龙政府高度重视墨美关系，低调处理双方在移民、农产品补贴等问题上的分歧，推进墨美在安全、反毒等领域务实合作。2009 年，双方加强反毒合作，奥巴马总统和美多名高官访墨。

据墨西哥国家统计局统计，2009 年墨美贸易总额为 2973.78 亿美元，墨对美出口额 1849.44 亿美元，从美进口额 1124.34 亿美元，墨顺差 725.1 亿美元。

【同拉美国家的关系】 卡尔德龙政府重视加强同拉美国家的传统友好关系，将巩固与发展同拉美和加勒比地区国家关系作为对外政策重点之一，呼吁拉美各国联合自强，实现共同发展。倡导促进墨与中美洲国家共同发展的"普埃布拉—巴拿马计划"，并主张建立新的地区安全机制。2009 年，墨西哥与乌拉圭建立战略伙伴关系。

【同欧洲国家的关系】 墨卡尔德龙政府重视发展同欧盟关系，视欧洲为世界政治力量的重要平衡因素，将对欧关系作为对外关系多元化战略的重要组成部分，以改变墨外交对美单极依赖的现状。2008 年，墨与欧盟建立战略伙伴关系。

【同亚太国家的关系】 认为亚太地区是当今世界最具经济活力的地区，积极发展与亚太国家的合作关系，深化双方在高科技、金融等领域的合作。重视并优先发展同中国、日本、韩国等东亚国家关系。墨是亚太经合组织、太平洋盆地经济理事会、太平洋经济合作会议、亚太议会、亚太经济合作组织及东亚—拉美合作论坛等组织成员。（曹力）

南乔治亚和南桑德韦奇群岛

南乔治亚和南桑德韦奇群岛（South Georgia and South Sandwich Islands）地处南大西洋，是英属海外领地，常住人口不详，英语为通用语，英镑为通用货币，首府位于南乔治亚岛爱德华国王角。

南乔治亚岛位于福尔克兰群岛东南1390公里处，面积约3592平方公里。南桑德韦奇群岛距南乔治亚岛东南约750公里，面积约311平方公里。1775年，英国船长库克抵达南乔治亚和南桑德韦奇群岛，自此该群岛被英国据为己有。1908年，该群岛成为马尔维纳斯群岛的组成部分。1927年和1948年，阿根廷分别正式向南乔治亚和南桑德韦奇群岛提出主权要求。1955年，英国单方面将此主权纠纷提交国际法庭处理，但由于阿根廷的坚决反对，国际法庭未予受理。在1982年英阿马岛战争之前，南乔治亚一直是英国南极考察基地。在1976年12月约50名阿根廷科研人员来到之前，南桑德韦奇群岛一直无人定居。1982年马岛战争中阿根廷人被英军赶走。英国驻马岛总督兼任驻南乔治亚和南桑德韦奇群岛专员。1993年5月，鉴于阿根廷政府将出售附近水域的捕渔许可证，英政府宣布其控制领域由群岛周围12海里扩展到200海里以内，以保护珍贵的渔业资源。英于2001年3月从南乔治亚岛撤出驻扎军队，同时增加岛上的科研力量，由英驻马岛皇家军队负责南乔治亚和南桑德韦奇群岛安全。现任专员艾伦·赫克尔（Alan Huckle），助理专员保罗·马丁内斯（Paul Martinez），行政长官马丁·柯林斯（Martin Collins）。

当地经济以渔业、旅游为主，2008年政府财政收入为600万英镑，财政支出为450万英镑。

（黄黎）

尼加拉瓜

国名 尼加拉瓜共和国（The Republic of Nicaragua，La República de Nicaragua）。

面积 13.04万平方公里（2009年）。

人口 574.2万（2009年）。印欧混血人种占69%，白人17%，黑人9%，印第安人5%。官方语言为西班牙语，在大西洋海岸也通用苏莫语、米斯基托语和英语。居民多信奉天主教。

首都 马那瓜（Managua），人口146万（2006年）。最高气温32℃，最低气温23℃。

国家元首 总统丹尼尔·奥尔特加·萨阿韦德拉（Daniel Ortega Saavedra），2007年1月10日就职，任期五年。

重要节日 革命成功日：7月19日；独立日：9月15日。

简况 位于中美洲地区中部。北界洪都拉斯，南连哥斯达黎加，东临加勒比海，西濒太平洋。海岸线长约820公里。属热带气候。1～5月为旱季，6～12月为雨季。年平均气温25.5℃。

原为印第安人居住地。1502年哥伦布航行抵此，1524年沦为西班牙殖民地。1821年9月15日宣告独立。1823年加入中美洲联邦。1839年建立共和国。在美国的支持下，索摩查家族自1936年起对尼实行长达40余年的独裁统治。1979年7月，桑地诺民族解放阵线推翻索摩查政权并开始执政。1985年奥尔特加当选总统后未及时调整政策，尼国内矛盾激化。1990年起，尼右翼政府连续执政。2006年11月，桑解阵领导人奥尔特加在大选中以37.99%的得票率再次当选总统，并于2007年1月10日就职。

政治 奥尔特加总统重新执政后，与尼制宪自由党达成和解，在议会形成多数派。尼其他在野党组建"国家反对联盟"，与执政党抗衡。政府积极推动修改宪法，加强总统对军队和警察力量的控制；成立由桑解阵主导的"居民权力委员会"，部分取代议会和地方政府职能。奥推行"21世纪社会主义"发展模式，执行激进的社会政策。

2009年，尼失业、贫困等社会问题日益严重，民众对政府不满情绪上升，奥尔特加总统支持率大幅下跌，但奥并未放弃谋求连选连任的努力。10月，尼最高法院宣布废除宪法中关于禁止连选连任的条款，但随即遭到尼主要反对党和社会团体的强烈反对，国会拒绝承认高法裁决。继2008年底市政选举后，尼民主体制再次陷入危机。

【宪法】 1986 年 8 月 18 日由国民议会通过，1987 年 1 月生效。1995 年 2 月、2000 年 1 月和 2004 年 12 月三次修改宪法。

宪法规定：尼是独立、自由、自主、统一和不可分割的国家；国家中央权力机构由总统、国民大会、最高法院和最高选举委员会组成；总统和议员都由选举产生，任期五年；总统为国家元首、政府首脑和武装部队最高司令；总统任命内阁部长需经议会批准，议会有权罢免政府官员和再否决总统对法案的否决。

【议会】 国民议会为一院制，由 92 名议员组成，任期 5 年。本届议会于 2007 年 1 月组成，其中桑解阵 38 席，制宪自由党 25 席，尼加拉瓜自由联盟 22 席，桑地诺革新运动 5 席，其他党派 2 席。议长任期一年，可连选连任。现任议长雷内·努涅斯（René Núñez）。

【政府】 本届政府于 2007 年 1 月成立。主要成员有：副总统海梅·莫拉莱斯·卡拉索（Jaime Morales Carazo），内政部长安娜·伊莎贝尔·罗萨莱斯（Ana Isabel Rosales），外交部长萨穆埃尔·桑托斯（Samuel Santos），财政部长阿尔韦托·格瓦拉（Alberto Guevara），工业和贸易部长奥尔兰多·索洛萨诺（Orlando Solórzano），国防部长鲁特·埃斯佩兰萨·塔皮亚（Ruth Esperanza Tapia），农牧和林业部长阿列尔·布卡尔多（Ariel Bucardo），交通与基础设施部长巴勃罗·马丁内斯（Pablo Martínez），卫生部长胡安娜·马里齐亚·库安（Juana Maritza Cuan）、劳动部长赫阿内斯·查韦斯（Jeaneth Chávez），环境与自然资源部长胡安娜·阿赫尼亚尔（Juana Argeñal），能源和矿产部长埃米利奥·拉巴乔利（Emilio Rappaccioli），家庭部长罗萨·阿迪利亚·比斯卡亚（Rosa Adilia Vizcaya），教育部长米格尔·德卡斯蒂亚（Miguel de Castilla），旅游部长努维亚·阿西亚（Nubia Arcia）。

【行政区划】 全国划分为 16 个省和 2 个自治区，下设 153 个市镇。

【司法机构】 设最高法院、上诉法院和共和国法院。最高法院由国民议会选举产生的 16 名大法官组成，大法官任期 5 年。最高法院院长曼努埃尔·马丁内斯·塞维利亚（Manuel Martínez Sevilla）。

【政党】 主要政党有：

（1）桑地诺民族解放阵线（Frente Sandinista de Liberación Nacional，FSLN）：执政党。1961 年 7 月 23 日成立，主要成分是工人、农民和知识分子，为推翻索摩查军人独裁统治进行了长期的武装斗争。1979 年 7 月至 1990 年 4 月执政。1991 年 7 月该党召开首届代表大会，确认作为一个“革命、民主和反帝的政党”，继续依法开展政治斗争。1992 年 9 月作为观察员加入社会党国际。1994 年，党内改革派退党另组“桑地诺革新运动”。近年，该党努力改变激进形象，呼吁和解团结，并于 2006 年 11 月大选中获胜，从而在丧失政权 16 年后再度执政。总书记丹尼尔·奥尔特加，现总统。

（2）制宪自由党（Partido Liberal Constitucionalista，PLC）：反对党。1996 年首度执政。2001 年 11 月在大选中再度获胜。2003 年 1 月该党在党主席、前总统阿莱曼腐败案中因立场对立而发生分裂，拥阿的多数派宣布倒戈，联合桑解阵议员成为反对党。2006 年 11 月大选中败北。现任主席豪尔赫·卡斯蒂略·关特（Jorge Castillo Quant），总书记诺埃尔·拉米雷斯·桑切斯（Noel Ramírez Sánchez）。

（3）尼加拉瓜自由联盟（Alianza Liberal Nicaragüense，ALN）：反对党。2006 年由前内政部长蒙特亚莱格雷创建，主要由制宪自由党中不满阿莱曼与桑解阵结盟而分裂出来的成员组成。2006 年 11 月，其候选人蒙特亚莱格雷参加总统选举，以 28% 的得票率居第二位。现任主席爱德华多·蒙特亚莱格雷（Eduardo Montealegre）。

（4）桑地诺革新运动（Movimiento Renovador Sandinista，MRS）：反对党，1995 年 5 月 18 日成立。主要由从桑解阵分离出来的部分干部、知识分子和知名艺术家组成，主张维护社会民主、法制与公平。现任主席恩里克·萨恩斯（Enrique Sáenz）。

【重要人物】丹尼尔·奥尔特加·萨阿韦德拉： 总统。1945 年生，1963 年加入桑解阵。1981 年任民族复兴政府执行委员会协调员（相当于政府首脑）。1984 年当选总统，1985～1990 年执政，1991 年起任桑解阵总书记。1990 年、1996 年和 2001 年三次竞选总统均告失败，2006 年第四次竞选获胜。曾于 1986 年 9 月访华。再婚，夫人罗萨里奥·穆里略。有 8 名子女。

经　济

以农牧业为主，严重依赖外援。主要生产棉花、咖啡、甘蔗、香蕉、肉类等。20 世纪 80 年代桑解阵执政时期，由于长期战乱、自然灾害、美国封锁以及政策失误等，经济非常困难。90 年代以来，政府进行经济政策调整，加之美国、欧盟等恢复对尼援助，恶性通货膨胀得以遏制，经济形势有所好转。

奥尔特加总统再次执政后，推广“零饥饿计划”和“零息小额贷款计划”等扶贫项目，但由于政府财力和组织能力有限，扶贫效果甚微。政府支持经济国有化和工会加薪的政策影响了投资者信心，抑制了私人投资。2009 年，受国际金融危机冲击和美、欧等国取消对尼援助的影响，尼形势经济持续恶化，年度国内生产总值同比下降 1.5%，系近 16 年来首次下跌。财政赤字拉大，出口量大幅下滑，侨汇收入减少 25%。2009 年主要经济数据如下（资料来源：尼加拉瓜中央银行）：

国内生产总值：61.49 亿美元。

人均国内产值：1070.8 美元。

国内生产总值增长率：-1.5%。

货币：科多巴（Córdoba）。

汇率：1 美元 = 20.34 科多巴。

通膨率：0.9%。

失业率：8.2%。

【资源】拉美主要产金国之一，已探明有 106 条金矿脉，年产量居世界第 13 位。其他矿藏有银、锑、锌、铜、铅等。地热资源丰富，有两处石油矿藏。森林面积占国土面积的 43%。2009 年尼共有动物 1.23 万种，植物 5796 种。

【工业】基础薄弱，以制造业为主，近年来出口加工业得到迅速发展。主要有食品、饮料、烟草、纺织、木材、化工、金属、非有色金属产品等。设有拉斯梅塞德斯等工业开发区，2009 年尼工业总产值为 303.08 亿科多巴，同比下降 1.4%。其中制造业、建筑业和采矿业总产值为 66.04 亿、11.19 亿和 2.58 亿科多巴，同比分别减少 2.7%、4.1% 和 10.5%。2009 年总发电量 33.13 亿千瓦时。近年来食品加工及工矿业产品产量如下：

	2006	2007	2008
鸡（百万只）	41.22	47.13	45.85
牛肉（万吨）	53.83	58.54	61.48
牛奶（百万加仑）	26.50	47.45	69.93
液化天然气（万桶）	18.81	18.47	10.99
汽油（万桶）	78.02	170.75	71.42
柴油（万桶）	157.94	151.51	139.80
沥青（万桶）	16.44	9.17	7.44

（资料来源：尼加拉瓜中央银行）

【农牧业】国家主要出口创汇部门。主要农作物有咖啡、甘蔗、香蕉、玉米、水稻、高粱等。可耕地和牧场面积共计 625.5 万公顷，其中 20% 未开发。农牧业劳动人口占全国总人口的 42.6%。2009 年农业总产值 44.67 亿科多巴，其中农产品出口 19.33 亿科多巴，同比分别下降 4.4% 和 6.2%。近年主要农产品产值如下（单位：百万科多巴）：

	2007	2008	2009
咖啡	757.7	958.2	842.8
芝麻	80.9	85.5	85.8
甘蔗	541.2	536.5	524.0
香蕉	38.7	31.7	35.7
水稻	419.5	428.7	422.5
菜豆	465.5	684.8	651.8
玉米	393.1	396.0	343.0

（资料来源：同上）

【服务业】商业、交通运输、保险、水电等各项服务业从业人员近 40 万，约占经济自立人口的 36%。2009 年尼商业和服务业总产值为 147.6 亿科多巴，同比减少 47.19%。

【旅游业】旅游资源丰富。近年来旅游业发展较快，同咖啡、糖构成尼经济的三大支柱。2009 年全国共有酒店 529 家，客房 7817 间，共接待外国游客 113.2 万人次，主要来自中美洲（57.12 万）、北美洲（25.02 万）和欧洲（6.97 万），旅游收入 3.46 亿美元。著名旅游景点有尼加拉瓜湖、圣地亚哥火山等。

【交通运输】主要靠陆路和水路运输。

铁路：总长 345 公里，1994 年起因损毁严重而停运。

公路：总长 24748 公里，其中柏油路 1500 公里。通往洪都拉斯和哥斯达黎加段泛美高速公路长 368.5 公里。2007 年陆地客运量 1.22 亿人次。

水运：位于太平洋岸的科林托港和位于大西洋岸的布卢菲尔兹港是国际商港。国内五条河流可部分通航。2007 年客运量 52 万人次，载货量 309.8 万吨。

空运：国际航线通往迈阿密、墨西哥城、哈瓦那和中美洲各国首都。马那瓜的塞萨尔·奥古斯托·桑地诺机场为主要国际机场。2007 年马那瓜国际机场客运量 105 万人次，载货量为 1.9 万吨。

【财政金融】2009 年尼外汇储备 15.73 亿美元，外债总额 36.61 亿美元，侨汇 7.68 亿美元，外国直接投资 4.34 亿美元。近年尼中央财政收支情况如下（单位：百万科多巴）：

	2007	2008	2009
收入	20578.8	23468.0	23859.3
支出	23825.6	28479.9	29829.2
差额	−3246.8	−5011.9	−5969.9

（资料来源：同上）

【对外贸易】尼是世贸组织成员，同 50 多个国家和地区有贸易关系。与墨西哥、中美洲其他国家、多米尼加和美国签订自由贸易协定，与哥伦比亚、委内瑞拉、欧盟、加拿大、日本等签订关税优惠协议。主要出口咖啡、肉类、水产、糖、金、银、木材、香蕉等，进口原材料、半成品、消费品、石油、燃料、润滑油等。

2009 年尼外贸总额为 63.14 亿美元，同比减少 13.35%。主要出口国为美国、萨尔瓦多、委内瑞拉和洪都拉斯，主要进口国为美国、委内瑞拉、哥斯达黎加和墨西哥。近年尼进出口情况如下（单位：百万美元）：

	2007	2008	2009
进口额	3294.4	4748.9	3927.2
出口额	1202.2	2537.6	2386.8
差　额	−2092.2	−2211.3	−1540.4

近几年主要产品出口额如下（单位：百万美元）：

	2007	2008	2009
咖啡	188.3	278.3	236.7

牛肉	179.6	210.7	230.6
蔗糖	74.5	50.4	50.0
黄金	61.4	78.2	81.2
花生	56.0	90.2	65.9
虾类	46.7	48.3	44.3
香蕉	9.9	9.6	11.7

近年主要产品进口额如下（单位：百万美元）：

	2008	2009
消费品	1255.9	1125.8
汽油、燃料和润滑剂	1000.2	684.1
资本产品	846.0	670.6
中间产品	1226.3	986.2
其他产品	9.4	10.8

（资料来源：尼加拉瓜中央银行）

【外国援助】国际社会每年都向尼提供大量援助。2000年12月，世界银行批准尼成为"高负债穷国计划"（HIPC）的受益国。世界银行、国际货币基金组织、美洲开发银行、石油输出口国组织基金、巴黎俱乐部等机构大幅减免尼债务。1994～2005年尼接受外援32.24亿美元，2009年，尼共接受贷款3.3亿美元，主要来自美洲开发银行、世界银行和国际货币基金组织。西班牙、韩国和德国给尼贷款最多。2009年上半年，尼共接受外国援助4.97亿美元，其中2.83亿美元来自委内瑞拉。

人民生活

尼是拉美和加勒比地区最贫穷的国家之一。2009年尼人口增长率1.3%，出生率24.9‰，死亡率4.8‰，其中新生儿死亡率21.5‰，人均寿命72.89岁，人口密度为208.2人/平方公里。2009年尼共有劳动力人口440.8万人，其中就业人口228.3万人，就业率为51.8%，最低月工资104.7美元。全国共有住宅98.99万间。2009年政府在卫生方面共投入2.53亿美元，占国内生产总值的4.1%，人均44美元，全国共有医院或诊所62家，全年共接受医生咨询1154.86次，平均每万人有病床9.4张。

军　事

1961年桑解阵成立后领导游击斗争。1979～1990年桑解阵执政期间将游击队定名为桑地诺人民军。1990年宣布裁军并废除义务兵役制。1995年2月，桑地诺人民军改称尼加拉瓜国民军。尼宪法规定，军队必须服从文人政府的指挥，总统为武装部队最高司令；国民军总司令从军事委员会提名的候选人中产生，由总统任命，任期五年，不得连任。

文化教育

【教育】实行中小学义务教育。小学学制6年，中学5年，大学4～7年。2007年全国共有教师5.54万人，其中学前班9680人，小学3.12万人，中学1.45万人。在校学生总数为242.3万人，其中学前班32.06万，小学141.51万，中学68.73万。全国有4所大学，其中最著名的是马那瓜国立大学。2007年1月，尼取消公立学校学生注册费和月费，恢复免费教育。

2009年尼政府在教育方面投入为3.65亿美元，占国民生产总值的5.9%，平均每个学生204.7美元，文盲率从2008年的10.5%降至4.1%。小学入学率为87.1%。

【新闻出版】全国共有私人电视台16家，广播电台280家。主要日报为《新闻报》和《新日报》。

对外关系

奉行不结盟的外交政策，愿在主权、自决和互相尊重的原则下与各国建立和发展关系。主张和平解决国际争端，保护人权，支持所有旨在缓和国际紧张局势、制止军备竞赛和推动裁军的行动。主张加强南南合作，改善南北经济关系，支持联合国改革。奥尔特加政府上台后，尼加入"美洲玻利瓦尔联盟"（ALBA），同委内瑞拉、古巴、玻利维亚加强关系，积极推动中美洲一体化进程。

【同中国的关系】1985年12月7日中尼建交。1990年11月6日，尼台"复交"。11月9日，中国政府宣布中止与尼的外交关系。

中尼断交后双方往来较少。近年中方访尼主要有：全国政协外委会副主任李北海（2002年7月和2003年8月）、中国贸促会副会长万季飞（2003年7月）、中拉友协秘书长王宏强（2007年3月）、中联部工作组（2008年3月）、贸促会副会长张伟（2008年4月）。尼访华主要有：桑解阵副总书记博尔赫（2001年9月）、制宪自由党主席卡斯蒂略（2006年2月）、尼中友协主席阿尔塞（2006年7月）、第63届联大主席、尼前外长布罗克曼（2009年2月）。

2009年8月，由贸促会主办的中国贸易展在尼举行，中方23家企业参展。据中国海关总署统计，2009年中尼贸易总额为1.97亿美元，其中中方出口额1.93亿美元，进口额3000万美元，同比分别减少24.2%、24.4%和6.1%。中方主要向尼出口轻工和纺织品、计算机和通讯设备、摩托车和自行车零件等产品，进口农产品、食糖、皮革和木材等。

1955年台在尼设"公使馆"，1962年升格为"大使馆"。1990年尼台"复交"后，双方高层往来频繁。2009年，台对尼援助有所减少，多家台资纺织企业从尼撤资。7月，马英九访尼。

1993～2005年，尼一直作为提案国支持台湾"参与"联合国，2006年和2008年联署台"参与"联合国的提案。1997～2006年，尼一直支持台"加入"世界卫生组织。

2006年6月，尼台签订"自由贸易协定"，12月生效。据台方统计，2009年尼台贸易总额为3930万美元，其中台出口额1830万美元，进口额2100万美元。同比分别减少26.54%，18.3%和32.48%。

【同美国的关系】 20世纪80年代桑解阵政权受美制裁。1990年桑解阵下台后，尼美关系恢复。尼在反恐、反毒和伊拉克问题上给予美支持。奥尔特加再度执政后表示愿与美发展关系，但多次公开谴责美国内外政策，尼美关系有所疏远。

美系尼最大援助国和最大贸易伙伴。美每年向尼提供超过5亿美元援助。2009年尼美贸易总额为11.03亿美元，其中尼出口额4.1亿美元，进口额6.93亿美元。

2008年，受尼市政选举舞弊事件影响，美方宣布中断对尼援助。2009年，桑托斯外长两度访美，试图说服美重启对尼援助，但奥尔特加总统多次公开批评美国并拒绝美、欧关于重新审核尼市政选举结果的要求，尼美关系未能缓和。

【同中美洲邻国的关系】 尼一贯重视同邻国的友好合作关系，保持高层互访，参加定期首脑会议，就地区和国际事务交换意见并协调行动。主张中美洲地区政治经济一体化，建立中美洲关税联盟，积极推动中美洲加入拉美地区一体化进程。

2009年，尼利用担任中美洲一体化体系轮值主席国之机，在防控甲型H1N1流感和洪都拉斯政变问题上努力发挥协调作用，推动地区国家在经济、能源开发等领域加强合作，取得一定成绩。此外，尼与哥斯达黎加就两国界河争端达成基本共识，与巴拿马自贸协定生效。

【同古巴的关系】 1979年桑解阵取得革命胜利后即与古巴复交。两国政府签有多项合作协定。古曾向尼派出军事顾问、医生、教师及其他专业技术人员。1990年3月8日，古巴停止对尼右翼新政府的军援，但保留在尼医务和建房人员。1991年9月，尼表示欢迎古重返美洲国家组织，反对赫尔姆斯—伯顿法，呼吁美结束对古封锁和制裁。1995年尼古签署双方扩大体育交流协定。1998年12月，古外长罗瓦伊纳访尼，古免除尼5010万美元的外债，向尼派遣359名医务人员，帮助尼灾后重建。在2002年、2003年联合国人权会上，尼支持反古提案。奥尔特加总统再次执政后，尼古关系迅速升温。奥多次访古，古向尼派遣教师和医生。

2009年，尼古关系进一步密切。奥尔特加总统两度访古，古外长佩雷斯访尼。尼、古政府间混委会第九次会议在尼召开。100名尼医学专业大学生赴古深造。

【同其他拉美国家的关系】 重视加强同拉美其他国家的友好合作关系。奥尔特加执政后，尼在外交上紧密追随委内瑞拉、古巴等美洲玻利瓦尔联盟（ALBA）左翼阵营的盟友。

2009年，奥尔特加总统多次出席ALBA峰会，并利用出席各种国际和地区会议的场合大力推介该联盟。年内，尼进一步加强与委内瑞拉的交流与合作，委向尼提供大量经援，以弥补美欧国家中断援助的影响。ALBA成员国还决定将于2010年正式启用统一货币体系“苏克雷”，用于成员国之间的贸易结算。

（张希）

萨尔瓦多

国名 萨尔瓦多共和国（The Republic of El Salvador, La República de El Salvador）。

面积 20720平方公里。

人口 719万（2009年）。系中美洲人口密度最大的国家（347人/平方公里）。印欧混血种人占90%，印第安人占5%，欧洲人后裔占5%。官方语言为西班牙语，土著语言有纳华语（Nahuatl）。居民75%以上信奉天主教。

首都 圣萨尔瓦多市（San Salvador），面积72.25平方公里，人口188万（2009年）。最热月（5月）平均气温19℃～33℃，最冷月（12月）平均气温16℃～32℃。

国家元首 总统毛里西奥·富内斯（Mauricio Funes），2009年6月1日就任，任期五年。

重要节日 和平日：1月16日（1992年政府与游击队签订《和平协定》日）；独立日：9月15日（1821年《中美洲独立议定书》签订日）。

简况

位于中美洲北部。东北部和西北部分别与洪都拉斯和危地马拉接壤，南濒太平洋。海岸线长256公里。除南部沿岸狭长平原外，其余为山地高原，境内多火山，被称为“火山之国”。平均海拔650米。全境属热带气候，年均气温28℃。11～4月为旱季，5～10月为雨季。沿海和低地气候湿热，山地气候凉爽。

原为印第安人居住地。1522年5月31日西班牙探险队首次抵达。1524年沦为西班牙殖民地。1811年11月开始独立战争。1821年9月15日签订《中美洲独立议定书》。1823年加入中美洲联邦。1841年2月18日脱离中美洲联邦，宣布成立共和国。此后多次与邻国发生战争。1907年中美洲六国签署《和平与友谊协定》。20世纪30年代起，军人多次政变上台，政局长期动荡。1974年诞生左派武装组织。

1992年1月16日，“法拉本多·马蒂民族解放阵线”与政府签订《和平协议》，结束长达12年的内战。

政治

2009年3月，萨举行总统选举，左翼的法拉本多·马蒂民族解放阵线候选人毛里西奥·富内斯以51.27%的得票率获胜，成为1992年内战结束后第一位来自左翼政党的总统，也结束了右翼的民族主义共和联盟连续执政20年的历史。

【宪法】现行宪法于1983年12月23日生效。宪法规定，国家实行三权分立的代议制民主共和体制，总统、副总统由全国直接选举产生，候选人首轮得票率超过50%即可当选，否则，在得票最多的前两名候选人间举行第二轮投票。

【议会】国民议会实行一院制，共有议员84名，其中64名按各省人口比例分配，其余20名不分省籍，按得票多少确定。任期三年，可连选连任。本届议会于2009年3月选举产生，其中马蒂民族解放阵线35席，民族主义共和联盟32席，全国协和党11席，基督教民主党5席，民主变革党1席。现任议长西罗·克鲁斯·塞佩达·培尼亚（Ciro Cruz Zepeda Peña），全国协和党人，任期从2009年5月至2012年4月。

【政府】本届政府于2009年6月组成。主要内阁成员有：副总统萨尔瓦多·桑切斯·塞伦（Salvador Sánchez Cerén）；外交部长乌戈·罗赫尔·马丁内斯·博尼利亚（Hugo Roger Martínez Bonilla），政府部长温贝托·森特诺·纳哈罗（Humberto Centeno Najarro），财政部长卡洛斯·卡塞雷斯（Carlos Caceres），经济部长埃克托尔·米格尔·安东尼奥·达达（Hector Miguel Antonio Dada），教育部长萨尔瓦多·桑切斯·塞伦（Salvador Sánchez Cerén），国防部长戴维·威多里亚诺·蒙吉亚·帕耶斯（David Victoriano Munguía Payes），劳动和社会保障部长维多利亚·玛里娜·阿维莱斯（Victoria Marina de Aviles），农业部长米格尔·拉蒙·塞维利亚·阿维莱斯（Miguel Ramón Sevilla Aviles），公共卫生部长玛丽亚·伊莎贝尔·罗德里格斯（María Isabel Rodríguez），司法部长曼努埃尔·梅尔加（Manuel Melgar），公共工程、交通、住房和城市发展部长曼努埃尔·奥兰多·金特罗斯（Manuel Orlando Quinteros），环境和自然资源部长埃尔南·温贝托·罗莎·查韦斯（Hernán Humberto Rosa Chávez），旅游部长何塞·拿破仑·杜阿尔特（José Napoleón Duarte）。

【行政区划】全国划为14个省，省下共设262个市。

【司法机构】司法权由最高法院、总检察院等行使。最高法院由15名法官组成（含院长），由议会选举产生，任期9年，每3年改选1/3。最高法院院长任期五年，可连任。总检察长由议会选举产生，任期三年，可连任。最高法院院长何塞·贝拉米诺·海梅（José Belarmino Jaime），2009年7月就职；总检察长索尼娅·科尔特斯·德马德里斯（Sonia Cortéz de Madriz），2010年1月就职。

【政党】主要政党有：

（1）法拉本多·马蒂民族解放阵线（Frente Farabundo Martí para la Liberación Nacional）：执政党，议会第一大党。1980年10月，“法拉本多·马蒂人民解放军”、“全国抵抗武装力量”、“人民革命军”、中美洲劳工革命党、萨尔瓦多共产党联合组成反政府武装阵线。1992年1月，该阵线与政府签署《和平协定》，12月成为合法政党。1993年9月举行第一次全国代表大会。1995年6月阵线内部各党派统一组建“法拉本多·马蒂民族解放阵线”党。1994年、1999年和2004年三次大选失利。现有党员约12万人。领导机构为政治委员会，现有成员19名。全国执委会总协调员梅达多·冈萨雷斯（Medardo González），2004年11月当选。

（2）民族主义共和联盟（Alianza Republicana Nacionalista）：主要反对党，议会第二大党。政治上保守右倾，经济上主张新自由主义政策。1981年9月由罗伯特·德阿武因松（Roberto D'Abuisson）创立，1982年1月正式登记注册。曾于1989～2009年连续执政。全国执行委员会主席阿尔弗雷多·克里斯蒂亚尼（Alfredo Cristiani）。

（3）全国协和党（Partido de Conciliación Nacional）：反对党。保守右翼党派，议会第三大党。1961年由前总统胡利奥·里维拉创建。曾于1962～1979年执政。总书记西罗·克鲁斯·塞佩达（Ciro Cruz Zepeda），1989年9月当选。

（4）基督教民主党（Partido Demócrata Cristiano）：反对党。1960年11月成立。2004年3月，该党和民主联盟共同候选人、前首都市长席尔瓦参加总统选举落选。曾于1984～1989年执政。总书记鲁道夫·帕克·索托（Rodolfo Antonio Parker Soto）。

【重要人物】毛里西奥·富内斯：总统。1959年10月18日出生于圣萨尔瓦多。文学硕士记者，毕业于中美洲大学社会传媒系。大学毕业后在萨尔瓦多天主教学校任教，1986年10月进入电视10台工作，开始了长达20年的记者生涯。1987年加盟电视12台，负责《每日新闻》栏目中的议会新闻。1991年参与创建中美洲大学视听中心。1997年担任12台新闻栏目主编并主持访谈类节目《未经审查》。2005年5月进入15台主持《富内斯访谈》栏目。连续15年担任CNN驻萨尔瓦多记者。2009年3月，作为法拉本多·马蒂民族解放阵线候选人当选总统，6月1日就职。已婚，夫人班达·皮格纳托·德富内斯（Vanda Pignato de Funes），有一子。

经济

以农业为主，工业基础薄弱。1992年起推行经济自由化改革，通膨得到遏制。2001年起实施经济美元化政策，允许美元合法流通，本币与美元汇率固定。近年来，政府继续推行税制改革，努力改善财政收支失衡状况；刺激出口加工业、制造业、服务业发展；加大吸引外资力度。萨宏观经济基本保持稳定。受2008年国际金融危机影响，2009年萨经济增长放缓。2008年主要经济数据如下：

国内生产总值：221亿美元。

人均国内生产总值：3076美元。

国内生产总值增长率：2.5%。

货币名称：科朗（COLON）。

固定汇率：1美元=8.75科朗。

失业率：6.6%。

通膨率：5.5%。

2009年主要经济数据如下：

国内生产总值：219亿美元。

人均国内生产总值：3045美元。

国内生产总值增长率：-2.4%。

货币名称：科朗（COLON）。

固定汇率：1美元=8.75科朗。

失业率：7.2%。

通膨率：-0.2%。

（资料来源：萨中央储备银行）

【资源】矿藏有金、银、铜、铁、石油、煤、锌、铅、水银、硫磺等，还有较丰富的地热和水力资源。森林面积约占全国面积的13.4%。是世界主要橡胶生产国之一。

【工业】主要有食品加工、纺织、成衣制作、卷烟、制糖、水泥、炼油、医药、汽车装配等部门。从业人口占总劳力的19.3%。2008年工业产值占国内生产总值的28.7%，2009年占比28.2%。

【农业】是国民经济的支柱。农村人口271万。农业从业人口约占总劳动力的1/4。农业出口收入占全国出口总额的1/3。全国可耕地面积210.4万公顷。主要农作物有玉米、菜豆、大米、高粱。80%的农产品供出口，主要有咖啡、棉花、蔗糖、虾类等。2008年农业产值占国内生产总值的10.8%，2009年占比11.1%。近几年主要农产品产量如下（单位：千公担，1公担=100公斤）：

	2006	2007	2008
咖啡	1769	1625	1758
甘蔗（千吨）	5285	5312	5146
玉米	16318	16204	15743
菜豆	1992	2001	2113
水稻	436	496	485
高粱	3630	3549	3782

主要牲畜存栏数及畜牧产品产量如下：

	2006	2007	2008
牛（千头）	185	190	179
家禽（千磅）	217	235	241
牛奶（千公升）	492	484	501
鸡蛋（百万个）	1170	1189	1205

（资料来源：萨尔瓦多统计局）

【旅游业】萨尔瓦多是古代玛雅文化发祥地之一。火山、高原湖泊及太平洋沿岸的海滨浴场景色宜人。现有旅馆188家，客房4426间，床位7133张。2008年旅游业创汇约8.5亿美元，2009年约7亿美元。

【交通运输】以公路为主。

公路：总长12164公里。拥有泛美公路和滨海公路两条主要公路。

铁路：总长283公里。因经营不善，自2005年起停止运营。

水运：主要港口有阿卡胡特拉港、自由港、库图科港和凯旋港，其中阿卡胡特拉港是中美洲重要港口之一。

空运：位于首都以南40公里处科马拉帕（COMALAPA）的萨尔瓦多国际机场是中美洲最现代化的国际机场。此外还有略潘戈国际机场。萨尔瓦多航空公司有通往中美洲各国、墨西哥城、迈阿密和洛杉矶的国际航线。

【财政金融】2001年起实行经济美元化政策。2009年国际储备29.85亿美元，外债余额111.74亿美元，侨汇收入34.65亿美元。近年中央政府财政收支情况如下（单位：百万美元）：

	2007	2008	2009
收　入	2973	3243	2857
支　出	3016	3375	3629
赤　字	43	132	772

（资料来源：萨尔瓦多中央储备银行）

2007年，萨最大的商业银行——萨尔瓦多农业银行和最大的金融机构——Cuscatlán集团被外资收购。2009年，萨共有27家商业银行和金融机构。

【对外贸易】对外贸易占国内生产总值的一半以上。萨政府采取鼓励出口、特别是非传统产品出口的政策，主要出口产品有咖啡、棉花、蔗糖、虾类、纺织品等；主要进口原材料、燃料、工业制成品和日用消费品。主要出口对象为美国、危地马拉、洪都拉斯和哥斯达黎加，主要进口来源国为美国、危地马拉、墨西哥和日本。近年进出口贸易情况如下（单位：百万美元）：

	2007	2008	2009
出口额	3980	4549	3797
进口额	8677	9754	7254
差　额	-4697	-5205	-3457

主要产品出口额（单位：百万美元）：

	2007	2008	2009
咖啡	187	259	230
糖	72	76	88
虾	1	0.5	0.4

主要产品进口额（单位：百万美元）：

	2007	2008	2009
消费品	2774	2974	2602
中间产品	3300	4157	2802
资本商品	1365	1341	1012
加工原料	1237	1282	839

（资料来源：萨尔瓦多中央储备银行）

【外国资本】美国是萨最大的投资国，控制着萨全部空运、2/3的铁路及大部分咖啡生产。美私人投资主要分布在银行、炼油、机械制造等部门。其他投资国主要有：德国、法国、日本、西班牙、意大利。萨系美国“加勒比海盆地振兴计划”和欧盟普遍优惠关税体系受惠国，纺织成衣出口上述国家不受配额限制。2006年3月1日，萨成为中美洲国家中率先实施中美洲国家及多米尼加与美国的自由贸易协定的国家。截至2009年，外国对萨直接投资总额为71.32亿美元。

人民生活

2006年贫困人口占全国人口的30.7%，基尼指数0.52。2009年人均预期寿命72.3岁，出生率25.3‰，死亡率5.47‰。城镇化率61%。手机用户385万人，互联网用户63.7万人。2010年最低日工资为6.92美元，最低月工资为207.7美元。

军　事

1992年，萨政府根据《和平协议》颁布新的征兵法，实行志愿兵役制。2002年总兵力为1.68万人，其中陆军1.5万人、海军700人、空军1100人。另有预备役4200人、警察和准军事部队1.2人。2007年军事预算1.11亿美元。

文化教育

【教育】中、小学实行义务教育。小学9年，中学3年。2006年，教育支出占国内生产总值的3.1%，小学和中学入学率分别为92%和48%，成人识字率80%。著名大学有圣萨尔瓦多大学和中美洲大学等。

【新闻出版】主要报刊有：《新闻写真》，日报发行量97312份，周报发行量115564份；《今日》，发行量75786份；《世界报》，日报发行量58032份，周报发行量61822份。此外，还有《拉丁日报》等报刊。

全国有51家电台。国家电台隶属总统府新闻局。有8家电视台，其中1家为国家电视台。共有3家公司提供收费电视入户服务。

对外关系

萨强调维护国家主权和领土完整；尊重人权和基本自由；各国人民自决，互不干涉内政；依据国际法和平解决争端；寻求和维护国际和平与安全；不威胁使用武力；支持在平等、公正和合作基础上建立国际新秩序，主张国际关系民主化。重视发展同美国和中美洲邻国的传统关系，积极参与中美洲地区一体化进程。现同102个国家（不包括中国台湾）建交。

【同中国的关系】萨尔瓦多与中国无外交关系。双边人员往来较少。2008年5月，以达戈维托为团长的萨尔瓦多议员团一行4人访华。2009年3月，应马蒂阵线邀请，中联部工作组以观察员身份赴萨观察大选。

2006年，萨提案支持台湾“参与”联合国，但未联署“和平案”。2007年，萨联署“参与案”。2008年，萨是该提案的提案国。2007年和2008年萨分别以投票反对总务委员会建议和向世卫组织执委会提交涉台提案的方式支持台以观察员身份“加入”世卫组织。

据中国海关总署统计，2009年中萨贸易总额为2.61亿美元，其中中方出口额2.57亿美元，进口额0.03亿美元，同比分别减少31.4%、31.2%和41.6%。中方主要出口纺织品、鞋类、车辆、机械设备、化学品等，进口电力机械、金属矿砂等。

萨于1941年与当时的中华民国政府建立外交关系。萨台关系密切。与台湾当局签有农业、贸易、文化、科技、相互促进和保护投资等协议。2007年5月，萨台签署自由贸易协定；2008年3月，协定生效。2007年8月，陈水扁访萨。2008年5月，萨卡总统出席马英九的“就职”仪式。2009年4月，台“外长”欧鸿炼访萨。6月，马英九出席富内斯总统就职典礼。

据萨经济部统计，目前台在萨注册公司有30多家，投资总额逾5800万美元。2009年萨台贸易额为0.9亿美元，其中萨出口额0.19亿美元，进口额0.71亿美元，同比分别减少17.94%、20.18%和7.96%。

【同美国的关系】同美国关系密切。美是萨主要投资国和贸易对象国。美在萨尔瓦多的科马拉普萨有军事基地。萨在反恐、反毒等问题上坚决支持美立场。萨美贸易占萨外贸总额的80%。2001年起至今，美给予旅美萨非法移民临时特别保护，允许暂时居留和工作许可。现旅美萨侨民约230万。萨支持美对伊拉克动武。自2003年8月至2008年8月，萨共派遣11批军事人员前往伊拉克，系唯一在伊驻军的拉美国家。美宣布将对萨侨民的临时保护条款延续至2010年9月。2004年5月，萨等中美洲五国及多米尼加与美签署自由贸易协定。2006年3月，该协定率先在萨生效。2006年11月，萨卡总统访美，美宣布拨款4.61亿美元支援萨贫困区的建设。2007年2月和11月，萨卡总统两度访美。2009年6月，美国务卿希拉里·克林顿出席萨新总统就职仪式。9月，美国南方司令部司令道格拉斯·弗雷泽访萨，会晤萨国防部长蒙吉亚。12月，萨外长马丁内斯访美，与美国务卿克林顿会晤，重点讨论延长萨在美非法移民临时特别保护期限等问题。

【同欧洲国家的关系】 重视发展同欧洲国家的关系，积极参与中美洲国家同欧盟伙伴协议谈判。2004年5月，弗洛雷斯总统访问西班牙；6月，西班牙王储菲利佩夫妇出席萨卡总统就职仪式。2007年3月，西班牙国王卡洛斯夫妇访萨。2008年8月，西班牙第一副首相德拉维加访萨。2009年6月，德国免除萨1400万美元的债务。

【同拉丁美洲国家的关系】 重视发展与拉美国家的关系，积极推动中美洲一体化进程。萨是中美洲共同市场、中美洲经济一体化银行、中美洲议会、中美洲一体化体系和“普埃布拉—巴拿马计划”成员国。与墨西哥、多米尼加、智利、巴拿马、哥伦比亚等国分别签订了自由贸易协定。

2004年5月，萨与危地马拉、洪都拉斯、尼加拉瓜达成协议，决定从2005年起建立中美洲关税联盟。11月，萨危两国实现两国人员和商品自由流通。2006年7月，萨与洪都拉斯、危地马拉、尼加拉瓜达成协议，四国实行统一签证制度。2007年8月，萨尔瓦多、危地马拉、洪都拉斯同哥伦比亚签署自贸协定。2008年萨卡总统先后访问哥斯达黎加和墨西哥。2009年，富内斯总统先后访问智利和巴西。6月，富内斯总统宣布与古巴复交。12月，萨副总统塞伦访问古巴。

【同洪都拉斯的领土纠纷问题】 1762年，一场热带风暴引发的山洪导致萨尔瓦多和洪都拉斯的界河戈阿斯科兰河入海口向萨境内移动14公里，洪多出76.2平方公里“新生地”。1882年，萨首次诉诸国际法院提出领土要求。1969年，两国因该纠纷爆发战争。1972年，萨再度向国际法院提起诉讼。1980年，萨洪接受国际仲裁，签署“和平总条约”。当两国着手勘界时，有关海域浮标神秘失踪，萨再次提出上诉，但败诉。2001年，萨再次提起上诉。2002年9月，两国元首举行会晤，双方决定根据1992年9月11日国际法院的裁决进行划界。10月，两国元首再次会晤，双方正式展开陆地边界划界工作。2006年4月，两国边界勘界工作全部结束。（朱海萍）

圣基茨和尼维斯

国名 圣基茨和尼维斯联邦（The Federation of Saint Kitts and Nevis），原国名圣克里斯托弗和尼维斯联邦（The Federation of St. Christopher and Nevis）仍沿用。

面积 267平方公里，其中圣基茨岛174平方公里，尼维斯岛93平方公里。

人口 5.25万（2009年）。黑人占94%，另有少量英国人、葡萄牙人和黎巴嫩人。英语为官方语言。居民多为英国圣公会教徒，也有新教徒和天主教徒。

首都 巴斯特尔（Basseterre），人口1.85万。

国家元首 英国女王伊丽莎白二世；由女王任命总督代表。现任总督卡思伯特·蒙托威利·塞巴斯蒂安（Dr. Cuthbert Montraville SEBASTIAN），1996年1月1日就任。

重要节日 独立日：9月19日。

简况

位于东加勒比海背风群岛北部，由圣基茨、尼维斯及桑布雷罗等岛屿组成。属热带海洋性气候，平均气温26℃。年平均降雨量圣基茨1400毫米，尼维斯1220毫米。

1493年哥伦布到达圣基茨岛，1623年被英国占领。此后法国一度占领该岛两端。1783年根据《凡尔赛条约》，该岛正式归属英国。尼维斯岛于1628年沦为英国殖民地。1983年9月19日圣基茨和尼维斯独立，为英联邦成员。

政治

联邦政府对议会负责，处理圣基茨岛内部事务。尼维斯岛则有相当的自治权，有5人组成的独立议会。圣政局稳定，但尼维斯有独立倾向。1997年6月，尼维斯地方政府总理万斯·艾默里（Vance AMORY）再次提出关于尼维斯脱离联邦的议案。1998年8月10日，圣举行全民公决，61.8%的公民投票支持尼维斯独立，但比法定的2/3多数少5个百分点。关心市民运动党于2003年重提尼维斯脱离联邦的问题，并称将通过全民公决再次争取独立。2010年1月大选中，工党获得议会11席中的6席，连续第四次赢得大选，登齐尔·道格拉斯（Denzil DOUGLAS）继续出任总理。

【宪法】 现行宪法于1983年9月19日独立时诞生。宪法规定圣基茨和尼维斯实行联邦制，给尼维斯以最大自主权。尼维斯不仅有自己的立法机关，也有自己的政府机关，设总理和副总督。副总督为尼岛的最高首脑。

【议会】 一院制国民议会，共14席。其中11席由选举产生（其中8名从圣基茨岛选出，3名从尼维斯岛选出），另3名由提名产生（2名由总理提名，1名由反对党领袖提名）。任期四至五年。议长柯蒂斯·马丁（Curtis MARTIN），2008年4月就任。

【政府】本届政府于2010年2月组成。现内阁成员有：总理兼财政、可持续发展和人力资源发展部长登齐尔·道格拉斯，副总理兼外交、国家安全、劳工、移民和社会安全部长萨姆·康多（Sam CONDOR），青年发展、体育、信息技术、交通和邮政部长格伦·菲利普（Glen PHILLIP），教育部长奈杰尔·卡蒂（Nigel CARTY），国际贸易、工业、商业、农业、消费者事务、选区发展和海洋资源部长蒂莫西·哈里斯（Timothy HARRIS），司法和法律事务部长帕特里斯·尼斯比特（Patrice NISBETT），公共工程、住房和能源部长厄尔·马丁（Earl MARTIN），卫生、社会服务、社区发展、文化和性别事务部长马塞拉·利伯德（Marcella LIBURD）。

【司法机构】由东加勒比最高法院行使司法权力（法院在圣卢西亚，但有一名法官常住圣基茨和尼维斯）。终审机关为英国枢密院司法委员会。

【政党】主要政党有：

（1）工党（Labour Party）：执政党。1932年成立。主要势力在圣基茨岛。该党曾在1952～1980年间多次执政，1995年再次上台，2000年、2004年和2010年蝉联执政。领袖登齐尔·道格拉斯。

（2）关心市民运动（Concerned Citizen's Movement，CCM）：由四个党派联合组成。主要势力在尼维斯岛。领袖万斯·艾默里（Vance AMORY）。

（3）尼维斯革新党（Nevis Reformation Party，NPR）：1970年成立。主张尼维斯脱离圣基茨。1980～1995年与人民行动运动联合执政。领袖约瑟夫·帕里（Joseph PARRY）。

（4）人民行动运动（People's Action Movement，PAM）：1965年成立。代表中产阶级利益。领袖林赛·格兰特（Lindsey GRANT）。

【重要人物】登齐尔·道格拉斯：总理兼财政、发展、计划、国家安全部长。1953年1月14日生。圣基茨文法学校毕业后执教于巴斯特尔中学。后就读于西印度大学巴巴多斯分校，获生物和生物化学荣誉学位。1984年毕业于西印度大学牙买加分校医学院。后在特立尼达和多巴哥西班牙港总医院实习。1986年回国任家庭医生并出任圣基茨和尼维斯医学协会主席。1987年担任工党副主席。1989年当选为圣国民议会议员、工党政治领袖，并被任命为议会反对党领袖。1990年作为国家民主学会代表团成员访问海地，以示对海地民主过渡的国际支持。同年作为海地大选国际观察员参加以美国前总统卡特为团长的自由选举政府首脑委员会代表团。1995年7月4日就任圣总理。2000年3月、2004年10月和2010年1月三次连任。已婚，有一子一女。

经　济

人均收入中等偏上。制糖业和旅游业是国民经济主要支柱产业，外汇收入的主要来源。近年来，政府为使经济多样化，重视发展轻工业和旅游业。目前，外债问题成为经济发展面临的最大困难。2009年主要经济数据如下（资料来源：IMF官方网站、Indexmundi网站）：

国内生产总值：5.57亿美元。

人均国内生产总值：10315美元。

国内生产总值增长率：－5.47%。

货币名称：东加勒比元。

汇率：1美元＝2.7东加勒比元。

通货膨胀率：4.5%。

失业率：4.5%。

【工业】近年来建筑业和制造业兴旺，如农产品加工、轧棉、服装、电子元件、食品生产和酿酒等。

拥有东加勒比地区最大的电子组装业。尼维斯正在发展小型的离岸金融业，目前约有1.5万家从事离岸金融业的国际公司，但尼岛与联邦政府对离岸金融业的控制权存在争议。

【农业】以种植甘蔗和棉花为主。其他农产品有椰子、水果、香蕉等。从事农业人口占所有劳动力的13.4%。尼维斯岛的农业规模小，主要生产海岛棉、水果、蔬菜和牲畜，供自用。

【旅游业】是发展最迅速的部门，每年以18%的速度增长。现已成为最具希望的领域，也是外汇收入的重要来源。2009年游客总数约54.76万人，旅游收入约2.25亿东加元。游客大都来自美国、欧洲和加拿大。（资料来源：东加勒比中央银行）

【交通运输】铁路：为窄轨，总长58公里，在圣基茨，主要运输甘蔗。

公路：总长320公里，其中136公里为沥青路。1998年共有注册机动车11352辆。

水运：主要港口为巴斯特尔深水港，可停靠豪华游轮并提供集装箱业务。有国营商业客轮进行各岛间客运。

空运：罗伯特·卢埃林·布雷德肖机场为圣基茨岛上的国际机场，尼维斯也有一个机场。有通往北美、英国和加勒比其他国家的航线。

【财政金融】近年政府经常性项目财政收支情况如下（单位：百万东加元）：

	2007	2008	2009
收　入	516.14	542.91	521.16
支　出	500.09	536.18	521.66
差　额	16.05	6.72	－0.51

2009年外汇储备（不含黄金）为1.35亿美元。（资料来源：东加勒比中央银行、2009年经济季评）

【对外贸易】主要出口蔗糖，占总出口的60%；

进口机械、食品、化工产品。主要贸易对象是美国、英国、特立尼达和多巴哥、波多黎各。近几年对外贸易情况如下（单位：百万美元）：

	2007	2008	2009
出口额	57.8	56.7	52.9
进口额	241.5	270.1	240.3
差　额	-183.7	-213.4	-187.4

（资料来源：2009 年经济季评）

【经济团体】（1）圣基茨和尼维斯工商会（St. Kitts-Nevis Chamber of Industry and Commerce）：成立于 1949 年。共 115 名成员。地址：South Independence Sq St.，POB 332，Basseterre。电话：1652980。电传：6822。传真：465449。主席维克托·威廉斯（Victor WILLIAMS）。

（2）投资促进署（Investment Promotion Agency）：成立于 1987 年。地址：Church St.，POB 186，Basseterre。电话：4654106。传真：4651778。

人民生活 2009 年人均预期寿命为 73.2 岁，人口出生率 1.77%，死亡率 0.8%。2005 年全国有 2.61 万门固定电话，1.04 万部移动电话。

军　事 1997 年 7 月 8 日，议会批准组建正规军队，并成立一个由总理、总理指定的部长及部队指挥官组成的指挥部，总理任司令。圣参加了 1982 年由美国赞助建立的地区安全体系。

文化教育 **【教育】**对 5～17 岁学生实行 12 年制义务教育。全国有 30 所国立学校，8 所私立学校、5 所教会学校和 1 所技术学校。2000 年 9 月，由私人出资在尼维斯创办美洲医科大学，注册学生 40 名。2009 年成人识字率 97.8%。

【新闻出版】有两家报纸，发行量为 1 万份。有 10 家刊物，主要是《民主者》，每周六出版；《劳动者发言人》，每周三、六出版；《观察者》，周刊。总发行量为 4.4 万份。

全国有三家广播电台，两家广播电视台和有线电视广播。

对外关系 主张在互相尊重主权、基本权利和自由的基础上，扩大同世界各国的关系，反对“任何大国对小国的操纵和胁迫”。是加勒比共同体和共同市场、东加勒比国家组织、英联邦和联合国等组织的成员。重视加勒比地区一体化，支持东加勒比地区合作。

【同中国的关系】圣与中国无外交关系。

据中国海关总署统计，2009 年中圣进出口贸易总额为 126.8 万美元，同比下降 54.6%，其中中方出口额 122.5 万美元，同比下降 53.8%；进口额 4.3 万美元，同比下降 69.7%。

【同其他国家和地区的关系】同英国、美国、加拿大、委内瑞拉、哥伦比亚、特立尼达和多巴哥，尤其与东加勒比地区的安提瓜和巴布达、蒙特塞拉特的关系较为密切。

（朱倩）

圣巴泰勒米

名称 圣巴泰勒米海外领地（Overseas Collectivity of Saint Barthelemy, Collectivite d'outre mer de Saint-Barthélemy），简称圣巴泰勒米（Saint Barthelemy, Saint-Barthélemy）。也称圣巴特（“Saint Barts”或“Saint Barths”或“Saint Barth”）。

面积 25 平方公里（包括圣巴泰勒米岛及邻近一些小岛，资料来源：法国官方资料）。

人口 7406 人（2010 年 7 月估计）。有白人、克里奥尔人（也称穆拉托人，指黑人、白人混血儿）、黑人、瓜德罗普梅斯蒂索人（法国人与东亚人混血儿）等。法语为主要语言，也使用英语。居民信奉天主教、基督教新教、耶和华见证会等。

首府 古斯塔维亚（Gustavia），位于圣巴泰勒米岛西岸。

行政官 雅克·希莫奈（Jacques Simonnet），2009 年 8 月 24 日任职。

重要节日 法国国庆日（巴士底日，Bastille Day）：7 月 14 日（1789 年）；圣巴泰勒米日（St. Barthelemy Day）：8 月 24 日。

简　况 圣巴泰勒米岛（面积21 平方公里）位于加勒比海最东北部，圣马丁岛西南 25 公里，瓜德罗普岛西北 230 公里。周围有一些小岛礁。地处北纬 17.9 度，属热带气候，终年气温变化不大，平均气温约 27℃。5～11 月为湿季（被称为“冬季”），12～4 月为干季（被称为“春季”）。年降水量 1140 毫米。

圣巴泰勒米岛于 1493 年被第二次远航美洲途中的哥伦布所“发现”，以其兄长同名的圣人而命名，并宣布此地为西班牙领土。1784 年，法国人到此殖民。1784 年，法国将该岛出售给瑞典。瑞典的统治在该岛留下不少印记，首府古斯塔维亚即是纪念瑞典国王古斯塔夫三世而得名。1878 年 3 月 16 日，瑞典将该岛回售给法国。法国随即将其划归瓜德罗普管辖。2003 年，该岛居民公投通过要求脱离瓜德罗普、成为法国直辖海外行政区（Les collectivités d'outre-mer，COM）决议。2007 年 2 月 7 日，法国国会通过法案，分别授予该岛和邻近的法属圣马丁海外行政区的地位。同年 7 月 15 日，圣巴泰勒米正式成为法国单独的海外领地。

政　治

2009 年 8 月，雅克·希莫奈出任新一任行政官。

圣巴泰勒米在法国参议院有一个席位，现任参议员为马格拉斯·米歇尔（MAGRAS Michel，人民运动联盟），2008 年 9 月 21 日当选，任期 6 年。

该岛将在 2012 年举行的法国国民议会选举中选出自己的一名国民议会议员，它当前在国民议会的代表是瓜德罗普第四选区选出的维克托林·吕勒尔（Victorin LUREL，社会党）。

【宪法】实行法国宪法，行政官为法国总统的代表。

【议会】一院制的领地议会（Le Conseil Territorial）任期 5 年，有 19 个席位，议员由普选产生。本届议会为圣巴泰勒米改制后的首届议会，于 2007 年 7 月 1 日和 8 日选举产生：圣巴特第一党/人民运动联盟 16 席，圣巴泰勒米联合党 1 席，平衡与透明行动 1 席，圣巴泰勒米团结党 1 席。领地议会主席布律诺·马格拉斯（Bruno MAGRAS），2007 年 7 月 16 日任职。

【政府】称为执行委员会（Le conseil exécutif），领地会议主席任执委会主席（政府首脑）。执委会主席布律诺·马格拉斯。还设有咨询机构——经济社会和文化委员会（Le conseil économique social et culturel）。

【政党】（1）圣巴特第一党［Saint-Barth d'abord!（Saint Barth First!）］：议会第一大党，领导人布律诺·马格拉斯。

（2）圣巴泰勒米联合党［Tous unis pour St-Barthélemy（All United for Saint Barthélemy）］：领导人卡里纳·米奥—里夏尔（Karine Miot-Richard）。

（3）平衡与透明行动［Action Equilibre et Transparence（Action Balance and Transparence）］：领导人马克西姆·德苏什（Maxime Desouches）。

（4）圣巴泰勒米团结党［Ensemble pour St-Barthélemy（Together for Saint Barthélemy）］：领导人伯努瓦·肖万（Benoît Chauvin）。

经　济

圣巴泰勒米岛是典型的热带岛屿，向以风光明媚、不受污染的海滩闻名，是全球名人和富豪的度假和避世天堂。11 月至 4 月为旅游旺季，旅游业是其主要收入支柱。目前其经济立足于高端旅游和免税奢侈品消费。该岛曾被财经杂志《福布斯》选为全球十大购物天堂之一，这里一直是富豪乐园，亦是好莱坞明星的度假天堂。岛上拥有众多天然沙滩，首府有多个购物中心，其滨海大道更是国际名牌林立，加上是免税岛，吸引名人富豪到此购买珠宝、香水、名牌服饰等奢侈品。该岛只许 20 人座位的小型飞机升降，码头也没有大型邮轮靠岸，故此只有拥有私人飞机及游艇的富豪方能抵达。

据统计，年地区生产总值（GDP）为 1.79 亿欧元，人均接近 26000 欧元。2007 年，失业率为 3.2%，抵岛游客增长 1.6%，达到 323851 人。

（石宜　卜阙）

圣卢西亚

国名　圣卢西亚（Saint Lucia）。

面积　616 平方公里。

人口　17.6 万（2009 年）。90% 以上是黑人，6% 为黑白混血种人，另有少数白人。英语为官方语言和通用语。当地居民普遍讲帕图阿语（Patois，亦称克里奥语）。大多数居民信奉罗马天主教。

首都　卡斯特里（Castries），人口 6.8 万。

国家元首　英国女王伊丽莎白二世；女王任命总督为代表。现任总督皮尔莱特·路易茜爵士（Dame Pearlette LOUISY，女），1997 年 9 月 17 日就任。

重要节日　国庆日（哥伦比亚发现圣卢西亚岛纪念日）：12 月 13 日；独立日：2 月 22 日。

简　况

位于东加勒比海向风群岛中部，是一山地岛国，拥有较多短小河流和肥沃河谷。最高山峰是莫基米山，海拔 959 米。属热带气候。年平均气温 26℃。

最早居民为印第安人。1639 年英国人入侵该岛。1651 年法国人占领该岛。以后英、法长期在此争夺。1814 年根据《巴黎和约》正式将该岛划为英国殖民地。1979 年 2 月 22 日宣布独立，为英联邦成员国。

政　治

独立后，工党和统一工人党轮流执政。2006 年 12 月，以约翰·康普顿（John COMPTON）为领袖的统一工人党胜选上台。2007年9月，康普顿病逝，史蒂芬森·金继任总理。

【宪法】现行宪法于独立时生效，规定国家元首为英国女王，女王任命总督为代表。议会有权修改宪法。

【议会】分参众两院，每届任期五年。参议院11席，由总督任命，其中6席由总理提名，3席由反对党领袖提名，2席为独立人士。参议长莱昂内·西奥多—约翰（Leonne Theodore-John）。众议院17席，由选举产生，总检察长为当然成员。目前，统一工人党在议会占11席，反对党工党占6席。众议长希尔达·马瑟林（Hilda MATHURIN）。

【政府】本届政府于2006年12月组成，2007年6月改组，2007年9月，康普顿病逝，内阁再次改组。2008年6月，再次改组内阁。现内阁主要成员如下：总理兼财政、经济事务、经济计划和国家发展部长史蒂芬森·金（Stephenson KING），外交、国际贸易和投资部长鲁弗斯·布斯凯（Rufus BOUSQUET），社会转型、公共服务、人力资源开发、青年和体育部长伦纳德·蒙托特（Lenard MONTOUTE），卫生、家庭事务、国家动员、人类服务和性别关系部长基思·蒙德瑟（Keith MONDESIR），规划、住房、城市再发展、地方政府和环境部长理查德·弗雷德里克（Richard FREDERICK），教育和文化部长阿瑟·詹姆斯（Arsene JAMES），农业、土地、渔业和林业部长伊齐基尔·约瑟夫（Ezechiel JOSEPH），内政和国家安全部长盖伊·迈耶斯（Guy MAYERS），通讯、工程、交通和公共事业部长盖伊·约瑟夫（Guy JOSEPH），旅游和民航部长艾伦·切斯特尼（Allen CHASTANET），商业、工业和消费者事务部长特莎·曼格尔（Tessa MANGAL），劳动、信息和广播部长埃德蒙·埃斯特芬（Edmund ESTEPHANE），总检察长兼司法部长尼古拉斯·弗雷德里克（Nicholas FREDERICK）等。

【司法机构】由东加勒比最高法院和地方初审法院组成，英国枢密院司法委员会拥有司法终审权。东加勒比最高法院首席法官休·安东尼·劳林斯（Hugh Anthony RAWLINS），圣基茨和尼维斯人，2008年8月就任。

【政党】主要有两个政党。

（1）统一工人党（The United Workers, Party）：执政党。1964年由人民进步党和全国劳工运动合并而成。同年参加大选获胜，执政至1979年。曾领导圣卢西亚于1979年取得独立。1982年、1987年、1992年连续三次在大选中获胜。2006年12月大选获胜，重新执政。领袖是史蒂芬森·金。

（2）圣卢西亚工党（St. Lucia Labour Party）：反对党。1946年成立，曾于1951～1964年执政。1979年大选获胜重新上台。1982年因内部分裂而下台。1997年、2001年大选获胜再次上台执政。2006年12月大选败北。领袖是前总理肯尼·安东尼（Kenny Anthony）。

【重要人物】**皮尔莱特·路易茜**：总督。1946年6月8日生于圣卢西亚。就读于西印度大学巴巴多斯分校英语和法语专业，获文学士学位。后分别获加拿大拉维尔大学文学硕士和英国布里斯托尔大学哲学博士学位。在圣卢西亚多个学校执教，曾担任圣卢西亚A级学院院长。在圣卢西亚阿瑟·刘易斯爵士社区学院担任艺术、科学和总体研究系主任，后任该校副院长、院长。1997年9月17日就任总督。曾发表过多篇教育学学术论文并获奖。会讲英语、法语和克里奥语。曾于2004年9月访华。 **史蒂芬森·金**：总理。1958年11月13日生于圣卢西亚。曾任卫生部长、统一工人党主席、卫生与劳动关系部部长。2007年5月任代总理，并兼财政、外交、内政、国家安全、劳动、信息和广播部部长。同年9月，康普顿病逝，金接任总理一职。

经济

农业和旅游业在国民经济中占主要地位，农业以香蕉种植为主，主要出口到欧盟。粮食、食品和许多日用品不能自给，大多从美国进口。近年来旅游业发展迅速，是圣主要外汇来源。2008年农业、制造业和旅游业对GDP增长的贡献率分别为3.9%，5.9%和2.2%。2009年主要经济数据如下（资料来源：IMF官方网站、Indexmundi网站）：

国内生产总值：9.73亿美元。

人均国民生产总值：5671美元。

国内生产总值增长率：-5.2%。

货币名称：东加勒比元。

汇率：1美元=2.7东加元。

通货膨胀率：1.9%。

失业率：20%。

【资源】无重要矿藏，但有丰富的地热资源和森林资源，南部有硫磺矿。

【工业】主要生产出口型的轻工业产品，如肥皂、椰油、朗姆酒、饮料及电子装配、服装等。近年来，建筑业发展较快，政府为促进工业发展，将南部的维约堡建成自由工业区。

【农业】1/3的就业人口从事农业劳动。主要农产品是香蕉，也是其出口外汇收入主要来源，还有椰子、可可、香料等。

【旅游业】旅游业是主要外汇来源，游客主要来自北美和欧洲国家，首都卡斯特里是主要的停泊港口。2009年过夜游客27.85万人次，同比下降5.8%；游轮游客69.93万人次，同比增长12.8%。

【交通运输】全国无铁路。公路总长1210公里。卡斯特里和维约堡是重要的进出口岸。北部有一地区性机场，南部有一国际机场，航班可以到达加勒比大部分地区，并有定期直飞北美、英国和法国的班机。

【财政金融】金融业在国民经济中占有重要地位，政府计划建立国际金融服务中心。2009/2010 财年，圣政府财政收入 8.007 亿东加元，同比下降 2.5%，支出 9.261 亿东加元，同比增长 6.2%，财政赤字 1.255 亿东加元，占 GDP 比重的 4.8%。政府公共债务为 18 亿东加元，占当年国内生产总值的 71%。2010/2011 财年政府预算总额约 12.11 亿东加元。2009 年圣外汇储备（不含黄金）为 1.65 亿美元。

【对外贸易】每年均有商品贸易逆差。出口以初级农产品为主，进口粮食、食品、石油、机械及其他工业品和日用品。主要贸易对象是美国、英国、加拿大及加勒比共同体成员国。经济对外贸的依存度很高。近年进出口额如下（单位：百万美元）：

	2007	2008	2009
出口额	101.2	185.8	165.5
进口额	541.7	577.7	534.1
差　额	-440.5	-391.9	-368.6

（资料来源：2009 年经济季评）

【外国援助】独立以来，从四个洛美协定获得总额为 1940 万欧洲货币单位的援助。2004 年，欧盟提供 6110 万东加元援助，加勒比开发银行提供 6830 万东加元贷款，法国开发署提供 120 万东加元贷款，世界银行提供 2910 万东加元贷款。2009 年接受欧盟等捐助共计 4530 万东加元。

【经济团体】圣卢西亚农工商会（Saint Lucia Chamber of Commerce, Industry and Agriculture）：1884 年成立，共 130 名成员。主席汤姆斯·罗斯里，1998 年 11 月 18 日当选。地址：Micond St., POB 482, Castries。

人民生活

全国有 2 家综合医院、1 家精神病院和 1 个吸毒酗酒康复中心，435 张病床、64 名医生和 256 名护理人员。社区共有 33 个保健中心、1 家联合诊所、2 家地区医院。2009 年人均预期寿命为 76.45 岁，人口出生率 1.51%，死亡率 0.68%。

军　事

无常规军队。有一支 300 人的皇家警察部队（包括特种服务部队）和海岸警卫队。

文化教育

重视文化教育事业，实行5～15 岁的十年义务教育。成年识字率 90.1%。2007～2008 年度，学校、学生及教师情况如下：

	学校（所）	学生（人）	教师（人）
小　学	75	20164	922
中　学	23	15527	924
高等教育		1944	127

曾有两位诺贝尔奖获得者：阿瑟·刘易斯获 1979 年经济学奖；德雷克·沃尔科特获 1992 年文学奖。

【新闻出版】主要报刊有：《声报》（The Voice）、《星报》（The Star）、《远征军报》（The Crusader）、《一个加勒比》（One Caribbean）、《镜报》（The Mirror）、《先锋》（The Vanguard）、《天主教记事报》（The Catholic Chronicle）、国家电视网（National Telecommunication Network）。

主要广播电视台有：圣卢西亚广播电台（Radio Saint Lucia）、海伦电视台（Helen Television System）、达哈电视台（Daher Broadcasting System）等。

对外关系

主张同所有国家保持和谐关系。强调外交为经济服务。强调政府应同所有国家在开展经贸、相互投资等合作基础上寻求平衡的国际关系。主要通过运用其东加勒比国家组织成员国地位实施外交政策。在东加勒比国家组织和加共体等地区组织和地区事务中表现活跃。曾参与 1983 年出兵格林纳达的行动。是英联邦、美洲国家组织和联合国成员国，与美、英、法、加拿大等对地区有重要影响的大国保持着良好关系。

【同中国的关系】中圣于 1997 年 9 月 1 日建交。2007 年 4 月 30 日，圣与台签署“复交”公报。中方于 5 月 5 日宣布中止与圣外交关系。

据中国海关总署统计，2009 年，中圣双边贸易额为 696.7 万美元，其中中方出口额 678.7 万美元，进口额 18 万美元，分别增长 3.4%、1.5%和 255%。

【同美国的关系】1996 年 4 月，圣美签署打击共同犯罪条约和引渡条约。同年 6 月，圣美签订反毒协定，允许美国军舰进入圣领海及专属经济区，追捕、搜查涉嫌贩毒的船只。2007 年 6 月，圣代总理金赴华盛顿参加了首届加勒比大会。

【同古巴的关系】1979 年与古巴建交。在相互尊重主权的基础上，发展双边和多边的关系，加强与古的商务关系和旅游方面的合作。呼吁解除对古经济封锁，允许其重返泛美体系。主张接纳古为加勒比共同体成员。1999 年圣总理安东尼访古，双方签署了互免签证协定和经济合作协定。2006 年圣总理安东尼 2 次访古，双方签署了医疗卫生合作等协议。

【同其他国家的关系】与英国、加拿大、法国和委内瑞拉关系较为密切。　（朱倩）

圣 马 丁

名称 圣马丁海外领地（Collectivity d'outre mer de Saint-Martin，Overseas Collectivity of Saint Martin），简称圣马丁（Saint-Martin，Saint Martin）。

面积 54.4平方公里（包括圣马丁岛北部及邻近一些小岛）。

人口 29820人（2010年7月估计）。包括克里奥尔人（也称穆拉托人，指黑人、白人混血儿）、黑人、瓜德罗普梅斯蒂索人（法国人与东亚人混血儿）、白人、东印度人等。法语是官方语言，也使用英语、荷兰语、法语当地方言、西班牙语、帕皮亚门托语（荷属安的列斯方言）。居民信奉天主教、耶和华见证会、基督教新教、印度教等。

首府 马里戈特（Marigot），地处圣马丁岛中西部沿海，人口5700人。

行政官 雅克·希莫奈（Jacques Simonnet），2009年8月24日任职。

重要节日 法国国庆日（巴士底日，Bastille Day）：7月14日（1789年）。舍尔歇日（Schoalcher Day）（废除奴隶制节）：7月12日（1848年）。1848年，“法国的废除奴隶制之父”维克托·舍尔歇（Victor Schoelcher）在第二共和国时期任海军部副部长，起草废除殖民地奴隶制的著名法令。

简 况

圣马丁岛（法文 Saint-Martin，荷兰文 Sint Maarten）位于加勒比海东部、波多黎各岛东南300公里，在小安的列斯群岛中向风群岛的北端，它是世界上最小的分属两国的岛屿。地形丘陵起伏。地处北纬18度，属热带气候，气候温和，气温在24℃～35℃，平均气温约27℃。7～11月有飓风。6～11月为湿季，12～5月为干季。年降水量1140毫米。

圣马丁岛于1493年圣马丁节（12月11日）时被第二次远航美洲途中的哥伦布所“发现”，并宣布此地为西班牙领土。1631年，荷兰人占领该岛。西班牙于1933年重占该岛。1648年，法国与荷兰将圣马丁岛瓜分。岛的南部（占全岛1/3，约37平方公里）由荷兰管辖，北部（占2/3）由法国统治，两部分之间没有关税壁垒。荷属部分于20世纪80年代初与邻近的萨巴岛和圣尤斯特歇斯岛一起，组成荷属安的列斯向风群岛选区，首府菲利浦堡（Philipsburg）。法属部分曾长期归瓜德罗普管辖。2003年，法属部分居民公投通过要求脱离瓜德罗普、成为法国直辖海外行政区（COM）决议。2007年2月7日，法国国会通过法案，分别授予其和邻近的巴泰勒米岛海外行政区的地位。同年7月15日，法属圣马丁正式成为法国单独的海外领地。

政 治

2008年8月7日，弗朗茨·根布斯（Frantz GUMBS，进步联盟）当选为领地议会主席。2009年4月10日，法国政府国务委员会宣布2008年弗朗茨·根布斯当选领地议会主席的结果无效。5月5日，领地议会再次选举根布斯为主席。2009年8月，雅克·希莫奈出任新一任行政官。

法属圣马丁在法国参议院有一个席位，现任参议员为路易—康斯坦·弗莱明（Louis-Constant FLEMING，人民运动联盟），2008年9月21日当选，任期6年。

法属圣马丁将在2012年举行的法国国民议会选举中选出自己的一名国民议会议员，它当前在国民议会的代表是瓜德罗普第四选区选出的维克托林·吕勒尔（Victorin LUREL，社会党）。

【宪法】 实行法国宪法，行政官为法国总统的代表。

【议会】 一院制的领地议会（Le Conseil Territorial）任期5年，有23个席位，议员由普选产生。本届议会为圣马丁改制后的首届议会，于2007年7月1日和8日选举产生：进步联盟16席，责任成就联盟6席，圣马丁成就党1席。领地议会主席弗朗茨·根布斯，2009年5月任职。

【政府】 称为执行委员会（Le conseil exécutif），领地议会主席任执委会主席（政府首脑）。执委会主席弗朗茨·根布斯。还设有咨询机构——经济社会和文化委员会（Le conseil économique social et culturel）。

【网址】 http：//www.com-saint-martin.fr/default.aspx（官方网站）；http：//www.st-martin.org/（圣马丁旅游办公室）。

【政党】（1）进步联盟（Union Pour le Progres，UPP）：领导人路易—康斯坦·弗莱明。

（2）责任成就联盟（Rassemblement Responsabilite Reussite，RRR）：领导人阿兰·理查森（Alain RICHARDSON）。

（3）圣马丁成就党（Reussir Saint-Martin）：领导人让—吕克·哈姆雷特［Jean-Luc HAMLET］。

经 济

圣马丁岛拥有得天独厚的洁净海滩和宜人的气候。经济活动主要领域是非金融性的服务业、贸易和建筑业。在2006年的4134家公司中，贸易公司占24.6%，酒店和饭店23.6%，服务业23.1%，建筑业11.5%。

旅游业迅速发展，已经成为经济支柱。旅游业是法属圣马丁经济的中心，每年大约有100万人次前往该岛旅游。法属圣马丁的人均地区生产总值（GDP）在加勒比海地区是较高的。地区生产总值（1999年）4.21亿欧元，人均14500欧元（估计，比法国本土低39%，比荷属部分低21%）。在地区生产总值（2000年）中，农业仅占1%，工业15%，服务业为84%。使用欧元（euros，EUR），1美元=0.6827欧元（2008年）。也接受美元。

法属圣马丁有一个小型机场，最近的国际机场为位于荷属部分的朱莉安娜国际机场。2007年，有约65万人抵达圣马丁岛，其中85.8%在荷属部分着陆。

（石宜　卜阙）

圣皮埃尔和密克隆

名称　圣皮埃尔和密克隆集合领地（Collectivité territoriale de Saint-Pierre-et-Miquelon，Territorial Collectivity of Saint Pierre and Miquelon），简称圣皮埃尔和密克隆（Saint-Pierre-et-Miquelon，St. Pierre and Miquelon）。

面积　242平方公里，其中圣皮埃尔岛25平方公里，密克隆岛（大密克隆岛）110平方公里，朗格拉德岛（小密克隆岛）91平方公里，后两岛之间有狭长地峡相连。

人口　7063人（2010年7月估计）。居民多为法国移民后裔。官方语言为法语。99%的居民信奉天主教。

首府　圣皮埃尔市（Saint Pierre）。

行政长官　让—雷吉斯·博里于（Jean-Régis BORIUS），2009年11月任职。

重要节日　7月14日（法国国庆）。

简　况

位于北美洲加拿大纽芬兰岛以南25公里的北大西洋中。全境由圣皮埃尔、密克隆、朗格拉德等八个岛屿组成。拥有120公里的海岸线。气候阴冷多风，年平均气温5.6℃，冬季最低气温达－20℃，夏季平均气温10℃～20℃。年降水量1400毫米。

1520年，葡萄牙人航行到此。1536年，被法国人雅克·卡蒂耶起用现名。1604年，法国渔民在此建立第一个永久性居民点。此后200年中，英法交替占领该群岛。1816年被法国占领。1946年10月成为法国海外领地（territoire d'outre-mer，TOM）。1976年7月改为法国海外省（département d'outre-mer，DOM）。1985年6月成为法国的享有特殊地位的地方行政单位（集合领地）（collectivité territoriale）。2003年3月成为法国的海外地方行政区（collectivités d'outre-mer，COM），但其正式名称仍为圣皮埃尔和密克隆集合领地。法国政府任命一名行政长官为其代表。防务由法国负责。

政　治

2009年11月，新一任行政长官让—雷吉斯·博里于任职。

圣皮埃尔和密克隆在法国国民议会和参议院各拥有一个议席。现任国民议会议员为安妮克·杰拉尔丹（Annick GIRARDIN，女，左翼激进党），2007年当选。现任参议员为丹尼斯·德切韦里（Denis DETCHEVERRY，人民运动联盟），2004年当选。

【宪法】实行法国宪法。

【领地议会（Conseil territorial）】地方议会，原称为省议会（Conseil général），2007年2月根据法国相关法律改为现名，其权力有所增加。领地议会由19名议员组成，任期6年，其中圣皮埃尔岛15名，密克隆岛4名。本届议会于2006年3月选出，“群岛明天”占16席，“未来之路”2席，“圣皮埃尔和密克隆2000/密克隆未来”1席。领地议会主席斯蒂芬·阿塔诺（Stephane ARTANO），2006年3月31日就任。

【政府】由行政长官、19名领地议会议员以及当地选出的法国国民议会议员和参议员共同组成。议会主席为地方政府首脑。

【网址】www.saint-pierre-et-miquelon.pref.gouv.fr（概况）。

【司法机构】在圣皮埃尔设初审法庭、高等上诉法庭和行政法庭。初审法庭庭长帕斯卡尔·玛蒂斯（Pascal Mathis），高等上诉法庭庭长弗朗索瓦·比龙（François Billon）。

【政党】主要政党均与法国本土政党联系密切，有“群岛明天”（Archipel Démain，与人民运动联盟有联系）、“未来之路”（Cap sur l'Avenir，与左翼激进党有联系）、“圣皮埃尔和密克隆2000/密克隆未来”（Saint Pierre and Miquelon 2000/Avenir Miquelon，与社会党有联系）等党派。

经　济

2004年人均国民生产总值26073欧元（按购买力平价计算）。货币为欧元。汇率（2009年）：1美元＝0.7338欧元。通货膨胀率（2005年）：8.1%。

传统经济以渔业及其加工业为主。后因与加拿大发生海域和捕鱼定额之争，渔业生产受到严重影响。

1992年经国际仲裁法庭裁决，圣皮埃尔和密克隆获得专属经济区12348平方公里（只相当于法国主张面积的25%）。为来往船只、主要是拖网渔船提供给养服务也曾是重要的经济收入之一，但受渔业不景气影响而趋于萧条。政府将开发港口和扩大旅游业作为保持经济发展的主要手段。因土质和气候条件不适宜农业生产，只有少量的蔬菜种植、养猪及蛋禽生产。在财政方面相当依靠法国政府给予的资助。

【工业】 主要为渔产品加工业，从业人员占就业总人口的41%，主要生产鱼子酱、腌鳕鱼等。2005年发电量为5300万千瓦小时。

【渔业】 为传统经济支柱。近年来注重在法属经济区开发多样化资源，大力发展扇贝和鳕鱼的人工养殖。2007年总渔获量1108吨。

【旅游业】 为重要经济部门。有1家旅行社、16家旅馆，193间客房。2007年接待游客约为24935人次。游客主要来自加拿大。

【交通运输】 以海空运输为主。

公路：117公里（其中80公里铺设路面）。

海运：圣皮埃尔港码头长1200米，有三艘汽船。从圣皮埃尔港至加拿大哈利法克斯、新斯科舍及美国波士顿有集装箱航线。2003年进港轮船1017艘，货运量614000吨。

空运：圣皮埃尔机场能起降大型飞机。法航班机从巴黎经伦敦或蒙特利尔达圣皮埃尔。圣皮埃尔航空公司辟有通往加拿大哈利法克斯、新斯科舍、蒙特利尔、魁北克、蒙克顿、西德尼等地的直航航线。地方航空公司航线通往纽芬兰岛。2004年客运量为32318人次。

【财政金融】 财政支出常年大于收入，主要依靠法国政府援款填补赤字。

主要银行为始建于1889年的圣皮埃尔和密克隆群岛银行（Banque des Iles Saint Pierre et Miquelon）和1962年成立的圣皮埃尔信贷银行（Crédit Saint Pierrais）。

【对外贸易】 2005年出口额550万美元，进口额6820万美元。主要出口鱼和鱼产品，进口燃料、建筑材料、食品、服装及其他日用品。主要贸易对象是加拿大、法国及其他欧盟国家。

人民生活

居民享受与法国公民同等的社会福利待遇。有一所综合性医院，104张病床，其中设有养老院和残疾人中心。2008年有固定电话4800部。

文化教育

【教育】 实施与法国相同的教育制度，对6～16岁儿童实行免费义务教育。2007年公立学校有小学4所，各类中等学校5所（包括技术学校1所），总在校生793人；私立学校有小学4所，中学1所，总在校生528人。

【新闻出版】 主要报刊有：《政府公报》，月刊，1866年创办；《回声报》，周刊，1982年创办，发行量2500份；《自由之风》，周刊，发行量350份；《纽带》，人民运动联盟机关报，一年发行10期。

法国海外广播电视台在圣皮埃尔—密克隆设有分台。电台有2个频道，电视台有3个频道。

大西洋电台：私人电台，每天播音24小时。

（未名）

圣文森特和格林纳丁斯

国名 圣文森特和格林纳丁斯（St. Vincent and the Grenadines）。

面积 389平方公里。

人口 10.4万（2010年）。其中黑人占66%，混血种人占19%，印度人占6%。通用语言为英语。多数居民信奉基督教和天主教。其中，英国国教徒占47%，卫理公会派教徒28%，罗马天主教徒占13%，其他占12%。

首都 金斯敦（Kingstown）。人口1.4万。

国家元首 英国女王；女王任命总督为其代表。现任总督弗雷德里克·纳撒尼尔·巴兰坦（Frederick Nathaniel BALLANTYNE），2002年9月就任。

重要节日 独立日：10月27日。

简况

位于小安的列斯群岛南部。属热带气候，年平均气温26℃。

原为印第安加勒比部落居住地。1489年哥伦布到达圣文森特岛。1627年英国占领该岛，后法国声称对此岛拥有主权，两国为争夺该岛进行多次战争。1783年《凡尔赛条约》确认英国对该岛的统治。1979年10月27日圣文森特和格林纳丁斯宣布独立，现为英联邦成员国。

政治

2005年12月，联合工党再次赢得大选，蝉联执政。该党领袖拉尔夫·冈萨维斯（Dr. Ralph GONSALVES）出任总理。冈萨维斯政府注重打击犯罪活动，增加教育投入，采取积极措施改善旅游业状况。根据宪法，圣将于2010年12月举行大选。现政局稳定。

【宪法】 现行宪法于1979年10月27日独立时生效。规定国家元首为英国女王，女王任命总督为其代表。议会可对宪法进行修改。总督行使行政权力，总理和议长由总督任命。2009年11月，圣就修宪举行全民公决，但修宪案未能通过。

【议会】 为一院制，任期五年。共有23名议员，其中众议员17席，由普选产生；参议员6席，由总督任命，其中4席由总理提名，2名由反对党领袖提名。现议长为汉德里克·亚历山大（Hendrick ALEXANDER）。

【政府】 本届政府于2005年12月组成。成员有：总理兼财政、经济计划、能源、新闻、劳工、国家安全、司法和格林纳丁斯事务部长拉尔夫·冈萨维斯，副总理兼外交和商贸部长路易斯·斯特拉克（Louis STRAKER），国家动员、社会发展、非政府组织关系、家庭、性别和残疾人事务部长迈克尔·布朗（Michael BROWNE），教育部长格尔琳·米盖尔（Girlyn MIGUEL），乡村改造、新闻、公共服务和教会事务部长塞尔蒙·沃特斯（Selmon WALTERS），卫生和环境部长道格拉斯·斯莱特（Douglas SLATER），城市发展、劳工、文化和选举事务部长瑞内·巴普蒂斯德（Rene BAPTISTE），运输和工程部长克莱顿·伯金（Clayton BURGIN），农业、林业和渔业部长蒙哥马利·丹尼尔（Montgomery DANIEL），旅游、青年和体育部长格伦·比奇（Glen BEACHE），总理办公室国务部长康拉德·塞耶斯（Conrad SAYERS），住房、物资计划、土地和调查统计部长朱利安·弗朗西斯（Julian FRANCIS），通信、科技和工业部长杰鲁尔·汤普森（Jerrol THOMPSON），总检察长朱迪思·琼斯·摩根（Judith Jones MORGAN）。

【司法机构】 由东加勒比最高法院（包括高等法院和上诉法院）行使司法权力，两名东加最高法院法官常驻圣。终审权在英国枢密院司法委员会。

【政党】 主要政党有：

（1）联合工党（United Labour Party）：执政党。1994年9月11日由圣文森特工党与全国统一运动党合并而成。2001年上台执政，并在2005年12月举行的大选中蝉联执政。领袖拉尔夫·冈萨维斯。

（2）新民主党（New Democratic Party）：反对党。1975年12月由詹姆斯·米切尔（James MITCHELL）创建。曾于1985～2001年执政。领袖安海姆·尤斯塔斯（Arnhim EUSTACE）。

经　济

农业是经济的基础，有少量的农产品加工及小型制造业，离岸金融业和旅游业占有重要地位。2009年主要经济数据如下：

国内生产总值：6.32亿美元。

国内生产总值增长率：-6.5%。

人均国内生产总值：18100美元。

货币名称：东加勒比元；1东加元=100分。

固定汇率：1美元=2.7东加勒比元。

【工业】 有少量的农产品加工及服装、皮革、榨油和肥皂等小型工业。小型制造业发展缓慢，主要产品有水泥、面粉和家具等。2005年工业总产值占国内生产总值的25.2%，制造业占国内生产总值的5.3%。

【农业】 农业是经济的主要支柱，2007年农业占国内生产总值的7.1%。可耕地占土地总面积的1/3以上。主要种植香蕉、葛根、甘薯、甘蔗、椰子等。圣是世界上最大的葛粉生产国。香蕉为圣主要经济作物。香蕉为主要经济作物，2007年出口香蕉收入达2000万东加元。

【旅游业】 圣经济支柱产业。旅游区主要集中在具有优质海滩的格林纳丁斯群岛。受国际金融危机影响，赴圣的过夜和游船游客数量均大幅下降。

【交通运输】 有公路829公里，其中柏油路580公里，非柏油路249公里。

水运：在金斯敦有一深水港，货运量为2万吨。

空运：共有6个机场，其中一个为国际机场（ET JOSHUA 机场）。

【对外贸易】 主要进口食品、机械、基本工业品。主要出口香蕉、蔬菜和葛粉。主要贸易对象为英、美和加勒比国家。近几年对外贸易数据如下（单位：百万美元）：

	2007	2008	2009
出口额	51.4	52.9	53.2
进口额	287.9	302.4	350.7

【经济团体】（1）圣文森特和格林纳丁斯工商会（St. Vincent and the Grenadines Chamber of Industry and Commerce）：1925年成立。地址：Halifax St. POB 134, Kingstown。主席朱利安·费迪南德（Julian FERDINAND）。

（2）圣文森特开发公司（St. Vincent Development Corperation）：1970年成立，经营金融业、工农渔业和旅游业。地址：Granby St. POB 841, Kingstown。主席塞缪尔·古德勒克（Samuel GOODLUCK）。

人民生活

2008年，全国共有固定电话22800部，移动电话130100部。2009年网络用户达66000人。2010年平均寿命73.9岁。

军　事

防务由总部设在巴巴多斯的地区安全体系负责，无正规军队，仅有一支警察部队。

文化教育

【教育】 成人文盲率4%左右。教育支出约占国民生产总值的8.1%。

【新闻出版】主要有《文森特人》周报，5500份；《星报》；《圣文森特之声》；《正义报》；《政府公报》，发行量370份；《新时代》。

有1个调幅电台，3个调频电台，圣文森特和格林纳丁斯电台为唯一国营电台。

对外关系 奉行维护民族尊严和地区团结的外交政策。同美国、英国、加拿大以及加勒比地区国家关系密切。主张加勒比一体化，赞成向风群岛四国组成政治联盟。是加勒比石油计划参与国。2009年4月，正式加入美洲玻利瓦尔选择联盟。

【同中国的关系】尚无外交关系。

【同美国和欧洲国家的关系】1995年、1996年、1997年，与美国分别签署海洋法实施协议、印度条约及法律互助条约。2007年和2008年，圣文森特总理冈萨维斯分别出席了在美国举行的两届加勒比大会。

【同加勒比国家的关系】重视发展与加勒比国家的关系，积极参与地区一体化进程。2006年7月，加入加共体单一市场。2009年12月，圣与其他东加勒比国家组织成员共同签署《新巴斯特尔条约》，该条约旨在建立东加勒比经济联盟。（陆兵）

苏里南

国名 苏里南共和国（The Republic of Suriname）。

面积 163820平方公里（包括同圭亚那有争议的1.7万平方公里）。

人口 51.7万（2008年）。其中印度人占35%，克里奥尔人占32%，印度尼西亚人占15%，丛林黑人占10%，印第安人占3%，华人占3%，其他人种占2%。另有约18万苏里南人旅居荷兰。荷兰语为官方语言，通用苏里南语。各民族均有自己的语言。居民的40%信奉基督教，33%信奉印度教，20%信奉伊斯兰教。

首都 帕拉马里博（Paramaribo），人口24.29万。

国家元首 总统鲁纳多·罗纳德·费内希恩（Runaldo Ronald VENETIAAN），2000年8月就任，2005年8月连任。

重要节日 独立日：11月25日。

简 况 位于南美洲北部。东邻法属圭亚那，南界巴西，西连圭亚那，北濒大西洋。属热带雨林气候。年平均气温23℃～27℃。

原为美洲印第安人居住地。1593年被西班牙探险者宣布为其属地。1602年荷兰人开始到此定居。1630年英国移民迁此。1667年英、荷签订条约，苏成为荷兰殖民地。1815年维也纳条约正式确立荷对苏的殖民主地位。1954年除外交和国防事务外实行内部自治。1975年11月25日宣布独立，成立共和国。

政 治 2005年5月大选后，由于没有任何一个党派超过议会席位的半数，由“民主和发展新阵线”和“A联盟”等8党组成联合政府。目前政局稳定。2010年5月25日举行新一届大选。

【宪法】1987年国民议会通过新宪法草案并生效。宪法规定：立法权由国民议会和总统共同行使，国民议会经由全民选举产生。总统和副总统由国民议会2/3以上多数选举产生，如果未达2/3，将由国民议会和省、市议会共同组成的国民大会选举产生。总统是国家元首、政府首脑、国务委员会主席、武装部队总司令，行使行政权，任命内阁；政府由总统、副总统及各部部长组成，副总统兼任总理，领导内阁，对总统负责，政府部长不是国民议会的议员；国务委员会监督政府执行国民议会的决定，成员由总统和工会、企业、立法机构及军方等主要政治力量的代表组成，有权否决它认为违背宪法的法案，最终否决权在总统手中，总统在1个月内考虑同意或反对国务委员会的决定。法院的司法独立，不受任何方式的干涉。

【议会】国民议会为一院制，设51个席位，任期五年。议长保罗·索摩哈尔乔（Paul SOMOHARDJO），2005年7月就任。

【政府】本届政府于2005年9月1日正式成立。主要成员有：总统鲁纳多·罗纳德·费内希恩，副总统拉姆丁·萨灸（Ramdien SARDJOE），外交部长丽吉娅·克拉赫—科特尔戴克（Lygia KRAAG-KETELDIJK），国防部长伊万·弗尔纳尔德（Ivan FERNALD），财政部长汉弗莱·希尔顿贝赫（Humphrey HILDENBERG），内政部长茅利茨·哈桑坎（Maurits HASSANKHAN）等。

【行政区划】全国划为一市即帕拉马里博市和九省：瓦尼卡、尼克里、萨拉马卡、科摩维纳、马罗维纳、巴拉、勃洛克彭都、西帕里维尼、科罗尼。

【司法机构】设最高法院、检察院和3个地方法院。最高法院法官任职终身制，院长埃瓦尔德·翁布勒（Ewald OMBRE），2010年6月就任。总检察长索巴肖德尔·彭瓦西（Soebhaschaudre PUNWASI）。

【政党】全国登记在册的政党有20多个，主要有：

1. 民主与发展新阵线：由苏里南民族党、进步改革党、苏里南工党和崇高真理党组成，是现政府的主要执政联盟。2005年大选中获23票，成为议会第一大党。2010年5月大选前，崇高真理党退出新阵线。

（1）苏里南民族党（Nationale Partij Suriname，简称NPS）：1946年成立，主要由克里奥尔人组成。自苏独立以来，除军人执政期以及1996年9月至2000年8月外一直处于执政党地位。主张实行议会民主，发展独立的民族经济。主席鲁纳多·费内希恩。

（2）进步改革党（Vooruitstrevende Hervormings Partij，简称VHP）：1949年成立，1974年改为现名。党员主要是印度斯坦人。为第二大执政党。主要维护印度斯坦人以及与荷、美企业有联系的社会阶层的利益。主张实行议会民主和加强同荷兰的关系。主席拉姆丁·萨灸。

（3）苏里南工党（Surinaamse Partij Van de Arbeid，简称SPA）：工会为参与政治于1987年7月建立工党。核心成员多为C－47工会和政府职员工会成员。该党反对传统老党垄断政局的旧议会民主体制，也反对军人的军事专制，主张工会参政，自称代表劳动阶级的利益。2000年成为执政党之一，在政府中拥有3个部长席位。现主席为西赫弗里德·吉尔兹（Siegfried GILDS）。

2. A联盟

2005年大选前成立，由兄弟团结政治联盟、大众解放党、SEEKA党3党组成，党员主要为丛林黑人，又称马荣人。在2005年大选中，该联盟赢得5个议席，其中兄弟团结政治联盟实力最强，赢得4个议席，另1个议席被大众解放党获得。目前，兄弟团结政治联盟主席阿兰迪（Caprino ALENDY）任苏国民议会副议长。

3. 民族民主党（Nationale Democratische Partij，简称NDP）：1987年6月军人集团建立该党。主张建立以民族、民主为基础的社会经济秩序，反对与荷兰保持密切关系。为最大的反对党。主席德西·鲍特瑟（Desi BOUTERSE）。

【重要人物】**鲁纳多·罗纳德·费内希恩**：总统。1936年6月18日生于帕拉马里博。先后在荷兰阿姆斯特丹中学和莱顿大学读书，获数学、物理学硕士学位。后在莱顿大学数学系任研究助理、苏里南大学预科学校讲师和教育学院数学系主任。1973～1988年先后任教育部长、科学教育局局长、教师进修学院和大学高级数学讲师并曾兼任统计局科学顾问。1988～1991年再次任教育部长。1989～1991年任联合国教科文组织执委。1991～1996年任总统。1993年4月当选民族党主席。2000年8月、2005年8月两度出任总统。多次获国内和国际勋章，爱好文学、艺术、音乐和园艺，特别是诗歌和油画。信奉天主教。曾于1994年、2004年两度访华。　**拉姆丁·萨灸**：副总统，进步改革党主席。1935年10月10日生于苏里南瓦利卡省，印度斯坦人。毕业于苏里南师范学校，曾先后获得助教证书、教师证书等高级学历证书。1953年起先后在多所小学、师范夜校、教师培训学院任教。1992～1996年任教育和社区发展部常秘。1963～2000年为国民议会议员。1967年起任进步改革党秘书长。2000年任执政联盟"新阵线"党团主席第二候选人。2001年11月接替去世的前议长拉奇蒙当选为苏国民议会议长。2005年8月当选为副总统。有5个孩子。信奉印度教。曾于2007年访华。

经　济

苏里南自然资源丰富，但经济基础相对薄弱，经济发展不平衡。国民经济主要依靠铝矿业、加工制造业和农业。近年来，苏经济发展受挫，汇率不稳，政府推行的国有企业私有化改革进展缓慢。2004年苏政府发行新的货币苏元，取代苏盾，以抑制通货膨胀。当前国际金融危机对苏铝矿、石油、旅游和农渔业等产业造成不同程度影响，但因苏经济规模较小，危机尚未对苏经济基础造成直接大冲击，苏经济状况总体稳定。2009年主要经济数据如下（资料来源：IMF官方网站、Indexmundi网站）：

国内生产总值：29.62亿美元。

人均国内生产总值：5676美元。

国内生产总值增长率：2.5%。

货币名称：苏里南元。

汇率：1美元＝2.78苏元。

通货膨胀率：6.4%。

失业率：9.5%。

【资源】矿产主要有铝土矿，1998年底探明蕴藏量约为5.8亿吨。其他矿产有石油、铁、锰、铜、镍、铂、黄金等，近年来在近海发现石油。2009年黄金出口额5.4亿美元。森林和水力资源丰富。森林覆盖率达95%。1998年，苏宣布将160万公顷（相当于国土的10%）的原始雨林设为国家保护区。

【工业】以铝土开采和加工为主，此外还有粮食加工、香烟、饮料、化工产品的生产等。苏为世界第九大铝矾土生产国，铝矿业是苏最重要的生产部门。2009年铝矾土及氧化铝出口额3.23亿美元。

【农林渔业】耕地面积占国土面积的0.36%。2006年农林渔业产值占国内生产总值的4.7%。稻米、水果、蔬菜为主要农作物，此外还有甘蔗、棕榈、咖啡、可可等。总体上，苏为粮食净出口国。稻米播种面积占可耕地面积的近一半，43%的稻米出口，占出口总值的8%。捕虾业也是重要的创汇业。

【交通运输】以公路和水运为主。

铁路：总长225公里，用来运输木材和铝矾土。无公用客运铁路。

公路、桥梁：总长8837公里（2005年）。1999年7月竣工的哥本南大桥将首都帕拉马里博和西部尼克里地区连接起来。2000年5月竣工的苏里南河大桥将首都和东部地区连接起来。2008年苏计划开工950公里公路修筑。

水运：可航行的河流总长约1500公里。首都帕拉马里博为主要港口。苏有1小型商业船队，至2002年底注册船只12艘。2002年装货230.6万吨，卸货121.2万吨。轮渡可通往圭亚那和法属圭亚那。

空运：有一个国际机场，有四条国际航线。其他机场及简易机场只能供小型短距离起落飞机使用。

【财政金融】2009/2010财年苏财政赤字约3.57亿美元。截至2009年底，苏外汇储备（不含黄金）6.59亿美元，外债2.25亿美元。

【对外贸易】经济对外贸的依赖很深。主要出口产品为氧化铝，其次为大米、虾、水果、木材等。主要进口产品为燃料、工业原材料和半制成品、机械、交通和生活用品。

主要贸易对象是美国、加拿大、挪威和其他加勒比国家。2007年对主要出口目的地国的出口额占总出口额比重分别为：加拿大（24.5%），欧盟（21.3%），挪威（19.5%），美国（8.5%）；2008年从主要进口国进口额占总进口额比重分别为：美国（23.8%），欧盟（23.4%），特多（20.6%），中国（7.9%）。近几年对外贸易情况如下（单位：亿美元）：

	2007	2008	2009
出口额	13.59	17.08	13.70
进口额	11.85	13.50	12.00
差　额	1.74	3.58	1.70

（资料来源：2009年经济季评）

【外国援助】2008年，荷兰和苏里南两国确认荷对苏现有部门援助全部结束，援助计划余额1.9亿欧元将一次性划归苏政府用于苏偿还外债。2008～2010年，联合国将向苏捐助4000万美元社会发展资金。2009年1月，法国开发署向苏提供100万欧元援助，用于发展苏东部和内陆地区医疗卫生事业。2月，印度驻苏大使宣布向苏提供1亿美元长期无息贷款，用于开展国防、经济、教育、文化等领域合作。7月，荷兰向苏内陆发展基金注资350万欧元，并向苏政府提供7200万美元用于偿还苏欠巴西政府贷款。10月，委内瑞拉向苏提供100万美元援助，用于建设渔业加工中心。2010年2月，美驻苏使馆向苏地区卫生组织提供35000美元捐款，用于艾滋病预防工作。

【经济团体】主要有：

（1）工商会（Chamber of Commerce and Industry）：成立于1910年，成员16109人，主席阿麦拉里（R. L. A. AMWWRALI）。地址：P. O. BOX 139，Dr. J. C. De Mirandastraat 10，Paramaribo，Suriname，电话：474536，传真474779。

（2）苏里南工贸协会（Suriname Trade and Industry Association）：成立于1950年，现有成员290人。主席迈耶（M. MEYER）。地址：P. O. Box 111，Prins Hendrikstraat 18，Paramaribo，Suriname。

人民生活

有现代化的医疗设施，近年医疗卫生系统人才流失极为严重。2001年研究资料表明，1970～1998年间培训的护士已有82%现在国外工作。2009年人均寿命73.7岁，出生率1.68%，死亡率0.55%。2007年互联网用户44000人，每100人拥有固定电话18部，移动电话70.8部。2009年互联网使用者占总人口比率为9.7%。

军　事

2003年总兵力1840人，其中陆军1400人，海军240人，空军200人。2008年国防预算1780万美元。

文化教育

【教育】基本延用荷兰的教育体制，对6～12岁儿童实行义务教育，大中小学都是免费教育。全国有1所大学（苏里南大学）。2009年成人识字率为89.6%。

【新闻出版】有4份主要报纸。其中《真理时报》，发行量8000份；《西方晚报》，发行量1.5万～1.8万份。

苏里南通讯社：同西方、拉美、加勒比各大通讯社有业务联系，每天出版荷文、英文新闻稿。

有12家广播电台。主要有：苏里南广播基金会：创建于1965年，由政府经营，用荷兰语和当地语言播音；苏里南国际广播电台：创建于1984年，由政府经营，用荷兰语、英语和苏里南语播音，每周两次；K. B. C. 电台：创建于1985年，用当地语言和英语广播；帕拉马里博电台：创建于1957年，用当地语言、英语和西班牙语广播；鼓声电台：创建于1958年，用荷兰语、当地语广播。

苏里南电视台：建于1965年，由政府经营，用当地语言、荷兰语和英语广播。阿波尼电视台：1985年建立，由政府经营，用荷兰语、英语、葡萄牙语、西班牙语及当地语言广播。

对外关系

奉行不结盟的外交政策，维护国家主权、民族自决和不干涉内政等原则；重视发展同邻国圭亚那、巴西和法属圭亚那的关系；保持与美国、荷兰以及其他欧盟国家的务实关系；促进地区一体化，加强同南美大陆特别是亚马孙条约国家间的合作；近年来，努力开拓同日本、中国、印尼、马来西亚和韩国等亚太国家的关系。苏是加勒比共同体、加勒比开发银行、伊斯兰会议组织和美洲开发银行成员。与约100个国家建立了外交关系。

【同中国的关系】1976年5月28日两国建交。1977年5月12日中国在苏里南设大使馆。1998年1月苏在华设大使馆。

近年来，中苏双边关系继续发展。中央政治局常委、全国人大常委会副委员长、国务委员及多位部长等曾访苏。苏总统、副总统、议长、副议长、外长、国防部长、财政部长等曾访华。2007年以来，中央政治局常委李长春、全国人大外事委副主任委员吉佩定访苏；苏副总统萨灸、议长索摩哈尔乔、副议长阿兰迪及多位政府部长等分别访华。2008年7月，中联部工作小组访苏；4月，苏国防部长弗尔纳尔德访华；5月，苏执政联盟干部考察团访华；10月，苏司法警察部长单多吉访华。2009年6月，苏国防军司令麦库尔访华。11月，原全国人大副委员长、中拉友好协会会长成思危率团访苏，会见费内希恩总统、索摩哈尔乔议长和阿兰迪副议长。

2009年中苏双边贸易额为1.08亿美元，其中中方出口额9616万美元，进口额1191万美元，分别增长1.6%、-6.4%和225.4%。

中国驻苏里南大使：袁南生。馆址：Anton Dragtenweg 154，P.O.Box 3042，Paramaribo，Suriname。电话：（597）451570，451210。电传：197 CEP512 SN。商务处地址：Erosstraat 4，P.O.Box 8116，Paramaribo，Suriname。电话：（597）450490，452560。

苏里南驻华大使：穆罕默德·伊萨克·苏罗卡索（Mohamed Isaak SOEROKARSO）。馆址：北京市建国门外大街外交公寓1-3-31，邮政编码：100600。电话：010-65322939，65322938；传真：65322941。

华侨华人组织：广义堂：创建于1880年，是苏最大、影响最广的华侨华人社团。所办《洵南日报》经常刊登介绍中国内外政策和国内情况的消息。

友好组织：苏中友协：1974年成立，现任主席伦纳德·约翰斯。

【同荷兰的关系】由于历史原因，苏在政治、经济和文化等方面受荷影响很深。1975年苏独立后，两国关系曲折发展，荷曾两次中止对苏援助。2000年本届政府上台后，苏荷关系好转，高层互访增多，荷恢复了对苏援助。2005年11月，荷首相访苏，并参加苏独立30周年庆典。苏有18万人旅居荷兰，另有12万苏里南人后裔生活在荷兰。2009年2月，苏议长索摩哈尔乔对荷进行私人访问。11月，荷兰国防大臣范米德尔科普访苏。2010年1月，苏司法警察部长单多吉访问荷兰。

【同圭亚那的关系】苏圭有领土纠纷，两国海洋边界从未划定。由于争议区蕴藏着丰富的石油以及铀矿和硬木资源，边界纠纷长期困扰两国关系。2002年两国总统实现互访，双方决定共同开发有争议地区，并同意召开苏圭合作委员会和国界委员会会议，商讨两国在多领域开展合作的可能性。2007年9月20日，国际海洋法庭做出终审判决，争议水域略大于2/3的部分划归圭方。两国政府均表示接受并尊重该判决。双方已就渔业合作达成一致。2009年12月，圭总统贾格迪奥对苏进行私人访问。2010年3月，苏司法警察部长单多吉对圭进行工作访问。

【同印度的关系】2007年4月，苏内政部长哈桑坎对印进行文化访问。7月，印决定向苏投资1.5亿美元发展生物能源，苏政府接受该项提议。2009年1月，苏副总统萨灸赴印度出席第七届世界印度侨民大会，并会见印总理辛格。2010年1月，苏内政部长哈桑坎访问印度，并出席世界印度侨民大会。2月，苏国防部长弗尔纳尔德对印进行工作访问。

【同美国的关系】苏重视发展同美国的关系，在经济上对美依赖较深。反对美制裁古巴，反对美对伊拉克发动战争，在修建美国和墨西哥边界隔离墙问题上与美立场有分歧。苏美在缉毒方面有合作。2003年，在美压力下，苏加大打击非法移民的力度。在美洲自由贸易区谈判中，苏对美存有戒心，担心美在贸易安排中牺牲弱小国家利益，主张加强与巴西等拉美国家协调立场。2007年6月，苏副总统萨灸出席加共体各国领导人与美国总统布什的首脑会谈。2009年2月，苏国防部长弗尔纳尔德访美。5月，苏美签署联合打击武器走私共同声明。10月，美向苏军方提供160万美元军援物资，主要包括野战车和通讯设备等。

【同巴西的关系】苏十分重视与巴西的关系，双方合作领域广泛。在国际事务中，苏跟随巴西较紧，认为巴西能代表拉美中小国利益。巴西在苏有数万移民，多为非法居留。2003年7月，费内希恩总统对巴西进行国事访问，两国总统就移民、延缓还债等问题达成共识。两国签订司法互助协定和双边贸易协定。2005年，两国签署稻米出口协议。2009年8月，苏国防军司令麦库尔访巴。9月，苏外长克拉赫访巴。

【同印尼的关系】苏、印尼曾同属荷兰殖民地，由于历史渊源，两国关系较为密切。由印尼人后裔组成的崇高真理党是本届政府的执政党之一。两国在多个领域开展经济技术合作，每年举行经济混委会。2003年，两国签订了航空合作协议和避免双重征税协议。（朱倩）

特克斯和凯科斯群岛

名称 特克斯和凯科斯群岛（The Turks and Caicos Islands）。

面积 430 平方公里。约有 40 个岛屿，仅 8 个有人居住。

人口 2.35 万，人口增长率 2.491%，出生率 20.44‰，死亡率 4.7‰（2010 年估计）。黑人占 90%，混血种人、欧洲人和北美人后裔占 10%。英语是官方语言。多数人信奉基督教。

首府 科伯恩城（Cockburn Town），位于特克斯群岛北部的大特克岛上，人口 5100 人（2004 年估计）。

总督 戈登·韦瑟雷尔（Gordon WETHERELL），2008 年 8 月 5 日就任。

重要节日 宪法日：8 月 30 日（1976 年）。

简况

位于巴哈马群岛东南端，距海地北部约 145 公里。东部濒临大西洋，西部同古巴隔水相望，由特克斯和凯科斯两组群岛组成。属亚热带气候。8 月为最热月份，气温 26℃ ~32℃，1~2 月为最冷月份，气温 21℃ ~27℃。6~11 月有飓风。

原为印第安人的阿拉瓦克部族和卢卡约斯部族居住地。1512 年西班牙人抵此。1766 年成为英国殖民地。1799 年归英国巴哈马总督区管辖。1873 ~ 1959 年归英国牙买加总督区管辖。1962 年牙买加独立后，该群岛成为英直属殖民地。1972 年英女王第一次任命主管该群岛的总督。现为英国的海外领地（British Overseas Territory）。

政治

近年来，政局不稳。2007 年英国国会议员接到有关该地政府的种种贪污丑闻报告后，英国政府在当地成立有关的调查委员会。2009 年 3 月 16 日公开的调查报告认为该属地政府高层确实存在严重不诚实和结构性贪污。3 月 23 日，迈克尔·米西克（Michael Eugene Misick，进步民族党）总理因涉嫌经济丑闻而辞职但否认相关指控，戈尔默·威廉姆斯（Galmo Williams）成为第二任总理。英国政府于 8 月 14 日宣布，暂停政府的统治权，以彻底清除岛上政府的腐败现象（此项决定基于英国政府 2006 年所设一项法令。这项法令允许英国政府收回海外领地政府和立法会议的统治权，交由英国指派的总督管理）。此举遭到岛上官员强烈反对。威廉姆斯指控英国政府“废除一个合法民选政府和立法机关，代之以一个独裁者”。他还说，特克斯和凯科斯群岛正遭到英国的“入侵与再殖民”。

总督接管政府等权力后，由首席行政官及一个顾问委员会协助其工作。2010 年 8 月，马克·凯普斯（Mark Capes）出任新一任首席行政官。

【宪法】 2006 年 8 月 9 日新宪法生效。规定英国女王为元首，总督代表英国女王并由女王任命，掌管外交、防务等事务。2009 年由于总督接管政府等权力，宪法进行了临时修订［The Turks and Caicos Islands Constitution（Interim Amendment）Order 2009］。

【议会】 一院制议会（House of Assembly），任期 4 年。有 21 名成员，包括 15 名普选产生的成员，以及 4 名来自内阁的指定成员、1 名当然成员（总检察长）和议长。2007 年 2 月选出新一届议会，在 15 名普选成员中，进步民族党占 13 名，人民民主运动占 2 名。2009 年 8 月议会权力被总督接管。

【政府】 内阁包括总督、总理和六名其他部长及总检察长，通常由在议会中占多数议席的政党组成。2003 年 8 月大选后组成进步民族党政府，2007 年连任。

2009 年 3 月，戈尔默·威廉姆斯接任总理，新内阁成员包括：财政部长罗亚尔·鲁宾逊（Royal Robinson），内政部长克伦·德兰西（Karen Delancy）等。

同年 8 月 18 日，总理和内阁权力被总督接管。随后成立顾问委员会（Advisory Council）。现成员包括：约瑟夫·康诺利（Joseph Connolly），埃迪特·考克斯（Edith Cox，女），西奥·达勒姆（Theo Durham），卡尔顿·米尔斯（Carlton Mills），欧根·奥托恩耶（Eugene Otuonye），多琳·奎尔奇—米西克（Doreen Quelch-Missick，女），约翰·史密斯（John Smith）以及 5 名当然成员：总督韦瑟雷尔、副总督（暂时空缺），首席行政官马克·凯普斯，总检察长库尔特·德弗雷蒂斯（Kurt de Freites），常任财政秘书道尔东·琼斯（Delton Jones）。

网址：http：//tcgov.tc/home.html（政府）；www.turksandcaicosislands.gov.tc（政府新闻办）；http：//www.turksandcaicostourism.com/（旅游局）；http：//www.tcinvest.tc/（投资局）。

【司法机构】 设最高法院。首席法官常驻巴巴多斯，首席法官不在期间由一位地方法官代理。上诉法院设在巴哈马的拿骚。英国枢密院为其最高上诉法院。

【政党】 主要政党有：

（1）进步民族党（Progressive National Party，PNP）：主张成立全面自治政府。曾于 1980 ~ 1988

年、1991～1995年、2003～2009年执政。2009年2月底，戈尔默·威廉姆斯接替米西克出任该党领袖。

（2）人民民主运动（People's Democratic Movement，PDM）：主张成立内部自治政府并最终取得独立。曾于1976～1980年、1988～1991年执政。领袖弗洛伊德·西摩尔（Floyd SEYMOUR）。

【重要人物】戈登·韦瑟雷尔：总督。1948年出生。长期在英国外交与联邦事务部（FCO）任职，曾任英国驻埃塞俄比亚、卢森堡、加纳等国高级专员（大使）。2008年8月任特克斯和凯科斯群岛总督。　**迈克尔·米西克**：前总理。1966年2月2日出生于北凯科斯岛的博尔特克里克。毕业于美国迈阿密雷克斯技术学院。后就读于英国白金汉大学。1991年当选为议员。曾任旅游、运输和通信部长。2002年3月至2009年2月任进步民族党领袖。2003年8月15日出任首席部长。2006年8月任总理，2009年3月23日辞职。　**戈尔默·威廉姆斯**：进步民族党领袖，前总理。1966年2月2日出生。毕业于美国迈阿密雷克斯技术学院。曾在米西克政府任部长。2009年2月任进步民族党领袖。2009年3～8月任总理。

经　济

该群岛自然资源缺乏，无制造业，主要生产部门是渔业和盐业，收入主要来自旅游业和金融服务业。2001～2002年，经济发展停滞不前，但此后强劲反弹，2005年增长率达13.9%，2006年接近25%。2007年在地区生产总值（GDP）中，金融服务业占29.64%，旅馆与餐饮业23.27%，批发零售业20.89%，卫生与社会服务业10.83%。主要经济数据如下：

地区生产总值（2006年估计）：7.22亿美元。

人均地区生产总值（2006年估计）：17112美元。

地区生产总值增长率（2006年估计）：24.76%。

货币名称：美元；1美元=100分。

通货膨胀率（2007年估计）：2.8%。

失业率（2007年）：5.4%。

【农渔业】农业规模很小，种植少量玉米、豆类、热带水果和蔬菜。渔业是重要经济部门，有世界上最大的海螺养殖场，渔业产品是主要出口产品。农业和渔业人口占全部劳动力的1/5。2001/2002年度龙虾捕获量增长44%，达到900473磅，海螺捕获量下降21%，有1170048磅。

【金融服务业】金融服务业是近几年新兴产业，由于没有外汇管制和不收税，发展较快，成为主要经济部门。2000年在该群岛注册的公司共有8000家，该岛公司注册费收入达270万美元。

【旅游业】政府重视发展旅游业，旅游业是财政和外汇收入的主要来源之一。2007年抵达游客总数为30万人次，主要来自美国和加拿大。主要旅游景点有索尔特珊瑚礁，被联合国教科文组织列为世界遗产。http：//www.lvyou168.cn/travel/Caribbean/TurksCaicos/index.html。

【交通运输】公路：总长130公里。1996年有机动车3687辆。

水运：有通往伦敦、迈阿密和佛罗里达的货运航班。1990年国际货运量估计为28.4万吨。大特克、普罗维登西亚莱斯和南凯科斯有港口。

空运：大特克、普罗维登西亚莱斯、南凯科斯和北凯科斯都有国际机场，此外还有三个小机场。航班通往迈阿密、海地、多米尼加和巴哈马。

【财政金融】关税是政府财政收入的主要组成部分。此外英国每年继续提供大量资金，用于基础建设工程和技术合作。工资和补贴占经常开支的17.4%。2006/2007年财政收入2.02亿美元，支出1.99亿美元。2005年外债约4043万美元。

【对外贸易】历年严重入超且逐年增加。主要进口食品、饮料、制成品、原材料和燃料；出口龙虾、海螺和渔业产品。渔业产品出口年收入为400万美元。主要贸易伙伴是美国、英国以及邻国。2007年出口额1625万美元，进口额5.8亿美元。

【外国援助】英国是最大的援助国。2000年英国提供1120万美元，各类多边组织提供援助170万美元。

人民生活

大特克岛有一所综合医院。每个岛上有一个诊所。

2010年居民平均期望寿命估计为75.64岁。有固定电话3700部（2008年），手机25100部（2004年）。2010年有因特网主机8969台。

军　事

防务由英国负责。

文化教育

【教育】公立学校实行13年免费义务教育（从4岁开始）。识字率98%。2005/2006学年，政府教育开支3100万美元，有小学生3560人，中学生1704人。设有1所社区学院，科伯恩城有温莎大学。

【新闻出版】岛上没有日报，主要报刊有《特克斯和凯科斯新闻》（周报）、《特克斯和凯科斯自由新闻》（周报）等。

特克斯和凯科斯广播电台为政府所有。岛上可以收看到巴哈马的电视节目。在大特克岛和普罗维登西亚莱斯岛可收看有线电视。

对外关系

外交由英国掌管。特克斯和凯科斯群岛为万国邮政联盟、加勒比开发银行成员，加勒比共同体联系成员，设有国际刑警组织特克斯和凯科斯群岛支局。

【同中国的关系】据中国海关总署统计，2007年双方进出口总额92万美元，均为中方出口，同比分别增长23.8%、23.9%。　（沉思）

特立尼达和多巴哥

国名　特立尼达和多巴哥共和国（The Republic of Trinidad and Tobago）。

面积　5128 平方公里，其中特立尼达岛 4828 平方公里，多巴哥岛 300 平方公里。

人口　122.9 万（2010 年）。其中印度裔人占 40%，黑人占 37.5%，其余为混血种人及欧洲人、华人和阿拉伯人后裔。英语为官方语言和通用语。居民中 26% 信奉天主教，22.5% 信奉印度教，7.8% 信奉英国圣公会教，5.8% 信奉伊斯兰教。

首都　西班牙港（Port of Spain），人口 49 万，年平均气温 25℃。

国家元首　总统乔治·理查兹（George RICHARDS），2003 年 3 月 17 日就任，2008 年 2 月连任，每届任期五年。

重要节日　独立日：8 月 31 日；狂欢节：每年 2 月。

简　况

位于加勒比海小安的列斯群岛的东南端，西与委内瑞拉隔海相望。属热带海洋性气候。气温在 20℃～34℃之间。

特立尼达岛原为印第安人阿拉瓦克族和加勒比族的居住地。1498 年哥伦布经过该岛附近，宣布为西班牙所有。1781 年被法国占领。1802 年根据《亚眠条约》划归英国。多巴哥岛历经西、荷、法、英多次争夺，1812 年根据《巴黎条约》沦为英国殖民地。1889 年两岛成为一个统一的英殖民地。1956 年实行内部自治。1962 年 8 月 31 日独立。1976 年 8 月 1 日改为共和国，现为英联邦成员国。

政　治

2010 年 5 月 24 日，特多提前举行大选，联合民族大会党等 5 党组成的人民伙伴联盟赢得大选，联盟领袖卡姆拉·佩萨德—比塞萨尔（Kamla PERSAD-BISSESAR）于 5 月 26 日宣誓就任特多历史上首任女总理。

【宪法】现行宪法于 1976 年 8 月 1 日生效。宪法规定特多为共和国，继续留在英联邦内；总统为国家元首，由参、众两院选举产生，任期五年；全国每 5 年举行一次大选，政府由大选中获众议院多数席位的政党组成，对议会负责。多巴哥设有多巴哥议会，享有有限的税收以及卫生、教育、住房及行政事务的权力。

【议会】分参、众两院，任期均为五年。参议院 31 席，由总统任命，其中总理提名 16 人，反对党领袖提名 6 人，另 9 人由总统在社会名流中选任。参议长蒂莫西·哈梅尔—史密斯（Timothy HAMEL-SMITH），2010 年 6 月 18 日就任。众议院 41 席，普选产生。在 2010 年 5 月举行的大选中，人民伙伴联盟获 29 席，人民民主运动党获 12 席。众议长韦德·马克（Wade MARK），2010 年 6 月 18 日就任。

【政府】本届政府于 2010 年 5 月由大选中获胜的人民伙伴联盟组成。主要成员有：总理卡姆拉·佩萨德—比塞萨尔（女），外交部长苏鲁杰拉坦·兰伯昌（Surujrattan RAMBACHAN），工程和运输部长杰克·沃纳（Jack WARNER），教育部长蒂姆·戈皮辛格（Tim GOPIESINGH），财政部长温斯顿·杜克兰（Winston DOOKERAN），体育和青年部长阿尼尔·罗伯茨（Anil ROBERTS），艺术和文化部长温斯顿·彼得斯（Winston PETERS），劳工部长埃罗尔·迈克劳德（Errol MCLEOD），司法部长休伯特·沃尔尼（Hubert VOLNEY），法律事务部长普拉卡什·拉马达尔（Prakash RAMADHAR），食品生产部长瓦桑特·巴拉特（Vasant BHARATH），能源部长卡罗琳·西佩萨德—巴昌（Carolyn SEEPERSAD-BACHAN，女），地方政府事务部长钱德雷什·夏尔马（Chandresh SHARMA），国家安全部长布里格迪尔·约翰·桑迪（Brigadier John SANDY），公共事务管理部长鲁德拉瓦蒂·拉姆古兰（Rudrawatee RAMGOOLAM），高等教育部长法扎勒·卡里姆（Fazal KARIM），卫生部长特蕾泽·B·科内利斯（Therese B CORNELIS），公共设施部长伊曼纽尔·乔治（Emmanuel GEORGE），计划和妇女部长玛丽·K·金（Mary K KING，女），住房和环境部长鲁达尔·穆尼拉尔（Roodal MOONILAL），贸易和工业部长斯蒂芬·卡迪兹（Stephen CADIZ），旅游部长鲁铂特·格里菲思（Rupert GRIFFITH），人民和社会部长格伦·拉马达尔辛格（Glen RAMADHARSINGH），社区发展部长尼扎姆·巴克什（Nizam BAKSH），多巴哥发展部长弗内拉·阿莱恩·托平（Vernella Alleyne TOPPIN）等。

【行政区划】全国分为 9 个郡、2 个市、3 个区和 1 个半自治行政区（多巴哥岛）。

【司法机构】设最高法院（由高等法院和上诉法院组成）和地方法院。地方法院和高等法院均对民事和刑事案件享有初审权。上诉法院受理地方法院和高等法院审理过的上诉案件。终审法院为英国枢密院，但将逐步过渡到加勒比法院。

【政党】主要政党有：

（1）联合民族大会党（United National Congress）：执政党。1989 年 4 月成立。1995 年首次上台

执政，并在2000年12月举行的大选中蝉联执政。2010年5月与人民大会党等5个政党组成人民伙伴联盟参加大选，并以高票胜选。主要代表印度裔人的利益。主张在权力分配、种族问题上实行平等。政治领袖卡姆拉·佩萨德—比塞萨尔。

（2）人民大会党（Congress of People）：执政党。2006年9月联民党内部严重分裂，政治领袖杜克兰另起炉灶，携5名支持其的众议员成立该党。2010年5月加入人民伙伴联盟参加大选并获胜。其主要支持者以中产阶级为主。政治领袖温斯顿·杜克兰。

（3）人民民族运动党（People's National Movement）：反对党。1956年1月成立。曾于1956～1986年和1991～1995年执政。2001年重新上台。2002年、2007年大选两次蝉联执政。主要代表非洲裔人的利益，属温和的民族主义政党。主张政治自由、社会平等和种族博爱。

【重要人物】乔治·理查兹：总统。1931年出生于特多圣费尔南多市。1955年、1957年分获曼彻斯特大学化学工程理学士学位和硕士学位，1963年获剑桥大学博士学位。1950～1951年，特多联合英国石油公司职员。1957～1965年，在壳牌特多公司担任管理职位。此后进入西印度大学，任化学工程高级讲师。1970年，晋升为化学工程教授。1980年，任副院长。1984～1985年，任代院长。1985～1996年，任院长和第一副校长。现仍为化学工程系化学工程荣誉教授。特多工程师协会等职业学会会员。1977年1月至2003年3月，任特多政府工资审查委员会主任。2003年就任总统，2008年连任。已婚，有2个子女。　**卡姆拉·佩萨德—比塞萨尔**：总理。1946年生于特多佩尼亚尔，信奉印度教。曾就读于西印度大学等高校，并赴英国深造，先后获教育学和法学荣誉学士学位、高层管理人员工商管理硕士学位及法学教育资格证书。大学毕业后在牙买加、特多等国的学校任教，并曾赴英国从事社会工作。1985年开始从事法律工作。1987～1991年任圣帕特里克议会议员，1994～1995年代表联合民族大会党担任参议员，1995年被选为众议员并连任至今。1995～2001年先后出任特多总检察长、司法部长和教育部长等职。2006年4月至2007年11月被推选为联民党领袖，并被总统任命为议会反对党领袖。2010年1月被选举为联民党政治领袖，2月再度被推选为党领袖，5月24日当选特多历史上首位女总理。已婚，有一子。

经　济

天然气和石油资源丰富。经济以能源开发和加工业为主。能源产品产值约占国民生产总值的40%左右，出口收入约占出口总收入的80%，是加勒比地区重要的石油输出国。加工制造业门类较齐全。近年来，建筑业、旅游业、金融保险业等行业发展较快。特多已同中国、加拿大、法国、英国、美国等国签署了双边投资协定，与中国、加拿大、丹麦、德国、法国、意大利、挪威、瑞典、瑞士、美国等国签署了避免双重征税协定，以吸引更多外来直接投资。受国际金融危机影响，特多2009年经济出现下滑。2009年主要经济数据如下：

国内生产总值：232.7亿美元。

人均国内生产总值：23100美元。

国内生产总值增长率：－3.5%。

货币名称：特立尼达和多巴哥元。

汇率：1美元＝6.2993特元。

通货膨胀率：7.6%。

失业率：5.8%。

【资源】主要有石油和天然气。已探明和有可能开采的天然气储量达35.2兆立方英尺，石油储量为9.9亿桶。特多还拥有世界最大的天然沥青湖，该湖面积约47公顷，估计储藏量1200万吨。

【工业】以石油、天然气开采和炼油为主，其次为建筑业和制造业。主要制造业有化肥、钢铁、食品、烟草等。特多日产原油16.33万桶，年产天然气400亿立方米，是世界上第五大液化天然气国，占据美国天然气市场份额的70%多，同时是世界上最大的氨肥和甲醇出口国。

【农业】主要种植甘蔗、咖啡、可可、柑橘、椰子和水稻等，其中可可质量上乘。75%的食品靠进口。全国可耕地约23万公顷。2010年5月，加勒比可可论坛在特多举办，特多政府表示将继续扩大可可生产，并将出台一系列鼓励措施。

【旅游业】旅游业约占GDP总量的13.8%，从业人员占全国就业人口的16.7%。特多正改变经济过多依赖石油业的状况，大力发展旅游业，计划在2015年使旅游业达到GDP总量的16.5%，从业人员达19.2%。赴特多游客主要来自美国、英国、加拿大及加勒比其他国家。

【交通运输】以公路运输为主。有公路8000多公里。

水运：主要港口有4个：西班牙港、利萨角、查瓜拉马斯和塔巴拉多角。其中西班牙港最大，有通往世界各大港口的海运线。有9艘商船，其中客船2艘，货船5艘，油艇2艘。

空运：有6座机场。其中，特立尼达岛和多巴哥岛各有一机场，均可停降波音747等大型客机。皮亚科国际机场是英语加勒比地区最现代化的机场，有飞往欧洲、美国、加拿大、拉美多国的直达航班。

【财政金融】2008/2009财年，特多财政收入为61.76亿美元，财政支出74.15亿美元。公共部门债务占GDP的26.7%。2009年外汇储备达75.06亿美元。

【对外贸易】主要出口石油、化工产品、制成品、原材料和牲畜。主要进口消费品、半制成品和原材料等。主要贸易伙伴是美国、巴西、委内瑞拉、哥伦比亚、西班牙、牙买加、巴巴多斯。近几年进出口额如下（单位：百万美元）：

	2007	2008	2009
出口额	13391	16408	9538
进口额	7670	9845	6517
差　额	5721	6563	3021

【经济团体】　（1）特立尼达和多巴哥工商会（Trinidad & Tobago Chamber of Industry & Commerce）：成立于1891年，主席戴维·奥布赖恩（David O'Brien）。地址：Rm 950－952，Hilton Hotel，Port of Spain。

（2）特立尼达和多巴哥粮农有限公司（Food and Agriculture Corporation of Trinidad and Tobago Ltd.）：主席穆巴拉克·阿里·阿齐兹（Mubarak Ali Aziz）。地址：Arena Road，Port of Spain。

人民生活

社会福利较为完备。政府向老年人和失业者分别提供养老金和失业救济金。2008年，全国共有固定电话30.7万门，手机150.5万部，互联网用户22.7万户。

军　事

国防军始建于1962年，由陆军、空军和海岸警卫队组成。总统为国防军司令，总参谋长负责军队日常事务。军费约占国民生产总值的0.3%。

文化教育

【教育】中、小学实行免费义务教育。大学有西印度大学特多圣奥古斯丁分校及新近成立的特立尼达和多巴哥大学，另有东加勒比农学院和一所教师培训学院。

【新闻出版】主要有《特立尼达和多巴哥快报》、《特立尼达卫报》和《新闻日报》3份报纸。

全国有3家主要的新闻机构：（1）加勒比新媒体集团：拥有3个电视频道和3家电台。（2）加勒比通讯网：私营。（3）特立尼达广播有限公司。

广播电台有30余家，多为私营，有的类似家庭电台，播出节目多是音乐等。主要电台有：中波610电台（国营）、特立尼达电台（国营）等。

电视台约有八家，分别是TV6，CNC3，CNMG，NCC，ITV，IETV，IBN8，GAYALA7，前三家为主要电视台。

有线电视近年在特多发展很快，可收看美国电视频道30多个。

对外关系

奉行独立自主和不结盟的外交政策，维护民族独立和国家主权，坚持不干涉别国内政原则，反对殖民主义和种族主义，主张建立国际经济新秩序，发展平等互利的国际经济合作，积极推进加勒比一体化进程。确定外交为“2020国家发展战略”服务，以促进特多经济发展为核心任务。努力加强并深化与加共体、美洲国家组织、联合国以及其他国家的关系，确保特多在国际舞台上展现最佳形象。在与西方保持密切关系的同时，强调加强与发展中国家的联系，特别是加强同加勒比及拉美国家的合作。重视与亚洲国家发展经贸关系。目前已同100多个国家建立了外交关系。

【同中国的关系】1974年6月20日两国建交，1975年4月中国在特多设使馆。2005年，中国国家副主席曾庆红访问特多。中特两国建立“互利发展的友好合作关系”。

中国驻特多大使：杨优明。馆址：39 ALEXANDRA STREET，ST. CLAIR，PORT OF SPAIN，TRINIDAD AND TOBAGO。电话：1－868－6286417；传真：6227613。商务处地址：40 ELIZABETH STREET，ST. CLAIR，PORT OF SPAIN，TRINIDAD AND TOBAGO。电话：1－868－6285556。

特多在华无常设外交机构。

【同美国的关系】美国是特多第一大贸易伙伴，其进口天然气的70%多来自特多，并在特多有大量投资；特多亦对美经济依存度较高。同时，双方在打击毒品走私等领域也保持密切合作。2008年6月和10月，曼宁总理分别赴美出席第二届美国—加勒比峰会和访美。8月和10月，美国能源部长和国防部副部长分别访问特多。2009年4月，美国总统奥巴马赴特多出席第五届美洲国家首脑会议。

【同西方国家的关系】特多注重与西方发达国家保持密切的政治和经济关系。2008年10月，特多作为加勒比论坛成员与欧盟签署《经济伙伴关系协定》。2009年11月，英联邦首脑峰会在特多首都西班牙港举办。

【同加勒比国家的关系】重视加勒比地区团结与合作，主张推动地区一体化进程，是加勒比共同体以及加勒比国家联盟的创始国之一。加国联总部设在特多首都西班牙港。2005年4月，加勒比法院在特多成立。2006年1月，特多加入加共体单一市场。2008年8月，特多与格林纳达、圣卢西亚、圣文森特和格林纳丁斯等3个东加勒比国家共同倡议建立政治和经济联盟。2010年4月，特多与格林纳达签署海洋和海地区域划界条约。

【与拉美国家的关系】特多重视与拉美国家的关系。积极同拉美国家就国家安全和打击贩卖毒品进行协商合作。2008年特多积极筹备第五届美洲首脑峰会。4月，曼宁总理赴墨西哥出席拉美世界经济论坛。7月，曼宁总理率团访问巴西。特多对委内瑞拉发起的“加勒比石油计划”持谨慎态度。重视与古巴发展关系，要求美国解除对古巴禁运。9月，特多宣布向古巴提供100万美元飓风援助。12月，曼宁总理赴古巴接受肾部肿瘤手术。2009年3月，曼宁总理出访拉美6国，包括巴西、巴拉圭、厄瓜多尔、墨西哥、尼加拉瓜和委内瑞拉。4月，第五届美洲国家首脑会议在特多举行。2010年5月，美洲发展银行推出“加勒比竞争力”项目，帮助包括特多在内的加勒比国家提供竞争力。

【同亚非国家的关系】特多重视与亚太地区的关系，特多和印度来往较多，双方签有经贸科技协定和文化协定。与韩国签有促进和保护投资协定。2008年2月，韩国驻特多使馆重新开馆。6月，印度、新加坡、孟加拉国联合经贸代表团访问特多。7月，西非经济共同体主席访问特多。8月，加纳总统访问特多。2009年4月，特多发起并举办特多—非洲能源会议。（陆兵）

危地马拉

国名　危地马拉共和国（The Republic of Guatemala, La República de Guatemala）。

面积　108889平方公里。

人口　1436万（2010年）。土著印第安人占41%，其余为印欧混血种人和欧洲移民后裔。官方语言为西班牙语。70%的居民信奉天主教，20%的居民信奉基督教新教。

首都　危地马拉城（Ciudad de Guatemala），人口310万（2010年）。海拔1480米。亚热带气候，最热月（5月）气温为16℃～29℃，最冷月（1月）气温为12℃～23℃。

国家元首　总统阿尔瓦罗·科洛姆·卡瓦列罗斯（Alvaro Colom Caballeros），2008年1月14日就任。任期四年。

重要节日　独立日：9月15日。

简　况

位于中美洲西北部。西部和北部与墨西哥、东北与伯利兹、东南与洪都拉斯和萨尔瓦多接壤，东临加勒比海的洪都拉斯湾，南濒太平洋。海岸线长约500公里。境内多山地和火山，沿海平原土壤肥沃，北部森林覆盖率较高。以亚热带气候为主，年平均气温16℃～20℃，5～10月为雨季，11～4月为旱季。

危地马拉是古代印第安人玛雅文化中心之一。1524年沦为西班牙殖民地。1821年9月15日宣布独立。1823年加入中美洲联邦。1839年成立共和国。后长期实行独裁统治。1944年起开始民主化进程。1954年起进入右翼军政府和文人政府交替执政时期。1960年出现左派军事组织。1982年1月，危全国各左派游击队合并成立“危地马拉全国革命联盟”，左派武装斗争遍布全国各地。1996年12月，阿尔苏政府（全国先锋党）与“危地马拉全国革命联盟”达成《最终和平协定》，结束长达36年的内乱。

政　治

是拉美最贫困的国家之一，多年内战造成社会发展严重滞后。2009年危政局保持稳定。科洛姆政府将消除全国和促进社会和解作为施政重点，进一步推行政府扶贫计划。为解决农村贫困问题，出台了全国农村发展整体政策，以提高农村贫困人口收入，支持中小企业发展，保障贫困家庭的医疗卫生和教育。上述措施取得一定成效，但社会治安问题仍较突出。

【宪法】现行宪法于1985年5月经国民议会通过，1986年1月14日生效，1994年1月30日通过宪法修正案。宪法规定：总统、副总统由直接选举产生，任期四年，不得连选连任；总统为国家元首、政府首脑和武装部队总司令；军人必须在退役5年后才能竞选总统。

【议会】国民议会为一院制，行使立法权，议员任期四年，可连选连任。设议长和3名副议长，任期一年。本届议会于2008年1月成立，共158席，各党所占席位如下：全国希望联盟32席，爱国党26席，全国大联盟24席，危地马拉共和阵线9席，团结党7席，其余政党及无党派人士占60席。议长何塞·罗伯托·拉莱霍斯·坎巴拉（Jose Roberto Alejos Cambara，全国希望联盟），2009年1月14日就职。

【政府】本届政府于2008年1月组成。主要成员有：副总统拉斐尔·埃斯帕达（Rafael Espada），外长阿罗多·罗达斯（Haroldo Rodas），内政部长劳尔·贝拉斯克斯（Raúl Velásquez），国防部长阿夫拉姆·巴伦苏埃拉（Abraham Valenzuela），财政部长胡安·阿尔韦托·富恩特斯（Juan Alberto Fuentes），交通运输和基础设施部长吉列尔莫·卡斯蒂略（Guillermo Castillo），教育部长比恩韦尼多·阿格塔（Bienvenido Argueta），农业、牧业和食品部长马里奥·阿尔达纳（Mario Aldana），经济和贸易部长鲁文·莫拉莱斯（Rubén Morales），公共卫生和社会福利部长卢德威·奥瓦列（Ludwig Ovalle），劳工和社会保障部长埃德加·罗德里格斯（Edgar Rodríguez），能源和矿业部长卡洛斯·梅尼（Carlos Meany），文化和体育部长赫罗尼莫·兰塞里奥（Jerónimo Lancerio），环境和自然资源部长鲁伊斯·费拉特（Luis Ferraté）。

【行政区划】全国分22个省，下设331个市镇。

【司法机构】由最高法院、宪法法院、总检察署、国家公诉专署、内务部等组成国家司法委员会。设最高法院、上诉法院、初级法院。最高法院有13名大法官，任期五年，由议会选举产生，可连任；最高法院院长兼任国家司法委员会主席，由大法官以

2/3多数票选举产生，任期一年，不得连任。现任最高法院院长埃里克·阿方索·阿尔瓦雷斯·曼西利亚（Erick Alfonso Álvarez Mancilla）。

【政党】主要政党有：

（1）全国希望联盟（Unidad Nacional de la Esperanza）：执政党。2001年新民族联盟分裂后，由科洛姆总统（原属危地马拉全国革命联盟）组建，中左政党。总书记阿尔瓦罗·科洛姆·卡瓦列罗斯（Álvaro Colom Caballeros）。

（2）爱国党（Partido Patriota）：中右政党。反对党。原为贝尔赫政府执政联盟成员，2004年6月因政见分歧宣布退出。总书记奥托·费尔南多·佩雷斯·莫利纳（Otto Fernando Pérez Molina）。

（3）全国大联盟（Gran Alianza Nacional）：反对党。2003年由改革运动（Movimiento Reformador）、全国团结党（Partido Solidaridad Nacional）和M－17运动（Movimiento M－17）3个中右小党组成，并赢得当年大选。2004年1月至2008年1月执政期间，各结盟党先后脱离执政联盟。2007年大选中该联盟失利。总书记海梅·安东尼奥·马丁内斯·洛艾萨（Jaime Antonio Martínez Loaiza）。

（4）危地马拉共和阵线（Frente Republicano Guatemalteco）：反对党。1990年由退役将军里奥斯创建，思想保守，在农村中有较大影响。2000年1月至2004年1月执政。总书记埃弗拉因·里奥斯·蒙特（Efraín Ríos Montt）。

（5）危地马拉全国革命联盟（Unidad Revolucionaria Nacional Guatemalteca）：1982年1月成立。主张通过开展武装斗争建立革命政权，一度拥有5000多人的武装力量，游击活动几乎遍及全国。20世纪80年代后期开始转向政治斗争。1996年12月，全国革命联盟与危政府签署了《最终和平协定》。1998年成为合法政党，主张民主、公正和人权。总书记埃克托尔·努伊拉（Héctor Nuila）。

【重要人物】**阿尔瓦罗·科洛姆·卡瓦列罗斯：** 总统。1951年6月15日出生。毕业于危地马拉圣卡洛斯大学工业工程专业。曾任圣卡洛斯大学工程系教授、拉斐尔·兰迪瓦尔大学生产管理专业教授和经济系副主任。1991年任经济部副部长。1994～1997年任危玛雅太阳教派神职人员。1996～2003年任总统顾问，负责协调履行《和平协议》。1999年和2003年两度参加总统竞选，均失败。2007年11月4日通过第二轮大选当选危总统。已婚，夫人桑德拉·托雷斯·德科洛姆（Sandra Torres de Colom）。

经济

以农业为主，工业基础薄弱。受长期内战影响，经济长期停滞。1996年《最终和平协议》生效后，危经济恢复增长。2003～2008年，年均增长率达4%。2009年，受国际金融危机影响，危经济表现低迷，财政状况恶化。

2008年主要经济数据如下（资料来源：经济季评、危中央银行）：

国内生产总值：375亿美元。

人均国内生产总值：2680美元。

国内生产总值增长率：3.6%。

货币名称：格查尔（Quetzal）。

汇率：1美元＝7.7格查尔。

通货膨胀率：9.4%。

失业率：5.5%。

2009年主要经济数据如下：

国内生产总值：384亿美元。

人均国内生产总值：2674美元。

国内生产总值增长率：－1.0%。

货币名称：格查尔。

汇率：1美元＝8.34格查尔。

通货膨胀率：2.2%。

失业率：7%。

【资源】矿产有铅、锌、铬、锑、金、银、水银、镍等；石油储量14.3亿桶。森林面积占全国面积34.5%。

【工业】以轻工业为主。传统工业有采矿业、制造业、纺织、食品加工、制药和造纸等。近年来以纺织为主的客户加工业、电力、通讯业等发展较快。2008年工业产值占国内生产总值的28%，2009年占比27.2%。2008年产油736万桶，属石油净进口国；发电量73亿千瓦时，实际用电量64亿千瓦时，少量出口。近几年主要工业部门产值如下（单位：百万格查尔）：

	2006	2007	2008
采矿、采石业	32.7	41.2	40.2
制造业	430.4	479.7	482.8
建筑业	118.1	134.3	127.2
水、电	58	63.9	65.8
交通、仓储和通讯	151.9	182.7	181.4

（资料来源：危统计局）

【农业】在国民经济中占有重要地位。全国可耕地面积为1090万公顷，森林和湿地占国土面积的33%。农业以种植咖啡、蔗糖、香蕉、可可等为主。农业人口占全国人口的1/3。近年因受自然灾害、国际市场农产品价格低迷等因素影响，传统农业生产有所下降，但鲜花、水果等非传统产品出口增长。2008年农业产值41.3亿美元，占国内生产总值的11%。2009年农业产值51.8亿美元，占国内生产总值的13.5%。近年主要农作物产量如下（单位：10万担，每担46公斤）：

	2006	2007	2008
菜豆	220	232	250
玉米	2470	2349	2511

大米	120	131	135
小麦	—	12	9
咖啡	490	475	501
香蕉	2380	2432	2403
蔗糖	3609	3712	3711

（资料来源：危统计局）

【旅游业】旅游业是危第二大外汇来源。多姿多彩的生态环境、丰富的文化古迹是危重要的旅游资源。主要旅游景点有：危地马拉城老城区、蒂卡尔、奇奇卡斯特南戈、亚柯哈和纳库穆等玛雅文化遗址和阿蒂特兰湖及一些火山风光。每年的12月、1月、7月、8月和复活节是旅游黄金季节。2007年和2008年旅游业收入分别为12亿美元和11亿美元。2009年旅游业收入10亿美元，共接待外国游客180万人，主要来自北美、欧洲和中美洲其他国家。

【交通运输】以公路运输为主。

公路：2009年总长15735公里，其中沥青或水泥公路占45%，其余为乡村公路。主要干线有泛美公路、太平洋公路和大西洋公路。各类机动车约163万辆。

铁路：2006年总长885公里，国家铁路通过首都连接太平洋和大西洋沿岸主要海港，在一些省份也有支线，可以通往墨西哥和萨尔瓦多。1997年危将铁路营运权转让给美国公司，期限50年。2008年货运量4.52万吨。2008年货运量4.67万吨。2009年货运量4.32万吨。无客运服务。

水运：主要港口有大西洋沿岸的巴里奥斯和圣托马斯·德卡斯蒂利亚港及太平洋沿岸的格查尔港。2008年货运量1801万吨。2009年货运量1721万吨。

空运：危地马拉有2个国际机场，危地马拉城的拉奥罗拉国际机场和蒂卡尔市的圣埃莱娜国际机场，危地马拉国际航空公司有通往中美洲各国、多米尼加、墨西哥、美国、西班牙、荷兰等国的航线。2008年拉奥罗拉国际机场客运量234万人次，2009年为221万人次。

【财政金融】科洛姆政府大力压缩财政支出，减少财政赤字。近年中央政府财政收支情况如下（单位：百万格查尔）：

	2007	2008	2009
收入	33611	35578	34037
支出	37382	40355	43709

（资料来源：危中央银行、财政部）

2009年危侨汇达39.12亿美元，外债余额65亿美元；国际储备51.1亿美元。

2009年，危有1家国有银行，25家国内私人银行和2家外国银行（美国花旗银行和墨西哥阿斯特克银行）。

【对外贸易】以咖啡、蔗糖、香蕉等传统农产品出口为主。主要贸易伙伴为美国、萨尔瓦多、墨西哥、哥斯达黎加和尼加拉瓜等国，其中与美国贸易额占对外贸易总额的36.51%（2009年）。主要进口来源国为美国、墨西哥、韩国、中国等。近年进出口贸易情况如下（单位：亿美元）：

	2007	2008	2009
进口额	135.76	145.5	115.2
出口额	69.00	77.4	73.6
差　额	-66.76	-68.1	-41.6

近年主要产品出口情况如下（单位：亿美元）：

	2007	2008	2009
咖啡	5.77	6.46	5.82
蔗糖	3.58	3.78	5.09
香蕉	3.00	3.17	4.85
贵金属矿石	2.04	2.62	3.46

近年主要进口产品情况如下（单位：亿美元）：

	2007	2008	2009
消费品	36.18	37.40	32.85
原料及半成品	47.63	52.62	39.26
资本商品	24.50	23.53	18.35
燃油	24.18	28.19	22.06

（资料来源：危中央银行）

【外国资本】危经济命脉主要由美国联合果品公司、中美洲国际铁路公司及美国和其他国家合营电力公司的子公司（危地马拉电力公司）等外国公司所控制。2008年外国直接投资6亿美元。2009年外国直接投资7.9亿美元。

【外国援助】1996年底危和平协议签署后，国际社会允诺向危提供19亿美元的援助，用于国家重建。1997年，美洲开发银行向危提供1.83亿美元贷款。2002年2月，咨询小组华盛顿会议筹措13亿美元资金支持危和平进程。2009年2月，美洲开发银行和国际重建与发展银行向危提供9.785亿美元贷款，用于加强危公共财政体系和人力资源开发。4月，国际货币基金组织与危签署总额9.35亿美元的紧急贷款协议，为危财政赤字提供融资。8月，欧盟宣布将通过世界粮食计划署向危提供630万欧元的援助。11月，西班牙与美洲开发银行宣布向危提供1亿美元贷款，帮助其改善饮用水质量。

人民生活

2009年人均寿命为70.3岁，出生率27.98‰，死亡率5.11‰。城市人口占总人口的49%，并以每年3%的速度增长。贫富悬殊，最上层10%的人口占有全国42.4%的财富，最底层10%的人口只占有全国1.3%的财富，基尼指数0.55。2010年1月1日起，危工人最低工资上调至每人每天56格查尔（合6.71美元），外加每月250格查尔（合29.97美元）的奖金。

军　事

实行义务兵役制，服役期为2年。现总兵力为3.1万人。2007年军事支出占国内生产总值的0.4%。

文化教育

1967年，作家米格尔·安赫尔·阿斯图里亚斯（Miguel Angel Asturias）获得诺贝尔文学奖。

【教育】实行小学义务教育。学制为小学6年，中学为6年。2005年，有初级教育机构17275所，其中14824所为国立，学生约230万人；中学6557所，其中4401所为私立，中学生75.44万人；大学5所，其中圣卡洛斯大学为国立，2005年有学生11.27万人；其余4所为私立。2008年文盲率为28.2%。2009年教育经费占国内生产总值的3.1%。

【新闻出版】发行量较大的报纸有：《写真报》，1863年创刊，发行量6万份；《自由新闻报》，1951年创刊，发行量6.85万份；《时报》，1944年创刊，发行量2万份；《中美洲日报》，1980年创刊，官方日报，发行量1.5万份。此外，还有《21世纪报》和《新闻报》。

全国有95家广播电台，其中"危地马拉之声"等5家电台受政府控制；90家私人电台。全国有26家电视台，其中5家为国家电视台，1家军队电视台，6家教育电视台，其余为私人商业电视台。

对外关系

主张维护国际和平与安全，尊重民族自决和不干涉别国内政，以和平手段解决国际争端。重视加强与美国、欧盟、墨西哥和日本的经贸关系，积极参与国际事务和推动地区一体化进程。系联合国、不结盟运动、美洲国家组织、里约集团、拉美议会、拉美经济体系、加勒比国家联盟、中美洲共同市场、中美洲一体化体系、中美洲议会等国际和地区组织成员国。现同142个国家（不含中国台湾）保持外交关系。

【同中国的关系】中危无外交关系。

近年危方访华团组主要有：危议长罗兰多·莫拉莱斯（2004年12月）、前常驻联合国大使赫特·罗森塔尔（2005年3月）、经济部长马西奥·奎瓦斯（2005年10月）、危商会代表团（2008年4月）。

中国访危团组主要有：外交学会副会长王珍（2005年2月）、中国驻墨西哥大使任景玉（2006年6月）、贸促会副会长张伟（2006年6月）、贸促会副会长王锦珍（2007年9月）、贸促会秘书长徐沪斌（2009年9月）。2007年9月和2009年9月，中国在危举办中国商品贸易展。

2006年8月，李肇星外长电贺罗森塔尔出任危外长。9月，李外长在纽约出席第61届联大期间会见罗。2007年11月，中联部部长王家瑞电贺科洛姆当选总统。

近年来，危支持台湾以观察员身份"加入"世界卫生组织。2008年，危未提案、未联署、未说项。

2005年，危未联署台湾"参与"联合国提案，但为台说项，且是"联合国在维护台海和平方面积极作用"提案的提案国。2006～2008年，在台湾"参与"联合国问题上，危未提案、未联署、未说项。

据中国海关总署统计，2009年中危贸易总额为6.82亿美元，其中中方出口额6.59亿美元，进口额0.23亿美元，同比分别增长－27%、－29.5%和102.8%。中国主要向危出口石化、纺织、机械设备、金属制品等，主要进口水果、糖等食品。

危同台湾当局于1960年9月建立"外交关系"。双方保持密切交往，签有农业、贸易、投资、文化、体育、技术、矿业、职业培训等合作协定。2005年9月，陈水扁访危，双方签署"自由贸易协定"。2006年7月，该协定生效。2007年6月，危总统贝尔赫访台。2008年1月，陈水扁出席科洛姆的总统就职仪式。5月，危副总统埃斯帕达出席马英九的"就职典礼"。10月，危总统科洛姆访台。2009年5月，马英九访危。10月，危副总统埃斯帕达访台。

2009年危台贸易总额为1.06亿美元，其中危进口额0.66亿美元，出口额0.4亿美元，同比分别增长2.9%、－11.66%和40.63%。

【同美国的关系】同美在政治、经济和军事等方面保持密切关系，美在危有军事使团、军事顾问和两处军事基地。2004年危加强与美在打击洗钱和走私贩毒领域的合作，危国会批准美直接参与危国内反毒的"猎豹"计划。2005年5月，危等中美洲国家和多米尼加与美国签署自由贸易协定。10月，美国务卿左立克访危，11月，美向危提供卡车、救护车等救灾物资。2006年5月，布里斯外长访美，美向危提供250万美元的缉毒经费。7月，与美自贸协定生效。2007年3月，美国总统布什访危。2008年4月，危总统科洛姆访美。

【同欧洲国家的关系】重视发展与欧洲国家的关系。2006年1月，危与奥地利签署投资保护协定。5月，贝尔赫总统出席欧盟与拉美加勒比国家峰会。9月，与黑山共和国建交。2007年3月，西班牙国王卡洛斯夫妇访危；7月，西第一副首相德拉维加访危。2008年1月，西班牙王子费利佩出席科洛姆总统就职仪式。2009年1月，西班牙负责伊比利亚美洲事务的国务秘书希门内斯访危。

【同墨西哥的关系】历史上两国曾发生边境冲突。1998年危墨签署教育、文化和科技合作协议。2001年3月，墨与危等中美洲国家自由贸易协定正式生效。2006年10月，墨总统福克斯和当选总统卡尔德龙先后访危。2007年4月，罗森塔尔外长访墨。2008年2月，危总统科洛姆访墨。2009年10月，墨总统卡尔德龙访危期间，科洛姆总统出席危墨两国电网并网仪式。两国签署相互承认学历、促进性别平等及合作打击腐败三项协议。

【同拉美其他国家的关系】积极参与中美洲一体化进程，密切与南美国家关系。2004 年 11 月，危萨实现两国人员和商品自由流通。2006 年 7 月起，危地马拉、萨尔瓦多、尼加拉瓜和洪都拉斯四国使用统一签证。2005 年 9 月，中美洲一体化体系与巴西峰会在危举行，巴西总统访危。2006 年，哥伦比亚总统乌里韦、玻利维亚总统、尼加拉瓜当选总统奥尔特加访危，危总统访巴西、智利。2007 年 3 月，智利总统巴切莱特访危。8 月，危地马拉、萨尔瓦多、洪都拉斯三国签署与哥伦比亚间的自贸协定。2008 年 2 月，科洛姆总统访问巴拿马，签署危巴自贸协定。4 月，科洛姆总统访问巴西。7 月，科洛姆总统出席“加勒比石油计划”缔约国第五次特别首脑会议并宣布加入该组织。2009 年 6 月，危签署加盟协议，正式成为“加勒比石油计划”成员国。同月，巴西总统卢拉访危，承诺向危提供 9900 万美元的贷款；危与巴拿马间的自由贸易协定生效。11 月，危与哥伦比亚间的自由贸易协定生效。同月，中美洲一体化组织成员国环境部长在危举行会晤，商讨该地区国家在哥本哈根气候变化会议上的原则立场。年内，科洛姆总统先后访问古巴、智利。巴拿马总统马丁内利、萨尔瓦多总统富内斯、哥伦比亚总统乌里韦、阿根廷外长塔亚纳、玻利维亚外长乔克万卡等先后访危。

【同伯利兹的关系】1991 年 8 月，危正式承认伯利兹独立，两国建立大使级外交关系。但两国在 1.2 万平方公里的领土归属问题上仍存在纠纷。1996 年 10 月，两国外长举行非正式会晤，危主张将领土纠纷交由国际仲裁，伯认为应在双边框架内解决。2000 年底，两国政府就稳定边界局势签署协议。2002 年 2 月，危总统波蒂略参加在伯举行的中美洲—加勒比首脑会议，成为多年来第一位访伯的危总统。2004 年 5 月，两国外长在美洲国家组织总部举行会晤并发表联合公报，表示将在美洲国家组织框架下寻找适当机制，以公正、平等、和平的方式永久解决领土争端。2005 年 9 月，两国签署有关谈判框架协定。2006 年 2 月，双方在华盛顿启动边界谈判。

【同亚洲其他国家的关系】近年来，危日益重视发展同亚洲国家的关系。积极开展与日本、印度、韩国等国的经贸合作关系。2004 年 6 月，危与文莱建交。2005 年 5 月，危外长布里斯访问印度。9 月，韩国总统卢武铉访危并出席韩国与中美洲一体化峰会。2006 年 2 月，布里斯外长访问日本和韩国。2008 年 5 月，埃斯帕达副总统访问韩国。2009 年 12 月，以色列副总理亚阿隆访危。（朱海萍）

委内瑞拉

国名　委内瑞拉玻利瓦尔共和国（The Bolivarian Republic of Venezuela, La República Bolivariana de Venezuela）。

面积　916700 平方公里。对现在圭亚那管辖之下约 15.9 万平方公里的埃塞奎博地区有主权要求。

人口　2894 万（2010 年 1 月）。印欧混血种人占 58%，白人 29%，黑人 11%，印第安人 2%。官方语言为西班牙语，居民 98% 信奉天主教，1.5% 信奉基督教。

首都　加拉加斯（Caracas），人口 322 万，年均气温 21℃。

国家元首　总统乌戈·拉斐尔·查韦斯·弗里亚斯（Hugo Rafael CHÁVEZ Frías），1998 年 12 月第一次当选。在 2000 年 7 月根据新宪法举行的大选中重新当选，2006 年 12 月连选连任。本届任期至 2013 年 1 月。

重要节日　独立日：7 月 5 日。

简况

位于南美洲大陆北部。东与圭亚那为邻，南同巴西接壤，西与哥伦比亚交界，北濒加勒比海。海岸线长 2813 公里。全境除山地外基本上属热带草原气候。气温因海拔高度不同而异，山地温和，平原炎热。每年 6～11 月为雨季，12～5 月为旱季。

古代为印第安人阿拉瓦克族和加勒比族的居住地。1567 年沦为西班牙殖民地。1811 年 7 月 5 日宣布独立。1819～1829 年同现哥伦比亚、巴拿马和厄瓜多尔组成“大哥伦比亚共和国”。1830 年建立委内瑞拉联邦共和国。1864 年改名为委内瑞拉合众国。1953 年改为委内瑞拉共和国。1999 年改称委内瑞拉玻利瓦尔共和国。1958 年实行宪政，建立文人政权。此后，民主行动党和基督教社会党交替执政。1998 年 12 月，查韦斯作为“爱国中心”总统候选人参加大选并获胜，打破了两大传统政党长期交替执政的政治格局。

政治

查韦斯执政后积极倡导“玻利瓦尔革命”，主张通过“和平革命”实现“参与式民主”，先后推动制定新宪法，开展土改，对工会组织进行全面改组，颁布旨在深化经济和社会变革的一系列法律法规，但遇到强大阻力。

2002 年 4 月 11 日，反对派举行大规模抗议示威，发生流血冲突。以陆军司令巴斯克斯为首的军人发动政变，关押查韦斯总统。13 日，查韦斯恢复行使总统职权。此后，反对派联合组成“民主协调委员会”，号召通过“罢黜性全民公决”，以迫使查韦斯提前下台。12 月 2 日，反对派发起全国大罢工，持续 63 天，使委经济陷入瘫痪。2003 年 5 月，在国际社会协调下，委政府和反对派签署政治协议，双方承诺以符合宪法、和平和民主的方式解决政治危机。2004 年 8 月，委举行“罢黜性全民公决”，查韦斯获 58.25% 的支持率，免遭罢免。同年 10 月，委举行地方中期选举，执政党派获 21 个州长职位和 45% 的州议员席位，反对派严重受挫。2005 年 12 月，委举行议会（全国代表大会）选举，反对派抵制并退出选举，执政党派获得全代会所有议席。2006 年 12 月，查韦斯在大选中再次连任后，全面推进 21 世纪社会主义建设。

2007 年 8 月，查韦斯向全代会提交包括总统可连选连任、建设社会主义民主和经济等内容的修宪提案。12 月初，该修宪提案以微弱劣势遭全民公投否决。2008 年 11 月委举行地方选举，查韦斯任党主席的委内瑞拉统一社会主义党（PSUV）以 560 万张选票赢得 17 个州长、265 个市长和 178 个州议员席位，分别占总数的 77%、81% 和 76%。2009 年 2 月 15 日，查以 54% 的支持率赢得以取消民选公职人员连选连任限制为主要内容的修宪公投。

目前，查韦斯本人及统一社会主义党正积极备战 2010 年 9 月全国代表大会选举和 2012 年 12 月总统选举。委国内形势总体稳定。

【宪法】 现行宪法于 1999 年 12 月颁布。2009 年 2 月，委通过全民公投修改宪法，取消对包括总统在内的民选公职人员连选连任次数的限制。

【议会】 全国代表大会（简称“全代会”）是全国最高立法机构，一院制。全代会主要职能为制定法律、修改宪法、依法监督政府和公共管理部门、宣布大赦和审批国家预算等。全代会代表由全国大选直接选举产生，任期六年；主席任期一年，可连选连任。第一届全代会于 2000 年 8 月成立。本届全代会于 2005 年 12 月选举产生，由 167 名代表组成。现任全代会主席西利亚·阿德拉·弗洛雷斯（Cilia Adela FLORES）。

【政府】 总统任政府首脑，副总统和内阁部长由总统任命。本届政府于 2007 年 1 月成立。现内阁成员有：副总统埃利亚斯·豪阿·米拉诺（Elías JAUA Milano），人民政权（注：后略）内政和司法部长塔雷克·埃尔·阿伊萨米（Tarek El Aissami），能源和石油部长拉斐尔·拉米雷斯·卡雷尼奥（Rafael RAMIREZ Carreño），外交部长尼古拉斯·马杜罗·莫罗斯（Nicolás MADURO Moros），计划和财政部长豪尔赫·希奥尔达尼·科尔德罗（Jorge GIORDANI Cordero），国防部长卡洛斯·马塔·菲戈罗阿（Carlos MATA Figueroa），妇女事务和性别平等部长南希·佩雷斯·塞拉（Nancy PEREZ Sierra），基础工业和矿业部长何塞·卡汉（José KHAN），旅游部长亚历杭德罗·弗莱明·卡布雷拉（Alejandro FLEMING Cabrera），高等教育部长埃德加多·拉米雷斯（Edgardo RAMIREZ），教育部长赫尼弗·何塞菲娜·希尔（Jennifer Josefina GIL），卫生部长路易斯·雷耶斯·雷耶斯（Luis REYES Reyes），劳动与社会保障部长玛丽亚·伊格莱西亚·德巴特勒（María IGLESIA de Batle），交通部长弗朗西斯科·加尔塞斯（Francisco GARCES），住房部长里卡多·莫利纳（Ricardo MOLINA），农业和土地部长胡安·卡洛斯·洛约（Juan Carlos LOYO），环境部长亚历杭德罗·赫切·马尔瓦尔迪（Alejandro HITCHER Marvaldi），科技和中间产业部长里卡多·梅嫩德斯·普列托（Ricardo MENENDEZ Prieto），新闻传播部长塔尼亚·迪亚斯（Tania DIAZ），人民贸易部长里卡多·卡南（Ricardo CANAN），食品部长费利克斯·奥索里奥·古斯曼（Félix OSORIO Guzmán），文化部长弗朗西斯科·塞斯托·诺瓦斯（Francisco SESTO Novas），公社和社会保障部长伊西斯·奥乔亚·卡尼萨雷斯（Isis OCHOA Cañizales），体育部长埃克托尔·罗德里格斯（Hector RODRIGUEZ），印第安人事务部长尼西亚·马尔多纳多·马尔多纳多（Nicia MALDONADO Maldonado），总统府部长玛丽亚·伊萨韦利亚·戈多伊（Maria ISABELLA Godoy），电力部长阿里·罗德里格斯·阿拉克（Alí RODRÍGUEZ Araque），信息与通讯部长毛里西奥·罗德里格斯（Mauricio RODRIGUEZ）。

2009 年 9 月，委内瑞拉政府设立常设行政机构——部长委员会，查韦斯总统任主席并任命 6 名副主席，分别负责安全、社会、经济、生产、区域内生发展和政治事务。部长委员会分 3 级运作：第一级是主席会议，由查韦斯总统主持，6 名副主席参加；第二级是小组会议，由 6 名副主席分别主持，其分管领域的部长参加；第三级是行政会议，由副总统主持，全体部长参加。

【行政区划】 全国划分为 21 个州，2 个边疆地区（亚马孙和阿马库罗三角洲边疆区），1 个首都区和 1 个联邦属地（由 72 个岛屿组成）。

【司法机构】 最高法院为全国最高司法机构，由院长、两名副院长和 32 名大法官组成，下设宪法、政治行政、选举、民事审判、社会审判和刑事审判六个法庭。大法官由司法推选委员会推荐，由全国代表大会任命，任期 12 年，不得连任。院长任期两年，可连选连任。现任最高法院院长路易莎·莫拉莱斯·拉姆尼奥（Luisa MORALES Lamuño）。司法系统还包括总检察署、护民署、刑事调查机构和司法辅助机构。国家总检察长为路易莎·奥尔特加·迪亚斯（Luisa ORTEGA Díaz）。总审计长为克洛多斯瓦尔多·鲁西安（Clodosbaldo RUSSIAN）。护民官为加夫列拉·拉米雷斯·佩雷斯（Gabriela RAMIREZ Pérez）。

【政党】（1）委内瑞拉统一社会主义党（Partido Socialista Unido de Venezuela，PSUV）：2006年底查韦斯总统成功连任后，决定解散原执政党第五共和运动，筹组统一社会主义党。2008年1月成立，查韦斯任党主席并于3月任命10名地区副主席。2009年11月至2010年4月，统社党召开第一次特别代表大会，确定《党章》、《原则宣言》和《基础纲领》三个文件并健全了该党的组织结构。目前，该党拥有正式党员250万人，支持者350万人。

（2）民主行动党（Partido de Acción Democrática）：反对党。1941年9月13日成立，有党员150万人。社会党国际成员。目前在全代会中无席位。全国代表大会为党的最高权力机构。党的主席维克托·玻利瓦尔（Víctor BOLÍVAR），总书记亨利·拉莫斯·阿留普（Henry RAMOS Allup）。

（3）基督教社会党（Partido Socialcristiano）：反对党。1946年1月成立，党员约45万。基民党国际和美洲基民组织成员。目前在全代会中无席位。党的主席奥尔兰多·孔特雷拉斯·普利多（Orlando CONTRERAS Pulido），总书记路易斯·伊格纳西奥·普拉纳斯（Luis Ignacio PLANAS）。

【重要人物】乌戈·查韦斯·弗里亚斯：总统。1954年生于巴里那斯州。1975年毕业于委内瑞拉军事学院，获陆军工程军事科学和艺术硕士学位。后在西蒙·玻利瓦尔大学进修政治学专业。曾获"卡拉沃沃之星"和"陆军十字"等勋章。1982年创建由退役军人和社会中下层组成的"玻利瓦尔革命运动"，主张建立玻利瓦尔所倡导的"拉美国家联盟"。1991年任空降营中校营长，1992年领导"二·四"军人政变未遂，入狱两年后获释。1998年1月创建"第五共和国运动"，主张彻底改革国家政治体制，建立人民参与的真正民主；12月，作为竞选联盟"爱国中心"总统候选人参加大选并获胜。1999年2月就任总统后，推动通过全民公决成立制宪大会修宪，对国家政治体制进行重大改革。根据新宪法，委于2000年7月重新举行大选，查韦斯再次当选总统，并于8月19日就任委内瑞拉玻利瓦尔共和国首任总统。2006年12月，查韦斯连选连任，任期至2013年。2008年2月23日当选为委内瑞拉统一社会主义党主席。曾于1999年、2001年、2004年、2006年、2008年和2009年六次访华。离异，有四个子女。

经济

拉美经济较发达国家之一。石油业为国民经济命脉。冶金、矿业、电力、制造、建筑、石化和纺织等工业部门发展较快。农业发展缓慢，粮食不能自给。1998～1999年，受国际石油价格影响，委经济形势严峻。查韦斯上台后主张实行国家控制与市场调节相结合的经济模式，大力发展民族产业和国有及集体经济，实施农业、工业和旅游业发展综合计划，鼓励生产和刺激内需，调整收入分配，经济取得恢复性增长。2002～2004年上半年，由于政局动荡以及国际和地区经济环境恶化，特别是委反对派举行全国大罢工，委经济严重下滑。2004年8月全民公投后，委政局趋于稳定，加之石油价格大幅上扬，经济迅速恢复。2005年和2006年，委经济增长率分别达到9.4%和10.3%。2007年，委政府加大通讯、电力和石油等战略部门国有化步伐，进一步加强对国民经济的主导权。但以石油为主的单一经济模式仍制约经济均衡平稳发展。经济结构性矛盾加剧，外资连续第三年下降，食品供应短缺，通膨持续攀升。2008年，委政府继续在水泥、钢铁、银行等战略部门实施国有化。进行货币改革，加强外汇管制，抑制通货膨胀，并采取石油限产保价政策，应对国际石油价格下跌。2009年，国际金融危机和石油价格下跌对委经济造成强烈冲击，石油出口收入减少，财政拮据。委政府将减缓经济衰退、增加就业、抑制通货膨胀作为经济工作重点，出台为期4年总额为1000亿美元的经济刺激计划，压缩财政预算，大幅减少公共行政开支，增加对生产性行业和基础设施建设的投入，加大对中小企业扶持力度，增加市场本币和外汇供应量。2010年1月，委改革汇率制度，开始执行双轨汇率。2009年主要经济数据如下（资料来源：委中央银行，委国家统计局）：

国内生产总值：2005亿美元。

人均国内生产总值：6928美元。

国内生产总值增长率：-3.3%。

货币名称：玻利瓦尔。

汇率：1美元=2.6玻利瓦尔（官方汇率）；1美元=4.3玻利瓦尔（石油美元汇率）。

通货膨胀率：25.1%。

失业率：7.9%。

外贸总额：1125.2亿美元（其中进口额414.4亿美元，出口额710.8亿美元）。

外汇储备：319亿美元。

【资源】矿产资源丰富。据石油输出国组织统计，截至2008年，石油探明储量为246.17亿吨（1723.2亿桶），居世界第二位。2008年，委石油日产量44.56万吨（311.9万桶），年产量1.63亿吨（11.41亿桶），为世界第六大石油输出国，日出口量25.29万吨（177万桶），为世界第七大石油输出国。天然气储量4.98万亿立方米，铁矿石探明储量16亿吨，煤炭探明储量4.79亿吨，铝矾土探明储量3.2亿吨，镍矿61万吨，黄金储量1万吨。此外，还有金刚石等矿产资源。水力和森林资源也很丰富，森林覆盖率为 56%。

【工业】主要工业部门有石油、铁矿、建筑、炼钢、炼铝、电力、汽车装配、食品加工、纺织等。其中石油部门为国民经济支柱产业，2008 年石油工业同比增长 3%，非石油业同比增长 5.3%。近年主要工业产品产量如下：

	2006	2007	2008
石油（万桶）	117500	83950	110000
铁矿砂（万吨）	—	2060	—
铝矾土（万吨）	60.00	—	—
黄金（千克）	9975	4500	—

（资料来源：委能源矿产部、委石油公司）

【农牧渔业】委农业产值占国内生产总值比例极低，2008 年委进口食品占全部内需的 58%，其中大米自产 15.6 万吨，进口 22.8 万吨，肉类进口 8.7 万吨，冻鸡进口 28.1 万吨，自产仅 1.7 万吨，奶粉自产 3.9 万吨，进口 10.9 万吨，100% 的豆类和 65% 的食用油依靠进口。

（资料来源：委农业与土地部）

2006 年牲畜存栏数：牛 242.1 万头，猪 213.5 万头，羊 67.1 万只。2006 年，鸡蛋产量 32.42 亿只，牛奶产量 13.88 亿升。2000 年海产品产量为 45.23 万吨，淡水产品 4.44 万吨，淡水养殖产品 1.24 万吨。2007 年，委内瑞拉渔业产量 26.7 万吨。

【服务业】2009 年商业产值占 GDP 的 10.2%；通讯业产值占 GDP 的 5.5%；金融保险业产值占 GDP 的 4.46%。

（资料来源：委中央银行）

【旅游业】2008 年共接待外国游客 48.56 万人次，旅游外汇收入 6.45 亿美元。游客主要来自欧美和拉美各国。全国共有旅游接待设施 2461 个，客房 77372 间，星级饭店 483 家，其中五星级饭店 23 家、四星级 28 家、三星级 127 家。著名游览点为安赫尔瀑布和玛格丽塔岛等。

【交通运输】2009 年，运输仓储业产值占国内生产总值的 3.59%，同比下降 16.9%。

公路：2003 年公路总长 96200 公里，其中柏油路 32300 公里。共有三条高速公路，分别长 960、1290 和 440 公里。汽车运输量占全国总货运量的 70% 和客运量的 90%。全国共有机动车 270 万辆，其中小汽车 203 万辆、出租车 9.8 万辆、货车 52.5 万辆、客车 2.6 万辆和摩托车 198.3 万辆。

铁路：2002 年铁路总长 337 公里，铁路货运量为 32.1 万吨。首都加拉加斯共有 5 条地铁线，总长度为 42.4 公里，2002 年地铁客运量 2.95 亿人次。

水运：全国有 9 个国际港口，34 个石油、铁矿砂港和 5 个渔港。主要港口为拉瓜伊拉港、卡贝略港、马拉开波港和奥尔达斯港。全国共有 1000 吨以上各类民用船舶 60 艘，总吨位 63 万吨；内河航线总长 1000 多公里。

空运：拥有大型民用飞机 58 架。2002 年国内航空客运量 427 万人次，货运量 2079 吨，国际民航客运量 285 万人次、货运量 27231 吨。截至 2007 年底，全国共有 375 个商业机场，其中 11 个为国际机场。主要国际机场为西蒙·玻利瓦尔机场，集中了 90% 的国际航班。

管道运输：2003 年拥有原油运输管道 7484 公里，成品油运输管道 1681 公里，天然气管道 5262 公里，重油管道 992 公里，其它管道（油/水）141 公里。

【财政金融】近几年财政收支具体情况如下（单位：亿玻利瓦尔）：

	2006	2007	2008
收　入	1329	1460	1880
支　出	1282	1337	1680.6
结　余	47	123	199.4

（资料来源：委财政部、中央银行）

【对外贸易】1990 年 9 月，委加入《关税和贸易总协定》，现与世界 100 多个国家和地区有贸易关系。主要出口原油、石油化工产品、铝锭、钢材、铁矿砂、金属制品等，进口机电设备、化工和五金产品、汽车配件、建筑材料及农产品等。主要贸易对象为美国、哥伦比亚、中国和墨西哥。近年进出口贸易情况如下（单位：亿美元）：

	2007	2008	2009
出口额	708.38	999.23	710.86
进口额	529.87	476.01	414.40
差额	178.51	523.22	296.46
石油出口	627.41	929.28	681.10
非石油出口	80.97	69.95	29.76

（资料来源：委中央银行年度报告）

【外国资本】1990 年修改《外资法》，扩大对外开放领域，取消对外资利润汇出和再投资等方面的限制。1995 年 7 月 4 日，国会通过《石油对外开放法案》，对外资全面开放石油新区的勘探、开采和经销活动，实行风险自负、利润共享政策，同时规定外国投资者在石油业投资须缴纳 67.7% 的所得税和 16.66% 的主权税（矿区使用费可适当减免）。2001 年 11 月，查韦斯总统颁布《石油法》，规定将石油开采主权税率由原来的 16.66% 提高到 30%，所得税率由 67.7% 降至 50%；在新成立的合资公司中，委国家石油公司须控股 50% 以上。2009 年，委新增外国直接投资 31.05 亿美元。

人民生活

居民收入差距大，贫富悬殊。2009 年贫困人口占全部人口的 30.20%。2003 年全国共有病床 5.26 万张，2008 年人均寿命 73.76 岁，人口出生率 21.27‰，死亡率

5.11‰，婴儿死亡率15.80‰。截至2010年5月，全国互联网用户930万，手机用户2800万，固定电话用户690万，平均100人24部，有线电视用户210万。

军　事

总统是军队的最高统帅。国家安全与防务委员会是总统在国家安全和防务战略和政策方面的最高咨询机构，由副总统、国防部长、内政部长、财政部长以及武装力量总监、联合参谋长等人组成。该委员会设常务执行秘书，即国家安全顾问，直接对总统负责。全国代表大会内设有国防委员会，负责审核和批准有关军队、军事方面的法律、法令以及大宗武器装备的进口和拨款等事宜，有权质询国家的军队和安全事务。最高军事指挥部是军队的最高领导机构，是总统和国家安全与防务委员会的最高军事顾问机构，由国防部长、武装力量总监、联合参谋长及四个军种司令7人组成，由国防部长负责领导。

军队的实际指挥机构是国防部下属的联合参谋部和联合指挥部。联合参谋部是国防部的主要办事机构，负责制定全军的战略、情报、作战、后勤等方面的战略、方针、政策和法规，并负责组织实施。联合指挥部负责统一组织、指挥和协调全军各军种和各部队的作战行动。

委军实行义务兵役制。根据兵役法规定，凡年满18~50岁身体健康的公民，必须依法在兵役局注册登记服兵役。陆、海、空军和国民警卫队的服役期限均为24个月。

人民政权国防部长卡洛斯·马塔·菲戈罗阿（Carlos MATA Figueroa）；武装部队联合指挥部司令马塔陆军中将（Carlos MATA Figueroa）；陆军司令帕雷德斯陆军少将（Juan Vicente PAREDES）；海军司令阿尼亚斯海军上将（Carlos ANIASI Turchio）；空军司令奥罗佩萨空军少将（Jorge A. OROPEZA）；国民警卫队司令卡里翁陆军中将（Fredy Alonzo CARRION）；玻利瓦尔国家民兵司令贝拉斯克斯少将（Félix A. VELASQUEZ）。

委内瑞拉武装力量由正规军，即陆军、海军、空军和国民警卫队四个军种以及国家玻利瓦尔民兵等后备役部队组成。武装力量总兵力约11.73万人。其中，陆军3.4万人、海军1.83万人、空军0.7万人、国民警卫队2.3万人、国家玻利瓦尔民兵3.5万人。

文化教育

【教育】对6~15岁儿童实行义务教育，已被联合国教科文组织宣布为无文盲国家。政府规定，全国所有学校都必须在教育部立案，并按统一规定课程教学。2009年修改教育法，将“21世纪社会主义”纳入中小学教学大纲。2006年各级学校在校生分别为：学前班104.78万人，9年制基础教育498.44万人，中等教育及职业培训71.13万，成人教育61万人，专业教育19万人，2009年注册大学生12万人。其中东方大学注册人数最多，为27549人，苏利亚大学15913人。

【新闻出版】有100多种报纸杂志，其中日报75种。主要报纸均为私营：《国民报》，1943年创刊，在知识界较有影响，发行量17.5万份；《宇宙报》，1909年由努涅斯家族创办，无党派报纸，在金融企业界较有影响，发行量14万份；《最新消息报》，1941年创办，以社会新闻为主，发行量约35万份。主要杂志有《塞塔》、《波希米亚人》等，属综合性杂志。以上报刊均为西班牙文版。2010年发行《奥里诺科邮报》，系执政党统一社会党机关报。

委内瑞拉通讯社为国营通讯社，1977年5月成立。

2009年建立国家通讯委员会，2010年初，在该委员会注册登记的电台、电视台391家，除国家广播电台、国家电视台之外，其余均为私营和商业性质。

对外关系

奉行独立自主的外交政策。提倡南南合作。积极推动拉美地区一体化，注重同古巴、玻利维亚、巴西等拉美国家开展合作。重视同俄罗斯、伊朗等亚非国家发展关系。坚决反对美干涉内政，委美政治关系冷淡，但仍维持密切经贸联系。

委同140多个国家保持外交关系，是不结盟运动、七十七国集团、十五国集团、石油输出国组织、世界贸易组织、国际货币基金组织、世界银行、美洲开发银行、美洲国家组织、美洲玻利瓦尔选择、南美国家联盟、南方共同市场、里约集团、拉美一体化协会、拉美经济体系等国际和地区组织成员国。拉美经济体系总部设在加拉加斯。

【同中国的关系】中委于1974年6月28日建交。建交以来，中委在政治、经贸、科技、文化等领域的友好合作关系全面发展。2001年4月，两国建立共同发展的战略伙伴关系。2004年12月，委宣布承认中国完全市场经济地位。

2009年，中委各领域互利友好合作不断深化，中委关系呈现快速发展势头。

双方保持密切高层交往，政治互信进一步增强。2月17~18日，国家副主席习近平对委进行正式访问，分别会见委总统查韦斯、全国代表大会主席弗洛雷斯，与副总统卡里萨莱斯举行会谈，并与查韦斯总统共同出席了中委企业家研讨会开幕式。访问期间，双方签署了包括《〈中华人民共和国政府和委内瑞拉玻利瓦尔共和国政府关于联合融资基金的协议〉的修改议定书》在内的涉及能源、金融、农业等领域的12项合作文件。

4月7~9日，委总统查韦斯对中国进行工作访问。国家主席胡锦涛同查举行会谈，国家副主席习近平会见。两国领导人就双边关系及共同关系的问题深入交换意见。胡锦涛主席强调，中委两国都处在重要发展阶段，在当前复杂多变的国际形势下，进一步加强两国各领域务实合作，不仅对双方应对国际金融危机冲击具有现实意义，而且为中委关系的长远发展打下更加坚实的基础。中方高度重视中委关系，愿与委方携手努力，落实好双方达成的共识，深化合作，推动中委共同发展的战略伙伴关系又好又快向前发展。查表示，中国为世界摆脱危机发挥了重要的积极作用，委方愿同中方在新的形势下加强合作，共同应对金融危机的挑战。

12月20~22日，中委政府间高级别混合委员会第八次会议在委举行，发改委主任张平与委计划发展部长希奥尔达尼共同主持会议。双方签署了涉及能源、矿产、基础设施、金融、渔业等领域的29项合作文件。

两国务实合作成果丰硕。委已成为中国在拉美重要的贸易伙伴和投资对象国，双方在能源、农业、基础设施、高科技等领域的互利合作不断深化。中国铁路工程总公司与委国家铁路局签署建设委北部平原铁路工程承包合同。中国为委研制发射的“委内瑞拉一号”通信卫星成功在轨交付委方。两国在人文、扶贫等领域交流与合作富有成效。双方还举行了一系列庆祝活动，纪念中委建交35周年。

2009年，中委双边贸易额达71.5亿美元，其中中方出口额28.1亿美元，进口额43.4亿美元，同比分别下降28%、16.5%、33.9%。中方主要出口电器及电子产品、计算机和通信技术、机械设备等，主要进口原油、成品油、铁矿砂及其精矿等。

中国驻委内瑞拉大使：赵荣宪。馆址：委内瑞拉加拉加斯市巴鲁塔区拉斯梅尔塞斯住宅区奥里诺科大街和蒙特雷小街交会处 Av. Orinoco con la Calle Monterrey, Urbanización Las Mercedes, Municipio Baruta, Caracas, Venezuela。电话：0058-414-3669865/1867522（值班电话），9754022/9761678（商务处）。传真：0058-212-9935685，9770611（商务处）。

委内瑞拉驻华大使：罗西奥·马内罗·冈萨雷斯（Rocío MANEIRO González）。馆址：北京市三里屯路14号。电话：010-65321295，65323521。

【同美国的关系】委美于1835年6月30日建立外交关系，两国传统关系密切。查韦斯总统执政后，坚决反对美干涉委内政。2009年，委美关系一度出现转圜迹象，但后因洪都拉斯政变等问题政治摩擦不断。两国经贸额大幅下降，但美仍是委第一大贸易伙伴，委是美第四大供油国。

2009年2月，美政府称委修宪公投“完全符合民主程序”。4月，出席美洲国家组织峰会期间，查与美总统奥巴马进行良性互动。6月，两国宣布关系正常化，重新互派大使。7月，查指责美政府支持洪都拉斯政变。8月，查表示美租用哥伦比亚军事基地意在攻击委，控制其石油资源。11月，查警告美总统奥巴马不要对委发动进攻，委已做好战争准备。

【同欧洲国家的关系】欧盟是委重要贸易伙伴和投资来源地。委十分重视发展同欧盟国家的关系，以求引进资金、技术和增加出口。委与欧盟成员国签有多项经贸和科技合作协定。委发生“4·11”政变和反对派举行大罢工期间，欧洲各国以及欧盟均表示谴责暴力和政变。

2009年6月，委副总统卡里萨莱斯访问白俄罗斯和俄罗斯。8月，西班牙外长莫拉蒂诺斯访委，出席在委召开的两国企业家论坛。9月，查韦斯总统访问白俄罗斯，这是查第四次访白，访问期间两国签署科技、工业、农业等领域17项协议。同月，查访问俄罗斯，这是查第八次访俄，查与俄罗斯总统梅德韦杰夫举行会谈，并会见俄总理普京。双方签署军事、金融、能源等领域的10项协议。查宣布委承认“阿布哈兹”和“南奥塞梯”独立。同月，查访问西班牙，会见西首相萨帕特罗和国王卡洛斯。查宣布俄将向委提供22亿美元贷款用于购买俄制武器。12月，查谴责荷兰允许美使用其位于加勒比海荷属库拉索群岛和阿鲁巴的军事基地，称荷美两国正准备对委发动侵略。同月，查与俄罗斯总理普京通电话，讨论能源合作、军售等问题。

【同拉美和加勒比国家的关系】委重视同拉美国家关系，积极参与地区事务，大力推动“美洲玻利瓦尔选择”（ALBA）等拉美一体化战略。委同古巴、玻利维亚等拉美各国往来频繁。

2009年1月，阿根廷总统克里斯蒂娜访委，双方签署21项协议。查韦斯总统与哥伦比亚总统乌里韦在哥北部城市卡塔赫纳举行会谈。2月，厄瓜多尔总统科雷亚访委，双方签署35项协议。4月，查对古巴进行工作访问。哥总统乌里韦对委进行工作访问，双方决定建立总额2亿美元的共同基金。5月，查访问阿根廷，双方签署能源、农业等领域多项协议；萨尔瓦多当选总统富内斯访委；查对厄瓜多尔进行正式访问；查对巴西进行工作访问，并与卢拉总统就各自与美关系、委加入南共市等问题交换意见。6月，查赴尼加拉瓜参加美洲玻利瓦尔联盟紧急峰会，强烈谴责洪都拉斯军事政变。8月，阿根廷总统克里斯蒂娜访委，双方签署总额达11亿美元的22项贸易合作协议；查对古巴进行短暂工作访问。10月，厄瓜多尔总统科雷亚访委。11月，查对古巴进行闪电式访问，与古领导人卡斯特罗进行了7个小时的会晤。12月，查会见乌拉圭当选总统穆希卡；查访问阿根廷，双方签署能源、航海、汽车等领域14项协议，这是查年内第二次访阿。

【同亚洲、太平洋及非洲国家的关系】委看重亚太及非洲地区发展前景，逐步加强与上述地区的经贸合作，把发展与亚太及非洲国家的关系作为实现外交多元化的重要目标，看重发展与伊朗、日本、中国以及阿拉伯国家和非洲国家的关系。

2009年1月，委全国代表大会谴责以色列对巴勒斯坦采取的军事行动，宣布断绝与以外交关系。3月，查赴卡塔尔出席南美洲—阿拉伯国家峰会。4月，查对伊朗进行工作访问并会见伊总统艾哈迈迪内贾德，总资金规模12亿美元的伊—委银行正式启动；查对日本进行工作访问并会见日首相麻生太郎，双方签署能源、金融等领域12项协议。6月，非盟委员会主席让·平访委，与查会见并与委外长马杜罗会谈；查与伊朗当选总统艾哈迈迪内贾德通电话，祝贺其再次当选。9月，查赴利比亚出席非盟特别首脑会议，并访问利、阿尔及利亚和叙利亚；查对伊朗进行正式访问，会见伊总统艾哈迈迪内贾德和伊革命最高领袖哈梅内伊，查表示支持伊和平利用核能；查韦斯对土库曼斯坦进行工作访问，这是查第一次访土；第二届南美—非洲峰会在委召开。10月，委与日本签署采用日地面数字电视技术标准协议。11月，伊朗总统艾哈迈迪内贾德访委，双方签署农业、工业、能源等领域72项协议；巴勒斯坦民族权力机构主席阿巴斯访委。（李霖）

乌拉圭

国名　乌拉圭东岸共和国（Oriental Republic of Uruguay, República Oriental del Uruguay）。

面积　17.62万平方公里。

人口　334.49万（2009年，国家统计局资料），其中白人占88%，印欧混血种人占8%。官方语言为西班牙语。66%的居民信奉天主教。

首都　蒙得维的亚（Montevideo），面积530平方公里，人口133.41万（2009年，国家统计局资料），年平均气温16℃。

国家元首　总统何塞·阿尔韦托·穆希卡·科尔达诺（José Alberto MUJICA Cordano），2010年3月1日就职，任期五年。

重要节日　国庆节：8月25日。

简况

位于南美洲东南部，乌拉圭河与拉普拉塔河的东岸。北邻巴西，西界阿根廷，东南濒大西洋。海岸线长660公里。地势平坦，丘陵和草原相间，平均海拔116米。属温带气候，1~3月为夏季，气温17℃~28℃，7~9月为冬季，气温6℃~14℃。年降水量由南至北从950毫米递增到1250毫米。

早期为查鲁亚印第安人居住地。1516年西班牙探险队到达。1726年西班牙殖民者建立蒙得维的亚城，开始殖民统治。1810年何塞·阿蒂加斯发起独立运动。1825年8月25日，胡安·安东尼奥·拉瓦列哈等一批爱国者收复了蒙得维的亚城，宣告乌拉圭独立。1903年，红党的何塞·巴特列·奥多涅斯当选总统后，以畜牧业为依托，大力发展对外贸易和服务业，奠定了国民经济发展的基础。20世纪上半叶，乌政治稳定、福利优厚、社会安宁，被誉为“南美瑞士”。1973年2月军人政变上台，实行独裁统治。1984年，军政府还政于民，同年11月红党候选人胡利奥·玛丽亚·桑吉内蒂当选总统，乌拉圭恢复民主宪制。1989年，白党的路易斯·拉卡列当选总统。1994年，桑吉内蒂再次当选总统。2000年3月，红党的豪尔赫·巴特列上台执政。2004年10月，左翼政党联盟广泛阵线总统候选人巴斯克斯在大选中获胜。2009年10月，左翼政党联盟广泛阵线总统候选人穆希卡当选总统。

政治

自20世纪80年代中期结束军人独裁统治后，乌民主政体不断巩固。2010年3月1日，穆希卡总统宣誓就职，成为乌拉圭历史上第二位左翼总统。穆希卡总统上任后，政治上倡导改革；经济上强调加强金融监管，避免不稳定因素；在社会领域，重视教育和贫困问题的解决，并着力保障土著印第安人权益。

【宪法】1830年7月18日颁布第一部宪法，后经多次修改。1951年宪法废除了总统制，设立国务会议（最高行政权力机构）。1966年修宪，恢复总统制。1973年军人政变后停止实施宪法。1985年民选政府上台后即予恢复。目前实施的是1996年修改并经全民公决通过的宪法。宪法规定：乌实行民主共和制，三权分立。设总统和副总统各一名。总统是国家元首和政府首脑，兼武装力量最高统帅。总统、副总统和各省省长均由公民直接选举产生，任期五年。总统不能连任，但可隔届再次参选。现任副总统为达尼洛·安赫尔·阿斯托里·萨拉戈萨（Danilo Angel Astori Zaragosa），2010年3月1日就职。

【议会】分参、众两院，由30名参议员和99名众议员组成，任期五年，可连选连任。每年3月15日至12月15日为国会会期。闭会期间，由参、众两院组成常设委员会主持日常工作。现任众议长为人民参与运动的伊沃内·帕萨达（Ivonne Passada），2010年3月就职。本届国会于2010年2月15日组成。各党派在国会中所占席位：

	参议院	众议院
广泛阵线	16	50
白党	9	30
红党	5	17
独立党派人士	0	2

【政府】本届政府于2010年3月1日成立，设13个部。总统为政府首脑。除总统、副总统外，内阁主要成员包括：内政部长爱德华多·博诺米（Eduardo Bonomi），外交部长路易斯·阿尔马格罗（Luis Almagro），经济和财政部长费尔南多·洛伦索（Fernando Lorenzo），国防部长路易斯·罗萨迪亚（Luis Rosadilla），社会发展部长阿娜·玛利亚·比戈诺里（Ana María Vignoli，女），教育和文化部长里卡多·厄尔里奇（Ricardo Ehrlich），交通和公共工程部长恩里克·平塔多（Enrique Pintado），工业、能源和矿业部长罗伯托·克雷伊梅尔曼（Roberto Kreimerman），劳动和社会保障部长爱德华多·布伦塔（Eduardo Brenta），旅游和体育部长埃克托尔·莱斯卡诺（Héctor Lescano），公共卫生部长达尼埃尔·奥赖斯科（Daniel Olesker），牧农渔业部长塔瓦雷·阿格雷（Tabaré Aguerre），住房、土地规划和环境部长格拉谢拉·穆斯莱拉（Graciela Muslera，女）。

【行政区划】全国共分19个省。

【司法机构】最高法院由5名大法官组成，需经国会批准。大法官任期10年，退休年限为70岁。院长由五人轮流担任，任期一年。现任最高法院院长为豪尔赫·奥马尔·切迪亚克·冈萨雷斯（Jorge Omar Chediak González），2009年9月10日就职。

【政党】（1）广泛阵线（Frente Amplio）：左翼政党执政联盟，议会第一大政治力量。成立于1971年，包括人民政府运动、社会党、基督教民主党、共产党等派别。1973年被军政府取缔，1982年恢复合法地位。1989年、1994年两度竞选首都市长成功。1994年同其他左翼政党组成进步联盟—广泛阵线。2004年，新多数派加入，改名为进步联盟—广泛阵线—新多数派。2005年再次改名为广泛阵线。1994年、1999年和2004年三次推举联盟主席巴斯克斯参加总统选举，前两次未获成功，第三次在大选首轮投票中胜出。2009年，广泛阵线总统候选人穆希卡再次赢得大选。该党以社会民主主义为指导思想，认为民主应包括政治、经济、社会三方面内涵：追求政治民主，反对集权统治；追求经济民主，反对贫困；追求社会民主，主张经济与社会协调发展。在对外交往中主张通过对话和平解决争端，捍卫自决，反对干涉、封锁、以大欺小。现有20多个左派政党和派别，主要有"人民参与运动"（Movimiento de Participación Popular）、"乌拉圭大会"（Asamblea Uruguay）、"新空间"（Nuevo Espacio）等。2008年3月29日，"三月二十六日运动"派别（Movimiento de 26 de marzo）退出联盟。现任主席豪尔赫·布罗维托（Jorge BROVETTO）。

（2）白党（Partido Blanco）：又称民族党（Partido Nacional）。在野党，议会第二大政治力量。1836年成立。代表农牧业主利益的传统政党，在内地影响较大。政治上主张维护国家主权、公民自由和宪法，追求正义的民主社会。主张改革经济、社会和国家体制。对外奉行独立自主、多元化外交政策，主张在自决和不干涉原则基础上同世界各国发展关系。1973年被军政府取缔。1982年恢复合法地位，曾于1990～1995年执政。2002年10月退出与红党的执政联盟。党内有"埃雷拉派"（Herrerismo）、"实干派"（Manos a la Obra）、"全国罗查运动"（Movimiento Nacional de Rocha）、"全国挑战派"（Desafío Nacional）等派系。党的最高领导机构是全国领导委员会。现任全国执行委员会主席卡洛斯·胡里奥·佩雷拉（Carlos Julio Pereyra）。

（3）红党（Partido Colorado）：在野党，议会第三大政治力量。1836年成立。代表工商资产阶级、社会民主主义者和自由职业者利益的传统中右翼政党。信奉民主、自由、参与、社会公正原则。对内主张建立合理的国民经济体系，发展社会福利事业，公平分配收入。对外强调民族自决和不干涉政策，主张和平解决国际争端，积极参与和推动多边合作及拉美地区一体化。历史上先后执政达100多年。1973年被军政府取缔。1982年恢复合法地位，1984年、1994年和1999年三度在大选中获胜。党内主要派别有"激进巴特列主义"（Batllismo Radical）、"巴特列论坛"（Foro Batllista）、"红色巴特列联盟"（Unión Batllista Colorada）和"九四运动"（Cruzada 94）等。全国执行委员会为党的领导机构，由15名委员组成，按月轮流担任主席。设总书记1名，现任总书记为路易斯·阿尔韦托·拉卡列·埃雷拉（Luis Alberto Lacalle de Herrera）。

【重要人物】何塞·阿尔韦托·穆希卡·科尔达诺：总统。1935年5月20日出生于蒙得维的亚。青年时曾加入白党。20世纪60年代成为左翼游击组织图帕马罗斯全国解放运动的创始人和主要领导人之一，曾被捕入狱。1985年乌恢复民主后在大赦中获释。1989年，穆参与创建"人民参与运动"，同年该党加入广泛阵线，后逐渐成为广泛阵线内最大派别。1994年当选众议员，1999年、2004年两次当选参议员。2005～2008年任牧农渔业部长。2009年11月在总统选举第二轮投票中胜出，并于次年3月1日正式就职，任期五年。已婚。夫人露西亚·托波兰斯基（Lucía Topolansky）于2009年当选参议员。无子女。

经济

在拉美处于中等发展水平。经济规模较小，产业结构单一，依赖出口，能源依赖进口。农牧业较发达，主要生产并出口肉类羊毛、水产品、皮革和稻米等。工业以农牧产品加工业为主。服务业占国民经济比重较高，以金融、旅游、物流、交通业为主。

实行自由市场经济政策，积极参与地区经济一体化。1999 年起，受阿根廷、巴西等邻国经济危机和金融动荡的冲击，经济连续 4 年负增长。2003 年以来，受国际市场初级产品价格上涨和内需扩大等因素拉动，经济恢复并保持较快增长。

穆希卡政府基本沿袭前几届政府温和的市场经济政策，致力于发展经济，倡导提升产能，扩大出口，改善投资环境，在乳制品、林业等行业吸引外商投资，稳定金融秩序，优化债务结构，并积极同国际货币基金组织和世界银行等国际金融机构开展合作。

2009 年，乌经济整体运行良好，在受国际金融危机和持续干旱的不利影响下，保持经济增长。面对外部市场出现需求萎缩的情况，政府及时出台刺激经济一揽子措施，优先保证投资项目，对汽车、电力、航运等企业减税；实施扩张性的财政政策，加大对基础设施建设投资的力度，复制劳动密集型产业的发展。2009 年主要经济数据如下（资料来源：乌拉圭中央银行、乌拉圭国家统计局、乌拉圭二十一世纪研究院）：

国内生产总值：369.00 亿美元。

国内生产总值增长率：1.2%。

货币名称：乌拉圭比索（peso uruguayo）。

汇率（2009 年平均）：1 美元 = 19.46 乌拉圭比索。

通货膨胀率：5.9%。

失业率：8.3%。

【资源】盛产大理石、紫水晶石、玛瑙、乳白石等。已探明有铁、锰等矿藏。林业和渔业资源丰富，盛产黄鱼、鱿鱼和鳕鱼。

【工业】以农牧产品加工业为主，包括肉类加工、榨油、酿酒、制糖及罐头、面粉、牛乳、干酪加工等，其次是纺织业，主要加工羊毛、生产棉纺和化纤产品。2007 年，全国有工业企业 12177 家，工业部门劳动力 11.15 万人，占全国劳动力的 15.7%。2008 年工业产值 1552.16 亿比索，约合 63.72 亿美元，同比增长 18.74%。工业产值约占国内生产总值的 24%。

能源依赖进口，2007 年能源消耗总量为 254.35 万吨石油当量，其中石油、电力和煤炭分别占 53%、24% 和 17%。原油全部依赖进口，2006 年进口原油 154.77 万吨。电力以水力发电为主，近 60% 电力从邻国购买。2007 年发电量为 870.2 兆瓦时。

【农林牧渔业】农牧业在国民经济中占重要地位，农牧产品大部分供出口。2008 年农牧业产值 722.65 亿比索，约合 29.67 亿美元，占国内生产总值的 11%。农牧业从业人口 15.7 万，约占总劳动力的 14%。可耕地和牧场面积占国土面积的 90%，其中 90% 为牧场。全国可耕地面积 137 万公顷，牧场 1354.3 万公顷（2005 年）。肉类、羊毛、皮革等传统产品出口占出口总额的 1/3 以上，是世界第六大稻米出口国。

2007 年牛屠宰量 219.2 万头，羊屠宰量 152.6 万只。牛肉产量 110.5 万吨，羊肉产量 12.7 万吨。产羊毛 4.72 万吨，奶 13.28 亿升。人均消费牛肉 54 公斤、羊肉 6.2 公斤。

2008 年全国牛存栏量 1191.3 万头，羊存栏量 955.8 万只。年产奶 18.15 亿升。

2009/2010 年度冬季作物总播种面积 72.86 万公顷，其中，小麦 55.3 万公顷，大麦 14.09 万公顷，燕麦 3.34 万公顷，其它 0.13 万公顷。

2009/2010 年度夏季作物总播种面积 104.1 万公顷，环比增长 21%。其中，大豆 85.94 万公顷，高粱 6.08 万公顷，玉米 10.87 万公顷，葵花籽 1.22 万公顷。

2008 年乌拉圭有渔船 784 条，其中工业渔船 99 条，木质渔船 658 条。年捕鱼量 110675 吨，其中海鱼 97326 吨，软体鱼 11617 吨，淡水鱼 228 吨。

2007 年人工造林 8046 公顷。2008 年原木采伐量 944 万立方米。近年主要农产品产量如下（单位：万吨）：

	2007	2008	2009
小　麦	61.72	69.71	135.67
大　麦	43.21	31.02	40.10
大　豆	77.99	77.29	102.86
玉　米	33.78	33.47	26.98
高　粱	16.28	15.12	32.42
葵花籽	4.31	5.42	5.06
甘　蔗	14.55	29.31	33.41

（资料来源：乌拉圭国家统计局及乌拉圭农牧渔业部网站）

近年主要水果产量如下（单位：吨）：

	2007	2008	2009
橙子	186272	128930	130100
柑橘	117672	88450	92777
柠檬	37689	33008	41993
柚子	4605	4605	3072
苹果	66874	51266	58775
梨	18698	15755	13272
桃子	17607	18641	17330
李子	2961	2121	2132
蜜桃	1555	1823	1740

（资料来源：同上）

【旅游业】乌政府重视发展旅游业，旅游业发达。境外游客主要来自阿根廷、巴西、巴拉圭和智利等周边国家。埃斯特角和首都蒙得维的亚是主要旅游地。2008 年到乌外国游客 225 万人次，旅游外汇收入10.26亿美元。外国游客在乌平均停留7.3日（2007年）。

【交通运输】交通运输业大部分由政府控制。以公路运输为主。2008年交通运输业产值为626.50亿比索，约合26.76亿美元。

公路：总长8696公里，其中水泥路337公里，沥青路7335公里，沙砾路1024公里。2006年全国机动车保有量为118.04万辆。2007年全国共销售零公里机动车19072辆。

铁路：总里程2993公里，除11公里复轨铁路外，其余均为窄轨铁路。2008年客运量61.2万人次，货运量139.5万吨。

水运：内河航运为重要运输手段，航线总长1250公里。海运不发达。蒙得维的亚港是乌拉圭最大的港口，此外还有科洛尼亚、派桑杜、埃斯特角、萨尔托等港口。2008年进港船只9933条，集装箱吞吐量107.7万个，货物吞吐量1059.62万吨，客运量254.16万人次。

空运：有两家主要的航空公司。普卢纳（Pluna）公司负责国际航线，与阿根廷、巴西、智利、巴拉圭、玻利维亚、西班牙等国通航。塔穆（Tamu）公司负责国内航线。首都的卡拉斯科国际机场是国内最大机场，派桑杜、里韦拉、萨尔托、梅洛、阿蒂加斯、埃斯特角及杜拉斯诺等地均有机场。2007年全国航空客运量133.31万人次，货运量2.46万吨。

【财政金融】2007年中央政府财政总收入1269.32亿比索，同比增长14.08%，其中税收收入1139.47亿比索。财政总支出1337.28亿比索，同比增长14.08%，其中102.46亿比索用于投资，1234.82亿比索用于公共支出。2008年年底外债余额为4091.14亿比索，其中公共债务1691.57亿比索，外债2399.57亿比索。2008年，乌外汇储备63.29亿美元。吸引外资10.58亿美元，同比增长20.36%。近几年财政收支情况如下（单位：亿比索）：

	2005	2006	2007
收　入	843.59	1113.21	1269.32
支　出	905.19	1172.25	1337.28
差　额	－61.6	－59.04	－67.96

（资料来源：乌拉圭国家统计局网站资料）

【对外贸易】在国民经济中占有重要地位，外贸总额超过国内生产总值的1/3。历届政府均强调以外贸带动经济发展，采取鼓励出口及市场多元化政策。现政府除加强与本地区国家经贸关系外，积极开拓北美和亚太市场。乌主要贸易伙伴为巴西、阿根廷、美国、西班牙、委内瑞拉、中国和俄罗斯。主要出口肉类、乳制品、皮革、粮食和羊毛，进口机电产品、汽车、轻工产品、原料和燃料。近年外贸情况如下（单位：亿美元）：

	2007	2008	2009
出口额	44.96	59.49	54.95
进口额	56.28	89.33	65.96
差　额	－11.32	－29.84	－11.01

（资料来源：乌拉圭中央银行、国家统计局网站资料）

人民生活

乌社会福利较高。政府对失业、退休、残疾、妇孺、工伤、疾病等均提供福利补贴，并实行满30年工龄退休制。政府开支的相当一部分用于文教卫生领域。在2007/2008年度人口发展指数排名中位居世界第46位。2009年城市家庭平均收入为8312.21比索。

2010年第一季，劳动人口占总人口的63.2%，就业人口占总人口的58.6%，其中25岁以下就业人员比重为40.9%，失业率为7.4%，其中男性失业率为5.5%，女性为9.7%。平均劳动时间为每周40.1小时。2010年4月，居民消费价格指数累计增长2.64%，环比持平。

2007年乌全国平均年龄32.6岁，人口出生率14.3‰，死亡率10.3‰，婴儿死亡率12‰，人口自然增长率4‰。平均预期寿命为75.85岁。

2007年，每3.5人拥有1辆机动车，每百人拥有电话30部、移动电话34.81部。全国有公立医院56家，病床5945张，医生14035人，平均235名居民拥有1名医生。有私立合作医疗机构40家，149.19万人参加合作医疗保险。家庭月平均收入1.92万比索。全国有住房127.97万套，数字电话线路9614条，电话交换站98.69万个。2008年座机使用量986867部，手机2330011部。5岁以上人口中38.6%经常使用互联网，10.5%的家庭有宽带接入。

军　事

实行志愿兵役制。服役期1～2年，可延长。现总兵力25100人，占人口的0.8%。其中陆军17000人，海军5000人，空军3100人。准军事部队（特警）920人。2007年军费预算总额为3亿美元，占国内生产总值的1.29%。1992年开始派部队参加联合国维和行动。军队高级将领有：陆军司令豪尔赫·华盛顿·罗萨莱斯·索萨上将（Jorge Washington ROSALES Sosa），海军司令胡安·埃韦尔·费尔南德斯·马吉奥上将（Juan Heber FERNANDEZ Maggio），空军司令恩里克·博内利中将（Enrique BONELLI）。

文化教育

【教育】教育事业发达。实行9年制免费义务教育，公立大学和专科学校免收学费。2008年，全国文盲率为1.9%，农村人口文盲率3.1%。15～20岁人口文盲率为0.9%，21～39岁人口文盲率为1.3%，40～49岁人口文盲率为1.3%，50～59岁人口文盲率为1.9%，60～64岁人口文盲率为2.0%，65岁以上人口文盲率为4.0%。大学及以上文化程度人口占总人口的9.2%。2007年乌教育经费预算为9.51亿美元，占国内生产总值的3.67%，占中央政府公共支出的15.07%。位于首都的共和国大学是全国唯一的公立综合性大学，有22个院系。另有蒙得维的亚大学、天主教大学、乌拉圭大学、企业家大学等5所私立大学。2008年乌各类学校数量及在校师生人数如下：

	学校（所）	在校生（人）	教师（人）
学龄前教育	1048	113006	2952
小学	2548	342498	17462
中学	540	264333	13663
技校	136	65460	6402
公立大学	1	128967	3792
私立大学	5	9329	564

（资料来源：乌拉圭国家统计局、乌拉圭文化教育部教育司网站资料）

【新闻出版】 2000年有各类报刊374种，其中日报31种。主要报纸有：《国家报》，1918年创刊，发行量10万份；《晨报》，1917年创刊，发行量4万份。此外，还有《共和国报》、《观察家报》、《最新消息报》等。全国有各类电台100多家，电视台20家。

对外关系

奉行“建立在和平、主权、不结盟、不干涉内政、多边主义、尊重国际法基础上”的独立自主的外交政策，强调不以政治制度或意识形态划线，主张世界多极化和国际关系民主化，加强南南合作。

外交多元务实，以南方共同市场为依托，支持南美及拉美一体化，注重发展同美国和欧盟国家的传统关系，重视扩大同包括中国在内的亚太国家合作。

同175个国家保持外交关系，在其中48个国家设有大使馆。是联合国、美洲国家组织、拉美一体化协会、拉美经济体系、里约集团、七十七国集团、南方共同市场、南美国家联盟成员国和不结盟运动观察员。

【同中国的关系】 1988年2月3日中乌建交。建交以来，两国关系发展平稳，高层互访不断。自20世纪90年代以来，中国国家主席、全国人大常委会委员长、全国政协主席等相继访乌。乌总统桑吉内蒂、拉卡列、巴特列，外长拉莫斯等访问了中国。2007年1月，乌众议长卡多索访华。2008年5月，国务院副总理回良玉访乌。

据中国海关总署统计，2009年，双边贸易额为15.53亿美元，其中中方出口额8.19亿美元，进口额7.34亿美元，同比分别增长－6%、－20.2%和17.6%。中方主要出口计算机与通讯技术产品、摩托车、DVD和空调器。主要进口羊毛、大豆、纸浆、皮革、肉及实用杂碎、冻鱼等。

乌拉圭政府恪守中乌两国建交公报原则，不与台湾发展官方关系。1992年9月，台湾在乌拉圭设立“台北经济办事处”，后于2002年6月关闭。据台湾方面统计，2007年乌台贸易额为9862万美元，其中乌进口额8928万美元，出口额933万美元。乌主要出口粮食，进口电子和机械产品。

中国驻乌拉圭大使：李仲良（2007年12月递交国书）。馆址：Av. Miraflores 1508, esq. Pedro Blanes Viale, Carrasco, Montevideo, Uruguay。电话：005982－6001419，6043899（经商处）。

乌拉圭驻中国大使：罗萨里奥·波特利·卡萨诺瓦（ROSARIO PORTELL CASANOVA）。馆址：北京市朝阳区塔园外交人员办公楼2－7－2。电话：010－65324445，65324413。

乌拉圭驻上海总领事：卡洛斯·玛丽亚·伊利加赖·桑塔纳（Carlos María IRIGARAY SANTANA）。地址：上海市淮海中路300号香港新世界贸易中心2403号。电话：021－63353521，63353927。

【同拉丁美洲国家的关系】 优先发展同拉美国家的关系，特别是同巴西、阿根廷、巴拉圭等南共市成员国的关系。2009年下半年，成为南共市轮值主席国，就经贸摩擦问题与成员国积极磋商。与巴西签有启动两国本币结算协议。

积极参与拉美地区事务，同委内瑞拉互动加强，支持委加入南共市，两国签有能源合作协议。洪都拉斯军事政变后，乌政府和其他南共市成员保持相同立场，支持遭驱逐的洪总统塞拉亚。加强同玻利维亚和巴拉圭的能源合作，签署连接三国天然气管道协议。2010年5月，穆希卡总统参加在阿根廷首都布宜诺斯艾利斯举行的南美联盟峰会。与阿根廷就边境造纸厂等争端保持密切接触，双方均表示尊重国际法庭判决，推动两国关系步入正轨。

2008年同智利建立战略伙伴关系。巴斯克斯总统访问墨西哥、巴拿马，出席南共市首脑会议、巴拉圭总统权力交接仪式等，智利等国元首访乌。

【同美国的关系】 同美国自1830年建交以来一直保持传统友好关系。2007年，美总统布什、财政部长保尔森、商务部长古铁雷斯、副国务卿伯恩斯、助理国务卿香农分别访问乌拉圭，双方签署《贸易与投资框架协议》。2008年10月，两国签订能源合作协议，计划推动两国在生物燃料方面的合作。2009年10月，乌与一美石油公司签署石油勘探合同。2009年12月16日，美西半球事务助理国务卿阿图罗·巴伦苏埃拉访乌，会见新当选总统穆希卡。乌反对美在哥伦比亚建立军事基地。

【同欧盟国家的关系】 重视保持同欧盟的传统关系，但反对欧盟农业保护主义政策，希通过谈判推动乌拉圭对欧盟出口产品多元化。2007年，巴斯克斯总统访问西班牙、葡萄牙、比利时，推动南共市同欧盟重启自由贸易谈判。2008年巴斯克斯总统访问瑞士，同欧盟签署3350万欧元合作协议。2009年10月，乌与欧盟解决了酒类产品贸易关税争端。2009

年8月，乌开始启动实施欧盟援助的科技创新项目，该项目投资1680万美元，重点是加强生物技术的研究。2010年5月，副总统阿斯托里参加在西班牙马德里召开的第六届欧盟—拉美和加勒比首脑会议。

（夏念）

牙买加

国名 牙买加（Jamaica）。

面积 10991平方公里。

人口 269.88万（2009年）。黑人和黑白混血种人占90%以上，其余为印度人、白人和华人。多数居民信奉基督教，少数人信奉印度教和犹太教。官方语言为英语。

首都 金斯敦（Kingston），人口97万。

国家元首 英国女王伊丽莎白二世，女王任命总督为其代表。现任总督帕特里克·林顿·艾伦（Patrick Linton ALLEN），2009年2月26日就任。

重要节日 独立日：8月6日。

简况

位于加勒比海西北部。东隔牙买加海峡与海地相望，北距古巴约145公里。为加勒比地区第三大岛国。海岸线长1220公里。北部和西部海岸是低凹的冲积平原和优美海滩。中部多为山区，最高峰位于蓝山，海拔为2256米。属热带雨林气候，年平均气温27℃。

原为印第安人阿拉瓦克族居住地。1494年哥伦布来到此地，1509年沦为西班牙殖民地。1655年被英国占领。1866年成为英直辖殖民地。1962年8月6日宣告独立，为英联邦成员国。

政治

独立以来，牙买加工党和人民民族党长期轮流执政。政局保持相对平稳，但失业、贫困、贩毒和暴力犯罪等社会问题突出。

在2007年9月，牙工党赢得大选，结束该党近18年的在野地位。工党政府政治上注重民生，倡导朝野建设性合作，经济上奉行以私营部门为主导、政府为辅的发展理念，致力于削减债务，吸引投资，增加就业。

【宪法】现行宪法于1962年8月6日生效。宪法规定总督任命众议院多数党领袖为政府总理，并根据总理提名任命部长。内阁由总理和不少于11名的部长组成，对议会负责。反对党领袖亦由总督任命。

【议会】由参、众两院组成，任期五年。参议员21名，由总督任命，其中总理推荐13名，反对党领袖推荐8名。众议员60名，普选产生。本届众议院于2007年9月3日选出，牙买加工党获32席，人民民族党获28席。参议长奥斯瓦尔德·哈丁（Oswald HARDING），众议长德尔罗伊·卓（Delroy CHUCK），均于2007年9月27日就职。

【政府】本届政府于2007年9月14日宣誓就职，2008年5月和2009年4月两次调整内阁。现内阁成员包括：总理兼国防、计划和发展、新闻和电信事务部长布鲁斯·戈尔丁（Bruce GOLDING），副总理兼外交和外贸部长肯尼思·鲍（Kenneth BAUGH），财政和公共服务部长奥德利·肖（Audley SHAW），总检察长兼司法部长多萝西·莱特伯恩（Dorothy LIGHTBOURNE，女），工业、商业和投资部长卡尔·萨姆达（Karl SAMUDA），国家安全部长德怀特·纳尔逊（Dwight NELSON），教育部长、众议院党务负责人兼选举事务部长安德鲁·霍尔尼斯（Andrew HOLNESS），水利和住房部长霍勒斯·郑（Horace CHANG），文化、青年和体育部长奥利维娅·格兰奇（Olivia GRANGE，女），卫生部长拉迪亚德·斯潘塞（Rudyard SPENCER），劳动和社会保障部长皮尔内尔·查尔斯（Pearnel CHARLES），农业和渔业部长克里斯托弗·塔夫顿（Christopher TUFTON），旅游部长埃德蒙·巴特利特（Edmund BARTLETT），交通和工程部长迈克尔·亨利（Michael HENRY），矿业和能源部长詹姆斯·罗伯逊（James ROBERTSON），财政和公共服务部不管部长唐·韦拜（Don WEHBY），总理办公室不管部长达里尔·瓦斯（Daryl VAZ）。

【行政区划】全国划分为3个郡，下设14个区。

【司法机构】有上诉法院、最高法院、初审法院和各专门法院，英国枢密院为终审司法机构。各院院长均由总理提名，经反对党同意后由总督任命，任期不限。上诉法院院长西摩·潘顿（Seymour PANTON），2007年7月6日就职。最高法院院长扎拉·麦克卡拉（Zaila MCCALLA），2007年6月27日就职。

【政党】主要政党有牙买加工党和人民民族党，及其他一些小党：

（1）牙买加工党（Jamaica Labour Party，简称JLP）：执政党。1943年7月成立。党章规定以“健康的基督教原则”为建党基础，坚持民主主义的最高理想。客观上倾向于保护工人和社会弱者的利益，主张维护劳方和资方的各自权利并发展私营经济。曾于1944～1955年、1962～1972年、1980～1989年执政。2007年9月赢得大选再次执政。领袖布鲁斯·戈尔丁。

（2）人民民族党（People's National Party，简称PNP）：反对党。1938年9月成立，社会党国际成员。主要成分是民族资产阶级、知识分子和城市工人。1940年宣布奉行"社会主义原则"。1974年9月提出"民主社会主义"纲领。曾于1955～1962年、1972～1980年执政。1989年大选中获胜，连续执政至2007年9月。领袖波西娅·辛普森—米勒（Portia SIMPSON-MILLER，女）。

（3）新牙买加联盟（New Jamaica Alliance，简称NJA）：在野党，2002年6月成立，由全国民主运动（NDM）、牙共和党（RPJ）和牙全国统一联盟（JANU）合并组成。

【重要人物】帕特里克·林顿·艾伦：总督。1951年2月7日生于牙波特兰区。曾就读于牙莫尼格师范学院，在美国安德鲁斯大学获历史和宗教学学士、系统神学硕士和教育行政管理学博士学位。1986年起从事神职工作，曾先后担任西班牙城基督复临安息会（简称"安息会"）教堂牧师、牙中部安息会联合会教育和联络事务主管、西印度群岛安息会联盟教育和家庭生活事务主管、牙中部安息会联合会主席、西印度群岛安息会联盟主席。2006年被授予牙政府"杰出勋章"。2009年2月26日就任牙独立后第六任总督。已婚，有三个子女。**布鲁斯·戈尔丁**：总理和工党领袖。1947年12月5日生于牙政治世家。1966～1969年就读于西印度大学莫纳分校，获经济学学士学位。1972年当选众议员，成为牙历史上最年轻的众议员。1976年连选失败，1977年被任命为参议员。1980年牙工党赢得大选后，再次被任命为参议员，并任建设部长。1983年大选中重新当选众议员，1989年和1993年连任。2002年大选后，被任命为参议员及工党影子内阁的外交和外贸部长。2005年4月，在金斯敦西区补选中当选众议员。1974年起任牙工党总书记，1984年起改任党主席。1995年退出牙工党，并自行组建全国民主运动党，当选首任主席。2002年重返牙工党，并再次当选党主席。2005年2月，当选工党第五任领袖。2007年9月，在牙大选中连任众议员，并作为议会多数党领袖出任牙第八任总理。已婚，有一子二女。

经　济

旅游业、矿业、农业和新兴的信息技术服务业是牙国民经济支柱。以旅游业为核心的服务业收入占牙GDP的60%以上。铝矾土储量超过25亿吨，居世界第四位。农业以传统的甘蔗、香蕉种植为主。牙工党政府上台后，实施积极的减债政策和财政紧缩政策；推动对蔗糖业、航空公司和金斯顿国际机场的私有化；继续大力发展旅游等传统产业，加大对农业等弱势基础产业的技术资金支持和结构调整。国际金融危机爆发后，牙经济受到影响，面临较大困难，主要表现为金融流动性不足，债务负担重，信用评级被调降，传统出口产品铝矾土和氧化铝价格下跌。在此情况下，牙政府出台一系列改革发展措施，如适当放宽财政政策，实行公共部门改革，继续推行财税制度改革，鼓励外贸，支持基础设施建设，扩大从多变金融机构举债，实行能源政策改革等，已初见成效。2009年主要经济数据如下（数据来源：牙买加统计局、牙买加规划院、牙2009/2010年度财政预算）：

国内生产总值：125.72亿美元。

人均国内生产总值：4658美元。

国内生产总值增长率：－2.7%。

汇率：1美元＝88.49牙买加元（2009年）。

通货膨胀率：10.2%。

失业率：11.6%（2009年10月）。

【资源】主要有铝矾土，储量约25亿吨。其他矿藏有钴、铜、铁、铅、锌和石膏等。森林面积26.5万公顷，多为杂木。

【工业】铝矾土的开采冶炼是最重要的工业部门，为世界第四大铝矾土生产国。受全球铝价大跌和需求疲软影响，2009年铝矾土收入下降。此外还有食品加工、饮料、卷烟、金属制品、电子设备、建筑材料、化学制品和纺织服装等工业。近几年主要产品产量如下（单位：万吨）：

	2006	2007	2008
铝矾土	1485.1	1458.8	1469.7
氧化铝	409.9	394.0	399.1
石　膏	37:5	23.5	23.8
水　泥	76.29	77.36	72.45
蔗　糖	14.4	16.2	14.0

（资料来源：牙买加统计局）

【农牧渔业】具有悠久的农业传统。全国耕地面积约27万公顷，森林面积约占全国总面积的20%。主要种植甘蔗和香蕉，其他还有可可、咖啡和红胡椒等。粮食需大量进口。为减少进口，并使农产品出口多样化，政府鼓励种植蔬菜、水果及稻米。

【旅游业】重要经济部门，主要外汇来源。近年来旅游业发展迅速，直接从业人数4万人，间接从业人数17万人。外国游客大部分来自美国、欧洲和加拿大。2009年赴牙旅游人数为275.3万人次，其中过夜游客人数为183.1万人次，比2008年增长3.6%；游船游客数为92.2万人次，比2008年下降15.6%。

【交通运输】以公路为主，有良好的公路网。

公路：公路总长17925公里，约4991公里为柏油路面，其中786公里为一级公路。

铁路：总长339公里。1992年起停止客运，现几乎完全用于运输铝矾土和氧化铝。

水运：沿海有13个港口。金斯敦为世界第七大天然港，占地25公顷，是加勒比海一个主要的中转站，有现代化的集装箱码头和仓库，每年集装箱吞吐能力为150万个标准箱。

空运：有首都金斯敦的诺曼·曼利和蒙特哥贝的唐纳德·萨格斯特两个国际机场。牙买加航空公司有通往北美、欧洲和加勒比国家的航线。

【财政金融】 2009年，牙买加国家债务达150.09亿美元，其中外债总额65.94亿美元，为世界上人均负债最多的国家之一。截至2009年底，牙外汇储备为17.36亿美元。2009/2010财年政府财政赤字约为1206亿牙元，占GDP的10.9%。近几年财政收支状况如下（单位：亿牙买加元）：

	2006/2007	2007/2008	2008/2009
收入	2113.6	2556.4	3001.93
支出	2480.1	2942.8	4214.58
差额	-366.5	-386.4	-1212.65

（资料来源：牙2008/2009、2009/2010财年预算报告）

【对外贸易】 历年贸易均有逆差。2009年进出口总额为63.86亿美元，同比增长-26%；其中进口额50.66亿美元，同比增长-39.4%，出口额13.20亿美元，同比增加-50.8%。近年来对外贸易情况如下（单位：亿美元）：

	2007	2008	2009
进口额	64.593	85.485	50.66
出口额	21.691	27.033	13.20
差　额	-42.902	-58.452	-37.46

（资料来源：牙买加统计局）

主要进口石油、食品、机械产品等，出口铝矾土、氧化铝、蔗糖和香蕉等。主要贸易伙伴为美国、英国、加拿大和挪威。

【外国援助】 2009年3月，日本政府向牙提供3.99万美元无偿援助，用于为牙儿童之家装修与添置设备。同月，加拿大政府向牙提供1800万加元无偿援助用于牙司法改革。4月，英国宣布免除牙500英镑的债务。8月，国际货币基金组织向牙提供了其特别提款权予牙份额的74%（3.0341亿美元），使牙外汇储备增至19亿美元。10月，欧洲委员会向牙提供金额为36亿牙元的无偿援助。

【经济团体】 牙买加商会（Jamaica Chamber of Commerce）。地址：7-8 East Parade，POB 172，Kingston。电话：001-876-922-0150。

牙买加投资贸易促进署（Jamaica Promotions Corporation，简称：JAMPRO）。地址：35 Trafalgar Rd，Kingston 10。电话：001-876-929-7190；传真：924-9650。

人民生活

政府部门工作人员和企业职工退休后享受养老金。生活费用较高，贫富悬殊，2009年平均消费者价格指数为130.5。全国有公费医疗服务，公立医院30所，病床7648张，医生759人。2000年约有电视机50万台。2004年约有移动电话用户175万户。2007年人口出生率1.703%，死亡率0.637%，人均寿命73.1岁。

军　事

牙买加国防军成立于1962年7月31日，前身为英国陆军西印度步兵团。负责以军事能力保卫牙国家安全和利益，主要职责包括：保护牙不受军事或准军事威胁；向牙政府和警察部队提供军事支持；维护牙水域和空域领土完整；实施反恐行动等。牙国防军由现役和预备役人员组成，其中现役部队约2500人，包括2个步兵营、1个飞行大队、1个海岸警卫队、1个工兵团、1个后勤保障营和1个总部情报科；预备役部队（即国防军第三步兵营）约有1000人。现任国防军参谋长斯图尔特·桑德斯（Stewart SAUNDERS）少将，2007年10月就职。目前，牙国家安全部代表牙总理（兼国防部长）行使对国防军的指挥权。

文化教育

【教育】 牙教育系统由学前、小学、中学和高等教育四个阶段组成，公办中小学校实行免费教育，经费主要由政府承担，同时吸纳教育组织、私营企业和非政府组织的贷款和捐赠。2010/2011财年牙政府教育预算约727亿牙元，占总预算支出约14.56%。

2006/2007学年，全牙共有各类公办学校1012所；小学和中学在校生分别为28.57万人和24.73万人；学生和教师比例小学为40:1，中学为25:1。成人识字率为85.5%。高等院校共17所，其中西印度大学莫纳分校为加勒比地区著名综合性高等学府，设有人文与教育学、伦理与应用科学、社会学、医学和研究生院等5个学院共30多个学科，现有学生约1.1万人。

【新闻出版】 牙买加新闻署：1962年成立，是政府新闻机构。

牙买加通讯社：1979年成立。是官方通讯社，隶属新闻部。

广播电台和电视台主要有：牙买加广播公司，1959年政府拨款建立，由政府任命董事会领导。设有广播电台和电视台。广播电台一台及二台全天播音。电视台为商业性，每星期播出140小时。牙买加电台，1950年建立，由21个团体合资开办，全天播音。

牙买加电视台（TVJ），为牙收视率最高的电视台，系牙广播媒体集团公司的控股子公司，市场占有率约60%，日均观众约100万人。

CVM电视台，牙第二大电视台，市场占有率约35%，主要以时事、体育和娱乐节目为主。

LOVE电视台，为宗教服务电视台。

对外关系

奉行独立、不结盟的外交政策，主张国家主权平等、互不干涉内政、促进国际合作，主张在联合国的框架内解决国际争端，反对使用武力。维护国家主权、吸引外资和游客、开拓国际市场，是其外交工作的主要目标。积极发展同加勒比国家的团结与合作，积极参与加勒比共同体和加勒比国家联盟等地区性组织，大力促进地区一体化进程。优先发展与美国等西方主要发达国家关系，努力发展与拉美、亚洲、非洲等发展中国家的友好合作。国际和多边事务领域，表现活跃，曾分别两度当选联合国安理会非常任理事国和77国集团主席，积极利用联合国、世界贸易组织、美洲国家组织、英联邦首脑会议、小岛屿国家联盟等国际和地区平台阐述政治立场，寻求外来支持。国际金融危机爆发以来，牙更加重视同多边金融机构的合作，2009年从世界银行、美洲开发银行、加勒比开发银行等获得多笔政策性贷款或无偿援助。

截至2009年底，牙同147个国家建立了外交关系。

【同中国的关系】自1972年11月21日建交以来，中牙两国关系不断发展。2005年2月曾庆红副主席访牙，中牙建立“共同发展的友好伙伴关系”，并在牙共同举办中国—加勒比经贸合作论坛首届部长级会议。2008年1月，中联部副部长陈凤翔访牙。4月，牙外交和外贸部常秘桑德斯访华，与李金章副外长共同建立并启动两国外交部官员会晤制度。4月和8月，牙旅游部长巴特利特两次访华。8月，牙新闻、文化、青年和体育部长格兰奇来华观摩北京奥运会。10月，牙国防军参谋长桑德斯少将访华。12月，全国人大外委会副主任委员马文普访牙。2009年2月，习近平副主席访牙。2010年2月，戈尔丁总理访华。

据中国海关总署统计，2009年中牙双边贸易额为2.186亿美元，同比增长－25.7%；其中中方出口额1.970亿美元，同比增长－31.8%；进口额2156万美元，同比增长286.8%。中国主要出口纺织品、服装、食品、化学品、轻工产品和机电产品等，进口氧化铝等。

中国驻牙买加大使：陈京华。馆址：8 Seaview Avenue Kingston 10 Jamaica。电话：001－876－9273871（办公室、值班），9787780（商务处）；传真：9273919。网址：http：//jm.chineseembassy.org。

牙买加驻华大使：厄尔·考特尼·拉特雷（Earle Courtenay RATTRAY）。馆址：北京市建国门外秀水街1号建外外交公寓6号楼2单元7层2号。电话：010－65320670，65320671；传真：65320669。网址：http：//www.jamaicagov.cn。

【同美国的关系】牙美关系密切，美国是牙买加最大的贸易伙伴和第二大经援国，牙美年均贸易额约20亿美元，美在牙铝矿业、旅游业、金融保险业等方面有大量投资。牙在美有大量侨民。两国签有投资保护和知识产权保护等协定。牙对美政策重在促进官方往来和交流，提高对美国商品和服务出口，吸引更多美国游客与投资，争取更多发展援助。近年来两国在打击毒品犯罪方面合作增多。2007年6月，牙总理辛普森—米勒出席在美国华盛顿举行的首届加勒比大会，并参加加勒比领导人与美国总统布什的会晤。2008年1月，美向牙国防军捐赠2艘拦截巡逻舰。3月，牙总理戈尔丁访问美国佛罗里达州。11月，牙美签署领空开放协议，旨在提升两国航空和贸易关系。2009年4月，牙总理戈尔丁在特立尼达和多巴哥出席第五届美洲国家首脑会议期间，参加加共体领导人与美国总统奥巴马会晤。5月，牙总督艾伦访美。

【同英国的关系】牙与英国保持着传统的友好关系。英在牙投资较多，对牙经济有较大影响。2009年4月，英政府宣布免除牙政府一笔500万英镑债务。自1998～2009年，英国政府共免除牙5800万英镑的债务，同时每年向牙提供250万英镑的额外援款以帮助穷人。

【同加拿大的关系】牙与加关系密切。加在牙总投资1.4亿多美元，并有四家银行。牙买加航空公司中有加拿大股份和技术人员。加每年向牙提供援助。每年有不少加拿大游客赴牙旅游。牙向加派出大量劳务人员，从事农业、服务业等方面工作。近年来，两国在缉毒、司法协助和移民等方面的合作不断加强。2009年3月，牙副总理兼外交和外贸部长鲍访加。4月，加拿大总理哈珀访牙，期间两国签署加向牙提供1800万加元用于牙司法改革的援助备忘录。

【同加勒比国家的关系】重视加勒比地区的团结与合作，努力促进地区一体化进程，是加勒比共同体创始国之一。牙在促进加共体各成员间政治团结、经济合作等方面发挥着积极作用。2006年初，牙成为加共体单一市场首批成员。2009年1月，牙开始在全国颁加勒比共同体护照。2月，牙与加勒比发展银行签署一项金额为1亿美元的贷款协议。

【同古巴的关系】1972年12月牙古建交。1981年与古巴断交。1990年7月27日，牙古恢复外交关系。牙古关系近年来发展较快，双方交往日益增多。自1973年以来，已有13000多名牙籍学生接受古巴政府资助赴古留学。牙坚决反对美国长期对古实施的禁运政策，支持美洲国家组织废除驱古决议。2008年4月，牙农业部长塔夫顿访问古巴。5月，牙总理戈尔丁访问古巴。6月，牙副总理兼外长鲍访问古巴并出席第五届牙古政府间联合委员会会议。

【同欧盟的关系】欧盟是牙最大的外援提供者和第二大贸易伙伴。截至2009年10月，欧盟对牙援助已达7.4亿欧元。2009年8月，牙农业和渔业部与欧洲委员会及食品和农业组织签署一项金额为5600万欧元的谅解备忘录，旨在帮助牙政府实施食品安全计划。

【同日本的关系】1964年牙日建交。此后两国关系发展一直比较顺利。两国间有外长级磋商机制。日主要通过提供捐款、贷款、债务减免、实物捐赠和投资的方式对牙进行援助，并派出青年志愿人员赴牙服务，两国间文化、艺术和教育交流项目也不断发展。日是牙蓝山咖啡和朗姆酒的最大海外市场。

（马文静）

英属维尔京群岛

名称 英属维尔京群岛（The British Virgin Islands）。

面积 153平方公里。

人口 2.49万，人口增长率1.78%，出生率14.52‰，死亡率4.41‰（2010年估计）。黑人占82%，白人6.8%，还有印第安人、亚裔、混血种人等。英语为官方和通用语言，少数人讲西班牙语。居民中86%信奉基督教新教，10%信奉天主教。

首府 罗德城（Road Town），位于托托拉岛（Tortola），人口约8600人（2006年）。

总督 博伊德·麦克莱里（Boyd McCleary），2010年8月20日就任。

重要节日 领地日（Territory Day）：7月1日（1956年），每年纪念时间略有不同，2009年为7月3日。

简况

位于大西洋和加勒比海之间，背风群岛的北端，距波多黎各东海岸100公里，与美属维尔京群岛毗邻。约有60个岛屿（其中16个有人居住），领海面积1489平方公里，最大岛屿是托托拉岛（54平方公里）。属亚热带气候，平均气温28℃，年降水量1000毫米。7～10月常遭受飓风和热带风暴袭击。

原始土著居民为加勒比地区的印第安人。1493年哥伦布航行到此。1672年被英国兼并。1872年成为英国殖民地背风群岛（the Leeward Islands）的一部分，受背风群岛总督管辖。1956年拒绝加入西印度联邦（the West Indian Federation），7月1日成为单独的领地。1967年获得自治。1971年设总督管理。现为实行内部自治的英国的海外领地（Overseas Territory of the UK，internal self-governing）。

政治

2007年6月，新宪法生效。8月20日举行议会选举，由前首席部长拉尔夫·特尔福德·奥尼尔（Ralph Telford O'NEAL）领导的反对党维尔京群岛党大获全胜。8月23日，奥尼尔出任英属维尔京群岛首任总理。近年来，政局基本稳定。2010年8月5日，总督离任，副总督伊内兹·阿齐博尔德（V. Inez Archibald，女）任代理总督。8月20日，新总督麦克莱里上任。

【宪法】 2007年6月15日施行新宪法（The Virgin Islands Constitution Order 2007），取代1976年宪法。英国女王为英属维尔京群岛元首，总督为女王代表，负责其外事、防务、治安、司法等事务。

【议会】 议会（House of Assembly）由13名直接选举成员、议长和总检察长组成，任期4年。本届议会于2007年8月20日选出，维尔京群岛党10席，民族民主党2席，独立人士1席。议长罗伊·哈里根（Roy Harrigan）。

【政府】 内阁包括总理、四名其他部长和一名当然成员（总检察长），通常由在议会中占多数议席的政党组成，其领袖担任总理。内阁成员由总理提名，总督任命。本届内阁于2007年8月组成，现成员包括：总督麦克莱里，总理兼财政部长拉尔夫·特尔福德·奥尼尔，副总理兼卫生和社会发展部长丹西亚·佩恩（Dancia Penn），通信和工程部长朱利安·弗雷泽（Julian Fraser），自然资源和劳动部长奥马尔·霍奇（Omar Hodge），教育和文化部长安德鲁·费伊（Andrew Fahie），总检察长凯瑟琳·夸泰（Kathleen Quartey）。

网址：http://www.bvi.org.uk/government/（政府伦敦办公室）；http://www.dpu.gov.vg/AboutUs/GovernmentBVI.html（发展计划署）；http://www.bviwelcome.com/（旅游局）；http://www.bviports.org/（港务局）。

【司法机构】 受辖于东加勒比最高法院（Eastern Caribbean Supreme Court，由高等法院和上诉法院组成，均设在圣卢西亚）。法律体系是参照英国普通法律体系设立的，也增加了一些别的法律条款。每个岛上设一个初审法庭。终审可上诉至英国枢密院。

【政党】 有四个政党。

（1）维尔京群岛党（Virgin Islands Party，VIP）：执政党。20世纪70年代初成立，领袖为总理奥尼尔。

（2）民族民主党（National Democratic Party，NDP）：反对党。成立于1998年5月，领袖为前首席部长奥兰多·史密斯（Orlando SMITH）。

（3）统一党（United Party，UP）：20世纪60年代中期成立，领袖格列高利·麦德罗（Gregory MADURO）。

（4）关心市民运动（Concerned Citizen's Movement，CCM）：1994年成立，前身为独立人民运动。

领袖埃塞林·史密斯（Ethlyn SMITH）。

【重要人物】博伊德·麦克莱里：总督。1949年出生于北爱尔兰。在贝尔法斯特王后大学学习德国语言和文学。1975年进入英国外交与联邦事务部（FCO）。曾任英国驻德国（两次）、韩国、土耳其和加拿大外交官。2006～2010年任英国驻马来西亚高级专员（大使）。2010年任英属维尔京群岛总督。

拉尔夫·特尔福德·奥尼尔：总理，维尔京群岛党领袖。1933年出生。就读于英国牛津大学。1971年起当选为立法委员会成员。90年代在斯托特政府任副首席部长。1995年5月斯托特去世，他接任首席部长。2003年因大选失利下台。2007年8月成为英属维尔京群岛首任总理。

经　济

主要依靠旅游业和金融服务业，有少量农业与渔业。进入21世纪后，经济稳定发展，年增长率维持在3%以上。在地区生产总值（GDP）中，服务业占96.6%，工业2.5%，农业0.9%。主要经济数据如下：

地区生产总值（2008年）：10.95亿美元。

地区生产总值增长率（2008年）：－0.6%。

人均地区生产总值（2006年估计）：38975美元。

货币名称：美元。

通货膨胀率（2008年）：7.1%。

失业率（2006年估计）：3.1%。

【工业】制造业规模较小。主要生产朗姆酒、旅游品、印刷品等。2007年发电量估计为4500万千瓦小时。

【农牧渔业】约有耕地800公顷，草场4000公顷。主要种植水果、蔬菜和甘蔗。水果和蔬菜供国内消费并出口美属维尔京群岛，甘蔗主要用于酿造朗姆酒。有畜牧养殖业和渔业。大部分食品靠进口。

【服务业】离岸金融服务业和房地产业是新兴产业，近年来发展很快。政府进行立法促进保险业务以加强金融业并使其多元化。离岸金融业收入等占政府直接收入的50%。

作为世界重要离岸金融中心之一，曾有超过70万家离岸公司在此注册，目前仍有活动的约45万家。这里被不少公司视为“避税天堂”，离岸金融中心为逃税、资本外逃和洗钱犯罪创造了机会。

【旅游业】最重要的经济部门和发展计划的基础之一。2008年接待各类游客达93.4万人次（其中海上巡游旅客57.1万人次，过夜游客34.6万人次）。

【交通运输】岛内以公路运输为主。2007年公路总长约200公里。

水运：有直达英国、美国和荷兰的轮船。罗德港为一深水港。主岛间有渡船往来。

空运：有通往迈阿密、美属维尔京群岛以及圣基茨等附近岛国的航线。主要机场是距罗德城约16公里的牛肉岛机场，有四个航班，经波多黎各和安提瓜连接北美及欧洲。另外在阿内加达岛和维尔京戈尔达岛有两个小机场。

【财政金融】近年财政收支情况如下（单位：百万美元）：

	2002	2003	2004
收入	183.10	190.00	204.70
支出	150.40	164.40	180.40
差额	20.30	28.30	24.30

（资料来源：http://dpu.gov.vg/Indicators/tourism/Governmentfinance.htm）

2004年外债为4410万美元。

【对外贸易】历年均为入超。2002年出口额为2530万美元，进口额为1.87亿美元。主要进口产品有建筑材料、汽车、食品、机器等。2007年进口原油估计为691.4桶/天。主要出口产品有朗姆酒、鲜鱼、水果、动物、砾石等。主要贸易对象为美属维尔京群岛、波多黎各、美国等。

【外国援助】援助主要来自英国和加勒比开发银行。

人民生活

托托拉岛有1所医院，其他岛屿有诊所。2009年居民平均期望寿命估计为77.26岁。2009年有固定电话20100部，移动电话24000部，因特网用户4000户（2002年）。

军　事

防务由英国负责。

文化教育

【教育】15岁以上人口识字率为98.2%。中小学实行免费义务教育（12年，从5岁开始）。2005年小学与中学的入学率分别为95%和88%，学生与教师之比分别为15∶1和9∶1。有一所以前首席部长斯托特命名的社区学院。

【新闻出版】有三种周刊：《英属维尔京灯塔》，1984年创刊，发行量3000份；《维岛太阳》，1962年创刊，发行量2850份；《维尔京群岛观点》，周刊。

有五家商业电台。维尔京群岛广播有线公司创立于1965年，设ZBVI电台，进行商业性广播。英属维尔京群岛有线电视台，主要通过电缆收看美属维尔京群岛和波多黎各的电视节目。ZBTV西印度有线电视台为商业性电视台。

对外关系

外交由英国掌管。英属维尔京群岛为万国邮政联盟、国际奥委会、加勒比开发银行、东加勒比国家组织成员，联合国教科文组织、加勒比共同体联系成员，设有国际刑警组织英属维尔京群岛支局。

【同中国的关系】作为离岸金融服务中心之一，一些发达国家（地区）通过英属维尔京群岛对华进行投资。2008年8月，英属维尔京群岛派团参加北京奥运会。根据联合国拉美经委会 2010 年 4 月的报告，截至 2009 年年底，中国在英属维尔京群岛的非金融对外直接投资（FDI）存量为 118.07 亿美元，占中国在拉美直接投资的 28.70%。　（沈思）

智　　利

国名　智利共和国（Republic of Chile, República de Chile）。

面积　756626 平方公里。

人口　1676 万（2008 年）。其中城市人口占 86.9%；印欧混血种人占 75%，白人 20%，印第安人 4.6%。官方语言为西班牙语。在印第安人聚居区使用马普切语。15 岁以上人口中信仰天主教的占 70.0%，信仰福音教的占 15.0%。

首都　圣地亚哥（Santiago），人口 674.57 万（2008 年）。1 月最热，平均气温为 12℃～19℃。6 月最冷，平均气温为 3℃～14℃。年均最高气温 22.6℃，最低气温 9.3℃。

国家元首　总统塞瓦斯蒂安·皮涅拉·埃切尼克（Sebastián Piñera Echenique），2010 年 3 月 11 日就职，任期四年。

重要节日　独立日：9 月 18 日。

简　况

位于南美洲西南部，安第斯山脉西麓。东邻阿根廷，北界秘鲁和玻利维亚，西濒太平洋，南与南极洲隔海相望。海岸线总长约 1 万公里。是世界上最狭长的国家，南北长 4352 公里，东西宽 96.8～362.3 公里。境内多火山，地震频繁。气候地区差异大：北部是常年无雨的热带沙漠气候；中部是冬季多雨、夏季干燥的亚热带地中海式气候；南部为多雨的温带阔叶林和寒带草原气候。年均最低和最高气温分别为 8.6℃ 和 21.8℃。

早期境内居住着阿劳干人、马普切人、火地人等印第安民族，16 世纪初以前属于印加帝国。1535 年，西班牙殖民者从秘鲁侵入智利北部。1541 年建立圣地亚哥城，智利沦为西班牙殖民地。1810 年 9 月 18 日成立执政委员会，实行自治。此后，智利人民在民族英雄贝尔纳多·奥希金斯率领下开展反殖民统治斗争。1817 年 2 月同阿根廷联军击败西班牙殖民军。1818 年宣告独立。1970 年社会党人阿连德当选总统，组成"人民团结"政府。1973 年以皮诺切特为首的军人推翻阿连德政府上台，开始了长达 16 年的军政府统治。1989 年，社会党、基民党等组成"争取民主联盟"（后称执政联盟）参加议会选举和总统大选，基民党人艾尔文当选总统，于次年 3 月 11 日开始执政，从而恢复了代议制民主。1994 年 3 月基民党人弗雷继任。1998 年皮诺切特交出军权，作为终身参议员进入国会，智"民主过渡"进程基本完成。

政　治

自军人"还政于民"以来，智政局保持稳定。中左政党组成的执政联盟连续执政 20 年，历经四届政府。2010 年 1 月，中右翼联盟总统候选人皮涅拉在大选第二轮投票中当选总统。因 2010 年 2 月智中南部地区发生特大地震，皮就职后重点开展灾后重建工作，同时加大对民生问题的投入。

【宪法】现行宪法于 1981 年 3 月 11 日生效，后经过 1989 年、1991 年、1993 年、2005 年四次修改。宪法规定，总统是国家元首和政府首脑。2005 年修宪将总统任期改为 4 年，并取消了终身参议员和指定参议员。

【议会】国民议会（Congreso Nacional）实行参、众两院制。议会由直接选举的 120 名众议员、38 名参议员组成。参议员任期八年，每 4 年改选其中一半；众议员任期四年。1973 年军事政变后议会被解散，1990 年 3 月 11 日恢复。本届议会成立于 2010 年 3 月 11 日。现任参议长为基督教民主党人豪尔赫·皮萨罗（Jorge Pizarro），众议长为独立地区主义党人亚历杭德拉·塞普尔韦达（Alejandra Sepulveda），均于 2010 年 3 月当选，任期均为一年。主要党派在议会中所占席位如下：

	参议院	众议院
民族革新党	8	18
独立民主联盟	8	39
基民党	9	19
社会党	5	11
争取民主党	4	18
社会民主激进党	2	5
共产党	0	3
独立地区主义党	0	2
独立派人士	2	5

【政府】本届政府于 2010 年 3 月 11 日组成，现共设 22 个部委，主要成员有：内政部长罗德里戈·因兹彼得·吉尔贝格（Rodrigo Hinzpeter Kirberg），外交部长阿尔弗雷多·莫雷诺·查尔梅（Alfredo Moreno Charme），国防部长海梅·拉维内特（Jaime Ravinet），政府秘书部部长埃纳·博恩·拜耳·哈恩（Ena Von Baer Jahn），总统府秘书部部长克里斯蒂安·拉鲁莱特·比尼奥（Cristian Larroulet Vignau），财政部长费

利佩·拉腊因·巴斯库尼安（Felipe Larraín Bascuñán），经济部长胡安·安德烈斯·丰泰内（Juan Andrés Fontaine）。

【行政区划】全国共分为15个大区（Región），下设51个省（Provincia）和346个市（Comuna）。大区主席和省长由总统任命，市长由直接选举产生，任期四年，可连任。

【司法机构】司法独立。全国设最高法院、17个上诉法院和1个军事法庭。最高法院院长米尔顿·胡伊卡（Milton Juica），2008年1月上任，任期两年。1999年成立检察院，国家检察长为萨瓦斯·查安·萨拉斯（Sabas Chahuán Sarrás）。

【政党】主要政党有：

（1）民族革新党（Renovación Nacional，RN）：执政的争取变革联盟成员。1987年2月由右翼的民族联盟、独立民主联盟和全国劳动阵线合并而成。后独立民主联盟脱离该党。党员7.7万人。其宗旨是在智维护和发展西方文明和历史传统，建立“以人为中心，充分尊重个人自由”的社会。2009年，该党领袖皮涅拉当选总统。主席卡洛斯·拉腊因（Carlos Larraín）。

（2）独立民主联盟（Unión Demócrata Independiente，UDI）：执政的争取变革联盟成员，议会第一大党。1983年9月25日成立，由独立人士和1979年成立的“新民主”组织组成。该党自2001年起成为议会第一大党。主席胡安·安东尼奥·科洛马（Juan Antonio Coloma）。

（3）基督教民主党（Partido Demócrata Cristiano，PDC）：在野的中左翼联盟第一大党。1957年7月成立。党员登记人数10.84万人。基民党国际成员。主张实现真正的基督教主义，建立民主制度，尊重人权，与不同的思想派别共处。该党在智民主化进程中发挥了重要作用，其领导人艾尔文、弗雷先后任军政府后的第一、二任民选总统。现任党主席胡安·卡洛斯·拉托雷（Juan Carlos Latorre）。

（4）社会党（Partido Socialista，PS）：在野的中左翼联盟成员。1933年4月成立。有党员约7万人。1970～1973年与共产党等组成“人民团结”政府，该党领导人阿连德任总统。1979年发生分裂。1989年12月阿拉特和阿尔梅达两大派宣布联合。1989年、1993年、1999年和2005年与争取民主党、基民党等结盟参加总统大选获胜。该党主张巩固真正民主体制和建立民主社会主义，强调民主价值观。1996年9月加入“社会党国际”。主席富尔维奥·罗西（Fulvio Rossi）。

（5）争取民主党（Partido por la Democracia，PPD）：在野的中左翼联盟成员。1987年12月由以后来成为总统的拉戈斯为首的一批社会党等左翼政党人士创立。有党员8.4万人，主要来自社会党。其纲领与社会党基本相同，但更为自由化，对内主张积极推动宪法改革，根除军政府建立的法制体系。对外主张以国际主义、人道主义、和平主义和拉美主义原则同世界各国建立外交、贸易和文化关系。1996年9月与社会党同时加入“社会党国际”。党主席卡洛琳娜·托阿（Carolina Toha）。

（6）社会民主激进党（Partido Radical Social Demócrata，PRSD）：在野的中左翼联盟成员。前身为激进党，1888年11月19日成立，智最悠久的政党之一。1987年激进党内发生分裂，原副主席安塞尔莫·苏莱等另组社会民主激进党。1992年两党合并定为现名。党员约9万人。“社会党国际”成员。主席何塞·安东尼奥·戈麦斯（José Antonio Gómez）。

（7）共产党（Partido Comunista，PC）：在野党。1912年6月成立。有党员4.7万人。原名社会主义工人党，1922年改为现名。1970～1973年与社会党等联合执政，1979年提出“人民造反”路线，要求立即结束军政权。1983年同社会党阿尔梅达派等组成“人民民主运动”，1985年被宪法法庭宣布为非法。1990年10月恢复合法地位。党主席吉列尔莫·泰列尔（Guillermo Tellier），总书记劳塔罗·卡蒙娜（Lautaro Carmona）。

【重要人物】塞巴斯蒂安·皮涅拉·埃切尼克：总统。1949年12月1日生于智利首都圣地亚哥，先后获得智利天主教大学商学学士学位、美国哈佛大学经济学硕士和博士学位。民族革新党人。1973年起，先后在世界银行、美洲开发银行等机构任职。1976年返智创业。1990～1998年，任参议员。2001～2004年，任民族革新党主席。2005年作为民族革新党总统候选人参加大选，在第二轮投票中败北。2010年1月17日，作为“争取变革联盟”候选人，在第二轮投票中当选总统。成功企业家，曾担任智利航空公司董事长、智利视野电视台董事长。就任总统后，在上述企业中所拥有的股份已部分售出。2008年北京奥运会期间来华观赛。已婚。夫人塞西莉亚·莫雷尔·蒙特斯，有4子。

经　济

智利属于中等发展水平国家。矿业、林业、渔业和农业是国民经济四大支柱。20世纪80年代后，智开放市场，加强宏观调控，调整产业结构，经济取得较大增长，被世界银行和西方国家誉为拉美经济的样板。特别是2003年以来，智政府实行稳健的财政政策和货币政策，得益于铜、三文鱼、纸浆等智出口支柱产品价格持续走高，经济稳步增长。2008年以来受国际金融危机蔓延影响，智实体经济受到冲击，经济增长放缓。2009年下半年以来，智经济企稳回升。2010年“2·27”地震造成智基础设施损毁严重，经济损失达300亿美元，约占智国内生产总值的18%。2009年主要经济数据如下：

国内生产总值：1636.7 亿美元。

人均产值：9624 美元。

国内生产总值增长率：-1.5%。

货币名称：比索（peso）。

汇率：1 美元 =540 比索。

通货膨胀率：-1.4%。

失业率：9.6%。

【资源】矿藏、森林和水产资源丰富，以盛产铜闻名于世，素称“铜之王国”。已探明的铜蕴藏量达 2 亿吨以上，居世界第一位，约占世界储藏量的 1/3。铜储量、产量和出口量均为世界第一。铁蕴藏量约 12 亿吨，煤约 50 亿吨。此外，还有硝石、钼、金、银、铝、锌、碘、石油、天然气等。盛产温带林木，木质优良，是拉美第一大林产品出口国。渔业资源丰富，是世界第五渔业大国。

【工业】工矿业是智国民经济的命脉。2008 年，工业总产值为 102004.96 亿比索，矿业总产值 43447.26 亿比索。工矿业从业人口为 87.1 万人。近年来主要工矿业产品产量如下：

	2006	2007	2008
铜（万吨）	536.08	555.7	532.8
金（吨）	42.1	41.5	39.2
银（吨）	1607.2	1936.5	1405
铁矿砂（万吨）	862.8	881.8	931.6
石油（万立方米）	16.87	14.80	15.35
天然气（亿立方米）	21.98	20.15	18.28
煤（万吨）	67.37	28.80	53.38
钼（万吨）	4.33	4.49	3.37

（资料来源：2010 年智利中央银行统计概览）

【农林牧渔业】2008 年，智农、林业产值 24041.27 亿比索，农业劳动力 73.4 万人。耕地面积 1.66 万平方公里。主要农作物播种面积 71.69 万公顷。近年来主要农产品产量如下（单位：万吨）：

	2006	2007	2008
小 麦	140.4	109.59	123.77
燕 麦	43.5	34.08	38.42
大 麦	13.7	8.11	9.61
水 稻	16	11	12.1
玉 米	138.2	112.3	136.5
马铃薯	139.1	83.4	96.6
甜 菜	219.98	151.77	120.85
菜 豆	5	6	7.6
油菜籽	4.7	4.09	6.66

（资料来源：同上）

2008 年水果种植面积为 30.88 万公顷，2007 年总产量 440.1 万吨。主要水果有苹果、葡萄、油梨、李子、桃、梨等。

林业：2008 年全国森林覆盖面积 8.42 万平方公里。根据智利国家林业局 1997 年统计资料，天然林 1344.3 万公顷，占国土面积 17.8%，人工林 211.9 万公顷，占国土面积 2.8%，混合林 8.7 万公顷。主要树种是辐射松（73.5%）和桉树（18.5%），主要林产品为木材、纸浆、纸张等。

畜牧业：牧场面积 12.93 万平方公里。2008 年产牛肉 24.03 万吨，羊肉 1.10 万吨，猪肉 52.2 万吨，禽类 61.1 万吨，牛奶 25.5 亿升。

渔业：2008 年捕鱼量为 481 万吨。

【旅游业】智利政府重视发展旅游业。2008 年全国有旅行社 981 家，其中 27.8% 在首都大区，17.7% 在瓦尔帕莱索，酒店 886 家。2008 年旅游外汇收入 22 亿美元，同比 2007 年增长 12%，共接待外国游客 265 万人次，主要来自巴西、阿根廷等周边国家、北美和欧洲。2008 年智利公民出境旅游达 323.4 万人次。

【交通运输】铁路：总长 8613 公里，其中电气化铁路 1654 公里。2008 年客运量为 2221.0 万人次，货运量 2718.5 万吨。首都圣地亚哥地铁全长 74.5 公里，2008 年客运量为 6.42 亿人次。

公路：总长 10 万公里。其中泛美公路长达 3600 公里。2008 年全国有各种机动车 295.53 万辆。

海运：2008 年国内外船只装卸量分别为 5938.6 万吨和 5390.4 万吨，货物总吞吐量达 11329.0 万吨。全国共有 70 多个沿海港口，主要港口有：瓦尔帕莱索港、塔尔卡瓦诺港、安托法加斯塔港、圣安东尼奥港和彭塔阿雷纳斯港等。

空运：有 5 家航空公司，6 个国际机场。2008 年国内航线年客运量 477.07 万人次，货运量 27923 吨。国际航线客运量 493.83 万人次，货运量 282486 吨。全国有大小机场 325 个，主要国际机场有首都的阿图罗·梅里诺·贝尼特斯机场和北部阿里卡市的查卡柳塔机场。

【财政金融】近几年的财政收支情况如下（单位：亿比索）：

	2006	2007	2008
收入	200790.97	234922.78	236470.02
支出	140949.89	159411.85	187867.45
差额	59841.08	75510.93	48602.57

（资料来源：2010 年智利中央银行统计概览）

截至 2009 年底，国际外汇储备 253.71 亿美元。外债余额 747.55 亿美元。

主要银行有：智利银行，成立于 1893 年，2007 年资产总额 146205.11 亿比索；国家银行，成立于 1853 年，2007 年资产总额 136416.63 亿比索。

【对外贸易】智利经济在很大程度上依赖对外贸易。出口总额占国内生产总值的 57% 左右。实行统一的低关税率（2003 年起平均关税率为 6%）的自由贸易政策。目前同世界上 170 多个国家和地区有贸易关系。近年来贸易情况如下（FOB，单位：亿美元）：

	2007	2008	2009
出口额	676.43	664.56	530.24
进口额	439.9	576.10	397.08
差　额	236.53	88.46	133.16

2008 年主要贸易对象及占智外贸总额的比例：

	占智出口（%）		
	2007	2008	2009
美国	12.4	11.7	10.6
日本	10.5	10.9	8.5
中国	14.7	14.8	21.8
韩国	5.7	5.7	5.5

	占智出口（%）		
	2007	2008	2009
阿根廷	9.8	8.7	11.5
美　国	16.5	19.0	18.1
巴　西	10.2	9.1	7.1
中　国	11.1	11.8	12.8

〔资料来源：2010 年智利出口促进会（PROCHILE）〕

【对外投资】智利对外投资活动始于 20 世纪 70 年代。90 年代以来智经济持续快速发展，由于国内市场狭小，一批大型企业和跨国公司为开拓国外市场和争取更有利的发展环境，开始在厄瓜多尔、阿根廷、墨西哥、秘鲁和巴西等周边国家投资。2008 年，智对外投资额 68.91 亿美元。

【对外援助】据智利外交部国际合作署统计，2009 年，智对外援助 780 万美元，主要受援对象为拉美和加勒比国家。

【外国资本】2000 年拉戈斯政府宣布取消外资保证金制度和外资审批制度。2008 年共吸引直接外资 167.87 亿美元。

【外国援助】据智外交部国际合作署统计，2006 年智接受国外合作项目援助 1.0274 亿美元，其中来自国外双边合作项目援助 6466.66 万美元，多边合作项目援助 3807.6 万美元。

对智提供合作项目援助的主要国家有德国、日本、西班牙等。国际组织主要包括欧盟、联合国和美洲国家组织等。

【著名公司】（1）智利国家铜公司（Corporacion Nacional del Cobre de Chile，简称 CODELCO）：成立于 1976 年 4 月 1 日，是世界最大的铜生产企业，经营铜矿的开发、开采、提炼、加工及销售等。2009 年产铜量 178 万吨，年销售额 121.48 亿美元。董事长赫拉尔多·霍夫雷·米兰达（Gerardo Jofré Miranda），执行总裁迭戈·埃尔南德斯·卡夫雷拉（Diego Hernández Cabrera）。地址：Huerfanos 1270，piso 11，Santiago，Chile。

（2）智利化工、矿业公司（Sociedad Quimica y Minera de Chile S. A.，简称 SQM）：成立于 1968 年，经营化肥、化工产品、碘、锂的生产及销售。2007 年资产总额 19.86 亿美元，2005 年销售额 10.43 亿美元。董事长胡利奥·庞塞·勒鲁（Julio Ponce Lerou），首席执行官帕特里西奥·孔特塞·冈萨雷斯（Patricio Contesse Gonzalez）。地址：El Trovador 4285，Las Condes，Santiago，Chile。

（3）智利钼金属公司（Molibdenos y Metales S. A.，简称 Molymet）：成立于 1975 年，是世界上钼的主要生产企业，占有全球 1/3 的市场份额，从事钼及相关产品的生产及销售。2007 年资产总额 12.84 亿美元，2005 年销售额 20.9 亿美元。总裁卡洛斯·乌尔塔多·鲁伊斯—塔格莱（Carlos Hurtado Ruiz-Tagle）。地址：Huerfanos 812，of. 612，Santiago，Chile。

（4）南美船运公司（Compania Sudamericana de Vapores S. A.，简称 CSAV）：成立于 1872 年，拉美最大的船运公司，经营船运及相关配套服务。2007 年资产总额 19.41 亿美元，销售额 41.5 亿美元。董事长海梅·克拉罗（Jaime Claro）。地址：Hendaya 60，Piso 10，Las Condes，Santiago，Chile。

人民生活

智最低月工资为 159000 比索。2009 年第一季度全国共有劳动力 727.7 万人，就业人数 660.8 万，失业人数 66.9 万，失业率 9.2%。2007 年月收入在 2700～5500 美元之间的高收入家庭约有 29.7 万户，占全国人口的 7%，中产阶级占 40%，贫困家庭 83.9 万户，贫困人口占总人口的 20%，赤贫人口占总人口 5.7%。近十年智医疗卫生事业发展迅速，建立了完善的医保体系。智利的医保体系由公共、私营两部分组成，其中公共医保占 66%，私营部分占 34%。医疗保障金占收入的 7%。全国有公立医院 183 家，床位 32913 张；私人医院 37 家，床位 10336 张。2004 年全国共有医生 20726 人，平均 770 人拥有一个医生。2001 年就诊人数为 3469 万人次。2003 年医疗卫生支出占 GDP 的 6.1%。第 17 次人口普查显示，智最近十年人口增长率为 1.2%，出生率 1.8%，死亡率 0.6%。人均寿命 75.97 岁，其中男性 73.04 岁，女性 79.01 岁。2002 年 2 月，智海关在全世界率先实现电子报关。

军　事

智武装部队分为陆、海、空和武警四个军种。总统为武装力量最高统帅，通过国防部对全军和武警实施行政领导和作战指挥。国家安全委员会是国家安全问题的最高决策机构。国防部长由文人担任。国防部设陆军、海军、空军、武警和调查警五个副部长。下辖的国防参谋部是国防咨询机构，负责协调和制定三军和武警的作战、训练、情报、军事预算和军购等事宜。国防部长和国防参谋长均无权调动和指挥军队，由各军种司令直接领导和指挥部队。实行义务兵役制，服役期两年。

2009年总兵力为7.81万人，其中陆军4.77万人，海军1.94万人，空军1.1万人，此外，预备役部队5万人，武警3.9万人。智利实行各军分立，全国没有统一的军区划分，各军种根据防务需要划分为不同的军区。陆军编为6个军区，海军4个海区，空军5个旅区，武警8个警备区。武警为主要治安力量。2009年军费开支为38.16亿美元。

文化教育

【教育】实行12年义务基础教育。中等学校分为两种：一是科学—人文学校，即普通中学，学生毕业后绝大部分报考大学；另一种为技术—职业学校，分工业、商业、技术和农业等门类。从这类学校毕业的学生既可参加工作，也可升大学。有各类学校10768所，其中高等教育院校298所，职业学校82所，技术培训中心156个。著名大学有：智利大学、智利天主教大学、圣地亚哥大学。人均受教育时间为9.25年。目前在校学生为425万，其中6～18岁的学生为360万，大学生65万（包括技术学校）。成人识字率为95.79%，文盲率为4.09%左右。2005年教育经费支出为19101.68亿比索。

【科研】主要科研机构有科学院、全国科学技术研究委员会和核能委员会。科学工作者人数占全国总人数的3.68%，居拉美第四位。

【新闻出版】全国有报社87家。共发行824种报纸杂志，其中日报124种，杂志463种，简报69种。主要报纸有：《信使报》，1827年创刊，发行量平日13万份，星期六18万份，星期日31万份；《民族报》，1980年创刊，发行量3万份；《三点钟报》，1950年创刊，发行量平日18万份，周末23万份；《二点钟报》（晚报），1931年创刊，发行量4万份；《最后消息报》，1902年创刊，发行量15万份；主要杂志有：《事件》，1971年创刊，发行量3万份；《新情况》，1976年创刊，发行量2.5万份；《今日》，1977年创刊，发行量3万份。除《民族报》为官方报纸外，其他均为独立发行。

主要通讯社为私营的环球通讯社。

全国有电台1095家，主要有国家电台、合作电视台、波塔莱斯电台、农业电台和矿业电台。

电视台9家，其中影响较大的是国家电视台（7频道）、智利大学电视台（11频道）、天主教大学电视台（13频道）、大视野电视台（9频道）和瓦尔帕莱索天主教大学电视台（5频道）。

【文化艺术】智是拉美文化艺术水准较高的国家之一。全国有图书馆1999家，总藏书量为1790.7万册。有电影院260家。首都圣地亚哥是全国文化活动中心，有25个美术馆。诗人加夫列拉·米斯特拉尔获1945年诺贝尔文学奖，成为第一个获此奖的南美洲作家。诗人巴勃罗·聂鲁达获1971年诺贝尔文学奖。

对外关系

智利奉行独立自主的多元化务实外交政策。主张尊重国际法，和平解决争端，捍卫民主和人权。大力推行全方位的外交战略，经济外交色彩浓厚，对外交往十分活跃。智优先巩固和发展同拉美邻国和南共市国家的关系，积极推动拉美一体化，重视与美、欧的传统关系，积极拓展同亚太国家的关系，努力实现出口市场多元化。同世界上171个国家建立了外交关系。重视双边自由贸易谈判，目前智已同绝大多数拉美国家及美国、加拿大、欧盟、韩国、中国、日本等57个国家签署了22个自由贸易协定。

智利积极参与国际和地区事务，是南美洲国家联盟、美洲国家组织、里约集团、亚太经合组织、太平洋经济合作理事会、太平洋盆地经济理事会、不结盟运动、十五国集团等国际和地区组织的成员国和南方共同市场的联系国。曾连续当选联合国经社理事会成员国、安理会2003/2004年度非常任理事国、人权委员会2002/2004年度成员国、南美国家联盟2008/2009年度轮值主席国。同新加坡一起倡议并推动成立了“东亚—拉美合作论坛”，并成功主办了论坛第二届、第三届高官会和首届外长会。近年来，还成功主办了第六届和第17届伊比利亚美洲首脑会议、第二届美洲国家首脑会议、第108届各国议会联盟大会、第33届美洲国家组织大会、2004年亚太经合组织会议及2008年南美国家联盟首脑特别峰会。

【对当前重大国际问题的态度】关于国际形势：认为21世纪是充满变革和调整的时代，不公正、不合理的国际政治经济秩序没有根本改变，南北发展鸿沟和贫富差距仍在扩大。冷战结束后由民族、宗教等问题引发的地区冲突频仍，人类面临一个不确定的世界。人权和环境问题超越国界，改变了传统意义上的国家主权。

关于建立国际政治经济新秩序：支持建立国际政治经济新秩序，反对超级大国凭借实力主导或按其意图建立所谓新秩序。主张以不干涉内政、不使用武力或以武力相威胁、和平解决国际争端为基础建立国际政治经济新秩序。

关于全球化：全球化是一柄双刃剑，既包含机遇，又带来风险和挑战，各国应加强经济技术的交流与合作，在全球化和新经济进程中寻求平等发展。发达国家有义务帮助发展中国家摆脱贫困落后和实现自身发展。全球化是一场经济、技术、政治和文化革命，有必要对其走向予以规范。发展中国家应携手对全球化进程施加影响，加以引导，拉美国家更应加强团结、迎接挑战。

关于联合国和安理会改革问题：主张对联合国进行全面和必要改革，提高其效率，加强其政治合法性，以适应新的国际形势。支持调整安理会职能，增加常任和非常任理事国。认为安理会的扩大不应只考虑新任理事国的政治、经济、军事实力，还应该考虑文化和地区的多样性。安理会改革不应只讨论扩大成员，而不涉及否决权和工作方式。曾明确支持“四国集团”方案，现倾向于“中间方案”。

关于人权问题：高度重视宣扬和维护人权。认为人权问题日趋国际化，要建立维护国际人权的有效机制。主张加强泛美人权法院、泛美人权委员会的作用，支持建立国际刑事法院。反对以经济和社会问题为借口侵犯人权，反对美国单方面对别国人权状况进行年度评估。

关于禁核和裁军问题：反对核扩散，反对任何国家进行核试验。主张和平利用核能，不生产、不获得、不储存核武器。反对军备竞赛，积极参加联合国裁军会议。

关于环境和气候变化问题：坚持共同但有区别的责任原则，要求发达国家按《联合国气候变化框架公约》原则和“巴厘路线图”的要求，在2012年后继续率先减排，并向发展中国家提供资金和技术。主张发展中国家加强团结，防止发达国家推卸责任。积极评价并支持《哥本哈根协议》，认为《哥本哈根协议》基本锁定了国际社会在气候变化主要问题上的共识，为以后气候变化谈判提供了基础。对中方为《哥本哈根协议》的达成所作出的艰苦努力及率先作出自主减排承诺表示钦佩和赞赏，理解和支持中方反对他国对自主减排目标进行核查的立场。智利已向《联合国气候变化框架公约》秘书处书面表达了其支持《哥本哈根协议》的态度，宣布到2020年减排20%。相比其他拉美国家，智利温室气体排放主要来自大规模毁林而非工业化进程，减排压力较小。

关于反恐：坚决反对任何形式的恐怖主义，认为恐怖主义敌视文明的基本准则，是威胁人类共存的灾祸和人类的共同敌人。反恐斗争是维护民主的要素之一，但反恐不应以牺牲人类自由为代价。

关于拉美一体化：积极支持拉美一体化进程。主张通过加强拉美国家基础设施建设、开展能源和交通合作以及促进人员往来等途径，推动贸易和投资自由化，提高拉美在国际上的整体地位。积极加入南美国家联盟，希望该联盟促进成员国建立互信互利的战略联盟关系，有效地推动地区一体化。

关于里约集团：认为里约集团可以承担地区领路人的角色，为此应加强团结，协调行动，在国际和地区事务中用同一声音说话。

关于朝核问题：反对朝鲜发展核武器和恢复核试验，认为朝鲜核试验威胁国际和平与安全，对朝鲜核试验对东北亚稳定可能带来的后果表示担忧。主张通过外交途径解决朝鲜核问题，呼吁朝鲜重返六方会谈。

关于伊朗核问题的立场：认为伊朗享有开发核能的权利，同时应该遵循有关义务，将核能用于和平用途。呼吁伊朗切实遵守国际原子能机构理事会和联合国安理会有关决议，扩大同国际原子能机构的合作，澄清其核计划中可能与军事有关的部分，以扭转双方缺乏互信的状况。主张通过外交途径解决伊朗核问题。

对伊拉克问题的立场：反对美在伊拉克采取军事行动，认为联合国应在伊战后重建中起主导作用。支持恢复伊拉克主权和实现“伊人治伊”。

【同中国的关系】智利于1970年12月15日同中国建交，是第一个同中国建交的南美洲国家。2004年两国建立全面合作伙伴关系。建交40年来，两国关系发展顺利，双方高层接触频繁，经贸合作日益扩大，在国际多边领域保持良好合作。迄今，双方已举行12次外交部间政治磋商、19次经贸混委会、7次科技混委会和5次议会政治对话委员会会议。

2009年9月，胡锦涛主席同巴切莱特总统在纽约第64届联合国系列峰会期间短暂交谈。2009年11月，胡锦涛主席在出席新加坡第17次亚太经合组织领导人非正式会议时与巴切莱特总统会晤，双方签署了两国海关合作与行政互助协定和民用航空运输协定。同月，巴切莱特总统对上海进行工作访问，并出席上海世博会智利馆封顶仪式。

2009年，中方主要去访包括中共中央政治局委员、中央书记处书记、中宣部部长刘云山（6月）、全国人大副委员长、民革中央主席周铁农（7月）、北京市市长郭金龙（10月）、国土资源部副部长汪民（4月）、全国政协港澳台侨委会副主任陈明义（5月）、民航局副局长杨国庆（5月）等。智方重要来访有智利财政部长贝拉斯科（2月）、智利武警总局局长戈登（7月）、智利农业部长霍恩科尔（9月）、智利矿业部长冈萨雷斯（10月）等。

2009年中智经贸关系继续保持增长势头，智是中国在拉美的第二大贸易伙伴，中国是智在全球的第一大贸易伙伴。据中国海关总署统计，2009年，双边贸易额达177.19亿美元，增长2.1%，占同年中国同拉美贸易总额的14.58%。其中中方出口额49.28亿美元、下降20.3%，进口额127.91亿美元，增长14.5%。

中国驻智利大使：吕凡。馆址：EMBAJADA DE LA REPUBLICA POPULAR CHINA，AV. PEDRO DE VALDIVIA 550，SANTIAGO，CHILE。电话：（562）2339880（办公室），2339898（领事部），2339886（文化处）；传真：2341129，3352755。

商务处地址：AV. PEDRO DE VALDIVIA 1032，SANTIAGO，CHILE。电话：（562）2239988；传真：2232465。

智利驻华大使（尚未到任）：埃尔南·吉列尔莫·索梅维尔（Hernan Guillermo Somerville）。馆址：北京市三里屯东四街1号。电话：010－65321591。传真：65323170。

台湾在智设有“台北经济文化办事处”。2009年，智台贸易额为16.02亿美元，其中智利出口额13.4亿美元，进口额2.62亿美元。智利向台湾主要出口铜、木材、鱼粉、海产品、纸浆，主要进口轻纺产品、家电等。

【同拉美和加勒比国家的关系】智政府强调立足拉美，优先巩固和加强同拉美国家，特别是周边邻国的关系。重视地区国家间的政治磋商与协调以及经贸技术合作，积极推动地区一体化，维护地区民主与和平。

【同美国的关系】智美1823年建交。美国一直是智最主要的经贸伙伴和投资国之一。智民选政府执政后同美关系实现正常化，把对美关系视为外交重点，美亦把智视为在拉美优先考虑的国家之一，恢复给予智“普惠制”待遇，允智重新加入美海外投资保险体系，取消了禁止向智出口武器和提供军援的“肯尼迪修正案”。智美建有政治、国防等磋商机制。2003年，智作为安理会非常任理事国，不支持美对伊动武，并挑头提出“折衷方案”，双方关系一度出现波折。同年6月6日，智美签署双边自由贸易协定。

【同欧盟的关系】巩固和加强同欧盟的传统关系是智的既定方针。智欧高层互访频繁。2010年，皮涅拉总统访问西班牙，并出席欧拉领导人峰会。欧盟是智重要的贸易伙伴和出口市场。1999年，智欧开始商谈自由贸易协定。2002年双方签署政治、经济伙伴与合作协议，智成为同欧盟签署自贸协定的第二个拉美国家。协议于2003年1月1日起生效。

【同亚太国家的关系】智政府把加强同亚太地区的关系放在其外交的重要位置，认为加强同亚太国家的经贸关系符合其外交多元化和多样化的总目标，对智当前和长远经济发展都具有重要战略意义。智同29个亚洲国家中的27个有外交关系。亚太地区国家是智最大的贸易伙伴。1994年11月，智正式加入亚太经合组织。2004年，智作为东道国成功主办了亚太经合组织会议。2005年，拉戈斯总统访问了印度、澳大利亚。2006年，巴切莱特总统出席越南河内第14次亚太经合组织首脑会议并访问越南。2007年巴切莱特总统访问日本并出席在澳大利亚悉尼举行的第15次亚太经合组织首脑会议，2008年，巴切莱特访问中国并出席博鳌亚洲论坛2008年年会。2009年巴切莱特出席在新加坡举行的第17次亚太经合组织首脑会议。智积极参与亚太区域经济安排，近年来，分别于2007年3月和2008年7月同日本和澳大利亚签署自贸协议。

【同俄国和东欧国家的关系】智同前苏联、东欧地区各国都建立了外交关系。近年来，双边政治交往有所增加，经贸领域的互惠合作有所发展。智将东欧地区视为进一步开拓出口产品市场的重点地区之一。与匈牙利签署了鼓励和相互保护投资协定，与乌克兰和俄罗斯签署了空间技术合作协定。（李建英）

大洋洲

澳大利亚

国名 澳大利亚联邦（The Commonwealth of Australia）。

面积 769.2万平方公里。

人口 2206.6万（2009年）。英国及爱尔兰后裔占74%，亚裔占5%，土著人占2.7%，其他民族占18.3%。官方语言为英语。约63.9%的居民信仰基督教，5.9%的居民信仰佛教、伊斯兰教、印度教等其他宗教。无宗教信仰或宗教信仰不明人口占30.2%。

首都 堪培拉（Canberra），人口约34.8万（2009年），年平均气温20℃。

国家元首 英国女王伊丽莎白二世。女王任命总督为其代表，任期5年。现任总督昆廷·布赖斯（Quentin Bryce，女），2008年9月5日就任。

重要节日 澳大利亚日（国庆日）：1月26日。

简况 位于南太平洋和印度洋之间，由澳大利亚大陆、塔斯马尼亚岛等岛屿和海外领土组成。东濒太平洋的珊瑚海和塔斯曼海，北、西、南三面临印度洋及其边缘海。海岸线长36735公里。北部属热带气候，大部分属温带气候。年平均气温北部27℃，南部14℃。

最早居民为土著人。1770年英国航海家詹姆斯·库克抵澳东海岸，宣布英国占领这片土地。1788年1月26日，英向澳流放的第一批犯人抵悉尼湾，开始在澳建立殖民地，后来1月26日被定为澳国庆日。1900年，英国议会通过《澳大利亚联邦宪法》和“不列颠自治领条例”。1901年1月1日，澳6个殖民地区联合成为澳大利亚联邦。1926年成为英帝国自治领。1931年成为英联邦内独立国家。1986年，英国议会通过《与澳大利亚关系法》，澳获得完全立法权和司法终审权。1999年11月澳全民公决决定维持君主立宪制政体。

政治 2007年11月，澳工党在大选中获胜，取代自由党—国家党联盟执政。2010年6月，工党领袖、总理陆克文（Kevin Rudd）将权力移交给工党副领袖、副总理朱莉娅·吉拉德（Julia Gillard，女）。吉拉德就任澳联邦政府第27任总理。

【议会】联邦议会是立法机构，成立于1901年，由女王（澳总督为其代表）、众议院和参议院组成。本届议会于2007年11月选出。众议员150名，按各州人口比例选出，任期3年。其中工党83席，自由党55席，国家党10席，独立人士2席。现任众议长哈里·詹金斯（Harry Jenkins，工党），2008年2月就职。参议员76名，每州12名，任期6年；首都地区和北方地区各选2名，任期3年。参议员每3年改选一半。现任参议长约翰·霍格（John Hogg，工党）。新当选的参议员于2008年7月1日就职。

【政府】政府由众议院多数党或政党联盟组成，任期3年。最新一届政府于2010年6月组成，共有阁员29名，其中19名内阁部长，10名非内阁部长。内阁是政府的最高决策机关，主要成员有：总理朱莉娅·吉拉德（工党领袖），副总理兼国库部长韦恩·斯旺（Wayne Swan），移民和公民事务部长克里斯·埃文斯（Chris Evans），国防部长约翰·福克纳（John Faulkner），教育、就业、劳资关系和社会融合部长西蒙·克林（Simon Crean），外交和贸易部长斯蒂芬·史密斯（Stephen Smith），气候变化和水资源部长黄英贤（Penny Wong，女，华裔），环境、遗产和艺术部长彼得·加勒特（Peter Garrett）。

【行政区划】全国划分为6个州和2个地区。6个州分别是新南威尔士、维多利亚、昆士兰、南澳大利亚、西澳大利亚、塔斯马尼亚；2个地区分别是北方领土地区和首都地区。各州有州督、州议会、州政府和州长。

【司法机构】最高司法机构是联邦最高法院，对其他各联邦法院、州法院、地区法院具有上诉管辖权，并对涉及宪法解释的案件做出决定，由1名首席大法官和6名大法官组成。现任首席大法官罗伯特·申顿·弗伦奇（Robert Shenton French），2008年9月就职。除高等法院外，全国还设有联邦法院和家庭法院。各州设最高法院、区法院和地方法院。首都地区和北领地只设最高法院和地区法院。

【政党】有大小政党几十个，主要政党有：

（1）澳大利亚工党（Australian Labour Party）：执政党。成立于1891年，为澳最大政党，与工会关系密切，工会会员多为其集体党员。自1940年以来曾11次执政。2007年11月，工党在联邦大选中获胜。领袖朱莉娅·吉拉德。

（2）自由党（Liberal Party）：反对党。1944年成立，前身是1931年成立的澳大利亚联合党。主要代表工商业主利益，曾多次执政。2007年11月在联邦大选中失利，结束了与国家党连续11年的联合执政。领袖托尼·阿博特（Tony Abbott）。

（3）国家党（National Party）：反对党。成立于1918年，原称乡村党，后称国家乡村党，1982年改用现名。主要代表农场主利益，1996～2007年与自由党联合执政。领袖沃伦·特拉斯（Warren Truss）。

其他小党有澳大利亚民主党、绿党和澳大利亚共产党等。

【重要人物】**昆廷·布赖斯**：总督。1943年生于昆士兰州。1968～1983年任教于昆士兰大学法律系。长期从事社会公益与平等权益工作，1984～1997年，先后就职于澳联邦妇女地位办公室、澳人权和平等机会委员会、澳关爱儿童理事会等。1997年任悉尼大学女子学院院长。2003～2008年任昆州州督。2008年9月就任澳第25任总督。 **朱莉娅·吉拉德**：总理。1961年生于英国。1966年随父母移民澳大利亚。先后就读于阿德莱德大学和墨尔本大学的艺术和法律专业。1998年当选联邦众议员。2001年起先后任反对党工党影子内阁人口和移民事务部长、民族和解与土著人事务部长、卫生部长。2006年12月当选反对党工党副领袖。2007年11月任副总理兼劳资关系、就业和教育部长，成为澳历史上第一位女副总理。2010年6月接替陆克文任工党领袖，并成为澳联邦政府第27任总理及澳历史上第一位女总理。

经济

澳是后起的工业化国家。农牧业发达，自然资源丰富，盛产羊、牛、小麦和蔗糖，也是世界重要的矿产品生产和出口国。农牧业、采矿业为传统产业。近年来，制造业和高科技产业发展较快。服务业已成为国民经济主导产业。20世纪70年代以来，进行了一系列经济改革，大力发展对外贸易，经济保持较快增长，过去17年来保持年均3.5%的增长率，在经济合作与发展组织（OECD）国家中名列前茅。2008/2009财年澳有关经济统计数据如下：

国内生产总值：11962亿澳元。

人均国内生产总值：约5.5万澳元。

经济增长率：1.2%。

货币名称：澳元。

汇率（2010年4月）：1澳元≈0.93美元。

通货膨胀率：1.5%。

失业率（2010年4月）：5.4%。

【资源】矿产资源丰富，至少有70余种。其中铅、镍、银、铀、锌、钽的探明经济储量居世界首位。澳是世界上最大的铝矾土、氧化铝、钻石、铅、钽生产国，黄金、铁矿石、煤、锂、锰矿石、镍、银、铀、锌的产量也居世界前列。澳还是世界上最大的烟煤、铝矾土、氧化铝、铅、钻石、锌及精矿出口国，第二大铁矿石、铀矿出口国，第三大铝和黄金出口国。已探明的有经济开采价值的矿产蕴藏量包括：铝矾土约53亿吨，铁矿砂146亿吨，黑煤403亿吨，褐煤300亿吨，铅2290万吨，镍2260万吨，银4.14万吨，钽40835吨，锌4100万吨，黄金5570吨。原油储量2270亿升，天然气储量2.2万亿立方米。森林覆盖率21%，天然森林面积约1.63亿公顷（2/3为桉树）。渔业资源丰富，捕鱼区面积比国土面积多16%，是世界上第三大捕鱼区，有3000多种海水和淡水鱼以及3000多种甲壳及软体类水产品，其中已进行商业捕捞的约600种。最主要的水产品有对虾、龙虾、鲍鱼、金枪鱼、扇贝、牡蛎等。

【工业】以制造业、建筑业和矿业为主。2008/2009财年，制造业产值约占GDP的10%，矿业产值、建筑业产值分别占GDP的8%。

【农牧业】农牧业发达，农牧业产品的生产和出口在国民经济中占有重要地位，是世界上最大的羊毛和牛肉出口国。受多年旱灾影响，近年来澳农牧业产量和产值持续下降。2008/2009年度，澳农牧业产值为493亿澳元，约占GDP的4%，80%以上农产品出口海外，农业用地4.17亿公顷，主要农作物有小麦、大麦、羊毛、蔗糖、棉花、油料作物、牛羊肉和乳制品等。2008/2009年度主要农牧产品情况如下（单位：万吨）：

	产量	出口量	出口占产量比（%）
小麦	2139.7	1451	67.8%
大麦	682	414.1	60.7%
羊毛	39.3	43.9	112%
牛肉	214.8	96.8	45%
羊肉	65.8	30.2	45.9%

【服务业】是澳经济最重要和发展最快的部门。经过30年的经济结构调整，已成为国民经济支柱产业。2008/2009年度，服务业产值达7043亿澳元，占

GDP 的 59%，从业人数超过 860 万，占全澳人口总数的 40%。房地产、商业和金融业最为突出。

【旅游业】2008/2009 年度，受国际金融危机和澳元升值影响，澳旅游业出现下滑，产值为 328 亿澳元，同比下降 0.4%，占国内生产总值的 2.6%。近年来，海外游客人数总体呈上升趋势，但国内游客仍是旅游业的主导。2008/2009 年度，国内游客消费支出 685 亿澳元，占游客总消费支出的 74%；海外游客消费支出 235 亿澳元，占游客总消费支出的 26%。澳旅游资源丰富，著名的旅游城市和景点有悉尼、墨尔本、布里斯班、阿德莱德、珀斯、大堡礁、黄金海岸和达尔文等。

【交通运输】国际海、空运输业发达。悉尼是南太平洋主要交通运输枢纽。交通运输情况如下：

铁路：自 20 世纪 90 年代以来，铁路行业进行了公司化和私有化改革。全国铁路总长约 4.4 万公里。2006/2007 年全国铁路共运送乘客 6.77 亿人次，同比增长 5.2%；运送货物 6.65 亿吨，同比增长 3.8%。

公路：全国公路总长 80 多万公里。截至 2007 年，注册机动车辆 1447.5 万辆，比 2003 年增加 12.2%，其中客车 1146.2 万辆，轻型货车 249 万辆，公共汽车 7.8 万辆。

水运：港口 97 个，墨尔本为全国第一大港。2007/2008 年度，拥有国际海运船只 94 艘，国际水运货运量 7.896 亿吨。有 3807 艘国际海运船只进入澳港口。

空运：截至 2006 年底，注册飞机 12473 架。截至 2004 年，有 448 个注册机场，其中 12 个国际机场。2007/2008 年，国际飞行 12.4 万架次，客运 2350 万人次，货运量 78.1 万吨，国内飞行 54.6 万架次，客运 4880 万人次。澳航空业务主要由"快达"（Qantas）、"维珍蓝"（Virgin Blue）和"捷斯达"（Jetstar）航空公司主导。年客流量超过 100 万人次的国际机场有：悉尼、墨尔本、布里斯班和珀斯。

【财政金融】财政年度为每年 7 月 1 日至次年 6 月 30 日。2008/2009 财年，政府财政赤字 271 亿澳元，占 GDP 的 2.3%。截至 2009 年底，澳总储备资产额为 465.16 亿澳元，其中黄金储备 31.13 亿澳元，外汇储备 367.95 亿澳元，特别提款权 53.95 亿澳元，在 IMF 中储备 12.13 亿澳元。截至 2009 年 6 月，净外债总额为 6332 亿澳元，约占 GDP 的 52.9%。

澳证券市场发达，约 54% 的成年人持有股票。股市由澳股票交易所（ASX）运作，三种传统主要股票指数包括综合普通股指数（All Ordinaries）、综合工业股指数（All Industrials）和综合资源股指数（All Resources）。自 2000 年 4 月起，澳股票交易所和标准普尔公司联合推出全新股票指数，以更好地反映投资市场的新变化。新股指主要包括 S&P/ASX100、S&P/ASX200 和 S&P/ASX300 三种，其中 S&P/ASX200 代表本地市场 88.2% 的资金，被认为可能成为衡量澳股市运行状况的最重要指标。目前处于新旧指数共存阶段。

截至 2007 年 6 月，澳共有 55 家商业银行，澳储备银行为中央银行。国民银行、联邦银行、澳新银行、西太银行为最主要的四大银行，总资产占全部银行资产的 50% 以上。全国共有 25681 台自动取款机（ATM）提供银行服务。

【对外贸易】对国际贸易依赖较大。2008/2009 财年外贸总额为 5637 亿澳元，同比增长 14.6%，贸易顺差为 57 亿澳元。澳与 130 多个国家和地区有贸易关系。目前，澳主要贸易伙伴依次为中国、日本、美国、英国、韩国、新加坡、新西兰、印度、泰国和德国。近年来商品贸易进出口情况如下（单位：亿澳元）：

	2006/2007	2007/2008	2008/2009
出口额	1676.40	2343	2847
进口额	1814.60	2549	2790
逆顺差	－138.2	－206	57

2008/2009 年度，澳出口以能矿资源和农牧业产品为主，包括煤、铁矿石、黄金、原油、铝矾土、铝锭、天然气、铜矿石、牛肉、小麦、羊毛、糖等。进口以制造品为主，主要包括原油、轿车、成品油、计算机、医疗设备、电讯设备、载货机动车、民用工程设备和航空器材等。

【对外投资】20 世纪 80 年代以来，澳在海外投资持续增长。截至 2009 年 12 月，海外累计投资 7686 亿澳元。主要投资对象为美国、英国、新西兰、日本等。

【对外援助】2008/2009 年度澳对外官方发展援助总额约 38 亿澳元，占 GDP 的 0.33%。主要集中于巴布亚新几内亚等南太岛国和东南亚部分国家。近年来援助总额变化情况如下（单位：亿澳元）：

	2006/2007	2007/2008	2008/2009
援助额	30.18	32.0	38.0
占 GDP（%）	0.30	0.30	0.33

【外国资本】截至 2008 年底，外国投资累计 17270.3 亿澳元，其中直接投资为 3869.7 亿澳元，主要来自美国、英国、日本和国际资本市场，主要集中在金融保险、制造、采矿等行业。

【著名公司】2007/2008 年度，以营业额计算，澳主要上市企业是：

（1）国民银行（National Australia Bank Ltd.）：最大的商业银行，成立于 1858 年。1984 年成为有限公司。2009 年，利润约 25.9 亿澳元，同比下降 42.9%，总资产 6541.2 亿澳元，雇用员工约 4 万人。董事会主席迈克尔·钱尼（Michael Chaney），首席执行官卡梅伦·克莱因（Cameron Clyne）。地址：500

Bourke Street, Melbourne, Victoria 3000。

（2）澳大利亚联邦银行（Commonwealth Bank of Australia）：第二大商业银行，也是澳客户人数最多的银行。成立于1912年。2008/2009财年，利润约47.2亿澳元，同比下降1%，总资产4875.7亿澳元，雇用员工3.8万人。董事会主席约翰·舒伯特（John Schubert），首席执行官拉尔夫·诺瑞斯（Ralph Norris）。地址：Level 1, 48 Martin Place, Sydney, New South Wales 2000。

（3）西太银行（Westpac Banking Corporation）：澳最老的银行。前身为新南威尔士银行（Bank of New South Wales），成立于1817年，1982年更名。2009年，利润约34.5亿澳元，同比下降11%，总资产约为5896亿澳元，雇用员工2.83万人。董事会主席泰德·埃文斯（Ted Evans），首席执行官盖尔·凯利（Gail Kelly）。地址：Level 25, 60 Martin Place, Sydney, New South Wales 2000。

（4）澳新银行（The Australia and New Zealand Banking Group）：成立于1835年。2009年，利润29.4亿澳元，总资产4769.9亿澳元，雇用员工约3.9万人。董事会主席约翰·莫舍尔（John Morschel），首席执行官迈克尔·史密斯（Michael Smith）。

（5）必和必拓公司（BHP Billiton Ltd. -Broken Hill Proprietary Billiton Ltd.）：以经营石油和矿产为主的著名跨国公司。BHP于1885年在墨尔本成立。Billiton于1860年成立。2001年6月，两公司合并。2008/2009财年，利润约59亿美元，总市值约1440亿美元，雇用员工4.1万人。董事会主席唐·阿格斯（Don Argus），首席执行官马里厄斯·克劳伯斯（Marius Kloppers）。地址：180 Lonsdale Street, Melbourne, Victoria 3000。

（6）麦格里集团（Macquarie Group Limited）：成立于1969年，是一家多元化国际金融机构，提供银行、金融顾问及投资服务。2009年3月至6月，利润约27亿澳元，总资产1469.3亿澳元，雇用员工1.44万人。董事会主席戴维·克拉克（David Clark），首席执行官尼古拉斯·穆尔（Nicholas Moore）。地址：GPO Box 4294, Sydney NSW 1164。

（7）澳电信公司（Telstra）：澳最大电讯企业。最早成立于1901年，1991年成为有限公司。澳政府分别于1997年、1999年和2006年出售其股票，逐渐将其私有化。目前澳政府控股17%。2008/2009财年，利润约41亿澳元，总资产399.6亿澳元，雇用员工4万多人。董事会主席凯瑟琳·利文斯通（Catherine Livingstone），首席执行官戴维·索迪（David Thodey）。地址：Level 41, 242 Exhibition Street, Melbourne, Victoria 3000。

（8）西农集团（Wesfarmers Limited）：澳最大的零售公司之一。前身为西澳州农民合作社，成立于1914年，1984年上市。业务涉及零售、家装、煤矿、保险等广泛领域，2007年收购当时澳最大的零售公司科尔斯公司（Coles）。2008/2009财年，利润约15.4亿澳元，总资产393亿澳元。雇用员工20万人，是澳雇员人数最多的私人企业。董事会主席鲍勃·埃夫里（Bob Every），首席执行官理查德·戈伊德（Richard Goyder）。地址：40 The Esplanade, Perth 6000, Western Australia。

（9）力拓集团（Rio Tinto Group）：世界第二大矿业公司，成立于1873年。在全球拥有60多家子公司。2009年，利润约48.72亿美元，总资产约972.36亿美元，雇用员工10.2万人。中国在澳最大投资项目恰那铁矿就是与该公司在西澳的子公司哈默斯利铁矿公司的合作成果。该公司向中国出口铁矿石、铝矾土、氧化铝、铝等矿产品。董事会主席简·杜·普莱西斯（Jan du Plessis），首席执行官汤姆·阿尔班尼斯（Tom Albanese）。集团包括力拓股票上市公司（Rio Tinto plc，总部在英国伦敦）和力拓有限公司（Rio Tinto Limited，总部在墨尔本，地址：Level 33, 55 Collins Street, Melbourne, Victoria 3000）。

人民生活

高福利国家，福利的种类多而齐全，主要包括：失业救济金、退伍军人及家属优抚金、残疾人救济金、退休金以及家庭补贴等。2010年4月就业人数1101.6万，失业人数61.6万，全职成年职工人均周工资1290.7澳元。截至2007年11月，每千人拥有车辆705辆。

所有永久居民享受全国性的医疗保健待遇，其资金来源于政府税收。近年来，政府积极鼓励扩大私人医疗保险。至2006年6月，约43%的人参加各种私人医疗保险。2007/2008年度，全国共有公立医院762所（其中精神病院20所），拥有床位56467张，平均每千人拥有2.66张。2008/2009年度，私人医院564所，拥有床位27180张，医生52114人。

军　事

总督为武装部队总司令。国防部为军队行政管理机构。国防委员会为三军最高决策机构，主席由国防部长担任。国防军总司令为国防部长的首席军事顾问。现任国防军司令艾伦·休斯顿（Allan Houston）上将。

实行志愿兵役制。国防军由陆、海、空三军组成。2008/2009年度，常规军兵力为55081人，预备役兵力为20277人，文职人员14489人，合计89847人。常规军中，陆军27833人，编成第一师司令部（Headquarters 1st Division）、部队司令部（Forces Command）和特种作战司令部（Special Operations Command）；海军13182人，下辖14个主要海军基地，装备Anzac Class Frigate、Patrol boats、Guided Missile Frigate、Landing Platform Amphibious等各类舰船；空军14066人，下辖11个主要空军基地，装备F/A－

18、F－111、AP－3C 等各类飞机。截至 2009 年 12 月，被派往海外执行任务的共计 3228 人，包括 1550 人派往阿富汗参加北约领导的反恐多国部队执行反恐任务，811 人派往中东，82 人派往伊拉克，654 人派往东帝汶，80 人派往参加地区援所（所罗门）团等。近年来国防预算情况如下（单位：亿澳元）：

	2006/2007	2007/2008	2008/2009
国防预算	195	220	226.9
占 GDP（%）	1.9	2.0	1.8

文化教育

【教育】教育主要由州政府负责。各州设教育部，主管本州的大、中、小学和技术教育学院。联邦政府只负责向大学和高等教育学院提供经费，制定和协调教育政策。学校分公立、私立两种，实行学龄前教育、中小学 12 年义务教育和高等教育，重视并广泛推行职业教育。2009 年，全国在校学龄前儿童 26.6 万。全国有中小学 9529 所，在校学生 348.47 万，其中约 70% 的学生在公立学校就读。中小学教师 24.92 万，其中约 65% 的教师在公立学校任教。2008 年，全国共有高校学生 106.6 万人，其中约 100.2 万人在公立学校就读，约 6.4 万人在私立学校就读。著名高等院校有国立大学、堪培拉大学、墨尔本皇家理工学院、格里菲斯大学、墨尔本大学、悉尼大学、新南威尔士大学、莫那什大学、默多克大学、麦夸里大学、新州理工学院等。

【新闻出版】有 4 大报业集团：先驱报和时代周刊杂志集团、默多克新闻公司、费尔法克斯公司和帕克新闻联合控股公司。其中，默多克新闻公司发展最快，近年来买下了英国的《泰晤士报》和美国的《纽约邮报》，已成为国际性报业集团。主要报刊有：《澳大利亚人报》，发行量约 41 万份；《每日电讯报》，发行量 39.7 万份；《悉尼先驱晨报》，发行量约 26 万份；《世纪报》，发行量约 20.2 万份；《金融评论报》，发行量约 8.5 万份；《堪培拉时报》，发行量约 4 万份。有期刊 1400 多种，《澳大利亚妇女周刊》是发行量最大的刊物，达 80 多万份。《公报》周刊（1880 年创刊）是最老的刊物之一。

澳大利亚联合新闻社（AAP）是最大通讯社，总部在悉尼，1964 年起与路透社结为联社。

有 3 个广播电视管理机构。（1）澳大利亚广播公司（ABC）：有 4 个电台网，通过州和地区首府的制作设备向全国播放非商业性广播和电视节目，并为边远地区提供卫星服务；澳大利亚广播电台（Radio Australia）和澳大利亚国际电视台（Australia Television International）向海外播放。年度预算大部分由联邦议会拨款。

（2）澳大利亚通讯和媒体局（Australian Communications and Media Authority）：管理电信、互联网、商业性电台和社区广播，收费并发放许可。全国有商业电台 274 多家，商业电视台 55 家。

（3）澳大利亚特别节目广播事业局（Special Broadcasting Service，SBS）：主管 SBS 电视台和 SBS 广播电台，由联邦政府资助。SBS 电视台是一个多元文化电视台，1980 年 10 月 24 日联合国日开始工作，除新闻、体育和部分纪录片用英语播送外，其余节目均用澳各移民族裔的语言配英文字幕播送，为非英语背景人士提供了解世界的媒体渠道。

对外关系

【同中国的关系】中澳于 1972 年 12 月 21 日建交以来，双边关系总体发展顺利。1999 年江泽民主席访澳期间，双方一致同意建立中澳面向 21 世纪长期稳定、健康发展的全面合作关系。2003 年，胡锦涛主席应邀对澳进行国事访问，就深化中澳全面合作关系与澳领导人达成共识。2006 年 4 月，温家宝总理对澳进行正式访问，与澳领导人就发展中澳 21 世纪互利共赢的全面合作关系达成共识。2007 年 9 月，胡锦涛主席对澳进行国事访问并出席悉尼亚太经合组织（APEC）领导人非正式会议，与澳领导人就进一步发展中澳互利共赢的全面合作关系达成重要共识。

2009 年，双方主要交往有：3 月 20～24 日，中央政治局常委李长春作为澳政府客人访澳，分别会见澳代总督巴希尔、总理陆克文、贸易部长克林、环境、遗产与艺术部长加勒特等。3 月 24～27 日，澳外长史密斯访华，国家副主席习近平、中央政治局常委周永康分别会见，外交部长杨洁篪举行会谈。3 月 28～31 日，澳贸易部长克林访华，商务部长陈德铭举行会谈。4 月 2 日，国家主席胡锦涛在伦敦出席二十国集团领导人第二次金融峰会期间会见澳总理陆克文。5 月 20～26 日，全国人大常委会副委员长陈至立对澳进行友好访问，分别会见澳总理陆克文、外长史密斯、环境、遗产与艺术部长加勒特、贸易部长克林等，并与参议长霍格、众议长詹金斯会谈。7 月 10～15 日，澳贸易部长克林和创新、工业及科学研究部长卡尔访问上海、浙江、安徽和湖北。8 月 18～22 日，澳能源资源和旅游部长弗格森访华。9 月 24 日，国家主席胡锦涛在匹兹堡出席二十国集团领导人第三次金融峰会期间与澳总理陆克文寒暄。10 月 13～16 日，澳气候变化与水资源部长黄英贤访华并出席中澳气候变化第二次部长级对话。10 月 24 日，国务院总理温家宝在泰国华欣出席东亚峰会期间应约会见澳总理陆克文。10 月 29 日至 11 月 1 日，国务院副总理李克强访澳，分别会见澳总理陆克文、反对党领袖特恩布尔等，并与澳副总理吉拉德举行会谈。11 月 1～9 日，澳参议长霍格率澳联邦议会代表团访华，全国人大常委会委员长吴邦国、国家副主席习近平、全国人大常委会副委员长陈至立分别会见、宴请。11 月 15 日，国家主席胡锦涛在新加坡出席亚太经合组织第17次领导人非正式会议期间与澳总理陆克文简短寒暄。

2010年3月，澳能源资源和旅游部长弗格森访华。4月，澳众议长詹金斯率团访华并出席中澳议会（众院）定期交流机制第二次会议。在京期间，全国人大常委会委员长吴邦国、国家副主席习近平、全国人大常委会副委员长桑国卫分别会见并宴请，全国人大外事委员会副主任委员、中澳友好小组组长查培新与詹共同主持会谈。5月，中央政治局委员、中央军委副主席郭伯雄上将对澳进行正式友好访问，期间分别会见澳总理陆克文、国防军司令休斯顿、国防部秘书长瓦特等，并与国防部长福克纳会谈。同月，澳贸易部长克林、外长史密斯分别访华并出席上海世博会有关活动。6月，澳总督布赖斯来华出席上海世博会澳国家馆日活动并访问北京，为“澳大利亚文化年”揭幕，国家副主席习近平、国务委员刘延东分别会见。同月，习近平副主席对澳进行正式访问，分别会见澳总督布赖斯、总理陆克文、众议长詹金斯、参议长霍格、反对党领袖阿博特等。

双边经贸合作继续保持快速增长。据中国海关总署统计，2009年，中澳双边贸易额为600.8亿美元，同比增长0.7%。其中，中国进口额394.39亿美元，同比增长5.4%；出口额206.46亿美元，同比下降7.2%。澳是中国第八大贸易伙伴、第七大进口来源地和第八大出口市场。据澳方统计，2009年，中澳双边贸易额为780.33亿澳元，中国是澳第一大贸易伙伴、第一大进口来源地和第一大出口市场。中国主要从澳进口铁矿砂、煤和农产品，主要向澳出口家电、计算机、服装、纺织品、鞋、箱包、玩具等机电和轻纺产品。澳是中国吸引外资主要来源地之一。截至2009年底，澳累计在华实际投资62.1亿美元，中国累计在澳非金融类直接投资额为53.2亿美元，主要涉及能矿资源、服务贸易、制成品加工等领域。2005年5月，中澳启动双边自贸协定谈判，截至2010年6月共举行15轮。

中澳两国在科技、文化、教育、旅游等领域交流与合作成果丰硕。2009年2月，澳部分地区发生特大山林火灾，中国科学院等有关单位应澳方要求提供了卫星数据资料协助救灾。3月，文化部长蔡武与澳环境、遗产和艺术部长加勒特签署《中澳文化协定2009—2011年度执行计划》。5月，“中国文化日”首次在澳塔斯马尼亚州首府霍巴特举行。《西藏今昔》图片展分别在澳首都堪培拉和南澳州首府阿德莱德举行。8月，国家汉办在澳举办首届“中国语言文化节”活动。12月，“中国新疆综合文化交流活动”在澳成功举办。同月，中方向澳方提供用于合作研究的大熊猫“福妮”和“网网”抵澳。双方还决定2010年6月至2012年6月互办文化年活动。截至2009年底，中国在澳共开设9家孔子学院。2009年，中国在澳留学生总数近13万人，是澳最大的海外留学生来源国。澳大利亚访华人数56.15万人次、同比下降1.7%。中国公民首站访澳人数45.2万人次、同比增长9.4%，其中游客36.64万人。截至2009年底，两国已建立80对友好省州和城市关系。

两军保持友好交往。2009年2月，澳陆军司令吉列斯皮中将访华。5月，中国人民解放军副总参谋长马晓天中将在新加坡出席第八届香格里拉对话会期间会见澳国防军司令休斯顿。10月，中央军委委员、中国人民解放军总参谋长陈炳德上将率军事代表团访澳并与澳方举行中澳第12次防务战略磋商。

中国驻澳大利亚大使：章均赛（2007年3月30日递交国书）。馆址：15 Coronation Drive, Yarralumla, ACT 2600。电话：(612) 62734780（总机），62734785（商务处），62734786（科技处），62734783（领事部），62864351（教育处），62862588（文化处）。传真：62734878。网址：http://au.china-embassy.org。

澳大利亚驻华大使：芮捷锐（H.E. Dr. Geoff Raby，2007年5月11日递交国书）。馆址：北京市东直门外大街21号。电话（010）51404111（总机）；传真：51404230。商务处电话：51404184，51404210；传真：65324606。签证处电话：51404424；传真：51404164。

1972年12月21日，澳大利亚与台湾断交，与台保持民间经济和文化往来，允许台保留设在墨尔本和悉尼的“远东贸易公司”。1981年10月，澳商会在台北设立办事处。1990年11月，澳允许台在堪培拉设“台北经济文化办事处”。澳在台北设“澳大利亚驻台北工商办事处”。2008/2009财年澳台贸易额为131.17亿澳元，台是澳第12大贸易伙伴。

【同美国的关系】澳美于1940年3月6日建交。1951年澳、新（西兰）、美三国签订《澳新美安全条约》后，澳美结为同盟关系。“9·11”事件后，澳启动《澳新美安全条约》，派兵参加美对阿富汗和伊拉克战争。近年来，澳总理、外长、国防部长多次访美。2003年10月，美总统布什访澳。2005年7月，澳美签署澳参与美导弹防御计划谅解备忘录，澳同意美在澳北部建立联合军事训练中心。2006年3月，澳美日三国在华盛顿举行首次外长级战略对话。

2007年12月澳总理陆克文就任后，布什总统打电话表示祝贺。2008年3月、2009年3月和11月，澳总理陆克文三次访美。2009年4月，澳外长史密斯、国防部长菲茨吉本与美国国务卿希拉里、国防部长盖茨在华盛顿举行澳美双部长会议。

澳美经贸关系密切。2004年5月，澳美正式签署双边自由贸易协定（FTA），该协定于2005年1月正式生效。2008/2009财年双边贸易额为531亿澳元，美是澳第三大贸易伙伴。

【同日本的关系】澳在对外政策白皮书中称，在亚洲没有其他国家能替代日本对澳经济发展的重要性，澳在日本有重要的经济和安全利益。澳政府将努力确保澳日关系长期保持活力。自1996年起，澳日开始年度首脑会晤并建立“政治、军事”年度磋商机制。澳总理霍华德于2003年7月和2005年4月两次访日。澳外长唐纳于2003年5月和2006年7月两次访日。2005年9月，澳国防部长希尔访日。2006年3月，日本外相麻生太郎访澳，两国宣布建立“全面战略关系”。2008年1月，澳外长史密斯访日。6月，澳总理陆克文首次访日。12月，澳、日两国外长、国防部长在东京举行第二次年度双部长磋商。2009年5月，日本外相中曾根弘文访澳。12月，澳总理陆克文访日。

2003年7月两国签署了双边贸易和经济框架协定。2007年4月，澳日启动双边自贸谈判。2008/2009财年双边贸易额为753亿澳元，日是澳第二大贸易伙伴。

【同朝鲜及韩国的关系】澳关注朝鲜半岛局势，支持朝核问题六方会谈进程，要求朝同意以完全、可核查和不可逆的方式放弃核武器计划。积极参与推动“防扩散安全倡议”。

澳朝于1974年建交，次年断交，2000年复交。2002年朝宣布退出《不扩散核武器条约》（NPT）后，澳停止对朝双边发展援助。2004年8月，澳外长唐纳访朝。2006年朝分别于7月和10月试射导弹和进行核试，澳于9月宣布对朝进行制裁，并于10月宣布加强对朝制裁措施。2007年3月，澳政府派团访朝讨论朝弃核及澳向朝提供能源援助、核安保支持等问题。4月，澳通过联合国向朝提供400万澳元人道援助。澳支持六方会谈进程，支持联合国安理会2006年10月和2009年6月分别通过的第1718号决议和第1874号决议，反对朝发射火箭及进行地下核试验。

澳重视与韩国的经济和安全关系。2000年5月，两国宣布建立外长和贸易部长年度会晤机制。2005年11月，澳总理霍华德赴韩国出席亚太经合组织（APEC）领导人会议。同月，澳外长唐纳访韩。2006年9月，澳农业、渔业和林业部长麦戈兰访韩。2006年12月，韩总统卢武铉访澳。2009年3月，韩总统李明博访澳。5月，澳韩启动双边自由贸易协定谈判。2008/2009财年双边贸易额为281.36亿澳元，韩是澳第五大贸易伙伴。

【同印尼的关系】2002年10月，印尼巴厘岛爆炸事件后，澳与印尼加强反恐合作，两国签订双边反恐合作协定。澳支持印尼民主和经济改革进程、印尼领土完整和主权统一。2004年10月和2006年6月，澳总理霍华德两次访问印尼。2005年印度洋海啸灾难后，澳向印尼提供了大量援助。2005年4月，印尼总统苏希洛访澳，与澳签署全面发展两国伙伴关系框架协议。2006年11月，澳外长唐纳访问印尼，与印尼签署“澳大利亚—印尼安全合作框架协议”。2007年12月，澳总理陆克文赴印尼巴厘岛出席联合国气候变化会议期间与印尼总统举行会晤。2008年2月，印尼外长哈桑访澳。2008年6月，澳总理陆克文访问印尼。11月，第九届澳印（尼）部长级论坛在堪培拉举行。12月，澳总理陆克文出席在印尼举行的“巴厘民主论坛”，并宣布向印尼提供10亿美元的紧急财政贷款协助其应对金融危机。2009年7月，澳外长史密斯访问印尼。10月，澳总理陆克文访问印尼。

【同东盟其他国家的关系】澳于1974年同东盟正式建立对话伙伴关系，并先后与马来西亚、新加坡和印尼等主要东盟国家签订了双边或多边安全防务条约。巴厘岛爆炸事件后，澳与东南亚国家加强反恐合作，与印尼、马来西亚、泰国、文莱、柬埔寨、菲律宾签订反恐协定，并与印尼主办了地区反恐会议。澳与东盟的经贸关系发展良好，签署了《紧密经济伙伴关系》协议。2008/2009财年澳与东盟双边贸易额为829.94亿澳元，占其贸易总额的14.7%。2003年3月，澳与新加坡正式签订双边自由贸易协定（FTA）。2004年7月，澳与泰国完成FTA谈判。2005年4月，澳与马来西亚开始双边FTA谈判。2009年2月，澳、新西兰与东盟签署自由贸易协定。2010年1月，该协定生效。2005年，澳正式加入《东南亚友好合作条约》，澳总理霍华德分别于2005年12月和2007年1月两次出席东亚峰会。2007年11月，澳外长唐纳出席东亚峰会。2009年10月，澳总理陆克文出席第四届东亚峰会。

【同太平洋岛国的关系】澳认为对南太地区负有特殊责任，维护南太地区稳定、促进岛国经济发展符合澳利益。近年来，澳对南太地区的援助作出调整，由原来的直接预算援助改为项目援助，重点改善岛国政府管理、加强能力建设，督促岛国在良政的基础上实现自给自足。澳呼吁美、日、中等大国更多地分担对南太岛国的援助。2003年7月应所罗门群岛政府要求，澳与新西兰及部分南太岛国对所罗门进行联合军事干预。2003年12月与巴新签署一揽子援助方案，协助巴新政府整治经济、治安等。2004年2月与瑙鲁签署谅解备忘录，澳向瑙鲁提供2250万澳元的一揽子援助计划，帮助瑙摆脱财政危机。澳还提出“联合地区管理”等主张，推动建立南太地区航线和设立地区警察培训中心等。2004年澳联合新西兰推出旨在实现地区和平、和谐、安全与繁荣的“太平洋计划”。所罗门群岛和东帝汶分别于2006年4月和5月发生骚乱后，澳联合地区国家向两国派遣部队和警察以稳定局势。2006年12月，斐济发生政变，澳与新西兰等国一道对斐实施制裁。2007年12月，陆克文政府执政后对岛国政策进行务实调整，主张与岛国发展积极和谐的关系，承诺投入10亿澳元实施"太平洋发展伙伴计划"，启动与岛国的自贸协定谈判，并积极修复与所罗门、巴新等岛国关系，重申加强地区援所团（RAMSI）和对东帝汶的安全承诺。2009年8月，第40届太平洋岛国论坛领导人会议在澳大利亚凯恩斯举行。

【同新西兰的关系】 澳新建有领导人半年度定期互访机制。1983年，澳新签订《进一步密切经济关系协议》，1990年建立双边自由贸易区。近年来两国商讨建立经济共同体，取得一定进展。2009年3月和8月，新总理约翰·基两次访澳。6月，澳外长史密斯访新。8月，澳、新举行年度"更紧密经济关系"（CER）部长级会议。2008/2009财年双边贸易额为219亿澳元，新是澳第七大贸易伙伴。

【同欧盟和俄罗斯的关系】 澳与欧盟有传统的经济、安全和人文联系。澳与欧盟委员会和欧盟主席国有定期部长级磋商机制。欧盟是澳重要的贸易伙伴和第二大投资伙伴。欧盟对澳投资占澳外资总额的1/3，澳对外投资的1/4在欧洲。2008年4月和10月，澳总理陆克文两次访问欧盟，双方并于10月共同发表《澳大利亚—欧盟伙伴关系框架》宣言。2008/2009财年澳与欧盟贸易额为903.27亿澳元，占澳对外贸易总额的16%。澳从欧盟进口额为574.95亿澳元，向欧盟出口额为328.32亿澳元，逆差246.63亿澳元。澳重视与俄罗斯的关系，希发展与俄的经贸关系，在能源开发、防扩散等领域与俄合作。2006年6月，澳俄就俄加入世界贸易组织（WTO）签署双边协议。

【同中东国家的关系】 澳关注中东安全问题，派兵参与海湾战争、伊拉克战争。希阿以通过和平方式结束冲突。反对伊朗发展核武器，要求伊朗允许对其核设施进行无限制核查。陆克文执政后，澳于2008年6月从伊拉克撤出500多名作战部队。2009年3月，伊拉克总理马利基访澳，澳总理陆克文与其会谈，双方发表联合宣言。7月底，澳驻伊部队完成在伊军事任务，除80人继续留在伊负责澳使馆安全保卫外，其余全部撤离。

澳看重中东市场潜力，积极推动农牧产品和制成品向中东地区出口。沙特阿拉伯和阿拉伯联合酋长国是澳在中东的主要贸易伙伴。2008/2009财年澳与中东国家贸易额为131亿澳元，约占澳对外贸易总额的2.3%。2008年5月，澳总督杰弗里访问以色列。6月，澳外长史密斯访问阿联酋和科威特。（谢宝明）

巴布亚新几内亚

国名 巴布亚新几内亚独立国（The Independent State of Papua New Guinea）。

面积 462840平方公里。

人口 630万（2006年估计）。98%属美拉尼西亚人，其余为密克罗尼西亚人、波利尼西亚人、华人和白人。官方语言为英语，地方语言820余种。皮金语在全国大部分地区流行，南部的巴布亚地区多讲莫土语。城市人口占15%，农村人口占85%。居民中93%为基督教徒，传统拜物教也有一定影响。

首都 莫尔斯比港（Port Moresby），人口约40万（2006年）。

国家元首 英国女王伊丽莎白二世。女王任命总督为其代表，任期6年。保莱阿斯·马塔内（Paulias Matane）2004年6月29日就任巴布亚新几内亚（以下简称"巴新"）第八任总督。

重要节日 独立日：9月16日（1975年9月16日宣告独立）。

简　况

位于太平洋西南部。西与印度尼西亚的伊里安查亚省接壤，南隔托雷斯海峡与澳大利亚相望。属美拉尼西亚群岛。全境共有600多个岛屿。主要包括新不列颠、新爱尔兰、马努斯、布干维尔和布卡等。海岸线全长8300公里，包括200海里专属经济区在内的水域面积达240万平方公里。海拔1000米以上地区属山地气候，其余属热带气候。5～10月为旱季，11～4月为雨季，沿海地区平均温度21.1℃～32.2℃，山地地区比沿海地区低5℃～6℃。年均降水量2500毫米。

新几内亚高地地区早已有人定居。1511年葡萄牙人发现新几内亚岛。18世纪下半叶，荷兰、英国、德国殖民者接踵而至。1906年英属新几内亚交澳大利亚管理，改称澳属巴布亚领地。德属部分在第一次世界大战中被澳军占领，1920年12月17日国际联盟委托澳管理。1942年被日本占领，1945年联合国将其重新交澳托管。1949年澳将原英属和德属两部分合并为一个行政单位，称"巴布亚新几内亚领地"。1973年12月1日实行内部自治。1975年9月16日独立。迈克尔·索马雷（Michael Somare）为首任总理。

政　治

2007年8月13日，国民联盟党领袖迈克尔·索马雷赢得第八届议会总理选举，当日宣誓就职，13日宣布组成巴新新一届内阁。

【宪法】现行宪法于1975年8月15日制定，同年9月15日生效。

【议会】称“国民议会”，一院制。议员109人，任期5年。本届议会于2007年8月选出。现任议长杰弗里·纳佩（Jeffery Nape）。

【政府】由议会中占多数的政党或政党联盟组阁。内阁对议会负责。本届内阁于2007年8月组成，主要成员有：总理兼自治与自治区事务部长迈克尔·索马雷、副总理兼土地、城市规划与矿业部长普卡·坦穆（Dr. Puka Temu），外交与贸易部长塞缪尔·阿巴尔（Samuel Abal），财政与国库部长帕特里克·普鲁埃奇（Patrick Pruaitch），商业与工业部长加布里埃尔·卡普里斯（Gabriel Kapris）等。

【行政区划】全国划分为20个省、布干维尔自治区及首都行政区（莫尔斯比港市）。

【司法机构】设有最高法院（又称上诉法院、国家法院）和地方法院。现任首席大法官萨拉莫·因吉阿（Sir Salamo Injia）。

【政党】主要有：

（1）国民联盟党（National Alliance Party）：执政党。1996年8月成立。现有议员27名。总理索马雷为该党领袖。

（2）巴布亚新几内亚党（PNG Party）：主要反对党。现有议员8名。

（3）人民行动党（People's Action Party）：联合执政党。现有议员6名。

（4）联合资源党（United Resources Party）：联合执政党。现有议员6名。

（5）潘古党（Pangu Party）：联合执政党。现有议员5名。

（6）人民民主运动党（People's Democratic Movement Party）：联合执政党。现有议员5名。

（7）新一代党（New Generation Party）：反对党。现有议员4名。

（8）人民进步党（People's Progress Party）：反对党。现有议员4名。

（9）人民全国代表大会党（People's National Congress Party）：反对党。现有议员4名。

【重要人物】**保莱阿斯·马塔内：**总督。1931年9月21日生于巴新东新不列颠省。1985年、1986年先后获莱城理工大学及巴新大学荣誉博士学位。1957～1985年，历任教师、小学校长、学校巡视员、国家师范教育督察、商业开发部秘书长、首任驻美国、墨西哥大使、常驻联合国代表及驻加拿大高专、外交与贸易部秘书长。1985年获“联合国和平奖”。1986年被英国女王封为爵士。1986年起，主要致力于教会、慈善、大众传媒事业，已出版40多部著作。2004年6月29日任巴新第八任总督。2006年10月来华工作访问。　**迈克尔·索马雷：**总理。1936年4月9日生于巴新东新不列颠省拉包尔市。曾为东塞皮克省卡劳村酋长。1968年当选议员，同年创建潘古党并任领袖，领导民族独立斗争。1973年至1975年任自治政府首席部长。1975年9月任首届总理，有巴新“国父”之称。1982年7月至1985年11月再次出任总理。1988年7月至1992年1月任外长。1996年8月创建国民联盟党并任领袖。1999年7月任外长，8月起兼任布干维尔事务部长。1999年12月至2000年11月任矿业部长兼布干维尔事务部长。2000年11月至12月任外长兼布干维尔事务部长。2001年11月至2002年7月任反对党领袖。2002年8月5日第三次当选总理。2007年8月蝉联总理，成为巴新历史上首位任期届满5年并连任的总理。1976年10月作为总理访华并签署中巴新建交公报。1999年9月以外长身份访华。2001年11月率国民联盟党代表团访华。2004年2月及2009年4月作为总理访华。

经　济

资源丰富，经济落后，许多山区居民仍过着原始部落自给自足的生活。全国人口中近40%生活在国际贫困线（人均1美元/每天）以下。2004年联合国开发计划署人类发展指数显示，巴新在174个国家中列第133位。矿产、石油和经济作物种植是巴新经济的支柱产业。

近年来，巴新政府集中精力发展经济，制订了《2005—2010中期发展战略》，扭转了经济滑坡趋势，使巴新经济从2002年8%的负增长转变为连续7年正增长，目前经济形势处于历史最好水平。2009年国内生产总值增长率为4.5%。政府加大吸引外资的力度并取得一定成效。拉姆镍钴矿、液化天然气（LNG）等投资项目均取得重要进展。

国内生产总值（2009年）：79.50亿美元（估计值）。

人均国内生产总值（2009年）：1262美元（估计值）。

经济增长率（2009年）：4.5%。

外汇储备（2009年）：24.574亿美元。

货币名称：基那。

汇率（2010年5月）：1基那＝0.34美元。

【资源】金、铜产量居世界前列，石油、天然气蕴藏丰富。已探明铜储量2000万吨，黄金储量3110吨，原油储量5.3亿桶，铜金共生矿石约4亿吨。此外还有富金矿、铬、镍、铝矾土、海底天然气和石油等资源。库土布和戈贝两大油田储量合计达4亿桶。南高地省油田储量达1700万桶。天然气探明储量7万亿立方英尺，预测储量15万亿立方英尺。

【矿业】2009年矿产品出口额为90.57亿基那。

【农业】可耕地面积占全国土地面积的5%，农业人口占全国人口的85%。主要农产品为椰干、可可豆、咖啡、天然橡胶和棕榈油。巴新是太平洋岛国最大椰油和椰干生产国。2009年巴新农产品出口总额为22.23亿基那。

【林业】2009年木材出口额为6.312亿基那。主要出口原木，深加工产品包括家具、胶合板及地板等建筑材料。

【渔业】1978年宣布200海里专属经济区，捕鱼海域为240万平方公里。渔业资源丰富，是南太平洋地区第三大渔区，盛产金枪鱼、对虾和龙虾。金枪鱼年潜在捕捞量30万吨，目前年捕捞量约20万吨，占世界捕捞量的10%及南太地区的20%～30%，主要出口亚洲、美国。其他各类鱼出口量在1.5万吨以上。2009年巴新渔业出口总额为2.073亿基那。2008年1～9月渔业产品出口总额为0.961亿基那。

【旅游业】旅游资源丰富，开发潜力较大。2009年共接待12万名外国游客。

【交通运输】公路：总长约2.5万公里。

水运：与澳大利亚、日本、新加坡、其他太平洋岛国等国家及中国台湾和香港等地区有海运联系。主要港口有莫尔斯比港、莱城和拉包尔等。

空运：巴新最大航空公司为国营的新几内亚航空公司，设有飞往巴新各主要城市及澳大利亚、新加坡、日本、菲律宾、香港和所罗门群岛的航线，拥有12架飞机。此外，还有六七家私营航空公司，多经营直升机等小型飞机运输。共有注册机场492个，大多数为设在偏远地区的小型机场，只有少数机场可停降大型飞机。其中国际机场有首都杰克逊国际机场、芒特哈根机场、达鲁机场和阿洛陶机场。

【财政金融】税收与国际援助是财政收入主要来源。2009年财政收入为66.40亿基那。2010年预算总额为74.897亿基那，同比增长12.8%。截至2009年，巴新外债为29.366亿基那。

主要银行有：(1) 巴布亚新几内亚银行 (Bank of Papua New Guinea)：即巴新中央银行。成立于1973年，负责制定货币政策、监管其他商业银行并发行货币等。现任行长洛伊·巴卡尼 (Loi Bakani)。截至2009年底，外汇储备为24.574亿美元。

(2) 南太银行 (Bank South Pacific)：其经营业务占全国金融市场的60%，政府拥有25.3%的股份。

此外，澳大利亚的澳新银行、西太银行以及马来西亚的五月银行等商业银行在巴新设有分行。

【对外贸易】贸易在巴新经济中占重要地位。2009年进出口总额为196.40亿基那，其中进口额为77.41亿基那，出口额为118.99亿基那，顺差41.58亿基那。主要出口铜、金、矿砂、原木、原油、椰干、椰油、可可、咖啡、棕榈油等初级产品。主要贸易对象国有澳大利亚、日本、新西兰、中国、韩国、英国、新加坡、美国和德国等。

【外国资本】积极鼓励外国投资。主要投资来源国有澳大利亚（占总额近2/3）、中国、马来西亚、新西兰、韩国、日本和美国等。巴新工、矿、林、农、渔业几乎均为澳、日、英、美等国公司控制。2008年吸引外资约7.4亿美元。

【外国援助】外援主要来自澳大利亚，占外援总额的70%。2009/2010财政年度，澳大利亚对巴新援助为4.1亿澳元。提供援助的还有中国、新西兰、日本、美国、英国、韩国、欧盟、联合国开发计划署、世界银行、国际货币基金组织和亚洲开发银行等。援助类别有经济援助、军事援助、教育和卫生援助等。

【著名公司】(1) 新几内亚航空公司 (Air Niugini)：巴新国营航空公司，成立于1973年，资产总额为1.15亿基那。辟有莫尔斯比港飞往布里斯班、凯恩斯、霍尼亚拉、马尼拉、新加坡、东京、香港等7条国际航线和20多条国内航线。负责人：董事会主席 Sir James Tjoeng、首席执行官 Wasantha Kumarasiri。通讯地址：P. O. Box 7186, Boroko, NCD, PNG；电话：(00675) 3259000；传真：3273482。

(2) 轮船贸易公司 (Steamships Trading Company LTD.)：巴新最大的私营综合性商业公司，创立于1924年。现从事商品批发零售、海运、旅馆、房地产、汽车及配件、肥皂生产和工程施工等业务。负责人：董事会主席 W. L. Rothery、董事经理 David H. Cox。通讯地址：Champion Parade P. O. Box 1, Port Moresby, PNG；电话：(00675) 3220222；传真：3213595。

人民生活

全国有19所医院，240余家诊所。人均寿命57岁。65岁以上人口19.9万人，约占全国人口的8%（2001年）。人口自然增长率为2.3%（2008年）。婴儿死亡率65‰（2008年）。主要流行病有痢疾、肺炎、疟疾等。巴新1987年发现首例艾滋病患者，病例年增长率为1%，现有7.6万人受感染。

文化教育

【教育】巴新教育体制分中央、省、地三级。国民识字率为57.3%（2005年）。全国有社区中、小学3000多所，在校学生约10万人。大学6所，主要有巴新大学和巴新理工大学，在校学生7780余人。另有21所私营城乡国际学校，在校学生6000余人。

【新闻出版】主要通讯社为官方的巴新国际通讯社。主要报刊有：英文报纸《国民报》、《信使邮报》和皮金语报纸《老乡报》。巴新国家广播公司（NBC）成立于1975年，下设3个主要电台。EMTV电视台（私营）创建于1987年。巴新国家电视台（NTS）于2008年9月开播，主要报道巴新经济社会发展成就和政府在农业、林业、渔业等方面的政策。

军　事

巴新军队创建于1940年，称巴新国防军。现有编制2000人。巴新与澳大利亚签有防务合作协议，澳每年向其提供约4000万澳元军援，并提供军事培训。

对外关系

对外奉行中立政策，主张各国和平相处，加强经济往来与合作，致力于南太平洋地区的和平与稳定。支持联合国在国际事务中发挥积极作用。积极参与国际与地区事务。近年来，巴新政府在继续与澳大利亚、新西兰等南太平洋国家和欧美国家发展关系的同时，对东亚和南亚各国重视程度不断提高。2007年索马雷连任总理后，继续大力鼓励出口和吸引外资，制定“以出口带动复苏的经济发展战略”，主张以“有选择性的交往”作为外交政策的基础，强调“北向”政策，同时把改善与澳大利亚的关系作为外交重点，积极“参与南太地区事务”。巴新已同69个国家建交，是联合国、不结盟运动、亚太经合组织、东盟地区论坛、太平洋岛国论坛、太平洋共同体、美拉尼西亚先锋集团等组织成员，有18个驻外使团。

【同中国的关系】1976年10月12日两国建交。1980年11月中国在巴新设使馆，1988年巴新在北京设使馆。

近年来，中国同巴新关系稳定发展，双边高层交往频繁。2004年2月，巴新总理索马雷访华，两国发表《联合新闻公报》。2005年9月，全国人大常委会副委员长许嘉璐出席巴新独立30周年庆典。2006年10月，巴新总督马塔内访华。2007年3月，曾培炎副总理访问巴新。2009年4月，索马雷总理访华并出席博鳌亚洲论坛年会。2009年10月，陈炳德总长访问巴新。2009年11月，李克强副总理访问巴新。

2003～2008年，胡锦涛主席和索马雷总理每年在亚太经合组织领导人非正式会议期间举行会晤。2005年4月，胡锦涛主席在出席雅加达亚非峰会期间会见索马雷总理。2006年4月，温家宝总理斐济出席“中国—太平洋岛国经济发展合作论坛”首届部长级会议期间会见索马雷总理。

两国经贸、经济技术、文化、农业、卫生、渔业等各领域合作不断加强。中冶集团与巴新方合作开发的拉姆镍钴矿项目于2006年11月奠基。2007年11月，巴新文化与旅游部长埃布尔和中国国家旅游局局长邵琪伟在云南昆明签署《关于中国旅游团队赴巴布亚新几内亚旅游实施方案的谅解备忘录》。2008年7月，首届巴新—中国贸易投资洽谈会在巴新首都莫尔斯比港举行。

据中国海关总署统计，2009年，中巴新贸易额为8.9亿美元，同比增长3.1%。其中中国出口额为5.3亿美元，同比增长53.5%；进口额为3.6亿美元，同比下降30.6%。

截至2009年底，中国在巴新非金融领域直接投资总额为3.2亿美元。

中国驻巴布亚新几内亚大使：仇伯华。馆址：Sir John Guise Drive，Waigani，Papua New Guinea，P. O. Box 1351，Boroko，PNG。电话：（00675）3250935（值班）；传真：3258247，3211191（商务处）。网址：www. chinaembassy. org. pg；电子信箱：chinaemb_ pg@ mfa. gov. cn。

巴新驻华大使：原驻华大使约翰·莫米斯（John Momis）已于2010年1月离任，巴新方尚未提名新任驻华大使。馆址：北京朝阳区塔园外交人员办公楼2单元11层2号。电话：010－65324312，65324709。网址：www. pngembassy. org. cn。

华侨华人：现有华侨、华人约1万人，主要是：(1) 当地出生的华人，多数从事批发、超市、房地产和加工业等，资本较大，在巴新社会有一定地位和影响；(2) 来自东南亚各国和港台的华人，多经营超市、伐木、捕鱼、餐馆等生意，生活较富裕；(3) 近年来自大陆的华侨、华人，大多打工、经营餐馆和小店等。

【同澳大利亚的关系】巴新同澳大利亚一直保持着特殊关系，两国领导人互访频繁，每年都举行部长级磋商。澳是巴新最大援助国，年援助额约3.5亿澳元。根据两国于2004年达成的“加强合作计划”，澳自2004年起5年内增加对巴新援助8亿澳元。澳是巴新第一大出口国和进口国，澳也是巴新最大贸易伙伴和投资来源国，澳投资占外国在巴新投资的近2/3。2009年巴新对澳出口额为56.023亿基那，进口额为33.011亿基那，占巴新商品进出口总额的42%。在两国“防务合作计划”下，澳向巴新提供包括培训和技术咨询在内的军事援助，双方定期举行联合军演。

2008年3月，澳总理陆克文访问巴新，双方发表了《莫尔斯比港宣言》，签署了《森林碳伙伴协议》。2009年4～5月，巴新总理索马雷访问澳大利亚。2009年6月，澳大利亚—巴新第19次部长级论坛年会在澳城市布里斯班举行。

【同新西兰的关系】两国关系密切。巴新是新西兰最大的援助对象国和在南太地区第三大出口市场。2006年2月，巴新总督马塔内访新；5月，新外长彼得斯访问巴新。2007年12月，新外长彼得斯访问巴新，并与巴新外长阿巴尔共同主持两国外长双边磋商。2009年9月至10月，新总督萨特亚南德访问巴新。

【同美国的关系】两国签有防务合作和联合军事演习等协议，巴新允美军舰停靠其港口。根据与美的《国防安排规划》，巴新派军官赴美进行培训。美向巴新提供大量人道主义援助，为巴新布干维尔重建等提供帮助。“9·11”事件后，巴新政府谴责国际恐怖主义，支持国际反恐行动。

2005年5月，美国医疗舰“迈尔西”号访问巴新马丹省，为马纳姆火山爆发灾区民众提供医疗服务。2006年2月，美国防部长向巴新军方提供36万美元捐款，用于艾滋病防控；12月，美国前总统克林顿访问巴新，就克林顿基金会与巴新防控艾滋病开展合作进行商谈。美目前有100名和平队志愿人员在巴新学校、医院服务。

【同其他太平洋岛国的关系】与所罗门群岛、斐济和瓦努阿图同为美拉尼西亚先锋集团成员国。2007年3月，索马雷总理与所罗门群岛总理索格瓦雷、瓦努阿图总理利尼及斐济临时政府外长奈拉蒂考在瓦首都维拉港签署《美拉尼西亚先锋集团宪章》。

1990年，巴新布干维尔岛“革命军”宣布脱离巴新，成立“布干维尔共和国”，并得到所罗门群岛政府的支持。巴新与所关系因此恶化。2003年以来，巴新与所的关系逐步趋于缓和。2008年1月，所罗门群岛总理西库阿访问巴新。4月，巴新总督马塔内访问所罗门群岛。

【同东盟国家的关系】加强与东盟国家的关系是巴新对外工作的重点之一。近年来，巴新外长一直以观察员身份出席东盟外长会议。1994年，巴新成为东盟地区论坛（ARF）成员。马来西亚、印度尼西亚、新加坡、菲律宾在巴新有较多私人投资。2007年12月，索马雷总理出席在印尼巴厘岛举行的气候变化大会，期间会见了印尼总统苏西洛和新加坡总理李显龙。2009年4月，巴新总理索马雷访问菲律宾。

【同日本的关系】日本是巴新第二大贸易伙伴和第二大援助国。1974年以来，日提供的援助共约32亿基那，年均援助额占外国援助总额的24%。近年来，两国政治和经贸关系发展迅速，人员往来增多。2005年2月，巴新总理索马雷访日，会晤天皇明仁及首相。2006年2月，外长纳马柳访日，为第四届日本—太平洋岛国领导人会议做准备；5月，总理索马雷访日，会晤天皇及首相；7月，巴新—日本第四届政策磋商在巴新举行；8月，日本外务副大臣访问巴新。2009年5月，索马雷总理赴日本出席日本—太平洋岛国领导人会议。

【同韩国的关系】韩国是巴新第四大贸易伙伴。2003年12月，韩国海军舰艇编队访问巴新，期间与巴新国防军司令伊劳举行会谈。2004年12月，两国签署协议，韩国向巴新提供2000万基那，用于韦瓦克排水项目。2005年2月，韩国与巴新签署协议，拟在巴新投资8200万基那建造乙醇制造厂。2006年7月，韩国商业、工业与能源副部长访问巴新并签署积极参加巴新能源开发的备忘录。

【同欧洲国家的关系】巴新是英联邦成员，同英国签有防务合作协定，英每年向巴新提供约10万美元的援助。法国于1996年12月同巴新签订友好合作框架协议。2002年4月，巴新总督阿托帕尔赴英国出席女王执政50周年庆典。2006年6月，巴新总理索马雷出席在巴黎举行的第二届法国—大洋洲峰会。2008年7月，索马雷总理访问英国。

【同欧盟的关系】欧盟在巴新派有常驻代表。1977年以来，欧盟共向巴新提供了27亿基那的援助。2006年2月，欧盟与巴新签署协议，承诺6年内向巴新提供1.56亿基那的教育援助。2007年11月，迫于欧盟对其金枪鱼和蔗糖增加进口税的压力，巴新与欧盟签署临时《经济伙伴协议》（EPA）。欧盟计划于2008～2013年间向巴新提供1.423亿欧元援助。

（余颖）

北马里亚纳群岛

名称　北马里亚纳群岛（The Northern Mariana Islands），拥有美国联邦领土（U.S. Commonwealth Territory）地位。

面积　477平方公里。

人口　88662人（2009年7月预计）。多数属密克罗尼西亚人种，另有少数西班牙人、德国人和日本人。官方语言为英语、查莫罗语、加罗林语。居民主要信奉罗马天主教。人均寿命76.7岁（2009年）。移民人口占人口总数0.704%（2008年）。

首府　塞班岛（Saipan Island）。人口62392人（2000年）。

总督　本尼洛·菲特勒尔（Benigno R. Fitlal），契约党，2006年1月9日就任。

重要节日　国庆日：1月8日。

简　况

位于北太平洋马里亚纳群岛北部，东距檀香山5300公里，距日本东京2400公里。由14个岛屿组成，其中6个有人居住，主要聚居在塞班岛、罗塔岛和提尼安岛三个大岛上。塞班岛最大，人口38896人。阿格里汗岛最高，3166英尺。北部九个岛火山活动频繁，有几个为活火山。热带海洋气候，温度较高且变化不大，年均气温27℃。

3500年前就有人居住。葡萄牙航海家麦哲伦1521年首次发现该岛，1565年被西班牙占领。1899年西班牙将北马里亚纳卖给德国。一次大战爆发后被日本占领，二次大战期间1944年被美军攻占。联合国1947年将北马里亚纳交美国托管。1972年与美国就未来政治地位进行谈判。1975年同美签署《关于建立北马里亚纳群岛与美利坚合众国政治联盟的条约》（简称《自由联邦条约》），并于同年6月由公民投票通过了该条约。根据该条约，北马里亚纳在政治上同美国合并，享有一定的内政自主权，国防由美国负责。1978年第一位民选总督和第一届政府就职。1986年11月，美国宣布北马里亚纳获得美国联邦地位，居民获得美国公民权。1990年12月，联合国安理会通过终止部分太平洋托管领土托管协定的决议，结束了北马里亚纳群岛的托管地位，北马里亚纳正式成为美国的一个联邦领土，使用美国国旗。

政　治

主要党派是民主党、共和党和契约党。共和党人佩德罗·特诺里欧（Pedro A. Tenorio）任驻华盛顿代表。该群岛在夏威夷和关岛设有联络处。政府下设领土和国际事务办公室。北马里亚纳现为南太平洋委员会成员和联合国亚太经社会准成员（associate member）。

【宪法】1978年1月1日起实施的自由联邦宪法。实行行政、立法和司法三权分立。国家元首是美国总统，由普选产生的总督和副总督主持政府，另外选举产生驻华盛顿代表。

【议会】议会拥有立法权，分参众两院。参议员9人，任期四年；众议员20人，任期两年。

【司法】基本上以美法律为模本，但在海关、工资、移民、税收等方面另行制订了法律法规。法院分为联邦领土最高法院、高级法院和地区法院。

经　济

按官方汇率计算，2000年国内生产总值为6.33亿美元，人均12500美元。服务业尤其旅游业是最重要的产业。成衣制造由于享受美国的免税待遇和无配额优惠，自20世纪80年代中以来已成为最大的制造业和出口部门，从业人员约17500人，其中大多数是中国人。20世纪80年代的经济增长导致外国劳工大量涌入。1990年外来人口首次超过常驻居民，该岛议会随即通过限制外籍劳工的法令。经济发展的优势是同美国的特殊关系和地理上同日本的邻近，主要制约因素是基础设施不足和对外籍劳工的依赖。同时，该自由邦联还可享受美国政府向各州提供的联邦资助。流通货币为美元。度量衡除个别例外，实行英制，正逐渐转向实行公制。

【农渔业】可耕地占总面积13.04%（2005年），以小农庄为主，主要生产咖啡、可可豆、水果和烟草等。海岸线长1482公里，渔业资源丰富。

【旅游业】旅游业受到重视，是其主要外汇收入来源。游客主要来自日本、韩国和中国。50%的居民从事旅游业，产值占国内生产总值约1/4。

【交通运输】海上交通方便，塞班、洛塔和提尼安三个岛上都有港口。有五个机场，536公里高速公路。

【对外贸易】最大贸易伙伴为美国、日本。2008年，出口额为9820万美元。

文化教育

【教育】学校按美国方式运作。共有28所中小学，在校学生11000人（2003年）；大学1所，在校学生3051名（2003年）。

【新闻出版】有《马里亚纳观察家》和《马里亚纳评论》等几种周刊和《马里亚纳面面观》、《太平洋每日新闻》等四种报纸。有四家广播电台和两家电视台。有一家互联网服务供应商。（陶松）

法属波利尼西亚

名称　法属波利尼西亚（French Polynesia, Polynésie française）。

面积　4167平方公里，其中可居住面积3521平方公里。

人口　287032人（2009年7月估计）。波利尼西亚人占78%，华人12%，其余为波—欧、波—亚混血人种、欧裔和其他亚裔人。官方语言为法语和波利尼西亚语（塔希提语）。居民中54%信奉基督教新教，30%信奉罗马天主教，10%信奉其他宗教，6%无宗教信仰。

首府　帕皮提（Papeete），1818年建城，人口约3万人。

高级专员　阿道夫·科尔拉（Adolphe COLRAT），2008年7月7日就任。

重要节日　7月14日（法国国庆）。

简　况

位于太平洋东南部。西与库克群岛隔海相望，西北临莱恩群岛。由118个岛屿和珊瑚礁组成，分属社会群岛（包括向风群岛和背风群岛）、马克萨斯群岛、南方群岛、甘比尔群岛、土阿莫土群岛五大群岛，其中位于社会群岛的塔希提岛（又译大溪地）最大。属热带雨林气候，炎热潮湿，年均气温26℃，降水量2500～3000毫米。3月气温最高，月均气温28℃；8月气温最低，月均气温20℃。历史上曾多次受到飓风袭击。

公元300年已经有人在此居住。1595年，西班牙人蒙达那登上马克萨斯群岛。此后的三百年间，葡萄牙人、英国人和法国人来到这些群岛并开始争夺所有权。1880 年，塔希提岛沦为法国殖民地。至 19 世纪末，其他岛屿亦被法占领。1946 年成为法海外属地（territoire d'outre-mer，TOM）。1956 年与法国政府达成自治框架协议，1957 年正式取用现名，由总督管理，属地议会和政府委员会协助其工作。1977 年开始实行部分自治。1984 年起实行内部自治，但法国仍掌管外交、国防和司法权，政府委员会的权力、尤其是商务方面的权力有所增强，法国委派高级专员（Haut commissaire de la République）取代总督，政府委员会改为部长会议，成员由属地议会选出，任期 5 年。2003 年，法属波利尼西亚成为海外领地（collectivité d'outre-mer，COM）。2004 年，法国国民议会和参议院通过法案，将法属波利尼西亚提升为共和国内海外领地（pays d'outre-mer au sein de la République，POM），部长会议提升为自治政府，享有自主选举领导人、立法、管理经济社会事务、统辖警务和领海安全事务以及组织公投等权利。

政 治

自治政府主席由议会选举产生，由于在议会内各党团实力相近，故近年来政府更迭频繁。

2009 年 2 月 7 日，政府主席加斯东·童桑（Gaston TONG SANG）辞职。议会于 9 日接受其辞职，并于 11 日选举奥斯卡·特马鲁（Oscar TEMARU）为新一任自治政府主席，这是他第四次担任此职。11 月 24 日，议会通过对政府的不信任案（29 票对 24 票），童桑第三次出任自治政府主席。

法波在法国国民议会和参议院各有两个席位。现任国民议会议员为布鲁诺·桑德拉（Bruno SANDRAS，人民联盟）和米歇尔·布雅尔（Michel BUILLARD，人民联盟），均于 2007 年 6 月当选。现任参议院议员为：加斯东·弗罗斯（Gaston FLOSSE，人民联盟），1998 年 9 月当选，2008 年 9 月连任；理查·蒂埃伊阿瓦（Richard TUHEIAVA，独立人士），2008 年 9 月当选。

【宪法】实行法国宪法。共和国高级专员是法国总统的代表。

【议会】议会（Assemblée de la Polynésie française）的 57 名议员由 6 个选区按确定数额通过普选产生，任期 5 年。每年召开两次大会，21 名议员组成常务委员会。本届议会于 2008 年 1～2 月选出，"我们的家园"联盟 27 席，民主联盟党团 20 席，人民联盟 10 席。2009 年 4 月和 2010 年 4 月，菲利普·施勒（Philip Schyle，"我们的家园"）和奥斯卡·特马鲁（民主联盟）先后当选为议会主席。

【政府】主席（Président de Polynésie française）由议会选举产生，主席提交政府成员名单经过议会批准。

2009 年 2 月 16 日，组成以特马鲁为主席的政府，主要成员有：副主席安东尼·盖罗斯（Antony Géros）、财政部长乔治·皮松（Georges Puchon）等。

2009 年 11 月，组成以童桑为主席的政府，主要成员有：副主席爱德华·弗里驰（Edouard FRITCH），童桑兼任财政部长。

【网址】www. polynesie-francaise. pref. gouv. fr（高级专员）；www. presidence. pf（政府主席）；www. assemblee. pf（议会）。

【行政区划】分为向风群岛（塔希提岛等）、背风群岛（腊亚特阿岛等）、南方群岛、马克萨斯群岛、甘比尔—土阿莫土群岛五个区域。

【司法机构】设初审法庭、上诉法院和行政诉讼法庭。初审法庭庭长让—路易·蒂奥莱（Jean Louis Thiolet），检察官米歇尔·马罗特（Michel Marotte）；上诉法院院长帕特里克·米肖（Patrick Michaux），总检察长杰克·戈蒂埃（Jack Gauthier）；行政诉讼法庭庭长阿尔弗雷德·布拜（Alfred Poupet）。

【政党】主要政党有：（1）"波利尼西亚，我们的家园"党［O Porinetia To Tatou Ai'a（"Polynesia, Our Home"）］：由加斯东·童桑率领一些脱离"人民联盟"的议员于 2007 年 10 月 1 日创建。反对脱离法国独立。2008 年选举时，与一些主张自治的人士组成"我们的家园"［Our Home alliance（To Tatou Aia）］参加议会选举。

（2）服务人民党［Tavini Huiraatira（People's Servant Party）］：前身是 1977 年由奥斯卡·特马鲁创建的波利尼西亚解放阵线［the Front for the Liberation of Polynesia（FLP）］，1993 年改为现名。主张独立，反对核试验。2004 年起，与一些政党组成民主联盟［Union for Democracy alliance，UPD（Union pour la Démocratie）］参加议会选举。

（3）人民联盟［Popular Rally（Tahoeraa Huiraatira）］：1977 年由加斯东·弗罗斯创建。与法国人民运动联盟关系密切。主张同法国保持联系，实行内部自治。

【重要人物】**加斯东·童桑**：自治政府主席。1949 年 8 月 7 日生于波哈波哈岛，有一半华裔血统，高中开始在法国就读，毕业于里尔高等工业学院民用建筑系，1973 年获工程师职称，后在巴黎高等建筑研究所从事钢筋混凝土研究工作。1989 年任波哈波哈市市长，曾任共和党第三副主席，社会群岛背风岛地区议会主席。2006 年 12 月至 2007 年 9 月首次任自治政府主席。2007 年率领部分与人民联盟分裂人士，创立"波利尼西亚，我们的家园"党。2008 年 4 月至 2009 年 2 月再次任自治政府主席。2009 年 11 月，第三次任自治政府主席。**奥斯卡·特马鲁**：议长，前自治政府主席。1944 年 11 月 1 日生于法阿阿市，其祖父来自中国广东。中学时结识法波独立派领导人让—玛丽·吉巴乌，由此走上争取法波独立的道路。曾在法国海军服役三年，参加过阿尔及利亚战争。退役后一直供职于塔希提海关。1977年创立波利尼西亚解放阵线（后更名为服务人民党）。1983年当选法阿市市长。1986年当选领地议会议员。2004年5月，民主联盟在议会选举中获胜，6月特当选自治政府主席，10月遭议会弹劾被推翻，从而在岛内引发长达数月的政治危机。2005年2月至2006年12月，2007年9月至2008年2月两次任自治政府主席。2009年2～11月，第四次任自治政府主席。2010年4月当选议长。　**加斯东·弗罗斯**：法国参议员，前自治政府主席。法国人后裔，1931年6月24日生于塔希提岛。1984年9月至1987年2月为首任法波部长会议主席。1977年创建人民联盟。1991年4月至2004年2月再任部长会议主席。随后成为首任法波自治政府主席直至2004年6月。2004年10月至2005年3月，2008年2～4月又两度任自治政府主席。1986年3月当选法国国民议会议员，1993年3月连任。1998年9月当选法国参议院议员，2008年连任。

经　济

法波是大洋洲地区排在澳大利亚、新西兰、夏威夷和新喀之后的第五大经济体。传统经济以农业为主，工业基础薄弱。20世纪90年代，法国在南太平洋进行核试验导致驻军增加，促使当地建筑业和服务业急剧发展，外来劳务人员大量涌入塔希提岛，自给自足的传统农业经济遭到破坏。旅游业已成为主要经济支柱。经济增长主要得益于法国的财政支持和旅游业的发展。作为太平洋共同体成员，法波政府正努力寻求与亚太国家发展紧密的经贸关系，以促进其出口能力的增长。

国民生产总值（2006年）：56.5亿美元。

人均国民生产总值（2006年）：21999美元。

经济增长率（2005年）：2.7%。

货币：太平洋结算法郎（Comptoirs Francais du Pacifique francs，CFP或XPF）。

汇率：1欧元＝119.3317太平洋法郎（固定汇率），1美元＝82.65太平洋法郎（2009年6月）。

通货膨胀率（2007年）：1.1%。

失业率（2005年）：11.7%。

【资源】矿藏主要有磷酸盐和钴。渔业资源丰富，盛产金枪鱼和珍珠。拥有森林1万公顷。

【工业】主要有采矿业、制造业、建筑业。2006年工业产值占国内生产总值的29%。2004年工业产值为655亿太平洋法郎，从业人口占总劳动力的8.2%。制造业产品主要有椰子油、椰干、啤酒、乳制品、香精等。每年生产磷肥约1000万吨。

火力发电为主要能源。帕皮提火力发电厂向波利尼西亚提供75%的用电量。另有水力、风力和太阳能发电站。2007年发电总量6.5亿千瓦小时。

【农业】农业产值占国内生产总值的2.2%。2003年农业产值170亿太平洋法郎，从业人口占总劳动力的4%。主要农产品有：椰子、蔬菜、柑橘、菠萝、香草、咖啡等，大部分供出口。2004年椰子产量为7929吨。

2004年主要畜禽存栏数：猪3万头、牛6500头、鸡14万只；畜产品产量猪肉918吨、牛肉93吨、鸡肉76吨、鸡蛋316万打、牛奶260万升。

2004年捕鱼量为7412吨，其中772吨供出口。人工养殖虾、牡蛎、黑珍珠等。法波是世界上第一大黑珍珠产地，2004年产量为8927公斤，出口额达108.8亿太平洋法郎，占全球市场1/4的份额。日本和香港是其黑珍珠的主要出口地。

【服务业】2005年产值占国内生产总值的76.1%。旅游业为主要经济部门，2004年接待游客21.2万人次，旅游收入406亿太平洋法郎。游客主要来自美国、法国和日本。有两家旅行社，饭店和家庭旅店共有客房4606间，另有14处露营地。主要旅游点为塔希提岛。

【交通运输】公路：总长2590公里，其中柏油路1735公里，石面路855公里。

水运：主要港口帕皮提，远洋轮船定期在此停泊。塔希提国际海运代理公司及其他几家海运公司的航线通达新西兰、美国、澳大利亚、美属萨摩亚、新喀里多尼亚、智利、斐济及其他欧洲和亚洲国家。

空运：2010年各岛共有53个机场（其中46个为硬面跑道），直升机场1个，距帕皮提6公里的法阿机场是唯一的国际机场。国际运输由法国、新西兰、澳大利亚、智利、美国等航空公司承担，两家当地航空公司承担各岛间的运输。2005年，国际航线客运量676299人次，货运量12844吨；本地区航线客运量809048人次，货运量3442吨。

【财政金融】2004年财政收入1153亿太平洋法郎，支出906亿太平洋法郎。截至2004年底，公共债务为689亿太平洋法郎，人均负担28万。2003年，法国政府援助额为1447.8亿太平洋法郎。不设收入税、遗产税。

2004年共有13家银行和金融公司。主要银行有：（1）波利尼西亚银行（Banque de Polynésie SA）：1973年成立。法国兴业银行占80%股份。截至2004年底，总资本13.8亿太平洋法郎，吸收存款1139亿太平洋法郎。下设21个分行。

（2）塔希提银行（Banque de Tahiti SA）：1969年成立。为美国夏威夷银行（占94%股份）和法国里昂信贷银行（占3%股份）所有。截至2004年底，总资本57亿太平洋法郎，吸收存款904.24亿太平洋法郎。下设17个分行。

（3）太平洋社会发展信贷银行（Banque Société pour le Crédit et le Développment en Océanie）：1959年成立，为法国国民银行分行。截至2005年底，总资

本170亿太平洋法郎，吸收存款1417.88亿太平洋法郎。下设26个分行。

【对外贸易】主要从法国、美国、澳大利亚等国进口大米、糖、面粉、水泥、石油产品及机械等商品，向中国香港、法国、美国、日本等出口椰油和人工养殖珍珠（占其出口额的82.7%）。2006年进口额和出口额分别为22亿和6000万美元。

人民生活

居民享受免费医疗，2007年公立机构有610张病床，私立机构有260张病床。平均每10万人拥有175名医生。2009年估计出生率为15.91‰，死亡率为4.73‰；平均寿命76.71岁，男为72.46岁，女为79.29岁。2004年最低工资标准为12.5万太平洋法郎/月。2008年估计有固定电话5.46万部，移动电话18.71万部，互联网用户9万。

军　　事

法国在法波现有驻军约2500人。1966年起，法国开始在穆鲁罗瓦岛和土阿莫土群岛进行核试验。1975～1992年，共进行了135次地下核试验和52次大气核试验。1995年，希拉克总统宣布继续于一年内在法波进行8次核试验。1996年初，波利尼西亚独立科学家小组发表报告，披露法国核试验场有放射性化学物质渗漏到附近海域。法国政府对此予以承认，但否认这些物质对环境造成威胁。法国政府于1998年彻底拆除了核试验场设施，1999年被行政法院判决向波利尼西亚赔偿2.04亿太平洋法郎。

文化教育

【教育】对6～14岁儿童实行8年义务教育。教育预算约为600亿太平洋法郎。2004年共有教师5867名，在校中、小学生76714名。另有30余所教会学校。主要高校有法属波利尼西亚大学、波利尼西亚私立高等教育学院、法波综合师范学校等。2003/2004学年，法波大学注册生为2318人。

【新闻出版】主要报刊有：《塔希提快报》，法文日报，1964年创刊，发行量1.5万份；《塔希提海滨快报》，1980年创刊，英文周刊，发行量3500份；《塔希提新闻》，法文日报，1956年创刊，发行量6500份；《今日塔希提》，英文季刊，发行量3000份。

塔希提新闻社：成立于2001年，用英、法双语向外发布新闻文字和图片。

法新社、美国报业联合会、路透社在塔希提设有代表处。

塔希提广播电视台：1951年建立，1965年开播电视节目，每天用法语和塔希提语播放节目。另有1家私人电视公司和6家私人广播电台。

对外关系

外交由法国掌管。

【同中国的关系】法波素以“南太明珠”著称于世，与中国有着悠久的友好交往。早在19世纪，就有中国人到塔希提创业、定居，积极融入法波社会，参与当地经济发展，成为连接法波与中国友好合作关系的桥梁。从2008年9月15日起，法属波利尼西亚正式成为中国公民组团出境旅游目的地。双方人员往来日益频繁，经济、文化、旅游等领域合作取得较快发展。中国“远望”号科学考察船多次在法波停靠补给，受到当地热情友好接待，中方对此表示感谢。

中国国家主席江泽民（2001年4月），中共中央政治局常委李长春（2003年7月）、罗干（2005年12月）在出访期间曾经停塔希提。2002年10月，法波自治政府主席弗罗斯访华。

2007年9月13日，中国驻帕皮提领事馆开馆。驻帕皮提领馆是中国在法国海外领地的第一个外交机构。馆长：杨书法领事。馆址：RESIDENCE TAINA，PUNAAUIA，BP 4495，PAPEETE，POLYNESIE FRANCAISE。地区号：00689　。电话：456179　。传真：456201。电子信箱：consulatderpc@ hotmail. com。

2009年11月20日，中国全国政协主席贾庆林在前往秘鲁途中经停法属波利尼西亚首府帕皮提，法国驻该地区高级专员科尔拉和法属波利尼西亚自治政府主席特马鲁到机场迎接。11月21日，贾庆林会见了特马鲁。贾庆林指出，当前中法关系面临改善发展的新局面，这为两国加强地方合作与交流创造了有利条件。法波有独特的地理优势、丰富的海洋和旅游资源，中国与法波在贸易、旅游等领域合作潜力很大，我们愿同法波朋友共同努力，进一步深化双方友好关系，推动各领域务实合作不断取得新成果。特马鲁表示，法属波利尼西亚人民很荣幸接待贾庆林主席。他说，法波与中国早有交往，我的祖父就来自中国广东。在当今全球化时代，我们希望与中国建立坦诚、友好和密切的关系。

2009年7月，法属波利尼西亚珍珠企业协会会长温惠仁一行访华，中国人民对外友好协会长陈昊苏与中国珠宝玉石首饰行业协会会长、国家国土资源部前部长孙文盛在京会见并宴请。10月18日，由“石家庄”号导弹驱逐舰和“洪泽湖”号远洋综合补给舰组成的海军舰艇编队起航，出访智利、秘鲁、厄瓜多尔和法属波利尼西亚。

2010年1月，法属波利尼西亚—中国友协主席易立亚·奥蒂诺（Hiria OTTINO）一行参观访问上海世博局。

据中国海关总署统计，2007年中国与法波各岛的进出口总额为384万美元，中方进口额376万美元，出口额7万美元。（未名）

斐　济

国名　斐济群岛共和国（The Republic of the Fiji Islands）。

面积　陆地面积1.8333万平方公里，水域面积129万平方公里。

人口　83.7万（2007年），其中56.8%为斐济族人，37.5%为印度族人。官方语言为英语、斐济语和印地语，通用英语。53%的人信奉基督教，38%的人信奉印度教，8%的人信奉伊斯兰教。

首都　苏瓦（Suva），人口11.2万（2007年）。

国家元首　总统埃佩利·奈拉蒂考（Ratu Epeli Nailatikau），2009年11月就任。

重要节日　独立日：10月10日。

简　况

位于西南太平洋中心，由332个岛屿组成，其中106个有人居住。多为珊瑚礁环绕的火山岛，主要有维提岛和瓦努阿岛等。属热带海洋性气候，常受飓风袭击。年平均气温22℃~30℃。

斐济人世居岛上。1643年荷兰航海者塔斯曼首先来到斐济。19世纪上半叶欧洲人开始移入。1874年沦为英国殖民地。1879~1916年，大批印度人作为英国"殖民制糖公司"的合同工到此种植甘蔗。1970年10月10日独立，并成为英联邦成员。1987年政变后改称共和国，并脱离英联邦。1990年通过新宪法确立国名为"斐济主权民主共和国"。1997年通过宪法修正案，改国名为"斐济群岛共和国"。

政　治

2006年12月5日，军队司令乔萨亚·沃伦盖·姆拜尼马拉马（Josaia Voreqe Bainimarama）宣布接管国家行政权力，并解散政府和议会。2007年1月，斐成立临时政府，姆拜尼马拉马任总理。2009年4月，斐济上诉法院宣布斐临时政府非法，斐总统约瑟法·伊洛伊洛·乌鲁伊温达（Josefa Iloilovatu Uluivuda）随即宣布废除宪法、2014年9月前举行大选、重新任命姆为临时政府总理、奈拉蒂考为斐副总统。7月30日，伊宣布退休，奈任代总统。11月，奈就任斐第四任总统。

【宪法】 2009年4月，伊洛伊洛总统宣布废除宪法。7月，斐临时政府总理姆拜尼马拉马宣布"恢复民主路线图"，提出将于2013年9月前完成制定新宪法。

【议会】 斐曾设有议会，分参、众议两院。2006年12月政变后斐议会被解散。斐还曾设有大酋长委员会（The Great Council of Chiefs），成为历史形成的斐济族行政体系中最高议政机构，该委员会经与总理协商后，享有提名和任命总统、副总统权力。2008年2月，姆拜尼马拉马总理自任大酋长委员会主席。2009年4月，伊洛伊洛总统宣布废除宪法后，该委员会再无活动。

【政府】 2007年1月，伊洛伊洛总统任命军队司令姆拜尼马拉马为临时政府总理，并任命15名部长，临时政府宣告成立。2009年4月，伊洛伊洛总统任命斐临时政府新内阁，现共11名内阁成员：总理兼财政与国家计划和制糖业、公共服务、"人民宪章"、新闻、省级发展部长、土著和多民族事务部长姆拜尼马拉马，外交、国际合作和民航部长伊诺凯·昆布安博拉（Inoke Kubuabola），总检察长兼司法、选举改革、公共企业和反腐败、工业、旅游、贸易和通讯部长艾亚兹·萨义德—海尤姆（Aiyaz Sayed-Khaiyum），公共事业（供水及能源）、工程和运输部长蒂莫西·莱西·纳图瓦（Timoci Lesi Natuva），妇女、社会福利和扶贫部长吉科·鲁温尼（Jiko Luveni），教育、国家遗产、文化和艺术、青年和体育、劳工、工业关系和就业部长菲利普·博列（Filipe Bole），初级产业部长约凯塔尼·索卡纳辛加（Joketani Cokanasiga），国防、国家安全和移民部长埃佩利·加尼劳（Ratu Epeli Ganilau），土地和矿产资源部长内塔尼·苏卡纳伊瓦卢（Netani Sukanaivalu）、卫生部长奈尔·夏尔马（Neil Sharma），地方政府、城区发展、住房和环境部长萨穆埃拉·绍马图阿（Samuela Saumatua）。

政府网站：www.fiji.gov.fj。

【行政区划】 全国共有2个直辖市、4大行政区和14个省。苏瓦和劳托卡为直辖市。

【司法机构】 设最高法院、上诉法院、高等法院和地方法院。最高法院由首席大法官和不超过7名法官组成。2009年4月，伊洛伊洛总统解除了斐所有法院法官职务，后陆续任命了一些高等法院法官（包括首席大法官）和地方法院法官，并从斯里兰卡等国聘用了一些法官。首席大法官为安东尼·盖茨（Anthony Gates）。

【政党】 主要有：

（1）团结的斐济党（United Fiji Party，斐济语缩写为SDL）：2001年5月成立。领袖为前总理恩加拉塞，主席为索罗莫内·纳瓦鲁（Solomone Naivalu），全国主任为普西利·基尼弗威（Peceli Kinivuwai）。该党得到不少斐族基层群众和一些商界人士的支持，主张在促进全国民族和解的同时更多地照顾土著斐族和罗图马族的利益，确保斐族拥有国家的最高权力。曾于2001年和2006年两次执政，2006年12月被政变推翻。2004年9月与中国共产党正式建立党际关系。

（2）斐济工党（Fiji Labour Party）：1985年7月成立。领袖为马亨德拉·乔杜里（Mahendra Chaudhry）。主席为乔卡佩西·考罗伊（Jokapeci Koroi，女）。该党是在各大工会支持下以印族为主体组成的多民族政党，主要代表中下层印族人利益，在广大印族蔗农、工会成员、部分知识分子和青年中影响较大。曾于1987年和1999年两次执政，后都被政变推翻。2006年5月至12月、2007年1月至2008年8月曾先后参与恩加拉塞政府和姆拜尼马拉马领导的临时政府。2005年8月与中国共产党正式建立党际关系。

（3）联合人民党（United People's Party）：1998年成立，原名联合一般党，1999年大选前代表少数种族。2003年12月修改党章，决定向各种族开放并改为现名。领袖为米克·贝多斯（Mick Beddoes）。

（4）民族联盟党（National Federation Party）：1963年成立，为斐第一个印族人政党。成员为印族人，主要代表印族中上层利益。领袖为普莱姆·辛格（Prem Singh），总书记为普拉莫德·雷伊（Pramod Rae）。

（5）民族联合党（National Alliance Party）：又称新联合党（New Alliance Party），2005年4月成立。核心成员为斐前政治家马拉的追随者。该党向各种族开放，主张消除种族政治，实现各种族平等。主席为临时政府国防、国家安全和移民部长加尼劳。

2009年4月后，斐各政党均事实上停止活动。

【重要人物】埃佩利·奈拉蒂考：总统。1941年生于斐济。在斐完成中学学业，后赴新西兰陆军学校学习。1962年加入斐军。1970～1975年分别在斐驻澳大利亚高专署、常驻联合国代表团、斐外交部任外交官。后历任斐军营长、联合国驻黎巴嫩维和部队营长、斐军总参谋长等职。1982～1987年任斐军司令，获准将军衔。1987年辞去斐军司令职务，此后先后出任斐驻英国等6国大使、负责监督巴新布干维尔和平进程的无任所大使、外交部常秘、副总理、众议长等职。2007年1月任临时政府外交和外贸部长。2009年4月被任命为副总统，7月任代总统，11月正式出任斐第四任总统。已婚，其妻为斐前总统马拉之女，有1子1女。 **乔萨亚·沃伦盖·姆拜尼马拉马**：临时政府总理、斐济军队司令。1954年4月27日生于斐济。1975～1988年在海军任职，先后被授予少尉、中尉和中校军衔。期间，姆指挥海军完成了汤加、图瓦卢和基里巴斯三国专属经济区的标识工作，在澳大利亚、新西兰、智利和美国等国接受军事培训，并赴西奈半岛执行联合国军事观察员任务。1988～1997年先后任斐海军指挥官、海军司令和上校。1997～2006年先后任斐军参谋长和斐军司令，并被授予准将衔。2006年12月5日发动政变。2007年1月起任临时政府总理。已婚，有6个子女。

经　济

斐济是太平洋岛国中经济实力较强、经济发展较好的国家。制糖业、旅游业和服装加工业是国民经济的三大支柱。斐重视发展民族经济，强调发展私营企业，建立宽松的政策环境，促进投资和出口，逐步把斐经济发展成“高增长、低税收、富有活力”的外向型经济。近年来，由于国际市场价格下跌和国内产业结构调整等原因，制糖业发展面临较多困难。2009年受全球金融危机和连续自然灾害影响，斐经济负增长1.5%（IMF数据），属温和衰退。2010年来，斐经济出现回升势头。主要经济数据如下：

国内生产总值（2007年）：28.71亿斐元。

人均国内生产总值（2007年）：3442斐元。

国内生产总值增长率（2008年）：0.2%。

通货膨胀率（2008年3月至2009年3月）：6.5%。

货币名称：斐济元（Fiji Dollar）。

汇率（2010年5月）：1美元≈2.01斐元。

【资源】森林覆盖面积93.5万公顷，约占全国土地面积的一半，有开采价值的约25万公顷，出产优质硬木和松木。有2个金矿，还有少量铜、银资源，铝矾土、石油资源在勘探中。渔业资源丰富，盛产金枪鱼。

【工业】以榨糖为主，其次是服装加工、黄金开采、渔产品加工、木材和椰子加工。斐蔗糖产量2005年为29.2万吨，2006年为30.7万吨，2007年为24万吨。

【农业】可耕地面积约28.8万公顷，主要产甘蔗、椰子、香蕉等。小麦全靠进口，大米自给率不足20%。近年来斐政府努力发展多种经营，推广水稻种植。

【旅游业】旅游业较发达，旅游收入占斐国内生产总值约20%，是斐最大的外汇收入来源。全国约有4万人在旅游部门工作，占就业人数的15%。游客主要来自澳大利亚、新西兰、北美洲、西欧、日本等国。

【交通运输】斐济为南太地区交通枢纽，水、陆、空交通较发达。首都苏瓦港系重要国际海港，可泊万吨轮。苏瓦的瑙索里机场可起降波音737飞机，楠迪机场可起降波音747等大型客机。

铁路：总长820公里（窄轨），用于运输甘蔗。

公路：总长5300公里，其中沥青路面1340公里。2006年注册机动车6543辆。

水运：注册商船747艘；苏瓦、楠迪、劳托卡、莱维卡为主要国际港口。

空运：斐济太平洋航空公司系国际航空公司，有6架飞机（其中2架系从新加坡租赁），经营澳、新、日、美、瓦努阿图、萨摩亚、图瓦卢、汤加、所罗门及中国香港等航线。澳、新、马绍尔、加拿大等国航空公司有定期班机停降楠迪国际机场。瑙索里机场主要是国内民航机场。

【对外贸易】长期贸易逆差。2008年主要出口伙伴为美国、澳大利亚和英国，主要进口伙伴为新加坡、澳大利亚和新西兰。主要进口燃料、运输设备、化工产品、食品等，出口原糖、糖蜜、服装、黄金、木材、椰油等。近年进出口情况如下（单位：亿斐元）：

	2006	2007	2008
总　额	42.95	40.99	50.71
进口额	31.20	28.90	36.01
出口额	11.75	12.09	14.70
差　额	-19.45	-16.81	-21.31

（资料来源：斐济国家统计局）

【外国资本】外资在斐济国民经济中占有重要地位。斐国内市场商业网点主要控制在两家澳跨国公司手中。银行、保险、海运、电讯、汽油供应等亦为外资所控制。

【外国援助】外援主要来自澳、日、新、英、法、美、欧盟、联合国开发计划署。

【著名公司】（1）维诺德·帕特尔（五金）公司（Vinod Patel Co. Ltd.）：1962年成立。注册资本85.7万斐元。年营业额4000万斐元。经营五金工具、机电零件、室内装修材料等。负责人尤玛考特·帕特尔（Umakaut S. Patel）。通讯地址：Conterpoint，Ratu Dovi Rd，LB. East Suva。

（2）斐济蔗糖销售公司（Fiji Sugar Marketing Company Limited）：1976年成立。经营蔗糖和糖浆出口。首席执行官维利安·萨沃（Viliane Savou）。通讯地址：Ground Floor，Sugar House，Walu Street，Lautoka，Fiji。

（3）戈卡尔有限公司（Gokal D. & Company Limited）：1962年成立。注册资本10万斐元。年营业额400万斐元。经营电子产品、纺织品、食品进口业务。负责人维诺德·戈卡尔（Vinod B. Gokal）。电话：（00679）3315744；传真：3315758。

（4）Courts Homecentres公司：经营五金、玻璃制品、办公设备、木材等进口业务。首席执行官凯思·柯尔塔特（Keith Coltart）。电话：（00679）3381333；传真：3370483。

军　事

斐济军队全称为“斐济共和国武装力量”（Republic of Fiji Military Forces，RFMF），定名于斐1990年宪法。总统兼任军队总司令，并根据内政部长的建议任命军队司令，军队司令要向总统和内政部长负责。现任军队司令乔萨亚·沃伦盖·姆拜尼马拉马，1999年就任，连任至今。

斐军只有陆军和海军，由正规军和后备军组成。目前军队编制为3586人。海军330人，装备有5艘各类舰艇和巡逻船。斐曾先后派遣士兵和警察参与中东、科索沃、东帝汶、巴新、所罗门等维和任务。截至2007年1月，斐在国外参与执行维和任务的军人约为569人（含在西奈半岛多国部队的338人）。2006年、2007年、2008年国防预算分别为7600万斐元、8070万斐元、8150万斐元。

文化教育

【教育】文教事业较其他太平洋岛国发达。实行小学免费教育。学龄儿童入学率达98%以上。每年教育经费约占政府总预算支出的15%。2008年教育预算为2.96亿斐元，同比减少2460万斐元，占政府总预算的19.4%。南太平洋大学由12个太平洋岛国政府合办，主校区位于首都苏瓦市。

2007年斐共有注册学校1535所，其中幼儿园559所，小学720所，中学169所，师范学校4所，技校66所，特殊学校17所。

【新闻出版】英文报纸《斐济时报》（Fiji Times）和《斐济太阳报》（Fiji Sun）发行量较大，平均日发行量约4万份。《每日邮报》（Daily Post）近年来经营不善，濒于停刊。主要杂志有《岛国商务》和《太平洋岛屿》月刊，在南太地区发行，发行量约1万册。华文报有《斐济日报》和《斐济华声报》等，发行量较小。

斐济广播有限公司（Fiji Broadcasting Corporation Limited）：成立于1985年，是斐全国性的广播网，由6个电台组成，通过斐济语、印地语和英语播出的电台各有两个。

斐济电视台（Fiji TV）：由新西兰电视公司、斐济开发银行和私人股东于1993年底成立，是斐唯一的电视台，现有工作人员（包括记者）约115人，播放3个频道节目。2005年设立面向南太地区的太平洋天空卫星电视节目服务部。另有一电视台Mai TV，在当地亦有一定受众。

对外关系

斐济是太平洋岛国中外交较为活跃的国家。2006年斐政变后，受到澳大利亚、新西兰和一些西方国家制裁，与澳、新等国关系僵冷，提出“向北看”战略，更加重视保持与其他太平洋岛国的传统关系和积极发展同亚洲各国的关系。

斐是联合国、英联邦、世界贸易组织、太平洋岛国论坛、太平洋共同体、美拉尼西亚先锋集团、非加太集团成员，已与约70个国家建交，斐驻外使团有12个，外国常驻斐使团有18个。2009年5月和9月，太平洋岛国论坛和英联邦分别宣布中止斐成员资格。

【同中国的关系】中斐1975年11月5日建交。建交以来，两国关系发展较顺利。1976年中国在斐设大使馆，并派常驻大使。2001 年，斐在华设大使馆并派常驻大使。

2006 年 4 月 4～5 日，国务院总理温家宝对斐济进行正式访问，并出席在斐举行的“中国—太平洋岛国经济发展合作论坛”首届部长级会议开幕式。访斐期间，温总理分别与斐总统伊洛伊洛和总理恩加拉塞会见、会谈，就建立和发展“中斐重要合作伙伴关系”达成共识。双方发表联合新闻公报，签署多项合作协议。

2008 年 8 月，斐济临时政府总理姆拜尼马拉马出席北京奥运会开幕式；9 月，临时政府外长奈拉蒂考来华出席“中国—太平洋岛国经济发展合作论坛投资、贸易、旅游部长级会议”。

2009 年 2 月，习近平副主席赴拉美访问途中过境斐济，分别会见伊洛伊洛总统和姆拜尼马拉马总理。

2009 年 12 月，斐太平洋航空公司开通楠迪至香港直航航线。斐总理姆拜尼马拉马赴香港出席通航仪式。

2010 年，中斐贸易额为 9713.2 万美元，同比增长 5.6%。其中中方出口额为 9655.4 万美元，同比增长 6%，从斐进口额为 57.9 万美元，同比下降 37.2%。斐系中国在太平洋岛国中第四大贸易伙伴，中国是斐第七大贸易伙伴。

中国驻斐济大使：韩志强。馆址：Embassy of the People's Republic of China in Fiji, 147 Queen Elizabeth Drive, Suva, Fiji。电话：(00679) 3300215；传真：3300950。

斐济驻华大使：何志美（James Michael Ah Koy）。馆址：北京市朝阳区塔园外交人员办公楼 1－15－2。电话：010－65327305；传真：65327253。

【同澳大利亚、新西兰的关系】 斐同澳、新有着传统的密切关系。澳、新是斐最重要的贸易伙伴，也是斐第一和第三大援助国。澳、新与斐互设使馆。根据《南太平洋区域贸易和经济合作协定》，除糖和服装等少数商品外，斐向澳、新出口单方面享受免税或无限制市场准入待遇。

2006 年 12 月 5 日斐济政变后，澳、新宣布对斐实施制裁。2010 年来，斐与澳、新关系有所改善。2007 年，斐澳贸易额为 20.8 亿斐元，斐出口额 12.6 亿斐元，进口额 8.2 亿斐元；斐新贸易额为 5.826 亿斐元，斐出口额 7140 万斐元，进口额 5.112 亿斐元。

【同欧盟、美国的关系】 欧盟和美国是斐原糖和农产品的主要出口市场和斐游客及投资的重要来源地。根据《洛美协定》和《科托努协定》，欧盟以 3 倍于国际市场的价格购买斐糖。斐在比利时和英国设有使馆，法国、英国、欧盟在斐设有使馆。2006 年 12 月斐政变后，欧盟要求斐尽快恢复民主、人权和法治，否则将影响欧盟向斐蔗糖业改革提供援助。2009 年 5 月，欧盟委员会宣布，因没有迹象表明 2009 年斐济能够有一个合法的政府进行管理，该委员决定取消 2009 年对斐济的食糖配额。

1970 年 10 月，美承认斐独立。斐美互设使馆。斐重视与美关系，认为美的援助对斐的市场准入和地区竞争具有重要意义，积极推动美、南台联合商务委员会开展活动。斐是美军在太平洋主要补给点之一。2006 年 12 月斐政变后，美对斐实施制裁。2008 年斐自美国进口额为 2.42 亿斐元，斐对美出口额为 1.6179 亿美元。2008 年 2 月，美国首席助理国务卿帮办戴维斯访斐。

【同日本的关系】 斐日互设使馆。近年来，斐日关系发展较快，日已成为斐第二大援助国，每年对斐援助为 1300 万斐元。斐日互设使馆。斐日间有楠迪至东京航线。自 1983 年日向斐派出志愿者以来，共有 56 批、266 人来斐提供志愿服务。斐在旅馆业方面吸收了大量日资。

2000 年 8 月，日在西方国家中率先承认斐政变后成立的临时政府。1997 年 10 月、2000 年 4 月、2003 年 5 月，斐总理兰布卡、乔杜里、恩加拉塞先后率团赴日出席第一、二、三届日本与太平洋岛国领导人会议。2003 年斐日贸易额为 1.53 亿斐元。2005 年 6 月，恩加拉塞总理赴日出席爱知世博会斐济馆日开幕式。2009 年 5 月，斐驻日本大使以政府代表身份参加第五届日本与太平洋岛国领导人会议。

【同印度的关系】 斐印关系在斐 1987 年政变后恶化。1997 年，斐修改 1990 年宪法中对印族人的歧视性条款，斐印关系好转。1997 年，斐总理兰布卡两次会晤印总理古杰拉尔。1998 年，印解除对斐长达 10 年的贸易禁运。斐对印 1998 年 5 月进行的地下核试表示谴责。斐 1999 年大选后，斐印关系逐步恢复，印于 1999 年 5 月在斐重开高专署。2000 年斐“5·19”政变后，印一度对斐实施制裁。2004 年 1 月，斐在印设高专署。2005 年 10 月，恩加拉塞总理访印。2008 年 2 月，斐临时政府总理姆拜尼马拉马访印。2008 年 4 月，斐临时政府财长乔杜里访印。2009 年 4 月，姆拜尼马拉马总理再次访印。

【同其他太平洋岛国的关系】 斐重视同其他太平洋岛国的传统关系，是太平洋岛国论坛创始会员国。斐与其他太平洋岛国领导人互访频繁。2002 年 7 月和 8 月，斐先后主办了“第三届非加太国家首脑会议”和“第 33 届太平洋岛国论坛首脑会议”。2003 年 6 月，斐主办南太运动会。2006 年 10 月，斐主办第 37 届太平洋岛国论坛首脑会议和第 18 届论坛会后对话会。2008 年 8 月，斐临时政府缺席在纽埃举行的第 39 届太平洋岛国论坛首脑会议，会议公报称此举“不可接受”。2009 年 1 月，斐出席了在莫尔斯比港召开的太平洋岛国论坛领导人斐济问题特别会议。会议敦促斐在 2009 年 5 月 1 日前确定年内举行大选的时间表，被斐拒绝。5月，太平洋岛国论坛中止斐参加论坛活动资格。7月和8月，美拉尼西亚先锋集团分别在瓦努阿图首都维拉港和斐首都苏瓦举行特别首脑会议和外长会议，与会各国表示理解和支持斐“国家发展和民主路线图”。　（古伟）

关　岛

名称　关岛（Guahan，原称 Guam），美国海外属地，2010年2月，关岛总督卡马科签署政令，将该岛官方名称改为查莫罗语 Guahan。

面积　541.3平方公里。

人口　180865人（2010年7月）。其中查莫罗人（为西班牙人、密克罗尼西亚人和菲律宾人的混血后裔）约占37.1%，菲律宾人26.3%、其他太平洋岛民11.3%，其他混血后裔9.8%，白人6.9%，其他亚裔6.3%，其他种族2.3%。人均寿命78.18岁（2010年）。英语为官方语言，通用查莫罗语及菲律宾语。85%的居民信奉罗马天主教。1996年，曾有2000多名库尔德难民被暂安置到该岛。

首府　阿加尼亚（Agana）。

总督　费利科斯普·卡马科（Felix P. Camacho），2003年1月6日就任，2006年11月7日连任成功。副总督迈克尔·克鲁兹（Michael W. Cruz），2007年1月1日就任。

重要节日　国庆日（发现日，“Discovery Day”）：3月的第一个星期一。

简　况

位于西太平洋马里亚纳群岛最南端（为该群岛最大岛屿），夏威夷以西5300公里处，是通向密克罗尼西亚（西太平洋诸岛总称）的门户。热带雨林气候，年均气温26℃。年降雨量2000毫米。常有地震。

1521年麦哲伦环球旅行时抵达关岛。1565年被西班牙人占领。欧洲人在此大肆迫害当地土著（密克罗尼西亚人），使土著人口从1521年的10万多人锐减至1741年的5000多人。1898年美西战争后被割让给美国。1941年被日本占领，1944年美军夺回后成为主要海空军基地，归美海军部管辖。1950年美国通过《关岛组织法》，宣布关岛为美“未合并领土”，赋予关岛地方政府自治权力，归美国内政部管辖。关岛居民有美国公民权，但不能在全美选举中投票。1976年的一项公民投票支持关岛维持与美国密切联系的地位。目前关岛正与美国政府就关岛获得美国联邦领土地位问题进行谈判。1994年，美军将3200英亩土地归还民用，1995年位于中央位置的布里菲尔德空军基地也被交还民用。

政　治

国家元首是美国总统，政府首脑是总督。1969年美众议院通过选举关岛总督的法令，1970年第一任民选总督产生。总督拥有行政权，每四年普选产生。政府由总督和副总督领导，下设48个行政部门。政党有民主党和共和党（现控制议会），分属美国的民主党和共和党。一院制议会，普选产生，任期两年，从1998年11月起，议会由21人缩减至15人。上次选举于2008年11月4日举行，共和党获得5个议席，民主党获得10个议席。1972年美国会通过法案，同意关岛派遣一名常驻美国会众议院代表，在众院委员会有表决权，但在众院全院大会无表决权。现任代表为民主党罗伯特·安得伍德（Robert Underwood）。

法院系统包括联邦地区法院和地方高等法院，其中联邦地区法院法官由美总统任命，地方高等法院法官由总督任命（任期8年）。宪法为1950年8月1日生效的组织法案（Organic Act），使用美国国旗。关岛现为国际奥林匹克委员会、南太平洋委员会、万国邮政联盟成员。

经　济

货币使用美元。岛内收入主要依靠旅游业和美军在该岛海空基地的开支。每年游客约100万人次，游客中90%来自日本。服务业是当地的主要产业，其次分别为农业和工业。主要农作物有烟草、水果等。主要工业有建筑、轻工、食品加工、炼油等。新加坡是其最大进口贸易国，自新进口贸易额占总贸易额的50%，其次是韩国和日本，分别占21.4%和14%；日本是其最大出口贸易国，向日出口贸易额占总贸易额的67.2%（2006年）。劳动按购买力平价计算，2005年国内生产总值25亿美元，人均15000美元。有1045公里的高速公路，5个机场。

近年来，由于外来移民大量涌入，威胁到当地查莫罗人地位，限制移民的呼声日高。近来，政府提出要将关岛建成“离岸金融中心”的规划，但其实现与否，同关岛能否取得美国联邦领土地位有很大关系。

军　事

美重要军事基地。美军在关岛的军事用地约27000英亩（包括已归还民用的部分），约占关岛陆地总面积的20%。关岛的安德逊空军基地是美国在太平洋地区的一个重要战略空军基地。美海军在阿加尼亚设有航空站，在阿卜拉港有潜艇基地。美海军陆战队和海岸警卫队在岛上有驻军。2003 年岛上共有美国海空军人员 8000 人。2000 年 8 月 28 日，五角大楼证实已于该月月初从本土调防 60 多枚 AGM－86 型空射巡航导弹至关岛，这是美国首次在其大陆以外部署这种先进导弹。美海军也开始在关岛就部署攻击核潜艇进行研究。2003 年 3 月美国防部长宣布，为加强对朝鲜周边的防卫和威慑，向关岛派 12 架 B－1 和 12 架 B－52 重型轰炸机。2006 年 6 月美军在关岛进行了为期 5 天名为“勇敢之盾”的大规模军事演习。

文化教育 岛上共有各类公立中小学 36 所，以及若干所私立学校，在校学生约 3.2 万人。有两所公立大学和两所私立大学，以公立关岛大学规模最大，有学生 2000 多人。有 16 家电台（中波 3 个，长波 11 个，短波 2 个）、3 家电视台以及《太平洋每日新闻》、《关岛商业周报》和《关岛论坛报》等 7 家主要报纸。有 76 家因特网服务提供商（2006 年），约 8.5 万人使用因特网。（徐敦）

赫德岛和麦克唐纳群岛

名称 赫德岛和麦克唐纳群岛（Heard Island and the McDonald Islands），为澳大利亚海外领地。

面积 412 平方公里。

简　况 位于印度洋南部，东北距澳大利亚西澳州珀斯约 4000 公里，由主岛赫德岛（Heard Island）、其北面的沙格岛（Shag Island）和西面的麦克唐纳群岛（the McDonald Islands）组成。从此出发，可直通五大洋。

赫德岛是一座直径约为 25 公里的圆形岛，面积 390 平方公里。最高点为莫森峰（Mawson Peak），海拔 2745 米。岛上有一座名为大笨钟（Big Ben）的活火山，是澳大利亚唯一的两座活火山之一。在欧洲探险家到达赫德岛前 700 多年，曾有波利尼西亚人在岛上居住过。目前，无常住居民，时有澳探险队上岛。1947 年 11 月，澳大利亚在赫德岛上建立了一个科学研究站（1955 年 3 月停止工作）。同年，英国放弃对该岛的主权，该岛成为澳大利亚海外领地。

赫德岛 80% 被冰雪覆盖，被认为是少数几个未被外来物种影响的南极地区动植物栖息地之一，具有一定的科研价值，动物学和地质学探险队多次到此探险。岛上气候寒冷、多风、湿润，年温差 4℃ 左右，冬季气温 0℃ 左右。1991 年，关于全球变暖的国际研究在此开展。

麦克唐纳群岛面积约 1 平方公里，位于赫德岛以西 42 公里处，由费拉特岛（Flat Island）和麦克唐纳岛（the McDonald Island）组成。地势陡峭，多岩石。岛上有一座活火山，最近一次在 2005 年 8 月喷发。

1997 年，赫德岛和麦克唐纳群岛被联合国教科文组织定为“世界遗产”。2002 年 11 月，赫德岛和麦克唐纳群岛签署加入了《环境和生物多样化保护法案》。澳大利亚政府环境与遗产部南极事务司负责管理赫德岛和麦克唐纳群岛。（谢宝明）

基 里 巴 斯

国名 基里巴斯共和国（The Republic of Kiribati）。

面积 陆地面积 812 平方公里，水域面积 350 万平方公里。

人口 9.5 万（2007 年）。其中 90% 以上属密克罗尼西亚人种，其余为波利尼西亚人和欧洲移民。官方语言为英语，通用基里巴斯语和英语。居民多信奉罗马天主教和基里巴斯新教。

首都 塔拉瓦（Tarawa），人口 4.75 万（2005 年）。

国家元首 总统阿诺特·汤（Anote Tong），2003 年 7 月就任，2007 年 10 月连任。

重要节日 独立日：7 月 12 日。

简　况 位于太平洋中部，由 33 个大小岛屿组成，分属吉尔伯特、菲尼克斯和莱恩三大群岛；是世界上唯一纵跨赤道且横越国际日期变更线的国家。属热带海洋气候。年均气温 32℃，年均降水量 1600 毫米。受厄尔尼诺现象影响，近年来每年有 10 个月以上时间连续干旱少雨。

3000 年前已有马来—波西尼亚语系人定居。约于公元前 14 世纪斐济人和汤加人入侵后与当地人通婚，形成了基里巴斯民族。1892 年吉尔伯特群岛与埃利斯群岛部分岛屿沦为英国“保护地”。1916 年被划入“英属吉尔伯特和埃利斯群岛殖民地”（1975 年埃利斯群岛分出，改称图瓦卢）。第二次世界大战中曾一度被日本侵占。1977年1月1日实行内部自治。1979年7月12日独立，改称基里巴斯。

政　治

在2003年2月举行的大选中，各派争夺激烈，塞布罗罗·斯托（Teburoro Tito）以微弱多数获胜，第三次当选总统。3月，议会通过对政府的不信任案，斯下台，议会随之解散。7月，阿诺特·汤当选总统。2007年10月，基举行总统大选，阿诺特·汤以64%选票连任。目前政局较稳定。

【宪法】现行宪法是以1977年《吉尔伯特法》为基础制定的，1979年独立后正式生效，故又名"独立宪法"。宪法规定，总统由议会提名，经公民投票产生，任期四年，连任不得超过3届。

【议会】一院制。共46个议席，任期四年。其中总检察长和雷贝岛（Rabi Island）1名议员为指定议员，其余44名均需由各选区选举产生，各选区议员人数按人口比例分配。大致以有人居住的岛为一个选区，约从2000人中选出一名议员。任何一个成年的基里巴斯人，只要有2个人推荐，就可以成为候选人。议会每4年改选一次。每年开2次会，每次14天左右。本届议会于2007年8月选出。议长由议员推选产生，无投票权。现任议长陶玛蒂·依乌塔（Taomati Iuta），2007年10月就任。

【政府】总统既是国家元首，又是政府首脑。内阁称部长委员会，成员包括：总统兼外交和移民部长阿诺特·汤，副总统兼工商合作部长塞伊马·奥诺里奥（Teima Onorio），工程设施部长劳拉比·贝尼亚托（Lourabi Beniato），教育、青年和体育部长詹姆斯·陶姆（James Taom），通信、交通和旅游部长帕特里克·塔蒂雷塔（Patrick Tatireta），卫生和医疗服务部长考图·特纳瓦（Kautu Tenaua），金融和经济发展部长纳坦·塞埃瓦（Natan Teewe），渔业和海洋资源开发部长塔贝兰南·蒂梅翁（Taberannang Timeon），莱恩和菲尼克斯岛开发部长塔维塔·塞莫库（Tawita Temoku），劳动和人力资源部长伊奥塞巴·雷德芬（Ioteba Redfern），环境、土地和农业发展部长特塔博·纳塔拉（Tetabo Natara），内政和社会事务部长阿姆贝罗斯·尼科拉（Amberosi Nikora）。

【行政区划】共有23个行政区，每个行政区设有委员会，委员会主席为行政机构最高领导人，拥有行政、财政、法院诉讼等权力。

【司法机构】设有高级法院和地方法院。高级法院由首席法官和陪席推事组成。地方法院负责审理民事和刑事案件并负责调解有关土地问题的纠纷。每年由澳大利亚、新西兰法官组成南太平洋巡回高级法官团来基受理上诉案件。

【政党】主要政党有：

（1）追求真理党（Boutokean Te Koaua Party，BTK）：执政党。领袖为总统阿诺特·汤。

（2）和平议事厅党（Maurin Te Maneaba Party，MMP）：反对党。领袖为哈里·汤（Harry Tong）。

【重要人物】**阿诺特·汤**：总统。20世纪60年代先后在基里巴斯、新西兰和英国接受教育。经济学硕士。曾先后任职于南太平洋大学、太平洋岛国论坛秘书处、地区航空服务秘书处和英联邦大选监督专家团。从政多年，现任追求真理党领袖。2003年7月当选总统，2007年10月连任。

经　济

基经济落后，严重依赖外援，被联合国列为最不发达国家之一。大部分地区经济为自给自足的原始经济。磷酸盐被开采殆尽后，渔业资源成为基主要经济来源。近年来，基政府积极发展椰子种植，并不断拓宽外汇收入来源，2002年出售投资者护照收入达600万美元。为争取经济独立，基政府计划将更多的投资用于开发国内资源生产部门，努力发展多样化经济，鼓励开发海洋资源，发展渔业和小规模加工制造业，鼓励发展小型私人企业。主要经济数据如下：

国内生产总值（2007年）：6432万美元。

人均国内生产总值（2007年）：677美元。

国内生产总值增长率（2007年）：0.5%。

货币：使用澳元，无本国货币。

通货膨胀率（2006年）：3%～4%。

【资源】有丰富的渔业资源。1979年以前产磷酸盐，由英国、澳大利亚、新西兰合股开采，现已枯竭。近海海底有锰、镍等矿藏。

【工业】有一家造船厂，集造船、修船为一体，年营业额约1000万澳元。另有一些小规模的椰子加工、腌鱼、食品、工艺品、家具、服装和皮革制品厂。

【农业】大部分陆地被珊瑚沙层覆盖，仅能生长椰子、香蕉、面包果等少数作物。椰干年产量约1.1万吨，其中出口约1万吨，总产值约700万澳元。近年来由于国际市场不景气和天气干旱等原因，椰干生产和出口均有较大幅度下降。全国无粮食作物和蔬菜种植。

【渔业】渔业资源丰富，主要有金枪鱼、鲷鱼、鲣鱼、海虾。基捕捞业落后，国内仅有一家很小的渔业公司，有5条机动小船，产量有限，当地居民只能进行小规模捕捞。目前，美国、日本、韩国、澳大利亚、新西兰及中国台湾省分别有数十艘渔船在基海域捕捞金枪鱼，这些渔船向基政府交纳的捕鱼执照费成为基政府主要外汇来源之一。

【旅游业】全国有4家旅馆，其中首都3家：欧什塔依旅馆，80张床位；贝索旅馆，20张床位；梅瑞旅馆，22张床位。基利用其跨越国际日期变更线的地理优势，发展旅游业，提高国际知名度。基最大岛屿圣诞岛是世界上最大的环状珊瑚岛，拥有世界著名的鸟类保护区和一流潜水场，每年有来自美国、西欧、澳大利亚和新西兰等地的1500多名游客来此观光。

【交通运输】以海运为主，塔拉瓦为主要海、空港。基政府正努力发展岛上公路运输。

公路：总长640公里，全国有机动车约2000辆。

水运：基里巴斯航运公司共有客、货轮10艘，经营各岛间的客、货运业务。

空运：全国有2个国际机场，分设在首都塔拉瓦和圣诞岛，有11个小机场，分布在外岛。基里巴斯航空公司共有小型客货机3架，其中2架（包括从中国购买的运12飞机）经营岛屿间航线。瑙鲁航空公司经营从其他岛国至塔拉瓦的国际航线。

【财政金融】基实行"量入为出，节俭财政"的政策。国家财政预算收入主要依靠1956年建立的从磷矿开采所得的预算平衡储备基金（RERF）进行平衡，实际从未提取。

基里巴斯银行：成立于1984年，与澳大利亚西太银行合资经营，2001年改为与澳、新银行合资经营，基占49%股份，澳、新占51%。

基里巴斯开发银行：成立于1987年，系基国家银行，主要向私营企业提供贷款。

【对外贸易】同基有贸易关系的国家主要有澳大利亚、新西兰、斐济、日本、美国、中国和欧盟等。1979年以来，由于磷矿枯竭，出口锐减，外贸呈逆差。目前主要出口椰干、海藻及热带观赏鱼。

【外国援助】澳大利亚、日本等发达国家每年向基提供大量赠款，帮助基进行基础设施建设及教育培训等技术合作项目。澳是基第三大援助国，每年向基提供1250万澳元援助。

人民生活

太平洋岛国地区最贫穷的国家之一。受雇人员最低年薪2500澳元。失业率高，首都塔拉瓦达70%。实行公费医疗，全国有3所医院，200张病床，当地医生11人，外国医生5人，护士129人。首都地区流行肺结核和痢疾。人均寿命为男50岁，女68岁。人口增长率为15‰。

军　　事

无军队，仅有警察296名。海上巡逻由澳大利亚1艘巡逻艇负责。

文化教育

【教育】小学和初中实行免费教育。儿童入学率为93%。1999年教育经费为1160万澳元，占国家预算的18%。1998年，有公办小学88所，中学17所（其中私立10所），技校6所，另有两所中等专业学校：基里巴斯师范学院和塔拉瓦技术学院。还有1所与德国人合办的海员培训学校。基每年向国外派的留学生和进修生约为170人。

【新闻出版】《韦凯拉》（《UEKERA》，前译为《生命和智慧之树》）系政府主办的全国性报纸，为基文和英文混合版，每周二、五出版。塔拉瓦电台（建于1984年），用基语和英语播音，每天播3次，发行新闻稿。基里巴斯电视台（KTV1）由基政府主办，于2004年12月建成，2005年4月正式开播。每晚播放两个小时的基当地节目，其他时间播放澳大利亚电视台节目。

对外关系

强调维护国家主权和领土完整，反对别国干涉其内政和掠夺其资源；重视自身的环境安全，呼吁国际社会采取有效措施，防止海平面上升威胁岛国的生存。关心南太平洋地区安全，反对在该地区进行核试验。重视发展对外关系，尤其与南太各国的友好关系。经济因素常为基政府外交决策的首要考虑。同33个国家建交，但只在斐济设有外交代表机构，在少数国家设有名誉领事。

是联合国、英联邦、太平洋共同体、太平洋岛国论坛及论坛渔业局等地区组织成员，积极参与相关组织事务，与太平洋岛国论坛合作较密切。

【同中国的关系】1980年6月25日建交。2003年基大选，台湾当局重金诱拉和资助阿诺特·汤。汤当选总统后于11月7日宣布基台"建交"。11月29日，中国中止与基外交关系。

2010年3月台湾地区领导人马英九访问基里巴斯。

2009年中基贸易额为394.1万美元，同比增长增长60%，其中393.7万美元为中方出口。

【同美国的关系】1979年9月20日，美基签订"友好条约"，并于1983年9月23日交换条约批准书。据此，美放弃对基14个岛屿的主权要求，基允许美保留对其军事设施的排他性使用权和在基经济区的捕鱼权。目前，美有捕鱼船在基作业，另有42名和平队员。

【同澳大利亚、新西兰的关系】1981年、1989年，澳、新分别在基开设高专署。基十分重视同澳、新，尤其是同澳的关系。基现行货币为澳元，每年从澳进口占基进口总额的一半左右。澳在基一些政府、经济部门派有顾问。澳20余名修女长期在基从事教育、卫生工作。澳每年向基提供1250万澳元项目援助，主要用于基础教育、人力资源开发和公共部门管理等领域。截至2002年底，澳已累计在基援建了7所中学。2004/2005年基新贸易额为450万新元。2005/06年新向基提供310万新元援助。2009/2010年度澳计划向基提供1770万澳元发展援助。

【同英国的关系】基受英殖民统治达87年。英原在基设有常驻高专署，1993年撤销，改设管理协调办事处，1998年8月撤销。2002年1月，英重开驻基高专署，2005年3月撤销。

【同日本的关系】日本是基最大援助国之一。日在基圣诞岛设有卫星站，每年向基政府交付35万澳元租金。1996年，日提供2200万美元（约合3700万澳元）援建基贝索码头。1998年1月，日提供600万美元（约合1000万澳元）援建了一所中学。1999年，日援基3000万澳元用于修建新贝索港口、集装箱码头工程，900万澳元承建基议会大厦。日本援建的南塔拉瓦岛发电厂于2002年底竣工投产，基本解决了长期困扰首都的供电难题。　　（翟兴付）

科科斯（基林）群岛

名称　科科斯（基林）群岛〔Cocos（Keeling）Islands〕。

面积　14平方公里。

人口　约600人（2009年）。其中，58%为科科斯马来人，主要在主岛（Home Island）居住；26%为欧洲人，主要在西岛（West Island）居住，多数为短期居住的政府官员。官方语言为英语。当地岛民主要讲英语和马来语的混合方言——科科斯马来语。80%的岛民都是信奉逊尼派的穆斯林。

行政中心　西岛。

行政长官　布赖恩·莱西（Brian Lacy），2009年9月上任。

简　况

位于距澳大利亚珀斯西北2768公里的印度洋中，由27个岛屿组成，形成两个海拔较低的环形珊瑚礁。气候温和，温度在21℃～32℃之间，年均降水量2000毫米。

原本无人居住，1609年被东印度公司威廉·基林（William Keeling）船长发现。1826年，亚历山大·黑尔（Alexander Hare）在岛上建立第一个定居点。1857年，英国宣布拥有科岛主权。1878年起被锡兰（现称斯里兰卡）统治。1886年划入海峡殖民地（现新加坡和马来西亚的一部分）。同年，英王把科岛的土地赠与约翰·克卢尼斯·罗斯（John Clunies-Ross）及其继承人。1946年，科岛成为新加坡的属地。

1955年11月，科岛的行政权被移交给澳大利亚联邦政府，划入澳北方领土地区，由来自澳大利亚的代理人担任官方代表。1975年起，澳政府任命一名行政官员，与澳地区服务、领土和地方政府部长一起负责管理科岛。

1977年6月，澳政府买下约翰·克卢尼斯·罗斯在岛上除房产外的全部股权后，公布了对科岛的新政策。1984年10月，澳高等法院裁定，澳政府为获得克卢尼斯·罗斯剩余财产所采取的行动不符合宪法。1993年，克卢尼斯·罗斯家族宣布破产，其财产归澳政府所有。

政　治

1979年7月，科岛成立议会。1984年4月6日，澳政府举行了有联合国观察员参加的公民投票，决定科岛未来的政治地位。大部分岛民赞成科岛并入澳大利亚联邦。从此，岛上居民享有与澳大利亚公民同等的权利和义务。1992年，根据澳西澳州法律成立科岛地方议会。议会每两年召开。1993年第一届地方议会经选举产生，成员7人。澳总检察部以社区公告（Community Bulletins）和政府公告（Government Gazettes）的方式向科岛居民发布信息。2007年3月，澳政府各部门根据“提供服务安排”（Service Delivery Arrangements）向该岛居民提供政府服务。

行政长官由澳总督任命，向澳地区服务、领土和地方政府部长负责。

经　济

渔业资源丰富。岛民饲养家畜，种植蔬菜、香蕉和巴婆果，但不能自给自足，其他食品、燃料和日用消费品需从澳大利亚进口。椰子是岛上唯一的经济作物。工业主要为椰干肉生产，出口产品以椰干肉为主。科岛有少量旅游业。

进口主要面向澳大利亚，贸易赤字由澳联邦财政拨款、补助和邮票销售收入（科岛于1979年9月开办邮政业务）来抵消。当地使用澳大利亚货币。

交通运输

每周有一架航班经圣诞岛往返于西岛和澳大利亚珀斯之间，运送旅客和邮件。每隔4～6周有货船从新加坡和珀斯运送补给。截至2006年，岛上有公路22公里，其中10公里铺有路面。

文化教育

【**教育**】有两所公立学校分别位于主岛和西岛，主要提供初等教育，西岛为16岁及以上的公民提供中等教育。科科斯马来青少年可依靠奖学金去澳大利亚本土完成高等教育。

新闻媒体

有一家非商业性广播电台（Radio VKW Cocos），每天用科科斯马来语和英语广播。另有一家电视台，1992年成立，播放印度尼西亚、马来西亚和澳大利亚的卫星电视节目。　　（谢宝明）

库克群岛

国名 库克群岛（The Cook Islands）。

面积 240平方公里。

人口 2.12万（2008年），均持新西兰护照。另约有4.7万人侨居新西兰，约1万人侨居澳大利亚。库克毛利人（属波利尼西亚人种）占92%，欧洲后裔占3%。通用库克毛利语和英语。居民69%信奉基督教新教，15%信奉罗马天主教。

首都 阿瓦鲁阿（Avarua），位于拉罗汤加岛（Rarotonga）。

国家元首 英国女王伊丽莎白二世。女王代表弗雷德里克·古德温（Frederick Goodwin），2001年2月9日就任。

重要节日 宪法日（国庆日）：8月4日。

简 况

位于南太平洋，南纬8～23度，西经156～167度，属波利尼西亚群岛，由15个岛屿和岛礁组成。属热带雨林气候。年均气温24℃，年均降雨量2000毫米。

毛利人为原住民。1773年，英国海军上校库克船长探险到此地，以"库克"命名。1888年成为英国保护地。1901年成为新西兰属地。1964年在联合国监督下举行全民公决，通过宪法。1965年宪法生效，实行内部完全自治，享有完全的立法权和行政权，同新西兰保持自由联系，防务和外交由新西兰负责，但只有应库克政府要求，新西兰方可采取行动。1989年，新西兰政府致函联合国，声明库克有完全宪法能力自主处理对外关系和签署国际协定，希望国际社会视库克为主权国家。

政 治

2004年12月举行大选，吉姆·马鲁雷（Jim Marurai）出任总理。2006年9月，库克提前举行大选，马鲁雷政府继续执政。

【宪法】1964年立法院批准库克群岛宪法。1965年宪法生效。1981年和1991年两度修改宪法。1994年大选时对国名、国旗、国歌、议会任期和是否保留海外选区进行全民公决，投票结果为维持原状不变。2004年9月大选宣布取消海外议席并将议会任期由原来的5年缩短为4年。

【议会】一院制，为立法大会，由普选产生的24名议员组成，任期4年。现任议长为马普·塔依阿（Mapu Taia）。此外，1966年成立酋长院，由代表各岛的20名酋长组成，就土地使用和传统习俗向议会和政府提出建议。现任院长为阿达·阿里奇（Rongomatane Ada Ariki）。

【政府】由议会多数党组成。内阁组成为：总理吉姆·马鲁雷，副总理兼旅游、外交、移民、农业、海洋资源和文化发展部长罗伯特·威格莫尔（Robert Wigmore），财政、经济管理部长兼检察总长威尔基·拉斯穆森（Wilkie Rassmussen），工程、交通、议会部长威廉·希瑟（William Heather），司法、卫生、内政、青年、体育部长阿皮伊·皮奥（Apii Piho）。

【司法机构】设高等法院和上诉法院。高等法院由首席法官和另5名法官组成，设民事庭、刑事庭和土地庭。上诉法院有3名法官，其中1名须为新西兰上诉法院或高等法院法官。上诉法院的上诉呈递英国枢密院。1993年5月起，有关土地和首领头衔的案件由岛内法院自行审理，民事和刑事案件仍上诉枢密院。另设有儿童法院审理少年犯罪案。

【政党】主要政党为：

（1）民主党（Democratic Party）：1971年成立，现领袖为特里佩·马奥阿特（Terepai Maoate）。

（2）库克群岛党（Cook Islands Party）：反对党。1964年成立，现领袖为汤姆·马斯特斯（Tom Marsters）。

【重要人物】吉姆·马鲁雷：总理。从政前当过教师，曾任中学校长，1997年通过补选首次进入议会。1999年6月当选议员并出任内阁部长。2002年2月就任温顿（Robert Woonton）领导的联合政府教育部长，兼任负责文化、人力资源、公共服务委员会的部长及监督专员。2004年11月随温顿脱离民主党成立新民主党，并于12月出任总理。2005年，因党内争端脱党，组建库克群岛第一党（Cook Island First Party）。2006年，重返民主党，任该党副领袖并继续担任总理。2009年12月，因与该党领袖、政府副总理马奥阿特发生分歧而解除后者副总理职务，随后被开除出党。

经 济

主要经济来源是旅游业。农业和海洋资源丰富，黑珍珠养殖业发展较快。其他出口商品有：木瓜、鲜鱼、服装等。主要进口商品为机器设备、食品和活畜、工业制成品、燃料和化学品。主要经济数据如下：

国内生产总值（2008年）：2.89亿新元。

经济增长率（2008年）：5.4%。

人均国内生产总值（2008年）：1.36万新元。

货币：使用新西兰货币，1新元约合0.72美元（2010年4月）。

通货膨胀率（2009年3月）：8.8%。

【旅游业】支柱产业。2009 年全年游客数量 10.1 万人次。新西兰是最大游客来源国，占游客总量的 63.7%。

【工业】有水果加工及生产香皂、香水、旅游纪念品的小型工厂若干家，以及加工纪念硬币、邮票、贝壳和手工艺品的作坊。

【农、渔业】出产椰干、香蕉、柑橘、菠萝、咖啡、芋头、芒果和木瓜等。饲养猪、山羊和家禽等。海洋资源丰富，黑珍珠养殖业发展较快。2005/2006 财年，海产品出口额为 670 万新元。

【离岸金融业】有 4 家信托公司为外国资产提供保护，并向外国银行发放银行营业许可证。年获益约 1000 万新元。

【交通运输】公路：拉罗汤加岛有环岛公路，陆路交通工具主要是汽车和摩托车等。

海运：有 3 个海港，分别在拉罗汤加岛、艾图塔基岛和彭林岛。拉罗汤加岛的阿瓦蒂乌港可停泊 3000 吨货轮。拉罗汤加船运公司和库克群岛国家船运公司经营库克与纽埃、新西兰、萨摩亚、汤加的定期货运业务。库克群岛水运委员会与另一船运公司负责各岛之间的运输。

空运：拉罗汤加岛上的阿瓦鲁阿国际机场可供波音 747 飞机起降。艾图塔基岛有一国内机场，另外 7 个岛仅有飞机跑道。拉罗汤加航空公司经营国内航线。新西兰航空公司、萨摩亚波利尼西亚航空公司和斐济的太平洋航空公司有定期航班从拉罗汤加岛飞往奥克兰、洛杉矶、夏威夷和斐济等地。2007 年 4 月，拉罗汤加航空公司和塔希提航空公司开通拉罗汤加至塔希提航线，代替此前新西兰航空公司已停运的相应航线。

【对外贸易】2009 年出口额为 439.6 万新元，同比下降 25.4%；进口额 2.9 亿新元，同比增长 36.3%。主要出口商品为鱼类、珍珠、木瓜、服装等。前四大出口市场为日本、新西兰、澳大利亚、美国。主要进口商品为燃料和化学品、机器设备、工业制成品、食品和活畜。前五大进口来源地为澳大利亚、新西兰、斐济、美国、日本。

【外国援助】财政收入主要靠外援，接受外援的 60% 来自新西兰和澳大利亚。自 2004 年起，两国联合执行对库克援助，由新西兰国际开发署负责协调。2009/2010 财年接受外援 3000 万新元，同比增加 43.8%。2008/2009 财年，新西兰向库克提供 1500 万新元援助。2009/2010 财年，新西兰对库克援助预算为 1400 万新元。

欧盟自 2002 年起援助库克。2002～2007 年，援助总额为 260 万欧元。截至 2001 年，亚洲开发银行向库克提供优惠贷款逾 2460 万美元。此外，库克还与联合国开发计划署、联合国粮农组织等国际组织开展合作。

军　事

根据 1965 年宪法，新西兰负责库克国防事务，但需要征得库克政府同意。根据《互助行动纲领》，新西兰国防军支持库克太平洋巡逻艇行动，潜水训练，小武器使用和安全以及相关搜救协助。该项目一年预算为 16.2 万新元。新西兰国防军还对库克专属经济区进行例行巡逻。

人民生活

实行免费医疗。有 8 所政府医院，151 张病床。

文化教育

【教育】对 4 岁儿童进行学龄前教育，对 6～15 岁儿童实行义务教育。有中、小学 39 所，学生 5560 人，教师 300 多人。有一所师范学院。南太平洋大学拉罗汤加分校进行成人高等教育和函授教学。全国仅 1% 人口是文盲。新西兰为库克学生提供到新西兰、斐济等国学习的奖学金。

【新闻出版】《库克群岛新闻》日报，用英文和毛利文出版；《库克群岛报》，创办于 1994 年，周六出版。

库克群岛电台：用英语和毛利语广播，转播澳大利亚、新西兰电台的国际和地区消息。拉罗汤加还有一家私人电台。

库克群岛电视台：除转播新西兰电视新闻外，主要播放美、澳电视节目。

对外关系

库与 25 个国家及欧盟建立正式外交关系。驻外外交机构有：驻新西兰高专署、驻奥克兰总领馆、驻悉尼名誉领事、驻夏威夷名誉领事、驻奥斯陆名誉总领事。除新西兰向库克派常驻高专外，澳大利亚、中国、斐济、法国、印度、马来西亚、挪威、巴布亚新几内亚、南非向库克派兼任大使或高专，法国、德国、英国和瑙鲁在库克设名誉领事。库克是联合国开发计划署、粮农组织、教科文组织、世界卫生组织、世界气象组织、国际民航组织、亚洲开发银行等国际组织成员，是英联邦和联合国亚太经社会准成员国，是太平洋共同体、太平洋岛国论坛、论坛渔业局等地区组织成员。2008 年 7 月，库克成为国际海事组织成员。

库克与新西兰签有防务、民航等协定，与韩国、挪威签有渔业协定，与美国、法国签有海域边界条约，与法国签有友好合作协定，与斐济签有双边贸易协定。2000 年 6 月，库克加入“非加太集团”，与欧盟 15 国在贝宁签署经济贸易伙伴关系文件“科托努协定”（原洛美协定）。2000 年，为加强与欧盟关系，库克任命了首任驻欧盟特别代表。8 月，库克正式签署《中西太渔业公约》。

2004 年 4 月、8 月，库克总理温顿先后出席太平洋岛国论坛奥克兰特别首脑会议和在萨摩亚召开的论坛年度会议。2005 年 1 月、10 月，库克总理马鲁雷先后出席在毛里求斯举行的小岛屿发展中国家可持续发展国际会议和在巴布亚新几内亚举行的太平洋岛国论坛首脑会议。2006 年 5 月和 6 月，库克总理马鲁雷携外长拉斯穆森赴冲绳和巴黎出席第四届“日本—太平洋岛国论坛领导人峰会”和第二届“法国—大洋洲峰会”。6 月，新西兰外长彼得斯访问库克。7 月，太平洋岛国论坛秘书长厄尔文访问库克。8 月，新西兰总督卡特赖特出席库克自治 40 周年宪法日庆祝仪式。9 月，库克女王代表古德温赴汤加出席图普四世国王葬礼。10 月，库克总理马鲁雷赴斐济出席第 37 届岛国论坛首脑会议。同月，库克外交兼旅游部长拉斯穆森赴塔希提出席南太旅游组织部长理事会。2007 年 5 月，库克总理马鲁雷出席在华盛顿举行的太平洋岛国核心伙伴会议。7 月，第 38 届南太共同议会协会大会在库克召开。同月，库克副总理马奥阿特出席在帕劳举行的岛国经济部长论坛会议。8 月，新西兰总督萨特亚南德访问库克。10 月，库克总理马鲁雷出席在汤加举行的第 38 届太平洋岛国论坛会议。同月，库克外交移民部长拉斯穆森出席在巴黎举行的联合国教科文组织大会。12 月，库克宣布与其他太平洋岛国一起加入意大利政府应对全球气候挑战的联合合作项目。2008 年 2 月，库克总理马鲁雷访问所罗门群岛。3 月，库克副总理马奥阿特赴新西兰出席太平洋贸易博览会。8 月，库克总理马鲁雷出席在纽埃举行的第 39 届太平洋岛国论坛会议。12 月，库克外长拉斯穆森在挪威奥斯陆签署新的《国际集束弹药公约》，并参加在巴布亚新几内亚召开的第 16 届非加太与欧洲共同体联席会议。2009 年 1 月，库克总理马鲁雷、副总理马奥阿特、外长拉斯穆森出席在巴新召开的太平洋岛国论坛领导人特别会议。5 月，库克总理马鲁雷出席在日本北海道召开的日本—太平洋岛国论坛首脑会议。10 月，太平洋岛国论坛部长级会议在库克召开。11 月，太平洋岛国论坛议会大会在库克举行。

【同中国的关系】 1997 年 7 月 25 日中库建交以来，两国关系发展顺利，各领域交流与合作不断拓展。

1998 年 11 月，库克总理杰弗里·亨利正式访华。

2009 年 8 月，国家主席胡锦涛致电库克女王代表古德温，祝贺库克宪法日。同月，中国—太平洋岛国论坛对话会特使王永秋在澳大利亚凯恩斯出席太平洋岛国论坛会后对话会期间会见库克总理马鲁雷。9 月，库克主管基础建设、能源、交通和旅游事务部长瓦维亚来华参加在吉林召开的第五届“亚太总裁与省市长国际合作大会”及在南京召开的第三届“全球外包大会”。10 月，库克女王代表古德温致信国家主席胡锦涛，祝贺中华人民共和国成立 60 周年。11 月，全国人大常委会外事委员会委员金矛率团赴库克出席太平洋岛国论坛议会大会，期间会见库克副总理马奥阿特和议长塔伊阿。2010 年 4 月，库克总理马鲁雷致电国家主席胡锦涛，对青海玉树地震表示慰问。

2009 年，中库双边贸易额为 730 万美元，同比增长 173.8%。其中，中国出口额为 704.5 万美元，增长 709.5%；进口额为 25.8 万美元，下降 85.6%。中国出口商品主要为载重汽车、轮胎、摩托车。进口商品主要为冻鱼。

中国驻新西兰兼驻库克群岛大使：张利民，2008 年 10 月 8 日向库克女王代表古德温递交国书。馆址：6 Glenmore Street Wellington N. Z.。电话：00－64－4－4721382。传真：4990419。商务处电话：00－64－9－5224424。传真：5224407。　（李剑波）

马绍尔群岛

国名　马绍尔群岛共和国（The Republic of the Marshall Islands）。

面积　陆地面积 181.3 平方公里（包括比基尼环礁、埃尼威托克环礁和夸贾林环礁），水域面积 213.1 万平方公里。

人口　6.46 万（2009 年），多属密克罗尼西亚人种。马绍尔语为官方语言，通用英语。人口中 54.8% 为新教徒，25.8% 为神召会教徒，8.7% 为天主教徒，1.5% 的人不信教。

首都　马朱罗（Majuro）。

国家元首　朱尔兰·齐德卡亚（Jurelang Zedkaia），2009 年 10 月当选。

重要节日　宪法日：5 月 1 日。

简　况　位于中太平洋。由 1225 个大小珊瑚岛礁组成。共分两部分，分布在东南面的为日出群岛，在西北面的为日落群岛，中间相隔约 208 公里。绝大多数人口集中在首都和夸贾林岛上。海岸线长 370.4 公里。属热带气候，年均气温 27℃，年均降雨量为 3350 毫米，5～11 月为雨季，12 月至翌年 4 月为旱季。

16 世纪初西方航海者抵此。1788 年英船长约翰·马绍尔到此勘察，该群岛由此得名。1886 年成为德国的保护领地。第一次世界大战初被日本占领，二战中成为日本在太平洋作战的基地。1944～1947 年美国对其实行军管。1947年7月，马绍尔群岛被联合国交给美国托管，后与帕劳共和国、北马里亚纳群岛和密克罗尼西亚联邦构成太平洋岛屿托管地的四个政治实体。1983年6月25日与美国正式签署《自由联系条约》（1986年10月21日生效）。根据该条约，马获得内政、外交自主权，安全防务15年内由美国负责，可参加地区组织，但不能参加联合国。1990年12月22日，联合国安理会召开会议，通过了终止部分太平洋托管领土托管协定的决议，结束马绍尔的托管地位。1991年9月17日，马绍尔成为联合国正式成员。

政　治

2009年10月21日，马绍尔议会通过对前总统托梅茵的不信任案，托被迫下台。10月26日，马议会选举朱尔兰·齐德卡亚为总统。

【宪法】 1979年3月通过，5月1日生效。宪法规定马绍尔实行总统制。总统为国家元首，也是政府首脑，由议会选举产生。

【议会】 一院制，由33名议员组成，任期4年。本届议会于2007年11月大选产生。现任议长阿尔文·杰克利克（Alvin Jacklick），副议长阿利克·阿利克（Alik Alik）。此外还设有由12人组成的大酋长委员会，负责就影响习惯法和诉讼程序的问题提出建议。

【政府】 内阁由总统任命的10名部长组成。本届政府于2009年10月组成。现内阁成员为：总统齐德卡亚，总统助理部长鲁宾·扎克拉斯（Ruben Zackhras），外交部长约翰·西尔克（John Silk），工程部长梅纳德·阿尔弗雷德（Maynard Alfred），交通通讯部长肯尼斯·凯迪（Kenneth Kedi），资源与发展部长马特兰·扎克拉斯（Mattlan Zackhras），内政部长诺曼·马修（Norman Matthew），司法部长布兰森·卫斯（Brenson Wase），卫生部长阿门塔·马修（Amenta Matthew），教育部长尼德尔·洛拉克（Nidel Lorak），财政部长杰克·埃丁（Jack Ading）。

【行政区划】 全国分为33个市，主要城市包括马朱罗、比基尼（Bikini）和夸贾林（Kwajalein）等。

【司法机构】 设高等法院和最高法院。总检察长兼任司法部长。

【政党】（1）联合人民党（The United People's Party，简称UPP），2007年11月由原“我们的岛屿”党（AKA）联合部分独立议员组成的执政联盟。现在议会占14席。

（2）联合民主党（The United Democratic Party，简称UDP），反对党，1999年6月25日成立。在议会占15席。

另有独立议员4席。

【重要人物】朱尔兰·齐德卡亚： 总统。1950年7月13日出生于马朱罗，1991年起当选马朱罗州国会议员。1994～1997年任联邦国会副议长。2000～2007年再次当选马朱罗州国会议员。2008年1月当选国会议长。2009年10月当选总统。

经　济

马经济严重依赖外援，财政预算的75%依靠美国及其他国家和地区财政捐助。据马政府2005年社会经济调查报告，2000～2005年，马社会经济和民众生活质量逐步恶化，收入减少，失业增加。2006年起，马政府积极推行私有化政策，对马电力公司进行私有化改革，加大对教育的投入，加强基础设施建设。2009年马通胀显著降低，经济取得一定发展。主要经济数据如下：

国内生产总值（2008年预计）：1.33亿美元。

人均国内生产总值（2008年预计）：2500美元。

国内生产总值增长率（2008年预计）：-0.3%。

国家预算：1.23亿美元（2008年财年）。

货币名称：美元。

通货膨胀率（2008年）：12.9%。

失业率（2006年）：36%。

【资源】 马海域面积广大，海底有钴壳和锰结核等矿产资源。有些岛屿上蕴藏磷酸盐，渔业资源丰富，海产养殖及捕鱼业有较大的发展潜力。

【农业】 产椰子、香蕉、芋头、面包果等。近来，渔业生产增幅较大，椰干产量略有增加，由于收购价格提高，产值增幅较大。

【交通运输】 以海运为主。

公路：总长152公里，2004年各类注册机动车2404辆。

水运：商船数540艘（每艘注册总吨位在1000吨或以上），合计16954092总吨位或28176762总装载吨位（2005年）。马朱罗为主要港口。来往于澳大利亚和日本的定期远洋客货轮在马绍尔群岛经停。马绍尔群岛经营的4艘船只航行于国内各主要岛屿之间。

空运：有15个机场（2009年），其中只有4个机场有铺设较好的跑道。主要机场在马朱罗，能起降波音737客机。马绍尔航空公司有定期航班飞往国内许多岛屿和邻近太平洋岛国。大陆/密克罗尼西亚航空公司每周有班机来往于檀香山、关岛和马朱罗。

【财政金融】 马绍尔2008年财政预算总额为1.23亿美元，美国和台湾地区提供的援助为8158万美元，占预算总额的66%。

主要银行：马绍尔群岛银行（Bank of Marshall Islands），系商业银行，成立于1982年11月。

【对外贸易】 马同美国的进出口贸易额占其全年进出口贸易总额的一半以上。由于马经济落后，出口产品结构单一，故对外贸易连年赤字，且居高不下。主要贸易伙伴为美国、澳大利亚和日本。

马绍尔主要出口冷冻鱼、椰油、椰饼、手工艺品等。主要进口食品、机械设备、燃料、饮料和烟草。主要进口国家或地区为美国本土、关岛、日本、澳大利亚、新西兰、香港地区和中国大陆。

2000年出口总额为900万美元，进口总额5400万美元。

【外国援助】 对马提供援助的国家和地区主要有美国、日本、欧盟和台湾，以美援为主。台湾地区每年向马财政援助1000万美元，是马第二大援助方。日本以项目援助为主。

【著名公司】（1）罗伯特·赖默斯公司（Robert Reimers Enterprises）：1960年成立。资本额2000多万美元。经营批发、零售、饭店、餐馆、建筑材料、汽车和零部件、海水淡化饮用水、国际航运代理、出租办公用房、海产品养殖以及与旅游有关的租船、潜水、垂钓等业务。负责人罗伯特·赖默斯（Robert Reimers）。通讯地址：P. O. Box 1，Majuro，MH 96960。

（2）太平洋国际公司（Pacific International Inc）：1967年成立。资本额1000万美元。经营建筑材料、重型机械修理、旅行社、保险公司、汽车和楼宇出租等业务。负责人杰里·克雷默（Jerry Kramer）。通讯地址：P. O. Box 6，Majuro，MH 96960。

人民生活

首都和伊拜岛各有一所医院，共有病床113张，医生20名，护士95名。1995年医疗卫生费用524.6万美元。2008年固定电话注册用户4400户，手机用户1000户，因特网用户1000户。2010年初马接通海底光缆，开通了高速网络服务。

军　事

根据与美国的协议，马国防由美国负责。

文化教育

【教育】 对6~14岁的儿童实行义务教育。公立学校学费全免。马绍尔群岛学院（专科）原系密克罗尼西亚学院分部，有学生393名。1999年公立小学在校生有8763人。平均100名小学生中只有53人上中学，53人中只有28人中学毕业。文盲率为7%。

【新闻出版】 主要报纸有私人办的《马绍尔周报》。政府不定期出版公报。岛上有卫星通讯设备。有三个电视台，其中一个是独立台，另外两个是美国军方电视台。

对外关系

马政府支持民族自决，主张保护海洋资源和环境、发展地区合作，建立南太平洋无核区，并以积极的姿态参与亚太地区合作。已成为联合国、国际民航组织、太平洋岛国论坛、亚洲开发银行等20多个国际和地区组织成员。

1996年9月，马绍尔在首都马朱罗主办了第27届太平洋岛国论坛首脑会议，并担任论坛轮值主席国。在第51届联大期间，马外长代表太平洋岛国论坛及其岛国成员发言，并代表本国政府在全面禁核试条约上签字。1997年6月，马政府主办中西部太平洋高度洄游鱼类养护和管理多边高级别会议。8月，马绍尔主办第14届太平洋教育会议年会。2010年4月，“瑙鲁协议缔约方”会议（PNA）在马朱罗总部召开。

马积极寻求与亚洲国家发展关系，开展平等互利的友好合作，以期带动和促进本国经济的发展。

至今马已同60多个国家建交，在美国、斐济、日本和联合国总部设使馆并派常驻大使。

【同中国的关系】 中国与马绍尔曾于1990年11月16日建交。1991年2月，中国在马建馆，并于7月派驻大使。1992年2月，马绍尔在华设馆并派常驻大使。

1998年11月20日，马绍尔与台湾当局签署“建交”公报。12月11日，中国宣布中止与马绍尔的外交关系，撤回大使。

2009年，中马贸易额为13.67亿美元，同比增长199.1%，绝大部分为中方出口。

【同美国的关系】 马受美托管多年，与美关系密切。根据1986年生效的马美《自由联系条约》，马享有内政、外交自主权，但防务15年内由美负责，马公民可以自由出入美国。2003年5月，马美续签该条约，美承诺将在20年内继续向马提供经济援助，同时逐步为马建立信托基金。1986~2002年间，美对马提供的经济援助超过10亿美元。

马在华盛顿设有使馆，在夏威夷设有领馆。美在马设有使馆。

【同日本的关系】 马曾被日本占领。马日关系密切。日每年平均对马援助额约400万~500万美元。1997年，日在马设使馆，并派常驻代表。自1991年起，日本开始向马派志愿者。（樊晓东）

美国本土外小岛屿

根据国际标准化组织有关标准（ISO3166），美国本土外小岛屿（United States Minor Outlying Islands）

包括太平洋上的贝克岛、豪兰岛、贾维斯岛、约翰斯顿岛、金曼礁、中途岛、巴尔米拉环礁、威克岛及加勒比海上的纳瓦萨岛。

豪兰和贝克群岛（Howland and Baker Islands），由两个无潟湖珊瑚礁岛组成，为美国无建制领土。位于太平洋中部靠近赤道处，西南距夏威夷2575公里。赤道气候，少雨，多风。地势低平，四周有暗礁环绕。无淡水资源。豪兰岛长2.4公里，宽0.9公里，陆地面积1.6平方公里，海岸线长6.4公里，陆地最高点为海平面以上3米。贝克岛长1.6公里，宽1.1公里，陆地面积1.4平方公里，海岸线长4.8公里，陆地最高点为海平面以上8米。

19世纪下半叶，美国人和英国人开始在此采集鸟粪。1935年，美国人在两岛建立居民点（第二次世界大战期间撤废），并在贝克岛修建了一座灯塔。翌年，以上两岛划归美国内政部管辖。1937年，美国在豪兰岛修建了一个简易机场，现已不用。1942年，美国人在遭日军攻击后撤离。1943年美军在贝克岛建立了空军基地，战后废弃。1990年，美国会曾立法建议将两岛置于夏威夷州管辖。现在两岛是美国国家野生动物保护体系的一部分，由美国内政部鱼类和野生动物服务组织负责管理。无常住居民，一般只对科学家和研究人员开放。

豪兰岛为夏威夷和澳大利亚之间的航空中间站。美国海岸警卫队每年巡视两岛。两岛无港口，仅有小船停泊区。

贾维斯岛（Jarvis Island）位于太平洋中部夏威夷以南2090公里处，是美国无建制领土。全岛长约2.8公里，宽1.6公里，面积4.5平方公里，海岸线长8公里，陆地最高点为海平面以上7米。为沙岛和珊瑚岛，四周有暗礁环绕。无淡水资源。热带气候，少雨，多风。

美国人曾于1935年在此建立了名为米勒什维尔的定居点，作为气象站使用，第二次世界大战期间撤废，1957年国际地球物理年时曾被科学家再度使用过。现岛上无常住居民。1974年，美国宣布该岛为野生动物保护地，由美国内政部管辖。1990年，美国国会有关立法建议将该岛置于夏威夷州管辖。目前仍由美国内政部鱼类和野生动物服务机构管理，每年巡视，一般只对科学家和研究人员开放。美国海岸警卫队每年巡视此岛。岛上无港口，仅有海面停泊所。西海岸中部有一灯塔。

约翰斯顿岛（Johnston Atoll）属波利尼西亚群岛，为美国无建制领土。位于北太平洋中部，东北距夏威夷檀香山1328公里，有重要战略地位。主要由约翰斯顿、萨德两岛及北岛、东岛两个人工小岛组成。面积2.8平方公里，海岸线长10公里。热带气候，干燥，持续东北信风。地势平坦，陆地最高点为海平面以上5米。无淡水资源。

1807年，英国海军舰长查尔斯·詹姆斯·约翰斯顿发现该岛。1858年，夏威夷王国和美国对该岛归属发生争议。1898年美吞并夏威夷后，该岛属美国。1934年起由美海军部管辖，并在岛上修建了基地。1941年宣布为美海军防务区，建立海军航空兵站。1948年改由美空军管辖。20世纪50、60年代该岛为核武器试验区和飞机加油站，直到2000年一直是化学武器的储存及处理地。1983年，美国曾计划在此建立化学武器处理设施，但引起南太论坛及环保组织的抗议。1996年从德国转运至该岛的神经毒气炮弹在该岛完成销毁，有关化学武器设施的清理和关闭工作于2004年完成。该岛现由美国太平洋空军希卡姆空军基地（Hickam AFB）和内政部的鱼类和野生动物服务机构管理。

岛上有20条声讯数据线路，一定量的电信设施，可提供互联网服务；有商业卫星电视系统，可接收到30个频道，有七个电台。有一个飞机场，但已关闭。岛上曾有1100名美国军事人员和承包商，2005年美政府人员全部撤离。经济活动仅限于为岛上人员提供服务。所有食品和制成品依赖进口。

中途岛（Midway Island）属波利尼西亚群岛，为美国无建制领土。位于太平洋北部，地处太平洋东、西两岸的中途，东南距檀香山约1850公里。由沙岛、东岛和斯皮特岛组成，为珊瑚礁岛，陆地面积6.2平方公里，周长15公里。地势低平，陆地最高点为海平面以上13米。亚热带气候，盛行东风。岛上无本土居民。

1859年，美国人布鲁克斯抵达该岛。1867年美占领该岛。1903年建成海军基地，并因其所处美国加州及日本中途的地理位置而被美海军改为现名。1905年在沙岛上建成夏威夷与菲律宾之间的海底电缆连接站。1935年建成民用航空站。1940年美国海军修建了航空和潜艇基地。1942年6月3~6日，美日曾激战于此。二次大战后，其商业航空站的地位下降，1950年取消了定期航班。现岛上有潜艇和空军基地，还设有野生动物保护区，对公众开放游览。1990年的一项美国国会立法要求将该岛包括在夏威夷州的范围之内。1993年，海军基地关闭。1996年10月，该岛从美国国防部转为美国内政部管辖，现由内政部鱼类和野生动物服务机构管理。岛上大约有40位美国鱼类和野生动物服务机构工作人员。目前，岛上的国家野生动物保护区因机构重组暂时关闭。经济活动仅限于为岛上的国家野生动物保护活动提供服务。所有食品和制成品依赖进口。

岛上有7.8公里的管道，一个港口（沙岛），三个机场（只有一个正常运营）。

威克岛（Wake Island）是美国无建制领土。位于北太平洋，关岛以东约2060公里，由3个小礁岛组成，形成于水下的火山之上，中央的潟湖即是原来的火山口。面积6.5平方公里，海岸线长19.3公里。陆地最高点为海平面以上6米。热带气候，偶有台风。

该岛地处关岛和夏威夷之间，战略地位重要，被称为“太平洋的踏脚石”。1940～1941年，美国在岛上建立了重要的空军与海军基地。1941年12月，日本占领此岛直至二战结束。1962年，美国在岛上建成了现代化机场，1964年完成了新的海底电缆的铺设。该岛还是檀香山和关岛海底电缆的连接点。1972年，该岛交由美国防部管辖。1974年用作导弹试验基地。20世纪70年代中期至今，成为美空军紧急降落基地，也是美民航和军用飞机从檀香山到东京和关岛的加油站。1990年美国国会有一项立法建议将该岛置于关岛管辖范围内。目前该岛由美国内政部管辖，美国空军管理岛上活动。

岛上无本土居民，只有约75名美军事人员和承包商。经济活动仅限于为岛上的军事人员和承包商提供服务。所有的食品和制成品依赖进口。岛上有电话系统和卫星通讯系统。无港口，有两个大型船只近海停泊区；有一个飞机场，供美军和商业货运飞机使用。

马绍尔群岛共和国（南距该岛500公里）以该岛在传统宗教仪式上的重要性为理由，对该岛提出主权要求。

金曼礁（Kingman Reef）为美国无建制领土。位于太平洋中部的莱恩群岛北部，檀香山以南1480公里，面积1平方公里。1922年属美国。1934年曾为美国海军基地。现无人居住。

巴尔米拉环礁（Palmyra Atoll）为美国无建制领土。位于莱恩群岛北部、金曼礁以南。面积11.9平方公里。无常驻居民，有一个私人机场。

纳瓦萨岛（Navassa Island）位于加勒比海，在海地和牙买加之间。面积5.2平方公里。无人居住，岛上有灯塔。美国将其列为无建制领土，由内政部管辖。海地对该岛有主权要求。（荀彬）

美属萨摩亚

名称 美属萨摩亚（American Samoa），又称东萨摩亚。

面积 陆地面积199平方公里。

人口 66432人（2010年7月）。多属波利尼西亚人种，还有少数韩国人和华人。讲萨摩亚语，通用英语。居民多信奉基督教公理会教派和天主教。

首府 帕果帕果（Pago Pago）。

总督 托吉奥拉（Togiola Tulafono），2004年11月当选，2008年11月连任。

重要节日 旗日：4月17日。

简况

位于中太平洋南部国际日期变更线东侧，属波利尼西亚群岛。包括萨摩亚群岛的土土伊拉、奥努乌、罗斯岛、马努阿群岛的塔乌、奥洛塞加、奥福岛及斯温斯岛。70%的土地为丛林覆盖，主岛土土伊拉岛最高峰拉塔山海拔964米。属热带海洋性气候。5～10月为旱季，11月至翌年4月为雨季。年平均气温21℃～32℃，年平均降水量5000毫米。

大约公元前1000年已有人居住。1722年荷兰人抵此。后法、英、德、美国人相继到此。1899年，根据美、英、德三国协定，美德分治萨摩亚群岛。1900年，东萨摩亚成为美国殖民地。1922年成为美国非建制领土。1951年以前是美国海军基地，由美国海军部管辖。1951年7月划归美国内政部岛屿事务办公室管辖。总督为最高行政官。

政治

1977年11月，彼得·塔里·科尔曼在首次普选中当选总督，并于1980年连任。1984年11月，阿菲奥格·鲁塔里当选总督。1988年11月，彼得·塔里·科尔曼击败鲁塔里，重新当选为总督。1992年11月，鲁塔里再次当选总督。1996年11月，塔乌埃塞·皮塔·苏尼亚当选总督，2000年11月再次当选。2003年4月，托吉奥拉任代理总督。2004年11月，托吉奥拉当选总督，2008年11月连任。

【议会】 有参众两院。参院有18个席位，参议员用从选区酋长中推选的传统方法产生，任期4年。众议院有21个席位，其中20席由选举产生，另1席为斯温斯岛代表，任期2年。

美属萨摩亚在美国会众议院中有一席，由该岛居民选出，无投票权。现任众议员伊尼·法里奥马维加（Eni F. H. Faleomavaega），民主党人，1989年首次当选众议员，2006年11月连任，2008年11月再度连任，任众议院外委会亚太小组委主席。

【政府】 政府首脑为总督托吉奥拉。

【司法机构】 有高级法院。法官由美国内政部任命。

【政党】 两党制：民主党和共和党。

【重要人物】 **托吉奥拉**：总督。1947年生。曾做律师二十多年，曾任美主管萨摩亚的国务卿的行政助理、地区法官、地区议员、美属萨摩亚电力局首届董事会主席等职，并担任美属萨摩亚基督教公理会副主祭24年。1997年至2003年4月担任美属萨摩亚副总督。2003年4月，前总督塔乌埃塞·皮塔·苏尼亚突然逝世后任代理总督，2004年11月当选总督，2008年11月连任。

经　济　属传统波利尼西亚经济，90%的土地为公有地。土地贫瘠，多山，可耕地占10%，仅出产少量香蕉、椰子、薯类和蔬菜，粮食、水果和日用品不能自给。经济以金枪鱼捕捞和加工业为支柱，金枪鱼罐头是主要出口产品，近年旅游业发展迅速。财政严重依赖美国联邦政府财政转移支付。2007年，国内生产总值为5.753亿美元，人均8000美元。货币为美元。

【工业】 主要工业是美国投资的两家金枪鱼罐头厂、一家制衣厂和少量手工业。两家罐头厂年加工量约20多万吨，雇用5000多名工人（其中4000多为萨摩亚人），产品绝大部分销往美国。制衣厂雇用约400多名工人。

2007年，发电量1.85亿千瓦时，耗电量1.721亿千瓦时。

【农业】 以传统作物为主，如椰子、香蕉、芋头、面包果、蔬菜等。1996年捕鱼量为220吨。根据当时的美国总统克林顿批准的“农业法案”，从1995年10月1日到2002年间，东萨每个财政年度（每年的10月1日到次年的9月30日）可得到530万美元的食品印花资金。

【旅游业】 政府致力于发展旅游业，但由于资金缺乏及交通不便，东萨旅游业目前发展缓慢。1996年共有游客6475人次。全地区有1家“造雨”旅馆（一直亏损，1998年住房率仅42.3%）和7家汽车旅馆。

【交通运输】 首都帕果帕果是天然良港，可泊万吨轮。国际机场可起降大型客机。政府的萨摩亚航空公司（Samoa Air）只有2架19座和1架9座的客机。3个机场（2009年）。公路221公里（2007年）。

【财政金融】 财政年度始自当年10月1日，止于次年9月30日。2006/2007年财年预算总额1.554亿美元，37%来源于当地税收，63%来自美联邦政府补助；当年实际政府开支约1.836亿美元。

主要银行有：美属萨摩亚银行（American Samoa Bank）和美属萨摩亚开发银行（Development Bank of American Samoa）。

【对外贸易】 2004年，进口额308.8万美元，主要进口产品是用于罐头加工的生鱼（56%），食品、燃料、机械及零部件等，主要进口地是澳大利亚、萨摩亚和新西兰；出口额445.6万美元，出口产品93%为金枪鱼罐头，主要出口印尼、印度、澳大利亚、日本和新西兰。

人民生活　职工最低工资标准每小时2.63美元（1999年）。东萨70%以上的工人拿最低工资或接近最低工资。东萨人享受免费医疗，住院每天只象征性交7美元。1999/2000财年，医疗卫生费用3666万美元，占预算总支出的20.3%。有中心医院1所，卫生中心2所；医生25名，护士18名。

文化教育　**【教育】** 中小学全部实行12年义务教育，共有公、私立各类学校102所，其中学龄前儿童学校59所，幼儿园30所，小学32所，中学9所，社区学院1所（美属萨摩亚社区学院有学生1000多名，教师40多名，学制两年），还有1所特别教育学校。截至2009年3月，接受初等教育总人数为13963人，其中小学在校生为9530人，高中在校生为4433人。

【新闻出版】 报刊有《萨摩亚新闻》日报和《美属萨摩亚政府通讯》。

有三家电台（2006年）。WVUV电台为商业电台，1975年由政府租借给萨摩亚广播公司，用英语和萨摩亚语播音。有一家有线电视台（2006年）。KVZK电视台：建于1964年，为政府所有，现有3个频道，每天播放18个小时的电视节目。有一个互联网服务提供商（2006年）。（何建林）

密克罗尼西亚

国名　密克罗尼西亚联邦（The Federated States of Micronesia）。

面积　陆地面积705平方公里，水域面积298万平方公里。

人口　10.7万（2008年）。密克罗尼西亚人占97%，亚洲人占2.5%，其他人占0.5%。官方语言为英语。天主教徒占50%，新教徒占47%，其他教派和不信教者占3%。

首都　帕利基尔（Palikir），位于波纳佩州（Pohnpei）。

国家元首　总统伊曼纽尔·莫里（Emanuel Mori），为密第七任总统。

重要节日　独立日（国庆日）：11月3日；宪法日：5月10日。

简　况

位于中部太平洋，属加罗林群岛。东西延伸2500公里。海岸线长6112公里。由607个大小岛屿组成，其中4个主要大岛为：波纳佩、丘克（Chuuk）、雅浦（Yap）和科斯雷（Kosrae）。岛屿为火山型和珊瑚礁型，多山地。属热带气候。12月至翌年3月为旱季，4～11月为雨季。年均气温27℃，年均降水量约2000毫米，其中波纳佩年降水量约3000毫米，是世界上降水量最多的地方之一。

4000年前就有人居住。16世纪被西方航海者发现。19世纪中期英、美、德国先后在此设立贸易点，1885年遭西班牙占领，1899年被转让给德国。第一次世界大战中被日本攻占，第二次世界大战期间被美国占领。1947年，联合国将密交美国托管，后与马绍尔群岛、北马里亚纳群岛和帕劳构成太平洋岛屿托管地的四个政治实体。1965年1月成立议会，此后不断要求自治。1969年，密开始就未来政治地位同美国谈判。1979年5月10日通过宪法，密克罗尼西亚联邦成立。1982年与美国正式签订《自由联系条约》，1986年11月3日生效，密联邦正式独立。根据《自由联系条约》，密获得内政、外交自主权，安全防务15年内由美国负责。1990年12月，联合国安理会召开会议，结束密联邦的托管地位，1991年9月17日接纳密为联合国正式成员国。

2003年密美双方就《密美自由联系条约》续约事达成协议，将该条约延长20年，2004年5月生效至2023年截止。

政　治

2007年5月11日，第15届国会第一次会议选举丘克州联邦议员伊曼纽尔·莫里为密第七任总统，科斯雷州联邦议员阿利克·阿利克（Alik Alik）为副总统。

【宪法】 1979年5月10日通过并生效。宪法规定，总统为国家元首，也是政府首脑，由国会议员从国会4位4年期议员中选举产生。

【国会】 一院制，由来自4个州的14名议员组成，其中10名议员任期2年，其他4名为任期4年的“全任期”议员。第16届国会于2009年3月选举产生，5月，艾萨克·菲吉尔（Isaac V. Figir）连任议长。2009年9月，弗雷德里科·普里莫（Fredrico Primo）补选为副议长。

【政府】 内阁部长由总统提名，国会批准后组成联邦内阁。本届内阁成员有：外交部长洛林·罗伯特（Lorin Robert），财政与行政部长芬利·珀曼（Finley Perman），资源与发展部长马里奥·亨利（Mario Henry），卫生与社会事务部长维塔·斯基林（Vita Akapito Skilling），司法部长梅克托·罗伯特（Maketo Robert），交通、通讯及基础设施部长弗朗西斯·伊蒂梅（Francis Itimai），教育部长卡西阿诺·肖尼伯（Casiano Shoniber），首席公共辩护人朱利叶斯·萨普拉鲁（Julius Joey Sapelalut），统计、预算、海外发展援助与条约管理办公室主任费边·尼米亚（Fabian Nimea），环境与突发事件管理办公室主任安德鲁·亚蒂尔曼（Andrew Yatilman），国家档案、文化与历史保护办公室主任拉菲诺·莫里西欧（Rufino Mauricio），邮政总局局长米迪昂·内特（Midion G. Neth），国家选举办公室代主任塞伯里亚诺·巴拉那巴斯（Seberiano Baranabas）。

主要网址：http：//www. fsmgov. org/index. html。

【行政区划】 全国共分为四个州：从西往东依次为雅浦、丘克、波纳佩和科斯雷。

【司法机构】 设最高法院、州法院。联邦首席大法官为终身制，前任联邦首席大法官安东·亚马莱奇（Andon L. Amaraich）1994年上任，2010年1月去世，现由助理大法官马丁·伊纳格（Martin Yinug）代理大法官职务。

【重要人物】 **伊曼纽尔·莫里**：总统。1948年12月25日生于丘克州。毕业于关岛大学，获工商管理学士学位。1973年起，历任美国花旗银行关岛分行实习生、花旗银行塞班分行经理助理、丘克州税务官、密联邦发展银行总裁兼首席执行官、密联邦银行行政副总裁等职。1999年和2003年通过补选成为密联邦国会全任期议员。2005年起任密联邦国会资源与发展委员会主席。2007年3月再次当选国会全任期议员，5月当选密第七任总统。2007年12月来华进行国事访问，2008年8月来华出席北京奥运会开幕式。2010年4月28日至5月4日来华进行国事访问并出席上海世博会开幕式。

经　济

经济不发达，绝大多数人的经济生活以村落为单位。产椰子、胡椒、芋头、面包果等农产品。渔业资源丰富，尤以金枪鱼著名。基本上没有工业，粮食及生活日用品大多靠进口。对外援依赖严重，国内缺乏有效的市场机制和良好的投资环境，经济发展缓慢。密在国家经济发展规划中把农业、渔业、旅游业作为经济的“三大支柱”。目前正在制定新的经济发展战略，大力鼓励私有经济发展，促进全国经济社会全面发展，争取经济上的独立自主。主要经济数据如下：

国内生产总值（2008年）：2.53亿美元。

人均国内生产总值（2008年）：2347美元。

国内生产总值增长率（2008年）：－0.7%。

货币名称：美元。

通货膨胀率（2008年）：4%。

【资源】 密海域是世界著名的金枪鱼产地。蟹、贝类、龙虾以及淡水鳗、虾等资源待开发。

【工业】 只有少量加工业，如鱼产品加工厂、制皂厂、椰油加工厂和成衣加工厂。建筑和机械修理行业部分由外国人经营。

【农业】 无粮食种植。椰子、香蕉、面包果、木瓜、木薯等热带果木到处可见。出产优质黑胡椒，出口国外。

【旅游业】旅游资源较为丰富，不仅热带风光秀丽，而且保存着独特的民族传统文化和风俗，还有“纳马杜”古城堡、“石币银行”等古迹以及太平洋战场遗址。旅游业是其经济发展的重要行业之一，但仍处于开发阶段。2008 年入境外国游客 22103 人次，主要来自美国、日本和欧洲，来自中国的游客为 398 人。

【通讯】四个州设有电话、电报、互联网、邮政和地面卫星设施。2008 年全国固定电话用户为 11294 户，移动电话用户数量达近 5 万户。国际互联网用户 2284 户。2010 年 3 月关岛与波纳佩州间海底光缆已接通，目前联邦政府正在积极筹措资金，将海底光缆连接到密其他各州。

【交通运输】岛屿之间交通主要有空运和海运。境内机场可供波音 737 飞机起降。公路运输较为落后。无铁路。

公路：全国公路长约 240 公里。

水运：联邦政府拥有 2 艘 800 吨级轮船定期来往于各州。各州政府共有 4 艘 600 吨左右的客货两用船。各州的港口均可停靠远洋级货轮。主要港口：科洛尼亚（Colonia），莱莱（Lele），莫恩（Moen）。

空运：各州均有小型国际机场。大陆/密克罗尼西亚航空公司每周有数次航班往来于关岛、夏威夷、波纳佩、丘克、雅浦和科斯雷。

【对外贸易】贸易逆差严重。2008 年对外贸易总额为 1.71 亿美元，其中进口额 1.55 亿美元，出口额 1600 万美元。主要进口产品为食品（约占 40%）、日用品、机械、汽车、燃油等。主要进口市场为美国、日本、澳大利亚。出口产品以离岸捕鱼（约占 69%）、槟榔、珊瑚鱼、金枪鱼、黑胡椒、黑珍珠、熟食和萨考酒为主。美国是密最大出口国，占密进口总额的 2/3。密产品可优惠向美出口。日本是密最大进口国，密出口商品的 60% 销往日本。

【财政金融】财政严重依赖外援。2005 财年密财政收入中美援占 43%，其他国家的援助占 17%，其余为税收（23%）、捕鱼证收入（11%）及其他非税收性收入（6%）。自 1998 年密联邦及各州政府实行行政机构改革及政府公职人员“提前退休计划”等节流措施后，密财政曾于 2002 年和 2003 年出现盈余。但 2004 年和 2005 年政府财政再次出现赤字。2009 年密逐渐从金融危机中恢复，经济形势好转。

【外国援助】密接受的外援主要来自美国。根据密美《自由联系条约》，美国在 1986～2001 年间，共向密提供 13.4 亿美元的援助。根据 2003 年续签后的《密美自由联系条约》，美将在 20 年内向密提供总额约 18 亿美元的援款，其中部分用于设立信托基金。2023 年起，美将停止援助，密靠信托基金自力更生。密同时也积极寻求从世行、亚行等国际金融组织和澳、新、日等国获取援助。

人民生活

全国有 4 所医院、1 所精神病康复中心、82 个诊所，病床 319 张。有 58 名医生，从事医疗卫生工作的人员有 1000 人。医疗卫生经费约占密年度财政预算的 10%。

军　事

根据《密美自由联系条约》，密国防由美国负责。密无军队，只有少量警察。

文化教育

【教育】密政府重视发展教育事业，宪法规定对 5～14 岁儿童实行强制性义务教育，政府每年在教育上投入经费占密年度预算的 20% 左右。

密有一所专科学院密克罗尼西亚联邦学院（COM-FSM），2005 年在校学生 2000 多名，教师 97 名，聘用部分外籍老师。自 2007 年起，中国政府派遣一名汉语教师到该学院任教，每期两年，现已开始第二期。密有公立学校 218 所，私立学校 25 所，在校学生约 3 万人。文盲率 11%。

【体育】密曾派体育代表团参加 2000 年悉尼奥运会和 2004 年雅典奥运会，参赛项目有游泳、田径和举重。2006 年，雅浦州举重选手曼努·明英菲尔（Manue Mingingfel）排名世界第三。密派团参加 2008 年北京奥运会，参加举重、摔跤、游泳等项比赛。

【新闻出版】波纳佩州现有一份私人出版、在全国 4 个州销售的双周刊报纸《你好通讯》（The Kaselehlie Press）。科斯雷、丘克和雅浦州政府分别定期发行时事通讯。

密各州均设有广播电台，政府电台每天广播 16～18 小时。有一家联邦电信公司控股的有线电视台，转播美国有线新闻网（CNN）、英国广播公司（BBC）、日本广播协会（NHK）、凤凰卫视等频道的电视节目。

对外关系

密以“和平、友谊与合作”为其发展对外关系的指导原则。政治上积极争取国际社会的广泛承认，树立独立自主形象；经济上谋求国际经济技术援助，促进经济自立的进程。截至 2010 年 4 月，密已同 60 个国家建交。

密是太平洋岛国论坛、太平洋共同体、太平洋岛屿发展计划、太平洋椰子共同体、亚太广播联盟、亚太经社理事会、亚洲开发银行、国际民航组织、世界卫生组织和国际奥委会等 19 个国际和地区组织成员。1991 年 7 月和 1998 年 8 月，密成功举办了第 22 届和第 29 届太平洋岛国论坛首脑会议。1997 年 9 月，密主办了太平洋区域环境署（SPREP）第六次会议。《中西部太平洋高度洄游鱼类养护和管理公约》委员会于 2002 年 11 月决定将总部设在密联邦波纳佩州。2004 年 12 月，该委员会成立大会在密联邦波纳佩州举行，2005 年 12 月在波州召开第一次会议。

【同中国的关系】1989年9月11日建交。1990年2月中国在密建使馆。1991年7月中国首任常驻密联邦大使李钦平向奥尔特总统递交了国书。2007年4月，密在华设立使馆。同年12月，莫里总统访华期间出席密使馆开馆仪式。

密方访华的主要有：哈格莱尔加姆总统（1990年11月）、奥尔特总统（1992年9月）、法尔卡姆总统（2000年3月）、乌鲁塞马尔总统（2004年3月和2006年4月）、莫里总统（2007年12月，2008年8月来华出席北京奥运会开幕式，2010年4月底至5月初来华进行国事访问并出席上海世博会开幕式）、基里昂副总统（2002年10月和2006年7月）、阿利克副总统（2009年7月和11月）、克里斯琴议长（2005年10月）、菲利普副议长（2006年11月）、菲吉尔议长（2008年10月访问新疆）。此外，2006年2月，外长阿内法尔访华。2006年10月，联邦国会外委会主席阿利克访华。2008年6月，资源发展部长克里斯琴访华。2008年9月，现任外长罗伯特来华出席北京残奥会开幕式。2009年6月，密议会代表团访华。

2005年2月和11月，外交部副部长周文重、杨洁篪先后访密。2006年5月，全国人大常委会外委会副主任委员吉佩定访密。2006年7月，李肇星外长访密。2007年7月，外交部部长助理何亚非作为中国政府特使赴密出席密总统莫里就职典礼。2007年9月，全国人大常委会副委员长蒋正华访密。2010年3月，中国—太平洋岛国论坛对话会特使杜起文访密。

1998年，山东省和密科斯雷州建立友好省州关系。1999年9月，浙江省和密波纳佩州建立友好省州关系。2004年12月，浙江省人大副主任徐志纯率团访问波纳佩州。2005年6月，波纳佩州州长大卫访华。2008年4月，波纳佩州州长艾萨访问浙江。2009年6月，科斯雷州州长韦尔巴彻访问山东。

据中国海关总署统计，2009年中密贸易总额为859.8万美元，同比增长102.2%，其中，中方出口额463.1万美元，进口额396.4万美元，同比分别增长9.2%和38771.9%。

中国驻密克罗尼西亚联邦大使：张卫东。馆址：Embassy of the People's Republic of China in the Federated States of Micronesia, Palikir, Pohnpei, FM96941。电话：(00691) 3205575。传真：3205578。

2010年4月密派驻首任常驻中国大使：阿基利诺·苏赛亚（Akillino H. Susaia）。馆址：北京市朝阳区建国门外外交公寓#1-1-11，邮编100600。电话：(010) 65324708。传真：65324609。

【同美国的关系】密受美托管多年，同美有特殊关系。根据1986年生效的密美《自由联系条约》，密享有内政、外交自主权，但防务15年内由美负责，密不得允许其他国家利用密领土和海域从事军事目的的活动。密公民可自由出入美国。2003年5月，密美续签该条约，美承诺将在20年内继续向密提供经济援助，同时逐步为密建立信托基金。2023年后密将靠信托基金自力更生。

密在华盛顿设有使馆，在夏威夷和关岛设领事馆。美在密设使馆。美国每年向密出口的商品占密进口总额的2/3。密产品可优惠向美出口。

【同日本的关系】密曾被日本占领，日在密有较多移民，双方有较密切的政治和经济关系。日本是密第二大援助国和最大进口国，密出口商品的60%输往日本。

密、日之间签有捕鱼协定。日向密提供的无偿援助主要用于在各州修建公路、码头和冷冻设施。日在密派有志愿队员。日游客日益成为密旅游业的支柱。密在日设有使馆，日在密设使馆。2008年，日本向密派驻首任常驻大使。

【同澳大利亚的关系】1987年7月建交，1989年11月澳在密设使馆并派常驻大使。2005年11月澳议会代表团访密，2006年密国会代表团回访。

澳是继美国和日本之后的密主要援助国。澳援助密3艘巡逻艇，派海军在密培训密方人员并负责巡逻艇维修等费用。（古伟）

瑙　　鲁

国名　瑙鲁共和国（The Republic of Nauru）。

面积　陆地面积21.1平方公里，水域面积32万平方公里。

人口　1.1万（2007年），58%为瑙鲁人，属密克罗尼西亚人种，余为其他太平洋岛国人、华人、菲律宾人和欧洲人后裔。英语为官方语言，通用瑙鲁语。居民多数信奉基督教新教，少数信天主教。

首都　不设首都。行政管理中心在亚伦区（Yaren District）。

国家元首　看守政府总统马库斯·斯蒂芬（Marcus Stephen），2007年12月就任总统，2008年4月大选后连任，2010年4月大选后任看守政府总统。

重要节日　独立日（1月31日）；宪法日（5月17日）；返乡日（Angam Day，10月26日）。

简　况

位于中太平洋、赤道以南约60公里处，由一独立的珊瑚礁岛构成，全岛长6公里，宽4公里，海岸线长约30公里，最高点海拔61米。全岛3/5被磷酸盐所覆盖。属热带雨林气候，气温24℃～38℃，年均降水量1500毫米。

瑙鲁人世居岛上。1798年英国船“猎手”号首抵瑙鲁。1888年被并入德国马绍尔群岛保护地。20世纪初英国人获准在此开采磷酸盐。1920年，国际联盟将瑙鲁划归英国、澳大利亚和新西兰共管，由澳代表三国行使职权。1942～1945年被日军占领。1947年成为联合国托管地，仍由澳、新、英共管。1968年1月31日独立。

政　治

近20年来，瑙政府更迭频繁。1989～2002年，伯纳德·多威约戈（Bernard Dowiyogo）、拉古莫特·哈里斯（Lagumot Harris）、肯南·阿迪昂（Kennan Adeang）、金扎·克洛杜马尔（Kinza Clodumar）、勒内·哈里斯（Rene Harris）、德罗格·吉欧拉（Derog Gioura）、路德维格·斯考蒂（Ludwig Scotty）等先后出任瑙总统。2007年12月，瑙议会通过对斯考蒂政府的不信任案，马库斯·斯蒂芬就任总统。2008年4月26日瑙举行大选，斯蒂芬连任总统。2010年4月24日，瑙举行议会选举，议会原有18名议员均获连任。由于新议会中政府派和反对派议员各占一半，为获得投票权优势，两派都不愿本派议员担任议长（议长正常无投票权）。经过多次磋商，新总统迄未选出。斯蒂芬留任看守政府总统。反对派同意由该派议员担任议长，条件是总统随即解散议会，进行总统选举。5月13日，反对派议员、前司法部长托马（Godfrey Thoma）当选议长，并提议解散原议会。但总统史蒂芬却未守约，而是推动议会增选1名议员并试图拉拢反对派议员加盟政府派。此举引发反对派强烈不满，5月18日，担任议长5天的托马辞职，议会重新回到无议长、两派旗鼓相当、僵持不下的状态。

【宪法】1968年1月29日通过，5月17日生效。实行总统制。总统既是国家元首，也是政府首脑，由议会选举产生。

【议会】一院制，由18名议员组成，任期3年。议长由议员推举产生，只有在执政党和反对党票数相等时才能行使投票权。总统由议会在议长主持下选举产生。2010年4月议会选举后政府派议员和反对派议员人数相等，推举新议长出现困难和波折。目前仍未确定最终议长人选，也无法选举新总统。

【政府】政府由总统及其任命的部长组成，对议会负责。本届政府于2008年4月产生，现为看守政府，主要成员有：总统斯蒂芬，兼任内阁主席、公共服务、警察、监狱和应急、内政部长，并负责瑙鲁皇家磷酸盐信托基金；总统助理、外交和外贸、财政和可持续发展部长基兰·凯克（Kieren Keke），运输和通讯部长斯普伦特·达布维多（Sprent Dabwido），商业、工业和环境部长弗雷德里克·皮彻（Frederick Pitcher），教育和渔业部长罗兰·库恩（Roland Kun），卫生、体育和司法部长马修·巴齐乌阿（Mathew Batsiua）。

【行政区划】分14个区。

【司法机构】根据1968年宪法，设最高法院，下设地区法院和家庭法院。在大多数情况下，以澳大利亚高等法院为终审法院。现任大法官巴里·康奈尔（Barry Connell）。

【政党】无正式政党。

【重要人物】马库斯·斯蒂芬：总统。1969年10月1日出生。从政前，斯系瑙著名澳式橄榄球和举重运动员，曾多次参加奥运会和英联邦运动会，并在英联邦运动会上获多枚举重金牌。1997年起担任瑙奥委会财务总监。2003年5月当选议员。2003年8月至2004年6月在哈里斯政府中任教育和财政部长。2004年10月再次当选议员。2005年6月起任瑙驻国际捕鲸委员会代表。2007年8月第三次当选议员。2007年12月当选总统，2008年4月连任。

经　济

经济结构单一。目前经济、财政形势极度困难，严重依赖外援和举债。

国内生产总值（2007年）：2690万澳元。

人均国内生产总值（2007年）：2435澳元。

货币：通用澳元。

汇率（2009年7月）：1澳元≈0.8美元。

【资源】磷酸盐资源丰富，主要收入来源是向澳大利亚、新西兰出口磷酸盐。20世纪70、80年代，其年产量和出口量约为100万～150万吨。自90年代始，产量逐年下降。2002年降至约20万吨，2003年不到10万吨。2004年产量仅为约4万吨。此后略有回升，2008年产量达40万吨。

1989年，瑙鲁向国际法院起诉澳大利亚，要求澳对在瑙独立前开采磷酸盐造成生态破坏予以赔偿。1993年，瑙澳达成庭外和解，澳同意赔偿瑙1.07亿澳元，其中5700万支付现金建立信托基金，另5000万分20年逐年拨付（每年250万澳元），用于双方商定的项目。

【农渔业】农产品十分有限，主要是椰子、香蕉、菠萝等。几乎所有食品和饮用水都依赖进口。

渔业资源较丰富，瑙拥有约200海里专属经济区，多金枪鱼，每年潜在捕鱼量约为4万多吨，待开发。每年政府通过发放捕鱼证方式获得的收入达600万～800万澳元。

【交通运输】铁路：全长3.9公里，用来连接岛屿中部的磷酸盐矿区和西南岸的加工厂。

公路：有环岛沥青公路，全长24公里，其他公路6公里。

水运：有货船定期来往于澳大利亚和瑙鲁。瑙渔业局有2条捕鱼船。有2个小码头，其中1个货运码头，可通过驳船转运装卸货物，另一个为供渔船出入的小码头。

空运：瑙鲁航空公司有1架波音737客机，有定期航班到澳大利亚、斐济、基里巴斯、马绍尔群岛、所罗门群岛等地。

【财政金融】1989年，政府开始出现财政赤字。1995年瑙鲁银行崩溃，政府陷入严重的财政危机。1999年7月至2003年6月，财政赤字累计达5849万澳元。为解决财政问题，政府采取了出售5架飞机、3艘轮船以及瑙鲁投资者护照、限制货币外流等措施，但收效甚微。瑙债台高筑，欠美国通用电气金融公司2.4亿澳元的高息贷款，在澳资产被债权人委托的资产监管人拍卖；欠美国进出口银行1400万美元的债务。瑙政府估计目前瑙外债总额达10亿澳元。

近年来，发展离岸金融业务，遭西方指责和制裁，其银行业务亦遭冻结。2004年以来，议会通过一系列法案，限制境内金融不法行为。

【对外贸易】2005年，外贸总额为3870万澳元，其中进口额为3370万澳元，出口额为500万澳元。主要出口磷酸盐，进口食品、家电、日用品、五金、建材等。2005年，瑙出口伙伴主要为南非、印度、加拿大和澳大利亚，进口伙伴主要为澳、美国、德国。2007/2008年度，澳瑙贸易额2900万澳元。

【外国援助】主要来自澳大利亚。2001年12月，瑙澳签署难民问题备忘录，澳在瑙建立难民甄别中心，并向瑙提供1000万澳元援助，用于教育、卫生、基础设施建设等领域。2002年12月，瑙澳签署难民问题第二期备忘录，向瑙提供1450万澳元。2004年3月，瑙澳签署难民问题第三期备忘录，澳允诺在2005年6月前向瑙提供2250万澳元援助，并向瑙派出高级财政和警务官员，协助管理。

澳2009/2010年度对瑙发展援助额为2340万澳元。

人民生活

实行免费医疗，有1所医院、3名医生。另有古巴援瑙医生11名。

有国内和国际电话服务，包括因特网服务。2004年有电话约400部，但电讯设施落后，各项服务时常中断。

军　事

无军队，防务由澳大利亚协助。有警察约100名。

文化教育

【教育】实行免费义务教育。少量学生在斐济接受高等教育，政府提供奖学金。另接受澳大利亚、泰国、太平洋岛国论坛等提供的奖学金。

【新闻出版】政府不定期出版《公报》，免费赠阅。瑙鲁广播电台、瑙鲁电视台均为官方机构，播放议会会议情况、瑙鲁新闻等。瑙鲁广播电台转播ABC（澳大利亚广播公司）节目。瑙鲁电视台转播ABC、STAR—SPORTS（卫视体育台）等。

对外关系

奉行不结盟政策，主张同各国友好相处。是联合国、英联邦、国际展览局、亚洲开发银行、太平洋岛国论坛和太平洋共同体等组织成员。与英、美、法、日、澳、新、加、俄、泰国以及其他太平洋岛国等52个国家建有外交关系。因经费短缺，近年来关闭了部分驻外机构。目前，在墨尔本、曼谷设有总领馆，在斐济苏瓦设有高专署，在纽约设有常驻联合国代表团（兼驻美国大使馆），在新德里和伦敦分别设有名誉领事。澳驻斐济高专兼任驻瑙高专，美驻斐大使兼任驻瑙大使。

近年来，外交重点主要放在寻求外援上。由于澳在瑙临时安置非法移民，澳对瑙援助有所增加。澳在瑙派有总领事和移民局官员。

2004年7月，澳派财政部3名高级官员赴瑙工作，协助瑙进行预算编制、财务审计和资产评估。10月，澳向瑙警察局派出2名高级警务人员协助工作。

2004年8月，第35届太平洋岛国论坛首脑会议期间，瑙向论坛请求援助。会议决定由论坛向瑙派驻一名官员，由论坛秘书长与瑙政府共同制订援瑙计划。

【同中国的关系】瑙鲁与台湾关系始于瑙受联合国托管时代。1968年瑙独立，台即予“承认”。1975年，瑙在台设办事机构。1980年，瑙台建立“领事”关系，同年台在瑙设“总领馆”。1990年8月，瑙台建立“全面外交关系”，台在瑙机构升格为“大使馆”。

2002年7月21日，瑙鲁同中国建交，与台湾“断交”。2005年5月14日，瑙鲁总统斯考蒂在台北签署“复交公报”，宣布瑙台“复交”，5月27日，中国宣布中止与瑙鲁的外交关系和两国政府间的一切协议。

2010年3月台湾地区领导人马英九访问瑙鲁。

2009年中瑙贸易额为2万美元，同比增长1381.2%。全部为中方出口。　（翟兴付）

纽 埃

国名 纽埃（Niue）。

面积 陆地面积260平方公里，专属经济区390平方公里。

人口 约1514人（2009年）。另有1.2万人居住在新西兰。属波利尼西亚人种。通用纽埃语和英语。75%的居民信奉埃克利西亚纽埃教，10%信奉摩门教，5%信奉罗马天主教。

首都 阿洛菲（Alofi），居民约900人。

国家元首 英国女王伊丽莎白二世。女王代表系新西兰总督阿南德·萨特亚南德（Anand Satyanand）。

重要节日 宪法日：10月19日。

简 况

位于南太平洋国际日期变更线东侧，属波利尼西亚群岛。纽埃岛是世界第二大正在上升的环形珊瑚礁，被称为"波利尼西亚之礁"。位于新西兰东北方向2400公里。北距萨摩亚约550公里，西距汤加约480公里，东距库克群岛拉罗汤加岛约900公里。属热带气候，年平均气温27℃。

1000多年前波利尼西亚人到此定居。1774年英国人发现纽埃岛。1900年成为英国保护地。1901年作为库克群岛的一部分归属新西兰。1904年单独设立行政机构。1974年10月实行内部自治，同新西兰保持自由联系。纽埃政府享有完全的行政权和立法权。应纽埃政府要求，新西兰政府可协助处理防务和外交事务。新西兰政府与纽埃政府互派高级专员。纽埃人同时享有纽埃和新西兰双重公民身份。

政 治

2002年纽埃人民党成为执政党。无反对党。本届政府于2008年6月大选产生，人民党蝉联执政，托克·塔拉吉（Toke Talagi）出任总理。

【宪法】1974年10月19日，实行内部自治并颁布宪法。宪法规定，由内阁制定政策和管理纽埃，总理由议会推选，任期3年，可连任。

【议会】一院制。1984年3月31日成立立法会议（Legislative Assembly），由20名议员和1名委任的议长组成，议长无最终一票决定权。20名议员中，14名由14个村选区推选，其余6名由普选产生，任期3年。本届议会于2008年6月选举产生，阿塔帕纳·施亚基摩图（Atapana Siakimotu）连任议长。

【政府】本届政府主要成员包括：总理兼外长、旅游部长托克·塔拉吉，邮政、电信、农业、林业、渔业、行政服务部长帕科陶·希佩里（Pokotoa Sipeli），卫生、公共工程、妇女事务和纽埃电力公司事务部长欧拉弗·雅各布森（O'Love Jacobsen），社区事务、司法、土地和测量、教育、移民、人口、海运和燃料事务部长托奇·西欧内霍罗（Togia Sioneholo）。

【行政划分】岛上共有14个村落。

【司法机构】设高级法院，由首席法官和陪审推事负责，有向新西兰高等法院上诉的权力。另设土地法院，处理土地纠纷。

【政党】纽埃人民党（Niue People's Party）：1994年由扬·维维安与拉卡塔尼共同建立，系纽埃第一个政党，现为执政党。

【重要人物】**托克·塔拉吉**：总理。1975年毕业于新西兰梅西大学，获农业学学士学位。1981年起先后任纽埃驻新西兰奥克兰高专署总领事、纽埃经济事务办公室主任。1999年当选议员。2002年任负责财政、邮政、通讯、教育和环境等事务的副总理。2005年起任巡回大使和纽埃驻非加太—欧盟协定代表。2008年6月当选总理。

经 济

自然资源贫乏。主要产业为农业、旅游业和渔业。严重依赖新西兰援助和侨汇。人口外流严重。近年来，政府致力于国家经济和金融独立，积极发展旅游业和渔业，平衡政府开支，鼓励私营部门发展，取得一定成效。2006年，国内生产总值为2054万新元，人均为1.22万新元。2006/2007财年，财政预算为2341万新元，赤字为280万新元。2009年9月，通货膨胀率为12.2%。使用新西兰货币，1新元约合0.72美元（2010年4月）。

【工业】仅有小型水果加工厂。年产锯木几百立方米，用于当地建设。

【农业】拥有可耕地2.1万公顷。主要产芋头、椰子、薯类和水果等。饲养家禽、猪和牛。

【旅游业】将旅游业作为经济发展龙头。1996年设立旅游局，并投资增设旅游点及旅店，目前共有8家旅馆，175张床位。2008年来访游客总数4748人次，同比增长37%。近年来，来自澳大利亚和欧洲的游客人数上升。

【交通运输】公路：全长128公里，1996年开通一条长38.2公里、贯穿全岛的柏油公路。丛林卡车道106公里。注册车辆655辆（1992年）。

空运：2005年10月，纽埃政府与新西兰航空公司签署协议，新航于2005年11月开始执行新纽通航。每周有两班皇家汤加航空公司班机，一班往返于努库阿洛法和纽埃，另一班是奥克兰—纽埃—努库阿洛法—奥克兰。哈南国际机场建于 1970 年，1995 年扩建，柏油跑道长 2335 米，可降落波音 737 和 767 飞机。

海运：纽埃到新西兰、库克群岛和塔希提岛的航运业务由新西兰航运公司经营，每隔 3 ~ 4 周有往返于新纽的海运服务。小型的库克集装箱船每月两次抵达纽埃，此外还有不定期客轮。

【对外贸易】 主要出口产品为芋头和蜂蜜，主要进口食品、饮料、机械和建筑材料。主要贸易对象是新西兰。2008 年，纽埃出口额为 2.7 万新元，进口额为 1098.6 亿新元。

【外国援助】 纽埃宪法规定，新西兰有义务向纽埃提供援助，新西兰是纽埃最大援助国，援助额占纽国内生产总值 50% 以上。2008/2009 财年，新西兰向纽埃提供 2150 万新元援助。2009/2010 财年，新西兰对纽埃援助预算为 1602 万新元。此外，纽埃还接受澳大利亚和联合国开发计划署等方面的援助。

人民生活

实行免费医疗，医疗费用由新西兰资助。有 1 所医院和 1 个牙医诊所，24 张床位。私人汽车 591 辆，摩托车 197 辆，政府车辆 100 辆。

军　事

根据 1974 年《宪法法案》，应纽埃政府要求，新西兰负责纽埃国防事务。新西兰任命一名负责纽埃国防事务的顾问。新西兰皇家空军定期在纽埃专属经济区巡逻。2005 年 5 ~ 7 月，新西兰军队在纽埃举行了代号为“热带黎明行动”的军事演习，内容包括风灾后的救援和重建。

文化教育

【教育】 对 5 ~ 14 岁儿童实行义务教育。有 1 所小学，20 名教师，350 名学生；1 所中学（含高中），28 名教师，310 名学生。教师主要从当地挑选，每年还从新西兰或其他国家聘请 15 ~ 20 位教师。目前，纽埃学校引进新西兰课程设置，其高中教育受到新西兰教育认证机构的承认。

【新闻出版】 政府新闻处出版英文和纽埃文周刊《托希塔拉纽埃》。纽埃广播公司为政府所有，下设“阳光”广播电台和纽埃电视台，纽埃电视台主要播放新西兰电视节目。1998 年，纽埃建成第一家电影院，有 120 个座位。

纽埃电信公司提供国际直拨电话及传真服务。1999 年纽埃电信公司完成国内移动电话网络改造工程。

对外关系

纽埃同新西兰自由联系。如纽方要求，新西兰有义务帮助纽埃处理其外交。双方互派高级专员。1981 年纽埃在新西兰奥克兰市设立总领事馆。2004 年 10 月，新西兰总理克拉克访问纽埃，出席纽埃宪法日 30 周年庆祝活动。11 月，纽埃总理维维安赴比利时出席欧盟—非加太议会全体会议和环境会议。2005 年 1 月，纽埃总理维维安出席在日本举行的国际减灾会议，纽埃副总理塔拉吉出席在毛里求斯举行的“小岛屿发展中国家可持续发展国际会议”。4 月，纽埃总理维维安访问斐济并达成互用对方领空的协议。2006 年 3 月，新西兰外长彼得斯访问纽埃。5 月和 6 月，纽埃总理维维安分别赴冲绳和巴黎出席第四届“日本—太平洋岛国论坛领导人峰会”和第二届“法国—大洋洲峰会”。8 月，纽埃总理维维安出席新西兰总督萨特亚南德就职典礼并访问新西兰。9 月，纽埃总理维维安赴汤加出席图普四世国王葬礼。10 月，纽埃总理维维安赴斐济出席太平洋岛国论坛会议并访问新西兰。2007 年 4 月，新西兰总督萨特亚南德访问纽埃。10 月，新西兰总理克拉克访问纽埃，出席宪法日庆祝活动。2008 年 7 月，纽埃总理塔拉吉正式访问新西兰。8 月，第 39 届太平洋岛国论坛在纽埃召开，15 个太平洋地区国家领导人出席论坛。会后，中、美、欧盟等 14 个论坛对话伙伴国代表团参加了论坛会后对话会。10 月，纽埃总理塔拉吉访问新西兰。2009 年 1 月，新西兰外长麦卡利访问纽埃。2 月，纽埃总理塔拉吉访问日本，同麻生太郎首相会晤。5 月，太平洋岛国论坛渔业部长会议、食品与农业组织会议相继在纽埃召开。同月，纽埃总理塔拉吉出席在日本北海道召开的日本—太平洋岛国论坛首脑会议。7 月，新西兰总理约翰·基访问纽埃。

纽埃是联合国教科文组织、世界卫生组织、世界粮农组织、太平洋岛国论坛、太平洋共同体、南太旅游组织等机构成员及英联邦准成员国。2000 年纽埃签署科托努协定（前身为洛美协定）。2002 年，纽埃正式加入《太平洋紧密经济关系协定》。2008 年 12 月，纽埃决定加入联合国碳平衡网络。2009 年 4 月，纽埃在太平洋岛国能源部长会议期间签署地区燃料合作协定。

【同中国的关系】 2005 年 1 月，李肇星外长在毛里求斯出席小岛屿发展中国家可持续发展国际会议期间会见纽埃副总理塔拉吉。2006 年 4 月，温家宝总理在斐济出席“中国—太平洋岛国经济发展合作论坛”会议期间会见纽埃总理维维安。7 月，李肇星外长访问纽埃。2007 年 6 月，纽埃总理维维安访华。12 月 12 日，纽埃总理维维安同中国驻新西兰大使张援远在新西兰首都惠灵顿签署建交公报，中纽建立大使级外交关系。2008 年 5 月，纽埃代总理菲萨·皮希格亚（Fisa Pihigia）就四川汶川特大地震致函中国驻新西兰兼纽埃大使张援远表示慰问。6 月，国务院总理温家宝致电塔拉吉，祝贺其当选纽埃总理。全国人大常委会委员长吴邦国致电施亚基摩图，祝贺其当选纽埃议会议长。8 月，外交部部长助理刘结一出席在纽埃举行的太平洋岛国论坛会后对话会，并会见塔拉吉总理。11 月，纽埃总理塔拉吉赴上海出席第十届中国国际旅游交易会。同月，纽埃总理塔拉吉代表纽埃政府和人民向中国政府捐赠 7080 新元用于四川汶川地震灾后重建。2009 年 6 月，纽埃立法会议案委员会主席比利·塔拉吉率团参加太平洋岛国议会代表团集体访华，并参加全国人大常委会委员长吴邦国、国务院总理温家宝、全国人大常委会副委员长严隽琪集体会见。8 月，中国—太平洋岛国论坛对话会特使王永秋在澳大利亚凯恩斯出席太平洋岛国论坛会后对话会期间会见纽埃总理托克·塔拉吉。10 月，国务院总理温家宝致电纽埃总理塔拉吉，祝贺纽宪法日。

中国驻新西兰兼驻纽埃大使：张利民，2008 年 10 月 17 日向纽埃总理塔拉吉递交国书。馆址：6 Glenmore Street Wellington N. Z.。电话：00－64－4－4721382。传真：4990419。商务处电话：00－64－9－5224424。传真：5224407。（李剑波）

诺福克岛

名称　诺福克岛（Norfolk Island）。

面积　34.6 平方公里。

人口　约 2140 人（2009 年）。主要为来自皮特凯恩岛的英国人后裔，其余为澳大利亚、新西兰、波利尼西亚移民。80.8% 为澳公民，16% 为新西兰公民。官方语言为英语，当地居民也讲诺福克语（18 世纪英语和古代塔希提语相混合的语言）。71.5% 的居民信奉基督教。

行政中心　金斯敦（Kingston）。

行政长官　欧文·沃尔什（Owen Walsh），2007 年 10 月上任。

重要节日　皮特凯恩人登陆纪念日：6 月 8 日（1856 年）。

简况

位于太平洋西南部，为火山岛，距澳大利亚 1676 公里，距新西兰 640 公里。主岛诺福克岛长 8 公里，宽 4.8 公里，海岸线长 32 公里。领土还包括无人居住的菲利浦岛和尼皮恩岛（分别位于主岛以南 7 公里和 1 公里）。气候温和，属亚热带气候。日平均气温最高 15.8℃～26.5℃，最低 11℃～23.4℃。年均降雨量 1350 毫米。

1774 年由英国库克船长发现并命名。1856 年，部分皮特凯恩岛居民（英国船员后裔）来此定居。1897 年成为英属澳大利亚新南威尔士殖民地的一部分。1913 年英国将该岛主权移交给澳大利亚，澳总督任命的行政长官负责管理并直接对澳联邦地区服务、领土和地方政府事务部长负责。《1979 年诺福克岛法案》进一步明确澳大利亚与诺岛关系，诺拥有了立法与行政权。

政治

该岛主权属澳大利亚，但享有很大自治权，行政管理由行政长官和立法会议共同负责。1979 年选举产生第一届立法会议，成员 9 人，任期 3 年。

【宪法】1979 年，澳内务部长和诺福克岛委员会协商制定了《1979 年诺福克岛法案》，规定在诺岛建立立法会议，兼有立法和行政权，但澳保留对该岛主权。

【议会和政府】现任立法会议 2007 年 3 月产生，设 1 名议长、1 名副议长和 7 名成员。行政委员会由立法会议中的行政成员（相当于部长级）组成，负责制定政府政策，协助行政长官管理岛内事务。现任首席部长安德烈·诺布斯（Andre Nobbs）；议长莱尔·斯内尔（Lisle Snell）。

政府网站：http://www.norfolk.gov.nf/。

【司法机构】有最高法院和小型议事法庭，上诉权仍属澳大利亚联邦法院。

经济

旅游业是诺岛的经济基础。每年接待约 3 万名游客，80% 来自澳大利亚。关税和发行邮票为该岛主要财政收入。渔业资源丰富，澳大利亚政府控制诺岛周围 200 海里的专属经济区。土地肥沃，可耕地约 400 公顷，农产品有棕榈树籽、谷物、蔬菜、水果及牛和家禽，但禁止出口新鲜蔬菜和水果。粮食不能自给，需从澳大利亚、新西兰进口。岛上居民无需纳税。当地使用澳大利亚货币。

【交通运输】空运：岛上机场能起降中型喷气飞机，由新西兰航空公司和诺福克喷气特快公司两家公司负责承运，可直达悉尼、墨尔本、布里斯班和奥克兰。

海运：共有 3 家航运公司经营至该岛的航线，另有小油轮定期向该岛运送所需石油和液态丙烷气。岛上无港口。

公路：总长约 85 公里，其中 76 公里铺有路面。

【对外贸易】主要出口产品有邮票、棕榈树籽及少量鳄梨，进口粮食。主要贸易伙伴为澳大利亚、新西兰及其他太平洋岛国。

文化教育

【教育】有一所公立学校，对 5～12 岁儿童（约 300 名）实行免费教育，新南威尔士州教育部门负责在课程、教师等方面向该学校提供支持与协助。愿意赴澳接受高等教育的青少年可获奖学金。

【新闻出版】有《诺福克岛政府公报》和《诺福克岛人报》，均为周刊。有电台4家，电视台1家，可接收卫星电视。1998年，设立了两家因特网服务供应商。

环境保护　20世纪80年代中期由澳联邦政府和诺福克岛联合设立面积465公顷的诺福克岛国家公园，以保护原始森林及独有的动植物物种，如诺福克岛绿鹦鹉和世界最大的蕨类等。菲利浦岛也已被辟为自然保护区。（谢宝明）

帕　劳

国名　帕劳共和国（The Republic of Palau）。

面积　陆地面积458平方公里，水域面积62.9万平方公里。

人口　2.08万（2009年）。多属密克罗尼西亚人种。官方语言为帕劳语，通用英语。全国73%居民信奉基督教，其中41.6%信奉罗马天主教，28.3%信奉基督教新教。

首都　2006年10月1日帕政府将首都自科罗尔（Koror）迁至梅莱凯奥克（Melekeok）。

国家元首　总统约翰逊·托里比昂（Johnson Toribiong），为第八任总统。2009年1月15日上任。

重要节日　独立日：10月1日；宪法日：7月9日。

简　况　位于西太平洋，关岛以南1300公里处，属加罗林群岛，是太平洋进入东南亚的门户之一。海岸线长1519公里。由300多个火山岛和珊瑚岛组成，分布在南北长640公里的海面上，其中只有9个岛有常住居民。最大岛屿为巴伯尔岛（Babeldaob），面积352平方公里。属热带气候，年均气温27℃。5～11月为雨季，12月至翌年4月为旱季。年均降水量3000毫米以上。

4000年前就有人居住。1710年被西班牙探险家发现。1885年被西班牙占领。1898年被西班牙卖给德国。第一次世界大战中被日本占领。二战期间被美国攻占。1947年，联合国将其交美国托管，与马绍尔群岛、北马里亚纳群岛和密克罗尼西亚联邦构成太平洋岛屿托管地的四个政治实体。1969年，帕劳开始就未来政治地位同美国谈判。1982年8月与美签订《自由联系条约》。但该条约在多次公民投票中，均因未达75%的法定多数支持而未获通过。1993年11月举行第八次公决，获得通过。根据该条约，帕劳于1994年10月1日结束其托管地位，成为独立的主权国家，但仍与美国保持特殊关系。同年12月，帕劳加入联合国。

政　治　总统为国家元首和政府首脑。部长由总统任命。大酋长委员会参政和议政，在帕政治中发挥较大影响。帕两位最高酋长分别称作Ibedul和Reklai，享有与总统相当的声望。全国分成16个州，各州自行立宪。

【宪法】1980年7月9日通过，1981年1月1日生效。

【议会】由参众两院组成。参议院较众议院权力大，具有对总统候选人提出建议和表决的权力。参院有9名参议员，众院有16名众议员，任期均为四年。两院均设正副议长职位。本届议会于2008年11月大选产生。参议长姆利布·特梅图奇尔（Mlib Tmetuchl），众议长诺厄·伊德琼（Noah Idechong），2009年1月15日当选。

【政府】总统和副总统经普选产生，任期四年。本届内阁成员主要有：总统约翰逊·托里比昂，副总统兼财政部长克雷·马里厄（Kerai Mariur），司法部长约翰·吉本斯（John Gibbons），卫生部长史蒂文森·库阿泰（Stevenson Kuartei），教育部长马萨阿基·埃米西欧切尔（Masa-Aki Emesiochel），国务部长维克多·雅诺（Victor Yano），基础设施、产业及商业部长杰克逊·恩吉雷恩加斯（Jackson Ngiraingas），自然资源、环境及旅游部长哈里·弗里茨（Harry Fritz），社区及文化事务部长福斯蒂娜·雷休赫—马鲁格（Faustina Rehuher-Marugg）。

【主要网址】www.palaugov.net；www.visit-palau.com/kor.html。

【行政区划】全国16个州分别为艾梅利克（Aimeliik），艾拉伊（Airai），安加尔（Angaur），哈托博海伊（Hatobohei），卡扬埃尔（Kayangel），科罗尔（Koror），梅莱凯奥克（Melekeok），雅拉尔德（Ngaraard），雅切隆（Ngarchelong），雅德马乌（Ngardmau），雅庞（Ngatpang），恩切萨尔（Ngchesar），埃雷姆伦维（Ngeremlengui），宜瓦尔（Ngiwal），贝里琉（Peleliu）和松索罗尔（Sonsoral）。

【司法机构】设最高法院、全国法院和下属法院三级制度及土地法院。高法大法官为亚瑟·恩吉拉克尔松（Arthur Ngiraklsong），1992年就职，终身制。

【重要人物】约翰逊·托里比昂：总统。1946年7月22日出生于艾拉伊州。帕知名律师，曾任帕首届国会参议院党团领袖，2001年起任帕驻台"大使"，2008年11月当选总统，2009年1月宣誓就职。

经　济

帕近年来经济保持增长。目前帕是太平洋岛国中人民生活水平较高国家之一。经济依靠外国援助。旅游业发展较快。服务业对国内生产总值（GDP）贡献率超过80%。在服务业就业人数占全国就业总数一半。

国内生产总值（2008年）：1.64亿美元。

人均国内生产总值（2008年）：8100美元。

货币名称：美元。

通货膨胀率（2008年）：12%。

失业率（2005年）：4.2%。

【农渔业】 2003年农、渔业产值占国内生产总值的6.2%。主要农产品有鸡蛋、水果、蔬菜、猪肉、槟榔果等。盛产金枪鱼，年捕鱼量为6万~7万吨。粮食不能自给。

【旅游业】 是帕支柱产业之一。2008年入境游客为83114人次，主要来自日本、韩国、美国、加拿大及台湾地区。“岩石岛”（Rock Islands）拥有太平洋地区最好的海洋生态系统。

【交通运输】 境内无铁路，有机场、港口和卫星通讯系统。

公路：总长61公里。无公共交通设施。

水运：科罗尔为主要港口。

空运：共有3个机场。菲律宾、澳大利亚、关岛、台湾地区有定期航班往返。日本航空公司经营包机业务。

【财政金融】 主要依赖美国和日本的援助。2008年，预算收入为1.14亿美元，支出9950万美元。

【对外贸易】 2004年进口额为1.07亿美元，出口额为588万美元。主要进口机械、汽车、燃油、工业制成品、食品等，出口渔产品、椰干和服装。

【外国援助】 根据《帕美自由联系条约》，美国向帕提供大量援助。美以租金形式在条约生效的前15年内（1994~2009年）向帕提供6.27亿美元的援助，其中7000万美元存入帕信托基金。目前，该基金已达1.44亿美元，在2009年美条约基金终止后，供帕补贴财政。美援款约占帕GDP的20%。日本为第二大援助国。

人民生活

当地工人年均收入为3380多美元。有1所医院和13所诊疗所。2006年有医生20名。2005年帕人口平均寿命70.14岁。2009年有互联网服务提供商2家。2008年固定电话用户7500户，手机用户12000户。

军　事

1994~2044年，国防由美国负责。美海岸警卫队负责巡逻帕海域。帕为无核区。至2008年尚无美常驻军队。

文化教育

【教育】 1998年有小学25所，中学有6所。2006/2007学年共有在校学生3992人，其中公立学校2945人，私立学校1047人。有一所大专“帕劳社区学院（Palau Community College）”，在校学生332人。文盲率为8%。

【新闻出版】 主要报纸有官方周刊《帕劳报》（Palau Gazette）、私营双周刊报纸《Tia Belau》和一周发行两次的报纸《Palau Horizon》。

有两家广播电台。有卫星地面接收站和有线电视台，可接收美国有线新闻网（CNN）等节目。

对外关系

致力于同各国发展友好关系，强调加强同亚太地区国家合作。为联合国、国际货币基金组织、世界银行、太平洋岛国论坛、太平洋共同体、各国议会联盟和世界卫生组织成员。帕劳已与25个国家建交。在联合国派大使级常驻代表。在荷兰派名誉领事。

【同中国的关系】 中帕无外交关系。2009年，中帕贸易额为130万美元，同比减少58.2%，几乎全为中方出口。

1996年5月18日，帕在台设“名誉领事馆”。帕于1999年12月29日与台湾建立所谓“外交关系”。台当局于2000年3月在帕设“使馆”。2010年3月，台湾地区领导人马英九访问帕劳。

【同美国的关系】《帕美自由联系条约》于1994年10月1日生效，有效期50年。根据该条约，帕有内政、外交自主权，美国负责其国防及战略安全事务，提供天气预报、医疗和自然灾害救助等，并对帕航道具有独家使用权。帕美互设使馆。帕在美派出常驻大使，美在帕派出临时代办。帕还设有驻关岛总领馆、驻夏威夷领馆、驻塞班领馆。2009年3月，帕总统托利比昂访美。

【同日本的关系】 日本是帕第二大援助国，是帕金枪鱼和鲭鱼主要出口市场。帕1999年2月在日设使馆，现已派常驻大使。1999年3月，日在帕设使馆，2010年3月派常驻大使。1999年7月，帕总统访日。

【同菲律宾的关系】 帕菲互设使馆并派大使。目前，帕外国短期雇工多来自菲律宾。2008年4月，帕总统雷门格绍访问菲律宾。

【同澳大利亚的关系】 1994年10月1日，帕与澳大利亚建交。澳驻密克罗尼西亚联邦大使兼驻帕大使。2008/2009财年，澳向帕提供约15万美元援助，并继续资助巡逻艇维修费。2008/2009财年，澳向帕出口额92万美元，进口额1万美元。　（樊晓东）

皮特凯恩群岛

名称 皮特凯恩群岛（Pitcairn Islands）。

面积 47平方公里（陆地面积）。

人口 约50人（2009年）。均为皮特凯恩人。官方语言为英语，本地语为英语和塔希提语的混合语。信奉基督教。

首府 亚当斯敦（Adamstown）。

总督 非常驻，由英国驻新西兰高专兼任。现任总督为维基·特雷德尔（Vicki Treadell），2010年6月就任。

重要节日 英女王官方诞辰日：6月第二个星期六。

简 况 位于东南太平洋，属波利尼西亚群岛。包括皮特凯恩岛及附近的三个环礁：汉德森（Henderson），迪西（Ducie）和奥埃诺岛（Oeno）。皮岛为火山岛，地势陡峭，最高海拔350米。无河流。属亚热带气候。气温13℃～33℃。年平均降水量为2000毫米。11月至翌年3月为雨季。

1767年英国探险家菲利普·卡特莱发现此岛。1790年英国“邦蒂”号哗变船员和一些塔希提岛居民到此定居。1887年正式成为英殖民地。1898年起受英国西太平洋高级专员管辖。1952年行政权转归英属斐济殖民地总督。1970年斐济独立后，英国驻新西兰高级专员兼任皮特凯恩群岛总督。

政 治 根据《1964年地方政府法》，岛上成立岛屿委员会，为立法机构，共10个席位。其中6席普选产生，1席由上述6人选出，2席由总督任命，1席属岛屿秘书长（Island Secretary），任期1年。委员会由行政官主持。行政官由民选产生，任期三年。现任行政官兼岛屿委员会主席保罗·沃伦（Paul Warren）。岛屿法院亦由行政官主持。市长是政府首脑，管理该岛日常事务，现任市长迈克尔·沃伦（Michael Warren）。

主要网址：http://www.government.pn。

经 济 无税收，财政收入来自邮票、钱币销售、投资利润和英国不定期赠款，给外国渔船颁发捕鱼许可权也获得一定收入。1992年宣布周围370平方公里海域为专属经济区。重点发展电力、通信及港口、道路建设。使用新西兰元货币。

【工业】 以邮票和手工艺品制造为主。

【农业】 土地肥沃，生产各种水果、蔬菜和薯类。家庭捕鱼和饲养家禽较为普遍。

【交通运输】 无港口，无铁路，无机场，通过少量不定期船只来往保持与外界的联系。公路总长约6.4公里。

【财政金融】 2004/2005财政年度，财政收入74.6万新元，支出102.8万新元。2004年接受国外经济援助384.65万新元。

【对外贸易】 出口水果、蔬菜和手工艺品，进口燃料、机械、面粉、糖和其他食品。

人民生活 无医院及固定医生，仅有1名护士。岛上不定期雇用外地医务人员。一般情况下，居民生病去新西兰或塔希提就医，政府负担2/3费用。岛上只有移动电话和一部付费电话。

军 事 由英国负责国防。

文化教育 **【教育】** 实行免费小学教育。岛上无中学，新西兰免费提供中学教育。

【新闻出版】 皮特凯恩教育官员每月编辑出版名为《皮特凯恩杂集》的新闻报纸。岛上有一个电台。

对外关系 属英国海外领地。现为太平洋共同体（Pacific Community）成员。

（谢宝明）

萨 摩 亚

国名 萨摩亚独立国（The Independent State of Samoa，原名为西萨摩亚独立国，1997年7月更名为萨摩亚独立国）。

面积 陆地面积2934平方公里，水域面积12万平方公里。

人口 18.5万（2006年）。绝大多数为萨摩亚人，属波利尼西亚人种；还有少数其他太平洋岛国人、欧洲人和华裔以及混血人种。官方语言为萨摩亚语，通用英语。多数居民信奉基督教。

首都　阿皮亚（Apia），人口约4万。年均气温27℃。

国家元首　图伊阿图阿·图普阿·塔马塞塞·埃菲（Tuiatua Tupua Tamasese Efi），2007年6月19日就任，任期五年。副元首图伊马莱阿利法诺·瓦莱托阿·苏阿劳维第二（Tuimaleali'ifano Va'aletoa Sualauvi II）。

重要节日　国庆日（又称独立日）：6月1日。

简　况

位于太平洋南部，萨摩亚群岛西部，由乌波卢（Upolu）、萨瓦伊（Savaii）两个主岛和附近的马诺诺、阿波利马、努乌泰雷、努乌卢瓦、纳木瓦、法努瓦塔普、努乌萨菲埃、努乌洛帕八个小岛（Manono、Apolima、Nuutele、Nuulua、Namua、Fanuatapu、Nuusafee、Nuulopa）组成。境内大部分地区为丛林覆盖。属热带雨林气候。5~10月为旱季，11月至翌年4月为雨季。年均气温27℃，年均降水量2000~3500毫米。

3000年前已有萨摩亚人在此定居。约1000年前被汤加王国征服。1250年马列托亚家族赶走汤加人侵者，萨摩亚成为独立王国。1722年荷兰人发现萨摩亚。19世纪中叶，英、美、德国相继侵入，1899年，三国签订条约，西萨摩亚沦为德国殖民地，东萨摩亚由美国统治。第一次世界大战爆发后，新西兰对德宣战，占领西萨摩亚。1920年，国际联盟把西萨交新西兰管理。1920年至1936年间，西萨发生了著名的反对殖民统治的“马乌”（MAU）运动，提出了“萨摩亚人的萨摩亚”的斗争口号。1954年开始实行内部自治。1962年1月1日，西萨在太平洋岛国中率先独立，定国名为“西萨摩亚独立国”。独立后，马列托亚与另一位传统首领共同履行国家元首职责。1963年4月该传统首领去世，马列托亚成为唯一的元首。由于1月多雨，又值圣诞节假期，不便举行庆祝活动，因此自1963年起改6月1日为独立日。1997年7月，西萨摩亚独立国更名为萨摩亚独立国。

政　治

2006年3月，萨举行大选，人权保护党再次获胜，赢得绝对多数议席，以较大优势组成政府，该党领袖图伊拉埃帕连任总理兼外长。

【宪法】1960年制定，1962年1月1日生效。规定国家元首由议会选出，任期5年。首任国家元首为终身职务。除元首外，还设立代表委员会，委员即为副元首，不超过3名。其职能是，一旦国家元首出现空缺或不能行使职务时，代行元首职权。

【议会】一院制，称立法大会，共有49名议员，其中2个议席专为非纯萨摩亚血统的人（历史上称为“欧洲人”）而设，从独立选区（首都阿皮亚）选出，其余47个议席从41个选区中选出。原规定除独立选区外，仅“马他伊”即酋长才有选举权和被选举权，1991年3月改为普选后，凡年满21岁的萨摩亚公民均有选举权，但除独立选区外，仍只有“马他伊”享有被选举权。议员任期也由3年改为5年。本届议会于2006年3月产生，49名议员中，执政的人权保护党有36席，其他议员13席。议长托洛富艾瓦莱莱·法莱莫埃·莱亚塔瓦（Tolofuaivalelei Falemoe Leiataua，人权保护党）。

【政府】内阁由总理、副总理和11名部长组成，任期5年。总理由议会选出并经元首确认。总理从议员中提名组阁。本届政府于2006年4月22日组成。现内阁成员有：总理兼外交贸易部长图伊拉埃帕·卢佩索里艾·萨伊莱莱·马利埃莱额奥伊（Tuilaepa Lupesoliai Sailele Malielegaoi），副总理兼工商劳工部长（兼管旅游）米萨·特莱福尼·雷茨拉夫（Misa Telefoni Retzlaff），妇女、社区与社会发展部长菲娅梅·纳奥米·马塔阿法（Fiame Naomi Mataafa），警察部长托利富阿·阿普卢·法菲西（Toleafoa Apulu Faafisi），工程、交通与基础设施部长图伊苏加莱塔瓦·索法哈·阿沃（Tuisugaletaua Sofara Aveau），自然资源、环境与气象部长福穆伊纳·蒂亚蒂亚·利厄加（Faumuina Tiatia Liuga），财政部长尼科·李航（Niko Lee Hang），海关与税收部长托法·图乌乌·阿纳西·莱奥塔（Tofa Tuuu Anasii Leota），卫生部长加托洛艾法阿娜·阿马塔加·阿莱萨娜·吉德洛（Gatoloaifaana Amataga Alesana Gidlow），通讯与信息技术部长萨弗内图加·帕加·内里（Safuneituuga Paaga Neri），教育、体育与文化部长托欧马塔·阿拉帕蒂·波埃塞·托欧马塔（Toomata Alapati Poese Toomata），司法与法庭管理部长乌纳萨·梅西·加洛（Unasa Mesi Galo），农渔业部长塔瓦·塔瓦加·基蒂奥纳·塞瓦拉（Taua Tavaga Kitiona Seuala）。

【行政区划】首都阿皮亚为全国唯一的城市。全国分为11个行政区（Political Districts），其中乌波卢岛5个，萨瓦伊岛6个，其余小岛都划归乌波卢岛。

【司法机构】设最高法院、地方法院、上诉法院和土地头衔法院。首席大法官是最高法院、地方法院和上诉法院的院长。地方法院有两名法官，土地头衔法院有13名法官。最高法院和上诉法院审理案件时要从新西兰请法官。首席大法官帕图·蒂阿瓦阿苏伊·法莱法图·萨波鲁（Patu Tiavaasue Faleafatu Sapolu），1992年就职，为终身职务。

【政党】主要政党为：

（1）人权保护党（The Human Rights Protection Party）：执政党，目前在议会中有36席。成立于1979年5月。对内主张坚持国家宪法，保护公民权利和自由，提高人民的文化和生活水平。对外奉行同各国友好的政策，加强同南太平洋邻国的关系。1982年和1985年大选获胜。1985年党内发生分裂后下台。1988年大选获胜，重新执政。后连选连胜，执政至今。领袖为总理图伊拉埃帕。

（2）服务萨摩亚党（Tautua Samoa Party）：2008年12月成立，由9名议员组成，主要为原萨摩亚民主联合党议员和议会独立议员。领袖为雷拉伊普雷·瑞莫尼·阿依埃菲（Lealailepule Rimoni Aiafi）。

【重要人物】图伊阿图阿·图普阿·塔马塞塞·埃菲：国家元首。1938年3月1日生于阿皮亚。毕业于新西兰维多利亚大学。1966年当选议员，1970～1975年担任工程部长。1976～1982年任总理。1985～1988年任副总理。2004年任国家副元首。2007年6月任萨第二任国家元首，任期5年。对太平洋文化和历史有浓厚兴趣，曾在多所大学及学术机构任职，并著有多部作品。曾于1980年6月以总理身份访华。2008年8月来华出席北京奥运会开幕式。　**图伊拉埃帕·萨伊莱莱·马利埃莱额奥伊**：总理兼外交贸易部长。1945年4月14日生于乌波卢岛。信奉罗马天主教。1969年毕业于新西兰奥克兰大学，获商业硕士学位。1971～1973年任经济局副局长。1973～1978年任财政部副秘书长。1978～1980年在非洲、加勒比和太平洋委员会秘书处供职。1981年当选为人权保护党议员。1982～1985年任经济事务、交通和民航部长，并兼任副财长。1984年任财长。1988年任亚洲开发银行董事会董事。1990年任非加太部长理事会主席。1991～1998年任副总理兼财政、旅游、贸易、商业和工业部长。1998年11月当选总理。2001年、2006年连选连任。曾8次来华访问或出席国际会议，其中2000年8月、2005年5月作为总理对我国进行正式访问。2007年3月来华考察。2008年9月访华并出席北京残奥会闭幕式。

经　济

萨是农业国，资源少，市场小，经济发展缓慢，被联合国列为最不发达国家之一（2007年联合国决定让萨从最不发达国家行列“毕业”，现处于“过渡期”）。从1996年起实行经济改革，其宗旨是大力发展私营企业，吸收外资，增加就业机会。改革进展比较顺利，萨经济持续增长。但2008年以来的国际金融危机和2009年9月强震引发的海啸给萨经济带来较大冲击。

国内生产总值（2008年）：14.36亿塔拉（约5.74亿美元）。

人均国内生产总值（2009年）：3149美元。

经济增长率（2009年）：－2.29%。

货币名称：塔拉（Samoan Tala）。

汇率（2010年5月）：1美元≈2.50塔拉。

通货膨胀率（2009年）：6.1%。

【资源】森林资源逐年减少，目前森林面积占全国面积的46.3%，其中39.4%（约11万公顷）为非生产性森林，可采林只有1.36万公顷，仅占全国面积的4.8%。其余2.1%（约0.6万公顷）为国家级保护林和部落传统所有林地。专属经济区水域12万平方公里，盛产金枪鱼。

【工业】工业基础十分薄弱。独立后，萨初步建立了一批消费工业和农产品加工业，主要生产食品、烟草、啤酒和软饮料、木材家具及椰油，还有印刷、日用化学业。2007年，制造业产值为1.807亿塔拉（包含食品饮料业的3660万塔拉），建筑业产值1.319亿塔拉，分别占国内生产总值的13.2%和9.6%。

【农业】全国现有耕地6万多公顷。全国农业人口为12.4万，占全国总人口的77%。主要种植椰子、可可、咖啡、芋头、香蕉、木瓜、卡瓦和面包果。由于抵抗飓风等自然灾害的能力弱，农业生产严重依赖气候条件。2007年农业产值为7445万塔拉，同比增长8.1%，占国内生产总值的7%。

【渔业】经济海域12万平方公里，盛产金枪鱼。受不利气候和美元疲弱等因素影响，2003年、2004年、2005年、2006年渔业分别减产15.6%、7.7%、3.9%和0.4%，但2007年产值达7450万塔拉，增长15.5%，占国内生产总值的5.4%。2007年鲜鱼出口额为2000万塔拉，占全国出口总额的55.3%。目前，全国有各种渔船约2200艘，其中机动船200艘。因萨专属经济区较其他岛国小，萨政府禁止外国渔船单独作业，只允许外国渔船公司与萨方合作，外资不得超过40%。

【服务业】从事服务业人数约为2000人。以2002年不变价格计算，2007年，旅馆餐饮业产值为3725万塔拉，占国内生产总值（GDP）的3.4%，增长14.1%；交通电信业产值1.382亿塔拉，占GDP的12.3%，增长4.6%；金融服务业产值为1.015亿塔拉，占GDP的9.6%，增长2.5%。个人及其他服务业产值5365万塔拉，占GDP的5%，增长1.1%。

【旅游业】旅游业是萨摩亚主要经济支柱之一和第二大外汇来源。游客主要来自美属萨摩亚、新西兰、澳大利亚、美国和欧洲。2007年由于萨举办南太运动会和世界举重锦标赛，访萨游客大幅增长，达12.225万人次，同比增长23.7%，旅游收入2.7974亿塔拉，增长4.4%。萨已提前实现太平洋共同体（SPC）为其制定的旅游收入指标。影响其旅游业发展的主要因素是酒店设施简陋、客房数量不足及交通不便。萨现有客房900多间，但多数条件较差。主要旅馆有：艾吉·格瑞旅馆（AGGIE GREY'S HOTEL），156间客房；辛纳雷海滩度假村（SINALEI BEACH RESORT），29间客房。萨政府致力于发展旅游硬件设施及其他与旅游相关行业，2005年7月，法莱奥洛国际机场附近的五星级酒店Aggie Grey's Lagoon, Beach Resort & Spa首期完工，开始营业，拥有客房140间。

【交通运输】全国公路总长976公里，其中柏油公路332公里。

水运：阿皮亚港为萨主要对外港口，可泊5万～

6万吨级轮船。

空运：法莱奥洛机场为萨唯一国际机场，可起降波音747客机。2005年10月，“波利尼西亚·蓝”航空公司（萨政府与澳大利亚“维京蓝航空公司”合资创办的企业）开始营业，承担了原由波利尼西亚航空公司运营的大部分国际客货运输业务（萨摩亚至新西兰、澳大利亚、斐济等）；波航仅保留了往返于萨摩亚与美属萨摩亚、汤加之间的航线和国内航线（乌波卢岛与萨瓦伊岛之间）。新西兰航空公司也是来往萨摩亚的主要航空公司，另外，斐济太平洋航空公司航班也在此经停。

【财政金融】2008/2009财年，财政收入4.92亿塔拉，支出5.51亿塔拉，财政赤字5900万塔拉。

截至2009年12月，外汇储备约3.59亿塔拉，相当于8个月的进口所需外汇。外债累计为5.76亿塔拉，约占GDP的40.3%。

主要银行有：（1）萨摩亚中央银行（Central Bank of Samoa）：1954年成立。资本2687万塔拉。资产1.7亿塔拉。地址：Private Bag，Apia，Samoa。电话：（00685）34100。传真：20293。行长莱阿西·帕帕利伊·汤米·斯坎伦（Leasi Papali'i Tommy Scanlan）。

（2）澳新银行萨摩亚分行［ANZ Bank（Samoa）LTD］：前身为萨政府拥有的萨摩亚银行，1997年政府将其出售给澳新银行集团，成为澳新银行萨摩亚分行。地址：POB 1855，Apia，Samoa。电话：（00685）22422。传真：24595，23807。现任总经理曼迪·辛普森（Mandy Simpson）。

（3）西太平洋银行（WESTPAC BANK）：前身太平洋商业银行，是夏威夷银行的分行，成立于1977年。现夏威夷银行和澳大利亚的西太银行各占42.7%的股份，其余为萨摩亚人拥有。地址：PO BOX 1860，APIA，SAMOA。电话（00685）20000；传真（00685）：22848。总经理杰森·格林（Jason Green）。

【对外贸易】主要出口渔产品、脑努汁、啤酒、椰奶、脑努果、芋头等产品。2007年，出口总额为3619万塔拉（约合1415万美元），同比增长25.9%，其中鲜鱼出口2000万塔拉（同比增长29.45%），占商品出口总值的55.3%；其次为脑努汁382万塔拉、啤酒312万塔拉和椰奶234万塔拉。市场主要是美属萨摩亚、美国、新西兰、澳大利亚。主要进口建筑材料、机械设备、电讯设备、车辆、渔船、石油、食品等产品。2007年，进口总额为5.9364亿塔拉（2.32亿美元），同比减少2.3%，商品贸易逆差高达5.5745亿塔拉。来源主要是新西兰、澳大利亚、美国和斐济。

【外国援助】外援主要来自澳大利亚、新西兰、日本、欧盟、中国及国际组织等。2008/2009财年，萨共接受外援11069万塔拉。

【著名公司】（1）陈茂公司（Chan Mow Co. Ltd.）：1950年成立，1976年正式经营进出口业务，目前是萨摩亚最大的商贸公司。经营进出口批发和零售业务。资本800万塔拉，资产1亿塔拉。

（2）AH LIKI家族集团：由早年在萨华工AH LIKI的第二代后裔建立，五兄弟分别经营建筑业、批发、运输、五金、食品。其中运输业（蓝鸟运输公司Blue Bird Transport Ltd.）1978年从10万塔拉起家，现有资本6000万塔拉。主要承包德国和日本的援助项目。

人民生活

全国约76%的人口住在乡村，从事农业生产活动。农村电和自来水基本普及。由于每年萨有一千多人移民海外，国内人口数量增长缓慢，2005年，人口增长率为-0.2%。平均寿命70.41岁。萨人口结构年轻，0~14岁人口占26.1%，15~64岁占67.3%，65岁以上占6.6%。萨每户居民都有亲属在海外工作，平均年侨汇超过2亿塔拉。65岁以上的老人享有养老金。

实行免费医疗。全国有两所国家级医院，7所地区医院，23个卫生所。共有医生60人，牙医14人，护士200多人，病床300张。患传染病、糖尿病、心脏病和癌症等疾病都能享受免费医疗。2004/2005财年医疗卫生预算开支3985万塔拉，占政府总预算的11.7%。

军　事

没有军队，有警察500多名，负责治安和交通。

文化教育

【教育】实行中小学义务教育，入学率85.7%。文盲率4.3%。有157所小学，44所中学，4所职业学校，36所教会学校，2所师范学校。大专院校有萨摩亚国立大学（2005年与萨摩亚工艺学院合并）和阿拉富阿农学院（南太平洋大学分校）。每年约有4800名大中学毕业生需要就业。2004/2005财年教育预算支出为5219万塔拉，占政府预算总支出的18.1%。

【新闻出版】主要报纸：《萨瓦利（SAVALI）》，政府周报，1904年创刊，分萨语版和萨、英语混合版两种，萨语版主要向农村发行，混合版在首都地区发行，发行量4500~5000份。《萨摩亚观察家报（SAMOA OBSERVER）》，私营日报，发行量2000~3000份。另有《新闻（NEWSLINE）》等小报，发行量不大。

萨摩亚现有三家电视台（TV1，TV3和STAR TV），均为私营。除播送自制的新闻和教育节目外，主要转播澳、新电视台和BBC节目。此外还有几个宗教台。中国中央9台于2005年在萨落地播出。

“萨摩亚广播公司”电台部（又称2AP STATION）为国家电台。波利尼西亚电台（Radio Polynesia Ltd.，又称Magic 98）为私人电台，现有3个频道。萨电台主要播放欧美流行音乐、萨摩亚音乐以及轻音乐，此外还包括自制的萨语节目和英语节目。另有一些宗教电台，主要播放基督教节目。

对外关系

主张维护民族独立，发展民族经济，认为国家不分大小，均应受到平等对待。萨将外交重点放在南太地区。在保持同新西兰传统友好关系的同时，重视发展同亚太国家的关系。萨不赞成在南太地区搞种族性地区组织，如"美拉尼西亚先锋集团"。要求建立国际经济新秩序，重视全球和地区环境保护，支持建立南太无核区，反对核试验，尤其反对在南太地区进行核试验以及倾倒和运输核废料。萨是联合国、英联邦、太平洋岛国论坛、太平洋共同体和太平洋区域环境署等组织的成员。太平洋区域环境署秘书处、联合国粮农组织、教科文组织及开发计划署太平洋地区代表处都设在阿皮亚。现已同中、澳、新西兰、美、日、英、德等60国建交。萨于1998年7月申请加入世界贸易组织，现为观察员。

【同中国的关系】 1975年11月6日两国建交。1976年10月，中国在萨设立使馆。2009年6月，萨在北京设立使馆，萨首任驻华大使塔普萨拉伊·特里·托欧玛塔抵京赴任。

2005年5月，萨总理图伊拉埃帕访华期间，双方发表《中萨联合声明》。

近年来，中方访萨的主要有：国家旅游局副局长张希钦（2006年4月）、外交部部长助理何亚非（2006年6月）、外交部长李肇星（2006年7月）、中联部副部长张志军（2006年8月）、中共中央政治局常委吴官正（2007年4月经停）、李长春（2007年4月）、胡锦涛主席特使、中国—太平洋岛国论坛对话会特使王永秋（2007年5月出席萨国家元首葬礼）、全国人大常委会副委员长严隽琪（2008年9月）、商务部副部长傅自应（2009年1月）、全国人大常委会副委员长陈昌智（2010年1月）、国家体育总局局长刘鹏（2010年4月）、最高人民法院副院长张军（2010年4月）、全国妇联副主席孟晓驷（2010年4月）等。

萨方访华或来华出席国际会议的主要有：萨海关税收部长图乌乌（2006年7月）、自然资源和环境部长福穆伊纳、教育、体育与文化部长图马塔、卫生部长加托洛艾法阿娜（2006年10月）、副总理兼工商劳工部长米萨（2006年11月、2007年10月、2008年9月、11月、2009年9月、11月、2010年5月）、总理图伊拉埃帕考察（2007年3月、2008年9月出席北京残奥会闭幕式）、议长托洛富艾瓦莱莱（2007年6月、2008年3月）、国家元首埃菲（2008年8月出席北京奥运会开幕式）、妇女部长菲娅梅、卫生部长吉德洛、通讯部长内里等女部长（2009年9月）、首席大法官萨波鲁（2009年9月）等。

2009年，中萨贸易额为4486万美元，同比增长61%，其中中方出口额为3723万美元，同比增长47.4%，进口额为762万美元，同比增长192%。

中国驻萨摩亚大使：马崇仁。馆址：Embassy of the People's Republic of China in Samoa, Vailima, Apia, Samoa。电话：（00685）22474。传真：21115。

萨摩亚驻华大使：塔普萨拉伊·特里·托欧玛塔（Mr. Tapusalaia Terry Toomata）。馆址：北京市朝阳区塔园外交办公楼2-7-2。电话：010-65321673。传真：65321642。

华侨华人：19世纪末就有中国人赴萨，20世纪20、30年代成批华工赴萨种植椰子、香蕉，最多时达数千人，后因新西兰政府实施种族政策，华人数量开始减少，最后留下数百人，已与当地人通婚。目前，纯血统的华人仅60人左右。但混血华裔（现只会讲萨摩亚语和英语）超过3万，数量在外来血统中居首位。2002年萨成立华裔公会。

【同新西兰的关系】 新曾为萨的宗主国，两国关系密切。萨在惠灵顿设有高专署，在奥克兰设有总领事馆。新在萨设有高专署。新西兰议会中，有5名新籍萨摩亚议员。两国间签有友好条约。2004年双方同意定期举行两国政府部长级官员全体磋商。新是萨第三大援助国，萨是新在南太地区第四大受援国。新是萨主要贸易对象，新对萨商品出口约占萨进口总额的1/3，萨对新出口占萨出口总额的10%左右。新公司是萨建筑市场的主要承包者。根据《相互支援协定》，新帮助萨培训警察人员，进行海上巡逻等。新每年向萨提供1100人的移民配额，萨在新西兰的移民总数超过10万人。2007年8月，新总督萨蒂亚南德访萨。2007年12月，萨国家元首埃菲访新。2008年4月，新外长彼得斯赴萨参加新萨部长级联合会议。2009年9月，萨发生海啸灾情后，新向萨提供大量灾后援助。

【同澳大利亚的关系】 澳在萨有高专署。澳为萨第一大援助国，平均每年对萨援助约3700万澳元，主要用于提高政府办事效率、增加就业和投资、加强司法执法、提高教育水平和改善卫生医疗条件。澳为萨的第二大进口来源国。2005/2006财年澳萨商品贸易额达1.03亿澳元，其中澳进口额为7200万澳元，出口额3100万澳元。旅居澳的萨摩亚人有4万~5万，另有萨公派留学生数十名。澳在萨有侨民200多人。萨澳间有"防务合作计划"，由澳方帮助巡逻萨专属经济区，并为萨培训警察。2009年9月，萨发生海啸灾情后，澳向萨提供大量灾后援助。

【同日本的关系】 萨重视同日本的关系。1972年起日本向萨派遣志愿人员，至今已有200多人在萨服务过。近年来，日本成为萨最大援助国之一，对萨援助占萨受援总额的40%左右。平均每年向萨提供近1000万美元援助，主要用于教育、环保、卫生、基建等。截至 2004 年底，日对萨发展援助总额已达 2.361 亿美元。日每年还向萨提供十余个奖学金和约 50 个短期培训机会。萨目前有两家日资企业：一是矢崎汽车配件厂，二是北野作家旅馆。2009 年 5 月，萨总理图伊拉埃帕赴日出席第五届日本与太平洋岛国领导人会议。

【同美国的关系】萨重视同美国的关系。1988 年 11 月，美在萨设使馆，大使由美驻新大使兼任。萨在美设使馆，大使由其常驻联合国代表兼任。受美国内立法限制，美对萨不提供直接经济援助，只通过多边渠道和地区组织提供少量援助。1976 年起，美国已向萨派遣了 60 多批和平队员。虽然美国对萨贸易量很小，但萨与美属萨摩亚之间的贸易较多。美属萨摩亚和美国是萨第一和第二大出口市场，2005 年萨对美属萨摩亚和美国出口占其出口总额的 4/5。

【同东盟国家的关系】萨与菲、泰、马和印尼有外交关系。近年来重视发展与东盟国家的关系，寻求资金、技术援助和拓展经贸合作。

【同欧洲国家关系】主要是经援关系。德国是对萨援助最多的欧洲国家。1975～2001 年，欧盟作为整体通过国家指标计划（NATIONAL INDICATIVE PROGRAM—NIP）、洛美协定出口补贴和灾害紧急援助共向萨提供 8500 万塔拉。欧盟在萨设有代表处，主要管理援助项目。2002～2007 年欧盟向萨提供 6600 万塔拉，主要用于建设给排水工程和公共卫生体系。2010 年 5 月，欧盟与萨签订价值 1671.5 万欧元的援助协议。

（余颖）

圣　诞　岛

名称　圣诞岛（Christmas Island）。

面积　135 平方公里。

人口　约 1500 人（2009 年）。其中华人占 70%，欧裔占 20%，马来人占 10%。无土著居民。官方语言为英语。68% 的居民信奉佛教，18% 信奉基督教，10% 信奉伊斯兰教。

简　况

位于印度洋东北部，北距巽他海峡南口的爪哇海岬约 380 公里，东南距澳大利亚西岸的西北角约 1565 公里。为火山岛。海岸线长 80 公里。沿岸大多为悬崖峭壁，最高处有 20 米；仅有浅滩约 13 处，最大的一处名为飞鱼湾（Flying Fish Cove），是岛内唯一港口和人口主要聚居地。属热带气候，气温 21℃～32℃，湿度达 80%～90%。气候温和，但湿季（11 月至翌年 4 月）偶有暴风雨，岛周围风浪较大。年均降雨量 2000 毫米。

英国威廉·迈纳斯船长于 1643 年圣诞节发现该岛并命名。1888 年并入英国版图。1942 年被日本军队占领。1946 年成为新加坡属地。1958 年 1 月移交英国管辖，同年 10 月，依据《1958 年圣诞岛法案》，移交澳大利亚联邦管理，成为澳海外领地。

政　治

该岛主权属澳大利亚。1958 年起由澳政府派官方代表管辖。1968 年起由澳总督任命的官方代表管辖。1984 年成立圣诞岛自治机关，职责相当于市政府，协助行政长官管理岛内事务。1992 年自治机关由圣诞岛地方委员会取代，由 9 名成员组成。1994 年岛内举行决定该岛地位的全民投票，否决了脱离澳大利亚的提案，但 85% 的投票者希望扩大岛内自治权。

澳总检察部以社区公告（Community Bulletins）和政府公告（Government Gazettes）的方式向圣诞岛居民发布信息。2007 年 3 月，澳政府各部门根据“提供服务安排”（Service Delivery Arrangements）向该岛居民提供政府服务。

【政府】由澳大利亚总督任命的行政长官和市政厅组成。现任行政长官尼尔·卢卡斯（Neil Lucas），2006 年 1 月就任。

【司法体制】设有最高法院。

经　济

磷酸盐工业是圣诞岛经济支柱，目前占经济总量的 16%，提供了近 100 个就业岗位，占该岛总就业人数的 14%。开采活动自 19 世纪下半叶开始。1987 年底，澳政府宣布关闭磷酸盐矿。1990 年起允许私营公司在热带雨林资源不受破坏的条件下恢复开采。现磷酸盐工业由磷酸盐资源公司负责，1998 年该公司与澳大利亚联邦政府签订了为期 21 年的矿产租约。此外，旅游业和零售业也是圣诞岛的主要收入来源之一，年产值近 500 万澳元（2003 年）。为保护自然环境和稀有动植物，该岛约 63% 的面积被辟为国家公园。2001 年 6 月，澳政府宣布投资 1 亿澳元支持在圣诞岛建立一个通讯卫星发射基地，包括扩建现有机场、公路和建设一个新海港。当地使用澳大利亚货币。

【交通运输】空运：有一个 24 小时可运作的国际机场。从珀斯经科科斯群岛至该岛有商业航线运营，一周两次。圣诞岛有一家私营公司经营包机往返于印尼和该岛之间。

海运：澳大利亚国家航运公司经营由澳大利亚大陆至该岛的航线。每 4～6 周有货轮从澳大利亚弗里曼特尔运送物品至该岛。1989年成立的岛屿联合供应公司（Joint Island Supply System）经营至圣诞岛和科科斯群岛的船运业务。

公路：总长140公里，其中30公里铺有路面（2008年）。

铁路：总长24公里，用于磷酸盐运输（2006年）。

【对外贸易】主要贸易伙伴为澳大利亚、新西兰。磷酸盐为圣诞岛主要出口商品。绝大部分商品需进口，主要来源国为澳大利亚。

【旅游】旅游正成为日益重要的产业。独特的动植物资源及良好的潜水、捕鱼设施吸引众多游人前来观光。2000年岛上约有旅馆90家。

文化教育

【教育】澳大利亚西澳大利亚州教育部在岛上办有圣诞岛区学校，提供学龄前至中学10年级教育。1986年，圣诞岛政府开办了全日制成人教育教程，旨在帮助岛民特别是妇女掌握语言及工作技能。该岛建有一个公共图书馆。

【广播电视】有两家电台，一家电视台。该岛社区广播电台于1991年成立，每天用英语、马来语、粤语和汉语普通话广播。（谢宝明）

所罗门群岛

国名 所罗门群岛（The Solomon Islands）。

面积 2.754万平方公里。

人口 53.7万（2009年），其中美拉尼西亚人占93.4%，波利尼西亚人占4%，密克罗尼西亚人占1.4%，白人占0.4%，华人近千人。全国有87种方言，通用皮金语，官方语言为英语。居民中95%以上信奉基督教新教和天主教，圣公会拥有的信教徒占全国人口2/3以上。

首都 霍尼亚拉（Honiara），人口约4万（2004年）。

国家元首 英国女王伊丽莎白二世。女王任命总督为其代表。现任总督弗兰克·卡布伊（Sir Frank Kabui），于2009年7月7日就任。

重要节日 独立日（即国庆日）：7月7日。

简　况

位于太平洋西南部，属美拉尼西亚群岛。西南距澳大利亚1600公里，西距巴布亚新几内亚485公里、东南与瓦努阿图隔海相望。全境有大小岛屿900多个，最大的瓜达尔卡纳尔岛面积6475平方公里。境内多火山、河流。包括200海里专属经济区在内的水域面积达134万平方公里以上。属热带雨林气候，终年炎热，无旱季。首都霍尼亚拉年均气温28℃，年均降水量3000～3500毫米。

早在3000年前已有人在此居住。1568年被西班牙人发现并命名。后荷兰、英国、德国等殖民者相继而至。1885年北所罗门成为德国保护地，同年转归英国（布卡与布干维尔岛除外）。1893年成立"英属所罗门群岛保护地"。二次大战期间曾被日本占领。1975年6月更名为所罗门群岛。1976年1月2日实行内部自治。1978年7月7日独立。现为英联邦成员。

政　治

所社会长期存在马莱塔与瓜达尔卡纳尔两大部族的武装冲突。2000年8月，代表两部落的军事组织"马莱塔之鹰"和"伊斯坦布自由运动"在澳大利亚、新西兰等国家调解下签署停火协议。10月，所中央政府、马莱塔省、瓜达尔卡纳尔省及"马莱塔之鹰"和"伊斯坦布自由运动"五方代表在澳大利亚汤斯维尔市举行和平谈判，并就结束部族冲突、实现民族和解达成《汤斯维尔和平协议》。但2001年底大选后所再次陷入混乱。

2003年7月，来自澳、新及其他太平洋岛国的"地区驻所援助团"（RAMSI）首批军警部队进驻所首都。此后，"马莱塔之鹰"武装主动与RAMSI沟通，瓜达尔卡纳尔解放阵线领导人凯凯向RAMSI投降。2004年，所法制与秩序基本恢复。

2006年4月5日，所罗门议会选举结束后举行的总理选举引发大规模骚乱。澳、新迅速调集200多名警务人员协助所政府维持社会秩序。骚乱迫使新当选的里尼总理辞职，社会信誉党领袖索格瓦雷当选总理。5月5日，索组成新政府。

2007年11月，索格瓦雷（Manasseh Sogavare）政府多名部长和执政联盟的后座议员辞职，引发政治危机。12月，反对党联盟候选人西库阿当选所罗门总理。

【宪法】1978年6月8日英国议会通过所罗门群岛新宪法，同年7月7日生效。

【议会】一院制，国民议会是最高权力机关，由50名议员组成，任期4年。彼得·凯尼洛雷亚（Sir Peter Kenilorea）于2001年12月当选议长，2006年4月23日连任议长。

【政府】现内阁为民族团结与乡村发展联合政府（CNURA Government-The Coalition for National Unity and Rural Advancement），由议会选举产生的总理组阁。内阁对议会负责。本届内阁于2007年12月组成，主要成员有：总理德里克·西库阿（Derek Sikua），副总理兼农村发展与本土事务部长弗莱德·福诺（Fred Fono），外交部长威廉·豪梅（William Haomae），发展计划与援助协调部长史蒂夫·阿巴纳（Steve Abana）。2010年4月22日，西库阿总理宣布内阁改组。弗郎西斯·比利（Francis Billy）替换辛德·利尼（Synder Rini）任财政与贸易部长，彼得·阿戈瓦卡（Peter Shanel Agavaka）任商工与就业部长，克莱蒙特·肯卡瓦（Clement Kengava）替换戈登·里洛（Gorden Darcy Lilo）任环境、保护区与气象部长，塞韦里诺·努阿拉西（Severino Nualasi）替换诺兰·莱尼（Nollen Leni）任渔业与海洋资源部长，伯纳德·基罗（Bernard Ghiro）替换塞尔温·里乌马纳（Selwyn Riumana）任农畜部长，奥古斯汀·塔内科（Augustine Taneko）替换劳利·陈（Laurie Chan）任司法与法律事务部长。

【行政区划】全国划分为首都霍尼亚拉市1个市，西部、瓜达尔卡纳尔、马莱塔、中部、伊萨贝尔、马基拉、特姆突、拉纳尔与罗纳、乔伊索9个省。

【司法机构】沿用英国的司法制度，高等法院（又称国家法院）由大法官和一名陪审推事组成。1978年设上诉法院。各行政区设有区法院和地方法院。现任大法官阿尔波特·帕尔梅（Sir Albert Palmer）。

【政党】政党较多，主要有：

（1）所罗门人民国大党（Solomon Islands People's Congress Party）：现副总理福诺（Fred Fono）为该党领袖。

（2）我们的党（Our Party）：前总理、现反对党领袖索格瓦雷为该党领袖。

（3）自由党（Liberal Party，LP），前总理乌鲁法阿卢（Bartholomew Ulufa'Alu）为领袖。

（4）所罗门农村发展党（Solomon Islands Party for Rural Development，SIPRD），陶辛加（Job D. Tausinga）为领袖。

（5）所罗门群岛国家党（Solomon Islands National Party，SINP）：前总理希利（Francis Hilly）为领袖。

其他还有独立议员联盟党（Association of Independent Members of Parliament，AIMP）、人民联盟党（People's Alliance Party）、拉法利党（Lafari Party）、独立议员小组（Independent Group）。

【重要人物】弗兰克·卡布伊：总督。所罗门群岛前高等法院法官和总检察长，所律师协会主席。2009年7月7日当选并就任总督。**德里克·西库阿：**总理。1959年10月生于所罗门群岛瓜达尔卡纳尔省。1987年进入所政府部门工作，多次出任所教育部常秘。2006年4月当选国民议会议员，并任索格瓦雷政府教育部长。2007年11月加入反对党阵营。12月所国民议会通过对索格瓦雷政府不信任案，西库阿随后被选为总理。

经　济

独立以来，经济有较大发展，由过去的单一经济逐步转变为农、渔、矿、林、旅游等多样化经济。牛肉、粮食、蔬菜基本自给。受亚洲金融危机冲击，所经济自1997年下半年步入困境，出口减少，货币贬值，财政严重亏空。1999年以来，受部族冲突影响，经济形势进一步恶化。2003年起有所好转，2003～2006年经济增长率分别为5.8%、4.5%、5.0%、6%；2007年为10%，成为当年太平洋地区经济增长率最高的国家之一。受国际金融危机影响，2008年、2009年经济增长率分别为7.3%、-2.2%。

国内生产总值（2009年）：6.57亿美元。

人均国内生产总值（2009年）：1223美元。

经济增长率（2009年）：-2.2%。

通货膨胀率（2009年）：7.1%。

货币名称：所罗门群岛元（简称所元）。

汇率（2010年6月）：1美元=7.76所元。

【资源】有铝土、镍、铜、金、磷酸盐等矿藏。已探明铝土矿储量5800万吨，磷酸盐1000万吨。水利资源丰富。森林覆盖面积占陆地总面积90%，约263万公顷。林木总蓄积量为1.27亿立方米，商品材蓄积量为4810万立方米。近年来，林业发展迅速，已成为主要经济支柱，但因过度采伐，面临着数十年内会出现林业资源枯竭的危险。

【工业】有渔产品、家具、塑料、服装、木船、香料、食品和饮料等小工厂和采矿业。工业仅占国内生产总值的5%。

【农业】农业人口占全国人口的90%以上。农业收入占国内生产总值的60%。主要农作物是椰干、棕榈油、可可等。

【渔业】盛产金枪鱼，是世界上渔业资源最丰富的国家之一，金枪鱼年捕鱼量约8万吨。海产品是第三大出口产品，主要出口到日本。

【旅游业】沿海地势较平坦，海水没有污染，被视为世界上最好的潜水区之一，旅游潜力较大。但所基础设施落后，交通不便，社会治安较差，这些问题严重制约着旅游业的发展。

【交通运输】公路：陆路交通不发达。各岛共有1900公里公路干线。其中首都地区柏油路面公路100公里，农村土路1770公里。

空运：除霍尼亚拉国际机场外，还有35个小机场（2009年）。国际航班运营商主要有巴布亚新几内亚航空公司和瑙鲁航空公司，澳大利亚航空公司与所罗门航空公司也有联营的国际航班。

水运：与澳大利亚、日本、新加坡、其他太平洋岛国及中国台湾和香港等国家和地区有海运联系。有定期的海上运输货轮通往澳大利亚、新西兰、巴新、日本、中国香港和欧洲。霍尼亚拉是主要港口。

【财政金融】 财政收入在很大程度上依赖外援。2005年预算收入为7.846亿所元，其中国际社会援助为1.635亿所元，经常性开支8.144亿所元，财政赤字2980万所元。2008年外汇储备7.16亿所元，2008年外债12.61亿所元，债务总额16.97亿所元。

所中央银行和开发银行为两家大银行，另外，澳新银行、西太银行等设有分行。

【对外贸易】 主要出口木材、椰干、鱼类、棕榈油及可可等，进口交通运输工具、机械、食品、燃料、化工品等。主要贸易国为澳大利亚、日本、英国等。2008年进出口贸易总额为37.2亿所元，其中进口额20.63亿所元，出口额16.57亿所元。2009年，木材出口占出口总额的60%，出口到中国和韩国的木材占木材出口总量的77.4%；椰子出口量298吨，同比增长33%。

【外国援助】 争取多边援助，强调外援使用权必须由所决定。日本现为所最大援助国，其他为澳、新、英、欧盟和亚洲开发银行等。

【著名公司及经济团体】 主要有：

（1）矿产与勘探公司协会（Association of Mining and Exploration）：成立于1988年：地址：C/O POB G24，Honiara，Solomon Islands。

（2）所罗门群岛开发信托公司（Solomon Islands Development Trust）：地址：POB 147，Honiara，Solomon Islands。

人民生活

全国有9所医院，900多张病床，135家诊所和农村医疗站。人均寿命58岁。

文化教育

【教育】 保持美拉尼西亚的传统文化。教育水平低下，文盲约占人口的49%。全国有小学52所，中学20所。技术学院和师范学校各一所。中小学生占适龄儿童和少年的1/3左右。

【新闻出版】 私人经营的英文周报《所罗门星报》、《所罗门之声》；政府办的所罗门广播电台用英语和皮金语广播。

军　事

无军队，仅有800多名警察。

对外关系

强调国际和睦、友谊、相互尊重、和平及人类尊严等外交原则。奉行不与任何大国结盟的政策，坚持在谨慎并有选择的基础上发展与各国的政治和经贸关系，有选择地利用外资和外援。支持南太无核区主张，是太平洋岛国论坛、太平洋共同体、美拉尼西亚先锋集团等地区组织成员。重视与英、澳、新等传统友好国家的关系，同时也注重与其他太平洋岛国发展友好合作关系，主张与亚太国家加强合作。目前已同34个国家建交。由于财政困难，目前仅在联合国、澳大利亚、欧盟、巴新等有外交机构。

【同中国的关系】 中国与所罗门群岛无外交关系。

2006年4月，所罗门发生骚乱，在所华侨生命财产遭受严重威胁和重大损失，60多家华人商铺被烧毁，损失达上千万美元；中国撤侨300多人。

根据中国海关总署统计，2009年，中所贸易总额为1.942亿美元，同比减少14.4%，其中中方出口额1613万美元，进口额1.781亿美元。

1985年9月所与台湾建立了所谓"大使级外交关系"，并在台设有"使馆"。

华侨华人：2006年4月18日首都霍尼亚拉市发生骚乱前，旅所华侨、华人约1000人左右，大部分侨民已加入所国籍。其中老侨200多人，多数为第二代，是20世纪40年代前后到所谋生的。来自东南亚等国家的华侨、华人及少量的港澳台胞约300名。新侨大多数来自中国广东开平，是随着中国改革开放，走出国门旅居所谋求发展的，主要从事批发零售，生活还算富裕。随着所罗门群岛政局的稳定，2006年骚乱后撤离所罗门群岛的华人华侨已逐渐返回。

【同英国的关系】 所英关系密切。所原是英国的殖民地，被英统治85年。1978年所独立后，政府部门的顾问等仍由英国人担任。在经济上，英是所重要的援助国及贸易伙伴。2005年4月，所总督维纳访英。2006年10月，英联邦秘书长麦金农访所。

【同澳大利亚、新西兰的关系】 澳大利亚和新西兰分别是所的第二和第五大援助国。澳与所关系密切，在所经营银行、航运和锯木厂。新对所也积极开展外交、贸易活动。所则寻求澳、新的援助和投资。

2006年9月，所总理索格瓦雷执政期间，与澳关系紧张。2007年12月，所新当选总理西库阿表示，所政府将加强与澳大利亚、新西兰和太平洋岛国论坛成员国的关系。澳大利亚外长史密斯对西当选总理表示欢迎和祝贺，并期待澳所关系有所改善。2008年3月，澳总理陆克文访所。澳承诺将继续支持所的发展，2008年向所提供2.03亿所元的援助。

【同其他太平洋岛国的关系】 1988年3月，所与巴新、斐济、瓦努阿图在瓦首都维拉港签署美拉尼西亚先锋集团合作原则声明及公民互免签证协议。2007年3月，所总理索格瓦雷在瓦努阿图首都维拉港与瓦总理利尼、巴新总理索马雷、斐济临时政府外长奈拉蒂考签署《美拉尼西亚先锋集团宪章》。

【同日本的关系】 早在所罗门群岛独立前，日本就与所签订了渔业协定，合办"所罗门大洋渔业公司"。该公司的出口值占所出口总值的1/4以上。此外，日本还在所经营木材加工和伐木厂，并勘探铝矾土矿。

【同欧盟的关系】欧盟自 1998 年至今援助所罗门群岛发展资金共约 13 亿所元，主要用于救灾及实施乡村微型项目。（樊晓东）

汤　加

国名　汤加王国（The Kingdom of Tonga）。

面积　陆地面积 747 平方公里，水域面积 25.9 万平方公里。

人口　10.2 万（2006 年）。98% 是汤加人，属波利尼西亚人种，其余为其他太平洋岛国人、欧洲人、亚洲人及其后裔。华人华侨约有 600 人。通用汤加语和英语。居民多信奉基督教。

首都　努库阿洛法（Nuku'alofa），人口约 3 万（2006 年）。

国家元首　国王乔治·图普五世（George Tupou V），2006 年 9 月 11 日继承王位，2008 年 8 月 1 日正式加冕。

重要节日　独立日：6 月 4 日；图普五世国王加冕日：8 月 1 日；国庆日：11 月 4 日。

简　况

位于南太平洋西部、国际日期变更线西侧，西邻斐济。由汤加塔布、瓦瓦乌、哈派三大群岛和埃瓦、纽阿等 173 个岛屿组成，其中 36 个有人居住，无河流。属热带雨林气候，5～8 月为旱季，12～4 月为雨季。年均气温南部 23℃，北部 27℃。年均降水量 1793 毫米。11～3 月常有飓风和暴雨。

3000 多年前已有人在此定居。约从公元 950 年起至今经历 4 个王朝，现为 1845 年乔治·图普一世建立的陶法阿豪王朝。17、18 世纪，荷兰、英国、西班牙探险家先后抵达。19 世纪基督教传入。1900 年成为英国保护国。1970 年 6 月 4 日独立，并成为英联邦成员。

政　治

国王为国家元首，掌握军政大权。议长、内阁大臣及哈派和瓦瓦乌的两名行政长官等高级官员均由国王任命。社会分王族、贵族和平民 3 个阶层。全国有 33 个世袭贵族头衔。

【宪法】现行宪法由国王乔治·图普一世于 1875 年颁布，规定政府由三部分组成：（1）国王统辖的枢密院和内阁；（2）立法会；（3）司法机构。

【议会】即立法会。一院制。由全体内阁成员、9 名贵族议员和 9 名平民议员组成。每 3 年选举一次。贵族议员由其所在选区贵族选举产生，平民议员由所在选区普选产生，议长由国王在贵族议员中任命。议会每年 5～11 月举行会议。国王有权召开或解散议会。议会通过的法案需经国王批准方能生效。本届议会于 2008 年 4 月选举产生，议长为贵族图伊拉卡帕（Tu'ilakepa）。

汤加目前正在进行政治改革，定于 2010 年 11 月根据新的选举制度举行大选。根据新的选举法案，届时贵族议员维持 9 人不变，平民议员增至 17 人。26 名议员内部选举首相后，首相从议员中挑选内阁大臣，并有权从议员之外任命最多 4 名内阁大臣。国王将让渡国家行政管理大权和部分人事权，枢密院不再是最高行政决策部门，改为国王个人的咨询机构。

【政府】内阁由包括首相、副首相在内的内阁大臣以及瓦瓦乌岛、哈派岛的行政长官组成。目前 14 名内阁成员如下：首相兼外交和国防大臣费莱蒂·塞韦莱（Feleti Sevele），副首相兼卫生、警察大臣维利亚米·陶·坦吉（Viliami Ta'u Tangi），土地、测量和自然资源大臣图伊塔（Tuita），教育、妇女事务和文化大臣特维塔·哈拉·帕莱福（Tevita Hala Palefau），培训、就业、青年和体育事务大臣图伊瓦卡诺（Tu'ivakano），工程大臣兼民航、海事和港务大臣努库（Nuku），旅游大臣菲尼阿西·福纳基（Fineasi Funaki），劳工、商业和工业大臣里斯亚特·阿科罗（Lisiate 'Akolo），农业、食品、渔业和林业大臣图伊帕莱哈克（Tu'ipelehake），财政大臣兼公共企业大臣阿福阿罗·马托托（Afu'alo Matoto），环境和气候变化大臣玛阿福（Ma'afu），信息和通讯大臣埃塞塔·福斯图阿（Eseta Fusitu'a，女），税务大臣西奥内·特斯纳·福科（Sione Teisina Fuko）、司法大臣萨缪·外普卢（Samiu Vaipulu），哈派岛行政长官图伊哈安加纳（Tu'iha'angana）。瓦瓦乌岛行政长官鲁阿尼（Luani）2010 年 5 月去世。

【司法机构】设上诉法院、最高法院、土地法院和地方法院。最高法院首席法官和其他法官均由国王任命。最高法院现任大法官为安东尼·福特（Anthony Ford，新西兰人），2006 年 9 月就任。

【政党】汤加人民民主党（People's Democratic Party）：2005 年 4 月成立。汤加国家全面发展党：2007 年 8 月成立。

【重要人物】**乔治·图普五世**（George Tupou V）：国王。1948 年 5 月 4 日生于努库阿洛法。毕业于英国皇家军事学院和牛津大学。1969 年任汤加国防军上校，1970 年任首相府外事办公室主任，1975 年任汤加驻英国宫廷全权公使，1979～1998 年 5 月任外交国防大臣。此后从政府退休，主要从事商业活动。2006年9月11日继承其父图普四世的王位。未婚。 **图普托阿·拉瓦卡**（Topouto'a Lavaka）：王储，图普五世国王胞弟。1959年7月12日生于努库阿洛法。毕业于美国海军学院、澳大利亚军事学院和澳大利亚邦德大学。1998年10月任外交国防大臣。2000年1月任首相兼外交国防、农林、渔业、海事和港务大臣。次年1月不再兼任海事和港务大臣，但新兼任民航、电信大臣。2002年10月不再兼任农林、渔业大臣。2006年2月辞去首相职务。2006年9月被敕封为王储。现任汤驻澳大利亚高专。已婚，有二子一女。 **萨洛特·皮洛莱乌·图伊塔**（Salote Pilolevu Tuita）：公主，图普五世国王胞妹。1951年11月14日生于努库阿洛法，曾在新西兰学习。现经商，任汤加卫星公司（TongaSat）董事长、汤加莱奥拉（Leiola）免税店有限公司董事、汤中友好协会主席、太平洋和东南亚妇女协会执委、汤加妇女商业协会、业余体协、红十字会、汤加音协主席，汤加储备银行董事。已婚，有5个子女。其丈夫图伊塔现任土地、测量和自然资源大臣。 **费莱蒂·塞韦莱**（Feleti Sevele）：首相。1944年7月7日生于努库阿洛法。毕业于新西兰基督城坎特伯雷大学，获数学学士、经济地理学士学位、经济发展博士学位。1973～1978年，任汤加商品管理委员会秘书、主任、首席执行官。1978～1982年，任南太平洋委员会首席经济师，期间曾有著述出版。1984～1988年，任汤加天主教教育委员会主任。1984～2005年经营企业。1999～2005年，连续三届当选平民议员。2005年3月被国王任命为贸工大臣。2006年3月31日被国王任命为首相，成为汤加首位平民首相。已婚。

经　济

以农业为主，工业不发达。生产力水平低，经济发展落后，严重依赖外援。农业、渔业和旅游业是国民经济的三大支柱，但长期以来未能有效开发。2006年汤加发生骚乱，经济遭到重创，损失占当年国内生产总值（GDP）的20%。此后，政府相继出台一系列振兴经济发展政策，鼓励投资，创造就业机会，经济出现好转迹象，利率和外汇储备基本保持稳定，但经济发展仍在低位运行。由于受国际金融危机影响，2008/2009财年汤经济萎缩0.4%。

国内生产总值（2008/2009财年）：2.78亿美元。

货币名称：潘加（PA'ANGA）。

汇率（2010年4月）：1潘加≈0.5147美元。

通货膨胀率（2008/2009财年）：1.2%。

消费者价格指数CPI上涨率（2008/2009财年）：1.2%。

【资源】渔业和森林资源较丰富，基本无矿产资源。2008年5月，加拿大Nautilus矿业公司等开始在汤加海域进行矿产勘探，迄无大的发现。

【工业】政府重视发展工业，主张产品多样化。1975年在首都郊区设立小型工业区，区内只有一些小企业从事组装、来料加工、进口成品改小包装及简单的农产品和食品加工业。主要工业有小型渔船制造、饼干和方便面制造、食用椰油和固体油脂的加工和包装、金属废料加工、太阳能热水器组装、家具加工制作、电焊铁围栏、油漆分装和烟厂等。

【农业】农业为汤三大经济支柱之一，但基本靠自然发展，以小农场为主，作物品种单调，耕作方式原始，技术落后，产量不高。汤加全国耕地面积179.3平方公里，占土地总面积的24%。从事农业生产的人数占总就业人数的40%，主要农产品有芋头、木薯、南瓜、香草、卡瓦等，还生产香蕉、菠萝、椰子、西瓜、木瓜等热带水果及少量蔬菜。大米、面粉、部分蔬菜和水果及肉类等依赖进口。农产品和鱼类出口在汤出口中占绝对主导地位，但农产品出口不稳定，近年由于南瓜、根茎作物、卡瓦等出口产品价格回落，汤农业连续出现负增长。

【渔业】汤海域辽阔，渔业资源较丰富，以金枪鱼出口为主。近年来，由于气候原因和过度捕捞，鱼类资源不断减少，加之运输成本的不断增加，金枪鱼等主要渔产品出口下降，发展低于预期。汤渔业部门正积极开发珍珠、海藻养殖项目，加强对海参、海胆等繁殖的研究，以形成新的经济增长点。

【旅游业】是汤加经济的支柱产业之一，是政府收入和解决就业的重要行业。政府积极鼓励和发展旅游业，以推动其他经济部门的发展。全国共有旅馆、汽车旅馆和客栈51家，共约700个房间。2008/2009年度赴汤游客有7.2万人次。汤加游客主要来自新西兰、美国、澳大利亚和欧洲。

【交通运输】公路：总长约950公里。

水运：以各岛轮渡运输为主。共有6个海港。汤加塔布岛的努库阿洛法港和瓦瓦乌岛的纳阿夫港可停靠远洋货轮。同澳大利亚、斐济、新西兰、萨摩亚和日本等国之间有定期班轮。

空运：共有大小6个机场。2006年，国际和国内航班分别运营132289和45545人次。澳大利亚（Pacific Blue）、新西兰（Air New Zealand）、斐济（Air Pacific）和萨摩亚（Polynesian Airlines）有航班飞经汤加。国内航线由新西兰查萨姆航空公司（Chatham Airline，2008年4月进入汤国内航空市场）垄断运营。

【财政金融】2008/2009财年汤财政总支出2.43亿潘加，总收入2.48亿潘加（包括2490万潘加外援），财政结余541万潘加。至2010年4月，官方外汇储备总额1.61亿潘加。全国金融系统由汤加国家储备银行、汤加发展银行和三大商业银行组成。

（1）汤加国家储备银行（National Reserve Bank of Tonga）：成立于1989年。核准资本为200万潘加。

是汤中央银行，负责发行货币、调节汇率及管理国家外汇储备等。

（2）汤加发展银行（Development Bank of Tonga）：成立于1977年。是促进投资的金融机构。主要负责向私营部门提供金融贷款。其权益资本主要由澳大利亚和新西兰政府捐赠。

（3）西太银行汤加分行（Westpac Bank of Tonga）：原名汤加银行，成立于1974年，是汤最大的商业银行。2002年7月汤议会批准该银行更名为Westpac Bank of Tonga，当时澳大利亚的Westpac银行持有该银行60%的股份，汤政府持40%股份。但目前汤政府已不再持有股份。

（4）马来西亚银行（MBF Bank Limited）：成立于20世纪90年代初，为较小的商业银行。

（5）澳新银行（Australia and New Zealand Banking Group Limited）汤加分行：成立于1993年，商业银行。

【对外贸易】 长期以来，外贸逆差巨大。主要出口南瓜、鱼类、卡瓦、檀香木、香草和根茎作物。主要进口食品、服装、日用品、机械、运输设备、燃料和建筑材料等。主要贸易对象为新西兰、澳大利亚、斐济、美国、日本和新加坡。

进口方面，2008/2009年度，进口额为2.52亿潘加。汤前三大进口来源国为：新西兰占28.5%，新加坡占25.8%，澳大利亚占10.8%。

出口方面，2008/2009年度，出口额为1751万潘加。汤前三大出口目的地国为：新西兰占32%，日本占13.14%，美国占10.8%。

【外国援助】 外援主要来自澳大利亚、新西兰、日本、中国、欧盟和亚洲开发银行。近年来，汤加接受外援的资金额度不断增加，2006年骚乱后，汤加经济更加依靠外援。2008/2009年度汤加预算中现金援助为4213万潘加。

人民生活

实行全国免费医疗制度。2008/2009财年，汤加医疗卫生预算为2294万潘加，占当年财政预算总额的8.9%。2009年，全国共有4家医院，14家卫生中心，34家卫生诊所，各类卫生从业人员共计800余人。

军　事

汤加国防军（Tonga Defence Services）由陆军、海军和皇家卫队组成，共600多名官兵。国王为国防军最高统帅，首相塞韦莱兼任国防大臣。国防军司令为陶埃卡·乌塔阿图准将（Brigadier Tau'aika Uta'atu）。2008/2009财年，国防预算为885万潘加，占当年财政预算总额的3.4%。

警察部有警察400多名。

文化教育

【教育】 公办学校对6～14岁儿童实行免费教育。南太平洋大学在汤设有分校，另有一所私立工科大学。汤加法律规定教会可参与办学。小学约90%由政府创办，中学约75%由教会创办。一些英联邦国家及中国、日本等国向汤提供留学奖学金。2008/2009财年教育预算为3102万潘加，占当年财政预算总额的12.1%。文盲率1%（2006年）。

【新闻出版】 全国共有4种主要报纸。分别是：《汤加纪事报》（The Tonga Chronicle，唯一的英文报纸），1964年创刊，每星期三出版。其他主要报纸还包括《Taimi》、《Talaki》和《Ke'lea》。主要网站是《汤加风》（Matangi Tonga）。此外还有部分宗教报纸和不定期出版的杂志。

全国共有5家广播电台和3家电视台，主要以汤加语播出，也播放少量英语新闻、体育比赛与影视剧等节目。中国CCTV－9在汤加落地，播放时间为0:00～17:30。有线电视频道如SKY-Pacific、Digi-TV需付费。

对外关系

汤加与50余个国家建立了外交关系，澳大利亚、新西兰在汤设有高专署，中国、日本在汤设有使馆，韩国、荷兰、德国、瑞典、法国在汤设有名誉领事。2007年，汤加先后与马耳他、委内瑞拉、阿联酋和冰岛建交。2009年，汤加与塞浦路斯建交。

汤加在中国设有大使馆；在新西兰设高专署；在澳大利亚设高专署并兼管马来西亚、新加坡、巴布亚新几内亚、文莱、日本、印尼和韩国；在英国设高专署并兼管比利时、卢森堡、丹麦、荷兰、瑞士、法国、德国、意大利、俄罗斯、欧盟事务；在美国纽约设常驻联合国代表团并兼管美国、加拿大、古巴、智利、委内瑞拉、墨西哥等国事务；在旧金山设总领馆；在美国夏威夷设有名誉领事办公室。

汤加是联合国、英联邦、太平洋岛国论坛、太平洋共同体、国际民航组织、亚洲开发银行、世界银行、国际货币基金组织、世界贸易组织等成员国；关心地区安全与稳定，支持美澳新军事联盟和美在太平洋地区发挥主导作用；积极参加地区合作，主张建立南太平洋无核区。2007年10月，汤加主办第38届太平洋岛国论坛首脑会议和第19届论坛会后对话会，以及第17届南太旅游组织部长理事会会议。

【同中国的关系】 中汤于1998年11月2日建立外交关系，同月23日中国在汤加设大使馆，并派大使。

2008年4月，国王图普五世对华进行国事访问，并出席博鳌亚洲论坛年会开幕式；5月，外交兼国防大臣图普以国防大臣身份访华；8月，王储图普托阿、首相塞韦莱分别来华出席北京奥运会开幕式；9月，副首相兼卫生大臣坦吉来华出席北京残奥会闭幕式。2009年6月，议长图伊拉卡帕参加太平洋岛国议员代表团访华。2010年2月，汤王太后马塔阿霍来华私人访问。

2008年8月，胡锦涛主席特使、中国—太平洋岛国论坛对话会特使王永秋赴汤出席汤国王图普五世加冕典礼；11月，陕西省省长袁纯清访汤。2009年1月，商务部副部长傅自应访汤；4月，中国人民对外友好协会副会长李小林访汤；11月，全国人大外委会委员金矛访汤。2010年4月，中国—太平洋岛国论坛对话会特使杜起文访汤。

2009年中汤贸易额为805.4万美元，同比增长10.3%。其中中国出口额799.5万美元，同比增长9.8%，进口额5.9万美元，同比增长227.8%。

2006年3月，CCTV-9节目在汤正式播出。汤加现为中国公民出境旅游目的地国。

中国驻汤加大使：樊桂金。馆址：Embassy of the People's Republic of China in the Kingdom of Tonga，P.O. Box 877，Vuna Road，Nuku'alofa，Kingdom of Tonga。电话：(00676) 24554。传真：(00676) 24595。

汤加驻华大使：马赫乌里乌里·桑德赫斯特·图普尼瓦（Mahe'uli'uli Sandhurst Tupouniua）。馆址：北京建国门外外交公寓1—2—11。电话：010-65327203。传真：65327204。

【同新西兰的关系】 1970年建交。两国关系密切。新是汤主要援助国，1976年开始向汤提供援助，后逐年增加。近年来每年新对汤援助额约为1200万新元，2009/2010和2010/2011财年新对汤援助金额将增至1600万新元，2011/2012财年进一步增为1800万新元。新是汤最大贸易伙伴和进口市场，2008年双边贸易额为5300万新元，其中新对汤出口额4970万新元，进口额330万新元。2006年11月汤加首都发生骚乱后，新与澳一起派军队协助维持治安、平息骚乱。2007年4月，汤加参加新西兰季节工计划。2008年8月，新总督萨特亚南德、总理海伦·克拉克赴汤出席图普五世国王加冕典礼。2009年5月，汤首相塞韦莱访新，汤在新设立高专署；7月，新总理约翰·基和外长麦卡利先后访汤；11月，汤首相塞韦莱赴新出席海啸遇难者纪念仪式，新工党领袖戈夫访汤。

【同澳大利亚的关系】 1970年建交，两国关系密切。澳是汤最大援助国，1976年开始向汤提供援助。2008/2009财年澳对汤援助约为1900万澳元，2009/2010财年为2100万澳元。澳是汤重要贸易伙伴，2008/2009年度双边贸易额为1516澳元，其中澳出口额1418万澳元，进口额98万澳元。澳在汤设有高专署。2006年11月汤加首都发生骚乱后，澳与新一起向汤派出军队协助维持治安、平息骚乱。2008年8月，澳总督杰弗里赴汤出席图普五世国王加冕典礼；同月，汤在澳设高专署，汤王储图普托阿出任高专；10月，图普五世对澳进行私人访问。2009年6月，澳外长史密斯访汤；8月，汤首相塞韦莱出席在澳大利亚凯恩斯举行的第40届太平洋岛国论坛。

【同美国的关系】 两国关系良好。美对汤援助包括军事支持、派遣和平队志愿者等。2004~2008年，汤先后派遣4批次总数超过200人的官兵协助美国在伊拉克的军事行动。2008年1月，汤首相塞韦莱访问美军夏威夷基地，5月，塞韦莱在华盛顿与美国务卿赖斯举行会谈。2009年9月，美国太平洋舰队司令基廷访问汤加。目前，汤共有约4万名侨民旅居美国。汤常驻联合国代表兼驻美大使，目前为汤前任外交大臣索那塔内·图普。汤在旧金山设总领馆，在夏威夷设有名誉领事办公室。

【同日本的关系】 1970年建交。日本是汤重要贸易伙伴和援助国，是汤南瓜、金枪鱼主要出口市场。1993~2006年，日本通过"平民援助项目"向汤提供了500多万美元的援助，投入179个项目。汤卫生部中心医院即为日援建，投资近1000万美元。2008年3月，汤首相塞韦莱以太平洋岛国论坛轮值主席身份访日；8月，日本皇太子德仁参加图普五世加冕典礼。2009年5月，汤首相塞韦莱赴日出席第五届日本与太平洋岛国领导人会议。1973年以来，日本已向汤派遣了约350名志愿者。2009年1月，日本驻汤使馆开馆。

【同英国的关系】 同英国保持传统关系。英国女王曾于上世纪3次访汤。2008年1月，汤国王图普五世访英；8月，格劳斯特公爵夫妇出席图普五世国王的加冕典礼。2010年3月，英国安妮公主访问汤加。英国曾在汤设高专署近百年，但因调整驻外机构于2006年4月1日正式关闭驻汤高专署，由英驻新西兰高专署代管汤事务。

【同法国的关系】 两国关系发展顺利。2005年是两国签署《法国—汤加友好条约》150周年。法国在汤设有名誉领事。法不定期向汤提供一些军事物资援助，法军舰时常访汤。2009年5月，法属新喀里多尼亚司令向汤国防军赠送15辆军用卡车；9月，汤国防军和法驻新喀里多尼亚部队举行小型军事演习。

【同欧盟的关系】 欧盟在汤有若干援助项目。欧盟在汤曾设办事处及临时代办，2002年起该办事处事务由驻斐济办事处兼管。2007年5月，汤外交大臣图普访问欧盟总部。欧盟通过2002~2007年第九个欧盟援助计划向汤提供1700万潘加援助，并将通过2008~2012年第十个欧盟援助计划向汤提供2000万潘加援助。2010年5月，汤首相塞韦莱在布鲁塞尔与欧盟理事会主管发展事务的高专举行会谈，欧盟同意向汤提供2400万潘加的无偿援助。（刘洋）

图 瓦 卢

国名　图瓦卢（Tuvalu）。

面积　陆地面积 26 平方公里，水域面积约 130 万平方公里。

人口　9810 人（2007 年）。97% 为图瓦卢人，属波利尼西亚人种。其余为基里巴斯人（占 1%）、欧洲裔（占 1%）等。英语是官方语言，图瓦卢语为通用语言。居民信奉基督教。

首都　富纳富提（Funafuti）。

国家元首　英国女王，总督是女王的代表。现任总督菲洛伊米亚·特利托（Filoimea Telito），2005 年 4 月就任。

重要节日　图瓦卢日：10 月 1 日。

简　况

位于中太平洋南部，在国际日期变更线西侧。由 9 个环形小珊瑚岛群组成，其中 8 个有人居住，富纳富提为主岛。海岸线长 15 英里。无河流。属热带海洋性气候。年均气温 29℃，年均降水量 3000 毫米。国土最高点不超过海平面 5 米，面临因海平面上升而被淹没的危险。

图瓦卢人世居岛上。1892 年英宣布图瓦卢和附近的吉尔伯特为英“保护地”。1916 年被划入“英属吉尔伯特和埃利斯群岛殖民地”。1975 年 10 月在法律上同吉尔伯特分离，改用旧名图瓦卢（意为“八岛之群”）。1978 年 6 月实行自治，10 月 1 日独立。

政　治

2002 年 7 月大选，萨乌法图·索波阿加（Saufatu Sopoanga）当选总理。2004 年 8 月 25 日，图议会以 9 票对 5 票通过对总理索波阿加的不信任案，索辞去看守政府总理和议员职务，副总理兼工程、通信和能源部长托阿法（Maatia Toafa）任代总理。10 月，托阿法当选总理，索在议员补选中重新当选议员，并被任命为副总理兼工程、通信和能源部长。2006 年 8 月 3 日大选，原反对派领袖阿皮萨伊·耶莱米亚（Apisai Ielemia）当选总理。上届议员中有 8 名落选，其中 4 名为内阁成员，包括索波阿加。上届政府总理托阿法连任议员，但未进入新一届政府。目前政局基本平稳。

【宪法】1978 年 10 月 1 日独立时生效。宪法规定，图为英联邦成员国。英女王根据图总理推荐任命总督。总理由议员选举产生。内阁对议会负责，由总理和数名部长组成。总检查长为政府的主要法律顾问。1986 年 6 月修改宪法，总督丧失对政府所提建议的否决权。

【议会】一院制，由 15 名议员组成，各岛根据登记选民数量产生 1～2 名议员，任期 4 年。本届议会于 2006 年 8 月产生，前总理卡姆塔·拉塔西（Kamuta Laatasi）任议长。

【政府】本届政府于 2006 年 8 月组成，现主要成员有：总理兼外长及劳动部长阿皮萨伊·耶莱米亚，副总理兼自然资源和环境部长塔瓦乌·泰伊（Tavau Teii），内政部长威利·泰拉维（Willy Telavi），财政、经济计划部长洛托阿拉·梅蒂亚（Lotoala Metia），卫生部长亚科巴·伊塔莱利（Iakoba Italeli），公共设施和工业部长卡乌西亚·纳塔诺（Kausea Natano），通讯、交通和旅游部长陶凯利纳·菲尼卡索（Taukelina Finikaso），教育、青年和体育部长法雷萨·皮托伊（Falesa Pitoi），决策委员会主席汤姆·马拉伊福诺·西奥尼（Tomu Malaefono Sione）。

【司法机构】设最高法院。由一名大法官主持受理地区法院和 8 个岛法院的上诉案。如要进一步上诉则由斐济上诉法院代理或呈请英国枢密院司法委员会审理。

【政党】没有政党。

【重要人物】阿皮萨伊·耶莱米亚：总理。1955 年 8 月 19 日生于图瓦卢。1993 年毕业于南太平洋大学，获管理学、政治学学士学位。1973 年开始在图瓦卢政府工作，曾任图瓦卢驻斐济高专署官员、议会秘书、卫生和教育部助理秘书、外交部助理秘书等职。1994～1998 年任图瓦卢驻斐济高专署一秘。1998～1999 年任旅游和商贸部常秘。2006 年 8 月当选总理，兼任外长及劳动部长。

经　济

图资源匮乏，土地贫瘠，农业落后，几乎无工业。家族是生产和生活的最基本单位。集体劳动，主要从事捕鱼和种植椰子、香蕉、芋头，所获物品在家族内平分。买卖主要是以物易物。外汇收入主要靠外援、邮票和椰干等出口、“.tv”网络域名出售、外国在图海域的捕鱼费以及海员汇款和在瑙鲁磷矿工作的侨民汇款。

国内生产总值（2007 年）：约 3186.9 万澳元。

人均国内生产总值（2007 年）：约 3249 澳元。

国内生产总值增长率（2007 年）：2.5%。

国内投资增长率（2006 年）：55.7%。

货币名称：图瓦卢币；通用澳元。

汇率（2010 年 5 月）：1 澳元≈0.84 美元。

通货膨胀率（2006 年）：3.6%。

（资料来源：《2008 年亚太经社概览》）。

【农渔业】农业主要靠种植椰子、香蕉、芋头及饲养家禽、猪等。渔业资源丰富，但无开发能力。图与日本、韩国和中国台湾签有渔业协定，每年可获捕鱼费23万美元。

【交通运输】以水运为主。首都富纳富提有深水港。图瓦卢有通往斐济等的不定期班轮。斐济太平洋航空公司每周有2次（周二和周四）自楠迪经苏瓦飞富纳富提的航班。境内有沙面公路8公里。

【财政金融】2007年政府财政收入为1912.6万澳元，财政支出为2368.2万澳元。收入主要来自“图瓦卢信托基金”、侨汇、出售捕鱼许可证和因特网电信协议。

【对外贸易】2007年出口总额约12万澳元，商品主要有邮票、椰干和手工艺品，市场主要为意大利和斐济。进口总额约1850.3万澳元，商品主要有矿产品、预加工食品、机械、动物及动物产品，来源国包括斐济、日本、澳大利亚和新西兰。2007/2008年度，澳图贸易额约为500万澳元。

【外国援助】主要来自英、澳、新、日、欧洲发展基金和联合国开发计划署。1987年起，英国对图财政预算援款每年减少7.5万美元。为解决由此带来的困难，图政府制订了一项发展基础设施计划，并于同年6月设立图瓦卢信托基金。澳、新、英、日本和韩国为主要捐助国，2000年信托基金达4500万美元。图还发动其他国家捐款。1986年，图被联合国列为最不发达国家之一，图可从世界银行得到特许贷款，图出口商品可获特别关税待遇。澳大利亚为其最大援助国，2009/2010年度计划向图提供250万澳元援助。

人民生活 有1所医院，36张床位。

军　事 无正规军队。设海上巡逻警察，负责海上搜救及监察。

文化教育 【教育】普及小学教育，实施免费教育。全国有11所小学，72名教师，在校生1485人；1所中学，有教师31人，在校生345人。还有1所海员训练学校，52名学生。

【新闻出版】图瓦卢电台为官方电台，用图瓦卢语和英语播音。图政府出版唯一一份报纸《图瓦卢回声》（Tuvalu Echoes），可通过富纳富提图瓦卢传媒公司（Tuvalu Media Corporation）订阅。

2006年图瓦卢天空—太平洋电视台（Sky Pacific television）开播。

富纳富提岛上有固定电话设施，邮政服务连通其他岛屿。图政府拥有唯一的互联网服务供应商（ISP）。

对外关系 奉行与所有国家友好合作的政策，外交重点在太平洋区域，同英、澳关系较深。同斐济关系密切，在斐设有高专署，在纽约、布鲁塞尔、伦敦等设有外交机构。图与英联邦成员国和比利时、智利、荷兰、法国、德国、日本、韩国等有外交关系。1979年初与美国签订了友好条约（1983年9月生效）。根据这一条约，美放弃对图瓦卢南部4小岛的主权要求。图澳2009年开始谈判签署新太平洋发展伙伴关系协定。

2007年10月，图副总理兼自然资源部长泰伊在出席第62届联大一般性辩论时提出联合国应向每个南太岛国派驻援助办公室、反对南太岛国从最不发达国家中“毕业”。图在气候变化问题上立场激进，强烈要求世界各国加强在气候变化问题上的协调与合作，达成减排共识。

图参加的国际和地区组织有联合国、联合国教科文组织、英联邦、世界卫生组织、万国邮政联盟、太平洋岛国论坛、太平洋共同体、太平洋区域环境署、亚洲开发银行等。

【同中国的关系】图于1979年与台湾建立所谓“外交关系”。2007年12月，图总理耶莱米亚访台。2008年8月，图瓦卢奥运代表团出席北京奥运会。

2010年3月，台湾地区领导人马英九访问图瓦卢。

2009年，中图贸易额为606.7万美元，同比下降86.9%，其中605.9万美元为中方出口。（翟兴付）

托　克　劳

名称　托克劳（Tokelau）。

面积　12.2平方公里。

人口　1433人（2008年7月）。另有约6500人在新西兰居住。主要是波利尼西亚人，有少数欧洲人。讲托克劳语和英语。居民70%信奉基督教新教，28%信奉罗马天主教。托克劳人同时具有英国和新西兰国籍。

行政中心　随首席部长办公室轮流设于3个环礁岛。

行政长官　由新西兰外长任命。现任行政长官大卫·佩顿（David Payton），2006年10月任命。

简　况 位于太平洋东南部，由相距几十公里的努库诺努（Nukunonu）、法考福（Fakaofo）、阿塔富（Atafu）三个珊瑚环礁组成。主岛努库诺努南距萨摩亚480公里。年平均气温28℃。

1877年成为英国保护地。1916年被并入英国殖民地吉尔伯特·艾利斯群岛。1926年英国将行政权移交新西兰。1946年称托克劳群岛。1948年主权移交新西兰并划入新西兰版图，为新西兰非自治领地。1976年改称托克劳。

政　治

国家元首为英国女王，女王代表为新西兰总督。原由行政长官掌握行政权。2004年，行政权移交托克劳代表大会。托克劳代表大会享有立法权，每3年举行一次选举，由各岛代表共20人组成。每年召开3次会议，决定政策和预算。代表大会休会时，由3人组成的常务理事会主持日常工作。

1994年6月，托克劳代表大会通过了托克劳第一个国民战略计划，内容包括开发人力与自然资源、制定国旗和国徽、发展对外关系等。2006年、2007年，两次就是否实行内部自治举行全民公决，未获规定所需的2/3多数。2009年9月，新西兰总督萨特亚南德向托克劳颁授首面官方旗帜。

【司法机构】根据1986年《托克劳修正案》，新西兰高等法院对托克劳行使司法权，新西兰总督任命的3名司法专员和各岛选举产生的村长依法处理民事和刑事案件。

经　济

土地贫瘠。出产椰子、面包果、木瓜、芋头和香蕉等。产鱼，饲养少量猪和家禽。主要经济来源是出口椰子、邮票、纪念币、手工艺品以及在托克劳专属经济区捕鱼的美国渔船所付费用。新西兰援助占托克劳政府预算96%。2000年，新西兰与托克劳共同发起并建立“托克劳国际信托基金”，新西兰与澳大利亚分别向该基金提供了1900万新元和500万澳元。2008/2009财年，新西兰向托克劳提供3030万新元援助。2009/2010财年，新西兰对托克劳援助预算为1958万新元。托克劳还接受联合国开发计划署、南太平洋委员会、联合国教科文组织、联合国人口基金、世界卫生组织、联合国儿童基金会、英联邦青年发展计划等机构的援助。货币为新西兰元，1新元约合0.72美元（2010年4月）。

【交通运输】交通运输不发达，无公路，水运全靠外国海运公司提供。2001年起，可从萨摩亚乘水上飞机抵达托克劳。托克劳与新西兰和萨摩亚之间有卫星通讯联系。

人民生活

当地人主要从事捕鱼和饲养家禽。有3所医院，护士大多由斐济和萨摩亚培训。

军　事

无军队，防务由新西兰负责，仅有10名警察。

文化教育

【教育】有3所学校，对5～16岁儿童实行免费教育。共有43名教师和13名辅导员。新西兰教育部提供管理和教学设备。学校挑选学习成绩优秀的学生到新西兰、萨摩亚和纽埃等地深造。

【新闻出版】由首席部长办公室定期就托克劳事务发布一份托克劳文和英文的新闻通讯。三岛均设有广播电台，主要用于气象预报和商船联络。

（李剑波）

瓦利斯和富图纳

名称　瓦利斯和富图纳（Wallis and Futuna, Wallis et Futuna）。

面积　陆地面积274平方公里，水域面积约30万平方公里。

人口　15289人（2009年7月估计）。多为波利尼西亚人，余为欧洲人。官方语言为法语，通用瓦利斯语（富图纳用富图纳语）。居民中99%信奉天主教。

首府　马塔乌图（Mata-Utu），位于乌韦阿岛（Ile Uvea），人口约815人（1983年）。

高级行政官　米歇尔·让（Michel Jeanjean），2010年7月12日任职。

重要节日　7月14日（法国国庆）。

简　况

位于太平洋西南部国际日期变更线西侧。两群岛相距约230公里，均属波利尼西亚群岛。东北部的瓦利斯群岛（Wallis Islands）面积159平方公里，包括主岛瓦利斯（当地语称乌韦阿，面积60平方公里）及附近的22个小岛，主岛有火山和潟湖，最高点海拔15 0米。西南部的富图纳群岛（Futuna Islands）亦称霍恩群岛（Hoorn Islands），由富图纳（面积64平方公里）和阿洛菲（面积51平方公里）两个小岛组成，富岛最高点海拔760米。属热带气候，终年炎热。11～4月为雨季，5～10月为旱季。地处热带，气温通常为23℃～30℃，年平均气温27℃。年平均降雨量为2500～3000毫米。10～3月常有旋风。

15世纪以前，瓦利斯群岛就有人居住。1767年，英国航海家塞缪尔·瓦利斯（Samuel Wallis）发现该岛并命名。1837年，第一批玛利亚会传教士到瓦利斯群岛和富图纳群岛传教。瓦利斯群岛和富图纳群岛分别于1887年和1888年被法国占领，成为法保护地。1961年正式成为法国海外领地（Territoire d'Outre-Mer，TOM）。当地居民为法国籍。

政治

由法国派驻的高级行政官（administrateur supérieur du territoire）和领地议会管理。2010年，米歇尔·让出任高级行政官。

瓦利斯和富图纳在法国国民议会和参议院各有一个席位。国民议会议员由普选产生，现任国民议会议员阿尔贝·利居瓦吕（Albert Likuvalu，社会党），2007年当选。参议员由领地议会选举产生，现任参议员罗贝尔·洛福奥吕（Robert Laufoaulu，人民运动联盟），1998年当选，2008年9月连任。

【宪法】实行法国宪法。法国总统任命高级行政官为其代表。

【议会】一院制的领地议会（Assemblée Territoriale）有20个席位（瓦利斯群岛13席，富图纳群岛7席），成员由普选产生，任期5年。本届议会于2007年4月1日选举产生，人民运动联盟13席，其他党派7席。领地议会主席维克多·布赖尔（Victor Brial，人民运动联盟），2007年12月当选。

【政府】由高级行政官和领地委员会（Council of the Territory）联合执政，领地议会协助高级行政官管理地方事务。领地议会主席为政府首脑。

领地委员会有6名成员，其中有3名为国王［乌韦阿王国（瓦利斯岛）、阿洛王国（富图纳岛东部）、西加韦王国（富图纳岛西部）］，另3名成员经领地议会选举，由高级行政官任命。地方政府首脑为领地议会主席。国王在其当地享有一定的权力。

【司法】司法由高级行政官依法国法律进行管理，但国王和酋长依传统法进行管理。马塔乌图有地方法官。上诉法庭设在新喀里多尼亚的努美阿。

【政党】政党多与法国本土政党有联系，主要有：人民运动联盟（Union pour un Mouvement Populaire，UMP）、社会党（Parti Socialiste，PS）、光辉前程（Taumu'a Lelei）、法国民主联盟（Union pour la Démocratie Française，UDF）、左翼激进党（Mouvement des Radicaux de Gauche，MRG）、地方人民联盟（Union Populaire Locale，UPL）等。

【网址】http://www.adsupwf.org/（高级行政官）；http://www.adsupwf.org/ext-rieurs/assembl-e-territoriale.html（领地议会）；http://www.adsupwf.org/ext-rieurs/d-l-gation-w-f-paris-3.html（领地驻巴黎代表团）。

经济

以传统的自给自足农业为主，农业人口占总人口的80%。主要收入来自法国政府的援助、在新喀里多尼亚镍矿工作的侨民（约17000名瓦利斯人在新喀工作）汇款和捕鱼执照费。

国内生产总值（2005年）：1.88亿美元（按市场汇率计算）。

人均国内生产总值（2005年）：12640美元（按市场汇率计算）。

货币：太平洋结算法郎（Comptoirs Français du Pacifique francs，CFP或XPF）。

汇率：1欧元=119.3317太平洋法郎（固定汇率），1美元=82.65太平洋法郎（2009年6月）。

通货膨胀率（2005年）：2.8%。

失业率（2003年）：15.2%。

【农渔畜牧业】主要农产品有：木薯、芋头、椰子干、香蕉、面包果等。有猪和山羊，捕鱼业。

【交通运输】以海运为主。

公路：瓦利斯岛和富图纳岛分别有环岛公路。

水运：瓦利斯航运公司有两艘船，经营瓦、富两岛之间及驶往新喀里多尼亚、斐济和瓦努阿图的航线。

空运：有2个机场，其中瓦利斯岛有1个国际机场，喀里多尼亚航空公司每周有一班飞机飞往努美阿，每周有三班飞机往返于瓦、富两岛间。

【财政金融】财政主要依靠法国政府补贴。2004年预算收入29730美元，支出31330美元，外债为367万美元，公共债务占国内生产总值的5.6%（估计）。

【对外贸易】主要出口商品有椰干、化工产品、建材等；主要进口商品有化工产品、机械、客轮、消费品等。主要贸易伙伴为法国、新加坡、澳大利亚和新西兰。2007年无出口（2006年出口额为12.2万美元），进口额为6300万美元。

人民生活

实施免费医疗制。该群岛现有两所公立医院和三个公立诊所。2008年有固定电话2700部，互联网用户1200户。

军事

由法国负责防务。

文化教育

【教育】1987年有公立中小学13所，学生4622名。

【新闻出版】双语杂志《Fenua Magazine》创刊于2002年，取代法文和瓦利斯文周刊《Te Fenua Fo'ou》。

法兰西海外广播电台每天24小时用瓦利斯语、富图纳语和法语播音。1986年9月开始播放电视节目，每天播7～10小时的法语节目。（未名）

瓦努阿图

国名　瓦努阿图共和国（The Republic of Vanuatu）。

面积　陆地面积1.22万平方公里，水域面积84.8万平方公里。

人口　221507人（2006年）。其中98%为瓦努阿图人，属美拉尼西亚人种，其余为法、英、华裔和越南、波利尼西亚移民以及其他太平洋岛国人。官方语言为英语、法语和比斯拉马语，通用比斯拉马语，全国共有100多种方言。84%的人信奉基督教。

首都　维拉港（Port Vila），人口4.4万（2006年），年均气温25.3℃。

国家元首　总统尤路·约翰逊·阿比尔（Iolu Johnson Abbil），2009年9月就任。

重要节日　独立日：7月30日。

简　况

位于太平洋西南部。属美拉尼西亚群岛，由约83个岛屿（其中68个有人居住）组成。最大的桑托岛（又称圣埃斯皮里图岛）面积3947平方公里。属热带海洋性气候。

数千年前瓦努阿图人即在此生息。1606年被西班牙探险家发现。1768年法国人到此。1774年英国库克船长到此并将该地命名为“新赫布里底”。1906年10月，英法签署了共管公约，该地沦为英法共管殖民地。1963年土著人成立了第一个政党——乡村党，要求收回土地和实现独立。1978年1月实行内部自治。1980年7月30日独立。独立后，新赫布里底民族党（后改名为瓦努阿库党，简称瓦库党）领袖沃尔特·利尼出任首任总理，索科马努任总统。

政　治

2008年9月，瓦举行新一届议会选举，组成以瓦库党为首的联合政府，瓦库党主席爱德华·纳塔佩（Edward Natapei）出任总理。现任联合政府由瓦库党、联盟党、温和党联盟、人民行动党、工党组成。联盟党主席萨托·基尔曼（Sato Kilman）任副总理。本届政府自上任以来，反对党共提出六次不信任案，均未获通过。目前政局基本保持稳定。

【宪法】1979年制订，1980年生效。宪法规定：总统由议会和地方委员会主席组成的选举团（总计58人）选举产生，任期5年。立法权归议会，行政权归部长会议。总理由议会选举产生，内阁部长由总理任命。瓦努阿图所有土地属土著人及其后裔所有。10月6日为宪法日。

【议会】一院制，共52席，任期4年。每年举行两次例会，应议员多数、议长或总理的请求，议会可举行特别会议。2008年9月2日，瓦举行新一届议会选举，民族联合党议员乔治·韦尔斯（Georges Wells）当选议长。2009年6月，韦尔斯辞去议长职务。共和党议员马科西姆·科尔曼（Maxime Korman）当选议长。2009年11月政府改组，共和党被逐出政府。2010年1月28日，科尔曼辞去议长职务，乔治·韦尔斯再度出任议长。截至2010年6月，各主要政党在议会中所占议席数如下：瓦库党11席，民族联合党4席，温和党联盟8席，共和党8席，人民进步党5席，绿党联盟2席，酋长联盟2席，工党1席，进步共和农民党1席，人民行动党1席，美拉尼西亚进步党1席，马拉库拉人民党1席，民族党1席，独立人士6席。

【政府】内阁又称部长会议（Coucil of Ministers）。现内阁主要成员有：总理爱德华·纳塔佩，副总理兼贸易、工业、商业和旅游部长萨托·基尔曼，基础设施部长瑟奇·沃霍尔（Serge Vohor），外交外贸部长乔·纳图曼（Joe Natuman），财政和经济管理部长塞拉·莫利萨（Sela Molisa），司法和妇女事务部长巴克阿·卡尔通加（Bakoa Kaltongga），内政部长莫阿纳·卡凯塞斯（Moana Carcasses），土地、地质和矿产部长保罗·特鲁克鲁克（Paul Telukluk），农林渔业部长斯蒂文·卡尔萨考（Steven Kalsakau），教育部长夏洛特·萨尔威（Charlot Salwai），卫生部长莫西斯·卡胡（Moses Kahu），青年发展、训练和体育部长拉斐尔·沃沃（Raphael Worwor），合作社和瓦努阿图人经济部长唐斯坦·希尔顿（Dunstan Hilton）。

【行政区划】瓦全国分为托尔巴、桑马、佩纳马、马兰帕、谢法和塔费阿6个省和维拉港、卢甘维尔2个市。

【司法机构】设上诉法院、最高法院和负责传统事务的地方法院。首席法官由总理提名、总统任命。现任首席法官文森特·吕纳贝克（Vincent Lunabeck），总检察长为伊施梅尔·卡尔萨考（Ishmael Kalsakau）。

【政党】主要政党有：

（1）瓦努阿库党（Vanuaaku Party）：执政联盟成员。原名新赫布里底民族党，成立于1971年，是瓦历史最悠久的政党，1977年改为现名，成员约2.7万。该党自1980年瓦独立以来连续执政至1991年。1996年大选后同温和党联盟联合执政。1998年3月大选后同民族联合党、温和党联盟等联合执政。2002年6月大选后先后同温和党联盟等联合执政。2004

年7月大选后一度在野，同年12月加入利尼政府。2007年6月被利尼总理逐出执政联盟，7月再次受召入阁。2008年大选后成为执政联盟主要成员。现主席为爱德华·纳塔佩。1999年4月与中国共产党正式建立党际关系，是太平洋岛国第一个与中共建立党际关系的政党。

（2）联盟党（Alliance）：执政党。2009年，在人民进步党（People Progressive Party）主席、时任议会反对党领袖萨托·基尔曼的倡议下，议会反对派小党包括人民进步党、绿党联盟、民族党、马勒库拉人民党、进步共和农民党及部分独立人士结成联盟党，以提高议会小党的参政分量。加入联盟党的各党派仍维持原有的名称及党章。2009年11月，瓦政府改组后，联盟党加入政府。

（3）温和党联盟（Union of Moderate Parties）：执政联盟成员。成立于1974年，成员约2.6万。主席为基础设施部长瑟奇·沃霍尔。

（4）民族联合党（National United Party）：反对党。1991年9月成立，主要由原瓦努阿库党利尼派组成。2004年以来连续与其他党派组成执政联盟。哈姆·利尼任主席，詹姆斯·布莱任秘书长。2004年3月与中国共产党正式建立党际关系。

（5）共和党（Republican Party）：反对党。1998年1月19日从温和党联盟分裂出来的政党。主席马克西姆·科尔曼，2009年6月至2010年1月任议长。2008年1月与中国共产党正式建立党际关系。

【重要人物】爱德华·纳塔佩：总理，瓦库党主席。1954年生，毕业于斐济技术学院，曾在合作社及信托公司任职。1982～1983年任财政、商务、工业和旅游部第一秘书，自1983年起当选议会议员。1987年出任卫生部长，1988～1989年任公共工程、民航、气象、邮政和通讯、旅游部长，1990～1991年任外交部长，1996～1999年任议长，2001年4月至2004年7月任政府总理，2005年7月任基础设施与公共事业部长，2007年7月任副总理兼基础设施与公共事业部长。2008年9月率瓦库党在大选中获胜，出任政府总理。 **萨托·基尔曼**：副总理，人民进步党主席。1957年生，1978年加入新赫布里底（瓦努阿图旧称）警察部队英国分队。1984年被任命为瓦机动部队（VMF）第一位土著司令。1991年任警察总监。1995年以美拉尼西亚党候选人身份参选议员并获胜。1997年当选美拉尼西亚党副主席，并任瓦政府土地部长。2000年出任综合改革部部长。2001年组建成立人民进步党并任主席。2004～2008年先后出任农业部长，副总理兼外交部长等职。2008年9月大选后，任反对党领袖。2009年，创建由议会反对派小党包括人民进步党、绿党联盟、民族党、马勒库拉人民党、进步共和农民党及部分独立人士结成联盟党，并任主席。2009年11月任副总理兼贸工部长。

经　济

瓦努阿图经济落后，被联合国列为最不发达国家之一。农业和旅游业是瓦努阿图的经济支柱。近年来，瓦经济出现较快增长势头，2005年、2006年、2007年、2008年国内生产总值（GDP）增长率分别达6.5%、7.4%、6.8%、6.3%。2009年基本未受全球金融危机影响，GDP仍保持3.8%的增长，以旅游业为主的服务业、建筑业仍是拉动经济的主要动力，但国内家庭消费、产品出口、私营经济等有所下滑。

国内生产总值（2009年）：584.97亿瓦图（约合5.74亿美元）。

人均国内生产总值（2009年）：298701瓦图（合2913美元）。

货币名称：瓦图。

汇率（2010年6月）：1美元≈101.9瓦图。

通货膨胀率（2009年）：4.5%。

【资源】原有锰矿开采已尽，新探明资源有少量锰矿、铁矿、镍、铜和铝矾土等，还有大量的白硫火山灰，目前没有采矿作业。森林覆盖率36%，其中只有20%具有商业开采价值。渔业资源丰富，盛产金枪鱼。

【工业】由于瓦物价和生产成本高，工业产品缺乏出口竞争力，外商投资的工业产品主要是替代进口商品，在瓦本国销售。瓦只有食品、木材加工、肥皂等小工厂。

【农业】瓦气候和地形适宜农业和牧草开发，国土41%为肥沃的可耕地，但已开发耕地仅占18%。农村人口占全国人口的80%。2009年瓦农业增长1.7%。主要农产品是椰干、卡瓦、可可、咖啡、芋头、木薯、红薯、香蕉等。瓦农业生产方式落后，国家投资严重不足，发展缓慢。

【渔业】瓦专属经济区面积84.8万平方公里，盛产金枪鱼等。目前有100多条外国渔船与瓦合作，在瓦专属经济区捕鱼。按瓦有关规定，外国渔船经瓦方同意后，可在12～200海里之间的海域进行捕捞作业。只有瓦公民和本国公司可以在12海里内的海域捕鱼，6海里内的捕鱼事宜由当地省政府管辖。本国企业商业性渔业规模小。

【服务及旅游业】旅游业是瓦支柱产业之一和最大的外汇收入来源。瓦饭店床位1636张，房间使用率年均50%以上。多数游客来自澳大利亚、新西兰和新喀里多尼亚。主要游览胜地有维拉港、塔纳、桑托、马勒库拉和彭特考斯特岛。2009年，瓦政府加大对外旅游宣传，全年接待航空与游船游客共计23万人次。

【交通电信】交通设施落后，费用昂贵。以海运为主。公路总长约1900公里，绝大部分为土路。

水运：水路总长780公里。岛间运输船舶的最大吨位为200多吨，现有船舶破旧，投资乏力。首都维拉港和桑托港为国际海港，都可停靠万吨商船。

空运：各主要岛屿都有机场。维拉港有国际机场，可直飞澳大利亚、新西兰、斐济、所罗门群岛和新喀里多尼亚。瓦努阿图航空公司是瓦唯一经营国际航线的公司，国内有近10条航线。

瓦努阿图是新兴的船旗国，目前有约600条船悬挂瓦国旗。中瓦海运航线有天津/上海—釜山—维拉港，广州—香港—悉尼—维拉港。

近年来电信业得到长足发展。瓦电信业过去由政府授权瓦努阿图电信公司（TVL）垄断经营，提供固定电话、手机、数据通讯、因特网服务。2008年瓦政府打破垄断，授予总部设在牙买加的电信公司Digicel手机业务经营许可，刺激瓦移动通讯市场快速增长，手机保有量达到每百人40余部。

【财政金融】2009年政府财政收入1.26亿美元，其中增值税与进口关税收入达8000万美元，占财政收入的64.1%；接受国际援助3700万美元，占财政收入的29.4%。2009年财政支出1.3亿美元。

主要银行有：（1）瓦努阿图储备银行（Reserve Bank of Vanuatu）：1981年成立。前称瓦努阿图中央银行，1989年改为现名。是瓦中央银行。

（2）瓦努阿图国家银行（National Bank of Vanuatu）：1991年接管瓦努阿图合作储备银行后成立。1998年11月，同瓦努阿图开发银行合并。属国有银行。

（3）澳新银行（ANZ Banking Group Ltd.）：1970年成立，前称英国巴克莱银行，1985年改为现名，现为澳大利亚的银行。电话：（00678）22536。传真：22814。

（4）西太银行（Westpac Banking Corporation）：总部位于澳大利亚。电话：（00678）22084。传真：24773。

（5）法国Bred银行：2008年在维拉港设立分行，为法国Banque Populaire银行下属银行。电话：（00678）29111。传真：29003。

【对外贸易】瓦商品贸易年年逆差，主要出口椰干、可可、牛肉和卡瓦等。瓦产品主要出口欧盟、日本、澳大利亚、新西兰、印尼、泰国、德国、孟加拉、韩国、美国、比利时等国；并从日本、澳大利亚、新加坡、德国、新西兰等国进口食品、机械、燃料等。2009年瓦出口总值达4119万美元，前五大产品出口市场分别为菲律宾、法国、新喀里多尼亚、澳大利亚和日本，进口额约2.94亿美元。

【外国资本】外资主要投资在信托保险、法律、会计、金融、旅游等服务业以及电力、通讯、商业等。

【外国援助】瓦努阿图的外国援助主要来自澳大利亚、新西兰、欧盟、法国、英国、日本、亚洲开发银行、联合国机构等。这些援助一般用于工业、农业、教育、医疗卫生、防务、司法和行政管理等具体项目。年均接受外援占国民生产总值的17%左右。

【著名公司】（1）瓦努阿图电力公司（UNELCO）：1939年成立。资本额3.5亿瓦图。年营业额10亿瓦图。经营城市供电、供水业务。该公司由法国ELYO公司和瓦努阿图政府合资经营，双方股份分别占85.61%和14.39%。负责人让·弗朗索瓦·巴尔波（Jean Francois Barbeau）。通讯地址：P.O.Box 26，Port Vila，Vanuatu。电话：（00678）22211。传真：25011。

（2）瓦努阿图电讯公司（Telecom Vanuatu Ltd.）：前称瓦尼特尔国家电讯公司（Vanitel National Telecoms），成立于20世纪70年代后期，1992年12月改为现名。现由法国电讯公司、英国电缆无线电公司和瓦努阿图政府合资经营，各占1/3股份。资本额7.57亿瓦图。年营业额10亿瓦图。经营电讯业务。负责人菲利普·里查兹（Philip Richards）。通讯地址：P.O.Box 146，Port Vila，Vanuatu。电话：（00678）22185。传真：22628。

（3）阿宝公司（Au Bon Marche）：1974年9月成立。经营超级市场、五金店、加油站和批发商店等业务。负责人张连仲（Rene Ah Pow）。通讯地址：P.O.Box 64，Port Vila，Vanuatu。电话：（00678）22945。传真：22576。

人民生活

瓦政府规定最低月工资为2.6万瓦图（约240美元）。商品供应齐全，但价格相对昂贵。全国共有5所医院，19个医疗中心，66个门诊部，374张病床，12名医生，220名护士。基本实行免费医疗。

2006年7月，英国新经济基金会研究报告在对全球178个国家和地区进行幸福指数排名后宣布，瓦努阿图为全球幸福指数最高的国家。

军　事

无正规军队。2008年有警察534人和机动部队约350人，由内政部管辖。瓦与澳大利亚、新西兰和巴布亚新几内亚签有防务协定。瓦警察和机动部队人员参与了联合国在东帝汶、波斯尼亚的维和行动、巴新布干维尔和平监督团以及地区驻所罗门群岛援助团。

文化教育

【文化】瓦司法、文化、妇女和宗教部为瓦文化工作最高领导机构，由该部任命组成的“全国文化理事会”（National Culture Council）领导文化工作。瓦文化中心为具体组织开展文化活动的机构，下设国家博物馆、国家图书馆、文化遗址登记处、国家音像档案处。主要文艺组织有：瓦鹦鹉音乐协会（Nasviru Musik Asosiesen）；维拉业余戏剧协会（Vila Amateur Theatrical Society）。

【教育】瓦教育制度规定，小学6年，初中4年，高中3~4年。小学入学率达到95%，但中学入学率很低。2000年政府公办学校：小学284所，初中30

所，高中 28 所。全国小学在校生 38026 人（2007 年），中学在校生 15132 人（2007 年）。中等职业学校有：国立技术学院、师范学院、护士学校、警察学校等。南太平洋大学法律系（为分校）设在维拉港。

【新闻出版】主要报刊有：《每日邮报》（Daily Post），私营，每天（除周日外）用英文出版，发行量约 3000～5000 份。《独立报》（Independent），私营，每周六用英文、法文及比斯拉马文混编出版，2003 年创刊。

瓦努阿图广播电视总公司（Vanuatu Broadcasting and Television Corporation）：为官方新闻机构，拥有瓦努阿图广播公司（Radio Vanuatu）和瓦努阿图电视台（TV Blong Vanuatu）。电台于 1966 年建立，每天早、中、晚三次用比斯拉马语、英语和法语播放新闻和文艺节目，转播英国 BBC、法国国际电台和澳大利亚电台的新闻节目。电视台于 1993 年建立，每天播出3～4 小时的节目，除少量节目自己制作外，主要播放法、英和澳的文艺节目。

对外关系

瓦积极参与国际事务，加强传统双边和多边伙伴关系。瓦是联合国、不结盟组织、英联邦、法语国家共同体、太平洋岛国论坛、美拉尼西亚先锋集团以及国际货币基金组织、世界银行和亚洲开发银行的成员。强调在亚太地区扮演建设性的角色，致力于创造和平、和谐、无核及地区有效合作的发展环境。

【同中国的关系】1982 年 3 月 26 日与中国建交。

近年来中瓦高层交往较多，其中中方访瓦的主要有：中共中央政治局委员、中宣部部长刘云山（2003 年 9 月）、国务院副总理曾培炎（2007 年 3 月）、全国人大常委会副委员长热地（2003 年 4 月）、许嘉璐（2005 年 9 月）、外交部长李肇星（2006 年 8 月）、中联部副部长张志军（2004 年 1 月、6 月、2005 年 1 月、2008 年 2 月）、全国友协副会长李小林（2008 年 5 月）、中国—太平洋岛国对话会特使杜起文（2010 年 2 月）、最高人民法院副院长江必新（2010 年 3 月）、国家广电总局副局长张丕民（2010 年 5 月）、中联部副部长刘结一（2010 年 6 月）。

瓦方访华的主要有：总统马塔斯凯莱凯莱（2007 年 7 月）、总理利尼（2005 年 2 月）、总理纳塔佩（2003 年 7 月、2010 年 4 月）、议长阿沃克（2008 年 2 月）、副总理兼外长基尔曼（2005 年 1 月、2006 年 1 月、2007 年 7 月、2010 年 4 月）、外长韦尔斯（2008 年 1 月）、共和党主席、土地部长科尔曼（2008 年 1 月）、绿党联盟主席卡凯塞斯（2008 年 5 月）。

据统计，2009 年中瓦贸易额为 3050 万美元，同比增长 14.3%。其中中方出口额 3030 万美元，同比增长 14.3%；进口额 20 万美元，同比增长 14.5%。

中国驻瓦努阿图大使：程树平。馆址：Embassy of the People's Republic of China in Vanuatu，Private Mail Bag：9071，Port Vila，Vanuatu。电话：（00678）23598。传真：24877。

瓦努阿图驻华大使：威利·吉米（Willie Jimmy）。馆址：北京市三里屯外交公寓办公楼 212 室。电话：010－65320337。传真：65320336。

【同美国的关系】瓦、美 1986 年建交。美在瓦未设大使馆，由美驻巴新大使兼任驻瓦大使。1989 年，瓦美签署美向瓦派和平队的协议，此后美每年派出数十名和平队员赴瓦，帮助瓦发展教育事业。美还资助瓦警察和机动部队赴美进行专业培训。2005 年，美将瓦列为其千年挑战计划援助国家之一，并于 2006 年 3 月与瓦签署协议，承诺今后五年向瓦提供 6569 万美元，用于瓦的基础设施建设。

【同澳大利亚的关系】澳是瓦最大的援助国。澳每年向瓦政府提供 500 万澳元的预算援助。2009/2010 财年澳预计向瓦提供约 5630 万澳元官方援助。瓦澳签有防务协定。澳是瓦最大贸易伙伴和进口产品来源。2008/2009 财年澳瓦贸易额为 7850 万澳元。瓦主要进口食品、电脑设备、烟酒和建筑材料，出口牛肉、海产品、木制品等。澳是瓦旅游业主要客源国之一，瓦 2/3 的长期游客来自澳大利亚。澳在瓦设有高专署。2009 年 5 月 27 日，纳塔佩总理访澳并与澳大利亚总理陆克文签署瓦澳发展伙伴协议。

【同新西兰的关系】瓦、新于 1980 年建交。1991 年两国签署防务合作协定。瓦从新主要进口日用品、纸张、蔬菜、铝和成品油，向新主要出口木材、水果、香料和兽皮等。新是瓦主要援助国之一，每年向瓦提供数百万新元的援助。根据新援瓦五年计划“2006～2010 年新瓦开发战略”，新于 2006～2010 年援瓦 8500 万新元，并从 2007 年开始允许瓦季节性民工赴新从事果园管理等工作。新是瓦旅游业主要客源国之一。新在瓦设有高专署。2007 年 5 月，瓦副总理兼外长基尔曼访新。2008 年 2 月，瓦总理利尼访新。

【同英国和法国的关系】英、法原为瓦的共管宗主国。瓦英关系近几年来发生重要变化，英减少对瓦援助，目前只向教育领域提供援助。2005 年英国关闭驻瓦高专署。法是瓦的主要援助国之一。法在瓦设有使馆。2006 年 6 月，法国举办法国—太平洋岛国发展合作峰会，会上法瓦签署协议，法承诺 2006 年至 2010 年向瓦提供总额为 1600 万欧元的援助。

【同日本的关系】瓦、日于 1981 年建交。日驻斐济大使兼任驻瓦大使。20 世纪 90 年代以来，瓦日关系发展迅速。双方在渔业、肉类加工、旅游业等方面建立了合资关系。日为瓦先后援建了维拉港机场扩建项目和桑托水电站工程。2000 年初，日援建的埃法特部分环岛公路竣工投入使用。

【同欧盟的关系】瓦与欧盟关系密切。2000 年，瓦向欧盟国家出口额为400万美元。根据《洛美协定》有关安排，1975年至2000年，瓦共接受欧盟8400万美元的援助，其中91%用于渔业、农业、教育和基础设施建设等项目。欧盟每年向瓦提供1亿瓦图（约90万美元）财政援助，逐年审查逐年发放，条件是瓦必须依国际标准管理财政。瓦系欧盟在太平洋岛国中唯一的政府财政受援国。2006年5月3日，瓦欧双方举行纪念欧洲人1606年5月3日发现瓦努阿图400周年的庆祝活动。

【同其他太平洋岛国的关系】 瓦与巴布亚新几内亚、所罗门群岛和斐济同是"美拉尼西亚先锋集团"成员。该集团每年举行一次会议，协调在地区事务上的立场。集团秘书处现设在瓦努阿图。（古伟）

新喀里多尼亚

名称 新喀里多尼亚（New Caledonia，Nouvelle Calédonie）。

面积 18575平方公里。其中新喀里多尼亚岛16372平方公里，洛亚蒂群岛1981平方公里。

人口 227436人（2009年7月估计）。人口结构非常年轻，一半以上人口年龄在25岁以下。主要为当地土著卡纳克人和土生白人—卡尔多什人，其余为其他南太土著和亚洲人。官方语言为法语，通用美拉尼西亚语和波利尼西亚语。居民中60%信奉天主教，30%信奉基督教。

首府 努美阿（Nouméa），人口91386人（2004年）。

高级专员 伊夫·达松维尔（Michel DASSONVILLE），2007年11月9日就任。2010年10月6日，阿尔贝·迪皮（Albert Dupuy）被任命为新一任高级专员。

重要节日 7月14日（法国国庆）。

简　况

位于南太平洋，距澳大利亚昆士兰东岸1500公里处。属美拉尼西亚群岛。由新喀里多尼亚岛、洛亚蒂群岛和无人居住的切斯特菲尔德群岛组成。主岛新喀里多尼亚为一狭长岛屿，崎岖的山脉将该岛分为东西两部分，少平地。属热带草原气候，年均气温24℃，12月至来年3月为雨季。东部地区年降水量为2000毫米，西部地区为1000毫米。

最早的居民来自巴布亚和波利尼西亚群岛。1774年，英国的詹姆士·库克船长航行到此。1843年，英国在该岛派驻专员。1853年沦为法国殖民地，后与塔希提岛合并。1860年成为独立行政区。1946年成为法国海外领地（territoire d'outre-mer，TOM）。1956年成立第一届领地议会。1976年12月成立政府委员会，享有部分处理内部事务的自治权。法国委派的总督改为高级专员（Haut commissaire de la République）。在法国国民议会拥有两个席位，在参议院拥有一个席位。1979年法国政府解散政府委员会，将新喀置于中央政府直接统治下。此后几年，新喀政党与法政府就新喀独立问题进行多次协商。1986年12月，联合国大会通过决议，新喀被列入联合国非自治领土名单，从而确定了新喀居民享有自治权。1988年6月，共和党（保卫喀里多尼亚在共和国内联盟）和卡纳克社会主义民族解放阵线同法国政府在巴黎签订《马提翁协议》，规定一年后新喀实行有限的地方自治，成立北方、南方和洛亚蒂群岛三个自治省，并于1998年举行全民公投以决定是否独立。从1989年7月起，法国逐步把大部分权力交给了新选出的三个省议会。2003年法议会通过宪法修正案，新喀成为地位特殊的海外属地。

政　治

1998年4月21日，法国政府同卡纳克社会主义民族解放阵线及保卫喀里多尼亚在共和国内联盟就新喀未来地位问题达成努美阿协议，主要内容有：法国逐步向新喀移交教育、税收、外贸、交通运输等权力，但仍掌握防务、司法、警察等部门；在今后15~20年内，新喀将就独立问题举行全民公投，如3/5的人选择独立，法国则交出其余权力，如独立被否决，可在随后4年中再举行两次投票，如独立在第二次投票中仍被否决，将重新商议该群岛的前途；承认"法兰西共和国内的新喀里多尼亚公民身份"，日后新喀若选择独立，这一身份即变成"国籍"。同年11月8日，新喀举行公民投票通过了《努美阿协议》。

2008年10月，执政的共同未来党发生分裂，菲力浦·高麦斯（Philippe GOMES）为首的一批议员另组共同喀里多尼亚党。

2009年5月，举行领地议会选举。6月5日，共同喀里多尼亚党、人民运动联盟等结盟在新议会选举高麦斯为政府主席，组成联合政府。

新喀在法国国民议会有两个席位，在参议院有一个席位。现任国民议会议员：皮埃尔·弗罗吉尔（Pierre FROGIER，人民运动联盟），1993年当选，1997年、2002年、2007年连任；盖尔·扬诺（Gaël YANNO，人民运动联盟）2007年6月当选。现任参议员：西蒙·洛克霍特（Simon LOUECKHOTE，人民运动联盟)，1992年9月当选，2001年连任。

【宪法】实行法国宪法。共和国高级专员是法国总统的代表。

【议会】议会（Congrès de la Nouvelle Calédonie）为立法机构。本届议会于2009年5月9日选举产生，共54席，任期5年。各省所占席位：南方省32席、北方省15席、洛亚蒂群岛省7席。各党席位如下：人民运动联盟13席，共同喀里多尼亚10席，喀里多尼亚联盟8席，全国独立联盟8席，共同未来党6席，卡纳克社会主义民族解放阵线3席，工党3席，其他3席。主席哈罗德·马丁（Harold MARTIN，共同未来党），2009年5月22日当选。

1999年8月设立协商参议院（customary senate），共有16名成员，任期6年。协商参议院下设8个习惯协商委员会，就有关影响当地和卡纳克传统的事务提供咨询。本届协商参议院于2006年产生，主席让—居伊·姆布里（Jean-Guy MBOUERI）。

【政府】政府由议会选举产生。本届政府于2009年6月组成，成员来自共同喀里多尼亚党、人民运动联盟、卡纳克社会主义民族解放阵线的卡纳克解放党和喀里多尼亚联盟、全国独立联盟、多样化运动。主席菲力浦·高麦斯，负责矿产、能源和国际航空；副主席皮埃尔·恩加伊奥尼（Pierre NGAIOHNI，来自卡纳克社会主义民族解放阵线，根据努美阿协议，如政府主席为反独立人士，则副主席应由主张独立人士担任），负责职业培训等。

北方省省长保尔·内阿胡蒂纳（Paul NEAOUTYINE，全国独立联盟），南方省省长皮埃尔·弗罗吉尔，洛亚蒂群岛省省长内高·内佩于纳（Néko HNEPEUNE，喀里多尼亚联盟）。

【网址】http://www.nouvelle-caledonie.gouv.fr（高级专员）；http: www.gouv.nc（政府主席）；http://www.congres.nc（议会）；http://www.adecal.nc/index.htm（新喀经济发展局）。

【司法机构】设上诉法院、初审法庭和行政法庭。上诉法院院长吉拉尔·费（Gérard FEY），初审法庭庭长让·普拉达尔（Jean PRADAL）。1990年在北方省和洛亚蒂群岛省各设一分庭，分庭庭长由各省委派。

【政党】主要政党有：

(1) 共同喀里多尼亚党（Caledonie Ensemble）：2008年10月14日成立，由以菲力浦·高麦斯为首的一些原共同未来党成员组成。为中间派政党，反对独立。

(2) 共同未来党（L'Avenir Ensemble，AE）：2004年4月创建，由原保卫喀里多尼亚在共和国内联盟（RPCR）部分人士联合其他一些小党组成。走中间路线，注意同亲法派及激进独立派拉开距离。在2004年新喀议会选举中一跃成为第一大党。2008年分裂，喀里多尼亚联盟（Alliance pour la Calédonie，APLC）领袖迪迪埃·勒鲁（Didier LEROUX）出任领导人。

(3) 人民运动联盟（Rassemblement-Union pour un Mouvement Populaire，R-UMP）：1977年建立。原名保卫喀里多尼亚在共和国内联盟。由于同法国人民运动联盟关系密切，2004年取用现名。由争取喀里多尼亚复兴联盟、基督教和解社会民主党、保卫喀里多尼亚联盟、共和联盟和喀里多尼亚自由运动5党组成。主张维持新喀现状。领导人皮埃尔·弗罗吉尔。

(4) 卡纳克社会主义民族解放阵线（Front de Libération Nationale Kanak et Socialiste，FLNKS）：1984年建立。最大的两个党派是卡纳克解放党（Kanak Liberation Party，Palika）和喀里多尼亚联盟（Union Calédonienne，UC），还包括全国独立联盟（Union Nationale pour l'indépendence，UNI）、美拉尼西亚进步联盟（Union Progressiste Melanésienne，UPM）等。成员有1万多人，主要为卡纳克人。主张新喀独立。主席暂缺，由政治局代行主席职权。

(5) 多样化运动（Mouvement de la diversité，LMD）：2008年建立的右翼政党，反对独立，与人民运动联盟关系密切。领导人西蒙·洛克霍特。

其他政党还有工党（Labor Party，PT）、国民阵线（Front national，FN）、独立人士协调委员会联合会（Fédération des Comités de Coordination des Indépendantistes，FCCI）等。

【重要人物】**菲力浦·高麦斯**：新喀政府主席。1958年10月27日出生于阿尔及利亚阿尔及尔。曾为保卫喀里多尼亚在共和国内联盟成员。2004年参与创建共同未来党。2004~2009年任南方省省长。由于与哈罗德·马丁、迪迪埃·勒鲁等政见不合，2008年另立共同喀里多尼亚党。2009年5月当选政府主席。

经济

新喀是大洋洲地区排在澳大利亚、新西兰和夏威夷之后的第四大经济体。镍矿开采业和旅游业是两大经济支柱。主要工业品和粮食需进口。

国内生产总值（2007年）：88亿美元。

人均国内生产总值（2007年）：36376美元。

国内生产总值增长率（2007年）：4.6%。

货币：太平洋结算法郎（Comptoirs Français du Pacifique francs，CFP或XPF）。

汇率：1欧元=119.3317太平洋法郎（固定汇率），1美元=82.65太平洋法郎（2009年6月）。

通货膨胀率（2006年）：1.4%。

【资源】镍矿储量居世界第一位，约占世界储量的20%~25%，共计5000万吨。2005年开采镍矿砂644.5万吨。此外还有丰富的钴（世界第二大生产地）、铬、锰、铜、铅、锌等矿藏。森林面积约25万公顷。渔业资源主要有金枪鱼和虾。现已在领海勘探到丰富的天然气资源，并有望发现储量可观的石油。

【工业】主要有制造（占国内生产总值的13%，包括食品加工）、采矿（10%）、建筑（8.6%）、电力等工业。工人占总就业人口的16%。2005年产铁镍和镍锍共59576吨。电力工业主要为热力、水力和风力发电。2007年总发电量估计为18.25亿千瓦小时。

【农业】农业产值约占国内生产总值的1.4%，农业人口占总就业人口的5%左右。耕地总面积为247878公顷。主要农作物有玉米、山药、马铃薯、甘薯、椰子、南瓜、咖啡、香草等。

畜禽业以饲养鸡、牛、羊、猪、马、鹿等为主。2005年生产牛肉3497吨、猪肉1803吨、鹿肉243吨、鸡肉923吨。

拥有145万平方公里海域经济专属区。2004年捕获各种鱼虾7281吨；养虾656公顷，产量2210吨。

【旅游业】包括旅游业在内的服务业产值占国内生产总值65%。2006年接待游客118898人次，主要来自法国、日本、澳大利亚和新西兰。2005年旅游外汇收入175.26亿太平洋法郎。共有旅馆91家，房间2295间（不含青年旅社和宿营地）。2008年，联合国教科文组织将“新喀里多尼亚潟湖：珊瑚礁多样性及相关生态系统”列入《世界自然遗产名录》。

【交通运输】陆路：公路总长5622公里（2006年），有各种车辆102477辆（2004年）。

水运：主要港口努美阿。有两家船运公司。国际航线通达澳大利亚、新西兰、南太岛国及亚洲和欧洲国家。2005年货运量824.8万吨。

空运：建有努美阿国际机场和其他一些小机场。喀里多尼亚国际航空公司、法航、新西兰航空公司、瓦努阿图航空公司等辟有新喀通达法国、澳大利亚、新西兰、斐济、瓦努阿图等国以及法属波利尼西亚、瓦利斯和富图纳等地的航线。2005年客运量692115人次，货运量6419吨。

【财政金融】2004年财政收入1033.33亿太平洋法郎，支出964.84亿郎。2005年接受法国中央政府财政拨款1057.35亿太平洋法郎，平均每个居民45.11万郎。

2004年共有银行和其他金融机构17家。主要银行有新喀里多尼亚银行（Banque de Nouvelle-Calédonie）、新喀里多尼亚巴黎国民银行（Banque Nationale de Paris Nouvelle Calédonie）、喀里多尼亚兴业银行（Société Générale Calédonienne de Banque）和喀里多尼亚投资银行（Banque Calédonienne d'Investissement）。

【对外贸易】主要进口食品、机械设备、燃料、矿石等，主要出口铁镍、镍矿砂、海产品等。2007年进口额为28.8亿美元，出口额21.1亿美元。

2006年主要贸易对象如下（单位：在进、出口额中所占百分比）：

	进口		出口
法国	31.9	法国	20.6
欧盟（除法国）	15.6	日本	18.4
新加坡	14.4	欧盟（除法国）	17.8
澳大利亚	9.5	中国台湾	12.8
新西兰	4.7	中国	11.3

据中国海关总署统计，2007年中国与新喀进出口商品总额为40763万美元，其中中方出口额3075万美元、进口额37687万美元，同比分别增长122.9%、60.4%和130.3%。

人民生活

2009年估计出生率17.04‰，死亡率5.68‰，儿童夭折率为7.05‰；人均期望寿命74.98岁，男性为71.99岁，女性为78.12岁。2008年约有固定电话6.3万部，移动电话19.65万部，因特网用户8.5万户。2005年最低工资标准为11万太平洋法郎/月。每千人拥有医院床位3.7张。

军　事

由法国负责防务。2005年法在新喀驻军2700余人，包括陆军1320人、海军550人、空军164人和宪兵720人，配备5艘战舰、2架海空侦察机、7架直升机和3架运输机。

文化教育

【教育】对6～16岁儿童实行10年义务教育。学校分公立和教会两种体制，均属教育部管辖。法国政府资助公办中级教育学校。小学为5年制，6岁入学；中学分为初中4年和高中3年。2010年有学校约370所，学生约6.94万人，其中公立学校学生占72.2%。高校主要是新喀大学，2005年注册学生2496人，教师78人。

【新闻出版】主要报刊有：《喀里多尼亚新闻》，日报，发行量1.85万份；《喀里多尼亚农业》，双月刊，发行量3000份；《新喀里多尼亚教会》，天主教会刊物，月刊，发行量450份；《喀里多尼亚展望》，工会机关报。

新喀里多尼亚广播电台：前身为法国海外广播电台，建于1942年，每天用法语广播节目24小时。此外，还有蓝色节奏广播电台。

新喀法国海外广播电视台：1965年建立，从属于法国海外广播电台，每天播放10小时节目。

对外关系

由法国负责。新喀为万国邮政联盟（UPU）、世界气象组织（WMO）、太平洋共同体秘书处（SPC）、国际工会联合会（ITUC）、世界工会联合会（WFTU）成员，为太平洋岛屿论坛（PIF）联系成员。　（戴定）

新　西　兰

国名　新西兰（New Zealand）。

面积　27.0534 万平方公里。专属经济区 120 万平方公里。

人口　436 万（2010 年 4 月）。其中，欧洲移民后裔占67%，毛利人占 14.5%，亚裔占 9.2%（华人约 15 万），太平洋岛国裔 6.9%。官方语言为英语和毛利语。70% 的居民信奉基督教新教和天主教。

首都　惠灵顿（Wellington），人口 38.6 万（2009 年）。平均气温夏季 16℃左右，冬季 8℃左右。

国家元首　英国女王伊丽莎白二世。总督为女王代表，由总理提名，女王任命，任期 5 年。现任总督阿南德·萨特亚南德（Anand Satyanand），2006 年 8 月就职。

重要节日　国庆日：2 月 6 日，称“威坦哲日”（Waitangi Day）。

简　况

位于太平洋西南部，西隔塔斯曼海与澳大利亚相望，相距 1600 公里。由南岛、北岛及一些小岛组成，南、北两岛由库克海峡相隔。全境多山，山地和丘陵占全国面积的 75% 以上，平原狭小。河流短而湍急，航运不便，但水利资源丰富。北岛多火山和温泉，南岛多冰河与湖泊。南岛的库克峰海拔 3754 米，为全国最高峰。海岸线长 6900 公里。属温带海洋性气候。平均气温夏季 20℃左右，冬季 10℃左右。年平均降水量 600～1500 毫米。

1350 年起，毛利人在新西兰定居。1642 年荷兰航海者在新西兰登陆。1769～1777 年，英国库克船长先后 5 次到新西兰。此后英国向新西兰大批移民并宣布占领。1840 年 2 月 6 日，英国迫使毛利人族长签订《威坦哲条约》，新西兰成为英国殖民地。1907 年独立，成为英国自治领，政治、经济、外交受英国控制。1947 年成为主权国家，同时为英联邦成员。

政　治

自 1935 年起，工党和国家党轮流执政。1993 年 11 月，全民投票决定将议会选举制度由简单多数制改为混合比例代表制。1996 年 10 月举行首次混合比例代表制大选，国家党与新西兰第一党组成联合政府。1998 年 8 月，因执政两党摩擦不断，联合政府解体，总理希普利组成以国家党为主的少数政府。1999 年 11 月大选后，工党与联盟党组成少数联合政府。2002 年 7 月大选后，工党与进步党组成少数联合政府。2005 年 9 月大选后，工党和进步党再度组成联合政府，并在财政和信任投票上得到新西兰第一党和联合未来党支持。2008 年 11 月，国家党在大选中获胜，并获得行动党、毛利党和联合未来党的财政与信任支持，组成少数政府。

【宪法】无成文宪法，宪法由英国议会和新西兰议会通过的一系列法律和修正案以及英国枢密院的某些决定构成。

【议会】一院制，仅设众议院，成立于 1854 年。议员由普选产生，任期 3 年。本届议会为第 49 届，于 2008 年 11 月组成。共有议席 122 个，其中国家党 58 席，工党 43 席，绿党 9 席，毛利人党 5 席，行动党 5 席，联合未来党 1 席，进步党 1 席。议长洛克伍德·史密斯（Lockwood Smith）。

【政府】总督和部长组成的行政会议是法定最高行政机构。行政会议由总督主持，总督缺席时由总理或高级部长主持。总督行使权力必须以行政会议的建议为指导。内阁掌握实权。本届政府由国家党与毛利党、行动党和联合未来党于 2008 年 11 月 19 日组成，成员 28 人，其中内阁部长 20 人，非内阁部长 8 人。主要成员：总理兼旅游部长约翰·基（John Key），副总理兼财长英格利希（Bill English），经济发展部长兼议会领袖布朗利（Gerry Brownlee），外长麦卡利（Murray McCully），贸易部长格雷泽（Tim Groser），国防部长马普（Wayne Mapp）等。华人议员黄徐毓芳（Pansy Wong）出任少数民族事务、妇女事务部长，为新西兰首位华裔部长。

【行政区划】全国分为 12 个大区，设有 74 个地区行政机构（其中包括 15 个市政厅、58 个区议会和查塔姆群岛议会）。主要城市有：惠灵顿、奥克兰、克赖斯特彻奇（基督城）、哈密尔顿、达尼丁等。

【司法机构】设有最高法院、上诉法院、高等法院、若干地方法院和受理就业、家庭、青年事务、毛利人事务、环境等相关法律问题的专门法院。最高法院 2004 年 1 月 1 日成立，取代英国枢密院成为终审法院，由首席大法官和四名法官组成。现任首席大法官为赛恩·伊莱亚斯（Dame Sian Elias，女）。上诉法院由院长和六名法官组成，现任院长为威廉姆·杨（William Young）。高等法院由 34 名法官和 7 名协理法官组成，现任首席法官为兰德森（Justice Randerson）。

【政党】有大小政党 20 多个。主要包括：

（1）国家党（National Party）：执政党。1936 年由统一党和改良党合并而成，代表农场主、大企业家、律师等的利益。主张实行自由市场经济和私有化，反对政府过多干预经济；严格规范福利政策，减少毛利人特权。曾多次执政。2008 年大选获胜。领袖约翰·基。

（2）新西兰行动党（ACT New Zealand）：前身是工党政府部长罗杰·道格拉斯（Roger Douglas）创立的消费者及纳税人协会，1994 年 11 月改为现名。代表企业界利益，支持者多为大财团及富商。领袖罗德尼·海德（Rodney Hide），担任国家党政府地方政府、规章改革部长及协理商业部长（非内阁部长）。

（3）毛利党（Maori Party）：2004 年 4 月，因在毛利问题上与政府意见相左，协理毛利事务部长塔里安娜·图里娅（Tariana Turia）辞职并组建毛利党，主张维护毛利人传统利益，保护毛利文化、习俗和语言。联合领袖为塔里安娜·图里娅和著名毛利学者皮塔·沙普尔斯（Pita Sharples），分别担任国家党政府社区和志愿者事务、残疾人事务部长以及毛利事务部长（均为非内阁部长）。

（4）新西兰联合未来党（United Future Party）：前身为团结党，1995 年 6 月成立。2000 年 11 月与未来党合并，改为现名。领袖彼得·邓恩（Peter Dunne），担任国家党政府税收部长、协理卫生部长（非内阁部长）。

（5）工党（Labour Party）：主要反对党。1916 年成立。主要代表中低收入者利益，工会组织和毛利人是其传统支持者。主张实行民主社会主义，经济上自由竞争，社会政策上加大政府干预。曾多次执政。2008 大选失利。领袖菲尔·戈夫（Phil Goff）。

（6）绿党（Green Party）：前身为价值党，1972 年成立，积极致力于反战、反核、环保运动和维护老年人、贫困家庭等弱势群体利益。1990 年与绿色组织合并，改称现名。1991 年加入联盟党。1999 年脱离联盟党。联合领袖为罗素·诺曼（Russel Norman）和默蒂里娅·图雷（Metiria Turei）。

（7）进步党（Progressive Party）：2002 年 4 月，联盟党前领袖吉姆·安德顿（Jim Anderton）率支持者脱离联盟党组建。

其他政党有：新西兰第一党（NZ First Party）、太平洋精神党（Mauri Pacific）、保守党（Conservative Party）、民主党（Democratic Party）、基督教遗产党（Christian Heritage）等。

【重要人物】阿南德·萨特亚南德：总督。1945 年生于奥克兰，父母均为斐籍印度裔。毕业于奥克兰大学法律系。1970 年任职于新西兰皇家法律办公室，1982 年担任政府刑法改革委员会委员。2004 年任监察专员。2005 年 2 月退休后担任新西兰亚洲基金会董事、国际事务学会副主席等职。2005 年被授予“女王勋章”。2006 年 8 月任总督，是新西兰历史上首位亚裔总督。　**约翰·基**：总理。1961 年 8 月生于奥克兰。毕业于坎特伯雷大学会计专业并获商业学士学位。1985 年起从事投资银行工作。1995 年受聘于美林银行，先后在该行伦敦、新加坡、悉尼分行担任外汇投资部经理。1999 年任纽约联邦储备银行外汇委员会成员。1990 年加入国家党。2002 年进入议会，曾任国家党交通、商业、统计、财政等事务发言人。2006 年 11 月当选国家党领袖。2008 年 11 月率国家党赢得大选，并出任总理。　**菲尔·戈夫**：反对党领袖。1953 年 6 月生于奥克兰。获奥克兰大学政治学硕士、牛津大学硕士学位。曾任奥克兰大学政治学客座教授。1969 年加入工党，1981 年当选议员。1984 年起历任工党政府住房、就业、环境、旅游、青年事务和教育部长等。工党 1990 年大选失利后，任奥克兰理工学院客座教授。1993 年重返议会，连任议员至今。1999 年起历任外交部长、贸易部长、司法部长。2008 年 11 月出任工党领袖。

经　济

以农牧业为主，农牧产品出口占出口总量的 50%。羊肉和奶制品出口量居世界第一位，羊毛出口量居世界第二位。主要经济数据如下（按 1995/1996 年度不变价格计算）：

国内生产总值（2009 年）：1333.42 亿新元。

经济增长率（2009 年）：-1.4%。

人均国内生产总值（2009 年）：3.1 万新元。

货币名称：新西兰元。

汇率（2010 年 4 月）：1 新元约合 0.72 美元。

通货膨胀率（2009 年第四季度）：2%。

失业率（2010 年 3 月）：7.3%。

（资料来源：新西兰统计局、新西兰财政部）

【资源】矿藏主要有煤、金、铁矿、天然气，还有银、锰、钨、磷酸盐、石油等，但储量不大。石油储量 3000 万吨，天然气储量 1700 亿立方米。煤主要出口到日本、智利、印度和中国。

【工业】以农林牧产品加工为主，主要有奶制品、毛毯、食品、皮革、烟草、造纸和木材加工等轻工业，产品主要供出口。近年来，陆续建立了一些重工业，如炼钢、炼油、炼铝和制造农用飞机等。

【农业】农业高度机械化。主要农作物有小麦、大麦、燕麦、水果等。粮食不能自给，需从澳大利亚进口。2009 年，主要农产品出口额为 170.86 亿新元。其中肉产品出口额为 55.3 亿新元，奶制品出口额为 89.7 亿新元。

【林业】森林面积 810 万公顷，其中自然林 630 万公顷，人造林 180 万公顷。主要出口产品有原木、木浆、纸及木板等，主要出口市场为澳大利亚、日本、中国、韩国、美国、印尼、中国台湾等。2008/2009 财年，林业出口总额为 35.1 亿新元。

【畜牧业】畜牧业发达，畜牧业生产占地 1352 万公顷，为国土面积的一半。乳制品与肉类是最重要的出口产品。粗羊毛出口量居世界第一位，占世界总产量的 25%。近几年主要牲畜存栏数如下（单位：

万头、万只，6月年度）：

	2007	2008	2009
肉牛	440	410	410
绵羊	3850	3400	3240

近几年主要畜产品产值如下（单位：亿新元，3月年度）：

	2007	2008	2009
乳制品	52.2	99.49	85.03
羊肉	17.56	17.8	21.69
羊毛	5.25	4.73	4.4

（资料来源：新西兰统计局、新西兰财政部）

【渔业】渔产丰富，拥有世界第四大专属经济区，200海里专属经济区内捕鱼潜力每年约50万吨。专属经济区海域每年商业性捕捞和养殖鱼、贝类约60万～65万吨，其中超过半数供出口。2008/2009财年，鱼、贝类出口总额为12.99亿新元。

【主要行业产值】2008/2009财年主要行业产值（按1995/1996年度不变价格计算）：第一产业99.29亿新元，第二产业263.1亿新元，第三产业932.4亿新元。

【旅游业】2009年，出入境游客总人数为437.63万。入境人数为245.8万，主要来源地排序为：澳大利亚108.3万，英国25.8万，美国19.8万，中国大陆10.2万，日本7.8万，韩国5.3万，德国6.46万，加拿大4.87万，新加坡2.96万，荷兰2.43万，中国香港2.36万，法国2.32万，中国台湾1.66万。

【交通运输】交通运输发达，通讯联络畅通。进出口货物主要靠海运，但空运在对外贸易中的重要性日增。

铁路：总长4000公里，电气化铁路约为500公里。中短途客运量1086万人次，货运量1480万吨（2003年）。

公路：总长93459.8公里，其中高速公路10894.7公里（2006年6月）。新各类车辆总数315万辆，其中私人轿车218.9万辆（2005年）。

海运：有国际航线6条，主要港口13个。奥克兰、惠灵顿、奥塔哥、利特尔顿、达尼丁、陶朗加是重要的集装箱港口。99%的国际贸易货物运输通过海运。2002年，港口货物吞吐量为2457.4万吨。截至2005年12月，在新船舶登记局登记的船舶有2465艘，总吨位为258952吨。

空运：新西兰是世界航空业最发达的国家之一，每456人中就有一名飞行员，每1059人拥有一架飞行器。截至2005年6月，有各类民用飞机3872架，飞行员8998人，机场156个，国际机场有奥克兰机场、克赖斯特彻奇（基督城）机场、惠灵顿机场和皇后镇机场。民航客机飞南太、亚洲、北美和欧洲多个国家和地区，27家外国航空公司班机飞新西兰。

【财政金融】近年财政状况如下（单位：亿新元）：

	2006/2007	2007/2008	2008/2009
财政收入*	746	618.19	546.81
财政支出*	687	569.97	640.02
盈　余	80	48.22	-93.21

* 财政收支中不包括国有机构和国有企业收支。

（资料来源：新西兰统计局）

截至2009年3月，新西兰外汇储备达203亿新元。

主要银行有：（1）新西兰储备银行（Reserve Bank of New Zealand）：中央银行。1934年成立时为私人银行，1936年起成为国家银行。主要职能是：制订和执行货币政策；管理货币发行；维持合理有效的财经体制；向国库部长提供政策咨询并执行外汇政策；每半年发布一次《新西兰经济展望》和《新西兰金融政策声明》。现任行长博拉德（Allan Bollard）。

（2）澳新银行财团（新西兰）有限公司［Australia and New Zealand Banking Group（NZ）LTD］：成立于1840年，是新西兰历史最悠久、规模最大的私营商业银行，母公司澳新银行财团为位列世界最大的100家银行。2003年10月以54亿新元从英国劳埃德银行收购新西兰国民银行，成为新第一大银行。

（3）新西兰银行（Bank of New Zealand）：成立于1861年。1989年7月以前国营，此后政府出售37.5%股份。1992年成为澳大利亚国家银行集团的子银行。有80万客户，400个国内分支机构。

【对外贸易】严重依赖外贸。2009年外贸总额为799亿新元，其中出口额397亿新元、进口额402亿新元。主要进口汽车、机电设备、原油、纺织品、塑料制品等，出口铝、羊毛、乳制品、肉类、林产品、水果和鱼类等。主要贸易伙伴为澳大利亚、中国、美国、日本、英国、德国、韩国。近几年进出口情况如下（单位：亿新元）：

	2007	2008	2009
进口额（到岸价）	411	485	402
出口额（离岸价）	334	429	397
差　额	-77	-56	-5

2009年，主要贸易伙伴从新进口额（亿新元，下同）：澳大利亚91.34、美国39.53、中国36.25、日本28.21；对新出口额为：澳大利亚73.95、中国60.66、美国43.31、日本29.81。

【对外投资】截至2009年3月，新西兰在海外直接投资总额为239亿新元。2009年3月年度，新西兰在海外直接投资为20.43亿新元。

【对外援助】对外援助以双边援助为主，太平洋岛国为援助重点，主要援助方向为财政补贴、农牧林业、卫生保健、资源环境保护、文化遗产及人员培训等。2009/2010 财年，新西兰对外援助总额为5亿新元，其中对太平洋岛国援助总额为2.53亿新元，主要双边援助情况（单位：万新元）：库克群岛1500，纽埃2150，托克劳3030，巴布亚新几内亚3000，汤加1600，斐济500，萨摩亚1500，瓦努阿图1700，基里巴斯600，所罗门群岛3570，图瓦卢255。

【外国资本】截至2009年3月，外国对新直接投资额为928.17亿新元。2009年3月年度，外国对新直接投资额为61.49亿新元。前五大投资来源国为澳大利亚（461.1亿）、美国（114.69亿）、荷兰（46亿）、英国（32亿）和日本（31.96亿）。新西兰是传统资金输入国，1000万新元以下的投资项目不需政府批准。对外国投资实行国民待遇。外资主要分布在银行、电讯、交通、房地产、林业、畜牧业和旅游业等部门。

【著名公司】（1）恒天然公司（Fonterra Co-operative Group）：新西兰最大公司。2001年由基维乳品公司（Kiwi Company）、奶制品集团（Dairy Group）和乳品局（Dairy Board）合并成立，是全球第四大乳品公司，占国内乳品总产量的95%。下辖100个分公司，员工2万人，公司资产120亿新元，业务遍及120个国家。该公司是一个全国性合作社，股东为分布在全国的13000多个牛奶农场主，外来投资只能通过购买农场、建立合资企业或兼并进行。首席执行官安德鲁·费里斯（Andrew Ferries）。

（2）卡特·霍特·哈维公司（Carter Holt Harvey LTD）：系在新澳两国上市的集团公司，成立于1971年。经营林业、木材加工、建材、包装和印刷等业务。在澳资本14亿新元，员工4000人；在新资本44亿新元，员工6000人。跨国公司国际纸业公司（International Paper）持有其51%的股份。首席执行官蒂姆·哈德曼（Tim Hardman）。

（3）狮王有限公司（Lion Nathan LTD）：大洋洲地区最大的饮料公司，在澳新两国上市，成立于1988年。以啤酒酿造为主，占有澳啤酒市场的41%、新啤酒市场的53%，拥有中国无锡狮王太湖水啤酒公司60%的股份、澳百事可乐公司和新百事可乐公司83.5%的股份，并在澳、新两国生产和销售百事可乐饮料。公司也从事葡萄酒和烈酒的生产与销售。1998年4月，日本最大的啤酒厂麒麟公司以14亿新元的价格购买了狮王公司46%的股权。2000年6月公司总部移至澳大利亚。首席执行官罗布·默里（Rob Murray）。

人民生活

新西兰是高福利国家，政府建立基本医疗组织，向居民提供基本医疗保障。为控制福利开支，政府对高等教育和医疗实施部分收费政策。政府为低收入家庭增加补贴；设立养老基金，提高退休金比例；提高医疗保险，为民众提供低收费医疗保障；增加廉租房；建立家庭委员会，保护儿童权利。

军　事

总督为武装部队总司令，名义上的最高统帅。国防部长在国防军参谋长协助下行使对军队的实际控制权。国防军参谋长是国防部长的首席军事顾问，也是三军参谋长委员会主席。国防部秘书长是国防部首席文职顾问，负责研提防务政策建议、装备采购和维修更新等。

1951年同澳大利亚和美国签订《澳新美安全条约》。1984年，工党执政后采取反核立场，新西兰议会于1987年通过《新西兰无核区、裁军和军备控制法案》，禁止美国核舰艇访新，美国因而中止双边防务合作。与澳大利亚签有防务合作协定和《进一步密切防务关系协定》，与东盟和南太岛国签有军队互助计划，与英国、澳大利亚、马来西亚和新加坡于1971年签署《五国联防安排》，五国于1997年在南海进行了签约后最大规模的军事演习。

2008年国家党执政后，着手调整国防政策，强调五大目标，即防御并保护新西兰人民、领土、领水、专属经济区、自然资源及核心基础设施；保持澳新同盟，与澳大利亚建立紧密防御伙伴关系；维护南太地区安全，帮助南太邻国；在维护亚太地区安全方面发挥积极作用；致力于维护全球安全，积极参与联合国及其他多边维和行动。

1972年底取消征兵制，实行志愿兵役制。截至2009年6月，新国防军共有14612人，其中预备役2249人，文职2661人。现役人员中，陆军5003人，海军2104人，空军2595人。2009/2010财年军费预算为21.58亿新元，同比增长4.5%。

文化教育

【教育】国立中小学实行免费教育，入学年龄为5岁；对6～15岁青少年进行义务教育。2002年政府发布《儿童早期教育战略》，加强儿童早期教育，提高教育质量。主要大学包括：奥克兰大学、奥克兰理工大学、怀卡托大学、维多利亚大学、坎特伯雷大学、梅西大学、奥塔哥大学、林肯大学。

2009年，来新各类海外留学生人数为93505人，前五大生源国为：中国（包括香港）、韩国、日本、印度、沙特。

【新闻出版】全国共有报纸140种，其中日报25种，杂志4700多种。2003年，费尔费斯（Fairfax）新西兰公司以12亿新元收购独立报业集团，成为最大的传媒集团，拥有9份日报，2份周报和13份杂志出版权等。2001年，澳大利亚地方报业集团收购威尔逊—霍顿公司，接管其报纸、书刊、杂志、网站、广播等业务。主要报刊有：《新西兰先驱报》，最大日报，日发行量逾18.71万份，总编辑蒂姆·墨菲（Tim Murphy）。《自治领邮报》，第二大日报，由《晚邮报》同《自治领报》合并而成，日发行量9.8万份，总编辑蒂姆·潘克赫斯特（Tim Pankhurst）。《新闻报》，第三大日报，日发行量9.1万份，总编辑保罗·汤姆森（Paul Thompson）。《星期日明星时报》，唯一一份全国发行的大版面报纸，年发行量40万份，总编辑卡特·布雷特（Cate Brett）。

唯一的全国性新闻通讯社为新西兰报联社，由主要报纸联合组成，前身为1879年成立的联合报社，1942年改为现名，总部设在惠灵顿。与路透社、澳联社、美联社、法新社有合作协议。总编辑尼克·布朗（Nick Brown）。

广播电台遍及全国，共190多家，多数为商业电台。除新西兰广播公司为国有外，其余电台分属广播网（The Radio Network）和广播工厂（Radio Works）两大广播网络。前者主要股东为澳大利亚地方报业集团（APN）公司，后者为加西传媒公司（CAN-WEST）控股。近年来，政府资助成立了一些反映多元文化的公益性电台。

新西兰电台（Radio New Zealand）：前身为1925年成立的公共广播电台，1955年改建为国有公司。下辖国家广播电台调频电台以及中波、短波电台。国家台24小时播音，重点播发时事和国内政治新闻，覆盖96%国土。国际短波电台对太平洋岛国播出。首席执行官兼总编辑彼得·卡瓦纳（Peter Cavanagh）。

新西兰电视台：1962年正式开播，原由新西兰广播公司统管，1988年8月成为独立的国营企业。下设电视一台、电视二台以及五个地区电视台。主要播放新闻、体育、科教、影视等节目。用户约有112.6万，覆盖全国，收视率达70%。首席执行官为伊恩·弗雷泽（Ian Fraser）。

电视三台：唯一一家私人电视台，由加西传媒公司控股。1989年11月开播，以新闻、电视剧为主，覆盖面为全国人口的98%。首席执行官布伦特·英北（Brent Impey）。

新西兰毛利电视台：2004年3月28日正式开播。

对外关系

强调对外政策的根本目的是维护世界，特别是太平洋地区的和平，以保障新西兰主权与安全，维护经济利益。将同澳大利亚和太平洋岛国的关系作为对外政治、防务和经济关系的立足点；将亚太地区作为对外关系优先领域；积极改善与美国关系，维护与欧洲国家传统关系，强调发展与拉美新兴国家政治、经济关系；积极支持和参与联合国的维和行动和人道主义援助，寻求在国际组织中发挥作用；重视参与地区经济合作，积极推动贸易和投资自由化；强调军队的防御性和参与维和、人道主义援助等多重功能；主张继续推动国际核裁军进程，最终全面销毁核武器；坚持南太平洋无核区，支持建立东南亚无核区；积极参与国际反恐合作，反对伊拉克战争，积极参与阿富汗、伊拉克战后重建；关注朝核问题，反对朝鲜发展核武器，希朝核问题通过和平方式得以解决。

【同中国的关系】 自1972年12月22日建交以来，两国各领域友好合作关系发展顺利。1999年9月，江泽民主席对新西兰进行国事访问。2000年11月，新西兰总督博伊斯对中国进行国事访问。2003年10月，胡锦涛主席对新西兰进行国事访问。

2009年主要互访有：1月，中联部部长王家瑞访新。4月，新西兰总理约翰·基上任后首次正式访华并出席博鳌亚洲论坛年会。5月，全国人大常委会副委员长陈至立访新。9月，新西兰国防兼科技部长马普访华。10月，国务院总理温家宝与新西兰总理约翰·基在泰国华欣出席东亚峰会期间举行双边会见，外交部长杨洁篪与新西兰外长麦卡利举行双边会见。11月，国务院副总理李克强访新。

2010年3月，新西兰与中国香港特别行政区签订《紧密经贸合作协定》。同月，新西兰外长麦卡利访华。6月，国家副主席习近平访新。7月，新西兰总理约翰·基访问北京并出席上海世博会新西兰国家馆日活动。

中新经贸合作不断加强。2008年4月，两国签署双边自贸协定。10月，协定正式实施。新西兰成为第一个与中国签署并实施双边自贸协定的发达国家。据中方统计，2009年双边贸易额达45.62亿美元，同比增长3.6%。据新方统计，双边贸易额为96.9亿新元，中国是新西兰第二大贸易伙伴。截至2008年底，新西兰累计在华投资项目总数1360个，实际投入金额8.2亿美元，主要分布在农林、轻工、纺织、冶金、食品加工、医药、计算机等领域；中国在新投资累计达5224万美元，主要涉及资源、运输、保险、贸易和房地产开发、通讯等领域。截至2008年，新西兰共向中国提供约2150万新元发展援助。

根据中方统计，截至2009年，中国在新西兰各类留学人员约34997人，新西兰在华留学人员约359人。截至2008年底，中国共接受172名新西兰奖学金来华留学生。2007年2月，奥克兰大学孔子学院举行揭牌仪式。2009年11月，坎特伯雷大学孔子学院正式成立。中国是新西兰第四大旅游客源地，2009年首站到新旅游7.79万人次。截至2009年底，两国已建立26对友好省市和1对友好港口关系。

中新两军分别于2008年11月和2009年3月举行第一、二次战略对话。2009年4月，新西兰军舰赴青岛参加中国海军成立60周年纪念活动。

中国驻新西兰大使：张利民，2008年9月30日递交国书。馆址：2—6 Glenmore Street Wellington N. Z.。电话：00—64—4—4721382。传真：4990419。

商务处电话：9—5224424。传真：5224407。

新西兰驻华大使：伍开文（HE Mr. Carl Worker），2009年4月25日抵京，6月12日递交国书。馆址：北京市朝阳区日坛东二街1号。电话：010－85327000。传真：65324317。

目前，新西兰与台湾保持民间和经贸往来。1973年，台湾在新西兰设立“亚东贸易中心”，处理双方经贸事务。1988年4月，新西兰在台北设立“新西兰工商办事处”，处理贸易、工商事务。1991年，“亚东贸易中心”改称“台北经济文化办事处”。1991年8月，新西兰航空公司开航台北。2009年11月，新西兰对部分台湾“护照”持有者给予三个月免签待遇。据新方统计，2009年双边贸易额为13.63亿新元，其中新方出口额7.56亿新元，进口额6.07亿新元。台湾是新西兰第13大贸易伙伴。

【同澳大利亚的关系】1943年建交。新西兰将与澳大利亚关系置于外交防务政策优先位置，两国领导人定期会晤，接触频繁，双方在政治、经济、社会和安全以及国际领域的合作密切。1977年，两国签订防务合作协定。1991年，签订《进一步密切防务关系协定》。1999年，工党政府对防务政策进行调整，削减国防开支，引起澳方关切。2004年5月，首届澳新领导层论坛在新西兰举行。同月，新西兰议长亨特访澳。2005年2月，澳大利亚总理霍华德访新。4月，第二届澳新领导人论坛会议在澳举行。2006年1月，新澳海上边界条约生效。2月，新澳达成原产地规则协议。同月，新西兰总理克拉克访澳。5月，两国国防部长举行年度防务对话。2月、7月，两国外长举行半年期会晤。2007年6月、12月，新西兰总理克拉克两次访澳。2008年1月，新西兰副总理兼财长卡伦访澳。3月，澳大利亚外长史密斯访新。6月，澳大利亚总理陆克文访新。8月，新西兰贸易部长戈夫、农业部长安德顿、商务部长达尔齐尔访澳，出席“澳新更紧密经济关系”。2009年1月，新西兰外长麦卡利访澳。2月，新西兰副总理兼财长英格利希访澳。同月，澳大利亚国防部长菲茨吉本访新。3月，新西兰总理约翰·基访澳，与澳总理陆克文举行年度双边会晤。7月，新西兰副总理英格利希再次访澳。8月，新西兰总理约翰·基再次访澳，与澳总理陆克文共同主持首次联合内阁会议，并发表关于继续推进跨塔斯曼海峡合作的联合声明。9月，新西兰国防部长马普访澳。

澳大利亚是新西兰第一大贸易伙伴。1983年，两国签署《进一步密切经济关系协定》（CER）。1990年，两国宣布建立自由贸易区，取消关税。1996年，两国签署《单一航空市场协定》，保障两国航空公司在对方国家享有“不受限制的飞行权”。1998年，两国签署《跨塔斯曼旅游安排》，规定两国公民可自由在对方国家生活和工作。2007年1月，两国就继续推进单一经济市场达成共识。澳大利亚是新西兰第一大贸易伙伴和投资来源国。据新方统计，2009年双边贸易额为165.29亿新元，其中新方出口额91.34亿新元，进口额73.95亿新元。截至2009年3月，澳大利亚在新投资达461.1亿新元。澳大利亚是新西兰第一大旅游客源地，2009年到新旅游108.3万人次。

【同美国的关系】1941年建交。1951年，新西兰、美国、澳大利亚缔结《澳新美安全条约》，新西兰成为美国盟国。20世纪80年代中期，工党政府奉行反核政策，拒绝美国核舰访新，美国中止与新西兰防务合作，将新西兰从盟国降为友好国家。90年代，国家党政府积极改善与美国关系。1995年和1999年，新西兰总理博尔格、希普利先后访美。1999年9月，美国总统克林顿访新。1999年，工党政府上台后，坚持无核政策，强调根据现实利益处理与美国关系，无意恢复《澳新美安全条约》关系。“9·11”事件后，新西兰支持美国反恐行动，并派特种部队配合美国在阿富汗军事行动。2003年，新西兰总理克拉克访美。新西兰反对美国发动伊拉克战争，伊战结束后派工程兵参加战后重建。10月，新西兰总理克拉克与美国总统布什在出席泰国亚太经合组织领导人非正式会议期间短暂会晤。2004年4月，新西兰外长戈夫访美。6月，新西兰总督卡特赖特出席美国前总统里根葬礼，反对党领袖布拉什访美。2005年5月，新西兰外长戈夫访美。8月，美国农业部长迈克·约翰斯访新。2006年4月、6月，新西兰贸易兼国防部长戈夫、外长彼得斯先后访美。2007年3月，新西兰总理克拉克访美。5月，新西兰经济发展部长马拉德和贸易、国防部长戈夫分别访美。11月，新西兰外长彼得斯访美。2008年4月，新西兰退役军人事务部长里克·巴克访美。6月，新西兰研究、科技及经济发展部部长皮特·霍奇森和贸易、国防及裁军部长戈夫访美。2008年7月，美国国务卿赖斯访新。2009年4月，新西兰外长麦卡利首次正式访美。5月，新西兰贸易兼协理气候变化事务部长格罗泽访美。9月，美国太平洋战区司令基廷访新。11月，新西兰贸易部长格罗泽对美宣布启动“跨太平洋战略经济伙伴协定”谈判表示欢迎。

美国是新西兰第三大贸易伙伴和第二大投资来源国。据新方统计，2009年双边贸易总额为82.84亿新元，其中新方出口额39.53亿新元，进口额43.31亿新元。截至2009年3月，美国在新直接投资114.69亿新元。美国是新西兰第三大旅游客源地，2009年到新旅游19.8万人次。

【同日本的关系】1952年建交。新西兰重视发展与日关系，双边高层接触频繁。2008年5月，新西兰总理克拉克、贸易部长戈夫访日，首届日新伙伴关系论坛在东京召开。6月，新西兰卫生、信息和通讯部长戴维·坎利夫访日。2009年5月，新西兰外长麦卡利访问日本，并出席三年一度的日本—太平洋岛国论坛首脑会议。10月，新西兰总理约翰·基访日。

新西兰反对日本在南太禁捕区进行科研性捕鲸、增加金枪鱼捕捞数量以及在南太地区海域运送和倾倒核废料。

日本是新西兰外资重要来源之一，是新西兰第四大贸易伙伴，两国签有渔业、民航协定。据新方统计，2009年双边贸易额为58亿新元，其中新方出口额28.21亿新元，进口额29.81亿新元。截至2009年3月，日本在新直接投资31.96亿新元。日本是新西兰第五大旅游客源地，2009年到新旅游7.8万人次。

【同欧盟的关系】 重视同欧盟关系。2004年3月，新西兰外长戈夫访问爱尔兰、英国、德国、比利时，签署《新欧深化关系协定》。4月，欧盟在新西兰设立常驻代表团。2008年3月，新西兰商务、食品安全部长利安·达尔齐尔访问欧盟。2009年1~2月，新西兰贸易部长格罗泽访问瑞士、德国和比利时，并出席达沃斯世界经济论坛。2月，新西兰国防部长马普赴波兰出席国际安全援助部队国防部长年会。5月，意大利贸易部长乌尔索访问新西兰。同月，新西兰外长麦卡利赴布鲁塞尔出席新与欧盟半年度磋商。6月，新西兰贸易部长格罗泽出席经合组织年会并访欧。7月，新西兰农业部长卡特访欧。

据新方统计，2009年新西兰与欧盟贸易额为133.6亿新元，其中新方出口额58.17亿新元，进口额75.44亿新元。

【同英国的关系】 新西兰是英联邦成员，在历史、文化上与英国有着传统联系，双方高层接触频繁。1995年11月，英国女王和首相梅杰赴新参加英联邦政府首脑会议并访新。1997年10月和1999年1月，新西兰总理博尔格、希普利先后访英。工党政府上台后，宣布废除英国王室授勋制，在10~20年内终止与英国王室联系。2004年3月，新西兰外长戈夫访英。2005年12月，新西兰外长彼得斯访英。2006年3月，英国首相布莱尔访新。2007年，新西兰总理克拉克、警察部长金、卫生部长霍奇森、妇女事务部长达尔齐尔等访英，英国议会副秘书长马恩访新。2008年6月，新西兰交通、司法、警务部长安妮特·金、商务、食品安全部长利安·达尔齐尔先后访英。9月，英国苏格兰爱丁堡公爵菲利普亲王之女安妮公主访新。11月，新西兰总理约翰·基访英。2009年3月，新西兰外长麦卡利访问英国。10月，新西兰副总理兼财长英格利希访英。

英国曾是新西兰最大的贸易伙伴，现已退居第六位。据新方统计，2009年双边贸易额为26.37亿新元，其中新方出口额16.99亿新元，进口额9.38亿新元。截至2009年3月，英国在新直接投资32亿新元。英国是新西兰第二大旅游客源地，2009年到新旅游25.8万人次。（资料来源：新西兰统计局）

【同法国的关系】 新法关系曾因法国特工1985年在奥克兰港炸沉绿色和平组织的“彩虹勇士”号和1995年在南太平洋进行核试验而两度紧张。1996年，法国宣布停止核试验并签署南太无核区条约附加议定书，新法关系逐步改善。2009年3月，新西兰外长麦卡利访法。

据新方统计，2009年双边贸易额为18.4亿新元，其中新方出口额5.08亿新元，进口额13.32亿新元。2009年，法国到新游客2.32万人次。

【同东盟国家的关系】 同东盟国家关系密切，是东盟对话国和东盟地区论坛、东亚峰会成员。积极推动论坛建立信任措施和预防性外交机制，支持东盟国家关于在东南亚建立和平、自由、中立区及东南亚无核区的主张。除参加“五国联防”（FPDA）外，还与新加坡、马来西亚、文莱、印尼签有双边防务协定，与泰国签有避免双重征税协定。2001年9月，新西兰、澳大利亚与东盟10国代表通过建立澳新与东盟《密切经济伙伴关系协定》（CEP）的正式框架文件和初步工作计划，决定建立东盟自由贸易区/进一步密切经济关系协定经济顾问委员会（AFTA/CER Business Advisory Council）。2004年6月，新西兰与泰国正式开始《密切经济伙伴关系协定》谈判。11月，新西兰总理克拉克赴老挝出席新澳与东盟建立对话伙伴关系30周年纪念领导人会议。2005年，马来西亚总理巴达维、印尼总统苏西洛、越南总理潘文凯、东盟秘书长王景荣先后访新。7月，新西兰签署《东南亚友好合作条约》并与新加坡、智利、文莱签署《跨太平洋战略经济伙伴关系协定》。12月，新西兰总理克拉克应邀参加在马来西亚举行的首届东亚峰会。2006年3月，新西兰总理克拉克访问菲律宾。6月，新加坡总理李显龙访新。7月，新西兰外长彼得斯赴马来西亚出席东盟地区论坛外长会，与东盟签署“新西兰与东盟合作框架”。2007年1月，新西兰总理克拉克和外长彼得斯分别参加菲律宾宿务第二届东亚峰会领导人会议和外长会。7月，新西兰外长彼得斯赴菲律宾出席东盟地区论坛外长会。10月，新西兰总理克拉克和外长彼得斯发布旨在进一步加强与亚洲联系的政策白皮书《我们的未来与亚洲》。11月，新西兰总理克拉克赴新加坡出席第三届东亚峰会。2008年7月，新西兰外长彼得斯访问新加坡。8月，新西兰贸易部长戈夫赴新加坡出席东盟经济部长会议。2009年2月，新西兰签署《澳大利亚—新西兰—东盟自由贸易协定》。9月，东盟秘书长素林访新。

东盟为新西兰重要的贸易伙伴和外国投资的重要来源之一。据新方统计，2009年新西兰与东盟贸易总额为94.1亿新元，其中新方出口额41.28亿新元，进口额52.81亿新元。

【同太平洋岛国的关系】 与岛国有密切的传统关系，同所有独立的岛国建交，与库克群岛、纽埃保持自由联系。重视太平洋岛国论坛等地区组织的作用，并在该组织中发挥重要影响。防务上，与巴新、汤加、斐济、萨摩亚、瓦努阿图、所罗门群岛等国签有“互相援助计划”，帮助有关岛国训练军队并进行联合军事演习；与澳大利亚一道负责一些太平洋经济区的海上巡逻。将岛国作为外援重点，2007/2008财年向南太岛国提供双边援助1.5亿新元。2003年8月，设立“太平洋合作基金”。2004年4月，新西兰总理克拉克以轮值主席身份主持太平洋岛国论坛领导人特别会议，制定帮助岛国发展的“太平洋计划”。2005年6月，与斐济签署双边反恐谅解备忘录。10月，新西兰总理克拉克出席第36届太平洋岛国论坛首脑会议。2006年4月，出兵干预所罗门群岛骚乱。5月，派兵赴东帝汶维和。10月，新西兰总理克拉克出席第37届太平洋岛国论坛领导人会议。11月，派军警赴汤加协助维护秩序。12月斐济政变后，宣布不承认斐济军方临时政府并对斐济实施制裁。2007年10月，新西兰总理克拉克赴汤加出席第38届太平洋岛国论坛领导人会议，并访问纽埃。2008年7月，新西兰外长彼得斯与澳大利亚、巴比亚新几内亚、萨摩亚和图瓦卢外长访斐，与斐济临时政府白尼马拉马举行会谈。8月，新西兰总理克拉克赴纽埃出席第39届太平洋岛国论坛领导人会议。2009年1月，新西兰总理约翰·基出席在巴布亚新几内亚举行的太平洋岛国论坛领导人斐济问题特别会议。4月，新西兰外长麦卡利发表声明，谴责斐济临时政府废除宪法并重新任命姆拜尼马拉马为总理。5月，新西兰外长麦卡利在奥克兰主持召开太平洋岛国贸易部长会议，重申致力于达成《太平洋岛国更紧密经济关系协定》。7月，新西兰总理约翰·基访问汤加、萨摩亚、纽埃和库克群岛，新西兰外长麦卡利访问汤加、基里巴斯、图瓦卢和萨摩亚。同月，新西兰外长麦卡利出席在伦敦举行的英联邦斐济问题部长级行动小组会议。11月，新西兰与斐济互相驱逐外交官，并关闭驻对方国家外交机构。12月，新西兰总理约翰·基表示愿与斐济政府恢复接触。

据新方统计，2007/2008财年新西兰与太平洋岛国论坛成员国贸易总额为10.41亿新元，其中新方出口额7.94亿新元，进口额2.47亿新元。

【同韩国、朝鲜的关系】 与韩国关系密切。2006年12月，韩国总统卢武铉访新，签署《面向21世纪的伙伴关系协定》，双方同意加强在政治、经济、环境、创新、知识经济及人员交流等方面的合作，同意进行双边自贸协定可行性研究。2009年3月，韩国总统李明博对新西兰进行首次正式访问。6月，两国举行第一轮自贸协定谈判。韩国是新西兰第二大留学生来源国、第七大游客来源国、第七大贸易伙伴和第六大出口市场。据新方统计，2009年双边贸易额为25.97亿新元，其中新方出口额12.4亿新元，进口额13.57亿新元。截至2009年3月，韩国到新旅游5.3万人次。

2001年3月26日，与朝鲜正式建立大使级外交关系。8月，任命驻韩国大使兼任驻朝鲜大使。1994年至2004年2月，通过多边和地区组织向朝鲜提供6300万新元援助。关注朝核问题，敦促朝鲜放弃核计划，希望国际社会共同努力，早日通过和平方式解决朝核问题。2006年7月，新西兰外长彼得斯发表声明，谴责朝鲜试核导弹。2007年8月，新西兰政府通过国际红十字会向朝提供50万新元救灾款，用于暴雨和洪水后重建工作。11月，新西兰外长彼得斯访朝。2008年7月，新西兰外长彼得斯宣布向联合国提供50万新元解决朝鲜食品短缺问题。2009年4月，新西兰外长麦卡利发表声明，谴责朝鲜发射卫星。5月，麦卡利再次发表声明，谴责朝鲜进行核试验。

【同俄罗斯的关系】 近年来，双边高层互访增多，贸易关系日趋活跃。2004年4月，两国举行一系列活动庆祝建交60周年。同月，新西兰议长亨特访问莫斯科和圣彼得堡。5月，新西兰贸易谈判部长萨顿访俄。6月，新西兰宣布出资100万新元在俄建立一个消除化学武器的设施。2008年1月，俄罗斯联邦众议院联合理事会主席访新。2009年12月，新西兰外长麦卡利访俄。

据新方统计，2007/2008财年双边贸易额为2.14亿新元，其中新方出口额2亿新元，进口额0.14亿新元。

【同拉美国家的关系】 以智利、阿根廷、墨西哥、秘鲁、乌拉圭和巴西为重点，积极发展经贸关系和推动教育出口。2004年11月，新西兰总理克拉克赴智利出席亚太经合组织领导人会议并访问智利。2005年7月，与新加坡、智利、文莱签署《跨太平洋战略经济伙伴关系协定》。2006年3月，新西兰总理克拉克访问智利。11月，智利总统巴切莱特访新。2007年9月，新西兰贸易部长戈夫访问阿根廷、乌拉圭、巴西和智利四国。同月，墨西哥总统卡尔德隆访新。11月，乌拉圭总统巴斯克斯访新。2008年8月，巴西外长阿莫林、智利外长福克斯莱分别访新。

墨西哥是新西兰在拉美的最大贸易伙伴。据新方统计，2007/2008财年双边贸易额为7.57亿新元，其中新方出口额6.02亿新元，进口额1.55亿新元。

【同非洲国家的关系】 看好非洲大陆的发展潜力，全面推动发展与南非的关系。重视与埃及关系，目前埃及是新西兰在中东市场的第三大贸易伙伴和最大乳制品出口市场。2007 年 11 月，新西兰总理克拉克访问埃及。2008 年 1 月，新西兰贸易部长戈夫访问阿尔及利亚、利比亚和摩洛哥。2 月，新西兰外长彼得斯访问南非、赞比亚。

据新方统计，2007/2008 财年与非洲贸易总额为 18.07 亿新元，其中新方出口额 12.35 亿新元，进口额 5.72 亿新元。2009 年，南非到新游客 1.92 万人次。

（孙薇）

南极地区和北极地区

南 极 洲

地 理

从字面上看，南极就是地球的最南端，但实际上，南极这个词有多种近似含义，例如：南极洲、南极点、南极大陆、南极地区、南极圈等。按照国际上通行的概念，一般把南纬60度以南的地区称为南极，它是南大洋及其岛屿和南极大陆的总称，总面积约6500万平方公里。

南极洲（Antarctica）包括南极大陆及其周围岛屿，总面积约1400万平方公里，其中南极大陆面积为1239万平方公里，岛屿面积约7.6万平方公里，海岸线长达2.47万公里。南极洲另有约158.2万平方公里的冰架。南极洲的面积占地球陆地总面积的十分之一。

南极洲又称第七大陆，位于地球最南端，土地几乎都在南极圈（南纬66°33′44″）内，四周濒太平洋、印度洋和大西洋，是世界上纬度最高的一个洲，也是地球上最后一个被发现、唯一没有土著人居住的大陆，面积在世界七大洲中名列第五。它与南美洲最近的距离为965公里，距新西兰2000公里、距澳大利亚2500公里、距南非3800公里，与中国首都北京的直线距离约有12000公里。

南大洋（Southern Ocean）是南极大陆到南极辐合带之间的海域，面积为3800万平方公里，太平洋、大西洋和印度洋的最南部在这里连通。

整个南极大陆被一个巨大的冰盖所覆盖，平均海拔为2350米。南极横断山脉将南极大陆分成东西两部分，东南极冰盖最高点达4100米，西南极的文森山（Vinson Massif）高达5140米，是南极的最高峰。

【冰盖】南极大陆98%的地域被一个巨大的永久冰盖所覆盖，其平均厚度为2000米，最厚处达4750米。南极夏季冰盖面积达265万平方公里，冬季可扩展到南纬55°，达1880万平方公里。南极总贮冰量为2930万立方公里，占全球冰总量的90%，相当于全球淡水贮存量的75%。如其融化，全球海平面将上升大约60米。南极冰盖将1/3的南极大陆压沉到海平面之下，有的地方甚至被压至1000米以下。由于南极冰盖本身的巨大压力，使得冰层缓慢地从中心高原向四周运动。缓慢流动的冰层遇到高大山岭的阻挡，就流入山谷之中，在山间谷地中流动形成冰川。冰川运动速度从100～1000米每年不等。越接近大陆边缘，冰层变得越薄，并伸向海洋。有些冰层断裂，成为漂浮的冰山，而固定在海岸周围并浮在海面上的冰体就成为冰架。世界上最著名的冰架是罗斯海湾的罗斯冰架（Ross Ice Shelf）和威德尔海湾的菲尔希纳冰架（Filchner-Ronne Ice Shelf）。罗斯冰架面积约49万平方公里，菲尔希纳冰架约有45万平方公里。在南极，因断裂而被排入海洋的冰山数以万计。沿海触地冰山可存在多年，未触地冰山受潮汐与海流作用漂移北上而逐渐融化。南极地区观测到的最大的冰山面积约有3.1万平方公里。

2009年4月，两项独立的新研究显示，由于全球变暖，南极冰川融化的速度比人们想象的快得多。美国地质勘探局发表的新闻公报说，该机构与英国南极考察处的研究人员通过卫星图像和其他最新勘探技术发现，自20世纪60年代开始解体的南极沃迪冰架现已完全消失，而另一个名为拉森的冰架的北半部分也不见了，自1986年以来，拉森冰架消失的面积超过8500平方公里。欧洲航天局也发表公报说，该机构获得的最新卫星图片显示，连接南极夏科岛和拉塔迪岛的威尔金斯冰架出现新裂缝，这有可能加速该冰架的断裂。在过去一年里，该冰架的面积减少了约1800平方公里，占其总面积的14%。目前，威尔金斯冰架的平均宽度只有2.7公里，最狭窄区域的宽度仅剩900米。欧洲航天局说，过去50年里，靠近南美洲的南极半岛的气温升高了2.5摄氏度，远远超过全球平均升温，气温迅速升高可能是威尔金斯冰架等南极冰架快速消融的主要原因。

根据科学家对南大洋海冰状况的研究，1840～1950年期间，海冰状况基本没有什么变化；但自1950年以来，海冰数量变化明显，此后50年海冰总量大约减少了 20%，这是全球变暖的又一佐证。然而，尽管近年来有关南极冰在融化的报道层出不穷，但 2009 年公布的一项新研究表明，全球变暖似乎确实导致南极部分区域的海冰在增加。英国科学家研究发现在过去 30 年里，南极海冰每 10 年增加 10 万平方公里。而这种增加归因于臭氧层出现的空洞。据报道，英国南极勘测局和美国宇航局联手对近三十年南极区域的海冰变化情况进行了调查，结果清楚地发现气候变化产生了复杂的后果：人类活动导致的全球变暖在南极和北极产生了截然相反的效应。科学家们对此项研究报道和新发现并不感到惊奇，他们认为：南极上空大气循环发生变化与同温层臭氧耗尽有关，这确实造成了更强大的风，之后，此强大的风推动南极洲一些区域的冰离开了海岸线，之后确实导致了新冰的形成和这些区域的海冰的整体增加。而在南极的其他区域，温度如他们期望的那样已经在增加。比如南极半岛，那里近五十年内大约升温 3 摄氏度。而这一区域的海冰，它们消退得非常明显。如果整体观察南极洲，此论文表明其整体趋势是正面的，但不同区域之间的差异非常大。他们得研究其他区域的大气循环和风模式的变化情况才知道这些地方是否在变暖。

【气候】南极素有“寒极”之称，南极低温的根本原因在于南极冰盖将 80% 的太阳辐射反射掉了，致使南极热量入不敷出，成为永久性冰封雪覆的大陆。南极仅有冬、夏两季之分。每年 4～10 月为冬季，11 月至次年 3 月为夏季。南极沿海地区夏季月平均气温在 0℃左右，内陆地区为 －35℃～－15℃；冬季沿海地区月平均气温在 －30℃～－15℃，内陆地区为 －70℃～－40℃。前苏联的“东方”站记录到的南极最低气温为 －89.2℃（1983 年 7 月 21 日，据南极研究科学委员会资料）。南极气温随纬度与海拔的升高而下降。在极点附近冬季为连续黑夜，这时在南极圈附近常出现光彩夺目的极光；夏季则相反，为连续白昼，太阳总是倾斜照射。

南极虽然贮藏了全球 75% 的淡水资源，但因其是以固态方式存在的，所以南极又是异常干旱的大陆，有“白色沙漠”之称。南极年平均降水量为 120～150 毫米，沿海地区为 900 毫米，内陆地区仅为 50 毫米。有些地区仅为 20～30 毫米。南极洲的降水几乎都是雪。

南极的暴风雪频繁，风力也强，所以，南极还有“世界风极”之称。南极大陆沿海地带的风最大，风向偏东，平均风速 17～18 米/秒。特别是东南极大陆沿岸，风速可达 40～50 米/秒。当前记录到的最大风速为 327 公里/小时（法国迪蒙·迪维尔站，1972 年 7 月）。南极“西风带”是海上航行最危险的地区，在南纬 50°～70°之间，一般风力 4～6 级，浪高 4～5 米。当受到极地气旋影响时，风速可达每小时 85 公里，浪高 10～30 米。

【南极臭氧空洞】臭氧是大气中自然产生的气体，它能吸收太阳的紫外线辐射，因此对于人类乃至于地球上的生物至关重要。大气中的臭氧吸收太阳的紫外辐射并将其转换成热量，进而导致其所在的气层温度升高，该气层被称为同温平流层，又称臭氧层。臭氧层离地面最高距离为 50 公里，在赤道地区上空约为 13 公里，在南极地区上空约为 10 公里。1985 年，英国科学家在南极发现了臭氧层空洞，由于臭氧变化对气候变化的影响及失去臭氧层的保护使人类和生物直接受到太阳的辐射会导致皮肤癌等疾病，因此臭氧层空洞引起了科学界的广泛关注，各国南极考察都将臭氧空洞的观测作为重要的项目列入其科考计划中。

南极臭氧空洞多发生在距地表 10～35 公里高的气层中，而在出现臭氧空洞前臭氧多集中在距地表 17 公里处。近些年来的臭氧观测表明臭氧空洞多发生在 8～9 月，而臭氧空洞的最大面积多出现在 10 月，距地表高度在 13～22 公里的气层中。自 1987 年以来对臭氧空洞及其总量变化的观测的结果表明，臭氧空洞面积呈扩大的趋势。虽然人类已采取多种措施保护臭氧层，但南极上空的臭氧空洞依然很大，臭氧层修复的速度远非预期的那样快。

美国海洋和大气管理局（NOAA）的测量结果表明，2009 年 9 月底，南极臭氧空洞面积达到 2009 年来最大值。根据 NOAA 的卫星数据观测资料，南极臭氧空洞面积为 920 万平方英里（约 2392 万平方公里），这也是自 1979 年有卫星观测以来臭氧空洞面积第十大。NOAA 南极探险站上空的臭氧层也在 2009 年 9 月 26 日达到最薄点。2009 年最小厚度为 98 多布森单位（Dobson Unit-DU，在 0℃时，标准海平面压力下，1 DU 是标准状态下千分之一厘米的臭氧层厚度），是自 1986 年开始测量以来第七低值。最低 DU 出现在 1993 年 10 月 6 日。

为了保护臭氧层，国际社会正在积极采取行动。2007 年 9 月 21 日，来自 191 个国家和地区的代表在加拿大蒙特利尔达成一致，将于 2030 年在世界范围内彻底停止生产和使用破坏臭氧层的氢氯氟烃。根据协议，发达国家将从 2010 年开始削减氢氯氟烃的生产和使用，并于 2020 年全面停止生产和使用；发展中国家将从 2015 年开始削减氢氯氟烃的生产和使用，并于 2030 年全面停止生产和使用。

根据阿蒙森—斯科特南极站的最新数据显示，2009 年南极站气温为 1957 年有记录以来最高，为零下 54.2 华氏度（－47.9℃）。之前记录在册的南极高温出现在 2002 年，达到温度零下 54.4 华氏度（－48℃）。根据美国宇航局的说法，2005 年为全球最热的一年，其次是 2009 年（气温数据的记录始于 18 世纪）。

【自然资源】南极大陆上如今已不存在高等动物

和开花植物，现仅存340余种植物，其中包括200种地衣、85种苔藓、28种伞状菌和25种龙牙草。南极沿海有两种显花植物和近千种海藻。南极大陆上仅有一些微生物和少数无脊椎动物生存于植物丛、地衣和泥沼中。目前在南极发现的无脊椎动物有387种。

与南极大陆贫乏的生物种类相比较，南大洋生物资源异常丰富。南大洋中存在一个稳定的食物链，可简单地表示为：浮游植物→浮游动物→磷虾→鱼类、乌贼→企鹅、鸟类→海豹→鲸。在南极生物链中磷虾是其中关键一环，其储量达10亿吨。

南极洲有藏量丰富的矿物资源，目前已经发现的就有220多种，包括煤、铁、铜、铅、锌、铝、金、银、石墨、金刚石和石油等。还有具有重要战略价值的钍、钚和铀等稀有矿藏。从已查明的资源分布来看，煤、铁、石油的储量为世界第一，其他的矿产资源正在勘测过程中。

南极发现史

古希腊人依据其几何学对称理论认为地球上存在一个与北方大陆相对称的未知的南方大陆。从1772年库克船长扬帆南下到19世纪末先后有很多探险家驾帆船去寻找南方大陆，这一时期被称为“帆船时代”。20世纪初到第一次世界大战前，人类先后跨越了南磁极和南极点，涌现出了像沙克尔顿、阿蒙森、斯科特等探险家，这一时期被称为“英雄时代”。第一次世界大战后至50年代中期，人类在南极探险中逐渐用机械设备代替了狗拉雪橇，这一时期被称为“机械化时代”。从1957～1958年国际地球物理年起到现在，各国在南极纷纷建立科学考察站，每年都有大批的科学家赴南极开展考察，人类对南极的认识不断深化，这一时期被称为“科学考察时代”。

目前为止，已经有超过20个国家在南极建立了150多个科学考察基地。这些众多的考察站，根据其功能大体可分为：常年科学考察站、夏季科学考察站、无人自动观测站三类。其中，常年科学考察站有50多个，中国的南极长城站和中山站都是常年科学考察站；夏季科学考察站在南极洲大约有100多个，经常使用的有70～80个左右，中国的南极昆仑站是夏季科学考察站。

从各国南极科学考察站的分布来看，大多数国家的南极站都建在南极大陆沿岸和海岛的夏季露岩区。只有美国、俄罗斯（前苏联）和日本在南极内陆冰原上建立了常年科学考察站。地处南极内陆冰盖最高点冰穹A、经线交会的南极极点、全球温度最低的南极冰点、地球磁场南极的磁点并称为南极科考的四大“必争之点”，在其上分别设有昆仑站（中国）、阿蒙森—斯科特站（Amundsen-Scott South Pole Station，南纬90°，东经0°，美国）、东方站（Vostok Station，南纬78°27′51.8″，东经106°50′14″，俄罗斯）、迪蒙·迪维尔站（Dumont d'Urville Station，南纬66°39′47.3″，东经140°00′5.3″，法国）。

南极洲的法律地位

在《南极条约》生效前，阿根廷、智利、澳大利亚、法国、新西兰、挪威、英国七国已对82%的南极大陆提出了领土要求，其中澳、法、新、挪四国互相承认各自的领土要求；阿、智、英三国要求的领土互相重叠，三方坚持各自的主权要求，互不承认他方的主权要求；美、前苏联不承认任何国家对南极的领土主权要求，同时保留他们自己对南极提出领土主权要求的权利。

1908年，英国第一次对南极提出主权要求。20年代以后，更多国家宣称领有南极洲的土地。1923年，新西兰宣布领有南纬60°以南、东经160°与西经150°之间的土地，即罗斯属地（Ross Dependency）。1924年，美国声明，任何对南极“无主地”的发现，如果没有伴随名副其实的“定居”，不能构成有效的主权要求。1939年，苏联声明，在参加解决南极洲土地的命运问题上拥有不可剥夺的权利。1933年，澳大利亚宣称领有除了阿德利地（Adelie Land）以外的南纬60°以南、东经45°～136°、142°～160°之间的土地，称为澳大利亚南极领地（Australian Antarctic Territory）。1939年，法国宣称领有南纬60°以南、东经136°～142°之间的土地，即阿德利地（现为法属南部和南极领地的一部分）。同年挪威宣称领有南极洲东经45°到西经20°之间的沿海土地以及“更远的土地”［被称为毛德皇后地（Queen Maud Land）］。1940年智利宣称领有南极洲西经53°～90°之间的土地——智利南极省（Chilean Antarctica），这和英国早些时期宣称的领有南极洲西经20°～80°之间的土地部分重叠。第二次世界大战后，美国宣布保留19世纪以来由于美国公民在南极洲的活动而产生的一切权利，包括提出领土要求在内。1946年，阿根廷宣布领有南纬60°以南、西经25°～74°之间的地区——阿根廷属南极地区（Argentine Antarctica），包括全部岛屿陆地以及拥有南乔治亚岛和南桑德韦奇群岛的主权。1947年，美国通过美洲国家会议把南极洲划入美洲“共同防御”线内。1948年，美国同一些有关国家就南极地区“国际化”的问题进行了非正式谈判。到20世纪50年代，阿、澳、法、挪、新、英、智七国对南极的领土要求包括南极大陆5/6的土地。1959年，有关国家签订了《南极条约》。苏联宣称“保留提出自己领土要求的权利”。

1961年生效的《南极条约》冻结了对南极的领土要求，并规定已提出领土要求的国家不得扩大其要求；没有提出领土要求的国家也不准提出新的要求。因此，根据《南极条约》可以说，南极现在不属于任何一个国家，她属于全人类。

1962年英国宣称将原属福克兰群岛（马尔维纳斯群岛）南纬60°以南的南设得兰群岛（South Shetland Islands)、南奥克尼群岛（South Orkney Islands）和在南极洲本土帕默尔半岛［现称南极半岛（Antarctic Peninsula）］的格雷厄姆海岸划为“英属南极领地”（British Antarctic Territory）。但南奥克尼群岛也是阿根廷“南极领地”的一部分，因此英国和阿根廷之间对这个群岛有争议。而英国、阿根廷、智利三国之间对南设得兰群岛也有争议。

由于《南极条约》只是暂时冻结了各国的领土主权要求，对附属于领土的诸如大陆架等方面的权利则没有界定。在《南极条约》签订50周年之后，联合国将对该条约进行修订，所有对南极提出主权要求的国家都要在2009年5月13日之前提交报告。

2009年12月1日是《南极条约》签署50周年纪念日。联合国秘书长潘基文在为此发表的录像致词中指出，《南极条约》的通过是国际合作的典范，他鼓励各国为保护南极环境、应对气候变化等诸多挑战继续加强合作。潘基文指出，要应对气候变化等挑战，就需要加强国际合作，这种合作并不局限于《南极条约》缔约国之间，而应涵盖整个国际社会。他敦促所有相关方为保护南极、促进科学研究以及人类进步而共同努力。

南极条约体系

旨在协调各国对南极和平利用的《南极条约》（Antarctic Treaty），于1959年12月1日签署，并于1961年6月23日生效。美国政府为南极条约的保存国政府。

《南极条约》的主要内容为：禁止在条约区从事任何带有军事性质的活动，南极只用于和平目的；冻结对南极的任何形式的领土主权要求；鼓励南极科学考察中的国际合作；各协商国都有权派代表到其他南极考察站上视察；对南极重大事务决策实行协商一致的原则。南极条约协商国依照其国名英文字母的排列顺序轮流主办会议，并承担一切费用。南极条约的工作语言为英语、法语、俄语、西班牙语。会议主办国必须为会议提供上述4种语言的同声传译和文件。

中国于1983年5月9日加入南极条约，1985年10月7日被接纳为协商国。

《南极条约》现有48个缔约国，其中阿根廷、澳大利亚、比利时、巴西、保加利亚、智利、中国、厄瓜多尔、芬兰、法国、德国、印度、意大利、日本、韩国、荷兰、新西兰、挪威、秘鲁、波兰、俄罗斯、南非、西班牙、瑞典、乌克兰、英国、美国、乌拉圭28国为协商国；奥地利、白俄罗斯、加拿大、哥伦比亚、古巴、捷克、丹麦、爱沙尼亚、希腊、危地马拉、匈牙利、朝鲜、摩纳哥、巴布亚新几内亚、葡萄牙（2010年1月29日加入）、罗马尼亚、斯洛伐克、瑞士、土耳其、委内瑞拉20国为非协商国。

南极条约体系（the Antarctic Treaty System—ATS）由南极条约协商会议（Antarctic Treaty Consultative Meetings—ATCM）、南极研究科学委员会（Scientific Committee on Antarctic Research—SCAR）、国家南极局长理事会（Council of Managers of National Antarctic Programs—COMNAP）、南极后勤和作业常设委员会（Standing Committee on Antarctic Logistics and Operations—SCALOP）及有关条约、议定书组成。

【南极条约协商会议（ATCM）】 ATCM是《南极条约》协商国就南极问题进行磋商、做出决议的重要形式，每年举行一次。根据南极条约的规定，协商会议通过的所有建议措施应经全体协商国批准后才能生效。至2007年，协商会议通过的建议措施已有约300项，涉及和平利用南极、保护南极资源、便利南极科考和合作、交流情报以及完善南极条约体系的运行等。目前，经各国同意已生效的建议措施共100多项，构成南极地区的重要活动准则。

1985年以来，中国派代表团出席了历届南极条约协商国会议（ATCM）、南极局局长理事会会议（COMNAP）、南极后勤工作常设委员会（SCALOP）会议和历届南极研究科学委员会（SCAR）会议。

2009年是《南极条约》缔约50周年。为纪念《南极条约》签署50周年和2007～2008国际极地年闭幕，2009年4月6日在华盛顿举行了《南极条约》签署50周年部长级会议暨南极条约协商国和北极理事会成员国首次联合会议，来自南极条约协商国和北极理事会成员国的35个国家的部长及200多名代表参会。会议通过了《南极条约50周年部长宣言》和《IPY和极地科研部长宣言》，重申冻结南极领土主张、南极科研自由、南极仅用于和平目的，承诺《南极条约》无限期有效，鼓励加强基地科研合作、进一步建立极地长期观测体系并将极地科研成果用于决策。

周文重大使率由外交部、国家海洋局和驻美使馆人员组成的中国代表团与会，发言充分肯定《南极条约》在维护南极和平、促进南极科学研究与环境保护方面的积极作用，介绍了中国南极科学考察和国际合作的主要工作和成绩，强调极地问题具有全球性，并提出了国际社会继续加强南极合作的三点具体建议。

2009年4月7～17日，第32届南极条约协商会议和第12届南极环保委员会会议（ATCM XXXⅡ-CEP Ⅻ）在美国巴尔的摩举行。会议举行了全会、环保委员会会议以及南极条约50周年、法律与机构、旅游与非政府活动、运行四个工作组会议。本届会议通过了16项有法律约束力的措施和没有法律约束力的18项决定和决议。其中，措施包括13项南极特别保护区和特别管理区、增加2处南极历史遗迹、南极地区旅游船登陆人数的限制、《议定书》附件二的修改等。

第33届南极条约协商会议和第13届南极环境委员会（ATCM XXXⅡ-CEP XⅢ）于2010年5月3～14

日在乌拉圭埃斯特角城举行。来自28个《南极条约》协商国、20个《南极条约》缔约国以及相关国际组织的300余名代表参会。按照会议议程安排，先后举行了ATCM全体大会、南极环境委员会（CEP）、法律工作组、运行工作组、旅游工作组、会间工作组等分组会议，围绕各成员国和相关国际组织会前提交的69份工作文件（WP）、130份信息文件（IP）、11份秘书处文件（SP）和相关决议进行了讨论，通过了15项有法律约束力的措施，12项不具法律约束力的决定和决议，最终形成ATCM会议报告。

此次ATCM的议题非常广泛，涉及ATCM未来工作规划、南极环境范畴内的气候变化问题、法律体系完善、环境影响评价、国际极地年重要成果及其应用、特别管理区与特别保护区的建立与管理、南极旅游问题、南极与南大洋动植物保护问题、南极环境监测、水文资料搜集管理、信息系统建设与应用、进入南极地区的船舶安全与管理、溢油污染监测管理、紧急情况下的搜救等议题，包括相关的换届选举、经费预算事宜。会议听取了有关国际组织的工作情况介绍，讨论了ATCM与相关国际组织的工作协调机制与相互关系问题。

第34届南极条约协商会议和第14届南极环境委员会（ATCM XXXIV-CEP XIV）将于2011年6月20日至7月1日在阿根廷布宜诺斯艾利斯举行。

澳大利亚环境保护、遗产与文艺部长与外交部长于2010年3月16日宣布，澳大利亚霍巴特市将承办2012年第35届南极条约协商会议（ATCM）。

第5次国际南极大会（5th International Antarctic Conference）将于2011年5月17～19日在乌克兰基辅举行。

南极条约秘书处是协商会议的一个机构，于2004年9月设于阿根廷布宜诺斯艾利斯。网址：http：//www.ats.aq。其主要工作为：准备和支持南极条约协商会议和其他会议；收集、保存和出版南极条约协商会议纪要；促进《南极条约》和《关于环境保护的南极条约议定书》要求的各成员国之间的信息交流；将南极条约体系的信息提供给公众。2009年9月，来自德国的曼弗雷迪·莱因克博士（Dr. Manfred Reinke）出任南极条约秘书处新一任执行秘书，任期四年。莱因克博士已在德国阿尔弗雷德·魏格纳极地与海洋研究所工作多年，目前为该机构董事会的董事。他在多个有关国际北极与南极研究的委员会担任职务，经验丰富，在科学管理方面也是公认的专家。

【南极研究科学委员会（SCAR）】 SCAR是国际科学理事会（International Council for Science，ICSU）下属的南极科学组织，是负责发起、促进和协调南极科学活动、制定和审查具有极地范围和意义的科学规划的国际学术结构。它成立于1957年8月，总部设在英国剑桥，每两年举行一次大会（Biennial SCAR Meeting）。SCAR由主席、副主席和执行秘书（Executive Director）组成的执行委员会（每届任期两年）领导，除设有财政委员会外，设立三个常设科学组（Standing Scientific Groups，SSG）：地球科学常设科学组（Standing Scientific Group on GeoSciences，SSG—GS）、生命科学常设科学组（StandingScientific Group on Life Sciences，SSG—LS）、物理科学常设科学组（Standing Scientific Group on Physical Sciences，SSG—PS）。2006年，SCAR设立了南极地理信息常设委员会（Standing Committee on Antarctic Geographic Information，SC—AGI）。

目前，SCAR成员包括：31个正式成员（Full Members）和5个准成员国（Associate Members）的国家委员会（National Committees）以及国际科学理事会下属的9个国际科学联合会成员（Union Members）。中国于1986年6月加入SCAR。SCAR网址：http：//www.scar.org。

SCAR正式成员：阿根廷、澳大利亚、比利时、巴西、保加利亚、加拿大、智利、中国、厄瓜多尔、芬兰、法国、德国、印度、意大利、日本、韩国、马来西亚、荷兰、新西兰、挪威、秘鲁、波兰、俄罗斯、南非、西班牙、瑞典、瑞士、乌克兰、英国、美国、乌拉圭。

准成员：丹麦、摩纳哥、巴基斯坦、葡萄牙、罗马尼亚。

科学联合会成员：国际天文学联合会（International Astronomical Union-IAU）、国际地理联合会（International Geographical Union-IGU）、国际第四纪研究联合会（International Union for Quaternary Research-INQUA）、国际生物科学联合会（International Union of Biological Sciences-IUBS）、国际大地测量学与地球物理学联合会（International Union of Geodesy and Geophysics-IUGG）、国际地质科学联合会（International Union of Geological Sciences-IUGS）、国际提纯及化学应用联盟（International Union of Pure and Applied Chemistry-IUPAC）、国际生理科学联合会（International Union of Physiological Sciences-IUPS）、国际无线电科学联盟（Union Radio Scientifique International-URSI）。

SCAR执行委员会主席马龙·肯尼卡特二世教授（Prof. Mahlon C. Kennicutt II，美国人），2008年任职，任期至2010年；执行秘书迈克·斯帕罗博士（Dr. Mike Sparrow，英国人），2010年任职。

中国自1982年的第17届SCAR大会起派团参加会议。2002年7月，第27届SCAR大会和第14届国家南极局局长理事会（COMNAP / SCALOP）会议在中国上海召开。会议由国家海洋局和上海市政府共同承办。这是中国参与国际南极事务以来，首次举办国际南极科学界最高层次国际性会议。

2008 年 6 ~ 7 月，第 30 届南极研究科学委员会于俄罗斯圣彼得堡举行。

第 31 届南极研究科学委员会和开放科学大会（XXXⅠ SCAR and Open Science Conference）于 2010 年 7 月 30 日至 8 月 11 日在布宜诺斯艾利斯召开。在 8 月 3 ~ 6 日召开的第四届 SCAR 开放科学大会（4th Open Science Conference at the XXXⅠ SCAR meeting）主题为“南极——见证过去，引领未来”。科学大会分为四大板块，即互联性和多尺度相互作用、引爆点、生态系统健康、持续和变化，共设 52 个议题。

第 32 届南极研究科学委员会和开放科学大会（XXXⅡ SCAR and Open Science Conference）将于 2012 年 7 月 13 ~ 25 日在美国俄勒冈州波特兰（Portland, Oregon, USA）举行。

【国家南极局局长理事会（COMNAP）与南极后勤和作业常设委员会（SCALOP）】 COMNAP 成立于 1988 年，其主要宗旨是：回顾南极考察运作过程中的问题，为日常的信息交换提供便利；检查、讨论、寻求解决一般运作性难题的可能方案；为解决南极考察国家作业实施过程中共同遇到的问题，提供一个自由探讨和充分发表意见的论坛，以便更好地为南极科考提供平台和现场作业支撑，并协调与 SCAR 的关系。

COMNAP 每年召开一次国家代表会议（COMNAP Annual General Meeting），每两年召开一次关于南极和后勤作业和管理等问题学术性研讨会。COMNAP 下设若干技术工作组，包括南极环境影响评估组、雪上运行技术组、南极航空运输网等，以及为解决特殊问题而成立的工作组，如意外事故、南极旅游、环境监测、航空运作等，同时与 SCAR 共同成立了数据管理委员会，密切了与 SCAR 的关系。COMNAP 的执行委员会（EXCOM）由理事会主席、理事会另外两名成员、SCALOP 主席和执行秘书组成，负责处理理事会会议期间的日常事务。财务委员会（FICOM）由理事会主席和其他两名成员组成，负责处理理事会的财务问题。

COMNAP 网址：http：//www. comnap. aq。

SCALOP 是 COMNAP 理事会的常设委员会，成员由每个国家南极管理机构指定。该成员一般是各国负责南极后勤和作业事务的官员。委员会的职责是就南极后勤和作业方面的问题向 COMNAP 提供技术咨询和解决办法。

COMNAP/SCALOP 目前有 29 个成员国：阿根廷、澳大利亚、比利时、巴西、保加利亚、加拿大、智利、中国、厄瓜多尔、芬兰、法国、德国、印度、意大利、日本、荷兰、新西兰、挪威、秘鲁、波兰、俄罗斯、韩国、南非、西班牙、瑞典、乌克兰、英国、美国、乌拉圭。

中国是成员之一。中国每年都派团参加 COMNAP 大会。

2009 年 8 月 3 ~ 6 日，第 21 届 COMNAP 会议（COMNAP XXⅠ）在智利彭塔阿雷纳斯举行。会议的主要目标是加强有关发展极地科学的国际合作。

2010 年 8 月 8 ~ 13 日，第 22 届 COMNAP 会议（COMNAP XXⅡ AGM）在阿根廷布宜诺斯艾利斯举行。29 个国家南极局局长成员国中有 25 个国家派代表参加了此次会议。中国派出了以国家海洋局极地考察办公室党委书记魏文良为团长的中国代表团与会。会上，中国极地研究中心副主任李院生当选为国家南极局局长理事会副主席，任期为 3 年。在目前国家南极局局长理事会工作机制中，副主席即为执委会委员，将领衔一个或多个战略项目，并作为这个项目的联络人。出席会议的中国国家海洋局极地考察办公室负责人魏文良表示，中国和阿根廷将在南极科考领域展开更加积极的合作。

第 23 届 COMNAP 会议（COMNAP XXⅢ AGM）将于 2011 年 8 月 1 ~ 5 日在瑞典斯德哥尔摩举行。

【南极海洋生物资源养护公约】（Convention on the Conservation of Antarctic Living Marine Resources—CCAMLR）】1980 年 5 月 20 日于澳大利亚堪培拉签订，1982 年 4 月 7 日生效，此后成为“南极条约体系”的组成部分之一。

该公约旨在保护南大洋生物资源、防止过度捕捞对南大洋生态系统造成损害，并许可对生物资源进行合理程度的捕捞和开发。公约建立了观察和检察制度并确定了解决争端的原则。CCAMLR 的地理适用范围为位于大约南纬 50°的南极辐合带以南的南大洋水域。同时，CCAMLR 与捕鲸管理公约和海豹保护公约保持协调一致的立场。

该公约的运行和日常工作由“南极海洋生物资源养护委员会”［the Commission for the Conservation of Antarctic Marine Living Resources，简称委员会（the Commission）］负责。该委员会为政府间国际组织，主要职责是采取措施，确立观察和检察制度等，委员会在协调一致的基础上做出决议。“南极海洋生物资源养护委员会”又建立了“南极海洋生物资源养护科学委员会”［the Scientific Committee for the Conservation of Antarctic Marine Living Resources，简称科学委员会（the Scientific Committee）］，其主要职责是评价南极海洋生物状况，对捕捞方法和捕获程度提出科学建议，对南大洋海洋生物资源进行研究等。

2006 年 10 月 19 日，中国加入《南极海洋生物资源养护公约》；此后，中国第一次以缔约国的身份作为观察员出席 CCAMLR 年会。中国于 2007 年 7 月申请加入南极海洋生物资源养护委员会，2007 年 10 月 2 日成为其正式成员。

目前，南极海洋生物资源养护委员会有成员（Members）25 个：阿根廷、澳大利亚、比利时、巴西、智利、中国、欧盟、法国、德国、印度、意大利、日本、韩国、纳米比亚、新西兰、挪威、波兰、俄罗斯、南非、西班牙、瑞典、乌克兰、英国、美国、乌拉圭。签字国（Acceding States）9个：保加利亚、加拿大、库克群岛、芬兰、希腊、毛里求斯、荷兰、秘鲁、瓦努阿图。CCAMLR 秘书处设在澳大利亚霍巴特。CCAMLR 网址：http：//www. ccamlr. org。

2009 年 10 月 26 日至 11 月 6 日，南极海洋生物资源养护委员会及其科学委员会第 28 届年会［CCAMLR XXⅧ Annual Meeting（Commission）and CAMLR XXⅧ Meeting of the Scientific Committee］在霍巴特举行。会议通过了一项措施，在公海上设立了第一个海洋保护区——南奥克尼群岛南大陆架海洋保护区，主要保护 48.2 分区（CCAMLR 渔业分区）内的海洋生物多样性。会议还通过了中国关于 2010 年派 2 艘渔船赴南极海域开展磷虾捕捞的申请，标志着中国南极海洋生物资源开发利用项目进入探捕实施阶段。

南极海洋生物资源养护和管理委员会及科学委员会第 29 届年会（CCAMLR-XXIX and SC-CAMLR-XXIX）于 2010 年 10 月 25 日至 11 月 5 日在霍巴特举行。

2010 年 4 月，CCAMLR 执行秘书米勒（Denzil Miller）博士在任职 8 年之后退休。安德鲁·赖特（Andrew Wright）接替米勒博士，担任 CCAMLR 秘书处第四任执行秘书。

【关于环境保护的南极条约议定书（Protocol on Environmental Protection to the Antarctic Treaty）】南极环境历来是全球极为关心的问题。1990 年底南极条约协商会议在智利举行第 11 次特别会议，开始专门对南极环境保护问题进行专门讨论。经过多次协商和谈判，1991 年 10 月南极条约协商国在西班牙马德里签署了《关于环境保护的南极条约议定书》及其 5 个附件。马德里议定书于 1998 年 1 月 14 日生效。2005 年在瑞典斯德哥尔摩召开的第 28 届南极条约协商会议上讨论了应急环境责任事故附件，即马德里议定书第 6 附件。

议定书对南极环境保护的原则作了重要和较为全面的规定，其中包括对南极考察活动要进行环境影响评价，禁止南极矿产资源开发，视察、制定应急反应计划、争端的解决等。议定书还成立了环境保护委员会，其主要职责是为南极条约协商大会提供南极环境保护问题的咨询和建议，各成员国均可派一名代表参加。环境保护委员会每年和南极条约协商会议一起举行一次会议。

议定书的 6 个附件还对环境影响评价、南极动植物保护、废物处理和管理、防止海洋污染和区域保护及管理、应急环境责任事故赔偿等作了详细的规定。

中国南极考察

中国开展南极科学考察事业 20 多年来，业绩丰硕，成就斐然。中国的南极科学考察事业起步于 1980 年，2 名中国研究人员参加了澳大利亚国家南极考察队。1984 年 11 月，中国首次派出由 591 人组成的国家南极考察队，乘“向阳红 10 号”考察船赴南极，并于 1985 年 2 月在乔治王岛建成中国第一个南极考察基地——长城站。1988 年 11 月，中国首支东南极考察队踏上征程，并于次年 2 月在东南极的拉斯曼丘陵上建成了中国第二个南极考察基地——中山站。2009 年 1 月，在南极内陆建成中国第三个南极考察站——昆仑站。截至 2010 年 4 月，中国成功组织了 26 次南极科学考察。目前，中国的南极科学考察事业已经形成了“一船三站”（“雪龙”号船、长城站、中山站、昆仑站）的硬件支撑体系。

【“雪龙”号船】该船是中国第三代南极考察、运输两用船。船长 167 米，宽 22.6 米，满载排水量 21025 吨，吃水 9 米，功率 17920 马力。最大航速 18 节，冰区通过能力为 1.2 米当年冰、20 厘米雪、航速 0.5 节，续航能力 18000 海里。该船设计为 A—2 级破冰船，具备先进的导航、定位、自动驾驶系统和能够容纳两架大型直升机平台、机库及配套系统。该船经过二期改装，设有海洋物理、海洋化学、生物、气象和洁净实验室及数据处理中心，配备了具有国际先进水平的大洋调查设备，具备了南极考察活动站的能力。2007 年 11 月 6 日，“雪龙”号完成了半年多的大修改造。此次大修耗资 2 亿多元，主要对船体、轮机、电气和科考 4 个部分进行规模最大的一次改造。

“雪龙”号极地科学考察船自 1994 年 10 月首航南极以来，到 2010 年 9 月，已先后 13 次赴南极、4 次赴北极执行科学考察与补给运输任务。

【中国南极长城站】1985 年 2 月 20 日，中国首次南极考察队在南极洲的南设得兰群岛的乔治王岛上胜利地建成中国南极长城站。长城站的地理坐标为：南纬 62°12′59″，西经 58°57′52″，海拔高度 10 米，与北京的方位为 170°38′27″，距离北京 17501.9 公里。建筑面积 4000 多平方米，有健全的生活设施和科研观测室。站上每年可接纳度夏考察人员 30 名，越冬考察人员 15 名。考察站常年开展气象学、电离层、高空大气物理学、地磁和地震等项目的常规观测。南极夏季期间，除常规观测项目外，还进行包括地质学、地貌学、地球物理学、生物学、环境科学、人体医学和海洋科学等的观测研究。

【中国南极中山站】1989 年 2 月 26 日，中国首次东南极考察队在南极大陆的拉斯曼丘陵上胜利建成中国南极中山站。中山站的地理坐标为：南纬 69°22′24″，东经 76°22′40″，海拔高度 11 米，与北京的方位为 32°30′50″，距离北京 12553.2 公里。中山站是中国南极考察向内陆发展的重要基地，也是国际合作的重要实验基地。建筑面积3000多平方米，有办公栋、宿舍栋、气象栋、科研栋、发电栋及车库等。站上每年可接待度夏考察人员40名，越冬考察人员15名。考察站常年开展气象学、电离层、高空大气物理学、地磁和地震等项目的常规观测。南极夏季期间，除常规观测项目外，还进行包括地质学、地貌学、地球物理学、冰川学、生物学、环境科学、人体医学和海洋科学等的观测研究。

【中国南极昆仑站】为中国首个南极内陆考察站，于2009年1月27日建成。位置确定为南纬80°25′01″，东经77°06′58″，高程4087米，位于南极内陆冰盖最高点冰穹A西南方向约7.3公里。这是中国继在南极建立长城站、中山站以来，建立的第三个南极考察站，它也是世界第六座南极内陆考察站。考察站的建成将实现中国南极考察从南极大陆边缘向南极内陆扩展的历史性跨越，它意味着，中国将成为第一个在南极内陆建站的发展中国家。根据规划，昆仑站的近期目标是建成可供15~20人夏季科考的度夏站，3~5年后，再逐步升级扩建为满足科考人员越冬的常年站。

【中国第26次南极考察队】中国第26次南极考察队于2009年10月11日乘坐"雪龙"号从上海浦东新区的极地考察专用码头出发赴南极。这是除1984年中国首次南极考察以来人员最多的一次，其中166名考察队员乘坐"雪龙"号从上海港出发，其余人员将在沿途登船或乘飞机前往南极。11月22日考察队乘坐"雪龙"号极地考察船驶离位于南极西部的长城站，奔赴位于南极东部的中山站，执行新一阶段的考察任务。2010年4月10日中国第26次南极考察队圆满完成各项考察任务抵达上海，在此次考察中，考察队克服南极气候恶劣和冰情复杂等各种困难，抓住一切有利时机奋力拼搏，共执行了59项科学考察任务和21项后勤保障工程任务；并继1999年中国第15次南极考察后，第二次同时派出两支考察队深入南极内陆，对地处"冰盖之巅"的南极昆仑站和陨石富集的格罗夫山地区开展综合科学考察活动，取得了丰硕的成果。

【中国第27次南极考察队】中国第27次南极考察队于2010年11月11日乘"雪龙"号科学考察船从深圳市盐田港起航，赴南极考察。这是"雪龙"号首次在上海极地考察国内基地码头以外的港口启程去南极。此次赴南极，"雪龙"号船将执行一船两站的考察任务，即从深圳出发后，将经过澳大利亚停靠，到达南极中山站，随即将深入南极内陆，进行昆仑站的考察。本次南极考察队共由193人组成，其中赴长城站执行考察任务的有38名队员，他们将搭乘飞机，途经智利，到达中国南极长城站。到中山站和内陆昆仑站执行考察任务的考察队员将搭乘"雪龙"号船前往。此次南极科考队和"雪龙"号考察船将承担常规性的考察任务，开展大洋调查，计划将完成30多项站区科学考察任务，同时执行后勤保障建设任务，计划将于2011年4月返回上海。

北极地区

地　理

北极地区是指北极圈（北纬66°33′44″）以北的广大地区，包括北冰洋、诸多岛屿和亚、欧、北美大陆北部的苔原带和部分泰加林带，面积2100万平方公里，约占地球总面积的1/25。其中陆地和岛屿面积占800万平方公里，全部归属于8个环北极国家，但北冰洋仍属国际公共海域。此外，北冰洋中北极圈内的斯瓦尔巴群岛的行政主权尽管属于挪威政府，但由于中国政府于1925年签署了由海牙国际法院主持的《斯匹次卑尔根群岛条约》，因此至今中国人仍有权自由出入该群岛，并在遵守挪威法律的前提下在那里进行正常的科学和生产等活动。

【北冰洋（the Arctic Ocean）】"Arctic"一词源于希腊语"熊"，意指正对大熊星座的海洋。北冰洋是一个四周由大陆环绕、近于封闭的海洋。其面积约1475万平方公里，约占世界海洋总面积的4.1%。海水容积约1807万立方公里。平均水深约1225米，最大水深5527米（位于格陵兰海的东北部），是世界四大洋中面积最小、平均水深最浅的一个海洋。北冰洋表面广被海冰覆盖，冬季海冰覆盖面积最大，可达1140万平方公里（3月），约占总面积的77.3%。夏季海冰覆盖的最小面积为700万平方公里（9月），约占总面积的47.5%。北冰洋大部分面积位于北极圈内，海冰平均厚度约3米，其中央部分海冰已有300万年以上的历史，为终年不融海冰。北冰洋有8个附属海：挪威海（Norwegian Sea）、格陵兰海（Greenland Sea）、巴伦支海（Barents Sea）、喀拉海（Kara Sea）、拉普捷夫海（Laptev Sea）、东西伯利亚海（East Siberia Sea）、楚科奇海（Chukchi Sea）和波弗特海（Beaufort Sea）。

1650年，德国地理学家B. 瓦伦纽斯首先把它划成独立的海洋，称大北洋。1845年，伦敦地理学会命名为北冰洋。

【**北极陆地区**（Lands of Arctic）】北极陆地区包括加拿大、美国、俄罗斯、芬兰、挪威和瑞典等国在北极圈内的陆地，以及格陵兰岛的大部分地域，总面积约800万平方公里。

【**北极苔原**（Arctic Tundra）】指北极地区北冰洋与泰加林带之间的永久冻土地和沼泽地带，是北极地区典型的陆地，其显著特点是：有广阔的永久冻土地、众多的湖泊和沼泽地，也是地球上一处既荒凉又富饶、气候和生态环境十分特别的地带，总面积约1300万平方公里，大部分在北极圈内。

【**泰加林带**（Taiga Forest Regions）】指从北极苔原南界的林带开始，向南延伸1000多公里宽的北方针叶林带，是世界上最大的而且也是独具北极寒区生态环境的森林带类型。

【**世界上最北端的城市**（The Northernmost City）】朗伊尔城（Longyearbyen，译意为长年城）位于78°14′N，距北极点1300公里。它是人类建在地球最北端的城市，是挪威所属的斯瓦尔巴群岛（Svalbard Is）的首府，常年过冬的人口为1500人左右。这里常年有116天的极夜和116天的极昼。每年6～8月为夏季，平均气温可达4℃。最冷月份为1～2月，平均气温为-13℃，年平均气温为-7℃。与同纬度的南极地区相比，气温约高20℃。斯瓦尔巴群岛的矿产资源很丰富，主要为煤、铁、大理石、磷灰石、云母、石膏、石油和天然气等。在该群岛上，由挪威、日本建有数个北极观测站，开展了气象、冰雪环境、高空大气物理和北极光等学科的考察研究工作。

【**环北极国家**（The Surround-Arctic Nations）】指其领土陆地自然延伸到北极地区以内且环绕北冰洋的国家，共8个国家：加拿大、丹麦、芬兰、冰岛（包括其属地格陵兰和法罗群岛）、挪威、瑞典、俄罗斯和美国。

北极资源丰富，拥有9%的世界煤炭资源，还有丰富的石油和天然气，据推测其含量占世界未开发油气资源的25%。另外，北极地区还有大量的金刚石、金、铀等矿藏和水产资源。此外，北极地区还有着重要的战略地位。据一些科学家预计，随着全球气候变暖加速冰山融化，10年后，从大西洋穿越北冰洋到达太平洋的航行时间将会缩短近1个月。届时，经从亚洲到欧洲，将比走巴拿马运河缩短上万公里行程。这意味着哪一个国控制了北极，不仅控制了战略要道，也控制了新的世界经济走廊。而另一方面，美国和俄罗斯等重要大国的领土都邻近北极，也让这一地区更具军事战略意义。

自1909年美国探险家皮里向全世界宣布他踏上北极点以来，北极地区不仅成为西方各国探险家和航海家频频光顾的地方，而且逐渐成为许多大国所觊觎的一块战略要地。北极地区的陆地部分已经被8个环北极国家领有。

北极领土纷争始于20世纪50年代初，当时，加拿大率先宣布对北极享有领土主权，并一直加强在该地区的军事力量，甚至在2004年还举行了以捍卫其北极领土为目的的大规模军事演习。而邻近北极的美国、丹麦、俄罗斯、挪威等国也都没有放弃对该地区拥有领土主权的要求。美国在北约组织成立后，在从阿拉斯加到冰岛的北极线上公然建立导弹防御系统，部署强大的军事力量。丹麦提出北极海底山脉是格陵兰岛海脊的自然延伸，丹就对该区域资源拥有开发权。丹麦一组科考人员还在2003年将国旗插在北冰洋汉斯岛，以此表示丹对该地区的主权。俄罗斯则一再重申包括北极在内的半个北冰洋都是其所国土占据的西伯利亚大陆架向北的延伸。

2007年4月，俄罗斯派遣核潜艇游弋北极海域，并在北冰洋上空进行了远程轰炸演习。8月2日，俄罗斯科考队在乘潜艇首次潜入北冰洋点下4000多米处的海床时，还留下了一面钛合金制造的俄罗斯国旗，以此表示俄对北极拥有主权。8月8～10日，加拿大总理哈珀访问北极地区并发表声明说，加将在北极地区建立两个军事基地，其中包括该国在北极地区的首个深水港，加强在北冰洋地区的军事存在。随后，丹麦科技和创新大臣则声称，通过插国旗和政治访问不能解决这块自然资源丰富的地区的领土争端。丹麦派遣了一组科学家前往北极冰层寻找罗蒙诺索夫海岭在地理上与格陵兰岛相连的证据。这次计划数年的北极之旅可能将帮助丹麦人宣称北极主权。美国和挪威也已经宣称在北极地区拥有主权。一艘美国破冰船前往北极绘制阿拉斯加州附近的海床地图，以确定该区域是否属于美国的领土。北极问题如何发展，将再次成为国际社会关注的焦点。

【**北极地区的居民**（Peoples of Arctic Regions）】北极地区现有人口约900万，主要分布在8个环北极国家的北纬60度以北地区。其中土著居民约200多万，主要居住在北美洲的阿拉斯加和加拿大北部的北冰洋沿岸和格陵兰岛的北部。由20多个民族组成，最大的民族约30多万人，最小的约200多人。具代表性的土著民族有因纽特人（Inuits）[亦称爱斯基摩人（Eskimo）]、阿留申人（Aleut）、科米人（Komi）、曼西人（Mansi）、可汗人（Khant）、塞库普人（Selkup）、恩特西人（Entsy）、恩加纳桑人（Nganasan）、多尔干人（Dolgan）、倜人（Tungus）、拉穆特人（Lamut）、育卡格赫人（Yukaghir）、南特西人（Nantsy）、雅库特人（Yakut）、库雅特人（Koryat）、堪察加人（Kanchadal）、鄂温克人（Howek）、萨米人（Sami）、拉普人（Lapp）、楚科奇人（Chukchi）、凯特人（Ket）等。这些土著民族世代生活在气候环境恶劣的北极地区，靠渔猎（主要是海豹、鲸、海象和鱼类）为生，居住极其简陋。至今，他们驯养驯鹿，也开始享受着现代科技与物质文明生活，又保留着北极地区土著民族传统的渔猎和生吃鱼肉的风俗习惯。在格陵兰岛西北部北纬 79°以北的爱斯基摩人，称为极地爱斯基摩人。

【北冰洋海底地形】（Sea Bottom Topography of Arctic Ocean）】北冰洋略呈椭圆形，沿短轴方向相间排列着三条主要海脊和两大海盆。三条海脊是：北冰洋中脊、罗蒙诺索夫海岭和门捷列夫海岭。两大海盆是：欧亚海盆和加拿大海盆。北冰洋洋底地形复杂且特殊，其最突出的特点是：大陆架发育非常广阔，面积约 400 万平方公里，占整个北冰洋面积的 1/3。在亚洲大陆以北，其大陆架从海岸一直向北延伸 1000～1200 公里；在北美洲大陆以北，其大陆架比较狭窄，只有 20～30 公里。

【白令海峡】（Bering Strait）】位于亚洲大陆与北美洲大陆的交汇处，是北冰洋与北太平洋唯一的海上通道，于 1741 年由俄罗斯探险家白令首先发现并以他的名字命名的海峡，其最狭窄处宽度为 82 公里。

【格陵兰岛】（Greenland）】地球上最大的岛屿，其面积达 220 万平方公里。90% 的面积、约 180 万平方公里常年被冰雪覆盖，形成了格陵兰冰盖——世界最大的冰盖之一。该冰盖的平均厚度达 2300 米，与南极冰盖的平均厚度 2400 米相似。格陵兰岛上冰雪的总量约为 300 万立方公里，约占全球总冰量的 9%，冻结的水量约等于世界冰盖冻结总水量的 10%。如果这些冰量全部融化，全球海平面将上升 7.5 米。

【地磁北极】（Geomagnetic North Pole）】地球是一个具有磁场强度不均匀变化的球体。人们为了科学研究地球磁场的方便，19 世纪 20 年代，德国著名数学家高斯（K. F. Gauss）发表了关于地球磁场的理论，将地球视为一个具有均匀磁场强度的球体而用数学推导出的磁极，称为地球的地磁南北极，是一个用于理论分析研究地球及其磁场随时空变化的理论值。它与地理南北极是不一致的，其间存在 11°30′的夹角。在北半球的地磁极称为地磁北极（在南半球的地磁极称为地磁南极），地磁南北两极互为对蹠点；2005 年地磁北极的坐标为 79.7°N，71.8°W；地磁南极的坐标为 79.7°S，108.2°E。根据科学家推算，此后几年，地磁北极的坐标分别为：79.8°N，71.8°W（2006）；79.8°N，71.9°W（2007）；79.9°N，71.9°W（2008）；79.9°N，71.9°W（2009）；80.0°N，72.0°W（2010）；地磁南极的坐标分别为：79.8°S，108.2°E（2006）；79.8°S，108.1°E（2007）；79.9°S，108.1°E（2008）；79.9°S，108.1E（2009）；80.0°S，108.0°E（2010）。

【磁极漂移和倒转】（Drifting and Reversing of Magnetic Pole）】地球是一个磁化球体。它仿佛像一块巨大的磁石，磁针在地球上受到磁力的作用，指向磁力线方向。磁力线的方向因地点而不同。地面上有二个地点的磁力线是垂直的，以至磁针的方向垂直于地面，那里是磁性最强的地方，叫做磁极。按地理学上的习惯，把位于北半球的磁极叫磁北极，位于南半球的磁极叫磁南极。磁北极和磁南极并不互为对蹠点。据 2005 年的观测，磁北极位于 83.2°N，118.0°W；磁南极位于 64.5°S，137.8°E。

由于地球的磁场强度和方向是随时间和地点而变化的，因此，地球磁极的位置就是随着时间而移动的；称为磁极漂移，在不同的时期中，磁极漂移的速度和方向是不同的。漂移的速度时快时慢，为每年几公里到十几公里，极不均匀，平均为每年 8.6 公里。经精确测定和计算，磁北极是向北向西方向移动，从 1904 年到 1975 年，它以 9 公里/年的速度向北西移动，1980 年，它又以 17.9 公里/年的速度向北移动，以 4.6 公里/年的速度向西移动。磁极不仅随时间发生漂移，甚至于发生磁极反转，即南北磁极倒转、对调。倒转的时间间隔似乎也不规则，通常间隔为数十万年。地球磁极为什么会发生漂移、倒转的原因、机制和规律，目前还不十分清楚；对地球上的生物有什么影响，也还不十分了解。这些重大科学问题，都有待科学家们进一步去探索和研究。虽然目前对地球南北磁极倒转的理论科学依据还不十分清楚，但认为磁极倒转能使地球表面接受大量高能辐射，这能破坏生命，甚至产生大范围的植物和动物灭绝。现在已有大量而充分的科学依据证明，磁极倒转的确在地球的岩石中留下了痕迹，而磁极倒转的时间序列是可以根据地质年代学技术来进行推算的。有时还可利用磁极倒转的时间序列在世界范围留下的这种痕迹，来为确定地球上其他重大地史事件提供科学依据，例如：海底扩张、地壳运动和地史冰期等。

根据科学家推算，磁北极的坐标分别为：83.8°N，122.0°W（2006）；84.1°N，123.7°W（2007）；84.2°N，124.0°W（2008）；84.9°N，131.0°W（2009）；85.1°N，133.0°W（2010）；磁南极的坐标分别为：64.5°S，137.7°E（2006）；64.5°S，137.7°E（2007）；64.5°S，137.6°E（2008）；64.4°S，137.4°E（2009）；64.4°S，137.4°E（2010）。

【北极光】（Aurora Borealis）】极光是发生在地球南北极上空特有的一种高空物理现象，也是一种宇宙的放电现象。是由来自于太阳的高速带电粒子流（亦称太阳风）到达地球的磁层空间时，受到地球南北极强磁场的吸引而进入地球空间，高速带电粒子与地球上空的高层大气发生一种复杂的相互作用和放电现象，产生出能量极强、范围极大、五彩斑斓、绚丽多姿的彩色光带，这就是极光（Aurora）。在南极见到的极光称为南极光（Aurora Australis），在北极见到的极光称为北极光。极光经常出现在地球的南北极上空，有时也扩展到地球的中纬度地区。据科学家研究，极光的发生除了与地球磁场的变化有关外，还与太阳的活动，特别是每隔 11 年周期性发生的太阳黑子活动——太阳表面的耀斑活动关系密切。为此，对极光的研究，不仅在日地关系、太阳活动的研究上和对空间环境的监测都有其重大的科学意义，对于人类的生存与经济的发展也有着重要的实用价值，例如，无线电通信、雷达监测、大海航船、飞机和人造卫星导航系统的正常使用都与极光的发生有着直接的关系。甚至于伴随极光活动的强电磁扰动对地面的高压输电设备也有影响。

【北极熊】北极熊是北极地区最大的食肉动物，是北极的象征。北极熊是当今陆地上最大的猛兽之一，分布于北冰洋和其他岛屿、以及亚洲美洲大陆与其相邻的海岸。北极熊通常在冰盖边缘处利用浮冰捕食，近年来气候变暖冰盖消退不断掠夺北极熊的生存环境。2004 年举行的一项全球调查显示，到 2100 年，北极的夏季冰川可能消失殆尽。这将迫使居住在北极圈附近的爱斯基摩人抛弃传统生活方式，而包括北极熊在内的北极动物将濒临灭绝。

世界自然基金会（WWF）发布警告说，由于气候变暖，北极熊种群数正在加速减少，从 2001 年减少 1 个种群增加到 2006 年减少 5 个种群，目前世界上北极熊种群数目仅剩 19 个。北极熊种群数减少表明整个北极地区处在气候变暖的巨大压力之下。

2009 年 3 月，北极地区周边 5 国丹麦、俄罗斯、美国、加拿大和挪威在挪威北部城市特罗姆瑟开会，讨论如何保护受全球变暖威胁的北极熊。这是 5 国自 1981 年来首次为北极熊生存状况聚首。5 国官员打算在会上讨论 1973 年签订的一项保护北极熊的国际协定。

北极体系

北极体系是由北极理事会、国际北极科学委员会、北极地区当地社团组成。主要关心全球变化对北极地区环境包括经济文化的影响。

【北极理事会（Arctic Council—AC）】1996 年 8 月 6 日，8 个环北极国家的代表在加拿大的渥太华举行会议，讨论建立北极理事会的声明（渥太华声明），正式成立高级别的政府间论坛。其宗旨是：(1) 确保居住在北极地区的居民包括当地少数民族及其团体享有的权益；(2) 确保北极地区在经济和社会发展以及在卫生条件和文化教育的改善方面的可持续发展；(3) 确保北极环境保护，包括北极生态系统的保护、北极生物多样性维持和自然资源的保护和可持续使用。为实施上述宗旨，要求建立北极环境保护策略：(1) 应认识到北极土著民族及其团体的传统文化的重要意义以及北极科学研究对环北极地区整体理解的重要意义；(2) 应进一步采取要求环极合作的北极问题一致行动的措施；(3) 应积极支持因纽特环极会议、萨米理事会以及俄罗斯北部、西伯利亚和远东当地少数民族协会，并充分认识到他们在北极理事会发展中的作用。网址：http://www.arctic-council.org。

北极理事会是讨论北极地区环境和可持续发展问题的重要国际组织。成员包括 8 个环北极国家。理事会设立可持续发展、北极监测与评估、北极海洋环境保护、北极污染物行动计划、北极动植物养护、突发事件预防反应 6 个工作组。部长级会议（Ministerial Meeting）是理事会决策机构，每两年召开一次。高官会议（Senior Arctic Officials Meeting）是理事会执行机构，每年召开两次会议。理事会成员国轮流担任主席国，任期两年：加拿大（1998）、美国（1998～2000）、芬兰（2000～2002）、冰岛（2002～2004）、俄罗斯（2004～2006）、挪威（2006～2009）、丹麦（2009～2011）、瑞典（2011～2013）。德国、法国和西班牙等在北极理事会中享有观察员（Observers）地位。在北极理事会享有观察员地位的还有隶属联合国体系的各个组织，以及各个政府间的、学术性和非商业性的联盟及联合会等，北极理事会与它们中的许多组织建立了密切的合作关系。

下列组织为北极理事会的"经常性参与者"（Permanent Participants）：阿留申人国际协会［Aleut International Association（AIA）］、北极阿萨帕斯卡人委员会［Arctic Athabaskan Council（AAC）］、哥威迅人委员会国际［Gwich'in Council International（GCI）］、因纽特人北极圈委员会［Inuit Circumpolar Council（ICC）］、萨米人委员会（Saami Council）。

第 1～5 届北极理事会部长会议分别在加拿大［伊奎特（Iqaluit），1998 年 9 月］、美国［阿拉斯加巴罗（Barrow，Alaska），2000 年 10 月］、芬兰［伊纳里（Inari），2002 年 10 月］、冰岛（雷克雅未克，2004 年 11 月）、俄罗斯［亚马尔—涅涅茨（Yamalo-Nenets）民族自治区首府萨列哈尔德（Salekhard），2006 年 10 月］举行。

2009 年 4 月 28～29 日，融冰国际会议（International Conference on Melting Ice）暨第 6 届北极理事会部长级会议（Sixth Ministerial Meeting of the Arctic Council）在挪威的特罗姆瑟（Tromsø）举行。代表八个北极国家的部长们及北极理事会六个永久成员组织的代表们出席了会议。会议通过了《特罗姆瑟宣言》。宣言肯定北极理事会在北极地区面临的挑战和机遇中既有的领导地位，以及国际社会对于理事会工作越来越多的关注；确认在国际关系中，法治原则是地区和平发展的先决条件；承认原住民的权利和所有北极居民的利益，并强调原住民的参与对于应对极区的挑战和机遇来说是基本的要求；认为人类活动造成的全球气候变化是北极地区面临的几个最严重的挑战之一；深切关心北极气候变暖的增速，这将同样地影响世界上的其他地区；再次确认北极理事会关于促进环境保护和北极地区土地及海洋资源的可持续利用所做的承诺；重提一个应用于北冰洋的大法律框架——特别是包括海洋法在内，该框架为北冰洋的责任管理提供了一个坚实的基础；注意到海冰覆盖范围和厚度的大幅度缩减导致了自海路进出北极的航行增多，并承认这种情形对依赖海冰的物种和其他物种产生了压力；认识到北极的可持续发展要求保护北极的生态系统和确保北极动植物的可持续利用以及北极地区经济发展面临的新的机遇和挑战；注意到跨界污染物——包括空气污染物的排放、重金属和持久性有机污染物——仍将是北极的一个主要问题。11 月 12 ~ 13 日，北极理事会秋季高官会在丹麦举行。

中国认为，北极理事会是关于北极问题最具影响力的区域性政府间组织，在协调北极科研、促进北极环境与可持续发展合作方面发挥着重要作用。理事会在科学研究的基础上进行政策讨论、采取实际行动，在认识北极生态、防治环境污染等方面取得显著成绩，北极气候影响评估等研究对全球应对气候变化产生重大积极影响。

中国赞赏北极理事会对非北极地区国家和相关国际组织的开放态度，希望理事会尽早就观察员国家的作用和接受新观察员问题做出决定，形成北极地区国家与非北极地区国家密切合作、良性互动、共同解决跨区域问题的合作模式。2007 年以来，中国以特别观察员身份参加了理事会相关活动，进一步增强了对理事会的了解。中国政府支持理事会的宗旨与目标，愿积极参与理事会各项工作，尽己所能，对理事会的工作做出贡献。2009 年，中国政府派代表出席了理事会 4 月和 11 月会议。

第七届北极理事会部长级会议将于 2011 年在丹麦举行。

【国际北极科学委员会 (International Arctic Science Committee—IASC)**】**1990 年，8 个环北极国家成立了国际北极科学委员会。IASC 是一个非政府间的国际组织，旨在鼓励和促进所有从事北极研究的国家和地区在北极科学研究各个领域的合作。其成员应是能覆盖所有北极研究的国家科学组织。每个成员的国家组织也为理事会和北极科学团体之间的接触提供方便。IASC 正是利用这种关系来确定优先发展的科学问题以及工作组成员等。有 IASC 所规划和建议的国际科学研究项目应是北极和全球科学研究优先考虑的领域。几乎所有北半球发达国家都开展了北极研究活动。截至 2010 年 3 月，IASC 共有 19 个成员：加拿大、中国、丹麦/格陵兰、芬兰、法国、德国、冰岛、意大利、日本、荷兰、挪威、波兰、俄罗斯、韩国、西班牙、瑞典、瑞士、英国、美国。中国于 1996 年加入了 IASC。网址：http：//web. arcticportal. org/iasc/。

2009 年 1 月 1 日起，IASC 秘书处由位于德国波茨坦的阿尔弗雷德·魏格纳极地与海洋研究所［the Alfred Wegener Institute for Polar and Marine Research in Potsdam (Germany)］主办。执行秘书沃尔克·拉乔尔德 (Volker Rachold)。

随着国际社会对北极的科学考察与研究的不断深入，北极科考领域内的国际合作日益增多，1999 年，由 IASC 发起，代表北极科学研究最高国际水平的北极科学高峰周会议 (Arctic Science Summit Week，ASSW) 机制正式形成。该机制的主要目的是：将主要的国际北极科学组织集中起来召开各自的年会；通过直接接触和组织集体活动等方式鼓励这些组织间的合作与交流；了解主办国开展的北极研究等。ASSW 由成员国轮流承办，一般在每年 3 月或 4 月召开，包括 IASC、北冰洋科学委员会 (AOSB)、北极研究管理者论坛 (FARO)、欧洲极地委员会 (EPB) 和泛太平洋北极工作组 (PAG)、北极圈国家组织 (RB)、新奥尔松科学管理委员会 (NySMAC) 等会议，以及一些专题会议 (如科学日、研究项目日等)。2005 年 4 月，中国成为承办 ASSW 会议的第一个亚洲国家。

2009 年北极科学高峰周会议于 3 月 23 ~ 28 日在挪威卑尔根 (Bergen，Norway) 举行。此次会议是由国际北极科学委员会、北冰洋科学委员会、欧洲极地委员会、泛太平洋北极工作组、北极研究管理者论坛、国际北极社会科学协会 (IASSA) 与新奥尔松科学管理委员会等组织联合主办的。该峰会将科学会议与管理会议结合起来举办，目的是为北极科学所有领域的国际协调，协作与合作提供机会。会议还为与会各方了解举办国所开展的北极科研活动提供平台。

为期三天的 2009 年第一届科学研讨会在北极科学高峰周会议期间召开，这是此次会议召开的首个国际研讨会。该研讨会的召开为各相关机构开展知识交流、交互影响以及相互协作提供了平台。来自全世界的 300 名科学家、学生、决策者以及其他专业人士参加了此次研讨会。鉴于此次会议取得的巨大成功，组织方决定峰会每两年举办一次科学研讨会。

2010 年北极科学高峰周会议于 4 月 15 ~ 19 日在格陵兰的努克召开。

2011 年北极科学高峰周会议将于 3 月 27 日至 4 月 1 日在韩国首尔举行。

【北极研究之旅】"北极研究之旅"系挪威政府自 2006 年开始组织的北极事务高级论坛活动，邀请有关国家高级别代表参加。

2009 年 6 月，应挪威外交大臣斯特勒邀请，中国外交部部长助理胡正跃代表中国首次出席该活动，并就中国对北极事务的看法作报告，全面介绍了中国对北极法律制度和推动北极合作的看法，得到各方积极反应。

北极事务既涉及与 8 个北极国家相关的区域议题，也有北极气候变化、北极航运等跨区域问题，需要相关国家加强合作、共同研究、协同处理。本次会议的主要议题包括北极气候变化和环境挑战、北极资源可持续管理和北极活动的增加、各国北极战略和政策框架、斯瓦尔巴群岛的北极科研活动等。除中国外，美、英、欧盟、冰岛等各方代表也参加了本次活动。此次挪威邀请中国参加“北极研究之旅”，表明有关国家更加重视中国在北极事务中的作用。

中国认为，包括一系列公约在内的国际法制度提供了处理北极问题的基本法律框架。这包括：（一）区域性国际法文件和区域合作制度。如以北极理事会为代表的区域可持续发展机制等。（二）适用于北极地区的国际环境公约。北极地区受臭氧层减少、气候变化、持久性有机污染物等全球环境问题影响最大，有关国家在相关公约的制定中发挥了重要作用。（三）《联合国海洋法公约》以及国际海事组织制定的国际法律文件，包括国际海事组织针对北极的特别航行条件制定的《北极冰封水域船只航行指南》等。（四）《斯匹次卑尔根群岛条约》。该条约在将群岛主权赋予挪威的同时，确立了缔约国国民平等待遇原则以及和平利用群岛原则，成为一项独特的北极法律制度。

中方认为，当代海洋法涉及海域划界、海洋环境保护、航行、海洋科研等各个方面，对沿海国以及其他国家的权利义务做出了基本规定，是处理各种北极活动时应予遵循的法律基础。中国支持包括海洋法在内的现行北极法律秩序，同时认为这一法律秩序需要因应形势落实与细化，渐进发展。

中国注意到有关北极地区国家的专属经济区、大陆架、特别是外大陆架的划界尚未完成，认为北极地区有关海洋区域法律地位的不确定性可能影响到北极合作的进一步发展，希望有关国家在国际法的基础上，以科学数据为基础，通过协商早日解决相关问题。在确定外大陆架界限时，除妥善处理相邻北极地区国家之间的关系，还应充分考虑外大陆架与作为人类共同继承财产的国际海底区域之间的关系，确保沿海国的利益和国际社会共同利益之间的平衡。

近年，北极冰雪消融加速，既带来了北极航道开通、北极经济开发的新机遇，也对北极脆弱的生态环境造成新的挑战。国际法需要因应这些变化，做出适当安排，以趋利避害。国际社会应在现行国际法基础上。考虑制订更加具有针对性的具体制度，保障北极航行安全，预防和减少航行可能带来的环境影响。

北极问题主要是地区问题，也有气候变化、航运等跨地区问题，需要在地区和国际层面加强合作。中国很高兴地注意到，近20年来，北极合作不断深化、拓宽，日益机制化，合作已成为北极事务的主流。中国尊重北极地区国家根据国际法享有的主权权利和管辖权，愿就北极相关问题与各方加强互利合作，为北极地区的和平、稳定和可持续发展而努力。

2009年6月3日，中国与挪威在北京举行中挪北极事务双边对话。中国在上述活动中强调，中国高度重视北极地区的科学研究和环境保护，支持根据海洋法以及相关国际法处理北极问题，尊重北极地区国家的主权以及根据国际法享有的主权权利和管辖权，愿在平等的基础上，与有关各方就北极问题加强互利合作，为实现北极地区的和平、稳定和可持续发展作出贡献。

【北极地区迅速变暖】全球变暖所引发的局部地区环境变暖更为明显。过去的100年，全球平均增温0.5℃。加拿大平均增加1℃，而加拿大西北部、西部地区则增加了1.5℃。1895～1996年，加拿大11个气候地理区获得的数据表明，温度增加了1.1℃。

在白令海地区，同样呈现长时间的变暖趋势。30年的观测表明，位于白令海东部的阿拉斯加，每10年温度升高0.7℃，而白令海的西部则每10年增加0.25℃。

早在20世纪70年代初，北极“夏季融冰”的面积就以每10年7%的速度减少。自20世纪80年代末90年代初起，大量北极浮冰就被风吹出北冰洋进入大西洋，随后又向南漂流最终融化。

美国国家冰雪数据中心（NSIDC）提供的北极海冰数据显示：2010年9月，北极海冰面积似乎已经缩小到2010年最小面积。这是自1979年采用卫星观测海冰范围以来，所观察到的第三小的海冰面积。2010年的最小海冰面积比2009年的最小海冰面积还要小，比2008年和2007年的最小海冰面积要大。虽然如此，2010年的最小海冰面积仍然低于长期平均值，而且远远超出自然变化范围。

【北极国际航道之争】几个世纪以来，欧洲探险家一直梦想能探索通往东方的新航路，在成功打通北极航道之后，他们却发现因冰盖的阻挡，这些航道实际并不具备商业航运价值。目前北极航道由两条航道构成：加拿大沿岸的“西北航道”和西伯利亚沿岸的“东北航道”（又称北方航道）。2008年8月中下旬，美国宇航局的卫星照片显示，至少在12.5万年以来，西北航道和东北航道第一次同时冰融开通，北极变成了一座孤岛。海冰专家将这些图像形容为“具有历史意义的事件”，代表人类史上首次可绕过北极开展商业航行，由此引发了新一轮北极航道开发热潮。西北航道和东北航道是联系亚、欧、美三大洲的潜在最短航线。北极航线在航程等方面与其他航线相比具有较大优势。然而，从政治与法律层面来看，西北航道究竟是不是该划为国际航道存在着争议，部分东北航道究竟属俄罗斯内水还是国际航行水域也存在法律分歧。沿岸各国均通过立法，以环境保护为理由对北极航行进行严格管理与管辖。法律和政治上的不确定性，是北极航运问题的关键所在。

与全球其他地区的领土、领海、大陆架之争大不一样的是，卷入“北极之争”的周边国家，是欧洲、北美富国，其中包括美国、俄罗斯这样的大国，而且相争的不是别国主权下的控制区，而是各国所声称的本国领土与领海。北极之争对周边各国来说是极具战略性的。对俄罗斯、美国和加拿大来说，以往视为天然屏障的后院突然洞开为繁忙的大道，而且互相之间的法定界限很多是模糊不清、性质不明的。这无论对其今天还是明天、财富还是安全都大成问题。于是，这片遥远、静寂的冰海雪岭，陡然变得“热”起来了。周边8国参与的北极理事会，不再只是温文尔雅的地理、气象、科研类学术会议。俄罗斯2007年曾派潜艇和潜水员，专程到极点附近的水下海岭插上宣示主权的国旗。

除了国土环抱半个北冰洋的俄罗斯，加拿大就是北极地区领土、领海占地最广的国家了，而且有着最接近极点的人居地。因此，对北极地上地下、水上水下的种种关注，这几年便上升为国策层级了，其动作显得比其他各国更迅速、更深入、更实际，层次也更丰富。

中国北极考察

【中国北极考察】北极地区多有国家归属，开展考察不仅仅是科研问题，还涉及外交协商，不似开展南极考察的程序简单。中国的北极考察要晚于南极考察。

北极在地球上占有特殊的地位。北极的自然环境变化对全人类生存环境有重大影响。北极是全球气候变化的敏感地区，北极的自然变化又反作用于全球、特别是北半球的气候。

中国是北半球国家，北极地区冷空气活动和高纬度地区大气环流的变化对中国的天气和气候产生直接影响，对中国的生态环境系统和农业生产等社会经济活动影响显著。北极冰川融化加速全球海平面上升，影响到中国东部沿海地区的经济和社会发展。因此，北极事务关乎中国自然、经济和社会等诸多方面，关乎中国可持续发展，中国政府对此高度重视。中国需要更多了解北极气候变化，了解此类变化对中国的影响。

北极考察和研究，对认识北极影响全球大气环流和中国天气气候的物理过程及机理，提高中国灾害性天气预报和短期气候预测的准确性，增强中国的减灾防灾能力，具有重要意义。

1995年，在企业的赞助下，由中国科学技术协会主持，中国科学院组织实施了首次民间北极科学考察活动，获得了北极地区海洋、冰雪、大气、古环境、生态、遥感和大地测量等方面的数据。

中国政府自20世纪90年代开始进行北极科学研究，于1996年正式加入北极国际科学委员会，于1999年、2003年、2008年和2010年进行了四次北极海洋综合考察。2004年，中国在北极地区建立了科学考察站“黄河站”，并于2005年承办了北极科学高峰周会议。多年来，中国对北极高空物理、气候变化、生态、海洋等进行了研究，建立了初步观测体系，形成了素质较高的专家队伍。

随着全球气候变暖、北冰洋海冰的快速变化，各国都加大了对北极研究的力度。中国近年来也极为重视对太平洋北极扇区的研究，积极参与太平洋北极工作组等国际组织，其中，太平洋北极工作组秘书处设在上海，这些努力取得了很好的国际影响。

“2007～2008国际极地年”为促进北极合作、提高北极意识、加强北极研究提供了难得机遇，中国积极参加了国际极地年活动，组织了“北冰洋变化及其对中纬度的影响”等项目，并积极参与了有关国家倡导的极地年项目。中国期望极地年期间的科研成果能够为各国和国际社会制订关于北极问题的政策提供更为坚实的科研基础，希望极地年期间的国际北极合作能够继续深化，支持并愿积极参与北极持久观测网络的建设。

北极地区各国对于北极的研究起步早、水平高，在北极事务中发挥着独特作用。中国进行北极研究离不开与北极地区国家的双边合作。中国与有关国家双边关系良好，经济联系密切，具备了开展北极科研合作的基本条件。中国组织的三次北极海洋科学考察中，有包括北极地区国家科学家在内的数十名外国科学家参与。中国欢迎各国科学家继续参加中国北极科考站“黄河站”的科学观察和中国将要组织的北极海洋科考，愿同北极地区各国进一步加强对话，增进了解，深化北极科研合作，充实北极合作内涵。

【中国第一个北极科学考察站——黄河站】2002年9月由国家海洋局组团赴北极斯瓦尔巴群岛地区进行了建站的前期选址调研工作，根据中国1925年签署的《斯匹次卑尔根群岛条约》和专家的论证，中国北极科学考察站站址选在挪威斯瓦尔巴群岛的新奥尔松（78°55′N，11°56′E）。

2003年9月底，中国北极考察站投入试运行。北极考察站为一栋两层楼的建筑，面积约500平方米，有会议室、办公室、通信室、18间宿舍和4间实验室。经国务院批准，中国北极科学考察站于2004年正式投入运行。2004年7月，国家海洋局正式将中国第一个北极科学考察站定名为黄河站。

由于中国北极黄河站成功开展了高空大气物理、大气化学、气象、海洋生态、地球环境生态和冰川学等多学科综合观测和调查，已成为新奥尔松地区一支重要的科学考察力量，在2005年4月于中国昆明举行的新奥尔松科学管理者委员会小组会上，中国以全票当选为新奥尔松科学管理者委员会的成员，进一步提高了中国在考察国际北极科学考察领域的管理地位。另外，为了保证中国的科学家在北极黄河站充分进行和开展海洋科学研究，中国在2005年ASSW会议期间与挪威王湾公司签订了加入北极海洋实验室咨询委的协议，成为8个咨询委成员国之一，从而可以使中国科学家与其他国家科学家携手工作，共同为北极研究作出贡献。

截至2009年底，中国成功组织实施了6个年度的北极黄河站考察。

【中国第四次北极科学考察】中国第四次北极科学考察队于2010年7月1日从厦门出发，前往北冰洋区域进行科学考察。此次北极考察队由122人组成，其中包括来自美国、法国、芬兰、爱沙尼亚、韩国的7名科学家。科考队在白令海、白令海峡、楚科奇海、波弗特海、加拿大海盆、门捷列夫海脊等海域，开展与海冰大范围融化相关联的大气、海冰和海洋过程观测，以及生态系统多学科综合考察。

中国第四次北极科学考察紧紧围绕着北极海冰快速变化及其北极海洋生态系统对海冰快速变化的响应两大科学目标，共完成135个海洋站位的综合调查、1个“长期冰站”的海冰气综合考察和8个“短期冰站”的考察、1个北极点站位的观测，考察范围涵盖白令海、白令海峡、楚科奇海、加拿大海盆、门捷列夫海脊、弗莱彻深海平原海域、北极点等海域，南北纵贯2300海里，东西横跨1100海里，范围之广、内容之全、取得的资料和样品之多，以及到达的纬度之高，均创造了我国历次北极科学考察中的新纪录。

8月20日，在本次北极科学考察中，部分考察队员乘坐直升机成功到达了北极点，首次实现了中国北极科学考察队依靠自己的力量到达北极点开展科学考察的愿望。考察队首次在北极点冰面上布放了冰浮标，发射了抛弃式温盐深剖面探测仪，进行了生态学观测，采集了大量海冰和海水样品，首次获得2.5米长的北极点冰芯，沿途还同步进行了海冰分布观测。目前，考察队通过在北极点布放的冰浮标，成功获取了发回的观测数据，为研究北极海冰快速变化及其机理奠定了重要的现场考察科学依据。

2010年9月20日，中国第四次北极科学考察队出色完成科学考察任务，乘坐“雪龙”号极地科学考察船载誉凯旋，顺利返回位于上海浦东的中国极地考察国内基地码头。

中国第四次北极科学考察历时82天，是中国历次北极考察时间最长的一次。“雪龙”号极地科学考察船总航行12000多海里，最北到达北纬88°26′，创造了中国航海史上新纪录。　　（何颉　龚健）

国际组织、政府间多边机制和国际会议

联 合 国
The United Nations—UN

联合国概况

【成立日期】1945 年 4 月 25 日，来自 50 个国家（波兰因故未参加）的代表在美国旧金山召开联合国国际组织会议。6 月 25 日，通过了《联合国宪章》。6 月 26 日，50 国代表签署了《联合国宪章》。同年 10 月 24 日，中、法、苏、英、美和其他多数签字国递交批准书后，宪章自动生效，联合国正式成立。1947 年，联合国大会决定，10 月 24 日为联合国日。

【宗旨和原则】联合国的宗旨是：维护国际和平与安全；发展国际间以尊重各国人民平等权利及自决原则为基础的友好关系；进行国际合作，以解决国际间经济、社会、文化和人道主义性质的问题，并促进对于全体人类的人权和基本自由的尊重。

为实现上述宗旨，联合国应遵循下列原则：（1）所有会员国主权平等；（2）各会员国应忠实履行根据宪章规定所承担的义务；（3）各会员国应以和平方法解决国际争端；（4）各会员国在国际关系中不得以不符合联合国宗旨的任何方式进行武力威胁或使用武力；（5）各会员国对联合国依照宪章所采取的任何行动应给予一切协助；（6）联合国在维护国际和平与安全的必要范围内，应确保使非会员国遵循上述原则；（7）联合国组织不得干涉在本质上属于任何国家国内管辖的事项，但此项规定不应妨碍联合国对威胁和平、破坏和平的行为及侵略行径采取强制行动。

【会员国】凡要求加入联合国的国家必须提交一份申请书，声明接受宪章所载义务，由安理会推荐，经联合国 2/3 多数的会员国通过，即被接纳为会员国。安理会对联合国某一会员国采取防止行动或强制行动时，联合国大会可根据安理会建议中止该国行使会员国的权利和特权。安理会可以恢复这些权利和特权的行使。对一再违背宪章原则的会员国，大会可根据安理会的建议将其开除出联合国。联合国共有会员国 192 个，其中创始会员国 49 个（原为 51 个。原捷克斯洛伐克和原南斯拉夫均为创始会员国，后解体）；另外，常驻联合国观察员国 2 个。会员国在联合国所在地设有常驻代表团，观察员国在联合国设有常驻观察员国办事处。

【总部】联合国总部在美国纽约，在瑞士日内瓦、奥地利维也纳、肯尼亚内罗毕、泰国曼谷、埃塞俄比亚亚的斯亚贝巴、黎巴嫩贝鲁特、智利圣地亚哥分别设有办事处。官方网址：www. un. org。

【出版物】《联合国记事》（*UN Chronicle*）季刊，用中、英、法、西、俄和阿拉伯六种文字发行；《联合国年鉴》（*Yearbook of the United Nations*），英文。

【徽记和旗帜】联合国的正式徽记是一个从北极俯瞰的世界地图，周围是两枝对称的橄榄枝。联合国旗帜的底色为浅蓝色，正中是一个白色的联合国徽记。

【组织机构】联合国有六个主要机构：大会、安全理事会、经济及社会理事会、托管理事会、国际法院和秘书处。

（1）大会（General Assembly）：由全体会员国组成。根据宪章规定，大会有权讨论宪章范围内的任何问题或事项，并向会员国和安理会提出建议。大会接受并审议安理会及联合国其他机构的报告；选举安理会非常任理事国、经社理事会和托管理事会的理事国；选举国际法院的法官；根据安理会推荐批准接纳新会员国和委任秘书长。联合国的预算和会员国分摊的会费比额均需经大会讨论决定。每一会员国在大会有一个投票权。宪章还同时规定，关于安理会正在审议的任何争端或局势，非经安理会请求，大会不得提出任何建议。

大会每年举行一届常会。根据第 57 届联大通过的新决议，大会常会每年在 9 月从至少有一个工作日的第一个星期起算的第三个星期的星期二在联合国总部开幕。常会通常持续到 12 月中下旬。大会可在会议期间决定暂时休会，并可在以后复会，但必须在下届常会开幕前闭幕。每届常会开会时，各国往往派外交部长或其他部长级官员率代表团出席，一些国家元首和政府首脑也到会发表讲话。

第一届联合国大会于 1946 年 1 月召开。

第 63 届联合国大会于 2008 年 9 月 16 日开幕，于 2009 年 9 月 14 日闭幕。第 63 届联大主席德斯科托·布罗克曼在闭幕式上致辞说，联大刚刚经历了多年来“最为跌宕起伏的一年”，其间发生的最为重大的事件就是仍在持续发酵的世界金融和经济危机。他说，当前最为紧迫的仍然是要向那些最为脆弱的国家提供援助，帮助它们改善民生和实现千年发展目标。他还说，振兴联合国大会是他任内最为关注的问题之一，必须加强联合国大会，使之能够充分行使审议和决策职能，进一步弘扬多边主义。要振兴联大，最重要的一点是联大必须积极参与处理当前世界所面临的经济问题。

2009 年 9 月 15 日，第 64 届联合国大会在纽约总部开幕。新任联大主席、利比亚外交官阿里·阿卜杜萨拉姆·图里基（Ali Abdessalam Treky）主持召开了新一届联大的第一次全体会议。他在为会议致词时表示，气候变化、联合国改革、金融危机、打击恐怖主义等将是本届联大关注的重点问题。

图里基在会上指出，对话与理解是解决当前众多国际问题的出路，制裁与封锁只能带来更多的痛苦与敌对。当今世界仍面临贫富差距悬殊、恐怖主义猖獗、战乱冲突持续、饥饿疫病蔓延等众多棘手问题，国际社会必须团结一致，通过对话与合作来解决问题。

图里基同时强调，作为倡导多边合作机制的国际组织，联合国的改革势在必行，其中安理会的扩大应体现公平与代表性的原则；联大则应侧重于强化自身的权威及影响力。

2009 年 9 月 23 日，第 64 届联大一般性辩论拉开帷幕。联大主席图里基和潘基文秘书长在会上呼吁各会员国加强多边主义以有效应对全球危机。

联大主席图里基在开幕词中指出，国际社会目前面临着巨大的挑战和多种危机，国际与国内战争、大规模毁灭性武器、恐怖主义和有组织犯罪、气候变化、环境退化、极端贫困、艾滋病等致命传染病、经济与金融危机、粮食危机和能源危机等持续对人类的生存和发展构成威胁，所有这些挑战都必须通过具有创新性的协同行动来解决。

图里基表示，一个能够良好运转的多边主义体系是解决全球共有问题的出路，也是确保有效集体行动的唯一途径，而联合国正是多边主义的体现，因此它是确保全球协同行动最理所当然的论坛。为确保联合国能够有效而可信地履行使命，进一步强化和改革联合国非常必要。作为本届联大主席，他将与会员国合作，继续致力于加强联大、改革安理会、改善联合国系统的管理并提高效率。

潘基文秘书长在发言中也表示，第 64 届联大一般性辩论开始之际，人类正处在一个非同寻常的时刻，粮食危机，能源危机，经济衰退，流感肆虐，种种危机同时袭来，世界期待着各国领导人拿出解决办法。如果说有一刻，时间召唤人们行动起来，重新焕发多边主义精神，缔造一个真正采取集体行动的联合国，那么，这一刻便是现在。

潘基文指出，首先，今年联合国要行动起来，应对人类大家庭面临最为严峻的挑战——气候变化灾难性的威胁。第二，在这一年中，所有国家要联合起来，在全世界消除核武器。第三，在这一年中，各国应在努力消除世界贫穷的工作中，特别关注极度贫困人口、妇女和儿童、受到暴力和冲突影响者等诸多仍然“落在后面”的人们。同时，联大还重申在保护方面的责任，没有任何一个国家，无论大小，可以践踏其公民的人权而不受惩罚；凡是出现冲突的地方，必须要伸张正义，追究责任。

潘基文说：“本届联大结束之时，秘书处大楼将会搬空。我们的工作人员将会分散到本市各处。联合国将全部翻修。我们的共同心愿是让装修一新的外表成为我们内核焕然一新的标志。正由于此，我们强调为了更美好的世界建设一个更为强大的联合国。”

在大会一年一度的一般性辩论期间，联合国各会员国针对全球挑战和各种国际重要问题举行专题互动辩论。本届联大主席为一般性辩论提出的主题是：“有效应对全球危机：加强多边主义和文明间对话，以促进国际和平、安全与发展”。（以上内容多引自联合国网站新闻中心）

阿里·阿卜杜萨拉姆·图里基博士阁下于 2009 年 6 月 10 日当选联合国大会第 64 届会议主席。他自 2004 年以来一直任利比亚的非洲联盟事务秘书（部长）。

图里基博士于 1938 年出生于利比亚的米苏拉塔，在利比亚班加西的加尤尼斯大学获历史学士学位，并在法国图卢兹大学获政治历史学博士学位。他掌握流利的阿拉伯语、英语和法语。

图里基博士对联合国各种问题有着深刻了解，曾三次担任利比亚常驻联合国代表：1982～1984 年，当时他还担任大会第四委员会（非殖民化）主席，并代表利比亚参加联合国人权委员会；1986～1990 年；最近是在 2003 年。在此之前，他于 1982 年任大会第 37 届会议副主席。

图里基博士从事外交和国际关系领域的工作很久，曾于 1995～1999 年任利比亚驻法国大使，于 1991～1994 年在开罗（埃及）任常驻阿拉伯国家联盟代表，于 1977～1980 年任外交部长。

图里基博士在建立非洲联盟的过程中发挥了重要作用，并直接参与调解非洲的若干冲突，尤其是苏丹、乍得、埃塞俄比亚/厄立特里亚和吉布提/厄立特里亚冲突以及世界其他地区，例如波斯尼亚和黑塞哥维那、塞浦路斯和菲律宾的冲突。

在长达 40 年的职业生涯中，图里基博士率领利比亚代表团参加了很多非洲首脑会议、前非洲统一组织的部长级会议以及在最近参加非洲联盟执行理事会。此外，他从 1976 年到 1977 年率领利比亚代表团参加阿拉伯首脑会议，并担任阿拉伯国家联盟部长理事会主席。他还率领利比亚代表团参加伊斯兰首脑会议及其外交部长年会，并担任伊斯兰国家部长理事会主席。他率领利比亚代表团参加了不结盟运动的部长级会议以及1979年在古巴举行的不结盟运动首脑会议。

图里基博士获得美国、欧洲、非洲和亚洲一些大学的名誉博士学位，并获世界各地一些国家政府颁发的奖章。

应联合国秘书长潘基文邀请，中国国家主席胡锦涛于2009年9月22～24日访问纽约联合国总部，出席气候变化问题首脑会议、第64届联合国大会一般性辩论以及安理会核不扩散与核裁军首脑会议。

9月22日，2009年气候变化问题首脑会议在纽约联合国总部召开。首脑会议的目标是产生更广泛的政治远见，认识到迫切需要采取行动，并动员所需的政治意愿，以便在同年12月哥本哈根联合国气候变化会议上达成商定结果。中国国家主席胡锦涛作为特邀嘉宾在全会上作主旨发言。

大会全体会议由大会主席（或副主席）主持。大会设主席1人，副主席21人，由全体会议选举产生。安理会5个常任理事国是当然的副主席，其余副主席席位按地区分配原则选出，即：非洲6席、亚洲5席、东欧1席、拉美3席、西欧及其他国家2席。大会主席所属地区的副主席名额减少1个。大会主席由上述5个地区轮流推选本地区代表并经大会选举担任。

大会原设7个委员会。第47届联大通过决议，将特别政治委员会和第四委员会合并，成为新的第四委员会，即：政治与非殖化委员会。各委员会由全体会员国组成，各委员会选举主席一人、副主席二人和报告员一人，负责讨论大会分配给该委员会的议题并提出建议。各委员会的决议以简单多数表决通过，然后提交大会全体会议通过，成为大会决议。

大会还设有两个程序委员会：总务委员会和全权证书委员会。总务委员会由大会主席、副主席和六个委员会的主席组成，负责就议题项目的通过、议题的分配和会议的组织工作提出报告，交大会全体会议决定；全权证书委员会由大会根据上届大会主席提议而任命的九个会员国组成，负责审查各国出席会议代表的全权证书。

大会另有两个常设委员会：行政和预算咨询委员会及会费委员会。行政和预算咨询委员会由大会任命的16人组成，负责联合国方案预算的技术审查，并协助第五委员会工作；会费委员会由大会任命的18名专家组成，负责就各会员国间分摊联合国的会费问题向大会提供意见。

大会还设有一些其他机构或委员会，如给予殖民地国家和人民独立宣言执行情况特别委员会（简称非殖化特委会或24国委员会）、反对种族隔离特别委员会、印度洋特别委员会、联合国维和行动特委会、《联合国宪章》特委会、东道国关系委员会、裁军委员会、裁军谈判会议等。

大会的正式语文是阿拉伯文、中文、英文、法文、俄文和西班牙文；工作语文是英文和法文。

大会应安理会或过半数会员国的请求或经过半数会员国对任何会员国的请求表示赞同后，可于15天内召开联大特别会议（Special Session of UN General Assembly），24小时内召开紧急特别联大（Emergency Special Session of UN General Assembly）。

大会表决的原则是：凡属重要问题的决定，例如关于和平与安全的建议，安理会、经社理事会、托管理事会理事国的选举，接纳新会员国，会员国权利的中止及会员国的开除，托管及预算事务等，均需经出席并参加投票的会员国以2/3的多数通过；其他问题只需以简单多数通过。

（2）**安全理事会（Security Council）**：由5个常任理事国和10个非常任理事国组成。《宪章》规定，中、法、苏、英、美为常任理事国。苏联于1991年底解体后，其席位于1991年12月27日由俄罗斯继承。非常任理事国按地区分配原则选出，即亚洲和非洲5个、拉美2个、东欧1个、西欧及其他国家2个，由大会选举产生，任期两年，每年改选5个，不能连选连任。2010年的10个非常任理事国为：奥地利（2010）、日本（2010）、乌干达（2010）、墨西哥（2010）、土耳其（2010）、波黑（2011）、黎巴嫩（2011）、尼日利亚（2011）、加蓬（2011）、巴西（2011）。[注：它们的任期终止于括号内年代的12月31日]

2010年10月12日，联合国大会选出了安理会5个非常任理事国：德国、印度、南非、葡萄牙、哥伦比亚，从2010年1月1日开始，任期为两年。新当选的国家将接替日本、奥地利、土耳其、墨西哥和乌干达。

按宪章规定，安理会在维护国际和平及安全方面负有主要责任。安理会的职能是：根据宪章规定作出全体会员国都有义务接受的决定；调查任何国际争端或可能引起国际摩擦的任何局势，促请当事国采取和平的方法解决争端；断定威胁和平、破坏和平或侵略行为，并可采取经济、外交或军事制裁行动来反对侵略；负责拟订军备管制的计划；向大会推荐新会员国和秘书长；行使联合国关于战略托管的职能。安理会在履行其职能时，应遵照《联合国宪章》的宗旨和原则及其他规定。

安理会的表决原则是：每一理事国有一个投票权；程序问题由15个理事国中至少9个理事国的赞成票决定；任何一个常任理事国投反对票，都可以否决实质问题的决议案，即每个常任理事国在实质问题上都拥有否决权。同时宪章还规定，关于和平解决争端的决议，争端的当事国不得参加表决。

安理会主席由各理事国（常任和非常任）依国名的英文字母顺序按月轮流担任。

大会、秘书长以及任何会员国都可以提请安理会注意可能危及国际和平与安全的争端和局势。应邀参加安理会会议的非理事国的会员国或非会员国，可以参加讨论，但无表决权。

安理会会议一般在联合国总部举行。

安理会设有军事参谋团和接纳新会员国委员会以及若干特设机构。军事参谋团由五个常任理事国的总参谋长或其代表组成，负责向安理会提供有关安理会支配的军队的战略指导问题、军备管制问题和可能的裁军问题的意见和帮助。接纳新会员国委员会由安理会全体成员国组成，审议有关国家加入联合国的申请并将审查结果报告安理会。目前安理会的特设机构主要有维持和平行动部队和军事观察团以及根据安理会有关决议设立的制裁委员会。

（3）经济及社会理事会（Economic and Social Council）：在大会权力之下，负责协调联合国及各专门机构即所谓“联合国系统”的经济和社会领域的工作，由 54 个理事国组成。理事国任期三年，每届联大需改选其中 18 个，可以连选连任。2009 年 10 月 26 日，大会选出 18 个经济与社会理事会成员，当选的国家为：阿根廷、埃及、巴哈马、比利时、菲律宾，加拿大、加纳、科摩罗、卢旺达、美国、蒙古、孟加拉国、斯洛伐克、乌克兰、伊拉克、意大利、赞比亚和智利。从 2010 年 1 月 1 日开始，任期为三年。经社理事会席位按地区分配如下：非洲 14 个、亚洲 11 个、拉丁美洲和加勒比海地区 10 个、东欧 6 个、西欧及其他地区 13 个。上述分配原则同样适用于安理会 5 个常任理事国。从 1971 年起中国一直是经社理事会理事国。

经社理事会设有各种会间、常设和特设委员会，以及 8 个职司委员会（Functional Commissions）和 5 个区域委员会（Regional Commissions）。按地区设立的区域委员会，旨在协助地区经济社会发展，加强该地区内国家之间的经济关系及与世界其他地区国家的关系，受经社理事会领导。各职司委员会、区域委员会或常设机构研究的问题，均需向经社理事会提出报告。

经社理事会同国际劳工组织等 14 个关于经济、社会、文化性质的“联合国专门机构”建立工作关系。此外，世界贸易组织和国际原子能机构也被列入与之建立关系的政府间机构。

（4）托管理事会（Trusteeship Council）：主要负责监督对置于国际托管制度下的领土的管理。托管理事会由管理托管领土的会员国、安理会常任理事国中非管理托管领土国及经大会选举的必要数额的其他会员国组成。托管理事会每年举行一次会议，负责审查托管领土居民的请愿书，按期视察托管。领土托管理事会决议由半数以上理事国赞成通过，经联合国大会通过生效。

最后一个托管领土——太平洋岛屿托管地贝劳于 1994 年 10 月 1 日宣布独立，12 月 15 日被联合国接纳为新的会员国。1994 年 11 月 1 日，理事会停止运作，现只有五个理事国：美国、中国、法国、英国和俄罗斯。

秘书长在其题为“革新联合国：改革方案”的报告（A/51/950）中曾建议，将托管理事会改为一个论坛，会员国通过这个论坛，为全球环境、海洋，大气层和外层空间等公共领域的完整，行使集体托管。同时秘书长还建议，托管理事会应成为联合国同民间团体之间的纽带，以处理那些需要公共、私营及自愿部门积极参与的全球关切的领域。

（5）国际法院（International Court of Justice）：

【成立】国际法院是联合国主要司法机关，根据 1945 年 6 月 26 日签署的《联合国宪章》设立，其目的在于“以和平方法且依正义及国际法之原则，调解或解决足以破坏和平之国际争端或情势”。法院设在荷兰海牙和平宫，1946 年开始工作，取代 1920 年在国际联盟主持下设立的常设国际法院。

【管辖】国际法院可以对各国提交的法律争端案件行使管辖权。一方面，法院不对个人进行管辖，只有国家才能作为诉讼当事方提交诉讼案件。可以向法院提交诉讼案件的国家包括：联合国会员国；非联合国会员国但是法院规约当事国的国家；向书记官处交存一份符合联合国安理会规定的说明，承认法院管辖权并承诺执行法院判决的国家。另一方面，法院并非凌驾于国家主权之上的实体，行使管辖权应以国家同意为基础。具体来说法院可通过以下几种方式确立管辖权：当事国通过缔结特别协定向法院提交案件；条约授权法院对缔约国之间的相关争端进行管辖；法院规约缔约国作出单方面声明，将自己与接受同样义务的国家之间可能发生的争端交给法院管辖。

此外，法院还可就联合国机关或专门机构所提交的法律问题提供咨询意见。可以向法院提出咨询请求的联合国机关有大会、安全理事会、经济及社会理事会、托管理事会、大会临时委员会。可以提出此类请求的联合国系统专门机构包括国际劳工组织、联合国粮食及农业组织、世界卫生组织及联合国教育、科学及文化组织等。

【组成】国际法院由十五位不同国籍法官组成。根据法院规约，这十五位法官必须代表世界各大文化和主要法系。实践中法官名额按地区分配如下：非洲三名；拉丁美洲二名；亚洲三名；西欧和其他国家（包括加拿大、美国、澳大利亚和新西兰）五名；东欧（包括俄罗斯）二名。国际法院通常由安理会常任理事国的国民担任法官。

国际法院的法官任期九年，可连选连任，每三年改选三分之一。法官不得担任任何政治或行政职务，也不得从事任何其他职业性工作。法官身份独立，不代表其国籍国政府。根据法院规约，法官均为“品格高尚并在各自国家具有最高司法职位之任命资格或公认为国际法之法学家”。法官由联合国大会和安理会同时选举产生，候选人被提名后必须在大会和安理会均获绝对多数票后才能当选。

【主要活动】 自1947年受理第一起案件至今，国际法院已受理121起诉讼案件，26起咨询案件，范围涉及国家主权、使用武力、领土和边界纠纷、海洋法、环境法、国家管辖权、外交和领事关系等国际法领域的广泛问题。

法院的判决对相关国家有约束力。《联合国宪章》规定，联合国会员国作为案件当事国应承诺遵行国际法院的判决。与判决不同，法院的咨询意见一般情况下不具有约束力，相关的联合国机关或专门机构可以不予执行。在特殊情况下咨询意见也可有约束力，如涉及《联合国特权与豁免公约》的咨询意见。

法院的判决和咨询意见在国际法上有很高的权威和价值，对国际法的发展影响深远。由于其崇高地位和权威性，国际法院的司法活动在和平解决国际争端，维护世界和平与安全方面发挥着重要的作用。

【同中国的关系】 中国作为联合国安理会常任理事国，一直高度重视国际法院的工作。2009年，中国政府首次参与国际法院的咨询意见案件司法程序，就科索沃临时自治机构单方面宣布独立问题提交了书面意见并参加了口头陈述。

新中国成立以来，国际法院先后有三名中国籍法官。倪征日奥于1985至1994年任法官，是新中国第一位国际法院法官。史久镛于1994年至2010年任法官，还曾担任法院副院长、院长。2010年6月29日，中国候选人薛捍勤高票当选国际法院法官，成为法院首位中国籍女法官。

（6）**秘书处（Secretariat）**：由秘书长和联合国工作人员组成。

秘书长是联合国的最高行政首长，由安理会推荐经联合国大会任命，任期五年，可连任。秘书长的职能是：在大会、安理会、经社理事会和托管理事会的会议中，以秘书长资格行使职权，向大会提交关于联合国工作的年度报告和必要的补充报告，有权将其认为有可能威胁国际和平与安全的事件提请安理会注意，并根据大会和安理会授权负责有关决议的实施。

现任联合国秘书长为潘基文。2006年10月13日，第61届联合国大会192个成员国代表以鼓掌的方式通过决议，正式任命时任韩国外交通商部长官的潘基文（Ban K-moon）为新任联合国秘书长，任期自2007年1月1日始。

在潘基文之前，联合国先后有七位秘书长，分别是特里格夫·赖伊（Trygve Lie，挪威人，1945～1952）、达格·哈马舍尔德（Dog Hammarskjold，瑞典人，1953～1961）、吴丹（U Thant，缅甸人，1962～1971）、库尔特·瓦尔德海姆（Kurt Waldheim，奥地利人，1972～1981）、哈维尔·佩雷斯·德奎利亚尔（Javier Perez de Cuellar，秘鲁人，1982～1991）和布特罗斯·布特罗斯·加利（Boutros Boutros-Ghali，埃及人，1992～1996）、安南（Kofi Annan，加纳人，1997～2006）。

秘书处由在联合国纽约总部和世界各地工作的全体国际工作人员组成，从事联合国各种日常工作。秘书处为联合国其他主要机关服务，并执行这些机关制定的方案与政策。秘书处的职责同联合国所处理的问题一样多种多样，范围从管理维持和平行动到调停国际争端、从调查经济及社会趋势和问题到编写关于人权和可持续发展问题的研究报告。秘书处工作人员还使世界各通信媒体了解和关心联合国的工作；就全世界所关切的问题组织国际会议；监测联合国各机构所作决定的执行情况；将发言和文件翻译成联合国各正式语文。到2009年6月30日止，秘书处有来自世界各地的约4万名工作人员。

联合国职员由秘书长按照大会所确定的规章任命。宪章规定，雇用职员和决定服务条件时的“首要考虑”是保证最高的工作效率、才干和品德，同时应该在尽可能广泛的地域基础上录用职员。

按照宪章规定，秘书长和秘书处职员只对联合国负责，秘书处作为在总部和外地处理联合国日常工作的国际工作人员班子，不得寻求或接受任何政府的指示。

联合国在许多国家设有新闻中心或新闻服务处。它还以30种语文对世界各国和地区广播有关联合国的新闻节目。（程明　安然　杨毓娅）

附件1：第64届联合国大会主席阿里·阿卜杜萨拉姆·图里基博士当选演讲

（2009年6月10日，纽约）

（以阿拉伯语发言）

我非常高兴地向大会给予我国和我本人信任，以鼓掌通过方式选举我担任大会第六十四届会议主席表示感谢和赞赏。我特别要感谢支持提名我并给予我鼓励的非洲集团。我能代表非洲集团担任这一要职确实感到很荣幸。

这一选择是对我国、我国人民及其领导人的赞扬，也体现了对利比亚恪守《联合国宪章》原则和宗旨并对实现国际和平与安全，特别是在我国所处的非洲大陆实现国际和平与安全所作有效贡献的赞赏。不过，同时这也使我们肩负进一步推动实现联合国宗旨的道义责任。就我本人而言，我将竭尽全力，通过与所有会员国协商合作来实现这些目标。

我确实很高兴再次置身于众多朋友中。多年来，我在这个大会堂与他们中的许多人共事过，对于将与他们在整整一年中再次携手合作，我确实倍感荣幸。

我要感谢我亲爱的朋友、米格尔·德斯科托·布罗克曼主席，感谢他坦率真诚地与我分享他的经验。毫无疑问，他在过渡时期给予我的配合与建议在我在六十四届会议上开展工作期间将非常重要。我借此机会赞扬他在领导大会有效应对众多紧迫问题方面作出的努力。

我也要表示，我对我亲爱的朋友、潘基文秘书长对我的欢迎和鼓励感到高兴，我很高兴我已结识他多年，而且我欣赏他令人钦佩的品格。我钦佩他对联合国的领导、他坚韧不拔的精神和他对紧急事宜的迅速反应。我谨再次向他保证，我将与他合作并借鉴他的经验，寻求以最好的方式解决联合国面临的优先问题。

世界历经众多残酷和痛苦的阶段，包括体现了最残酷压迫的殖民主义和奴隶制阶段。非洲、亚洲和拉丁美洲人民都曾是受害者。此后是连年的战争，其中主要是两次世界大战。小国和大国人民都为这些战争付出了最惨重的代价——破坏、物质损失和数十万人的生命。

第二次世界大战之后，世界各国人民从建立联合国中看到了一线希望，认为这是他们苦难的终点和一个安全、和平、正义、平等与发展新纪元的起点。小国迎来了非殖民化和独立的时代，联合国在实现这个目标方面发挥了主要作用。《世界人权宣言》获得通过，带来一个注重尊重个人、个人尊严及其生命权的新时代。尽管联合国存在种种缺陷和缺点，但它的诸多成就，特别是在人道主义领域的成就应当得到赞扬。

作为第二次世界大战战胜国的国家在领导建立联合国时获利最丰。《宪章》赋予了战胜国其他国家得不到的权利。这是一大缺陷，特别是在安全理事会方面。不过，世界自此以来已发生显著变化，标准已经改变，多极架构也已出现。拥有192个会员国的联合国不可能再维持只有50个会员国时的原状。改革联合国的需要已经出现，特别是在大会的作用和需要给予大会充分权威使其在人类进步征程中负起责任方面。

随着联合国的出现，世界各国人民相信他们将享有和平与繁荣。然而令人感到遗憾的是，战火四处蔓延，尽管主要限于区域和地方一级。大国之间的争斗在为战争推波助澜方面起了作用。全世界成千上万，甚至上百万受害者因此丧生。军事支出增加，军费预算已经上升到数万亿美元。小国感到必须以其发展和人民福祉为代价来加强其军事能力。大规模毁灭性武器已经扩散，整个世界都感到威胁。尽管拥有核武器的大国呼吁裁军，但它们没有通过主动销毁自己的大规模毁灭性武器来为其他国家树立榜样。因此，放弃大规模毁灭性武器的呼吁几乎没有得到任何回应。

巨额武器开支原本可以用来减少贫穷、防治疾病和在发展领域帮助贫穷的各国人民。数百万人忍饥挨饿、数亿人被剥夺了受教育权，疾病缠身并且缺医少药。贫穷率上升，影响到由于军事政变和叛乱运动而更为不稳定的小国，阻碍了它们的发展并增加了它们的痛苦。贫富分化而且差距不断拉大的世界无法享有和平。此外，当有些人民生活在外国占领下并承受种族主义之苦时，世界便无法实现普遍和平。只有在一个公正且不分宗教、种族、肤色或国籍尊重人权的框架内，才能够普遍实现和平。

此时我们应当认识到，一切战争都是错误和罪恶的。我们应该通过伸张正义，共同制止战争，以保护人的生命和维护人的尊严。唯一值得所有人不屈不挠参与的战争，是针对致命疾病、贫困、饥饿和文盲的战争。

无疑，前面仍有许多挑战，我们必须通过联合国做出协调努力，应对这些挑战。联合国各方面的改革，尤其是安全理事会的改革和大会的振兴，必须继续作为我们的工作重点。我们应当不懈努力，尽快实现这一目标。通过司法和制止战争来实现和平与安全的确是联合国的一个核心宗旨，也是所有会员国应该承担的责任。

另外，我们别无它择，只能通过会员国的合作，继续坚定而有效地解决气候变化问题，以使大会成为有效工具，成功推动目前关于气候变化问题的谈判，并在迄今所取得的成就和我们预期目标的基础上为今后的工作建立起新的框架。

世界金融和经济危机仍令人担忧，需要我们加强努力，寻找解决危机的新的有效方法，减缓危机的影响和实现经济可持续增长与发展，同时考虑到这场危机对尤其是在我们非洲大陆实现千年发展目标的消极作用。

我们必须坚定支持实现人权。完成这项工作不能单靠空洞的言辞，而是要求提供有尊严的生活所需的必需品，诸如食品、药物、洁净饮用水、教育和卫生服务，以及防治艾滋病毒/艾滋病、疟疾和肺结核等危险疾病的手段。我们只能通过团结与协调的方式来实现以上目标，以创造一个更加美好的世界，在这样的世界里人人享受和平、安全和体面的生活水平，并且人人的基本权利和自由也得到尊重。

由于我被挑选主持大会下届会议，我愿向所有成员保证，我将为他们提供服务，共同努力加强并促进联合国及其各机构。我需要依靠联合国每一成员的协助和合作，不倾向任何一方或集团，我唯一的立场是站在公正、安全、和平以及整个国际社会的共同利益一边，我将与秘书长和秘书处为共同利益进行合作。

附件2：胡锦涛主席在第64届联合国气候变化问题首脑会议上的发言

（2009年9月22日，纽约）

主席先生，

潘基文秘书长，

各位同事：

今天，各国领导人汇聚联合国，共商应对气候变化大计，这对推动国际社会有力应对气候变化这一全球性挑战具有十分重要的意义。

全球气候变化深刻影响着人类生存和发展，是各国共同面临的重大挑战。37年来，从斯德哥尔摩到里约热内卢，从京都到巴厘岛，我们为保护全球环境、应对气候变化共同努力，取得显著成就。这是世界各国不断加深认知、不断凝聚共识、不断应对挑战的历史进程。《联合国气候变化框架公约》及其《京都议定书》已成为各方公认的应对气候变化主渠道，共同但有区别的责任原则已成为各方加强合作的基础，走可持续发展道路、实现人与自然相和谐已成为各方共同追求的目标。

气候变化是人类发展进程中出现的问题，既受自然因素影响，也受人类活动影响，既是环境问题，更是发展问题，同各国发展阶段、生活方式、人口规模、资源禀赋以及国际产业分工等因素密切相关。归根到底，应对气候变化问题应该也只能在发展过程中推进，应该也只能靠共同发展来解决。

应对气候变化，涉及全球共同利益，更关乎广大发展中国家发展利益和人民福祉。在应对气候变化过程中，必须充分考虑发展中国家的发展阶段和基本需求。发展中国家历史排放少、人均排放低，目前受发展水平所限，缺少资金和技术，缺乏应对气候变化能力和手段，在经济全球化进程中处于国际产业链低端，承担着大量转移排放。当前，发展中国家的首要任务仍是发展经济、消除贫困、改善民生。国际社会应该重视发展中国家特别是小岛屿国家、最不发达国家、内陆国家、非洲国家的困难处境，倾听发展中国家声音，尊重发展中国家诉求，把应对气候变化和促进发展中国家发展、提高发展中国家发展内在动力和可持续发展能力紧密结合起来。

各位同事！

应对气候变化，实现可持续发展，是摆在我们面前一项紧迫而又长期的任务，事关人类生存环境和各国发展前途，需要各国进行不懈努力。当前，我们在共同应对气候变化方面应该坚持以下几点。

第一，履行各自责任是核心。共同但有区别的责任原则凝聚了国际社会共识。坚持这一原则，对确保国际社会应对气候变化努力在正确轨道上前行至关重要。发达国家和发展中国家都应该积极采取行动应对气候变化。根据《联合国气候变化框架公约》及其《京都议定书》的要求，积极落实“巴厘路线图”谈判。发达国家应该完成《京都议定书》确定的减排任务，继续承担中期大幅量化减排指标，并为发展中国家应对气候变化提供支持。发展中国家应该根据本国国情，在发达国家资金和技术转让支持下，努力适应气候变化，尽可能减缓温室气体排放。

第二，实现互利共赢是目标。气候变化没有国界。任何国家都不可能独善其身。应对这一挑战，需要国际社会同舟共济、齐心协力。支持发展中国家应对气候变化，既是发达国家应尽的责任，也符合发达国家长远利益。我们应该树立帮助别人就是帮助自己的观念，努力实现发达国家和发展中国家双赢，实现各国利益和全人类利益共赢。

第三，促进共同发展是基础。发展中国家应该统筹协调经济增长、社会发展、环境保护，增强可持续发展能力，摆脱先污染、后治理的老路。同时，不能要求发展中国家承担超越发展阶段、应负责任、实际能力的义务。从长期看，没有各国共同发展，特别是没有发展中国家发展，应对气候变化就没有广泛而坚实的基础。

第四，确保资金技术是关键。发达国家应该担起责任，向发展中国家提供新的额外的充足的可预期的资金支持。这是对人类未来的共同投资。气候友好技术应该更好服务于全人类共同利益。应该建立政府主导、企业参与、市场运作的良性互动机制，让发展中国家用得上气候友好技术。

各位同事！

中国取得了巨大发展成就，人民生活和社会面貌发生了深刻变化。中国经济总量虽然已处于世界前列，但人均国内生产总值仍排在全球100位之后。中国仍是世界上最大发展中国家，人口占世界五分之一，城乡、区域、经济社会发展不平衡，面临的困难还很多，实现现代化还有很长的路要走。中国从对本国人民和世界人民负责任的高度，充分认识到应对气候变化的重要性和紧迫性，已经并将继续坚定不移为应对气候变化作出切实努力，并向其他发展中国家提供力所能及的帮助，继续支持小岛屿国家、最不发达国家、内陆国家、非洲国家提高适应气候变化能力。

中国高度重视和积极推动以人为本、全面协调可持续的科学发展，明确提出了建设生态文明的重大战略任务，强调要坚持节约资源和保护环境的基本国策，坚持走可持续发展道路，在加快建设资源节约型、环境友好型社会和建设创新型国家的进程中不断为应对气候变化作出贡献。

中国已经制定和实施了《应对气候变化国家方案》，明确提出2005年到2010年降低单位国内生产总值能耗和主要污染物排放、提高森林覆盖率和可再生能源比重等有约束力的国家指标。仅通过降低能耗一项，中国5年内可以节省能源6.2亿吨标准煤，相当于少排放15亿吨二氧化碳。

今后，中国将进一步把应对气候变化纳入经济社会发展规划，并继续采取强有力的措施。一是加强节能、提高能效工作，争取到2020年单位国内生产总值二氧化碳排放比2005年有显著下降。二是大力发展可再生能源和核能，争取到2020年非化石能源占一次能源消费比重达到15%左右。三是大力增加森林碳汇，争取到2020年森林面积比2005年增加4000万公顷，森林蓄积量比2005年增加13亿立方米。四是大力发展绿色经济，积极发展低碳经济和循环经济，研发和推广气候友好技术。

各位同事！

世界期待着我们就事关人类生存和发展的气候变化问题作出抉择。我相信，只要我们本着对各自国家和人类社会负责任的态度，立足现实，着眼未来，坚持《联合国气候变化框架公约》及其《京都议定书》主渠道地位，坚持共同但有区别的责任原则，坚持“巴厘路线图”的授权，哥本哈根大会就会成为国际社会合作应对气候变化新的里程碑。中国愿同各国携手努力，共同为子孙后代创造更加美好的未来！

谢谢各位。

附件3：2010年联合国会员国应缴纳会费（单位：美元）

（按汉语拼音次序排列）

A	分摊比额	会费毛额	员工薪金税抵扣	会费净额
阿尔巴尼亚	0.010	235 061	23 601	211 460
阿尔及利亚	0.128	3 008 777	302 088	2 706 689
阿富汗	0.004	94 024	9 440	84 584
阿根廷	0.287	6 746 242	677 338	6 068 904
阿拉伯利比亚民众国	0.129	3 032 283	304 448	2 727 835
阿拉伯联合酋长国	0.391	9 190 873	922 784	8 268 089
阿拉伯叙利亚共和国	0.025	587 652	59 002	528 650
阿曼	0.086	2 021 522	202 965	1 818 557
阿塞拜疆	0.015	352 591	35 401	317 190
埃及	0.094	2 209 570	221 846	1 987 724
埃塞俄比亚	0.008	188 049	18 881	169 168
爱尔兰	0.498	11 706 022	1 175 311	10 530 711
爱沙尼亚	0.040	940 243	94 402	845 841
安道尔	0.007	164 543	16 520	148 023
安哥拉	0.010	235 061	23 601	211 460
安提瓜和巴布达	0.002	47 012	4 720	42 292
奥地利	0.851	20 003 664	2 008 412	17 995 252
澳大利亚	1.933	45 437 230	4 561 999	40 875 231
B	分摊比额	会费毛额	员工薪金税抵扣	会费净额
巴巴多斯	0.008	188 049	18 881	169 168
巴布亚新几内亚	0.002	47 012	4 720	42 292
巴哈马	0.018	423 109	42 481	380 628
巴基斯坦	0.082	1 927 498	193 525	1 733 973
巴拉圭	0.007	164 543	16 520	148 023
巴林	0.039	916 737	92 042	824 695
巴拿马	0.022	517 134	51 921	465 213
巴西	1.611	37 868 276	3 802 059	34 066 217
白俄罗斯	0.042	987 255	99 123	888 132
保加利亚	0.038	893 231	89 682	803 549
贝宁	0.003	70 518	7 080	63 438
比利时	1.075	25 269 024	2 537 066	22 731 958
秘鲁	0.090	2 115 546	212 406	1 903 140
冰岛	0.042	987 255	99 123	888 132

（续表）

波兰	0.828	19 463 025	1 954 131	17 508 894
波斯尼亚和黑塞哥维那	0.014	329 085	33 041	296 044
玻利维亚	0.007	164 543	16 520	148 023
伯利兹	0.001	23 506	2 360	21 146
博茨瓦纳	0.018	423 109	42 481	380 628
不丹	0.001	23 506	2 360	21 146
布基纳法索	0.003	70 518	7 080	63 438
布隆迪	0.001	23 506	2 360	21 146
C	分摊比额	会费毛额	员工薪金税抵扣	会费净额
朝鲜民主主义人民共和国	0.007	164 543	16 520	148 023
赤道几内亚	0.008	188 049	18 881	169 168
D	分摊比额	会费毛额	员工薪金税抵扣	会费净额
大不列颠及北爱尔兰联合王国	6.604	155 234 076	15 585 846	139 648 230
大韩民国	2.260	53 123 715	5 333 739	47 789 976
丹麦	0.736	17 300 466	1 737 005	15 563 461
德国	8.018	188 471 657	18 922 973	169 548 684
东帝汶	0.001	23 506	2 360	21 146
多哥	0.001	23 506	2 360	21 146
多米尼加共和国	0.001	23 506	2 360	21 146
多米尼克	0.042	987 255	99 123	888 132
E	分摊比额	会费毛额	员工薪金税抵扣	会费净额
俄罗斯联邦	1.602	37 656 722	3 780 819	33 875 903
厄瓜多尔	0.040	940 243	94 402	845 841
厄立特里亚	0.019	446 615	44 841	401 774
F	分摊比额	会费毛额	员工薪金税抵扣	会费净额
法国	6.123	143 927 658	14 450 657	129 477 001
菲律宾	0.090	2 115 546	212 406	1 903 140
斐济	0.004	94 024	9 440	84 584
芬兰	0.566	13 304 435	1 335 795	11 968 640
佛得角	0.001	23 506	2 360	21 146
G	分摊比额	会费毛额	员工薪金税抵扣	会费净额
冈比亚	0.001	23 506	2 360	21 146
刚果	0.003	70 518	7 080	63 438
刚果民主共和国	0.003	70 518	7 080	63 438
哥伦比亚	0.144	3 384 874	339 849	3 045 025
哥斯达黎加	0.034	799 206	80 242	718 964
格林纳达	0.001	23 506	2 360	21 146
格鲁吉亚	0.006	141 036	14 160	126 876
古巴	0.071	1 668 931	167 564	1 501 367
圭亚那	0.001	23 506	2 360	21 146
H	分摊比额	会费毛额	员工薪金税抵扣	会费净额
哈萨克斯坦	0.076	1 786 461	179 365	1 607 096
海地	0.003	70 518	7 080	63 438
荷兰	1.855	43 603 757	4 377 914	39 225 843

（续表）

黑山	0.004	94 024	9 440	84 584
洪都拉斯	0.008	188 049	18 881	169 168
J	分摊比额	会费毛额	员工薪金税抵扣	会费净额
基里巴斯	0.001	23 506	2 360	21 146
吉布提	0.001	23 506	2 360	21 146
吉尔吉斯坦	0.001	23 506	2 360	21 146
几内亚	0.002	47 012	4 720	42 292
几内亚比绍	0.001	23 506	2 360	21 146
加拿大	3.207	75 383 962	7 568 717	67 815 245
加纳	0.006	141 036	14 160	126 876
加蓬	0.014	329 085	33 041	296 044
柬埔寨	0.003	70 518	7 080	63 438
捷克共和国	0.349	8 203 618	823 661	7 379 957
津巴布韦	0.003	70 518	7 080	63 438
K	分摊比额	会费毛额	员工薪金税抵扣	会费净额
喀麦隆	0.011	258 567	25 961	232 606
卡塔尔	0.135	3 173 319	318 608	2 854 711
科摩罗	0.001	23 506	2 360	21 146
科特迪瓦	0.010	235 061	23 601	211 460
科威特	0.263	6 182 096	620 696	5 561 400
克罗地亚	0.097	2 280 089	228 926	2 051 163
肯尼亚	0.012	282 073	28 321	253 752
L	分摊比额	会费毛额	员工薪金税抵扣	会费净额
拉脱维亚	0.038	893 231	89 682	803 549
莱索托	0.001	23 506	2 360	21 146
老挝人民民主共和国	0.001	23 506	2 360	21 146
黎巴嫩	0.033	775 700	77 882	697 818
立陶宛	0.065	1 527 895	153 404	1 374 491
利比里亚	0.001	23 506	2 360	21 146
列支敦士登	0.009	211 555	21 241	190 314
卢森堡	0.090	2 115 546	212 406	1 903 140
卢旺达	0.001	23 506	2 360	21 146
罗马尼亚	0.177	4 160 574	417 731	3 742 843
M	分摊比额	会费毛额	员工薪金税抵扣	会费净额
马达加斯加	0.003	70 518	7 080	63 438
马尔代夫	0.001	23 506	2 360	21 146
马耳他	0.017	399 603	40 121	359 482
马拉维	0.001	23 506	2 360	21 146
马来西亚	0.253	5 947 035	597 096	5 349 939
马里	0.003	70 518	7 080	63 438
前南斯拉夫马其顿共和国	0.007	164 543	16 520	148 023
马绍尔群岛	0.001	23 506	2 360	21 146
毛里求斯	0.011	258 567	25 961	232 606
毛里塔尼亚	0.001	23 506	2 360	21 146
美利坚合众国	22.000	517 133 507	字母 a	517 133 507
蒙古	0.002	47 012	4 720	42 292

（续表）

孟加拉国	0.010	235 061	23 601	211 460
密克罗尼西亚联邦	0.001	23 506	2 360	21 146
缅甸	0.006	141 036	14 160	126 876
摩尔多瓦	0.002	47 012	4 720	42 292
摩洛哥	0.058	1 363 352	136 884	1 226 468
摩纳哥	0.003	70 518	7 080	63 438
莫桑比克	0.003	70 518	7 080	63 438
墨西哥	2.356	55 380 297	5 560 305	49 819 992
N	分摊比额	会费毛额	员工薪金税抵扣	会费净额
纳米比亚	0.008	188 049	18 881	169 168
南非	0.385	9 049 836	908 624	8 141 212
瑙鲁	0.001	23 506	2 360	21 146
尼泊尔	0.006	141 036	14 160	126 876
尼加拉瓜	0.003	70 518	7 080	63 438
尼日尔	0.002	47 012	4 720	42 292
尼日利亚	0.078	1 833 473	184 085	1 649 388
挪威	0.871	20 473 786	2 055 614	18 418 172
P	分摊比额	会费毛额	员工薪金税抵扣	会费净额
帕劳	0.001	23 506	2 360	21 146
葡萄牙	0.511	12 011 601	1 205 991	10 805 610
R	分摊比额	会费毛额	员工薪金税抵扣	会费净额
日本	12.530	294 531 038	29 571 571	264 959 467
瑞典	1.064	25 010 457	2 511 105	22 499 352
瑞士	1.130	26 561 857	2 666 870	23 894 987
S	分摊比额	会费毛额	员工薪金税抵扣	会费净额
萨尔瓦多	0.019	446 615	44 841	401 774
萨摩亚	0.001	23 506	2 360	21 146
塞尔维亚	0.037	869 725	87 322	782 403
塞拉利昂	0.001	23 506	2 360	21 146
塞内加尔	0.006	141 036	14 160	126 876
塞浦路斯	0.046	1 081 279	108 563	972 716
塞舌尔	0.002	47 012	4 720	42 292
沙特阿拉伯	0.830	19 510 037	1 958 851	17 551 186
圣多美和普林西比	0.001	23 506	2 360	21 146
圣基茨和尼维斯	0.001	23 506	2 360	21 146
圣卢西亚	0.001	23 506	2 360	21 146
圣马力诺	0.003	70 518	7 080	63 438
圣文森特和格林纳丁斯	0.001	23 506	2 360	21 146
斯里兰卡	0.019	446 615	44 841	401 774
斯洛伐克	0.142	3 337 862	335 129	3 002 733
斯洛文尼亚	0.103	2 421 125	243 086	2 178 039
斯威士兰	0.003	70 518	7 080	63 438
苏丹	0.010	235 061	23 601	211 460
苏里南	0.003	70 518	7 080	63 438
所罗门群岛	0.001	23 506	2 360	21 146
索马里	0.001	23 506	2 360	21 146

（续表）

T	分摊比额	会费毛额	员工薪金税抵扣	会费净额
塔吉克斯坦	0.002	47 012	4 720	42 292
泰国	0.209	4 912 768	493 253	4 419 515
坦桑尼亚联合共和国	0.008	188 049	18 881	169 168
汤加	0.001	23 506	2 360	21 146
特里尼达和多巴哥	0.044	1 034 267	103 843	930 424
突尼斯	0.030	705 182	70 802	634 380
图瓦卢	0.001	23 506	2 360	21 146
土耳其	0.617	14 503 244	1 456 158	13 047 086
土库曼斯坦	0.026	611 158	61 362	549 796
W	分摊比额	会费毛额	员工薪金税抵扣	会费净额
瓦努阿图	0.001	23 506	2 360	21 146
危地马拉	0.028	658 170	66 082	592 088
委内瑞拉	0.314	7 380 906	741 059	6 639 847
文莱达鲁萨兰国	0.028	658 170	66 082	592 088
乌干达	0.006	141 036	14 160	126 876
乌克兰	0.087	2 045 028	205 325	1 839 703
乌拉圭	0.027	634 664	63 722	570 942
乌兹别克斯坦	0.010	235 061	23 601	211 460
X	分摊比额	会费毛额	员工薪金税抵扣	会费净额
西班牙	3.177	74 678 780	7 497 915	67 180 865
希腊	0.691	16 242 693	1 630 803	14 611 890
新加坡	0.335	7 874 533	790 621	7 083 912
新西兰	0.273	6 417 157	644 297	5 772 860
匈牙利	0.291	6 840 266	686 778	6 153 488
Y	分摊比额	会费毛额	员工薪金税抵扣	会费净额
牙买加	0.014	329 085	33 041	296 044
亚美尼亚	0.005	117 530	11 800	105 730
也门	0.010	235 061	23 601	211 460
伊拉克	0.020	470 121	47 201	422 920
伊朗伊斯兰共和国	0.233	5 476 914	549 894	4 927 020
以色列	0.384	9 026 330	906 264	8 120 066
意大利	4.999	117 506 837	11 797 947	105 708 890
印度	0.534	12 552 241	1 260 273	11 291 968
印度尼西亚	0.238	5 594 444	561 695	5 032 749
约旦	0.014	329 085	33 041	296 044
越南	0.033	775 700	77 882	697 818
Z	分摊比额	会费毛额	员工薪金税抵扣	会费净额
赞比亚	0.004	94 024	9 440	84 584
乍得	0.002	47 012	4 720	42 292
智利	0.236	5 547 432	556 975	4 990 457
中非共和国	0.001	23 506	2 360	21 146
中国	3.189	74 960 853	7 526 236	67 434 617
总数	100.000	2 350 606 850	184 084 797	2 166 522 053

注 a：2010 年未抵扣的“员工薪金税抵扣”的会员国：美利坚合众国，51 921 353 美元。

数据来源：联合国网站，ST/ADM/SER. B/789（英文）。

联合国部分重要议题

安理会改革

2009年各国继续围绕安理会改革问题展开讨论。

2月9日，根据第62届联合国大会决定，第63届联大以非正式全会方式启动安理会改革政府间谈判。此后，联大分别于3月4日至4月20日、5月22日至6月11日、9月1～3日举行了三轮谈判。各国在谈判中基本重申各自立场。

11月12～13日，第64届联大就安理会改革问题举行辩论。中国常驻联合国代表张业遂大使与会并发言。张大使表示，中方坚定支持对安理会进行必要、合理的改革，以增强其代表性和透明度，更好地服务会员国。改革应优先增加发展中国家、特别是非洲国家的代表性，必须体现国际关系民主化潮流，让中小国家有更多机会参与安理会决策。改革涉及的五大类问题相互关联，不能采取“分步走”或“零散解决”的方式，只有整体推进、一揽子解决，才能兼顾会员国在不同问题上的利益和关切。改革进程应由会员国主导，充分照顾各方关切。　（杨治宇）

联合国财政和预算问题

2009年第64届联大五委审议了2010～2012年联合国会费分摊比额、2010～2011年两年期预算、政治特派团预算等近30项议题，并通过相关决议和决定。

经艰苦磋商，各方同意按2007～2009年会费比额分摊方法制定2010～2012年联合国会费分摊比额。中国积极参与关于会费比额问题的磋商，主张各国应坚持支付能力原则。中国2010～2012年正常会费比额由2.667%升至3.189%，增长20%，成为联合国第八大会费国。　（刘冰）

反恐问题

2009年，联合国安理会通过了有关国际恐怖主义的1项决议并发表多份主席声明。

2月11日，安理会发表主席声明，谴责发生在阿富汗喀布尔的恐怖袭击事件。

7月17日，安理会发表主席声明，谴责发生在印度尼西亚雅加达的恐怖袭击事件。

8月19日，安理会发表主席声明，谴责发生在伊拉克巴格达的恐怖袭击事件。

8月26日，安理会发表主席声明，谴责发生在阿富汗坎大哈的恐怖袭击事件。

10月8日，安理会发表主席声明，谴责发生在阿富汗喀布尔的恐怖袭击事件。

10月20日，安理会发表主席声明，谴责发生在伊朗皮欣的恐怖袭击事件。

10月26日，安理会发表主席声明，谴责发生在伊拉克巴格达的恐怖袭击事件。

10月29日，安理会发表主席声明，谴责发生在阿富汗喀布尔的恐怖袭击事件。

11月16日，安理会发表主席声明，谴责发生在伊拉克巴格达的恐怖袭击事件。

12月3日，安理会发表主席声明，谴责发生在索马里摩加迪沙的恐怖袭击事件。

12月8日，安理会发表主席声明，谴责发生在伊拉克巴格达的恐怖袭击事件。

12月17日，安理会通过第1904号决议，决定设立任期18个月的监察员，负责审查1267委员会综合制裁清单除名相关事宜，指示1267委员会在2010年6月30日前完成对综合制裁清单所有名字的审查，将监测小组的任务期限再延长18个月至2011年6月。

中国坚决反对一切形式的恐怖主义，支持加强国际反恐合作，主张反恐应以《联合国宪章》和其他公认的国际法准则为基础，充分发挥联合国及其安理会的领导和协调作用。应重视消除恐怖主义产生的根源，不能采取双重标准，不能将恐怖主义与特定的民族、宗教和文明挂钩。国际社会应重视发展中国家的关切，并帮助他们加强反恐能力建设。　（孙友斐）

维和问题

自1948年来，联合国共部署63项维和行动，数十万人参加，耗资600多亿美元。截至2009年底，联合国正在实施的维和行动有15项，部署在巴（勒斯坦）以（色列）边境、印（度）巴（基斯坦）边境、塞浦路斯、戈兰高地、黎巴嫩、西撒哈拉、科索沃、刚果（金）、利比里亚、科特迪瓦、海地、苏丹、东帝汶、中（非）乍（得）边境。共有来自120个国家的10万余名维和人员正在实地执行维和任务。2009年，联合国维和行动继续广受各方重视。

2月23日至3月20日，第63届联大维和行动特委会在纽约联合国总部举行。会议听取了联合国主管维和事务的副秘书长勒罗伊及主管后勤支助事务的副秘书长马科拉关于联合国维和领域工作的报告，重点讨论了维和行动指导原则与方针、维和行动改革、维和行动向建设和平顺利过渡等议题。勒罗伊副秘书长在相关讨论中表示，联合国维和行动面临资金紧张、行动部署缺乏安全保障、维和授权过于宽泛等诸多挑战，下阶段维和工作应重视民事警察在维和行动中的作用，增加女性在维和人员中的比重，加强与地区组织在开展联合维和行动方面的合作，并强化维和人员的纪律意识。马科拉副秘书长强调，后勤支助部目前核心工作是支持好现有维和行动，并对维和后勤支助进行政策研究，总结有效的作法和实践。与会各方呼吁联合国重视维和与建设和平间的关系，加强维和与经济社会发展领域的合作，并敦促秘书处加强对维和人员人身安全的保护。会议协商一致通过关于维和行动指针、维和行动改革、维和行动向早期建设和平顺利过渡等问题的年度报告。

8月5日，安理会发表主席声明，强调应继续改进维和行动的规划和管理，确保维和行动授权的权威性和可操作性；在部署新维和行动或对授权做出重大调整前，应向安理会提供有关预算情况；加强联合国与区域及次区域组织的合作，优先加强非盟能力建设；就保护平民等问题进行深入讨论；2010 年初再次对维和行动改革进行评估等。

9月23日，美国总统奥巴马在第63届联大一般性辩论期间在联合国主持召开联合国维和行动主要出兵（警）国会议。巴基斯坦、孟加拉国、尼泊尔、意大利、加纳、塞内加尔、卢旺达、乌拉圭、尼日利亚、埃及、约旦及埃塞俄比亚等国领导人或外长与会。会议主要讨论了如何积极开展国际合作，应对维和行动面临的挑战，加强特派团能力建设，推进维和改革，以确保维和行动顺利履行授权，有效预防和解决冲突。

10月27日，联大四委召开会议，全面审议联合国维和行动。联合国主管维和事务的副秘书长勒罗伊及主管后勤支助事务的副秘书长马科拉就联合国维和领域的工作情况及存在的问题向委员会报告，呼吁各会员国加大支持力度，提高联合国维和行动可持续发展能力。会议核可了联大维和特委会提交的年度报告。

中国一贯重视并支持开展符合《联合国宪章》精神的维和行动，不断扩大参与规模和领域。自1990年起，中国共向24项维和行动派出军事人员、警察和民事官员14 000余人次。目前，中国是联合国维和行动第14大出兵国，共有近2 000人在苏丹、利比里亚、黎巴嫩、刚果（金）等国10个任务区执行任务，为促进联合国维和事业发展、维护世界和平与安全作出了重要贡献。（宋嘉）

缅甸问题

2009 年，联合国安理会多次审议缅甸局势。

8月13日，安理会就缅甸局势及缅甸政府审判昂山素季问题发表主席新闻谈话，主要内容为：重申以往主席声明，重申释放所有政治犯的重要性；对昂山素季被判刑及其政治影响表示严重关切；注意到缅甸政府为昂山素季减刑，促请缅甸政府进一步采取措施，为昂山素季及有关政党和少数族裔开展真正的对话创造必要条件，以实现包容的民族和解进程；支持秘书长斡旋作用；重申对缅甸主权和领土完整的承诺，缅甸未来掌握在缅甸人民手中。

7月，潘基文秘书长再次访缅。秘书长缅甸问题特别顾问甘巴里多次赴缅斡旋。秘书长“缅甸之友小组”及由印尼等国倡议成立的缅甸问题“非正式小组”多次活动。

中国在安理会相关审议中，主张缅甸问题本质上属一国内部事务，应通过内部和解实现民主与发展。国际社会应充分尊重缅甸的司法主权，安理会不应过多介入。中方呼吁国际社会进一步发挥建设性作用，支持和配合联合国秘书长斡旋工作，并支持东盟发挥更大作用。（宋嘉）

苏丹达尔富尔和南北问题

2009 年，国际社会继续高度关注苏丹达尔富尔和南北问题，安理会多次进行审议，共通过三个决议。

3月4日，国际刑事法院（ICC）第一预审分庭以战争罪和反人类罪向苏丹总统巴希尔发出逮捕令，并要求各国和国际组织根据《罗马规约》和安理会有关决议规定，向ICC提供合作。阿盟、非盟、不结盟运动等对此均表示反对。

4月30日，安理会一致通过第1870号决议，决定将联合国驻苏丹特派团延期一年至2010年4月30日，呼吁各方遵守承诺，切实执行《全面和平协议》和关于达尔富尔问题的各项协议。

7月30日，安理会一致通过第1881号决议，将部署在达区的非盟/联合国混合行动延期一年至2010年7月31日，并欢迎苏丹政府与达尔富尔混合行动的合作有所改善，赞赏苏丹政府、联合国和非盟“三方机制”所做的卓越工作。

10月13日，安理会一致通过第1891号决议，决定将苏丹制裁委专家小组任期延长一年至2010年10月15日，并鼓励各国向制裁委报告有关制裁措施落实情况。

12月7日，联合国秘书处发表声明，苏政府同意潘基文秘书长任命甘巴里担任新的联合国/非盟达问题联合特别代表，接替阿达达。

中国主张解决苏丹达尔富尔问题应坚持“双轨”战略，平衡推进维和行动部署和政治谈判进程，并充分发挥苏丹政府、联合国和非盟“三方机制”的作用，通过对话协商解决分歧。应充分把握政治谈判、维和行动部署、人道救援、经济发展等各领域工作的综合平衡与轻重缓急，协调配合、稳步推进，才能取得理想成效。中国支持国际社会以对话合作方式在达区实现和平及司法正义，并从维护苏丹及地区和平稳定的大局出发，帮助苏南北化解分歧，解决争端，共同推进苏丹和平进程。

12月1日，中国常驻联合国副代表刘振民大使代表中国政府再次向联合国达尔富尔问题政治进程信托基金捐款50万美元。中国继续向非盟/联合国达尔富尔混合行动派遣323人的工兵分队，向联合国驻苏丹特派团派出467人的工兵、运输和医疗分队。

（姜波）

乍得和中非问题

2009年，安理会多次审议乍得和中非局势，通过了第1861号决议，并就乍得东部局势问题发表主席声明和主席新闻谈话。

1月14日，安理会通过第1861号决议，授权联合国驻中非和乍得特派团增兵5 200人，接替欧盟驻中非和乍得维和部队在中非和乍得的部署；将联合国驻中非和乍得特派团任期延长至2010年3月15日。

3月17日，安理会发表主席新闻谈话，欢迎联合国驻中非和乍得特派团接手欧盟驻中非和乍得维和部队，赞赏欧盟驻中非和乍得维和部队为稳定乍东部、中非东北部局势所作贡献；欢迎出兵国为组建联合国驻中非和乍得特派团的军事部门所作贡献；呼吁乍得与苏丹继续改善关系，要求乍得及中非境内叛军组织放弃武力，加入和平进程；鼓励乍得及中非有关各方推动国内和解进程。

5月8日，安理会发表主席声明，对苏丹支持乍得叛军对乍东部发动袭击深表关切；谴责此次暴力事件，重申支持乍主权和领土完整；要求乍叛军即停止敌对行动，与政府展开对话，呼吁有关各方遵守国际人道主义法，保障平民、联合国人员及人道工作者安全。

中国代表在发言中表示，中方关注乍得和中非局势，支持乍政府与各政党保持对话势头，达成全面政治和解。赞赏中非政府与叛军组织举行包容性对话。中方支持联合国驻中非建设和平支助办公室与联合国驻中非和乍得特派团一道为维持中非和平稳定、促进经济社会发展提供更多务实协助。中方希望乍得和苏丹以两国长远利益及地区和平稳定的大局为重，保持克制，努力通过谈判妥善解决包括叛军问题在内的各种矛盾分歧。

（徐钟生）

科索沃问题

2009年，安理会多次审议科索沃问题并举行公开会。

根据安理会有关要求，欧盟驻科索沃法治特派团（EULEX）于4月6日完成在科索沃的部署，并在第1244号决议框架下逐步承担起科警察、海关、边境口岸等领域的管理职能。截至12月8日，欧盟特派团有2 707名工作人员（1681名国际工作人员和1 026名当地工作人员）。联合国驻科索沃特派团（UNMIK）已完成缩编，继续在科索沃事务中发挥作用，致力于调解族群关系，促进难民返回和人权保护，解决失踪人员问题，保护文化遗产等。

中国积极参与安理会对科问题的审议，强调中方尊重塞尔维亚的主权与领土完整，希望塞尔维亚和科索沃通过对话与谈判，达成一项彼此均能接受的解决科索沃问题的方案。随着实地局势的变化，联合国驻科索沃特派团进行了重组和缩编，但不应涉及科索沃地位问题。联合国驻科索沃特派团应继续履行安理会第1244号决议授权。希望欧盟特派团继续在安理会第1244号决议确定的框架内履行职责，配合联合国驻科索沃特派团的工作，为维护该地区和平与稳定发挥积极作用。

（刘冰）

巴以问题

2009年，安理会持续关注巴以问题，每月举行公开会，由主管政治事务的副秘书长、主管人道主义事务的副秘书长、中东和平进程特别协调员兼秘书长个人代表等通报巴以问题局势。

1月6日、7日，安理会应埃及、沙特等阿拉伯国家要求举行紧急公开辩论会，讨论加沙冲突。联合国秘书长潘基文、巴勒斯坦民族权力机构主席阿巴斯、阿盟秘书长穆萨、美国国务卿赖斯、英国外交大臣米利班德及奥地利、利比亚、土耳其、埃及、沙特、约旦、黎巴嫩、摩洛哥、卡塔尔、挪威等国外长出席会议并发言。

1月8日，安理会以14票赞成、1票弃权（美国）表决通过了关于加沙冲突的第1860号决议，呼吁以巴双方立即实现持久和全面的停火，促成以色列从加沙全面撤军，呼吁开放过境口岸，建立人道主义走廊，谴责针对平民的暴力活动和恐怖主义行径。

5月11日，应当月安理会轮值主席俄罗斯倡议，安理会举行中东问题部长级会议，俄外长拉夫罗夫主持，英国、法国、奥地利、土耳其、布基纳法索、哥斯达黎加外长等出席。潘基文秘书长与会并通报了当前中东局势。会议一致通过安理会主席声明，强调实现中东和平的紧迫性，有必要大力开展外交活动；指出2002年《阿拉伯和平倡议》的重要性；呼吁各方根据联合国有关决议精神，在“两国方案”等原则基础上，推动中东实现全面、公正和持久和平；鼓励“四方机制”持续开展工作；支持俄罗斯提议，于2009年在莫斯科召开中东和平进程国际会议。

中方主张，中东问题有关各方应在联合国有关决议、“土地换和平”原则、“阿拉伯和平倡议”等基础上，通过谈判解决矛盾、化解分歧，推动巴以和解，早日实现巴勒斯坦独立建国和巴以两个国家和平共处。巴勒斯坦问题是中东问题的核心。中方赞赏并支持国际社会推动巴以和平合作的不懈努力，愿继续同国际社会一道，为早日妥善解决中东问题，实现地区全面、公正和持久和平发挥建设性作用。（姜波）

阿富汗问题

2009年，联大和安理会高度关注阿富汗局势走向，多次审议阿富汗问题，并通过多个决议和主席声明。

3月23日，安理会一致通过第1868号决议，决定将联合国驻阿富汗援助团（UNAMA）任期延长至2010年3月23日，并适当调整UNAMA职权范围。

7月15日，安理会发表主席声明，欢迎阿即将举行总统和省级议会选举，强调选举应自由、公正、透明、可信、安全和包容。

10月8日，安理会一致通过第1890号决议，决定将国际安全援助部队（ISAF）任期延长12个月至2010年10月13日。

10月29日，安理会发表主席声明，对28日喀布尔恐怖袭击事件表示强烈谴责，强调应确保联合国工作人员安全，对阿将举行第二轮总统选举表示支持。

11月9日，第64届联大审议阿富汗问题，并协商一致通过64/11号决议，决定于2010年修订《阿富汗契约》，增强阿政府对于和平重建的责任，并对阿《国家发展战略》表示赞赏。

中国积极参与有关审议，积极支持、参与和推动阿富汗战后和平重建，并向阿富汗提供了力所能及的援助。中国在阿富汗开展了一批涉及民生的援助项目，并向阿富汗政府提供培训，在阿富汗重建进程中发挥了积极作用。中国支持联合国继续在协调国际社会对阿富汗援助方面发挥领导作用，并积极参与有关阿富汗问题的国际合作，派代表出席了海牙阿富汗问题国际会议、上海合作组织阿富汗问题特别会议及八国集团阿富汗及地区事务外长级扩大会议。（杨治宇）

尼泊尔问题

2009年，安理会多次审议尼泊尔问题，发表1份主席声明，通过2项决议。

1月23日，安理会一致通过第1864号决议，决定应尼泊尔政府要求，将联合国驻尼泊尔政治特派团延期6个月至2009年7月23日，并同意秘书长关于分阶段缩编和撤离特派团工作人员等建议，同时呼吁尼境内各方采取措施保障特派团人员行动自由及安全。

5月5日，安理会发表主席声明，对尼国内局势表示关切，强调尼政府及所有政党需本着妥协精神共同协作，重申全力支持尼和平进程，支持联尼特派团工作，并呼吁尼政府履行承诺根据国际法释放儿童兵，并创造有利于特派团完成授权的条件。

7月23日，安理会一致通过第1879号决议，决定应尼泊尔政府要求，将特派团延期6个月至2010年1月23日。

中国积极参与安理会审议，主张尼泊尔和平进程应由尼泊尔人民主导，国际社会应支持尼泊尔政府和人民为实现和平与稳定做出的努力。中国支持尼泊尔各派就推动和平进程保持对话协商，希望特派团以当事国意见为基础，按照安理会授权履行职责，切实帮助尼推进和平进程。（宋嘉）

格鲁吉亚问题

2009年，安理会多次审议格鲁吉亚问题并通过决议。

2月13日，安理会一致通过第1866号决议，将联合国驻格鲁吉亚观察团技术性延期四个月至6月15日。决议要求各方向受冲突影响的个人，包括向难民和境内流离失所者提供人道主义援助，要求各方加紧召开日内瓦会议等。

5月18日，联合国秘书长潘基文提交报告，呼吁在格鲁吉亚区域内建立较为稳定的安全制度并在联合国主持下举行会议，敦促各方协助联合国及其他国际参与者向受敌对行动影响的居民提供人道主义援助。报告未提及尊重格国家主权和领土完整等内容。

6月16日，安理会就美、英、法等国提出的联合国驻格鲁吉亚观察团技术性延期决议草案进行表决，安理会以10票赞成（美国、英国、法国、奥地利、克罗地亚、日本、土耳其、墨西哥、哥斯达黎加、布基纳法索）、1票反对（俄罗斯）、4票弃权（中国、越南、乌干达、利比亚）的结果，未通过美、英、法等提出的联格观察团技术性延期决议草案。联格观察团自16日起终止行动。

9月9日，第63届联大在“古阿姆地区旷日持久的冲突及其对国际和平、安全与发展的影响”议题下，通过格鲁吉亚提交的“格鲁吉亚阿布哈兹和茨欣瓦利地区/南奥塞梯境内流离失所者与难民境况”决议［48票支持、19票反对、78票弃权（含中国）］，强调日内瓦会议及境内流离失所者和难民自愿、安全、有尊严及不受阻碍重返的重要性，承认所有境内流离失所者、难民及其后代均有权重返阿布哈兹和南奥塞梯原居住地，决定将“古阿姆集团地区旷日持久的冲突及其对国际和平、安全与发展的影响”议题保留在第64届联大议程上。

中方主张有关各方通过对话和协商，和平解决意见分歧，以利于整个外高加索地区的和平、稳定与发展。（赵欣）

刚果（金）问题

2009年，安理会多次审议刚果（金）问题，并发表主席新闻谈话，通过第1896号、1906号决议。

4月9日，安理会发表主席新闻谈话，鼓励大湖地区国家继续加强政治、经济和军事合作，确保地区长期稳定，支持联合国驻刚果（金）特派团打击乌干达上帝抵抗军等叛军。赞赏联合国驻刚果（金）特派团进行重组，以达到提高效率、保护平民的目标；呼吁有关各方重返戈马和内罗毕和平进程。

11月30日，安理会一致通过第1896号决议，关注刚果（金）东部非法武装屠杀平民、雇佣儿童兵和性暴力问题；谴责武装走私、违反武器禁运和非法开采自然资源行为；将对刚果（金）实施的制裁措施延长至2010年11月30日，并扩大对刚果（金）制裁委的授权。

12月23日，安理会一致通过第1906号决议，谴责袭击平民行动，要求刚果（金）政府军警人员停止从事侵犯人权活动；确定联合国驻刚果（金）特派团授权优先次序为保护平民、帮助叛军解武安置、推动刚果（金）安全部门改革等；要求联合国驻刚果（金）特派团立即停止对涉嫌犯罪的刚果（金）军队的支持；将联合国驻刚果（金）特派团延期至2010年5月31日。

中国代表在安理会有关审议中表示，刚果（金）总体局势出现积极变化，刚果（金）东部和平进程面临重要机遇。希望有关各方坚持坦诚对话、真诚合作，推动刚果（金）局势继续保持稳定。中方关注刚果（金）东部人道局势，呼吁刚果（金）政府继续推动国内各派别对话，加强与地区国家合作，加速叛军整编安置和安全部门改革工作，整顿军纪，打击违法乱纪，提升施政水平，更好地履行保国安民职责。联合国应继续密切关注刚果（金）东部人道局势，及时提供救助，避免人道局势恶化。（徐钟生）

索马里问题

2009年，索马里安全形势未有明显改观。安理会多次审议索马里问题，并通过第1863号、1872号决议，发表两份主席声明。

1月16日，安理会一致通过第1863号决议，将非盟驻索马里特派团延期六个月至2009年6月30日；要求非盟驻索马里特派团加快部署，实现派驻8000名士兵的预期目标；要求联合国秘书长建立信托基金支持非盟驻索马里特派团的工作。

5月22日，安理会一致通过第1872号决议，授权将非盟驻索马里特派团任期延长至2010年12月31日；要求联合国秘书长继续向非盟驻索马里特派团提供一揽子援助至2010年1月底；敦促各国向联合国加强非盟驻索马里特派团基金提供捐款。

5月15日，安理会发表主席声明，重申支持《吉布提和平协议》，支持索马里过渡联邦政府作为国际公认的索马里合法政府，谴责在索马里爆发的武装冲突，要求反政府武装立即停止袭击活动。

7月9日，安理会发表主席声明，谴责反政府武装分子袭击索马里过渡联邦政府和平民的行为；重申实现索马里安全部队和警察部门有效运作有利于实现索马里的长治久安；敦促国际社会向索马里安全部门提供培训和装备支持。

中国代表在安理会有关审议中表示，尽快稳定索马里局势，实现索马里持久和平，不仅是索马里人民的长久期盼，也符合非洲之角地区和国际社会的共同利益。索马里问题的当务之急是稳定该国安全局势。中方谴责针对索马里过渡联邦政府和平民的武装袭击，敦促索马里所有派别寻求通过政治手段解决问题。中方支持尽快组建强有力的索马里安全部队。中方赞赏非盟驻索马里特派团为稳定索局势所作的重要贡献，呼吁联合国加快落实援助非盟驻索马里特派团的一揽子计划。

2009年，中国政府向非盟驻索马里特派团的两个主要出兵国乌干达和布隆迪分别提供500万人民币后勤援助。2007～2009年，中方还向非盟在索马里维和行动三次捐款共100万美元。（徐钟生）

海地问题

2009年，安理会多次审议海地问题，通过一项决议，发表一份主席声明。

4月6日，安理会举行公开辩论会，听取联合国秘书长特别代表兼联合国海地稳定特派团（联海团）团长阿纳比通报，并发表主席声明，欢迎海在政治对话、安全、法治及人权等领域取得的进展，关切海社会经济发展领域面临的挑战，重申大力支持联海团和秘书长特别代表为改善海稳定和治理的努力。

10 月 13 日，安理会一致通过第 1892 号决议，决定将联海团任期延长一年至 2010 年 10 月 15 日，吁请联海团支持海地的政治进程，欢迎联海团继续协助海地政府努力建设各级体制能力，请联海稳定团视需要支持海地国家警察，以确保海地境内安全等。

中国支持海地和平进程，支持联合国帮助海地人民尽早恢复和平与稳定，支持联海团在现有授权内发挥更大作用。中国还向海地派出成建制警察分队，为维护海地国内局势的稳定作出了贡献。　（姜波）

索马里海盗问题

2009 年，安理会多次审议索马里海盗问题，并通过了第 1897 号决议。

11 月 30 日，安理会一致通过第 1897 号决议，严重关切索海盗威胁国际航运安全；强调各国均应通过国内立法将海盗定为刑事犯罪，并积极考虑起诉海盗嫌犯；认定索海盗对地区和平与安全构成威胁，根据《联合国宪章》第七章，决定将有关打击索马里海盗授权延期至 2010 年 12 月。

2009 年，根据安理会 1851 号决议成立的索马里海盗问题联络小组共举行了四次全体会议和多次工作组会议，讨论了打击海盗的军事行动协调、地区能力建设、商船自保措施、司法及加强公众宣传等问题。中国派团参加了上述全体会议和工作组会议。

中国代表在安理会有关审议中表示，中国支持国际社会为解决索马里海盗问题所做的集体努力。为更有效地打击索马里海盗，各国应严格遵守国际法和安理会相关决议。此外，国际社会应重视解决索马里国内问题，帮助区域内国家加强能力建设。

中国在安理会相关决议框架内积极参与打击索马里海盗的国际合作。中国海军护航编队继续保护各国航经亚丁湾、索马里海域船舶及其人员安全，保护世界粮食计划署等国际组织运送人道救援物资船舶的安全。　（徐钟生）

几内亚问题

自 2008 年 12 月几内亚发生军事政变后，几内亚局势引起各方关注。2009 年 9 月 28 日，几内亚首都科纳克里发生了“9·28”暴力事件，安理会主席发表了新闻谈话。此后，安理会多次审议几内亚问题，并发表了主席声明。

9 月 30 日，安理会主席发表新闻谈话，谴责有关暴力行径，要求几内亚当局迅速恢复民主、法制，并确保几内亚于 2010 年举行选举，支持非盟和西非经济共同体为解决几内亚问题所做的努力。

10 月 28 日，安理会发表主席声明，对“9·28”事件后几内亚局势可能威胁地区和平与安全深表关切；重申几内亚当局应打击“有罪不罚”现象；欢迎联合国秘书长成立几内亚“9·28”事件国际调查委员会，查明事实真相。

中国代表在安理会审议时表示，中方关注几内亚局势，希望非盟、西非经济共同体、几内亚问题国际联络小组及联合国秘书长的斡旋努力有助于几内亚局势尽快恢复稳定，呼吁几内亚有关各方以此为契机，就总统选举问题进行对话，努力达成政治和解，尽快恢复宪政秩序，实现国家稳定。国际调查委员会应尽快就“9·28”事件真相开展公正、透明的调查。有关调查工作应与外交斡旋相配合，为几内亚局势尽快恢复正常作出贡献。　（徐钟生）

厄立特里亚制裁问题

2009 年，非盟和部分非洲国家推动联合国安理会对厄立特里亚实施制裁。

12 月 23 日，安理会以 13 票赞成、1 票反对（利比亚）、1 票弃权（中国）的结果通过了第 1907 号决议。决议要求厄立特里亚全面履行安理会对索马里的武器禁运措施，停止破坏或颠覆索马里过渡联邦政府的行为，并立即执行安理会第 1862 号决议，从吉布提与厄立特里亚边界争议地区撤军，并通过外交努力解决争端；决定对厄立特里亚全面实施武器进出口禁运；决定对违反厄立特里亚武器禁运措施、向旨在破坏本地区稳定的叛军武装提供支持、支持对本地区其他国家实施暴力或恐怖主义行为、阻碍索马里监测小组调查工作的个人或实体实施资金冻结、旅行限制等制裁措施。

中国常驻联合国代表张业遂大使在安理会通过制裁厄立特里亚决议时表示，中国一贯坚定支持索马里和平进程，积极参与安理会支持索马里国内谈判进程的外交努力。中国一贯认为，安理会在制裁问题上应谨慎行事。安理会尽管通过了有关制裁厄立特里亚的决议，但这并不应取代通过谈判对话化解分歧的外交努力。当务之急是有关各方均应保持冷静和克制，避免采取可能导致局势升级的行动。中方希望包括厄立特里亚在内的非洲之角各国从本国人民及地区长远利益出发，以更加建设性的姿态共同营造有利于合作共赢的和谐地区环境。　（徐钟生）

朝鲜核问题

2009 年，朝鲜宣布用“银河二号”运载火箭成功发射“光明星二号”试验通信卫星，并宣布再次进行地下核试验。安理会对朝核问题进行审议，通过一项决议，发表一份主席声明。

4月13日，安理会应日本要求，审议朝鲜发射卫星问题，并发表主席声明，对朝发射予以谴责，认为朝此举违背安理会第1718号决议；要求朝不再实施任何发射；同意调整安理会第1718号决议第8段措施；支持六方会谈，敦促各方落实“9·19”共同声明；希望通过外交途径和平解决这一问题。

6月13日，安理会应日本要求，审议朝鲜核试验问题，并一致通过第1874号决议，谴责朝鲜再次核试验，根据《联合国宪章》第七章采取行动，并根据第41条采取措施，决定扩大对朝鲜制裁，主要包括：禁止朝鲜出口任何武器，禁止朝鲜进口除轻、小武器以外的任何武器和物项；呼吁各国检查进出朝鲜货物，在征得船旗国同意后，可在公海对涉嫌船只登临检查，若船旗国不同意接受检查，则应指示船只驶往方便港口接受检查，查出违禁物项应予扣押和处置，禁止向朝鲜涉嫌船只提供燃料补给等服务；呼吁各国不向朝鲜提供新的金融援助，用于人道、发展领域除外。

中国常驻联合国代表张业遂大使在决议通过后做解释性发言，表示中国坚决反对朝鲜再次进行核试验，强烈要求朝鲜信守无核化承诺，停止可能导致局势进一步恶化的相关行动，重新回到六方会谈的轨道上来。中国一直致力于维护国际核不扩散体系、推动实现朝鲜半岛无核化、维护朝鲜半岛和东北亚地区的和平与稳定大局。朝鲜再次进行核试验，违反了安理会相关决议，损害了国际核不扩散体系的有效性，影响地区和平与安全。中国支持安理会对朝鲜核试验作出适当、平衡的反应。安理会决议表明了国际社会反对朝鲜核试验的坚定立场，也向朝鲜发出了积极和正面的信息，显示了安理会坚持通过对话谈判等手段和平解决朝核问题的立场和决心。

张大使强调，朝鲜主权、领土完整和合理安全关切及发展利益应得到尊重。朝鲜在重返《不扩散核武器条约》后应享有一个缔约国和平利用核能的权利。安理会行动不应影响朝鲜的民生和发展，不应影响对朝人道援助。正如决议有关段落表明的那样，如朝鲜遵守决议有关规定，安理会将审查暂停或取消对朝鲜制裁问题。货物检查问题复杂敏感，需要各国严格按照国内法和国际法慎重行事，并以掌握合理理由和充足证据为前提。各方都应避免任何可能激化矛盾的言行。在任何情况下，都不能使用武力或以武力相威胁。

张大使表示，中国政府始终主张通过政治和外交手段和平解决朝鲜半岛核问题。中方为此付出了巨大努力，促成了六方会谈，并推动六方达成了2005年9月的《共同声明》。在各方共同努力下，六方会谈也取得了一些阶段性进展。当前，尽管出现了朝鲜再次核试验这一消极事态，我们仍然认为，制裁不是安理会行动的目的，政治和外交途径是解决半岛相关问题、实现半岛无核化和东北亚地区和平与稳定的唯一正确途径。在当前形势下，有关各方应保持冷静和克制，避免采取可能导致局势升级的行动。这符合有关各方的共同利益。中方愿继续本着负责任和建设性态度，同有关各方加强沟通，妥善应对，推动尽快恢复六方会谈，为实现半岛无核化，维护半岛和东北亚和平与稳定发挥积极作用。（杨治宇）

塞浦路斯问题

2009年，安理会多次审议塞浦路斯问题，发表一份主席声明，通过了两项决议。

4月30日，安理会发表主席声明，赞扬塞浦路斯希腊和土耳其两族领导人发挥的政治领导作用，热烈欢迎在正式谈判中已取得的进展及双方领导人发表的联合声明；强烈敦促双方领导人加强谈判势头，以确保充分利用这次机会，在安理会相关决议确立的建立政治平等的两族、双区联邦制基础上实现全面解决；强调各方必须灵活和建设性地参与，并期待不久后谈判取得决定性进展；支持秘书长调解，并鼓励秘书长特别顾问继续向双方领导人提供他们达成解决方案所需的一切支持。

5月29日，安理会以14票赞成、1票反对（土耳其）的结果通过第1873号决议，决定将联合国驻塞浦路斯维持和平部队任期延长六个月至2009年12月15日。

12月14日，安理会以14票赞成、1票反对（土耳其）的结果通过第1898号决议，决定将联合国驻塞浦路斯维持和平部队任期延长六个月至2010年6月15日。

中国主张尊重塞浦路斯的主权和领土完整，支持在安理会有关决议基础上，建立两族双区和政治平等的联邦制国家，早日实现塞问题全面和持久解决。中国乐见塞浦路斯希腊、土耳其两族谈判取得积极进展，支持联合国的调解努力，呼吁双方在安理会有关决议基础上加快谈判，继续展现建设性态度，增进互信，求同存异，为实现国家统一而不懈努力。（刘冰）

联合国部分机构

联合国组织机构庞杂，设立了各种理事会、委员会或其他名称的机构。下面介绍一些比较重要或同中国关系较多的机构。

联合国经社理事会职司委员会

社会发展委员会（Commission for Social Development—CSD）

【成立日期】根据经社理事会 1946 年 6 月 21 日决议成立，原称“社会委员会”，1966 年 7 月 29 日改为现名。

【成员】该委员会成员由经社理事会按地域均衡分配原则选举产生，任期四年。有 46 个委员会成员。

【主要活动】该委员会是联合国经社理事会职司委员会之一，专门审议有关社会发展、青年、老龄、残疾人、家庭等问题。近年来，随着全球化的快速发展，南北贫富差距不仅没有缩小，反而呈拉大趋势，社会发展问题越来越受到国际社会的关注。贫困、就业和防止传染病是目前发展中国家在社会发展领域面临的突出问题。

【同中国的关系】中国于 1989 年首次当选委员会成员，连选连任至今。中国本次任期至 2013 年。

2009 年 2 月 3 ~ 12 日，联合国社会发展委员会第 48 届会议在纽约联合国总部举行。会议优先主题为“社会融合”。中国常驻联合国副代表刘振民大使率团与会，介绍中国在实施积极就业政策、完善社会保障体系、深化医药卫生体制改革、推进残疾人社会保障体系和服务体系建设等方面取得的成就，呼吁国际社会关注遭受国际金融危机沉重打击的发展中国家，向发展中国家提供技术资金等支持，帮助其消除贫困、促进就业、完善社会保障体系。刘大使并就社会融合问题提出如下建议：一、牢牢把握社会融合的根本基础性任务；二、从宽广的视角审视消除贫困问题；三、通过实施综合战略积极扩大就业；四、加快建立和完善社会保障体系；五、特别关注发展中国家的困难处境。（张思其）

麻醉品委员会（Commission on Narcotic Drugs—CND）

【成立日期】根据联合国经社理事会 1946 年 2 月 16 日决议成立。

【成员】成员由经社理事会从联合国会员国、麻醉品公约参加国、麻醉药品和精神药物的重要生产国和消费国中选出，同时注意地域均衡分配原则。现有成员 53 个，任期三年。

【主要职能】委员会是联合国系统内负责麻醉品管制问题的中心决策机构，主要职能包括：协助经社理事会制订有关政策和措施；根据国际禁毒公约的规定，管制非法使用和滥用麻醉品及精神药物，审议各缔约国落实公约情况；审议各国落实 1998 年禁毒特别联大《政治宣言》的情况；执行联合国机构所授予的其他职责等。

【组织机构】下设中近东麻醉品非法贩运及有关事务小组委员会和亚太、非洲、欧洲和拉美及加勒比四个地区性协调委员会。

【主要活动】委员会每年召开一次届会。四个地区性委员会定期分别举行会议，审议本地区管制和禁止麻醉品滥用和非法贩运等问题。

【同中国的关系】1973 年，中国派观察员出席了委员会第 25 届会议。1986 ~ 2005 年和 2008 年至今，中国为委员会成员。中国于 1985 年加入经修正的《1961 年麻醉品单一公约》和《1971 年精神药物公约》。1989 年 9 月，中国批准《联合国禁止非法贩运麻醉药品和精神药物公约》。在 1998 年禁毒特别联大上，中国提出“坚持广泛参与、责任共担原则；全面实施综合均衡的国际禁毒战略；重视替代发展”三项主张。

2009 年 3 月，第 52 届联合国麻醉品委员会在维也纳召开。公安部副部长孟宏伟率中国代表团出席，国家禁毒委员会、外交部、国家食品药品监督管理局和驻维也纳代表团派员参会。会议讨论了联大第 20 届特别会议后续行动、全球毒品形势、减少毒品需求行动计划、打击非法毒品供应、国际禁毒条约执行情况等问题。期间，委员会还举行部长级高级别会议，评估 1998 年以来联合国禁毒成效，研究未来禁毒工作面临的挑战，讨论并通过了新的《政治宣言》和《行动计划》。（初光）

预防犯罪和刑事司法委员会（Commission on Crime Prevention and Criminal Justice—CCPCJ）

【成立日期】1992 年 2 月 6 日根据联合国大会第 46/152 号决议成立。

【成员】成员国由经社理事会根据公平地域分配原则选举产生，任期三年。该委员会现有成员国 40 个。

【主要职能】在预防犯罪和刑事司法领域为联合

国提供政策指导；制定方案并监督、审查其执行情况；促进并协调区域间和区域预防犯罪研究所的活动；动员各会员国支持联合国预防犯罪和刑事司法方案；召开联合国预防犯罪和罪犯待遇大会并审议大会提交的建议。

【主要活动】委员会每年召开一次届会。针对近年来跨国有组织犯罪活动猖獗的情况，1997 年委员会第六届会议决定，成立政府特设委员会负责起草打击跨国有组织犯罪国际公约。经过十一次特委会会议，公约草案完成并由 2000 年第 55 届联大通过。2000 年 12 月，联合国在意大利巴勒莫举行该公约高级别签字大会，共有 141 个国家签署了公约。2003 年 9 月该公约生效。

【同中国的关系】中国自 1980 年恢复参与联合国预防犯罪和刑事司法领域的工作以来，本着积极、务实、合作的精神参加了联合国在这一领域的各项有关活动，为打击犯罪和加强预防犯罪和刑事司法领域的国际合作做出了贡献。中国政府派团出席了联合国预防犯罪和刑事司法委员会历届会议，积极参加有关议题的审议、有关标准规则及文件的制定，加强与各成员国的合作，发挥了重要作用。2008 年中国再次当选该委员会成员，任期至 2011 年。中国政府于 2000 年签署了《联合国打击跨国有组织犯罪公约》，2003 年第十届全国人民代表大会常务委员会第四次会议批准该公约。

2009 年 4 月 24 ~ 28 日，联合国预防犯罪和刑事司法委员会第 18 届会议在维也纳举行。司法部副部长陈训秋率中国代表团与会。本届会议以“经济欺诈和与身份有关的犯罪”和“刑罚改革和减轻监狱过度拥挤状况，包括在刑事司法系统中提供法律援助”为主题。中国代表团积极参加了会议各项议题的审议。（*初光*）

可持续发展委员会（Commission on Sustainable Development—CSD）

【成立日期】1992 年 6 月，联合国环境与发展大会通过《21 世纪议程》，决定于 1992 年第 47 届联大上审议建立可持续发展委员会。该委员会在 1993 年 2 月联合国经社理事会组织会议上正式成立。

【宗旨】保证环境与发展大会后续行动的有效性；加强可持续发展国际合作；使环境与发展大会事务的决策合理化；审查《21 世纪议程》的实施。《21 世纪议程》对可持续发展委员会的具体职能作出明确说明，其中包括：追踪联合国系统在实施《21 世纪议程》、将环境与发展密切结合方面取得的进展；审议各国提供的关于实施《议程》情况的信息，包括各国面临的资金、技术转让等问题；审议执行《议程》的进展情况，包括提供资金和技术转让，以及发达国家的官方发展援助是否达到占其国民总收入 0.7% 的水平；向经社理事会提出报告，并通过经社理事会将报告送交联大。

【成员】为使可持续发展委员会具有足够的代表性，该委员会由 53 个成员组成，遵循“地域公平分配原则”，亚洲 11 个成员国，非洲 13 个成员国，拉美 10 个成员国，东欧 6 个成员国，西欧和其他地区 13 个成员国。委员会每年由联合国经社理事会组织会议从联合国会员国及专门机构成员国中产生，任期三年。可持续发展委员会 2008 年成员名单如下：

喀麦隆、佛得角、刚果、吉布提、冈比亚、几内亚、塞内加尔、南非、苏丹、突尼斯、坦桑尼亚、赞比亚、津巴布韦、巴林、中国、朝鲜、印度、印度尼西亚、伊朗、日本、科威特、韩国、沙特阿拉伯、泰国、白俄罗斯、克罗地亚、捷克、波兰、俄罗斯、塞尔维亚、安提瓜和巴布达、伯利兹、玻利维亚、智利、哥斯达黎加、古巴、危地马拉、海地、墨西哥、秘鲁、澳大利亚、比利时、加拿大、法国、以色列、意大利、摩纳哥、荷兰、西班牙、瑞典、英国、美国。

【网址】http://www.un.org/eas/sustdev/csd.htm

【联络方式】电话：+1－212－963－3170。传真：+1－212－963－4260。电子邮件：dsd@un.org。

【主要活动】可持续发展委员会是联合国系统内讨论、审议国际环境与发展合作最重要论坛之一，在动员各方力量保持合作势头、敦促实施环境与发展大会各项决定方面发挥重要作用。委员会每年举行高级别会议，并围绕当年主题综合审议《21 世纪议程》的执行情况。1993 ~ 2001 年，委员会陆续举行了第 1 ~ 9 次会议。

委员会在 2003 年 5 月举行的第 11 次会议上进行了改革，决定今后委员会针对同一类主题以两年为一个周期进行讨论，第一年审议执行情况，第二年进行政策讨论，并请联合国各区域委员会组织相应的区域活动。会议还确定了 2004 年到 2017 年工作方案，其中 2004 ~ 2005 年主题为“水、卫生和人居”；2006 ~ 2007 年主题为“能源促进可持续发展、工业发展、大气污染、气候变化”；2008 ~ 2009 年主题为“农业、农村发展、土地、干旱、荒漠化和非洲”。2008 年 5 月 5 ~ 16 日，委员会第 16 次会议（CSD16）在纽约联合国总部举行。会议围绕农业、农村发展、土地、干旱、荒漠化和非洲等议题进行讨论，并审议了上述领域全球行动的进展情况。

【同中国的关系】中国一直积极参与可持续发展委员会的工作。2008 年 5 月，国家发展与改革委员会副主任杜鹰率团出席委员会第 16 次会议，分别在部长对话、圆桌会议发表讲话，介绍中国在农业和农村发展、防治荒漠化和与非洲国家开展互利合作等情况，宣传中国在有关问题上的政策主张和经验。会议期间，中国代表团还提交了可持续发展国家报告，并

举办了中国专场活动。（唐梦潇）

妇女地位委员会（Commission on the Status of Women—CSW）

【成立日期】根据经社理事会决议于1946年成立。

【成员】成员由经社理事会按地区分配原则选举产生，任期4年。成员国45个（非洲13个，亚洲11个，东欧4个，拉丁美洲和加勒比9个，西欧及其他国家8个）。

【职能和活动】妇地会是联合国处理有关妇女问题的主要机构，其主要职责是促进妇女在政治、经济、社会及教育等方面实现男女平等，就有关妇女权益的迫切问题向经社理事会提出建议和报告。

【组织机构】从1971年起，妇地会由每年召开一次会议，改为两年一次；1988年又改为每年一次。该委员会闭会期间，日常事务由联合国提高妇女地位司负责，隶属联合国经济和社会事务部。

【主要活动】妇女问题是联合国社会领域重点活动之一。联合国自成立以来通过了一系列旨在提高妇女地位、维护妇女正当权益和促进男女平等的决议、宣言和公约。为使这些国际文书的条款得以实施并敦请国际社会和各国政府进一步加强对妇女问题的关注，根据妇地会的建议和1975年在墨西哥召开的世界妇女大会的建议，联合国宣布1975年为国际妇女年，1976～1985年为联合国妇女十年，1980年和1985年联合国先后在哥本哈根（丹麦）和内罗毕（肯尼亚）召开了妇女十年中期和终期世界会议（即第二次和第三次世界妇女大会）。在终期会议上制定了《到2000年提高妇女地位内罗毕前瞻性战略》。作为妇女十年活动的一部分，联合国于1979年12月18日通过了《消除对妇女一切形式歧视公约》。

1995年9月，联合国第四次世界妇女大会在北京举行。会议审议和评价了《内罗毕前瞻性战略》的执行情况，制定并通过了加速执行《战略》的《北京宣言》和《行动纲领》，具体确定了各国和国际社会在提高妇女地位方面共同遵循的原则和应承担的义务。

2000年6月，联合国在纽约总部召开妇女问题特别联大。会议重点审议国际社会实施第四次世界妇女大会后续行动的情况，通过了《政治宣言》和《执行<北京宣言>和<行动纲领>的进一步行动和倡议》。

2005年，第四次世界妇女大会十周年纪念会议在北京举行，会议主题为共同发展，实现两性平等，并通过了《北京+10宣言》。

【同中国的关系】中国于1972年首次当选为妇地会成员。此后还参加过多次竞选，均当选。1980年，中国签署并批准《消除对妇女一切形式歧视公约》。

2010年3月1～12日，第54届联合国妇女地位委员会在纽约联合国总部举行。会议以纪念北京世界妇女大会15周年为主题。全国妇联副主席、国务院妇儿工委副主任孟晓驷率团出席，并受邀在三八纪念会议和一般性辩论中发言，宣传中国促进妇女发展和履行《消除对妇女一切形式歧视公约》等方面采取的措施和取得的成就。（施岳峰）

非政府组织委员会（Committee on Non-Governmental Organizations）

非政府组织委员会系联合国经社理事会（以下简称“经社会”）下属常设委员会，根据经社会决议于1946年成立，最初由中国、法国、英国、苏联、美国5国组成。1950年，巴基斯坦和秘鲁加入委员会，1966年扩大至13国。1981年7月，经社会决定将委员会成员从13个增至19个，由5个非洲国家、4个亚洲国家、4个拉美国家、4个西方国家和2个东欧国家组成。成员任期最初为一年，从1975年起改至四年，每四年改选一次，可连选连任。2009年成员国为中国、美国、俄罗斯、英国、安哥拉、布隆迪、埃及、几内亚、苏丹、印度、巴基斯坦、卡塔尔、罗马尼亚、哥伦比亚、古巴、多米尼克、秘鲁、以色列和土耳其。

该委员会是联合国系统内唯一审议非政府组织申请联合国经社会咨商地位、讨论制定非政府组织行为规范等问题的机构。每年召开两次会议。

根据联合国经社会1996/31号决议有关规定，经社会咨商地位分三类：全面（General）、特别（Special）和名册（Roster）。获得咨商地位的非政府组织可以观察员身份列席经社会及其下属机构会议。截至2009年9月，共有3242个非政府组织获得经社会咨商地位。

自恢复联合国合法席位后，中华人民共和国于1994年首次当选委员会成员并连选连任至今。在2006年联合国经社理事会组织会议上，中国再次当选，任期从2007～2010年。截至2009年9月，中华全国妇女联合会、中国残疾人联合会、中国人权研究会、中国联合国协会、中国光彩事业促进会、中国女企业家协会、中国人民对外友好协会、中国人民争取和平与裁军协会、中国国际交流协会、中国绿化基金会、中国科学技术协会、中国可持续发展研究会、中国关爱协会、中国计划生育协会、中国军控与裁军协会、中华环境保护基金会、中国前外交官联谊会、中国跨国公司研究会、中国国际科技合作协会、中国国际教育交流协会、中国国际公关协会、中国西藏文化保护与发展协会、中国国际民间组织合作促进会、中国长城协会、中国民间组织国际交流促进会、中华环保联合会等三十多家非政府组织先后获得联合国经社会咨商地位。

非政府组织委员会2009年届会于1月19～28日和2月2日在纽约举行，会议共审议了157个非政府组织要求获得经社会咨商地位的申请和95份非政府组织四年期报告，决定给予63个非政府组织咨商地位，批准2个更改类别的申请，拒绝1个组织的申请。中华环保联合会在本次会议上获得特别类咨商地位。

5月18～27日，非政府组织委员会2009年续会在纽约举行。会议共审议143个非政府组织要求获得经社会咨商地位的申请和123份非政府组织四年期报告，决定给予其中36个非政府组织咨商地位，批准1个非政府组织更改类别申请，拒绝或终止4个组织的申请。（张超）

联合国人权理事会
Human Rights Council

【成立日期】 2006年3月15日，第60届联合国大会表决通过60/251号决议，决定成立人权理事会，取代原人权委员会。理事会为联大附属机构。

【宗旨】 促进和保护人权与基本自由，审议侵犯人权情况并提出建议，帮助成员国加强能力建设，并在联合国系统推动人权"主流化"。

【成员】 理事会共有47个成员，根据公平地域分配原则，亚洲组13国、非洲组13国、拉美组8国、东欧组6国、西方组7国。成员由联大以秘密投票方式选举产生，任期三年，只能连选连任一次。联大可以2/3多数表决中止"粗暴和系统性侵犯人权国家"的成员资格。理事会2009年6月18日至2010年6月18日成员为：印度、印度尼西亚、菲律宾、卡塔尔、日本、韩国、巴林、巴基斯坦、中国、沙特阿拉伯、吉尔吉斯斯坦、约旦、孟加拉国、安哥拉、埃及、马达加斯加、南非、加蓬、加纳、赞比亚、布基纳法索、喀麦隆、毛里求斯、尼日利亚、塞内加尔、吉布提、玻利维亚、尼加拉瓜、巴西、智利、阿根廷、古巴、墨西哥、乌拉圭、波黑、斯洛文尼亚、斯洛伐克、乌克兰、俄罗斯、匈牙利、意大利、荷兰、法国、英国、美国、比利时、挪威。

理事会工作以普遍、公正、客观、非选择性及建设性对话与合作为指导原则。理事会基本继承并改进原人权委员会机制和职能，同时新增对联合国所有会员国人权状况进行国别人权审查（亦称"普遍定期审议"）（Universal Periodic Review）机制。理事会每年举行至少3次会议，其中包括一次主要会议，会期合计不少于10周。经1/3成员同意，即可召开特别会议。

【主要活动】 2009年3月2～27日、6月2～19日、9月14日至10月2日，理事会在日内瓦分别召开第10次、第11次、第12次会议。在上述会议中，中国积极参与各项议题讨论和决议磋商，发言介绍中国在人权领域取得的最新成就，在国别人权决议、发展权、保护残疾人、妇女和儿童权利、反对种族歧视等问题上积极支持发展中国家合理主张，发挥建设性作用。

2009年2月2～13日、5月4～15日、11月30日至12月11日，理事会国别人权审查工作组在日内瓦分别召开第4次会议、第5次会议、第6次会议。中国、喀麦隆、尼日利亚、加拿大、德国、俄罗斯、古巴、越南、阿富汗、赤道几内亚、埃塞俄比亚和朝鲜等48个国家接受审议。

2009年1月9日、2月20日、5月26～27日、10月15～16日，理事会分别就巴以问题、金融危机问题、斯里兰卡人权状况、被占巴勒斯坦领土人权状况召开特别会议。4月20～24日，德班反对种族主义世界大会审议大会在日内瓦召开。中国本着积极和建设性态度与会，协调各方立场，发挥建设性作用。

【同中国的关系】 中国是人权理事会成员，积极参与理事会工作，并发挥积极和建设性作用。中国政府重视联合国人权高专及其办公室在促进和保护人权方面发挥的作用并与之保持合作。及时答复人权理事会特别机制来函。为支持高专办工作，中国政府2009年再次向人权高专办捐款2万美元。

附：一、人权理事会咨询委员会（The Human Rights Council Advisory Committee）

根据人权理事会建章立制方案，人权理事会成立了咨询委员会，取代原人权委员会下属促进和保护人权小组委员会（简称"小组会"）。该委员会继承原小组会大部分职能，负责从事人权专题研究并向理事会提出咨询意见。委员会由18名独立专家组成。联合国所有会员国均可提名人选，由理事会直接选举产生，根据公平地域分配原则，亚洲、非洲组各5名，拉美、西方组各3名，东欧组2名，任期三年，可连任1次。每年最多开两次会议，总会期不超过10个工作日。与原人权委员会小组会不同的是，委员会不得通过任何决议或决定。中国专家陈士球教授于2008年3月当选为委员会成员，并于2009年3月成功竞选连任，任期至2012年。

二、联合国人权事务高级专员（简称"人权高专"）（UN High Commissioner for Human Rights）及其办公室（Office of the High Commissioner for Human Rights）

根据1993年联大48/141号决议设立的联合国系统内负责人权事务的最高行政长官，由联合国秘书长任命，经联合国大会核准产生。人权高专主要负责协调联合国在人权领域的活动，副秘书长级，任期四年，可连任一次。第一任高专是何塞·阿亚拉·

拉索（JOSE AYALA LASSO，厄瓜多尔籍）。第二任是玛丽·罗宾逊夫人（MARY ROBINSON，爱尔兰籍）。第三任是塞尔吉奥·维埃拉·德梅洛（SERGIO VIEIRA DE MELLO，巴西籍）。第四任是路易斯·阿博尔（LOUIS ARBOUR，加拿大籍）。现任高专为皮雷女士（Navanethen Pillay，南非籍），于2008年9月1日正式上任。高专办总部设在日内瓦，并在纽约联合国总部设办事处。网址：http：//www. ohchr. org。

（张超）

联合国毒品和犯罪问题办公室
The United Nations Office on Drugs and Crime—UNODC

【成立日期】成立于1997年，由联合国禁毒署和联合国预防犯罪中心合并而成。

【主要职能】对毒品和犯罪问题进行调研，制定有关政策和措施；协助各国政府批准和执行国际公约；协助各国政府制定关于毒品、犯罪和反恐问题的国内法；通过具体技术合作项目，提高各成员国打击毒品、犯罪及恐怖主义的能力。

【主要负责人】办公室执行主任为副秘书长级，由维也纳联合国办事处主任兼任。现任执行主任安东尼奥·玛利亚·科斯塔（Antonio Maria Costa），意大利人，任期至2010年5月。

【出版物】《世界禁毒报告》等。

【机构】UNODC 设在维也纳，在全球有22个地区办事处，其经费主要来自各国政府自愿捐助。

【同中国的关系】长期以来，中国与UNODC包括其前身联合国禁毒署（2002年改为现名）一直保持良好合作关系。20世纪80年代以来，联合国禁毒署向中国提供了约3000万人民币的捐助。中国与UNODC在区域禁毒合作机制中合作良好，如东亚次区域禁毒合作谅解备忘录以及东盟和中国禁毒合作行动计划等。

2005年10月，中国与UNODC签署《关于UNODC在北京设立项目办公室的意向备忘录》。2007年12月，双方正式签署艾滋病项目文件，UNODC在北京成立艾滋病临时项目办公室。

2009年2月，UNODC执行主任科斯塔应邀来华参加“万国禁烟会”一百周年纪念活动。（初光）

联合国开发计划署
United Nations Development Programme—UNDP

【成立日期】正式成立于1965年，属联合国经社理事会下属机构，是联合国发展系统最大的多边无偿援助机构。其前身为1949年设立的“技术援助扩大方案”和1958年设立的“援助基金”。

【宗旨】向发展中国家和地区提供资金和技术援助，以促进其以人为中心的经济和社会可持续发展。

【主要负责人】署长海伦·克拉克（Helen Clark，新西兰人），2009年4月上任，任期四年。

【总部】美国纽约。网址：http：//www. undp. org。

【出版物】年度报告（Annual Report），《世界发展》（World Development）月刊，《联合国计划署通讯》（UNDP News），《人类发展报告》（Human Development Report）等。

【组织机构】（1）执行局：领导机构，由36个成员组成，其中亚洲7个，非洲8个，东欧4个，拉美5个，西欧和其他地区12个。执行局成员由经社理事会按地区分配原则和主要捐助国、受援国代表性原则选举产生，任期三年。执行局每年举行2次常会、1次年会。（2）秘书处：在署长领导下处理日常事务，在166个国家和地区设有常驻代表处。

【资金来源】各国政府的自愿捐款。

【主要活动】该署是联合国发展业务系统的中央筹资机构和中心协调组织，主要提供无偿援助，即提供国内外专家，资助国内外培训、考察及购买有限的硬件。该署项目以前主要由诸如工发组织、劳工组织等联合国专门机构执行，近几年国家执行的比例日益增加。开发署的援助也从传统的以加强国外先进技术的吸收和转让为主转向以扶贫为中心，以改革、环保和社会发展为重点的可持续发展。

联合国开发计划署执行局每年举行两次常会和一次年会，会议主要审议署长年度工作报告、财务预算和行政事项、联合国项目服务厅以及南南合作，并核准国别方案等。

【同中国的关系】中国自1972年10月开始参加该署活动。1975～1977年、1979～2008年，中国连续当选为该署执行局（1994年2月前为理事会）成员。中国与该署的合作方案始于1978年。截至2009年，开发署在中国共执行项目800多个，涉及农业、工业、能源、交通、通信、教育、卫生、金融、财税、环保、扶贫、妇女发展、社会福利、引进外资、经济体制改革等诸多领域。中国共向该署捐款8282万美元和5230万元人民币。2009年中国向开发署的捐款为435万美元和250万元人民币。

【驻华代表机构】开发署驻华代表处设立于1979年9月。现任驻华代表为罗黛琳（Renata Lok-Dessallien，加拿大人）。办公地址：北京市亮马河南路2号。电话：010－65323731，65323739。（唐梦潇）

联合国贸易与发展会议
United Nations Conference on Trade and Development—UNCTAD

【成立日期】1964年3～6月联合国贸易与发展

会议（简称贸发会议）在日内瓦举行，建议在联合国内设立一个常设机构以处理有关贸易和发展问题。同年12月30日，联大决定成立贸发会议，作为处理有关贸易和发展问题的常设机构。

【宗旨】促进所有成员国，特别是发展中国家的贸易增长和经济发展，最大限度地促进发展中国家的贸易、投资和发展机会，并帮助它们应对全球化带来的挑战和在公平的基础上融入世界经济。

【成员】193个。

【负责人】素帕猜（Supachai Panitchpakdi，泰国人），泰国前副总理兼贸易部长，2005年9月上任，任期四年。由联合国秘书长潘基文提名并经联大批准，素获得连任，任期自2009年9月1日至2013年8月31日。

【总部】在瑞士日内瓦。Palais Des Nations 8－14，Av. De La Paix，1211Geneva10 Switzerland。网址：http：//www. unctad. org。电话：41229171234。传真：41229170057。

【刊物】《贸易与环境评估》（Trade And Environment Review），《贸易与发展报告》（Trade And Development Report），《最不发达国家报告》（Least Developed Countries Report），《世界投资报告》（World Investment Report）等。

【组织结构】（1）贸发大会：最高权力机构，由全体成员国参加，每4年举行一届部长级会议。（2）理事会（Trade And Development Board）：执行机构。每年举行1届常会和数次执行会议。理事会下设3个委员会，即货物和服务贸易及商品委员会；投资、技术和相关资金问题委员会；企业、商业便利和发展委员会。委员会每年举行一届会议。委员会可根据需要召开专家会议，就政策问题进行专业技术研讨。（3）秘书处：主要为贸发大会、理事会及其附属机构服务。贸发会议负责人由联合国秘书长任命，联大认可。

【主要活动】贸发会议是联合国大会在贸易和发展领域的主要机构，是联合国系统内综合处理发展和贸易、金融、技术、投资和可持续发展领域相关问题的归口单位。自成立以来，贸发会议在促进发展中国家的经济发展、推动南北对话和南南合作方面发挥了重要作用。

贸发会议有较强的研究能力，尤其在向发展中国家提供技术援助，帮助其融入世界经济和多边贸易体系方面有较强的优势，被誉为“发展中国家智囊”和“南方思想库”。贸发会议一年一度发表的《最不发达国家报告》、《贸易和发展报告》和《世界投资报告》在全世界具有广泛的影响和声誉，不但作为国际上广征博引的权威资料，而且成为各国政策制定的重要参考依据。近年来，随着国际政治和经济形势的急剧变化，贸发会议的谈判职能有所削弱，但通过研究和政策分析、政府间审议以及政策分析等活动，在帮助发展中国家制定经济发展战略和贸易、投资、金融政策，加强其参与多边经济贸易事务的能力方面，仍发挥着独特和重要的作用。

2009年9月，贸发会议第56届理事会在瑞士日内瓦召开，各方集中讨论了全球经济危机和必要的政策措施、应对气候变化对发展的挑战、非洲经济发展和最不发达国家问题、国际贸易体系演变等议题。

【同中国的关系】中国自1971年恢复在联合国的合法席位后，从1972年即参加了贸发会议。中国一贯支持并积极参与贸发会议的活动，贸发会议也为中国的经济建设和改革开放提供了很多帮助，双方一直保持良好的合作关系。中国是贸发大会、理事会和各委员会的成员，参加了自第三届贸发大会以来的历届大会。2009年9月，贸发会议秘书长素帕猜访华，王岐山副总理会见。访华期间素还赴长春出席“第六届国际投资促进论坛暨长吉图区域投资促进论坛”和“贸发会议2009年《贸易与发展报告》中国发布会”。2009年9月，商务部派团出席贸发会议第56届理事会。

（边学平）

联合国环境规划署
United Nations Environment Programme—UNEP

【成立日期】1972年第27届联合国大会根据同年6月在瑞典斯德哥尔摩召开的联合国人类与环境大会的建议，决定成立联合国环境规划署（以下简称“环境署”）。1973年1月该署正式成立。

【宗旨】促进环境领域国际合作，并为此提出政策建议；在联合国系统内协调并指导环境规划；审查世界环境状况，以确保环境问题得到各国政府的重视；定期审查国家和国际环境政策和措施对发展中国家造成的影响；促进环境知识传播及信息交流。

【成员】所有联合国成员国、联合国专门机构成员和国际原子能机构成员均可加入环境署。

【主要负责人】执行主任阿希姆·施泰纳（Achim Steiner，德国人），2006年6月上任，任期四年。

【总部】设在肯尼亚首都内罗毕。

【网址】http：//www. unep. org

【联络方式】电话：+254－20－7621234。传真：+254－20－7624489/90。电子邮件：unepinfo@unep. org。

【出版物】《联合国环境规划署新闻》（UNEP NEWS），月刊。

【组织机构】理事会：由58个成员组成，任期四年，可以连任。理事会席位按区域分配如下：亚洲13个，非洲16个，拉美10个，西欧及其他地区13个，东欧6个。每两年改选理事会成员中的半数。

环境基金：主要来自成员国自愿认捐。主要用途是为该署提供联合国预算外资金，用于支付或部分支付该署活动经费，以及与其他联合国机构、国际机构、各国政府和非政府组织进行合作的费用。

秘书处：联合国系统内环境活动实施和协调中心。

【主要活动】环境评估：具体工作部门包括全球环境监测系统、全球资料查询系统、国际潜在有毒化学品中心等；环境管理：包括人类住区的环境规划和人类健康与环境卫生、陆地生态系统、海洋、能源、自然灾害、环境与发展、环境法等；支持性措施：包括环境教育、培训、环境信息的技术协助等。该署定期召开理事会和特别理事会；此外，环境署和有关机构还经常举办同环境有关的各种专业会议。

2009年2月16~20日，环境署理事会第25次会议在肯尼亚内罗毕召开，会议主要讨论了国际环境治理与联合国改革、全球化与环境等议题。

【同中国的关系】中国自1973年以来一直是环境署理事会成员。1976年，中国在内罗毕设立驻联合国环境规划署代表处，由中国驻肯尼亚大使兼任代表。2003年9月，环境署驻华代表处在北京成立。

自1976年起，中国开始向环境署基金捐款，并于1982年起改为每年定期捐款。2006~2009年，中国每年向环境署捐款25万美元。2010年起，中国每年向环境署捐款50万美元。

2009年2月16~20日，环保部李干杰副部长率团出席环境署理事会第25次会议并发言。会议期间，中国代表团举办了“北京绿色奥运”展览，李干杰副部长和施泰纳执行主任共同出席展览开幕式。2009年11月9日，环保部与环境署第四次年度工作会议在北京召开，确定双方2010年在绿色经济、化学品管理、环境绩效评估等领域开展合作。

前国家环保总局局长曲格平和解振华分别于1992年和2003年荣获环境署颁发的笹川环境奖。

【驻华代表机构】联合国环境规划署驻华代表处。代表：张世钢。地址：北京市亮马河南路2号。电话：010－85320922/21。电子邮箱：zhang. shigang @ unep. org。

（唐梦潇）

联合国人口基金

United Nations Population Fund—UNFPA

【成立日期】1966年第21届联合国大会通过第2211号决议，要求联合国系统的组织在人口方面向各国提供技术援助。1969年成立了“联合国人口活动基金”，1987年正式定名为“联合国人口基金”，属联合国经社理事会下属机构。

【宗旨】加强成员国能力建设，以对人口和计划生育领域的需求作出反应；促进发展中国家和发达国家提高人口意识及制订解决人口问题的战略；应发展中国家要求，采用适合其国情的方法帮助其解决人口问题；在联合国系统的人口领域发挥主导作用，负责协调由人口基金支持的方案和项目。

【主要负责人】执行主任图拉亚·欧拜德（Thorary Ahamed Obaid，沙特人），2001年就任，任期五年。2005年、2008年续任，任期至2010年底。

【总部】美国纽约。网址：http：//www. unfpa. org。

【出版物】联合国人口基金年度报告（UNFPA Annual Report），世界人口状况报告（State of World Population）。

【组织结构】（1）执行局（人口基金与开发计划署共有一个执行局）：由36个成员组成，其中亚洲7个，非洲8个，东欧4个，拉美5个，西欧和其他地区12个。执行局成员由经社理事会按地区分配原则和主要捐助国、受援国代表性原则选举产生，任期三年。执行局每年举行2次常会，1次年会。该执行局负责审核批准人口基金的行政、财务预算等。（2）秘书处：在执行主任领导下处理日常事务。（3）办事处：在埃及、泰国、斯洛伐克、南非和巴拿马设有区域办事处，并设有6个次区域办事处和115个代表处。

【资金来源】主要来自各成员国政府的自愿捐款。

【主要活动】援助的主要领域包括计划生育和妇幼保健、避孕药具的研究生产、人口数据的收集分析、人口动态、人口政策与方案的制订与评估、人口教育和宣传、老年及妇女人口研究、专业人员的培训等。人口基金在158个国家或地区开展项目或提供技术援助，帮助提高妇儿健康水平，防止艾滋病传播和性暴力，降低孕妇死亡率。

联合国开发计划署/人口基金执行局每年召开一次年会和两次常会，主要审议执行主任年度工作报告、人口基金定期评估报告、对人口基金的捐款承诺、人口基金内部审计和监督报告，并核准国别方案等议题。

【同中国的关系】中国恢复联合国合法席位以来，人口基金同中国的关系逐步发展。1978年5月，人口基金与中国在北京签署《谅解备忘录》。30多年来，双方开展了6个周期的合作，实施了120多个合作项目，中国接受了约2.04亿美元的无偿援助资金。中国与人口基金的合作涉及计划生育、生殖健康、妇幼保健、扶贫、人口普查数据研究、人口学研究与人口教育、避孕药具研制、艾滋病防治、性别平等、人口老龄化、南南合作等领域，取得了良好的经济和社会效益。

自1994年开罗人口与发展国际会议后，人口基金重新调整援助资金的分配标准，中国从重点受援国成为一般受援国。2009 年，中国向人口基金捐款 95 万美元和 30 万元人民币（用于当地费用）。

【驻华代表机构】设立于 1978 年。现任驻华代表为薄纳德·考奎林（Bernard Coquelin，法国人）。办公地址：北京市亮马河路 14 号塔园外交人员办公大楼 1 单元 161。电话：010－65320506。（唐梦潇）

联合国儿童基金会
United Nations Children's Fund—UNICEF

【成立日期】1946 年 12 月 11 日成立，当时称联合国国际儿童紧急基金会。1953 年改称联合国儿童基金会，简称“儿童基金”或“儿基会”，英文缩写保留“UNICEF”，属联合国经社理事会下属机构。

【宗旨】成立之初为向第二次世界大战中受害儿童提供紧急救济，1950 年后主要是帮助解决发展中国家儿童的营养不良、疾病和教育等问题。近年来，其业务范围已扩大到儿童生存、发展和保护等各个领域，尤以保护女童为优先。

【主要负责人】执行主任安东尼·雷克，美国人，2010 年 5 月上任，任期五年。

【总部】在美国纽约。网址：http://www.unicef.org。

【出版物】每年出版《世界儿童状况》报告。

【组织结构】（1）执行局：领导机构，由 36 个成员组成（亚洲 7 个、非洲 8 个、东欧 4 个、拉美 5 个、西欧和其他地区 12 个），由经社理事会按地区分配原则和主要捐助国、受援国代表性原则选举产生，任期三年。（2）秘书处：在执行主任领导下处理日常事务，并在 126 个国家设有办事处。执行主任任期五年。（3）许多发达国家在本国设立儿童基金会国家委员会（非政府组织），与儿童基金会在筹资方面密切合作。

【资金来源】主要来自各国、国际组织和私营部门的自愿捐款。

【主要活动】致力于全球儿童的生存、发展和保护，主要援助对象是发展中国家的儿童，重点在儿童保健、营养、教育、福利、妇女发展、安全饮用水等领域，向约 150 多个发展中国家提供无偿援助。1965 年，儿童基金被授予诺贝尔和平奖。1989 年在儿童基金推动下，联大通过了《儿童权利公约》。1990 年 9 月 30 日，世界儿童问题首脑会议在纽约联合国总部召开，会议通过了《儿童生存、保护和发展世界宣言》和《执行 90 年代儿童生存、保护和发展世界宣言的行动纲领》。2002 年 5 月 8～10 日，儿童问题特别联大在纽约联合国总部召开，会议通过了题为“一个适合儿童的世界”的成果文件，从卫生、教育、儿童保护、艾滋病防治、筹资和建立伙伴关系等方面制定了未来 10 年的规划和目标。

儿童基金会执行局每年举行两次常会和一次年会，核准国别方案，审议执行主任年度报告、战略计划实施报告、合作及伙伴关系全球战略、财务预算及年度认捐等。

【同中国的关系】1979 年，中国开始与儿童基金发展合作关系。自 1980 年以来，中国一直是儿童基金执行局成员。截至目前，儿童基金共向中国提供了约 4.95 亿美元的援助，开展 190 多个项目，中国向儿童基金共捐款约 1900 万美元和 300 万人民币。

2009 年，中国派团出席了儿童基金执行局 2009 年年会和两次常会，并向儿童基金捐款 120 万美元和 50 万元人民币（用于当地费用）。（唐梦潇）

世界粮食计划署
World Food Programme—WFP

【成立日期】根据 1961 年第 16 届联大和第 11 届联合国粮农组织大会的决定建立，由联合国和粮农组织合办，1963 年正式办公。

【宗旨】以粮食为主要手段帮助受援国改善粮食自给制度，消灭饥饿和贫困。

【成员】联合国全体会员国。

【主要负责人】执行干事约塞特·施琳（Josette Sheeran，美国人），2007 年 4 月上任，任期五年。

【总部】意大利罗马。网址：http://www.wfp.org/。

【出版物】年度报告（WFP Annual Report），《世界粮食计划署新闻》（WFP Journal）。

【组织机构】（1）执行局：领导机构，由 36 个成员国组成，其中发展中国家占 24 席。执行局成员分别由联合国经社理事会及粮农组织理事会各选举一半，每年改选 1/3，任期三年。执行局每年召开两次例会和一次年会。（2）秘书处：日常办事机构。负责人是执行干事，由联合国秘书长和粮农组织总干事商执行局联合任命，任期五年。

【资金来源】主要来自两年一度的各国政府自愿捐献的物资、现金和劳务服务。此外也接受来自企业和个人的捐款。

【主要活动】该署是联合国负责多边粮食援助的机构。援助包括救济、快速开发项目和正常开发项目三种。2008 年，世界粮食署共向 78 个国家提供了价值 51 亿美元的援助，累计受益人口逾 1.02 亿。

【同中国的关系】中国于 1979 年正式参加该署活动。1987 年以来，中国一直任粮食援助政策和计划委员会（执行局前身）成员。1995 年起，中国一直是该署执行局成员（2008 年除外）。自 2006 年起，该署结束其在华常规粮援项目，中国与该署关系进入转型期。

自 1981～2009 年底，中国累计向世界粮食计划署捐款 4005 万美元。自 1978～2005 年，该署共向中国提供了 75 个无偿粮食援助项目，总金额达 10 亿美元。

【驻华代表机构】 世界粮食计划署于 1980 年在北京设立驻华代表处。2006 年起，世界粮食计划署驻华代表处更名为世界粮食计划署驻中国办公室，现任主任是韦安夏（Anthea Webb，女，澳大利亚人）。办公地址：北京市亮马河南路 2 号。电话：010 - 85325228。（鲜伟怡）

联合国近东巴勒斯坦难民救济和工程处
The United Nations Relief and Works Agency for Palestine Refugees in the Near East—UNRWA

【成立日期】 1948 年，阿拉伯国家和以色列之间爆发的第一次大规模武装冲突使大批巴勒斯坦人成为难民。为援助难民，联合国大会于 1949 年 12 月 8 日通过第 302（IV）号决议，决定建立联合国近东巴勒斯坦难民救济和工程处（简称近东救济工程处，UNRWA）。该处于 1950 年 5 月 1 日正式开始运作。此后历届联大都审议巴勒斯坦难民问题，并通过相关决议，延长该处任期。其最新任期为 2011 年 6 月 30 日。

【宗旨】 在找到 1948 年阿以冲突造成的巴勒斯坦难民问题的解决办法之前，向这些难民提供救济和援助。从 1967 年开始，该处还向受 1967 年中东战争影响的其他难民提供人道主义援助。

【主要负责人】 主任专员卡伦·阿布扎伊德（Karen AbuZayd，美国人），2005 年 6 月上任。

【总部】 该机构总部先后设在贝鲁特、维也纳，1996 年 7 月始迁至巴勒斯坦加沙和约旦安曼。

【出版物】《主任专员年度报告》（Annual Report of the Commissioner General）；《联合国巴勒斯坦难民救济情况》（UNRWA-A Survey of the United Nations' assistance to Palestine Refugees），每两年一期；《今日巴勒斯坦难民》（Palestine Refugees Today-the UNRWA Newsletter），季刊。

【组织机构】 该处业务由总部和分设在安曼、贝鲁特、大马士革、东耶路撒冷、加沙的 5 个办事处进行管理。设在纽约、日内瓦和开罗的小型联络处同联合国总部、联合国驻日内瓦办事处和埃及政府保持联系。巴勒斯坦是委员会的观察员。委员会每年举行一次会议，讨论该处的活动。该处是联合国在中东地区最大的办事机构，目前共有工作人员 2.9 万人，管理或资助着 900 多个诊所、学校等设施。

【主要活动】 截至 2009 年底，在该处登记的巴勒斯坦难民已超过 470 万人。这些难民分布于约旦、黎巴嫩、叙利亚、约旦河西岸和加沙地带 5 个区域，其中约 140 万人生活于该处承认的 58 个难民营中。随着时间的推移，该处活动已由过去重点向难民提供救济发展到现在主要兴办教育、提供卫生保健以及社会服务。其中教育是该处最大的项目，其一半预算以及 2/3 的工作人员从事于教育工作。

该处的经费主要依靠各国政府、政府间和非政府组织及个人的自愿捐款，财政状况一直较拮据。美国、欧盟委员会、瑞典、英国、挪威、荷兰是最大的捐助国。2009 年该处财政预算为 5.456 亿美元。

【同中国的关系】 中国在历届联大关于近东救济工程处议题的审议中，一贯充分肯定该处的工作和作用。自 1981 年起，中国正式开始向该处认捐，每年 5 万美元（1982 年为 7 万美元）。从 1991 年至 2003 年，中国每年向该处捐款 6 万美元。2004 ~ 2009 年，中国每年向该处捐款 8 万美元。该处多任主任专员曾访华。（姜波）

联合国人居署
United Nations Human Settlements Programme—UN-HABITAT

【成立日期】 1978 年 10 月，联合国人居中心成立。2001 年 12 月，联合国大会 56/206 号决议决定将联合国人居中心升格为联合国人居署。

【宗旨】 促进社会和环境方面可持续性人居发展，达到为所有人提供合适居所的目标。

【主要负责人】 执行主任安娜·卡朱穆罗·蒂贝琼卡女士（Mrs. Anna Kajumulo Tibaijuka，坦桑尼亚人），2002 年就任，2006 年连任，任期四年。

【总部】 在肯尼亚内罗毕。网址：http://www.unhabitat.org。

【出版物】《年度报告》、《全球人类住区报告》、《世界城市状况》及一些期刊和宣传品。

【组织机构】（1）理事会，由 58 个成员国组成，每 2 年举行 1 次会议，审查工作、预算等，并通过联合国经社理事会向联合国大会报告。（2）执行机构，分为执行主任和副主任办公室、地区与技术合作处、监控与研究处、房屋与可持续人居发展处和人居财政处。（3）地区办事处，在肯尼亚、日本和巴西设有 3 个地区办事处，在瑞士、匈牙利、比利时、中国和印度设有联络信息办公室。

【资金来源】 主要来自于双边和多边捐助。地方政府、私营企业、多边组织和联合国其他机构也向其提供项目经费。

【主要活动】 联合国人居署致力于推动"人人享有适当住房"和"在城市化进程中人类住区的可持续发展"两目标的实现。目前有两项全球倡议：安全的土地保有权（Global Campaign for Secure Tenure）和城市管理（Global Campaign on Urban Governance）。

两项倡议的目标是加强与各国各级政府和民间社会的合作，以提高公众意识，并改善国家政策，消除城市贫困。

2008 年 11 月 3 ~ 6 日，第四届世界城市论坛在中国南京市举行，来自 175 个国家和地区的政府、民进社团、研究机构和国际组织的近 8000 名代表参加了论坛及相关活动。论坛围绕“和谐的城镇化”这一主题，重点讨论了建筑节能、减排和城市防灾减灾，并通过了《第四届世界城市论坛报告》。

联合国人居署第 22 届理事会会议于 2009 年 3 月 30 日至 4 月 3 日在肯尼亚内罗毕举行，会议审议了人居署活动及协调事项、2010 ~ 2011 年工作方案与预算，并以“应对全球金融危机和气候变化，在日趋城镇化的世界里推进可支付的住房融资体系”为主题召开了对话会议。

【同中国的关系】 1988 年，中国成为联合国人居中心委员会成员国。1990 年，中国在肯尼亚内罗毕正式设立驻联合国人居中心代表处。

人居署与中国合作关系良好，在中国实施了城市管理、垃圾处理等项目。唐山、杭州、威海、厦门、包头、扬州、南宁、绍兴、张家港等多个城市、有关城市建设项目、数位中央部委和地方政府负责人曾获联合国人居奖。

2008 年 11 月 3 ~ 6 日，住房和城乡建设部与联合国人居署在中国南京共同主办了第四届世界城市论坛，国务院副总理张德江出席开幕式并致辞。

2009 年 3 月 30 日至 4 月 3 日，住房和城乡建设部副部长齐骥率团出席了在肯尼亚内罗毕举行的联合国人居署第 22 届理事会会议并在会上作主旨发言。

2009 年，中国向人居署捐款 12 万美元和 35 万元人民币。　（*唐梦潇*）

联合国难民事务高级专员公署
Office of the United Nations High Commissioner for Refugees—UNHCR

【成立日期】 根据 1950 年第 5 届联合国大会决议于 1951 年 1 月 1 日在日内瓦成立，简称“难民署”。

【宗旨】 保护难民并促使难民问题获得永久解决。

【主要负责人】 联合国难民事务高级专员（High Commissioner for Refugees）安东尼奥·古特雷斯（António Guterres，葡萄牙前总理），2005 年 6 月 15 日上任，2010 年 4 月连任，任期五年。

【总部】 瑞士日内瓦。网址：http://www.unhcr.org。

【出版物】 《难民》（Refugees）月刊，以英、法、西文出版，从 1985 年起不定期出版中文版。

【组织机构】 难民高专方案执行委员会（执委会）：难民署领导机构，1958 年成立，成员由经社理事会从那些“关心和致力于解决难民问题”的国家中选举产生，适当考虑地区代表性，现有 76 个成员国。每年 10 月左右在日内瓦举行年会，审议通过难民署的预算和援助方案，并就难民国际保护提出意见和建议。在每次年会之间，由常设委员会负责执委会工作。

【主要活动】 该署章程规定，其主要职责是向世界各地的难民（不含由联合国其他机构负责提供救济和援助的难民）提供国际保护和援助，并通过协助各国政府（或经有关国家政府同意后协助私人组织）为难民自愿遣返或为其在新国度融合提供便利，以求得难民问题的永久解决。此外，难民署还根据联大授权向由于国内武装冲突、外国入侵、自然灾害、贫困等原因外流者或国内流离失所者提供援助。

【同中国的关系】 2009 年，中国政府继续积极支持难民国际保护工作，与难民署保持良好合作。

7 月 2 ~ 3 日，中方与难民署驻华代表处在广西联合举办难民甄别程序培训班。外交部、国务院法制办、公安部、民政部、广西外办、北京市公安局、上海市公安厅、广东省公安厅、浙江省公安厅等单位派人参加。

9 月 28 日至 10 月 2 日，第 60 届难民执委会会议（the 60th Session of the Executive Committee of the High Commissioner's Programme）在日内瓦召开。执委会 76 个成员国、55 个观察员国及有关国际组织和非政府组织代表与会。难民高专安东尼奥·古特雷斯做年度报告，指出难民保护形势严峻，武装冲突、气候变化、极度贫困、治理不善、食品和能源危机是导致流离失所的主要原因。全球金融危机使难民和国内流离失所者的处境进一步恶化。难民署面临人道主义援助空间缩减、解决问题的难度增大、城市难民增多等诸多挑战。呼吁各国加强合作，共同应对久拖不决的难民问题。中国驻日内瓦代表团副代表王群大使率团参会，发言指出，解决难民问题须从根源入手，呼吁国际社会向发展中国家提供更多资金和技术援助，希难民署采取切实措施，维护国际难民保护机制的严肃性，防止其被滥用。

【驻华机构】 联合国难民事务高级专员公署驻中国及蒙古地区代表处。地区代表：文森蒂斯（Giuseppe de Vincentiis，意大利人），2009 年 4 月上任。地址：北京市朝阳区亮马河南路 14 号塔园外交人员办公楼1 - 2 - 1。电话：010 - 65326806。　（*尤佳*）

联合国和平利用外层空间委员会
UN Committee on the Peaceful Uses of Outer Space

【成立日期】 1957 年 10 月 4 日，第一颗人造卫星进入太空，从而开创了人类和平利用外层空间的新纪元。1958 年 12 月 23 日，联合国大会决定设立由 18 个成员国组成的“和平利用外层空间特设委员会”。1959 年 12 月 13 日联合国大会通过决议，将特设委员会转为常设委员会，改称“和平利用外层空间委员会”，简称“外空委员会”或“外空委”。

【宗旨】讨论和促进各国在和平利用外层空间方面的合作，交流外空科研信息，鼓励和支持国家外空研究项目，研究与探索外空有关的可能产生的法律问题。

【成员】外空委最初的成员国为 24 个，以后曾有过数次扩大，现有成员国 69 个：中国、阿尔巴尼亚、阿尔及利亚、阿根廷、澳大利亚、奥地利、比利时、贝宁、玻利维亚、巴西 、保加利亚、布基纳法索、喀麦隆、加拿大、乍得、智利、哥伦比亚、古巴、捷克、厄瓜多尔、埃及、法国、德国、希腊、匈牙利、印度、印度尼西亚、伊朗、伊拉克、意大利、日本、哈萨克斯坦、肯尼亚、黎巴嫩、利比亚、马来西亚、墨西哥、蒙古、摩洛哥、荷兰、尼加拉瓜、尼日尔、尼日利亚、巴基斯坦、秘鲁、菲律宾、波兰、葡萄牙、韩国、罗马尼亚、俄罗斯、沙特阿拉伯、塞内加尔、塞拉利昂、斯洛伐克、南非、西班牙、苏丹、瑞典、瑞士、叙利亚、泰国、土耳其、乌克兰、英国、美国、乌拉圭、委内瑞拉、越南。

【主要负责人】主席西罗·阿雷瓦洛·耶佩斯，(Ciro Arévalo Yepes，哥伦比亚)。第一副主席素维·威汶谢斯特，(Suvit Vibulsresth，泰国)。第二副主席兼报告员菲利佩·杜阿尔特·桑托斯，(Filipe Duarte Santos，葡萄牙)。科技小组委员会主席阿布贝克尔·塞迪克·凯杰尔，(Aboubekr Seddik Kedjar，阿尔及利亚)。法律小组委员会主席弗拉基米尔·科帕尔，(Vladimir Kopal，捷克)。

【总部】在联合国秘书处下设有联合国外空事务司，作为外空委的秘书处。1993 年之前，外空司在联合国纽约总部办公，外空委员会及其小组委员会届会分别在纽约和日内瓦召开。根据 1992 年第 47 届联大决议，外空事务司于 1993 年 9 月移至联合国维也纳办事处。自 1994 年起，外空委及其小组委员会届会均在维也纳联合国办事处举行。网址：http://www.unoosa.org。

【出版物】各种会议文件和研究报告。

【组织机构】外空委下设科学技术小组委员会和法律小组委员会，由外空委全体成员国组成。外空委主席团由主席、副主席、第二副主席兼报告员各一人组成。小组委员会设主席一人，不设副主席和报告员。委员会及两个小组委员会每年各举行一届会议。科技小组委员会主要审议和研究与探索及和平利用外空有关的科技问题以及促进空间技术的国际合作和应用问题；法律小组委员会主要审议和研究和平利用外空活动中产生的法律问题，拟订有关的法律文件和公约草案。外空委员会主要审议两个小组委员会的工作报告及两个小组委员会不审议的一般性外空问题，就委员会的工作做出决定，并向联合国大会提出报告和建议。

【主要活动】外空委自 1959 年成立以来，已拟订了三项宣言、三套原则和五个国际公约，均已提交联合国大会审议通过。三项宣言为《各国探索和利用外层空间活动的法律原则宣言》(1963 年)、《关于开展探索和利用外层空间的国际合作，促进所有国家的福利和利益，并特别要考虑到发展中国家需要的宣言》(1996 年)、《空间千年：关于空间和人的发展的维也纳宣言》(1999 年)；三套原则为《各国利用人造地球卫星进行国际直接电视广播所应遵守的原则》(1982 年)、《关于从外层空间遥感地球的原则》(1986 年)、《关于在外层空间使用核动力源的原则》(1992 年)；五个国际条约是《关于各国探索和利用外层空间包括月球与其他天体活动所应遵守原则的条约》(1967 年，简称“外空条约”)、《营救宇航员，送回宇航员和归还发射到外层空间的物体的协定》(1968 年，简称“营救协定”)、《空间物体所造成损失的国际责任公约》(1972 年，简称“责任公约”)、《关于登记射入外层空间物体的公约》(1975 年，简称“登记公约”)和《指导各国在月球和其他天体上活动的协定》(1979 年，简称“月球协定”)，上述五个条约均已生效。另外，2007 年第 62 届联合国大会核可了外空委的《空间碎片减缓指南》，并单独以决议形式通过了《关于加强国家和国际政府间组织登记空间物体的做法的建议》。

外空委的经常性活动有：研究并促进气象、通信、导航、直接广播和遥感地球资源等各种卫星的国际合作；举办国际、区域和区域间的研究会议及讨论会和讲习班；促进外空研究的情报交换等。此外，通过联合国空间应用方案同联合国粮农组织、联合国教科文组织、欧洲空间局、国际宇航联合会、国际空间法学会等机构合作，开展技术和学术交流活动；通过联合国开发计划署援助有关国家发展应用于经济和社会发展的空间技术。联合国大会根据外空委的建议，分别于 1968 年 8 月、1982 年 8 月、1999 年 7 月在维也纳召开了三次联合国探索及和平利用外层空间会议。

委员会于 2009 年 6 月 3 ~ 12 日在联合国维也纳办事处举行了第 52 届会议。会议的主要议题为一般性交换意见、维持外层空间用于和平目的的方法和途径、第三次联合国探索及和平利用外层空间会议各项建议的执行情况、科技小组委员会第 46 届会议（同年 2 月举行）报告、法律小组委员会第 48 届会议（同年 3 月举行）报告、空间技术的附带利益、空间与社会、空间与气候变化、空间与水等。

【同中国的关系】1980年6月，中国派出观察员代表团参加了外空委员会第23届会议。1980年11月3日，联合国正式接纳中国为该委员会成员国。此后，中国参加了历届外空委员会及其下属的科技和法律小组委员会届会。中国还派代表团出席了联合国第二次和第三次外空大会。中国于1983年12月加入了《外空条约》，于1988年12月加入了《营救协定》、《责任公约》和《登记公约》。

2009年，由外交部、工信部、国防科工委（国家航天局）、中国载人航天工程办公室、驻维也纳代表团组成的中国代表团出席了外空委及其两个小组委员会的届会。中国代表团积极参加了外空委各项议题的讨论，在“一般性交换意见”、“法律小组委报告”、“科技小组委报告”、“第三次外空大会建议执行情况”、“空间与水”等议题下做了专题发言。

中国政府一贯支持和平利用外层空间的各种活动，主张在平等互利、取长补短、共同发展的基础上，增进和加强空间领域的国际合作。从20世纪70年代中期开始，中国在空间技术、空间应用和空间科学等领域开展了双边合作、区域合作、多边合作以及商业发射服务等多种形式的国际空间合作，取得了广泛的成果，特别是中国与巴西、尼日利亚等发展中国家的空间合作，已被视为南南合作的典范。（周丽鹏）

建设和平委员会
Peacebuilding Commission—PBC

【成立日期】为协调联合国支持冲突后国家重建和平的努力，加强国际社会在建设和平、维护和平方面的能力，联合国大会和安理会与2005年12月20日分别通过第60/180号和第1634号决议，授权建立建设和平委员会。有关决议同时授权设立建设和平基金（Peacebuilding Fund-PBF）和建设和平支助办公室（Peacebuilding Supporting Office-PBSO）。以上三个机构共同构成了联合国建设和平架构。

【主要任务】建设和平委员会的主要任务包括：（一）为冲突后建设和平及重建提出综合战略；（二）帮助确保早期重建活动所需的资金；（三）提高国际社会对冲突后重建的关注；（四）研究制定最佳范例，处理需要在政治、安全、人道主义和发展等行为方之间开展广泛协调的问题。

【成员】组织委员会（Organizational Committee）是建设和平委员会的常设机构，由31国组成。组委会构成方式如下：（一）安理会产生的7个成员国（根据安理会决议，五常是永久成员）；（二）经社理事会产生的7个成员国；（三）缴纳联合国会费排前10名的成员国中产生的5个成员国；（四）在向联合国维和行动提供军事和警察人数最多的10个国家中产生的5个成员国；（五）联合国大会地区组选出的7个成员国。

建设和平委员会组委会成员现为：中国、美国、英国、法国、俄罗斯（安理会五常）、加蓬、墨西哥（安理会非常任理事国）、澳大利亚、贝宁、巴西、几内亚比绍、摩洛哥、波兰、韩国（经社理事会）、加拿大、德国、日本、荷兰、瑞典（出资国）、孟加拉国、印度、尼泊尔、尼日利亚、巴基斯坦（出兵国）、智利、捷克、埃及、秘鲁、南非、泰国、乌拉圭（联大）。

2009年度建设和平委员会主席由智利担任。目前，建设和平委员会议程上的4个受援国家是布隆迪、塞拉利昂、几内亚比绍和中非。其国别会议主席分别相应为瑞士、加拿大、巴西和比利时。

【主要活动】2009年3月23日，建设和平委员会召开中非国别会议并通过“联合国中非建设和平战略框架”。

6月10日，建设和平委员会就援助塞拉利昂问题举行高级别会议。塞拉利昂总统在会议视频致辞中表示，塞拉利昂和平重建取得一定成绩，但仍面临巩固和平进程、改善政府治理、推进经济社会建设等挑战。全球金融危机给部分捐助国带来一定困难，但希国际社会保持援塞工作连贯性，继续向塞拉利昂提供支持。

7月8日，第63届联合国大会通过了联合国建设和平基金工作报告的决议。

11月20日，第64届联合国大会审议联合国建设和平委员会年度报告及联合国秘书长关于建设和平基金报告。联大主席图莱基呼吁建设和平委员会采取综合战略，协助冲突后重建国家应对现实挑战，加强相关国家能力建设，同时呼吁国际社会提供更多资金支持。

11月25日，安理会举行公开会，审议了联合国建设和平委员会年度报告。委员会主席、智利常驻代表通报了委员会工作情况。

12月3~10日，建设和平委员会中非国别会议主席比利时常驻代表率委员会代表团对中非进行工作访问，全面评估“联合国中非建设和平战略框架”执行情况。

【同中国的关系】中国作为安理会常任理事国，是建设和平委员会组委会永久成员。为显示中国对委员会工作支持，中国已向建设和平基金共捐款300万美元，并已决定自2010年起继续向基金捐款300万美元，分3年付清。（宋嘉）

联合国国际法委员会
International Law Commission of the United Nations

【成立日期】国际法委员会是隶属于联合国大会

的一个国际法研究机构。1947 年大会通过第 174（Ⅱ）号决议，决定建立国际法委员会并通过了其章程。1949 年 4 月 12 日，委员会举行了第一届年会。

【宗旨】国际法委员会章程第一条第一款规定："委员会以促进国际法的逐渐发展和编纂为宗旨"。

【成员】最初由 15 名委员组成，以后经过数次扩大，1981 年增加到 34 名。委员由联合国会员国政府提名，联合国大会选举产生，任期五年，可连选连任。委员以个人身份参加委员会的工作。

【主要负责人】2009 年第 61 届会议主席是斯洛文尼亚籍委员埃内斯特·彼德里奇（Ernest Petric），任期一年。

【出版物】《国际法委员会报告》、《国际法委员会年鉴》和其他文件。

【网址】http：//www. un. org/law/ilc

【主要活动】委员会每年在联合国日内瓦办事处召开届会，一般为 10 周左右，分两期举行。从 1949 年开始正式运作以来至 2009 年第 61 届会议，共审议了 46 个专题，其中的 33 个已经完成。在已完成的专题中，由联合国主持在国际法委员会对有关专题拟定的条款草案的基础上缔结了 17 项多边公约及相关议定书。此外，其余讨论完成的专题形成了 14 个条款草案以及 3 个研究成果。

国际法委员会第 61 届会议于 2009 年 5 月 4 日至 6 月 5 日和 7 月 6 日至 8 月 7 日分两期在日内瓦万国宫举行。会议审议了国际组织的责任、驱逐外国人、对条约的保留、共享自然资源、灾害中对个人的保护、或引渡或起诉、条约随时间演变、最惠国待遇八项议题，通过了《国际组织的责任》条款草案。

【同中国的关系】中国恢复在联合国合法席位后，于 1981 年推选候选人参加国际法委员会选举，先后有倪征（日奥）、黄嘉华、史久镛、贺其治和薛捍勤当选国际法委员会委员。2006 年，薛捍勤委员连选连任，任期至 2011 年底（2010 年，薛捍勤委员辞职，黄惠康当选为委员）。

每年联合国大会召开期间，第六委员会（法律委员会）负责审议国际法委员会讨论的相关议题。中国政府代表在发言中对国际法委员会议题和工作提出建设性意见。　　（何亮）

联合国裁军审议委员会
United Nations Disarmament Commission—UNDC

【成立日期】联合国裁军审议委员会（简称"裁审会"）系根据 1978 年第一届裁军特别联大决议设立，前身为 1952 年设立的裁军委员会。

【职能】裁审会系联合国审议裁军问题的专门机构，附属于联合国大会。其职责是：审议裁军领域各方面问题以及裁军特别联大有关决议的后续行动，并就上述问题提出建议。

【组成】裁审会由联合国所有成员国组成，设主席 1 人，副主席 8 人，报告员 1 人，并根据议题下设相应的工作组。

【网址】http：//disarmament. un. org/undiscom. htm

【主要活动】裁审会每年春季在纽约举行为期三周的实质性会议。根据联大 1998 年 52/492 号决定，裁审会一般每三年审议两项实质性议题，其中一项必须是核裁军议题。在各方一致同意的情况下，可增加第三项议题。裁审会每年向联大提交报告。

2009 年裁审会实质性会议于 4 月 13 日至 5 月 1 日在纽约联合国总部举行，会议就"关于实现核裁军与防止核武器扩散目标的建议"和"宣布 2010 年代为第四个裁军十年宣言草案要素"两项议题进行审议。由于各方分歧明显，会议未就上述议题达成一致，仅通过程序性报告。

【同中国的关系】自 1978 年以后，中国一直积极参加裁审会工作。　　（孔君）

联合国裁军事务咨询委员会
United Nations Advisory Board on Disarmament Matters

【成立日期】联合国裁军事务咨询委员会（简称"裁咨委"）根据 1978 年 5 月第一届裁军特别联大决定设立，时称"裁军研究咨询委员会"，1989 年改为现名。

【职能】裁咨委系由国际知名军控专家组成的联合国军控和裁军问题咨询机构。其职能为：一、向联合国秘书长提供关于军控和裁军问题的咨询建议。二、向联合国秘书长提供关于实施联合国裁军信息项目的咨询建议。三、作为联合国裁军研究所的理事会。

【网址】http：//www. un. org/disarmament/HomePage/AdvisoryBoard/AdvisoryBoard. shtml

【主要活动】裁咨委每年举行两次会议，议程包括联合国秘书长指定的军控和裁军问题以及委员会认为需要讨论的其他事项。裁咨委主席负责向联合国秘书长提交会议报告，并由联合国秘书长每年向联合国大会报告裁咨委活动情况。

2009 年 2 月和 7 月，裁咨委分别在纽约和日内瓦举行了第 51 次和第 52 次会议，就网络战及其对国际安全的影响、加强核查领域的方式及联合国的作用、指导《不扩散核武器条约》2010 年审议大会的概念性问题等议题进行了讨论。

【同中国的关系】中国推荐负责军控事务的资深

外交官担任裁咨委委员，参加了委员会历届会议。2009 年，裁咨委中国委员、外交部军控司司长成竞业出席了裁咨委第 51 次和 52 次会议。（孔君）

同联合国建立关系的政府间机构

国际劳工组织
International Labour Organization—ILO

【成立日期】1919 年根据《凡尔赛和约》作为国际联盟的附属机构成立。1946 年 12 月 14 日成为联合国的一个专门机构。

【宗旨】促进充分就业和提高生活水平；促进劳资合作；改善劳动条件；扩大社会保障；保证劳动者的职业安全与卫生；获得世界持久和平，建立和维护社会正义。

【成员】181 个成员国。

【主要负责人】国际劳工局局长胡安·索马维亚（Juan Somavia，智利人），1999 年就任，2004 年，2008 年两次连任，任期至 2014 年。

【总部】在瑞士日内瓦。地址：4 Route Des Morillons 1211 Geneva 22 Switzerland。Tel：（41 – 22）79996111。E-mail：relconf@ ilo. org。网址：http：//www. ilo. org。

【出版物】《国际劳工评论》（双月刊）；《正式公报》，每年三期；《劳工统计公报》（季刊）；《社会和劳工公报》（季刊）；《劳工统计年鉴》；《劳动世界》（双月刊）。

【组织机构】主要机构为国际劳动大会、劳工局理事会和国际劳工局。

（1）国际劳工大会：最高权力机构，每年 6 月在日内瓦举行。（2）劳工局理事会：国际劳工组织的执行机构，每三年由大会选举产生，在大会休会期间指导该组织工作，每年召开三次会议。（3）国际劳工局：常设秘书处，由经社理事会任命的局长领导。

国际劳工组织是以国家为单位参加的国际组织，但组织结构上实行独特的“三方代表”原则，即参加各种会议和活动的成员国代表团由政府、雇主组织和工人组织的代表组成，三方代表有平等独立的发言和表决权。

【主要活动】2009 年，国际劳工局分别于 3 月、6 月、11 月召开第 304、305 和 306 届理事会。6 月 3 ~ 19 日，第 98 届国际劳工大会在日内瓦举行，通过了《全球就业协定》。

【同中国的关系】中国是劳工组织的创始会员国，也是理事会政府组的常任理事国。1971 年中国恢复在该组织的合法席位。1983 年，中国派团出席第 69 届国际劳工大会，正式恢复了在劳工组织中的活动。中国重视并积极参与劳工组织的各项活动，与其保持着良好的合作关系，出席了历届劳工局理事会以及国际劳工大会。

2009 年，人力资源和社会保障部部长尹蔚民、副部长王晓初，中华全国总工会副主席徐振寰、中国企业联合会执行副会长兼理事长陈兰通率团组成中国三方代表团出席第 98 届国际劳工大会。尹蔚民出席了大会期间举行的应对危机就业峰会，介绍了中国政府在应对危机中保增长、保民生、保稳定，扩大就业、加强社会保障的政策措施，就加强国际合作共同应对危机提出四点建议。徐振寰介绍了中国应对危机采取的促发展，倡约定、促和谐，重民生、促就业，抓培训，提素质等措施。陈兰通介绍了中国企业联合会积极组织和帮助企业和企业家坚定信心，承担社会责任，并通过加强管理和技术创新应对危机影响的作法。

【驻华代表机构】国际劳工组织北京局。局长：霍百安（ANN HERBERT，女，美国人）。地址：北京市朝阳区塔园外交人员办公楼 1 – 10 – 1。电话：010 – 65325091。（高叶）

联合国教育、科学及文化组织
United Nations Educational，Scientific and Cultural Organization—UNESCO

【成立日期】1945 年 11 月 16 日在伦敦通过《联合国教育、科学及文化组织组织法》。1946 年 11 月 4 日在巴黎正式成立。

【宗旨】“通过教育、科学及文化促进各国间合作，对和平与安全作出贡献，以增进对正义、法治及联合国宪章所确认之世界人民不分种族、性别、语言或宗教均享人权与基本自由之普遍尊重。”

【成员】193 个会员国和 7 个准会员。

【主要负责人】总干事博科娃（Irina BOKOVA，女，保加利亚人），2009 年当选，任期至 2013 年 11 月。

【总部】在法国巴黎。网址：http：//www. portal. unesco. org/。

【出版物】主要出版物：《教科文组织信使》

(The UNESCO Courier), 《教育展望》(Prospects: Quarterly Review on Education),《国际教育杂志》(International Review of Education),《自然与资源》(Nature and Resources),《国际社会科学杂志》(International Social Science Journal),《博物馆》(Museum International),《教科文组织统计年鉴》(Statistical Yearbook of UNESCO),《世界教育报告》(World Education Report),《世界科学报告》(World Science Report),《世界文化报告》(World Culture Report) 等。

【组织机构】(1) 大会:最高权力机构。由全体会员国参加,每两年举行一次届会。有特殊情况时,可召开特别大会。现已举行过 35 届大会。(2) 执行局:大会闭幕期间的监督、管理机构。由 58 个经大会选举产生的会员国组成,任期四年,每两年改选半数,可以连选连任。每年举行两次或三次届会。执行局下设 5 个委员会,即计划与对外关系委员会,行政与财务委员会,公约与建议委员会,国际非政府组织委员会和特别委员会。(3) 秘书处:常设执行机构。秘书处最高行政首长为总干事,由大会选举产生,任期四年,可连任一届。为增进会员国之间的区域协调与合作,秘书处在各大洲和一些主要国家设立了 50 余个办事处。

【主要活动】主要活动形式为:一、制定国际准则性文件,如公约、议定书、建议书、宣言等;二、召开各类政府间国际会议;三、组织开展各类专业学术研究活动;四、出版各类图书、期刊、报告、文献、音像制品及电子制品;五、以专家咨询、技术设备等形式向会员国提供技术援助;六、举办培训、研修、实习活动;七、向非政府国际组织提供资助;八、与会员国和地区性机构合作开展业务活动。教科文组织在其主管的教育、科学、文化、传播与信息等业务范围内设立了几十个政府间大型合作计划,以推动国际智力合作,如:国际教育局、人与生物圈计划、国际地质对比计划、国际水文计划、政府间海洋学委员会、社会变革管理计划、世界遗产委员会、非物质文化遗产保护政府间委员会、促使文化财产归还原主或归还非法占有文化财产政府间委员会、世界版权公约政府间委员会、国际传播发展计划、综合信息计划、政府间信息学计划、政府间体育运动委员会等。由教科文组织大会选举产生的执行理事机构负责规划和管理计划实施,并建立各自的国际或地区合作网络。

教科文组织还同世界教育、科学、文化领域内许多重要的非政府国际组织建立和发展合作关系。

【同中国的关系】双方合作广泛、良好,在全民教育、扫盲、高等教育、遗产保护以及生物多样性、海洋、水文、地质等领域开展了一系列项目,成绩显著。自 1975 年以来,该组织总干事多次访华,受到中国国家高层领导人的接见。2009 年,中国与联合国教科文组织继续保持良好合作。

3 月 26 ~ 27 日,中国联合国教科文组织全国委员会秘书处、国家汉办与联合国教科文组织共同在京举办"设立多语言学习网络空间"国际专家会。来自印度、澳大利亚、日本、巴西、智利、美国、中国等 15 个国家的语言教育与研究、网络技术与管理专家和教科文组织官员参加会议。

3 月 31 日至 4 月 2 日,联合国教科文组织世界可持续发展教育大会在德国波恩举行。来自教科文组织会员国、联合国机构、公民社会、青年与私营部门 700 余位代表与会。中国教育部副部长陈小娅率团参加。

6 月 22 ~ 30 日,联合国教科文组织第 33 届世界遗产委员会会议在西班牙塞维利亚举行。中国五台山被批准列入《世界文化和自然遗产代表作名录》。

7 月 6 ~ 8 日,联合国教科文组织世界高等教育大会在巴黎举行。这是继 1998 年世界高等教育大会后召开的又一次世界高等教育大会。中国教育部部长周济率团出席并做主旨发言。中国向会议提交了中国高等教育发展报告。

9 月 27 日,第四届"孔子教育奖"颁奖仪式在山东曲阜举行。来自阿富汗和菲律宾的获奖代表出席颁奖。该奖项系由山东省政府出资设立的联合国教科文组织奖奖项,每五年评选一次。

9 月 28 日至 10 月 2 日,联合国教科文组织《保护非物质文化遗产公约》政府间委员会在阿联酋阿布扎比召开会议,批准将中国申报的"玛纳斯"、"呼麦"等 22 个项目列入《人类非物质文化遗产代表作名录》。

10 月 6 ~ 23 日,联合国教科文组织第 35 届大会在巴黎举行。中国教育部副部长郝平率团与会。中国以 158 票高票连任执行局委员,任期至 2013 年。

12 月 23 日,中国世界遗产证书颁发仪式暨纪念中国联合国教科文组织全国委员会成立 30 周年、联合国教科文组织驻北京办事处建立 25 周年活动在北京人民大会堂举行。中共中央政治局委员、国务委员刘延东出席并讲话。联合国教科文组织总干事博科娃发来视频贺词。

【驻华代表机构】教科文组织于 1984 年在华设立地区办事处,负责中国、朝鲜、韩国、蒙古及日本五个东亚国家的工作。代表:辛格(Abihmanyu Singh,印度人),2008 年 10 月 15 日上任,任期三年。地址:北京市建外公寓 5 号楼 153 号。电话:010-65321725。

(吴艳)

联合国粮食及农业组织
Food and Agriculture Organization of the United Nations—FAO

【成立日期】正式成立于 1945 年 10 月 16 日,简称“粮农组织”，属联合国专门机构。1980年，联合国根据联合国粮农组织1979年决议，决定从1981年起每年10月16日为“世界粮食日”。

【宗旨】提高各国人民的营养水平和生活水准；提高所有粮农产品的生产和分配效率；改善农村人口的生活状况，促进世界经济的发展，并最终消除饥饿和贫困。

【成员】截至2010年6月，共有193个成员，包括191个成员国，1个成员组织（欧洲联盟）和1个准成员（法罗群岛）。

【主要负责人】总干事雅克·迪乌夫（Jacques Diouf，塞内加尔人），1994年上任，连任至今。

【总部】在意大利罗马。网址：http://www.fao.org/。

【出版物】年度报告《粮农状况》（State of Food and Agriculture），以及各种专业年鉴和杂志。

【组织机构】（1）大会：最高权力机构，负责研究重大国际粮农问题，选举、任命总干事，选举理事会成员国和理事会独立主席，批准接纳新成员等；每两年举行一次，全体成员国参加。（2）理事会：隶属于大会，在大会休会期间履行大会所赋予的权力；理事会由大会按地区分配原则选出的49个成员国组成，任期三年，可连任，每年改选1/3；理事会在大会两届例会期间至少举行4次会议；理事会下设8个专业委员会：计划、财政、章法、农业、林业、渔业、商品、粮食安全委员会。（3）秘书处：执行机构。负责人是总干事，由大会选出，任期六年。总干事在大会和理事会的监督下指导粮农组织的工作。在亚太、非洲、拉美、近东、欧洲等5个区域设有代表处，另设有若干次区域代表处和国家代表处。

【资金来源】成员国缴纳会费。

【主要活动】作为世界粮农领域的信息中心，搜集和传播世界粮农生产、贸易和技术信息，促进各成员国之间的信息交流；向成员国提供技术援助，以帮助提高农业技术水平；向成员国特别是发展中成员国家提供农业政策支持和咨询服务；商讨国际粮农领域的重大问题，制定有关国际行为准则和法规。

1996年11月，粮农组织在意大利罗马举办了首次世界粮食首脑会议，来自185个国家和欧共体的代表出席会议。会议讨论了消除全球饥饿等问题。

2002年，世界粮食首脑会议五年回顾会议在意大利首都罗马举行。来自183个国家的数千名代表出席了会议，其中71个国家的国家元首和政府首脑率团与会。会议通过了题为“反饥饿国际联盟”的宣言。

2009年11月16～18日，世界粮食安全峰会在罗马召开，60多个国家的元首或首脑出席峰会。会议通过了《世界粮食安全峰会宣言》。

【同中国的关系】中国是粮农组织的创始成员国之一，自1973年恢复在该组织的席位以来，与粮农组织一直保持着良好的合作关系，并一直是理事会成员国。

粮农组织实施了一系列援华项目，援助总额达6000多万美元，粮农组织同时还负责执行了世界银行、国际农业发展基金、联合国开发计划署等机构的援华项目。迪乌夫任内多次访华，就粮食安全等问题与中方交换意见。

同时，中国也积极履行成员国义务，广泛参与粮农组织活动。中国向粮农组织缴纳的会费从20世纪90年代末的每年300多万美元增加到现在的1258万美元，会费分摊额在成员国中排第九位。中国积极参与粮农组织“粮食安全特别计划”框架下的南南合作。2006年5月，中国与粮农组织签署了《“南南合作”意向书》，在未来5年内，中国政府拟派遣3000名援外农业专家和技术员，在联合国粮农组织“粮食安全特别计划框架”下向受援国提供技术援助。截至2010年6月底，中国已先后向亚洲、非洲、南太平洋和加勒比地区23个国家派遣了811名农业专家和技术员，涉及种植业、畜牧、水产、农机、园艺、农产品加工等领域。

2004年5月，中国与粮农组织在北京共同举办了粮农组织第27届亚太区域大会。2005年中国首次通过粮农组织向印度洋海啸受灾国提供援助。2006年，中国成为国际食品法典农药残留和食品添加剂两个分委会的主席国。

2008年9月，温家宝总理在联合国千年发展目标高级别会上宣布向联合国粮农组织捐款3000万美元，设立特别信托基金，用于帮助发展中国家提高农业生产能力的项目和活动。2009年3月，双方签署《中华人民共和国政府与联合国粮农组织关于信托基金的总协定》，并正式启动相关合作。

【驻华代表机构】粮农组织于1983年1月在北京设立驻华代表处。现任代表是维多利亚·塞奇托莱科（Victoria Sekitoleko，乌干达人）。办公地址：北京市建国门外4号楼2单元151号。电话：010－65322835。

（鲜伟怡）

世界卫生组织
World Health Organization—WHO

【成立日期】1946年7月，世界卫生组织成立筹备会并通过世界卫生组织法，1948年4月7日该法得到联合国26个会员国批准并生效，4月7日因此被定为世界卫生日。1948年6月24日在日内瓦召开第一届世界卫生大会，世界卫生组织正式成立。

【宗旨】使全世界人民获得尽可能高水平的健康。该组织将健康定义为“身体、精神和社会生活的完美状态”。

【成员】193个正式成员，2个准成员。

【主要负责人】现任总干事陈冯富珍（Margaret CHAN），中国籍，香港特区前卫生署长。陈冯富珍于2006年11月当选，任期至2012年6月30日。

【总部】在瑞士日内瓦。网址：http：//www.who.int/。

【出版物】《世界卫生组织月报》（Bulletin of the World Health Organization），每年6期，英、法、阿、俄文；《疫情周报》（Weekly Epidemiological Record），英、法文；《世界卫生统计》（World Health Statistics），季刊，英、法、中、阿、俄、西文；《世界卫生》（World Health）、月刊，英、法、俄、西、德、葡、阿文。

【组织机构】（1）世界卫生大会：最高权力机构，每年举行一次。主要任务是审议总干事的工作报告、规划预算、接纳新会员国和讨论其他重要议题。（2）执行委员会：由世界卫生大会选出的34名会员国政府指定的代表组成，任期三年，每年改选1/3。根据世界卫生组织的口头君子协议，联合国安理会五个常任理事国是必然的执委成员国，但席位第三年后轮空一年。（3）秘书处：常设办事机构，下设非洲、美洲、欧洲、东地中海、东南亚、西太平洋六个地区办事处。总干事是秘书处行政和业务首席官员，经秘密投票选举产生。

【主要活动】2009年1月、5月，世界卫生组织执委会分别举行第124届、125届会议。

5月18～22日，第62届世界卫生大会在日内瓦召开。会议审议了总干事报告、流感大流行的防范、耐多药结核病控制、初级卫生保健、健康问题社会决定因素、千年发展目标实现情况、气候变化对卫生影响、中期战略等30多项议题，通过了16项决议。

9月21～25日，世界卫生组织西太区委员会第60届会议在香港特别行政区召开。

【同中国的关系】中国是世界卫生组织的创始国之一。1972年第25届世界卫生大会恢复了中国在该组织中的合法席位。其后，中国出席了该组织历届大会和西太平洋区地区委员会会议，多次被选为执委会成员。目前，中国是世卫组织第九大捐款国。

2009年5月，中国卫生部部长陈竺率团出席第62届世界卫生大会，在一般性辩论中发言介绍了中国防控甲型H1N1流感疫情的措施和策略，中国当前医药卫生体制改革的思路和重点工作。中华台北卫生署以观察员身份参加了本届大会。9月，中国卫生部部长陈竺率团出席世界卫生组织西太区委员会第60届会议。

【驻华代表机构】世界卫生组织于1981年在北京设立驻华代表。代表：蓝睿明博士（MICHAEL J. O'LEARY，美国人）。地址：北京市东直门外大街23号东外交办公楼401号。电话：010－65327189。

（高叶）

国际复兴开发银行（世界银行）
International Bank for Reconstruction and Development—The World Bank

【成立日期】根据1944年7月布雷顿森林会议的决定，于1945年10月27日成立，1946年开始运作，1947年11月15日起成为联合国的一个专门机构，又称世界银行。目前，该行与国际开发协会（The International Development Association—IDA）、国际金融公司（The International Finance Corporation—IFC）、多边投资担保机构（The Multilateral Investment Guarantee Agency—MIGA）、解决投资争端国际中心（The International Center for Settlement of Investment Disputes—ICSID）等四个相关组织共同组成世界银行集团（The World Bank Group）。

【宗旨】通过向生产性项目提供贷款和对改革计划提供指导，帮助欠发达成员国实现经济发展。

【成员】186个成员国。

【主要负责人】历任行长按惯例均由美国派任，现任行长罗伯特·佐利克（Robert B. Zoellick），2007年7月上任，任期五年。

【总部】在美国华盛顿。网址：http：//www.worldbank.org。

【出版物】《年度报告》、《世界发展报告》、《全球监测报告》、《世界发展指标》等。

【组织机构】（1）理事会：世界银行最高权力机构，由各成员国派正、副理事各一名组成，每年召开一次会议，理事一般由各国的财政部长或中央银行行长担任。（2）执行董事会：世界银行负责处理日常业务的机构，由24名执董组成，其中5名由掌握股份最多的国家（美、英、法、德、日）派任，不参加选举。其余19名由其他成员国的理事按地区组成19个选区，每两年选举一次，其中沙特阿拉伯、俄罗斯和中国均单独组成一个选区。

【股本和资金来源】世界银行创始法定资本为100亿美元，以后三次普遍增资，还有临时性增资。该行所需借贷资金主要从世界主要工业国的资本市场筹措。

【主要活动】世界银行/国际货币基金组织春季例会（WB/IMF Spring Meetings）于2009年4月25～26日在华盛顿召开。人民银行周小川行长和财政部李勇副部长率中国政府代表团出席。会议主要讨论金融危机对发展中国家的影响、国际金融机构的作用、世界银行改革等议题。中国代表团在会议发言中指出，（一）国际金融危机使绝大多数发展中国家的减贫进程受到影响并放缓，如期实现千年发展目标的难度进一步加大。发展中国家是危机的主要受害者。世行等国际金融机构应坚持并强化向发展中国家提供长期发展资金支持的核心职能，加大对区域合作与南南合作的支持力度，就金融危机的中、长期影响开展前瞻性研究。（二）世行应加快第二阶段发言权和代表性改革进程。各国应拿出政治意愿，推动改革进程，以增强世行在新时期有效履行其发展使命的能力。世行领导人遴选程序应遵循公开、竞争、择优的原则。欢迎为非洲选区增加一个执董席位并期待新增的执董席位能在2010年年会之前顺利产生。

世界银行、国际货币基金组织联合年会（WB/IMF Annual Meetings）于2009年10月6~7日在伊斯坦布尔举行。财政部谢旭人部长和人民银行易纲副行长率中国政府代表团出席会议。会议主要讨论全球经济形势、国际金融机构作用、世界银行改革、基金组织监督和治理结构改革等议题。中国代表团指出，全球经济和金融形势正趋于好转，但整体复苏的基础尚不稳固，促进全球增长的根本途径是各国加强合作与协调，保持经济刺激方案力度，共同反对任何形式的保护主义，促进全球经济的复苏和可持续发展。基金组织和世行应落实二十国集团匹兹堡峰会共识，提高新兴市场和发展中国家在基金组织中的份额和投票权，同时保护最小穷国利益。改革两机构领导人遴选制度、增加管理层和工作人员中新兴市场和发展中国家人员比例。增加基金组织和世行资源并推动资源更多流向发展中国家，帮助发展中国家抵御危机和保持经济增长。基金组织应加强对主要金融市场的监督，提高早期预警能力。世行要坚持并强化减贫与发展的核心职能，为发展中成员提供更灵活、更符合各国国情的服务。

【同中国的关系】中国于1945年加入世界银行，是该组织的创始国之一。新中国成立后，中国在世界银行的合法席位长期被台湾当局非法占据。1980年4月14日，世界银行声明，自中华人民共和国政府在国际复兴开发银行、国际开发协会和国际金融公司中代表中国之日起，该三机构将按协定只同作为唯一代表成员国——中国的中华人民共和国发生关系。其后中国代表团参加了该组织的历届年会。中国在该组织中认购股份44799股，合54.04亿美元，占总份额的2.85%，投票权为45049票，占总票权的2.78%，居第六位。中国自1980年恢复在世行被台湾当局非法占据的席位后，单独组成一个选区并派任执行董事，现任执行董事是杨少林。

2008~2009财年，世行共向中国13个项目提供了23.5亿美元贷款，使世行对华承诺贷款累计达到约460.7亿美元，涉及项目总数309个。

【驻华代表机构】该组织于1985年在北京设立代表处。现任代表罗兰德（Klaus Roland，德国人）。办公室：北京市建国门外大街1号国贸2座18层。电话：58617701。传真：010－58617700。（霍文君）

国际货币基金组织

International Monetary Fund—IMF

【成立日期】根据1944年7月签订的“国际货币基金协定”，于1945年10月27日与世界银行同时成立，1947年3月1日开始运作，1947年11月15日起成为联合国的一个专门机构，简称基金组织。

【宗旨】稳定国际汇兑，消除妨碍世界贸易的外汇管制，在货币问题上促进国际合作，并通过提供短期贷款，解决成员国国际收支暂不平衡时产生的外汇资金需求。

【成员】186个成员国。

【主要负责人】历任总裁按惯例均由欧洲人担任。现任总裁是卡恩（Dominique Strauss-Kahn，法国人），2007年11月上任，为基金组织第10任总裁，任期五年。

【总部】在美国华盛顿。网址：http://www.imf.org。

【出版物】《世界经济展望》、《国际金融统计》、《国际货币基金概览》、《贸易统计指南》、《政府财政统计年鉴》、《国际收支统计》、《汇兑安排和汇兑限制年报》、《全球金融稳定报告》

【组织机构】（1）理事会：基金组织最高权力机构，由各成员国派正、副理事各一名组成，理事一般由各国的财政部部长或中央银行行长担任。每年9月召开一次理事会会议，各理事单独行使本国的投票权（各国投票权的大小由其所缴基金份额的多少决定）。（2）执行董事会：负责处理基金组织日常业务，由24名执董组成，其中5名由占基金份额最多的5个国家（美、英、法、德、日）派任，不参加执董选举。其余19名由其他成员国的理事按地区组成19个选区产生，每两年选举一次，其中沙特阿拉伯、俄罗斯和中国单独构成一个选区。每个选区选出的执董行使的表决权是其所在选区各国表决权的总和。总裁负责基金组织的业务工作，行使执董会主席的职能，由执董会推选，任期五年，可连任。

【股本和资金来源】基金组织的资金主要来源于各成员国认缴的份额。各成员国的份额由该组织根据各国的国民收入、黄金和外汇储备、进出口贸易额以及出口的波动性等经济指标确定。缴纳份额时，25%为可兑换货币或特别提款权，75%为本国货币。成员国份额越大，其享有的表决权越大。成员的主要权利是按照所缴份额的一定比例借用外汇。此外，成员国有义务提供经济资料并在本国的外汇政策和管理方面接受基金组织的监督。

【主要活动】世界银行/国际货币基金组织春季例会于2009年4月25~26日在华盛顿召开。人民银行周小川行长和财政部李勇副部长率中国政府代表团出席。会议主要讨论世界经济和金融市场发展、基金组织监督和治理结构改革、金融危机应对措施等议题。中国代表团在会议发言中指出，（一）国际社会应加强宏观经济政策的协调，坚决反对各种形式的贸易和保护主义，稳定金融市场，恢复增长，同时加强政策的前瞻性和可持续性，确保宽松政策及时有效的退出；（二）发达国家应承担稳定金融市场和恢复经济增长的主要责任，切实履行对发展中国家的援助、减债等承诺，减少金融危机对发展中国家特别是最不发达国家造成伤害，基金组织应有效运用新增资源支持发展中国家应对危机和保持经济增长；（三）基金组织应该加强和改善对主要储备货币发行经济体宏观经济政策的监督，加强对国际资本流动的监测，促进主要储备货币汇率保持相对稳定；（四）基金组织应该根据二十国集团伦敦峰会制定的时间表和路线图推进份额改革。

世界银行、国际货币基金组织联合年会（WB/IMF Anuual Meeting）于2009年10月6～7日在伊斯坦布尔举行。财政部谢旭人部长和人民银行易纲副行长率中国政府代表团出席会议。会议主要讨论全球经济展望、国际金融机构作用、世界银行发言权和代表性改革、基金组织监督和治理结构改革等议题。中国代表团指出，全球经济和金融形势正趋于好转，但整体复苏的基础尚不稳固，促进全球增长的根本途径是各国加强合作与协调，保持经济刺激方案力度，共同反对任何形式的保护主义，促进全球经济的复苏和可持续发展。基金组织和世行应落实二十国集团匹兹堡峰会共识，提高新兴市场和发展中国家在基金组织中的份额和投票权，同时保护最小穷国利益。改革两机构领导人遴选制度、增加管理层和工作人员中新兴市场和发展中国家人员比例。增加基金组织和世行资源并推动资源更多流向发展中国家，帮助发展中国家抵御危机和保持经济增长。基金组织应加强对主要金融市场的监督，提高早期预警能力。世行要坚持并强化减贫与发展的核心职能，为发展中成员提供更灵活、更符合各国国情的服务。

【同中国的关系】 中国于1945年加入基金组织，是该组织的创始国之一。新中国成立后，中国在国际货币基金组织的合法席位长期被台湾当局非法占据。1980年4月17日，中华人民共和国政府的代表权得到恢复。其后中国代表团参加了该组织的历届年会。2006年9月，基金组织理事会决议，决定为中国、土耳其、韩国、墨西哥四国特别增资。中国在基金组织的份额占总份额的比重从2.98%升至3.72%，按国别份额排序由第8位升至第6位。2008年4月，基金组织理事会表决通过新决议，再次给部分成员国增资。中国在基金组织份额将从3.72%上升至3.99%，仍居第6位。中国于1980年恢复被台湾当局非法占据的席位后，单独组成一个选区并派任执行董事，现任执董是何建雄。

【驻华代表机构】 该组织于1991年在北京设立代表处。现任首席代表维韦克·阿罗拉（Mr. Vivek Arora）。办公室：北京市建国门外大街1号国贸大厦2座3612室。电话：010－65051155，传真：65058580。

（霍文君）

国际民用航空组织
International Civil Aviation Organization—ICAO

【成立日期】 1944年11月1日至12月7日，52国在美国芝加哥举行国际民用航空会议，签订了《国际民用航空公约（芝加哥公约）》，并决定成立过渡性的临时国际民用航空组织。1947年4月4日《芝加哥公约》生效。国际民用航空组织（ICAO）正式成立，5月13日成为联合国的一个专门机构。

【宗旨】 由于发展国际民用航空有助于各国和人民间的友好和谅解，滥用它则将威胁普遍安全；由于世界和平有赖于促进各国和人民间的合作，并有赖于减少摩擦，因此制定一些原则和办法，以使国际民用航空业能安全而有秩序地发展，使国际航空运输能基于机会均等之上并经济而健康地营运。

【成员】 190个（截至2010年6月）。

【主要负责人】 理事会主席罗伯特·克贝·冈萨雷斯（Lic. Roberto Kobe Gonzalez，墨西哥人），任期自2006年8月1日起，2007年11月连任，任期三年。秘书长雷蒙·邦雅曼（Raymond Benjamin，法国人）任期自2009年8月1日起至2012年7月31日。

【总部】 在加拿大蒙特利尔市（999 University Street，Montreal，Quebec H3C 5H7，Canada）。电话：＋1－514－954－8319。电子信箱：icao-hq@ icao. int。网址：http：//www. icao. int。

【出版物】《国际民航组织公报》（ICAO Bulletin），每年出10期，英、法、西文。《国际民航组织年报》（ICAO Journal），英、法、西文。

【组织机构】（1）大会：最高权力机构，每三年举行一次（第37届大会于2010年召开）。（2）理事会：常设机构，由36个理事国组成，每届大会选举产生。每年举行三次例会。理事会下设航空技术、航空运输、法律、联营导航设备、财务和制止非法干扰国际民航等六个委员会。（3）秘书处：处理日常工作，设航空技术、航空运输、法律、技术合作和行政服务五个局，以及对外关系办公室等。另外，该组织设西非和中非（达喀尔）、南美（利马）、北美、中美和加勒比（墨西哥城）、中东（开罗）、欧洲（巴黎）、东非和南非（内罗毕）、亚洲和太平洋（曼谷）七个地区办事处。

【主要活动】 按照《国际民用航空公约》授权，

制订并更新航行方面的国际技术标准和建议措施是ICAO最主要的工作。其他工作包括修订现行国际民航法规条款并制定新的法律文书；实施航空安全审计计划；制止非法干扰，敦促成员国加强机场安全保卫工作，开展安全保卫培训计划；实施新航行系统及航空运输服务管理制度；收集、审议和公布民航领域的有关统计资料，进行经济预测并协助各国规划民航发展；开展并维持民航技术合作项目和有关机制；向各国和各地区民航训练学院提供援助等。

【同中国的关系】中国是《国际民用航空公约》创始缔约国之一，1944年国民党政府签署该公约，1946年成为ICAO正式会员国。1971年ICAO通过决议承认中华人民共和国为中国唯一合法代表。1974年中国承认《公约》并正式开始参加该组织活动并于当年当选为二类理事国后一直连任。

由于中国经济持续快速发展和中国民航整体实力的提高，中国于2004年当选为ICAO一类理事国，并于2007年连任。2005年，中国成为仅次于美国的世界第二大航空运输大国。2009年，中国积极参加ICAO的活动。ICAO理事会第186、187、188届会议在加拿大蒙特利尔召开，中国驻ICAO理事会代表与会。会议主要讨论了航空安全、航空保安和法律、航空运输、航空减排等议题。3月26日，中国民用航空局与ICAO签署亚太地区基于性能导航（PBN）飞行程序办公室成立意向书。4月20日至5月2日，ICAO外交大会在加拿大蒙特利尔召开。会议讨论通过了《关于航空器对第三方造成损害的赔偿的公约》和《关于因涉及航空器的非法干扰行为而导致对第三方造成损害的赔偿的公约》，并对各国开放签署。中国民用航空局、外交部等单位组团出席。5月13日至21日，ICAO秘书长塔耶布·谢里夫访华，并出席中国民航发展论坛。（*初光*）

国际海事组织
International Maritime Organization—IMO

【成立日期】根据1948年通过、1958年3月17日生效的《政府间海事协商组织公约》，1959年1月17日在英国伦敦正式成立政府间海事协商组织，并召开了第一届大会。1982年5月22日改名为国际海事组织。该组织自成立之日起即是联合国系统中负责处理国际海运技术、专业问题的一个专门机构。

【宗旨】促进各国的航运技术合作，鼓励各国在促进海上安全、提高船舶航行效率、防止和控制船舶对海洋污染方面采用统一的标准、处理有关的法律问题。

【成员】截至2010年4月，共有169个正式成员，3个联系成员（包括中国香港和澳门）。

【主要负责人】秘书长艾夫西米欧斯·米乔普洛斯（EFTHIMIOS E. MITROPOULOS，希腊人），2004年1月1日上任，2007年11月连任，任期四年。

【总部】在英国伦敦。网址：http：//www.imo.org/。

【出版物】《国际海事组织新闻》（IMO News），季刊，英文；本组织所制定的各种公约、规则、建议案和决议。

【组织机构】（1）大会：该组织最高权力机构，由全体成员国代表组成，每两年召开一次（第27届大会将于2011年召开）。任务是批准工作计划和财务预算，选举理事会成员国，审议并通过各委员会提出的有关海上安全、防止海洋污染及其他有关规则的建议案。（2）理事会：由大会选举产生的40个理事国组成。成员分为A、B、C三类，A类是在提供国际航运服务方面具有最大利害关系的10个国家；B类是在国际海上贸易方面具有最大利害关系的10个国家；C类是作为地区代表当选的20个国家。（3）委员会：该组织下设海上安全、海上环境保护、法律、技术合作、便利运输5个委员会。（4）秘书处：处理该组织日常事务的常设机构，负责保存国际海事组织会议制定的公约、规则、议定书、建议案和会议记录、会议文件。设有海上安全司、海上环境保护司、法律事务和对外关系司、行政司、会议司和合作司。

【主要活动】召开成员国大会，制定和修改有关海上安全、防止海洋污染、便利海上运输和提高航行效率及与之有关的海事责任方面的公约、规则、议定书和建议案；在上述方面交流实际经验，研究相关海事报告，利用联合国开发计划署等国际组织提供的经费和捐助国提供的捐款，向发展中国家提供一定技术援助；召开各委员会会议，研究与各专业委员会业务有关的事务并提出建议。

【同中国的关系】中国于1973年正式加入国际海事组织以来，曾在该组织第9~15届大会上当选为B类理事国，并在第16~24届大会上当选为A类理事国。中国还派出数十名专业人员到该组织创办的世界海事大学进修。1984年，世界海事大学大连分校在中国大连成立。该组织秘书长曾多次访华。

自中国加入该组织后，历年均派团出席有关国际会议并参与相关国际法规、议定书的制定工作，在有关海事、安全等具体业务方面，中国政府有关部门与该组织开展并保持了有效合作，双边和多边交流活动顺利进行。

2009年2月，国际海事组织在上海举办国际海事组织拆船公约研讨会。

5月11~15日，国际海事组织拆船公约外交大会在中国香港举行，交通运输部副部长徐祖远率团与会并被选举为大会主席。该会议是国际海事组织第一次在亚洲举办的外交大会，不但显示了香港特区在国际航运业的地位和作用，而且对香港特区起到了很好的宣传作用。

5 月 27 至 6 月 5 日，国际海事组织海上安全委员会第 86 届会议在英国伦敦召开。交通运输部、工业和信息化部、农业部以及驻英使馆海事处组团与会。会议讨论了《1974 年海上人命安全公约》修正案草案、加强海上安全措施、目标型新船建造标准、船舶远程识别与跟踪系统等议题。

第 59 届会议在英国伦敦举行，交通运输部、外交部、工业和信息化部、发展改革委、中国船舶工业集团、清华大学、哈尔滨工程大学以及驻英使馆海事处组团与会。会议讨论了船舶温室气体减排、压载水中有害水生物、拆船等议题。

9 月，交通运输部组织专家对非洲海运院校进行需求评估考察，并向国际海事组织秘书处提交了评估报告。

11 月 23 至 12 月 2 日，国际海事组织第 26 届大会在英国伦敦召开，交通运输部副部长徐祖远率团与会，中国再次高票当选国际海事组织的 A 类理事国。

（施岳峰）

国际电信联盟 International Telecommunication Union—ITU

【成立日期】1865 年 5 月 17 日，法、德、俄、意、奥等 20 个欧洲国家在巴黎签订《国际电报公约》，创建了国际电报联盟。1906 年，德、英、法、美、日等 27 个国家在柏林签署《国际无线电公约》。1932 年，70 多个国家在马德里召开国际电报联盟第五届全权代表大会，决定将上述两个公约合并为《国际电信公约》，并将国际电报联盟更名为国际电信联盟。1947 年，国际电信联盟成为联合国负责电信事务的专门机构，总部从瑞士伯尔尼迁至日内瓦。

【宗旨】维护和扩大各成员国之间的合作，以改进和合理使用各种电信资源；促进并提供对发展中国家的技术援助；促进电信设施的发展及其最有效的运营，以提高电信业务的效率；促进电信技术和业务的应用，使世界上所有人得益于新的电信技术带来的便利；促进和加强相关实体和组织参与国际电信联盟活动并建立合作伙伴关系，以实现上述目的。

【成员】191 个成员国，570 个部门成员，152 个部门准成员。

【主要负责人】秘书长哈马德·图埃（Hamadoun Touré，马里人），2006 年 11 月当选，任期至 2010 年 11 月。

【总部】在瑞士日内瓦。网址：http：//www.itu.int/。

【出版物】国际电信联盟总秘书处、电信标准化局、无线电通信局和电信发展局就电信政策、技术、业务、资费等出版的系列建议书、操作公报、电信业务规则、须知和手册、电信统计年鉴以及不定期出版的电信杂志等。

【组织机构】（1）全权代表大会：国际电信联盟最高权力机构，每四年召开一届，其主要任务是审议确定国际电信联盟发展战略，制定国际电信联盟预算，选举理事国及秘书长、副秘书长和各部门局长以及无线电规则委员会委员等，修订国际电信联盟《组织法》和《公约》及其他相关法规文件。（2）理事会：国际电信联盟的管理机构，现有 46 个成员国。理事会在两届全权代表大会期间代行全权代表大会赋予的职责，负责审议电信政策问题，制定年度预算，协调总秘书处及各部门之间的活动，促进实施《组织法》、《公约》和其他行政规则各项条款以及全权代表大会等会议所通过的决定等。（3）世界国际电信大会：负责审议修订《国际电信规则》并处理其权限内具有世界性的任何问题。（4）无线电通信部门：主要职责是研究无线电通信的技术业务问题，以确保所有无线电通信业务合理、公平、有效和经济地使用无线电频谱及卫星轨道资源，并通过有关无线电通信问题的建议书。无线电通信部门通过无线电通信局、世界和区域性无线电通信大会、无线电规则委员会、无线电通信全会、无线电通信研究组、无线电通信顾问组等开展工作。（5）电信标准化部门：主要职责是研究电信技术、运营和资费问题，并通过建议书，以实现全球电信标准化。电信标准化部门通过电信标准局、世界电信标准全会、电信标准化研究组、电信标准化顾问组等开展工作。（6）电信发展部门：主要职责是组织和协调技术发展和援助，促进全球电信的发展。电信发展部门通过世界和区域性电信发展大会、电信发展研究组、电信发展顾问组以及电信发展局等机构开展工作。（7）总秘书处：由秘书长领导，一名副秘书长协助管理。主要职责是负责为各成员提供及时有效的服务，协调和支持三大部门的活动，承担各类会议的秘书处工作，管理行政和财务事宜等。

【主要活动】每 4 年召开一次全权代表大会、世界电信标准化全会和世界电信发展大会；每 3～4 年召开一次世界无线电通信大会；每年召开一次理事会。各部门每年召开各研究组及工作组会议。

【同中国的关系】中国于 1920 年加入国际电报联盟，1932 年派代表参加马德里大会，签署了马德里《国际电信公约》。1947 年在美国大西洋城召开的全权代表大会上被选为行政理事会理事国。新中国成立后，中华人民共和国在国际电信联盟的合法席位曾一度被剥夺。1972 年 5 月，国际电信联盟第 27 届行政理事会通过决议恢复中华人民共和国在国际电信联盟的合法席位。此后，中国一直担任国际电信联盟理事国。1998 年，中国政府推荐的赵厚麟当选国际电信联盟电信标准化局局长，2002 年连任，并在 2006 年国际电信联盟第 17 届全权代表大会上当选国际电信联盟副秘书长，任期至 2010 年 11 月。2009 年，中国政府继续积极参与国际电信联盟的各项活动。

4 月 22 ~ 24 日，国际电信联盟第四届世界电信政策论坛在葡萄牙里斯本举行。工业和信息化部国际司副司长赵永红率团出席。

10 月 4 ~ 9 日，国际电信联盟 2009 年世界电信展暨论坛大会在瑞士日内瓦举行。工业和信息化部党组成员、纪检组长郭炎炎率团出席展会开幕式并参观展览。

10 月 19 ~ 30 日，国际电信联盟 2009 年理事会会议在瑞士日内瓦举行。工业和信息化部国际合作司司长陈因率团出席。

11 月 19 ~ 20 日，工业和信息化部与国际电信联盟在广州联合举办"工业与信息化融合"国际研讨会。工业和信息化部奚国华副部长出席会议并致辞。

（张思其）

万国邮政联盟
Universal Postal Union—UPU

【成立日期】 1874 年 10 月 9 日成立，1878 年改称现名，1948 年成为联合国专门机构，简称万国邮联（或"邮联"）。1969 年邮联通过决议将每年的 10 月 9 日定为"万国邮联日"，1984 年更名为"世界邮政日"。

【宗旨】 组织和改善国际邮政业务，促进此领域的国际合作与发展。通过邮政业务的有效工作，发展各国人民之间的联系，以实现在文化、社会与经济领域促进国际合作的崇高目标。

【成员】 191 个（2009 年）。

【主要负责人】 国际局总局长爱德华·达扬（Edourd Dayan，法国人），2004 年当选，2008 年连任，任期至 2012 年。

【总部】 在瑞士伯尔尼。网址：http://www.upu.int。

【出版物】《邮联》（Union Postale），季刊，用法、德、英、阿、中、西、俄 7 种文字出版。

【组织机构】 由邮联大会、行政理事会、邮政经营理事会和国际局组成。国际局系邮联秘书处。

邮联大会（Congress of Universal Postal Union）：最高权力机构，由各成员国派出的全权代表参加，每四年举行一次。主要任务是修订法规，制定邮政发展战略，批准邮联经费开支，选举行政理事会、邮政经营理事会理事国和邮联国际局正、副总局长等。

大会下设若干委员会，分别负责资格审查、财务、公约、业务质量等专业问题。

行政理事会（Council of Administration）：由一名主席国和 40 名理事国组成。大会东道国是当然理事国及主席国。其他 40 个理事国席位由大会按区域分配原则选出，每届大会至少更换其中半数，任何理事国不得连选连任三次。行政理事会通常每年在邮联总部召开一次会议，并在两届大会之间监督邮联的全部活动。

邮政经营理事会（Postal Operations Council）：由 40 个国家组成，由大会根据特定的地区分配原则选出。发展中国家占 24 席，发达国家 16 席。每届大会至少更换其中的 1/3。经营理事会主要负责技术和经营问题，包括研究有利于邮联各成员国邮政和经营、商业化、经济和技术合作方面，特别是涉及邮政经济，如邮件资费等重大问题。

国际局是邮联的中央办事处，总部设在伯尔尼。由总局长领导，负责为两理事会提供行政和后勤保障。

【主要活动】 2009 年 3 月 16 日至 4 月 5 日，万国邮联经营理事会年会在伯尔尼举行。会议讨论了对函件、包裹终端费、海关清关、邮政市场发展、改善服务质量、邮政技术与标准、电子产品开发、国际金融技术网络完善以及邮政普遍服务等问题。

10 月 26 日至 11 月 13 日，万国邮联行政理事会年会在伯尔尼举行。会议审议通过了行政理事会各委员会、邮政经验理事会及咨询委员会的工作报告，讨论了万国邮联法规修改、世界邮政和万国邮联改革以及可持续发展等问题。会议期间还举行了邮政监管研讨会。

【同中国的关系】 中国于 1914 年加入该组织。1972 年 4 月，邮联恢复我合法席位。自 1974 年以来，中国参加了历届邮联大会，并当选历届邮政经营理事会理事国，行政理事会除一届轮空外，均当选为行政理事会理事国。1999 年 9 月，中国在北京成功主办了第 22 届邮联大会。这是中国首次承办联合国系统专门机构全权代表大会。自 1999 ~ 2004 年，中国担任行政理事会主席。在 2004 年第 23 届邮联大会上，原国家邮政局国际合作司司长黄国忠当选邮联国际局副总局长，任期四年；在 2008 年第 24 届邮联大会（24th Universal Postal Congress）上获得连任。此系邮联历史上首次由亚太国家人选担任该职务，提高了中国在邮联的地位，扩大了影响。2009 年，中国继续积极开展与万国邮联合作。

3 月 16 至 4 月 5 日，国家邮政局组团参加在伯尔尼举行的万国邮联经营理事会年会。中国代表团在会上介绍了邮政普遍服务的实施情况，获得与会代表的一致赞赏。

4 月 10 ~ 16 日，"2009 世界集邮展览"在河南洛阳举行。国际集邮联合会的 84 个成员组织全部参加，万国邮联 27 个成员国和地区参加了官方类竞赛展。邮展期间举办了万国邮联集邮培训班，万国邮联亚太地区的19个成员国和地区讨论了国际集邮理论、邮票技术和集邮市场开发等问题。

10月26至11月13日，国家邮政局苏和副局长率团出席了万国邮联行政理事会年会，并就中国新修订的《邮政法》和邮政普遍服务情况作主题发言，获得与会代表广泛关注。中国作为行政理事会第二委员会主席国，国家邮政局外事司副司长林洪亮主持了第二委员会会议。（王颖）

世界知识产权组织 World Intellectual Property Organization—WIPO

【成立日期】 1893年，“国际保护工业产权联盟”（巴黎联盟）国际局和“国际保护文学艺术作品联盟”（伯尔尼联盟）国际局合并成立保护知识产权联合国际局，此即为世界知识产权组织的前身。1967年7月14日，上述两个联盟的51个成员国在瑞典斯德哥尔摩召开外交会议，签署了《建立世界知识产权组织公约》。1970年5月26日，该公约正式生效。1974年12月，该组织成为联合国的一个专门机构。

【宗旨】 通过国家之间的合作，并在适当情况下与其他国际组织配合，促进世界范围内的知识产权保护；保证各知识产权联盟间的行政合作。

【成员】 184个（2009年）。

【主要负责人】 总干事高锐（Francis Gurry，澳大利亚人），2008年就任，任期六年。

【总部】 在瑞士日内瓦。网址：http：//www.wipo.int/。

【出版物】 《世界知识产权组织国际商标公约》（英、法文月刊），《国际外观设计公报》（英、法文月刊），《专利合作条约公报》（英、法文周刊），《专利合作条约通讯》（英文月刊），《工业产权和版权》（英、法文月刊），《工业产权与版权》（西班牙文双月刊），《亚洲和太平洋地区知识产权》（英文季刊）。

【组织机构】 世界知识产权组织（WIPO）设三个主要机构。它们是：（1）大会：最高权力机构，由该组织所协调各联盟的成员国组成，每两年召开一次普通届会；应协调委员会或四分之一以上成员国的请求，可召开特别会议。（2）成员国会议：由《建立世界知识产权组织公约》的所有签署国组成，每两年召开一次普通届会，与大会同期同地举行；应多数成员国请求，总干事可召集特别成员国会议。（3）协调委员会：大会和成员国会议的咨询机构及执行机构，由巴黎联盟和伯尔尼联盟执委会成员组成。现有成员83个，每年召开一次例会；应总干事或委员会主席或1/4成员的请求，可召开特别会议。国际局是该组织以及受其管理的各联盟的日常行政机构，受大会和成员国会议管理，由以总干事为首的来自各国的常任职员组成。国际局下设有关工业产权法律、版权法律、情报、公约保存以及专利、商标、外观设计和原产地名称注册等业务机构。世界知识产权组织的行政首长为总干事，总干事由大会根据协调委员会提名任命，任期六年。

【主要活动】 该组织的主要活动是在世界范围内保护知识产权。该组织鼓励缔结新的国际条约及各国知识产权立法的现代化，向发展中国家提供法律技术援助，收集和传授有关情报，为发明、商标、外观设计等在多国获得法律保护提供服务并努力促进成员国之间在知识产权法律保护方面的合作。在集中管理各国知识产权的行政事务方面，该组织通过国际局对工业产权和版权的14个联盟实行集中管理，以有利于各联盟之间的相互协调。在过去几年中，该组织加强了与发展中国家在知识产权保护方面的活动，促进国家、地区和多边各级机构通过或修改现有的保护知识产权的准则，通过国际注册体系来获得国际知识产权保护。2000年10月，该组织成员国大会第35届系列会议根据中国和阿尔及利亚的提案，决定将每年的4月26日定为世界知识产权日。2009年“世界知识产权日”的主题为“创新——将世界联系在一起”。该组织主要活动举行成员国大会、发展与知识产权委员会会议，遗传资源、传统知识与民间文艺政府间委员会会议等常规会议，计划与预算委员会会议，国际专利分类联盟工作组会议，专利法常设委员会会议、审计委员会等。

【同中国的关系】 中国于1980年6月3日加入WIPO后，一直与该组织保持良好的合作关系，并通过该组织与其他国家的知识产权部门加强了联系与交流。该组织总干事曾多次访华。迄今，中国已加入该组织管辖的13个条约。

2009年3月30日～4月1日，WIPO新任总干事高锐首次访华并出席国家知识产权局、国家工商总局、国家版权局与WIPO联合举办的“WIPO跨区域知识产权高级论坛”。温家宝总理、王岐山副总理分别予以会见。期间，北京大学授予高锐“荣誉教授”称号。

7月2～4日，高锐来华参加中国国际经济交流中心举办的“全球智库峰会”。

9月7～11日，国家知识产权局与WIPO联合在华举办专利合作条约（PCT）高级巡回研讨班，主要针对企业和知识产权从业人员，旨在进一步推动PCT制度在中国的广泛应用。

9月22日～10月2日，国家知识产权局局长田力普率团出席在瑞士日内瓦召开的WIPO成员国大会第47届系列会议及高级别会议并作发言，介绍了中国过去一年在知识产权领域的工作和成绩，阐述了知识产权在当前金融危机形势下对促进各国经济复苏的积极作用，表示中国愿以积极开放的态度同各国开展合作，探索应对方法，共度时艰。田力普局长重申中国在专利合作条约改革、发展议程和传统知识保护等问题上的立场，呼吁国际社会重视发展中国家的合理关切。

10月24～27日，国家版权局在北京举办“第二届版权博览会”，WIPO副总干事王彬颖出席开幕式并致辞。

10月29～30日，国家知识产权局与WIPO在香港特区联合举办“知识产权资产管理”年地区研讨会。研讨会由香港特区政府知识产权署承办。

12月2～3日，国家版权局与WIPO在北京联合举办“WIPO数字环境下的版权和相关权集体管理国家区域研讨会”。WIPO官员、国际权利人组织和国外著作权集体管理组织的专家与会，就数字环境下全球版权和相关权集体管理面临的机遇和挑战进行了讨论。

12月15～18日，国家知识产权局与WIPO在北京联合举办“非洲国家高级官员和高级审查员知识产权培训研讨会”。此外，国家知识产权局、国家工商行政管理总局、国家版权局等相关部门参加了WIPO发展议程、知识产权与遗传资源、传统知识和民间文艺政府间委员会、专利法委员会、WIPO协调委员会等会议。国家版权局与WIPO共同开展“中国版权经济贡献率”调研项目为期三年，于2009年结题。

（王颖）

国际农业发展基金
International Fund for Agricultural Development—IFAD

【成立日期】联合国于1974年11月在罗马召开世界粮食会议，决定建立国际农业发展基金（简称“农发基金”）。1977年11月，《关于建立国际农业发展基金的协议》正式生效。1978年1月1日，农发基金开始业务活动。

【宗旨】筹集资金，以优惠条件提供给发展中的成员国，用于发展粮食生产，改善人民的食物营养，逐步消除农村贫困现象。

【成员】截至2009年底，共有165个成员国。

【主要负责人】总裁肯纳尤·内旺泽（Kanayo Nwanze，尼日利亚人），2009年2月当选，2009年4月1日正式上任。

【总部】意大利罗马。网址：http://www.ifad.org/。

【出版物】每年出版《年度报告》，不定期出版政策报告、国别报告和战略报告等。

【组织机构】（1）理事会：为农发基金的最高决策机构。成员国各派一名理事和一名副理事。理事会每年召开一届年会，审议批准农发基金的重大事项，包括批准新成员、任命农发基金总裁、批准行政预算、通过主要政策等。（2）执董会：由从基金会员国中选举产生的18位执行董事和18位副执行董事组成，任期三年。受理事会委托监督农发基金日常事务，并在每年的4月、9月和12月召开执董会会议审批新的贷款和赠款项目。（3）内设行政机构：为日常办事机构。负责人是总裁，任期四年。

【资金来源】主要包括：（1）创始捐款资金；（2）补充捐款；（3）非成员国和来自其他方面的特别捐款；（4）投资收益等。资金的筹措由成员国协商提出认捐总额，成员国中的第一类国家（主要指发达国家）分摊60%，第二类国家（主要指石油输出国组织的国家）分摊40%，第三类国家（主要指发展中国家）自愿认捐，数额不限。

【主要活动】农发基金主要为发展中国家的扶贫和农业开发提供优惠资金支持，帮助各国扶贫并开展农村建设，促进实现千年发展目标。

【同中国的关系】中国政府自1980年正式加入农发基金以来，一直与其保持着良好的合作关系，现已成为农发基金最大的受援国之一。截至2009年底，中国共从农发基金获得23笔优惠贷款，累计贷款协议金额5.9亿美元。与此同时，中国政府积极发挥成员国的作用，在认捐等问题上给予农发基金积极支持。

随着业务的发展，农发基金和中国政府的高层官员互访也日趋频繁。农发基金前四任总裁曾先后访华，并拜会中国国家领导人。中国国家领导人和有关部委领导访问意大利时，也曾多次会见农发基金总裁等高级官员，促进了双方的友好合作。财政部是农发基金在中国的窗口管理部门。

1993年以来，除1996年和2005年外，中国一直担任农发基金执董（2005年任副执董）。2010年2月，农发基金中国副理事财政部国际司司长郑晓松率团出席农发基金第33届理事会会议。

【驻华联络办】2005年，农发基金在华设立联络办公室，负责人是孙印洪（中国籍）。地址：北京市亮马河南路2号联合国大楼。电话：010－85325228转5251。

（鲜伟怡）

联合国工业发展组织
United Nations Industrial Development Organization—UNIDO

【成立日期】1966年成立。1985年6月成为联合国专门机构。

【宗旨】通过工业发展推进扶贫和环境友好型经济增长，提高全世界人民，尤其是最贫困国家人民的生活水平和生活质量。

【成员】截至2008年12月，共有173个成员国。

【主要负责人】总干事云盖拉（Kandeh K.

Yumkella，塞拉利昂人），2005 年 12 月就任，任期四年，于 2009 年获得连任。

【总部】在奥地利维也纳。网址：http：//www. unido. org/。

【出版物】工业发展年度报告（Industrial Development Report），工业竞争力与贸易（Industrial Competitiveness and Trade）。

【组织机构】（1）大会：最高权力机构，由全体成员参加，每两年举行一届大会。（2）理事会：由大会选出的 53 个成员国组成，任期四年，每年改选一半，可连任，每年举行一次例会。（3）秘书处：大会和理事会的执行机构。负责人是总干事，由大会根据理事会的推荐任命，任期四年，可连任。

【资金来源】各国按联合国份额缴纳会费和自愿捐款。

【主要活动】工发组织是联合国系统促进可持续工业发展和国际工业合作的专门机构，通过发挥其全球论坛职能及与发展中国家技术合作等活动，主要开展三大核心业务：减贫、贸易能力建设、能源和环境。

工发组织每两年举行一次大会，每年举行一次工发理事会会议和一次方案预算委员会会议。

【同中国的关系】中国在 1972 年第 27 届理事会上当选为理事国，并连任至今。1981 年工发组织向中国派遣了高级工业发展顾问。自 1979 年以来，工发组织在中国共开展了 233 个项目，总额约为 1.8 亿美元。2009 年，中国向工发组织捐款 70 万美元和 90 万元人民币，会费分摊 416 万美元。

【驻华代表机构】1998 年 9 月以前，工业发展组织驻华代表机构设在联合国开发计划署内。1998 年 9 月，工发组织成立独立的驻华代表处。2006 年底升级为工发组织驻中国、蒙古、朝鲜和韩国的区域代表处。现任代表柯文斯（Edward Clarence，英国人），2009 年上任。办公地址：北京市朝阳区塔园外交办公楼 2 单元，电话：010－65323440。

工发组织中国投资促进处于 1996 年 1 月 1 日成立，前身为工发组织北京中心。主任：胡援东。办公地址：北京市朝阳区亮马河南路 14 号塔园外交人员办公大楼 2 单元 142 号。电话：010－65326140。

（唐梦潇）

国际原子能机构
International Atomic Energy Agency—IAEA

【成立日期】1954 年第九届联合国大会通过决议，要求成立一个专门致力于和平利用核能的国际机构。经过两年筹备，有 82 个国家参加的规约会议于 1956 年 10 月 26 日通过了国际原子能机构（简称"机构"）的《规约》。1957 年 7 月 29 日，《规约》正式生效。同年 10 月，机构举行首次全体会议，宣布机构正式成立。

【宗旨】谋求加速和扩大原子能对全世界和平、健康及繁荣的贡献，确保由其本身、或经其请求、或在其监督或管制下提供的援助不用于推进任何军事目的。

【成员】任何国家不论是否为联合国的会员国或联合国专门机构的成员国，经机构理事会推荐并由大会批准入会后，交存对机构《规约》的接受书，即可成为该机构的成员国。截至 2009 年 12 月，机构共有 151 个成员国。

【主要负责人】总干事天野之弥（Yukiya Amano，日本人），2009 年 12 月 1 日就任，任期四年。

【总部】在奥地利维也纳。网址：http：//www. IAEA. org。

【出版物】《核聚变》月刊，《国际原子能机构通讯》季刊，均为英、法、俄、西班牙文，从 1986 年起《通报》增加中文本。机构每年还出版各种关于原子能及核保障监督的科技书籍。

【组织机构】（1）大会：由全体成员国组成。大会每年一次，一般在 9 月，为期一周。大会下设全体委员会和总务委员会，后者兼有证书委员会的职能。（2）理事会：由 35 国组成，每年举行四次会议。（3）秘书处：执行机构，由总干事领导。总干事由理事会任命，大会批准，任期四年。下设政策制定办公室、技术援助及合作司、核能和核安全司、行政管理司、研究和同位素司、保障监督司。此外还设有三个研究单位：塞伯斯道夫实验室（奥地利）、的里雅斯特国际理论物理研究中心（意大利）、国际海洋放射性实验室（摩纳哥）。

【主要活动】国际原子能机构不是联合国的专门机构，但与联合国订有关系协定，同联大、经社理事会和安理会有直接关系。机构每年向联大提交工作报告。

机构的主要活动有：（1）向成员国提供技术援助，帮助他们开展和平利用核能的研究和应用；（2）与有关国家和国际组织订立"保障监督协定"，对由机构本身或经其介绍提供的技术援助项目、对成员国或其他国际组织以及根据核不扩散义务委托监督的项目实施保障监督，以确保这些不用于任何军事目的；（3）组织研究和制定有关核能利用的安全条例，并向世界各国推荐使用；（4）与有关成员国或专门国际机构签订科学研究合同；（5）召集各种科技会议，通过建立情报网，图书馆和出版书刊等方式组织关于原子能和平利用的资料交流。

机构自成立以来，在按照《规约》规定的两大职能（保障监督和和平利用核能）方面均做了大量工作。在保障监督领域，已与 170 多个国家和地区组织签订了全面保障监督协定及单项保障协定，核武器国家也分别与其缔结了自愿保障协定。1997 年 5 月通过的保障监督附加议定书，标志着机构的保障监督能力和范围从仅核查各国申报的核活动扩大到可探查无核武器国家的秘密核设施和核活动。在促进核知识和核技术的传播、加强核安全国际合作方面，机构先后主持制定了一系列与核安全、辐射安全、废物管理安全标准有关的国际公约，如《及早通报核事故公约》、《核事故或辐射紧急情况援助公约》、《核安全公约》等。尤其是 1997 年机构缔结了《乏燃料管理安全和放射性废物管理安全联合公约》、《修订 <关于核损害民事责任的维也纳公约>议定书》及《补充基金来源公约》。

机构总干事分别于 2009 年 2 月 19 日、6 月 5 日、8 月 28 日、11 月 16 日向机构理事会提交关于伊朗核问题、叙利亚核问题报告。总干事并分别于 4 月 14 日、7 月 30 日向机构理事会提交朝鲜核问题报告。机构理事会于 3 月、6 月、9 月及 11 月召开例行会议，主要讨论了核能和核科学技术应用、核安全和保安、保障监督执行情况、计划与预算委员会报告、伊朗核、朝鲜核、叙利亚核问题、多边核燃料循环等问题。机构并于 2009 年 9 月召开了第 53 届大会。

2009 年 7 月 2 日，机构理事会投票选举日本候选人天野之弥为新一任总干事。同年 9 月，天野之弥获机构大会的核准，并于 12 月 1 日上任，任期四年。

【同中国的关系】 1984 年，中国政府向机构递交了接受《规约》的接受书，成为正式成员国。1986 年，中国参与制定并签署了《及早通报核事故公约》和《核事故或辐射紧急情况援助公约》。1988 年 9 月，中国与机构正式签署了《中华人民共和国与国际原子能机构关于在中国实施保障监督的协定》，并于 1989 年 9 月 18 日生效。1988 年 12 月，中国参加了由机构主持制定，并由机构总干事保存的《核材料实物保护公约》。1990 年 6 月 22 日，中国与机构签署了《中华人民共和国和国际原子能机构技术援助协定》。1992 年 3 月 12 日，中国加入了《不扩散核武器条约》。1994 年 9 月，中国签署了《核安全公约》。1998 年 12 月，机构总干事巴拉迪和中国常驻机构代表张义山大使签署了《中华人民共和国与国际原子能机构关于在中国实施保障监督的协定的附加议定书》。2002 年 3 月 28 日，中国政府通知机构已完成附加议定书生效所需的内部程序，附加议定书对中国生效。2006 年 4 月，中国加入《乏燃料管理安全和放射性废物管理安全联合公约》。

中国积极参与机构有关工作，参加了 2009 年的理事会及大会。（孔君）

世界贸易组织
World Trade Organization—WTO

【成立日期】 其前身为关税及贸易总协定（General Agreement on Tariffs and Trade，GATT）。1994 年 4 月在摩洛哥马拉喀什举行的关贸总协定部长级会议正式决定成立世界贸易组织，简称“世贸组织”。1995 年 1 月 1 日，世贸组织成立。

【宗旨】 促进经济和贸易发展以提高生活水平、保证充分就业、保障实际收入和有效需求的增长；扩大货物和服务的生产和贸易；以可持续发展为目标，考虑对世界资源的最有效利用，既保护环境又与不同经济发展水平成员的需要和关注相一致；保证发展中国家、特别是最不发达国家在国际贸易增长中获得与其经济发展需要相当的份额。

【成员】 153 个。

【负责人】 总干事帕斯卡尔·拉米（Pascal Lamy，法国人），欧盟前贸易委员，2005 年 9 月 1 日上任，任期四年。2009 年连任。

【总部】 在瑞士日内瓦。Centre William Rappard，Rue De Lausanne 154，CH－1211 Geneva 21 Switzerland。网址 http：//www.wto.org。电话：41227395111。传真：41227314206。

【组织结构】 （1）部长级会议：最高权力机构。至少每两年举行一次，讨论和决定涉及世贸组织职能的所有重要问题，并采取行动。（2）总理事会（由所有成员组成）：在两届部长级会议期间履行世贸组织的职能，包括作为争端解决机构、贸易政策审议机构的职能。（3）总理事会下设货物贸易理事会、服务贸易理事会和与贸易有关的知识产权理事会，各自履行有关协议以及总理事会所赋予的职能。（4）部长级会议还下设贸易与发展委员会、国际收支限制委员会以及预算、财务与行政委员会等 6 个委员会，1 个加入世贸组织工作组以及贸易与投资关系工作小组等 3 个工作小组。（5）秘书处：为上述职能机构提供各种经常性的服务。由 1 名总干事和 4 名副总干事领导。

【主要活动】 执行和管理乌拉圭回合一揽子协议以及诸贸易协议；主持多边贸易谈判；作为争端解决机构；作为贸易政策审议机构；与国际货币基金组织和世界银行合作参与全球经济政策的制定。

2009 年，世贸组织多哈回合谈判曾一度陷入停滞。二十国集团峰会及亚太经合组织领导人非正式会议等都把多哈回合谈判作为重要议题，并作出了 2010 年结束谈判的政治承诺。在上述峰会推动下，多哈回合谈判重启。2009 年 9 月，世贸组织在印度新德里举行非正式小型部长会议，30 多个重要成员的贸易部长出席。11 月，世贸组织在日内瓦举行第七届部长级会议，来自147个成员、22个观察员以及有关国际组织的3000多名代表出席，会议主题为“世贸组织、多边贸易体系和当前全球经济环境”。两会均重点讨论了如何推动多哈回合谈判问题，重申尽快把2010年完成多哈回合谈判的政治意愿转化为实际行动。

【同中国的关系】2001年12月11日，中国正式成为世贸组织成员。加入世贸组织后，中国认真履行在申请加入谈判过程中所作的承诺，修改、制定了大量法律法规，对贸易体制和政策进行了全面调整，对外开放水平不断提高。在货物贸易领域，进一步降低了关税，取消全部非关税措施；在服务贸易领域，切实落实各项承诺。加入世贸组织为中国发展赢得了良好的外部环境，促进了国内产业结构的调整，推动了经济和贸易的发展。

加入世贸组织以来，中国认真恪守世贸组织多边贸易规则，反对贸易保护主义，促进世界各国特别是发展中国家的共同发展，获得国际社会的肯定。对于与其他成员的贸易摩擦，中国坚持遵循世贸组织有关规则，通过平等协商寻求解决办法。

中国积极参与多哈回合谈判，并为谈判取得进展发挥了建设性作用。商务部部长陈德铭率团出席新德里小型部长会及世贸组织第七届部长级会议，阐述了中国关于推动多哈回合谈判、世贸组织应更多关注发展问题的政策主张，受到各成员赞赏，为会议取得成果作出了贡献。

中国积极参与多哈回合贸易规则、服务贸易等其他议题的谈判，参与世贸组织对日本、巴西、欧盟、新西兰等十余个成员的贸易政策审议。中国还积极参加世贸组织“促贸援助”第二次全球审议大会，并承诺将继续捐款。

世贸组织总干事拉米重视中国的重要作用。2009年4月，拉米访华并出席博鳌亚洲论坛年会。

（边学平）

世界旅游组织
World Tourism Organization—WTO

【成立日期】1975年1月2日。2003年11月成为联合国专门机构。

【宗旨】促进和发展旅游事业，使之有利于经济发展、国际间相互了解、和平与繁荣以及不分种族、性别、语言或宗教信仰、尊重人权和人的基本自由，并强调在贯彻这一宗旨时要特别注意发展中国家在旅游事业方面的利益。

【成员】正式成员154个，联系成员（Associate Member）7个，附属成员（Affiliate Member）383个。

【主要负责人】秘书长约旦人塔勒布·瑞法（Taleb Rifai），2009年10月当选，任期至2013年。

【总部】在西班牙马德里。网址：http://www.world-tourism.org。

【出版物】《世界旅游组织消息》（WTO News），月刊；《旅游统计年鉴》（Yearbook of Tourism Statistic），年刊。均为英、法、西班牙文。

【组织机构】（1）全体大会（Assembly）：最高权力机构。每两年召开一次；（2）执行委员会（Executive Council）：常设机构。一年至少召开两次会议。成员数量为该组织成员国总数的1/5。成员由地区委员会推选，执委会提名，大会通过。2009年执行委员会成员为31个国家。准成员及附属成员委员会可各推选一位代表参加执行委员会的工作，但无投票权。（3）秘书处：负责日常工作。秘书长（Secretary-General）是世界旅游组织的主要负责人，由执委会推荐，大会选举产生，任期四年，可连任两次。（4）地区委员会：非常任机构，每年召开一次会议。共有欧洲、非洲、中东、南亚、东亚及太平洋、美洲6个地区委员会。

【主要活动】负责制定国际性旅游公约、规则，研究全球旅游政策，收集和分析旅游数据，定期向成员国提供统计资料。近年来，该组织积极参与旅游领域的经济活动，努力倡导以旅游促进经济发展、消除贫困、解决就业、与各国开展合作项目。对旅游经济活动提供咨询、援助，开展技术合作。

【同中国的关系】中国于1983年10月加入世界旅游组织。多次当选执行委员会委员，本届任期至2011年。

2009年10月2～9日，国家旅游局祝善忠副局长率团参加世界旅游组织第18次全体大会，介绍了中国旅游业发展情况及中国旅游界为应对世界全球金融危机所采取的一系列措施。大会确定中国为2010年世界旅游日主办国。

（尤佳）

不结盟运动
The Non-Aligned Movement

【成立日期】1961年9月，第一次不结盟运动首脑会议在贝尔格莱德举行，25国出席，不结盟运动正式形成。

【宗旨】不结盟运动奉行独立、自主和非集团的宗旨和原则；支持各国人民维护民族独立、捍卫国家主权以及发展民族经济和民族文化的斗争；坚持反对帝国主义、新老殖民主义、种族主义和一切形式的外来统治和霸权主义；呼吁发展中国家加强团结；主张国际关系民主化和建立国际政治经济新秩序。

【成员】118个成员，包括阿尔及利亚、阿富汗、阿联酋、阿曼、埃及、埃塞俄比亚、安哥拉、巴巴多斯、巴布亚新几内亚、巴哈马、巴基斯坦、巴勒斯坦、巴林、巴拿马、白俄罗斯、贝宁、秘鲁、玻利维亚、伯利兹、博茨瓦纳、不丹、布基纳法索、布隆迪、朝鲜、赤道几内亚、多哥、多米尼加、东帝汶、厄瓜多尔、厄立特里亚、菲律宾、佛得角、冈比亚、刚果（布）、刚果（金）、哥伦比亚、格林纳达、古巴、圭亚那、海地、洪都拉斯、吉布提、几内亚、几内亚比绍、加蓬、加纳、柬埔寨、津巴布韦、喀麦隆、卡塔尔、科摩罗、科特迪瓦、科威特、肯尼亚、莱索托、老挝、黎巴嫩、利比里亚、利比亚、卢旺达、马达加斯加、马尔代夫、马耳他、马拉维、马来西亚、马里、毛里求斯、毛里塔尼亚、缅甸、孟加拉国、蒙古、摩洛哥、莫桑比克、纳米比亚、南非、尼泊尔、尼加拉瓜、尼日尔、尼日利亚、塞拉利昂、塞内加尔、塞浦路斯、塞舌尔、沙特阿拉伯、圣多美和普林西比、圣基茨和尼维斯、圣卢西亚、圣文森特和格林纳丁斯、斯里兰卡、斯威士兰、苏丹、苏里南、索马里、泰国、坦桑尼亚、特立尼达和多巴哥、土库曼斯坦、突尼斯、瓦努阿图、危地马拉、委内瑞拉、文莱、乌干达、乌兹别克斯坦、新加坡、叙利亚、牙买加、也门、伊拉克、伊朗、印度、印度尼西亚、约旦、越南、赞比亚、乍得、智利、中非。

【组织机构】不结盟运动不设总部，无常设机构，无成文章程。定期召开的会议有：（1）首脑会议：1970年起制度化，通常每三年举行一次。第一、二次首脑会议主席由与会国首脑轮流担任，第三次会议起由东道国首脑担任，任期至下届首脑会议，任职期间，为不结盟运动在国际讲坛上的发言人。（2）外长会议：自1972年起，每三年举行一次。（3）协调局部长级会议：于当年首脑会议召开前举行，必要时可举行临时部长级会议。

协调局：由1973年第四次首脑会议决定成立，主要协调各国在联合国内的立场，一般每月在纽约召开一次，也可以根据需要随时召开会议。不结盟运动各种会议均采取协商一致原则。遇有不同意见，各成员国可以书面形式向主席国正式提出保留，以示不受有关决议或文件的约束。埃及为现任不结盟主席国。

【主要活动】至2009年底，共举行了15次首脑会议和15次外长会议。

2008年7月27～30日，第15次外长会议在伊朗德黑兰举行。包括53国外长、6国副外长在内的86个成员国、14个观察员国和组织、5个受邀国和组织派团与会。会议主题为“为和平与公正而团结”，审议了第14次首脑会议以来的工作成果，通过了《最后文件》，并就伊朗核、津巴布韦和巴勒斯坦问题发表了特别声明。会议吸收黑山和英联邦秘书处为新观察员。

2009年4月27～30日，第15次协调局部长级会议在古巴哈瓦那举行，107个成员国、14个观察员国及15个受邀国和国际组织派团与会。会议通过了《最后文件》，并接纳塔吉克斯坦为观察员国。

2009年7月15～16日，第15次首脑会议在埃及沙姆沙伊赫举行。118国派团与会，包括80多位国家领导人。会议主题为“国际团结共策和平发展”，讨论了国际金融危机、气候变化、中东等全球和地区问题，通过了《最后文件》和《沙姆沙伊赫宣言》。

【同中国的关系】中国政府重视和赞赏不结盟运动在国际事务中的作用，认为不结盟运动多年来作为国际舞台上一支举足轻重的重要力量，在促进建立和平、稳定、公正、合理的国际政治、经济新秩序方面进行了不懈的努力，为维护发展中国家的共同利益，推动世界和平与发展事业作出了积极贡献。

中国重视发展和加强与不结盟运动的关系。1992年9月，国务委员兼外长钱其琛应邀率团出席了在雅加达举行的第10次首脑会议。会上，中国正式成为观察员国，同不结盟运动的关系得到了进一步发展。中国派团出席了此后历次首脑会议及协调局部长级会议，并同不结盟运动成员在联合国保持着经常磋商与合作。2009年7月，何亚非副外长率团出席在埃及沙姆沙伊赫举行的第15次首脑会议，何发言指出，中国将一如既往地支持不结盟运动的合理主张和正义事业，在重大国际问题上加强双方协调与配合，不断深化双方合作。　（赵欣）

伊斯兰会议组织
Organization of the Islamic Conference—OIC

【成立日期】1970年5月正式成立。

【宗旨】促进各成员国之间的团结，加强他们在经济、社会、文化、科学等方面的合作；努力消除种族隔离和种族歧视，反对一切形式的殖民主义；支持巴勒斯坦人民恢复其民族权利和重返家园的斗争；支持所有穆斯林人民保障其尊严、独立和民族权利的斗争。

2008年3月，在塞内加尔首都达喀尔召开的第11届伊斯兰会议组织首脑会议修改了新宪章，在前言和宗旨原则方面增加了体现时代色彩的内容，如：

促进人权、基本自由、良政和法治国家建设；促进伊斯兰成员国和世界其他国家之间相互信任、相互尊重、友好合作的关系；正面宣传伊斯兰教温和、宽容和尊重多样性的价值观念；支持国际关系民主化，配合国际社会对一切形式的恐怖主义的斗争；加强伊斯兰国家内部的经贸、科技和文化合作，最终建立伊斯兰共同市场等。

【成员】 57 个：阿富汗、阿尔巴尼亚、阿尔及利亚、阿塞拜疆、巴林、孟加拉国、贝宁、文莱、布基纳法索、喀麦隆、乍得、科摩罗、科特迪瓦、吉布提、埃及、加蓬、冈比亚、几内亚、几内亚比绍、圭亚那、印度尼西亚、伊朗、伊拉克、约旦、哈萨克斯坦、科威特、吉尔吉斯斯坦、黎巴嫩、利比亚、马来西亚、马尔代夫、马里、毛里塔尼亚、摩洛哥、莫桑比克、尼日尔、尼日利亚、阿曼、巴基斯坦、巴勒斯坦、卡塔尔、沙特阿拉伯、塞内加尔、塞拉利昂、索马里、苏丹、苏里南、叙利亚、塔吉克斯坦、多哥、突尼斯、土耳其、土库曼斯坦、乌干达、阿联酋、乌兹别克斯坦、也门。

此外，波黑、中非、泰国、俄罗斯、“北塞浦路斯土耳其共和国”为观察员国。

【主要负责人】 秘书长埃克麦尔丁·伊赫桑奥卢（Dr. Ekmeleddin Ihsanoglu），土耳其人，2004 年 12 月当选，任期 5 年，2009 年 1 月 1 日获得连任。

【总部】 秘书处设在沙特阿拉伯王国的吉达市。网址：http://www.oic-oci.org。

【组织机构】（1）首脑会议：最高权力机构，每三年举行一次。（2）外长会议：每年轮流在一个成员国举行一次。（3）常设秘书处。另外设有伊斯兰开发银行、耶路撒冷委员会、阿富汗问题委员会、伊斯兰和平委员会、伊斯兰法庭、伊斯兰发展基金会和伊斯兰经贸常设委员会等。

根据 2008 年 3 月第 11 届伊斯兰会议组织首脑会议修改的宪章规定，又增加了常设委员会、执行委员会、伊斯兰国际法院、独立人权常设委员会和常设代表委员会等专门机构。

【主要活动】 伊斯兰国家首脑会议：迄今共召开过 11 次例会和 3 次特别会议。

2008 年 3 月 13 ~ 14 日，第 11 届伊斯兰会议组织首脑会议在塞内加尔首都达喀尔召开。57 个成员国均派团参加，其中有 28 位国家元首或政府首脑。联合国秘书长、阿盟秘书长、非盟委员会主席作为嘉宾出席。俄罗斯、泰国等观察员国也派团参加。美国、法国、欧盟派代表参与会议有关活动。会议围绕“21 世纪伊斯兰世界面临的挑战”这一主题，就修改伊斯兰会议组织宪章、加强伊斯兰世界内部合作、提升伊斯兰形象等展开讨论，并通过了政治、经济、文化、法律、组织结构等方面的多项决议，发表了最终公报和《达喀尔宣言》。

修改后的宪章对吸收成员国和观察员国作出新规定。对成员国增加了三个条件：必须是联合国成员；伊斯兰人口占多数；入会必须由成员国协商一致通过。对观察员国增加了两个条件：必须是联合国成员；入会必须由成员国协商一致通过。在表决程序方面，除了 2/3 通过的规则外，增加了优先考虑协商一致通过的规定。新宪章强化了秘书处的权力，并将秘书长任期由 4 年延长为 5 年，并可连任一任。

《达喀尔宣言》强调伊斯兰会议组织将在帮助伊斯兰国家应对全球化挑战、对抗灾害、保护环境等方面发挥积极作用。《宣言》表示支持巴勒斯坦人民的斗争，谴责一切形式的恐怖主义和宗教极端主义。确立总金额为 100 亿美元的“伊斯兰团结发展基金”，以消除成员国间贫富差距，促进伊斯兰世界团结。首次出台《“伊斯兰恐惧症”观察报告》，旨在从意识形态上拉近伊斯兰与其他文明的距离，提升伊斯兰形象。

外长会议：迄今共召开过 37 次外长会议。

2010 年 5 月 18 ~ 20 日，第 37 届伊斯兰会议组织外长会议在塔吉克斯坦首都杜尚别举行。本次会议正值伊斯兰会议组织成立 40 周年，主题是“关于更加安全和繁荣的伊斯兰共识”。57 个成员国均派代表与会，其中 45 个国家由外长或外交国务部长率团。会后发表“杜尚别宣言”及会议决议。

【同中国的关系】 1974 年 2 月，第二次伊斯兰国家首脑会议召开时，周恩来总理向大会发了贺电。此后，中国总理多次向该组织首脑会议致电祝贺。1986 年 5 月，伊斯兰开发银行决定向中国赠款 406 万美元。1993 年 8 月，由巴基斯坦外长阿卜杜尔·萨塔尔率领的伊斯兰会议组织部长级代表团访华，阐述了伊斯兰国家对波黑问题的立场。1994 年 11 月，应中国伊斯兰教协会邀请，伊斯兰会议组织副秘书长穆罕默德·穆哈辛率团访华，与中方就增进相互了解、发展双边关系等问题交换了意见，并转交了贾比德秘书长致钱其琛副总理兼外长的信函。1995 年 4 月，伊斯兰会议组织副秘书长穆哈辛会见中国麦加朝觐团团长、中国伊斯兰教协会副会长马贤。7 月，由摩洛哥外交部多边关系合作司总司长本希马率领的伊斯兰会议组织代表团访华，再次陈述伊斯兰国家对波黑问题的立场，外交部副部长戴秉国会见代表团。

1997 年 2 月，李鹏总理致电祝贺第八次伊斯兰会议组织首脑会议召开。2000 年 11 月，朱镕基总理电贺第九次伊斯兰会议组织首脑会议召开。2001 年 5 月，伊斯兰会议组织秘书长贝尔克齐兹致函唐家璇部长，呼吁中国作为安理会常任理事国推动安理会为巴勒斯坦人民提供国家保护发挥作用。同月，唐家璇外长复函秘书长贝尔克齐兹，重申了中国在巴以问题上的一贯立场，表示中国愿加强同伊斯兰会议组织的合作，为实现中东地区的和平与稳定做出贡献。

2001 年 10 月，外交部长唐家璇同伊斯兰会议轮值主席国、卡塔尔外交大臣哈马德通电话，向其阐明了中国在反恐问题上的立场，表示愿在此问题上加强同广大伊斯兰国家的磋商与合作。2002 年 3 月 29 日，外交部长唐家璇同伊斯兰会议组织轮值主席国、卡塔尔外交大臣哈马德通电话，双方主要就中东局势和伊拉克问题交换了意见。2003 年 3 月 25 日，伊斯兰会议组织秘书长贝尔克齐兹就美英攻打伊拉克致函唐家璇国务委员，4 月 8 日唐家璇国务委员复函。

2005 年 7 月，伊斯兰会议组织秘书长伊赫桑奥卢访华。这是该组织秘书长首次访华。访华期间，伊赫桑奥卢与吕国增部长助理举行会谈，就中国与伊斯兰会议组织的关系及有关地区、国际问题交换了意见。由于沙特国王法赫德病逝，伊赫桑奥卢提前结束访问赴沙吊唁。行前，李肇星外长与伊赫桑奥卢通了电话。2008 年 3 月，温家宝总理向第 11 届伊斯兰会议组织首脑会议致电祝贺。2009 年 8 月，伊斯兰会议组织秘书处代表团访华。2009 年 10 月，伊斯兰会议组织秘书长伊赫桑奥卢就巴以问题及巴勒斯坦被占领土人权状况致函杨洁篪外长。2010 年 5 月，中方以会议主席国客人身份出席了伊斯兰会议组织第 37 届外长会议。

（魏晓丽）

阿拉伯国家联盟
League of Arab States—LAS

【成立日期】 1945 年 3 月 22 日，在埃及倡议下，7 个阿拉伯国家的代表在埃及首都开罗举行会议，通过了《阿拉伯联盟宪章》，阿拉伯国家联盟（简称阿盟）正式成立。

【宗旨】 密切成员国间的合作关系，协调彼此间的政治活动，捍卫阿拉伯国家的独立和主权，促进阿拉伯国家的整体利益，推动各成员国在经济、财政、交通、文化、卫生、社会福利、国籍、护照、签证、司法等方面进行密切合作。成员国相互尊重国家政治制度，彼此之间的争端不得诉诸武力解决，成员国与其他国家缔结的条约和协定对其他国无约束力。

【成员】 目前阿盟成员为 22 个：阿尔及利亚、阿联酋、阿曼、埃及、巴勒斯坦、巴林、吉布提、卡塔尔、科威特、黎巴嫩、利比亚、毛里塔尼亚、摩洛哥、沙特、苏丹、索马里、突尼斯、叙利亚、也门、伊拉克、约旦、科摩罗。

【主要负责人】 秘书长阿姆鲁·穆萨（Amre Moussa），埃及人，任期 5 年。

【总部】 阿盟宪章规定，阿盟总部的永久地址为埃及首都开罗。网址：www. arableagueonline. org。

【出版物】《阿拉伯事务》月刊，阿拉伯文；《新闻公报》（Information Bulletin），阿、英文。

【组织机构】（1）首脑级理事会。最高权力机构，1964 年起开始举行首脑会议，商讨地区性重大问题。可应成员国要求召开特别首脑会议或紧急首脑会议。2000 年 10 月在开罗召开的第 11 次特别首脑会议决定每年定期举行首脑会议，由成员国轮流主持。叙利亚和卡塔尔分别为 2008 年度和 2009 年度主席国。（2）部长级（外长）理事会。由全体成员国外长组成，下设数个委员会，负责讨论、制订和监督执行有关的阿拉伯共同政策、制订阿盟各机构的内部条例并任命阿盟秘书长。每年 3 月和 9 月举行例会，也可以应两个以上成员国的要求随时召开特别会议或紧急会议。协商一致通过的决议对所有成员国均有约束力。唯有财政和管理问题，获三分之二多数通过后即对全体成员有效。（3）专项部长理事会。随着阿拉伯国家相互关系的发展和合作领域的扩大，各专项领域的部长理事会相继建立并逐步取代了原外长理事会下设的有关委员会。到目前为止，共成立了 10 个专项部长理事会，由成员国相关部长组成，定期召开会议，负责制定有关领域的阿拉伯共同政策和加强成员国间的有关协调与合作。它们分别是：新闻、内政、司法、住房、运输、卫生、社会事务、青年与体育、环境事务和通讯部长理事会等。（4）联合防御理事会。根据“共同防御与经济合作条约”建立，由成员国外长和国防部长组成，其任务是统一各成员国的防务计划，为加强其军事力量而开展合作。（5）经社理事会。由成员国有关部长或其代表组成，致力于实现阿盟在经济和社会发展方面制定的目标，并有权建立或取消任何专项组织，负责监督其运作情况。目前其属下有 19 个专门组织和机构。（6）秘书处。阿盟的常设行政机构和理事会及各专项部长理事会的执行机构，设秘书长 1 人，由副秘书长和秘书长顾问组成的委员会协助其工作。

阿盟在埃塞俄比亚、奥地利、比利时、西班牙、德国、俄罗斯、法国、美国、瑞士、意大利、印度、英国、中国等设有办事处。

2009 年 12 月 21 日，阿拉伯—俄罗斯合作论坛成立。

【主要活动】 至 2009 年底，阿盟共举行过 21 次首脑会议和 11 次特别首脑会议。2000 年 10 月在埃及首都开罗召开的第 11 次特别首脑会议，决定每年定期举行阿拉伯国家首脑会议。从第 13 届阿拉伯国家首脑会议（2001 年 3 月）起，阿盟首脑会议机制化。

2009 年 3 月 30 日至 31 日，第 21 届阿盟首脑会议在卡塔尔首都多哈召开，阿盟 22 个成员国的首脑或代表出席了本次会议，埃及总统穆巴拉克、阿尔及利亚总统布特弗利卡等6个国家领导人没有与会。会议通过了《多哈宣言》，承诺阿拉伯国家会继续保持团结，尊重各国主权，维护国家独立，互不干预内政；要求以色列立即停止单边政策，停止扩建犹太定居点，拆除隔离墙，信守和平承诺，尽快启动搁置的和平进程，履行已达成的有关国际决议和和平倡议。

在苏丹问题上，《多哈宣言》明确表示支持苏丹，拒绝国际刑事法院对苏丹总统巴希尔发出的逮捕令，支持一切有助于苏丹达尔富尔地区实现和平的尝试。

关于伊拉克问题，《多哈宣言》强调支持伊拉克的独立和主权，支持伊拉克政治进程，支持伊社会各个阶层参与伊拉克建设。

《多哈宣言》首次提出希望与伊朗进行直接、严肃的对话，以解决伊朗与阿联酋存在争议的三个岛屿问题，否则阿盟将借助国际法院解决矛盾。

此外，《宣言》还就索马里问题、打击恐怖主义、防止大规模杀伤性武器扩散、和平利用核能、推进政治、经济社会合作等问题阐述了阿拉伯国家的立场。

截至2009年底，阿盟外长理事会共举行了132次例会，并召开了多次特别会议或紧急会议。

2009年3月3日，第131届阿盟外长理事会在开罗举行，会议就地区形势、巴勒斯坦问题、阿拉伯世界与以色列关系等议题展开了广泛讨论。与会外长一致认为，实现公正全面的和平是解决巴勒斯坦问题和阿以争端的唯一途径，而解决阿以争端的基础是阿拉伯和平倡议。与会外长强调，国际社会应承担起相应的责任，支持中东和平进程、敦促以色列立即停止一切非法定居点的建设。

2009年9月7日至9日，第132届阿盟外长理事会在开罗举行，会议着重讨论了中东和平进程和地区局势等问题。阿盟秘书长穆萨在会后新闻发布会上宣布，鉴于以色列拒绝停止在其占领的阿拉伯领土上扩建犹太人定居点，阿拉伯国家决定搁置由美国提出的"与以色列关系正常化提案"。

2009年1月20日，首届阿拉伯经济、社会和发展峰会在科威特首都科威特城闭幕。峰会通过《科威特宣言》，强调阿拉伯国家支持加沙重建，致力于阿拉伯国家间经济合作和采取措施对抗金融危机。阿盟22个成员国中17国的元首、联合国秘书长潘基文以及世界银行、伊斯兰会议组织等多个国际组织代表出席此次峰会。

【同中国的关系】中国同阿盟于1956年建立联系。近十几年来，双方关系日益密切，交往不断增多，在国际事务中保持协调和相互支持。

1993年5月，阿盟秘书长马吉德正式访华。8月，阿盟在北京设立办事处。1996年5月，江泽民主席在访问埃及期间会见了马吉德秘书长。1999年1月，唐家璇外长在开罗阿盟总部与马吉德秘书长签署了《中华人民共和国外交部与阿拉伯国家联盟秘书处关于建立政治磋商机制的谅解备忘录》。9月，马吉德秘书长首次提出了建立中阿论坛的设想。2002年4月，朱镕基总理访问埃及时在阿盟总部会见穆萨秘书长，双方就"中阿合作论坛"、中东局势等问题交换了意见。2004年1月，胡锦涛主席访问阿盟总部，会见穆萨秘书长及22个阿盟成员国代表，双方共同宣布"中阿合作论坛"成立。同年9月，李肇星外长出席在开罗召开的"中阿合作论坛"首届部长级会议，"中阿合作论坛"正式启动。阿盟与中国关系进一步加强，在国际事务中相互支持，并在"中阿合作论坛"框架下共同举办了一系列中阿对话与合作活动。2005年，中国任命驻埃及大使兼任驻阿盟代表。近年来，阿盟首脑会议和外长理事会连续作出对华关系决议，呼吁阿盟成员国积极发展同中国在各个领域的关系。

2009年，中国同阿盟政治磋商与协调进一步加强。

10月14日，阿盟秘书长穆萨致函杨洁篪外长，感谢中方投票支持阿拉伯国家向国际原子能机构第53次全体会议提交的"以色列核能力"决议，表示这一支持对实现不扩散核武器条约（NPT）的普遍性具有重要意义。同月，穆萨秘书长还致函杨洁篪外长，祝贺中华人民共和国成立60周年。

11月7日，温家宝总理出席中非合作论坛第四届部长级会议期间访问了开罗阿盟总部，会见了穆萨秘书长，并发表了题为《尊重文明的多样性》的演讲。

此外，阿盟与中国有关部门密切合作，共同举办了第四届中阿企业家大会暨投资研讨会、第三届中阿关系暨中阿文明对话研讨会、中阿合作论坛第六次高官会等活动、首届中阿高教和科研合作研讨会，有关情况请参见"中阿合作论坛"词条。

【阿盟驻华代表处】阿拉伯国家联盟驻华代表处：北京市朝阳区霄云路18号京润水上花园H－22号别墅。网址：www. arableague-china. org。电话：010－64649983，64649984。传真：64649973。电子信箱：info@ arableague-china. org。主任：穆罕默德·哈桑·沙布（MOHAMED EL HASSAN SHABBO，苏丹籍），2007年3月8日到任。（武艺）

阿拉伯议会联盟
Arab Inter—Parliamentary Union—AIPU

【成立日期】1974年6月21日。

【宗旨】加强阿拉伯议会间的往来和交流；协调、统一各国议会在国际上和其他各方面的活动；加强同其他地区议会联盟和国家议会组织的交往；协调、统一阿拉伯国家立法；研讨阿拉伯世界的共同性问题，在国际上促进阿拉伯民族事业。

【成员】22个：约旦、阿联酋、巴林、突尼斯、阿尔及利亚、科摩罗、吉布提、沙特阿拉伯、索马里、苏丹、叙利亚、伊拉克、阿曼、巴勒斯坦、卡塔尔、科威特、黎巴嫩、利比亚、埃及、摩洛哥、毛里塔尼亚、也门。

【主要负责人】议会联盟主席埃赛伊（2009年3月当选，阿曼人），秘书长努尔丁·波希科吉（Noureddine Bouchekoudj，1995年4月当选，摩洛哥人）。

【总部】在叙利亚首都大马士革。网址：www.arab-ipu.org。

【出版物】《阿拉伯议会》（The Arab Parliament）季刊和《议会对话》（Parliamentary Dialogue）季刊，均为阿、英、法文。《情况公报》（Information Bulletins），阿文。

【组织机构】（1）大会：每年第一季度召开，必要时可举行紧急会议，由各成员国议会组织派代表团参加，东道国议长任主席。（2）理事会：通常每年开会两次，必要时可举行紧急会议，由各成员国国议会组织各派一名议员任代表，议会联盟主席兼任主席。（3）秘书处：由秘书长领导，秘书长每两年由理事会选举产生。

【主要活动】截至2010年3月，阿拉伯议会联盟大会共举行过16次会议。

2010年3月2~4日，阿拉伯议会联盟第16次大会在埃及首都开罗举行。会后发表《公报》，强调积极维护阿拉伯民族团结，捍卫阿拉伯民族安全；支持巴勒斯坦人民斗争的正义事业，支持建立以耶路撒冷为首都的独立的巴勒斯坦国，呼吁国际社会向以色列施压，促使以解除对加沙地带的封锁；支持黎巴嫩人民维护主权、收复被占土地的权利；强调维护伊拉克主权与领土完整，谴责一切破坏伊统一、安全和稳定的恐怖主义行为，希望伊议会选举能够实现伊稳定并促使外国军队从伊撤离；支持苏丹政府与“正义与平等运动”在多哈签署的框架协议，希望双方能展开最后阶段谈判从而结束在达尔富尔地区的战争；支持建立中东无大规模杀伤性武器区；欢迎阿拉伯国家联盟提议筹备阿拉伯文化峰会等。

【同中国的关系】1985年，中国全国人大与该联盟建立了联系。同年10月，该联盟首次派以秘书长布巴维为首的代表团访华，耿飚副委员长会见。1992年2月，该联盟代表团访华，就利比亚涉嫌参与炸机事件与中方交换意见，彭冲副委员长会见，符浩常委与之会谈。同年4月，出席各国议会联盟第87届大会的该组织主席卡杜拉会见了正在喀麦隆访问的中国全国人大代表团，并邀请中国全国人大代表团访问设在大马士革的该组织总部。5月，该组织主席卡杜拉致函万里委员长，再次邀请中国全国人大代表团访问其总部，并希望就双方共同关心的问题交换意见。

（孙晓丹）

阿拉伯马格里布联盟
Union du Maghreb Arabe—UMA

【成立日期】1989年2月17日。

【宗旨】在尊重各成员国的政治、经济和社会制度的前提下，充分协调经济、社会方面的立场、观点和政策，大力发展经济互补合作。在外交和国际领域协调立场，进行合作。优先实现经济一体化，最终实现阿拉伯统一。

【成员】阿尔及利亚、利比亚、毛里塔尼亚、摩洛哥、突尼斯。1994年11月，埃及正式要求加入马盟，但马盟迄今未审议埃及的要求。

【主要负责人】执行主席由成员国元首轮流担任，任期一年。现任执行主席是利比亚革命领导人穆阿迈尔·卡扎菲（Mouammar Al Qathafi）。

【总部】常设秘书处在摩洛哥。秘书长哈比卜·本·叶海亚（Habib Ben Yahia，突尼斯人），2006年1月任命。

【组织机构】（1）元首委员会。最高决策机构，由成员国元首组成，每年举行一次例会，会议主席由元首轮流担任并在委员会休会期间任马盟执行主席。（2）外长理事会。由各成员国外长组成，负责审议后续工作委员会和各部长专门委员会提交的工作报告，为元首会议作准备，并列席元首委员会例会。（3）后续工作委员会。由成员国负责马格里布事务的国务秘书组成，负责落实元首委员会的决议。（4）部长专门委员会。现有粮食安全、财政经济、人力资源和基本建设4个专门委员会。常设机构有：（1）常设秘书处。原为总秘书处，由各成员国一名代表组成。1990年元首委员会决定改为常设秘书处。秘书长任期为三年，可连任一届。（2）咨询委员会。即马盟议会，设在阿尔及利亚，由成员国各20名立法代表组成，其主要职责是对元首委员会作出的决议、计划提出意见，并就马盟活动和实现目标提出建议。（3）马盟法院。由成员国各两名法官组成，设在毛里塔尼亚。

【主要活动】 1989年2月16～17日，马格里布5国元首在摩洛哥马拉喀什举行会议，签署了阿拉伯马格里布联盟条约，正式宣布成立阿拉伯马格里布联盟。1990年至1994年共举行了6次首脑会议。1995年2月，利比亚表示因洛克比危机无法接替阿尔及利亚担任马盟主席国。12月，摩洛哥指责阿尔及利亚直接插手西撒哈拉问题，要求暂时中止马盟活动，并拒绝担任下届主席国。此后，马盟首脑会议未再举行。

2000年4月，首届欧非首脑会议期间，阿尔及利亚、摩洛哥、利比亚、突尼斯四国元首实现多年来的首次集体会晤，四国均重申区域一体化是其战略选择。2001～2003年，马盟外长理事会在阿尔及利亚召开多次会议，利比亚在第21次会议上接任马盟主席国。截至2009年，马盟外长理事会共召开了29次会议。2007年2月，马盟宣布成立马格里布商人联盟。

【同地中海北岸国家的关系】 马盟5国与法国、意大利、西班牙、葡萄牙和马耳他5国于1990年11月建立“5+5”对话关系，目的是加强彼此合作，促进共同发展，维护西地中海地区的和平与安全。2003年12月，首届“5+5”首脑会议在突尼斯举行。会议着重就地区安全与稳定、经济一体化、社会与人文、文化与文明对话及加强政治磋商5个议题进行讨论，通过了《突尼斯宣言》。2004年11月，第四届西地中海“5+5”外长会议在阿尔及利亚奥兰市举行。会议决定建立欧洲—地中海国家自主安全机制，加强打击非法移民和反恐活动，强调马盟经济一体化是建立欧—地自由贸易区的基础。2005年12月，第二届西地中海“5+5”国防部长会议在阿尔及利亚阿尔及尔举行。会议通过了一项旨在加强西地中海地区安全的行动纲领。2008年1月，第六届西地中海“5+5”外长会议在摩洛哥拉巴特举行。会议讨论了地区一体化等议题，敦促地区各国在反恐、打击非法移民和海运安全等方面加强合作。2009年5月，西地中海“5+5”国防部长会议在利比亚的黎波里召开，讨论联手打击非法移民、扫雷、地中海地区和平与安全等问题。2010年2月，欧洲27国与“5+5”机制地中海南岸5国在西班牙马约卡举行国防部长联席会议，讨论合作应对地区安全威胁、打击恐怖主义、毒品走私、有组织犯罪等问题。（钱沪芳）

海湾阿拉伯国家合作委员会
Cooperation Council for the Arab States of the Gulf—GCC

【成立日期】 1981年5月25日，6个海湾阿拉伯国家（阿拉伯联合酋长国、阿曼苏丹国、巴林国、卡塔尔国、科威特国、沙特阿拉伯王国）的元首在阿联酋开会，宣布成立海湾阿拉伯国家合作委员会（简称海湾合作委员会或海合会），并签署了合作委员会章程。

【宗旨】 加强成员国之间在一切领域内的协调、合作和一体化，以实现它们的统一；加强和密切成员国人民间的联系、交往与合作；推动6国发展工业、农业、科学技术，建立科学研究中心，兴建联合项目，鼓励私营企业间的经贸合作。

【成员】 正式成员为阿拉伯联合酋长国、阿曼苏丹国、巴林国、卡塔尔国、科威特国、沙特阿拉伯王国。2001年12月召开的海合会第22届首脑会议同意也门加入海合会卫生、教育、劳工和社会事务部长理事会等机构。

【主要负责人】 现任秘书长阿卜杜拉赫曼·本·哈马德·阿提亚（Abdul-Rahman Bin Hamad Al-Attiyah，卡塔尔人），2001年12月任命，2002年4月就任，2004年12月、2007年12月连任。

【总部】 秘书处设在沙特首都利雅得。网址：www.gcc-sg.org。

【组织机构】（1）最高理事会：最高权力机构。由成员国元首组成。主席由各国元首按国名字母（阿拉伯文）顺序轮流担任，任期一年。现任主席为科威特埃米尔萨巴赫·艾哈迈德·贾比尔·萨巴赫（Sabah Al-Ahmed Al-Jaber Al-Sabah）。（2）部长理事会：由成员国外交大臣（部长）或代表他们的其他大臣组成。主席由各国按字母顺序轮流担任，任期一年。现任主席科威特副首相兼外交大臣穆罕默德·萨巴赫·萨利姆·萨巴赫（Mohammed Sabah Al-Salem Al-Sabah）。（3）秘书处：由秘书长和负责政治事务、财经事务和军事事务的三名助理秘书长主持工作。秘书长按国名字母顺序轮流担任并由最高理事会予以任命。

【主要活动】海合会自成立以来，每年 11 月或 12 月轮流在六国首都召开首脑会议。至 2009 年 12 月共举行了 30 届首脑会议。1999 年起每年在首脑会议之间召开 1 次非正式首脑磋商会议，迄今已召开 12 次。六国的外交、国防、内政、石油和财政等大臣（部长）也定期或根据需要召开会议。会议主要商讨六国和海湾、中东地区面临的政治、经济、外交、安全、军事等重大问题，互通情况，协调立场，共商对策，联合行动。

自 1981 年起，海合会第 1～30 届首脑会议先后在阿布扎比（1981.5）、利雅得（1981.11）、麦纳麦（1982.11）、多哈（1983.11）、科威特城（1984.11）、马斯喀特（1985.11）、阿布扎比（1986.5）、利雅得（1987.12）、麦纳麦（1988.12）、马斯喀特（1989.12）、多哈（1990.12）、科威特城（1991.12）、阿布扎比（1992.12）、利雅得（1993.12）、麦纳麦（1994.12）、马斯喀特（1995.12）、多哈（1996.12）、科威特城（1997.12）、阿布扎比（1998.12）、利雅得（1999.11）、麦纳麦（2000.12）、马斯喀特（2001.12）、多哈（2002.12）、科威特城（2003.12）、麦纳麦（2004.12）、阿布扎比（2005.12）、利雅得（2006.12）、多哈（2007.12）、马斯喀特（2008.12）科威特城（2009.12）举行。

自 1999 年起，海合会第 1～12 次非正式首脑磋商会议先后在沙特（1999 年）、阿曼（2000 年）、巴林（2001 年）、沙特（2002.5）、沙特（2003.5）、沙特（2004.5）、沙特（2005.5）、沙特（2006.5）、沙特（2007.5）、沙特（2008.5）、沙特（2009.5）、沙特（2010.5）召开。

2009 年 12 月 14～15 日，海合会第 30 届首脑会议在科威特首都科威特城召开。科威特、沙特、阿联酋、巴林、卡塔尔国家元首和阿曼苏丹代表及海合会秘书长与会。会议讨论了海湾共同市场、关税联盟、海湾电网联网、建设海湾铁路网、海湾货币联盟等经济一体化议题，对成员国采取有效措施克服全球金融危机影响和保持经济持续繁荣充满信心。会议发表声明支持沙特为维护国家安全和打击武装入侵者所采取的一切行动，希望也门保持和平和稳定。会议通过了海湾共同防御协议，根据协议将组建一支联合部队，以加强军事合作和增加海合会集体防御能力。会议还就加强成员国在国防、反恐、打击海盗、教育、水安全和粮食安全等方面的合作问题进行了磋商。会议决定第 31 届首脑会议将于 2010 年在阿联酋召开。

2010 年 5 月 11 日，海合会第 12 次非正式首脑磋商会议在沙特首都利雅得举行。会议由沙特国王阿卜杜拉主持，科威特埃米尔萨巴赫、巴林国王哈马德、卡塔尔埃米尔哈马德、阿联酋副总统兼总理穆罕默德、阿曼副首相法赫德及海合会秘书长阿提亚出席。会议强调，海合会国家的安全是“一条不容侵犯的红线”。会后发表的共同声明强调，海合会各国将致力于建立中东无核武器区，在国际法原则下以和平手段解决地区争端，并欢迎国际社会为和平解决伊朗核问题作出的努力。

【对外政策】六国均奉行中立、不结盟的外交政策。举措温和、务实。面对新的国际局势，六国更多依靠以海合会为整体参与国际和地区事务，开展多元外交，注重大国间的平衡。在重大国际、地区问题上采取统一立场，发挥海合会集体作用，体现六国对外政策的统一性和整体性。

【对重大国际和地区问题的表态】

中东问题：强调以色列必须从 1967 年以来被占的阿拉伯领土上撤出，在联合国安理会有关决议的基础上建立独立、可生存、以东耶路撒冷为首都、与以和平共存的巴勒斯坦国，并以此为前提讨论巴以之间关于边界、水资源、定居点、难民、耶路撒冷地位、安全等主要问题。坚持和谈进程应包括叙以、黎以和谈，以有关国际决议和协议为基础实现中东地区的全面、公正、持久和平。

伊拉克问题：强调尊重伊拉克的统一、主权、稳定，维护伊拉克的阿拉伯、伊斯兰属性，强调全国和解是实现稳定的基础，反对外部势力干涉伊内政。希望伊拉克政府付出更大努力实现全国和解、修宪和解决非法武装问题，表示愿与伊拉克当局就打击恐怖主义进行合作，对任何为实现伊拉克安全与稳定的努力提供政治、经济、安全援助。

伊朗核问题和中东无核化问题：呼吁遵循国际法、通过对话以和平方式解决伊朗核问题，避免发生任何冲突。肯定伊朗有权和平利用核能，敦促伊朗与国际社会继续对话，并与国际原子能机构充分合作。

强调地区国家有和平利用核能的权利，中东和海湾地区应成为无大规模杀伤性武器区，坚持以色列必须加入不扩散核武器条约并将其所有核设施置于国际原子能机构监督之下，要求国际社会就此向以色列施压。

黎巴嫩问题：强调继续在政治和经济上支持黎，希望黎有关各派尽快解决政治危机，实现国家的安全与稳定。呼吁对黎政局具有影响力的有关各方发挥建设性作用，落实阿盟有关决议精神和条文，维护黎主权和统一。

苏丹达尔富尔问题：对达尔富尔地区的人道主义灾难表示遗憾，对苏丹政府为解决该问题所做的努力和与国际社会合作表示赞赏，呼吁国际社会付出更大努力维护达尔富尔地区的安全与稳定，强调海合会国家将继续向达尔富尔地区人民提供人道主义援助。

阿联酋与伊朗“三岛”纠纷问题：支持阿联酋对大、小通布和阿布穆萨三岛及其海域、领空和专属经济区的主权；对与伊朗谈判未取得积极成果表示遗憾，认为该问题的解决有助于地区的安全与稳定；呼吁伊朗响应阿联酋关于通过直接谈判或提交国际法院解决争端的倡议。

【同中国的关系】 海合会自成立之日起即同中国建立了联系。自 1990 年起，中国外长在出席联大期间均集体会见海合会六国外交大臣（或其代表）及海合会秘书长。近年来，双方友好交往持续发展。

2009 年 2 月，国家主席胡锦涛访问沙特时，会见了海合会秘书长阿提亚。双方就尽快启动中国—海合会战略对话机制，建立中国—海合会自由贸易区，加强双方在投资、金融以及人文领域交流与合作进行了深入探讨，达成新的重要共识。

2010 年 6 月，由科威特副首相兼外交大臣穆罕默德、阿联酋外交事务国务部长安瓦尔·穆罕默德·卡尔卡什（Anwar Mohammed Qarqash）和海合会秘书长阿提亚率领的海合会代表团访华。国家副主席习近平会见，杨洁篪外长同其共同主持中国—海合会首轮战略对话，双方签署了《中华人民共和国和海湾阿拉伯国家合作委员会成员国关于战略对话的谅解备忘录》并发表新闻公报。海合会方面邀请中方于 2011 年在阿联酋举行中国—海合会战略对话第二届部长级会议。（李群）

中国—阿拉伯国家合作论坛
China-Arab States Cooperation Forum

【成立日期】 2004 年 1 月 30 日，中国国家主席胡锦涛访问了设在埃及开罗的阿拉伯国家联盟（以下简称阿盟）总部，会见了阿盟秘书长阿姆鲁·穆萨和 22 个阿盟成员国代表。会见结束后，李肇星外长与穆萨秘书长共同宣布成立“中国—阿拉伯国家合作论坛”，并发表了《关于成立“中国—阿拉伯国家合作论坛”的公报》。

【宗旨】 加强对话与合作、促进和平与发展。

【成员】 中国和阿盟 22 个成员国（约旦、阿联酋、巴林、突尼斯、阿尔及利亚、吉布提、沙特、苏丹、叙利亚、索马里、伊拉克、阿曼、巴勒斯坦、卡塔尔、科摩罗、科威特、黎巴嫩、利比亚、埃及、摩洛哥、毛里塔尼亚、也门）。

【机制】（一）部长级会议为论坛长期机制，由各国外长和阿盟秘书长组成，每两年在中国或阿拉伯国家联盟总部或任何一个阿拉伯国家轮流举行一次部长级例会，必要时可以召开非常会议。会议主要讨论加强中国和阿拉伯国家在政治、经济、安全等领域的合作；就共同关心的地区和国际问题、联合国及其专门机构会议所讨论的热点问题交换意见；回顾论坛行动计划执行情况；讨论双方共同关心的其他事务。（二）高官委员会会议：每年召开例会，由中阿双方轮流承办，必要时经双方同意也可随时开会。负责筹备部长级会议并落实部长级会议的决议和决定，并举行中阿集体政治磋商。（三）其他机制：除部长级会议和高官会外，论坛框架下逐步形成了中阿企业家大会暨投资研讨会、中阿关系暨中阿文明对话研讨会、中阿友好大会、中阿能源合作大会和中阿新闻合作论坛、中阿互办文化节等机制。以上活动一般每两年轮流在中国和阿拉伯国家举办一次。此外，中阿在环境保护和人力资源培训领域也有着机制性合作。（四）联络组：中国驻埃及大使馆为中方联络组，阿拉伯驻华使节委员会和阿盟驻华代表处为阿方联络方，负责双方的联络并落实部长会和高官会的决议和决定。中方论坛事务秘书处办公室设在中国外交部西亚北非司。

【论坛网址】 www. cascf. org

【主要活动】 截至 2009 年底，“中国—阿拉伯国家合作论坛”已举行三届部长级会议、七次高官会。其他合作机制有序运行。

2009 年，论坛框架下举办的主要活动有：

4 月 21 ~ 22 日，论坛第三届中阿企业家大会暨投资研讨会在杭州举行。会议由中国贸促会与杭州市人民政府共同主办，中国外交部、商务部、浙江省人民政府、阿盟秘书处、阿盟经社理事会和阿拉伯驻华使团支持，来自中阿双方的政府官员和企业家逾千人与会。全国政协副主席阿不来提·阿不都热西提出席开幕式并发表讲话。会议主题为“迎接挑战、互利共赢”，通过全体会议、专题讨论、项目洽谈、参观考察等多种形式，就投资、贸易、金融及中小企业合作等领域进行了广泛、深入的研究和交流。会议期间还举行了中阿对口洽谈会 120 多场，近 600 家中方企业和 300 余家阿方企业参加，就 8 个行业领域进行洽谈，涉及金额 15 亿人民币，达成合同意向金额 5 亿元人民币。会议通过了“会议纪要”，确定 2011 年在巴林举行第四届中阿企业家大会。

5 月 11 ~ 12 日，论坛第三届中阿关系暨中阿文明对话研讨会在突尼斯迦太基市举行。中国外交部、文化部、新闻出版总署及 15 个阿拉伯国家和阿盟的官员、专家学者共约 80 人与会。全国政协副主席白立忱在开幕式上发表讲话。研讨会围绕“阿拉伯文化中的中国和中国文化中的阿拉伯人”、“中阿文化中人与自然的共同价值观”等议题进行讨论，并通过了成果文件。会议期间还举办了“阿拉伯著作中文译著展”和“华夏瑰宝展”。

6月23~24日，论坛第六次高官会在北京举行。中国外交部、教育部、商务部、文化部、新闻出版总署、国务院新闻办、国家能源局、贸促会、全国对外友协等部门的官员、22个阿盟成员国外交部和阿盟秘书处的官员及阿国驻华使节近百人与会。会议评估了论坛第三届部长级会议成果文件落实情况，就共同关心的国际和地区问题、第四届部长级会议筹备等议题深入交换了意见，并通过了成果文件。会议期间，“中阿合作论坛”网站正式开通，中阿双方共同设计的论坛永久性标志正式启用。

11月10~11日，论坛首届中阿高教与科研合作研讨会在苏丹首都喀土穆举行。中国外交部、教育部和多家中国知名高校代表及苏丹高教与科研部长、科技部长、阿盟秘书处代表、阿拉伯科研会同盟秘书长及13个阿拉伯国家的高教部及高校代表与会。会议就中阿高教与科研合作的机制与途径、加强中阿政府和高校间人员交流与互访、推动中阿政府和高校间双边教育与科研合作等议题进行了广泛而深入的探讨与交流，并发表了“会议公报”。（孙晓丹）

中非合作论坛
Forum on China-Africa Cooperation—FOCAC

【成立日期】为进一步加强中国与非洲国家在新形势下的友好合作，共同应对经济全球化挑战，谋求共同发展，根据部分非洲国家的建议，中国政府倡议于2000年10月10~12日在北京召开了中非合作论坛—北京2000年部长级会议，中非合作论坛正式成立。

【宗旨】平等磋商、增进了解、扩大共识、加强友谊、促进合作。

【成员】中国、与中国建交的49个非洲国家：阿尔及利亚、安哥拉、贝宁、博茨瓦纳、布隆迪、喀麦隆、佛得角、中非、乍得、刚果（布）、科摩罗、科特迪瓦、刚果（金）、吉布提、埃及、赤道几内亚、厄立特里亚、埃塞俄比亚、加蓬、加纳、几内亚、几内亚比绍、肯尼亚、莱索托、利比里亚、利比亚、马达加斯加、马拉维、马里、毛里塔尼亚、毛里求斯、摩洛哥、莫桑比克、纳米比亚、尼日尔、尼日利亚、卢旺达、塞内加尔、塞舌尔、塞拉利昂、索马里、南非、苏丹、坦桑尼亚、多哥、突尼斯、乌干达、赞比亚、津巴布韦

【会议机制】中非合作论坛第一届部长级会议上通过的《中非经济和社会发展合作纲领》中规定，中非双方同意建立后续机制，定期评估后续行动的落实情况。2001年7月，中非合作论坛部长级磋商会在赞比亚首都卢萨卡举行，讨论并通过了《中非合作论坛后续机制程序》。2002年4月，后续机制程序正式生效。中非合作论坛后续机制建立在三个级别上：部长级会议每三年举行一届；高官级后续会议及为部长级会议做准备的高官预备会分别在部长级会议前一年及前数日各举行一次；非洲驻华使节与中方后续行动委员会秘书处每年至少举行两次会议。部长级会议及其高官会轮流在中国和非洲国家举行。中国和会议承办国分别担任主席国和共同主席国，共同主持会议并牵头落实会议成果。部长级会议由外长和负责对外合作或财经事务的部长参加，高官会由各国主管部门的司局级或相当级别的官员参加。

2006年，中非领导人在中非合作论坛北京峰会暨第三届部长级会议上一致同意建立中非外长级定期政治对话机制，在每届部长级会议次年在联合国大会期间举行。2007年9月26日，中非外长在纽约举行了首次政治磋商。

【中方后续行动委员会】2000年11月，中非合作论坛中方后续行动委员会成立，目前共有27家成员单位，分别是：外交部、商务部、财政部、中共中央对外联络部、国家发展改革委员会、教育部、科学技术部、工业和信息化部、国土资源部、环境保护部、交通运输部（国家民用航空局）、农业部、文化部、卫生部、中国人民银行、海关总署、国家税务总局、国家质检总局、国家广电总局、国家旅游局、国务院新闻办公室、共青团中央、中国国际贸易促进委员会、中国银行、中国进出口银行、国家开发银行、北京市人民政府。外交部长和商务部长为委员会名誉两主席，两部主管部领导为两主席。委员会下设秘书处，由外交部、商务部和财政部有关司局组成，外交部非洲司司长任秘书长。秘书处办公室设在外交部非洲司。

中非合作论坛网站网址：http：//www.focac.org。

【主要活动】一、第一届部长级会议

2000年10月10~12日，中非合作论坛第一届部长级会议在北京举行，中国和44个非洲国家的80余名部长、17个国际和地区组织的代表及部分中非企业界人士出席会议。中国国家主席江泽民和国务院总理朱镕基分别出席开幕式和闭幕式并发表讲话；非洲统一组织（非洲联盟前身）“三驾马车”，即前任主席阿尔及利亚总统布特弗利卡、现任主席多哥总统埃亚德马、候任主席赞比亚总统奇卢巴以及坦桑尼亚总统姆卡帕出席开幕式并讲话；非统秘书长萨利姆在闭幕式上致辞。会议议题是：面向21世纪应如何推动建立国际政治经济新秩序，如何在新形势下进一步加

强中非在经贸领域的合作。会议通过了《中非合作论坛北京宣言》和《中非经济和社会发展合作纲领》，为中国与非洲国家发展长期稳定、平等互利的新型伙伴关系确定了方向。中国政府宣布将减免非洲重债穷国和最不发达国家100亿元人民币债务。

二、第二届部长级会议

2003年12月15~16日，中非合作论坛第二届部长级会议在埃塞俄比亚首都亚的斯亚贝巴举行，中国和44个非洲国家的70多名部长及部分国际和地区组织的代表参加会议。中国国务院总理温家宝和埃塞俄比亚总理梅莱斯，其他非洲国家6位总统、3位副总统、2位总理、1位议长，非洲联盟委员会主席科纳雷、联合国秘书长代表出席开幕式并发表讲话。会议主题为：务实合作、面向行动。会议通过了《中非合作论坛——亚的斯亚贝巴行动计划（2004~2006年）》。

三、北京峰会暨第三届部长级会议

2006年是新中国同非洲国家开启外交关系50周年，为进一步提升中非合作水平，中非双方商定举行中非合作论坛北京峰会暨第三届部长级会议。

2006年11月3日，中非合作论坛第三届部长级会议在北京召开，为北京峰会召开作最后的准备。中国和48个非洲国家的外交部长、负责国际经济合作事务的部长和代表出席了会议，24个国际和地区组织的代表作为观察员列席了会议开幕式。

11月4~5日，中非合作论坛北京峰会隆重举行，会议主题为：友谊、和平、合作、发展。中国国家主席胡锦涛和非洲35位国家元首、6位政府首脑、1位副总统、6位高级代表以及非洲联盟委员会主席出席。中国国务院总理温家宝与33位非洲国家领导人共同出席了与中非工商界代表高层对话会。24个国际和地区组织派观察员列席峰会有关活动。会议通过了《中非合作论坛北京峰会宣言》和《中非合作论坛——北京行动计划（2007至2009年）》，决定建立和发展政治上平等互信、经济上合作共赢、文化上交流互鉴的中非新型战略伙伴关系。胡锦涛主席代表中国政府宣布了旨在加强中非务实合作、支持非洲国家发展的8项政策措施，包括增加对非援助、提供优惠贷款和优惠出口买方信贷、设立中非发展基金、援建非盟会议中心、免债、免关税、建立经贸合作区、加强人力资源开发以及教育、医疗等领域合作。

四、第四届部长级会议

2009年11月8~9日，中非合作论坛第四届部长级会议在埃及沙姆沙伊赫举行。中国国务院总理温家宝、埃及总统穆巴拉克以及其他非洲国家9位总统、3位总理、3位副总统、1位议长和非盟委员会主席让·平出席开幕式并发表讲话。中国和49个非洲国家的外交部长和负责经济合作事务的部长或代表与会，部分国际和非洲地区组织以观察员身份列席会议。会议审议了中方关于论坛北京峰会后续行动落实情况的报告，通过了《中非合作论坛沙姆沙伊赫宣言》和《中非合作论坛——沙姆沙伊赫行动计划（2010至2012年）》两个文件，确定今后3年中非在政治、经济、社会、人文等各领域的合作规划，决定于2012年在中国举行第五届部长级会议。

温总理发表了题为《全面推进中非新型战略伙伴关系》的重要讲话，代表中国政府宣布了对非合作新八项举措。（一）倡议建立中非应对气候变化伙伴关系，不定期举行高官磋商，在卫星气象监测、新能源开发利用、沙漠化防治、城市环境保护等领域加强合作。中方决定为非洲援建太阳能、沼气、小水电等100个清洁能源项目。（二）加强科技合作，倡议启动"中非科技伙伴计划"，实施100个中非联合科技研究示范项目，接收100名非洲博士后来华进行科研工作，并为其回国服务提供资助。（三）增加非洲融资能力，向非洲国家提供100亿美元优惠性质贷款；支持中国金融机构设立非洲中小企业发展专项贷款，金额10亿美元。对非洲与中国建交的重债穷国和最不发达国家，免除截至2009年底对华到期未还的政府无息贷款债务。（四）扩大对非产品开放市场，逐步给予非洲与中国建交的最不发达国家95%的产品零关税待遇，2010年年内首先对60%的产品实施免关税。（五）进一步加强农业合作，为非洲国家援建的农业示范中心增至20个，向非洲派遣50个农业技术组，为非洲国家培训2000名农业技术人才，提高非洲实现粮食安全的能力。（六）深化医疗卫生合作，为援非30所医院和30个疟疾防治中心提供价值5亿元人民币的医疗设备和抗疟物资，为非洲培训3000名医护人员。（七）加强人力资源开发和教育合作，为非洲国家援助50所中非友好学校，培训1500名校长和教师；到2012年，向非洲提供的中国政府奖学金名额增至5500名；今后3年为非洲培训各类人才总计2万名。（八）扩大人文交流，倡议实施"中非联合研究交流计划"，促进学者、智库交往合作，交流发展经验，并为双方出台更好合作政策提供智力支持。

部长会期间举行了"第三届中非企业家大会"和"中非合作论坛北京峰会后续行动成果图片展"等活动。（牛小强）

上海合作组织
The Shanghai Cooperation Organization—SCO

【成立日期】 2001 年 6 月 15 日。

【宗旨】 加强各成员国之间的相互信任与睦邻友好；鼓励各成员国在政治、经贸、科技、文化、教育、能源、交通、环保及其他领域的有效合作；共同致力于维护和保障地区的和平、安全与稳定；建立民主、公正、合理的国际政治经济新秩序。

【成员】 6 个（截至 2009 年底）：中国、俄罗斯、哈萨克斯坦、吉尔吉斯斯坦、塔吉克斯坦、乌兹别克斯坦。

【观察员】 4 个（截至 2009 年底）：蒙古、巴基斯坦、伊朗、印度。

【对话伙伴】 2 个（截至 2009 年底）：斯里兰卡、白俄罗斯。

【总部】 上海合作组织秘书处设在北京，2004 年 1 月正式启动。现任秘书长伊马纳利耶夫（吉尔吉斯斯坦籍），2010 年 1 月上任，任期 3 年。

【网址】 www. sectsco. org

【组织机构】 上海合作组织常设机构为秘书处、地区反恐怖机构；非常设机构为元首理事会、政府首脑（总理）理事会、外长理事会、国家协调员理事会及各部门领导人会议（现有总检察长、安全会议秘书、国防部长、经贸部长、交通部长、文化部长、紧急救灾等部门领导人会议机制）。

【主要活动】 2009 年 3 月 27 日，上海合作组织首次阿富汗问题特别国际会议在莫斯科举行，中国外交部副部长宋涛率中方代表团出席。会议就阿富汗局势、上海合作组织与阿富汗政府合作等问题交换意见，发表了《上海合作组织成员国和阿富汗关于打击恐怖主义、毒品走私和有组织犯罪的声明》、《上海合作组织成员国和阿富汗打击恐怖主义、毒品走私和有组织犯罪行动计划》和《会议宣言》。

2009 年 4 月 29 日，上海合作组织成员国第七次国防部长会议在莫斯科举行，中国国务委员兼国防部部长梁光烈率中方代表团出席。

2009 年 5 月 15 日，上海合作组织成员国外长理事会例行会议在莫斯科举行。中国外长杨洁篪、哈萨克斯坦外长塔仁、吉尔吉斯斯坦外长萨尔巴耶夫、俄罗斯外长拉夫罗夫、塔吉克斯坦外长扎里菲、乌兹别克斯坦外长诺罗夫参加会议。上海合作组织秘书长努尔加利耶夫和地区反恐怖机构执委会主任苏班诺夫列席会议。会议审议了杜尚别峰会有关共识和决议的落实情况，研究了将于 6 月中旬在叶卡捷琳堡举行的成员国元首理事会会议的准备工作，就组织建设和干部问题通过了若干决议，并就当前国际和地区形势交换了意见。

2009 年 5 月 18 日，上海合作组织成员国首次公安内务部长会议在叶卡捷琳堡举行，中国国务委员、公安部部长孟建柱率中方代表团出席。会议围绕公安、内长会议机制的发展前景、召开公安内务部门法制局长会议、制订和签署成员国《打击犯罪协定》、保障成员国境内油气管道安全、反洗钱合作、打击跨国犯罪六项议题深入交换了意见，达成广泛共识。

2009 年 5 月 20 日，上海合作组织成员国第四次安全会议秘书会议在莫斯科举行。中国国务委员孟建柱、哈萨克斯坦总统助理、安全会议秘书苏莱曼诺夫、吉尔吉斯斯坦安全会议秘书马杜马罗夫、俄罗斯联邦安全会议秘书帕特鲁舍夫、塔吉克斯坦安全会议秘书阿济莫夫、乌兹别克斯坦总统国家安全会议秘书阿塔耶夫与会，上海合作组织秘书长努尔加利耶夫、地区反恐怖机构执委会主任苏班诺夫列席会议。会议讨论研究了进一步加强务实合作，维护本组织所在地区的安全和稳定，应对新威胁和新挑战等问题，并就继续完善本组织框架内的各项合作机制交换了意见。

2009 年 6 月 5 日，上海合作组织成员国第四次紧急救灾部门领导人会议在哈萨克斯坦阿克套市举行，中国民政部部长李学举率中方代表团出席。会议研究了紧急情况预警、应急救灾、边境地区救灾合作及跨境紧急情况联合行动等问题，并就建立上海合作组织紧急情况预警和救灾中心交换了意见。

2009 年 6 月 15～16 日，上海合作组织成员国元首理事会第九次会议在叶卡捷琳堡举行。中国国家主席胡锦涛、哈萨克斯坦总统纳扎尔巴耶夫、吉尔吉斯斯坦总统巴基耶夫、俄罗斯总统梅德韦杰夫、塔吉克斯坦总统拉赫蒙、乌兹别克斯坦总统卡里莫夫与会。上海合作组织秘书长努尔加利耶夫、上海合作组织地区反恐怖机构执委会主任苏班诺夫列席。上海合作组织观察员国印度总理辛格、伊朗总统艾哈迈迪内贾德、蒙古第一副总理阿拉坦呼雅格、巴基斯坦总统扎尔达里，以及主席国客人阿富汗总统卡尔扎伊、联合国负责政治事务的副秘书长帕斯科参加会议并发言。独联体执委会主席列别捷夫、欧亚经济共同体秘书长曼苏罗夫、集体安全条约组织秘书长博尔久扎列席会议。胡锦涛主席在会上发表题为《携手应对国际金融危机，共同创造和谐美好未来》的重要讲话，提出增强政治互信、深化经济合作、强化安全合作、扩大人文交流和坚持对外开放五项主张，并宣布中方将提供 100 亿美元信贷资金，用以支持上海合作组织框架内的多双边项目和帮助成员国应对危机。成员国元首签署了《叶卡捷琳堡宣言》、《上海合作组织反恐怖主义公约》，批准了《上海合作组织关于应对威胁本地区和平、安全与稳定事态的政治外交措施及机制条例》、给予斯里兰卡、白俄罗斯上海合作组织对话伙伴地位等重要决议，就会议成果发表《联合公报》。峰会期间还签署了《上海合作组织成员国保障国际信息安全政府间合作协定》和《上海合作组织成员国反恐专业人员培训协定》。

2009 年 10 月 14 日，上海合作组织成员国政府首脑（总理）理事会例行会议在北京举行。中国国务院总理温家宝、哈萨克斯坦总理马西莫夫、吉尔吉斯斯坦总理丘季诺夫、俄罗斯总理普京、塔吉克斯坦总理阿基洛夫、乌兹别克斯坦总理米尔济约耶夫出席。上海合作组织秘书长努尔加利耶夫、上海合作组织地区反恐怖机构执行委员会主任苏班诺夫列席。上海合作组织观察员国印度石油和天然气部长德奥拉、伊朗第一副总统拉希米、蒙古对外关系与贸易部长巴特包勒德、巴基斯坦总理吉拉尼以及东道国客人阿富汗副总统哈利利与会并发言。温家宝总理发表了重要讲话。会议研究了当前国际政治经济形势及其带来的机遇和挑战，就深化本组织各领域务实合作、共同应对国际金融经济危机等问题深入交换意见，达成广泛共识。成员国签署或发表《联合公报》、《上海合作组织成员国关于加强多边经济合作、应对全球金融经济危机、保障经济持续发展的共同倡议》、《上海合作组织地区防治传染病联合声明》等多个重要文件和决议。（王雅）

东南亚国家联盟（东盟）
Association of Southeast Asian Nations—ASEAN

【成立日期】 1967 年 8 月 8 日。

【目标】《东盟宪章》确定的目标包括：（一）维护和促进地区和平、安全和稳定；（二）通过加强政治、安全、经济和社会文化合作，提升地区活力；（三）维护东南亚的无核武器区地位，杜绝大规模杀伤性武器；（四）确保东盟人民和成员国与世界和平相处，生活于公正、民主与和谐的环境中；（五）建立一个稳定、繁荣、极具竞争力和一体化的共同市场和制造基地，实现货物、服务、投资、人员、资金自由流动；（六）通过相互帮助与合作减轻贫困，缩小东盟内部发展鸿沟；（七）在充分考虑东盟成员国权利与义务的同时，加强民主，促进良政与法律，促进和保护人权与基本自由；（八）根据全面安全的原则，对各种形式的威胁、跨国犯罪和跨境挑战作出有效反应；（九）促进可持续发展，保护本地区环境、自然资源和文化遗产，确保人民高质量的生活；（十）通过加强教育、终生学习以及科学技术领域的合作，开发人力资源，提高人民素质，强化东盟共同体意识；（十一）为东盟人民提供适当的就业机会、社会福利和公正待遇，提高其福利和生活水平；（十二）加强合作，为东盟人民营造一个安全、没有毒品的环境；（十三）建设一个以人为本的东盟，鼓励社会各界参与东盟一体化和共同体建设进程，并从中受益；（十四）增强对本地区丰富文化和遗产的认识，促进东盟意识；（十五）在一个开放、透明和包容的地区架构内，发展与域外伙伴的关系与合作，维护东盟的主导力量、中心地位和积极作用。

【成员】 10 个（截至 2009 年底）：印度尼西亚、马来西亚、菲律宾、新加坡、泰国、文莱、越南、老挝、缅甸、柬埔寨。总面积约 446 万平方公里，人口 5.76 亿。观察员国：巴布亚新几内亚。

【主要负责人】 首脑会议是东盟最高决策机构，由东盟各国轮流担任主席国，负责召集。现任主席国为越南，2010 年 1 月接任。东盟秘书长是东盟首席行政官，向东盟首脑会议负责，由东盟各国轮流推荐资深人士担任，任期五年。素林·披苏旺（SURIN PITSUWAN，泰国前外长）于 2008 年 1 月接任东盟秘书长。

【总部】 东盟秘书处设在印度尼西亚首都雅加达（70A Jl. Sisingamangaraja, Jakarta 12110, Indonesia）。网址：http://www.asean.org/。

【出版物】 东盟拥有众多定期或不定期发行的出版物，如《东盟年度报告》、《东盟商务通讯》等。

【组织机构】 2008 年 12 月，《东盟宪章》正式生效。根据该宪章，东盟调整了组织机构，主要包括（1）首脑会议：就东盟发展的重大问题和发展方向做出决策，每年举行两次。（2）东盟协调理事会：由东盟各国外长组成，是综合协调机构，每年举行两次会议。（3）东盟共同体理事会：包括东盟政治安全共同体理事会、东盟经济共同体理事会和东盟社会文化共同体理事会，协调其下设各领域工作，由担任东盟主席的成员国相关部长担任主席，每年至少举行两次会议。（4）东盟领域部长机制：加强各相关领域合作，支持东盟一体化和共同体建设。（5）东盟秘书长和东盟秘书处：负责协助落实东盟的协议和决定，监督落实。（6）常驻东盟代表委员会：由东盟成员国指派的大使级常驻东盟代表组成，代表各自国家与东盟秘书处和东盟领域部长机制进行协调。（7）东盟国家秘书处：是东盟在各成员国的联络点。（8）东盟人权机构：负责促进和保护人权与基本自由的相关事务。（9）东盟基金会：与东盟相关机构合作，支持东盟共同体建设。（10）与东盟相关的实体：包括各种民间和半官方机构。

【主要活动】自 1976 年以来东盟共举行了 16 次首脑会议。

2003 年 10 月举行的第九届东盟首脑会议发表《东盟协调一致第二宣言》（亦称《第二巴厘宣言》），宣布将于 2020 年建成东盟共同体，其三大支柱分别是“东盟政治安全共同体”、“东盟经济共同体”和“东盟社会文化共同体”。2004 年 11 月举行的第十届东盟首脑会议通过为期 6 年的《万象行动计划》（VAP），以进一步推进一体化建设，并决定建立“东盟发展基金”以保障其落实。2005 年 12 月举行的第 11 届东盟首脑会议签署《关于制定 <东盟宪章> 的吉隆坡宣言》。2007 年 1 月第 12 届东盟首脑会议签署《关于加速于 2015 年建立东盟共同体的宿务宣言》、《关于 <东盟宪章> 蓝图的宿务宣言》和《关于建设一个关爱和共享的共同体的宿务宣言》。同年 11 月举行的第 13 届东盟首脑会议签署《东盟宪章》、《东盟经济共同体蓝图宣言》、《东盟环境可持续性宣言》和《东盟关于第十三次 <联合国气候变化框架公约> 缔约方会议和第三次 <京都议定书> 缔约方会议的宣言》。

2009 年 2 月在泰国曼谷举行的第 14 届东盟首脑会议以落实《东盟宪章》和合作应对全球金融危机为重点。会议签署《东盟政治安全共同体蓝图》、《东盟社会文化共同体蓝图》、《东盟共同体 2009—2015 年路线图宣言》，发表《关于全球经济和金融危机的新闻公报》、《东盟地区食品安全声明》和《关于东盟实现千年发展目标的联合宣言》、第二份《东盟一体化倡议工作计划》，并见证签署《东盟货物贸易协定》、《东盟全面投资协定》和《东盟石油安全协定》。

2009 年 10 月在泰国昌安华欣举行的第 15 届东盟首脑会议以“促进互联互通，提高人民能力”为主题，强调推进基础设施建设，以及通过教育合作和能力建设加强各国民众的东盟意识和认同感。会议发表《东盟领导人关于东盟互联互通的声明》、《关于加强教育合作实现东盟关爱与共享的共同体的昌安华欣宣言》、《关于成立东盟政府间人权委员会的昌安华欣宣言》和《东盟关于气候变化的联合声明》，通过《东盟协调理事会职责范围》，签署《东盟特权与豁免协议》。

2010 年 4 月第 16 届东盟首脑会议在越南河内举行，主题为“迈向东盟共同体：从愿景到行动”，重点就进一步落实《东盟宪章》、加快共同体建设和加强后金融危机合作等进行讨论。会议签署《东盟宪章争端解决机制议定书》，发表《东盟关于持续复苏和发展的声明》、《东盟领导人关于联合应对气候变化的声明》，宣布启动东盟促进和保护妇女儿童权利委员会，并将妇女儿童发展等确定为社会文化共同体建设优先领域。

东盟积极开展多方位外交。1994 年 7 月，东盟倡导成立东盟地区论坛（ARF），主要就亚太地区政治和安全问题交换意见。1994 年 10 月，东盟倡议召开亚欧会议（ASEM），促进东亚和欧盟的政治对话与经济合作。1999 年 9 月，在东盟的倡议下，东亚—拉美合作论坛（FEALAC）成立。此外，自 1978 年始，东盟国家每年与其对话伙伴（时为美国、日本、澳大利亚、新西兰、加拿大、欧盟，后相继增加韩国、中国、俄罗斯和印度）举行对话会议，就重大国际政治和经济问题交换意见。

近年来，美、日、韩、澳等主要域外国家不断加强与东盟关系。2009 年 7 月，美签署《东南亚友好合作条约》。日提出“亚洲经济倍增倡议”，对以东盟为主的亚洲发展中国家打出包括官方发展援助、贷款保险、贸易融资担保、环保投资倡议等共约 700 亿美元援助计划。韩国于 2009 年 6 月举行了纪念与东盟建立对话关系 20 周年特别峰会，宣布东盟—韩国自贸区将于 2010 年 1 月正式启动。澳、新（西兰）与东盟签署自贸区协议。

【同中国的关系】中国与东盟自 1991 年开始对话进程。经过 18 年来的共同努力，双方政治互信明显增强，经贸合作成效显著，其他领域合作不断拓展和深化。

政治上，中国于 2003 年作为域外大国率先加入《东南亚友好合作条约》，与东盟建立了面向和平与繁荣的战略伙伴关系。双方建立了较为完善的对话合作机制，主要包括领导人会议、11 个部长级会议机制和 5 个工作层对话合作机制。2002 年，中国与东盟签署《南海各方行为宣言》，就和平解决争议、共同维护地区稳定、开展南海合作达成共识。面对各种重大自然灾害和突发事件，中国与东盟真诚合作、共同应对。双方召开了非典型性肺炎特别峰会和防治禽流感特别会议，制定了一系列合作措施。2005 年，中国为遭受印度洋地震海啸袭击的东盟国家提供了无私帮助。2006 年是中国—东盟建立对话关系 15 周年，双方于 10 月 30 日在广西南宁成功举办了中国—东盟纪念峰会，规划了双方关系未来发展方向，进一步巩固和提升了双方战略伙伴关系。

2009 年 4 月，第 12 次中国—东盟领导人会议因泰国国内形势被迫延期，杨洁篪外长受温家宝总理委托向东盟各国驻华使节通报了中方拟在会上提出的倡议，包括：设立总规模 100 亿美元的中国—东盟投资合作基金、未来 3 ~5 年向东盟提供 150 亿美元信贷、向中国—东盟合作基金增资 500 万美元、向老柬缅提供 2.7 亿元人民币特别援助、实施“中国—东盟粮食综合生产能力提升行动计划”等。同年 10 月，第 12

次中国—东盟领导人会议在泰国昌安华欣举行。温总理在会上宣布将4月承诺的150亿美元中的优惠性质贷款额度从17亿美元提高至67亿美元。中方其他主要倡议还包括：实施“中国—东盟农村发展推进计划”、未来3年内为东盟国家培训100名环境官员、2010年主办首次中国—东盟教育部长圆桌会议、争取2020年双方互派留学生均达到10万人、共同制定第二份《落实中国—东盟面向和平与繁荣的战略伙伴关系联合宣言的行动计划》等。会议签署了《建立中国—东盟中心谅解备忘录》、《中国—东盟知识产权领域合作谅解备忘录》、《中国—东盟关于技术法规、标准和合格评定程序谅解备忘录》和《中国—东盟东部增长区经济合作框架》。

经济上，中国是东盟第三大贸易伙伴，东盟是中国第四大贸易伙伴。在全球金融危机形势下，2009年双方贸易总额达2130.11亿美元，同比下降7.8%，降幅小于同期中国进出口总体降幅6个百分点。双方于2002年签署了《全面经济合作框架协议》，决定于2010年建成中国—东盟自由贸易区。目前，双方签署了《货物贸易协议》、《服务贸易协议》和《投资协议》，自贸区已如期顺利建成。中国—东盟博览会及商务与投资峰会自2004年起每年在广西南宁举行，已成为中国与东盟国家经济往来的重要平台。

领域合作方面，双方确定了农业、信息产业、人力资源开发、相互投资、湄公河流域开发、交通、能源、文化、旅游、公共卫生和环保11大重点合作领域。在执法、青年交流、非传统安全等其他20多个领域也开展了广泛合作。中国与东盟签署了农业、信息通信、非传统安全、大湄公河次区域信息高速公路、交通、文化、卫生与植物卫生、新闻媒体、知识产权、技术法规、标准和合格评定程序、东盟东部增长区、建立中国—东盟中心12个合作谅解备忘录和合作框架。双方设立了中国—东盟合作基金和中国—东盟公共卫生合作基金，用于支持中国—东盟领域合作。东盟10国均已成为中国公民出国旅游目的地，双方互为主要旅游客源对象。

在国际和地区事务上，中国与东盟的协调与配合进一步加强。中国始终支持东盟在东亚合作进程中发挥主导作用，双方共同推动东盟与中日韩合作、东亚峰会、东盟地区论坛、亚洲合作对话、亚太经合组织、亚欧会议、东亚—拉美合作论坛等区域和跨区域合作机制的健康发展。（王璟）

附表：东盟发表的重要文件

序号	文件名称	发表时间（年）
1	《曼谷宣言》	1967
2	《和平、自由和中立化宣言》即《吉隆坡宣言》	1971
3	《东盟协调一致宣言》	1976
4	《东南亚友好合作条约》	1976
5	《东南亚友好合作条约修改议定书》	1987
6	《促进东盟经济合作框架协议》	1992
7	《东盟自由贸易区共同有效优惠关税协定》	1992
8	《东南亚无核武器区条约》	1995
9	《东盟2020年远景规划》	1997
10	《东南亚友好合作条约第二修改议定书》	1998
11	《河内行动计划》	1998
12	《为促进东盟一体化、缩小发展差距的河内宣言》	2001
13	《东盟一体化倡议行动计划》	2002
14	《东盟协调一致第二宣言》	2003
15	《万象行动计划》	2004
16	《东盟一体化建设重点领域框架协议》	2004
17	《东盟安全共同体行动计划》	2004
18	《东盟社会文化共同体行动计划》	2004
19	《关于制定<东盟宪章>的吉隆坡宣言》	2005
20	《关于<东盟宪章>蓝图的宿务宣言》	2007
21	《关于加速于2015年建立东盟共同体的宿务宣言》	2007
22	《关于建设一个关爱和共享的共同体的宿务宣言》	2007
23	《东盟反恐公约》	2007
24	《保障与提倡海外劳工权利宣言》	2007
25	《东盟宪章》	2007
26	《东盟经济共同体蓝图宣言》	2007

（续表）

序号	文件名称	发表时间（年）
27	《东盟环境可持续性宣言》	2007
28	《东盟关于第 13 次 <联合国气候变化框架公约> 缔约方会议和第 3 次 <京都议定书缔约方会议的宣言>》	2007
29	《东盟政治安全共同体蓝图》	2009
30	《东盟社会文化共同体蓝图》	2009
31	《东盟共同体 2009—2015 年路线图宣言》	2009
32	《关于全球经济和金融危机的新闻公报》	2009
33	《东盟地区食品安全声明》	2009
34	《关于东盟实现千年发展目标的联合宣言》	2009
35	第二份《东盟一体化倡议工作计划》	2009
36	《东盟货物贸易协定》	2009
37	《东盟全面投资协定》	2009
38	《东盟石油安全协定》	2009
39	《东盟领导人关于东盟互联互通的声明》	2009
40	《关于加强教育合作实现东盟关爱与共享的共同体的昌安华欣宣言》	2009
41	《关于成立东盟政府间人权委员会的昌安华欣宣言》	2009
42	《东盟关于气候变化的联合声明》	2009
43	《东盟协调理事会职责范围》	2009
44	《东盟特权与豁免协议》	2009

南亚区域合作联盟
South Asian Association for Regional Cooperation—SAARC

【成立日期】 1985 年 12 月，孟加拉国、不丹、印度、马尔代夫、尼泊尔、巴基斯坦、斯里兰卡七国首脑齐聚达卡，通过《南亚区域合作宣言》和《南亚区域合作联盟宪章》，宣告南盟正式成立。

【宗旨】 根据《南盟宪章》，南盟的宗旨是：促进南亚各国人民的福祉并改善其生活质量；加快区域内经济增长、社会进步和文化发展，为每个人提供过上体面生活和实现全部潜能的机会；促进和加强南亚国家集体自力更生；促进相互信任和理解及对彼此问题的了解；促进在经济、社会、文化、技术和科学领域的积极合作和相互支持；加强与其他发展中国家的合作；在国际论坛上就共同关心的问题加强彼此合作；与具有类似目标和宗旨的国际及地区组织进行合作。

《南盟宪章》特别规定了南盟应遵循的基本原则：(1) 各级机构应在协商一致的基础上做出决定；(2) 不审议双边和有争议的问题；(3) 南盟框架内的合作应在尊重主权平等、领土完整、政治独立、不干涉别国内政和互惠互利的基础上进行；(4) 南盟合作不应取代双边和多边合作，而是对其进行补充；(5) 南盟合作不应与双边和多边义务相抵触。

【成员】 阿富汗、孟加拉国、不丹、印度、马尔代夫、尼泊尔、巴基斯坦、斯里兰卡。

【观察员】 中国、日本、韩国、缅甸、美国、欧盟、澳大利亚、伊朗、毛里求斯。

【总部】 南盟秘书处设在尼泊尔加德满都。网址：www.saarc-sec.org。印度人康特·夏尔玛（Kant Sharma）2008 年 3 月起任南盟秘书长，任期三年。

【组织机构】（1）峰会：南盟的最高权力属于各国元首和政府首脑参加的峰会。峰会每年举行一次，必要时可随时召开，轮流在各成员国举行。东道国元首或政府首脑担任会议主席。（2）部长理事会：由成员国外长组成，负责制定政策，审查区域合作进展情况，决定新的合作领域，并决定秘书长人选。每年召开两次会议。（3）常务委员会：由成员国外秘组成，负责全面监察和协调各项计划，核准项目和方案及其筹资方式，决定部门间优先事项，调集域内外资源，寻找新的合作领域等。（4）技术委员会：根据“南盟一揽子行动纲要”，成立了农业与农村发展、卫生与人口活动、妇青幼、环境与林业、科技与气候、人力资源开发、运输七个技术委员会。此后，南盟还设立了信息与通信技术、生物技术、知识产权、旅游、能源五个工作组。（5）秘书处：南盟常设办事机构，负责南盟会务、成员国间及南盟与其他国际组织的交流与合作，协调和监督南盟各项活动的实施。（6）特别部长会议：迄今已就成员国共同关心的商贸、儿童、妇女、环境、残疾人、住房等领域问题分别举行过会议。（7）经济合作委员会：由成员国商务和贸易部秘书组成，已成为南盟处理经贸问题的核心机构。负责制订具体政策措施并监督实施，促进域内经贸合作。（8）区域中心：已分别设立了农业信息中心（达卡）、结核病中心（加德满都）、气象研究中心（达卡）、文献中心（新德里）、人力资源开发中心（伊斯兰堡）、海岸区域管理中心（马累）、信息中心（加德满都）、能源中心（伊斯兰堡）、灾害管理中心（新德里）、林业中心（廷布）和正在筹建中的文化中心（科伦坡）。

【主要活动】南盟迄已举行16届峰会，最近三届：2007年在新德里、2008年在科伦坡和2010年在不丹廷布举行。

近年来，南盟区域合作和对外开放步伐加快。2004年第12届南盟峰会通过《南亚自由贸易区框架协定》，各国从2006年1月1日起开始逐步降低关税，7～10年内从当前的30%左右降至0%～5%。2005年第13届峰会就发展区域经济、消除贫困、打恐、应对自然灾害等方面加强合作制定50多条措施，宣布2006～2015年为南盟“减贫十年”。峰会决定吸收阿富汗为新成员，并接纳中国、日本等国为观察员国。2007年第14届峰会决定加强基础设施、能源和经贸等领域合作，设立南亚大学、地区粮食银行和南盟发展基金。中国、日本、韩国、美国、欧盟等观察员首次派团出席峰会。2008年第15届南盟峰会签署了南盟发展基金宪章、南亚地区标准组织协议、司法互助公约和阿富汗加入南亚自贸区议定书，修改了观察员指导原则，吸收澳大利亚和缅甸为观察员。2010年4月，第16届南盟峰会以“走向绿色和幸福的南亚”为主题，发表了《廷布宣言》，通过了《廷布气候变化宣言》、《南盟环境合作公约》，欢迎成员国签署《南盟服务贸易协定》，宣布在不丹首都廷布设立南盟发展基金秘书处，并将2010～2020年作为南盟内部实现互联互通的十年。

【同中国的关系】2005年11月，第13届南盟峰会原则同意中国成为观察员。2006年8月，南盟第27届部长理事会审议通过南盟观察员指导原则，正式接纳中国为观察员，并邀请中国以观察员身份出席第14届南盟峰会。

2007年4月，中国首次作为观察员派团出席南盟峰会，与南盟建立了联系。李肇星外长率团与会并在开幕式上致辞，宣布中国政府愿本着平等互信、合作共赢的精神，与南盟开展交流，逐步扩大务实合作，为推进南盟合作进程、促进南亚的和平与发展作出积极贡献。2008年8月，武大伟副外长率团出席了第15届南盟峰会。2010年4月，王光亚副外长率团出席第16届南盟峰会，表示中方将继续挖掘同南盟的合作潜力，拓展合作领域，推进双方友好合作关系。宣布中方将向南盟发展基金捐款30万美元，同南亚国家在应对气候变化领域加强务实合作。

中国与南盟合作项目主要集中于人员交流与培训和举办研讨会等。2009年，中国南盟合作项目进展顺利。中方举办了首届南亚国家广播电视论坛、中国与南盟关系国际研讨会、中国—南亚商务论坛、南亚国家商品展，并邀请南亚国家高级外交官团和新闻团访华，组织南亚国家驻华使节赴湖北省访问，取得良好效果。

2009年，中国与南盟国家贸易额为570.5亿美元，同比减少13.2%。双方人员往来约83.6万人次，同比减少0.4%。 （鲍众）

非洲联盟
African Union —AU

【成立日期】非洲联盟的前身是成立于1963年5月25日的非洲统一组织。1999年9月9日，非统第四次特别首脑会议通过《锡尔特宣言》，决定成立非洲联盟（以下简称“非盟”）。2002年7月，非盟正式取代非统。

为纪念非统和非盟成立，每年的5月25日、9月9日分别被定为“非洲日”和“非洲联盟日”。

【目标与宗旨】《非盟章程》确定的目标是：实现非洲国家和人民间更广泛的团结和统一；维护成员国主权、领土完整和独立；促进和平、安全和稳定；加快政治、社会和经济一体化进程；促进民主原则、大众参与和良政；促进和保护人权；推动非洲在经济、社会、文化和一体化方面的可持续发展；推动在各领域的泛非合作，提高人民生活水平；协调和统一当前和未来的区域经济组织的政策，以逐步实现非盟目标；维护非洲共同立场和利益；加强国际合作，创造条件使非洲在全球事务中发挥应有作用。

非盟宗旨是：成员国主权平等，相互依存；尊重独立时存在的边界；和平共处；不干涉内政；制订共同的防务政策；和平解决争端，禁止使用或威胁使用武力；尊重民主原则、人权、法治和良政；尊重人类生命的神圣性，谴责和反对暗杀、恐怖主义行为和颠覆活动；让非洲人民广泛参与非盟建设；反对以非宪法方式更迭政权；成员国发生战争罪、种族屠杀或大规模人道主义危机时，非盟有权依照大会决定进行干预；为恢复和平与安全，成员国有权要求非盟干预；促进性别平等；促进社会公正，推动经济平衡发展。

【成员】53个（2008年）：阿尔及利亚、埃及、埃塞俄比亚、安哥拉、贝宁、博茨瓦纳、布基纳法索、布隆迪、赤道几内亚、多哥、厄立特里亚、佛得角、冈比亚、刚果（布）、刚果（金）、吉布提、几内亚、几内亚比绍、加纳、加蓬、津巴布韦、喀麦隆、科摩罗、科特迪瓦、肯尼亚、莱索托、利比里亚、利比亚、卢旺达、马达加斯加、马拉维、马里、毛里求斯、毛里塔尼亚、莫桑比克、纳米比亚、南非、尼日尔、尼日利亚、塞拉利昂、塞内加尔、塞舌尔、圣多美和普林西比、斯威士兰、苏丹、索马里、坦桑尼亚、突尼斯、乌干达、赞比亚、乍得、中非，以及阿拉伯撒哈拉民主共和国（即“西撒哈拉”，1984 年 11 月被非统接纳为成员，摩洛哥随即退出非统，后摩未再加入非统/非盟）。

【主要负责人】现任非盟轮值主席为马拉维总统穆塔里卡，任期至 2011 年 1 月。现任非盟委员会主席为加蓬前副总理兼外交、合作、法语国家事务和地区一体化部长让·平（Jean Ping），2008 年 4 月就职，任期至 2012 年 4 月。

【总部】非盟总部在埃塞俄比亚首都亚的斯亚贝巴。网址：http：//www.africa-union.org。

【组织机构】　（1）大会（The Assembly of the Union，即首脑会议）：系非盟最高权力机构。原每年召开一次例会，从 2005 年起改为每年两次，年初的首脑会议原则上在亚的斯亚贝巴总部召开，年中的首脑会议在成员国轮流举行。大会主席任期一年，任期可视情延长（不超过一年）。若某国提出要求并经三分之二成员国同意，可召开特别首脑会议。（2）执行理事会（The Executive Council）：由成员国外长或成员国指定的其他部长组成。每年举行两次例会，若某国提出要求并经三分之二成员国同意，可举行特别会议。执行理事会对非盟首脑会议负责，执行其通过的有关政策并监督决议的实施情况。（3）非盟委员会（The Commission）：为非盟常设行政机构，负责处理非盟的日常行政事务。其领导机构由主席、副主席及 8 名委员共 10 人组成，任期 4 年，至多可连任一次。（4）泛非议会（Pan-African Parliament）：非盟的立法与监督机构。目前只具有咨询和建议职能。由非盟 53 个成员国各 5 名议员共 265 人组成，设 1 位议长和 4 位副议长，根据地域平衡原则分别来自非洲的五个次区域。每年召开两次例会。现任议长为乍得人伊德里斯·恩德莱·穆萨（Idriss Ndele Moussa）。（5）和平与安全理事会（The Peace and Security Council）：由 15 个成员国组成，其中 5 国任期 3 年，10 国任期 2 年，均可连选连任。成员国权力平等，无否决权。主要职能是：维护地区和平与安全，预防地区冲突；对成员国实施军事干预与维和行动；帮助战后重建；进行人道主义和灾难救援等。主要权力有：制定非盟对成员国干预的形式和计划；制裁以违宪手段更迭政权者；确保非盟反恐政策的实施；推动成员国实行民主、良政、法治和保障人权等。（6）经济、社会和文化理事会（The Economic，Social and Cultural Council）：咨询机构，由成员国社会团体、专业团体、文化组织和非政府组织等组成。（7）常驻代表委员会（The Permanent Representatives Committee）：由成员国驻非盟代表组成，主要职能为向执行理事会提出工作建议，加强非盟委员会与成员国间的沟通，每月举行一次例会。（8）非洲法院（The Court of Justice）：司法机构。（9）特别技术委员会（The Specialized Technical committees）：拟成立 14 个特别技术委员会，由成员国负责相关领域的部长或高级官员组成，对执行理事会负责。主要职能为起草相关领域规划，并提交执行理事会审议，监督、跟踪、评估非盟有关决议执行情况，向执行理事会提出意见和建议。（10）金融机构（The Financial Institutions）：包括非洲中央银行、非洲货币基金、非洲投资银行三个机构，均尚未建立。

【主要活动】截至 2010 年 2 月，非盟分别召开了十四届首脑会议和六次特别首脑会议。

2009 年 2 月 1～4 日，非盟第十二届首脑会议在埃塞俄比亚首都亚的斯亚贝巴举行。33 位非洲国家元首或政府首脑出席，联合国秘书长潘基文、世界银行行长佐立克等区外代表与会。会议主题为“非洲基础设施开发”，重点讨论了非洲联盟政府、金融危机对非洲影响、安理会改革以及地区热点问题等。利比亚领导人卡扎菲当选新一届非盟轮值主席。首脑会议前还举行了非洲发展新伙伴计划等小型峰会。

2009 年 7 月 1～3 日，非盟第十三届首脑会议在利比亚锡尔特举行。29 位非洲国家元首或政府首脑出席，阿拉伯联盟轮值主席、卡塔尔埃米尔哈马德，巴西总统卢拉，联合国副秘书长米吉罗等区外代表与会。会议主题为“投资农业促进经济增长和粮食安全”，重点讨论了非盟权力机构、非洲地区热点、军人干政和违宪夺权、国际金融危机对非洲的影响、非洲国家与国际刑事法院的关系、粮食安全、气候变化、安理会改革等问题。期间，还举行了非洲发展新伙伴计划元首实施委员会、非洲互查机制等相关会议。

2010 年 1 月 31 日至 2 月 2 日，非盟第十四届首脑会议在埃塞俄比亚首都亚的斯亚贝巴举行。40 位非洲国家元首或政府首脑出席，欧洲联盟轮值主席、西班牙首相萨帕特罗，联合国秘书长潘基文，世界银行行长佐利克等区外代表与会。会议主题是“非洲信息与通信技术：发展面临的挑战和前景”，主要讨论了非洲和平安全、一体化建设、气候变化、安理会改革等问题。马拉维总统穆塔里卡在会上当选新一届非盟轮值主席。

【同中国的关系】中国同非盟及其前身非统保持着友好往来和良好合作，并向其提供了力所能及的援助。1996 年 5 月，江泽民主席访问非统总部并就中国对非洲政策发表重要演讲。2003 年 11 月，温家宝总理在埃塞俄比亚出席中非合作论坛第二届部长级会议期间会见时任非盟委员会主席科纳雷。2005 年 8 月，科纳雷访华。2006 年 11 月，科纳雷来华出席中非合作论坛北京峰会暨第三届部长级会议。2008 年 1 月，外交部长杨洁篪访问非盟总部，并会见科纳雷。4 月，非盟轮值主席、坦桑尼亚总统基奎特对中国进行国事访问并出席博鳌亚洲论坛 2008 年年会。8 月，非盟委员会主席让·平来华出席北京奥运会开幕式。期间，让·平参加胡锦涛主席集体会见并宴请部分非洲国家领导人的活动，并与国务委员戴秉国会见。11 月，全国人大常委会委员长吴邦国访问埃塞俄比亚时访问非盟总部，并会见让·平。同月，外交部部长助理翟隽与让·平在亚的斯亚贝巴举行中国—非盟首次战略对话。自 2002 年非盟成立以来，中国每年均以中国国务院总理名义向非盟年中的首脑会议发贺函（电），并派团出席其首脑会议。2005 年 3 月，中国成为首批向非盟派遣兼驻代表的区外国家。

近年来，中国与非盟关系深入发展。2009 年 1 月，外交部部长助理翟隽作为中国政府特使出席了在埃塞俄比亚首都亚的斯亚贝巴召开的非盟第十二届首脑会议。5 月 25 日，国务委员戴秉国应邀出席非洲国家驻华使节举行的庆祝“非洲日”46 周年招待会并讲话。6 月 30 日，温家宝总理致电祝贺非盟第十三届首脑会议召开，外交部部长助理翟隽作为中国政府特使出席了在利比亚锡尔特举行的这届首脑会议。8 月，中非合作论坛中方后续行动委员会秘书长、论坛第四届部长级会议中方筹委会秘书长、外交部非洲司司长张明访问非盟总部，就论坛第四届部长级会议筹备工作交换意见。同月，非盟贸易与工业委员访华，落实非盟参展上海世界博览会工作。9 月，非盟委员会主席让·平访华。温家宝总理、戴秉国国务委员分别会见让·平，杨洁篪外长与让·平共同主持中国—非盟第二次战略对话。除北京外，让·平一行还访问了温州和上海。11 月，让·平出席在埃及沙姆沙伊赫举行的中非合作论坛第四届部长级会议开幕式。年内，中国政府达尔富尔问题特别代表多次访问非盟总部。中国与非盟在金融危机、气候变化等重大问题以及一些非洲热点问题上加强沟通协调。非盟在涉及中国核心利益问题上继续坚定支持中国。中国援建的非盟会议中心项目进展顺利。中国与非盟人力资源合作逐步开展。非盟派员参加了中方举办的城镇经济发展规划分析研讨班、中非青年联欢节。非盟防务官员出席了中国国防部举办的国际维和研讨会。

2010 年 1～2 月，外交部副部长翟隽作为中国政府特使出席了在埃塞俄比亚首都亚的斯亚贝巴召开的非盟第十四届首脑会议。期间，翟隽副部长会见了非盟委员会主席让·平和 10 多位非洲国家政府高官和区外国家代表，重点讨论了气候变化和地区热点等问题。5 月 25 日，国务委员戴秉国应邀出席非洲国家驻华使节举行的庆祝“非洲日”47 周年招待会并致辞。　（周哲）

萨赫勒—撒哈拉国家共同体
Community of Sahel-Saharan States—CEN-SAD

【**成立日期**】1998 年 2 月 4 日。

【**宗旨**】加强成员国间的政治和经济合作，维护地区安全，促进地区一体化建设。

【**成员**】利比亚、苏丹、乍得、马里、尼日尔、布基纳法索、科特迪瓦、几内亚比绍、利比里亚、中非、厄立特里亚、吉布提、冈比亚、塞内加尔、摩洛哥、突尼斯、埃及、尼日利亚、索马里、多哥、贝宁、加纳、塞拉利昂、几内亚、科摩罗、毛里塔尼亚、圣多美和普林西比、肯尼亚。

【**主要负责人**】执行主席由成员国轮流担任，任期一年。利比亚在 2009 年 5 月召开的第十一届共同体首脑会议上当选为轮值主席国。

【**总部**】秘书处在利比亚首都的黎波里。网址：http：//www. cen-sad. org。

【**组织机构**】（1）元首委员会：最高权力机构，由成员国元首组成，每年举行一次首脑例会，会议主席由成员国元首轮流担任，并在委员会休会期间任执行主席。元首委员会制定共同体的大政方针，以实现共同体所确定的目标。（2）执行委员会：由秘书长和成员国部长组成，每半年举行一次会议，主席由会议主办国担任。执行委员会负责执行首脑会议决议，并处理共同体的对外关系、经济、财政、计划、内政、安全等事务。（3）秘书处：监督首脑会议决议的执行，并对各个机构负责。秘书长由首脑会议指定，任期 3 年。现任秘书长穆罕默德·迈达尼·阿扎利（Mohamed Al Azhari）。（4）经济、社会、文化委员会：共同体的协商机构，由成员国指定的 10 人组成，主要任务是参与共同体有关经济、社会、文化项目的文件起草。该委员会每年举行一次会议，总部设在马里首都巴马科。（5）非洲投资与贸易银行：总部设在利比亚首都的黎波里。

【**主要活动**】1998 年 2 月 4 日，在利比亚领导人卡扎菲的倡议下，利比亚、布基纳法索、马里、尼日尔、乍得和苏丹 6 国成立了萨赫勒—撒哈拉国家共同体。1999～2009年，共同体第一至十一届首脑会议分别在利比亚、乍得、苏丹、吉布提、尼日尔、马里、布基纳法索、贝宁、利比亚举行。截至目前，共同体有28个成员国，是非洲第二大地区性组织。

除每年举行首脑会议外，共同体下设的各机构还经常举行会议，讨论成员国共同关心的文化、教育、金融、反恐、粮食安全等各个领域的问题。2009年5月，第十一届共同体首脑会议在利比亚举行，决定进一步加快一体化进程。（王怡）

独立国家联合体
Commonwealth of Independent States—CIS

【成立经过】1991年12月8日，前苏联三个加盟共和国领导人——俄罗斯联邦总统叶利钦、乌克兰总统克拉夫丘克、白俄罗斯最高苏维埃主席舒什克维奇在白俄罗斯的别洛韦日会晤，签署关于建立独立国家联合体的协定。12月12日，前苏联哈萨克斯坦等五个中亚加盟共和国领导人在土库曼斯坦首都阿什哈巴德会晤并发表声明，表示愿意作为“平等的创始国”参加独联体。12月21日，前苏联的阿塞拜疆、亚美尼亚、白俄罗斯、哈萨克斯坦、吉尔吉斯斯坦、摩尔多瓦（1993年8月，摩议会曾否决了摩加入独联体的决定，于1994年4月重新批准摩加入）、俄罗斯、塔吉克斯坦、土库曼斯坦、乌兹别克斯坦、乌克兰11国领导人在阿拉木图会晤，通过了《阿拉木图宣言》等文件，宣告成立独立国家联合体及苏联停止存在。格鲁吉亚派代表以观察员身份与会。12月25日，戈尔巴乔夫发表电视讲话，辞去苏联总统职务。苏联正式解体。

1992年5月15日，俄罗斯、哈萨克斯坦、乌兹别克斯坦、塔吉克斯坦、亚美尼亚和吉尔吉斯斯坦六国在乌兹别克斯坦首都塔什干签署集体安全条约。1993年，格鲁吉亚、阿塞拜疆和白俄罗斯加入集体安全条约。条约于1994年正式生效，有效期5年。条约的宗旨是建立独联体国家集体防御空间和提高联合防御能力，防止并调解独联体国家内部及独联体地区性武力争端。1999年，条约第一个5年期限结束后，阿塞拜疆、格鲁吉亚和乌兹别克斯坦宣布退出。2002年5月14日，集体安全条约理事会会议通过决议，正式更名为集体安全条约组织。2006年12月，乌兹别克斯坦最高会议参议院批准了乌兹别克斯坦重返集体安全条约组织的法律草案。

【宗旨】《独联体章程》规定：独联体以所有成员国的主权平等为基础。独联体不是国家，也不拥有超国家权力，为成员国进一步发展和加强友好、睦邻、信任和互利合作关系服务。成员国协调在国际安全、裁军、军控和军队建设方面的政策，采用包括派观察员小组和集体维和部队等手段保证独联体地区内部安全。当成员国的主权、安全和领土完整以及国际和平与安全受到威胁时，成员国应立即进行协商，协调立场，采取相应措施。

【成员】阿塞拜疆、亚美尼亚、白俄罗斯、格鲁吉亚（1993年12月起）、哈萨克斯坦、吉尔吉斯斯坦、摩尔多瓦（1994年4月起）、俄罗斯、塔吉克斯坦、土库曼斯坦、乌兹别克斯坦、乌克兰。

土库曼斯坦自2005年8月起转为独联体联系国。格鲁吉亚于2009年8月18日正式退出独联体。

【总部】在白俄罗斯首都明斯克。

【组织机构】（1）独联体国家元首理事会和政府首脑理事会：国家元首理事会是独联体的最高机构，通常每年召开两次会议。政府首脑理事会每年召开四次会议。（2）跨国议会大会、跨国经济委员会和支付联盟，以及外交、国防等部长级理事会。（3）协调协商委员会：为独联体常设执行和协商机构，每个成员国派两名全权代表常驻该委员会。独联体工作语言为俄语。

【主要活动】2009年2月4日，集体安全条约组织（CSTO）和欧亚经济共同体（EAEC）非正式元首会议分别在莫斯科举行，会议决定组建集体安全条约组织快速反应部队和规模为100亿美元的欧亚经济共同体反危机基金。集体安全条约组织快速反应部队的主要任务是抵御军事侵略、救灾、打击国际恐怖主义和有组织犯罪等。乌兹别克斯坦同意在非经常性参与的情况下，派遣本国部队参加集体安全条约组织快速反应部队的个别行动。

2009年5月22日，独联体政府首脑理事会会议在哈萨克斯坦首都阿斯塔纳举行。来自11个国家的政府首脑就加强经贸、人文和教育等领域合作交换了意见。会议通过了《2020年前独联体经济发展战略第一阶段（2009—2011年）实施计划》、《2009—2010年人文合作优先发展计划》和《2010年前教育领域合作计划》等文件。

2009年6月14日，集体安全条约组织理事会会议在莫斯科举行，俄罗斯、哈萨克斯坦、亚美尼亚、吉尔吉斯斯坦和塔吉克斯坦5国首脑在莫斯科签署成立集体安全条约组织快速反应部队的协议。

2009年7月31日至8月1日，集体安全条约组织成员国元首齐聚吉尔吉斯斯坦，举行第二次非正式峰会。会议讨论了加强成员国内部合作、打击地区极端主义、恐怖主义等问题，决定在俄罗斯建立信息安全技术中心。

2009 年 10 月 9 日，独联体成员国元首会议在摩尔多瓦首都基希讷乌举行，俄罗斯、摩尔多瓦、乌克兰、亚美尼亚、阿塞拜疆、白俄罗斯和吉尔吉斯斯坦 7 国总统，以及塔吉克斯坦和哈萨克斯坦总理、乌兹别克斯坦议长和土库曼斯坦政府副总理出席会议。会议就独联联体国家共同克服经济危机等问题交换了意见。

2009 年 11 月 20 日，独联体成员国政府首脑理事会会议在乌克兰雅尔塔举行。会议就扩大经济、能源、卫生、教育、科技等领域合作问题进行了广泛探讨，并通过了独联体成员国能源合作构想等文件。

2009 年 9 月 8 ~ 29 日，俄罗斯和白俄罗斯举行“西方—2009”大规模联合军事演习。演习由两国武装力量总参谋长共同指挥，约 1.25 万人、60 架战机、40 架直升机、220 多辆坦克、470 辆装甲车、230 门大炮和数艘战舰参加演习。

2009 年 10 月 2 ~ 16 日，集体安全条约组织快速反应部队在哈萨克斯坦南部江布尔州的军用训练场举行举行“协作—2009”第三阶段军事演习（第一和第二阶段分别在俄罗斯和白俄罗斯举行）。10 月 16 日，俄罗斯、哈萨克斯坦、吉尔吉斯斯坦、塔吉克斯坦、亚美尼亚 5 国总统到现场观摩演习。来自 5 国的 7000 多名士兵和 90 架战斗机参加了当日的演习。

（王国春）

英　联　邦
The Commonwealth

【成立经过】 由英帝国演变而成。1926 年，“帝国会议”的帝国内部关系委员会提出，英国与已经由殖民地成为自治领的加拿大、澳大利亚、新西兰和南非是“自由结合的英联邦的成员”，“地位平等，在内政和外交的任何方面互不隶属，唯依靠对英王的共同效忠精神统一在一起”。1931 年，威斯敏斯特法案从法律上对此予以确认，英联邦遂正式形成。1947 年，印度、巴基斯坦分别独立并加入英联邦；1949 年，印度成为共和国，选出了自己的国家元首，从此英联邦成员由需对英王效忠的原则演变为英联邦成员“接受英王为独立成员国自由联合体的象征，因而是英联邦的元首”。如今英国不再是英联邦的主宰。英联邦已演变成为一个松散的、相互进行政治、经济磋商和合作的组织。英国和各成员国互派高级专员，代表大使级外交关系。每年 4 月 27 日被定为英联邦日（the commonwealth day）。

【成员】 由英国及其自治领和其他已独立的前殖民地、附属国组成。现有成员共 54 个（2009 年），绝大多数为发展中国家，总人口约 20 亿，占世界人口 30%，总贸易额占全球的五分之一。其中由本国人担任国家元首的有：博茨瓦纳、多米尼克、冈比亚、圭亚那、基里巴斯、加纳、肯尼亚、莱索托、马尔代夫、马耳他、马拉维、马来西亚、斐济、孟加拉国、塞浦路斯、塞舌尔、斯里兰卡、斯威士兰、坦桑尼亚、塞拉利昂、尼日利亚、汤加、特立尼达和多巴哥、瓦努阿图、文莱、乌干达、瑙鲁、萨摩亚、新加坡、印度、英国、赞比亚、巴基斯坦、纳米比亚、南非、喀麦隆、莫桑比克、毛里求斯、卢旺达；由英女王伊丽莎白二世担任国家元首，其职能由女王任命的总督行使的有：安提瓜和巴布达、澳大利亚、巴巴多斯、巴布亚新几内亚、巴哈马、伯利兹、格林纳达、加拿大、圣基茨和尼维斯、圣卢西亚、圣文森特和格林纳丁斯、所罗门群岛、图瓦卢、新西兰、牙买加。其中，不出席英联邦政府首脑会议的特别成员国有瑙鲁和图瓦卢。南非于 1961 年退出英联邦，1994 年重新加入。斐济于 1987 年退出，1997 年 9 月 24 日重新加入，2000 年 6 月被部分中止成员国资格。塞拉利昂于 1997 年 7 月被中止成员国资格。1999 年 11 月，巴基斯坦被中止英联邦成员国资格，并于 2004 年 5 月恢复成员国资格。原为成员国的爱尔兰于 1949 年退出英联邦。2003 年 12 月，津巴布韦正式宣布退出英联邦。2007 年 11 月，巴基斯坦被中止英联邦成员国资格，2008 年 5 月再次恢复成员国资格。2009 年 9 月，斐济被中止英联邦成员国资格。2009 年 11 月，卢旺达加入英联邦。

【主要负责人】 秘书长卡马勒什·沙马（Kamalesh Sharma，印度人），2007 年 11 月当选，2008 年 4 月就任。

【总部】 秘书处等机构设在伦敦。网址：http://www.thecommonwealth.org/。

【出版物】《今日英联邦》（The Commonwealth Today），《英联邦手册》（The Commonwealth Factbook）。

【组织机构】（1）英联邦政府首脑会议：前身为帝国会议，1944 年易名为英联邦总理会议，1975 年改现名。通常两年举行一次，以前一直在伦敦举行，1966 年起轮流在成员国举行，由东道国政府首脑主持。会议不通过决议，会议发表的总原则对与会国无约束力。英联邦下一届政府首脑会议 2011 年 10 月在澳大利亚珀斯举行。（2）亚太地区英联邦政府首脑会议：1978 年起每两年举行一次，讨论共同关心的地区性问题。（3）英联邦部长会议：每年举行一次的有教育部长会议、卫生部长会议、司法部长会议和电信部长会议；不定期举行的有贸易和经济会议、青年会议、工业合作会议、农业会议等。（4）英联邦秘书处：1965年成立，负责组织成员国间的协商和合作、交流情况、组织会议等。秘书长每五年改选一次，可连任。（5）英联邦基金会及其他组织：英联邦基金会成立于1966年，1983年改组成一个国际基金组织，资金由成员国政府提供，用于推动英联邦内专业及其他非政府间的更密切的合作。英联邦研究所主要靠英政府资助，通过举办展览、讲座、放映电影、开放图书馆等活动促进人们对英联邦的了解。此外，还有一些专业性组织，如英联邦议会协会、英联邦新闻联盟、英联邦广播协会、英联邦青年交流理事会、英联邦体育运动联合会和英联邦艺术协会等。

【主要活动】20世纪90年代以来，英联邦政府首脑会议开过九次，第28~37届英联邦政府首脑会议分别在津巴布韦的哈拉雷（1991年10月）、塞浦路斯的利马索尔（1993年10月）、新西兰的奥克兰（1995年11月）、英国的爱丁堡（1997年10月）、南非的德班（1999年11月）、澳大利亚的库拉姆（2002年3月）、尼日利亚的阿布贾（2003年12月）、马耳他的瓦莱塔（2005年11月）、乌干达的坎帕拉（2007年11月）、特立尼达和多巴哥的西班牙港（2009年6月）举行。（黄黎）

欧洲安全与合作组织

Organization for Security and Cooperation in Europe—OSCE

【成立日期】前身为1973年7月至1975年8月分三个阶段进行的欧洲安全合作会议（简称“欧安会”）。此后召开了四次续会。1995年1月1日起改名为欧洲安全与合作组织（简称“欧安组织”）。

【宗旨】促进欧洲地区的民主和安全，尊重人权和少数民族利益，建设法制国家。

【成员】56个（2009年）：德国、法国、英国、爱尔兰、奥地利、瑞士、比利时、荷兰、卢森堡、西班牙、葡萄牙、意大利、瑞典、挪威、丹麦、芬兰、冰岛、希腊、安道尔、马耳他、摩纳哥、圣马力诺、梵蒂冈、列支敦士登、美国、加拿大、匈牙利、罗马尼亚、保加利亚、捷克、斯洛伐克、波兰、阿尔巴尼亚、摩尔多瓦、克罗地亚、斯洛文尼亚、波黑、马其顿、塞尔维亚、黑山、俄罗斯、乌克兰、白俄罗斯、爱沙尼亚、拉脱维亚、立陶宛、格鲁吉亚、亚美尼亚、阿塞拜疆、哈萨克斯坦、乌兹别克斯坦、土库曼斯坦、吉尔吉斯斯坦、塔吉克斯坦、土耳其、塞浦路斯。

以色列、埃及、约旦、摩洛哥、阿尔及利亚、突尼斯6个地中海国家和日本、韩国、泰国、阿富汗、蒙古5个亚洲国家以及澳大利亚为欧安组织合作伙伴国，出席欧安组织的有关会议并参与部分活动。

【主要负责人】2009年当值主席国为希腊，希腊外交部长多拉·巴科扬尼斯（Dora Bakoyannis）、希腊总理兼外长乔治·帕潘德里欧（George Papandreou）先后担任当值主席；秘书长马克·贝兰·德布里尚伯（Marc Perrin de BRICHAMBAUT，法国人，2005年6月任职）；议长若奥·苏亚雷斯（João Soares，葡萄牙人，2008年7月当选）。

【总部】在奥地利维也纳。地址：Wallnerstrasse 6, 1010 Vienna Austria。电话：43-1514366000。电子信箱：info@osce.org。网址：http://www.osce.org。

【出版物】《欧安组织年度报告》（*OSCE Annual Report*）；《欧安组织情况报道》（*OSCE Factsheets*）；《欧安组织要闻》（*OSCE Highlights*）；《欧安组织手册》（*OSCE Handbook*）；《欧安组织杂志》（*OSCE Magazines*）。

【组织机构】谈判与决策机构：（1）首脑会议（Summit）：原则上每两年或三年举行一次，成员国国家元首或政府首脑出席。（2）部长理事会（Ministerial Council，原为欧安会理事会）：由成员国外长组成，一般每年年底举行一次会议，在当年有首脑会议时不召开。（3）经济与环境论坛（Economic and Environmental Forum，原为经济论坛）：1992年建立，由成员国政治司长或相应级别代表组成，每年举行一次会议，主要讨论经济合作、环境保护等问题。（4）常设理事会（Permanent Council，原为常设委员会），设在维也纳，由各成员国常驻代表组成，每周举行一次会议，负责欧安组织的日常工作并有权对与欧安组织有关的所有问题做出决定。（5）安全合作论坛（Forum for Security Cooperation），由各成员国代表组成，每周在维也纳举行一次会议，负责军控、裁军、建立信任和安全措施的谈判以及关于安全政策的磋商和合作。

【执行机构】（1）当值主席（Chairman-in-Office，简称CiO）：由主席国外长担任，任期一年，负责全面执行欧安组织使命，协调欧安组织的活动。（2）三驾马车（Troika）：由上任、现任、下任当值主席组成，以保证组织活动的延续性。（3）当值主席代表（Personal Representatives of the CiO）：负责专门领域，如打击贩卖人口、反种族主义、反歧视等事务。（4）议会（OSCE Parliamentary Assembly）：设议长1人，副议长9人，由56个成员国的320名议员组成，每年举行一次会议，会议秘书处设在哥本哈根。（5）民主制度与人权事务办公室（Office for Democratic Institutions and Human Rights，原为自由选举办公室）：1990 年建立于波兰华沙，主要职责是在欧安组织范围内推广人权与民主。（6）少数民族高级专员署（High Commissioner on National Minorities）：1992 年建立于荷兰海牙，主要负责及时发现有可能损害欧洲地区和平、稳定及欧安组织成员国之间关系的民族冲突，提出处理意见和解决办法。（7）新闻自由代表（Representative on Freedom of the Media）：设在维也纳，负责监督欧安组织成员国新闻自由状况，对侵犯新闻及言论自由的行为提出警告。（8）秘书处（Secretariat）及秘书长（Secretary General）：秘书长任期三年，代表当值主席并在所有活动中协助当值主席的工作。秘书处主要办公地点在维也纳。下设机构有：反恐行动组，负责协调与协助欧安组织在反恐方面的行动与能力建设项目；预防冲突中心，负责交流各国军事情报、核查各国军备情况、防止冲突、处理危机并为欧安组织使团提供帮助；对外合作组，负责处理欧安组织与地中海及亚洲伙伴国、联合国、欧盟、北约等组织的对话合作关系；性别平等部门，负责协助、促进与监督各成员国在性别平等上的执行情况；内部监管办公室，通过独立审计、监督、评估与调查提高组织效率；欧安组织经济与环境事务协调办公室；打击贩卖人口协调员与特别代表办公室，负责支持各成员国打击贩卖人口政策的执行与进展；战略警务组，支持各成员国为本国国民提供可靠警务服务；培训部门，在组织内部协调与支持人员培训项目。（9）高级规划小组（High-level Planning Group）：建立于 1994 年 12 月，由成员国军事专家组成，主要为欧安组织当值主席提供有关军事行动的建议。

【主要活动】2009 年 1 月 15 日，欧安组织当值主席希腊外长巴科扬尼斯首次对 56 个成员国发表讲话，提出 2009 年欧安组织工作重点，即在“协调、平衡与战略”的基石上，加强欧安组织合法地位，推动欧安组织在反恐、边界安全与警务方面的行动，加大在阿富汗的参与力度，应对移民与环境挑战，加强地区法治以及防止全球金融危机威胁地区稳定与安全。1 月 21 日，欧安组织当值主席希腊外长巴科扬尼斯访问俄罗斯，会见俄外长拉夫罗夫。双方讨论了关于欧安组织在该地区保持存在等一系列问题，包括俄方关于建立新的欧洲—大西洋安全框架的提议以及加强欧安组织的合法性等。

2 月 12 日，欧安组织 56 个成员国一致同意将欧安组织设置在格鲁吉亚的非武装军事监督员的授权延至 6 月 30 日。2 月 18 日，俄罗斯副外长格鲁什科在欧安组织安全合作论坛发表讲话，阐述了俄总统梅德韦杰夫关于新欧洲安全框架的倡议，希望欧安组织所有成员国共同讨论欧洲—大西洋安全的未来。希腊作为当值主席国表示，在所有成员国同意的情况下，希愿意主持召开欧安组织高级别会议讨论有关问题。2 月 27 日，欧安组织当值主席希腊外长巴科扬尼斯在联合国安理会发表讲话，强调欧安组织在联合国框架下发挥的重要作用，并概述了 2009 年希腊担任欧安组织当值主席国的工作重点。

3 月 17 日，欧安组织和欧盟代表在布鲁塞尔召开会议，讨论了欧洲安全、格鲁吉亚、科索沃、阿尔巴尼亚和塞尔维亚等问题。欧安组织当值主席希腊外长巴科扬尼斯表示，欧安组织与欧盟应积极参与、塑造有关改进欧洲安全架构的讨论，作为欧安组织当值主席国，希腊已准备当年夏天在希召开非正式部长级会议讨论欧洲安全问题，讨论应以现有安全机制为基础，不能削弱欧安组织的作用。

4 月 2 日，应阿富汗外长邀请，欧安组织成员国一致同意派遣一个选举支持小组前往阿监督选举。

5 月 6 日，欧安组织民主制度与人权事务办公室宣布，应欧盟邀请，欧安组织将派专家小组赴奥地利、捷克、德国等 15 个国家监督 6 月初举行的欧洲议会选举，并在选举后发表一份报告宣布监督结果。5 月 25 日，欧安组织当值主席希腊外长巴科扬尼斯对朝鲜宣布进行核试验表示严重关切，并呼吁国际社会对此作出坚定、慎重的回应。巴在声明中强烈谴责朝的行为，认为这是对地区与全球稳定的挑战，呼吁朝立即重回六方会谈，避免采取任何有可能加剧紧张局势的行为。

6 月 10 ~ 11 日，欧安组织和日本外交部共同在东京举办会议，讨论欧安组织成员国与亚洲伙伴国如何更好地合作以应对全球安全挑战，如何分享知识与经验以促进安全等问题。6 月 23 日，俄罗斯外长拉夫罗夫在欧安组织年度安全回顾会议上就欧洲—大西洋安全前景发表讲话。拉阐述了俄关于缔结具有法律约束力的泛欧安全条约的倡议，称目前欧洲—大西洋安全存在结构性缺陷，安全不可分割原则没有保障机制。新条约应具有四大支柱，包括国家间基本关系、裁军与信任措施、冲突管理以及合作应对新挑战。拉还建议召开包括由欧安组织、北约、欧盟、独联体集体安全条约组织等参加的会议讨论泛欧安全问题。6 月28 日，欧安组织在希腊科孚岛召开非正式外长会，决定在欧安组织框架下启动“科孚进程”，就未来欧洲安全展开坦诚、广泛、持续的讨论，其他组织和机构可发挥补充作用。

9 月 19 日，欧安组织当值主席希腊外长巴科扬尼斯发表声明，对美国宣布调整在捷克和波兰设立导弹防御基地的计划表示欢迎。

11 月 16 日，欧安组织与欧盟代表在布鲁塞尔会晤。与会者认为，欧安组织与欧盟合作十分紧密，有利于各方重建信任，通过“科孚进程”塑造欧洲安全的未来。欧安组织当值主席希腊总理兼外长帕潘德里欧表示，欧安组织将继续推动"科孚进程"，并在12月部长理事会上重点讨论欧洲安全问题。

12月1~2日，欧安组织外长会在希腊首都雅典召开。会议主要讨论了"科孚进程"并发表宣言，承诺将继续推进"科孚进程"，应对欧洲面临的新安全挑战，强调欧安组织的首要任务是重建信任和共识，各方应在原则规范、冲突解决、军控等领域加强对话。会议批准澳大利亚成为欧安组织第12个合作伙伴国。　（赵昕）

北大西洋公约组织
North Atlantic Treaty Organization—NATO

【成立日期】1949年4月4日。

【宗旨】成员国在集体防务和维持和平与安全方面共同努力，通过政治和军事手段，促进欧洲—大西洋地区的民主、法治和福利，保卫成员国的自由与安全。

【成员】28个（2009年）：比利时、冰岛、丹麦、德国、法国、荷兰、加拿大、卢森堡、美国、挪威、葡萄牙、土耳其、西班牙、希腊、意大利、英国、波兰、匈牙利、捷克、爱沙尼亚、立陶宛、拉脱维亚、斯洛文尼亚、斯洛伐克、罗马尼亚、保加利亚、克罗地亚、阿尔巴尼亚。

【主要负责人】秘书长安诺斯·福格·拉斯穆森（Anders Fogh Rasmussen，丹麦人），2009年8月1日任职。军事委员会主席詹保罗·迪·保拉（Giampaolo Di Paola，意大利人），2008年6月就任。北约盟军作战司令部司令詹姆斯·斯塔夫里迪斯（James G. Stavridis，美国人），2009年7月就任。

【总部】设在比利时布鲁塞尔。地址：NATO Headquarters, Blvd Leopold III, 1110 Brussels, Belgium。电子信箱：natodoc @ hq. nato. int。网址：www. nato. int。

【组织机构】（1）北大西洋理事会（North Atlantic Council）：亦称北约理事会，即部长理事会，为北约最高决策机构，由成员国外长组成，必要时国防部长、财长甚至政府首脑也可与会，每年召开2次例会。在部长理事会休会期间，各成员国大使级常驻代表负责理事会日常工作。（2）防务计划委员会（Defence Planning Committee）：由参加北约军事一体化指挥系统的成员国国防部长组成，每年召开2次会议，负责审议北约防务政策和军事计划。1966年，北约设立专门负责核防务政策的核计划小组（Nuclear Planning Group）。（3）军事委员会（The Military Committee）：北约最高军事指挥机构，由参加军事一体化指挥系统的成员国总参谋长组成。每年召开3次会议，负责向部长理事会、防务计划委员会和核计划小组提出有关北约共同防务问题的建议，并对下属战略司令部实施领导。军事委员会主席任期3年。其日常事务由各国常驻军事代表组成的军事代表委员会负责。军委会下设国际军事参谋部和2个军事指挥机构，即北约盟军作战司令部和北约盟军转型司令部。（4）国际秘书处（International Secretariat）：北约秘书长直接领导的办事机构，负责理事会及各委员会会议的筹备、对外关系等。下设副秘书长1人，助理秘书长6人并分别主管6个总司。（5）北约议员大会（NATO Parliamentary Assembly）：系北约外围组织，宗旨是鼓励各国议会间的合作，密切各国议会与北约机构的联系，推动实现北大西洋公约的目标。议员大会每年召开2次全会。

【主要活动】20世纪90年代华沙条约组织解体和冷战结束后，北约随之调整战略，将周边地区冲突、核扩散和恐怖主义视为主要挑战，先后推出危机反应战略和"新战略构想"。同时，北约通过介入前南地区危机、东扩和推行"和平伙伴关系计划"，增强了其在欧洲安全事务中的作用。当前，北约正酝酿推行新的战略转型，在保留传统职能的同时，将应对大规模杀伤性武器扩散、恐怖主义、网络攻击、能源、气候变化等新型安全问题纳入任务范畴。

2009年2月19~20日，北约在波兰克拉科夫举行非正式防长会，重点讨论阿富汗局势、北约转型、东扩、与俄罗斯关系等问题。会议欢迎美国向阿富汗增兵的决定，同意加强阿民事建设，将继续致力于减少阿平民伤亡，会议还决定再次实施打击亚丁湾海盗行动。

3月5日，北约外长会在布鲁塞尔举行。会议决定正式恢复北约——俄罗斯理事会工作，北约愿就阿富汗、军控等问题同俄开展建设性合作，同时敦促俄在格鲁吉亚问题上信守承诺；重申进一步加强美欧在阿富汗问题上的合作；重点讨论4月初北约峰会拟发表的《联盟安全宣言》。

3月24日，北约恢复在非洲之角和亚丁湾的打击海盗行动。

4月1日，阿尔巴尼亚和克罗地亚完成加入北约的手续，北约时任秘书长夏侯雅伯表示欢迎与祝贺。

4月3~4日，北约在法德边境举行峰会，庆祝北约成立60周年。会议吸收阿尔巴尼亚和克罗地亚入约，法重返北约军事一体化机构；发表《联盟安全宣言》，启动北约"新战略构想"起草工作；出台北约对阿富汗新战略，宣布启动对阿警察和军队的培训任务；重申重视发展同俄罗斯关系，希与俄建立建设性关系；丹麦前首相拉斯穆森当选北约新任秘书长。

5月6～7日，北约在布鲁塞尔召开军事委员会春季会议，讨论了北约对外行动与任务，重点是在阿富汗、科索沃及打击海盗行动。会议还讨论了北约“新战略构想”等问题。北约军事委员会分别与乌克兰、格鲁吉亚防长举行会谈，鼓励两国在国际金融危机背景下继续进行防务与军事改革。

6月2日，北约时任秘书长夏侯雅伯发表声明，表示不承认南奥塞梯于5月31日举行的选举，完全支持格鲁吉亚的主权、领土完整及国际承认的边界。

6月24～25日，北约第三届“欧洲—大西洋伙伴理事会”安全论坛在哈萨克斯坦首都阿斯塔纳举行，来自北约28个成员国、22个伙伴国及其他国家与国际组织的代表与会。论坛主要议题包括中亚和高加索地区安全、阿富汗局势和能源安全等。北约时任秘书长夏侯雅伯称，北约不谋求承担保障中亚地区安全的责任，中亚各国有能力保障自身安全，并决定本国与北约关系发展的程度。

6月27日，北约—俄罗斯理事会非正式外长会在希腊科孚岛召开，决定恢复北约与俄政治与军事层面的合作。

7月7日，北约时任秘书长夏侯雅伯在布鲁塞尔召开安全会议，正式启动对北约“新战略构想”的公开讨论。北约候任秘书长拉斯穆森及来自北约成员国和伙伴国政府、北约各机构、国际组织、公众社会、经济界、非政府组织、学术界和媒体等各方代表与会。

8月1日，北约新任秘书长拉斯穆森召开记者招待会，表示希北约充分发挥潜力，成为全球安全支柱，其任内工作重点包括：阿富汗问题、北约与俄罗斯关系及北约与地中海对话国、伊斯坦布尔合作计划参与国的关系。拉表示已组成专家小组负责“新战略构想”报告起草工作，美国前国务卿奥尔布赖特任小组主席。拉重申北约奉行“门户开放”政策，如有关国家符合入约条件，北约将吸收其加入。

8月21日，北约与乌克兰发表一项对《北约—乌克兰特别伙伴关系宪章》进行补充的声明，将双方关系提升到新阶段。该声明旨在加强北约—乌克兰委员会的作用，以深化双方政治对话与合作，巩固乌改革成果。

9月4日，负责北约“新战略构想”的专家小组在布鲁塞尔北约总部召开首次会议，小组负责人与北约秘书长拉斯穆森联合召开记者招待会，强调北约出台“新战略构想”的必要性，专家小组将持开放、透明的工作态度。

9月9日，法国前空军参谋长斯特凡·阿布里亚尔接任北约盟军转型司令部司令，成为北约历史上首位担任最高级别指挥官的非美籍军官，也是法重返北约军事一体化组织后获得的最高军事指挥职务。

9月17日，北约秘书长拉斯穆森发表声明，对美国宣布调整在捷克和波兰设立导弹防御基地的计划表示欢迎，称北约将在美导弹防御计划中扮演更重要的角色，以团结与安全不可分割原则为基础，在北约框架内继续讨论反导问题。

10月2日，北约秘书长拉斯穆森在布鲁塞尔会见波黑主席团主席科姆西奇、外长阿尔卡拉伊和国防部长兹科蒂奇一行。科递交了波加入北约成员国资格行动计划的正式申请。

10月22～23日，北约在斯洛伐克召开非正式防长会，批准了北约驻阿富汗部队最高指挥官麦克里斯特尔关于阿形势的评估报告，通过了在条件成熟时移交阿安全领导权的战略构想，明确提出北约将改变在阿角色，主要承担支援责任。会议还讨论了美关于欧洲反导系统的新计划，希在2010年北约里斯本峰会上将欧洲反导系统纳入北约框架，北约愿就此加强与俄罗斯合作。

11月5日，北大西洋理事会、北约驻阿富汗安全援助部队参与国及美国政府代表在布鲁塞尔召开会议，讨论在阿行动。北约秘书长拉斯穆森强调北约将继续履行对阿承诺，并敦促所有国家继续为阿提供军事、经济及民事支持。

12月3～4日，北约外长会在布鲁塞尔召开，北约28个成员国外长、参与在阿富汗安全援助部队行动的16个非北约国家外长、俄罗斯、乌克兰、格鲁吉亚、阿富汗外长及联合国、欧盟等代表与会。会议讨论了北约在阿行动、北约东扩、对俄关系及北约“新战略构想”等问题。各方欢迎美对阿新战略及增兵计划，表达了对北约在阿行动的支持，部分国家承诺向阿增兵。北约与俄召开北约—俄罗斯理事会部长级会议。会议同意黑山加入成员国资格行动计划，黑山入约进程迈出实质性一步。

12月15～17日，北约秘书长拉斯穆森访问俄罗斯，这是俄格冲突后北约领导人首次访俄。其间，拉分别与俄总统梅德韦杰夫、总理普京及外长拉夫罗夫会谈。双方主要讨论双边关系、在阿富汗行动及欧洲安全条约问题。拉强调北约对俄不是威胁，而是应对共同挑战的伙伴。

（赵杨）

欧洲联盟
European Union—EU

【成立经过】欧洲联盟（简称欧盟）是在欧洲共同体基础上发展而来的。欧洲共同体包括欧洲煤钢共同体、欧洲原子能共同体和欧洲经济共同体。1951年4月18日，法国、联邦德国、意大利、荷兰、比利时和卢森堡在巴黎签订了《建立欧洲煤钢共同体条约》，1952年7月24日生效。1957年3月25日，六国在罗马签订了建立《欧洲经济共同体条约》和《欧洲原子能共同体条约》，统称《罗马条约》。1958年1月1日条约生效，上述两个共同体正式成立。1965年4月8日，六国签订《布鲁塞尔条约》，决定将三个共同体的机构合并，统称欧洲共同体。由于《欧洲煤钢共同体条约》到期，2002年7月23日之后欧洲煤钢共同体不再存在。目前欧洲原子能共同体和欧洲经济共同体仍各自存在，具有独立法人资格。《布鲁塞尔条约》于1967年7月1日生效。1991年12月11日，欧共体马斯特里赫特首脑会议通过了以建立欧洲经济货币联盟和欧洲政治联盟为目标的《欧洲联盟条约》（通称《马斯特里赫特条约》，简称《马约》）。1993年11月1日《马约》生效后，欧共体未就其称谓的变更问题作出决定，但欧共体内和国际上越来越广泛地使用欧盟这一称谓。2009年12月1日，《里斯本条约》（简称《里约》）正式生效，取消了欧盟条约中三个支柱原有架构，欧盟取代并继承欧共体，具备法律人格。欧盟今后可与第三国及国际组织缔结协议，并在国内与国际法院以欧盟名义提起法律诉讼。

【宗旨】《罗马条约》申明，各成员国“决心在欧洲各国人民之间建立愈益密切的联合基础”，“消除分裂欧洲的壁垒”，“保证它们国家的经济和社会的进步”，“不断改善人民的生活和就业条件”，“执行共同贸易政策”，“为逐步废止国际交流的限制做出贡献”。1986年2月签署的《欧洲单一文件》强调，“欧洲共同体及欧洲政治合作旨在促进欧洲团结的发展”，“共同为维护世界和平与安全做出应有贡献”。《马约》指出，欧盟的宗旨是“通过建立无内部边界的空间，加强经济、社会的协调发展和建立最终实行统一货币的经济货币联盟，促进成员国经济和社会的均衡发展”，“通过实行共同外交和安全政策，在国际舞台上弘扬联盟的个性”。《里约》则进一步指出，“欧盟的宗旨是促进和平、联盟的价值观和联盟人民的福祉”，“为公民提供一个无内部边界的自由、安全和公正的区域”，“努力实现建立在经济平衡发展、价格稳定、具有高度竞争性的社会市场经济基础之上的欧洲可持续发展”，并“在更广泛的世界关系中，坚持和促进其价值观和利益”，致力于实现“和平、安全的全球可持续发展、各国人民间的团结和相互尊重、自由公正的贸易、消除贫困、保持人权”，“以及严格遵守并发展国际法”。

【成员】欧共体创始国为法国、联邦德国、意大利、荷兰、比利时和卢森堡六国。后经六次扩大，欧盟成员国增至27个（截至2009年底）。历次扩大对象和时间为：丹麦、爱尔兰和英国（1973年）；希腊（1981年）；西班牙、葡萄牙（1986年）；奥地利、芬兰、瑞典（1995年）；塞浦路斯、捷克、爱沙尼亚、匈牙利、拉脱维亚、立陶宛、马耳他、波兰、斯洛伐克、斯洛文尼亚（2004年）；罗马尼亚、保加利亚（2007年）。

【总部】在比利时布鲁塞尔。地址：Rue de la Loi 200，B－1049 Brussels。电话：（0032）22991111。网址：http：//europa. eu。

【出版物】主要有：《欧盟公报》（OFFICIAL JOURNAL OF THE EUROPEAN UNION）、《欧盟事实手册》（FACT SHEETS OF THE EUROPEAN UNION）、《欧盟公共财政》（EUROPEAN UNION PUBLIC FINANCE）、《欧盟经济统计》（EUROPEAN ECONOMIC STATISTICS）、《欧盟商务：事实与数字》（EUROPEAN BUSINESS：FACTS AND FIGURES）等。

【组织机构】（1）欧洲理事会（European Council）：又称欧盟首脑会议或欧盟峰会。欧盟最高决策机构。《里约》规定，欧洲理事会为“欧盟发展提供必要推动力”和确定“总的政治方向和优先事项”。《里约》首次规定欧洲理事会为独立欧盟机构，其决策除特殊规定外采取协商一致原则。欧洲理事会设立主席一职，任期两年半，可连任一届，主要职责是主持和推进欧洲理事会工作，确保首脑会议顺利进行，对外代表欧盟。每6个月须召开两次欧洲理事会，必要时可召开特别会议。欧洲理事会由成员国国家元首或政府首脑及欧洲理事会主席、欧委会主席组成，欧盟外交和安全政策高级代表兼欧委会副主席参与其工作。首任欧洲理事会主席是比利时人赫尔曼·范龙佩（Hermann van ROMPUY），2010年1月1日正式就任，任期至2012年6月30日。欧洲理事会会议一般在布鲁塞尔召开。

（2）欧盟理事会（Council of the European Union）：又称部长理事会或理事会。欧盟立法与政策制定、协调机构。《里约》规定，“理事会与欧洲议会共同行使立法和预算职能，并根据条约行使政策制定和协调职能”。理事会由每个成员国各一名部长级代表组成，在理事会会议上代表其成员国政府进行投票表决。理事会按不同领域划分为若干个部长理事会。理事会下设有不同级别的协调机制。理事会主席由各成员国轮任，任期半年。轮任顺序由各国议定，2007 年 1 月 1 日理事会以法律文件的方式加以确定。2010～2012 年轮值主席国的顺序为西班牙、比利时、匈牙利、波兰、丹麦和塞浦路斯。《里约》生效后，理事会决策机制和内部结构有部分调整：首先，将总务与外长理事会一分为二，分别履行不同职责。外长理事会由欧盟外交和安全政策高级代表兼欧委会副主席主持，总务理事会以及其他理事会由轮值主席国部长主持。轮值主席国主席将不再具有对外代表权。第二，重新定义特定多数表决制，并增加其适用范围。特定多数是指自 2014 年 11 月 1 日起，至少 55% 的理事会成员和这些成员国所代表的总人口至少占欧盟总人口的 65%。增加了 33 项新的领域适用多数表决制，使适用多数表决制的事项达到 93 个。第三，扩大共同决策程序适用范围。欧洲议会和理事会共同决策领域由目前 38 个扩大至 80 多个，涉及内政、司法、农业和外贸等多个领域。理事会秘书长为法国人皮埃尔·德·布瓦西厄（Pierre de BOISSIEU），任期自 2009 年 12 月 1 日计算，任期到 2011 年 6 月。德国人乌韦·科塞庇乌斯（Uwe CORSEPIUS）将于 2011 年 6 月 26 日至 2015 年 6 月 30 日接替布任下一届理事会秘书长。欧盟理事会设在布鲁塞尔。

（3）欧盟委员会（European Commission）：又称欧委会或委员会。欧盟立法建议与执行机构。《里约》规定，“欧盟委员会应促进欧盟整体利益，并为此提出适当的立法建议”，负责“监督欧盟条约的适用情况”，“执行预算，负责欧盟各种计划项目工作”，“除条约另有规定外，欧盟立法性法令只能在欧委会提议的基础上通过”。欧盟委员会人员的组成原则是，在考虑欧洲议会的选举情况并经适当咨询后，欧洲理事会进行特定多数表决选举出一名欧盟委员会主席候选人，并提交欧洲议会，以多数方式表决选举为主席。本届委员会任期从 2009 年 11 月计算，任期到 2014 年。由 27 人组成，设主席 1 人，副主席 7 人，每个成员国 1 名委员（含主席、副主席）。主席是葡萄牙人若泽·曼努埃尔·杜朗·巴罗佐（José Manuel Durao BARROSO），2009 年 9 月 16 日当选连任。欧盟委员会设在布鲁塞尔。

（4）欧洲议会（European Parliament）：欧盟监督、咨询和立法机构。欧洲议会议员由成员国直接普选产生，任期 5 年，设议长 1 人，副议长 14 人，任期 2 年半，可连选连任。欧洲议会原则上以简单多数表决，可以 2/3 多数弹劾欧盟委员会。自《阿约》以来，欧洲议会的地位不断得到提升，其与理事会共同参与的共同决策权进一步扩大。《里约》规定，“欧洲议会与理事会共同行使立法和预算职能”，以及“条约赋予的政治监督和咨询职能”。《里约》还规定，除议长外，欧洲议会议员不得超过 750 人，选举采用递减比例制，每个成员国至少拥有 6 名议员，任何成员国议席不得超过 96 席。本届议会议员 736 名。议席分配情况为：德国 99 名，法国、英国、意大利各 72 名，西班牙和波兰各 50 名，罗马尼亚 33 名，荷兰 25 名，比利时、希腊、葡萄牙、匈牙利、捷克各 22 名，瑞典 18 名，奥地利、保加利亚各 17 名，丹麦、芬兰、斯洛伐克各 13 名，爱尔兰、立陶宛各 12 名，拉脱维亚 8 名，斯洛文尼亚 7 名，卢森堡、爱沙尼亚、塞浦路斯各 6 名，马耳他 5 名。共有 7 个议会党团和 1 个无党派人士小组，设 20 个专门委员会以及约 35 个对外关系代表团。现任议长为波兰人耶日·布泽克（Jerzy BUZEK），2009 年 7 月当选。欧洲议会总部设在斯特拉斯堡，每月欧洲议会全体会议在斯召开，其他会议在布鲁塞尔召开。欧洲议会总秘书处及其所属各部门设在卢森堡。

（5）欧盟法院（Court of Justice of the European Union）：欧盟司法机构。《里约》规定，欧盟法院的职责是“确保在解释和适用《里约》时遵守法律”。欧洲联盟法院包括“法院”（Court of Justice）、“综合法院”（General Court）和“专门法院”（Specialised Courts）。“法院”原称欧洲法院，现有 27 名法官（含院长，每个成员国 1 名），以及 8 名护法顾问（Advocate-General），协助法官工作。“法院”院长由法官从其内部选举产生，任期 3 年，可连选连任。现任“法院”院长是希腊人瓦西里欧斯·斯库利斯（Vassilios SKOURIS），2003 年 10 月 7 日上任，连任至今。“综合法院”原名初审法院，现有 27 名法官（含院长），每个成员国至少有一名法官，院长由法官从其内部选举产生，任期 3 年，可连选连任。现任“综合法院”院长是卢森堡人马克·耶格（Marc JAEGER），2007 年 9 月 17 日上任。“法院”的法官、护法顾问以及“综合法院”的法官任期 6 年，每 3 年进行部分替换。“专门法院”由欧洲议会和理事会根据普通立法程序设立，隶属“综合法院”，旨在对在特定领域的某些类型的诉讼或程序进行初审。欧盟法院设在卢森堡。

（6）审计院（Court of Auditors）：欧盟审计机构。《里约》规定审计院“负责欧盟审计”。审计院现由 27 人组成（含院长），由欧盟理事会经咨询欧洲议会后，以特定多数方式表决任命，任期 6 年，可连任。审计院院长由审计院成员从内部选举产生，任期 3 年，可连选连任。现任审计院院长是葡萄牙人维特·曼努埃尔·达·西尔瓦·卡尔德拉（Vítor Manuel da SILVA CALDEIRA）。审计院设在卢森堡。

此外，欧盟机构还包括欧洲中央银行、欧洲投资银行、欧洲统计局，以及经济和社会委员会和地区委员会等欧盟咨询机构。

【经济实力】欧盟27国总面积为432.99万平方公里。2009年，人口为4.99亿，国内生产总值约为18.50万亿美元，人均国内生产总值为3.70万美元。

【主要活动】一、内部建设：（1）建立关税同盟和共同贸易政策。对外实行统一的关税率，成员国之间取消商品关税和限额。从1970年起基本实现共同外贸政策，在关税、贸易和关税协定的缔结、贸易自由化措施、出口政策等方面实施一致行动原则。1994年2月，实施统一对外配额制度。2005年3月欧盟首脑会议通过的“增长与就业计划”决定在税收政策方面加强协调。《里约》对欧盟共同贸易政策进行了一系列调整：首次将投资议题纳入共同贸易政策，使该领域政策权限范围进一步扩大；规定共同贸易政策应在联盟对外行动的原则与目标框架内实施，增强了该政策领域与其他政策的相互关联性；首次赋予欧洲议会与理事会在贸易立法和贸易协定方面享有共同决策权等。

（2）实行共同农业政策。共同农业政策于1962年出台，是欧盟最早的共同政策。主要内容有：一是建立统一的农产品市场；二是制订对内统一的农产品价格体系和对外统一的农产品关税壁垒；三是建立共同农业基金，即“欧洲农业指导和保证基金”，对农产品出口予以补贴；四是调整农业结构。共同农业政策极大地促进了欧盟农业发展，同时也造成农业开支过大和农产品过剩以及引发贸易争端等问题。多年来，欧盟不断对共同农业政策进行改革。1999年3月，欧盟柏林特别首脑会议通过《2000年议程》，提出要重视食品安全、环境保护，实现农业的可持续发展，规定逐步削减对农产品的补贴，将共同农业政策支出总额控制在每年405亿欧元的范围内。2003年6月，欧盟农业部长就共同农业政策改革达成一揽子协议，主要包括进一步削减对农产品的价格支持，更加重视环保和强化农村发展政策。2004年，欧盟决定改革对地中海地区农产品烟草、棉花、橄榄油等的补贴。2005年12月，在世贸组织部长级会议上，欧盟同意在2013年之前逐步取消农业补贴。2006年2月，欧盟出台“共同体农村发展战略指导”，明确提出2007~2013年总体农村发展计划。“战略指导”重点加强农产品经济、环境、农村人口三大领域建设，将增强农林业竞争力、环保、鼓励农村经济多样性、提高地方自主能力等作为优先重点，逐步加快欧盟落后农村的经济发展。6月，欧盟决定从农村发展农业基金中拨款697.5亿欧元用于2007~2013年落后地区农村发展。2008年11月，欧盟成员国农业部长就改革欧盟农业补贴政策达成协议。欧盟将每年500多亿欧元的农业补贴与产量脱钩，不再根据产量多少决定农场主领取的补贴数额，节约下来的资金将用于支持落后地区的发展和保护生态环境。进入2009年，受国际金融危机影响，欧盟农业各部门均遭受不同程度的影响，欧盟农产品价格大幅下跌，高附加值农产品消费需求相对萎缩，农业部门投入有所下降。为应对该局面，欧盟在2009年1月重新启动对奶产品出口补贴；3月决定在农业部门投资10亿欧元，用于农村基础设施建设和部门结构调整，并推行农产品质量政策，发起新的有机农产品标识活动，确保欧盟农产品质量优势发挥带动市场的积极作用。

（3）实行共同渔业政策。欧共体自1977年起将各成员国在北大西洋和北海沿岸的捕鱼区扩大为200海里，作为欧共体的共同捕鱼区，由欧共体统一管理，并授权欧共体委员会与第三国谈判渔业协定。1983年1月25日，欧共体内部就捕鱼配额的分配、渔业资源的保护和渔业产品的销售等达成协议，标志着欧盟共同渔业政策开始实施。该政策的4个基本目标：保护渔业资源，保护海洋环境，促进欧洲捕鱼业发展，为消费者提供高质量的海产品。1994年12月，欧盟渔业部长通过了新渔业政策并就西班牙和葡萄牙于1996年1月1日起加入欧盟共同渔业政策达成协议。2001年4月，欧盟委员会发表关于未来渔业政策的绿皮书，提出改革共同渔业政策应遵循的原则：在提高渔业生产技术水平和生产力的同时，合理分配使用渔业从业人员；确保渔业从业人员的个人收入不受影响；确保市场需求和供求关系稳定；确保价格合理；调整共同渔业政策应对各国都公平合理。2003年1月，欧盟渔业部长理事会就渔业政策改革问题达成了共识，主要包括进一步改进现行捕捞措施，加强欧委会与成员国在捕捞监管和处罚方面的合作，以及建立地区咨询理事会等。2005年欧委会制定了旨在简化共同渔业政策的2006~2008年行动计划。2006年10月，欧盟新设“欧洲渔业基金”（EFF），替代原有的“渔业指导财政工具”。2007年欧委会为应对气候变化对渔业的影响，制定新的共同渔业政策行动计划，强调加强科研投入，减少渔业及造船业等对环境的影响；打击非法捕鱼，建立共同渔业区，提高渔业运输效率和竞争力，以求最大限度保持渔业发展，对海洋资源进行可持续性利用。2008年7月，欧盟渔业部长通过一项紧急补贴方案，决定从欧盟渔业基金中支出14亿欧元，在未来几年为渔业部门提供短期扶持，帮助陷入困境的欧盟渔业部门应对高油价挑战。2009年4月欧委会发布有关共同渔业政策的绿皮书，就共同渔业政策改革汇集各方意见。2010年5月，欧盟渔业部长会议在西班牙召开，会议初步确定了共同渔业政策的改革方案，方案将区别对待小规模捕捞和大规模工业捕捞；为小型捕捞业建立资金，扶持小型捕捞业在环境、技术和贸易方面的成长；建立除捕捞配额外的其他渔业管理模式，努力实现渔业可持续发展。

（4）建立总预算。1967年欧共体建立了总预算。1980年开始完全实行“自身财源”，主要由四部分组成：农产品进口差价税；工业品进口关税；成员国零售商品增值税的一部分；成员国按其在欧共体国民生产总值中所占比例缴纳的摊款。1992 年 12 月爱丁堡首脑会议决定，1995 年起逐步提高欧盟预算支出占欧盟国民生产总值的比例，1999 年达到 1.27%。1999 年 3 月，欧盟通过了《2000 年议程》，确定 2000～2006 年欧盟预算开支维持在占欧盟国民生产总值 1.27% 的水平，以 1999 年不变价格计算每年为 857 亿欧元；调整欧盟预算来源的构成，减少增值税比重，逐渐增加成员国按其国民生产总值所占比例缴纳的摊款比重。2005 年 12 月，欧盟首脑会议就欧盟 2007～2013 年中期财政预算达成一致。2006 年 5 月，欧洲议会通过了该方案，随后欧洲议会、欧盟理事会和欧盟委员会三方代表共同签署了这一总额为 8644 亿欧元的方案。2008 年 12 月，欧洲议会通过欧盟 2009 年预算，支出总额为 1160.96 亿欧元。2009 年 4 月，欧盟委员会出台欧盟 2010 年预算草案，总额为 1223 亿欧元，其中 620 亿欧元用于促进经济增长和就业。2010 年 4 月 27 日，欧委会出台 2011 年预算草案，总额为 1426 亿欧元，其中 644 亿欧元将用于推动欧盟经济复苏，579 亿欧元将用于支持落实欧盟“2020 战略”中的各项计划。

（5）建立内部统一市场。1986 年 2 月，各成员国签署《欧洲单一文件》，决定于 1992 年底建成欧共体统一大市场，通过逐步消除各种非关税壁垒，实现商品、人员、资本和服务四大自由流通。1993 年 1 月 1 日，统一大市场初步形成。1995 年 3 月 26 日，对各类人员取消边界检查的“申根协定”在法国、德国、荷兰、比利时、卢森堡、西班牙、葡萄牙七国之间正式生效。1997 年 10 月 26 日和 1998 年 4 月 1 日，“申根协定”先后在希腊、意大利和奥地利生效。2001 年 3 月 25 日，“申根协定”在瑞典、芬兰、丹麦及非欧盟成员国挪威和冰岛正式生效。2007 年 12 月，捷克、爱沙尼亚、匈牙利、拉脱维亚、立陶宛、马耳他、波兰、斯洛伐克、斯洛文尼亚九国加入。2008 年 12 月 12 日，瑞士加入，申根区扩大至 25 国。2002 年 3 月，欧盟巴塞罗那首脑会议确定各国于 2005 年前分别开放电力、燃气、电信和运输市场以及统一金融服务市场的目标。2003 年 5 月，欧盟委员会公布了“2003～2006 年内部市场战略”文件，将强化内部市场法律的执行和实施、加快服务业流通、拆除货物贸易壁垒和建立欧洲公共采购市场等列为未来三年内部市场建设的重点。2005 年 3 月，欧盟首脑会议通过了“增长与就业计划”，提出加快建立服务业单一市场的步伐，尤其是优先完成金融服务业行动计划，推进金融市场一体化。2006 年 5 月，欧盟成员国达成原则协议，决定在欧盟区域内开放服务业，允许更大的市场自由流动和更深入的经济一体化。2008 年 9 月 24 日，欧洲议会通过欧盟电信业改革方案，支持对电信业巨头实施功能拆分，并在欧盟层面上设立一个新的监管机构。

2010 年 3 月，欧盟出台“2020 战略”。该战略强调促进欧盟经济实现“灵巧、可持续和包容性”增长，提出在就业率、科研投入、气候变化、高等教育和减贫五项量化指标，并启动“创新联盟计划”、“青年人在行动计划”、“数字欧洲计划”、“资源效率型欧洲计划”、“全球化时代的工业政策计划”、“新技能和就业计划”以及“欧洲减贫计划”七项发展计划，用以加快欧盟发展方式转型，增强竞争力，促进经济社会长期可持续发展。

（6）建立经济与货币联盟。1979 年 3 月，欧共体巴黎首脑会议决定建立欧洲货币体系：1. 建立“欧洲货币单位”（European Currency Unit，简称 ECU，中文译为“埃居”），用于欧共体内部会计、信贷记账与结算，并部分取代美元起储备货币的作用。2. 规定汇率波动的幅度。ECU 与除英国、意大利货币外的各种货币之间波动幅度上下限为 2.25%，英、意货币上下波动幅度可为 6%。3. 成立欧洲货币基金。成员国将其黄金与美元储备的 20% 纳入欧洲货币基金，用于成员国的信贷安排。

1988 年 6 月，欧共体首脑会议提出建设经货联盟、发行统一货币的目标。确定第一阶段从 1990 年 7 月 1 日开始，目标是在成员国之间实行完全的资本自由流动，并加强成员国之间以稳定价格为目标的货币政策合作。1991 年 12 月欧共体首脑会议签署的《马约》规定第二阶段从 1994 年 1 月 1 日起，目标是为统一货币做法律与技术上的准备，建立欧洲货币局，作为未来欧洲中央银行的过渡性机构，加强成员国之间的经济趋同。《马约》规定经货联盟第三阶段最早于 1997 年 7 月 1 日，最迟于 1999 年 1 月 1 日实施。1993 年 11 月《马约》正式生效，经货联盟建设步入快速发展的轨道。1994 年 1 月 1 日，欧洲货币局正式成立。1995 年 12 月，马德里首脑会议决定于 1999 年 1 月 1 日正式启动单一货币，并将统一货币定名为欧元（EURO）。1996 年 12 月，都柏林首脑会议就《稳定与增长公约》以及《第二货币汇兑机制》达成一致。《稳定与增长公约》规定凡放松财政控制、预算赤字占 GDP 的比例再度超过 3% 的国家，如不能按期纠偏，应向欧洲中央银行交纳一定数额的无息储金。如在一定期限之内仍不能达标，储金便转成罚款。《第二货币汇兑机制》规定以欧元为基准，欧盟非欧元国货币汇率浮动幅度上下限为 15%。1998 年 5 月 2 日，布鲁塞尔首脑会议宣布德国、比利时、奥地利、荷兰、法国、意大利、西班牙、葡萄牙、卢森堡、爱尔兰、芬兰 11 国成为首批欧元国。7 月 1 日，欧洲中央银行在法兰克福正式成立，其决策与管理机构主要有欧洲央行委员会、董事会和扩大委员会，主要职责是制定和落实欧元区货币政策，管理货币储备，决定货币发行量，与财长理事会共同制定汇率政策，向欧盟机构和成员国提供咨询等。1999 年 1 月 1 日，欧元正式启动。1 月 4 日，欧元进入外汇市场交易。2001 年 1 月 1 日，希腊正式成为欧元区第 12 个成员国。2002 年 1 月 1 日，欧元现钞开始流通。2002 年 3 月 1 日，欧元成为欧元区国家唯一法定货币。此后，斯洛文尼亚（2007 年）、马耳他、塞浦路斯（2008 年）、斯洛伐克（2009 年）先后加入欧元区。欧元启动以来，总体运行正常，在国际金融市场中的地位逐步确立，已成为第二大国际货币，2009 年欧元在全球外汇储备中的份额为已达 27% 以上。2010 年希腊等国爆发主权债务危机，欧元稳定受到严重冲击。5 月 9 日，欧元区特别财长会议决定建立总额上限为 7500 亿欧元的“欧洲金融稳定机制”，该机制下设 5000 亿欧元专项基金，由欧盟及其成员国提供，2500 亿欧元由国际货币基金组织提供。该机制旨在向陷入困难的欧元区国家提供资金支持，维护欧元稳定，遏制债务危机蔓延势头。12 日，欧委会发布报告表示，爱沙尼亚已达到加入欧元区标准，爱有望于 2011 年 1 月 1 日加入欧元区，成为欧元区第 17 个成员国。

（7）实施共同外交和安全政策。《马约》规定欧盟将逐步实行共同外交和安全政策。由西欧联盟负责执行欧盟未来的维和与人道主义行动；欧盟理事会秘书长为欧盟对外政策代表；成立“政策分析和预警中心”，为理事会决策提供依据。1999 年 6 月，欧盟科隆首脑会议任命索拉纳为欧盟首位共同外交和安全政策高级代表，决定于 2000 年底前将西欧联盟并入欧盟。12 月，赫尔辛基首脑会议决定在 2003 年前建立一支 5～6 万人的快速反应部队，在北约不参与的情况下，执行欧盟领导的预防和处理危机任务；任命索拉纳兼任西欧联盟秘书长。2000 年 3 月，欧盟理事会设立了政治和安全委员会、军事委员会和总参谋部 3 个临时机构，并于 12 月转为常设机构。6 月，费拉首脑会议决定在 2003 年前建立一支约 5 千人的欧洲警察部队，执行维和任务。2002 年 3 月，欧盟巴塞罗那首脑会议正式决定实施耗资 34 亿欧元的“伽利略计划”，自主研发欧洲自己的全球卫星导航定位系统。12 月，欧盟与北约签署了“欧盟与北约关于欧洲外交与安全政策宣言”，确定欧盟可在维和军事行动中使用北约军事资源。2003 年，欧盟警察部队在波黑、马其顿和刚果（金）展开维和行动。12 月，欧盟制订了《欧洲安全战略》，明确界定了欧洲安全面临的主要威胁并制订了应对措施。针对恐怖主义和大规模杀伤性武器扩散的威胁，欧盟制订了有效多边主义政策并提出了“预防性行动”概念。2004 年 7 月，欧洲军备局成立。12 月，欧盟正式接管北约在波黑的维和任务，并组建了一支 7000 人的欧盟维和部队。2005 年 7 月，欧盟决定向非盟在达尔富尔地区的维和部队提供军事和民事支持，包括提供后勤支援、派遣军事观察员、培训军队和警察等。12 月，欧盟首脑会议批准了欧盟委员会制定的《反恐战略》，就加强边境安全等达成一致，主要包括 4 个工作方向：切断恐怖主义的人员补充，更好地保护重要目标，对恐怖分子进行全球和跨国境追击和调查，以有组织和协调的方式回应恐怖袭击。2006 年 7 月，欧盟军备市场行为准则正式实施。2007 年，欧盟组建完成 13 个“快反战斗群”并具备行动能力，可在 15 天内完成部署，执行为期 30 天的战斗任务。2008 年 2 月，欧盟向乍得和中非共和国派遣 3700 人的维和部队，期限为 12 个月。这是欧盟在非洲开展的规模最大的维和行动。4 月 23 日，欧洲议会通过“伽利略”全球卫星导航系统的最终部署方案。据此，“伽利略计划”将分两阶段实施，即 2008～2013 年的建设阶段和 2013 年以后的运行阶段。欧盟将在建设阶段出资 34 亿欧元，用于完成“伽利略计划”的基础设施建设，主要是发射 30 颗卫星。6 月 30 日，欧盟理事会决定将欧盟驻刚果（金）维和部队任期延长一年至 2009 年 6 月 30 日，并任命法国人让·保罗·米歇尔为该部队司令。7 月 8 日，欧盟发布欧洲防务能力发展计划。8 月，俄格冲突爆发，9 月 15 日，欧盟决定向格鲁吉亚派驻民事观察团。11 月 10 日，欧盟外长会正式批准欧盟向索马里海域派遣军舰和飞机，以打击海盗活动，保护联合国世界粮食计划署运粮船安全。12 月 8 日，欧盟外长会决定正式启动代号为“阿塔兰塔”的军事行动，派遣 6 艘军舰和 3 架海上侦察机在索马里海域打击海盗，行动期限初步规划为 12 个月。9 日，欧盟驻科索沃特派团正式开始在科部署，从联合国特派团手中接管警察、司法和海关等领域的职权，任期为 2 年。12 月 11～12 日，欧盟冬季首脑会议通过欧盟“新安全战略”，认为气候变化、能源安全、网络犯罪和海盗等问题为欧盟新安全威胁，并制订相关应对措施。2009 年 4 月 17 日，欧盟委员会公布 2009～2011 年反恐和预防大规模杀伤性武器扩散计划。12 月《里约》生效后，欧盟在共同外交和安全政策方面进行了一系列调整，主要包括：欧盟具备法律人格，有权在共同外交与安全政策领域缔结国际条约；将原欧盟共同外交和安全政策高级代表和欧委会对外关系委员两职位合二为一，设立新的欧盟外交和安全政策高级代表，并兼任欧委会副主席；创建由欧盟机构和成员国外交官组成的总计约 7000 人的欧盟对外行动署（European External Action Service），作为欧盟外交机构，协助高级代表开展工作；把欧盟外交机构权限从传统外交政策领域扩展到发展政策、人权、军事安全、民事危机处理等领域，并使其拥有独立预算和人事任免权。在共同外交和安全政策领域，欧盟各成员国仍将以政府间合作方式进行决策。

（8）开展司法和内政合作。欧盟在成员国间建立了司法、内政事务合作机制，以协调各国的移民和避难政策，联合开展打击国际恐怖活动、有组织犯罪和贩毒的斗争。1996年6月22日，佛罗伦萨首脑会议通过了欧洲警察署组织公约。《阿约》规定，在2004年前逐步形成共同的移民和避难政策，加强欧洲警察署在打击有组织跨国犯罪活动中的合作。1999年10月15日，欧盟在芬兰坦佩雷召开首次有关司法、内政合作的首脑会议，决定逐步制定共同移民和避难政策，加强对非法移民特别是蛇头的打击力度；扩大欧洲警察署的权限，建立成员国警察局长协调机制，共同打击跨国犯罪；确立“司法普遍适用原则”，要求成员国相互承认司法判决，并在2004年建立统一司法区。2001年“9·11”事件后，欧盟内部加大了在司法内政等领域的合作，对恐怖主义行为及恐怖主义组织进行了具体的界定，公布了恐怖主义组织及个人名单并对其财产进行冻结，着手制定“欧洲统一逮捕令”。2002年6月21日，欧盟塞维利亚首脑会议决定，加快制定欧盟共同移民和避难政策；加强警务、移民部门的合作，强化外部边境管理和控制，并制定了具体时间表；加强同非法移民来源国和过境国的合作，并向其提供经济援助；在欧盟与第三国的合作协定中加入打击非法移民和遣返条款。2004年10月，欧洲议会通过了《海牙计划》，指导2005～2010年的司法和内政事务。该计划涉及了所有关于自由、安全和司法领域的政策，包括难民和移民、边境管理、反恐、有组织犯罪、司法和警务合作等。2005年10月，欧委会制定了关于实施《海牙计划》的“路线图”，确定了十个优先领域。在移民方面，2005年欧盟委员会发表了《欧盟经济移民管理办法绿皮书》，统一各成员国对非欧盟国家经济移民的管理，为实施“欧盟绿卡”奠定基础。12月，欧委会通过了《欧盟合法移民政策规划》，为欧盟2006～2009年吸纳经济移民指明了方向。2008年4月18日，欧盟司法和内政部长会议决定，欧洲刑警组织将从2010年1月1日起成为欧盟正式机构，以加强欧盟成员国间的执法合作。6月18日，欧洲议会通过新《移民法》。10月15～16日，欧盟首脑会批准《欧洲移民与难民庇护公约》，以协调和规范欧盟各成员国的移民政策，打击非法移民。2009年12月，欧盟冬季首脑会议决定启动2010～2014年为期5年的《斯德哥尔摩计划》，旨在强化欧洲公民基本权利、维护司法公正、保护人身财产安全、进一步完善移民和难民政策等方面的合作。

（9）推进机构和机制改革。2000年2～12月欧盟召开政府间会议，通过了《尼斯条约》草案，在机制改革上取得重要进展，主要有：重新分配成员国在理事会内的加权票数，并确定了12个入盟候选国的加权票数，采取双重多数表决制，要求特定多数所代表的国家不少于一半，所代表的人口应占欧盟总人口的62%。限制了欧委会的规模，法、德、英、意、西从2005年起将现有两名委员减至一名；实行一国一席制，委员会人数超过27人后将采取轮任方式；将原需一致通过的70个领域中的35个改为特定多数表决制，其中包括欧委会主席和共同外交和安全政策高级代表的任命等；8个以上的国家即可在防务和军事行动之外的警务、司法和外交等领域推行更紧密的合作；限制欧盟扩大后的欧洲议员人数增加幅度，当议席从扩大前的626席增至扩大后的732席时，大部分成员国都要减少已有的席位。2001年12月，欧盟拉肯首脑会议决定成立制宪大会。2002年2月至2003年6月，欧盟举行了为期16个月的欧洲制宪大会，通过《欧洲宪法条约》草案。2004年6月，欧盟首脑会议正式通过《欧洲宪法条约》，10月正式签署。但由于法国、荷兰全民公决否决了该条约，2005年6月欧盟布鲁塞尔首脑会议决定推迟《欧洲宪法条约》的生效日期。2007年3月，欧盟召开纪念《罗马条约》签署50周年特别首脑会议，发表了《柏林宣言》，强调欧盟将与时俱进不断改进欧洲政治建设，共同努力，争取在2009年欧洲议会选举前“将欧盟置于一个新的共同基础上”。2007年12月，欧盟首脑会议签署了旨在拯救制宪危机的《里约》，内容主要包括：赋予欧盟法律人格；设立欧洲理事会常设主席，由欧洲理事会以特定多数方式选举产生，任期两年半，可连任一届；精简欧盟委员会机构，拟自2014年11月1日起将欧委会委员人数精简为原来的2/3；改革欧洲议会，规定欧洲议会由750名议员组成，各成员国在议会中至少占6席，最多占96席；扩大欧洲议会和理事会行使共同决策权的政策领域；实施新的特定多数表决机制，即自2014年11月1日起，特定多数表决通过的条件是须有至少55%的成员国同意（至少15国），同时这些成员国至少代表65%的欧盟人口；设立新的欧盟外交与安全政策高级代表，并兼任欧盟委员会副主席，负责执行欧盟的共同外交和安全政策，领导欧盟对外行动署；扩大多数表决制的适用范围；增加欧盟法律中的人权内容，使《欧盟基本权利宪章》在欧盟立法层面上具有法律约束力。2008年6月，爱尔兰全民公投否决《里约》。2009年6月18日，欧盟夏季首脑会议决定满足爱尔兰在批准《里约》问题上的关切，以法律形式承诺爱保留在防务、税率、堕胎等方面的特权，并强调已批约国无需就此重新履行批准程序，为条约尽快生效创造了有利条件。10月2日，爱尔兰第2次公投批准《里约》。随后，在本国关切得到满足的情况下，波兰和捷克相继批准《里约》，《里约》生效道路上的最后障碍得以排除。12月1日，《里约》正式生效。《里约》生效后，欧盟机制机构改革陆续启动，主要进展有：2009年11月，选举产生首任欧洲理事会主席范龙佩和欧盟外交和安全政策高级代表兼欧委会副主席阿什顿；2010 年 3 月，提交欧盟对外行动署组建方案，行动署组织构架、人员组成、与其他欧盟机构的权责关系等已初步明确。

（10）制订能源和气候政策。欧洲煤钢共同体、原子能共同体及后来的欧洲经济共同体都对煤炭、核能和其他能源的管理制定了具体的措施，但均未形成共同的能源政策。1973 年的石油危机使欧洲开始重视由于依赖外国油气供应而产生的风险。1988 年 5 月，欧共体委员会的《共同能源市场》报告，首次建议制订共同能源政策。2001 年 12 月，欧盟委员会发表了关于能源问题的绿皮书，确定了欧盟能源战略的基本目标：在保障能源稳定供应的前提下，使价格保持在消费者可承受的范围内，使能源利用达到可持续发展的要求。2002 年 3 月，欧盟巴塞罗那首脑会议决定于 2004 年对商业和企业用户开放电力和天然气市场，在能源市场开放问题上迈出了重要的一步。2004 年 12 月，欧盟及东南欧 11 国代表在雅典召开会议，讨论将中东和里海地区油气资源输往欧洲的问题，并就商签关于建立欧盟—东南欧能源共同体条约的问题达成了原则协议。2006 年 3 月 8 日，欧盟委员会出台《欧盟能源战略》绿皮书，提出“促进可持续发展、提高能源工业竞争力和保障能源安全”3 大能源战略核心目标和 6 大优先行动领域。3 月 24 日，欧盟春季首脑会议首次明确提出要着手建立“欧洲能源政策”（EPE），目标是：到 2007 年年中，各国开放国内电力及天然气市场；大力发展可再生能源，2015 年可再生能源占能源消耗比重上升到 15%，生物燃料达 8%；提高能源使用效率，2020 年总能耗降低 20%。2007 年 3 月欧盟首脑会议就气候变化和能源问题达成一揽子共识：1. 承诺到 2020 年将温室气体排放量在 1990 年基础上至少减少 20%，并愿与美、日、中、印等其他主要排放国一道将减排目标提高至 30%。2. 大力推进“欧洲能源政策”，到 2020 年将可再生能源在能源消费中所占比重由目前的 6.5% 提高到 20%，能源使用效率提高 20%，生物燃料在交通能源中的比重提高到 10%。会议通过了 2007～2009 年《能源行动计划》，提出推进欧盟天然气和电子市场一体化、确保能源供应安全和加强对外能源关系等系列举措。2007 年 10 月欧盟首脑会议提出欧盟争做“世界第一个具有竞争力、能源安全的低碳经济体”的目标。2008 年 3 月欧盟首脑会议制定了落实温室气体减排目标时间表，主张兼顾各成员国经济发展水平和承受能力；要在公平和团结的基础上公开、透明地向成员国分配减排指标。7 月 8 日，欧洲议会同意从 2012 年起对航空业实施温室气体限排，并将其纳入温室气体排放交易机制。10 月 7 日，欧洲议会环境委员会通过了欧盟委员会提出的欧盟能源气候一揽子计划中的 3 项主要内容，包括温室气体减排交易机制、减排任务的分配、碳捕捉与储存等。12 月 11～12 日，欧盟首脑会议通过能源气候一揽子计划，决定 2013～2019 年间给予波兰、捷克等 9 个中东欧国家一定比例的免费碳排放交易许可，并给予德、意等国的高排放企业一定特殊照顾。2009 年 1 月 28 日，欧盟委员会出台题为“通向哥本哈根全面气候变化协定”的政策文件，重申 2050 年全球平均气温比工业化前上升不超过 2 摄氏度，全球温室气体排放量比 1990 年减少 50% 等战略目标，将欧盟自订的减排上限标准推广至所有发达国家，并首次明确提出发展中国家的高标准量化减排目标。3 月 19～20 日，欧盟春季首脑会议决定在 2009 年和 2010 年共投入 50 亿欧元用于能源和互联网基础设施建设，重申欧盟信守量化减排目标，并要求其它发达国家和新兴发展中国家承担相应的责任。4 月 22 日，欧洲议会通过欧盟能源行业拆分能源巨头的改革方案。9 月 10 日，欧盟出台《加快国际气候融资：欧盟关于哥本哈根协议的蓝图》的政策文件，提出到 2020 年国际社会每年应向发展中国家提供 220～500 亿欧元的国际气候资金援助，用于帮助发展中国家减排并适应气候变化带来的影响，欧盟计划每年出资 20～150 亿欧元。10 月 29～30 日，欧盟秋季首脑会议批准了欧盟参加哥本哈根气候变化大会的立场文件，重申欧盟愿与国际社会一道在 2020 年之前向发展中国家提供国际气候援助资金的承诺。12 月 10～11 日，欧盟冬季首脑会议决定于 2010～2012 年每年向发展中国家提供 24 亿欧元的“快速启动”资金。2010 年 3 月 3 日，欧盟出台“2020 战略”，将“三个 20%”的气候及能源目标作为未来 10 年欧盟发展的五大目标之一。3 月 9 日，欧委会发布题为《后哥本哈根国际气候政策：重振全球气候变化行动刻不容缓》的政策文件，明确后哥本哈根气候变化谈判战略。3 月 25～26 日，欧盟春季首脑会议就国际气候变化谈判继续协调内部立场，提出充分利用包括 G20 在内的所有地区和双边会议机制，加强与第三国接触和对话。4 月，欧盟出台《欧盟新能源和节能汽车发展战略》，计划大力发展电动等新能源汽车，并规范新能源汽车排放标准。

（11）应对国际金融危机。2008 年 3 月，欧盟春季首脑会议呼吁推动国际金融体制改革，增强金融市场透明度，提升金融危机管理能力，加强监督实现金融市场稳定，并就主权财富基金问题达成原则共识。10 月 4 日，法、德、英、意 4 国领导人以及欧盟委员会主席巴罗佐、欧元区集团主席容克和欧洲央行行长特里谢在巴黎举行小型首脑会议，寻求共同应对危机的对策。12 日，欧元区 15 国领导人、巴罗佐和特里谢举行首脑会议，通过一项应对危机的行动计划，同意由各国政府为银行再融资提供担保并向银行注资。13 日，欧盟委员会公布欧盟成员国金融救助指导条例，以确保各国采取的救市措施符合欧盟竞争法中的“国家援助”原则。15～16日，欧盟首脑会表示赞成12日欧元区首脑会议通过的行动计划，继续致力于确保欧盟金融秩序稳定和恢复投资者信心，决定建立一个非正式的欧盟金融预警、信息交换和评估机制，呼吁召开由全球主要国家领导人参加的“第2次布雷顿森林”会议，彻底改革现行国际金融体系。11月4日，欧盟正式批准从中期财政援助基金中拿出65亿欧元帮助匈牙利应对危机。7日，欧盟举行非正式首脑会议，同意将欧盟中期财政援助基金规模扩大一倍，由120亿欧元增加至250亿欧元，以帮助因金融危机陷入经济困境的中东欧国家。12月11～12日，欧盟冬季首脑会议批准了欧盟委员会提出的约2000亿欧元的经济刺激计划。2009年2月22日，欧盟召开特别首脑会议。英、法、德、意、西、荷、捷、卢8国领导人及欧盟委员会主席巴罗佐，欧洲央行行长特里谢与会。会议旨在为伦敦G20金融峰会协调欧盟立场，并就加强金融监管达成7点共识：1. 国际货币基金组织和金融稳定论坛应监督并推动2008年11月华盛顿G20峰会通过的行动计划；2. 对所有金融市场、金融产品、市场参与者、对冲基金及私人投资公司采取适当的监督或管理；3. 拟定制裁机制以加强打击“避税天堂”及“不合作的”金融中心；4. 银行应建立自主缓冲资本以备不时之需；5. 支持在伦敦峰会上讨论制定可持续经济活动全球宪章，最终建立一个全球治理结构；6. 反对贸易保护主义措施，并将推动世界贸易组织的多哈回合谈判在近期内完成；7. 支持将国际货币基金组织资金增倍的计划，以帮助陷入财政困境的国家。3月1日，欧盟召开特别首脑会议，强调应团结应对当前的金融和经济危机，成员国应当充分利用欧盟单一市场的优势，以推动经济增长和就业，而保护主义无益于当前危机的解决。19～20日，欧盟春季首脑会议决定将对中东欧成员国提供的中期财政援助基金规模再次扩大一倍至500亿欧元，就伦敦G20金融峰会达成欧盟共同立场，主张加强金融监管和国际合作，承诺向国际货币基金组织增资750亿欧元。6月18～19日，欧盟首脑会议出台新的金融监管措施，决定在宏观层面成立“欧洲系统风险委员会”，及时就威胁欧洲金融稳定的潜在风险提出预警和建议；在微观层面成立“欧洲金融监管系统”，由分别负责银行、保险和证券领域的三个泛欧监管局组成。2009年12月欧盟冬季首脑会议和2010年3月欧盟春季首脑会议均强调，欧盟将在经济完全恢复后考虑实施退出战略。

（12）应对主权债务危机。2010年年初以来，希腊、葡萄牙、西班牙、意大利和爱尔兰等国相继爆发主权债务危机，其中希腊情况最为严重，公共债务高达3000亿欧元，占GDP的115.1%。国际评级机构对希、葡、西等国家主权信用评级大幅下调，意、爱、英等公债大国信用等级也面临下调风险。为应对危机，欧盟召开一系列会议，出台应对措施。2010年4月11日，欧元区财长会议商定总额为450亿欧元的救助方案，其中欧元区各成员国同意在必要时于第1年以双边贷款形式提供300亿欧元资金。150亿欧元由国际货币基金组织提供。4月23日，希腊正式向欧盟提出救助请求。5月2日，欧元区财长会议决定正式启动救助希腊方案，未来3年内欧元区国家和国际货币基金组织将共同向希提供1100亿欧元的救助资金。其中欧元区国家将以双边贷款方式提供800亿欧元，300亿欧元由国际货币基金组织提供。7日，欧元区国家召开特别首脑会议，批准了救助希腊方案。9日，欧元区特别财长会议决定建立总额上限为7500亿欧元的“欧洲金融稳定机制”，该机制下设5000亿欧元专项基金，其中4400亿欧元由欧元区国家以双边协议形式提供，为期3年，600亿欧元由欧盟委员会筹措。国际货币基金组织将提供不少于欧盟贷款总额一半的援助资金。12日，欧盟委员会发布政策文件，建议加强欧盟财政纪律和成员国经济政策协调，逐步完善欧盟层面的经济治理。18日，欧盟财长会议就加强对冲基金监管达成协议，对对冲基金、私募基金等在欧盟国家内操作提出了更严格的要求。21日，欧盟召开“经济治理特别工作小组”首次会议，就加强成员国财政监管和经济政策协调达成一系列工作目标。未来欧盟将加强成员国财政自律，强化《稳定与增长公约》执行力度；缩小成员国间在竞争力方面的差距；建立有效的危机应对机制；加强经济治理，建立反映更加迅速、行动更加协调、动作更有效率的经济治理机制。

二、对外关系：欧盟同世界上许多国家和地区建立了联系。截至2009年，已有168个国家向欧盟派驻外交使团，26个国际组织和地区（包括巴勒斯坦、香港、澳门等）向欧盟派驻代表处，欧盟委员会已向超过130个国家和国际组织派驻代表团。欧盟同其中绝大多数国家缔结了贸易协定、经贸合作协定、联系国协定或其他协定，并与一些地区性组织建立了比较密切的关系。2009年12月1日，《里斯本条约》正式生效，根据条约规定，欧盟委员会向其他国家或国际组织派驻的代表团将正式更名为欧盟代表团，现欧盟已开始进行更名工作。

根据《里斯本条约》规定，原欧盟共同外交和安全政策高级代表和欧盟委员会对外关系委员两个职务被合并，由新设立的欧盟外交和安全事务高级代表一职代替。经过27个成员国领导人选举，英国人凯瑟琳·阿什顿（Catherine ASHTON）女男爵当选为首任欧盟外交和安全事务高级代表。当前欧盟正在着手组建“欧盟对外行动署”（EEAS），EEAS将接受阿的领导，负责欧盟对外政策的实施。

（1）同美国的关系。欧盟与美国关系密切，经济上互为最大的贸易伙伴和最大投资方，在政治上互为盟友。美总统奥巴马于2009年初上任后两度造访欧洲，致力于推动美欧关系发展。但双方在气候变化、国际金融体系改革等问题上仍存在差异和分歧。

2009年4月2～6日，美总统奥巴马访欧洲，在捷克首都布拉格出席欧美特别峰会，这是欧盟27国领导人及欧委会主席巴罗佐与奥的首次集体会晤。双方就应对金融危机、气候变化、能源安全以及在阿富汗、朝核、伊朗、中东、反恐等问题上加强合作交换了意见。峰会后双方就阿富汗局势及朝核问题发表两个联合声明。重申欧美致力于推动阿民主进程，强烈谴责朝鲜发射卫星，敦促朝放弃核计划。6月4～7日，美总统奥巴马访问德国和法国，分别与德总理默克尔、法总统萨科齐进行简短会晤，就国际金融危机、气候变化、伊朗核、朝核等热点问题交换意见。双方强调，欧美关系具有坚实历史基础，在重大国际问题上拥有广泛共识，加强彼此合作对促进全球经济复苏、维护国际安全具有积极意义。11月3日，欧美峰会在华盛顿举行。美总统奥巴马、欧盟轮值主席国瑞典首相赖因费尔特、欧盟委员会主席巴罗佐和欧盟共同外交和安全政策高级代表索拉纳出席会议。会议集中讨论了气候变化、经济复苏、阿富汗、伊朗核等问题。

（2）同独联体国家的关系。欧盟重视同俄罗斯的关系。2009年以来，在美俄关系实现"重启"、北约与俄关系缓和等大背景下，欧俄政治关系有所改善，进一步走出俄格冲突的阴影。双方在能源和经贸领域的合作持续增强，相互依存度不断深化。欧盟是俄最大贸易伙伴和最主要的外资来源地，俄60%的出口面向欧盟，80%的外资来自欧盟。俄是欧盟主要贸易伙伴之一，也是重要的能源来源地。欧盟25%的石油和45%的天然气消费来自俄，部分成员国甚至完全依赖从俄能源进口。但双方在能源供应、欧洲安全等问题上仍存在矛盾与分歧。双方尚未就签署新的《欧俄伙伴关系与合作协定》达成一致。

2009年5月21～22日，欧盟与俄罗斯第23次峰会在俄远东城市哈巴罗夫斯克举行，欧盟轮值主席国捷克总统克劳斯、欧盟委员会主席巴罗佐、欧盟共同外交与安全政策高级代表索拉纳与俄总统梅德韦杰夫举行会谈。双方着重讨论了能源安全、《欧俄伙伴关系与合作协定》、合作应对国际金融危机、欧洲安全体系及中东、格鲁吉亚等问题。11月18日，欧盟与俄罗斯第24次峰会在瑞典首都斯德哥尔摩举行。欧盟轮值主席国瑞典首相赖因费尔特、欧盟委员会主席巴罗佐、欧盟共同外交与安全政策高级代表索拉纳与俄罗斯总统梅德韦杰夫重点讨论了欧俄政治、经贸及人文等领域的合作，并就气候变化、能源安全、金融危机、阿富汗、外高加索形势等国际和地区热点问题交换意见。双方均强调深化欧俄合作的必要性，并重申愿在相关领域加强合作的意愿。双方还签署了落实欧俄边境合作的相关文件。

1994年起，欧盟先后与乌克兰、吉尔吉斯斯坦、哈萨克斯坦、摩尔多瓦、亚美尼亚、阿塞拜疆、乌兹别克斯坦签署了《伙伴合作关系协定》。独联体成员国中，乌克兰、摩尔多瓦等国均曾公开表达过加入欧盟的愿望，阿塞拜疆希望"融入欧洲"，塔吉克斯坦正在探讨同欧盟建立合作委员会机制的可能性。

2009年12月4日，第13届欧盟—乌克兰峰会在乌克兰首都基辅举行。欧盟轮值主席国瑞典首相赖因费尔特、欧盟委员会主席巴罗佐、欧盟对外关系委员瓦尔德纳与乌总统尤先科举行会谈。双方主要讨论了欧乌关系，乌国内局势、能源安全等问题，并发表联合声明。欧盟表示支持乌参与欧洲一体化的努力，并愿帮助乌推进经济改革。

欧盟一些国家一直指责白俄罗斯侵犯人权。1997年以来，欧盟15国除葡萄牙外，均中断了同白的经贸合作，并拒绝与白进行部长级以上的接触。2009年1月底和2月初，白外长马丁诺夫两次访欧，分别访问欧盟总部和德国，与欧方就开展政治对话、拓展各领域务实合作问题交换意见。3月和11月，欧盟外长理事会两次对白采取积极步骤同欧盟增加高层接触表示欢迎，重申将继续深化与白关系，并决定暂停对白总统等高官的入境限制。

2009年5月29～30日，欧盟—中亚国家外长会晤在塔吉克斯坦首都杜尚别举行。欧盟轮值主席国捷克外长施瓦岑贝格、欧盟中亚事务特别代表毛磊、中亚五国外长出席会议。各方重点讨论了欧盟中亚战略的实施情况，并就共同应对金融危机、能源、经贸、环保、边境管理、打击毒品犯罪等问题交换了意见。欧盟还分别与五国外长举行了双边磋商，就落实欧盟中亚战略和促进双边关系等问题进行了讨论。欧盟表示，当前与中亚的合作重点是帮助中亚国家削减贫困并提高各国施政能力。

（3）同西巴尔干国家的关系。欧盟对西巴尔干国家的局势一直十分关注。2009年10月9日，美国、欧盟和波黑各党派代表在萨拉热窝的布特米尔军事基地举行了为期一天的会议。美国常务副国务卿斯坦伯格、欧盟轮值主席国瑞典外交大臣比尔特、欧盟委员会负责扩大事务的委员雷恩以及波黑各党派领导人参加了会议。会议主要讨论了波黑当前的政治和经济形势，并就有关波黑加入欧盟和北约的进程等问题交换了意见。12月22日，塞尔维亚总统塔迪奇向欧盟轮值主席国瑞典首相赖因费尔特正式递交入盟申请。赖表示，塞提交入盟申请对塞来说是"一个历史性的步骤"和"一个新的开端"，塞申请加入欧盟不仅对其自身的发展很重要，对整个地区也很重要。

2008年2月欧盟决定向科索沃派驻特派团，12月正式开始运作。欧盟特派团目的是"为了帮助科索沃警察部队、司法、海关和监狱机构按照欧盟标准取得进展”，由包括警察、检察官、法官、边防警察和海关人员在内的100多人组成，在科全境执行任务。欧盟表示，向科派遣特派团是为了更好地推行《欧洲安全与防务政策》以及证明欧盟决心履行其对西巴尔干地区的诺言，维护该地区稳定。

克罗地亚于2003年2月正式递交了入盟申请。2004年6月欧盟决定给予克正式候选国地位，2005年10月启动同克罗地亚的入盟谈判。2008年12月，斯洛文尼亚因担心克在入盟谈判中提交的文件涉及两国边界问题，阻止欧盟与克在数个政策领域的入盟谈判。2009年9月，斯克两国总理就克继续与欧盟进行入盟谈判以及解决两国边界问题达成一致，斯解除了对克入盟谈判的限制。10月，欧盟与克代表在布鲁塞尔恢复入欧盟谈判，克重新开始了入盟进程。欧盟就此发表公报称，双方谈判取得成果，克朝加入欧盟迈出了关键一步。截至2009年10月，欧盟与克开启了在28个政策领域的谈判。

2004年3月马其顿政府向欧盟递交入盟申请。2005年12月，马其顿被接纳为欧盟候选国。2007年12月，希腊表示希望帮助马其顿加入欧盟，但前提是马其顿宪法国名问题能够在有关各方均能接受的情况下妥善解决，坚决反对将“马其顿”或“马其顿”的派生词作为马其顿的国名。2009年12月，欧盟外长理事会决定将马入盟谈判时间表制订工作推迟至2010年上半年。马总统就此表示，在解决同希腊国名纷争问题上，马不会向外部压力屈服，不会接受任何违背宪法、损害其民族特性的解决方案。

2009年12月19日，欧盟正式对塞尔维亚、黑山、马其顿三国公民取消进入《申根协定》签署国的入境签证。

（4）同地中海沿岸国家关系。欧盟对地中海沿岸国家执行共同政策，先后同该地区国家签订了联系协定以及工业、贸易、科技和财政合作协定。2008年7月13日，包括16个地中海沿岸非欧盟成员国以及27个欧盟成员国在内的43国领导人在巴黎出席地中海峰会，宣布成立地中海联盟，旨在深化欧盟和地中海沿岸国家间的合作，并确定了第一阶段的6个重点合作倡议。2009年6月，地中海联盟首届关于可持续发展计划的部长级会议在巴黎召开，以色列与巴勒斯坦代表共同与会。7月，地中海联盟财长会暨第9届欧盟—地中海投资与合作促进委员会部长级会议在欧盟总部召开。同月，欧盟委员会宣布拨款7200万欧元，为2009～2010年地中海联盟优先发展项目注入资金，用于防治污染、建设海上高速公路、开发太阳能等。欧盟成员国、欧洲投资银行及私营部门均表示将追加投资，使总额达到9000万欧元。

（5）同中东国家关系。欧盟关注中东和平进程，主张承认以色列的生存权和巴勒斯坦人民的建国权，通过政治谈判和平解决阿以冲突。2008年底，以巴在加沙地带冲突持续升级，欧盟27国外长于12月30日在巴黎召开紧急会议，专门讨论中东局势，并发表声明，提出一项综合解决方案，要求以巴“立即和持久”停火并开展人道主义救助。2009年6月，欧盟共同外交和安全事务高级代表索拉纳先后访问以色列、巴勒斯坦、黎巴嫩、埃及，旨在了解中东局势并明确欧盟在恢复中东和平进程上所能发挥的作用。索敦促以色列总理内塔尼亚胡承诺“两国方案”，重申欧盟支持黎巴嫩发展，表示欧洲和美国都决心在年底前使中东问题取得突破。8月30日至9月2日，索拉纳再次访问上述国家以及叙利亚。

欧盟于1992年开始与伊朗进行“批评性对话”。2007年5月，欧盟轮值主席国德国发表声明，称由于伊朗的“无理反对”，《不扩散核武器条约》第8次审议大会第1次筹备会议的议程一再延迟，指责伊朗阻碍《不扩散核武器条约》审议进程的顺利推进。2008年6月，欧盟负责外交和安全政策的高级代表索拉纳与伊朗代表在德黑兰举行会谈，要求伊方就核问题复谈方案给予积极答复，至少应同意暂时停止铀浓缩活动6个月，以避免联合国对伊朗进一步采取新制裁措施。但伊方强调在核权利问题上不会让步。2009年8月，伊朗总统选举后，英、法、德等欧盟成员国先后公开表示伊选举存在争议。英、法及欧盟对伊以动乱嫌犯的身份公审包括英、法驻伊使馆当地雇员及法籍女教师表示严重关切，称审判违反人权，不可接受。9月4日欧盟轮值主席国瑞典外交大臣比尔特在欧盟非正式外长会前表示，伊朗应通过谈判而不是对抗解决伊朗核问题。比还称如伊朗继续无视国际社会的呼吁，那么它将会受到更严厉的制裁。

伊拉克已探明石油储量位居世界前列，是欧盟寻求进行合作的重点国家之一。欧盟是伊拉克的主要国际捐助方，2003～2005年，欧盟向伊拉克提供了总额约5.18亿欧元的援助。2006年11月，欧盟和伊拉克开始就签署《伙伴与合作协定》进行谈判。2007～2008年为伊拉克贫困人口以及位于叙利亚和约旦的伊难民提供4780万欧元的援助。2008年欧盟拨款1.126亿美元支持伊拉克恢复与重建。2009年1月，欧盟委员会发表声明，对伊拉克的省级选举表示欢迎，并宣布向伊拉克提供7260万欧元的一揽子援助。5月，欧盟委员会宣布将向伊拉克提供2000万欧元紧急人道主义援助，以帮助该国因战乱而大量流离失所的平民恢复正常生活。11月，欧伊在布鲁塞尔举行第9轮《伙伴与合作协定》磋商，欧盟宣布双方完成谈判，协定草案将在送交欧盟各成员国和伊政府批准之后正式签署。协定将促进欧盟对伊投资，帮助伊融入国际经济体系，还包括打击恐怖主义、防止大规模杀伤性武器扩散、能源合作、改善人权状况等内容。欧委会对外关系委员瓦尔德纳表示，这项协定标志着欧伊关系新的开始，欧盟决心在伊拉克的重建过程中发挥重要作用。

（6）同亚洲其他国家关系。2005 年 10 月 3 日，欧盟正式启动与土耳其的入盟谈判。截至目前，双方已就 35 个政策领域中的 12 个进行了谈判，但仅就“科技与研发”1 个领域达成共识。2009 年 10 月，欧盟发表《土耳其入盟谈判进展报告》，敦促土进行更加全面的改革。12 月，欧盟与土举行第 8 次部长级谈判，启动环境领域的谈判进程。欧盟在谈判后称，目前土耳其在该领域离入盟标准还有相当大的距离。欧盟要求土耳其建立并健全环境保护的行政管理机构，严格执行欧盟统一的环境政策。

2004 年 6 月，欧盟出台了《欧盟—印度战略伙伴关系文件》，在加强国际合作，强化经济伙伴关系、发展合作、人员往来和文教交流、机制建设等 5 个领域提出了 3100 余项具体建议。2009 年 11 月，第 10 届欧盟—印度峰会在印度新德里举行，印度总理辛格与欧盟轮值主席国瑞典首相赖因费尔特和欧委会主席巴罗佐等共同出席。双方就应对气候变化、环境能源合作、反恐、地区热点问题和双边贸易等问题进行了讨论。欧洲投资银行决定向印度提供 25 亿欧元的贷款，用于环保合作项目。欧印双方还签署了核能研究合作协议，计划开展有关核能研究的信息数据交换和科研人员交流工作。但双方在气变问题上的分歧依旧。欧盟是阿富汗的重要援助方之一。

自 2002 年以来，欧盟已为阿富汗提供 16 亿多欧元的援助。2009 年 3 月，欧盟宣布拟追加 6000 万欧元的援款，用于支持阿总统选举以及警察队伍建设和农村的发展。9 月，欧盟非正式外长会决定，欧盟将加强在阿富汗的存在，有必要加强以政治为主导的欧盟阿富汗战略，使欧盟为阿富汗的稳定和重建发挥更大的作用。11 月，欧盟轮值主席国瑞典外交大臣比尔特表示，欧盟要求阿富汗总统卡尔扎伊进行政治改革，组成一届“干净的”和“有执政能力的”政府。阿富汗新政府的组成将决定国际社会帮助喀布尔的力度。欧委会对外关系事务委员瓦尔德纳称，欧盟只有看到一个没有腐败并且具有执政能力的阿富汗新政府，才会与卡尔扎伊进行合作。

2009 年 5 月 27～28 日，第 17 届欧盟—东盟部长级会议在柬埔寨首都金边召开。东盟 10 国和欧盟 27 国的外长或部长级代表、欧盟委员会和东盟秘书处代表出席了本届会议。会议由欧盟轮值主席国捷克副总理兼外长科胡特和柬副首相兼外交国际合作部大臣贺南洪担任联合主席。本届会议主题为“东盟—欧盟，促进和平、经济增长和发展的伙伴关系”。与会各方就欧盟与东盟各自的发展、双边关系，以及国际金融危机、粮食与能源安全、非传统安全、气候变化和环境保护等议题进行了讨论。会后发表联合主席声明，重申加强欧盟与东盟合作关系的重要性，承认双方在经济和社会发展各领域存在很强的互补性，强调要在相互尊重和互惠互利的平等伙伴关系基础上进一步加强和深化双方对话合作。欧盟及东盟还签署《欧盟/欧盟委员会加入东南亚友好合作条约宣言》和《东盟同意欧盟/欧盟委员会加入东南亚友好合作条约宣言》，标志着欧盟正式启动加入东南亚友好合作条约进程。此次会议还通过了旨在执行和落实 2009～2010 年欧盟—东盟行动计划的《金边议程》，包括在政治、经济、安全、社会和文化方面采取 41 项措施，加强双方合作。

1991 年 7 月，欧共体与日本签署了《欧日关系宣言》。双方首脑每年会晤。2001 年签订的“欧盟—日本行动计划”成为双边关系的基石。2009 年 5 月 3～6 日，日本首相麻生太郎访问捷克，与欧盟轮值主席国捷克总统克劳斯、欧盟委员会主席巴罗佐举行第 18 届欧盟—日本峰会。峰会后双方发表联合新闻公报，强调欧日愿进一步提升战略伙伴关系，加强应对金融危机的合作，共同在国际事务中发挥“领导”作用，继续推进旨在加强彼此合作的“共同行动计划”。麻生还分别与捷、德两国领导人举行双边会谈，并在柏林洪堡大学演讲，重点阐述日对欧政策及合作倡议。

2009 年 5 月，第四届欧韩峰会在韩国首尔举行。韩国总统李明博与欧盟轮值主席国捷克总统克劳斯、欧委会主席巴罗佐等举行会谈。这是自 2002 年来双方首次单独举行峰会，之前欧韩峰会都是在每两年一次的亚欧峰会期间进行。峰会承诺将尽快结束双边自贸区谈判，签订《欧韩自由贸易协定》。10 月 15 日，欧委会贸易委员阿什顿与韩国贸易部长金宗埙在布鲁塞尔签署了《欧韩自由贸易协定》草案。欧盟表示，与韩国自由贸易协定的草签标志着一个稳定的双边贸易法律文件的诞生，协定文本将由欧盟轮值主席国和欧委会共同签署，并尽快提交欧洲议会批准，预计将在 2010 年下半年生效。

1998 年以来，欧盟向朝鲜提供了大量物质援助。2001 年 7 月，朝鲜和欧盟宣布双方正式建立外交关系。目前，在欧盟 27 个成员国中，除法国和爱沙尼亚外，其他国家均已同朝鲜建立了外交关系。欧盟支持六方会谈，愿为谈判解决朝核问题做出贡献。2009 年 3 月，由欧盟轮值主席国捷克外交部亚洲事务官员带队的欧盟“三驾马车”代表团访朝，与朝外交部主管欧洲事务官员举行工作级别对话，双方重点就欧朝关系交换了见。在朝鲜进行了第 2 次地下核试验后，欧盟于 7 月决定依照联合国安理会有关决议对朝鲜实施制裁，包括冻结相关朝鲜官员在欧盟的资产并禁止其进入欧盟国家；冻结相关朝鲜实体在欧盟的资产；禁止向朝鲜出口军事相关原材料；加强对朝鲜的金融限制和货物检查等。10 月，由欧盟轮值主席国瑞典牵头的欧盟“三驾马车”代表团对朝鲜进行了访问，与朝有关部门举行工作级别政治对话。双方就欧朝关系、防扩散、地区合作、社会经济发展以及人权等议题广泛地交换了意见。欧盟代表团还与朝方讨论了由欧盟以及其他国际组织对朝鲜提供援助的问题。

(7) 同拉美国家关系。欧盟重视发展与拉美国家的关系。2007 年 7 月 4 日，欧盟轮值主席国葡萄牙主办欧盟与巴西首届峰会，双方宣布建立战略伙伴关系。2009 年 10 月，第 3 届欧盟—巴西峰会在瑞典首都斯德哥尔摩举行。会议重点讨论了气候变化、能源、全球金融和经济等问题。双方还就欧盟 27 国与巴西互免签事达成协议。

(8) 同非洲国家关系。欧盟关注非洲地区局势。2005 年 12 月，欧盟首脑会议通过第一份对非战略文件《欧盟与非洲：走向战略伙伴关系》。会议还批准了欧委会关于欧盟和非洲在基础设施建设领域建立伙伴关系的建议，欧盟委员会和欧洲投资银行分别投入 6000 万欧元和 2.6 亿欧元。欧盟承诺今后对非官方发展援助每年增加 100 亿欧元，2010～2015 年每年增加 230 亿欧元。2009 年 8 月，欧盟委员会与东南非 4 国（毛里求斯、马达加斯加、塞舌尔、津巴布韦）在毛里求斯签署临时《经济伙伴协定》。该协定将待欧盟成员国签署后送世界贸易组织审议。9 月，第 2 届欧盟—南非峰会在南非开普敦举行，双方就欧盟与南非关系及共同关心的国际、地区问题深入交换意见，双方还签署了联合公报及欧盟与南非《贸易、发展与合作协定》（TDCA）修正案。欧盟宣布启动 1.2 亿欧元的创造就业基金。双方表示将认真落实联合行动计划和 TDCA 修正案，通过合作促进战略伙伴关系深入发展。

【同中国的关系】 1975 年 5 月 6 日，中国同欧洲经济共同体建立正式关系。同年 9 月，中国在布鲁塞尔设立驻欧洲经济共同体使团。1983 年 11 月 1 日，中国同欧洲煤钢共同体和欧洲原子能共同体建立外交关系，从而实现了与欧共体的全面建交。1988 年 5 月，欧共体委员会在华设立代表团。2001 年，双方决定建立全面伙伴关系。2003 年第六次中欧领导人会晤后，双方决定发展中欧全面战略伙伴关系。

2009 年，双方关系持续稳步回升，双方全方位、宽领域、多层次合作继续拓展和深化。

中欧高层交往频繁。国家主席胡锦涛、全国人大常委会委员长吴邦国、全国政协主席贾庆林、国家副主席习近平等多位国家领导人分别访欧。拉脱维亚总统、瑞典首相、芬兰总理、法国国民议会议长等欧盟国家领导人分别访华。国务院总理温家宝三度会晤欧盟领导人，有力地增进了中欧政治互信。1 月，温家宝总理对欧洲展开"信心之旅"，其间访问布鲁塞尔欧盟总部，与欧盟委员会主席巴罗佐举行会谈，并分别会见欧盟轮值主席国捷克总理托波拉内克、欧盟理事会秘书长兼欧盟共同外交与安全政策高级代表索拉纳。访问期间，双方签署涉及能源、教育等领域的 9 项合作协议，并发表联合声明。双方商定尽快恢复举行第 11 次中欧领导人会晤（原拟于 2008 年底举行）。5 月，温家宝总理专程赴捷克首都布拉格，与捷总统克劳斯、欧委会主席巴罗佐、欧盟理事会秘书长兼欧盟共同外交与安全政策高级代表索拉纳共同主持第 11 次中欧领导人会晤。双方签署《中欧清洁能源中心联合声明》等 3 项合作协议，并发表联合新闻公报，强调中欧关系重要性，显示了双方领导人携手应对全球性挑战的决心。11 月，温家宝总理与欧盟轮值主席国瑞典首相赖因费尔特、欧委会主席巴罗佐在南京举行第 12 次中欧领导人会晤，就中欧关系、气候变化、国际金融危机等问题深入交换看法，并共同出席中欧工商峰会闭幕式。这是中方首次选择北京以外的城市作为会晤主办地，对促进中欧地方合作起到积极作用。双方签署科技、环保等领域的 6 项合作文件。胡锦涛主席在北京会见出席会晤的欧方领导人。会晤前，温家宝总理还在南京会见欧元集团主席、卢森堡首相容克，欧洲中央银行行长特里谢和欧盟委员会经济与货币事务委员阿尔穆尼亚。

11 月，欧盟首脑会议推选范龙佩担任首任欧洲理事会主席、阿什顿担任欧盟外交与安全政策高级代表兼欧委会副主席。胡锦涛主席、温家宝总理向范龙佩，王岐山副总理、戴秉国国务委员、杨洁篪外长分别向阿什顿发去贺电（函）。

此外，在二十国集团伦敦和匹茨堡峰会、纽约联合国大会系列峰会、意大利八国集团与发展中国家对话会及联合国哥本哈根气候变化大会等国际多边场合，中国领导人还分别与法国、德国、英国、奥地利、丹麦等欧盟国家领导人会见。

中欧不同级别和形式的政治对话与磋商密集开展，双方继续就中欧关系和共同关心的重大国际问题保持密切沟通。3 月，欧盟委员会对外关系委员瓦尔德纳访华，国务院副总理李克强、杨洁篪外长分别与其会见、会谈。5 月越南河内第九届亚欧外长会议和 11 月第 12 次中欧领导人会晤期间，中欧两度举行外长会晤。6 月 3 日，杨洁篪外长出席由欧盟轮值主席国捷克驻华大使主持的欧盟驻华使节工作午餐。7 月，出席东盟地区论坛系列外长会议期间，杨洁篪外长与欧盟理事会秘书长兼欧盟共同外交与安全政策高级代表索拉纳交谈，就中欧关系和伊朗核问题深入交换意见。

1 月 19 日，外交部副部长李辉与以欧盟轮值主席国捷克第一副外长波亚尔为首的欧盟"三驾马车"代表团在北京举行第四轮中欧战略对话，戴秉国国务委员会见欧方代表团。12 月 14～15 日，外交部副部长张志军访问欧盟总部，与欧盟理事会政治安全委员会（PSC）举行对话；17 日，张志军副外长与欧盟轮值主席国瑞典外交部国务秘书贝尔弗拉格在斯德哥尔摩共同主持第五轮中欧战略对话。

10月，中欧军控与防扩散磋商、气候变化磋商分别在纽约和斯德哥尔摩举行。11月，中欧外交政策磋商、政治总司长磋商分别在北京和斯德哥尔摩举行。12月，中欧非洲问题磋商在布鲁塞尔举行。5月和11月，中欧第27和28次人权对话以及第18和19次司法研讨会分别在布拉格和北京举行。

中欧伙伴合作协定（PCA）谈判工作持续推进，双方举行两轮副部级谈判指导委员会会议和4次司级谈判工作组磋商，就防扩散、反恐等条款取得原则共识，双方达成一致的条款已增至23个。

尽管国际金融危机对中欧各自经济和双方贸易带来一定冲击，但中欧经贸合作总体持续发展。欧盟仍是中国第一大贸易伙伴、出口市场和技术引进来源地；中国是欧盟第二大贸易伙伴、第一大进口来源地，并上升为第三大出口市场。据中国海关统计，2009年中欧贸易额为3640.9亿美元，同比下降14.5%，但占中国外贸总额的比重保持在16.5%。欧盟在总体对外投资下滑的情况下，对华投资仍略有增长，而中国对欧盟投资同比增长81%。截至2009年，欧盟在华投资总额677亿美元；中国从欧盟引进技术共32401项，累计合同金额1270.5亿美元。5月，国务院副总理王岐山与欧盟委员会主席代表、贸易委员阿什顿在布鲁塞尔共同主持第二次中欧经贸高层对话。双方就在国际金融危机形势下加强中欧经贸合作、共同反对贸易和投资保护主义等方面达成重要共识，并为即将举行的第11次中欧领导人会晤做好准备。6月，商务部副部长、国务院反垄断委员会秘书长马秀红出席在布鲁塞尔举行的第五次中欧竞争政策对话，双方主要就反垄断立法及执法相关问题交换意见。9月，欧盟委员会贸易委员阿什顿就任后首次访华，并出席在厦门举行的第13届中国国际投资贸易洽谈会。王岐山副总理、杨洁篪外长、商务部部长陈德铭分别与其会见、会谈。10月，国家发展改革委副主任杜鹰访问欧盟总部，并与欧盟委员会新任区域政策委员萨梅茨共同主持第四次中欧区域政策对话。

中欧各领域务实合作日趋深入。3月，教育部部长周济与来访的欧盟委员会多语言事务委员奥尔班签署《中欧语言合作联合声明》。同月，交通运输部部长李盛霖与欧盟委员会副主席兼交通委员塔贾尼、欧盟轮值主席国捷克内务部长朗格尔在布鲁塞尔签署《中欧海运协定修改议定书》。9月，卫生部副部长陈啸宏访问欧盟总部，与欧方草签《中欧关于建立公共卫生工作任务书》。同月，卫生部部长陈竺与来访的欧盟委员会公共卫生、饲料与食品安全委员瓦西利乌正式签署该文件，建立中欧卫生领域对话机制；国家质检总局局长王勇还与瓦共同主持第四届中欧食品安全与动植物卫生联合工作委员会会议，出席第三次中国国际食品安全与质量大会并发言。10月，人力资源部和社会保障部副部长胡晓义出席在布鲁塞尔举行的第四次中欧就业和社会事务对话会议，以及在斯德哥尔摩举行的第四次中欧社会保障高层圆桌会议。

5月，中国经济社会理事会与欧盟经济社会委员会圆桌会议第五次会议在天津举行。9月，欧盟经社委员会主席塞彼访华并赴西藏参观，中共中央政治局委员、全国政协副主席、中国经社理事会主席王刚等会见。10月，全国政协外事委员会主任、中国经社理事会副主席赵启正出席在斯德哥尔摩举办的第六次中欧圆桌会议。11月19～20日，中欧首次战略伙伴关系研讨会在北京举行。温家宝总理和戴秉国国务委员分别会见欧方代表，李克强副总理、前国务委员唐家璇、张志军副外长等出席会议开幕式并讲话。

议会、政党交流稳定开展。2月，中联部副部长张志军访问欧洲议会，会见欧洲议会议长波特林及有关党团负责人。4月，全国人大常委会副委员长乌云其木格访问欧洲议会，会见欧洲议会议长波特林，并举行中欧议会定期交流机制第28次会议。9月，出席在罗马举行的首届八国集团与新兴国家议长会议期间，全国人大常委会副委员长华建敏会见欧洲议会新任议长布泽克。

中国驻欧共体使团团长：宋哲大使。使团馆址：BOULEVARD DE LA WOLUWE 100，1200 BRUSSELS。邮编：1200。电话：00322－7729572转8107。经商处电话：00322－6261753。

欧盟委员会驻华代表团团长：赛日·安博大使（Serge Abou，法国人），2005年3月25日递交委任书。代表团地址：北京市朝阳区东直门外大街15号。电话：010－84548000。　（罗占辉　魏巍　张彦宇）

欧洲委员会
The Council of Europe—COE

【成立日期】 1949年5月5日正式成立。

【宗旨】 保护人权、多元民主和法治；促进欧洲文化认同和多样性意识的形成并鼓励其发展；寻求欧洲社会面临挑战的共同解决方案；通过支持政治、立法和宪法改革，巩固欧洲的民主稳定。

【成员】 47个（2009年12月）：爱尔兰、奥地利、比利时、冰岛、丹麦、德国、法国、荷兰、列支敦士登、卢森堡、马耳他、挪威、葡萄牙、瑞典、瑞士、塞浦路斯、圣马力诺、土耳其、西班牙、希腊、意大利、英国、芬兰、匈牙利、波兰、保加利亚、斯洛文尼亚、立陶宛、捷克、斯洛伐克、爱沙尼亚、罗马尼亚、安道尔、摩尔多瓦、阿尔巴尼亚、拉脱维亚、乌克兰、马其顿、俄罗斯、克罗地亚、格鲁吉亚、阿塞拜疆、亚美尼亚、波黑、塞尔维亚、黑山、摩纳哥。此外，白俄罗斯为候选成员国。美国、加拿大、日本、墨西哥和梵蒂冈为欧洲委员会部长理事会观察员国。加拿大、墨西哥和以色列为欧洲委员会议会观察员国。

【主要负责人】议会议长梅夫吕特·查乌夫奥卢（Mevlüt ÇAVUŞOĞLU，土耳其人），2010年1月当选，任期一年。秘书长托尔比约恩·亚格兰（Thorbjørn JAGLAND，挪威人），2009年10月当选，任期五年。

【总部】在法国斯特拉斯堡。在巴黎、布鲁塞尔设有办事处。地址：Avenue de l'Europe 67075 Strasbourg Cedex France。电话：33 3 88 41 20 00。网址：Http://www.coe.int 。电子信箱：point_ i@coe.int。

【会旗和会歌】会旗为蓝色天幕上环饰12颗金星。会歌为贝多芬第九交响曲中《欢乐颂》的序曲。

【官方语言】英语和法语，议会大会亦使用德语、意大利语和俄语作为工作语言。

【出版物】《论坛》（*Forum*），季刊，英、法、德、意文版；《欧洲委员会出版目录》（*Catalogues of Publications of the council of Europe*），年刊。

【主要机构】（1）部长委员会（Committee of Ministers）：最高决策和执行机构，由成员国外长（或驻斯特拉斯堡常设代表）组成，每年召开两次会议，主要负责重大决策制定、批准预算和制定行动计划。下设部长代表委员会，由成员国各派一名常驻代表（大使级）组成，负责处理日常事务。主席由各成员国代表轮流担任，任期半年。2009年5～11月为斯洛文尼亚，2009年11月至2010年5月为瑞士，2010年5～11月为马其顿。（2）议会（Parliamentary Assembly）：有审议权，没有立法权，可向部长委员会提出。现有议员和候补议员各318名，议员因故不能出席会议时由候补议员替补。议员与候补议员均由各成员国从本国议员中推举产生，名额根据各成员国人口比例分配，最多18名，最少2名。议会由欧洲人民党党团、社会党党团、欧洲民主党党团、自由民主党联盟和欧洲联合左翼党等5个党团及无党派代表组成。通常每年召开四次会议。一般决议由简单多数通过，重大决议以2/3多数通过。议会下设常务委员会，在议会休会期间负责日常工作，每年至少召开三次会议；还设有政治、经济、人权、社会、文教、司法和农业问题等10个专门委员会。议长由全体议员选举产生，任期一年，最多可连任三年。副议长20人。（3）总秘书处（Secretariat）：处理欧委会日常事务，包括欧委会秘书长和副秘书长办公室、部长委员会秘书处、议会秘书处、地方和地区政权代表大会秘书处、人权专员办公室、欧洲人权法院书记室、5个司和5个总司。总秘书处设秘书长和副秘书长各一名，均由部长委员会推荐，议会选举产生，任期5年，可连任。（4）欧洲地方和地区政权代表大会（Congress of Local and Regional Authorities）：1994年1月成立，其宗旨是保证地方和地区团体参与欧洲联合进程及欧洲委员会的工作。分地方政权院和地区政权院两院，拥有代表313名，候补代表313名，由地方或地区团体的代表组成。代表大会下设一个常委会，负责在休会期间处理日常事务。此外，欧洲委员会还有欧洲人权法院、人权专员署、欧洲青年中心、欧洲青年基金组织和社会发展基金等机构。

【重要文件】至2009年11月，欧洲委员会已通过209个公约或协议。其中比较重要的法律文件有：《欧洲人权公约》（1950年）、《欧洲社会宪章》（1961年，1996年重新修订）、《欧洲社会安全公约》（1972年）、《欧洲文化公约》、《欧洲保护野生动植物和自然环境公约》、《制止恐怖主义公约》（1977年）、《欧洲防止酷刑、不人道和有辱人格的待遇或惩罚公约》（1987年）、《欧洲税务方面相互行政协助公约》（1988年）、《保护人类免受生物医学损害的框架公约》（1990年）、关于移民本地化问题的《法兰克福宣言》（1991年）、《关于保护少数民族的框架公约》（1994年）、《关于人权和生物医学的条约》（1997年）、《腐败刑事公约》（1998年）、《腐败民事公约》（1999年）、《欧洲委员会关于预防恐怖主义的公约》（2005年）、《关于避免国家在过渡期间处于无政府状态的公约》（2006年）、《保护儿童免受性侵害公约》（2007年）、《欧洲收养儿童公约》（2008年）、《欧洲委员会关于公文使用权的公约》（2009年）等。

【首脑会议】1993年10月8～9日，欧洲委员会响应法国总统密特朗的倡议，在维也纳举行了首次首脑会议。当时的32个成员国中除英国、希腊和匈牙利外，均派国家元首或政府首脑出席。当时要求加入该组织的俄罗斯、阿尔巴尼亚、白俄罗斯、克罗地亚、马其顿、摩尔多瓦、拉脱维亚、乌克兰也应邀派代表出席。会议着重讨论了欧洲格局变化后苏联各国的"民主政治建设"及保护少数民族权利等问题，并通过了《维也纳声明》。

1997年10月10～11日，欧洲委员会第二次首脑会议在法国斯特拉斯堡举行。这是自独联体、东欧国家加入以后的第一次首脑会议，40个成员国领导人与会。会后发表最后宣言和行动计划，称要把欧洲建成一个"更加自由、更加宽容和更加公正的社会"，并提出设立新的全欧人权法院、执行欧洲社会宪章、在打击恐怖活动领域加强合作等具体行动计划。在关于欧洲委员会的作用问题上，西欧国家强调发挥欧洲委员会在制订人权标准方面的作用，以俄罗斯和乌克兰为首的独联体、东欧国家则希望欧洲委员会发挥不局限于人权的更大作用。

2005 年 5 月 17 日，欧洲委员会第三次首脑会议在华沙举行。会议发表了《华沙宣言》及附加《行动计划》。会议强调要充分发挥保护人权和基本自由的作用，促进民主和良政的发展。

【同欧盟的关系】欧洲委员会与欧洲联盟关系密切，两组织的议会每年召开一次联席会议。2005 年 5 月，欧盟对外关系委员瓦尔德纳参加了欧洲委员会第三次首脑会议，进一步加强了欧盟与欧洲委员会合作关系。2007 年 5 月 23 日，欧洲委员会与欧盟签署了相互合作备忘录，双方决定建立合作机制，加快在民主、人权、法治、文化、教育以及社会融合等方面的合作。自 2006 年起，双方每年举行两次外长级别的会议，落实有关合作议题。此外，自 1993 年起，为推动中东欧国家入盟，欧洲委员会还与欧盟委员会建立旨在保护人权、基本自由、法治的联合项目。

【同俄罗斯的关系】1996 年 1 月 25 日，欧洲委员会接纳俄罗斯为第 39 个成员国，但同时向俄提出了遵守《欧洲人权公约》、取消死刑、用和平方式解决车臣冲突等诸多条件。2002 年 10 月，欧洲委员会部长委员会重申欧洲委员会反对一切形式恐怖主义的立场，号召成员国进一步密切反恐合作，但仍强调车臣问题只能通过政治途径解决。2003 年 5 月 22 日，俄罗斯联邦委员会主席谢尔盖·米罗诺夫率团访问欧洲委员会，与欧洲委员会秘书长施威梅尔进行会谈，讨论了车臣、欧洲委员会第三次首脑会议筹备和波罗的海三国讲俄语的少数民族地位问题。2005 年 11 月 17 日，欧洲委员会向俄车臣地方选举派遣了由 8 人组成的观察团，监督选举。2006 年 12 月 19 日，欧洲委员会与俄签署了关于反洗钱与切断恐怖资金援助的协议。2008 年俄格冲突后，欧洲委员会反应强烈，部长委员会主席卡尔·博尔德特（Carl Bildt）以及议会议长路易斯·玛丽亚·德普伊赫均发表声明批评俄的行动，并多次派员从中斡旋。

【同中国的关系】20 世纪 70 年代末，中国开始同欧洲委员会建立联系。近年来双方的主要往来有：2001 年 8 月，欧洲委员会对外关系局局长德容热访华。9 月，全国人大常委会外事委员会副主任委员李淑铮率团访问欧洲委员会，会见了其议长、秘书长等。2002 年 4 月，欧洲委员会青年和体育署主任马尔丹率团访华。钱其琛副总理、姜春云副委员长和最高人民检察院副检察长张穹分别会见。2003 年 11 月，重庆市人大副主任刘文率团参加了欧洲委员会欧洲地方和地区政权代表大会会议，并介绍了对人与自然和谐发展、中央与地方经济协调发展的看法。2009 年 10 月，杨洁篪外长致信亚格兰祝贺其当选欧洲委员会新任秘书长。同月，中国青联代表团访问欧洲委员会，欧委会副秘书长、教育、文化、青年和体育总司司长、欧洲青年中心主任等分别会见。（王阿玮）

北欧理事会
The Nordic Council—NC

【成立经过】1952 年 3 月，丹麦、冰岛、挪威、瑞典四国就成立北欧理事会达成协议，1953 年 2 月 13 日在哥本哈根召开北欧理事会第一届全体会议。1956 年芬兰加入，1970 年奥兰群岛和法罗群岛分别加入芬、丹代表团。1984 年格陵兰代表作为丹麦代表团成员与会。

【宗旨】根据 1962 年五国签订的赫尔辛基条约（北欧理事会宪章），理事会宗旨是：维持和发展北欧国家间在立法，文化、社会和经济政策，交通运输和通信方面的合作。条约规定，理事会对北欧合作进行探讨，向北欧部长理事会或北欧各国政府提出建议并敦促贯彻执行，以加强和扩大北欧国家间合作。该组织是北欧国家议会和政府间的协商和咨询机构。近年来更加关注文化、儿童、青年、信息、可持续发展和民主问题。

【成员】五国：冰岛、丹麦、芬兰、挪威、瑞典；三个内部自治区：奥兰群岛（芬）、法罗群岛（丹）和格陵兰（丹）。

【主要负责人】理事会主席团主席赫尔基·胡玉瓦（Helgi Hjörvar，冰岛人）。2010 年 1 月任职，任期一年。

【总部】主席团秘书处设在丹麦哥本哈根。地址：P. O. Box 3043，Store Strandstrande 18，DK－1021 Copenhagen K。

【出版物】《北欧政治》（Politik i Norden 季刊），另设时事通讯（周刊）。在 www. norden. org 网站上每日更新内容。

【组织机构】（1）理事会：最高权力机构。由从成员国议员中选出的 87 名理事组成，瑞典、丹麦（包括法罗群岛和格陵兰）、芬兰（包括奥兰群岛）、挪威各 20 名，冰岛 7 名，任期一年。内分社民党、保守党、中间党、左翼党 4 个党团，自设秘书。每个党团至少由 5 名理事组成，代表至少 3 个国家。1996 年起理事会全体会议每年秋季在各成员国轮流召开，五国政府首脑和部长均可与会，但无表决权，也不参选理事会或主席团其他机构。（2）理事会主席团：

理事会休会期间的最高执行机构，包括主席、副主席各1名和11名成员，理事会主席团主席、副主席由理事会全体会议选举产生，通常由下届理事会全体会议东道国的代表出任。负责对政治、行政、安全和地缘政策进行规划。（3）理事会下设5个委员会：文化教育、福利、社会、环境保护和经济委员会。（4）监察委员会：负责北欧共同基金资助活动的监察及有关北欧合作协议、理事会议事日程及其他内部规定的解释工作。（5）选举委员会：负责筹备理事会全体会议通过的选举事宜。（6）主席团秘书处：协助各国秘书处、党团进行理事会的准备工作。（7）各国秘书处：为各国代表团服务，负责会议筹备、特殊事务顾问和公众宣传。

1971年成立的北欧部长理事会是北欧五国政府间和北欧国家政府与北欧理事会之间合作与联系的渠道。部长理事会向北欧理事会会议提出建议，报告五国的合作情况。

北欧理事会各机构拥有共同的人事、财务和服务部门，2001年新闻处合并为一。理事会在圣彼得堡、里加、塔林和维尔纽斯设有新闻处。

【预算】2009年预算约为9.1亿丹麦克朗，由五国按比例分摊。主要用于理事会设在各国的教育、文化、科研、环保等机构的工作。

【主要活动】北欧国家间已经实现的主要合作有：统一的劳务市场，侨民享受侨居国的社会福利，设立北欧文化基金和工业发展基金，组建北欧投资银行等。瑞典、芬兰、挪威、丹麦四国1958年开始实施互免签证协定，冰岛和法罗群岛分别于1965和1966年加入。2001年3月，北欧五国同时实施《申根协定》。2005年1月，波罗的海三国成为北欧投资银行成员国。

2009年10月26～27日，北欧理事会第61届全体会议在斯德哥尔摩举行。北欧国家和地区政府首脑以及主要反对党领导人与会，主要就全球化背景下，加强北欧地区合作、消除北欧边境障碍、北欧在欧盟内的作用、欧盟波罗的海战略、国际反恐合作等问题进行探讨。（张晗）

美洲国家组织
Organization of American States—OAS

【成立经过】1890年4月14日，美国同拉美17个国家在华盛顿举行第一次美洲会议，决定建立美洲共和国国际联盟及其常设机构—美洲共和国商务局。4月14日即被定为“泛美日”。1948年在波哥大举行的第九次美洲会议上，通过了《美洲国家组织宪章》，联盟遂改称为“美洲国家组织”。

【宗旨】加强美洲大陆的和平与安全；确保成员国之间和平解决争端；成员国遭到侵略时，组织声援行动；谋求解决成员国间的政治、经济、法律问题，消除贫困，促进各国经济、社会、文化合作；控制常规武器；加速美洲国家一体化进程。

【成员】正式成员35个（2010年6月）：阿根廷、安提瓜和巴布达、巴巴多斯、巴哈马、巴拉圭、巴拿马、巴西、秘鲁、玻利维亚、多米尼加、多米尼克、厄瓜多尔、哥伦比亚、哥斯黎达加、格林纳达、古巴、海地、洪都拉斯、加拿大、美国、墨西哥、尼加拉瓜、萨尔瓦多、圣卢西亚、圣文森特和格林纳丁斯、圣基茨和尼维斯、苏里南、特立尼达和多巴哥、危地马拉、委内瑞拉、乌拉圭、牙买加、智利、圭亚那、伯利兹。

古巴系美洲国家组织成员国，但自1962年以来一直被拒绝参加该组织的活动。2009年美洲国家组织第39届大会一致通过废止1962年OAS中止古巴成员资格的决议，但古巴拒绝重返该组织。

2009年6月28日洪都拉斯发生政变，7月4日美洲国家组织在华盛顿就洪都拉斯局势召开紧急会议，决定暂时中止洪都拉斯的成员资格。

常驻观察员64个（2010年6月）：欧盟、德国、法国、西班牙、希腊、意大利、比利时、英国、芬兰、瑞士、瑞典、丹麦、挪威、荷兰、葡萄牙、爱尔兰、卢森堡、梵蒂冈、奥地利、塞浦路斯、冰岛、俄罗斯、波兰、捷克、斯洛伐克、罗马尼亚、匈牙利、保加利亚、克罗地亚、波黑、斯洛文尼亚、塞尔维亚、乌克兰、亚美尼亚、阿塞拜疆、格鲁吉亚、哈萨克斯坦、拉脱维亚、爱沙尼亚、立陶宛、土耳其、埃及、摩洛哥、阿尔及利亚、尼日利亚、突尼斯、安哥拉、赤道几内亚、加纳、贝宁、卡塔尔、沙特阿拉伯、以色列、黎巴嫩、也门、日本、韩国、菲律宾、印度、巴基斯坦、斯里兰卡、泰国、中国、瓦努阿图等。此外，该组织还视情邀请一些国家作为特别观察员出席全体会议。

【主要负责人】秘书长何塞·米盖尔·因苏尔萨（José Miguel Insulza），智利人，2005年5月2日当选，2010年3月24日连选连任，5月24日就职，任期五年。副秘书长阿尔伯特·拉姆丁（Albert Ramdin），苏里南人，2005年6月7日当选，2010年3月24日连选连任，5月24日就职，任期五年。

【总部】设在美国华盛顿。在日内瓦设有驻欧洲办事处，在各成员国设有办事机构。

【网址】http：//www.oas.org

【出版物】《美洲》（AMERICAS），双月刊，英、西、葡文。

【组织机构】1. 大会：最高机构。各成员国参加，每年举行1次。经2/3成员国同意，可召开特别大会。2. 外长协商会议：《泛美互助条约》规定，常设理事会绝对多数票赞成即可召集会议，就共同关心的紧急问题进行协商。如涉及军事合作问题，则同时召集由各成员国最高军事当局代表参加的防务咨询委员会会议。3. 大会直属机构：（1）常设理事会，由成员国各派1名大使级代表组成。正、副主席由各国代表轮流担任，任期半年；（2）泛美一体化发展理事会，由成员国各派1名部级代表组成。4. 咨询机构：泛美法律委员会、泛美人权委员会。5. 秘书处：常设机构。受大会、外长协商会议和两理事会领导和监督。正、副秘书长均由大会选举产生，任期5年，只能连任1次。6. 专门机构：美洲开发银行、泛美卫生组织、泛美儿童学会、泛美妇女委员会、泛美史地协会、泛美印第安人协会、泛美农业合作协会、泛美控制毒品委员会、泛美通信委员会。此外，还有泛美人权法院、泛美防务委员会、泛美统计局、泛美行政管理学院、泛美核能协会、泛美紧急基金等。

【主要活动】2007年6月，美洲国家组织第37届大会在巴拿马首都巴拿马城召开，主要围绕“能源促进可持续发展”，以及地区政治、民主、安全和社会发展等议题进行了讨论，通过了《巴拿马宣言》及90多项决议。

2008年6月，美洲国家组织第38届大会在哥伦比亚麦德林市召开，主题是“青年与民主价值”，发表了“麦德林宣言”，呼吁美洲各国根据美洲国家组织宪章和美洲民主宪章，努力提高青年的民主意识和参与政治、经济和社会的群体竞争能力，还就解决粮食危机、消除贫困、打击恐怖和贩毒活动等议题进行了讨论。

2009年6月，美洲国家组织第39届大会在洪都拉斯圣佩德罗苏拉市举行，与会各国重点围绕“迈向非暴力文化”和古巴重返OAS展开讨论，大会一致通过废止1962年OAS中止古巴成员资格的决议。

2010年6月，美洲国家组织第40届大会在秘鲁利马市举行，主题是“美洲和平、安全与合作”，就经济危机、加强美洲民主建设、防止地区军备竞赛、洪都拉斯重犯OAS等问题进行了讨论，通过了《利马宣言》和多项决议。

【同中国的关系】2004年3月，李肇星外长致函加维里亚秘书长，正式提出中国成为该组织常驻观察员的申请；5月，该组织审议通过申请，中国成为其第60个常驻观察员。中国政府出资100万美元，设立为期5年的“中国—美洲国家组织合作基金”。5月和6月，李肇星外长先后向该组织新当选的正、副秘书长致电祝贺。2005年2月，“中国—美洲国家组织合作基金”正式启动，首批7个项目顺利实施。2005年12月，全国人大副委员长成思危应邀访问美洲国家组织总部并发表演讲。自2005年起，中国常驻美洲国家组织观察员代表中国政府出席了该组织第35～40届年会。2006年6月，拉姆丁副秘书长率部分加勒比和中美洲国家常驻美洲国家组织代表访华。2009年11月，拉姆丁副秘书长率部分加勒比和中美洲国家常驻美洲国家组织代表再度访华。2009年12月15日，周文重大使和OAS秘书长因苏尔萨分别代表中国政府和OAS秘书处在华盛顿OAS总部签署了《中国和OAS关于建立合作基金的协议的补充议定书》和《中国教育部和OAS秘书处关于人力资源开发和奖学金项目的谅解备忘录》。根据协议，2010～2015年，中国政府将继续提供总额100万美元的“中国—美洲国家组织合作基金”；中国教育部每年将向OAS提供10个政府奖学金名额。（卢阳）

里约集团
El Grupo De Río

【成立日期】1986年12月16～17日，孔塔多拉集团（哥伦比亚、墨西哥、委内瑞拉和巴拿马）和利马集团（巴西、阿根廷、乌拉圭和秘鲁）八国外长在巴西里约热内卢举行会议，决定建立“政治磋商和协调常设机构”，被称为八国集团。1990年3月，集团外长会议决定易名为“里约集团”。

【宗旨】就国际和拉美地区政治、经济、社会等重大问题进行磋商，协调立场，并决定采取相应的行动，以促进拉美一体化事业的发展。

【成员】正式成员25个（2010年4月）：阿根廷、巴西、哥伦比亚、墨西哥、乌拉圭、委内瑞拉、智利、厄瓜多尔、玻利维亚、巴拉圭、秘鲁、巴拿马、哥斯达黎加、洪都拉斯、萨尔瓦多、尼加拉瓜、危地马拉、多米尼加、圭亚那、伯利兹、海地、古巴、加勒比共同体、苏里南、牙买加。

【组织机构】首脑会议为最高级别的政治磋商会议，一般每年举行，2008年起改为两年一次。根据拉美地区形势的变化，不定期召开外长或部长级磋商会议。轮值秘书国负责成员国之间的联络和协调工作。现任轮值秘书国为智利，从2010年2月起担任，任期2年。

【主要活动】截至2010年4月，该集团共举行了

21 次首脑会议和 29 次外长会议。

2007 年 3 月，里约集团在圭亚那首都乔治敦举行第 19 次首脑会议，与会各国领导人集中就地区一体化、促进国际关系民主化、消除贫困、促进社会经济权利、加强能源合作和反恐等议题展开讨论，并通过了《特基恩森林首脑声明》。

2008 年 3 月，里约集团第 20 次首脑会议在多米尼加首都圣多明各举行，主要调解哥伦比亚与厄瓜多尔、委内瑞拉、尼加拉瓜三国的外交危机，通过“圣多明各宣言”，重申不干涉他国内政原则，呼吁地区国家和平相处。在该会上圭亚那和海地加入里约集团。

2008 年 11 月，里约集团在墨西哥举行第 27 届部长级会议，正式接纳古巴为其成员。

2009 年 11 月，里约集团外长会正式决定接受牙买加为该集团第 25 个成员。

2010 年 2 月，里约集团第 21 次首脑会议在墨西哥坎昆举行，会议就加强地区合作、共同应对全球和地区挑战等进行了讨论，通过了《坎昆宣言》，决定建立涵盖所有拉美和加勒比国家的新的地区组织。会议期间，智利正式接替墨西哥成为里约集团轮值秘书国。

【同中国的关系】1990 年 9 月，钱其琛外长与里约集团外长在联大期间举行首次对话。此后，除 1992 年和 2008 年外，双方均在联大期间举行外长对话。1994 年 8 月，双方在巴西举办“中国—里约集团经贸研讨会”。1996 年 1 月，双方在北京举行科技合作研讨会。1999 年 5 月，北约导弹袭击中国驻南斯拉夫使馆后，里约集团发表声明对中国表示声援。2000 年 7 月 31 日至 8 月 3 日，里约集团“三驾马车”（哥伦比亚、墨西哥、智利）外长集体访华，双方就中拉关系以及共同关心的国际问题广泛深入地交换意见。2006 年 9 月，李肇星外长在第 61 届联大期间同里约集团成员国外长举行第 16 次政治对话。2007 年 9 月，杨洁篪外长在第 62 届联大期间同里约集团成员国外长举行第 17 次政治对话。　（曹航）

南美国家联盟
Unión De Naciones Suramericanas—UNASUR

【成立经过】前身为南美国家共同体（简称“南共体”）。2000 年，巴西在第一届南美国家首脑会议上提出建立南共体的倡议。2004 年 12 月南共体正式宣告成立。2007 年 4 月，南共体首届能源会议决定该组织更名为南美国家联盟（简称“南美联盟”）。2008 年 5 月，南美 12 国元首在巴西利亚签署《南美国家联盟组织条约》，宣告南美联盟正式成立。

【宗旨】增进南美国家间政治互信，促进经济、社会一体化，强化南美国家特性。实现地区政治、经济、社会和文化领域的全方位一体化，优先促进政治对话并深化在社会政策、教育、能源、基础设施、金融和环境领域合作。

【成员】正式成员 12 个：阿根廷、巴西、乌拉圭、巴拉圭、委内瑞拉、玻利维亚、哥伦比亚、厄瓜多尔、秘鲁、智利、圭亚那和苏里南。现任轮值主席国为厄瓜多尔（2009 年 8 月至 2010 年 8 月）。墨西哥和巴拿马为观察员国。

【主要负责人】秘书长任期 2 年，可连选连任 1 次。现任（首任）秘书长为内斯托尔·基什内尔（阿根廷前总统），于 2010 年 5 月南美联盟特别首脑会议上当选。

【组织机构】（1）国家元首和政府首脑委员会：最高机构，每年举行 1 次例会。（2）外长委员会：负责筹备国家元首和政府首脑委员会会议并执行其决定，协调南美一体化等重要问题的立场，每半年召开 1 次例会。（3）代表委员会：由各成员国派 1 名代表组成，负责筹备外长委员会会议，并执行国家元首和政府首脑委员会会议及外长委员会会议决定，每两个月召开 1 次例会。（4）秘书处：设在厄瓜多尔首都基多，负责处理日常事务。（5）专门委员会：南美联盟成立两年来，先后成立了防务、卫生、能源、反毒、基础设施和计划、社会发展和教育、文化和科技创新等多个专门委员会。（6）南美国家联盟议会：尚在筹建中，拟在玻利维亚的科恰班巴设立。（7）南方银行：2009 年 9 月正式成立，总部设在委内瑞拉首都加拉加斯。

【主要活动】2007 年 4 月，在委内瑞拉玛格丽塔岛召开的首届南美能源峰会决定将南共体更名为“南美国家联盟”，并在厄瓜多尔首都基多设立常设秘书处。

2008 年 5 月，南美联盟特别首脑会议在巴西首都巴西利亚召开，12 个成员国元首或代表与会并共同签署《南美国家联盟组织条约》，完成该组织建章立制，明确南美联盟是具有国际法人资格的地区组织。这标志着该组织正式成立，南美国家以共同身份出现在国际舞台。

2008 年 12 月，南美联盟领导人特别会议在巴西举行，宣布成立“南美防务理事会”和“南美卫生理事会”。

2009 年 8 月，南美联盟 2009 年度首脑会议在厄瓜多尔首都基多举行，会议讨论了国际金融危机、洪都拉斯局势、美国在哥伦比亚设立军事基地等议题，发表了《基多声明》，并宣布成立南美反毒、基础设施和计划、社会发展和教育、文化和科技创新四个专门委员会。

2010年2月，南美联盟特别首脑会议在基多举行，宣布设立总计3亿美元的海地震后重建基金，其中1亿美元自筹，2亿美元将寻求美洲开发银行贷款。

2010年5月，南美联盟特别首脑会议在阿根廷布宜诺斯艾利斯省卡达莱斯镇举行，会议以协商一致方式推举阿根廷前总统基什内尔担任联盟首任秘书长。会议还就南美能源战略及行动计划和南美能源条约框架达成一致。（易源清）

拉丁美洲议会
Parlamento Latinoamericano—PARLATINO

【成立日期】1964年12月7～11日，在秘鲁国会倡议下，阿根廷、巴西、哥伦比亚、哥斯达黎加、智利、萨尔瓦多、危地马拉、尼加拉瓜、巴拿马、巴拉圭、秘鲁、委内瑞拉和墨西哥等13国的119名议员在秘鲁利马召开会议，决定成立拉丁美洲议会。

【宗旨】促进拉美和加勒比国家的团结和地区一体化。

【成员】由拉美和加勒比的22个国家和地区的议员组成（2010年4月）：阿根廷、阿鲁巴、玻利维亚、巴西、智利、哥伦比亚、哥斯达黎加、古巴、多米尼加、厄瓜多尔、萨尔瓦多、危地马拉、洪都拉斯、墨西哥、荷属安的列斯、尼加拉瓜、巴拿马、巴拉圭、秘鲁、苏里南、乌拉圭和委内瑞拉。每个成员国议会各选出12名议员作为拉美议会议员参加活动，其任期由各成员国议会确定。

【主要负责人】议长豪尔赫·皮萨罗·索托（Jorge Pizarro Soto，智利参议长），2006年12月当选。

【总部】设在巴拿马首都巴拿马城（1993年7月前设在秘鲁利马，2007年12月前设在巴西圣保罗）。

【网址】http：//www. parlatino. org

【组织机构】（1）大会：最高权力机构，每年举行1次会议。（2）领导委员会：大会休会期间负责日常工作，每6个月举行1次会议，必要时可举行特别会议。由议长、候补议长（2名）、副议长（每成员国1名）、秘书长、候补秘书长（1名）、秘书（3名）、前议长和协商理事会等组成。议长由各成员国议员轮流担任。（3）总秘书处：办事机构，兼有协调和监督的职能。负责召集会议，协助领导委员会准备大会议程和起草工作文件，散发协议、提案或声明，执行预算并向大会提出财政报告等。（4）13个常设委员会：政治、城市和一体化事务委员会，经济、社会债务和地区发展委员会，公民安全、预防和打击贩毒、恐怖主义及有组织犯罪委员会，教育、文化、科技和通信委员会，卫生委员会，人权、公正和监狱政策委员会，性别平等、儿童和青年委员会，公共服务和保护用户及消费者委员会，劳动、社会保障和司法委员会，农业、畜牧业和渔业委员会，能源和矿产委员会，环境和旅游委员会，土著人和种族事务委员会。（5）3个特别委员会：经济紧急状况委员会，拉美监狱政策委员会，美洲自由贸易区研究委员会。（6）协商理事会：咨询机构，负责立法和政治咨询工作。

【主要活动】截至2010年4月，共举行了25次大会。2006年12月，拉美议会第22届年会在巴西圣保罗举行，主要就拉美议会在维护地区稳定、巩固民主体制和促进地区一体化方面所发挥的作用进行了讨论。2007年12月，拉美议会第23届年会在巴拿马城举行，决定把改善民生等社会问题和推动地区一体化进程作为会后工作重点。2008年1月，拉美议会总部由巴西圣保罗市迁至巴拿马首都巴拿马城。2008年12月，拉美议会第24届年会在巴拿马城举行，主要就当前国际金融危机对拉美的影响，欧洲新移民政策对拉美移民的影响等议题进行了讨论。2009年12月，拉美议会第25届年会在巴拿马城举行，着重就国际金融危机对拉美的影响、拉美社会经济政策以及消除贫困和不公等议题进行了讨论。

【同中国的关系】拉美议会重视发展对华关系，双方互访不断。2003年6月，拉美议会议长洛佩斯致函中国驻巴西大使蒋元德，告知拉美议会领导委员会决定接纳中国全国人大为该组织观察员。2004年3月，双方签署《中华人民共和国全国人民代表大会常务委员会和拉丁美洲议会的合作协议》，中国全国人大正式成为拉美议会观察员。2006年6月，拉美议会副议长皮萨罗率团访华。9月，吴邦国委员长访问拉美议会总部并会见洛佩斯议长。12月，全国人大外事委员会副主任委员吕聪敏以观察员身份出席拉美议会第22届年会。2007年12月，全国人大外事委员会副主任委员吕聪敏以观察员身份出席拉美议会第23届年会。2008年12月，全国人大外事委员会副主任委员马文普以观察员身份出席拉美议会第24届年会。2009年7月，拉美议会议长皮萨罗率团访华。2009年12月，全国人大外事委员会副主任委员马文普以观察员身份出席拉美议会第25届年会。（曹航）

美洲玻利瓦尔联盟
Alianza Bolivariana Para Las Americas—ALBA

【成立经过】前身为“美洲玻利瓦尔选择”（又译为“美洲玻利瓦尔替代计划”）。2001 年 12 月，委内瑞拉总统查韦斯在第三届加勒比国家联盟峰会上首次提出成立“美洲玻利瓦尔选择”的倡议。2004 年 12 月，查韦斯访问古巴，与古国务委员会主席卡斯特罗发表关于创立该组织的联合声明并签署实施协定。2009 年 6 月 24 日，“美洲玻利瓦尔选择”第六届特别峰会在委内瑞拉举行，宣布该组织更名为“美洲玻利瓦尔联盟”。

【宗旨】公正、互助、平等、合作、互补和尊重主权，以南美解放者玻利瓦尔的一体化思想为指导，通过“大国家”方案，加强地区政治、经济和社会合作，发挥各国优势解决本地区人民最迫切的社会问题，消除贫困和社会不公，推动可持续发展，实现人民的一体化和拉美国家大联合，抵制和最终取代美国倡议的美洲自由贸易区。

【成员】8 个（2010 年 6 月）：安提瓜和巴布达、玻利维亚、古巴、多米尼克、厄瓜多尔、尼加拉瓜、圣文森特和格林纳丁斯、委内瑞拉。洪都拉斯原为成员国，2010 年 1 月正式退出。观察员国 4 个（2010 年 6 月）：海地、圣基茨和尼维斯、乌拉圭、格林纳达。

【网址】http：//www.alianzabolivariana.org

【组织机构】最高领导机构是总统理事会，下设部长理事会和社会运动理事会，另设政治、社会、经济、投资金融、能源、环境、青年等委员会。2009 年 10 月第七届峰会决定成立地区主权和防务常设委员会。上述机构定期召开会议，研究成员国间及与本地区其它国家发展与合作的相关问题。

【主要活动】截至 2010 年 6 月，美洲玻利瓦尔联盟共举行了九届峰会。最近几届峰会情况如下：

2009 年 10 月，第七届峰会在玻利维亚科恰班巴市举行，9 个成员国元首或代表、4 个观察员国及俄罗斯、多米尼加等国代表出席。会议围绕建立地区统一货币机制“苏克雷”、设立区域仲裁机构、洪都拉斯局势及美国与哥伦比亚签订军事协议等议题进行了讨论，并发表共同声明。会议宣布将于 2010 年正式启用地区统一货币机制“苏克雷”。

2009 年 12 月，第八届峰会在古巴首都哈瓦那举行，古巴、委内瑞拉、玻利维亚、尼加拉瓜四国元首与会，厄瓜多尔、洪都拉斯外长及多米尼克、安提瓜和巴布达、圣文森特和格林纳丁斯等国代表出席。会议总结了 ALBA 成立 5 周年来在经济、社会领域加强合作所取得的进展，各方围绕地区统一货币机制“苏克雷”、人民贸易协定、粮食安全、气候变化等议题进行讨论。

2010 年 4 月，第九届峰会在委内瑞拉首都加拉加斯举行，委内瑞拉、古巴、玻利维亚、尼加拉瓜四国元首和联盟其他成员国代表与会，阿根廷和多米尼加总统作为特邀嘉宾出席。会议围绕“加勒比石油计划”、大型跨国企业、地区统一货币机制“苏克雷”等议题进行了讨论，并就加强 ALBA 银行及文化和体育领域合作进行交流。此外，与会各国领导人和代表还出席了委内瑞拉独立 200 周年庆祝活动。

（夏少杰）

加勒比共同体
The Caribbean Community—CARICOM

【成立日期】1973 年 8 月 1 日。

【宗旨】提高生活和劳动水准；实现充分就业并发挥其他生产要素作用；促进经济的快速、持续、协调发展；扩大与第三国的经贸关系；提高国际竞争力；加强组织，以提高生产和生产力水平；在与第三国、国家集团或任何性质的实体交往时，更有效地发挥成员国经济杠杆的作用；加强协调成员国的外交政策和对外经济政策；并在下述领域加强合作：1. 为了人民的福祉而更有效地开展公共服务和活动；2. 不断增进各国人民之间的相互了解，提高其社会、文化和技术发展水平；3. 加强卫生、教育、交通和通信等领域合作。

【成员】15 个：安提瓜和巴布达、巴哈马、巴巴多斯、伯利兹、多米尼克、格林纳达、圭亚那、海地、牙买加、圣基茨和尼维斯、圣卢西亚、圣文森特和格林纳丁斯、苏里南、特立尼达和多巴哥、蒙特塞拉特（英属）。

准成员：安圭拉（英属）、百慕大（英属）、英属维尔京群岛、开曼群岛（英属）、特克斯和凯科斯群岛（英属）。

观察员：阿鲁巴（荷属）、哥伦比亚、多米尼加、墨西哥、荷属安的列斯、波多黎各（美属）、委内瑞拉。

【主要负责人】秘书长埃德温·卡林顿（Edwin Carrington，特立尼达和多巴哥人），1992年起连任至今。

【总部】秘书处设在圭亚那首都乔治敦。

地址：P. O. Box10827, Georgetown, Guyana。电话：（592）2220001－75；传真：（592）2220171。E-mail：info@ caricom. org。网址：http：//www. caricom. org。

【出版物】《加勒比共同体观察》（Caricom Perspective），季刊；《加勒比共同体消息》（Caricom Release），不定期；《加共体观点》（Caricom View），双月刊；《事实档案》（Facts on File），年刊；《秘书长年度报告》。

【组织机构】1. 政府首脑会议：系最高权力和最终决策机构。由成员国政府总理组成（圭亚那和苏里南为总统，蒙特塞拉特为首席部长）。主要职责：制定共同体方针政策；代表共同体对外缔结条约，与其他国际组织或国家建立关系；负责共同体财务安排。1992年10月，政府首脑特别会议决定设立首脑会议局，它由政府首脑会议本届、上届和下届主席及共同体秘书长4人组成，主要职责是推动落实共同体的各项决定。2. 部长理事会：其权力仅次于政府首脑会议，由各成员国负责共同体事务的部长或其他部长组成。主要职责：制定共同体战略计划，协调地区经济一体化、功能性合作和对外关系。3. 专业部长理事会：（1）贸易与经济发展理事会；（2）外交与共同体事务理事会；（3）人文与社会发展理事会；（4）金融与计划理事会；（5）国家安全与执法理事会。4. 专门委员会：（1）法律事务委员会；（2）预算委员会；（3）中央银行行长委员会。5. 秘书处：设秘书长和副秘书长各1人。秘书长是共同体的首席行政长官，由政府首脑会议根据部长理事会的推荐任命，任期5年，可连任。秘书处的主要职能：为共同体上述主要机构的会议提供服务，实施适当的后续行动落实会议决定；提议、组织和进行与实现共同体宗旨相关的专题研究；为成员国收集、储存并提供与实现共同体宗旨相关的信息；协调与共同体相关的捐助机构和国际、地区、国家机构的活动；制定共同体预算草案；根据授权调查成员国相关情况等。

【主要活动】截至2010年5月，加勒比共同体共举行了30届政府首脑会议、21次届间政府首脑会议和13次特别政府首脑会议。

2009年3月，加共体第20次届间政府首脑会议在伯利兹举行。会议围绕加勒比各国如何应对国际金融危机进行深入讨论，发表了《关于国际经济金融危机及其对加勒比地区影响的声明》。此外，会议还就地区一体化、可持续发展、打击犯罪等议题进行了讨论。

7月，加共体第30届政府首脑会议在圭亚那举行。会议围绕经济发展、人文和社会发展、加共体单一市场和经济、对外关系四大议题进行讨论，其中国际金融危机的影响、区域内人员自由流动、农业与食品安全、共同打击犯罪、对外贸易谈判机制和应对气候变化等成为讨论焦点。会后发表了公报和关于一体化、地区金融监管新框架、农业与粮食安全以及气候变化与发展等4项宣言。

2010年3月，加共体第21次届间政府首脑会议在多米尼克举行。会议重点就地区一体化、海地地震灾后重建、同区域外国家的经贸合作、气候变化等议题进行讨论。

【专门机构】加勒比灾难急救署、加勒比气象研究院、加勒比气象组织、加勒比食品公司、加勒比环境卫生研究院、加勒比农业研究与开发所、加共体议员联合会、加勒比开发管理中心、加勒比食品与营养研究所、加勒比法院。

【联系机构】加勒比开发银行、圭亚那大学、西印度大学、加勒比法律研究院、加勒比法律研究中心、东加勒比国家组织。

【同中国的关系】无正式关系。2008年11月，加共体秘书长卡林顿访华，杨洁篪外长会见。访华期间，卡代表加共体签署2010年上海世博会参展协议。

（许剑）

加勒比国家联盟
Association of Caribbean States—ACS

【成立经过】1990年加勒比共同市场协调委员会会议提出建立加勒比国家联盟（简称“加国联”）的倡议。1993年6月，第14届加勒比共同体政府首脑会议决定以加共体为核心建立加国联。1994年7月24日，加勒比地区25个国家和12个未独立地区的代表在哥伦比亚海滨城市卡塔赫纳签署纪要，正式成立加国联。1998年10月加国联被联合国接纳为观察员。

【宗旨】加强各成员国在政治、经济、文化、科学和社会等各个领域的磋商、合作和协调行动，以促进经济和社会发展，维护本地区在国际经济贸易组织中的利益，实现地区经济一体化，最终建立一个广大的自由贸易区。

【成员】25个：安提瓜和巴布达、巴哈马、巴巴多斯、伯利兹、哥伦比亚、哥斯达黎加、古巴、多米尼克、多米尼加、萨尔瓦多、格林纳达、危地马拉、圭亚那、海地、洪都拉斯、牙买加、墨西哥、尼加拉瓜、巴拿马、圣基茨和尼维斯、圣卢西亚、圣文森特和格林纳丁斯、苏里南、特立尼达和多巴哥、委内瑞拉。

准成员4个：阿鲁巴、法国（代表法属圭亚那、瓜德罗普和马提尼克）、荷属安的列斯、特克斯和凯科斯群岛。

观察员18个：阿根廷、巴西、加拿大、智利、厄瓜多尔、埃及、印度、意大利、韩国、荷兰、摩洛哥、秘鲁、俄罗斯、西班牙、英国、土耳其、芬兰、乌克兰。

【主要负责人】秘书长路易斯·费尔南多·安德拉德·法利亚（Luis Fernando Andrade Falla，危地马拉人），2008年3月就任。

【总部】秘书处设在特立尼达和多巴哥首都西班牙港。

地址：5－7 Sweet Briar Road，St. Clair，P. O. Box 660，Port of Spain，Trinidad and Tobago。电话：（001－868）6229575；传真：（001－868）6221653。E-mail：mail@ acs-aec. org。网址：http：//www. acs-aec. org。

【组织机构】部长理事会是加国联主要的决策机构。下设六个专门委员会：1. 贸易发展和对外经济关系委员会；2. 环境和加勒比海保护及自然资源委员会；3. 科学、技术、卫生、教育和文化委员会；4. 预算和行政委员会；5. 可持续旅游委员会；6. 运输委员会。

【主要活动】截至2010年5月，加国联举行了4届首脑会议和15届部长理事会会议。

2005年7月28～29日，加国联第四届首脑会议在巴拿马首都巴拿马城召开。会议重点讨论了旅游业的持续发展、贸易、交通和自然灾害等问题。

2008年1月25日，加国联第13届部长理事会会议在巴拿马首都巴拿马城举行。会议同意危地马拉人安德拉德出任新一届秘书长，审议减灾高级别会议所作报告，并讨论了区内减灾防灾系列问题。

2009年1月30日，加国联第14届部长理事会会议在海地首都太子港举行。会议决定接纳欧盟委员会为加国联观察员。

2010年1月21～22日，加国联第15届部长理事会会议在哥伦比亚卡塔赫纳举行。会议就海地地震发表声明，对海受灾表示慰问，支持海灾后重建。

【同中国的关系】无正式关系。 （许剑）

东加勒比国家组织
Organization of Eastern Caribbean States—OECS

【成立日期】1981年6月18日，东加勒比地区的7个岛国和未独立地区在圣基茨和尼维斯首都巴斯特尔签署《巴斯特尔条约》，正式成立东加勒比国家组织。

【宗旨】促进成员国之间的合作，维护成员国主权、独立和领土完整；推动成员国实现经济一体化；协助成员处理国际事务并尽可能协调成员国外交政策以及国际事务立场；在可能的情况下，在海外设立联合外交机构。

【成员】9个：安提瓜和巴布达、多米尼克、格林纳达、圣基茨和尼维斯、圣卢西亚、圣文森特和格林纳丁斯等6个主权国家和蒙特塞拉特、安圭拉、英属维尔京群岛等3个未独立地区。其中安圭拉、英属维尔京群岛为联系成员。该组织成员总面积为3160平方公里，人口64万。

【主要负责人】东加勒比国家组织主席由各成员政府首脑轮流担任，每年轮换一次，现任主席为圣基茨和尼维斯总理登齐尔·道格拉斯（Denzil Douglas）。秘书长莱恩·伊什梅尔（Len Ishmael），圣卢西亚人，2003年5月就任。

【总部】秘书处设在圣卢西亚首都卡斯特里。

地址：P. O. Box 179，Castries，Saint Lucia。电话：（001－758）4522537、4556327；传真：（001－758）4531628。E-mail：oesec @ oecs. org。网址：http：//www. oecs. org。

【出版物】2000年8月首次出版《东加勒比国家组织论坛》（月报），因经费问题而不定期出版。另外还不定期出版少量宣传手册及报告。

【组织机构】（1）政府首脑会议为最高权力机构，每年召开两次会议。（2）秘书处为常设工作机构，下设以下主要部门：教育和人力资源开发部、出口发展部、法律部、环境和可持续发展部、药品采购部、社会发展部以及运动部等。（3）其他主要机构有：东加电信局、民航局、东加勒比中央银行、东加勒比最高法院。

该组织在比利时首都布鲁塞尔和加拿大首都渥太华设有代表处。

【内部分工】东加勒比国家组织内各成员政府首脑分别负责一定事务及相关方面的对外谈判。目前分工如下：

安圭拉首席部长休伯特·休斯　旅游

安巴总理鲍德温·斯潘塞　信息技术、外贸及对外经济关系

英属维尔京群岛首席部长拉尔夫·奥尼尔　金融服务

多米尼克总理罗斯福·斯凯里特　农业和劳务

格林纳达总理蒂尔曼·托马斯　科技和体育

蒙特塞拉特首席部长鲁本·米德　灾难预防与应对

圣基茨和尼维斯总理登齐尔·道格拉斯　社会发展和健康

圣卢西亚总理史蒂芬森·金　司法、政府管理和安全

圣文森特和格林纳丁斯总理拉尔夫·冈萨维斯 经济联盟、加共体单一市场和经济、香蕉问题。

【主要活动】2009年5月，第49届政府首脑会议在英属维尔京群岛举行。会议重点讨论了国际金融危机对东加勒比经济影响、功能性合作、东加勒比经济联盟和地区一体化、社会和环境等问题。

11月，第50届政府首脑会议在安圭拉举行。会议重点讨论了建立东加经济联盟、国际金融危机、犯罪和安全等问题。

12月，东加勒比国家组织在圣基茨签署《新巴斯特尔条约》，正式成立东加经济联盟，计划于2010年6月启动。

【同中国的关系】无正式关系。2010年3月，东加勒比国家组织秘书长伊什梅尔访华，这是该组织秘书长首次访华。　（许剑）

太平洋岛国论坛
Pacific Islands Forum—PIF

【成立日期】1971年8月5~7日，斐济、萨摩亚、汤加、瑙鲁、库克群岛、澳大利亚和新西兰在惠灵顿召开南太平洋7方会议，正式成立“南太平洋论坛”，并决定此后每年举行一次会议。2000年10月，论坛更名为“太平洋岛国论坛”。

【宗旨】加强论坛成员间在贸易、经济发展、航空、海运、电讯、能源、旅游、教育等领域及其他共同关心问题上的合作和协调。近年来，论坛加强了在政治、安全等领域的对外政策协调与区域合作。

【成员】16个成员：澳大利亚、新西兰、斐济、萨摩亚、汤加、巴布亚新几内亚、基里巴斯、瓦努阿图、密克罗尼西亚联邦、所罗门群岛、瑙鲁、图瓦卢、马绍尔群岛、帕劳、库克群岛、纽埃。

2个联系成员：新喀里多尼亚、法属波利尼西亚；4个观察员：托克劳、瓦利斯和富图纳、英联邦、亚洲开发银行；1个特别观察员：东帝汶。

2009年5月，太平洋岛国论坛宣布中止斐成员资格。

【主要负责人】秘书长图伊洛马·内洛尼·斯莱德（Tuiloma Neroni Slade，萨摩亚人）于2008年8月论坛首脑会议上当选。负责可持续发展和良政事务的副秘书长费莱蒂·特奥（Feleti Teo，图瓦卢人）。负责经济管理和安全事务的副秘书长彼得·福劳（Peter Forau，所罗门人）。

【总部】论坛秘书处设在斐济首都苏瓦。网址：www. forumsec. org. fj。

【出版物】《年度报告》（Annual Report）；《论坛回顾》（Forum Review），月刊。均为英文。

【组织机构】1972年建立常设机构——南太经济合作局（SPEC），1988年改称南太论坛秘书处。论坛设秘书长，由论坛成员政府代表投票产生，对论坛成员国负责。设副秘书长，系合同聘用，协助秘书长工作。下设政治、国际和法律事务司、贸易和投资司、发展和经济政策司、协同服务司（行政），各司设司长。论坛秘书处总部现有约120名官员及服务人员。在悉尼、奥克兰设有贸易专员署，在东京设有太平洋岛屿中心，2002年在北京开设驻华贸易代表处，2003年底在日内瓦设立驻世界贸易组织代表处。

秘书处财政预算由澳大利亚和新西兰各承担1/3，其余部分由其他岛国成员分摊。目前向秘书处提供捐助的国家、地区和组织主要有：中国、澳大利亚、加拿大、欧盟、法国、法属波利尼西亚、德国、日本、韩国、马来西亚、新西兰、菲律宾、英国和联合国开发计划署。台湾当局也向秘书处提供捐助。

秘书处和10个相对独立的机构组成太平洋地区组织理事会（CROP），由论坛秘书长担任主席。这10个组织为：论坛渔业局（FFA）、斐济医学院（FSchM）、太平洋岛屿发展署（PIDP）、太平洋电能协会（PPA）、南太平洋应用地学委员会（SOPAC）、南太平洋教育评审委员会（SPBEA）、太平洋共同体秘书处（SPC）、太平洋区域环境署（SPREP）、南太平洋旅游组织（SPTO）、南太平洋大学（USP）。2004年太平洋岛国论坛首脑会议通过决议，决定对地区组织进行机构重组。2006年，论坛首脑会议审议通过了《改革地区机制框架报告》，为地区组织机构重组描绘了“路线图”。根据论坛有关决议和《报告》，地区组织将整合为三大类，分别是政治政策类、技术服务类和教育培训类。太平洋共同体秘书处、南太应用地学委员会、南太区域环境规划署和南太教育评审委员会四机构已于2010年3月开始实施合并计划。

【主要活动】论坛首脑会议 论坛一般每年召开一次政府首脑会议，在各成员国或地区轮流举行。迄今，已举行了40届论坛首脑会议（1972年召开了两次）。

2007年10月，第38届论坛首脑会议在汤加首都

努库阿洛法举行。与会领导人认为，“太平洋计划”落实两年以来成果颇丰，但在财政投入等方面挑战犹存。会议各方就推动该计划发展做出承诺，会议还讨论了渔业、能源、气候变化和运输等议题，并审议了援助所罗门群岛、瑙鲁等问题。此外，会议讨论了斐济政变后局势，要求斐按期于2009年第一季度举行大选。

2008年8月，第39届论坛首脑会议在纽埃首都阿洛菲举行。会议认为“太平洋计划”启动3年来在推进经济增长、可持续发展、良政和安全等四大目标方面取得了显著进展，同时面临财政与人力资源不足等问题，今后一年的优先目标将放在渔业、能源、贸易和经济一体化、气候变化和交通等方面。会议还讨论了斐济局势。

2009年8月，第40届论坛首脑会议在澳大利亚凯恩斯举行。会议集中讨论了气候变化、全球金融危机对岛国影响以及援助协调、石油供应、渔业发展、海事安全、斐济局势等问题，通过了《太平洋领导人呼吁就气候变化采取行动》及《关于加强太平洋地区发展协调的凯恩斯契约》等文件。

论坛会后对话会　从1989年起，论坛决定邀请中、美、英、法、日和加拿大等国出席论坛首脑会议后的对话会。从1991~2007年，论坛先后接纳欧盟、韩国、马来西亚、菲律宾、印尼、印度、泰国、意大利为对话伙伴。目前，论坛共有14个对话伙伴。

此外，论坛还设有外交部长会议、经济部长会议、贸易部长会议、岛国与发展伙伴会议等年会机制。

论坛与日本领导人会议　由日本倡议和推动，始于1997年，每三年举办一次，旨在密切日本与论坛国家关系。2003年5月，在日本冲绳举行了第3届会议，会议通过《冲绳宣言》，确定日本与论坛国家开展合作的5个重点领域。2006年5月，在日本冲绳举行了第4届会议，日本表示在未来3年内将向岛国提供450亿日元援助，用于人力资源发展和人员交流。2009年5月，在日本冲绳举行了第5届会议，日本承诺在3年内向岛国提供500亿日元援助，为岛国培训人员并开展人员交流。会议并决定设立“太平洋环境共同体”以共同应对面临的环境问题。

论坛自1989年亚太经合组织（APEC）成立时起即为其观察员。1994年起，论坛成为联合国观察员。

【同中国的关系】1988年2月，中国驻斐济大使徐明远应邀参加论坛地区机构协调委员会在苏瓦召开的关于建立对话关系的讨论会。自1990年第2届论坛会后对话会起，中国连续20次派政府代表团出席对话会，加强了中国同论坛及其成员国的合作关系。2007年10月，外交部副部长张业遂率中国政府代表团出席了在汤加首都努库阿洛法举行的第19届论坛会后对话会，在发言中肯定地区各国在推进区域对话与合作方面取得的进展，积极呼应岛国在有关议题上的合理诉求，强调中方重视同岛国关系，致力于维护地区稳定，促进共同发展，并宣布了一系列在经贸、旅游、环保、文化、教育等领域加强互利合作的具体措施。与会各方积极评价中国在对话会上的发言，欢迎中国在岛国事务中继续发挥建设性作用。2008年8月，外交部部长助理刘结一率中国政府代表团出席了在纽埃首都阿洛菲举行的第20届太平洋岛国论坛会后对话会，在发言时表示中国政府重视发展同太平洋岛国关系，支持岛国发展经济、改善民生、实现可持续发展的努力，愿与岛国保持高层与各级别人员交往，扩大在经贸、文化、教育、卫生等领域交流与合作，推动中国与岛国友好合作关系不断向前发展。2009年8月，中国—太平洋岛国论坛对话会特使王永秋率中国政府代表团出席第21届太平洋岛国论坛会后对话会，在会上阐述了中国对太平洋岛国政策，宣布了中国政府在贸易与投资、农渔业、能源、卫生、教育、体育、旅游等领域支持岛国经济社会发展的7项新举措，并着重就援助协调和气候变化问题阐明中方立场。

论坛四任秘书长亨利·纳萨利（1991年4月）、耶雷米亚·塔巴伊（1992年9月）、诺埃尔·莱维（1999年5月、2002年9月）和格雷戈里·厄尔文（2006年8月）以及副秘书长威廉·萨瑟兰（1994年3月）、安东尼·斯莱切耶（1997年7月）、约瑟法·迈亚瓦（2004年4月参会）、彼得·福劳（2007年8月参会）均曾访华。2001年10月，论坛秘书长莱维作为观察员出席了在上海举行的APEC外交外贸双部长会议。

2000年10月，中国政府代表、外交部副部长杨洁篪与论坛秘书长莱维换文，中国政府捐资设立中国—论坛合作基金，用于促进双方在贸易投资等领域内的合作。基金设立后，已先后资助了论坛驻华贸易代表处、投资局长年会、论坛秘书处信息存储系统更换、论坛进口管理等项目。2005年10月，中国政府决定资助“太平洋计划”项下港口综合开发、地区航空安排、乡村及边远地区信息化建设三项目（2006—2010年），并向地区安全基金捐款。

2006年4月，国务院总理温家宝出席在斐济举行的“中国—太平洋岛国经济发展合作论坛”首届部长级会议开幕式期间，会见了与会的论坛秘书长厄尔文。2010年1月，中国—太平洋岛国论坛对话会特使杜起文访问斐济期间会见论坛秘书长斯莱德。

2004年10月、2006年11月、2008年11月、2009年11月，中国外交部先后举办四期太平洋岛国论坛高级外交官培训班，来自中国8个建交岛国和论坛秘书处的外交官应邀参加。2003年8月、2005年9月和2007年11月，中国外交部还先后邀请三批太平洋岛国联合新闻团来华参观采访。

【驻华代表机构】太平洋岛国论坛驻华贸易代表处。2002 年 9 月正式开馆。宗旨是“为太平洋岛国和中国创造更多机会”，主要工作是促进太平洋岛国与中国之间的贸易、投资和旅游合作。贸易代表：萨穆埃拉·萨武（Samuela Savou），斐济人，2008 年 4 月抵京就任。代表处地址：北京塔园外交人员公寓 5 号楼 1 单元 3 层 1 号。电话：65326622。网址：www. pifto. org. cn。电子信箱：answers@ pifto. org. cn。

（刘洋）

科托努协定
Cotonou Agreement

【签署过程】2000 年 6 月 23 日，非洲、加勒比海和太平洋地区国家集团（简称非加太集团，ACP）77 个成员国和欧洲联盟 15 国在贝宁首都科托努签订《非加太地区国家与欧共体及其成员国伙伴关系协定》，即《科托努协定》。该协定的前身是 1975 年 2 月 28 日由当时的非加太集团 46 个成员国与欧洲经济共同体 9 国在多哥首都洛美签订的贸易和经济协定《洛美协定》。《洛美协定》曾是非加太集团和欧盟间进行对话与合作的重要机制，自 1975 年以来共执行了 4 期，欧盟一直通过该协定向非加太集团成员国提供财政、技术援助和贸易优惠等。2000 年 2 月，非加太集团和欧盟就第 5 期《洛美协定》达成协议，并于同年 6 月在科托努正式签署，改称《科托努协定》。协定有效期为 20 年，每 5 年修订一次。《科托努协定》于 2003 年 4 月 1 日正式生效。其主要内容是：非加太国家与欧盟进行全面政治对话；欧盟向非加太国家提供经济援助，帮助他们消除贫困、防止地区冲突和推动非加太经济一体化进程；欧盟向非加太国家提供贸易优惠，扩大双方经贸合作，逐步实现贸易自由化。2005 年 6 月，非加太与欧盟成员国理事会对协定进行了首次修订，增加了以下内容：在人权、民主和法治等重大问题上建立更加正式的对话机制；加大在反对大规模杀伤性武器扩散方面的合作，建立关于遵守不扩散大规模杀伤性武器情况评估机制；加强在反恐、防止输出雇佣军等方面的合作；加强在国际刑事法庭等领域的合作；简化投资程序，提高灵活性和实效性；为私营机构获得资助提供便利，简化申请资助的程序，促进非加太国家之间及其与其他发展中国家之间开展合作；促进地区信息及通信技术的发展；帮助非加太国家提高应对新经济、新技术和新的社会挑战的能力。

【成员】《科托努协定》2000 年签署时的成员国为欧盟 15 国和非加太集团 77 国，目前已增加为欧盟 27 国和非加太集团 79 国。其中，非洲地区成员国 48 个：埃塞俄比亚、安哥拉、贝宁、博茨瓦纳、布基纳法索、布隆迪、赤道几内亚、多哥、厄立特里亚、佛得角、冈比亚、刚果（布）、刚果（金）、吉布提、几内亚、几内亚比绍、加纳、加蓬、津巴布韦、喀麦隆、科摩罗、科特迪瓦、肯尼亚、莱索托、利比里亚、卢旺达、马达加斯加、马拉维、马里、毛里塔尼亚、毛里求斯、莫桑比克、纳米比亚、南非、尼日尔、尼日利亚、塞拉利昂、塞内加尔、塞舌尔、圣多美和普林西比、斯威士兰、苏丹、索马里、坦桑尼亚、乌干达、赞比亚、乍得、中非；加勒比地区 16 国：安提瓜和巴布达、巴巴多斯、巴哈马、伯利兹、古巴、多米尼加、多米尼克、格林纳达、圭亚那、圣基茨和尼维斯、圣卢西亚、圣文森特和格林纳丁斯、苏里南、特立尼达和多巴哥、牙买加、海地；太平洋地区 15 国：巴布亚新几内亚、斐济、基里巴斯、所罗门群岛、汤加、图瓦卢、瓦努阿图、萨摩亚、马绍尔群岛、库克群岛、瑙鲁、帕劳、纽埃、密克罗尼西亚、东帝汶。

【组织机构】（1）部长理事会（Council of Ministers）：由每个协定签字国派出一名部长组成。设共同主席两名，由欧盟和非加太集团双方各派一人担任。理事会每年召开一次例会。理事会秘书处设在比利时首都布鲁塞尔。（2）使节委员会（Committee of Ambassadors）：由各签字国派出的大使组成，主席由欧盟和非加太集团双方分别派员轮流担任。委员会每半年至少召开一次会议。（3）联合议员大会（Joint Parliamentary Assembly）：由数量相等的欧洲议会议员和非加太集团各成员国议员或议会指定代表组成，双方各自选派 13 人组成总务委员会，其中双方各派一人担任共同主席，其余 24 人为副主席。大会每年召开两次，部长理事会成员出席大会。总务委员会或部长理事会可以提议召开特别会议。大会下设三个委员会：政治委员会；经济发展、财政和贸易委员会；社会事务和环境委员会。（4）工业发展中心：设在布鲁塞尔，负责推动对非加太集团成员国的投资。（5）农业及农村合作技术中心：设在荷兰的瓦赫宁恩，负责向非加太集团成员国提供农业及其有关领域的信息、调研及培训。

【主要活动】2009 年 5 月 28 ~ 29 日，第 34 届非加太与欧洲共同体部长理事会会议在比利时首都布鲁塞尔举行。会议主要讨论了国际金融危机对非加太国家的影响，并就修改《科托努协定》中的某些财务规定以促进欧洲投资银行对非加太重债穷国贷款达成一致。鉴于联合国有关国际金融危机对发展影响的高级别会议即将举行，会议通过了关于全球经济与金融危机的联合决议。

此外，会议正式启动了第二次修订《科托努协定》的谈判进程，并将于2010年2月提交修正案并结束谈判。会议对当前关于“经济伙伴协定”（EPAs）的谈判进程进行了评估并交换意见。会议还讨论了贸易合作中的问题，特别是关于香蕉、棉花和糖等产品的贸易问题。

最后，会议通过了关于气候变化的联合声明，对气候变化可能危及千年发展目标的实现表示高度关注，强调将为联合国关于2012年后气候变化框架协议的谈判取得成功而共同努力。

【经济伙伴协定（EPA）谈判进展】《科托努协定》规定：欧盟将逐步取消其在《洛美协定》中向非加太国家提供的单向贸易优惠政策；为实现向自由贸易机制的过渡，并与世界贸易组织规则接轨，双方将就新贸易安排进行谈判，以期达成经济伙伴协定（EPA）；2000年至2007年底为过渡期，期间非加太国家继续享受原有的贸易优惠，EPA做出的新贸易安排于2008年1月起实施。

根据上述规定，欧盟与非加太国家于2002年9月正式启动了关于EPA的谈判。但由于双方分歧较大，特别是多数非加太国家认为欧方在市场准入、投资等领域的要价超出其实际承受能力，谈判进展缓慢。

截至2009年5月，共有36个非加太国家与欧盟签署了EPA协定，其中，加勒比共同体和共同市场（CARICOM）15国签署了全面的EPA协定。太平洋国家中的巴布亚新几内亚和斐济2国，以及19个非洲国家签署了临时的EPA协定。这19个非洲国家是：布隆迪、肯尼亚、卢旺达、坦桑尼亚、乌干达、科摩罗、马达加斯加、毛里求斯、塞舌尔、博茨瓦纳、纳米比亚、斯威士兰、莫桑比克、莱索托、津巴布韦、赞比亚、喀麦隆、加纳和科特迪瓦。欧盟与非洲和太平洋地区国家签署全面EPA的谈判仍在进行中。 （周皙）

经济合作与发展组织
Organization for Economic Cooperation and Development—OECD

【成立日期】 1961年9月30日在法国巴黎正式成立。

【宗旨】 促进成员国经济和社会的发展，推动世界经济增长；帮助各成员国制定和协调有关政策，以提高各成员国的生活水平，保持财政的相对稳定；鼓励和协调成员国为援助发展中国家作出努力，帮助发展中国家改善经济状况，促进非成员国的经济发展。

【成员】 33个：美国、英国、德国、法国、意大利、加拿大、日本、澳大利亚、新西兰、西班牙、葡萄牙、奥地利、丹麦、挪威、芬兰、荷兰、比利时、卢森堡、爱尔兰、希腊、瑞典、瑞士、土耳其、冰岛、墨西哥、捷克、匈牙利、波兰、韩国、斯洛伐克、智利、斯洛文尼亚、以色列（后三国为2010年加入）。

【主要负责人】 秘书长安赫尔·古里亚（Angel Gurria，墨西哥人），2006年6月1日就任，任期五年。

【总部】 在法国巴黎，地址：2 Rue Andre Pascal F 75775 Paris Cedex16 France。网址：http://www.oecd.org；http://www.oecdchina.org。电话：+33 1 45248200。传真：+33 1 45249700。

【出版物】《经合组织活动》（秘书长年度报告）、《经合组织消息》（月刊）、《经合组织观察家》（双月刊）、《金融统计》、《经合组织经济调研》、《外贸统计》（月刊）、《经合组织经济展望》（半年一期）等。经合组织每年还出版数百种研究报告。

【组织机构】 经合组织最高权力机构为理事会，理事会分为每周举行一次的常驻代表级（各成员国代表团团长具有大使级资格）会议和至少每年举行一次的部长级会议，负责处理该组织总政策的各项问题，以及决定成立附属机构、批准预算等。理事会的决议和建议须经全体成员国同意（协商一致原则）。经合组织理事会每年选出14名成员国的代表组成执行委员会，研究处理理事会交办的各项工作。秘书处设有秘书长和副秘书长，负责处理经合组织的日常事务，为理事会、执行委员会和其他有关机构服务。

【主要活动】 该组织的活动实际上包括了成员国经济政策的所有方面。该组织下设200多个专业委员会、工作组和专家组，负责各个领域的具体工作。它们通过评估该组织最新研究成果和审议成员国政策实施情况，促进成员国政府间合作，协调国内政策，尤其是贸易和投资政策，最大限度地减少各成员国间的矛盾和冲突。

经合组织的研究内容和政策协调范围几乎包括了经济和社会发展的各个方面，涉及宏观经济、贸易、金融、投资、财政、公共管理、环境、农业、科技、教育、就业、税收、企业发展、发展援助等领域。由于研究成果前瞻性和实用性较强，对成员国具有较高的参考价值。

20世纪90年代以来，经合组织积极发展同非成员的关系，以加强经济政策的协调，促进投资贸易关系的发展，为此还专门设立了经合组织与非成员合作中心。目前已有70多个经合组织非成员国家和地区（包括中国香港、中国台北）参加了与经合组织有关的对话活动。其中，中国、俄罗斯、巴西、印度、印度尼西亚和南非被称为“六大国（BIG SIX）”，是经合组织对话与合作的重点对象。

2007年5月，经合组织理事会部长级会议在法国巴黎召开，会议主要讨论了全球化、创新与发展、国际贸易体系面临的挑战等问题。会议还决定邀请中国、巴西、印度、南非和印度尼西亚与经合组织发展“加强合作（Enhanced Engagement）”关系。

2009年6月，经合组织理会部长级会议在巴黎举行，会议发表了一份绿色增长宣言，承诺推动环境友好型绿色增长政策，以低碳能源使用为基础，实现可持续增长。

【同中国的关系】中国于1995年7月与经合组织正式建立政策对话合作关系。十多年来，双方合作内容不断扩大，合作形式日趋多样，总体效果良好。中国20多个部门参与了与经合组织的政策对话和技术合作活动，对话与合作领域涉及宏观经济政策、税收、统计、农业、科技、教育、环保、贸易投资、城建、交通、钢铁，造船、银行、保险、证券、社会保险、竞争政策、电子商务等，合作形式包括联合研究、对话交流、人员培训和工作访问等。2001年，经合组织正式接纳中国为其科技政策委员会观察员。2004年，中国成为经合组织财政事务委员会观察员。近年来，经合组织重视与中国关系，希双方开展更密切合作。前任秘书长约翰斯顿曾七次访华，现任秘书长古里亚曾于2006年11月来华出席“上海市市长国际企业家咨询会议”，于2008年3月首次正式访华，于2009年3月、4月两次访华并拜会何亚非副部长。中国应邀出席了9次OECD理事会部长级会议和1次OECD与中国部长级对话会。（王煜）

世界经济论坛
World Economic Forum—WEF

【成立日期】1971年由瑞士日内瓦大学教授施瓦布倡议创建。

【宗旨】研究和探讨世界经济领域存在的问题，促进国际经济合作与交流。

【成员】论坛组成主要是会员与合作伙伴。会员是1000多家全球顶级公司。他们向论坛缴纳会费，并遵守论坛“致力于改善全球状况”宗旨，同时享有论坛独特的内部网络和前沿科技。论坛有选择地与其会员或企业组织建立合作伙伴关系。

【主要负责人】克劳斯·施瓦布（Klaus Schwab，瑞士人），自该机构成立起一直担任主席。

【总部】在瑞士日内瓦。网址：http://www.weforum.org。

【出版物】1988年1月开始出版《世界联系》（World Link）季刊、《世界竞争力报告》（The World Competitiveness Report）。此外，还不定期出版一些专题研究报告和文集。

【组织机构】论坛设有两个由会员组成的外部管理机构：施瓦布基金会（Foundation）和论坛委员会（Forum Council）。基金会在施瓦布主席的直接领导下与国际公共社会和企业团体共同制定论坛的长远发展方向和目标。委员会代表论坛会员与合作伙伴的利益，其目标是实施论坛的长远战略，并保证论坛会员和伙伴长期积极参与论坛的活动。

论坛的内部管理机构是理事会（Managing Board），负责日常管理。理事会由4位总干事组成，负责管理日常事务。理事会也是论坛与会员和合作伙伴，以及更广泛的国际社会交流和联系的纽带。

【主要活动】每年1月末、2月初在瑞士达沃斯召开“世界经济论坛年会”，简称为“达沃斯会议”，在西方被称为“非官方的国际经济最高级会议”。每年均有来自数十个国家的千余位政界、企业界和新闻机构的领袖人物与会。还在非洲、中东、拉美、东亚、印度、俄罗斯等地举办地区性会议。

2010年1月27～31日，世界经济论坛第39届年会在瑞士达沃斯举行。会议以“改变世界：重新思考，重新设计，重新建设”为主题，围绕促进经济发展；降低全球性风险；确保经济社会的可持续性；维护世界的安全与稳定；创建一个求同存异的综合价值观体系；改善国际机构的运行效率等议题进行了讨论。2300多名代表出席了会议，其中包括32位国家元首或政府首脑。

【同中国的关系】中国同世界经济论坛保持着密切的联系。自1979年以来，中国多次应邀派团参加达沃斯会议。1992年李鹏总理应邀出席会议，发表了题为《九十年代的中国经济》的重要讲话。1995年朱镕基副总理应邀出席会议，发表了题为《中国的改革和发展》的讲话。1998年李岚清副总理应邀出席会议，发表了题为《中国经济稳步前进》的讲话。2000年吴邦国副总理应邀出席会议，并发表了题为《迈向二十一世纪的中国经济》的重要讲话。2003年全国人大副委员长成思危以中国跨国公司研究会名誉会长的身份出席年会并作了关于中国经济的专题演讲。2005年黄菊副总理与会并发表题为《科学发展观与21世纪的中国经济》的特别致辞。2006年曾培炎副总理与会并发表题为《开拓创新，把握未来》的重要讲话。2007年华建敏国务委员与会并发表《科学发展、和谐发展、和平发展》的特别致辞。2008年曾培炎副总理与会并发表题为《协同创新，互利共赢》的特别致辞。2009年温家宝总理与会并发表题为《坚定信心 加强合作 推动世界经济新一轮增长》的特别致辞。2010年李克强副总理与会并发表题为《合作包容 共创未来 促进世界经济健康复苏和持续发展》的特别致辞。

自1993年起，中国还多次派团参加世界经济论坛举办的地区经济峰会。1981～2006年，世界经济论坛与中国企业联合会每年联合在华举办"企业高级管理人员国际研讨会"（1996年起更名为"中国企业高峰会"）。

2007年开始，论坛每年在华举办世界新领军者年会（"夏季达沃斯"论坛）。前三届"夏季达沃斯"论坛分别于2007年9月在大连、2008年9月在天津、2009年9月在大连举行。温家宝总理出席了上述会议。

世经论坛还积极开展与中国企业的合作。截至2009年12月，有29家中国企业（其中大陆19家，香港7家，台湾3家）成为世经论坛会员。

【驻华机构】2006年6月，世经论坛在北京成立了其在亚洲的首个代表处，负责人克里斯托弗·韦伯（Christophe Weber）。地址：北京市建国门北大街8号华润大厦1706，邮编：100005。（鲜伟怡）

二十国集团
Group of 20—G20

【成立日期】二十国集团（G20）由七国集团财长和央行行长会议于1999年倡议成立，参与方财长和央行行长定期对话，促进国际金融货币政策稳定和世界经济发展。世界银行行长、国际货币基金组织总裁等也作为特邀代表参加。2008年，国际金融危机爆发后，G20上升到领导人层面，并于2008年11月在华盛顿召开"金融市场和世界经济峰会"。

【宗旨】推动发达国家和新兴市场国家就国际经济和金融领域的重大问题开展对话与合作，努力推动世界经济实现强劲、可持续、平衡增长，维护国际金融体系稳定。

【网址】http：//www.g20.org。

【成员】阿根廷、澳大利亚、巴西、加拿大、中国、法国、德国、印度、印度尼西亚、意大利、日本、韩国、墨西哥、俄罗斯、沙特阿拉伯、南非、土耳其、英国、美国、欧盟。

【组织机构】G20先前以部长级会议形式运行，财长和央行行长每年举行一次例会，无常设秘书处，主席在G20的5个小组中轮任。第一组为澳大利亚、加拿大、沙特、美国；第二组为印度、俄罗斯、南非、土耳其；第三组为阿根廷、巴西、墨西哥；第四组为法国、德国、意大利、英国；第五组为中国、印尼、日本、韩国。截至2009年，G20共举行过十一次财长和央行行长例会。

2009年9月，G20领导人在美国匹兹堡举行第三次峰会，将G20确定为国际经济合作主要论坛，决定在2010年6月和11月分别由加拿大和韩国举办一次峰会，法国举办2011年峰会，此后每年在发达国家和新兴市场国家之间轮流举办一次峰会。这标志着G20峰会步入机制化。

G20峰会筹备工作由"三驾马车"（前任、现任和候任主席国）牵头、各成员共同参与，采取G20协调人、G20财金副手双轨筹备机制。G20协调人由成员国领导人指定，多由各国负责外交、经济、金融事务的政府高官担任，协调人每年定期召开3～6次会议，协调峰会各项筹备工作，重点是政治筹备工作，包括峰会成果文件磋商。G20财金渠道负责就具体经济金融问题进行磋商，并提出建议。G20还视情举行有关专业部长级会议或设专家工作组。

【主要活动】2008年11月14～15日，为应对国际金融危机，美国推动G20领导人在华盛顿召开"金融市场和世界经济峰会"。会议通过了"二十国集团领导人金融市场和世界经济峰会宣言"。宣言分为正文和附件两部分。正文主要阐述了对此次国际金融危机根源的看法，评估了国际社会就应对危机已经和即将采取的措施，确定了解决金融危机的基本原则和具体行动，责成部长和专家提出具体建议，并重申了对开放全球经济的承诺等。附件主要就上述原则提出了近50项具体行动。

2009年4月1～2日，在英国伦敦举行G20领导人第二次峰会。会议通过了《伦敦峰会公报：全球复苏和改革计划》，决定采取经济刺激措施和金融支持计划恢复经济增长和就业、确定加强金融监管和加强国际金融机构的一系列措施、确保公平和可持续的全球复苏、重申抵制保护主义和促进全球贸易与投资、承诺要确保公平和可持续的全球复苏。

2009年9月24～25日，在美国匹兹堡举行了G20领导人第三次峰会。会议通过了《二十国集团匹兹堡峰会领导人声明》，内容涉及建立"强劲、可持续、平衡增长框架"，加强国际金融监管体系，改革国际金融机构以及能源安全、气候变化、发展、就业和贸易等问题。峰会决定把二十国集团确立为国际经济合作的主要论坛，将国际货币基金组织份额从高估国向份额被低估的新兴市场和发展中国家转移至少5%的份额，将发展中国家和转轨国家在世界银行的投票权提高至少3%。

【同中国的关系】 中国是创始成员国。中国组团出席了历次G20部长会及副手会。中国是2005年G20主席国，成功举行了第七届G20财长和央行行长会议、两次副手级会议以及相关研讨会等活动，赢得各方好评。胡锦涛主席出席了第七届G20财长和央行行长会议开幕式，并发表重要讲话，就会议主题——“加强全球合作：实现世界经济平衡有序发展”提出四点主张：要尊重发展模式的多样性，尊重各国根据自己国情选择的发展道路；要加强各国宏观经济政策的对话与协调，推动世界经济的平衡有序发展；要完善国际经济贸易体制和规则，推动布雷顿森林机构的改革；要帮助发展中国家加快发展等。胡锦涛主席还就进一步加强同包括二十国集团在内的国际金融机构和论坛关系阐述了中方立场，并介绍了当前中国经济社会的发展状况，受到与会各方的高度评价。

2008年11月，胡锦涛主席出席了在美国华盛顿举行的“金融市场和世界经济峰会”，发表题为“通力合作 共度时艰”的讲话。胡锦涛主席强调，有效应对金融风险，维护国际金融稳定，促进世界经济发展，需要国际社会增强信心、加强协调、密切合作、共同应对。各国应该加强宏观经济政策协调，采取一切必要的财政、货币手段，遏制金融危机扩散和蔓延，避免发生全球性衰退；把握建立公平、公正、包容、有序的国际金融新秩序的方向，坚持全面性、均衡性、渐进性、实效性的原则，对国际金融体系进行必要改革，创造有利于全球经济健康发展的制度环境；切实改变不可持续的经济增长模式，解决好各自经济发展存在的深层次问题；向受危机影响的发展中国家提供支持，帮助其保持发展势头。

2009年4月，胡锦涛主席出席了G20领导人第二次峰会，发表了题为“携手合作 同舟共济”的讲话。胡锦涛主席强调，要落实华盛顿峰会共识、坚定信心、加强合作，努力实现共同确定的目标。各国应保持宏观经济政策导向总体上的一致性、时效性、前瞻性，加强协调与合作，共同应对国际金融危机；抓紧落实华盛顿峰会关于加强金融监管合作、国际金融机构增长对发展中国家的援助、国际金融机构治理结构改革、完善国际货币体系等方面达成的共识；共同反对任何形式的贸易保护主义和投资保护主义；继续推进联合国千年发展目标进程，发达国家应保持和增加对发展中国家的援助。

2009年9月，胡锦涛主席出席了G20领导人第三次峰会，发表了题为“全力促进增长 推动平衡发展”的讲话。胡锦涛主席强调，要推动世界经济健康复苏，推进国际金融体系改革，在解决全球发展不平衡进程中实现世界经济全面持续平衡发展。各国应保持经济刺激力度，努力促进消费、扩大内需；提高发展中国家在国际金融机构的代表性和发言权，推动改革取得实质性进展；完善促进平衡发展的国际机制，推动优先解决发展不平衡问题。（谢璋玮）

二十四国集团
Group of 24—G24

【成立日期】 1971年11月，77国集团在利马举行部长会议，决定由77国集团中的24个成员国组成24国集团，全称是“关于国际货币和发展事务的24国集团”（The Intergovernmental Group of Twenty Four on International Monetary Affairs and Development，G24）。

【宗旨】 为发展中国家在国际金融与货币领域内协调立场和政策，制定发展中国家关于国际货币制度改革、债务问题与资金转移等重大问题的共同政策和方针。

【网址】 http：//www. G24. org

【成员】 由分别来自三个地域的发展中国家组成，即非洲的阿尔及利亚、科特迪瓦、埃及、埃塞俄比亚、加蓬、加纳、尼日利亚、南非、刚果（金），拉美和加勒比的阿根廷、巴西、哥伦比亚、危地马拉、墨西哥、秘鲁、特立尼达和多巴哥、委内瑞拉，亚洲的印度、伊朗、黎巴嫩、巴基斯坦、菲律宾、斯里兰卡、叙利亚。

【组织机构】 每年举行部长级会议，由各国参加国际货币基金组织和世界银行联合年会的理事或副理事参加（一般是各国的财政部长或中央银行行长）。会议设主席，第一、第二副主席各一名（分别来自三个地域），实行轮任。部长级会议一般在世界银行和国际货币基金组织的发展委员会会议前夕于同地召开，以协调立场。部长级会议前先举行副手级会议。77国集团的其他成员国可作为观察员与会。24国集团设有技术组和联络办公室，不设秘书处，使用基金组织的秘书处。

【主要活动】 2009年4月，G24第81届部长级会议在华盛顿召开，会议就国际经济金融形势，国际金融监管，帮助发展中国家应对国际金融危机，反对贸易、投资和劳动服务保护主义，国际金融机构增资、职能和治理结构改革等国际货币与金融委员会和世界银行发展委员会春季例会将讨论的主要议题协调了立场。

2009 年 10 月，G24 第 82 届部长级会议在伊斯坦布尔召开，会议就全球经济金融形势、帮助发展中国家应对国际金融危机、反对保护主义、发展、国际金融机构增资和治理结构改革、应对气候变化等国际货币与金融委员会和世界银行发展委员会年会将讨论的主要议题协调了立场。

【同中国的关系】中国政府代表团作为观察员出席了 2009 年 G24 会议，阐述了中国在世界经济金融形势、应对国际金融危机、发展问题、布雷顿森林机构增资和改革等问题上的原则立场，强调布雷顿森林机构改革应反映国际经济格局的变化，增加发展中国家的代表性和发言权。（霍文君）

七十七国集团
Group of 77—G77

【成立日期】1964 年 3 月，在日内瓦召开的第一届“联合国贸易和发展会议”期间，亚非拉 76 个国家和南斯拉夫发表《77 个发展中国家联合宣言》，提出了关于国际经济关系、贸易与发展的一整套主张。该集团遂告成立，并由此得名。为发展中国家政府间国际组织。

【宗旨】在国际经济领域内加强发展中国家的团结与合作，推进建立新的国际经济新秩序，加速发展中国家的经济社会发展进程。

【成员】截至 2010 年，该组织共有 130 个成员。

【主要负责人】77 国集团主席由来自亚非拉三大区域的成员国按地区原则轮流担任，任期一年。2010 年主席国为也门。

【总部】纽约和日内瓦是 77 国集团两个主要活动中心，在维也纳、罗马等多边外交活动较多的地点均有分支。网址：http：//www. g77. org。

【资金来源】77 国集团活动经费来自成员国自愿捐款。中国自 1994 年开始每年向其捐款 1 万美元，1998 年起增至 2 万美元，2004 年起增至 4 万美元，是最大的捐助国。

【主要活动】每年联大前夕（或初期）举行集团外长会议或专门领域的部长级会议。在联合国和一些专门机构会议前或会议期间，召集成员国与会代表开会协调立场，然后发表立场声明或共同提出案文等。此外，各区成员还举行各种层次的区域级会议。议事时采取协商一致原则做出决定。

该集团成立后，主要致力于维护发展中国家民族独立和国家主权，争取经济利益，在一些涉及重大共同利益的问题上协调立场，发挥积极作用。近年来，77 国集团要求进一步加强团结与合作的愿望和呼声日益强烈。77 国集团要求平等地参与国际经济事务的决定，强调在国际金融机构中加强协作与配合，对国际金融体制改革和建立多边贸易体制等提出具体主张。

2000 年 4 月，122 个发展中国家在古巴哈瓦那举行了 77 国集团成立以来的首次南方首脑会议。2003 年 12 月，77 国集团在摩洛哥马拉喀什召开南南合作部长级会议，会议通过了《马拉喀什宣言》和《行动纲领》，回顾哈瓦那南方首脑会议行动计划的执行情况，为今后南南合作制订行动计划。2004 年 6 月在巴西圣保罗举行了 77 国集团成立 40 周年纪念大会。2005 年 6 月在卡塔尔多哈举行了第二届南方首脑会议，会议主题为“实现千年发展目标”。

2010 年 1 月 22 日，77 国集团 2010 年度主席交接仪式在纽约联合国总部举行。2010 年度 77 国集团主席、也门外长阿尔库尔比表示，2010 年 G77 和中国将继续保持团结，加强与不结盟运动的协调，坚定维护发展中国家在金融危机、千年发展目标、气候变化、南南合作、生物多样性、社会发展、性别平等等议程上的利益。

【同中国的关系】中国不是 77 国集团的成员，但一贯支持其正义主张和合理要求。20 世纪 90 年代以来，中国同该集团的关系在原有基础上有了较大的进展。1991 年在联合国环境与发展大会筹备会上，中国同该集团首次以“77 国集团加中国”的方式共同提出立场文件。随着中国参与程度的不断加深，这一合作模式从最初的环发领域逐渐扩展到经济、社会、联合国财政和预算等诸多领域，中国参与程度也不断深化。目前，中国已全面参与该集团的所有会议和活动。

李岚清副总理和曾培炎副总理曾分别率团出席首届和第二届南方首脑会议。（鲜伟怡）

世界能源理事会
World Energy Council—WEC

【成立日期】1923 年成立，1924 年召开首次世界电力大会。原名“世界电力大会”，1968 年后改称

"世界能源大会"，1989 年改称"世界能源理事会"。为非政府国际组织。

【宗旨】促进能源的可持续供应和使用；研究和交流能源工业与国民经济间的重大关系、能源开发利用战略、环境保护和可持续发展等领域的问题，协调各国能源与环保、能源与社会发展的宏观经济政策。

【主要负责人】执行理事会主席嘉德奈（Pierre Gadonneix，法国电力公司董事长）。

【总部】英国伦敦。网址：http：//www. worldenergy. org。

【成员】94 个。

【组织机构】世界能源理事会每 3 年召开一次世界能源大会。最高权力机构为执行理事会。

世界能源理事会由三个组织构成：一、世界能源理事会：系根据英格兰和威尔士法律成立的一个公益事业机构。二、世界能源理事会服务有限公司：是为执行理事会下设的官员委员会、财政委员会、信息委员会、规划委员会、研究委员会和秘书处处理日常事务的办事机构。三、世界能源理事会基金会：成立于 1990 年，旨在接收并管理来自个人、组织和全球能源公司的财政捐款。

【资金来源】成员会费、企业捐款等。

【出版物】《世界能源理事会年度报告》及与能源相关的专题研究报告等。

【主要活动】世界能源理事会的工作涵盖全部能源领域，包括煤、电、石油、天然气、核能、水能和可再生能源等，重点放在市场重组、能源效率、能源与环境、能源资金系统、能源价格和补贴、解决贫困地区的用能、建立能源标准、推广新技术应用以及就发展中国家、经济转型国家和发达国家的能源问题发表专题研究报告，为成员、能源产业和大众提供广泛的服务，以其权威的报告、研究、案例分析、中长期能源项目和政策及战略建议而著称。

2007 年 11 月，第 20 届世界能源大会在意大利罗马举行。第 21 届世界能源大会于 2010 年 9 月在加拿大蒙特利尔举行。

【同中国的关系】中国于 1983 年加入世界能源理事会，并于同年成立了由 16 个有关部委和公司组成的中国国家委员会。中国台湾地区和香港地区也是该组织的成员。中国国家委员会作为理事会成员积极参加每年的执行理事会会议。

2008 年 11 月，中国国家发展和改革委员会副主任、国家能源局局长、世界能源理事会中国国家委员会主席张国宝当选为执行理事会副主席，任期至 2011 年。

（唐梦潇）

亚太经济合作组织
Asia Pacific Economic Cooperation—APEC

【成立日期】1989 年 11 月 5～7 日，澳大利亚、美国、日本、韩国、新西兰、加拿大及当时的东盟六国在澳大利亚首都堪培拉举行亚太经济合作组织（APEC）首届部长级会议，标志 APEC 正式成立。

【宗旨】1991 年 11 月汉城 APEC 第三届部长级会议通过了《汉城宣言》，正式确定该组织的宗旨和目标为"为本地区人民的共同利益保持经济增长与发展；促进成员间经济依存；加强开放的多边贸易体制；减少区域贸易和投资壁垒。"

【成员】21 个（2009 年 12 月）：澳大利亚、文莱、加拿大、智利、中国、中国香港、印度尼西亚、日本、韩国、墨西哥、马来西亚、新西兰、巴布亚新几内亚、秘鲁、菲律宾、俄罗斯、新加坡、中国台北、泰国、美国和越南。

【合作原则和方式】APEC 采取自主自愿、协商一致的合作原则，所作决定必须经各成员一致同意。

【秘书处】APEC 的服务性执行机构，负责行政、财务、信息收集、出版和工作组会议协调等事务性工作，设在新加坡。秘书处的最高职务为执行主任，2010 年之前由 APEC 当年东道主指派，任期一年。2010 年起通过招聘方式任命，任期三年。目前执行主任为穆罕默德·努尔·雅各布（Mohammad Noor Yacob）大使（马来西亚籍），2010 年 1 月 1 日上任。秘书处网址：http：//www. apec. org。

【出版物】每年出版《APEC 经济政策报告》、《经济技术合作报告》以及《贸易投资委员会年度报告》等。APEC 秘书处还不定期出版一些电子刊物。

【组织机构】（1）领导人非正式会议：1993 年 11 月，首次 APEC 领导人非正式会议在美国西雅图召开（中国台北最高只能派主管经济事务的部长级官员出席），之后每年召开一次。自 1993 年以来共举行了 17 次，分别在美国西雅图、印尼茂物、日本大阪、菲律宾苏比克、加拿大温哥华、马来西亚吉隆坡、新西兰奥克兰、文莱斯里巴加湾、中国上海、墨西哥洛斯卡沃斯、泰国曼谷、智利圣地亚哥、韩国釜山、越南河内、澳大利亚悉尼、秘鲁利马和新加坡。（2）部长级会议：每年领导人非正式会议前举行一次，各成员外交部长（中国台北、中国香港除外）和经贸部长出席。自 APEC 成立以来共举行了 21 届。此外，APEC 还定期或不定期举行一些专业部长级会议，包括贸易部长会、财长会、中小企业部长会、能源部长会、矿业部长会、电信部长会、旅游部长会等

17 个部长级会议机制。(3) 高官会：每年举行 3~4 次会议，由各成员指定的高官（一般为副部级或司局级官员）组成，负责执行领导人和部长会议的决定，审议各委员会、工作组和秘书处的活动，筹备部长级会议、领导人非正式会议及协调实施会议后续行动等事宜。(4) 委员会和工作组：高官会下设 4 个委员会，即：贸易和投资委员会（CTI）、经济委员会（EC）、经济技术合作高官指导委员会（SCE）和预算管理委员会（BMC）。高官会下设 12 个工作组（农业技术合作、产业科技、人力资源开发、能源、海洋资源保护、电信、交通、旅游、渔业、中小企业、卫生、防灾减灾）和 4 个特设工作组（反恐、反腐败、矿业、性别联系人网络），从事专业活动和合作。为加强与工商界的联系，自 1995 年起成立了 APEC 工商咨询理事会（ABAC），由每个成员推荐 3 名著名工商界人士（共 63 名）组成，负责对 APEC 贸易投资自由化、经济技术合作及创造有利的商业环境提出建议，并向领导人会议提交咨询报告。

【主要活动】 APEC 在推动区域和全球范围的贸易投资自由化和便利化、开展经济技术等合作方面不断取得进展，为加速区域经济融合、促进亚太地区经济发展和共同繁荣作出了重要贡献。

APEC 第 17 次领导人非正式会议于 2009 年 11 月 14~15 日在新加坡举行，会议围绕“促进持续增长，密切区域联系”（Sustaining Growth, Connecting the Region）的主题，深入讨论了平衡增长、包容性增长、可持续增长、多边贸易体制、区域经济一体化、气候变化等问题，通过了《领导人宣言》和《“倡导新的增长方式，构建 21 世纪互联互通的亚太”领导人声明》。

【同中国的关系】 中国自 1991 年加入 APEC 以来，一直积极支持、参与各领域合作。2001 年，中国在上海成功举办 APEC 第 9 次领导人非正式会议，通过了《APEC 领导人宣言》、《上海共识》和《APEC 领导人反恐声明》，有力地推动了 APEC 合作进程。

1993~2009 年，中国国家主席出席了历次 APEC 领导人非正式会议，就全球及地区形势、亚太区域合作、APEC 未来发展等一系列重大问题阐述看法和主张，为历次会议取得成功发挥了积极和建设性的作用。

2009 年 11 月 14~15 日，在新加坡举行的 APEC 第 17 次领导人非正式会议上，国家主席胡锦涛发表了《合力应对挑战　推动持续发展》的重要讲话，深入阐述关于应对国际金融危机、支持多边贸易体制、反对保护主义、加快区域经济一体化、应对气候变化等全球性挑战、推动 APEC 健康发展的立场和主张，受到与会各方和国际社会高度关注。胡主席还出席了 APEC 工商领导人峰会和领导人与工商咨询理事会代表对话会，发表了题为《坚定合作信心　振兴世界经济》的重要演讲，全面介绍了中国为应对国际金融危机采取的政策和措施。胡主席并与俄罗斯、印尼等国家领导人举行了双边会见，就双边关系及国际、地区重大问题深入交换看法，促进了与有关国家关系的发展。

2009 年，中国派团出席 APEC 工作组级别以上会议和活动 50 余次，在华主办 APEC 活动 10 余次，深入参与 APEC 各领域合作，为推动 APEC 合作不断向前发展作出了积极贡献。（冯军）

石油输出国组织
Organization of the Petroleum Exporting Countries—OPEC

【成立日期】 1960 年 9 月 10~14 日，5 个产油国的代表在巴格达开会，宣告成立石油输出国组织，简称“欧佩克”。它是一个政府间国际组织。

【宗旨】 协调和统一成员国的石油政策，并确定以最适宜的手段来维护它们各自和共同的利益。

【成员】 12 个（2010 年底）：科威特、沙特阿拉伯、委内瑞拉、伊拉克、伊朗（以上为创始成员）、卡塔尔（1961 年加入）、利比亚（1962）、阿联酋（1967）、阿尔及利亚（1969）、尼日利亚（1971）、安哥拉（2007 年 1 月加入）、厄尔多尔（1973~1992 年，2007 年 11 月重新加入）。加蓬（1975~1994）、印度尼西亚（1962~2008）曾是该组织成员。

根据该组织统计，截至 2009 年，该组织成员石油储量为 10640 亿桶（占世界石油储量的 79.60%），非欧佩克成员石油储量为 2729 亿桶（占世界石油储量的 20.41%）。该组织成员原油和天然气产量约分别占世界总产量的 45% 和 18%，而其原油出口则占国际原油贸易总量的 55%。

【主要负责人】 2009 年轮值主席德西德里奥·达科斯塔（Desiderio da Costa，安哥拉石油部长）。秘书长巴德里（Abdalla Salem El-Badri，利比亚人），2007 年 1 月 1 日任职，任期三年。2009 年 3 月，该组织决定巴德里连任秘书长（自 2010 年 1 月 1 日起）；9 月，欧佩克第 154 次部长级会议选举厄瓜多尔矿产和石油部长马尼科·平托（Germánico PINTO）为下一任轮值主席，任期从 2010 年 1 月 1 日起，任期一年。2010 年 10 月，欧佩克 12 个成员国选举伊朗为 2011 年该组织轮值主席国，这将是伊朗 36 年来首次担任欧佩克轮值主席国。

【总部】 在奥地利维也纳。网址：http：//www.opec.org/。

【出版物】《欧佩克公报》（OPEC Bulletin），月刊；《欧佩克评论》（OPEC Review），季刊；《年度报告》（Annual Report）；《统计年报》（Annual Statistical Bulletin，ASB）等。

【组织机构】（1）大会（Conference）：最高权力机构。各成员国向大会派出以石油、矿产和能源部长（大臣）为首的代表团。大会奉行全体成员国一致原则，一般每年春秋季在维也纳召开会议（必要时可召开特别会议），以制定总政策，通过理事会提交的报告和建议，批准成员国委任的理事和选举理事会主席。（2）理事会（Board of Governors，BoG）：负责执行大会决议和指导该组织的管理。由各成员国派一名代表组成，任期两年，每年至少开会两次。（3）秘书处（Secretariat）：在理事会指导下承担执行职能。秘书长是该组织依法授权的代表，任期三年。秘书处内还设一专门机构——经济委员会（Economic Commission Board），协助该组织把国际石油价格稳定在公平合理的水平上。

欧佩克国际发展基金（the OPEC Fund for International Development，OFID）是欧佩克于1976年发起成立的国际开发金融机构，通过向其他发展中国家的社会经济发展项目提供开发援助贷款，促进欧佩克成员国与受援国之间的合作。

【主要活动】 欧佩克自成立以来，各成员国主要通过协调各自的石油政策，尤其是协调各自的石油生产配额来维护它们的共同利益。但是，近年来，影响国际油价的因素日趋复杂，不再是简单的供求关系，欧佩克左右国际油价的能力实际上已大为降低，加上其对成员国石油生产限额执行情况缺乏足够有力的监督，其国际影响力逐渐有所减弱。

为了更全面地反映欧佩克成员的油价，欧佩克采用的欧佩克原油参考一揽子［the new OPEC Reference Basket of crudes（ORB），下简称欧佩克油价］由12种市场监督原油组成，截至2010年初，欧佩克油价组成的原油包括：撒哈纳原油（Saharan Blend，阿尔及利亚），吉拉索原油（Girassol，安哥拉，2007年1月起）、Oriente原油（厄瓜多尔，2007年10月19日起）、伊朗重质原油（Iran Heavy）、巴士拉轻质原油（Basra Light，伊拉克）、科威特出口原油（Kuwait Export）、锡德尔原油（Es Sider，利比亚）、博尼轻质原油（Bonny Light，尼日利亚）、卡塔尔海上原油（Qatar Marine）、阿拉伯轻质原油（Arab Light，沙特）、穆尔班原油（Murban，阿联酋）、马瑞原油（Merey，委内瑞拉）。

2008年，在多方因素影响下，国际油价暴涨暴跌。2008年欧佩克油价年均为94.45美元/桶，创历史新高（7月3日，欧佩克油价升至创记录的140.73美元/桶；12月24日则跌至33.36美元/桶）。

为稳定油价，2008年12月，欧佩克第151次部长级（特别）会议决定，从2009年1月1日起每天削减220万桶石油产量（即从2008年9月11个成员国的产量每天2904.5万桶减少420万桶），这是其历史上最大的一次减产行动。从2009年开始，11个受产量配额约束的欧佩克成员国的日产量约为2480万桶。

2009年，国际油价在反反复复的震荡中走高。2009年欧佩克油价年均为61.06美元/桶。2009年3月15日、5月28日和9月9～10日，欧佩克第152次部长级会议、第153次部长级（特别）会议和第154次部长级会议先后在维也纳召开。三次会议均决定，继续维持该组织原油日产限额不变。为缓解全球石油供给过剩，欧佩克自2008年9月份以来累计决定减少原油日产限额420万桶。12月22日，欧佩克第155次部长级（特别）会议在安哥拉罗安达举行。与会12国石油部长和代表一致同意维持欧佩克现有原油产量。本次欧佩克石油部长会议审议了当前国际原油市场价格、金融危机对世界经济的冲击以及世界经济复苏的前景。会议认为，国际市场原油价格保持在每桶75美元左右符合石油生产国和消费国双方利益。与会者一致决定，把欧佩克原油日产限额保持在2484万桶（不包括伊拉克），这是2009年以来欧佩克部长会议连续第四次决定保持产量不变。

2010年，国际油价继续震荡上涨，截至10月底，欧佩克油价年均为79.86美元/桶。2010年3月17日和10月14日，欧佩克第156次和157次部长级会议先后在维也纳举行，两次会议均决定维持产量配额不变。在10月的会议上，欧佩克还批准了第二项长期战略（Long-Term Strategy，LTS），第一项战略于2005年采用。

2010年是欧佩克成立50周年，欧佩克举行了一系列庆祝活动。3月17日，欧佩克在刚刚启用的总部大楼举行庆祝仪式。9月20～29日，欧佩克在维也纳城市公园施特劳斯宫举行"成立50周年纪念展"。

近年来，欧佩克先后同欧盟、俄罗斯、中国、国际能源机构、国际货币基金组织等建立了能源对话或工作研讨会机制。

2009年6月23日和2010年6月28日，欧佩克与欧盟先后在维也纳和布鲁塞尔举行了第六次和第七次部长级能源对话。

【同中国的关系】 2005年12月，欧佩克首次派团访华，"中国—欧佩克能源对话"机制宣告正式建立。2006年4月，首次中国—欧佩克能源高层圆桌会议在奥地利维也纳欧佩克秘书处召开。2007年10月24～25日，欧佩克秘书长巴德里率代表团访问中国。2007 年 10 月 24 日，由中国国家发展和改革委员会与欧佩克秘书处共同主办的第二次中国—欧佩克能源高层圆桌会议在北京举行。

2009 年 1 月 14 日，中国财政部与欧佩克国际发展基金在北京签署了云南职业教育项目贷款协议，欧佩克国际发展基金将提供贷款 1600 万美元，用于云南四所高等职业院校的教学楼、图书馆和实验室等设施建设。云南职业教育项目是中方与欧佩克国际发展基金合作的首个项目，总投资 4.92 亿元，利用国外优惠贷款 3200 万美元，由欧佩克国际发展基金与沙特基金会联合融资。（*却步*）

附录：（1）欧佩克成员国已探明原油储量等数据（2009 年）

国家	已探明原油储量（十亿桶）	占欧佩克储量（%）	已探明天然气储量（十亿立方米）	原油产量（千桶/日）	原油出口量（千桶/日）
沙特	264.59	24.9	7920	8184	6268
委内瑞拉	211.17	19.8	5064.90	2878	1608
伊朗	137.01	12.9	29610	3557	2232
伊拉克	115.00	10.8	3170	2336	1906
科威特	101.50	9.5	1784	2262	1348
阿联酋	97.80	9.2	6091	2242	1953
利比亚	46.42	4.4	1549	1474	1170
尼日利亚	37.20	3.5	5292	1842	2160
卡塔尔	25.38	2.4	25366	733	647
阿尔及利亚	12.20	1.1	4504	1216	747
安哥拉	9.50	0.9	310	1739	1770
厄瓜多尔	6.51	0.6	8.00	465	329

（2）欧佩克油价（OPEC Basket Price）（年平均价；单位：美元/桶）

年	1994	1995	1996	1997	1998	1999	2000	2001
价格	15.53	16.86	20.29	18.68	12.28	17.48	27.6	23.12
年	2002	2003	2004	2005	2006	2007	2008	2009
价格	24.36	28.1	36.05	50.64	61.08	69.08	94.45	61.06

（3）欧佩克油价（OPEC Basket Price）（2009－2010 年月平均价；单位：美元/桶）

2009 年	1 月	2 月	3 月	4 月	5 月	6 月	7 月	8 月	9 月	10 月	11 月	12 月
价格	41.54	41.41	45.78	50.2	56.98	68.36	64.59	71.35	67.17	72.67	76.29	74.01
2010 年	1 月	2 月	3 月	4 月	5 月	6 月	7 月	8 月	9 月	10 月	11 月	12 月
价格	76.01	72.99	77.21	82.33	74.15	74.63	79.86	83.80	74.63	79.86		

资料来源：http://www.opec.org/

阿拉伯石油输出国组织
Organization of Arab Petroleum Exporting Countries—OAPEC

【成立日期】1968 年 1 月 9 日，由利比亚、沙特、科威特在贝鲁特成立。

【宗旨】加强和密切成员国在石油工业方面的关系与合作，维护其在石油领域的个体和整体权益，协调各成员国的行动，以公平、合理的份额向消费市场供油，为石油工业吸引资金和技术创造良好环境。

【成员】11 个：阿尔及利亚、巴林、埃及、伊拉克、科威特、利比亚、卡塔尔、沙特、叙利亚、阿联酋、突尼斯。其中，突尼斯 1986 年以来在自己的要求下，成员国资格一直被冻结。2009 年，成员国的已探明原油储量约为 903.98 亿吨，约占全球已探明原油储量的 48.73%。

【主要负责人】秘书长阿巴斯·阿里·纳奇（Abbas Ali Naqi，科威特人）。

【总部】设在科威特城。网址：www.oapecorg.org。

【出版物】《秘书长年度报告》，阿拉伯文，英文；《石油与阿拉伯合作》季刊，阿文，附英文摘要和参考书目；OAPEC 月报，阿、英文；《能源观察》季刊，阿文；《OAPEC 年度统计报告》，阿、英文。

【组织机构】（1）部长理事会（Council of Ministers）：最高权力机构，由各成员国石油部长或相应官员组成，主席由各国轮流担任，每年召开两次会议。负责制定宏观政策和管理规章，指导各项工作。（2）执行局（Executive Bureau）：由各成员国副部长组成，每年至少召开三次会议，主席由各国轮值。协助部长理事会指导该组织的活动，审议预算草案，处理有关协议的执行及其相关事务，制定部长理事会的日程安排。（3）秘书处（General Secretariat）：设秘书长一职，每三年改选，可连选连任。按理事会和执行局制定的政策处理日常事务。下设能源、经济与技术、信息与资料、财政与公共管理等部门。（4）裁决法庭（Judicial Tribunal）：由正副 5 名主席和 5 名法官组成。负责调解成员国之间或成员国与有关石油公司发生的纠纷。该法庭负责提供咨询，其裁决对成员国具有约束力。此外，该组织下辖阿拉伯海洋石油运输公司、阿拉伯船舶建造及维修公司、阿拉伯石油投资公司、阿拉伯石油服务公司、阿拉伯油井钻探与维修公司、阿拉伯地球物理勘探服务公司、阿拉伯石油培训学院等企业。

【对外关系】该组织已与阿盟、海湾合作委员会等地区政府间组织，欧盟、欧佩克、联合国开发计划署、联合国环境规划署、联合国贸发会议、伊斯兰发展银行等国际组织以及国际能源机构等非政府组织建立了联系，参加各种形式的讨论会，并与非阿拉伯国家的组织举办了多次讨论会。

【主要活动】协调各成员国的石油经济政策，在一定程度上协调成员国行动中应遵循的法律机制，交流技术和情报，尽可能为成员国公民提供培训和就业机会，利用成员国的资源和潜力参与石油工业项目，并负责承办四年一届的“阿拉伯国家能源会议”。2010 年 5 月，该组织在卡塔尔多哈承办了第 9 届“阿拉伯国家能源会议”。（张玉龙）

附：主要成员国 2008、2009 年石油产量（单位：万吨）：

国家	2008 年（实际值）	2009 年（估算值）
阿尔及利亚	6200	6860
埃及	3175	3250
伊拉克	12000	12120
科威特	10050	11550
利比亚	7725	8625
卡塔尔	3825	4240
沙特	39600	44500
阿联酋	11353	12949
巴林	147.5	164.5

（资料来源：《国际石油经济》2010 年第 1 期）

亚洲开发银行
Asian Development Bank—ADB

【成立日期】亚洲开发银行章程于 1966 年 8 月 22 日生效，11 月在东京召开首届理事会，宣告该行成立，12 月 19 日开始营业。简称亚行。

【宗旨】通过向亚太区域的发展中国家（地区）提供项目贷款和技术援助，促进和加速本区域的经济合作。

【成员】亚行不是联合国下属机构，但同联合国及其区域和专门机构有密切联系。亚行章程规定，凡联合国亚太经社会成员及准成员，以及是联合国及其专门机构成员的本地区其他国家和非本地区的发达国家，均可申请加入。亚行现有成员 67 个。

【主要负责人】行长黑田东彦（日本人），2005 年上任。

【总部】在菲律宾马尼拉。网址：http：//www.adb.org。

【出版物】《年度报告》、《亚行季评》。

【组织机构】理事会是亚行最高决策机构，由各成员派正、副理事各一名组成，每年召开一次会议。董事会是亚行执行机构，由理事会选出的 12 名董事组成，其中 8 名为亚太区域代表，4 名为其他区域代表。除日本、美国和中国董事外，其他董事均代表几个国家和地区。董事任期两年，常驻亚行总部，可连任。董事会根据理事会的授权负责业务的总政策方向和日常业务。行长是该行的合法代表，须是本区域成员的国民，由理事会选举产生，任期五年，可连任。历任行长均由日本人担任。行长同时也是董事会主席，无表决权。但一旦董事会表决时正反双方票数相等，行长拥有决定性的一票表决权。副行长由行长提名，董事会任命。

【股本和资金来源】主要是各成员的认股，其次是向世界资本市场借款和发行债券。亚行各成员的认股额根据按人口数调整后的国内生产总值、税收和出口值等数据加权计算的公式确定。日本和美国是最大的股东，拥有的投票权也最大。

【主要活动】亚行贷款对象是亚太区域发展中成员，主要用于农业、能源、运输、通讯和供水等部门。贷款分为两种：普通贷款，主要是提供给经济状况较好的成员；优惠贷款，主要对象是较贫困的低收入成员，来源主要是由发达国家捐款构成的亚洲开发基金。此外，亚行还通过技术援助特别基金向较贫穷的成员提供技术援助。

2009 年 5 月，亚洲开发银行理事会第 42 届年会在印度尼西亚巴厘岛举行。会议主要讨论了国际金融危机对亚太地区的影响，以及在当前形势下亚行如何帮助本地区发展中国家应对危机，恢复经济增长等议题。中国代表团在会议上表示，为应对国际金融危机对亚太经济造成的冲击，亚行工作应侧重以下三个方面：一是切实加大危机救助力度，满足发展中成员经济融资需求，支持区域财金合作，促进区域经济稳定增长；二是根据受援国不同国情，完善援助战略，简化程序，降低成本，切实提高援助质量；三是积极响应国际社会的呼吁，推进亚行各项业务改革，加强内部治理，提高发展中成员在亚行的代表性和发言权。

【同中国的关系】亚行成立之初，台湾当局盗用中国名义参加。1983 年 2 月，中国政府决定正式申请加入亚行，要求亚行当局采取措施，妥善解决中国在亚行的代表权问题。1985 年 3 月，中国政府再次向亚行重申：中华人民共和国政府是代表中国的唯一合法政府，只有中华人民共和国才能在亚行代表中国，并要求亚行当局在此前提下解决台湾当局在亚行的名称问题。1985 年 11 月 26 日，亚行董事会就台湾当局在亚行改称为“中国台北”通过决定。1986 年 3 月 10 日，中国成为亚行第 47 个成员。其后中国代表团参加了该组织的历届年会。2003 年 7 月 10 日，中国前财政部副部长金立群被任命为亚行副行长，成为亚行历史上第一位中国籍副行长。2008 年 8 月 14 日，亚行董事会任命时任中国进出口银行副行长赵晓宇为亚行副行长，接替于同年 7 月 31 日任满回国的金立群。

中国于 1986 年 3 月 10 日加入亚行，现有认购股份 228，000 股，占总份额的 6.429%，投票权占总票权的 5.442%。截至 2009 年底，亚行共批准对华贷款项目 163 个，承诺资金近 223.88 亿美元，占亚行对外承诺贷款总额 14.35%。同时，亚行还批准了 600 个技术援助项目，承诺提供赠款 3.103 亿美元，占亚行对外承诺赠款总额的 8.8%。中国政府向亚行第十期亚洲发展基金捐款 3500 万美元，再次体现了中国对亚行和本地区发展事业的支持。

亚行中方理事、财政部部长谢旭人率中国代表团出席了亚行 2008 年年会。

【驻华代表机构】该组织于 2000 年在北京设立代表处。现任代表保罗·海登斯（Paul Heytens）于 2009 年 4 月底到任。办公室：北京招商国际金融中心 D 座 7 层。电话：010 － 66426601，传真：66426606。

（霍文君）

湄公河委员会
Mekong River Commission—MRC

1995 年 4 月，泰国、老挝、柬埔寨和越南四国在泰国清莱签署《湄公河流域可持续发展合作协定》，并依照协定成立湄公河委员会（Mekong River Commission，简称湄委会或 MRC），旨在协调成员国综合开发利用和保护湄公河流域水资源等。湄委会常设机构包括理事会、联合委员会和秘书处。现任湄委会秘书处首席执行官为杰里米·博德（JEREMY BIRD，英国籍）。湄委会预算 90% 来自丹麦、荷兰、芬兰、法国、德国、澳大利亚、日本、美国和世界银行、亚洲开发银行等主要捐助方。

1996 年，中国与湄委会建立对话伙伴关系。自 1996 ~ 2009 年，中国与湄委会举行了 14 次对话会，介绍中国澜沧江水资源开发利用过程中注重生态环境保护、充分照顾下游国家关切等有关情况，并解答各方疑问。2009 年 7 月第 14 次对话会上，中方通报了澜沧江小湾水电站蓄水情况，受到湄委会高度赞赏。对话会还就下阶段航运安全等合作进行了初步探讨。

自 2003 ~ 2009 年，中国已连续 7 年向湄委会提供澜沧江汛期水文数据，为湄公河沿岸国家防洪减灾发挥了积极作用。

2009 年，中国与湄委会间开展了广泛的交流合作。当年 5 月和 10 月，中国代表团分别参加了湄委会主办的洪水论坛和湄公河下游开发计划区域利益攸关方论坛，介绍澜沧江水资源开发利用情况，同湄委会和下游国家专家、媒体和非政府组织等进行了广泛交流，加强了相互了解。湄委会和湄公河下游各国对中方坦诚、透明和开放的态度表示赞赏。10月，湄委会专家来华学习长江防洪经验，访问湖北和湖南省，并与中方专家进行技术交流。11月，湄委会邀请中方专家参与湄公河干流大坝战略环境评价项目，双方举行了首次会谈。（张晴）

环印度洋地区合作联盟
The Indian Ocean Rim Association for Regional Cooperation—IOR-ARC

【成立日期】 1997年3月5~7日，环印度洋地区14国外长聚会毛里求斯首都路易港，通过《联盟章程》和《行动计划》，宣告环印度洋地区合作联盟（以下简称环印联盟）正式成立。

【宗旨】 遵循尊重国家主权、领土完整、政治独立、不干涉内部事务、和平共处、平等互利与协商一致等原则，不卷入双边等有争议的问题，推动区域内贸易和投资自由化，促进地区经贸往来和科技交流，扩大人力资源开发、基础设施建设等方面的合作，加强成员国在国际经济事务中的协调。

【成员】 截至2009年，共有18个成员国、5个对话伙伴国和1个观察员。成员国：南非、印度、澳大利亚、肯尼亚、毛里求斯、阿曼、新加坡、斯里兰卡、坦桑尼亚、马达加斯加、印度尼西亚、马来西亚、也门、莫桑比克、阿联酋、伊朗、孟加拉、泰国。对话伙伴国：日本、埃及、中国、英国、法国。观察员：环印度洋旅游组织。塞舌尔原为联盟成员国，2003年7月宣布退出。

环印联盟是目前环印度洋地区唯一的经济合作组织，地跨亚洲、非洲和大洋洲，拥有丰富的自然资源、巨大的人力资源、广阔的市场和便利的交通。联盟成员国面积总和2024万平方公里，占世界陆地总面积的13.5%；人口约16.2亿，占世界人口总数的26.8%；国内生产总值占世界国内生产总值的7.1%；贸易总额占世界贸易总额的8.3%。

【主要负责人】 主席国由成员国按国名英文字母顺序轮流担任，任期两年。也门为现任主席国，任期2009~2010年。现任主席为也门外交部长艾布·贝克尔·阿卜杜拉·科尔比（Abu Bakr Abdullah Al-Qirbi）。

【总部】 协调秘书处（Co-ordinating Secretariat of the IOR-ARC）：常设机构，设在毛里求斯。负责协调联盟政策的执行，处理日常行政事务。现任秘书长是莫尔塔扎·萨尔马迪（MORTAZA SARMADI，伊朗人），2008年5月上任。地址：毛里求斯共和国瓦科阿市安格斯路14号索雷则大楼（Soreze House，14, Angus Road ，Vacoas ，Republic of Mauritius）。电话：（230）6983979或6980300。传真：（230）6975390。电子信箱：Iorarchq@ intnet. mu。网址：www. iornet. com。

【组织机构】（1）部长理事会（Council of Ministers—COM）：最高权力机构，由成员国外长或经济合作部长组成，负责制订联盟政策，决定合作领域和项目。联盟成立之初每两年召开一次例会，2003年起改为每年召开一次例会。可根据需要举行特别会议。（2）高官委员会（Committee of Senior Officials—CSO）：执行机构，由成员国政府官员组成，会期一年一次或视需要召开。负责监督和审查部长理事会决议执行情况，审议联盟高级别工作组、学术组、贸易和投资工作组、商业论坛提交的工作报告，确定联盟合作重点并向部长理事会提出政策建议，有关建议连同上述机构报告一并提交部长理事会审批。（3）环印度洋商业论坛（Indian Ocean Rim Business Forum—IORBF）：由成员国政府官员和工商界人士组成，每年举行一次会议。负责就促进联盟成员国在贸易、投资、金融和旅游等方面合作、减少贸易壁垒、加强科技交流和人力资源开发等问题提出政策建议，并实施联盟合作项目和工作计划。（4）环印度洋学术组（Indian Ocean Rim Academic Group—IORAG）：由成员国学术界人士组成，每年举行一次会议。负责开展联盟学术合作和信息交流。（5）贸易和投资工作组（Working Group on Trade and Investment—WGTI）：由成员国技术官员组成，会期每年一次或视需要召开。负责协调和拟定联盟合作项目和工作计划。（6）高级别工作组（High Level Task Force—HLTF）：以联盟前任、现任和候任主席国政府主管官员为主体组成。负责就联盟发展方向、内部组织建设和推动对话伙伴国参与联盟活动等问题进行研究并提出政策建议。

【主要活动】 截至目前，已举行九届部长理事会会议。

2007年3月7~8日，环印联盟第七届部长理事会在伊朗首都德黑兰举行。会议决定将伊朗主席国任期延长一年，成立联盟特别基金用于联盟开展合作项目，伊朗、阿曼和印度自愿认捐。7月，环印联盟秘书处在毛里求斯举行与对话伙伴国使节会议。

2008年5月4~5日，环印联盟第八届部长理事会会议在伊朗首都德黑兰举行。会议审议并通过了联盟2007年财政决算和2009年财政预算报告、联盟特别基金管理委员会关于各项目拨款计划、联盟未来3~4年行动计划以及联盟商务峰会进展情况的报告；通过了《德黑兰宣言》，其中包括关于修改联盟宪章、实行机构改革、加强各领域合作等内容。

2009 年 6 月 25 日，环印联盟第九届部长理事会会议在也门首都萨那举行。会议审议了联盟秘书处和特别基金委员会财务报告。通过了《萨那公报》，鼓励成员国加强各领域交流与合作；批准修改联盟章程；同意建立审查委员会对提交联盟商业论坛的项目进行优先排序和审查；支持在也门建立打击海盗地区信息共享中心；支持阿联酋竞争国际可再生能源机构总部设立权。

【同中国的关系】中国于 2000 年 1 月成为环印联盟对话伙伴国。2001 年 4 月，外交部部长助理张业遂率团参加了在阿曼召开的联盟第三届部长理事会会议。此后，中国驻斯里兰卡大使孙国祥、前亚太经合组织高官王嵎生、前驻肯尼亚大使安永玉、时任驻伊朗大使刘振堂、现任驻伊朗大使解晓岩及时任驻也门大使罗小光分别出席了其他历届部长理事会会议。

2008 年，中国与联盟各成员国贸易额为 3906 亿美元，同比增长 26.9%。中国与联盟各成员国贸易额在中国对外贸易总额中的比重逐年上升，2006～2008 年分别为 13.4%、14.2% 和 15.2%。目前，中国与新加坡、印度尼西亚、马来西亚、泰国、阿曼、阿联酋、澳大利亚、南非 8 个联盟成员正在商谈自贸区。　　（李伟）

非洲开发银行
African Development Bank—ADB

【成立日期】非洲开发银行（简称非行）成立于 1964 年 11 月。1966 年 7 月 1 日开始营业。

【宗旨】通过提供投资和贷款，促进成员国经济发展和社会进步；帮助成员国研究、制定、协调和执行经济发展计划；优先向有利于地区经济合作和扩大成员国间贸易的项目提供资金和技术援助，促进非洲经济一体化。

【成员】共有 78 个成员国，分为非洲区内成员国和非洲区外成员国。区内成员国包括全部 53 个非洲独立国家。区外成员国共有 25 个，他们是：中国、阿根廷、巴西、加拿大、美国、印度、日本、科威特、沙特阿拉伯、奥地利、比利时、丹麦、芬兰、法国、德国、意大利、瑞典、挪威、葡萄牙、瑞士、荷兰、英国、韩国、西班牙、土耳其。

【主要负责人】行长兼董事长唐纳德·卡贝鲁卡（Donald Kaberuka，卢旺达人），2005 年 7 月当选。

【总部】总部原设在科特迪瓦首都阿比让。因科于 2002 年发生未遂政变导致政局动荡，非行于当年临时搬迁到突尼斯首都突尼斯市办公至今。

网址：http：//www.afdb.org/。

【出版物】《年报》（Annual Report）；《非洲开发银行消息》（ADB News），月刊；《季报》（Quarterly Statement）；《基本资料》（Basic Information），半月刊；《统计手册》（Statistical Handbook），年刊；《各成员国业务状况一览》（Summaries of Operation in Each Member）。

【组织机构】（1）理事会：最高权力机构，负责制定银行的工作方针和政策，就重大事宜做出决策，处理日常业务。由各成员国一名理事组成，一般为成员国的财政、经济部长或央行行长，通常每年举行一次会议，必要时可举行特别理事会。理事会年会负责非行行长和秘书长的选举工作。（2）董事会：由理事会选举产生，是银行的执行机构，负责制定非行各项业务政策。共有 18 名执行董事，其中非洲以外国家占 6 名，任期三年，一般每月举行两次会议。

【银行资本】非行资金来源包括成员国认缴股本、在国际市场举债集资、非行的储备净收入滚存。其中，非洲国家资本占三分之二。截至 2008 年底，非行核定资本金为 336.9 亿美元，总资产规模 193.6 亿美元。

【主要活动】非行与其附属的非洲开发基金（African Development Fund-ADF，非发基金）、尼日利亚信托基金（Nigeria Trust Fund-NTF）共同组成非洲开发银行集团（African Development Bank Group-ADB Group）。非行行长兼任非洲开发银行集团董事长。

非行是非洲最大的地区性政府间开发金融机构。非行贷款的对象是非洲地区成员国，主要用于农业、运输、通信、供水和公共事业等领域项目开发。非行还同非洲其他金融机构及非洲以外有关机构开展金融合作，并在一些地区性金融机构中参股。

2009 年 5 月 13～14 日，非行理事会第 44 届年会暨非洲开发基金理事会第 35 届年会在塞内加尔首都达喀尔举行。塞内加尔总统瓦德、布基纳法索总统孔波雷、加纳副总统马哈马以及来自非行 78 个成员国、世界银行、国际货币基金组织等国际金融机构约 2000 名代表与会。本届年会主题为“非洲和金融危机：行动计划”，主要探讨了在目前形势下非洲各国应对危机的策略和非行的发展战略。

【同中国的关系】中国于 1985 年 5 月 8 日和 10 日先后加入非发基金和非行（注：加入非发基金是加入非行的先决条件）。

中国积极参与非行业务活动和决策，并参加了非洲开发基金第 4－11 次捐资。

1996 年，中国与非行签订双边技术合作协定，由中国出资设立一项基金，用于资助中国专家向非洲介绍中国的优势项目和技术，提供咨询。目前，在该协定项下共开展项目14个，资金已全部拨付。

中国参加了非发基金落实多边减债动议的捐资行动，已向非行递交了2006~2007年和2008~2015年的认捐书。

为帮助中国企业更多了解非洲的商机，探讨加强与非行的合作，中国积极推动非行来华举办研讨会。截至2009年底，非行共来华举办六届商业机会研讨会，使国内企业对非行的业务、招标采购程序、相关法律法规等有了较为全面深入的了解，有助于其更加积极地参与非行项目。

2009年5月13~14日，中国人民银行行长周小川率团出席了在塞内加尔首都达喀尔举行的非行理事会第44届年会暨非洲开发基金理事会第35届年会。周行长在大会发言中表示，中国高度关注金融危机对发展中国家特别是对非洲国家的影响。中国国家主席胡锦涛在G20伦敦峰会上呼吁国际社会特别是发达国家应该承担应尽的责任和义务，继续履行援助、减债等承诺，切实保持和增加对发展中国家的援助，以帮助其维护金融稳定、促进经济增长。特别要帮助非洲国家克服困难，不断改善非洲国家发展的外部环境。周行长强调，在应对危机过程中，区域性开发机构应该发挥更加重要的作用。中国支持区域性多边开发银行，特别是非行，通过股本增资提高自身贷款能力和融资能力，在帮助区内成员国应对金融危机方面发挥更加重要的作用。中国也愿意考虑在股本增资中做出更多的贡献。与会期间，周行长与卡贝鲁卡行长举行了会谈，就如何加强中国与非行之间的合作交换了意见。

2010年2月3~6日，卡贝鲁卡行长访华。中国国务院副总理王岐山会见卡一行。周小川行长与卡举行会谈。　（周哲）

西非国家经济共同体
Economic Community of West African States—ECOWAS

【成立日期】 1975年5月28日正式成立，简称西共体。成员国总面积511万平方公里，占非洲总面积的1/6多；人口约2.78亿，占非洲总人口近1/3。

【宗旨】 促进成员国在政治、经济、社会和文化等方面的发展与合作，提高人民生活水平，加强相互关系，为非洲的进步与发展作出贡献。

【成员】 15个：贝宁、布基纳法索、多哥、佛得角、冈比亚、几内亚、几内亚比绍、加纳、科特迪瓦、利比里亚、马里、尼日尔、尼日利亚、塞拉利昂、塞内加尔。2009年1月和10月，几内亚和尼日尔分别因发生军事政变和总统为谋求连任强行推动制宪公投和立法选举被中止成员资格。

【主要负责人】 现任执行主席为尼日利亚总统古德勒克·乔纳森（Goodluck Jonathan），委员会主席为加纳人詹姆斯·维克多·贝霍（James Vitor Gbeho）。

【总部】 委员会设在尼日利亚首都阿布贾。网址：http：//www.ecowas.int/。

【组织机构】（1）国家元首和政府首脑会议：最高权力机构，每年召开一次。执行主席由各成员国国家元首或政府首脑轮流担任。（2）部长理事会：由每个成员国两名部长组成，每年举行两次会议，负责监督西共体机构运转情况，审查并通过委员会和专门委员会的建议。（3）委员会：由主席、副主席和7名委员组成，负责西共体日常事务，设在尼日利亚首都阿布贾。（4）技术和专门委员会：共有6个，负责为部长理事会准备工作报告，审核提交部长理事会的计划。（5）西共体法院：由7名大法官组成，负责监督各成员国遵守西共体条约和有关法律，调解成员国之间的分歧。（6）西共体议会：2000年11月成立，总部设在阿布贾，参与西共体部分政策制定。此外西共体还设有西非中央银行委员会、西共体商业银行、西共体投资和开发银行等机构。

【主要活动】 截至2010年6月共举行37届国家元首和政府首脑例会。

2008年12月19日，西共体第35届首脑会议在阿布贾举行，会议重点讨论了本地区应对全球金融危机策略，呼吁国际社会加强经济治理，要求成员国加强经济管理和体制改革。

2009年6月22日，西共体在阿布贾召开第36届首脑会议暨西班牙—西共体特别首脑会议。会议主要回顾和讨论了地区经济一体化进程和地区政治社会稳定形势，商讨如何进一步加强西班牙与西共体在政治、经贸及打击非法移民等方面的合作。

2010年2月16日，西共体召开第37届首脑会议。会议听取了西共体委员会2009年度工作报告，并就解决西非地区政治危机，推动西非民主化、经济一体化进程，提高应对气候变化能力等问题进行了讨论。会议选举新任西共体委员会主席和2010年西共体执行主席。

【同中国的关系】 除布基纳法索和冈比亚外，中国与西共体其他13个成员国均保持良好合作关系，自20世纪90年代以来，中国先后参与联合国在利比里亚、塞拉利昂和科特迪瓦的维和行动。2003年8月，中国向西共体派驻大使（由驻尼日利亚大使兼任）。2000年以来，西共体先后作为观察员列席中非合作论坛一至四届部长级会议有关活动。2007年4

月，应商务部邀请，时任西共体委员会主席钱巴斯率团访华。

2008 年 9 月 23～24 日，中国—西共体经贸论坛在北京召开，西共体成员国 20 余位部长级官员以及中、西非方数百名企业家参加。王岐山副总理集体会见西共体部长级官员。外交部部长助理翟隽会见钱巴斯。2009 年 5 月，钱巴斯率团出席“中国—非洲现代农业项目洽谈会”。

2009 年 12 月，西共体捐助者圆桌会议在维也纳召开，中国应邀派驻奥地利使馆人员出席会议。2010 年 6 月，中国应邀派驻塞内加尔使馆人员出席了西共体粮食安全高级别会议。

2009 年，中国与西共体国家贸易总额达 153.27 亿美元。　（王硕）

西非经济货币联盟
Union Economique et Monétaire Ouest-Africaine—UEMOA

【成立日期】 1994 年 1 月 10 日成立，其前身是“西非货币联盟”。《西非经济货币联盟条约》于同年 8 月 1 日起正式生效。

【宗旨】 促进成员国间人员、物资和资金流通，最终建立西非共同体。

【成员】 8 个：贝宁、布基纳法索、科特迪瓦、马里、尼日尔、塞内加尔、多哥和几内亚比绍。

【主要负责人】 执行主席（2010 年）马里总统阿马杜·图马尼·杜尔（Amadou Toumani TOURE）。联盟委员会主席苏迈拉·西塞（Soumaïla CISSE，马里人）。

【总部】 设在布基纳法索首都瓦加杜古。网址：http://www.uemoa.int。

【组织机构】（1）国家元首和政府首脑会议：最高权力机构，每年至少召开一次会议，执行主席由成员国国家元首轮流担任。（2）部长会议：各成员国包括财长在内的两位部长参加，每年至少召开两次会议。（3）联盟委员会：联盟常设领导机构，由各成员国分别推举一名委员组成。委员不代表派出国，任期四年，不可中途罢免，可连选连任。（4）联盟法院：1995 年 1 月 27 日正式成立，为联盟的司法监督机构，由各成员国分别推举一名成员组成，任期 6 年。院长乌斯曼·迪亚凯特（Ousmane DIAKITE，马里人）。

根据联盟条约，还设立了审计院、议会委员会、商务仲裁所、专家办公室等常设机构。

联盟下设两个银行：（1）西非国家中央银行：发行非洲金融共同体法郎（简称非洲法郎），行址设在塞内加尔首都达喀尔。行长菲利普—亨利·达库里—塔布莱（Philippe-Henry DACOURY-TABLEY，科特迪瓦人），2008 年 3 月 30 日就职。（2）西非开发银行（简称西非行）：行址设在多哥首都洛美。行长阿卜杜拉耶·比奥—查内（Abdoulaye BIO-TCHANE，贝宁人）。

【主要活动】 截至 2010 年 2 月底，联盟共召开了 14 届国家元首和政府首脑会议。第 1～13 届首脑会议分别在瓦加杜古（1996.5，2007.1，2008.1，2009.3）、洛美（1997.6，1999.1，1999.12）、巴马科（2000.12）、达喀尔（2001.12，2003.1）和尼亚美（2004.1，2005.3，2006.3）举行。

2009 年 12 月 29 日，联盟在瓦加杜古召开部长会议，审议并通过了联盟会址建设、2010 年预算案等议题。2010 年 3 月 30 日，联盟在几内亚比绍首都比绍召开部长会议，通过了联盟内共同债券基金、统一消费价格指标等规定。

2010 年 2 月 20 日，联盟第 14 届国家元首和政府首脑会议在巴马科举行。会议主要讨论了联盟政治形势，谴责尼日尔军事政变，对科特迪瓦政局变化表示关切，审议联盟经济、金融和货币形势，并就应对金融危机、消除贫困、抵御自然灾害等问题进行了探讨。会议决定于 2011 年 1 月在巴马科召开联盟第 15 届国家元首和政府首脑会议。

【同中国的关系】 2004 年 11 月，中国人民银行（简称人行）代表中国政府同西非行签署了《中国人民银行和西非开发银行谅解备忘录》，正式加入西非行。人行系西非行 B 类（区外）最大股东。

2006 年 11 月，人行与西非行签署了 100 万美元的双边合作基金协定。中国进出口银行与西非行签署了 7000 万欧元的信贷额度协定。

2009 年 2 月 23～27 日，西非行行长比奥—查内访华。6 月 15 日，西非行第 73 届董事会在上海举行，这是西非行董事会第一次在亚洲国家举行。16 日，中国—西非开发银行合作与发展研讨会在上海举行。中国人民银行副行长马德伦和西非行行长比奥—查内出席开幕式并致辞。会上有关方面介绍了西非地区商业投资机会，并就进一步拓展中国金融机构和企业在西非地区的业务进行了探讨。　（郭业凌）

中部非洲经济与货币共同体
Communauté Economique et Monétaire de l'Afrique Centrale—CEMAC

【成立日期】1999 年 6 月 25 日正式成立，取代原中部非洲关税和经济联盟。

【宗旨】建立日益紧密的联盟，加强成员国在人力和自然资源方面的合作；协调成员国政策法规，促进一体化进程；通过多边监测机制保证各国经济政策协调一致；消除贸易壁垒，促进共同发展。

【成员】6 个（2008 年）：赤道几内亚、刚果（布）、加蓬、喀麦隆、乍得、中非共和国。

【主要负责人】现任执行主席为刚果共和国总统德尼·萨苏—恩格索（Denis SASSOU-N'GUESSO）。共同体委员会主席为喀麦隆人安托万·恩西米（Antoine NTSIMI），副主席为加蓬人让·玛丽·马盖纳（Jean Marie MAGUENA）。

【总部】共同体委员会（前身为执行秘书处）设在中非首都班吉。地址：Immeuble CEMAC，Avenue des martyrs，Bangui，République Centrafricaine。邮政信箱：BP 969，Bangui，République Centrafricaine。电话：（236）612179／614781。传真：（236）612135。网址：www. cemac. int。电子邮箱：secemac@cemac. cf；secemac@ hotmail. com。

【组织机构】共同体由 4 部分组成：（1）中部非洲经济联盟，负责协调成员国的经济、预算政策，以及行业发展政策，逐步建立次区域共同市场，提高经济竞争力。（2）中部非洲货币联盟，负责制定共同体的货币政策、发行货币，下设中部非洲国家银行（BEAC）、中部非洲银行委员会（COBAC）、证券交易所、中部非洲反洗钱行动小组等专业机构，均设于喀麦隆首都雅温得。（3）共同体议会，现尚未成立，暂由成员国立法机构各推选 5 名议员组成的议会间委员会代行其职，负责对共同体的决策机构进行民主监督，总部设于赤道几内亚首都马拉博。委员会有权审阅执行秘书提交的年度报告及要求质询部长理事会主席、部长委员会主席、共同体委员会主席及 BEAC 行长。（4）共同体法院，由 13 名法官组成，分司法和审计两院，负责共同体各决策机构预算执行情况的司法监督，设在乍得首都恩贾梅纳。

共同体机构运作方式如下：（1）首脑会议，由成员国国家元首组成，共同体的决策机构，每年举行一次例会，必要时随时召开特别首脑会议，执行主席由各国国家元首轮流担任。（2）部长理事会，中部非洲经济联盟的领导机构，由成员国主管财政和经济的部长组成，每年举行 2 次例会，由执行主席国有关部长任主席。（3）部长委员会，中部非洲货币联盟的领导机构，负责审查成员国的经济政策和协调共同体的货币政策，由各国负责财政的部长和另外一名有关部长组成；会议主席按成员国字母顺序由各国负责财政的部长轮流担任。（4）共同体委员会：部长理事会和部长委员会报告人，其前身为执行秘书处，委员会主席对外代表共同体。

共同体还设有以下专门机构：中部非洲国家银行、中部非洲国家开发银行、海关国际学校、项目规划和评估跨行业次地区研究院、实用统计次地区研究院、畜牧和水产经济委员会等。

中部非洲国家银行是共同体的中央银行，总部设在喀麦隆首都雅温得，发行中非金融合作法郎。

【主要活动】1994 年 3 月 16 日，中部非洲关税和经济联盟六成员国元首在乍得首都恩贾梅纳签署了建立中部非洲经济与货币共同体的条约。1998 年 2 月 5 日，联盟第 33 次首脑会议决定正式成立中部非洲经济与货币共同体。1999 年 6 月 25 日，中部非洲国家经济与货币共同体第一次首脑会议通过《马拉博宣言》和共同体章程，共同体正式启动。

迄今共同体已召开了 10 次峰会：1999 年 6 月马拉博峰会、2000 年 2 月恩贾梅纳峰会、2001 年 12 月雅温得峰会、2003 年 1 月利伯维尔峰会、2004 年 1 月布拉柴维尔峰会、2005 年 2 月利伯维尔峰会、2006 年 3 月巴塔峰会、2007 年 4 月恩贾梅纳峰会、2008 年 6 月雅温得峰会、2010 年 1 月班吉峰会。

2006 年 3 月 14 ~ 15 日，共同体第七次首脑会议在赤道几内亚巴塔举行。共同体执行主席奥比昂，喀麦隆、中非、刚果（布）、加蓬、乍得总统与会。圣多美和普林西比总统和刚果（金）外长以观察员身份与会。会议通过了最后公报，肯定了 2005 年共同体在维护地区和平、发展区域经济方面取得的成绩，重申支持中非政府和人民在巩固和平与安全方面所做的努力，对成员国乍得国内安全局势表示担忧。呼吁加强共同体成员国之间的协调与团结合作，切实推动区域经济一体化，发展非石油领域经济。

2007 年 4 月 25 日，共同体第八次首脑会议在乍得首都恩贾梅纳举行。乍得、加蓬、刚果（布）、赤几、中非总统及喀麦隆总理与会。利比亚领导人卡扎菲、圣普总统以观察员身份与会。会议讨论了共同体机构改革、地区经济发展多样化、完善共同体金融体系、成立联合航空公司、使用统一护照等问题；决定由成员国各指定一名特派员组成共同体委员会，取代原执行秘书处；扩大 BEAC 领导机构并撤换行长；在利伯维尔建立中部非洲地区特警参谋部等。会议对便利共同体区域内交通、推动能源工业发展及用光缆连接各国通讯网络等地区一体化项目取得进展表示祝贺，并通过了关于加快非洲政治、经济、社会一体化进程，最终建立“非洲合众国”的声明。此外，会议还通过特别声明，支持乍得和中非维护国家安全与稳定的努力及与苏丹发展睦邻友好的政策。

2008 年 6 月 24～25 日，共同体第九次首脑会议在喀麦隆首都雅温得召开。喀麦隆、加蓬、刚果（布）、赤几、中非五国总统和乍得总理与会。会议发表联合公报，要求各成员国深化区域一体化进程，为实现域内人员自由往来、货物无障碍流通加强磋商与协调。会议就共同体与欧盟签署经济伙伴协议、组建 CEMAC 航空公司、各成员国统一使用 CEMAC 护照达成一致，并确定每年 3 月 16 日为“CEMAC 日”。会议并决定由中非总统博齐泽接任共同体主席。

2010 年 1 月 16～17 日，共同体第十次首脑会议在中非首都班吉召开。中非、喀麦隆、加蓬、刚果（布）、赤几、乍得六国总统与会。会议发表最后公报，对域内人员自由往来路线图的实施情况表示满意，各成员国允将在 2010 年第一季度颁发共同体护照；重申各成员国将采取一切措施与欧盟签署经济伙伴协议；决定将共同体航空公司总部设在布拉柴维尔；决定按成员国首字母排序轮流担任共同体专门机构负责人，撤换中非国家银行行长；决定于 2010 年 3 月在马拉博新落成的共同体议会大厦举行共同体议会成立仪式。（张国保）

中部非洲国家经济共同体

Communauté Economique des Etats d'Afrique Centrale—CEEAC

【成立日期】 1983 年 10 月 18 日，中部非洲国家元首和政府首脑在加蓬首都利伯维尔签署成立“中部非洲国家经济共同体”条约。

【宗旨】 促进和加强成员国间的协调、合作与均衡发展，提高在经济和社会各领域的自主能力，改善人民生活水平，保持经济稳定发展，巩固和平，为非洲的进步与发展做贡献。主要目标是取消成员国之间的关税和各种贸易壁垒，制定共同的对外贸易政策，建立共同的对外贸易关税率；协调各成员国的国内政策，逐步取消在人员、财产、劳务、资金等方面自由流动的障碍，建立合作和发展基金，促进内陆、小岛和半岛欠发达国家的发展。

1999 年第 9 次峰会确定如下的优先目标：提高维护和平、安全与稳定的能力，加快经济、货币和人文一体化进程；设立共同体财政自主机制。

【成员】 10 个（2008 年）：安哥拉、布隆迪、喀麦隆、中非、乍得、刚果（布）、刚果（金）、加蓬、赤道几内亚、圣多美和普林西比。

卢旺达于 2007 年 6 月退出中部非洲国家经济共同体。

【主要负责人】 现任执行主席为乍得总统伊德里斯·代比（Idriss Deby）。秘书长路易·西尔万—戈马（Louis SYLVAIN-GOMA），刚果（布）人。

【总部】 总秘书处设在加蓬首都利伯维尔。地址：Libreville Mairie de Haut Gue，Gabon。邮政信箱：2112 Libreville，Gabon。电话：（241）444731。传真：（241）444732。网址：http：//www.ceeac-eccas.org。电子信箱：ceeac.orgs@inet.ga。

【组织机构】（1）共同体国家元首和政府首脑会议：最高决策机构。每年开会 1 次，轮流在各成员国举行，由东道国元首任主席。（2）部长理事会：每年召开 2 次，主席由各成员国有关部长轮流担任。（3）总秘书处：主持共同体日常工作，设秘书长 1 人，副秘书长 3 人。（4）法院、咨询委员会、专门技术委员会等。

【主要活动】 截至 2009 年 12 月共召开了 14 次峰会，地点和时间分别是：布拉柴维尔（1984 年 12 月）、雅温得（1986 年 1 月）、利伯维尔（1987 年 8 月）、金沙萨（1988 年 2 月）、班吉（1989 年 3 月）、基加利（1990 年 1 月）、利伯维尔（1991 年 1 月）、布琼布拉（1992 年 5 月）、马拉博（1999 年 6 月）、马拉博（2002 年 6 月）、布拉柴维尔（2004 年 1 月）、布拉柴维尔（2005 年 6 月）、布拉柴维尔（2007 年 10 月）、金沙萨（2009 年 10 月）。

2005 年 6 月 7～8 日，共同体第 12 次峰会在刚果（布）首都布拉柴维尔举行。会议重点讨论了地区和平、稳定与安全、千年发展计划、非洲发展新伙伴关系计划、一体化建设和经济发展与行政财政和预算等问题，发表最后公报和声明，强调要切实执行 2004～2008 年度实现中部非洲自由贸易区计划，敦促有关国家尽快签署共同体一体化税费协议，就非洲发展新伙伴计划优先项目达成一致并决定成立优先项目后续委员会。

因乍得国内局势动荡，原定 2006 年由乍得主办的共同体第 13 次峰会改于 2007 年 10 月 30～31 日在布拉柴维尔举行。会议通过了关于“成立非洲合众国联合政府”、“地区经济共同体合理化调整”、“边境安全”、“地区水资源共同管理”等 12 项声明及关于“派遣国际选举观察团”、“创立负责协调打击贩卖人口工作的机构”、“共同体环境和自然资源管理共同政策”等17个决议。会议重申将继续与欧盟就签订经济伙伴协议问题进行谈判，呼吁中非国家保持团结；决定赋予共同体秘书处与之职责相匹配的资金和权限；设立领导委员会，加快共同体在政策、规划等方面的一体化进程；在建立美国非洲司令部问题上保持磋商以形成共同立场；支持加蓬副总理让·平竞选非盟委员会主席。会议提出到2025年将中共体建成和平、繁荣、团结的区域组织。刚果（金）总统卡比拉接任共同体执行主席，刚果（布）人路易·西尔万一戈马连任秘书长。

2008年3月10日，共同体在金沙萨举行特别峰会，讨论乍得二月初武装冲突事件后国内及周边地区的政治安全形势。会议谴责利用武力及其他非宪法手段夺权的行径，谴责一切破坏乍得民主体制稳定的行为；对乍得现政府和人民表示支持，呼吁所有国家放弃一切可能破坏乍得宪法秩序及乍得安全和领土完整的企图；呼吁冲突各方履行之前签署的和平协议；鼓励乍得政府加强国家法治建设，建立持久最终和平；承诺为乍得重建提供紧急援助，呼吁国际社会向乍提供各类援助；欢迎欧盟在乍部署军队，保护难民营、流离失所者及人道主义机构工作人员；要求联合国非盟混合维和部队加快在达尔富尔地区的部署。

2009年10月24日，共同体第14次峰会在刚果（金）首都金沙萨举行，重点讨论了地区和平、安全和稳定、经济与货币等问题。会议强调要加快落实在刚果（布）黑角建立中部非洲地区海事安全中心的经费，组织成立地区海事大会；在非盟边境计划框架内执行地区边境合作计划，采取更全面快速的预警机制平息武装冲突，打击跨国犯罪；调整中非维和特派团的部署，授权加蓬总统阿里邦戈领导中非维和特派团的工作；对共同体为应对国际金融危机所采取措施和取得的进展表示肯定，决定建立成员国央行行长年会机制；审议了制订共同体农业政策及地区粮食安全计划的情况，决定设立地区农业发展特别基金；决定在加蓬修建共同体会议中心。乍得总统代比接任共同体执行主席。（张国保）

东部和南部非洲共同市场
Common Market for Eastern and Southern Africa—COMESA

【成立日期】前身为东部和南部非洲优惠贸易区。1993年11月，东部和南部非洲优惠贸易区第12次首脑会议在乌干达首都坎帕拉召开，通过了把贸易区转变为共同市场的条约。1994年12月8～9日，优惠贸易区首脑会议正式批准了该条约，宣布东部和南部非洲共同市场（简称科迈萨）正式成立。

【宗旨和目标】废除成员国之间关税和非关税壁垒，实现商品和劳务的自由流通；协调成员国关税政策，分阶段实现共同对外关税；在贸易、金融、交通运输、工业、农业、能源、法律等领域进行合作；对外债问题采取统一立场，协调各国经济结构调整方案；建立货币联盟，发行共同货币。

【成员】19个（2010年3月）：布隆迪、科摩罗、刚果民主共和国、吉布提、埃及、厄立特里亚、埃塞俄比亚、肯尼亚、利比亚、马达加斯加、马拉维、毛里求斯、卢旺达、塞舌尔、苏丹、斯威士兰、乌干达、赞比亚、津巴布韦。

【主要负责人】主席任期一年，由成员国轮流担任。现任主席津巴布韦总统罗伯特·加布里埃尔·穆加贝（Robert Gabriel Mugabe），2009年6月就任。2008年5月，因时任秘书长伊拉斯塔斯·姆文查（Erastus J. O. Mwencha，肯尼亚籍）卸任，副秘书长辛迪索·恩格温亚（Sindiso Ngwenya，津巴布韦籍）任过渡时期秘书长，后被正式任命为秘书长。

【总部】秘书处设在赞比亚首都卢萨卡。地址：COMESA SECRETARIAT，Ben Bella Road，LUSAKA，Zambia。电话：260－211－229725/35。传真：260－211－229107。电子信箱：comesa@ comesa. int。网址：http：//www. comesa. int。

【组织机构】（1）首脑会议：最高决策机构，一般每年举行一次。如有需要，可以临时举行特别会议。（2）部长理事会：向首脑会议提交报告和对共同市场进行全面管理，负责共同市场的规划、发展和外交事务，包括财务和行政管理的监督和审议。（3）政府间委员会：跨部门机构，由各成员国的政府高级官员组成，负责不同合作领域的项目与行动计划的执行和管理。（4）技术委员会：由各领域的专家组成，负责行政和预算以及各经济部门事务。（5）秘书处：常设机构，由秘书长领导，负责该组织的日常协调事务。（6）贸易和开发银行：设在肯尼亚首都内罗毕。（7）结算银行：设在津巴布韦首都哈拉雷。（8）共同市场法院：设在赞比亚首都卢萨卡。

【主要活动】截至2009年6月，共召开了13届首脑会议，分别为：1994年12月（利隆圭）、1997年4月（卢萨卡）、1998年6月（金沙萨）、1999年5月（内罗毕）、2000年5月（路易港）、2001年5月（开罗）、2002年5月（亚的斯亚贝巴）、2003年3月（喀土穆）、2004年6月（坎帕拉）、2006年6月（基加利）、2006年11月（吉布提市）、2007年5月（内罗毕）、2009年6月（维多利亚瀑布城）。

2000年10月，科迈萨在卢萨卡举行特别首脑会议，决定正式启动自由贸易区，赞比亚、埃及、肯尼亚、津巴布韦等9国加入，成为非洲大陆第一个自由贸易区。

2001年8月，由科迈萨发起的非洲贸易保险局成立。该机构的主要的任务是向同该组织成员国进行贸易的国家、国际发展金融机构、区域经济组织以及私营企业提供贸易风险担保。

2002年5月，科迈萨在亚的斯亚贝巴召开第七届首脑会议，主要讨论财政和地区合作问题，决定设立科迈萨基金，通过了关税管理一体化宣言以及与南部非洲发展共同体等非洲其他次地区组织合作的文件。

2005年6月，科迈萨在基加利召开第10届首脑会议，主题是“通过科迈萨关税同盟深化地区一体化”，决定于2008年12月建立关税同盟。

2007年5月，科迈萨在内罗毕召开第12届首脑会议，重申将于2008年12月正式启动关税同盟，对外采用共同关税，其中对中国产品征收10%的关税。

2009年6月，科迈萨在维多利亚瀑布城召开第13届首脑会议，东南非共同市场关税同盟正式建立，所有成员国对外将采用统一关税。关税同盟内容包括：成员国之间免关税和贸易配额；对贸易商品进行统一分类；统一关税评价体系；对外采取共同的保护级别和贸易政策；统一海关和收费等的行政管理结构。建立关税同盟后，对外部资本货物和原料免收关税，半成品征收10%的关税，成品征收25%的关税。

【同中国的关系】中国与科迈萨保持友好关系。1999年4月，中国进出口银行与科迈萨下属机构东南非贸易与开发银行签订了出口信贷协议。2000年5月，中国人民银行代表中国政府加入东南非贸易与开发银行，成为该行的区外股东，拥有一个董事席位。自2002年起，中国政府代表均应邀出席科迈萨首脑会议。2004年2月，中国正式向科迈萨派驻特别代表，由中国驻赞比亚大使兼任。

2001年3~4月，科迈萨部长理事会轮值主席、毛里求斯外交与地区合作部长加扬率科迈萨代表团访华，与中方商讨在信息产业领域的合作事宜。2002年10月和2005年4月，科迈萨副秘书长恩格温亚和秘书长姆文查应中国信息产业部邀请分别访华。2006年11月，科迈萨副秘书长恩格温亚和东南非贸易与开发银行行长贡德韦作为观察员来华出席中非合作论坛北京峰会。2007年10月，津巴布韦工业和国际贸易部长穆仆夫率科迈萨代表团访华，探讨在中非合作论坛框架下与中方扩大合作的可能性。（郑旻涓）

印度洋委员会
Indian Ocean Commission—IOC
Commission de l’Océan Indien—COI

【成立日期】1982年12月，毛里求斯、马达加斯加、塞舌尔三国外长在毛里求斯首都路易港召开会议，签署《路易港协定》，决定成立印度洋委员会（简称印委会）。1984年1月，三国外长在塞舌尔首都维多利亚签署《维多利亚总协定》，印委会正式成立。

【宗旨】促进成员国间合作，协助本地区国家融入区域和世界一体化进程，并在国际合作中维护印度洋岛国权益。

【成员】现有毛里求斯、马达加斯加、塞舌尔、科摩罗和以法国名义加入的留尼汪5个成员及欧盟1个观察员。

【负责人】主席国由成员国轮流担任，任期一年。现主席国为法国（留尼汪）（2009年4月至今）。秘书长为塞舌尔人卡利克斯特·多菲（Callixte d’Offay）。

【总部】常设机构—秘书处设于毛里求斯，1989年开始设立。网址：http://www.coi-ioc.org。

【组织机构】（1）首脑会议：负责解决重大方向性问题，原则上每4年举行一次。（2）部长级会议：最高权力机构，负责决定委员会的具体战略方针。由成员国指定1名政府成员或政府代表组成，主席由各成员国按法文字母顺序轮流担任，每届任期1年。每年举行一次例会，目前共举行25届部长级会议。（3）常务联络官委员会：协助部长级会议并负责执行有关决议，每个成员国指派1名常务联络官，每年举行3次会议。（4）秘书处：设秘书长、5名专员、1名行政和财政助理。秘书长负责协调印委会内部活动，并保证该委员会的各种机构正常运转。秘书长由部长级会议任命，任期4年，不得连任。（5）专门委员会：主要任务是就不同问题进行研究，并确定合作项目。现已设立商业与贸易、旅游、手工业、地区工业合作、环境保护、地区海运交通、体育、金枪鱼8个专门委员会。另外，还设有一些专家小组，每半年举行一次专家会议。

【经费来源】行政经费由各成员国分摊。从1995年起，各国的份额调整为：马达加斯加33%，留尼汪（法国）40%，毛里求斯16%，科摩罗5%，塞舌尔5%。发展经费主要靠欧盟、世界银行、法国等援助。

【主要活动】1984年，毛里求斯、马达加斯加、塞舌尔三国外长在塞舌尔首都维多利亚召开该组织首届部长级会议，签署了成员国合作总协定，提出了地区合作的目标以及实现这些目标的手段，制订了中期行动计划。1991 年 3 月，在马达加斯加首都塔那那利佛召开第一届首脑会议，发表了加强合作的共同声明。1999 年，印委会第二届首脑会议在留尼汪圣但尼召开。2005 年 7 月，该组织第三届首脑会议在马达加斯加首都塔那那利佛召开，确定了加强政治、外交和安全合作，拓展经贸交往，促进持续发展，弘扬本地区特性的新战略方针。2007 年 4 月，第 23 届部长级会议在毛里求斯召开。会议就各成员国在渔业、打击非法捕捞、旅游、环保、信息通讯等领域强化合作进行了探讨。会议批准了地区渔业发展和水产养殖战略的基本纲领、地区渔业监管计划。2008 年在塞舌尔召开的第 24 届部长级会议和 2009 年在科摩罗召开的第 25 届部长级会议在渔业、旅游、交通、环保、卫生、信息通讯等领域强化合作，提出了 16 个合作项目，并就气候变化、打击海盗等问题进行了探讨。

根据 2009 年第 25 届部长级会议决议，印委会作为马达加斯加问题国际接触小组成员参与了马政治危机的调解工作。

【同中国的关系】中国与印委会成员均关系友好。2008 年印委会第 24 届部长级会议后，该组织秘书处表示希同中国建立合作关系。2009 年，中方向印委会秘书处捐款 5 万美元。2010 年 3 月，印委会秘书长卡利克斯特·多非应邀访华，与外交部翟隽副部长会见，与外交部非洲司张明司长举行会谈，中方再次向印委会秘书处捐款 5 万美元。

【人物简历】卡利克斯特·多非（Callixte d'Offay），塞舌尔籍，1950 年 7 月 13 日生于乌干达。

曾留学英国。1976 年进入塞舌尔外交部，历任礼宾处长、国际关系司长、塞常驻联合国教科文组织、国际粮农组织和法语国家组织代表、驻法国和欧共体大使、外长特别顾问、外交部首秘等职。2008 年 3 月 28 日在印委会第 24 届部长级会议上当选该组织秘书长，任期四年。

1986 ~ 1989 年曾兼任塞驻华大使（非常驻）。

（胡冰）

政府间发展组织
Intergovernmental Authority on Development—IGAD

【成立日期】1986 年 1 月成立。前身是由东非国家组成的政府间抗旱与发展组织，1996 年 3 月改为现名（简称**伊加特**）。

【宗旨】将伊加特建设成为在政治、经济、社会、人道主义事务、环保等领域进行全面合作的地区组织。有三大战略目标：保护环境，确保粮食安全；维护和促进地区和平、安全和人道主义事业；加强经济合作，实现区域经济一体化。

【成员】6 个：埃塞俄比亚、吉布提、肯尼亚、苏丹、索马里、乌干达。

【主要负责人】主席由成员国轮流担任，一般为每届正式首脑会议的东道国领导人，可因连续主办会议连任。现任主席为埃塞俄比亚总理梅莱斯·泽纳维（Meles Zenawi），2008 年 6 月就职。执行秘书为肯尼亚水利灌溉部常秘马哈布·马阿林（Mr. Mahboub M. Maalim），2008 年 6 月就职。

【总部】秘书处设在吉布提首都吉布提市。网址：http：//www. igad. org。

【组织机构】（1）国家元首和政府首脑会议。最高决策机构，以促进地区政治、安全和经济合作为主要任务。每年至少举行一次会议，并可应成员国要求且经多数成员国同意，随时举行特别首脑会议。（2）部长理事会。由成员国外长和 1 名联络部长（可由外长兼任）组成，负责制订组织方针和行动计划，批准拨款和预算。每年至少举行两次会议，并可应成员国请求且获多数成员国同意，随时召开特别会议。所有决议原则上应经一致同意；如有分歧，则投票以 2/3 多数通过。（3）大使委员会。由成员国驻总部国家大使或特别代表组成，向执行秘书提供咨询。（4）秘书处。系常设机构，由执行秘书主持日常工作，经国家元首和政府首脑会议任命，任期四年。下设三个部门：农业与环境保护部、政治与人道主义事务部、经济合作部。

【主要活动】截至 2009 年 5 月，伊加特共召开 12 次首脑会议和 7 次特别首脑会议，其中首脑会议为 1986 年 1 月（吉布提）、1990 年 1 月（吉布提）、1993 年 9 月（亚的斯亚贝巴）、1994 年 9 月（内罗毕）、1996 年 11 月（吉布提）、1998 年 3 月（吉布提）、1999 年 11 月（吉布提）、2000 年 11 月（喀土穆）、2002 年 1 月（喀土穆）、2003 年 10 月（坎帕拉）、2006 年 3 月（内罗毕）、2008 年 6 月（亚的斯亚贝巴），特别首脑会议为 1988 年 3 月（吉布提）、1995 年 4 月（亚的斯亚贝巴）、1996 年 3 月（内罗毕）、1997 年 7 月（内罗毕）、2001 年 6 月（喀土穆）、2004 年 10 月（内罗毕）、2010 年 3 月（内罗毕）。

2010 年 3 月 9 日，伊加特领导人在肯尼亚首都内罗毕召开特别首脑会议，讨论苏丹北南和平进程和《全面和平协议》落实情况，重点商谈苏丹 2010 年公投后有关问题的安排及面临的挑战。埃塞俄比亚总理梅莱斯，肯尼亚、乌干达、吉布提总统、索马里过渡联邦政府总理，苏丹第一副总统基尔、副总统塔哈以及非盟、阿盟、欧盟、美国、英国、意大利、挪威等与会。会议就苏丹和平进程发表了公报，主要内容包括：敦促苏北南双方落实《全面和平协议》中未决问题，制定共同落实协议的有效工作机制；要求苏丹政府及北南双方确保大选自由公正地进行；欢迎北南双方承诺尽快启动公投后有关安排的谈判，要求伊加特部长理事会迅速展开穿梭外交，在苏北南双方之间建立互信；指示伊加特秘书处尽快在南苏丹首府朱巴设立联络处，负责跟踪协议落实进展，邀请有关方面监督苏丹大选并持续工作到2011年3月底；感谢伊加特伙伴论坛及地区和国际组织的支持，要求伊加特秘书处、伊加特伙伴论坛及苏北南双方共同召开关于在公投前后为苏丹提供必要支持的国际捐助方会议。

1993年起，伊加特着手调解苏丹北南冲突，自2002年7月以来促成双方就政教分离、南方民族自决、过渡期内权力和资源分配及最终停火等关键问题达成八个议定书。2005年1月9日，苏丹北南双方在内罗毕签署《全面和平协议》，结束了长达21年的战争。

自1991年索马里陷入无政府状态后，伊加特积极调解索派别冲突。2003年10月，伊加特成立索和平进程促进委员会，成员有肯尼亚、埃塞俄比亚、吉布提、厄立特里亚和乌干达。2004年8月以来，由伊加特支持、在肯尼亚首都内罗毕召开的索马里和会选举产生了索过渡联邦议会、总统，并成立了索过渡联邦政府。2009年5月，伊加特发表公报谴责厄立特里亚支持索反政府武装，要求联合国安理会立即对其进行制裁。

【同中国的关系】1987年2月，伊加特派代表团访华。1990年5月，中国政府向该组织4个成员国（苏丹、埃塞俄比亚、肯尼亚、乌干达）赠送一批太阳灶炊具，并派三名专家指导安装。中国驻吉布提、肯尼亚、埃塞俄比亚、苏丹大使先后代表中国政府以观察员身份应邀列席第二、三、四、八、九届首脑会议。1995年和1996年，中国驻埃塞俄比亚和吉布提大使分别代表中国政府以观察员身份应邀列席了特别首脑会议。2003年10月，中国驻乌干达大使以观察员身份应邀列席了第10届首脑会议。2004年6月，中国向伊加特捐款，支持其在肯召开索马里和会。

（柳琼）

东非共同体
East African Community—EAC

【成立日期】东非共同体最早成立于1967年，成员有坦桑尼亚、肯尼亚和乌干达三国，后因成员国间政治分歧和经济摩擦于1977年解体。1993年11月，坦、肯、乌三国开始恢复合作。1996年3月14日，三国成立东非合作体秘书处。1999年11月30日，三国总统签署《东非共同体条约》，决定恢复成立东非共同体。2001年1月15日，三国在坦桑尼亚阿鲁沙举行东非共同体正式成立仪式。2001年11月，东非议会和法院成立。

【宗旨】加强成员国在经济、社会、文化、政治、科技、外交等领域的合作，协调产业发展战略，共同发展基础设施，实现三国经济和社会可持续发展，逐步建立关税同盟、共同市场、货币联盟，并最终实现政治联盟。

【成员】5个（2007年6月）：坦桑尼亚、肯尼亚、乌干达、卢旺达和布隆迪。

【主要负责人】首脑会议主席由成员国轮流担任。现任主席坦桑尼亚总统贾卡亚·姆里绍·基奎特（Jakaya Mrisho Kikwete）。部长委员会主席为肯尼亚东非与地区合作部部长约翰·科艾奇（John Koech）。秘书长为坦桑尼亚人祖马·姆瓦帕秋（Juma Mwapachu），2006年4月任职。

【总部】秘书处设在坦桑尼亚阿鲁沙市（Arusha）。

【组织机构】（1）首脑会议：由成员国首脑组成，每年至少举行一次会议，应成员国要求可举行特别会议，其决定须一致通过。主席任期一年，由成员国首脑轮流担任。（2）部长委员会：由成员国负责地区合作或指派的其他部长组成，是共同体的政策机构。其职能是：在协商一致的原则下，负责为共同体有效与协调运行及发展制定政策；向东非议会提交法案；向首脑会议提交年度报告；建立处理不同事务的部门委员会；向成员国的其它机构（除法院和议会外）下达指示等。每年举行两次会议，应成员国或委员会主席要求可举行特别会议。部长委员会主席由成员国轮流担任，任期一年。（3）协调委员会：由成员国负责地区合作事务或指定的政府部门的常秘组成，负责向部长委员会提交执行条约的报告和建议、执行部长委员会的决定。一般每年举行两次会议，应委员会主席要求可举行特别会议。主席由成员国轮流担任。（4）部门委员会：应部长委员会指示成立，负责处理部长委员会指定的事务。（5）东非法院：系共同体司法机构。职责是确保条约得到履行，负责相关条约的解释，并向首脑会议、部长委员会、成员国和秘书处等提供法律咨询。每个成员国可提名2名法官，由首脑会议批准任命。院长和副院长须来自不同成员国，院长由成员国法官轮流担任。(6) 东非议会：系共同体的立法机构。每年至少举行一次会议。议会由27名选举产生的议员及5名官职议员组成。议员由成员国议会从非议员国民中各推举9名，所推举的议员不能是成员国的现任部长和共同体官员。官职议员包括成员国负责地区合作的部长、共同体秘书长和法律顾问，官职议员无投票权。议长由成员国议员轮流担任。议员任期5年。(7) 秘书处：是共同体的常设机构，负责处理日常事务。设秘书长、副秘书长、法律顾问等。秘书长和副秘书长由首脑会议任命，由成员国轮流担任，任期五年。

共同体分别于2001年1月、4月和11月、2002年12月、2004年3月、11月和2006年4月举行了一至七届首脑会议，并分别于2002年4月和2003年6月举行了第一、二次特别首脑会议。

2004年11月，东共体召开第六届首脑会议，三国总统签署了“加快东共体一体化进程时间表”，同意2010年1月前成立“东非联邦”，三国在保留各自议会、总统和国旗的同时共同组建联邦议会、内阁和司法机构。2006年4月，东共体召开第七届首脑会议，决定2010年1月建立东非共同市场，2008年12月签署相关议定书；审议了“东非联邦快车道计划”的执行情况报告；讨论了布隆迪、卢旺达两国申请加入东共体的问题；还制定了《东非共同体第三个发展战略(2006～2010)》。2007年6月，东共体召开了第五届特别首脑会议，峰会签署了卢旺达、布隆迪两国加入共同体的协定，正式吸纳两国为东共体成员；并计划于2009年就建立联邦举行全民公决，同年年底发行东非先令；2010年成立东非共同市场，并建立东非联邦；2013年选举联邦总统。2009年4月29日，东共体在阿鲁沙召开第十届首脑会议，坦、肯、乌、卢、布五国元首发表联合声明，表示将于2009年11月签署建立共同市场的条约，争取在2010年年初正式启动共同市场。2009年11月20日，东共体在阿鲁沙召开第十一届首脑会议，5国首脑共同签署了《东非共同体共同市场议定书》，议定书经成员国批准后将于2010年7月生效。

【同中国的关系】1998年5月，中国驻坦桑尼亚大使代表中国政府出席东非合作体道路网捐助会议。2003年5月，中国驻乌干达大使应东非共同体秘书处邀请出席在坦桑尼亚举行的东非共同体使节会议。2008年5月，东共体五国负责东共体事务的部长代表团访华，这是东共体首次派团访华。外交部副部长王毅、商务部副部长高虎城分别会见代表团。

(胡巧)

南部非洲发展共同体
Southern African Development Community—SADC

【成立日期】其前身是1980年成立的南部非洲发展协调会议。1992年8月17日，南部非洲发展协调会议成员国首脑在纳米比亚首都温得和克举行会议，签署了有关建立南部非洲发展共同体(简称南共体)的条约、宣言和议定书，决定朝着地区经济一体化方向前进。

【宗旨】在平等、互利和均衡的基础上建立开放型经济，打破关税壁垒，促进相互贸易和投资，实行人员、货物和劳务的自由往来，逐步统一关税和货币，最终实现地区经济一体化。主要目标有以下几点：

(1) 实现发展和经济增长，减轻贫困，提高南部非洲人民的生活水平和质量，通过区域一体化支持贫困人口；

(2) 发展共同的政治价值观、体系和机构；

(3) 促进并维护和平与安全；

(4) 基于联合自立和成员国的相互依托，促进自身的可持续发展；

(5) 实现国家和地区在发展战略和规划上的互补；

(6) 促进及优化生产力及本地区资源的利用；

(7) 实现对自然资源的可持续利用以及有效的保护环境；

(8) 巩固本地区人民长久以来在历史、社会和文化上的密切联系。

【成员】15个：南非、安哥拉、博茨瓦纳、津巴布韦、莱索托、马拉维、莫桑比克、纳米比亚、斯威士兰、坦桑尼亚、赞比亚、毛里求斯、刚果(金)、塞舌尔、马达加斯加(2009年3月，由于马达加斯加政权出现非正常更迭，南共体中止了马在该组织的成员资格，同年4月马达加斯加宣布退出南共体)。

【总面积】987万平方公里，约占全非洲面积的33%。

【总人口】2.6亿，约占全非洲人口的27%。

【主要经济数据】2009年成员国国内生产总值总和为4650亿美元，占全非31.8%。

【主要负责人】2009/2010年度轮值主席国为刚果(金)，副主席国为纳米比亚。政治、防务和安全机构主席国为莫桑比克，副主席国为赞比亚。执行秘书托马斯·萨洛芒(Tomaz A. Salomao)。

【秘书处】在博茨瓦纳首都哈博罗内。地址：SADC Secretariat, SADC House, Government Enclave,

P/Bag 0095，Gaborone，Botswana。电话：00 - 267 - 3951863；传真：00 - 267 - 3972848/3181070。电子信箱：registry@ sadc. int。网址：www. sadc. int。

【出版物】《年度报告》（Annual Report）、英文。

【组织机构】（1）首脑会议：最高决策机构，每年举行一次会议，地点不固定。主席、副主席经选举产生并由成员国首脑轮流担任，任期一年。（2）部长理事会：由各成员国经济计划或财政部长组成，对首脑会议负责。其主要职责是监督共同体运行及政策和计划的实施。每年至少举行一次会议。部长理事会主席和副主席分别由共同体主席国和副主席国任命。（3）部门技术委员会：对理事会负责，与常设秘书处密切配合。其主要职责是指导、协调专门技术部门的合作和一体化政策及计划。（4）官员常设委员会：由各成员国经济计划或财政部常秘或同级别官员组成，是理事会技术咨询机构，每年至少举行一次会议，其主席和副主席由理事会主席国和副主席国任命。（5）常设秘书处：主要执行机构，负责实施首脑会议和部长理事会的决议及共同体的计划，协调成员国政策和战略。执行秘书对部长理事会负责，由首脑会议根据理事会推荐任命，任期四年。（6）政治、防务和安全机构：1996 年 6 月成立，直接对首脑会议负责，主席国由各成员国轮流担任。主要职责为促进各成员国之间的政治合作，发展地区集体防务能力，处理和预防地区冲突，调解地区争端，推动各成员国在利益相关的领域制定共同的外交政策。（7）法庭：确保遵守和正确解释条约及其辅助文件的条款，向首脑会议和理事会提供咨询意见。

【主要活动】作为非洲具有活力的次区域组织，近年来南共体积极调解刚果（金）冲突和莱索托、津巴布韦国内危机，促进成员国的团结与合作；制订地区自主维和机制和成员国民主选举原则与指南，推进地区和平和民主建设。南共体为维护南部非洲的和平稳定发挥了重要作用，受到国际社会普遍关注。

2009 年 4 月，南共体和东南非共同市场部分成员国元首在赞比亚首都卢萨卡举行会议，讨论南部和东部非洲地区 20 年“北—南走廊”基础设施建设计划，并筹集 15 亿美元资金用于地区道路、铁路和港口改造。同月，南共体执行秘书萨洛芒宣布成立南共体评审认证机构（SADCAS，SADC Accreditation Service）。6 月，南共体部分成员国（博茨瓦纳、莱索托、斯威士兰、莫桑比克）在比利时首都布鲁塞尔与欧盟签署了临时贸易伙伴协定。同月，南共体在南非约翰内斯堡召开马达加斯加问题紧急峰会，讨论马达加斯加政治危机，峰会任命莫桑比克前总统希萨诺为南共体谈判小组负责人。7 月，南共体执行秘书萨洛芒与非洲前领导人论坛执行秘书约翰·泰沙签署合作谅解备忘录，致力于加强两组织在非洲减贫、艾滋病防治、环境保护、促进男女平等和社会发展等领域的合作。8 月，南共体法官论坛在博茨瓦纳北部城市卡萨内举行全会，会议主题为“坚持法治，促进东部和南部非洲地区的社会经济发展”，博首席大法官朱利安·恩哈努努当选论坛主席。9 月，南共体在刚果（金）首都金沙萨召开第 29 届首脑会议。会议选举刚果（金）总统卡比拉和纳米比亚总统波汉巴为南共体本届轮值主席和副主席，选举莫桑比克总统格布扎和赞比亚总统班达为南共体政治、防务和安全机构轮值主席和副主席，南共体执行秘书萨洛芒获准连任。会议新设副执行秘书一职，专门负责地区一体化，并决定下届首脑会议在纳米比亚举行。同月，南共体后备旅在南非举行维和演习，主要训练部队多领域维和行动能力。10 月，南共体政治、防务与安全机构派出核查小组赴津巴布韦，对津联合政府运转情况进行核查。11 月，南共体政治、防务与安全机构在莫桑比克首都马普托举行津巴布韦问题特别峰会。

2010 年 4 月，南共体执行秘书萨洛芒在巴西利亚与巴西外长阿莫林共同签署了南共体与巴西和葡语国家共同体系列合作协议。

【同中国的关系】中国与南共体及其大多数成员国（除斯威士兰为未建交国外）保持着良好的合作关系。中国驻博茨瓦纳大使兼任驻南共体代表。中国邀请南共体以观察员身份出席了中非合作论坛历次部长会和高官会，并多次参加南共体与国际合作伙伴的部长级磋商会议。

2004 年南共体执行秘书拉姆萨米访华。2005 年 8 月，南共体举行第 25 次首脑会议暨成立 25 周年庆祝活动，温家宝总理致电祝贺。2005 年 11 月，黄菊副总理访问博茨瓦纳期间会见了南共体执行秘书萨洛芒。2006 年 11 月，南共体执行秘书萨洛芒来华出席中非合作论坛第三届部长级会议。

2009 年，中国与南共体国家贸易总额达 396.7 亿美元，占中非贸易额的 43.5%。

2010 年 4 月中国青海玉树地区发生特大地震灾害后，南共体执行秘书萨洛芒致信中国驻博茨瓦纳大使兼驻南共体代表刘焕兴表示慰问，南共体成员国驻华使节并向灾区捐款 3 万元人民币。（刘丹）

欧洲自由贸易联盟
European Free Trade Association—EFTA

【成立日期】1960 年 1 月 4 日，奥地利、丹麦、挪威、葡萄牙、瑞典、瑞士和英国在瑞典首都斯德哥尔摩正式签订《建立欧洲自由贸易联盟公约》（即《斯德哥尔摩公约》）。该公约经各国议会批准后于同年5月3日生效，欧洲自由贸易联盟（简称欧贸联）正式成立。冰岛、芬兰、列支敦士登分别于1970年3月、1986年1月、1991年5月加入。英国和丹麦于1973年1月，葡萄牙于1986年1月，奥地利、瑞典、芬兰于1994年12月31日退出欧贸联，加入欧盟。

【宗旨】在联盟区域内实现成员国之间工业品的自由贸易并扩大农产品贸易；保证成员国之间贸易在公平竞争的条件下进行；发展和扩大世界贸易并逐步取消贸易壁垒。

【成员】4个（2009年底）：挪威、瑞士、冰岛、列支敦士登。

【主要负责人】秘书长凯尔·布莱恩（Kåre Bryn，挪威人），2006年9月1日上任，任期3年，连任一届。副秘书长戴得尔·凯莫博维（Didier Chambovey，瑞士人），贝尔伊迪斯·埃勒茨多蒂尔（Bergdis Ellertsdóttir，冰岛人）。

【总部】在瑞士日内瓦。地址：9-11, rue de Varembé CH－1211 Geneva 20, Switzerland。电话：41-22－3322626。网址：http://www.efta.int。电子信箱：mail.gva@efta.int。

【出版物】《欧洲自由贸易联盟公报》（EFTA Bulletin），季刊，用英、法、德和斯堪的纳维亚诸国文字出版；《欧洲自由贸易联盟贸易》（EFTA Trade），年刊，英、法、德文合订本；《欧洲自由贸易联盟年度报告》（EFTA Annual Report），英、法、德文；《这就是欧洲自由贸易联盟》（This is EFTA），年刊。

【组织机构】（1）理事会：最高权力机构。由成员国部长或常驻代表组成，每月一次常驻代表会议，每年两次部长级会议（6月和12月）。主席由成员国轮流担任，任期半年。有关承担新义务的决定须全体一致通过，其他问题以多数通过。下设经济、贸易专家、关税、预算、审计、技术等常设委员会。（2）秘书处：处理日常事务。设秘书长1人，副秘书长2人，分管内外关系和欧洲经济区（欧经区）事务。（3）咨询委员会：由各国指定的雇主、工会代表和个人组成，在每次理事会开会前举行会议。与成员国议员委员会共同为理事会提供决策建议。（4）监督局：1993年1月成立，1994年1月1日正式工作，设在比利时首都布鲁塞尔，负责监督成员国遵守欧经区协议，各国企业遵守欧经区竞争原则，并可主动或根据举报调查侵权行为。（5）法院：1994年1月24日成立，设在卢森堡，由3名常设法官组成，任期六年，其职责和权限与欧洲法院相似。

【主要活动】加强内部经贸政策协调，支持并积极参与在世界贸易组织范围内举行的多边贸易谈判，反对贸易保护主义，发展同区外国家的贸易关系。

欧贸联十分重视同欧盟发展经贸关系。1991年10月22日，欧贸联与欧共体在卢森堡达成建立欧洲经济区（EEA）协议，规定从1993年1月1日起，两大经济组织间实现商品、服务、资本和人员的自由流通，取消关税和进口限额，统一工业和产品标准，加强和扩大在科研、教育、环保、文化、旅游、消费和社会政策领域里的合作。欧贸联成员国同意将欧共体有关法规作为欧经区的法律基础，由欧贸联和欧共体共同组成的部长理事会作为欧经区最高决策机构。发生贸易分歧时，纯属欧贸联或涉及双方贸易中欧贸联占1/3份额以上的案件，由欧贸联法院审理，其他案件由欧洲法院裁决。

1992年2月14日，欧贸联与欧共体在布鲁塞尔就欧经区协议的最后文本达成一致，决定协议于1993年1月1日与欧共体内部统一大市场文件同时生效。由于瑞士在1992年12月6日举行的公民投票中决定不加入欧经区，协议不得不推迟实施。直至1994年1月1日，由欧共体12国和除瑞士、列支敦士登之外的欧贸联5国组成的欧经区才正式成立，形成了世界最大自由贸易区。1995年5月1日，列支敦士登正式成为欧洲经济区成员国。随着捷克、爱沙尼亚、塞浦路斯、拉脱维亚、立陶宛、匈牙利、马耳他、波兰、斯洛文尼亚、斯洛伐克、保加利亚、罗马尼亚等国相继加入，截至2007年7月，欧经区已成为拥有30个成员国、人口约达5亿的自由贸易区。

欧贸联积极与区外国家开展自由贸易协定谈判，迄已签约的国家和地区贸易组织有：土耳其（1991年12月签署，1992年4月生效）、以色列（1992年9月签署，1993年1月生效）、摩洛哥（1997年6月签署，1999年12月生效）、巴勒斯坦（1998年11月签署，1999年7月生效）、马其顿（2000年6月签署，2002年5月生效）、墨西哥（2000年11月签署，2001年7月生效）、约旦（2001年6月签署，2002年9月生效）、克罗地亚（2001年6月签署，2002年4月生效）、新加坡（2002年6月签署，2003年1月生效）、智利（2003年6月签署，2004年12月生效）、黎巴嫩（2004年6月签署，2007年1月生效）、突尼斯（2004年12月签署，2005年6月生效）、韩国（2005年12月签署，2006年9月生效）、非洲关税同盟（2006年6月签署，2008年5月生效）、埃及（2007年1月签署，2007年8月生效）、加拿大（2008年1月签署，2009年7月生效）、哥伦比亚（2008年11月签署）、海湾合作委员会（2009年6月签署）、阿尔巴尼亚（2009年12月签署）、塞尔维亚（2009年12月签署）。

2009年2月和9月，与印度展开了第三、四轮自贸谈判。2009年4月，与乌克兰开始首轮自贸谈判，8月和11月进入第二、三轮谈判，之后又在2010年2月和5月进行了第四、五轮谈判。2009年5月，开始筹备与俄罗斯的自贸谈判。2010年1月，与中国香港开始首轮自贸谈判。欧贸联积极与印度尼西亚、马来西亚、越南等国就自贸协定保持密切接触。欧贸联还表示希望进一步发展与更多亚洲国家，特别是中国和日本的贸易关系，以推动世界自由贸易的发展。（张谦）

欧洲复兴开发银行
European Bank for Reconstruction and Development—EBRD

【成立日期】 1991 年 4 月 14 日正式成立。简称欧银。

【宗旨】 本着加强民主、尊重人权、保护环境的精神，帮助和支持中东欧国家向市场经济过渡。

【成员】 63 个（截至 2009 年底，包括 61 个成员国和 2 个国际机构）。其中欧洲 44 个：阿尔巴尼亚、亚美尼亚、奥地利、阿塞拜疆、白俄罗斯、比利时、波斯尼亚和黑塞哥维那、保加利亚、克罗地亚、塞浦路斯、捷克、丹麦、爱沙尼亚、芬兰、法国、格鲁吉亚、德国、希腊、匈牙利、冰岛、爱尔兰、意大利、拉脱维亚、列支敦士登、立陶宛、卢森堡、马其顿、马耳他、摩尔多瓦、荷兰、挪威、波兰、葡萄牙、罗马尼亚、俄罗斯、塞尔维亚、黑山、斯洛伐克、斯洛文尼亚、西班牙、瑞典、瑞士、乌克兰、英国；亚洲 10 个：土耳其、以色列、日本、哈萨克斯坦、韩国、吉尔吉斯斯坦、蒙古、塔吉克斯坦、土库曼斯坦、乌兹别克斯坦；美洲 3 个：加拿大、墨西哥、美国；大洋洲 2 个：澳大利亚、新西兰；非洲 2 个：埃及、摩洛哥。2 个国际机构：欧洲联盟和欧洲投资银行。

【主要负责人】 托马斯·米罗（Thomas Mirow，德国人），第五任行长，2008 年 7 月 3 日就任。

【总部】 在英国伦敦。网址：http：//www. ebrd. com/。

【出版物】《年度报告》(*Annual Report*)、《转型报告》(*Transition Report*)、《可持续报告》(*Sustainability Report*) 等。

【组织机构】 理事会是最高权力机构，由各成员国委派的正副理事各一名组成，每年举行一次年会。董事会代理事会行使权力，由 23 名成员组成，董事任期三年。董事会负责指导银行的日常业务工作，并负责选举行长。董事会主席兼任行长，任期四年。

【股本和资金来源】 欧盟委员会、欧洲投资银行和 61 个成员国拥有股权，总资本约 200 亿欧元。最大的股份拥有者是美国，达 20 亿欧元；其次是法国、德国、意大利、日本和英国，均超过 17 亿欧元；欧盟委员会和欧洲投资银行各占 6 亿欧元。

【主要活动】 投资主要目标是中东欧国家的私营企业和基础设施，为中东欧和前苏联地区最大的外来投资机构。自 1991 年以来，已独自提供逾 470 亿欧元的资金，与公共和私营投资者一道共提供了近 1500 亿欧元的资金。主要业务为：1. 提供必要的技术援助和人员培训。2. 帮助受援国政府制定政策及措施，推动经济改革，帮助实施非垄断化、非中央集权化及非国有化。3. 参加筹建金融机构及金融体系，其中包括银行体系及资本市场体系。4. 支持筹建工业体系，尤其注意扶持中小型企业的发展。奉行“兼顾发展银行和商业投资银行业务”的经营方针。

为应对全球金融危机，2009 年向东欧国家投资 79 亿欧元，较上年增长 55%，创成立以来年投资额最高纪录。资金大部分注入银行系统，帮助维持信贷现金流。其余部分主要投向企业，为可持续能源发展和基础设施建设提供支持。该行还与世界银行、欧洲投资银行一道，准备在 2009 年、2010 两年内通过银行系统为中小企业提供 250 亿欧元资金贷款。

在 2010 年全球经济脆弱复苏的背景下，欧洲复兴开发银行还继续为东欧国家提供资金支持，主要用于金融系统和可持续能源项目融资，推动经济多样化和产业链价值的增加，支持东欧国家内部市场和货币资本市场的发展。

迄今已举行 19 届年会及商业论坛。2010 年 5 月 14～15 日，第 19 届年会及商业论坛在克罗地亚首都萨格勒布召开，2000 多位政府官员、企业界人士、民间团体人士和记者与会。会议的主题是“打造可持续增长”，重点讨论如何在后危机时代支持中东欧地区，并就未来战略重点和实施等问题进行了讨论。（窦梦月）

中欧倡议国组织
Central European Initiative—CEI

【成立日期】 1990 年 5 月 20 日成立。原称五国集团（匈牙利、捷克、前南斯拉夫、意大利和奥地利），1992 年 3 月在奥地利召开的外长会议上更名为现称。

【宗旨】 致力于发展经济、科技、文化及政治领域的合作。

【成员】18个（2009年）：匈牙利、捷克、意大利、奥地利、斯洛伐克、波兰、克罗地亚、斯洛文尼亚、波黑、马其顿、罗马尼亚、保加利亚、阿尔巴尼亚、白俄罗斯、乌克兰、摩尔多瓦、塞尔维亚、黑山。

【主要活动】2006年11月24~25日，中欧倡议国组织政府首脑会议在阿尔巴尼亚首都地拉那举行，会议通过了《2007~2009行动计划》。与会国一致认为，欧洲一体化已成为改革进程的推动力和地区的稳定因素。会议敦促新兴国家加强民主建设和政府间合作。

2007年11月，中欧倡议国组织政府首脑会议在保加利亚首都索非亚举行，会议对《2007—2009行动计划》进行了修改。该计划对未来中欧倡议国组织在经济发展、人力资源开发和跨地区跨国合作三大领域进行了规划。

2008年11月，中欧倡议国组织政府首脑会议在摩尔多瓦首都基希讷乌召开，就该组织宗旨、改革进程、政治和经济合作等问题进行了讨论，强调将通过一系列共同发展项目深化与欧盟及其他地区组织合作关系。

2009年11月，中欧倡议国组织政府首脑会议在罗马尼亚首都布加勒斯特召开，会议呼吁欧盟加大推动西巴尔干国家入盟进程力度；呼吁欧盟实现能源供应渠道和线路多样化，进一步巩固欧盟内部能源和天然气市场，并通过使用再生能源来减少常规能源的消耗量。（姜鹏）

北美自由贸易协定
North America Free Trade Agreement—NAFTA

【成立日期】1992年8月12日，美国、加拿大、墨西哥三国签署北美自由贸易协定，该协定于1994年1月1日正式生效。

【宗旨】减少贸易壁垒，促进商品和劳务在缔约国间的流通；改善自由贸易区内公平竞争的环境；增加各成员国境内的投资机会；在各成员国境内有效保护知识产权；创造有效程序以确保协定的履行和争端的解决；建立机制，扩展和加强协定利益。

【成员】美国、加拿大、墨西哥。

【组织机构】（1）自由贸易委员会。由三个成员国的内阁级代表组成，是北美自由贸易协定的中央机构，统管协定的实施和争端的解决，监督各工作小组、委员会和其它附属机构的工作。（2）协调员。由分别来自三国的三位高级贸易官员构成，负责协定实施过程中的日常工作。（3）秘书处。负责根据协定相关条款解决争端。（4）另设30多个工作小组、委员会及附属机构。

【主要活动】1992年8月12日，美国、加拿大、墨西哥三国签署三边自由贸易协定，决定在自1994年1月1日协定生效之日起15年内逐步消除贸易壁垒、实施商品和劳务的自由流通，建成世界最大的自由贸易区。1994年12月第一届美洲国家首脑峰会上，各国一致同意美关于用10年时间建立美洲自由贸易区（FTAA）的倡议。1995年2月，由美、墨两国政府出资的北美开发银行开始营业。1996年11月，加同智利签署自由贸易协定，为智未来加入NAFTA构建桥梁。1998年4月，经美、加推动，第二届美洲国家首脑峰会通过《圣地亚哥宣言》，宣布启动关于建立FTAA的谈判。2001年4月22日，美总统布什、加总理克雷蒂安、墨总统福克斯在加拿大魁北克市会晤并发表联合声明，表示要继续推进实施NAFTA，保证北美贸易和投资的进一步发展。2004年1月，美洲国家领导人特别峰会通过了2005年内完成FTAA谈判的时间表。北美自由贸易区区内基本实现零关税。据美国贸易代表办公室统计，2007年，区内贸易总额为9300亿美元，是1993年的3倍多。2009年，美国对区内贸易伙伴的货物出口额为3337亿美元，比2008年下降19.1%，占2009年美国货物出口贸易总额的31.6%。（李丽明）

美洲开发银行
Inter-American Development Bank—IDB

【成立日期】1959年12月30日成立。该行是美洲国家组织的专门机构，其他地区国家也可加入。非拉美国家不能使用该行资金，但可参加该行组织的项目投标。

【宗旨】集中各成员国的力量，对拉丁美洲国家的经济、社会发展计划提供资金和技术援助，并协助它们单独和集体为加速经济发展和社会进步作出贡献。

【成员】48个（2010年4月）。其中美洲28个：阿根廷、巴巴多斯、巴哈马、巴拉圭、巴拿马、巴西、秘鲁、玻利维亚、多米尼加、厄瓜多尔、哥伦比亚、哥斯达黎加、圭亚那、海地、洪都拉斯、墨西哥、尼加拉瓜、萨尔瓦多、苏里南、特立尼达和多巴哥、危地马拉、委内瑞拉、乌拉圭、牙买加、智利、伯利兹、加拿大、美国；欧洲16个：奥地利、比利时、丹麦、德国、法国、芬兰、荷兰、挪威、葡萄牙、瑞典、瑞士、西班牙、意大利、英国、克罗地亚和斯洛文尼亚。亚洲4个：日本、以色列、韩国、中国。

【主要负责人】行长路易斯·阿尔贝托·莫雷诺（Luis Alberto Moreno，哥伦比亚人），2005年7月当选。

【总部】设在美国华盛顿。

【网址】http：//www. iadb. org

【出版物】《年度报告》（Annual Report），英文，在美国出版；《拉美一体化》（Integración Latinoamericana），月刊，西班牙文，在阿根廷出版。

【组织机构】（1）理事会：最高权力机构，由各成员国委派1名理事组成，每年举行1次会议。理事通常为各国经济、财政部长、中央银行行长或其他担任类似职务者。（2）执行董事会：理事会领导下的常设执行机构，由14名董事组成，其中拉美国家9名，美国、加拿大和日本各1名，其他地区国家2名，任期三年。（3）行长和副行长：在执行董事会领导下主持日常工作。行长由执行董事会选举产生，任期五年，副行长由执行董事会任命。（4）分支机构：在拉美各成员国首都及巴黎和伦敦设有办事处。（5）投资机构：美洲投资公司（Inter-American Investment Corporacion—IIc），1989年成立，以不易获得优惠条件贷款的中小企业为主要服务对象；多边投资基金（Multilateral Investment Fund—MIF），1993年成立，主要为私营企业创造更好的投资环境，促进其发展。（6）拉美一体化研究所：1964年成立，设在阿根廷首都布宜诺斯艾利斯，负责培养高级技术人才，研究有关经济、法律和社会等重大问题，为成员国提供咨询。

【银行资本】（1）成员国分摊；（2）发达成员国提供；（3）在世界金融市场和有关国家发放债券。各成员国的表决权依其加入股本的多寡而定。其中拉美国家共占50%（阿根廷和巴西各占11%），美国占30%，日本5%，加拿大占4%，其他非本地区成员国11%。按章程规定，拉美国家表决权在任何情况下不得低于现比例。1960年该行开业时拥有8.13亿美元资金。截至2008年底，该行总资产为1010亿美元。

【主要活动】提供贷款促进拉美地区的经济发展、帮助成员国发展贸易，为各种开发计划和项目的筹备和执行提供技术合作。银行的一般资金主要用于向拉美国家公、私企业提供贷款，年息通常为8%，贷款期10~25年。特别业务基金主要用于拉美国家的经济发展优惠项目，年息1~4%，贷款期20~40年。银行还掌管美国、加拿大、德国、英国、挪威、瑞典、瑞士和委内瑞拉等政府及梵蒂冈提供的“拉美开发基金”。20世纪60、70年代，该行主要为卫生和教育等公共项目提供资金，90年代起逐渐加大对私营企业的贷款。2008年，该行向拉美和加勒比地区贷款122亿美元，为促进拉美的经济社会发展发挥了重要作用。

该行成立以来每年均举行年会。2007年3月，第48届年会在危地马拉首都危地马拉城举行，承诺将大力消除拉美地区的贫困问题，让更多的人从经济增长中获益。2008年4月，第49届年会在美国迈阿密举行。会议强调，气候变化和社会发展使拉美国家能源消耗增加，必须通过能源多样化战略应对挑战，同时要提高能源使用效率，减少环境污染。2009年3月，美洲开发银行第50届年会在哥伦比亚麦德林举行。2010年3月，美洲开发银行第51届年会在墨西哥坎昆举行，通过《坎昆宣言》，就美洲行增资、援助海地等达成一致。

【同中国的关系】中国自1991年起连续18年应邀派团以观察员身份参加了美洲开发银行年会。1993年9月，中国人民银行正式向美洲开发银行提出了入行申请。2004年3月，黄菊副总理致函伊格莱西亚斯行长，重申中国人民银行加入美洲开发银行的申请。2004年5月和2005年4月，伊格莱西亚斯应邀访华，周文重副外长和杨洁篪副外长分别会见。2008年10月，美洲行执董会决定接受中国人民银行为正式成员；美洲行行长莫雷诺访华，杨洁篪外长和周小川行长分别会见。2009年1月12日，中国人民银行代表中国正式加入美洲开发银行集团。3月，中国人民银行行长周小川代表中国以正式成员身份出席在哥伦比亚麦德林举行的美洲开发银行成立50周年年会。2010年3月，中国人民银行行长周小川代表中国出席在墨西哥坎昆举行的美洲开发银行第51届年会。

（曹航）

拉丁美洲经济体系
Sistema Económico Latinoamericano—SELA

【成立日期】1975年10月17日，拉美23国政府代表签署《巴拿马协议》，宣告成立拉丁美洲经济体系。1976年6月7日协议正式生效。官方语言为西班牙语、英语、法语和葡萄牙语。

【宗旨】本着平等、主权、独立、团结、互不干涉内政、互相尊重各国政治、经济和社会制度差异的原则，促进拉美地区合作，推动地区一体化进程，制定和执行经济、社会发展规划与项目，协调拉美各国有关经济和社会问题的立场与战略，切实维护拉美国家的合法权益，为建立公正、合理的国际经济新秩序而努力。

【成员】27个（2010年6月）：阿根廷、巴巴多斯、巴哈马、巴拉圭、巴拿马、伯利兹、巴西、秘鲁、玻利维亚、多米尼加、厄瓜多尔、哥伦比亚、哥斯达黎加、格林纳达、古巴、圭亚那、海地、洪都拉斯、墨西哥、尼加拉瓜、苏里南、特立尼达和多巴哥、危地马拉、委内瑞拉、乌拉圭、牙买加和智利。50多个拉美、欧洲和联合国的政治、经济和社会组织为观察员。

【主要负责人】常任秘书长何塞·里贝拉·巴努埃特（José Rivera Banuet，墨西哥经济学家），2008年4月就职，任期4年。

【总部】常设秘书处设在委内瑞拉首都加拉加斯。

【网址】http：//www. sela. org

【出版物】《拉美经济体系简讯》（SELA Noticias），《拉美经济体系动态》（SELA en Acción），均为西班牙文。

【组织机构】（1）拉丁美洲理事会：最高机构。由各成员国政府任命1名全权代表组成，每年举行1次部长级例会，确定拉美经济体系的总政策。如理事会作出决定或不少于1/3的成员国提出要求，可举行部长级或非部长级特别会议。理事会设主席1人、副主席2人、报告员1人（共同组成主席团），由各国代表轮流担任。（2）行动委员会：临时性的合作机构。每个委员会至少由3个成员国组成，其它成员国可以自由加入或退出。负责就一些专门问题制订共同纲领和计划，并协调行动。任务完成后，委员会可解散或转变成常设机构。（3）常设秘书处：执行机构。常任秘书由拉丁美洲理事会选举产生，任期四年。

【主要活动】2008年11月，第34届拉美理事会例会在加拉加斯举行，会议就呼吁美国停止对古巴经济封锁及国际金融危机对拉美和加勒比地区影响发表声明。2009年10月，第35届拉美理事会例会在加拉加斯举行，会议就呼吁美国停止对古巴经济封锁及气候变化问题发表声明。

【同中国的关系】1996年11月14日，应拉美经济体系的邀请，国务院总理李鹏在访问委内瑞拉期间在该组织总部发表了题为《共同谱写中拉友好合作的新篇章》的重要演讲。1998年，拉美经济体系常设秘书处与中国国际贸易促进委员会签订合作协议，旨在增进拉美和加勒比国家与中国企业界之间的经贸合作关系。拉美经济体系常任秘书长莫内塔于1997年、1999年两次率团访华。1999年11月，贸促会会长俞晓松致电祝贺博耶当选拉美经济体系常任秘书长。2003年12月，贸促会会长万季飞电贺瓜尔涅里当选拉美经济体系常任秘书长。（拉美）

拉丁美洲一体化协会
Asociacion Latinoamericana De Integracion—ALADI

【成立日期】拉丁美洲一体化协会的前身是1960年成立的拉美自由贸易协会。1980年8月12日，该协会11个成员国的外交部长在乌拉圭首都蒙得维的亚签署了《蒙得维的亚条约》，宣告拉丁美洲一体化协会成立。1981年3月18日《条约》正式生效，拉美自由贸易协会自行停止活动。该协会是拉美地区重要的政府间促进一体化组织。

【宗旨】促进和协调成员国相互间的贸易，扩大出口市场和经济合作，在双边和多边合作的基础上，实现地区经济一体化，最终建立拉美共同市场。基本职能是为拉美小地区一体化组织和拉美国家双边协定提供保护，为双边和多边贸易提供方便和咨询。

【成员】12个（2010年6月）：阿根廷、玻利维亚、巴西、哥伦比亚、智利、厄瓜多尔、墨西哥、巴拉圭、秘鲁、乌拉圭、委内瑞拉和古巴。各成员国按经济发展水平分为三个等级，巴西、墨西哥、阿根廷为经济“高等发展”水平，智利、哥伦比亚、秘鲁、乌拉圭、委内瑞拉和古巴为“中等发展”水平，厄瓜多尔、巴拉圭和玻利维亚为“低等发展”水平。

向该协会派常驻观察员的国家有（2010年6月）：萨尔瓦多、洪都拉斯、西班牙、葡萄牙、危地马拉、多米尼加、哥斯达黎加、尼加拉瓜、意大利、巴拿马、瑞士、俄罗斯、罗马尼亚、中国、韩国、日本、乌克兰。

向该协会派常驻观察员的国际组织有（2010年6月）：联合国拉美和加勒比经济委员会、美洲国家组织、美洲开发银行、联合国开发计划署、欧盟、拉美经济体系、安第斯发展公司、泛美农业合作委员会、泛美卫生组织、世界卫生组织、伊比利亚美洲秘书处。

【主要负责人】秘书长何塞·费尔南德斯·埃斯蒂加里比亚（José Fernández Estigarribia，巴拉圭人），

2009年8月19日当选，任期至2011年。

【总部】设在乌拉圭首都蒙得维的亚。

【出版物】《拉美一体化协会概况》（Sintesis ALADI）月刊，西班牙文；《时事通讯》（News Letter）双月刊，英文。

【网址】http：//www. aladi. org/

【组织机构】（1）外长理事会：最高决策机构。（2）代表委员会：常设政治机构，由各成员国派一名代表组成，每年举行一次会议，必要时可召开特别大会。该委员会还下设金融货币事务委员会（由成员国中央银行行长组成）、金融货币事务顾问委员会和各国海关关长会议。（3）评审和汇总会议：由各成员国政府的全权代表组成。每三年召开一次会议，必要时可召开特别会议。（4）秘书处：行政技术机构。秘书长任期三年。（5）商会理事会：1986年10月成立，负责协调企业间贸易活动等。

【主要活动】2005年9月，秘书长奥佩蒂出席首届南美洲共同体首脑会议。12月，第60届联大通过决议，接受拉美一体化协会为观察员。奥佩蒂出席第29届南共市首脑会议。2006年5月，奥佩蒂出席第4届欧拉首脑会议。7月，奥佩蒂出席第30届南共市首脑会议。

2008年3月，第14届外长理事会在蒙得维的亚召开，选举巴拉圭资深外交官萨吉尔为新任秘书长。2008年12月，萨吉尔出席了南共市第36届峰会和第一届拉美加勒比峰会。2010年5月，第43届金融和货币理事会在布宜诺斯艾利斯召开。

【同中国的关系】1994年6月15日，拉美一体化协会常设政治机构代表委员会第525次会议决定，接纳中华人民共和国为该协会观察员。中国是拉美一体化协会的第一个亚洲观察员。现任中国常驻ALADI观察员是中国驻乌拉圭大使李仲良。（卢阳）

加勒比开发银行
The Caribbean Development Bank—CDB

【成立日期】1969年10月18日。

【宗旨】促进加勒比地区成员国经济协调发展；推动本地区成员间经济合作和地区一体化进程，对本地区欠发达成员的需要予以特别关注。

【职能】（1）协助本地区成员相互协调发展计划，以便更有效利用其自身资源，增强经济互补性，推动本地区成员有序拓展国际贸易，尤其是区内贸易。（2）充分利用区内外各种资金渠道，促进地区发展。（3）为有助于本地区或地区成员发展的项目或计划提供融资服务。（4）向本地区成员提供投资可行性研究和项目立项建议等方面的技术性服务。（5）通过资助本地区金融机构和支持建立大型经济联合体，促进对本地区开发项目的公共和私人投资。（6）同其他地区机构共同努力和合作，促进地区性或成员内部金融机构的发展，建立地区信贷和储蓄市场。（7）鼓励发展本地区资本市场。（8）开展或推动其他有利于上述宗旨的活动。

【成员】现有成员27个，其中本地区成员22个：安提瓜和巴布达、巴哈马、巴巴多斯、伯利兹、多米尼克、格林纳达、圭亚那、海地、牙买加、圣基茨和尼维斯、圣卢西亚、圣文森特和格林纳丁斯、特立尼达和多巴哥及未独立地区安圭拉（英属）、开曼群岛（英属）、蒙特塞拉特（英属）、特克斯和凯科斯群岛（英属）、英属维尔京群岛（上述18个成员为借款成员）、巴西、墨西哥、哥伦比亚和委内瑞拉（上述4个成员为非借款成员）；非本地区成员5个：加拿大、中国、德国、意大利、英国。

【主要负责人】行长：康普顿·伯恩（Compton Bourne，圭亚那人），2001年5月就任，2006年5月连任。

【总部】设在巴巴多斯的维尔迪市。地址：P. O. Box 408, Wildey, St. Michael, Barbados, W. I.。电话：（001-246）4311600；传真：（001-246）4267269。E-mail：info@ caribank. org。网址：http：//www. caribank. org。

【组织机构】权力机构有理事会和董事会。理事会：系银行的最高决策机构，现有理事和副理事各22名。每个成员国任命理事和副理事各1名，但安圭拉、开曼群岛、蒙特塞拉特、特克斯和凯科斯群岛、英属维尔京群岛等5个未独立地区共享1个席位。各理事代表本国行使投票权，投票权大小基本依各国认缴股本的多少而定，对小成员国略有倾斜。理事会每年召开1次例会，也可根据需要召开特别会议。董事会负责制定银行的总体政策和运作方向，行使理事会授予的权利、就提供贷款、担保或选择投资方式以及制订借款计划等问题作出决定。董事会现由18名董事组成，其中13名代表本地区成员，5名代表非本地区成员。行长兼任董事会主席，负责银行的组织和运作，包括任命职员和审查贷款建议案，任期五年，可以连选连任。副行长两位，一位负责业务，一位负责综合服务和文秘。加行下设4个部门：财务部、项目部、经济计划部和法律部。工作人员约210人。2010年5月，第40届年会在巴哈马举行，会议讨论了国际金融危机影响，并同意将银行资本金总规模扩大150%。

【资产】由普通资本和特别基金两部分组成。普通资本是各成员国认购的股本以及银行自筹的借款；特别基金主要来源于银行接受的捐款。特别基金又分为特别发展基金和其他特别基金。特别发展基金是加行的软贷款窗口，其资金来源为每四年一次的成员捐资。其他特别基金的资金来源为加行成员和其他机构所提供的有附带条件的资金。

【主要活动】 主要在以下四个方面开展工作：(1) 向成员提供资金，主要用于农业、采矿、制造业、旅游、交通运输、能源、海洋开发以及社会发展等部门。从 1979 年开始在 11 个欠发达借贷国改善基础设施，扩大农村就业机会。(2) 促进本地区成员之间的经济合作和一体化进程。(3) 设立技术援助基金，在工程项目、环境影响分析、人力资源开发等领域提供技术援助。(4) 对本地区的援助进行协调，参加加勒比经济发展合作集团的工作。建立加勒比开发资金，向加勒比国家提供特别外部援助。

【同中国的关系】 1989 年，中国开始以观察员身份出席加行年会。1997 年 5 月，加行理事会第 27 届年会决定接纳中国为正式成员。中国在加行享有一个董事席位，代表中国以及在中国之后加入加行的非本地区国家。1998 年初，中国在加行的成员国地位正式生效。2000 年 1 月，中国人民银行在巴巴多斯设立驻加行联络处。2002 年 5 月，中国在出席加行第 32 届年会时宣布将在加行建立一项 100 万美元的技术合作基金，用于向加方介绍中国经济发展的经验和技术。2002 年 12 月 13 日，中国政府和加行签署了《加勒比开发银行和中华人民共和国政府咨询服务和培训活动的技术合作基金协定》。自加入加行起至今，中国参与了该行“特别发展基金”第 4～7 次增资。加行行长伯恩曾于 2001 年、2006 年两次访华。2005 年 12 月，中国人民银行行长周小川访问加行。

（胡启全）

南方共同市场
Mercado Común del Sur—MERCOSUR

【成立日期】 1991 年 3 月 26 日，阿根廷、巴西、巴拉圭和乌拉圭 4 国总统在巴拉圭首都签署《亚松森条约》，宣布建立南方共同市场（简称“南共市”）。该条约于当年 11 月 29 日正式生效。1995 年 1 月 1 日南共市正式运行，关税联盟开始生效。

【宗旨】 通过有效利用资源、保护环境、协调宏观经济政策、加强经济互补，促进成员国科技进步和实现经济现代化，进而改善人民生活条件，推动拉美地区经济一体化进程。

【成员】 5 个（2010 年 7 月）：阿根廷、巴西、巴拉圭、乌拉圭和委内瑞拉（2006 年 7 月被接纳为成员国，但尚待巴拉圭议会批准）。智利（1996 年）、玻利维亚（1997 年）、南非（2000 年）、秘鲁（2003 年）、哥伦比亚和厄瓜多尔（2004 年）先后成为南共市的“联系国”。智利已就成为正式成员同南共市进行谈判，玻利维亚也已向南共市提出加入申请。

【主要负责人】 常任代表委员会主席卡洛斯·阿尔瓦雷斯（Carlos Alvarez，阿根廷前副总统兼参议长）2005 年 12 月 8 日就任。

【组织机构】 (1) 共同市场理事会：最高决策机构。由成员国外交部长和经济部长组成。理事会主席由各缔约国外长轮流担任，任期半年。每年至少举行 1 次成员国首脑会议，理事会负责首脑会议的筹备和组织工作。(2) 共同市场小组：执行机构。负责实施条约和理事会作出的决议，就贸易开放计划、协调宏观经济政策、与第三国商签经贸协定等提出建议。由各成员国派出 4 名正式成员和 4 名候补成员组成，代表本国外交部、经济部和中央银行。下设贸易事务、海关事务、技术标准、税收和金融政策、陆路运输、海上运输、工业和技术政策、农业政策、能源政策和宏观经济政策协调等 10 个工作组。(3) 南共市贸易委员会：区内贸易事务机构。下设税务和商品名录、海关事务、贸易规则、保护竞争力等 8 个分委会。(4) 南共市议会：立法机构。实行一院制，由各成员国各 18 个议员组成，总部设在乌拉圭首都蒙得维的亚。(5) 南共市秘书处：行政机构，设在乌拉圭首都蒙得维的亚。(6) 南共市常设仲裁法院：司法机构，解决成员国间争端。

【网址】 http：//www.mercosur.org.uy

【主要活动】 截至 2009 年底，南共市共举行了 38 届首脑会议。

2007 年 1 月，南共市第 32 届首脑会议在巴西里约热内卢举行。各国在会后发表联合声明，强调营造更加公平的内部贸易环境，把降低各成员国间的经济非对称性作为今后工作重心。2007 年 6 月，南共市第 33 届首脑会议在巴拉圭首都亚松森举行。峰会发表联合公报重申坚守亚松森一体化的承诺，寻求区内各国平衡发展，更深融入全球经济，推动南共市民主。2007 年 12 月，南共市第 34 届首脑会议在乌拉圭首都蒙得维的亚举行，各国重申推动地区一体化深入发展的意愿，支持委内瑞拉早日加入南共市，反对外国干涉地区内部事务。

2008 年 6 月，南共市第 35 届首脑会议在阿根廷图库曼市召开，重点讨论了地区一体化建设及国际粮食和能源危机等问题。2008 年 12 月，南共市第 36 届首脑会议在巴西召开，各国就国际金融危机、推动地区一体化、加强内部经贸体制等议题进行了讨论。

2009 年 7 月，南共市第 37 届峰会在巴拉圭首都亚松森举行。会议发表声明谴责洪都拉斯政变，宣布不承认洪临时政府及其举行的任何选举。会议还讨论了应对国际金融危机、取消双重征税及区内贸易壁垒、地区统一货币、加强南共市建设、甲型 H1N1 流感等议题。2009 年 12 月，南共市第 38 届首脑会议在乌拉圭首都蒙得维的亚举行，各国重点围绕加强南共市建设、推动与欧盟签署自贸协定等议题进行了讨论。

【同中国的关系】2004 年 6 月，周文重副外长与以南共市轮值主席国阿根廷副外长雷德拉多为团长的南共市代表团在北京举行中国—南共市第五次对话。2005 年 12 月，胡锦涛主席特使、建设部部长汪光焘应邀出席南共市第 29 届首脑会议。（卢阳）

安第斯共同体
La Comunidad Andina—CAN

【成立日期】1969 年 5 月，秘鲁、玻利维亚、厄瓜多尔、哥伦比亚和智利政府的代表在哥伦比亚的卡塔赫纳城举行会议，讨论本地区经济一体化问题，26 日在哥首都波哥大签署了《卡塔赫纳协定》。同年 10 月 16 日，该协定生效。因成员国均系安第斯山麓国家，故称安第斯集团或安第斯条约组织。1973 年 2 月 13 日，委内瑞拉加入。1976 年 10 月 30 日，智利退出。1992 年 9 月，秘鲁中止对伙伴国承担经济义务。1995 年 9 月 5 日，安第斯集团总统理事会第七次会议决定建立安第斯一体化体系。1996 年 1 月，秘鲁政府宣布全面加入安第斯一体化体系，承担成员国所有义务。1996 年 3 月 9 日，更名为安第斯共同体（简称“安共体”）。1997 年 8 月 1 日，安共体开始正式运作。

【宗旨】充分利用本地区资源，促进成员国之间平衡和协调发展，取消成员国之间的关税壁垒，组成共同市场，加速经济一体化进程。

【成员】4 个（2010 年 7 月）：秘鲁、玻利维亚、厄瓜多尔和哥伦比亚（2006 年 4 月，委内瑞拉正式宣布退出）。巴西、阿根廷、乌拉圭、巴拉圭、智利是联系国。墨西哥和巴拿马为永久观察员国。

派有观察员的国家或国际组织（2009 年 7 月）：韩国、日本、以色列、印度、埃及、奥地利、比利时、丹麦、德国、法国、芬兰、瑞典、瑞士、塞尔维亚、西班牙、意大利、英国、阿根廷、巴拉圭、巴西、加拿大、美国、墨西哥、乌拉圭、澳大利亚、国际劳工组织、世界卫生组织、欧盟、美洲国家组织、美洲开发银行。

【主要负责人】设秘书长一名，现空缺。前任秘书长弗雷迪·埃勒斯（Freddy Ehlers），厄瓜多尔人，2007 年 2 月就职，2010 年 4 月 20 日辞职。

【总部】设在秘鲁首都利马。

【网址】http：//www. comunidadandina. org

【出版物】《安第斯集团》（《Grupo Andino》）月刊，西班牙文。

【组织机构】（1）总统理事会（1995 年以前称卡塔赫纳协定委员会）：最高决策机构，确定该组织一体化进程的方向。每年召开 1 次会议。（2）外长理事会：由成员国外交部长组成，负责协调成员国的对外政策。每年至少举行 2 次会议。（3）总秘书处：取代原卡塔赫纳协定委员会，是安共体的执行机构，有权代表安共体同其他一体化组织对话。秘书长由各成员国外长选举产生，任期四年，最多可连任一届。秘书长任职期间，不得兼任它职，不得要求、接受任何国家政府和国际机构的指示；若犯有严重错误，经全体成员国同意可予撤换。（4）安共体委员会：由各成员国总统任命的全权代表组成。同外长理事会一同负责制定一体化政策，协调和监督该政策的落实，并可以召集其他各部部长举行扩大会议，研究制定有关部门政策。（5）安第斯议会：1979 年 10 月 25 日成立，系安共体的咨询机构。由每个成员国议会各派 5 名议员组成，任期不得超过五年。每年召开 1 次例会，总部和常设秘书处设在哥伦比亚首都波哥大。（6）安第斯法院：1979 年 5 月 28 日成立，系安共体司法机构，由每个成员国各派 1 名大法官组成，任期六年，可连任一次。总部设在厄瓜多尔首都基多。

【主要活动】2006 年 4 月，委内瑞拉宣布，因为哥伦比亚、秘鲁两国与美国签署自贸协定，委宣布退出安共体。2007 年 6 月，安共体第 17 届首脑会议在玻利维亚塔里哈市举行，玻利维亚、哥伦比亚、厄瓜多尔、秘鲁和智利与会，会议共同签署了《塔里哈宣言》，包括正式宣布接纳智利为安共体联系国，宣布启动与欧盟的贸易谈判。2008 年 10 月，安共体特别首脑会议在厄瓜多尔的瓜亚基尔市举行，厄瓜多尔、秘鲁、玻利维亚三国元首及哥伦比亚外贸副部长与会，主要讨论了加强安第斯地区一体化、与欧盟开展贸易谈判等议题。2010 年 2 月 5 日，安共体四国外交部长和外贸部长通过了安第斯地区一体化进程指导方针及加强地区合作的战略议程。

【同中国的关系】2004 年 9 月，中国—安共体第二次政治磋商在北京举行，唐家璇国务委员和李肇星外长分别会见安共体代表团，周文重副外长主持磋商。2005年1月，曾庆红副主席访问秘鲁期间，集体会见安共体五国外长和该组织秘书长，提出内容涵盖电信、能源、基础设施建设、企业交流、农业、检验检疫、反毒、扶贫、新闻、议会和人力资源培训等重点合作领域的10项倡议。9月，安共体咨询和审议机构—安第斯议会同中国全国人大签署友好合作协议，接纳全国人大成为该组织观察员。2006年9月，杨洁篪外长副外长访问秘鲁期间在安共体秘书处会见安共体代理秘书长富恩特斯。2008年5月26日，安第斯议会领导委员会通过决议，就中国四川汶川特大地震所造成重大损失向中国政府和灾区人民表示声援，呼吁国际社会及相关社会团体、金融机构对灾区的安置、重建提供帮助。　（卢阳）

太平洋共同体秘书处
The Secretariat of Pacific Community—SPC

【成立日期】1947年2月6日，当时在南太平洋地区有属地和托管地的美国、英国、法国、澳大利亚、新西兰和荷兰6国政府签署了《堪培拉协议》，宣布成立南太平洋委员会（South Pacific Commission，简称SPC）。1998年更名为太平洋共同体（Pacific Community）。

1950年，该委员会为使南太地区的属地和托管地有发表意见的机会，决定每三年召开一次南太平洋会议。1967年改为每年召开一次。1973年，根据澳大利亚建议，南太平洋委员会和南太平洋会议决定自1974年起每年举行一次联席会议，通称“南太平洋会议”，就财政预算、资金使用方向、优先项目、吸收合作伙伴、选举和任命委员会主要官员等重大事务作出决策，但仅美、英、法、澳、新、西萨摩亚（后更名为“萨摩亚”）、斐济、巴布亚新几内亚、库克群岛、所罗门群岛、瑙鲁、图瓦卢和纽埃13个政府成员代表有选举权。在1983年第23届南太平洋会议上，根据澳大利亚的提议，规定当时27个成员都有选举权。

【宗旨】促进南太平洋各国（地区）的经济发展、社会福利和进步。与其他国际组织合作，向太平洋岛国提供经济技术援助。

【成员】26个（2009年）：美国、法国、澳大利亚、新西兰、汤加、萨摩亚、斐济、巴布亚新几内亚、基里巴斯、瓦努阿图、密克罗尼西亚、帕劳、库克群岛、所罗门群岛、瑙鲁、图瓦卢、马绍尔群岛、美属萨摩亚、关岛、法属波利尼西亚、新喀里多尼亚、瓦利斯和富图纳群岛、纽埃、托克劳、皮特凯恩群岛、北马里亚纳群岛。

荷兰曾为南太平洋委员会创始成员，1962年在把西伊里安移交给印度尼西亚后退出。英国曾于1996年退出，1998年1月重新加入，2005年1月再次退出。

【主要负责人】现总干事吉米·罗杰斯（Jimmie Rogers，所罗门群岛人），2006年1月就任，2008年连任。总干事下设2名副总干事。理查德·曼恩（Richard Mann，德国人），副总干事，负责社会资源部，涉及人力资源建设、公共卫生及统计项目等。费基塔莫埃洛拉·卡托阿·乌托伊卡马努（Ms. Fekitamoeloa Katoa 'Utoikamanu，汤加人），副总干事，主持驻斐济的地区办事处工作。

【总部】设在法属新喀里多尼亚首府努美阿。网址：www. spc. int。

【出版物】《活动月刊》（Monthly News of Activities）；《南太平洋会议报告》（Report of the South Pacific Conference），年刊。两刊均为英、法双语。

【组织机构】下设三个主要部门，分别负责土地、海洋资源和社会事务。在斐济苏瓦设有地区办事处，在多数岛国设有办事处，负责具体实施既定项目。此外，还有一个行政小组，负责协助总干事和2名副总干事工作。

太平洋共同体自1998年改名以来，定为每两年召开一届会议，制定相关政策并决定总干事人选。闭会期间，政府及行政机关代表委员会（The Committee of Representatives of Government and Administrations）有权就重要事项作出决策。

资金来源分三部分：一、会员费，总额700万美元，90%由澳、美、法、新4大国缴纳，其余10%由22个岛国和地区负担；二、澳等4大国提供的项目援助；三、欧盟、联合国开发计划署、粮农组织、世界卫生组织，以及各国通过多边组织或直接向太平洋共同体秘书处提供的援助。

【主要活动】在医疗卫生、经济发展、社会进步方面提供培训、咨询服务和协助，侧重落实各国和国际组织对南太地区的经援项目。在1976年举行的第16届会议上，南太平洋委员会的活动范围扩大到乡村发展、青年和团体事务、特别专家协商、文体、教育交流以及海洋资源的开发和研究等。1997年9月，第37届会议在澳首都堪培拉举行，会议决定每两年举行一次“南太平洋会议”，并决定南太平洋委员会于1998年1月1日起更名为太平洋共同体。

1999年12月，太平洋共同体首届会议在法属波利尼西亚举行，通过了规定该组织机构设置和工作规则的《塔希提宣言》。

2001 年 11 月，太平洋共同体第 2 届会议在努美阿举行，制定了 2003～2005 年期间的 5 项重大战略规划，即人力资源开发、在太平洋地区实现国际开发目标、在经济社会领域进行政策分析与建议、与相关国际机构加强沟通与协调、提升机构自身计划与执行能力等，其中人力资源开发被定为核心任务。

2003 年 11 月，太平洋共同体第 3 届会议在斐济首都苏瓦举行，会议主题是“太平洋岛屿应对传染病”，主要讨论了防治爱滋病、疟疾、肺结核全球基金；法国和新西兰资助的“太平洋地区妥善应对流行病计划”（PREPARE）；太平洋海洋战略；共同体就执行“千年发展目标”向岛国提供援助；在帕劳举办太平洋艺术节等。

2005 年 11 月，太平洋共同体第 4 届会议在帕劳首都科罗尔举行，会议主题是“发挥青年作用，创造安全、繁荣及可持续的未来”，还讨论了太平洋共同体《机构述评》（Corporate Review）以及大流感、艾滋病地区战略、地区卫生基金、渔业、“太平洋计划”等问题，并任命吉米·罗杰斯为总干事。

2007 年 11 月，太平洋共同体第 5 届会议暨该组织成立 60 周年会议在萨摩亚首都阿皮亚举行，会议主题是“太平洋渔业的未来：做好规划和管理，实现食品安全、民生及经济可持续发展”，还讨论了城市化、气候变化、数字化战略等问题。

【同中国的关系】 该组织与中国接触不多。中国曾向该组织“南太森林保护”、“偏远地区卫星通讯”和“南太地区码头升级”等项目提供过小额援助。

（古伟）

国际世界语协会
Universala Esperanto-Asocio—UEA

【成立日期】 由 1908 年成立的“环球世界语协会”和 1936 年成立的“国际世界语联盟”在 1947 年合并而成。

【宗旨】 该会是一个旨在宣传和推广世界语的国际性组织，对民族、种族、宗教和社会问题采取中立态度。其目的在于使用世界语，加强各国世界语者之间的联系，促进各国世界语组织之间的合作，进行文化交流，使世界语最终成为国际通用语，主张以世界语作为国际共同语，消除大国语言排除小国语言的不平等现象，呼吁联合国等国际组织采用世界语为工作语言。

【会员】 有个人会员和团体会员。个人会员分布于近 120 个国家（地区）。团体会员原有 69 个，2009 年 7 月 25 日蒙古世界语协会被接纳为团体会员，所以截至 2009 年 12 月，团体会员是 70 个。除上述新入会的蒙古以外，它们是下列国家（地区）的世界语组织：中国、阿根廷、爱尔兰、爱沙尼亚、澳大利亚、奥地利、巴基斯坦、巴西、保加利亚、贝宁、比利时、布隆迪、多哥、俄罗斯、格鲁吉亚、哥斯达黎加、克罗地亚、罗马尼亚、秘鲁、冰岛、波斯尼亚和黑塞哥维那、波兰、丹麦、德国、法国、芬兰、哥伦比亚、古巴、韩国、荷兰、加拿大、捷克、科特迪瓦、拉脱维亚、立陶宛、卢森堡、马其顿、马尔加什、马耳他、美国、墨西哥、南非、尼泊尔、尼日利亚、挪威、葡萄牙、日本、瑞典、瑞士、塞尔维亚、斯洛伐克、斯洛文尼亚、塔吉克斯坦、委内瑞拉、乌克兰、乌拉圭、西班牙、希腊、新西兰、匈牙利、亚美尼亚、伊朗、以色列、意大利、印度、英国、越南、刚果、智利。

【主要负责人】 会长普罗巴尔·达斯古普塔（Probal Dasgupta，印度人），秘书长巴巴拉·皮特扎克（Barbara Pietrzak，波兰人），均于 2007 年当选，任期三年。

【总部】 在荷兰鹿特丹，地址：Nieuwe Binnenweg 176，NL—3015 BJ，Rotterdam，Nederlando。电话：+31－10－436－1044。传真：436－1751。电子信箱：uea@co.uea.org。网址：http://www.uea.org。

【出版物】《世界语》（Esperanto）月刊，世界语文。

【组织机构】（1）委员会：由各团体会员和个人会员分别照章选出，每三年改选一次。主要职能为制定总的工作方针，选举领导机构，决定财政预决算等。（2）理事会：领导机构。由委员会选出的会长、副会长、秘书长及若干理事组成。协会在各国设有代表及总代表，负责征收会费、联系会员和为会员服务等。

【主要活动】 该会每年举行一次国际世界语大会，轮流在各国召开。2009 年 7 月 25 日至 8 月 1 日在波兰比亚韦斯托克召开了第 94 届国际世界语大会，有 63 个国家（地区）的 1860 人报名参加了大会。

在世界语历史上，波兰已经分别于 1912 年、1931 年、1937 年、1959 年和 1987 年成功地举办了五次国际世界语大会，2009 年是第六次举办大会了。在世界语大会历史上，出席大会人数最多的一次是 1987 年为纪念世界语诞生 100 周年在波兰华沙举办的大会，一共有 5946 人参加。本届大会在柴门霍夫的家乡比亚韦斯托克举办还是首次。

波兰各大媒体：报纸、广播、电视、网络，特别是波兰世界语广播台，对大会都进行了广泛的报道。

波兰众议院议长布罗尼斯拉夫·科莫罗夫斯基担

任了大会最高监护人。

在开幕式上宣读了大会最高监护人给大会发来的贺词。波兰国家旅游体育部代表和比亚韦斯托克市市长、副市长出席了开幕式并向大会致了贺词，分别代表波兰和比市欢迎大家来参加今年的国际世界语大会、庆祝柴门霍夫诞辰150周年。

市长在讲话中，高度评价了柴门霍夫成功地创造世界语在人造语历史上的丰功伟绩，高度赞扬了世界语者为实现柴氏“希望全世界成为一个友爱的大家庭”理想为之不懈努力的精神。

市长纯正、流利的世界语通篇讲话赢得了全场的热烈掌声！

联合国教科文组织总干事也给大会发来了贺词。

世界语创始人柴门霍夫之孙柴列斯基和曾外孙柴路斯基亲临大会并代表家族致了贺词。

2009年大会的议题定为：《当今的柴门霍夫为人类架和平之桥》

该议题与联合国所倡导的“国际和解年”和中国所倡导的建设和谐世界的宗旨是相吻合的。而和平、中立、友好的世界语是实现各民族沟通和理解的桥梁。要实现人类的相互理解，首先要消除交往沟通中的语言障碍，世界语正是可以担当此任的合理选择。人类的相互理解、相互尊重、相互包容是世界语创始人柴门霍夫终生追求的目标。

在对议题的讨论过程中，人们回忆起了柴门霍夫曾经讲过的一些话：“我们根本不想干涉各种族内部的生活，而只想在各种族之间架一座桥梁。”“我们要创造一种中立的基础，在这个基础上，人类各种族能够和睦并兄弟般地相互往来，而不是把自己的东西强加给别人。”“世界语的目的，只是希望各民族之间有一种合适的、充满活力和互相了解的工具。”这些话至今仍有它的现实意义。

除了大会议题讨论以外，与历届大会一样，还有大会大学、学术交流、专业会议和各项世界语活动。

今年的大会大学学术研讨会为纪念柴门霍夫诞辰150周年定专题为：《关于柴门霍夫》，学术报告有：柴门霍夫一生；柴门霍夫创造世界语的历史背景；柴门霍夫的人类一员主义；柴门霍夫的宗教和哲学思想；等等。

另外，大会还举办了世界语国际水平考试、世界语原文文学创作比赛、世界语演讲比赛。

在世界语原文文学创作比赛中，中国世界语者毛自赋参加了评委工作。

中华全国世界语协会副秘书长王瑞祥出席并主持了关于亚洲世界语运动的工作会议。会议主要是听取了蒙古世界语协会有关筹备于2010年6月19～23日在蒙古乌兰巴托召开第6届亚洲世界语大会的情况汇报，并讨论了各国组团参会事宜。

大会期间，中国代表团举办了“中国日”活动。中华全国世界语协会陈昊苏会长介绍了他近20年来出访国外所写的诗集中世文版《希望之路》，并为在座的听众签名赠书。郭晓勇副会长回顾了近年来中国利用世界语平台介绍中国古典文学四大名著的翻译情况。北京市社科联史秋秋副主席介绍了有关出版波兰长篇小说《法老》中译本的情况。香港理工大学的陈瑞瑞系主任做了题为《世界语应用多样性》及《通过世界语学习其它语言的研究》等报告。

中国国际广播电台世界语部和波兰、古巴、梵蒂冈世界语广播台联合召开了听众座谈会。

为了纪念柴氏诞辰150周年，国际世界语协会书刊服务部供应大会图书多达1800多种，其中有60种是新书，其总重量达1.5吨。

本届大会的世界语文艺节目特别的丰富多彩，一共有29场次，世界语配音的电影有五部之多。比市的世界语氛围也给人留下了深刻的印象，在市内主要街道上有大会标志横幅和宣传栏，旅游景点都有波、英、世三种文字的说明牌。大会会场周边的咖啡厅和饭店都有世界语的饮料单和菜单，服务员均能用简单的世界语和顾客交谈。

今年在召开国际世界语大会的前一周，自7月18～25日，在捷克的利贝雷茨举办了国际青年世界语大会，有41国的343人出席。在召开大会的同时在比市举办了国际儿童世界语大会。

大会决定：2010年第95届国际世界语大会将在古巴首都哈瓦那召开。2011年第96届国际世界语大会将在丹麦首都哥本哈根召开。

在闭幕式上，本届大会组委会主席和柴门霍夫的孙子、比亚韦斯托克荣誉市民柴列斯基两人代表大会组委会将国际大会会旗转交给了下届大会举办国古巴世界语协会代表。后者宣读了古巴文化部的书面邀请函，欢迎大家明年到古巴去参加国际世界语大会。

最后，国际世界语协会会长普罗巴尔·达斯古普塔做了发言，宣布大会闭幕。

【同中国的关系】 中华全国世界语协会于1980年8月正式作为团体会员加入该协会。此前，中华全国世界语协会曾于1956年、1959年、1964年、1978年派团参加国际世界语大会。1980年以后，中国派团参加每届国际世界语大会。2009年中国派出了以中国对外友好协会会长、中华全国世界语协会会长陈昊苏为名誉团长，中国外文局常务副局长、中华全国世界语协会副会长郭晓勇为团长的12人代表团出席了第94届国际世界语大会。（祝明义）

国际奥林匹克委员会
International Olympic Committee—IOC

【成立日期】 1894年6月23日在巴黎召开的国际体育代表大会上成立。发起人是法国的教育家皮埃尔·顾拜旦男爵。简称“国际奥委会”。

【宗旨】 依据奥林匹克宪章，在全世界的范围内领导奥林匹克运动健康地发展；鼓励组织和发展体育运动和体育比赛；保证奥运会的正常举行；鼓励青年参加体育活动并从中受到教育，为建立一个和平和更加美好的世界而作出贡献。奥林匹克的口号是：“更快，更高，更强”。

【成员】 国际奥委会所领导的奥林匹克运动包含所有同意并遵守奥林匹克宪章的组织和个人，他们隶属于奥林匹克运动的标准是得到国际奥委会的承认。目前，已获得国际奥委会承认的组织有：国家或地区奥委会205个；其管辖的运动项目被列为奥运会比赛的国际单项体育联合会33个（其中夏季奥运会项目26个，冬季奥运会项目7个）；其他国际单项体育联合会34个。奥运会和青年奥运会组织委员会，目前有：2010年温哥华（加拿大）第21届冬季奥运会组委会、2012年伦敦（英国）第30届奥运会组委会、2016年里约热内卢第31届奥运会组委会、2014年索契（俄罗斯）第22届冬季奥运会组委会、2010年新加坡第1届青年奥运会组委会、2012年因斯布鲁克青年冬季奥运会组委会、2014年南京第2届青年奥运会组委会；世界性的或每个洲的国家或地区奥委会协会组织，其中有：各国奥委会总会—简称国际奥协（ANOC）、非洲国家奥委会总会（ANOCA）、亚洲奥林匹克理事会（OCA）、泛美体育组织（ODEPA）、中美洲和加勒比体育组织（ODECABE）、南美洲国家奥委会协会（ODESUR）、欧洲国家奥委会总会（EOC）、大洋洲国家奥委会总会（ONOC）；国际奥委会所承认的体育组织还包括有一些由国际单项体育联合会所组成的协会：国际单项体育联合会总会（GAISF）、夏季奥林匹克项目国际单项体育联合会总会（ASOIF）、冬季奥林匹克项目国际单项体育联合会总会（AIOWF），等等。

【主要负责人】 主席雅克·罗格（Dr. Jacques Rogge，比利时人），2001年7月就任，2009年10月连任。

【总部】 在瑞士洛桑。地址为：Château de Vidy, Case postale 356, 1001 Lausanne, Suisse。

【出版物】《奥林匹克季刊》（Olympic Review），《奥林匹克通讯》（Olympic Message），《新闻通讯》（Newsletter）。国际奥委会的网址是：http://www.olympic.org/。

【组织机构】 国际奥委会是一个非政府性的、非盈利性的和永久性的国际组织。它以协会的形式存在，具有法人资格，于1981年9月17日得到瑞士联邦委员会的承认。它的组织机构形式是：国际奥委会全体委员会议（简称“全会”）、执委会和主席。

《奥林匹克宪章》规定：国际奥委会委员由自然人组成，人数总数不得超过115人，其中15人必须来自国际奥委会运动员委员会的代表，15人为国际单项体育联合会的主席或其领导成员，15人为国家（或地区）奥委会的主席或其领导成员。国际奥委会从它认为有资格的人选中选择和选举其委员。国际奥委会委员必须是一个国家的公民，这个国家有一个被国际奥委会承认的国家奥委会。国际奥委会委员是国际奥委会在这些国家或有关组织的代表，并非是这些国家或组织派往国际奥委会的代表。

自1999年起，新当选的委员年满70岁必须退休。而在1999年12月11日第110届国际奥委会全会召开之前选举产生的委员可在他80岁的当年年底退休（但在1966年之前当选的委员除外）。国际奥委会现有委员113人，其中18人为女性。

任职满10年的国际奥委会委员在退休之后均可成为国际奥委会名誉委员（IOC Honorary member）。国际奥委会名誉委员可应邀参加奥运会，出席奥林匹克代表大会和国际奥委会全会，但无表决权。国际奥委会现有名誉委员30人，其中3人为女性。胡安·安东尼奥·萨马兰奇为终生名誉主席，2010年4月21日病逝。

经国际奥委会执委会提议，国际奥委会可从国际奥委会以外的、对奥林匹克运动作出过杰出贡献人士中选举国际奥委会荣誉委员（IOC Honour member）。国际奥委会荣誉委员可应邀参加奥运会，出席奥林匹克代表大会。国际奥委会主席可邀请他们出席国际奥委会的其他活动和会议，但他们无表决权。国际奥委会现有荣誉委员1人（亨利·基辛格博士）。

全会至少每年召开一次。它是国际奥委会的最高权力机构，负责对奥林匹克宪章的制订、修改和解释；选举奥运会举办城市；选举国际奥委会委员。全会的决定是最终的。

执委会会议基本上每年召开四次。执委会负责处理国际奥委会的日常事务，包括：准备全会的议事日程；向全会提交修改章程的建议及其他各类报告；批准国际奥委会的内部行政机构，根据主席的通知，委派和免除总干事、秘书长等职；负责保存国际奥委会的会议记录；颁布各种必要的规定和条例。

国际奥委会执委会由主席一人，副主席四人和另外十名委员组成。主席任期八年，可连选连任四年。副主席和执委任期为四年，可在执委会中连任两期。一名执委连任两期之后，必须至少经过两年的间隔才能重新当选此职，除非他当选上主席。

主席代表国际奥委会，负责主持国际奥委会的一切活动。在全会和执委会休会期间，主席可代表国际奥委会采取任何行动或作出任何决定。如果主席不能履行其义务，则由当时资历最深一名副主席代理其工作，直至主席能恢复工作的能力，或至下次全会上选出新的主席。

国际奥委会主席或执委会认为有必要时，可决定成立某些永久性的特别委员会或工作小组，确定它们的权力范围，任命其成员。主席是所有这些委员会的当然委员。这些小组委员会成立的目的主要是对全会、执委会和主席起到咨询作用。国际奥委会现设有下列小组委员会：奥林匹克文化和奥林匹克教育委员会、运动员委员会、道德委员会、提名委员会、妇女和体育委员会、财务委员会、审计委员会、立法委员会、市场营销委员会、医务委员会、新闻委员会、奥林匹克项目委员会、广播和电视委员会、奥林匹克团结委员会、体育和环境委员会、群体委员会、体育和法律委员会、2012 年伦敦第 30 届奥运会协调委员会、2014 年索契第 22 届冬季奥运会协调委员会、2010 年新加坡第 1 届青年奥运会协调委员会、2012 年因斯布鲁克第 1 届青年冬季奥运会协调委员会、2014 年南京第 2 届青年奥运会协调委员会、2016 年里约热内卢第 31 届奥运会协调委员会、奥林匹克集邮、纪念币和纪念品委员会、国际关系委员会、电视权和新媒体委员会、随队官员委员会（注：该委员会是根据 2009 年奥林匹克代表大会的建议新设置的一个委员会，任务是研究奥运会代表团的教练等随队官员如何为运动员提供保护和协助而发挥作用）、国际奥委会在世界兴奋剂组织和基金会中的代表、国际奥林匹克休战基金会。

国际奥委会的行政管理机构有：主席执行办公室、总干事办公室、奥运会部、国际合作和发展部、财务和行政部、运动部、国家奥委会关系部、技术部、通讯部、信息管理部、电视和市场营销部、法律部、医务和科学部、奥林匹克博物馆部、奥林匹克团结基金部、奥林匹克广播服务部、体育道德委员会办公室、终身名誉主席秘书处和奥林匹克集邮部、奥林匹克电视档案局。

【主要活动】奥运会最早始于古希腊的奥林匹亚，由古代希腊人民为祭神和崇拜英雄而举行的一些竞赛活动逐渐发展形成的。

第一届古代奥运会于公元前 776 年举行，共举行过 293 次。公元 393 年被罗马皇帝狄奥多西废除。

1889 年，法国的顾拜旦男爵提出恢复奥林匹克运动的建议。第一届近代奥运会于 1896 年在希腊举行。以后每四年举行一次。即使其间因故不能举行，届数仍然依次照算（第 6、12、13 届未举行）。各届奥运会举办日期、地点、参赛国（地区）数和运动员人数如下：

年份	举办日期	城市	届数	参赛国（地区）数	运动员数
1896	4.6～4.15	雅典	1	14	241
1900	5.14～10.28	巴黎	2	24	997
1904	7.1～11.23	圣路易斯	3	12	651
1908	4.27～10.31	伦敦	4	22	2008
1912	5.5～7.27	斯德哥尔摩	5	28	2407
1920	4.20～9.12	安特卫普	7	29	2622
1924	5.4～7.27	巴黎	8	44	3088
1928	5.17～8.12	阿姆斯特丹	9	46	2883
1932	7.30～8.14	洛杉矶	10	37	1334
1936	8.1～8.16	柏林	11	49	3963
1948	7.29～8.14	伦敦	14	59	4104
1952	7.19～8.3	赫尔辛基	15	69	4955
1956	11.22～12.8	墨尔本	16	67	3155
	6.10～6.17	斯德哥尔摩		29	159
1960	8.25～9.11	罗马	17	83	5338
1964	10.10～10.24	东京	18	93	5152
1968	10.12～10.27	墨西哥	19	112	5516
1972	8.26～9.11	慕尼黑	20	121	7234
1976	7.17～8.1	蒙特利尔	21	92	6084
1980	7.19～8.3	莫斯科	22	80	5179

（续表）

年份	举办日期	城市	届数	参赛国（地区）数	运动员数
1984	7.28~8.12	洛杉矶	23	140	6829
1988	9.17~10.2	汉城	24	159	8397
1992	7.25~8.9	巴塞罗那	25	169	9364
1996	7.19~8.4	亚特兰大	26	197	10318
2000	9.15~10.1	悉尼	27	200	10651
2004	8.13~8.29	雅典	28	202	10625
2008	8.8~8.24	北京	29	204	10942
2012	7.27~8.12	伦敦	30		

冬季奥运会从1924年起开始举行，每四年一次。届数按实际举行的次数计算。第16届冬季奥运会于1992年2月在法国的阿尔贝维尔举行。自此以后，冬季奥运会与夏季奥运会不在同一年度举行。第17届冬季奥运会于1994年在挪威的利勒哈默尔举行。各届冬季奥运会的举办日期、地点、参赛国（地区）数和运动员人数如下：

年份	举办日期	城市	届数	参赛国（地区）数	运动员数
1924	1.25~2.5	夏蒙尼	1	16	258
1928	2.11~2.19	圣莫里茨	2	25	464
1932	2.4~2.15	普莱西德湖	3	17	252
1936	2.6~2.16	加米施—帕腾基兴	4	28	646
1948	1.30~2.8	圣莫里茨	5	28	669
1952	2.14~2.25	奥斯陆	6	30	694
1956	1.26~2.5	科蒂纳丹佩佐	7	32	821
1960	2.18~2.28	斯阔谷	8	30	665
1964	1.29~2.9	因斯布鲁克	9	36	1091
1968	2.6~2.18	格勒诺布尔	10	37	1158
1972	2.3~2.13	札幌	11	35	1006
1976	2.4~2.15	因斯布鲁克	12	37	1123
1980	2.13~2.24	普莱西德湖	13	37	1072
1984	2.8~2.19	萨拉热窝	14	49	1272
1988	2.13~2.28	卡尔加里	15	57	1423
1992	2.8~2.23	阿尔贝维尔	16	64	1801
1994	2.12~2.27	利勒哈默尔	17	67	1737
1998	2.7~2.22	长野	18	72	2176
2002	2.8~2.24	盐湖城	19	77	2399
2006	2.10~2.26	都灵	20	80	2509
2010	2.12~2.28	温哥华	21	82	2616
2014	2.7~2.23	索契	22		

冬季奥运会设有7个运动大项（13个运动分项）：冬季两项、雪车、冰壶（又称“溜冰石”）、冰球、雪橇、滑冰（含速度滑冰、短道速滑、花样滑冰）和滑雪（含越野滑雪、跳台滑雪、北欧混合、自由滑雪、雪板滑雪）。

青年奥运会分为夏季和冬季运动会，参赛运动员的人数分别控制在3200人和1000人，运动员的年龄必须在14~18岁之间。首届夏季青年奥运会于2010年8月14~26日在新加坡举行。来自204个国家（地区）奥委会的3531名运动员参加了首届青年奥运会。首届冬季青年运动会将于2012年1月13~22日在奥地利的因斯布鲁克举行。

截至2010年2月，国际奥委会全体委员会议已举行了122次。第117届国际奥委会全会于2005年7月在新加坡召开。全会选举了2012年奥运会举办城市。在参加竞选的巴黎、纽约、莫斯科、伦敦和马德里五个城市中，经过四轮表决，最后，伦敦以54:50击败了巴黎，获得了第30届奥运会举办权。全会还对2012年奥运会比赛项目设置进行了表决。在28个奥林匹克项目中，棒球和垒球因未能获得半数以上委员支持，将不能列入2012年奥运会比赛项目。全会接着对轮滑、壁球、高尔夫、橄榄球、空手道五个申请列入2012年伦敦奥运会的项目进行了表决，但无一获得国际奥委会委员2/3的票数的支持，均未取得奥运会项目的资格。2012年伦敦奥运会将只设26个运动大项。

在2008年8月于北京举行的第120届国际奥委会全会上，于再清当选为国际奥委会副主席。

国际奥委会第121届全会于2009年10月在哥本哈根举行。全会选举了新一届国际奥委会主席。罗格主席顺利连任，任期至2013年。全会听取了原北京奥组委执行副主席、北京奥运城市发展促进会副会长王伟和原北京奥运会协调委员会主席维尔布鲁根所做的关于北京奥运会的最终总结报告。全会决定高尔夫球和七人制橄榄球成为2016年奥运会正式比赛项目。参加2016年奥运会高尔夫球比赛的运动员人数为男、女各60人，七人制橄榄球比赛各有男、女12支队伍参赛。全会还对2016年奥运会举办城市进行了表决。参加最后表决的有芝加哥、东京、马德里和里约热内卢4个城市。表决结果，芝加哥、东京分别在第1轮和第2轮表决中被淘汰。在最后一轮表决中，里约热内卢以66:32击败马德里，获得了2016年奥运会的举办权。

国际奥委会第122届全会于2010年2月在温哥华举行，中国短道速滑名将杨扬以89票赞成、5票反对的绝对优势当选为国际奥委会委员。全会还对2014年第2届夏季青年奥林匹克运动会的举办城市进行了表决。参加第2届青奥会申办的城市原有南京（中国）、波兹南市（波兰）和瓜达拉哈拉（墨西哥）。由于瓜达拉哈拉市在表决的前一天宣布退出，这样，南京市的竞争对手最后只剩下波兹南市。89名委员参加了投票，结果南京市以47:42险胜波兹南市，获得了第2届青奥会的举办权。

2009年8月，国际奥委会执委会在柏林召开会议。会议讨论了2016年奥运会项目设置，决定高尔夫和七人制橄榄球为新增候选项目，提交10月份在哥本哈根召开的国际奥委会全会上讨论通过。会议还决定2012年伦敦奥运会增设女子拳击项目，设次最轻量级（48~51kg）、轻量级（56~60kg）和中量级（69~75kg）3个级别的比赛。每个级别各有12名选手参赛。

2009年12月在洛桑召开的国际奥委会执委会会议决定取消美国著名田径运动员琼斯在2000年奥运会上获得的奖牌；2012年奥运会增设网球混双比赛；承认国际运动攀登联合会（IFSC）、国际摩托艇联合会（UIM）和国际板球理事会（ICC）和“世世代代为和平”（Generations for Peace），对世界移植运动会联合会给予临时承认。

2010年4月在迪拜召开的国际奥委会执委会决定因参加2000年悉尼奥运会的中国女子体操队中包括了当年未满16周岁的选手董芳霄，取消中国队所获得的体操女子团体铜牌，改授美国，取消董芳霄在悉尼奥运会上女子个人自由体操和跳马的第六、第七名成绩。

2010年6月，国际奥委会在瑞士洛桑举行执委会会议，选定慕尼黑（德国）、阿纳西（法国）、平昌（韩国）为2018年冬奥会正式的申办候选城市。执委会还确定了申办的时间表：规定三个城市必须在2011年1月11日前向国际奥委会提交详细的申办报告。国际奥委会将在2011年2~3月间派评估团进行实地考察。2011年7月6日在南非德班举行的国际奥委会全会将通过不记名投票形式最终选举产生2018年冬奥会的主办城市。

从1946年起，国际奥委会执委会分别与冬季国际单项体育联合会总会（AIOWF）、夏季国际单项体育联合会总会（ASOIF）和国际单项体育联合会总会（GAISF）之间不定期举行联席会议，至今已举行了74届。现更名为“国际体育大会”（SportAccord）。会议的主要工作是协调重大国际体育赛事日程，解决各个体育单项与奥运会比赛相关的问题。从1952年起，国际奥委会执委会与各国奥委会总会（ANOC）也不定期举行联席会议（注：从1984年起，基本上每两年一次），至今已举行了35届。会议的主要工作是国际奥委会听取各国奥委会对参加奥运会和奥林匹克其他活动的意见。第35次国际奥委会执委会与各国奥委会总会联席会议于2008年4月在北京召开。

奥林匹克代表大会原则上每八年举行一次。出席代表大会的除国际奥委会委员和名誉委员外，还有各国际单项体联、国家奥委会、奥运会组委会和其他获得国际奥委会承认的体育组织的代表，被邀请的运动员、教练员、医务人员、裁判员代表、奥林匹克合作伙伴和新闻媒体代表以及社会知名人士。至今，奥林匹克代表大会已举行过12次。第12届奥林匹克代表大会于1994年8月29日至9月3日在巴黎召开，它也是现代奥林匹克运动恢复100周年的庆祝活动的一部分。参加本届大会的代表共有3427人，其中：国际奥委会委员和名誉委员101人；来自48个国际单项体联的代表132人；来自191个国家或地区奥委会的代表407人；运动员代表67人；记者代表738人。在大会上发言的共达439人次。

第13届奥林匹克代表大会于2009年10月3~5日在丹麦的哥本哈根举行。参加代表大会的有：国际奥委会委员、名誉委员、各国际单项体育联合会和各国家和地区奥委会主席、秘书长及代表、运动员、教练员、裁判、裁判员、技术代表、2010、2012、2014和2016年奥运会组委会的官员、未来奥运会申办城市代表、世界反兴奋剂机构代表、体育仲裁法庭代表，以及一些国际政府间组织和非政府间组织代表、公众代表和观察员共1249人、媒体代表800人。联合国秘书长潘基文，东帝汶总统、诺贝尔奖获得者何塞·拉莫斯—霍塔出席了大会开幕式。大会由国际奥委会主席雅克·罗格主持。

从2007年10月到2009年2月为虚拟奥林匹克代表大会。在此阶段，虚拟奥林匹克代表大会共收集到奥林匹克大家庭的 453 份投稿、公众的 1319 份投稿。

第 13 届奥林匹克代表大会的中心议题和分议题是：

主题 1：运动员

1.1　运动员、俱乐部、单项体育协会会、国家（地区）奥委会之间的关系

1.2　训练和比赛中的健康保护

1.3　比赛期间和退役以后的社会和职业生活

主题 2：奥运会

2.1　如何将奥运会保持为一项顶级赛事

2.2　奥林匹克的价值

2.3　奥运会的全球性和发展中国家

主题 3：奥林匹克运动的构成

3.1　奥林匹克运动的自治权

3.2　良好的管理与道德

3.3　奥林匹克运动与其利益相关者之间的关系

主题 4：奥林匹克主义与青年

4.1　迈向一个具有活力的社会

4.2　竞技体育是否依然具有吸引力

4.3　青年体育赛事

主题 5：数字革命

5.1　一种新的体育权利管理

5.2　如何增加体育观众规模

5.3　在数字化时代与利益相关者的交流

每届奥林匹克代表大会的召开年份、地点和会议中心议题如下：

年份	地点	中心议题
1894	巴黎	恢复举办奥林匹克运动会
1897	哈佛	运动卫生和教育学
1905	布鲁塞尔	运动和体育教育
1906	巴黎	艺术、文学和体育
1913	洛桑	运动心理和生理学
1914	巴黎	奥林匹克规章
1921	洛桑	奥林匹克规章
1925	布拉格	运动教学—奥林匹克规章
1930	柏林	奥林匹克规章
1973	瓦尔纳	体育为了一个和平的世界—奥林匹克运动及其未来
1981	巴登巴登	体育促团结、团结为体育 —奥运会的未来 —国际合作 —奥林匹克运动的未来
1994	巴黎	奥林匹克百年纪念和团结大会 —奥林匹克运动对现代社会的贡献 —现代的运动员 —体育与社会 —体育和新闻媒介
2009	哥本哈根	社会中的奥林匹克运动 —运动员 —奥运会 —奥林匹克运动的结构 —奥林匹克主义和青年 —数字革命

除举办奥运会和召开有关会议外，国际奥委会还支持和赞助各国群体活动的开展，如各国奥委会在每年 6 月 23 日举行奥林匹克日长跑活动。

国际奥委会主张体育与文化和教育相结合，支持各国奥委会参加每年在希腊奥林匹亚开设的国际奥林匹克学会研讨会，支持各国举办体育集邮展览、体育题材的美术和文化展览或体育纪念品收藏展览等活动。

国际奥委会还与世界上联合国组织、各国政府和其他民间体育组织密切合作，召开与体育有关的专题研讨会，以推动奥林匹克运动在全世界的发展，促进体育运动更好地为人类健康、和平和友谊服务。这类会议有：世界体育科学代表大会、世界体育和环境代表大会、世界体育领域反对种族隔离代表大会、世界反兴奋剂代表大会，等等。1992 年，国际奥委会提出了“奥林匹克休战”的倡议。1993 年，该倡议得到了联合国第 48 届代表大会的响应。自此之后，联合国每隔两年（注：即在夏季和冬季奥运会举办的前一年）向代表大会提交一份题为“通过体育和奥林匹克理想来建立一个和平和更加美好的世界”的决议，呼吁在其成员国在奥运会期间实现“奥林匹克休战”。国际奥委会和联合国还将 2005 年定为“运动和体育教育年”。2007 年 10 月 31 日，第 62 届联合国代表大会一致通过由中国等 187 个国家共同提出的“奥林匹克休战”决议草案。决议促请会员国在《联合国宪章》的框架内，在 2008 年北京奥运会和随后举行的残奥会期间遵守奥林匹克休战，并吁请所有联合国会员国继续努力，利用体育促进和平、对话和和解。2009 年 9 月，国际奥委会又一次提出了“奥林匹克休战”的呼吁，2009 年 10 月，联合国代表大会通过决议，呼吁会员国在第 21 届温哥华冬奥会和第 10 届冬季残奥会、2010 年首届青年奥运会期间实行休战。

2009 年 10 月 19 日，为表彰国际奥委会对实现联合国千禧年发展目标而做出的努力，利用体育作为有效工具，在人道主义援助、缔造和平、教育、两性平等、环境保护和对抗艾滋病等领域开展的各种全球性活动，联合国代表大会通过了授予国际奥委会“联合国观察员”席位的提案。根据联合国宪章，国际奥委会的代表将以观察员的身份在大会上发言，发起并签署议案等权利，但不享有投票权。2010 年 5 月，联合国和国际奥委会举行了第 1 届联合论坛。论坛主

题是：伙伴的重要性（Importance of Partnership）。

1999年2月，国际奥委会在洛桑召开了世界反兴奋剂大会。大会通过了《洛桑宣言》，决定成立一个世界性的、独立的反兴奋剂组织。国际奥委会承诺向该机构提供2500万美元的资金。1999年11月10日，"世界反兴奋剂组织"（World Anti-doping Agency，简称为WADA）正式成立，总部设在加拿大蒙特利尔。

国际奥委会还积极参与各种人道主义的援助。1996年，国际奥委会与联合国粮农组织（FAO）签署了合作协议，双方愿采取积极具体措施为全球农村地区的人口谋取福利。国际奥委会与奔驰汽车公司就在6个非洲国家体育发展签订了一项耗资600万马克的"非洲奥林匹克计划"。1997年和1998年间，国际奥委会曾通过中国奥委会的协助，两次向朝鲜民主主义人民共和国体育界提供了食品援助。另外，国际奥委会还同巴塞罗那市签署合同，帮助重建萨拉热窝的扎特拉体育设施。国际奥委会还与联合国难民署发起了"捐赠就是胜利"（Giving is winning）的号召，目的是鼓励各国奥委会、各国际体育组织捐赠运动服装，来赈济联合国难民营中的难民。在2008年北京奥运会期间，国际奥委会再次发起了这一活动，各国运动员在奥运村中踊跃捐赠了75000件衣物。近几年来，国际奥委会还向阿富汗因地雷致残者捐助了体育装备。

国际奥委会还与赞比亚政府、奥委会和6个国际单项体育联合会合作，捐助了在赞比亚首都卢萨卡兴建的奥林匹克青年发展中心。2010年，这座多功能大楼正式落成启用，它不仅是赞比亚青年的体育活动中心，而且可用于举办各类社区活动，开展健康服务和开设奥林匹克教育课程。

国际奥委会是"奥林匹克五环"标志、"奥林匹克"名称、口号及奥运会电视转播权的拥有者。自1984年以来，国际奥委会极力将奥运会和奥林匹克运动中的其他活动推向市场。国际奥委会的资金收入主要来源于以下计划：奥运会电视权转让（约占总收入的53%）、奥林匹克合作伙伴计划（简称TOP计划，约占总收入的34%）、奥运会门票收入（约占总收入的11%）、奥运会标志许可权转让（约占总收入的2%）、奥林匹克邮票、纪念币等计划。国际奥委会将收入的92%分配给奥运会组委会、各国奥委会、各国际单项体育联合会和其他国际体育组织，如：国际残奥会（IPC）、残奥组委会和世界反兴奋剂组织。从1984年洛杉矶奥运会起，奥运会的主办者的经费收支一直保持着盈余，并能为各国参赛者提供适当的资助。2004年雅典奥运会向世界上220个国家和地区进行了转播，收视人口达42亿（每个电视观众观看奥运会转播的时间按12小时计）。雅典奥运会的实况直播时间达3800个小时。雅典奥运会的电视收入为14.96亿美元。北京奥运会的电视收入达到了17.15亿美元。目前，下列公司已加入了国际奥委会的2012年伦敦奥运会的合作伙伴计划（TOP Partner）：可口可乐（软饮料）、宏碁（ACER电脑）、源讯（信息技术）、通用电器（照明、超声波器材）、麦当劳（零售食品服务）、欧米茄（计时设备）、松下（音像、电视设备）、三星（无线通讯器材）、VISA（信用卡）、陶氏公司（化工产品、农产品）、宝洁公司（P&G，化妆品和家用产品）。

【同中国的关系】中国奥委会早在1922年就得到了国际奥委会的承认。解放前，中国曾派运动员参加了1932年、1936年和1948年的三次奥运会。王正廷、孔祥熙和董守义三人曾先后担任国际奥委会委员。解放后，新中国首次派队参加了1952年在赫尔辛基的第15届奥运会。但不久，当时的国际奥委会主席布伦戴奇（美国）把台湾列入了国际奥委会所承认的各国奥委会名单之中，企图制造"两个中国"。中国多次抗议交涉无效，于1958年声明中断与国际奥委会的关系。1975年，中国奥委会要求国际奥委会恢复在奥林匹克运动中的合法代表权。1979年10月，国际奥委会执委会在名古屋通过决议，确认我为"中国奥委会"，使用中华人民共和国国旗和国歌；同时规定设在台北的奥委会为"中国台北奥委会"，使用"不同于其目前使用的旗、徽和歌"。1979年11月26日，国际奥委会以通讯表决的方式正式批准了这项决议，从而恢复了中国在国际奥林匹克运动中的合法权利。1997年7月2日，萨马兰奇主席代表国际奥委会和香港奥委会主席沙理士就香港奥委会的名称、旗、歌问题达成协议：香港奥委会的名称为"中国香港业余体协暨奥委会"；使用印有紫荆花图案的香港特别行政区区旗；奏中华人民共和国国歌；新会徽的图案为中央是紫荆花、五环和中文"中国香港"的字样，外面是圆环，下面有英文"中国香港"的字样。这一协议符合香港特别行政区基本法精神，并保证中国香港业余体协暨奥委会将继续以独立的身份保留在奥林匹克运动中，保证香港运动员有参加奥运会的权利。

中国奥委会从1980年起派队参加冬季奥运会，从1984年起全面参加奥运会，并在洛杉矶奥运会上实现了中国运动员在奥运会上无奖牌和无金牌历史性的"零的突破"。

中国运动员参加奥运会和获奖牌情况

年份	奥运会举办地	金牌	银牌	铜牌	运动员人数
1952	赫尔辛基	—	—	—	30*
1984	洛杉矶	15	8	9	225
1988	汉城	5	11	12	287
1992	巴塞罗那	16	22	16	248
1996	亚特兰大	16	22	12	310
2000	悉尼	28	16	15	277
2004	雅典	32	17	14	407
2008	北京	51	21	28	639

注：参加1952年赫尔辛基奥运会的中国代表团包括足球队、篮球队和游泳队。由于中国奥委会接到邀请信过晚，中国代表团赶到赫尔辛基时，奥运会大部分赛程已经过半，仅游泳运动员吴传玉一人参加了预赛。

中国运动员参加冬季奥运会和获奖牌情况

年份	奥运会举办地	金牌	银牌	铜牌	运动员人数
1980	普莱西德湖	—	—	—	28
1984	萨拉热窝	—	—	—	37
1988	卡尔加里	—	—	—	15
1992	阿尔贝维尔	—	2	—	33
1994	利勒哈默尔	—	1	2	28
1998	长野	—	6	2	60
2002	盐湖城	2	4	2	73
2006	都灵	2	4	5	76
2010	温哥华	5	2	4	90

2010年8月，中国派团参加了在新加坡举行的首届青年奥运会。中国体育代表团由106人组成，其中运动员68人。中国代表团以30枚金牌、16枚银牌和5枚铜牌的成绩在各国奖牌榜上位居首位。女子游泳运动员唐奕一人夺得6枚金牌。

何振梁于1981年和1985年当选为国际奥委会委员和执委会委员。1989年8月，何振梁当选为国际奥委会副主席，这是中国人首次担任这个职务。1994年和1999年，何振梁再次当选为国际奥委会执委。1996年7月，吕圣荣作为国际羽毛球联合会主席被选为国际奥委会委员（注：吕的任期已在2001年7月结束）。2000年9月，于再清以中国奥委会副主席的身份当选为国际奥委会委员，2004年8月，当选为国际奥委会执委，2008年8月当选为国际奥委会副主席。从2010年起，年满80岁的何振梁则成为国际奥委会名誉委员、国际奥委会文化和奥林匹克教育委员会的名誉主席。2010年2月，中国短道速滑名将杨扬当选为国际奥委会委员。目前，我国在国际奥委会下属小组委员会中任职的有：杨扬（运动员委员会）、高殿民（新闻委员会）、孙佳维（新闻委员会）、杨扬（妇女和体育委员会）和李玲蔚（奥林匹克项目委员会）、于再清（广播电视委员会）、江和平（广播电视委员会）、宋鲁增（体育与环境委员会）、屠铭德（群体委员会）、于再清（国际关系委员会）、于再清（2012年伦敦奥运会协调委员会）、刘淇（国际奥林匹克休战基金会）。

近年来，中国奥委会一直与国际奥委会保持着良好的关系。中国奥委会积极参加和支持国际奥委会所开展的各项活动，配合国际奥委会对其五环标志在我国实行保护。1986年，国际奥委会授予中国奥委会奥林匹克杯，以表彰中国对发展中国家，特别是对非洲国家体育援助作出的巨大贡献。2000年3月6日，国际奥委会在巴黎授予中国女子足球队"妇女和体育奖"。2008年前，中国先后有19人荣获国际奥委会颁发的奥林匹克勋章。

1993年，中国奥委会曾向国际奥委会提出了北京举办2000年奥运会的申请，但最后以2票之差而落选。

1999年1月6日，中国奥委会全会在北京召开，决定由北京再次代表中国申办2008年第29届奥运会。2001年7月，在第112届国际奥委会全会上，北京赢得了2008年奥运会主办权。

2001年，中国的哈尔滨市向国际奥委会提出了举办2010年第21届冬季奥运会的申请。2002年8月，哈尔滨在国际奥委会对申办城市的预选中落选。2008年，哈尔滨提出了举办2012年青年冬季奥运会的申请，但在预选中落选。2010年，南京获得了2014年第2届奥林匹克青年运动会的举办权。

2008年，中国成功举办了北京第29届奥运会。为表彰北京奥运会组委会为举办第29届奥运会做出卓越贡献，国际奥委会授予北京奥组委主席刘淇奥林匹克金质勋章，授予副主席刘延东、陈至立、邓朴方等14人奥林匹克银质勋章。

2008年5月四川汶川大地震后，国际奥委会即捐赠四川100万美元，用于抢险救灾。另外，在北京奥运会期间，国际奥委会又向四川捐赠了400万美元，用于援助四川地震灾区的体育场馆重建（注：中国奥委会和北京奥组委也参加了此次捐赠活动，分别向四川捐赠了200万美元）。

附：1. 国家/地区奥委会名称和代码

代码	国家/地区
AFG	阿富汗
RSA	南非
ALB	阿尔巴尼亚
ALG	阿尔及利亚
GER	德国
AND	安道尔
ANG	安哥拉
ANT	安提瓜和巴布达
AHO	荷属安的列斯
KSA	沙特阿拉伯
ARG	阿根廷
ARM	亚美尼亚
ARU	阿鲁巴
AUS	澳大利亚
AUT	奥地利
AZE	阿塞拜疆
BAH	巴哈马
BRN	巴林
BAN	孟加拉国
BAR	巴巴多斯
BLR	白俄罗斯
BEL	比利时
BIZ	伯利兹
BEN	贝宁
BER	百慕大
BHU	不丹
BOL	玻利维亚
BIH	波斯尼亚和黑塞哥维那
BOT	博茨瓦纳
BRA	巴西
BRU	文莱
BUL	保加利亚
BUR	布基纳法索
BDI	布隆迪
CAY	开曼群岛
CAM	柬埔寨
CMR	喀麦隆
CAN	加拿大
CPV	佛得角群岛
CAF	中非共和国
CHI	智利
CHN	中国
CYP	塞浦路斯
COL	哥伦比亚
COM	科摩罗
CGO	刚果（布）
COD	刚果（金）
COK	库克群岛
KOR	韩国
PRK	朝鲜
CRC	哥斯达黎加
CIV	科特迪瓦
CRO	克罗地亚
CUB	古巴
DEN	丹麦
DJI	吉布提
DOM	多米尼加
DMA	多米尼克
EGY	埃及
ESA	萨尔瓦多
UAE	阿拉伯联合酋长国
ECU	厄瓜多尔
ERI	厄里特里亚
ESP	西班牙
EST	爱沙尼亚
USA	美国
ETH	埃塞俄比亚
FIJ	斐济
FIN	芬兰
FRA	法国
GAB	加蓬
GAM	冈比亚
GEO	格鲁吉亚
GHA	加纳
GBR	英国
GRE	希腊
GRN	格林纳达
GUM	关岛
GUA	危地马拉
GUI	几内亚
GBS	几内亚比绍
GEQ	赤道几内亚
GUY	圭亚那
HAI	海地
HON	洪都拉斯
HKG	中国香港
HUN	匈牙利
IND	印度
INA	印度尼西亚
IRI	伊朗
IRQ	伊拉克
IRL	爱尔兰

ISL	冰岛
ISR	以色列
ITA	意大利
JAM	牙买加
JPN	日本
JOR	约旦
KAZ	哈萨克斯坦
KEN	肯尼亚
KGZ	吉尔吉斯斯坦
KIR	基里巴斯
KUW	科威特
LAO	老挝
LES	莱索托
LAT	拉脱维亚
LIB	黎巴嫩
LBR	利比里亚
LBA	利比亚
LIE	列支敦士登
LTU	立陶宛
LUX	卢森堡
MKD	前南斯拉夫马其顿共和国
MAD	马达加斯加
MAS	马来西亚
MAW	马拉维
MDV	马尔代夫
MLI	马里
MLT	马耳他
MAR	摩洛哥
MHL	马绍尔群岛
MRI	毛里求斯
MTN	毛里塔尼亚
MEX	墨西哥
FSM	密克罗尼西亚
MDA	摩尔多瓦
MON	摩纳哥
MGL	蒙古
MNE	黑山
MOZ	莫桑比克
MYA	缅甸
NAM	纳米比亚
NRU	瑙鲁
NEP	尼泊尔
NCA	尼加拉瓜
NIG	尼日尔
NGR	尼日利亚
NOR	挪威
NZL	新西兰
OMA	阿曼
UGA	乌干达
UZB	乌兹别克斯坦
PAK	巴基斯坦
PLW	帕劳
PLE	巴勒斯坦
PAN	巴拿马
PNG	巴布亚新几内亚
PAR	巴拉圭
NED	荷兰
PER	秘鲁
PHI	菲律宾
POL	波兰
PUR	波多黎各
POR	葡萄牙
QAT	卡塔尔
ROU	罗马尼亚
RUS	俄罗斯
RWA	卢旺达
SKN	圣基茨和尼维斯
LCA	圣卢西亚
SMR	圣马力诺
VIN	圣文森特和格林纳丁斯
SOL	所罗门群岛
SAM	萨摩亚
ASA	美属萨摩亚
STP	圣多美和普林西比
SEN	塞内加尔
SRB	塞尔维亚
SEY	塞舌尔
SLE	塞拉利昂
SIN	新加坡
SVK	斯洛伐克
SLO	斯洛文尼亚
SOM	索马里
SUD	苏丹
SRI	斯里兰卡
SWE	瑞典
SUI	瑞士
SUR	苏里南
SWZ	斯威士兰
SYR	叙利亚
TJK	塔吉克斯坦
TPE	中国台北
TAN	坦桑尼亚
CHA	乍得
CZE	捷克
THA	泰国
TLS	东帝汶
TOG	多哥
TGA	汤加
TRI	特立尼达和多巴哥
TUN	突尼斯
TKM	土库曼斯坦
TUR	土耳其

TUV	图瓦卢
UKR	乌克兰
URU	乌拉圭
VAN	瓦努阿图
VEN	委内瑞拉
IVB	英属维尔京群岛
ISV	美属维尔京群岛
VIE	越南
YEM	也门
ZAM	赞比亚
ZIM	津巴布韦

2. 国际单项体育联合会名称和代码

代码	名称
IAAF	国际业余田径联合会
FISA	国际划船联合会
BWF	国际羽毛球联合会
FIBA	国际篮球联合会
AIBA	国际拳击联合会
ICF	国际皮划艇联合会
UCI	国际自行车联合会
FEI	国际马术联合会
FIE	国际击剑联合会
FIFA	国际足球联合会
FIG	国际体操联合会
IWF	国际举重联合会
IHF	国际手球联合会
FIH	国际曲棍球联合会
IJF	国际柔道联合会
FILA	国际摔跤联合会
FINA	国际业余游泳联合会
UIPM	国际现代五项联合会
WTF	世界跆拳道联合会
ITF	国际网球联合会
ITTF	国际乒乓球联合会
ISSF	国际射击运动联合会
FITA	国际射箭联合会
ITU	国际铁人三项联合会
ISAF	国际帆船联合会
FIVB	国际排球联合会
*以下为管辖冬季奥运会项目的国际单项体育联合会	
IBU	国际冬季两项联合会
FIBT	国际雪车联合会
WCF	世界冰壶联合会
IIHF	国际冰球联合会
FIL	国际雪橇联合会
ISU	国际滑冰联合会
FIS	国际滑雪联合会

3. 获得国际奥委会承认的国际单项体育联合会（非奥运会项目）

代码	名称
FAI	国际航空运动联合会
UIAA	国际登山和攀登联合会
FIB	国际班迪球联合会
IBAF	国际棒球联合会
WCBS	国际台球联合会
CMSB	国际地掷球联合会
WBF	国际桥牌联合会
IOF	国际定向赛跑联合会
ICC	国际板球联合会
IDSF	国际体育舞蹈联合会
FIDE	世界国际象棋联合会
IFSC	国际运动攀登联合会
IGF	国际高尔夫球联合会
WKF	世界空手道联合会
IKF	国际考夫球联合会
TWIF	国际拔河联合会
FIM	国际摩托车运动联合会
UIM	国际摩托艇联合会
IFNA	国际简易篮球联合会
FIPV	国际回力球联合会
FIP	国际马球联合会
FIQ	国际保龄球联合会
IRF	国际墙式网球联合会
FIRS	国际轮滑运动联合会
IRB	国际橄榄球董事会
ILS	国际救生联合会
IWSF	国际滑水联合会
ISF	国际垒球联合会
WSF	世界壁球联合会
CMAS	世界水下运动联合会
IFS	国际相扑联合会
ISA	国际冲浪联合会
IFF	国际地板球联合会
IWUF	国际武术联合会

（张全胜　张骥）

亚洲奥林匹克理事会
Olympic Council of Asia—OCA

【成立日期】1981年11月26日，亚洲运动会联合会在印度新德里召开代表大会。会议决定成立亚洲奥林匹克理事会，简称“亚奥理事会”。1982 年 11 月 16 日，亚奥理事会在新德里召开首届代表大会，并宣告成立。

【宗旨】 亚奥理事会是全面管理亚洲奥林匹克运动的唯一的组织，是代表亚洲与国际奥委会和其他洲级体育组织联系的全权代表。负责协调亚洲国家和地区之间的体育活动，在亚洲宣传奥林匹克理想，保证四年一届的亚运会顺利举行。

【成员】 出席 1981 年 11 月 26 日和 1982 年 11 月 16 日亚洲运动会联合会代表大会的 34 个国家奥委会为创始会员，也是亚奥理事会当然会员。亚洲的其他国家或地区奥委会可向亚奥理事会申请入会。经过亚奥理事会代表大会 2/3 的多数通过，可成亚奥理事会正式会员。目前，亚奥理事会有会员 45 个。

【标志】 亚奥理事会的标志是由一个 16 条光芒的红太阳组成，太阳的中心有一个白色的圆圈。

【会徽】 亚奥理事会会徽的图案的中央是亚奥理事会的标志红太阳，上面盘绕一条龙，下面环绕一只鹰。图案的下方是国际奥委会的五环标志和亚奥理事会的英文名称：Olympic Council of Asia。会徽中的“龙”出现在东亚和东南亚地区传说中，寓意着好运、富饶、成功、力量、勇敢、高贵、多才多艺、富有活力；“鹰”是喜马拉雅山、南亚、中亚和西亚地区人民喜爱的飞禽，象征着准确、风度、力量、忠实、远见、速度、运动和耐力。2006 年 12 月 2 日在多哈举行的第 25 届亚奥理事会代表大会批准通过了新的亚奥理事会会徽。

【口号】 亚奥理事会的口号是“永远向前”（Ever Onward）。

【主要负责人】 主席谢赫·艾哈迈德·萨巴赫·法赫德亲王（Sheikh Ahmad Al Sabah Fahad，科威特人）。1991 年 11 月就任，1994 年 10 月、1999 年 12 月、2003 年 1 月、2007 年 4 月连任。

【总部】 在科威特。地址是：**Olympic Council of Asia** P. O. Box 6706，Hawalli Zip Code 32042，KUWAIT，KUWAIT。电话：+965 5734972，电传：+965 5734973。电邮：info@ ocasia. org。

【出版物】《运动的亚洲》季刊（Sporting Asia），网址为：www. ocasia. org。

【组织机构】 亚奥理事会组织机构形式是：亚奥理事会代表大会，执行局和主席。

为了便于管理，亚洲理事会分为东亚、东南亚、南亚、中亚和西亚五个区。

每个国家或地区奥委会可派三名代表出席亚奥理事会代表大会，但每个奥委会只有一票表决权。出席代表大会的还包括亚奥理事会执行局委员、名誉主席、名誉副主席、国际奥委会委员和奥林匹克团结基金委员会成员、亚运会组委会的主席和秘书长，但他们均无表决权。

代表大会至少每年召开一次。它是亚奥理事会的最高权力机构，负责对亚奥理事会章程的制订、修改和解释；批准入会申请或中止某个奥委会的会籍；讨论和批准亚奥理事会每个年度的财政预算和核算报告；选举亚运会举办城市；全会的决定是最终的。

代表大会从其会员中选举主席一人、副主席五人（分别代表五个区），任期四年。另外还有五名副主席由亚运会（2010，广州；2014，仁川）、亚洲冬季运动会（2011，阿拉木图）、亚洲室内运动会（2009，越南）和亚洲沙滩运动会（2010，阿曼）的举办国提名担任。他们的任期到有关的运动会结束为止。主席提名秘书长、干事长和技术主任各一人，报请代表大会批准，任期四年。亚奥理事会下设 15 个常设小组委员会：运动员委员会、文化和教育委员会、财务委员会、信息和资料委员会、新闻委员会、医务委员会、章程委员会、体育委员会、国际关系委员会、群体委员会、体育与环境委员会、妇女和体育委员会、顾问委员会、协调委员会和体育与和平委员会。

亚奥理事会执行局现由主席（1人）、副主席（10人）、秘书长（1人）、常设小组委员会的主席（15人）、干事长和技术主任（1人）共28人组成。执行局视需要召开会议，负责处理亚奥理事会的日常事务。执行局对重大问题所作的决定须提交代表大会批准。

主席对理事会一切活动负有直接责任，是理事会的正式发言人和代表理事会的法人。他负责主持执行局会议和代表大会；代表理事会出席国际体育会议；为执行局或代表大会准备有关财务、行政或其他事务方面的报告；在预算的数额之内，批准经费开支；代表亚奥理事会协调与亚洲各单项体育联合会之间的工作。

第23届亚奥理事会代表大会于2004年7月1日在卡塔尔的多哈举行。中国广州市获得了2010年第16届亚运会的举办权（注：申请举办2010年亚运会的国家或城市曾有吉隆坡、阿曼和韩国。但在2004年上半年，这三个国家或城市均退出了申办，广州成了唯一的候选城市）。

第24届亚奥理事会代表大会于2005年9月9日在广州举行。越南获得了2009第3届亚洲室内运动会的举办权。大会还决定在2008在年举办首届沙滩运动会。

第25届亚奥理事会代表大会于2006年12月2日在多哈举行。阿曼、中国的海阳市和菲律宾的波拉克分别获得了2010、2012和2014年第二届、第三届、第四届亚洲沙滩运动会的举办权。

第26届亚奥理事会代表大会于2007年4月在科威特举行。大会选举了新一届亚奥理事会执行局，萨巴赫亲王再次当选为亚奥理事会主席。大会还对2014年亚运会的举办城市进行了表决。结果，韩国的仁川市击败了印度的新德里获得了举办权。

第27届亚奥理事会代表大会于2008年10月21日在印尼的巴厘岛举行。会议决定举办亚洲武术运动会和亚洲青年运动会。

第28届亚奥理事会代表大会于2009年7月3日在新加坡举行。会议决定，从2014年亚运会起，亚运会的举办项目将限定为35个运动大项，其中28个为奥运会项目，另外7个为非奥运会项目；从2019年起，亚运会将移至奥运会的前一年举办；从2013年起，亚洲室内运动会和亚洲武术运动会合为一项新的综合性运动会。

【主要活动】亚奥理事会的主要活动是举办亚洲运动会。其前身是“亚洲运动会联合会”，成立于1949年2月13日。第一届亚运会于1951年3月4～11日在新德里举行，以后每四年举办一届亚运会，到2006年，已举行了15届。各届亚运会举办日期、地点、参赛国（地区）数和运动员人数如下：

届数	年份	举办日期	城市名称	参赛国（地区）数	运动员人数
1	1951	3.4～11	新德里	11	489
2	1954	5.1～9	马尼拉	18	970
3	1958	5.24～6.1	东京	20	1422
4	1962	8.24～9.4	雅加达	17	1545
5	1966	12.9～20	曼谷	18	1945
6	1970	12.9～20	曼谷	19	1752
7	1974	9.1～16	德黑兰	25	2363
8	1978	12.9～20	曼谷	27	2879
9	1982	11.19～12.4	新德里	33	3345
10	1986	9.20～10.5	汉城	27	3420
11	1990	9.22～10.7	北京	37	4655
12	1994	10.2～16	广岛	42	4675
13	1998	12.6～20	曼谷	41	6554
14	2002	9.29～10.14	釜山	44	6714
15	2006	12.1～15	多哈	45	9520
16	2010	11.12～27	广州		
17	2014	9.16～10.4	仁川		

亚奥理事会章程规定，田径和游泳为每届亚运会必须举办的项目。广州亚运会共设42个运动大项、476个运动小项。其中26个为奥林匹克项目和16项为亚奥理事会承认的运动项目。由于女子拳击已列入奥运会比赛，广州亚运会现增设了女子拳击比赛。该项目共设3个小项，分别是48～51kg、56～60kg、69～75kg。广州亚运会的比赛项目有：游泳（含跳水、水球、花样游泳）、射箭、田径、羽毛球、篮球、拳击、皮划艇、自行车（含山地车、小轮车）、马术、击剑、足球、体操（含艺术体操）、手球、曲棍球、

柔道、现代五项、赛艇、帆船、射击、乒乓球、跆拳道、网球（含软式网球）、铁人三项、排球、举重、摔跤（注：以上26项为奥运会项目）、板球、棒球、垒球、保龄球、台球、体育舞蹈、龙舟、高尔夫、卡巴迪、空手道、轮滑、橄榄球、藤球、壁球、武术和棋类（国际象棋、围棋、象棋）。

1985年第3届亚奥理事会代表大会决定举行冬季亚运会。亚奥理事会章程规定，每届冬季亚运会必须包括以下运动项目中至少2个项目的比赛：冬季两项、雪橇、冰球、雪车、滑雪（包括：越野滑雪、自由滑雪、跳台滑雪、北欧混合）、滑冰（包括：速度滑冰、短道速滑、花样滑冰）。

第1届亚冬会于1986年在日本札幌举行，至今已举办了6届。各届亚冬会举办日期、地点，参赛国（地区）数和运动员人数如下：

届数	年份	举办日期	城市名称	参赛国（地区）数	运动员人数
1	1986	3.1～3.8	札幌	7	295
2	1990	3.9～3.14	札幌	10	310
3	1996	2.4～2.11	哈尔滨	17	458
4	1999	1.30～2.8	江原道	23	532
5	2003	2.1～2.8	青森	29	641
6	2007	1.28～2.4	长春	26	796
7	2011	1.30～2.6	阿拉木图		

为推动室内非奥运项目的开展，从2005年起，亚奥理事会开始举办室内运动会。室内运动会每两年举办一次。第1届亚洲室内运动会于2005年11月12～19日在曼谷举行。运动会设健美操、体育舞蹈、极限运动、五人制足球、圈式藤球、室内田径、室内自行车、泰拳和短池游泳共九个项目的比赛。中国以24枚金牌、18枚银牌和15枚铜牌居奖牌榜首位。

第2届亚洲室内运动会于2007年在中国澳门举行。运动会设健美操、保龄球、棋类比赛（国际象棋和象棋）、台球、体育舞蹈、龙狮运动、电子竞技、极限运动、蹼泳、室内五人足球、圈式藤球、室内田径、室内自行车、室内曲棍球、卡巴迪、泰拳、短池游泳共17个运动大项，及自由搏击（kickboxing）、克柔术（Kurash）、三人篮球（3on3 basketball）三个表演项目。中国以52枚金牌、26枚银牌和24枚铜牌居奖牌榜首位。

第3届亚洲室内运动会于2009年10月30日至11月8日在越南的河内市、胡志明市等城市举行。运动会设三人篮球、健美操、棋类比赛（国际象棋、象棋）、保龄球、台球、体育舞蹈、龙狮运动、电子竞技、蹼泳、室内五人足球、圈式藤球、室内射箭、室内田径、室内卡巴迪、自由搏击、克柔术、泰拳、马来拳、小金属地掷球（Pétanque，或称位“法式地掷球”）、短池游泳、毽球、越武道（Vovinam）和武术24个运动大项，及带式摔跤（Belt wrestling）和柔术（Ju-Jitsu）两个表演项目。来自亚奥理事会的42个国家（地区）奥委会的2456名运动员参加了比赛（注：未派团参加的国家是巴基斯坦、巴勒斯坦和东帝汶）。中国以48枚金牌、25枚银牌和19枚铜牌居奖牌榜首位。

第4届亚洲室内运动会和武术比赛将于2013年在多哈举行。

首届亚洲沙滩运动会于2008年10月18～26日在印度尼西亚巴厘岛举行。运动会设沙滩篮球、沙滩手球、沙滩卡巴迪、沙滩马来拳、沙滩藤球、沙滩足球、沙滩排球、沙滩摔跤、健美、龙舟、摩托艇运动、公开水域游泳、滑翔伞、帆船、冲浪和铁人三项。印尼队以23金、8银、20铜位居各国奖牌榜首位；泰国队荣获10金、17银、10铜；中国队以6金、10银、7铜名列第三。

第2届亚洲沙滩运动会将于2010年12月8～16日在阿曼马斯喀特举办。运动会设沙滩手球、沙滩卡巴迪、沙滩藤球、沙滩足球、沙滩排球、沙滩水球、健美、摩托艇运动、公开水域游泳、帆船、铁人三项、滑水和木球。

第3届亚洲沙滩运动会将于2012年在中国山东省的海阳市举办。第4届亚洲沙滩运动会将于2014年在菲律宾的长滩岛举办。

首届亚洲青年运动会于2009年6月29日至7月7日在新加坡举行。运动会设田径、足球、保龄球、沙滩排球、游泳、跳水、乒乓球、三人篮球和射击9个运动大项。运动员的年龄必须是14～17岁。来自43个国家（地区）的1321名运动员参加了比赛。中国队以25金、16银、11铜名列各国金牌榜首位；韩国队以20金、17银、17铜位居第二；第三名是泰国队：11金、7银、2铜。第2届亚洲青年运动会将于2013年在韩国的仁川举办。

首届亚洲武术运动会于2009年8月1～9日在曼谷举行。运动会设柔道、柔术、空手道、自由搏击、克柔术、泰拳、马来拳、跆拳道和武术。在各国奖牌榜上名列前三名的国家是：泰国（21金、17银、16铜），哈萨克斯坦（15金、7银、12铜），韩国（10金、6银、3铜）。中国队获得9金、5银、5铜，在各国奖牌榜上名列第四。自2013年，亚洲武术运动会将与亚洲室内运动会合成一个运动会。

亚奥理事会负责将国际奥委会拨给亚洲的团结基金经费分配给亚洲各国奥委会。各国奥委会可向亚奥理事会提出申请。这些经费可用于：适当数额的办公经费、各国奥委会备战奥运会或亚运会的训练经费、举办教练员或裁判员训练班的费用。

2003 年 10 月 24 日至 11 月 1 日，首届亚非运动会在印度海得拉巴举行。参加首届运动会有来自亚洲、非洲 75 个国家和地区的约 2000 名运动员。本届运动会共设田径、拳击、足球、曲棍球、射击、游泳、网球和举重 8 个项目的比赛，中国队以 25 枚金牌、11 枚银牌和 5 枚铜牌的成绩在各国金牌榜上名列第一。

第一届亚奥理事会体育代表大会（1st OCA Sport Congress）于 2009 年 3 月 12 ~ 14 日在科威特召开。代表大会的主题是：亚洲的体育科学、亚洲的体育管理、亚洲的妇女体育、亚洲的体育市场营销、亚运会的未来、体育与环境。

【同中国的关系】 在 1974 年以前，中国在亚洲运动会联合会的合法权利被台湾所篡夺。从 1974 年伊朗德黑兰第 7 届亚运会起，中国运动员开始参加亚运会比赛。在德黑兰亚运会上，中国运动员共获得了 36 枚金牌、46 枚银牌和 27 枚铜牌，总分在参赛国中列在第三位，排在日本、伊朗之后。在 1978 年曼谷举行的第 8 届亚运会上，中国运动员获得的奖牌数上升为第二位，排在日本之后。从 1982 年在新德里举行的第 9 届亚运会起，中国运动员获得的金牌和奖牌总数均位居奖牌榜第一位。在 2006 年 12 月举行的多哈亚运会上，中国运动员取得了 165 枚金牌、88 枚银牌和 63 枚铜牌。中国于 1990 年在北京成功地举办了第 11 届亚运会。这是中国首次举行大型综合性的国际体育比赛。1996 年中国的哈尔滨成功地举办了第 3 届亚冬会，长春市于 2007 年举办了第 6 届亚冬会。中国的广州市将于 2010 年举办第 16 届亚运会，山东省的海阳市将于 2012 年举办第 3 届亚洲沙滩运动会。

中国运动员参加亚运会获奖牌情况

年份	奥运会举办地	金牌	银牌	铜牌	总数
1974	德黑兰花	33	46	27	106
1978	曼谷	51	55	45	151
1982	新德里	61	51	41	153
1986	首尔（注：原称汉城）	94	82	46	222
1990	北京	183	107	51	341
1994	广岛	125	83	58	266
1998	曼谷	129	78	67	274
2002	釜山	150	84	74	308
2006	多哈	166	87	63	316
2010	广州	199	119	98	416

中国运动员参加亚洲冬季运动会获奖牌情况

年份	奥运会举办地	金牌	银牌	铜牌	总数
186	札幌	4	5	12	21
1990	札幌	9	9	8	26
1996	哈尔滨	15	7	15	37
1999	江原道	15	10	11	36
2003	青森	9	11	13	33
2007	长春	19	19	23	61
2011	阿拉木图				

目前，中国在亚奥理事会中任职的有：于再清（亚奥理事会副主席）、张吉龙（亚奥理事会执委、体育委员会主席）、杨扬（运动员委员会）、皇甫红娜（新闻委员会）、谢敏豪（医务委员会委员）、袁虹（医务委员会—反兴奋剂小组）、屠铭德（章程委员会）、宋雪莹（群体委员会）、陈露（体育与和平委员会）、王伟（国际关系委员会）、魏纪中（协调委员会委员）、魏纪中（亚奥理事会终身名誉副主席）。

2003 年 1 月，亚奥理事会授予体育委员会主席魏纪中亚奥理事会勋章。2007 年，为表彰中国为举办第 6 届亚冬会所做的贡献，亚奥理事会授予中国奥委会主席刘鹏和长春亚冬会组委会秘书长安莉亚奥理事会勋章。

附：亚奥理事会国家/地区奥委会名称和代码

分区	代码	国家（地区）
东亚：	CHN	中国
	PRK	朝鲜
	HKG	中国香港
	JPN	日本
	KOR	韩国
	MAC	中国澳门
	MGL	蒙古
	TPE	中华台北
东南亚：	BRU	文莱
	MYA	缅甸
	INA	印度尼西亚
	LAO	老挝
	MAS	马来西亚
	PHI	菲律宾
	SIN	新加坡
	THA	泰国
	VIE	越南
	CAM	柬埔寨
	TLS	东帝汶
南亚：	AFG	阿富汗
	BAN	孟加拉国
	BHU	不丹
	IND	印度
	MDV	马尔代夫
	NEP	尼泊尔
	PAK	巴基斯坦
	SRI	斯里兰卡
西亚：	BRN	巴林
	IRI	伊朗
	IRQ	伊拉克
	JOR	约旦
	KUW	科威特
	LIB	黎巴嫩
	OMA	阿曼
	PLE	巴勒斯坦
	QAT	卡塔尔
	KSA	沙特阿拉伯
	SYR	叙利亚
	UAE	阿拉伯联合酋长国
	YEM	也门
中亚：	KAZ	哈萨克斯坦
	KGZ	吉尔吉斯斯坦
	TJK	塔吉克斯坦
	TKM	土库曼斯坦
	UZB	乌兹别克斯坦

（任家秀）

北京奥运会

北京奥运会组委会

2001 年 7 月 13 日，在莫斯科举行的国际奥委会第 112 次全会上，北京赢得了 2008 年第 29 届奥运会主办权。2001 年 12 月 13 日，第 29 届奥林匹克运动会组织委员会（简称北京奥组委，BOCOG）正式成立。

北京奥组委承担着北京奥运会和北京残奥会各项筹办任务的组织工作。北京奥组委的执行机构为执委会。执委会由主席、副主席、执行主席、执行副主席和执委组成，下设：秘书行政部、总体策划部、国际联络部、体育部、新闻宣传部、工程和环境部、市场开发部、技术部、法律事务部、运动会服务部、监察审计部、人事部、财务部、文化活动部、安保部、媒体运行部、场馆运行部、物流部、残奥会部、交通部、火炬接力中心、注册中心、开闭幕式运营中心、票务中心等部门。

北京奥组委的目标

北京奥组委的目标是：举办一届有特色、高水平的奥运会。有特色，就要体现出：中国风格、人文风采、时代风貌和大众参与。高水平表现在：高水平的体育场馆设施和竞赛组织工作，高水平的开幕式及文化活动，高水平的媒体服务和良好的舆论评价，高水平的安全保卫工作，高水平的志愿者队伍和服务，高水平的交通组织和生活服务，高水平的城市文明形象，各国运动员能在本届奥运会上创造优异的成绩。

北京奥运会的三大理念是：绿色奥运、科技奥运、人文奥运。

北京奥运会的口号

北京奥运会的口号是：“同一个世界 同一个梦想”（One World , One Dream）。

北京奥运会组委会会徽

北京奥运会会徽是：“中国印·舞动的北京”。会徽将中国具有五千年历史的书法和印章等艺术形式和体育运动特征结合起来，巧妙地幻化成一个向前奔跑、迎接胜利的运动人形。

第 29 届奥林匹克运动会吉祥物

奥运会吉祥物“福娃”，由五个可爱的亲密小伙伴组成。其造型融入了鱼、大熊猫、藏羚羊、燕子以及奥林匹克圣火的形象，并分别取名为“贝贝”、“晶晶”、“欢欢”、“迎迎”和“妮妮”。把五个娃娃的名字连在一起，寓意为“北京欢迎您”。福娃代表了梦想以及中国人民的渴望，传递友谊、和平、积极进取的精神，和人与自然和谐相处的美好愿望。

北京奥运会火炬接力活动

北京奥运会火炬接力以“和谐之旅”为主题，以“点燃激情 传递梦想”为口号。

2008 年 3 月 24 日，北京奥运会圣火火种采集仪式在希腊雅典奥林匹亚遗址神庙前举行。希腊最高女祭司玛利亚·娜芙普利都用凹面镜采集火种。2004 年雅典奥运会游泳冠军罗雪娟从“第一火炬手”尼克拉泽斯手中接过圣火，成为第一个接过北京奥运会圣火的中国人。3 月 31 日上午，奥林匹克圣火抵达中国首都北京。中共中央总书记、国家主席胡锦涛在北京中华世纪坛举行的仪式上亲手点燃圣火盆，并宣布北京 2008 年奥运会火炬接力开始。火炬途径五大洲（国家、地区）的 21 个城市和境内的 31 个省、自治区和直辖市，5 月 8 日 9 时 17 分成功登顶世界最高峰——珠穆朗玛峰。火炬传递时间为 130 天，传递总里程约 13.7 万公里，8 月 8 日点燃了北京奥运会主体育场上的主火炬。北京奥运会火炬接力是奥运史上传递路线最长、范围最广、参与人数最多的一次火炬接力活动。

奥林匹克文化节

为配合北京奥运会的举办，自 2003 年起，北京奥组委共举办了 6 届奥林匹克文化节活动。文化节秉承“人文奥运”的理念，以“四海一家、和谐共融”为主题，内容涵盖开幕式、闭幕式，城市奥运文化广场活动、剧场演出、展览、论坛、奥林匹克博览会、群众体育文化活动等 12 大类，向世界展示了中国古老文化的独特魅力、当代文化的创新成果和世界不同民族文化的多姿多彩，为北京奥运营造出欢乐、和谐的人文环境和节日氛围。

北京奥运会开幕式

北京奥运会开幕式于 2008 年 8 月 8 日晚 8 时在国家体育场“鸟巢”开始举行。开幕式主要分为三大部分：

第一部分包括欢迎仪式、展示奥运五环，中国国旗入场，升中华人民共和国国旗，奏中华人民共和国国歌等。

第二部分为文艺表演。文艺表演以《美丽的奥林匹克》为题，内容围绕一幅“中国古代画卷”卷轴的开启而展开。《美丽的奥林匹克》分为上、下两篇，上篇名为《灿烂文明》，下篇名为《辉煌时代》。上篇的文艺演出展示了中华民族五千年的文明的结晶：中国传统的画卷、文字、戏曲、礼乐，表达出东方美学独特的时空观念与哲学精神；传达了中国关于人与人、人与自然的最古老的人文理念：“和为贵”；出阳关，下西洋，架起丝绸之路，穿越历史烟尘，连接起东西方人民的心。在下篇中，文艺演出围绕着星光、自然、梦想的主题，展示了中国的新时代，新色彩，新画卷，人民幸福，安居乐业，为古老的画卷增添了青春的色彩；青春的画卷，在无垠的星光中向未来延展。田地与我并生，万物与我为一，人类飞翔的梦想，亲近自然的渴望，太极之风，充盈于宇宙之间。同一个世界，同一个梦想。你和我，我们是一家人；我和你，一起创造明天。中国著名电影导演张艺谋为文艺表演的总导演。

第三部分是开幕仪式，包括运动员入场、北京奥组委主席、国际奥委会主席致辞，中华人民共和国国家主席胡锦涛宣布奥运会开幕；奥林匹克会旗入场、奏奥运会会歌、升奥林匹克会旗、运动员代表宣誓、裁判员代表宣誓、放飞和平鸽；场内火炬传递和“体操王子”李宁那绕场一周的“飞天”点燃了火炬塔，最后是欢庆焰火。

在开幕式上，中国著名歌唱家刘欢与英国的著名歌唱家莎拉·布莱曼联袂演唱了本届奥运会的主题歌《我和你》，词曲作者是此次奥运会开幕式音乐总监、旅居法国的中国著名音乐家陈其钢。

北京奥运会闭幕式

第 29 届夏季奥运会闭幕式于晚 20 时在国家体育场“鸟巢”举行。在运动员不分国家、地区的顺序，相互混杂入场之后，国际奥委会主席罗格致辞，并宣布第29届奥林匹克运动会闭幕。他称“本届奥运会是一届真正的无与伦比的奥运会”。

随着圣火的熄灭，奥林匹克会旗交接仪式开始。北京市市长、北京奥组委执行主席郭金龙把奥林匹克会旗交到罗格先生手中。罗格先生将奥林匹克会旗交到伦敦市市长鲍里斯·约翰逊先生手中。下一届的主办城市伦敦进行8分钟的宣传表演。“伦敦八分钟”是一个城市气息浓厚的演出，气氛轻松愉快、自由开放，展现出西方文化的浪漫色彩。著名球星贝克汉姆将足球踢向场地中央欢呼的人群和运动员，场上的气氛也达到了高潮。

在场地中心396名“记忆之塔”表演者用肢体模拟一个巨大的熊熊燃起的“圣火”，全场观众同时点亮了手中的火炬灯，寓意着圣火永远在我们心中。“记忆之塔”上的“圣火”在涌动中不断变幻着画面，表达着人类“更快、更高、更强”的奥运精神。

在热情而宽广的音乐声中，中心仪式表演台上16条祥云纱沿着“记忆之塔”缓缓升起，祥云纱的另一端向空中延展，变幻成一棵象征着友谊、欢乐的祥云之树。

著名歌唱家宋祖英与世界著名男高音歌唱家多明戈闪亮登场，他们联袂演绎闭幕式主题曲《爱的火焰》。

在《远方的朋友请你留下来》的歌声中，以“今夜狂欢”为主题的北京奥运会的闭幕式落下帷幕。

北京2008奥林匹克青年营

北京2008奥林匹克青年营于2008年8月6～17日举行。青年营的主题口号为：青年创造未来。本届青年营邀请了204多个国家（地区）的奥委会成员的代表共479人参加，营员年龄在16～18岁之间。营员们亲身体验了奥林匹克赛事，如观看奥运会开、闭幕式和体育比赛，选派代表参加了奥运火炬接力，并参观了奥运村、游览、体验中国历史文化等活动。青年营体现了和谐、包容、体验和创造的精神。

北京2008年奥运会比赛

北京2008年奥运会共设28个运动大项、302个运动小项。比赛从2008年8月6日开始至8月24日结束。来自204个国家和地区的10978名运动员报名参加了比赛。

北京奥运会良好的体育设施和比赛氛围给各国运动员带来了出色的运动成绩。在本届奥运会上，共有43项世界纪录和132项奥运会纪录被刷新，55个国家和地区的奥委会获得了金牌，87个国家和地区获得了奖牌。巴林、蒙古、巴拿马、印度是第一次获得奥运会金牌，多哥、塔吉克斯坦、阿富汗、毛里求斯是第一次获得奥运会奖牌。

美国游泳选手迈·菲尔普斯成为国家游泳馆“水立方”的传奇人物。他在男子400米个人混合泳、4×100米自由泳接力、200米自由泳、200米蝶泳、4×200米自由泳接力、200米个人混合泳、100米蝶泳和4×100米混合泳接力比赛中，共获得了8枚金牌，成为奥运史上在一届奥运会上获得金牌最多的一人。

牙买加选手尤塞恩·博尔特则成为国家体育场“鸟巢”的英雄。他在男子100米和200米比赛中，分别以9秒69和19秒30的成绩夺得金牌，并打破了这两个项目的世界纪录，成为历史上同时刷新在奥运会男子100米和20世界纪录的第一人。博尔特、鲍威尔领衔的牙买加队还以37秒10的成绩夺得男子4×100米接力比赛的冠军，刷新了原来美国队保持的37秒40的世界纪录。这样，博尔特在本届奥运会参加的100米、200米和4×100米接力中全部夺得冠军，而且全部打破世界纪录。牙买加的女选手也表现出骄人的成绩。她们在奥运会女子百米飞人大战中，史无前例地包揽了前三名。

俄罗斯运动员伊辛巴耶娃在女子撑竿跳高的比赛中，成功跃过了5米05的高度，第24次书写了世界纪录。

中国体育代表团由639名运动员组成，参加了28个大项、262个小项的比赛，获得51枚金牌、21枚银牌、28枚铜牌，奖牌总数达100枚，并创造了4项世界纪录，在各国金牌榜上勇居首位。这是中国运动员在参加奥运会历史上取得的最好成绩，创造了中国竞技体育新的辉煌。中国运动员在乒乓球、体操、举重、跳水、射击、羽毛球等优势项目上，敢于超越自我，全力挖掘潜能，在国际体坛上继续保持着领先的地位。在射箭、蹦床、拳击、跆拳道、击剑、沙滩排球、摔跤、网球、水上运动等潜优势项目上，中国运动员取得了一系列突破，反映出中国竞技体育整体实力的进一步增强。

北京奥运会是一届有特色、高水平的奥运会

北京用一流的建筑场地设施、一流的组织水平、最热情周到的服务兑现了郑重承诺，奉献了一届有特色、高水平的奥运会。“同一个世界，同一个梦想”的口号，深刻诠释了奥林匹克精神，推动世界的相互理解，相互包容，促进了各国之间的合作和和谐发展。不同国家和地区、不同民族和文化的人们相聚在北京，增进了了解和友谊，实践了“绿色奥运、科技奥运、人文奥运”。2008年奥运会给北京乃至整个中国留下了巨大而丰富的文化和体育遗产。

北京奥运会创下5000小时电视实况直播的纪录，收视人口达43亿。国际奥委会数字频道的收视人口达2100万。

中国在奥运会上取得的巨大成功，得到了多方的赞扬，在国际社会上树立了良好的形象。国际奥委会主席罗格高度赞扬了北京奥运会的组织工作，认为北京提升了奥运会的举办水准。罗格主席在奥运会闭幕式上称北京奥运会“是一届真正的无与伦比的奥运会”。

在国际奥委会和国际体育、休闲设施协会（IAKS）设立的2009年国际体育建筑奖评选中，由瑞士赫尔佐格—德默隆建筑设计所和中国建筑设计研究院联合设计的国家体育场“鸟巢”荣获了“体育场类”金奖，被称为“水立方”的国家游泳中心也获得了金奖，北京奥林匹克绿色网球中心获得了铜奖。另外，“鸟巢”和“水立方”同时还获得了国际残奥委员会（IPC）和国际体育、休闲设施协会颁发的最佳无障碍物设施奖。

2009年2月，联合国环境规划署发布了北京奥运会环境“最终评估报告”，称北京奥运会是一届生态奥运会，是历届国际大型赛事环保领域的一大突破。北京奥运会履行并且超过了在环保方面的承诺，包括从减少空气污染到改善公共交通以及利用可再生能源等方面。北京奥运会的环保经验将为今后举办国际体育赛事的城市提供借鉴。

2009年6月，中国国家审计署公布了北京奥运会的财务收支情况：奥运会总收入为205亿元，其中市场开发收入98.7亿元，门票收入12.8亿元；总支出为193.43亿，其中奥运、残奥开、闭幕式共支出8.31亿元，火炬传递支出3.12亿元；收支结余超过10亿。根据主办城市合同，北京奥运会的结余资金将在国际奥委会、中国奥委会和北京奥组委之间按比例进行分配。分配给北京奥组委的结余资金将设立体育发展专项基金，用于我国竞技体育和群众体育事业的发展。

截至2009年8月，北京产权交易所根据与北京奥组委签订的《北京奥组委资产处置服务合同》，共组织奥运资产专场拍卖会25次，拍卖物品70万件，回收资金近1.9亿元。

北京奥运城市发展促进会

为广泛动员社会力量，进一步弘扬奥运精神，巩固和扩展奥运成果，推进“人文北京、科技北京、绿色北京”建设，在北京市人民政府和中国奥林匹克委员会积极推动和倡导下，北京奥运城市发展促进会于2009年8月6日北京奥运会成功举办一周年之际成立。中共中央政治局委员、北京市委书记刘淇担任促进会会长，北京市市长郭金龙担任执行会长。促进会由单位会员和个人会员组成，首批会员63个。单位会员包括北京市有关机构，中国奥委会、中残联等相关团体，致力于推动奥林匹克运动发展的大专院校、研究机构，北京奥运会残奥会赞助企业及北京地区大型企业等。个人会员包括在北京2008奥运会残奥会中做出过突出贡献、在相关领域具有一定影响力的人士，其中有北京奥运会开闭幕式总导演张艺谋、副总导演陈维亚、张继钢、奥运冠军邓亚萍、李宁等。

2009年8月，国际奥委会主席罗格在发来贺信中说：“北京奥运会是真正意义上的一届无与伦比的奥运会，拥有鲜明的特色和堪称完美的组织工作。北京奥运会无论是在场馆建设、公共基础设施改造、城市绿化工程，还是在惠及成千上万青少年的奥林匹克价值的教育普及工作，为北京乃至中国，以及奥林匹克运动都留下了丰富的遗产。如果在奥运会上所有的获益中选出其一的话，我想说，感谢北京奥运会，它让世界更加了解中国，也让中国更加了解世界。”

全民健身日

为了满足广大人民群众日益增长的体育需求和纪念北京奥运会成功举办，经国务院批准，从2009年起，每年8月8日为“全民健身日”。

（张骥　任家秀）

海牙国际私法会议
Hague Conference on Private International Law

【成立时期】海牙国际私法会议于1893年在荷兰政府的倡议下成立并召开了第一届会议。1951年通过其组织章程，正式成为政府间国际组织。

【宗旨】“促进国际私法规范的逐步统一”（to work for the progressive unification of the rules of private international law）。

【成员】截至2010年5月底，海牙国际私法会议有69个成员国。

【主要负责人】秘书长汉期·范鲁（Mr. J. H. A Hans Van Loon），荷兰人，1996年当选。

【总部】在荷兰海牙。地址：6，Scheveningseweg 2517KT THE HAGUE the Netherlands。传真：31（0）70 360 4867。电子信箱：secretariat@ hcch. net。网址：http: //www. hcch. net/。

【出版物】（1）海牙国际私法会议程序（Proceedings of Hague Conference on Private International Law），共38卷；

（2）海牙公约集（Collection of Conventions）；

（3）解释性报告（Explanatory Report）；

（4）实践指南（Handbooks and Good Practice Guides）；

（5）国际儿童保护法官简讯（The Judges' Newsletter on International Child Protection）。

【组织机构】（1）外交大会（Diplomatic Session）。（2）总务与政策理事会（Council on General Affairs and Policy of the Conference），由全体会员组

成。(3) 荷兰常设政府委员会 (Netherlands Standing Government Committee on Private International Law), 依 1897 年 2 月 20 日荷兰国王敕令而成立。(4) 常设局 (the Permanent Bureau), 由一名秘书长 (Secretary General) 和四名秘书组成。(5) 外交代表理事会 (Council of Diplomatic Representatives), 负责该组织的预算批准事宜。

【主要活动】海牙国际私法会议原则上每四年召开一次外交大会 (diplomatic session), 理事会经与常设政府委员会协商, 可以请求荷兰政府召开特别外交大会。除外交大会外, 海牙国际私法会议还经常召开起草新公约或监督公约执行情况的特委会或进行非正式磋商。从 1977 年起, 海牙国际私法会议鉴于成员国的增加, 开始关注有关公约的执行情况, 并定期或不定期就有关公约的执行情况召开会议, 特别是针对有关涉及缔约国司法机关或行政机关之间的合作的公约。

2009 年 11 月,《国际追索儿童抚养费和其他形式家庭扶养公约》特委会在海牙举行。近 30 个成员国和欧盟, 以及约 10 个非成员国的代表出席了会议。中国派代表团与会。各国就未来执行公约的非强制性操作规范和中央机关合作等问题交换了意见。欧盟、瑞士、美国、澳大利亚、巴西等均表示正在积极进行批准公约的内部程序, 欧盟还表示拟整体批约, 约束全体成员国, 因此公约有望于近两年生效。

2010 年 6 月,《跨国收养方面保护儿童及合作公约》特委会在海牙举行。中国派代表团与会。

【同中国的关系】海牙国际私法会议同中国保持着良好的合作关系。1981 年中国与海牙国际私法会议建立联系, 并多次以观察员身份出席会议。1987 年 7 月 3 日, 中国政府正式加入该组织, 并指定外交部条法司为负责与该组织联系的"国家机构" (National Organ)。该组织秘书长汉期·范鲁和副秘书长邓肯曾多次来华访问, 取得了良好效果。

目前中国已加入《关于向国外送达民事或商事司法文书和司法外文书公约》、《关于从国外调取民事或商事证据的公约》及《跨国收养方面保护儿童及合作公约》三项公约。

此外, 根据《香港特别行政区基本法》和《澳门特别行政区基本法》, 中国通过作出一定安排, 将一些海牙公约单独适用于香港特区和澳门特区。单独适用于香港特区的公约包括:《遗嘱形式公约》、《外国公文书免除认证公约》、《承认离婚及公居公约》、《国际诱拐儿童的民事方面公约》、《信托公约》。单独适用于澳门特区的公约包括:《民事程序公约》(1958 年)、《抚养儿童法律适用公约》、《保护未成年人公约》、《外国公文书免除认证公约》、《国际诱拐儿童的民事方面公约》。经中央政府同意, 香港及澳门特区代表作为中国代表团成员参加了海牙国际私法会议举办的一些会议。 (吴海雯)

红十字国际委员会
International Committee of the Red Cross—ICRC

【成立日期】1863 年。

【宗旨】根据《日内瓦公约》以及国际红十字与红新月运动章程所赋予的使命和权力, 在国际性或非国际性的武装冲突和内乱中, 以中立者的身份, 开展以保护和救助战争和冲突受害者的人道主义活动。

【主要负责人】主席雅各布·克伦贝格尔 (Jacob Kellenberger, 瑞士人), 2000 年 1 月就任, 任期三年, 2002、2005、2008 年三次连任, 任期至 2011 年 12 月。

【总部】在瑞士日内瓦。网址: http: //www. icrc. org。

【出版物】《年报》(Annual Report);《国际红十字评论》(International Review of Red Cross), 季刊, 英、法文。

【组织机构】(1) 代表大会: 最高权力机构。制定工作原则和总政策并监督委员会的全部活动。代表大会由国际委员会委员组成。委员以自行遴选的方式在瑞士公民中选举产生, 每 4 年选举一次。(2) 执行理事会, 负责指导日常事务和监督行政管理工作, 成员由代表大会选举产生。

【主要活动】包括探视战俘和被拘押的平民, 协助战俘交换, 为战乱情况下的受害者提供医疗服务和救济, 开展国际寻人工作帮助失散亲人团聚, 传播国际人道法。

【同中国的关系】中国是《日内瓦公约》缔约国, 积极参与国际人道主义事务, 支持红十字国际委员会的工作, 双方建立了良好的合作关系。2009 年, 中国继续与红十字国际委员会开展合作活动。

4 月 10 至 5 月 11 日, 中国红十字会总会和红十字国际委员会分别在苏州、上海、南京联合举办"纪念索尔弗利诺战役 150 周年图片展"。

8 月 12 ~ 13 日, 中国国际人道法国家委员会与红十字国际委员会在北京联合举办"纪念 1949 年《日内瓦公约》通过 60 周年研讨会"。

9 月 24 日, 红十字国际委员会亚太地区行动部主任阿什里曼访华。中国外交部国际司参赞祁小夏会见。

9 月 22 日, 中国国际问题研究所与红十字国际委员会东亚地区代表处在北京联合举办"当代武装冲突中的人道主义行动和法则”研讨会。

10月26~28日，中国红十字会总会、军方和红十字国际委员会在南京联合举办“武装冲突法培训班”。

11月20~22日，中国红十字会总会、人民大学法学院和红十字国际委员会在北京联合举办第三届中国大陆高校国际人道法模拟法庭竞赛。

【驻华代表机构】红十字国际委员会于2005年7月在北京设立东亚地区代表处。代表处主任：梅拉（Thierry Meyrat，瑞士人），2007年11月上任，任期至2010年11月。办公地址：北京市齐家园外交公寓B4-2号。电话：010-65325633。（张耀军）

红十字会与红新月会国际联合会

International Federation of Red Cross and Red Crescent Societies—IFRC

【成立日期】1919年。

【宗旨】激励、鼓舞、协助和促进各国红十字会开展旨在防止和减轻人类痛苦的各种形式的人道主义活动，从而为维护和增进世界和平做出贡献。

【成员】186个成员。

【主要负责人】主席近卫忠辉（Tadateru Konoé，日本人），2009年11月就任，任期四年，任期至2013年11月。

【总部】瑞士日内瓦。网址：http://www.ifrc.org。

【出版物】《聚焦》（Spotlight），季刊；《国际融合》（Transfusion International），季刊；《青年公报》（Youth Bulletin），季刊；《年报》（Annual Report）；《世界灾害年度报告》（World Disasters Report）。均为英文、法文。

【组织机构】（1）大会：最高权力机构，由其成员国家红会的代表组成，每两年举行一次。（2）领导委员会：是大会闭幕期间的最高决策机构，由主席、5名副主席和20名国家红会成员组成，每年举行两次常会。其职能主要有负责和促进大会决议的解释、执行和实施，准备下届大会议程，并向主席提供咨询、指导秘书处的工作等。（3）秘书处：负责日常工作。秘书长为最高行政长官，由领导委员会推荐、主席任命。

【主要活动】宣传红十字运动原则，救灾，备灾，与各国红十字会或红新月会合作开展各项人道主义工作。

【同中国的关系】红十字会与红新月会国际联合会是新中国成立后最早接纳中国的国际组织，与中国保持着良好的合作关系。2009年，中国继续积极参加红十字会与红新月会国际联合会活动。

2月18日，红十字会与红新月会国际联合会秘书长比开利访华。中国外交部部长助理刘结一、中国红十字会总会会长彭珮云会见。

9月26~27日，红十字会与红新月会国际联合会捐款国论坛在约旦召开，中国红十字会总会常务副会长江亦曼率团出席。

11月18~25日，第17届红十字会与红新月会国际联合会大会及国际红十字与红新月运动代表会议在肯尼亚举行，中国红十字会总会副会长王伟率团出席。

【驻华代表机构】红十字会与红新月会国际联合会于2000年2月在北京设立东亚地区代表处。驻华代表：卡尔·诺克勒（Carl Naucler，瑞典人），2007年12月上任，任期至2011年12月。办公地点：北京市建国门外外交公寓4251号。电话：010-65327162。（张耀军）

国际刑事警察组织

International Criminal Police Organization—Interpol

【成立日期】成立于1923年，前身是“国际刑事警察委员会”，1956年更名为国际刑事警察组织，简称国际刑警组织。

【宗旨】保证和促进各成员国刑事警察部门在预防和打击刑事犯罪方面的合作。

【成员】截至2010年4月，共有成员188个。

【主要负责人】主席长邱文晖，新加坡人，2008年上任，任期至2012年。秘书长罗纳德·诺布尔（Ronald K. Noble），2000年当选，2005年连任，任期5年。

【总部】在法国里昂。网址：http://www.interpol.int。

【出版物】《国际刑警评论》杂志等。

【组织机构】（1）代表大会：是该组织的最高权力机关，由各成员国的代表团组成。大会每年召开一次，主要任务是决定该组织的战略方针、制定规则、批准活动计划及与其他国际组织间的协议、任命负责人选、决定财政预算等。各国有一票表决权。（2）执行委员会：由大会选出的13个成员国的代表组成。按地区分配，欧洲4人，亚洲3人，美洲3人，非洲3人。其中设主席1人，副主席3人，委员9人。主席任期4年，副主席和委员任期3年。执委会的主要任务是监督大会决议的实施、拟定大会日程、向大会提交工作计划和方案、监督秘书长日常工作和行使大会授予的一切职能。（3）秘书处：秘书处由秘书长和该组织的技术、行政人员组成。负责执行大会和执行委员会的决议、协调各国警察部门的活动、组织有关警察专家研讨会和专题讨论会、编辑出版各种刊物和资料、通缉作案逃犯和通报被盗物品等。秘书处下设4个业务处，分别是行政管理处、刑事情报处与联络处、法律和技术支援处。秘书长是本组织的最高行政长官，由执行委员会提名，经全体大会通过，任期5年，对执行委员会和全体大会负责。（4）国家中心局：是国际刑警组织在各国的常设机构，由各国自行指定的警察机构担任，按本国的法律规定范围进行工作，保持同国际刑警组织秘书处的联系。具体负责收集有关国际法律实施的文献和资料，转交其他国家中心局和秘书处；保证在本国内执行其他国家中心局所要求的警察行动和任务；接受其他国家中心局有关情报和工作要求，并负责作出回答；向其他国家中心局提出需要国外合作的要求。

【主要活动】国际刑警组织的主要任务是汇集、审核国际犯罪资料，研究犯罪对策；负责同各成员国之间的情报交换；搜集各种刑事犯罪案件及罪犯指纹、照片、档案；通报重要案犯线索、通缉追捕重要罪犯和引渡重要犯罪分子；编写有关刑事犯罪方面的资料，供成员国参考。为实现本组织的宗旨及上述任务，国际刑警组织每年召开一次全体大会，并经常举行各种国际性或地区性研讨会。日常与各国国家中心局保持密切联系，组织国际追捕。“红色通缉令”是本组织为打击国际犯罪活动中而使用的一种紧急快速通缉令。

【同中国的关系】1984年，在国际刑警组织第53届大会上，国际刑警组织正式接纳中国政府作为代表中国的唯一合法代表成为其成员国。中国并于同年组建国际刑警组织中国国家中心局，开始了与该组织成员国协查案件和交换犯罪情报的正常业务。1995年，国际刑警组织第64届大会在北京举行。中国国家中心局局长朱恩涛被授予国际刑警组织终身名誉副主席。

2009年10月，国际刑警组织第78届年会在新加坡召开，公安部副部长兼国际刑警组织中国国家中心局局长孟宏伟率团出席。

（施岳峰）

国际移民组织
International Organization for Migration—IOM

【成立日期】在比利时和美国的倡议下，1951年12月5日在布鲁塞尔召开了“国际移民会议”并决定成立欧洲移民问题政府间委员会（ICEM）。该组织的章程于1953年产生，1954年生效。1980年，该组织改名为“移民问题政府间委员会（ICM）”。1987年5月，该组织修改章程，新章程于1989年11月14日生效。根据新章程，该组织改用现名“国际移民组织（IOM）”。

【宗旨】在全世界范围内确保移民有序流动，并协助有关国家处理移民问题。

【成员】127个成员国，17个观察员国。

【主要负责人】总干事威廉·斯温（William Lacy Swing），美国人，2008年10月1日上任，任期五年。

【总部】瑞士日内瓦。网址：http://www.iom.int/。

【出版物】《国际移民》（International Migration），季刊，英文；《国际移民组织拉丁美洲移民杂志》（IOM Latin American Migration Journal），英、西文；《移民与健康》（Migration and Health），季刊，英文；《国际移民组织新闻》（IOM News），月刊，英、法、西文；《年度报告》（Annual Report），英、法、西文。

【组织机构】一、理事会：由全体成员国的代表组成，每年举行一次届会，理事会主席任期一年。理事会的职能是决定该组织的政策，审议并批准执行委员会和总干事的报告，审议该组织活动方案、预算、开支等。二、执行委员会：由理事会选举产生9个成员国的代表组成，任期两年。执委会每年至少举行一次会议，研究和审议该组织的政策、计划和活动、总干事的年度报告，审查理事会权限内的财政或预算，在理事会休会期间，就理事会权限内的问题做出紧急决定等。三、行政署：由总干事、副总干事和理事会决定的其他工作人员组成。总干事和副总干事由理事会选举产生，任期5年，可连任。总干事对理事会和执委会负责。

【主要活动】一、安排由于现有设施服务不足或没有特别协助不能移民者有组织地迁移至那些提供有秩序移民机会的国家；二、参与对难民、流离失所者和其他需要国际移民服务的个人进行有组织的迁移，对这些人可由本组织和有关国家，包括承诺接受这些人员的国家做出安排；三、应有关国家的要求并同其达成协议，提供移民服务，如招募、选择、分类、语言培训、定向活动、医疗检查、安置、有助于接收和融合的活动，并就移民问题提供咨询服务和符合本组织目标的其他协助；四、应各国要求或同其他有关国际组织合作，为移民自愿返回包括自愿遣返提供类似的服务；五、为各国及国际组织和其他组织提供论坛，交换意见和经验，促进各方在国际移民问题上的合作和协调，包括对这些问题进行研究以寻求切实的解决方法。

【同中国的关系】2001年6月，中国成为IOM观察员国。2007年12月，中国与IOM签署《中国移民管理能力建设项目》合作谅解备忘录。2009年，中国政府继续加强与IOM的合作。

5月26～27日，中方与IOM在北京举办“规范移民渠道、打击非法移民”研讨会，介绍欧洲劳务移民管理经验，讨论规范劳务移民等合法移民渠道、打击非法移民及移民融合等问题。

6月17～26日，欧盟国家主管移民事务官员访华，了解中方移民管理和立法、行政管理模式、识别伪造证件方法、反拐卖措施等问题。

7月6～11日，中方与IOM在哈尔滨举办“旅行证件签发规定和法律程序及防伪”研讨会，介绍中国和欧盟国家护照签发标准、方法以及推广电子护照的情况，讨论生物测定技术在护照及出入境管理中的应用。

11月2～5日第三届移民与发展全球论坛（GFMD）在希腊雅典举行。会议主要讨论了移民对国家发展和实现千年发展目标的作用、保护合法移民人权、促进移民社会融合、移民国际合作与对话机制等问题。中国代表团团长罗林泉大使率团与会。

11月9～19日，中国外交部、公安部、人力资源和社会保障部组团赴葡萄牙、捷克、德国考察，全面了解上述国家移民政策、管理体制、法律规定和实践，并就打击非法移民和人口贩卖问题交换意见。

11月23～26日，IOM第98届理事会在瑞士日内瓦举行。中国驻日内瓦代表团李保东大使率团与会，呼吁各国采取有效措施，保护移民合法权益；加强国际合作，希发达国家向发展中国家提供资金和技术援助以加强其能建设；呼吁国际社会携手应对国际金融危机，实现共同发展，合作解决移民流动出现的问题，促进移民合法流动。

【驻华代表机构】IOM于2007年3月19日在北京设立驻华联络处。主任：辛达培（Thomas Joseph Sinkovits），2009年2月上任。地址：北京市建国门外外交公寓1－5－11。电话：010－85325268。

（王颖）

世界动物卫生组织
World Organisation for Animal Health, Office International des Epizooties—OIE

【成立日期】1921年3月25～28日在法国巴黎召开了国际动物卫生问题的国际会议，就成立控制动物疫病的国际组织达成共识。1924年1月25日，28个国家的代表签署协议，世界动物卫生组织成立。

【宗旨】改善全球动物和兽医公共卫生以及动物福利状况。主要职能是收集并通报全世界动物疫病的发生发展情况及相应控制措施；促进并协调各成员加强对动物疫病监测和控制的研究；制定动物及动物产品国际贸易中的动物卫生标准和规则。

【成员】截至2010年1月，共176个成员。

【主要负责人】总干事贝尔纳·瓦莱特（Bernard Vallat，法国人），2000年5月当选，2005年和2010年连任，任期五年。

【总部】法国巴黎。网址：http：//www. oie. int。

【出版物】《世界动物卫生组织公报》（Bulletin），季刊；《疫情信息》（Disease Information）、《世界动物卫生状况》（World Animal Health）、《科学技术评论》（Scientific and Technical Review），英、法、西班牙语。

【组织机构】（1）世界代表大会（前身为国际委员会大会，2009年5月第77届全会期间通过决议，改为现名）。最高权力机构，由成员代表组成，每年5月在世界动物卫生组织总部举行全体会议。（2）理事会。由世界代表大会主席、副主席、上任主席和六位代表组成。主要负责财务管理和总体发展规划等宏观管理工作。（3）总部。日常工作承办机构（秘书处），由总干事负责，主要职责是贯彻执行世界代表大会决议；承担世界代表大会年度全体会议、委员会会议及技术会议的组织工作等。（4）专业委员会。主要负责研究动物疾病流行和防控，制定、修订世界动物组织国际标准。现设动物疾病科学委员会、陆生动物卫生标准委员会、水生动物疾病委员会和生物制品标准委员会。（5）地区委员会。主要负责开展地区合作，协商制定重大动物疫病监测和控制的区域计划。现设非洲、美洲、亚洲、远东和大洋洲、欧洲和中东五个地区委员会。（6）区域和次区域代办处。主要职责是协调地区内成员，促进地区动物疾病监测与控制能力的提高。现在非洲、美洲、亚太地区、东欧和中东地区设立了5个区域代办处和4个次区域代办处。

【资金来源】主要来自于成员缴纳的会费。另包括一些投资性收入、出版物销售收入及赞助费等。

【主要活动】收集、分析和发布兽医科学信息；

开展国际协作，提供专家协助，防控动物疾病；通过发布动物及动物产品国际贸易卫生标准保护国际贸易安全；促进各国改革兽医部门结构和资源，完善兽医服务体系；保证动物源性食品安全，提高动物福利水平。

2010年5月，世界动物卫生组织国际委员会第78届全体大会在巴黎总部举行。会议评估了全球动物卫生总体状况，并通过了25项决议。

【同中国的关系】 2007年5月，世界动物卫生组织第75届国际委员会大会通过决议，决定中华人民共和国恢复行使在世界动物卫生组织的合法权利与义务。

中国与世界动物卫生组织交流合作随之日益增多。中国每年派代表团出席世界动物卫生组织大会。2009年11月，农业部在上海举办第26届世界动物卫生组织亚洲远东及太平洋地区委员会会议。动物卫生组织总干事瓦莱特、国际委员会主席奥尼尔出席，全国人大副委员长乌云其木格出席会议开幕式并致辞。

2008年5月，该组织第76届国际委员会大会选举中国驻世界动物卫生组织代表、农业部兽医局副局长张仲秋为亚洲、远东及大洋洲地区委员会副主席，认可中国国家禽流感参考实验室为世界动物卫生组织禽流感参考实验室。 （国际）

亚非法律协商组织
Asian-African Legal Consultative Organization—AALCO

【成立时间】 亚非法律协商组织（简称亚非法协）成立于1956年11月，始称亚洲法律协商委员会；1958年，该组织吸收非洲国家入会，改称为亚非法律协商委员会。2001年，改名为亚非法律协商组织。

【宗旨】 在国际法领域为各成员国政府提供咨询，为亚非国家在共同关心的法律问题上进行合作提供论坛，从而指导亚非国家的法律实践，推动国际法的逐步发展与编纂。

【成员】 截至2010年共有47个正式成员，2个常任观察员。正式成员（以加入年份为序）：埃及、印度、印度尼西亚、伊拉克、日本、缅甸、斯里兰卡（以上七国为创始成员国）、巴基斯坦（1958）、泰国（1961）、加纳（1963）、约旦（1968）、塞拉利昂、伊朗、肯尼亚、韩国、科威特、马来西亚、尼日利亚、新加坡、叙利亚（1970）、尼泊尔（1971）、毛里求斯（1972）、坦桑尼亚（1973）、孟加拉国、冈比亚、朝鲜、博茨瓦纳（1974）、沙特阿拉伯、土耳其（1975）、利比亚、阿曼、卡塔尔、索马里、阿拉伯联合酋长国、也门（1976）、乌干达（1979）、塞浦路斯、蒙古、塞内加尔（1980）、中国（1983）、苏丹（1986）、巴勒斯坦（1990）、巴林（1993）、黎巴嫩（1999）、文莱（2003）、南非（2004）、喀麦隆（2006）常任观察员：澳大利亚、新西兰。

【主要负责人】 秘书长拉合玛特·穆罕默德，马来西亚籍，2008年6月当选，任期4年。

【总部】 秘书处设于印度新德里。地址：29 C Rizal Marg, Diplomatic Enclave, Chanakyapuri, New Delhi - 110021 (India)。电话：91 11 26117641, 26117642。网址：www. aalco. int。电子信箱：mail@aalco. int。

【出版物】 亚非法协年鉴、季度公告、亚非法协简讯。

【组织机构】（1）委员会：最高权力机构，由参加年会的各国代表团团长组成。（2）秘书处：常设机构，负责处理日常事务并贯彻委员会的决定。设秘书长1人、副秘书长3人。秘书长由各成员国选举产生，并从亚非两洲中轮流推选。（3）联络官：由成员国驻印度的外交官组成，负责成员国与秘书处的沟通，并对秘书处工作进行监督。联络官会议每两个月召开一次。

【主要活动】 亚非法协通常每年召开一次年会，截至2009年底，共召开了48届年会。其主要活动是对亚非地区国家所关心的重大法律问题交换意见和情况，并就联合国大会第六委员会（法律委员会）、国际法委员会、国际贸易法委员会、海洋法会议等讨论的一些法律问题协调立场和提出建议。

2009年8月17～20日，亚非法协第48届年会在马来西亚新行政首都布城（Putra jaya）召开，共有35个成员国出席，其中16个国家派出了部长级代表团。另有7个国家或国际组织作为观察员出席会议。各国对亚非法协成立以来在促进亚非国家交流与合作方面发挥的积极作用给予了高度评价。

中国外交部条法司副司长关键率代表团参加了本届年会。本届年会主要围绕联合国国际法委员会的工作、应对金融危机、海洋法（海上安全与划界）、跨国移民与贩卖人口、国际刑事法院的最新进展、WTO作为世界贸易框架协议和行为准则等专题展开讨论。本届年会通过了在新的国际形势下重振和加强法协的布城宣言。中国代表团在一般性发言中赞扬了亚非法协自成立以来所取得成就，重点阐述了中国有关加强国际合作、携手应对金融危机、实现持久发展的主张，并在绝大部分议题下发言，阐明了中国政府在有关问题上的立场与看法，受到与会各国的重视。

除每年的年会外，该组织还召开一些届间会议讨论组织事项或年会未能解决的问题，并与其他国际组织共同举办专题研讨会。此外，亚非法协与联合国及其专门机构，以及其他一些国际组织建立了密切的联系。1980年第35届联大通过决议，接纳亚非法协为联合国常任观察员。亚非法协还与国际海事组织（IMO）、联合国环境规划署（UNEP）、联合国工业发展组织（UNDIO）、国际原子能机构（IAEA）、世界知识产权组织（WIPO）、联合国难民事务高级专员（UNHCR）、联合国大学（UNU）、联合国培训研究所（UNITAR）、联合国人权事务高级专员办公室（Office of UNHCHR）、国际移民组织（IOM）、红十字国际委员会（ICRC）、阿拉伯国家联盟（League of Arab States）、英联邦秘书处（Commonwealth Secretariat）、欧洲委员会（Council of Europe）以及非洲统一组织（Organisation of African Unity）签署了合作协议。

【同中国的关系】 亚非法协同中国保持着友好合作的关系。1980年，该组织在印尼首都雅加达举行第21届年会，并庆祝万隆会议召开25周年，中国首次应邀派观察员代表团与会。1983年11月14日，中国正式加入亚非法协，此后以正式成员国身份参加了亚非法协历届年会，并于1990年在北京主办了第29届年会。中国大力支持法协工作，至今已派遣过一人出任秘书长，五人出任副秘书长，现任中国籍副秘书长为徐杰，2008年8月就任。　（伍处）

国际海底管理局
International Seabed Authority—ISA

【成立日期】 国际海底管理局（下称“管理局”）是根据《联合国海洋法公约》（下称“公约”）所设立的国际组织，于公约生效之日（1994年11月16日）宣布成立，总部设在牙买加金斯敦。1996年6月，管理局开始正式运作；同年10月，成为联合国大会观察员。

【网址】 http：//www. isa. org. jm

【性质】 管理局是缔约国按照公约有关规定组织和控制“区域”内活动，特别是管理“区域”资源的组织。“区域”是指国家管辖范围以外的海床和洋底及其底土。

“区域”及其资源是人类共同继承财产。对“区域”内资源的一切权利属于全人类，由管理局代表全人类行使。

“区域”内活动应依公约第十一部分（“区域”）的明确规定为全人类的利益而进行。管理局应在无歧视的基础上公平分配从“区域”内活动取得的财政及其他经济利益。

【成员】 公约所有缔约国均是管理局的当然成员。截至2010年5月，管理局有160个成员（159个国家和欧盟）。

【主要负责人】 现任秘书长为尼·阿洛泰·奥敦通（Nii. A. Odunton），加纳籍，2008年6月当选，2009年1月1日开始履职，任期四年。

【组织机构】 管理局的主要机关是大会、理事会和秘书处。大会由管理局的全体成员组成，是管理局的最高机关，有权依照公约各项有关规定，就管理局权限范围内的任何问题或事项制定一般性政策。理事会是管理局的执行机关，有权依公约和大会所制订的一般政策，制订管理局对于其权限范围内的任何问题或事项所应遵循的具体政策。理事会由36个成员组成：A组4个成员，来自在有统计资料的最近五年中，对于可从“区域”取得的各类矿物所产的商品，其消费量超过世界总消费量2%，或其净进口量超过世界总进口量2%的缔约国；B组4个成员，来自直接地或通过其国民对“区域”内活动的准备和进行做出了最大投资的八个缔约国；C组4个成员，来自缔约国中因在其管辖区域内的生产而为可从“区域”取得的各类矿物的主要净出口国；D组6个成员，来自发展中国家缔约国，代表特殊利益；E组18个成员，按照确保理事会的席位作为一个整体予以公平地区分配的原则选出。法律和技术委员会为理事会下设机构之一，主要负责制定国际海底区域资源探矿和勘探规章草案，供理事会审议；就指导承包者的工作提出技术或行政方面的建议以协助承包者履行管理局的规则、规章和程序；审查承包者根据勘探合同提交的年度报告等。秘书处由秘书长及所需工作人员组成，负责执行大会和理事会指定的日常任务，秘书长为行政首长。此外，管理局还设有财务委员会，委员由大会选举产生，负责监督管理局的资金运作和财务管理。

【主要活动】 根据公约及其《关于执行1982年12月10日 <联合国海洋法公约> 第十一部分的协定》（下称“执行协定”）的有关规定，在“区域”资源第一项开发工作计划获得核准之前，管理局工作将集中于执行协定附件第1节第5段所列的资源勘探、制度建设、信息数据的收集和评估以及海洋科研等11个工作领域。迄今为止，管理局的主要工作成果是：于2000年7月出台《“区域”内多金属结核探矿和勘探规章》，根据该规章，在2001～2002年间与中国大洋协会等七个先驱投资者签订了多金属结核勘探合同，并于2006年与德国联邦地球科学及自然资源研究所签订多金属结核勘探合同；于2010年5月，出台《“区域”内多金属硫化物探矿和勘探规章》。管理局结合“区域”活动进展，确定了2011～2013年间的工作方案。主要包括：持续监督勘探合同并视需要签订新的合同；逐步制定“区域”内各种活动的管理制度；监测有关深海海底采矿活动的趋势和发展，包括世界金属市场情况和金属的价格、趋势和前景；收集和评估探矿和勘探所产生的数据并对结果进行分析；推动和鼓励在“区域”内进行海洋科学研究；开发中央数据存储库，包括海底块状硫化物数据库、富钴铁锰结壳数据库、多金属结核数据库、网上地理信息系统、图书目录、书目数据库以及海底专利数据库等。

【同中国的关系】中国是国际海底活动的投资国和与国际海底资源相关的矿产品消费大国。自1996年管理局理事会成立之初，中国便是理事会B组成员。在2004年理事会成员改选中，中国成功当选A组成员，并在2008年改选中获得连任，任期至2012年。管理局两个专家机构，法律和技术委员会和财务委员会中始终有中国籍委员。

中国是从事国际海底资源勘探活动的国家之一。中国大洋协会于2001年与管理局签订多金属结核勘探合同。2010年5月，《“区域”内多金属硫化物探矿和勘探规章》通过后，中国大洋协会又提出多金属硫化物矿区申请。

中国积极促进发展中国家参与国际海底事务，与管理局开展了多项合作。截至2010年5月，中国累计向海管局自愿信托基金捐款4万美元，为管理局财务委员会和法律和技术委员会中的发展中国家成员出席委员会会议提供资助；中国大洋协会利用管理局捐赠基金，资助两名发展中国家科学家参与印度洋海底热液系统国际合作研究项目；同济大学与管理局合作，为发展中国家海洋科研人员开设短期培训班并提供留学奖学金。

（赵文婷）

国际海洋法法庭
International Tribunal for the Law of the Sea—ITLOS

【成立日期】1996年10月，国际海洋法法庭（下称“法庭”）宣告成立，总部设在德国汉堡。法庭是根据《联合国海洋法公约》（下称“公约”）设立的主要解决公约解释和适用争端的司法机构。公约附件六《国际海洋法法庭规约》规定了法庭的组织、权限、程序和争端分庭的设立等事项，公约第十一部分“区域”和第十五部分“争端的解决”等也有关于法庭职权的规定。

【网址】http：//www.itlos.org

【组织机构】根据公约规定，法庭由21名独立法官组成。他们应具备以下条件：（一）享有公平和正直的最高声誉，并在海洋法领域内具有公认资格；（二）不得执行任何政治或行政职务，也不能与“勘探和开发海洋或海底资源”或“与海洋或海底的其他商业用途有关”的任何企业的任何业务有“积极联系”或“有财务利益”。法庭作为一个整体，还必须能代表世界各主要法系和公平地区分配。

法官由公约缔约国会议选举产生，任期九年（但在第一次选举出的法官中，有七人任期三年，另七人任期六年，具体人选通过抽签决定），可连选连任。现任法官分别来自德国、黎巴嫩、阿根廷、巴西、保加利亚、俄罗斯联邦、韩国、阿尔及利亚、格林纳达、印度、意大利、塞内加尔、佛得角、法国、特多、波兰、日本、奥地利、坦桑尼亚、南非和中国。现任庭长为佛得角籍法官若泽·路易斯·叶肃斯（José Luis Jesus），副庭长为奥地利籍法官赫尔穆特·蒂尔克（Helmut Tuerk）。现任中国籍法官高之国于2008年1月举行的法官补缺选举中当选，接替因健康原因辞职的原中国籍法官许光建，任期至2011年9月30日。

【分庭】法庭的分庭包括两种：一是海底争端分庭，二是特别分庭。特别分庭有三类：一是为迅速处理事务而成立的简易分庭；二是为处理特定种类争端成立的分庭，目前包括海洋渔业争端分庭、海洋环境争端分庭和海洋划界争端分庭三个；三是经当事各方请求，为处理某一特定争端而成立的分庭。海底争端分庭和特别分庭作出的判决，均应视为法庭作出的判决。

【管辖权】根据《国际海洋法法庭规约》规定，法庭的管辖权包括按照公约向其提交的一切争端和申请，和将管辖权授予法庭的任何其他国际协定中具体规定的一切申请。

法庭是公约规定的导致有拘束力裁判的强制程序之一。缔约国可在任何时间以书面方式选择法庭或公约规定的其他争端解决程序，如国际法院、仲裁法庭等。同时，公约第298条对适用强制解决程序解决争端规定了一些例外，即对于划定海洋边界的公约条款在解释或适用上的争端、涉及历史性海湾或所有权的争端、有关军事活动的争端以及正由联合国安理会执行《联合国宪章》所赋予的职务等争端，缔约国可作出书面声明，不接受公约规定的强制解决程序。中国政府于2006年8月向联合国秘书长递交了对上述事项不接受强制解决程序的声明。

【当事方】一般来说，法庭只对各缔约国开放。对于公约第十一部分（“区域”）明文规定的任何案件，或按照案件当事所有各方接受的将管辖权授予法庭的任何其他协定提交的任何案件，法庭应对缔约国以外的实体开放。例如，缔约国、国际海底管理局或其企业部、国有企业以及自然人或法人，在作为有关"区域"内活动的合同当事各方的情形下，他们之间关于该合同的解释或适用等争端可以提交法庭下设的海底争端分庭解决。

【审理案件】 法庭迄今共受理17个案件。其中15个已审结，主要为迅速释放和临时措施等程序性案件。正在审理的第16号案"孟加拉国和缅甸孟加拉湾划界案"是法庭成立以来的第一个划界案。2010年5月，国际海底管理局理事会就"区域"活动中担保国责任问题提请海底争端分庭出具咨询意见。该案成为海底争端分庭受理的第一个咨询案。

（赵文婷）

国际刑事法院
International Criminal Court—ICC

【成立日期】 根据《国际刑事法院罗马规约》（以下称"规约"）设立，规约于2002年7月1日生效。法院独立运作，2004年通过与联合国缔结"关系协定"获得了联合国大会观察员地位。

【职权】 根据规约，对犯有灭绝种族罪、危害人类罪和战争罪的个人追究刑事责任。规约还规定，在确定侵略罪定义和法院对其行使管辖权的条件之后，法院可对侵略罪行使管辖。

【成员】 截至2010年6月，规约缔约国已达111个。规约缔约国大会每年召开一届会议，负责审议法院预算，选举法官，监督管理法院行政工作等。大会另设有主席团和秘书处。

【主要负责人】 院长宋相现（Sang-Hyun Song，韩国籍）；检察官莫雷诺—奥坎波（Moreno-Ocampo，阿根廷籍）；书记官长阿比亚（Silvana Arbia，女，意大利籍）。

【总部】 荷兰海牙。地址：PO Box 195192500 CM, The Hague the Netherlands。电话：31（0）70 515 8515。传真：70 515 8555。Email：pio@icc-cpi.int。网址：www.icc-cpi.int。

【出版物】 各种定期官方刊物和ICC通讯等。

【组织机构】 法院由四个部门组成。院长会议主要负责管理除检察官办公室以外的其他法院机构和行使规约规定的其他职能。18名法官组成的预审庭、审判庭和上诉庭分别负责案件的预审、审判和上诉。检察官办公室独立调查相关情势并在法院提起诉讼。书记官处负责非司法方面的行政管理和服务。

【年度活动】 2009年3月4日，国际刑事法院以涉嫌在苏丹达尔富尔地区犯有战争罪和反人类罪为由，宣布正式对苏丹总统巴希尔发出逮捕令。这是国际刑事法院自2002年7月成立以来，首次对一个国家的在任国家元首发出逮捕令。

该逮捕令引发强烈争议。苏丹政府已多次强调，由于苏丹没有正式批准《国际刑事法院罗马规约》，不是这个法院的成员，该法院对苏丹没有司法管辖权。苏丹司法机构坚持其独立性，不受国际刑事法院支配。作为回应，巴希尔3月5日宣布驱逐10个外国非政府组织出境，同时解散2个苏丹非政府组织。巴希尔说，这些非政府组织违反苏丹法律并与国际刑事法院合作，其活动已经超越其权限，危害苏丹主权和安全。

非洲联盟和阿拉伯国家联盟等国际组织和一些国家认为，国际刑事法院不顾"给苏丹和平一个机会"的呼吁，执意向苏丹总统发出逮捕令，无助于苏丹的和平进程。

2010年3月22~25日，规约第八届缔约国大会续会在纽约举行。会议继续为计划于5月底召开的规约审查会议做准备，重点讨论了侵略罪、国际刑事司法盘点及其他与审查会议有关的事项。2010年5月31日至6月11日，规约审查会议在乌干达首都坎帕拉举行。会议发表了高级别会议宣言，并从"和平与正义"、"合作"、"补充性原则"和"规约对受害人的影响"等四个方面对法院工作进行了盘点。会议还以协商一致的方式通过了侵略罪条款并就规约第8条战争罪条款通过修正案，规定将国内武装冲突中发生的使用有毒武器、窒息性气体等武器的行为纳入法院管辖范围。此外，会议还就删除第124条过渡性条款的修正案作出决定，同意继续保留此条，并在第十四届缔约国大会上再次审议该条款的必要性。

目前，法院已进入全面司法运作阶段，共对5个国家的8起案件进行管辖。其中，3个缔约国［刚果（金）、乌干达和中非共和国］主动向法院提交案件；苏丹达尔富尔情势系由安理会提交法院；2010年3月，检察官自行启动法院对肯尼亚情势的调查，并获预审分庭批准。此外，1个非缔约国（科特迪瓦）自愿就其境内有关情势接受法院管辖。

【同中国的关系】 中国一贯支持建立一个独立、公正、有效和具有普遍性的国际刑事法院，但由于对规约的某些规定有所保留，中国未参加规约。法院成立后，中国一直密切关注法院的工作，派出观察员团出席了历届缔约国大会和规约审查会议，并积极参与了有关侵略罪问题的讨论。

2009年3月5日，中国外交部发言人就国际刑事法院签发对苏丹总统逮捕令答记者问时表示，中方不希望由于国际刑事法院此举使在达尔富尔问题上取得的积极进展付诸东流。发言人表示，中方对国际刑事法院发出对苏丹总统的逮捕令表示遗憾和不安。中方反对任何可能干扰达尔富尔地区和苏丹和平大局的举动。中方希望安理会尊重和听取非盟、阿盟和不结盟运动成员的呼声，根据《国际刑事法院罗马规约》第十六条采取必要行动，要求国际刑事法院暂停审理此案。（刘颖）

前南斯拉夫国际刑事法庭
International Criminal Tribunal for the Former Yugoslavia—ICTY

【成立日期】 前南斯拉夫国际刑事法庭（简称“前南刑庭”）根据1993年5月25日联合国安理会第827号决议设立，1994年正式成立。

【职能】 前南刑庭的职能是起诉和审判自1991年以来在前南斯拉夫境内实施了严重违反国际人道法行为的人。前南刑庭管辖的罪行包括严重违反1949年日内瓦四公约的行为、违反战争法规和惯例的行为、灭绝种族罪以及危害人类罪。

【主要负责人】 庭长为帕特里克·利普顿·罗宾逊（Patrick Lipton Robinson，牙买加籍，自2008年11月起），副庭长为权五坤（O-Gon Kwon，韩国籍，自2008年11月起）；检察官为塞奇·布拉默茨（Serge Brammertz，比利时籍，自2008年1月起）；书记官长为约翰·霍金（Jone Hocking，澳大利亚籍，自2009年5月起）。

【总部】 在荷兰海牙。地址：Churchillplein 1 2517 JW，The Hague，The Netherlands。通信地址：P. O. BOX 13888 2501 EW，The Hague，The Netherlands。网址：http://www.icty.org。

【出版物】 法院增刊，年度报告和其他文件。

【组织机构】 前南刑庭由分庭、检察官办公室和书记官处组成。前南刑庭分庭包括三个审判庭和一个上诉庭，由16名常任法官和最多（同一时期内）12名审案法官（ad litem judges）组成。前南刑庭的上诉庭同时也是卢旺达国际刑事法庭的上诉庭，组成上诉庭的7名法官中，5名是前南刑庭的常任法官，2名是来自卢旺达国际刑事法庭的常任法官。检察官办公室由检察官领导，负责案件的调查和起诉。书记官处负责前南刑庭的行政管理和服务，由书记官长领导。

【主要活动】 自第一名被告于1995年4月被移交法庭以来，刑庭共起诉了161人，其中包括前南总统米洛舍维奇和波黑塞族领导人卡拉季奇等。截至2009年12月，除2名被告在逃外，仅1名被告的案件仍处于预审阶段，另有9宗案件已进入审判程序，涉及24名被告。

安理会2003年通过的第1503号决议要求前南刑庭采取一切可能的措施落实“完成工作战略”，在2010年完成所有案件的审理。刑庭多次表示，将在不牺牲正当程序的基础上，通过提高审案效率实施完成战略。在已进入审判程序的9宗案件中，5宗预计于2010年审结，3宗预计于2011年上半年审结，最后一宗为卡拉季奇案，预计于2012年晚些时候审结。除卡案上诉将拖至2014年2月外，刑庭有望于2013年完成其他所有上诉案件。随着刑庭完成使命的临近，安理会正在讨论建立刑庭解散后的剩余机制，以处理刑庭遗产和剩余职能。

【同中国的关系】 自法庭成立以来，中国籍的李浩培、王铁崖和刘大群先后担任该法庭法官。刘大群法官现为上诉庭法官。（李炳卓）

卢旺达国际刑事法庭
International Criminal Tribunal for Rwanda（ICTR）

【成立日期】 卢旺达国际刑事法庭（以下简称“卢旺达刑庭”）根据1994年11月8日联合国安理会第955号决议设立，于1995年正式成立。

【职能】 卢旺达刑庭的职能是起诉和审判两类罪犯，一类是在1994年一年间在卢旺达境内实施了灭绝种族及其他严重违反国际人道法行为的个人（包括非卢旺达国民），另一类是同一时期在卢旺达的邻国境内实施了此类罪行的卢旺达人。刑庭管辖的罪行包括灭绝种族罪、危害人类罪和严重违反1949年日内瓦四公约共同第三条及1977年公约第二附加议定书的行为。

【主要负责人】 目前庭长为查尔斯·迈克尔·丹尼斯·拜伦（Charles Michael Dennis Byron，圣基茨和尼维斯籍，自2007年5月起），副庭长为卡丽达·拉希德·罕（Khalida Rachid Khan，巴基斯坦籍，自2007年5月起）；检察官为哈桑·布巴卡尔·贾洛（Hassan Bubacar Jallow，冈比亚籍，自2003年9月起）；书记官长为阿达马·迪昂（Adama Dieng，塞内加尔籍，自2001年3月起）。

【总部】 在坦桑尼亚阿鲁沙，Arusha International

Conference Centre，Arusha，Tanzania。通信地址：P. O. Box 6016，Arusha，Tanzania。网址：http://www.ictr.org。

【出版物】ICTR季刊等。

【组织机构】卢旺达刑庭由分庭、检察官办公室和书记官处组成。卢旺达刑庭设三个审判庭和一个上诉庭，由16名常任法官和最多（同一时期内）9名审案法官（*ad litem judges*）组成。卢旺达刑庭的上诉庭同时也是前南刑庭的上诉庭，组成上诉庭的7名常任法官中，2名来自卢旺达刑庭，另外5名来自前南刑庭。常任法官和审案法官均由联大选举产生，任期4年，可连选连任。检察官办公室由检察官领导，负责案件的调查和起诉。书记官处负责刑庭的行政管理和服务，由书记官长领导。

【主要活动】自2005年11月提出第一项起诉以来，截至2010年5月，刑庭共审结50起案件，其中8起已进入上诉程序。此外，2起案件处于预审阶段，25起案件已进入审判程序。为实施安理会确定的"完成工作战略"，刑庭抓紧审理未结案件，大力呼吁有关国家协助追逃，并已将2起案件移交有关国家管辖。但从目前情况看，刑庭难以在2010年底前完成所有工作。

【同中国的关系】中国籍法官李浩培、王铁崖曾先后担任卢旺达刑庭上诉庭法官。中国籍法官刘大群现为上诉庭法官。（李炳卓）

全面禁止核试验条约组织筹备委员会
Preparatory Commission for the Comprehensive Nuclear-Test-Ban Treaty Organization—CTBTO

【成立日期】1996年11月19日。

【职责】筹委会的职责是为《全面禁止核试验条约》生效做好各项准备工作。

【成员】所有条约签字国均为筹委会成员。截至2010年5月，共有182国签署条约，其中153国已批约。

【主要负责人】2005年7月开始，匈牙利前驻日内瓦代表团大使蒂伯·托特（Tibor Toth）任筹委会临时技术秘书处执行秘书。

【总部】在奥地利维也纳。网址：http://www.ctbto.org。

【组织机构】筹委会主要包括全会和临时技术秘书处。全会是筹委会的决策机构。临时技术秘书处负责日常工作，下设行政、法律与外联、国际监测系统、国际数据中心和现场视察五个司。

【主要活动】筹委会每年召开两次全会，审议条约筹备相关事宜并做出决定。全会下设A、B两个工作组，分别就行政和核查事务进行讨论，并向全会提出建议。临时技术秘书处负责为国际监测系统提供技术和法律援助，并负责国际监测系统台站的监督、管理和维护，以及台站数据的接收、分析和处理。

【同中国的关系】中国于1996年9月24日签署《全面禁止核试验条约》，是筹委会首批成员国之一。中国常驻维也纳代表兼任中国常驻条约组织筹委会代表。中国积极参加筹委会会议，并与临时技术秘书处密切合作。临时技术秘书处两任执行秘书先后对中国进行了七次工作访问。2009年5月，中国政府与筹委会在北京联合举办了"2009年国家数据中心评估国际研讨会"。（孔君）

拉丁美洲和加勒比禁止核武器组织
Organismo para la Proscripcion de las Armas Nucleares en la America Latina Y El Caribe—OPANAL

【成立经过】1962年10月"古巴导弹危机"后，巴西、玻利维亚、厄瓜多尔和智利向第17届联大提出关于建立拉美无核区的提案。1963年4月29日，上述四国元首以及墨西哥总统在各自首都发表声明，要求拉美国家缔结多边协定，使拉美尽快成为无核区。同年，第18届联大通过了包括上述五国在内的11个国家关于建立拉美无核区的提案。1964年11月，17个拉美国家决定成立拉丁美洲非核化筹备委员会。1967年2月14日，巴拿马、秘鲁、玻利维亚、厄瓜多尔、哥伦比亚、哥斯达黎加、海地、洪都拉斯、墨西哥、萨尔瓦多、危地马拉、委内瑞拉、乌拉圭和智利在墨西哥城签署《拉丁美洲禁止核武器条约》，即《特拉特洛尔科条约》。条约于1969年4月25日生效。为保证履行条约的各项义务，根据该条约规定，缔约国在条约生效后成立了拉丁美洲禁止核武器组织。1985年该组织第九届例会决定在正式文件中使用"拉丁美洲和加勒比禁止核武器组织"（简称"拉美禁核组织"）的名称。

【宗旨】条约规定，缔约国的核材料和核设备只能用于和平目的；禁止在各自领土上试验、使用、制造生产或取得核武器；禁止在各自领土上接受、储存、设置、部署或以任何其他形式拥有核武器。条约有两项附加议定书：第一号附加议定书要求在拉美拥有领土或属地的国家承担条约规定的有关义务。第二号附加议定书要求世界上拥有核武器的国家充分尊重条约，不对拉美国家使用或威胁使用核武器。

【成员】33 个国家（2010 年 6 月）：巴巴多斯、巴哈马、巴拉圭、巴拿马、古巴、秘鲁、玻利维亚、多米尼加共和国、厄瓜多尔、哥伦比亚、哥斯达黎加、格林纳达、海地、洪都拉斯、墨西哥、尼加拉瓜、萨尔瓦多、苏里南、特立尼达和多巴哥、危地马拉、委内瑞拉、乌拉圭、牙买加、巴西、智利、阿根廷、安提瓜和巴布达、伯利兹、圭亚那、多米尼克、圣基茨和尼维斯、圣文森特和格林纳丁斯、圣卢西亚。

观察员国（2010 年 6 月）：德国、加拿大、韩国、塞浦路斯、西班牙、菲律宾、芬兰、希腊、伊朗、以色列、日本、马来西亚、摩洛哥、南非、瑞士、澳大利亚和新西兰。

联系国（2010 年 6 月）：中国、英国、美国、俄罗斯、法国和荷兰。

【主要负责人】常务秘书长乔孔达·乌贝达·里维拉（Gioconda Ubeda Rivera），哥斯达黎加人，2010 年 2 月 1 日就职，任期至 2013 年 12 月 31 日。

【总部】设在墨西哥首都墨西哥城。墨西哥为存约国。

【组织机构】（1）大会：最高权力机构。由全体缔约国组成，每两年召开一次。理事会认为必要时可召开特别大会。（2）理事会：由 5 个理事国组成，经大会选举产生，任期四年。（3）秘书处：大会和理事会领导下的常设办事机构。秘书长由大会选举产生，任期四年，可连任一次。

【出版物】《拉丁美洲和加勒比禁止核武器组织文件集》（OPANAL-Documentos），不定期，西班牙文。

【网址】http：//www. opanal. org

【主要活动】2005 年 4 月 26～28 日，世界无核武器地区会议在墨西哥城举行，拉美禁核组织代表拉美和加勒比无核武器区出席。出席会议的还有代表南太、东南亚、非洲和蒙古无核武器区的《拉罗汤加条约》、《曼谷条约》、《佩林达巴条约》缔约国和蒙古。各方就加强各无核武器区建设、密切相互合作、推动全球防核武扩散与核裁军等议题进行讨论。2005 年 11 月 8 日，拉美禁核组织第 19 届例会在智利首都圣地亚哥举行，会议发表《圣地亚哥声明》，决定加强同其他无核武器区组织的协调，推动国际裁军和防核扩合作，要求核武器国家有效保证不使用也不威胁使用核武器，强调全面禁止核试验的重要性，重申各国拥有和平研究、生产及使用核能的权力，主张通过加强裁军与防核扩教育推动无核区的发展。2007 年 11 月 22 日，拉美禁核组织第 20 届例会在墨西哥首都墨西哥城举行。2009 年 11 月 26 日，拉美禁核组织第 21 届例会在墨西哥首都墨西哥城举行。

【同中国的关系】1972 年 11 月 24 日姬鹏飞外长声明，中国政府尊重和支持拉美无核区的正义主张，并同意拉美禁核条约第二号附加议定书的基本内容。1973 年 8 月 21 日，中国政府签署了该议定书。1975～2001 年，除个别情况外，中国均派观察员出席该组织的历届年会。1983 年 5 月，中国代表在出席该组织在牙买加金斯敦举行的第八届例会期间发言，重申中国绝不对拉美国家和无核地区使用或威胁使用核武器，也不在拉美国家和地区试验、制造、生产、储存、安装或部署核武器，或使自己带有核武器的运载工具通过拉美国家领土、领空和领海。在第 14 届例会上，中国驻智利大使朱祥忠与会并讲话，阐述了中国对核裁军、无条件不对无核国家和无核区使用或威胁使用核武器及《核不扩散条约》延期问题的立场和主张。该组织两任秘书长格罗斯和马丁内斯·科沃分别于 1975 年和 1983 年访华。2003 年 11 月，中国驻古巴大使王治权代表中国政府以观察员身份出席该组织第 18 届例会，重申了中国不使用和不威胁使用核武器的承诺。

（卢阳）

禁止化学武器组织
Organization for the Prohibition of Chemical Weapons—OPCW

【成立日期】《禁止化学武器公约》（简称“《公约》”）1997 年生效，禁止化学武器组织于 1997 年 5 月 23 日成立。

【宗旨】《公约》的宗旨和目标是全面禁止和彻底销毁所有化学武器，并为此规定了严格的核查机制；促进化工领域的国际交流与合作，以及应缔约国要求提供防化援助。

禁止化学武器组织是监督《公约》实施的机构，以确保《公约》的各项条款得到有效执行，并为缔约国提供进行协商与合作的论坛。

【成员】截至 2010 年 5 月，共有成员国 188 个。

【主要负责人】现任总干事罗赫略·菲尔特（Rogelio Pfirter），阿根廷人，2002 年 7 月就任，2005 年获选连任，任期至 2010 年 7 月。新任总干事阿赫迈特·尤祖姆居（Ahmet Üzümcü）将于 2010 年 7 月上任。

【总部】在荷兰海牙。网址：http：//www. opcw. org。

【组织机构】（1）缔约国大会：由全体成员国组

成。每年召开一次例会，可审议《公约》范围内任何问题并做出决定。(2) 执行理事会：由41个成员组成，是禁化武组织的执行机构，向大会负责。执理会成员由大会选出，任期两年。(3) 技术秘书处：协助大会和执理会行使其职能，包括执行《公约》的核查条款。技秘处由总干事领导，下设决策机构秘书处、核查司、视察局、技术合作与援助司、对外关系司、法律事务办公室、行政司、特别项目司、内部监察办公室等。此外，还有科学咨询委员会、保密委员会等附属机构。

【主要活动】禁止化学武器组织迄今已进行了4000余次视察，其中2009年进行了388次视察。2009年，禁化武组织召开了第14次缔约国大会（12月2~5日）和第55~58届执理会，任命了新任总干事，讨论了化学武器销毁、促进国家履约措施、《公约》普遍性及大量履约相关问题。

【同中国的关系】1993年1月13日，中国签署《公约》。1996年12月30日，中国全国人大常委会正式批准《公约》。1997年4月25日，中国交存了批准书，成为《公约》的原始缔约国。中国自1997年5月当选为执理会成员以来，一直连选连任。中国在海牙设有常驻禁化武组织代表团，代表由中国驻荷兰大使兼任。截至2010年5月，中国已顺利接待禁化武组织220余次视察，其中2009年35次。（孔君）

桑戈委员会
Zangger Committee

【成立经过】1971~1974年，由美、英、法等15个国家组成的小组，在瑞士教授桑戈主持下，在维也纳举行了一系列非正式会议，就核出口“竞争规则”和“触发清单”达成了谅解。该小组被称为“桑戈委员会”，又称“核出口国委员会”。

【宗旨】“桑戈委员会”根据《不扩散核武器条约》有关规定，制定向未参加条约的无核武器国家出口核材料、设备和技术的控制条件和程序。

【成员】“桑戈委员会”现有37个成员国（2010年5月）：阿根廷、澳大利亚、奥地利、比利时、保加利亚、加拿大、中国、克罗地亚、捷克、丹麦、芬兰、法国、德国、希腊、匈牙利、爱尔兰、意大利、日本、哈萨克斯坦、韩国、卢森堡、荷兰、挪威、波兰、葡萄牙、罗马尼亚、俄罗斯、斯洛伐克、斯洛文尼亚、南非、西班牙、瑞典、瑞士、土耳其、乌克兰、英国和美国。

【控制机制】“桑戈委员会”通过“触发清单”实施核出口控制。“触发清单”，由A、B两个备忘录和一个附件组成。备忘录对原材料和特种裂变材料以及为加工、使用或生产特种裂变材料而设计或制造的设备或材料出口作了定义，并规定出口“触发清单”物项须接受国际原子能机构保障监督。

“桑戈委员会”的决定及包括“触发清单”仅对各国制订核出口政策起指导作用，无法律约束力。各成员国以信函模式接受“触发清单”，即，由各国常驻国际原子能机构代表致函机构总干事，对“触发清单”及其修改予以确认。

【网址】http://www.zanggercommittee.org

【主要负责人】“桑戈委员会”现任主席为珀沃·克鲁斯基（Pavel Klucky，捷克人），于2006年8月上任。

【主要活动】“桑戈委员会”每年定期召开春、秋两次会议，主要讨论核出口控制政策，以及有关“触发清单”的问题。

【同中国的关系】1997年5月，中国以观察员身份出席“桑戈委员会”会议，1997年10月16日，中国正式加入“桑戈委员会”。此后，中国积极参加了每年“桑戈委员会”例会的讨论并发挥建设性作用。（孔君）

核供应国集团
Nuclear Suppliers Group—NSG

【成立经过】1975年，加拿大、法国、联邦德国、日本、英国、美国和苏联7个主要核出口国在伦敦多次开会，讨论加强和完善核不扩散的政策和措施及敏感核材料和设备的出口控制等问题，并通过了《核转让准则》和《触发清单》，此后，会议形成年度机制，被称为“伦敦核俱乐部”。1992年，机制更名为“核供应国集团”。

【宗旨】“核供应国集团”通过加强核及核两用品和相关技术的出口管制，防止核武器扩散。

【成员】“核供应国集团”现有成员46个（2010年5月），包括阿根廷、澳大利亚、奥地利、白俄罗斯、比利时、巴西、保加利亚、加拿大、中国、克罗地亚、塞浦路斯、捷克、丹麦、爱沙尼亚、芬兰、法国、德国、希腊、匈牙利、冰岛、爱尔兰、意大利、日本、哈萨克斯坦、韩国、拉脱维亚、立陶宛、卢森堡、马耳他、荷兰、新西兰、挪威、波兰、葡萄牙、罗马尼亚、俄罗斯、斯洛伐克、斯洛文尼亚、南非、西班牙、瑞典、瑞士、土耳其、乌克兰、英国和美国。

【控制机制】“核供应国集团”通过“准则”和“清单”对核及核两用品和相关技术实施出口管制。确保出口的物项和技术不被转用于核爆炸或其他非和平目的，以防止核武器扩散，“准则”规定以进口国接受国际原子能机构全面保障监督作为核出口的条件；转让“触发清单”中的物项和技术须接受国际原子能机构保障监督；严格控制敏感物项（如铀浓缩、后处理、重水生产）的出口。“准则”和“清单”一俟当事国书面通知国际原子能机构总干事表示接受即对该国产生约束力。

“核供应国集团”与“桑戈委员会”均是由核供应国单方面组成的非正式安排，目标均是防止核武器扩散。两组织绝大部分成员重叠，但在控制原则和范围上存在差别，主要体现在：“核供应国集团”将进口国接受全面保障监督为核出口条件；“核供应国集团”出口控制范围还包括与核有关的两用物项和技术等。

【主要活动】集团每年召开一次全会。全会下设咨询组和信息交流组。咨询组主要负责对“准则”和“清单”的执行情况进行审议、更新及修订，信息交流组主要就出口控制领域的经验及信息进行交流。需要时也召开专家会议，就专门问题交换意见。集团采取协商一致方式作出决定。2008年9月，集团召开特别会议，通过美国提出的“与印度民用核合作声明”，同意集团成员国与印度开展民用核能合作。2009年6月8~12日，集团在匈牙利布达佩斯举行年会，一致同意接纳冰岛为第46个成员国。

【网址】http：//www.nuclearsuppliersgroup.org

【联络点】日本常驻维也纳代表团。地址：Andromeda Tower，Donau-City Strasse 6A－1220，Vienna，Austria。

【同中国的关系】中国于2004年6月10日在瑞典哥德堡年会上正式加入“核供应国集团”。此后，中国以建设性姿态参与了“核供应国集团”历次全会及咨询组会议。中国已完成对国内相关出口控制法规及清单的修订，使其与“核供应国集团”准则及清单保持一致。（孔君）

澳大利亚集团
Australia Group—AG

【成立经过】为加强两用化学品出口管制，协调各国化学武器相关物项出口管制范围及管制方式，1985年4月，澳大利亚提议召开会议，协调各国的出口控制措施、加强各国在防止化学武器扩散方面的合作。首次会议于同年6月在布鲁塞尔举行，由澳大利亚主持，其后每年在巴黎举行年会，“澳大利亚集团”因此得名。1990年，澳大利亚集团开始采取措施以防止生物武器的扩散。

【成员】澳大利亚集团现有41个成员（40国和欧盟委员会）。澳大利亚是常任主席国。集团所有成员国均为《禁止生物武器公约》和《禁止化学武器公约》缔约国。

【网址】http：//www.austrialiagroup.net

【运作机制】澳大利亚集团是一个非正式安排，旨在加强成员国现行出口控制机制的有效性，防止生化武器扩散。集团控制措施对成员国不具法律约束力，由成员国自行实施。

【出口控制机制】澳大利亚集团通过出口许可证、出口管制准则和管制清单等措施，对生化两用物项及相关设备、技术和软件进行出口管制，防止其用于生化武器目的。2002年，集团制定了《生化敏感物项出口控制指导原则》，其中明确引入全面管制（catch-all）和协商原则（no undercut）。近年来，集团注重对无形敏感技术、中介活动、新兴技术及二手设备转让的管制，并加强与亚太地区及独联体国家在出口管制领域的对话与交流。

2009年9月22~28日，澳大利亚集团在巴黎举行年会，就如何发现并阻止某些国家或非国家实体扩散企图的最佳操作规范进行了交流，并探讨了加强和改进集团出口管制许可及海关监管等问题。

【同中国的关系】中国不是澳大利亚集团成员。近年来，澳大利亚集团加强了与中国的沟通和交流。自2004年起，中国与集团已进行了四轮磋商，就生化领域防扩散形势、集团运作情况等问题交换了看法。（孔君）

瓦森纳安排
Wassenaar Arrangement—WA

【成立经过】1993年，巴黎统筹委员会解散。1995年9月，包括“巴统”17国在内的28个国家在荷兰瓦森纳召开高官会议，决定建立常规武器和双用途物品及技术出口控制机制。1996年7月，“关于常规武器和双用途物品及技术出口控制的瓦森纳安排”（The Wassenaar Arrangement on Export Controls for Conventional Arms and Dual-use Goods and Technologies，简称“瓦森纳安排”）在奥地利维也纳正式成立。

【成员国】 40个成员国（2010年5月）：阿根廷、澳大利亚、奥地利、比利时、保加利亚、加拿大、克罗地亚、捷克、丹麦、爱沙尼亚、芬兰、法国、德国、希腊、匈牙利、爱尔兰、意大利、日本、拉脱维亚、立陶宛、卢森堡、马耳他、荷兰、新西兰、挪威、波兰、葡萄牙、韩国、罗马尼亚、俄罗斯、斯洛伐克、斯洛文尼亚、南非、西班牙、瑞典、瑞士、土耳其、乌克兰、英国、美国。

【秘书处】 在奥地利维也纳。网址：http://www.wassenaar.org。

【性质与宗旨】 “瓦森纳安排”是一种建立在自愿基础上的集团性出口控制机制，通过成员国间的信息通报制度，提高常规武器和双用途物品及技术转让方面的透明度，以达到对常规武器和双用途物品及相关技术转让的监督和控制。

【运行机制】 “瓦森纳安排”成员国对控制清单上物项的出口实行国家控制，即由各国政府自行决定是否允许或拒绝转让某一物品，并在自愿基础上向其他成员国通报有关信息，协调出口控制政策。信息交换仅限于向非成员国的出口，成员国间的贸易无需通报。控制物品清单分为军品清单、双用途物品及技术清单两部分。

成员国同意相互通报许可或拒绝转让申请的信息。一国通报拒绝转让某一项目，并不意味着其他成员国有拒绝类似转让的义务。但是，如一成员国批准了一个转让许可证，而过去三年中另一成员国曾拒批“基本相同”的转让，前者有义务在60天之内（最好在30天之内）向其他成员国通报，但其他成员国无权否决此项交易。交换的信息保密，并视同享有特权的外交通讯。各国对同意转让或拒绝转让项目的通报建立在“自行全权决定”的基础上，所有措施均由各国自主决定执行。

【全会】 “瓦森纳安排”成员国定期举行会议，审查受控项目清单，考虑协调发展有效出口控制机制的努力，并讨论其他共同关心的问题。全会每年至少召开一次，由各成员国逐年轮流担任会议主席，实行协商一致的原则。

2009年12月2～3日，“瓦森纳安排”成员国第15次全会在维也纳举行。会议继续关注因常规武器过度积累对地区和国际安全与稳定造成的挑战，决定继续进行“瓦森纳安排”最佳操作准则制定工作。全会由轮值主席国加拿大主持，同时，确定2010年轮值主席国为瑞士。

【同中国的关系】 中国不是“瓦森纳安排”成员国。近年来，中国与“瓦森纳安排”保持着交流和对话。双方迄今已举行了5次对话会。（孔君）

导弹及其技术控制制度
Missile Technology Control Regime—MTCR

【成立经过】 “导弹及其技术控制制度”是美国等西方七国制定的集团性出口控制制度，旨在防止可运载大规模杀伤性武器的导弹和无人驾驶航空飞行器及其相关技术的扩散。1985年7月，美、英、法、德、意、日、加七国召开会议，就制定“导弹及其技术控制制度”达成一致意见。1987年，“导弹及其技术控制制度”建立并正式对外公布。此后，“导弹及其技术控制制度”的准则和附件历经数次修改。

【成员国】 现有34个成员国（2010年5月）：阿根廷、澳大利亚、奥地利、比利时、保加利亚、巴西、加拿大、捷克、丹麦、芬兰、法国、德国、希腊、匈牙利、冰岛、爱尔兰、意大利、日本、韩国、卢森堡、荷兰、新西兰、挪威、波兰、葡萄牙、俄罗斯、南非、西班牙、瑞典、瑞士、土耳其、乌克兰、英国、美国。

【联络处】 “导弹及其技术控制制度”没有常设性机构或秘书处，仅在法国外交部设立了一个联络点。网址：http://www.mtcr.info。

【主要规定】 “导弹及其技术控制制度”由“准则”和“设备、软件和技术附件”组成。“准则”规定了“导弹及其技术控制制度”的目标和导弹及相关物项的出口控制指导原则框架。“设备、软件和技术附件”罗列了应受控制的导弹及相关物项和技术。各成员国通过国家立法实施“准则”，并将附件所列物项纳入本国的出口管制体系。

“准则”规定，“导弹及其技术控制制度”通过对可能有助于大规模杀伤性武器（WMD）运载系统（有人驾驶飞行器除外）发展计划的转让进行控制，以达到减少WMD扩散风险的目的。“准则”的另一个目的是防止受控物项和技术落入恐怖组织和个人之手。“准则”不妨碍各国发展空间计划或开展相关国际合作。“附件”所列一切项目的转让均应受到限制并适用逐项审批原则。成员国在处理有关转让申请时，应综合考虑对WMD扩散的关切、接受国的导弹和空间计划的能力和目标、有关转让对WMD运载系统发展的重要性等因素。在转让可能促进WMD运作系统研制的情况下，转让国政府必须要求接受国政府保证，未经同意不得改变项目的申明用途。不得将转让的项目或其仿制件、改形件再次转让。

受控物项分为两大类："Ⅰ类项目"是最敏感的项目，包括主要参数超过300公里射程/500公斤载荷的完整火箭系统（包括弹道导弹、空间运载火箭和探空火箭）和无人驾驶航空飞行器系统（包括巡航导弹、靶机和侦察机），以及上述系统的生产设施、主要分系统（包括火箭各级）、再入飞行器、火箭发动机、制导系统和弹头机制。Ⅰ类项目在转让时不论目的如何，均应加以特别限制，适用"强烈推荐不予转让"原则；Ⅰ类项目生产设施的转让一般不应批准。

"Ⅱ类项目"包括可用于运载WMD、但未包括Ⅰ类项目中的完整火箭系统（包括弹道导弹、空间运载火箭和探空火箭）和无人驾驶航空飞行器系统（包括巡航导弹、靶机和侦察机），以及可用于Ⅰ类项目中各系统的设备、材料和技术。Ⅱ类项目在转让时应予逐案审批。

【运作和主要活动】"导弹及其技术控制制度"每年举行一次年会，由各成员国轮流主办，主办国即为当年轮值主席国。各成员国根据"导弹及其技术控制制度"准则和附件，制定有关出口控制法规；由各成员国政府自行判断有关转让是否会被用于运载大规模杀伤性武器，并据此决定是否批准某一项出口。各成员国定期相互通报发放导弹相关出口许可证的情况，并对出口控制中的有关问题进行讨论。

2009年11月，成员国第24次全会在巴西里约热内卢召开。巴西担任轮值主席国至下次全会召开。

【同中国的关系】中国不是"导弹及其技术控制制度"成员国。2004年2月和6月，中国与"导弹及其技术控制制度"分别在巴黎和北京举行了两轮对话会。2004年9月，中国正式申请加入。2009年4月，中国派员出席了在巴黎举行的首届"导弹及其技术控制制度"技术外联会；7月，"导弹及其技术控制制度"轮值主席、澳大利亚外交贸易部国际安全司副司长奎恩率团来华与中国进行了对话。（孔君）

防止弹道导弹扩散海牙行为准则
Hague Code of Conduct against Ballistic Missile Proliferation—HCOC

【成立经过】2000年10月，"导弹及其技术控制制度"成员国提出建立"防止弹道导弹扩散国际行为准则"，并于2001年9月在"导弹及其技术控制制度"国家内部通过。2002年11月，"防止弹道导弹扩散海牙行为准则"在荷兰海牙正式成立。

【参加国】现有130个成员国（2010年5月）：阿富汗、阿尔巴尼亚、安道尔、阿根廷、亚美尼亚、澳大利亚、奥地利、阿塞拜疆、白俄罗斯、比利时、贝宁、波斯尼亚和黑塞哥维那、保加利亚、布基纳法索、布隆迪、柬埔寨、喀麦隆、加拿大、佛得角、乍得、智利、哥伦比亚、科摩罗、库克群岛、哥斯达黎加、克罗地亚、塞浦路斯、捷克、丹麦、多米尼加、厄瓜多尔、萨尔瓦多、厄立特里亚、爱沙尼亚、埃塞俄比亚、斐济、芬兰、法国、加蓬、冈比亚、格鲁吉亚、德国、加纳、希腊、危地马拉、几内亚、几内亚比绍、圭亚那、海地、梵蒂冈、洪都拉斯、匈牙利、冰岛、爱尔兰、意大利、日本、约旦、哈萨克斯坦、肯尼亚、基里巴斯、拉脱维亚、利比里亚、利比亚、列支敦士登、立陶宛、卢森堡、马达加斯加、马拉维、马尔代夫、马里、马耳他、马绍尔群岛、毛里塔尼亚、密克罗尼西亚、摩尔多瓦、摩纳哥、蒙古、黑山、摩洛哥、莫桑比克、荷兰、新西兰、尼加拉瓜、尼日尔、尼日利亚、挪威、帕劳、巴拿马、巴布新几内亚、巴拉圭、秘鲁、菲律宾、波兰、葡萄牙、韩国、罗马尼亚、俄罗斯、卢旺达、萨摩亚、圣马利诺、塞内加尔、塞尔维亚、塞舌尔、塞拉利昂、斯洛伐克、斯洛文尼亚、南非、西班牙、苏丹、苏里南、瑞典、瑞士、塔吉克斯坦、坦桑尼亚、马其顿、东帝汶、汤加、突尼斯、土耳其、土库曼斯坦、图瓦卢、乌干达、乌克兰、英国、美国、乌拉圭、乌兹别克斯坦、瓦努阿图、委内瑞拉、赞比亚。

【联络处】"防止弹道导弹扩散海牙行为准则"不设常设性机构或秘书处，在奥地利设有紧急联络中心。

【基本情况】"防止弹道导弹扩散海牙行为准则"的核心内容是通过透明和建立信任措施等政治手段，防止可运载大规模杀伤性武器的弹道导弹扩散。要求成员国对弹道导弹和空间运载火箭的发射和试验飞行实行发射前通报。成员国还应逐年宣布弹道导弹和空间运载火箭的政策大纲、前一年发射数量与种类、发射基地等。

"防止弹道导弹扩散海牙行为准则"每年举行一次全会，截至2009年底已举行8次。2009年5月28～29日，第八次全会在维也纳举行。全会对"防止弹道导弹扩散海牙行为准则"成员国提交年度宣布和发射前通报的情况进行了总结，未制定新措施改变目前仅有少数国进行宣布和通报的情况，呼吁未加入国家尽早加入。第九次全会于2010年5月31日至

6月1日在维也纳举行。

【同中国的关系】中国积极参与了制定“防止弹道导弹扩散海牙行为准则”草案的讨论，但由于中国有关在自愿基础上实施透明和建立信任措施的关切未被采纳，中国未加入该机制。　（孔君）

打击核恐怖主义全球倡议
The Global Initiative to Combat Nuclear Terrorism—GICNT

【成立经过】2006年7月15日，美俄共同提出“打击核恐怖主义全球倡议”（简称“倡议”），旨在通过开展国际合作，加强各国能力建设，采取有效措施共同打击核恐怖主义。

【宗旨】倡议以安理会有关决议、《制止核恐怖主义行为国际公约》等为基础，主要原则和目标是：完善核材料及放射性物质的实物保护体系；加强民用核设施的安保；提高对上述物资的探测、搜寻和控制能力，防止非法贩运；提高应对核恐怖袭击的能力；防止向核恐怖主义提供庇护及金融和经济资源；确保恐怖主义及其支持者得到刑事及民事处罚；加强情报交流。倡议系非正式安排，对所有致力于打击核恐怖主义的国家开放。参加国在自愿基础上参与倡议及其活动，开展相关国际合作。

【成员】倡议目前共有81个成员国。中国、美国、俄罗斯、英国、法国、德国、意大利、日本、加拿大、澳大利亚、土耳其和哈萨克斯坦12国是创始伙伴国。国际原子能机构、欧盟、国际刑警组织和联合国毒品和犯罪问题办公室是观察员。

【近期主要活动】2009年6月16～17日，倡议第五次全会在荷兰海牙举行，主题为“加强国际合作，分享实践经验”。会议回顾了一年来倡议所取得的进展，讨论了如何改进倡议有关演练工作、提高公众对核恐怖主义的认知度等问题。

【同中国的关系】中国一贯反对包括核恐怖主义在内的任何形式的恐怖主义，支持倡议的宗旨和目标。作为创始伙伴国，中国积极参加了倡议历次全会和有关演练活动，并采取有效措施，致力于实现倡议的目标。　（孔君）

伊朗核问题持续升温

近年来，伊朗核问题持续升温。联合国安理会已通过第1696号（2006年7月）、第1737号决议（2006年12月）、第1747号决议（2007年3月）、第1803号决议（2008年3月）、第1835号决议（2008年9月）和第1929号决议（2010年6月），对伊朗实施一系列制裁，同时要求伊朗遵守国际原子能机构（简称“机构”）的决定，暂停铀浓缩活动。

2009年初，美国奥巴马政府确立对伊朗接触政策，表示将采取务实的外交政策与伊朗打交道。同时表示，在伊朗核问题上，美国不放弃任何解决选项。伊朗总统内贾德对此表示，伊朗已准备好在公平和相互尊重的气氛中同美国对话。但伊朗坚持推进核计划，继续铀浓缩。同时，伊朗要求美国彻底改变对伊朗政策，放弃对伊朗制裁。

4月8日，中、美、俄、英、法、德六国在英国举行政治总司长会议，并于会后发表联合声明，对美愿全面参与六国与伊朗会晤表示欢迎，重申致力于通过直接外交努力解决对伊朗核计划的共同关切，敦促伊朗抓住机遇与六国接触，欧盟共同外交与安全政策高级代表索拉纳将邀请伊朗与六国代表举行会晤。4月13日，索拉纳代表六国邀请伊朗与六国进行对话。4月22日，伊朗政府发表声明，表示愿就伊朗核问题展开建设性对话，并将提出新的一揽子建议，以解决包括伊朗核问题在内的诸多国际问题。

6月5日，国际原子能机构总干事提交伊朗核问题新报告，确认伊朗已申报的核活动未被转用，但指出伊朗未履行安理会相关决议，继续进行铀浓缩等活动，未与机构充分合作。

9月9日，伊朗向六国递交了伊朗与六国谈判的一揽子新建议，表示伊朗已准备好加入对话与谈判，愿与六国就尊重主权、铲除恐怖主义根源、联合国和安理会改革、环境、能源、金融危机等政治安全、国际和经济议题展开讨论。9月23日，六国外长在纽约举行会议并发表共同声明，重申对伊朗核计划的关切，鼓励伊朗加强与机构合作；重申六国致力于谈判解决伊朗核问题的意愿。

9月21日，伊朗向国际原子能机构致函，通报伊朗正在库姆建设一个新的铀浓缩设施。美、英、法领导人就此发表共同声明，称伊朗违反联合国安理会有关决议，敦促机构立即就此进行调查。

10月1日，六国及欧盟与伊朗在日内瓦举行会晤。会后，欧盟共同外交与安全政策高级代表索拉纳宣布：六国和欧盟将于10月底前与伊朗举行第二次会晤，集中讨论核问题，并将讨论任何一方希望提出的全球性问题；伊朗准备就其新建库姆铀浓缩设施立即与机构全面合作，将邀请机构专家尽快访问该设施；各方原则同意将伊朗生产的低浓铀运往第三国进一步浓缩并加工成燃料元件后，用于伊朗德黑兰研究堆。会晤期间，美国副国务卿伯恩斯与伊朗最高国家安全委员会秘书贾利利举行了双边会晤。

为落实共识，10月19~21日，国际原子能机构在维也纳与伊朗、美、俄、法就德黑兰研究堆核燃料供应问题举行磋商。机构总干事巴拉迪提出一项核燃料供应协议草案。各方未能就协议草案达成一致。

11月16日，国际原子能机构总干事提交伊朗核问题报告，称伊朗新建库姆核设施未提前通报机构，违反了全面保障监督协定有关规定，伊朗关于该设施目的及设计和建造过程的有关解释有待进一步澄清。11月27日，机构理事会通过伊朗核问题决议，强调机构在解决伊朗核问题中的重要作用，重申致力于外交解决伊朗核问题，敦促伊朗全面执行安理会有关决议，与机构合作解决伊朗核计划未决问题，澄清库姆浓缩设施有关情况。

2010年2月，伊朗开始生产丰度近20%的浓缩铀。

5月17日，伊朗与巴西、土耳其就德黑兰研究堆核燃料供应问题达成三方协议。根据协议，伊朗将1200公斤低浓铀运往土耳其储存，在1年内换回120公斤核燃料。5月24日，伊朗向机构通报了该协议。6月9日，美、俄、法（“维也纳小组”成员）致函机构总干事，向机构作出正式反馈，对三方协议提出九项关切。

5月31日，机构总干事发表伊朗核问题报告称，机构可继续核实伊朗已申报核材料未被转用，但仍不能确认伊朗所有核材料正在用于和平活动，伊朗未履行机构理事会与安理会相关决议，继续进行铀浓缩活动。

6月9日，安理会以12票赞成（含中国）、2票反对（巴西、土耳其）、1票弃权（黎巴嫩）通过第1929号决议，扩大对伊朗制裁。决议通过时，六国外长发表共同声明，重申愿致力于通过外交谈判解决伊朗核问题。

在伊朗核问题上，中国支持维护国际核不扩散体系，主张通过外交谈判解决伊朗核问题，维护中东地区和平与稳定。中国呼吁有关各方加大外交努力，充分体现灵活，坚持对话与谈判，寻求全面、长期、妥善解决伊朗核问题的办法。中国以建设性态度参与联合国安理会、国际原子能机构关于伊朗核问题相关工作，严格履行安理会有关决议。中国积极参与六国机制处理伊朗核问题相关进程，为推动通过谈判解决伊朗核问题发挥了积极作用。（孔君）

国际展览局
Bureau International des Expositions
(International Exhibitions Bureau)

【成立时间】 1928年11月22日，31个国家的代表在法国巴黎的外交会议上签署了人类历史上第一个关于协调和管理国际展览会（即世界博览会，以下简称“世博会”）的《国际展览会公约》（以下简称“《公约》”）。该公约通过规定世博会举办频率、明确组织者和参展者的权利义务，规范了世博会的组织管理工作。国际展览局（简称国展局、BIE）根据公约设立，经过一段时间筹备后，从1931年1月开始工作。

【宗旨】 监督和保证《公约》的实施，并依照《公约》规范世博会举办频率和质量。

《公约》所规范的世博会包括所有为期三周以上的非商业性国际展览会（艺术展览会除外），它们由某个国家政府进行组织，通过外交渠道向其他国家发出参展邀请。因此，国展局与贸易展览会无关，而且在国展局主管的世博会上开展商业活动也受到严格的限制。

【成员】 国展局属于政府间国际组织，其成员为缔约国政府。联合国成员国、非联合国成员的国际法院章程成员国、联合国各专门机构或国际原子能机构成员国有权加入《公约》，成为国展局成员国。入约文件须由法国政府保存，并于交存之日起生效。成员国每年缴纳一定数额的会费。

截至2010年10月，国展局共有157个成员国（详见附件1）。

【主要负责人】 主席让·皮埃尔·蓝峰（Jean-Pierre LAFON），法国人，2007年12月就任；秘书长文森特·冈萨雷斯·洛塞泰斯（Vincent Ganzalez Loscertales），西班牙人，1993年就任。

【总部】 在法国巴黎。网址：http://www.bie-paris.org。

【出版物】《拓展》(*Progression*)。

【组织机构】（1）全体大会。国展局每年分别于夏季和冬季召开一次全体大会，由国展局主席主持。所有成员国和观察方出席全体大会。代表们讨论有关国家申办的新世博会项目，审议各专业委员会工作报告和有关世博会的进展情况报告，选举产生国展局主席和专业委员会成员。(2) 四个专业委员会，即执行委员会、规则委员会、行政和预算委员会、信息和交流委员会。执行委员会负责评估新的世博会项目、对其主题、举办时间、举办地组织接待能力等各方面进行全面考察。规则委员会负责起草有关世博会的具体文件、技术层面的规定以及国展局的内部规章。行政和预算委员会负责对国展局财务管理状况进行检查，并制定国展局年度预算。信息和交流委员会负责出版国展局通信，研究和宣传国展局的活动。四个专业委员会各有一位主席和一位副主席，其主席同时也是国展局的副主席。(3) 秘书处，设在巴黎，在秘书长领导下开展工作。法国外交部代表国展局行使外交关系。

【主要活动】 国展局主要负责协调和管理举办世博会的工作。国展局将世博会分成两类：注册类世博会和认可类世博会。

两类世博会的特征如下（详细信息参见 http://www.bie-paris.org）：

注册类世博会　举办频率：每五年一次。展期：3～6个月。面积：无限制。主题：综合性。

认可类世博会　举办频率：在两次注册类世博会间隔期内举办。展期：三周至三个月。面积：25公顷以下。主题：专业性。

国展局也认可由国际园艺生产者协会（AIPH）推荐的A1类世界园艺博览会以及历史悠久的米兰装饰艺术和现代建筑展览会。

国展局不仅协调世博会的举办数量，而且通过监督和管理提高世博会的质量，还特别关注国际参展者的参展条件。国展局的监管职能贯穿于每次世博会的始终。一次世博会要完成注册，必须经过三个主要步骤。首先，由主权国家政府提出一个包括开闭幕日期、主题以及组织者的法律地位的新世博会项目计划，国展局派遣考察团赴世博会申办国进行考察，索取技术和财政方面的详细信息，并审查有关证明材料。接下来，考察报告被提交给执委会审议后交全体大会表决。如果该提案成功获得上述机构的支持，全体大会将通过无记名投票方式确定“世博会举办档期的分配”，即选定下一次世博会的举办国。最后，世博会举办国向国展局申请注册，国展局将审议世博会的一般规章和参展合同草案。注册程序完成时，国展局向世博会主办国授予局旗，举办国政府可以开始通过外交渠道向其他国家和国际组织发出参展邀请。

世博会期间，国展局通过政府总代表联席会议实施监管职能。政府总代表联席会议由参展国政府代表组成，经选举产生一位主席和一个指导委员会作为代表，他们与世博会组织者及国展局保持紧密联系。

【同中国的关系】 据史料记载，中国最早组织参加世博会要追溯到19世纪70年代。1876年，清政府派遣海关代表李圭参加美国费城世博会，当时中国展馆占地“八千正方尺”，以浓郁的中华民族特色吸引了众多参观者。之后，清政府还分别组织参加了1904年美国圣·路易斯世博会和1905年比利时列日世博会。1915年，中华民国政府参加了在美国旧金山举行的巴拿马世博会。

新中国成立后到改革开放前，历次世博会均未邀请中国政府参加。1979年中美建交后，美国政府邀请中国政府参加于1982年在美国举办的诺克斯维尔世博会。经国务院批准，中国贸促会代表国家组织中国馆参加世博会。此后，历次世博会的组织者都邀请中国政府参展。截至2008年底，中国贸促会共代表国家组织中国馆参加了12次世博会。建设部、国家林业局等部门也代表国家组织参加了5次A1类世界园艺博览会。

中国于1993年5月3日加入《国际展览会公约》，成为国展局成员国。中国贸促会代表中国政府参加国展局的各项工作，并负责与国展局开展业务联系。中国向国展局派出三名代表，其中首席代表由中国贸促会派出，代表由外交部、商务部各派一名。目前，国展局中国首席代表为中国贸促会副会长王锦珍，代表为中国驻法国公使曲星和上海世博局副局长周汉民（因筹办上海世博会，商务部名额现暂借给上海世博局）。

中国于1993年12月当选为国展局信息和交流委员会成员，1999年12月当选为国展局执行委员会成员，2001年11月连任国展局执行委员会成员，2003年12月当选为国展局规则委员会成员，2005年12月连任国展局规则委员会成员，2007年11月再次当选为国展局执行委员会成员。

1994年，中国提出举办1999年北京世界园艺博览会（A1类）的申请，获得国际园艺生产者协会和国展局全体大会批准。该博览会后移至昆明市举办，历时6个月，有95个国家和国际组织参展，接待中外游客950万人次。

2003年12月12日，在国展局第134次全体大会上，外交学院院长、中国原驻法大使吴建民当选为国展局主席。这是发展中国家人士首次担任国展局主席职务。他在2005年12月的第138次全体大会上成功连任，于2007年12月任期届满。

【2010年上海世博会】 2002年12月3日，中国在国展局第132次全体大会上赢得了2010年世博会举办权。

2010年上海世博会是经国展局批准、由中国政府主办的注册类世博会，举办时间为2010年5月1日至10月31日，共184天，主题为“城市，让生活更美好”，副主题为城市多元文化的融合、城市经济的繁荣、城市科技的创新、城市社区的重塑、城市和乡村的互动。预计将有200多个国家和国际组织参展，7000多万人次参观。

2004年4月28日，国务院办公厅印发《关于成立2010年上海世界博览会组织委员会和执行委员会的通知》，上海世博会组委会和执委会随后成立，组委会主任委员由国务院一位副总理担任，国务院一位副秘书长及上海市、贸促会、外交部、商务部的有关负责同志担任副主任委员，中央国家有关部委和上海市的有关负责同志、上海世博会中国政府总代表担任委员。目前，中央政治局委员、国务院副总理王岐山担任上海世博会组委会主任委员，组委会组成单位有34个。组委会的日常联络和协调工作由贸促会承担。执行委员会由上海市各部门组成，上海市主要负责同志担任主任，上海市有关负责同志和贸促会主要负责同志担任执行主任。上海世博会事务协调局是执委会的日常办事机构。

2006年3月，中国通过外交渠道向世界各国政府和有关国际组织发出参展邀请。截至2008年11月13日，共有183个国家和45个国际组织确认参展。

上海世博会会徽图案形似汉字“世”，并与数字“2010”巧妙组合，表达了中国人民举办一届属于世界的、多元文化融合的博览盛会的强烈愿望；从形象上看，它犹如一个三口之家相拥而乐，表现了家庭的和睦；在广义上又可代表包含“你、我、他”的全人类，表达了世博会“理解、沟通、欢聚、合作”的理念。

上海世博会吉祥物“海宝”以汉字的“人”作为核心创意，既反映了中国文化的特色，又呼应了上海世博会会徽的设计理念。“人”字互相支撑的结构也揭示了美好生活要靠你我共创的理念。只有全世界的“人”相互支撑，人与自然、人与社会、人与人和谐相处，城市和生活才会更加美好。

上海世博会园区规划面积5.28平方公里，分围栏区和非围栏区，围栏区面积3.28平方公里，为历次世博会之最。围栏区共分A、B、C、D、E五个片区，其中A、B、C三个区位于浦东，面积约2.38平方公里，主要包括中国馆、各国国家馆、国际组织馆、主题馆、世博中心、演艺中心等。D、E两个区位于浦西，面积约0.9平方公里，将安排企业馆、主题馆和城市最佳实践区。展馆总面积约85万平方米。

上海世博会园区的“一轴四馆”，即世博轴、世博中心、主题馆、中国馆和演艺中心，为永久性建筑。主题馆的主题元素包括“城市人”、“城市”、“城市星球”、“足迹”和“梦想”，五个主题馆分别被命名为“城市人”馆、“城市生命”馆、“城市星球”馆、“城市未来”馆和“城市文明”馆。

中国馆包括国家馆、省区市馆、香港馆、澳门馆和台湾馆。国家将馆紧扣“城市发展中的中华智慧”这一主线，通过城市建设、城市管理、城市生活、城市产业等内容，充分反映中华民族自强不息、厚德载物、师法自然、和而不同、热爱和平等民族精神和价值观。中国馆建筑外观以“东方之冠”为构思主题，表达中国文化的精神与气质，其设计理念可以概括为“东方之冠，鼎盛中华，天下粮仓，富庶百姓”。国家馆和地区馆的空间位置与取向分别体现了东方哲学对“天”、“地”关系的理解。国家馆为“天”，富有雕塑感的造型主体——“东方之冠”高耸其间，形成开扬屹立之势；地区馆为“地”，如同基座般延展于国家馆之下，形成浑厚依托之态。

上海世博园区内规划的公共活动场地有32块，计划于世博会期间举办的文化、演艺、娱乐活动每天有近100场。

论坛也是上海世博会的重要组成部分之一。上海世博会论坛将围绕“城市，让生活更美好”展开，包括1个高峰论坛、6个主题论坛和若干场公众论坛。（方可）

附件1：国展局成员国名单
（截至2010年10月，共有157个成员国）

北美洲（1个）

加拿大

拉丁美洲（31个）

阿根廷、安提瓜和巴布达、巴巴多斯、巴哈马、巴拉圭、巴拿马、巴西、秘鲁、伯利兹、多米尼加共和国、多米尼克、厄瓜多尔、哥伦比亚、哥斯达黎加、古巴、格林纳达、圭亚那、海地、洪都拉斯、墨西哥、尼加拉瓜、萨尔瓦多、苏里南、圣基茨和尼维斯、圣卢西亚、圣文森特和格林纳丁斯、特立尼达和多巴哥、乌拉圭、危地马拉、委内瑞拉、智利

欧洲（33个）

阿尔巴尼亚、爱沙尼亚奥地利、安道尔、白俄罗斯、保加利亚、比利时、冰岛、波兰、波斯尼亚和黑塞哥维那、丹麦、德国、俄罗斯、法国、芬兰、荷兰、捷克、克罗地亚、立陶宛、罗马尼亚、马耳他、摩纳哥、挪威、葡萄牙、瑞典、瑞士、塞尔维亚、圣马力诺、斯洛伐克、斯洛文尼亚、乌克兰、西班牙、希腊、匈牙利、意大利、英国

亚洲（39个）

阿曼、阿联酋、阿塞拜疆、巴基斯坦、巴林、朝鲜、东帝汶、菲律宾、格鲁吉亚、哈萨克斯坦、韩国、柬埔寨、卡塔尔、科威特、吉尔吉斯斯坦、老挝、黎巴嫩、马来西亚、马尔代夫、蒙古、孟加拉国、尼泊尔、日本、塞浦路斯、斯里兰卡、沙特阿拉伯、塔吉克斯坦、泰国、土耳其、乌兹别克斯坦、叙利亚、亚美尼亚、越南、也门、印度尼西亚、伊朗、以色列、约旦、中国

非洲（39个）

阿尔及利亚、埃及、布基纳法索、布隆迪、赤道几内亚、厄立特里亚、多哥、刚果共和国、刚果民主共和国、冈比亚、吉布提、几内亚、几内亚比绍、加蓬、加纳、科摩罗、科特迪瓦、肯尼亚、利比里亚、利比亚、卢旺达、马里、马达加斯加、摩洛哥、毛里塔尼

亚、毛里求斯、纳米比亚、南非、尼日尔、尼日利亚、塞拉利昂、塞内加尔、塞舌尔、斯威士兰、苏丹、坦桑尼亚、突尼斯、乌干达、中非

大洋洲（11个）

澳大利亚、斐济、基里巴斯、马绍尔群岛、瑙鲁、帕劳、萨摩亚、所罗门群岛、汤加、图瓦卢、瓦努阿图

附件2：重要世界博览会一览表①

1. 注册类世博会（2000年前称“综合性世博会”）

时间	国别	名称	主题②
1851.5.1～10.1	英国	伦敦万国工业博览会	
1855.5.15～11.15	法国	巴黎世界博览会	
1962.5.1～11.1	英国	伦敦世界博览会	
1867	法国	巴黎世界博览会	
1873.5.1～10.3	奥地利	维也纳世界博览会	
1876.5.10～11.10	美国	费城世界博览会	
1878.5.1～11.10	法国	巴黎世界博览会	
1880	澳大利亚	墨尔本世界博览会	
1888.5.8～12.8	西班牙	巴塞罗那世界博览会	
1889.5.6～11.6	法国	巴黎世界博览会	
1893.5.1～10.18	美国	芝加哥世界博览会	
1897	美国	纳什维尔世界博览会	
1900.4.15～11.12	法国	巴黎世界博览会	
1904.4.30～12.1	美国	圣路易斯世界博览会	
1905.4.27～11.28	比利时	列日世界博览会	
1906.4.28～11.11	意大利	米兰世界博览会	
1910.4.23～11.7	比利时	布鲁塞尔世界博览会	
1913.4.29～11.3	比利时	查列诺伊世界博览会	
1915.2.20～12.4	美国	旧金山世界博览会	
1933.5.27～11.12	美国	芝加哥世界博览会	进步的世纪
1935.4.27～11.4	比利时	布鲁塞尔世界博览会	殖民、交通及电力
1937.4～10	法国	巴黎世界博览会	现代生活的艺术和技术
1939.4.30～10.15	美国	纽约世界博览会	明天的世界
1949.12.20～1950.5.20	海地	太子港世界博览会	太子港两百周年庆
1958.4.17～10.19	比利时	布鲁塞尔世界博览会	为了更人性化的世界而对世界做出评估
1967.4.28～10.27	加拿大	蒙特利尔世界博览会	人类与大地
1970.3.15～9.13	日本	大阪世界博览会	人类的进步与和谐
1992.4.20～10.12	西班牙	塞维利亚世界博览会	发现的时代
2000.6.1～10.31	德国	汉诺威世界博览会	人类—自然—技术
2005.3.25～9.25	日本	爱知世界博览会	大自然的睿智

① 本表包括自1851年以来举办过的主要综合性世博会以及1933年以来举办过的专门性、专业性世博会。

② 综合性世博会1933年以前无明确主题，因此只列出1933年以后综合性世博会的主题。

2. 认可类世博会（2000 年前称“专业性世博会”）

时间（年）	国别	名称	主题
1933	意大利	米兰装饰艺术和现代建筑展览会	
1936	瑞典	斯德哥尔摩世界博览会	航空
1936	意大利	米兰装饰艺术和现代建筑展览会	
1938①	芬兰	赫尔辛基世界博览会	
1939	比利时	列日世界博览会	水技术
1940	意大利	米兰装饰艺术和现代建筑展览会	
1947	意大利	米兰装饰艺术和现代建筑展览会	
1947	法国	巴黎世界博览会	城市化和居住
1949②	瑞典	斯德哥尔摩世界博览会	体育
1949[4]	法国	里昂世界博览会	农村生活环境
1951	意大利	米兰装饰艺术和现代建筑展览会	
1951	法国	里尔世界博览会	纺织品
1953	以色列	耶路撒冷世界博览会	征服沙漠
1954	意大利	那不勒斯世界博览会	航海
1954	意大利	米兰装饰艺术和现代建筑展览会	
1955	意大利	都灵世界博览会	体育
1955	瑞典	赫尔辛堡世界博览会	应用艺术“现代人类的环境”
1956	以色列	贝特·大衮世界博览会	柑橘类水果
1957	意大利	米兰装饰艺术和现代建筑展览会	
1957	德国	柏林世界博览会	建筑
1960	意大利	米兰装饰艺术和现代建筑展览会	
1960	荷兰	鹿特丹世界博览会	园艺
1961	意大利	都灵世界博览会	工作
1963	联邦德国	汉堡世界博览会	园艺
1964	奥地利	维也纳世界博览会	园艺
1964	意大利	米兰装饰艺术和现代建筑展览会	
1965	联邦德国	慕尼黑世界博览会	交通
1968	美国	圣安东尼奥世界博览会	半球博览会
1968	意大利	米兰装饰艺术和现代建筑展览会	
1969	法国	巴黎世界博览会	花卉
1971	匈牙利	布达佩斯世界博览会	全球猎捕
1972	荷兰	阿姆斯特丹世界博览会	花卉
1973	联邦德国	汉堡世界博览会	园艺
1974	奥地利	维也纳世界博览会	园艺

① 未被“正式认可”。

② 只是同意举办，未被注册。

（续表）

时间（年）	国别	名称	主题
1974	美国	斯波坎世界博览会	无污染的进步
1975	日本	冲绳世界博览会	海洋及其未来
1980	加拿大	蒙特利尔世界博览会	花卉
1981	保加利亚	普罗夫迪夫世界博览会	猎捕
1982	荷兰	阿姆斯特丹世界博览会	花卉
1982	美国	诺克斯韦尔世界博览会	能源推动世界
1983	联邦德国	慕尼黑世界博览会	园艺
1984	美国	新奥尔良世界博览会	世界河流、淡水——生命的源泉
1984	英国	利物浦世界博览会	园艺
1985	日本	筑波世界博览会	居住环境——人类的家居科技
1985	保加利亚	普罗夫迪夫世界博览会	青年发明家
1986	加拿大	温哥华世界博览会	世界在运动，世界在交流
1988	意大利	米兰装饰艺术和现代建筑展览会	
1988	澳大利亚	布里斯班世界博览会	技术时代的娱乐
1990	日本	大阪世界博览会	园艺
1991	保加利亚	普罗夫迪夫世界博览会	青年发明家为和平所进行的创造活动
1991	意大利	米兰装饰艺术和现代建筑展览会	
1992	意大利	热那亚世界博览会	哥伦布：船舶与海洋
1993	德国	斯图加特世界博览会	园艺
1993	韩国	大田世界博览会	新的起飞之路
1996	意大利	米兰装饰艺术和现代建筑展览会	
1998	葡萄牙	里斯本世界博览会	海洋——未来的财富
1999	中国	昆明世界园艺博览会	人与自然——迈向二十一世纪
2002	荷兰	哈勒姆世界博览会	园艺
2003	德国	罗斯托克世界博览会	园艺
2006	泰国	泰国世界园艺博览会	表达对人类的爱
2008	西班牙	萨拉戈萨世界博览会	水与可持续发展

3. 将要举办的世博会

时间和展期（年、月、日）	国别	名称	类别	主题
2010.5.1～10.31	中国	上海世界博览会	注册类	城市，让生活更美好
2012.6.24～9.24	韩国	丽水世界博览会	认可类	生机勃勃的海洋及海岸：资源多样性与可持续发展
2015.5.1～10.31	意大利	米兰世界博览会	注册类	给养地球，生命的能源

亚欧会议
Asia-Europe Meeting—ASEM

【成立经过】 1994年7月，欧盟制定了《走向亚洲新战略》，主张与亚洲进行更广泛的对话，建立一种建设性、稳定和平等的伙伴关系。1994年10月，新加坡总理吴作栋访法期间倡议召开亚欧会议，得到广泛积极响应。1996年3月1~2日，首届亚欧首脑会议在泰国曼谷举行。

【宗旨】 通过对话增进了解，加强合作，为经济和社会发展创造有利条件，促进建立亚欧新型全面伙伴关系。

【成员】 45个。亚洲成员17个，包括中国、日本、韩国、印度、巴基斯坦、蒙古、东盟10个成员国以及东盟秘书处；欧洲成员28个，包括欧盟27个成员国及欧盟委员会。俄罗斯、澳大利亚、新西兰将在2010年第八届亚欧首脑会议上正式加入。

【原则】 首届亚欧会议明确提出，亚欧合作应遵循以下原则：相互尊重、平等、促进基本权利、遵守国际法规定的义务、不干涉他国内部事务，开放和循序渐进的合作进程，在协商一致的基础上开展后续行动，由首脑会议决定增加新成员等事宜。

【合作领域】 主要包括政治对话、经贸合作、社会文化及其他领域交流三大支柱领域。政治对话主要涉及亚欧政治与安全形势及重要国际和地区问题。经贸合作涉及亚欧贸易、投资、金融等领域合作。社会文化及其他领域的合作包括文明对话和文化交流、人权、科技、劳动、执法、环境、青年等。

【活动机制】 以非机制化方式在多层次上开展活动。

首脑会议负责确定亚欧会议的指导原则和发展方向。隔年在亚洲和欧洲轮流举行。迄今已在泰国曼谷、英国伦敦、韩国汉城、丹麦哥本哈根、越南河内、芬兰赫尔辛基、中国北京举行过七届。第八届亚欧首脑会议将于2010年10月在比利时布鲁塞尔举办。

外长会议与首脑会议隔年举行。高官会每年不定期举行。外长会议和高官会负责对亚欧会议活动进行政策规划和整体协调，并筹备首脑会议。此外，还不定期举行经济、财政、文化、科技、环境、海关、检察、劳动就业、中小企业等专业部长级会议，负责在各自领域落实首脑会议决定，制定合作规划和开展相关活动。亚欧双方各两个成员轮流担任协调员，负责协调本地区成员立场。

亚欧基金是亚欧会议框架下负责开展学术、文化和人员交流活动的常设机构，秘书处设在新加坡。

【2009年主要活动】 2月2~3日，亚欧会议高官会在捷克布拉格举行。会议讨论了落实第七届亚欧首脑会议成果、共同应对国际金融危机、深化亚欧务实合作和亚欧会议扩大等问题。

5月25~26日，第九届亚欧外长会议在越南河内举行，亚欧会议45个成员派团与会，其中包括23国外长和欧盟委员会对外关系委员、东盟秘书长。越南总理阮晋勇出席开幕式并致辞，越副总理兼外长范家谦主持会议。中国外交部长杨洁篪率团出席此次会议并在开幕式上发言。会议以“建立更紧密的亚欧伙伴关系，应对金融经济危机及其他全球性挑战”为主题，讨论了国际金融经济危机，国际和地区形势，气候变化，粮食安全、能源安全、流行性传染病等全球性挑战，不同文化与文明对话，亚欧会议未来发展等议题。会议同意进一步落实第七届亚欧首脑会议成果，保持亚欧对话良好势头，加强和深化亚欧伙伴关系，共同应对国际金融危机和全球性挑战。会议通过了《主席声明》和《第九届亚欧外长会议关于朝鲜核试验的声明》。

5月27~30日，亚欧救灾能力建设合作研讨会在中国四川成都举行。会议讨论了备灾与应急救援、恢复与重建、减灾与风险管理等议题，取得丰富成果。

6月17~18日，首届亚欧能源部长会议在比利时布鲁塞尔举行。会议重点讨论了能源安全问题并发表了联合声明。

9月2~8日，首届亚欧文化艺术节在北京举办。文化节以“多样文化，创意共享”为主题，组织举办了艺术演出、艺术展览、图书音像展览、电影展播周和文化合作论坛等一系列活动。

10月19~20日，首届亚欧交通部长会议在立陶宛维尔纽斯举行。会议讨论了亚欧交通合作的优先领域、海运、空运、多式联运等议题，并发表了《关于亚欧更紧密交通合作的维尔纽斯宣言》。

【中国与亚欧会议的关系】 中国一贯重视并本着“积极参与、求同存异、扩大共识、加强合作”的方针参与亚欧会议各领域活动，提出一系列合理建议和建设性倡议，主办了多个专业领域的部长级会议，为巩固和发展亚欧新型全面伙伴关系发挥了重要作用。中国国务院总理出席了历届亚欧首脑会议，有针对性地阐述了中国立场和主张，倡导在相互尊重、平等互利基础上开展务实合作，为会议成功发挥了积极和建设性作用。中国于2008年10月在北京成功主办了第七届亚欧首脑会议，为进一步深化亚欧伙伴关系作出了重要贡献。中国外交部长杨洁篪在越南河内第九届亚欧外长会议上发言中指出，在全球化深入发展的今天，亚欧是命运紧密相连的共同体，各方应在平等对话、相互理解的基础之上建立更紧密的亚欧新型伙伴关系。一要着眼于深化合作，促进发展，推动亚欧各国及世界经济的早日复苏与发展；二要提倡扩大交流，相互包容，相互借鉴学习，共同推动建立和谐世界；三要保持亚欧伙伴关系的活力，强化机制建设，为亚欧合作提供更加有力的支持和保障。

2009年，中国还积极参与亚欧会议框架内一系列重要活动，包括第八届亚欧海关署长会议、亚欧财长副手会，并与欧盟委员会共同在上海举办了“金融对农村发展的作用：欧洲和亚洲的经验”研讨会。

（封鑫）

八国集团首脑会议
G8 Summit—G8

【成立经过】八国集团首脑会议，亦称：八国峰会，简称：G8。八国分别指：美国、英国、法国、德国、意大利、加拿大、俄罗斯和日本。集团成立经过：1975年由法国倡议，并于同年11月法、美、英、德、意、日六国领导人在法国巴黎郊外的郎布依埃举行了首次最高级经济会议。1976年6月六国领导人在美国波多黎各首府圣胡安举行了第二次会议，加拿大应邀参加会议，形成了七国集团，亦称：西方七国首脑会议。1991年7月苏联总统戈尔巴乔夫受到时任英国首相梅杰作为东道主的邀请在峰会后与七国首脑会晤，即“7+1”会谈。1992年和1993年俄罗斯总统叶利钦先后与七国首脑在会后进行会晤。1994年俄罗斯获准参加峰会政治问题的讨论，形成了“7+1”机制。直至1997年美国丹佛首脑会议时，克林顿总统作为东道主邀请叶利钦以正式与会者的身份“自始至终”参加会议，并首次与七国集团首脑以“八国首脑会议”的名义共同发表“最后公报”。从此，“西方七国首脑会议”演化为“八国首脑会议”，“7+1”模式结束，八国首脑会议体制形成。1998年5月八国集团首脑会议在英国伯明翰举行，俄罗斯成为八国集团的完全成员国参加了会议的所有讨论。这次会议完成了七国集团向八国集团的转变，但是，七国集团仍然客观地存在着。在2001年以前，八国集团的峰会都发表两套不同的文件：一份是涉及所有经济和金融问题的八国集团公报；另一份是只针对国际金融问题的七国集团宣言。2002年6月在加拿大艾伯塔省卡尔加里举行的八国集团首脑会议上，俄罗斯被接纳为八国集团的正式成员。至此，八国集团首脑会议的形成在组织手续上才告结束。

【组织机构】八国集团既不是一个机构，也不是一个国际组织。它不具备法人资格，也没有常设秘书处。它不能采取任何强制性的措施，也不对任何国际机构构成威胁。人们称其为工业化国家的俱乐部。它通过定期的会晤和磋商，协调各国对国际政治与经济的看法和立场。会议公报正是为了表明这种团结一致的决心，以及八国集团愿意做出的政治或金融的承诺。

八国集团实行的是每年由一个国家轮值为主席国的制度。由轮值主席国推行当年峰会所确定的工作方向，负责并组织由各国派出的“专人”共同筹办每年的峰会。

【集团宗旨】20世纪70年代，西方国家经历了第二次世界大战后的严重的全球性的经济危机，为了共同研究世界经济形势，协调各国政策，重振西方经济，八国集团确定的宗旨是协调主要发达国家的宏观经济政策和汇率政策，稳定国际金融市场，以协调和推进工业化国家等来推动国际社会走向良性循环。

自20世纪80年代后期起，随着国际形势的变化集团讨论的议题已超出原定宗旨，逐渐扩大到国际政治、安全、社会、贫困等领域，包括信息技术、转基因食品安全、文化冲突等前沿问题。其目的是为消除贫困、促进全球经济发展和维护世界和平。

【主要活动】1976年以后，西方七国集团首脑会议开始作为一种制度固定下来，每年轮流在各国召开一次。因为集团成员国的增加，现在用的会议名称是：八国集团首脑会议，简称G8峰会。

2010年的八国集团首脑会议于6月25~26日在加拿大马斯科卡地区亨茨维尔举行，出席会议的有德国总理默克尔、俄罗斯总统梅德韦杰夫、法国总统萨科齐、加拿大总理哈珀、美国总统奥巴马、日本首相菅直人、意大利总理贝卢斯科尼和英国首相卡梅伦。本次峰会特别邀请了尼日利亚、塞内加尔、南非、阿尔及利亚、马拉维、埃塞俄比亚和埃及7个非洲国家以及美洲地区的哥伦比亚、牙买加和海地等发展中国家参加，以增强对国际发展等议题的讨论。欧洲理事会主席范龙佩和欧盟委员会主席巴罗佐也参加了会议。

本届峰会主要就发展、减贫、应对世界经济挑战、地区和平与安全问题进行了讨论并达成了多项共识，会后发表了《马斯科卡宣言》。

宣言包括：发展、非洲、环境的可持续发展与绿色回收、贸易与投资和国际和平与安全五部分内容和两个附件：1. 马斯科卡倡议的孕产妇、新生儿和5岁以下儿童健康；2. 加强平民安全系统。

领导人欢迎法国总统提出的于 2011 年在法国主办下届首脑会议。

【峰会浅析】 关于对 2010 年八国集团首脑会议的评价，有两种不同的看法。

一种看法是：今年的首脑会议是在经济动荡的情况下提倡开放市场和自由贸易；坚持以全球性行动应对全球变暖；捍卫自由、民主、人权和法治。为应对 2008 年经济危机而进行的国际合作前所未有。通过本届峰会，八国集团共同努力，各国政府迅速采取行动，协调一致，在稳定金融体系、刺激正在放缓的经济方面肯定会起到一定的作用。

认为：多年来，八国集团已被证明是一个非常成功的集团。意见相同的国家能有机会协调立场、共同解决事关数百万世界人民的问题，调动必要的资源解决。

今年的峰会再次证明，八国集团是一个能够有效推动议程的机构，能够呼吁人们关注被忽视的问题，最重要的是能够调动资源满足全球性的挑战。

《环球时报》也说，八国峰会其实是国际形势的一个风向标。八国峰会和二十国集团峰会影响力的此消彼长，折射出的是全球国际关系和力量结构的变迁。八国集团峰会成员是主要的发达国家，而且八国集团峰会有着比较完善的机制，二十国集团峰会显得更临时化一些，因此八国集团峰会现在在国际体系中可能仍将处于高位。

另一种看法是（对此次峰会持批评态度）：因为气候变化、能源等环境问题都未被真正提上议事日程今年的八国集团峰会与去年没有任何区别，没有一点新意，发达国家没有承担新的责任。

认为，八国峰会召开之后，紧接着在加拿大多伦多召开的二十国集团峰会，有了中国、印度等新兴国家参与，与以往相比，二十国集团峰会现在比八国集团峰会更令人瞩目。

另外，由于发达国家承诺的对贫困地区的援助数额远远低于预期，人道主义救援组织对此次峰会也表示了强烈的不满。

关于本届峰会有两点值得关注：

其一，认为在国际发展方面，八国集团一直发挥着领导作用。而共同的价值观是八国集团成功的核心，它使八国集团成为一个能够迅速采取行动、协调一致的机构。这些价值观是社会公正和稳定的基础，因此马斯科卡首脑会议以此作为了一个关键议题。

几年前，围绕着是否应该邀请中国等新兴国家参加 G8 的问题，许多西方国家曾经有过一番激烈的争论。随着金融危机的爆发，邀请其他国家加入的议论也就销声匿迹。对日本国首相菅直人在这次八国峰会上提出的“让中国参加 G8 峰会”的提议，日本外相冈田克也在其后的记者会上却表示，“加入 G8 的前提条件是拥有共同价值观的发达国家，这一点非常重要”。冈田显然对邀请中国加入八国峰会持消极态度。

其二，最近在西方媒体流行一种新的世界体系构想：G8 管政治，G20 管经济，G8 峰会自视为唯一有“世界领导力”的组织，决定世界政治与安全事务。

《日本经济新闻》也指出了：“从这次在加拿大举行的八国集团和二十国集团峰会来看，八国集团负责安全保障问题和开发问题，二十国集团负责经济问题。八国峰会第一次在宣言中没有谈及经济问题。”

有媒体认为八国集团和二十国集团这种政治与经济的分工，将导致八国集团当然成为决策世界政治与安全事务的“常任理事国”。另外，这也是国际政治问题以利益最大化为基础的。

当然，人们也看到，现在的问题在于，一是当今国际问题是否仅由八国集团就能决定，换句话说，就是八国集团的代表性资格够不够；二是经济问题是否能与政治性的问题截然分开。从政治上来说，因为少了联合国常任理事国中国，很多国际政治问题不是八国集团就能决定得了的。再者，新兴国家是不会仅满足于讨论经济问题的。韩国在今年 11 月举行了第五次二十国集团峰会，这是首个举行此峰会的非八国集团国家，韩国已经加入了援助非洲计划。另外，对已经成为世界经济新驱动力的新兴国家来说，它们真的愿意仅当经济执行机构、听从衰落富国的政治决定吗？

总之，目前对峰会机制改革的呼声仍然很大。

《环球时报》就指出，金融危机后，世界一些主要发达国家经济恢复状况存在明显差异，这导致这些国家的对内对外判断取向有变化，其中一个重点就是，这些富国对推动国际体系改变的意愿明显下降。……八国峰会过去一直被看作是富国俱乐部，但是现在中国、俄罗斯以及印度等国家的经济实力都在快速上升，甚至在经济总量上超过了部分八国集团成员国。因此八国集团必须要作出调整，将更侧重于地缘政治的考量。

下届八国峰会主席萨科齐已经提出包括中国、印度、巴西等国参加的 G14 峰会的构想，如能实现，这就很有可能改变国际势力的版图。

【同中国的关系】 2003 和 2005～2008 年，中国国家主席胡锦涛出席了八国集团同发展中国家领导人对话会议。2009 年，中国国务委员戴秉国代表国家主席胡锦涛出席八国集团同发展中国家领导人对话会议。

中国重视同八国集团的关系。希望在平等和符合双方利益的基础上，与它继续展开对话和合作。

附：有关历届八国集团首脑会议资料：

届次	举行日期	主办国	主办国首脑	主办城市及备注
第1届	1975年11月15~17日	法国	瓦莱里·吉斯卡尔·德斯坦	朗布依埃
第2届	1976年11月27~28日	美国	杰拉尔德·福特	波多黎各圣胡安
	注：首次G7峰会			
第3届	1977年5月7~8日	英国	詹姆斯·卡拉汉	伦敦
第4届	1978年7月16~17日	西德	赫尔穆特·施密特	波恩
第5届	1979年6月28~29日	日本	大平正芳	东京
第6届	1980年6月22~23日	意大利	弗朗切斯科·科西加	威尼斯
第7届	1981年7月20~21日	加拿大	皮埃尔·特鲁多	魁北克省蒙特贝洛
第8届	1982年6月4~6日	法国	弗朗索瓦·密特朗	凡尔赛
第9届	1983年5月28~30日	美国	罗纳德·里根	弗吉尼亚州威廉斯堡
第10届	1984年6月7~9日	英国	玛格丽特·撒切尔	伦敦
第11届	1985年5月2~4日	西德	赫尔穆特·科尔	波恩
第12届	1986年5月4~6日	日本	中曾根康弘	东京
第13届	1987年6月8~10日	意大利	阿明托雷·范范尼	威尼斯
第14届	1988年6月19~21日	加拿大	布赖恩·马尔罗尼	多伦多
第15届	1989年7月14~16日	法国	弗朗索瓦·密特朗	巴黎
第16届	1990年7月9~11日	美国	乔治·H·W·布什	得克萨斯州休斯敦
第17届	1991年7月15~17日	英国	约翰·梅杰	伦敦
第18届	1992年7月6~8日	德国	赫尔穆特·科尔	慕尼黑
第19届	1993年7月7~9日	日本	宫泽喜一	东京
第20届	1994年7月8~10日	意大利	西尔维奥·贝卢斯科尼	那不勒斯
第21届	1995年6月15~17日	加拿大	让·克雷蒂安	新斯科舍省哈利法克斯
非正式	1996年4月19~20日	俄罗斯	鲍里斯·叶利钦	莫斯科
	注：核子安全特别高峰会议			
第22届	1996年6月27~29日	法国	雅克·希拉克	里昂
第23届	1997年6月20~22日	美国	比尔·克林顿	科罗拉多州丹佛
第24届	1998年5月15~17日	英国	托尼·布莱尔	伯明翰
	注：首次G8峰会			
第25届	1999年6月18~20日	德国	格哈德·施罗德	科隆
第26届	2000年7月21~23日	日本	森喜朗	冲绳
第27届	2001年7月20~22日	意大利	西尔维奥·贝卢斯科尼	热那亚
第28届	2002年6月26~27日	加拿大	让·克雷蒂安	艾伯塔省卡尔加里
第29届	2003年6月2~3日	法国	雅克·希拉克	埃维昂莱班
第30届	2004年6月8~10日	美国	乔治·W·布什	佐治亚州
第31届	2005年7月6~8日	英国	托尼·布莱尔	苏格兰格伦伊格尔斯
第32届	2006年7月15~17日	俄罗斯	弗拉基米尔·普京	圣彼得堡
第33届	2007年6月6~8日	德国	安格拉·默克尔	海利根达姆
第34届	2008年7月7~9日	日本	福田康夫	北海道札幌市洞爷湖町
第35届	2009年7月7~9日	意大利	贝卢斯科尼	阿布鲁佐大区首府拉奎拉
第36届	2010年6月25~26日	加拿大	斯蒂芬·哈珀	马斯科卡地区亨茨维尔

“金砖四国”峰会
BRIC Summit

2010年4月15日“金砖四国”领导人中国国家主席胡锦涛、俄罗斯总统梅德韦杰夫、巴西总统卢拉、印度总理辛格在巴西首都巴西利亚举行了第二次正式会晤，亦称“金砖四国”峰会。

【峰会纪实】本届峰会由巴西总统卢拉主持召开。大会安排了欢迎宴会、小范围会谈、大范围会谈和联合记者会四项主要活动。与会领导人重点就世界金融形势、二十国集团事务、国际金融机构改革、气候变化、“金砖四国”对话与合作等问题交换了看法。

本届峰会的重点议题是：在世界经济复苏仍然脆弱的形势下，世界各国如何实现全面协调可持续发展，使全球行动形成互利的格局。

对此，胡锦涛主席提出了四国共同行动的五个重点：

——继续巩固世界经济复苏基础，加强宏观经济政策协调；

——努力解决全球经济治理结构不平衡问题和完善国际金融监管体系；

——推进贸易自由化、便利化，妥善处理贸易纠纷，抵制保护主义；

——完善国际金融监管体系，扩大监管范围，明确监管职责，制定普遍接受的国际金融监管标准和规范，健全监管机制；

——增强责任感和道义感，努力实现全球平衡发展，既增加发展投入、保障发展资源，又尊重各国基于国情的发展模式和政策空间。

胡锦涛主席在讲话中向世界阐释了中国和谐发展的四个特征：

第一，中国的发展任重道远。中国仍然是世界上最大的发展中国家，人口多、底子薄、发展不平衡是我们的基本国情。……中国要实现现代化，使全体人民过上安居乐业、富裕幸福的生活，还要进行长期艰巨的努力。

第二，中国的发展只能也必然是和平发展。中华民族历来爱好和平，自古就有和为贵、亲仁善邻的传统。……中国将坚持走和平发展道路。一个繁荣发展的中国，一个和平合作的中国，愿意也能够随着自身发展为人类和平与发展作出新的更大的贡献。

第三，中国的发展是开放共赢的发展。中国奉行互利共赢的开放战略，始终通过互利合作促进各国共同发展。

第四，中国的发展是负责任的发展。2009 年是新世纪以来中国经济发展最为困难的一年。……我们坚持把保持经济平稳较快发展作为经济工作的首要任务，全面实施并不断丰富完善应对国际金融危机冲击的一揽子计划和政策措施，实现国内生产总值增长 8.7%，为推动世界经济复苏作出了重要贡献。

“金砖四国”领导人对目前世界经济金融形势达成共识：

中国国家主席胡锦涛说：“我们要推动各方面继续巩固世界经济复苏基础，加强宏观经济政策协调。既要协调‘进入’，也要协调‘退出’，保持宏观经济政策的持续性和稳定性。”

巴西总统卢拉说：“世界经济尚未完全恢复，各国应该继续合作应对国际金融危机，推进国际金融体系改革，反对保护主义。”

俄罗斯总统梅德韦杰夫说：“当前国际金融形势有所好转，但经济复苏势头还不够强劲。要实现全球经济根本好转，国际社会应该加强协调合作。”

印度总理辛格说：“国际经济环境有所好转，但经济增长势头仍不稳固，应该努力改革国际经济体制，实现可持续复苏及平衡增长。”

胡锦涛主席出席了有关文件的签字仪式、“金砖四国”领导人会晤、联合记者会和在会晤会上发表了讲话。此外，他还分别会见了俄罗斯总统梅德韦杰夫、巴西总统卢拉、南非总统祖马和印度总理辛格并与他们进行了会谈。

中国代表戴秉国出席了“金砖四国”第二次安全事务高级代表会议。

由于中国青海省藏族自治州玉树县发生了严重地震灾害，胡锦涛主席决定提前回国。经与“金砖四国”其他三方协商提前召开会议，并将原定两天的日程压缩成一天。同时，胡主席还压缩了对巴西的访问日程和推迟了对委内瑞拉、智利的访问。

发生在中国青海省玉树的严重地震也成了“金砖四国”峰会期间的一个重要话题。各国领导人向中国表示了真切的同情，诚挚的慰问和愿意提供有关协助，表达了国际社会对中国人民的关切，使巴西利亚峰会充满了别样的温情。

【峰会成果】会议对重大问题进行了交换看法并通过共同协商，发表了《“金砖四国”领导人巴西巴西利亚会晤联合声明》，以及中国愿意在明年承办“金砖四国”领导人第三次正式会晤。

在发表的声明中，强调了自 2009 年 6 月上次四国峰会以来世界经济的恢复增长，新兴经济体为此发挥了十分重要的作用。呼吁扩大讨论以本币进行国际贸易，并要求在世界银行及 IMF 等全球性金融机构中新兴经济体应该拥有更多的发言权。当然，目前世界经济复苏的基础并不巩固，仍存在诸多不确定因素。

四国呼吁各国在宏观经济领域加强合作，巩固世界经济企稳复苏势头，实现强劲、可持续和平衡增长；重申“决心保持本国经济复苏并为促进全球发展作出积极努力”。

声明说：“世界需要一个经过改革、更加稳健的金融体系，使全球经济能有效地预防和抵御未来危机的冲击。我们认为，有必要建立一个更加稳定、可预见、更多元化的国际货币体系。”

在国际贸易方面，四国“敦促各国抵制各种形式的贸易保护主义，打击隐形贸易限制”，赞同“在尊重授权、锁定包括谈判模式在内已有成果的基础上推动多哈回合早日取得全面、均衡的结果，实现‘发展回合’目标”。

【峰会评析】“金砖四国”峰会彰显中国力量。

2010年4月，胡锦涛主席出访参加了在美国华盛顿召开的核安全峰会和在巴西巴西利亚召开的“金砖四国”峰会，与世界各国领导人一道，讨论关于人类和平与发展事宜。从促进实现普遍核安全到新兴经济体的发展，中国的呼声，唤起了世界的共鸣；中国的承诺，赢得了世界的尊重。在多边外交的大舞台上，中国再次展现出一个负责任的大国形象。

有媒体报道说，在核安全峰会上：中国担当了“平衡的力量”。在“金砖四国”峰会上：中国发挥了“独特、建设性作用”。

在巴西利亚，胡锦涛用四个词：“合作、开放、互利、共赢”阐释了“金砖四国”合作的要义。

胡锦涛的讲话一方面肯定了2009年在叶卡捷琳堡四国领导人首次正式会晤以来的合作成就，一方面对未来的合作提出了具体建议。

中国在“金砖四国”峰会中所起的作用。

美国《商业周刊》指出，中国推动了拉丁美洲的进步，同时也帮助巴西能源、金属生产等行业的发展，不仅创造了更多工作，还改善了当地的基础设施。美国高盛公司表示，金融危机爆发以来，“金砖四国”对世界经济增长贡献率已超五成，而中国已成为其中最主要的贡献者。

舆论普遍认为，中国积极参与“金砖四国”峰会，与其他三国一道推动全球经济治理结构改革，共同维护发展中国家整体利益的强烈意愿，也向世界传递着反映四国共同需求的中国声音。

自2009年“金砖四国”首脑首次正式会晤以来，四国之间的经贸合作不断深入。在2010年的巴西利亚首脑峰会上，四国经济交流由财政和金融领域向农业、能源等具体领域拓展。与峰会同步举行的企业家论坛、发展银行论坛等多领域、多层次的经济交流活动也为以后加强经济合作创造了良好氛围。四国经济合作的深度和广度有所提升，具有更多的实质性内涵。

这次“金砖四国”首脑会议不仅标志着四国务实合作走向深入，更系统表达了发展中国家对世界经济金融体系改革的主张。

“金砖四国”再次强调了改革全球经济治理体系的主张，并呼吁，按时完成国际金融机构量化改革目标、增加新兴市场国家和发展中国家的代表性和发言权。这不仅是“金砖四国”自身的主张，更代表了广大发展中国家的利益和心声。

此次峰会的重要性还反映在金融危机后“金砖四国”的复苏力度明显强于发达经济体，定期举行会晤，共同决策对四国可能更为有利，其他新兴经济体也可从中受益。事实上，此次峰会重要性的背后体现的是“金砖四国”的经济实力和日益上升的国际地位。

“金砖四国”由概念转为现实，充分证明，不同社会制度可以相互包容，不同发展模式可以相互合作，不同历史文明可以相互借鉴，不同文化传统可以相互交流。这种合作与交流模式，顺应了和平与发展的时代潮流，体现了合作共赢的时代特点，在国际事务中发挥的作用和影响力必将越来越大。

作为积极融入全球化的受益者，中国理应积极参与“峰会”。因为从“金砖四国”的产生与发展来看，“金砖四国”本身是一个不触及军事合作或地缘政治的经济利益共同体。它们希望通过现有体制内的谈判获得相应权益，建立世界多极化体系，这是符合人类历史发展潮流的重要事件。

当然，“金砖四国”在发展方面，各自都不同程度地存在着不少困难和障碍，在意识形态、社会制度、地缘政治以及经济利益等诸多方面都存在差异，也有一些实际矛盾，但不影响这些国家在尊重“发展模式多样化”的条件下，发展“平等的伙伴关系”和“合作共赢”。

（祝明义　辛明）

法非首脑会议
Sommet France-Afrique

【起源和目的】1973年，法国倡议与非洲法语国家的国家元首和政府首脑举行定期会晤，以更好地维护和加强其与非洲国家之间的政治、经济和文化联系，得到多数非洲法语国家的支持。

【时间和地点】1973年召开首次会议后，法非首脑会议机制化。开始定为每两年举行一次，1976年改为每年一次，1988年后又恢复为两年一次，轮流在法国和非洲法语国家召开。在不举行首脑会议的年份，召开法、非外长会议。前24次首脑会议的地点（时间）依次为：巴黎（1973.11）、班吉（1975.3）、巴黎（1976.5）、达喀尔（1977.4）、巴黎（1978.5）、基加利（1979.5）、法国尼斯（1980.5）、巴黎（1981.11）、金沙萨（1982.10）、法国维特尔（1983.10）、布琼布拉（1984.12）、巴黎（1985.12）、洛美（1986.11）、法国昂蒂贝半岛（1987.12）、卡萨布兰卡（1988.12）、法国拉博勒（1990.6）、利伯维尔（1992.10）、法国比亚里茨（1994.11）、瓦加杜古（1996.12）、巴黎（1998.11）、雅温得（2001.1）、巴黎（2003.2）、巴马科（2005.12）、戛纳（2007.2）、尼斯（2010.6）。

【参加国】开始仅限于法国和非洲法语国家，后规模不断扩大，从1996年起所有非洲国家均已加入。

【主要议题】与会国领导人就法非关系、非洲发展以及共同关心的问题进行磋商，只发表公报，不通过决议。公报内容对与会国没有约束力，与会国亦不承担任何责任与义务。

【会议情况】2010年5月31日至6月1日，第25届法非首脑会议在法国尼斯举行。法国总统萨科齐、非洲38国国家元首或政府首脑、联合国秘书长潘基文以及欧盟、非盟、世界银行、法语国家组织等国际机构代表与会。此次会议共有三个议题，分别为“非洲在世界治理中的地位与作用”、“非洲的和平与安全”、“气候变化与发展”。会后与会国发表了共同宣言。

在共同宣言中，与会各国首先呼吁联合国安理会即刻着手改革，以更好体现非洲国家利益；加强非洲国家在世界银行、国际货币基金组织等国际机构中的作用；使非洲国家加入世界贸易组织的程序更加简便。法国表示，将在不久后担任八国集团和二十国集团轮值主席国期间，推动非洲国家更多参与两集团架构下事务。

在促进非洲稳定安全方面，法国承诺将支持非洲建立共同安全体系，特别是帮助非洲建立一支快速反应部队。为此，法国宣布将在2010年至2012年期间向非盟等非洲地区组织投入3亿欧元，并在非盟和联合国维和行动框架下为非洲培训1.2万名军事人员。此外，与会各国达成一致，将加强应对恐怖主义、海盗活动、贩毒和走私军火等跨境犯罪行为的合作。

在应对气候变化和促进非洲发展问题上，与会各国重申落实哥本哈根气候变化大会协议各项承诺的重要性，并对法国之前提出有关建立世界环境组织、对国际金融交易活动征税等建议表示支持。各国支持制定切实计划、设立专项资金，以在非洲建设可靠长期的供电网络。各国呼吁早日采取实际行动，促进非洲发展多种可再生能源。（黄鹤）

法语国家首脑会议
Sommet de la Francophonie

【起源和目的】20世纪60年代，法国总统戴高乐提出建立“法语共同体”的设想。1970年，21个法语国家代表在尼日尔首都尼亚美签署协定成立了文化技术合作局（Agence de coopération culturelle et technique-ACCT），是为法语国家组织（Organisation Internationale de la Francophonie-OIF）的前身。1986年，密特朗总统倡议召开了第一届法语国家首脑会议，以后逐渐机制化，其目的是：维护和加强法语在世界上的地位，广泛联合法语国家，扩大法国政治和文化影响，增强法国的国际地位。与会的其他国家和地区亦都有各自在文化、经济和外交上的考虑。

【时间和地点】原则上每两年举行一次会议。前十二届首脑会议的地点（时间）依次为：法国（1986）、加拿大（1987）、塞内加尔（1989）、法国（1991）、毛里求斯（1993）、贝宁（1995）、越南（1997）、加拿大（1999）、黎巴嫩（2002）、布基纳法索（2004）、罗马尼亚（2006）、加拿大魁北克（2008）。

【成员】截至2008年底，共有53个国家和地区作为成员参加会议，其中欧洲13个：法国、比利时、比利时法语区、卢森堡、瑞士、保加利亚、罗马尼亚、摩纳哥、摩尔多瓦、阿尔巴尼亚、马其顿、安道尔、希腊；非洲29个：贝宁、布基纳法索、布隆迪、喀麦隆、佛得角、中非、科摩罗、刚果（布）、科特迪瓦、乍得、吉布提、埃及、毛里塔尼亚、赤道几内亚、加蓬、几内亚、几内亚比绍、马达加斯加、马里、毛里求斯、摩洛哥、尼日尔、卢旺达、塞内加尔、塞舌尔、多哥、突尼斯、刚果（金）、圣多美和普林西比；美洲6个：加拿大及魁北克和新不伦瑞克两省、多米尼加、海地和圣卢西亚；亚洲4国：黎巴嫩、越南、柬埔寨和老挝；大洋洲1个：瓦努阿图。共有3个协作成员国：塞浦路斯、加纳、亚美尼亚。共有14个观察员国：波兰、斯洛伐克、斯洛文尼亚、捷克、奥地利、克罗地亚、匈牙利、格鲁吉亚、莫桑比克、塞尔维亚、乌克兰、拉脱维亚、泰国、立陶宛。

【组织机构】（1）部长级会议。法语国家首脑会议成员国外长或负责法语国家事务的部长在两届首脑会议之间举行会议，总结上届首脑会议后续行动落实情况，并筹备下届首脑会议。此外，成员国间还设有法语国家教育部长会议和法语国家青年、体育部长会议两个常设性部长级会议，成员国其他政府部长也不定期召开专门会议。（2）法语国家组织（OIF）。1995年首脑会议决定将1970年成立的文化技术合作局（ACCT）改称为法语国家事务局（Agence de la Francophonie），2004年首脑会议决定进行机制改革，以赋予该机构适当的法人地位，2005年召开部长级会议，通过《法语国家组织宪章》，法语国家事务局正式更名为法语国家组织。（3）秘书长。1995年首脑会议决定设立秘书长一职，负责领导政治工作并在国际社会上作为法语国家组织的官方代表和发言人。前联合国秘书长布特罗斯·布特罗斯—加利当选首任秘书长。2002 年首脑会议选举塞内加尔前总统阿卜杜·迪乌夫（Abdou Diouf）为秘书长，迪在 2006 年首脑会议上赢得连任。秘书长办公室设在巴黎。（4）法语国家组织常设理事会（Conseil permanent de la Francophonie-CPF），在秘书长领导下负责首脑会议筹备和后续工作的常设机构，也负责落实部长级会议的决定，以及组织协调各类活动。下设政治委员会、经济委员会、合作和规划委员会、行政和财政委员会。（5）执行机构。OIF 有 4 大执行机构，分别负责在各自领域落实首脑会议决定：法语国家大学事务局；TV5 电视台；亚历山大桑格尔大学；法语国家市长国际协会。

【主要议题】会议最初是以文化多样性和维护法语的世界地位为中心议题，重点探讨在法语国家、地区之间加强语言、文化、科技的交流和合作，后逐步向经济、政治等领域扩展。

【会议情况】2008 年 10 月 17～19 日，第 12 届法语国家首脑会议在加拿大东部城市魁北克举行。法国总统萨科齐、阿尔及利亚总统布特弗利卡、加拿大总理哈珀等法语国家首脑会议成员国国家元首或政府首脑及高级代表与会。联合国秘书长潘基文应邀出席。

本届首脑会议围绕经济管理、民主法制、环境保护和法语推广四个主要议题展开讨论。国际金融和粮食危机及应对措施也成为会议的重点讨论内容之一。会议通过了内容广泛的《魁北克》声明，主要内容包括：在成员内部及世界范围内加强法语推广；加强法语国家国际组织成员内部及其与其他国际性、地区性组织协作，妥善解决部分法语地区存在的危机，共同维护和平和民主法制；加强成员间经贸合作，积极应对世界粮食危机，推动国际金融市场更加透明、有效；依靠《联合国气候变化框架公约》、《京都议定书》及《巴厘岛行动计划》，共同应对全球性气候变化，保护生物多样性，实现可持续发展。加拿大总理哈珀在会议闭幕式上宣布将向非洲、加勒比海和南太平洋等地区的发展中国家提供 1 亿加元（约 8400 万美元）援助，以帮助其应对气候变化挑战。

第 13 届法语国家首脑会议将于 2010 年在马达加斯加举行。（黄鹤）

伊比利亚美洲首脑会议
Cumbre Iberoamericana

【召开经过】为纪念哥伦布“发现”美洲新大陆 500 周年，西班牙国王胡安·卡洛斯一世倡议召开伊比利亚美洲（简称伊美）首脑会议，拉美西、葡语国家和葡萄牙给予热烈响应和支持。在西班牙赞助和墨西哥积极组织下，首届首脑会议于 1991 年在墨西哥举行。此后每年召开一届首脑会议，截至 2009 年已举行 19 届。

【宗旨】建设互信的多边交流论坛，使各国在其框架内分享经验、协调立场，共同建设和平、民主、人权、经济和社会可持续发展的伊美社会。

【成员国】由拉美 19 国和伊比利亚半岛 3 国组成：阿根廷、巴拉圭、巴拿马、巴西、秘鲁、玻利维亚、多米尼加、厄瓜多尔、哥伦比亚、哥斯达黎加、古巴、洪都拉斯、墨西哥、尼加拉瓜、萨尔瓦多、危地马拉、委内瑞拉、乌拉圭、智利以及西班牙、葡萄牙和安道尔。

【主要负责人】秘书长恩里克·伊格莱西亚斯（Enrique V. Iglesias），乌拉圭人，2005 年 10 月 1 日任职。

【总部】2003 年，第 13 届首脑会议决定在西班牙首都马德里设立常设秘书处。每年由首脑会议主办国设立临时秘书处。

【网址】http：//www. segib. org

【组织机构】（1）首脑会议：每年举行一次，由成员国元首或政府首脑参加。（2）外长会议：每年首脑会议前举行，协商首脑会议相关事宜。（3）部长会议：不定期举行，由成员国各部长及伊美合作项目高级负责人参加。

【历次峰会时间和地点】前 19 届峰会分别在墨西哥（1991）、西班牙（1992）、巴西（1993）、哥伦比亚（1994）、阿根廷（1995）、智利（1996）、委内瑞拉（1997）、葡萄牙（1998）、古巴（1999）、巴拿马（2000）、秘鲁（2001）、多米尼加（2002）、玻利维亚（2003）、哥斯达黎加（2004）、西班牙（2005）、乌拉圭（2006）、智利（2007）、萨尔瓦多（2008）、葡萄牙（2009）举行。第 20 届峰会将于 2010 年 12 月在阿根廷举行。

【近年主要活动】2007 年 11 月，第 17 届伊比利亚美洲首脑会议在智利首都圣地亚哥举行。峰会以“建设团结、包容的伊美社会”为主题，就改善地区教育、劳工、社保、投资和移民条件，制定惠及全体民众的社会政策和措施，促进地区经济社会协调发展等问题进行深入讨论，发表《圣地亚哥宣言》、《共同行动计划》和《伊美社会保障多边协议》等文件，并宣布 2008 年为“伊美青年年”。

2008 年 10 月，第 18 届伊比利亚美洲首脑会议在萨尔瓦多举行，会议以“青年与发展”为主题，就青年教育和金融危机等问题进行讨论，发表《圣萨尔瓦多宣言》及《圣萨尔瓦多行动计划》。

2009年11月，第19届伊比利亚美洲首脑会议在葡萄牙埃斯托里举行，峰会以“创新与知识”为主题，就气候变化等问题展开深入讨论，发表《里斯本宣言》、《里斯本行动计划》及《洪都拉斯局势特别公报》。

（易源清）

朝鲜半岛核问题

受验证等问题影响，六方会谈进程于2008年末陷于停滞。2009年，朝鲜相继发射卫星、再次进行核试验，联合国安理会先后通过主席声明和1874号决议，朝宣布退出六方会谈，朝鲜半岛核问题局势更趋复杂严峻。中国坚持不懈地做各方工作，积极劝和促谈，为缓和紧张局势、继续推进六方会谈进程、维护半岛和东北亚地区和平与稳定发挥了重要作用。

【朝鲜宣布退出六方会谈】2009年4月5日，朝鲜宣布成功发射“光明星2号”试验通信卫星。14日，联合国安理会通过主席声明，对朝发射行为表示谴责，认为朝发射违背安理会1718号决议，要求朝不再实施任何发射，呼吁各方切实履行1718号决议规定的义务，呼吁早日重启六方会谈。

同日，朝外务省发表声明，谴责并反对安理会主席声明，宣布不再参与六方会谈，将继续加强自卫性核遏制力，采取措施将宁边核设施恢复原状，驱逐在宁边的美国和国际原子能机构专家，对乏燃料棒进行后处理。

各方迅速对朝宣布退出六方会谈做出反应。中国外交部发言人当天发表谈话表示，中方希望有关各方着眼大局，保持冷静和克制，共同维护六方会谈进程。美国白宫发言人表示，朝宣布退出六方会谈并重启核计划是向错误方向迈出的严重步骤，呼吁朝停止挑衅性威胁，尊重国际社会意愿，履行国际承诺与责任。日本首相麻生太郎表示，朝应认真倾听安理会主席声明所表达的国际呼声，采取适当行动重返六方会谈。俄罗斯对朝宣布退出六方会谈表示遗憾，呼吁各方履行六方会谈框架下的义务，呼吁朝遵守1718号决议和9·19共同声明，重返谈判桌。韩国外交通商部发表声明，对朝反对安理会主席声明并拒绝参加六方会谈表示遗憾。

【朝鲜进行第二次地下核试验】2009年5月25日上午8时54分，朝鲜在咸镜北道吉州郡凤溪里进行了第二次地下核试验。上午11时许，朝中社发布了有关消息。

中国外交部当天发表声明表示，中国政府坚决反对朝再次进行核试验。实现半岛无核化，反对核扩散，维护东北亚和平与稳定，是中国政府坚定不移的一贯立场。中方强烈要求朝方信守无核化承诺，停止可能导致局势进一步恶化的相关行动，重新回到六方会谈的轨道上来。维护东北亚地区和平稳定，符合有关各方共同利益。中国政府呼吁有关各方冷静妥善应对，坚持通过协商和对话和平解决问题。中方将为此继续作出不懈努力。

国际社会对朝再次核试反应强烈。美国总统奥巴马发表声明表示，朝发展核武和弹道导弹的行动对世界和平安全构成威胁，国际社会有理由对朝采取行动。日本首相麻生太郎发表声明，严重抗议和强烈谴责朝核试，表示朝此举严重违反联合国安理会决议，对日本安全构成重大威胁，是对国际核不扩散体制的严重挑衅，明显损害东北亚和世界的和平与安全。俄外交部发表声明表示，朝核试违反安理会决议，使东北亚紧张升级，威胁地区安全与稳定，呼吁朝尊重并遵守安理会有关决议，重申朝鲜半岛核问题只能在六方会谈框架内得到解决。韩国政府发表声明表示，朝此次核试严重威胁半岛、东北亚及世界和平，违反了半岛无核化共同宣言和六方会谈决议，是不可容忍的挑衅行为，敦促朝放弃核武器及一切相关计划，立即重返《不扩散核武器条约》（NPT）。英国、法国、欧盟、澳大利亚等也纷纷对朝进行谴责。

5月26日，韩宣布正式全面加入防扩散安全倡议（PSI）。27日，朝人民军驻板门店代表部发表声明，称美将韩拉入PSI，意味着半岛即将回到战争状态。朝视韩全面加入PSI为对朝宣战，朝军不再受停战协定约束，将据此采取军事行动。朝不再保证韩美军舰及一般船只在朝鲜西海（黄海）的航行安全。

【联合国安理会通过1874号决议】朝鲜再次核试后，联合国迅速作出反应。5月26日凌晨，安理会举行紧急磋商并发表主席口头声明，认定朝核试违反安理会1718号决议，对朝核试表示强烈反对和谴责，决定立即就新的安理会决议展开磋商。

经过艰苦谈判，6月13日，安理会通过1874号决议。决议严厉谴责朝再次核试，要求朝不再进行任何核试验或使用弹道导弹技术进行发射，以全面、可核查、不可逆的方式放弃所有核武器和现有核计划，决定对朝实施除轻、小武器及相关物项进口以外的武器禁运，呼吁所有会员国根据国内法和国际法，对涉嫌包含违禁物项的进出朝货物或船只进行检查，对查明的违禁物项进行扣押、处置，要求安理会朝鲜制裁委员会立即审议增列朝物项、实体和个人制裁清单问题，并向安理会报告审议结果。决议呼吁朝立即无条件重返六方会谈，敦促六方会谈成员加紧努力，落实六方会谈达成的各项文件。决议申明安理会将继续审议朝鲜的行动，将根据朝遵守1718号决议和1874号决议相关条款的情况，视需要加强、修改、暂停或解除相关制裁。

同日，朝外务省发表声明，谴责并拒绝安理会1874号决议，宣称朝决不可能弃核，将把新提取的钚全部武器化，启动铀浓缩项目，并以武力应对封锁。

【中国展开外交努力，推动形势转圜】为缓和紧张局势，维护半岛及东北亚和平与稳定，中国展开积极外交努力，劝和促谈，努力推动形势转圜。

7月，中国外交部副部长武大伟访问俄、美、日、韩，就朝鲜半岛核问题和东北亚局势与各方交换意见。8月，武大伟副部长访问朝鲜，与朝方就有关问题进行磋商。9月，国务委员戴秉国作为国家主席胡锦涛的特使访朝，同朝方深入交换意见。朝方表示将继续坚持无核化目标，愿通过双边及多边对话解决有关问题。

10月，国务院总理温家宝访朝，同金正日等朝鲜领导人就共同关心的问题坦诚、深入交换意见，达成重要共识。朝方表示致力于实现半岛无核化的目标没有改变，朝方愿视朝美会谈情况，进行包括六方会谈在内的多边会谈。

同时，朝与有关各方展开频繁互动。8月，朝先后接待美国前总统克林顿、韩国现代集团会长玄贞恩访朝，释放被扣押的美国记者和韩国现代集团员工。派以朝鲜劳动党中央书记金己男为团长的高级别吊唁团出席韩前总统金大中葬礼，邀请美对朝政策特别代表博斯沃斯访朝。12月，博斯沃斯访问朝鲜，美朝双方就重启六方会谈的必要性和履行9·19共同声明的重要性达成共识，同意就相关问题保持联系。

在各方共同努力下，半岛和东北亚的紧张局势有所缓和，重启六方会谈面临新的的机遇。（陈旭）

博鳌亚洲论坛
Boao Forum for Asia

【成立经过】博鳌亚洲论坛由菲律宾前总统拉莫斯、澳大利亚前总理霍克和日本前首相细川护熙发起，于2001年2月27日在中国海南省博鳌正式成立，并通过了《博鳌亚洲论坛宣言》。同年8月，论坛在中国民政部注册成立，并在北京举办了北京办事处成立暨会员招募启动仪式。

【性质和宗旨】论坛属非官方国际会议组织，旨在进一步促进亚洲各国之间以及亚洲及世界其他地区的相互理解与互利合作。

【组织机构与负责人】会员大会为最高决策机构，理事会为会员大会最高执行机构，秘书处为常设执行机构。现任理事长为日本前首相福田康夫，副理事长为中国前国务院副总理曾培炎，秘书长为中国前副外长、驻美国大使周文重。

【总部与秘书处】论坛定址于中国海南省琼海市博鳌镇。总部地址：海南省琼海市博鳌金海岸大道1号。邮编：571434。电话：86－898－62778703。传真：86－898－62778702。电子邮件：bfa@boaoforum.org。网址：http://www.boaoforum.org。秘书处地址：北京建国门外大街1号，国贸大厦2座2410室。邮编：100004。电话：010－65057377。传真：65051833。

【成员】论坛目前共有143名会员，其中包括8名荣誉会员、41名发起会员（由论坛26个发起国选派的前政要、知名人士和非营利机构组成）、31名钻石（基础）会员、5名白金会员和58名普通会员（截至2010年6月）。

【主要活动】论坛每年举办一次年会。首届年会于2002年4月12～13日举行，主题为："新世纪、新挑战、新亚洲——亚洲经济合作与发展"。第二届年会于2003年11月2～3日举行，主题为"亚洲寻求共赢：合作促进发展"。第三届年会于2004年4月24～25日举行，主题为"亚洲寻求共赢：一个向世界开放的亚洲"。第四届年会于2005年4月23～24日举行，主题为"亚洲寻求共赢：亚洲的新角色"。第五届年会于2006年4月21～23日举行，主题为"亚洲寻求共赢：亚洲的新机会"。第六届年会于2007年4月20～22日举行，主题为"亚洲制胜全球经济：创新和可持续发展"。第七届年会于2008年4月11～13日举行，主题为"绿色亚洲：在变革中实现共赢"。第八届年会于2009年4月17～19日举行，主题为"经济危机和亚洲：挑战与展望"。第九届年会于2010年4月9～11日举行，主题为"绿色复苏：亚洲可持续发展的现实选择"。

2009年，论坛还举办了一系列其他会议。9月15～16日，论坛与英国卡文迪什国际集团（Cavendish Group International）在英国伦敦共同举办"第二届博鳌亚洲论坛国际资本峰会"；12月7日，论坛与香港菁英会在香港共同主办"2009博鳌青年论坛（香港）"。

【同中国的关系】作为论坛的东道国，从"与邻为善、以邻为伴，积极参与地区合作"的周边外交方针出发，中国政府积极支持论坛的建立与发展。中央与海南省政府对论坛历次重要会议的举办均给予大力支持。江泽民主席、朱镕基总理、温家宝总理、胡锦涛主席、贾庆林主席、曾庆红副主席、全国人大常委会吴邦国委员长、胡锦涛主席、温家宝总理、习近平副主席分别出席了2001年论坛成立大会、2002年、2003年、2004年、2005年、2006年、2007年、2008年、2009年和2010年年会。 （孔谊）

中日韩三国合作

Trilateral Cooperation among the People's Republic of China, Japan and the Republic of Korea

【成立经过】 1999年11月，时任中国国务院总理朱镕基、日本首相小渊惠三、韩国总统金大中在菲律宾出席东盟与中日韩（10+3）领导人会议期间，举行早餐会，启动了三国在10+3框架内的合作。2000年，三国领导人在第二次早餐会上决定定期举行会议。

【成员】 中国、日本、韩国。

【协调国】 中、韩、日轮流担任三国合作的协调国。2010年的协调国是韩国。

【网络秘书处】 www. tccs. asia

【主要活动】 （一）领导人会议。自1999年起，中日韩三国领导人每年在出席10+3等领导人系列会议期间举行会议。中国总理出席了历次会议。2003年，温家宝总理出席第五次领导人会议，与日韩领导人共同签署并发表了《中日韩推进三国合作联合宣言》，这是三国领导人首次就三国合作发表共同文件，初步明确了三国合作的原则和领域，并决定成立三方委员会总体协调三国合作，标志着三国合作进入新阶段。2004年，第六次领导人会议通过《中日韩三国合作行动战略》，为全面推进各领域合作作出了具体规划。2005年，第七次领导人会议因日本前首相小泉纯一郎坚持参拜靖国神社而被迫推迟。2007年1月，第七次中日韩领导人会议在菲律宾宿务恢复举行，会议发表《联合新闻声明》，向外界传递了三国致力于互信、友好与合作的政治意愿。2007年11月，第八次中日韩领导人会议在新加坡举行，确定了三国合作的一系列具体项目，原则同意在三国不定期轮流召开三国领导人会议。2008年12月13日，首次独立于10+3框架的中日韩领导人会议在日本福冈举行，三国领导人签署了《三国伙伴关系联合声明》，表明了三国伙伴关系合作的原则是公开透明、互信共利、尊重差异，目标是建立面向未来、全方位合作的伙伴关系，致力于本地区的和平、繁荣与可持续发展。会议还通过了《国际金融和经济问题的联合声明》、《三国灾害管理联合声明》和《推动中日韩三国合作的行动计划》。2009年4月，在泰国东亚领导人系列会议期间，温家宝总理主持了中日韩领导人简短会晤。同年10月10日，第二次中日韩领导人会议在北京举行。三国领导人回顾了三国合作历程，总结了三国合作经验启示，规划了三国未来合作，就重大地区和国际问题交换了看法，达成广泛共识。会议发表《中日韩合作十周年联合声明》、《中日韩可持续发展联合声明》，达成11项合作倡议。2010年5月29～30日，第三次中日韩领导人会议在韩国济州岛举行。会议就未来10年三国合作进行了规划，发表了《2020中日韩合作展望》、《关于建立中日韩三国合作秘书处的备忘录》、《加强科技与创新合作联合声明》、《中日韩标准化合作联合声明》4份成果文件，同意继续深化三国经贸财金合作，推动可持续发展，加强社会人文交流，保持在国际与地区问题上的沟通与协调，同意于2011年在日本举行第四次中日韩领导人会议。

（二）三方委员会。自1999年起，中日韩三国外长在东盟系列外长会议期间举行午餐会。随着三国合作范围不断扩大，2003年发表的《中日韩推进三国合作联合宣言》提出，应成立由三国外长牵头的三方委员会，负责研究、规划、协调和监督三国合作，每年向领导人会议提交进展报告。2004年6月，三方委员会首次会议在中国青岛举行，会议讨论并通过三方委员会职责范围（TOR），明确了三方委员会的职能、原则及运作方式。三方委员会第二至第五次会议先后在老挝万象、日本京都、菲律宾宿务和新加坡举行，通过了三份《中日韩合作进展报告》。

（三）具体领域合作。2002年，三国领导人会议将经贸、信息产业、环保、人力资源开发、文化确定为5大重点合作领域，2007年第七次三国领导人会议将财金、科技、物流、卫生、旅游、青少年交流等6个领域列入重点合作领域。截至2010年6月，三国已经建立了外交、经贸、财政、央行、信息通信、环保、知识产权、地震、人力资源、旅游、运输与物流、科技、卫生、海关、文化、水利、灾害管理等16个部长级会议机制。 （宇超）

东盟地区论坛
ASEAN Regional Forum—ARF

【成立经过】冷战结束、两极格局解体后，亚太国家普遍认为有必要开展多边安全对话。1992年初东盟首脑会议就加强地区政治、安全对话达成共识。1993年7月，第26届东盟外长会议在新加坡举行。会议特别安排了东盟6个成员国、7个对话伙伴国、3个观察员国和2个来宾国外长参加“非正式晚宴”。各国外长同意于1994年在曼谷召开东盟地区论坛（ARF），就地区政治安全问题进行非正式磋商。1994年7月25日，ARF首次会议在曼谷召开。ARF是目前亚太地区最主要的官方多边安全对话与合作渠道，自成立以来，已经举行了16次外长会议。

【成员】目前共有27个成员：文莱、柬埔寨、印度尼西亚、老挝、马来西亚、缅甸、菲律宾、新加坡、泰国、越南、中国、日本、韩国、朝鲜、蒙古、印度、巴基斯坦、孟加拉国、斯里兰卡、俄罗斯、美国、加拿大、澳大利亚、新西兰、巴布亚新几内亚、东帝汶和欧盟。

【网址】http：//www. aseanregionalforum. org

【主要活动】ARF每年轮流在东盟主席国举行外长会议。前16届外长会议分别在泰国（1994年）、文莱（1995年）、印度尼西亚（1996年）、马来西亚（1997年）、菲律宾（1998年）、新加坡（1999年）、泰国（2000年）、越南（2001年）、文莱（2002年）、柬埔寨（2003年）、印尼（2004年）、老挝（2005年）、马来西亚（2006）、菲律宾（2007年）、新加坡（2008年）、泰国（2009年）举行。此外，ARF每年还举行一次高官会、一次安全政策会议、两次建立信任措施与预防性外交会间辅助小组会议、四次会间会（救灾会间会、反恐与打击跨国犯罪会间会、海上安全会间会、防扩散与裁军会间会）和四次国防官员对话会。

ARF进程分为建立信任措施、开展预防性外交和探讨解决冲突的方式三个阶段。目前，ARF正处于由建立信任措施向预防性外交阶段过渡的时期。截至2009/2010年度，ARF已经实施了100多个建立信任措施项目。

2009年是ARF发展进程中的重要一年。第16届ARF外长会通过“ARF 2020远景声明”，对ARF未来10年的走向进行了规划。外交部长杨洁篪出席了第16届外长会，并在讲话中指出，作为亚太地区最具代表性的官方安全对话合作平台，ARF成立15年来，在增进成员国相互信任、加强安全对话合作、促进地区和平稳定方面发挥了重要作用。杨外长强调，面对日益复杂的传统和非传统安全威胁，亚太各国应坚持共同安全，坚持和平对话，坚持团结协作，坚持标本兼治。关于论坛未来发展，杨外长建议：（一）将建立信任贯穿于论坛发展的始终，通过多种形式消除疑虑，积累共识，培植信任。（二）将应对恐怖主义、跨国犯罪、大规模杀伤性武器扩散、海上安全等非传统安全挑战作为预防性外交的主要内涵。（三）将提高论坛对话合作的效率和效益作为一个着力点，提高论坛民主和科学决策的水平，扩大论坛安全对话合作的政治和社会效益。

2009年4月22～25日，中国和新加坡在北京共同主办了“ARF武装部队国际救灾行动法律规程建设研讨会”。会议讨论了各国武装部队参与国际救灾行动在法律法规建设方面的主要经验和挑战，并对如何加强法律法规建设合作提出了建议和设想。2009年7月1～3日，中国与美国、新加坡在北京联合举办了首次防扩散与裁军会间会。会议就当前国际裁军与防扩散机制现状、ARF在执行安理会第1540号决议方面的作用、加强出口管制等议题进行了深入讨论。（宋莹）

东盟与中日韩（10+3）合作

【启动日期】1997年12月，首次东盟与中日韩（最初为9+3，柬埔寨加入东盟后称10+3）领导人非正式会议在马来西亚吉隆坡举行，10+3合作进程由此启动。

【成员】13国：东盟10国（文莱、柬埔寨、印度尼西亚、老挝、马来西亚、缅甸、菲律宾、新加坡、泰国、越南）、中国、日本、韩国。

【主要机制】10+3合作以每年一度的领导人会议（1～3届为非正式会议）为核心。第一次10+3领导人会议于1997年12月在马来西亚举行，江泽民主席出席。胡锦涛副主席出席了第二次会议，朱镕基总理出席了第三、四、五、六次会议，温家宝总理出席了第七、八、九、十、十一和十二次会议。10+3框架下已建立外交、财政、经济、劳动、农林、旅游、环境、卫生、打击跨国犯罪、文化、能源、信息通信、社会福利与发展、创新政府管理及青年15个部长级会议机制。

【主要活动】 1999 年 11 月，第三次 10 + 3 领导人非正式会议发表了《东亚合作联合声明》，将经济、货币与金融、社会及人力资源开发、科技发展、发展合作、文化和信息、政治安全、跨国问题确定为东亚合作的重点领域。

2002 年 11 月，第六次 10 + 3 领导人会议通过了《东亚研究小组最终报告》，就推动东亚合作提出一系列短期和中长期政策措施。

2004 年 11 月，第八次 10 + 3 领导人会议将东亚共同体确定为 10 + 3 合作的长远目标，同意 2005 年在马来西亚召开首届东亚峰会。

2005 年 12 月，第九次 10 + 3 领导人会议签署并发表了《关于东盟与中日韩领导人会议的吉隆坡宣言》，重申将进一步巩固和推进 10 + 3 各领域合作。

2007 年 1 月，第十次 10 + 3 领导人会议重申将继续以 10 + 3 为主渠道实现东亚共同体这一长远目标，支持于 10 + 3 十周年之际发表第二份《东亚合作联合声明》，为 10 + 3 未来合作做出战略规划。

2007 年 11 月，第 11 次 10 + 3 领导人会议发表了第二份《东亚合作联合声明》及《2007—2017 年东盟与中日韩合作工作计划》，重申了 10 + 3 主渠道地位和东盟的主导作用以及相互尊重、平等相待、协商一致、开放包容等原则，确定了东亚合作的发展方向和目标，并就政治安全、经济金融、社会文化、能源环境等领域合作做出部署和规划。

2008 年 10 月，出席第七届亚欧首脑会议的东盟 10 国和中国、日本、韩国领导人在北京举行早餐会，就国际金融危机及其对东亚地区的影响等问题交换看法。温家宝总理主持早餐会，阐述了中方对当前国际金融危机的看法和主张，介绍了中国经济发展情况。

2009 年 10 月 24 日，第 12 次 10 + 3 领导人会议在泰国华欣举行。会议重点回顾了 10 + 3 合作进展，讨论了未来发展方向，并就气候变化、灾害管理、粮食和能源安全、公共卫生、经济和金融以及教育合作展开讨论。会议还就地区和国际问题交换了看法。会议发表了《10 + 3 粮食安全和生物能源开发合作华欣声明》。第 12 次 10 + 3 领导人会前，10 + 3 国家于 6 月发表《东盟与中日韩合作应对全球经济和金融危机联合新闻声明》。（陈翔）

东亚峰会
East Asia Summit

【启动日期】 2005 年 12 月，首届东亚峰会在马来西亚吉隆坡举行，东亚峰会由此启动。

【成员】 16 国：东盟 10 国（文莱、柬埔寨、印度尼西亚、老挝、马来西亚、缅甸、菲律宾、新加坡、泰国、越南）、中国、日本、韩国、印度、澳大利亚、新西兰。

【主要机制】 东亚峰会是年度领导人会议机制，主要通过外长工作午餐会和高官特别磋商，就峰会后续行动及其未来发展方向交换意见。东亚峰会遵循协商一致、循序渐进、先易后难、照顾各方舒适度等原则开展对话和合作。各方主要围绕能源、金融、教育、禽流感和减灾等五大重点领域举办有关活动，制定了相关合作文件。

【主要活动】 首届东亚峰会于 2005 年 12 月 14 日在马来西亚吉隆坡举行，领导人就经贸、金融、能源及跨国问题交换了意见，提出 17 项具体领域合作倡议。其间，领导人签署了《关于东亚峰会的吉隆坡宣言》，发表了《关于预防、控制和应对禽流感的东亚峰会宣言》。

第二届东亚峰会于 2007 年 1 月 15 日在宿务举行，领导人主要讨论了峰会初步确定的五大重点合作领域（能源、金融、教育、禽流感和减灾），就峰会未来发展交换了意见。其间，领导人签署了《东亚能源安全宿务宣言》。

第三届东亚峰会于 2007 年 11 月 21 日在新加坡举行，领导人主要讨论了能源、环境、气候变化和可持续发展问题，就东亚峰会未来发展交换了看法。其间，领导人签署了《气候变化、能源和环境新加坡宣言》。

第四届东亚峰会于 2009 年 10 月 25 日在泰国华欣举行。领导人主要探讨了应对国际金融危机、气候变化、粮食和能源安全、灾害管理等议题。会议发表了《东亚峰会灾害管理华欣声明》和《东亚峰会关于重建那烂陀大学的联合新闻声明》。第四届东亚峰会前，东亚峰会国家于 6 月发表了《东亚峰会关于全球经济和金融危机联合新闻声明》。

温家宝总理出席了历届东亚峰会，与各方就增进睦邻友好、深化区域合作深入交换了意见。

（王涌春）

东亚—拉美合作论坛
Forum for East Asia and Latin America Cooperation—FEALAC

【成立经过】 1998 年 10 月，新加坡与智利倡议建立东亚—拉美论坛，以促进两区域交往。1999 年 9 月，论坛成立大会暨首次高官会在新加坡召开，会议暂定论坛名为东亚—拉美论坛。2001 年 3 月，论坛首届外长会决定将论坛正式定名为东亚—拉美合作论坛（FEALAC）。

【宗旨】 论坛是目前唯一跨东亚和拉美两区域的官方多边合作论坛，旨在增进两区域之间的了解，促进政治、经济对话及各领域合作，推动东亚和拉美国家之间建立更为密切的关系。

【成员】 34 个（2010 年 1 月）：中国、日本、韩国、蒙古、新加坡、印度尼西亚、马来西亚、泰国、菲律宾、文莱、越南、老挝、柬埔寨、缅甸、阿根廷、巴西、智利、哥伦比亚、委内瑞拉、玻利维亚、巴拿马、巴拉圭、秘鲁、乌拉圭、厄瓜多尔、墨西哥、哥斯达黎加、萨尔瓦多、古巴、尼加拉瓜、危地马拉、多米尼加、澳大利亚和新西兰。

【主要机制】 论坛每两到三年召开一届外长会，每年召开一次高官会，会议在亚拉地区轮流举办。论坛在东亚、拉美各指定一协调国，负责协调、承办论坛各级别会议，每届外长会改选一次。智利和新加坡、菲律宾和哥伦比亚、巴西和韩国、日本和阿根廷先后出任协调国，现任协调国为印尼和阿根廷。论坛下设政治/文化/教育/体育、经社和科技 3 个工作组，原则上每年各举行 1 次会议。工作组主席分别由两区域各一个国家共同担任，任期同协调国。

2010 年 1 月，论坛第四届外长会通过决议，设立论坛协调委员会，由两个协调国、两个副协调国、三个工作组的主席国以及论坛网络秘书处主办国韩国组成，负责协调论坛事务、推动落实外长会有关决议。

【主要会议和成果】 论坛迄已召开 4 届外长会。2001 年 3 月，首届外长会在智利首都圣地亚哥举行，通过论坛《框架文件》，规定了论坛宗旨、目标和运作方式，并将论坛正式定名为东亚—拉美合作论坛。会议决定论坛下设政治/文化、经济/社会、教育/科技三个工作组。会议接纳哥斯达黎加、萨尔瓦多和古巴三个新成员。

2004 年 1 月，论坛第二届外长会在菲律宾首都马尼拉举行，通过《马尼拉行动计划》，决定将原有 3 个工作组调整为政治/文化/教育、经社和科技工作组。会议吸收尼加拉瓜和危地马拉两国为新成员。

2007 年 8 月，论坛第三届外长会在巴西利亚举行，通过《巴西利亚部长宣言及行动纲要》，确认贸易和投资为论坛的合作重点，决定在经社工作组内成立旅游小组。会议接纳多米尼加为新成员国。

2010 年 1 月，论坛第四届外长会在东京举行，通过《东京宣言》。为进一步提高论坛工作效率，会议通过三项举措，一是成立协调委员会；二是设立论坛网络秘书处；三是决定今后工作组会议原则上与高官会在同一地点连续举行。会议一致同意吸收蒙古为新成员。

【同中国的关系】 中国积极参与论坛的各项活动，提出并举办了多个合作项目。中国举办的主要项目有：拉美和加勒比国家青年外交官培训班和高级外交官访华团、南方共同市场国家经济管理官员研修班、中拉贸易与相互投资研讨班、安第斯共同体“中国经济增长模式研修班”、拉美公务员培训班、“东亚—拉美大学校长论坛”等。2010 年 1 月，杨洁篪外长出席在日本东京举行的论坛第四届外长会。

（易源清）

亚洲合作对话
Asia Cooperation Dialogue—ACD

【成立日期】 2002 年 6 月，ACD 第一次外长非正式会议在泰国举行，ACD 机制启动。

【成员】 31 国（2010 年 6 月）：东盟 10 国（文莱、柬埔寨、印尼、老挝、马来西亚、缅甸、菲律宾、新加坡、泰国、越南）、中国、日本、韩国、印度、巴基斯坦、孟加拉国、巴林、不丹、卡塔尔、哈萨克斯坦、斯里兰卡、阿曼、科威特、伊朗、蒙古、俄罗斯、沙特阿拉伯、阿联酋、吉尔吉斯斯坦、塔吉克斯坦、乌兹别克斯坦。

【协调国】 泰国是 ACD 协调国。

【网址】 www. acddialogue. com

【主要活动】（一）外长会：ACD 第一次和第二次非正式外长会议先后于 2002 年和 2003 年 6 月在泰国昌安和清迈举行。2004 年 6 月 22 日，第三次外长会议在中国青岛举行。国务院总理温家宝在会议开幕式上发表了题为《共同推进新世纪的亚洲合作》的讲话。泰国总理塔信出席会议。会议发表了《亚洲合作宣言》和关于能源合作的《青岛倡议》。2005 年 4 月 5 ~ 6 日，第四次外长会议在巴基斯坦首都伊斯兰堡举行。会议重点关注亚洲范围的经济合作并为亚洲合作对话会议成员国间及其他亚洲国家间的合作提出远景规划。温家宝总理出席会议开幕式并发表《做亚洲人民可信可靠的合作伙伴》的主旨讲话。会议发表了《伊斯兰堡宣言》和《关于亚洲经济合作的伊斯兰堡倡议》。第五次外长会议于 2006 年 5 月 23 ~ 24 日在卡塔尔首都多哈举行。会议重点就推进 ACD 具体领域合作及下一步发展等问题交换了意见，并发表了《多哈宣言》。第六次外长会议于 2007 年 6 月 4 ~ 5 日在韩国首都首尔举行。会议主要讨论了亚洲合作对话未来发展方向、主要领域合作以及共同关心的国际和地区问题，并发表了《首尔信息技术宣言》。第七次外长会议于 2008 年 10 月 16 日在哈萨克斯坦首都阿斯塔纳举行。会议主要就当前地区形势、ACD 未来发展方向等问题交换了意见，并在以下问题上达成共识：将促进“亚洲互联互通”和培育“亚洲意识”、逐步建立亚洲共同体作为 ACD 远景目标；设立 ACD 虚拟秘书处，由外长会主办国轮流负责管理；加强现有的“ACD 思想库网络”，每年举行一次会议；将文化合作新增为 ACD 第 20 个合作领域；同意吸收吉尔吉斯斯坦和摩洛哥分别成为 ACD 成员国和发展伙伴等。会议发表了《ACD 第七次外长会宣言》。第八次外长会于 2009 年 10 月 15 日在斯里兰卡首都科伦坡举行。会议主要就当前亚洲形势、ACD 未来发展方向及具体领域合作等问题交换了意见。会议发表了《科伦坡宣言》。

（二）领域牵头国：ACD 以经济合作为重点，各国自愿牵头进行具体领域合作。目前已有 20 个国家自愿担任 20 个领域合作的牵头国。一些国家已提出了牵头领域合作的概念文件，主办了相关研讨会或论坛等活动。中方积极参与 ACD 相关活动，现担任农业、能源领域合作牵头国。2004 年 5 月，ACD 农业部长级研讨会在北京举行，通过了《ACD 农业部长级研讨会联合倡议》。作为该倡议的后续行动，中国又先后举办了亚洲水稻发展研讨会、农业政策论坛和农业生物技术培训班等活动。2008 年 9 月 22 ~ 25 日，中国农业部对外经济合作中心在北京举办“亚洲合作对话批发市场论坛”。12 月 16 ~ 18 日，中国国际扶贫中心在湖北武汉举办首期“亚洲国家发展（减贫）理论与实践研修班”，迄已举办三期。

（三）高级研究小组会：亚洲合作对话第六次外长会批准成立高级研究小组，旨在就亚洲合作对话的终极目标、资金来源、建立秘书处和二轨参与等问题进行研究。2007 年 8 月 20 ~ 21 日，小组首次会议在泰国曼谷举行；2008 年 4 月 17 ~ 18 日，小组第二次会议在韩国首尔举行；8 月 18 ~ 19 日，小组第三次会议在哈萨克斯坦首都阿斯塔纳举行。高级研究小组最终就 ACD 未来发展方向的有关问题达成共识，并将有关建议提交第七次外长会。（宋超）

裁军谈判会议
Conference on Disarmament—CD

【成立日期】裁军谈判会议（简称“裁谈会”）是目前唯一的多边裁军谈判机构。其前身可追溯至 20 世纪 50 年代末的十国裁军委员会，1984 年 2 月根据联大决议更改为现名。

【成员】裁谈会现有正式成员 65 个：阿尔及利亚、阿根廷、埃及、埃塞俄比亚、澳大利亚、奥地利、巴基斯坦、巴西、白俄罗斯、保加利亚、比利时、波兰、朝鲜、韩国、德国、俄罗斯、法国、芬兰、中国、哥伦比亚、古巴、荷兰、加拿大、喀麦隆、肯尼亚、罗马尼亚、美国、蒙古、孟加拉国、秘鲁、缅甸、摩洛哥、墨西哥、南非、尼日利亚、挪威、日本、瑞典、瑞士、塞内加尔、斯里兰卡、斯洛伐克、土耳其、委内瑞拉、乌克兰、西班牙、匈牙利、伊拉克、伊朗、以色列、叙利亚、意大利、印度、印度尼西亚、英国、越南、津巴布韦、新西兰、刚果（金）、智利、厄瓜多尔、爱尔兰、哈萨克斯坦、马来西亚和突尼斯。

由于历史原因，裁谈会成员分成西方集团、东欧集团和 21 国集团（又称不结盟国家集团）三大集团，中国为独立一方。各集团由其协调员组织内部磋商，有时以集团名义提出建议或工作文件。

【主要负责人】裁谈会会议期间，由各成员国按其国名的英文字母顺序逐月轮流担任主席，每届主席主持四个工作周的会议。会议秘书长由联合国秘书长指派，并作为其私人代表。现任秘书长由联合国日内瓦办事处总干事奥尔忠尼启则（Cmr. Sergei Ordzhonikidze，俄罗斯人）兼任。

【总　部】在瑞士日内瓦。网址：http://www.unog.ch/80256EE600585943/(httpPages)/2D415EE45C5FAE07C12571800055232B?OpenDocument。

【组织机构】裁谈会不是联合国的直属机构，但与联合国关系密切。它在确定会议议程时通常需考虑联合国大会的建议，且每年向联合国大会提交工作报告。

裁谈会以协商一致的方式进行工作。会议形式包括全会、非正式会议、主席团会议等。为谈判工作的需要，裁谈会可下设特设委员会和专家组等，分别举行相关会议。非成员国提出申请并经全会通过后可作为观察员参加全体会议。

【主要活动】裁谈会每年举行三期会议。2009 年三期会议分别于 1 月 19 日至 3 月 27 日、5 月 18 日至 7 月 3 日、8 月 3 日至 9 月 18 日举行。其中正式全体会议 45 次，各成员国和应邀参加讨论的非成员国就会议各项议题阐述看法；非正式会议 20 次，讨论议程、工作计划、组织程序和其他事项。越南、津巴布韦、阿尔及利亚、阿根廷、澳大利亚、奥地利担任主席。

一期会上，会议通过了 2009 年裁谈会议程（CD/1856），还就“核裁军”、“禁止生产核武器用裂变材料条约”、“防止外空军备竞赛”、“无核国家安全保证”、“新型大规模杀伤性武器”、“综合裁军方案”、“军备透明”等议题进行了非正式讨论。

二期会上，会议通过了 2009 年裁谈会工作计划（CD/1864），各方并就会议具体工作安排进行了讨论。

三期会上，各方继续就会议具体工作安排进行讨论，但未能达成一致。会议通过了向联大提交的程序性年度报告。

【同中国的关系】1980 年 2 月开始，中国正式参加裁谈会。自 1983 年起，中国派出专职裁军大使常驻日内瓦，参加裁谈会工作。

2009 年，中国继续以积极和建设性姿态参加裁谈会各项工作，为推动裁谈会达成 2009 年工作计划发挥了建设性作用。2009 年 8 月，中国外交部长杨洁篪在裁谈会上发表讲话，介绍了中国对推进国际军控、裁军和防扩散进程的看法，并重点阐述了中国的核裁军政策主张。（孔君）

联合国安理会核不扩散与核裁军峰会

UN Security Council Summit of Nuclear Non-proliferation and Nuclear Disarmament

2009 年 9 月 24 日，联合国安理会核不扩散与核裁军问题峰会在纽约联合国总部召开。美国总统奥巴马主持会议。

中国国家主席胡锦涛出席会议，并发表题为“共同缔造普遍安全的世界”的重要讲话，就核不扩散、核裁军与和平利用核能提出五点主张：第一，维护全球战略平衡和稳定、积极推进核裁军进程；第二，放弃以首先使用核武器为基础的核威慑政策，切实减少核威胁；第三，巩固国际核不扩散机制、防止核武器扩散；第四，充分尊重各国和平利用核能权利，积极开展国际合作；第五，大力加强核安全，切实减少核风险。讲话并呼吁各国努力营造和平稳定的国际环境，充分尊重和照顾彼此正当、合理的安全关切，增强战略互信，通过互利共赢实现普遍安全，巩固以联合国为核心的集体安全体系。

时任安理会成员中，中国、越南国家主席，奥地利、布基纳法索、哥斯达黎加、克罗地亚、法国、墨西哥、俄罗斯、土耳其、乌干达、美国总统，日本、英国首相，利比亚外长出席并讲话。联合国秘书长潘基文、国际原子能机构时任总干事巴拉迪与会并发言。会议一致通过了关于核不扩散、核裁军以及和平利用核能的安理会第 1887 号决议。决议重申了国际社会在核不扩散、核裁军、和平利用核能领域普遍认可的原则和理念，吁请各国推进单边和多边的核裁军努力；呼吁各国遵守和加强《不扩散核武器条约》，加强国家出口管制和国际核不扩散机制，强调安理会在防扩散领域的作用；承认各国和平利用核能的权利，鼓励国际原子能机构就核燃料服务开展工作；吁请各国加强核安全等。（孔君）

《联合国气候变化框架公约》及其《京都议定书》

United Nations Framework Convention on Climate Change and its Kyoto Protocol—UNFCCC

【基本情况】《联合国气候变化框架公约》是 1992 年里约环发大会通过的《二十一世纪议程》框架下的三大环境公约之一。公约于 1992 年 5 月 9 日在美国纽约联合国总部通过，1994 年 3 月 21 日生效。《京都议定书》的全称是《<联合国气候变化框架公约>京都议定书》，是落实《联合国气候变化框架公约》的重要法律文件。议定书于 1997 年 12 月 11 日在日本京都通过，2005 年 2 月 16 日生效。

【最终目标】将大气中温室气体的浓度稳定在防止气候系统受到危险的人为干扰的水平上。这一水平应当在足以使生态系统能够自然地适应气候变化、确保粮食生产免受威胁并使经济发展能够可持续地进行的时间范围内实现。

【缔约方】截至2010年5月11日，公约共有194个缔约方，议定书共有191个缔约方。

【组织机构】（1）缔约方会议：公约和议定书的最高决策机构，公约和议定书的决定分别由公约缔约方会议（COP）和议定书缔约方会议（COP/MOP）作出。（2）附属科技咨询机构：就与公约和议定书有关的科学和技术事项，向缔约方会议并酌情向缔约方会议的其他附属机构及时提供信息和咨询。（3）附属履行机构：协助缔约方会议评估和审评公约的有效履行。（4）秘书处：作为缔约方会议的常设执行机构，负责安排会议并提供必要的服务、汇编和转递各类文件、协调公约内外关系等日常工作。

【"巴厘路线图"】2007年底在印尼巴厘岛举行了公约第13次缔约方会议暨议定书第3次缔约方会议（COP13/MOP13）。此次会议达成的关于加强应对气候变化国际合作的一系列决定，统称"巴厘路线图"（Bali Roadmap，BAP），其中最主要的是第1号决定（1/CP.13）"巴厘行动计划"（Bali Action Plan）。"巴厘路线图"启动了"双轨"（two-track）谈判进程，一是设立公约长期合作行动特设工作组（AWG-LCA），就加强公约的全面、有效和持续实施展开谈判；二是议定书发达国家缔约方进一步减排指标特设工作组（AWG-KP），展开谈判以确定议定书发达国家缔约方2012年后的减排指标。"巴厘行动计划"包含五个"要素"，即长期合作行动"共同愿景"、减缓、适应、技术、资金。

【主要负责人】德波尔（H. E. Yvo de Boer），荷兰人，2006年8月10日由联合国秘书长指定为执秘，2010年7月1日辞职离任。（新任执秘人选尚未确定）

【资金机制】全球环境基金（GEF）、气候变化特别基金、最不发达国家基金和适应基金。

【总部】秘书处设在德国波恩。网址：http://www.unfccc.int。

【主要活动】每年举行一次缔约方会议，两次附属机构会议，其中第二次附属机构会议与缔约方会议同时举行，会期两周。2009年12月在丹麦哥本哈根举行了公约第15次缔约方会议暨议定书第5次缔约方会议（COP15/MOP5）。

【同中国的关系】中国于1992年6月11日在里约环发大会上签署公约，并于1993年5月7日批准公约。公约1994年3月21日起对中国生效。中国于1998年5月29日签署议定书，并于2002年8月30日核准议定书，议定书2005年2月16日起对中国生效。（易晨霞）

联合国防治荒漠化公约
United Nations Convention to Combat Desertification—UNCCD

【基本情况】《联合国防治荒漠化公约》全称是《联合国关于在发生严重干旱和（或）荒漠化的国家特别是在非洲防治荒漠化的公约》（以下简称公约），是1992年里约环发大会通过的《二十一世纪议程》框架下的三大环境公约之一。公约于1994年6月17日在法国巴黎通过，于1996年12月26日生效。

【宗旨】在发生严重干旱和（或）荒漠化的国家，特别是在非洲防治荒漠化，缓解干旱，以期协助受影响的国家和地区实现可持续发展。

【成员】截至2009年8月，共有193个缔约方。

【主要负责人】执行秘书纳卡加（Luc Gnacadja），原贝宁环境、住房和城市发展部部长，2008年起负责公约秘书处工作。

【组织机构】（1）缔约方会议：公约的最高决策机构。（2）科技委员会：为缔约方会议提供科技方面的建议和信息。（3）履约审查委员会：由2001年第五次缔约方会议决定成立，负责审查、督促缔约方履行公约。2009年第九次缔约方会议上被确立为常设机构。（4）公约秘书处：作为缔约方会议的常设执行机构，负责安排会议、准备会议文件、协调公约内外关系等日常工作。

【资金机制】（1）全球机制（GM）；（2）全球环境基金（GEF）。

【总部】秘书处设在波恩。网址：http://www.unccd.int。

【主要活动】从1997～2001年，每年举行一次公约缔约方会议，2002年以后，每两年举行一次会议。2009年9月20日至10月2日，公约第九次缔约方会议在阿根廷布宜诺斯艾利斯举行。

【同中国的关系】中国于1994年10月14日签署了公约，并于1997年2月18日交存批准书。公约于1997年5月19日对中国生效。（赵磊）

地区合作委员会
Regional Cooperation Council

【成立经过】地区合作委员会，即原《东南欧稳定公约》组织。1999年6月10日，由欧盟发起并主持的东南欧问题外长会议在德国科隆举行。欧盟成员国、八国集团、土耳其、巴尔干7国（南斯拉夫联盟除外）等38个国家的外长以及联合国、北约、欧洲委员会及国际货币基金组织、世界银行等国际金融机构代表与会。会议通过《东南欧稳定公约》。同年7月30日在波黑首都萨拉热窝举行首次《东南欧稳定公约》国家首脑会议，正式签署了该公约。2006年，《东南欧稳定公约》贝尔格莱德会议决定该公约于2008年初停止运作，由地区合作委员会取代。2008年，首届地区合作委员会会议在索非亚召开，实现了从《东南欧稳定公约》组织向地区合作委员会的结构性转变。

【宗旨】旨在促进东南欧国家相互合作，推动东南欧融入欧洲一体化和跨大西洋一体化进程，提升东南欧地区发展水平。

【成员】现有45个成员（2009年底）：阿尔巴尼亚、奥地利、波黑、保加利亚、加拿大、克罗地亚、捷克、丹麦、德国、芬兰、法国、希腊、匈牙利、爱尔兰、意大利、拉脱维亚、马其顿、摩尔多瓦、黑山、挪威、波兰、罗马尼亚、塞尔维亚、斯洛伐克、斯洛文尼亚、西班牙、瑞典、瑞士、土耳其、英国、美国、欧洲委员会、欧洲委员会发展银行、欧洲复兴开发银行、欧洲投资银行、欧盟、北约、经合组织、欧安组织、东南欧合作倡议组织、世界银行、联合国、联合国欧洲经济委员会、联合国开发计划署名、联合国驻科索沃临时行政特派团。其中29个成员为地区合作委员会理事会成员。

【组织机构】地区合作委员会会议有年度会议和理事会会议。会议采用协商一致方式对重大问题进行决策。

地区合作委员会在萨拉热窝设有秘书处。秘书处设秘书长一名，任期三年，可延长两年。现任秘书长为克罗地亚人希多·比什切维奇（Hido Biscevic）。

地区合作委员会在布鲁塞尔设有联络办公室。

【主要活动】2006年5月，东南欧稳定公约圆桌会议在贝尔格莱德召开。80多个国家和国际组织的300余名代表与会。与会者一致同意该公约到2008年初停止运行，并由地区合作委员会取代。地区合作委员会的工作主要集中在5个领域，即经济和社会发展、基础设施建设、司法体系建设、防务合作和人力资源培训等。

2008年2月，东南欧稳定公约成员国在保加利亚首都索非亚召开首届地区合作委员会会议，实现东南欧稳定公约组织的结构性转变。地区合作委员会由地区国家（包括联合国科索沃特派团）和国际组织代表组成，旨在维护东南欧地区的政治稳定和经济发展，促进欧洲一体化进程。地区合作委员会强调与各国政府、国际组织、国际金融机构、地区组织、公民社团和私人组织保持密切联系。

2009年4月和9月，地区合作委员会两次在波黑首都萨拉热窝召开主题为“发展中的西巴尔干地区科研战略”部长级会议，旨在促进和加强西巴国家科研机构间的合作。6月，地区合作委员会年会在摩尔多瓦首都基西纳乌召开。会议肯定了一年来该组织在促进地区合作方面取得的成绩，审议了关于东南欧国家合作情况的报告和未来一年工作计划。

（卢山）

残疾人权利公约
Convention on the Rights of Persons with Disabilities

【制定时间】2001年11月，第56届联大三委通过墨西哥等国提交的“促进和保护残疾人权利和尊严的全面综合国际公约”决议，决定设立特设委员会，审议有关制定残疾人权利公约的建议。2002年7月至2006年8月，特委会召开了8次会议，最终制定并通过《残疾人权利公约》。

2006年12月13日，第61届联大正式通过《公约》及其议定书，并于2007年3月30日开放供各国签署。2008年5月3日，《公约》正式生效，成为国际上第一个专门保护残疾人权利、促进残疾人发展的具有法律约束力的国际文书。

【缔约国】截至2010年4月，共有143个国家和1个区域一体化组织（欧盟）签署《公约》，85个国家批准《公约》。

【宗旨】促进、保护、保障残疾人全面平等地享有所有人权和基本自由，并促进对残疾人固有尊严的尊重。

【同中国的关系】中国是《公约》最早发起国之

一，参加了公约特委会及工作组历次会议，并于2007年3月30日在《公约》开放签署仪式上由常驻联合国代表王光亚大使签署该公约。2008年6月26日，全国人大常委会正式批准《公约》。按照《公约》规定，中国于2010年8月31日向联合国递交首次履约报告。

（施岳峰）

不扩散核武器条约

Treaty on the Non-Proliferation of Nuclear Weapons—NPT

【审议机制】 该条约于1968年达成，1970年3月生效。条约规定每5年召开一次审议大会，审议条约实施进程中的有关问题，每次审议大会前召开3次筹备会。

【主要内容】 条约规定核武器国家不得向无核武器国家转让核武器或其他核爆炸装置，不得以任何方式协助、鼓励或引导无核武器国家获取核武器或其他核爆炸装置；无核武器国家不得接受核武器或其他核爆炸装置，不得制造或以其他方式取得核武器或其他核爆炸装置，不得寻求在制造核武器和其他核爆炸装置方面的任何协助；各缔约国承诺在接受国际原子能机构保障监督的前提下促进和平利用核能活动；各国应就早日停止核军备竞赛和核裁军的有效措施及缔结一项全面彻底核裁军条约进行谈判。条约还特别规定，核武器国家系指在1967年1月1日前制造并爆炸核武器或其他核爆炸装置的国家。

【成员国】 条约缔约国皆有资格参加审议大会和筹备会。截至2010年5月，条约共有190个缔约国。巴基斯坦、印度、以色列未加入条约。朝鲜于2003年1月10日宣布退约，但仍被列为缔约国。朝虽不再参加此后有关审议大会和筹备会，但会议仍保留朝名牌，以避免朝地位争议。

【组织机构】 大会无常设机构，由美、俄、英三个存约国负责召集会议。根据会议第八条第3款规定，条约生效五年后，应召开审议大会（Review Conference），此后每五年召开一次。条约第十条第2款规定，条约生效25年后应召开缔约国会议，就条约延期问题做出决定。缔约国于1995年召开NPT审议和延期大会，无限期延长条约并决定今后每次审议大会前召开3次筹备会，以加强条约的审议机制。审议大会和筹备会的主席由西方、东方和不结盟集团轮流担任，会议具体时间与地点由缔约国商定。

自1985年开始，审议大会依据条约确立的核裁军、防扩散与和平利用核能三大目标，设立三个主要委员会（Main Committees）进行工作。1995年NPT审议和延期大会决定，继续保留设立三个主要委员会的工作模式，并同意在委员会下就相关问题设立附属机构（Subsidiary Body）。

【历次审议大会情况】 自条约生效以来，已经召开了八次审议大会。

第一次审议大会于1975年召开。会议达成《最后文件》，对核军备竞赛表示严重关切，敦促核武器国家切实有效履行核裁军义务，并早日谈判缔结《全面禁止核试验条约》。

第二次审议大会于1980年召开。由于不结盟国家与核武器国家在核裁军问题上对立严重，会议无果而终。

第三次审议大会于1985年召开。会上首次设立核裁军、防扩散、和平利用核能三个主要委员会。各国在核裁军问题上分歧依旧。为防止审议大会再次失败，会议主席起草了一个客观陈述各方立场的《最后文件》，获得一致通过。

第四次审议大会于1990年召开。由于美、英等核武器国家反对将立即开始谈判《全面禁止核试验条约》的内容纳入《最后文件》，会议未就该文件达成一致。中国作为观察员参加了本次会议。

第五次审议与延期大会于1995年召开。会前，法国和中国于1992年以核武器国家的身份加入条约。为推动条约无限期延长，五核国分别就向无核武器国家提供积极和消极安全保证发表了国家声明，并推动联合国安理会通过了关于积极安全保证的984号决议；在审议大会通过的《关于核不扩散及核裁军原则与目标的决定》中，核武器国家承诺采取一系列核裁军措施；通过了中东问题决议，呼吁中东地区未加入NPT的国家尽快加入，尽早建立中东无核武器和其他大规模杀伤性武器区。这些积极因素，使无核武器国家同意条约无限期延长。

第六次审议大会于2000年召开。会议协商一致通过了《最后文件》，对自1995年审议大会以来的核裁军、防扩散及和平利用核能的情况进行了审议，并确定了今后五年上述各领域的行动纲领。会议期间，五核国还首次在审议会上发表了共同声明，阐述了在核裁军、防扩散及和平利用核能方面的一贯立场。

第七次审议大会于2005年召开。由于各方在核裁军、防扩散与和平利用核能之间的关系和中东无核武器区等问题上分歧严重，大会最终未能达成实质性成果。

第八次审议大会于2010年召开。会议全面审议了2005年以来条约的执行情况，并协商一致通过了《最后文件》，就推进核裁军、加强核不扩散及促进和平利用核能提出64项行动计划，并就建立中东无核武器区等问题提出建议。会议期间，五核国还发表了共同声明，阐述了在核裁军、防扩散及和平利用核能方面的立场。

【同中国的关系】 中国于1992年加入条约，从1995年开始参加此后的历次审议大会。在1995年条约审议和延期大会上，中国支持条约的无限期延长。在随后的历次审议大会和筹备会上，中国代表团以发言和提交工作文件、国家报告等形式，全面阐述了中国在核裁军、防扩散、和平利用核能等方面的政策主张和立场，积极对会议施加影响，体现了维护和加强NPT的建设性姿态。　　（孔君）

禁止生物武器公约
Biological Weapons Convention—BWC

【概况】《禁止生物武器公约》（简称《公约》）全称为《禁止发展、生产、储存细菌（生物）及毒素武器和销毁此种武器的公约》（The Convention on the Prohibition of the Development, Production and Stockpiling of Bacteriological (Biological) and Toxin Weapons and on their Destruction）。《公约》目前有163个缔约国，13个签约国。《公约》保存国为俄罗斯、英国和美国。

【网址】 http://www.unog.ch/80256EE600585943/(httpPages)/04FBBDD6315AC720C1257180004B1B2F?OpenDocument。

【主要内容】《公约》由序言和15条正文组成，主要内容包括：禁止发展、生产、储存和取得或保有生物武器；销毁生物武器或转用于和平目的；禁止转让或协助他国、国家集团和国际组织制造或取得生物武器；生物领域的和平利用与国际合作等。

【主要活动】 鉴于《公约》缺乏核查机制对各国遵约情况进行监督和核查，缔约国于1995年开始谈判包括义务性宣布及现场核查条款的议定书。2001年7月，议定书谈判因美国反对被迫终止。2002年《公约》第五次审议大会复会决定在2003～2006年期间召开缔约国年会和专家组会，讨论国家履约立法等五项议题。

2006年的《公约》第六次审议大会（简称“六审会”）对上述议题做了总结，达成最后文件，决定设立临时性履约支持机构（ISU），负责会务服务、收发各国建立信任措施（CBM）资料，加强缔约国与有关国际组织交流等工作。六审会鼓励缔约国指定国家联络点，负责协调国内履约及其他缔约国和相关国际组织的联系。六审会还对有关履约事项及后续行动做了决定和安排，确定2007～2010年专家组会和缔约国年会讨论生物安全、疫情监控等议题。2007年8月和12月分别举行了《公约》缔约国专家组会议和缔约国会议，讨论了加强国家履约措施和区域履约合作等议题。2008年8月和12月分别举行了《公约》缔约国专家组会和缔约国会议，讨论了生物安全与安保和科学家行为准则等议题。2009年8月和12月分别举行了《公约》缔约国专家组会和缔约国会，讨论了疫情监控国际合作与能力建设等议题。

【同中国的关系】 中国于1984年11月加入《公约》。自加入《公约》以来，中国一贯全面严格履约，反对以任何方式向任何国家扩散生物武器，支持加强生物军控多边进程的努力，积极参加了《公约》议定书谈判及相关国际会议。自1988年以来，中国每年均按时提交《公约》建立信任措施材料。

特定常规武器公约
Convention on Certain Conventional Weapons—CCW

【概况】 全称《禁止或限制使用某些可被认为具有过分伤害力或滥杀滥伤作用的常规武器公约》（*Convention on Prohibitions or Restrictions on the Use of Certain Conventional Weapons Which May be Deemed to be Excessively Injurious or to Have Indiscriminate Effects*）（简称《公约》），1981年4月10日在纽约开放签署，1983年12月2日生效，无限期有效。联合国秘书长为《公约》保存人。截至2010年5月，《公约》共有111个缔约国。

【网址】 http://www.disarmament.un.Org/ccw/index.html

【主要内容】《公约》包括序言和11条正文，并附有5个议定书。《公约》主要内容是：武装冲突各方选择作战方法和手段的权利并非毫无限制，禁止使用可能引起过分杀伤或不必要痛苦的武器、弹药和作战方法、务必使平民和战斗员无论何时均受人道原则、公众良知和既定惯例的保护。

《第一议定书》，即《关于无法检测的碎片的议定书》，禁止使用其主要作用是以碎片伤人且碎片在人体内无法使用X射线检测的任何武器。截至2010

年5月，共有108个缔约国。

《第二议定书》，即《禁止或限制使用地雷（水雷）、饵雷和其他装置的议定书》及其《技术附件》，对地雷（水雷）、饵雷等武器的使用作出限制。该议定书于1996年5月进行修订，进一步限制地雷的使用和转让，对杀伤人员地雷的可探测性、自毁/自失效、自失能等技术指标作出了规定。经修订的《第二议定书》1998年12月生效。截至2010年5月，《第二议定书》共有91个缔约国，经修订的《第二议定书》共有93个缔约国。

《第三议定书》，即《禁止或限制使用燃烧武器议定书》，对燃烧武器的使用作出了规定。截至2010年5月，共有104个缔约国。

《第四议定书》，即《激光致盲武器议定书》，禁止使用以致人眼永久性失明为作战目的的激光武器。1995年9月达成，1998年7月31日生效。截至2010年5月，共有96个缔约国。

《第五议定书》，即《战争遗留爆炸物议定书》，主要包括清除"战争遗留爆炸物"（ERW）等"战后一般性补救措施"和提高弹药可靠性等"一般性预防措施"的自愿性"最佳操作规范"。2003年11月28日达成，2006年11月生效。截至2010年5月，共有66个缔约国。

【主要活动】《公约》在常规军控和人道主义领域发挥了积极作用，并不断得到充实和发展。自《公约》生效以来，《公约》缔约国已召开三次审议大会，审议《公约》的执行情况，并根据形势的发展不断完善《公约》。1995年《公约》第一次审议大会制定了《第四议定书》；1996年完成《第二议定书》的修订工作；2001年《公约》第二次审议大会通过了《公约》第一条修正案，将《公约》适用范围由国际武装冲突扩大到包括非国际武装冲突；2003年11月达成《第五议定书》；2006年《公约》第三次审议大会就"遵约机制"、"促进《公约》普遍性"、"成立《公约》支助计划"等问题达成最后文件。2007年《公约》政府专家组会议和缔约国年会重点从技术、法律和军事角度讨论了集束弹药问题。《公约》2007年、2008年、2009年缔约国年会有关决定授权《公约》2008年、2009年、2010年政府专家组谈判一项处理集束弹药人道主义影响的建议，有关谈判正在进行。

2009～2010年，根据《公约》缔约国大会授权，经修订的《第二议定书》专家组会、《第五议定书》专家会连续两年在日内瓦召开，相关议定书缔约国和观察员国专家出席。各方主要就议定书履约工作交流经验，提出建议，并就"简易爆炸装置"问题进行了讨论。

【同中国的关系】中国参加了拟定该《公约》的国际会议、《公约》审议大会、缔约国会议以及各次专家组会议，积极参与了修订《第二议定书》和《公约》第一条、制订《第四议定书》和《第五议定书》的谈判。中国于1981年9月4日签署《公约》，1982年4月7日批准了《公约》及第一、二、三议定书，1998年11月4日批准了经修订的《第二议定书》和《第四议定书》，2003年8月11日批准了《公约》第一条的修正案。2010年4月29日，中国全国人大代表大会常务委员会第十四次会议决定批准《战争遗留爆炸物议定书》（即《第五议定书》）。

（孔君）

世界知识年鉴

2010/2011

主　　编/高树茂

副 主 编/章少红　田　非

责任编辑/陈　平　（亚洲、非洲）

杨志芬　（美洲、大洋洲、欧洲）

田　非　（国际组织等）

责任出版/王勇刚

责任校对/陈可望

图书在版编目（CIP）数据

世界知识年鉴.2010~2011/世界知识出版社编.—北京：
世界知识出版社，2011.3

ISBN 978-7-5012-4030-2

Ⅰ.①世… Ⅱ.①世… Ⅲ.①世界—知识—2010~
2011—年鉴 Ⅳ.①Z5

中国版本图书馆 CIP 数据核字（2011）第 015330 号

世界知识年鉴 WORLD AFFAIRS ALMANAC 2010/2011

Shijie Zhishi Nianjian

主　　管／中华人民共和国外交部
主　　办／世界知识出版社
出　　版／世界知识出版社
邮　　编／100010
地　　址／北京市东城区干面胡同 51 号
电　　话／（86）（10）65265928
网　　址／www.wap1934.com
编 辑 者／《世界知识年鉴》编辑部
电　　话／（86）（10）65265945，65252333
E - mail／waa1936@yahoo.com.cn
排　　版／京联新技术照排公司
印　　刷／河北新华第一印刷有限责任公司
出版日期／2011 年 3 月第一版　2011 年 3 月第一次印刷
开本印张／787×1092 毫米　1/16　78½印张　10 插页　2800 千字
标准书号／ISBN 978-7-5012-4030-2
　　　　　ISBN 978-7-900159-51-9
定　　价／248.00 元

ISBN 978-7-5012-4030-2
9 787501 240302 >

ISBN 978-7-900159-51-9
9 787900 159519 >